SÆCULUM XII

PETRI ABÆLARDI

ABBATIS RUGENSIS

OPERA OMNIA

JUXTA EDITIONEM PARISIENSEM ANNI 1616, SUPPLETIS QUÆ IN EA DESIDERABANTUR OPUSCULIS

ACCEDUNT

HILARII ET BERENGARII

ABÆLARDI DISCIPULORUM

OPUSCULA ET EPISTOLÆ

ACCURANTE J.-P. MIGNE
BIBLIOTHECÆ CLERI UNIVERSÆ
SIVE
CURSUUM COMPLETORUM IN SINGULOS SCIENTIÆ ECCLESIASTICÆ RAMOS EDITORE

TOMUS UNICUS

VENIT : 9 FRANCIS GALLICIS

EXCUDEBATUR ET VENIT APUD J.-P. MIGNE EDITOREM
IN VIA DICTA *D'AMBOISE*, PROPE PORTAM LUTETIÆ PARISIORUM VULGO *D'ENFER* NOMINATAM
SEU PETIT-MONTROUGE

1855

ELENCHUS

AUCTORUM ET OPERUM QUI IN HOC TOMO CLXXVIII CONTNENTUR.

PETRUS ABÆLARDUS.

Operum pars prima. — Epistolæ.	Col. 113
Operum pars secunda. — Sermones et opuscula ascetica.	379
Sermones.	379
Expositio Orationis Dominicæ.	611
Expositio Symboli apostolorum.	617
Expositio fidei in Symbolum Athanasii.	629
Ethica seu liber dictus Scito te ipsum.	633
Heloissæ Problemata cum Petri Abælardi solutionibus.	677
Operum pars tertia. — Theologica et philosophica.	729
Expositio in Hexaemeron.	731
— in Epistolam ad Romanos.	783
Introductio ad theologiam.	979
Theologia Christiana.	1113
Sic et Non.	1329
Dialogus inter philosophum, Judæum et Christianum.	1611
Epitome theologiæ Christianæ.	1685
Operum pars quarta. — Carmina.	1759
Monita ad Astrolabium.	1759
Hymni.	1765
Hymnus in Annuntiatione B. Mariæ Virginis.	1815
Rhythmus de SS. Trinitate.	1817
Planctus Varii.	1817
Appendix ad Opera Petri Abælardi.	1823
Liber contra hæreses.	1823
Romanorum pontificum privilegia pro parthenone S. Spiritus Paraclitensi.	1847
Series abbatissarum parthenonis S. Spiritus Paraclitensis.	1849

HILARIUS ET BERENGARIUS ABÆLARDI DISCIPULI.

Hilarii Elegia de recessu Petri Abælardi ex Paracleto.	1855
Berengarii Apologia pro Petro Abælardo.	1857
Ejusdem epistola ad episcopum Mimatensem.	1871
— — ad Carthusianos.	1875
Index auctorum qui in Operibus Abælardi citantur.	1879

Ex typis MIGNE, au Petit-Montrouge

PATROLOGIÆ
CURSUS COMPLETUS
SIVE
BIBLIOTHECA UNIVERSALIS, INTEGRA, UNIFORMIS, COMMODA, OECONOMICA,

OMNIUM SS. PATRUM, DOCTORUM SCRIPTORUMQUE ECCLESIASTICORUM
QUI
AB ÆVO APOSTOLICO AD INNOCENTII III TEMPORA
FLORUERUNT;
RECUSIO CHRONOLOGICA
OMNIUM QUÆ EXSTITERE MONUMENTORUM CATHOLICÆ TRADITIONIS PER DUODECIM PRIORA
ECCLESIÆ SÆCULA,

JUXTA EDITIONES ACCURATISSIMAS, INTER SE CUMQUE NONNULLIS CODICIBUS MANUSCRIPTIS COLLATAS,
PERQUAM DILIGENTER CASTIGATA;
DISSERTATIONIBUS, COMMENTARIIS LECTIONIBUSQUE VARIANTIBUS CONTINENTER ILLUSTRATA;
OMNIBUS OPERIBUS POST AMPLISSIMAS EDITIONES QUÆ TRIBUS NOVISSIMIS SÆCULIS DEBENTUR ABSOLUTAS
DETECTIS, AUCTA;
INDICIBUS PARTICULARIBUS ANALYTICIS, SINGULOS SIVE TOMOS, SIVE AUCTORES ALICUJUS MOMENTI
SUBSEQUENTIBUS, DONATA;
CAPITULIS INTRA IPSUM TEXTUM RITE DISPOSITIS, NECNON ET TITULIS SINGULARUM PAGINARUM MARGINEM
SUPERIOREM DISTINGUENTIBUS SUBJECTAMQUE MATERIAM SIGNIFICANTIBUS, ADORNATA;
OPERIBUS CUM DUBIIS TUM APOCRYPHIS, ALIQUA VERO AUCTORITATE IN ORDINE AD TRADITIONEM
ECCLESIASTICAM POLLENTIBUS, AMPLIFICATA;
DUOBUS INDICIBUS GENERALIBUS LOCUPLETATA : ALTERO SCILICET RERUM, QUO CONSULTO, QUIDQUID
UNUSQUISQUE PATRUM IN QUODLIBET THEMA SCRIPSERIT UNO INTUITU CONSPICIATUR; ALTERO
SCRIPTURÆ SACRÆ, EX QUO LECTORI COMPERIRE SIT OBVIUM QUINAM PATRES
ET IN QUIBUS OPERUM SUORUM LOCIS SINGULOS SINGULORUM LIBRORUM
SCRIPTURÆ TEXTUS COMMENTATI SINT.
EDITIO ACCURATISSIMA, CÆTERISQUE OMNIBUS FACILE ANTEPONENDA, SI PERPENDANTUR : CHARACTERUM NITIDITAS
CHARTÆ QUALITAS, INTEGRITAS TEXTUS, PERFECTIO CORRECTIONIS, OPERUM RECUSORUM TUM VARIETAS
TUM NUMERUS, FORMA VOLUMINUM PERQUAM COMMODA SIBIQUE IN TOTO OPERIS DECURSU CONSTANTER
SIMILIS, PRETII EXIGUITAS, PRÆSERTIMQUE ISTA COLLECTIO, UNA, METHODICA ET CHRONOLOGICA,
SEXCENTORUM FRAGMENTORUM OPUSCULORUMQUE HACTENUS HIC ILLIC SPARSORUM,
PRIMUM AUTEM IN NOSTRA BIBLIOTHECA, EX OPERIBUS AD OMNES ÆTATES,
LOCOS, LINGUAS FORMASQUE PERTINENTIBUS, COADUNATORUM.

SERIES SECUNDA,
IN QUA PRODEUNT PATRES, DOCTORES SCRIPTORESQUE ECCLESIÆ LATINÆ
A GREGORIO MAGNO AD INNOCENTIUM III.

Accurante J.-P. Migne,
BIBLIOTHECÆ CLERI UNIVERSÆ,
SIVE
CURSUUM COMPLETORUM IN SINGULOS SCIENTIÆ ECCLESIASTICÆ RAMOS EDITORE.

PATROLOGIA BINA EDITIONE TYPIS MANDATA EST, ALIA NEMPE LATINA, ALIA GRÆCO-LATINA. — VENEUNT
MILLE ET TRECENTIS FRANCIS SEXAGINTA ET DUCENTA VOLUMINA EDITIONIS LATINÆ; OCTINGENTIS
ET MILLE TRECENTA GRÆCO-LATINÆ. — MERE LATINA UNIVERSOS AUCTORES TUM OCCIDENTALES,
TUM ORIENTALES EQUIDEM AMPLECTITUR; HI AUTEM, IN EA, SOLA VERSIONE LATINA DONANTUR.

PATROLOGIÆ TOMUS CLXXVIII.

PETRUS ABÆLARDUS ABBAS RUGENSIS. HILARIUS ET BERENGARIUS ABÆLARDI
DISCIPULI.

EXCUDEBATUR ET VENIT APUD J.-P. MIGNE EDITOREM,
IN VIA DICTA *D'AMBOISE*, PROPE PORTAM LUTETIÆ PARISIORUM VULGO *D'ENFER* NOMINATAM,
SEU PETIT-MONTROUGE.

1855

PROLEGOMENA.

NOTITIA HISTORICO-LITTERARIA.

Histoire littéraire de la France, par des religieux bénédictins, tom. XII, pag. 86.)

Il est peu d'anciens écrivains dont l'histoire ait fourni plus de matière aux satires et aux apologies que le fameux Abailard. Les censeurs de ses écrits le représentent comme un philosophe téméraire, qui voulut corrompre, par les subtilités d'une fausse dialectique, la majestueuse simplicité de nos dogmes. Ses apologistes prétendent, au contraire, qu'appuyé sur les règles d'une saine logique, il introduisit l'ordre et la méthode dans la théologie, qu'il en épura les principes, qu'il en sonda les profondeurs par des précisions où la pénétration de ses adversaires ne pouvait atteindre. D'autres, ne s'attachant qu'à ses mœurs, le peignent comme un philosophe mondain, victime de la volupté dont il traîna, selon eux, l'impression stérile, ainsi que les marques flétrissantes, jusque dans les retraites sacrées où la honte et le désespoir l'avaient obligé de se confiner. Ceux-ci trouvent aussi des contradicteurs, lesquels, avouant les premiers désordres d'Abailard, soutiennent qu'il les répara par une conversion éclatante et sincère. Notre devoir est d'examiner sans partialité ces différentes opinions, et d'en tirer, à la lumière d'une critique équitable, ce qui nous paraîtra de plus conforme à la vérité. C'est ce que nous nous proposons de faire dans cet article.

§ I. — *Histoire de la vie d'Abailard.*

Pierre Abélard, ou Abailard (1), fils de Bérenger et de Lucie, distingués l'un et l'autre par leur noblesse, naquit l'an 1079, au Palets (2) dans le comté de Nantes. Son père, qui avait pris quelque teinture des lettres avant d'embrasser la profession des armes, régla sur ce plan l'éducation de ses enfants, et fit précéder les exercices militaires, auxquels il les destinait, par la culture de l'esprit. Abailard, qui était l'aîné (3), reçut un gage de prédilection dans le soin particulier qu'on prit de ses études; il avança rapidement dans la carrière des lettres. Arrivé à la dialectique, le dédale épineux de cette science captiva son esprit, naturellement ami des détours et des subtilités. Le charme alla si loin qu'il sacrifia, dit-il, Mars à Minerve, et la gloire qu'il pouvait acquérir par les armes, au désir de se faire un nom dans les disputes du Lycée. Plein de cette idée, il quitta son pays à l'âge d'environ seize ans, et se mit à parcourir différentes contrées, s'arrêtant partout où il y avait des dialecticiens, entrant en lice avec eux, et leur laissant toujours des marques de son habileté. Ses courses philosophiques le conduisirent au bout de cinq ans à Paris, où il trouva des champions avec lesquels il n'osa d'abord se mesurer. Le plus célèbre d'entre eux était Guillaume de Champeaux, modérateur de la principale école.

Abailard s'étant présenté à lui pour avoir permission de venir l'entendre, fit preuve en cette occasion d'un mérite qui éblouit le professeur et l'enchanta. Non-seulement il consentit à l'admettre comme disciple dans son école, il voulut encore l'avoir comme ami dans sa maison.

Tant de faveur, que le flegme de la philosophie aurait dû, ce semble, modérer, enfla le cœur du jeune homme, et le fit bientôt sortir des bornes de la subordination. Il entreprit de s'égaler à son maître, et combattit ouvertement ses opinions. Cette conduite ingrate et téméraire ayant irrité Guillaume de Champeaux, il fallut se séparer. Abailard congédié partit pour Melun, alors une des résidences de la cour, dans le dessein d'y ouvrir lui-même une école de philosophie. Il en vint à bout malgré les traverses qu'on lui suscita. Là s'étant déclaré l'antagoniste du philosophe de Paris, il prit à tâche de ruiner sa doctrine et sa réputation. Pour cet effet, il envoyait ses écoliers de temps en temps provoquer à la dispute ceux de Champeaux; et ces escarmouches, à l'entendre, finissaient toujours à l'avantage de siens. Mais comme l'éloignement des deux écoles faisait languir le combat, il transporta la sienne à Corbeil, afin de rendre les assauts plus vifs et plus fréquents.

Au milieu de ces prouesses une maladie, causée par l'excès du travail, l'obligea d'aller respirer l'air natal. A son retour il trouva Guillaume de Champeaux qui enseignait dans le cloître du nouveau monastère de Saint-Victor, sous l'habit de chanoine régulier. Cette métamorphose inattendue le surprit et le toucha. Il alla trouver son maître, le pria d'oublier ses incartades, et ne fit pas même difficulté, quoique âgé d'environ trente ans, de se remettre sous sa discipline. Mais la différence de leurs sentiments, dont ni l'un ni l'autre ne voulait se départir, ne tarda pas à causer une nouvelle rupture. Guillaume soutenait l'Universel *a parte rei*, que Bayle (4) qualifie sans fondement un spinosisme non développé. Abailard, zélé nominal, fit revivre ses premières objections, renforcées de nouveaux syllogismes. Alors il pressa, dit-il, son

(1) Sur les différentes manières de prononcer son nom, voyez les notes sur *les Jugements des savants*, tom. I, p. 526, et le P. Niceron, tom. IV, p. 1 et suiv.
(2) En latin *Palatium*. C'est de là qu'il a été souvent nommé *Petrus Palatinus*, ou *Peripateticus Palatinus*.
(3) M. Joli, dans ses remarques sur le *Dictionnaire de Bayle* (p. 10) a mis dans la plus grande évidence l'aînesse d'Abailard, contestée par quelques critiques.
(4) L'accusation de Bayle contre l'opinion de Champeaux est très-bien réfutée dans les Mémoires de Trévoux, an 1758, p. 2248.

adversaire de manière qu'il l'obligea de chanter la palinodie. On sent assez que ce fait, pour être cru, demanderait une autorité moins suspecte que celle de la partie intéressée à le publier. Quoi qu'il en soit, ennuyé de l'humble qualité d'écolier, Abailard voulut recommencer à donner des leçons. Son nom l'avait déjà rendu redoutable dans les écoles de Paris. Le successeur que s'était donné Guillaume de Champeaux, en se retirant à Saint-Victor, instruit des vues d'Abailard, et craignant de l'avoir pour émule, vint de lui-même lui offrir l'exercice de sa chaire. Il fit plus : il ne dédaigna pas de se ranger parmi les auditeurs de celui auquel il prêtait son autorité pour enseigner. Si cette générosité flatta beaucoup Abailard, elle ne déplut pas moins au Victorin (5). Celui-ci trouva moyen de la rendre inutile, en faisant destituer sur des accusations graves le professeur en titre, et nommer un autre de ses disciples très-dévoué à ses volontés, pour le remplacer.

Après cet échec, Abailard regagna Melun, où il rétablit sa chaire avec le même succès que par le passé. Guillaume de Champeaux de son côté quitta presqu'en même temps le séjour de Saint-Victor, pour aller avec sa communauté s'établir à la campagne. Notre philosophe, voyant alors celui qui l'avait supplanté dépourvu d'appui, revint en diligence à dessein de le débusquer. Il amenait avec lui son école de Melun, qu'il regardait comme une petite armée, à la tête de laquelle il devait combattre. Avec cette troupe il alla se loger, c'est-à-dire faire ses leçons, sur la montagne Sainte-Geneviève, dont la position, dit-il, lui parut favorable pour assiéger son ennemi et le battre en brèche. Cette manière de camp philosophique reçut bientôt de nouveaux renforts. Quantité de volontaires y accoururent, et le parti contraire souffrit de grandes désertions dont celui d'Abailard profita. Guillaume, du fond de sa retraite, n'apprit pas tranquillement ces nouvelles. Il part sur-le-champ, et accourt à Paris. Mais sa présence ne put rendre le courage à celui qu'il venait dégager. Cette âme faible et méticuleuse aima mieux quitter la partie, et s'enfuit de honte dans un monastère. Le champ de bataille resta donc entre les deux anciens rivaux secondés chacun de leurs tenants. La dispute n'en devint que plus animée. On lança les arguments de part et d'autre avec une nouvelle ardeur ; et l'acharnement des deux partis fut tel, que le bruit en retentit dans toutes les provinces. Abailard, que nous ne faisons que copier ici, termine le récit de cette aventure en disant qu'il peut, sans exagérer, et en demeurant même au-dessous de la vérité, s'appliquer ce vers que le poëte met dans la bouche d'Ajax :

Si quæritis hujus
Fortunam pugnæ, non sum superatus ab illo.
(Ovid. *Metam.* l. xiii.)

Cependant un auteur contemporain très-digne de foi nous apprend là-dessus une anecdote qui ternit un peu le triomphe de notre philosophe. Croira-t-on que, tandis qu'il s'escrimait avec tant de succès contre un vieillard consommé dans toutes les ruses de la dialectique, un jeune logicien réussit à le mettre en déroute (6) ? Ce nouveau champion était Goswin, depuis abbé d'Auchin en Flandre, alors disciple de Joscelin qui enseignait dans le même temps sur une autre partie de la montagne Sainte-Geneviève. Choqué des forfanteries d'Abailard et de plusieurs propositions hardies qu'il avançait, il osa le défier à la dispute, et le poussa si rudement qu'il le mit, comme l'on dit, au pied du mur. Le vaincu n'a eu garde d'ajouter cet incident à son récit.

Les hostilités furent suspendues par un second voyage qu'il fut obligé de faire en Bretagne, appelé par sa mère qui voulait, à l'exemple de son époux, entrer en religion. L'envie de recommencer la guerre lui fit promptement expédier ses affaires de famille. Mais à son retour, il apprit que Guillaume de Champeaux venait d'être fait évêque de Châlon-sur-Marne. Cette promotion, qui le privait du seul concurrent qu'il jugeait digne de lui, dérangea ses vues et lui en suggéra de nouvelles. Il quitta Paris et la philosophie pour aller étudier la théologie à Laon sous le fameux écolâtre Anselme, dont la réputation attirait des écoliers de toutes parts. L'idée avantageuse qu'il s'était faite de ce professeur ne se soutint pas à l'épreuve. Après l'avoir écouté quelque temps, il trouva, dit-il (7), sa capacité bien au-dessous de la célébrité de son nom. Comme la théologie ne consistait alors que dans une exposition de l'Ecriture sainte, il lui vint en pensée qu'en lisant chez lui quelque bon commentaire, il avancerait beaucoup plus qu'en fréquentant l'école d'Anselme. Il suivait depuis quelque temps cette méthode avec satisfaction, lorsqu'il se vit engagé, par une sorte de défi, à faire preuve en public de l'avantage qu'il en avait retiré. Le texte qu'il choisit pour ce coup d'essai fut le premier chapitre d'Ezéchiel, l'un des plus difficiles, comme l'on sait, de l'Ecriture sainte. Il s'en tira si bien au gré de ses auditeurs, qu'on le pria de continuer les jours suivants. Il y consentit sans peine, et entreprit de suivre la prophétie jusqu'à la fin. Mais l'écolâtre, sans l'aveu duquel cela se passait, ne lui en donna pas le temps. Excité par deux de ses disciples, Albéric et Lotulfe, il imposa silence au nouveau professeur, et arrêta par là l'espèce d'attentat qu'il commettait contre son autorité.

Abailard ne pouvant plus ni prendre ni donner de leçons à Laon, revint tenter de nouveau la fortune à Paris. En y arrivant, il trouva que la principale chaire, ce grand objet de son ambition, était vacante. Ses amis et ses protecteurs manœuvrèrent pour lui, de manière qu'ils la lui firent obtenir. A cette place,

(5) Le savant et judicieux auteur de la nouvelle Histoire de l'Université dit qu'Abailard préféra une autre école qui lui fut offerte, à celle qu'avait occupée Guillaume de Champeaux. En conséquence, il applique à un autre professeur qu'au successeur de celui-ci la déposition dont cette offre fut suivie. Mais le texte d'Abailard semble dire bien positivement le contraire. Il est trop long pour être rapporté dans une note. Ceux qui jugeront la chose digne de leur examen pourront aller à la source.

(6) Vit. S. Gosw. l. i, c. 18.

(7) Voici le portrait qu'il nous fait de ce professeur : *Mirabilis quidem erat in oculis auscultantium, sed nullus in conspectu quæstionantium. Verborum usum habebat mirabilem, sed sensu contemptibilem, et ratione vacuum. Cum ignem accenderet, domum suam fumo implebat, non luce illustrabat. Arbor ejus tota in foliis, aspicientibus a longe conspicua videbatur, sed propinquantibus et diligentius intuentibus infructuosa reperiebatur.* On ne peut contenir son indignation, dit un habile moderne (*Hist. de l'Université de Paris*, t. I, p. 25), en voyant traiter ainsi un homme qui, pendant quarante ans qu'il professa la théologie, fut regardé comme la lumière et l'oracle de l'Eglise latine, que l'on appelait le Docteur des docteurs, et à l'école duquel se formèrent de grands théologiens, de savants et pieux prélats, qui illustrèrent non-seulement la France, mais l'Angleterre, l'Allemagne et l'Italie.

dont les fonctions embrassaient la philosophie et la théologie, était réuni vraisemblablement dès lors un canonicat. Ce qui est certain, c'est qu'Abailard devint (8) chanoine dans le même temps qu'on la lui déféra. Ses vœux, si longtemps frustrés, semblèrent cette fois accomplis : plus de concurrent en état de le traverser, plus de supérieur dans les écoles avec lequel il craignît de se compromettre. Ses premières leçons, où il reprit l'explication d'Ezéchiel qu'il avait entamée à Laon, lui firent la plus grande réputation. Il n'était bruit que du professeur Abailard, non-seulement en France, mais dans tous les pays étrangers. L'Anjou, la Bretagne, la Flandre, l'Angleterre, l'Allemagne, se hâtèrent d'envoyer leurs jeunes sujets à Paris pour se former aux sciences sous un docteur si renommé. En un mot, jamais école n'avait été si brillante que la sienne; et comme chaque écolier payait alors, le profit alla de pair avec la gloire.

Abailard n'avait pas qu'une sorte de mérite, et ne brillait pas seulement dans l'exercice de sa profession ; une physionomie agréable, beaucoup d'enjouement dans l'esprit, un organe mélodieux, mille autres qualités aimables lui avaient fait un grand parti dans le beau monde, et surtout parmi les femmes. Pour soutenir chrétiennement tant d'avantages, il fallait une vertu plus que commune, et malheureusement il ne l'avait pas. Enivré de sa prospérité, la Providence permit qu'il tombât dans une faute qui empoisonna toute la suite de ses jours. Nous voulons parler de son aventure si connue avec Héloïse, dont il abusa sous le voile de la philosophie qu'il s'était chargé de lui enseigner. On sait que le fruit de leurs amours fut un fils qui eut le nom d'Astralabe. On sait aussi la cruelle et lâche vengeance que les parents d'Héloïse exercèrent sur le séducteur, malgré le soin qu'il avait eu de réparer l'honneur de leur fille en l'épousant.

Rien ne fut capable de le consoler, ni les marques de condoléance que tous les ordres de la ville lui donnèrent en cette occasion, ni la peine du talion qu'on fit subir à quelques-uns des coupables. Son désespoir ne lui laissa apercevoir d'autre asile qu'un cloître pour y aller enfouir sa honte. Il choisit celui de Saint-Denis, et s'y fixa par des vœux solennels vers l'an 1119, après avoir obligé son épouse de faire la même chose dans l'abbaye des religieuses d'Argenteuil. Son génie inquiet et mordant le suivit dans sa retraite.

Les moines de Saint-Denis, sous l'abbé Adam, s'écartaient en plusieurs points de l'exactitude de la Règle, quoique beaucoup (9) moins pervers qu'Abailard ne les dépeint dans l'*Histoire de ses malheurs*. Le nouveau profès, sans titre et sans mission, voulut s'ériger en réformateur. Son indiscrétion lui attira les mortifications qu'elle semblait mériter. Bientôt il se vit abandonné de tous ses confrères. Dans cette solitude extrême une députation de ses écoliers arriva fort à propos pour mettre fin à ses ennuis. Elle avait pour objet de l'engager à reprendre ses leçons. A l'en croire, ce ne fut qu'avec peine qu'il se rendit à cette proposition. Il n'en fut pas de même de l'abbé et de sa communauté. Tous y donnèrent volontiers les mains. On lui assigna pour son école un prieuré voisin des terres du comte de Champagne. Il quitta Saint-Denis, et on le vit partir sans regret.

Ce fut alors qu'il commença de se distinguer par la singularité de ses opinions. Depuis la fin du siècle précédent les questions sur la Trinité faisaient la matière la plus ordinaire des disputes parmi les théologiens. Abailard, qui se piquait de rendre raison de tout, entreprit d'expliquer ce mystère par les seules lumières de la philosophie. Non content d'exposer son système de vive voix, il le consigna dans un écrit qui souleva les plus habiles docteurs contre lui. Roscelin se rendit le premier son dénonciateur auprès de l'évêque de Paris. Mais l'opprobre dont il s'était couvert lui-même auparavant par ses erreurs, sauva pour cette fois son adversaire. On imputa sa dénonciation, peut-être trop légèrement, à l'ignorance ou à la mauvaise volonté. Abailard toutefois n'en fut pas quitte pour cet assaut. Albéric et Lotulfe, ses deux anciens rivaux, alors professeurs à Reims, revinrent à la charge, et prirent le parti de le déférer au concile assemblé l'an 1121 à Soissons par Conon, légat du pape. L'accusé comparut sur la citation qui lui fut faite, non sans avoir couru risque, dit-il, d'être lapidé comme hérétique en entrant dans la ville. Il disputa contre ses adversaires (10), il prêcha, il expliqua sa doctrine en public et en particulier pendant la tenue du concile, enfin il n'oublia rien pour sa défense ; mais tout cela fut en pure perte. A la dernière session, les Pères, l'ayant mandé, firent apporter un brasier, et lui ordonnèrent d'y jeter son livre ; cela fait, on l'obligea de réciter à haute voix le Symbole dit de saint Athanase, en forme de profession de foi, terrible sentence qu'il n'exécuta, de son aveu, qu'en versant bien des larmes, qui n'étaient rien moins que la marque de son repentir. Ce ne fut pas encore tout. Pour comble d'ignominie, on le fit enfermer, à titre de séducteur, dans le monastère de Saint-Médard de Soissons.

Heureusement l'abbé et les moines de Saint-Médard étaient gens qui se piquaient d'humanité. Sensibles au désastre de leur prisonnier, ils n'omirent aucun soin pour adoucir sa captivité. Elle ne fut pas de longue durée. Le légat, en partant de France, lui accorda son élargissement, avec ordre toutefois de re-

(8) Comment a-t-on pu nier qu'Abailard ait été chanoine, tandis qu'Héloïse, voulant le détourner du mariage, lui parle ainsi : *Si autem sic (cœlibes) laici gentilesque vixere, quid te clericum atque canonicum facere oportet?*

(9) Voyez l'Apologie de l'abbé Adam et de sa maison dans les notes de Duchesne sur la première lettre d'Abailard, et dans les *Mémoires de Trévoux*, an 1758, p. 2248.

(10) Outre l'accusation d'hérésie, on lui reproche d'enseigner sans maître, *sine magistro*. Un savant homme, d'après Duboulay (*Hist. de l'Univ. de Par.* t. I, p. 155-156), prétend que le vrai sens de cette expression, équivoque selon lui, se tire de l'usage des siècles postérieurs, où il ne suffisait pas d'avoir pris les leçons d'un maître pendant un certain temps, pour avoir la permission ou *licence* d'enseigner, mais il fallait de plus *faire un ou plusieurs cours de leçons publiques sous la direction d'un docteur*. Abailard, ajoute-t-on, n'avait point satisfait à cette règle établie de son temps, quant à l'essence de la chose ; *et il y avait lieu de lui reprocher qu'il enseignait sans maître, pendant qu'il en aurait dû avoir un au-dessus de lui, et n'enseigner qu'en second*. Mais, en parlant de la sorte, on n'a pas fait attention qu'Abailard avait ci-devant occupé la principale chaire de Paris, celle de l'école épiscopale, et à proprement parler, la théologale, avec l'approbation de tous les ordres. Comment prétendre après cela qu'enseignant depuis dans une campagne il avait besoin d'être présidé par un maître? Il paraît donc plus simple et plus vrai de dire, avec D. Rivet (*Hist. litt.*, t. IX, p. 82), que le sens du reproche qu'on lui faisait *d'enseigner sans maître*, était de donner ses leçons de théologie sans avoir obtenu la permission requise dès lors pour enseigner dans les écoles particulières, permission qu'accordaient les chanceliers ou scolastiques des églises épiscopales.

tourner à Saint-Denis. Le souvenir des impressions fâcheuses qu'il y avait laissées contre lui, la flétrissure qu'il venait de recevoir, tout l'avertissait de prendre des sentiments, un ton et des manières capables de ramener les esprits en sa faveur. Mais une démangeaison insurmontable de parler et de contredire lui suscita bientôt de nouvelles affaires. En lisant Bède, il y trouva que saint Denis l'Aréopagite avait été évêque de Corinthe, et non d'Athènes ; d'où il s'ensuivit qu'il n'était pas le même, comme on le croyait alors, que l'apôtre des Gaules. Ce texte lui parut ouvrir un trop beau champ à la dispute pour le négliger. Il osa donc s'élever contre l'opinion reçue, opinion dont on faisait dépendre, en quelque sorte, le salut du royaume et la gloire de l'Église gallicane. Ses confrères, scandalisés, en portèrent leurs plaintes à l'abbé, qui traita la chose suivant les préjugés du temps. Abailard, mandé en chapitre, y fut tancé rudement sur sa témérité. On alla même jusqu'à le menacer de le dénoncer au roi comme coupable de crime d'État. La menace étant sérieuse, ou lui paraissant telle, il ne crut pas devoir en attendre l'effet. Une nuit donc il s'échappe du cloître et se réfugie sur les terres du comte de Champagne. Ce prince, dont il était connu, le plaça dans le monastère de Saint-Ayoul de Provins. Malgré cette puissante protection, Adam ne laissa pas de le poursuivre dans son asile. Il se plaignit aux religieux de Saint-Ayoul de la retraite qu'ils lui donnaient, et le fit sommer lui-même de revenir à terme préfix sous peine d'excommunication. La mort ne donna pas le loisir au rigide supérieur de pousser son ressentiment plus loin. Suger, qui lui succéda, voulut d'abord suivre ses derniers errements envers le fugitif ; mais, vaincu par les sollicitations, il lui permit à la fin d'aller où il voudrait, pourvu qu'il ne promît la stabilité dans aucun monastère.

Maître du choix de sa demeure, Abailard alla s'établir sur les bords de la rivière d'Ardusson, dans un lieu désert, voisin de la ville de Nogent-sur-Seine. Ses disciples ne tardèrent pas à l'y venir trouver. Ni l'horreur du séjour, ni la difficulté de s'y procurer les choses nécessaires à la vie, ne rebutèrent cette multitude de jeunes gens, la plupart délicatement élevés. La compagnie de leur maître, avides qu'ils étaient de ses leçons, leur tenait lieu de tout. Pour ne lui laisser aucun sujet de distraction, ils se chargèrent de pourvoir à son entretien. La manière dont ils s'acquittèrent de ce soin fait l'éloge de leur générosité.

Contents d'habiter eux-mêmes dans des cabanes de roseaux, ils lui bâtirent un logement de pierre, et convertirent le petit oratoire qu'il avait construit de ses mains en une église spacieuse et bien ornée. Cet édifice fut dédié au Paraclet, titre dont certaines gens murmurèrent comme d'une nouveauté. Jamais, disaient-ils, on n'a vu d'église consacrée à une seule des personnes divines. On blâma de même, et peut-être avec plus de fondement, une statue qu'il avait imaginée pour représenter le mystère de la Trinité : c'était un groupe de pierre composé de trois figures adossées avec des visages parfaitement semblables. Ces plaintes lui furent d'autant plus sensibles, qu'elles avaient pour auteurs (11), à ce qu'on lui rapportait, saint Bernard et saint Norbert, deux personnages des plus accrédités de leur temps. La peur le saisit au point qu'il se croyait tous les jours à la veille d'être traduit devant un nouveau concile pour y être condamné de nouveau. Comme il était dans ces perplexités, deux députés du monastère de Saint-Gildas de Ruis en basse Bretagne vinrent lui annoncer que leur chapitre l'avait élu pour abbé. Ils étaient porteurs du décret d'élection et avaient eu la précaution de prendre le consentement de l'abbé de Saint-Denis. Jamais rencontre ne lui parut plus heureuse. Il partit joyeusement (vers l'an 1126) pour son abbaye, persuadé que ses ennemis le perdraient de vue dans un pays si reculé. Mais sa fâcheuse destinée ne lui faisait éviter un malheur que pour le précipiter dans un autre. Les moines de Saint-Gildas vivaient dans le désordre, et le seigneur de Ruits en prenait occasion d'envahir les biens du monastère. Le nouvel abbé voulut réformer les moines et réprimer les usurpations du tyran. Son zèle échoua des deux côtés, et ne servit qu'à lui faire des ennemis au dedans et au dehors. Au milieu de ces contradictions, il apprit que les religieuses d'Argenteuil, dont Héloïse était alors prieure, venaient d'être chassées (l'an 1127) pour faire place aux religieux de Saint-Denis. Cette nouvelle fit revivre la tendresse conjugale dans son cœur. Il part incontinent, va prendre son ancienne épouse, et la conduit avec celles de ses sœurs qui voulurent la suivre au désert du Paraclet. Ce lieu, par les libéralités des seigneurs voisins, et avec la permission de l'ordinaire (le vénérable Atton, évêque de Troyes), fut érigé en abbaye, dont Héloïse eut le gouvernement. Abailard, qui regardait cet établissement comme son ouvrage, donnait tous ses soins pour le perfectionner. Cependant on parla dans le monde de ses fréquents voyages au Paraclet, et les motifs en furent interprétés malignement. Pour faire cesser ces mauvais bruits, il prit le parti de s'éloigner de ce séjour chéri, avec la résolution de ne plus y revenir.

De retour en son abbaye, il n'y trouva, comme il s'y était attendu, que des chagrins et des persécutions. Les choses passèrent même ce qu'il avait prévu, s'il est vrai, comme on ses moines, ainsi qu'il le raconte, furent assez pervers pour attenter à ses jours. Quoi qu'il en soit, il est certain que les dégoûts qu'il essuyait le déterminèrent enfin à se démettre de sa dignité, ce qui arriva au plus tard l'an 1136. On le voit effectivement cette année (12) donnant des leçons de nouveau sur le mont de Sainte-Geneviève à Paris, et effaçant tous ses collègues par le brillant de son esprit et l'affluence de ceux qui venaient l'entendre. Mais il abandonna sa chaire (on ne sait pourquoi) l'année suivante ; et nul monument ne nous fait

(11) Il paraît qu'Abailard était mal informé, surtout par rapport à saint Bernard, car celui-ci déclare nettement (ep. 377) qu'il n'avait aucune connaissance de la doctrine d'Abailard avant la dénonciation qui lui en fut faite par Guillaume de Saint-Thierri : ce qui n'arriva, comme on le dira ci-après, qu'en 1139.

(12) Voici le passage de Jean de Sarisbéri (*Metal.* l. II, c. 10) qui nous apprend ce fait et le suivant : *Cum primum*, dit-il, *adolescens admodum studiorum causa migrassem in Gallias anno altero postquam illustris rex Henricus, Leo Justitiæ, rebus excessit humanis, contuli me ad Peripateticum qui tunc in monte S. Genovefæ clarus doctor et admirabilis omnibus præsidebat... Deinde post discessum ejus qui mihi præproperus visus est, adhæsi magistro Alberico.* D. Rivet (*Hist. litt.* t. IX, p. 66), supposant avec tous les critiques que Jean de Sarisbéri naquit l'an 1110, trouve de la contradiction dans la première partie de ce texte. En effet, suivant cette hypothèse, Jean de Sarisbéri, un an après la mort de Henri Ier, roi d'Angleterre (car c'est incontestablement de ce prince qu'il s'agit ici) devait avoir 26 ans, Henri étant mort en 1135. Comment donc a-t-il pu dire qu'il n'était alors que dans les premières années de l'adolescence, *adolescens admodum* ? Mais la contradiction s'évanouit dès qu'on révoque en doute l'époque qui lui sert de base, savoir, l'année 1110 donnée pour celle de la naissance de Jean de Sarisbéri, époque qui n'a effectivement, comme nous le ferons voir sur cet auteur, aucun fondement certain.

connaître le lieu où il se retira (13). Quelque part que ce fût, Abailard n'y demeura pas oisif. Il employa le loisir de sa retraite à revoir les ouvrages qu'il avait composés jusqu'alors et à les mettre en état de paraître au grand jour. Dès qu'ils furent entre les mains du public, ils firent un grand bruit, et donnèrent lieu à des jugements divers. La nouvelle méthode de l'auteur, qui était de procéder, en théologie comme en dialectique, par voie de démonstration, éblouit le plus grand nombre. On admirait la force de ce génie, qui s'était fait une route pour atteindre à des mystères qu'on avait cru jusqu'alors inaccessibles à l'esprit humain. D'autres, au contraire, n'aperçurent dans ce dessein que présomption, que témérité, qu'illusion. Entre ceux-ci fut Guillaume (14), qui, d'abbé bénédictin de Saint-Thierri, dont il conserva le surnom, s'était fait moine de Cîteaux dans l'abbaye de Signi. Il tira des deux principaux livres d'Abailard les propositions qui lui parurent les plus choquantes, et les réfuta dans un écrit qu'il fit tenir à Geoffroy, évêque de Chartres, et à saint Bernard (15). L'envoi fut accompagné de deux lettres, où il priait ces graves personnages de lui marquer ce qu'ils pensaient et des extraits et de la réfutation. Nous n'avons point la réponse de l'évêque de Chartres. Celle de l'abbé de Clairvaux est marquée au coin de la plus exacte circonspection (16). Il loue Guillaume sur son zèle contre les nouveautés, approuve son ouvrage en général ; « mais la matière, ajoute-t-il, étant de la dernière importance, il est nécessaire, avant que je puisse me décider, que nous en conférions quelque part ensemble : ce qui ne peut se faire qu'après Pâques, attendu la circonstance (on était alors dans le carême) qui ne nous permet pas de violer la retraite, ni de vaquer à d'autres soins qu'à la prière. » La prudence du saint abbé ne se borna pas à cette précaution.

Il alla trouver en personne l'accusé (17), lui remontra le scandale que ses livres excitaient, et sut manier si adroitement cet esprit vif et altier, qu'il en obtint plus qu'il n'avait espéré ; car Abailard poussa la docilité jusqu'à le choisir lui-même pour juge de sa doctrine, avec promesse d'en passer partout où il voudrait (17*). Si ces dispositions de notre théologien furent sincères, elles n'eurent pas le mérite de la persévérance. De perfides amis lui en firent un crime comme d'une lâcheté et vinrent à bout de les lui faire désavouer. Le plus animé de tous était le fameux Arnaud de Bresse, autrefois son disciple, qui, chassé d'Italie pour ses déclamations séditieuses contre le pape et le clergé, s'était venu réfugier en France. Cet homme dangereux lui peignit les intentions de l'abbé de Clairvaux à son égard sous des couleurs si odieuses, qu'il l'engagea d'en venir à une guerre ouverte avec lui. Pour cet effet, Abailard alla trouver l'archevêque de Sens (18), Henri Sanglier, et le pria d'indiquer une assemblée où il pût entrer en dispute réglée avec cet abbé sur les articles sur lesquels il trouvait à redire dans sa doctrine. Le prélat, y ayant consenti, écrivit à saint Bernard de se trouver au concile qu'il devait tenir à Sens dans l'octave de la Pentecôte de l'an 1140. Nullement aguerri aux combats de l'école, le saint homme refusa d'abord le défi, craignant, disait-il, de se mesurer avec un homme tout hérissé des pointes de la dialectique (19). De plus, il lui semblait dangereux (ce sont encore ses termes) de commettre des vérités toutes divines à l'événement d'une dispute toute humaine. Il répondit en conséquence à l'archevêque qu'il n'irait point au concile, attendu que l'affaire pour laquelle il y était cité n'était point sa cause particulière, mais celle de toute l'Église. Telles furent les premières pensées de l'abbé de Clairvaux. Mieux conseillé depuis, il alla se présenter au combat (20). L'assemblée de Sens fut des plus nombreuses. Le roi Louis le Jeune s'y était rendu avec les comtes de Champagne et de Nevers. Tous les évêques de la province, à l'exception de deux, Samson archevêque de Reims avec trois de ses suffragants, formaient le tribunal qui devait prononcer. Outre ces prélats, une multitude de savants y étaient venus, attirés par le mérite de la cause et la réputation des contendants. Les partisans d'Abailard ne doutaient pas qu'il ne remportât aisément la victoire sur un adversaire déjà demi-vaincu, disaient-ils, par la peur. Des deux côtés on s'attendait à lui voir déployer toutes les ressources de son art pour mettre en défaut son adversaire et embarrasser ses juges. Mais sa conduite, dès le premier pas, fit évanouir ces belles espérances. Saint Bernard (21), après la lecture des propositions extraites de ses livres, le somma, sans autre préambule, de déclarer si elles étaient de lui ou non, et, dans le premier cas, de les défendre ou de les rétracter. Abailard fut troublé par ce brusque début. Au lieu de répondre catégoriquement, il dit qu'il en appelle au pape, et sort aussitôt, laissant l'assemblée dans le plus grand étonnement. Le concile était sans doute en droit de mépriser un appel aussi frivole. Cependant la crainte de se compromettre avec le saint-siège fit imaginer un tempérament. On convint seulement de séparer les dogmes de la personne de l'auteur, et de réserver ce dernier point au pape. Sur l'autre, après avoir conféré les extraits dénoncés avec les autorités alléguées par saint Bernard, tous les Pères se réunirent pour la censure. On se contenta de les flétrir en gros, et le jugement fut rédigé dans la dernière séance. Restait à rendre compte de ces opérations au saint-siège. L'abbé de Clairvaux, chargé de cette commission, s'en acquitta par deux lettres écrites l'une au nom de la province de Sens, l'autre de la part de l'archevêque de Reims et des trois suffragants qui l'avaient accompagné. Dans l'une et dans l'autre, après avoir rapporté ce qui s'était passé dès la naissance de l'affaire entre Abailard et l'abbé de Clairvaux, on prie le pape de vouloir bien examiner les articles qu'on lui envoie, peser avec maturité la sentence qui les condamne, et lui imprimer le sceau de son autorité. Outre ces lettres synodiques, saint Bernard en écrivit plusieurs en son propre nom, tant au pape qu'aux cardinaux, et surtout à ceux qui, ayant été disciples d'Abailard, étaient censés devoir prendre un intérêt plus particulier à son sort. Voici comme il le représentait au pape ; les autres lettres sont à peu près du même ton (22). « Abailard est un dragon qui dresse des embûches en secret. Que dis-je ? Il ne craint plus aujourd'hui de se montrer. Et plût à Dieu que ses écrits fussent renfermés dans des coffres, au lieu d'être débités et lus dans les places publiques ! Ils volent malheureusement par le monde, ces fruits empestés.

(13) M. Joli (*Rem. sur Bayle*, p. 15) dit qu'il retourna au Paraclet ; mais où en est la preuve ?
(14) Petr. Clun. l. IV, ep. 4. Otto Fris. *De gest. Frider.*, l. I, n. 48.
(15) Bern. ep. 326.
(16) Bern. ep. 325.
(17) Bern. ep. 189.
(17*) Bern., ep. 337.
(18) Bern. ep. 189 et 190.
(19) Id., ep. 90.
(20) Id., ep. 189
(21) Gaufr. in *Vita S. Bern.*, l. III, c. 5.
(22) Ep. 189

de l'erreur, prenant pour ténèbres la lumière qu'ils haïssent. Leur poison funeste a pénétré dans les châteaux et dans les villes. Ils ont passé de nation en nation, d'un royaume à un autre. A quels temps sommes-nous arrivés ! On fabrique un autre Evangile ; on propose une foi nouvelle aux peuples ; on bâtit sur un autre fondement que celui qui a été posé. On traite des vertus et des vices contre les règles de la saine morale ; des sacrements d'une manière qui n'est rien moins que sûre ; du mystère d'un Dieu en trois personnes avec une téméraire curiosité. Abailard, nouveau Goliath, s'avance avec tout son appareil de guerre, précédé de son écuyer, Arnaud de Bresse. L'union de ces deux hommes ne saurait être plus étroite, semblable à celle des deux écailles d'une huître, qui ne laisse aucune entrée à l'air pour les séparer. Imitateurs de celui qui se transforme en ange de lumière, ils présentent les apparences de la piété dans leur extérieur, sans en avoir ni l'esprit ni la réalité. C'est à la faveur de ces dehors imposants qu'ils surprennent la religion de ceux qui prêtent avec sécurité l'oreille à leurs discours... Jugez maintenant, ô successeur de Pierre, si celui qui attaque la foi de ce prince des apôtres doit trouver un asile auprès de son siège. »

Tandis que l'abbé de Clairvaux préparait avec tant de soin et d'activité la ruine de son adversaire, celui-ci, plein d'une confiance aveugle, s'acheminait à pas lents vers le tribunal qu'il avait réclamé (23). Mais à peine était-il aux portes de Lyon, qu'une fatale nouvelle vint le désabuser. Ce fut là qu'il apprit l'accueil que Rome avait fait à son appel (24), accueil si peu favorable, que, sans attendre son arrivée, le pape avait confirmé la sentence de Sens, fait brûler les livres, et mandé en France de l'arrêter avec Arnaud de Bresse pour être enfermés chacun séparément dans un monastère. Alors, frappé comme d'un coup de foudre, il ne sait que devenir. La crainte et la honte le tiennent en suspens, et ne lui permettent ni d'avancer ni de reculer. Dans cette détresse, il se détermine à rabattre sur Cluni, pour consulter l'abbé Pierre le Vénérable dont il était connu. Pierre, après avoir essuyé ses larmes, lui donna un fort bon conseil qu'il suivit (25) : ce fut de rester à Cluni, au lieu d'aller poursuivre son affaire à Rome, où il n'y avait plus rien à espérer. Le charitable abbé se chargea lui-même d'obtenir son absolution du pape. Mais comme sa paix avec saint Bernard était un préalable nécessaire, Pierre et Rainald, abbé de Cîteaux, qui se rencontrait pour lors à Cluni, l'engagèrent d'aller trouver le saint à Clairvaux. Jamais réconciliation entre théologiens, après une guerre des plus vives, ne souffrit moins de difficulté. L'abbé de Clairvaux, qui n'avait, comme l'abeille, qu'un aiguillon sans fiel, déposa toute animosité, dès qu'Abailard l'eut assuré de l'orthodoxie de ses sentiments. A son retour, l'abbé de Cluni se hâta de mander cette nouvelle au saint-père, le priant en même temps de rétablir le pénitent dans la communion de l'Eglise. Quoique la réponse du pape ne soit pas venue jusqu'à nous, il n'est pas douteux qu'il se prêta de bonne grâce à une demande aussi juste. Délivré de toute inquiétude, Abailard passa le reste de ses jours dans un calme égal aux troubles dont ils avaient été jusqu'alors agités. Tous ses moments libres furent partagés entre la prière, l'étude et des conférences que l'abbé le chargeait de faire de temps en temps à la communauté. Dans le cours de ces exercices, une infirmité qui lui survint obligea de l'envoyer, pour changer d'air, au prieuré de Saint-Marcel de Chalons-sur-Saône. Il parut d'abord s'y mieux porter ; mais le mal, s'étant renouvelé, l'emporta le 21 avril de l'an 1142, dans la soixante-troisième année de son âge. Les religieux l'inhumèrent dans l'église, sous (26) une tombe où ils firent graver les deux vers suivants :

Est satis in tumulo, Petrus hic jacet Abælardus,
Cui soli patuit scibile quidquid erat.

Pierre le Vénérable, mandant sa mort à Héloïse, ne craint pas de le comparer à saint Martin et à saint Germain, deux modèles, dit-il, qu'il égala, l'un par son humilité profonde, l'autre par son extrême pauvreté : *In tantum ut nec Germanus abjectior, nec ipse Martinus bene discernenti pauperior appareret.* Son âme, ajoute-t-il, ne méditait, sa bouche ne proférait, sa conduite n'annonçait que des choses divines, savantes et vraiment philosophiques : *Mens ejus, lingua ejus, opus ejus semper divina, semper philosophica, semper eruditoria meditabatur, docebat, fatebatur.*

Héloïse, sensible, comme il est aisé de se l'imaginer, à la perte qu'on lui apprenait, ne négligea rien pour s'acquitter de ce qu'elle devait à la mémoire de son époux. Elle demanda que son corps fût transporté au Paraclet, comme il l'avait désiré. Ce point lui fut accordé, malgré les oppositions des religieux de Saint-Marcel. Elle demanda de plus l'absolution du défunt, formalité qu'on croyait importante alors et pour ce monde-ci et pour l'autre. L'abbé de Cluni la lui fit expédier en ces termes (27) : *Ego Petrus Cluniacencis abbas, qui Petrum Abælardum in monachum recepi, et corpus ejus furtim delatum Heloisæ abbatissæ et monialibus Paracleti concessi, auctoritate omnipotentis Dei et omnium sanctorum absolvo eum pro officio ab omnibus peccatis.* Cette formule, suivant l'usage du temps, fut attachée au tombeau d'Abailard.

Les gens de lettres partagèrent les regrets d'Héloïse. Nous avons cinq épitaphes (28) qu'ils composèrent en l'honneur d'Abailard (29).

§ II. — *Ses ouvrages imprimés.*

Toute la vie d'Abailard ne fut que celle d'un savant occupé continuellement à disputer, enseigner ou

---

(23) Otto Fris. De gest. Frid., l. I, c. 48.
(24) Vie d'Abail., t. II, p. 141.
(25) Petr. Clun., l. IV, ép. 4.
(26) Elle a disparu depuis un siècle.
(27) L. IV, ép. 545.
(28) La première est de Pierre le Vénérable. La seconde, qu'on croit être du même auteur, se trouve à la suite de la première dans l'Apologie d'Abailard, par Damboise, vers la fin. La troisième, qui est d'un auteur inconnu, a été publiée par D. Bernard Pez, p. 22 de la préface du troisième tome de ses Anecdotes. La quatrième, composée par Philippe Harveng, est à la p. 801 de ses œuvres ; elle a pour titre : *Epitaphium Magistri Petri*, et commence par ce vers : *Lucifer occubuit, stellæ radiate minores.* On ne peut douter qu'elle ne concerne Abailard par toutes les grandes qualités qu'elle prête à son héros. La cinquième, sans nom d'auteur, est rapportée par Rawlinson au commencement de son édition des lettres d'Abailard.
(29) Nicer. t. IV, p. 19.

écrire. Comme il se piquait d'un savoir universel, il n'y eut aucun genre de littérature en honneur de son temps où il ne cherchât à se distinguer. La diversité des ouvrages que cette espèce de polymathie a produits, fournirait, si tous étaient venus jusqu'à nous, sept ou huit classes. Nous en ferons cinq de ceux dont le public est en possession.

La première comprendra ses lettres à Héloïse et aux religieuses du Paraclet, avec celle qui donna occasion à ce commerce. La seconde, ses autres lettres à différentes personnes; la troisième, ses sermons; la quatrième, ses commentaires sur l'Ecriture; la cinquième, ses œuvres théologiques.

I° Abailard étant de retour à Saint-Gildas, après avoir cimenté l'établissement de la communauté du Paraclet, s'avisa d'écrire, en forme de lettre à un ami l'histoire de ses malheurs. Là il reprend les principaux événements de sa vie depuis sa naissance jusqu'aux persécutions réelles ou supposées qu'il éprouvait alors de la part de ses moines. C'est une espèce d'apologie où les louanges de l'auteur, les injures et les calomnies contre ses adversaires, sont répandues avec une égale profusion. Si nous avons puisé dans cette source, faute d'une meilleure, les principaux faits qui le concernent, nous nous sommes bien gardés d'admettre la plupart des circonstances dont il les accompagne, à moins qu'elles ne soient appuyées sur des monuments plus certains.

II° Héloïse était trop prévenue en faveur d'Abailard pour se garantir des impressions d'un pareil écrit. Le hasard l'ayant fait tomber entre ses mains, elle le lut avec l'attendrissement et la crédulité qu'un aveugle dévouement peut inspirer. Jusqu'alors n'ayant point encore reçu de lettre d'Abailard, elle n'avait osé le prévenir. Mais dès qu'elle apprit que sa vie était en péril, elle se hâta de rompre le silence pour lui témoigner le vif intérêt qu'elle prenait à son état. Sa lettre commençait par des plaintes sur ce que, connaissant l'étendue de son attachement, il avait négligé, depuis leur première séparation, d'user envers elle du seul moyen qui représente les amis absents. La suite était un épanchement de cœur sur les malheurs présents et passés de son époux.

Abailard, dans sa réponse, l'assure que son silence n'est point l'effet de la négligence, encore moins de l'oubli, mais plutôt de la ferme persuasion où il était qu'elle pouvait aisément se passer de ses conseils. Il la remercie du nouveau gage d'amitié qu'elle lui donne en s'associant par les sentiments du cœur à ses afflictions. Mais il la prie de ne pas borner sa compassion à de stériles gémissements. C'est à implorer pour lui l'assistance divine qu'il l'exhorte; et à ce sujet, il lui fait un assez bel éloge de la prière. Il prouve en particulier, par des exemples tirés de l'Ancien et du Nouveau Testament, l'efficace de celle des femmes pour les personnes qui leur sont chères, des épouses pour leurs maris. Enfin il conjure Héloïse et ses filles d'avoir soin, lorsqu'elles apprendront sa mort, qu'il laisse entrevoir comme prochaine, de faire transporter son corps au Paraclet; « afin, dit-il, qu'ayant mon tombeau sous les yeux, ce spectacle les invite à prier avec plus de ferveur pour le repos de mon âme. *Ut filiæ nostræ, imo in Christo sorores, sepulcrum nostrum sæpius videntes, ad preces pro me Domino fundendas ampliùs invitentur.* »

III° Cette lettre avait pour but de consoler Héloïse; les paroles qui la terminent ne firent qu'envenimer sa douleur. Croyant toucher au moment de son veuvage, cette épouse désolée adressa de nouvelles plaintes encore plus vives et plus touchantes que les premières à l'objet de sa tendresse. C'est là qu'elle montre l'état de son âme à découvert. Mais, pour ne toucher ici que ce qui peut servir à faire entendre la réplique de notre auteur, nous nous contenterons d'indiquer les quatre chefs sur lesquels roule ce lamentable écrit. D'abord elle se plaint d'avoir été nommée la première par son supérieur et son maître dans la suscription de sa réponse. C'était en effet l'usage alors de mettre le nom de la personne la plus qualifiée le premier dans ces sortes de formules. Celle dont Héloïse se plaint, était conçue en ces termes: *Heloissæ dilectissimæ sorori suæ in Christo P. Abælardus frater ejus in Christo.* Elle lui reproche en second lieu de se plaire à l'accabler non-seulement par le récit des maux qu'il endure actuellement, mais encore par l'annonce d'un malheur à venir, dont l'idée seule est insoutenable pour elle. Troisièmement, elle rejette les louanges qu'il lui donne, comme en étant indigne, avouant que toute sa conduite n'est que dissimulation, et couvre un cœur déréglé sous les apparences de la vertu. Enfin, rappelant dans le quatrième chef, la catastrophe qui termina leurs amours, elle ose accuser le ciel à cet égard d'une double injustice: 1° pour avoir vengé le crime de deux coupables sur un seul; 2° pour avoir exercé cette vengeance dans le temps que ce crime était réparé par la satisfaction la plus complète.

IV° Abailard tâche d'apporter dans sa seconde lettre le remède à ces quatre plaies du cœur d'Héloïse. 1° Il justifie la suscription dont elle se plaignait, par le rang sublime où elle est parvenue en passant des bras d'un misérable mortel au lit nuptial du Monarque des cieux. Il l'avertit que l'habillement noir dont elle est revêtue, loin de la déparer aux yeux de cet époux, la rend semblable à l'Ethiopienne du Cantique, dont la couleur basanée avait attiré les regards et fixé les inclinations du roi. Il entasse des raisons mystiques et même physiques pour éclaircir cette comparaison. Mais parmi les dernières, il en est quelques-unes où ce zélé directeur laisse apercevoir les traces de ses anciennes idées mondaines. Il satisfait au second reproche en faisant ressouvenir Héloïse qu'elle lui avait elle-même demandé en grâce de ne lui rien cacher de sa situation présente. « Pourquoi donc, dit-il, me faire un crime de vous avoir déclaré mes peines, après les instantes prières que vous m'avez faites de ne point vous les céler ? Vous conviendrait-il, au reste, de passer vos jours dans la joie, tandis que les miens sont exposés aux plus grands périls?. Voulez-vous n'être avec moi de moitié que pour le plaisir, et me laisser la tristesse tout entière? Non, rien ne distingue mieux les vrais amis des faux, que l'empressement des premiers à partager nos infortunes, tandis que les autres ne veulent partager que nos prospérités. Supprimez donc ces discours frivoles, et mettez fin à des reproches qui ne partent pas des entrailles de la charité. ». Sur le troisième chef, Abailard félicite Héloïse de s'estimer indigne de louanges, pourvu qu'elle parle avec franchise, et ne cherche pas réellement des contradicteurs. Il fait voir, en répondant au quatrième, que la peine de son incontinence était juste comme proportionnée au crime, et salutaire par les avantages qui en ont résulté. Il reconnaît qu'étant le plus coupable des deux, il a mérité que la vengeance tombât sur lui seul. Il conjure Héloïse de ne pas méconnaître la grâce que Dieu lui avait faite à elle-même en la préservant des effets de sa justice pour ne lui faire sentir que ceux de sa clémence. « Rappelez-vous, lui dit-il, ma très-chère sœur, de quels filets la bonté divine s'est servie pour nous pêcher dans la mer orageuse du siècle où nous étions plongés; quelle sainte violence elle nous a faite pour nous retirer du fond de l'abîme qui nous avait engloutis. Alors vous verrez que, bien loin de nous plaindre, nous devons nous appliquer spécialement l'un et l'autre cette parole du Prophète: *Le Seigneur prend soin de moi; le salut de mon âme lui est cher.* Pouvez-vous en effet penser au péril dont nous avons été délivrés (et vous devez y penser continuellement), sans être pénétrée de la plus vive reconnaissance? Ah ! n'oubliez jamais et ne cessez même de publier, avec les actions de grâces les plus éclatantes, les merveilles que Dieu a faites en notre faveur. Consolez ainsi par notre exemple les coupables qui désespèrent du pardon, et apprenez à tous ce qu'ils doivent se promettre d'une humble et fervente prière, en voyant deux pécheurs endurcis qui ont été comme forcés à recevoir de si grands bienfaits. Entrez encore plus avant dans la profondeur des desseins adorables de Dieu sur nous. Considérez avec quelle charité paternelle il a fait servir ses châtiments à notre correction, avec quelle sagesse il a employé les mains des méchants mêmes pour nous faire quitter l'impiété, avec quelle industrie merveilleuse il a opéré par la plaie d'une seule partie de mon corps la guérison de nos deux âmes. Comparez l'état déplorable où nous étions avec la manière dont nous en sommes sortis, la maladie avec le remède. Voyez ce que nous méritions, et admirez dans le pardon que nous avons reçu l'ineffable bonté dont il est émané. » Il finit par le conjurer de ne plus l'importuner par de semblables plaintes, à moins qu'elle ne veuille renoncer à son amitié.

Héloïse, arrêtée plutôt que convaincue par ces remontrances, n'osa répliquer. Pouvant encore moins se taire, elle choisit des sujets plus assortis au goût d'Abailard, et en même temps plus utiles et plus édifiants, pour lui écrire. Dans la lettre qui suivit immédiatement celle-ci, elle lui demandait, au nom de sa communauté, deux choses. La première de les instruire de l'origine des religieuses et de l'autorité de leur profession; la seconde de leur composer une règle propre et particulière à leur sexe, celle de saint Benoît n'ayant point été faite, dit-elle, pour des filles, et renfermant plusieurs choses qui ne peuvent convenir qu'à des hommes. Abailard fut extrêmement flatté de ces demandes qui lui donnaient occasion, l'une d'étaler son érudition, l'autre de faire preuve de sa sagesse et de son expérience dans la conduite des âmes. Il fit deux réponses successives à Héloïse pour satisfaire séparément aux deux objets de sa lettre.

V° La première est une espèce de dissertation dans laquelle il fait remonter l'origine de l'état monastique à la naissance du christianisme, et lui donne Jésus-Christ même pour fondateur. Il dit d'abord que l'on en trouve une ébauche dans la vie des prophètes, dans celle des réchabites, dans ce grand nombre de veuves qui vivaient dans le temple entièrement séparées du monde, consacrées au Seigneur, occupées jour et nuit de son culte, appliquées au jeûne, à la prière et à tous les exercices qui forment une vie sainte. Mais, laissant l'âge de la loi qui ne produit rien de parfait, il s'arrête à celui de la grâce pour y montrer, aussitôt qu'il commença, l'établissement de la vie religieuse dans sa dernière perfection. « C'est alors, dit-il, que nous voyons Jésus-Christ rassembler autour de lui des personnes de l'un et de l'autre sexe, pour leur faire observer sous sa conduite les pratiques essentielles de la vie monastique. Ce divin maître voulut tracer lui-même le plan d'un genre de vie si saint, afin que les hommes et les femmes qui voudraient s'y consacrer dans la suite, trouvassent dans son institution et l'autorité suréminente et le modèle accompli de leur profession. Là, réunies avec la communauté des apôtres et des disciples, de saintes femmes ayant la mère du Seigneur à leur tête, après avoir renoncé à toute propriété pour ne posséder que Jésus-Christ, ont exactement rempli ce qu'il prescrit à tous ceux qui veulent entrer dans une société religieuse : Si quelqu'un ne renonce pas à tout ce qu'il possède, il ne peut être mon disciple. » Après la publication de l'Évangile, notre auteur voit l'institut monastique suivre les progrès de la religion chrétienne. L'Église de Jérusalem n'est selon lui qu'une grande société de moines de l'un et de l'autre sexe. Les thérapeutes de l'Égypte la représentent, dit-il, d'une manière encore plus sensible. De là il descend au temps des premiers empereurs chrétiens, et montre sous leurs règnes de nombreuses colonies de religieuses établies jusque dans les plus affreux déserts. Dans tout le cours de cette lettre, qui est fort longue, Abailard sème avec profusion les louanges des femmes pieuses, et surtout des vierges dont il relève le mérite par les prérogatives qu'elles ont reçues de Jésus-Christ, par les éloges que les Pères leur ont donnés, et par un grand nombre de traits historiques recueillis des auteurs ecclésiastiques et même des écrivains profanes.

VI° Les religieuses du Paraclet lurent sans doute avec complaisance un écrit où l'on renchérissait sur tout ce qui s'était dit jusqu'alors de plus magnifique en l'honneur de leur sexe et de leur état. Abailard mit le comble à leur satisfaction en leur envoyant peu après la règle qu'elles lui avaient demandée. Celle de saint Benoît et les Constitutions de Fontevrauld font la base de cet écrit où il y a quantité d'excellentes choses avec quelques singularités. L'auteur veut, sur le plan de Fontevrauld, qu'il y ait un monastère d'hommes voisin de celui des filles, pour vaquer à leurs affaires extérieures, et leur administrer les secours spirituels. Il réduit le nombre des officières à sept, dont il marque les fonctions en détail. Parlant de la portière : Elle n'accordera pas, dit-il, aux hommes l'entrée du monastère sans la permission de l'abbesse. Pour les femmes, elle ne leur en fera aucune difficulté. L'abbesse ou quelque autre sœur de sa part laveront les pieds aux pauvres qui en auront besoin. Cette pratique était donc encore en usage au XII° siècle.

Abailard défend de placer dans l'église aucune image en bosse ou relief. Il permet seulement de mettre sur l'autel une croix de bois ornée, si l'on veut, de la figure du Sauveur. Il prescrit aux sœurs trois communions par an, savoir : à Pâques, à la Pentecôte et à Noël. Pour remplir dignement, dit-il, cette importante obligation, elles s'y disposeront par trois jours de jeûne au pain et à l'eau ; dès le premier desquels elles auront soin de purifier leur conscience par une humble et exacte confession.

Touchant les aliments, il permet l'usage de la viande trois fois la semaine, et tâche de prouver que cette indulgence en faveur du sexe n'est point contraire aux anciennes règles. Depuis l'équinoxe d'automne jusqu'à Pâques les sœurs, attendu la brièveté des jours, ne feront qu'un seul repas; mais elles ne changeront pas de nourriture, excepté les jours d'absence déterminés par l'Église.

Les vêtements seront conformes à l'humilité de leur profession. Il y aura une distinction pour les vierges après qu'elles auront reçu la consécration de la main de l'évêque. Ce sera une croix qu'elles porteront brochée sur le voile au haut de la tête, afin qu'à la vue de cette marque respectable, les hommes soient détournés de jeter aucun regard libre sur elles.

Enfin, l'article par où finit cette règle a pour objet l'Écriture sainte dont on recommande la lecture, non une lecture rapide et superficielle, mais une étude sérieuse et approfondie.

VII° Notre auteur avait tellement à cœur ce dernier point, qu'il en fit le sujet particulier d'une nouvelle lettre adressée aux religieuses du Paraclet. Il y trace, d'après saint Jérôme, la méthode qu'on doit suivre dans ce genre d'étude. Au latin il veut, ainsi que ce Père, qu'on joigne la connaissance du grec et de l'hébreu, pour entendre le texte sacré dans sa pureté originale. Il cite les exemples des Paule, des Eustochium, des Aselle et de tant d'autres dames romaines qui devinrent, en pratiquant ce qu'il propose, si célèbres par leur érudition. « Ce ne sont pas seulement, dit-il, des vierges chrétiennes et des veuves, mais des femmes même engagées dans les embarras du mariage que je vous offre pour modèles. Pourquoi donc ne pratiqueriez-vous pas dans le loisir et la tranquillité de votre solitude ce que d'autres ont su allier avec le commerce et les occupations tumultueuses du siècle? Vous êtes d'autant moins fondées à vous en dispenser, qu'il ne vous manque aucune des facilités nécessaires pour réussir. Car, outre le secours des livres, vous avez dans votre supérieure une maîtresse capable de vous instruire et de vous servir de guide par la connaissance qu'elle a des trois langues. Profitez, je vous y invite, du trésor qui est entre vos mains. Hâtez-vous d'y puiser des richesses que les hommes ont laissé perdre, et faites en sorte que par vos soins on voie revivre, à la gloire de votre sexe, la science si importante et aujourd'hui si négligée des saintes lettres. »

VIII° Quelque difficile que dût paraître à des filles ce qu'Abailard proposait, sa lettre ne souffrit aucune contradiction. Les religieuses du Paraclet s'appliquèrent avec un zèle merveilleux à faire usage de ses avis. Elles réussirent au delà de ses espérances. Des l'année suivante elles lui attestèrent leurs progrès par un recueil des endroits les plus épineux des livres saints, qu'elles lui envoyèrent sous le titre de *Problèmes* pour en avoir la solution. Ces difficultés sont au nombre de quarante-deux. Abailard ne tarda pas d'y répondre. On peut juger du mérite de ses solutions par les deux exemples suivants :

Les religieuses demandaient comment on doit entendre ce que dit l'apôtre saint Jacques, que *quiconque viole la loi dans un point, est coupable de tous*. Abailard répond que ce qui constitue la loi, ce sont tous les commandements réunis ; qu'ainsi celui qui aurait gardé toute la loi à la réserve d'un seul commandement, est coupable de n'avoir pas gardé tous les commandements, lesquels joints ensemble forment ce qu'on nomme la loi.

Pourquoi, demandaient-elles encore, le Sauveur, en instituant le sacrement de l'Eucharistie, n'a-t-il pas dit : *Ceci est mon corps*, le corps du Nouveau Testament, comme il a dit : *Ceci est mon sang, le sang du Nouveau Testament*? Ne semble-t-il pas attribuer par là plus de mérite à son sang qu'à sa chair ? Le corps que nous recevons dans le sacrement, répond Abailard, est l'humanité que Jésus-Christ a prise dans le sein de la Vierge. Or, l'humanité par elle-même n'a point scellé le Nouveau Testament. Car le testament, comme le dit saint Paul, n'a lieu qu'après la mort, étant sans force tant que le testateur est vivant. C'est donc la passion de Jésus-Christ, c'est l'effusion de son sang par laquelle il a terminé sa vie mortelle, qui a imprimé le sceau irrévocable au testament qu'il a fait en notre faveur. Ainsi ce qu'il a dit de son sang, il n'a pas dû le dire de son corps, pour ne pas confondre le commencement et la consommation de notre salut.

IX° Enfin la dernière lettre d'Abailard à Héloïse renferme une profession de foi relative aux erreurs qu'on lui avait imputées au concile de Sens. Il adressa dans le même temps au public un autre écrit semblable, dont nous parlerons dans la suite.

X° Parmi ses autres lettres adressées à différentes personnes, la première, dans l'ordre chronologique, est celle qu'il écrivit à l'évêque de Paris pour faire face aux accusations du fameux Roscelin contre sa doctrine. Le nom de l'accusateur n'y est point exprimé ; mais il est facile de le reconnaître aux traits dont il le dépeint. Celui de l'auteur et celui de l'évêque ne sont désignés dans l'imprimé que par les lettres initiales P. et G : sur quoi D. Rivet (*Hist. lit.* t. VIII, p. 464), d'après du Boulai, le P. Pagi, et D. Mabillon, prétend que la première ne doit point s'entendre de Pierre Abailard, et que la seconde ne marque ni Galon ni Girbert, qui tinrent successivement le siège de Paris depuis l'an 1104 jusqu'en 1124. Mais les raisons de ces critiques s'évanouissent à la vue du manuscrit du roi, coté 2923, où cette lettre porte en titre : *Pætri Abælardi epistola*. Dès qu'on a le nom de l'auteur, celui de l'évêque à qui elle est adressée n'est plus une énigme. C'est visiblement Girbert qui siégeait effectivement lorsque le premier écrit d'Abailard sur la Trinité parut. Voici le précis en substance de cette lettre. J'apprends, dit Abailard, qu'un homme connu par ses erreurs sur la Trinité, dont il ne craint pas de faire trois dieux, et par la flétrissure qu'elles lui ont méritée, se dispose à vous dénoncer comme hérétique l'ouvrage que j'ai composé sur le même sujet dans la vue principalement de réfuter ses opinions. Si cela est, et qu'il en vienne à l'effet, je vous supplie de vouloir bien m'assigner un temps et un lieu convenables pour entrer en dispute réglée devant vous et en présence de personnes savantes avec mon dénonciateur. Il rappelle ensuite quelques aventures odieuses de celui-ci, comme d'avoir été chassé d'Angleterre pour des calomnies avancées contre saint Anselme, de s'être attiré en France la haine des gens de bien pour une lettre où il déchirait le bienheureux Robert d'Arbrisselle ; d'avoir reçu la discipline dans le chapitre de Saint-Martin de Tours pour quelques discours aussi peu mesurés. Il finit par dire qu'il n'est nullement surpris de voir sortir des erreurs de la bouche d'un homme qui a porté l'extravagance jusqu'à soutenir cette proposition, savoir, que lorsqu'il est dit que Jesus-Christ mangea une partie de poisson, cela doit s'entendre d'une partie non de la chose, mais du mot qui sert à l'exprimer.

XI° Abailard, après son évasion de Saint-Denis, écrivit de Provins à son abbé pour rétracter l'opinion qu'il avait hasardée touchant l'apôtre des Gaules. Dans cette lettre il s'applique à prouver que Bède, qui lui avait auparavant servi de guide, s'est mépris en confondant saint Denis l'Aréopagite avec saint Denis de Corinthe. Cela est manifeste, dit-il, puisque le dernier n'est mort que sous l'empire de Marc-Aurèle, c'est-à-dire vers le milieu du II° siècle : ce qu'il démontre par différentes autorités. Il prétend de plus, mais sans fondement, que Bède a depuis révoqué cette opinion dans son Commentaire sur les Actes des apôtres. C'est à quoi se réduit cette lettre dont le succès ne répondit pas aux espérances de l'auteur. L'abbé Adam n'en demeura pas moins irrité contre lui, ni moins ferme à exiger qu'il revînt à Saint-Denis.

XII° Le zèle d'Abailard pour l'honneur de sa profession éclate dans une lettre écrite à un chanoine régulier qui voulait élever son ordre au-dessus de l'état monastique. Nous n'avons rien qui désigne la date précise de cet écrit, ni le nom de l'adversaire auquel il est adressé. Quelques-uns (50) pensent que c'est à saint Norbert que l'auteur en veut ; mais ils n'en donnent aucune preuve. Quoi qu'il en soit, Abailard avait déjà quelques années de profession, lorsqu'il repoussa les attaques du chanoine régulier. A l'égard des moyens qu'il emploie, comme le public ne s'intéresse que très médiocrement à cette dispute, nous nous contenterons de renvoyer à l'ouvrage même ceux qui auront envie de les connaître. Observons seulement qu'il n'y aurait aucune vraisemblance à dire que les Bénédictins ont tiré de là, dans ces derniers

(50) Nicer. t. IV, p. 13.

temps, ce qu'ils ont avancé de plus fort dans leurs Mémoires contre les chanoines réguliers pour la préséance aux États de Bourgogne. Un moderne (31), aux yeux de qui rien n'est médiocre dans les productions d'Abailard, a néanmoins osé l'assurer. Mais, à vue de pièces, il est aisé de se couvaincre du contraire.

XIII° Abailard ne prit pas avec moins de chaleur les intérêts de sa chère dialectique contre ceux qui décriaient cet art comme une source d'illusions. Sa quatrième lettre est destinée à réfuter un de ces censeurs. Il le compare au renard de la fable, qui, ne pouvant grimper sur un cerisier, témoignait du dégoût pour les cerises, et du mépris pour ceux qui en mangeaient. Prenant ensuite le ton sérieux, il s'étudie à faire sentir la différence de la vraie dialectique et de la fausse. Il relève la première autant qu'il déprime la seconde ; mais il prétend qu'un bon théologien doit posséder l'une et l'autre, afin d'être en état, dit-il, de faire de bons raisonnements, et de résoudre les sophismes des ennemis de la vérité.

XIV° Un sujet assez léger, et dont la médiocrité ne valait pas la peine de disputer, échauffa la bile d'Abailard contre l'abbé de Clairvaux, plusieurs années avant la grande querelle qui les divisa. Voici le fait. Saint Bernard, s'étant rencontré au Paraclet en l'absence d'Abailard, s'aperçut que l'abbesse changeait un mot dans l'Oraison Dominicale en la récitant à la fin des Vêpres, suivant la règle de saint Benoît. Car au lieu de dire, à la manière ordinaire, *panem nostrum quotidianum*, elle disait *panem nostrum supersubstantialem*. Le saint lui fit une petite réprimande sur cette singularité. Héloïse et ses religieuses, ne manquèrent pas d'en informer le Père spirituel à son retour, Abailard écrivit aussitôt une lettre fort aigre à saint Bernard pour défendre ce changement qu'il avait lui-même suggéré. Sa défense consiste à prétendre que le terme *supersubstantialem*, énoncé dans saint Matthieu, doit être préféré à celui de *quotidianum* employé dans saint Luc, pour deux raisons : 1° parce que le suffrage du premier, qui avait appris l'Oraison Dominicale de la propre bouche du Sauveur, l'emporte sur celui du second qui ne la tenait que des apôtres; 2° parce que le terme ἐπιούσιον, qu'on lit à l'endroit contesté dans le texte grec de l'un et de l'autre évangéliste, est mieux rendu par *supersubstantialem* que par *quotidianum*. Mais comme cela ne satisfait point au reproche d'innovation, il a recours à la voie de récrimination pour s'en laver. Il accuse à son tour l'ordre de Cîteaux d'avoir introduit dans la célébration de l'office divin plusieurs usages qui lui sont particuliers, tels que de chanter en tout temps aux Nocturnes, sans distinction de fêtes, la même hymne, *Æterne rerum conditor;* d'avoir supprimé les mémoires des saints à la fin des Laudes et des Vêpres; d'avoir presqu'entièrement aboli les processions; de chanter l'*Alleluia* depuis la Septuagésime jusqu'au commencement du Carême; de dire aux Nocturnes l'*Invitatoire* avec la *doxologie* pendant les trois derniers jours de la semaine sainte, toutes pratiques, selon lui, ridicules, et beaucoup moins excusables que le petit changement qu'il avait fait à l'Oraison Dominicale. L'historien d'Abailard (32) n'hésite pas à lui donner gain de cause dans cette dispute, où l'on ne voit pas que saint Bernard ait jugé à propos de répliquer. Cependant il est certain que les religieuses du Paraclet, mieux avisées, abandonnèrent par la suite une singularité qui marquait plus d'affectation que de véritable piété.

XV° Nous partagerons les sermons d'Abailard ou Conférences monastiques, en deux parties, dont la première comprendra les trente-deux discours qu'il fit pour le Paraclet, plus un sermon sur saint Étienne que les éditeurs ont rangé parmi ses lettres. La seconde renfermera trois autres écrits qu'il paraît avoir aussi prononcés de vive voix.

1° Abailard, dans un prologue, dit à Héloïse, qu'après avoir achevé le livre des Hymnes et des Séquences qu'elle lui avait demandé, il s'est hâté de lui donner un nouveau gage de son affection, en composant, pour l'édification de ses filles, des sermons sur les principales fêtes de l'année; que, dans ce travail, au lieu de s'étudier à répandre les fleurs de la rhétorique sur les sujets qu'il traite, il n'a pensé qu'à donner une explication claire et simple du texte sacré; que cette méthode lui a paru plus assortie à l'esprit de la véritable éloquence, qui veut que l'orateur se proportionne toujours à la capacité de ceux qui l'écoutent. L'idée qu'Abailard donne de ses sermons est exacte. Ce sont en effet des homélies très-simples, mais assez solides, dans lesquelles il s'attache à développer le sens de divers passages de l'Écriture, sans se mettre beaucoup en peine de la suite et de la liaison du discours. Dans plusieurs il adresse la parole à ses frères; ce qui fait voir qu'il les avait débitées à Saint-Gildas. Cependant il n'y attaque aucun de ces vices énormes dont il les accuse dans l'histoire de ses malheurs. Est-ce ménagement charitable ? Est-ce crainte de calomnier des innocents ? On en pensera ce qu'on voudra. Mais voici un exemple frappant de sa hardiesse à décrier ses adversaires les plus irréprochables, lorsqu'il croyait pouvoir le faire impunément.

« Nous avons vu dernièrement, dit-il dans le 31° sermon, avec un étonnement mêlé d'indignation et de mépris, Norbert et Farsit, le compagnon de son apostolat, faire d'inutiles efforts pour opérer le grand miracle de la résurrection. Après s'être prosternés, et avoir prié longtemps en cette posture, nous les avons vus se relever aussi peu avancés qu'auparavant. Alors, pleins d'effronterie, loin de rougir de leur mauvais succès, ils ont osé s'en prendre aux assistants dont l'incrédulité, disaient-ils, avait empêché l'effet de leur foi vive et inébranlable. Artifice usé de tous ceux qui s'engagent témérairement dans de semblables entreprises! Pitoyable défaite de gens qui n'ont aucune excuse valable à produire ! Il est vrai que par là quelquefois ils réussissent à tromper les simples. Mais, suivant le témoignage de la Vérité, rien n'est si caché qui ne se découvre à la longue. Pour nous, jamais les fourberies de ces charlatans ne pourront nous en imposer. Nous les connaissons toutes; et pour n'en citer qu'un trait, nous savons comment ils s'y prennent pour guérir de petites fièvres et d'autres légères infirmités. Leur adresse en cela consiste à mêler subtilement dans les aliments qu'on donne aux malades, certains remèdes conformes à leur état, puis de faire sur eux des prières et des bénédictions. Alors, quoi qu'il arrive, ils sont en sûreté. La guérison s'ensuit-elle, on ne manque pas de l'attribuer à leurs mérites. Le coup est-il manqué, c'est le peu de foi des malades qui en est cause. » C'est ainsi qu'Abailard se venge du soin que saint Norbert prenait de prémunir les fidèles contre le danger de sa doctrine.

2° Trois expositions forment la seconde partie de ses Conférences. L'une a pour objet l'Oraison Dominicale, l'autre le Symbole des apôtres, et la dernière celui qui porte le nom de saint Athanase. Il est certain que la seconde fut prêchée le jour de l'octave de Pâques. Les deux autres le furent vraisemblablement en d'autres occasions.

(31) Gerv. Vie d'Abel. t. I, p. 271.
(32) Id. ibid t. II, l. IV, n° 8.

XVI° Du grand nombre de Commentaires qu'Abailard a composés sur l'Ecriture sainte, il n'y en a que deux qui soient entre les mains du public. Le premier, divisé en cinq livres, roule sur l'Epître aux Romains; il est à la fois littéral, théologique et moral. L'auteur y suit pas à pas son texte, explique chaque phrase, et souvent chaque partie de phrase en particulier; montre ensuite, ou tâche de montrer (car il s'en faut bien qu'il soit toujours heureux dans ses gloses) le rapport d'une phrase à l'autre, l'ordre du discours de l'Apôtre, le progrès et l'enchaînement de ses preuves. De temps en temps il agite des questions de dogme et de morale qui naissent des passages qu'il examine. Ce sont ordinairement les endroits les plus scabreux de l'ouvrage. On découvre dans ses décisions les traces de la plupart des sentiments qui servirent depuis de matière à sa condamnation. On y aperçoit d'autres opinions qui, pour n'avoir pas essuyé de flétrissure, ne sont guère moins remarquables par leur singularité. Nous ne rapporterons que l'exemple suivant. A l'occasion de ces paroles de l'Apôtre, *La loi est sainte, le commandement est bon*, il fait une digression sur le caractère essentiel de la charité. « Le nom de charité, dit-il, ne convient point à un amour qui envisagerait en Dieu notre propre intérêt et la jouissance du bonheur éternel, amour d'où il résulterait que notre fin dernière serait en nous-mêmes, et non dans le souverain Etre. Ceux qui aiment de la sorte, méritent le nom d'amis de la fortune, et servent plutôt Dieu par un principe de cupidité que par un mouvement de la grâce. Pour être véritable et sincère, l'amour, suivant saint Augustin, doit être gratuit, c'est-à-dire qu'il doit rechercher son objet pour lui-même. Ce n'est donc point parce que Dieu nous donne des marques de son amour en nous faisant du bien, qu'il faut l'aimer ; mais parce qu'il mérite, quoi qu'il nous fasse, d'être aimé par-dessus toutes choses. Car la Vérité nous dit elle-même que, si nous n'aimons que ceux qui nous aiment, nous n'en recevrons aucune récompense..... Tel est cependant l'égarement de presque tous les chrétiens, qu'ils ne rougissent pas d'avouer que, si Dieu ne leur promettait aucune récompense, dès lors ils cesseraient de l'aimer. Humiliant aveu, conduite mercenaire ! Comme si, même en punissant, Dieu n'était pas toujours également aimable, puisque ses châtiments ne sont fondés que sur nos démérites ou sur quelque autre motif raisonnable qui, par cela même qu'il est juste, devrait plaire à tout le monde. »

Il s'objecte ensuite l'autorité de David qui dit avoir porté son cœur à garder les commandements du Seigneur en vue de la récompense, et celle de Jésus-Christ qui déclare bienheureux ceux qui se sont faits eunuques pour le royaume des cieux. Mais sur le texte du premier, il répond qu'il ne s'agit là que du commencement, et non de la perfection de la bonne vie. On commence, en effet, dit-il, par la crainte et l'espérance ; mais on finit par la charité, qui est le comble de la perfection. — A l'égard des paroles du Sauveur, ajoute-t-il, elles ne signifient point, à mon avis, que ceux qui gardent la continence doivent le faire par le désir du royaume des cieux ; mais, qu'en vivant de la sorte, ils mériteront d'y être admis. Ceux qui s'accommoderaient de cette doctrine, doivent au moins convenir, d'après l'auteur, qu'elle n'était pas commune de son temps; elle a été combattue par Hugues de Saint-Victor.

Le rang que ce Commentaire doit tenir dans la liste chronologique des œuvres d'Abailard est facile à marquer. Il est après son *Introduction à la Théologie* qui s'y trouve citée, et avant sa *Théologie morale* qu'il annonce comme prochaine, et où il promet d'éclaircir plusieurs questions qu'il ne fait ici que toucher en passant, c'est-à-dire qu'il fut composé au plus tôt dans le temps qu'Abailard enseignait au Paraclet.

XVII° Le second Commentaire qui a vu le jour, est sur la Genèse. Il fait partie du cinquième volume des *Anecdotes* de D. Martène et de D. Durand (p. 1363), sous le titre d'*Hexaméron*, qu'il porte dans le manuscrit du Mont-Saint-Michel, sur lequel il a été donné. L'ouvrage n'est pas entier, et ne va que jusqu'au dix-septième chapitre du texte sacré qui en est l'objet. Il est dédié à Héloïse, à la prière de laquelle Abailard dit l'avoir entrepris. Les éditeurs le regardent comme le dernier fruit de sa plume, fondé sur l'exactitude de sa doctrine et de ses expressions, surtout en ce qui a rapport aux erreurs dont il fut accusé dans le concile de Sens. L'auteur suit la même méthode dans ce commentaire que dans le précédent, si ce n'est que dans celui-là il fait un usage plus fréquent de l'allégorie. Plusieurs belles questions touchant la création des êtres divers y sont traitées avec assez de lumière et de précision. Tout n'y est pas néanmoins à l'abri de la censure.

Il est temps de passer à ses œuvres purement théologiques.

XVIII° *L'Introduction* (55) *à la Théologie* est son coup d'essai, suivant lui-même, dans les matières de religion. Jusque-là, dit-il, ses études avaient été resserrées dans les bornes de la philosophie ; mais les sollicitations de ses disciples lui firent prendre l'essor. Ils lui représentèrent qu'après s'être rempli l'esprit, et se avoir suffisamment imbus des connaissances que la théologie présuppose, après lavoir mis en main la clef du sanctuaire de la vérité, il était juste et convenable à sa profession qu'il tournât ses études vers des objets plus relevés, et les initiât eux-mêmes à cette science dont il leur avait frayé la voie par ses préceptes sur l'art de raisonner. « C'est pour céder, ajoute-t-il, à l'importunité plutôt qu'à l'équité de ces remontrances que j'ai entrepris d'exécuter, selon mes forces et avec l'assistance divine, ce qu'on ne cessait de me demander. Au reste, qu'on ne s'y méprenne pas, je ne m'engage point à représenter ici l'exacte vérité. Mon dessein est seulement de suivre l'intention de ceux à qui j'obéis, en exposant avec sincérité mes propres sentiments : *Non tam veritatem promittentes, quam opinionis nostræ sensum, quem efflagitant, exponentes.* »

Cette Introduction est partagée en trois livres, dont le premier renferme le précis de tout le traité. L'auteur fait consister l'économie entière de la religion en trois choses : la foi, la charité, les sacrements. Il promet de traiter en particulier de chacun de ces points ; mais il ne tient parole qu'à l'égard du premier, du moins n'avons-nous que ce qui concerne celui-ci. Toutes les vérités, dit-il, qu'embrasse la foi, regardent ou la nature de Dieu, ou sa conduite envers les créatures. Il n'y a qu'une seule nature divine, laquelle subsiste en trois personnes, le Père, le Fils et le Saint-Esprit. Quoique parfaitement égales, nulle de ces trois personnes n'est la même que l'une des deux autres, parce qu'avec une même nature, qui les

---

(55) Cet ouvrage a porté différents titres. C'est le même que saint Bernard appelle le *Livre des sentences* dans sa lettre 188 : *Legite, si placet, librum quem dicit Sententiarum.* D. Mabillon, dans son *Iter Germanicum*, dit avoir vu dans la bibliothèque de S. Emmeram, à Ratisbonne, un manuscrit qui contient les Sentences d'Abailard, qui est appelé *Bajolard*, divisées en trente-sept chapitres, qui ne sont autre chose que son *Introduction à la Théologie*.

rend parfaitement égales, elles ont des propriétés qui les caractérisent et les différencient. Le propre du Père est de n'être pas engendré, c'est-à-dire de ne tirer son origine que de lui-même; celui du Fils, d'être engendré du Père; celui du Saint-Esprit de procéder de l'un et de l'autre, sans que néanmoins, ni cette génération, ni cette procession renferment aucune idée de formation temporelle ou création. Or, comme autre chose est d'être non-engendré, autre chose d'être engendré, et enfin une troisième différence est de procéder simplement d'un principe engendré et d'un principe non-engendré, c'est une conséquence nécessaire de mettre une distinction réelle entre les personnes qui sont distinguées par ces trois propriétés. Tel est l'abrégé de la foi sur la Trinité. Tâchons maintenant, continue-t-il, de rendre sensible ce mystère, sinon par des raisons directes et évidentes, du moins par des exemples et des comparaisons.

Deux questions se présentent sur ce sujet. La première est de savoir ce que signifie cette distinction de personnes dans une seule nature divine, et pourquoi le même Dieu est appelé Père, Fils et Saint-Esprit. La seconde est de marquer avec précision la Trinité des Personnes dans une substance unique, indivisible, et de mettre ce dogme à l'abri des violents assauts que les philosophes ne cessent de lui livrer. Or voici notre pensée. Il nous semble que les noms des trois personnes expriment parfaitement la plénitude du souverain bien. Car la toute-puissance de Dieu, qui lui donne le pouvoir de faire tout ce qu'il veut, est désignée par le nom de Père ; la sagesse qui lui fait discerner infailliblement toute chose, est marquée par le nom de Fils ; et sa bonté envers les créatures, qui est la source du bel ordre qui règne dans l'univers, s'annonce par le nom de Saint-Esprit. Or, un être n'est point souverainement parfait, lorsque sa puissance est défectueuse par quelque endroit; il n'est point heureux en tout sens, lorsqu'il peut à certains égards se tromper ; il n'est pas absolument bon, lorsqu'il ne veut pas que toutes choses arrivent de la meilleure manière possible. Mais le concours de ces trois choses dans le plus haut degré, savoir, la puissance, la sagesse et la bonté, forme l'assortiment complet de tous les biens. Cependant ces attributs sous lesquels nous désignons chacune des trois personnes, ne leur sont pas tellement propres, qu'ils ne conviennent réellement aux autres suivant l'unité de nature. Il en faut dire autant de certaines actions que nous rapportons à l'une des trois personnes à cause des propriétés qui les différencient. Ainsi la puissance, la sagesse et la bonté, avec toutes les œuvres qui en proviennent, sont communes au Père, au Fils et au Saint-Esprit, sans qu'il s'ensuive de là qu'ils existent tous les trois de la même manière. En effet, le Père seul peut être Père, c'est-à-dire, non-engendré, le Fils seul a la propriété d'être engendré, et il n'appartient qu'au Saint-Esprit de procéder de l'un et de l'autre. Le développement de ces vérités ouvre une large carrière à la dispute, et nous met en état d'expliquer plus nettement la distinction des trois personnes de la Trinité. Car en considérant le Père comme non-engendré, nous trouvons que la toute-puissance lui convient d'une manière spéciale, puisque non-seulement il peut faire toute chose avec le concours des deux autres personnes, mais qu'il ne tient que de lui-même son existence et son pouvoir, tandis qu'il communique l'un et l'autre au Fils et au Saint-Esprit. Le Fils, en tant qu'engendré, nous représente une portion de cette puissance qu'il a reçue de son Père. Nous pouvons en effet très-bien dire que le Père a engendré par sa toute-puissance ; ce qui signifie que la sagesse est née de la toute-puissance, parce que la sagesse est elle-même une espèce de puissance, savoir, celle de discerner; mais non la plénitude et la totalité de la souveraine puissance. Voilà précisément en quoi le Père et le Fils diffèrent. Après avoir produit plusieurs passages des saints docteurs pour montrer que la puissance est attribuée au Père et la sagesse au Fils, l'auteur passe au Saint-Esprit, et s'applique pareillement à faire voir que la bonté et les dons qui en émanent, sont employés pour le caractériser. Son système ébauché de la sorte, il remet à lui donner la dernière main dans les livres suivants. Le reste de celui-ci, c'est-à-dire environ les deux tiers, est rempli par une digression où l'auteur s'efforce de prouver que toutes les nations avant le Messie ont eu connaissance du mystère de la Trinité. Il accumule là-dessus les autorités des philosophes les plus célèbres du paganisme ; et comme on pouvait lui objecter que Dieu, suivant l'Écriture, avait confondu la sagesse des sages du siècle, il prévient cette objection en soutenant que l'anathème dont on vient de parler souffre des exceptions ; qu'effectivement plusieurs philosophes ont eu des sentiments très-raisonnables sur la Divinité, qu'ils ont enseigné et mis en pratique les maximes de la plus pure morale, qu'enfin ils ont cru au Messie sur la foi de leurs Sibylles et des oracles répandus dans l'univers ; en sorte qu'il serait contre la raison de désespérer de leur salut (34).

Les contemporains d'Abailard étaient aussi peu disposés que nous à goûter l'étalage d'une érudition profane dans une matière qui en paraît si peu susceptible. Lui-même l'avait prévu. C'est pourquoi il emploie près de la moitié de son second livre à se justifier sur ce point. Il appelle en garantie saint Jérôme, saint Augustin et d'autres écrivains ecclésiastiques dont il rapporte les exemples et les témoignages, pour montrer l'estime et l'usage qu'ils ont faits des livres du paganisme dans les disputes de religion. « On convient de cela, me dira quelqu'un, ajoute-t-il ; mais à quoi bon faire de nouveaux écrits sur nos dogmes ? À quoi bon ? (c'est la réponse.) Eh ! jamais y eut-il de nécessité plus pressante qu'à présent d'écrire, assaillis comme nous le sommes, non-seulement par les Juifs et les païens, mais encore par des ennemis domestiques occupés à combattre la doctrine de l'Église ? » Parmi ces derniers il en désigne quatre, sans le nommer, qui présidaient, selon lui, à autant de sectes différentes. « Le premier, dit-il, qui dogmatise en France, a la témérité d'enseigner qu'avant l'Incarnation la foi au Messie n'était point nécessaire au salut; que le corps de Jésus-Christ a été formé dans les entrailles de la Vierge à la manière ordinaire, excepté que l'homme n'y a point concouru ; que le Père ayant engendré son Fils, qui lui est consubstantiel, il s'ensuit qu'il s'est engendré lui-même. Le deuxième, qui répand ses erreurs en Bourgogne, soutient que les trois propriétés qui distinguent les personnes divines, sont trois essences différentes, non-seulement de la nature divine, mais encore des personnes. » (C'est vraisemblablement un disciple de Roscelin ; mais non pas, comme Duchesne le suppose (35), Roscelin lui-même, car on ne voit pas que celui-ci ait enseigné dans la Bourgogne.) — « Le troisième, poursuit-il, tient sa chaire pestiférée dans l'Anjou. Il enchérit sur le second, osant affirmer que les propriétés même absolues, telles que la justice, la miséricorde, sont distinguées de la nature divine ; en sorte qu'il y aurait autant de choses différentes en Dieu qu'il y a de

---

(34) Ceux qui voudront savoir combien ces sortes de preuves et d'autres semblables produites depuis, sont futiles, peuvent lire la seconde partie de la belle préface qui est à la tête de la nouvelle édition de saint Justin.

(35) Abæl. Op., not.

perfections. » (Voilà l'erreur que Gilbert de la Porée a depuis enseignée: il n'en était donc pas l'auteur.) — « Enfin le quatrième, qui infecte le Berri, pousse la folie jusqu'à dire que Dieu peut se tromper, sur ce principe que les choses peuvent arriver autrement qu'il ne les a prévues. C'est à ceux qui trouvent mauvais qu'on écrive encore sur les matières de religion, à voir maintenant si toutes ces hérésies n'exigent pas qu'on prenne la plume pour les réfuter. »

Après cette espèce de justification, Abailard reprend le sujet qu'il avait entamé dans le premier livre. Il dit d'abord que les termes propres nous manquant pour exprimer la nature et les perfections divines, trop élevées pour que l'esprit humain puisse les comprendre, nous ne pouvons satisfaire aux questions qu'on nous propose à cet égard que par des tropologies et des comparaisons. Or, de toutes les comparaisons, la suivante lui paraît la plus propre à rendre sensible le mystère de la Trinité. Dans une pièce de cuivre, dit-il, où l'on grave l'image du prince pour l'imprimer sur la cire, on distingue deux choses dont les propriétés sont différentes, quoiqu'elles n'aient qu'une même essence, savoir, la matière et la forme qui composent un seul et même sceau. Appliquez cet exemple aux deux premières personnes de la Trinité. Comme le sceau naît en quelque sorte du cuivre, aussi le Fils tire son être de la substance du Père, et dans ce sens on dit qu'il est engendré. Or, nous avons dit ci-dessus que le nom du Père exprime la toute-puissance, celui du Fils la sagesse, qui n'est qu'une espèce de puissance. De même le sceau du cuivre n'est pas toute matière de cuivre, mais seulement une portion de cette matière, par où il répond à la puissance imparfaite du Fils. Ce sceau nous fournit encore l'idée de la procession du Saint-Esprit; et pour bien entendre ceci, remarquez d'abord la différence de procéder et d'engendrer. Elle consiste en ce que celui qui est engendré, participe à la substance du Père; au lieu que celui qui procède simplement, n'y participe point. Or, la bonté, qui fait le caractère du Saint-Esprit, ne renferme l'idée d'aucune puissance, mais exprime seulement le mouvement et les effets de l'amour. Cette troisième personne n'est donc point de la substance du Père, et par conséquent elle ne tire point son origine de lui par voie de génération; mais elle procède du Père et du Fils, parce que l'amour procède de la puissance et de la sagesse. Cela posé, j'envisage maintenant dans le sceau de cuivre une troisième propriété, distinguée de la matière et de la forme. C'est l'action de sceller ou d'imprimer sur une autre matière plus molle la figure et l'image qu'il représente : action qui procède du sceau, mais qui n'est pas néanmoins de sa substance. La première de ces trois propriétés engendre la seconde, et le concours de l'une et de l'autre produit la troisième. Ainsi le Fils naît du Père dont il est appelé dans l'Ecriture la forme, l'image, la figure de sa substance; et l'un et l'autre produisent le Saint-Esprit, qui est leur action commune, action dont l'effet spécifique est de graver en nous l'empreinte de la puissance et la sagesse divine, et d'en réparer, au moyen des grâces dont l'Esprit-Saint est le distributeur, les traits effacés par le péché. Cette explication paraît à notre auteur également propre à confondre les hérétiques et à ramener les Grecs schismatiques qui ne rapportent qu'au Père la procession du Saint-Esprit. Après une assez longue dispute contre ces derniers, il termine son second livre, et couronne les preuves de son système par l'autorité des philosophes, s'efforçant de persuader que tout ce qu'ils ont dit de l'âme du monde, doit s'entendre du Saint-Esprit.

Le troisième livre est entièrement destiné à traiter des attributs essentiels et absolus de la Divinité. « Sur la toute-puissance, dit notre auteur, on propose ordinairement cette question, savoir si Dieu peut faire autre chose que ce qu'il fait, et s'il peut le faire meilleur qu'il n'est? »

Abailard se déclare pour la négative, qu'il étaye des raisons suivantes. 1° Toute sorte de bien étant également possible à Dieu, puisqu'il n'a besoin que de sa parole pour faire usage de son pouvoir, il se rendrait nécessairement coupable ou d'injustice ou de jalousie, s'il ne faisait pas tout le bien qu'il peut faire. 2° Il ne fait et n'omet rien sans une raison suffisante et très-bonne. Tout ce qu'il fait donc, il le fait parce qu'il convenait qu'il le fît; et tout ce qu'il ne fait pas, il l'omet parce qu'il y avait inconvénient à le faire. On m'opposera, dit-il, qu'il était également convenable que Dieu fît ou ne fît pas ce qu'il a fait. Mais on ne fait pas attention qu'entre raisonnable et déraisonnable, il y a la même contradiction qu'entre faire et ne point faire. Si donc il a raison de faire une chose, il est contre la raison qu'il s'en abstienne. Abailard se propose une seconde objection dont il avoue qu'il est plus difficile de se tirer. « Un réprouvé, dit-il, peut se sauver : or, cela ne peut arriver que par la volonté de Dieu. Par conséquent Dieu peut faire quelque chose qu'il ne fait pas. Je réponds, dit-il, que cette proposition, *un réprouvé peut se sauver*, n'est vraie que par rapport à la créature, laquelle étant muable de sa nature, est également capable de salut et de damnation. Mais la proposition est fausse par rapport à Dieu, parce qu'il répugne à sa nature de faire quelque chose qui déroge à son infinie perfection, et par conséquent de faire ce qu'il ne conviendrait pas qu'il fît. Cela peut s'éclaircir par des exemples. Une voix peut être entendue, quand même il n'y aurait personne pour l'entendre, ou que tous les hommes seraient privés de l'ouïe. Un champ est susceptible de culture, même dans la supposition qu'il n'y aurait point de bras pour le cultiver. Quelques-uns néanmoins, avouant que Dieu choisit toujours les voies les plus parfaites pour arriver à son but, s'imaginent qu'il peut faire les choses en un autre temps qu'il ne les fait. Mais cela est absurde dans un être qui doit toujours agir de la manière la plus convenable, et produire ce qui est le plus à propos en toute occasion. Et qu'on ne dise pas que, si Dieu ne peut en tout temps faire tout ce qu'il fait, il en résulte qu'il n'a pas toujours la même puissance, et qu'en tout temps il n'est pas tout-puissant. Car il est certain que la détermination du temps ne regarde que l'acte et non le pouvoir. Autre chose est en effet de dire : Je puis faire cela dans un tel temps, autre chose de le faire actuellement. Au moment où je parle, j'ai le pouvoir de me taire. Cependant parler et me taire sont deux actes que je ne puis joindre ensemble, ni exercer dans le même temps. Ainsi pour connaître si quelqu'un a le pouvoir de faire une chose, il n'est pas nécessaire qu'on puisse supposer qu'il l'exécute actuellement; mais il suffit d'être assuré qu'il l'exécutera quand il le voudra. Or, il est certain que Dieu peut faire tout ce qu'il veut, puisque rien ne résiste à sa volonté. C'est la raison pour laquelle, suivant saint Augustin, il est appelé tout-puissant. Mais comme il est infiniment sage, il ne peut rien vouloir à contre-temps : d'où il résulte qu'il place chaque événement dans le moment le plus convenable à la perfection de l'univers. » Voilà l'optimisme dont on voudrait faire honneur à la philosophie moderne, exposé par notre auteur avec l'art le plus capable de faire impression. Abailard même ne s'en attribue point l'invention ; mais il reconnaît l'avoir puisé dans les écrits des platoniciens. Il a de plus la sincérité d'avouer que ni les Pères ni les docteurs de son temps n'étaient favorables à cette opinion. *Licet hæc nostra opinio*, dit-il, *paucos aut nullos habeat assentatores*, « *et plurimum dictis sanctorum, et aliquantulum a ratione dissentire videatur*. Hugues de Saint-Victor fut, *comme on l'a vu*, l'un de ses principaux adversaires sur ce point, et nous avons rendu compte des moyens que cet écrivain emploie pour mettre en poudre ce système aussi faux en lui-même que pernicieux dans ses suites.

Abailard parle ensuite de l'immortalité de Dieu, de sa sagesse, de sa science. Ce qu'il dit sur chacun de ces attributs, n'offre rien que de conforme à l'analogie de la foi. Il prouve fort bien que ce qu'on nomme le hasard, entre dans les desseins de la Providence. Touchant l'accord de la prescience divine avec la liberté de la créature, il se fait deux objections; mais il ne répond qu'à la première, et l'ouvrage en demeure là dans l'imprimé. D. Martène (36) témoigne qu'il n'en a rencontré la suite dans aucun manuscrit. Ma.s Oudin (37) assure qu'elle existe dans la bibliothèque de Bodlei sous ce titre : *Petri Abœlardi Introductionis ad Theologiam libri tertii supplementum.*

XIX° L'*Introduction à la Théologie* ayant été condamnée de la manière que nous l'avons dit, au concile de Soissons, Abailard, sans en abandonner les principes, prit le parti de la refondre et de faire reparaître son système sous un autre titre. C'est ce qu'il exécuta dans le traité qui a pour titre : *De la Théologie chrétienne.* Il est divisé en cinq livres, dont le premier est le même en d'autres termes que le premier de l'*Introduction.* Dans le second, l'auteur s'élève contre les Chrétiens qui trouvent mauvais qu'on emploie l'autorité des sages du paganisme dans les matières de religion. Le troisième renferme : 1° une invective contre les sophistes qui n'admettent dans nos mystères que ce qui est conforme à la raison; 2° un abrégé de la foi sur la Trinité; 3° des objections contre ce mystère; 4° des observations sur tous les sens qui peuvent convenir aux termes de *semblable*, de *différent* et de *personnes.* L'auteur emploie dans le quatrième toutes les ressources de sa dialectique pour résoudre les objections qu'il s'était proposées dans le précédent. Le cinquième et dernier n'est qu'une répétition du troisième de l'*Introduction.*

On ne peut douter, après cet exposé, que ce ne soit l'un de ces deux écrits, ou plutôt les deux ensemble, qui tombèrent entre les mains de Guillaume de Saint-Thierri, et dont toute la différence, comme il le marquait à saint Bernard (38), était que l'un resserrait quelquefois ce que l'autre avait étendu, ou étendait ce qu'il avait resserré. *Duo autem tunc erant libelli idem pene continentes, nisi quod in altero plus, in altero minus aliquando inveniretur.* Pour le temps où le dernier fut composé, nous conjecturons qu'Abailard y mit la main dans son abbaye de Saint-Gildas, et qu'il ne le rendit public qu'après son abdication. Car alors, comme l'observe le même Guillaume (39), délivré de ses plus redoutables adversaires que la mort avait enlevés, il crut trouver le champ libre pour débiter impunément ses opinions (40).

XX° Le traité de morale intitulé, *Scito teipsum, Connais-toi toi-même* (41), succéda de près à la *Théologie chrétienne* qui s'y trouve citée, et dont il peut être regardé comme la suite et le couronnement. Abailard (c. 1) partage les mœurs en vertus et en vices. Il distingue le péché du vice, en ce que le vice est un penchant vers le mal, et le péché un consentement donné à ce penchant. L'âme dit-il (c. 3), est le siége du péché. C'est là qu'il se consomme, et l'action extérieure n'y ajoute rien ; en sorte qu'il est égal de faire ou de ne pas faire le mal, lorsqu'on y a consenti dans son cœur. Les plaisirs des sens par eux-mêmes sont indifférents. La défense connue d'en user en fait tout le mal. Il n'en est pas de l'œil divin comme du nôtre (c. 7), qui ne s'attache qu'aux œuvres, et néglige les actes intérieurs de la volonté. Dieu, au contraire, n'a égard qu'à l'intention dans ses récompenses et ses châtiments; parce qu'elle est comme la pierre de touche de la vérité de nos actions, lesquelles, par elles-mêmes, et séparées de l'intention, peuvent être communes aux bons et aux méchants.

Cela étant, il est d'une extrême importance pour nous de savoir d'où vient la malice et la bonté de l'intention. Pour résoudre cette question, l'auteur donne la définition suivante du péché (c. 12, 13, 14). Le péché, dit-il, consiste à faire ce que nous jugeons contraire à la volonté divine, et par conséquent renferme un mépris formel de Dieu. Donc, tout ce qui se fait contre les lumières de la conscience est vicieux, et réciproquement ce qui est conforme à ces mêmes lumières est exempt de péché. Cependant Jésus-Christ sur la croix a prié son Père de pardonner aux Juifs, parce qu'ils ne savaient ce qu'ils faisaient; et saint Etienne a pareillement demandé pour ses persécuteurs que son martyre ne leur fût point imputé à péché. Abailard tâche d'éluder la force de cette objection, en distinguant diverses acceptions du terme de *péché.* Il s'entend quelquefois, dit-il, de la victime qu'on offre pour le péché, comme lorsqu'il est dit de Jésus-Christ qu'il a été fait péché pour nous. Il se prend aussi pour la peine due au péché. Ainsi l'on dit encore de Jésus-Christ qu'il a porté nos péchés, parce qu'il en a subi la peine. Enfin le nom de péché s'applique aux œuvres du péché. Or il est à remarquer que la peine n'est pas toujours la suite et la preuve du péché proprement dit. On le voit dans l'exemple de ce prophète qui, ayant été envoyé pour prêcher contre Béthel, fut tué à son retour par un lion pour avoir violé la défense que Dieu lui avait faite de manger sur sa route. Car, quelle pouvait être sa faute d'avoir cru, sur la parole d'un autre prophète comme lui, que Dieu avait révoqué cette défense purement arbitraire ? On peut donc être innocent et mériter néanmoins une peine temporelle, pour avoir commis par ignorance l'œuvre du péché. Sur ce principe nous ne craignons pas d'assurer que ceux qui ont persécuté par ignorance et de bonne foi Jésus-Christ et les siens, n'ont commis l'œuvre du péché; bien moins criminels en cela que s'ils leur avaient fait grâce en résistant aux mouvements de leur propre conscience : *Sic et eos quos persequendos credebant, per operationem peccasse dicimus; qui tamen gravius culpam peccassent, si contra conscientiam eis parcerent.* Voilà le péché philosophique.

Abailard cependant, effrayé des conséquences de cette doctrine, semble vouloir revenir sur ses pas. Il ne veut pas qu'on infère de ses principes que l'infidélité ne ferme pas toujours l'entrée du ciel ; et la raison qu'il en donne, c'est qu'il suffit pour être damné de ne pas croire en Jésus-Christ, quand même cela partirait, dit-il, plutôt de l'ignorance que d'une malice réfléchie. Voilà pour les plaies de notre âme. L'auteur en examine ensuite le remède qu'il fait consister en trois choses, la pénitence, la contrition et la satisfaction. Il traite de chacune séparément, mais plutôt en déclamateur qu'en théologien. Parlant des mar-

---

(36) *Anecd.* t. V, p. 1363.
(37) *Script.* t. II, p. 1169.
(38) Bern. Op. t. III, ep. 326.
(39) *Emortuis quippe omnibus pene doctrinæ ecclesiasticæ magistris, quasi in vacuam rempublicam Ecclesiæ domesticus irruens inimicus singulare sibi in ea magisterium arripuit, agens in Scriptura divina quod agere solebat in dialectica.*
(40) Ibid.
(41) Pez. *Anecd.* t. III, p. 675.

ques de repentir que les usuriers et les concussionnaires donnaient à l'heure de la mort, il invective contre l'avarice des confesseurs qui, au lieu de les porter à restituer le bien mal acquis, leur conseillaient d'acheter des messes. Je dis acheter, répéte-t-il, car on fait de la chose la plus sainte le commerce le plus honteux. Le prix en est taxé comme d'une marchandise ordinaire. On paie un denier pour une messe, et quarante pour un annuel: *In quo quidem mercimonio præfixum apud eos pretium esse constat, pro una scilicet missa denarium, et pro annuali quadraginta.* Ce trait, indépendamment de ce qu'on peut y blâmer, prouve l'antiquité de l'honoraire pour les messes, et le soin qu'on avait pris dès lors de le fixer, pour prévenir l'abus qui pourrait en naître. A l'occasion des indulgences, dont il blâme l'usage trop fréquent, il traite du pouvoir des clefs. Il semble d'abord contester ce pouvoir aux mauvais prélats; mais en suivant le fil de son raisonnement, on voit qu'il ne parle que du pouvoir de discernement, et non de celui de juridiction. Il faut avouer cependant qu'il n'est ni exact dans ses expressions, ni ferme dans ses principes. C'est le vice dominant de tout l'ouvrage, où l'on aperçoit un auteur continuellement embarrassé, marchant à tâtons, et tombant souvent en contradiction avec lui-même, faute d'avoir suffisamment étudié le sujet qu'il traite.

XXI° Nous donnerons, pour dernier écrit théologique d'Abailard, sa *Confession de foi*, dressée après le concile de Sens, pour dissiper les nuages que le jugement de cette assemblée avait répandus sur sa doctrine. Cette pièce, ainsi que la dernière lettre à Héloïse, n'est qu'un simple exposé des sentiments de l'auteur par rapport aux articles qu'on lui avait objectés, sans invectives et sans raisonnements. Sur quelques-uns de ces articles il se défend de les avoir jamais enseignés. Sur les autres il s'accuse tacitement en se bornant à professer la doctrine qui leur est diamétralement opposée. Au commencement et à la fin il conjure les fidèles de ne point se laisser prévenir par de faux bruits, et de le regarder comme le plus soumis des enfants de l'Eglise. On a confondu mal à propos cet écrit avec son *Apologie*. Nous ferons voir la différence de l'un et de l'autre en parlant de ces écrits perdus.

§ III. — *Ses ouvrages manuscrits.*

Il s'en faut bien, et peut-être n'est-il pas à souhaiter, que tous les écrits d'Abailard soient entre les mains du public. Une grande partie, sans parler de ceux qui sont perdus, est restée manuscrite en divers dépôts tant nationaux qu'étrangers. Tout ce qu'on a droit d'exiger de nous à la rigueur est un simple mais exact dénombrement de ces monuments obscurs. Nous ne nous en tiendrons pas néanmoins à cette obligation si scrupuleusement, que nous n'ajoutions de temps en temps quelques remarques, lorsque la chose en vaudra la peine.

Ces productions se réduisent à quatre classes, Œuvres philosophiques, Commentaires sur l'Ecriture, Traités théologiques, et Vers.

Dans la première sont :

I° Un Commentaire sur les Topiques d'Aristote, lequel existe dans la bibliothèque du roi (n. 7493) sous titre : *Glossæ Abælardi in Topica.*

II° Quatre ouvrages conservés dans la bibliothèque de Saint-Victor, dont le premier est intitulé : *Petri Peripatetici libri quatuor Categoriarum, sive super prædicamenta Aristotelis.* Le second : *Petri Peripatetici Analyticorum liber primus et secundus.* Le troisième : *Petri Peripatetici liber Divisionum.* (Ce même livre se trouve dans la bibliothèque de Saint-Germain-des-Prés.) Le quatrième : *Petri Peripatetici liber Definitionum.*

III° Un manuscrit de la bibliothèque du Mont-Saint-Michel renferme les deux ouvrages suivants : 1° *Tractatus Abaillardi de intellectibus.* 2° *Ejusdem Abaillardi Physica Aristotelis.*

VI° Dans un autre manuscrit de la même bibliothèque on trouve, *Petri Abailardi sermo de generatione et corruptione. Item de intellectibus et speculationibus.* Mais ce dernier écrit est le même que le premier du précédent manuscrit.

V° A la bibliothèque Ambrosienne de Milan se voient, *Petri Abailardi in Porphyrii universalia, in predicamenta, in libros Perihermenias.*

VI° L'ouvrage inscrit *Petri Abælardi Scholarius*, se garde en celle du roi d'Angleterre parmi les manuscrits de la bibliothèque Jacobéenne (42).

VII° D. Martène dit (43) avoir vu à l'abbaye de Tamiés, en Savoye, un manuscrit avec cette inscription : *Petri Abælardi de universalibus et singularibus ad Olivorium filium suum tractatus.* Cet ouvrage ne paraît pas différer de la Logique de notre auteur, puisque Jean de Sarisbéry témoigne que les philosophes du XII° siècle renfermaient toute la logique dans le *Traité des Universaux.* On le chercherait inutilement aujourd'hui à Tamiés. On n'y en voit plus que le titre dans un ancien catalogue. Il n'est pas non plus à la bibliothèque de Saint-Germain des Prés, quoique Oudin (44) et D. Montfaucon mettent parmi les manuscrits de celle-ci une Logique ou Dialectique d'Abailard. Mais il doit se rencontrer dans quelque autre dépôt, car Duchesne avait promis de donner au public ce traité qu'il avait entre les mains.

VIII° Le traité philosophique de Morale, ayant pour titre : *Petri Abælardi Ethica*, fait partie des manuscrits de Thomas Gale, Anglais (45). Il est divisé en deux livres, dont un fragment du second se trouve dans les manuscrits d'Antoine Vood (46).

IX° Notre auteur avait composé un traité d'Arithmétique dont le titre était : *Petri Abælardi Rhythmomachia.* M. Le Beuf (47) dit que ce traité, qu'il n'a connu que par un catalogue de Richard Fournival, daté du XIII° siècle, ne se retrouve plus, à moins que ce ne soit celui de Saint-Victor coté n. 620.

Les Commentaires non imprimés d'Abailard sur l'Écriture sainte composent deux volumes qui sont à la bibliothèque du roi. Le premier renferme une explication des psaumes; le second, des éclaircissements sur toutes les épîtres de saint Paul.

Ses œuvres théologiques sont :

---

(42) Catal. mss. Angl. p. 4, n. 8670.
(43) *Voyage lit.* p. 244.
(44) *Script.* t. II, p. 1172.
(45) Catal. mss. Angl. p. 4, n. 6087
(46) Ibid., n. 8615.
(47) *Dissert. sur Paris*, t. II, p. 87.

1° Le fameux ouvrage intitulé *Sic et non*, l'un des trois qui donnèrent le plus de prise a ses adversaires contre lui. On le voit à la bibliothèque du Mont-Saint-Michel et dans celle de Marmoutiers. D. Montfaucon et D. Martène (48) l'avaient aussi vu parmi les manuscrits de Saint-Germain des Prés. Le dernier assure même l'avoir examiné soigneusement dans le dessein d'en faire part au public, dessein qu'il abandonna, dit-il, après avoir reconnu que ce livre était plus propre à scandaliser les fidèles qu'à les édifier. Mais cet exemplaire a disparu depuis, à moins que ce ne soit ou celui de Marmoutiers, ou celui du Mont-Saint-Michel, qui était alors en dépôt à Saint-Germain, et qu'on aura renvoyé depuis. L'ouvrage est trop important pour ne pas mériter qu'on en donne au moins une legère notion. D. Gervaise, qui ne l'a jamais connu que par le titre, en parle avec l'assurance d'un homme qui l'aurait parcouru d'un bout à l'autre, et avec la prévention d'un partisan déterminé d'Abailard.

Dans un long prologue, où le dessein et le but de ce traité sont expliqués, l'auteur commence par dire que bien qu'on rencontre dans les écrits des Pères un grand nombre de contrariétés, il n'est pas néanmoins permis de les juger témérairement, ni de les mépriser, encore moins de les condamner. « Ne nous étonnons point, dit-il, si n'ayant pas l'esprit qui a conduit leur plume, nous n'avons pas la clef de plusieurs de leurs expressions dont l'usage est aboli ou changé. D'ailleurs le même terme a souvent diverses significations; et comme chacun abonde en son sens, chacun a aussi sa façon particulière de s'énoncer. » Il donne ensuite des règles de critique pour discerner d'où viennent les contrariétés qui se trouvent quelquefois dans les écrivains sacrés, et à plus forte raison dans les auteurs ecclésiastiques. Ces règles sont judicieuses et exactes. Abailard rapporte divers endroits des Pères, où, reconnaissant humblement qu'ils peuvent se tromper, ils prient les lecteurs de les excuser. Les Rétractations de saint Augustin ne sont point oubliées. Abailard finit son prologue par ces paroles : *His itaque prælibatis, placet, ut instituimus, diversa sanctorum Patrum dicta colligere, prout occurrerint memoriæ, aliqua ex dissonantia quam habere videntur, quæstionem continentia quæ teneros lectores ad maximum inquirendæ veritatis studium provocent et acutiores in executione reddant. Hæc quippe primæ sapientiæ clavis definitur, assidua scilicet seu frequens interrogatio ; ad quam quidem toto desiderio amplectendam philosophus ille omnium perspicacissimus in prædicamento ad aliquid studiose adhortatur, dicens :* Fortasse autem difficile est de hujusmodi rebus confidenter declarare, nisi pertractatæ sint. Dubitare autem ad singulis non erit inutile. Dubitando autem ad inquisitionem venimus... *Unde placuit huic operi nostro, quod ex sanctorum dictis compilavimus, in unum volumen congregatis, decretum Gelasii de authenticis libris præscribere, quo videlicet sciatur nihil nos hic ex apocryphis induxisse. Excerpta etiam Retractationum B. Augustini adjunximus, ex quibus appareat nihil hic ex his quæ ipse retractando correxit, positum esse.* Ce Prologue est une assez bonne preuve du savoir d'Abailard. Il serait à souhaiter que, fidèle aux règles qu'il venait d'établir, il se fût appliqué à remplir dans le cours de l'ouvrage les engagements qu'il avait pris. Mais, au lieu d'une bonne critique propre à lever les contrariétés apparentes des Pères, on ne voit qu'un tissu de leurs passages respectifs, qui paraissent se combattre, soit pour le fond des sentiments, soit pour les expressions. Ces passages roulent sur la foi, la Trinité, l'Incarnation et les sacrements. Chaque article montre plusieurs Pères comme aux prises les uns avec les autres. On dirait qu'Abailard doutait lui-même de leur unanimité sur des points aussi essentiels, et qu'il voulait porter ses lecteurs à en douter. Mais écartons un soupçon aussi injurieux, et croyons plutôt qu'il n'avait d'autre dessein que de faire une vaine parade de son érudition.

2° Deux Conférences ou disputes, l'une d'un philosophe avec un Juif, l'autre d'un philosophe avec un Chrétien. Ces deux pièces font partie des manuscrits de Thomas Barlow, évêque de Lincoln (49), et de ceux de Thomas Gale (50). La seconde se trouve encore dans la Bibliothèque Jacobéenne (51).

3° *Abælardi doctrina*. Il n'y a que ceux qui ont eu accès dans la bibliothèque de Henri Langlei (52), où ce traité se rencontre, qui puissent dire s'il est différent ou non de l'*Introduction à la Théologie*, et de la *Théologie chrétienne*.

4° *Petrus Abælardus de vera essentia Dei et de fide catholica*. Nous devons dire la même chose de celui-ci qui est inventorié dans le Catalogue des manuscrits du même Henri Langlei, et dans celui de la cathédrale d'York (53).

5° *Petri Peripatetici de sacramento altaris*. Il en est fait mention dans le Catalogue des manuscrits du roi de Sardaigne (54) ; et celui des manuscrits de la cathédrale d'York l'annonce pareillement (55).

6° *Petri Abælardi Elucidarius*. A l'article de saint Anselme nous avons parlé d'un ouvrage inscrit *Elucidarium*, qui se trouve dans l'Appendix de la dernière édition de ses œuvres. Dom Martène (56) avait vu dans l'abbaye de Fontaines, au diocèse de Tours, ce même ouvrage avec le nom d'Abailard, et dans un autre manuscrit de l'abbaye de Clairvaux, suivant le témoignage du même critique, il est attribué à Angeld de Montléon. Nous avons prouvé qu'il appartient à Honoré d'Autun. Reste néanmoins encore à savoir s'il est le même que l'*Elucidarius* inscrit du nom de notre auteur dans l'inventaire de la bibliothèque Jacobéenne (n° 8207). C'est ce que nous ne sommes pas en état de décider.

7° Un discours sur la conception de la sainte Vierge, que l'on conserve à la bibliothèque des Jésuites de Bordeaux, suivant le témoignage de Possevin (57) : *Ejus oratio*, dit-il, *de conceptione B. Virginis exstat Burdigalæ apud nostros e monasterio Sylvæ-majoris in eo tractu obtenta. Dubitatur tamen num sit eadem quam multos ante annos Lovanii edidit Rescius Petro Comestori ascripta. Nec enim simul eas conferre potuimus.*

Les ouvrages poétiques de notre auteur qui ont échappé au naufrage des temps sans avoir encore vu le jour, sont :

---

(48) *Anecd.*, t. V, p. 1362.
(49) Catal. mss. Angl. p. 2, n. 2592.
(50) Ibid. p. 4, n. 6086.
(51) Ibid. p. 4, n. 8206.
(52) Ibid. p. 4, n. 6954.
(53) Ibid. p. 4, n. 42.
(54) P. 281, cod. 881.
(55) Mss. Angl., p. 4, n. 6954.
(56) *Thes. anecd.* t. V, p. 1362.
(57) *Script.* t. II, p. 232.

1° Des vers à son fils Astralabe sous ce titre : *Petri Abælardi versus elegiaci ad Astralabium filium suum de moribus et vita pia ac proba.* M. Richard Widmore, garde de la bibliothèque Cottonienne, où ils se conservent dans la classe de Vitellius, a bien voulu nous en envoyer les douze premiers dont nous ferons part à notre tour au public.

> Astralabi fili, vitæ dulcedo paternæ,
>   Doctrinæ studio pauca relinquo tuæ.
> Major discendi tibi sit quam cura docendi;
>   Hinc aliis etenim proficis, inde tibi.
> Cum tibi defuerit quod discas, discere cessa;
>   Nec tibi cessandum duxeris esse prius.
> Disce diu, firmaque tibi, tardaque docere,
>   Atque ad scribendum ne cito prosilias.
> Non a quo, sed quid dicatur, sit tibi curæ :
>   Auctori nomen dant bene dicta suo.
> Ne tibi dilecti jures in verba magistri,
>   Nec te detineat doctor amore suo.

II° Une complainte en prose sur le malheur de Dina, fille de Jacob. Cette pièce est à la bibliothèque Vaticane dans un manuscrit du XIII° siècle. En voici le commencement que Mgr le cardinal Passione' a eu la bonté de nous faire copier.

> Abrahæ proles, Israel nata, patriarcharum sanguine clara,
> Incircumcisi viri rapina, hominis spurci facta sum præda;
> Generis sancti macula summa, plebis adversæ ludis illusa.
>   Væ mihi miseræ per memet proditæ!
> Quid alienigenas juvabat me cernere?
> Quam male sum cognita volens has cognoscere
>   Væ mihi miseræ per memet proditæ!

Il est à remarquer que dans le manuscrit cette prose ou séquence destinée à être chantée dans l'église, se trouve notée à la manière du temps, c'est-à-dire, en points ronds, sans lignes ni clefs, et en notes carrées ou losangées comme les nôtres.

§ IV. — *Ses écrits perdus, douteux et supposés.*

L'ouvrage d'Abailard le plus considérable qui ait été la proie du temps, est son *Apologie*. Tous les critiques jusqu'à présent l'ont confondu mal-à-propos avec sa *Confession de foi*, dont nous avons rendu compte ci-dessus. Pour se convaincre de la différence de ces deux pièces, il n'y a qu'à les comparer ensemble sur ce que les auteurs contemporains nous apprennent de la première. D'abord celle-ci, selon le témoignage d'Othon de Frisingue (58), commençait par ces mots : *Ne juxta Boetianum illud proœmiis nihil afferentibus tempus teratur, ad rem ipsam veniendum est, ut innocentiam meam ipsa rerum veritas potius quam verborum excuset prolixitas.* L'autre au contraire débute ainsi : *Notum proverbium est : Nihil tam bene dictum, quod non possit depravari.* D'ailleurs cette dernière est orthodoxe, comme nous l'avons fait voir, et pleine de modération ; au lieu que l'*Apologie*, suivant l'idée que nous en donne Guillaume de Saint-Thierri (59), dans la réfutation qu'il en a faite, était également répréhensible, et par le ton d'aigreur et d'insolence que l'auteur y prenait contre ses adversaires, et par le fonds des choses qui n'était rien moins que conforme à l'analogie de la foi.

On ne trouve plus la moindre trace du Commentaire sur Ezéchiel que notre auteur avait entamé à Laon, lorsqu'il s'ingéra d'y faire des leçons de théologie, et qu'il dicta depuis dans l'école de Paris. Si l'admiration que cet ouvrage excita du temps d'Abailard pouvait nous servir de règle, nous aurions un juste sujet d'en regretter la perte.

Certaines gens sont aujourd'hui beaucoup plus sensibles à la perte de ses poésies, surtout de ses chansons, dont l'objet le plus ordinaire était sa chère Héloïse. On ne rappellera pas ici les moyens qui ont été employés ci-devant pour montrer que ces chansons étaient en langage vulgaire ou romance, et non pas en latin. Les autres fruits de la veine d'Abailard dont la connaissance est venue jusqu'à nous, étaient un livre d'Hymnes et de Séquences qu'il avait composées pour le Paraclet (60).

Duchesne a publié, comme ayant fait autrefois partie de ce livre, une prose rimée sur le mystère de l'Incarnation. Il avoue néanmoins qu'elle est isolée et anonyme dans les manuscrits. Son garant, pour la mettre sur le compte d'Abailard, est le docteur Josse Clicthou (61). Mais celui-ci ne parle que sur la foi de Democharès (62) et d'Antoine Bellote (63), lesquels n'apportent d'autres preuves de leur sentiment que le bruit public qui la donnait à notre auteur. Il faut avouer que la pièce n'est pas indigne de lui. On la chantait autrefois dans plusieurs églises. Elle commence ainsi

> Mittit ad Virginem
> Non quemlibet angelum,
> Sed fortitudinem,
> Suum archangelum,
> Amator hominis.

On serait peut-être encore mieux fondé à lui adjuger une autre prose que nous avons ci-devant comptée parmi les œuvres d'Hildebert (*Hist. lit.* t. XI, p. 389), d'après son dernier éditeur, le P. Hommei

---

(58) *De gest. Frid.* cap. 49.
(59) *Bibl. Cisterc.* t. IV, p. 259.
(60) *Abæl. Op.*, p. 1136.
(61) *Elucid. eccles.*, c. 5.
(62) *Observ. Missæ celebr.*, c. 15.
(63) Ant. Bellote, *Observ. ad rit. Eccles. Laud.*, p. 414, n. 6.

et les Centuriateurs de Magdebourg. Elle roule sur le mystère de la Trinité, et porte le nom d'Abailard dans un ancien manuscrit de l'abbaye du Bec, d'où le P. Martène l'a tirée pour l'insérer dans le IXe tome de sa grande Collection (p. 1092-1097). Ajoutez à cela que l'auteur, après avoir expliqué d'une manière très-nette et très-précise la foi du mystère de la Trinité, proteste de la sincérité de sa croyance, comme un homme qui aurait donné occasion d'en douter. Ce qui semble beaucoup mieux convenir à notre auteur qu'à Hildebert, qui n'avait jamais donné prise sur lui par cet endroit. Quoi qu'il en soit, voici ses termes :

> Hoc est fides orthodoxa;
> Non hic error, sive noxa.
> Sicut dico, sic et credo,
> Nec in pravam partem cedo.

Les auteurs du nouveau *Gallia Christiana* (64) produisent aussi sous le nom d'Abailard un distique dont l'objet aurait pu fournir la matière d'un assez long poëme. Alphonse de Goulaine, disent-ils, seigneur puissant de Bretagne, ayant procuré la paix entre Philippe premier, roi de France, et Guillaume second, roi d'Angleterre, ces deux monarques par reconnaissance lui accordèrent le privilège de réunir leurs armoiries dans son écusson. Sur quoi, ajoutent-ils, Abailard fit les deux vers suivants :

> Arbiter hic ambos reges conjunxit amore;
> Et tenet illustris stemma ab utroque domus.

Mais on ne nous apprend pas d'où l'on a tiré ce distique. D'ailleurs (64*) est-il bien certain que les armoiries des rois de France et d'Angleterre remontent au delà du XIIᵉ siècle, comme il faudrait le supposer en admettant l'authenticité de ces deux vers, et du fait qu'ils énoncent ?

Nous sommes de l'avis des théologiens de Paris, auteurs de la censure qui est à la tête des œuvres d'Abailard, touchant le traité contre les hérésies, que Duchesne a inséré dans son édition. Ce livre, disent-ils, outre qu'il ne porte point le nom d'Abailard dans les manuscrits, ne représente ni la manière, ni le style, ni la subtilité de cet auteur. *Liber iste, ut in codice manuscripto Abælardi nomen haud præ se fert, ita neque ejus loquendi morem, stylum et acumen sapit.* C'est un traité contre les Albigeois, où l'on voit un écrivain beaucoup plus instruit des diverses opinions et pratiques de ces hérétiques, qu'on ne l'était du temps d'Abailard. Le style en est dur, sec, négligé ; nul ornement, nulle variété dans l'expression. La façon de disputer de l'auteur est d'opposer simplement des passages précis de l'Ecriture à chaque erreur qu'il fait passer en revue, sans y ajouter de raisonnement. Tous les chapitres, qui sont au nombre de dix-sept, commencent ou par ces mots, *Hæretici dicunt*, ou par ceux-ci, *Sunt quidam hæretici qui asserunt.* Ce qui prouve qu'il s'agit dans ce livre d'hérésies subsistantes, et non pas, comme le pense D. Gervaise, des hérésies anciennes sans aucun rapport au temps où l'auteur écrivait.

Abailard se vit accusé de son vivant d'être l'auteur d'un mauvais livre qui avait pour titre les *Sentences*. Nous lui donnons acte du désaveu qu'il en fait dans sa *Confession de foi*. Il est vrai que son *Introduction à la Théologie*, comme nous l'avons dit, a porté quelquefois cette inscription. Mais il y avait de son temps un autre ouvrage intitulé *Sententiæ divinitatis*, que l'on faisait courir sous son nom. Gautier de Saint-Victor, l'un de ceux qui lui attribuent celui-ci (65), nous en a conservé les premières paroles, qui sont tout ce qui en reste. Les voici : *Omnes sitientes, venite ad aquas : et bibite, amici mei, et inebriamini, charissimi.*

Nous ne nous arrêterons point à prouver que le *Roman de la Rose* est une production qu'on a mise autrefois très-gratuitement sur le compte d'Abailard. Tout le monde sait à présent que Guillaume de Lorris (66) et Jean de Meun en sont les véritables auteurs. D'Amboise a fort mal deviné lorsqu'il a dit que les amours d'Abailard et d'Héloïse sont l'objet de cette pièce. Cela n'a pas même l'air de vraisemblance.

§ V. — *Sa doctrine.*

D'après le compte que nous venons de rendre des ouvrages d'Abailard, on sent assez qu'il n'est pas possible de venger sa doctrine en tout point des censures dont elle a été flétrie. Reste par conséquent à faire connaître en détail les endroits où il s'est trompé réellement, et à caractériser la conduite de ses juges. Abailard était-il coupable de toutes les erreurs qu'on lui imputait ? La procédure qu'on a suivie dans son jugement, était-elle régulière ? Ce sont les deux objets qu'il s'agit maintenant de discuter.

Pour satisfaire à la première question, prenons en mains les quatorze articles censurés par le concile de Sens, en y joignant la réfutation de ces mêmes articles composée par saint Bernard (67). Ces deux pièces, rapprochées, comme on le voit dans la nouvelle édition de ce Père, se prêtent une lumière mutuelle, et facilitent l'intelligence de la décision.

La première proposition que l'abbé de Clairvaux relève dans notre théologien, fournit, suivant ce saint docteur, la clef de son système, et découvre le fondement sur lequel il élevait ses opinions. « La foi, lui fait-il dire, doit être dirigée par la lumière naturelle : car la marque d'un esprit léger est de croire trop facilement. Or, celui-là croit trop facilement, qui fait marcher la foi avant la raison. De quoi sert-il, en effet, de professer ce qu'on ne peut expliquer, et d'enseigner une doctrine qu'on n'est pas en état de rendre sensible à ceux qui nous écoutent ? » Ce ne sont pas là tout-à-fait les expressions d'Abailard ; mais il en emploie d'équivalentes (68) et même de plus fortes, jusqu'à prétendre qu'une vérité ne doit point

---

(64) Tom. VII, p. 595.
(64*) Voy. *Nouv. Trait. de Dipl.* t. IV, p. 578. et seq.
(65) Egass. Bul. t. II, p. 200.
(66) *Abæl. apologia.*
(67) Bern. Op. p. 640-657.
(68) *Cito autem credit, qui indiscrete atque improvide de his quæ dicunt, prius acquiescit quam hoc ei quod persuadetur, ignota ratione, quantum valet, discutiat. Quid prodest locutionis integritas quam non sequitur intellectus audientis ?*

être crue, parce que Dieu l'a dit, mais parce qu'on est convaincu que la chose est ainsi : *Nec quia Deus hoc dixerat, creditur; sed quia hoc sic esse convincitur, recipitur.* Voilà un principe qui doit mener loin; il en est de même du suivant.

« La foi, dit Abailard, est une estimation des choses qui ne tombent point sous les sens. C'est l'argument, suivant l'Apôtre, de ce qui ne paraît point. Or l'argument est la raison qui nous porte à croire une chose douteuse en elle-même (69). » De là saint Bernard infère qu'Abailard permet à la raison de s'élever contre la révélation ; qu'il l'autorise à revenir sur ce que l'Ecriture a décidé, qu'il rend au moins le doute compatible avec la foi. Ces conséquences sont naturelles, on ne peut en disconvenir. Cependant loin de les avoir constamment admises, on voit que l'auteur les a quelquefois combattues, même avec succès. Mais ce qu'il ne pouvait désavouer en aucun cas, sans saper par le pied sa nouvelle méthode, c'est que la foi n'est pas absolument au-dessus de la raison, que la première ne propose rien que la seconde ne soit en état d'expliquer, que toutes les deux peuvent également prononcer, l'une sur la réalité, l'autre sur la nature de nos mystères.

C'est par ces principes qu'Abailard préparait ses lecteurs à recevoir ses nouvelles explications de la Trinité. Nous les avons rapportés ci-dessus; il n'est plus question que de les apprécier.

Les comparaisons dont notre théologien se sert pour expliquer la distinction des personnes divines présentent deux faces également désavantageuses. Sous l'une on croit apercevoir le sabellianisme ; sous l'autre l'arianisme semble se montrer. Nous aimons à nous persuader (et ce n'est pas au reste sans preuves) qu'il est exempt de l'une et de l'autre de ces erreurs. Mais ce qu'on ne peut excuser en lui, c'est d'avoir brouillé réellement toutes les notions théologiques sur la Trinité. Où en est effectivement la théologie, quand on nous représente le Père comme ne produisant qu'une certaine puissance, qui est la sagesse, dans la génération du Fils, et l'un et l'autre ne produisant qu'une bonté dépourvue de puissance dans la procession du Saint-Esprit? N'est-ce pas même pécher contre les règles du raisonnement que de restreindre la toute-puissance au Père, sur ce que lui seul tient son existence et son pouvoir de lui-même? Comme si par la même raison, dit fort judicieusement S. Bernard, la sagesse et la bonté n'étaient pas également ses propriétés distinctives, puisqu'il les possède à pareil titre. Abailard, de plus, se contredisait dans les termes à l'occasion du Saint-Esprit, avouant d'une part qu'il est consubstantiel au Père et au Fils, et niant de l'autre qu'il soit leur substance. « Est-ce donc, reprend S. Bernard, que le Père et le Fils procèdent de la substance du Saint-Esprit? Mais si ni l'un ni l'autre ne se peut dire, que deviendra la consubstantialité? » Enfin il faisait, sans le vouloir, un être contingent de cette troisième personne, en lui donnant pour attribut spécifique la bonté qu'elle communique aux créatures, et en la représentant (70) comme l'âme du monde, ce qui donne à entendre qu'elle n'existe qu'autant qu'il y a des êtres créés. Quoi qu'en dise D. Gervaise (70*), il n'y a ni petite, ni grande distinction qui puisse sauver de pareilles absurdités.

Les théologiens modernes sont embarrassés pour fixer le sens de la proposition suivante. « Quoique nous accordions que Jésus-Christ est une troisième personne dans la Trinité, nous ne disons cependant pas que cette personne, qui est le Christ, soit une troisième personne de la Trinité. » Le P. Alexandre (71), suivi du plus grand nombre, n'y trouve qu'une subtilité de dialectique, exprimée en des termes favorables au nestorianisme. Mais D. Martène (72) y voit avec plus de fondement l'erreur des nihilistes dont Abailard était le chef, suivant le témoignage de Gautier de Saint-Victor, erreur, qui consistait à dire que Jésus-Christ en tant qu'homme, n'était point quelque chose.

Voici un article qui porte sur son front le caractère de la nouveauté. « Tous nos docteurs, dit Abailard, s'accordent à dire que le démon (avant Jésus-Christ) avait un pouvoir absolu sur l'homme, et qu'il le possédait par droit de conquête, de même qu'un vainqueur possède celui qu'il a vaincu. Mais il me paraît qu'il n'en est pas ainsi. Je dis au contraire que le démon n'avait de pouvoir réel sur l'homme que par la permission divine, à la manière d'un geôlier, et que le Fils de Dieu n'est pas venu pour nous délivrer de la captivité du démon. » Sur quoi saint Bernard fait cette réflexion : « Tous nos docteurs conviennent d'une chose, et vous osez affirmer le contraire. Nouvel Ismaël, en levant ainsi vos mains contre tous, ne voyez-vous pas que vous armez les mains de tous contre vous-même? Mais enfin qu'apportez-vous de meilleur? Qu'avez-vous inventé de plus subtil? Qu'avez-vous découvert de plus secret que ce que les saints et les sages ont aperçu jusqu'à nos jours? » De là passant à l'objet de la proposition, il prouve que le démon avait un pouvoir réel et légitime sur le genre humain, pouvoir figuré par celui des divers conquérants de la Judée, pouvoir semblable à celui de Pilate sur Jésus-Christ; pouvoir exprimé par celui du fort armé, qui n'est autre chose que le démon dont les meubles sont les hommes : pouvoir par conséquent bien différent de celui d'un geôlier sur les prisonniers qu'on lui confie. « Au reste, ajoute ce Père, en soutenant que le domaine du démon était juste, ne confondons pas le domaine avec la volonté. Ni la volonté de ce tyran, ni celle de l'homme qui a mérité de lui être asservi, n'étaient justes, mais seulement celle de Dieu qui a permis cet assujettissement. Car c'est de la volonté que la justice se tire, et non de la puissance. » D'après ce fidèle précis de la doctrine de saint Bernard sur le point que nous examinons, on est en droit de demander aux apologistes de notre auteur, ce qu'ils y trouvent à redire. Abailard, à les entendre (75), n'en disait pas assez, et saint Bernard en disait trop.

Assurément le premier n'en disait pas assez, en traitant de la captivité de l'homme ; et par une suite nécessaire il exténuait également l'ouvrage de sa délivrance. Etait-ce, en effet, représenter toute l'efficace du mystère de notre rédemption, ou plutôt n'était-ce pas l'anéantir, que de le renfermer, comme il fait, dans l'exemple et l'enseignement ? « Je pense, dit-il, que la grâce singulière de notre justification et de notre réconciliation avec Dieu par le sang de Jésus-Christ, consiste en ce que son Fils, ayant pris notre nature, n'a cessé jusqu'à sa mort de nous instruire par ses exemples et par ses paroles, et qu'il a redou-

---

(69) *Est quippe fides existimatio rerum non apparentium, hoc est sensibus corporis non subjacentium.*
Fides est argumentum non apparentium... argumentum est ratio quæ rei dubiæ fidem facit.
(70) *Bene autem* [Plato] *Spiritum sanctum animam mundi, quasi vitam universitatis posuit.*
(70*) *Vie d'Abail.*, t. II, p. 181.
(71) *Hist. Eccl.* sæc. XII, diss. 7, art. 6.
(72) *Thes. anecd.* t. V, p. 656.
(75) Gerv. *Vie d'Abail.* p. 182.

blé notre attachement à lui par les liens de l'amour, afin qu'enflammée à la vue d'un si grand bienfait, notre charité soit prête à tout endurer pour lui plaire. Je ne doute point que, de même que les hommes de ce temps de grâce, les anciens Pères qui attendaient par la foi cette faveur signalée, n'aient été embrasés, en la contemplant, de la plus ardente charité. Notre (74) rédemption est donc ce grand amour que nous inspire la passion de Jésus-Christ ; amour qui non-seulement nous délivre de la servitude du péché, mais encore nous acquiert la liberté des enfants de Dieu. » Si ces expressions ne renferment pas le pur pélagianisme, on ne sait pas où l'on peut le trouver.

Attaquer la satisfaction de Jésus-Christ, c'est déroger en même temps à sa grâce. Ces deux dogmes sont inséparables, et l'un reçoit toujours le contre-coup des atteintes qu'on porte à l'autre. Or, voici comme Abailard, après avoir combattu de front le premier, raisonne sur le second. « S'il était vrai, dit-il, que l'homme ne pût se préparer à la grâce sans le secours d'une autre grâce, il serait hors de blâme en péchant ; parce qu'alors le défaut de la grâce retomberait sur celui de qui elle émane. Mais la chose n'est pas ainsi ; et la vérité nous apprend à raisonner autrement. C'est pourquoi nous devons dire qu'au moyen de la raison que l'homme a reçue de Dieu, il peut s'attacher (cohærere) à la grâce qui lui est offerte ; de sorte que celui qui se sauve n'est pas plus favorisé du ciel, avant qu'il s'attache à la grâce, que celui qui ne se sauve pas. Telle est, en effet, la conduite du souverain Être à l'égard de tous les hommes dans l'ordre du salut. Semblable à un joaillier qui expose en vente des pierres précieuses et les fait briller aux yeux du public, afin d'exciter l'envie de les acquérir, Dieu présente sa grâce à tous les hommes, les exhorte par ses Écritures, et les invite par des exemples à s'y attacher, en faisant un bon usage de leur liberté. » Il ne faut point s'y tromper : cette grâce que Dieu offre à tous les hommes, suivant notre auteur, n'est point la grâce actuelle, mais la grâce habituelle ou sanctifiante ; et la comparaison qu'il emploie, ne permet pas de donner un autre sens à ses expressions. A l'égard des secours actuels, la même comparaison fait voir qu'il n'en admettait point d'autres avec Pélage que la raison aidée de la doctrine et de la loi.

Il ne restait à notre auteur, pour être un pélagien achevé, que de nier le péché originel. C'est ce qu'il n'a pas manqué de faire en ces termes. « Quand nous disons que les hommes naissent avec le péché originel, et qu'ils le contractent du premier père, cela doit plutôt s'entendre de la peine du péché à laquelle ils naissent sujets, que d'une faute effective de l'âme et d'un mépris réel de la Divinité. Car celui qui n'a pas encore l'usage de sa raison ni de sa liberté, ne peut être coupable d'aucune transgression ni d'aucune négligence, et par conséquent n'a rien en lui qui puisse mériter ni châtiment ni récompense. »

Sur l'ordre de la nature, Abailard ne donne guère moins de prise à la censure que sur celui de la grâce. L'optimisme, dont il était le restaurateur, avait enfanté deux paradoxes sous sa plume. Le premier, dont on a parlé ci-devant, était que Dieu ne peut faire ce qu'il fait, ni d'une autre manière, ni dans un autre temps ; le second, qu'il ne peut empêcher le mal. Il est à propos de transcrire ici la preuve dont il étaye cette dernière proposition. « Être la cause du mal, dit-il, suppose le pouvoir ou le devoir de l'empêcher. Car si l'on doit y mettre obstacle sans qu'on le puisse, ou si on le peut sans qu'on le doive, l'exemption de blâme est égale en le permettant. Or ce second cas est précisément celui où Dieu se trouve. Sa bonté le dispense, et sa sagesse le met hors d'état de s'opposer au mal. Comme bon, il lui convient de permettre que les choses arrivent de la meilleure manière possible ; comme sage, il est dans l'impuissance de préférer le moindre bien au plus parfait, et par conséquent de retrancher le mal, qui est la source des plus grands avantages. » Il est inutile de faire des réflexions sur le danger de cette doctrine. Le lecteur sage et éclairé les prévient.

Les propositions de notre auteur qui servent de fondement à son *Traité de Morale*, choquent si visiblement la droite raison et la piété, qu'il n'est point d'homme de bien qui ne doive s'en scandaliser. Que devient, en effet, la doctrine des mœurs, lorsqu'on voit les péchés d'ignorance et jusqu'au déicide justifiés, tout ce qu'il y a de criminel dans nos actions réduit au seul mépris formel de Dieu, la justice divine accusée de punir même du supplice éternel des innocents ? Abailard, convaincu d'avoir avancé toutes ces horreurs, a néanmoins trouvé des apologistes parmi ceux qui font profession de les détester (74*). C'est que tout change de face dans un auteur, quand on le lit avec les yeux de la prévention.

Nous avons vu qu'Abailard ne s'entendait pas en traitant de l'autorité des pasteurs, faute de savoir bien distinguer le pouvoir de juridiction du pouvoir de discernement. On a eu raison de frapper de censure ce qu'il dit sur ce point important, comme capable au moins, par sa confusion, d'induire les fidèles en erreur.

Nous sommes enfin parvenus à un article où des critiques même désintéressés n'ont rien aperçu qui ait trait à la foi, rien par conséquent qui puisse faire l'objet d'une censure ecclésiastique. C'est celui où il s'agit de l'eucharistie. Abailard y prétend deux choses : (75) l'une que les accidents demeurent dans l'air, l'autre que le corps de Notre-Seigneur ne tombe pas à terre. La première est, à la vérité, fort indifférente à l'intégrité du dogme. C'est la seule que ces personnes aient considérée ; mais l'attention des

---

(74) Il y a dans l'original, pour le premier membre de cette dernière phrase : *Redemptio itaque nostra est illa summa in nobis per passionem Christi dilectio*, paroles que D. Gervaise traduit ainsi (*Vie d'Abail.* t. II, p. 158) : *Notre rédemption consiste donc dans cet amour extrême que Jésus-Christ nous a témoigné par sa mort et passion* ; c'est-à-dire, qu'il substitue *l'amour extrême que Jésus-Christ nous a témoigné par sa mort et passion*, au grand amour que nous inspire la passion de Jésus-Christ. Cet écrivain commet une autre infidélité dans la traduction du dernier membre de la même phrase, lequel porte : *Quæ (dilectio) non solum a servitute peccati liberat, sed veram nobis filiorum Dei libertatem acquirit.* Amour, suivant la version de D. Gervaise, *qui non-seulement nous a délivrés de la servitude du péché, mais qui nous a acquis la liberté des enfants de Dieu.* Les verbes *liberat* et *acquirit* sont rendus ici par le passé, afin de faire dire forcément au texte d'Abailard que c'est l'amour de Jésus-Christ pour nous qui nous a délivrés de la servitude et nous a acquis la vraie liberté. Cette mauvaise foi du traducteur a déjà été remarquée avant nous (*Journ. de Trév.* an. 1759, p. 1766).

(74*) Gerv. *Vie d'Abail.* t. II, p. 221.

(75) Bern. Opp. p. 642.

Pères de Sens s'est portée sur la seconde, ainsi qu'on le voit par le titre qu'ils ont mis à cet article : *Quod corpus Domini non cadit in terram.*

Nous ne suivrons pas plus loin Abailard dans ses égarements. Borné par notre plan à l'examen des chefs d'accusation portés contre lui au concile de Sens et ensuite au saint-siége, nous croyons avoir mis nos lecteurs en état d'apprécier le fond de cette grande contestation. Tournons présentement les yeux sur la conduite de ses juges, et voyons s'ils ont rempli fidèlement les devoirs attachés à leur caractère. C'est la seconde partie de l'engagement que nous avons pris.

Qu'Abailard ait été justiciable du concile de Sens par son domicile ou non, il est certain qu'il le devint par le choix qu'il fit de cette assemblée pour juger son différend avec saint Bernard. Car de dire avec D. Gervaise qu'il avait pris les prélats de Sens pour témoins, et non pour arbitres de sa dispute, c'est lui prêter gratuitement une extravagance qui n'a point d'exemple dans l'histoire. Quel est effectivement le tribunal, soit civil, soit ecclésiastique, où l'on ait porté volontairement une cause sans avoir dessein de se soumettre à sa décision ?

La manière dont le concile usa de son autorité paraît d'abord prêter un peu plus à la critique. Juger dans une même séance, dit-on, quatorze articles doctrinaux sans examen préparatoire, sans s'être donné la peine de les confronter avec les livres d'où ils étaient tirés, sans avoir balancé les moyens pour et contre ; c'est la conduite qu'ont tenue les Pères de Sens, et dont aucune assemblée canonique ne leur avait fourni le modèle. Mais, dans le vrai, sur quoi les apologistes d'Abailard fondent-ils ces allégations ? Ne sont-elles pas même formellement démenties par les lettres synodales des prélats de Sens et par celles de saint Bernard, les seuls monuments qui puissent nous tenir lieu des actes du concile que le temps nous a enviés ? En effet, loin d'avoir précipité leur décision, comme on le suppose, les juges d'Abailard témoignent qu'ils (76) ont lu et relu souvent, dans des audiences publiques, les articles de sa doctrine avant que de prononcer ; loin d'avoir négligé de consulter la tradition, ils déclarent qu'ils n'ont rendu leur jugement qu'après avoir interrogé les SS. Pères, et principalement saint Augustin ; loin d'avoir omis la vérification des sentiments de l'accusé sur ses propres livres, tout nous porte à croire qu'ils l'ont faite avec soin, puisque des dix-sept articles déférés par saint Bernard, ils ont restreint leur censure à quatorze, sans doute parce que le mauvais sens des trois autres leur avait semblé disparaître dans l'original. Avouons-le toutefois ; quoique les prélats de Sens n'aient rien moins fait que juger, comme on dit, sur parole, il n'est pas douteux que les lumières, le crédit et l'activité de l'homme de Dieu, comme on l'a déjà remarqué, n'aient servi beaucoup à abréger leurs opérations, et également influé sur leur décision.

A l'égard du pape Innocent, on remarque encore plus sensiblement le pouvoir de l'abbé de Clairvaux sur son esprit, dans la conduite qu'il tint envers notre théologien. Sans un adversaire aussi redoutable, il y a très-grande apparence qu'au moyen des amis qu'Abailard avait à Rome, son appel y eût été favorablement reçu ; que le pape, au lieu de prévenir son arrivée par une sentence qui enchérissait sur la première, lui eût accordé les délais nécessaires pour se rendre à ses pieds ; et que, sur une profession de foi semblable à celle qu'il avait répandue en France avant son départ, il eût fait grâce à sa personne, et sinon réformé, du moins adouci le jugement de Sens. Mais Dieu, qui avait des vues de miséricorde sur cet esprit orgueilleux, le terrassa par les mêmes voies qui semblaient devoir le faire triompher. Il était d'ailleurs important, pour la sûreté du dépôt de la foi, que des écrits semés de traits hardis, remplis de locutions impropres, dirigés suivant une méthode inconnue à toute l'antiquité, sans parler des erreurs grossières dont ils étaient infectés, demeurassent éternellement flétris avec le nom de leur auteur. Par là on apprenait aux âges futurs à ne pas se frayer des routes nouvelles, pour trouver de chimériques dénoûments à des vérités incompréhensibles. Heureuses les écoles de théologie, si cette leçon y eût toujours été profondément gravée dans les cœurs des maîtres et des disciples !

§ VI. — *Son génie, son érudition, sa manière d'écrire.*

Si, sans égard pour la vérité, nous avions résolu de peindre un modèle achevé de littérature dans la personne d'Abailard, rien ne conviendrait mieux à ce dessein que le tableau abrégé de ses talents, par où D. Gervaise termine l'histoire de sa vie. Cet homme sans pareil, dit-il, était grammairien, orateur, poète, musicien, philosophe, théologien, mathématicien, astronome, jurisconsulte. Il jouait des instruments, savait cinq ou six langues, et n'ignorait rien de l'histoire sacrée ni profane. Quel est le siècle qui a produit un homme qui sût tant de choses ? Mais loin de souscrire aveuglément à cet éloge, nous nous faisons un devoir de le mettre au creuset de la critique pour en séparer ce qu'il y a d'hyperbolique et de contraire à la vérité.

D'abord son Traité de grammaire n'étant point venu jusqu'à nous, on ne peut juger du degré de connaissance qu'il avait de cet art, que par l'usage qu'il en a fait dans ses autres écrits. Or son style n'annonce rien moins qu'un homme qui connût à fond les principes et les règles de l'élocution. Facile, mais sans correction, clair, mais sans élégance, il a plusieurs des mauvaises qualités de la latinité du XIIe siècle, et n'en a pas toutes les bonnes.

Pour rendre à sa veine poétique toute la justice qui lui est due, nous ne ferons pas difficulté d'avouer qu'il balança les plus habiles versificateurs de son temps, tels qu'Hildebert, Marbode, etc. ; mais on n'aperçoit rien dans ses vers qui le mette au-dessus d'eux.

Le témoignage d'Héloïse (77) nous porte à croire qu'il avait du goût pour la musique chantante, et que la nature l'avait favorisé d'un organe excellent pour l'exécution. A l'égard de la musique instrumentale, c'est un talent qu'on lui prête sans fondement. Il n'en eût pas plus coûté à D. Gervaise de nous dire de quels instruments savait jouer son héros.

Des discours où ni l'art ni le génie ne se font sentir, et dont la solidité fait tout le prix, ne peuvent

---

(76) *Cæterum sententias pravi dogmatis ipsius..... sæpe in audientia publica lectas et relectas et tam verissimis rationibus, quam B. Augustini aliorumque sanctorum Patrum inductis a domino Clarævallensi auctoritatibus, non solum falsas, sed et hæreticas esse evidentissime comprobatas pridie ante factam ad vos appellationem damnavimus.* BERN. ep. 337. Ce *pridie ante factam ad vos appellationem*, pour l'observer en passant, donne lieu de penser qu'Abailard, après avoir appelé de vive voix au pape, fit signifier depuis son appel par écrit au concile, lorsqu'il eut appris que sa première démarche n'avait point suspendu les opérations de cette assemblée.

(77) Abæl. Op. p. 46.

assurer à leur auteur un rang distingué parmi les orateurs. Tels sont néanmoins ces sermons d'Abailard d'après lesquels on préconise son talent pour la chaire. Placés à côté de ceux de saint Bernard, ils ne pourraient soutenir la comparaison.

De toutes les parties de la philosophie, celle qu'Abailard savait le mieux était la dialectique; et ce qui prouve néanmoins qu'il la savait mal, c'est qu'il n'a jamais connu l'art de la simplifier, de l'abréger et de la réduire au petit nombre de préceptes utiles qu'elle renferme. Par un goût dépravé pour les vaines subtilités, il donna la préférence aux questions les moins importantes, traita des universaux avec la plus ennuyeuse prolixité, disputa pour l'honneur de vaincre, et non par amour de la vérité.

On a beau vanter son savoir théologique, jamais son autorité ne sera de poids dans les matières de religion. Il est évident qu'il écrivait sur les matières de théologie d'après lui-même et sans se mettre en peine de la tradition. De là ces locutions impropres, ces principes dangereux, ces raisonnements louches, et les autres écarts que nous avons ci-devant relevés dans ses écrits.

Veut-on en être cru quand on le représente comme un homme qui n'ignorait rien de l'histoire sacrée ni de la profane? A peine oserait-on en dire autant des Scaliger, des Saumaise et des Petau. Les lectures de ces grands hommes s'étendaient néanmoins bien au delà de l'*Histoire Tripartite*, de celle du vénérable Bède, des Vies des Pères du désert, et de quelques Chroniques, qui sont presque les seules sources où notre auteur avait puisé ce qu'il savait de l'antiquité.

Il n'y a guère moins d'exagération à le faire parler cinq ou six langues. Il savait le latin, le français, et, si l'on veut, le bas breton. Mais il entendait à peine le grec, encore moins l'hébreu. Le peu de traces qu'on voit de ces deux dernières langues dans ses écrits, où il a néanmoins eu si souvent occasion de les employer, fait preuve qu'elles ne lui étaient rien moins que familières.

La géométrie, l'arithmétique et l'astronomie étaient des sciences aussi communes que peu approfondies au XIIe siècle. On se contentait alors d'en apprendre les éléments. Il ne paraît pas que notre auteur ait porté les recherches plus loin.

Pour le titre de jurisconsulte, ce n'est que sur un équivoque de nom qu'on se fonde pour l'en décorer. Le passage d'Accurse, que l'on allègue, regarde un professeur en droit; ce qu'on ne montrera pas que notre auteur ait jamais été. Y en avait-il même de son temps? Voici les paroles d'Accurse tirées de son Commentaire sur la loi *Quinque pedum* (78) : *Sed et Petrus Bailardus qui se jactavit quod ex qualibet quantacunque difficili littera traheret sanum intellectum, hic dixit, Nescio*. Il est douteux si Accurse a bien rendu le nom de ce professeur, puisque Crinitus le nomme Jean Balard (79).

Concluons de ces réflexions qu'Abailard fut un homme de beaucoup d'esprit, et capable de faire de grands progrès dans les sciences, s'il eût été plus docile aux avis des personnes sages et éclairées de son temps, plus appliqué sur les sujets qu'il traitait, et moins passionné pour les nouveautés. Faute de ces dispositions, il n'est devenu qu'un sophiste orgueilleux, un mauvais raisonneur, un poète médiocre, un orateur sans force, un érudit superficiel, un théologien réprouvé.

§ VII. — *Editions et traductions de ses œuvres.*

Deux hommes de lettres, François d'Amboise, conseiller d'Etat, et André Duchesne se concertèrent vers le commencement du dernier siècle pour donner le recueil des Œuvres d'Abailard au public. Cette édition, qui parut à Paris l'an 1616 en un gros volume in-4°, chez Nicolas Buon, est remarquable par trois circonstances. La première est qu'au lieu d'une approbation, on y trouve à la tête une censure des théologiens de Paris sur tous les endroits qu'ils avaient jugés répréhensibles dans les écrits de l'auteur. La seconde, que, malgré cette précaution, Rome la fit mettre à l'index; la troisième fournit la matière d'une espèce de problème typographique; car au frontispice d'une partie des exemplaires l'édition est attribuée aux soins d'André Duchesne; dans les autres elle porte le nom de François d'Amboise, conseiller d'Etat. Les premiers sont ornés : 1° d'une épître dédicatoire composée par Duchesne; 2° d'une préface du même dans laquelle il rend compte de son travail, et nomme François d'Amboise entre ceux qui lui ont communiqué des manuscrits; 3° d'un recueil des témoignages des anciens en faveur d'Abailard. Tout ceci manque dans les seconds, et se trouve remplacé par une apologie de l'auteur, qui est de la façon du conseiller d'Etat. Il y a de plus une différence au privilège, en ce que Duchesne y est nommé dans les exemplaires qui lui donnent l'édition, au lieu que dans les autres le nom de l'éditeur y est supprimé. Nous ne nous arrêterons point à chercher les causes de cette diversité, sur laquelle Bayle disserte fort au long. Il suffit d'être assuré qu'elle n'annonce pas différentes éditions; et la parfaite conformité des exemplaires dans tout le reste ne permet pas d'en douter.

A l'égard des pièces qu'on a fait entrer dans le corps de ce recueil, et de l'ordre qu'on y a gardé, les lettres respectives d'Abailard et d'Héloïse se présentent d'abord, précédées de celle qui a pour objet l'histoire des malheurs du premier. Viennent ensuite ses lettres à différentes personnes avec celles qu'on lui écrivit, ou qui furent faites à son occasion. Ses trois expositions, de l'Oraison Dominicale, du Symbole des apôtres et de celui qui porte le nom de saint Athanase; les problèmes d'Héloïse et le livre contre les hérésies, dont nous avons parlé dans l'examen de ses œuvres supposées, forment comme une troisième partie. Ses sermons succèdent et sont suivis de son Commentaire sur l'Epître aux Romains. Enfin son *Introduction à la Théologie* et la Prose à l'honneur de la Vierge termine cette collection de ses écrits. Duchesne l'a plus enrichie de savantes notes sur l'histoire des infortunes de l'auteur, notes que d'Amboise a conservées dans ses exemplaires.

Nous remarquons plusieurs défauts dans cette édition. Outre que dans l'arrangement des pièces on n'a pas fait assez d'attention aux rapports qu'elles ont entre elles, ni à l'ordre des matières, elle est pleine de fautes, dont les unes viennent de l'inexactitude et de la mutilation des manuscrits sur lesquels elle a été dirigée, les autres sont pour le compte de l'imprimeur. Celui-ci a porté l'inadvertance jusqu'à mettre en différents exemplaires différentes dates d'impression. Car dans les uns on voit l'année 1606, dans les autres 1616, qui est la véritable date, et dans d'autres enfin 1626. Ce qui joint aux autres variations que nous avons marquées, fortifie l'erreur touchant la multiplicité des éditions.

La *Théologie chrétienne* de notre auteur a été publiée, sur un manuscrit de l'abbaye de Marmoutiers, par D. Martène dans le cinquième tome de ses *Anecdotes* (p. 1140). L'avertissement que l'éditeur a mis au-devant de cet ouvrage, est plein de réflexions sages et d'une érudition très-bien choisie.

---

(78) Bayle, art. *Abailard*.
(79) Nicer. t. IV, p. 52.

Son *Hexameron* ou Commentaire sur la Genèse, tiré d'un manuscrit du mont Saint-Michel, se trouve dans le même tome (p. 1363) avec des observations préliminaires qui ne sont pas non plus à négliger.

Nous devons aux soins de D. Bernard Pez le traité de Morale intitulé : *Scito teipsum*. Ce savant, l'ayant découvert dans l'abbaye de Saint-Emmeram, l'a fait entrer dans le troisième volume de ses *Anecdotes* (p. 673). On peut voir dans la préface générale de ce volume ce qu'il pense de la doctrine de cet écrit.

La lettre d'Abailard à l'évêque de Paris contre Roscelin a été mise trois fois sous presse, depuis et d'après l'édition de Duchesne et d'Amboise, savoir, par Duboulai, au second tome de son *Histoire de l'Université* (p. 492), par le P. Labbe au dixième tome des Conciles (p. 487), et par le P. Dubois au livre onzième de son *Histoire de l'Eglise de Paris*. Le second la donne sans hésiter à notre auteur. Les deux autres, ainsi qu'on l'a déjà dit, la regardent comme l'ouvrage d'un écrivain inconnu.

Les quatre lettres d'Abailard à Héloïse, et les trois qu'il en reçut, ont été reproduites deux fois dans ce siècle : la première fois à Londres l'an 1718, dans un volume in-8° par M. Rawlinson, avec un grand nombre de variantes qui ont fait disparaître tous les idiotismes et les expressions peu correctes qu'on le remarquait auparavant dans le style de ces lettres. L'éditeur nous apprend dans la préface qu'il s'est aidé pour cela du manuscrit d'un ami qui n'a pas voulu qu'on le nommât. Mais il ne faut guère connaître le public pour se persuader qu'une assurance aussi vague trouvera créance auprès de lui. Depuis longtemps il est revenu de la duperie de ces prétendus manuscrits secrets dont on ne fait connaître ni l'âge ni le dépôt. Ainsi les corrections de Rawlinson ne méritent aucune considération comme n'ayant nul caractère d'authenticité.

D. Gervaise, l'autre éditeur, non content de faire reparaître ces lettres, y a joint une traduction, le tout renfermé dans deux volumes in-12, publiés l'an 1723, à Paris, chez Barrois. En rendant compte de son travail, il dit : 1° qu'il a soigneusement revu le texte de ses auteurs sur les meilleurs manuscrits, (cependant on n'aperçoit aucune différence entre cette édition et celle de 1616) ; 2° que ce qui l'a porté à donner une traduction de ces lettres, ce sont les paraphrases également infidèles et obscènes par lesquelles on avait entrepris de défigurer les sentiments nobles et chrétiens qu'elles renferment. Mais s'il a soigneusement observé les lois de la bienséance, on ne peut pas dire qu'il ait rempli de même le devoir d'un traducteur exact. Souvent il rend son original en français avec l'étendue et la liberté d'un paraphraste.

D. Gervaise n'est point le premier traducteur de ces lettres. Jean de Meun les avait mises en français dès le xiv° siècle (80). C'est lui-même qui nous l'apprend au commencement de sa traduction du livre *De la Consolation*, de Boèce. Mais son travail n'est point venu jusqu'à nous.

A l'égard de ces paraphrases, dont se plaint le traducteur moderne, et d'autres qui les ont suivies, nous nous dispenserons d'en faire le dénombrement, parce qu'elles n'ont nul rapport à l'objet de cette histoire.

(80) *Mém. de l'Acad. des ins.*, t. XVII, p. 754.

NOTITIA ALTERA.

(FABRIC., *Biblioth. med. et inf. Latinitatis*, tom. V, pag. 232.)

Petri Abælardi notitiam a Ludovico Jacobo mutuari liceat, cui adnotationes meas adjungam. Ita vero ille libro III De scriptoribus Cabilonensibus p. 159. Petrus Abælardus, sive *Abelardus*, cognomento *Dialecticus* (81), natione Armoricus, theologicæ scholæ Parisiis rector, philosophus et theologus toto orbe celeberrimus, scientiarum, tam divinarum quam humanarum singulare prodigium, aliquandiu vitam parum honestam (82) cum Heloisa Monmorantiana, genere et eruditione nulli secunda, egit. Sed pœnituere paulo post, illaque monialis, deinde, an. 1130, Paracleti monasterii ordin. S. Benedicti, diœcesis Trecensis, antistita facta est,

A hic vero monachus Sandionysianus prope Parisios, postea abbas Ruyensis constitutus. Variis se erroribus implicavit, unde in concilio Suessionensi A. 1121 (83) et Senonensi A. 1140, a sanctissimis viris Bernardo abbate Claræval ensi et Petro Venerabili, abbate Cluniacensi, condemnatus fuit : sed resipiscens (84) magnum vitæ monasticæ ornamentum in monasterio Cluniacensi, usque ad vitæ extremum (85) exstitit. Scripsit opera quamplurima in unum volumen edita (86) labore et studio illustrissimi viri, Francisci Amboesii, equitis, regis in sanctiori consistorio consiliarii, baronis Chartræ, etc., in quibus continentur :

(81) Bergomensi *Baliardus*, Alciato *Baylardus*, Bernardo epist. 180, velut *Abeillardus*, dictus *apis de Francia*, Joanni Sarisberiensi *Peripateticus Palatinus* a loco natali, ubi A. 1079 in lucem editus *Palais*, oppido in Britannia minore non a palatio regio, ut videtur innui in observationibus selectis Hallensibus tom. VI, obs. 20. Præceptor ejus in dialecticis Roscellinus, in philosophia Guilelmus de Campellis in logicis, Anselmus Laudunensis, antesignanus Nominalium ; discipulus Arnoldus de Brizia, etc.

(82) Filium ex furtivis amoribus conceptum vocavit Astralabum, ipse a Fulberto Heloissæ tutore ac propinquo ex indignatione postea factus eunuchus, dormituriens nihilque tale cogitans. Vide Edmundi Martene *Anecdota*, tom. V, p. 1140 seq.; Boelii Lexicon, in *Abelard*, et Vitæ scriptores Jaco-

bum Thomasium, in filii Christiani Thomasii *Hist. sapientiæ et stultitiæ*, tom. I, p. 75 seq. ; Stephanum Pasquierium in opere præclaro, *Recherches de France*, lib. vi, cap. 17, et Gervasium in *Vita Abælardi*, diligentiore studio sex libris tradita Gallice ; Paris. 1720, 12°, duobus voluminibus ; *Acta Erud.*, 1721, p. 263 ; *Mem. de Trévoux*, 1721, p. 941 ; *Journal littéraire*, tom. XI, p. 255 ; C. A. Heumanni, *Acta philosophorum*, part. xvi, p. 529 seq.

(83) Vide Pagium ad A. 1121, num. 14 seq.
(84) Etiam injuriam sibi factam a fervidioribus adversariis, scripta Apologia, testatus. Confer Amboesii prolegomena ad Opera Abælardi, Quercetanum in notis ad *Hist. calamitatum* Abælardi, et laudatum Gervasium.
(85) Obiit Cabilone A. 1142.
(86) Paris. 1616, 4°.

Epistolæ (87) *Petri Abælardi et Heloisæ*, quarum aliquæ *Historiam calamitatum* Abælardi complectuntur, p. 3, aliquæ originem religionis sanctimonialium, p. 94, et institutionem seu Regulam earumdem, p. 130.
Epistola Fulconis, prioris de Diogilo ad Petrum Abælardum, p. 217.
Epistola Abælardi *adversus eos qui ex auctoritate Bedæ presbyteri arguere conantur Dionysium Areopagitam fuisse Dionysium, Corinthiorum episcopum, et non magis fuisse Atheniensem episcopum*, p. 224.
Epist. contra quemdam canonicum regularem, qui monasticum ordinem deprimebat, et suum illi anteferebat, p. 228.
Invectiva in quemnam ignarum dialectices, qui tamen ejus studium reprehendebat, et omnia ejus dogmata putabat sophismata et deceptiones, p. 238.
Elegia Hilarii, Abælardi discipuli, qua plangit recessum ejus ex Paraclito, p. 243.
Epistola Abælardi ad S. Bernardum, abbatem Clarævallensem, p. 244.
Exhortatio ad studium litterarum, p. 251.
De laude S. Stephani martyris, p. 263.
Epistolæ aliquot S. Bernardi *ad cardinales et Innocentium II papam, contra Petrum Abælardum*, p. 270.
Rescripta Innocentii II papæ contra eumdem, p. 299, 301.
Berengarii Pictaviensis, Abælardi discipuli, Apologeticus, contra B. Bernardum Clarævallensem abbatem et alios qui condemnaverant præceptorem suum, p. 302.
Epistola ejusdem Berengarii ad episcopum Mimatensem, p. 320.
Invectiva contra Carthusienses, p. 325.
P. Abælardi Apologia seu Confessio fidei, p. 330.
In hac inter alia : *Scripsi forte aliqua per errorem, quæ non oportuit : sed Deum testem et judicem in animam meam invoco, quia in his, de quibus accusor, nil per malitiam aut superbiam præsumpsi.*
Epistola ad Girbertum Parisiensem episcopum, p. 330.
Petri Venerabilis, abbatis Cluniacensis, epistola ad Innocentium II papam (88), *pro Petro Abælardo*, p. 333. Ejusdem *ad Heloisam* (89) *Paracliti abbatissam*, p. 337.
Epitaphium P. Abælardi (90) *a Petro Venerabili scriptum*, tom. III, part. II, p. 927, 988.
Epistola Heloisæ (91) *ad Petrum abbatem Cluniac.*, p. 343.

(87) *Heloisa*, ingenio et litteris nobilis, Fulberti canonici Parisiensis neptis, ex Abælardi discipula, amasia et uxore, sanctimonialis Argenteliensis, ac denique ex priorissa illius cœnobii, ordin. Bened. abbatissa oratorii Paracliti quod in Trecensi sive Tricassinæ diœceseos pago Abælardus condiderat, probanteque Innocentio II ei donaverat. Obiit Heloisa Græcarum, Hebræarum, et Latinarum litterarum perita, anno 1162. Vide Quercetani notas ad *Bibl. Cluniacensem*, p. 146 seq., et Miræum ad Henrici Gandavens. cap. 16, de S. E. Præ liberioribus metaphrasibus Gallicis epistolarum mutuarum Heloisæ et Abælardi, quas vel Bussius Rabutinus Colon. 1695, vel P. F. G. de Beauchamps dedit Paris. 1714 et 1721, 12, laudandum Gervasii studium, qui Paris. 1723, 12, duobus voluminibus Latine cum adjuncta prosaria Gallica versione et aspersis subinde notis historicis vulgavit Heloisæ epistolas ad Abælardum III, et Abælardi ad Heloisam IV, quarum tertia amplas ordinis monialium sexusque feminei laudes complectitur, tom. II, p. 209; quarta Regulam sanctimonialium præscribit, p. 212, 395. De Latina emendatiore editione epistolarum harumce per Richardum Rawlinson, Lond. 1718, 4, vide *Journal littéraire*, tom. IV, p. 375; *Bib. ancienne et moderne*, tom. IX, p. 348; *Journal des Sav.*, 1718, Novembr.,

Petri Cluniacensis ad Heloisam (92), p. 344.
Absolutio Petri Abælardi, p. 345.
Rescripta quædam summorum pontificum ad Heloisam, p. 346.
P. Abælardi expositio in Orationem Dominicam, p. 359.
Expositio Symboli apostolorum, p. 368.
Expositio fidei in Symbolum Athanasii, p. 381.
Heloisæ Paraclitensis abbatissæ problemata XLII *cum Abælardi solutionibus*, p. 384.
P. Abælardi adversus hæreses liber, p. 452. Confer de hæresibus, Abælardi tempore, Edmundi Martene tom. V *Anecdotor.* p. 1314, 1515.
Commentarius super Epistolam S. Pauli ad Romanos in V libros divisus, p. 491.
Sermones XXXII in festis per annum legendi, p. 729.
De fide S. Trinitatis, sive *Introductio ad Theologiam* in III libros divisa, p. 975.
Prosa de B. Virgine, p. 1136.
Notæ Andreæ Quercetani sive *Duchesnii* ad *Historiam calamitatum* Abælardi, p. 1141.
In editione Operum Parïensi desiderantur :
Libri quinque Theologiæ Christianæ, vulgati primum ab Edmundo Martene tom. V *Anecdotorum*, p. 1156, 1360, Paris. 1717, fol., quibus erudita prolegomena de Abælardo ejusque erroribus (93) et adversariis præmisit. Multa eadem in hoc opere cum libris de fide S. Trinitatis, neque diffiteri potuit Joannes Cornubiensis (94) Petrum Lombardum magistrum suum in celebri Sententiarum opere frequenter hos libros præ oculis habuisse ac secutum esse.
Commentarius in Hexameron, ad Heloisam : in eodem quinto *Anecdotorum* Martenii tomo, p. 1363, 1416.
Rhythmi de SS. Trinitate, quorum initium : *Alpha et O magne Deus, Eli, Eli, Deus meus*, in laudati Martenii Collectione veterum monumentorum, t. IX, p. 1092, 1097; Paris. 1733, fol. Sed eosdem sub *Hildeberti* Cenomanensis nomine ediderat Jacobus Hommey in *Spicilegio Patrum*, p. 446; Paris. 1684, 8.
Theologia Morum sive *Ethica*, liber inscriptus : *Scito teipsum*, reprehensus a S. Bernardo, quanquam, aiunt (95), ab Abælardo non pro genuino suo fetu agnitum. Prodiit in C. V. Bernardi Pezii *Anecdotis*, tom. III, part. II, p. 627, 988.
Elucidarium, quod in veteri codice manusc. monasterii B. Mariæ de Fontanis in diœcesi Turo-

p. 239.
(88) Exstat inter Petri Venerabilis epistolas lib. IV, ep. 4, in *Bibliotheca Cluniacensi*, Andreæ Duchesne, p. 816.
(89) Id. IV, 24, p. 850.
(90) Id. p. 1354, incipit : *Gallorum Socrates*, etc.
(91) Id. V, 24, p. 919.
(92) Id. VI, 22, p. 920. Ubi ad eam mittit Abælardi absolutionem : additque : *Astralabo vestro, vestrique causa nostro, mox ut facultas data fuerit, in aliquo nobilium Ecclesiarum, præbendam libens acquirere laborabo.*
(93) Adversarii Abælardi, Guilelmus abbas S. Theodorici (supra tom. III, p. 168); Anonymus (Galfredus monachus Claræval. , de quo supra tom. III, p. 6 et 8); Gualterus Laudunensis et S. Victoris : præ cæteris vero S. Bernardus. Videatur Joannis Caramellis a Lobkowitz *S. Bernardus Petrum Abælardum triumphans*. Lovan. 1644, 4. Jo. Mabillonius ad Bernardi capitula hæresium Abælardinarum, etc. : *Voyage littéraire de deux Bénédictins*, tom. I, part. II, p. 213.
(94) In eulogio ad Alex. III papam. Vide Andreæ Duchesne notas ad Abælardum, p. 1159. Pagium ad A. 1143, num. 13.
(95) Caveus in Hist. lit. Eccles. ad A. 1120.

nensi nomen Abælardi præfert, in codice Claræval-lensi *Angeldo Montis Leonis* tribuitur, teste Martenio tom. V Anecdotorum, p. 1362, ubi etiam observat editum esse inter spuria S. *Anselmi* Cantuariensis.

Nondum lucem vidit Petri Abælardi, *Logica* sive *Dialectica*, quam vulgaturum se promisit Andreas Duchesne, p. 1160. Nec *Liber sententiarum, Sic et Non*, manuscr. in bibliothecis Angliæ; nisi idem ille sit (96) cum *Introductione ad theologiam*, quam supra inter edita commemoravi; neque *Hymni* quos metrico stylo composuit, in monasterio quod vocatur Paraclitus decantandos (97); neque memoratæ Caveo *Expositiones in Genesin* (si diversas intelligat a Commentario in Hexameron) vel *in Psalterium*, aut in *Pauli Epistolas*, cum solus in Epistolam ad Romanos commentarius in editis legatur; nec *glossæ in Ezechielem*; neque denique *Versus elegiaci ad Astralabum filium suum, de moribus et vita pia et proba*, manuscripti in biblioth. Cottoniana, p. 86. Librum de Unitate et Trinitate ipse flammis dare jussus est Abælardus in synodo Suessionensi an. 1121.

Bernardus Pezius (*Dissert.* ad t. III *Anecdot.*, p. XXII, ait se in Tegernseensi codice hanc notam reperisse ; *Petrus qui Abælardus a plerisque* Bajolar-

(96) Ita visum Jo. Mabillonio in *Itinere Germanico*, p. 64, edit. a me curatæ, ubi testatur se in codice monasterii S. Emmerani reperisse Bajolardi sententias capitulis triginta septem comprehensas, additque eam esse Abælardi Introductionem in Theologiam. Similiter Trithemius cap. 381, Theologiam Abælardi *volumen dialectica obscuritate subumbratum, multis* Sententiis *varium* appellat.
(97) Appendix ad Henr. Gandavens., cap. 3.
(98) Aliis vitiose etiam *Beliardus, Baliardus, Biliardus*. Vide Dan. Zwickeri novam confirmationem Irenici Irenicorum, p. 502. Alberico D. 296,

dus (98) *dicitur, natione Anglicus* (99) *primum grammaticæ et dialecticæ, hinc divinitati operam dedit. Sed cum esset inæstimandæ subtilitatis, inauditæ memoriæ capacitatis supra humanum modum, auditor aliquando magistri* Roscii (100) *cœpit eum cum exfestucatione* (1) *quadam sensuum illius audire. Attamen imperavit sibi, ut per annum lectionibus ipsius interesset. Mox ergo socios habere, et Parisiis palam Dialecticæ atque Divinitatis lectiones dare cœpit, et facile omnes Franciæ magistros in brevi supervenit. Qui cum de Quadrivio* (2) *nihil audisset, clam magistro Tirrico* (3) *in quasdam mathematicas lectiones, aures dabat, in quibus supra quam æstimaret, obtentu difficultatis intellectus resiliebat audientis. Cui semel afflicto et indignanti, per jocum magister Tirricus ait : quid canis plenus nisi lardum bajare consuevit?* Bajare *autem lingere est. Exinde* Bajolardus *appellari cœpit. Quod nomen tanquam ex defectu quodam sibi impositum cum abdicaret, sub litteratura non dissimili* Habælardum *se nominari fecit, quasi qui haberet artium apud se summam et adipem.* Inter inedita pariter accensendum est opusculum *de sacramento altaris*, quod servat ms. Codex Latinus 884 bibliothecæ Universitatis Taurinensis. MANSI.

Abulardus. Ptolemæo Lucensi ad A. 1134, *Baalardus*.
(99) Non Anglicum natione sed Gallum ipse se Abailardus profitetur, et a Vitæ ejus scriptoribus demonstratum est.
(100) Legendum *Roscelini*, sive *Rucelini*.
(1) Veluti festucas in oculo doctrinæ ejus notare atque improbare. Vide Cangium in *festuca*.
(2) *Quadrivium*, quatuor disciplinæ mathematicæ, arithmetica, geometria, astronomia, musica, ut *Trivium*, grammatica, logica, rhetorica.
(3) Theodorico.

DISSERTATIO

DE VITA ET SCRIPTIS PETRI ABÆLARDI.

(OUDIN, *Script. eccles.*, II, 1161.)

Petrus Abælardus oppido quodam, quod in ingressu minoris Britanniæ positum, ab urbe Nannetica, versus orientem, octo circiter milliariis remotum, *Palatium* appellatur, oriundus, ex parentibus piis, Berengario atque Lucia. Pater militari cingulo insignitus et in litterarum studia nihilominus propensus, filios ante litteris quam armis instrui curavit.

CAPUT PRIMUM.
De vita Petri Abælardi.

Petrus Abælardus ingenio ad litteras facili præditus, militaris gloriæ pompam cum hæreditate primogenitis fratribus derelinquens, Martem abdicavit, ut Minervæ gremio educaretur. Ut humanis philosophicisque informaretur disciplinis, Parisios urbem Galliarum amplissimam ac ob studia litterarum celeberrimam concessit, ubi Guillelmi Campellensis, Parisiensis Ecclesiæ archidiaconi, peripateticæ philosophiæ professoris auditor fuit. Ipsi primum gratus, postea vero ob disputandi vim, qua illum sæpe in scholis superare videbatur, gravis admodum fuit. In theologicis magistrum habuit Anselmum Laudunensis Ecclesiæ decanum, ubi condiscipulos habuit Albericum Remensem et Lothulfum Lombardum, æmulos ipsius gloriæ et famæ perpetuos obtrectatores. Lauduno Parisios reversus non multo post, ex auditore scholæ magister evasit, adhuc adolescens Abælardus. Inter docendum incidit in amores Heloisæ, ut ipse testatur in *Historia calamitatum suarum* capp. 6 et 7, pag. 10 lectissimæ puellæ Fulberti Parisiensis canonici neptis, ex qua furtivo concubitu filium quemdam cognomento Petrum Astrolabium suscepit. Quanta, ob furtivum neptis recessum et ereptum, pudorem, exarserit in Abælardum ira Fulbertus canonicus excogitare facile est ; quem placare non potuit, nisi ex amica uxorem sibi faceret. Duxit ergo Heloisam in matrimonium Abælardus, quæ tamen uxorem se Abælardi, ne fortunæ ejus officeret, palam negabat, quod non modicum Fulberto avunculo dolorem ingerebat. Cum ergo, inclusa apud Argentolium Heloisa cum monialibus, incautus et solus dormiret in ædibus Fulberti canonici exasperati Abælardus, ab Heloisæ consanguineis repente noctu in cubiculum cubileque irrumpentibus virilibus exsectus est. Hic ob inflicti vulneris infamiam, pudore suffusus potius quam devotione excitatus ut ipse testatur, ad monasticorum latibula claustrorum secessit, atque in abbatia Sancti Dionysii monasticum habitum suscepit; Heloisa vero induit benedictum ab episcopo velum in monasterio Argenteolensi, in quo priorissa postmodum fuit.

Gravissimas autem a falsis fratribus et ab æmulis Alberico ac Lothulfo persecutiones passus est Abælardus, quas luctuoso stylo in *Historia calamitatum suarum* exponit. Hoc enim circiter tempore circa annum 1118 vel 1119 livore tabescentes ob famam quam pepererat magistro Petro liber *De Theologia* ab ipso compositus, eum ubique velut hæreticum et trium deorum assertorem infamarunt. Qui rumor de ipso longe lateque sparsus, conciliis in illum congregatis occasionem dedit. Infensos etiam habuit Sancti Dionysii monachos, quod sæcularem ipsorum vitam moresque irreligiosos liberius argueret. Ipsorum magis inflammavit invidiam vindicata in privato colloquio Venerabilis Bedæ sententia, qua asseruit Dionysium Areopagitam Corinthiorum potius quam Atheniensium fuisse episcopum. Ex qua consequens videbatur Dionysium Galliarum dictum apostolum Areopagitam non esse, quem Atheniensium episcopum ejus Acta testantur. Hinc gravis in Abælardum tumultus; hinc Sancti Dionysii monasterii, imo regni Franciæ hostis a monachis elata voce conclamabatur, quod ei honorem auferret quo singulariter gloriabatur De Apostolatu S. Dionysii Areopagitæ. Ille adversus cacozelosos monachos contentionis excusat, Areopagitam se minime inficiatum profitetur; disciplinam regularem, si quid deliquerit, sibi imponi frustra rogat. Abbas senioribus congregatis, etsi vir nullius observantiæ atque tepidissimi animi, comminatur, quasi de summa Christianæ fidei agatur, se ad regem quantocius missurum, qui de ipso vindictam sumat, tanquam regni sui gloriam et coronam ei auferente. Et interim abbas Adamus magistrum Petrum diligenter observari jubet, donec illum regi tradat. Hinc sibi fuga consulit Abælardus ac in ditionem comitis Theobaldi se recipiens, apud castrum Pruvini moratur, in cella quadam monachorum Trecensium. Hinc magni in eum clamores excitati, nec unum ipsi hæreseos impactum crimen. Petrum Abælardum ad Ecclesiæ tribunal, ut multiplicis erroris contra catholicam fidem rerum, ejusdem æmuli Albericus et Lothulfus detulerunt scholarum Remensium regentes; qui Radulphum ejusdem urbis archiepiscopum adversus ipsius novitates impulere. Qui ne cum canone Prænestino episcopo sedis apostolicæ in Galliis legato communicata, Suessione concilium anno 1121 ad cognitionem causæ convocari curavit. Abælardo indicta dies jussumque ipsi ut suum *De Trinitate* seu *De Theologia* librum, qui offensionis materia erat, synodo exhiberet. Astitit coram legato apostolico Abælardus ipsique librum examinandum et dijudicandum tradidit, ad correctionem vel satisfactionem se paratissimum professus, si quid a fide catholica devium scripsisset. Favit ipsi Gaufridus Carnotensis episcopus, instituteque plurimum ut scriptis ejus prolatis interrogaretur ac libera facultas ipsi concederetur respondendi, ne vir ingenii et doctrinæ fama celebris præjudicio oppressus videretur. Suasit deinde ut ad abbatiam Sancti Dionysii remitteretur ibique majore præsulum et eruditorum virorum cœtu congregato, causa discuteretur. Sed sanioris consilii visum est ut homini dialectico et sophismatibus instructo, cæterum novatori et erroris multiplicis ex libro suo satis convicto silentium imponeretur, fideique professionem edere ac librum palam comburere cogeretur, quod ex sententia synodi factum est. Post aliquas cum æmulis suis disceptationes, vocatus ad concilium Abælardus, decreto Patrum librum flammis tradere ac fidem suam coram omnibus exponere compulsus est. Cumque propriis verbis profiteri vellet, Patres jussere ut Symbolum S. Athanasii ex scripto recitaret: quo magis hominis novatoris, in dialectica nimium confidentis, superbiam retunderent. Mox abbati Sancti Medardi traditus est, ejus claustro velut carcere concludendus. Inde tamen post eductum legatus apostolicus ad Sandionysianum cœnobium remisit. Hujus concilii historiam discimus ex S. Bernardo in epistola ad Ivonem cardinalem 193 ex Ottone Frisingensi lib. I *De rebus gestis Friderici* cap. 47, et uberrime ex epistola ipsius Abælardi ad amicum De Calamitatibus suis cap. 10, quanquam testis in propria causa plurimum suspectus sit. Satis fuisse visum concilio ad libri damnationem, quod Romani pontificis et Ecclesiæ auctoritate nequaquam approbatus, in publicum emissus esset, ex ipsius Abælardi testimonio colligitur. *Dicebant,* inquit, *ad damnationem Libelli satis hoc esse debere, quod nec Romani pontificis nec Ecclesiæ auctoritate commendatum legere publice præsumpseram, atque ad transcribendum jam pluribus eum ipse præstitissem. Perutile futurum fidei Christianæ, si exemplo mei multorum præsumptio præveniretur.*

Reversus ad Sancti Dionysii abbatiam, inde secedendi in aliquam solitudinem, ubi monastice viveret, obtenta ab abbate Sandionysiano licentia, de consensu Christianissimi regis, ad amœnissimam Trecensis episcopatus solitudinem se contulit, ibique liberaliter concessa sibi a quibusdam terra, annuente Trecensi episcopo, oratorium in nomine Sanctæ Trinitatis, ex calamis primum et culmo construxit. Quod ubi scholastici cognovissent, undique ad eum concurrere cœperunt et, relictis civitatibus et castellis, solitudinem inhabitare, pro domibus sibi construere tuguriola; pro delicatis cibis, herbis agrestibus et pane triviali victitare; pro mollibus stratis, culmum sibi et stramen comparare; pro mensis denique glebas supponere. Cum vero ingentem eorum copiam dictum oratorium capere non posset, illud amplificarunt, atque ex lapidibus et lignis construentes, meliorem in formam redegerunt.

E Paracletensi oratorio ad abbatiam Sancti Gildasii Rivensis in diœcesi Venetensis Britanniæ Minoris concordi fratrum electione assumptus, multos in præfectura illa monastica labores, multa pericula passus est. Maxime angebatur vir pius, certus quod si monachos indisciplinatos ad regularem vitam cogere tentaret, securus vivere non posset; si autem id pro viribus non ageret, damnationis æternæ, ut ipse ait, subiret periculum. Præter hoc, ipsi imminebat continua vexatio a principe seu potius tyranniculo illius regionis, qui ex dissolutione monachorum occasionem nactus, omnia loca monasterio adjacentia in proprios usus redegerat ac gravioribus exactionibus ipsos monachos quam tributarios Judæos exagitabat. Porro quanta sit ab effrenatis monachis perpessus Abælardus, quoties veneno etiam in sacrum calicem injecto et in ipso altaris sacrificio impetitus, quoties gladio minaci perterritus, nemo facile credet, nisi qui ejus querimonias audierit in priori ad amicum Epistola cap. 15, ubi post multa, hæc scribit: *Quotidie quasi cervici meæ gladium imminentem suspicio, ut inter epulas vix respirem: sicut de illo legitur, qui cum Dionysii tyranni potentiam atque opes conquisitas maximæ imputaret beatitudini, filo latente appensum super se gladium respiciens, quæ terrenam potentiam felicitas consequatur edoctus est. Quod nunc quoque ipse de paupere monacho in abbatem promotus incessanter experior, tanto scilicet miserior, quanto ditior effectus; ut nostro quoque exemplo, eorum qui id sponte appetant, ambitio refrenetur.*

Cum ad Paracletense monasterium, quod charismæ suæ Heloissæ linquens concesserat, identidem reverteretur, ipsam ejusque sorores consiliis suis adjuturus, istud crimini ipsi vertebant obtrectatores pessimi, qui pristinæ voluptatis desiderio carnalique amori tribuebant quod ex solius impulsu charitatis factitabat. Qua de re graviter conqueritur sub finem prioris epistolæ ad amicum, ubi et maximam se consolationem percepisse significat ex illis S. Hieronymi verbis ad Asellam epistola 99, scribentis: *Nihil mihi objicitur nisi sexus meus et hoc nunquam objiceretur, nisi cum Hierosolymam Paula proficiscitur. Antequam domum Sanctæ Paulæ nossem, totius in me urbis studia consonabant, omnium pene judicio, dignus summo sacerdotio decernebar. Sed scio per bonam et malam famam pervenire ad regna cœlorum.* Ista discimus ex ipso Abælardo in epistola historica de calamitatibus suis ad amicum.

Deserto itaque abbatiæ Sancti Gildasii regimine, in quemnam locum sese receperit non satis constat; sed ubicunque locorum Abælardus restitit, ubique in eum excitata invidiæ procella hominem miris attrivit impressionibus. Sunt qui putant Abælardum, ita extorrem et expulsum, sub extrema vitæ tempora scholas resumpsisse Lutetiæ : cujus rei fidem facere videtur Joannes Sarisberiensis, qui adito anno 1136 gymnasio Parisiensi, ait se contulisse ad peripateticum Palatinum, quo nomine Petrum Abælardum indigitari arbitrantur, imo ferme constat ex mss. codicibus Victorinis et aliis, quos statim verbotenus afferemus. Denique diserte sic eum appellat Sarisberiensis, libro II *Metaloijici*, cap. 17, ubi de universalibus logicis verba faciens : *In hac opinione*, inquit, *deprehensus est peripateticus Palatinus Abælardus noster, qui multos reliquit et adhuc quidem alios habet hujus professionis sectatores et testes.* Nullibi tamen ipse scribit se repetiisse, post Paracletum, scholas Parisienses. Sed utut sit, varias tandem ille calamitates perpessus, in Senonensi demum concilio, anno 1140, pro hæretico habitus est. Hoc sane vulnus ab Bernardo contra Petrum Abælardum renovatum non esset, nisi scholas iterum apertas tunc habuisset : quod insinuare videtur Petrus abbas Cluniacensis in epistola sua ad Innocentium II, Romanum pontificem, inquiens Petrum Abælardum *scholas et studia reliquisse*, dum ad Cluniacense monasterium illic mansurus secessit; unde concludo ante istud tempus scholas usque ad annum illum 1140 habuisse apertas, quæ iteratæ in eum commotionis occasionem Bernardo Clarævallis abbati dederint. *Interim a nobis admonitus, magis autem a Deo ut credimus inspiratus, dimissis scholarum et studiorum tumultibus, in Cluniaco vestro sibi perpetuam mansionem elegit.*

Cum ergo, relicta Britannia, scholas iterum Petrus Abælardus aperuisset, iterum contra se tempestatem non modicam ordinum novorum quibus infensus erat, excitavit, Cisterciensium dico ac Præmonstratensium, quos in publicis scholis irridebat subsannabatque. Exstincto igitur Petri Leonis schismate, anno 1140, urgente potissimum Bernardo Claræväilis abbate, concilium Senonis celebratum est in causa Petri Abælardi, qui coram archiepiscopo Senonensi ab adversariis suis conventus ac velut hæreseon assertor passim diffamatus, ipsum rogavit ut suam exponeret doctrinam et ab hostium calumniis et objectionibus vindicare in publico consessu sibi liceret. Ad synodum Bernardus abbas Clarævallensis invitatus accessit, ut Abælardi errores confutaret. Statuta die adfuere præsules et viri ordinum omnium eruditi celeberrimique congressus testis futurus Ludovicus VII, Christianissimus rex. Abælardo stante coram synodo, prolata sunt capitula ex ipsius libris excerpta ; quæ dum legerentur, concilio se subduxisse dicitur, Romanum pontificem appellans : quod incredibile videtur. Seditionis popularis metu ipsum appellasse scribit Otto Frisingensis, quod nequaquam verisimile est : cum rege Galliarum, Theobaldo comite, plurimisque viris nobilibus præsentibus, nihil esset a populo metuendum. Ob sedis apostolicæ reverentiam Abælardus pontificis maximi judicio reservatus est nihilque in ejus personam a Patribus statutum fuit. Verum appellatione non obstante, prava ab ipsis putata illius dogmata damnarunt, qui de omnibus relationem ad Innocentium II miserunt, ipsum urgentes ut pro sui primatus officio errores pariter damnaret atque confirmata synodi sententia novatorem hominem coerceret. Ista constant ex Gaufrido Clarævallensi monacho in Vita S. Bernardi lib. III, cap. 5, et ex Ottone Frisingensi, lib. I *De gestis Friderici imperatoris*, cap. 48, ubi etiam exhibet epistolam Samsonis Remensis archiepiscopi, Josselini Suessionensis, Gaufredi Catalaunensis et Alvisi Atrebatensis episcoporum ad Innocentium II, quæ brevem causæ Abælardi expositionem et synodi gesta complectitur, in qua inquiunt : *Petrus Abælardus Christianæ fidei meritum evacuare nititur, dum totum quod Deus est, humana ratione arbitratur se posse comprehendere. Ascendit usque ad cœlos et descendit usque ad abyssos. Nihil est quod lateat eum, sive in profundum inferni, sive in excelsum supra. Homo est magnus in oculis suis, disputans de fide contra fidem, ambulans in magnis et mirabilibus super se, scrutator Majestatis, hæresum fabricator. Jam dudum fecerat librum De sancta Trinitate, sed sub legato Romanæ Ecclesiæ igne examinatus est, quia inventa est in eo iniquitas. Maledictus qui reædificat ruinas Jericho. Surrexit a mortuis liber ille et cum eo multorum hæreses quæ dormierant surrexerunt et apparuerunt multis. Denique jam extendit palmites suos usque ad mare et usque ad Romam propagines ejus. Hæc gloriatio hominis illius, quod liber suus in curia Romana habet ubi caput suum reclinet ; hinc confortatus et confirmatus est error illius. Proinde cum fiducia prædicat verbum iniquitatis usquequaque. Propterea cum in conspectu eviscoporum super his eum argueret abbas Clarævallensis zelo justitiæ et fidei armatus, ille nec confusus est nec negavit, sed a die, a loco et judice quem sibi ipsi elegerat, sine læsione, sine gravamine, ut prolongaret iniquitatem, sedem apostolicam appellavit. Episcopi qui propter hoc in unum convenerant, vestræ Reverentiæ deferentes, nihil in personam ejus egerunt ; sed tantummodo capitula a sanctis olim Patribus condemnata medicinali necessitate, ne morbus superet, abjudicaverunt. Quia ergo homo ille multitudinem trahit post se et populum habet qui sibi credat, necesse est ut huic morbo celeri medicina occurratis,* etc. *Processimus nos in hoc negotio, quousque ausi sumus. Tuum, beatissime Pater, est de cetero providere, ne aliqua pravitatis hæreticæ macula decor Ecclesiæ contaminetur. Tibi commissa est sponsa Christi, o amice Sponsi! Tuum est eamdem uni viro virginem castam exhibere Christo.* Quam a Bernardo Abælardi adversario scriptam esse Epistolam stylus loquitur.

Damnatus iterum, anno 1140 in concilio Senonensi Petrus Abælardus, appellatione ad Sedem apostolicam interposita, Romam profecturus per Cluniacum transiit, ubi tum fortuito abbas Cisterciensis cum Petro Venerabili advenit. Illic ergo de pace inter Bernardum abbatem Clarævallis ac Petrum Abælardum actum est procuranda. His ergo urgentibus arbitris, Petrus in concordiam cum Bernardo rediit, qui quamvis semel atque iterum in conciliis hæreseos damnatus, hilari tamen animo ac lubenti in Cluniacense cœnobium admissus ad societatem est. Hujus rei testem Petrum ipsum Cluniacensem abbatem in epistola ad Innocentium II, pro Petro Abælardo refero, cujus hic tenor est : *Magister Petrus, sapientiæ vestræ, ut credo, optime notus, nuper a Francia veniens per Cluniacum transitum fecit. Quæsivimus quo tenderet; gravatum se vexationibus quorumdam qui sibi, quod valde abhorrebat, hæretici nomen imponebant, Majestatem apostolicam se appel-*

lasse et ad eam confugere velle respondit. Laudavimus propositum et ut ad notum et commune refugium confugeret admonuimus. Justitiam apostolicam, quæ nulli etiam extraneo vel peregrino defuit, sibi non defuturam diximus; misericordiam ipsam, ubi ratio postularet, sibi occursuram promisimus. Venit interim dominus Cisterciensis abbas et de pace ipsius et domini Claræallensis, cujus causa appellaverat, nobiscum et cum ipso pariter egit. Dedimus et nos operam paci ejus et ut ad illum cum ipso iret, hortati sumus. Addidimus hoc monitis nostris, si qua catholicas aures offendentia aut scripsisset aut dixisset, hortatu ejus et aliorum bonorum et sapientum et a verbis suis amoveret, et a libris abraderet. Et factum est ita. Ivit, rediit, cum domino Claræallensi, mediante Cisterciensi, sopitis prioribus querelis, se pacifice convenisse reversus retulit. Interim a nobis admonitus, magis autem a Deo, ut credimus, inspiratus, dimissis scholarum et studiorum tumultibus, in Cluniaco vestra sibi perpetuam mansionem elegit. Quod nos senectuti ejus, debilitati ejus, religioni ejus congruere putantes et scientiam ejus, vobis ex toto non incognitam, magnæ fratrum nostrorum multitudini proficere posse credentes, voluntati ejus assensimus; et si sic benignitati vestræ beneplacitum esset, benigne et cum gaudio nobiscum vestris, ut nostis, per omnia remanere concessimus. Rogo igitur ego qualiscunque, tamen vester, rogat devotissimus vobis Cluniacensis conventus, rogat ipse per se, per nos, per præsentium latores, filios vestros, per has quas ut scriberem rogavit, epistolas, ut reliquos dies vitæ et senectutis suæ, qui fortasse non multi sunt, in Cluniaco vestra eum consummare jubeatis; et ne a domo quam velut passer, ne a nido quem velut turtur invenisse se gaudet aliquorum instantia aut expelli aut amoveri valeat, more quo omnes bonos colitis et etiam istum dilexistis, scuto defensionis apostolicæ protegatis.

Appellatus suæ ætatis Dialecticus, ob eximiam disserendi industriam qua plurimum in disputationibus valuit. Accusatus a sancto Bernardo errorum multorum, quos nunquam ab ipso probatos fuisse hodie multi temporum nostrorum rationibus hinc atque inde pensatis censent et affirmant : qua de re quidpiam statuere nostri non est instituti. Ultro citroque ab auctoribus sui temporis accusatus et absolutus, damnatus et laudatus, pro variis partium studiis.

CAPUT II.
De operibus tam impressis quam manuscriptis, adhuc exstantibus, Petri Abælardi.

Opera Petri Abælardi et Heloissæ ejus uxoris lectu dignissima, Parisiis in-4° anno 1626 impressa sunt, isto ordine, *Epistolæ ad Heloissam IV*, quæ tractatus potius quam epistolæ censeri possunt. In penultima de *Origine sanctimonialium et religionis monasticæ* erudite agit; in ultima *Institutionem seu Regulam Heloissæ et sanctimonialium Paracleticis* tradit.

Epistolæ aliæ ad diversos septem.

Epistola ad amicum, seu Historia calamitatum suarum, quam eruditis notis illustravit Andreas Duchesnius.

Apologia seu Confessio fidei, quam refert quoque *Bibliotheca Scriptorum*, seu *Patrum Cisterciensis Ordinis,* Bertrandi Tisserii tomo IV, pag. 254, inter *Opera Guillelmi de Sancto Theodorico*.

Expositio Orationis Dominicæ.
Expositio in Symbolum apostolorum.
Expositio in Symbolum sancti Athanasii.
Solutionum ad Problemata liber I. Heloissæ nuncupatus.
Adversus hæreses liber.
Commentariorum in Epistolam ad Romanos libri V.
Sermones XXXII in festis per annum legendi.
Ad Heloissam ejusque virgines Paracletenses.

Introductionis ad Theologiam libri III, quorum tertius imperfectus in editis est. Sive, ut ipse Epistola 21 ad Gaufridum Parisiensem pag. 334 appellat, *Opusculum de fide Sanctæ Trinitatis*, quod plurimos ipsi hostes peperit, contra quod debacchatur Bernardus abbas. Hoc tamen opus frequenti manu tractare solebat ac pene semper ante oculos suos habuit magister Sententiarum Petrus Lombardus, dum *Sententiarum libros* scriberet, fatente Joanne Cornubiensi, ipsius Lombardi discipulo, apud Andream Duchesnium in notis ad Abælardum pag. 1159. Inter mss. codices Bodleianæ bibliothecæ codice 8615. In adversariis Langbaini, codice 2, num. 6, *Petri Abælardi Introductionis ad Theologiam libri tertii supplementum*, pag. 148, num. 7; *fragmentum libri secundi Ethicæ Petri Abælardi*, pag. 180, num. 8; *Excerptum ex ejusdem Abælardi Collationibus*, pag. 182 ad 213, num. 10; *Ex quibusdam Petri Abælardi mss. in bibliotheca Baliolensi,* pag. 247. Hæc ad operum Abælardi complementum.

Scripsit et *commentarium quemdam in Ezechielem prophetam*, Lauduni dum Anselma audiret incoeptum ac postea Parisiis ubi scholas illic aperuisset completum : de quo loquitur ipse, „ut opinor, Abælardus epistola sua prima ad amicum, quæ de calamitatibus suis est.

Idem scripsit *librum Sententiarum* et alium inscriptum *Nosce teipsum*, quem Ethicam suam appellat, de quibus postremis loquitur sanctus Bernardus in Epistolis suis, et Petrus ipse in *Apologia sua.* Opus istud *Sententiarum Petri Abælardi* in veteribus manuscriptis communiter inscribitur *Sic et non*, eo quod apparentes Scripturæ contradictiones conciliet; atque ita ms. exstat in bibliotheca publica Cantabrigiæ, cod. 168, num. 8, et in collegio Sancti Benedicti ibidem, codice 591. Hos quoque manuscriptos cum *Commentario in Genesim Heloissæ suæ* nuncupato asservat bibliotheca Sancti Michaelis in Periculo maris, ex Joanne Mabillon. in editione sua Operum divi Bernardi, dum Notas Epistolæ 188 adjicit. Et quidem *Tractatus prolixus Sententiarum Petri Abælardi* qui *Sic et non* dicitur et apparentes locorum sacræ Scripturæ pugnas conciliat habetur illic littera E. I. incipiens : *Cum in tanta verborum multitudine*, etc. *Hexameron* autem *Petri Abælardi*, extrema sui parte mutilum, habetur in dicta Sancti Michaelis bibliotheca, una cum Alano *De arte prædicandi*, littera M. I. incipit : *Tria sumuntur in Veteri Testamento loca*, etc. Ejusdem *Petri Abælardi Expositio super Epistolas Pauli et super Psalterium*, ms. in bibliotheca Colbertina, codice 4334. Hæc de theologicis; quantum autem ad philosophicos tractatus, Franciscus de Ambosia, consiliarius regius, qui ejus Opera inquisivit et evulgavit, *Logicam* ejusdem Petri quam apud se manuscriptam habebat in publicam lucem dare promiserat : quod an præstiterit dubium mihi est, quippe cum de illa nihil unquam, inquisitione etiam facta, audiverim.

Multa autem theologica scripsisse Petrum Abælardum, qui et in mss. codicibus *Petrus* quoque *Peripateticus* dicitur constat, ex quibus opuscula etiam singularia mss. in Anglicis bibliothecis latent.

Inter mss. codices Bodleianæ bibliothecæ num. 8622, in mss. codicibus D. Antonii a Wood, codice 9, *Versus Petri Abælardi ad Astralabium filium.* Et in Cottoniana bibliotheca sub effigie Vitellii littera C. codice 8, num. 5, *Versus elegiaci Petri Abælardi ad Astralabium filium suum, De moribus et vita pia ac proba.*

Inter mss. codices Universitatis Oxoniensis num. 458, in mss. codicibus Collegii Baliolensis R. 5, *Petri Abælardi Theologiæ libri tres* quorum *tertius* integer est, non ut in impressis mutilus et imperfectus. *Ethicæ liber unus; Commentarius in Epistolam ad*

Romanos; Collationes duæ : prima collatio philosophi cum Judæo, secunda collatio philosophi cum Christiano. Ibidem, num. 2592, in codicibus mss. Thomæ Barlovii in collegio Reginensi, codice 20, *Petri Abælardi Collationes duæ :* 1° *Philosophi cum Judæo,* 2° *Philosophi cum Christiano.* Inter mss. codices ecclesiarum Angliæ cathedralium et aliarum celebrium bibliothecarum num. 6086 et 6087, in mss. codicibus Thomæ Galæi, codicibus 252 et 253, *Petri Abælardi Collationes, Petri Abælardi Ethica,* rara scripta, nunquam impressa. Et ibidem num. 8206, in mss. codicibus Jacobææ bibliothecæ, codice 484, *Petri Abælardi Sic et non,* deest autem *Sic* initium. *Ejusdem dialogus inter Christianum et Philosophum,* cujus initium deest. Ibidem. num. 8207, in mss. codicibus Jacobææ bibliothecæ 485, *Ejusdem Elucidarius,* in-8. Inter mss. codices ecclesiarum earumdem num. 42 in mss. codicibus ecclesiæ Sancti Petri metropolitanæ Eboracensis, codice 42, num. 10, *Petrus Abælardus De vera essentia Dei et de fide catholica;* num. 11, *Petrus Peripateticus de Sacramento altaris.* Ibidem num. 6434 in mss. codicibus Caroli Theyeri codice 64, *Capitula Petri Abælardi et Epistolæ ejus.* Idem. num. 6954, in mss. codicibus Henrici Langley equitis, codice 1, *Petri Abælardi Doctrina* in fol. Denique in Cottoniana bibliotheca sub effigie Ottonis littera C., codice 14, num. 15, Epistola Bernardi abbatis Clarævallensis ad Innocentium papam de hæresibus Magistri Petri Abælardi. Num. 16; ejusdem epistola de eodem ad cardinales; num. 17, *Responsio Petri Abælardi contra calumnias objectorum articulorum.* Inter mss. codices ecclesiarum Angliæ cathedralium et aliarum celebrium bibliothecarum, num. 8670, in mss. codicibus Jacobiæ bibliothecæ, codice 948, *Petri Abælardi Scholarius.* Relinquimus autem Anglis inquirendum quid titulis talibus designetur.

De philosophicis jam Petri Abælardi loquamur, quæ adhuc omnia restant et visa a nobis sunt manuscripta in bibliothecis Parisiensibus. Nam in Victorina canonicorum regularium divi Augustini, codex eximius notatus M.M.M. 6, ubi omnia fere philosophica *Petri Abælardi Palatini Peripatetici.* In hoc itaque ms. codice *Logicalia dicti Abælardi* ordine illo procedunt :

Super prædicamentis Aristotelis, fol. 117. Commentarius incipit : *Unum vero universaliter in generibus substantiarum accipiendum est,* etc.

Ejusdem : *De modis significandi,* fol. 127 : *Evolutus superius textus ad discretionem significationis nominum et rerum, naturas quæ vocibus designantur diligenter secundum distinctionem decem prædicamentorum aperuit,* etc.

Ibid. fol. 132, *Petri Abælardi Palatini Peripatetici Analyticorum priorum* liber primus. Incipit : *Justa et debita serie textus exigente, post tractatum singularum dictionum,* etc.

Fol. 137, explicit liber primus; incipit secundus eorumdem, hoc est *Categoricorum : Categoricarum igitur propositionum paribus seu membris quibus ipsæ componentur, diligenter pertractatis,* etc.

Fol. 143, explicit secundus; incipit tertius : *Quoniam autem propositionum naturas in his enuntiationibus ostendimus,* etc.

Fol. 149, *Petri Abælardi Palatini Peripatetici Topicorum* primus : *Sicut ante categoricorum syllogismorum constitutionem, ipsorum materiam in categoricis propositionibus oportuit præparari,* etc.

Fol. 185, *Petri Abælardi Palatini Peripatetici Topicorum* liber explicit : *Petri Abælardi Palatini Peripatetici Analyticorum posteriorum* primus : *Novam accusationis calumniam adversum me de arte dialectica scriptitantem æmuli mei no-*

vissime excogitaverunt, affirmantes quidem de his quæ ad fidem non pertinent Christiano tractare non licere, etc.

Fol. 187, explicit primus *Hypotheticorum* ; incipit secundus : *Omnium autem hypotheticarum propositionum natura diligenter pertractata, ad earum syllogismos discedamus,* etc.

Fol. 191, *Petri Abælardi Palatini Peripatetici Analyticorum posteriorum* secundus liber explicit; *Petri Abælardi Palatini Peripatetici De divisionibus : Dividendi seu diffiniendi peritiam non solum ipsa doctrinæ necessitas commendat.*

Fol. 199, Ejusdem *De diffinitionibus : Hactenus quidem de divisionibus tractatum habuimus, de quibus satis est disputasse ; nunc vero consequens est ut ad definitiones nos convertamus, quia, sicut dictum est, ex divisionibus nascuntur.*

In bibliotheca regia codice ms. 5492; fol. 168, *Petri Abælardi super Topica Glossæ* incipiunt. Sic autem : *Topicorum intentio est, sicut Boetius in consequentibus dicturus est, vim similium argumentorum, id est probabilium copiam demonstrare,* etc.

In bibliotheca Floriacensi littera A. 4, exstat *Logica Petri Abælardi,* una cum Logica Rabani.

In bibliotheca Sancti Germani de Pratis, codice 635, *Petri Abælardi divini Peripatetici Dialectica.* Paucis autem post titulum carie exesis, *intentio de propositione categorica una apta categorico syllogismo regulari,* etc., qui forsitan codex cum aliis convenit, nec enim excutere et cum aliis conferre otium datum est.

In bibliotheca Sancti Michaelis in Periculo maris, littera P. H. 12, *Petri Abælardi Tractatus de intellectibus.* Incipit : *De speculationibus itaque,* etc., qui in fine mutilus est (4)

CAPUT III.

Reliqua Petri Abælardi, usque ad mortem.

Nescius ergo quo se verteret, Cluniaci refugium apud Petrum Venerabilem inveniens, illic biennio post, monachus Cluniacensis factus obiit in prioratu Sancti Marcelli prope Cabilonem dicti ordinis, anno 1142, die 21 Aprilis, ætatis 63. Heloissa vero ejus olim amica ac postmodum uxor, ad conversionem post Petrum veniens et abbatissa Paracleti in episcopatu Tricassino constituta, anno 1163, die 17 Maii mortua est. Sanctæ ipsius Petri vitæ et obitus testem habemus omni exceptione majorem Petrum Venerabilem cognominatum, abbatem Cluniacensem, in Epistola ad Heloissam Paracletensem abbatissam, in qua postquam *ipsum vere Christi philosophum* prædicat et extollit, ista subdit : *Non recolo vidisse me illi in humilitatis habitu et gestu similem, in tantum ut nec Germanus abjectior nec ipse Martinus bene discernenti pauperior appareret. Cumque in magno illo fratrum nostrorum grege, me compellente, gradum superiorem teneret, ultimus omnium vestitu incultissimo videbatur. Mirabar sæpe et, in processionibus eo me cum reliquis pro more præcedente, pene stupebam, tanti tamque famosi nominis hominem sic seipsum contemnere, sic se abjicere posse. Et quia sicut quidam religionis professores, qui ipsum quem gerunt habitum religiosum nimis cupiunt esse sumptuosum, erat ille prorsus parens in istis et cujuscunque generis simplici veste contentus nihil ultra quærebat. Hoc et in cibo, hoc et in potu, hoc et in omni cura corporis sui servabat. Et non dico superflua, sed et cuncta nisi valde necessaria, tam in se quam in omnibus, verbo pariter et vita damnabat. Lectio erat ei continua, oratio frequens, juge silentium, nisi aut fratrum familiaris collatio aut ad ipsos in conventu de divinis sermo publicus eum loqui urge-*

(4) De Abælardi philosophicis operibus mss vide eruditissimam D. V. Cousin præfationem ad librum ab ipso editum, cui titulus : *Ouvrages iné-* dits d'Abailard, pour servir à l'histoire de la philosophie scholastique en France, in-4°, Paris, 1846.

EDIT. PATR.

bant: *Sacramenta cœlestia immortalis Agni sacrificium Deo offerendo, prout poterat, frequentabat. Imo postquam litteris et labore meo apostolicæ gratiæ redditus est, pene continuabat. Et quid multa? Mens ejus, lingua ejus, opus ejus semper divina, semper philosophica, semper eruditiora meditabatur, docebat, fatebatur. Tali nobiscum, vir simplex et rectus, ac timens Deum et recedens a malo; tali, inquam, per aliquantum temporis conversatione ultimos vitæ suæ dies consecrans Deo, pausandi gratia (nam plus solito scabie, et quibusdam corporis incommoditatibus gravabatur) a me Cabilonem missus est. Nam propter illius soli amœnitatem qua cunctis pene Burgundiæ nostræ partibus præeminet, locum ei habilem, prope urbem quidem sed tamen Arari interfluente, provideram. Ibi juxta quod incommoditas permittebat, antiqua sua revocans studia, libris semper incumbebat. Nec sicut de Magno Gregorio dicitur, momentum aliquod præterire sinebat, quin semper aut oraret aut legeret, aut scriberet aut dictaret. In his sacrorum operum exercitiis, cum adventus illius evangelici Visitatoris reperit, nec eum ut multos dormientem, sed vigilantem invenit. Invenit eum vere vigilantem et ad æternitatis nuptias, non ut fatuam, sed ut sapientem virginem evocavit. Attulit enim ille secum lampadem plenam oleo, hoc est conscientiam refertam sanctæ vitæ testimonio. Nam ad solvendum commune mortalium debitum, morbo correptus, eoque ingravescente, in brevi ad extrema perductus est. Tunc vero quam sancte, quam devote, quam catholice, primo fidei, deinde peccatorum confessionem fecerit; quanto inhiantis cordis affectu viaticum, peregrinationis ac vitæ æternæ pignus, corpus scilicet Redemptoris Domini acceperit; quam fideliter corpus suum et animam hic et in æternum ipsi commendaverit, testes sunt religiosi fratres et totus illius monasterii in quo corpus sancti martyris Marcelli jacet conventus. Hoc magister Petrus fine dies suos consummavit et, qui singulari scientiæ magisterio toti pene orbi terrarum notus et ubique famosus erat, in illius discipulatu qui dixit: « Discite a me quia mitis sum et humilis corde, » mitis et humilis perseverans, ad ipsum, ut dignum est credere, sic transivit. Hunc ergo, venerabilis et charissima in Domino soror, cui, post carnalem copulam, tanto validiore quanto meliore divinæ charitatis vinculo adhæsisti, cum quo et sub quo diu Domino deservisti; hunc, inquam, loco tui, vel ut te alteram in gremio suo confovet et in adventu Domini, in voce archangeli et in tuba Dei descendentis de cœlo, tibi per ipsius gratiam restituendum reservat.*

De eodem Chronicon Cluniacense in *Petro Venerabili* ita loquitur: *Abælardus Petrus nomine ab erroribus fidei per venerabilem Petrum abbatem nostrum et sanctum Bernardum abbatem Claravallensem revocatus, quæ antea de fide dogmatizaverat perfide, abjurans, monachus Cluniacensis factus est. Et deinde mens ejus, lingua ejus, opus ejus semper divina fuere.* Obiit anno 1142 undecimo Kalendas Maii, ætatis 63. Ejus corpus Heloissæ abbatissæ a Petro Venerabili abbate Cluniacensi concessum, ad monasterium Paracletense delatum est. Misit ad eamdem religiosam heroinam venerabilis abbas magistri Petri absolutionem ejus tumulo appendendam, quæ his erat concepta verbis: *Ego Petrus Cluniacensis abbas, qui Petrum Abælardum in monachum Cluniacensem recepi et corpus ejus furtim delatum Heloissæ abbatissæ et monialibus Paracleti concessi, auctoritate omnipotentis Dei et omnium sanctorum absolvo eum pro officio ab omnibus peccatis suis.*

Hæc nos paulo plura in Petri Abælardi gratiam, cujus calamitatibus ac laceratæ famæ compassi sumus, cujus ingenium et loquendi vim admiramur; desumpta tamen ut plurium ex sæculo IV *Historiæ Universitatis Parisiensis*, tam in catalogo illustrium academicorum pag. 758 et sequentibus, ubi plura in ejus laudem, quam in Historia passim, ubi plurima de Abælardi fortuna et doctrina. Vide Natalem Alexandrum in *Selectis Historiæ ecclesiasticæ capitibus* sæculo XII, parte III, dissertatione 7, ubi variam Abælardi fortunam latissime exponit opusculo ea de re singulari; quem nec omisit Guillelmus Cavus in *Historia Scriptorum ecclesiasticorum*, ad annum 1120, pag. 650 et sequentibus 651 et 652.

DE DOCTRINA ABÆLARDI.

(D. Edm. MARTEN., Præf. ad *Anecdot.* tom. V, part. II.)

Petri Abælardi *Theologiam Christianam* hactenus desideraverant viri eruditi ad elucidandas nonnullas difficultates, et componendas quæ de ejusdem doctrina quæstiones agitantur in scholis. Hanc ex manuscripto codice Majoris Monasterii editam habes, lector erudite, in hoc volumine, cum admonitione prævia, in qua plurima quæ nobis animadversione digna visa sunt adnotavimus. Neque tamen ignoravimus Petrum Abælardum hac nostra ætate patronos habuisse, qui ipsum purgare nitentes, Bernardum Claravallensem abbatem, virum sanctissimum ac mansuetissimum præcipitis judicii accusare non formidarunt. Utrum autem jure purgetur Abælardus, ac Bernardus damnetur, paucis inquirendum est. Atque ut res clarius elucescat, adeo laborare non debent Abælardi defensores, ut demonstrent ipsum Catholicam Ecclesiæ doctrinam de distinctione trium in Deo personarum, et unitate substantiæ in suis scriptis tradidisse; sed utrum aliquid huic doctrinæ contrarium scribendo non docuerit. Fieri enim potest, nec raro id contingit, ut auctores vere Catholici et in fide Ecclesiæ stabiliti, sive oscitantia, sive acris ingenii præcipitatione dubias et erroneas propositiones veris immisceant, quæ debita quotidie censura afficiuntur. Primum in Abælardo non negavit, secundum asseruit Bernardus. Et certe hujusmodi sunt inter alias istæ propositiones, in *Deo Pater est omnipotentia, Filius aliqua potentia, Spiritus sanctus nulla potentia. Omnis homo habet naturaliter fidem sanctæ Trinitatis*, quæ cuivis Catholico sensum erroneum et hæreticum obvium exhibent. At, inquies, hodie viri eruditi has propositiones ad Catholicum sensum deflectunt. Ita plane; sed si res ita se habeat, vix ulla est apud hæreticos scriptores propositio, cui sensus Catholicus affingi ab homine subtili non possit. Sicut e converso nullus est Catholicus scriptor vel piissimus, in quo viri inquieti aliquas propositiones per se rectas et piissimas in pravum sensum non detorqueant. Hæreticæ verbi gratia sunt istæ propositiones, *Christus pro omnibus non est mortuus, Deus non vult omnes salvos facere*. Et tamen istas propositiones in sensu Catholico possunt aliqui interpretari. Sed esto Abælardi memoratas propositiones posse ad sensum orthodoxum deflecti, an ideo purgandus ille et damnandus S.

Bernardus, qui extractas ex ipsius scriptis propositiones ad sedem apostolicam detulit, aut sedes ipsa apostolica quæ eas censura affecit, minorem meretur venerationem? Minime quidem : quod quidem his argumentis demonstro.

Quotiescunque aliquis auctor scribendo propositiones aliquas dubias profert, quæ sinistrum aliquem sensum sortiri possunt, et ille canonice citatus coram legitimis judicibus eas explicare recusat, is certe a suspecto errore purgari non debet, nec damnandi illi qui auctorem erroris insimulant. At Petrus Abælardus postquam Bernardum ad concilium Senonense etiam reluctantem provocavit, et coram legitimis judicibus quos ipse doctrinæ suæ arbitros elegerat, rogatus ab eodem Bernardo, ut extractas ex suis scriptis propositiones aut negaret, aut fateretur, aut saltem explicaret, et Catholicum eis sensum, si possit, affingeret, neutrum præstare voluit. Quis ergo æquus rerum arbiter eum excusare poterit, aut sine temeritate Bernardum condemnare?

Deinde quotiescunque alicui auctori scribendo aliquæ excidunt propositiones, quæ in sensu obvio pias aures offendunt, et ille de errore obvio in suis propositionibus insimulatus, negat eas propositiones a se unquam prolatas fuisse, easque damnat ut hæreticas ubicunque reperiantur, si illæ propositiones revera in ejus occurrant scriptis, nonne eas in sensu erroneo et ab omnibus damnato exaratas ab eodem fuisse fatendum est, nec absque temeritate culpari posse eos qui auctorem damnant. Verum id contigit Abælardo. Audi quid ipse in sua retractatione dicat : *Quod autem mihi vel per malitiam impositum est, quod scripserim, quia Pater plena potentia est, Filius quædam potentia, Spiritus sanctus nulla potentia : hæc ergo verba non tam hæretica quam diabolica, sicut justissimum est, abhorreo, detestor, et ea cum suo auctore pariter damno. Quæ si quis in meis reperiat scriptis, non solum me hæreticum, verum hæresiarcham profiteor.* Quibus verbis quasi proprio se gladio jugulat Abælardus, ac Bernardo scriptorum suorum censori applaudit, cum ea verba in ipsius Theologiæ libro IV reperiri certissimum sit.

Et sane qui Petri Abælardi genium semel agnoverit, is facili negotio advertit hominem ita a natura comparatum fuisse, ut oppositas sibi invicem propositiones haud ægre docere potuerit. Est penes nos ejusdem Abælardi liber, in quo genio suo indulgens, omnia Christianæ religionis mysteria in utramque partem versat, negans quod asseruerat, et asserens quod negaverat : quod opus aliquando publici juris facere cogitaverat noster Acherius, verum serio examinatum æternis tenebris potius quam luce dignum de virorum eruditorum consilio existimavit. Hæc qui attente perpenderit, Petrum Abælardum uno in loco eamdem tribus in Trinitate personis potentiam tribuisse, in alio vero Patri omnipotentiam, Filio aliquam potentiam, Spiritui sancto nullam potentiam ascribere potuisse haud difficile judicabit, nec proinde culpandum esse Bernardum, qui has propositiones in Abælardo reprehendit.

Certe cum Trinitatis mysterium hactenus vel eruditissimis theologis incomprehensibile apparuerit, Petro Abælardo tanta lux affulserat, ut illud vel ipsa ratione cognosci posse affirmaret, quin et ipsi discipuli ejus tantam in eo subtilitatem prædicabant, quod rimatis sanctæ Trinitatis profundis mysteriis, PERFECTE ET AD PLENUM cognosceret *qualiter tres personæ sint in una divina essentia et in personarum pluralitate unitas divinæ essentiæ*, qua de re sugillat eum Galterus, qui post Bartholomæum Laudunensis antistes effectus est, in epistola ad eum scripta Spicilegii tom. II, p. 473, in qua etiam omnipotentiæ Dei explicandi rationem ejus refutat, arguitque eum vehementer, quod divinæ Scripturæ introductionem conscripturus *non tam veritatem docere promitteret, quam opinionis suæ sensum exponere. Quis enim, inquit, orthodoxus de fide catholica tractaturus, non* VERITATEM *sed* SENSUM OPINIONIS SUÆ *promittat exponere? Quis etiam audiens non* VERITATEM *sed* OPINIONEM *promitti, fidem audeat sequentibus adhibere?* Sub finem vero epistolæ suæ sic eum alloquitur : *Per litteras vestras scire desidero, si in notitia Dei vos imperfectum esse creditis, aut si jam in hac vita ad summum ejus augmentum vos pervenisse confidatis. Hoc enim vestri jactitant discipuli, quibus scripta videntur attestari. Præterea notificate mihi, si adhuc creditis quod Deus essentialiter non sit in mundo vel alibi, et quod angeli et animæ nusquam sint; quod, si bene memini, audivi vos fateri, quando novissime invicem contulimus de quibusdam sententiis. Præterea apud nos ventilatum est vestram affirmare sapientiam, quod Christus prædicando, laborando, ad extremum moriendo, nihil meruerit, quod nemo propter opera sua bona vel mala nisi pro sola voluntate remunerari debeat vel puniri.* Cæterum, etsi Abælardi scribendi licentiam haud probemus, Gerardi de Alvernia tamen de eo censuram multo minus ferendam esse censemus. Sic enim ille in manuscripto chronico Cluniacensi, quod exstat in bibliotheca regia, sub Petro Mauricio scribit : *Eo tempore fuit Petrus Abælardi celeberrimus in opinione scientiæ, sed de fide dogmatizans perfide. Fuit autem nigromanticus et dæmoni familiaris.* Longe æquius fert de eo judicium Chronicon Cluniacense editum, cujus hæc verba : *Abælardus, Petrus nomine, ab erroribus fidei per Petrum Venerabilem abbatem nostrum et sanctum Bernardum abbatem Clarævallensem revocatus, quæ antea de fide dogmatizaverat perfide* [retractans] *monachus Cluniacensis factus est, et deinde mens ejus, lingua ejus, opus ejus, semper divina fuere, semper philosophica, semper eruditoria meditabatur, docebat, fatebatur. Et sicut de Magno Gregorio legitur, momentum aliquod præterire solebat minime, quin semper aut oraret, aut legeret, aut scriberet, aut dictaret. Lectio ei continua erat, oratio frequens, silentium juge : nisi cum aut fratrum familiaris collatio, aut ad ipsos in conventu de divinis publicus sermo eum urgebat. Quare ipsum Petrus Venerabilis sollicite commendans, tale de ipso scripsit epitaphium :* Gallorum Socrates, etc.

APOLOGETICA PRÆFATIO

PRO

PETRO ABÆLARDO,

Ad illustrissimum ac sapientissimum dominum D. Nicolaum BRULARTIUM, equitem, Sillerii dominum, Marinarum baronem, Franciæ et Navarræ cancellarium. Per Franciscum Amboesium, equitem, regis in sanctiore consistorio consiliarium.

(*Petri Abælardi filosofi* (sic) *et theologi, abbatis Rugensis, et Heloisæ conjugis ejus, primæ Paraclitensis abbatissæ, Opera, nunc primum edita ex mss. codd. viri illustr. Francisci Amboesii, equitis, regis in sanctiore consistorio consiliarii, baronis Chartræ,* etc.; *cum ejusdem præfatione apologetica et censura Doctorum Parisiensium.* — Parisiis, sumptibus Nicolai Buon, 1616, in-4°, cum privilegio regis.)

Cum studiosi viva voce præceptorum sæpissime fuerint destituti, aut eos qualeis voluerunt adprime eruditos, non ita facile et in promptu habuerint, factum est ut bibliothecæ ab optimatibus, aut claris et locupletibus viris sint institutæ, in quibus tanquam promi, condi munere, optimorum et veterum auctorum libri repositi asservarentur, et a quibus tanquam a divite penu scientiarum cupidi suo tempore doctrinarum exquisitos thesauros petere possent. Hinc Atheniensis Pisistratus, Eumenes Pergamenus, Ptolemæus Filadelfus (*b*), quod conquisitos ad ducenta fere milia libros ex autografo describi magna impensa curassent, bene de posteritate meriti nomen suum immortalitati consecrarunt. Nec minorem apud Romanos L. Lucullus, Asinius Pollio, Trajanus, C. Plinius, Tacitus A. comparatis numerosorum voluminum ornatissimis bibliothecis, splendoris ac magnificentiæ laudem sunt assecuti. Quod si in his poetarum, filosoforum duntaxat, et historicorum reliquiis conquirendis et colligendis tantam curam adhibuerint adhuc profani, et cæcitatis erroribus, fœdisque dæmonum tenebris et præstigiis involuti, quid censendum putamus de pia heroum nascentis Ecclesiæ sollicitudine in re haud absimili; quanto auctoritate laus justior, quod propenso animo in hanc curam incubuerit, postquam divini verbi semina toto orbe dispersa sunt, ut profeticæ canonicæque primum Scripturæ, deinde orthodoxorum conciones et interpretationes non incuriose descriptæ, in templorum adytis et sacrariis collocarentur, tanquam in armamentariis ex quibus certissima tela parari possent adversus ingruentes hæresëon insultus. Adnisus est sua ætate Constantinus Magnus magna diligentia, zeloque ardentissimo, suaque auctoritate perfecit, ut authentica exemplaria ab ipsis fontibus repeterentur; profetarum monimenta Hebræa, apostolorum Græca lingua, qua scripta primum fuerint in mundum redigerentur, apocryfa a canonicis, quæ Meliton et Origenes ad notarum 22 numerum retulerant, ita discernerentur ut suus cuique honos sartus tectus remaneret, neque adulterini pro veris, carbones pro thesauris supponerentur. Ex quo certe effectum vidimus, ut doctrinæ puritas, unitas, antiquitas, et universalitas nullas novitates admitteret, nulla se in frusta minutatim secari sineret: quas certissimas esse Ecclesiæ notas, tum Petri προτοκαθεδρία indicat Lirinensis; et ut quod Marcion similisve farinæ homines tentaverant, in scedis sacratissimis corrumpendis, id tandem successibus caruerit, manserintque

illæ inter publicas et cedrinas tabulas ab omnibus impostorum insidiis illæsæ, ita ut nihil in his sit repertum; quo suam Arius, Eutyches, Nestorius causam fulcire possent; et cum Sardicenses canones pro Nicænis obtrudere quidam male feriati ausi fuissent, detersus est totus hic fucus per incorruptos canonum Nicænorum codices, qui manuscripti in bibliothecis Constantinopoli, Alexandriæ et Antiochiæ sunt reperti. Meminit etiam Eusebius Hierosolimitanæ et Cæsariensis bibliothecæ. Et harum omnium imitatione Ecclesiæ occidentales publicas et privatas etiam crexere, ut his uti frui liceret, iis, qui sacris initiandi sese totos bibliorum et Patrum lectioni addicerent, curabantque episcopi ut quisque libros eos fideliter descriptos domi haberet, et nocturna diurnaque manu versaret. Et ad id parabantur diligenteis librarii notarum et siglarum periti, quos Irenæus Lugdunensis et alii cordati doctores, cum libros aliquos ederent, sæpe per omnia sacra sunt obtestati, ut quod in archetypo esset exemplari bona fide describerent, nihilque vel detraherent, vel adderent, vel immutarent. Sed nocuit sequentium temporum barbaries, quæ librariis usa est indoctis, et idiotis, plerumque etiam cœnobitis, quos sui abbates, ne otio marcescerent, ad id cogebant, vel aliquot horas exscribendis libris impenderent: quin et ad id mulierculæ et puellæ operas suas locarunt, magno rei litterariæ detrimento et dedecore, priusquam singulari Dei beneficio ars typografica inventa est ante seculi decimi quinti initia. Itaque ex illis scriptis, quæ veteres reliquerunt; e multis, quæ adjumento ad vitam recte instituendam, et ad plurimarum artium cognitionem esse possent, pauca servata sunt; sed ita depravata et mutila, ut vix legi, et intelligi possent, et brevi tempore per chalcografos in lucem erupit stupenda sine delectu auctorum moles, qui diu cum blattis et tineis erant luctati; sed multo plures fato auctorum in illo manuscriptorum pulvere et situ delituerunt, donec paulatim diligenti solertia curiosorum eruerentur. Quod si quisquam est, cui cordi semper fuerit bibliothecas illas veterum perquirere, inspicere, rimari, in his profecto nomen meum semper ab adolescentia sum professus, sive meorum æqualium exemplo, ut jacentem literatorum laudem pro viribus sublevarem maculis eorum detergendis, sive quod criticam plus æquo fortasse adamaverim, sive quod varia illa et promiscua lectione delector. Atque ita accidit, ut in manus meas inciderint aliquot epistolæ doctissimi Petri Abælardi, et Heloisæ

---

(5) Sic Præfationis auctor ubique, f pro *ph*, quod mutare noluimus. EDIT. PATR.

ejus uxoris : quæ cum primo arrisissent, postea etiam relectæ summopere placuerunt. Cœpi etiam reliqua ejus auctoris opera conquirere, quorum nonnulla reperi in membranis exarata, minutissimis characteribus, et lectu difficillimis, et ex collatione diversorum emendavi, emendatumque unum exemplar semel atque iterum curavi transcribendum: sed laborem vicit voluptas legentis, et utilitas cum publica, tum privata, quam percepturi sunt, qui ad ea legenda volent animum appellere. Fuit enim Abælardus, vel Bailardus, ut cum Accursio et Alciato loquar, vel Balardus ut cum Genebrardo, sive mavis Abailardun vocitare, de apiculæ Gallico nomine, sive ab Abailardum (nam hoc posterius in chronico Joannis Crispini reperi), at apud nostrates usus est frequens *ab pro de* in gentilium nominibus usurpare, non aliter quam si ego, qui de Ambœsia vernacule nuncupor, Abambœsius indigitarer: fuit, inquam, Petrus iste juvenis palatii castelli dominus ad S. Nazarium in Nannetensi diœcesi ad Ligerim, patre equite Berengario, matre Lucia. Qui ambo nobilibus proavis orti, post aliquot liberorum creationem, post Petri Abælardi, quem Roselini præceptis informandum tradiderant, educationem, religionis nexibus sese mancipandos tradiderunt. Filius eorum jussu Lutetiam missus, in sinu tam celebris academiæ, ut Erichtonius in Minervæ sinu educatus, in magnum virum evasit, et non solum polyhistor et scientiarum omnium encyclopedia instructus et omniscius ; sed et filosoforum et theologorum coryfeus, et in suo genere princeps, primusque theologiæ scholasticæ seu disputatricis auctor creditus, unde illæ Nominalium et Realium apud Vignerium sectæ. De quo Samson Rhemorum archiepiscopus cum suis suffraganeis, dum eum ad papam deferrent, retulerunt nihil esse quod eum lateret, sive in profundo maris, sive in excelso supra : qui in promptu de universa filosofia, de mathematicis, et etiam de quæstione qualibet respondebat; qui invitatus a condiscipulis, ut in obscurissimæ Ezechielis profetiæ interpretatione specimen ingenii ederet, impetrato brevis noctis spatio, toti academiæ se admirabilem præbuit. Sed et jurisconsulti nostri eum in salebris juris Justinianei exercuerunt, ita ut supra nominatus glossator ad legem *Quinque pedum præscriptione*, quæ est inpp. Valentiniani, Theod. et Arcad. *C. fin. regund.* in verbo *præscriptione*, de eo sic scripserit : *Sed Petrus Bailardus qui se jactavit quod ex qualibet quantumcumque difficili littera traheret sanum intellectum, hic aixit* : Nescio. Quid mirum, si et Azo, et ipse Accursius, qui rati sunt nihil videri in jure quod a se penitus perspectum non fuerit, ita hallucinati sint ut magnus ille Andreas Alciatus, in illo quem de quinque pedum præscriptione scripsit tractatu, postquam Petrum Bailardum celebrem sua tempestate professorem laudavit , quod ingenue fassus esset eam legem a se non intelligi, ipse suorum doctorum interpretationem eludit et reprehendit, eorumque sequaces Baldum, Paulum et Salicetum, qui ex ea hanc regulam elicere conantur, non reddi solitum olim judicium de quinque pedibus, id est de re levissima, cum variæ constitutæ sint actiones de modica glande, de pisce, de ovo *l. 4 ff. de glande leg. § Gallinarum instit. de rerum divis. l. si proprietarius. ff. de damno infecto*, cumque verior interpretatio sumi debuerit ex *l.* XII *Tab.* qua cautum ut inter vicinorum prædia constitutis finibus, quinque pedum spatium relinqueretur, quo ire, agere, uterque dominus posset, ejusque spatii usucapio lege Mamilia prohibita est, ut apud Tullium *de LL. et Ag. urbicum de limitibus.* Quibus experimentis constare arbitror tanta Abælardum fuisse ingenii pernicitate et dexteritate, ut in qualibet scientia, præsertim vero in ea quæ aliarum regina dicitur, brevi tempore multum profecisse, et ad metam pervenire citius quam alius ex carceribus exiisset ; sed de eo postea amplior dicendi patebit campus.

Heloissa vero, ut altera Susanna aut Esthera, pulchra et Deum timens, vetustissimos illos Momnorantios legitima agnatione contingens, canonici Parisiensis non notha, sed neptis, psalmos Hebraice personare ab incunabulis docta, clarum sexus sui sydus et ornamentum, tres illas linguas, necnon mathesin, filosophiam et theologiam a viro suo edocta, illo solo minor fuit : in qua tantas ingenii dotes, prudentiæ, patientiæ, humilitatis, virtutumque omnium, et pudicitiæ chorus illustrabat, quam religiose coluit post brevem et furtivum aliquot mensium justi connubii usum, viri sui etiam immerito execti et absentis amantissima ; ut dubies, plusne exemplo matronis an virginibus profuerit, vel cum Argentoliensibus, vel cum Paracletensibus præfuit. Si ad matronale decus, ad linguarum aut Scripturarum cognitionem inspicias, alteram Paulam ; si ad custodiam perpetui pudoris, morumque asperitatem, Eustochiam videre videberis, quam episcopi quasi filiam , abbates sororem, laici matrem diligebant; ita ab omnibus in cultu et admiratione habita, ut cum vir ejus invidiæ et calumniæ telis premeretur, livor in ea ejusque moribus non invenerit quod dente Theonino carpere posset. Ejus epistolarum facundiam simul inspexi, ut fidiæ signum simul probavi ; ingenii vero acumen, magnumque in sacræ Scripturæ, Patrumque lectione profectum satis indicant problemata illa, sive dubia, quæ domino suo præceptori et conjugi in scriptis proposuit discutienda : quæ qui attente legerit , agnoscet esse verum quod ab Aristotele est vulgatum, non minus esse difficile quæstionem bene ponere quam bene solvere. Prætereo quam subtiliter hæc heroina divo Bernardo abbati in Paracleti cœnobio hospitanti, etsi ille parum candide ab Abælardo sentiret, satisfecerit percontanti, cur in orationis Dominicæ publica recitatione verba illa usurparet, *Panem nostrum supersubstantialem*, cum cæteræ Ecclesiæ vulgo *quotidianum* dictitent ; illa contra Græcorum discretione fulta, quorum, ut ait Ambrosius, auctoritas major est, solum Matthæi textum adduxit, τὸν ἄρτον ἡμῶν τὸν ἐπιούσιον, maluitque translationem ex Hebræo, quam propriæ linguæ scripturam sequi, prout videre licet epistola quinta secundi libri, quæ est ad eumdem D. Bernardum. Felix, o nimium felix conjugum par, et bene concordans in dissimili fortuna matrimonium, nec ipsa in morte divulsum, si ille tam bene livoris insultus, quam illa in sequiore sexu declinare potuisset ! O divina viri uxorisque ingenia omnibus doctrinis excultissima, quibus nec præcedens ævum, nec sequens ulla alia protulit adæquanda! Etsi vero Heloissa tanta fuerit mansuetudine, ut nullus unquam malevolentiæ jacula in eam ausus fuerit contorquere, nullus ejus mansuetudini obstrepere, tamen quam multa dictu gravia, perpessu aspera in illam irruisse putamus : cum illa per latus viri, quem toto amabat pectore, sæpius sit petita, icta, et quasi transfossa : in suo corde sæpe perpessa est quicquid in sponsi terrestris famam et corpus potuit lividorum et inimicorum malevolentia et crudelitas. Quæ spretis hujus mundi blandimentis sese totam consecravit Jesu sponso cœlesti, sua sponte carnem propriam crucifigens ; femina vere fortis, et similis prudentibus, quas Evangelium memorat sibi multis operibus pietatis prospexisse, ne deficeret oleum in lampadibus. Batava Syren scripsit ad virgines Colonienses sub nomine Machabæorum consecratas, comparationem virginis et martyris, asseritque veram continentem minimum abesse a martyre, quod martyr patiatur a carnifice cædi carnem suam, virgo vel continens quotidie mortificet carnem suam, ipsa sui quodammodo carnifex. Martyr tradit corpus suum, virgo vel vidua subigit, et in spiritus servitutem redigit, domatque. [Ea certe aptari possunt nostræ Heloissæ, quæ concupiscentiis, opibus, deliciis, fastui, luxui, gemmis, purpuræ, voluptatibus in hac vita renunciavit, nihil amans in hoc seculo, mortua mundo, soli vivens Christo, cujus ut stringeretur amplexibus, columbinos edebat gemitus, precibus, psalmodiis, sacra lectione, silentio, jejuniis, piis occupationibus corpus in servitutem redigens, quod in continente non minus est laudabile quam in virgine, cum major sit virtus placitis abstinuisse bonis. Licet contra sentiat Hieronymus difficiliorem videri pudoris custodiam in virgine, quæ quod non est experta, majus et suavius esse suspicatur. Ipse Petrus epistola quam toti operi præposuimus, pauca et modeste de adamata uxore et sorore locutus, historiam propriæ vitæ, miserias suas et ærumnas, imo etiam mortes narrat, ut ab avunculo et consanguineis uxoris nocte dormiens immanissima et pudentissima ultione verpus factus fuerit, ut monachi habitu in cœnobio D. Dionysii suscepto male habitus sit a fratribus, quod ex Bedæ secundo scripto in Acta apost. controversiam illam movisset de duobus Dionysiis, altero Areopagita, altero Corinthio : qua de re nos cardinalem Baronium potius secuti, quam Gregorium Turonensem, sententiam nostram exposuimus in illa præfatione, quam ad historias dicti Gregorii præfiximus, ejusque defensionem contra Flaccii calumnias. Recitat etiam ut tractatum De unitate et trinitate divina, in favorem scholarium suorum compositum, qui humanas et filosoficas rationes requirebant, Suessione coram legato exhibuerit, et compulsus fuerit sine discussionis examine propria manu in ignem injicere : quod, quam grave fuerit, illi dijudicent, qui norunt auctores non minus librorum suorum esse amantes, quam patres liberorum. Cætera quæ in hac epistola non sine acerrimo sensu doloris et patientiæ documento de suis calamitatibus recitat, de suo in solitudine secessu, de jactis primis Paracletensis eremi fundamentis, de pravis fratrum quibus præfuit Ruyensium moribus, tyrannique vicini oppressione, ea melius ab ipso auctore, quam a me repeti possunt, cum meum potius sit consilium vindiciis meum Abælardum, si non ab errore, qui in idoneum cadere potest, saltem a servitute hæreseos falso insimulatæ asserere.

Hæ me justissimæ causæ impulerunt, ut quotquot exemplaria nancisci potui in variis provinciis conquisierim, collegerim, legerim, relegerim, optimæ certe notæ frugisque non experta, consiliumque ceperim ea in vulgus emittendi, tum ut R. P. sacræ literariæ prodessem, tum ut Galliam nostram ab illorum imposturis vindicarem, qui negant perpetuo verum esse, quod ex Plinio adstruit D. Hieronymus, eam solam carere monstris. Qu͡i enim potius facerem, quam monachi saltem in extremis innocentissimi viri nomen e flammis eripere , eruditissimique scriptoris opera magnis sudoribus vigilusque elucubrata nostræ ætati ac posteritati consecrare? Itaque unum exemplar epistolarum nactus sum in Armorica, in qua juvenis prima auspicia cœpi laticlavii et meæ senatoriæ dignitatis; alterum ex Filippo Portæo abbate Tyronio, poeta excellentissimo et mihi amicissimo, qui affirmabat se accepisse ab hæredibus Stefani Gormeleni Curiosolitæ; tertium ex monasterio Paracletensi, ad quod profectus sum, ut quæ ibi ex ejus operibus reperire poteram, in usum publicum convasarem, ibique comiter sum exceptus, et ad contigua fundatoris et fundatricis sepulchra manu ductus benignitate reverendæ D. Mariæ Rupifocaldæ diaconissæ sapientissimæ cognatæ meæ : ejus enim paterna avia Antonia Ambœsia, quæ equiti Torquato Barbesio nupsit, Vidi Ambœsii nltia unica, Karoli Calvimontis D. Franciæ marescalli neptis et hæres totam vetustissimam familiam crevit, et primogenita nostra ad Rupifocaldos transtulit. Ea etiam mihi communicavit divini officii homilias toto anni curriculo legendas stylo Abælardico exaratas, cum collectis et hymnis, in quibus magna catholicæ pietatis lux seu legenti, seu canenti affulget. Opuscula varia ex Navarrana bibliotheca, homilias ex Sorbonico gymnasio celeberrimo; in Epistolam ad Romanos quinque libros commentarios ex cœnobio S. Michaelis de Monte, seu in periculo maris, quos dedit utendos A. Quercetano doctissimus P. Jacobus Sirmondus theologus e Societate Jesu; Introductionis ad theologiam libros treis, reconditioris doctrinæ ex ms. cod. bibliothecæ canonicorum regularium Sancti Victoris prope nostros muros : alia etiam aliunde, ut suis locis indicavi. Quæ opera nisi Patres illi cognovissent esse fidei catholicæ, apostolicæ et Romanæ professoribus utilia, ea certe ultricibus urenda flammis dedissent : quæ tanto studio divinitus conservata nobis transcribenda et in medium proferenda dederunt. His volutandis, et ex collatione emendandis, non exiguam operam locavi, ut me voto exsolverem, quo pridem obstrictus eram, cum libellum de concilio in publicum vulgari passus sum; et si quid durius inveni, cum germano meo R. D. Adriano Ambœsio episcopo Trecorensi inter theologos eminentissimo communicavi; et cum aliis etiam amicis, nec aut ab illis aut a me in his operibus aliquid est repertum, quod esse posset lectionis infructuosæ. Prius tamen, ne tacito vel aperto linguæ aut cogitationis convitio verberari possem, accusationes contra Abælardum, ac pro eo proscriptiones ac depulsiones in publicum proferre decrevi, et rationum ponderibus ac momentis adamussim examinare, ne quid temere, aut perperam fecisse me quisquam obganniat. In arenam producuntur athletæ, immo bellatores fortissimi, quibus ingenii vires ac famæ, et plus quam vitæ, sunt periclitandæ,

nec enim levia, aut ludicra petuntur,
Præmia, sed Turni de vita et sanguine certant.
Et ut ille de Hectore Iliados χ.

Πρόσθε μὲν ἐσθλὸς ἔφευγε διώκε δέ μιν μέγ' ἀμείνων,
Καρπαλίμως, ἐπεὶ οὐχ ἱερήιον οὐδὲ βοείην
Ἀρνύσθην ἅ, τε ποσσὶν ἀέθλια γίνεται ἀνδρῶν,
Ἀλλὰ περὶ ψυχῆς θέον Ἕκτορος ἱπποδάμοιο,
Hic igitur cursu, hic fugiens, ille acriter urgens,
Delati, bonus et fortis pede concitus anteit,
Insequitur melior : nec enim pro tergore tauri,
Pro bove, nec certamen erat, quæ præmia cursus
Esse solent : sed pro magni vitaque animaque
Hectoris.

Sistendus est igitur, nomofylax illustrissime et perfectissime, ad tuæ dignitatis tota Europa augustissimæ tribunal, ad Galliarum præfecti prætorium, a quo appellare nefas, cui reliqui supremorum senatuum et curiarum provincialium judices, fasces submittunt, ad tuæ divinæ Themidis trutinam, hic doctor infelix inter reos et proscriptos adnumeratus, qui causam dicat quasi ex vinculis, et ad criminum gravissimorum capita respondeat magnis delatoribus, vel potius accusatoribus non tam deterritus, quam causæ bonitate fretus, et vitæ morumque innocentia, per quam a legato S. S. provinciæ quæ Rhemensis antistitibus persona non est damnata, sed in scripto comburendo ejus cæca obedientia comprobata, et ab iis qui senonis coadunati erant, nihil aliud quam damnationem capitulorum quæ non agnoscebat sua retulit, ipse non auditus, ad sacrosanctam Sedem appellavit. Ab Innocentio vero pontifice opt. max. ad quem totum negotium remissum fuerat, plenæ absolutionis tesseram, honorificumque Clumaci ut petierat prytaneum meruit : a tuis etiam oraculis æquissimis et diplomaticis, in integrum restitutionem impetrabit, cum jure liberæ legationis, ut cum tui favoris aura per omnium ora, per academias orbis totius celebres, per doctorum bibliothecas,

PRÆFATIO APOLOGETICA.

Laudetur, vigeat, placeat, relegatur, ametur,

et sicut D. Augusti de Æneide retinenda, ita D. Brulartii de Abælardi lucubrationibus non abolendis edictum publicetur. Poterit enim tua amplitudo, vel solo aspectu facile sanare famam adfectam filosophi et theologi in hunc usque diem non minus languentis, quam illi qui ad Æsculapii fanum transeuntibus conspiciendi exponuntur. Tu enim es Brularti Silleri, cujus in manu legum ferendarum et abrogandarum jus omne consistit; qui in magistratuum, et in honorum omnium culmine et solsticio (ut ita dicam) excelso, et pleno stellarum, illustri et claro loco præsides; et quem sol splendorem mundo, eum huic regno exhibes, ex quo splendidissimo candore inter flammas elucente circulo tanquam e sublimi specula te cynosuram honestis disciplinis præbes; qui bonis omnibus plaudentibus vulnera superiorum iniquitate temporum Galliæ inflicta curasti, qui rixarum et litium præsertim aulicarum semina, quibus nulla capitalior pestis esse potuit, si non radicitus evulsisti, saltem magna ex parte circumcidisti et amputasti; qui rem Francicam sæpe adversa fortuna nutantem confirmasti, interdum etiam dissidis prope exstinctam et eversam unus ipse non modo restituisti, verum etiam magnopere auxisti; qui publice justitiam, privatim temperantiam, et abstinentiam ab ineunte ætate semper coluisti; qui triplici legatione, Navarrana, Helvetica, Romana, quam esses publico bono natus demonstrasti, cum virtutibus magnis fortunam adæquasti : et ut alia non modo in leges, sed et in patriam, aut in singulos haud vulgaria merita omittantur, mirandum non est si tanto patre genitus, antiquis gentis vetustissimæ stemmatibus fulgens, domesticis tamque claris exemplis permotus, nihil non egregium, nihil non amplum, non proavis equitibus et patriciis dignum aut cogitasti aut fecisti. De quo patre tuo, quia de te sileri jubes, non tantum dicam, ut te fatali ordine et jure hæreditario fuisse delatum annuli regii scrinium, cujus administrationem ob egregias et heroicas D. præsidis Bernii virtutes; omnes boni deberi clamitabant tuo illi parenti nostri seculi Catoni integerrimo, quem duobus illis Romanis, vel trecentis Socratibus longe antestetisse, qui ejus sapientiam et constantiam norant, et mirati sunt, et confitentur. In quorum memoria vivet, quamdiu probitati, consilio, innocentiæ, sapientiæ locus erit. Virtuti enim, quam ducem semper habuit, comitem adjecit bonam existimationem, sine qua vivere sapienti esset injucundum. Quo magis gratulandum tibi censeo, justitiæ antistes dignissime, qui hanc veram et solidam laudis pateram possessionem tam libenter occupes, veteremque majorum tuorum de omnibus bene merendi consuetudinem heroicis virtutibus, eloquentia, doctrina, solertia, rerum maximarum usu cumulatam, constanter retines, eamque ut officio solito erga hunc auctorem testatam relinquas, te etiam atque etiam obtestor.

O te igitur beatum, Abælarde, qui, cum atrocioribus percussus ictibus, olim in eo fueris miserrimo statu constitutus, ut te cum male a quamplurimis audires, omnes qui bene non norant, quasi vomitu nauseantis fortunæ e rerum natura exsputum crederent! Occurrit tibi maximus ille Brulartius, salutaris et tutelaris genius, ad cujus sacram anchoram accursisti, sub qua nullos fluctus, quamvis decumanos, nullas procellas aut tempestates, tibi putes pertimescendas. Vide quam non formidare debeas tanto judice, vide quanta lux clementiæ et æquitatis tuis oculis coorialur.

Age veniant tui sive æmuli, sive adversarii, sive irrisores, criminibusque tecum vel decertent etiam maledictis. Quod enim maledictum acrius, quam si hæreticus audias, cum ubicumque latueris te semper invenerit invidia? Nam hic referre non placet,

A quæ Suessione per invidiam acta sunt, cum Abælardus adhuc inter sodales regalis cœnobii Dionysiani militaret; ubi sese obsequentem filium Ecclesiæ demonstravit, legato sanctæ sedis causam suam approbans, cum ejus nutu suum commentarium de Trinitate (in quo nihil contra fidem contineri putabat) manu tamen propria comburere maluit, quam scandali occasionem præbere. Ingens certamen erit in antiqua Senonum civitate, in qua falangem ducet Primipilus fortissimus, testis idemque auctor omni exceptione major D. Bernardus Tesselini F. Claravallensis primus abbas, sui ordinis lumen et columen : qui ex discipulo sylvarum doctor Ecclesiæ vere theodidactos est appellatus, miraculis ante et post obitum claruit, et in cœlitum numeros ab Alexandro III est relatus, cujus tanta fuit, vigetque nunc adhuc fama et auctoritas, ut de eo nemo hanc formulam jure possit usurpare : *Hunc nolo, timidus est* : cui statim non assentiri stultum; velle in aliquibus refragari, aut fidem detrahere, impietati proximum videatur. Ille ubi Abælardum ex S. Gildasii, quod ejuraverat, cœnobio reversum accivit, et aliquot opuscula partim vere partim falso ei attributa legi, iras se dignas concepit, et proceres Ecclesiæ ad synodum Senonensem movit, literisque convocavit, apud quos Abælardum inter reos violatæ religionis detulit, et ad cardinales summumque pontificem Innocentium capita gravissimæ accusationis misit.

Hoc classico multi ad arma spiritualia excitati sunt. Sed præstat audire clangorem ipsius tubæ, nempe epistolæ, quæ inter Bernardinas est ordine 187, cum hac inscriptione : *Ad episcopos Senonas convocandos. Exiit sermo inter multos, et credimus ad vos pervenisse, quomodo videlicet apud Senonas in octavis Pentecostes vocamur et provocamur ad litem pro defensione fidei, cum servum Dei non oporteat litigare, sed patientem esse ad omnes.* Abstineo a sequentibus quæ lector poterit reperire libro II hujus operis. Parum erat nisi vir Dei a natura potius quam ab arte ad facundiam instructus, episcopos et cardinales in curia Romana residentes hoc galli cantu experrexisset altera epistola, cui initium : *Nulli dubium quin ad vos spectet tollere scandala de regno Dei,* in qua hos aculeos contra Petrum districtos reperietis lib. II : *Legite, si placet, librum, quem dicit Theologiæ; legite et alium quem dicunt Sententiarum ejus, nec non et illum qui inscribitur : Scito teipsum, et animadvertite quantæ ibi silvescant segetes sacrilegiorum et errorum. Pax sit rebus, cætera non apponam, quin potius libet exclamare :*

.... tantæne animis cœlestibus iræ?

Nam eodem tenore, imo fervore mittit per Nicolaum suum servum et nuntium ad Innocentium II epistolam, cujus initium : *Necesse est ut veniant scandala. Necesse est, sed non suave.* In qua post captatam in exordio benevolentiam, narrationem breviter contexit rerum apud Senonas coram rege Ludovico VII gestarum in consessu episcoporum, abbatum et plurimorum religiosorum ac clericorum. Ex quibus inferre licet Abælardum stantem non fuisse auditum; sed quædam cœpisse legi, quæ nolens audire, exierit, provocaveritque ad sanctam sedem apostolicam : quod non putat Bernardus ei licere, admoveatque faces incendii, ut damnationem ab eo extorqueat : *Leonem,* inquit, *evasimus, sed incidimus in draconem.*

His non contentus, capitula hæreseon colligit, quisquilias undique verrit ex schedis, lectionibus et scriptis, quæ partim Abælardi erant, partim sub ejus nomine circumferebantur, et a malevolis etiam accepta aliqua, vir quidem sanctus, sed qui dum in carcere esset falli poterat, pro veris et compertis ad Innocentium misit : quæ etsi in epistolis sub nomine Bernardi editis non reperiuntur, tamen quia in quodam ms. reperi (ne quid dissimulem), bona fide transcribenda curavi : non quod putem tam perversæ mentis fuisse Abælardum, aut quenquam alium, ut tam absurdis et impiis sententiis voluerit debacchari, sed ut quo magis absona et impia sunt illa dogmata, eo magis judicentur aliena, et multis parasangis distantia a mente et intellectu tam pii et bene morati monachi, qui libros, ex quibus excerpta est major ac periculosior articulorum pars, nunquam agnovit. Quod si ex veris ejus dictatis quædam arguantur, oportuit ad verum ejus sensum recurrere, et non contra eum verba decurtata retorquere. Nihil est enim, quod male narrando haud possit depravarier ; et sæpe accidit ut si doctor aliquis quæstionem aliquam problematice et in utramque partem tractarit, male feriatus sciolus rationes dubitandi sumat pro rationibus decidendi : quod sæpe contigisse vidimus, et nuper ad Fontis-Bellaudi castrum in dissertatione coram rege et celeberrimo Franciæ procerum conventu. Quis enim poterit non ridere, aut potius stomachari, si in Summa theologiæ angelici illius Thomæ Aquinatis quæst. 3, art. 1 hæc legerit : *Utrum Deus sit corpus, videtur quod sic. Corpus enim est quod habet trinam dimensionem. Sed sacra Scriptura eam attribuit Deo; dicitur enim* : Excelsior cœlo est, profundior inferno *(Job* xi) : *ergo Deus est corpus.* Si quis ista nobis obtruderet tanquam Thomæ doctrinam, nonne cœlum terræ, et mare cœlo misceret? cum conclusio ejusdem doctoris, quam impostor reticere voluerit, ex diametro pugnet. Est enim talis : *Cum Deus sit primum movens immotum, ac primum ens, et omnium nobilissimum, impossibile est corpus esse. Ad primum ergo dicendum est, quod sacra Scriptura tradit nobis spiritualia et divina, sub similitudinibus corporalium,* etc.

Veniamus igitur ad supradicta capitula, quæ magnus ille D. Bernardus Clarævall. abbas misisse dicitur Innocentio II papæ, reperta, si credere fas est, partim in libro Theologiæ, partim in libro Sententiarum, partim in libro, cui titulus est : *Scito teipsum :* quos duos postremos libros Abælardus negavit a se scriptos. De his erroribus detestandis quivis potest hoc usurpare : Heu cadit in quemquam tantum scelus !

Quod Pater sit plena potentia, Filius quædam potentia, Spiritus sanctus nulla potentia.

Quod Spiritus sanctus non sit de substantia Patris aut Filii.

Quod Christus non assumpsit carnem ut nos a jugo diaboli liberaret.

Quod nec Deus et homo, neque hæc persona, quæ Christus est, sit tertia persona in Trinitate.

Quod liberum arbitrium per se sufficit ad aliquod bonum.

Quod ea solummodo possit Deus facere vel dimittere, vel eo modo tantum, vel eo tempore quo facit, et non alio.

Quod Deus nec possit, nec debeat mala impedire.

Quod non contraximus culpam ex Adam, sed pœnam tantum.

Quod non peccaverunt qui Christum ignorantes crucifixerunt, et quod non culpæ adscribendum est quidquid fit per ignorantiam.

Quod in Christo non fuerit spiritus timoris Domini.

Quod potestas ligandi atque solvendi apostolis tantum data sit, non successoribus.

Quod propter opera nec melior nec pejor efficiatur homo.

Quod ad Patrem, qui ab animo non est, proprie vel specialiter attineat operatio, non etiam sapientia et benignitas.

Quod diabolus immittat suggestiones per operationem lapidum vel herbarum.

Quod adventus in fine seculi possit attribui Patri.

Quod anima Christi per se non descendit ad inferos, sed per potentiam tantum.

Quod nec opus, nec voluntas, neque concupiscentia, neque delectatio, cum movet eam, peccatum sit, nec debemus eam velle extingui.

Non credo quenquam esse aqua baptismatis ablutum, et pingui, ut aiunt, Minervæ mysteriis fidei imbutum, cui in mentem veniat tam absurdas enunciationes, tam a symbolis fidei alienas, tam horrendas defendere ac tueri. Neque puto nimis elaborandum esse ut hæc opinio minuatur, cum Abælardi vita ; pie et in timore Dei transacta nullum dogma redoleat nisi sanctum, cum sacræ Scripturæ Patrumque interpretationibus congruum et conveniens : si verum est quod fides ostendatur ac se prodat ex operibus, cum ipse sibi debellandas hæreses singulari certamine sumpserit, cumque si qua forte secus dicta in libro Theologiæ ejus reperiuntur, publica fidei confessione a se edita retractaverit, vel virtute rationis, vel auctoritate Scripturæ correctus.

Sequitur epistola alia ejusdem D. Bernardi ad eumdem pontificem Innocentium, ejusdem argumenti cum præcedentibus (nisi quod in accusando et disputando prolixior est) cujus initium : *Oportet ad vestrum referri apostolatum.* Habetis, inquit, *in Francia novum de magistro theologum, qui ab ineunte ætate sua, in dialectica lusit; nunc in Scripturis sacris insanit. Qui dum omnium quæ sunt in cœlo sursum, et quæ in terra deorsum nihil præter se solum nescio quid nescire dignatur, ponit in cœlo os suum.* Cætera quia nihil aliud continent, quam quæ in supra scriptis articulis recitantur, malo æquus et curiosus lector requirat ex ipsa epistola bene longa et erudita : quam qui totam legerit, definituam non ferat sententiam nisi prius brevi responsione perfecta :

Qui enim statuit, parte inaudita altera,
Æquum licet statuerit, haud æquus fuit.

Nec contentus fuit egregius cœnobiarcha sub persona sua justæ magnitudinis libellum edidisse, in eumque stilum cum tot tantisque aculeis tamque acerbis strinxisse, nisi Samsonem archiepiscopum Rhemensem, et tres ex ejus suffraganeis excitaret, tanquam ad commune restinguendum incendium. Dictavit enim epistolas sub ejusdem nomine ad papam, ut per cas majoris ponderis esset accusatio. Adduntur appendicis loco duæ commendatitiæ : altera ad cardinalem Vidum de Castello, qui Petrum in theologicis audierat, et postea electus in papam Cœlestini nomen assumpsit; altera ad Yvonem etiam cardinalem, quæ est ejusdem argumenti. In priore objectat semper libellum illum Γνῶθι σεαυτὸν quem pernegavit Petrus a se scriptum. Hoc tanto criminationis hiatu magni ille nominis accusator omnia quæ rei poterant esse auxilia præoccupavit. At quas deinde probationes subjicit? nullas, aut pene nullas : brevia enim sunt epistolia. Quæ ergo dixit verbotenus, Scaurus verbo negat. Nam si accusare sufficeret, quis unquam erit innocens? Tritum etiam illud : Ut vir unus, vir nullus ; ita testis unus, testis nullus. Quod si quis quæsierit, quis tam crebrarum scriptionum, tantique laboris spontanei fructus et profectus ? Duplex sane : nam Innocentius Christi vicarius, summus de fide arbiter, cui nemo orthodoxorum refragari, ac ne quidem mutire audeat, rescripto suo dogmatum ac se missorum capita, quæ Petro Abælardo adscribebantur, non tamen ipsam Petri personam hæreseos damnavit de plano, et nondum parte altera audita, quæ si Romæ judicio se sistens ad diluendas objectiones aliquot horas aut dieculas, aut comperendinationes habuisset, fortasse alio erat alea recasura. At accusatores potentissimi, tanquam albis equis triumfantes, lætum Pæana canturunt, victoriamque suam toto orbe disseminarunt, ita ut miser ille inauditus apud probos quamplurimos male audiret, et ejus exemplaria, quæ Galliam, Italiamque splendore collustrarant, tanquam horrendi criminis carmina, vel voracibus rogis cremanda traderentur, vel in situ, squalore et cinere veterum bibliothecarum latitantia putrescerent; nec jam trifoni, ceterisque librariis, veris suis medicis curanda mandarentur, periissentque stirpitus, nisi bono aliquo genio, et divino impulsu ad ea conquirenda, e pulvere eruenda, emendanda, publicanda fuissemus excitati, eorum præsertim testimoniis, quos bene de illis sensisse et scripsisse, variaque ejus scripta in deliciis et admiratione habuisse infra ostendemus. Quorum una eademque vox extitit, non fuisse eam mentem Abælardi, ut aliquid scriberet contra fidem receptam Ecclesiæ : quod si quidpiam tale irrepsisset, credendum aliunde provenisse, aut forte a culpa librariorum, neque lectorem ubi plura nitent in opere, paucis offendi debere maculis :

. . . . quas aut incuria fudit,
Aut humana parum cavit natura.

Siquidem neque multiplex bonum exiguo malo, neque utile inutili vitiatur :

Et mala sunt vicina bonis, errore sub ipso
Pro vitio virtus crimina sæpe tulit.

Nec eo deveniendum est temeritatis, ut hunc nunquam errasse audeamus asserere; sed si quid ab eo sit erratum, id non hæretica pravitate (sola enim pertinacia ecclesiasticæ doctrinæ et auctoritati resistens hæreticum facit), sed humanæ naturæ imbecillitate, aut forsan nimiis ingenii viribus admisisse, culpamque, si qua erat, resarcisse, ut se posset tueri, ll. xii Tab. Sanatibus idem juris, quod fortibus.

Interea placet D. Bernardo forti bellatori, quasi succenturiatos proferre aliquos scriptores illorum et subsequentium temporum, qui ejus sententiæ sunt adstipulati, tanquam si ex ejus ore aut scriptione penderent, ne quis eos me vel nescisse, vel putet silentio tegere voluisse. Familiam itaque ducat Godofredus Claravallensis monachus vitæ Bernardicæ scriptor luculentissimus, famæque præceptoris propugnator acerrimus, cujus hæc sunt verba lib. iii, cap. 5 .

Fuit in diebus illis Petrus Abailardus magister insignis, et celeberrimus in opinione scientiæ; sed de fide perfide dogmatizans. Cujus cum blasphemiis plena, gravissimis volitare undique scripta cœpissent, profanas novitates vocum et sensuum viri eruditi atque fideles ad Dei hominem, S. Bernardum, *detulerunt : qui nimirum solita bonitate et benignitate desiderans errorem corrigi, hominem non confundi, secreta illum admonitione convenit. Cum quo etiam tam modeste tamque rationabiliter egit, ut ille quoque compunctus ad ipsius arbitrium correcturum se promitteret universa. Cæterum cum recessisset ab eo Petrus idem, consiliis stimulatus iniquis, et ingenii sui viribus plurimoque exercitio disputandi infeliciter fidens, resiliit a proposito saniori. Expetens denique Senonensem metropolitam, quod in ejus Ecclesia celebrandum foret in proximo grande concilium, Claravallensem causatur abbatem suis in occulto detrahere libris. Addit quoque paratum se esse in publico sua defendere scripta, rogans ut prædictus abbas dicturus si quid haberet ad concilium vocaretur. Factum est ut postulavit. Sed vocatus abbas venire penitus recusavit, suum hoc non esse renuncians. Postea tamen magnorum virorum monitis flexus, ne videlicet ex ipsius absentia scandalum populo, et cornua crescerent adversario, demum pergere acquievit, tristis quidem, nec sine lacrymis annuens, ipse in epistola ad papam Innocentium ipse testatur, in qua plenius lucidiusque negotium omne prosequitur. Affuit dies, et ecclesia copiosa convenit, ubi a Dei famulo Petri illius in medium scripta prolata sunt, et erroris capitula designata. Demum illi optio data est* aut sua esse negandi, aut errorem humiliter corrigendi, aut respondendi si posset objiciendis sibi rationibus pariter et sanctorum testimoniis Patrum. At ille nec volens resipiscere, nec valens resistere sapientiæ et spiritui qui loquebatur, ut tempus redimeret, sedem apostolicam appellavit. Sed et postea ab egregio illo catholicæ fidei advocato monitus, ut jam sciens in personam suam nihil agendum, responderet tam libere quam secure, audiendus tantum, et ferendus in omni patientia, non sententia aliqua feriendus : hoc quoque omnibus modis recusavit. Nam et confessus est postea suis, ut aiunt, quod ea hora maxima quadam ex parte memoria ejus turbata fuerit, ratio caligaverit, et interior fugerit sensus. Nihilominus tamen ecclesia quæ convenerat dimisit hominem, multavit abominationem, a persona abstinens, sed dogmata prava condemnans. Quando vero Petrus ille refugium inveniret in sede Petri, tam longe dissidens a fide Petri? Et ipsum ergo auctorem eadem sententia cum erroribus suis apostolicus præsul involvens, scripta incendio, scriptorem silentio condemnavit.

Quod si interrogetur Abælardus, Quid ad hæc? Respondebit fortasse : Nolo hunc, reprobo hunc, domesticus est.

Secunda acie procedit nulli secundus, qui tamen a præcedentibus quæ scribit, desumit, Vincentius ille Bellovacensis in Speculo historiali lib. xxvii, cap. 13, ubi sic ait: *Eo tempore fuit Petrus Abælardus, magister insignis celeberrimus in opinione scientiæ, sed de fide perfide dogmatizans. Hujus scripta incendio, et scriptorem silentio condemnavit Innocentius papa. Capitula in libris ejus reprehensibilia annotavit B. Bernardus in Epist.*

Vincentium per omnia sequutus Antonius Floretus divi Bernardi vitam et miracula multis sigillatim prosequutus : et paucis mutatis, demptis vel additis, eadem transcribuntur in Chronico Hirsaugiensi, in continuatione Sigeberti, apud Anton. Sabellicum Ennead. IX, et Bergom, et B. Platinam. Nihil moror proletarios istos neotericos Annalium sarcinatores, præsertim manu scriptos, qui omnes in eodem ludo edocti ex iisdem expiscati sunt lacunis trichias in sua chronica relatas, iisdemque verbis, ut jam nonnisi unius testis loco sint habendi, non quidem oculati, sed tantum auriti, atque ideo eadem exceptione perpetua submovendi.

Hinc colligere licet quam varii varia. Nam noster post appellationem a conventu Senonensi interjectam, se itineri accinxit Romano, ut ad pedum apostolicorum oscula admitteretur, sed præventus est reconciliatione et benedictione, permissusque cum pace in Cluniacensi cœnobio manere, ubi cum Petro Venerabili mansit, scholasticæ cathedræ præfectus, primo post abbatem loco sedere jussus, in humilitate tamen præcipuus silentii observator, nisi cum aut Scripturas interpretari, aut concionari jubebatur, ut ex epistolis ejusdem Petri infra patebit: tandemque, ingravescente ægritudine et morbo, Cabilonum et S. Marcelli martyris missus, piam animam Deo reddidit.

Aventinus Rozelinum et Abælardum novi lycæi conditores fuisse ait : qui scientiam vocum sive dictionum instituerunt, novam filosofandi viam invenerunt, iis auctoribus duo Peripateticorum genera esse cœperunt, unum illud vetus, locuples in rebus procreandis, quod scientiam rerum sibi vendicat, quamobrem sectatores Reales vocantur; alterum novum quod eam ad nomina trahit, Nominales ideo isti nuncupati, quod avari rerum, prodigi nominum atque notionum, verborum videntur esse assertores. Hæc ex ejus VI Annal. quæ Vignerius in sua Biblioth. histor. transcripsit.

Joannes monachus S. Victoris prope et extra mœnia Lutetiana : *Senonis*, inquit, *contra Petrum Abælardum jussu regis Ludovici facta est congregatio episcoporum et abbatum totius regni: qui quædam profana verborum et sensuum novitate in Ecclesia* scandalum generabat. Igitur praesente Ludovico rege et B. Bernardo est interrogatus de multis, et cum esset responsurus, de justitia et veritate timens, sedis apostolicae audientiam appellavit. Unde sic evadens non multo post Cabilone apud S. Marcellum obiit. Hic in comitatu Campaniae fundavit ecclesiam conventualem sanctimonialium de Paracleto. Hic autem Petrus magister subtilis et famosus, et celeberrimus in opinione scientiae, sed de fide perfide dogmatizans. Hujus scripta incendio, et scriptorem silentio papa Innocentius condemnavit. Capitula in libris ejus reprehensibilia annotavit S. Bernardus in epistola, quam de ipso scripsit ad Innocentium papam. Libri tamen ejus a multis habentur. Ego ipse, inquit Helinandus, multa in eis reprehensibilia inveni.

Hujus Petri aliquando fuerat discipulus Gaufridus Antissiodorensis, qui multo tempore fuit notarius S. Bernardi, etc. Et quia meminit Helinandi, dicam obiter eum fuisse Picardum Belgam, poetam Gallicum sui temporis subtilissimum, qui elégantem tractatum De morte rithmis vernaculis panxit, tandemque pertaesus vanitatis hujus seculi, elegit vitam solitariam in coenobio Frigidi Montis ordinis Cisterciensis sub episcopo Bellovacensi, huic et Silvanectensi, vicinis suis charissimus. Plura de eo reperies apud Trithemium in catalogo Benedictinae gentis et familiarum sub ea.

De Trithemio injecta mentio elicit a nobis excerpta ex ejus libro De scriptor. eccles : *Petrus*, inquit, *dialecticos Parisiensis, dictus Abaelardus, natione Gallus, vir in seculari filosofia eruditissimus, et in divinis Scripturis nobiliter doctus, gaudens novitate terminorum, et altiora se scrutari tentans, oppressus a gloria in plures incidit errores, et agente sancto abbate Bernardo in Senonensi concilio cum pravis suis doctrinis condemnatus. Ab hoc tempore filosofia secularis sacram theologiam sua curiositate inutili foedare coepit. Scripsit autem Petrus iste nonnulla opuscula; quibus si errores non miscuisset, utilitati posteritatis profuisse poterant. Ex quibus extat volumen dialectica obscuritate subumbratum multis sententiis varium, quod praenotare voluit Theologiam suam lib.* I, *et quaedam alia. Claruit sub Conrado imperatore III, anno Domini* 1140. Eadem totidem verbis Conradi duo, Gesnerus nempe, et Lycosthenes in biblioth.

Joannes Naucletus volum. III a Christo nato, generatione 39 : *Sub Innocentio condemnatur Petrus Abaelardus, ut refert in Speculo Vincentius, de quo ad Innocentium S. Bernardus : Habemus*, inquit, *in Francia novum de veteri magistrum theologum.* Plura non adjungam quae ipsemet chronografus se a D. Bernardo et Gaufrido supra citato accepisse fatetur : eademque columna refert ingens miraculum, quod coram Conrado imp. magnaque populi frequentia et concursu in Spirensi basilica accidisse affirmat de D. Bernardo ter Virginem matrem salutante multis audientibus, et ab eadem semel resalutato.

Paulus Æmilius Veronensis, historicus Francorum clarissimus, lib. V in Ludovico Juniore : *Petrus Abaelardus Britanus, coetus discipulorum frequentissimos habebat, qui omnium liberalium artium studia aemulabantur. Ad eum undique concursus fiebat, nec ipse contentus erat sui seculi gloria, eruditioneque, de Deo religioneque Christiana disserens, a caeteris scholis sensibusque desciscebat. In primis offendebat, quod in definitione sanctae fidei, contra ac sancti Patres tradidissent asseverabat, ita ut videretur falsam persuasionem, opinionemque ancipitem fide theologica contineri censere, quod si reciperetur, de firmitate, certaque ac inexpugnabili sententia pietatis nostrae actum foret. Vim vocum, quam disciplinam nominum vocitabat, ea ratione theologicis studiis conjungebat, ut conceptione verborum Deum opt. max. trinum eundem et unum praedicans, re oppugnare refellereque videretur. In Senonibus conventus Gallicorum Patrum adversus ejus placita habitus est. Coactus est ille scripta sua coram igni dare. Nec idcirco juventus studia aemulans ab eo defecit. Die rursus dicta, cum quaestio repeteretur, condemnareturque, pontificem max. appellavit. Is et sectam illam damnavit, et silentium homini indixit.* Vignerius in Bibl. histor. nil aliud de Abaelardo adfert, nisi quod ab aliis se accepisse fatetur, inter quos praecipuum Gilbertum Genebrardum, qui postea archiepiscopus Aquensis fuit, laudat auctorem.

Bernardus Girardus Hallanus Burdegalensis, qui Gallicanam historiam Karoli IX jussu et sumptibus eleganter literis mandavit, haec de nostro in Ludovico Juniore : *Armoricanus quidem*, inquit, *Abaelardus, aut Abbayelardus, magister summus in dialectica creditus, sui temporis doctissimus, quamplurimos habebat discipulos et asseclas, qui pendebant ejus ab ore, ut addiscerent liberalia disciplinas; ad eumque omni ex parte fiebat concursus, et his non contentus penetravit in abdita theologiae, de religione pertinaciter disputans, et nominum significatione abutens. Et paulo post : Damnatus in provinciali synodo summum pontificem appellavit, qui ei silentium imposuit.* Subjungit deinde Gallicarum rerum scriptor totam de ejus et Heloisae amoribus narrationem, fugam, puerperium, nuptias : deinde ut illa apud Argentolium, ille apud S. Dionysium ad Sequanam tria vota emiserint : utque ille prope Novigentum Paracleti coenobium aedificavit, eique postea uxorem suam praefecerit, migraritque ipse ad patriam, praefuerit S. Gildasio Rujensi, eamque abbatiam, ut tranquiliori vitae genere frueretur ejuravit. Cujus quidem conventus Rujensis ipse Girardus nostra memoria fuit abbas commendatarius, et me adolescentem senex inter amicos praecipuos habuit, carmine meo panegyrico laudatus.

Franciscus vero Belli-forestus convena; item meus familiaris, Girardi coaetaenus et aemulus, quem etiam versibus celebravi in magnorum Annalium operis bipartiti lib. III, cap. 47, ut est copiosus et Asiaticus, ne dicam redundans, multa de hoc nostro ingerit partim comperta, partim etiam ignorata; cum videlicet exquisita literarum humaniorum et filosofiae reconditioris cognitione tumidum, eo arrogantiae progressum, ut ex suo, non Ecclesiae sensu plurima ausus sit in sacris Scripturis pervertere, nova dogmata introducere, novam etiam et Christianis perniciosissimam de fato stoicorum et poetarum opinionem tueri. Alios errores, quos a B. Bernardo mucrone verbi divini transfossos recitat, praetereo, ne actum agere videar. Sed illud ratum habere non possum quod sub pontificatu Lucii adstruit, eum coram rege Ludovico, concilioque nationali palinodiam cecinisse, et errores agnovisse et abjurasse : quod qualecumque sub Innocentio accidisse satis superque probatum est. Hallucinatur etiam in eo quod dicit post illum vomitum transiisse ad monasticam vitam; cum ex supra scriptis constet, eum adhuc juvenem ordini Benedictino nomen dedisse statim postquam cauterius sive spado factus est. Quod si ita esset ut dicit, non ideo vituperanda esset sacra poenitentia. Recte Seneca :

Nam sera numquam est ad bonos mores via :
Quem poenitet peccasse, pene est innocens.

De Heloissa uxore, postmodum abbatissa, candide fatetur eam vitae et mortis sanctitate fuisse insignem; sed perperam abutitur stylo et ingenio, cum reprehendit ultimam epitaphii clausulam, quod fuerit gnaviter impudens et arrogans Abaelardus, qui omnia quae sciri possent, sibi soli patuisse jactitaret. Quasi vero ipse sibi vivens epitafium condiderit, cujus Petrus Venerabilis se auctorem agnoscit, assiduus auditor doctissimarum ejus concionum, testis piae ejus conversationis et in Christo dormitionis.

Ultimum vero hoc non ferendum, quod cum Belliforestus agnoscat eum Ecclesiae reconciliatum, ex filio iræ in filium dilectionis transiisse, summo pontifici acceptum, in fidei constantissima professione animam Domino reddidisse; tamen comminiscitur ossa ejus longo post tempore e monumento extracta, et igne incensa et consumpta fuisse. Hujus nullum citat neque habet auctorem opinionis, nisi forte Argentræum, quæ facile Necrologio Paracletensi, et epistolis Petri ipsius Mauriacensis refelli et convinci potest, quibus testatur illum inter manus Cluniacensium Cabiloni animam exhalasse, ejus cadaver ad S. Marcelli honesto sarcofago conditum, postea ad Heloissam remissum, quæ in fano seu sacello Paracletensi virum suum humandum curavit, et ei postquam ipsa fato functa fuisset, comes individua mortis ut vitæ adjungi voluit. Visiturique hodie amborum tumulus communi titulo dedicatus in oratorio Paracletico, cum dierum anniversariorum adnotatione, ad quorum recursum utrique fundatori solvuntur parentalia, nempe in doctoris memoriam xi Kal. Maias, qua die transivit ad Dominum anno vitæ climacterico LXIII, in memoriam vero diaconissæ et vere matris pientissimæ xvi Kal. Junias.

Hactenus ad aquarum stillicidium productiore tempore vix circumscriptum accusandi modum mensi sumus, imo et patienter tulimus, διψῶντας ὑπέρ τὸ ὕδωρ ἐχχευόμενον εἰπεῖν. Par erat, cum sint favorabiliores rei, tribus clepsydris quatuor addere, ut apud Plinium. Depulsiones tamen colligemus brevius quam res tanta dici poterit, productis aliquot testibus, quibus hæc causa fulcitur, et Abælardus absolvitur : de quo quidem fassi sumus, eum hominem fuisse, labi, decipi, errare potuisse in quibusdam, non in omnibus, quæ illi imputantur : at non hæreticum propterea fuisse, qui sacram Ecclesiæ hierarchiam semper agnoverit, summo pontifici Dei vicario se suæque vota submiserit, pœnitudinisque tam clara documenta dederit : quarum rerum citabo testeis quamplurimos præcedentibus doctrina et fide non inferiores. Nam D. Bernardum semper excipio nemini sanctitate comparandum, et sui seculi fœnicem, qui cum nondum ex efebis excessisset, ex domo paterna in solitudinem Cisterciensem migravit cum 30 sociis, inter mappalia et vepreta delitescens, a nullo præterquam a Deo doctus est : ita ut Θεοδίδακτος crederetur, plus favoris in humilitate adeptus, quam Salomon in omni gloria sua, ita omnes in sui admirationem, tum doctissimis commentariis in obscurissima Scripturæ ænigmata, tum disertissimis concionibus, profundique sensus meditationibus, ad famam sui nominis, ad sui amorem et observantiam rapuit, ut ad eum totius orbis vota concurrerent, ut ab ejus monitis et exemplis tota res monastica et ecclesiastica pendere visa sit, ut ab ejus oraculis præsules, principes, populi consilium expeterent, eumque inducirarum ac pacis arbitrium agnoscerent, et se ejus orationibus omnes ordines cupiverint esse commendatos. Quin in illa sui abnegatione, et eremi austeritate, multa divinæ virtutis signa ac prodigia eo adhuc in terris degente refulserunt. Nam ejus precibus meritisque puer per osculum sanatus, claudus erectus, paralyticus curatus, leprosi mundati, energumeni liberati, schismatici communioni sacræ restituti, plurima cœnobia erecta, septingentæ et eo plures animæ Deo lucratæ. Multa quoque postea evenerunt, ab eo in spiritu profetico prævisa et prædicta, præsertim vero in felici illius dormitione. Quibus permotus Alexander III pontifex max. undecim ab excessu D. Bernardi annis eum in sanctorum catalogum retulit, quod usitato canonizare dicunt verbo, quia tales sancti disquisitione habita judicantur ab Ecclesia digni, qui intra canonem Romanum in consecratione recitari solitum redigantur, sicut et jurisconsulti aliquam legem D. aut C. esse canonisatam notant, quæ per Gratianum corpori decretorum et canonum fuerit inserta. Par

est omneis catholicos judicio S. R. Ecclesiæ submitti. Sed hæc sanctitas et, ut ita dicam, canonizatio, quam amplector lubens, ejus suffragia apud Christum exposcens, non concludit necessario, ea omnia esse rata, quæ a D. Bernardo, dum in terris ageret, dicta, facta, disputata scriptaque sunt, sicut nec omnia Patrum venerandæ antiquitatis, utpote D. Hilarii. Qui cum fuerit Arriano-mastix, tamen ejus scripta suspenso gradu legenda monet D. Hieronymus. Duo enim dixit Hilarius, propugnator fidei Trinitatis, in quibus ab Ecclesia non auditur. Prius quod Christum nil doloris in passione sensisse putat; alterum quod nullum incorporeum sensit esse creatum. Contra quos errores gladium strinxit Claudianus Lugdunensis. Sed non ob hoc scientia sanctitasque doctoris Gallicani perdidit meritum confessoris, cui mater bono filio indulsit. Augustinus et Hieronymus se mutuis morsibus impetunt. Hic contra Jovinianum, ex his verbis : *Sanum est mulierem non tangere*, et ex his Apostoli, κρεῖττον γαμῆσαι, ἢ πυροῦσθαι, inferre conatur malum esse mulierem tangere, et inhumanius de nuptiis disputat : contra quem Pammachius senator mucronem intorquet. Et hæc damnata opinio est in Gangrensi concilio. Ille eucharistiam infantibus non minus necessariam quam baptismum, cum Innocentio primo multis locis pronunciat : quod Ecclesia reprobat. Sed sufficit quod suis erroribus ipsemet sanctus vir non faverit, qui ideo Retractationum libros secundas curas sapientiores vulgavit. Nec ipse quidem angelicus doctor D. Thomas Aquinas, cum omnes filosofos et theologos multis spatiis transcurrerit, primusque e carceribus ad metam doctrinæ et sapientiæ pervenerit, ullum ex discipulis aut sectatoribus reperire potuit, qui ita jurare vellet in ejus verba, ut non eis contradici possit, ut non multa reperiantur in tam laboriosis voluminibus, quæ multi non probent : imo quæ neque a Navarræo collegio aut Sorbonico, nec ab ipsa quidem prædicatorum sodalitate, sub qua meruit, pro certis et compertis habeantur.

Pace igitur sancti abbatis liceat dicere, quod de eo ausus est Annalibus mandare ejus discipulus Claravallensis quondam monachus, demum abbas Morimontanus, Otho episcopus Frisingensis, Leopoldi Pii marchionis Austriæ filius, Frederici I Ænobarbi, cujus vitam scripsit, patruus, qui, quamvis abbatem suum in magna habuerit veneratione, tamen scribit eum ex religionis Christianæ fervore zelotypum, et ex habitudinali (sic enim loquitur) mansuetudine quodammodo credulum, ut magistros, qui humanis rationibus et seculari sapientiæ confidenter nimium inhærebant, abhorreret; et de talibus sinistrum quid recitanti facile aurem præberet, juxta illud Festi : Τὰ πόλλα γράμματα εἰς μανείαν περιτρέπει. Quo fieri potuit, ut sibi in animum induxerit, quædam esse dicta aut scripta ab Abælardo quæ non essent, aut quæ in pejorem partem accipi non deberent. En Teucer noster sub Ajacis clypeo septemplici tectus. Sed et protectores alii non desunt, inter quos familiam ducit Petrus ille Moritius, alias Mauriacenus, IX abbas Cluniaci, qui apud suos sancti nomen adeptus, tamen in Martyrologio Romano Venerabilis cognomento contentus fuit. Hic est ille, quem cum toto ordine suo non dubitavit D. Bernardus œstro suæ iracundiæ pungere, ut videre licet in ejus epistola 4, in qua ob nepotem ex fratre, ab se et a Claravalle abductum, et Cluniacensibus mancipatum, quosdam ex iis ait venisse in vestimentis ovium, intus autem fuisse lupos rapaces.

Hujus ergo magni Patris et doctoris testimonium cum Othone conjunctum, si non majori, at certe pari lance ad libram Critolai exploratum stabit. Tritum illud : Papinianus vincit singulos, sed vincitur a duobus; præsertim cum hic messem in falcem alienam injecisse videri possit. Non enim noster Benedictinus, qui abbatiali annulo consecratus erat, ditioni Cisterciensium ullo modo subjacebat, non imminebat Ægyna Pyrræo, cum bonus ille Burgundio in extremis Campaniæ finibus ad Albam fluviolum gregi suo, noster vero ad tractum Oceani Aremorici suo itidem præesset; nec par in parem, abbas in cœnobiarcham ullum haberet imperium, nec aliunde Britoni nostro creatum esse periculum, nisi ex magna potius quam ex mala fama. Quod si D. Bernardus ecclesiasticus nihil ecclesiastici a se alienum putavit; si huic nostro fuit resistendum in faciem, quia reprehensibilis videbatur, certe exercendum erat judicium illud divinationis apud Romanos usitatum, de idoneo accusatore deligendo, dandusque actor selectus e Turonensi, non e provincia Senonensi, multo etiam minus ex provincia Lugdunensi. Nam Claravallis Lingonibus adjacet et subjacet, qui sunt sub ditione archiepiscopali primatis Lugdunensis, quem ideo majores nostri excelsiore loco supra Celtarum præsules collocarunt, quod Lugdunum Munatii sub Augustis Romanis fuisset sedes præfecti prætorio Galliarum, situ et aditu opportuna Gallis, Hispanis, Britannis : quæ dignitas etiamnum hodie viget in primatu Lugdunensi per Senonensem, Turonicum, et Rothomagensem provinciam, exclusis et exemptis Rhemis seu Belgis. Nec tamen id fuit perpetuum. Nam sub Karolo Magno, ejusque filio, et nepotibus, Senonensis titulo primatis Galliarum et Germaniarum erat conspicuus.

Demus hoc tamen ferventissimo zelo, et insigni probitati sancti Patris, qui cum esset prælatus in Ecclesia Dei, tertiusque in illa numerosa sobole archimandritarum Cisterciensium, sæpissime ad aulas regum et principum consilii causa evocatus, quique inter præclaras peregrinationes, quas religionis ergo susceperat, hoc confecerat apud Willelmum Aquitaniæ ducem Pictaviæ comitem, ut ab Anacleti antipapæ conspiratione nefaria, eum ad veri Patrum Patris obedientiam, et ad pœnitentiam reduceret; demus, inquam, ut ei licuerit legatione pro Christo hac in parte fungi. Demus etiam ut, tacentibus canibus ad custodiam gregis deputatis, et latrare non valentibus, illi fuerit licitum clangore suo Capitolii custodes evocare et expergiscere. Illud sane laudibus prædicandum, quod Abælardi neque flumen aureum dicendi, neque fulmen linguæ reformidavit, quod excelso et infracto animo post Arnoldum de Brixia et Petrum Brusium, confutatos Gilbertum Porretanum Pictonem episcopum a suis archidiaconis delatum, qui nova quædam de fide Trinitatis interserere crederetur, ad examen vocavit, anathema etiam illi intentaturus coram Eugenio III P. Lutetiæ tunc sedente, qui p. o sua suprema potestate rem totam ad suum Rhemense concilium remisit, prout deinde Otho recitat aliquot capitibus libri I De gestis Friderici.

Fuit, fuit hic catulus, quem cum mater Aletha uxor Tesselini in utero gestaret, somnio vidit præsagium futuri partus, catellum scilicet se pariturum totum candidum, in dorso subrufum et clare latrantem. Cui de illo terriculamento anxiæ et sciscitanti respondit religiosus quidam vaticinii spiramine afflatus : Optimi catuli mater eris, qui domus Dei custos futurus, validos pro ea contra inimicos fidei edituros est latratus. Hæc Willelmus lib. I ejus Vitæ. Firmavit vaticinium eventus : nec enim ulli pepercit, ne quidem patribus et proceribus, qui in curia Romana rerum potiebantur, neque minima assentatiuncula cujusvis præpotentis favorem voluit aucupari. Nec tamen illi fuera cornea fuit, neque odium cum ullo Vatinianum, neque simultates diuturnæ, cum sciret indulgendum quidem iræ brevi, sed non peccandum, habendumque stimulum iræ tantum pro cote fortitudinis Christianæ.

Irasci facilis, tamen ut placabilis esset.

Passus est enim, ut ille Romanus dictator, Petrum hunc, et illum Gilbertum propter Deum redire secum in gratiam, et veniam errorum humanorum deprecatos, ecclesiasticæ communioni unde dejecti fuerant, velut ex prætoris edicto restitui. Sapienter Maximus ille Augustinus : *Ecclesia*, inquit, *catholica materno sinu recepit quamplurimos ex filiis, tanquam Petrum post fletum negationis et gallicinium admonitum, aut tanquam eumdem post pravam simulationem Pauli voce correctum*. Et alibi : *Petrus præficitur postquam tentatus est, quod Petrus negavit; profuit, quia emendavit*. Et D. Ambrosius : *Etiam sanctorum lapsus utilis est, nec nocuit tabecula aspergi*. Usque adeo in rebus humanis nihil est tam purum, tam sanctum, tam firmum, quod non aliquando possit inquinari, labefactari, aut convelli, nisi Dei opt. max. providentia, quæ suis tempori nunquam non adest, milites strenuos et in acie principes, e diverticulis in veram viam per Spiritum sanctum subito revocaret, reduceret et retraheret. Ut enim Adamantium illum Origenem taceam, qui ut Ethiopis turpitudinem, quam ipse non facturus, sed perpessurus erat, evitaret, thura idolis adolevit, pusillanimitatemque illam longis lachrimarum decursibus lavit. Quam multa in ejus scriptis aureis absona, et absurda reperiuntur, quæ tamen leguntur et retinentur, quamvis de illo hoc jactetur : *Ubi Origenes male, nemo pejus; ubi bene, nemo melius*. Sic Basilius episcopus, Græcanicæ Ecclesiæ doctor, tot monachorum per Orientem Pater, ne suis quidem per omnia probatus est. Tertullianus vero, cum vere florens de hæreticis innumeros triumfos reportasset, nonne in catafrygum hæresim vergente jam ætatis vespere prolapsus, multas venenatas et pestiferas herbas, sicut de Ægypto cecinit Homerus, salutaribus animæ medicamentis miscuit? De Marcellino papa et martyre quid attinet dicere, nisi quod Deus permisit illum crebris passionibus deterritum, ad tempus cadere, et ad horam titubare, sed non confringi : qui post transgressionem, convocatis fratribus coepiscopis, in seipsum sententiam tulit depositionis? Quid attinet etiam memorare Hosium et Luciferum, qui suis lapsibus documenta dederunt fragilitatis humanæ et arcani imperscrutabilis?

Frustra esset, si in hoc argumento diutius vellem immorari, cum ipse Liberius Petri sedis successor et infirmitatis, in hoc illum imitatus sit, quod circa sui pontificatus initia legatos suos contra Athanasium Alexandrinum miserit, et eum tanquam judicium detrectantem condemnarit, eique tot sententiis absoluto, communione sacra interdixerit. Quin et postea epistolæ Sirmio a synodo ad orientaleis missæ, tædio exilii, suæque sedis recuperandæ præfracto desiderio subscripsit, quo nomine Hilarius æstu fidei abreptus illi anathema impingere voluit. Nomine Ursatio et Valente instantibus sub Constantio A. coactum est Ariminense pseudoconcilium, contra Nicæni tractatus formulam, et trecentorum octodecim episcoporum decretum, οὐσίας καὶ ὁμοουσίου, ita ut totus orbis ingemuerit, et se fere Arianum, ut cum Hieronymo loquar, sit demiratus, nisi fides Nicæna reparata et rursus stabilita fuisset, mundusque a Sathanæ faucibus ereptus per illum eumdemque Liberium, qui ad meliorem mentem reversus, egregiam operam deinceps navavit, pristinæ et orthodoxæ fidei restaurandæ, stabiliendæ, conservandæ, per se et per illos R. P. Christianæ triumviros Athanasium Alexandrinum, Hilarium Pictaviensem et Eusebium Vercellensem ab exilio reversos, μεγίστους τῶν ψυχῶν οἰκονόμους. Nec unum aut alterum, sed plures in apice catholicæ Ecclesiæ sessitantes permisit Deus in via virtutum ad tempus errare, ut illi meliores redditi discerent veri Patres nec peccantibus filiis superbe insultare, vel reverti cupientibus non difficile ignoscere.

Sed ut ad nostrum Abælardum redeamus, immensas Deo agere gratias debemus, nec unquam intermorituras, quod propter illas Senonenseis tempestates turbasque undique exortas, et invocationem tribunalis apostolici, non est valde neque diu periclitata D. Petri navicula, quæ serenam tranquilitatem cito per pœnitudinem Abælardi recepit, Deusque secundum præscientiam seculorum, omnia, ut inquit Hermas pastor, etiamsi quæ pessima essent, vertit in bonum. Quod ut facilius innotescat, precor vos qui testimonia in Abælardum audistis, audiatis etiam auctoritates elogiorum, et judicia benevolentiæ virorum summorum illius et sequentis seculi, pro ejus emendatione, purgatione, vel innocentia. Præcedat agmen totius depulsionis princeps ille Otho Frisingæ præsul, quondam Cisterciensis instituti, qui quamvis imperatoriam genesim haberet, primos annos adolescentiæ egit sub ferula D. Bernardi, et Othoni succenturiatus accedat P. Mauricius abbas vere venerandus. Verba igitur Othonis ex hist. De gestis Friderici I A. cap. 47, 48, 49, hic transcribenda curavi, ut in illis plus sit ponderis.

C. 47 : *Erat autem Bernardus Claravallensis abbas, tam ex Christianæ religionis fervore zelotypus, quam ex habitudinali mansuetudine quodammodo credulus; ut et magistros qui humanis rationibus, seculari sapientia confisi, nimium inhærebant, abhorreret, et si quiequam ei Christianæ fidei absonum detalibus diceretur, facile aurem præberet. Ex quo factum est ut non multo ante hos dies, ipso auctore, primo ab episcopis Galliæ, post a Romano pontifice Petro Abælardo silentium impositum fuerit. Petrus iste ex ea Galliæ provincia, quæ nunc ab incolis Britannia dicitur, originem trahens (est enim prædicta terra clericorum acuta ingenia et artibus applicata habentium, sed ad alia negotia pene stolidorum ferax, quales fuerunt duo fratres Bernardus et Theodoricus viri doctissimi) ; is, inquam, litterarum studiis, aliisque facetiis ab ineunte ætate deditus fuit, sed tam arrogans, suoque tantum ingenio confidens, ut vix ad audiendos magistros ab altitudine mentis suæ humiliatus descenderet. Habuit tamen primo præceptorem Rozelinum quendam, qui primus nostris temporibus in logica sententiam vocum instituit : et post ad gravissimos viros Anselmum Laudunensem, Guilhelmum campellensem Catalauni episcopum migrans, ipsorumque dictorum pondus, tanquam subtilitatis acumine vacuum judicans, non diu sustinuit. Inde magistrum induens Pharrisios venit, plurimum in inventionum subtilitate non solum ad filosofiam necessariarum, sed et pro commovendis ad jocos animis hominum utilium valens. Ubi occasione quadam satis nota non bene tractatus monachus in monasterio S. Dionysii effectus est. Ibi diu noctuque lectioni ac meditationi incubans, de acuto acutior, de litterato efficitur literatior: intantum ut post aliquod tempus ab obedientia abbatis sui solutus ad publicum prodiret, docendique rursus officium assumeret. Sententiam ergo vocum seu nominum in naturali tenens facultate, non caute theologiæ admiscuit. Quare de sancta Trinitate docens et scribens, tres personas, quas sancta Ecclesia non vacua nomina tantum, sed res distinctas, suisque proprietatibus discretas, hactenus et pie credidit, et fideliter docuit, nimis attenuans, non bonis usus exemplis, inter cætera dixit : Sicut eadem oratio est propositio, assumptio, et conclusio : ita eadem essentia est Pater, et Filius, et Spiritus sanctus. Ob hoc Suessionis provinciali contra eum synodo sub præsentia Romanæ sedis legati congregata, ab egregiis viris, et nominatis magistris, Alberico Remense, et Leutaldo Novariense, Sabellianus hæreticus judicatus, libros quos ediderat propria manu ab episcopis igni dare coactus est : nulla sibi respondendi facultate, eo quod disceptandi in eo peritia ab omnibus suspecta haberetur, concessa. Hæc sub Ludovico seniore Francorum rege facta sunt.*

C. 48. Post hæc, dum rursus pluribus diebus legeret, maximamque post se sociorum multitudinem traheret, sedente in urbe Roma Innocentio, in Francia vero Ludovico superioris Ludovici filio regnante, ab episcopis abbateque Bernardo denuo ad audientiam apud Senonas, evocatur, præsentibus Ludovico rege Theobaldoque Palatino comite, et aliis nobilibus, de populoque innumeris. Ubi dum de fide sua discuteretur, seditionem populi timens, apostolicæ sedis præsentiam appellavit. Episcopi vero, simul et abbas, missa ad Romanam Ecclesiam legatione, ac eis pro quibus impetebatur capitulis, damnationis ejus sententiam in litteris reportaverunt, quarum exemplar hoc est, reverendissimo domino et dilectissimo Patri, Dei gratia summo pontifici Innocentio, etc. vide integras in Appendice. *Rescriptum vero Innocentii tale,* Innocentius episcopus servus servorum Dei, venerabilibus fratribus Henrico Senonensi, Rainaldo Remensi archiepiscopis, etc. integrum quoque require postea, ibid.

C. 49. *Petrus damnationem sui dogmatis a Romana Ecclesia confirmatam cognoscens, ad Cluniacense cœnobium se contulit, apologeticum scribens, prædictorum capitulorum partim verba, ex toto autem sensum negans.*

En Abælardus ex ingenio et doctrina filosofica a laudato viro laudatus, en ille Alexander inter doctos ab Apelle et Lisippo pictus et fictus, cum suis etiam nævis. Habemus enim abbatis Cluniacensis treis epistolas ejus operibus insertas, quæ opera maximam partem absolvunt operosi voluminis bibliothecæ Cluniacenæ, nuper a viro docto Andrea Quercetano collectæ et editæ, a quo etiam me adjutum in conferendis, emendandis et edendis his exemplaribus non diffiteor. Eas epistolas quia lector in Appendice facile reperiet, non in illis immorabor, sed tantum digitos ad fontes intendam. In prima siquidem, quæ est ad Innocentium II P. ait Abælardum, quem magistrum Petrum vocat, gravatum vexationibus quorumdam, qui illi nomen hæretici, quod valde abominabatur, imponere volebant, majestatem apostolicam appellasse. Abbatem Cisterciensem de pace inter ipsum et Claravallensem egisse, eos esse collocutos sancita per mutuos et fraternos amplexus amicitia, tractatum inter eos, ut postmodum si quæ catholicas aureis offendentia in scriptis ejus reperirentur, obducta spongia abaderentur. Quod est factum. Ipseque magister a Deo inspiratus, relictis scholarum tumultibus, in Cluniaco perpetuam mansionem sibi sponte elegit. Rogat itaque tam ex parte Petri et Cluniacensium fratrum, quam ex sua, ut reliquos dies senectutis suæ liceat illi in Cluniaco consummare, et ut scuto apostolico defensionis protegatur.

Altera epistola ad Heloissam abbas in encomio sapientissimæ diaconissæ aliquot paginas absumit, et in enumeratione ejus virtutum insignium, immoraturque in explicatione aliquot vocum linguæ sanctæ, quam ut Græcam et Romanam illi feminæ primariæ notissimas esse non diffitetur; sed ita eam laudat, ut facile quivis prospicere possit, non velle eam palpo insciam percutere, sed ut illam ostendat fuisse dignissimam connubio semper cum honore nominandi Abælardi, vere Christiani filosofi, quem credit a divina dispositione transmissum ad ædes Cluniacas, ut eas in ipso, et de ipso, super omne aurum et topazium munere cariore ditaret. Asserit enim numquam ei visum similem in humilitatis habitu et gestu: *Intantum ut nec B. Germanus abjectior, nec ipse B. Martinus pauperior appareret.* Et paulo post : *Lectio ei erat continua, oratio ad Deum frequens, silentium juge, nisi aut fratrum familiaris collocutio, aut ad ipsos de divinis publicus sermo illum loqui urgeret. Sacramenta cœlestia, immortalis Agni sacrificium Deo offerendo prout poterat frequentabat. Imo postquam literis et labore meo apostolicæ gratiæ redditus est, pene continuabat. Et quid multa? mens ejus, lingua ejus, opus ejus semper divina, sem-*

pe. filosofica, semper eruditiora meditabatur, docebat, fatebatur. Tali nobiscum vir simplex, rectus, timens Deum, et recedens a malo, conversatione, ultimos dies vitæ consecravit Deo. Quia corporis incommoditatibus gravabatur, Cabilonum a me missus est. Ibi libris semper incumbebat, et sicut de Gregorio legitur, momentum ullum non sinebat præterire, quin semper aut oraret, aut legeret, aut scriberet, aut dictaret. In his sacrorum operum exercitiis eum adventus illius evangelici visitatoris reperit. Attulit ille secum lampadem plenam oleo, habens conscientiam refertam sanctæ vitæ testimonio. Tunc vero quam sancte, quam devote, quam catholice primo fidei, dehinc peccatorum confessionem fecerit, quanto inhiantis cordis affectu viaticum peregrinationis, ac vitæ æternæ pignus corpus scilicet Redemptoris Domini acceperit, quam fideliter corpus suum et animam heic et in æternum ipsi commendaverit, testes sunt religiosi fratres, et totus illius monasterii, in quo corpus S. Marcelli martyris jacet, conventus. Hoc magister fine dies suos consummavit : qui singulari scientiæ magisterio toti pene orbi terrarum notus, et ubique famosus erat, in illius discipulatu, qui dixit : « Discite a me, quia mitis sum et humilis corde; » mitis et humilis perseverans ad finem, ut dignum est credere, sic transivit. In fine epistolæ epitafia amici sui subjungit.

Eat nunc, si quis tam gravi testi fidem derogare, si quis conceptam semel opinionem et frustra vulgatam de Petro velit retinere : eat, si quis a lectione operum sacrorum tam catholici monachi velit studiosos arcere. Sed quia de martyre Marcello injecta mentio est, dicam obiter illum esse, qui brachiis manibusque ad quatuor arbores alligatus, recurrentibus sursum ramis in frusta discerptus pro Christo et membratim laniatus est : cui templum, quod nos venerati sumus, solo totius Burgundiæ amœnissimo Cabilone, prope urbem quidem, sed ab Arari interfluente est erectum, et magnis opibus ditatum, quod Cluniacenses sodales possident : de quo Marcello et ejus miraculis videndus est Gregorius Turonicus lib. 1 De gloria martyrum.

Tertia epistola abbas pollicetur Heloissæ, facturum se ut Astralabio Abælardo ejus filio in aliqua nobilium ecclesiarum de præbenda provideatur : qua de re etiam postea ad papam scripsit. Mittitque magistri absolutionem in charta descriptam, et sigillis munitam, sub hac formula:

Ego Petrus Cluniacensis abbas, qui Petrum Abælardum in monachum Cluniacensem recepi, et corpus ejus furtim delatum Heloissæ abbatissæ et monialibus Paracleti concessi, auctoritate omnipotentis Dei et sanctorum omnium, absolvo eum ab officio ab omnibus peccatis suis.

Quod si certissimum est in eo statu, in quo nos invenimur, id est morimur, in eo nos esse judicandos; quis est qui non speret, et in charitate non ficta confidat, Petrum nostrum post supradictam professionem et confessionem absolutum, in sinu Abrahæ receptum, in extremis audita hac suavi voce : Σήμερον μετ' ἐμοῦ ἔσῃ ἐν τῷ παραδείσῳ. *Siquidem dictum est discipulis : Quæcumque solveritis super terram, erunt soluta et in cœlo* (Matth. xviii). *Et : Quorum remiseritis* (Joan. xx), etc. *Et D. August., id est, de doctrina Christiana : Has claves dedit Ecclesiæ suæ Christus, ut quæ solveret in terra, soluta essent in cœlo, quæ ligaret in terra ligata essent in cœlo : scilicet ut quisquis crederet in Ecclesia, seque a peccatis correctus converteret, in Ecclesiæ gremio constitutus, tandem fide atque correctione sanaretur.*

Sed ne putemus unum e multis Venerabilem, sanctitatis epitheto Abælardum decorasse, sunt et alii illorum temporum proximi, qui ad ejus sanctitatis famam etiam miracula edita retulerunt. Proferam unum verba Chronici ms. Turonici : Construxerat, inquit, Petrus Abælardus cœnobium in territorio Trecassensi in prato quodam ubi legere solitus fuerat, quod Paracletum nominavit, in quo sanctimoniales plurimas congregavit, et quamdam religiosam feminam quondam uxorem suam, literis Latinis et Hebraicis eruditam eis abbatissam præfecit. Quæ vere ipsius amica, magnam ei post mortem in assiduis precibus fidem servavit : corpusque ejus de loco ubi obierat, transtulit ad prædictum cœnobium, in cujus tumulo hoc epitaphium est insertum :

Est satis in titulo, Petrus hic jacet Abailardus.
Cui soli patuit scibile quicquid erat.

Hæc namque, sicut dicitur, in ægritudine ultima posita præcepit, ut mortua infra mariti tumulum poneretur. Et sic eadem defuncta ad tumulum apertum deportata, maritus ejus, qui multis diebus ante eam defunctus fuerat, elevatis brachiis illam recepit, et ita eam amplexatus brachia sua strinxit.

Libet hoc loco exclamare : *O altitudo divitiarum scientiæ et sapientiæ Dei!* Ecce enim, qui cum iniquis quodammodo erat deputatus, post obitum misericordiæ divinæ signa dat manifesta, ut ubi abundaverat forte delictum, abundaverit et gratia. Mirandum sane quod mortuam uxorem ad se venientem ipse brachiis expansis susceperit, dilectaque in ulnas suas recepta, iisdem compressis, fœderis conjugalis non intermortui argumentum dederit, sive hoc Deus arctæ pœnitentiæ tributum voluit, ut ostenderet se a resipiscentibus non abhorrere, sive hoc datum sanctitati heroinæ nostræ, quam nemine penitus discrepante omneis prædicant fide, exemplo et doctrina, omnibus sui seculi feminis præluxisse, et inter beatas certo annumerandam. Simile quidpiam miraculi memini legisse apud Gregor. Turon. de duorum Amantium castitate et sepultura, lib. 1. Histor. Franc. et lib. De gloria confessorum : qui conjugati multos annos in uno strato recumbentes vixerunt, cum virginitate mirabili; et cum virgo migrasset prior ad Christum, sponsusque eam in scrobe reponeret, in hæc verba stupens erupit : *Gratias tibi, Domine æterne, ago, quia hunc thesaurum sicut a te commendatum accepi, ita immaculatum pietati tuæ restituo.* Ad hæc illa subridens : *Quid, inquit, loqueris quod non interrogaris ?* Addit historicus Arvernorum alumnus, hunc maritum non multo post subsecutum fuisse conjugem suam : porro cum utriusque sepulchrum e diversis parietibus collocatum fuisset, miraculi novitas, quæ eorum sanctam castitatem manifestaret, apparuit. Nam mane cum ad locum populi accederent, invenerunt cadavera juncta simul in eodem loculo, quæ longe inter se distantia reliquerant : scilicet ut quos tenet socios cœlum, sepulcrorum hic corporum non separet monumentum. Hos usque hodie sanctos duos Amanteis loci incolæ vocitare consueverunt, summoque venerantur honore, suntque templa in Arvernia in eorum honorem incognito nomine, Deo dedicata, et nos unum etiam vidimus duobus Amantibus consecratum ad ripam Sequanæ non longe a Rothomago. Similem quoque historiam refert idem Turon. seniorem Hilarium apud castrum Diensem, qui ex uxore filium susceperat, et juxta Apostolum, honorabili conjugium et thorum immaculatum conservarat, obiisse, et sepulturæ ex marmore Pario mancipatum, ejusque mulierem deducto anni circulo, in eodem tumulo collocatam juxta virum, qui elevata dextera conjugis cervicem amplexus est.

Quod si ad hæc magnalia Dei aureis surdescant, cordaque indurescant quorumdam, qui Patrum scripta si non ludibrio, at despectui habent, nihilque se credere fatentur, nisi quod in utraque Veteris et Novi Testamenti pagina expressissimis monimentis litterarum consignatum reperiunt, eis profero textum *(IV Reg. XIII)* : *Mortuus est Helisæus, et sepelierunt eum. Quidam autem sepelientes hominem, projecerunt cadaver in sepulchrum Helisæi, quod cum*

PRÆFATIO APOLOGETICA.

tetigisset ossa profetæ, revixit homo, et stetit super pedes suos.

Quæ majora putas miracula? Summus utrisque Auctor inest....

Deus nempe ille æternus mundi fabricator, principio antiquior, fine diuturnior, cujus manus nunquam est abbreviata, qui (Joan. xiv) dixit: *Qui credit in me, opera quæ ego facio, et majora horum faciet.* Pergamus ad reliqua testimonia, ea tamen lege ne legem ordinemque temporum exacte sequi cogamur.

Videamus quid in Chronico Roberti Autissiodorensis monachi.

Anno Domini 1140 Senonis, præsente rege Ludovico, episcoporum et abbatum religiosorum fit conventus contra Petrum Abailardum. Hic ingenio subtilissimus, mirabilisque filosofus, qui construxerat cœnobium in territorio Trecassino in prato quodam ubi legere solitus fuerat. In quo sanctimoniales plurimas episcopali auctoritate congregavit, quod Paracletum nominavit. Quibus sanctimonialibus Heloissam quondam uxorem suam religiosam feminam, et litteris tam Hebraicis quam Latinis adprime eruditam præfecit abbatissam. Quæ vere ipsius amica magnam ei post mortem in assiduis precibus fidem conservavit, corpusque ejus de loco, ubi obierat, transtulit ad prædictum cœnobium.

Supplementum supplementi Chronicorum Fr. Jacobi Philippi heremitani: *Baliardus natus in Francia, Peripateticus et in omnibus scientiis doctissimus, floruit illis temporibus in civitate Parisiensi, composuitque multa opera lectu dignissima. Ille in quibusdam articulis fidei cum videretur hæsitare, in præsentia Ludovici Junioris, et congregatione prælatorum doctissimorum coactus est recantare. Itaque non solum ab illis dubiis aut erroribus liberum sese præstitit, sed arcta devotione in vero monachatu reliquo vitæ spatio permansit, cum aliquot discipulis in eremo permanens, vixitque et obiit in magna sanctitate.*

Sequentes etiam historicos adscribam, qui cum nullius criminis Abælardum insimularint, pro eo fuisse videntur. Annales Moriniensis cœnobii lib. II : *Petrus Abælardus monachus et abbas, vir erat religiosus, excellentissimarum rector scholarum, ad quas pene de tota Latinitate viri litterati confluebant.* Idem fere manuscript. S. Petri in Vico, quem perperam Vivum nominant, ubi annum obitus notat cum epitafio.

Henricus de Gandavo lib. De viris illustrib. meminit nostri Petri duobus in locis, quem dialecticæ peritiæ, immo omnium liberalium artium, et theologicæ scholæ rectorem vocat.

Chronicum etiam archiepiscoporum Senonensium ms : *Anno,* inquit, *1142 magister Petrus Abælardus, alias Abailardus, primo canonicus majoris Ecclesiæ Senon. obiit, qui monasteria monialium reformavit. specialiter abbatiam de Paracleto, in qua a se fundata sepelitur, cum uxore sua. Uxoratus enim primo fuerat, et postea canonicus.*

Merito sane monasteria virginum ab eo reformata dicit, quia ab Heloissa rogatus, ut de origine et dignitate monialium scriberet, utque ei et sodalibus regulam religiose Deo serviendi præfiniret, utrumque eleganter gemina epistola executus est. Priore enim, quæ septima in ordine est, professionem monasticam a primitivæ Ecclesiæ cunabilis, imo et ab ipso Messiæ sacro deducit collegio, et a primis ascetis; sexusque feminei et virginitatis laudes latissime percurrit. Posteriore, quæ octava est, hbrique nomen ex Patrum sententiis adunati melius mereretur quam epistolæ, Paracletensibus virginibus regulam præscripsit, et tripartito tractatu De continentia, De paupertate et silentio saluberrima præcepta dat, cæteraque munia ad vitæ monasticæ ordinem pertinentia sapientissime disponit. Quem libellum vere aureum omnes sanctimoniales nocturna diurnaque manu versare deberent, et nos in Gallicum idioma transferri curavimus. Nec enim cedit regulis a S. Basilio, S. August. S. Benedicto traditis, quas Erasmus, Melanthon, et centuriatores veras, et ab iis conscriptas non diffitentur. Cæsarius episcopus Arelatensis, ut est apud Greg. Turon. regulas viris, et Cæsaria ejus soror virginibus scripserant, quæ in Galliis aliquo tempore floruerunt in viridi observantia. Sed D. Maurus a D. Benedicto in Gallias missus ad reformandā Deo servientium cœnobia, pro illis veteribus novam et strictam præceptoris sui regulam supposuit, qua fere omneis utuntur utriusque sexus in hunc usque diem, exceptis canonicis S. Augustini, et fratribus in eremo, et sodalibus utriusque Francisci Assissinatis et de Paula.

Franciscus Petrarcha Florentinus, reflorescentis literaturæ injuria seculorum inquinatæ restauratur, lib. II. De vita solitaria, Abælardum inter illustreis et sapientes filosofos, Deoque amabiles recenset, his verbis : *Jungam,* inquit, *tot veteribus filosofis unum recentiorem, nec valde semotum ab ætate nostra, quam recte nescio, sed apud quosdam, ut audio, suspectæ fidei, et profecto non humilis ingenii, Petrum illum cui Abælardi cognomen est. Qui ut in Historia suarum calamitatum longa oratione ipse meminit, invidiæ cedens solitudinis Trecensis abdita penetravit: etsi non sine magno undique studiosorum conventu, quos ex multis urbibus sibi solitario discipulos doctrinæ celebri fama contraxerat; sine requie tamen optata, quam sibi radicitus tenax livor odiumque convulserat.*

Platina sive Bartholomæus, sive Baptista, olim cancellariæ R. abbreviator, post vero Historiæ pontificiæ collector celeberrimus, ea quæ de nostro Abælardo alii ad tempora Innocentii II referunt, ille ad Lucii II pontificatum retrahit ; de Abælardo tamen satis candide loquitur: *Ejus,* inquit, *id est Lucii, consensu in Gallia synodus episcoporum quorumdam et abbatum coacta est contra P. Abælardum filosofum peripateticum , virum multæ doctrinæ, non bene in quibusdam cum fide nostra sentientem, qui præsente etiam Lodovico rege rationibus victus, non modo sententiam mutavit, sed etiam monasticam vitam et religionem induit, ac deinceps una cum discipulis quibusdam in loco deserto sanctissime vixit.*

In hunc Platinæ errorem seu μνημονικὸν ἁμάρτημα impegit Severinius Binius, seu quis alius doctus et diligens sarcinator magnæ illius conciliorum editionis Colon. an. 1606, qui sub Lucio celebratum fuisse illud concilium Senonense scribit, parum memor quod paulo ante attribuerat Innocentio. Nam Lucii pontificatus, si abbati Uisperg. credimus, et Onufrio vix 7, aut ad summum 14 mensium fuit, et in annum 1144 excurrit. At Innocentius XIII plus minus annos sedit, et in Gallia peregrinatus est. Sed alius sequitur anachronismus ejusdem Binii tom. III concilior... part. II, cum duo quæ vocat privata concilia, Suessionense nempe, et Senonense, contra Abæl. eodem anno ait fuisse celebrata 1140. Nam inter utrumque 20 annos intercessisse, temporum series et supputatio convincit. In quo miror doct. Gilb. Genebrardum professorem regium etiam errasse, qui inter hæc duo unius tantum anni spatium ponit. Congregatio illa Suessioni indicta est, ut ipse Abælardus epist. 1 narrat, procurante Rodulfo archiep. Rhem. rogantibus ejus æmulis, occasione sumpta quod Conanus episcopus Prænestinus S. R. E. legatus, tunc in Galliis erat aliorum conciliorum et negotiorum causa ; et rogatus est ut ei præesse non gravaretur, quem sibi favere induisse narrat Abælardus in illa epistola totius hujus rei internuntia. Ille Conanus ter aut amplius in consessu nostrorum præsulum pro summo pontifice legatione functus est, decessitque a Galliis circa annum 1120 neque post illud tempus ad nos remigravit. Quo tempore Abælardus subjacebat adhuc ferulæ abbatis Dionysiani, erat florente juventa fer vidus, neque adhuc se contulerat ad Theobaldum comitem Palatinum Campaniæ et Brisgeii, ut ab eo aliquot jugera terræ et prati impetraret, in quibus jaceret fundamenta cellulæ Paracletensis: quæ omnia transacta sunt priusquam accerseretur ad Ruyensis abbatiæ regimen. Sed cum evocatus est ad illam Senonensem congregationem, jam illi deterior ætas canis aspergi poterat, etsi hoc de eunuchis negant, jam sexaginta annos attigerat. Per me excusetur licet solers ille antiquitatis conciliorum indagator, si in longo et difficili opere levis somnus ei irrepserit.

Quod ad centuriatores Parthenopolitanos attinet, etsi variis in locis nostri hujus honorificam mentionem fecerint, nihilque diligentiæ et solertiæ in eo prædicando ex auctoribus illius ævi præterierint, tamen quod ecclesiasticæ historiæ massam veterem et optimam novo suo fermento corruperint, libens eos prætereo: nihilque hic decerpendum puto ex verissimis Annalibus magni illius cardinalis Baronii, cujus animæ ob vigilias et labores, quos Ecclesiæ causa tot annos perferre voluit, omneis bene precari debent. Multa ille de Petro nostro ejusque felici obitu prolixe recenset tom. XII, quæ ipse ex supra dictis, præsertim ex Petro abbate Clun., pene transcripsit.

V. Cl. Bertrandus Argentræus præses Rhedonensis, I. C. acutiss. et Historiarum Britanniæ Celticæ scriptor luculentiss. qui me senex et veteranus dilexit, cum ego Neoptolemus prima tyrocinia magistratus in senatu illius provinciæ experirer, et quem ego unice colui, et ut patrem sum veneratus, Annalium suorum duobus in locis, hujus nostri Britonis, ejusque ingenii honorifice memint. Primo quidem libro, cap. 10, ubi magnos viros et celebres ex Arcmoricis ortos vel oriundos recenset, primasque in filosofia et theologia ei attribuit. Et lib. III, cap. 9, in Vita Connani III, ubi eum universalis, id est omniscii nomine decorat: quod vult ita accipi, ut non omnia sciverit (quod in quemquam cadere non potest), sed comparatione habita ad reliquos omneis, quos longo spatio anteit, cujus doctrinæ fiducia, fundamenta fidei sanctæ in demonstrationibus humanis voluit collocare. Hæc Argentræus, qui postquam totam historiam hanc prosecutus est, queritur eum non fuisse auditum in concilio contra eum coacto, quod omneis quantumvis docti et subtiles, ejus acumen ingenii, linguæ versatilis volubilitatem, eloquentiæ flumen aureum, vel potius fulmen igneum, et trisulcum, syllogismorum gryfos et contorta enthymemata reformidarint: D. Bernardum ex nimio zelo et solitudine ad credulitatem et iram pronum, dicit cum eo simultates gravissimas exercuisse, ita ut literas acrimoniæ plenas scripserit ad varios, ei refragante, ut, inquit, abbate, quem Guillelmum vocat, perperam; cum abbas ille discipulus Petri non Guillelmus, sed Petrus Berengarius fuerit vocatus, qui Britonem nostrum claro patrocinio tutatus est. Ad ultimum dicit eum tam perspicuam interpretationem suis enuntiationibus attulisse, ut quæ primo aspectu ancipitem curam cogitandi afferebant, intellecta ejus interpretatione, postea vera, liquida, certa, et fidei orthodoxæ consona judicarentur; in qua quidem testatur illum obiisse, Christianamque sepulturam cum uxore doctissima, Græcis Hebraicisque literis ornata, et numquam satis laudata femina.

Eadem pene refert Io. Papirius Massonus familiaris meus, et historicus confidentissimus, Annal. III, in Ludovico Juniore: ubi ortum ejus in Armorica, studia logicæ, dein theologiæ, Lutetiæ instituta, amores inter illum et Heloissam pangit, ut illa ventrem tulerit, fugerit, pepererit, Petro reversa clam nupserit, ut ejus pater vel patruus injuriam sectione ultus sit, ut ille in monasterio Dionysiano monachi cultu, illa monachæ in Argentolensi latuerit, ut ille in perfectissimum theologum, illa in eruditissimam et modestissimam diaconissam evaserit, ut docendi munus repetere co-

actus, postmodum livori cedens secesserit in solitudinem Novigentanam, ubi Paracleticum oratorium anachoretis potius quam cœnobitis construxit, in quo postea sociam thalami præfecit virginibus, ut ad Oceani Britannici oras Veneticosque sinus, monachis duræ cervicis præfectus onus illud sponte abjecerit. Addit de consessu in Senonensibus adversus illum habito, ut non auditus Innocentium appellarit, ut Cluniaci humaniter exceptus est a Mauriaceno ordinis generali, qui eum D. Bernardo ac sacrosanctæ R. sedi reconciliavit, arctæque pœnitentiæ ab eo peractæ, et transitus vere Christiani testimonium perhibuit. Hæc et plurima in favorem hujus doctoris leguntur in rutis et cæsis seu rederibus Massoni illius architecti non pœnitendi: quæ quantus hic vir fuerit, quam Deo charus, quam Ecclesiæ humiliter et sincere obediens, satis declarant.

Sed aurem mihi vellunt duo nostrates poetæ vetustissimi, quorum unus anonymus, qui circa annum 1360 vivebat, hos rithmos fudit, ex quibus apparet Abælardum de libero hominis arbitrio cum universali Ecclesia idem sensisse et credidisse: quam liberi arbitrii fidem Erminius qui a nobis defecerat hisce ultimis annis in aliquot Bataviæ oppidis renovavit, maxime vero in urbe Roterodamæa ex qua Erasmus ortus:

Pierre Abaillard en un chapitre
Où il parle de franc arbitre,
Nous dit aussi en vérité,
Que c'est une habileté
D'une volonté raisonnable,
Soit de bien ou de mal prenable,
Par grace est à bien faire encline,
Et à mal quand elle décline.

De hac quæstione difficillima videndæ sunt adversus servum Luth. arbitrium diatribæ D. Erasmi. Guillelmus de Lorisio paulo antiquior, sed poetarum sui seculi princeps, complexus est historiam Abælardi in illo poemate, ut illa ferebat tempora, epico, cui Romani de Roza inscriptionem dedit. Quod opus varia et promiscua doctrina refertum, sed nondum ad umbilicum perductum Joannes de Magduno ad Ligerim, dictus Clopinellus, quod scazontem notat, mathematicus insignis, quadraginta post annis absolvit. Versus in laudem utriusque non ausim apponere.

Cum vero Abælardus juvenis plurimos oratorio stylo rithmos vernaculos, quasi hybridas pro Heloissa sua fuderit; vellem licuisset mihi eadem vetusta lingua, quæ nobis opica dici potest, his elogiis inserere similes rithmos, quibus verus poeta conatur viros a vinculi uxorii desiderio retrahere, eos dehortans ne maritali capistro colla subdant, nisi velint libertatis jacturam subire. Adfertque ad probationem hujus dicti memorabilem Heloissæ sententiam, quam laudat ut feminam doctam et sapientem: quæ, quamvis ardenter virum suum dilexerit et deperierit ex quo mater filium susceperat, qui patrem ore referret, tamen quantum in illa fuit, egit magnis precibus cum illo, quem post Deum suspiciebat, ne, ut honori puerperæ consuleret, eam ex amica redderet uxorem solemni ritu et benedictione nuptiali: satis esse dictitans, si illa intimo pectoris amorem mutuum servans, illum videret mitra et infulis pontificalibus, quibus dignus erat, ornatum. Sed poeta in alium sensum hoc detorquet, quasi illa innuere voluerit suaviores esse amantium, quam legibus connubialibus nexorum, amplexus: quod non eo trahendum est, ut inde credatur eo animum a thalami juribus alienum et abhorrentem habuisse, aut præferre voluisse concubinatus libertatem conditionibus quamtumvis amplis et magnificis nuptiarum regiarum; sed quod tanto amore, tantaque reverentia sit prosecuta dominum suum, ut non dubitarit pro eo monasticam asperitatem, perpetuamque continentiam et obedientiam eligere et vovere, potius quam obice et interventu suarum nuptiarum, impediendo esse, ne Abælardus factus uxorius frustraretur præmio excellentis ingenii, admirabilisque doctrinæ, puta purpura et galero, quibus tunc temporis soli viri eruditione præstanteis ornabantur, et his solis gradibus ad solsticia honorum ecclesiasticorum evehebantur. Sed parum proficiebat eruditio sine cœlibatu. Et hac causa Jason Mainus IC cum Papiæ Gallus ille legem *Gallus, D. de lib. et post.* publice in suggestu magna audientium caterva interpretaretur in aurata toga, coram rege Gallo Ludovico XII, quinque cardinalibus, et centum proceribus subsellia implentibus dixit se, quod beatum isti putant, numquam uxorem duxisse, ut rege commendante, qui Genua subacta de Liguribus triumfabat, Julius II pontifex ad galerum purpureum illum habilem esse sciret. Hæc Jovius.

Hinc est, quod secunda epistola Heloissa fatetur se juvenculam ad monasticæ conversationis austeritatem non tantum religionis devotione, sed Abælardi causa primo pertractam. Itaque non nimis contra eam premenda sunt hæc ejus verba : *Si me August. orbis imperator uxorem expeteret, mallem*, inquit, *tua esse meretrix, quam orbis imperatrix* : figurate id quidem dictum, et poetice, ut apud Catullum :

Nulli se dicit mulier mea nubere malle,
Quam mihi, non si se Jupiter ipse velit.

Nam in hæc verba erupit ex contemptu divitiarum, honorum, et rerum fortuitarum, et exuberantia conjugalis amoris ac pudicitæ matronalis. Deinde etiam ex reverentia et observantia, quam in animo fœminæ pepererat admiratio ejus divini ingenii, doctrinæ incomparabilis, fidei, probitatis, constantiæ, ut si pro mariło fuerit mors præsentanea oppetenda, facile Evadnem, Penelopem, Alcestim, Porciam Bruti, aut Arriam Pæti pietate fuerit superatura, aut illas omneis de quibus sunt hi elegi Propertiani :

Felix Eois lex funeris una maritis,
Quos aurora suis rubra colorat equis.
Namque ubi mortifero juncta est fax ultima lecto,
Uxorum fusis stat pia turba comis.
Et certamen habent lecti, quæ viva sequatur
Conjugium, pudor est non licuisse mori.
Ardent victrices, et flammæ pectora præbent
Imponuntque suis ora perusta viris.

Pene omiseram elogium de utroque optimi senis et V. Cl. ac undecumque doctiss. mei præceptoris Stef. Pascasii, qui, dum hæc scriberem, fere nonagenarius magno omnium mœrore placide in Deo expiravit, ille alter Varro et diligens antiquitatum investigator quinti Disquisitionum Francicarum libri caput decimumnonum dedicavit, et totum impendit describendis Abælardi et Heloissæ amoribus, langoribus, et ærumnis, necnon in pangendis eorum laudibus, constantiæ et aliarum virtutum, et doctrinæ super omnia admirandæ, quibus sibi magnam celebritatem quæsierunt et gloriam, et ex ea ille invidiæ flammas acerrimas, ex quibus ope divina ereptus est : in quarum rerum promiscua et perpetua narratione nervos omneis suæ facundiæ mirus ille encomiastes explicuit. Multam enim in casuum Abælardi enumeratione, temporum varietate, fortunæque vicissitudine lectori delectationem, si non cum dolore, at saltem cum miseratione conjunctam, res tanquam oculis subjecta foret, atque admirationem, stuporem, lætitiam, spem ingerit; præsertim cum notabili exitu materies tota concluçatur. Piæ nempe Abælardi, post acerbam pœnitudinem, in Christo obdormitionis et sepulturæ, quam consecutus est in gremio dilectæ, sicut ipse præoptaverat, supremisque tabulis mandaverat. De Heloissa vero ita dicit, ut neque veram ei laudem detrahat, neque falsam affingat : ei denique tantum impartitur gloriæ, quantum nobili et primariæ feminæ, omni scientiarum genere excultissimæ, viri sui amantissimæ, in ejus adversis constantissimæ, votorum suorum ac præcipue castitatis tenacissimæ, diaconissæque vigilantissimæ debeatur. Qua de re qui plura desiderabit, poterit decerpere, non ex his nostris Adoneis hortulis, sed ex amœnissimis et suaveolentibus areolis, pergulis, rosetis, plantaribus, et pomariis variarum Disquisitionum Pascasii : quem ego testem fortissimum hoc loco extremum posui, quod ejus virtutes semper habuerim imo corde reconditas, hincque factum est ut recens cœlo receptus, extremus pectoris mei scrinio exierit.

His tantis testimoniis et claris elogiis, quis est qui tam excellentis doctoris, tam sanctæ et doctæ mulieris post secula victuras chartas ab incendiis nostro labore ereptas et conservatas, ab omnique interitu vindicatas non gratuletur ?

At enim si objiciet aliquis, illum errasse in quibusdam articulis, et in synodo provinciæ Senon. fuisse damnatum, atque adeo rem judicatam pro veritate accipiendam : is sibi responsum hoc habeat : receptum quidem reum fuisse, sed non peractum; deinde eum pro innocentiæ suæ præsidio appellarit summum pontificem, provocatio illa judicialis suspendit judicatum, si quod fuit.

Sed ut melius noverimus intelligant quid rei gestum sit in illo conventu Senon. legatur Apologeticus, qui huic operi insertus repetitur ex bibl. Regia sub nomine epistolæ 17 et 18, lib. II, auctore Petro Berengario, scholastico Pictaviensi, qui discipulus Abælardi variis coloribus depinxit quosdam ex illis, qui ante tempus judicantes præfigere non erubuerant nigrum 6 contra inauditum suum magistrum. Fit enim fere, inquit ille, ut libenter condemnet, qui cito. Totum legat qui volet Apologeticum, ego ex eo hæc tantum excerpam.

In via Christi ambulans, in occulto prodiens, tunica inconsutili spoliatus est. Post prandium allatus est liber, et cuidam juveni præceptum est ut voce clamosa Petri opuscula personaret. At ille juvenis Petri odio animatus, sonorius quam postulatus fuerat exclamavit. Post aliqua, emulos de turba insultare, pedem pedi adplaudere, ridere, nugari, conspiceres. Dissipabantur cordibus suis, stridebans dentibus in Petrum, oculos talpæ habentes : *Filoso-fum hunc*, inquiunt, *sineremus vivere ?* Et paulo post : *In somni lethargimi oculi multorum solvebantur. Inter hæc sonat lector, stertit auditor. Alius cubito innititur, ut det oculis suis somnum, alius super molle cervical dormitionem palpebris suis molitur, alius super genua caput inclinans dormitat. Cum itaque lector in Petri satis aliquod reperiret spinetum, surdis exclamabat auribus : Damnatis ? Tum quædam de vulgo ad extremam syllabam exp. rgefacti, somnolenta voce, capite pendulo : Damnamus, aiebant ; alii vero damnantium tumultu excitati, decapitata prima syllaba : Namus, inquiunt. Inter hæc Petrus orabat : « Domine, libera animam meam a labiis iniquis, et a lingua dolosa. »*

Inter tot et tantas angustias, Abælardus ad Romani examinis confugit asylum. *Filius sum*, inquit, *Romanæ Ecclesiæ ; volo causa mea quasi impii judicetur ; Cæsarem Ecclesiæ appello.* Sed non obstante appellatione, relata sunt quæ gesta fuerant apostolico, et statim a Romana sede literæ damnationis in Petrum per Gallicanam Ecclesiam volarunt. Damnatur taliter os illud, promptuarium rationis, tuba fidei, hospitium Trinitatis. Damnatur, proh dolor ! absens, inauditus et inconvictus. Cujus, inquam, Jesu bone, culpa tam cœcos habuit judices, ut non utrinque causæ lacera ventilarent. Sed corrigere, inquiunt, Petrum volebant. Cur ergo ei coram populo alternæ blasfemiæ characterem impingebant? rursusque si Petro amorem populi tollebant, quomodo corrigere disponebant? Præclare dictum est a Profeta: *Corripietur justus in misericordia* (Psal. cxl). Parce, inclyte bellator; non impugnat fidem Petri, qui affirmat fidem Petri. Patere tecum esse Christianum et catholicum.

Contemplemur Abaelardi fidem in parte epistolæ ad Heloissam: *Soror mea Heloissa, quondam mihi in seculo cara, nunc in Christo carissima, odiosum me reddidit mundo logica, in qua aiunt perversi me præstantissimum esse, sed in Paulo claudicare. Nolo sic esse filosofus, ut recalcitrem Paulo; non sic esse Aristoteles, ut secludar a Christo. Et paulo post: Credo in Patrem, Filium et Spiritum sanctum, unum naturaliter et verum Deum. In personis sic approbo Trinitatem, ut semper in substantia custodiam unitatem. Credo Filium per omnia Patri esse æqualem, æternitate, potestate, voluntate, opere, nec audio Arium, qui prius et posterius in Trinitate ponit. Spiritum etiam sanctum Patri et Filio consubstantialem et coæqualem per omnia testor. Credo etiam Filium Dei factum Filium hominis unamque personam ex duabus, et in duabus naturis consistere, qui passus est, mortuus resurrexit, ascendit ad cœlum venturusque est judicare vivos et mortuos. Assero etiam in baptismo remitti delicta, gratiaque nos egere, qua et incipiamus bonum et perficiamus, lapsosque per pœnitentiam reformari. De carnis autem resurrectione quid opus est dicere, cum frustra glorier me Christianum, si non credidero me resurrecturum?* Hæc de epistola Petri excerpta, cujus majorem partem infra inseruimus, ut clarum et perspicuum faciant omnibus eum fidem Petri non impugnasse.

Adjecit deinde Berengarius se vidisse indiculum ab inimicis ejus compactum, in quo non Abælardi dogmata, ut illi falso jactitabant, sed nefandi commenti capitula legebantur, quorum quædam prorsus negat, quædam etiam diluenda putat, quamvis agnoscat Petrum errare potuisse. Ipse etiam audet ex Claravallensi familia ut putabat scriptum erroris arguere, de origine animarum. Quæ opinio Origenis, nescio quid Pythagoreum et Platonicum redolens, orthodoxæ veritatis gladio amputanda est: cum sancta Ecclesia catholica teneat noviter creatis corporibus noviter creatas animas quotidie infundi, juxta illud ex ore Christi: *Pater meus usque modo operatur et ego operor* (Joan. v).

De hoc Berengario doctoris sui famam et nomen tuente Petrarcha in Apologia ait ipsum fuisse facundum, non magni corporis, sed ingentis acrimoniæ, qui post modum se excusavit quod tanti viri sanctitas nondum totum orbem repleverat. Abælardo, inquit, in somnum vel in errorem prolabenti viam comiter monstrare debebat: si sauciatus esset, cum jumento par erat imponere, vinum et oleum ejus vulneribus infundere, et ad stabularium universalis Ecclesiæ reducere, summum puta pontificem, quem qui Christi vicarium, Petri successorem, episcoporum primatem agnoscit, et ad ejus nutum se componere paratus est, improbus dici non potest. Has et plures alias tricas ad lectoris fastidium vertit Berengarius, nimia in præceptorem veneratione, si nimia esse potuit in eo qui callebat illud Juvenalis:

Dii majorum umbris tenuem et sine pulvere terram,
Spirantesque crocos, et in urna perpetuum ver,
Qui præceptorem sancti voluere parentis
Esse loco. . . . .

Quid ergo? Audacissimusne Berengarius ex omnibus? minime. At multo officiosior erga præceptorem, quam cæteri condiscipuli. Quanquam nec istus quidem laudis ita cupidus, ut eam aliis, qui pro magistro calamum strinxisse dicuntur, præreptam voluerit. Nam ipse electus unus videtur a sociis, qui maximo ingenio, minimoque famæ periculo posset dicere, utpote qui vix ex efebis excesserat. Itaque ipse cum ad opulentam responsionis messem invitatus esset, culmos tantum legit, statimque ab incepto destitit, in hac prima lucta quodammodo excusari postulans, quod nimio præceptoris zelo ardens librum adversus sanctissimum adversarium evomuit, quem ut lapidis jactum retinere non potuit postea, quia ejus exemplaria statim per Franciam Italiamque volaverant: de quo se excusat altera epistola ad episcopum Mimatensem his verbis: *Nonne homo est? Nonne nobiscum navigat per hoc mare magnum et spatiosum, inter reptilia quorum non est numerus? Cujus navis etsi prosperiori feratur navigio, tamen securitas pelagi in dubio est. Nam nec auster adhuc ei fidem dedit, juxta illud Augustini: Homo quamdiu vivit nescit ira an odio dignus habeatur.* Et paulo post: *Nondum in firmamento fixus, qui meo judicio temporum nostrorum est Martinus. Ego ita sentio de abbate, quod sit lucerna ardens et lucens; sed tamen in testa est. Damnaverat,* inquit, *Abælardum præceptorem meum, fidei buccinam, legis armarium, in morum via pede recto gradientem. Damnaverat,* inquam, *et vocem ejus sine audientia strangulaverat. Eram ea tempestate adolescens. Pectus appuli, ut purgarem Abaelardum. Sed non, inquiunt, a te talem theologum argui oportebat. In quo audet abbas? audet in litteris, audeo et ego. Audet in theologicis; audeo et ego. Audet in sanctitate, hic non audeo.* Hæc est Berengarii excusatio sui Apologetici, quo concludit: In campo filosofiæ semper licuisse, ut alter alterum, dum magis amica est veritas, justis de causis reprehendat. Nam illa quæ decem annis post transitum S. Bernardi secuta est in canonem sanctorum ejus nominis translatio, testis quidem est sanctitatis, sed non omnium ejus ante dictorum, actorum, aut scriptorum comprobatrix. Vere enim vir probus et sanctus fuit D. Bernardus, vere sui temporis velut quoddam Orionis astrum resplenduit: cujus purissimis radiis non potuerunt officere, aut tenebras offundere, ne quidem illi, qui ab Ecclesia catholica desciverant, quorum nonnulli Bernardum habent præ manibus et in deliciis: inter quos nominari potest vir excellentis ingenii Franc. Hotomanus I. C. qui quamvis alieno a monachis animo, hunc auctorem gravem, doctorem præcipuum habebat in senectute, et ejus lectione assidua se proficere, et puros in sacris Scripturis sensus haurire fatebatur.

Superest igitur, quoniam alios pro Abælardo dicentes placide audistis, ei pro se pauca dicenti aurem non denegetis. Nam adversus varia probra, quæ illi objecta sunt, contentus fuit brevicula apologia, seu confessione, quæ vix treis paginas excedit: in qua indiculi superioris articulos ut diabolicos detestatur, cum suis auctoribus et architectis, negatque in suis voluminibus tale quid reperiri. Tam Filium, quam Spiritum sanctum ex Patre profitetur esse, ut ejusdem sint cum Patre substantiæ, ejusdem penitus voluntatis atque potentiæ. Solum incarnatum Jesum Christum, unicum et verum Dei Patris Filium, ex substantia Patris ante secula genitum; ita Spiritum quoque sanctum tertiam in Trinitate personam, tam ab ipso Filio quam a Patre procedentem credens asserit, et asserens credit. Gratiam Dei ita omnibus necessariam, ut nec naturæ facultas, nec arbitrii libertas sine illa sufficere possit ad salutem. Crucifixores Christi in ipsa crucifixione gravissimum peccatum commisisse fatetur. Potestatem ligandi atque solvendi agnoscit datam successoribus apostolorum omnibus, ut ipsis æque apostolis, tam dignis quam indignis episcopis. Quid plura? cum ad singula objecta modeste paucisque respondeat, negetque se librum Sententiarum, e quibus capitula excerpta sunt contra se per ignorantiam, vel per malitiam prolata, scripsisse, atque ita innocentiam suam tueatur, ut si qua dubia videbuntur, in meliorem partem omnia fraterne adsumi per viscera misericordiæ Jesu Christi postulet : quis amplius dubitet hanc veram fuisse Petri fidem, ex qua spei contraxit firmitatem : in qua locutus salubriter, ut ipse dixit, latratus Scyllæ non timuit, vortices Charibdis irrisit, mortiferos modulos surda aure contempsit, scopulos non horruit, irruentibus turbinibus non est concussus, necdum loco dimotus. Fundatus enim erat supra firmam petram, ob idque merito refugium invenit apud sedem S. Petri, cui conciliante Mauriaceno est reconciliatus. Sed reprimam me. Non enim, ut inquit Tullius, dicenda est gratia reconciliata, quæ nunquam desiit.

Quamobrem bono animo esse, et bene sperare debemus, nullos esse incassum susceptos labores pro decore et fama pietatis et sanctitatis in nostro doctore. De cujus doctrina, quæ superest, sana et eximia, in omni literarum genere, nihil est quod plura adjiciamus, nisi hoc unum, nempe eo seculo, quod fuit præstantium ingeniorum feracissimum, nullum extitisse ei ulla ex parte conferendum. Quod ut facilius innotescat, aliquod raptim nominabo ex insignioribus, qui circa illud ævum floruerunt. Nam D. Bernardum, P. Mauriacenum, Othonem Frising., Gulielmum Cathalau., Anselmum Laudun., Io. Rozelmum, Albertu J. Rhemum, Gratianum Bononiensem satis supra memoratos arbitror. Petrum vero Lombardum episcopum Paris. solem theologorum inter stellas recensere vereor, qui quantus fuit, ex schola et umbraculis nostri Abælardi cum multis aliis, tanquam ex equo Trojano prodiit. Veniant ordine Robertus episc. Salisberiens., Ivo episc. Carnotensis, Robertus alter abbas Majoris-Monasterii, Baldericus archiep. Dolensis, Marbodus episc. Rhedon., Joannes Atrebas, Morin. episc., Guillelmus Armoricanus et Radulfus Nigellus poetæ epici, Guillelmi duo, ille abbas S. Theodorici Rhem., alter Neubrig., Lotulfus Novariensis, Gaufridus Antissiod., Sigerius abb. S. Dionysii, Hildebertus ep. Cenoman., Honorius ep. Eduen., Petrus cantor Luteuanus, et alter Petrus de Roessiaco, Hugo, Richardus, Adamus, Andreas, monachi Victoriani; Ruperti duo, Tuitiensis et Bononiensis, Aubertus et Petrus Rhem., Goffridus archid. Burdeg., Boso Anglus, Bruno Coloniensis, Vicerius Trustinus Eborac., Petrus Blesensis ep. Bathon., Gualterus de Constantiis ex regia Britonum stirpe, Alfredus sacerdos historicus, Hugo Carthusianus historicus, Joannes Oxoniensis hist., Heribertus Lozingua, Bartolomeus Isacanus, Turgotus Dunelm. abbas, Odensius et Petrus Casinenses, Joachimus abb. Floren., Gilbertus, Laurentius et Radulfus Westmonasterienses, Nicolaus Wactinctonensis, Guillelmus Sommersetus, Walterus, Daniel et Robertus Budlontomenses, Willelmus et Robertus Fiscanenses, Sterio et Osbertus Glocestrienses, Gilbertus Hollandus, Vignomus homeharius, Petrus Pisanus I. C., Rogerius mathematicus, Thebites et Alfraganus astrologi, Guillelmus Sturdus et Guido poetæ, Karadocus historicus, Odo Kentianus, Guillelmus archiep. Tyri, Rudolfus, Lucas et Francus abbates Teuthones, Robertus Polonus, Adalbertus Spaldingen., R. chardus de Pratellis, et alii, quos referre longa mora esset. Quibus addendus merito magnus ille Gilbertus Porretanus episcop. Pictaviensis, suæ academiæ si non Romulus, at saltem Camillus, accusantibus Adamo de Parvo-ponte, et Hugone de Campo-florido regis Ludovici VII cancellario, ad tribunal summi pontificis tunc per Gallias peregrinantis pertractus, paremque cum Abælardo aleam sortitus. Tantum potuit inveterata, et a rudibus seculis priscis deducta opinio, ut quisquis ingenio et doctrina consummata cæteros ut vulgo anteiret, statim a fide alienus crederetur. Parum utilem esse fateor eruditionem sine timore Dei et pietate : sed ubi hæ concurrunt in uno subjecto, plus commodi ad Ecclesiam dimanat ex his duabus sororiantibus, quam ex altera. Quid noster? nonne eruditione et

pietate omneis ex supra nominatis post se reliquit? ad extremum etiam plures sanctitate, si D. Bernardum excipias, Thomam Cantuar. et Malachiam Hibern. archiepiscopos, quos endo cœlo merita locarunt.

Quid, quod et illud duodecimum seculum illustribus feminis et doctis claruit? inter quas Heloissa nostra fulget, velut inter igneis luna minores. In quibus placet Hildegardim, Matildem, Sofiam cum ejus filia, et Elisabetham connumerare, quæ dubium reliquerunt plusne eruditione, an vitæ austeritate fuerint commendabiles. Verissimum omnes agnoscunt quod ad Heloissam nostram Mauriacenus lib. v scripsit : Eam non tantum religionis, sed honestorum studiorum et laudabilium, ac secularis sapientiæ fama toti orbi innotuisse, mulieres omnes evicisse, et pene viros universos superasse. Mox vero, inquit, ut complacuit ei, qui te segregavit ab utero matris tuæ, per gratiam suam longe in melius disciplinarum studia commutasti, et pro logica Evangelium, pro fysica Apostolum, pro Platone Christum, pro academia claustrum, tota jam et vere filosofica mulier, elegisti.

Quid mirum? cum hoc Ludovico Juniore regnante, quem G. Tyrius lib. xxII regem piissimum et Christianissimum vocat, Lutetiæ omnium liberalium et mathematicarum artium studia floruerint, necnon filosofiæ, medicinæ et theologiæ : quarum professores honoribus, honorariis, et præmiis, et (quod in desuetudinem abiit) beneficiorum ecclesiasticorum proventibus, teste Rigordo, dignisque remunerationibus rex prosequebatur, ita ut Petrum il lum nomine et origine Longobardum, auctorem libri Sententiarum, in episcopatus Parisiensis electione proprio fratri Ludovici Crassi F. prætulerit, qui tum archidiaconus Parisiensis erat; neque ægre molesteve tulerit, doctorem advenam et alibi natum sibi præferri. De academia enim Luteliana idem dicendum quod de Roma, esse eam communem orbis incolarum patriam.

Nec tantum inter Christianos Lutetiæ, sed etiam inter Judæos floruerunt linguarum et divinæ scientiæ studia. Quod et testatur Benjaminus Hebræus in Hispania natus, qui scribit in Itinerario suo se sub illo rege Lutetiam venisse, quam vocat regni caput : Sunt, inquit, in ea discipuli sapientum omnium, qui hodie in quacumque regione vivunt, doctissimi, et qui nocte dieque legis studio incumbunt. Hæc ex supra nominatis doctoribus satis manifesta; quibus adjungam Petrum Alfonsum, qui ex Judæo Christianus factus, habuit susceptorem in baptismo Alfonsum Castulonis seu Castilliæ regem optimum, mathematicum doctissimum. Alios vero perperam doctos silentio puto involvendos, sicut et Petrum Bruis, et Petrobrusianos, Henricianos, Adamitas, Marlenses, Catharos, Jacobitas, omnes relatu indignos, Marrucinos et Faunos, quod litteris abutentes, hæresibus perversis varias orbis parteis infecerunt : a quibus tamen immunis permansit Gallia ope doctoris Abælardi, qui contra illos sinceræ fidei suæ symbolum solvit libro singulari adversus hæreses edito. Quo indignius videtur ejus libros non bene agnitos, in prohibitis ad hunc usque diem repositos, auctorisque nomen veru transfixum, qui se acerrimum hæreticorum hostem sit professus. Unica certe ejus epistola octava, qu m pie et catholice de eucharistia, cæterisque fidei articulis senserit, sat s ostendit. Quod si aliquid ejus operum in manus venisset eorum, qui indicem librorum suspectæ fidei sarcinarunt, certe aut in eo nomen Abælardi delevissent, de quo nihil mali viderant, nihil comperti habuerant, aut permisissent ejus opera per doctores expurgata in lucem prodire; sicut nunc ea habetur ejus reip. Christianæ et catholicæ, tersa sane et lævigata pumice theologorum Parisiensium, qui ut sunt acris judicii senatores, nulal ex iis expungenda, sed si quæ duriuscula videban-

tur, aut molliori interpretatione temperanda judi-
carunt, aut sapienter cavenda monuerunt.

Acta causa est. Vides, sapientissime nomofylax,
lectionem Abælardi Ecclesiæ utilem esse et con-
ducibilem, eum monachum probum et doctum, ab
errorum suspicione repurgatum, adversis suis clariorem, majori post obitum honore ornandum, et
inter orthodoxos collocandum, omni laude, prædicatione, literis, monimentisque esse decorandum.

Et quoniam in illis tot tantisque negotiis regni,
quæ tanquam Atlas cœlum, tu sustines, animadvertimus te semper ex succisivis aliquot horas impendere meditationi et veterum auctorum lectioni.
Habe, quæso, hunc inter eos, quos tibi in pretio
habendos, legendos, et eximie diligendos propo-
suisti. Mea hæc studia et officia, quæ tibi honori et
ornamento, ut debeo, esse concupivi, boni consule; tibique persuade, me eorum qui tuas virtutes
mirantur, te amant et colunt, quorum pro tua am-
plitudine magnus est numerus, nemini concessurum.

Colofonem imponent huic Apologetico pro Abælardo ejusdem, parentalia et exequiæ, nec non uxoris. Præclare enim apud Euripidem Ulixes, dum
vult suadere mactandam manibus Achilleis Polyxe-
nam, dicit se quandiu fruatur hac luce, modicis
contentum honoribus; at sepulturam suam optat
inspici ornatissimam, διὰ μακροῦ γὰρ ἡ χάρις. Hic supremus cumulus felicitatis, sicut Virginio apud
Plinium Cornelius Tacitus, ita Abælardo contigit
laudator eloquentissimus, Petrus nempe Venerabilis, et optatissima prælica, seu funera, quæ lacrymis ejus tumulum decoravit, fletumque fecit He
loissa præstantissima, quæ plusne dilexerit an su-
spexerit maritum, in dubio reliquit.

Sextuplex Abælardi epitaphium vide infra.

Obiit magnus ille doctor xi Kal. Maii 1142, anno
suo climacterico; Heloissa vero xvi Kal. Junii an.
1163: creditur enim 22 annis et amplius marito su-
pervixisse. Ejus epitafium quatuor versibus comprehensum non est ejusdem auctoris, cujus sunt
præcedentia. Sed tamen libuit ascribere, quamvis
majoribus præconiis fuerit dignissima, utpote supra
sexus modum eloquens:

Hoc tumulo abatissa jacet prudens Heloyssa.
Paraclitum statuit, cum Paraclito requiescit.
Gaudia sanctorum sua sunt super alta polorum.
Nos meritis precibusque suis exaltet ab imis.

Have et vale, mi Abælarde redivive, tibi ipsi tuisque cineribus fœnix, et a veritate temporis filia in
lucem erute. Hoc tibi dictum tolle memor:

At mihi quod vivo detraxerat invida turba,
Post obitum duplici fœnore reddet honor.

EPITAPHIA ABÆLARDI.

I.

Auctore Petro Venerabili, ut et sequentis. (Opp.
Abælardi, p. 542.)

Gallorum Socrates, Plato maximus Hesperiarum,
Noster Aristoteles, logicis. quicunque fuerunt,
Aut par, aut melior; studiorum cognitus orbi
Princeps; ingenio varius, subtilis et acer;
Omnia vi superans rationis, et arte loquendi
Abælardus erat; sed tunc magis omnia vicit,
Cum Cluniacensem monachum moremque pro-
    fessus,
Ad Christi veram transivit philosophiam.
In qua longævæ bene complens ultima vitæ,
Philosophis, quandoque bonis se connumerandum
Spem dedit, undenas Maio revocante Kalendas.

II.

(FABRIC., *Biblioth. med. et inf. Lat.*, V, 255.)

Petrus in hac petra latitat, quem mundus Homerum
    Clamabat, sed jam sidera sidus habent.
Sol erat hic Gallis, sed eum jam fata tulerunt:
    Ergo caret regio Gallica sole suo.
Ille sciens quidquid fuit ulli scibile, vicit
    Artifices, artes absque docente docens.
Undecimæ Maii Petrum rapuere Kalendæ,
    Privantes logices atria rege suo.
Est satis in tumulo, Petrus hic jacet Abælardus,
    Cui soli patuit scibile quidquid erat.

III.

(RAWLINSON, edit. *Epistolarum Petri Abælardi*,
p. III, ex cod. Oxon.)

Occubuit Petrus, succumbit eo moriente
Omnis philosophus, perit omnis philosophia,
Scinditur in partes jam vestis philosophiæ.
Gallia facta est frequens studiis et philosophia,
Petrum defunctum deflet de philosophia,
Gemma subtracta plangit solitaria facta.

Plangit Aristotelem sibi logica nuper ademptum,
Et plangit Socratem sibi mœrens ethica demptum,
Physica Platonem, facundia sic Ciceronem,
Artes artificem deplorant occultuisse,
Quod quid sentirent, senserunt exposuisse.
Petrus Aristoteles fuit ipse vel alter et hæres,
Solus Aristotelis metas qui reperit artes;
Hic docuit voces cum rebus significare,
Et docuit voces res significando notare.
Errores generum correxit, ita specierum;
Hic genus et species in sola voce locavit,
Et genus et species sermones esse notavit.
Significativum quid sit, quid significatum,
Significare quid sit prudens diversificavit;
Hic quid res essent, quid voces significarunt
Lucidius reliquis patefecit in arte peritis.
Sic animal nullumque animal genus esse probatur,
Sic et homo, sed nullus homo species vocitatur.
Ingenio fretus docuit subtilia Petrus
Dogmata doctores quæ non docuere priores,
Quantum difficiles aliis sunt omnibus artes
Tam Petro faciles, Petro referente patentes.
Petrus laudandus, Petrus plangendus ab hoste
Occidit: hunc subita rapuit sors invida morte.
Errorum nebulæ surgunt, te, Petre, cadente;
Si stares, caderent, et, te surgente, jacerent.
Gloria te celebrem fecit, tua fama perennem,
Nec potuit titulos mors abolere tuos.
Invidit mors ipsa tibi, qui causa fuisti
    Omnibus invidiæ: mors inimica tibi.
Jam tua vocalis sententia facta tumba,
    Mors argumentum, sic tibi tumba locus.
Hæc in voce docens, hæc in rebus didicisti,
    Et moriendo probas quod moriatur homo.

IV.

(Bern. PEZ, *Thes. anecd. noviss.*, t. III, Diss. Isag.,
p. XXII.)

Petrus amor cleri, Petrus inquisitio veri,

Lingua salutaris turbæque lucerna scholaris,
Argumentandi solertia, copia fandi,
Post mundi bella, nova fulget in æthere stella.
De mundo fragili sub mense vocatur aprili,
Eloquii flos, consilii ros, ingenii cos,
Grammaticæ fons, Rhetoricæ pons, ac Logicæ mons,
Ecclesiæ lux, justitiæ dux inter iniquos,
Gymnasii fax, discipuli pax, justus et insons.
Hinc abiit, sed non obiit, nec desiit esse.
Præteriit sed non periit, transivit ad esse.
Aspera gens violenter agens, super hunc fabricavit:
Christus eum super æthereum jubar exhilaravit.

V.

(*Opp. Philippi abbatis Bonæ-Spei*, p. 801.)

Lucifer occubuit, stellæ, radiate, minores,
Cujus vos radius hebetabat ut inferiores.
A Illius occasu tandem venistis ad ortum
Naufragioque tulit vestræ ratis anchora portum.
Maturus, docilis, pius, egit, prætulit, emit
Cursum, jus, cœlum, tempore, lege, fide.

VI.

(*Rer. Gall. et Francic. Script.*, t. XII, p. 415, Ex chronico Richardi Pictaviensis.)

Summorum major Petrus Abælardus
Occidit, immanis factus dolor omnibus unus.
Gallia nil majus habuit vel clarius isto.
Nec mors cujusquam fit tanta ruina Latinis.
In quantum fama Romani nominis exit,
Illius ingenii studiorum fama volavit.
Namque oritur patre Pictavis et Britone matre,
Cum Francis studuit, monachus moritur Cabilonis.

PETRI ABÆLARDI
APOLOGIA SEU FIDEI CONFESSIO.

Universis Ecclesiæ sanctæ Filiis Petrus Abælardus ex eis unus, sed in eis minimus.

Notum proverbium est : Nil tam bene dictum quod non possit depravari; et, ut beatus meminit Hieronymus : « Qui multos scribit libros, multos sumit judices. » Ego quoque, cum pauca scripserim, parva, vel, ad comparationem aliorum, nulla, reprehensionis notam effugere non potui : cum tamen in his, de quibus graviter accusor, nullam (sciat Deus!) meam cognoscam culpam, nec, si qua fuerit, procaciter defendam. Scripsi forte [*al.* fortassis] aliqua per errorem, quæ non oportuit; sed Deum testem et judicem in animam meam invoco, quia in his de quibus accusor nil per malitiam aut per superbiam præsumpsi. Multa in scholis multis locutus sum, nec unquam aquas furtivas, vel panem absconditum habuit mea doctrina. Palam locutus sum ad ædificationem fidei sive morum, quod mihi salubre visum fuit; et quæcunque scripsi, libenter omnibus exposui, ut eos judices, non discipulos haberem. Quod si uspiam per multiloquium excessi, ut scriptum est : « In multiloquio non effugies peccatum (*Prov.* x, 19), » nunquam importuna defensio me effecit hæreticum, paratus semper ad satisfactionem de male dictis meis corrigendis, sive delendis : in quo certe proposito usque in finem perseverabo. Sed sicut meum est maledicta mea, si qua sint, velle corrigere, sic crimina mihi non recte injecta me propulsare convenit. Cum enim dicat beatus Augustinus : « Crudelis est qui famam suam negligit (5*) », ac, juxta Tullium, « Taciturnitas imitatur confessionem; » quæ scripta sunt contra me capitulis æquum duxi respondere, videlicet ratione servata, qua contra derogantium linguas beatus Gregorius fideles his instruit verbis : « Sciendum est quia linguas detrahentium sicut nostro studio non debemus excitare, ne ipsi pereant, ita per suam malitiam excitatas debemus æquanimiter tolerare, ut nobis meritum crescat ; aliquando autem etiam compescere, ne dum de nobis mala disseminant, eorum qui audire nos ad bona poterant, corda innocentium corrumpant. » (6) Agnoscat ergo fraterna charitas me qualemcunque filium Ecclesiæ, cum ipsa integre cuncta quæ recipit, recipere; cuncta quæ respuit, respuere ; nec me unquam unionem fidei scidisse, quamvis impar cæteris morum qualitate.

Quod igitur mihi vel per malitiam impositum est quod scripserim, « Quia Pater plena potentia, Filius quædam potentia, Spiritus sanctus nulla potentia, » hæc ego verba non tam hæretica quam diabolica, sicut justissimum est, abhorreo, detestor, et ea cum suo auctore pariter damno. Quæ si quis in meis reperiat scriptis, non solum me hæreticum, verum etiam hæresiarcham profiteor.

Tam Filium quam Spiritum sanctum ex Patre profiteor esse, ut ejusdem sint cum Patre substantiæ, ejusdem penitus voluntatis atque potentiæ; quæ quorum omnino eadem substantia vel essentia, nulla potest esse vel voluntatis diversitas, vel potentiæ inæqualitas. Quisquis etiam me scripsisse asserit quod de substantia Patris Spiritus sanctus etiam non sit, malitiæ id vel ignorantiæ maximæ fuit.

Solum Filium Dei incarnatum profiteor, ut nos a servitute peccati et a jugo diaboli liberaret, et supernæ aditum vitæ morte sua nobis reseraret.

(5*) Aug. serm 52, ad fratres in eremo.
(6) Hom. 9, lib. 1 super *Ezechiel*.

Jesum Christum sicut verum et unicum Dei Filium ex substantia Patris ante sæcula genitum, ita tertiam in Trinitate personam, Spiritum quoque sanctum tam ab ipso Filio quam a Patre procedentem et credens assero et asserens credo.

Gratiam Dei ita omnibus necessariam, ut nec naturæ facultas, nec arbitrii libertas sine illa sufficere possit ad salutem. Ipsa quippe gratia nos prævenit ut velimus, ipsa subsequitur ut possimus, ipsa nos consociat, ut perseveremus.

Deum ea solummodo posse facere credo quæ ipsum facere convenit; et quod multa facere potest, quæ nunquam faciet.

Mala [*al.* Multa quoque] per ignorantiam facta, culpæ sunt ascribenda, maxime cum per negligentiam nostram contingat nos ignorare quæ nobis necessarium erat prænosse. Qualis ille fuit de quo Psalmista dicit : « Noluit intelligere ut bene ageret (*Psal.* xxxv, 4). »

Mala Deum impedire frequenter, fateor, quia non solum effectum malignantium prævenit, ne quod volunt possint, verum etiam voluntates eorum mutat, ut a malo quod cogitaverunt penitus divertant.

Ex Adam, in quo omnes peccavimus, tam culpam quam pœnam nos contraxisse assero, quia illius peccatum nostrorum quoque peccatorum omnium origo exstitit atque causa.

Crucifixores Christi in ipsa crucifixione gravissimum peccatum fateor commisisse.

Multa de Christo dicuntur quæ non tam secundum caput quam secundum corpus ipsius, quod est Ecclesia, sunt accipienda, ut ille spiritus timoris, quod est initium sapientiæ quem videlicet timorem perfecta charitas forasmittit (*I Joan.* iv, 19). Hujus ergo timoris spiritum in anima Christi, qui perfectissimam habuit charitatem, nunquam fuisse credendum est, qui tamen in inferioribus membris non deest. Tantæ quippe perfectionis et tantæ securitatis anima illa exstitit per ipsam Verbi unionem, ut sciret nil omnino se committere posse unde pœnas incurreret vel Deum offenderet. Castum quippe [*al.* vero] timorem in sæculum sæculi permanentem, qui proprie reverentia charitatis dicitur, tam ipsi animæ Christi quam electis angelis et hominibus inesse semper recognosco. Unde et de ipsis supernis spiritibus scriptum est :

Adorant dominationes, tremunt potestates. »

Potestatem ligandi atque solvendi successoribus apostolorum omnibus, ut ipsis æque apostolis concessam esse profiteor, et tam indignis quam dignis episcopis quandiu eos Ecclesia susceperit.

Omnes in dilectione Dei et proximi æquales, æqualiter bonos esse confiteor et meritis pares; nec quidquam meriti apud Deum deperire, si bonæ voluntatis affectus a suo præpediatur effectu. Non enim angelus, cum a Deo missus id quod facere vult impleverit, aut anima Christi suæ voluntati effectum addiderit, melior inde reputari debuit, sed æque quilibet bonus permanet, sive tempus operandi habeat, sive non, dummodo æqualem bene operandi voluntatem teneat, nec in eo quod non operatur remaneat.

Deum Patrem æque sapientem, et Filium æque benignum ut Spiritum sanctum profiteor, quia in nulla boni plenitudine, in nulla dignitatis gloria, una personarum differre potest ab alia.

Adventum Filii in fine sæculi posse attribui Patri, nunquam (sciat Deus!) in mentem meam venit, nec se verbis meis inseruit.

Sic et animam Christi non per se ad inferos descendisse, sed per potentiam, omnino a meis verbis et sensu remotum est.

Novissimum quoque capitulum, quod scripsisse criminor, quod neque opus, neque voluntas neque concupiscentia, neque delectatio, quæ movet [*al.* quæ moveant] eam, peccatum sit, neque debemus ea velle exstingui, nec minus a meis tam dictis, quam scriptis alienum est.

Quod autem capitula contra me scripta tali fine amicus noster concluserit, ut diceret : « Hæc autem capitula partim in libro Theologiæ magistri Petri, partim in libro Sententiarum ejusdem, partim in libro cujus titulus est : *Scito te ipsum*, reperta sunt, » non sine admiratione maxima suscepi, cum nunquam liber aliquis qui Sententiarum dicatur, a me scriptus reperiatur. Sed sicut cætera contra me capitula, ita et hoc quoque per malitiam vel ignorantiam prolatum est.

Si qua igitur consolatio in Christo Jesu, si qua sunt viscera pietatis, fraternam pietatem vestram exoro ne innocentiam meam, quam a culpa veritas liberat, nemo [*al.* veneno] respergendo delinquat. Charitatis quippe est opprobrium non accipere adversus proximum (*Psal.* xiv, 3), et quæ dubia sunt in meliorem partem interpretari, et illam semper Dominicæ pietatis sententiam attendere : « Nolite judicare, et non judicabimini; nolite condemnare, et non condemnabimini (*Matth.* vii, 1.) »

CENSURA DOCTORUM PARISIENSIUM.

Petri Abælardi Opera, pia admodum et erudita, suis cum nævis (quemadmodum fieri assolet in veterum scriptis) prælo commissa fuere. Quæ quidem ut inoffenso quilibet decurrat pede, præter animum quem præse fert auctor sua in Apologia, Ecclesiæ in omnibus assentientem, quid in quoque Operum ejus loco salebrosum foret, a quibusdam theologis Parisiensibus diligenter adnotatum et indigitatum est, singulisque periculosioribus dictis præsens est adhibitum amuletum. Si quis tamen oculatior plura posthac animadvertat, rem omnibus vere Catholicis fecerit gratissimam.

Quæ non satis æqua veritatis lance librata sunt, in Abælardi, Heloissæ, et aliorum quorumdam epistolis.

Col. 165, cap. 12, Historiæ calamit. Paulo acerbius conqueritur Abælardus, etsi tacito nomine, de DD. Bernardo et Norberto, qui ejus erroribus magis quam ipsi fuere infensi.

Col. 181, ep. 2. Heloissa eosdem sanctos viros pseudoapostolorum nomine lacessit, et cum ipsis alios quosdam acrius sugillat.

Col. 185 eadem epist. Quæ extorserit a se noxius amor, non satis prudenter Heloissa commemorat.

Col. 256, epist. 7. Sentit Abælardus a Catholica veritate absonum, mortuum aliquem catechumenum gloriam posse consequi. Verum id est fidei consentaneum, si modo excessit contritus, et baptizari non abnuit, si quis hanc ei gratiam impertiri voluisset.

Col. 288 media, epist. 8. Conjugalis debiti solutionem haud penitus facit immunem a peccato. Hoc vero in iis qui rectitudinem et honestatem observant, minime concedendum.

C. 575. Fulco in epistola ad Abælardum, sanctam sedem apostolicam temere et virulenter proscindit.

Col. 353. Dum Abælardus arguit præsumptionis eum qui in Oratione Dominica pro voce, *supersubstantialem*, substituit *quotidianum*, receptam in Ecclesia sic recitandi consuetudinem minimi pendit.

Appendix. Apologeticus Berengarii scholastici pro Abælardo præceptore suo, cum sit contumeliosus in D. Bernardum et concilium Senonense, lucem non commeruit, sicut nec duæ sequentes ejusdem epistolæ: quarum priore Apologetici sui maculas eluit, sed alias inurit sibi; posteriore Carthusianis scurriliter insultat.

In Expositione Symboli.

Col. 622. Omnipotentiam Dei jejune explicat Abælardus; sui forsan erroris memor, quo Deum ea solum posse facere, quæ quandoque facit, asseruerat. Sed hunc in Apologia errorem abstersit.

Col. 627. Animam Christi Domini ad inferos secundum propriam substantiam descendisse, videtur inficiari. At in Apologia secus censet.

Col. 628. Quia nullam ex ascensu ad cœlos corpori Christi factam astruit beatitudinis accessionem, adventitiam saltem cœlestis habitaculi felicitatem, quam suscipiunt omnes, nimium extenuat.

In Heloissæ Problematibus.

Col. 682. In responsione ad problema IV., Abælardus dubitationem in fide affingit D. Virgini Mariæ, in morte Filii sui, auctoritate D. Augustini in libro *Quæstionum Veteris et Novi Testamenti*; sed hic liber totus est supposititius.

Col. 694, in solutione problematis XIII. Quod fit ex ignorantia invincibili, id peccati damnat. In Apologia autem contrariam tuetur opinionem.

Col. 695. Invincibilem cam ignorantiam falso tribuit iis pro quibus Dominus in passione sua, et D. Stephanus oravere, vel ei qui juxta Evangelium dixerit verbum contra Filium hominis.

Col. 703, in solutione problematis XV. Legem Mosis nec docere, peccatum mente compleri, nec ex concupiscentia rei alienæ quempiam reum statuere, nec alium quam Judæum velut proximum diligendum definire, dum sentit Abælardus, a veritate dissentit.

Col. 704, in solutione problematis XVI. Præceptum de diligendo proximo, a Christo Domino commemoratum, solos Judæos devincire autumat; nec videt Decalogi præcepta, quia juris naturæ sunt, singulos homines obstringere.

Col. 710, in solutione problematis XXIV. Quod putat Judæos mala vel bona ex ipsa intentione non dijudicare; de quibusdam solummodo admittendum.

Ibidem. Contendit Abælardus nihil quidquam ad peccatum spectare, quod cibum vetitum ore sumamus. Verum hoc pacto, majorem peccati gravitatem, ex adjuncto opere externo, prorsus tollit.

Col. 711, in solutione problematis XXV. Esau subtractam gratiam; abundantiorem intellige, non omnem.

In libro adversus Hæreses.

Liber hic, ut in codice ms. nomen Abælardi haud præ se gerit, ita neque ejus loquendi morem, stylum aut mentis acumen sapit.

Append., col. 1834. Auctor ait apostolos tantum manus imposuisse iis quos prædicatores, presbyteros vel diaconos instituebant; de aliis nequidquam ex S. Scriptura constare. Verum idem usurpatum in consecratione episcoporum, et confirmationis sacramento, satis luculenter divina produnt eloquia.

In commentariis Epistolæ D. Pauli ad Romanos.

Col. 832. Verba hæc D. Pauli, *ostensionem suæ justitiæ*, de charitate et justitia nobis infusa intelligit Abælardus, cum de charitate Christi et justitia qua satisfecit pro nobis, capi præcipue debeant.

Col. 833. Iis Abælardi verbis, *cum solos electos liberaverit*, hanc adhibe cautionem. Electos liberat Christus, quia soli reipsa gloriam consequuntur, quam et cæteri, ni per ipsos staret, possent etiam per Christum promereri.

Col. 854. Censet dæmonem nullum jus in hominem quem seduxit, acquisiisse, cum tamen æquissimo jure, homo per peccatum, pœnæ æternæ, et torquenti dæmoni obnoxius fiat. Quare Abælardus rem acrius perscrutatus, Christum morte sua hominem a jugo diaboli liberasse, in Apologia profitetur.

Col. eadem. Beatæ Mariæ virgini dimissum peccatum, ita accipe, quo videlicet peccaverat in Adam, non quod aliquando contraxerit.

Col. 855. Verbum divinum hominem suscepisse caute legito, quia videlicet naturam humanam adsciverit sibi.

Ibid. Justificationem et redemptionem nostram in sanguine et morte Christi, sic quidem bene explicat Abælardus, ut per ipsam, quam patiendo et moriendo exhibuit, charitatis immensitatem, nos a servitute peccati redemerit, et in libertatem filiorum Dei asseruerit. Sed quia passionem ipsam et mortem a charitate profectam, velut infinitæ justitiæ et satisfactionis opus, omnibus exsolvendis sceibus leet pœnis idoneum, aut non agnovit, aut subticuit; genuinum de redemptione nostra Ecclesiæ Catholicæ sensum, vel non est secuntus, vel non assecutus. Quæ cum justissime D. Bernardus epist. 190 coarguerit, hoc ab Abælardo] elicuit Christianæ mentis testimonium in sua Apologia, *Solum Filium Dei incarnatum profiteor, ut nos a servitute peccati, et a jugo diaboli liberaret, iet supernæ aditum vitæ morte sua nobis reseraret.*

Col. 836 et 837. In duobus aberrat, primo quod censeat ei qui antequam baptizetur justus est, nondum in baptismate dimissa esse peccata; ille etenim per votum baptismi jam veniam delictorum est consecutus. Secundo, quia peccata nondum dimissa, pœnam non adhuc exsolutam interpretetur.

Col. 837. Parvulos baptizatos nondum charitatis aut justitiæ capaces, intellige per actiones elicitas.

Col. 858. Per peccata, quæ moriendo Christus sustulit, perperam Abælardus pœnam solum ipsorum ablatam exposuit. Sic et alias ad eumdem scopulum allidit.

Col. 861. Verba hæc D. Pauli, *in quo omnes peccaverunt*, ad pœnam tantummodo revocat, et reatum ipsum peccati originalis, in quem incurrerunt omnes, omittit. Alias in eodem lubrico nutat, sed eos omnes locos in Apologia hoc uno profligat firmamento. *Ex Adam, in quo omnes peccavimus, tam culpam quam pœnam, nos contraxisse assero.*

Col. 864. Asseverat Christum præcepto divino fuisse coactum orare pro nobis. Verum, huic sententiæ erroneus subest loquendi modus.

Ibid. et col. 865. Abælardus peccata dimitti, perinde existimat, ac pœnam ipsorum condonari, et alias, aliquem habere peccatum, præterita peccati actione, aliud nihil quam remanere obnoxium pœnæ. Sed hanc illius opinionem Catholica explodit doctrina.

Col. 869. Eos solum parvulos perbibet cum originis labe mortuos, qui si vixissent, pessimi erant futuri. At id prorsus videtur temerarium.

Ibid. Damnari asserit infantes ob aliena peccata, verum non advertit, quam habent originis maculam, iis proprie vitæ aditum præcludere.

Col. 870. Minus apte elicit, non sic institutam vel confirmatam tempore apostolorum, Quadragesimæ, vel sextæ feriæ abstinentiam, qualem nunc servamus, eo quod neophyti quidam apud D. Paulum nullum in comedendo diem ab alio secernerent.

In Concionibus.

Col. 447. In sermone de Purif. B. Mariæ, sibi ipsi persuadet Judæos nullam de obedientia sua in cœlestibus promissionis remunerationem accepisse: quod equidem tantum verum est ex solis operibus legis, seposita fide et charitate.

Col. 450. Petrum non tantum satisfecisse ob trinam negationem, quantum Marcellinum pro incenso idolis oblato. Periculosa compa-ratio.

Ibid. Culpam deputat, quod D. Paulus more Nazaræorum Deo se consecrarit, et Timotheum circumciderit, cum tamen in his minime deliquerit.

Col. 471. Scribit neminem præsumere ita precari, *Omnes sancti clerici, vel episcopi, vel canonici, orate pro nobis.* At debuit meminisse hos Litaniarum versiculos, *omnes sancti pontifices, omnes sancti sacerdotes et levitæ*, eumdem ferme sensum obtinere.

Col. 474. Norbertum insimulat frustra tentatæ suscitationis mortui cujusdam, forte quia cum senserat suis dogmatibus adversum.

In Introductione ad Theologiam.

Col. 979. Opinio Abælardi, quod sola charitas remuneratione sit digna, abscedit a veritate. Etenim fides, spes et cæteræ virtutes, charitate comite, æterna etiam reportant præmia; alias in idem impegit offendiculum.

Cætera quæ in hoc *Introductionis* opusculo animadversione digna videntur, ea sunt quæ carpit D. Bernardus epist. 190, quibus et satisfacit Abælardus publica fidei Catholicæ professione, et adversus erroris anathemate, epistola universis Ecclesiæ filiis inscripta. Utramque consulat lector in hoc volumine.

PETRI ABÆLARDI (7)
OPERUM PARS PRIMA. — EPISTOLÆ.

EPISTOLA PRIMA
Quæ est historia calamitatum (8) Abælardi, ad amicum scripta

ARGUMENTUM. — *Hanc epistolam ex monasterio divi Gildasii, in minore Britannia sito, quod tunc ipse Petrus Abælardus abbas regebat, scribit ad amicum, cujus nomen tota epistola, licet prolixa, nec ipse edit, nec etiam Heloissa, cum hujus epistolæ meminit in secunda. Est autem narratoria. Toto enim epistolæ textu suam vitam ante actam ab infantia ad illud usque tempus, quo hanc scripsit, diligenter enarrat; nullam tamen Joannis Rozolini mentionem facit, quo philosopho doctissimo præceptore usum Otho Frisingensis episcopus, gravis scriptor, qui eodem vivebat tempore, affirmat. Cæterum quid, quo animo egerit vel scripserit, quid passus sit, quanta invidia æmuli in eum exarserint, graphice describit, atque obtrectatoribus suis cursim ex occasione breviter et argute respondet. Denique hanc epistolam potius ad propriam, quam ad amici consolationem scripsisse videtur, scilicet ut et præsentes calamitates ex recordatione præteritarum lenius ferret, et imminentium periculorum timorem facilius detergeret. Nullas enim amici molestias cum suis confert, ut ex comparatione graviores appareant.*

Sæpe humanos affectus aut provocant, aut mitigant amplius exempla quam verba. Unde post nonnullam sermonis ad præsentem habiti consolationem, de ipsis calamitatum mearum experimentis consolatoriam ad absentem scribere decrevi, ut in comparatione mearum, tuas aut nullas, aut modicas tentationes recognoscas, et tolerabilius feras.

CAP. I. *De loco nativitatis Petri Abælardi et de parentibus ejus.* — Ego igitur (9) oppido quodam oriundus, quod in ingressu minoris Britanniæ constructum, ab urbe Nannetica versus Orientem octo credo milliariis remotum, proprio vocabulo Palatium appellatur. (10) Sicut natura terræ meæ vel generis animo levis, ita et ingenio exstiti ad litteratoriam disciplinam facilis. (11) Patrem autem habebam litteris aliquantulum imbutum antequam militari cingulo insigniretur. Unde postmodum tanto litteras amore complexus est, ut quoscunque filios

ANDREÆ QUERCETANI NOTÆ.

(7) *Abælardi.* De hoc ejus cognomento non bene sibi constant veteres. Etenim sanctus Bernardus, Otho Frisingensis, Gaufridus, Robertus Autissiodorensis, et alii, *Abailardum* nominant, quem auctor Chronici archiepiscoporum Senonensium *Abaulardum*, canonicus Turonensis anonymus *Abaielardum*, Vincentius Belvacensis *Abelardum* dicunt. Nec major etiam inter scriptores Gallicos convenientia. Siquidem Joannes Clopinellus Magdunensis, Philippo Pulchro regi coætaneus, *Abayelart* appellat, quem alter incertus poeta qui scripsit anno 1577, *Abulart*, et Kalendarium Paracletum Gallicum, *Abaalarz*. Nos hac varietate non obstante, lectionem antiquorum codicum retinuimus, et cum Guillelmo Naugio, Joanne canonico regulari Sancti Victoris, ac quibusdam aliis, *Abælardum* vocavimus.

(8) *Historia calamitatum.* — Genuinus epistolæ titulus, et ab auctore ipso præfixus, uti nos docet Petrarcha, scriptor gravis et eloquens, libro II *De vita solitaria*, his verbis : « Jungam tot veteribus philosophis recentiorem unum, nec valde semotum ab ætate nostra, quem recte nescio, sed apud quosdam, ut audio, suspectæ fidei, at profecto non humilis ingenii, Petrum illum cui Abailardo cognomen est : qui ut in *Historia suarum calamitatum* longa oratione ipse meminit, invidiæ cedens, solitudinis Trecensis abdita penetravit, etc. Hanc autem et cæteras epistolas fuisse certis capitulis di-

stinctas, asserit Joannes Magdunensis, qui legerat his versibus :

« *Une merveilleuse parolle*
Qui est escrite ès épistres
Qui bien chercheroit ès chapitres. »

(9) *Oppido quodam oriundus, quod.... Palatium appellatur.* — Inde et *Palatinum* se in scriptis suis dialecticis, quæ penes me sunt, nuncupat. Est autem hoc oppidum, ut ipse loquitur, in ingressu minoris Britanniæ, tribus fere leucis ab urbe Nannetica remotum, vulgo *Palais.*

(10) *Sicut natura terræ meæ,* etc. Haud longe aliter Otho Frisingensis episcopus, lib. I *De reb. gestis Frederici I, imper.*, cap. 47 : « Est enim, inquit, prædicta terra, nempe Britannia, clericorum acuta ingenia et artibus applicata habentium, sed ad alia negotia pene stolidorum ferax, quales fuerunt duo fratres Bernardus et Theodoricus, viri doctissimi. » Porro Britannorum gens est illa quæ, ut Henricus, Antissiodorensis monachus, scribit :

. . *inter geminos notissima claudititur amnes,*
Armoricana prius veteri cognomine dicta.

Nec attinet hic referre quæ Plinius, Beda Venerabilis, et alii de Britannis Galliæ scripsere. Sunt enim omnibus notissima.

(11) *Patrem autem habebam.* — Berengarium nomine, qui postea ad monasticam professionem conversus est, ut ipse Petrus scribit infra.

haberet, litteris antequam armis instrui disponeret. Sicque profecto actum est. Me itaque primogenitum (12) suum quanto chariorem habebat, tanto diligentius erudiri curavit. Ego vero quanto amplius et facilius in studio litterarum profeci, tanto ardentius in eis inhæsi, et in tanto earum amore illectus'sum, ut militaris gloriæ pompam cum hæreditate et prærogativa primogenitorum meorum fratribus derelinquens, Martis curiæ penitus abdicarem ut Minervæ gremio educarer. Et quoniam (13) dialecticarum rationum armaturam omnibus philosophiæ documentis prætuli, his armis alia commutavi, et tropæis bellorum conflictus prætuli disputationum. Proinde diversas disputando perambulans provincias, ubicunque hujus artis vigere studium audieram, Peripateticorum æmulator [al. ambulator] factus sum.

Cap. II. *De persecutione magistri sui Guillelmi. De rectione ipsius apud Melidunum, apud Corbolium et apud Parisios. De recessu ejus a Parisiensi civitate ad Melidunum, regressu ad montem. S. Genovefæ et repatriatione.* — Perveni tandem Parisios, ubi jam maxime disciplina hæc florere consueverat, (14) ad Guillelmum scilicet Campellensem præceptorem meum in hoc tunc magisterio re et fama præcipuum : cum quo aliquantulum moratus primo ei acceptus, postmodum gravissimus exstiti, cum nonnullas scilicet ejus sententias refellere conarer, et ratiocinari contra eum sæpius aggrederer, et nonnunquam superior in disputando viderer. Quod quidem et ipsi, qui inter conscholares nostros præcipui habebantur, tanto majori sustinebant indignatione, quanto posterior habebar ætatis et studii tempore. Hinc calamitatum mearum, quæ nunc usque perseverant, cœperunt exordia, et quo amplius fama extendebatur nostra, aliena in me succensa est invidia. Factum tandem est ut supra vires ætatis meæ de ingenio meo præsumens, ad scholarum regimen adolescentulus aspirarem, et locum, in quo id agerem, providerem, insigne videlicet tunc temporis (15) Meldunum castrum [al. Meliduni castrum], et sedem regiam. Præsensit hoc prædictus magister meus, et quo longius posset scholas nostras a se removere conatus, quibus potuit modis latenter machinatus est, ut priusquam a suis recederem, scholas nostras et provisum mihi

ANDREÆ QUERCETANI NOTÆ.

(12) *Me itaque*, etc. Hunc locum ex mss. 2544, 2545, 2993 et cod. Trecensi restituit vir cl. Victor Cousin (*Opp. Abælardi*, Paris, 1849, 4°, p. 4). Antea legebatur, Sic primogenitum, etc. Edit. Patr.

(13) *Dialecticarum rationum*, etc. Primi sui in dialectica præceptoris nomen prætermisit, quem tamen Otho Frisingensis Roscelinum, et Aventinus Rucelinum quemdam fuisse testantur. Othonis verba sic habent : « Habuit tamen primo præceptorem Rozelinum quemdam, qui primus nostris temporibus in logica sententiam vocum instituit.» Et Aventini lib. vi *Ann. Bojor.* : « His quoque temporibus fuisse reperio Rucelinum Britannia, magistrum Petri Abelardi, novi lycæi conditorem, qui primus scientiam vocum sive dictionum instituit, et novam philosophandi viam invenit. » Atqui Britannus huic, veteri et anonymo Francorum historico Compendiensis dicitur, et Joannis etiam cujusdam in dialectica potentis sophistæ discipulus astruitur. Sic enim historicus ille, qui fragmentum historiæ Francorum a Roberto ad Philippum I regem scripsit : « In dialectica quoque hi potentes exstiterunt sophistæ : Joannes, qui eamdem artem sophisticam vocalem esse disseruit, Robertus Parisiacensis, Roscelinus Compendiensis, Arnulfus Laudunensis : hi Joannis fuerunt sectatores, qui etiam quamplures habuerunt auditores.» Nec tamen propterea suspicandum est hunc Aventino contradicere. Fieri namque potest ut Roscelinus in Britannia natus sit; ac postea clericus in Ecclesia Compendiensi fuerit. Et certe Beccensis abbas Anselmus, qui tunc florebat, eum clericum nuncupat in epistola *ad Fulconem Belvacensem episcopum*, his verbis : « Audio, quod tamen absque dubietate credere non possum, quia Roscelinus clericus dicit in Deo tres personas esse tres res ab invicem separatas, sicut sunt tres angeli, ita tamen ut una sit voluntas et potestas ; aut Patrem et Spiritum sanctum esse incarnatum, et tres deos vere posse dici, si usus admitteret.» Unde et aliquo modo conjicere licet cur Petrus noster illius inter præceptores suos non meminit. Nam et Yvo, Carnotensis episcopus, insanas aliquot sententias super quibusdam Christianæ fidei articulis eum defendisse subindicat epist. 7, quanquam non exprimit quales illæ fuerint. Sed de hac re pluribus ante concilium Suessionense. Nunc autem addam ex Aventino, quod : « Eo ipso Roscelino auctore, duo Aristotelicorum et Peripateticorum genera esse cœperunt : unum illud vetus, locuples in rebus procreandis, quod scientiam rerum sibi vindicat; quamobrem Reales vocantur; alterum novum, quod eam distrahit, Nominales ideo nuncupati, quod avari rerum, prodigi nominum atque notionum, verborum videntur esse assertores. In hisce duobus generibus dissidium et bellum civile est. Illius Thomas Aquinas Italus, et Joannes Duns Scotus, hujus Vuillelmus Occomensis Anglus, antesignani. »

(14) *Ad Guillelmum scilicet Campellensem.* — Guillelmus hic primo fuit archidiaconus Ecclesiæ Parisiensis, postea regularis canonicus, ac demum episcopus Catalaunensis, ut infra videbimus. Eo autem præceptore usum Abælardum docet et Otho Frisingensis, lib. i *De reb. gestis Friderici I, imper.*, cap. 47.

(15) *Meliduni castrum, et sedem regiam.* — Melduni sive Meliduni castrum et comitatum Hugo rex, Francorum Burchardo Vetulo, comiti Vindocinensi ac Lavarzini domino, concessit in beneficium. Postea Rainaldus Burchardi filius, cancellarius Franciæ, et episcopus Parisiensis, Melidunensis comes exstitit sub Roberto rege, sicut ex tabulis ecclesiæ Sancti Dionysii de Carcere patet. Sed hoc mortuo, comitatus rediit ad Henricum I, Roberti filium, qui vicecomitem ibi constituit. Nam et in litteris Philippi, qui fundationem Sancti Martini de Campis a patre factam confirmavit, « Ursio vicecomes Melidunensis » inter alios aulæ regiæ milites subscripsit. Denique Philippus ipse, Henrici filius, sedem regiam Meliduni posuit, ubi et vita functus est Abælardi nostri tempore, sicut testatur Suggerius, Sancti Dionysii abbas, in Vita Ludovici Grossi, Philippo genii, his verbis : « Cumque fere sexagenarius esset, regem exuens apud Melidunum castrum super fluvium Sequanæ, præsente domino Ludovico, extremum clausit diem. »

locum auferret. Sed quoniam de potentibus terræ nonnullos ibidem habebat æmulos, fretus eorum auxilio voti mei compos exstiti, et plurimorum mihi assensum ipsius invidia manifesta conquisivit. Ab hoc autem scholarum nostrarum exordio [*al.* tirocinio] ita in arte dialectica nomen meum dilatari cœpit, ut non solum condiscipulorum meorum, verum etiam ipsius magistri fama contracta paulatim exstingueretur. Hinc factum est ut de me amplius ipse præsumens, (16) ad castrum Corbolii, quod Parisiâcæ urbi vicinius est, quantocius scholas nostras transferrem, ut inde videlicet crebriores disputationis assultus nostra daret opportunitas. Non multo autem interjecto tempore ex immoderata studii afflictione correptus infirmitate coactus sum repatriare, et per annos aliquot a Francia quasi remotus, quærebar ardentius ab iis, quos dialectica sollicitabat doctrina. Elapsis autem paucis annis, cum ex infirmitate jamdudum convaluissem, (17) præceptor meus ille Guillelmus Parisiensis archidiaconus, habitu pristino commutato ad regularium clericorum ordinem se convertit, ea, ut

ANDREÆ QUERCETANI NOTÆ.

(16) *Ad castrum Corbolii.* — Antiquum est et hoc castrum, ac si non regum, saltem reginarum sedes. Quod ut melius intelligatur, veteres etiam Corbolii, sive Curbolii, aut Curbolii comites adnotabo. Et certe antiquissimus, quem legerim, corboliensis comes fuit Haimo, qui sub annum Christi 1365 vixisse dicitur. Nam Joannes, Sancti Victoris monachus, de eo sic ad illum annum scribit : « Eodem tempore corpus beati Guenaili abbatis a Britannia propter timorem Normannorum translatum, in Gallias, Deique dispositione in castro Corboliensi receptum est a comite Haimone, et in ecclesia in honore ipsius a dicto Haimone constructa honorifice collocatum est. » Et Kalendarium Sancti Guenaili, ad diem 21 Maii : « Anniversarium solemne Haimonis comitis, fundatoris Beati Guenaili de Corbolio, qui dedit eidem Ecclesiæ hospites quos habemus ultra pontem Sequanæ. » Verum si ita est, annorum longa distantia persuadet Haimonem hunc alium ab Haimone illo Corboliensi comite fuisse, qui, sicut refert Odo, Fossatensis monachus, « ad limina sanctorum apostolorum Petri et Pauli orationis gratia Romam pergens, ibi in eodem itinere fluem vitæ accepit. » Nam id versus initium regni Hugonis accidit. Et eo defuncto « Burchardus, Vindocini comes, uxorem ejus nomine Elisabetham, nobili et ipsam progenie exortam, sibi conjugio copulavit. ac in eo copulæ fructus, rex Hugo castrum Melidunum atque Corboilum, comitatumque Parisiacæ urbis illi dedit. » Quare deinceps Burchardus et ipse se pro comite Corboliensi gessit. Aut si postremus hic Haimo ille est sancti Sancti Guenaili sive Guenaldi ecclesiam construxit, necesse videtur corpus ejus sancti serius Corbolium allatum fuisse quam præfatus Joannes adnotavit. Et hæc opinio mihi eo magis placet, quod Burchardus Elisabethæ conjugis ejus maritus, in litteris pro Sancto Guenaldo datis, illius etiam concessionis meminit, quam præfatæ ecclesiæ fecerat, his verbis : « Notum fieri volumus omnibus fidelibus clericis et laicis, quod ego Burchardus comes Corboliensis, ob remedium animæ meæ, antecessorum successorumque meorum, precibus quoque Guillaudi, ejusdem loci canonici, et magistri filii mei Reinaldi, Sancto Guenailo terrulas quas Haimo comes prius dederat eidem sancto, concessi, etc. » Cæterum de Burchardo hoc Corboilensi comite mentio fit etiam in Kalendario Sancti Guenaili, hoc modo : « Item anniversarium Burcardi comitis, qui dedit eidem Ecclesiæ quosdam hospites apud Mundevillam. » Postea Corboliensis comes effectus est Guillelmus, qui detectioni corporum sancti Dionysii et sociorum subscripsit, tempore Henrici I regis. Nec affirmare velim eum Elisabethæ et Haimonis I viri sui, filium exstitisse. Post Guillelmum, Rainaldus comitatum tenuit adfuitque confirmationi fundationis Sancti Martini de Campis a Philippo I rege, sub annum Christi 1067. Rainaldo Burchardus II successit, qui, anno 1071, claustrum Sancti Exuperii Corboliensibus canonicis concessit. Et hic filium habuit Odonem, post se quoque Corbolii castri comitem, de quo tabulæ Sancti Martini de Campis ad annum 1097. Refertque Suggerius in Vita Ludovici Grossi, hunc Guidonis Rubei fratruelem fuisse, ac Stephani comitis lancea percussum interiisse. Quo facto, consanguineus ejus Hugo Creciacensis Guidonis Rubei filius, « Corbolium castrum, cujus se hæredem jactabat, » Ludovico Grosso regi, Philippi filio, cum omnibus angariis, talliis et possessionibus abjurare » coactus est. Denique Ludovicus Junior, Ludovico Grosso sive Seniore genitus, Adelæ uxori suæ terram Corbolii dotalitii nomine reliquit. Docent enim hoc litteræ Philippi II regis, Adelæ filii, Corbolii datæ anno 1180, his verbis : « Philippus, Dei gratia Francorum rex, etc. Noverint universi præsentes et futuri, quod Adela mater nostra dum terram Corbolii nomine teneret dotalitii, Petro clerico suo beati Exuperii canonico, intuitu servitii sui, donavit domum quam Isabellis et Bertrannus filius ejus vendiderant Heliæ Judæo, » etc. Sicque patet qualiter Corboilum castrum regia quoque sedes effectum fuerit. Imo et ab hoc tempore vicecomites etiam ibi sicut Meliduni constituti sunt a regibus. Nam tabulæ beatæ Mariæ de Gornajo « Paganum vicecomitem de Corbolio » memorant anno 1205.

(17) *Præceptor meus ille Guillelmus.* — Hanc in Guillelmo commutationem habitus egregie commendat Hildebertus Cenomanensis episcopus in *epistola* 1, quam ad eum scripsit : « De conversione, » inquit, « et conversatione tua lætatur et exsultat anima mea, illum prosequens actione gratiarum, cujus muneris est quod tandem philosophari decreveris. Nondum quippe redolebas philosophum, cum ex acquisita philosophorum sententia, scientiæ morum tibi minime deprompseres venustatem, » etc. Ingressus est autem regularem ordinem in capella quadam Sancti Victoris extra urbem Parisiacam, ubi cum aliquibus discipulis monasterium illud cœpit construere, quod postea Ludovicus Grossus rex munifice consummavit, ac magnis et opulentis reditibus dotavit. Hoc enim testatur imprimis anonymus, sed vetus auctor, qui variarum abbatiarum initia collegit, et institutores earumdem adnotavit, his verbis : « Eodem tempore magister Vuillelmus de Campellis, qui fuerat archidiaconus Parisiensis, vir admodum litteratus et religiosus, assumens habitum canonici regularis, cum aliquibus discipulis suis extra urbem Parisius, in loco ubi erat capella quædam Sancti Victoris martyris, cœpit ædificare monasterium clericorum. Assumpto autem illo ad episcopatum Catalaunensem, venerabilis Gilduinus, ejus discipulus, primus abbas ibi factus est. » Et sic etiam intelligendum quod paulo post Abælardus subjungit : « Nec tamen, » inquit, « hic suæ conversionis habitus aut ab urbe Parisiaca, aut a consueto philosophiæ studio eum revocavit; sed in ipso quoque monasterio ad quod se causa religionis contulerat, statim more solito publicas exercuit scholas. » De eo autem jam Catalaunensi episcopo facto nos alibi plura.

referebant, intentione ut quo religiosior crederetur, ad majorem prælationis gradum promoveretur, sicut in proximo contigit, eo Catalaunensi episcopo facto. Nec tamen hic suæ conversionis habitus aut ab urbe Parisiaca, aut a consueto philosophiæ studio eum revocavit; sed in ipso quoque monasterio, ad quod se causa religionis contulerat, statim more solito publicas exercuit scholas. Tum ego ad eum reversus ut ab ipso rhetoricam audirem, inter cætera disputationum nostrarum conamina, antiquam ejus de universalibus sententiam patentissimis argumentorum disputationibus ipsum commutare, imo destruere compuli. Erat autem in ea sententia de communitate universalium, ut eamdem essentialiter rem totam simul singulis suis inesse astrueret individuis; quorum quidem nulla esset in essentia diversitas, sed sola multitudine accidentium varietas. Sic autem istam suam correxit sententiam, ut deinceps rem eamdem non essentialiter, sed indifferenter diceret. Et quoniam de universalibus in hoc ipso præcipua semper est apud dialecticos quæstio, ac tanta ut eam Porphyrius quoque in Isagogis suis, cum de universalibus scriberet, diffinire non præsumeret, dicens: Altissimum enim est hujusmodi negotium. Cum hanc ille correxisset [*al.* correxerit], imo coactus dimisisset [*al.* dimiserit] sententiam, in tantam lectio ejus devoluta est negligentiam, ut jam ad dialecticæ lectionem [*al.* ad cætera dialecticæ] vix admitteretur: quasi in hac scilicet de universalibus sententia tota hujus artis consisteret summa. Hinc tantum roboris et auctoritatis nostra suscepit disciplina, ut ii, qui antea vehementius magistro illo nostro adhærebant, et A maxime nostram infestabant doctrinam, ad nostras convolarent scholas, et ipse, qui in scholis Parisiacæ sedis magistro nostro successerat, locum mihi suum offerret, ut ibidem cum cæteris nostro se traderet magisterio, ubi antea suus ille et noster magister floruerat. Paucis itaque diebus ibi me studium dialecticæ regente, quanta invidia tabescere, quanto dolore æstuare cœperit magister noster, non est facile exprimere. Nec conceptæ miseriæ æstum diu sustinens, callide aggressus est me etiam tunc removere. Et quia in me quod aperte agerct non habebat, ei scholas auferre molitus est, turpissimis objectis criminibus, qui mihi suum concesserat magisterium, alio quodam æmulo meo B in locum [*al.* ad officium] ejus subtituto. Tunc ego Meledunum [*al.* Melidunum] reversus, scholas ibi nostras, sicut antea, constitui; et quanto manifestius ejus me persequebatur invidia, tanto mihi auctoritatis amplius conferebat, juxta illud poeticum:

Summa petit livor, perflant altissima venti.

(Ovidius, *De remed. amor.*, 1, 369.)

Non multo autem post, cum ille intelligeret fere omnes discipulos [*al.* discretos] de religione ejus plurimum hæsitare, et de conversione ipsius vehementer susurrare, quod videlicet a civitate minime recessisset, transtulit se et conventiculum fratrum cum scholis suis ad villam quamdam ab urbe remotam. Statimque ego Meleduno Parisius redii, C pacem ab illo ulterius sperans. Sed quia, ut diximus, locum nostrum ab æmulo nostro fecerat occupari, (18) extra civitatem in monte S. Genovefæ, scholarum nostrarum castra posui, quasi eum ob-

ANDREÆ QUERCETANI NOTÆ.

(18) *Extra civitatem in monte Sanctæ Genovefæ.* — Mons hic, Lecutitius sive Locotitius olim dictus, extra muros urbis Parisiacæ fuit usque ad annum Christi 1211, quo Philippus Augustus, Francorum rex, « Urbem totam, » ut Rigordus refert, « in circuitu circumsepsit a parte australi usque ad Sequanam fluvium, ex utraque parte maximam terræ amplitudinem infra murorum ambitum concludens, et possessores agrorum et vinearum compellens, ut terras illas et vineas ad ædificandum in eis novas domos habitatoribus locarent, vel ipsimet novas ibidem domos constituerent, ut tota civitas usque ad muros plena domibus videretur. » Unde et Eugenius III, in litteris ad Odonem abbatem Sanctæ Genovefæ, dicit ecclesiam illam adhuc extra Parisiacam urbem sitam, anno 1150. « Eugenius, » inquit, « episcopus, servus servorum Dei, Odini primo abbati ecclesiæ Sanctæ Genovefæ, quæ secus Parisius est. » Idemque repetit adhuc Alexander III, in aliis ad Albericum abbatem litteris anno 1065 datis. Fuisse autem in hac ecclesia litterarum et scholarum publicarum sedem (etiam antequam de statu canonicorum sæcularium ad regularem ordinem mutaretur ope atque industria Suggerii Sancti Dionysii abbatis, injungente eidem domino Eugenio papa III, et illustri Francorum rege Ludovico VII, Philippi Augusti patre) significant, cum Petrus noster dicens se ibi scholarum suarum castra posuisse, tum eo antiquior « Hulbodus, » qui, sicut fert inscriptio vetus posita in ecclesia Sancti Joannis Baptistæ Leodiensis, « dum adolescen- D tulus e scholari disciplina confugisset Parisius Sanctæ Genovefæ canonicis adhæsit, » tempore Roberti regis Francorum, « et in brevi multarum scholarum instructor fuit, ubi cum aliquandiu a domino Notgero, » leodiensi episcopo, « ignoraretur, tandem canonica episcopalis sententiæ exsecutione compulsus est redire, pluribus ibi relictis studiorum ac moralitatis insignibus. » Quare et in illius rei memoriam ac velut honorificum testimonium cancellarius universitatis Parisiensis ex sola canonicorum Sanctæ Genovefæ congregatione longo postea tempore delectus est, et usque ad pontificatum Benedicti XI papæ, qui primus auctoritatem ac facultatem parem cancellario ecclesiæ Beatæ Mariæ Virginis concessit. « Tunc temporis, inquit, Vitæ Abælardi scriptor anonymus (Brial. *Script. Rer. Gall.* xiv, 442), magister Petrus Abailardus, multis sibi scholaribus aggregatis, in claustro Sanctæ Genovefæ schola publica utebatur; qui probatæ quidem scientiæ, sublimis eloquentiæ, sed inauditarum erat inventor et assertor novitatum; et suas praesumpsit statuere sententias, erat aliarum probatarum improbator. Unde et in odium venerat eorum qui sanius sapiebant; et sicut manus ejus contra omnes, sic omnium contra eum armabantur. Dicebat quod nullus antea præsumpserat, ut omnes illum mirarentur. Cum igitur adinventionum ejus absurditas in notitiam pervenisset eorum qui Parisius doctrinæ causa morabantur, primo stupore, deinde zelo quodam ducti confutandæ falsitatis, cœperunt inter se quærere quis esset ex eis adversus eum dis-

sessurus, qui locum occupaverat nostrum. Quo audito, magister noster statim ad urbem impudenter rediens, scholas quas tunc habere poterat, et conventiculum fratrum ad pristinum reduxit monasterium, quasi militem suum, quem deseruerat [al. dimiserat], ab obsidione nostra liberaturus. Verum, cum illi prodesse intenderet, maxime nocuit. Ille quippe antea aliquos habebat qualescunque discipulos, maxime propter lectionem in qua [propter lectiones Prisciani, in quibus] plurimum valere credebatur. Postquam autem magister advenit, omnes penitus amisit, et sic a regimine scholarum cessare compulsus est. Nec post multum tempus, quasi jam ulterius de mundana desperans gloria, ipse quoque ad monasticam conversus [al. compulsus] est vitam. Post reditum vero magistri nostri ad urbem, quos conflictus disputationum scholares nostri, tam cum ipso quam cum discipulis ejus habuerint, et quos fortuna eventus in his bellis dederit nostris, imò mihi ipsi in eis, te quoque res ipsa jamdudum edocuit. Illud vero Ajacis et temperantius loquar, et audacter proferam ·

. . . . . *si quæritis hujus*
Fortunam pugnæ, non sum superatus ab illo.
(Ovid. *Metam.*, XIII, 89.)

Quod si ego tacerem, res ipsa clamat, et ipsius rei finis indicat. Dum vero hæc agerentur (19) charissima mihi mater Lucia repatriare me compulit. Quæ videlicet post conversionem Berengarii patris mei ad professionem monasticam, idem facere disponebat. Quo completo, reversus sum in Franciam, maxime ut de divinitate addiscerem, quando [quoniam] jam sæpefatus magister noster (20) Guillelmus in episcopatum Catalaunensi pollebat. In hae

ANDREÆ QUERCETANI NOTÆ.

putandi negotium subiturus; indignum esse duntaxat, apud tot sapientes hujusmodi næniarum dictorem non habere contradictorem, taliter oblatrantem baculo non arceri veritatis; plura ad inventurum et liberius declamaturum, si infaustis cœptis redargutor defuisset. Quia igitur venerabilis adolescens Gosvinus efficacis erat facundiæ, sicut ingenii perspicacis, ut eum super nugis talibus conveniret suaserunt; quod difficile non fuit impetrare: fervebat enim vehementer ad hoc et anhelabat, et volentem labor esset inhibere, nisi præsumptionis notam incurrere formidaret. Magister autem Joslenus qui postea Suessionensem rexit cathedram, cum nimis eum diligeret, id fieri prohibebat, et congressum hujusmodi dissuadebat, « magistrum Petrum » dicens « disputatorem non « esse, sed cavillatorem: et plus vices agere jocula« toris quam doctoris, et quod instar Herculis clavam « non leviter abjiceret apprehensam, videlicet quod « pertinax esset in errore; et quod si secundum se « non esset, nunquam acquiesceret veritati; eum « injurias sibi facere, qui tentasset erudire deriso« rem; satis esse versutias ejus intellexisse, et in « ejus non abduci vanitates. » Hæc et similia dehortationi subservientia verba doctus et doctor ille deprimebat, quippe cui suppeditabat facundia et uber vena sapientiæ, quocunque voluisset eloquium derivare. Sed Gosvinus monitiones et rationes illius non attendens, licet alias eum multum revereretur, nec considerans se tironem adhuc vix juvenescentem, magistrum autem illum virum esse bellicosissimum et victoriis assuetum, assumptis sociorum aliquantis, ascendit in montem Sanctæ Genovefæ, quasi David cum Goliath duello conflicturus, qui illic auditoribus suis miras et inauditas sententias, quasi phalanges sane sapientium subsannando, detonabat.

Cum venissét igitur ad locum certaminis, id est scholam ejus introisset, reperit eum legentem et scholaribus suis suas inculcantem novitates. Statim autem ut loqui orsus est qui advenerat, ille torvos in eum deflexit obtutus; et cum se sciret virum ab adolescentia bellatorem, illum autem videret pubere incipientem, despexit eum in corde suo, forte non multo minus quam David sanctum spurius Philistæus. Erat enim albus quidem et decorus aspectu, sed exilis corpulentiæ et staturæ non sublimis. Cumque superbus ille ad respondendum cogeretur, « impugnans eum vehementer immineret: « Vide, » inquit, « ut sileas, et cave ne perturbes meæ seriem lectionis. » Ille, qui non ad silendum venerat, acriter insistebat; cum adversarius econtra cum habens despectui, non attenderet ad sermones oris ejus, indignum judicans a doctore tanto tantillo juveni[1] responderi. Judicabat secundum faciem, quæ proceritate sibi contemptibilis apparebat; sed cor perspicaciter intelligens non attendebat. Cum autem ei diceretur a scholasticis suis, qui juvenculum satis noverant, ut non omitteret respondere; esse illum disputatorem acutum, et multum ei scientiæ suffragari; non esse indecens cum ejusmodi (sic) subire negotium disputandi, indecentissimum esse talem ulterius aspernari: « Dicat, » inquit, « si quid habet ad dicendum. » Ille, dicendi nacta facultate, ex his unde movebatur propositionem facit adeo competentem, ut nullatenus levem et garrulam redoleret verbositatem, sed audientiam omnium sua mercaretur gravitate. Assumente illo, et affirmante isto, et affirmationibus ejus illo non valente refragari; cum divertendi ei penitus suffugia clauderentur, ab isto qui non ignorabat ejus astutias, tandem convictus est asseruisse se quod non esset consentaneum rationi. Alligato itaque forti ab eo qui intraverat domum ejus, et descendente eo de monte, qui indissolubili mutantem Protea vultus astrinxerat nodo veritatis; cum ventum esset ad eos qui in tabernaculis scholaribus fuerant remoti, in voces exsultationis et lætitiæ prorruperunt, eo quod humiliata esset turris superbiæ, murus pertinaciæ corruisset, defecisset subsannans Israelem, contrita esset malleatoris incus et malleus mendacia fabricantes, destructa denique esset machina falsitatis; et hoc non in multitudine gravi, non auxiliis forinsecus mendicatis, non sophismatum præmeditata versutia, non extraordinaria comprimente auctoritate personali; sed ab humili, constanti, erudito et valide veritatis assertore. (EDIT. PATR.)

(19) *Charissima mihi mater mea Lucia....* — Kalendarium Paracletense: « XIV Kal. novembris obiit Lucia mater magistri nostri Petri. »

(20) *Guillelmus in episcopatu Catalaunensi....* — De Guillelmo hoc sive Vuillelmo jam Catalaunensi episcopo mentio fit apud Ivonem Carnotensem, epist. 268; apud sanctum Bernardum, epist. 5, et apud Othonem Frisingensem lib. I *De rebus gestis Frederici I*, cap. 47. Fuit autem ex canonico regulari Sancti Victoris assumptus ad episcopatum anno Christi 1112, ut conjicere est ex electione Gilduini discipuli ejus in abbatem primum ecclesiæ Sancti Victoris, quæ celebrata est anno 1113, et onus episcopale sustinuit annis septem ac mensibus sex. Sic enim tabulæ manuscriptæ Catalaunensium episcoporum: « Guillelmus venerabilis rexit Ecclesiam annos septem, menses sex. » Quibus expletis, demum fato cessit anno 1119 die 25 januarii, sicut ex his Kalendarii Victoriani verbis discitur: « VIII Kal.

autem lectione (21) magister ejus Anselmus Laudunensis maximam ex antiquitate auctoritatem tunc tenebat.

CAP. III. *Quomodo Laudunum venit ad magistrum Anselmum.* — Accessi igitur ad hunc senem, cui magis longævus usus, quam ingenium vel memoria nomen comparaverat. Ad quem si quis de aliqua quæstione pulsandum accederet incertus, redibat incertior. Mirabilis quidem erat in oculis auscultantium, sed nullus in conspectu quæstionantium. Verborum usum habebat mirabilem, sed sensu contemptibilem, et ratione vacuum. Cum ignem accenderet, domum suam fumo implebat, non luce illustrabat. Arbor ejus tota in foliis aspicientibus a longe conspicua videbatur, sed propinquantibus, et diligentius intuentibus infructuosa reperiebatur. Ad hanc itaque cum accessissem ut fructum inde colligerem, deprehendi illam esse ficulneam cui maledixit Dominus (*Matth.* XXI, 19; *Marc.* XI, 13), seu illam veterem quercum, cui Pompeium Lucanus comparat, dicens :

. . . . *stat magni nominis umbra,*

Qualis frugifero quercus sublimis in agro.
(LUCAN. *Pharsal.* lib. IV, 135.)

Hoc igitur comperto, non multis diebus in umbra ejus otiosus jacui. Paulatim vero me jam rarius ad lectiones ejus accedente, quidam tunc inter discipulos ejus eminentes graviter id ferebant, quasi tanti magistri contemptor fierem. Proinde illum quoque adversum me latenter commoventes, pravis suggestionibus ei me invidiosum fecerunt. Accidit autem quadam die, ut post aliquas sententiarum collationes, nos scholares invicem jocaremur. Ubi cum me quidam animo intentantis interrogavisset, quid mihi de divinorum lectione librorum videretur, qui nondum nisi in physicis studueram, respondi saluberrimum quidem hujus lectionis esse studium ubi salus animæ cognoscitur, sed me vehementer mirari, quod his qui litterati sunt, ad expositiones sanctorum intelligendas, ipsa eorum scripta vel glossæ non sufficiant, ut alio scilicet non egeant magisterio [*al.* magistro]. Irridentes plurimi qui aderant, an hoc ego possem et aggredi præsumerem, requisierunt. Respondi me id si vellent ex-

ANDREÆ QUERCETANI NOTÆ

febr. anniversarium Vuillelmi Catalaunensis episcopi, et nostri canonici. »

(21) *Magister..... Anselmus Laudunensis.....* — Plures eodem prope tempore Anselmi Laudunenses fuerunt. Historia namque restaurationis ecclesiæ Laudunensis a canonico quodam ejusdem ecclesiæ conscripta, meminit Anselmi Sancti Vincentii Laudunensis abbatis, qui « cum cœnobio suo fere decimis et septimis annis præfuisset, et pro utilitate ejusdem cœnobii Romam profectus fuisset, a clericis Tornacensibus, qui jam quadringentis annis proprio episcopo caruerant, mirabili eventu, Deo ordinante, ibi repertus in episcopum electus est, et a domino papa Eugenio invitus et reluctans obedientiæ vinculo consecratus est, pontifex consecratus est, sicque per eum Tornacensi Ecclesiæ antiqua dignitas restituta anno ab Incarnatione Domini 1145. » [Vide *Patrolog.*, tom. CLVI, col. 1005 et seq. EDIT.] Meminit et Anselmi alterius antiquioris, cognomento Beessi, « qui se simulando religiosum non parum ab omnibus laudabatur et honorabatur. Unde et pro religionem sua thesaurus ecclesiæ Laudunensis ei servandus traditus est cum aliis custodibus, quoniam antiqua consuetudo erat ejusdem Ecclesiæ, ut septem custodibus ipse thesaurus committeretur, quorum quatuor ecclesiastici, tres vero essent laici. Sed, ut ex fine patuit, longe alius erat in corde quam homines viderent in facie. Videns enim multum sibi ab omnibus credi ex auro et lapidibus pretiosis quibus cruces, festis diebus super altare ponendæ, fuerant opertæ, non exiguam partem furtim discerpens aurifici cuidam vendendi causa tradidit. » Denique et tertium Anselmum Laudunensem memorat, qui super hoc thesauri furto jam detecto consultus est a reliquis ecclesiæ Laudunensis canonicis, et a civibus, tanquam urbis totius lucerna et lumen. Sic enim idem auctor de eo loquitur [Vide *ubi supra*, col. 1011] : « Protinus ergo, » inquit « generalis conventus canonicorum et civium convocatur, quid opus sit facto discutitur, et præ omnibus magister Anselmus, tunc temporis totius urbis lucerna, consulitur. Ille, ut divinæ legis peritissimus, continuo Josuæ replicat historiam, quomodo scilicet furtum in Jericho, nullo sciente, factum Dominus jussit sorte perquiri, primo per tribus, deinde per familias ac domos, ad ultimum singillatim per viros. Instar hujus tam subtilis perquisitionis consulit magister Anselmus, ut tanti facinoris auctor judicio aquæ perquireretur, ac de singulis urbis parochiis unus infans innocens in vase aquæ benedictæ repleto poneretur, et quæcunque parochia sorte culpabilis reperiretur, de singulis domibus ejusdem parochiæ unus infans in aqua poneretur, et quæcunque domus deprehensa fuisset, omnes viri vel feminæ ad eam pertinentes judicio aquæ se purgare cogerentur. » Unde et patet hunc posteriorem Anselmum, illum ipsum esse magistrum Anselmum Laudunensem, quem Petrus Abælardus dicit tunc maximam ex antiquitate auctoritatem tenuisse. Fuit autem idem canonicus et decanus Ecclesiæ Laudunensis, non episcopus, ut quidam inconsulte satis scripserunt. Quod ante omnes vel citatus jam scriptor docet his verbis : « Vir sapientissimus magister Anselmus tunc temporis Ecclesiæ nostræ canonicus et decanus, per totum pene orbem Latinum, scientiæ et eloquentiæ suæ fama notissimus. » Habuitque inter alios lectionum suarum auditores et discipulos, cum magistrum Guillelmum de Campellis archidiaconum Ecclesiæ Parisiacæ, de quo superius, Petrum nostrum Abælardum, qui fuit et ipse postea magister celeberrimus, Albericum Remensem, et Lotulfum Novariensem sive Lombardum, de quibus postea, tum præcipue Guillelmum Cantuariensem archiepiscopum. Hoc enim testatur etiam præfatus Ecclesiæ Laudunensis historicus, cum ait : « Nos itaque assumpto dominæ nostræ feretro atque reliquiis, Cantuariam venimus, ubi tunc erat archiepiscopus dominus Willelmus nobis notissimus, quoniam jamdudum pro audienda lectione magistri Anselmi Laudunum petens multis diebus in episcopi domo manserat, ibique filios Radulfi, cancellarii regis Anglorum, docuerat. » Ex quibus verbis colligere est Laudunensem ecclesiam tunc fuisse quasi magnum undique studiosorum conventum ; quos e multis urbibus et regionibus magistro illi Anselmo discipulos doctrinæ celebris fama contrahebat. Quo autem anno decesserit, et ubi sepultus fuerit, dicetur infra. — Vide Notitiam Anselmi Laudunensis, operibus præmissam, Patrologiæ t. CLXII, EDIT.

periri paratum esse. Tunc conclamantes [*al.* inclamantes] et amplius irridentes : Certe, inquiunt, et nos assentimus. Quæratur, inquam [*al.* itaque], et tradatur nobis [*al.* vobis] expositor alicujus inusitatæ scripturæ, et probemus quod vos promittitis. Et consenserunt omnes in obscurissima Ezechielis prophetia. Assumpto itaque expositore statim in crastino eos ad lectionem invitavi. Qui invito mihi consilium dantes, dicebant ad rem tantam non esse properandum, sed diutius in expositione rimanda et firmanda mihi hanc inexperto vigilandum. Indignatus autem respondi non esse meæ consuetudinis per usum proficere, sed per ingenium ; atque adjeci vel me penitus desiturum esse, vel eos pro arbitrio meo ad lectionem accedere non differre. Et primæ quidem lectioni nostræ pauci tunc interfuere, quod ridiculum omnibus videretur me adhuc quasi penitus sacræ lectionis expertem [*al.* inexpertum] id tam propere aggredi. Omnibus tamen qui adfuerunt in tantum lectio illa grata exstitit, ut eam singulari præconio extollerent, et me secundum hunc nostræ lectionis tenorem ad glossandum compellerent. Quo quidem audito, ii qui non interfuerant cœperunt ad secundam et tertiam lectionem certatim accedere [*al.* contendere, *et* concurrere], et omnes pariter de transcribendis glossis, quas prima die incœperam, in ipso eorum initio plurimum solliciti esse.

Cap. IV. *De persecutione magistri Anselmi in eum.* —Hinc itaque prædictus senex vehementi commotus invidia, et quorumdam persuasionibus jam adversum me, ut supra memini, extunc stimulatus, non minus in sacra lectione me persequi cœpit quam antea Guillelmus noster in philosophia. Erant autem tunc in scholis hujus senis duo, qui cæteris præeminere videbantur, Albericus scilicet Remensis, et Loculphus [*al.* Lotulfus : *sed Othoni Frisinghensi* Leutaldus Novariensis] Lombardus : qui quanto de se majora præsumebant, amplius adversum me accendebantur. Horum itaque maxime suggestionibus, sicut postmodum deprehensum est, senex ille perturbatus impudenter mihi interdixit incœptum glossandi opus in loco magisterii sui amplius exercere. Hanc videlicet causam prætendens, ne si forte in illo opere aliquid per errorem scriberem, utpote rudis adhuc in hoc studio, ei deputaretur. Quod cum ad aures scholarium pervenisset, maxima commoti sunt indignatione super tam manifesta livoris calumnia, quæ nemini unquam ulterius acciderat. Quæ quanto manifestior, tanto mihi honorabilior exstitit, et persequendo [*al.* persecutum] gloriosiorem effecit.

Cap. V. *Quomodo reversus Parisius glossas suas, quas Lauduni legere cœperat, consummavit.* — Post paucos itaque dies (22) Parisius reversus, scholas mihi jam dudum destinatas atque oblatas, unde primo fueram expulsus, annis aliquibus quiete possedi, atque ibi in ipso statim scholarum initio glossas illas Ezechielis, quas Lauduni incœperam, consummare studui. Quæ quidem adeo legentibus acceptabiles fuerunt, ut me non minorem gratiam [*al.* gloriam] in sacra lectione adeptum jam crederent, quam in philosophica viderant. Unde utriusque lectionis studio scholæ nostræ vehementer multiplicatæ quanta mihi de pecunia lucra, quantam gloriam compararent, ex fama te quoque latere non potuit. Sed quoniam prosperitas stultos semper inflat, et mundana tranquillitas vigorem enervat animi, et per carnales illecebras facile resolvit, cum jam me solum in mundo superesse [*al.* superiorem] philosophum æstimarem, nec ullam ulterius inquietationem formidarem, frena libidini cœpi laxare, qui antea vixeram continentissime. Et quo amplius in philosophia, vel sacra lectione profeceram, amplius a philosophis et divinis immunditia vitæ recedebam. Constat quippe philosophos, nedum divinos, id est sacræ lectionis exhortationibus intentos, continentiæ decore maxime polluisse. Cum igitur totus in superbia atque luxuria laborarem, utriusque morbi remedium divina mihi gratia, licet nolenti, contulit ; ac primo luxuriæ, deinde superbiæ. Luxuriæ quidem, his me privando quibus exercebam ; superbiæ vero, quæ mihi ex litterarum maxime scientia nascebatur, juxta illud Apostoli : « Scientia inflat (*I Cor.* VIII, 1) ; » illius libri, quo maxime gloriabar, combustione me humiliando. Cujus nunc rei utramque historiam verius ex ipsa re, quam ex auditu cognoscere te volo, ordine quidem quo processerunt. Quia igitur scortorum immunditiam semper abhorrebam, et ab excessu et frequentatione nobilium feminarum studii scholaris assiduitate revocabar, nec laicarum conversationem multum noveram, prava mihi, ut dicitur, fortuna blandiens commodiorem nacta est occasionem, qua me facilius de sublimitatis hujus fastigio prosterneret ; imo superbissimum, nec acceptæ gratiæ memorem divina pietas humiliatum sibi vindicaret.

Cap. VI. *Quomodo in amorem Heloissæ lapsus vulnus inde tam mentis quam corporis traxit.* — Erat quippe in ipsa civitate Parisius (23) adolescentula quædam nomine Heloissa, neptis canonici cujusdam, qui Fulbertus vocabatur, qui eam quanto amplius diligebat, tanto diligentius in omnem quam poterat

ANDREÆ QUERCETANI NOTÆ.

(22) *Parisius reversus,* etc. — Otho Frisingensis, lib. I *De rebus gestis Frederici 1,* cap. 47 : « Post, » inquit de Abælardo loquens, « ad gravissimos viros Anselmum Laudunensem, Guillelmum Campellensem, Catalauni episcopum, migrans, ipsorumque dictorum pondus tanquam subtilitatis acumine vacuum judicans, non diu sustinuit. Inde magistrum induens, Parisius venit, plurimum inventionum subtilitate, non solum ad philosophiam necessariarum, sed et pro commovendis ad jocos animis hominum utilium, valens. »

(23) *Adolescentula quædam nomine Heloissa.* Vir doctus Papyrius Massonus, lib. III *Annal.*, hanc Heloissam præstanti ingenio formaque puellam, ait

scientiam litterarum promoveri studuerat. Quæ cum per faciem non esset infima, per abundantiam litterarum erat suprema. Nam quo bonum hoc, litteratoriæ scilicet scientiæ, in mulieribus est rarius : eo amplius puellam commendabat, et in toto regno, nominatissimam fecerat. Hanc igitur, omnibus circumspectis, quæ amantes allicere solent, commodiorem censui in amorem mihi copulare, et me id facillime [*al.* facere] credidi posse. Tanti quippe tunc nominis eram, et juventutis et formæ gratia præeminebam, ut quamcunque feminarum nostro dignarer amore, nullam vererer repulsam. Tanto autem facilius hanc mihi puellam consensuram credidi, quanto amplius eam litterarum scientiam et habere et diligere noveram, nosque etiam absentes scriptis internuntiis invicem liceret præsentare, et pleraque audacius scribere quam colloqui, et sic semper jucundis interesse colloquiis. In hujus itaque adolescentulæ amorem totus inflammatus, occasionem quæsivi qua eam mihi domestica et quotidiana conversatione familiarem efficerem, et facilius ad consensum traherem. Quod quidem ut fieret, egi cum prædicto puellæ avunculo quibusdam ipsius amicis intervenientibus, quatenus me in domum suam, quæ scholis nostris proxima erat, sub quocunque procurationis pretio susciperet. Hanc videlicet occasionem prætendens, quod studium nostrum domestica nostræ familiæ cura plurimum præpediret, et impensa nimia nimium me gravaret. Erat autem cupidus ille valde, atque erga neptim suam, ut amplius semper in doctrinam proficeret litteratoriam, plurimum studiosus. Quibus duobus facile assensum assecutus sum, et quod optabam obtinui, cum ille videlicet et ad pecuniam totus inhiaret, et neptim suam ex doctrina nostra aliquid percepturam crederet. Super quo vehementer me deprecatus, supra quam sperare præsumerem votis meis accessit, et amori consuluit : eam videlicet totam nostro magisterio committens, ut quoties mihi a scholis reverso vacaret, tam in die quam in nocte, ei docendæ operam darem, et eam si negligentem sentirem vehementer constringerem. In qua re quidem quanta ejus simplicitas esset vehementer admiratus, non minus apud me obstupui quam si agnam teneram famelico lupo committeret. Qui cum eam mihi non solum docendam, verum etiam vehementer constringendam traderet, quid aliud agebat quam ut votis meis licentiam penitus daret, et occasionem, etiamsi nollemus, offerret, ut quam videlicet blanditiis non possem, minis et verberibus facilius flecterem ? Sed duo erant, quæ eum maxime a turpi suspicione revocabant, amor videlicet neptis, et continentiæ meæ fama præterita. Quid plura? Primum domo una conjungimur, postmodum animo. Sub occasione itaque disciplinæ amori penitus vacabamus, et secretos regressus [*al.* recessus], quos amor optabat, studium lectionis offerebat. Apertis itaque libris plura de amore quam de lectione verba se ingerebant, plura erant oscula quam sententiæ. Sæpius ad sinus quam ad libros reducebantur manus ; crebrius oculos amor in se reflectebat quam lectio in scripturam dirigebat. Quoque minus suspicionis haberemus, verbera quandoque dabat amor, non furor ; gratia, non ira, quæ omnium unguentorum suavitatem transcenderent. Quid denique? nullus a cupidis intermissus est gradus amoris, et si quid insolitum amor excogitare potuit, est additum. Et quo minus ista fueramus experti gaudia, ardentius illis insistebamus, et minus in fastidium vertebantur. Et quo me amplius hæc voluptas occupaverat, minus philosophiæ vacare poteram, et scholis operam dare. Tædiosum mihi vehementer erat ad scholas procedere, vel in eis morari ; pariter et laboriosum, cum nocturnas amori vigilias et diurnas studio conservarem. Quem etiam ita negligentem et tepidum lectio tunc habebat, ut jam nihil ex ingenio, sed ex usu cuncta proferrem ; nec jam nisi recitator pristinorum essem inventorum, et si qua invenire liceret carmina, essent amatoria, non philosophiæ secreta. Quorum etiam carminum pleraque adhuc in multis, sicut et ipse nosti, frequentantur et decantantur regionibus, ab his maxime quos vita simul oblectabat [*al.* similis oblectat]. Quantam autem mœstitiam, quos gemitus, quæ lamenta nostri super hoc scholares assumerent, ubi videlicet hanc animi mei occupationem, imo perturbationem præsenserunt, non est facile vel cogitare. Paucos enim jam res tam manifesta decipere poterat, ac neminem (credo) præter eum, ad cujus ignominiam maxime id spectabat, ipsum videlicet puellæ avunculum. Cui quidem hoc cum a nonnullis nonnunquam suggestum fuisset, credere non poterat, tum, ut supra memini, propter immoderatam suæ neptis amicitiam; tum etiam propter anteactæ vitæ meæ continentiam cognitam. Non enim facile de his, quos plurimum diligimus, turpitudinem suspicamur. Nec in vehementi dilectione turpis suspicionis labes potest inesse. Unde et illud est beati

ANDREÆ QUERCETANI NOTÆ

fuisse filiam naturalem Joannis nescio cujus Parisiensis canonici. Verum id unde sumpserit, non est in promptu, nec certe concordat aut ipsius Abælardi dictis, aut Kalendario etiam Paracletensi, quod recenset obitum Fulberti canonici, Heloissæ avunculi, corrupte tamen sub Huberti nomine, his verbis : « vii Kal. januar. obiit Hubertus canonicus, dominæ Heloissæ avunculus » Quin et Fulberti canonici Parisiensis meminit Ordericus Uticensis monachus, lib. vii Historiæ suæ ecclesiasticæ; quem ut hunc quoque eumdem Heloissæ avunculum fuisse credam, ratio potissimum temporis facit. « Regnante, » inquit, « Ludovico rege, quidam canonicus nomine Fulbertus Parisius erat, qui os integrum de spina sancti Ebrulfi habebat, quod capellanus de capella Henrici regis Francorum subtraxerat, eique jamdudum pro amoris pignore dederat. Timens autem pro diversis causis illud habere, Fulcone presbytero Mauliæ mediante, accersit Guillelmum de Monsterolo priorem Mauliæ, eique reliquias tradidit deferendas Uticensi Ecclesiæ. »

Hieronymi in epistola ad Sabinianum (epist. 48) : « Solemus mala domus nostræ scire novissimi, ac liberorum ac conjugum vitia vicinis canentibus ignorare. Sed quod novissime scitur, utique sciri quandoque contingit, et quod omnes deprehendunt, non est facile unum latere. » Sic itaque pluribus evolutis mensibus et de nobis accidit. O quantus in hoc cognoscendo dolor avunculi ! quantus in separatione amantium dolor ipsorum ! quanta sum erubescentia confusus ! quanta contritione super afflictione puellæ sum afflictus ! quantos mœroris ipsa de verecundia mea sustinuit æstus ! Neuter quod sibi, sed quod alteri contigerat querebatur. Neuter sua, sed alterius plangebat incommoda. Separatio autem hæc corporum maxima erat copulatio animorum, et negata sui copia amplius amorem accendebat, et verecundiæ transacta jam passio inverecundiores reddebat, tantoque verecundiæ minor exstiterat passio, quanto convenientior videbatur actio. Actum itaque in nobis est quod in Marte et Venere deprehensis poetica narrat fabula (24). Non multo autem post puella se concepisse comperit, et cum summa exsultatione mihi super hoc illico scripsit, consulens quid de hoc ipse faciendum deliberarem. Quadam itaque nocte avunculo ejus absente, sicut nos condixeramus, eam de domo avunculi furtim sustuli, et in patriam meam sine mora transmisi (25). Ubi apud sororem meam tandiu conversata est (26), donec pareret masculum quem Astrolabium nominavit. Avunculus autem ejus post ipsius recessum quasi in insaniam conversus, quanto æstuaret dolore, quanto afficeretur pudore nemo nisi experiendo cognosceret. Quid autem in me ageret, quas mihi tenderet insidias ignorabat. Si me interficeret, seu in aliquo corpus meum debilitaret, id potissimum metuebat ne dilectissima neptis hoc in patria mea plecteretur. Capere me et invitum alicubi coercere nullatenus valebat, maxime cum ego mihi super hoc plurimum providerem, quod eum si valeret, vel auderet, citius aggredi non dubitarem. Tandem ego ejus immoderatæ anxietati admodum compatiens, et de dolo quem fecerat amor, tanquam de summa proditione, me ipsum vehementer accusans, conveni hominem supplicando et promittendo quamcunque super hoc emendationem, ipse constitueret. Nec ulli mirabile id videri asserens, quicunque vim amoris expertus fuisset, et qui quanta ruina summos quoque viros ab ipso statim humani generis exordio mulieres de-

jecerint, memoria retineret. Atque ut amplius eum mitigarem supra quam sperare poterat, obtuli me ei satisfacere, eam scilicet quam corruperam mihi matrimonio copulando, dummodo id secreto fieret, ne famæ detrimentum incurrerem. Assensit ille, et tam sua quam suorum fide et osculis eam quam requisivi concordiam mecum iniit, quo me facilius proderet.

Cap. VII. *Dehortatio supradictæ puellæ a nuptiis. Illam tamen ducit in uxorem.* — Illico ego ad patriam meam reversus amicam reduxi, ut uxorem facerem. Illa tamen hoc minime approbante, imo penitus duabus de causis dissuadente, tam scilicet pro periculo quam pro dedecore meo. Jurabat illum nulla unquam satisfactione super hoc placari posse, sicut postmodum cognitum est. Quærebat etiam quam de me gloriam habitura esset, cum me ingloriosum efficeret, et se et me pariter humiliaret. Quantas ab ea mundus pœnas exigere deberet, si tantam ei lucernam auferret, quantæ maledictiones, quanta damna Ecclesiæ, quantæ philosophorum lacrymæ hoc matrimonium essent secuturæ. Quam indecens, quam lamentabile esset, ut quem omnibus natura creaverat, uni me feminæ dicarem, et turpitudini tantæ subjacerem. Detestabatur vehementer hoc matrimonium, quod mihi per omnia probrosum esset, atque onerosum [*al.* inhonorosum]. Prætendebat infamiam mei pariter et difficultates matrimonii, ad quas quidem vitandas nos exhortans Apostolus ait : « Solutus es ab uxore ? noli quærere uxorem. Si autem acceperis uxorem, non peccasti. Et si nupserit virgo, non peccabit. Tribulationem tamen carnis habebunt hujusmodi. Ego autem parco vobis (*I Cor.* vii, 27.) » Et iterum : « Volo autem vos sine sollicitudine esse (*ibid.*, 32). » Quod si nec Apostoli consilium, nec sanctorum exhortationes de tanto matrimonii jugo susciperem, saltem, inquit, philosophos consulerem, et quæ super hoc ab eis vel de eis scripta sunt attenderem. Quod plerumque etiam sancti ad increpationem nostram diligenter faciunt. Quale illud est beati Hieronymi in primo contra Jovinianum, ubi scilicet commemorat Theophrastum intolerabilibus nuptiarum molestiis, assiduisque inquietudinibus ex magna parte diligenter expositis, uxorem sapienti non esse ducendam evidentissimis rationibus astrinxisse, ubi et ipse illas exhortationis philosophicæ rationes tali fine concludens : « Hoc, inquit, et hujusmodi Theophrastus disserens, quem non suffundat Christia-

ANDREÆ QUERCETANI NOTÆ.

(24) Ovid., lib. xiv *Metam.*, et Homer. *Odyss.*, lib. viii.

(25) *Ubi apud sororem meam....* — Sorori huic Abælardi nomen Dionysia, quam reperio decessisse « ii Non. Decembris. » Sic enim Kalendarium Paracletensis cœnobii : « ii Non. Decemb. obiit Dionysia magistri nostri Petri germana. »

(26) *Donec pareret masculum quem Astrolabium nominavit.* — Heloissa ipsa scribens ad Petrum abbatem Cluniacensem : « Memineritis, » inquit, « et amore Dei et nostri, Astralabii vestri, ut aliquam ei

vel a Parisiensi, vel alio quolibet episcopo præbendam acquiratis. » Et Petrus Heloissæ respondens : « Astralabio vestro, vestrique causa nostro, mox ut facultas data fuerit, in aliqua nobilium ecclesiarum præbendam libens acquirere laborabo. » Gestasse vero et Petri prænomen hunc Astralabium, sive Astrolabium, docet necrologicus liber Paracletensis in hæc verba : « iv Kal. Novemb. obiit Petrus Astralabius magistri nostri Petri filius. »

norum?» Idem in eodem : «Cicero, inquit, rogatus ab Hircio ut post repudium Terentiæ, sororem ejus duceret; omnino facere supersedit, dicens non posse se et uxori et philosophiæ operam pariter dare. Non ait operam dare, sed adjunxit pariter, nolens quidquam agere quod studio æquaretur philosophiæ. » Ut autem hoc philosophici studii nunc omittam impedimentum, ipsum consule honestæ conversationis statum. Quæ enim conventio scholarium ad pedissequas, scriptoriorum ad cunabula, librorum sive tabularum ad colos, stylorum sive calamorum ad fusos? Quis denique sacris vel philosophicis meditationibus intentus pueriles vagitus, nutricum, quæ hos mitigant, nænias, tumultuosam familiæ tam in viris quam in feminis turbam sustinere poterit? Quis etiam inhonestas illas parvulorum sordes assiduas tolerare valebit? Id, inquies, divites possunt, quorum palatia vel domus amplæ diversoria habent, quorum opulentia non sentit expensas, nec quotidianis sollicitudinibus cruciatur. Sed non est, inquam, hæc conditio philosophorum quæ divitum, nec qui opibus student vel sæcularibus implicantur curis, divinis seu philosophicis vacabunt officiis. Unde et insignes olim philosophi mundum maxime contemnentes, nec tam relinquentes sæculum quam fugientes, omnes sibi voluptates interdixerunt, ut in unius philosophiæ requiescerent amplexibus. Quorum unus et maximus Seneca Lucilium instruens ait (epist. 73) : «Non cum vacaveris philosophandum est; omnia negligenda sunt, ut huic assideamus, cui nullum tempus satis magnum est. » Non multum refert utrum omittas philosophiam an intermittas. Non enim ubi interrupta est manet. Resistendum est occupationibus, nec explicandæ sunt, sed submovendæ. Quod nunc igitur apud nos amore Dei sustinent qui vere monachi dicuntur, hoc desiderio philosophiæ, qui nobiles in gentibus exstiterunt, philosophi. In omni namque populo tam gentili scilicet quam Judaico, sive Christiano, aliqui semper exstiterunt, fide seu morum honestate cæteris præeminentes, et se a populo aliqua continentiæ vel abstinentiæ singularitate segregantes. Apud Judæos quidem antiquitus Nazaræi, qui se Domino secundum legem consecrabant, sive filii prophetarum Eliæ vel Elisæi sectatores, quos beato attestante Hieronymo (epist. 4 et 13), monachos legimus in Veteri Testamento. Novissime autem tres illæ philosophiæ sectæ, quas Josephus in libro Antiquitatum xviii (cap. 2) distinguens, alios Pharisæos, alios Sadducæos, alios nominat Essæos. Apud nos vero monachi, qui videlicet aut communem apostolorum vitam, aut priorem illam et solitariam Joannis imitantur. Apud gentiles autem, ut dictum est, philosophi. Non enim sapientiæ vel philosophiæ nomen tam ad scientiæ perceptionem, quam ad vitæ religionem referebant, sicut ab ipso etiam hujus nominis ortu didicimus, ipsorum quoque testimonio sanctorum. Unde et illud est beati Augustini libro viii, De civitate Dei, genera quidem philosophorum distinguentis : «Italicum genus auctorem habuit Pythagoram Samium, a quo et fertur ipsum philosophiæ nomen exortum. Nam cum antea sapientes appellarentur qui modo quodam laudabilis vitæ aliis præstare videbantur, iste interrogatus quid profiteretur, philosophum se esse respondit, id est studiosum vel amatorem sapientiæ; quoniam sapientem profiteri arrogantissimum videbatur. » Hoc itaque loco cum dicitur, «qui modo quodam laudabilis vitæ aliis præstare videbantur, » aperte monstratur sapientes gentium, id est philosophos ex laude vitæ potius quam scientiæ sic esse nominatos. Quam sobrie autem atque continenter ipsi vixerint; non est nostrum modo exemplis colligere, ne Minervam ipsam videar docere. Si autem sic laici gentilesque vixerunt, nulla scilicet professione religionis astricti, (27) quid te clericum atque canonicum facere oportet, ne divinis officiis turpes præferas voluptates, ne te præcipitem hæc Charibdis absorbeat, ne obscenitatibus istis te impudenter atque irrevocabiliter immergas? Qui si clerici prærogativam non curas, philosophi saltem defende dignitatem. Si reverentia Dei contemnitur, amor saltem honestatis impudentiam temperet. Memento Socratem uxoratum fuisse, et quam fœdo casu hanc philosophiæ labem ipse primo luerit, ut deinceps cæteri exemplo ejus cautiores efficerentur. Quod nec ipse præteriit Hieronymus ita in primo contra Jovinianum de ipso scribens Socrate : «Quodam autem tempore, cum infinita convicia ex superiore loco ingerenti Xantipæ restitisset, aqua profusus immunda nihil respondit amplius, quam capite deterso [*al.* demisso] : Sciebam, inquit, futurum ut ista tonitrua imber sequeretur. » Addebat denique ipsa et quam periculosum mihi esset eam reducere, et quam sibi charius existeret, mihique honestius amicam dici quam uxorem, ut me ei sola gratia conservaret, non vis aliqua vinculi nuptialis constringeret. Tantoque nos ipsos ad tempus separatos gratiora de conventu nostro percipere gaudia, quanto rariora. Hæc et similia persuadens seu dissuadens, cum meam deflectere non posset stultitiam, nec me sustineret offendere, suspirans vehementer et lacrymans perorationem suam tali fine terminavit. Unum, inquit, ad ultimum restat, ut in perditione duorum minor non

ANDREÆ QUERCETANI NOTÆ.

(27) *Quid te clericum atque canonicum facere oportet...?* — Cujus Ecclesiæ fuerit canonicus Abælardus nullibi reperi, nisi forte Senonensis. Id enim habet Chronicum manuscriptum archiepiscoporum Senonensium : «Anno 1142 inquit, magister Petrus Abaulart canonicus primo majoris Ecclesiæ Senonensis obiit... Canonicus fuit, et post uxoratus.» Sed concilium provinciale, quod postea Senonis adversus eum convocatum est, huic opinioni locum dedisse quidam suspicantur. Ut ut sit, clericum sive canonicum fuisse priusquam uxorem duceret, ipsa etiam ejus uxore testante, non dubitandum est.

succedat dolor quam præcessit amor. Nec in hoc ei, sicut universus agnovit mundus, prophetiæ defuit spiritus. Nato itaque parvulo nostro sorori meæ commendato Parisius occulte revertimur, et post paucos dies nocte secretis orationum vigiliis in quadam ecclesia celebratis, ibidem summo mane, avunculo ejus atque quibusdam nostris vel ipsius amicis assistentibus, nuptiali benedictione confœderamur. Moxque occulte divisim abscessimus, nec nos ulterius nisi raro latenterque vidimus, dissimulantes plurimum quod egeramus. Avunculus autem ipsius, atque domestici ejus, ignominiæ suæ solatium quærentes, initum matrimonium divulgare, et fidem mihi super hoc datam violare cœperunt. Illa autem e contra anathematizare et jurare quia falsissimum esset. Unde vehementer ille commotus, crebris eam contumeliis afficiebat. Quod cum ego cognovissem (28), transmisi eam ad abbatiam quamdam sanctimonialium prope Parisius, quæ Argenteolum appellatur, ubi ipsa olim puellula educata fuerat atque erudita. Vestes quoque ei religionis, quæ conversioni [al. conversationi] monasticæ convenirent, excepto velo, aptari feci, et his eam indui. Quo audito, avunculus et consanguinei seu affines ejus opinati sunt me nunc sibi plurimum illuxisse [al. illusisse], et ab ea moniali facta me sic facile expedire. Unde vehementer indignati, et adversum me conjurati, nocte quadam quiescentem me atque dormientem in secreta hospitii mei camera, quodam mihi serviente per pecuniam corrupto, crudelissima et pudentissima ultione punierunt, et quam summa admiratione mundus excepit : (29) eis videlicet corporis mei partibus amputatis, quibus id quod plangebant commise-

ANDREÆ QUERCETANI NOTÆ.

(28) Transmisi eam ad abbatiam quæ Argenteolum appellatur. — Argenteoli, sive Argentolii, aut, ut veteres appellant, Argentogili abbatiam Hermenricus et uxor ejus Mummana fundarunt in pago Parisiaco super fluvio Sequanæ, primumque monachos in ea posuerunt. Sed postea Normannorum incursionibus destructam Adelais regina, conjux Hugonis ac mater Roberti regum, illam a solo reædificavit, et monialibus ibi Deo sub Regula Sancti Benedicti famulaturis assignavit, uti docet Helgaudus, Floriacensis monachus, in Vita Roberti regis : « Mater quoque ejus, » inquit, « Adhelais admiranda satis in sancta devotione regina, construxit monasterium in territorio Parisiensi, villa quæ dicitur Argentoilus, ubi numerum ancillarum Dei non minimum sub norma Sancti Benedicti vivere paratas adunavit, ad laudem et gloriam bonorum omnium inspiratoris, et sub honore sanctæ Dei Genitricis et perpetuæ virginis Mariæ, omnipotenti Domino dedicari et consecrari voluit. » Imo et ecclesiarum ac villarum, quae plurimas eidem contulit monasterio, confirmationem impetravit a Roberto rege. Nam in Chartulario manuscripto Sancti Dionysii, quod vir multiplici nobilitate et eruditione celeberrimus Jacobus Augustus Thuanus asservat in sua locupletissima bibliotheca, tale præceptum inde fecisse regem ejus filium reperi.

Donum quod fecit Robertus rex monialibus de Argentolio.

« Regis regum nutu Francorum rex Robertus, cum nostris fidelibus cunctis catholicis palam id fieri volumus. A prædecessorum nostrorum cultu, circa sacræ religionis jura constituto, nequaquam deviare volentes, hortamur omnes ad finem beatitudinis tendentes, quatenus summopere in vigilando auxilientur nobis, ad privilegia erga res Dei sanctorumque ejus corroboranda, uti recipiant ipsi nobiscum remissionem peccaminum pro hujusmodi re digne exsequenda. Precibus igitur nostræ genitricis, scilicet Adelaidis reginæ insignis, cui prorsus nihil denegare, verum omnimodis devote inservire debemus, promoti, super quarumdam ecclesiarum villarumque astipulatione præcepti, quæ [leg. quas] monialibus Deo famulantibus in monasterio Sanctæ Mariæ Argentolio, ob animæ suæ, patris quoque nostri, videlicet Hugonis beatæ memoriæ, atque nostræ requiem, dedit, libenter ejus voluntati paruimus, et dictis faventes, petitionem ipsius idonea ratione persolvere curavimus. Sunt autem res collatæ hæ. In primis ea quæ possidebat Argentolio rex Hugo, donans illa Deo sacratis inibi de- gentibus. Ad hoc Cavenoilus, ubi haberi æstimantur mansa xxx, cum ecclesia in honore sancti Petri. Villa quoque Montiliacus cum mansis vii, et ecclesia in honore sancti Martini. In Aconiaco vero vico mansa duo. In Otrevilla similiter duo mansa et dimidium. Inter Alnedum et Lisivillam mansum i. In Villena ergo mansum i. In Satrovilla xx mansa cum duabus piscationibus. In insula Berljseia, et in ipsa villa Cornella altera piscatio. In Argentolio mercatum et teloneum rotarum atque tensamentum vini. In Lupocurte v mansa. Villa Trapas quoque, et quidquid ad eam pertinet cum ecclesia. Anilecortis vero villa, et quidquid ad eam pertinet cum ecclesia. Burduneium quoque villa, et omnia ad eam pertinentia cum ecclesia. Monsterolum quidem villa cum ecclesia. Sanctum Loanium [leg. S. Soanius] villa cum ecclesia et molendino uno, et cum arpennis pratorum xii. Bratheras villa cum omnibus appendiciis suis et ecclesiis; Merlant quoque villa; Carisius quoque villa cum tribus molendinis atque pratis. Hæc omnia supradicta prædictis monialibus data ob amorem Dei et reverentiam beatissimæ Dei genitricis Mariæ confirmamus auctoritate, quatenus semper sub plenissima defensione, et emunitatis tuitione rata permaneant. Ita videlicet ut nullus abhinc ad causas exigendas, aut freda vel tributa, aut mansiones vel paratas faciendas, vel fidejussores tollendos, aut homines ejus Ecclesiæ tam ingenuos quam servos, super terram earum commanentes, injuste distringendos, nec ullos redditus aut illicitas occasiones requirendas nostris et futuris temporibus ingredi audeat, vel ea quæ supra memorata sunt exigere præsumat. Sed liceat ipsis supradicta sub firmitatis defensione quieto ordine possidere, ad stipendia earum finetinus ibi Deo militantium. Et hanc auctoritatem, ut firmior in Dei nomine habeatur, a fidelibus quoque sanctæ Dei Ecclesiæ et nostris diligentius conservetur, manu propria subter firmavimus, et sigilli nostri impressione signari jussimus. Actum in Pascha apud Sanctum Dionysium, anno xii regni Roberti gloriosissimi regis Francorum, indict. i. Franco cancellarius ex regio præcepto recognovi atque subscripsi. »

Qualiter autem monialibus illis expulsis, Argentolii monasterium rursus ad monachos redierit, infra pluribus adnotabitur.

(29) Eis videlicet corporis mei partibus amputatis...... — Quomodo castratus de nocte fuerit Abælardus, et qualiter, omnes Parisiensis civitatis ordines ad eum mane congregati stupuerint, aut quanta se afflixerint lamentatione, plagam illam corporis ejus plangentes, feminæ præsertim, optime

ram. Quibus mox in fugam conversis, duo qui comprehendi potuerunt, oculis et genitalibus privati sunt. Quorum alter ille fuit supradictus serviens : qui cum in obsequio meo mecum maneret, cupiditate ad proditionem ductus est.

CAP. VIII. *De plaga corporis ejus. Fit monachus in monasterio S. Dionysii : Heloisa sanctimonialis apud Argenteolum.* — Mane autem facto, tota ad me civitas congregata quanta stuperet admiratione, quanta se affligeret lamentatione, quanto me clamore vexarent, quanto planctu perturbarent : difficile, imo impossibile est exprimi. Maxime vero clerici, ac præcipue scholares nostri intolerabilibus me lamentis et ejulatibus cruciabant, ut multo amplius ex eorum compassione quam ex vulneris læderer passione, et plus erubescentiam quam plagam sentirem, et pudore magis quam dolore affligerer. Occurrebat animo quanta modo gloria pollebam, quam facili et temporali casu hæc humiliata, imo penitus esset exstincta. Quam justo Dei judicio in illa corporis mei portione plecterer, in qua deliqueram. Quam justa proditione is, quem antea prodideram, vicem mihi retulisset. Quanta laude mei æmuli tam manifestam æquitatem efferrent. Quantam perpetui doloris contritionem plaga hæc parentibus meis et amicis esset collatura. Quanta dilatatione hæc singularis infamia universum mundum esset occupatura. Qua mihi ulterius via pateret, qua fronte in publicum prodirem omnium digitis demonstrandus [*al.* denotandus], omnium linguis corrodendus, omnibus monstruosum spectaculum futurus. Nec me etiam parum confundebat, quod secundum occidentem legis litteram tanta sit apud Deum eunuchorum abominatio, ut homines amputatis vel attritis testibus eunuchizati intrare Ecclesiam tanquam olentes et immundi prohibeantur, et in sacrificio quoque talia penitus animalia respuantur. Lib. Levit. xxii, 24 : « Omne animal, quod est contritis, vel tonsis, vel sectis, ablatisque testiculis, non offeretis Domino. » Deut. xxiii, 1 : « Non intrabit eunuchus attritis vel amputatis testiculis, et abscisso veretro, Ecclesiam Dei. » In tam misera me contritione positum confusio, fateor, pudoris potius quam devotio conversionis ad monasticorum latibula claustrorum compulit. Illa tamen prius ad imperium nostrum sponte velata, et monasterium ingressa (50). Ambo itaque simul sacrum habitum suscepimus, ego quidem in abbatia Sancti Dionysii, illa in monasterio Argenteoli supradicto. Quæ quidem, memini, cum ejus adolescentiam a jugo monasticæ regulæ tanquam intolerabili pœna plurimi frustra deterrerent ei compatientes, in illam Corneliæ querimoniam inter lacrymas et singultus prout poterat prorumpens, ait :

. . . . . *O maxime conjux !*
O thalamis indigne meis ! hoc juris habebat
In tantum fortuna caput ? cur impia nupsi,
Si miserum factura fui ? nunc accipe pœnas,
Sed quas sponte luam.

(LUCAN. *Pharsal.*, lib. viii, 94).

Atque in his verbis ad altare mox properat, et confestim ab episcopo benedictum velum ab altare tulit, et se monasticæ professioni coram omnibus alligavit. Vix autem de vulnere adhuc convalueram, cum ad me confluentes clerici tam ab abbate nostro, quam a meipso continuis supplicationibus efflagitabant ; quatenus quod hucusque pecuniæ vel laudis cupiditate egeram, nunc amore Dei operam studio darem, attendens quod mihi fuerat a Domino talentum commissum (*Matth.* xxv, 15), ab ipso esse cum usuris exigendum : et qui divitibus maxime hucusque intenderam, pauperibus erudiendis amodo studerem. Et ob hoc maxime Dominica manu me nunc tactum esse cognoscerem, quo liberius a carnalibus illecebris, et tumultuosa vita sæculi abstractus, studio litterarum vacarem. Nec tam mundi quam Dei vere philosophus fierem. (31) Erat autem abbatia illa nostra, ad quam me contuleram, sæcularis admodum vitæ atque turpissimæ. (32) Cujus abbas ipse, quo cæteris prælatione major, tanto vita deterior atque infamia notior erat.

ANDREÆ QUERCETANI NOTÆ.

quoque describit Fulco, Diogilli prior, in epistola quam ad eum tunc pro consolatione direxit. « Membra, » inquit, « quieti dederas et sopori, etc. » *Vide hanc epistolam infra.*

(30) *Ambo itaque,* etc. — Notior illa Sancti Dionysii Parisiorum antistitis abbatia, quam ut notis aliquibus indigeat. Petrum autem Abælardum in ea monachum induisse testatur vel Guillelmus Nangius in Chronico sub annum Christi 1144, et ante eum Otho Frisingensis episcopus, lib. I *De rebus gestis Frederici I*, cap. 47, his verbis : « Ubi (sive Parisius), occasione quadam satis nota non bene tractatus, monachus in monasterio Sancti Dionysii effectus est. Ibi die noctuque lectioni ac meditationi incubans, de acuto acutior, de litterato efficitur litteratior. »

(31) *Erat autem abbatia illa nostra..... sæcularis admodum vitæ atque turpissimæ.* — Attamen et non adeo longe antea, reges Hugo et Robertus reformationem illius procuraverant per manum venerabilis Odilonis abbatis Cluniacensis, quem Fulbertus Carnotensis episcopus archangelum cognominat. Asserit enim hoc inprimis Ademarus Lemovicensis monachus in Chronico [*Patrologiæ* t. CXLI, col. 46], cum ait : « Beati Dionysii cœnobium, quod jam pristinam monasticam corruperat regulam, rex Hugo regulari honestate sicut in Ecclesiis Domini rectum erat, honestius restauravit per manum venerabili Odilonis abbatis, et alia sanctorum nonnulla monasteria in decorem pristinæ disciplinæ revocavit. » Asserit et Jotsaldus Cluniacensis monachus in Vita sancti Odilonis [*Patr.* t. CXLII], lib. ii, cap. 9, in hæc verba : « Lutetiæ Parisiorum proximum est monasterium Sancti Dionysii martyris gloriosi corporis honore præclarum. Qui locus a Francorum regibus Hugone et Roberto viro Dei Odiloni, fuerat commissus, ut monachili ordine, et doctrina regularis vitæ proveheretur in melius. In quo cœnobio aliquando Dei famulus commanens vitæ pabulum et salutis haustum facundo ore suis auditoribus ministrabat. Gerebat tunc officium præpositurae senior Ivo amicabilis homo, qui bene meritum patrem observare et colere studebat, » etc.

(32) *Cujus abbas ipse, quo cæteris prælatione major, tanto vita deterior.....* — Abbati huic Sancti Dionysii nomen Adam, qui cœpit regere monaste-

Quorum quidem intolerabiles spurcitias ego frequenter atque vehementer modo privatim, modo publice redarguens, omnibus me supra modum onerosum atque odiosum effeci. Qui ad quotidianam discipulorum nostrorum instantiam maxime gavisi, occasionem nacti sunt, qua me a se removerent. Diu itaque illis instantibus atque importune pulsantibus abbate quoque nostro et fratribus intervenientibus, ad cellam quamdam recessi, scholis more solito vacaturus. (33) Ad quas quidem tanta scholarium multitudo confluxit, ut nec locus hospitiis, nec terra sufficeret alimentis. Ubi, quod professioni meæ convenientius erat, sacræ plurimum lectioni studium intendens, sæcularium artium disciplinam, quibus amplius assuetus fueram, et quas a me plurimum requirebant, non penitus abjeci; sed de his

ANDREÆ QUERCETANI NOTÆ.

rium anno 1094, sed utrum tam infamis vitæ fuerit uti scribit hic Abælardus, haud immerito dubitari potest. Nam et pauperum Christi curam magnam gessisse, patet vel ex his ejus litteris, quas tabulæ Sandionysianæ suggesserunt :

De quinque modiis annonæ datis ab eleemosynario pauperibus.

« In Dei nomine ego Adam; Dei gratia monasterii martyris Christi Dionysii abbas, patefieri volo universitati fidelium, quod xiii nostræ prælationis anno, in terra nostra fames adeo prævaluit, ut annona quamvis caro pretio emenda vix posset inveniri; qua inopia pauperes afflicti et pene exanimes officinis nostris multipliciter se ingerebant. Fores vero domus eleemosynæ quotidie innumeri irrumpebant, quorum afflictioni ego et fratres nostri condolentes in capitulum convenimus, et qualiter eorum penuriæ et defectioni a nobis subveniri posset tractare cœpimus. Hoc nobis tractantibus, frater Joannes, cui eleemosynam commiseramus, surrexit in medio ; dixitque quoniam si domum eleemosynæ resque sibi adjacentes ab omni exactione ministerialium Sancti Dionysii, omnique mala consuetudine liberam esse concederemus, ipse quæreret v modios annonæ, et daret subventioni pauperum. Igitur quod petebat concessi fieri consensu totius capituli, etc. Hujus rei sunt testes, in primis ego Adam abbas, qui hanc chartam fieri præcepi, deinde dominus Theobaldus Fossatensis abbas, Allelmus prior, etc. Actum anno ab Incarnatione Domini 1111, indict. iv, epacta ix, ccvi (concurr. vi?), cycl. x, Cl. xiv, L. vi Kal. Aprilis, die Paschæ iv Non. Aprilis, luna ejus xx, regnante domino Ludovico Philippi regis filio ; anno regni ejus iv, mense Maio. »

Quinimo, sunt aliæ quoque ibidem litteræ, quibus pietas et affectus ejusdem erga divini cultus honorem ac amplificationem elucere videntur, hoc modo :

Donatio Adæ, abbatis beati Dionysii totiusque conventus, de ecclesia Sancti Petri ad ecclesiam Sancti Pauli.

« In nomine sanctæ et individuæ Trinitatis, Patris et Filii et Spiritus sancti. Amen. Adam, Dei gratia abbas monasterii martyrum Christi Dionysii, Rustici et Eleutherii, omnibus sanctæ et universalis Ecclesiæ filiis tam præsentibus quam futuris. Notum fieri volo omnium vestrum charitati, quod ego et capitulum nostrum, scilicet ecclesia beati Dionysii, communi decreto et favore dedimus, et manu nostra per claves ecclesiæ [quas ?] super altare posuerimus ad dotem ecclesiæ quando dedicandæ ; dedimus, inquam, basilicæ Sancti Pauli ecclesiam Sancti Petri juxta se sitam liberam et quietam. Dedimus quoque potestatem ponendi in ea presbyterum et ejiciendi, salvo honore Ecclesiæ nostræ. Hujus vero donationis nostræ causa est ut quotannis canonici Sancti Pauli in nocte natalis beati Dionysii cum processione veniant ad ecclesiam, in qua corpore requiescit, ibique matutinos festive decantent ante nostros. Radulfo autem presbytero de Fossa cognomine, qui præfatam ecclesiam Sancti Petri per nos tenebat, dedimus plenam præbendam in refectorio in prima mensa, ut eam plenariam habeat quandiu vixerit. Præbendam quoque panis ac vini, quam iidem canonici accipiebant in promptuario, concessimus accipi in refectorio. Qui vero dotem ipsam Ecclesiæ abstulerit, et Radulfo prædicto præbendam sibi a nobis datam subtraxerit quandiu vixerit, divinæ ultioni et nostro subjaceat anathemati. Actum et datum ac roboratum in capitulo Sancti Dionysii, anno incarnati Verbi mcxiv, indict. vii, epact. xxiii, concurrente iv, anno Hludovici regis vii. Signum Adæ abbatis, Sancti Alelmi prioris, » etc.

Quare satis mirari non possum cur Abælardus etiam subjiciat se « intolerabiles » abbatis illius et monachorum Sancti Dionysii « spurcitias frequenter atque vehementer modo privatim, modo publice redarguentem, omnibus supra modum onerosum atque odiosum effecisse, » nisi forsitan eis, quos postea infensissimos habuit, aliqua saltem verborum acrimonia parem gratiam referre voluerit. [*Vide S. Bernardi epistolam 78, Patrologiæ t. CLXXXII.*]

(33) *Ad quas quidem tanta scholarium multitudo*, etc. Nemo brevius infinitam illam scholarium Abælardi multitudinem expressit, quam Chronici Mauriniacensis scriptor, cum ait [*Patrologiæ t. CLXXX*] : « Petrus Abailardus, monachus et abbas, vir erat religiosus, excellentissimarum rector scholarum, ad quas pene de tota Latinitate viri litterati confluebant. » Sed quod summatim et uno pene verbo complexus est, id Fulco Diogilli prior etiam ante clarius ac specialius exposuerat. Nam in epistola qua consolatus est eum post castrationem, de discipulis et auditoribus, ab Italia, Germania, Hispania, Anglia, Flandria, cunctisque Franciæ provinciis ad ejus scholas confluentibus, sic loquitur : « Roma suos tibi docendos transmittebat alumnos, et quæ olim omnium artium scientiam auditoribus solebat infundere, sapientiorem te se sapere transmissis scholaribus monstrabat. Nulla terrarum spatia, nulla montium cacumina, nulla concava vallium, nulla via difficili licet obsita periculo et latrone quominus ad te properarent retinebat. Anglorum turbam juvenum mare interjacens et undarum procella terribilis non terrebat ; sed omni periculo contempto audito tuo nomine ad te confluebat. Remota Britannia sua animalia erudienda destinabat. Andegavenses eorum edomita feritate tibi famulabantur in suis. Pictavi, Vuascones, et Hiberi, Normannia, Flandria, Teutonicus et Suevus, tuum colere ingenium, laudare et prædicare assidue studebant. Præterea cunctos Parisiorum civitatem habitantes, et intra Galliarum proximas et remotissimas partes, qui sic a te doceri sitiebant, ac si nihil disciplinæ non apud te inveniri potuisset. Ingenii claritate et suavitate eloquii, et linguæ absolutioris facilitate, nec non et scientiæ subtilitate permoti, quasi ad limpidissimum philosophiæ fontem iter accelerabant. » Ac ne quis inter alios de Romanis scholaribus dubitet, id ipsum testatur et sanctus Bernardus licet Abælardo nostro paulo subinfensior, his epistolæ 193 verbis : « Securus tamen est, » nempe Petrus Abælardus, « quoniam cardinales et clericos curiæ se discipulos habuisse gloriatur. » Et alibi Guidonem de Castello presbyterum cardinalem, qui postea Cœlestinus II papa fuit, ejus

quasi hamum quemdam fabricavi, quo illos philosophico sapore inescatos ad veræ philosophiæ lectionem attraherem, sicut et summum Christianorum philosophorum Origenem consuevisse Historia meminit ecclesiastica (34). Cum autem in divina Scriptura non minorem mihi gratiam, quam in sæculari Dominus contulisse videretur, cœperunt admodum ex utraque lectione scholæ nostræ multiplicari, et cæteræ omnes vehementer attenuari. Unde maxime magistrorum invidiam atque odium adversum me concitavi. Qui in omnibus quæ poterant mihi derogantes, duo præcipue absenti mihi semper objiciebant : quod scilicet proposito monachi valde sit contrarium sæcularium librorum studio detineri, et quod sine magistro ad magisterium divinæ lectionis accedere præsumpsissem, ut sic videlicet omne mihi doctrinæ scholaris exercitium interdiceretur, ad quod incessanter episcopos, archiepiscopos, abbates et quascunque poterant religiosi nominis personas incitabant.

CAP. IX. *De libro Theologiæ suæ, et persecutione quam sustinuit a condiscipulis. Concilium contra eum.* — (35) Accidit autem mihi ut ad ipsum fidei nostræ fundamentum humanæ rationis similitudini-

ANDREÆ QUERCETANI NOTÆ.

quoque auditorem fuisse subindicat [epist. 92, *Patr.* t. CLXXXII]. Verum ut pontificibus maximis et cardinalibus episcopos etiam aliquos eruditiores ad majoris nominis conjungamus, Petrus ille Novariensis, seu Lombardus, a Lombardia patria cognominatus, idemque postea Parisiensis episcopus, et magister sententiarum, lectiones ejus præ cæteris amplexatus est. Denique Gaufridum Antissiodorensem, et Berengarium Pictaviensem, de quorum scriptis ac doctrina dicetur alibi, discipulos illius exstitisse manifestius est quam ut probationibus indigeat.

(34) Euseb. *Hist. eccl.*, lib. vi, cap. 13.

(35) *Accidit*, etc. Huic tractatui varia nomina passim Abælardus ipse tribuit. In epistola enim ad Gaufridum Parisiensem episcopum, Opusculum de fide sanctæ Trinitatis appellat ; in Commentario super Epistolam ad Romanos, frequenter Theologiam suam, et in præfatione operis, sacræ eruditionis Summam, sive divinæ Scripturæ introductionem. Quod autem opus illud se composuisse dicit, ut scholarium petitioni satisfaceret, qui Trinitatem fidei Christianæ fundamentum, humanis et philosophicis rationibus ac similitudinibus edisseri requirebant, et plus quæ intelligi quam quæ dici possent efflagitabant; hæc tamen sola non fuisse scribendi causa vel inde colligi potest, quod libro II ipsius operis, art. 4 docet, hæreses non adeo repressas fuisse suis temporibus, ut jam nullo fidei fundamento esset opus: imo nullos in tantam olim insaniam prorupisse hæreticos, quanta nonnulli contemporaneorum suorum debacchati essent. Et apertius articulo præcedenti: « Quidquid, » inquit, « horum quislibet constituat, miror qua me fronte aliquis arguat, si cæterorum de his scribentium providentiam laudet. Nisi forte in hoc nostrum jam penitus superfluere tractatum dicat, quod et illorum documenta sufficiant, et nullæ jam ulterius quibus resistendum sit pullulent hæreses, vel nullæ de nostra fide supersint dubitationes, quæ aliquibus rationibus vel ad documentum, vel ad defensionem ejus egere videantur. Atque utinam ita sit ! At vero ut innumeram multitudinem infidelium, quæ extra Ecclesiam est, tam Judæorum scilicet quam ethnicorum præteream, quis ita omnes hæreses repressas profiteri audeat, ut jam nulla apud nos fidei sint schismata, nullæ ulterius futuræ sint dissensiones ? » Composuit igitur librum illum cum scholaribus, tum ad reprimendos divinorum librorum magistros hæreticos, qui suo tempore multa catholicæ fidei vel sanctis doctrinis adversa non solum tenebant, verum etiam docebant, « quorumque unus, » inquit artic. 5, « in Francia, alter in Burgundia, tertius in pago Andegavensi, quartus in Bituricensi, pestilentiæ cathedras tenebant. » Imo potissimum adversus hæresim unius ex illis scripsit, ut ipsemet declarat in epistola jam citata ad Gaufridum Parisiensem episcopum, his verbis : « Relatum est nobis a quibusdam discipulorum nostrorum supervenientibus, quod erectus ille et semper inflatus catholicæ fidei hostis antiquus, cujus hæresis detesta- bilis tres deos confiteri, imo et prædicare Suessionensi concilio a Patribus convicta est, atque insuper exsilio punita, multas in me contumelias et minas evomuerit, viso Opusculo quodam nostro de fide sanctæ Trinitatis, maxime adversus hæresim præfatam, qua ipse infamis est, conscripto. » Et lib. II ipsius Opusculi, art. 7 « Alter quoque, » inquit, « totidem erroribus involutus, tres in Deo proprietates, secundum quas tres distinguuntur personæ, tres essentias diversas ab ipsis personis et ab ipsa divinitatis natura constituit, ut scilicet paternitas Dei vel filiatio sive processiones quædam sint tam ab ipsis personis quam ab ipso Deo diversæ. » Quis autem fuerit hæreticus iste non diu quærendum, si quod Anselmus Cantuariensis archiepiscopus ad Fulconem Belvacensem episcopum de Roscelino Abælardi nostri primo præceptore scripsit attendatur. Sic enim inter cætera de perversis ejus circa Trinitatem erroribus a Rainaldo Remensi archiepiscopo damnandis loquitur : « Audio, quod tamen absque dubietate credere non possum, quia Roscelinus clericus dicit in Deo tres personas esse tres res ab invicem separatas, sicut sunt tres angeli; ita tamen ut una sit voluntas et potestas, aut Patrem et Spiritum sanctum esse incarnatum, et tres deos vere posse dici si usus admitteret; in qua sententia asserit venerabilis memoriæ archiepiscopum Lanfrancum fuisse, et me esse. Quapropter dictum est, concilium a venerabili Remensi archiepiscopo Rainaldo colligendum esse in proximo. Quoniam ergo puto reverentiam vestram ibi præsentem futuram, volo ut instructa sit quid pro me respondere debeat, si ratio exegerit. » Et paulo post : « Quicunque blasphemiam quam supra posui me audisse a Roscelino dici pro veritate asseruerit, sive homo, sive angelus, anathema est, et confirmando dicam, quandiu in hac persisterit pertinacia, anathema sit, omnino enim Christianus non est. » Quid Abælardi dictis convenientius, aut affinius dici potest ? Attamen quod Anselmus addit hunc Roscelinum asseruisse Lanfrancum, et se, in eadem cum eo fuisse sententia, manifestius adhæc convincit illum ipsum esse contra quem Petrus noster scripsit. Ait enim idem in prælata epistola ad Gaufridum : « Hic contra egregium illum præconem Christi Robertum Arbrosello contumacem ausus est epistolam confingere, et contra illum magnificum Ecclesiæ doctorem Anselmum Cantuariensem archiepiscopum adeo per contumelias exarsit, ut ad regis Anglici imperium ab Anglia turpiter impudens ejus contumacia sit ejecta, et vix tum cum vita evaserit. Vult eum infamiæ habere participem, ut per infamiam bonorum suam consuletur infamiam, nec nisi bonum odit, qui bonus esse non sustinet. Qui ob intemperantiam arrogantiæ suæ ab utroque regno in quo conversatus est, tam Anglorum scilicet quam Francorum, cum summo dedecore expulsus est, et in ipsa, cujus pudore canonicus dicitur, beati Martini ecclesia, nunquam [*leg.* nonnunquam], ut aiunt, a canonicis verbe-

bus disserendum primo me applicarem, et quemdam theologiæ tractatum De unitate et Trinitate divina scholaribus nostris componerem; qui humanas et philosophicas rationes requirebant, et plus quæ intelligi quam quæ dici possent efflagitabant, dicentes quidem verborum superfluam esse prolationem, A quam intelligentia non sequeretur, nec credi posse aliquid nisi primitus intellectum, et ridiculosum esse aliquem aliis prædicare quod nec ipse nec illi quos doceret intellectu capere possent. Domino ipso arguente quod « cæci essent duces cæcorum (*Matth.* xv, 14). » (56) Quem quidem tractatum cum vidis-

ANDREÆ QUERCETANI NOTÆ.

ratus, morem solitum servaverit. » Quæ verba faciunt et ad interpretationem alterius ejusdem Anselmi loci; qui scribens ad Urbanum II papam; refert cum Becense monasterium regeret præsumptam fuisse a quodam clerico in Francia talem assertionem : « Si in Deo tres sunt personæ, una tantum res, et non sunt tres res; ergo Pater cum Filio et Spiritu sancto est incarnatus. » Et postea subjungit illum in concilio a venerabili Remensi archiepiscopo Rainaldo errorem suum abjurare coactum. Audisse tamen postea præfatæ novitatis auctorem in sua perseverantem sententia dicere, « se non ob aliud abjurasse quod dicebat, nisi quia a populo verebatur interfici. » Præterea quæ Petrus Abælardus de concilio celebrato Suessionis, et Anselmus de defensione sententiæ post abjurationem factam dixerunt, eadem quoque omnia Ivo Carnotensis episcopus Roscelino tribuit his epistolæ 7 verbis : « Ivo Dei gratia Carnotensium humilis episcopus, Roscelino. Non plus sapere quam oportet sapere, sed sapere ad sobrietatem. Si esses ovis centesima in deserto perdita, sed gregi jam reddita, sicut exarserat in te zelus meus, quandiu intellexi te aversum et adversum, sic requiesceret in te spiritus meus, si te cognoscerem ad doctrinam sanam conversum et reversum. Sed quia scio te post concilium Suessionense in auribus quorumdam quos mecum bene nosti, pristinam sententiam tuam clandestinis disputationibus studiosissime defendisse, et eamdem quam abjuraveras, et alias non minus insanas persuadere voluisse, non potest intrare in cor meum, quod adhuc fidem tuam correxeris, quod mores in melius commutaveris. » Denique quod Aventinus de Ruscelino, sive Roscelino scribit, eum auctorem fuisse Nominalium, « qui avari rerum, prodigi nominum atque notionum, verborum videbantur esse assertores, » ab hac etiam altera, quam Abælardus adversario suo obtrudit, objectione non omnino disconvenit: « Hic, » inquit, « sicut pseudodialecticus ita et pseudochristianus, cum in dialectica sua nullam rem partes habere æstimat, ita divinam paginam impudenter pervertit, ut eo loco quo dicitur Dominus partem piscis assi comedisse, partem hujus vocis, quæ est piscis assi, non partem rei intelligere cogatur. » Quare non mirum, si præfatus Abælardus nomine designare quis iste esset superfluum duxerit, quem tot singulares notæ singulariter notabilem faciebant. Et hæc quantum ad occasionem componendi tractatus De Trinitate sufficiant.

(36) *Quem quidem tractatum*, etc. Cujus autem vel qualis æstimationis fuerit iste liber, unicum etiam sancti Bernardi testimonium demonstrare potens est. Scribens enim ad episcopos et cardinales curiæ Romanæ [epist. 88, *Patr.* t. CLXXXII,] : « Legite, » inquit, « si placet, librum Petri Abælardi, quem dicit Theologiæ. Ad manum est enim, cum, sicut gloriatur, a pluribus lectitetur in curia. » Et epistola 191 [*ubi supra*] : « Surrexit a mortuis liber ille, jamjam extendit palmites suos usque ad mare, et usque ad Romani propagines ejus. Hæc gloriatio hominis illius, quod liber suus in curia romana Petri, et caput suum reclinet. » Nec minus libri Sententiarum Petri Lombardi episcopi Parisiensis id obtinuerunt, ut soli tandem in publicis theologiæ scholis legi, vel ab antiquis retro tem- B poribus, meruerint, plurimum adhuc ipsam Abælardi Theologiam commendasse mihi videbor, si dictum Lombardum ea potissimum in componendis illis libris usum fuisse palam fecero. Quod præstare nec difficile, nec aliquibus fortassis ingratum fuerit. Id enim ex Eulogio Joannis Cornubiensis, ipsius Lombardi discipuli discitur, ubi postquam dixit : « Magister Petrus Abællardus in Theologia sua sic disserit : « Quid est dicere Deum fieri hominem, nisi divinam substantiam, quæ spiritualis est, humanam, quæ corporea est, sibi unire in personam unam? » Aliquot interpositis lineis adjungit : « Quod vero a magistro Petro Abælardo hanc opinionem suam magister Petrus Lombardus acceperit, eo magis suspicatus sum, quia librum illum frequenter præ manibus habebat; et forte minus diligenter singula perscrutans, ut qui ex usu magis, quam ex arte disputandi peritiam haberet, falli poterat. » Unde et sanctus Bernardus ignoranter Abælardo ipsi librum Sententiarum attribuit in epistola 189. Nam ut idem Abælardus in Confessione suæ fidei declarat, « nunquam liber aliquis qui Sententiarum dicatur, a se scriptus reperietur. » Verum antequam ad alia transeamus, operæ pretium fuerit hic diffusiorem operum, ac scriptorum omnium hujus Abælardi disquisitionem instituere; præsertim cum Trithemius et alii qui de eo locuti sunt, pauca tantum illa recenseant quæ sanctus Bernardus attigit.

Elenchus operum Petri Abælardi.

Composuit igitur Abælardus primo dialecticam, cujus meminit initio hujus epistolæ, et libro III Theologiæ suæ. Nam ibi male grammaticam habet manuscriptus codex pro dialectica, his verbis : « Quod autem non loco moveri possit qui spiritus est, tam philosophorum quam sanctorum assertione docemur, sicut de quantitate tractantes ostendimus cum grammaticam scriberemus. » Et hæc dialectica, sive logica, propediem in philosophiæ candidatorum gratiam favente Deo seorsim excudetur. Præterea scripsit glossas in Ezechielem prophetam, et amatoria carmina, quorum etiam pleraque, sicut ipse ait in eadem hac epistola, suo tempore frequentabantur ac decantabantur in multis regionibus, præsertim ab eis quos similis vita delectabat.

Scripsit quoque tractatum sive librum Theologiæ, de quo jam superius. Item Commentarium in Epistolam ad Romanos, cujus meminit sanctus Bernardus in litteris suis ad Innocentium papam. Nec non et alium librum, quem, ut loquitur idem Bernardus, inscripsit : *Scito te ipsum*. Videturque esse ethica illa ad quam Abælardus ipse quasdam quæstiones remittit in Commentario supradicto. Quod et confirmat Guillelmus abbas Sancti Theodorici [*Patrologiæ* t. CLXXX.] sub finem libri in Disputationis quam Hugoni Rothomagensi archiepiscopo nuncupavit, his verbis : « Scripsit autem idem Petrus aliud opusculum, quod *Scito te ipsum* intitulavit, et suam, ni fallor, ethicam appellavit, » quia scilicet in eo plurima de moribus, sive ut sancti Bernardi verbis utar, de virtutibus et vitiis moraliter disputavit. Nec dubito quin librum istum legisset etiam anonymus ille poeta qui scripsit anno 1576. Nam cum Abælardus in Commentario suo præfato super Epistolam ad Romanos promisisset sent et legissent plurimi, cœpit in commune omnibus plurimum placere, quod in eo pariter omnibus satisfieri super hoc quæstionibus videbatur. Et quoniam quæstiones istæ præ omnibus difficiles videbantur, quanto earum major exstiterat gravitas, se ae libero arbitrio tractaturum in ethica, sic dictus poeta diffinitionem ejusdem liberi arbitrii protulit ex Abælardo :

Pierre Abalard en un chapitre
Où il parle de franc arbitre,
Nous dit ainsi en vérité
Que c'est une habilité
D'une voulenté raisonnable,
Soit de bien ou de mal prenable
Par grâce est à bien faire incline,
Et à mal quand elle descline.

Verum hæc ethica, quamvis diligentissime perquisita, nec inventa adhuc nec reperta est.

Denique composuit Abælardus Historiam calamitatum suarum, de qua mentionem facit Petrarcha; plures epistolas ad Heloissam et alios, quarum aliquæ memorantur a Joanne Clopinello Magdunensi ; Regulam et institutionem sanctimonialium; Expositiones in orationem Dominicam , in Symbolum apostolorum, in Symbolum Athanasii; Solutiones problematum Heloissæ; Sermones per anni circulum, ad virgines paracletenses, et alia quædam opuscula quæ nunc primum edidimus : Hymnos etiam ecclesiasticos, qui reperiuntur in Breviario Paracletensi; nec non Apologeticum pro innocentiæ suæ excusatione, quem ut alium ab Apologia sive Confessione fidei ab eodem universis Ecclesiæ filiis directa credam, hæc Othonis verba, lib. I *De rebus gestis Frederici I*, cap. 49 me movent : Post damnationem, » inquit, « sui dogmatis, » de qua nos postea , « ad Cluniacense cœnobium se contulit , » Apologeticum scribens, prædictorum capitulorum partim verba, ex toto autem sensum negans, qui sic incipit : « Ne juxta Boetianum illud, proœmiis nihil afferentibus tempus teratur, ad rem ipsam veniendum est, ut innocentiam meam ipsa rerum potius quam verborum excuset prolixitas. » Hæc, inquam, verba me movent, quia non leguntur in præfata fidei Confessione quam inseruimus pag. 350 hujus operis; [vid. edit. Amb.] nec inconveniens est eum quoque prolixiorem adhuc alteram pro defensione suæ Theologiæ apologiam texuisse. Quod et confirmare videtur Guillelmus abbas sancti Theodorici libro I suæ Disputationis, cum ait : « Per Apologiam suam Theologiam impejorat, novos veteribus errores adjungit, et eos pertinaciter et contentiose defendere contendit. » Et paulo ante : « Ac primo requiro cur sanctæ religionis et magni nominis abbatem insimulet falso finxisse, quia in Theologia sua scripserit Filium esse quamdam potentiam, Spiritum sanctum nullam. Id enim in Apologia sua, quam contra abbatem Petrus ipse dirigit, se dixisse denegat; sed quod divina sapientia quædam sit potentia Patris, non Filius, et quod amor Patris et Filii sit nonnulla potentia, non Spiritus sanctus, se dixisse profitetur, et verum esse pertinaciter contendit. » At nec Apologiam istam hactenus videre contigit. Hæcque sunt omnia, ni fallor, quæ Petrus Abælardus scripsit.

(37) *Duo illi antiqui insidiatores.* — Utrique Anselmi Laudunensis auditores; ac in scholis ejus præeminentes cæteris, de quibus et Heloissa, epist. 2, et Otho Frisingensis episcopus, lib. I. *De Gestis Frederici I*, cap. 47, ubi « egregios viros et nominatos magistros » vocat. Jam enim et ipsi tunc Remis scholas regebant. Sed quem Abælardus noster Lotulfum Lombardum, ille Leutaldum Novariensem dicit. Albericus vero Remensis cognominatus,

A tanto solutionis earum censebatur major subtilitas. Unde æmuli mei vehementer accensi concilium contra me congregaverunt, maxime (37) duo illi antiqui insidiatores, Albericus scilicet et Lotulfus, qui jam (38) defunctis magistris eorum et nostris,

ANDREÆ QUERCETANI NOTÆ.

a sancto etiam Bernardo laudatur epist. 13 ad Honorium papam, in qua et episcopus Catalaunensis electus post obitum Guillelmi de Campellis asseritur. Sancti enim Bernardi confirmationem ejus ab Honorio postulantis verba sic habent: « De Ecclesia dico, domine, Catalaunensi, cujus quantum in me est, nec debeo, nec valeo dissimulare periculum. Videmus nimirum, jamjamque imminere sentimus nos, qui vicini sumus, pacem videlicet memoratæ Ecclesiæ graviter mox esse turbandam, si electioni illustris illius viri, id est magistri Alberici, in quam utique totus tam clerus quam populus pari voto et voce convenerant, et conveniunt, vestræ pietatis assensum impetrare nequiverint. » Verum etsi supplex oravit, non exoravit tamen, ut palam est tum ex tabulis episcoporum Catalaunensium et Abælardo, tum ex epist. 58 ejusdem sancti Bernardi, qua manifeste docet Ebalum Guillelmo successisse. Magister autem Albericus paulo post Leodiensi canonicus effectus est, ut constat ex kalendario Sancti Victoris Parisiensis, ac tandem in magisterio scholarum jam senescens, archiepiscopatum Bituricensem obtinuit. Nam id notat chronologus Sancti Petri Vivi Senonensis ad annum 1139 : « Hoc anno, » inquit, « Ulgrinus, Bituricensis archiepiscopus, obiit. Succedit Albericus Remensis. » Et apertius adhuc : « Anno 1141 Petrus de Castro Bituricensis ordinatur archiepiscopus , defuncto Alberico Remensi magistro. »

(38) *Defunctis magistris...* — Decessit Guillelmus Campellensis episcopus anno 1119, ut jam supra notatum est ; Anselmus vero Laudunensis anno 1116, ut scribit Joannes Sancti Victoris canonicus regularis in Chronico : « Hoc anno, » inquit, « obiit vir venerabilis Anselmus Laudunensis decanus, magister nominatissimus, litterarum scientia clarus, vir morum honestate et consilii maturitate venerandus, qui inter cætera opera in Psalterio glossas marginales et interlineares ordinavit. » Quibus verbis addit et aliud Chronicon manuscriptum : « Epistolas quoque Pauli, et alias utriusque Testamenti scripturas pari modo delineando exposuit; et in eis exponendis atque glozandis juxta antiquorum Patrum scripta usque ad senilem ætatem desudavit. De quo dixisse fertur Eugenius papa, quia Deus spiritum ejus suscitaverit ne Scriptura periret. Ad pontificales cathedras pluries vocatus nullatenus acquievit. » Defunctus autem Lauduni, in ecclesia Sancti Vincentii sepultus est, ubi et unus ex discipulis tali epitaphio moribus ac meritis congruo tumulum ejus decoravit :

Dormit in hoc tumulo celeberrimus ille magister
Anselmus, qui per diffusi climata mundi
Undique notitiam contraxit, et undique laudem.
Sana fides, doctrina frequens, reverentia morum.
Splendida vita, manus diffundens, actio cauta,
Sermo placens, censura vigens, correctio dulcis,
Consilium sapiens, mens provida, sobria, clemens.
Sed quas larga Dei concessit gratia dotes
Idibus invisis dissolvit Julius ater.
Qua vivens viguit comitetur gratia functum.

Hic fratrem habuit Radulfum nomine, qui non mediocri quoque sapientia clarus enituit. « Per hos enim fratres, » ut in præfato adhuc Chronico legitur, « sed maxime per Anselmum, magna ex parte revixit litteralis scientiæ decus, et intelligentia Scripturarum. » Quod et confirmat canonicus ille

Guillelmo scilicet atque Anselmo, post eos quasi regnare se solos appetebant, atque etiam ipsis tanquam hæredes succedere. Cum autem utrique Remis scholas regerent, crebris suggestionibus (39) archiepiscopum suum Rodulphum adversum me commoverunt, ut (40) ascito Conano Prænestino episcopo, qui tunc legatione fungebatur in Gallia, conventiculum quemdam (41) sub nomine concilii in Suessionensi civitate celebrarent, meque invitarent quatenus illud opus clarum, quod de Trinitate composueram, mecum afferrem. Et factum est ita. Antequam autem illuc pervenirem, duo illi prædicti æmuli nostri ita me in clero et populo diffamaverunt, ut pene me populus paucosque qui advenerant ex discipulis nostris prima die nostri adventus lapidarent, dicentes me tres Deos prædicare et scri-

ANDREÆ QUERCETANI NOTÆ.

Laudunensis coætaneus, qui cathedralis ecclesiæ ruinam ac restaurationem descripsit, his verbis : « Quemadmodum autem olim Dominus urbem Hierusalem destruit, et filios Israel captivari permittens, ad consolationem tamen paucorum qui remanserant, Jeremiam prophetam ibidem cum eis reliquit, sic nobis in tanta calamitate positis duos sapientissimos viros, præfatum scilicet magistrum Anselmum, germanumque ejus magistrum Radulfum misericorditer reservavit; qui tam clericos quam laicos dulciter consolantes, et diversis Scripturarum sententiis refoventes, ne in tribulationum adversitatibus deficerent exhortabantur. » [Vide Patrologiæ t. CLXII.]

(39) *Archiepiscopum suum Radulphum.* — Ivo Carnotensis epist. 190, Robertus abbas ad annum 1114, Petrus Mauricius abbas Cluniacensis, lib. II *Mirac.*, cap. 5, et alii plerique Radulphum hunc archiepiscopum Remensem appellant, quem tamen Sugerius in Vita Ludovici Grossi, nec non Aimoini continuator, lib. v, cap. 50, Rodulphum cum Abælardo nostro dicunt; Lisiardus in Vita sancti Arnulfi Suessionensis episcopi, cap. 56, et Nicolaus monachus in Vita sancti Godefridi episcopi Ambianensis, lib. III, cap. 24, Rudolphum. Erat autem antea thesaurarius Ecclesiæ Remensis, et Viridis cognominabatur, ut vel ex hoc uno Petri Cluniacensis abbatis loco disci potest (*Patrologiæ* t. CLXXXIX): « Inter quos, » inquit lib. II *Mirac.*, cap. v, « Matthæus quemdam probatioris vitæ clericum, Remensis Ecclesiæ tunc thesaurarium eligens, qui Radulfus nomine, Viridis cognomine dicebatur, ei se specialius religiosa familiaritate devovit. Dehinc rapto eodem Radulpho, et in Remensem archiepiscopum assumpto, non deseruit quem elegerat. » Assumptus vero est ad archiepiscopatum post Manassem matris Bartholomæi Laudunensis episcopi avunculum. Sic enim in Historia Laudunensis Ecclesiæ legitur, his verbis : « Electus itaque (nempe Bartholomæus) unanimi totius cleri ac populi assensu ad pontificatum urbis Laudunensis, domino Radulpho Remorum archiepiscopo, qui præfato Manassæ matris ejus avunculo successerat, præsentatur, et ab eo multisque aliis episcopis tempore Paschalis papæ et Ludovici regis Francorum celeberrime consecratus, ovibus desolatis novus pastor transmittitur. » Et apud Robertum de Monte breviter : « Anno 1114, in Remensi metropoli post Manassem illustrem virum, exturbato Gervasio, Radulphus successit, qui Viridis cognomen habuit. »

(40) *Ascito Conano Prænestino episcopo.* — Conani hujus, sive Cononis, Paschalis II papæ legati, meminerunt Nicolaus monachus in Vita sancti Godefridi episcopi Ambianensis, lib IV, cap. 9, Sugerius in Vita Ludovici Grossi (*Patrologiæ* t. CLXXXVI), Robertus Autissiodorensis ad annum 1115, Guillelmus Malmesburiensis, lib. I *De gestis pontif. Angl.* (Patr. t. CLXXIX), et alii. Exstantque etiam aliquot Goffridi Vindocinensis abbatis, et Ivonis episcopi Carnotensis epistolæ ad eum scriptæ. Chronicon Urspergensis abbatis Cunonem, et aliquis alius Conum nuncupat. Nec fortasse nomen id aliud est a Conradi nomine. Nam in Chronico Vizeliacensi reperitur ad annum 1024 : « Cono, qui et Conradus, imperator Romæ... » Cono autem hic episcopus Prænestinus bis in Gallia sedis apostolicæ legatione functus est : semel sub Paschali, anno 1115, quo tria concilia celebravit Belvaci, Remis et Catalauni. Sic enim docet nos vetus Chronicon Sancti Petri Vivi Senonensis : « Anno 1115, » inquit, « factum est concilium Remis, VI Kal. April. Item aliud fuerat celebratum apud Belvacum a Conone Prænestino episcopo, romanæ Ecclesiæ legato. Rursus in eodem anno aliud apud Catalaunum, v Id. April. » Secundo, sub annum 1120, Calixto II pontifice, sicut ex præcepto Ludovici Senioris regis de Ecclesia Cergiaci et rebus pertinentibus ad eam patet, his verbis : « Communicato cum palatinis nostris consilio, ad ipsam sanctissimorum martyrum (scilicet Dionysii et sociorum) basilicam cum conjuge nostra acceleravimus, et præsente venerabili episcopo domino Conone sanctæ sedis apostolicæ legato, quoniam jure et consuetudine regum francorum demigrantium insignia regni ipsi sancto martyri tanquam duci et protectori suo referuntur, coronam patris nostri ei reddidimus, pro dilatione redditionis satisfecimus, et tam pro salute animæ nostræ quam pro regni administratione, conjugis et prolis conservatione ecclesiam de Cergiaco sicut libere possidebamus, cum decimis et omnibus ad ecclesiam pertinentibus ecclesiæ restituendo, ipsis sanctis martyribus contulimus. » Et infra : « Actum publice anno incarnati Verbi 1120, regni XII, Adelaudis autem reginæ V, concedente Philippo filio nostro. » Quod confirmat et præfatus Sancti Petri Vivi chronographus, qui refert et alterum ab eo tunc Belvaci celebratum fuisse concilium : « Anno millesimo centesimo vigesimo, » inquit, « celebratum est concilium decimo quinto Kalendas Novembris a domino Conone Prænestino, legato trium provinciarum, Rothomagensis, Senonensis et Remensis. Ad quod concilium Daimbertus archiepiscopus cum suffraganeis et abbatibus Belvaco invitatus est. » Quare non dubium quin error sit in tabulis Arroasianis, ubi Cono hic obiisse dicitur anno 1117, V Id. Augusti. Nec minus perspectum est, id quod scribit Abælardus non ad primam, sed secundam ejus legationem debere referri. Nam et antea præmisit obitum Guillelmi Campellensis, qui defunctus est anno 1119, et paulo post meminit Gaufridi Carnotensis episcopi, quem constat anno tantum 1116 Ivoni successisse.

(41) *Sub nomine concilii in Suessionensi civitate.* — Duplex eodem fere tempore concilium Suessionis convocatum est, primum a Rainaldo archiepiscopo Remensi contra Roscelinum anno 1095, de quo mentio fit ab Ivone epist. 7, ab Anselmo Beccensi abbate, epist. ad Fulconem Belvacensem episcopum, et ab Abælardo nostro, epistola ad Gaufridum episcopum Parisiensem, ut jam antea docuimus. Alterum hoc, anno 1120, præsidente Conone sedis apostolicæ legato, contra præfati Abælardi librum De Trinitate, qui et in eo, nulla sibi respondendi facultate concessa, combustus est. Id enim cum Abælardus ipse postea, tum Otho Frisingensis episcopus asserit lib. I *De reb. gestis Frederici I*, cap. XLVII, his verbis : « Suessionis provinciali contra eum synodo sub præsentia Romanæ

psisse, sicut ipsis persuasum fuerat. Accessi autem, mox ut ad civitatem veni, ad legatum; eique libellum nostrum inspiciendum et dijudicandum tradidi; et me, si aliquid scripsissem quod a catholica fide dissentiret, paratum esse ad correctionem [*al.* correptionem] vel satisfactionem, obtuli. Ille autem statim mihi præcepit libellum ipsum archiepiscopo, illisque æmulis meis deferre, quatenus ipsi me judicarent, qui me super hoc accusabant, ut illud in me etiam compleretur : « Et inimici nostri sunt judices (*Deut.* xxxii, 31). » Sæpius autem illi inspicientes atque revolventes libellum, nec quid in audientia proferre adversum me auderent invenientes, distulerunt usque in finem concilii libri, ad quam anhelabant, damnationem. Ego autem singulis diebus antequam sederet [*al.* cederet] concilium, in publico omnibus secundum quam scripseram fidem catholicam disserebam, et cum magna admiratione omnes qui audiebant tam verborum apertionem quam sensum nostrum commendabant. Quod cum populus et clerus inspiceret, cœperunt adinvicem dicere : « Ecce nunc palam loquitur, et nemo in eum aliquid dicit. » Et concilium ad finem festinat, maxime in eum ut audivimus, congregatum. Nunquid judices cognoverunt, quia ipsi potius, quam ille, errant ? Ex quo æmuli nostri quotidie magis ac magis inflammabantur. Quadam autem die Albericus ad me animo intentatis [*al.* intentandum] cum quibusdam discipulis suis, accedens, post quædam blanda colloquia dixit se mirari quoddam, quod in libro illo notaverat : quod scilicet cum Deus Deum genuerit, nec nisi unus Deus sit, negarem tamen Deum seipsum genuisse. Cui statim respondi : « Super hoc, si vultis, rationem proferam. » — « Non curamus, inquit ille, rationem humanam, aut sensum nostrum in talibus, sed auctoritatis verba solummodo. » Cui ego : « Vertite, inquam, folium libri, et invenietis auctoritatem. » Et erat præsto liber quem secum ipse detulerat. Revolvi ad locum, quem noveram, quem ipse minime compererat, aut qui nonnisi mihi nocitura quærebat. Et voluntas Dei fuit, ut cito occurreret mihi quod volebam. Erat autem sententia intitulata : Augustinus De Trinitate lib. ɪ (*cap.* 1) : « Qui putat ejus potentiæ Deum, ut seipsum ipse genuerit, eo plus errat quod non solum Deus ita non est ; sed nec spiritalis creatura, nec corporalis. Nulla enim omnino res est, quæ seipsam gignat. » Quod cum discipuli ejus, qui aderant, audissent, obstupefacti erubescebant. Ipse autem, ut se quoquomodo protegeret : « Bene, inquit, est intelligendum. » Ego autem subjeci [*al.* subjunxi], « hoc non esse novellum, sed ad præsens nihil attinere, cum ipse verba tantum, non sensum requisisset. Si autem sensum et rationem attendere vellet, paratum me dixi ei ostendere secundum ejus sententiam, quod in eam lapsus esset hæresim, secundum quam is qui pater est sui ipsius filius sit. » Quo ille audito, statim quasi furibundus effectus, ad minas conversus est, asserens nec rationes meas, nec auctoritates mihi in hac causa suffragaturas esse. Atque ita recessit. Extrema vero die concilii, priusquam resideret, diu legatus ille atque archiepiscopus cum æmulis meis et quibusdam personis deliberare cœperunt, quid de meipso et libro meo statueretur, pro quo maxime vocati fuerant. Et quoniam ex verbis meis, aut scripto quod erat in præsenti, non habebant quod in me prætenderent, omnibus aliquantulum conticentibus, aut jam mihi minus aperte detrahentibus, (42) Gaufridus Carnotensis episcopus, qui cæteris episcopis et religionis nomine et sedis dignitate præcellebat, ita exorsus est : « Nostis, domini omnes qui adestis, hominis hujus doctrinam, qualiscunque sit, ejusque ingenium, in quibuscunque studuerit multos assectatores [*al.* assentatores] et sequaces habuisse, et magistrorum tam suorum quam nostrorum famam maxime compressisse, et quasi ejus vincam a mari usque ad mare palmites suos extendisse. Si hunc præjudicio, quod non arbitror, gravaveritis, etiamsi recte multos vos offensuros sciatis, ei non deesse plurimos qui eum defendere velint ; præsertim cum in præsenti scripto nulla videamus, quæ aliquid obtineant apertæ calumniæ, et quia juxta illud Hieronymi : « Semper in propatulo fortitudo æmulos habet (43), feriuntque summos fulgura montes (44) : » Videte ne plus ei nominis conferatis violenter agendo, et plus nobis criminis ex invidia, quam ei ex justitia conquiramus. » Falsus enim rumor, ut prædictus doctor meminit (ep. 10), cito opprimitur, et vita posterior judicat de priore. Si autem canonice agere in eum disponitis, dogma ejus vel scriptum in medium proferatur, et interrogato libere respondere liceat, ut convictus vel confessus [*al.* confusus] penitus obmutescat. Juxta illam saltem beati Nicodemi sententiam, qua Dominum ipsum liberare cupiens, aiebat : « Nunquid lex nostra judicat hominem, nisi audierit ab ipso prius, et cognoverit quid faciat ? » (*Joan.* vii, 51.) Quo audito statim æmuli mei obstrepentes exclamaverunt:

ANDREÆ QUERCETANI NOTÆ.

sedis legati congregato, ab egregiis viris et nominatis magistris Alberico Remense, et Leutaldo Novariensi, Sabellianus hæreticus judicatus, libros quos ediderat propria manu ab episcopis igni dare coactus est, nulla sibi respondendi facultate, eo quod disceptandi in eo peritia ab omnibus suspecta haberetur, concessa. » Unde et succincte Bernardus epistola ad Ivonem cardinalem, de codem Abælardo . « Damnatus est, » inquit, « Suessione cum opere suo, coram legato Romanæ Ecclesiæ. »

(42) *Gaufridus Carnotensis episcopus.* — Nomine II, Ivonis successor, apostolicæque postmodum sedis legatus, de quo plura sanctus Bernardus, et qui vitam ejus conscripsit Bernardus alter, Bonæ-Vallis abbas. Exstant etiam aliquot Gaufridi Vindocinensis abbatis ad eum epistolæ.

(43) Hieron., Proœm. in *Quæst. Hebr. in Gen*
(44) Horat. lib. ɪɪ *Carm*, ad 10.

O sapiens [*al.* sapientis] consilium, ut contra ejus verbositatem contendamus, cujus argumentis vel sophismatibus universus obsistere mundus non posset ! Sed certe multo difficilius erat cum ipso contendere Christo, ad quem tamen audiendum Nicodemus juxta legis sanctionem invitabat. Cum autem episcopus ad id quod proposuerat eorum animos inducere non posset, alia via eorum invidiam refrenare attentat, dicens ad discussionem tantæ rei, paucos qui aderant non posse sufficere, majorisque examinis causam hanc indigere. In hocque ulterius tantum suum esse consilium, ut ad abbatiam meam, hoc est monasterium Sancti Dionysii, abbas meus, qui aderat, me reduceret ; ibique pluribus ac doctioribus personis convocatis diligentiori examine quid super hoc faciendum esset statueretur. Assensit legatus huic novissimo consilio, et cæteri omnes. Inde mox legatus assurrexit, ut missam celebraret, antequam concilium intraret, et mihi per episcopum illum licentiam constitutam mandavit, revertendi scilicet ad monasterium nostrum, ibi exspectaturo quod condictum fuerat. Tunc æmuli mei nihil se egisse cogitantes, si extra diœcesim suam hoc negotium ageretur, ubi videlicet judicium minime exercere valerent, qui scilicet de justitia minus confidebant, archiepiscopo persuaserunt hoc sibi valde ignominiosum esse, si ad aliam audientiam causa hæc transferretur, et periculosum fieri si sic evaderem. Et statim ad legatum concurrentes, ejus immutaverunt sententiam, et ad hoc invitum pertraxerunt, ut librum sine ulla inquisitione damnaret, atque in conspectu omnium statim combureret, et me in alieno monasterio perenni clausura cohiberet. Dicebant enim ad damnationem libelli satis hoc esse debere, quod nec Romani pontificis, nec Ecclesiæ auctoritate commendatum legere publice præsumpseram, atque ad transcribendum jam pluribus eum ipse præstitissem. Et hoc perutile futurum fidei Christianæ, si exemplo mei multorum similis præsumptio præveniretur. Quia autem legatus ille minus quam necesse esset litteratus fuerat, plurimum archiepiscopi consilio nitebatur [*al.* utebatur], sicut et archiepiscopus illorum. Quod cum Carnotensis præsensisset episcopus, statim machinamenta hæc ad me retulit, et me vehementer hortatus est, ut hoc tanto lenius tolerarem, quanto violentius agere eos omnibus patebat. Atque hanc tam manifestæ invidiæ violentiam eis plurimum obfuturam, et mihi profuturam non dubitarem. Nec de clausura monasterii ullatenus perturbarer, sciens profecto legatum ipsum, qui coactus hoc faciebat, post paucos dies, cum hinc recesserit, me penitus liberaturum. Et sic me, ut potuit, flentem flens et ipse consolatus est.

CAP. X. *De combustione ipsius libri. De persecutione abbatis sui et fratrum in eum.* — Vocatus itaque statim ad concilium adfui, et sine ullo discussionis examine meipsum compulerunt propria manu librum memoratum meum in ignem projicere. Et sic combustus est, ut tamen cum nihil dicere viderentur, quidam de adversariis meis id submurmuravit, quod in libro scriptum deprehenderat, solum Deum Patrem omnipotentem esse. Quod cum legatus subintellexisset, valde admirans ei respondit, hoc nec de puerulo [*al.* parvulo] aliquo credi debere, quod adeo erraret : « Cum communis, inquit, fides et teneat et profiteatur tres omnipotentes esse. » Quo audito Terricus quidam scholarum magister irridendo subintulit illud Athanasii (in *Symbolo*), « et tamen non tres omnipotentes, sed unus omnipotens. » Quem cum episcopus suus increpare cœpisset, et reprimere quasi reum, qui in majestatem loqueretur, audacter ille restitit, et quasi Danielis verba commemorans, ait (*Dan.* XIII, 48) : « Sic fatui filii Israel, non judicantes neque quod verum est, cognoscentes, condemnastis filiam Israel. Revertimini ad judicium, et de ipso judice judicate, » qui talem judicem quasi ad instructionem fidei et correctionem erroris [*al.* errorum] instituistis : qui cum judicare deberet, ore se proprio condemnavit. Divina hodie misericordia innocentem patenter, sicut olim Susannam a falsis accusatoribus, liberate. Tunc archiepiscopus assurgens verbis, prout oportebat, commutatis sententiam legati confirmavit, dicens : « Revera Domine, inquit, omnipotens Pater, omnipotens Filius, omnipotens Spiritus sanctus. Et qui ab hoc dissentit, aperte devius est, nec est audiendus. Et modo si placet, bonum est ut frater ille fidem suam coram omnibus exponat, ut ipsa prout oportet vel approbetur, vel improbetur atque corrigatur. » Cum autem ego ad profitendam et exponendam fidem meam assurgerem, ut quod sentiebam verbis propriis exprimerem ; adversarii dixerunt non aliud mihi necessarium [*al.* necessum] esse, nisi ut Symbolum Athanasii recitarem, quod quivis puer æque facere posset. Ac ne ex ignorantia prætenderem excusationem, quasi qui verba illa in usu non haberem, scripturam ad legendum afferri fecerunt, Legi inter suspiria, singultus et lacrymas prout potui (45). Inde quasi reus et convictus abbati Sancti Medardi, qui

ANDREÆ QUERCETANI NOTÆ.

(45) *Inde quasi reus et convictus.* — Abbas is forsitan Anselmus ille qui sub annum Christi 1128, abbas Sancti Vincentii Laudunensis, ac tandem anno 1145, episcopus Tornacensis effectus est; de quo jam nos superius ex Historia Laudunensis Ecclesiæ. Monasterium autem sancti Medardi cœptum est a Clothario I, rege Francorum apud Suessiones, et a Sigiberto filio ejus expletum atque compositum, uti docet Gregorius Turonensis archiepiscopus, lib. IV *Historiæ Francorum*, cap. 22, his verbis : « Tempore quoque Clotharii regis, sanctus Dei Medardus episcopus, consummato boni operis cursu, et plenus dierum, sanctitate præcipuus, diem obiit. Quem Clotharius rex cum summo honore apud Suessiones civitatem sepelivit, et basilicam super eum fabricare cœpit, quam postea Si-

aderat, traditus, ad claustrum ejus tanquam ad carcerem trahor. Statimque concilium solvitur. Abbas autem et monachi illius monasterii me sibi remansurum ulterius arbitrantes, summa exsultatione susceperunt, et cum omni diligentia tractantes consolari frustra nitebantur. Deus qui judicas æquitatem, quanto tunc animi felle, quanta mentis amaritudine teipsum infamis arguebam, te furibundus accusabam, sæpius repetens illam beati Antonii conquestionem : « Jesu bone, ubi eras (46)? » Quanto autem dolore æstuarem, quanta erubescentia confunderer, quanta desperatione perturbarer, sentire tunc potui, proferre non possum. Conferebam cum his quæ in corpore passus olim fueram, quanto nunc sustinerem; et omnium hominum me æstimabam miserrimum. Parvam illam ducebam proditionem in comparatione hujus injuriæ, et longe amplius famæ quam corporis detrimentum plan-

ANDREÆ QUERCETANI NOTÆ.

gibertus filius ejus explevit atque composuit. » Refertque sanctus Gregorius pontifex maximus, hoc monasterium a Joanne III, prædecessore suo, caput omnium monasteriorum et abbatiarum Franciæ constitutum fuisse. Sed quia litteræ quibus id asseritur, valde suspectæ sunt, et a multis etiam falsitatis arguuntur, libet hic integram Joannis III constitutionem subjicere; quanquam et ipsa suppositionis, aut saltem adulterationis vitio non caret. Meminit enim inter cætera nominis archiepiscoporum, quod ante Pippini et Caroli Magni sæculum in usu non fuit. Nec stylus quoque conformis esse videtur litteris apostolicis illius sæculi. Quinimo neque monasticarum fundationum confirmationes a sede Romana requiri, neque anni Dominicæ Incarnationis publicis instrumentis apponi, nisi longo post tempore cœperunt, uti docet alicubi doctissimus et illustrissimus cardinalis Baronius. Est autem constitutio illa sive privilegium Joannis III ejusmodi :

Privilegium Joannis III papæ, datum monasterio Sancti Medardi Suessionensis.

« Totius orbis principibus machinam mundi sub Christo principe regentibus, præsentibus scilicet et futuris, Joannes, meritorum qualitate infimus, sed Christi gratia sanctæ Romanæ sedis prælatus. Suum esse, quos divinæ fidei et apostolicæ majestatis nobilitat religio, constat, ut fructu operum et affectu rerum certa demonstrent obsequia. Ob hoc, divina inspirante gratia, et præcellentissimi regis Clotharii suadente clementia, monasterium Sanctæ Mariæ et Beati Petri, quod est extra Suessorum civitatem situm, ubi dominus Medardus requiescere, et Daniel abbas præesse videtur, hoc privilegium omnimodis indulgemus, ut terras quas filius noster Clotharius ob salutem animæ suæ dedit, Cromacum scilicet, Attipiacum, et Aluvit possessionem suam in pago Metensi, cum silva quæ vulgo dicitur Patella Salis, cum omni integritate teneant atque possideant, cum terris, domibus, et ædificiis, et altaribus habeant, teneant atque possideant. Hoc quoque auctoritate sanctæ Trinitatis et inseparabilis unitatis vice beati Petri apostoli coram rege Clothario et omnibus plebeiis Francorum, scilicet archiepiscoporum, episcoporum, judicum, et omni populo Christianorum Romanorum principum decernimus ; ut nullus regum, antistitum, judicum, terras Sanctæ Mariæ et domini Medardi sive ecclesias vel altaria, telonea, decimas, novas, banna et freda exigat. Nec hoc injusto præjudicio agitur contra auctorem legum vel canonum, quia nihil de canonica auctoritate minuitur, quidquid pro quietis tranquillitate et servitute Dei ad loca venerabilium sanctorum conceditur. Statuimus itaque, ut velut hæc sedes beati Petri libera constat ab omni servitio regum, et omnium potentium personarum, ita remota omni consuetudine pessima omnium regum, archiepiscoporum, episcoporum, archidiaconorum, sive judicum, præfatæ basilicæ monachi, Deo vacent, liberi, et per omnia Regulæ Sancti Benedicti actibus obediant sine ulla inquietudine. Præsenti quoque privilegio hanc illis concedimus licentiam, ut defuncto abbate, quemcunque voluerint archiepiscopum, vel episcopum, causa ordinandi abbatem vocent. Similiter faciant de ordinationibus sacerdotum vel levitarum, et cæterorum graduum, quas in suo monasterio celebrent, si volunt, absque ulla contradictione archiepiscopi Remorum, et episcopi Suessorum. Præsenti quoque abbati, et omnibus successoribus suis inter missarum solemnia benedictiones concedimus agere, et prædicationem ad populum facere, et reveren [dæ] sanctæ Mariæ Dei genitricis, et beati Petri apostolorum principis, et protomartyris Christi Stephani et domni Medardi, quorum honore et meritis ipse locus sacratus refulget. Ad quorum altare venerandum et præcipuum, omnes ecclesias et altaria, de omnibus terris quæ collatæ sunt vel conferentur, facta præceptione regali, et apostolica auctoritate causa honoris concedimus. Consecrationes quoque fontium, et scrutinii mysteria semper in ipso celebrentur monasterio. Chrismatis quoque ac olei ubicunque libuerit expetant benedictionem, nec ullius occasionis causa vel necessitatis a quoquam rectore tantus honor intermittatur, ne tantæ sublimitatis locus vilescat, quem caput constituimus monasteriorum totius Galliæ, nulliusque ditioni patimur esse subjectum : sed semper sub regali custodia positus, hujus sanctæ Romanæ sedis antistitum auctoritate advocationem beati Petri habeat. Caveant autem omnes sanctæ Dei Ecclesiæ successores et regni gubernatores, ne hoc privilegium irritum faciant, quod apostolica auctoritate sancitum, et regum manibus vere firmatum est, et consensu Baudaridi episcopi Suessorum factum, insuper et septuaginta episcoporum tali anathemate solidatum. Quicunque hujus nomine auctoritatis contradictor exstiterit, vel fratres in præfata basilica inquietaverit, vel de omnibus rebus ipsi loco concessis vel concedendis aliquid abstulerit, vel aliter ordinaverit, in die revelationis Domini sit anathema maranatha, et a consortio Christianitatis sequestratus, a corpore et sanguine Domini nostri Jesu Christi alienus existat. Et cujuscunque sublimitatis vel dignitatis sit, honore suo in præsenti sæculo privetur, et in exsilium relegetur, et in futuro sæculo cum Juda traditore Domini in pœnis æternalibus damnetur, et cum diabolo et angelis ejus in inferno inferiori nunquam resurgendus demergatur, nisi sanctæ congregationis animos placaverit, et sanctæ Dei Ecclesiæ ministros sibi reconciliaverit. Ego Simplicius notarius sanctæ Romanæ sedis subscripsi et sigillavi. Datum in Ecclesia Sancti Silvestri, v Idus martii, anno Dominicæ Incarnationis 562, indictione x. »

Cæterum, quanti fecerint et alii Francorum reges post Clotharium, insignem illam Sancti Medardi basilicam, vel id in primis indicat quod Andreas Marcianensis monachus scribit : « Ludovicum imperatorem anno 11 imperii sui, impetrasse ab Eugenio papa corpus sancti Sebastiani martyris, et Suessionis in basilica Sancti Medardi collocasse, in cujus adventu multa perpetraverit Deus miracula. »

(46) S. Hieron. in Vita B. Antonii.

gebam : cum ad illam ex aliqua [*al.* antiqua] culpa devenerim, ad hanc me tam patentem violentiam sincera intentio amorque fidei nostræ induxissent, quæ me ad scribendum compulerant. Cum autem hoc tam crudeliter et inconsiderate factum omnes, ad quos fama delatum est vehementer arguerent, singuli qui interfuerant a se culpam repellentes in alios transfundebant, adeo ut ipsi quoque nostri æmuli id consilio suo factum esse denegarent, et legatus coram omnibus invidiam Francorum super hoc maxime detestaretur. Qui statim pœnitentia ductus post aliquos dies, cum ad tempus coactus satisfecisset illorum invidiæ, me de alieno cductum monasterio ad proprium remisit; ubi fere quotquot erant olim jam, ut supra memini, infestos habebam, cum eorum vitæ turpitudo et impudens conversatio me suspectum penitus haberent, quem [*al.* quod] arguentem graviter sustinerent. Paucis autem elapsis mensibus, occasionem eis fortuna obtulit, qua me perdere molirentur. Fortuitu namque mihi quadam die legenti occurrit quædam Bedæ sententia, qua in expositione Actuum apostolorum asserit (47) . Dionysium Areopagitam Corinthiorum potius quam Atheniensium fuisse episcopum. Quod valde eis contrarium videbatur, qui suum Dionysium esse illum Areopagitam jactitant, quem ipsum Atheniensem episcopum gesta ejus fuisse profitentur. Quod cum reperissem, quibusdam circumstantium fratrum quasi jocando monstravi, testimonium scilicet illud Bedæ, quod nobis objiciebatur. Illi vero valde indignati dixerunt Bedam mendacissimum scriptorem, et se Hulduinum [*al.* Hilduinum *et recte*] abbatem suum veriorem habere testem, qui pro hoc investigando Græciam diu perlustravit, et rei veritate agnita in gestis illius, quæ conscripsit, hanc veraciter dubitationem removit. Unde cum unus eo-

ANDREÆ QUERCETANI NOTÆ.

(47) *Dionysium Areopagitam,* etc. — Hæc Bedæ sententia de Dionysio Areopagita multis etiam hodie non placet, qui Dionysium episcopum Parisiensem esse illum Areopagitam contendunt. Sed quod allegant de Innocentio III, qui corpus sancti Dionysii, Corinthiorum episcopi, dedit monachis Sancti Dionysii Parisiensis, nec ipsorum opinioni plurimum favere, nec Abælardi quoque sensum auctoritate Bedæ suffultum omnino convincere videtur. Rem sic enarrat anonymus, qui de reliquiis cœnobii Sancti Dionysii scripsit : « Anno, » inquit, « ab Incarnatione Domini 1215, Innocentius, sanctæ romanæ Ecclesiæ papa III, ad urbem generale concilium convocavit, ex omni natione quæ sub cœlo est. Pastores et prælati sanctæ matris Ecclesiæ, patriarchæ videlicet, archiepiscopi, pontifices, et abbates, et inferioris gradus et ordinis aliæ personæ, quarum non erat numerus : reges etiam et principes diversorum populorum vel per se, vel per nuntios adfuerunt. Vir autem venerabilis abbas beati Areopagitæ Dionysii Henricus nomine cum cæteris interesse non potuit, quia provectæ ætatis imbecillitas non permisit. Misit autem pro se, et pro ecclesia sua virum religiosum et honestum Hemericum magistrum priorem cum aliis personis ejusdem Ecclesiæ, qui se loco sui prout opportunius possent domini papæ præsentiæ præsentarent. Celebratum est igitur magnum illud concilium, in quo tractatum est de fide catholica, de moribus, et de statu universalis Ecclesiæ, et de rebus aliis quas longum est hic et non necessarium enarrare. Soluto concilio concessa est singulis licentia recedendi. Dominus autem papa nolens omnibus palam facere benevolentiam, et gratiam, atque pium dilectionis affectum, quam erga venerabile cœnobium beati Dionysii et tunc habebat, et semper habuerat, vocavit ad se præfatum Hemericum ac socios ejus, et in pignus perpetuæ charitatis dedit eis thesaurum impretiabilem, corpus videlicet sanctissimi Dionysii confessoris, Corinthiorum episcopi, ut ipsum secum, cum honore debito in Franciam transferrent, et ex parte sua Ecclesiæ beati Dionysii cum omni reverentia præsentarent. Tradidit illis præterea suæ largitionis testimoniales litteras sigillo sanctæ sedis apostolicæ roboratas. Illi vero cum condignis gratiarum actionibus, tam nobile, tam sanctum, tam denique venerandum suscipientes depositum, gratuita summi pontificis exhilarati munificentia, quam citius potuerint in Franciam remearunt. » Testimoniales autem illæ Innocentii litteræ sic ibidem conceptæ sunt:

Authenticum Innocentii papæ

« INNOCENTIUS episcopus, servus servorum Dei, dilectis filiis abbati et conventui Sancti Dionysii Parisiensis salutem et apostolicam benedictionem.

« Utrum gloriosus martyr et pontifex Dionysius, cujus venerabile corpus in vestra requiescit ecclesia, sit ille censendus qui Areopagita vocatur ab apostolo Paulo conversus, diversæ sunt sententiæ diversorum. Quidam autem fatentur Dionysium Areopagitam in Græcia fuisse mortuum et sepultum, aliumque Dionysium exstitisse qui fidem Christi Francorum populis prædicavit. Alii vero asserunt illum post mortem beati Pauli venisse Romam, et a sancto Clemente papa in Galliam destinatum; aliumque fuisse qui mortuus est in Græcia, et sepultus. Utrumque tamen egregium in opere et sermone præclarum. Nos autem neutri volentes præjudicare sententiæ, sed vestrum cupientes honorare monasterium, quod immediate ad Romanam spectat Ecclesiam, sacrum beati Dionysii pignus, quod bonæ memoriæ P. tit. Sancti Marcelli presbyter cardinalis tunc apostolicæ sedis legatus de Græcia tulit in urbem, vobis per dilectos filium Hemericum priorem et quosdam alios nuntios monasterii vestri ad generale concilium destinatos devote dirigimus : ut cum utrasque reliquias habueritis, nulla de cætero remaneat dubitatio, quin sacræ beati Dionysii Areopagitæ reliquiæ apud vestrum monasterium habeantur. Vos igitur eas reverenter suscipite, hanc nobis vicissitudinem rependentes, ut in orationibus vestris specialis semper ad Deum commemoratio nostri fiat, et secundum oblationem eorumdem nuntiorum vestrorum anniversaria obitus nostri memoria solemniter celebretur. Omnibus autem qui ad has sacras reliquias venerandas devote convenerint, quadraginta dies de injunctis sibi pœnitentiis auctoritate apostolica relaxamus. Nulli ergo omnino hominum liceat hanc paginam nostræ concessionis et remissionis infringere, vel ei ausu temerario contraire. Si quis autem hoc attentare præsumpserit, indignationem omnipotentis Dei, et beatorum Petri et Pauli apostolorum ejus se noverit incursurum.

« Data Laterani pridie Non. Januarii, pontificatus nostri anno XVIII. »

Verum quod attinet ad Abælardum, cum fratres ejus graviter ei comminarentur, et de eo vindictam sumere vellent, quod eorum patronum Areopagitam fuisse denegasset, aliquando tandem palinodiam cantare compulsus est. Epistolam enim direxit Adæ abbati suo : « Adversus eos qui ex auctoritate Bedæ

rum importuna interrogatione pulsaret : quid mihi super hac controversia, Bedæ videlicet atque Huldonii, videretur, respondi : Bedæ auctoritatem, cujus scripta universæ Latinorum frequentant Ecclesiæ, gratiorem mihi videri. Ex quo illi vehementer accensi clamare cœperunt, nunc me patenter ostendisse, quod semper monasterium illud nostrum infestaverim, et quod nunc maxime toti regno derogaverim, ei videlicet honorem illum auferens, quo singulariter gloriaretur, cum eorum patronum Areopagitam fuisse denegarem. Ego autem respondi : nec me hoc denegasse, nec multum curandum esse, utrum ipse Areopagita an aliunde fuerit, dummodo tantam apud Deum adeptus sit coronam. Illi vero ad abbatem statim concurrentes, quod mihi imposuerant [*al*. imposituri erant] nuntiaverunt. Qui libenter hoc audivit, gaudens se occasionem aliquam adipisci qua me opprimeret, utpote qui quanto cæteris turpius vivebat, magis me verebatur. Tunc concilio suo congregato, et fratribus congregatis, graviter mihi comminatus est, et se ad regem cum festinatione missurum dixit, ut de me vindictam sumeret, tanquam regni sui gloriam et coronam ei auferente. Et me interim bene observare præcepit, donec me regi traderet. Ego autem ad regularem disciplinam, si quid deliquissem, frustra me offerebam. Tunc ego nequitiam eorum exhorrens, utpote qui tandiu tam adversam habuissem fortunam, penitus desperatus quasi adversum me universus conjurasset mundus, quorumdam consensu fratrum mei miserantium, et quorumdam discipulorum nostrorum suffragio, nocte latenter aufugi, atque (48) ad terram comitis Theobaldi proximam, ubi antea in cella moratus fueram, abscessi. Ipse quippe et mihi aliquantulum notus erat, et oppressionibus meis quas audierat admodum compatiebatur. Ibi autem (49) in castro Privigni [*al*. Pruvini] morari cœpi, in cella videlicet quadam Trecensium monachorum, quorum prior antea mihi familiaris exstiterat, et valde dilexerat. Qui valde in adventu meo gavisus, cum omni diligentia me procurabat. Accidit autem quadam die ut ad ipsum castrum abbas noster ad prædictum comitem pro quibusdam suis negotiis veniret. Quo cognito, accessi ad comitem cum priore illo, rogans eum quatenus pro me ipse intercederet ad abbatem nostrum, ut me absolveret et licentiam daret vivendi monastice ubicunque mihi competens locus occurreret. Ipse autem, et qui cum eo erant, in consilio rem posuerunt, responsuri comiti super hoc in ipsa die antequam recederent. Inito autem consilio, visum est eis me ad aliam abbatiam velle transire, et hoc suæ dedecus immensum fore. Maximæ namque gloriæ sibi imputabant, quod ad eos in conversione mea divertissem, quasi cæteris omnibus abbatiis contemptis; et nunc maximum sibi imminere dicebant opprobrium, si eis abjectis ad alios transmearem. Unde nullatenus vel me vel comitem super hoc audierunt. Imo mihi statim comminati sunt, quod nisi festinus redirem, me excommunicarent. Et priori illi, ad quem refugeram, modis omnibus interdixerunt, ne me deinceps retineret, nisi excommunicationis particeps esse sustineret. Quo audito, tam prior ipse quam ego valde anxiati fuimus. (50) Abbas autem in hac obstinatione recedens, post paucos dies defunctus est. (51) Cui

ANDREÆ QUERCETANI NOTÆ.

presbyteri arguere conabantur Dionysium Areopagitam fuisse Dionysium Corinthiorum episcopum, et non magis fuisse Atheniensium episcopum, » quam tamen et per dubitationem conclusit his verbis : « Denique, ut hanc litem variarum sententiarum pacatissimo fine sopire penitus valeamus, facile fortassis, si duos Dionysios Corithiorum episcopos exstitisse ponamus, et Bedam veracem poterimus tenere, et nihil per opinionem accipere; ita quidem ut unus ex Dionysiis Corinthiorum episcopis, et Dionysius Areopagita idem sit de quo Beda scribit, et in diversis temporibus idem Athenis et Corintho præesset episcopus, et postmodum a sancto Clemente Galliarum sit ordinatus apostolus; alius vero ex Dionysiis Corinthiorum episcopis, ille fuerit Dionysius, de quo ecclesiastica Historia et Hieronymus meminerunt. » Quidquid sit, non multum curandum est, ut inquit idem Abælardus, utrum ipse Dionysius episcopus Parisiensis Areopagita, an aliunde fuerit, dummodo tantam apud Deum adeptus sit coronam.

(48) *Ad terram comitis Theobaldi*. — Theobaldus hic, sive Theobaudus, II fuit ejus nominis, comes Tricassinæ civitatis et Privigni, qui decessit anno 1151.

(49) *In castro Privigni morari cœpi, in cella videlicet quadam Trecensium monachorum*. — Cellam Sancti Aigulfi intelligit, quam Theobaldus I instituit apud Privignum, et in ea monachos Sancti Petri Trecensis posuit, anno Christi 1048, ut ex Henrici regis diplomate patet, his verbis : « Quidam summæ nobilitatis comes Theobaldus nomine nostræ serenitatis adiit præsentiam, rogans et obnixe postulans, ut sibi in quadam ecclesia, Sancti videlicet Aigulphi sub Pruvinensi oppido sita, quam de nobis beneficiose tenebat, liceret monachos de monasterio domini Petri Trecassini Cellensis cognominati primitive ponere, et ad Dei servitium perpetualiter, et continue, quod inibi prius negligenter agebatur, administrandum destinare, etc. » Porro tabulæ Sanctæ Genovefæ Parisiensis mentionem etiam faciunt nundinarum Sancti Aigulfi apud Pruvinum, » anno 1220. Nec extra rem sunt aliæ quoque Paracletensis chartularii litteræ, quibus « frater Felix humilis abbas monasterii Sancti Petri de Cella Trecensis, et Guichardus prior Sancti Aigulphi de Pruvino, memorantur sub annum Christi 1271.

(50) *Abbas autem*, etc. — Adam scilicet, sive Adamus Sancti Dionysii abbas, de quo jam superius. Decessit autem anno 1123, ut ex electione successoris ejus mox apparebit.

(51) *Cui cum alius successisset...* — Successor hic Adæ fuit Sugerius, tunc absens. Residebat enim apud Callixtum II papam, missus a rege Ludovico Grosso pro quibusdam regni Franciæ negotiis. Quod ipse docet in Vita Ludovici regis, dum ait : « Occurrit subito puer familiaris, qui meos meque recognoscens, lætus et tristis, domini nostri bonæ memoriæ abbatis Adæ antecessoris decessum denuntiat, communemque de persona nostra pleno conventu factam electionem. « Electumque eodem quo decessor ejus Adam defunctus est, anno nempe 1123, subindicat etiam alibi. Nam in præcepto de

cum alius successisset, (52) conveni eum cum episcopo Meldensi, ut mihi hoc, quod a praedecessore ejus petieram, indulgeret. Cui rei cum nec ille primo acquiesceret, postea intervenientibus amicis quibusdam nostris, regem et consilium ejus super hoc compellavi, et sic quod volebam impetravi. (53) Stephanus quippe regis tunc dapifer, vocato in partem abbate et familiaribus ejus, quaesivit ab eis cur me invitum retinere vellent, ex quo incurrere facile scandalum possent, et nullam utilitatem habere, cum nullatenus vita mea et ipsorum convenire [*al.* congruere] possent. Sciebam autem in hoc regii consilii sententiam esse, ut quo minus regularis abbatia illa esset, magis regi esset subjecta atque utilis, quantum videlicet ad lucra temporalia. Unde me facile regis et suorum assensum consequi credidei.

ANDREAE QUERCETANI NOTAE.

hominibus villae beati Dionysii, quos postea libertati tradidit, annum Christi 1125, administrationis suae tertium numerat, his verbis : « Actum in monasterio beati Dionysii in generali conventu, praesidente domino Suggerio venerabili abbate ejusdem monasterii, tertio administrationis ejus anno, Incarnationis autem Dominicae 1125, die Dominica Idus martii, luna vii, ind. iii, epacta xiv, concurrente iii, regnante Ludovico glorioso et illustri Francorum rege, xvii administrationis suae anno, et praesentem condonationem confirmante. Ego Suggerius abbas subscripsi. » Et infra : « Ego Gregorius domini Suggerii abbatis cancellarius relegi et subscripsi. »

(52) *Conveni eum cum episcopo Meldensi.* — Nondum bene mihi constat quis hic Meldensis episcopus. Et tamen aut Burchardum aut Manassem ejus successorem affirmare possum. Nam in tabulario Sancti Martini de Campis invenio Burchardum adhuc superstitem anno 1122, episcopatus sui tertio, Manassem vero jam coepisse regere Meldensem Ecclesiam anno 1125, quo « ecclesiam de Chosiaco Sancto Martino dedit, cum candelis de festivitate beatae Mariae, cum tortellis de festivitate sancti Stephani, cum xviii denariis infra 12 dies Natalis Domini a presbytero persolvendis, cum decimis tam majoribus quam minoribus ad eamdem ecclesiam, et ad capellam de Marroliis pertinentibus : et consilio etiam domini Gaufridi Carnotensis episcopi, « xl solidos singulis annis a presbytero de beneficiis ejusdem ecclesiae persolvendos. »

(53) *Stephanus quippe regis tunc dapifer...* — Nec hinc certe magis praecisa temporis illius definitio potest erui. Nam et Stephanus dapifer, regis Ludovici litteris etiam anno 1120 atque 1122, subscripsisse legitur in archivis Sancti Dionysii. Quare praetermissa disquisitione ista, videndum jam potius quis fuerit hic dapifer sive seneschallus Stephanus. Hugo de Cleriis in commentario de majoratu et seneschalcia Franciae comitibus olim Andegavensibus haereditaria, docet fuisse Stephanum de Garlanda, Guillelmi de Garlanda dapiferi successorem, his verbis : « Guillelmus de Garlanda tunc Franciae seneschallus recognovit in illo colloquio hominium se debere comiti Fulconi de seneschalcia Franciae, et inde fuit in voluntate comitis. Post Guillelmum fuit seneschallus Stephanus de Garlanda qui fecit hominium comiti. » Sed quod auctor ille non prodit, alibi didici, nempe Stephanum eumdem Guillelmi de Garlanda, nec non Anselli vel Anselmi dapiferi, Gillebertique buticularii fratrem fuisse. Sic enim asseritur in charta Ludovici Grossi, fundationem beatae Mariae de Gornaio confirmantis, quae quanquam prolixa, non incongrue tamen hic apponi poterit, cum praesertim ad illustrandum auctoris nostri locum maxime faciat. Sic igitur se habet :

Charta Ludovici Grossi.

« Ego Ludovicus Dei dispensante misericordia in regem Francorum sublimatus, notum fieri volo cunctis fidelibus tam futuris quam et instantibus, quod ecclesiam Sanctae Dei genitricis Mariae, sanctique Joannis evangelistae super Matronam fluvium juxta Gornaium castrum sitam; Guido Rubeus, et uxor ejus Adhelaida pari ab ipso fundamento devotione construxerunt. Et cum multa illi contulissent beneficia, eam cum omnibus ad ipsam pertinentibus monachis Sancti Martini de Campis perpetuo habendam concesserunt. Ut autem eorum dona, quae praedictae ecclesiae dederunt, ab aliorum beneficiis distinguamus, eadem dona nominatim subscribi praecipimus. Primum eorum donum monachis Sancti Martini de Campis, ut dictum est, collatum hoc est : praefata ecclesia cum suis clausuris, et cum omni adjacente ambitu, capella de Gornaio, terra de Luabum, molendinum apud Gornaium; apud Russiacum ecclesia cum atrio, et tertia parte ejusdem villae. Haec sunt specialiter Guidonis et uxoris suae Adelaidae dona praedictis monachis ab eisdem collata. Cunctis praeterea innotescere volumus, quod Ansellus de Garlanda dapifer noster supradicto monasterio tribuit apud Russiacum duas ejusdem villae partes, et sic totam omnino villam concessit monachis excepto nemore, et ipsum nemus eisdem monachis et eorum hospitibus ad ardendum et hospitandum, et ad propriae necessitatis usum. Nusiellum quoque, ecclesiam scilicet, et quidquid ad illam pertinet, cum hospitibus, terris, pratis, vineis, cum nemore et molendino, sicut monachi ea possident, illi donavit. Decimam insuper de Bercorellis, et duas partes decimae de Bercheriis. Tertiam vero partem cum atrio Balduinus de Claciaco monachis dedit, assensu Anselmi dapiferi nostri. Totam quoque decimam de Ponteuz, et apud Torciacum medietatem decimae, quae dicitur Sancti Martini, et ecclesiam Essoniae cum atrio et decima, Anselmus eidem monasterio contulit. Hospites vero in eodem atrio commanentes Stephanus frater ejusdem Anselmi ei monasterio concessit. Apud Canoilum quidquid Albertus de Bri ecclesiam scilicet cum decima, prata, et terram, et nemus monachis praefati monasterii concessit, ipso Ansello annuente, ex cujus feodo habebat. His et aliis beneficiis bonae memoriae Ansellus praefatum ditavit monasterium, et Christum haeredem fecit, fratribus suis Stephano, Vuillelmo et Gilleberto concedentibus. In vodo, quod est inter Gornaium et Kalam, xv arpenta pratorum habent, v de dono nostro, vii de dono Alberici de Montefirmo, et tria de aliorum fidelium beneficio. Nos autem haec omnia praedicta dona, Guidonis videlicet Rubei, et uxoris ejus, et Anselli dapiferi nostri, et Stephani fratris sui, et Balduini de Claciaco, et Alberici de Montefirmo, et volumus et approbamus, et quantum ad nostram pertinet majestatem in perpetuum omnino confirmamus. Terram quoque et nemus de Campo Mulloso, quem Arnulfus de Corquerellis, annuente Pagano de Montegaio, praedictis monachis dedit, nos eidem ecclesiae confirmamus. Eidem etiam ecclesiae confirmamus terram, et nemus quod dicitur Raimundi. Actum Parisius anno incarnati Verbi 1124, Adelaidis reginae vii. Signum Stephani dapiferi, signum Gilleberti buticularii, signum Hugonis constabularii, signum Alberici camerarii. Data per manum Stephani cancellarii. »

Verum haec charta scrupulum ingerit, qui paulo diligentius excutiendus est. Nam et Stephanum dapiferum, et Stephanum cancellarium simul subscriptos habet. Cum tamen Annales Mauriniacensis coenobii, quos Teulfus, et aliquot loci illius monachi scripserunt, eumdem faciant Stephanum de Garlanda dapiferum cum Stephano cancellario reram. Sicque actum est. Sed ne gloriationem suam, quam de me habebat, monasterium amitteret, concesserunt mihi ad quam vellem solitudinem transire, dummodo nulli me abbatiæ subjugarem. Hocque in præsentia regis et suorum utrimque assensum est et confirmatum. Ego itaque ad solitudinem quamdam in Trecensi pago mihi antea cognitam me contuli, ibique a quibusdam terra mihi donata, (54) assensu episcopi terræ (55) oratorium quoddam in nomine sanctæ Trinitatis ex calamis et culmo primum construxi. Ubi cum quodam clerico nostro latitans, illud vere Domino poteram decantare : « Ecce elongavi fugiens, et mansi in solitudine *(Psal.* 54. 8). »

Cap. XI. Quod cum cognovissent scholares (56), cœperunt undique concurrere, et relictis civitatibus et castellis solitudinem inhabitare, et pro amplis domibus parva tabernacula sibi construere, et pro delicatis cibis herbis agrestibus et pane cibario victitare, et pro mollibus stratis culmum sibi et stramen comparare, et pro mensis glebas erigere. Et vere eos priores philosophos imitari crederes, de quibus et Hieronymus in libro secundo contra Jovinianum his commemorat verbis : « Per sensus quasi per quasdam fenestras vitiorum ad animam introitus est. Non potest metropolis et arx mentis capi, nisi per portas irruerit hostilis exercitus. Si Circensibus quispiam delectatur, si athletarum certamine, si mobilitate histrionum, si formis mulierum, si splendore gemmarum, vestium, et cæteris hujusmodi, per oculorum fenestras animæ capta libertas est, et impletur illud propheticum : *Mors intravit per fenestras nostras (Jer.* ix, 21). Igitur cum

ANDREÆ QUERCETANI NOTÆ.

gis. Teulfi verba sunt hæc Annalium libro ii *(Patrologiæ,* t. CLXXX) : « Defuncto Vuillelmo Anselli dapiferi germano, Stephanus cancellarius, frater amborum, major regiæ domus effectus est. Hoc retroactis generationibus fuerat inauditum, ut homo qui diaconatus fungebatur officio, militiæ simul post regem duceret principatum. Hic vir industrius, et sæculari præditus sapientia, cum multis ecclesiasticorum bonorum redditibus, tum familiaritate regis, quam sic habebat, ut ei potius a quibusdam diceretur imperare quam servire, temporali felicitate supra cæteros mortales nostris temporibus efflorebat. Tradita vero nepti sui in conjugio Almarico de Monteforti, cum honore de Rupeforti, qui puellæ de matrimonio obvenerat, tumefactus oblitusque sui Adelam reginam frequentissimis molestiis sibi reddidit infestam, odiisque crescentibus, rege turbato, depositus ab honore, pulsatur a curia. Ipse vero veluti quadam correptus insania, regnum turbare totis viribus enititur, et viri in armis strenui, Amalrici dico, fretus auxiliis, patriam hanc bellis accendit. Sed cum suos affectus deducere non posset ad effectus, reversus ad semetipsum, seneschalciam, quam jure possidere se dicebat hæreditario, dimisit, et cum rege Ludovico, Adelaide regina interveniente, pacificatus est. » Ex quibus quantus et qualis fuerit Stephanus de Garlanda dapifer facillime potest judicari. Sed et eum fuisse credam Stephanum illum cancellarium, qui postea Parisiensis episcopus factus est, adduci nequeo. Multa enim in antiquis et fide dignis monumentis occurrunt, quæ contrarium persuadere videntur. Et primo, tabulæ Sancti Martini referunt Stephanum Parisiensem episcopum, « ecclesiam Sancti Dionysii quæ dicitur de Carcere, quam diu manus laica injuste invaserat, quæ etiam suo tempore ad manus regias reducta fuerat, ipsam in manibus suis redditam ex consensu, petitione et voluntate regis Ludovici, annuente Adelaide regina, et Henrico ejusdem ecclesiæ abbate concedente, in perpetuum donasse Sancto Martino de Campis anno Christi 1133. » In litteris vero Henrici abbatis Sancti Germani de Pratis memorantur « servientes Stephani de Garlanda, » qui sub annum adhuc 1138, « castrum Gurnaicum cum appendiciis in advocatione tenebat pro Almarico Eboredi comite nepti suæ filio, cui idem castrum hæreditario jure successerat. » Secundo, tumulus Stephani Parisiensis episcopi, qui decessit anno 1140, eum primo cancellarium, post episcopum fuisse, nulla dapiferi vel seneschalciæ mentione facta, demonstrat, hoc modo : « Hic jacet felicis memoriæ reverendus Pater et dominus Stephanus, quondam Franciæ cancellarius, post Parisiensis episcopus, etc. Denique, quod luce meridiana clarius est, tabulæ beatæ Mariæ de Gornaio referunt simul et « Stephanum Parisiensem episcopum, et Stephanum dapiferum Gornaium tenentem. » Quare dubio hoc ita remoto jam subjungendum restat, Stephano de Garlanda, Radulphum Peronæ, seu Viromanduorum comitem in seneschalcia successisse. Quod aperte testatur Hugo de Cleriis cum ait : « Post Stephanum fuit seneschallus, Radulphus Peronæ comes, qui similiter fecit hominia et servitium. » Post Radulphum Theobaldus Magnus, comes Blesensis, dapiferi munere functus est sub Ludovico Juniore. Post Theobaldum Magnum Theobaldus alter filius ejus, itidem comes Blesensis, Philippi Augusti seneschallus exstitit. Et sic de cæteris.

(54) *Assensu episcopi terræ.* — Hatonis scilicet episcopi Trecensis, posteaque Cluniacensis monachi, de quo multa Petrus Venerabilis abbas Cluniaci, sanctus Bernardus, et alii ejusdem ævi scriptores in epistolis.

(55) *Oratorium quoddam in nomine sanctæ Trinitatis... construxi.* Tacet hoc loco, quod alibi refert ac sæpe repetit, oratorium illud se, cum in nomine sanctæ Trinitatis fundatum ac dedicatum esset, quia tamen ibi profugus ac jam desperatus divinæ gratia consolationis aliquantulum respirasset, in memoriam hujus beneficii Paracletum sive Paraclitum nominasse. Quod asserunt etiam Robertus Autissiodorensis, Chronicon Sancti Petri Vivi Senonum, et alii. Construxitque illud in pago Trecensi, super fluvium Arduzonem sive Ardicenem, in parochia Quinceii, vicina Nogento super Sequanam. Guillelmus Nangius in Chronico : « Construxerat enim monasterium in episcopatu Trecensi juxta Nogentum super Sequanam in quodam prato ubi legere solitus fuerat. » Et Innocentius II, in litteris ad Heloissam, « Heloissæ, » inquit, « abbatissæ, cæterisque sororibus in oratorio quod in pago Trecensi, in parochia Quinceii, supra fluvium Arduzonem situm est. » Vocant autem illud Romani pontifices, « Paracletense cœnobium, oratorium Sanctæ Trinitatis, Paracletum, et oratorium Sancti Spiritus. » Sed de eo plura adhuc postea. — Vide Mabill. *Annal. ord S. Bened.* t. VI, p. 83. Edit.

(56) *Quod cum cognovissent scholares,* etc. Franciscus Petrarcha, lib. ii, De vita solitaria : « Qui Petrus Abælardus, inquit, invidiæ cedens, solitudinis Trecensis abdita penetravit, etsi non sine magno undique studiosorum conventu, quos e multis urbibus solitario illi discipulos doctrinæ celebris fama contraxerat, sine requie tamen optata, quam sibi radicitus tenax livor, odiumque convulserant. »

per has portas quasi quidam perturbationum cunei ad arcem nostræ mentis intraverint, ubi erit libertas? ubi fortitudo ejus? ubi de Deo cogitatio? Maxime cum tactus depingat sibi etiam præteritas voluptates, et recordationem vitiorum cogat animam compati, et quodam modo exercere quod non agit. His igitur rationibus invitati multi philosophorum reliquerunt frequentias urbium et hortulos suburbanos, ubi ager irriguus, et arborum comæ, et susurrus avium, fontis speculum, rivus murmurans, et multæ oculorum auriumque illecebræ, ne per luxum et abundantiam copiarum animæ fortitudo mollesceret, et ejus pudicitia stupraretur. Inutile quippe est crebro videre per quæ aliquando captus sis, et eorum te experimento committere quibus difficulter careas. Nam et Pythagoræi hujusmodi frequentiam declinantes, in solitudine et desertis locis habitare consueverant. » Sed et ipse Plato cum dives esset, et torum ejus Diogenes lutatis pedibus conculcaret, ut posset vacare philosophiæ elegit academiam villam ab urbe procul non solum desertam, sed et pestilentem, ut cura et assiduitate morborum libidinis impetus frangerentur, discipulique sui nullam aliam sentirent voluptatem nisi earum rerum quas discerent. Talem et filii prophetarum Eliseo adhærentes vitam referuntur duxisse (*IV Reg.* vi). De quibus ipse quoque Hieronymus, quasi de monachis illius temporis, ad Rusticum monachum inter cætera ita scribit (*Epist.* iv) : « Filii prophetarum, quos monachos in Veteri legimus Testamento, ædificabant sibi casulas prope fluenta Jordanis, et turbis et urbibus derelictis, polenta et herbis agrestibus victitabant. » Tales discipuli nostri ibi super Arduzonem fluvium casulas suas ædificantes, eremitæ magis quam scholares videbantur. Quanto autem illuc major scholarium erat confluentia, et quanto duriorem in doctrina nostra vitam sustinebant, tanto amplius mihi æmuli æstimabant gloriosum, et sibi ignominiosum. Qui cum cuncta quæ poterant [*al.* potuerant] in me egissent, omnia cooperari mihi in bonum dolebant, atque ita juxta illud Hieronymi, me procul ab urbibus, foro, litibus, turbis remotum ; sic quoque (ut Quintilianus ait), latentem invenit invidia. Quia [*al.* Qui] apud semetipsos tacite conquerentes et ingemiscentes dicebant : « Ecce mundus totus post eum abiit, nihil persequendo profecimus, sed magis eum gloriosum effecimus. Exstinguere nomen ejus studuimus, sed magis accendimus. Ecce in civitatibus omnia necessaria scholares ad manum habent, et civiles delicias contemnentes, ad solitudinis inopiam confluunt, et sponte miseri fiunt. » Tunc autem præcipue ad scholarum regimen intolerabilis me compulit paupertas, cum fodere non valerem, et mendicare erubescerem. Ad artem itaque, quam noveram, recurrens [*al.* revertens], pro labore manuum ad officium linguæ compulsus sum. Scholares autem ultro mihi quælibet necessaria præparabant, tam in victu scilicet quam in vestitu vel cultura agrorum, seu in expensis ædificiorum, ut nulla me scilicet a studio cura domestica retardaret. Cum autem oratorium nostrum modicam eorum portionem capere non posset, necessario ipsum dilataverunt, et de lapidibus et lignis construentes melioraverunt [*al.* incolaverunt]. Quod cum in nomine [*al.* honore] sanctæ Trinitatis esset fundatum, ac postea dedicatum, quia tamen ibi profugus ac tam desperatus divinæ gratiæ consolationis aliquantulum respirassem, in memoriam hujus beneficii ipsum Paracletum [*al.* Paraclitum, *et sic ubique*] nominavi. Quod multi audientes, non sine magna admiratione susceperunt, et nonnulli hoc vehementer calumniati sunt, dicentes non licere Spiritui sancto specialiter magis quam Deo Patri Ecclesiam aliquam assignari ; sed vel soli Filio, vel toti simul Trinitati secundum antiquam consuetudinem. Ad quam nimirum calumniam hic eos error plurimum induxit, quod inter Paracletum et Spiritum Paracletum nihil referre crederent. Cum ipsa quoque Trinitas et quælibet in Trinitate persona sicut Deus vel adjutor dicitur, ita et Paracletus, id est consolator recte nuncupetur, juxta illud Apostoli : « Benedictus Deus et Pater Domini nostri Jesu Christi, Pater misericordiarum, et Deus totius consolationis, qui consolatur nos in omni tribulatione nostra (*II Cor.* 1, 3). » Et secundum quod Veritas ait : « Et alium Paracletum dabit vobis (*Joan.* xiv, 16). » Quid etiam impedit, cum omnis Ecclesia in nomine Patris, et Filii, et Spiritus sancti pariter consecretur, nec sit eorum in aliquo possessio diversa [*al.* divisa], quod domus Domini non ita Patri, vel Spiritui sancto ascribatur, sicut Filio ? Quis titulum ejus, cujus est ipsa domus, de fronte vestibuli radere præsumat ? aut cum se Filius in sacrificium Patri obtulerit, et secundum hoc in celebrationibus missarum specialiter ad Patrem orationes dirigantur, et hostiæ fiat immolatio, cur ejus præcipue altare esse non videatur, cui maxime supplicatio et sacrificium agitur ? Nunquid rectius ejus cui immolatur, quam illius qui immolatur, altare dicendum est ? an melius Dominicæ crucis, aut sepulcri, vel beati Michaelis, seu Joannis, aut Petri, aut alicujus sancti, qui nec ibi immolantur, nec eis immolatur, aut obsecrationes ejus fiunt, altare quis esse confitebitur ? Nimirum nec inter idolatras altaria vel templa aliquorum dicebantur, nisi quibus ipsi sacrificium atque obsequium impendere intendebant. Sed fortasse dicat aliquis, ideo Patri non esse vel ecclesias, vel altaria dedicanda, quod ejus aliquod factum [*al.* festum] non exsistit, quod specialem ei solemnitatem tribuat. Sed hæc profecto ratio ipsi hoc Trinitati aufert, et Spiritui sancto non aufert. Cum ipse quoque Spiritus ex adventu suo propriam habeat Pentecostes solemnitatem, sicut Filius ex suo, Natalis sui festivitatem. Sicut enim Filius missus est in mundum, ita et Spiritus sanctus in discipulos propriam sibi vindicat solemnitatem. Cui etiam probabilius quam alicui aliarum personarum templum ascribendum videtur, si diligentius apostolicam attendamus auctoritatem atque ipsius Spiritus operationem. Nulli enim trium personarum speciale [*al.* spirituale] templum specialiter ascribit Apostolus, nisi Spiritui sancto. Non enim ita templum Patris, vel templum Filii dicit, sicut templum Spiritus sancti, in prima ad Corinthios ita scribens : « Qui adhæret Domino, unus spiritus est *(I Cor.* VI, 17). » Item : « An nescitis quia corpora vestra templum sunt Spiritus sancti, qui in vobis est, quem habetis a Deo, et non est vestri? *(ibid.,* 19.)» Quis etiam divinorum sacramenta beneficiorum, quæ in Ecclesia fiunt, operationi divinæ gratiæ, qua Spiritus sanctus intelligitur, nesciat specialiter ascribi? Ex aqua quippe et Spiritu sancto in baptismo renascimur, et tunc primo quasi speciale templum Deo constituimur. In consummatione quoque septiformis Spiritus gratia traditur, quibus ipsum Dei templum adornatur atque dedicatur. Quid ergo mirum, si ei personæ, cui specialiter spirituale templum Apostolus tribuit, nos corporale assignemus? Aut cujus personæ rectius Ecclesia esse dicitur, quam ejus, cujus operationi cuncta, quæ in Ecclesia ministrantur, beneficia specialiter assignantur? Non tamen hoc ita cogitamus [*al.* agitamus], ut cum Paracletum primo nostrum vocaverimus oratorium, uni ipsum personæ nos dicasse fateamur; sed propter eam quam supra reddidimus causam, in memoriam scilicet nostræ consolationis. Quanquam si illo quoque, quo creditur, modo id fecissemus, non esset [*al.* est] rationi adversum, licet consuetudini incognitum.

CAP. XII. *De persecutione quorumdam quasi novorum apostolorum in eum.* — Hoc autem loco me corpore latitante, sed fama tunc universum mundum perambulante, et illius poetici figmenti, quod echo dicitur (57), instar penitus recinente [*al.* resonante], quod videlicet plurimum vocis habeat, sed nihil subest : priores æmuli cum per se jam minus valerent, quosdam adversum me novos apostolos, quibus mundus plurimum credebat, excitaverunt (58). Quorum alter regularium canonicorum vitam, alter monachorum se resuscitasse gloriabatur. Ii prædicando per mundum discurrentes, et me impudenter quantum poterant corrodentes, non modice [*al.* modicum] tam ecclesiasticis quibusdam quam sæcularibus potestatibus contemptibilem ad tempus effecerunt, et de mea tam fide quam vita adeo sinistra disseminaverunt, ut ipsos quoque amicorum nostrorum præcipuos a me averterent, et qui adhuc pristini amoris erga me aliquid retinerent, hoc ipsi modis omnibus metu illorum dissimularent. Deus ipse mihi testis est, quoties aliquem ecclesiasticarum personarum conventum adunari noveram, hoc in damnationem meam agi credebam. Stupefactus illico quasi supervenientis ictum fulguris, exspectabam ut quasi hæreticus aut profanus in conciliis traherer aut Synagogis. Atque ut de pulice ad leonem, de formica ad elephantem comparatio ducatur, non me mitiori animo persequebantur æmuli mei, quam beatum olim Athanasium hæretici. Sæpe autem (Deus scit) in tantam lapsus sum desperationem, ut Christianorum finibus excessis, ad gentes transire disponerem, atque ibi quiete sub quacunque tributi pactione inter inimicos Christi Christiane vivere. Quos tanto integre propitios me habiturum credebam, quanto me minus Christianum ex imposito mihi crimine suspicarentur, et ob hoc facilius ad sectam suam inclinari posse crederent.

CAP. XIII. *De abbatia ad quam assumptus est, et persecutione tam filiorum, id est monachorum, quam tyranni in eum.* — Cum autem tantis perturbationibus incessanter affligerer, atque hoc extremum mihi superesset consilium, ut apud inimicos Christi ad Christum confugerem : occasionem quamdam adeptus qua insidias istas paululum declinare me

ANDREÆ QUERCETANI NOTÆ.

(57) Ovid. lib. III *Metam.,* 358.
(58) *Alter,* etc. Sanctos Nortbertum canonicæ Præmonstratensium congregationis institutorem, et Bernardum monastici Cisterciensium ordinis promotorem præcipuum intelligit. Quorum hic primus Claravallensis cœnobii abbas, benedictus est a Guillelmo de Campellis episcopo Catalaunensi sub annum 1114, episcopatu Lingonensi vacante, sicut in Chronico Victoriano legitur, posteaque trecentorum et amplius monachorum Pater esse meruit. Ille vero, teste veteri Laudunensis Ecclesiæ canonico, « post paucos annos novi luminis, novæque conversionis, nec solum interius, sed etiam exterius candoris novus inventor et inceptor, dominus scilicet Nortbertus, de Lotharingia Franciam adveniens, divina præcedente et comitante gratia in episcopatu Laudunensi primam illam vineam plantavit, quæ in charitate radicata et fundata jam emisit propagines suas, et vino fortitudinis suæ, quod lætificat cor hominis, jam ubertim inebriavit plures principes et juvenes, et virgines, senes cum junioribus. Ita ut fortiter inebriati nihil aliud quærant nisi laudare nomen Domini, cantare ei canticum novum. » Nec omnino male loco huic convenire videtur, quod auctor Chronici Lemovicensis refert ad annum 1130 : « Sub his, » inquit, « temporibus, ordo canonicus Præmonstratensium, et monasticus Cisterciensium quasi duæ olivæ in conspectu Dei pietatis lumen et devotionis pinguedinem mundo ministrabant, et quasi vites fructiferæ religionis palmites circumquaque propagabant, et per omnes fere Christiani orbis terminos bonæ opinionis paulatim odore diffuso novas abbatias, ubi antea cultus Dei non fuerat, construebant. Unde et in Syriam et Palæstinam de utroque ordine fratres missi nonnullas abbatias ædificaverunt. Eratque circa ea tempora pulchra ac decora facies ecclesiæ diversorum ordinum ac professionum circumdata varietate, dum hinc Præmonstratenses, inde Cistercienses monachi, inde etiam diversi habitus atque professionis sanctimoniales et mulieres Deo devotæ in continentia atque paupertate sub obedientiæ jugo regulariter viventes, fervore religionis se invicem provocarent, et nova certatim diversis in locis monasteria fundarent. » Utrique tamen illi duorum ejusmodi ordinum propagatores fellis et acrimoniæ pleni fuerunt in Abælardum nostrum, ut vel ex solis aliquot epistolis liquet quas Bernardus Innocentio pontifici Romano et cardinalibus adversus eum scripsit.

credidi, incidi in Christianos atque monachos gentibus longo sæviores, atque pejores (59). Erat quippe in Britannia minore in episcopatu Venetensi abbatia quædam Sancti Gildasii Rivensis [*al.* Ruiensis, *et melius: vulgo* de Ruys] pastore defuncto desolata. Ad quam me concors fratrum electio cum assensu principis terræ vocavit, atque hoc ab abbate nostro et fratribus facile impetravit. Sicque me Francorum invidia ad Occidentem, sicut Hieronymum Romanorum expulit ad Orientem. Nunquam enim huic rei (sciat Deus) acquievissem, nisi ut quocunque modo has, quas incessanter sustinebam, oppressiones, ut dixi, declinarem. Terra quippe barbara, et terræ lingua mihi incognita erat, et turpis atque indomabilis illorum monachorum vita omnibus fere notissima, et gens terræ illius inhumana atque incomposita. Sicut ergo ille, qui imminente sibi gladio perterritus in præcipitium se collidit, et ut puncto temporis mortem unam differat aliam incurrit; sic ego ab uno periculo in aliud scienter me contuli, ibique ad horrisoni undas Oceani cum fugam mihi ulterius terræ postremitas non præberet, sæpe in orationibus meis illud revolvebam : « *A finibus terræ ad te clamavi, dum anxiaretur cor meum* (*Psal.*

A LX, 3). » Quanta enim anxietate illa etiam, quam regendam susceperam, indisciplinata fratrum congregatio cor meum die ac nocte cruciaret, cum tam animæ meæ quam corporis pericula pensarem, neminem jam latere arbitror; Certum quippe habebam, quod si eos ad regularem vitam, quam professi fuerant, compellere tentarem, me vivere non posse. Quod si hoc inquantum possem non agerem, me damnandum [*al:* damnificandum] esse. Ipsam etiam abbatiam tyrannus quidam in terra illa potentissimus ita jamdiu sibi subjugaverat, ex inordinatione scilicet ipsius monasterii nactus occasionem, ut omnia loca monasterio adjacentia in usus proprios redegisset, ac gravioribus exactionibus monachos ipsos quam tributarios Judæos exagitaret. Urgebant me monachi pro necessitudinibus quotidianis, cum nihil in commune haberent quod eis ministrarem, sed unusquisque de propriis olim marsupiis se et concubinas suas cum filiis et filiabus sustentaret. Gaudebant me super hoc anxiari, et ipsi quoque furabantur et asportabant quæ poterant, ut cum in administratione ipsa deficerem, compellerer [*al.* compellerent] aut a disciplina cessare, aut omnino recedere. Cum autem tota terræ illius barbaries pariter exlex et indisci-

ANDREÆ QUERCETANI NOTÆ.

(59) *Erat in Britannia minore,* etc. Abbatia hæc omnium Britanniæ abbatiarum antiquissima. Nam sanctus ipse Gildasius, sive Gildas, cognomento Sapiens, in majore Britannia natus, illius prima fundamenta jecit tempore Childerici regis Merovei filii. Quod ne minus probabiliter dixisse videar, producam testimonium auctoris anonymi, sed veteris ac fide digni, qui Vitam ac res gestas sancti Gildæ scripsit : « Cum Dei jussu, » inquit, « pervenisset Gildas in Armoricam quondam Galliæ regionem (tunc autem a Britannis, a quibus possidebatur, Britannia dicebatur), ab eis honorifice et cum gaudio magno susceptus est. » Et paulo post : « Veniens itaque ad quoddam castrum in monte Reuvysii, in prospectu maris situm, ibi potioris fabricæ construxit monasterium, atque in eo claustra cœnobitali ritu perfecit. » Itemque rursus : « Positum est autem corpus sancti viri in ecclesia quam ipse in antiquo castro Reusii construxerat. Ubi per multa annorum curricula servabatur, et ab universa Britannorum gente venerabiliter colebatur, quoniam innumerabiles ibi fiebant virtutes. » Unde patet et cur cœnobium illud Sancti Gildæ Ruiensis nomen obtinuerit. Verum postea bellis in Britannia supervenientibus, interfectoque crudeliter ab impiis religioso comite Britonum Salomone, non modo locus ipse penitus, cum alio, nomine Lochmenech, desertus atque destructus est, sed etiam habitatores eorum regiones alienas petere compulsi sunt, ac novas in Bituricensi pago sedes eligentes, secum corpus pretiosum sancti Gildæ detulerunt, et in Dolensi monasterio posuerunt, ubi Bituricus princeps Ebbo benignitate eos suscepit, quod diserte confirmatur ab auctore Chronici Lemovicensis in hæc verba : « Per idem tempus, » inquit, nempe versus annum Christi 907, « in Bithurica in castro Dolensi fundatum est cœnobium nobile quod Dolense vocatur, ab Ebbone viro illustri domino prædicti castri. Hic devotus vir post paululum a Britannia plures monachos fugientes cum multis sanctorum reliquiis religiose suscepit, qui Normannorum rabiem mortis metu evaserant. Hi corpus beati Gildasii abbatis ad Dolense cœnobium detulerunt. Cui Dei electus idem Ebbo proprium cœnobium juxta castellum suum ex alia aquæ parte construxit, ubi illius venerabile corpus cum multorum sanctorum reliquis honorabiliter conditum requiescit. » Nec tamen propterea ruiense monasterium, cum omnipotenti Domino placuisset ut restauraretur, illo deinceps adhuc sancti Gildæ nomine minus gavisum est. Nam Gaufridus tandem comes, totius Britanniæ principatum adeptus, ut refert idem qui supra Vitæ sancti Gildæ scriptor, « rogavit Goslinum Floriacensis tunc monasterii abbatem, qui etiam postea Bituricensi Ecclesiæ præfuit archiepiscopus, ut transmitteret sibi Felicem monachum ad restauranda monasteria, quæ erant in sua regione solo tenus destructa. Anno igitur Incarnationis Dominicæ 1008, missus est Felix a supradicto abbate ad Gaufredum comitem, qui honorifice ab eo susceptus est, atque prædicta cœnobia, » nempe Ruiense et Lochmenech « ei donavit cum omnibus appendiciis suis, commendavitque illum fratri suo Judicæli episcopo Venetensi, in cujus diœcesi ipsa monasteria erant. » Et aliquando post : « Cum autem dubitaret quem potiorem locum de duobus statueret sedem abbatiæ habere, ducem Alanum episcopumque Venetensem super hac re consuluit. Illi convocatis nobilibus viris, aliquibus etiam episcopis, statuerunt locum Sancti Gildæ, qui erat antiquior, et terræ fertilitate, frumenti etiam et vini, arborumque pomiferarum abundantior : diversorum quoque magnorum piscium generibus suis temporibus affluentior. » Atque hæc forte diffusius quam oportuit a me relata sunt, sed occasione potissimum Petri Abælardi, qui et ipse Brito, denum ad illam etiam Sancti Gildæ abbatiam concordi fratrum electione cum assensu principis terræ vocatus est, ut propriis verbis declarat. Et certe quod abbas fuerit in Britannia, licet tacito abbatiæ nomine, testatur quoque Guilelmus Nangius cum ait : « Petrus Abælardus magister in dialectice insignis et celeberrimus, primo uxoratus, deinde Sancti Dionysii in Francia monachus, post in Britannia, unde natus fuerat, abbas constitutus. »

plinata esset, nulli erant hominum ad quorum confugere possem adjutorium, cum a moribus omnium pariter dissiderem. Foris me tyrannus ille et satellites sui assidue opprimebant, intus mihi fratres incessanter insidiabantur, ut illud Apostoli in me specialiter dictum res ipsa indicaret, « foris pugnæ, intus timores (*II Cor*. VII, 5). » Considerabam, et plangebam quam inutilem et miseram vitam ducerem, et quam infructuose tam mihi quam aliis viverem, et quantum antea clericis profecissem, et quod nunc eis propter monachos dimissis, nec in ipsis, nec in monachis aliquem fructum haberem, et quam inefficax in omnibus inceptis atque conatibus meis redderer, ut jam mihi de omnibus illud improperari rectissime deberet : « Hic homo cœpit ædificare, et non potuit consummare (*Luc*. XIV, 30). » Desperabam penitus, cum recordarer quæ fugeram, et considerarem quæ incurreram, et priores molestias quasi jam nullas reputans, crebro apud me ingemiscens dicebam : « Merito hæc patior, qui Paracletum, id est consolatorem, deserens in desolationem certam me intrusi, et minas evitare cupiens ad certa confugi pericula. » Illud autem plurimum me cruciabat quod, oratorio nostro dimisso, de divini celebratione officii ita ut oporteret providere non poteram; quoniam loci nimia paupertas vix unius hominis necessitudini sufficeret. Sed ipse quoque verus Paracletus mihi maxime super hoc desolato veram attulit consolationem, et proprio prout debebat providit oratorio (60). Accidit namque ut abbas noster Sancti Dionysii prædictam illam Argenteoli [*al*. Argentolii] abbatiam, in qua religionis habitum nostra illa jam in Christo soror potius quam uxor Heloissa susceperat, tanquam ad jus monasterii sui antiquitus pertinentem, quocunque modo acquireret,

ANDREÆ QUERCETANI NOTÆ.

(60) *Accidit... ut abbas... Sancti Dionysii*, etc. — Fuit Argenteoli monasterium ab ipsis fundatoribus abbatiæ Sancti Dionysii subjectum. Postea tamen Carolus magnus illud Theodradæ filiæ suæ commisit. Quæ congregatis ibi sanctimonialibus eo pacto tenuit, ut post mortem ejus in usum ecclesiæ Sancti Dionysii reverteretur. Quod manifeste docet hoc Ludovici et Lotharii imperatorum præceptum e chartulario Sancti Dionysii depromptum :
Confirmatio Ludovici et Lotharii imperatorum, super ecclesia Argentolii, quam dedit Hermenricus et uxor sua Mumma [leg. *Nummana*] *Sancto Dionysio.*
« In nomine Domini Dei, et Salvatoris nostri Jesu Christi, Ludovicus et Lotharius divina ordinante providentia imperatores Augusti. Si ea, quæ a Deum timentibus hominibus ad loca divino cultui dedicata, solemni donatione largita vel condonata sunt, et postea qualibet occasione inde abstracta esse noscuntur, nostra auctoritate ad statum suum revocamus, et iterum nostræ jussionis oraculo confirmamus : hoc nobis procul dubio ad æternam beatitudinem adipiscendam, seu stabilitatem imperii nostri roborandam pertinere confidimus. Ideo notum sit omnium fidelium nostrorum tam præsentium, quam et futurorum industriæ, quia illustris femina, soror videlicet nostra Theodrada Deo sacrata, nostræ suggessit mansuetudini, qualiter compertum habuisset, quod monasterium vocabulo Argentolium situm in pago Parisiaco super fluvium Sequanam, quod ipsa primo per beneficium domni et genitoris nostri Caroli serenissimi imperatoris, et postea per nostram largitionem tenebat, ad monasterium beati et gloriosi Christi martyris Dionysii, uti præsenti tempore vir venerabilis Hilduinus abbas, et sacri palatii nostri archicapellanus, rector præesse videtur, pertinere deberet. Petiitque ut pro mercedis nostræ augmento ad statum pristinum illud revocari fecissemus [faceremus?], eo videlicet modo ut memoratum monasterium post suum ab hac luce discessum, si tamen aliud monasterium ei antea in comparatione pro ipso a nobis datum non fuerit, aut propria voluntate eum dimittere non voluerit, ad potestatem monasterii Sancti Dionysii absque ulla contrarietate vel cujusquam interrogatione reciperetur. Nos vero audita illius salubri ac religiosa petitione, prædictum venerabilem virum Hilduinum, quia præsens aderat, si quid de hac re compertum haberet interrogamus. Qui statim donationem cujusdam Deum timentis ac religiosi hominis nomine Ermenrici, ac conjugis suæ Nummanæ, qui præfatum monasterium in suo proprio construxerant, et id per testamenti paginam ad beati Dionysii martyris Christi monasterium solemni donatione contulerant, nec non et præceptum confirmationis Lotharii quondam regis, quod super eamdem donationem conscribere jusserat, nobis petitioni memoratæ dilectæ sororis nostræ Theodradæ annuere, et sicut petebat, per nostram auctoritatem sæpedictum monasterium Argentogilum ad potestatem Sancti Dionysii, pretiosissimi Christi martyris, revocare. Quapropter hanc nostræ auctoritatis confirmationem fieri præcipimus, per quam omnimodis decernimus atque jubemus, ut jam dictum monasterium Argentogilum post ipsius dilectæ sororis nostræ ab hac vita discessum ad monasterium et potestatem sæpedicti beatissimi Christi martyris Dionysii, ad quam primitus ob Dei amorem, et ipsorum sanctorum reverentiam piamque intercessionem a supradictis Dei fidelibus traditum vel condonatum fuisse noscitur, absque ullius personæ contradictione, aut nostra vel successorum nostrorum interrogatione recipiatur, et in jure ac dominatione ipsius monasterii cum omni integritate vel appendiciis suis quidquid ibidem præsenti tempore cernitur pertinere revocetur. Et si forte contigerit, ut eadem soror nostra ipsum monasterium aut spontanea voluntate, ut diximus, aut pro commutatione alterius monasterii ante finem vitæ suæ dimittere velit : tunc nihilominus absque ulla contradictione, aut exspectata consignatione, ad præfati beatissimi martyris Christi Dionysii monasterium, sicut supra insertum est, perpetualiter ad habendum recipiatur, et in postmodum nullo unquam tempore ulla qualibet dignitate aut potestate prædicta persona rectoribus monasterii præfati, ac beatissimi Christi martyris Dionysii aliquam requisitionem facere, aut ullam calumniam ingerere præsumat : sed liceat illis sine cujuslibet injusta interrogatione præfatum monasterium Argentogilum, sicut cæteras res ad beati Dionysii potestatem simili modo condonatas ac pertinentes, quieto ordine tenere ac disponere. Et quidquid pro opportunitate atque utilitate ipsius Ecclesiæ secundum Christianæ religionis regulam facere voluerit, liberam in omnibus habere potestatem. Et ut hæc auctoritas confirmationis seu redditionis, nostræ per futura tempora inviolabilem atque inconvulsam obtineat firmitatem, manibus propriis nostris subter eam firmavimus, et annuli nostri impressione signari jussimus. — Signum Ludovici serenissimi imperatoris, signum Lotharii gloriosissimi Augusti. Durandus diaconus ad vicem Fridugisi recognovit. »

Sed cum Normanni cœnobium illud diruissent,

et conventum inde sanctimonialium, ubi illa comes nostra prioratum habebat, violenter expelleret (61). Quæ cum diversis locis exsules dispergerentur, oblatam mihi a Domino intellexi occasionem, qua nostro consulerem oratorio. Illuc namque reversus, eam cum quibusdam aliis de eadem congregatione ipsi adhærentibus ad prædictum oratorium invitavi. Eoque illis adductis, ipsum oratorium cum omnibus ei pertinentibus concessi et donavi, ipsamque postmodum donationem nostram assensu atque interventu episcopi terræ (62) papa Innocentius secundus ipsis et earum sequacibus per privilegium in perpetuum corroboravit. Quas ibi quidem primo inopem sustinentes vitam, et ad tempus plurimum desolatas, divinæ misericordiæ respectus, cui devote serviebant, in brevi consolatus est, et se eis quoque verum exhibuit Paracletum, et circumadjacentes populos misericordes eis atque propitios effecit. Et (63) plus (sciat Deus) ut arbitror uno anno in terrenis commodis [*al.* prædiis] sunt multiplica-

ANDREÆ QUERCETANI NOTÆ.

Adelais Hugonis regis uxor ipsum restauravit, ac rursus in eo sanctimoniales constituit, quæ inibi usque ad Suggerii Sancti Dionysii abbatis tempora remanserunt. Qualiter autem hic eas inde expulerit, et abbatiam antiquo sui monasterii juri vindicarit sub annum Christi 1127, sic ipse narrat in libello *De rebus a se gestis* : « Cum ætate, » inquit, « docibili adolescentiæ meæ antiquas armarii possessionum revolverem chartas, et immunitatum biblos propter multorum calumniatorum improbitates frequentarem, crebro manibus recurrebat de cœnobio Argentoilensi fundationum charta ab Hermenrico et conjuge ejus Numma, in qua continebatur, quod a tempore Pippini regis, Beati Dionysii abbatiæ exstiterat, sed quadam occasione contractus incommodi in tempore Caroli Magni filii ejus alienata fuerat. Præfatus enim imperator quamdam filiam suam matrimonium humanum recusantem ibidem abbatissam sanctimonialium constituit, eo pacto ut post mortem ejus in usum Ecclesiæ reverteretur; sed turbatione regni filiorum filii ejus, videlicet filii pii altercatione, quoadusque super vixerat, perfici non potuit. Ubi cum antecessores nostri sæpius super hoc laborantes parum profecissent, communicato cum fratribus nostris consilio, nuntios nostros et chartas antiquas fundationis et donationis et confirmationum privilegia bonæ memoriæ papæ Honorio Romam delegavimus, postulantes ut justitiam nostram canonico investigaret et restitueret scrutinio. Qui, ut erat vir consilii et justitiæ tutor, tam pro nostra justitia quam pro enormitate monacharum ibidem male viventium, eumdem nobis locum cum appendiciis suis, ut reformaretur ibi religionis ordo, restituit. Rex vero Ludovicus Philippi charissimus, dominus et amicus noster eamdem restitutionem confirmavit, et quæcunque regalia ibidem habebat auctoritate regiæ majestatis, Ecclesiæ præcepto. » Et in Vita Ludovici Grossi : « Papa Honorius vir gravis et severus, qui cum justitiam nostram de monasterio Argentoilensi puellarum miserrima conversatione infamato, tum legati sui Matthæi Albanensis episcopi, tum domini Carnotensis, Parisiensis, Suessionis, domini etiam archiepiscopi Remensis Rainaldi, et multorum virorum testimonio cognovisset : præcepta regum antiquorum Pippini, Caroli Magni, Ludovici Pii, et aliorum, de jure loci præfatis nuntiis nostris oblata perlegisset, curiæ totius persuasione, tam pro nostra justitia, quam pro earum fetida enormitate, Beato Dionysio et restituit, et confirmavit. »

(61) *Quæ... cum exsules dispergerentur...,* etc. — Sanctimonialium Argenteoli sic a monasterio suo dejectarum aliæ in cœnobium Beatæ Mariæ de Footel, seu de Nemore translatæ sunt, ut colligitur ex his Henrici Sancti Dionysii abbatis litteris :
« Henricus Dei gratia abbas, et conventus Beati Dionysii, universis qui præsentes litteras viderint, in Domino salutem. Notum facimus, quod cum inter nos ex una parte, et abbatissam et moniales de Footel ex altera, tam super possessione quam proprietate ecclesiæ Beatæ Mariæ de Argentolio, qui [quæ?] est prioratus cum suis appendiciis, quæstio verteretur, auctoritate apostolica, coram domino priore Sancti Victoris Parisiensis, sancto succentore Silvanectensi, et magistro R. de Orson, canonico Noviomensi, pro bono pacis promisimus dictis monialibus, quo[d] dabimus et assignabimus eis in terris suis in territorio de Trembleyo decimam, quæ singulis annis valeat decem libras, infra xv dies post factam compositionem, etc. Actum anno Domini 1207. » Ea enim conditione cœnobium illud ad jus pristinum abbatis Sancti Dionysii reductum fuerat, ut monialibus loca provideret, ubi possent salvare animas suas. Heloissam vero, quæ prioratum conventus habebat, cum quibusdam aliis de eadem congregatione ipsi adhærentibus, Petrus Abælardus ad Paracletum oratorium suum invitavit, eamque ibi abbatissam cæteris præfecit. Quod testatur etiam Guillelmus Nangius cum ait : « Sed ibi Heloissam, quæ per industriam Suggerii abbatis Sancti Dionysii in Francia postmodum ejecta, venire fecit cum nonnullis monialibus religiosis. Quæ ibi abbatissa effecta. » Et ante eum Robertus Antissiodorensis : « Hic, » inquit, « Abælardus subtilissimus mirabilisque philosophus construxerat cœnobium in territorio Trecassino, in prato quodam ubi legere solitus fuerat : in quo sanctimoniales plurimas episcopali auctoritate congregavit, quod Paracletum nominavit. Quibus sanctimonialibus Heloissam quondam uxorem suam religiosam feminam, et litteris tam Hebraicis, quam Latinis apprime eruditam, præfecit abbatissam. »

(62) *Papa Innocentius II...* Privilegium hoc vide inter Regesta Innocentii II, sub num. 70, *Patrologiæ,* t. CLXXIX, col. 114.

(63) *Plus... ut arbitror.* — Circumadjacentes nempe populi misericordes eis atque propitii plurima largiti sunt. Sed ante alios « Milo dominus Nogennii, » sicut in tabulis Paracletensibus legitur, « in cujus territorio Paracletense constructum est oratorium, ei loco donavit culturas tres, unam inter Brusletum et viam, alteram juxta Carmam, tertiam juxta viam Triagnelli ad sinistram. Concessit insuper prædicto loco quæcunque homines sui de universo feodo suo ei darent. Dedit etiam usuarium nemoris sui de Monte Morvei omni tempore ad omnia necessaria ipsius loci, nec non et totum maresc hium in riveria Ardutionis loco illi adjacens tam ad hortos faciendos, quam ad cætera necessaria. Quæ omnia in dedicatione ipsius oratorii, seu benedictione cœmeterii, et omnimoda immunitatem totius loci coram omni populo qui aderat, in manu domini Trecensis episcopi posuit, et sic in perpetuum confirmavit, præsentibus Hilduino decano, Hilduino Magno, Stephano Ridel, Rainaldo Carnail. Die insuper illo, quo sanctimoniales oratorium ingressæ possederunt, donavit eis piscationem totam Ardutionis fluvioli penitus immunem a Sancto Albino usque Quinceium. Qui etiam pro comitissa nepte sua in sanctimonialem suscepta dedit furnum de Sancto Albino cum usuario nemoris quod Furmis habebat, præsentibus Ansello de Triagnello, Milone sancto, et Petro fratre suo. Pro anima Hugonis filii sui ibidem sepulti dedit culturam ad Noereth cum tertia parte de Guamnoveriis, præsentibus illis qui sepulturæ adfuerunt. Simon

ANDREÆ QUERCETANI NOTÆ.

quoque de Nogennio dedit de alodio suo culturas duas, unam scilicet in qua ipsum oratorium constructum est, et aliam in monte Limarsum in præsentia Hilduini decani et Milonis de Nogennio. Hubertus de Nogennio duo jugera terræ ante ipsum oratorium per manum Milonis de Nogennio. » Atque hæc omnia confirmavit aliquanto post Theobaldus comes Trecensis, scilicet anno 1146, « laudante filia præfati Milonis Isabel, et Girardo genero suo, Freerio, Josfrido, Gaucherio, Stephano, nepotibus ejus. » Ipseque etiam monialibus illis modium frumenti singulis annis, et totam piscationem in molendinis suis apud Pontes dedit, ut in litteris domini Eugenii III papæ supra relatis continetur.

Ad hæc, « Galo et Adelaudis uxor ejus soror Ermelinæ quæ se Deo et ecclesiæ Paracleti in sanctimonialem dedit, laudaverunt et concesserunt Deo et dictæ ecclesiæ Paracleti et sanctimonialibus ibidem Deo servientibus medietatem molendini de Crevecor, et vineas etiam de Crevecor, et XL solidos census : et in hoc censu habuerunt sanctimoniales Paracleti censum Pruvini, et hoc quod restabat ad percipiendum de XL solidis ceperunt apud Lezinas. Hæcque concessio facta est apud Pruvinum in præsentia comitis Theobaldi, et Mathildis comitissæ uxoris ejus, et per manum etiam ipsius comitis. Qui comes, ut hæc stabilis et inconvulsa permaneret, eam sigilli sui auctoritate corroborari præcepit anno ab Incarn. Domini 1133, regnante Ludovico rege Francorum, Hainrico archiepiscopo Senonensi cathedra residente, Hatone vero episcopo Trecensium existente. »

Ludovicus quoque ipse Francorum rex eisdem « sanctimonialibus de Paracleto in perpetuum concessit, ut nunquam de quibuslibet rebus, quas ipsæ vel servientes ipsarum ad usus earumdem emerent, vel pro suis necessitatibus de suis propriis rebus venderent, aliquam illi vel successoribus suis consuetudinem in tota terra sua persolverent. Quod, ut ratum et inconcussum permaneret, scripto commendari præcepit, et ne posset a posteris infringi, sigilli sui auctoritate corroboravit publice apud Sanctum Germanum in Leya, anno incarnati Verbi 1135, regni sui XXVII, Ludovico filio suo in regem sublim[at]o anno III. »

Præterea Mathildis comitissa, Theobaldi conjux, abbatiam in loco Pomerii constructam a se, Paracletensi cœnobio subditam esse voluit. Et pro concessione prædicti loci, quem Heloissa ipsa, prima Paracleti abbatissa, religiosorum interventu virorum ei dederat ad constructionem, « dedit comitissa ecclesiæ Paracleti tres modios frumenti per singulos annos in molendino suo Provini sub Crevecor, laude filiorum suorum comitum Henrici, Theobaldi, et Stephani, » sicut est in litteris Hugonis archiepiscopi Senonensis hac de re confectis ; quas etiam supra cum pontificum romanorum rescriptis integras retulimus. [Vide ad calcem hujusce voluminis in appendice.] Insuper confirmavit decimam de Sancto Martino de Campis et de Boal, quam Guillelmus clericus ejus dedit post decessum ecclesiæ Paracleti et sanctimonialibus ibidem Deo servientibus anno 1154, regnante Ludovico Francorum rege, Hugone archiepiscopo Senonensi existente. Nec non et alia plurima bona eidem cœnobio contulit, quæ recitare longum ac fastidiosum foret.

Denique « Hato ipse Trecensis episcopus medietatem omnis decimæ de Sancto Albino, et medietatem candelarum in Purificatione beatæ Mariæ dedit : Milo de Quincejo, miles, de assensu uxoris suæ Petronillæ, et filii sui Garnerii, et filiæ suæ Isabel, quidquid habebat in decima de Quincejo. » Ansellus dominus Trianguli prioratum conventualem Beatæ Mariæ de Triangulo in Trecensi diocesi, nec non Ansellus filius ejus, medietatem totius nemoris quod vocatur Couldroy, in territorio de Marcelliaco. Alii, quorum nomina non reperi, prioratus de Lea valle, in eadem diocesi, de Neofortio in Meldensi et Sancti Martini de Beaurain in Belvacensi. « Manasses, Meldensis episcopus, octavam partem tam magnæ quam parvæ decimæ de Melnillo, et medietatem minutæ decimæ de Tilliis, et quartam partem minutæ decimæ de Sancto Maximo. Beucelina, uxor Guerrici de Pontibus, quæ se monialem in Paracleto reddidit, domum cum cellario Sesamiæ sitam. Nobilis mulier Helia de Villamauro relicta Milonis de Pruvino quondam marescalci Campaniæ decem libras annui redditus de proprio patrimonio suo. Maria, Trecensis comitissa, plateam suam Provini. Demum Agnes de Marigniaco pro susceptione sui duas partes minutæ decimæ villæ Marigniacy. Manasses nepos ejus tertiam partem, Theobaldus ejus filius tertiam partem laudante Letuisa uxore illius. » Atque hi sunt præcipui Paracletensis monasterii benefactores : quibus et aliquot alios addere possem. Sed ad ea quæ notanda supersunt, festinat stylus.

(64) *Illi sorori nostræ quæ cæteris præerat.* — Heloissam dicit primam Paracleti abbatissam, de cujus doctrina et religione sic paucis Petrus Cluniacensis abbas ad eam scribens : « Necdum, » inquit, « metas adolescentiæ excesseram, necdum in juveniles annos evaseram, quando nomen non quidem adhuc religionis tuæ, sed honestorum tamen et laudabilium studiorum tuorum mihi fama innotuit. Audiebam tunc temporis mulierem, licet necdum sæculi nexibus expeditam, litteratoriæ scientiæ et studio sæcularis sapientiæ summam operam dare. Quo efferendo studio tuo, et mulieres omnes evicisti, et pene viros universos superasti. Mox vero, juxta verba Apostoli, ut complacuit ei qui te segregavit ab utero matris tuæ, per gratiam suam, longe in melius disciplinarum studia commutasti, et pro logica Evangelium, pro physica apostolum, pro Platone Christum, pro Academia claustrum tota jam et vere philosophica mulier elegisti. » Religiosam quoque feminam et tam Hebraicis quam Latinis litteris adprime eruditam fuisse testatur Antissiodorensis monachus, nec non ipsum Paracletense Kalendarium Gallicum, his verbis : « Heloise mere et premiere abbesse de ceans, de doctrine et religion tres resplendissante. » Quod apertius adhuc declarat Abælardus ipse suis ad eam scriptis epistolis. Et in Exhortatione de litterarum studio ad virgines Paracletenses : « Magisterium, » inquit, « habetis in matre, quod ad omnia vobis sufficere, tam ad exemplum scilicet virtutum, quam ad doctrinam litterarum potest : quæ non solum Latinæ, verum etiam tam Hebraicæ quam Græcæ non expers litteraturæ, sola hoc tempore illam trium linguarum adepta peritiam videtur, quæ ab omnibus in beato Hieronymo tanquam singularis gratia prædicatur. » — Seriem abbatissarum monasterii Paracletensis quem And. Quercetanus hic inseruerat, in appendicem ad Abælardi opera rejecimus. EDIT.

Verum ut hæ Notæ, quæ ab Abælardo cœperunt, in eum similiter desinant, paucis nunc adhuc subjungendum quod ipse in Historia calamitatum suarum omisit, nempe condemnationem alteram libri sui de Trinitate Senonis factam, de qua sic Otho ri nostræ, quæ cæteris præerat, Dominus annuit ut eam episcopi quasi filiam, abbates quasi sororem, laici quasi matrem diligerent : et omnes pariter ejus religionem, prudentiam, et in omnibus incomparabilem patientiæ mansuetudinem admirabantur. Quæ quanto rarius se videri permittebat, ut scilicet clauso cubiculo sacris meditationibus atque orationibus purius vacaret, tanto ardentius ejus præsentiam atque spiritualis colloquii monita hi qui foris sunt efflagitabant.

CAP. XIV. *De infamatione turpitudinis.*—Cum autem omnes earum vicini vehementer me culparent, quod earum inopiæ minus quam possem et deberem consulerem, et facile id nostra saltem prædicatione alerem : cœpi sæpius ad eas reverti, ut eis quoquomodo subvenirem. In quo nec invidiæ mihi murmur defuit, et quod me facere sincera charitas compellebat, solita derogantium pravitas impudentissime accusabat, dicens me adhuc quadam carnalis concupiscentiæ oblectatione teneri, qui pristinæ dilectæ sustinere absentiam vix aut nunquam paterer. Qui frequenter illam beati Hieronymi querimoniam mecum volvens, qui ad Asellam de fictis amicis scribens (*epist.* XCIX), ait : « Nihil mihi objicitur

ANDREÆ QUERCETANI NOTÆ.

Frinsengensis inter cæteros, lib. I *De rebus gestis Frederici I*, cap. 48 : « Sedente in urbe Roma Innocentio, in Francia vero Ludovico senioris Ludovici filio regnante, Petrus Abælardus, ab episcopis abbateque Bernardo denuo ad audientiam apud Senonas evocatur, præsentibus Ludovico rege, Theobaldoque palatino comite, et aliis nobilibus, de populoque innumeris. Ubi dum de fide sua discuteretur, seditionem populi timens, apostolicæ sedis præsentiam appellavit. Episcopi vero simul et abbas missa ad Romanam Ecclesiam legatione, ac eis pro quibus impetebatur capitulis, damnationis ejus sententiam in litteris reportaverunt. »

Idem narrant etiam continuator Sigeberti, Robertus Antissiodorensis, Guillelmus Nangius, Vincentius Belvacensis, Joannes Sancti Victoris canonicus, Chronici Turonensis scriptor, et alii. Sed aliter quam omnes, acrioreque animo Gaufridus Claræavallensis monachus lib. III Vitæ sancti Bernardi, cap. 5 (*Patrologiæ*, t. CLXXXII), cum ait : « Fuit in diebus illis Petrus Abælardus, magister insignis, et celeberrimus in opinione scientiæ, sed de fide perfide dogmatizans. Cujus cum blasphemiis plena gravissimis volitare undique scripta cœpissent, profanas novitates vocum et sensuum viri eruditi atque fideles ad Dei hominem, sanctum Bernardum, detulerunt : qui nimirum solita bonitate et benignitate desiderans errorem corrigi, hominem non confundi, secreta illum admonitione convenit. Cum quo etiam tam modeste tamque rationabiliter egit, ut ille quoque compunctus ad ipsius arbitrium correcturum se promitteret universa. Cæterum, cum recessisset ab eo Petrus idem, consiliis stimulatus iniquis, et ingenii sui viribus plurimoque exercitio disputandi infeliciter fidens, resiliit a proposito saniori. Expetens denique Senonensem metropolitanum, quod in ejus ecclesia celebrandum foret in proximo grande concilium, Claræavallensem causatur abbatem suis in occulto detrahere libris. Addit quoque paratum se esse in publico sua defendere scripta, rogans ut prædictus abbas, dicturus si quid haberet, ad concilium vocaretur. Factum est ut postulavit. Sed vocatus abbas venire penitus recusavit, suum hoc non esse renuntians. Postea tamen magnorum virorum monitis flexus, ne videlicet ex ipsius absentia scandalum populo, et cornua crescerent adversario, demum pergere acquievit, tristis quidem, nec sine lacrymis annuens, sicut in epistola ad papam Innocentium ipse testatur, in qua plenius lucidiusque negotium omne prosequitur. Adfuit dies, et ecclesia copiosa convenit, ubi a Dei famulo Petri illius in medium scripta prolata sunt, et erroris capitula designata. Demum illi optio data est, aut sua esse negandi, aut errorem humiliter corrigendi, aut respondendi, si posset, objiciendis sibi rationibus pariter et sanctorum testimoniis Patrum. At ille, nec volens resipiscere, nec valens resistere sapientiæ et spiritui qui loquebatur; ut tempus redimeret, sedem apostolicam appellavit. Sed et postea ab egregio illo catholicæ fidei advocato monitus, vel jam sciens in personam suam nihil agendum, responderet tam libere quam secure, audiendus tantum, et ferendus in omni patientia, non sententia aliqua feriendus : hoc quoque omnimodis recusavit. Nam et confessus est postea suis, ut aiunt, quod ea hora maxima quidem ex parte memoria ejus turbata fuerit, ratio caligaverit, et interior fugerit sensus. Nihilominus tamen Ecclesia quæ convenerat dimisit hominem, multavit abominationem, a persona abstinens, sed dogmata prava condemnans. Quando vero Petrus ille refugium inveniret in sede Petri tam longe dissidens a fide Petri? Et ipsum ergo auctorem eadem sententia cum erroribus suis apostolicus præsul involvens, scripta incendio, scriptorem silentio condemnavit. »

Quidquid sit, Berengarius Pictaviensis Abælardi quondam auditor, hæc videns, nomen ac famam doctoris ac præceptoris sui tunc contra omnes tueri ausus est. Scripsitque pro eo Apologiam illam, quam inter ejus opera nunc etiam ex bibliotheca regis Christianissimi cudendam curavimus (Vide in Appendice, ad calcem voluminis), etsi plenam ingentis acrimoniæ contra sanctum Bernardum. Quare et ob hoc postea culpatus a multis, se excusavit quod adolescens, et joco potius quam serio scripsisset. Id enim testatur ipsemet in epistola ad episcopum Mimatensem, et ex eo Franciscus Petrarcha in Apologia, ubi « virum non infacundum » vocat, his verbis : « Damnavit Bernardus Claræavallensis abbas Petrum Abælardum litteratum quondam virum. Huic iratus Berengarius Pictaviensis, vir et ipse non infacundus ac discipulus Petri, contra Bernardum librum unum scripsit non magni quidem corporis, sed ingentis acrimoniæ. De quo postmodum a multis increpatus, se excusavit quod adolescens scripsisset, et quod sibi viri sanctitas nondum penitus nota esset. »

Soluto autem illo conventu, qui celebratus est anno 1140, infelix Abælardus incertus quid ageret, Cluniacum se contulit, ubi humaniter exceptus est a Petro Mauricio dicto Venerabili, ejusque et Cisterciensis abbatis opera, paulo post idem et sanctus Bernardus collocuti inimicitias posuere. Quod et ipse Cluniacensis abbas Innocentio II significavit. Nec tamen propterea Abælardus Apologeticum pro suæ innocentiæ excusatione scribere destitit. Quod cum innotuisset Guillelmo Sancti Theodorici abbati, qui sanctum Bernardum intimo diligebat affectu, seque transtulerat ad ordinem Cisterciensem apud Signiacum, ubi feliciter obiit, Cantici canticorum reliquit expositionem, ut adversus eum styli sui acumen dirigeret. Hoc enim declarat ipse Guillelmus in epistola ad fratres de Monte Dei, his verbis : « Sunt præterea et alia opuscula nostra, libellus De sacramento altaris, Meditationes novitiis ad orandum formandis spiritibus non usquequaque inutiles, et super Canticum canticorum ad illum locum, « paululum cum pertransissem, eum inveni quem diligit anima mea. » Nam contra Petrum Abælardum, qui prædictum opus ne perficenisi sexus meus, et hoc nunquam objiceretur nisi cum Hierosolymam Paula proficiscitur. » Et iterum : « Antequam, inquit, domum sanctæ Paulæ nossem, totius in me urbis studia consonabant, omnium pene judicio dignus summo sacerdotio decernebar. Sed scio per bonam et malam famam pervenire ad regna cœlorum. » Cum hanc, inquam, in tantum virum detractionis [*al.* detractationis] injuriam ad mentem reducerem, non modicam hinc consolationem carpebam, inquiens : O si tantam suspicionis causam æmuli mei in me reperirent, quanta me detrectatione opprimerent! Nunc vero mihi divina misericordia ab hac suspicione liberato, quomodo hujus perpetrandæ turpitudinis facultate ablata suspicio remanet? Quæ etiam tam impudens hæc criminatio novissima? Adeo namque res ista omnem hujus turpitudinis suspicionem apud omnes removet, ut quicunque mulieres observare diligentius student, eis eunuchos adhibeant, sicut de Esther et cæteris regis Assueri puellis sacra narrat historia (*Esther.* II, 3). Legimus et potentem illum reginæ Candacis eunuchum universis ejus gazis præesse (*Act.* VIII, 27). Ad quem convertendum et baptizandum Philippus apostolus ab angelo directus est. Tales quippe semper apud verecundas et honestas feminas tanto amplius dignitatis et familiaritatis adepti sunt, quanto longius ab hac absistebant suspicione. Ad quam quoque penitus removendam maximum illum Christianorum philosophum Origenem, cum mulierum quoque sanctæ doctrinæ in-

ANDREÆ QUERCETANI NOTÆ.

rem effecit : neque enim integrum mihi fore arbitrabar tam delicato intus vacare otio, ipso foris fines fidei nostræ nudo ut dicitur gladio tam crudeliter depopulante. » Composuit autem tres libros, sub nomine *Disputationis catholicorum Patrum contra dogmata Petri Abælardi*, quos et sapientissimo præsuli Hugoni Rothomagensium archiepiscopo dedicavit. Suntque illi procul dubio, de quibus Gaufredus, monachus Cisterciensis, in epistola data ad Henricum cardinalem Albanensem, quem sciebat interfuisse Rhemensi concilio, ubi Eugenius III papa Gislebertum Pictaviensem episcopum absolverat potius, quam condemnaverat, hoc modo loquitur : « Audivi etiam quod super damnatione Petri Abælardi diligentia vestra desideret plenius nosse similiter veritatem, cujus libellos piæ memoriæ dominus Innocentius papa II, in urbe Roma et in ecclesia Beati Petri incendio celebri concremavit, apostolica auctoritate hæreticum illum denuntians. Nam et ante plures annos venerabilis quidam cardinalis et legatus Romanæ Ecclesiæ, Cono nomine, regularis quondam canonicus ecclesiæ Sancti Nicolai de Arvasia, theologiam ejus, Suessione concilium celebrans, similiter concremaverat, ipsum Petrum præsentem arguens, et convictum de hæretica pravitate condemnans. Unde vestro si placuerit desiderio, per libellum de Vita sancti Bernardi et per ejus epistolas missas ad curiam satisfiet. Inveni tamen in Claravalle libellum cujusdam abbatis nigrorum monachorum, quo errores ejusdem Petri notantur, quem et olim me vidisse recordor : sed a multis annis, ut custodes librorum asserunt, studiose quæsitus, primus quaternio non potuit inveniri. Propter quod propositi nostri est in Franciam destinare ad monasterium cujus abbas exstitit, qui eumdem librum composuit, et si recuperare potero, transcribi facere codicem totum, et mittere vobis. Credo enim quod vestræ inquisitioni sufficere debeat, ut cognoscatis, quæ, quemadmodum, quare sint condemnata. » Ac ne quis miretur quod de primo quaternione illius libri dicit, habeo nunc ipsissimum exemplar dono viri docti et humani Nicolai Camusatii canonici ecclesiæ Trecensis, in cujus capite scriptum adhuc legitur : « Deest unus quaternius, qui tenueri obedientiam scriptorum, illum requirat. » — Guillelmi a S. Theodorico scripta exstant *Patrologiæ*, t. CLXXX. EDIT.

Verum et Gaufredus etiam ille, primo Abælardi auditor, indeque Cisterciensis monachus, Antissiodorensis vulgo cognominatus, adversus eumdem Abælardum præceptorem suum scripsit. Quod vel ante omnes asserit Helinandus, alter in Frigido Monte monachus, qui et ipse quædam Gaufridi verba refert in hunc modum (*Script. rer. Gallic.*, t. XIV, p. 570) : « Hujus Petri aliquando fuerat discipulus Gaufredus Antissiodorensis, qui multo tempore fuit notarius sancti Bernardi, qui inter cætera de eodem Petro dixit : « Ego mihi aliquando recolo magistrum fuisse illum, qui pretium redemptionis nostræ evacuans, nihil aliud in sacrificio dominicæ passionis commendabat, nisi virtutis exemplum, et amoris incentivum. Quod enim Scripturæ perhibent de potestate diaboli pretioso illo sanguine humanum genus esse redemptum, in eo solo constare dicebat, quod exemplum nobis exhibitum est usque ad mortem pro veritate et justitia certandi, et adhibitum est velut quoddam incentivum amoris ; cum ex impenso amore data est occasio redamandi. Et quidem magna sunt hæc et vera, sed non sola benedictus Deus, qui mihi simul et vobis magistrum dedit postea meliorem, per quem prioris redarguit ignorantiam, et insolentiam confutavit, secundum quem tria specialia in passione sua Christus nobis exhibuit, exemplum virtutis, incentivum amoris, et sacrificium redemptionis. Quod tertium evacuanti hæretico nihil prodesse tria cætera potuerunt. Hæc et alia multa dictus Gaufredus contra Petrum magistrum suum fortiter et Catholice scripsit. » Eadem verba recitant et Vincentius Belvacensis lib. XXI *Speculi historialis*, cap. 17, et Joannes monachus Sancti Victoris in Chronico sub annum Christi 1140.

Interim vero Abælardus in morbum incidit, et valetudinis causa Cabilonum ab abbate suo Petro missus, ibi in monasterio Sancti Marcellini Cluniacensis ordinis excessit e vita, die 21 Aprilis anno Christi 1142, anno ætatis suæ 63. Hoc enim prodit Kalendarium vetus Paracletense Gallico sermone conscriptum his verbis : « Maistre Pierre Abaelard, fondateur de ce lieu et instituteur de sainte « religion, trespassa le XXI avril, agé de LXIII « ans. » Nec referre opus est quanta cum austeritate, pœnitentia, devotione postremum illum vitæ suæ terminum clauserit. Petrus ipse Mauricius, abbas ejus, id optime diffuseque descripsit in epistola ad Heloissam Paracleti abbatissam, quam nos etiam infra inter epistolas Abælardi inserimus. Sed non prætereundum quod cum eodem Petro testantur Robertus Antissiodorensis, Guillelmus Nangius et alii, scilicet, Heloissam illam quondam Abælardi conjugem, « magnam post ejus mortem ei in assiduis precibus fidem servasse, corpusque ejus de loco ubi obierat ad prædictum Paracleti monasterium transtulisse. » Denique et ipsa, sicut in Chronico Turonensi legitur, « in ægritudine posita præcipit ut mortua intra mariti tumulum poneretur. Et sic eadem defuncta ad tumulum deportata, maritus ejus qui multis diebus ante eam defunctus fuerat, elevatis brachiis illam recepit, et ita eam amplexatus, brachia sua strinxit. »

tenderet, sibi ipsi manus intulisse ecclesiasticæ Historiæ (65) liber vi continet. Putabam tamen in hoc mihi magis quam illi divinam misericordiam propitiam fuisse, ut quod ille minus provide creditur egisse, atque inde non modicum crimen incurrisse ; id aliena culpa in me ageret, ut ad simile opus me liberum præpararet, ac tanto minore pœna, quanto breviore ac subita, ut oppressus somno cum mihi manus injicerent nihil pœnæ feré sentirem. Sed quod tunc forte minus pertuli ex vulnere, nunc ex detractione divitius [*f.* diutius] plector, et plus ex detrimento famæ quam ex corporis crucior diminutione. Sicut enim scriptum est : « Melius est nomen bonum quam divitiæ multæ (*Prov.* xxii, 1). » Et ut beatus meminit Augustinus in sermone quodam De vita et moribus clericorum (66) : « Qui fidens conscientiæ suæ negligit famam suam, crudelis est. » Idem supra : « Providemus, inquit, bona, ut ait Apostolus, non solum coram Deo, sed etiam coram hominibus (*Rom:* xii, 17). Propter nos conscientia nostra sufficit in nobis. Propter nos fama nostra non pollui, sed pollere debet in nobis. Duæ res sunt conscientia et fama. Conscientia tibi; fama proximo. » Quid autem horum invidia ipsi Christo vel ejus membris, tam prophetis scilicet quam apostolis, seu aliis Patribus sanctis objiceret, si in eorum temporibus existeret, cum eos videlicet corpore integros tam familiari conversatione feminis præcipue videret sociatos. Unde et beatus Augustinus in libro De opere monachorum, ipsas etiam mulieres Domino Jesu Christo atque apostolis ita inseparabiles comites adhæsisse demonstrat, ut et cum eis etiam ad prædicationem procederent (cap. 4) : « Ad hoc enim, inquit, et fideles mulieres habentes terrenam substantiam ibant cum eis, et ministrabant eis de sua substantia, ut nullius indigerent horum quæ ad substantiam vitæ hujus pertinerent. » Et quisquis non putat ab apostolis fieri, ut cum eis sanctæ conversationis mulieres cursitarent quocunque Evangelium prædicabant, Evangelium audiat et cognoscat quemadmodum hoc ipsius Domini exemplo faciebant. In Evangelio enim scriptum est : Deinceps et ipse iter faciebat per civitates, et castella, evangelizans regnum Dei, et duodecim cum illo, et mulieres aliquæ quæ erant curatæ a spiritibus immundis [*al.* malignis], et infirmitatibus, Maria, quæ vocatur Magdalene, et Joanna uxor Cuzæ procuratoris Herodis, et Susanna, et aliæ multæ quæ ministrabant ei de facultatibus suis (*Luc.* viii, 1).» Et Leo nonus [*al.* Magnus] contra epistolam Parmeniani [*al.* Parmenii] de studio monasterii : « Omnino, inquit, profitemur non licere episcopo, presbytero, diacono, subdiacono propriam uxorem causa religionis abjicere cura sua, ut non ei victum et vestitum largiatur, sed non ut cum illa carnaliter jaceat. Sic et sanctos apostolos legimus egisse,

beato Paulo dicente : *Nunquid non habemus potestatem sororem mulierem circumducendi, sicut fratres Domini et Cephas?* (*I Cor.* ix, 5.) Vide insipiens quia non dixit : Nunquid non habemus potestatem sororem mulierem amplectendi, sed circumducendi; scilicet ut mercede prædicationis sustentarentur ab eis, nec tamen deinceps foret inter eos carnale conjugium. » Ipse certe Pharisæus, qui intra se de Domino ait : « Hic, si esset propheta, sciret utique quæ et qualis esset mulier quæ tangit eum, quia peccatrix est (*Luc.* vii, 39) : » multo commodiorem, quantum ad humanum judicium spectat, turpitudinis conjecturam de Domino concipere poterat quam de nobis isti, aut qui matrem ejus juveni commendatam (*Joan.* xix, 27), vel prophetas cum viduis maxime hospitari atque conversari (*III Reg.* xvii, 10) videbat, multo probabiliorem inde suspicionem contrahere. Quid etiam dixissent isti detractores nostri, si Malchum illum captivum monachum, de quo beatus scribit Hieronymus (67), eodem contubernio cum uxore victitantem conspicerent? Quanto id crimini ascriberent, quod egregius ille doctor cum vidisset, maxime commendans, ait : « Erat illic senex quidam nomine Malchus ejusdem loci indigena, anus quoque in ejus contubernio. Studiosi ambo religionis, et sic ecclesiæ limen terentes, ut Zachariam et Elisabeth de Evangelio crederes, nisi quod Joannes in medio non erat. » Cur denique a detractione sanctorum Patrum se continent, quos frequenter legimus, vel etiam vidimus, monasteria quoque feminarum constituere atque eis ministrare, exemplo quidem septem diaconorum, quos pro se apostoli mensis et procurationi mulierum præfecerunt? (*Act.* vi, 5.) Adeo namque sexus infirmior fortioris indiget auxilio, ut semper virum mulieri quasi caput præesse Apostolus statuat. In cujus etiam rei signo ipsam semper velatum habere caput præcipit (*I Cor.* xx, 5). Unde non mediocriter miror consuetudines has in monasteriis dudum inolevisse, quod quemadmodum viris abbates, ita et feminis abbatissæ præponantur, et ejusdem regulæ professione tam feminæ quam viri se astringant. In qua tamen pleraque continentur quæ a feminis tam prælatis quam subjectis nullatenus possunt adimpleri. In plerisque etiam locis ordine perturbato naturali ipsas abbatissas atque moniales clericis quoque ipsis, quibus subest populus, dominari conspicimus, et tanto facilius eos ad prava desideria inducere posse, quanto eis amplius habent præesse, et jugum illud in eos gravissimum exercere. Quod satyricus ille considerans ait :

Intolerabilius nihil est quam femina dives.
(JUVEN., *Sat.* vi, v. 459).

CAP. XV. Hoc ego sæpe apud me pertractando, quantum mihi liceret, sororibus illis providere, et

---

(65) Eusebii. *Hist. eccles.* lib. vii, cap. 7.
(66) Serm. 52, *ad fratres in eremo.*

(67) *In Vita Malchi.*

earum curam agere disposueram ; et quo me amplius reverererentur, corporali quoque præsentia eis invigilare. Et cum me nunc frequentior ac major persecutio filiorum quam olim fratrum affligeret, ad eas de æstu hujus tempestatis quasi ad quemdam tranquillitatis portum recurrerem, atque ibi aliquantulum respirarem, et qui in monachis nullum, aliquem saltem in illis assequerer fructum. Ac tanto id mihi fieret magis saluberrimum, quanto id earum infirmitati magis esset necessarium. Nunc autem ita me Satanas impedivit, ut ubi quiescere possim, aut etiam vivere, non inveniam : sed vagus et profugus ad instar maledicti Cain ubique circumferar (Genes. IV, 14) : quem, ut supra memini, « foris pugnæ, intus timores (II Cor. VII, 5) » incessanter cruciant, imo tam foris quam intus timores incessanter, pugnæ pariter et timores. Et multo periculosior et crebrior persecutio filiorum adversum me sævit quam hostium. Istos quippe semper præsentes habeo, et eorum insidias jugiter sustineo. Hostium violentiam in corporis mei periculum video, si a claustro procedam. In claustro autem filiorum, id est monachorum mihi tanquam abbati, hoc est patri, commissorum tam violenta quam dolosa incessanter sustineo machinamenta. O quoties veneno me perdere tentaverunt! sicut et in beato factum est Benedicto (68). Ac si hæc ipsa causa, qua ille perversos deseruit filios, ad hoc ipsum me patenter tanti Patris adhortaretur exemplo, ne me certo videlicet opponens periculo temerarius Dei tentator potiusquam amator; imo meipsius peremptor invenirer. A talibus autem eorum quotidianis insidiis cum mihi in administratione cibi vel potus quantum possem providerem, in ipso altaris sacrificio intoxicare me moliti sunt, veneno scilicet calici immisso. Qui etiam quadam die cum Namneti ad comitem in ægritudine sua visitandum venissem, hospitatum me ibi in domo cujusdam fratris mei carnalis, per ipsum qui in comitatu nostro erat famulum veneno interficere machinati sunt, ubi videlicet me minus a tali machinatione providere crediderunt. Divina autem dispositione tunc actum est, ut dum cibum mihi apparatum non curarem, frater quidam ex monachis quem mecum adduxeram, hoc cibo per ignorantiam usus ibidem mortuus occumberet, et famulus ille, qui hoc præsumpserat, tam conscientiæ suæ quam testimonio ipsius rei perterritus aufugeret. Extunc itaque manifesta omnibus eorum nequitia, patenter jam cœpi eorum prout poteram insidias declinare, etiam a conventu abbatiæ me subtrahere, et in cellulis cum paucis habitare. Qui si me transiturum aliquo præsensissent, corruptos per pecuniam latrones in viis aut semitis, ut me interficerent, opponebant. Dum autem in istis laborarem periculis, forte me die quadam de nostra lapsum equitatura manus Domini vehementer collisit, colli videlicet mei canalem confringens. Et multo me amplius hæc fractura afflixit et debilitavit, quam prior plaga. Quandoque horum indomitam rebellionem per excommunicationem coercens, quosdam eorum, quos magis formidabam, ad hoc compuli, ut fide sua seu sacramento publice mihi promitterent, se ulterius ab abbatia penitus recessuros, nec me amplius in aliquo inquietaturos. Qui publice et impudentissime tam fidem datam quam sacramenta facta violantes, tandem per auctoritatem Romani pontificis Innocentii, legato proprio ad hoc destinato, in præsentia comitis et episcoporum, hoc ipsum jurare compulsi sunt, et pleraque alia. Nec sic adhuc quieverunt. Nuper autem cum illis, quos prædixi, ejectis ad conventum abbatiæ rediissem, et reliquis fratribus, quos minus suspicabar, me committerem, multo hos pejores quam illos reperi. Quos jam quidem non de veneno, sed de gladio in jugulum meum tractantes cujusdam proceris terræ conductu vix evasi. In quo etiam adhuc laboro periculo, et quotidie quasi cervici meæ gladium imminentem suspicio, ut inter epulas vix respirem : sicut de illo legitur, qui cum Dionysii tyranni potentiam (Cicer. 5, Tusc.) atque opes conquisitas maximæ imputaret beatitudini, filo latenter appensum super se gladium aspiciens [al. potestatem], quæ terrenam potentiam felicitas consequatur edoctus est. Quod nunc quoque ipse, de paupere monacho, in abbatem promotus incessanter experior, tanto scilicet miserior quanto ditior effectus, ut nostro etiam exemplo eorum, qui id sponte appetunt, ambitio refrenetur. Hæc, dilectissime frater in Christo, et ex diutina conversatione familiarissime comes, de calamitatum mearum historia, in quibus quasi a cunabulis jugiter laboro, tuæ me desolationi atque injuriæ illatæ scripsisse sufficiat, ut, sicut in exordio præfatus sum epistolæ, oppressionem tuam in comparatione mearum, aut nullam, aut modicam esse judices, et tanto eam patientius feras quanto minorem consideras. Illud semper in consolationem assumens, quod membris suis de membris diaboli Dominus prædixit : « Si me persecuti sunt, et vos persequentur. Si mundus vos odit, scitote quoniam me priorem vobis odio habuit. Si de mundo fuissetis, mundus quod suum erat diligeret (Joan. XV, 20). » Et : « Omnes, inquit Apostolus, qui volunt pie vivere in Christo, persecutionem patientur (II Tim. III, 12). » Et alibi : « Haud quæro hominibus placere. Si adhuc hominibus placerem, Christi servus non essem (Galat. I, 10). » Et Psalmista : « Confusi sunt, inquit, qui hominibus placent, quoniam Deus sprevit eos (Psalm. LII, 6).» Quod diligenter beatus attendens Hieronymus, cujus me præcipue in contumeliis detractionum hæredem conspicio, ad Nepotianum scribens (epist. 2), ait : « Si adhuc, inquit Apostolus, hominibus placerem, Christi servus non essem. Desinit placere hominibus, et servus factus est Christi. » Idem ad Asellam de fictis

---

(68) S. Greg., lib. II, Dialog., c. 3.

amicis (epist. 99) : « Gratias ago Deo meo, quod dignus sim quem mundus oderit. » Et ad Heliodorum monachum (epist. 1) : « Erras, frater, erras, si putas unquam Christianum persecutionem non pati. Adversarius noster tanquam leo rugiens devorare quaerens circuit, et tu pacem putas? (*I Petr*. v, 8.) Sedet in insidiis cum divitibus (*Psal*. ix, 10). » His itaque documentis atque exemplis animati, tanto securius ista toleremus, quanto injuriosius accidunt. Quae si non ad meritum nobis, saltem ad purgationem aliquam proficere non dubitemus. Et quoniam omnia divina dispositione [*al*. dispensatione] geruntur, in hoc se saltem quisque fidelium in omni pressura consoletur, quod nihil inordinate fieri unquam summa Dei bonitas permittit, et quod quaecunque perverse fiunt optimo fine ipse terminat. Unde et ei de omnibus recte dicitur : « Fiat voluntas tua (*Matth*. vi, 26). » Quanta denique diligentium Deum illa est ex auctoritate Apostolica consolatio, quae dicit : « Scimus quoniam diligentibus Deum omnia cooperantur in bonum (*Rom*. viii, 28). » Quod diligenter ille sapientissimus attendebat, cum in Proverbiis diceret : « Non contristabit justum quidquid ei acciderit (*Prov*. xii, 21). » Ex quo manifeste a justitia eos recedere demonstrat, quicunque pro aliquo suo gravamine his irascuntur, quae erga se divina dispensatione geri non dubitant; et se propriae voluntati magis quam divinae subjiciunt, et ei quod in verbis sonat, « fiat voluntas tua, » desideriis occultis repugnant, divinae voluntati propriam anteponentes. Vale.

EPISTOLA II.

Quae est Heloissae ad Petrum deprecatoria.

ARGUMENTUM. — *Cum Heloissa quondam Abaelardi amica, postea uxor, ac tandem monasterio Paracletensi, quod ipse sibi discipulorum fortunis a fundamentis eduxerat, ab eo praefecta, epistolam ejus ad amicum legisset : hanc ad eum scribit, orans ut de suis periculis vel liberatione ad se rescribat, quo vel luctus, vel gaudii ejus particeps efficiatur. Expostulat etiam quod ad se post monasticam professionem non scripserit, eum antea plures amatorias mitteret litteras. Suum denique erga illum tum praeteriti temporis turpem et carnalem amorem, tum praesentis castum et spiritalem exponit : ac acerbe queritur se ab illo aeque non redamari. Est autem epistola multis affectibus et querulis planctibus more femineo affatim plena, ubi pectus femineum multa eruditione exuberans intueri liceat.*

Domino suo, imo patri; conjugi suo, imo fratri; ancilla sua, imo filia; ipsius uxor, imo soror ABAELARDO HELOISSA.

Missam ad amicum pro consolatione epistolam, dilectissime, vestram ad me forte quidam nuper attulit. Quam ex ipsa statim tituli fronte vestram esse considerans, tanto ardentius eam coepi legere, quanto scriptorem ipsum charius amplector, ut cujus rem perdidi, verbis saltem tanquam ejus quadam imagine recreer. Erant, memini, hujus epistolae fere omnia felle et absynthio plena, quae scilicet nostrae conversionis miserabilem historiam, et tuas, unice, cruces assiduas referebant. Complesti revera in epistola illa quod in exordio ejus amico promisisti, ut videlicet in comparatione tuarum suas molestias nullas vel parvas reputaret. Ubi quidem expositis prius magistrorum tuorum in te persecutionibus, deinde in corpus tuum summae proditionis injuria, ad condiscipulorum quoque tuorum, Alberici videlicet Remensis, et Lotulfi Lombardi exsecrabilem invidiam, et infestationem nimiam stylum contulisti. Quorum quidem suggestionibus quid de glorioso illo theologiae tuae opere, quid de teipso quasi in carcere damnato actum sit non praetermisisti. Inde ad abbatis tui fratrumque falsorum machinationem accessisti, et detractiones illas tibi gravissimas duorum illorum pseudoapostolorum a praedictis aemulis in te commotas, atque ad scandalum plerisque subortum de nomine Paracleti oratorio praeter consuetudinem imposito : denique ad intolerabiles illas et adhuc continuas vitae persecutiones, crudelissimi scilicet illius exactoris, et pessimorum, quos filios nominas, monachorum profectus miserabilem historiam consummasti. Quae cum siccis oculis neminem vel legere vel audire posse aestimem, tanto dolores meos amplius renovarunt quanto diligentius singula expresserunt, et eo magis auxerunt quo in te adhuc pericula crescere retulisti, ut omnes pariter de vita tua desperare cogamur, et quotidie ultimos illos de nece tua rumores trepidantia nostra corda et palpitantia pectora exspectent. Per ipsum itaque, qui te sibi adhuc quoquomodo protegit, Christum obsecramus, quatenus ancillulas ipsius et tuas crebris litteris de his, in quibus adhuc fluctuas, naufragiis [*al*., naufragus] certificare digneris, ut nos saltem quae tibi solae remansimus, doloris vel gaudii participes habeas. Solent etenim dolenti nonnullam afferre consolationem qui condolent, et quodlibet onus pluribus impositum levius sustinetur, sive defertur: Quod si paululum haec tempestas quieverit, tanto amplius maturandae sunt litterae, quanto sunt jucundiores futurae. De quibuscunque autem nobis scribas, non parvum nobis remedium conferes; hoc saltem uno quod te nostri memorem esse monstrabis. Quam jucundæ vero sint absentium litteræ amicorum, ipse nos exemplo proprio Seneca docet, ad amicum Lucilium quodam loco sic (epist. 48), scribens : « Quod frequenter mihi scribis, gratias ago. Nam quo uno modo potes te mihi ostendis. Nunquam epistolam tuam accipio, quin protinus una simus. » Si imagines nobis amicorum absentium jucundæ sunt, quæ memoriam renovant, et desiderium absentiæ falso atque inani solatio levant, quanto jucundiores sunt litteræ, quæ amici absentis veras notas afferunt? Deo autem gratias, quod hoc saltem modo præsentiam tuam nobis reddere nulla invidia prohiberis, nulla difficultate præpediris, nulla, obsecro, negligentia retarderis. Scripsisti ad amicum prolixæ consolationem epistolæ, et pro adversitatibus quidem suis, sed de tuis. Quas videlicet tuas diligenter commemorans, cum ejus intenderes [*al.* studeres] consolationi, nostræ plurimum addidisti desolationi, et dum ejus mederi vulneribus cuperes, nova quædam nobis vulnera doloris inflixisti, et priora auxisti. Sana, obsecro, ipse quæ fecisti, qui quæ alii fecerunt curare satagis. Morem quidem amico et socio gessisti, et tam amicitiæ quam societatis debitum persolvisti; sed majore te debito nobis astrinxisti, quas non tam amicas quam amicissimas, non tam socias quam filias convenit nominari, vel si quod dulcius et sanctius vocabulum potest excogitari. Quanto autem debito te erga eas obligaveris, non argumentis, non testimoniis indiget, ut quasi dubium comprobetur; et si omnes taceant, res ipsa clamat. Hujus quippe loci tu post Deum solus es fundator, solus hujus oratorii constructor, solus hujus congregationis ædificator. Nihil hic super alienum ædificasti fundamentum. Totum quod hic est, tua creatio est. Solitudo hæc feris tantum, sive latronibus vacans, nullam hominum habitationem noverat, nullam domum habuerat. In ipsis cubilibus ferarum, in ipsis latibulis latronum, ubi nec nominari Deus solet, divinum erexisti tabernaculum, et Spiritus sancti proprium dedicasti templum. Nihil ad hoc ædificandum ex regum vel principum opibus intulisti, cum plurima posses et maxima, ut quidquid fieret, tibi soli posset ascribi. Clerici sive scholares huc certatim ad disciplinam tuam confluentes omnia ministrabant necessaria; et qui de beneficiis vivebant ecclesiasticis, nec oblationes facere noverant, sed suscipere, et qui manus ad suscipiendum non ad dandum habuerant, hic in oblationibus faciendis prodigi atque importuni fiebant. Tua itaque, vere tua hæc est proprie in sancto proposito novella plantatio, cujus adhuc teneris maxime plantis frequens, ut proficiant, necessaria est irrigatio. Satis ex ipsa feminei sexus natura debilis est hæc plantatio : est infirma, etsi non esset nova. Unde diligentiorem culturam exigit et frequentiorem, juxta illud Apostoli : « Ego plantavi, Apollo rigavit, Deus autem incrementum dedit (*II Cor.* III, 6). » Plantaverat Apostolus atque fundaverat in fide per prædicationis suæ doctrinam Corinthios, quibus scribebat. Rigaverat postmodum eos ipsius Apostoli discipulus Apollo sacris exhortationibus, et sic eis incrementum virtutum divina largita est gratia. Vitis alienæ vineam, quam non plantasti, in amaritudinem tibi conversam, admonitionibus sæpe cassis, et sacris frustra sermonibus excolis. Quid tuæ debeas attende, qui sic curam impendis alienæ. Doces et admones rebelles, nec proficis. Frustra ante porcos divini eloquii margaritas spargis (*Matth.* VII, 6). Qui obstinatis tanta impendis, quid obedientibus debeas considera. Qui tanta hostibus largiris, quid filiabus debeas meditare. Atque ut cæteras omittam, quanto erga me te obligaveris debito, pensa, ut quod devotis communiter debes feminis, unicæ tuæ devotius solvas. Quot autem et quantos tractatus in doctrina, vel exhortatione, seu etiam consolatione sanctarum feminarum sancti Patres, et quanta eos diligentia composuerint, tua melius excellentia quam nostra parvitas novit. Unde non mediocri admiratione nostræ tenera conversionis initia tua jamdudum oblivio movit, quod nec reverentia Dei, nec amore nostri, nec sanctorum Patrum exemplis admonitus fluctuantem me et jam diutino mœrore confectam, vel sermone præsentem, vel epistola absentem consolari tentaveris. Cui quidem tanto te majore debito noveris obligatum, quanto te amplius nuptialis fœdere sacramenti constat esse astrictum; et eo te magis mihi obnoxium, quo te semper, ut omnibus patet, immoderato amore complexa sum. Nostri, charissime, noverunt omnes, quanta in te amiserim, et quam miserabili casu summa et ubique nota proditio meipsam quoque mihi tecum abstulerit, et incomparabiliter major sit dolor ex amissionis modo quam ex damno. Quo vero major est dolendi causa, majora sunt consolationis adhibenda remedia. Non utique ab alio, sed a teipso, ut qui solus es in causa dolendi, solus sis in gratia consolandi. Solus quippe es qui me contristare, qui me lætificare, seu consolari valeas. Et solus es qui plurimum id mihi debeas, et tunc maxime cum universa quæ jusseris intantum impleverim, ut cum te in aliquo offendere non possem, meipsam pro jussu tuo perdere sustinerem. Et quod majus est, dictuque mirabile, in tantam versus est amor insaniam, ut quod solum appetebat, hoc ipse sibi sine spe recuperationis auferret.

Cum ad tuam statim jussionem tam habitum ipsa quam animum immutarem, ut te tam corporis mei quam animi unicum possessorem ostenderem. Nihil unquam (Deus scit) in te nisi te requisivi; te pure, non tua concupiscens. Non matrimonii fœdera, non dotes aliquas exspectavi, non denique meas voluptates aut voluntates, sed tuas (sicut ipse nosti) adimplere studui. Et si uxoris nomen sanctius ac validius videtur, dulcius mihi semper exstitit amicæ vocabulum; aut, si non indigneris, concubinæ vel scorti. Ut quo me videlicet pro te amplius humiliarem, ampliorem apud te consequerer gratiam, et sic etiam excellentiæ tuæ gloriam minus læderem. Quod et tu ipse tui gratia oblitus penitus non fuisti, in ea, quam supra memini, ad amicum epistola pro consolatione directa. Ubi et rationes nonnullas, quibus te a conjugio nostro infaustis thalamis revocare conabar, exponere non es dedignatus; sed plerisque tacitis, quibus amorem conjugio, libertatem vinculo præferebam. Deum testem invoco, si me Augustus universo præsidens mundo matrimonii honore dignaretur, totumque mihi orbem confirmaret in perpetuo præsidendum, charius mihi et dignius videretur tua dici meretrix quam illius imperatrix. Non enim quo quisque ditior sive potentior, ideo et melior : fortunæ illud est, hoc virtutis. Nec se minime venalem æstimet esse quæ libentius ditiori quam pauperi nubit, et plus in marito sua quam ipsum concupiscit. Certe quamcunque ad nuptias hæc concupiscentia ducit, merces ei potius quam gratia debetur. Certum quippe est eam res ipsas, non hominem sequi, et se, si posset, velle prostituere ditiori. Sicut inductio illa Aspasiæ philosophæ apud Socraticum Æschinem cum Xenophonte et uxore ejus habita manifeste convincit. Quam quidem inductionem cum prædicta philosophia ad reconciliandos invicem illos proposuisset, tali fine conclusit : « Quia ubi hoc peregeritis, ut neque vir melior, neque femina in terris lætior sit : profecto semper id quod optimum putabis esse multo maxime requiretis, ut et tu maritus sis quam optimæ, et hæc quam optimo viro nupta sit. » Sancta profecto hæc et plusquam philosophica est sententia ipsius potius sophiæ quam philosophiæ dicenda. Sanctus hic error, et beata fallacia in conjugatis, ut perfecta dilectio illæsa custodiat matrimonii fœdera non tam corporum continentia quam animorum pudicitia. At quod error cæteris, veritas mihi manifesta contulerat. Cum quod illæ videlicet de suis æstimarent maritis, hoc ego de te, hoc mundus universus non tam crederet quam sciret. Ut tanto verior in te meus amor existeret, quanto ab errore longius absisteret. Quis etenim regum aut philosophorum tuam exæquare famam poterat? Quæ te regio, aut civitas, seu villa videre non æstuabat? Quis te, rogo, in publicum procedentem conspicere non festinabat, ac discedentem collo erecto, oculis directis non insectabatur? Quæ conjugata, quæ virgo non concupiscebat absentem, et non exardebat in præsentem? Quæ regina vel præpotens femina gaudiis meis non invidebat vel thalamis? Duo autem, fateor, tibi specialiter inerant, quibus feminarum quarumlibet animos statim allicere poteras, dictandi videlicet et cantandi gratia. Quæ cæteros minime philosophos assecutos esse novimus. Quibus quidem quasi ludo quodam laborem exercitii recreans philosophici, pleraque amatorio metro vel rhythmo composita reliquisti carmina, quæ præ nimia suavitate tam dictaminis quam cantus sæpius frequentata, tuum in ore omnium nomen incessanter tenebant, ut etiam illitteratos melodiæ dulcedo tui non sineret immemores esse. Atque hinc maxime in amorem tui feminæ suspirabant. Et cum horum pars maxima carminum nostros decantaret amores, multis me regionibus brevi tempore nuntiavit, et multarum in me feminarum accendit invidiam. Quod enim bonum animi vel corporis tuam non exornabat adolescentiam? Quam tunc mihi invidentem, nunc tantis privatæ deliciis compati calamitas mea non compellat? Quem vel quam, licet hostem, primitus, debita compassio mihi nunc non emolliat? Et plurimum nocens, plurimum, ut nosti, sum innocens. Non enim rei effectus, sed efficientis affectus in crimine est. Nec quæ fiunt, sed quo animo fiunt, æquitas pensat. Quem autem animum in te semper habuerim, solus qui expertus es judicare potes. Tuo examini cuncta committo, tuo per omnia cedo testimonio. Dic unum si vales, cum post conversionem nostram, quam tu solus facere decrevisti, in tantam tibi negligentiam atque oblivionem venerim, ut nec colloquio præsentis recreer, nec absentis epistola consoler; dic, inquam, si vales, aut ego quod sentio, imo quod omnes suspicantur dicam. Concupiscentia te mihi potius quam amicitia sociavit, libidinis ardor potius quam amor. Ubi igitur quod desiderabas cessavit, quidquid propter hoc exhibebas pariter evanuit. Hæc, dilectissime, non tam mea est quam omnium conjectura, non tam specialis quam communis, non tam privata quam publica. Utinam mihi soli sic videretur, atque aliquos in excusationem sui amor tuus inveniret, per quos dolor meus paululum resideret. Utinam occasiones fingere possem, quibus te excusando mei quoquomodo tegerem vilitatem. Attende, obsecro, quæ requiro; et parva hæc videris et tibi facillima. Dum tui præsentia fraudor, verborum saltem votis (al. notis), quorum tibi copia est, tuæ mihi imaginis præsenta dulcedinem. Frustra te in rebus dapsilem exspecto, si in verbis avarum sustineo. Nunc vero plurimum a te promereri credideram, cum omnia propter te compleverim, nunc in tuo maxime perseverans [al. compleam] obsequio. Quam quidem juvenculam ad monasticæ conversationis asperitatem non religionis devotio, sed tua tantum pertraxit jussio. Ubi si nihil a te promerear, quam frustra laborem dijudica. Nulla mihi super hoc merces exspectanda est a Deo, cujus adhuc amore nihil me constat egisse. Properantem te ad Deum secuta sum habitu, imo præcessi. Quasi enim memor uxoris Loth retro conversæ (Gen. XIX, 26), prius me sacris vestibus et professione monastica quam teipsum Deo mancipasti. In quo, fateor, uno minus te de me confidere vehementer dolui atque erubui. Ego autem (Deus scit) ad Vulcania loca te properantem præcedere vel sequi pro jussu tuo minime dubitarem. Non enim mecum animus meus, sed tecum erat. Sed et nunc maxime, si tecum non est, nusquam est. Esse vero sine te nequaquam potest. Sed ut tecum bene sit age, obsecro. Bene autem tecum fuerit, si te propitium invenerit, si gratiam referas pro gratia, modica pro magnis, verba pro rebus. Utinam, dilecte, iua de me dilectio minus confideret, ut sollicitior esset ! Sed quo te amplius nunc securum reddidi, negligentiorem sustineo. Memento, obsecro, quæ fecerim, et quanta debeas attende. Dum tecum carnali fruerer voluptate, utrum id amore, vel libidine agerem, incertum pluribus habebatur. Nunc autem finis indicat quo id inchoaverim principio. Omnes denique mihi voluptates interdixi, ut tuæ parerem voluntati. Nihil mihi reservavi, nisi sic tuam nunc præcipue fieri. Quæ vero tua sit iniquitas perpende, si merenti amplius persolvis minus, imo nihil penitus, præsertim cum parvum sit quod exigeris, et tibi facillimum. Per ipsum itaque, cui te obtulisti, Deum te obsecro, ut quoquo modo potes tuam mihi præsentiam reddas, consolationem videlicet mihi aliquam rescribendo. Hoc saltem pacto, ut sic recreata divino alacrior vacem obsequio. Cum me ad temporales olim voluptates expeteres, crebris me epistolis visitabas, frequenti carmine tuam in ore omnium Heloissam ponebas. Me plateæ omnes, me domus singulæ resonabant. Quanto autem rectius me nunc in Deum, quam tunc in libidinem excitares? Perpende, obsecro, quæ debes, attende quæ postulo; et longam epistolam brevi fine concludo. Vale, unice.

EPISTOLA III.

Quæ est rescriptum Petri ad Heloissam.

ARGUMENTUM. — *Superiori epistolæ Heloissæ respondet Abælardus, ac se candide excusat, quod tanto tempore ad illam non scripserit, minime de incuria in eam venisse : sed quod de prudentia, doctrina, pietate et religione ejus tantum confideret, ut eam vel exhortatione, vel consolatione non indigere crederet. Monet autem ut ad se rescribat, quid sibi exhortationis vel consolationis divinæ ab eo rescribi velit; et ipse ejus desiderio faciet satis. Rogat eam, ut tam ipsa quam sacer ejus virginum ac viduarum chorus se apud Deum precibus juvet, quantas apud ipsum vires oratio maxime uxorum pro viris habeat, luculenter ex Scripturarum auctoritate disserens ; et commemoratis precibus, quæ hactenus in ipso monasterio pro se a sacris feminis fierent ad Deum singulis horis canonicis, alias item quæ pro salute absentis fiant instituit. Præterea rogat ut quocunque modo vel loco eum ex hac vita migrare contingeret, defuncti corpus ad Paracletense cœnobium deferri, ibique sepeliri curaret.*

HELOISSÆ dilectissimæ sorori suæ in Christo ABÆLARDUS frater ejus in ipso.

Quod post nostram a sæculo ad Deum conversionem nondum tibi aliquid consolationis vel exhortationis scripserim, non negligentiæ meæ, sed tuæ, de qua semper plurimum confido, prudentiæ imputandum est. Non enim eam his indigere credidi; cui abundanter quæ necessaria sunt divina gratia impertivit, ut tam verbis quam exemplis errantes valeas docere, pusillanimes consolari, tepidos exhortari, sicut et facere jam dudum consuevisti cum sub abbatissa prioratum obtineres. Quod si nunc tanta diligentia tuis provideas filiabus, quanta tunc sororibus, satis esse credimus ut jam omnino superfluam doctrinam vel exhortationem nostram arbitremur. Sin autem humilitati tuæ aliter videtur, et in iis etiam quæ ad Deum pertinent magisterio nostro atque scriptis indiges, super his quæ velis scribe mihi, ut ad ipsam rescribam prout Dominus mihi annuerit. Deo autem gratias, qui gravissimorum et assiduorum periculorum meorum sollicitudinem vestris cordibus inspirans, afflictionis meæ participes vos fecit, ut orationum suffragio vestrarum divina miseratio me protegat, et velociter Satanam sub pedibus nostris conterat. Ad hoc autem præcipue psalterium, quod a me sollicite requisisti, soror in sæculo quondam chara, nunc in Christo charissima, mittere maturavi. In quo videlicet pro nostris magnis et multis excessibus, et quotidiana periculorum meorum instantia juge Domino sacrificium immoles orationum. Quantum autem locum apud Deum et sanctos ejus fidelium orationes obtineant, et maxime mulierum pro charis suis, et uxorum pro viris, multa nobis occurrunt testimonia et exempla. Quod diligenter attendens Apostolus, sine intermissione orare (*II Thess.* v, 17) nos admonet. Legimus Dominum Moysi dixisse : « Dimitte me ut irascatur furor meus (*Exod.* XXXII, 10). » Et Jeremiæ : « Tu vero, inquit, noli orare pro populo hoc, et non obsistas mihi (*Jer.* VII, 16). » Ex quibus videlicet verbis manifeste Dominus ipse profitetur orationes sanctorum quasi quoddam frenum iræ ipsius immittere, quo scilicet ipsa coerceatur, ne quantum merita peccantium exigunt ipsa in eos sæviat. Ut quem ad vindictam justitia quasi spontaneum ducit, amicorum supplicatio flectat, et tanquam invitum quasi vi quadam retineat. Sic quippe oranti vel oraturo dicitur : « Dimitte me, et ne obsistas mihi. » Præcipit Dominus ne oretur pro impiis. Orat justus, Domino prohibente, et ab ipso impetrat quod postulat, et irati judicis sententiam immutat. Sic quippe de Moyse subjunctum est : « Et placatus factus est Dominus de malignitate quam dixit facere populo suo (*Exod.* XXXII, 14). » Scriptum est alibi de universis operibus Dei : « Dixit, et facta sunt (*Psal.* CXLVIII, 5). » Hoc autem loco et dixisse memoratur quod de afflictione populus meruerat, et virtute orationis præventus non implesse quod dixerat. Attende itaque quanta sit orationis virtus, si quod jubemur oremus; quando id quod orare Prophetam Deus prohibuit, orando tamen obtinuit, et ab eo quod dixerat eum avertit. Cui et alius propheta dicit : « Et cum iratus fueris, misericordiæ recordaberis (*Habac*. III, 2). » Audiant id atque advertant principes terreni, qui occasione præpositæ et edictæ justitiæ suæ obstinati magis quam justi reperiuntur, et se remissos videri erubescunt si misericordes fiant, et mendaces si edictum suum mutent, vel quod minus provide statuerunt non impleant, etsi verba rebus emendent. Quos quidem recte dixerim Jephtæ comparandos, qui quod stulte voverat stultius adimplens unicam interfecit (*Juc'ic*. XI, 39). Qui vero ejus membrum fieri cupit, tunc cum Psalmista dicit: « Misericordiam et judicium cantabo tibi, Domine (*Psal*. c, 1). » — « Misericordia, » sicut scriptum est, « judicium exaltat, » attendens quod alibi Scriptura comminatur, « judicium sine misericordia in eum qui misericordiam non facit (*Jac*. II, 13). » Quod diligenter ipse Psalmista considerans, ad supplicationem uxoris Nabal Carmeli juramentum (*II Reg*. III, 3), quod ex justitia fecerat, de viro ejus scilicet et ipsius domo delenda, per misericordiam cassavit. Orationem itaque justitiæ prætulit, et quod vir deliquerat supplicatio uxoris delevit. In quo quidem tibi, soror, exemplum proponitur, et securitas datur, ut si hujus oratio apud hominem tantum obtinuit, quid apud Deum tua pro me audeat instruaris. Plus quippe Deus, qui pater est noster, filios diligit quam David feminam supplicantem. Et ille quidem pius et misericors habebatur, sed ipsa pietas et misericordia Deus est. Et quæ tunc supplicabat mulier sæcularis erat et laica, nec ex sanctæ devotionis professione Domino copulata. Quod si ex te minus ad impetrandum sufficias, sanctus qui tecum est tam virginum quam viduarum conventus, quod per te non potes, obtinebit. Cum enim discipulis Veritas dicat: « Ubi duo vel tres congregati fuerint in nomine meo, ibi sum in medio eorum (*Matth*. XVIII, 20). » Et rursum : « Si duo ex vobis consenserint de omni re quam petierint, fiet illud a Patre meo (*ibid*., 19): » quis non videat quantum apud Deum valeat sanctæ congregationis frequens oratio? Si, ut Apostolus asserit, « multum valet oratio justi assidua (*Jac*. V, 16), » quid de multitudine sanctæ congregationis sperandum est? Nosti, charissima soror, ex homelia 28 beati Gregorii quantum suffragium invito seu contradicenti fratri oratio fratrum naturæ [*al*. mature] attulerit. De quo jam ad extremum ducto quanta periculi anxietate miserrima ejus anima laboraret, et quanta desperatione et tædio vitæ fratres ab oratione revocaret, quid ibi diligenter scriptum sit tuam mentem latet prudentiam. Atque utinam confidentius te et sanctarum conventum sororum ad orationem invitet, ut me scilicet vobis ipse vivum custodiat; per quem, Paulo attestante, mortuos etiam suos de resurrectione mulieres acceperunt (*Hebr*. XI, 35). Si enim Veteris et Evangelici Testamenti paginas revolvas, invenies maxima ressuscitationis miracula solis vel maxime feminis exhibita fuisse, pro ipsis vel de ipsis facta. Duos quippe mortuos suscitatos ad supplicationes maternas Vetus commemorat Testamentum, per Eliam scilicet (*II Reg*. XVII, 17), et ipsius discipulum Elisæum (*IV Reg*, IV, 34). Evangelium vero trium tantum mortuorum suscitationem a Domino factam continet, quæ mulieribus exhibita, maxime illud quod supra commemoravimus Apostolicum dictum rebus suis confirmant. « Acceperunt mulieres de resurrectione mortuos suos (*Hebr*. XI, 35). » Filium quippe viduæ ad portam civitatis Naim suscitatum matri reddidit, ejus compassione compunctus (*Luc*. VII, 15). Lazarum quoque amicum suum ad obsecrationem sororum ejus, Mariæ videlicet ac Marthæ, suscitavit (*Joan*. XI, 44). Quo etiam archisynagogi filiæ hanc ipsam gratiam ad petitionem patris impendente (*Marc*. V, 42), « mulieres de resurrectione mortuos suos acceperunt. » Cum hæc videlicet suscitata proprium de morte receperit corpus, sicut illæ corpora suorum. Et paucis quidem intervenientibus hæ factæ sunt resuscitationes. Vitæ vero nostræ conservationem multiplex vestræ devotionis oratio facile obtinebit. Quarum tam abstinentia quam continentia Deo sacrata quanto ipsi gratior habetur, tanto ipsum propitiorem inveniet. Et plerique fortassis horum qui suscitati sunt nec fideles exstiterunt; sicut nec vidua prædicta (*Luc*. VII, 15); cui non roganti filium Dominus suscitavit, fidelis exstitisse legitur. Nos autem invicem non solum fidei colligat integritas, verum etiam ejusdem religionis professio sociat. Ut autem sacrosanctum collegii vestri nunc omittam conventum, in quo plurimarum virginum ac viduarum devotio Domino jugiter deservit, ad te unam veniam, cujus apud Deum sanctitatem plurimum non ambigo posse, et quæ potes mihi præcipue debere, maxime in tantæ adversitatis laboranti discrimine. Memento itaque semper in orationibus tuis ejus, qui specialiter est tuus; et tanto confidentius in oratione vigila, quanto id esse tibi recognoscis justius, et ob hoc ipsi qui orandus est acceptabilius. Exaudi, obsecro, aure cordis, quod sæpius audisti aure corporis. Scriptum est in Proverbiis: « Mulier diligens corona est viro suo (*Prov*. XII, 4). » Et rursum: « Qui invenit mulierem bonam, invenit bonum: et hauriet jucunditatem a Domino (*Prov*. XVIII, 22). » Et iterum: « Domus et divitiæ dantur a parentibus, a Domino autem proprie uxor prudens (*Prov*. XIX, 14). » Et in Ecclesiastico : « Mulieris bonæ beatus vir (*Eccli*. XXVI, 1). » Et post pauca : « Pars bona, mulier bona (*ibid*., 3). » Et juxta auctoritatem apostolicam : « Sanctificatus est vir infidelis per mulierem fidelem (*I Cor*. VII, 14). » Cujus quidem rei experimentum in regno præcipue nostro, id est Francorum,

divina specialiter exhibuit gratia, cúm ad oratio- A Preces : « Salvum fac servum tuum, Deus meus. nem videlicet uxoris magis quàm ad sanctorum præ- sperantem in te. Mitte ei, Domine, auxilium de sanedicationem, Clodoveo rege ad fidem Christi converso cto : et de Sion tuere eum. Esto ei, Domine, turregnum sic universum divinis legibus mancipave- ris fortitudinis a facie inimici. Domine, exaudi orarunt, ut exemplo maxime superiorum ad orationis tionem meam, et clamor meus ad te veniat (*Psal.* instantiam inferiores provocarentur. Ad quam qui- ci, 2). Oratio [*al.* Oremus] : « Deus qui per servum dem instantiam Dominica nos vehementer invitans tuum ancillulas tuas in nomine tuo dignatus es agparabola: « Ille, inquit, si perseveraverit pulsans, gregare, te quæsumus, ut eum ab omni adversitate dico vobis quia si non dabit ei eo quod amicus illius protegas, et ancillis tuis incolumem reddas. Per sit, propter improbitatem ejus surgens dabit ei Dominum, » etc. Quod si me Dominus in manibus quotquot habet necessarios (*Luc.* xi, 8). » Ex inimicorum tradiderit, scilicet ut ipsi prævalentes hac profecto, ut ita dicam orationis improbitate, me interficiant, aut quocunque casu viam universæ sicut supra memini, Moyses divinæ justitiæ seve- carnis absens a vobis ingrediar, cadaver, obsecro, ritatem enervavit (*Exod.* xxxii, 14), et sententiam nostrum ubicunque vel sepultum vel expositum jaimmutavit. Nosti, dilectissima, quantum charitatis cuerit, ad cœmeterium vestrum deferri faciatis, ubi affectum præsentiæ meæ conventus olim vester in B filiæ nostræ [*al.* vestræ], imo in Christo sorores, oratione solitus sit exhibere. Ad expletionem sepulcrum nostrum sæpius videntes, ad preces pro namque quotidie singularum horarum specia- me Domino fundendas amplius invitentur. Nullum lem pro me Domino supplicationem hanc offerre quippe locum animæ dolenti de peccatorum suoconsuevit, ut responso proprio cum versu ejus præ- rum errore desolatæ tutiorem ac salubriorem arbimissis et decantatis, preces his et collectam in hunc tror, quam eum qui vero Paracleto, id est consolamodum subjungeret. Responsum : « Non me dere- tori proprie consecratus est, et de ejus nomine spelinquas, nec discedas a me, Domine (*Psal.* xxxvii, cialiter insignitus. Nec Christianæ sepulturæ locum 22). » Versus : « In adjutorium meum semper in- rectius apud aliquos fideles, quam apud feminas tende, Domine (*Psal.* lxix, 1). » Preces : « Salvum Christo devotas consistere censeo. Quæ de Domini fac servum tuum, Deus meus, sperantem in te. Do- Jesu Christi sepultura sollicitæ (*Marc.* xvi, 1), eam mine exaudi orationem meam, et clamor meus ad unguentis pretiosis, et prævenerunt et subsecutæ te veniat (*Psal.* ci, 2). » Oratio [*al.* Oremus] : sunt, et circa ejus sepulcrum studiose vigilantes, et « Deus qui per servulum tuum ancillulas tuas in sponsi mortem lacrymabiliter plangentes, sicut scrinomine tuo dignatus es aggregare, te quæsumus, ut C ptum est : « Mulieres sedentes ad monumentum latam ipsi nobis in tua tribuas perseverare vo- mentabantur flentes Dominum (*Matth.* xxvii, 61). » luntate. Per Dominum, » etc. Nunc autem absenti Primo ibidem de resurrectione ejus angelica appamihi tanto amplius orationum vestrarum opus est ritione et allocutione sunt consolatæ, et statim ipsuffragio, quanto majoris anxietate periculi con- sius resurrectionis gaudia, eo bis eis apparente, stringor. Supplicando itaque postulo, et postulando percipere meruerunt, et manibus contrectare. Illud supplico, quatenus præcipue nunc absens experiar autem demum super omnia postulo, ut quæ nunc quam verá charitas vestra erga absentem exstiterit, de corporis mei periculo nimia sollicitudine labosingulis videlicet horis expletis hunc orationis pro- ratis, tunc præcipue de salute animæ sollicitæ, priæ modum adnectens. Responsum : « Ne derelin- quantum dilexeritis vivum exhibeatis defuncto, quas me, Domine, pater et dominator vitæ meæ, ut orationum videlicet vestrarum speciali quodam et non corruam in conspectu adversariorum meorum : proprio suffragio. ne gaudeat de me inimicus meus (*Eccli.* xxiii, 1).»
Versus : Apprehende arma et scutum, et exsurge
in adjutorium mihi. Ne gaudeat (*Psal.* xxxiv, 2). »

« Vive, vale, vivantque tuæ, valeantque sorores
Vivite, sed Christo [al. *Domino*], quæso, mei me-
[mores.

EPISTOLA IV.

Quæ est rescriptum Heloissæ ad Petrum.

ARGUMENTUM. — *Plena, planctibus et doloribus est epistola. Plangit enim Heloissa et suam, et monacharum suarum, atque ipsius Abælardi miseram conditionem, accepta planctus occasione ex postrema præcedentis epistolæ parte, ubi de sua ex hac vita migratione meminit Abælardus. Multis utitur affectibus, quibus lectorem ad compassionem suarum et Abælardi movet, ut forte etiam lacrymas excutiat. Plangit et ipsius Abælardi plagam. Multa etiam de ipsis in corpore carnalibus desideriis inardescentibus, quæ aliquando cum ipso experta fuerat Abælardo, conqueritur. Proinde exteriorem et apertam religionem suam non incongrue extenuat, ac illam simulationi potius quam pietati ascribit; se Abælardi sui orationibus juvari postulat, atque suas laudes humiliter rejicit.*

Unico suo post Christum unica sua in Christo. D epistolarum, imo contra ipsum ordinem naturalem
Miror, unice meus, quod præter consuetudinem rerum, in ipsa fronte salutationis epistolaris me

tibi præponere præsumpsisti, feminam videlicet viro, uxorem marito, ancillam domino, monialem monacho et sacerdoti, diaconissam abbati. Rectus quippe ordo est et honestus, ut qui ad superiores vel ad pares scribunt, eorum quibus scribunt nomina suis anteponant. Sin autem ad inferiores, præcedunt scriptionis ordine qui præcedunt rerum dignitate. Illud etiam non parva admiratione suscepimus, quod quibus consolationis remedium afferre debuisti, desolationem auxisti, et quas mitigare debueras, excitasti lacrymas. Quæ enim nostrum siccis oculis audire possit, quod circa finem epistolæ posuisti, dicens : « Quod si me Dominus in manus inimicorum tradiderit, ut me scilicet prævalentes interficiant, » etc. O charissime, quo id animo cogitasti, quo id ore dicere sustinuisti? Nunquam ancillulas suas adeo Deus obliviscatur, ut eas tibi superstites reservet. Nunquam nobis vitam illam concedat, quæ omni genere mortis sit gravior. Te nostras exsequias celebrare, te nostras Deo animas convenit commendare, et quas Deo aggregasti ad ipsum præmittere; ut nulla amplius de ipsis perturberis sollicitudine, et tanto lætior nos subsequaris, quanto securior de nostra salute jam fueris. Parce, obsecro, domine, parce hujusmodi dictis, quibus miseras miserrimas facias, et ut ipsum quodcunque vivimus ne nobis auferas ante mortem « Sufficit diei malitia sua (*Matth.* vi, 34), » et dies illa omnibus, quos inveniet, satis secum sollicitudinis afferet omni amaritudine involuta. « Quid enim necesse est, » inquit Seneca, « mala arcessere, et ante mortem vitam perdere? » Rogas unice, ut quocunque casu nobis absens hanc vitam finieris, ad cœmeterium nostrum corpus tuum afferri faciamus, ut orationum scilicet nostrarum ex assidua tui memoria ampliorem assequaris fructum. At vero quomodo memoriam tui a nobis labi posse suspicaris? aut quod orationi tempus tunc erit commodum, quando summa perturbatio nihil permittet quietum? cum nec anima rationis sensum, nec lingua sermonis retinebit usum? Cum mens insana in ipsum, ut ita dicam, Deum magis irata quam pacata, non tam orationibus ipsum placabit quam querimoniis irritabit? Flere tunc miseris tantum vacabit, non orare licebit, et te magis subsequi quam sepelire maturandum erit, ut potius et nos consepeliendæ simus, quam sepelire possimus. Quæ cum in te nostram amiserimus vitam, vivere te recedente nequaquam poterimus. Atque utinam nec tunc usque possimus! Mortis tuæ mentio mors quædam nobis est. Ipsa autem mortis hujus veritas quid, si nos invenerit, futura est? Nunquam Deus annuat, ut hoc tibi debitum superstites persolvamus, et hoc tibi patrocinio subveniamus, quod a te penitus exspectamus. In hoc utinam te præcessuræ, non secuturæ! Parce itaque, obsecro, nobis ; parce itaque unicæ saltem tuæ, hujusmodi scilicet supersedendo verbis, quibus tanquam gladiis mortis nostras transverberas animas, ut quod mortem præve-

nit ipsa morte gravius sit. Confectus mœrore animus quietus non est, nec Deo sincere potest vacare mens perturbationibus occupata. Noli, obsecro, divinum impedire servitium, cui nos maxime mancipasti. Omne inevitabile, quod cum acciderit, mœrorem maximum secum inferet, ut subito veniat optandum est, ne timore inutili diu ante cruciet, cui nulla succurri providentia potest. Quod et poeta bene considerans Deum precatur, dicens :

Sit subitum quodcunque paras, fit cæca futuri
Mens hominum fati. Liceat sperare timenti.
(LUCAN. *Pharsal.*, lib. II, 14, 15.)

Quid autem te amisso sperandum mihi superest? aut quæ in hac peregrinatione causa remanendi, ubi nullum nisi te remedium habeam; et nullum aliud in te nisi hoc ipsum quod vivis omnibus de te mihi aliis voluptatibus interdictis, cui nec præsentia tua concessum est frui, ut quandoque mihi reddi valeam? O si fas sit dici crudelem mihi per omnia Deum! o inclementem clementiam! o infortunatam fortunam, quæ jam in me universi conaminis sui tela in tantum consumpsit, ut quibus in alios sæviat jam non habeat; plenam in me pharetram exhausit, ut frustra jam alii bella ejus formident. Nec si ei adhuc telum aliquod superesset, locum in me vulneris inveniret. Unum inter tot vulnera metuit, ne morte supplicia finiam. Et cum interimere non cesset, interitum tamen quem accelerat timet. O me miserarum miserrimam! infelicium infelicissimam, quæ quanto universis in te feminis prælata sublimiorem obtinui gradum, tanto hinc prostrata graviorem in te et in me pariter perpessa sum casum! Quanto quippe altior ascendentis gradus, tanto gravior corruentis casus. Quam mihi nobilium ac potentium feminarum fortuna unquam præponere potuit aut æquare? Quam denique adeo dejecit et dolore conficere potuit? Quam in te [*al.* vitæ] mihi gloriam contulit? quam in te mihi ruinam intulit? Quam mihi vehemens in utramque partem exstitit, ut nec in bonis nec in malis modum habuerit? Quæ ut me miserrimam omnium faceret, omnibus ante beatiorem effecerat. Ut cum quanta perdidi pensarem, tanto me majora consumerent lamenta, quanto me majora oppresserant damna; et tanto major amissorum succederet dolor, quanto major possessorum præcesserat amor, et summæ voluptatis gaudia summa mœroris terminaret tristitia. Et ut ex injuria major indignatio surgeret, omnia in nobis æquitatis jura pariter sunt perversa. Dum enim solliciti amoris gaudiis frueremur, et ut turpiore, sed expressiore vocabulo utar, fornicationi vacaremus, divina nobis severitas pepercit. Ut autem illicita licitis correximus, et honore conjugii turpitudinem fornicationis operuimus, ira Domini manum suam super nos vehementer aggravavit, et immaculatum non pertulit torum qui diu ante sustinuerat pollutum. Deprehensis in quovis adulterio viris hæc satis esset ad vindictam pœna quam pertulisti. Quod ex adulterio promerentur alii, id tu ex conjugio incurristi, per quod jam te omnibus satisfecisse confidebas injuriis. Quod fornicatoribus suis adulteræ, hoc propria uxor tibi contulit. Nec cum pristinis vacaremus voluptatibus, sed cum jam ad tempus segregati castius viveremus, te quidem Parisius scholis præsidente, et me ad imperium tuum Argenteoli cum sanctimonialibus conversante. Divisis itaque sic nobis adinvicem [*al.* abinvicem] ut tu studiosius scholis, ego liberius orationi sive sacræ lectionis meditationi vacarem, et tanto nobis sanctius quanto castius degentibus, solus in corpore luisti quod duo pariter commiseramus. Solus in pœna fuisti, duo in culpa : et qui minus debueras, totum pertulisti. Quanto enim amplius te pro me humiliando satisfeceras, et me pariter et totum genus meum sublimaveras, tanto te minus tam apud Deum quam apud illos proditores obnoxium pœnæ reddideras. O me miseram in tanti sceleris causa progenitam ! O summam in viros summos et consuetam feminarum perniciem! Hinc de muliere cavenda scriptum est in Proverbiis : « Nunc ergo, fili, audi me, et attende verbis oris mei. Ne abstrahatur in viis illius mens tua, neque decipiaris semitis ejus. Multos enim vulneratos dejecit, et fortissimi quique interfecti sunt ab ea. Viæ inferi domus ejus penetrantes in inferiora mortis (*Prov.* VII, 24). » Et in Ecclesiaste : « Lustravi universa animo meo, et inveni amariorem morte mulierem, quæ laqueus venatorum est, et sagena cor ejus. Vincula enim sunt manus ejus. Qui placet Deo, effugiet eam. Qui autem peccator est, capietur ab illa (*Eccle.* VII, 26). » Prima statim mulier de paradiso virum captivavit (*Gen.* III, 6), et quæ ei a Domino creata fuerat in auxilium, in summum ei conversa est exitium. Fortissimum illum Nazaræum Domini et angelo nuntiante conceptum Dalila sola superavit, et eum inimicis proditum et oculis privatum ad hoc tandem dolor compulit, ut se pariter cum ruina hostium opprimeret (*Judic.* XVI, 4). Sapientissimum omnium Salomonem sola quam sibi copulaverat mulier infatuavit, et in tantam compulit insaniam, ut cum quem ad ædificandum sibi Dominus templum elegerat, patre ejus David, qui justus fuerat, in hoc reprobato, ad idololatriam ipsa usque in finem vitæ dejiceret, ipso, quem tam verbis quam scriptis prædicabat atque docebat, divino cultu derelicto (*III Reg.* XI, 7). Job sanctissimus in uxore novissimam atque gravissimam sustinuit pugnam, quæ eum ad maledicendum Deo stimulabat (*Job* II, 9). Et callidissimus tentator hoc optime noverat, quod sæpius expertus fuerat, virorum videlicet ruinam in uxoribus esse facillimam. Qui denique etiam usque ad nos consuetam extendens malitiam, quem de fornicatione sternere non potuit, de conjugio tentavit ; et bono male est usus, qui malo male uti non est permissus. Deo saltem super hoc gratias, quod me ille ut supra positas feminas in culpam ex consensu non traxit,

A quam tamen in causam commissæ malitiæ ex affectu convertit. Sed et si purget animum meum innocentia, nec hujus reatum sceleris consensus incurrat ; peccata tamen multa præcesserunt, quæ me penitus immunem ab hujus reatu sceleris esse non sinunt. Quod videlicet diu ante carnalium illecebrarum voluptatibus serviens, ipsa tunc merui quod nunc plector, et præcedentium in me peccatorum sequentia merito facta sunt pœna. Etiam malis initiis perversus imputandus est exitus. Atque utinam hujus præcipue commissi dignam agere valeam pœnitentiam, ut pœnæ illi tuæ vulneris illati ex longa saltem pœnitentiæ contritione vicem quoquo modo recompensare queam ; et quod tu ad horam in corpore pertulisti, ego in omni vita,

B ut justum est, in contritione mentis suscipiam, et hoc tibi saltem modo, si non Deo, satisfaciam. Si enim vere miserrimi mei animi profitear infirmitatem, qua pœnitentia Deum placare valeam non invenio, quem super hac semper injuria summæ crudelitatis arguo, et ejus dispensationi contraria magis eum ex indignatione offendo, quam ex pœnitentiæ satisfactione mitigo. Quomodo etiam pœnitentia peccatorum dicitur, quantacunque sit corporis afflictio, si mens adhuc ipsam peccandi retinet voluntatem, et pristinis æstuat desideriis? Facile quidem est quemlibet confitendo peccata seipsum accusare, aut etiam in exteriori satisfactione corpus affligere. Difficillimum vero est a desideriis

C maximarum voluptatum avellere animum. Unde et merito sanctus Job cum præmisisset : « Dimittam adversum me eloquium meum (*Job* X, 1), » id est laxabo linguam, et aperiam os per confessionem in peccatorum meorum accusationem, statim adjunxit : « Loquar in amaritudine animæ meæ (*ibid.*). » Quod beatus exponens Gregorius (lib. IX *Moral.*, c. 23) : « Sunt, inquit, nonnulli, qui apertis vocibus culpas fatentur, sed tamen in confessione gemere nesciunt, et lugenda gaudentes dicunt. » Unde qui culpas suas detestans loquitur, restat necesse est ut has in amaritudine animæ loquatur, ut hæc ipsa amaritudo puniat quidquid lingua per mentis judicium accusat. Sed hæc quidem amaritudo veræ pœnitentiæ quam rara sit

D beatus diligenter attendens Ambrosius (lib. *De pœnit.*, c. 10) : « Facilius, inquit, juveni qui innocentiam servaverunt, quam qui pœnitentiam egerunt. » In tantum vero illæ, quas pariter exercuimus, amantium voluptates dulces mihi fuerunt, ut nec displicere mihi, nec vix a memoria labi possint. Quocunque loco me vertam, semper se oculis meis cum suis ingerunt desideriis. Nec etiam dormienti suis illusionibus parcunt. Inter ipsa missarum solemnia, ubi purior esse debet oratio, obscena earum voluptatum phantasmata ita sibi penitus miserrimam captivant animam, ut turpitudinibus illis magis quam orationi vacem. Quæ cum ingemiscere debeam de commissis, suspiro potius de amissis. Nec solum quæ egimus, sed loca pariter et tempora, in quibus hæc egimus, ita tecum nostro infixa sunt animo, ut in ipsis omnia tecum agam, nec dormiens etiam ab his quiescam. Nonnunquam et ipso motu corporis animi mei cogitationes deprehenduntur, nec a verbis temperant improvisis. O vere me miseram, et illa conquestione ingemiscentis animæ dignissimam. « Infelix ego homo, quis me liberabit de corpore mortis hujus ? » (*Rom.* vii, 24.) Utinam et quod sequitur veraciter addere queam : « Gratia Dei per Jesum Christum Dominum nostrum (*ibid.*, 25). » Hæc te gratia, charissime, prævenit, et ab his tibi stimulis una corporis plaga medendo multas in anima sanavit, et in quo tibi amplius adversari Deus creditur, propitior invenitur. More quidem fidelissimi medici, qui non parcit dolori, ut consulat saluti. Hos autem in stimulos carnis, hæc incentiva libidinis ipse juvenilis fervor ætatis, et jucundissimarum experientia voluptatum, plurimum accendunt, et tanto amplius sua me impugnatione opprimunt, quanto infirmior est natura quam oppugnant. Castam me prædicant, qui non deprehenderunt hypocritam. Munditiam carnis conferunt in virtutem, cum non sit corporis, sed animi virtus. Aliquid laudis apud homines habens, nihil apud Deum mereor, qui cordis et renum probator est, et in abscondito videt. Religiosa hoc tempore [*al.* corde] judicor, in quo jam parva pars religionis non est hypocrisis, ubi ille maximis extollitur laudibus, qui humanum non offendit judicium. Et hoc fortassis aliquo modo laudabile, et Deo acceptabile quoquo modo videtur, si quis videlicet exterioris operis exemplo quacunque intentione non sit Ecclesiæ scandalo, nec jam per ipsum apud infideles nomen Domini blasphemetur, nec apud carnales professionis suæ ordo infametur. Atque hoc quoque nonnullum est divinæ gratiæ donum, et cujus videlicet munere venit non solum bona facere, sed etiam a malis abstinere. Sed frustra istud præcedit, ubi illud non succedit, sicut scriptum est : « Declina a malo, et fac bonum (*Psal.* xxxvi, 27). » Et frustra utrumque geritur quod amore Dei non agitur. In omni autem (Deus scit) vitæ meæ statu, te magis adhuc offendere quam Deum vereor; tibi placere amplius quam ipsi appeto. Tua me ad religionis habitum jussio, non divina traxit dilectio. Vide quam infelicem, et omnibus miserabiliorem ducam vitam, si tanta hic frustra sustineo, nihil habitura remunerationis in futuro. Diu te, sicut multos, simulatio mea fefellit, ut religioni deputares hypocrisim ; et ideo nostris te maxime commendans orationibus, quod a te exspecto a me postulas. Noli, obsecro, de me tanta præsumere, ne mihi cesses orando subvenire. Noli æstimare sanam, ne medicaminis subtrahas gratiam. Noli non egentem credere, ne differas in necessitate subvenire. Noli valitudinem [*al.* valetudinem] putare, ne prius corruam quam sustentes labentem. Multis ficta sui laus nocuit, et præsidium quo indigebant abstulit. Per Isaiam Dominus clamat : « Popule meus, qui te beatificant ipsi te decipiunt, et viam gressuum tuorum dissipant (*Isai.* iii, 12). » Et per Ezechielem : « Væ qui consuitis , » inquit, « pulvillos sub omni cubitu manus, et cervicalia sub capite ætatis universæ ad decipiendas animas (*Ezech.* xiii, 18). » Econtra autem per Salomonem dicitur : « Verba sapientium quasi stimuli, et quasi clavi in altum defixi, qui videlicet vulnera nesciunt palpare, sed pungere (*Eccle.* xii, 11). » Quiesce, obsecro, a laude mea, ne turpem adulationis notam et mendacii crimen incurras; aut si quod in me suspicaris bonum, ipsum laudatum vanitatis aura ventilet. Nemo medicinæ peritus interiorem morbum ex exterioris habitus inspectione dijudicat. Nulla quidquid meriti apud Deum obtinent, quæ reprobis æque ut electis communia sunt. Hæc autem ea sunt, quæ exterius aguntur, quæ nulli sanctorum tam studiose peragunt, quantum hypocritæ. « Pravum est cor hominis, et inscrutabile etiam ; quis cognoscet illud ? » (*Jer.* xvii, 9.) Et sunt viæ hominis quæ videntur rectæ; novissima autem illius deducunt ad mortem (*Prov.* xiv, 12). Temerarium est in eo judicium hominis, quod divino tantum reservatur examini. Unde et scriptum est : « Ne laudaveris hominem in vita (*Eccli.* xi, 30). » Ne tunc videlicet hominem laudes, dum laudando facere non laudabilem potes. Tanto autem mihi tua laus in me periculosior est, quanto gratior ; et tanto amplius ea capior et delector, quanto amplius tibi per omnia placere studeo. Time, obsecro, semper de me potius quam confidas, ut tua semper sollicitudine adjuver. Nunc vero præcipue timendum est, ubi nullum incontinentiæ meæ superest in te remedium. Nolo me ad virtutem exhortans, et ad pugnam provocans, dicas : « Nam virtus in infirmitate perficitur (*II Cor.* xii, 9) ; » et : « Non coronabitur nisi qui legitime certaverit (*II Tim.* ii, 5). » Non quæro coronam victoriæ. Satis est mihi periculum evitare. Tutius evitatur periculum, quam committitur bellum. Quocunque me angulo cœli Deus collocet, satis mihi faciet. Nullus ibi cuiquam invidebit, cum singulis quod habebunt suffecerit. Cui quidem consilio nostro ut ex auctoritate quoque robur adjungam, beatum audiamus Hieronymum (69) : « Fateor imbecillitatem meam, nolo spe victoriæ pugnare, ne perdam aliquando victoriam. » Quid necesse est certa dimittere, et incerta sectari ?

---

(69) Adversus Vigilantium.

EPISTOLA V.

Quæ est rescriptum Petri rursus ad Heloissam.

ARGUMENTUM. — *Quatuor capitibus totam novissimam Heloissæ epistolam constare dicit, argute respondet Abælardus : singulorumque rationes prosequitur, non tam ut seipsum excuset, quam ut ipsam doceat, hortetur et consoletur Heloissam. Primo quidem rationem ponit, qua in postremis litteris suis nomen ejus suo præposuerit. Secundo, quod suorum periculorum et mortis mentionem egerit, se ab ea adjuratum fecisse exponit. Tertium de laudum suarum rejectione approbat : modo id sincere et sine laudis fiat cupiditate, Quarto de sua utriusque conversionis occasione ad vitam monasticam fusius prosequitur. Plagam in corporis sui fœda parte, quam illa plangebat, sic extenuat : ut eam utrique saluberrimam, et multorum bonorum causam esse profiteatur, comparatione turpium ejusdem pudendæ partis actorum : atque eam ob rem divinam extollit sapientiam et clementiam. Multa denique passim ponuntur ad doctrinam et exhortationem atque consolationem Heloissæ. Ponitur et brevis oratio qua monachæ Paracletenses Abælardo et Heloissæ Deum propitiarent.*

Sponsæ Christi servus ejusdem.

In quatuor, memini, circa quæ epistolæ tuæ novissimæ summa consistit, offensæ tuæ commotionem expressisti. Primo quidem super hoc conquereris, quod præter consuetudinem epistolarum, imo etiam contra ipsum naturalem ordinem rerum, epistola nostra tibi directa te mihi in salutatione præposuit. Secundo, quod cum vobis consolationis potius remedium afferre debuissem, desolationem auxi, et quas mitigare debueram lacrymas excitavi. Illud videlicet ibidem adjungens : « Quod si me Dominus in manus inimicorum tradiderit, ut me scilicet prævalentes interficiant, etc. » Tertio vero veterem illam et assiduam querelam tuam in Deum adjecisti, de modo videlicet nostræ conversionis [*al.* conversationis] ad Deum, et crudelitate proditionis illius in me commissæ. Denique accusationem tui contra nostram in te laudem opposuisti, non cum supplicatione modica, ne id deinceps præsumerem. Quibus quidem singulis rescribere decrevi, non tam pro excusatione mea, quam pro doctrina vel exhortatione tua, ut eo scilicet libentius petitionibus assentias nostris, quo eas rationabilius factas intellexeris, et tanto me amplius exaudias in tuis, quanto reprehensibilem minus invenies in meis, tantoque amplius verearis contemnere, quanto minus videris dignum reprehensione.

De ipso autem nostræ salutationis, ut dicis, ordine præpostero, juxta tuam quoque, si diligenter attendas, actum est sententiam. Id enim quod omnibus patet, tu ipsa indicasti, ut cum videlicet, ad superiores scribitur, eorum nomina præponantur. Te vero extunc me superiorem factam intelligas, quo domina mea esse cœpisti, Domini mei sponsa effecta, juxta illud beati Hieronymi ad Eustochium ita scribentis (epist. 22) : « Hæc idcirco, domina mea, Eustochium, scribo. Dominam quippe debeo vocare sponsam Domini mei. » Felix talium commercium nuptiarum ; ut homunculi miseri prius uxor, nunc in summi regis thalamis sublimeris. Nec ex hujus honoris privilegio priori tantummodo viro, sed quibuscunque servis ejusdem regis præ-

A lata. Ne mireris igitur si tam vivus quam mortuus me vestris præcipue commendem orationibus, cum jure publico constet apud dominos plus eorum sponsas intercedendo posse, quam ipsorum familias, dominas amplius quam servos. In quarum quidem typo regina illa et summi regis sponsa diligenter describitur, cum in psalmo dicitur : « Astitit regina a dextris tuis (*Psal.* XLIV, 10). » Ac si aperte dicatur, ista juncto latere sponso familiarissime adhæret, et pariter incedit, cæteris omnibus quasi a longe absistentibus [*al.* adsistentibus] vel subsequentibus. De hujus excellentia prærogativæ sponsa in Canticis exsultans, illa ut ita dicam, quam Moyses duxit (*Num.* XII, 1), Æthiopissa dicit : « Nigra
B sum, sed formosa, filiæ Hierusalem. Ideo dilexit me rex, et introduxit me in cubiculum suum (*Cant.* I, 4). » Et rursum : « Nolite considerare quod fusca sim, quia decoloravit me sol (*ibid.*, 5). » In quibus quidem verbis cum generaliter anima describatur contemplativa, quæ specialiter sponsa Christi dicitur, expressius tamen ad vos hoc pertinere ipse etiam vester exterior habitus loquitur. Ipse quippe cultus exterior nigrorum aut vilium indumentorum, instar lugubris habitus bonarum viduarum mortuos quos dilexerant viros plangentium, vos in hoc mundo, juxta Apostolum, vere viduas et desolatas ostendit, stipendiis Ecclesiæ substentandas (*I Tim.* V, 16). De quarum etiam viduarum luctu super occisum earum sponsum Scriptura commemorat, di-
C cens : « Mulieres sedentes ad monumentum lamentabantur flentes Dominum (*Matth.* XXVII, 61). » Habet autem Æthiopissa exteriorem in carne nigredinem, et quantum ad exteriora pertinet, cæteris apparet feminis deformior ; cum non sit tamen in interioribus dispar, sed in plerisque etiam formosior atque candidior, sicut in ossibus seu dentibus. Quorum videlicet dentium candor in ipso etiam commendatur sponso, cum dicitur : « Et dentes ejus lacte candidiores (*Gen.* XLIX, 12). » Nigra itaque in exterioribus, sed formosa in interioribus est (*Cant.* I, 4) ; quia in hac vita crebris adversitatum tribulationibus corporaliter afflicta, quasi in carne nigrescit exterius, juxta illud Apostoli : « Omnes qui

volunt pie vivere in Christo tribulationem patientur (*II Tim.* iii, 12). » Sicut enim candido prosperum, ita non incongrue nigro designatur adversum. Intus autem quasi in ossibus candet, quia in virtutibus ejus anima pollet, sicut scriptum est : « Omnis gloria ejus filiæ regis ab intus (*Psal.* xliv, 14). » Ossa quippe, quæ interiora sunt, exteriori carne circumdata, et ipsius carnis, quam gerunt vel sustentant, robur ac fortitudo sunt, bene animam exprimunt, quæ carnem ipsam, cui inest, vivificat, sustentat, movet atque regit, atque ei omnem valitudinem ministrat. Cujus quidem est candor sive decor, ipsæ quibus adornatur virtutes. Nigra quoque est in exterioribus, quia dum in hac peregrinatione adhuc exsulat, vilem et abjectam se tenet in hac vita ; ut in illa sublimetur, quæ est abscondita cum Christo in Deo, patriam jam adepta. Sic vero eam sol verus decolorat, quia cœlestis amor sponsi eam sic humiliat, vel tribulationibus cruciat, ne eam scilicet prosperitas extollat. Decolorat eam sic, id est dissimilem eam a cæteris facit, quæ terrenis inhiant, et sæculi quærunt gloriam, ut sic ipsa vere lilium convallium per humilitatem efficiatur : non lilium quidem montium, sicut illæ videlicet fatuæ virgines, quæ de munditia carnis, vel abstinentia exteriore apud se intumescentes, æstu tentationum aruerunt. Bene autem filias Jerusalem, id est imperfectiores alloquens fideles, qui filiarum potius quam filiorum nomine digni sunt, dicit : « Nolite me considerare quod fusca sim, quia decoloravit me sol (*Cant.* i, 5). » Ac si apertius dicat: Quod sic me humilio, vel tam viriliter adversitates sustineo, non est meæ virtutis, sed ejus gratiæ, cui deservio. Aliter solent hæretici vel hypocritæ, quantum ad faciem hominum spectat, spe terrenæ gloriæ sese vehementer humiliare, vel multa inutiliter tolerare. De quorum quidem hujusmodi abjectione vel tribulatione, quam sustinent, vehementer mirandum est, cum sint omnibus miserabiliores hominibus, qui nec præsentis vitæ bonis, nec futuræ fruuntur. Hoc itaque sponsa diligenter considerans, dicit : « Nolite mirari cur id faciam. » Sed de illis mirandum est, qui inutiliter terrenæ laudis desiderio æstuantes terrenis se privant commodis, tam hic quam in futuro miseri. Qualis quidem fatuarum virginum continentia est, quæ a janua sunt exclusæ (*Matth.* xxv, 1). Bene etiam, quia nigra est, ut diximus, et formosa, dilectam et introductam se dicit in cubiculum regis, id est in secretum vel quietem contemplationis, et lectulum illum de quo eadem alibi dicit : « In lectulo meo per noctes quæsivi quem diligit anima mea (*Cant.* iii, 1). » Ipsa quippe nigredinis deformitas occultum potius quam manifestum, et secretum magis quam publicum amat. Et quæ talis est uxor, secreta potius viri gaudia quam manifesta desiderat, et in lecto magis vult sentiri quam in mensa videri. Et frequenter accidit, ut nigrarum caro feminarum quanto est in aspectu deformior, tanto sit in tactu suavior; atque ideo earum voluptas secretis gaudiis quam publicis gratior, sit et convenientior, et earum viri ut illis oblectentur magis eas in cubiculum introducunt quam ad publicum educunt. Secundum quam quidem metaphoram bene spiritalis sponsa, cum præmisisset : « Nigra sum, sed formosa (*Cant.* i, 4), » statim adjunxit : « Ideo dilexit me rex, et introduxit me in cubiculum suum (*ibid.*, 3), » singula videlicet singulis reddens. Hoc est, quia formosa, dilexit; quia nigra, introduxit. Formosa, ut dixi, intus virtutibus, quas diligit sponsus; nigra exterius corporalium tribulationum adversitatibus. Quæ quidem nigredo, corporalium scilicet tribulationum, facile fidelium mentes ab amore terrenorum avellit, et ad æternæ vitæ desideria suspendit, et sæpe a tumultuosa sæculi vita trahit ad secretum contemplationis. Sicut in Paulo illo videlicet nostræ, id est monachalis vitæ primordio actum esse beatus scribit Hieronymus (70). Hæc quoque abjectio indumentorum vilium secretum magis quam publicum appetit, et maxima utilitatis, [*al.* humilitatis] ac secretioris loci, qui nostræ præcipue convenit professioni, custodienda est. Maxime namque ad publicum procedere pretiosus provocat cultus, quem a nullo appeti nisi ad inanem gloriam et sæculi pompam beatus Gregorius inde convincit (homil. 40, *in Luc.* xvi) : « Quod nemo his in occulto se ornat, sed ubi conspici queat. » Hoc autem prædictum sponsæ cubiculum illud est, ad quod ipse sponsus in Evangelio invitat orantem, dicens : « Tu autem cum oraveris, intra in cubiculum, et clauso ostio ora Patrem tuum (*Matth.* vi, 6). » Ac si diceret : Non in plateis vel publicis locis, sicut hypocritæ. Cubiculum itaque dicit secretum a tumultibus et aspectu sæculi locum, ubi quietius et purius orari possit : qualia sunt scilicet monasticarum solitudinum secreta, ubi claudere ostium jubemur, id est aditus omnes obstruere ne puritas orationis casu aliquo præpediatur, et oculus noster infelicem animam deprædetur. Cujus quidem consilii, imo præcepti divini multos hujus habitus nostri contemptores adhuc graviter sustinemus, qui, cum divina celebrant officia claustris vel choris eorum reseratis, publicis tam feminarum quam virorum aspectibus impudenter se ingerunt, et tunc præcipue cum in solemnitatibus pretiosis polluerint ornamentis, sicut et ipsi quibus ostentant, sæculares homines. Quorum quidem judicio tanto festivius habetur celebrior, quanto in exteriori ornatu est ditior, et in epulis copiosior. De quorum quidem cæcitate miserrima et pauperum Christi religioni penitus contraria tanto est silere honestius quanto loqui turpius. Qui penitus judaizantes consuetudinem suam sequuntur pro regula, et irritum fecerunt mandatum Dei per traditiones suas, non quod de-

---

(70) S. Hieron. Vita Pauli erem.

beat, sed quod soleat attendentes. Cum, ut beatus etiam meminit Augustinus (71), Dominus dixerit : « Ego sum veritas (*Joan.* xiv, 16), » non ego sum consuetudo. Horum orationibus, quæ aperto scilicet fiunt ostio, qui voluerit se commendet. Vos autem quæ in cubiculum cœlestis regis ab ipso introductæ atque in ejus amplexibus quiescentes, clauso semper ostio ei totæ vacatis, quanto familiarius ei adhæretis, juxta illud Apostoli : « Qui adhæret Domino unus spiritus est (*I Cor.* vi, 17), » tanto puriorem et efficaciorem habere confidimus orationem, et ob hoc vehementius earum efflagitamus opem. Quas etiam tanto devotius pro me faciendas esse credimus, quanto majore nos invicem charitate colligati sumus.

Quod vero mentione periculi in quo laboro, vel mortis quam timeo, vos commovi, juxta ipsam quoque tuam factum est exhortationem, imo etiam adjurationem. Sic enim prima, quam ad me direxisti, quodam loco continet epistola : « Per ipsum itaque qui te sibi adhuc quoquo modo protegit Christum obsecramus, quatenus ancillulas ipsius et tuas crebris litteris de his, in quibus adhuc fluctuas, naufragiis certificare digneris; ut nos saltem quæ tibi solæ remansimus, doloris vel gaudii participes habeas. Solent enim dolenti nonnullam afferre consolationem qui condolent. Et quodlibet onus pluribus impositum levius sustinetur sive defertur. » Quid igitur arguis quod vos anxietatis meæ participes feci, ad quod me adjurando compulisti ? Nunquid in tanta vitæ, qua crucior, desperatione gaudere vos convenit ? Nec doloris sociæ, sed gaudii tantum vultis esse; nec flere cum flentibus, sed gaudere cum gaudentibus ? Nulla major verorum et falsorum differentia est amicorum, quam quod illi adversitati, isti prosperitati se sociant. Quiesce, obsecro, ab his dictis, et hujusmodi querimonias compesce, quæ a visceribus charitatis absistunt longissime. Aut si adhuc in his offenderis, me tamen in tanto periculi positum articulo, et quotidiana desperatione vitæ, de salute animæ sollicitum esse convenit, et de ipsa, dum licet, providere. Nec tu, si me vere diligis, hanc exosam providentiam habebis. Quin etiam, si quam de divina erga me misericordia spem haberes, tanto amplius ab hujus vitæ ærumnis liberari me cuperes, quanto eas conspicis intolerabiliores. Certum quippe tibi est quod quisquis ab hac vita me liberet, a maximis pœnis eruet. Quas postea incurram incertum est, sed a quantis absolvar dubium non est. Omnis vita misera jucundum exitum habet, et quicunque aliorum anxietatibus vere compatiuntur et condolent, eas finiri desiderant; et cum damnis etiam suis, si quos anxios vident vere diligunt, nec tam commoda propria quam illorum in ipsis attendunt. Sic diu languentem filium mater etiam morte languorem finire desiderat, quem tolerare ipsa non potest, et eo potius orbari sustinet quam in miseria consortem habere. Et quicunque amici præsentia plurimum oblectatur, magis tamen beatam esse vult ejus absentiam quam præsentiam miseram. Quia quibus subvenire non valet ærumnis, tolerare non potest. Tibi vero nec nostra vel etiam misera concessum est frui præsentia. Nec ubi tuis in me commodis aliquid providas, cur me miserrime vivere malis quam felicius mori non video. Quod si nostras protendi miserias in commoda tua desideras, hostis potius quam amica convinceris. Quod si videri refugis, ab his obsecro, sicut dixi, quiesce querimoniis.

Approbo autem, quod reprobas, laudem ; quia in hoc ipso te laudabiliorem ostendis. Scriptum est enim : « Justus in primordio accusator est sui (*Prov.* xviii, 17); » et : « Qui se humiliat, se exaltat (*Luc.* xviii, 14). » Atque utinam sic sit in animo tuo sicut in scripto ! Quod si fuerit, vera est humilitas tua, ne pro nostris evanuerit verbis. Sed vide, obsecro, ne hoc ipso laudem quæras quo laudem fugere videris, et reprobes illud ore quod appetas corde. De quo ad Eustochium virginem sic inter cætera beatus scribit Hieronymus (epist. 22) : « Naturali ducimur malo. Adulatoribus nostris libenter favemus, et quanquam nos respondeamus indignos, et callidior rubor ora suffundat, attamen ad laudem suam intrinsecus anima lætatur. ». Talem et lascivæ calliditatem Galatheæ Virgilius describit, quæ quod volebat fugiendo appetebat, et simulatione repulsæ amplius in se amantem incitabat :

Et fugit ad salices, inquit, *et se cupit ante videri.*
(Virgil., *Eclog.* iii, 21.)

Antequam lateat cupit se fugientem videri, ut ipsa fuga, qua reprobare consortium juvenis videtur amplius acquirat. Sic et laudes hominum dum fugere videmur, amplius erga nos excitamus, et cum latere nos velle simulamus, ne quis scilicet in nobis quid laudet agnoscat, amplius attendimus [*al.* accendimus] in laudem nostram imprudentes [*al.* impudentes], quia eo laude videmur digniores. Et hæc quidem quia sæpe accidunt dicimus, non quia de te talia suspicemur, qui de tua non hæsitamus humilitate. Sed ab his etiam verbis te temperare volumus, ne his qui te minus noverint videaris, ut ait Hieronymus (epist. 22), fugiendo gloriam quærere. Nunquam te mea laus inflabit, sed ad meliora provocabit, tanto studiosius quæ laudavero amplecteris, quanto mihi amplius placere satagis. Non est laus nostra testimonium tibi religionis, ut hinc aliquid extollentiæ sumas. Nec de commendatione cujusquam amicis credendum est, sicut nec inimicis de vituperatione.

Superest tandem ut ad antiquam illam, ut diximus, et assiduam querimoniam tuam veniamus, quia videlicet de nostræ conversionis modo Deum potius accusare præsumis, quam glorificare, ut justum est, velis. Hanc jamdudum amaritudinem

---

(71) Lib. vi *De baptismo contra Donatist.*, c. 5, dist. 8, cap. *Qui contempta.*

animi tui tam manifesto divinæ misericordiæ consilio evanuisse credideram. Quæ, quanto tibi periculosior est, corpus tuum pariter et animam conterens, tanto miserabilior est et mihi molestior. Quæ cum mihi per omnia placere, sicut profiteris, studeas, hoc saltem uno ut me non crucies, imo ut mihi summopere placeas, hanc depone. Cum qua mihi non potes placere, neque mecum ad beatitudinem pervenire. Sustinebis illuc me sine te pergere, quem etiam ad Vulcania profiteris te sequi velle? Hoc saltem uno religionem appete, ne a me ad Deum, ut credis, properantem dividaris; et tanto libentius, quanto quo veniendum nobis est beatius est, ut tanto scilicet societas nostra sit gratior, quanto felicior. Memento quæ dixeris. Recordare quæ scripseris, in hoc videlicet nostræ conversionis modo, quo mihi Deus amplius adversari crediturus, propitiorem mihi sicut manifestum est exstitisse. Hoc uno saltem hæc ejus dispositio tibi placeat, quod mihi sit saluberrima, imo mihi pariter et tibi, si rationem vis doloris admittat. Nec te tanti boni causam esse doleas, ad quod te a Deo maxime creatam esse non dubites. Nec quia id tulerim plangas, nisi cum martyrum passionum, ipsiusque Dominicæ mortis commoda te contristabunt. Nunquid si id mihi juste accidisset, tolerabilius ferres, et minus te offenderet? Profecto si sic fieret, eo modo contingeret quo mihi esset ignominiosius, et inimicis laudabilius, cum illis laudem justitia et mihi contemptum acquireret culpa. Nec jam quisquam quod actum est accusaret, ut compassione mei moveretur. Ut tamen et hoc modo hujus amaritudinem doloris leniamus, tam juste quam utiliter id monstrabimus nobis accidisse, et rectius in conjugatos quam in fornicantes ultum Deum fuisse. Nosti post nostri confœderationem conjugii, cum Argenteoli cum sanctimonialibus in claustro conversabaris, me die quadam privatim ad te visitandam venisse, et quid ibi tecum meæ libidinis egerit intemperantia in quadam etiam parte ipsius refectorii, cum quo alias diverteremus, non haberemus. Nosti, inquam, id impudentissime tunc actum esse in tam reverendo loco et summæ Virgini consecrato. Quod, etsi alia cessent flagitia, multo graviore dignum sit ultione. Quid pristinas fornicationes et impudentissimas referam polluciones, quæ conjugium præcesserunt? Quid summam denique proditionem meam, qua de te ipsa tuum, cum quo assidue in ejus domo convivebam, avunculum tam turpiter seduxi? Quis me ab eo juste prodi non censeat, quem tam impudenter ante ipse prodideram? Putas ad tantorum criminum ultionem momentaneum illius plagæ dolorem sufficere? Imo tantis malis tantum debitum esse commodum? Quam plagam divinæ sufficere justitiæ credis ad tantam contaminationem, ut diximus, sacerrimi loci suæ matris? Certe, nisi vehementer erro, non tam illa saluberrima plaga in ultionem horum conversa est, quam quæ quotidie indesinenter sustineo. Nosti etiam quando te gravidam in meam transmisi patriam, sacro te habitu indutam monialem te finxisse, et tali simulatione tuæ, quam nunc habes, religioni irreverenter illusisse. Unde etiam pensa quam convenienter ad hanc te religionem divina justitia, imo gratia traxerit nolentem, cui verita non es illudere, volens ut in ipso luas habitu quod in ipsum deliquisti, et simulationis mendacio ipsa rei veritas remedium præstet, et falsitatem emendet. Quod si divinæ in nobis justitiæ nostram velis utilitatem adjungere, non tam justitiam quam gratiam Dei quod tunc egit in nobis poteris appellare. Attende itaque, attende, charissima, quibus misericordiæ suæ retibus a profundo hujus tam periculosi maris nos Dominus piscaverit, et a quantæ Charibdis voragine naufragos licet invitos extraxerit, ut merito uterque nostrum in illam perrumpere [*al.* prorumpere] posse videatur vocem : « *Dominus sollicitus est mei* (*Psal.* XXXIX, 18). » Cogita et recogita, in quantis ipsi nos periculis constituti eramus, et a quantis nos eruerit Dominus : et narra semper cum summa gratiarum actione quanta fecit Dominus animæ nostræ (*Psal.* LXV); et quoslibet iniquos de bonitate Domini desperantes nostro consolare exemplo, ut advertant omnes quid supplicantibus atque petentibus fiat, cum tam [*al.* jam] peccatoribus et invitis tanta præstentur beneficia. Perpende altissimum in nobis divinæ consilium pietatis, et quam misericorditer judicium suum Dominus in correptionem verterit, et quam prudenter malis quoque ipsis usus sit, et impietatem pie deposuerit, ut unius partis corporis mei justissima plaga duabus mederetur animabus. Confer periculum et liberationis modum. Confer languorem et medicinam. Meritorum causas inspice, et miserationis affectus admirare. Nosti quantis turpitudinibus immoderata mea libido corpora nostra addixerat, ut nulla honestatis vel Dei reverentia in ipsis etiam diebus Dominicæ passionis, vel quantarumcunque solemnitatum ab hujus luti volutabro me revocaret. Sed et te nolentem, et prout poteras reluctantem et dissuadentem, quæ natura infirmior eras, sæpius minis ac flagellis ad consensum trahebam. Tanto enim tibi concupiscentiæ ardore copulatus eram, ut miseras illas et obscenissimas voluptates, quas etiam nominare confundimur, tam Deo quam mihi ipsi præponerem: nec tam aliter consulere posse divina videretur clementia, nisi has mihi voluptates sine spe ulla omnino interdiceret [*al.* intercideret]. Unde justissime et clementissime licet cum summa tui avunculi proditione, ut in multis crescerem, parte illa corporis sum minutus, in qua libidinis regnum erat, et tota hujus concupiscentiæ causa consistebat, ut juste illud plecteretur membrum, quod in nobis commiserat totum, et expiaret patiendo quod deliquerat oblectando, et ab his me spurcitiis, quibus me totum quasi luto immerseram, tam mente quam corpore circumcideret ; et tanto sacris etiam altaribus idoniorem efficeret, quanto me nulla hinc amplius carnalium contagia pollutionum revocarent. Quam clementer etiam in eo tantum me pati voluit membro, cujus privatio et animæ saluti consuleret, et corpus non deturparet, nec ullam officiorum ministrationem præpediret [*al.* impediret]. Imo ad omnia quæ honeste geruntur, tanto me promptiorem efficeret, quanto ab hoc concupiscentiæ jugo maximo amplius liberaret.

Cum itaque membris his vilissimis, quæ pro summæ turpitudinis exercitio pudenda vocantur, nec proprium sustinent nomen, me divina gratia mundavit potius quam privavit, quid aliud egit quam ad puritatem munditiæ conservandam sordida removit et vitia? Hanc quidem munditiæ puritatem nonnullos sapientum vehementissime appetentes inferre etiam sibi manum audivimus, ut hoc a se penitus removerent concupiscentiæ flagitium. Pro quo etiam stimulo carnis auferendo et Apostolus perhibetur Dominum rogasse, nec exauditum esse (*I Cor.* XII, 7). In exemplo est ille magnus Christianorum philosophus Origenes (Euseb., *Hist. eccles.* lib. VI, c. 7), qui, ut hoc in se penitus incendium exstingueret, manus sibi inferre veritus non est; ac si illos ad litteram vere beatos intelligeret, qui se ipsos propter regnum cœlorum castraverunt (*Matth.* XIX, 12), et tales illud veraciter implere crederet, quod de membris scandalizantibus nobis præcipit Dominus, ut ea scilicet a nobis abscindamus et projiciamus (*Matth.* XVIII, 9), et quasi illam Isaiæ prophetiam ad historiam magis quam ad mysterium duceret, per quam cæteris fidelibus eunuchos Dominus præfert, dicens : « Eunuchi, si custodierint Sabbata mea, et elegerint quæ volui, dabo eis in domo mea et in muris meis locum, et nomen melius a filiis et filiabus. Nomen sempiternum dabo eis, quod non peribit (*Isai.* LVI, 4). » Culpam tamen non modicam Origenes incurrit, dum per pœnam corporis remedium culpæ quærit. Zelum quippe Dei habens, sed non secundum scientiam, homicidii incurrit reatum, inferendo sibi manum. Suggestione diabolica vel errore maximo id ab ipso constat esse factum, quod miseratione Dei in me est ab alio perpetratum. Culpam evito, non incurro. Mortem mereor, et vitam assequor. Vocor, et reluctor. Insto criminibus, et ad veniam trahor invitus. Orat Apostolus, nec exauditur (*I Cor.* XII, 8). Precibus instat, nec impetrat. Vere Dominus sollicitus est mei (*Psal.* XXXIX, 18). Vadam igitur et narrabo quanta fecit Dominus animæ meæ (*Psal.* LXV, 16). Accede et tu, inseparabilis comes, in una gratiarum actione, quæ et culpæ particeps facta es et gratiæ. Nam et tuæ Dominus non immemor salutis, imo plurimum tui memor, qui etiam sancto quodam nominis præsagio te præcipue suam fore præsignavit, cum te videlicet Heloisam ex proprio nomine suo, quod est Heloim insignivit; ipse, inquam, clementer disposuit in uno duobus consulere, quos diabolus in uno nitebatur exstinguere. Paululum enim antequam hoc accideret, nos indissolubili lege sacramenti nuptialis invicem astrinxerat, cum cuperem te mihi supra modum dilectam in perpetuum retinere, imo cum ipse jam tractaret ad se nos ambos hac occasione convertere. Si enim mihi antea matrimonio non esses copulata, facile in discessu meo a sæculo, vel suggestione parentum, vel carnalium oblectatione voluptatum, sæculo inhæsisses. Vide ergo quantum sollicitus nostri fuerit Dominus, quasi ad magnos aliquos nos reservaret usus, et quasi indignaretur aut doleret illa litteralis scientiæ talenta quæ utrique nostrum commiserat, ad sui nominis honorem non dispensari; aut quasi etiam de incontinentissimo servulo vereretur, quod scriptum est : « Quia mulieres faciunt etiam apostatare sapientes (*Eccli.* XIX, 2). » Sicut de sapientissimo certum est Salomone (*III Reg.* XI, 1). Tuæ vero prudentiæ talentum quantas quotidie Domino referat usuras, quæ multas Domino jam spirituales filias peperisti, me penitus sterili permanente, et in filiis perditionis inaniter laborante. O quam detestabile damnum! quam lamentabile incommodum, si carnalium voluptatum sordibus vacans paucos cum dolore pareres mundo, quæ nunc multiplicem prolem cum exsultatione parturis cœlo! Nec esses plus quam femina, quæ nunc etiam viros transcendis, et quæ maledictionem Evæ in benedictionem vertisti Mariæ. O quam indecenter manus illæ sacræ, quæ nunc etiam divina revolvunt volumina, curæ muliebris obscenitatibus deservirent! Ipse nos a contagiis hujus cœni, a voluptatibus hujus luti dignatus est erigere [*al.* eruere], et ad seipsum vi quadam attrahere, qua percussum voluit Paulum convertere, et hoc ipso fortassis exemplo nostro alios quoque litterarum peritos ab hac deterrere præsumptione. Ne te id igitur, soror, obsecro, moveat, nec patri paterne nos corrigenti sis molesta; sed attende quod scriptum est : « Quos diligit Deus, hos corripit (*Prov.* III, 12). Castigat [*al.* Flagellat] autem omnem filium quem recipit (*Hebr.* XII, 6). » Et alibi : « Qui parcit virgæ, odit filium (*Prov.* XIII, 24). » Pœna est hæc momentanea, non æterna; purgationis, non damnationis. Audi prophetam, et confortare : « Non judicabit Dominus bis in idipsum, et non consurget duplex tribulatio (*Num.* I, 9). » Attende summam illam et maximam Veritatis adhortationem : « In patientia vestra possidebitis animas vestras (*Luc.* XXI, 19). » Unde et Salomon : « Melior est patiens viro forti, et qui dominatur animo suo, expugnatore urbium (*Prov.* XVI, 32). » Non [*al.* Num] te ad lacrymas aut ad compunctionem movet unigenitus Dei innocens pro te et omnibus ab impiissimis comprehensus, distractus, flagellatus, et velata facie illusus, et colaphizatus, sputis conspersus, spinis coronatus, et tandem in illo crucis tunc tam ignominioso patibulo inter latrones suspensus, atque illo tunc horrendo, et exsecrabili genere mortis interfectus? Hunc semper, soror, verum tuum et totius Ecclesiæ sponsum præ oculis habe, mente gere. Intuere hunc exeuntem ad crucifigendum pro te et bajulantem sibi crucem. Esto de populo et mulieribus, quæ plangebant et lamentabantur eum, sicut Lucas his verbis narrat : « Sequebatur autem multa turba populi et mulierum, quæ plangebant et lamentabantur eum (*Luc.* XXIII, 27). » Ad quas quidem benigne conversus, clementer eis prædixit futurum in ultionem suæ mortis exitium, a quo quidem, si saperent, cavere sibi per hoc possent. « Filiæ, » inquit, « Jerusalem, nolite flere super me, sed super vos ipsas flete, et super filios vestros. Quoniam ecce venient dies, in quibus dicent : Beatæ steriles, et ventres qui non genuerunt, et ubera quæ non lactaverunt. Tunc incipient dicere montibus : Cadite super nos; et collibus : Operite nos. Quia si in viridi ligno hæc faciunt, in arido quid fiet? » (*ibid.*, 28.) Patienti sponte pro redemptione tua compatere, et super crucifixo pro te compungere. Sepulcro ejus mente semper assiste, et cum fidelibus feminis lamentare et luge. De quibus etiam ut jam supra memini scriptum est : « Mulieres sedentes ad monumentum lamentabantur flentes Dominum (*Luc.* XXIII, 27). » Para cum illis sepulturæ ejus unguenta, sed meliora spiritualia quidem, non corporalia : hæc enim requirit aromata qui non suscepit illa. Super his toto devotionis affectu compungere. Ad quam quidem compassionis compunctionem ipse etiam per Jeremiam fideles adhortatur, dicens : « O vos omnes qui transitis per viam, attendite et videte si est dolor similis sicut dolor meus (*Jer.* I, 12). » Id est, si super aliquo patiente ita est per compassionem dolendum, cum ego scilicet solus sine culpa quod alii deliquerint luam. Ipse autem est via per quam fideles de exsilio transeunt ad patriam. Qui etiam crucem, de qua sic clamat, ad hoc nobis erexit scalam. Hic pro te occisus est unigenitus Dei, oblatus est quia voluit (*Isa.* LIII, 7). Super hoc uno compatiendo dole, dolendo compatere. Et quod per Zachariam prophetam de animabus devotis prædictum est comple : « Plangent, » inquit, « planctum quasi super unigenitum, et dolebunt super eum ut doleri solet in morte primogeniti (*Zach.* XII, 10). » Vide, soror, quantus sit planctus his, qui regem diligunt super morte primogeniti ejus et unigeniti. Intuere quo planctu familia, quo mœrore tota consumatur curia : et, cum ad sponsam unigeniti mortui perveneris, intolerabiles ululatus ejus non sustinebis. Hic tuus, soror, planctus ; hic tuus sit ululatus, quæ te huic sponso felici copulasti matrimonio. Emit te iste non suis, sed seipso. Proprio sanguine emit te, et redemit. Quantum jus in te habeat vide, et quam pretiosa sis intuere. Hoc quidem pretium suum Apostolus attendens, et in hoc pretio quanti sit ipse, pro quo ipsum datur, perpendens, et quam tantæ gratiæ vicem referat adnectens : « Absit mihi, » inquit, « gloriari nisi in cruce Domini nostri Jesu Christi, per quem mihi mundus crucifixus est, et ego mundo (*Galat.* VI, 14). » Major es cœlo, major es mundo; cujus pretium ipse Conditor mundi factus est. Quid in te, rogo, viderit, qui nullius eget, ut pro te acquirenda usque ad agonias tam horrendæ atque ignominiosæ mortis certaverit? Quid in te, inquam, quærit nisi teipsam ? Verus est amicus, qui teipsam, non tua, desiderat. Verus est amicus, qui pro te moriturus dicebat : « Majorem hac dilectionem nemo habet, ut animam suam ponat quis pro amicis suis (*Joan.* XV, 13). » Amabat te ille veraciter, non ego. Amor meus, qui utrumque nostrum peccatis involvebat, concupiscentia, non amor dicendus est. Miseras in te meas voluptates implebam, et hoc erat totum quod amabam. Pro te, inquis, passus sum, et fortassis verum est ; sed magis per te, et hoc ipsum invitus. Non amore tui, sed coactione mei. Nec ad tuam salutem, sed ad dolorem. Ille vero salubriter, ille pro te sponte passus est, qui passione sua omnem curat languorem, omnem removet passionem. In hoc, obsecro, non in me tua tota sit devotio, tota compassio, tota compunctio. Dole in tam innocentem tantæ crudelitatis perpetratam iniquitatem; non justam in me æquitatis vindictam, imo gratiam, ut dictum est, in utrosque summam. Iniqua enim es, si æquitatem non amas ; et iniquissima, si voluntati, imo tantæ gratiæ Dei scienter es adversa. Plange tuum reparatorem, non corruptorem ; redemptorem, non scortarem ; pro te mortuum Dominum, non viventem servum, imo nunc primum de morte vere liberatum. Cave, obsecro, ne, quod dixit Pompeius mœrenti Corneliæ, tibi improperetur turpissime :

Vivit post prælia Magnus :
Sed fortuna perit ; quod defles, illud amasti.
(LUCAN. *Phars.*, l. VIII, 84, 85.)

Attende, precor, id, et erubesce, nisi admissas turpitudines impudentissimas commendes. Accipe itaque, soror, accipe, quæso, patienter quæ nobis acciderunt misericorditer. Virga hæc est patris, non gladius persecutoris. Percutit pater ut corrigat, ne feriat [*al.* ferit hostis] hostis ut occidat. Vulnere mortem prævenit, non ingerit ; immittit ferrum ut amputet morbum. Corpus vulnerat, et animam sanat. Occidere debuerat, et vivificat. Immunditiam resecat, ut mundum relinquat. Punit semel ne puniat semper, patitur unus ex vulnere ut duobus parcatur a morte. Duo in culpam, unus in pœna. Id quoque tuæ infirmitati naturæ divina indulgetur miseratione, et quodam modo juste. Quo enim naturaliter sexu infirmior eras, et fortior continentia, pœnæ minus eras obnoxia. Refero Domino in hoc gratias, qui te tunc et a pœna liberavit, et ad coronam reservavit; et cum me una corporis mei passione semel ab omni æstu hujus concupiscentiæ, in qua una totus per immoderatam incontinentiam occupatus eram, refrigeravit ne corruam ; multas adolescentiæ tuæ majores animi passiones ex assidua carnis suggestione reservavit ad martyrii coronam. Quod licet te audire tædeat et dici prohibeas, veritas tamen id loquitur manifesta. Cui enim semper est pugna, superest et corona ; quia non coronabitur nisi qui legitime certaverit (*I Tim.* II, 5). Mihi vero nulla superest corona, quia nulla subest certaminis causa. Deest materia pugnæ, cui ablatus est stimulus concupiscentiæ. Aliquid tamen esse æstimo, si, cum hinc nullam percipiam coronam, nonnullam tamen evitem pœnam, et dolore unius momentaneæ pœnæ multis fortassis indulgeatur æternis. Scriptum est quippe de hujus miserrimæ vitæ hominibus, imo jumentis : « Computruerunt jumenta in stercoribus suis (*Job* 1, 17). » Minus quoque meritum meum minui conqueror, dum tuum crescere non diffido. Unum quippe sumus in Christo, una per legem matrimonii caro. Quidquid est tuum, mihi non arbitror alienum. Tuus autem est Christus, quia facta es sponsa ejus. Et nunc, ut supra memini, me habes servum, quem olim agnoscebas dominum ; magis tibi tamen amore nunc spirituali conjunctum, quam timore subjectum. Unde et de tuo nobis apud ipsum patrocinio amplius confidimus; ut id obtineam ex tua quod non possum ex oratione propria. Et nunc maxime cum quotidiana periculorum aut perturbationum instantia nec vivere me, nec orationi sinat vocare. Nec illum beatissimum imitari potentem Candacis reginæ Æthiopum, qui erat super omnes gazas ejus, et de tam longinquo venerat adorare in Jerusalem (*Act.* VIII, 29). Ad quem revertentem missus est ab angelo Philippus apostolus, ut eum converteret ad fidem : quod jam ille meruerat per orationem vel sacræ lectionis assiduitatem. A qua quidem ut nec in via tunc vacaret licet ditissimus et gentilis, magno divinæ dispensationis actum est beneficio ut locus ei Scripturæ occurreret, qui opportunissimam conversionis ejus occasionem apostolo præberet. Ne quid vero hanc petitionem nostram impediat, vel impleri differat, orationem quoque ipsam, quam pro nobis Domino supplices dicatis, componere, et mittere tibi maturavi.

Deus, qui ab ipso humanæ creationis exordio femina de costa viri formata nuptialis copulæ sacramentum maximum sanxisti, quique immensis honoribus vel de desponsata nascendo, vel miracula inchoando nuptias sublimasti, meæque etiam fragilitatis incontinentiæ utcunque tibi placuit olim hoc remedium indulsisti, ne despicias ancillulæ tuæ preces, quas pro meis ipsis charique mei [*al.* tanquam meis] excessibus in conspectu majestatis tuæ supplex effundo. Ignosce, o benignissime, imo benignitas ipsa ; ignosce et tantis criminibus nostris, et ineffabilis misericordiæ tuæ multitudinem culparum nostrarum immensitas experiatur. Puni, obsecro, in præsenti reos, ut parcas in futuro. Puni ad horam, ne punias in æternum. Accipe in servos virgam correctionis, non gladium furoris. Afflige carnem, ut conserves animas. Adsis purgator, non ultor ; benignus magis quam justus. Pater misericors, non austerus Dominus. Proba nos, Domine, et tenta, sicut de semetipso rogat Propheta (*Psal.* XXV, 2). Ac si aperte diceret : Prius vires inspice, ac secundum eas tentationum onera moderare. Quod et beatus Paulus fidelibus tuis promittens, ait . « Potens est enim Deus, qui non patietur vos tentari supra id quod potestis, sed faciet cum tentatione etiam proventum ut possitis sustinere (*I Cor.* X, 13). » Conjuxisti nos, Domine, et divisisti quando placuit tibi, et quo modo placuit. Nunc [*al.* Hoc] quod, Domine, misericorditer cœpisti, misericordissime comple. Et quos a se semel divisisti in mundo, perenniter tibi conjungas in cœlo. Spes nostra, pars nostra, exspectatio nostra, consolatio nostra, Domine, qui es benedictus in sæcula. Amen.

Vale in Christo, sponsa Christi, in Christo vale, et Christo vive, Amen.

EPISTOLA VI.

Quæ est ejusdem Heloissæ ad eumdem Petrum.

ARGUMENTUM. — *Duo potissimum in hac epistola sibi et suis monachabus Heloissa rescribi ab Abælardo exorat : quorum alterum est, ut eas doceat unde monacharum ordo originem duxit. Alterum est, ut eis aliquam scribat regulam, et certam vivendi formulam præscribat, quæ solis conveniat feminis, quod a nullo sanctorum Patrum antea tentatum fuerat. Hoc ut peteret, adducta videtur quibusdam Benedictinæ Regulæ capitibus, quæ a feminis vix aut nullo omnino modo sine maximo periculo impleri possunt : de quibus tam docte disserit, ut ipsam regulam solis viris, non autem feminis a sancto institutore scriptam convincere videatur. Unde indignum judicat tam gravia feminæ sexui infirmiori onera imponi, quam virili fortiori. Suam autem et ipsa opinionem apponit, quare sancti Patres monachabus regulas non præscripserint, asserens feminis sufficere, si clericis et viris ecclesiasticis sæcularibus, vel monachis, qui canonici regulares dicuntur, in continentia et abstinentia non sint inferiores. Prolixe etiam de moderata dispensatione et discreta consideratione beati Benedicti, qua suam temperavit Regulam, atque de ipsa Regulæ observantia disputat : nimirum de interdicto esu carnium, et concesso vini usu. Fusius quoque de operibus exterioribus agit cum ipsorum extenuatione, quibus interiora præfert. Postremo monet Abælardum, ut tanta discretione cuncta sive de jejuniorum vel divinorum ratione temperet, ut feminei sexus consultum velit infirmitati. Et hic feminæ eruditionem, et pectus omni do-*

ctrina refertum animadvertere poteris. Quid enim pretiosæ mercis in tam divite apotheca non invenias, sive philosophiam, sive theologiam, vel etiam eloquentiam requiras? O sæculum illud felix, talem intueri feminam, in qua quid primum, quid postremum admireris addubites!

Domino specialiter, sua singulariter.

Ne me forte in aliquo de inobedientia causari queas, verbis etiam immoderati doloris tuæ frenum impositum est jussionis, ut ab his mihi saltem in scribendo temperem, a quibus in sermone non tam difficile quam impossibile est providere. Nihil enim minus in nostra est potestate quam animus, eique magis obedire cogimur quam imperare possimus. Unde et cum nos ejus affectiones stimulant, nemo earum subitos impulsus ita repulerit, ut non in effecta facile prorumpant, et se per verba facilius effluant quæ promptiores animi passionum sunt notæ. Secundum quod scriptum est : « Ex abundantia cordis os loquitur (*Matth.* xii, 34). » Revocabo itaque manum a scripto, in quibus linguam a verbis temperare non valeo. Utinam sic animus dolentis parere promptus sit, quemadmodum dextera scribentis. Aliquod tamen dolori remedium vales conferre, si non hunc omnino possis auferre. Ut enim insertum clavum alius expellit, sic cogitatio nova priorem excludit. Cum alias intentus animus priorum memoriam dimittere cogitur aut intermittere. Tanto vero amplius cogitatio quælibet animum occupat, et ab aliis deducit, quanto quod cogitatur honestius æstimatur, et quo intendimus animum magis videtur necessarium. Omnes itaque nos Christi ancillæ, et in Christo filiæ tuæ, duo nunc a tua paternitate supplices postulamus, quæ nobis admodum necessaria providemus. Quorum quidem alterum est, ut nos instruere velis unde sanctimonialium ordo cœperit, et quæ nostræ sit professionis auctoritas. Alterum vero est, ut aliquam nobis regulam instituas, et scriptam dirigas, quæ feminarum sit propria, et ex integro nostræ conversationis [*al.* conversionis et professionis] statum habitumque describat : quod nondum a Patribus sanctis actum esse conspeximus. Cujus quidem rei defectu et indigentia nunc agitur, ut ad ejusdem Regulæ professionem tam mares quam feminæ in monasteriis suscipiantur, et idem institutionis monasticæ jugum imponitur infirmo sexui æque ut forti. Unam quippe nunc Regulam beati Benedicti apud Latinos feminæ profitentur æque ut viri. Quam sicut viris solummodo constat scriptam esse, ita et ab ipsis tantum impleri posse tam subjectis pariter quam prælatis. Ut enim cætera nunc omittam Regulæ capitula, quid ad feminas (cap. 55) quod de cucullis, femoralibus et scapularibus ibi scriptum est? Quid denique ad ipsas de tunicis aut de laneis ad carnem indumentis, cum earum humoris superflui menstruæ purgationes hæc omnino refugiant? Quid ad ipsas etiam quod de abbate statuitur (cap. 11), ut ipse lectionem dicat evangelicam, et post ipsam hym-

num incipiat? Quid (cap. 56) de mensa abbatis seorsim cum peregrinis et hospitibus constituenda? Nunquid nostræ convenit religioni, ut vel nunquam hospitium viris præbeat, aut cum his quos susceperit, viris abbatissa comedat? O quam facilis ad ruinam animarum virorum ac mulierum in unum cohabitatio! Maxime vero in mensa, ubi crapula dominatur et ebrietas, et vinum in dulcedine bibitur, in quo est luxuria. Quod et beatus præcavens Hieronymus, ad matrem et filiam scribens meminit, dicens (epist. 47) : « Difficile inter epulas servatur pudicitia. » Ipse quoque poeta luxuriæ turpitudinisque doctor libro amatoriæ artis intitulato quantam fornicationis occasionem convivia maxime præbeant studiose exsequitur, dicens :

Vinaque cum bibulas sparsere Cupidinis alas,
Permanet, et cœpto stat gravis ille loco...
Tunc veniunt risus, tunc pauper cornua sumit :
Tunc dolor et curæ, rugaque frontis abit...
Illic sæpe animos juvenum rapuere puellæ.
Et Venus in venis, ignis in igne furit.
(Ovid. lib. 1 *De arte amandi,* 233.)

Nunquid et si feminas solas hospitio susceptas ad mensam admiserint, nullum ibi latet periculum? Certe in seducenda muliere nullum est æque facile, ut lenocinium muliebre. Nec corruptæ mentis turpitudinem ita prompte cuiquam mulier committit, sicut mulieri. Unde et prædictus Hieronymus (epist. 15 et 22) maxime sæcularium accessus feminarum vitare propositi sancti feminas adhortatur. Denique si viris ab hospitalitate nostra exclusis solas admittamus feminas, quis non videat quanta exasperatione viros offendamus, quorum beneficiis monasteria sexus infirmi egent, maxime si eis a quibus plus accipiunt minus aut omnino nihil largiri videantur? Quod si prædictæ Regulæ tenor a nobis impleri non potest, vereor ne illud apostoli Jacobi in nostram quoque damnationem dictum sit : « Quicunque totam legem observaverit, offendat autem in uno, factus est omnium reus (*Jac.* ii, 10). » Quod est dicere : De hoc ipso reus statuitur qui peragit multa, quod non implet omnia. Et transgressor legis efficitur ex uno, cujus impleter non fuerit nisi omnibus consummatis ejus præceptis. Quod ipse statim diligenter exponens apostolus adjecit : « Qui enim dixit : Non mœchaberis, dixit et, Non occides. Quod si non mœchaberis, occidas autem, factus es transgressor legis (*ibid.*, 11). » Ac si aperte dicat : Ideo quilibet reus fit de transgressione uniuscujuslibet præcepti, quia ipse Dominus, qui præcipit unum, præcipit et aliud. Et quacunque legis violetur præceptum, ipse contemnitur, qui legem non in uno, sed in omnibus pariter mandatis constituit. Ut autem prætereant illæ Regulæ instituta, quæ penitus observare non possumus, aut sine periculo non valemus : ubi unquam ad colligendas messes conventus monialium exire, vel labores agrorum habere consuevit? aut suscipiendarum feminarum constantiam uno anno probaverit, easque tertio perlecta Regula, sicut in ipsa jubetur (cap. 48), instruxerit? Quid rursum stultius quam viam ignotam, nec adhuc demonstratam aggredi? Quid præsumptuosius quam eligere ac profiteri vitam quam nescias, aut votum facere quod implere non queas? Sed et cum omnium virtutum discretio sit mater, et omnium bonorum mediatrix [*al.* moderatrix[sit ratio, quis aut virtutem aut bonum censeat quod ab istis dissentire videatur? Ipsas quippe virtutes excedentes modum atque mensuram, sicut Hieronymus asserit (epist. 8), inter vitia reputari convenit. Quis autem ab omni ratione ac discretione sejunctum non videat, si ad imponenda onera eorum, quibus imponuntur, valitudines prius non discutiantur, ut naturæ constitutionem humana sequatur industria? Quis asinum sarcina tanta [*f. deest* onerat, *vel quid simile*], qua dignum judicat elephantem? Quis tanta pueris aut senibus quanta viris injungat? Tanta debilibus scilicet quanta fortibus, tanta infirmis quanta sanis, tanta feminis quanta maribus? Infirmiori videlicet sexui quanta et forti? Quod diligenter beatus papa Gregorius attendens, Pastoralis sui cap. 14, [part. III, admonit. 1], tam de admonendis quam de præcipiendis ita distinxit : « Aliter igitur admonerdi sunt viri, atque aliter feminæ; quia illis gravia, istis vero sunt injungenda leviora : et alios magna exerceant, istas vero levia demulcendo convertant. » Certe et qui monachorum regulas scripserunt, nec solum de feminis omnino tacuerunt, verumetiam illa statuerunt quæ eis nullatenus convenire sciebant : satis commode innuerunt nequaquam eodem jugo regulæ tauri et juvencæ premendam esse cervicem, quia quos dispares natura creavit æquari labore non convenit. Hujus autem discretionis beatus non immemor Benedictus (cap. 48), tanquam omnium justorum spiritu plenus, pro qualitate hominum aut temporum cuncta sic moderatur in Regula (cap. 2), ut omnia, sicut ipsemet uno concludit loco, mensurate fiant. Primo itaque ab ipso incipiens abbate præcipit (cap. 64), eum ita subjectis præsidere, ut secundum unius, inquit, cujusque qualitatem vel intelligentiam ita se omnibus conformet et aptet, ut non solum detrimenta gregis sibi commissi non patiatur, verum in augmentatione boni gregis gaudeat, suamque fragilitatem semper suspectus sit, memineritque calamum quassatum non conterendum (*Isai.* XLII, 3). Discernat et tempora, cogitans discretionem sancti Jacob dicentis : « Si greges meos plus in ambulando fecero laborare, morientur cuncti una die (*Gen.* XXXIII, 13). » Hæc ergo aliaque testimonia discretionis matris virtutum sumens (cap. 37, 38, 39), sic omnino temperet, ut et fortes sit quod cupiant, et infirmi non refugiant. Ad hanc quidem dispensationis moderationem indulgentia pertinet puerorum, senum et omnino debilium, lectoris seu septimanariorum, coquinæ ante alios refectio, et in ipso etiam conventu de ipsa cibi vel potus qualitate seu quantitate pro diversitate hominum providentia. De quibus quidem singulis ibi diligenter scriptum est (cap. 41). Ipsa quoque statuta jejunii tempora pro qualitate temporis vel quantitate laboris ita relaxat, prout naturæ postulat infirmitas. Quid obsecro? ubi iste, qui sic ad hominum et temporum qualitatem omnia moderatur, ut ab omnibus sine murmuratione proferri [*al.* profiteri] queant, quæ instituuntur; quid, inquam, de feminis provideret, si eis quoque pariter ut viris Regulam institueret? Si enim in quibusdam Regulæ rigorem pueris, senibus et debilibus pro ipsa naturæ debilitate vel infirmitate temperare cogitur, quid de fragili sexu provideret, cujus maxime debilis et infirma natura cognoscitur? Perpende itaque quam longe absistat ab omni rationis discretione, ejusdem Regulæ professione tam feminas quam viros obligari, eademque sarcina tam debiles quam fortes onerari. Satis esse nostræ arbitror infirmitati, si nos ipsis Ecclesiæ rectoribus, et qui in sacris ordinibus constituti sunt, clericis, tam continentiæ quam abstinentiæ virtus æquaverit. Maxime, cum Veritas dicat : « Perfectus omnis erit, si sit sicut magister ejus (*Luc.* VI, 40). » Quibus etiam pro magno reputandum esset, si religiosos laicos æquiparare possemus. Quæ namque in fortibus parva censemus, in debilibus admiramur. Et juxta illud Apostoli : « Virtus in infirmitate perficitur (*II Cor.* XII, 9). » Ne vero laicorum religio pro parvo ducatur, qualis fuit Abrahæ, David, Job [*al.* Jacob], licet conjugatorum, Chrysostomus in Epistola ad Hebræos sermone 7 nobis occurrit, dicens (cap. 4) : « Sunt multa in quibus poterit laborare ut bestiam illam incantet. Quæ sunt ista? labores, lectiones, vigiliæ. Sed quid ad nos hæc, inquit, qui non sumus monachi? Hæc mihi dicis? Dic Paulo, cum dicit : « Vigilantes in omni patientia et oratione (*Rom.* XIII, 14); » cum dicit : « Carnis curam ne feceritis in concupiscentiis. » Non enim hæc monachis scribebat tantum, sed omnibus qui erant in civitatibus. Non enim sæcularis homo debet aliquid amplius habere monacho quam cum uxore concumbere tantum. Hic enim habet veniam, in aliis autem nequaquam : sed omnia æqualiter sicut monachi agere debet. Nam et beatitudines, quæ a Christo dicuntur (*Matth.* V, 3), non monachis tantum dictæ sunt. Alioquin universus mundus peribit, et in augustum inclusit ea quæ virtutis sunt. Et quomodo honorabiles sunt nuptiæ, quæ nobis tantum impediunt? Ex quibus quidem verbis aperte colligitur, quod quisquis evangelicis præceptis continentiæ virtutem addiderit, monasticam perfectionem implebit. Atque utinam ad hoc nostra religio conscendere posset, ut Evangelium impleret, non transcenderet, ne plusquam

Christianæ appeteremus esse. Hinc profecto, ni fallor, sancti decreverunt Patres, non ita nobis sicut viris generalem aliquam Regulam quasi novam legem præfigere, nec magnitudine votorum nostram infirmitatem onerare, attendentes illud Apostoli : « Lex enim iram operatur. Ubi enim non est lex, nec prævaricatio (*Rom.* iv, 15). » Et iterum : « Lex autem subintravit ut abundaret delictum (*Rom.* v, 20). » Idem quoque maximus continentiæ prædicator de infirmitate nostra plurimum confidens, et quasi ad secundas nuptias urgens juniores viduas : « Volo, » inquit, « juniore snubere, filios procreare, matres familias esse, nullam occasionem dare adversario (*I Tim.* v, 14). » Quod et beatus Hieronymus saluberrimum esse considerans, Eustachio de improvisis feminarum votis consulit his verbis (epist. 22) : « Si autem et illæ, quæ virgines sunt, ob alias tamen culpas non solvantur, quid fiet illis, quæ prostituerunt membra Christi, et mutaverunt templum Spiritus sancti in lupanar ? Rectius fuerat homini subisse conjugium, ambulasse per plana, quam altiora intendentem in profundum inferni cadere. » Quarum etiam temerariæ professioni sanctus Augustinus consulens, in libro De continentia viduali ad Julianum scribit his verbis (cap. 9) : « Quæ non cœpit deliberet, quæ aggressa est perseveret. Nulla adversario detur occasio, nulla Christo subtrahatur oblatio. » Hinc etiam canones nostræ infirmitati consulentes decreverunt, diaconissas ante quadraginta annos ordinari non debere, et hoc cum diligenti probatione, cum a viginti annis liceat diaconos promoveri. Sunt et in monasteriis, qui regulares dicuntur canonici beati Augustini, quamdam, ut aiunt, regulam profitentes, qui se inferiores monachis nullatenus arbitrantur, licet eos et vesci carnibus et lineis uti videamus. Quorum quidem virtutem si nostra exæquare [*al.* adæquare] infirmitas posset, nunquid pro minimo habendum esset ? Ut autem de omnibus cibis tutius ac lenius indulgeátur, ipsa quoque natura providit, quæ majore scilicet sobrietatis virtute sexum nostrum præmunivit. Constat quippe multo parcíore sumptu et alimonia minore feminas quam viros sustentari posse, nec eas tam leviter inebriari physica protestatur. Unde et Macrobius Theodosius Saturnialiorum libro vii meminit his verbis (cap. 5) : « Aristoteles mulieres, inquit, raro inebriantur, crebro senes. Mulier humectissimo est corpore. Docet hoc et levitas cutis et splendor. Docent præcipue assiduæ purgationes superfluo exonerantes corpus humore. Cum ergo epotum vinum in tam largum ceciderit humorem, vim suam perdit, nec facile cerebri sedem ferit fortitudine ejus exstincta. » Item (*ibid.*) : « Muliebre corpus crebris purgationibus deputatum, pluribus consertum foraminibus ut pateat in meatus, et vias præbeat humori in egestionis exitum confluenti. Per hæc foramina vapor vini celeriter evanescit. Contra senibus siccum est corpus, quod probat asperitas et scallor cutis. » Ex his itaque perpende quanto tutius ac justius naturæ et infirmitati nostræ cibus quislibet [*al.* quilibet] et potus indulgeri possit, quarum videlicet corda crapula et ebrietate gravari facile non possunt, cum ab illa nos cibi parcitas, ab ista feminei corporis qualitas, ut dictum est, protegat. Satis nostræ esse infirmitati et maximum imputari debet, si continenter ac sine proprietate viventes, et officiis occupatæ divinis, ipsos Ecclesiæ duces vel religiosos laicos in victu adæquemus, vel eos denique qui regulares canonici dicuntur, et se præcipue vitam apostolicam sequi profitentur. Magnæ postremo providentiæ est, his qui Deo se per votum obligant, ut minus voveant, et plus exsequantur, ut aliquid semper debitis gratia superaddat. Hinc enim per semetipsam Veritas ait : « Cum feceritis omnia quæ præcepta sunt, dicite : Servi inutiles sumus, quæ debuimus facere fecimus (*Luc.* xvii, 10). » Ac si aperte diceret : Ideo inutiles et quasi pro nihilo, ac sine meritis reputandi, quia debitis tantum exsolvendis contenti nihil ex gratia superaddidimus. De quibus quidem gratis superaddendis ipse quoque Dominus alibi parabolice loquens, ait : « Sed et si quid supererogaveris, ego cum rediero reddam tibi (*Luc.* x, 35). » Quod quidem hoc tempore multi monasticæ religionis temerarii professores si diligentius attenderent, et in quam professionem jurarent, animadverterent, atque ipsum Regulæ tenorem studiose perscrutarentur, minus per ignorantiam offenderent et per negligentiam peccarent. Nunc vero indiscrete omnes fere pariter ad monasticam conversationem [*al.* conversionem] currentes inordinate suscepti, inordinatius vivunt, et eadem facilitate qua ignotam Regulam profitentur, eam contemnentes, consuetudines quas volunt pro lege statuunt. Providendum itaque nobis est, ne id oneris feminæ præsumamus, in quo viros fere jam universos succumbere videamus, imo et deficere. Senuisse jam mundum conspicimus, hominesque ipsos cum cæteris, quæ mundi sunt, pristinum naturæ vigorem amisisse, et juxta illud Veritatis, ipsam charitatem non tam multorum quam fere omnium refriguisse (*Matth.* xxiv, 12). Ut jam videlicet pro qualitate hominum ipsas propter homines scriptas vel mutari, vel temperare necesse sit Regulas. Cujus quidem discretionis ipse quoque beatus non immemor Benedictus ita se monasticæ discretionis rigorem temperasse fatetur, ut descriptam a se Regulam comparatione priorum institutorum nonnisi quamdam honestatis institutionem, et quamdam conversationis inchoationem reputet, dicens (cap. ult.) : « Regulam autem hanc descripsimus, ut hanc observantes aliquatenus vel honestatem morum aut initium conversationis nos demonstremus habere. Cæterum ad perfectionem conversationis qui festinat, sunt doctrinæ sanctorum Patrum, quarum observatio perducat hominem ad celsitudinem perfectionis. » Item (*ibid.*) : « Quisquis ergo ad cœlestem patriam festinas, hanc minimam inchoationis Regu-

Iam, adjuvante Christo, perfice, et tunc demum ad majora doctrinæ virtutumque culmina, Deo protegente, pervenies. » Qui, ut ipse ait (cap. 18), cum legamus olim sanctos Patres uno die psalterium explere solere, ita psalmodiam tepidis temperavit, ut in ipsa per hebdomadam distributione psalmorum, minore ipsorum numero monachi quam clerici contenti sint [*al.* essent]. Quid etiam tam religioni quietique monasticæ contrarium est, quam quod luxuriæ fomentum maxime præstat et tumultus excitat, atque ipsam Dei in nobis imaginem, qua præstamus cæteris, id est rationem delet? Hoc autem vinum est, quod supra omnia victui pertinentia plurimum Scriptura damnosum asserit, et caveri admonet. De quo et maximus ille sapientum in Proverbiis meminit, dicens : « Luxuriosa res vinum, et tumultuosa ebrietas. Quicunque his delectatur, non erit sapiens (*Prov.* xx, 1) : cui væ, cujus patri væ, cui rixæ, cui foveæ, cui sine causa vulnera, cui suffusio oculorum? nonne his qui morantur in vino, et student calicibus epotandis? Ne intuearis vinum quando flavescit, cum splenduerit in vitro color ejus. Ingreditur blande, sed in novissimo mordebit ut coluber, et sicut regulus venena diffundet. Oculi tui videbunt extraneas, et cor tuum loquetur perversa. Et eris sicut dormiens in medio mari, et quasi sopitus gubernator amisso clavo, et dices : Verberaverunt me, sed non dolui ; traxerunt me, et ego non sensi. Quando evigilabo, et rursus vina reperiam? (*Prov.* xxiii, 29.) » Item : « Noli regibus, o Lamuel, noli regibus dare vinum : quia nullum secretum est ubi regnat ebrietas, ne forte bibant et obliviscantur judiciorum, et mutent causam filiorum pauperis (*Prov.* xxxi, 4). » Et in Ecclesiastico scriptum est : « Vinum et mulieres apostatare faciunt sapientes, et arguunt sensatos (*Eccli.* xix, 2). » Ipse quoque Hieronymus ad Nepotianum scribens (epist. 2) de vita clericorum, et quasi graviter indignans quod sacerdotes legis ab omni, quod inebriare potest, abstinentes, nostros in hac abstinentia superent : « Nequaquam, » inquit, « vinum redoleas, ne audias illud philosophi : Hoc non est osculum porrigere, sed vinum propinare. » Vinolentos sacerdotes et Apostolus damnat (*I Tim.* iii, 5), et lex vetus prohibet : « Qui altario deserviunt, vinum et siceram non bibant (*Levit.* x, 9). » Sicera Hebræo sermone omnis potio nuncupatur quæ inebriare potest, sive illa quæ fermento conficitur, sive pomorum succo, aut favi decoquitur in dulcedinem, et herbarum potionem, aut palmarum fructus exprimuntur in liquorem, coctisque frugibus aqua pinguior colatur. Quidquid inebriat, et statum mentis evertit, fuge similiter ut vinum. Ecce quod regum deliciis interdicitur, sacerdotibus penitus denegatur, et cibis omnibus periculosius esse constat. Ipse tamen tam spiritalis vir beatus Benedictus dispensatione quadam præsentis ætatis indulgere monachis cogitur (cap. 40). «Licet,» inquit, « legamus vinum monachorum omnino non esse; sed quia nostris temporibus hoc monachis persuaderi non potest, » etc. Legerat, ni fallor, quod in Vitis Patrum scriptum est his verbis (part. ii) : « Narraverunt quidam abbati pastori de quodam monacho, quia non bibebat vinum, et dixit eis quia vinum monachorum omnino non est. » Item post aliqua : « Facta est aliquando celebratio missarum in monte abbatis Antonii, et inventum est ibi cenidum vini. Et extollens unus de senibus parvum vas calicem portavit ad abbatem Sisoi, et dedit ei. Et bibit semel, et secundo, et accepit, et bibit: Obtulit ei et tertio. Sed non accepit, dicens : Quiesce, frater, an nescis quia est Satanas? » Et iterum de abbate Sisoi (*ibid.*) : « Dicit ergo Abraham discipulis ejus : Si occurritur in Sabbato et Dominica ad ecclesiam, et biberit tres calices, ne multum est? Et dixit senex : Si non esset Satanas, non esset multum. » Ubi unquam, quæso, carnes a Deo damnatæ sunt vel monachis interdictæ? Vide, obsecro, et attende qua necessitate Regulam temperet in eo etiam quod periculosius est monachis, et quod eorum non esse noverit. Quia videlicet hujus abstinentia temporibus suis monachis jam persuaderi non poterat. Utinam eadem dispensatione et in hoc tempore ageretur, ut videlicet in his, quæ media boni et mali atque indifferentia dicuntur, tale temperamentum fieret, ut quod jam persuaderi non valet professio non exigeret, mediisque omnibus sine scandalo concessis, sola interdici peccata sufficeret ; et sic quoque in cibis sicut in vestimentis dispensaretur, ut quod vilius comparari posset ministraretur, et per omnia necessitati, non superfluitati consuleretur. Non enim magnopere sunt curanda quæ nos regno Dei non præparant, vel quæ nos minime Deo commendant. Hæc vero sunt omnia quæ exterius geruntur, et æque reprobis ut dejectis, æque hypocritis ut religiosis communia sunt. Nihil quippe inter Judæos et Christianos ita separat sicut exteriorum operum et interiorum discretio, præsertim cum inter filios Dei et diaboli sola charitas discernat, quam plenitudinem legis et finem præcepti Apostolus vocat (*Rom.* xiii, 10). Unde et ipse hanc operum gloriam prorsus extenuans, ut fidei præferat justitiam, Judæam alloquens, dicit : « Ubi est gloriatio tua? exclusa est. Per quam legem? factorum? Non, sed per legem fidei. Arbitramur eum hominem justificari per fidem sine operibus legis (*Rom.* iii, 27). » Item : « Si enim Abraham ex operibus justificatus est, habet gloriam, sed non apud Deum (*Rom.* iv, 2). Quid enim dicit Scriptura? Credidit Abraham Deo, et reputatum est ei ad justitiam (*Gen.* xv, 6). » Et rursum : « Ei, inquit, qui non operatur, credenti autem in Deum qui justificat impium, deputatur fides ejus ad justitiam secundum propositum gratiæ Dei (*Rom.* iv, 5). » Idem etiam omnium ciborum esum Christianis indulgens, et ab his ea quæ justificant, distinguens : « Non est, » inquit, « regnum Dei esca et potus, sed justitia et pax, et gaudium in Spiritu sancto (*Rom.*

xiv, 17). » Omnia quidem munda sunt, sed malum est homini qui per offendiculum manducat. Bonum est non manducare carnem, et non bibere vinum, neque in quo frater tuus offendatur, aut scandalizetur, aut infirmetur. Non enim hoc loco ulla cibi comestio interdicitur, sed comestionis offensio, qua videlicet quidam ex conversis Judæis scandalizabantur, cum viderent ea quoque comedi quæ lex interdixerat. Quod quidem scandalum apostolus etiam Petrus cupiens evitare, graviter ab ipso est objurgatus, et salubiliter correctus. Sicut ipsemet Paulus ad Galatas scribens commemorat (*Galat.* xiv, 11). Quibus rursus Corinthiis scribens : « Esca autem nos non commendat Deo (*I Cor.* viii, 8). » Et rursum : « Omne quod in macello venit manducate (*I Cor.* x, 25). Domini est terra et plenitudo ejus (*Psal.* xxiii, 1). » Et ad Colossenses : « Nemo ergo vos judicet in cibo aut in potu (*Coloss.* ii, 16). » Et post aliqua : « Si mortui estis cum Christo ab elementis hujus mundi, quid adhuc tanquam viventes in mundo decernitis? Ne tetigeritis neque gustaveritis, neque contrectaveritis quæ sunt omnia in interitu ipso usu secundum præceptum et doctrinas hominum (*ibid.*, 20). » Elementa hujus mundi vocat prima legis rudimenta secundum carnales observantias, in quarum videlicet doctrina quasi in addiscendis litteralibus elementis primo se mundus, id est, carnalis adhuc populus exercebat. Ab his quidem elementis, id est carnalibus observantiis tam Christi quam sui mortui sunt, cum nihil his debeant, jam non in hoc mundo viventes, hoc est inter carnales figuris intendentes et decernentes, id est distinguentes quosdam cibos vel quaslibet res ab aliis, atque ita dicentes : « Ne tetigeritis hæc vel illa (*ibid.*, 21). » Quæ scilicet tacta, vel gustata, vel contrectata, inquit Apostolus, sunt in interitu animæ ipso suo usu, quo videlicet ipsis ad aliquam etiam utimur humilitatem [*al.* vilitatem, *et in al. cod.* utilitatem]; secundum, inquam, præceptum et doctrinas hominum, id est carnalium et legem carnaliter intelligentium, potius quam Christi vel suorum. Hic enim cum ad prædicandum ipsos destinaret apostolos, ubi magis ipsi ab omnibus scandalis providendum erat, omnium tamen ciborum esum eis ita indulsit, ut apud quoscunque suscipiantur hospitio, ita sicut illi victitent, edentes scilicet et bibentes quæ apud illos sunt (*Luc.* x, 8). Ab hac profecto Dominica suaque disciplina illos recessuros ipse jam Paulus per Spiritum providebat. De quibus ad Timotheum scribit, dicens : « Spiritus autem manifeste dicit, quia in novissimis temporibus discedent quidam a fide, attendentes spiritibus erroris, et doctrinis dæmoniorum in hypocrisi loquentium mendacium, prohibentium nubere, abstinere a cibis quos Deus creavit, ad percipiendum cum gratiarum actione fidelibus, et his qui cognoverunt veritatem; quia omnis creatura Dei bona, et nihil rejiciendum quod cum gratiarum actione percipitur. Sanctificatur enim per verbum Dei et orationem. Hæc proponens fratribus, bonus eris minister Christi Jesu, et enutritus verbis fidei, et bonæ doctrinæ, quam assecutus es (*I Tim.* iv, 1). » Quis denique Joannem ejusque discipulos abstinentia nimia se macerantes ipsi Christo ejusque discipulis in religione non præferat, si corporalem oculum ad exterioris abstinentiæ intendat exhibitionem? De quo etiam ipsi discipuli Joannis adversus Christum et suos murmurantes, tanquam adhuc in exterioribus judaizantes, ipsum interrogaverunt Dominum, dicentes : « Quare nos et Pharisæi jejunamus frequenter, discipuli autem tui non jejunant? (*Marc.* ii, 18.) » Quod diligenter attendens beatus Augustinus, et quid inter virtutem et virtutis exhibitionem referat attendens, ita quæ fiunt exterius pensat, ut nihil meritis superaddant opera. Ait quippe sic in libro De bono conjugali (cap. 21) : « Continentia, non corporis, sed animæ virtus est. Virtutes autem animi aliquando in corpore manifestantur, aliquando in habitu, sicut martyrum virtus apparuit in tolerando passiones. » Item (*ibid.*) : « Jam enim erat in Job patientia, quam noverat Dominus et cui testimonium perhibebat (*Job* i, 8), sed hominibus innotuit tentationis examine. » Item : « Verum ut apertius intelligatur quomodo sit virtus in habitu, etiamsi non sit in opere, loquar de exemplo, de quo nullus dubitat Catholicorum. Dominus Jesus quod in veritate carnis esurierit, et sitierit, et manducaverit, et biberit, nullus ambigit eorum qui ex ejus Evangelio fideles sunt. Num igitur non erat in illo continentiæ virtus a cibo et potu, quanta erat in Joanne Baptista? Venit enim Joannes non manducans et bibens, et dixerunt : Dæmonium habet. Venit Filius hominis manducans et bibens, et dixerunt : Ecce homo vorax et potator vini, amicus publicanorum et peccatorum (*Matth.* xi, 19). » Item : « Deinde ibi subjecit cum de Joanne ac de se illa dixisset : *Justificata est sapientia a filiis suis* (*ibid.*), qui virtutem continentiæ vident in habitu animi semper esse debere; in opere autem pro rerum ac temporum opportunitate manifestari, sicut virtus patientiæ sanctorum martyrum. » Quocirca sicut non est impar meritum patientiæ in Petro, qui passus est, et in Joanne qui passus non est; sic non est impar meritum continentiæ in Joanne, qui nullas expertus est nuptias, et in Abraham, qui filios generavit. Et illius enim cælibatus, et illius connubium pro distributione temporum Christo militaverunt. Sed continentiam Joannes et in opere, Abraham vero in solo habitu habebat. Illo itaque tempore cum et lex dies patriarcharum subsequens maledictum dixit, qui non excitaret semen in Israel (*Deut.* xxv, 7); et qui non poterat non promebat, sed tamen habebat. Ex quo autem venit plenitudo temporis (*Galat.* iv, 4) ut diceretur : « Qui potest capere capiat; qui habet, operetur; qui operari noluerit, non se habere mentiatur (*Matth.* xix, 12). » Ex his liquide verbis colligitur solas apud Deum merita virtutes obtinere; et quicunque virtutibus pares sunt quantumcunque distent operibus, æqualiter ab ipso promereri. Unde quicunque sunt vere Christiani, sic toti circa interiorem hominem sunt occupati, ut eum scilicet virtutibus ornent, ac vitiis mundent, ut de exteriori nullam vel minimam assumant curam. Unde et ipsos legimus apostolos ita rusticane et velut inhoneste in ipso etiam Domini comitatu se habuisse, ut velut omnis reverentiæ atque honestatis obliti, cum per sata transirent spicas vellere, fabricare (*Matth.* xii, 1) et comedere more puerorum non erubescerent. Nec de ipsa etiam manuum ablutione, cum cibos essent accepturi, sollicitos esse. Qui, cum a nonnullis quasi de immunditia arguerentur, eos Dominus excusans : « Non lotis, » inquit, « manibus manducare, non coinquinat hominem (*Matth.* xv, 18). » Ubi et statim generaliter adjecit, ex nullis exterioribus animam inquinari ; sed ex his tantum quæ de corde prodeunt, « quæ sunt, » inquit, « cogitationes, adulteria, homicidia (*ibid.*, 19), » etc. Nisi enim prius prava voluntate animus corrumpatur, peccatum esse non poterit quidquid exterius agatur in corpore. Unde et bene ipsa quoque adulteria sive homicidia ex corde procedere dicit, quæ et sine tactu [*al.* contactu] corporum perpetrantur, juxta illud : « Qui viderit mulierem ad concupiscendam eam, jam mœchatus est in corde suo (*Matth.* v, 28). » Et : « Omnis qui odit fratrem suum, homicida est (*I Joan.* iii, 15). » Et tactis vel læsis corporibus minime peraguntur, quando videlicet per violentiam opprimitur aliqua, vel per justitiam coactus judex interficere reum. « Omnis » quippe « homicida, » sicut scriptum est, » non habet partem in regno Dei (*ibid.*). » Non itaque magnopere quæ fiunt, sed quo animo fiant pensandum est, si illi placere studemus, qui cordis et renum probator est, et in abscondito videt, qui judicabit occulta hominum. « Paulus » inquit, « secundum Evangelium meum (*Rom.* ii, 16), » hoc est secundum meæ prædicationis doctrinam. Unde et modica viduæ oblatio, quæ fuit duo minuta, id est quadrans (*Marc.* xii, 42), omnium divitum oblationibus copiosis prælata est ab illo cui dicitur : « Bonorum meorum non eges (*Psal.* xv, 2), » cui magis oblatio ex offerente quam offerens placet ex oblatione, sicut scriptum est : « Respexit Dominus ad Abel, et ad munera ejus (*Gen.* iv, 4). » Ut videlicet prius devotionem offerentis inspiceret, et sic ex ipso [*al.* ipsa] donum oblatum gratum haberet. Quæ quidem animi devotio tanto major in Deo habetur, quanto in exterioribus quæ fiant minus confidimus. Unde et Apostolus post communem ciborum indulgentiam, de qua, ut supra meminimus, Timotheo scribit, de exercitio quoque corporalis laboris adjunxit, dicens : « Exerce autem teipsum ad pietatem. Nam corporalis exercitatio admodum utilis est. Pietas autem ad omnia utilis est, promissionem habens vitæ quæ nunc est, et futuræ (*I Tim.* iv, 7); » quoniam pia mentis in Deum devotio, et hic ab ipso meretur necessaria, et in futuro perpetua. Quibus quidem documentis quid aliud docemur quam Christiane sapere, et cum Jacob de domesticis animalibus refectionem patri providere? Non cum Esau de silvestribus curam sumere (*Gen.* xxvii, 6), et in exterioribus judaizare. Hinc et illud Psalmistæ : « In me sunt Deus vota tua, quæ [*al.* quas] reddam laudationes tibi (*Psal.* lv, 12). » Ad hoc quoque illud adjunge poeticum :

Ne te quæsiveris extra.
(Pers. *Satyr.* i, 7.)

Multa sunt et innumerabilia tam sæcularium quam ecclesiasticorum doctorum testimonia, quibus ea quæ sunt exterius et [*al.* ex] indifferentia vocantur, non magnopere curanda esse docemur. Alioquin legis opera, et servitutis ejus, sicut ait Petrus, importabile jugum evangelicæ libertati esset præferendum, et suavi jugo Christi, et ejus oneri levi. Ad quod quidem suave jugum et onus leve per semetipsum Christus nos invitans : « Venite, » inquit, « qui laboratis et onerati estis (*Matth.* xi, 28). » Unde et prædictus apostolus quosdam jam ad Christum conversos, sed adhuc opera legis retinere censentes vehementer objurgans, sicut in Actibus apostolorum scriptum est, ait : « Viri fratres, quid tentatis Deum imponere jugum super cervicem discipulorum, quod neque patres nostri neque nos portare potuimus; sed per gratiam Domini Jesu credimus salvari quemadmodum et illi? » (*Act.* xv, 10.) Et tu ipse, obsecro, non solum Christi, verum etiam hujus imitator apostoli, discretione sicut et nomine sic operum præcepta moderare, ut infirmæ conveniat naturæ, et ut divinæ laudis plurimum vacare possimus officiis. Quam quidem hostiam exterioribus omnibus sacrificiis reprobatis Dominus commendans, ait : « Si esuriero, non dicam tibi : meus est enim orbis terræ, et plenitudo ejus. Nunquid manducabo carnes taurorum, aut sanguinem hircorum potabo? Immola Deo sacrificium laudis, et redde Altissimo vota tua, et invoca me in die tribulationis, et eruam te, et honorificabis me (*Psal.* xlix, 12). » Nec id quidem ita loquimur, ut laborem operum corporalium respuamus, cum necessitas postulaverit. Sed ne ista magna putemus quæ corpori serviunt, et officii divini celebrationem præpediunt [*al.* impediunt], præsertim cum ex auctoritate apostolica id præcipue devotis indultum sit feminis ut alienæ procurationis sustentari officiis magis quam de opere proprii laboris. Unde ad Timotheum Paulus : « Si quis fidelis habet viduas, subministret illis, et non gravetur Ecclesia, ut his quæ veræ viduæ sunt sufficiat (*I Tim.* v, 16.) » Veras quippe viduas dicit quascunque Christo devotas, quibus non solum maritus mortuus est, verum et mundus crucifixus est, et ipsæ mundo. Quas recte de dispendiis Ecclesiæ tanquam de propriis sponsi sui redditibus sustentari convenit. Unde et Dominus ipse matri suæ procuratorem apostolum potius quam virum ejus prævidit [*al.* provid.t] (*Joan.* xix, 26) et apostoli septem diaconos (*Act.* vi, 5), id est Ecclesiæ ministros, qui devotis ministrarent feminis, instituerunt. Scimus quidem et Apostolum Thessalonicensibus scribentem quosdam otiose vel curiose viventes adeo constrinxisse, ut præciperet quoniam si quis, non vult operari non manducet (*II Thess.* III, 10); et beatum Benedictum (cap. 48) maxime pro otiositate vitanda opera manuum injunxisse. Sed nunquid Maria otiose sedebat, ut verba Christi audiret? (*Luc.* x, 39.) Martha tam ei quam Domino laborante, et de quiete sororis tanquam invida murmurante, quasi quæ sola pondus diei et æstus portaverit? Unde et hodie frequenter murmurare eos cernimus, qui in exterioribus laborant, cum his qui divinis occupati sunt officiis terrena ministrant. Et sæpe de his, quæ tyranni rapiunt, minus conqueruntur, quam quæ desidiosis, ut aiunt, istis et otiosis exsolvere coguntur. Quos tamen non solum verba Christi audire, verum etiam in his assidue legendis et decantandis occupatos considerant esse. Nec attendunt non esse magnum, ut ait Apostolus, si eis communicent corporalia, a quibus exspectant spiritualia (*I Cor.* IX, 11). Nec indignum esse, ut qui terrenis intendunt, his qui spiritualibus occupantur deserviant. Hinc etenim ex ipsa quoque legis sanctione ministris Ecclesiæ hæc salubris otii libertas concessa, ut tribus Levi nihil hæreditatis terrenæ perciperet, quo expeditius Domino deserviret; sed de labore aliorum decimas et oblationes susciperet (*Num.* XVIII, 21). De abstinentia quoque jejuniorum, quam magis vitiorum quam ciborum Christiani appetunt, si quid Ecclesiæ institutioni superaddi decreveris, deliberandum est, et quod nobis expedit instituendum. Maxime vero de officiis ecclesiasticis, et de ordinatione psalmorum providendum est, ut in hoc saltem, si placet, nostram exoneres infirmitatem. Ne cum psalterium per hebdomadam expleamus, eosdem necesse sit psalmos repeti. Quam etiam beatus Benedictus (cap. 18), cum eam pro visu suo distribuisset, in aliorum quoque actione sua id reliquit admonitio, ut si cui melius videretur aliter ipsos ordinaret. Attendens videlicet quod per temporum successionem Ecclesiæ decor creverit, et quæ prius rude susceperat fundamentum, postmodum ædificii nacta est ornamentum. Illud autem præ omnibus diffinire te volumus quid de evangelica lectione in vigiliis nocturnis nobis agendum sit. Periculosum quippe videtur eo tempore ad nos sacerdotes aut diaconos admitti, per quos hæc lectio recitetur, quas præcipue ab omni hominum accessu atque aspectu segregatas esse convenit; tum ut sincerius Deo vacare possimus, tum etiam ut a tentatione tutiores simus. Tibi nunc, domine, dum vivis, incumbit instituere de nobis quid in perpetuum tenendum sit nobis. Tu quippe post Deum hujus loci fundator, tu per Deum nostræ congregationis es plantator, tu cum Deo nostræ sis religionis institutor. Præceptorem alium post te fortassis habituræ sumus, et qui super alienum aliquid [*al.* aliud] ædificet fundamentum. Ideoque veremur de nobis minus futuros sollicitus, vel a nobis minus audiendus, et qui denique, si æque velit, non æque possit. Loquere tu nobis, et audiemus. Vale.

EPISTOLA VII.

Quæ est rursum Petri ad Heloissam, De origine sanctimonialium.

ARGUMENTUM. — *Abælardus ab Heloissa superiore epistola rogatus, ut ei et sodalibus ejus, de origine ordinis monialium scriberet; hac epistola ejus et illarum voluntati amplissime respondet: ipsumque ordinem a primitiva Ecclesia, imo et ab ipso Domini servatoris sacro deducit collegio, et quid Philo Judæus, quid Tripartita historia de primis ascetis narrent recenset. Sexum autem femineum in singulis ejus gradibus miris effert laudibus, nec solum in Christianis vel Judæis, sed etiam in gentilibus sive paganis feminis laudes virginitatis latissime percurrit. Nihil denique tota fere continet epistola, quam feminei sexus elegantissimum encomium; latius tamen virginitatis laudem prosequitur, cujus etiam apud paganos miri actus legantur.*

Charitati tuæ, charissima soror, de ordine tuæ professionis tam tibi quam spiritualibus filiabus tuis suscitanti, unde scilicet monialium cœperit religio, paucis si potero succincteque rescribam. Monachorum siquidem sive monialium ordo a Domino nostro Jesu Christo religionis suæ formam plenissime sumpsit. Quamvis et ante ipsius Incarnationem nonnulla hujus propositi tam in viris quam in feminis præcesserit inchoatio. Unde et Hieronymus ad Eustochium scribens (epist. 4): « Filios, » inquit, « prophetarum, quos monachos legimus in Veteri Testamento, » etc. Annam quoque viduam templo et divino cultui assiduam evangelista commemorat, quæ pariter cum Simeone Dominum in templo sus cipere (*Luc.* II, 25), et prophetia repleri meruerit. Finis itaque Christus justitiæ, et omnium bonorum consummatio, in plenitudine temporis veniens, ut, inchoata perficeret bona, vel exhiberet incognita; sicut utrumque sexum vocare venerat atque redimere, ita utrumque sexum in vero monachatu suæ congregationis dignatus est adunare, ut inde tam viris quam feminis hujus professionis daretur auctoritas, et omnibus perfectio vitæ proponeretur quam imitarentur. Ibi quippe cum apostolis cæterisque discipulis, cum matre ipsius sanctarum legimus conventum mulierum (*Luc.* VIII, 2): quæ scilicet sæculo abrenuntiantes, omnemque proprietatem abdicantes, ut solum possiderent Christum, sicut scriptum est:

« Dominus pars hæreditatis meæ (*Psal.* xv, 5), » devote illud compleverunt, quo omnes secundum regulam a Domino traditam conversi sæculo ad hujus vitæ communitatem initiantur : « Nisi quis renuntiaverit omnibus quæ possidet, non potest meus esse discipulus (*Luc.* xiv, 33). » Quam devote autem Christum hæ beatissimæ mulieres ac vere moniales secutæ fuerint, quantamque gratiam et honorem devotioni earum tam ipse Christus quam postmodum apostoli exhibuerint, sacræ diligenter historiæ continent. Legimus in Evangelio murmurantem Pharisæum, qui hospitio Dominum susceperat, ab ipso esse correctum, et peccatricis mulieris obsequium hospitio ejus longe esse prælatum (*Luc.* vii, 37). Legimus et Lazaro jam resuscitato cum cæteris discumbente, Martham sororem ejus solam mensis ministrare, et Mariam copiosi libram unguenti pedibus Dominicis infundere, propriisque capillis ipsos extergere, hujusque copiosi unguenti odore domum ipsam impletam fuisse, ac de pretio ipsius, quia tam inaniter consumi videretur, Judam in concupiscentiam ductum, et discipulos indignatos esse (*Joan.* xii, 3). Satagente itaque Martha de cibis, Maria disposuit de unguentis; et quem illa reficit interius, hæc lassatum refovet exterius. Nec nisi feminas Domino ministrasse Scriptura commemorat evangelica (*Luc.* viii, 2). Quæ proprias etiam facultates in quotidianam ejus alimoniam dicarant, et ei præcipue hujus vitæ necessaria procurabant. Ipse discipulis in mensa, ipse in ablutione pedum humillimum se ministrum exhibebat (*Joan.* xiii, 5). A nullo vero discipulorum, vel etiam virorum, hoc eum suscepisse novimus obsequium ; sed solas, ut diximus, feminas in his vel cæteris humanitatis obsequiis ministerium impendisse. Et sicut in illo Marthæ, ita in isto novimus obsequium Mariæ (*Marc.* xiv, 3). Quæ quidem in hoc exhibendo tanto fuit devotior, quanto ante fuerat criminosior. Dominus aqua in pelvim missa illius ablutionis peregit officium. Hoc vero ipsa ei lacrymis intime compunctionis, non exterioris aqua exhibuit. Ablutos discipulorum pedes linteo Dominus extersit. Hæc pro linteo capillis usa est. Fomenta unguentorum insuper addidit, quæ nequaquam Dominum adhibuisse legimus. Quis etiam ignoret mulierem in tantum de ipsius gratia præsumpsisse, ut caput quoque ejus superfuso delibueril unguento? Quod quidem unguentum non de alabastro extractum, sed fracto alabastro memoratur effusum, ut nimiæ devotionis vehemens exprimeretur desiderium, quæ ad multum ulterius usum illud reservandum censebat, quo in tanto usa sit obsequio. In quo etiam ipsum jam unctionis defectum factis ipsis exhibet, quem antea Daniel futurum prædixerat, postquam videlicet ungeretur Sanctus sanctorum (*Dan.* ix, 24). Ecce enim Sanctum sanctorum mulier inungit, et cum pariter hunc esse quem credit, et quem verbis propheta præsignaverat, factis ipsa proclamat. Quæ est ista,

A quæso, Domini benignitas, aut quæ mulierum dignitas, ut tam caput quam pedes suos ipse nonnisi feminis præberet inungendos? Quæ est ista, obsecro, infirmioris sexus prærogativa, ut summum Christum omnibus Spiritus sancti unguentis ab ipsa ejus conceptione delibutum mulier quoque inungeret (*Isa.* xi, 2), et quasi corporalibus sacramentis eum in regem et sacerdotem consecrans, Christum, id est unctum corporaliter ipsum efficeret? Scimus primum a patriarcha Jacob in typum Domini lapidem unctum fuisse. Et postmodum regum sive sacerdotum unctiones, seu quælibet unctionum sacramenta nonnisi viris celebrare permissum est. Licet baptizare nonnunquam mulieres præsumant. Lapidem olim patriarcha templum, nunc et altare B pontifex oleo sanctificat. Viri itaque sacramenta figuris imprimunt. Mulier vero in ipsa operata est veritate, sicut et ipsa protestatur Veritas, dicens. « Bonum opus operata est in me (*Marc.* xiv, 6). » Christus ipse a muliere, Christiani a viris inunguntur. Caput ipsum scilicet a femina, membra a viris. Bene autem effudisse unguentum, non stillasse super caput ejus mulier memoratur. Secundum quod de ipso sponsa in Canticis præcinit, dicens : « Unguentum effusum nomen tuum (*Cant.* i, 2). » Hujus quoque unguenti copiam per illud, quod a capite usque ad oram vestimenti defluxit [*al.* defluit], Psalmista mystice præfigurat, dicens : « Sicut unguentum in capite, quod descendit in barbam, C barbam Aaron. Quod descendit in oram vestimenti ejus (*Psal.* cxxxii, 2). » Trinam David unctionem, sicut et Hieronymus in psalmo 25 meminit, accepisse legimus trinam, et Christum sive Christianos. Pedes quippe Domini, sive caput, muliebre susceperunt unguentum. Mortuum vero ipsum Joseph ab Arimathæa et Nicodemus, sicut refert Joannes, cum aromatibus sepelierunt. Christiani quoque trina sanctificantur unctione : quarum una fit in baptismo, altera in confirmatione, tertia vero infirmorum est. Perpende itaque mulieris dignitatem, a qua vivens Christus bis inunctus, tam in pedibus scilicet quam in capite, regis et sacerdotis suscepit sacramenta. Myrrhæ vero et aloes unguentum, quod ad conservanda corpora mortuorum adhibetur, ipsius Dominici corporis incorruptionem futuram præsignabat, quam etiam quilibet electi in resurrectione sunt adepti [*al.* adepturi]. Priora autem mulieres unguenta singularem ejus tam regni quam sacerdotii demonstrant dignitatem. Unctio quidem capitis superiorem, pedum vero inferiorem. Ecce regis [*al.* rex] etiam sacramentum a muliere suscipit, qui tamen oblatum a viris sibi regnum suscipere respuit, et ipsis eum in regem rapere volentibus aufugit (*Joan.* vi, 15). Cœlestis, non terreni regis mulier sacramentum peragit; ejus, inquam, qui de semetipso postmodum ait : « Regnum meum non est de hoc mundo (*Joan.* xviii, 36). » Gloriantur episcopi cum applaudentibus populis terrenos inungunt reges, cum mortales consecrant sacerdotes, splendidis et inauratis vestibus adornati. Et sæpe his benedicunt, quibus Dominus maledicit. Humilis mulier non mutato habitu, non præparato cultu, ipsis quoque indignantibus apostolis hæc in Christo sacramenta peragit, non prælationis officio, sed delationis [*al.* dilectionis, *Par. cod.* devotionis] merito. O magnam fidei constantiam! o inestimabilem charitatis ardorem, quæ omnia credit, omnia sperat, omnia sustinet! Murmurat Pharisæus dum a peccatrice pedes Dominici inunguntur; indignantur patenter apostoli, quod de capite quoque mulier præsumpserit. Perseverat ubique [*al.* utique] mulieris fides immota, de benignitate Domini confisa, nec ei in utroque Dominicæ commendationis desunt suffragia. Cujus quidem unguenta quam accepta, quam grata Dominus habuerit, ipsemet profitetur cum sibi hæc reservari postulans indignanti Judæ dixit : « Sine illam ut in die sepulturæ meæ servet illud (*Joan.* xii, 7). » Ac si diceret : Ne repellas hoc ejus obsequium a vivo, ne devotionis ejus exhibitionem in hac quoque re auferas defuncto. Certum quippe est, sepulturæ quoque Dominicæ sanctas mulieres aromata parasse. Quod tunc ista utique minus satageret, si nunc repulsa verecundiam sustinuisset. Qui etiam quasi de tanta mulieris præsumptione discipulis indignantibus, et ut Marcus meminit, in eam frementibus, cum eos mitissimis fregisset responsis, in tantum hoc extulit beneficium, ut ipsum Evangelio inserendum esse censeret, et cum ipso pariter ubique prædicandum esse prædiceret (*Marc.* xiv, 9), in memoriam scilicet et laudem mulieris, quæ id fecerit in quo non mediocris arguebatur præsumptionis. Quod nequaquam de aliis quarumcunque personarum obsequiis auctoritate Dominica sic commendatum esse legimus atque sancitum. Qui etiam viduæ pauperis eleemosynam omnibus templi præferens oblationibus (*Marc.* xii, 43), quam accepta sit ei feminarum devotio diligenter ostendit. Ausus quidem est Petrus seipsum et coapostolos suos pro Christo omnia reliquisse profiteri. Et Zachæus desideratum Domini adventum suscipiens dimidium bonorum suorum pauperibus largitur, et in quadruplum si quid defraudavit, restituit (*Luc.* xix, 8). Et multi alii majores in Christo seu pro Christo fecerunt expensas, et longe pretiosiora in obsequium obtulerunt divinum, vel pro Christo reliquerunt. Nec ita tamen Dominicæ commendationis laudem adepti sunt, sicut feminæ. Quarum quidem devotio quanta semper erga eum exstiterit, ipse quoque Dominicæ vitæ exitus patenter insinuat. Hæ quippe, ipso apostolorum principe negante, et dilecto Domini fugiente, vel cæteris dispersis apostolis, intrepidæ perstiterunt, nec eas a Christo vel in passione, vel in morte formido aliqua, vel desperatio separare potuit. Ut eis specialiter illud Apostoli congruere videatur : « Quis nos separabit a charitate Dei? Tribulatio an angustia? » (*Rom.* viii, 35). Unde Matthæus, cum de se pariter et cæteris retulisset : « Tunc discipuli omnes, relicto eo, fugerunt (*Matth.* xxvi, 56). » perseverantiam postmodum supposuit mulierum, quæ ipsi etiam crucifixo quantum permittebatur assistebant. «Erant, » inquit, «ibi mulieres multæ a longe quæ secutæ fuerant Jesum a Galilæa, ministrantes ei (*Matth.* xxvii, 55). » Quas denique ipsius quoque sepulcro immobiliter adhærentes idem diligenter evangelista describit, dicens : « Erant autem Maria Magdalene, et altera Maria sedentes contra sepulcrum (*ibid.,* 61). » De quibus etiam mulieribus Marcus commemorans, ait : « Erant autem et mulieres de longe aspicientes, inter quas erat Magdalene, et Maria Jacobi minoris, et Joseph mater, et Salome. Et cum esset in Galilæa sequebantur eum, et ministrabant ei, et aliæ multæ quæ simul cum eo ascenderant Jerosolymam (*Marc.* xv, 40). » Stetisse autem juxta crucem, et crucifixo se etiam astitisse Joannes, qui prius aufugerat, narrat; sed perseverantiam præmittit mulierum, quasi earum exemplo animatus esset ac revocatus. « Stabant, » inquit, « juxta crucem Jesu mater ejus, et soror matris ejus Maria Cleophæ, et Maria Magdalenæ. Cum vidisset ergo Jesus matrem, et discipulum stantem (*Joan.* xix, 55), » etc. Hanc autem sanctarum constantiam mulierum, et discipulorum defectum longe ante beatus Job in persona Domini prophetavit, dicens : « Pelli meæ consumptis carnibus adhæsit os meum, et derelicta sunt tantummodo labia circa dentes meos (*Job* xix, 20). » In osse quippe, quod carnem et pellem sustentat et gestat, fortitudo est corporis. In corpore igitur Christi, quod est Ecclesia, os ipsius dixit Christianæ fidei stabile fundamentum, sive fervor ille charitatis, de quo canitur : « Aquæ multæ non poterunt exstinguere charitatem (*Cant.* viii, 7). » De quo et Apostolus : « Omnia, » inquit, «suffert, omnia credit, omnia sperat, omnia sustinet (*I Cor.* xiii, 7). » Caro autem in corpore pars interior est, et pellis exterior. Apostoli ergo interiori animæ cibo prædicando intendentes, et mulieres corporis necessaria procurantes, carni comparantur et pelli. Cum itaque carnes consumerentur, os Christi adhæsit pelli; quia scandalizatis in passione Domini apostolis, et de morte ipsius desperatis, sanctarum devotio feminarum perstitit immobilis, et ab osse Christi minime recessit ; quia fidei, vel spei, vel charitatis constantiam in tantum retinuit, ut nec a mortuo mente disjungerentur aut corpore. Sunt et viri naturaliter tam mente quam corpore feminis fortiores. Unde et merito per carnem, quæ vicinior est ossi, virilis natura; per pellem muliebris infirmitas designatur. Ipsi quoque apostoli, quorum est reprehendendo lapsus aliorum mordere, dentes Domini dicuntur. Quibus tantummodo labia, id est verba potius quam facta remanserant, cum jam desperati de Christo magis loquerentur, quam pro Christo quid operarentur. Tales profecto illi erant discipuli, quibus in castellum Emmaus euntibus, et loquentibus adinvicem de his omnibus quæ accide- A quibus scriptum est, quod post angelicam visionem, rant, ipsis apparuit, et eorum desperationem cor- « exierunt de monumento, currentes nuntiare di- rexit. Quid denique Petrus vel cæteri discipulorum scipulis resurrectionem Domini. Et ecce Jesus oc- præter verba tunc habuerunt, cum ad Dominicam currit illis, dicens : Avete. Illæ autem accesserunt, ventum esset passionem, et ipse Dominus futurum et tenuerunt pedes ejus, et adoraverunt eum. Tunc eis de passione sua scandalum prædixisset? « Et si ait Jesus : Ite, nuntiate fratribus meis, ut eant in omnes, » inquit Petrus, « scandalizati fuerint in te, ego Galilæam. Ibi me videbunt (*Matth.* xxvııı, 8). » De nunquam scandalizabor (*Matth.* xxvı, 33). » Et ite- quo et Lucas prosecutus, ait : « Erat Magdalene, et rum : « Etiamsi oportuerit me mori tecum, non te Joanna, et Maria Jacobi, et cæteræ, quæ cum eis negabo. Similiter et omnes discipuli dixerunt (*ibid.*, erant, quæ dicebant ad apostolos hæc (*Luc.* xx, 10). » 35). » Dixerunt, inquam, potius quam fecerunt. Quas etiam ab angelo primum fuisse missas ad Ille enim primus et maximus apostolorum, qui tan- apostolos nuntiare hæc non reticet Marcus, ubi an- tam in verbis habuerat constantiam, ut Domino gelo mulieribus loquente scriptum est : « Surrexit, diceret : « Tecum paratus sum et in carcerem, et non est hic. Sed ite, dicite discipulis ejus, et Pe- in mortem ire (*Luc.* xxıı, 33). » Cui tunc et Domi- tro, quia præcedet vos in Galilæam (*Marc.* xvı, 6). » nus Ecclesiam suam specialiter committens, dixe- B Ipse etiam Dominus primo Mariæ Magdalenæ appa- rat : « Et tu aliquando conversus confirma fratres rens, ait illi : « Vade ad fratres meos, et dic eis : tuos (*ibid.*, 32), » ad unam ancillæ vocem ipsum ascendo ad Patrem meum (*Joan.* xx, 17). » Ex qui- negare non veretur. Nec semel id agit, sed tertio bus colligimus has sanctas mulieres quasi aposto- ipsum adhuc viventem denegat, et a vivo pariter las super apostolos esse constitutas. Cum ipsæ ad omnes discipuli uno temporis puncto fugiendo de- eos vel a Domino vel ab angelis missæ summum volant; a quo nec in morte vel mente vel corpore illud resurrectionis gaudium nuntiaverunt, quod feminæ sunt disjunctæ. Quarum beata illa peccatrix exspectabatur ab omnibus, ut per eas apostoli pri- mortuum etiam quærens, et Dominum suum confi- mum addiscerent quod toti mundo postmodum præ- tens, ait : « Tulerunt Dominum de monumento dicarent. Quas etiam post resurrectionem Domino (*Joan.* xx, 2). » Et iterum : « Si tu sustulisti eum, occurrente salutari ab ipso evangelista supra me- dicito mihi ubi posuisti, et ego eum tollam (*ibid.*, moravit, ut tam occursu suo quam salutatione 15). » Fugiunt arietes, imo et pastores Dominici quantam erga eas sollicitudinem et gratiam habe- gregis; remanent oves intrepidæ. Arguit hos Do- ret ostenderet. Non enim aliis proprium salutatio- minus tanquam infirmam carnem, quod in articulo C nis verbum, quod est, « Avete, » cum legimus pro- etiam passionis suæ nec una hora cum eo potue- tulisse ; imo ista salutatione antea discipulos inhi- runt vigilare. Insomnem ad sepulcrum illius noctem buisse, cum eis diceret : « Et neminem per viam in lacrymis feminæ ducentes, resurgentis gloriam salutaveritis (*Luc.* x, 4). » Quasi hoc privilegium primæ videre meruerunt. Cui fideliter in mortem nunc usque devotis feminis reservaret, quod per quantum dilexerint vivum, non tam verbis quam semetipsum eis exhiberet immortalitatis gloria jam rebus exhibuerunt. Et de ipsa etiam, quam [*f.* quia] potitus. Actus quoque apostolorum cum referant circa ejus passionem et mortem habuerunt solli- statim post Ascensionem Domini apostolos a monte citudinem, resurgentis vita primæ sunt lætificatæ. Oliveti Jerusalem redisse, et illius sacrosancti Cum enim, secundum Joannem, Joseph ab Arima- conventus religionem diligenter describant, non est thæa, et Nicodemus corpus Domini ligantes linteis devotionis sanctarum mulierum perseverantia præ- cum aromatibus sepelirent, refert Marcus de ea- termissa, cum dicitur : « Hi erant omnes perseve- rum studio, quod Maria Magdalene et Maria Joseph rantes unanimiter in orationibus cum mulieribus, aspiciebant ubi poneretur. De his quoque Lucas et Maria matre Jesu (*Act.* ı, 14). » Ut autem de commemorat, dicens : « Secutæ autem mulieres, Hebræis prætermittamus feminis, quæ primo con- quæ cum Jesu venerant de Galilæa, viderunt mo- D versæ ad fidem vivente adhuc Domino in carne, et numentum, et quemadmodum positum erat corpus prædicante, formam hujus religionis inchoaverunt: ejus, et revertentes paraverunt aromata (*Luc.* xxııı, de viduis quoque Græcorum, quæ ab apostolis po- 55). » Nec satis videlicet habentes aromata Nico- stea susceptæ sunt consideremus; quanta scilicet demi, nisi et adderent sua. Et Sabbato quidem si- diligentia, quanta cura ab apostolis et ipsæ tractatæ luerunt secundum mandatum. Juxta Marcum vero, sint, cum ad ministrandum eis gloriosissimus si- cum transisset Sabbatum, summo mane in ipso die gnifer Christianæ militiæ Stephanus protomartyr resurrectionis venerunt ad monumentum Maria cum quibusdam aliis spiritalibus viris ab ipsis Magdalene, et Maria Jacobi, et Salome. Nunc quo- apostolis fuerit constitutus. Unde in eisdem Acti- niam devotionem earum ostendimus, honorem bus apostolorum scriptum est : « Crescente numero quem meruerint prosequamur. Primo angelica vi- discipulorum, factum est murmur Græcorum adver- sione sunt consolatæ de resurrectione Domini jam sus Hebræos, quod despicerentur in ministerio quo- completa; demum ipsum Dominum primæ viderunt tidiano viduæ eorum. Convocantes autem duodecim et tenuerunt. Prior quidem Maria Magdalene, quæ apostoli multitudinem discipulorum, dixerunt : Non cæteris terventior erat. Postea ipsa simul, et aliæ, de est æquum derelinquere nos verbum Dei et ministrare mensis. Considerate ergo, fratres, viros ex omnibus vobis boni testimonii septem, plenos Spiritu sancto et sapientia, quos constituamus super hoc opus. Nos vero orationi et ministerio verbi instantes erimus. Et placuit sermo coram multitudine. Et elegerunt Stephanum plenum fide et Spiritu sancto, et Philippum, et Prochorum, et Nicanorem, et Timotheum, et Parmenam, et Nicolaum Antiochenum. Hos statuerunt ante conspectum apostolorum, et orantes imposuerunt eis manus (*Act.* vi, 1). » Unde et continentia Stephani admodum commendatur, quod ministerio atque obsequio sanctarum feminarum fuerit deputatus. Cujus quidem obsequii ministratio, quam excellens sit, et tam Deo quam ipsis apostolis accepta, ipsi tam propria oratione quam manuum impositione protestati sunt, quasi hos, quos in hoc constituebant, adjurantes ut fideliter agerent, et tam benedictione sua quam oratione eos adjuvantes ut possent. Quam etiam Paulus administrationem ad apostolatus sui plenitudinem ipse sibi vindicans : « Nunquid non habemus, » inquit, « potestatem sororem mulierem circumducendi, sicut et cæteri apostoli?» (*I Cor.* ix, 5.) Ac si aperte diceret : Nunquid et sanctarum mulierum conventus nos habere ac nobiscum in prædicatione ducere permissum est, sicut cæteris apostolis, ut ipsæ videlicet eis in prædicatione de sua substantia necessaria ministrarent? Unde Augustinus in libro De opere monachorum (cap. 4) : « Ad hoc, » inquit, «et fideles mulieres habentes terrenam substantiam ibant cum eis, et ministrabant eis de sua substantia, ut nullius indigerent horum quæ ad substantiam hujus vitæ pertinent. » Item (*ibid.*) : «Quod quisquis non putat ab apostolis fieri, ut cum eis sanctæ conversationis mulieres circumirent quocunque Evangelium prædicabant ; [Evangelium audiant, et cognoscant quemadmodum hoc ipsius Domini exemplo faciebant. » In Evangelio enim scriptum est : « Deinceps et ipse iter faciebat per civitates et castella evangelizans regnum Dei , et duodecim cum illo , et mulieres aliquæ , quæ erant curatæ a spiritibus immundis et infirmitatibus, Maria quæ vocatur Magdalene, et Joanna uxor Cuzæ procuratoris Herodis, et Susanna ; et aliæ multæ, quæ ministrabant ei de facultatibus suis (*Luc.* viii, 1). » Ut hinc quoque pateat Dominum etiam in prædicatione sua proficiscentem ministratione mulierum corporaliter sustentari, et eas ipsi pariter cum apostolis quasi inseparabiles comites adhærere. Demum [*al.* Deinde] vero hujus professionis religione in feminis pariter ut in viris multiplicata, in ipso statim Ecclesiæ nascentis exordio æque sicut viri, ita et feminæ propriorum per se monasteriorum habitacula possederunt. Unde et ecclesiastica Historia laudem Philonis disertissimi Judæi, quam non solum dixit, verum etiam magnifice scripsit de Alexandrina sub Marco Ecclesia, ita inter cætera libro secundo, capitulo 16 commemorat : «In multis est,» inquit, «orbis terræ partibus hoc genus hominum. » Et post aliqua : « Est autem in singulis locis consecrata orationi domus, quæ appellatur Senivor, vel monasterium. » Item infra (*ibid.*) : « Itaque non solum subtilium intelligunt hymnos veterum, sed ipsi faciunt novos in Deum, omnibus eos et metris et sonis honesta satis et suavi compage modulantes. » Item plerisque de abstinentia præmissis, et divini cultus officiis adjecit (*ibid.*) : « Cum viris autem, quos dicimus, sunt et feminæ, in quibus plures jam grandevæ sunt virgines, integritatem ac castitatem corporis non necessitate aliqua, sed devotione servantes ; dum sapientiæ studiis semet gestiunt non solum anima, sed etiam corpore consecrare, indignum ducentes libidini mancipare vas ad capiendam sapientiam præparatum, et edere mortalem partum eas, a quibus divini verbi concubitus sacrosanctus et immortalis expetitur, ex quo posteritas relinquatur nequaquam corruptelæ mortalitatis obnoxia. » Item ibidem de Philone : « Etiam de conventibus eorum scribit, ut seorsum quidem viri, seorsum etiam in eisdem locis feminæ congregentur, et ut vigilias, sicut apud nos fieri mos est, peragant. » Hinc illud est in laude Christianæ philosophiæ, hoc est monasticæ prærogativæ, quod Tripartita commemorat historia, non minus a feminis quam viris arreptæ. Ait quippe sic libro i, cap. 11 : « Hujus elegantissimæ philosophiæ princeps fuit quidem, sicuti quidam dicunt, Elias propheta, et Baptista Joannes. » Philo autem Pythagoricus suis temporibus refert undique egregios Hebræorum in quodam prædio circa stagnum Maria in colle positum philosophatos. Habitaculum vero eorum, et cibos, et conversationem talem introducit, qualem et nos nunc apud Ægyptiorum monachos esse conspicimus. Scribit eos ante solis occasum non gustare cibum, vino semper, et sanguinem habentibus abstinere, cibum eis esse panis, et salis, et hyssopi, et potum aquæ. Mulieres eis cohabitare seniores virgines propter amorem philosophiæ spontanea voluntate nuptiis abstinentes. Hinc et illud est Hieronymi in libro De illustribus viris, capitulo 8 de laude Marci et Ecclesiæ, sic scribentis : « Primus Alexandriæ Christum annuntians constituit Ecclesiam tantæ doctrinæ, et vitæ continentiæ, ut omnes sectatores Christi exemplum sui cogeret. » Denique Philo disertissimus Judæorum videns Alexandriæ primam Ecclesiam adhuc judaizantem, in laudem gentis suæ librum super eorum conversione scripsit, et quomodo Lucas narrat Hierosolymæ credentes omnia habuisse communia (*Act.* ii, 44), sic et illo quod Alexandriæ sub Marco doctore fieri cernebat memoriæ tradidit. Item, cap. 11 : « Philo Judæus natione Alexandrinus de genere sacerdotum idcirco a nobis inter scriptores ecclesiasticos ponitur, quia librum de prima Marci evangelistæ apud Alexandriam scribens Ecclesia in nostrorum laude versatus est, non solum eos ibi, sed in multis quoque provinciis esse commemorans, et habitacula eorum dicens monasteria. » Ex quo apparet talem primum Christo credentium fuisse Ecclesiam, quales nunc monachi esse imitantur et cupiunt, ut nihil cujusquam proprium sit, nullus inter eos dives, nullus pauper, patrimonia egentibus dividantur, orationi vacetur et psalmis, doctrinæ quoque et continentiæ. Quales et Lucas refert primum Hierosolymæ fuisse credentes (*Act.* IV, 52). Quod si veteres revolvamus historias, reperiemus in ipsis feminas in his quæ ad Deum pertinent, vel ad quamcunque religionis singularitatem, a viris non fuisse disjunctas. Quas etiam pariter ut viros divina cantica non solum cecinisse, verum etiam composuisse sacræ tradunt Historiæ. Primum quippe canticum de liberatione Israelitici populi non solum viri, sed etiam mulieres Domino decantaverunt; hinc statim divinorum officiorum in Ecclesia celebrandorum auctoritatem ipsæ adeptæ. Sic quippe scriptum est : « Sumpsit ergo Maria prophetes soror Aaron tympanum in manu sua, egressæque sunt omnes mulieres post eam cum tympanis et choris, quibus præcinebat dicens : Cantemus Domino, gloriose enim magnificatus est (*Exod.* xv, 20). » Nec ibi quidem Moyses commemoratur propheta, nec præcinisse dicitur sicut Maria, nec tympanum aut chorum viri habuisse referuntur sicut mulieres. Cum itaque Maria præcinens prophetes commemoratur, videtur ipsa non tam dictando vel recitando, quam prophetando canticum istud protulisse. Quæ etiam cum cæteris præcinere describitur, quam ordinate sive concorditer psallerent demonstratur. Quod autem non solum voce, verum etiam tympanis et choris cecinerint, non solum earum maximam devotionem insinuat, verum etiam mystice spiritalis cantici in congregationibus monasticis formam diligenter exprimit. Ad quod et Psalmista nos exhortatur dicens : « Laudate eum in tympano et choro (*Psal.* CL, 4), » hoc est in mortificatione carnis, et concordia illa charitatis, de qua scriptum est : « Quia multitudinis credentium erat cor unum et anima una (*Act.* IV, 32). » Nec vacat etiam a mysterio, quod egisse ad cantandum referuntur, in quo animæ contemplativæ jubili figurantur. Quæ dum ad cœlestia se suspendit, quasi terrenæ habitationis castrum deserit, et de ipsa contemplationis suæ intima dulcedine hymnum spiritalem summa exsultatione Domino persolvit. Habemus ibi quoque Delboræ [*al.* Deboræ], et Annæ, nec non Judith viduæ cantica, sicut et in Evangelio Mariæ matris Domini. Quæ videlicet Anna Samuelem parvulum suum offerens tabernaculo Domini (*I Reg.* I, 25), auctoritatem suscipiendorum infantium monasteriis dedit. Unde Isidorus fratribus in cœnobio Honorianensi [*al.* Honoriacensi] constitutis cap. 5 : « Quicunque, » inquit, « aparentibus propriis in monasterio fuit delegatus, noverit se ibi perpetuo mansurum. Nam Anna Samuelem puerum Deo obtulit. Qui et in ministerio templi, quo a matre fuerat functus, permansit, et ubi constitutus est deservivit. » Constat etiam filias Aaron pariter cum fratribus suis ad sanctuarium et hæreditariam sortem Levi adeo pertinere, ut hinc quoque eis Dominus alimoniam instituerit, sicut scriptum est in libro Numeri ipso, ad Aaron sic dicente : « Omnes primitias sanctuarii, quas offerunt filii Israel Domino, tibi dedi, et filiis ac filiabus tuis jure perpetuo (*Num.* XVIII, 19). » Unde nec a clericorum ordine mulierum religio disjuncta videtur. Quas etiam ipsis nomine conjunctas esse constat, cum videlicet tam diaconissas quam diaconos appellemus. Ac si in utrisque tribum Levi, et quasi levitas agnoscamus. Habemus etiam in eodem libro votum illud maximum, et consecrationem Nazaræorum Domini æque feminis sicut et viris esse institutum, ipso ad Moysem Domino sic dicente : « Loquere ad filios Israel, et dices ad eos : Vir sive mulier cum fecerint votum ut sanctificentur, et se voluerint Domino consecrare, vino et omni quod inebriare potest abstinebunt. Acetum ex vino et ex qualibet alia potione, et quidquid de uva exprimitur non bibent. Uvas recentes siccasque non comedent cunctis diebus, quibus ex voto Domino consecrantur. Quidquid ex vinea est ab uva passa usque ad acinum non comedent omni tempore separationis suæ (*Num.* VI, 2). » Hujus quidem religionis illas fuisse arbitror excubantes ad ostium tabernaculi, de quarum speculis Moyses vas composuit, in quo lavarentur Aaron et filii ejus, sicut scriptum est : « Apposuit Moyses labrum æneum in quo lavarentur Aaron et filii ejus ; quod fecit de speculis mulierum quæ excubabant ad ostium tabernaculi (*Exod.* XXVIII, 8). » Diligenter magnæ devotionis earum fervor describitur quæ clauso etiam tabernaculo foribus ejus adhærentes sanctarum vigiliarum excubias celebrabant, noctem etiam ipsam in orationibus ducentes, et ab obsequio divino viris quiescentibus non vacantes. Quod vero clausum eis tabernaculum memoratur vita pœnitentium congrue designatur, qui ut se durius pœnitentiæ lamentis afficiant a cæteris segregantur. Quæ profecto vita specialiter monasticæ professionis esse perhibetur, cujus videlicet ordo nihil aliud esse dicitur quam quædam parcioris pœnitentiæ forma. Tabernaculum vero ad cujus ostium excubabant illud est mystice intelligendum, de quo ad Hebræos Apostolus scribit : « Habemus altare, de quo non habent edere hi qui tabernaculo deserviunt (*Hebr.* XIII, 10), » id est quo participare digni non sunt qui corpori suo, in quo hic quasi in castris ministrant, voluptuosum impendunt obsequium. Ostium vero tabernaculi finis est vitæ præsentis, quando hinc anima exit de corpore et futuram ingreditur vitam. Ad hoc ostium excubant qui de exitu hujus vitæ et introitu futuræ solliciti sunt, et sic pœnitendo disponunt hunc exitum ut illum mereantur introitum. De hoc quidem quotidiano introitu et exitu sanctæ Ecclesiæ illa est oratio Psalmistæ : « Dominus custodiat introitum tuum, et exitum tuum (*Psal.* CXX, 8). » Tunc enim simul introitum et exitum nostrum custodit, cum nos hinc exeuntes et jam per pœnitentiam purgatos illuc statim introducit. Bene autem prius introitum quam exitum nominavit, non tam videlicet ordinem quám dignitatem attendens, cum hic exitus vitæ mortalis in dolore sit, ille vero introitus æternæ summa sit exsultatio. Specula vero earum opera sunt exteriora, ex quibus animæ turpitudo vel decor dijudicatur, sicut ex speculo corporali qualitas humanæ faciei. Ex istis earum speculis vas componitur in quo se abluant Aaron et filii ejus, quando sanctarum feminarum opera et tanta infirmi sexus in Deo constantia pontificum et presbyterorum negligentiam vehementer increpant, et ad compunctionis lacrymas præcipue movent. Et si prout oportet ipsi earum sollicitudinem gerant hæc ipsarum opera peccatis illorum veniam per quam abluantur præparant. Ex his profecto speculis vas sibi compunctionis beatus parabat Gregorius, cum sanctarum virtutem feminarum, et infirmi sexus in martyrio victoriam admirans, et ingemiscens quærebat : « Quid barbari dicturi sunt viri, cum tanta pro Christo delicatæ puellæ sustineant, et tanto agone sexus fragilis triumphet, ut frequentius ipsum gemina virginitatis et martyrii corona pollere noverimus? » Ad has quidem, ut dictum est, ad ostium tabernaculi excubantes, et quæ jam quasi Nazareæ Domini suam ei viduitatem consecraverant, beatam illam Annam pertinere non ambigo, quæ singularem Domini Nazareum Dominum Jesum Christum in templo cum sancto Simeone pariter meruit suscipere, et ut plusquam propheta fieret ipsum eadem hora qua Simeon per Spiritum agnoscere et præsentem demonstrare ac publice prædicare. Cujus quidem laudem evangelista diligentius prosecutus, ait : « Et erat Anna prophetissa filia Phanuel de tribu Aser. Hæc processerat in diebus multis et vixerat cum viro suo annis septem a virginitate sua. Et hæc vidua erat usque ad annos octoginta quatuor, quæ non discedebat de templo jejuniis et obsecrationibus serviens nocte ac die. Et hæc ipsa hora superveniens confitebatur Domino, et loquebatur omnibus qui exspectabant redemptionem Hierusalem [al. Israel] (Luc. II, 36). » Nota singula quæ dicuntur, et perpende quam studiosus in hujus viduæ laude fuerit evangelista, et quantis præconiis excellentiam ejus extulerit. Cujus quidem prophetissæ gratiam quam habere solita erat, et parentem ejus, et tribum, et post septem annos, quos cum viro sustinuerat, longævum sanctæ viduatis tempus quo se Domino mancipaverat, et assiduitatem ejus in templo, et jejuniorum et orationum instantiam, confessionem laudis, quas grates Domino referebat et publicam ejus prædicationem de promisso et nato Salvatore diligenter expressit : et Simeonem quidem jam superius evangelista de justitia, non de prophetia commendaverat, nec in eo tantæ continentiæ vel abstinentiæ virtutem, nec divini sollicitudinem obsequii fuisse memoravit, nec de ejus ad alios prædicatione quidquam adjecit. Hujus quoque professionis [al. perfectionis] atque propositi illæ sunt veræ viduæ, de quibus ad Timotheum scribens Apostolus ait : « Viduas honora, quæ veræ viduæ sunt (I Tim. v, 3). » Item : « Quæ autem vere vidua est, et desolata, speret in Deum, et instet obsecrationibus, et orationibus nocte ac die. Et hoc præcipue ut irreprehensibiles sint (ibid., 5). » Et iterum : « Si quis fideles habet viduas subministret illis, et non gravetur Ecclesia, ut his quæ veræ viduæ sunt sufficiat (ibid., 16). » Veras quippe viduas dicit quæ viduitatem suam secundis nuptiis non dehonestaverunt, vel quæ devotione magis quam necessitate sic perseverantes Domino se dicarunt. Desolatas dicit quæ sic omnibus abrenuntiant, ut nullum terreni solatii subsidium retineant, vel qui earum curam agant non habent. Quas quidem et honorandas esse præcipit, et de stipendiis Ecclesiæ censet sustentari tanquam de propriis redditibus sponsi earum Christi. Ex quibus etiam quales ad diaconatus ministerium sint eligendæ diligenter describit, dicens : « Vidua eligatur non minus sexaginta annorum, quæ fuerit unius viri uxor, in operibus bonis testimonium habens, si filios educavit, si hospitio suscepit, si sanctorum pedes lavit, si tribulationem patientibus subministravit, si omne bonum opus consecuta est. Adolescentiores autem viduas devita (ibid., 9). » Quod quidem beatus exponens Hieronymus : « Devita, » inquit, « in ministerio diaconatus, ne malum pro bono detur exemplum, si videlicet juniores ad hoc eligantur quæ ad tentationem proniores et natura leviores; nec per experientiam longævæ ætatis providæ malum exemplum his præbeant, quibus maxime bonum dare debuerant. » Quod quidem exemplum in junioribus viduis, quia jam Apostolus certis didicerat experimentis, aperte profitetur, et consilium insuper adversum hoc præbet. Cum enim præmisisset : « Adolescentiores autem viduas devita (ibid., 11), » causam hujus rei et consilii sui medicamentum statim apposuit, dicens : « Cum enim luxuriatæ fuerint, in Christo nubere volunt, habentes damnationem, quia primam fidem irritam fecerunt. Simul autem et otiosæ discunt circumire domos; non solum otiosæ, sed et verbosæ et curiosæ, loquentes quæ non oportet. Volo ergo juniores nubere, filios procreare, matresfamilias esse, nullam occasionem dare adversario maledicti gratia. Jam enim quædam conversæ sunt retro Satanam. » Hanc quoque Apostoli providentiam, de diaconissis scilicet eligendis, beatus Gregorius secutus, Maximo Syracusano episcopo scribit, his verbis (lib. III, epist. 11) : « Juvenculas abbatissas vehementissime prohibemus. Nullum igitur episcopum fraternitas tua nisi sexagenariam virginem, cujus vitam atque mores exegerint, velare permittat. » Abbatissas quippe quas nunc dicimus antiquitus diaconissas vocabant, quasi ministeriales potius quàm matres. Diaconus quippe *minister* interpretatur, et diaconissas ab administratione potius quam a prælatione nuncupandas esse censebant, secundum quod ipse Dominus tam exemplis quam verbis instituit, dicens : « Qui major est vestrum, erit minister vester (*Matth.* xxiii, 11). » Et iterum : « Nunquid est major qui recumbit an qui ministrat? Ego autem in medio vestrum sum, sicut qui ministrat (*Luc.* xxiii, 27). » Et alibi : « Sicut Filius hominis non venit ministrari, sed ministrare (*Matth.* xx, 28). » Unde et Hieronymus hoc ipsum nomen abbatis, quo jam gloriari multos noverat, ex ipsa Domini auctoritate non mediocriter ausus est arguere. Qui videlicet eum locum exponens quo scriptum [*al.* qui scriptus] est in Epistola IV ad Galatas (lib. II) : «Clamantem : Abba Pater. Abba, » inquit, « Hebraicum est, hoc ipsum significans quod pater. Cum autem Abba Pater Hebræo Syroque sermone dicatur, et Dominus in Evangelio præcipit nullum Patrem vocandum esse nisi Deum (*Matth.* v, 34) : nescio qua licentia in monasteriis vel vocemus hoc nomine alios, vel vocari nos acquiescamus. Et certe ipse præcepit hoc, qui dixerat non esse jurandum. Si non juramus, nec Patrem quempiam nominemus. Si de Patre interpretabimur aliter, et de jurando aliter sentire cogemur. » Ex his profecto diaconissis Phœben illam fuisse constat, quam Apostolus Romanis diligenter commendans, et pro ea exorans, ait : « Commendo autem vobis Phœben sororem nostram, quæ est in ministerio Ecclesiæ, quæ est in Cenchris. Ut eam suscipiatis in Domino digne sanctis, et assistatis ei in quocunque negotio vestro indiguerit. Etenim ipsa quoque astitit multis, et mihi ipsi (*Rom.* xvi, 1). » Quem quidem locum tam Cassiodorus quam Claudius exponentes, ipsam illius Ecclesiæ diaconissam fuisse profitentur. Cassiodorus : « Significat, » inquit, « diaconissam fuisse matris Ecclesiæ. Quod in pactibus Græcorum hodie usque quasi militiæ causa peragitur. Quibus et baptizandi usus in Ecclesia non negatur. » Claudius : « Hic locus, » inquit, « apostolica auctoritate docet etiam feminas in ministerio Ecclesiæ constitui, in quo officio positam Phœben apud Ecclesiam, quæ est Cenchris, Apostolus magna cum laude et commendatione prosequitur. » Quales etiam ipse ad Timotheum scribens inter ipsos colligens diaconos simili morum instructione vitam earum instituit. Ibi quippe ecclesiasticorum ministeriorum [*al.* ministrorum] ordinans gradus, cum ab episcopo ad diaconos descendisset : « Diaconos, » inquit, « similiter pudicos, non bilingues, non multo vino deditos, non turpe lucrum sectantes, habentes mysterium fidei in conscientia pura (*I Tim.* iii, 8). » Et : « Hi autem probentur primum et sic ministrent, nullum crimen habentes. Mulieres similiter pudicas esse, non detrahentes, sobrias, fideles in omnibus. Diacones sint unius uxoris viri, qui filiis suis bene præsint, et suis domibus. Qui enim bene ministraverint, gradum bonum sibi acquirent, et multam fiduciam in fide, qui est in Christo Jesu (*ibid.*, 10). »

Quod itaque ibi de diaconibus dixit, « non bilingues, » hoc de diaconissis dicit, « non detrahentes. » Quod ibi non multo vino deditos, hic dicit sobrias. Cætera vero, quæ ibi sequuntur, hic breviter comprehendit, « fideles in omnibus. » Qui etiam sicut episcopos sive diaconos esse prohibet digamos [*al.* bigamos], ita et diaconissas unius viri uxores instituit esse, ut jam supra meminimus : « Vidua, » inquit, « eligatur non minus sexaginta annorum, quæ fuerit unius viri uxor, in operibus bonis testimonium habens, si filios educavit, si hospitio recepit, si sanctorum pedes lavit, si tribulationem patientibus subministravit, si omne opus bonum subsecuta est. Adolescentiores autem viduas devita (*I Tim.* v, 9). » In qua quidem diaconissarum descriptione vel instructione, quam diligentior fuerit Apostolus quam in præmissis tam episcoporum quam diaconorum institutionibus facile est assignare. Quippe quod ait, « in operibus bonis testimonium habens, » vel, « si hospitio recepit, » nequaquam in diaconibus memoravit. Quod vero adjecit, « si sanctorum pedes lavit, si tribulationem, » etc., tam in episcopis quam in diaconis tacitum est. Et episcopos quidem et diaconos dicit nullum crimen habentes. Istas vero, non solum irreprehensibiles esse præcipit, verum etiam omne opus bonum subsecutas dicit. Caute etiam de maturitate ætatis earum providit, ut in omnibus auctoritatem habeant, dicens : « Non minus sexaginta annorum, » et non solum vitæ earum, verum etiam ætati longævæ in multis probatæ reverentia deferatur. Unde et Dominus licet Joannem plurimum diligeret, Petrum tamen seniorem tam ipsi quam cæteris præfecit. Minus quippe omnes indignantur seniorem sibi quam juniorem præponi; et libentius seniori paremus, quem non solum vita priorem, verum etiam et natura et ordo temporis fecit. Hinc et Hieronymus in primo contra Jovinianum, cum de prælatione Petri meminerit : « Unus, » inquit, « eligitur ut capite constituto schismatis tollatur occasio. Sed cur non Joannes electus est? Ætati delatum est, quia Petrus senior erat, ne adhuc adolescens, et pene puer progressæ ætatis hominibus præferretur, et magister bonus, qui occasionem jurgii debuerat auferre discipulis, in adolescentem, quem dilexerat, causam præbere videretur invidiæ. » Hoc abbas ille diligenter considerabat, qui sicut in Vitis Patrum scriptum est, juniori fratri, qui primus ad conversionem venerat, primatum abstulit, et majori eum tradidit; hoc uno tantum, quia hic illum ætate præcedebat. Verebatur quippe ne ipse etiam frater carnalis indigne ferret juniorem sibi præponi. Meminerat ipsos quoque apostolos de duobus ipsorum indignatos esse, cum apud Christum matre interveniente prærogativam quamdam affectasse viderentur, maxime cum unus horum esset duorum, qui cæteris junior erat apostolis. Ipse videlicet Joannes, de quo modo diximus. Nec solum in diaconissis instituendis apostolica plurimum invigilavit cura, verum generaliter erga sanctæ professionis viduas quam studiosus exstiterit liquet, ut omnem amputet tentationis occasionem. Cum enim præmisisset : « Viduas honora, quæ veræ viduæ sunt (*I Tim.* v, 3), » statim adjecit, « si qua autem vidua filios aut nepotes habet, discat primum domum suam regere, et mutuam vicem reddere parentibus (*ibid.*, 4). » Et post aliqua : « Si quis, » inquit, » suorum, et maxime domesticorum curam non habet, fidem negavit, et est infideli deterior (*ibid.*, 8). » In quibus quidem verbis simul et debitæ providet humanitati et propositæ religioni. Ne videlicet sub obtentu religionis parvuli deserantur inopes, et carnalis compassio erga indigentes sanctum viduæ perturbet propositum, et retro respicere cogat, et nonnunquam etiam usque ad sacrilegia trahat, et aliquid suis porrigat, quod de communi defraudet. Unde necessarium patet consilium, ut quæ domesticorum cura sunt implicitæ, antequam ad veram viduitatem transeuntes divinis se penitus obsequiis mancipent, hanc vicem suis parentibus reddant, ut sicut eorum cura fuerunt educatæ, ipsæ quoque posteris suis eadem lege provideant. Qui etiam viduarum religionem exagerans, eas instare præcipit obsecrationibus et orationibus nocte et die. De quarum etiam necessitudinibus admodum sollicitus : « Si quis fidelis, » inquit, « habet viduas, subministret illis, et non gravetur Ecclesia, ut his quæ veræ viduæ sunt sufficiat (*ibid.*, 16). » Ac si aperte dicat : Si qua est vidua, quæ tales habeat domesticos, qui ei necessaria de facultatibus suis valeant ministrare, ipsi super hoc ei provideant, ut cæteris sustentandis publici sumptus Ecclesiæ possint sufficere. Quæ quidem sententia patenter ostendit, si qui erga hujusmodi viduas suas obstinati sunt, eos ad hoc debitum ex apostolica auctoritate constringendos esse. Qui non solum earum necessitudini, verum etiam providens honori : « Viduas, » inquit, « honora, quæ veræ viduæ sunt. » Tales illas fuisse credimus, quarum alteram ipse matrem, alteram Joannes evangelista dominam, ex sanctæ professionis reverentia vocat : « Salutate, » inquit Paulus ad Romanos scribens, « Rufum electum in Domino, et matrem ejus, et meam (*Rom.* xvi, 13). » Joannes vero in secunda quam scribit Epistola : « Senior, » inquit, » electæ dominæ, et natis ejus (*II Joan.* 1, 1), » etc. A qua etiam se diligi postulans inferius adjunxit : « Et nunc rogo te domina, ut diligamus alterutrum (*ibid.*, 5). » Cujus quoque fretus auctoritate Hieronymus, ad vestræ professionis virginem Eustochium scribens, eam appellare dominam non erubuit : imo cur etiam debuerit, statim apposuit, dicens (epist. 22) : « Hoc idcirco domina mea Eustochium, dominam quippe debeo vocare sponsam Domini nostri, » etc. Qui etiam postmodum in eadem epistola hujus sancti propositi prærogativam omni terrenæ felicitatis gloriæ superponens, ait : « Nolo habeas consortia [*al.*, consortium] matronarum, nolo ad nobilium accedas domos, nolo frequenter videas, quod contemnens, virgo esse volui-sti. Si ad imperatoris uxorem concurrerit ambitio salutantium, cur tu facis injuriam viro tuo ? ad hominis conjugem sponsa Dei quid properas? Disce in hac parte superbiam sanctam. Scito te esse illis meliorem. » Qui etiam ad virginem Deo dicatam scribens de consecratis Deo virginibus, quantam in cœlo beatitudinem, et in terra possideant dignitatem, ita exorsus, ait (epist. 14) : « Quantam in cœlestibus beatitudinem virginitas sancta possideat, præter Scripturarum testimonia Ecclesiæ etiam consuetudine edocemur, qua addiscimus peculiare illis subsistere meritum, quarum spiritalis est consecratio. Nam cum unaquæque turba, credentium paria gratiæ dona percipiant, et hisdem omnes sacramentorum benedictionibus glorientur, istæ proprium aliquid præ cæteris habent, dum de illo sancto et immaculato Ecclesiæ grege quasi sanctiores purioresque hostiæ pro voluntatis suæ meritis a Spiritu sancto et eliguntur, et per summum sacerdotem Dei offeruntur altario. » Item (*ibid.*) : « Possidet ergo virginitas et quod alii non habent, dum et peculiarem obtinet gratiam, et proprio ut ita dixerim consecrationis privilegio gaudet. Virginum quippe consecrationem nisi periculo mortis urgente celebrari alio tempore non licet quam in Epiphania et Albis paschalibus, et in apostolorum natalitiis. Nec nisi a summo sacerdote, id est episcopo, tam ipsas quam ipsarum sacris capitibus imponenda velamina sanctificari. » Monachis autem, quamvis ejusdem sint professionis, vel ordinis, et dignioris sexus, etiamsi sint virgines, qualibet die benedictionem et ab abbate suscipere tam ipsis quam propriis eorum indumentis, id est cucullis, permissum est. Presbyteros quoque et cæteros inferioris gradus clericos semper in jejuniis Quatuor Temporum, et episcopos omni die Dominico constat ordinari posse. Virginum autem consecratio quanto pretiosior, tanto rarior, præcipuarum exsultationem solemnitatum sibi vindicavit. De quarum virtute mirabili universa amplius congaudet Ecclesia, sicut et Psalmista prædixerat, his verbis : « Adducentur regi virgines post eam (*Psal.* xliv, 15). » Et rursum : « Afferentur in lætitia et exsultatione, adducentur in templum regis (*ibid.*, 16). » Quam [*al.* Quarum] etiam consecrationem Matthæus apostolus simul et evangelista composuisse vel dictasse refertur, sicut in ejus passione legitur, ubi et ipse pro earum consecratione vel virginalis propositi defensione martyr occubuisse memoratur. Nullam vero benedictionem vel clericorum vel monachorum apostoli nobis scriptam reliquerunt. Quarum quoque religio sola ex nomine sanctitatis est insignita, cum ipsæ a sanctimonia, id est sanctitate, sanctimoniales sunt dictæ. Quippe quo infirmior est feminarum sexus, gratior est Deo atque perfectior earum virtus, juxta ipsius quoque Domini testimonium, quo infirmitatem Apostoli ad certaminis coronam exhortans, ait : « Sufficit tibi gratia mea. Nam virtus in infirmitate perficitur (*II Cor.* xii, 9). » Qui etiam de corporis sui, quod est Ecclesia, membris per eumdem loquens Apostolum, ac si præcipue tam infirmorum membrorum honorem commendaret, in eadem subjunxit Epistola, hoc est ad Corinthios prima : « Sed multo magis quæ videntur membra corporis infirmiora esse necessariora sunt. Et quæ putamus ignobiliora membra esse corporis, his abundantiorem honorem circumdamus ; et quæ inhonesta nostra sunt, abundantiorem honestatem habent. Honesta autem nostra nullius egent. Sed Deus temperavit corpus ei cui dederat abundantiorem tribuendo honorem, ut non sit schisma in corpore, sed in idipsum pro invicem sollicita sint membra (*I Cor.* xii, 22). » Quis autem adeo integre per divinæ gratiæ dispensationem hæc in aliquo dixerit adimpleri, sicut in ipsa muliebris sexus infirmitate, quem tam culpa quam natura contemptibilem fecerat? Circumspice singulos in hoc sexu gradus, non solum virgines, ac viduas, seu conjugatas, verum etiam ipsas scortorum abominationes, et in eis Christi gratiam videbis ampliorem, ut juxta Dominicam et apostolicam sententiam : « Sint novissimi primi, et primi novissimi (*Matth.* xx, 16); » et : « Ubi abundavit delictum, superabundet et gratia (*Rom.* v, 20). » Cujus quidem divinæ gratiæ beneficia vel honorem feminis exhibita si ab ipso exordio mundi repetamus, reperiemus statim mulieris creationem quadam præcellere dignitate, cum ipsa scilicet [*al.* quoque] in paradiso, vir extra creatus sit. Ut hinc præcipue mulieres admoneantur attendere, quam sit earum naturalis patria paradisus, et quo amplius eas cælibem paradisi vitam sequi conveniat. Unde Ambrosius in libro De paradiso : « Et apprehendit, » inquit, « Deus hominem quem fecit, et posuit cum in paradiso. Vides quoniam qui erat apprehenditur. In paradiso eum collocavit. Adverte quia extra paradisum vir factus est, et mulier intra paradisum. In inferiori loco vir melior invenitur, et illa quæ in meliore loco facta est inferior reperitur. » Prius quoque Dominus Evam totius originem mali restauravit in Maria, quam Adam in Christo reparavit. Et sicut a muliere culpa, sic a muliere cœpit gratia, et virginitatis reflorult prærogativa. Ac prius in Anna et Maria viduis et virginibus sanctæ professionis forma exhibita, quam in Joanne vel apostolis monasticæ religionis exempla viris proposita. Quod si post Evam, Deboræ, Judith, Esther virtutem intueamur, profecto non mediocrem robori virilis sexus inferemus erubescentiam. Delbora [*al.* Debora] quippe Dominici judex populi, viris deficientibus dimicavit, et devictis hostibus, populoque Domini liberato, potenter triumphavit (*Judic.* iv, 9). Judith inermis cum Abra sua terribilem exercitum est aggressa, et unius Holofernis proprio ipsius gladio caput amputans, sola universos stravit hostes, et desperatum populum suum liberavit (*Judith* xiii, 10). Esther spiritu latenter suggerente contra ipsum etiam legis decretum gentili copulata regi, impiissimi Aman consilium, et crudele regis prævenit edictum, constitutamque regiæ deliberationis sententiam quasi uno temporis momento in contrarium convertit (*Esther* viii, 5). Magnæ ascribitur virtuti quod David in funda et lapide Goliam aggressus est et devicit (*I Reg.* xvii, 49). Judith vidua ad hostilem procedit exercitum sine funda et lapide, sine omni adminiculo armaturæ dimicatura (*Judith* ix, 16). Esther solo verbo populum suum liberat, et conversa in hostes sententia corruerunt ipsi in laqueum quem tetenderant. Cujus quidem insignis facti memoria singulis annis apud Judæos solemnem meruit habere lætitiam. Quod nequaquam aliqua virorum facta quantumcunque splendida obtinuerunt. Quis incomparabilem matris septem filiorum constantiam non miretur, quos una cum matre apprehensos, sicut Machabæorum historia narrat (*II Mach.* vii, 1), rex impiissimus Antiochus ad carnes porcinas contra legem edendas nisus est frustra compellere? (*Deut.* xiv, 7.) Quæ mater suæ immemor naturæ, et humanæ affectionis ignara, nec nisi Dominum præ oculis habens, quot sacris exhortationibus suis ad coronam filios præmisit, tot ipsa martyriis triumphavit, proprio ad extremum martyrio consummata. Si totam Veteris Testamenti seriem revolvamus, quid hujus mulieris constantiæ comparare poterimus? Ille ad extremum vehemens tentator beati Job, imbecillitatem humanæ naturæ contra mortem considerans : « Pellem, inquit, pro pelle, et universa dabit homo pro anima sua (*Job* ii, 4). » In tantum enim omnes angustias mortis naturaliter horremus, ut sæpe ad defensionem unius membri alterum opponamus, et pro vita hac conservanda nulla vereamur incommoda. Hæc vero non solum sua, sed propriam et filiorum animas perdere sustinuit, ne unam legis incurreret offensam. Quæ est ista, obsecro, ad quam compellebatur transgressio? Nunquid abrenuntiare Deo, vel thurificare idolis cogebatur? Nihil, inquam, ab eis exigebatur, nisi ut carnibus vescerentur, quas lex eis interdicebat. O fratres et commonachi, qui tam impudenter quotidie contra Regulæ institutionem ac nostram professionem ad carnes inhiatis, quid ad hujus mulieris constantiam dicturi estis? Nunquid tam inverecundi estis, ut cum hæc auditis, erubescentia non confundamini? Sciatis, fratres, quod de regina austri Dominus incredulis exprobat, dicens : « Regina austri surget in judicio cum generatione ista, et condemnabit eam (*Matth.* xii, 42), » multo amplius vobis de hujus mulieris constantia improperandum esse, quæ et longe majora fecerit, et vos vestræ professionis voto religioni arctius astricti estis. Cujus quidem tanto agone virtus examinata, hoc in Ecclesia privilegium obtinere meruit, ut ejus martyrium solemnes lectiones atque missam habeat, quod nulli antiquorum sanctorum concessum est, quicunque scilicet adventum Domini moriendo prævenerunt, quamvis in ipsa Machabæorum historia Eleazarus ille venerabilis senex unus de primoribus Scribarum eadem causa martyrio jam coronatus fuisse referatur (*II Mach.* vi, 18). Sed quia, ut diximus, quo naturaliter femineus sexus est infirmior, eo virtus est Deo acceptabilior, et honore dignior; nequaquam martyrium illud in festivitate memoriam meruit, cui femina non interfuit, quasi pro magno non habeatur si fortior sexus fortiora patiatur. Unde et in laude prædictæ feminæ amplius Scriptura prorumpens, ait : « Supra modum autem mater mirabilis et bonorum memoria digna, quæ pereuntes septem filios sub unius diei tempore conspiciens bono animo ferebat propter spem, quam in Domino habebat, singulos illorum hortabatur fortiter, repleta sapientia, et femineæ cogitationi masculinum animum inserens (*II Mach.* vii, 20). » Quis in laudem virginum vineam illam Jephte filiam assumi non censeat? (*Judic.* xi, 39.) Quæ, ne voti licet improvidi reus pater haberetur, et divinæ gratiæ beneficium promissa fraudaretur hostia, victorem patrem in jugulum proprium animavit. Quid hæc, quæso, in agone martyrum factura esset, si forte ab infidelibus negando Deum postastare cogeretur? Nunquid interrogata de Christo cum illo jam apostolorum principe diceret : « Non novi illum? »(*Luc.* xxii, 57.) » Dimissa per duos menses a patre libera, his completis redit ad patrem occidenda. Sponte morti se ingerit, et eam magis provocat quam veretur. Stultum patris plectitur votum, et paternum redimit mandatum amatrix maxima veritatis. Quantum hunc in se lapsum abhorreret, quem in patre non sustinet? Quantus hic est virginis fervor tam in carnalem quam in cœlestem patrem? Quæ simul morte sua et hunc a mendacio liberare, et illi promissum decrevit conservare. Unde merito tanta hæc puellaris animi fortitudo prærogativa quadam id meruit obtinere, ut per annos singulos filiæ Israel in unum convenientes quasi quibusdam solemnibus hymnis festivas virginis agant exsequias, et de passione virginis compunctæ piis planctibus compatiantur. Ut autem cætera omnia prætermittamus, quid tam necessarium nostræ redemptioni; et totius mundi saluti fuerit, quam sexus femineus, qui nobis ipsum peperit Salvatorem? Cujus quidem honoris singularitatem mulier illa, quæ prima irrumpere ausa est ad beatum Hilarionem, illi admiranti opponebat, dicens : « Quid avertis oculos? Quid rogantem fugis? Noli me mulierem aspicere, sed miseram. Hic sexus genuit Salvatorem. » Quæ gloria huic poterit comparari, quam in Domini matre adeptus est sexus iste? Posset utique si vellet Redemptor noster de viro corpus assumere, sicut primam feminam de corpore viri voluit formare (*Gen.* ii, 22). Sed hanc suæ humilitatis singularem gratiam ad infirmioris sexus transtulit honorem. Posset et alia parte mulieris corporis digniore nasci quam cæteri homines, eadem qua concipiuntur vilissima portione nascentes. Sed ad incomparabilem infirmioris corporis honorem longe amplius ortu suo consecravit ejus genitale quam viri fecerat ex circumcisione. Atque ut hunc singularem virginum nunc omittam honorem, libet ad cæteras feminas sicut proposuimus stylum convertere. Attende itaque quantam statim gratiam adventus Christi Elisabeth conjugatæ, quantam exhibuit Annæ viduæ. Virum Elizabeth Zachariam magnum Domini sacerdotem incredulitatis diffidentia mutum adhuc tenebat, dum in adventu et salutatione Mariæ ipsa mox Elisabeth Spiritu sancto repleta et exsultantem in utero suo parvulum sensit, et prophetiam jam de ipso completo Mariæ conceptu prima proferens, plus quam propheta exstitit (*Luc.* i, 5). Præsentem quippe illico virginis conceptum nuntiavit, et ipsam Domini matrem ad magnificandum super hoc ipso Dominum concitavit. Excellentius autem prophetiæ donum in Elizabeth videtur completum, conceptum statim Dei Filium agnoscere, quam in Joanne ipsum jamdudum natum ostendere. Sicut igitur Mariam Magdalenam apostolorum dicimus apostolam, sic nec istam prophetarum dicere dubitemus prophetam, sive ipsam beatam viduam Annam, de qua supra latius actum est. Quod si hanc prophetiæ gratiam usque ad gentiles etiam extendamus, Sibylla vates in medium procedat, et quæ ei de Christo revelata sunt proferat. Cum qua si universos conferamus prophetas, ipsum etiam Isaiam, qui ut Hieronymus asserit (epist. 117), non tam propheta quam evangelista dicendus est, videbimus in hac quoque gratia feminam viris longe præstare. De qua Augustinus contra hæreses testimonium proferens, ait (cap. 3) : « Audiamus quid etiam Sibylla vates eorum de eodem dicat : Alium, inquit, dedit Dominus hominibus fidelibus colendum. » Item (*ibid.*) : « Ipse [*al.* ipsum] tuum cognosce Dominum Dei Filium esse. Alio loco Filium Dei symbolum appellat, id est consiliarium. Et propheta dicit : Vocabunt nomen ejus mirabilis, consiliarius (*Isa.* ix, 6).» De qua rursus idem Pater Augustinus in libro xviii *De civitate Dei* (cap. 23) : «Eo,» inquit, «tempore nonnulli sibyllam Erechtheam vaticinatam ferunt, quam quidam magis credunt esse Cumanam. Et sunt ejus viginti et septem versus; qui, sicut eos quidam Latinis versibus est interpretatus, hoc continent :

Judicii signum tellus sudore madescet,
E cœlo rex adveniet per sæcla futurus,
Scilicet in carne præsens ut judicet orbem.

Quorum quidem versuum primæ litteræ in Græco conjunctæ, id sonant : Jesus Christus Filius Dei Salvator.» Infert etiam Lactantius quædam de Christo vaticinia sibyllæ (lib. iv *Instit.*, cap. 18) : « In manus, » inquit, « infidelium postea veniet. Dabunt Deo alapas manibus incestis, et impurato [*al.* impuro] ore expuent venenatos sputos. Dabit vero ad verbera suppliciter sanctum dorsum, et colaphos accipiens tacebit, ne quis agnoscat quod verbum vel unde venerit inferis loquatur, et spinea corona coronabitur. Ad cibum autem fel, et ad sitim acetum dederunt. In hospitalitatem hanc monstrabunt mensam. Ipsa enim insipiens gens tuum Deum non intellexisti laudandum mortalium mentibus, sed spinis coronasti, fel miscuisti. Templi velum scindetur, et in medio die nox erit tribus horis, et morietur, tribus diebus somno suscepto, et tunc ab inferis regressus ad lucem veniet, primus resurrectionis principio ostensus. » Hoc profecto sibyllæ vaticinium, ni fallor, maximus ille poetarum nostrorum Virgilius audierat atque attenderat cum in ecloga IV futurum in proximo sub Augusto Cæsare tempore consulatus Pollionis mirabilem cujusdam pueri de cœlo ad terras mittendi, qui etiam peccata mundi tolleret, et quasi sæculum novum in mundo mirabiliter ordinaret, præcineret ortum, admonitus, ut ipsemet ait, Cumæi carminis vaticinio, hoc est Sibyllæ, quæ Cumana [*al.* Cumæa] dicitur. Ait quippe sic, quasi adhortans quoslibet ad congratulandum sibi, et concinendum seu scribendum de hoc tanto puero nascituro, in comparatione cujus omnes alias materias quasi infimas [*al.* infirmas] et viles reputat, dicens :

Sicelides Musæ, paulo majora canamus;
Non omnes arbusta juvant humilesque miricæ.
Ultima Cumæi venit jam carminis ætas.
Magnus ab integro sæclorum nascitur ordo.
Jam redit et virgo, redeunt Saturnia regna.
Jam nova progenies cœlo demittitur alto, etc.
(VIRGIL., *Eclog.* IV, 1.)

Inspice singula Sibyllæ dicta, et quam integre et aperte Christianæ fidei de Christo summam complectatur. Quæ nec divinitatem ejus, nec humanitatem, nec utrumque ipsius adventum, nec utrumque judicium prophetando vel scribendo prætermisit. Primum quidem judicium, quo injuste judicatus est in passione, et secundum quo juste judicaturus est mundum in majestate. Quæ nec descensum ejus ad inferos, nec resurrectionis gloriam prætermittens, non solum prophetas, verum etiam ipsos supergressa videtur evangelistas, qui de hoc ejus descensu minime scripserunt. Quis non etiam illud tam familiare prolixumque colloquium miretur, quo ipse solus solam illam gentilem et Samaritanam mulierem tam diligenter dignatus est instruere, de quo et ipsi vehementer obstupuerunt apostoli? Aqua etiam infideli et de virorum suorum multitudine reprehensa potum ipse voluit postulare, quem nihil ulterius alimenti ab aliquo novimus requisisse. Superveniunt apostoli, et emptos ei cibos offerunt, dicentes : « Rabi, manduca (*Joan.* IV, 31); » nec oblatos suscipi videmus, sed hoc quasi in excusationem ipsum prætendisse : « Ego cibum habeo manducare, quem vos nescitis (*ibid.*, 32). » Potum ipse a muliere postulat. A quo se illa excusans beneficio: «Quomodo,» inquit, « tu Judæus cum sis, bibere a me poscis, quæ sum mulier Samaritana? Non enim coutuntur Judæi Samaritanis (*ibid.*, 9). » Et iterum : « Neque in quo haurias habes, et puteus altus est (*ibid.*, 11). » Potum itaque a muliere infideli, et id negante desiderat, qui oblatos ab apostolis cibos non curat. Quæ est ista, quæso, gratia, quam exhibet infirmo sexui, ut videlicet a muliere hac postulet aquam, qui omnibus tribuit vitam? Quæ, inquam, nisi ut patenter insinuet tanto sibi mulierum virtutem esse gratiorem, quanto earum naturam esse constat infirmiorem, et se tanto amplius earum salutem desiderando sitire, quanto mirabiliorem earum virtutem constat esse? Unde et cum a femina potum postulat, huic præcipue siti suæ per salutem feminarum satisfieri velle se insinuat. Quem potum etiam cibum vocans : « Ego, » inquit, « cibum habeo manducare quem vos nescitis. » Quem postmodum exponens cibum, adjungit : « Meus cibus est ut faciam voluntatem Patris mei. » Hanc videlicet quasi singularem sui Patris voluntatem esse innuens, ubi de salute agitur infirmioris sexus. Legimus et familiare colloquium cum Nicodemo illo Judæorum principe Dominum habuisse, quo illum quoque ad se occulte venientem de salute sua ipse instruxerit (*Joan.* III, 1); sed illius colloquii non tantum tunc [*al.* hunc] fructum esse consecutum. Hanc quippe Samaritanam, et spiritu prophetiæ repletam esse tunc constat, quæ videlicet Christum et ad Judæos jam venisse, et ad gentes venturum esse professa est, cum dixerit : « Scio quia Messias venit qui dicitur Christus. Cum ergo venerit ille nobis annuntiabit omnia (*Joan.* IV, 25), » et multos ex civitate illa propter verbum mulieris ad Christum cucurrisse, et in eum credidisse, et ipsum duobus diebus apud se retinuisse. qui tamen alibi discipulis ait : « In viam gentium ne abieritis, et in civitate Samaritanorum ne intraveritis (*Matth.*, x, 5). » Refert alibi idem Joannes quosdam ex gentilibus, qui ascenderant Hierosolymam ut adorarent in die festo, per Philippum et Andream Christo nuntiasse, quod eum vellent videre. Non tamen eos esse admissos commemorat, nec illis postulantibus tantam Christi copiam esse concessam, quantam huic Samaritanæ nequaquam id petenti. A qua ejus in gentibus prædicatio cœpisse videtur, quam non solum convertit, sed per eam, ut dictum est, multos acquisivit. Illuminati statim per stellam magi, et ad Christum conversi, multos exhortatione sua vel doctrina ad eum traxisse referuntur; sed soli accessisse. Ex quo etiam liquet quantam a Christo gratiam in gentibus mulier sit adepta, quæ præcurrens, et civitati nuntians ejus adventum, et quæ audierat prædicans, tam propere ipsa multos de populo suo est lucrata. Quod si Veteris Testamenti vel evangelicæ Scripturæ paginas revolvamus, summa illa de resuscitatis mortuis beneficia divinam gratiam feminis præcipue videbimus impendisse, nec nisi ipsis vel de ipsis hæc miracula facta fuisse. Primo quippe per Eliam et Eliszæum ad intercessionem matrum filios ipsarum resuscitatos esse legimus (*III Reg.* XVII, 22; *IV Reg.* IV, 22). Et Dominus ipse viduæ cujusdam filium suum, et archisynagogi filiam (*Marc.* V, 42), et rogatu sororum Lazarum resuscitans (*Joan.* XI, 44), hoc immensi miraculi beneficium maxime feminis impendit. Unde illud est Apostoli ad Hebræos scribentis : « Acceperunt mulieres de resurrectione mortuos suos *(Hebr.* xi, 35). » Nam et puella suscitata mortuum recepit corpus, et cæteræ feminæ in consolationem sui, quos plangebant mortuos receperunt suscitatos. Ex quo etiam liquet, quantam semper feminis exhibuerit gratiam, quas tam sua quam suorum resuscitatione primo lætificans, novissime quoque ipse propria resurrectione eas plurimum extulit, quibus, ut dictum est, primum apparuit (*Matth.* xxviii, 5; *Marc.* xvi, 5). Quod etiam hic sexus in populo persequente, quodam erga Dominum naturali compassionis affectu, visus est promereri. Ut enim Lucas meminit, cum eum viri ad crucifigendum ducerent, feminæ ipsorum sequebantur plangentes ipsum atque lamentantes. Quibus ipse conversus, et quasi pietatis hujus vicem in ipso statim passionis articulo misericorditer eis referens, futurum ut cavere queant prædicit exitum [*al.* exitium] : « Filiæ, inquit, Hierusalem nolite flere super me, sed super vos ipsas flete, et super filios vestros. Quia ecce venient dies, in quibus dicent : Beatæ steriles, et ventres qui non genuerunt *(Luc.* xxiii, 28). » Ad cujus etiam liberationem iniquissimi judicis uxorem antea fideliter laborasse Matthæus commemorat, dicens : « Sedente autem illo pro tribunali misit ad illum uxor ejus dicens : Nihil tibi et justo illi. Multa enim passa sum hodie per visum propter eum (*Matth.* xxvii, 19). » Quo etiam prædicante solam feminam de tota turba in tantam ejus laudem legimus extulisse vocem, ut beatum exclamaret uterum qui eum portaverit, et ubera quæ suxerit. A quo et statim piam confessionis suæ, licet verissimæ, correctionem meruit audire, ipso confestim ei respondente : « Quinimo beati qui audiunt verbum Dei, et custodiunt illud » (*Luc.* xi, 28). » Solus Joannes inter apostolos Christi hoc privilegium amoris obtinuit, ut dilectus Domini vocaretur. De Martha autem et Maria ipse scribit Joannes, « quia diligebat Jesus Martham, et sororem ejus Mariam, et Lazarum (*Joan.* xi, 5). » Ipse idem apostolus, qui ex privilegio, ut dictum est, amoris se unum a Domino dilectum esse commemorat, hoc ipso privilegio, quod nulli aliorum ascripsit apostolorum, feminas insignivit. In quo etiam honore etsi fratrem earum ipsis aggregaret, eas tamen illi præposuit, quas in amore præcellere credidit. Libet denique, ut ad fideles seu Christianas redeamus feminas, divinæ respectum misericordiæ in ipsa etiam publicorum abjectione scortorum et stupendo prædicare, et prædicando stupere. Quid est abjectius quam Maria Magdalene, vel Maria Ægyptiaca secundum vitæ statum pristinæ? Quas vero postmodum vel honore vel merito divina amplius gratia sublimavit ? Illam quidem quasi in apostolico permanentem cœnobio, ut jam supra commemoravimus (*in Vitis Patr.*), hac vero, ut scriptum est, supra humanam virtutem anachoretarum agone dimicante, ut in utrorumque monachorum proposito sanctarum virtus femina-

rum præemineat, et illud quod incredulis Dominus ait : « Meretrices præcedent vos in regnum Dei (*Matth.* xxi, 3), » ipsis et fidelibus viris improperandum videatur, et secundum sexuum seu vitæ differentiam fiant novissimi primi, et primi novissimi (*Matth.* xx, 16). Quis denique ignoret feminas exhortationem Christi et consilium Apostoli tanto castimoniæ zelo esse complexas, ut pro conservanda carnis pariter ac mentis integritate, Deo se per martyrium offerrent holocaustum, et gemina triumphantes corona, Agnum sponsum virginum quocunque erit sequi studerent ? (*Apoc.* xiv, 4.) Quam quidem virtutis perfectionem raram in viris, crebram in feminis esse cognovimus. Quarum etiam nonnullas tantum in hac carnis prærogativa zelum habuisse legimus, ut non sibi manum inferre dubitarent, ne quam Deo voverant incorruptionem amitterent, ac ad sponsum virginem virgines pervenirent. Qui etiam sanctarum devotionem virginum intantum sibi gratam esse monstravit, ut gentilis populi multitudinem ad beatæ Agathæ suffragium concurrentem velo ejus contra æstuantis Æthnæ terribilem ignem opposito tam a corporis quam animæ liberaverit incendio. Nullam novimus monachi cucullam beneficii tanti gratiam esse adeptam. Legimus quidem ad tactum pallii Eliæ Jordanem esse divisum, et ipsi pariter et Eliseo viam per terram præbuisse (*IV Reg.* xi, 8); velo autem virginis immensam adhuc infidelis populi multitudinem tam mente salvari quam corpore, et sic eis conversis ad cœlestia viam patuisse. Illud quoque non modicum sanctarum dignitatem commendat feminarum, quod in suis ipsæ verbis consecrantur, dicentes : « Annulo suo subharravit me, ipsi sum desponsata (Ambr., ser. 90). » Hæc quippe verba sunt beatæ Agnetis in quibus virgines suam professionem facientes Christo desponsantur. Si quis etiam vestræ religionis formam ac dignitatem apud gentiles cognoscere curet, atque nonnulla inde quoque exempla ad exhortationem vestram inducere ; facile deprehendet in ipsis etiam nonnullam hujus propositi institutionem præcessisse, excepto quod ad fidei pertinet tenorem, et multa in illis sicut et in Judæis præcessisse, quæ ex utrisque congregata Ecclesia retinuit, sed in melius commutavit. Quis nesciat universos clericorum ordines ab ostiario usque ad episcopum, ipsumque tonsuræ usum ecclesiasticæ, qua clerici fiunt, et jejunia Quatuor Temporum, et azymorum sacrificium, nec non ipsa sacerdotalium indumentorum ornamenta, et nonnulla dedicationis vel alia sacramenta, a Synagoga Ecclesiam assumpsisse? Quis etiam ignoret ipsum utilissima dispensatione non solum sæcularium dignitatum gradus in regibus cæterisque principibus, et nonnulla legum decreta, vel philosophicæ disciplinæ documenta in conversis gentibus retinuisse ; verum etiam quosdam ecclesiasticarum dignitatum gradus, vel continentiæ formam, et corporalis munditiæ religionem ab eis accepisse? Constat quippe nunc episcopos vel archiepiscopos præsidere, ubi tunc flamines vel archiflamines habebantur : et quæ tunc templa dæmonibus sunt instituta, postea Domino fuisse consecrata, et sanctorum memoriis insignita. Scimus et in gentibus præcipue prærogativam virginitatis enituisse, cum maledictum legis ad nuptias Judæos coerceret (*Deut.* xxv, 5), et intantum gentibus hanc virtutem seu munditiam carnis acceptam exstitisse, ut in templis earum magni feminarum conventus cælibi se vitæ dicarent. Unde Hieronymus in Epistolam ad Galatas lib. III (cap. 6) : « Quid nos, inquit, oportet facere, in quorum condemnationem habet et Juno univiras et Vesta univirgines, et alia idola continentes ? » Univiras autem et univirgines dicit, quasi monachas univiras, quæ viros noverant, et monachas univirgines virgines. Monos enim, unde monachus, id est solitarius dicitur, unum sonat. Qui etiam libro I contra Jovinianum, multis de castitate vel continentia gentilium feminarum, inductis exemplis : « Scio, inquit, in catalogo feminarum me plura dixisse, ut quæ Christianæ pudicitiæ despiciunt fidem, discant saltem ab ethnicis castitatem. » Qui in eodem supra illam quoque continentiæ virtutem adeo commendavit, ut hanc præcipue munditiam carnis in omni gente Dominus approbasse videatur, et nonnullis etiam in infidelibus quoque vel collatione meritorum, vel exhibitione miraculorum extulisse. « Quid referam, inquit, sibyllam Erichthream atque Cumanam, et octo reliquas ? Nam Varro decem fuisse autumat, quarum insigne virginitas est, et virginitatis præmium divinatio. » Item : « Claudia virgo vestalis cum in suspicionem venisset stupri, fertur cingulo duxisse ratem, quam hominum millia trahere nequiverant. » Et Synodius Claremontensis episcopus in propentico ad libellum suum ita loquitur :

Qualis nec Tanaquil fuit, nec illa,
Quam tu, Tricipitine, procreasti,
Qualis nec Phrygiæ dicata Vestæ,
Quæ circa satis Albulam tumentem
Duxit virgineo ratem capillo.

(*Carm.*, xxiv, 39. — Vide *Patrologiæ* t. LVIII, col. 746.)

Augustinus De civitate Dei lib. xxii (cap. 11) : «Jam si ad eorum miracula veniamus, quæ facta a diis suis martyribus opponunt nostris, nonne etiam ipsa pro nobis facere, et nobis reperientur omnino proficere ? Nam inter magna miracula deorum suorum profecto magnum illud est, quod Varro commemorat vestalem virginem, cum periclitaretur falsa suspicione de stupro, cribrum implesse aqua de Tiberi, et ad suos judices nulla ejus parte stillante portasse. Quis aquæ pondus tenuit tot cavernis patientibus ? Itane Deus omnipotens terreno corpori grave pondus auferre non poterit, ut in eodem elemento habitet vivificatum corpus, in quo voluerit vivificans spiritus ? » Nec mirum si iis vel aliis Deus miraculis infidelium quoque castitatem extulerit, vel officio dæmonum extolli permiserit,

ut tanto amplius nunc fideles ad ipsam animarentur, quanto hanc in infidelibus quoque amplius exaltari cognoverint. Scimus et Caiphæ prælationi non personæ gratiam esse collatam, et pseudo quoque apostolos miraculis nonnusquam coruscasse ; et hæc non personis eorum, sed officio esse concessa. Quid igitur mirum, si Dominus non personis infidelium feminarum, sed virtuti continentiæ ipsarum hoc concesserit, ad innocentiam virginis saltem liberandam, et falsæ accusationis improbitatem conterendam ? Constat quippe amorem continentiæ bonum esse et in infidelibus, sicut et conjugalis pactionis observantiam donum Dei apud omnes esse. Ideoque mirabile non videri, si sua dona, non errorem infidelitatis per signa, quæ infidelibus fiunt, non fidelibus, Deus honoret ; maxime quando per hæc, ut dictum est, innocentia liberatur, et perversorum hominum malitia reprimitur, et ad hoc, quod ita magnificatur, bonum homines amplius cohortantur, per quod tanto minus ab infidelibus quoque peccatur, quanto amplius a voluptatibus carnis receditur. Quod nunc etiam cum plerisque aliis adversus prædictum incontinentem hæreticum beatus non inconveniens induxit Hieronymus, ut quæ non miratur in Christianis, erubescat in ethnicis. Quis etiam dona Dei esse deneget, potestatem etiam infidelium principum, etsi perverse ipsa utantur, vel amorem justitiæ, vel mansuetudinem quam habent, lege instructi naturali, vel cætera quæ decent principes ? Quis bona esse contradicat quia malis sunt permista ? præsertim cum, ut beatus astruit Augustinus, et manifesta ratio testatur, mala esse nequeant nisi in natura bona ? Quis non illud approbet quod poetica perhibet sententia :

Oderunt peccare boni virtutis amore ?
(Horat., *Epist.* I. I, ep. 15.)

Quis Vespasiani nondum imperatoris miraculum, quod Suetonius refert (*in Vespas.*, c. 7), de cæco videlicet et claudo per eum curatis, non magis approbet quam neget, ut ejus virtutem amplius æmulari velint principes. Aut quod de anima Trajani beatus egisse Gregorius (Joan. Diaconus, l. II *Vitæ S. Greg.*, c. 44) refertur ? Noverunt homines in cœno margaritam legere, et a paleis grana discernere. Et dona sua infidelitati adjuncta Deus ignorare non potest, nec quidquam horum quæ fecerit odire. Quæ quo amplius signis coruscant, tanto amplius sua esse demonstrat, nec hominum pravitate sua inquinari posse, et qualis sit fidelibus spectandus, qui talem se exhibet infidelibus. Quantam autem apud infideles dignitatem devota illa templis pudicitia sit adepta, vindicta violationis indicat. Quam scilicet vindictam Juvenalis commemorans in satyra iv contra Crispinum, sic de ipso ait :

. . . . Cum quo nuper vitiata jacebat
Sanguine adhuc vivo terram subitura sacerdos.

Unde et Augustinus De civitate Dei, lib. III : « Nam et ipsi, » inquit, « Romani antiqui in stupro detectas Vestæ sacerdotes vivas defodiebant. Adulteras autem feminas quamvis aliqua damnatione, nulla tamen morte plectebant. » Usque adeo gravius quæ putabant abdita divina, quam humana cubilia vindicabant. Apud nos autem Christianorum cura principum tanto amplius nostræ [vestræ] providit castimoniæ, quanto eam sanctiorem esse non dubitatur. Unde Justinianus Augustus : « Si quis, » inquit, « non dicam rapere, sed attentare tantum causa jungendi matrimonium sacras virgines ausus fuerit, capitali pœna feriatur. » Ecclesiasticæ quoque sanctio disciplinæ, quæ pœnitentiæ remedia, non mortis supplicia quærit, quam severa sententia lapsus vestros præveniat non est dubium. Unde illud est Innocentii papæ Victricio episcopo Rothomagensi, cap. 13 : « Quæ Christo spiritualiter nubunt, et a sacerdote velantur, si postea vel publice nupserint, vel occulte corruptæ fuerint, non eas admittendas esse ad agendam pœnitentiam, nisi is cui se conjunxerant de hac vita discesserit. » Hæ vero, quæ necdum sacro velamine tectæ, tamen in proposito virginali semper se simulaverint permanere, licet velatæ non fuerint, his agenda aliquanto tempore pœnitentia est ; quia sponsio earum a Domino tenebatur. Si vero inter homines solet bonæ fidei contractus nulla ratione dissolvi, quanto magis ista pollicitatio, quam cum Deo pepigerunt, solvi sine vindicta non poterit ? Nam si apostolus Paulus, quæ a proposito viduitatis discesserant, dixit eas habere condemnationem, quia primam fidem irritam fecerunt (I Tim. v, 12) : quanto magis virgines, quæ prioris propositionis fidem minime servaverunt? Hinc et Pelagius ille notabilis ad filiam Mauritii : « Criminosior est, » inquit, « Christi adultera quam mariti. Unde pulchre Romana Ecclesia tam severam nuper de hujusmodi statuit sententiam, ut vix vel pœnitentia dignas judicaret, quæ sanctificatum Deo corpus libidinosa coinquinatione violassent. » Quod si perscrutari velimus quantam curam, quantam diligentiam et charitatem sancti doctores ipsius Domini, et apostolorum exemplis incitati, devotis semper exhibuerint feminis, reperiemus eos summo dilectionis zelo devotionem earum amplexos fuisse, et fovisse, et multiplici doctrinæ vel exhortationis studio earum religionem jugiter instruxisse atque auxisse.

Atque, ut cæteros omittam, præcipui doctores Ecclesiæ producantur in medium, Origenes scilicet, Ambrosius atque Hieronymus. Quorum quidem primus, ille videlicet maximus Christianorum philosophus, religionem feminarum tanto amplexus est zelo, ut sibi manus ipse inferret, sicut ecclesiastica refert Historia (lib. VI, c. 7), ne ulla eum suspicio a doctrina vel exhortatione mulierum abduceret. Quis etiam ignoret quantam Ecclesiæ divinorum messem librorum rogatu Paulæ et Eustochii beatus reliquerit Hieronymus? Quibus inter cætera sermonem etiam de Assumptione matris Domini juxta earum petitionem scribens, idipsum profitetur, dicens (epist. 10) : « Sed quia negare non queo quidquid injungitis, nimia vestra devinctus dilectione, experiar quod hortamini. » Scimus autem nonnullos maximorum doctorum tam ordinis quam vitæ dignitate sublimium, nonnunquam ad eum de longinquo scribentes parva ab eo requisisse scripta, nec impetrasse. Unde et illud est beati Augustini in secundo Retractationum libro (cap. 41) : « Scripsi et duos libros ad presbyterum Hieronymum sedentem in Bethlehem, unum de origine animæ, alium de sententia apostoli Jacobi, ubi ait : « Quicunque totam legem servaverit, offendat autem in uno, factus est omnium reus (Jac. II, 10) : » de utroque consulens eum. Sed in priore quæstionem, quam proposui, ipse non solvi. In posteriore autem quid mihi de illa solvenda videretur non tacui. Sed utrum hoc approbaret, et illum consului. Respondit [al. Rescripsit] autem laudans eamdem consultationem meam, sibi tamen ad respondendum otium non esse respondit. Ego vero quousque esset in corpore hos libros edere nolui, ne forte responderet aliquando, et cum ipsa responsione ejus potius ederentur. Illo autem defuncto edidi. » Ecce virum tantum tanto tempore pauca et parva rescripta a prædicto viro exspectasse, nec accepisse. Quem quidem ad petitionem prædictarum feminarum in tot et tantis voluminibus vel transferendis vel dictandis sudasse cognovimus, longe eis majorem quam episcopo reverentiam in hoc exhibens. Quarum fortassis tanto amplius virtutem amplectitur studio, nec contristare sustinet, quanto earum naturam fragiliorem considerat. Unde et nonnunquam zelus charitatis ejus erga hujusmodi feminas tantus esse deprehenditur, ut in earum laudibus aliquatenus veritatis tramitem excedere videatur, quasi in seipso illud expertus, quod alicubi commemorans : « Charitas, » inquit, « mensuram non habet (epist. 17). » Qui in ipso statim exordio Vitæ sanctæ Paulæ, quasi attentum sibi lectorem præparare desiderans, ait (epist. 27) : « Si cuncta corporis mei membra verterentur in linguas, et omnes artus humana voce resonarent, nihil dignum sanctæ ac venerabilis Paulæ virtutibus dicerem. » Descripsit et nonnullas sanctorum Patrum venerabiles vitas, atque miraculis coruscas, in quibus longe mirabiliora sunt quæ referuntur. Nullum tamen eorum tanta laude verborum extulisse videtur, quanta hanc viduam commendavit. Qui etiam ad Demetriadem virginem scribens, tanta ejus laude frontem ipsius insignivit epistolæ, ut non in modicam labi videatur adulationem (epist. 8) : « Inter omnes, » inquit, « materias, quas ab infantia usque ad hanc ætatem vel mea, vel notariorum scripsi manu, nihil præsenti opere difficilius. Scripturus enim ad Demetriadem virginem Christi, quæ et nobilitate et divitiis prima est in urbe Romana, si cuncta ejus virtutibus congrua dixero, adulari putabor. » Dulcissimum quippe viro sancto fuerat quacunque arte verborum fragilem naturam ad ardua virtutis studia promovere. Ut autem opera nobis quam verba in hoc certiora præbeant argumenta, tanta hujusmodi feminas excoluit charitate, ut immensa ejus sanctitas nævum sibi propriæ imprimeret famæ. Quod et ipse quidem ad Asellam, de fictis amicis atque sibi detrahentibus scribens, inter cætera commemorat, dicens (epist. 99) : « Et licet me sceleratum quidam putent, et omnibus flagitiis obrutum, tu tamen bene facis, quod ex tua mente etiam malos bonos putas. Periculosum quippe est de servo alterius judicare, et non facilis venia prava dixisse de rectis. Osculabantur quidam mihi manus, et ore vipereo detrahebant. Dolebant labiis, corde gaudebant. Dicant quid unquam in me aliter senserunt, quam quod Christianum decebat? Nihil mihi objicitur, nisi sexus meus. Et hoc nunquam objiceretur, nisi cum Hierosolymam Paula proficiscitur. » Item (ibid.) : « Antequam domum sanctæ Paulæ noscerem, totius in me urbis studia consonabant. Omnium pene judicio dignus summo sacerdotio decernebar. Sed postquam eam pro suo merito sanctitatis venerari, colere, suscipere [*f.* suspicere] cœpi; omnes me illico deseruere virtutes.» Et post aliqua (ibid.) : « Saluta, » inquit, « Paulam et Eustochium, velint nolint, in Christo meas. » Legimus et Dominum ipsum tantam beatæ meretrici familiaritatem exhibuisse, ut qui eum invitaverat Pharisæus, ob hoc jam penitus de ipso diffideret, apud se, dicens : « Hic si esset propheta, sciret utique quæ et qualis est quæ tangit eum (*Luc.* VII, 39). » Quid ergo mirum, si pro lucro talium animarum ipse Christi membra ejus incitata exemplo propriæ famæ detrimentum non effugiunt? Quod quidem Origenes, ut dictum est (EUSEB. lib. VI, cap. 7), cum cuperet evitare, gravius sibi corporis detrimentum inferre sustinuit. Nec solum in doctrina vel exhortatione feminarum mira sanctorum Patrum charitas innotuit, verum etiam in earum consolatione ita vehemens nonnunquam exstitit, ut ad earum dolorem leniendum nonnulla fidei adversa promittere mira eorum compassio videatur. Qualis quidem illa est beati Ambrosii consolatio, quam super morte Valentiniani imperatoris sororibus ejus scribere ausus est, et ejus qui cathecumenus sit defunctus salutem astruere. Quod longe a catholica fide atque evangelica veritate videtur dissidere. Non enim ignorabant quam accepta Deo semper exstiterit virtus infirmioris sexus. Unde et cum innumeras videamus virgines matrem Domini in hujus excellentiæ proposito sequi, paucos agnoscimus viros hujus virtutis gratiam adeptos; ex qua, quocunque ierit, ipsum sequi Agnum valerent (*Apoc.* XIV, 4). Cujus quidem zelo virtutis cum nonnullæ sibi manum inferrent, ut quam Deo voverant integritatem etiam carnis conservarent, non solum hoc in eis non est reprehensum, sed apud plerosque hæc ipsarum martyria titulos ecclesiarum meruerunt. Desponsatæ quoque virgines, si antequam viris suis carnaliter misceantur monasterium decreverint eligere, et homine reprobato sponsum sibi Deum efficere, liberam in hoc habent facultatem, quam nequaquam viris legimus indultam. Quarum etiam plerasque tanto ad castimoniam zelo sunt accensæ, ut non solum contra legis decretum pro custodienda castitate virilem præsumerent habitum (*Deut.* XXII, 5), verum etiam inter monachos tantis præminerent virtutibus, ut abbates fieri mererentur. Sicut de beata legimus Eugenia (*in Vitis Patr.*), quæ sancto etiam Heleno episcopo conscio, imo jubente virilem habitum sumpsit, et ab eo baptizata monachorum collegio est sociata.

Hæc ad novissimarum [*al.* petitionem novissimarum] petitionum tuarum primam, soror in Christo charissima, me satis rescripsisse arbitror, de auctoritate videlicet ordinis vestri, et insuper de commendatione propriæ dignitatis, ut tanto studiosius vestræ professionis propositum amplectamini, quanto ejus excellentiam amplius noveritis. Nunc ut secundam quoque, Domino annuente, perficiam, vestris id meritis et orationibus obtineam. Vale.

EPISTOLA VIII,

Quæ est ejusdem Petri ad Heloissam.

Institutio seu Regula sanctimonialium.

ARGUMENTUM. — *Cum duo ab Heloissa rogatus fuisset Abælardus, alteri quidem eorum superiore respondit epistola; alterum nunc exsequitur. Si quidem petitionis Heloissæ alterum caput fuerat, ut Paracletensibus monachabus regulam scriberet; quod ipse hoc libro potius quam epistola luculenter perficit, plurimis sanctorum Patrum sententiis tanquam floribus adunatis. Tripertitum autem tractatum vocat, quod in eo maxime de tribus præcipuis virtutibus monasticis, continentia scilicet, paupertate voluntaria, et silentio tractet. Constituit toti earum collegio septem officiales sorores, quæ cæteris tum in his quæ animarum sunt, tum in his, quæ ad temporalia sive corporalia spectant, prudenter præsint. Esum carnium ternis diebus singulis hebdomadibus, et usum vini moderatum eis indulget, ac cætera ad vitæ monasticæ ordinem pertinentia diligenter et congrue disponit.*

Petitionis tuæ parte jam aliqua prout potuimus absoluta, superest Domino annuente de illa, quæ restat, parte tam tuis, quam spiritualium tuarum filiarum desideriis complendis operam dare. Restat quippe juxta prædictæ vestræ postulationis ordinem, aliquam vobis institutionem, quasi quamdam propositi vestri regulam a nobis scribi, et vobis tradi, ut certius ex scripto quam ex consuetudine habeatis quid vos sequi conveniat. Nos itaque partim consuetudinibus bonis, partim Scripturarum testimoniis vel rationum nitentes fulcimentis, hæc omnia in unum conferre decrevimus, ut spirituale Dei templum, quod estis vos (*II Cor.* vi, 16), habens decorare, quasi quibusdam egregiis exornare picturis valeamus, et ex pluribus imperfectis quod possimus unum opusculum consummare. In quo quidem opere Zeuxim pictorem imitantes, ita facere instituimus in templo spiritali, sicut ille disposuit faciendum in corporali. Hunc enim, ut in rhetorica sua (lib. I) Tullius meminit, Crotoniatæ asciverunt ad quoddam templum, quod religiosissime colebant, excellentissimis picturis decorandum. Quod ut diligentius faceret, quinque sibi virgines pulcherrimas de populo illo elegit, quas sibi pingenti assistentes intuens, earum pulchritudinem pingendo imitaretur. Quod duabus de causis factum esse credibile est. Tum videlicet quia, ut prædictus meminit doctor (*ibid.*), maximam peritiam in depingendis mulieribus pictor ille adeptus fuerat; tum etiam, quia naturaliter puellaris forma elegantior et delicatior virili compositione [*al.* compactione] censetur. Plures autem virgines ab eo eligi supra memoratus philosophus ait, quia nequaquam credidit in una se reperire posse puella, membra omnia æqualiter formosa, nullique unquam a natura tantam pulchritudinis gratiam esse collatam, ut æqualem in omnibus membris pulchritudinem haberet, ut nihil ex omni parte perfectum in compositione corporum ipsa expoliret, tanquam uni sic omnia commoda conferret, ut non haberet quod cæteris largiretur. Sic et nos ad depingendam animæ pulchritudinem, et sponsæ Christi describendam perfectionem, in qua vos tanquam speculo quodam unius spiritalis virginis semper præ oculis habitæ, decorem vestrum vel turpitudinem deprehendatis, proposuimus ex multis sanctorum Patrum documentis vel consuetudinibus monasteriorum optimis vestram instruere conversationem, singula quæque prout memoriæ occurrerint delibando, et quasi in unum fasciculum congregando, quæ vestri propositi sanctitati congruere videbo. Nec solum quæ de monachabus, verum etiam quæ de monachis instituta. Quippe sicut nomine et continentiæ professione nobis estis conjunctæ, ita et fere omnia nostra vobis competunt instituta. Ex his ergo, ut diximus, plurima quasi quosdam flores decerpendo, quibus vestræ lilia castitatis adornemus, multo majore studio describere debemus virginem Christi, quam prædictus Zeuxis depingere simulacrum idoli. Et ille quidem quinque virgines, quarum speciem imitaretur, sufficere credidit. Nos vero pluribus Patrum documentis exuberantem copiam habentes, auxilio freti divino perfectius vobis opusculum relinquere non desperamus : quo ad sortem vel descriptionem illarum quinque prudentium virginum pertingere valeatis, quas in depingenda virgine Christi Dominus nobis in Evangelio proponit (*Matth.* xxv, 8). Quod ut possimus sicut volumus, vestris orationibus impetremus. Valete in Christo, sponsæ Christi.

Tripertitum instructionis vestræ tractatum fieri decrevimus, in describenda atque munienda religione vestra, et divini obsequii celebratione disponenda, in quibus religionis monasticæ summam arbitror consistere, ut videlicet continenter, et sine proprietate vivatur, ac silentio maxime studeatur. Quod quidem, juxta Dominicam evangelicæ regulæ disciplinam, lumbos præcingere (*Luc.* xii, 35), omnibus renuntiare (*Luc.* xiv, 33), otiosum verbum cavere (*Matth.* xii, 36). Continentia vero castitatis illa est, quam suadens Apostolus, ait : « Quæ innupta est et virgo, cogitat quæ Domini sunt, ut sit sancta corpore et spiritu (*I Cor.* vii, 34). » Corpore, inquit, toto, non uno membro, ut ad nullam scilicet lasciviam in factis vel in dictis ejus aliquod membrum declinet. Spiritu vero tunc sancta est, quando ejus mentem nec consensus inquinat, nec superbia inflat, sicut illarum quinque fatuarum virginum, quæ dum ad vendentes oleum recurrerent, extra januam remanserunt. Quibus jam clausa janua frustra pulsantibus et clamantibus : « Domine, Domine aperi nobis, » terribiliter sponsus ipse respondet : « Amen dico vobis, nescio vos (*Matth.* xxv, 11). » Tunc autem relictis omnibus nudum Christum nudi sequimur, sicut sancti fecerunt apostoli, cum propter eum non solum terrenas possessiones aut carnalis propinquitatis affectiones, verum etiam proprias postponimus voluntates, ut non nostro vivamus arbitrio, sed prælati nostri regamur imperio, et ei qui nobis loco Christi præsidet tanquam Christo penitus pro Christo subjiciamur. Talibus enim ipsemet dicit : « Qui vos audit, me audit ; et qui vos spernit, ipse me spernit (*Luc.* x, 16). » Qui si etiam, quod absit ! male vivat, cum bene præcipiat, non est tamen ex vitio hominis sententia contemnenda Dei. De quolibet ipsemet præcipit, dicens : « Quæ dixerint vobis servate, et facite : secundum vero opera eorum nolite facere (*Matth.* xxiii, 3). » Hanc autem ad Deum spiritalem a sæculo conversionem ipsemet diligenter describit, dicens : « Nisi quis renuntiaverit omnibus quæ possidet, non potest meus esse discipulus (*Luc.* xiv, 33). » Et iterum : « Si quis venit ad me, et non odit patrem suum, aut matrem, et uxorem, et filios, et fratres, et sorores, adhuc autem et animam suam, non potest meus esse discipulus (*ibid.*, 26). » Hoc autem est odire patrem vel matrem, affectiones carnalium propinquitatum nolle sequi, sicut et odire animam suam est, voluntatem propriam sequi nolle. Quod alibi quoque præcipit, dicens : « Si quis vult post me venire, abneget semetipsum, et tollat crucem suam, et sequatur me (*Luc.* ix, 23). » Sic enim propinquantes post eum venimus, hoc est eum maxime imitando sequimur, qui ait : « Non veni facere voluntatem meam, sed ejus qui misit me (*Joan.* vi, 38). » Ac si diceret : Cuncta per obedientiam agere. Quid enim, « abneget semetipsum, » nisi carnales affectiones propriamque voluntatem postponere, et alieno, non suo regendum arbitrio se committere? Et sic profecto crucem suam non ab alio suscipit, sed ipsemet tollit ; per quam scilicet ei mundus crucifixus sit, et ipse mundo, cum spontaneo propriæ professionis voto mundana sibi et terrena desideria interdicit, quod est voluntatem propriam non sequi. Quid enim carnales aliud appetunt, nisi implere quod volunt? Et quæ est terrena delectatio, nisi propriæ voluntatis impletio, etiam quando id quod volumus labore maximo sive periculo agimus ? Aut quid est aliud crucem ferre, id est cruciatum aliquem sustinere, nisi contra voluntatem nostram aliquid fieri, quantumcunque illud videatur facile nobis esse vel utile ? Hinc alius Jesus longe inferior in Ecclesiastico admonet, dicens : « Post concupiscentias tuas non eas, et a voluntate tua avertere. Si præstes animæ tuæ concupiscentias ejus, faciet te in gaudium inimicis tuis (*Eccli.* xviii, 30). » Cum vero ita tam rebus nostris quam nobis ipsis penitus renuntiamus, tunc vere omni proprietate abjecta vitam illam apostolicam inimus, quæ omnia in commune reducit, sicut scriptum est : « Multitudinis credentium erat cor unum et anima una (*Act.* iv, 32). » Nec quisquam eorum, quæ possidebat, aliquid suum esse dicebat. Sed erant illis omnia communia. Dividebatur autem singulis prout cuique opus erat, non enim æqualiter omnes egebant : et ideo non æqualiter omnibus distribuebatur, sed singulis prout opus erat. Cor unum fide, quia corde creditur. Anima una, quia eadem ex charitate voluntas adinvicem, cum hoc unusquisque alii quod sibi vellet, nec sua magis quam aliorum commoda quæreret, vel ad communem utilitatem ab omnibus omnia referrentur, nemine quæ sua sunt, sed quæ Jesu Christi quærente seu affectante. Alioquin nequaquam sine proprietate viveretur, quæ magis in ambitione, quam in possessione consistit. Otiosum verbum seu superfluum idem est quod multiloquium. Unde Augustinus Retractationum lib. I (in proœm.) : «Absit,» inquit, « ut multiloquium deputem quando necessaria dicuntur, quantalibet sermonum multitudine ac prolixitate dicantur. » Hinc autem per Salomonem dicitur : « In multiloquio non deerit peccatum. Qui autem moderatur labia sua, prudentissimus est (*Prov.* x, 19). » Multum ergo cavendum est in quo peccatum non deest, et tanto studiosius huic morbo providendum est, quanto periculosius et difficilius evitatur. Quod beatus providens Benedictus (cap. 42) : « Omni tempore, » inquit, « silentio debent studere monachi. » Plus quippe esse constat silentio studere quam silentium habere. Est enim studium vehemens applicatio animi ad aliquid gerendum. Multa vero negligenter agimus vel inviti, sed nulla studiose nisi volentes vel intenti. Quantum vero difficile sit vel utile linguam refrenare, apostolus Jacobus diligenter attendens, ait : « In multis enim offendimus omnes. Si quis in verbo non offendit, hic perfectus est vir (*Jac.* iii, 2). » Idem ita : « Omnis natura bestiarum, et volucrum, et serpentum, et cæterorum, domantur, et domita sunt a natura humana (*ibid.*, 7). » Qui simul considerans quanta sit in lingua malorum materia, et omnium bonorum consumptio, supra sic et infra loquitur : « Lingua quidem modicum membrum, quantus ignis, quam magnam silvam incendit ; universitas iniquitatis, inquietum malum, plenum veneno mortifero (*ibid.*, 5). » Quid autem veneno periculosius vel cavendum amplius ? Sicut ergo venenum vitam exstinguit, sic loquacitas religionem penitus evertit. Unde idem superius : « Si quis putat se, inquit, religiosum esse, non refrenans linguam suam, sed seducens cor suum, hujus vana est religio (*Jac.* i, 26). » Hinc et in Proverbiis scriptum est : « Sicut urbs patens, et absque murorum ambitu ; ita vir qui non potest in loquendo cohibere spiritum suum (*Prov.* xxv, 28). » Hoc ille senex diligenter considerabat, qui de loquacibus fratribus ei in via sociatis, Antonio dicente : « Bonos fratres invenisti tecum, abba ; » respondit : « Boni sunt siquidem, sed habitatio eorum non habet januam. Quicunque vult intrat in stabulum, et solvit asinum (*Vit. Patr.* part. ii, lib. *De continent.*). » Quasi enim ad præsepe Domini anima nostra ligatur, sacræ se meditationis in eo quadam ruminatione reficiens, a quo quidem præsepi solvitur, atque huc et illuc toto mundo per cogitationes discurrit, nisi eam clausura taciturnitatis retineat. Verba quippe intellectum animæ immittunt, ut ei quod intelligit intendat; et per cogitationem hæreat. Cogitatione vero Deo loquimur, sicut verbis hominibus. Dumque huc verbis hominum intendimus, necesse est ut inde ducamur. Nec Deo simul et hominibus intendere valemus. Nec solum otiosa, verum etiam quæ utilitatis aliquid habere videntur vitanda sunt verba, eo quod facile a necessariis ad otiosa, ab otiosis ad noxia veniatur. « Lingua quippe, ut Jacobus ait, inquietum malum, » quo cæteris minor est aut subtilior membris, tanto mobilior et cæteris motu lacescentibus, ipsa cum non movetur fatigatur, et quies ipsa ei fit onerosa. Quæ quanto in nobis subtilior, et ex mollitie corporis nostri flexibilior, tanto mobilior et in verba pronior existit, et omnis malitiæ seminarium patet. Quod in vobis præcipue vitium Apostolus notans, omnino feminis in Ecclesia loqui interdicit, nec de iis etiam quæ ad Deum pertinent, nisi domi viros interrogare permittit. Et in iis etiam discendis, vel quibuscunque faciendis, silentio eas præcipue subjicit, Timotheo super his ita scribens : « Mulier in silentio discat cum omni subjectione. Docere autem mulieri non permitto, neque dominari in virum, sed esse in silentio (*J Tim.* II, 11). » Quod si laicis et conjugatis feminis ita de silentio providerit, quid vobis est faciendum ? Qui rursus eidem cur hoc præceperit innuens, verbosas eas et loquentes cum non oportet arguit. Huic igitur tantæ pesti remedium aliquod providentes, his saltem penitus locis vel temporibus linguam continua taciturnitate domemus, in oratione scilicet, in claustro, dormitorio, refectorio, et in omni comestione et coquina ; et post Completorium deinceps hoc maxime ab omnibus observetur. Signis vero his locis vel temporibus, si necessarium est, pro verbis utamur. De quibus etiam signis docendis nec addiscendis diligens habeatur cura, per quæ etiamsi verbis quoque opus est, ad colloquium invitetur loco congruo, et ad hoc instituto. Et expletis breviter verbis illis necessariis, redeatur ad priora, vel quod opportunum est fiat. Nec tepide corrigatur verborum aut signorum excessus, sed verborum præcipue, in quibus majus imminet periculum. Cui profecto multo magnoque periculo et beatus Gregorius succurrere vehementer cupiens, lib. VII Moralium (cap. 18) sic nos instruit : « Dum otiosa, » inquit, « verba cavere negligimus, ad noxia pervenimus. Hinc seminantur stimuli, oriuntur rixæ, accenduntur faces odiorum, pax tota exstinguitur cordium. » Unde bene per Salomonem dicitur : « Qui dimittit aquam, caput est jurgiorum (*Prov.* XVII, 14). » Aquam quippe dimittere , est linguam in fluxum eloquii relaxare. Quo contra et in bonam partem asserit, dicens : « Aqua profunda ex ore viri (*Prov.* XVIII, 4). » Qui ergo dimittit aquam, caput est jurgiorum ; quia qui linguam non refrenat, concordiam dissipat. Unde scriptum est : « Qui imponit stulto silentium, iras mitigat (*Prov.* XXVI, 10). » Ex quo nos manifeste admonet, in hoc præcipue vitio corrigendo districtissimam adhibere censuram, ne ejus vindicta ullatenus differatur, et per hoc maxime religio periclitetur. Hinc quippe detractiones, lites, couvitia et nonnunquam conspirationes et conjurationes germinantes, totum religionis ædificium non tam labefactant quam evertunt. Quod quidem vitium cum amputatum fuerit, non omnino fortasse pravæ cogitationes exstinguuntur, sed ab alienis cessabunt corruptelis. Hoc unum vitium fugere, quasi religioni sufficere arbitraretur [*al.* arbitratus] abbas Macharius, admonebat, sicut scriptum est, his verbis (*Vit. Patr.* part. II, lib. *De continent.*) : « Abbas Macharius major in Scyti dicebat, fratribus : Post missas ecclesias fugite fratres. Et dixit ei unus fratrum : Pater, ubi habemus fugere amplius a solitudine ista ? Et ponebat digitum suum in ore suo, dicens : Istud est quod fugiendum dico. Et sic intrabat in cellam suam, et claudens ostium sedebat solus. » Hæc vero silentii virtus, quæ, ut ait Jacobus, perfectum hominem reddit (*Jac.* III, 2), et de qua Isaias prædixit : « Cultus justitiæ silentium (*Isai.* XVII, 32), » tanto a sanctis Patribus fervore est arrepta, quod sicut scriptum est (*Vit. Patr.* part. II), abbas Agatho per triennium lapidem in ore suo mittebat, donec taciturnitatem disceret.

Quamvis locus non salvet, multas tamen præbet opportunitates ad religionem facilius observandam, et tutius muniendam. Et multa religionis auxilia vel impedimenta ex eo consistunt. Unde et filii prophetarum, quos, ut ait Hieronymus (*epist.* IV, 13), monachos legimus in Veteri Testamento, ad solitudinis secretum se transtulerunt, præter fluenta Jordanis casulas suas constituentes. Joannes quoque et discipuli ejus, quos etiam propositi nostri principes habemus, et deinceps Paulus, Antonius, Macharius, et qui præcipue in nostro floruerunt proposito, tumultum sæculi et plenum tentationibus mundum fugientes, ad quietem solitudinis lectulum suæ contemplationis contulerunt, ut videlicet Deo possent sincerius vacare. Ipse quoque Dominus, ad quem nullus tentationis motus accessum habebat, suo nos erudiens exemplo, cum aliqua vellet agere præcipue secreta petebat, et populares declinabat tumultus. Hinc ipse Dominus nobis quadraginta dierum abstinentia eremum consecravit , turbas in eremo refecit, et ad orationis puritatem non solum a turbis, verum etiam ab apostolis secedebat. Ipsos quoque apostolos et in monte seorsum instruxit , atque constituit, et transfigurationis suæ gloria solitudinis insignivit, et exhibitione resurrectionis suæ discipulos communiter in monte lætificavit, et de monte in cœlum ascendit, et cætera quæcunque magnalia in solitudinibus vel secretis operatus est locis. Qui etiam Moysi vel antiquis patribus in solitudinibus apparens, et per solitudinem ad terram promissionis populum transducens, ibique populo diu detento legem tradens, manna pluens, aquam de petra educens , crebris apparitionibus ipsum consolans, et mirabilia operans , patenter docuit quantam ejus singularitas solitudinem pro nobis amet, cui purius in ea vacare possumus. Qui etiam libertatem mystice onagri solitudinem amantis diligenter describens , et vehementer approbans, ad beatum Job loquitur, dicens : « Quis dimisit onagrum liberum, et vincula ejus quis solvit? Cui dedit in solitudine domum, et tabernacula ejus in terra salsuginis. Contemnit multitudinem civis, clamorem exactoris non audit, circumspicit montes pascuæ suæ, et virentia quæque perquirit (*Job* XXXIX, 5). » Ac si aperte dicat : Quis hoc fecit nisi ego ? Onager quippe, quem silvestrem asinum vocamus, monachus est, qui sæcularium rerum [*al.* virorum *et in aliquo vitiorum*] vinculis absolutus ad tranquillam vitæ solitariæ libertatem se contulit , et sæculum fugiens in sæculo non remansit. Hinc in terra salsuginis habitat, cum membra ejus per abstinentiam sicca sunt et arida. Clamorem exactoris non audit, sed vocem, quia ventri non superflua , sed necessaria impendit. Quis enim tam importunus exactor, et quotidianus exactor quam venter? Hic clamorem id est immoderatam postulationem habet in superfluis et delicatis cibis, in quo minime est audiendus. Montes pascuæ sunt illi vitæ vel doctrinæ sublimium Patrum, quas legendo et meditando reficimur. Virentia quæque dicit universa vitæ cœlestis et immarcessibilis scripta. Ad quod nos præcipue beatus Hieronymus exhortans, sic Heliodoro scribit monacho (epist. 1) : « Interpretare vocabulum monachi, hoc est nomen tuum. Quid facis in turba qui solus es? » Idem et nostram a clericorum vita distinguens, ad Paulum presbyterum scribit his verbis (epist. 15) : « Si officium vis exercere presbyteri, si episcopatus te vel opus vel onus forte delectat, vive in urbibus et castellis, et aliorum salutem fac lucrum animæ tuæ. Si cupis esse quod diceris, monachus, id est solus, quid facis in urbibus, quæ utique non sunt solorum habitacula, sed multorum? » Habet unum quodque propositum principes suos. Et ut ad nostram veniamus, episcopi et presbyteri habeant ad exemplum apostolos et apostolicos viros, quorum honorem possidentes, habere nitantur et meritum. Nos autem habeamus propositi nostri principes Paulos, Antonios, Hilariones, Macharios. Et ut ad Scripturarum materiam redeam, noster princeps Elias, noster Eliseus, nostri duces et filii prophetarum, qui habitabant in agris et solitudine (I V Reg. VI, 1), et faciebant sibi tabernacula præter fluenta Jordanis. De iis sunt et illi filii Rechab qui vinum et siceram non bibebant, qui morabantur in tentoriis, qui Dei per Jeremiam voce laudantur, quod non deficiat de stirpe eorum vir stans coram Domino (Jer. XXXV, 19). Et nos ergo, ut coram Domino stare, et ejus obsequio parati magis valeamus assistere, tabernacula nobis erigamus in solitudine, ne lectulum nostræ quietis frequentia hominum concutiat, quietem turbet, ingerat tentationes, mentem a sancto evellat proposito. Ad quam quidem liberam vitæ tranquillitatem beatum Arsenium, Domino dirigente, omnibus in uno manifestum datum est exemplum. Unde et scriptum est (Vit. Patr. part. II, lib. De quiete) : « Abbas Arsenius cum adhuc esset in palatio, oravit ad Dominum, dicens: Domine, dirige me ad salutem. Et venit ei vox, dicens : Arseni, fuge homines, et sanaberis. » Idem ipse : « Ac discedens ad monachalem vitam rursum oravit eumdem sermonem, dicens : Domine, dirige me ad salutem. Audivitque vocem dicentem sibi : Arseni, fuge, tace, quiesce. Hæ enim sunt radices non peccandi. » Ille igitur hac una divini præcepti regula instructus non solum homines fugit, sed eos etiam a se fugavit. Ad quem archiepiscopo suo cum quodam judice quadam die venientibus, et ædificationis sermonem ab eo requirentibus, ait : «Et si dixero vobis, custodietis?» Illi autem promiserunt se custodire. Et dixit eis : « Ubicunque audieritis Arsenium, approximare nolite. » Alia iterum vice archiepiscopus eum visitans, misit primo videre si aperiret. Et mandavit ei, dicens : « Si venis aperio tibi, sed si tibi aperuero, omnibus aperio, et tunc jam ultra hic non sedeo. » Hæc audiens archiepiscopus, dixit : « Si eum persecuturus vado, nunquam vadam ad hominem sanctum. » Cujus etiam sanctitatem cuidam Romanæ matronæ visitanti, dixit : « Quomodo præsumpsisti tantam navigationem assumere? Nescis quia mulier es, et non debes exire quoquam, aut ut vadas Romam, et dicas aliis mulieribus, quia vidi Arsenium ; et faciant mare viam mulierum venientium ad me? » Illa autem dixit : « Si voluerit me Dominus reverti Romam, non permitto aliquem venire huc. Sed ora pro me, et memor esto mei semper. » Ille autem respondens, dixit ei : « Oro Deum ut deleat memoriam tui de corde meo. » Quæ audiens hæc, egressa est turbata. Hic quoque, sicut scriptum est, a Marco abbate requisitus, cur fugeret homines, respondit (Vit. Patr. part. IV, cap. De æterno, et part. II, De charitate) : « Scit Deus quia diligo homines, sed cum Deo pariter et hominibus esse non possum. » In tantum vero sancti Patres conversationem hominum atque notitiam abhorrebant, ut nonnulli eorum ut illos a se penitus removerent, insanos se fingerent, et, quod dictu mirabile est, hæreticos etiam se profiterentur. Quod si quis voluerit, legat in Vitis Patrum de abbate Simone (Vit. Patr. part. II, lib. De ostentat.), qualiter se præparavit judici provinciæ ad se venienti : qui se videlicet sacco cooperiens, et tollens in manu sua panem et caseum, sedit in ingressu cellæ suæ, et cœpit manducare. Legat et de illo anachoreta (ibid., § 3, et part. IV, contra vanam gloriam), qui cum quosdam sensisset obviam sibi cum lampadibus occurrere, exspolians se vestimentis sua, misit in flumen ; et stans nudus cœpit ea lavare. Ille autem qui ministrabat ei hæc videns, erubuit, et rogavit homines, dicens : « Revertimini, quia senex noster sensum perdidit. » Et veniens ad eum, dixit ei : « Quid hic fecisti, abba? omnes enim qui te viderunt dixerunt, quia dæmonium habet senex. » Ille autem respondit : « Et ego hoc volebam audire. » Legat insuper et de abbate Moyse (Vit. Patr. part. II, lib. De ostentat.), qui ut a se penitus judicem provinciæ removeret, surrexit ut fugeret in palude. Et occurrit ei ille judex cum suis, et interrogavit eum, dicens : « Dic nobis senex ubi est cella abbatis Moysi? » Et dixit eis : « Quid vultis eum inquirere? homo fatuus est et hæreticus. » Quid etiam de abbate pastore (ibid.), qui nec se a judice provinciæ videri permisit, ut sororis suæ supplicantis filium de carcere liberaret? Ecce potentes sæculi cum magna veneratione et devotione sanctorum præsentiam postulant, et illi etiam cum summo sui dedecore eos penitus a se repellere student. Ut autem sexus etiam vestri in hac re virtutem cognoscatis, quis digne prædicare sufficiat virginem illam, quæ beatissimi quoque Martini visitationem respuit, ut vacaret contemplationi? Unde ad

Oceanum monachum Hieronymus scribens (epist. 51) : « In beati, inquit, Martini Vita egimus commemorasse Sulpitium , quod transiens sanctus Martinus virginem quamdam moribus et castitate præcelsam cupiens salutare, illa noluit, sed exenium [*al*. xenium] misit, et per fenestram respiciens, ait sancto viro : Ibi, Pater, ora, quia nunquam a viro sum visitata. Quo audito, gratias egit Deo sanctus Martinus , quod talibus imbuta moribus castam custodierit voluntatem. Benedixit eam et abiit lætitia plenus. ¢ Hæc revera de contemplationis suæ lectulo surgere dedignata vel verita, pulsanti ad ostium amico parata erat dicere : « Lavi pedes meos, quomodo inquinabo illos ? » (*Cant.* v, 5.) O quantæ sibi imputarent injuriæ episcopi vel prælati hujus temporis, si hanc ab Arsenio vel ab hac virgine repulsam pertulissent ! Erubescant ad ista, si qui nunc in solitudine morantur monachi, cum episcoporum frequentia gaudent, cum eis propias, in quibus suscipiantur, fabricant domos ; cum sæculi potentes, quos turba comitatur, vel ad quos confluit, non solum non fugiunt, sed asciscunt, et occasione hospitum domos multiplicantes, quam quæsierunt solitudinem redigunt in civitatem. Hac profecto antiqui et callidi tentatoris machinatione omnia fere hujus temporis monasteria, cum prius in solitudine constituta fuissent, ut homines fugerentur, postea fervore religionis refrigerescente, homines asciverunt, et servos atque ancillas congregantes, villas maximas in locis monasticis construxerunt ; et sic ad sæculum redierunt, imo ad se traxerunt sæculum. Qui se miseriis maximis implicantes, et maximæ servituti tam ecclesiasticarum quam terrenarum potestatum alligantes, dum otiose appeterent vivere, et de alieno victitare labore, ipsum quoque monachi, hoc est solitarii nomen pariter amiserunt et vitam. Qui etiam sæpe tantis urgentur incommodis, ut dum suos et res eorum tutari laborant, proprias amittant, et frequenti incendio vicinarum domorum ipsa quoque monasteria cremantur. Nec sic tamen ambitio refrenatur. Hi quoque districtionem monasterii qualemcunque non ferentes, ac per villas, castella, civitates sese dispergentes, binique vel terni, aut etiam singuli sine aliqua observatione regulæ victitantes, tanto sæcularibus deteriores sunt hominibus, quanto a professione sua amplius apostatantur. Qui habitationum quoque suarum sicut et sua abutentes, obedientias loca sua nominant, ubi nulla regula tenetur, ubi nulli rei nisi ventri et carni obeditur, ubi cum propinquis vel familiaribus suis manentes, tanto liberius agunt quod volunt, quanto minus a conscientiis suis verentur. In quibus profecto impudentissimis apostatis excessus illos criminales esse dubium non est, qui in cæteris veniales sunt hominibus. Qualium omnino vitam non solum attingere, sed nec audire sustineatis. Vestræ vero infirmitati tanto magis est solitudo necessaria, quanto carnalium tentationum bellis minus hic infestamur, et minus ad corporalia per sensus evagamur. Unde et beatus Antonius (*Vit. Patr.*, part. II, lib. *De quiete*) : « Qui sedet, » inquit, « in solitudine, et quiescit, a tribus bellis eripitur, id est auditus, locutionis et visus : et contra unum tantummodo habebit pugnam, id est cordis. » Has quidem, vel cæteras eremi commoditates insignis Ecclesiæ doctor Hieronymus diligenter attendens, et ad eas Heliodorum monachum vehementer adhortans, exclamat, dicens (epist. 1) : « O eremus familiari Deo gaudens ! Quid agis, frater in sæculo, qui major es mundo ? » Nunc vero quia ubi construi monasteria convenit disseruimus, qualis et ipsa loci positio esse debeat ostendamus. Ipsi autem monasterii loco constituendo, sicut quoque beatus consuluit Benedictus (cap. 66), ita si fieri potest providendum est, ut intra monasterii septa contineantur illa maxime quæ monasteriis sunt necessaria, id est hortus, aqua, molendinum, pistrinum cum furno, et loca quibus quotidiana sorores exerceant opera, ne foras vagandi detur occasio.

Sicut in castris sæculi, ita et in castris Domini, id est congregationibus monasticis constituendi sunt, qui præsint cæteris. Ibi quippe imperator unus, ad cujus nutum omnia gerantur, præest omnibus. Qui etiam pro multitudine exercitus vel diversitate officiorum sua nonnullis impertiens onera, quosdam sub se adhibet magistratus, qui diversis hominum catervis aut officiis provideant. Sic et in monasteriis fieri necesse est, ut ibi una omnibus præsit matrona, ad cujus considerationem atque arbitrium omnes reliquæ omnia operentur, nec ulla ei in aliquo præsumat obsistere, vel etiam ad aliquod ejus præceptum murmurare. Nulla quippe hominum congregatio vel quantulacunque domus unius familiæ consistere potest incolumis, nisi unitas in ea conservetur, ut videlicet totum ejus regnum in unius personæ magisterio [*al*. ministerio] consistat. Unde et arca typum Ecclesiæ gerens cum multos tam in longo quam in lato cubitos haberet, in uno consummata est. Et in Proverbiis scriptum est : « Propter peccata terræ multi principes ejus (*Prov.* XXVIII, 2). » Unde etiam Alexandro mortuo, multiplicatis regibus mala quoque multiplicata sunt. Et Roma pluribus communicata rectoribus concordiam tenere non potuit. Unde Lucanus in primo sic meminit :

..... Tu causa malorum
Facta tribus dominis Roma, nec unquam
In turbam missi feralia fœdera regni.

(LUCAN. lib. I.)

Et post pauca :

..... Dum terra fretum, terramque levabit
Aer, et longi volvent Titana labores,
Noxque diem cœlo totidem per signa sequetur;
Nulla fides regni sociis, omnisque potestas
Impatiens consortis erit.....

(*Ibid.*)

Tales profecto et illi erant discipuli sancti Frontonii abbatis, quos ipse in civitate, in qua natus est, cum usque ad septuaginta congregasset, et magnam ibidem gratiam tam apud Deum quam apud homines adeptus esset, relicto monasterio civitatis, cum mobilibus rebus nudos secum ad eremum traxit. Qui postmodum more Israelitici populi adversus Moysem conquerentis, quod eos etiam de Ægypto, relictis ollis carnium et abundantia terræ in solitudinem eduxisset, murmurantes incassum, dicebant: « Nunquid sola in eremo castitas, quæ in urbibus non est? Cur itaque non in civitatem revertimur, de qua ad tempus exivimus? An in eremum solum Deus exaudiet orantes? Quis cibo angelorum vivat? Quem pecorum et ferarum delectat fieri socium? Quanta nos habet necessitas hic morari? Cur itaque non regressi in locum, in quo nati sumus, benedicimus Dominum? » Hinc et Jacobus admonet apostolus: « Nolite, inquit, plures magistri fieri fratres mei, scientes quoniam majus judicium sumitis (*Jac.* III, 1). » Hinc quoque Hieronymus ad Rusticum monachum de institutione vitæ scribens (epist. 4): « Nulla, inquit, ars absque magistro discitur. Etiam muta animalia et ferarum greges ductores sequuntur suos. In apibus unam præcedentem reliquæ subsequuntur. Grues unum sequuntur ordine litterato. Imperator unus, judex unus provinciæ. Roma ut condita est duos fratres simul habere reges non potuit, et parricidio dedicatur. In Rebeccæ utero Esau et Jacob bella gesserunt. Singuli ecclesiarum episcopi, singuli archipresbyteri, singuli archidiaconi, et omnis ordo ecclesiasticus suis rectoribus nititur. In nave unus gubernator. In domo unus dominus. In quamvis grandi exercitu unius signum spectatur. Per hæc omnia ad illud tendit oratio, ut doceam te non tuo arbitrio dimittendum, sed vivere debere in monasterio sub unius disciplina Patris consortioque multorum. »

Ut igitur in omnibus concordia servari possit, unam omnibus præesse convenit, cui per omnia omnes obediant. Sub hac etiam quasi magistratus quosdam nonnullas alias personas, prout ipsa decreverit, constitui oportet. Quæ quibus officiis ipsa præceperit, et quantum voluerit præsint, ut sint videlicet istæ quasi duces vel consules in exercitu Dominico; reliquæ autem omnes tanquam milites vel pedites, istarum cura eis prævidente, adversus malignum ejusque satellites libere pugnent. Septem vero personas ex vobis ad omnem monasterii administrationem necessarias esse credimus atque sufficere, portariam scilicet, cellerariam, vestiariam, infirmariam, cantricem [*al.*, cantatricem, *sed male*], sacristam, et ad extremum diaconissam, quam nunc abbatissam nominant. In his itaque castris, et divina quadam militia sicut scriptum est : « Militia est vita hominis super terram (*Job* VII, 1); » et alibi : Terribilis ut castrorum acies ordinata (*Cant.* VI, 3), » vicem imperatoris, cui per omnia obeditur ab omnibus, obtinet diaconissa. Sex vero aliæ sub ea, quas dicimus officiales, ducum sive consulum loca possident. Omnes vero reliquæ moniales, quas vocamus claustrales, militum more divinum peragunt expedite servitium. Conversæ autem, quæ etiam a sæculo renuntiantes, obsequio monialium se dicarunt, habitu quodam religioso, non tamen monastico, quasi pedites inferiorem obtinent gradum.

Nunc vero superest, Domino inspirante, hujus militiæ gradus singulos ordinare, ut adversus impugnationes dæmonum vere sit quod dicitur, « castrorum acies ordinata. » Ab ipso, inquam, ut dictum est capite, quod diaconissam dicimus, hujus institutionis ducentes exordium, de ipsa primitus disponamus, per quam sunt omnia disponenda. Hujus vero sanctitatem, sicut in præcedenti meminimus epistola, beatus Paulus apostolus Timotheo scribens, quam eminentem et probatam oporteat esse diligenter describit, dicens : « Vidua eligatur non minus sexaginta annorum, quæ fuerit unius viri uxor, in operibus bonis testimonium habens, si filios educavit, si hospitio recepit, si sanctorum pedes lavit, si tribulationem patientibus subministravit, si omne opus bonum subsecuta est. Adolescentes autem viduas devita (*I Tim.* v, 9). » Idem supra de diaconissis, cum etiam diaconorum institueret vitam : « Mulieres, inquit, similiter pudicas, non detrahentes, sobrias, fideles in omnibus (*I Tim.* III, 11). » Quæ quidem omnia quid intelligentiæ vel rationis habeant quantum æstimamus, epistola præcedente nostra satis disseruimus. Maxime curcam Apostolus unius viri et provectæ velit esse ætatis. Unde non mediocriter miramur quomodo perniciosa hæc in Ecclesia consuetudo inolevit, ut quæ virgines sunt potius quam quæ viros cognoverunt ad hoc eligantur, et frequenter juniores senioribus præficiantur. Cum tamen Ecclesiastes dicat : « Væ tibi, terra cujus rex puer est (*Eccle.* x, 16): » Et cum illud beati Job omnes pariter approbemus : « In antiquis est sapientia, et in multo tempore prudentia (*Job* XII, 12). » Hinc et in Proverbiis scriptum est : « Corona dignitatis senectus, quæ in viis justitiæ reperietur (*Prov.* XVI, 31). » Et in Ecclesiastico : « Quam speciosum canitiei judicium, et a presbyteris cognoscere consilium. Quam speciosa veterani sapientia, et gloriosus intellectus, et consilium, corona senum. Multa peritia et gloria illorum timor Dei (*Eccli.* xxv, 6). » Item : « Loquere major natu, decet enim te. Adolescens, loquere in tua causa vix cum necesse fuerit. Si bis interrogatus fueris, habeat caput responsum tuum. In multis esto quasi inscius, et audi tacens simul et quærens, et loqui in medio magnatorum [*al.*, magnatum] non præsumas, et ubi sunt senes non multum loquaris (*Eccli.* xxxii, 4). » Unde et presbyteri qui in Ecclesia populo præsunt seniores interpretantur, ut ipso quoque nomine quales esse debeant doceatur. Et qui sanctorum Vitas scripserunt, quos nunc abbates dicimus senes appellabant. Modis itaque omnibus providendum est ut in electione vel consecratione diaconissæ consilium præcedat Apostoli (*I Tim.* v, 2), ut videlicet talis eligatur, quæ cæteris vita et doctrina præesse debeat, et ætate quoque morum maturitatem polliceatur, et quæ obediendo meruerit imperare, et operando magis quam audiendo regulam didicerit et firmius noverit. Quæ si litterata non fuerit, sciat se non ad philosophicas scholas, vel disputationes dialecticas, sed ad doctrinam vitæ et operum exhibitionem accommodari. Sicut de Domino scriptum est : « Qui cœpit facere et docere (*Act.* i, 1), » prius videlicet facere, postmodum docere. Quia melior atque perfectior est doctrina operis, quam sermonis; facti, quam verbi. Quod diligenter attendamus, ut scriptum est. Dixit abbas Ipitius [Ipericius] : « Ille est vere sapiens, qui facto suo alios docet, non qui verbis. » Nec parum consolationis et confidentiæ super hoc affert. Attendatur et illa quoque beati Antonii ratio, qua verbosos confutavit philosophos, ejus videlicet tanquam idiotæ et illitterati hominis magisterium irridentes : « Et respondete, inquit, mihi, quid prius est sensus, an litteræ; et quid cujus exordium est, sensus ex litteris, an litteræ oriuntur ex sensu ? » Illis asserentibus quia sensus esset auctor atque inventor litterarum, ait : « Igitur cui sensus incolumis est, hic litteras non requirit. » Audiat quoque illud Apostoli et confortetur in Domino : « Nonne stultam fecit Deus sapientiam hujus mundi? (*I Cor.* i, 20.) » Et iterum : « Quæ stulta sunt mundi elegit Deus ut confundat sapientes, et infirma elegit Deus ut confundat fortia, et ignobilia mundi et contemptibilia elegit Deus, ut ea quæ non sunt tanquam ea quæ sunt destruat, ut non glorietur omnis caro in conspectu ejus (*I Cor.* iv, 20). » Non enim sicut ipse postmodum dicit, in sermone est regnum Dei, sed in virtute. Quod si de aliquibus melius cognoscendis ad Scripturam revertendum esse censuerit, a litteratis hoc requirere et addiscere non erubescat, nec in his litterarum documenta contemnat; sed devote et diligenter suscipiat, cum ipse quoque apostolorum princeps, coapostoli sui Pauli publicam correctionem [*al.* correptionem] diligenter exceperit (*Galat.* ii, 11). Ut enim beatus quoque meminit Benedictus, sæpe minori revelat Dominus quod melius est. Ut autem amplius Dominicam sequamur providentiam quam Apostolus quoque supra memoravit, nunquam de nobilibus aut potentibus sæculi, nisi maxima incumbente necessitate, et certissima ratione, fiat hæc electio. Tales namque de genere suo facile confidentes, aut gloriantes, aut præsumptuosæ, aut superbæ fiunt; et tunc maxime quando indigenæ sunt, earum prælatio perniciosa fit monasterio. Verendum quippe est ne vicinia suorum eam præsumptiorem reddat, et frequentia ipsorum gravet aut inquietet monasterium, atque ipsa per suos religionis perferat detrimentum, aut aliis veniat in contemptum juxta illud Veritatis : « Non est propheta sine honore nisi in patria sua (*Matth.* xiii, 57). » Quod beatus quoque providens Hieronymus, ad Heliodorum scribens, cum pleraque annumerasset, quæ monachis officiunt in sua morantibus patria : « Ex hac, inquit, « supputatione illa summa nascitur : Monachum in patria sua perfectum esse non posse. Perfectum esse autem nolle delinquere est. Quantum vero est animarum damnum, si minor in religione fuerit, quæ religionis præest magisterio ? Singulis quippe subjectis singulas virtutes exhibere sufficit. In hac autem omnium exempla debent eminere virtutum, ut omnia quæ aliis præceperit propriis præveniat exemplis, ne ipsa quæ præcipit moribus oppugnet, et quod verbis ædificat factis ipsa destruat, et de ore suo verbum correctionis auferatur, cum ipsa in aliis erubescat corrigere quæ constat eam committere. Quod quidem Psalmista ne ei eveniat Dominum precatur, dicens : « Et ne auferas de ore meo verbum veritatis usquequaque (*Psal.* cxlviii, 43). » Attendebat quippe illam gravissimam Domini increpationem, de qua et ipse alibi meminit, dicens : « Peccatori autem dixit Deus : Quare tu enarras justitias meas, et assumis testamentum meum per os tuum? Tu vero odisti disciplinam, et projecisti sermones meos retro (*Psal.* xlix, 16). » Quod studiose præcavens Apostolus : « Castigo, inquit, corpus meum, et in servitutem redigo, ne forte cum aliis prædicaverim, ipse reprobus efficiar (*II Cor.* ix, 27). » Cujus quippe vita despicitur, restat ut ei prædicatio vel doctrina contemnatur. Et cum curare quis alium debeat, si in eadem laboraverit infirmitate, recte ipsi ab ægroto improperatur : « Medice, cura teipsum (*Luc.* iv, 23). » Attendat sollicite quisquis Ecclesiæ præesse videtur, quantam ruinam casus ejus præbeat, cum ipse ad præcipitium secum pariter subjectos trahat. « Qui solverit, inquit Veritas, unum de mandatis istis minimis, et docuerit sic homines, minimus vocabitur in regno cœlorum (*Matth.* v, 19). » Solvit quippe mandatum, qui contra agendo infringit ipsum, et exemplo suo corrumpens alios in cathedra pestilentiæ doctor resident. Quod si quislibet hoc agens minimus habendus est in regno cœlorum, hoc est in Ecclesia præsenti, quanti habendus est pessimus prælatus a cujus negligentia non suæ tantum, sed omnium subjectarum animarum sanguinem Dominus requirit? Unde bene Sapientia talibus comminatur : « Data est a Domino potestas vobis, et virtus ab Altissimo, qui interrogabit opera vestra, et cogitationes scrutabitur. Quoniam cum essetis ministri regni illius, non recte judicastis; neque custodistis legem justitiæ. Horrende etiam cito apparebit vobis, quoniam judicium durissimum in his qui præsunt fiet. Exiguo enim conceditur misericordia. Potentes autem potenter tormenta patientur, et fortioribus fortior instat cruciatio (*Sap.* vi, 4). » Sufficit quippe unicuique subjectarum animarum a proprio sibi providere delicto. Prælatis autem et in peccatis alienis mors imminet. Cum enim augentur dona, rationes etiam crescunt donorum ; et cui plus committitur, plus ab eo exigitur. Cui quidem periculo tanto maxime providere in Proverbiis admonemur, cum dicitur : « Fili, si spoponderis pro amico tuo, defixisti apud extraneum manum tuam. Illaqueatus es verbis oris tui, et captus propriis sermonibus. Fac ergo quod dico, fili mi, et temetipsum libera, quia incidisti in manum proximi tui. Discurre, festina, suscita amicum tuum; ne dederis somnum oculis tuis, nec dormitent palpebræ tuæ (*Prov.* VI, 4). » Tunc enim pro amico sponsionem facimus, cum aliquem charitas nostra in nostræ congregationis conversationem suscipit. Cui nostræ providentiæ curam promittimus, sicut et ille nobis obedientiam suam. Et sic quoque manum nostram apud eum defigimus, cum sollicitudinem nostræ operationis erga eum spondendo constituimus. Tum et in manum ejus incidimus, quia nisi nobis ab ipso providerimus, ipsum animæ nostræ interfectorem sentiemus. Contra quod periculum adhibetur consilium, cum subditur, « discurre, festina, etc. Nunc igitur huc, nunc illuc deambulans more providi et impigri ducis, castra sua sollicite giret, vel scrutetur, ne per alicujus negligentiam ei, qui tanquam leo circuit quærens quem devoret (*I Petr.* v, 8), aditus pateat. Omnia mala domus suæ prior agnoscat, ut ab ipsa prius possint corrigi quam a cæteris agnosci, et in exemplum trahi. Caveat illud quod stultis vel negligentibus beatus improperat Hieronymus : « Solemus mala domus nostræ scire novissimi, ac liberorum ac conjugum vitia vicinis canentibus ignorare. » Attendat quæ sic præsidet, quia tam corporum quam animarum custodiam suscepit. De custodia vero corporum admonetur, cum dicitur in Ecclesiastico : « Filiæ tibi sunt, serva corpus illarum, et non ostendas faciem tuam hilarem ad illas (*Eccli.* VII, 26). » Et iterum : « Filia patris abscondita est, vigilia et sollicitudo ejus aufert somnum, nequando polluatur (*Eccli.* XLII, 9). » Polluimus vero corpora nostra non solum fornicando, sed quodlibet indecens in ipsis operando tam lingua, quam alio membro, seu quolibet membro sensibus corporis ad vanitatem aliquam abutendo. Sicut scriptum est : « Mors intrat per fenestras nostras (*Jer.* IX, 12), » hoc est peccatum ad animam per quinque sensuum instrumenta. » Quæ vero mors gravior, aut custodia periculosior, quam animarum ? Nolite, » inquit Veritas, timere eos qui occidunt corpus, animæ vero non habent quid faciant (*Matth.* x, 28; *Luc.* XII, 4). » Si quis hoc audit consilium, quis non magis mortem corporis quam animæ timet ? Quis non magis gladium quam mendacium cavet ? Et tamen scriptum est : « Os quod mentitur occidit animam (*Sap.* I, 11). » Quid tam facile interfici quam anima potest ? Quæ sagitta citius fabricari quam peccatum valet ? Quis sibi a cogitatione saltem providere potest ? Quis propriis peccatis providere sufficit, nedum alienis ? Quis carnalis pastor spiritales oves a lupis spiritalibus, invisibiles ab invisibilibus custodire sufficiat ? Quis raptorem non timeat, qui infestare non cessat, quem nullo possumus excludere vallo, nullo interficere vel lædere gladio ? quem incessanter insidiantem et maxime religiosos persequentem, juxta illud Habacue : « Escæ illius electæ (*Habac.* I, 16), » Petrus apostolus cavendum adhortatur, dicens : « Adversarius vester diabolus tanquam leo rugiens, circuit quærens quem devoret, (*I Petr.* v, 8). » Cujus quanta sit præsumptio in devoratione nostra, ipse Dominus beato Job dicit : « Absorbebit fluvium, et non mirabitur, et habet fiduciam quod influat Jordanis in os ejus (*Job* XL, 18). » Quid enim aggredi non præsumat, qui ipsum quoque Dominum aggressus est tentare ? Qui de paradiso statim primos parentes captivavit, de apostolico cœtu ipsum etiam, quem Dominus elegerat, apostolum rapuit ? Quis ab eo locus tutus, quæ claustra illi non sunt pervia ? Quis ab ejus insidiis providere, qui ejus fortitudini valet resistere ? Ipse est qui uno impulsu concutiens quatuor angulos domus sancti viri Job, filios et filias innocentes oppressit et exstinxit (*Job* I, 19). Quid sexus infirmior adversus ipsum poterit ? Cui seductio ejus tantum timenda est, quantum feminæ ? Hanc quippe ipse primum seduxit, et per ipsam virum ejus pariter, et totam posteritatem captivavit. Cupiditas majoris boni possessione minoris mulierem privavit. Hac quoque arte nunc facile mulierem seducet, cum præesse magis quam prodesse cupierit, rerum ambitione vel honoris ad hoc impulsa. Quod autem horum præcesserit sequentia probabunt. Si vero delicatius vixerit prælata quam subjecta, vel si supra necessitatem aliquid sibi peculiare vindicaverit, non dubium est hoc eam concupisse. Si pretiosiora postmodum quam antea quæsierit ornamenta, profecto vana tumet gloria. Qualis prius exstiterit postmodum apparebit. Quod prius exhibebat, utrum virtus fuerit an simulatio, indicabit prælatio. Trahatur ad prælationem magis quam veniat, dicente Domino : « Omnes quotquot veniunt, fures sunt et latrones (*Joan.* x, 8). » Venerunt, inquit Hieronymus, « non qui missi sunt. » Sumatur potius ad honorem quam sibi sumat honorem. « Nemo enim, inquit Apostolus, » sibi sumit honorem, sed qui vocatur a Deo tanquam Aaron (*Hebr.* v, 4). » Vocata lugeat tanquam ad mortem deducta, repulsa gaudeat tanquam a morte liberata. Erubescimus ad verba quæ dicimus cæteris meliores. Cum autem in electione nostra rebus ipsis hoc exhibetur, impudenter sine pudore sumus. Quis enim nesciat meliores cæteris præferendos ? Unde lib. XXIV Moralium, (cap. 15). : « Non debet autem hominum ducatum suscipere, qui nescit homines bene admonendo increpare. Qui ad hoc eligitur ut aliorum culpas corrigat, quod resecari debuit ipse committat. » In qua tamen electione si forte hanc impudentiam aliquando levi verborum repulsa, tamen per aures oblatam recusamus dignitatem; hanc profecto in nos accusationem proferimus, quo justiores et digniores videamur. O quot in electione sua flere vidimus corpore et ridere corde! Accusare se tanquam indignos, et per hoc gratiam sibi et favorem humanum magis venari! attendentes quod scriptum est : « Justus prior accusator est sui *(Prov.* xviii, 17). » Quos postea cum accusari contingeret, et se eis occasio cedendi offerret, importunissime et impudentissime suam sibi prælationem defendere nituntur, quam se invitos suscepisse fictis lacrymis, et veris accusationibus sui monstraverant. Quot in ecclesiis vidimus canonicos episcopis suis reluctantes, cum ab eis ad sacros ordines cogerentur, et se indignos tantis ministeriis profitentes, nec omnino velle acquiescere? quos cum forte clerus ad episcopatum postmodum eligeret, nullam aut levem perpessus est repulsam? Et qui heri, sicut aiebant, animæ suæ periculum vitantes diaconatum refugiebant, jam quasi una nocte justificati de altiore gradu præcipitium non verentur. De qualibus quidem in ipsis scriptum est Proverbiis: « Homo stultus plaudet manibus cum spoponderit pro amico *(Prov.* xvii, 18). » Tunc enim miser gaudet unde potius ei lugendum esset, cum ad regimen aliorum veniens in cura subjectorum propria professione ligatur, a quibus magis amari quam timeri debet. Cui profecto pestilentiæ quantum possumus providentes omnino interdicimus, ne delicatius aut mollius vivat prælata quam subjecta : ne privatos habeat secessus ad comedendum vel dormiendum, sed cum sibi commisso grege cuncta peragat, et tanto eis amplius provideat, quanto eis amplius præsens assistet. Scimus quidem beatum Benedictum de peregrinis et hospitibus maxime sollicitum (cap. 56), mensam abbatis cum illis seorsum constituisse. Quod licet tunc pie sit constitutum, postea tamen utilissima monasteriorum dispensatione ita est immutatum, ut abbas a conventu non recedat, et fidelem dispensatorem peregrinis provideat. Facilis quippe est inter epulas lapsus, et tunc disciplinæ magis est invigilandum. Multi etiam occasione hospitum sibi magis quam hospitibus propitii sunt, et hinc maxima suspicione læduntur absentes et murmurant. Et tanto prælati minor est auctoritas, quanto ejus vita suis est magis incognita. Tunc quoque tolerabilior omnibus quælibet habetur inopia, cum ab omnibus æque participatur, maxime vero a prælatis. Sicut in Catone quoque didicimus. Hic quippe, ut scriptum est, populo secum sitiente oblatum sibi aquæ paululum respuit et effudit, suffecitque omnibus.

Cum igitur prælatis maxime sobrietas sit necessaria, tanto eis parcius est vivendum, quanto per eos cæteris est providendum. Qui etiam ne donum Dei, hoc est prælationem sibi concessam in superbiam convertant, et maxime subjectis per hoc insultent, audiant quod scriptum est : « Noli esse sicut leo in domo tua, evertens domesticos tuos, et opprimens subjectos tibi *(Eccli.* iv, 35) : Odibilis coram Deo et hominibus est superbia *(Eccli.* x, 7). Sedes ducum superborum destruxit Dominus, et sedere fecit mites pro eis *(ibid.*, 17). Rectorem te posuerunt, noli extolli. Esto in illis quasi unus ex ipsis *(Eccli.* xxxii, 1). » Et Apostolus Timotheum erga subjectos instruens : « Seniorem, inquit, ne increpaveris, sed obsecra ut patrem; juniores ut fratres, anus ut matres, juvenculas ut sorores *(I Tim.* v, 1). Non vos me, inquit Dominus, elegistis, sed ego elegi vos *(Joan.* xv, 16). » Universi alii prælati a subjectis eliguntur, et ab eis creantur et constituuntur ; quia non ad Dominum, sed ad ministerium assumuntur. Hic autem solus vere est Dominus, et subjectos sibi ad serviendum habet eligere. Nec tamen se dominum, sed ministrum exhibuit, et suos jam ad dignitatis arcem aspirantes proprio confutat exemplo, dicens : « Reges gentium dominantur eorum, et qui potestatem habent super eos benefici vocantur. Vos autem non sic *(Matth.* xx, 25). » Reges igitur gentium imitatur, quisquis in subjectis dominium appetit magis quam ministerium, et timeri magis quam amari satagit, et de prælationis suæ magisterio intumescens amat primos recubitus in cœnis, et primas cathedras in synagogis, et salutationes in foro, et vocari ab hominibus Rabbi. Cujus quidem vocationis honorem, ut nec nominibus gloricmur, et in omnibus humilitati provideatur : « Vos autem, » inquit Dominus, « nolite vocari Rabbi, et patrem nolite vocare super terram *(Matth.* xxiii, 8). » Et postremo universam prohibens gloriationem : « Qui se, inquit, exaltaverit humiliabitur *(ibid.*, 12). « Providendum quoque est, ne per absentiam pastorum grex periclitetur, et ne prælatis extravagantibus intus disciplina torpeat. Statuimus itaque ut diaconissa magis spiritalibus quam corporalibus intendens, nulla exteriore cura monasterium deserat, sed circa subjectas tanto sit magis sollicita, quanto magis assidua ; et tanto sit hominibus quoque præsentia ejus venerabilior, quanto rarior, sicut scriptum est : « Advocatus a potentiore discede. Ex hoc enim magis te advocabit *(Eccli.* xiii, 12). » Si qua vero legatione monasterium egeat, monachi vel eorum conversi ea fungantur. Semper enim viros mulierum necessitudinibus oportet providere. Et quo earum major religio, amplius vacant Deo, et majori virorum egent patrocinio. Unde et Matris Domini curam agere Joseph ab angelo admonetur, quam tamen cognoscere non permittitur. Et ipse Dominus moriens quasi alterum filium matri suæ providit, qui ejus temporalem ageret curam. Apostoli quoque quantam devotis curam impenderent feminis dubium non est, ut jam satis alibi meminimus ; quarum etiam obsequiis diaconos septem instituerunt. Quam quidem non auctoritatem sequentes, ipsa etiam rei necessitate hoc exigente decrevimus, monachos et eorum conversos more apostolorum et diaconorum in iis quæ ad exteriorem pertinent curam, monasteriis feminarum providere. Quibus maxime propter missas necessarii sunt monachi, propter opera vero conversi. Oportet itaque sicut Alexandriæ sub Marco evangelista legimus esse factum in ipso Ecclesiæ nascentis exordio, ut monasteriis feminarum monasteria non desint virorum, et per ejusdem religionis viros omnia extrinsecus feminis administrentur. Et tunc profecto monasteria feminarum firmius propositi sui religionem observare credimus, si spiritualium virorum providentia gubernentur, et idem tam ovium quam arietum pastor constituatur, ut qui videlicet viris ipse quoque præsit feminis, et semper, juxta apostolicam institutionem, caput mulieris sit vir, sicut viri Christus, et Christi Deus. Unde et monasterium beatæ Scholasticæ in possessione fratrum monasterii situm fratris quoque providentia regebatur, et crebra ipsius vel fratrum visitatione instruebatur et consolabatur. De cujus quoque regiminis providentia beati Basilii regula quodam loco nos instruens, ita continet : « Interrogatio. Si oportet eum qui præest extra eam quæ sororibus præest loqui aliquid quod ad ædificationem pertineat virginibus? Responsio. Et quomodo servabitur illud præceptum Apostoli dicentis : Omnia vestra honeste et secundum ordinem fiant? (*I Cor.* xiv, 40). » Item sequenti capitulo : « Interrogatio. Si convenit eum qui præest cum ea quæ sororibus præest frequenter loqui, et maxime si aliqui de fratribus per hoc læduntur. Responsio. Apostolo dicente : Ut quid enim libertas judicatur ab aliena conscientia? (*I Cor.* x, 29). Bonum est imitari eum dicentem : Quia non sum visus potestate mea uti, ne offendiculum aliquod ponerem Evangelio Christi (*I Cor.* ix, 12). Et quantum fieri potest, et rarius videndæ sunt, et brevius est sermocinatio finienda. » Hinc et illud est Hispalensis concilii : « Consensu communi decrevimus, ut monasteria virginum in provincia Bætica monachorum ministratione ac præsidio gubernentur. Tunc enim salubria Christo dicatis virginibus providemus, quando eis spirituales eligimus patres quorum non solum gubernaculis tueri, sed etiam doctrinis ædificari possint. » Hac tamen circa monachos cautela servata, ut remoti ab earum peculiaritate, nec usque ad vestibulum habeant accedendi permissum familiare, et neque abbatem vel eum qui præficitur extra eam quæ præest loqui virginibus Christi aliquid, quod ad institutionem morum pertinet, licebit. Nec cum sola quæ præest frequenter eum colloqui oportet, sed sub testimonio duarum aut trium sororum. Ita ut rara sit accessio brevis locutio. Absit enim ut ne monachos, quod etiam dictu nefas est, Christi virginibus familiares esse velimus. Sed juxta quod jussa regularia vel canonum admonent, longe discretos atque sejunctos eorum tantum gubernaculis easdem deputamus, constituentes ut unus monachorum probatissimus eligatur, cujus curæ sit prædia earum rusticana vel urbana intendere, fabricas struere, vel si quid aliud ad necessitatem monasterii providere, ut Christi famulæ pro animæ suæ tantum utilitate sollicitæ solis divinis cultibus vivant, operibus suis inserviant. Sane is qui ab abbate suo præponitur, judicio sui episcopi comprobetur. Vestes autem illæ iisdem cœnobiis faciant, a quibus tuitionem exspectant. Ab iisdem denuo, ut prædictum est, laborum fructus, et procurationis suffragium recepturæ. Hanc nos itaque providentiam sequentes, monasteria feminarum monasteriis virorum ita semper esse subjecta volumus, ut sororum curam fratres agant, et unus utrisque tanquam pater præsideat, ad cujus providentiam utraque spectent monasteria, et utrorumque in Domino quasi unum sit ovile et unus pastor. Quæ quidem spiritalis fraternitatis societas tanto gratior tam Deo quam hominibus fuerit, quanto ipsa perfectior omni sexui ad conversionem venienti sufficere possit, ut videlicet monachi viros, moniales feminas suscipiant, et omni animæ de salute sua cogitanti possit ipsa consulere. Et quicunque cum vel matre, aut sorore, vel filia, seu aliqua, cujus curam gerit, converti voluerit, plenum ibi solatium reperire possit. Et tanto majoris charitatis affectui sibi utraque monasteria sint connexa, et pro se invicem sollicita, quanto quæ ibi sunt personæ propinquitate aliqua vel affinitate amplius sunt conjunctæ. Præpositum autem monachorum, quem abbatem nominant, sic etiam monialibus præesse volumus, ut eas, quæ Domini sponsæ sunt, cujus ipse servus est, proprias recognoscat dominas, nec eis præesse, sed prodesse gaudeat. Et sit tanquam dispensator in domo regia, qui non imperio dominam premit, sed providentiam erga eam gerit, ut ei de necessariis statim obediat, et in noxiis eam non audiat, et sic exterius cuncta ministret, ut thalami secreta nunquam nisi jussus introeat. Ad hunc igitur modum servum Christi sponsis Christi providere volumus, et earum pro Christo fideliter curam gerere, et de omnibus quæ oportet cum diaconissa tractare. Nec ea inconsulta quidquam de ancillis Christi, vel de iis quæ ad eas pertinent eum statuere, nec ipsum cuiquam earum nisi per eam quidquam præcipere, vel loqui præsumere. Quoties vero eum diaconissa vocaverit, ne tardet venire, et quæ ipsa ei consuluerit de iis, quibus ipsa vel ei subjectæ opus habent, non moretur exsequi quantum valet. Vocatus autem a diaconissa nunquam nisi in manifesto, et sub testimonio probatarum personarum ei loquatur, nec ei proximus adjungatur, nec prolixo sermone eam detineat. Omnia vero quæ ad victum aut vestitum pertinet, et si quæ etiam pecuniæ fuerint, apud ancillas Christi congregabuntur vel reservabuntur, et inde fratribus necessaria tradentur de iis quæ sororibus supererunt. Omnia itaque fratres exteriora procurabunt, et sorores ea tantum quæ intus a mulieribus agi convenit, componendo scilicet vestes etiam fratrum, vel abluendo, panem etiam conficiendo, et ad coquendum tradendo, et coctum suscipiendo. Ad ipsas etiam cura lactis, et eorum quæ inde fiunt, pertinebit, et gallinarum vel anserum nutritura, et quæcunque convenientius mulieres agere quam viri possunt. Ipse vero præpositus, quando constitutus fuerit, in præsentia episcopi et sororum jurabit, quod eis fidelis in Domino dispensator erit, et earum corpora a carnali contagio sollicite observabit. In quo si forte, quod absit! episcopus eum negligentem deprehenderit, statim eum tanquam perjurii reum deponat. Omnes quoque fratres in professionibus suis hoc se sororibus sacramento astringent, quod nullatenus eas gravari consentient, et earum carnali munditiæ pro posse suo providebunt. Nullus igitur virorum nisi licentia præpositi ad sorores accessum habebit, nec aliquid eis missum, nisi a præposito transmissum, suscipietur. Nulla unquam sororum septa monasterii egredietur, sed omnia exterius, sicut dictum est, fratres procurabunt, et in fortibus fortes sudabunt operibus. Nullus unquam fratrum septa hæc ingredietur, nisi obtenta præpositi et diaconissæ licentia, cum aliqua hoc necessaria vel honesta exegerit causa. Si quis forte contra hoc præsumpserit, absque dilatione de monasterio projiciatur. Ne tamen viri fortiores feminis in aliquo eas gravare præsumant, statuimus eos quoque nihil præsumere contra voluntatem diaconissæ, sed omnia ipsos etiam ad nutum ejus peragere, et omnes pariter tam viros quam feminas ei professionem facere, et obedientiam promittere, ut tanto pax firmior habeatur et melius servetur concordia, quanto fortioribus minus licebit; et tanto minus fortes debilibus obedire graventur, quanto earum violentiam minus vereantur. Et quanto amplius hic humiliaverit se apud Deum, amplius exaltari certum sit. Hæc in præsenti de diaconissa dicta sufficiant. Nunc ad officiales stylum inclinemus.

Sacrifica, quæ et thesauraria, toti oratorio providebit, et omnes quæ ad ipsum pertinent claves, et quæ ipsi necessaria sunt, ipsa servabit; et si quæ fuerint oblationes, ipsa suscipiet, et de iis quæ in oratorio necessaria sunt faciendis vel reficiendis, et de toto ejus ornatu curam aget. Ipsius quoque providere est de hostiis, de vasis et de libris altaris, et toto ejus ornatu, de reliquiis, de incenso, de luminaribus, de horologio, de signis pulsandis. Hostias vero, si fieri potest, virgines conficiant, et frumentum purgent unde fiant, et altaris pallas abluant. Reliquias autem, vel vasa altaris nunquam ei vel alicui monialium contingere licebit, nec etiam pallas nisi cum eis traditæ ad lavandum fuerint. Sed ad hoc monachi vel eorum conversi vocabuntur, et exspectabuntur. Et si necesse fuerit, aliqui sub ea ad hoc officium instituantur, qui hæc contingere, cum opus fuerit, digni sint, et arcis ab ea reseratis, hæc inde ipsi sumant, vel ibi reponant. Hæc quidem quæ sanctuario præsidet, vitæ munditia præemineie debet; quæ, si fieri potest, mente cum corpore sit integra, et ejus tam abstinentia quam continentia sit probata. Hanc præcipue de compoto lunæ instructam esse oportet, ut secundum temporum rationem oratorio provideat.

Cantrix toti choro providebit, et divina disponet officia, et de doctrina cantandi vel legendi magisterium habebit, et de eis quæ ad scribendum pertinent vel dictandum. Armarium quoque librorum custodiet, et ipsos inde tradet atque suscipiet, et de ipsis scribendis vel aptandis curam suscipiet, vel sollicita erit. Ipsa ordinabit quomodo sedeatur in choro, et sedes dabit, et a quibus legendum sit vel cantandum providebit, et inscriptionem componet Sabbatis recitandam in capitulo, ubi omnes hebdomadariæ describentur. Propter quæ maxime litteratam eam esse convenit, et præcipue musicam non ignorare. Ipsa etiam post diaconissam toti disciplinæ providebit. Et si forte illa rebus alienis fuerit occupata, vices illius in hoc exsequetur.

Infirmaria ministrabit infirmis, et eas observabit tam a culpa quam ab indigentia. Quidquid infirmitas postulaverit, tam de cibis quam de balneis, vel quibuscunque aliis, est eis indulgendum. Notum est quippe proverbium in talibus : *Infirmis non est lex posita*. Carnes eis nullatenus denegentur, nisi sextæ feria, vel præcipuis vigiliis aut jejuniis Quatuor Temporum, seu Quadragesimæ. A peccato autem tanto amplius coerceantur, quanto amplius de exitu suo cogitandum incumbit. Maxime vero tunc silentio studendum est, in quo exceditur plurimum, et orationi instandum, sicut scriptum est : « Fili, in tua infirmitate ne despicias teipsum, sed ora Deum, et ipse curabit te. Avertere a delicto, et dirige manus, et ab omni delicto munda cor tuum (*Eccli.* xxxviii, 9). » Oportet quoque infirmis providam semper assistere custodiam, quæ, cum opus fuerit, statim subveniat, et domum omnibus instructam esse, quæ infirmitati illi sunt necessaria. De medicamentis quoque, si necesse est, pro facultate loci providendum erit. Quod facilius fieri potest, si quæ infirmis præest non fuerit expers medicinæ. Ad quam etiam de iis quæ sanguinem minuunt cura pertinebit. Oportet autem aliquam flebotomiæ peritam esse, ne virum propter hoc ad mulieres ingredi necesse sit. Providendum est etiam de officiis horarum et communione, ne desint infirmis, ut saltem Dominico die communicetur, confessione semper et satisfactione quam potuerint præeuntibus. De unctione quoque infirmorum beati Jacobi apostoli sententia sollicite custodiatur, ad quam quidem faciendam tunc maxime cum de vita ægrotantis desperatur, inducantur ex monachis duo seniores sacerdotes cum diacono, qui sanctificatum oleum secum afferant (*Jac.* v, 14), et conventu sororum assistente, interposito tamen pariete, ipsi hoc celebrem sacramentum. Similiter, cum opus fuerit, de communione agatur. Oportet itaque domum infirmarum sic aptari, ut ad hæc facienda monachi facilem habeant accessum et recessum, nec conventum videntes, nec ab eo visi. Singulis autem diebus semel ad minus diaconissa cum cellararia infirmam tanquam Christum visitent, ut de necessitatibus ejus sollicitæ provideant tam in corporalibus quam spiritualibus, et illud a Domino audire mereantur : « Infirmus eram, et visitasti me (*Matth.* xxv, 36). » Quod si ægrotans ad exitum propinquaverit, et in extasi agoniæ venerit, statim aliqua ei assistens ad conventum properet cum tabula, et eam pulsans exitum sororis nuntiet, totusque conventus, quæcunque hora sit diei vel noctis, ad morientem festinet, nisi ecclesiasticis præpediatur [*al.* impediatur] officiis. Quod si acciderit, quod nihil est operi Dei præponendum, satis est diaconissam cum aliquibus, quas elegerit, accelerare, et conventum postmodum sequi. Quæcunque vero ad hunc tabulæ pulsum occurrerint, statim litaniam inchoent, quousque sanctorum et sanctarum invocatio compleatur, et tunc psalmi vel cætera, quæ ad exsequias pertinent, subsequantur. Quam salubre vero sit ad infirmos ire sive mortuos, Ecclesiastes diligenter attendens, ait : « Melius est ire ad domum luctus, quam ad domum convivii. In illa enim finis cunctorum admonetur hominum, et vivens cogitat quid futurus sit (*Eccli.* VII, 5). » Item : « Cor sapientium ubi tristitia est (*ibid.*, 5). » Defunctæ vero corpusculum a sororibus statim abluatur, et aliqua vili, sed munda interula et caligis indutum feretro imponatur, velo capite obvoluto. Quæ quidem indumenta firmiter corpori consuantur sive ligentur, nec ulterius moveantur. Ipsum corpus a sororibus in ecclesia delatum monachi, cum oportuerit sepulturæ tradant, et sorores interim in oratorio psalmodiæ vel orationibus intente vacabunt. Diaconissæ vero sepulturæ id tantum præ cæteris habeat honoris, ut cilicio solo totum ejus corpus involvatur, et in eo quasi in sacco tota consuatur.

Vestiaria totum quod ad curam indumentorum spectat providebit, tam in calceamentis scilicet quam in cæteris omnibus. Ipsa tonderi oves faciet, coria calceamentorum suscipiet. Linum seu lanam excolet et colliget et totam curam telarum habebit. Filum et acum et forfices omnibus ministrabit. Totam dormitorii curam habebit, et stratis omnibus providebit. De mantilibus quoque mensarum et manutergiis et universis pannis curam aget, incidendis, suendis, abluendis. Ad hanc maxime illud pertinet : « Quæsivit lanam et linum, et operata est consilio manuum suarum (*Prov.* XXXI, 13).» « Manum suam misit ad colum, et digiti sui apprehenderunt fusum. Non timebit domui suæ a frigoribus nivis. Omnes enim domestici ejus vestiti duplicibus, et ridebit in die novissimo. Consideravit semitas domus suæ, et panem otiosa non comedit. Surrexerunt filii ejus et beatissimam prædicaverunt eam (*Cant.* VI, 8). » Hæc suorum operum habebit instrumenta, et providebit de suis operibus, quæ quibus debeat injungere sororibus. Ipsa enim noviliarum curam aget, donec in congregationem suscipiantur.

Cellerraria curam habebit de iis omnibus quæ pertinent ad victum, de cellario, refectorio, coquina, molendino, pistrino cum furno, de hortis etiam et viridariis, et agrorum tota cultura ; de apibus quoque, armentis et pecoribus cunctis, seu avibus necessariis. Ab ipsa requiretur quidquid de cibis necessarium erit. Hanc maxime non esse avaram convenit, sed promptam et voluntariam ad omnia necessaria tribuenda. « Hilarem enim datorem diligit Deus (*II Cor.* IX, 7). » Quam omnino prohibemus, ne de administrationis suæ dispensatione sibi magis quam aliis sit propitia, nec privata sibi paret fercula, nec sibi reservet quæ aliis defraudet. «Optimus, inquit Hieronymus, est dispensator, qui sibi nihil reservat. » Judas suæ dispensationis abutens officio, cum loculos haberet, de cœtu periit apostolico. Ananias quoque et Saphira uxor ejus retinendo sententiam mortis exceperunt.

Ad portariam, sive ostiariam, quod idem est, pertinet de suscipiendis hospitibus, vel quibuslibet advenientibus, et de iis nuntiandis vel adducendis ubi oporteat, et de cura hospitalitatis. Hanc ætate et mente discretam esse convenit, ut sciat accipere responsum et reddere, et qui vel qualiter suscipiendi sint, an non sint, dijudicare. Ex qua maxime tanquam ex vestibulo Domini religionem monasterii decorari oportet, cum ab ipsa ejus notitia incipiat. Sit igitur blanda verbis, mitis alloquio, ut in his quoque quos excluserit, convenienti reddita ratione charitatem studeat ædificare. Hinc enim scriptum est : « Responsio mollis frangit iram, sermo durus suscitat furorem (*Prov.* XV, 1). » Et alibi : « Verbum dulce multiplicat amicos, et mitigat inimicos (*Eccli.* VI, 5). » Ipsa quoque sæpius pauperes videns, meliusque cognoscens, si qua eis de cibis aut vestimentis distribuenda sunt distribuet ; tam ipsa vero quam cæteræ officiales, si suffragio vel solatio aliquarum eguerint, dentur eis a Diaconissa vicariæ. Quas præcipue de conversis assumi convenit, ne aliqua unquam monialium divinis desit officiis, sive capitulo vel refectorio. Domunculam juxta portam habeat, in qua ipsa vel ejus vicaria præsto sit semper advenientibus, ubi etiam otiosæ non maneant, et tanto amplius silentio studeant, quanto earum loquacitas his quoque qui extra sunt, facilius potest innotescere. Ipsius profecto est non solum homines, quos oportet, arcere ; verum etiam rumores penitus excludere, ne ad conventum temere deferantur, et ab ipsa est exigendum quidquid in hoc quoque fuerit excessum. Si quid vero audierit quod scitu opus sit, ad diaconissam secreto referet, ut ipsa super hoc si placet deliberet. Mox autem ut ad portam pulsatum vel inclamatum fuerit, quæ præsto est quærat a supervenientibus qui sint, aut quid velint, portamque, si oportuerit, statim aperiat ut advenientes suscipiat. Solas quippe feminas intus hospitari licebit. Viri autem ad monachos dirigentur. Nullus itaque aliqua de causa intus admittetur, nisi consulta prius et jubente diaconissa. Feminis autem statim patebit introitus. Susceptas vero feminas, seu viros quacunque occasione introeuntes portaria in cellula sua pausare faciet, donec a diaconissa vel sororibus, si necessarium est vel opportunum, eis occurratur. Pauperibus vero quæ ablutione pedum indigent, hanc quoque hospitalitatis gratiam ipsa diaconissa, seu sorores diligenter exhibeant. Nam et Apostolus ex hoc præcipue humanitatis obsequio dictus est diaconus. Sicut in Vitis quoque Patrum quidam ipsorum meminit, dicens : « Propter te homo salvator factus diaconus, præcingens se linteo lavit pedes discipulorum, præcipiens eis fratrum pedes lavare. » Hinc Apostolus de diaconissa meminit, dicens : « Si hospitio recepit, si sanctorum pedes lavit (*I Tim.* v, 10). » Et ipse Dominus : « Hospes, inquit, eram, et collegistis me (*Matth.* xxv, 35). » Officiales omnes præter cantricem de his instituantur, quæ litteris non intendunt, si ad hoc tales reperiri possint idoneæ, ut litteris vacare liberius queant.

Oratorii ornamenta necessaria sint, non superflua ; munda magis quam pretiosa. Nihil igitur in eo de auro vel de argento compositum sit præter unum calicem argenteum, vel plures etiam, si necesse sit. Nulla de serico sint ornamenta, præter stolas aut phanones. Nulla in eo sint imaginum sculptilia. Crux ibi lignea tantum erigatur ad altare, in qua si forte imaginem Salvatoris placeat depingi, non est prohibendum. Nullas vero alias imagines altaria cognoscant. Campanis duabus monasterium sit contentum. Vas aquæ benedictæ ad introitum oratorii extra collocetur, ut ea sanctificentur mane ingressuræ, vel post Completorium egressæ. Nullæ monialium horis desint canonicis ; sed statim ut pulsatum fuerit signum, omnibus aliis postpositis ad divinum properetur officium, modesto tamen incessu. Introeuntes autem secreto oratorium, dicant quæ poterunt ; « Introibo in domum tuam, adorabo ad templum sanctum tuum (*Psal.* v, 8), » etc. Nullus in choro liber teneatur, nisi officio præsenti necessarius. Psalmi aperte et distincte ad intelligendum dicantur, et tam moderata sit psalmodia vel cantus, ut quæ vocem habent infirmam sustinere valeant. Nihil in ecclesia legatur aut cantetur, nisi de authentica sumptum Scriptura, maxime autem de Novo vel Veteri Testamento. Quæ utraque sic per lectiones distribuantur, ut ex integro per annum in ecclesia legantur. Expositiones vero ipsorum vel sermones doctorum, seu quælibet Scripturæ aliquid ædificationis habentes ad mensam vel in capitulo recitentur, et, ubicunque opus sit, omnium lectio concedatur. Nulla autem legere vel cantare præsumat, nisi quod prius præviderit. Si qua forte de iis aliquid in oratorio vitiose protulerit, ibidem supplicando coram omnibus satisfaciat secreto, dicens : « Ignosce, Domine, etiam hac vice negligentiæ meæ. » Media autem nocte secundum institutionem propheticam ad vigilias nocturnas surgendum est, propter quod adeo tempestive cubandum est, ut has vigilias ferre natura valeat infirma. Et omnia quæ ad diem pertinent cum luce fieri possint, sicut et beatus Benedictus instituit. Post vigilias autem ad dormitorium redeatur, antequam hora Matutinarum laudum pulsetur. Et si quid noctis adhuc superest, infirmæ somnus non negetur naturæ. Maxime namque somnus lassatam recreat naturam, et patientem operis reddit, et sobriam conservat, et alacrem. Si quæ tamen psalterii vel aliquarum lectionum meditatione indigent, ut beatus quoque meminit Benedictus, vacare ita debent, ut quiescentes non inquietent. Ideo namque meditationi hoc loco potius quam lectioni dixit, ne lectio aliquorum quietem impediret aliorum. Qui etiam cum ait : « A fratribus qui indigent, » profecto nec ad hanc meditationem compulit. Nonnunquam tamen, si doctrina etiam cantus opus est, de hoc similiter providendum est iis quibus necesse est. Hora vero matutina, die statim illucescente, peragatur ; et exorto Lucifero, si provideri potest, ipsa pulsetur. Qua completa revertatur ad dormitorium. Quod si æstas fuerit, quia tunc breve est tempus nocturnum, et longum Matutinum, aliquantulum ante Primam dormire non prohibemus, donec sonitu facto excitentur. De qua etiam quiete post matutinales videlicet Laudes, beatus Gregorius Dialogorum capitulo 2, cum de venerabili viro Libertino loqueretur, meminit, dicens : « Die vero erat altera pro utilitate monasterii causa constituta. Expletis igitur hymnis matutinalibus Libertinus ad lectum abbatis venit, orationem sibi humiliter petiit. » Hæc igitur quies matutinalis a Pascha usque ad æquinoctium autumnale, ex quo incipit diem excedere, non denegetur. Egressæ autem de dormitorio abluant, et acceptis libris in claustro sedeant legentes vel cantantes, donec Prima pulsetur. Post Primam vero in capitulum eatur, et omnibus ibi residentibus lectio Martyrologii legatur, luna ante pronuntiata. Ubi postmodum vel aliquo sermonis ædificio fiat, vel aliquid de Regula legatur et exponatur. Deinde si quæ corrigenda sunt, vel disponenda, prosequi oportet.

Sciendum vero est, nec monasterium nec domum aliquam inordinatam dici debere, si qua ibi inordinate fiant : sed si cum facta fuerunt non sollicite corrigantur. Quis enim locus a peccato penitus expers ? Quod diligenter beatus attendens Augustinus, cum clerum suum instrueret, in quodam loco meminit, dicens (epist. 137) : « Quantumlibet enim vigilet disciplina domus meæ, homo sum, et inter homines vivo. Nec mihi arrogare audeo ut domus mea melior sit quam arca Noe, ubi tamen inter octo homines unus inventus est reprobus (*Gen.* VII, 1) ; aut melior sit quam domus Abrahæ, ubi dictum est : *Ejice ancillam et filium ejus* (*Gen.* XXI, 10) ; aut melior quam domus Isaac : *Jacob dilexi, Esau odio habui* (*Malac.* 1, 3) ; aut melior quam domus Jacob (*Gen.* XXV, 22), ubi lectum patris filius incestavit ; aut melior quam domus David (*II Reg.* XIII, 1), cujus filius unus cum sorore concubuit, alter contra patris tam sanctam mansuetudinem rebellavit ; aut melior quam cohabitatio apostoli Pauli, qui si inter bonos habitaret non diceret : *Foris pugnæ, intus timores* (*II Cor.* VII, 5) · nec loqueretur : Nemo est homo qui germane de vobis sollicitus sit. Omnes quæ sua sunt quærunt; aut melior quam cohabitatio ipsius Christi, in qua undecim boni perfidum et furem Judam toleraverunt; aut melior postremo quam cœlum, unde angeli ceciderunt. » Qui etiam nos ad disciplinam monasterii plurimum exhortans, annexuit, dicens : « Fateor coram Deo ex quo Deo servire cœpi, quomodo difficile sum expertus meliores quam qui in monasteriis profecerunt. Ita non sum expertus pejores quam qui in monasteriis ceciderunt. » Ita ut hinc, arbitror, in Apocalypsi scriptum est : « Justus justior fiat, et sordidus sordescat adhuc (*Apoc.* xxii, 11). » Tanta igitur correctionis districtio sit, ut quæcunque in altera viderit quod corrigendum sit, et celaverit, graviori subjaceat disciplinæ, quam illa quæ hoc commisit. Nulla igitur vel suum vel alterius delictum accusare differat. Quæcunque vero se accusans alias prævenerit, sicut scriptum est : « Justus prior est accusator sui (*Prov.* xviii, 17), mitiorem meretur disciplinam, si ejus cessaverit negligentia. Nulla vero aliam excusare præsumat, nisi forte diaconissa ab aliis ignotam rei veritatem interroget. Nulla unquam aliam cædere pro quacunque culpa præsumat, nisi cui injunctum fuerit a diaconissa. Scriptum est autem de disciplina correctionis : « Disciplinam Domini, fili mi, ne abjicias. Ne deficias cum ab eo corriperis. Quem enim diligit Dominus corripit, et quasi pater in filio complacet sibi (*Prov.* iii, 11). » Item : « Qui parcit virgæ, odit filium ; qui autem diligit illum, instanter erudit (*Prov.* xiii, 24). Pestilente flagellato stultus sapientior erit (*Prov.* xix, 25). Multato pestilente sapientior erit parvulus (*Prov.* xxi, 11). Flagellum equo, et chamus asino, et virga dorso imprudentium (*Prov.* xxvi, 23). Qui corripit hominem postea inveniet apud eum, magis quam ille qui per linguæ blandimenta decipit (*Prov.* xxviii, 23). Omnis autem disciplina in præsenti quid videtur non esse gaudii, sed mœroris. Postea autem fructum pacatissimum exercitatis per eam reddet justitiæ (*Hebr.* xii, 21). Confusio patris est in filio indisciplinato, filia autem fatua in deminoratione erit (*Eccli.* xxii, 5). Qui diligit filium, assiduat illi flagella, ut lætetur in novissimo (*Eccli.* xxx, 1). Qui docet filium, laudabitur in illo, et in medio domesticorum in illo gloriatur. Equus indomitus evadet durus, et filius remissus evadet præceps. Lacta filium tuum, et paventem te faciet. Lude cum eo, et contristabit te (*ibid.*, 8). » In discussione vero consilii cuilibet suam proferre sententiam licebit, sed quidquid omnibus videatur diaconissæ decretum immobile teneatur, in cujus arbitrio cuncta consistant, etiamsi, quod absit ! ipsa fallatur, et quod deterius est ipsa constituat. Unde et illud est beati Augustini libro Confessionum : « Multum peccat qui inobediens est suis prælatis in aliquo, si vel meliora eligat quam ea quæ sibi jubentur. » Multo quippe melius est nobis bene facere, quam bonum facere. Nec tam quod fiat quam quod quo modo vel animo

fiat pensandum est. Bene vero fit quidquid per obedientiam fit, etiamsi quod fit bonum esse minime videatur. Per omnia itaque prælatis est obediendum quantacunque sint damna rerum, si nullum appareat animæ periculum. Provideat prælatus ut bene præcipiat, quia subjectis bene obedire sufficit ; nec suam sicut professi sunt, sed prælatorum sequi voluntatem. Omnino [*al.* Omnibus] enim prohibemus ut nunquam consuetudo rationi præponatur, nec unquam aliquid defendatur, quia sit consuetudo, sed quia ratio ; nec quia sit usitatum, sed quia bonum ; et tanto libentius excipiatur, quanto melius apparebit. Alioquin Judaizantes legis antiquitatem Evangelio præferamus. Ad quod beatus Augustinus de consilio Cypriani pleraque asserens testimonia, quodam loco ait (lib. iii) : « Qui contempta veritate præsumit consuetudinem sequi, aut circa fratres invidus est et malignus, quibus veritas revelatur : aut circa Deum ingratus est, cujus inspiratione Ecclesia ejus instruitur. » Item (lib. vi) : « In Evangelio Dominus : *Ego sum*, inquit, *Veritas* (*Joan.* xiv, 6). Non dixit : Ego sum consuetudo. Itaque veritate manifestata, cedat consuetudo veritati. Item revelatione facta veritatis, cedat error veritati, quia et Petrus qui prius circumcidebat cessit Paulo prædicanti veritatem. » Idem, lib. iv De baptismo : « Frustra quidem qui ratione vincuntur consuetudinem nobis objiciunt, quasi consuetudo major sit veritate, aut non sit in spiritualibus sequendum quod in melius fuit a Spiritu sancto revelatum. » Hoc plane verum est, quia ratio et veritas consuetudini præponenda est. Gregorius VII Wimundo [*al.* Willimundo] episcopo : (dist. 8, cap. *Si consuet.*) « Et certe, ut beati Cypriani utamur sententia, quælibet consuetudo quantumvis vetusta, quantumvis vulgata, veritati est omnino præponenda : et usus qui veritati est contrarius, abolendus. » Quanto etiam amore veritas quoque verborum amplectenda, admonemur in Ecclesiastico, cum dicitur : « Pro anima tua non confundaris dicere verum (*Eccli.* iv, 24). » Item : « Non contradicas verbo veritatis ullo modo (*ibid.*, 30). » Et iterum : « Ante omnia opera verbum verax præcedat te, et ante omnem actum consilium stabile (*Eccli.* xxvii, 20). » Nihil etiam in auctoritatem ducatur, quia geritur a multis, sed quia probatur a sapientibus et bonis. « Stultorum, » inquit Salomon, « infinitus est numerus (*Eccle.*, i, 15). » Et juxta Veritatis assertionem : « Multi vocati, pauci vero electi (*Matth.* xxii, 14). » Rara sunt quæque pretiosa ; et quæ abundant numero minuuntur pretio. Nemo enim in consilio majorem hominum partem, sed meliorem sequatur. Nec ætas hominis, sed sapientia consideretur ; nec amicitia, sed veritas attendatur. Unde et poetica est illa sententia :

Fas est et ab hoste doceri.

(Ovid., lib. iv, *Metam.*)

Quoties autem opus est consilio non differatur. Et si de rebus præcipuis est deliberandum, convocetur conventus. In minoribus autem rebus discutiendis sufficiet diaconissa paucis ad se de majoribus personis convocatis. Scriptum quoque est de consilio : « Ubi non est gubernator, populus corruit. Salus autem, ubi multa consilia (*Prov.* xi, 14). Via stulti recta in oculis ejus. Qui autem sapiens, audit consilia (*Prov.* xii, 15). Fili, sine consilio nihil facias, et post factum non pœnitebis (*Eccli.* xxxii, 24). » Si forte sine consilio aliquid prosperum habet eventum, non excusat hominis præsumptionem fortunæ beneficium. Sin autem post consilium nonnunquam errant, potestas quæ consilium quæsivit rea non teneatur præsumptionis. Nec tam culpandus est qui credidit, quam quibus ipse errando acquievit. Egressæ vero capitulum iis quibus oportet operibus intendant, legendo scilicet vel cantando, sive manibus operando usque ad Tertiam. Post Tertiam autem missa dicatur, ad quam quidem celebrandam unus ex monachis sacerdos hebdomadarius instituatur. Quem profecto [*al.* præsto] si copia tanta sit, cum diacono et subdiacono venire oportet, qui ei quod necessarium est administrent, vel quod suum est et ipsi operentur. Quorum accessus vel recessus ita fiant, ut sororum conventui nullatenus pateant. Si vero plures necessarii fuerint, et de his providendum erit, et ita semper si fieri potest, ut monachi propter missas monialium nunquam conventui suo in officiis desint divinis. Si vero communicandum a sororibus fuerit, senior eligatur sacerdos, qui post missam eas communicet; egressis inde prius diacono et subdiacono propter tollendam tentationis occasionem. Ter vero ad minus in anno totus communicet conventus, id est Pascha, Pentecoste, et Natale Domini, sicut a Patribus est institutum de sæcularibus etiam hominibus. His autem communionibus ita se præparent ut tertio die ante ad confessionem et congruam satisfactionem omnes accedant, et terno se panis et aquæ jejunio et oratione frequenti purificent cum omni humilitate et tremore, illam Apostoli terribilem apud se retractantes sententiam : «Itaque, inquit, quicunque manducaverit panem vel biberit calicem Domini indigne, reus erit corporis et sanguinis Domini. Probet autem seipsum homo, et sic de pane illo edat, et de calice bibat. Qui enim manducat et bibit indigne, judicium sibi manducat et bibit, non dijudicans corpus Domini. Ideo inter vos multi infirmi et imbecilles, et dormiunt multi. Quod si nosmetipsos dijudicaremus, non utique dijudicaremur (*I Cor.*, xi, 27). » Post missam quoque ad opera redeant usque ad Sextam, et nullo tempore otiose vivant, sed unaquæque id quod potest et quod oportet operetur. Post Sextam autem prandendum est, nisi jejunium fuerit. Tunc enim Nona exspectanda est, et in Quadragesima etiam Vesperæ. Nullo vero tempore conventus careat lectione. Quam cum diaconissa terminare voluerit, dicat : Sufficit. Et statim ad grates Domino referendas ab omnibus surgatur. Æstivo tempore post prandium usque ad Nonam quiescendum est in dormitorio, et post Nonam ad opera redeundum usque ad Vesperas. Post Vesperas autem vel statim cœnandum est vel potandum. Et inde etiam secundum temporis consuetudinem ad collationem eundum. Sabbato autem ante collationem munditiæ fiant, in ablutione videlicet pedum et manuum. In quo quidem obsequio diaconissa famuletur cum hebdomadariis, quæ coquinæ deservierunt. Post collationem vero ad Completorium statim est veniendum, inde dormitum est eundum.

De victu autem et vestitu apostolica teneatur sententia, qua dicitur : « Habentes autem alimenta et quibus tegamur, his contenti simus (*I*, *Tim.*, vi, 8).» Ut videlicet necessaria sufficiant, non superflua quærantur. Et quod vilius poterit comparari, vel facilius haberi, et sine scandalo sumi, re concedatur. Solum quippe scandalum propriæ conscientiæ vel alterius in cibis Apostolus vitat, sciens quia non est cibus in vitio, sed appetitus. « Qui manducat, inquit, «non manducantem non spernat. Qui non manducat, manducantem non judicet. Tu quis es qui judicas alienum servum? Qui manducat, Domino manducet. Gratias enim agit Deo. Et qui non manducat, Domino non manducat, et gratias agit Deo. Non ergo amplius invicem judicemus, sed hoc judicate magis ne ponatis offendiculum fratri vel scandalum. Scio et confido in Domino Jesu, quia nihil commune per ipsum, nisi qui æstimat quid commune esse. Non est regnum Dei esca et potus, sed justitia, et pax, et gaudium in Spiritu sancto. Omnia quidem munda sunt, sed malum est homini qui per offendiculum manducat. Bonum non manducare carnem, et non bibere vinum, neque in quo frater tuus offendatur, au scandalizetur (*Rom.*, xiv, 3). » Qui etiam post scandalum fratris de proprio scandalo ipsius qui contra conscientiam suam comedit adjungit, dicens : « Beatus qui non judicat semetipsum in eo quod probat. Qui autem discernit si manducaverit, damnatus est, quia non ex fide. Omne autem quod non ex fide, peccatum est (*ibid.*, 22).» In omni quippe quod agimus contra conscientiam nostram, et contra hoc quod credimus, peccamus. Et in eo quod probamus, hoc est per legem quam approbamus atque recipimus, judicamus nosmetipsos atque damnamus, si illos videlicet comedimus cibos quos discernimus, hoc est per legem excludimus, et separamus tanquam immundos. Tantum enim est testimonium conscientiæ nostræ, ut hæc nos apud Deum maxime accuset vel excuset. Unde et Joannes in prima sua meminit Epistola : « Charissimi, si cor nostrum non reprehenderit nos, fiduciam habemus ad Deum. Et quidquid petierimus accipiemus ab eo, quoniam mandata ejus custodimus, et ea quæ sunt placita coram eo facimus (*I Joan.* iii, 21). » Bene itaque et Paulus superius ait : Nihil esse commune per Christum nisi ei qui commune quid esse putat (*Rom.*, xiv, 23), hoc est immundum et interdictum si sibi credit. Communes quippe cibos dicimus, qui secundum legem mundi vocantur, quod eos scilicet lex a suis excludens quasi his qui extra legem sunt exponat et publicet. Unde et communes feminæ in mundæ sunt, et communia quæque vel publicata vilia sunt, vel minus chara. Nullum itaque cibum per Christum asserit esse communem, id est immundum, quia lex Christi nullum interdicit, nisi ut dictum est propter scandalum removendum, vel propriæ scilicet conscientiæ, vel alienæ. De qua et alibi dicit : « Quapropter si esca scandalizat fratrem meum, non manducabo in æternum, ne fratrem meum scandalizem? (*I Cor.* VIII, 13.) » Non sum liber, non sum apostolus? (*I Cor.* IX, 1.)» Ac si diceret : Nunquid non habeo illam libertatem quam Dominus apostolis dedit, de quibuslibet scilicet edendis vel de stipendiis aliorum sumendis? Sic quippe cum apostolos mitteret quodam loco ait : « Edentes et bibentes quæ apud illos sunt (*Luc.*, x, 7). » Nullum videlicet cibum a cæteris distinguens. Quod diligenter Apostolus attendens, et omnia ciborum genera etiamsi sint infidelium cibi et idolothyta, Christianis esse licita studiose prosequitur, solum, ut diximus, in cibis scandalum vitans : « Omnia, inquit, licent; sed non omnia expediunt. Omnia mihi licent, sed non omnia ædificant. Nemo quod suum est quærat [*al.* quærit], sed quod alterius. Omne quod in macello vænit, manducate, nihil interrogantes propter conscientiam (*I Cor.* x, 22). *Domini est terra, et plenitudo ejus* (*Psal.* XXIII, 1). Si quis vocat vos infidelium ad cœnam, et vultis ire; omne quod vobis apponitur manducate, nihil interrogantes propter conscientiam. Si quis autem dixerit, hoc immolatum est idolis, nolite manducare propter illum qui judicavit, et propter conscientiam dico non tuam, sed alterius. Sine offensione estote Judæis et gentibus, et Ecclesiæ Dei. » Ex quibus videlicet Apostoli verbis manifeste colligitur, nullum nobis interdici, quo sine offensa propriæ conscientiæ vel alienæ vesci possimus. Sine offensa vero propriæ conscientiæ tunc agimus, si propositum vitæ, quo salvari possumus, nos servare confidimus. Sine offensa autem alienæ, si eo modo vivere credimur quo salvemur. Eo quidem modo vivemus, si omnibus necessariis naturæ indultis peccata vitemus, nec de nostra virtute præsumentes illi vitæ jugo professione nos obligemus, quo prægravati succumbamus; et tanto sit gravior casus, quanto fuerat professionis altior gradus. Quem quidem casum et stultæ professionis votum Ecclesiastes præveniens ait : « Si quid vovisti Deo, ne moreris reddere. Displicet enim ei infidelis et stulta promissio. Sed quodcunque voveris redde. Melius est non vovere, quam post votum promissa non reddere (*Eccle.* v, 2). » Cui quoque periculo occurrens Apostolicum consilium : « Volo, inquit, juniores nubere, filios procreare, matresfamilias esse, nullam occasionem dare adversario maledicti gratia. Jam enim quædam conversæ sunt retro Satanam (*I Tim.* v, 14). » Ætatis infirmæ naturam considerans, remedium vitæ laxioris opponit periculo melioris. Consulit residere in imo, ne præcipitium

detur ex alto. Quem et beatus secutus Hieronymus Eustochium virginem instituens ait (epist. 22) : « Si autem et illæ quæ virgines sunt, ob alias tamen culpas non salvantur, quid fiet illis quæ prostituerunt membra Christi, et mutaverunt templum Spiritus sancti in lupanar? Rectius fuerat homini subiisse conjugium, ambulasse per plana, quam ad altiora tendentem in profundum inferni cadere. » Quod si etiam universa revolvamus Apostoli dicta, nunquam eum reperiemus secunda matrimonia nisi feminis indulsisse. Sed viros maxime ad continentiam exhortans, ait : « Circumcisus aliquis vocatus est? non adducat præputium (*I Cor.* VII, 18). » Et iterum : Solutus es ab uxore? noli quærere uxorem (*ibid.*, 27). » Cum Moyses tamen viris magis quam feminis indulgens uni viro plures simul feminas, non uni feminæ plures viros concedat, et districtius adultera feminarum quam virorum puniat. « Mulier, inquit Apostolus, si mortuus fuerit vir ejus, liberata est a lege viri, ut non sit adultera si fuerit cum alio viro (*Rom.* VII, 37.) » Et alibi : « Dico autem non nuptis et viduis : Bonum est illis si sic permaneant sicut et ego. Quod si non se continent, nubant. Melius est enim nubere quam uri (*I Cor.* VII, 8.) » Et iterum : « Mulier, si dormierit vir ejus, liberata est. Cui vult nubat, tantum in Domino. Beatior autem erit si sic permanserit secundum consilium meum (*ibid.*, 39). » Non secunda tantum matrimonia infirmo sexui concedit, verum etiam ea nullo concludere audet numero, sed cum dormierint earum viri nubere aliis permittit. Nullum matrimoniis earum præfigit numerum, dummodo fornicationis evadant reatum. Sæpius magis nubant quam semel fornicentur, ne si uni prostituantur, multis carnalis commercii debitum solvant. Quæ tamen debiti solutio non est penitus immunis a peccato, sed indulgentur minora ut majora vitentur peccata. Quid igitur mirum si id, in quo nullum est omnino, conceditur ne peccatum incurrant, hoc est alimenta quælibet necessaria, non superflua? Non est enim, ut dictum est, cibus in vitio, sed appetitus, cum videlicet libet quod non licet, et concupiscitur quod interdictum est, et nonnunquam impudenter sumitur, unde maximum scandalum generatur. Quid vero inter universa hominum alimenta tam periculosum est, vel damnosum, et religioni nostræ vel sanctæ quieti contrarium, quantum vinum? Quod maximus ille Sapientum diligenter attendens, ab hoc maxime nos dehortatur, dicens : Luxuriosa res vinum, et tumultuosa ebrietas. Quicunque his delectatur, non erit sapiens (*Prov.* xx, 1). Cui væ, cujus patri væ, cui rixæ, cui foveæ, cui sine causa vulnera, cui suffusio oculorum? nonne his qui morantur in vino, et student calicibus epotandis? Ne intuearis vinum quando flavescit, cum splenduerit in vitro color ejus. Ingreditur blande, sed in novissimo mordebit ut coluber, et sicut regulus venena diffundet. Oculi tui videbunt extraneas, et cor tuum loquetur perversa, et eris sicut dormiens in medio mari, et quasi sopitus gubernator amisso clavo, et dices : Verberaverunt me, et non dolui; traxerunt me, et ego non sensi. Quando evigilabo, rursus, et vina reperiam? (*Prov.* xxiii, 29.) Item . « Noli regibus, o Lamuel, noli regibus dare vinum, quia nullum secretum est ubi regnat ebrietas. Ne forte bibant et obliviscantur judiciorum, et mittant causam filiorum pauperis (*Prov.* xxxi, 4). » Et in Ecclesiastico scriptum est : « Operarius ebriosus non locupletabitur, et qui spernit modica, paulatim decidet. Vinum et mulieres apostatare faciunt sapientes, et arguunt sensatos (*Eccli.* xix, 1). » Isaias quoque universos præteriens cibos, solum in causam captivitatis populi commemorat vinum : « Væ, inquit, qui consurgitis mane ad ebrietatem sectandam et potandum usque ad vesperam, ut vino æstuetis. Cithara et lyra et tympanum et tibia et vinum in conviviis vestris, et opus Domini non respicitis. Propterea captivus ductus est populus meus, quia non habuit scientiam. Væ qui potentes estis ad bibendum vinum, et viri fortes ad miscendam ebrietatem (*Isa.* v, 11).» Qui etiam de populo usque ad sacerdotes et prophetas querimoniam extendens, ait : « Verum ii quoque præ vino nescierunt, et præ ebrietate erraverunt. Sacerdos et propheta nescierunt præ ebrietate, absorpti sunt a vino, erraverunt in ebrietate, nescierunt videntem, ignoraverunt judicium. Omnes enim mensæ repletæ sunt vomitu sordiumque, ita ut non esset ultra locus. Quem docebit scientiam, et quem intelligere faciet auditum? (*Isa.* xxviii, 7.) » Dominus per Joel dicit : « Expergiminiscimini ebrii, et flete qui bibitis vinum in dulcedine (*Joel*, 1, 5). » Non enim uti prohibet vino in necessitate, sicut Apostolus inde Timotheo consulit, « propter stomachi frequentes infirmitates (*I Tim.* v, 23); non tantum infirmitates, sed frequentes. Noe primus vineam plantavit (*Gen.* ix, 20), nesciens adhuc fortassis ebrietatis malum, et inebriatus femora denudavit; quia vino conjuncta est luxuriæ turpitudo. Qui etiam superirrisus a filio maledictionem in eum intorsit, et servitutis sententia illum obligavit : quæ antea nequaquam facta esse cognovimus. Loth virum sanctum ad incestum nullatenus trahi nisi per ebrietatem filiæ ipsius providerunt (*Gen.* xix, 33). Et beata vidua superbum Holofernum nonnisi hac arte illudi posse et prosterni credidit (*Judith.* xiii, 4). Angelos antiquis patribus apparentes, et ab eis hospitio susceptos carnibus, non vino usos esse legimus (*Gen.* xviii, 1). Et maximo illi et primo principi nostro Eliæ in solitudinem latenti corvi mane et vespere panis et carnium alimoniam, non vini ministrabant (*III Reg.* xvii, 6). Populus etiam Israeliticus delicatissimis in eremo cibis maxime coturnicum educatus, nec vino usus fuisse, nec ipsum appetiisse legitur (*Exod.* xvi, 13). Et refectiones illæ panum et piscium, quibus in solitudine populus sustentabatur, vinum nequaquam habuisse referuntur. Solummodo nuptiæ quæ indulgentiam habent, incontinentiæ vini, in quo est luxuria, miraculum habuerunt (*Joan.* ii, 8.) Solitudo vero, quæ propria est monachorum, habitatio carnium magis quam vini beneficium novit. Summa etiam illa in lege Nazaræorum religio, qua se Domino consecrant, vinum et quod inebriare potest solummodo vitabat (*Num.* vi, 3). Quæ namque virtus, quod bonum in ebriis manet? Unde non solum vinum, verum etiam omne quod inebriare potest antiquis quoque sacerdotibus legimus interdici. De quo Hieronymus ad Nepotianum (epist. 2), de vita clericorum scribens, et graviter indignans quod sacerdotes legis ab omni quod inebriare potest abstinentes nostros in hac abstinentia superent : « Nequaquam, » inquit, « vinum redoleas, ne audias illud philosophi : Hoc non est osculum porrigere, sed propinare. » Vinolentos sacerdotes et apostolus damnat, et lex vetus prohibet : « Qui altario deserviunt (*I Cor.* x, 13), vinum et siceram non bibent (*Luc.* i, 15). » Sicera Hebræo sermone omnis potio nuncupatur, quæ inebriare potest, sive illa quæ fermento conficitur, sive pomorum succo, aut favi decoquuntur in dulce, et herbarum potionem aut palmarum fructus exprimuntur in liquorem, coctisque frugibus aqua pinguior colatur. Quidquid inebriat et statum mentis evertit fuge similiter ut vinum. Ex regula sancti Pacomii vinum et liquamen absque loco ægrotantium nullus attingat. Quis etiam vestrum [*al.* nostrum] non audierit vinum monachorum penitus non esse, et in tantum olim a monachis abhorreri, ut ab ipso vehementer dehortantes ipsum Satanam appellarent? Unde in Vitis Patrum scriptum legimus : « Narraverunt quidam abbati pastori de quodam monacho quia non bibebat vinum, et dixit eis : Quia vinum monachorum omnino non est. » Item post aliqua : « Facta est aliquando celebratio missarum in monte abbatis Antonii, et inventum est ibi cenidium vini, et tollens unus de senibus parvum vas calicem portavit ad abbatem Sisoi, et dedit ei, et bibit semel et secundo, et accepit et bibit. Obtulit ei etiam tertio, sed non accepit, dicens : Quiesce, frater, an nescis quia est Satanas?» Et iterum de abbate Sisoi : « Dicit ergo Abraham discipulis ejus, si occurritur in Sabbato, et Dominica ad ecclesiam, et biberit tres calices, ne multo est? et dixit senex : Si non esset Satanas, non esset multum. » Hinc et beatus non immemor Benedictus cum dispensatione quadam monachis vinum indulgeret, ait (cap. 46) : « Licet legamus vinum monachorum omnino non esse, sed quia nostris temporibus id monachis penitus persuaderi non potest. » Quid enim mirum si monachis penitus non sit indulgendum, quod feminis quoque, quarum in se est natura debilior, et tamen contra vinum fortior, ipsum omnino beatus interdicit Hieronymus? Hic enim Eustochium virginem Christi de conservanda instruens virginitate, vehementer adhortatur, dicens (epist. 22) : « Si quid itaque in me potest esse consilii, si experto creditur, hoc primum moneo et obtestor, ut sponsa Christi vinum fugiat pro veneno. Hæc adversus adolescentiam prima sunt arma dæmonum. Non sic avaritia quatit, inflat superbia, delectat ambitio. Facile aliis caremus vitiis. Hic hostis intus inclusus est. Quocunque pergamus, nobiscum portamus inimicum. Vinum et adolescentia duplex incendium voluptatis. Quid oleum flammæ adjicimus? Quid ardenti corpusculo fomenta ignium ministramus? » Constat tamen ex eorum documentis qui de physica scripserunt, multo minus feminis quam viris virtutem vini prævalere posse. Cujus quidem rei rationem inducens Macrobius Theodosius *Saturnaliorum* libro IV, sic ait (cap. 6) : « Aristoles, mulieres, inquit, raro inebriantur, crebro senes. Mulier humectissimo est corpore. Docet hoc et levitas cutis et splendor. Docent præcipue assiduæ purgationes superfluo exonerantes corpus humore. Cum ergo epotum vinum in tam largum ceciderit humorem vim suam perdit, nec facile cerebri sedem ferit fortitudine ejus exstincta ; item (*ibid.*) : « Muliebre corpus crebris purgationibus depuratum, pluribus consertum foraminibus, ut pateat in meatus, et vias præbeat humori in egestionis exitum confluenti. Per hæc foramina vapor vini celeriter evanescit. » Qua igitur ratione id monachis indulgetur, quod infirmiori sexui denegatur? Quanta est insania id eis concedere, quibus amplius potest nocere et aliis negare? Quid denique stultius id quod religioni magis est contrarium, et a Deo plurimum facit apostatare, religionem non abhorrere? Quid impudentius, quam id quod regibus quoque et sacerdotibus legis interdicitur (*Prov.* XXXI, 5; *Levit.* X, 9), Christianæ perfectionis abstinentiam non vitare? imo in hoc maxime delectari? Quis namque ignoret quanto in hoc tempore clericorum præcipue vel monachorum studium circa cellaria versetur, ut ea scilicet diversis generibus vini repleant? herbis illud, melle et speciebus condiant, ut tanto facilius se inebrient, quanto delectabilius potent? et tanto se magis ad libidinem incitent, quanto amplius vino æstuent? Quis hic non tam error quam furor, ut qui se maxime per professionem continentiæ obligant, minus ad conservandum votum se præparent? imo ut minime custodiri possit, efficiant? Quorum profecto si claustris retinentur corpora, corda libidine plena sunt, et in fornicationem inardescit animus. Scribens ad Timotheum Apostolus : « Noli, inquit, adhuc aquam bibere, sed vino modico utere propter stomachum tuum et frequentes infirmitates tuas (*I Tim.* V, 23). » Cui propter infirmitatem conceditur vinum modicum, constat utique quia sanus sumeret nullum. Si vitam profitemur apostolicam, et præcipue formam vovemus pœnitentiæ, et fugere sæculum proponimus : cur eo maxime delectamur, quod proposito nostro maxime adversari videmus, et universis est alimentis delectabilius? Diligens pœnitentiæ descriptor beatus Ambrosius nihil in victu pœnitentium præter vinum accusat, dicens (lib. II, *De pœnit.*, c. 20) : « An quis putat illam pœnitentiam ubi acquirendæ ambitio dignitatis, ubi vini effusio, ubi ipsius copulæ conjugalis usus? Renuntiandum sæculo est, facilius inveni qui innocentiam servaverint, quam qui congrue pœnitentiam egerint. » Item in libro De fuga sæculi (cap. 9) : « Bene, inquit, fugis si oculus tuus fugiat calices, et phialas, ne fiat libidinosus dum moratur in vino. » Solum de omnibus alimentis in fuga sæculi vinum commemorat, et hoc vinum si fugiamus, bene nos sæculum fugere asserit, quasi omnes sæculi voluptates ex hoc uno [*al.* vino] pendeant ; nec etiam dicit, si gula fugiat ejus gustum, verum etiam oculus visum, ne libidine et voluptate ipsius capiatur, quod frequenter intuetur. Unde et illud est Salomonis quod supra meminimus : « Ne intuearis vinum quando flavescit, cum splenduerit in vitro color ejus (*Prov.* XXIII, 31). » Sed quid et hic, quæso, dicemus, qui ut tam gustu ejus quam visu oblectemur, cum illud melle, herbis, vel speciebus diversis condierimus, phialis etiam ipsum propinari volumus? Beatus Benedictus vini coactus indulgentiam faciens (cap. 40). « Saltem vel hoc, inquit, consentiamus, non usque ad satietatem bibamus, sed parcius : quia vinum apostatare facit etiam sapientes (*Eccli*, XIX, 2). » O utinam usque ad satietatem bibere sufficeret, ne majoris rei transgressionis ad superfluitatem efferremur. Beatus etiam Augustinus monasteria ordinans clericorum, et eis regulam scribens (cap. 2) : « Sabbato tantum et Dominica, sicut consuetudo est, qui volunt vinum accipiant ; » tum videlicet pro reverentia Dominicæ diei et ipsius vigiliæ, quæ est Sabbatum ; tum etiam quia tunc dispersi per cellulas fratres congregabantur. Sicut et in Vitis Patrum beatus commemorat Hieronymus, scribens de loco quem Cellia nominavit, his verbis (part. I) : « Singuli per cellulas manent. Die tamen Sabbati et Dominica in unum ad ecclesiam coeunt, et ibi semetipsos invicem tanquam cœlo redditos vident. » Unde profecto conveniens erat hæc indulgentia, ut insimul convenientes aliqua recreatione congauderent, non tam dicentes quam sentientes : « Ecce quam bonum et quam jucundum habitare fratres in unum (*Psal.* CXXXII, 1). » Ecce si a carnibus abstineamus, magnum quid nobis imputetur, quantacunque superfluitate cæteris vescamur. Si multis expensis diversa piscium fercula comparemus, si piperis et specierum sapores misceamus, si cum inebriati mero fuerimus, calices herbatorum et phialas pigmentorum superaddamus. Totum id excusat vilium abstinentia carnium, dummodo eas publice non voremus, quasi ciborum qualitas magis quam superfluitas in culpa sit, cum solam Dominus crapulam et ebrietatem nobis interdicat (*Luc.* XXI, 34), hoc est cibi pariter et vini superfluitatem potius quam qualitatem. Quod et diligenter beatus attendens Augustinus, nihilque in alimentis præter vinum veritus, nec ullam ciborum qualitatem distinguens, hoc in abstinentia satis esse credidit quod breviter expressit (epist. 109) : « Carnem, inquit, vestram domate jejuniis, et abstinentia escæ vel potus quantum valitudo permittit. » Legerat, nisi fallor, illud beati Athanasii in exhortatione ad monachos : « Jejuniorum quoque non sit volentibus certa mensura, sed in quantum possibilitas valet, nisi laborantis extensa : quæ præter Dominicam diem semper sint solemnia, non votiva sint. » Ac si diceret : Si ex voto suscipiuntur, devote compleantur omni tempore, nisi in Dominicis diebus. Nulla hic, jejunia præfiguntur, sed quantum permittit valitudo. Dicitur enim : « Solam naturæ facultatem inspicit, et ipsam sibi modum præfigere permittit; sciens quoniam in nullis delinquitur, si modus in omnibus teneatur. » Ut videlicet nec remissius quam oportet voluptatibus resolvamur, sicut de populo medulla tritici et meracissimo vino educato scriptum est : « Incrassatus est, dilatatus, et recalcitravit (Deut. xxxii, 15). » Nec supra modum abstinentia macerati vel omnino victi succumbamus, vel murmurantes mercedem amittamus, vel de singularitate gloriemur. Quod Ecclesiastes præveniens, ait : « Justus perit in sua justitia. Noli esse justus multum, neque plus sapias quam necesse est. Ne obstupescas de tua quasi admirans singularitate intumescas (Eccle. vii, 17). » Huic vero diligentiæ sic omnium virtutum mater discretio præsit, ut quæ quibus imponat onera sollicite videat, unicuique scilicet secundum propriam virtutem, et naturam sequens potius quam trahens, nequaquam usum satietatis [al. saturitatis], sed abusum auferat superfluitatis; et sic exstirpentur vitia, ne lædatur natura. Satis est infirmis, si peccata vitent, et si non ad perfectionis cumulum conscendant. Sufficit quoque paradisi angulo residere, si martyribus non possis considere. Tutum est vovere modica, ut majora debitis superaddat gratia. Hinc enim scriptum est : « Cum feceritis omnia quæ præcepta sunt, dicite : Servi inutiles sumus, quæ debuimus facere fecimus (Luc. xvii, 10). » Lex, » inquit Apostolus, « iram operatur. Ubi enim non est lex nec prævaricatio. (Rom. iv, 15). » Et iterum : « Sine lege enim peccatum mortuum erat. Ego autem vivebam sine lege aliquando. Sed cum venisset mandatum, peccatum revixit. Ego autem mortuus sum, et inventum est mihi mandatum quod erat ad vitam : hoc est ad mortem. Nam peccatum occasione accepta per mandatum seduxit me, et per illud me occidit, ut fiat supra modum peccans peccatum per mandatum (Rom. vii, 8). » Augustinus ad Simplicianum. « Ex prohibitione aucto desiderio dulcius factum est, et ideo fefellit. » Idem in libro ii Quæstionum, quæst 83 : « Suasio delectationis ad peccatum vehementior est cum adest prohibitio. »

Nitimur in vetitum semper cupimusque negata.
(OVID. lib. iii.)

Attendat cum tremore hæc quisquis se jugo alicujus regulæ quasi novæ legis professioni vult affigare. Eligat quod possit, timeat quod non possit. Nemo legis efficitur reus, nisi qui eam fuerit ante professus. Antequam profitearis delibera. Cum professus fueris, observa. Ante est voluntarium quod postea fit necessarium. « In domo Patris mei, dicit Veritas, mansiones multæ sunt (Joan. xiv, 2). » Sic etiam plurimæ sunt quibus illuc perveniatur viæ. Non damnantur conjuges, sed facilius salvantur continentes. Non ad hoc ut salvaremur sanctorum Patrum sunt additæ regulæ, sed ut facilius salvemur, et purius Deo vacare possimus. « Etsi, inquit Apostolus, nupserit virgo, non peccabit : tribulationem tamen carnis habebunt hujusmodi. Ego autem vobis parco (I Cor. vii, 28). » Item : « Mulier quæ innupta est et virgo cogitat quæ Domini sunt, ut sit sancta corpore et spiritu. Quæ autem nupta est, cogitat quæ sunt mundi, quomodo placeat viro. Porro hoc ad utilitatem vestram dico, non ut laqueum vobis injiciam, sed ad id quod honestum est, et quod facultatem præbeat, sine impedimento Deum observandi (ibid. 34). » Tunc vero facillime id agitur, cum a sæculo corpore quoque recedentes, claustris nos monasteriorum recludimus, ne nos sæculares inquietent tumultus. Nec solum qui legem suscipit, sed qui legem imponit, provideat ne multiplicatis præceptis transgressiones multiplicet. Verbum Dei veniens verbum abbreviatum fecit super terram. Multa Moyses locutus est; et tamen, ut ait Apostolus, « nihil ad perfectum adduxit lex (Hebr. vii, 19). » Multa profecto et in tantum gravia, ut Apostolus Petrus ejus præcepta neminem potuisse portare profiteatur, dicens : « Viri fratres, quid tentatis Deum imponere jugum super cervicem discipulorum, quod nec patres nostri, neque nos portare potuimus ? sed per gratiam Domini Jesu credimus salvari quemadmodum et illi (Act. xv, 10). » Paucis Christus de ædificatione morum et sanctitate vitæ apostolos instruxit, et perfectionem docuit. Austera removens et gravia, suavia præcepit et levia, quibus omnem consummavit religionem : « Venite, inquit, ad me omnes qui laboratis et onerati estis, et ego reficiam vos. Tollite jugum meum super vos, et discite a me, quia mitis sum et humilis corde; et invenietis requiem animabus vestris. Jugum enim meum suave est, et onus meum leve (Matth. xi, 28). » Sic enim sæpe in operibus bonis sicut in negotiis agitur sæculi. Multi quippe in negotio plus laborant et minus lucrantur. Et multi exterius amplius affliguntur, et minus interius apud Deum proficiunt, qui cordis potius quam operis inspector est. Qui etiam quo in exterioribus amplius occupantur, minus ad interiora vacare possunt; et quanto apud homines, qui de exterioribus judicant, amplius innotescunt, majorem gloriam apud eos assequuntur, et facilius per elationem seducuntur. Cui Apostolus occurens errori, opera vehementer extenuat, et fidei justificationem amplificans, ait

« Si enim Abraham ex operibus justificatus est, habet gloriam; sed non apud Dominum. Quid enim dicit Scriptura? Credidit Abraham Deo et reputatum est ei ad justitiam (*Rom.* iv, 2). » Et iterum : « Quid ergo dicimus, quod gentes quæ non sectabantur justitiam, apprehenderunt justitiam; justitiam autem, quæ ex fide est : Israel vero sectando legem justitiæ, in legem justitiæ non pervenit? Quare? quia non ex fide, sed quasi ex operibus (*Gen.* xv, 6). » Illi quod catini est vel paropsidis de foris mundantes, de interiori munditia minus provident, et carni magis quam animæ vigilantes carnales potius sunt quam spirituales. Nos vero Christum in exteriori homine per fidem habitare cupientes, pro modico ducimus exteriora, quæ tam reprobis quam electis sunt communia, attendentes quod scriptum est : « In me sunt Deus vota tua, quæ reddam laudationes tibi (*Psal.* lv, 12). » Unde et exteriorem illam legis abstinentiam non sequimur, quam nihil justitiæ certum est conferre. Nec quidquam nobis in cibis Dominus interdicit (*Luc.* xxi, 34), nisi crapulam et ebrietatem, id est superfluitatem. Qui etiam quod nobis indulsit, in seipso exhibere non erubuit, licet hinc multi scandalizati non mediocriter improperarent. Unde et per semetipsum loquens : « Venit Joannes, inquit, non manducans et non bibens, et dixerunt : Dæmonium habet. Venit Filius hominis manducans et bibens, et dixerunt : Ecce homo vorax et potator vini (*Matth.* xi, 18). » Qui etiam suos excusans, quod non sicut discipuli Joannis jejunarent (*Matth.* ix, 14), nec etiam manducantes corporalem illam munditiam abluendarum manuum magnopere curarent : « Non possunt, inquit, lugere filii sponsi quandiu cum illis sponsus est (*ibid.*, 15). » Et alibi : « Non quod intrat in os coinquinat hominem, sed quod procedit ex ore. Quæ autem procedunt de ore, de corde exeunt, et ea coinquinant hominem. Non lotis autem manibus manducare non coinquinat hominem (*Matth.* xv, 11). » Nullus itaque cibus inquinat animam; sed appetitus cibi vetiti. Sicut enim corpus nonnisi corporalibus inquinatur sordibus, sic nec anima nisi spiritualibus. Nec timendum est quidquid agatur in corpore, si animus ad consensum non trahitur. Nec confidendum de munditia carnis, si mens voluntate corrumpitur. In corde igitur tota mors animæ consistit et vita. Unde Salomon in Proverbiis : « Omni custodia serva cor tuum, quoniam ex ipso vita procedit (*Prov.* v, 23). » Et juxta prædictam Veritatis assertionem, ex corde procedunt quæ coinquinant hominem ; quoniam bonis vel malis desideriis anima damnatur vel salvatur. Sed quoniam animæ et carnis in unam conjunctarum personam maxima est unio, summopere providendum est ne carnis delectatio ad consensum animam trahat, et dum nimis indulgetur carni, ipsa lasciviens reluctetur spiritui, et quam oportet subjici incipiat dominari. Hoc autem cavere poterimus, si necessariis omnibus concessis superfluitatem, ut sæpius dictum est, penitus amputemus, et infirmo sexui nullum ciborum usum, sed omnium denegemus abusum. Omnia concedantur sumi sed nulla immoderate consumi. « Omnis, inquit Apostolus, creatura Dei bona, et nihil rejiciendum quod cum gratiarum actione percipitur. Sanctificatur enim per verbum Dei et orationem. Hoc proponens fratribus, bonus eris minister Christi Jesu, enutritus verbis fidei, et bonæ doctrinæ quam assecutus es (*I Tim.* iv, 4). » Et nos igitur cum Timotheo hanc Apostoli insecuti doctrinam, et juxta Dominicam sententiam nihil in cibis nisi crapulam et ebrietatem vitantes (*Luc.* xxi, 34), sic omnia temperemus, ut ex omnibus infirmam naturam sustentemus, non vitia nutriamus. Et quo quæque amplius sua superfluitate possunt nocere, temperamenti magis accipiant. Majus quippe est ac laudabilius temperate comedere, quam omnino abstinere. Unde et beatus Augustinus in libro De bono conjugali, cum de corporalibus ageret sustentamentis : Nequaquam, inquit, « eis bene utitur, nisi qui et uti non potest. Multi quidem facilius se abstinent ut non utantur, quam temperant ut bene utantur. Nemo tamen potest eis sapienter uti, nisi potest et continenter non uti. » Ex hoc habitu et Paulus dicebat : « Scio et abundare et penuriam pati (*Philipp.* iv, 12). » Penuriam quippe pati, quorumcunque hominum est; sed scire penuriam pati, magnorum est. Sic et abundare quisquam hominum incipere potest. Scire autem abundare nonnisi eorum est, quos abundantia non corrumpit. De vino itaque, quia, sicut dictum est, luxuriosa res est et tumultuosa, ideoque tam continentiæ quam silentio maxime contrarium, aut omnino feminæ abstineant propter Deum, sicut uxores gentilium ab hoc inhibentur metu adulteriorum ; aut ita ipsum aqua temperent, ut et siti pariter et sanitati consulat, et vires nocendi non habeat. Hoc autem fieri credimus, si hujus misturæ quarta pars ad minus aquæ fuerit. Difficillimum vero est ut appositum nobis potum sic observemus, ut non usque ad satietatem inde bibamus, sicut de vino beatus præcipit Benedictus (cap. 40). Ideoque tutius arbitramur, ut nec satietatem interdicamus, ne inde [*al.* vitæ] periculum incurramus. Non enim satietas, ut sæpe jam diximus, sed superfluitas in crimine est. Ut vero pro medicamento herbata vina conficiantur, aut etiam vinum purum sumatur, non prohibendum est. Quibus tamen conventus nunquam utatur, sed separatim ab infirmis hæc degustentur. Triticeæ quoque medullæ similaginem omnino prohibemus, sed semper cum habuerint triticum, tertia pars ad minus grossioris annonæ misceatur. Nec calidis unquam oblectentur panibus, sed qui ad minus uno die ante cocti fuerint. Cæterorum vero alimentorum providentiam sic habeat diaconissa, ut sicut jam præfati sumus, quod vilius poterit comparari, vel facilius haberi, infirmi sexus daturæ subveniat. Quid enim stultius quam cum sufficiant nostra emamus aliena? et cum sint domi necessaria, quæramus extra superflua? et cum sint ad manum quæ sufficiant, laboremus ad illa quæ superfluunt? De qua quidem necessaria discretionis moderatione non tam humano quam angelico, seu etiam Dominico instructi documento, noverimus ad hujus vitæ necessitudinem transigendam non tam qualitatem ciborum exquirere, quam his quæ præsto sunt contentos esse. Unde et Abraham carnibus apparatis angeli vescuntur (*Gen.* xviii, 9), et inventis in solitudine piscibus jejunam multitudinem, Dominus Jesus refecit (*Marc.* viii, 8; *Joan.* vi, 10). Ex quo videlicet manifeste docemur indifferenter tam carnium quam piscium esum non esse respuendum, et eum præcipue sumendum, qui et offensa peccati careat, et sponte se offerens faciliorem habeat apparatum, et minorem exigat expensam. Unde et Seneca maximus ille paupertatis et continentiæ sectator, et summus inter universos philosophos morum ædificator (epist. 5, *ad Lucil.*): « Propositum, inquit, nostrum est secundum naturam vivere. Hoc contra naturam est, torquere corpus suum, et faciles odisse munditias, et squalorem appetere, et cibis non tantum vilibus uti, sed certis et horridis. » Quemadmodum desiderare delicatas res luxuriæ est, ita et usitatas et non magno parabiles fugere dementiæ. Frugalitatem exigit philosophia, non pœnam. Potest tamen esse non incomposita frugalitas, hic mihi modus placet. Unde et Gregorius Moralium libro xxx (*cap.* 13), cum ipsis hominum moribus non tam ciborum quam animorum qualitatem attendendam esse doceret, ac gulæ tentationes distingueret: « Aliquando, inquit, cibos lautiores quærit, aliquando quælibet sumenda præparari accuratius appetit. » Nonnunquam vero et abjectius est quod desiderat, et tamen ipso æstu immensi desiderii peccat. Ex Ægypto populus eductus in eremo occubuit, quia despecto manna cibos carnium petiit, quos lautiores putavit. Et primogenitorum gloriam Esau amisit, quia magno æstu desiderii vilem cibum, id est lenticulam concupivit, quam dum vendendis etiam primogenitis prætulit, quo in illam appetitu anhelaret indicavit. Neque enim cibus, sed appetitus in vitio est. Unde et lautiores cibos plerumque sine culpa sumimus, et abjectiores non sine reatu conscientiæ degustamus. Hic quippe quem diximus Esau primatum per lenticulam perdidit (*Gen.* xxv, 23), et Elias in eremo virtutem corporis carnes edendo servabit (*II Reg.* xvii, 4). Unde et antiquus hostis, quia non cibum, sed cibi concupiscentiam esse causam damnationis intelligit, et primum sibi hominem non carne, sed pomo subdidit, et secundum non carne, sed pane tentavit. Hinc est quod plerumque Adam culpa committitur etiam cum abjecta et vilia sumuntur. Ea itaque sumenda sunt, quæ naturæ necessitas quærit, et non quæ edendi libido suggerit. Minori vero desiderio concupiscimus quæ minus pretiosa esse videmus, et quæ magis abundant, et vilius emuntur; sicut est communium cibus carnium, qui et infirmam naturam multo validius quam pisces confortat, et minores expensas, et faciliorem habet apparatum. Usus autem carnium ac vini, sicut et nuptiæ intermedia boni et mali, hoc est indifferentia computantur. Licet copulæ nuptialis usus omnino peccato non careat, et vinum omnibus alimentis periculosius existat. Quod profecto si temperate sumptum religioni non interdicitur, quid aliorum timemus alimentorum, dummodo in eis modus non excedatur? Si beatus ipsum Benedictus (c. 40) quod monachorum non esse profitetur, quadam tamen dispensatione monachis hujus temporis, jam refrigescente pristinæ charitatis fervore, concedere cogitur, quid cætera non indulgere feminis debeamus quæ adhuc eis nulla professio interdicit? Si pontificibus ipsis, et Ecclesiæ sanctæ rectoribus; si denique monasteriis clericorum sine offensa carnibus etiam vesci licet, quia nulla scilicet professione ab eis religantur, quis has culpet feminis indulgeri, maxime si in cæteris majorem tolerent districtionem? Sufficit quippe discipulo ut sit sicut magister ejus (*Matth.* x, 24). Et magna videtur credulitas, si quod monasteriis clericorum indulgetur, monasteriis feminarum prohibeatur. Nec parvum etiam æstimandum est, si feminæ cum cætera monasterii districtione in hac una carnium indulgentia religione fidelium laicorum inferiores non sint, præsertim cum, teste Chrysostomo (*Homil.* 7, cap. 4), nihil licet sæcularibus, quod non liceat monachis excepto concumbere tantum cum uxore. Beatus quoque Hieronymus clericorum religionem non inferiorem quam monachorum judicans, ait (epist. 10): « Quasi quidquid in monachos dicitur non redundet in clericos, qui sunt patres monachorum. » Quis etiam ignoret omnino discretioni contrarium esse, si tanta debilibus quanta fortibus imponantur onera? si tanta feminis quanta viris injungatur abstinentia? De quo etiam si quis supra ipsum naturæ documentum auctoritatem efflagitet, beatum quoque super hoc Gregorium consulat. Hic quippe magnus Ecclesiæ tam rector quam doctor de hoc quoque cæteros Ecclesiæ doctores diligenter instruens, libri Pastoralis capitulo 24, ita meminit (*Part.* iii, *admonit.* 1): « Aliter igitur admonendi sunt viri, atque aliter feminæ: quia illis gravia, istis vero sunt injungenda leviora; et illos magna exerceant, istas vero levia demulcendo convertant. Quæ enim parva sunt in fortibus, magna reputantur in debilibus. » Quamvis hæc quoque vilium licentia carnium minus habeat oblectamenti quam ipsæ piscium vel avium carnes quas minime tamen nobis beatus interdicit Benedictus. De quibus etiam Apostolus, cum diversas species carnis distingueret: « Non omnis, » inquit, « caro eadem caro, sed alia hominum, alia pecorum, alia volucrum, alia piscium (*I Cor.* xv, 39). » Et pecorum quidem et avium carnes in sacrificio Domini lex ponit; pisces vero nequaquam, ut nemo piscium esum mundiorem Deo quam carnium credat. Qui etiam tanto est onerosior paupertati vel charior, quanto piscium minor est copia quam carnium, et minus infirmam corroborat naturam, ut in altero magis gravet, in altero magis subveniat. Nos itaque fortunæ pariter et naturæ hominum consulentes, nihil in alimentis, ut diximus, nisi superfluitatem interdicimus. Ipsum itaque carnium sive cæterorum esum temperamus, ut omnibus concessis major sit abstinentia monialium, quam quibusdam interdictis modo sit monachorum. Igitur ipsum quoque carnium esum ita temperari volumus, ut non amplius quam semel in die sumant, nec diversa inde fercula eidem personæ parentur; nec seorsum aliqua superaddantur pulmenta, nec ullatenus ei vesci liceat plusquam ter in hebdomada, prima videlicet feria, tertia et quinta feria, quantæcunque etiam festivitates intercurrant. Quo namque solemnitas major est, majoris abstinentiæ devotione est celebranda. Ad quod nos egregius doctor Gregorius Nazianzenus vehementer exhortans, lib. III De luminibus vel secundis Epiphaniis, ait : « Diem festum celebremus non ventri indulgentes, sed spiritu exsultantes. » Idem lib. IV de Pentecoste et Spiritu sancto : « Et hic est noster festus dies, » ait, « in animæ thesauros perenne aliquid et perpetuum recondamus, non ea quæ pertranseunt et dissolvuntur. Sufficit corpori malitia sua, non indiget copiosiore materia, nec insolens bestia abundantioribus cibis ut insolentior fiat, et violentius urgeat. » Idcirco autem spiritualiter magis est agenda solemnitas, quam et beatus Hieronymus ejus discipulus secutus, in epistola sua de acceptis muneribus ita quodam loco meminit (epist. 19) : « Unde nobis sollicitius providendum, ut solemnem diem non tam ciborum abundantia, quam spiritus exsultatione celebremus; quia valde absurdum est nimia saturitate honorare velle martyrem, quem sciamus Deo placuisse jejuniis. » Augustinus De pœnitentiæ medicina (cap. 4) : « Attende tot martyrum millia. Cur enim natalitia eorum conviviis turpibus celebrare delectat, et eorum vitam sequi honestis moribus non delectat? » Quoties vero carnes deerunt, duo eis fercula qualiumcunque pulmentorum concedimus, nec superaddi pisces prohibemus. Nulli vero pretiosi sapores cibis apponantur in conventu, sed iis contentæ sint, quæ in terra, quam inhabitant, nascuntur; fructibus vero non nisi in cœna vescantur. Pro medicamento autem quibus opus fuerit, vel herbas vel radices seu fructus aliquot, vel alia hujusmodi nunquam prohibemus mensis apponi. Si qua forte peregrina monialis hospitio recepta mensis intererit, ferculo ei aliquo superaddito charitatis sentiat humanitatem. De quo quidem si quid distribuere voluerit, licebit. Hæc autem, vel si plures fuerint, in majore mensa residebunt, et eis diaconissa ministrabit. Postea cum aliis, quæ mensis ministrant, comestura. Si qua vero sororum parciori cibo carnem domare voluerit, nullatenus hoc ipsa nisi per obedientiam præsumat, et nullatenus hoc ei denegetur, si hoc non levitate, sed virtute videtur appetere, quod ejus firmitudo valeat tolerare. Nulli tamen unquam permittatur, ut per hoc conventu nec ut aliquam diem sine cibo transigat. Sagiminis condimento sexta feria nunquam utantur, sed quadragesimali cibo contentæ sponso suo ea die passo quadam compatiantur abstinentia. Illud vero non solum prohibendum, sed vehementer est abhorrendum, quod in plerisque monasteriis agi solet, quod videlicet parte aliqua panis, quæ superest esui, et pauperibus est reservanda, manus et cultellos mundare et extergere solent, et ut mappis parcant mensarum panem polluunt pauperum. Imo ejus qui se attendens in pauperibus ait : « Quod uni ex minimis meis fecistis, mihi fecistis (Matth. xxv, 40). »

De abstinentia jejuniorum generalis institutio Ecclesiæ illis sufficiat, nec supra fidelium laicorum religionem in hoc eas gravare præsumimus, nec virtuti virorum earum infirmitatem in hoc præferre audemus. Ab æquinoctio vero autumnali usque ad Pascha propter dierum brevitatem unam in die comestionem sufficere credamus. Quod quia non pro abstinentia religionis, sed pro brevitate dicimus temporis, nulla hic ciborum genera distinguemus.

Pretiosæ vestes, quas omnino Scriptura damnat, summopere fugiantur. De quibus nos præcipue Dominus dehortans et damnati divitis superbiam de iis accusat, et Joannis humilitatem econtrario commendat. Quod beatus diligenter attendens Gregorius homilia Evangeliorum 6. « Quid est, » inquit, « dicere : *Qui mollibus vestiuntur, in domibus regum sunt* (Matth. xi, 8); nisi aperta sententia demonstrare quod non cœlesti, sed terreno regno militant, qui pro Deo perpeti aspera fugiunt, sed solis exterioribus dediti præsentis vitæ mollitiem delectationemque quærunt? » Idem homilia 40 : « Sunt nonnulli, qui cultum subtilium pretiosarumque vestium non putant esse peccatum. Quod videlicet si culpa non esset, nequaquam sermo Dei tam vigilanter exprimeret, quod dives, qui torquebatur ad inferos, bysso et purpura indutus fuisset. Nemo quippe vestimenta præcipua nisi ad inanem gloriam quærit, videlicet ut honorabilior cæteris esse videatur. Nam pro sola inani gloria vestimentum pretiosum quæritur. Res ipsa testatur, quod nemo vult ibi pretiosis vestibus indui, ubi ab aliis non possit videri (I Petr. III). » A quo et prima Petri Epistola sæculares et conjugatas feminas dehortans ait : « Similiter et mulieres subditæ sint viris suis, ut et si qui non credunt verbo per mulierum conversationem, sine verbo lucrifiant; considerantes in timore castam conversationem vestram. Quarum sit non extrinsecus capillatura, aut circumdatio auri, aut indumenti vestimentorius cultus, sed qui absconditus corde est homo incorruptibilitate quieti et modesti spiritus, quod est in conspectu Domini locuples (I Petr. III, 4). » Bene autem feminas potius quam viros ab hac vanitate censuit dehortandas, quarum infirmus animus id amplius appetit, quo per eas et in eis amplius imitari luxuria possit. Si autem sæculares hinc inhibendæ sunt feminæ, quid Christo devotas convenit providere? quarum hoc ipsum illis, est cultus, quod sunt incultæ. Quæcunque igitur hunc appetit cultum vel non renuit oblatum, castitatis perdit testimonium. Et quæcunque talis est, non se religioni præparare, sed fornicationi credatur, nec tam monialis quam meretrix censeatur. Cui et ipse cultus est tanquam lenonis præconium, qui incestum prodit animum, sicut scriptum est : « Amictus corporis, risus dentium, et ingressus hominis enuntiant de illo (*Eccli.* xix, 27). » Legimus Dominum in Joanne, ut jam supra meminimus, vilitatem seu asperitatem vestium potius quam escæ commendasse, atque laudasse. « Quid exiistis, inquit, in desertum videre? hominem mollibus vestitum? » (*Matth.* xi, 8.) Habet enim nonnunquam usus pretiosorum ciborum utilem aliquam dispensationem, sed vestium nullam. Quæ videlicet vestes quanto sunt pretiosiores, tanto charius custodiuntur, et minus proficiunt, et ementem amplius gravant, et præ subtilitate sui facilius possunt corrumpi, et minus corpori præbent fomenti. Nulli vero panni magis quam nigri lugubrem pœnitentiæ habitum decent, nec adeo sponsis Christi pelles aliquæ conveniunt, sicut agninæ, ut ipso quoque habitu Agnum sponsum virginum indutæ videantur, vel induere moneantur. Vela vero earum non de serico, sed de tincto aliquo lineo panno fiant. Duo autem velorum genera esse volumus, ut alia sint scilicet virginum jam ab ipso consecratarum, alia vero minime. Quæ vero pudicarum sunt virginum, crucis sibi signum habeant impressum; quo scilicet ipsæ integritate quoque corporis ad Christum maxime pertinere monstrentur; et sicut in consecratione distare a cæteris, ita et hoc habitus signo distinguantur, quo et quique fidelium territi magis abhorrent in concupiscentiam earum exardescere. Hoc autem signum virginalis munditiæ in summitate capitis candidis expressum filis virgo gestabit, ethoc nullatenus antequam ab episcopo consecretur gestare præsumat. Nulla autem alia vela hoc signo insignita sint. Interulas mundas ad carnem habeant, in quibus etiam cinctæ semper dormiant. Culcitrarum quoque mollitiem vel linteaminum usum infirmæ ipsarum non negamus naturæ. Singulæ vero dormiant et comedant. Nulla penitus indignari præsumat, si vestes vel quæcunque alia sibi ab aliquibus transmissa alii, quæ amplius indiget, concedantur sorori. Sed tunc maxime gaudeat, cum in sororis necessitate fructum habuerit eleemosynæ, vel se respexerit non solum sibi, sed aliis vivere. Alioquin ad sanctæ societatis fraternitatem non pertinet, nec proprietatis sacrilegio caret. Sufficere autem ad corpus contegendum credimus interulam, pelliceam, togam; et cum multum exasperaverit frigus, insuper mantellum. Quo videlicet mantello pro opertorio quoque uti jacentes poterunt. Oportebit autem pro infestatione vermium vel gravamine sordium abluendarum, hæc omnia esse duplicia indumenta sicut ad litteram in laude fortis et providæ mulieris Salomon ait : « Non timebit domui suæ a frigoribus nivis. Omnes enim domestici ejus vestiti duplicibus. (*Prov.* xxxi, 21.)» Quorum ita sit moderata longitudo, ut ultra oram sotularium non procedant, ne pulverem moveant. Manicæ vero extensionem brachiorum et manuum non excedant. Crura vero et pedes caligæ pedules et sotulares muniant. Nec unquam occasione religionis nudæ pedes incedant. In lectis culcitra una, pulvinar, auriculare, lodex et linteolum sufficiant. Caput vero muniant vitta candida, et velum desuper nigrum, et pro tonsura capillorum pileum agninum, cum opus fuerit supponatur.

Nec in victu tantum aut vestitu superfluitas evitetur, verum et in ædificiis aut quibuslibet possessionibus. In ædificiis quidem hoc manifeste dignoscitur, si ea majora vel pulchriora quam necesse sit componantur, vel si nos ipsa sculpturis vel picturis ornantes, non habitacula pauperum ædificemus, sed palatia regum erigamus. « Filius hominis, inquit Hieronymus (*epist.* 1), non habet ubi caput reclinet, et tu amplas porticus et ingentia tectorum spatia metiris? » Cum pretiosis vel pulchris delectamur equitaturis, non solum superfluitas, sed elationis vanitas innotescit. Cum autem animalium greges vel terrenas multiplicamus possessiones, tunc se ad exteriora dilatat ambitio : et quanto plura possidemus in terra, tanto amplius de ipsis cogitare cogimur, et a contemplatione cœlestium devocamur. Et licet corpore claustris recludamur ; hæc tamen quæ foris sunt, et diligit animus, sequi cogitur, et se pariter huc et illuc cum illis diffundit, et quo plura possidentur quæ amitti possunt, majori nos metu cruciant; et quo pretiosiora sunt amplius diliguntur, et ambitione sui miserum magis illaqueant animum. Unde omnino providendum est, ut domui nostræ sumptibusque nostris certum præfigamus modum, nec supra necessaria vel appetamus aliqua, vel recipiamus oblata, vel retineamus suscepta. Quidquid enim necessitati superest, in rapina possidemus ; et tot pauperum mortis rei sumus, quot inde sustentare potuimus. Singulis igitur annis cum collecta fuerint victualia, providendum est quantum sufficiat per annum ; et si qua superfuerint, pauperibus non tam danda sunt quam reddenda. Sunt qui providentiæ modum ignorantes, cum redditus paucos habeant, multam habere familiam gaudent. De cujus quidem procuratione dum gravantur, impudenter hanc quærentes mendicant, vel quæ non habent violenter ab aliis extorquent. Tales etiam jam nonnullos monasteriorum Patres conspicimus, qui de multitudine conventus gloriantes, non tam bonos filios quam multos habere student, et magni videntur in oculis suis, si inter multos majores habeantur. Quos quidem ut ad suum trahant dominium, cum aspera deberent eis prædicare, lenia promittunt, et nulla examinatione antea probatos quos indiscrete suscipiunt facile apostatantes perdunt. Talibus, ut video, improperabat Veritas, dicens : « Væ vobis qui circuitis mare et aridam, ut faciatis unum proselytum. Quem cum feceritis, facitis illum filium gehennæ duplo quam vos (*Matth.* xxiii, 15). » Qui profecto minus de multitudine gloriarentur si salutem animarum magis quam numerum quærerent, et de suis viribus in ratione sui regiminis reddenda minus præsumerent. Paucos Dominus elegit apostolos, et de ipsa electione sua unus in tantum apostatavit, ut pro ipso Dominus diceret : « Nunquid [*al* Nonne] ego duodecim vos elegi, et unus ex vobis diabolus est? » (*Joan.* vi, 71.) Sicut autem de apostolis Judas, sic et de septem diaconibus Nicolaus periit. Et cum paucos adhuc apostoli congregassent, Ananias et Saphira uxor ejus mortis excipere sententiam meruerunt. (*Act.* v, 5.). Quippe et ab ipso antea Domino cum multi abiissent discipulorum retrorsum, pauci cum ipso remanserunt (*Joan.* xvii, 6). Arcta quippe via est, quæ ducit ad vitam, et pauci ingrediuntur per eam. Sicut e contrario lata est et spatiosa, quæ ducit ad mortem ; et multi sunt qui se ultro ingerant (*Matth.* vii, 14). Quia sicut ipse Dominus testatur alibi : « Multi vocati, pauci vero electi (*Matth.* xx, 16). » Et juxta Salomonem : « Stultorum infinitus est numerus (*Eccl.* i, 15). » Timeat itaque quisquis de multitudine gaudet subjectorum, ne in eis juxta Dominicam assertionem pauci reperiantur electi, et ipse immoderate gregem suum multiplicans minus ad custodiam ejus sufficiat, ut ei recte a spiritalibus illud propheticum dici possit. « Multiplicasti gentem, non magnificasti lætitiam (*Isai* ix, 3). Tales utique scilicet de multitudine gloriantes, dum tam pro suis quam suorum necessitatibus sæpius exire, atque ad sæculum redire, et mendicando discurrere coguntur, curis se corporalibus magis quam spiritualibus implicant, et infamiam sibi magis quam gloriam acquirunt. Quod quidem in feminis tanto magis est erubescendum, quanto eas per mundum discurrere minus videtur tutum. Quisquis igitur quiete vel honeste cupit vivere, et officiis vacare divinis, et tam Deo quam sæculo charus haberi, timeat aggregare quos non possit procurare, nec in expensis suis de alienis confidat marsupiis ; nec eleemosynis petendis, sed dandis invigilet. Apostolus ille magnus Evangelii prædicator, et habens potestatem de Evangelio sumptus accipere, laborat manibus ; ne quos gravare videatur, et gloriam suam evacuet. (*I Thess.* ii ; *I Cor.* ix.) Nos ergo, quorum non est prædicare, sed peccata plangere, qua temeritate vel impudentia mendicantes quærimus? Unde hos, quos inconsiderate congregamus, sustentare possumus? Qui etiam sæpe in tantam prorumpimus insaniam, ut cum prædicare nesciamus, prædicatores conducamus et pseudo-apostolos nobiscum circumducendo, cruces et phylacteria reliquiarum gestemus, ut tam hæc quam verbum Dei seu etiam figmenta diaboli simplicibus et idiotis vendamus Christianis, et eis promittamus quæcunque ad extorquendos nummos proficere credimus. Ex qua quidem impudenti cupiditate, quæ sua sunt non quæ Jesu Christi quærente, quantum jam ordo noster et ipsa divini prædicatio verbi viluerint, neminem jam latere arbitror. Hinc et ipsi abbates vel qui majores in monasteriis videntur, potentibus sæculi et mundanis curiis sese importune ingerentes, jam magis carnales esse quam cœnobitæ didicerunt. Et favorem hominum quacunque arte venantes, crebrius cum hominibus fabulari, quam cum Deo loqui, consueverunt. Illud sæpe frustra legentes atque negligentes, vel audientes ; sed non exaudientes quod beatus Antonius admonet, dicens (*Vit. Patr.*, part. ii, lib. *De quiete.*) : « Sicut pisces si tardaverint in sicco moriuntur ; ita et monachi tardantes extra cellulam, aut cum viris sæcularibus immorantes, a quietis proposito resolvuntur. » Oportet ergo, sicut piscem in mari ita et nos ad cellam recurrere, ne forte foris tardantes obliviscamur interioris custodiæ. Quod ipse quoque monasticæ scriptor Regulæ, scilicet beatus Benedictus, diligenter attendens, quasi in monasteriis assiduos velit esse abbates, et super custodiam sui gregis sollicite stare, tam exemplo quam scripto patenter edocuit. Hic enim cum a fratribus ad sacratissimam sororem suam visitandam profectus, cum ipsa eum pro ædificatione saltem nocte una vellet retinere, aperte professus est manere extra cellam nullatenus se posse. Nec ait quidem (Gregor. lib. ii, *Dialog.*, c. 33) : Non possumus ; sed, « non possum, » quia hoc per eum fratres, non ipse posset, nisi hoc et a Domino, sicut postmodum actum est, revelante. Unde et cum regulam scriberet, nusquam de abbatis, sed solummodo fratrum egressu meminerit. De cujus etiam assiduitate ita caute providit, ut in vigiliis dominicorum et festorum dierum evangelicam lectionem, et quæ illi adjuncta sunt, nonnisi ab abbate præcipiat dici. Qui etiam instituens, ut mensa abbatis cum peregrinis et hospitibus sit semper, et quoties minus sunt hospites cum eo, quos voluerit de fratribus vocare, seniore uno tantum aut duobus dimissis cum fratribus ; patenter insinuat nunquam in tempore mensæ abbatem monasterio debere deesse, et sicut delicatis principum ferculis jam assuetus cibarium panem monasterii subjectis derelinquat, de qualibus quidem Veritas : « Alligant, inquit, onera gravia, et importabilia, et imponunt in humeros hominum : digito autem suo nolunt ea movere (*Matth.* xxiii, 4). » Et alibi de falsis prædicatoribus : « Attendite a falsis prophetis qui veniunt ad vos (*Matth.* vii, 15). » Veniunt, inquit, per se, non a Deo missi, vel exspectantes ut pro eis mandetur. Joannes Baptista princeps noster, cui pontificatus hæreditate cedebat, semel ab urbe recessit ad eremum, pontificatum scilicet pro monachatu, civitates pro solitudine ueserens. Et ad eum populus exibat, nec ipse ad populum introibat. Qui cum tantus esset ut Christus crederetur, et nulla in civitatibus corrigere posset : in illo jam erat lectulo, unde pulsanti dilecto respondere paratus erat : « Exspoliavi me tunica mea, quomodo induar illa ? Lavi pedes meos, quomodo inquinabo illos? (*Cant.* v, 3.) » Quisquis itaque quietis monasticæ secretum desiderat, lectulum magis quam lectum se habere gaudeat. « De lecto quippe, ut Veritas ait, unus assumetur, et alter relinquetur (*Luc.* xvii, 34). » Lectulum vero sponsæ esse legimus, id est animæ contemplativæ Christo arctius copulatæ, et summo ei desiderio adhærentis. Quem quicunque intraverit, neminem esse relictum legimus. De quo et ipsamet loquitur : « In lectulo meo pernoctans quæsivi quem diligit anima mea (*Cant.* iii, 1). » A quo etiam lectulo ipsa surgere dedignans, vel formidans, pulsanti dilecto quod supra meminimus respondet. Non enim sordes nisi extra lectum suum esse credit, quibus inquinari pedes metuit. Egressa est Dina ut alienigenas videret, et corrupta est. Et sicut Malcho illi captivo monacho ab abbate suo prædictum est, et ipse postmodum est expertus ; ovis quæ de ovili egreditur cito lupi morsibus patet. Ne igitur multitudinem congregemus, pro qua egrediendi occasionem quæramus, imo et egredi compellamur, et cum detrimento nostri lucrum faciamus aliorum : ad modum videlicet plumbi, quod ut argentum servetur in fornace consumitur. Verendum potius est ne et plumbum pariter et argentum fornax vehemens consumat tentationum. Veritas, inquiunt, ait : « Et eum qui venit ad me non ejiciam foras (*Joan.* viii, 37). » Nec nos ejici susceptos volumus, sed de suscipiendis providere, ne, cum eos intus susceperimus, nos ipsos extra pro eis ejiciamus. Nam et ipsum Dominum non susceptum ejecisse legimus, sed offerentem se respuisse. Cui quidem dicenti : « Magister, sequar te quocunque ieris : » Respondit : « Vulpes foveas habent (*Matth.* viii, 19), » etc. Qui etiam de sumptibus nos ante providere, cum aliquid facere meditamur, cui sint ipsi necessarii, diligenter admonet, dicens : « Quis vestrum volens turrim ædificare, nonne prius sedens computat sumptus qui necessarii sunt, si habet ad perficiendum ? Ne postea quum posuerit fundamentum, et non potuerit perficere, omnes qui viderint incipiant illudere ei, dicentes : Quia hic homo cœpit ædificare, et non potuit consummare (*Luc.* xiv, 28). » Magnum est si vel se unum quis salvare sufficiat, et periculosum est multis eum providere qui vix ad custodiam sui sufficit vigilare. Nemo vero studiosus est in custodiendo, nisi qui pavidus fuerit in suscipiendo. Et nemo sic perseverat in cœpto, sicut qui tardus est et providus ad incipiendum. In quo quidem tanto major feminarum sit providentia, quanto earum infirmitas magna minus tolerat onera, et quiete plurimum est fovenda.

Speculum animæ Scripturam sacram constat esse, in quam quilibet legendo vivens, intelligendo proficiens, morum suorum pulchritudinem cognoscit, vel deformitatem deprehendit, ut illam videlicet augere, hanc studeat removere. Hoc nobis speculum beatus commemorans Gregorius in libro ii Moralium, ait (cap. 1) : « Scriptura sacra mentis oculis quasi quoddam speculum opponitur, ut interna nostra facies in ipsa videatur. Ibi etenim fœda cognoscimus, ibi pulchra nostra conspicimus. Ibi sentimus quantum proficimus. Ibi a profectu quam longe distamus. Qui autem Scripturam conspicit quam non intelligit, quasi cæcus ante oculos tenet, in quo qualis sit cognoscere non valet, nec doctrinam quærit in Scriptura, ad quam ipsa est tantummodo facta, et tanquam asinus applicetur ad lyram, sic otiosus sedet ad Scripturam, et quasi panem appositum habet, quo jejunus non reficitur, dum verbum Dei nec se per intelligentiam penetrante, nec alio ei docendo frangente, inutiliter cibum habet qui ei nullatenus prodest. Unde et Apostolus generaliter ad Scripturarum studium nos adhortans : « Quæcunque, inquit, scripta sunt, ad nostram doctrinam scripta sunt, ut per patientiam et consolationem Scripturarum spem habeamus (*Rom.* xv, 4). » Et alibi : « Implemini Spiritu sancto, loquentes vobismetipsis in psalmis, et hymnis, et canticis spiritualibus (*Ephes.* v, 18). » Sibi quippe vel secum loquitur, qui quod profert intelligit, vel de intelligentia verborum suorum fructum facit. Idem ad Timotheum : « Dum venio, inquit, attende lectioni, exhortationi, doctrinæ (*I Tim.* iv, 13). » Et iterum : « Tu vero permane in iis quæ didicisti, et credita sunt tibi ; sciens a quo didiceris, et quia ab infantia sacras litteras nosti, quæ te possunt instruere ad salutem, per fidem quæ est in Christo Jesu. Omnis Scriptura divinitus inspirata, utilis est ad docendum, ad arguendum, ad corripiendum, ad erudiendum in justitia, ut perfectus sit homo Dei ad omne opus bonum instructus (*II Tim.* iii, 14). » Qui etiam ad intelligentiam Scripturæ Corinthios admonens, ut quæ videlicet alii de Scriptura loquuntur exponere valeant : « Sectamini, inquit, charitatem, æmulamini spiritalia : magis autem spiritus ut prophetetis [*al.* proficiatis]. Qui enim loquitur lingua, non hominibus loquitur, sed Deo. Qui autem prophetat, Ecclesiam ædificat. Et ideo qui loquitur lingua, oret ut interpretetur. Orabo spiritu, orabo et mente. Psallam spiritu, psallam et mente. Cæterum si benedixeris spiritu, quis implebit locum idiotæ ? Quomodo dicet amen super tuam benedictionem, quoniam quid dicas nescit ? Nam tu quidem bene gratias agis, sed alter non ædificatur. Gratias ago Deo, quoniam omnium vestrum lingua loquor ; sed in ecclesia volo quinque verba, sensu meo loqui, et ut alios instruam, quam decem millia ut verborum. Fratres nolite effici parvi sensibus, sed malitia parvuli estote, sensibus autem perfecti (*I Cor.* xiv, 1). » Loqui lingua dicitur qui ore tantum verba format, non intelligentia exponendo ministrat. Prophetat vero sive interpretatur *qui more prophetarum*, qui videntes dicuntur, id est intelligentes, ea quæ dicit intelligit, ut ipsa exponere possit. Orat ille spiritu sive psallit, qui solo prolationis flatu verba format, non mentis intelligentiam accommodat. Cum vero spiritus noster orat, id est nostræ prolationis flatus solummodo verba format, nec quod ore profertur corde concipitur, mens nostra sine fructu est, quem in oratione videlicet habere debet, ut ipsa scilicet ex intelligentia verborum in Deum compungatur atque accendatur. Unde hanc in verbis perfectionem nos admonet habere, ut non more plurimorum verba tantum sciamus proferre, verum etiam intelligentiæ sensum in iis habere, atque aliter nos orare vel psallere infructuose protestatur. Quem et beatus sequens Benedictus (cap. 19) : « Sic stemus, inquit, ad psallendum, ut mens nostra concordet voci nostræ. » Hoc et Psalmista præcipiens, ait : « Psallite sapienter (*Psal.* XLVI, 8), » ut videlicet verborum prolationi sapor et condimentum intelligentiæ non desit, et cum ipso veraciter Domino dicere valeamus : « Quam dulcia faucibus meis eloquia tua ! (*Psal.* CXVIII, 105.) » Et alibi : « Non in tibiis viri beneplacitum erit ei (*Psal.* CXLVI, 10). » Tibia quippe sonitum emittit ad delectationem voluptatis, non ad intelligentiam mentis. Unde bene in tibiis cantare, nec in hoc Deo placere dicuntur, qui melodia sui cantus oblectantur, ut nulla hinc ædificetur intelligentia. Qua etiam ratione, inquit Apostolus, cum benedictiones in Ecclesia fiunt, respondebitur amen, si quod oratur in illa benedictione non intelligitur? Utrum videlicet bonum sit quod oratio postulat, aut non. Sic enim sæpe multos idiotas et litterarum sensum ignorantes videmus in Ecclesia per errorem nonnulla sibi nociva quam utilia precari, veluti cum dicitur : « Ut sic transeamus per bona temporalia, ut non amittamus æterna. » Facile ipsa consimilis vocis affinitas nonnullos sic decipit, ut vel sic dicant, « ut nos amittamus æterna, » vel ita proferant, « ut non admittamus æterna. » Cui etiam periculo Apostolus providens, ait : « Cæterum, si benedixeris spiritu (*I Cor.* XIV, 16), » id est prolationis tantum flatu verba benedictionis formaveris, non sensu mentem audientis instruxeris, « quis supplet locum idiotæ? » id est quis de assistentibus, quorum est respondere, id agere respondendo, quod idiota non valet, imo nec debet? « Quomodo dicet amen? » cum videlicet nesciat utrum in maledictionem potius quam benedictionem inducas. Denique qui Scripturæ non habent intelligentiam, quomodo sermonis ædificationem sibi ministrabunt, aut etiam regulam exponere vel intelligere, aut vitiose prolata corrigere valebunt? unde non mediocriter miramur quæ inimici suggestio in monasteriis hoc egit, ut nulla ibi de intelligendis Scripturis sint studia, sed de cantu tantum vel de verbis solummodo formandis, non intelligendis, habeatur disciplina, quasi ovium balatus plus utilitatis habeat, quam pastus. Cibus quippe est animæ et spiritalis refectio ipsi divina intelligentia Scripturæ. Unde et Ezechielem prophetam ad prædicandum Dominus destinans eum prius volumine cibat, quod statim in ejus ore factum est mel dulce (*Ezech.* III, 13). De quo etiam cibo scriptum est in Jeremia : « Parvuli petierunt panem, et non erat qui frangeret eis (*Thren.* IV, 4). » Panem quippe parvulis frangit, qui litteræ sensum simplicioribus aperit. Hi vero parvuli panem frangi postulant, cum de intelligentia Scripturæ animam saginari desiderant, sicut alibi Dominus testatur : « Emittam famem in terra, non famem panis, neque sitim aquæ, sed audiendi verbum Domini (*Amos.* VIII, 11). » Hinc autem econtrario antiquus hostis famem et sitim audiendi verba hominum, et rumores sæculi, claustris monasteriorum immisit, ut vaniloquio vacantes divina tanto amplius fastidiamus eloquia, quanto magis sine dulcedine vel condimento intelligentiæ nobis fiunt insipida. Unde et Psalmista, ut supra meminimus : « Quam dulcia faucibus meis eloquia tua, super mel ori meo (*Psal.* CXVIII, 103)! Quæ quidem dulcedo in quo consisteret statim adnexuit dicens : « A mandatis tuis intellexi (*ibid.*, 109). Id est a mandatis tuis potius quam humanis intelligentiam accepi, illis videlicet eruditus atque instructus. Cujus quidem intelligentiæ quæ sit utilitas non prætermisit, subjungens : « Propterea odivi omnem viam iniquitatis. » Multæ quippe iniquitatis viæ ita per se sunt apertæ ut facile omnibus in odium vel contemptum veniant, sed omnem iniquitatis viam nonnisi per eloquia divina cognoscamus, ut omnes evitare possimus. Hinc et illud est : « In corde meo abscondi eloquia tua, ut non peccem tibi (*Ibid.*, 11). In corde potius recondita sunt quam in ore sonantia, cum eorum intelligentiam meditatio nostra retinet. Quorum quidem intelligentiæ quanto minus studemus, minus has iniquitatis vias cognoscimus atque vitamus, et minus a peccato nobis providere valemus. Quæ quidem negligentia tanto amplius in monachis, qui ad perfectionem aspirant, est arguenda, quanto hæc eis facilior esset doctrina, qui et sacris abundant libris, et quietis otio perfruuntur. Quos quidem de multitudine scriptorum gloriantes, sed ab eorum lectione vacantes, senex ille in Vitis Patrum egregie arguit, dicens (part. II, lib. *De discret.*) : « Prophetæ scripserunt libros, Patres autem nostri venerunt post eos, et operati sunt in eis plurima. Etenim successores illorum commendaverunt illos memoriæ. Venit autem generatio quæ nunc est, et scripsit in chartis atque membranis, et reposuit in fenestris otiosa. » Hinc et abbas Palladius ad discendum pariter et docendum nos vehementer adhortans, ait (*ibid.*) : « Oportet animam secundum Christi voluntatem conversantem aut discere fideliter quæ nescit, aut docere manifeste quæ novit. » Si autem utrumque cum possit non vult, insaniæ morbo laborat. Initium enim recedendi a Deo fastidium doctrinæ est, et cum non appetit illud quod semper anima esurit, quomodo diligit Deum? Hinc et beatus Anastasius in exhortatione monachorum, in tantum discendi vel legendi studium commendat, ut per hoc etiam orationes intermitti suadeat. « Pergam, inquit, per tramitem viæ [al. vitæ] nostræ. Primum abstinentiæ cura, jejunii patientia, orandi assiduitas, et legendi, vel si quis adhuc litterarum expers sit, audiendi sit desiderium cupiditate discendi. Hæc enim prima sunt quasi lactantium cunabulorum in Dei agnitione crepundia. » Et post aliqua cum præmisisset : « Orationibus vero ita instandum est, quod vix eas aliquod tempus interpolet; » postea subjecit : « Has si fieri potest sola legendi intercapedo disrumpat. » Neque enim alias Petrus Apostolus admoneret : « Parati semper estote ad rationem reddendam ad omnes poscentes vos de verbo fidei vestræ et spei (I Petr. III, 15). » Et Apostolus : « Non cessamus pro vobis orantes, ut impleamini agnitione ejus in omni sapientia et intellectu spiritali (Coloss. I, 9). » Et rursum : « Verbum Christi habitet in vobis abundanter in omni sapientia (Coloss. III, 16). » Nam in Veteri Testamento similem hominibus curam sacræ præceptionis inculcavit eloquium. Sic enim David ait : « Beatus vir qui non abiit in concilio impiorum, et in via peccatorum non stetit, et in cathedra pestilentiæ non sedit; sed in lege Domini voluntas ejus (Psal. I, 1). » Et ad Jesum Nave Deus loquitur : « Non recedet liber iste de manibus tuis, et meditaberis in eo die ac nocte (Josue I, 18). » His quoque negotiis malarum cogitationum lubrica frequenter se ingerunt, et quamvis ipsa sedulitas animum ad Deum præstet intentum, efficit tamen in se mordax sæculi cura sollicitum. Quod si hoc frequenter importune patitur religioso labori deditus, nunquam profecto illis carebit otiosus. Et beatus papa Gregorius lib. Moral. XIX (cap. 6) : « Quæ tempora, inquit, jam nunc inchoasse ingemiscimus, cum multos intra Ecclesiam positos cernimus, quia nolunt operari quod intelligunt, aut hoc ipsum quoque sacrum eloquium intelligere ac nosse contemnunt. A veritate enim avertentes auditum, ad fabulas convertuntur, dum omnes quæ sua sunt quærunt, non quæ Jesu Christi. Scripta Dei ubique reperta cognoscuntur, opponuntur oculis. Si hæc cognoscere homines dedignantur, homo nullus scire quærat quod credidit. » Ad quod etiam plurimum ipsos et professionis suæ regula et sanctorum Patrum adhortantur exempla. Nihil quippe de doctrina vel studio cantus admonet Benedictus (Regulæ cap. 48), cum ipse plurimum de lectione præcipiat, et ipsa legendi tempora, sicut et laborandi, diligenter assignet : et in tantum de ipsa quoque dictandi seu scribendi doctrina provideat (Regulæ cap. 55), ut inter necessaria quæ ab abbate monachi sperare debeant tabulas etiam et graffium non prætermittat. Qui cum inter cætera jubeat (Regulæ cap. 48), quod in capite Quadragesimæ omnes monachi singulos accipiant codices ex bibliotheca, quos per ordinem ex integro legant, quid hoc magis ridiculosum quam lectioni vacare, et intelligentiæ operam non dare? Notum quippe est illud Sapientis proverbium : « Legere et non intelligere, negligere est. » Tali quippe lectori merito illud Phil. ἄλλ'ὄνος λύρας improperandum est. Quasi enim asinus est ad lyram lector librum tenens, id ad quod liber est factus agere non valens. Multo etiam salubrius tales lectores alias intenderent, ubi aliquid utilitatis inesset, quam otiose vel Scripturæ litteras inspicerent, vel folia versarent. In quibus profecto lectoribus illud Isaiæ compleri manifeste videmus : « Et erit, inquit, vobis visio omnium sicut verba libri signati. Quem cum dederint scienti litteras, dicent : Lege istum, et respondebit : Non possum. Signatus est enim. Et dabitur liber nescienti litteras, diceturque ei : Lege, et respondebit : Nescio litteras. Et dixit Dominus : eo quod appropinquat populus iste ore suo, et labiis suis glorificat me, cor autem ejus longe est a me, et timuerunt me mandato hominum et doctrinis : Ideo ecce ego addam ut admirationem faciam populo huic miraculo grandi et stupendo. Peribit enim sapientia a sapientibus ejus, et intellectus prudentium ejus abscondetur (Isai. XXIX, 11-14). » Scire quippe litteras in claustris dicuntur, quicunque illas proferre didicerunt. Qui profecto, quantum ad intelligentiam spectat, se nescire legem profitentes, librum qui traditur habent signatum æque ut illi, quos illitteratos ibidem dicunt. Quos quidem Dominus arguens dicit, eos ore et labiis potiusquam corde sibi appropinquare, quia quæ proferre utcunque valent, intelligere minime possunt. Qui dum divinorum eloquiorum scientia careant, magis consuetudinem hominum quam utilitatem Scripturæ obediendo sequuntur. Propter hoc Dominus eos quoque, qui sapientes inter eos videntur et doctores resident, excæcandos esse comminatur. Maximus Ecclesiæ doctor et monasticæ professionis honor Hieronymus, qui nos ad amorem litterarum adhortans, ait : « Ama scientiam litterarum, et carnis vitia non amabis (epist. 4), quantum laborem et expensas in doctrina earum consumpserit ejus quoque testimonio didicimus. Qui inter cætera quæ ipsemet de proprio scribit studio, ut nos etiam videlicet suo instruat exemplo, ad Pammachium et Oceanum quodam loco sic meminit : « Dum essem juvenis, miro discendi fervebam amore. Nec juxta quorumdam præsumptionem ipse me docui, Apollinarem audivi frequenter Antiochiæ, et colui, cum me in Scripturis sanctis erudiret. Jam canis spargebatur caput, et magistrum potius quam discipulum decebat. Perrexi tamen Alexandriam. Audivi Didymum, in multis ei gratias ago, quod nescivi didici. Putabant me homines finem fecisse discendi. Rursus Jerosolymæ et Bethlehem, quo labore, quo pretio Baranniam Hebræum nocturnum habui præceptorem (epist. 65)? Timebat enim Jucœos, et mihi alterum sese exhibebat Nicodemum (*Joan.* III, 1 et seq.). Memori profecto mente hic recondiderat quod in Ecclesiastico (VI, 18) legerat : « Fili, a juventute tua excipe doctrinam, et usque ad canos invenies sapientiam. » In quo ipse non solum Scripturæ verbis, verum etiam sanctorum Patrum instructus exemplis, inter cæteras excellentis illius monasterii laudes hoc de singulari exercitio ejus in Scripturis divinis adjecit : « Scripturarum vero divinarum meditationem et intellectum, atque scientiæ divinæ, nunquam tanta vidimus exercitia, ut singulos pene eorum oratores credas in divinam esse sapientiam. » Sanctus etiam Beda, sicut in historia refert Anglorum, a puero in monasterium susceptus : « Cunctum, inquit, ex eo tempus vitæ in ejusdem monasterii habitatione peragens, omnem meditans Scripturis operam dedi, atque inter observantiam disciplinæ regularis et quotidianam cantandi in ecclesia curam semper aut discere, aut scribere dulce habui. » Nunc vero qui in monasteriis erudiuntur adeo stulti perseverant, ut litterarum sono contenti nullam de intelligentia curam assumant, nec cor instruere, sed linguam student. Quos patenter illud Salomonis arguit proverbium : *Cor sapientis quærit doctrinam, et os stultorum pascetur imperitia* (*Prov.* XV, 44) : cum videlicet verbis quæ non intelligit oblectatur. Qui profecto tanto minus Deum amare et in eum accendi possunt, quanto amplius ab ejus intelligentia et a sensu Scripturæ de ipso nos erudientis absistunt. Hoc autem duabus maxime de causis in monasteriis accidisse credimus, vel per laicorum, scilicet conversorum, seu etiam ipsorum præpositorum invidiam vel propter vaniloquium otiositatis, cui hodie plurimum claustra monastica vacare videmus. Isti profecto nos terrenis magis quam spiritalibus secum intendere cupientes, illi sunt qui tanquam Allophili fodientem puteos Isaac persequuntur (*Gen.* XXVI, 15)' : et eos replendo congerie terræ aquam ei satagunt prohibere. Quod beatus exponens Gregorius lib. Moral. XVI, ait : *Sæpe cum eloquiis sacris intendimus malignorum spirituum insidias gravius toleramus, quia menti nostræ terrenarum cogitationum pulverem aspergunt* [al. spargunt] *ut intentionis nostræ oculos a luce intimæ visionis obscurent* (cap. VIII, in Job XXIV). Quod nimium Psalmista pertulerat cum dicebat : *Declinate a me, maligni, et scrutabor mandata Dei mei* (*Psal.* CXVIII, 115). Videlicet patenter insinuans, quia mandata Dei perscrutari non poterat, cum malignorum spirituum insidias in mente tolerabat: Quod etiam in Isaac opere Allophilorum pravitate cognoscimus designari, qui puteos quos Isaac foderat terræ congerie replebant. Nos enim nimirum puteos fodimus, cum in Scripturæ sacræ abditis sensibus alta penetramus. Quos tamen occulte replent Allophili, quando nobis ad alta tendentibus immundi spiritus terrenas cogitationes ingerunt, et quasi inventam divinæ scientiæ aquam tollunt. Sed quia nemo hos hostes sua virtute superat, per Eliphaz dicitur : *Eritque omnipotens contra hostes tuos, et argentum coacervabitur tibi* (*Job* XXII, 25). Ac si diceretur : Dum malignos spiritus Dominus sua a te virtute repulerit, divini in te eloquii talentum lucidius crescit. Legerat iste, ni fallor, magni Christianorum philosophi Origenis homelias in *Genesi*, et de ejus hauserat puteis quod nunc de iis loquitur puteis. Ille quippe spiritualium puteorum fossor studiosus non solum ad eorum potum, sed etiam effossionem nos vehementer adhortans, expositionis prædictæ homelia XII, ita loquitur (cap. 26) : *Tentemus facere etiam illud quod sapientia commonet dicens :* « *Bibe aquam de tuis fontibus, et de tuis puteis. Et sit tibi fons tuus proprius.* (*Prov.* v, 15). » *Tenta ergo et tu, o auditor, habere proprium puteum et proprium fontem, ut et tu cum apprehenderis librum Scripturarum, incipias etiam ex proprio sensu proferre aliquem intellectum, et secundum ea quæ in Ecclesia didicisti. Tenta et tu bibere de fonte ingenii tui. Est intra te natura aquæ vivæ, sunt venæ perennes et irrigua fluenta rationabilis sensus, si modo non sint terra et rudibus completa. Sed satage fodere terram tuam, et purgare sordes, id est ingenium, amovere desidiam et torporem cordis excutere. Audi enim quod dicit Scriptura.* « *Punge oculum, et profer lacrymam : punge cor, et profer sensum* (*Eccli.* XXII, 19). *Purga etiam et tu ingenium tuum, ut aliquando etiam de tuis fontibus bibas, et de tuis puteis haurias aquam vivam. Si enim susceperis in te verbum Dei, si accepisti ab Jesu aquam vivam, et fideliter accepisti, fiet in te fons aquæ salientis in vitam æternam.* Idem homelia sequente de puteis Isaac supra memoratis. *Quos*, inquit, *Philisthiim terra repleverant, illi sine dubio qui intelligentiam spiritalem claudunt, ut neque ipsi bibant, neque alios bibere permittant* (homil. XIII, cap. 26). *Audi Dominum dicentem : Væ vobis, Scribæ et Pharisei, quoniam tulistis clavem scientiæ, non ipsi introistis, neque volentes permisistis* (*Luc.* XI, 52). Nos vero nunquam cessemus puteos aquæ vivæ fodiendo, et nunc quidem vetera, nunc etiam nova discutiendo, efficiamur similes illi Evangelico scribæ, de quo Dominus dixit : *Qui profert de thesauro suo nova, et vetera* (*Matth.* XIII, 52). Item redeamus ad Isaac, et fodiamus cum ipso puteos aquæ vivæ, etiam si obsistunt Philisthini, etiam si rixantur, nos tamen perseveremus cum ipso puteos fodiendo, ut et nobis dicatur : *Bibe aquam de tuis vasis, et de tuis puteis* (*Prov.* v, 15) : et in tantum fodiamus, ut superabundent aquæ putei in plateis nostris, ut non solum nobis sufficiat scientia Scripturarum, sed et alios doceamus et instruamus ut bibant. Homines bibant et pecora, quia et Propheta dicit : *Homines et jumenta salvos facies, Domine* (*Psal.* XXXV, 7). Et post aliqua : *Qui Philisthinus est*, inquit, *et terrena sapit, nescit in omni terra invenire aquam, invenire rationabilem sensum. Quid tibi prodest habere eruditionem, et nescire ea uti? habere sermonem, et nescire loqui ?*

Istud proprie puerorum est Isaac, qui in omni terra fodiunt puteos aquæ vivæ. Vos autem non sic, sed vaniloquio penitus supersedentes, quæcunque discendi gratiam assecutæ sunt, de iis quæ ad Deum pertinent erudiri studeant. Sicut de beato scriptum est viro : *Sed in lege Domini voluntas ejus, et in lege ejus meditabitur die ac nocte (Psal.* I, 2). Cujus quidem assidui studii in lege Domini quæ sequatur utilitas statim adjungitur : *Et erit tanquam lignum quod plantatum est secus decursus aquarum.* Quasi enim lignum aridum est et infructuosum, quod fluentis divinorum eloquiorum non irrigatur. De quibus scriptum est : *Flumina de ventre ejus fluent aquæ vivæ* (Joan. VII, 38). Hæc illa sunt fluenta, de quibus in laude sponsi canit sponsa in Canticis eum describens : *Oculi ejus sicut columbæ super rivulos aquarum, quæ lacte sunt lotæ, et resident juxta fluenta plenissima* (Cant. V, 12). Et vos igitur lacte lotæ, id est candore castimoniæ nitentes juxta hæc fluenta quasi colombæ residete, ut hinc sapientiæ haustus sumentes, non solum discere, sed et docere, et aliis tanquam oculi viam possitis ostendere, et sponsum ipsum non solum conspicere, sed et aliis valeatis describere. De cujus quidem singulari sponsa, quæ ipsum aure cordis concipere meruit, scriptum esse novimus : *Maria autem conservabat omnia verba hæc, conferens in corde suo* (Luc. II, 19). Hæc igitur summi Verbi Genitrix verba ejus in corde potius habens quam in ore, ipsa etiam diligenter conferebat, quia studiose singula discutiebat, et invicem sibi ea conferebat ; quam congrue scilicet inter se convenirent omnia. Noverat juxta mysterium legis omne animal immundum dici, nisi quod ruminat et ungulam findit. Nulla quippe est anima munda, nisi quæ meditando quantum capere potest divina ruminat præcepta, et in iis exsequendis discretionem habeat, ut non solum bona, sed et bene, hoc est recta faciat intentione. Divisio quippe ungulæ pedis, discretio est animi, de qua scriptum est : *Si recte offeras, recte autem non dividas, peccasti. Si quis diligit me,* inquit Veritas, *sermonem meum servabit* (Joan. XIV, 23). Quis autem verba vel præcepta Domini sui servare obediendo poterit, nisi hæc prius intellexerit? Nemo studiosus erit in exsequendo, nisi qui attentus fuerit in audiendo. Sicut et de beata illa legitur muliere, quæ cæteris omnibus postpositis sedens secus pedes Domini audiebat verbum illius : illis videlicet auribus intelligentiæ quas ipsemet requirit dicens : *Qui habet aures audiendi, audiat* (Matth. XI, 15). Quod si in tantæ fervorem devotionis accendi non valetis, imitamini saltem et amore et studio sanctarum litterarum beatas illas sancti Hieronymi discipulas Paulam et Eustochium, quarum præcipue rogatu tot voluminibus Ecclesiam prædictus doctor illustravit.

Huc usque Nanneticum exemplar, itemque Victorianum. Sed in Paracletensi, quod et auctius ubique passim, sequentia reperimus, et videntur esse Heloissæ.

Instructiones nostræ sumunt exordium a doctrina Christi prædicantis, et tenentis paupertatem, humilitatem et obedientiam. Sequimur autem vestigia apostolorum in commune viventium. In habitu nostro conservamus paupertatem et humilitatem, in subjectione obedientiam : in conversatione nostra, quia communiter vivimus, sequimur apostolos. Quia undecunque beneficia temporalia proveniant, dividitur singulis prout potest; si non abundat omnibus, maxime datur magis indigentibus. Et quoniam sæculo abrenuntiamus, et Deo militamus, persistamus in proposito castitatis, et pro viribus nostris juxta mensuram donationis suæ ei placere contendamus.

De convenientia consuetudinum.

Domino super nos prospiciente, et aliqua loca nobis largiente, misimus quasdam ex nostris ad religionem tenendam numero sufficiente. Annotamus autem boni propositi nostri consuetudines, ut quod tenuit mater incommutabiliter, teneant et filiæ uniformiter.

De habitu.

Habitus noster vilis est et simplex, in agninis pellibus, in lineis et laneis vestibus. In iis emendis vel faciendis non eliguntur pretiosa, sed quod vilius comparari vel haberi potest. Quodcunque sufficere debeat adnotandum esset; sed longe sumus a sufficientia.

De lectis.

In lectulis nostris habemus culcitras, et pulvinaria, et lintea linea sicut singulis dividitur. Si non recipiant singulæ quod sufficiat, paupertati ascribitur.

De cibis.

Pane quolibet vescimur; si fuerit triticum, triticeo; si defuerit, pane cujuslibet annonæ. In refectorio nostro cibi sine carnibus sunt legumina, et ea quæ nutrit hortus. Lac, ova et caseus rarius apponuntur, et pisces, si dati fuerint. Vinum mistum sit aqua. Duo pulmenta in prima refectione habentur. In cœna vero herbæ, vel fructus, vel aliquid tale, si haberi poterit. Horum quoque deficientiam sine murmure portamus.

De obedientia.

Soli abbatissæ et priorissæ debitum exhibetur obedientiæ. Nulla præsumit claustra monasterii egredi sine harum licentia. Nulla loqui, nulla dare aliquid vel recipere, nulla retinere nisi quod permissum fuerit. De cætero nobis invicem obedimus affectu charitatis.

Unde necessaria proveniant.

Religionis erat de cultu terrarum et labore proprio vivere, si possemus. Sed quia ex debilitate non sufficimus, admittimus conversos et conversas, ut quæ per nos administrari rigor non permittit religionis, per eos adimpleatur. Recipimus etiam quascunque fidelium eleemosynas more cæterarum Ecclesiarum.

Quando egredimur.

Statutum tenemus, quod nulla velata. causa cujuscunque necessitatis, egrediatur ad forensia negotia, vel ingrediatur domum cujuslibet sæcularis. Ad familiaria vero negotia et ad custodiam rerum nostrarum mittimus in domos nostras probatas tam ætate quam vita et moniales et conversas.

De longinquo venientibus.

Supervenientem nobiscum diu manere non permittimus; sed si remanere voluerit, et eam ratio suscipi permiserit, primo septem dies, aut profiteatur, aut discedat.

Quando fit conversa monialis.

Si ad nos aliqua conversa veniens in conversatione laicarum suscepta fuerit, nullatenus postea monialis efficietur, sed in ea vocatione, in qua vocata est, permaneat.

De officiis nocturnis a Kal. Octobr. usque ad Pascha.

Audito signo, ad vigilias cum festinatione surgimus, et moderate nos cohortantes festinamus ad opus Dei: et dimisso signo ad nutum priorissæ faciamus consuetas orationes, in solemnitatibus inclinatæ, in privatis diebus prostratæ. Completis orationibus signamus nos, et ingredimur stationes nostras. Hebdomadaria, cujus est *Deus in adjutorium*, incipit: *Veni, sancte Spiritus*, prosequens versum et orationem. Quod et facimus in principiis omnium horarum, in præcipuis solemnitatibus cantando, cæteris diebus sine cantu. Hebdomadaria incipit, *Domine, labia mea*, et prosequimur divinum officium juxta consuetudinem regularium ecclesiarum. Post vigilias egredimur omnes, et firmatur oratorium, si dies non fuerit, et accenso lumine in capitulo sedent quæ lectionis vel operis indigent. Si dies fuerit, statim sequitur Prima. In festivitatibus et dominicis diebus, sive dies fuerit, sive non fuerit, revertimur omnes in dormitorium, pausantes in lectulis, donec die clarius illucescente ad sonitum dormitorii veniamus in claustrum. Pulsatur prima, et faciente signum priorissa, ingredimur omnes ecclesiam præcedente schola et junioribus. Similiter ante omnes horas exspectatur signum priorissæ. Ante primam fit oratio inter formas sicut ante vigilias. Post primam sequitur missa matutinalis. Inde itur in capitulum, et fiunt clamationes et emendationes juxta modum culparum, consideratione tenentis capitulum. Quibusdam solemnitatibus veniunt sorores in capitulum, et emendantur culpæ earum. Quotiescunque autem fratres graviter delinquunt, vocantur in capitulum, et coram communi capitulo corriguntur, ut majori confundantur erubescentia. Præcipuis solemnita-

tibus habetur sermo in capitulo. Egressæ de capitulo vacamus lectioni usque ad Tertiam, si hora permiserit. Sequitur tertia et major missa. Sequitur et sexta sine intervallo. Post sextam vacamus lectioni usque ad nonam. Ministræ et lectrix accipiunt mistum. Post nonam ingredimur refectorium, auditur lectio cum summo silentio, et in cæteris capitulo regularium sequimur. Dicto *Tu autem*, procedimus ordinate gratias cantantes, et ingredimur oratorium. Finitis gratiis in ecclesia, ingredimur capitulum, et conveniunt sorores laicæ, et exponitur aliquid ædificationis in communi audientia, referente illa cui injunctum fuerit. Si tempus superfuerit, sedemus in claustro usque ad vesperas. Cantantur vesperæ. Sciendum est, quia nulla chorum egreditur sine licentia. Post vesperas sedemus in claustro meditationi servientes, et in cordibus orantes absque signis penitus cum summo silentio. Ante collationem bibimus in refectorio. Hebdomadaria donante benedictionem, statim accedimus ad collationem, nulla divertente alicubi. Post collationem cantamus in ecclesia completorium. Dicto *Requiescant in pace*, facimus orationem inter formas. Ad signum abbatissæ vel priorissæ erectæ consignamus nos, et egredientes per ordinem, incipientes a senioribus, aspergit nos aqua benedicta abbatissa vel priorissa. Ascendentes in dormitorium divertimus ad lectulos nostros, et collocamus nos vestitæ et cinctæ jacentes.

De dominicis diebus.

Diebus dominicis exeuntes de capitulo, accipiunt aquam benedictam ab abbatissa vel priorissa, et facimus processionem in claustro, una portante crucem, et duabus cereos. Post sextam reficimus. Post refectionem statim nona. Post nonam aliquid exponitur ad ædificationem, sicut superius dictum est. Post vesperas fit cœna. Et eo modo nos habemus deinceps quo superius dictum est. Privatis diebus, summo mane cantatur prima, postea sedemus in claustro usque ad tertiam, legentes et cantantes et operantes. Præcedit oratio inter formas, et sequitur tertia. Post tertiam missa matutinalis. Inde itur in capitulum. Egressæ de capitulo sedemus in claustro. Debiliores sumunt mistum, secundum dispensationem abbatissæ. Nulli licet sedere in claustro sine opere vel lectione. Post sextam major missa, et statim nona. Post nonam ingredimur refectorium. Cætera prosequimur ut superius dictum est.

De tempore æstivo.

A Pascha vero usque ad supradictas Kalendas Octobris, post laudes revertimur ad lectulos nostros, et aliquo intervallo fit sonitus in dormitorio, et surgentes venimus in claustrum et legimus et cantamus usque ad primam. Ante primam tam festivis diebus quam privatis aguntur orationes inter formas. Post primam sequitur missa matutinalis. Inde itur in capitulum. Egressæ capitulum, sedemus in claustro legentes et operantes usque ad tertiam. Post tertiam major missa agitur. Sexta ; et itur in refectorium. Post gratiarum actionem imus in dormitorium, et licet dormire, legere, operari in lectulis sine alicujus inquietatione. Audito primo signo nonæ surgimus et præparamus nos, ut dum secundum signum pulsaverit, ad signum abbatissæ vel priorissæ ordinate ingrediamur ecclesiam. Post nonam agimus pro defunctis. Inde ingredimur refectorium et bibimus aquam. Deinceps in claustrum sedimus, legentes et operantes. Egredimur etiam ad laborem qualibet hora diei necessario advocatæ fuerimus. Post vesperas agitur cœna. Deinceps nos habemus sicut superius dictum est. In litania majore, tribus diebus Rogationum, sexta feria, et sabbato, vigilia sancti Joannis Baptistæ, vigilia apostolorum Petri et Pauli, vigilia sancti Laurentii, vigilia Assumptionis, et ab Idibus Septembris usque ad Pascha jejunamus.

Ex concilio Triburiensi, cap. 10.

Virgines quæ ante duodecim annos insciis mundiburdis suis sacrum velamen capiti suo imposuerint, et illi mundiburdi annum et diem hoc tacendo consenserint, in sancto proposito permaneant. Et si in prædicto anno et die pro illis proclamaverint, petitioni eorum assensus præbeatur : nisi forte Dei timore tactæ cum eorum licentia in religionis habitu perseverent.

De consecratione sanctimonialium, ex concilio Carthaginiensi.

Sanctimonialis virgo cum ad consecrationem suo episcopo offertur, in talibus vestibus applicetur, qualibet [qualibus] semper usura est, professioni et sanctimoniæ aptis.

Ex decreto Gelasii, cap. 12.

Devotis quoque virginibus, nisi aut in Epiphania, aut in Albis paschalibus, aut in apostolorum natalitiis, sacrum minime velamen imponatur; et non ante quinque et viginti annos, nisi forte, sicut de baptismate dictum est, gravi languore correptis. Ne sine hoc munere de sæculo exeant, implorantibus non negetur.

Ex decreto Pii papæ.

Ut virgines non velentur ante quinque et viginti annos ætatis, nisi forte necessitate periclitantis virginalis pudicitiæ, et non sunt consecrandæ in alio tempore nisi in Epiphania, et in Albis paschalibus, et in apostolorum natalitiis, nisi causa mortis urgente.

Ex concilio Milevitano, cap. 25.

Item placuit, ut quicunque episcoporum necessitate periclitantis pudicitiæ virginalis, cum vel portitor potens, vel raptor aliquis formidatur, vel si etiam aliquando mortis periculoso scrupulo compuncta fuerit, ne non velata moriatur, aut exigentibus parentibus aut iis ad quorum curam pertinet, velavit virginem, seu velavit intra quinque et viginti annos ætatis, non ei obsit concilium quod de isto numero annorum constitutum est.

Hieronymus contra Jovinianum.

Si nupserit virgo, non peccavit : non illa virgo quæ semet cultui Dei dedicavit. Harum enim si qua nupserit, habebit damnationem, quod primam fidem irritam fecit. Si autem hoc de viduis dictum objecerint, quanto magis de virginibus prævalebit ; cum etiam iis non liceat, quibus aliquando licuerit? Virgines enim, quæ post consecrationem nupserunt, non tam adulteræ quam incestæ sunt.

Ex Decreto Euticiani papæ, cap. 13.

Nihilominus etiam in quibusdam locis inditum invenimus usum stultitiæ plenum, et ecclesiasticæ auctoritati contrarium, eo videlicet quod nonnullæ abbatissæ et aliquæ ex sanctimonialibus viduis et puellis virginibus contra fas velum imponere præsumant, et ideo nonnullæ injuste velatæ putant se liberius suis carnalibus desideriis posse inservire, et suas voluntates explere. Quapropter statuimus ut si abbatissa, aut quælibet sanctimonialis post hanc diffinitionem in tantam audaciam proruperit, ut aut viduam aut puellam virginem velare præsumat, judicio canonico usque ad satisfactionem subdatur.

Bonifacius martyr Hilteribaldo regi Anglorum.

Apud Græcos et Romanos, quasi blasphemiam Deo irrogasset, qui in hoc reus sit, ut proprie de hoc peccato ante ordinationem interrogatus si reus fuerit inventus, ut cum velata et consecrata una concubuisset, ab omni gradu sacerdotum Dei prohiberetur. Propter hoc, fili carissime, sollicite considerandum est quanti ponderis hoc peccatum esse videtur ante oculos æterni judicis, quod facientem inter idololatriæ servos constituet, et a divino ministerio altaris abjiciet. Licet autem peracta pœnitentia reconciliatus sit Deo.

Ex concilio Rothomagensi, cap. 9.

Statutum est viduas non debere velari, similiter et hoc statutum est, ut si quispiam presbyterorum deinceps hujus constitutionis normæ contumaciter transgressor extiterit, scilicet ut aliquas viduas velare præsumat, quia et hoc episcopis non licet, gradus sui periculum incurrat. Similiter et de puellis virginibus a presbyteris non velandis statutum est, ut si quis hoc facere tentaverit, tanquam transgressor canonum damnetur.

Ex concilio Moguntinensi, cap. 6.

Viduas autem velare pontificum nullus tentet, prout statutum est in decretis Gelasii cap. 13, quod nec auctoritas divina, nec canonum forma præstitit. Quæ si propria voluntate continentiam fuerit professa, ut in ejusdem Gelasii cap. 21 legitur, ejus intentio pro se rationem reddat Deo, quia sicut secundum Apostolum, si continere se non poterat, nullatenus nubere vetabatur, sic secum habita deliberatione promissam fidem pudicitia Deo debet custodire. Nos autem auctoritate Patrum suffulti in hoc sacro conventu sancimus et labore judicamus, si sponte velamen quamvis non consecratum sibi imposuerit, et in Ecclesia inter velatas oblationem Deo obtulerit, velit nolit, sanctimoniæ habitum ulterius habere debet, licet sacramento confirmare velit eo tenore et ratione velamen sibi imposuisse, ut iterum posset deponere.

Ex concilio Aurelianensi, cap. 5.

Viduæ, quæ ab altari sacro velamen accipiunt spontanea voluntate sacræ conversationis, decrevit sancta synodus in eodem proposito eas permanere. Non enim fas esse decernimus, ut postquam semet Deo sub velo consecraverint, et inter velatas oblationem fecerint, iterum eis concedi Spiritui sancto mentiri.

Nicolaus papa archiepiscopo C. et ejus suffragantibus.

Vidua quidem, quæ capiti imposuerit sacrum velamen, si inter cæteras velatas feminas in ecclesia oraverit, et oblationem cum illis obtulerit, si professa est in eodem habitu permanere, spondens nunquam religionis velamen deponere, a religionis observantia discedere non præsumat.

Augustinus de dono viduitatis.

Viduæ, quæ se non continent nubant antequam professæ continentiam devoveant, quod nisi reddant jure damnentur.

Ex concilio Arausico, cap. 6.

Viduitatis servandæ professionem coram episcopo in secretario habitam, imposita coram episcopo veste viduali non esse violandam ; ipsam tamen professionis desertricem merito esse damnandam decernimus.

Ex concilio Toletano, cap. 5.

Omnes feminæ venientes ad sacram religionem et pallio capita contegant, et conscriptam roboratamque professionem faciant, postquam ulterius non sinantur relabi ad prævaricationis audaciam. Quæ vero ex iis omnibus fuerint repertæ animum aut vestem in transgressionem dedisse, excommunicationis sententiam ferant, et rursus mutato habitu in monasteriis, donec diem ultimum claudant, sub ærumnis arduæ pœnitentiæ permaneant religatæ.

Ex decretis Gelasii papæ ad Sicilienses episcopos missis, cap. 9.

Neque viduas ad nuptias transire patimur, quæ in religioso proposito diuturna observatione permanserunt. Similiter virgines nubere prohibemus, quas annis plurimis in monasteriis ætatem egisse contigerit.

Ex epistola Gregorii papæ missa ad Bonifacium.

Viduas a proposito discedentes viduitatis, super quibus nos consulere voluit dilectio tua, frater charissime, credo te nosse a sancto Paulo, et multis sanctis Patribus, nisi convertantur, olim esse damnatas. Quas et nos apostolica auctoritate esse damnandas, et a communione fidelium, atque a liminibus Ecclesiæ arcendas fore censemus, usquequo obediant suis episcopis ; et ad bonum quod cœperunt, invitæ aut voluntariæ revertantur. De virginibus autem non velatis, si deviaverint, a sanctæ memoriæ prædecessore nostro papa taliter decretum habemus. Hæ vero quæ necdum sacro velamine tectæ, tamen in proposito virginali semper simulaverunt se permanere, licet velatæ non fuerint, si nupserint, aliquanto tempore his agenda pœnitentia est, quia sponsio earum a Domino tenebatur. Si enim inter homines solet bonæ fidei contractus nulla ratione dissolvi ; quanto magis ista pollicitatio, quam cum Deo pepigit, solvi sine vindicta non poterit ? Nam si virgines nondum velatæ taliter pœnitentia publica puniuntur, et a cœtu fidelium, usquequo ad satisfactionem veniant, excluduntur ; quanto potius viduæ, quæ perfectioris ætatis, et maturioris sapientiæ atque consilii existunt, virorumque consortio multoties usæ sunt, et habitum religionis assumpserunt, et demum apostataverunt atque ad priorem vomitum sunt reversæ, a nobis et ab omnibus fidelibus a liminibus ecclesiæ, et a cœtu fidelium usque ad satisfactionem sunt eliminandæ et carceribus tradendæ ? Qualiter juxta beatum Paulum *tradere hujusmodi* hominem *Satanæ, et spiritus salvus sit in die Domini* (I *Cor.* v, 5). De talibus et Dominus per Moysen loquitur : « Auferte malum de medio vestri (*ibid.*, 13). » De quibus et per Prophetam ait : « Lætabitur justus cum vindictam viderit, manus suas lavabit in sanguine peccatoris (*Psal.* LVII, 11). » De talibus namque, et eorum similibus, atque eisdem consentientibus dicitur, quia « non solum qui faciunt, sed et qui consentiunt facientibus rei sunt (Rom. I, 32). »

Ex epistola Nicolai papæ, cap. 5

Nicolaus servus servorum Dei, reverentissimo ac sanctissimo confratri nostro Adaberino (72) sanctæ Vivacensis ecclesiæ archiepiscopo. Quod interrogasti de femina, quæ post obitum viri sui velamen sacrum super caput suum imposuit, et finxit se sub eodem velamine sanctimonialem esse, postea vero ad nuptias rediit, bonum mihi videtur, quia per hypocrisim ecclesiasticam regulam conturbare voluit, et non legitime in voto permansit, ut pœnitentiam agat de illusione nefanda, et revertatur ad id quod spopondit, et in sacro ministerio inchoavit. Nam si consenserimus, quod omnia ecclesiastica sacramenta quisque prout vult fingat, et non vere faciat, omnis ordo ecclesiasticus turbabitur, nec Catholicæ fidei jura consistunt, nec canones sacri rite observantur. Quid enim profuit Simoni Mago baptisma sacrum ficte suscipere, et in christianitate se permansurum finxisse, cum per Apostolum fraude ejus detecta quod sibi futurum esset pronuntiatum fuit ? Ait enim : « Pœnitentia tua tecum sit in perditione. Cor enim tuum non est rectum colis nulla fit mentio, neque Vivacensis ecclesia quæ sit, adhuc reperire potui.

(72) F. *Aluino sanctæ Januensis,* ad quem dist. 54, c. 1 : Adaberini enim in omnibus Nicolai episto-

ram Deo. Pœnitentiam itaque age de hac nequitia tua, et roga Deum ut forte remittatur tibi cogitatio cordis tui. In felle enim amaritudinis et obligatione iniquitatis video te esse (*Act.* VIII, 20-23). » Ideo tales, nisi resipiscant, spirituali gladio percutere censemus. Non enim fas Spiritui sancto mentiri sicuti Ananias et Saphira mentiti sunt, et statim perierunt.

Ex concilio Arelatensi, cap. 7.

Sciendum est omnibus, quod Deo sacratarum feminarum corpora per votum propriæ sponsionis et verba sacerdotis Deo consecrata templa esse Scripturarum testimoniis comprobantur; et ideo violatores earum sacrilegi, ac juxta Apostolum filii perditionis esse noscuntur.

Apostolus dicit.

« Præcipe, inquit, ut viduæ irreprehensibiles sint. Vidua eligatur non minus quadraginta [*vulg.* sexaginta] annorum in operibus bonis testimonium habens si filios educavit. » Et : « Adolescentiores viduas devita. Cum enim luxuriatæ fuerint, in Christo nubere volunt, habentes damnationem, quia primam fidem irritam fecerunt, simul et otiosæ loquentes quod non oportet. Volo ergo juniores nubere, filios procreare, matresfamilias esse, nullam occasionem dare adversario maledicti gratia. Jam enim quædam conversæ sunt retro Satanam (*I Tim.* V, 7-15). »

Ex concilio Moguntinensi, cap. 13.

Abbatissas autem cum sanctimonialibus omnino recte et juste vivere censemus. Quæ vero professionem secundum regulam sancti Benedicti fecerunt, singulariter vivant. Sin autem canonice vivant, pleniter et sub diligenti cura custodiam habeant, et in claustris suis permaneant, nec foras exitum habeant. Sed et ipsæ abbatissæ in monasteriis sedeant, nec foras vadant sine licentia et consilio episcopi sui.

Ex concilio Moguntino, cap. 26.

Abbatissa nequaquam de monasterio egrediatur, nisi per licentiam sui episcopi. Et si quando foras pergit, de sanctimonialibus quas secum ducit, curam habeat maximam, ut nulla eis detur occasio peccandi.

Ex concilio Grantiensi [Gangrensi], cap. 9.

Abbatissa diligentem habeat curam de congregatione sibi commissa, et provideat ut in lectione et officio, in modulatione psalmorum ipsæ sanctimoniales strenuæ sint, et in omnibus operibus bonis. Illa eis ducatum præbeat, utpote pro animabus earum rationem redditura in conspectu Domini, et stipendia sanctimonialibus præbeat necessaria, ne forte per indigentiam cibi aut potus peccare compellantur.

Ex concilio Moguntiensi, cap. 14.

Sanctimoniales, nisi forte abbatissa sua pro aliqua necessitate incumbente, nequaquam de monasterio egrediantur.

Ex concilio Granecensi [Gangrensi], cap. 13.

Si qua mulier propter continentiam quæ putabatur, habitum immutavit, et pro solito muliebri amictum virilem sumat, anathema sit.

Ex eodem concilio, cap. 14.

Si qua mulier propter divinum cultum, ut æstimat, crines attondet, quos ei Deus ad subjectionis memoriam tribuit, tanquam præceptum dissolvens obedientiæ, anathema sit.

Ex concilio Rothomagensi, cap. 3.

Ut episcopus monasteria monachorum et sanctimonialium frequenter introeat, et cum gravibus et religiosis personis in earum conventu residens, eorum vel earum vitam et conversationem diligenter excutiat. Si quid reprehensibile invenerit, corrigere satagat. Sanctimonialium etiam pudicitiam sublimiter investiget, et si aliqua invenitur, quæ neglecto proposito castitatis clerico aut laico impudenter misceatur, acriter verberibus coerceatur, et in privata custodia retrudatur, nisi quod male commisit digne peniteat. Interdicatur etiam ex auctoritate sacrorum canonum, ut nullus laicus aut clericus in earum claustris et secretis habitationibus accessum habeat, neque presbyteri nisi tantum ad missam. Expleta missa, ad ecclesias suas redeant. Omnibus præterea publice et privatim denuntiet, quantum sit piaculum qui sponsam Christi vitiare præsumit. Si enim ille reus tenetur qui sponsam hominis violat, quanto magis reus majestatis efficitur, qui sponsam omnipotentis Dei corrumpit?

De monialibus.

Episcopi ut moniales vivant sine proprio curam adhibeant diligentem, ne se possint excusare prætextu alicujus paupertatis.

De sanctimonialibus.

Statuimus ut abbatissæ et priorissæ, et aliæ obedientiariæ, de singulis proventibus, redditibus, et expensis singulis annis computent in capitulo, quater in anno ad minus; et ut status tam obedientiarum quam prioratuum a claustralibus cognoscatur, compotus redigatur in scriptis : ita quod conventus penes se retineat unum scriptum, et abbatissa aliud. Propter scandala, quæ ex monialium conversatione proveniunt, statuimus de monialibus nigris ne aliquod depositum in domibus suis recipiant ab aliquibus personis, maxime areas clericorum vel laicorum causa custodiæ apud se minime deponi permittant. Pueri et puellæ, quæ solent ibi nutriri et institui, penitus expellantur. Omnes communiter comedant in refectorio, et in dormitorio solitariæ dormiant. Cameræ omnes monialium destruantur, nisi aliqua per inspectionem episcopi necessaria retineatur ad infirmariam faciendam, vel alia de causa, quæ episcopo justa et necessaria videatur. Item moniales nullatenus exire permittantur, vel extra pernoctare, nisi forte ex magna causa, et raro : et abbatissæ injungatur, ne aliter permittat egredi moniales. Et si aliquando abbatissa ex justa causa alicui permittat, eidem injungat quod sine mora revertatur, et det ei sociam non ad voluntatem suam, sed quam viderit expedire. Ostia suspecta et superflua obstruantur. Circa hoc autem episcopi diligentiam adhibeant et curam, per se et per ministros suos, et vitas et conversationes ipsarum taliter restringant, quod per eorum diligentiam scandala, quæ de earum vita in præsenti proveniunt, sopiantur.

De sororibus non emittendis.

Sorores nostræ non egrediantur, nisi forte mittantur de claustro ad claustrum moraturæ ad minus per annum. Verum, si evidens necessitas ingruerit, propter quam oporteat aliquam egredi, fiat de licentia Præmonstrensis abbatis, dum tamen sine gravi periculo ejus possit exspectari assensus. Si quis abbas aliquam aliter emiserit, puniantur secundum quantitatem excessus, arbitrio capituli generalis, et maxime si scandalum emerserit de sorore emissa. Tempore vero guerrarum liceat cuilibet abbati sorores sibi subditas ad loca tuta transferre. Quod si aliter fuerit, abbas, sub quo hoc contigerit, per annum continuum in feria sexta jejunet in pane et aqua.

De sororibus non recipiendis.

Quoniam instant tempora periculosa, et Ecclesiæ supra modum gravantur, communi consilio capituli statuimus, ut amodo nullam sororem recipiamus. Si quis autem hujus statuti transgressor exstiterit, abbatissa sua sine misericordia punietur.

Item de sororibus non recipiendis.

Nulla soror de cætero recipiatur in ordine, nisi locis illis qui sunt ab antiquo recipiendis sororibus perpetuo deputata.

De testimonio sororum recipiendarum.

Si mulieres aliquæ ex antiqua concessione facta eis ante institutionem editam de sororibus non recipiendis, recipi voluerint in sorores, nullomodo recipiantur, nisi probaverint vel per litteras, vel per sufficientem numerum fratrum, utpote per quatuor vel quinque, quod concessio fuerit facta eis ante inhibitionem ordinis per abbatem vel conventum.

De mulieribus non permutandis.

Mulieres quæ ab antiquo loca habent in domibus nostris, ut recipiantur in sorores, nullis aliis loca sua conferant, nec fiat circa mulieres aliqua mutatio personarum.

De puellis non nutriendis in domibus nostris.

Cum propriis fratribus ac sororibus nostris etiam tenui victu sufficere vix possimus, absurdum videretur si alienos in deliciis nutriremus, et tales maxime, de quorum fratres aut sorores nostræ possent conversatione corrumpi. Eapropter censuimus sub districta inhibitione cavendum, ut, emissis omnino sæcularibus, quæ ad nutriendum in claustris sororum nostrarum hactenus sunt receptæ, nulla alia prorsus ad nutriendum de cætero admittatur. Quod si aliqua voluerit exire jam recepta, vel si ad nutriendum recipiatur, per se, vel per alios intruserit violenter, cessetur in eodem loco quousque exierit, penitus a divinis.

Quod sorores nostræ non habeant nigras tunicas.

Prædictis namque duximus annectendum, statuentes sub pœna excommunicationis firmiter observari, ut sorores nostræ nonnisi in tunicis albis et nigris superpelliceis induantur. In quibus videlicet superpelliceis nulla vel superfluitas vel curiositas videatur, et ne sit notabilis habitus earumdem, ne vestes potius videantur quam morum delicias affectare.

De sororibus in lapsu carnis deprehensis.

Si aliqua soror deprehensa fuerit in lapsu carnis, statim emittatur a domo, et nullomodo, etiamsi obtinuerit misericordiam, de cætero revertatur, nisi sub tali lege quod velo careat in perpetuum, et sub vili veste et tenui victu nullatenus egressura de claustro serviat ut ancilla. Verum, si secundo commiserit, ejiciatur, et nullum de cætero receptionis suæ debitum ab ordine præstoletur. Sane si aliqua extra septa sororum exierit, omni sexta feria per annum in pane et aqua abstineat. Porro, si extra exteriorem portam domus exierit, infra octo dies si reversa fuerit, poterit recipi ut fugitiva. Ita tamen ut per quadraginta dies subjiciatur pœnæ gravioris culpæ, et omni sexta feria per annum reficiatur in pane et aqua. Post dies octo revertenti adjiciatur ad pœnam, ut usque ad sequens generale capitulum velo careat, et serviat ut ancilla; non tamen hac occasione egressura a claustro.

De egressione sororum.

Quasdam Ecclesias nostri ordinis de facili egressione sororum audivimus infamari. Sed quia inde multa pericula animarum possunt emergere, et forsitan emerserunt, prohibemus ne amodo ad aliquod negotium vel laborem, sive etiam in causis ad testimonium perhibendum, egrediantur de cætero.

De communi vita sororum.

Docente historia Actuum apostolorum, satis est lucidum et apertum, quod Ananias et Saphira, uxor sua, oblatis apostolorum Principi iis quæ transitorie possidebant, et retenta parte pretii cujusdam agri venditi ab eisdem, morte subitanea sunt percussi. Quia ergo quæcunque scripta sunt ad nostram doctrinam scripta sunt, ut proprietatis vitium, vel saltem species exstirpetur, statuimus ut quilibet abbas nostri ordinis ita sororibus suis provideat, ut de communi et in communi vivant, communiter operentur, et ad communem utilitatem; nec permittantur habere proprium, sed necessaria eis administrentur de communi, secundum Ecclesiarum, ad quas pertinent, facultates. Si quid autem ipsarum alicui datum fuerit a quoquam, secundum patris nostri Augustini præceptum, statim redigat in commune. Quod si retinere præsumpserit, deprehensa ab abbate vel priorissa, gravius secundum ordinis statuta puniatur.

Ne sorores frequententur.

Cum secundum Apostolum universos Christi fideles, et maxime viros religiosos ab omni specie mala deceat abstinere; inhibemus tam subditis quam prælatis ostium aperire sororum, et hoc in domibus alienis. Sustinemus tamen, ut si quis accesserit ad eas gratia prædicandi, aperto ostio ecclesiæ, ulterius non procedat, imo sedens in eodem effundat ipsis audientibus verbum Dei, nec permittat aliquatenus capellanos aut socios suos introire ad ipsas.

EPISTOLA IX.

Quæ est ejusdem Petri ad virgines Paracletenses.
De studio litterarum.

Beatus Hieronymus in eruditione virginum Christi plurimum occupatus, inter cætera, quæ ad ædificationem earum scribit, sacrarum studium litterarum eis maxime commendat, et ad hoc eas non tam verbis hortatur, quam exemplis invitat. Memor quippe sententiæ, qua Rusticum instruens ait : « Ama scientiam Scripturarum, et carnis vitia non amabis; » tanto magis necessarium amorem hujus studii feminis esse censuit, quanto eas naturaliter infirmiores et carne debiliores esse conspexit. Nec solum ad hanc virginum exhortationem argumentum a similitudine a virginibus sumptum inducit, unde ad comparationem minoris, viduas et conjugatas in exemplum assumit : quo magis sponsas Christi ad hoc studium incitet per matronas seculi, et ex virtute laicarum torporem excutiat vel confundat monialium. Et quoniam, juxta illud Gregorianum, « a minimis quisque inchoat, ut ad majora perveniat; » præmittere juvat quanta diligentia virgunculas in sacris imbuere litteris studuerit. Unde, ut omittam cætera, illud nunc in medium procedat, quod ad Lætam de institutione filiæ suæ Paulæ, propter morum doctrinam, tradit hanc litterarum disciplinam. « Sic erudienda est, inquit, anima, quæ futura est templum Dei. Fiant ei litteræ vel buxeæ, vel eburneæ, et suis nominibus appellentur. Ludat in eis, ut et lusus ipse eruditio sit. Et non solum ordinem teneat litterarum, ut memoria nominum in canticum transeat : sed et ipse inter se crebro ordo turbetur, et mediis ultima, primis media misceantur, ut eas non sono tantum, sed et visu noverit. Cum vero cœperit trementi manu stylum in cera ducere, vel alterius superposita manu teneri regantur articuli, vel in tabula sculpantur elementa; ut per eosdem sulcos inclusa marginibus trabantur vestigia, ut foras non queant evagari. Syllabas jungat ad præmium, et quibus illa ætas deliniri potest, munusculis invitetur. Habeat in discendo socias, quibus invideat, quarum laudibus mordeatur. Non objurganda est, si tardior sit; sed laudibus excitandum est ingenium, et ut vicisse gaudeat, et victa doleat. Cavendum imprimis, ne oderit studia, ne amaritudo eorum, præcepta in infantia, ultra rudes annos transeat. Ipsa nomina, per quæ consuescit paulatim verba contexere, non sint fortuita, sed certa et coacervata de industria, prophetarum videlicet, atque apostolorum, et omnis ab Adam patriarcharum series, de Matthæo Lucaque descendat : ut, dum aliud agit, futuræ memoriæ præparetur. Magister probæ ætatis et vitæ, atque eruditionis est eligendus; nec, puto, erubescet vir doctus id facere in propinqua vel nobili virgine, quod Aristoteles fecit in Philippi filio, ut ipse librariorum vilitate initia traderet litterarum. Non sunt contemnenda quasi parva, sine quibus magna consistere non possunt. Ipse elementorum sonus, et prima institutio præceptorum aliter de erudito, aliter de rustico ore profertur. Nec discat in tenero, quod ei postea dediscendum est. Difficulter eradicatur, quod rudes animi perbiberunt. » Græca narrat historia Alexandrum potentissimum regem, orbisque domitorem, et in moribus, et in incessu, Leonidis pædagogi sui non potuisse carere vitiis, quibus adhuc parvulus fuerat infectus. Ut autem pronuntiationem scripturæ commendet memoriæ, certam et ipse lectionis mensuram singulis diebus vult præfigi : quam cum memoriter persolvat, nec solum Latinis, verum etiam Græcis litteris operam dari præcipit, cum utræque linguæ tunc Romæ frequentarentur, et maxime propter scripturas de Græco in Latinum versas : ut eas ex origine sua melius cognosceret, ac verius dijudicare posset. Nondum enim Hebraicæ veritatis translatione Latinitas utebatur. Ait itaque : « Reddat tibi pensum quotidie de Scripturarum floribus carptum. Ediscat Græcorum versuum numerum. Sequatur statim et Latina eruditio : quæ si non ab initio os tenerum composuerit, in peregrinum sonum lingua corrumpitur, et externis vitiis sermo patrius sordidatur. Pro gemmis et serico, divinos codices amet, in quibus non auri, et pellis Babylonicæ vermiculata pictura, sed ad fidem placeat emendata et erudita distinctio. Discat primo Psalterium, his se canticis avocet, et in Proverbiis Salomonis erudiatur ad vitam. In Ecclesiaste consuescat, quæ mundi sunt, calcare. In Job, virtutis et patientiæ exempla sectetur. Ad Evangelia transeat, nunquam ea depositura de manibus. Apostolorum Acta et Epistolas tota cordis imbibat voluntate. Cumque pectoris sui cellarium his opibus locupletaverit, mandet memoriæ prophetas, Heptateuchum, et Regum, et Paralipomenon libros, Esdræ quoque et Esther volumina. Ad ultimum, sine periculo discat Canticum canticorum ; ne, si in exordio legerit, sub carnalibus verbis spiritualium nuptiarum epithalamium non intelligens, vulneretur. Caveat omnia apocrypha, et, si quando ea non ad dogmatum veritatem, sed ad signorum reverentiam legere voluerit, sciat non eorum esse, quorum titulis praenotantur, multaque his admista vitiosa, et grandis esse prudentiae aurum in luto quaerere. Cypriani opuscula semper in manu teneat. Athanasii Epistolas, et Hilarii libros inoffenso decurrat pede. Illorum tractatibus, illorum delectetur ingeniis, in quorum libris pietas non vacillet. Caeteros sic legat, ut magis judicet, quam sequatur. Respondebis : Quomodo haec omnia mulier saecularis, in tanta frequentia hominum, Romae custodire potero? Noli ergo subire onus, quod ferre non potes; sed, postquam ablactaveris eam cum Isaac, et vestieris cum Samuele, mitte aviae et amittae. Redde pretiosissimam gemmam cubiculo Mariae, et cunis Jesu vagientis impone. Nutriatur in monasterio : sit inter virginum choros : jurare non discat : mentiri sacrilegium putet : nesciat saeculum : vivat angelice : sit in carne sine carne : omne hominum genus sui simile putet. Et, ut caetera taceam, certe te liberet servandi difficultate, et custodiae periculo. Melius est tibi desiderare absentem, quam pavere ad singula. Trade Eustochio parvulam : illam primis miretur ab annis ; cujus et sermo, et incessus, et habitus doctrina virtutum est. Sit in gremio aviae, quae longo usu didicit nutrire, servare, docere virgines. Anna filium, quem Deo voverat, postquam obtulit in tabernaculo, nunquam recepit. Ipse, si Paulam miseris, et magistrum me, et nutritium spondeo, gestabo humeris, balbutia senex verba formabo, multo gloriosior mundi philosopho, qui non regem Macedonum, Babylonio periturum veneno, sed ancillam et sponsam Christi erudiam, regnis coelestibus offerendam. » Perpendite, sorores in Christo charissimae, pariter et conservae, quantam curam tantus Ecclesiae doctor in eruditione unius parvulae susceperit, in qua tam diligenter cuncta distinxerit, quae necessaria doctrinae decreverit, ab ipso alphabeto sumens exordium. Nec solum de pronuntiandis syllabis, et litteris conjungendis, verum etiam de scribendis adhibet documentum : nec non et de sociis providet adjungendis, quorum livore, vel laude plurimum moveatur. Quod etiam, ut spontanea magis quam coacta faciat, et majori studium amore complectatur; blanditiis, et laudibus, nec non et munusculis incitari admonet. Ipsa quoque nomina distinguit ex Scripturis sacris colligenda, in quibus proferendis se primum exercens, haec memoriae suae plurimum commendet, juxta illud Poëticum :

Quo semel est imbuta recens, servabit odorem Testa diu......

Qualis etiam magister ad hoc sit eligendus, diligenter describit : nec praetermittit praefixam esse debere mensuram lectionis, quam cordetenus firmatam quotidie persolvat. Et quia eo tempore, Graecarum quoque litterarum usus Romae abundabat, nec Graecarum litterarum expertem eam esse permittit : maxime, ut arbitror, propter translationem divinorum Librorum a Graecis ad nos derivatam, unde discernere posset, quid apud nos minus, vel aliter esset : et fortasse propter liberalium disciplinam artium, quae his, qui ad perfectionem doctrinae nituntur, nonnihil afferunt utilitatis. Qui etiam conditionem Latinae linguae praemittit, quasi ab ipsa nostrum inchoaverit magisterium. Cum autem a sono vocum ad earum pervenerit sensum, ut quae proferre didicerit jam intelligere velit : codices ei distinguit diversos, tam de canone duorum Testamentorum, quam de opusculis doctorum, ex quorum eruditione proficiat, ut consummetur. Inter canonicas autem Scripturas, ita ei Evangelia commendat, ut nunquam haec de manibus virginis recessura censeat; quasi plus aliquid diaconissis, quam diaconis de lectione injungat Evangelica : cum isti in ecclesia illam habeant recitare, illae nunquam ab eorum debeant lectione vacare. Deinde ista matri de filia scribens, ne quam mater excusationem praetenderet, haec omnia Romae saecularem feminam in tanta hominum frequentia perficere posse; dat consilium, ut ab isto se onere liberet, monasterio virginum tradat filiam, ubi educari sine periculo, et de his, quae dixit, perfectius instrui possit. Omnem denique occasionem amputans ne de magistro tandem, qualem ipse descripserat, mater sollicitaretur, puellae Roma Hierosolymam, ad aviam scilicet sanctam Paulam, et amitam Eustochium missae, se magistrum pariter et nutritium offert. Et in tantum, quod dictu mirabile est, erumpit promissum, ut tantus Ecclesiae doctor etiam senio debilis, dicat se virginem, quasi bajulum ejus, humeris gestare non dedignari. Quod quam apud suspiciosos, non sine suspicione fieri, non apud religiosos sine scandalo vix contingeret. Huc tamen omnia vir Deo plenus, et de integritate vitae omnibus tandiu cognitus, confidenter spondebat : dummodo unam sic instruere virginem posset, ut ipsam caeteris magistram relinqueret, et in ipsam Hieronymum legeret, qui Hieronymum non vidisset. Ut autem de parvulis ad majores transeamus virgines, quas plurimum semper provocat ad studium litterarum, tam eis videlicet scribendo quae legant, quam eas laudando de assiduitate legendi vel dicendi : quid ad Principiam virginem de psalmo quadragesimo quarto scribens dicat, audiamus. « Scio me, Principia in Christo filia, a plerisque reprehendi, quod interdum scribam ad mulieres, et fragiliorem sexum maribus praeferam : et idcirco debeo primum obtrectatoribus meis respondere, et sic venire ad disputatiunculam, quam rogasti. Si viri de Scripturis quaererent, mulieribus non loquerer. Si Barach ire ad praelium voluisset, Debora de victis hostibus non triumphasset. » Et post aliqua : « Apollo, virum apostolicum, et in lege doctissimum, Aquila et Priscilla erudiant, et instruunt cum de via Domini. Si doceri a femina non fuit turpe Apostolo : mihi quare turpe sit post viros docere et feminas? Hæc et istiusmodi, σεμνοτάτη filia, perstrinxi breviter, ut nec te pœniteret sexus tui, nec viros suum nomen erigeret, in quorum condemnationem, feminarum in Scripturis sanctis vita laudatur. » Juvat post virgines, intueri de viduis, quantum et ipsæ in studia sacrarum litterarum ipsius testimonio et laude profecerint. Scribens igitur idem doctor ad eamdem virginem Principiam de vita sanctæ Marcellæ sicut illa postulabat, inter virtutum ejus insignia : « Divinarum, inquit, Scripturarum ardor erat incredibilis : semperque cantabat : « In corde meo abscondi eloquia tua, ut non peccem tibi (Psal. cxviii, 11). » Et illud de perfecto viro : « Et in lege Domini voluntas ejus, et in lege ejus meditabitur die ac nocte (Psal. 1, 2); » et : « A mandatis tuis intellexi (Psal. cxviii, 104). » Denique, cum et me Romam cum sanctis pontificibus Paulino, et Epiphanio, ecclesiastica traxisset necessitas, et verecunde nobilium feminarum oculos declinarem : ita egit, secundum Apostolum, « importune opportune « (II Tim iv, 2); » ut pudorem meum sua superaret industria Et quia alicujus tunc nominis esse existimabar super studio Scripturarum, nunquam convenit quin de Scripturis aliquid interrogaret, nec statim acquiesceret, sed moveret e contrario quæstiones, non ut contenderet, sed ut quærendo disceret earum solutiones, quas opponi posse intelligebat. Quid in illa virtutum, quid ingenii invenerim, vereor dicere : ne fidem credulitatis excedam, et tibi majorem dolorem incutiam, recordanti quanto bono carueris. Hoc solum dicam, quod quidquid in nobis longo fuit studio congregatum, et meditatione diuturna, quasi in naturam versum, hoc illa libavit, didicit, atque possedit, ita ut post perfectionem nostram, si in aliquo testimonio Scripturarum esset oborta contentio, ad illam judicem pergeretur. Et quia valde prudens erat, sic ad interrogata respondebat, ut etiam sua non sua diceret, sed vel mea, vel cujuslibet alterius, ut in eo ipso, quod docebat, se discipulam fateretur. Sciebat enim dictum ab Apostolo : « Docere autem mulieri non permitto (I Tim. ii, 12), » ne virili sexui, et interdum sacerdotibus, de obscuris et ambiguis sciscitantibus, facere videretur injuriam. Absentiam nostri mutuis solabatur alloquiis, et quod carne non poteramus, spiritu reddebamus : semper obviare epistolis, superare officiis, salutationibus prævenire. Non multum perdebat absentia, quæ jugibus sibi litteris jungebatur. In hac tranquillitate, et Domini servitute, hæretica in his provinciis exorta tempestas cuncta turbavit : et in tantam rabiem comitata est, ut nec sibi, nec ulli bonorum parceret : et quasi parum esset, hic universa novisse, navem plenam blasphemiarum Romano intulit portui, cum venenata spurcaque doctrina Romæ invenerit, quos induceret. Tunc sancta Marcella, quæ diu se cohibuerat, ne per æmulationem quippiam facere videretur, postquam sensit fidem apostolico ore laudatam in plerisque violari, ita ut sacerdotes quoque, et nonnullos monachorum, maximeque sæculi homines in assensum sui traheret, ac simplicitati illuderet episcopi, qui de suo ingenio cæteros æstimabat, publice restitit, malens Deo placere quam hominibus. Damnationis hæreticorum hæc fuit principium, dum adducit testes, qui prius ab eis eruditi, et postea ab hæretico fuerant errore correpti, dum ostendit multitudinem deceptorum, dum impia περιάρχων ingerit volumina, quæ emendata manu scorpii monstrabantur, dum acciti frequentibus litteris hæretici, ut se defenderent, venire non ausi sunt. Tantaque vis conscientiæ fuit, ut absentes damnari, quam præsentes coargui, maluerint. Hujus tam gloriosæ victoriæ origo, Marcella est. » Videtis, dilectissimæ, quantum attulerit fructum, repressis hæresibus, in urbe fidelibus omnibus in caput constitutæ unius matronæ laudabile studium, et quanta lampade doctrinæ ipsorum quoque doctorum ecclesiasticorum tenebras una mulier expulerit. De cujus studio in sacris litteris, quo ipsa victoriam istam meruerit, idem doctor procemio lib. i in Epistolam Pauli ad Galatas, ad exhortationem vestram ita meminit : « Scio equidem ardorem ejus, scio fidem (quam flammam semper habeat in pectore) superare sexum, oblivisci hominis, et divinorum voluminum tympano concrepante, Rubrum hujus sæculi pelagus transfretare. Certe cum Romæ essem, nunquam tam festina me vidit, ut non de Scripturis aliquid interrogaret. Neque vero more Pythagorico, quidquid responderam, rectum putabat, nec sine ratione præjudicata apud eam valebat auctoritas : sed examinabat omnia, et sagaci mente universa pensabat, ut me sentirem non tam discipulam habere quam judicem. » Tantum eo tempore in sanctis feminis, sicut et in viris, studium fervebat litterarum, ut nequaquam suæ linguæ disciplina contentæ, ipsos Scripturarum rivulos, quos habebant, ab ipsis inquirerent fontibus; nec inopiam unius linguæ sibi crederent sufficere. Unde et illud est supra memorati doctoris ad Paulam de morte Blesillæ filiæ suæ, sic inter cætera in ejus præcipuam laudem scribentis : « Quis sine singultibus transeat orandi instantiam, nitorem linguæ, memoriæ tenacitatem, acumen ingenii? Si Græce loquentem audisses, Latine eam nescire putares. Si in Romanum sonum lingua se verteret, nihil omnino peregrini sermo redolebat. Jam vero, quod in Origene quoque illo Græcia tota miratur, in paucis non dicam mensibus, sed diebus, ita Hebrææ linguæ, vicerat difficultates, ut in discendis canendisque psalmis cum matre contenderet. » Ipsam quippe matrem ejus Paulam, nec non et alteram ipsius filiam Eustochium virginem Deo dicatam, in eodem studio litterarum atque linguarum non minus occupatas esse, idem non præterit doctor. Sic quippe de his commemorat, vitam ipsius Paulæ scribens, et de ipsa dicens : « Nihil ingenio ejus docilius. Tarda erat ad loquendum, velox ad audiendum, memor illius præcepti : «Audi, Job, et tace (*Job* xxxiii, « 31). » Scripturas sanctas tenebat memoriter. Denique compulit me, ut Vetus et Novum Instrumentum cum filia, me disserente, perlegeret. Quod propter verecundiam negans, propter assiduitatem tamen, et crebras postulationes ejus, præstiti, ut docerem quod didiceram. Sicubi hæsitabam, et nescire me ingenue confitebar : nequaquam mihi volebat acquiescere : sed jugi interrogatione cogebat, ut e multis variisque sententiis, quæ mihi videretur probabilior, indicarem. Loquar et aliud, quod forsitan æmulis videatur incredibile. Hebræam linguam, quam ego ab adolescentia multo labore ac sudore ex parte didici, et infatigabili meditatione non desero, ne ipse ab ea deserar, discere voluit, et consecuta est : ita ut psalmos Hebraice caneret, et sermonem absque ulla Latinæ linguæ proprietate personaret. Quod quidem usque hodie in sancta filia ejus Eustochio cernimus. Sciebant quippe Latinorum codicum doctrinam ex Hebraicis et Græcis processisse scriptis : et idioma cujuscunque linguæ ad plenum in peregrina servari ab interprete non posse. Quod tam Hebræi, quam Græci de perfectione gloriantes, nostris translatoribus, velut imperfectis nonnunquam insultare consueverunt, talem in argumentum similitudinem asserentes, quod quilibet liquor in plura vasa vicissim transfusus, plenitudine sua necessario minuitur, nec ejus quantitas in cæteris vasis potest reperiri, quam in priore habuit. Unde et illud sæpe accidit, quod cum aliquibus testimoniis Judæos arguere nitimur, facile nos refellere solent, qui Hebraicum ignoramus, ex translationum, ut aiunt, nostrarum falsitate. » Quod sapientissimæ mulieres prædictæ diligenter attendentes, nequaquam propriæ linguæ doctrina contentæ fuerunt : ut non solum suos instruere, verum etiam alios refellere possent, et de limpidissima fontis aqua, sitim suam reficerent. Ad quod maxime, ni fallor, ipse Hieronymus harum peritus linguarum, suo provocaverat exemplo. Cujus quidem peritiæ perfectionem quanto labore vel expensis acquisierit, ad Pammachium et Oceanum scribit his verbis : « Dum essem juvenis, miro discendi ferebar ardore, nec, juxta quorumdam præsumptionem, ipse me docui: Apollinarium Laodicenum audivi Antiochiæ frequenter, et colui : et cum me in sanctis Scripturis erudiret, nunquam illius contentiosum super sensu dogma suscepi. Jam canis spargebatur caput, et magistrum potius quam discipulum decebat. Perrexi tamen Alexandriam, audivi Didymum : in multis ei gratias ago : quod nescivi, didici : quod sciebam, illo docente non perdidi. Putabant me homines finem fecisse discendi : veni rursum Jerosolymam et Bethlehem : quo labore, quo pretio Barrabanum nocturnum habui præceptorem? Timebat enim Judæos, et mihi se alterum exhibebat Nicodemum.

Horum omnium frequenter in opusculis meis facio mentionem. » Hunc zelum tanti doctoris, et sanctarum feminarum in Scripturis divinis considerans, monui, et incessanter implere vos cupio, ut dum potestis, et matrem harum peritam trium linguarum habetis, ad hanc studii perfectionem feramini : ut quæcunque de diversis translationibus oborta dubitatio fuerit, per vos probatio terminari possit. Quod et ipse Dominicæ crucis titulus Hebraice, Græce, et Latine scriptus non incongrue præfigurasse videtur : ut in ejus Ecclesia ubique terrarum dilatata, harum linguarum, quæ præminent, abundaret doctrina ; quarum litteris utriusque Testamenti comprehensa est Scriptura. Non longa peregrinatione, non expensis plurimis, pro his linguis addiscendis, opus vobis est, ut beato accidit Hieronymo : cum matrem, ut dictum est, habeatis ad hoc studium sufficientem. Post virgines quoque ac viduas, fideles conjugatæ incitamentum præbeant vobis doctrinæ, ut vel negligentiam vestram arguant vel ardorem augeant. Præstat exemplum etiam vobis Celantia venerabilis, quæ in conjugio quoque regulariter vivere cupiens, legem sibi conjugii præscribi ab ipso etiam Hieronymo sollicite petiit. Unde et ipse ad eamdem super hoc rescribens, ita meminit : « Provocatus ad scribendum litteris tuis, diu, fateor, de responsione dubitavi, silentium mihi imperante verecundia. Petis namque, et sollicite ac violenter petis, ut tibi certam ex Scripturis sanctis præfiniamus regulam, ad quam tu ordines cursum vitæ tuæ : ut cognita Domini voluntate, inter honores sæculi, et divitiarum illecebras, morum magis diligas supellectilem, atque ut possis in conjugio constituta, non solum conjugi placere, sed etiam ei, qui ipsum indulsit conjugium. Cui tam sanctæ petitioni, tamque pio desiderio non satisfacere, quid aliud est, quam profectum alterius non amare? Parebo igitur precibus tuis, teque paratam ad implendam Dei voluntatem, ipsius nitar incitare sententiis. » Audierat fortassis hæc matrona quod in laudem sanctæ Susannæ Scriptura commemorat. Quam cum præmisisset pulchram nimis, et timentem Deum, unde hic timor et verus animæ decor procederet, statim annexuit dicens : « Parentes enim illius, cum essent justi, erudierunt filiam suam secundum legem Moysi (*Dan.* xiii, 5). » Cujus eruditionis inter molestias nuptiarum et sæcularium perturbationes occupationum Susanna non immemor, et morti adjudicata, ipsos suos judices atque presbyteros damnare promeruit. Quem quidem in Daniele locum ipse Hieronymus exponens, illud quod dictum est : « Parentes illius, cum essent justi, erudierunt filiam suam, » etc., in exhortationis competenter assumens occasionem, ait : « Hoc utendum est testimonio ad exhortationem parentum, ut doceant juxta legem Dei sermonemque divinum non solum filios, sed et filias suas. » Et quia diu me tam litterarum quam virtutum impedire studia plurimum solent, omnem vobis negligentiæ torporem excutiat illa ditissima regina Saba, quæ cum magno labore infirmi sexus, et longæ viæ fatigatione pariter atque periculis, expensisque nimiis, venit a finibus terræ sapientiam experiri Salomonis, et cum eo conferre quæ noverat de his quæ ignorabat. Cujus studium et laborem intantum Salomon approbavit, ut ei pro remuneratione cuncta quæ petiit daret, exceptis quæ ipse illi ultro more obtulerat regio. Multi viri potentes ad sapientiam ejus audiendam confluebant, et multi regum et ducum terræ doctrinam ejus magnis muneribus honorabant, et cum ab eis multa susciperet donaria, neminem eorum super his remunerasse legitur, nisi supradictam feminam. Ex quo patenter exhibuit quantum sanctæ feminæ studium et ardorem doctrinæ approbavit: et quantum Domino ipsum gratum esse censuerit. Quam et postmodum ipse Dominus et Salomon verus, imo plusquam Salomon, ad condemnationem virorum eruditionem suam contemnentium, non prætermisit inducere. « Regina, inquit, austri surget in judicio, et condemnabit generationem istam (Matth. XII, 52). » In qua generatione, charissimæ, ne vos quoque vestra condemnet negligentia, providete. In quo etiam, quo minus excusabiles sitis, non est vobis necessarium longi fatigationem itineris arripere, nec de magnis expensis providere. Magisterium habetis in matre, quod ad omnia vobis sufficere, tam ad exemplum scilicet virtutum, quam ad doctrinam litterarum potest : quæ non solum Latinæ, verum etiam tam Hebraicæ quam Græcæ non expers litteraturæ, hoc tempore illam trium linguarum adepta peritiam videtur, quæ ab omnibus in beato Hieronymo, tanquam singularis gratia, prædicatur, et ab ipso in supradictis venerabilibus feminis maxime commendatur. Tribus quippe linguis principalibus istis duo Testamenta comprehensa, pervenerunt ad nostram notitiam. Quibus etiam linguis titulus Dominicæ crucis insignitus, Hebraice scilicet, Græce et Latine conscriptus, patenter innuit his præcipue linguis Dominicam doctrinam et Christi laudes, ipsum Trinitatis mysterium in tripertitam mundi latitudinem, sicut et ipsum crucis lignum, cui titulus est superpositus, tripertitum fuerat, indicanda et cor roboranda fore. Scriptum quippe est : « In ore duorum vel trium testium stabit omne verbum (Matth. XVIII, 16). » Unde ut trium linguarum auctoritate Scriptura sanciretur sacra, et cujuscunque linguæ doctrina duarum aliarum testimonio roboraretur, tribus his linguis Vetus simul et Novum Testamentum divina providentia comprehendere decrevit. Ipsum etiam Novum Testamentum, quod tam dignitate quam utilitate Veteri supereminet, tribus istis linguis primo scriptum fuisse constat, tanquam id titulus cruci superpositus futurum præsignaret. Quædam namque in eo Hebræis scripta linguam eorum exigebant : quædam similiter ex eis Græcis, quædam Romanis, propriis eorum linguis, ad quos dirigebantur, scribi necesse fuit. Primum quidem Evangelium secundum Matthæum, sicut Hebræis, sic Hebraice primo scriptum est. Epistolam quoque Pauli ad Hebræos, et Jacobi ad duodecim tribus jam dispersas, et Petri similiter, et nonnullas fortassis alias eadem ratione constat esse scriptas Hebraice. Ad Græcos vero tria Evangelia Græce quis dubitet esse scripta, et quascunque Epistolas tam Pauli quam cæterorum ad eos destinatas, necnon et Apocalypsis ad septem Ecclesias a se missas? Unam vero ad Romanos scriptam Pauli novimus Epistolam, ut parum a nobis habere nos Latini gloriemur, et quantum nobis aliorum sunt doctrinæ necessariæ cogitemus : quas ad plenum si cognoscere studeamus, in ipso fonte magis quam in rivulis translationum perquirendæ sunt : præsertim cum earum diversæ translationes ambiguitatem magis, quam certitudinem lectori generent. Non enim facile est idioma, id est proprietatem cujuscunque linguæ, sicut et supra meminimus, translationem servare, et ad singula fidam interpretationem accommodare, ut quælibet ita exprimere possimus in peregrina, sicut dicta sunt in propria lingua. Nam et in una lingua cum aliquid exponere per aliud volumus, sæpe deficimus : cum verbum proprium, quod apertius id exprimere possit, non habeamus. Novimus et beatum Hieronymum apud eos præcipue trium harum linguarum peritum, multum in translationibus suis, et in commentariis earum a se ipso nonnunquam dissidere. Sæpe namque in expositionibus suis dicit : « Sic habetur in Hebræo, » quod tamen in translationibus ejus secundum Hebraicum, ut ipsemet asserit, factis non reperitur. Quid igitur mirum, si diversi interpretes ab invicem discrepent, si unus etiam nonnunquam a se dissonare inveniatur? Quisquis ergo de his certus esse desiderat, non sit contentus aqua rivuli, sed puritatem ejus de fonte inquirat et hauriat. Hac enim ratione et translatio beati Hieronymi, quæ novissima fuit, et de ipso Hebraico vel Græco, prout ipse potuit, tanquam ab origine fontis diligentius requisivit, veteres apud nos translationes superavit et supervenientibus novis, sicut in lege scriptum est, vetera projecta sunt. Unde et Daniel : « Pertransibunt, inquit, plurimi, et multiplex erit scientia (Dan. XII, 4). » Fecit Hieronymus suo tempore quod potuit, et quasi solus in lingua peregrina : nec fidelem, sed Judæum habens interpretem, cujus auxilio plurimum nitebatur, sicut et ipse testatur, multis displicuit, quod translationes jam factas sufficere non credidit : et quia perstitit in proposito, vicit adjuvante Deo, tanquam illud Ecclesiastes attendens et complens : « Ad fontem unde exeunt flumina revertuntur, ut iterum fluant (Eccle. I, 7). » Quasi fons origo translationum Scripturæ sunt illæ, a quibus ipse fuerit; et cito translationes, tanquam mendaces, repulsæ deficiunt, si ab origine sua deviare, et ad ipsam per concordiam recurrere non probentur. At ne ad omnia unum hunc interpretem sufficere credamus, tanquam peritiæ perfectionem de singulis adeptum, maxime in Hebraico, ubi apud nos præminere dicitur, ipsius super hoc testimonium audiamus, ne plus ei quam habeat imputare præsumamus. Scribit super hoc ad Domnionem et Rogatianum, et contra accusatorem, his verbis. « Nos, qui Hebrææ linguæ saltem parvam habemus scientiam, et Latinus nobis utcunque sermo non deest, et de aliis magis possumus judicare, et ea, quæ ipsi intelligimus, in nostra lingua promere. » Felix illa anima est, quæ in lege Domini meditans die ac nocte, unamquamque scripturam in ipso ortu fontis quasi purissimam aquam haurire satagit, ne rivos per diversa discurrentes, turbulentos pro claris per ignorantiam vel impossibilitatem sumat: et quod biberat, evomere cogatur. Defecit jamdudum hoc peregrinarum linguarum vitis studium, et cum negligentia litterarum, scientia periit earum. Quod in viris amisimus, in feminis recuperemus : et ad virorum condemnationem, et fortioris sexus judicium, rursum regina austri sapientiam veri Salomonis in vobis exquirat. Cui tanto magis operam dare potestis, quanto in opere manuum minus moniales quam monachi desudare possunt, et ex otii quiete atque infirmitate naturæ facilius in tentationem labi. Unde ex præmissus doctor in vestram doctrinam et exhortationem præcipuus, tam scriptis quam exemplis laborem vestrum ad studium incitat litterarum : maxime ne occasione discendi vires unquam acciri necessarium sit, aut frustra corpore intentæ animus foras evagetur, et relicto sponso, fornicetur cum mundo.

EPISTOLA X.

Quæ est Petri Abælardi ad Bernardum Clarævallensem abbatem.

Venerabili atque in Christo dilectissimo fratri Bernardo, Claravallensi abbati, Petrus compresbyter.

Cum nuper Paracletum venissem, quibusdam compulsus negotiis ibi peragendis, filia vestra in Christo et soror nostra, quæ illius loci abbatissa dicitur, cum summa exsultatione mihi retulit, vos illuc diu desideratum causa sanctæ visitationis advenisse, et non tanquam hominem, sed quasi angelum tam eam, quam sorores suas sacris exhortationibus corroborasse. Secreto vero mihi intimavit vos ea charitate, qua me præcipue amplectimini, aliquantulum commotum esse, quod in oratorio illo oratio Dominica non ita ibi in horis quotidianis, sicut alibi recitari solet : et cum hoc per me factum crederetis, me super hoc quasi de novitate quadam notabilem videri. Quo audito, scribere vobis decrevi nostram super hoc qualemcunque excusationem, maxime cum vestram minus quam cæteras omnes dolerem, ut decet, offensionem.

Constat, ut nostis, hanc Dominicam orationem vel a solis Matthæo et Luca nos habere conscriptam, quorum alter tam apostolus quam evangelista huic orationi, cum traderetur, interfuit : unde et eam plenius ac perfectius, sicut et totum sermonem in monte habitum, cui est ipsa inserta, scripsisse dubium non est. Lucas vero, discipulus Pauli, qui nec huic sermoni interfuit, nec, quæ ex ore Dominico audierit, scripsit : sed quæ Paulo maxime referente didicit, quem nec illi sermoni constat interfuisse. Scribit etiam non illum perfectiorem Dominicum sermonem, quem in monte habuit cum apostolis, sed quem turbis in campestribus fecit. Electurus quippe apostolos Dominus, sicut scriptum est, « in montana subiit : » turbas vero docturus, ad campestria rediit. Illuc quidem conscendit, hic descendit, in quo quam altior illa esset doctrina, qua doctores ipsos docebat, patenter ostenderet. Beato denique Hieronymo attestante novimus, sicut et manifesta veritas habet, quoniam aliter audita, aliter visa narrantur : et quod melius intelligimus, melius et proferimus. De ipso fonte Matthæus, de rivulo fontis Lucas est potatus. Non arguimus Lucam mendacii, nec ipse nobis irascitur, si ei Matthæum præferamus, et orationem Dominicam, quæ apostolis omnibus generaliter tradita, et ab Apostolo est scripta, ei anteferamus, quæ cuidam discipulo est dicta, præsertim cum illam Matthæi sicut in auctoritate et in perfectione constat eminere. Ut autem de utraque quasi ante oculos posita melius judicemus, juvat utramque præsenti loco inserere. Sicut ergo Matthæus scribit, cum prædictam orationem apostolis traderet, ait : « Sic ergo vos orabitis : Pater noster, qui es in cœlis, sanctificetur nomen tuum, adveniat regnum tuum, fiat voluntas tua sicut in cœlo et in terra, panem nostrum supersubstantialem da nobis hodie, et dimitte nobis debita nostra, sicut et nos dimittimus debitoribus nostris, et ne nos inducas in tentationem : sed libera nos a malo (*Matth.* VI, 9-13). » Lucas vero sic ait : « Factum est cum esset in loco quodam orans, ut cessavit, dixit unus ex discipulis ejus ad eum : Domine, doce nos orare, sicut et Joannes docuit discipulos suos. Et ait illis : Cum orastis dicite : Pater, sanctificetur nomen tuum, adveniat regnum tuum. Panem nostrum quotidianum da nobis hodie, et dimitte nobis peccata nostra, siquidem et ipsi dimittimus omni debenti nobis, et ne nos inducas in tentationem (*Luc.* XI, 1-4). » Patet itaque quod perfectius, ut supra meminimus, Matthæus quam Lucas scripserit : cum ille videlicet septem petitiones in ea, iste tantum quinque posuerit. Illa quippe apostolis, sicut oportebat, perfectior est tradita, et in eo petitionum numero constituta, quo septiformis gratiæ plenitudo notatur, de qua prima et potiora dona ipsos accepisse apostolos Paulus confitetur, dicens : « Nos autem primitias spiritus habentes, » etc. (*Rom.* viii, 23.) Illa vero, quam longe post sermonem in monte habitum Lucas refert a Domino uni discipulorum id roganti traditam fuisse, non immerito suæ imperfectionis typum in ipso petitionum quinario designat. Quinque etenim sunt corporis sensus, sicut et septem dona Spiritus. Unde bene his numerus ille convenit, qui quasi carnales adhuc spiritualibus inferiores sunt. Quod de illo uno discipulo non esse dubitandum arbitror, quem constat apostolis non interfuisse, cum eis in monte Dominus, Novum traderet Testamentum, cui, ut diximus, ipsam quoque orationem inseruit, quam ille nondum audierat. Qui etiam cum ait : « Domine, doce nos orare, sicut et Joannes discipulos suos : » commemorando Joannem, qui minor Christo in omnibus atque imperfectior fuit, ipsam quoque imperfectionem sui sensus innuit. Constat et plerumque legem, quæ in quinque libris consistit, et carnali populo sensibus magis quam ratione ducto, et corporalibus bonis potius quam spiritualibus inhianti data est, per Joannem figurari. Unde non incongrue factum est, ut qui a Christo talem orationis doctrinam, qualem Joannes dederat, requirebat, imperfectiorem, quam apostoli, suscipere deberet. Pro qua quidem imperfectione sui ; bene id a sanctis Patribus provisum est, ut illa potius quæ a Matthæo perfectior scribitur in usum veniret, atque in ecclesiasticis frequentetur officiis. Quid igitur exstiterit causæ, ut, cæteris Matthæi verbis retentis, unum solum mutemus, « quotidianum » scilicet pro « supersubstantialem » dicentes, qui potest dicat, si tamen dicere sufficiat. Non enim ita excellentiam hujus panis hoc nomen « quotidianum » quemadmodum « supersubstantialem » videtur exprimere, et non mediocris videtur præsumptionis esse apostoli verba corrigere ; et sic ex duobus evangelistis unam orationem componere, ut neuter in ea sufficere videatur : et sic eam proferre, sicut nec a Domino est dicta, nec ab aliquo evangelistarum scripta ; præsertim cum in cæteris omnibus, quæ de scriptis eorum in Ecclesia recitantur, impermista sint eorum verba, quacunque perfectione vel imperfectione discrepent. Si quis itaque me novitatis super hoc arguat, attendat, an ille magis arguendus fuerit, qui ex duabus orationibus antiquitus scriptis unam novam componere præsumpsit, non tam evangelicam quam suam dicendam. Denique Græcorum discretio, quorum, ut ait beatus Ambrosius, auctoritas major est, solam Matthæi orationem prædictis, ut arbitror, rationibus in consuetudinem duxit : dicendo scilicet τὸν ἄρτον ἡμῶν, τὸν ἐπιούσιον, quod interpretatur « Panem nostrum supersubstantialem. » Quamvis enim Lucas Græce, Matthæus scripserit Hebraice, antiquiorem tamen et perfectiorem peregrinæ linguæ orationem frequentare potius Græci decreverunt, et translationem magis quam propriæ linguæ Scripturam sequi. His itaque, ni fallor, tam rationibus quam auctoritatibus vetustatis potius quam novitatis arguendus videor, et minus de præsumptione censendus, qui tam Dominum quam apostolos, et manifestam Græcorum providentiam in hoc præcipue sequor. Non enim dubitandum est apostolos orationem hanc sibi traditam a Domino et ab apostolo primum scriptam in eisdem verbis eam frequentasse, in quibus ipsam a Domino acceperant, et apostolus tradiderat scriptam. Quis enim non censeat eos, qui in commune vivunt, et in hoc apostolicam plurimum vitam, doctrinam quoque ipsorum insistere debere potissimum ? Denique cum Dominus orationem hanc traderet, vel in his secundum Matthæum verbis, vel in illis secundum Lucam, et eam, sicut tradebat, dici præciperet, quis non videat eos non mediocriter præsumere, qui sic eam dicunt sicut nunquam est ab ipso tradita, nec ab aliquo scripta ? Quanta enim præsumptio est, in hac oratione nec aliquod scriptum sequi, nec tenere præceptum Domini : imo tam scriptum, quam Dominum ipsum emendare audere, si forte ista præsumptio dici possit emendatio ? Nemini tamen præcipio, nemini persuadeo, ut me in hoc sequatur, et a communi recedat usu. Abundet unusquisque in sensu suo. Illud tamen, quicunque est ille, attendat nec usu rationi, nec consuetudinem præferendam esse veritati. Quod quidem tam sæculi leges, quam doctrinæ sanctorum Patrum plurimum nobis commendare decreverunt. Codicis lib. viii, cap 1 : « Consuetudinis ususque longævi nec vilis auctoritas est : verum nec usque adeo sui valitura momento, ut aut rationem vincat, aut legem. » Augustinus lib. iv De baptismo : « Frustra qui ratione vincuntur, consuetudinem nobis objiciunt, quasi consuetudo major sit veritate, aut non sit in spiritualibus sequendum, quod in melius fuerit a Spiritu sancto revelatum. Hoc plane verum est, quia ratio et veritas consuetudini præponenda est. » Gregorius septimus Wimundo Aversano episcopo : « Si consuetudinem fortassis opponas, advertendum fuit quod Dominus dicit : « Ego sum, inquit, veritas (*Joan.* xiv, 6), »non ait : Ego sum consuetudo. » Beatus quoque Gregorius de diversis consuetudinibus Ecclesiarum Augustino Anglorum episcopo scribens, ejus providentiæ relinquit in divinis officiis, vel celebratione missæ, de variis usibus aliorum id quod decreverit eligere, nec tam ipsam etiam matrem Romanam Ecclesiam in talibus sequi, quam quod tenere censuerit : « Novit, inquit, fraternitas tua Romanæ Ecclesiæ consuetudinem, in qua se meminit nutritam ; sed mihi placet sive in Romana, sive in Gallicana, seu in qualibet Ecclesia aliquid invenisti, quod plus omnipotenti Deo possit placere, sollicite eligas, et in Anglorum Ecclesiam, quæ adhuc fide nova est, institutione præcipua, quæ de multis Ecclesiis colligere potuisti, infundas. Non enim pro locis res, sed pro bonis rebus loca emendas. Ex singulis ergo quibusque Ecclesiis, quæ pia, quæ religiosa, quæ recta sunt elige, et hæc quasi in fasciculum collecta apud Anglorum mentes in consuetudinem depone. » Quod si in talibus et nobis eligere liceat ex consuetudinibus Ecclesiarum, non improbanda nostra videtur electio providentiam Græcorum, a quibus plurimam accepimus doctrinam, in hoc etiam imitata, ut nec auctoritas consuetudinis desit tam manifestæ rationi. Quam videlicet rationem ita vos videmus insistere, et in ea vehementes esse, ut contra omnium consuetudinem Ecclesiarum, ut divinis officiis, eam tenere ac defendere audeatis. Vos quippe quasi noviter exorti, ac de novitate plurimum gaudentes, præter consuetudinem omnem tam clericorum quam monachorum longe ante habitam, et nunc quoque permanentem, novis quibusdam decretis aliter apud vos divinum officium instituistis agi : nec tamen inde vos accusandos censetis. Si hæc vestra novitas aut singularitas ab antiquitate recedat aliorum, quam rationi plurimum et tenori regulæ creditis concordare : nec curatis quantacunque admiratione super hoc alii moveantur, ac murmurent, dummodo vestræ, quam putatis, rationi pareatis. Quorum ut pauca commemorem, pace vestra, hymnos solitos respuistis, et quosdam apud nos inauditos, et fere omnibus Ecclesiis incognitos, ac minus sufficientes, introduxistis. Unde et per totum annum in vigiliis tam feriarum quam festivitatum uno hymno et eodem contenti estis, cum Ecclesia pro diversitate feriarum vel festivitatum diversis utatur hymnis, sicut et psalmis, vel cæteris, quæ his pertinere noscuntur : quod et manifesta ratio exigit. Unde et qui vos die Natalis, seu Paschæ, vel Pentecostes, et cæteris solemnitatibus hymnum semper eumdem decantare audiunt, scilicet, *Æterne rerum conditor*, summo stupore attoniti suspenduntur; nec tam admiratione quam derisione moventur. Preces quæ post supplicationem et orationem Dominicam ab Ecclesia ubique celebrantur, et ea quæ suffragia sanctorum dicuntur, omnino a vobis fieri interdixistis, quasi vel precibus vestris mundus, vel vos suffragiis sanctorum minus egeatis. Et, quod mirabile est, cum omnia oratoria vestra in memoria matris Dominicæ fundetis, nullam ejus commemorationem, sicut nec cæterorum sanctorum, ibi frequentatis. Processionum fere totam venerationem a vobis exclusistis. *Alleluia* nec in septuagesima communi Ecclesiæ more intermittitis, sed usque in quadragesimam retinetis. Symbolum, quod dicitur apostolorum, quod tam a clericis quam a monachis in prima pariter ac completorio ex antiquo frequentatur, a vestra remotum est consuetudine, qui tamen symbolum Athanasii diebus tantum Dominicis recitare decrevistis. *Gloria* cum responsoriis vigiliarum tantum decantatis diebus Dominicæ sepulturæ : antiquam consuetudinem penitus abstulistis. Ubi et invitatorium et hymnum cum tribus tantum lectionibus et responsoriis cum *Gloria*, contra omnem Ecclesiæ morem, et, ut dicitur, rationem vos dicere instituistis. Cum enim hoc triduum tanquam exsequiæ Dominicæ in luctu peragatur, atque hinc vulgo horum dierum vigiliæ nuncupentur tenebræ, quod exstinctis ibi luminaribus mœror hic exprimatur; non mediocriter mirandum videtur vel invitatorium, vel hymnum, vel *Gloria*, quæ potius gaudii voces sunt, ibi decantari. Quæ omnia cum omnibus in magnam admirationem veniant, cur hæc scilicet vestra novitas totius Ecclesiæ usui apud vos præferatur, nec tamen ab institutione vestra ideo receditis, nec quid alii murmurent curatis, quia id rationabiliter vos facere confiditis, quos institutio regulæ novum opus de veteri facere compellit, sicut de semetipso Hieronymus meminit. Non enim vocum novitates, sed profanas tantum et fidei contrarias, Apostolus interdicit. Alioquin novam legem veteri non præferremus, et post canonicas scripturas multa fidei verba necessario inventa, hæreticorum more, respueremus. Ad confutandam quippe novam hæresim novum vocabulum ὁμοούσιον repertum fuit : nec hoc nomen *Trinitas et persona* canonicis scripturis insertum est. Denique in divinis officiis quis ignoret diversas et innumeras Ecclesiæ consuetudines inter ipsos etiam clericos? Antiquam certe Romanæ sedis consuetudinem nec ipsa civitas tenet, sed sola Ecclesia Lateranensis, quæ mater est omnium, antiquum tenet officium, nulla filiarum suarum in hoc eam sequente, nec ipsa etiam Romani palatii basilica Mediolanensis metropolis ita in talibus ab omnibus dissidet, ut nulla etiam suffraganearum suarum matris institutionem imitetur. Sic et Lugdunensis prima sedes Galliarum sola in suo persistit officio. Et cum tanta in istis facta sit varietas quidquid una post aliam noviter instituit, nulla reprehensio novitatis incidit, quia nulla fidei contrarietas fuit. Nonnullam enim oblectationem hæc divini cultus varietas habet, quia, ut Tullius meminit, identitas in omnibus mater est satietatis. Qui ergo omnium linguarum generibus prædicari voluit, ipse diversis officiorum modis venerari decrevit. Qui etiam cum orationem prædictam diversis composuerit modis, et in ea utroque modo orandum præceperit, quomodo præceptum ejus implebimus, si verbum aliquod subtrahere præsumimus, et nunquam eam eo modo, quo ipsam dixit proferamus? Denique, ut omnibus satisfaciam, nunc etiam, ut superius dico, abundet unusquisque in suo sensu, dicat eam quomodo voluerit. Nemini persuadeo ut me in hoc sequatur; variet verba Christi prout voluerit. Ego autem sic illa sicut et sensum, quantum potero, invariata servabo.

EPISTOLA XI.

Quæ est Petri Abælardi. — Adversus eos qui ex auctoritate Bedæ presbyteri arguere conantur Dionysium Areopagitam fuisse Dionysium Corinthiorum episcopum et non magis fuisse Atheniensium episcopum.

Adæ dilectissimo Patri suo, abbati Dei gratia cœnobii gloriosissimorum martyrum Dionysii, Rustici et Eleutherii, ibidem corpore quiescentium, unaque fratribus et commonachis suis charissimis Petrus habitu monachus, vita peccator, gratia vobis et pax, ut ait Apostolus, a Deo Patre nostro et Domino Jesu Christo.

Sæpe unius error multos involvit, et proni homines in malum, facilius per unum in falsitatem, quam per multos in veritatem trahuntur. Ideo dico quod multi ei, quam tenemus, veritati de Dionysio Areopagita unius Bedæ auctoritatem opponere soleant : gravioribus, qui nobis favent, aut per malitiam, aut fortassis per ignorantiam, auctoribus postpositis Hic quippe Dionysium Areopagitam Corinthiorum episcopum fuisse profitetur, cum alii, quorum longe validior est auctoritas, eum potius fuisse Atheniensium antistitem astruant, et omnino alium fuisse Dionysium Areopagitam, alium Dionysium Corinthiorum episcopum, suis convincant assertionibus. Ponamus itaque singulorum verba, ac deinde consideremus, si non solum diversa, verum etiam invicem adversa sibi sint, ac sibi penitus repugnantia. Quod si viderimus, dijudicemus auctoritates ipsas, ut, cum omnes salvari non valeant, illa periclitetur quæ minore nititur dignitate. Scriptum est itaque de hoc in ecclesiastica historia, libro quarto, capitulo vigesimo tertio, his verbis : « Veniendum nobis est tandem ad beati Dionysii commemorationem Corinthiorum Ecclesiæ episcopi, cujus eruditione et gratia, quam habebat in verbo Dei, fruebantur non hi populi tantum, quos regendos acceperat, sed et procul positi, quibus per epistolas præsentiam sui reddebat. » Exstat denique ejus epistola ad Lacedæmonios scripta de Catholica fide, ut alia ad Athenienses, in qua ad Evangelii credulitatem invitat et concitat seniores. Et illud designat in eadem epistola, quod Dionysius Areopagites, qui ab apostolo Paulo instructus credidit Christo, secundum ea, quæ in apostolorum Actibus designantur, primus apud Athenas ab eodem Apostolo episcopus fuerit ordinatus. Sed et Hieronymus, ille, inquam, Ecclesiæ doctor egregius super hoc ipso in libro De illustribus viris ita meminit : « Dionysius Corinthiorum Ecclesiæ episcopus tantæ eloquentiæ fuit et industriæ, ut non solum suæ civitatis et provinciæ populos, sed et aliarum provinciarum et urbium epistolis erudiret. E quibus una est ad Lacedæmonios, ad Athenienses, » etc. Et post pauca : « Claruit sub imperatore Marco Antonino Vero et Lucio Aurelio Commodo. » Nunc et ipsius Bedæ verba ponamus, qui explanatione Actuum apostolorum, eo videlicet loco, quo dicitur : « In quibus et Dionysius Areopagita (*Act.* xvii, 34), » ait sic : « Hic est Dionysius, qui in episcopatu ordinatus, Corinthiorum gloriose rexit Ecclesiam, multaque ad utilitatem Ecclesiæ pertinentia, quæ hactenus manent, ingenii sui volumina reliquit, cognomen a loco cui præerat accipiens. Areopagus enim est Athenarum curia, nomen a Marte trahens. Siquidem Græce Mars Ἄρης, villa dicitur πάγος. » Inductis itaque, sicut proposuimus, auctoritatibus, earum, sicut promisimus, diversitatem aut repugnantiam consideremus. Videntur autem duæ supra positæ auctoritates, quæ sibi consonæ sunt, auctoritati Bedæ omnino contrariæ. Ex illis quippe aperte convincitur alium fuisse Dionysium Areopagitam, alium Dionysium Corinthiorum episcopum. Nam, juxta ecclesiasticam historiam, Dionysius Corinthiorum episcopus de Dionysio Areopagita scripsisse perhibetur, et ibidem Dionysius Areopagita Atheniensium fuisse episcopus assignatur. Nec minus ex verbis Hieronymi alium hunc esse, quam illum apparet; cum videlicet dicat Dionysium Corinthiorum episcopum sub Marco Antonino et Lucio Aurelio claruisse. Constat quippe Dionysium Areopagitam, qui prædicatione Pauli conversus est, tempore Christi et apostolorum exstitisse, ac jam virum adultum adeo fuisse, ut uxorem Damarim jam tunc constet habuisse, de qua pariter cum eo in Actibus apostolorum fit commemoratio. Unde et ibidem scriptum habetur, quod « quidam viri adhærentes Paulo crediderunt, in quibus et Dionysius Areopagita, et mulier nomine Damaris, et alii cum eis (*Act.* xvii, 34). » A tempore autem Tiberii Cæsaris, sub quo Dominus passus est, usque ad tempora prædictorum imperatorum, sub quibus Dionysius Corinthiorum claruisse dicitur, amplius quam centum sexaginta annos chronicorum supputatio assignat, ut nequaquam tanto tempori vita prædicti viri sufficeret. Scriptum quippe est in Psalmis : « Si autem in potentatibus octoginta anni, et amplius eorum labor et dolor (*Psal.* lxxxix, 10). » Ex quo liquide colligitur alium Dionysium Areopagitam, alium Dionysium Corinthiorum episcopum exstitisse. Atque ita prædictorum auctorum sententiis, Bedæ refellimus opinionem : præsertim cum et illorum longe gravior auctoritas sit, et in ore duorum potius quam unius stare verbum conveniat. Ad ecclesiasticam quippe Historiam, quasi primum et maximum ecclesiasticorum gestorum fundamentum, tam Bedam quam cæteros scriptores ecclesiasticos recurrere certum est. Quid itaque videtur tibi respondere posse Beda, si illa scripta ei adversari monstraveris, quorum se frequenter auctoritatibus protegit? Nil equidem rectius, quam sapientis illum versiculum:

 Conveniet nulli, qui secum dissidet ipse.

Ne quis autem graviter ferat, ac vehementer abhorreat Bedam nonnunquam decipi, et suo spiritu non divino, quædam protulisse, eo videlicet quod ejus expositiones Latinorum maxime frequentet Ecclesia: ad memoriam Nathan prophetam reducat de ædificando templo deceptum, atque ipsius quoque Principis apostolorum perniciosam simulationem a coapostolo Paulo correctam, « Quia, » inquit, reprehensibilis erat (*Gal.* II, 11): » necnon et venerabilem doctorem Augustinum, qui errores proprios sponte corrigendo, omnia fere scripta sua retractare non erubuit. Recogitet et illud Eliæ proverbium: « Non enim meliores sumus, quam patres nostri. » Et tunc, profecto, cum tantorum virorum errores commemoraverit, jam de errore Bedæ mirari desistet. Ut enim beatus asserit Gregorius in prima super Ezechielem homilia, nonnunquam Spiritus sanctus ad humilitatis custodiam mentibus fidelium sese subtrahit, et eos in errorem labi permittit, ut videlicet recognoscant, quam inutiles Spiritu sancto abscedente remaneant: qui etiam cum mentibus præsidet sanctorum, sic revelet aliqua, ut occultet nonnulla. Non magnopere curandum est, si in historiis, aut in his, quæ ad Catholicæ fidei periculum non attinent, errasse sanctos nonnunquam annuamus, cum aperte Augustinus de historia septimi psalmi, in cujus videlicet psalmi titulo legitur: « Pro verbis Chusi filii Jemini, » per Hieronymum errasse convinci possit, tanquam Hebraicæ penitus expers veritatis. Si quis autem Bedæ quoque auctoritate nitatur, ut omnibus satisfaciat, dicere fortasse licebit hoc loco Bedam aliorum opinionem potius secutum esse, quam suam constituisse sententiam. Sæpe etenim, ut sanctorum auctoritates illæsas custodiamus, ea quæ scribunt ad opinionem aliorum potius quam ad sententiam ipsorum referimus. Sic et in hoc loco dicamus Bedam aliorum introduxisse sententiam, qui ex æquivocatione nominis decepti, eumdem esse æstimaverunt Dionysium Areopagitam, et Dionysium Corinthiorum: quippe cum et beatum Ambrosium adeo ab historica veritate quodam loco per æquivocationem nominis videamus exorbitasse, ut Jacobum fratrem Joannis, quem pariter cum Joanne fratre suo et Petro ad transfigurationem sui seorsum Dominus assumpsit, eum Jacobum fuisse asserat, qui primus solium sacerdotale conscendit. Quod quidem de alio Jacobo, et qui frater Domini nuncupatus est, et primus in Jerosolymorum Ecclesiam est ordinatus, constat intelligi debere: ut videlicet ille primus hoc modo sacerdotale solium intelligatur conscendisse. Si ergo tantus doctor per æquivocationem nominis Jacobi, a veritate historica, in expositione evangelica permissus sit deviare: quid mirum, si Bedam æquivocatio quoque nominis Dionysii, vel plerosque alios fefellerit, præsertim in illa Actuum apostolorum expositione, quam ab ipso Beda certum est postea retractatam esse? In cujus quidem retractationis præfatiuncula, ut breviter verba ejus comprehendamus, ita exorsus ait: « Scimus eximium doctorem Augustinum libros Retractationum in quædam opuscula sua fecisse: cujus industriam nobis quoque placuit imitari, ut post expositionem Actuum apostolorum, quam ante annos plures conscripsimus, nunc in idem volumen brevem Retractationis libellum condamus, studio maxime vel addendi quæ minus dicta, vel emendandi quæ secus, quam placuit, dicta videbantur. » Qui etiam in prædicta expositione sua versus Arati frequenter introduxit, cujus nonnullos novimus errores, cum aperte eum Hieronymus in prædicto illustrium virorum libro errasse ostendit, de eodem die quo Petrus et Paulus passi sunt. Quem quidem diem non aliter eumdem tam Aratus quam Beda in martyrologio, ejus auctoritate fretus accipiat, nisi anni revoluto tempore, cum Hieronymus eodem prorsus die, anno quartodecimo Neronis tam Petrum quam Paulum passos esse pronuntiet. Denique, ut hanc litem variarum sententiarum pacatissimo fine sopire penitus valeamus; facile fortassis, si duos Dionysios Corinthiorum episcopos exstitisse ponamus, et Bedam veracem poterimus tenere, et nihil per opinionem accipere: ita quidem, ut unus ex Dionysiis Corinthiorum episcopis, et Dionysius Areopagita idem sit, de quo Beda scribit, et in diversis temporibus idem Athenis et Corintho præesset episcopus, et postmodum a sancto Clemente Galliarum sit ordinatus Apostolus; alius vero ex Dionysiis Corinthiorum episcopis, ille fuerit Dionysius, de quo Ecclesiastica historia et Hieronymus meminerunt: atque ita arbitror omnem controversiam absolvi posse. Omnium igitur, quæ ad solutionem proposuimus, hæc summa est, ut vel Bedam deceptum fuisse concedamus: vel eum aliorum nobis opinionem præsentasse: vel duos Corinthiorum episcopos exstitisse. Valete, in Domino dilectissimi.

EPISTOLA XII.

Quæ est Petri Abælardi. — *Contra quemdam canonicum regularem, qui monasticum ordinem deprimebat, et suum illi anteferebat.*

Multorum relatione ad nostras delatum est aures, nostri ordinis, id est monastici, statum a te sæpius in præsentia multorum non mediocriter læsum: quod non alia de causa præsumptum esse credimus, nisi ut nostros humiliando, lutæ professionis clericos, quos canonicos regulares vocatis, sic efferre laborares. Miramur autem, si ita sit, sed amplius miramur si ita non sit, cum nullam aliam suspicari possimus causam. Dicis, ut dicunt, longe ordine tuo nostrum inferiorem esse, et plurimum monachos a dignitate clericorum abesse. In quo quidem primum a te sciscitari volumus, de qua id dignitate intelligas, utrum prælationis inter homines, an religionis apud Deum. Quod religionis, profecto hæc dignitas verissima est, quæ nos Deo maxime commendat, atque virtutibus adornat, et tanto gloriosiores in cœlestibus efficit, quanto humiliores habemur in terrenis. At vero qua ratione vel auctoritate hanc sibi dignitatem clerici vindicare valeant dicas si possis, aut adjicias cur non possis. Quis enim nesciat quod quotidianis docemur experimentis hos etiam clericos, qui majore gradu præeminent, monasticam eligere vitam, cum quod in clericatu deliquerint perfecte corrigere satagunt, et cum eis ad monachatum transire liceat, ad clericatum nullatenus redire permittantur? Aut si quandoque per religionis excellentiam ecclesiasticæ personæ de monasteriis electæ, clericorum officiis præficiantur, ipse quoque habitus monachalis tanta dignitate præeminet, ut semel assumptus deponi non debeat: pro quo non solum sæcularis, verum etiam clericalis abjiciendus est. Quid est etiam, quod cum sæpe monachi episcopi facti clericis præponantur, vel quibuscunque officiis ecclesiasticis applicentur? Cur non e converso de clericis abbates in monasteriis fiant, vel officiorum monachicorum curam suscipiant? Cur, inquam, cur, obsecro, nisi quod indignissimum censetur, ut ejus vitæ regimini laxior præponatur, pro qua etiam ipsa contemnenda est, et, ut diximus, per eam corrigenda? Cur etiam vos ipsi, et universa Ecclesia in supplicatione litaniarum dicitis : « Omnes sancti monachi et eremitæ; omnes sanctæ virgines; omnes sanctæ viduæ et continentes, orate pro nobis, » et non : Omnes sancti clerici, vel sancti presbyteri, vel sancti episcopi? Certe quia hæc nomina officii magis sunt, sicut illa religionis. Quid est etiam quod in illis hymnis festivitatis Omnium Sanctorum, in quibus tam a vobis, quam a cæteris suffragia sanctorum postulantur, nulla vestri mentio fiat, sicut fit monachorum et virginum? Sic quippe scriptum est :

Chorus sanctarum virginum,
Monachorumque omnium,
Simul cum sanctis omnibus
Consortes Christi facite.

Item :

Monachorum suffragia,
Omnesque cives cœlici,
Annuant votis supplicum,
Et vitæ poscant præmium.

Audio te tamen solere opponere nobis illud quoque Hieronymi nostri : « Monachus, si ceciderit, rogabit pro eo sacerdos; pro sacerdotis lapsu, quis rogaturus est? » Quod certe quacunque ratione diceres, si nullatenus monachos sacerdotes esse contingeret. Cum vero dicit, monachus est sacerdos, utique illud distinguit monachum a ditione sacerdotis, qui sacerdos non sit. Sic enim cum dicimus, rex et miles; vel, episcopus et sacerdos, vel sacerdos et diaconus, quamvis etiam reges sint milites, vel episcopi sacerdotes, vel sacerdotes diaconi; militem eum intelligimus, qui rex non sit, et sacerdotem qui non sit episcopus, et diaconum simplicem. Ubi etiam cum dicit : *Rogabit pro eo sacerdos*, specialem illam missam orationem intelligit, quæ propria est sacerdotis, non quæ cuilibet justo competit. Quam et apostolus generaliter commendans, ait : « Multum enim valet deprecatio justi assidua *(Jac.* v, 16). » Quo enim quisque justior est, ab eo exaudiri meretur, qui non tam verba quam opera pensat, nec tam linguam quam vitam considerat. Quantum autem de perfectione sua vitam monasticam idem doctor vestræ præferat, patenter insinuat ad Heliodorum monachum his scribens verbis : « Interpretare vocabulum monachi, hoc est nomen tuum. Quid facis in turba qui solus es? Quid ergo? Quicunque in civitate sunt, Christiani non sunt? non est tibi eadem causa quæ cæteris? Dominum ausculta dicentem : « Si vis perfectus esse, vade, « vende omnia quæ habes, et da pauperibus; et veni, « sequere me (*Matth.* xix, 21). » Tu autem perfectum te esse pollicitus es. Nam cum, derelicta militia mundi ali, castrasti te propter regnum cœlorum, quid aliud quam perfectam secutus es vitam ? » Et post aliqua : Alia, inquit, ut ante perstrinxi, monachi causa est, alia clericorum ; » hoc est, longe ab invicem eorum professio et conversatio distat, et ipsorum propositum tendit ad diversa, « sicut, ait, ante perstrinxi. » Quod quidem ubi faceret, assignari non potest, nisi ubi perfectionem monasticam a vita fidelium in civitate commorantium distinxit, dicens : « Quid ergo? Quicunque in civitate sunt, Christiani non sunt? » Qui etiam ad Paulinum presbyterum simul et monachum scribens, clericos magis inter homines conversari debere, quam monasticæ solitudinis perfectionem tenere, patenter his verbis insinuat : « Quia igitur fraterne interrogas, per quam viam incedere debeas, revelata tecum facie loquar. Si officium vis exercere presbyteri ; si episcopatus te vel opus vel honor forte delectat; vive in urbibus et castellis, et aliorum salutem fac lucrum animæ tuæ. Sin autem cupis esse quod diceris, monachus, id est solus, quid facis in urbibus, quæ utique non sunt solorum habitacula, sed multorum? Habet unumquodque propositum principes suos : et, ut ad nostra veniamus, episcopi et presbyteri habeant in exemplum apostolos et apostolicos viros : quorum honorem possidentes, habere nitantur et meritum. Nos autem habeamus propositi nostri principes, Paulos, Antonios, Julianos, Hilariones, Macharios, et, ut ad Scripturarum auctoritatem redeam, noster princeps Elias, noster

Elisæus, nostri duces filii prophetarum, qui habitabant in agris et solitudinibus, et faciebant sibi tabernacula prope fluenta Jordanis. » De his sunt et illi filii Rechab, qui vinum et siceram non bibebant, qui morabantur in tentoriis, qui Dei per Jeremiam voce laudantur, et promittitur eis, quod non deficiat de stirpe eorum vir stans coram Domino. Nec solum Eliam, qui in antiquo populo tantus enituit, ut in cœlum vivus sustolli mereretur, inter nostros mirare principes : verum etiam Joannem in spiritu ejus venientem, et quasi alterum Eliam, cui Dominus tantum testimonium dedit, ut pro eminentia vitæ ipsum, ex testimonio prophetæ, angelum nuncuparet, nec solum prophetis, verum etiam universis hominibus anteferret. De quo et Chrysostomus homelia Evangeliorum 22 quæ sic incipit : « De Joanne dicitur : « Fuit homo missus a « Deo, cui nomen erat Joannes (*Joan.* I, 6). » Gratia in homine comprehenditur, Joannes enim interpretatur *Dei gratia*, quia majorem accepit gratiam. Propterea in eremo philosophatur, et reservat se in adventum Christi, quia nuntiaturus erat Christum. Statim in eremo nutritur, statim ibi crescit : non vult cum hominibus conversari, in eremo cum angelis philosophatur. Considerate, monachi, dignitatem vestram : Joannes princeps vestri est dogmatis ipse monachus. Statim ut natus est, in eremo vivit, in solitudine nutritur, Christum exspectat in solitudine. Eo tempore, quo Jesus natus est, erat in eremo. Hoc templum, quod videmus esse destructum, quantas habebat divitias, quid auri, quid argenti Josephus describit, quantum gemmarum, quantum serici, quanti erant sacerdotes, scribæ, et universa genera officiorum. Christus in templo nescitur, et in eremo prædicatur. Hoc totum quare dico? Ut doceam dogmatis vestri principem esse Baptistam Joannem. » Audistis, fratres, nostri pariter et vestri propositi principes superius inductos, ut utriusque ordinis differentia clareat. Si gaudetis apostolos quoque vestris connumerari principibus, atque pontifices tam Veteris quam Novi Testamenti ab ipso videlicet Aaron usque ad Annam et Caipham, ne, obsecro, doleatis Eliam et Joannem majores istis, nostri duces esse propositi. Clericatum pro monachatu Joannem commutasse dubium non est : qui cum filius pontificis esset, cui eo tempore pontificalis dignitas hæreditario jure debebatur, civitatem solitudini, pontificem monacho posthabuit, et perfectionem vitæ prælationi præposuit ecclesiasticæ. De quo et Hieronymus ad Rusticum monachum scribens : « Audio, inquit, religiosam te habere matrem, multorum annorum viduam, quæ aluit, quæ erudivit infantem. Et Joannes Baptista sanctam matrem habuit, pontificisque filius erat : et tamen nec matris affectu, nec patris opibus vincebatur, ut in domo parentum cum periculo viveret castitatis. Vivebat in eremo, et oculis desiderantibus Christum, nihil aliud dignabatur aspicere. Filii prophetarum, quos monachos in Veteri Testamento legimus, ædificabant sibi casas propter fluenta Jordanis : et turbis urbium derelictis, polenta et herbis agrestibus victitabant. » De quibus et alibi meminit, « Virgo Elias, Elisæus virgo, virgines filii prophetarum. » Quid est, obsecro, frater, quod electurus apostolos Dominus, nequaquam de eremo accivit Joannem, nec ab eo baptizandus, ipsum a solitudine, vel ad horam revocavit : sed sicut cæteri hominum ad eum venit, inter cæteros et ipse baptizandus a monacho, sicut scriptum est : « Factum est cum baptizaretur omnis populus, et Jesu baptizato, » [etc. Quid, inquam, nisi quia, ut dixit, partem Mariæ præferendam censuit parti Marthæ, quietem scilicet contemplationis, sollicitudini et crebris perturbationibus sæculi? Quibus quidem sollicitudinibus occupatus Apostolus ingemiscit, dicens : « Præter illa quæ extrinsecus sunt, instantia mea, quotidiana sollicitudo omnium Ecclesiarum. Quis infirmatur, et ego non infirmor? Quis scandalizatur, et ego non uror? » (*II Cor.* XI, 28, 29.) In quibus quidem occupationibus atque molestiis quam difficile sit puritatem custodire mentis, et terrena itinera sine aliquo pulveris contagio frequentare, ipse Dominus patenter edocuit, cum pedes apostolorum abluere decrevit. Quod diligenter sponsa in Cantico canticorum attendens, sponso ad ostium ejus pulsanti, et ut de lectulo surgens ei aperiat roganti, provide his verbis se excusat : « Exspoliavi me tunica mea, quomodo induar illa? Lavi pedes meos, quomodo inquinabo illos? » (*Cant.* v, 3.) Quid enim lectulus sponsæ, nisi quies est animæ contemplativæ, et a sollicitudinibus et curis sæculi remotæ? Quæ quidem in claustro quasi sponsa in thalamo, tanto amplius Deo vacat, et arctius ei toto astringitur desiderio, quanto longius ab occupationibus sæculi remota est, et jam in secreto cœlestium camerarum per contemplationem ita ei conjuncta est, ut sit unus cum Deo spiritus, juxta quod de beato Martino legitur : « Artus quippe fatiscentes spiritui servire cogebat, stratuque suo recubans, nec terram videre jam dignatus, cœlo totus inhiabat. » Ad talem lectuli quietem contemplationis secretum sponsus veniens sibi aperiri postulat, cum plebs Christiana animæ cuicunque contemplativæ supplicat, ut suscipiendo regimen ipsorum eos ad se sic admittat. Quod et ipse Christus in membris suis agere dicitur, quo inspirante id agitur, et sub cujus nomine et auctoritate hoc imploratur. Perfecta vero anima illa quietem suam vehementer diligens, dum laborem refugit, ne aliorum lucro detrimentum incurrat suæ perfectionis, surgere de lectulo renuit, et sponso, ut dictum est, instanti dicit : « Exspoliavi me tunica mea, » hoc est, exteriorem curam mundanarum actionum ex voto postposui. Interior quippe vestis et subtilior, est interula; exterior et grossior, tunica. Unde bene hic ornatus, contemplativus; ille vero habitus, assignandus est activus. Hi quippe claustris se monasticis- recludentes tanto subtilius atque perfectius summi luminis splendorem contemplantur, quanto ab exterioribus sæculi curis amplius sunt remoti. Hanc profecto curarum occupationem, quam Martha proximi necessitudinibus impendit, et qui populo præsunt exercent, quasi tunicam resumere sponsa refugit, cum a contemplatione ad actionem redire nullatenus acquiescit. Unde et causam annectens ait : « Lavi pedes meos, quomodo inquinabo illos? » Affectus quippe nostri, quibus ad quidlibet agendum trahimur, quasi quidam pedes sunt, quibus ducimur. Istos pedes abluit, qui a curis sæculi mentem retrahit, quibus animus per diversa diffusus, difficile est ne saltem cogitationum maculis aliquibus respergatur, vel quandoque cedat tentationibus. Quod sponsa considerans de lectulo pedes ad terram deponere trepidat, hoc est se iterum implicare curis, dum nullum a sordibus vacare locum extra lectulum suum credit. Quæ tandem sponso instante de lectulo surgere compellitur, et ei, sicut postulavit, aperire ; de quo cum eum tenere vellet, atque, ut solita fuerat, comprehendere, subjunctum est : « At ille declinaverat atque transierat (*Cant.* v, 6). » Non enim ita in publico sicut in occulto Deus inveniri potest ; nec sollicitudo Marthæ circa plurima turbatæ Christo assistere valet assidue, nec curis sæculi mens intenta in Deo poterit vigilare quieta. Unde et ipse sponsus quo devotius oremus, ostium cubiculi admonet claudi ; alioquin declinat et transit a nobis, quia quo minus ei vacamus, eo magis ab ipso deserimur, et ab ejus gratiæ donis amplius destituimur. Etiam sponsa ejus ad publicum de secreto thalami transgressa, quantum de perfectione sua pro lucris aliorum minuit, reperit ; et tanto magis accedit periculum, quanto de commissis animatus major illi superest reddenda ratio. Attende, obsecro frater, tui ordinis dignitatem et officii conditionem, in quo et minuitur meritum et imminet periculum. Vide quid sit profectus dignitatis, ubi perfectio tollitur religionis, ubi major apud sæculum, minor fit apud Deum, et grave sui sustinet dispendium. Liam, quam duxisti, gaudes esse fecundam ; sed doles cum respexeris eam lippam. Nocturnum Lia conjugium habuit, quasi talis copula luce digna non fuerit. Quandiu sterilis Rachel permansit, incolumis vixit : fecunda postmodum facta, proprio partu est exstincta. Ex quo patenter innuitur, quam periculose id, unde gloriamini, suscipiatur : et quod hæc gloria, ruina potius sive dejectio quam exaltatio sit dicenda. Quorum quidem facilem casum, et periculosum ascensum, juxta illud Psalmistæ : « Dejecisti eos dum allevarentur (*Psal.* LXXII, 18), » beatus Hieronymus attendens, quodam loco ad Heliodorum monachum his scribit verbis : « Quod si te quoque ad eumdem ordinem pia fratrum blandimenta sollicitant, gaudebo de ascensu, sed timebo de lapsu. » Idem adversus Vigilantium solitariæ, hoc est monasticæ, vitæ securitatem commendans, ait : « Cur, inquies, pergis ad eremum ? Videlicet ut te non audiam, non videam, ut tuo furore non movear, ut tua bella non patiar, ne me capiat oculus meretricis, ne forma pulcherrima ad illicitos ducat amplexus. Respondebis : Hoc non est pugnare, sed fugere. Sta in acie, adversariis armatus obsiste, ut postquam viceris coroneris. Fateor imbecillitatem meam : nolo spe pugnare victoriæ, ne perdam aliquando victoriam. Si fugero, gladium devitavi ; si stetero, aut vincendum mihi est, aut cadendum. Quid autem necesse certa dimittere, et incerta sectari ? Aut scuto, aut pedibus mors vitanda est. Tu, qui pugnas, et superari potes, et vincere : ego cum fugero, non vinco in eo quod fugio, sed ideo fugio, ne vincar. Nulla securitas est, vicino serpente dormire. Potest fieri, ut me non mordeat : tamen potest fieri, ut aliquando me mordeat. » Idem ad Oceanum, de morte Fabiolæ : « Caveat religiosus ibi vivere, ubi necesse habeat quotidie aut perire, aut vincere. Securius enim est perire non posse, quam juxta periculum non perire. » Hanc et Seneca maximus ille morum philosophus sententiam tenens, et sic philosophari Lucilio suo consulens, ait epistolarum, quas ad eum scribit, quinquagesima tertia : « Non tantum corpori, sed etiam moribus salubrem locum eligere debemus. Id agere debemus, ut irritamenta vitiorum quam longissime profugiamus. Indurandus est animus, et a blandimentis voluptatum procul abstrahendus. Una Annibalem hiberna solverunt, et indomitum illum nivibus atque Alpibus virum enervaverunt fomenta Campaniæ. Armis vicit, vitiis victus est. Nobis quoque militandum est, et quodam genere militiæ, quo nunquam otium datur. Debellandæ sunt imprimis voluptates : quæ, ut vides, sæva quoque ad se ingenia rapuerunt. Si quis sibi proposuerit quantum operis aggressus sit, sciet nihil delicate, nihil molliter esse faciendum. » Sed ad hæc fortassis tam sanctorum Patrum quam philosophorum consilia respondebis, revera periculosum esse administrationem ecclesiasticam suscipere, ac difficillimum in ea, quantum oportet, desudare : sed profecto tanto majora constat esse præmia, quanto huic labori major incumbit difficultas. Cui primum illud respondeo Tullianum : « Quod si laboriosum, non statim præclarum. » Alioquin in Ecclesia Dei, qui quotidianis nuptiarum molestiis et sollicitudinibus implicantur assiduis, his præferendi essent, qui cælibem vitam ducentes, minus onere sæculi premuntur, et ob hoc liberius atque purius Deo vacant, tanquam lectuli quietem adepti. Denique si pro augmento meritorum eos extollis, qui de virtutibus suis confidentes, pugnas tentationum et illecebras mundi magis sustinere quam fugere decreverunt, vide utrum his, qui continentiam voverunt, consulendum sit, ut in lupanaribus vel ubi crebras fornicationes (73), vide aut hanc virtutem studeant conservare, et se sponte periculis objicientes, sed quæ magis angelos quam homines attendentes, tanta securitate sui Deum præsumant tentare. Cur etiam clerici feminas in contubernio suo habere prohibentur, nisi tales consanguinitatis personas, de quibus nulla suspicio turpitudinis possit haberi? Quas quoque vester maxime, ut dicitis, præceptor Augustinus intantum declinare decrevit, ut nec sanctissimam sororem secum habitare pertulerit, dicens : « Quæ cum sorore mea sunt, sorores meæ non sunt. » Cur et vos ipsi canonici regulares a vobis ipsis noviter appellati, sicut et noviter exorti, magno ambitu murorum claustra vestra sepientes, more monachorum, ab illecebris et tentationibus sæculi manetis divisi? Si ergo, ut vos quoque docetis, et omnibus patet, imbecillitati humanæ magis p ovideri convenit a periculis, quam ultro se objicere illis ; profecto consilium est omnia tentamenta, quoad possumus, evitare, præsertim si eam eligamus vitam, quæ et majoris sit meriti, et minus pateat tentationi. Quod tam auctoritate Patrum, quam certis rerum declaratur exemplis. Vitam contemplationis, quietem tumultuosæ fidelium actioni constat a Domino prælatam fuisse ; et Mariæ partem, quam optimam dixit, parti Marthæ certum est anteferri. Quamvis enim Martha reficeret Dominum, felicius Maria reficiebatur a Domino, et longe meliorem Dominus quam Martha ministrabat refectionem. Marthæ ministratio est necessaria corporis providere, verbum prædicationis erogare, aliorum magis, ex officio proprio, quam sui curam gerere. Non enim Ecclesiæ pastores, in eo quod pastores sunt, tam de propriis quam de subjectorum pabulis habent cogitare, nee in hoc tam sibi quam aliis proficiunt. Unde et Dominus cum in hoc officio Petrum constitueret, nequaquam ait : « Pasce teipsum, » sed, « Pasce oves meas, » sive, « agnos meos (*Joan.* XXI, 16), » hoc est, pane spiritalis doctrinæ vel exhortationis ipsos instrue vel confirma. De quo quidem pane divini verbi scriptum est alibi : « Non in solo pane vivit homo, sed in omni verbo, quod procedit de ore Dei (*Matth.* IV, 4). » Quod si hoc tempore clericorum ac monachorum laborem ac vitæ duritiam conferatis, non est hoc longa disputatione discutiendum, quod quotidianis experimentis fit manifestum. Confer episcopos cum abbatibus, archipresbyteros ecclesiarum cum prioribus monasteriorum, clericos cum monachis ; et quoslibet consulo, qui quibus inter ipsos magis asperam vel laboriosam vitam ducant, ut si laborem penses, ad meritum nos longe superiores invenias, quibus vos ipsi non aliam quam pœnitentium vitam ascribitis, et claustra nostra non loca dignitatis, sed pœnitentiæ carceres nuncupatis. Quam et beatus Hieronymus a vita clericorum distinguens, ad Heliodorum de morte Nepotiani scribit his verbis : « Si quis relicto clericatu duritiæ se tradiderit monachorum, fit creber in orationibus, vigilans in precando, lacrymas Deo, non hominibus offerat. » Certe si clericorum arctior esset vita, et qui ecclesiastica præsunt dignitate, vitæ quoque præeminerent austeritate : nequaquam monachi tanto desiderio appeterent episcopari, nec spiritales Patres tanta sollicitudine clericos etiam ad monasticam conversationem invitarent. Quale et illud est prædicti doctoris præsidium diaconem exhortantis : « Diaconus, inquies, ecclesiam tuto deserere non possum. Vereor ne incurram sacrilegium, si altaria derelinquam. Sed considera, obsecro, satis esse difficile locum Stephani implere vel Pauli, in angelico stare ministerio, et populos subjacentes candenti desuper veste despicere. Pretiosum est margaritum, sed cito frangitur, fractumque non potest instaurari. » Item : « Cum vitam in urbibus lacerent bonam, quid facies frater in medio ? aut sectaberis quæ sunt adversa continentiæ : aut, si facere nolueris, ipse damnaberis. Prætermitto varias illecebras, quibus etiam rigidissimi emolliuntur animi. Nunc illud affirmo quod etiam si ita non essent, ad comparationem tam ingentis boni, minora deserere debueras. Adde quod diaconus es, sed abscessu tuo Ecclesiæ damna non sentient. Elias vixit in eremo. Eliseum prophetarum secutus est chorus. Præcursor Domini Joannes nutritus in solitudine, ad hoc tantum descendit ad Jordanis ripas, ut populos argueret confluentes, et Pharisæos intelligens clericos Judæorum, generationes vipereas denotaret. Nuper Ægypti deserta vidisti, intuitus es angelicam familiam. Quanti ibi flores sunt? quam spiritualibus gemmis prata vernantia? Vidisti serta, quibus Dominus coronatur. » Item : « Habebis cellulam, quæ te solum capiat. Imo non eris solus, angelica tecum turba versabitur. Tot socii, quot sancti. Leges Evangelium, fabulabitur tecum Jesus. Replicabis apostolos vel prophetas. Nunquid poteris talem alium tuis sermonibus habere consortem ? » Sectemur saltem mulierculas, sexus nos doceat infirmior. Quantæ divitiis pariter et nobilitate pollentes (nolo enim vocabula dicere, ne adulari videar), relictis facultatibus, pignoribusque contemptis, id factu facile judicaverunt, quod tu proprio putasti timore difficile?

EPISTOLA XIII.

Quæ est Petri Abælardi. — *Invectiva in quemdam ignarum dialectices, qui tamen ejus studium reprehendebat, et omnia ejus dogmata putabat sophismata et deceptiones.*

Mystica quædam de vulpe fabula in proverbium a vulgo est assumpta. Vulpes, inquiunt, conspectis

(73) Videtur aliquid deesse.

in arbore cerasis, repere in eam cœpit, ut se inde reficeret. Quo cum pervenire non posset, et relapsa decideret, irata dixit : Non curo cerasa ; pessimus est earum gustus. Sic et quidam hujus temporis doctores, cum dialecticarum rationum virtutem attingere non possint, ita eam exsecrantur, ut cuncta ejus dogmata putent sophismata, et deceptiones potius quam rationes arbitrentur. Qui cæci duces cæcorum nescientes, ut ait Apostolus, de quibus loquuntur, neque de quibus affirmant, quod nesciunt damnant, quod ignorant accusant. Lethalem judicant gustum quem nunquam attigerunt. Quidquid non intelligunt, stultitiam dicunt : quidquid capere non possunt, æstimant deliramentum. Quos quidem rationis expertes, quia rationibus refellere non valemus : testimoniis saltem sanctarum Scripturarum, quibus se plurimum niti fatentur, eorum præsumptionem compescamus. Agnoscant igitur eam, quam vehementius detestantur, artem, hoc est dialecticam quasi sacræ lectioni contrariam, quantum ecclesiastici doctores commendent, quantum eam sacræ Scripturæ necessariam judicent. Hanc quippe scientiam tantis præconiis efferre beatus ausus est Augustinus, ut comparatione cæterarum artium eam solam facere scire fateatur, tanquam ipsa sola sit dicenda scientia. Unde libro secundo de ordine ita meminit : « Disciplinam disciplinarum, quam dialecticam vocant. Hæc docet docere, hæc docet discere. In hac se ipsa ratio demonstrat atque aperit, quæ sit, quid velit : scit sola, scientes facere non solum vult, sed etiam potest. » Idem in secundo de doctrina Christiana, cum inter omnes artes præcipue dialecticam et arithmeticam sacræ lectioni necessarias esse profiteatur, illam quidem ad dissolvendas quæstiones, hanc ad allegoriarum mysteria discutienda, quæ frequenter in naturis numerorum investigamus, tanto amplius dialecticam extulit, quanto amplius eam necessariam assignavit, ad omnes videlicet quæstionum dubitationes terminandas. Ait autem sic : « Restant ea, quæ non ad corporis sensus, sed ad rationem animi pertinent, ubi disciplina regnat disputationis et numeri. » Sed disputationis disciplina ad omnia genera quæstionum, quæ in litteris sanctis sunt, penetranda et dissolvenda plurimum valet. Tantum ibi cavenda est libido rixandi, et puerilis quædam ostentatio decipiendi adversarium. Sunt enim multa, quæ appellantur sophismata, falsæ conclusiones rationum, et plerumque ita veras imitantes, ut non solum tardos, sed ingeniosos etiam minus diligenter attentos decipiant. Quod genus captiosarum conclusionum scriptura, quantum existimo, detestatur illo loco ubi dictum est : « Qui sophistice loquitur, odibilis erit (*Eccli.* xxxvii, 23). » Plurimum autem dialecticam atque sophisticam artem ab invicem constat esse discretas, cum illa in veritate rationum, hæc in similitudine consistat earum, ista fallaces argumentationes tradat, illa fallacias earum, dissolvat, et ex discretione verarum argumentationum falsas deprehendi doceat. Utraque tamen scientia tam dialectica scilicet quam sophistica ad discretionem pertinet argumentorum ; nec aliter quis in argumentis esse discretus poterit, nisi qui falsas ac deceptorias argumentationes a veris et congruis argumentationibus distinguere valebit. Unde et a scriptoribus dialecticæ nec hujus artis tractatus est prætermissus, cum ipse peripateticorum princeps Aristoteles hanc quoque tradiderit, elenchos scribens sophisticos. Ut enim homini justo mali quoque notitia necessaria est, non ut malum faciat, sed ut malum cognitum cavere queat ; ita et dialectico sophismatum non potest deesse peritia, ut sic ab eis sibi cavere queat. Nec discretus in rationibus argumentorum erit, nisi falsis pariter et veris cognitis, hæc ab illis discernere, et utraque dijudicare diligenter valebit. Unde et, beato attestante Hieronymo, ipse quoque Salomon ad falsas pariter et veras argumentationes cognoscendas plurimum adhortatur. Sic enim adversus calumnias magni oratoris urbis Romæ scribens, sicut et nos nunc adversus consimiles, ait inter cætera de summo illo sapiente Salomone : « In exordio Proverbiorum commonet, ut intelligamus sermones prudentiæ, versutiasque verborum, parabolas, et obscurum sermonem, dicta sapientum et ænigmata, quæ proprie dialecticorum et philosophorum sunt. » Quid enim sapientiæ sermones , versutiasque verborum, nisi verarum et fallacium argumentationum diversitatem intelligit ? Quæ, ut diximus, ita sibi sunt adjunctæ, ut discretus in his esse non possit, qui illas ignoraverit ; cum ad cognitionem quarumlibet rerum necessaria sit notitia contrariarum. Nemo enim virtutes diligenter noverit, qui vitia ignoret : præsertim cum nonnulla vitia ita virtutibus finitima sint, ut ex similitudine sua facile multos decipiant, sicut et falsæ argumentationes ex similitudine verarum plerosque in errorem pertrahunt. Unde non solum in dialectica diversitas incidit sententiarum, verumetiam in fide Christiana multiplicitas errorum, cum verbosi hæretici assertionum suarum laqueis multos simplices in diversas pertrahant sectas : qui nequaquam in argumentationibus exercitati, similitudinem pro veritate, et fallaciam pro ratione suscipiunt. Adversus quam pestem nos in disputationibus exercere ipsi quoque doctores ecclesiastici commonent, ut quod non intelligimus in Scripturis, non solum orando petamus a Domino, verum invicem quæramus disputando. Unde et illud est Augustini in tractatu De misericordia, cum illa Domini exponeret verba : « Petite et dabitur vobis, quærite et invenietis, pulsate et aperietur vobis (*Matth.* vii, 7) ; » petite, inquit, orando, quærite disputando, pulsate rogando, id est interrogando. » Non enim hæreticorum, vel quorumlibet infidelium infestationes refellere sufficimus, nisi disputationes eorum dissolvere possimus, et eorum sophismata veris refellere rationibus , ut cedat falsitas veritati , et sophistæ reprimant dialectici : parati semper, ut beatus admonet Petrus, ad satisfactionem omni poscenti nos rationem, de ea, quæ in nobis est, spe vel fide. In qua profecto disputatione, cum illos sophistas convicerimus, nos dialecticos exhibebimus, et tanto Christi, qui veritas est, discipuli memores erimus, quanto veritate rationum amplius pollebimus. Quis denique nesciat ipsam artem disputandi, qua indifferenter hos quam illos (75) constet nuncupatos esse? Ipsum quippe Dei Filium, quem nos Verbum dicimus, Græci Λόγον appellant, hoc est divinæ mentis conceptum, seu Dei sapientiam, vel rationem. Unde et Augustinus in libro Quæstionum octoginta trium capite quadragesimo quarto : « In principio, » inquit, « erat Verbum, quod Græce λόγος dicitur. » Idem in libro contra quinque hæreses. « In principio erat Verbum. Melius Græci λόγος dicunt. λόγος quippe Verbum significat et rationem. » Et Hieronymus ad Paulinum de divinis Scripturis : « In principio erat Verbum, λόγος Græce multa significat. Nam et verbum est, et ratio, et supputatio, et causa uniuscujusque rei, per quam sunt singula, quæ subsistunt. Quæ universa recte intelligimus in Christo. » Cum ergo Verbum Patris Dominus Jesus Christus λόγος Græce dicatur, sicut et σοφία Patris appellatur : plurimum ad eum pertinere videtur ea scientia quæ nomine quoque illi sit conjuncta, et per derivationem quamdam a λόγος logica sit appellata : et sicut a Christo Christiani, ita a λόγος logica proprie dici videatur. Cujus etiam amatores tanto verius appellantur philosophi, quanto veriores sint illius sophiæ superioris amatores. Quæ profecto summi Patris summa sophia, cum nostram indueret naturam, ut nos veræ sapientiæ illustraret lumine, et nos ab amore mundi in amorem converteret sui ; profecto nos pariter Christianos, et veros effecit philosophos. Qui cum illam sapientiæ virtutem discipulis promitteret, qua refellere possent contradicentium disputationes, dicens : « Ego enim dabo vobis os et sapientiam, cui non poterunt resistere adversarii vestri (*Luc.* XXI, 15) : » profecto post amorem sui, unde veri dicendi sunt philosophi, patenter et illam rationum armaturam eis pollicetur, qua in disputando summi efficiantur logici. Quæ duo de hoc videlicet amore, et doctrina ejus, quibus tam philosophi, quam summi efficerentur logici, hymnus ille Pentecostes, *Beata nobis gaudia*, diligenter distinguit, cum dicitur :

Verbis ut essent profluï,
Et charitate fervidi.

Hæc enim duo maxime ille superni Spiritus adventus in igneis linguis revelatus eis con ulit, ut per amorem philosophos, et per rationum virtutem summos efficeret logicos. Unde bene Spiritus in ignis et linguarum specie est demonstratus, qui eis amorem et eloquentiam in omni genere linguarum conferret. Quis denique ipsum etiam Dominum Jesum Christum crebris disputationibus Judæos ignoret convicisse, et tam scripto quam ratione calumnias eorum repressisse : non solum potentia miraculorum, verum virtute verborum fidem plurimum astruxisse ? Cur non solis usus est miraculis, ut hæc faceret, quibus maxime Judæi, qui signa petunt, commoverentur, nisi quia proprio nos exemplo instruere decrevit, qualiter et eos, qui sapientiam quærunt, rationibus ad fidem pertraheremus ? Quæ duo Apostolus distinguens, ait : « Nam et Judæi signa petunt, et Græci sapientiam quærunt (*I Cor.* 1, 22). » Hoc est rationibus plurimum isti, sicut illi maxime signis ad fidem moventur. Cum autem miraculorum jam signa defecerint, una nobis contra quoslibet contradicentes superest pugna, ut quod factis non possumus, verbis convincamus ; præsertim cum apud discretos vim majorem rationes quam miracula teneant; quæ utrum illusio diabolica faciat, ambigi facile potest. Unde et Veritas : « Surgent, inquit, pseudoprophetæ, et dabunt signa magna et prodigia, ita ut in errorem inducantur, si fieri potest, etiam electi (*Matth.* XXIV, 24). » At vero, inquies, quia et in rationibus plurimus error se ingerit, ut non facile discernat, cum rationes inducuntur argumentorum, quæ et pro rationibus suscipiantur, et quæ tanquam sophismata respuantur. Ita, inquam, his accidit, qui peritiam argumentorum non sunt adepti. Quod ne forte accidat, rationi disserendi, hoc est logicæ disciplinæ, opera est danda, quæ, ut beatus meminit Augustinus, ad omnia genera quæstionum penetranda, quæ in sacris litteris incidunt, plurimum valet. Sed hoc certe apud illos doctores necessarium est, qui solvendis quæstionibus se sufficere confidentes, eas minime subterfugiunt.

EPISTOLA XIV.

Quæ est ejusdem Petri Abælardi ad G. Parisiensem episcopum.

G. Dei gratia Parisiacæ sedis episcopo, unaque venerabili ejusdem Ecclesiæ clero P., debitæ reverentiæ subjectionem sempiternam.

Relatum est nobis a quibusdam discipulorum nostrorum supervenientibus, quod electus [*f.* erectus] ille et semper inflatus Catholicæ fidei hostis antiquus, cujus hæresis detestabilis tres deos confiteri, imo et prædicare Suessonensi concilio a Patribus convicta est, atque insuper exsilio punita, multas in me contumelias et minas evomuerit viso

(75) Locus corruptus

opusculo quodam nostro De fide sanctæ Trinitatis, maxime adversus hæresim præfatam, qua ipse infamis est, conscripto. Nuntiatum insuper nobis est a quodam discipulo nostro, cui inde locutus est, quod vos tunc absentem exspectaret, ut vobis in illo opusculo quasdam hæreses me inseruisse monstraret : et vos quoque contra me, sicut et omnes quos nititur, commoveret. Quod si ita est, ut in hoc quoque nunc ille persistat, precamur vos athletas Domini, et fidei sacræ defensores; ut statuto loco et tempore convenienti me et illum convocetis, et coram catholicis et discretis viris, quos vobiscum provideatis, quid ille adversum me absentem mussitet audiantur, et debitæ correctioni subjaceant, vel ille de tanti criminis impositione, vel ego de tanta scribendi præsumptione. Interea autem Deo gratias refero, quod summum Dei inimicum et fidei labefactorem, in fide contrarium si perfero, et pro fide qua stamus dimicare compellor ; et quod numero bonorum hominum jam esse videor ex ejus infestatione, quem solis bonis semper constat esse infestum, cujus tam vita quam disciplina omnibus est manifesta. Hic contra egregium illum præconem Christi Robertum Arbrosello contumacem ausus est epistolam confingere, et contra illum magnificum Ecclesiæ doctorem Anselmum Cantuariensem archiepiscopum adeo per contumelias exarsit, ut ad regis Anglici imperium ab Anglia turpiter impudens ejus contumacia sit ejecta, et vix tum cum vita evaserit. Vult cum infamiæ habere participem, ut per infamiam bonorum suam consoletur infamiam : nec nisi bonum odit, qui bonus esse non sustinet : qui ob temperantiam [f. intemperantiam] arrogantiæ suæ, ab utroque regno, in quo conversatus est, tam Anglorum scilicet quam Francorum, cum summo dedecore expulsus est, et in ipsa, cujus pudore canonicus dicitur, Beati Martini ecclesia nunquam, ut aiunt, a canonicis verberatus morem solitum servaverit. Nomine designare quis iste sit supervacaneum duxi, quem singularis infamia infidelitatis et vitæ ejus singulariter notabilem facit. Hic sicut pseudodialecticus, ita et pseudochristianus, cum in dialectica sua nullam rem partes habere æstimat, ita divinam paginam impudenter pervertit, ut eo loco, quo dicitur Dominus partem piscis assi comedisse, partem hujus vocis, quæ est piscis assi, non partem rei intelligere cogatur. Ne quid igitur mireris, si is qui in cœlum os ponere consuevit, in terris insaniat ; et qui Dominum persequitur, membris ejus deroget ; et nemini parcit, qui nec sibi parcere potest. Valete.

EPISTOLA XV.

Quæ est Roscelini ad P. Abælardum.

(Edidit novissime J. A. SCHMELLER, Monac. bibl. subpræf., *Abhandlungen der I. Cl. a. k. Ak. d. Wiss.* V Bd. III. Abth.)

MONITUM. — Codices manuscriptos bibliothecæ regiæ Monacensis e pristina Benedictoburana acquisitos evolventibus obtulit se nobis in modico quodam sæculi XIII volumine, jam n. 4643 signato, inter alia longe diversi argumenti opuscula epistola quædam sat prolixa, quæ quidem inscriptione et subscriptione carens, nec ad quem nec a quo fuerit data indicat. Eam tamen ad Petrum Abælardum fuisse directam ipse tenor evincit ; at a quonam viri hujus celeberrimi contemporaneo et quidem adversario provenerit, diu nos habuit suspensos, donec ejus opera perlustrantes incidimus in quamdam ejusdem epistolam (editionis Parisiensis anni 1616 vigesimam primam), quam, cum sequentem mirum in modum illustret, merito hic præmittimus.

« G. Dei gratia Parisiacæ sedis episcopo, » etc. *Adeat Lector epistolam superiorem.*

Antiquitatis litteratæ imprimis Gallicæ periti epistolam istam cum sequente conferentes statuent, num hæc ipsa alii cuiquam possit attribui auctori, præter famigerato illi philosophicæ Nominalium sectæ quondam antesignano Roscelino Compendiensi.

Quod si nostra placeat sententia, forte et ipsi unicum hoc quod hactenus innotuit viri sua ætate famosissimi monumentum haud contemnendum esse censebunt. Nobis vero quibus nec facultas nec otium est, ut in priscæ philosophiæ scholasticæ controversiis heroibusque immoremur, id jam agendum videbatur, ut ipsam puram putam epistolam, qualem e membranis lectu partim non adeo facilibus eruimus, quamprimum doctoribus excutiendam traderemus, nec ea quidem quæ circa eamdem in Actis academiæ nostræ (*Gelehrte Anzeigen*, 1847, n. 253) memoravimus hic repetentes.

Roscelini Nominalistarum in philosophia quondam choragi, ad Petrum Abælardum epistola hactenus inedita.

Si Christianæ religionis dulcedinem quam habitu ipso præferebas vel tenuiter degustasses, nequaquam tui ordinis tuæque professionis immemor, et beneficiorum quæ tibi tot et tanta a puero usque ad juvenem sub magistri nomine et actu exhibui oblitus, in verba malitiæ meam adversus innocentiam adeo prorupisses, ut fraternam pacem linguæ gladio vulnerares juxta illud : *Lingua eorum gladius acutus* (*Psal.* LVI, 5), et Salvatoris nostri saluberrima actuque facillima præcepta contemneres.

Cum enim Veritas dicat : *Si peccaverit in te frater tuus, corripe eum inter te et ipsum solum; si autem te non audierit, adhibe testes; quod si neque sic te audierit, dic Ecclesiæ* (Matth. xviii, 15), tu duobus primis mandatis subito iracundiæ furore calcatis ad tertium inordinate transvolasti et ad præclaram et præcellentem Beati Martini Turonensis ecclesiam detractionis meæ plenissimas et de vasis sui immunditia fetidissimas litteras transmisisti, in quibus mea persona multiplici infamiæ macula quasi vario lepræ colore depicta in ipsius etiam sanctissimæ Ecclesiæ contumeliam, lapso honestatis pede eam foveam vocans, decidisti. Fovea quippe in sacro eloquio semper in malo accipitur : *Ut foderet ante faciem meam foveam* (Psal. LVI, 7), *foveam animæ meæ* (Jer. xviii, 20); et : *Si cæcus cæco ducatum præbeat, ambo in foveam cadunt* (Matth. xv, 14); et : *Qui parat proximo suo foveam prior incidit in eam* (Eccli. xxvi, 29). Non itaque præfatam sanctissimam Ecclesiam, quæ me indignum et peccatorem et, ut verum fatear, opprobrium hominum plebisque abjectionem gratuita miseratione recepit, foveæ comparare debueras; sed ei potius, cujus imitatrix hæc in facto effecta est, qui solem suum oriri facit super bonos et malos et pluit super justos et injustos, qui ob nimiam charitatem quam erga peccatores habuit de cœlo descendit ad terras, qui nobiscum manens peccatores recepit et cum eis manducavit, qui et pro peccatoribus usque ad illa inferni loca ubi peccatores cruciabantur, ut eos a tormentis solveret, descendit. Sed mirum non est, si contra Ecclesiam turpiter loquendo debaccharis, qui sanctæ Ecclesiæ vitæ tuæ qualitate tam fortiter adversaris. Verum præsumptioni tuæ ideo decrevimus ignoscendum, quia non ex consideratione, sed ex doloris immensitate id agis; et sicut damnum corporis tui pro quo sic doles irrecuperabile est, ita dolor quem mihi contraxisti inconsolabilis est. Sed valde tibi divina metuenda est justitia, ne, sicut cauda qua prius, dum poteras, indifferenter pungebas, merito tuæ immunditiæ tibi ablata est, ita et lingua, qua modo pungis, auferatur; prius enim apium similitudinem de cauda pungendo portabas, nunc vero serpentis imaginem de lingua pungendo portas. De talibus in psalmo dictum est : *Acuerunt linguas suas sicut serpentis, venenum aspidum sub labiis eorum* (Psal. cxxxix, 4). Sed ne de contumelia nobis illata plus æquo dolere et obloquendo nos modo ulcisci velle videamur, ad litteras tuas veniamus, et quæ in eis concedenda, quæ sint refutanda demonstremus. Initium litterarum tuarum de mea immunditia et de ecclesiæ Beati Martini contumelia est. De ecclesia doleo, de me autem lætus sum, quia in veritate talem me esse recognosco qualem me scribendo depingis. Dixisti enim me omni vitæ spurcitia notabilem. Quod cum ita est, hanc tuam veritatis assertionem quasi quibusdam brachiis charitatis amplector, et in verbis tuis quasi in speculo me totum aspicio. Sed potens est Deus de lapidibus istis suscitare filios Abrahæ. Nolo enim me justificare, quia si gloriam meam quæram, gloria mea nihil est. Absit enim, ut declinet *cor meum in verba malitiæ ad excusandas excusationes in peccatis* (Psal. cxl, 4), quod vero super., quod summa hæresi convictus et infamis jam toto mundo expulsus sim, hæc tria modis omnibus refello et testimonio Suessionensis et Remensis Ecclesiæ falsa esse pronuntio. Si enim aliquando vel in verbo lapsus fui vel a veritate deviavi, nec casum verbi nec assertionem falsi pertinaciter defendi, sed semper paratior discere quam docere animum ad correptionem præparavi, neque enim hæreticus est qui, licet erret, errorem tamen non defendit. Unde beatus Augustinus : *Non ob aliud sunt hæretici nisi quia, Scripturas sacras non recte intelligentes, opiniones suas contra earum veritatem pertinaciter defendunt.* Et ad Vincentium Victorem : *Absit ut arbitreris te a fide Catholica deviasse, quia ipse animus correptionis præparatione et exspectatione Catholicus fuit.* Qui ergo nunquam meum vel alienum errorem defendi, procul dubio constat quia nunquam hæreticus fui. Quia vero spiritu immundo quasi cum quodam vomitu locutionis me infamem atque in concilio damnatum eructas, utrumque esse falsissimum præfatarum Ecclesiarum testimonio apud quas et sub quibus natus et educatus et edoctus sum comprobabo, cum apud Sanctum Dionysium cujus monachus esse videris, licet diffugias, modo tecum acturus venero. Neque vero timeas, quasi te noster lateat adventus, quia in veritate per tuum abbatem eum tibi nuntiabo, et quantum volueris ibi te exspectabo. Quod si abbati tuo inobediens, quod facere non dubitas, exstiteris, ubicunque terrarum latueris te quæsitum inveniam. Quomodo vero stare potest quod dixisti toto me mundo expulsum, cum et Roma quæ mundi caput est me libenter excipiat, et audiendum libentius amplectatur et audito libentissime obsequatur? Neque vero Turonensis Ecclesia vel Locensis, ubi ad pedes meos magistri tui discipulorum minimus tam diu resedisti, aut Bizuntina Ecclesia in quibus canonicus sum, extra mundum sunt, quæ me omnes et venerantur, et fovent, et quod dico discendi studio libenter accipiunt. E hujus igitur dicti manifestissima falsitate cætera litterarum tuarum commenta ex æquitate falsa esse judicanda sunt. Non minimum autem doleo quod bonorum persecutorem me dixisti. Licet enim bonus non sim, bonos tamen singulos quo debeo honore semper veneratus sum. Hos autem quos in exemplum trahis, dominum videlicet Anselmum Cantuariensem et Robertum bonæ vitæ bonique testimonii homines nunquam persecutus sum, licet quædam eorum dicta et facta reprehendenda videantur. Nec mirum, quia *videmus nunc per speculum in ænigmate* (I Cor xiii, 12). Neque enim hi duo sapientes et religiosi viri majoris meriti seu sapientiæ sunt Petro apostolorum principe et martyre glorioso, et beato Cypriano Carthaginensi episcopo doctore suavissimo et martyre gloriosissimo, in cujus laudibus beatus Hieronymus exsultans ait : *Beatus (Cyprianus instar fontis purissimi dulcis incedit et placidus est, et cum totus sit in exhortatione virtutum, in persecutionis angustiis, Scripturas non deseruit dininas.* Unde prudentius de martyribus : *Omnis amans Chrystum tua leget, doctor Cypriane, scripta.* Iste tamen tanto sanctorum præconio in sublime deductus aliter de baptismate sensit hæreticorum atque ipsius scriptis reliquit quam postea veritas prodidit, Unde beatus Augustinus in libro De baptismo sic loquitur : «Visum est quibusdam egregiis viris inter quos præcipue beatus Cyprianus eminebat, non esse apud hæreticos vel schismaticos baptismum Christi. Reddens ergo debitam reverentiam dignumque honorem, quantum valeo, pacifico episcopo et glorioso martyri Cypriano, audeo tamen dicere aliter eum sensisse de schismaticis et hæreticis baptizandis quam postea prodidi non ex mea, sed universæ Ecclesiæ sententia plenarii concilii auctoritate roborata. Princeps vero apostolorum Petrus, quia gentes ad baptismum venientes circumcidi compellebat, a Paulo apostolo prius, postmodum a sanctis Patribus merito reprehensus est. Ait enim Apostolus : *Cum esset Cephas Antiochiæ et non recte incederet in veritate Evangelii, aperte restiti ei in faciem quia reprehensibilis erat.* (Gal. II, 11). Unde beatus Augustinus : *Venerans ergo Petrum pro sui merito apostolorum primum et eminentissimum martyrem, audeo tamen dicere eum non recte fecisse, ut gentes judaizare cogerentur.* Unde beatus Augustinus: *Qui se Nazaræos Christianos vocant nati hæretici ex illo errore in quo Petrus devius revocatus est a Paulo.* Idem : *Cum Petrus in mari titubasset, cum Dominum carnaliter a passione revocasset, cum ter Dominum in passione negasset, cum in superstitiosam simulationem lapsus esset, videmus eum veniam consecutum ad martyrii gloriam pervenisse.* Quid mirum igitur, si isti, quos me asseris injuste persecutum, in aliquibus vel dictis vel factis aliquando minus provide egerunt, qui superioribus duobus sanctis doctoribus et martyribus nequaquam superiores exstiterunt.

Vidi enim dominum Robertum feminas a viris suis fugientes, viris ipsis reclamantibus, recepisse, et, episcopo Andegaviensi ut eos redderet, præcipiente, inobedienter usque ad mortem obstinanter tenuisse. Quod factum quam irrationabile sit considera. Si enim uxor viro debitum negat, et ob hoc ille mœchari compellitur, major culpa est compellentis quam agentis. Rea ergo adulterii est femina virum dimittens postea ex necessitate peccantem. Quomodo ergo eam retinens et fovens immunis et non particeps ejusdem criminis erit ? Illa enim nequaquam hoc faceret, nisi qui eam retineret, inveniret. Audi beatum Augustinum durius illoquentem. Ait enim : *Dimissa si per incontinentiam cogitur alicui copulari, hoc est mœchari. Quod si illa non fecerit, ille tamen, quantum in eo est, facere* compulit, et ideo hoc illi peccatum Deus, etsi illa casta permaneat, imputabit. *Si igitur reus est criminis vir uxorem postea non peccantem dimittens, quanto magis si illa peccaverit ?* Audi etiam beatum Gregorium ad quemdam abbatem illoquentem de quodam conjugato, quem ita suscipiendum cognovit, si uxor ejus similiter converti voluerit. Nam cum unum utriusque corpus conjugii copulatione sit factum, indecens est partem converti et partem inde in sæculo manere. Aut ergo uterque discedat aut uterque remaneat. Sed de domino Anselmo archiepiscopo, quem et vitæ sanctitas honorat, et doctrinæ singularitas ultra communem hominum mensuram extollit, quid dicam ? Ait enim in libro quem *Cur Deus homo* intitulat, aliter Deum non posse homines salvare, nisi sicut fecit, id est nisi homo fieret, et omnia illa quæ passus est pateretur. Ejus sententiam sanctorum doctorum, quorum doctrina fulget Ecclesia, dicta vehementer impugnant. Ait enim sanctus Leo : *Cum ei multa alia suppeterent ad redimendum genus humanum, hanc potissimum elegit viam, ut non virtute potentiæ sed ratione uteretur justitiæ.* Audi beatum Augustinum De Trinitate : cur non, postpositis innumerabilibus modis quibus ad nos redimendum uti posset Omnipotens, mors ejus potissimum eligeretur. Item : «Eos qui dicunt : *Itane defuit Deo modus alter, quo liberaret homines a miseria mortalitatis hujus, ut unigenitum Filium suum hominem fieri mortemque perpeti vellet ?* parum est ita refellere, ut dicamus modum istum bonum esse quo nos per Mediatorem liberare dignatus est, verum etiam ut ostendamus non alium modum possibilem Deo defuisse cujus potestati cuncta subjacent, sed sanandæ nostræ miseriæ convenientiorem modum alium non fuisse aut esse oportuisse.» Item : «poterat utique Deus hominem aliunde suscipere, qui esset Mediator Dei et hominum, non ex genere illius Adam, sicut ipsum quem primum creavit non de genere creavit alicujus, poterat vel sic, vel quo vellet, alio modo, creare unum alium, quo vinceretur victor prioris. Sed melius judicavit de ipso qui victus fuerat hominem assumere.» Idem de agone Christiano : «Stulti sunt qui dicunt : quare non poterat aliter sapientia Dei homines liberare, nisi hominem susciperet et nasceretur de femina ? Quibus respondemus : poterat omnino, sed si aliter faceret, similiter vestræ stultitiæ displiceret. »

Si igitur apud istos quos impudenter me persequi declamasti aliquid sacræ Scripturæ contrarium reperimus, cur miraris in dictis tuis aliquid reprehendi potuisse, cum te in sacræ Scripturæ eruditione manifestum sit nullatenus laborasse. Huic enim singularitati, quam divinæ substantiæ tribuisti, sanctorum Patrum Ambrosii, Augustini, Isidori scripta nequaquam consentiunt. Quæ collecta ideo subjicere curavi, ut non ex mea, sed ex auctoritate divina quod mihi tenendum est roboretur. Beatus igitur Ambrosius in libro De fide ad

Gratianum imperatorem sic loquitur : « *Ego et Pater unum sumus* (Joan. x, 50). Hoc dicit, ne intelligatur discretio potestatis. Item : « Unum cum Patre et unum æternitate, unum divinitate. Non enim Pater ipse est qui Filius, nec confusum quod unum, nec multiplex quod indifferens. Etenim si omnium credentium erat cor unum et anima una, si omnis qui adhæret Domino unus spiritus est, sed vir et uxor in una carne sunt; si omnes homines, quantum ad naturam pertinet, unius substantiæ sunt, multo magis Pater et Filius divinitate unum sunt, ubi nec substantiæ nec voluntatis ulla est differentia. » Item : « Non est diversa nec singularis æqualitas, quia æqualis nemo ipse sibi solus est. » Item : « Deus est nomen commune Patri et Filio. Item : Incarnatum patrem Sabelliana impietate astruere nituntur. » Item : « Quod unius est substantiæ separari non potest, etsi non sit singularitatis sed unitatis. Singularitas est sive Patri, sive Filio, sive Spiritui sancto derogare. » Item : « Non unus sed unum sunt Pater et Filius. » Item : « Una dignitas, una gloria ; in commune derogatur quidquid in aliquo putaveris derogatum. » Augustinus in libro De Trinitate : « Qui putat ejus esse Deum potentiæ, ut se ipsum ipse genuerit, eo deterius errat, quod non ipse solus talis non est, sed nec ulla creatura spiritualis neque corporalis. Nulla enim anima res est, quæ se ipsam gignat. » Item : « Circa creaturam susceptumque habitum occupati æqualitatem quam cum Patre habeo non intelligitis. » Item : « Convenienter dicimus illum qui in carne apparuit missum, misisse autem illum qui non apparuit. « Item : « Pater non judicat quemquam, sed omne judicium dedit Filio, ac si diceret, Patrem nemo videbit in judicio, sed omnes Filium videbunt, ut possit et ab impiis videri. » Item : « Tres visi sunt, nec quisquam illorum vel forma vel ætate vel potestate major cæteris visus est. » Item : « Cum quæritur, quid tres ? magna prorsus inopia humanum laborat ingenium. Dictum est autem : tres personæ, ne omnino taceretur. » Item : « Trinitas Filius nullo modo dici potest. » Item : « Potest universaliter dici, quod et Pater Spiritus et Filius Spiritus, et Pater sanctus et Filius sanctus. Si itaque Pater et Filius est Spiritus sanctus, potest appellari Trinitas Spiritus sanctus. Sed tamen ille Spiritus sanctus, qui non Trinitas, sed in Trinitate intelligitur, in eo quod proprie dicitur Spiritus sanctus, relative dicitur, et ad Patrem et Filium refertur, quia Spiritus sanctus et Patris et Filii est Spiritus ; sed talis relatio in hoc nomine non apparet. » Item : « Dictum est a nostris Græcis : una essentia, tres substantiæ ; a Latinis : una substantia vel essentia, tres personæ. » Item : « Licuit loquendi et disputandi necessitate tres personas dicere, non quia Scriptura dicit, sed quia non contradicit. » Item : « Cum conaretur humana inopia loquendo proferre quod tenet de domino Deo, timuit dicere tres essentias, ne intelligeretur in illa summa æqualitate ulla diversitas. » Item : «Cur hæc tria simul unam personam non dicimus sicut unam essentiam et unum Deum, sed dicimus tres personas ; tres autem essentias et tres deos non dicimus, nisi quando volumus vel unum vocabulum servire huic significationi qua intelligitur Trinitas, ne omnino taceremus interroganti : Quid tres ? » Item : « Ita dicat unam essentiam, ut non existimet aliud alio majus vel melius vel aliqua ex parte diversum, non tamen ut Pater ipse sit Filius et Sp'ritus sanctus. » Item : «Nulla est distantia dissimilitudinis, ut intelligatur aliud alio majus vel paulo minus, nec talis distinctio, in qua sit aliquid impar. » Item. « Ideo dicimus tres personas vel tres substantias, non ut intelligatur aliqua diversitas essentiæ, sed ut vel uno vocabulo responderi possit, cum quæritur : quid tres, vel quid tria ? tantamque esse essentiæ æqualitatem in ea trinitate, ut non solum Pater non sit major quam Filius, sed nec Pater et Filius simul major quam singulus Pater. » Item : «Unus Deus, una fides, unum baptisma. Fides quamvis sit una, in aliis non tamen ipsa sed similis ; non est una omnino, sed genere ; propter similitudinem tamen et nullam diversitatem magis dicitur una quam plures ; nam et duos homines simillimos unam faciem habere dicimus. » Item : « Verbum ideo Filius Patri per omnia similis est et æqualis. » Item : « Quia Spiritus sanctus communis est ambobus, hic dicitur ipse proprie quod ambo communiter, id est Spiritus sanctus. » Augustinus ad Pascentium comitem Arianum : « Cum pro diversis sibi cohærentibus dicatur unus Spiritus et unum corpus, cum pro anima et corpore sibi cohærentibus dicatur unus homo, cur non maxime de Patre et Filio dicatur unus Deus, cum sibi inseparabiliter cohæreant ? Item : « His appellationibus significatur, quod ad se invicem referantur. » Item Augustinus in homelia : « *Non turbetur cor vestrum* (Joan. xiv, 1), his qui noverant Filium dictum est de Patre, et vidistis eum. Dictum est enim propter omnimodam similitudinem, quæ illi cum Patre est, ut dicerentur nosse Patrem, quia noverant Filium similem. Ad hoc valet quod Philippo dictum est : *Qui videt me, videt et Patrem* (ibid. 9), non quod ipse sit Pater et Filius, sed quod tam similes sint Pater et Filius, ut qui unum noverit, ambos noverit. Solemus enim de duobus simillimis dicere his qui unum eorum viderunt : Vidistis istum, ergo et illum vidistis. Sic ergo dictum est : *Qui videt me, videt et Patrem*, non quod ipse sit Pater et Filius, sed ad similitudinem in nullo prorsus discrepet a Patre Filius. » Boetius in libro De Trinitate : « Hujus unitatis causa est indifferentia. » Augustinus De Trinitate sic dictum est : « Deus est charitas, ut incertum sit et ideo quærendum, utrum Deus Pater sit charitas, vel Deus Filius, vel Deus Spiritus sanctus, vel Deus tota Trinitas. » Augustinus igitur, ut non solum quod beatus Ambrosius verum et quod sanctus Hieronymus dicam : « Non solum divinitatem Patris, sed nec Filii nec Spiritus sancti naturam possunt oculi carnis aspicere. » Idem in doctrina Christiana : « Res quibus fruimur, Pater et Filius et Spiritus sanctus, et hæc Trinitas una quodammodo res est. « Item : « In omnibus rebus illæ solæ sunt quibus fruendum est, quas æternas atque incommutabiles diximus. » Idem de agone Christiano : « Credamus in Patrem et Filium et Spiritum sanctum, hæc æterna sunt atque incommutabilia. » Unde Joannes : *Tres sunt in cœlo, qui testimonium perhibent, Pater et Filius et Spiritus sanctus* (*I Joan.* v, 7). Sciendum est vero, quod in substantia sanctæ Trinitatis quælibet nomina non aliud et aliud significant, sive quantum ad partes sive quantum ad qualitates, sed ipsam solam non in partes divisam nec per qualitates mutatam significant substantiam. Non igitur per personam aliud aliquid significamus quam per substantiam, licet ex quadam loquendi consuetudine triplicare soleamus personam, non substantiam, sicut Græci triplicare solent substantiam. Neque vero dicendum est quod in fide Trinitatis errent triplicando substantiam, quia licet aliter dicant quam nos, id tamen credunt quod nos, quia, sicut diximus, sive persona sive substantia sive essentia in Deo prorsus idem significant. In locutione enim tantum diversitas est, in fide unitas ; alioquin jam non esset apud Græcos Ecclesia. Si autem ipsi sic loquendo unum dicunt, quare nos idem dicendo mentiamur non video. De diversitate divinæ substantiæ sive per qualitates sive per partes beatus Ambrosius De fide et beatus Augustinus De Trinitate sic loquuntur. Ambr.: « Deus nomen est substantiæ simplicis, non conjunctæ vel compositæ, cui nihil accidat, sed solum quod divinum est in natura habeat sua. » Aug.: « Quidquid secundum qualitates dici Pater videtur, secundum substantiam et essentiam est intelligendum. Item : Nomina quatuor sunt, res autem una est. » Quando ergo hæc nomina variamus sive singulariter sive pluraliter proferendo, non, quia aliud unum quam alterum significet, hoc facimus, sed pro sola loquentium voluntate, quibus talis loquendi usus complacuit. Si enim diversæ partes ibi essent, ut altera persona, altera substantia diceretur, fortassis ratio aliqua earum, cur unum singulariter alterum pluraliter proferremus, ut hominis, quia alia pars est corpus, alia anima, unam animam dicimus, sed plura, corpora propter corporis partes diversas ; sed neque alia qualitas per personam, alia per substantiam vel essentiam significaretur, quia, sicut jam diximus, in Deo nulla prorsus qualitas est. Ex hac igitur sanctarum Scripturarum numerositate diligens lector intelligit sanctos qui eas conscripserunt nequaquam in Deo tantam singularitatem intellexisse, ut una sola res, una singularis substantia tribus illis nominibus appellaretur, ne hoc de Deo sentientes in illam Sabellianam hæresim laberentur. Multa enim inconvenientia ex hac Sabelliana singularitate videtur consequi. Neque vero ea quæ dixi ideo dixi, ut aliquem doceam, sed potius, si sacras Scripturas non recte intelligo, discam, quia in omnibus paratior sum discere quam docere, et malo audire magistrum, quam audiri magister cum hoc Augustino ad beatum Hieronymum loquente dicens : « Quamvis pulchrius sit senem docere quam discere, mihi tamen nulla ætas sera est ad discendum. Quod autem dicis me unam singularem sanctæ Trinitatis substantiam cognovisse, verum utique est, sed non illam Sabellianam singularitatem, in qua una sola res, non plures illis tribus nominibus appellatur, sed in qua substantia trina et triplex tantam habet unitatem, ut nulla tria usquam tantam habeant ; nulla enim tria tam singularia tamque æqualia sunt, sicut scriptum est : In hac Trinitate nihil prius aut posterius, nihil majus aut minus, sed totæ tres personæ coæternæ sibi sunt et coæquales. Sed licet lex dicat, quod *in ore duorum vel trium testium stet omne verbum* (*Deut.* xix, 15), nos tamen quarto jam tribus apposito, quintum et sextum apponamus, quorum testimoniis unitate similitudinis et æqualitatis roborata, ne videamur nisi testium numero et occasione virorum illustrium subtergere rationem et non audere manum conserere pro improbatione singularis unitatis, eamdem compr... erous. Dic ergo, beate Athanasi, divinæ contra Arianos defensor substantiæ, dic, quid de ipsa substantia sentias, et, sicut Arianos qui eam per gradus variabant, vicisti, ita et Sabellianos, qui personas confundunt, convincas, dic : « Neque confundentes personas, neque per substantiam separantes. » Personas confundit qui Patrem Filium, et Filium Patrem dicit, quod necesse est eum dicere qui illa tria nomina unam solam rem singularem significare voluerit. Omnia enim unius et singularis rei nomina de se invicem prædicantur. Ita igitur Pater incarnatus et passus est, quia ipse est Filius qui hoc totum passus est ; quod quantum sanæ fidei repugnat attende. Sequitur : Neque substantiam separantes. Diligenter intendendum est, utrum substantiam sanctæ Trinitatis omnimodis an certo modo separari prohibeat. Quomodo enim, si sic est una, ut etiam plures sint, sicut Græca clamat Ecclesia, non separatur? Omnia enim plura pluralitatis lege separantur, quia scriptum est quod omnis differentia in discrepantium pluralitate consistit. Quæ ergo differentia in hac pluralitate personarum secundum nos, substantiarum vero secundum Græcos sit, perquiramus. Nihil enim aliud est substantia Patris quam Pater et substantia Filii quam Filius, sicut urbs Romæ Roma est, et creatura aquæ aqua est. Quia ergo Pater genuit Filium, substantia Patris genuit substantiam Filii. Quia igitur altera est substantia generantis, altera generata, alia est una ab alia ; semper enim generans et generatum plura sunt, non res una, secundum illam beati Augustini præfatam sententiam, qua ait quod nulla omnino res est, quæ se ipsam gignat, quæ enim generat est ingenita ; genita vero est unigenita. Sed ingenitum et unigenitum sunt plura, sicut Augustinus de Trinitate ait : Filius quidem ipsam substantiam debet Patri, id est quod est substantia a Patre habet et ab ejus substantia; non ergo omnino possumus vitare separationem facere in substantia sanctæ Trinitatis. Restat ergo ut certo modo separationem prohibeat; qui modus quis sit ostendit, cum subdit : in hac Trinitate n. p. a. p. n. m. a. m. Contra *Arium* quippe agebat, qui diversitatem inæqualitatis in sanctæ Trinitatis substantia ponebat, Patrem, Filium et Spiritum sanctum gradibus dignitatis distinguens. Ideo ergo dicit : Totæ tres personæ coæternæ sibi sunt et coæquales ; si enim coæternæ, nihil prius aut posterius; si coæquales, nihil majus aut minus. Hanc igitur Arianam separationem, contra quam agebat, secundum videlicet graduum distinctionem, Athanasius prohibet, nam omnino separationem non aufert, ubi eas coæternas et coæquales dicit. Si enim coæquales, sunt et æquales; æqualitas autem semper inter plura est, nihil enim sibi æquale est, beato Ambrosio dicente: «Nemo ipse sibi solus æqualis est. » Dum igitur in substantia sanctæ Trinitatis æqualitatem et coæternitatem ponit, in ea utique separationem pluralitatis relinquit. Sed prioritatis et posterioritatis per coæternum, minoritatis et majoritatis gradus dicendo coæquales exstinguit. Quod autem unam non singulariter substantiam sed per similitudinem et æqualitatem dicat, manifeste demonstrat, cum dicit: « Una divinitas, æqualis gloria, coæterna majestas. » Nisi enim priusquam unam dixit, subdidisset : « æqualis gloria, coæterna majestas, » unam ex consuetudine id est singularem acciperemus ; sed hoc prorsus aufert, cum dicit : « æqualis gloria, et quod unum secundum æqualitatem acceperit, declarat. Sicut autem ostendimus, quod cum de separatione substantiæ ageret, non omnem eum separationem accepisse, sed illam solam Arianam per graduum scilicet distinctionem, ita summopere perquirendum est, cum dicit : « non tres æterni sed unus æternus, » utrum omnimodis multiplicitatem æternitatis removeat an certo modo. Si enim omnino æternos dici posse negat, sibi ipsi contrarius est, qui tres personas æternas vocavit, dicens eas coæternas. Si enim coæternæ, sunt et æternæ; quomodo ergo non tres æterni, si tres illæ personæ sunt æternæ? Beatus etiam Augustinus De doctrina Christiana et De agone Christiano æternas pluraliter appellat, dicens : « In omnibus igitur rebus illæ sunt, quibus fruendum est, quas æternas atque incommutabiles diximus. » Prædixerat enim : « Res quibus fruimur Pater et Filius et Spiritus sanctus. » Idem De agone Christiano : « Credimus in Patrem et Filium et Spiritum sanctum. Hæc æterna sunt et immutabilia. » Si igitur iste æternas omnino negat, et sibi et Augustino veraciter repugnat. Dicendum est ergo et æternas esse pluraliter, et quodammodo non esse. Sic enim, cum Joannem Salvator prophetam diceret, ille se prophetam negavit. Sed, ut neque præco veritatis mentiatur, alio modo negavit ille, alio modo affirmavit iste.

Negavit enim se non prophetam esse omnino, sed simplicem prophetam, quia plus quam propheta fuit ubi quæ prædixerat ostendit. Ita igitur et hic dicendum est eum non omnino tres æternos negasse, sed eo tantummodo quo Arius affirmabat, qui mensuram æternitatis in personis variabat. Æterni enim erant pluraliter, sicut plures res æternæ, et æterni non erant, ut æternitas in eis varia videretur. Dicat melius qui potest. Ego melius non valeo. Sed neque quod dico importune defendo. Dic et tu, sancte Isidore, Ecclesiarum totius Hispaniæ magister, quid de substantia sanctæ Trinitatis sentiendum decreveris. « Trinitas appellata, quod fiat totum unum ex quibusdam tribus. » Item : « Pater et Filius et Spiritus sanctus Trinitas et unitas ; unitas propter majestatis communionem, Trinitas propter personarum proprietatem, pariter simplex pariterque incommutabile bonum et coæternum. Pater solus non est de alio, ideo solus appellatur ingenitus, Filius solus de Patre est natus, divinitas non triplicatur quia, si triplicatur, deorum inducimus pluralitatem. Nomen autem deorum in angelis et sanctis hominibus ideo pluraliter dicitur, quod non sint merito æquales. De Patre et Filio et Spiritu sancto propter unam et æqualem divinitatem non nomen deorum, sed Dei esse ostenditur. Fides apud Græcos hoc modo est : Una usia, ac si dicat una natura aut una essentia, tres hypostases, quod resonat in Latinum vel tres personas vel tres essentias. » Audisti Trinitatem unam esse propter majestatis communionem, non propter majestatis singularitatem; quod enim singulare, nullo modo commune est, et quod commune est, singulare esse non potest. Majestas igitur Trinitatis, quia communis est, quomodo singularis esse potest ?

Audisti etiam quia nomen ideo de Trinitate singulariter dicitur propter æqualem divinitatem, ne, si pluraliter dicerentur, inæqualitas divinitatis intelligeretur. Sed divinitas Trinitatis extra se æqualem non invenit. In ipsa igitur Trinitate divinitas æqualis divinitatem invenit æqualem ; plura vero æqualia res singula et unica quomodo esse possit, non video. Ut igitur fidei Christianæ navis inter utrumque scopulum currens illæsa pertranseat, summopere cavendum ne ad Sabellianæ singularitatis lapidem, in qua Patrem incarnatum et passum fateri necesse est, offendat, neque Arianæ pluralitatis periculum, per prius aut posterius, per majus et minus substantiam variando, incurrat, atque deorum pluralitatem enormitate varietatis inducat. Soli enim Trinitati ideo Dei singularis numerus relictus est, ut in ea et intra eam omnimodam æqualitatem significet. Hominibus vero ideo pluraliter datur, ut non idem meritum nec ejusdem dignitatis esse monstretur, ut : *Ego dixi : Dii estis* (Psal. LXXXI, 6), et : *Audi, Israel, Dominus Deus tuus Deus unus est* (Deut. VI, 4). Itaque cum de divinæ substantiæ unitate discrepare videamur, tu quidem de ingenioli tui tenui conatu præsumendo solitudinem ei singularitatis adscribens, ergo autem divinarum Scripturarum sententiis armatus similitudinis et æqualitatis unitatem defendens.

In hoc tamen convenire nos convenit ut Deum qui unus trinus est, quoquo modo illud intelligendum sit, unanimiter deprecemur, quatenus in nobis ignorantiæ tenebras illuminet, seu infidelitatis maculam lavet nostrisque mentibus cognitionem suæ veritatis infundat, et nos sopito contentionis desiderio idipsum invicem sentire concedat Jesus Christus Dominus noster. Amen.

Sed quia ad fabulas nostræ detractionis, quas ipse impudenter finxisti, quasi ad epularum delicias tanquam potens crapulatus a vino diutius resedisti, in merdæ nostræ detractionis immunditia suino more saturatus es, nos quoque versa vice, non odii dente mordendo nec ultionis baculo feriendo, sed litterarum tuarum latratibus arridentes de vitæ tuæ inaudita novitate disputemus, et ad quantam ignominiam merito tuæ immunditiæ dilapsus sis, demonstremus. Neque vero opus est ut ad tuam contumeliam more tuo aliquid confingamus, sed tamen quod a Dan usque Bersabee notum est replicemus. Miseria siquidem tua jam manifesta est, et quamvis eam lingua taceat, tamen eam res ipsa clamat. Vidi siquidem Parisius quod quidam clericus nomine Fulbertus te ut hospitem in domo sua recepit, te in mensa sua ut amicum familiarem et domesticum honorifice pavit, neptim etiam suam puellam prudentissimam et indolis egregiæ ad docendam commisit. Tu vero viri illius nobilis et clerici. Parisiensis etiam Ecclesiæ canonici, hospitis insuper tui ac domini, et gratis et honorifice te procurantis non immemor, sed contemptor, commissæ tibi virgini non parcens, quam conservare ut commissam, docere ut discipulam debueras, effreno luxuriæ spiritu agitatus non argumentari, sed eam fornicari docuisti, in uno facto multorum criminum, proditionis scilicet et fornicationis reus, et virginei pudoris violator spurcissimus. Sed Deus ultionum, Dominus Deus ultionum, libere egit, qui ea qua tantum parte peccaveras te privavit. Ea enim de parte dives in inferno sepultus qua plus peccaverat plus ardebat, cum linguam suam gutta aquæ refrigerari poscebat.

Dolore igitur tam pudentis vulneris anxiatus metuque mortis imminentis pro vitæ prioris fœditate compulsus habitum mutasti, et quasi monachus effectus es. Sed audi beatum Gregorium de his qui timore ad religionem confugiunt loquentem : « Qui timore bona agit, a malo penitus non recessit, quia eo ipso peccat, quod peccare vellet, si peccare impune potuisset. » Audi etiam beatum Augustinum: « Inaniter se putat victorem esse peccati qui timore mortis non peccat, quia etsi exterius non agitur negotium cupiditatis, intus tamen ipsa est hostis; et quomodo coram Deo innocens apparebit qui faceret quod vetatur, si subtrahas quod timetur; et ideo jam ipsa voluntate reus est qui faceret quod non licet, sed ideo non facit, quia impune non potest; quantum enim in ipso est, mallet non esse justitiam. Quod si mallet non esse justitiam, faceret, si posset, ut non esset justitia. Quomodo ergo justus est talis justitiæ inimicus? Amicus autem justitiæ esset, si amore justitiæ non peccaret. Qui gehennam metuit non metuit peccare, sed ardere. Ille autem peccare metuit qui peccatum sicut gehennam odit. » Audi eumdem: « Non frustra apud peccatores instituta sunt potestas regis, jus gladii, ungulæ carnificis, arma militis. Hæc etenim timentur, et quietius inter malos vivunt boni ; quanquam boni dicendi non sint qui talia metuendo non peccant, quia non est bonus quisquam timore pœnæ, sed amore justitiæ. Sed esto. Valeat timore conversio, sed tamen si bona sequatur conversatio. »

Videamus autem ex quo conversus es, quomodo conversatus es. In monasterio siquidem beati Dionysii, ubi non tam ex regulæ severitate, quam ex sapientissimi abbatis misericordia, dispensatione pro facultate singulorum omnia temperantur, morari non sustinens, Ecclesiam a fratribus sub nomine obedientiæ, ubi voluntati voluptatique tuæ deservires, accepisti, quam cum tuis superfluitatibus tuisque desideriis sufficere non posse conspiceres, aliam ad omnem voluntatem tuam idoneam eligens a domino abbate ex generali fratrum consensu accepisti, ubi, ut cætera taceamus, undique congregata barbarorum multitudine, veritatem artis partim ex ignorantia partim ex superbia in nugas commutans, non docenda docere non desinis, cum et docenda docere non debueras, atque collecto falsitatis quam doces pretio, scorto tuo in stupri præmium nequaquam transmittis, sed ipse deportas et quid, dum poteras, in pretium exspectatæ voluptatis dabas, modo das in præmium, plus utique remunerando stuprum præteritum peccans, quam emendo futurum, et qua prius cum voluptate abutebaris, adhuc ex voluntate abuteris: sed Dei gratia ex necessitate non prævales. Audi ergo beati Augustini sententiam: « Voluisti aliquid, sed non potuisti, sic annotat Deus, quasi feceris quod voluisti. » Teste Deo et electis angelis loquor, quia commonachos tuos perhibentes audivi, quia, cum sero ad monasterium redis, undecunque congregatam pecuniam de pretio falsitatis quam doces, calcato pudore ad meretricem transvolans deportas, stuprumque præteritum impudenter remuneras. Quia igitur, suscepto habitu, doctoris officium mendacia docendo usurpasti, utique monachus esse cessasti, quia beatus Hieronymus monachum, monachus ipse, diffinies : « Monachus, inquit, non doctoris, sed plangentis habet officium, qui scilicet mundum lugeat et Domini pavidus præstolet adventum. » Sed neque clericum te esse habitus clerici convincit abjectio, sed multo minus laicus es, quod coronæ tuæ satis probat ostensio. Si igitur neque clericus neque laicus neque monachus es, quo nomine te censeam, reperire non valeo. Sed forte Petrum te appellari posse ex consuetudine mentieris. Certus sum autem, quod masculini generis nomen, si a suo genere deciderit, rem solitam significare recusabit. Solent enim nomina propria significationem amittere, cum eorum significata contigerit a sua perfectione recedere. Neque enim ablato tecto vel pariete domus, sed imperfecta domus vocabitur. Sublata igitur parte, quæ hominem facit, non Petrus, sed imperfectus Petrus appellandus es. Ad hujus imperfecti hominis ignominiæ cumulum vero pertinet, quod in sigillo, quo fetidas illas litteras sigillasti, imaginem duo capita habentem, unum viri, alterum mulieris, ipse formasti. Unde quis dubitet, quanto adhuc in eam ardeat amore qui tali eam capitum conjunctione non erubuit honorare. Plura quidem in tuam contumeliam vera ac manifesta dictare decreveram; sed quia contra hominem imperfectum ago, opus quod ceperam imperfectum relinquo.

EPISTOLA XVI.

Quæ est Fulconis prioris de Diogilo, ad Petrum Abælardum.

Petro, Deo gratias, cucullato, frater Fulco, vitæ consolationem præsentis et futuræ.

Sæcularis vitæ pericula qui sine periculo se putat evadere, non minus mihi desipere videtur, quam, si cum insipiens, quispiam se existimat sapientem. Quanto utique involvatur errore stultitiæ non opus est me monstrare, cum luce clarius pateat sapienti. Fortuna reguntur, qui diutius sibi permanere in hujus felicitatis mutabilitate promittunt. Quam sit contrarium rationi hoc opinari, monstrat sui mutatione infida felicitas. Non est humanum, stabilitate durare. Et licet res humanæ quotidie in deteriora labantur, et felicitatis jucunda vanitas frequenter feriatur contrariis : homines tamen miseri hujus temporis familiares et amicissimi finem rerum attendere negligunt, et quam multis subjaceant periculis, quantulacunque deliniti prosperitate oculo providentiæ metiuntur. Sed cum ferit adversitas, aut in desperationem præcipitat, aut ad fructum animadversionis elevat; attamen demum quod homines sint agnoscunt. Desperatis et impœnitentibus neque in hoc sæculo, neque in futuro remissionis venia relinquitur ulla : *Sperantes autem in Domino misericordia circumdabit* (*Psal.* xxxvii, 16). Affluentissime tibi paulo ante mundi hujus gloria blandiebatur, et te incertis fortunæ casibus esse obnoxium non sinebat advertere. Roma suos tibi docendos transmittebat alumnos, et quæ olim omnium artium scientiam auditoribus solebat infundere, sapientiorem te se sapiente transmissis scolaribus monstrabat. Nulla terrarum spatia, nulla montium cacumina, nulla concava vallium, nulla via difficili licet obsita periculo, et latrone, quominus ad te properarent retinebat. Anglorum turbam juvenum mare interjacens et undarum procella terribilis non terrebat : sed omni periculo contempto, audito tuo nomine, ad te confluebat. Remota Britannia sua animalia erudienda destinabat. Andegavenses eorum edomita feritate tibi famulabantur in suis. Pictavi, Wascones et Hiberi : Normannia, Flandria, Teutonicus et Suevus tuum calere ingenium, laudare et prædicare assidue studebat. Prætereo cunctos Parisiorum civitatem habitantes, et intra Galliarum proximas et remotissimas partes qui sic a te doceri sitiebant, ac si nihil disciplinæ non apud te inveniri potuisset. Ingenii claritate, et suavitate eloquii, et linguæ absolutioris facilitate, necnon et scientiæ subtilitate permoti, quasi ad limpidissimum philosophiæ fontem iter accelerabant. Nam illud, quod sic te, ut aiunt, præcipitem dedit, singularum scilicet feminarum amorem, et laqueos libidinis earum, quibus suos capiunt scortatores, melius mihi videor præterire, quam aliquid dicere quod ordini nostro et regulæ nostræ religionis non concordet : quandoquidem sermo de talibus sæpe magis soleat nocere bonis, quam prodesse. Hac fortassis in te bonorum congregatione in te et super te elatus (quamvis sapiens, si hujus nominis significationem in se non exstinguat, his animi bonis minime moveatur), in superbiam, initium et pestem omnium malorum, et inanissime efferbueras, et te jactantiæ vento ostentandi, omnes fere alios, etiam sanctos, qui ante te sapientiæ operam dederant, ut aiunt qui te frequentius audiebant, inferiores te existimabas (74). At omnipotens Dei dignatio et benignitas, qui superbiæ ventum facit evanescere, et humilitatis gratiam multiplicat; qui neminem morbo ægrotantem superbiæ, aliisque animi ægritudinibus laborantem non justo judicio despicit, tuæ mentis inflationem, et oculorum extollentiam hoc adversitatis genere tui miserando perdomuit : quatenus et in te superbe non saperes, et alios quosque bonos vituperando negligere desisteres; castimoniæque sanctitate, et continentiæ laudabili devotione de reliquo pollere. Hæc corporis particula, quam omnipotentis Dei judicio, ei beneficio perdidisti, quantum tibi nocuerat, ac nocere, quandiu permansit, non desistebat, melius tuarum diminutio rerum, quam mea possit monstrare oratio, docet. Quidquid vere scientiæ tuæ venditione perorando præter quotidianum victum et usum necessarium, sicut relatione didici, acquirere

---

(74) Cf. *Hist. calamit,* med.

poteras, in voraginem fornicariæ consumptionis demergere non cessabas. Avara meretricum rapacitas cuncta tibi rapuerat. Nulla audierunt sæcula meretricem velle alteri misereri, vel pepercisse rebus appetitorum, quas quoquo modo auferre potuerunt. Videtur hoc probare tua profunda paupertas, qui nihil, ut dicitur, præter pannos ex tanto quæstu habebas, quum bis primum casibus subjacuisti fortunæ. Damnum quidem in hoc tempore tui corporis pertulisti, et secundum sæculi vanitatem, te forsitan reputas, aut reputari æstimas viliorem : omnium infelicem æstimationem, et penitus a vera ratione destitutam reputationem. Si verius quod justum et bonum est perscrutari tecum et solus studiosa frequentique meditatione velles, postposita vanitate, invenires quantum tibi afferat utilitatis particularum ista mutilatio. Primum quidem, quod plurimas evasisti passiones, quibus frequenter quatiuntur, qui tale aliquid minime perdiderunt : et quibus nequaquam tenentur obnoxii, ut physici affirmant, qui hujus partis corporis privatione ab omni felicitate se cecidisse stolidissime putant. Deinde autem quod ardore libidinis et luxuriæ facibus, quo malo aliquando tanguntur etiam sancti, nullam ex hoc jam nisi sola cogitatione patieris vexationem : sed exstincta feralis flamma incendii, ad te redeas necesse est, mentemque, quæ per multa et dulcia luxuriæ insania vagabatur, in solidum recolligas. Jam poteris liber, nulla retractante libidine, omnium vias cognoscere rationum, et causas, quas aut parum, aut nihil percipiunt, qui per diversa libidinis incitamenta raptantur. Adde quod pecunia tua, si quam tibi habere licuerit (non enim est monachorum sine licentia propium quid habere), vexatione distrahentium non erit obnoxia. Amodo incipies possidere quod multis paulo ante distrahebatur eviscerationibus. Hoc quoque magni existimare debes, quod nulli suspectus, ab omni hospite hospes tutissime recipiaris. Maritus uxoris violationem ex te, vel lectuli concussionem minime formidabit. Decentissime ornatarum turmas matronarum inviolabiliter pertransibis. Virginum choros flore juventutis splendentium, quæ etiam senes jam calore carnis destitutos suis motibus in fervorem libidinis inflammare consueverunt, non timens earum incessus et laqueos, securus et sine peccato miraberis. Sodomitarum secretos recessus, quos detestatur super omnes turpissimos divinæ justitiæ veritas, et eorum turpia et maligna consortia, quæ quidem semper odisti, de cætero te sine intermissione vitare verum est. Et omnino post hos hujus fragilissimæ fragilitatis fluxus, quod magnum Dei gratiæ munus in hoc ordine æstimo, nocturnas somniorum illusiones te minime sentire ita certum est, sicut certum est quoniam voluntatem, si forte aderit, nullus sequetur effectus. Blanditiæ [*aliter* blandimentæ] uxoris, corporumque contactus, sine quo uxor haberi non potest, ac liberorum cura singularis, quominus Deo placeas minime retardabunt. Quam magnum æstimas bonum, peccandi periculis te subtrahi, et in non peccandi securitate constitui ? Leoninam itaque meretricum ferociam, quam primum ad se introeuntibus ostendunt, serpentinæ deceptionis astutiam, captivæ earum luxuriæ incontinentiam poteris vitare superbus. Quod loquor melius de reliquo rerum experientia es cogniturus, quam verbis valeam explicare. Origenes ille, cujus alta sapientia ubique prædicatur et colitur, præter hoc quod quædam errata minime correxerit, referens tamen culpam in Ambrosium discipulum, ut dicit beatus Hieronymus, qui clanculum edita, ante tempus in lucem protulerit; ille, inquam, Origenes (75) devitans omnem libidinis suspicionem, hac parte corporis se sponte privavit. Joannes et Paulus, Protus et Hyacinthus, aliique plures gloriosi martyres, gloria et honore in supercœlestibus in præsentia Dei coronati, in hac temporis brevitate gaudent genitalibus caruisse. Et beati sunt, qui propter regnum cœlorum se castraverunt. Poteram fortasse plurima talium exempla ponere, sed quæ dicta sunt sufficiant. Ergo, frater, ne doleas, nec contristeris, nec perturbatione hujus incommodi quatiaris, præsertim quum hoc tam plures, ut dictum est, utilitatis afferat fructus; et quod hoc modo factum est semper et irreparabile permaneat et evulsum. Sit hoc tibi solamen assidue quod redintegrari natura non patitur, levius potest tolerari :

.. *Fer et hæc* (*ut ait ille*), *solatia tecum*
(LUCAN., *Pharsal.*, VI, v. 802.)

quoniam tempore hujus diminutionis vel torum violando aliorum, vel in aliquo fornicationis veneno minime deprehensus es. Membra quieti dederas et sopori, nullique malum inferre parabas, cum ecce manus impietatis et ferramentum exitiale sanguinem tuum innoxium gratis fundere non dubitaverunt. Plangit ergo hoc tuum vulnus et damnum venerabilis episcopi benignitas, qui, quantum licuit, vacare justitiæ studuit. Plangit liberalium canonicorum ac nobilium clericorum multitudo. Plangunt cives, civitatis hoc dedecus reputantes, et dolentes suam urbem tui sanguinis effusione violari. Quid singularum feminarum referam planctum, quæ sic, hoc audito, lacrymis, more femineo, ora rigarunt, propter te militem suum, quem amiserant, ac si singulæ virum suum aut amicum sorte belli reperissent exstinctum ? Tantus ergo omnium luctus exstitit, ut melius mihi videaris te debere velle periisse quam servasse quod periit. Felix se nescit amari. Pene tota civitas in tuo dolore contabuit. Habes arrham veræ dilectionis in te, quam si prius agnovisses, nullas, meo judicio, divitias illi comparabiles æstimares. Sed forsitan illo sermone prophetico mihi respondere contendes : *Renuit consolari anima*

---

(75) Euseb., *Hist. eccles.*, lib. VI, cap. 7.

(*Psal.* LXXVI, 5). Non possum non dolere tam probroso tactus incommodo, quoniam hoc hominum genus suam solet ætatem adducere. Nudantur genæ post modicum ornamento pilorum, et gloria cutis in facie in rugam contrahitur, pallor inconveniens confundit vultum, et qui me aliquando noverunt, ex quo faciem meam viderint, statim esse mutilum hac corporis parte sunt cognituri. Exigam ergo mei vindictam dedecoris, et totum meæ pondus injuriæ Romanis auribus intimare studebo, et tam episcopum quam canonicos, quoniam primum judicium de illo qui in me malus exstitit, mutare machinati sunt, quantum potero perturbabo, ac tum demum intelligent quam sit contrarium honestati a rigore justitiæ deviasse. (76) . . . .

Si de vindicta quereris, quam multum sitit anima tua et desiderat, noli continuo morderi dolore et tabescere quia jam in maxima parte visa est adimpleri. Nam quidam illorum, qui tibi nocuerunt, oculorum privatione et genitalium abscissione mutilati sunt. Ille autem qui per se factum abnegat, jam ab omni possessione sua bonorum suorum comportatione exturbatus est. Noli ergo canonicos vel episcopum tui sanguinis effusores vel perditores vocare, qui propter te et propter se, quantum potuerunt, justitiæ intenderunt, sed audi consilium bonum et veri amici consolationem. Monachus es et sanctæ religionis habitum, non invitus, sed sponte sumpsisti. Non igitur amplius tibi vindictam exigere licet, si in veritate vis tenere et amare quod in hujus nominis significatione monstratur contineri. Si vero odio habueris etiam inimicum qui hoc opus fecit, nec odire desinis; afferat aliud qui velit, ego confidenter assero, vestem quidem Christi portare potes, sed ad nullam tibi utilitatem proveniet. *Sequimini,* inquit Apostolus, *pacem cum omnibus et sanctimoniam sine qua nemo videbit Deum* (*Hebr.* XII, 14). *Mihi vindicta,* inquit Dominus, *et ego retribuam* (*Rom.* XII, 19). Si vis esse perfectus, incipe Christum perfecte diligere, et usque ad diligendum pertinges. Dimitte minas et verba ampullosa incassum effundere. Neque enim potes implere quod cupis. Injuria injuste irrogata, non cui irrogatur, sed ei qui irrogat, infamia est. Noli de cætero de amissa dolere felicitate, quam semper adversitatis incommoda prosequuntur. Si ergo in sancto proposito permanseris usque in finem nec deficeris, Christus omnia quæ perdidisti, multipliciter et mirabiliter reformabit in glorificatione corporum in futuro beatorum, ac tum demum regula dialecticorum falsa apparebit, dicentium in habitum nunquam posse redire privationem. Vale in Domino.

EPISTOLA XVII.

Quæ est Petri Abælardi fidei confessio, ad Heloissam.

(*Hanc epistolam, sed non integram, habemus in Berengaris Pictaviensis, Abælardi discipulo, in Apologia magistri sui contra S. Bernardum, quam habet in Appendice.*)

Soror mea Heloissa quondam mihi in sæculo chara, nunc in Christo charissima, odiosum me mundo reddidit logica. Aiunt enim perversi pervertentes, quorum sapientia est in perditione, me in logica præstantissimum esse, sed in Paulo non mediocriter claudicare cumque ingenii prædicent aciem, Christianæ fidei subtrahunt puritatem. Quia, ut mihi videtur, opinione potius traducuntur ad judicium, quam experientiæ magistratu. Nolo sic esse philosophus, ut recalcitrem Paulo. Non sic esse Aristoteles, ut secludat a Christo. *Non enim aliud nomen est sub cœlo, in quo oporteat me salvum fieri* (*Act.* IV, 12). Adoro Christum in dextera Patris regnantem. Amplector eum ulnis fidei in carne virginali de Paracleto sumpta gloriosa divinitus operantem. Et ut trepida sollicitudo, cunctæque ambages a corde tui pectoris explodantur, hoc de me teneto, quod super illam petram fundavi conscientiam meam super quam Christus ædificavit. Ecclesiam suam. Cujus petræ titulum tibi breviter assignabo. Credo in Patrem, et Filium, et Spiritum sanctum, unum naturaliter et verum Deum : qui sic in personis approbat Trinitatem, ut semper in substantia custodiat unitatem. Credo Filium per omnia Patri esse coæqualem, scilicet æternitate, potestate voluntate et opere. Nec audio Arium, qui perverso ingenio actus, imo dæmoniaco seductus spiritu, gradus facit in Trinitate; Patrem majorem, Filium dogmatizans minorem, oblitus legalis præcepti : *Non ascendes,* inquit lex, *per gradus ad meum altare* (*Exod.* XX, 26). Ad altare quippe Dei per gradus ascendit, qui prius et posterius in Trinitate ponit. Spiritum etiam sanctum Patri et Filio consubstantialem et coæqualem per omnia testor, ut pote quem bonitatis nomine designari volumina mea sæpe declarant. Damno Sabellium, qui eamdem personam asserens Patris et Filii, Patrem passum autumavit; unde et patripassiani dicti sunt. Credo etiam Filium Dei factum esse Filium hominis, unamque personam ex duabus et in naturis duabus consistere. Qui post

---

(76) Pergit Fulco Abælardum, quin Romam petat iis rationum momentis absterrere, quæ non sine maximo scandalo catholicæ aures exciperent, siquidem Romanam, curiam talibus lacessit injuriis quales hæretici, imo impiissimi nostræ ætatis homines usurpare consueverant. Hunc igitur locum, ut sanctæ Ecclesiæ, ita lectoribus nostris molestissimum, expungere non dubitavimus. (EDIT. PATROL.)

completam, susceptæ humanitatis dispensationem passus est et mortuus, et resurrexit, et ascendit in cœlum venturusque est judicare vivos et mortuos. Assero etiam in baptismo universa remitti delicta, gratiaque nos egere, qua et incipiamus bonum, et perficiamus; lapsosque per pœnitentiam reformari. De carnis autem resurrectione quid opus est dicere, cum frustra glorier me Christianum, si non credidero resurrecturum? Hæc itaque est fides in qua sedeo, ex qua spei contraho firmitatem. In hac locatus salubriter, latratus Scyllæ non timeo vertiginem Charybdis rideo, mortiferos sirenarum modulos non horresco. Si irruat turbo, non quatior; si venti perflent, non moveor. Fundatus enim sum supra firmam petram.

EPISTOLA XVIII.

Quæ est Bernardi Claravallensis abbatis ad episcopos Senonas convocandos contra Petrum Abælardum.

Exiit sermo, etc. *Est inter Bernardi epistolas ordine* 187. *Vide Patrologiæ* t. CLXXXII, col. 349.

EPISTOLA XIX.

Quæ est ejusdem Bernardi ad episcopos et cardinales curiæ, contra eumdem.

Nulli dubium, etc. *Extat inter epist. S. Bernardi sub num,* 188. *Vide ubi supra,* col. 351.

EPISTOLA XX.

Quæ est ejusdem ad Innocentium papam, de eodem Petro

Necesse est, etc. *Vide ibid., epist.* 189, col. 354.

EPISTOLA XXI.

Quæ est ejusdem ad eumdem.

Oportet ad vestrum, etc. *Exstat inter Opera S. Bernardi sub titulo :* Tractatus contra quædam capitula errorum Abælardi. *Vide Patrologiæ* tom. CLXXXII, col. 1049.

EPISTOLA XXII,

Quæ est ejusdem ad eumdem ex persona domini archiepiscopi Remensis.

Auribus occupatis, etc. *Vide inter epistolas S. Bernardi ubi supra,* col. 357

EPISTOLA XXIII.

Quæ est S. Bernardi ad magistrum Guidonem de Castello, qui postea fuit papa Cœlestinus. Monet eum ita diligere et fovere Abælardum, ut tamen errores ejus non foveat.

Injuriam facio vobis, etc. *Vide S. Bernardi epistolam* 192, *Patrologiæ* t. CLXXXII, col. 358.

EPISTOLA XXIV.

Quæ est iterum S. Bernardi, ad magistrum Ivonem cardinalem, de Petro Abælardo.

Magister Petrus Abælardus, etc. *Vide ubi supra,* col. 359, *epist.* 193

EPISTOLA XXV.

Quæ est rescriptum domini Innocentii papæ contra hæreses Petri Abælardi.

Testante apostolo, etc. *Vide inter epistolas Innocentii II, Patrologiæ* tom. CLXXIX, col. 515, epist. 447.

EPISTOLA XXVI.

Quæ est ejusdem domini Innocentii papæ contra Abælardum et Arnoldum de Brixia.

Per præsentia scripta, etc. *Vide ubi supra,* col. 517, *epist.* 448.

EPISTOLA XXVII.

Quæ est Petri Venerabilis abbatis Cluniacensis ad domium Innocentium II papam, pro Petro Abælardo.

Magister Petrus, etc. *Vide inter epistolas Petri Venerabilis, Patrologiæ* t. CLXXXIX, col. 305.

EPISTOLA XXVIII.

Quæ est ejusdem Petri Venerabilis ad Heloissam Paracleti abbatissam.

Acceptis litteris charitatis tuæ (76*), etc. *Vide ubi supra,* col. 547.

EPISTOLA XXIX.

Quæ est Heloissæ ad Petrum Venerabilem:

Visitante nos Dei misericordia, etc. *Vide ubi supra,* col. 427.

EPISTOLA XXX.

Quæ est Petri Venerabilis ad Heloissam.

Gavisus sum, etc. *Vide ibid.,* col. 428.

(76*) Hæ littere non exstant.

PETRI ABÆLARDI
OPERUM PARS SECUNDA. — SERMONES
ET
OPUSCULA ASCETICA.

SERMONES
AD VIRGINES PARACLITENSES IN ORATORIO EJUS CONSTITUTAS.

(Opp. Petri Abælardi. Paris, 1616. p. 789. — Sermonem in Natali SS. Innocentium (serm. 34) nobis suppeditavit codex in cœnobio S Mariæ ad Eremitas Einsidelnensi asservatus, quem nobiscum perhumaniter communicavit reverendissimus abbas HENRICUS. Codex membranaceus est, in-folio minori, sæculo, ut videtur, duodecimo scriptus. Continet Abælardi *Sic et non* et sermones quinque : *In Natali Domini; De S. Stephano; De sancto Joanne; De SS. Innocentibus; De Epiphania.* Sermonem in Natali Innocentum ex eodem codice jam publici juris fecerat D. Victor. Cousin, opp. Abælardi, p. 592. — Sermo de laude S. Sthephani protomartyris (serm. 52), qui in editione anni 1616. inter epistolas Abælardi sed minus integer legitur (p. 263), locum opportuniorem inter sermones obtinet proditque auctior ex codice supra laudato. Reliqui ordine potiori donantur. EDIT. PATR.)

EPISTOLA AD HELOISSAM.

Libello quodam hymnorum vel sequentiarum a me nuper precibus tuis consummato, veneranda in Christo et amanda soror Heloissa, nonnulla insuper opuscula sermonum, juxta petitionem tuam, tam tibi quam spiritalibus filiabus tuis in oratorio nostro congregatis, scribere præter consuetudinem nostram utcunque maturavi. Plus quippe lectioni quam sermoni deditus, expositionis insisto planitiem, non eloquentiæ compositionem : sensum litteræ, non ornatum rhetoricæ. Ac fortasse pura minus quam ornata locutio quanto planior fuerit, tanto simplicium intelligentiæ commodior erit; et pro qualitate auditorum ipsa inculti sermonis rusticitas quædam erit ornatus urbanitas, et quoddam condimentum saporis parvularum intelligentia facilis. In his autem scribendis seu disponendis ordinem festivitatum tenens, ab ipso nostræ redemptionis exordio sum exorsus. Vale in Domino, ejus ancilla, mihi quondam in sæculo chara, nunc in Christo charissima : in carne tunc uxor, nunc in spiritu soror, atque in professione sacri propositi consors.

SERMO PRIMUS
IN ANNUNTIATIONE BEATÆ VIRGINIS MARIÆ.

Exordium nostræ redemptionis, hodiernus est conceptus Dominicæ matris. Concepit Dominum femina, ut Creatorem pareret creatura. Communis quidem salus hæc est hominum, sed specia- A lis' gloria feminarum. Primus Adam de terra plasmatus, non de femina est natus : imo de ejus costa femina est formata. Secundus Adam, ac prioris et omnium tam factor quam redemptor, nostri sexus formam de femina decrevit assumere, ut in utroque sexu consisteret gratia, sicut in utro-

SERMO I.

que præcesserat culpa, et eædem naturæ, per quas vulnus est inflictum, curationis afferrent medicamentum, et unde illata est plaga, inde mirabiliter conficeretur cataplasma. Actor plagæ diabolus, minister curationis angelus. De quo nunc dicitur : *Missus est angelus Gabriel a Deo*, etc. (*Luc.* i, 26). Serpens a diabolo immissus, hic a Deo memoratur missus ; ut, ex ipsa statim fronte lectionis, spe divinæ gratiæ saucii releventur ad nuntium salutis. Bene autem angelus ex nomine designatur, quum dicitur Gabriel ; ut quum idem referatur missus ad Mariam, quem jam superius evangelista dixerat missum ad Zachariam, sic et ista promissio complenda credatur, sicut illa completa jam noscitur. Unde et ipse postmodum Angelus illam in hujus argumentum inducens : *Et ecce*, inquit, *Elizabeth cognata tua*, etc. (*Ibid.*, 36) Quo vero mittatur, diligenter evangelista describit, quum ait : *In civitatem Galilææ, cui nomen Nazareth* (*ibid.* 26). Civitas quippe non paucorum, sed multorum est. Et ista curatio non unius languidi, sed totius humani generis est futura. Et quia non singulorum hominum, sed eorum tantum, qui in sua non remanentes ignavia, de valle vitiorum migraturi sunt ad montem virtutum, recte civitas ista memoratur esse de Galilæa. Quæ et bene Nazareth, hoc est flos, nominatur ; ubi hodie ille flos conceptus est a virga, de quo Isaias prædixerat : *Egredietur virga de radice Jesse, et flos de radice ejus ascendet* (*Isa.* xi, 1). Qui etiam de semetipso ait : *Ego flos campi, et lilium convallium* (*Cant.* ii, 1). Ut ergo hunc florem virga illa producat, ad Virginem ipsam angelus mittitur, qui eam ad hoc præparet, et quasi quodam suæ annuntiationis sarculo ad fecunditatem excolat. Unde et post locum quo mittitur, de persona subditur, ad quam iste legatione fungitur : *Ad Virginem*, inquit, *desponsatam* (*Luc.* i, 26), Virginem præmittit desponsatæ, non tam temporis quam dignitatis ordine. Sed quæ ista, quæso, est dignitas, esse virginem in carne, si jam per consensum corrupta fuerat mente ? Non enim desponsari, vel matrimonium contrahi, nisi pari duorum consensu potest ; nec aliter ipsa conjux vel uxor Joseph vocaretur ab evangelista. Quis igitur iste consensus fuit ? Nunquid commistionis carnalis, ut in hoc jam Virgo consensisset, quod florem dignitatis amitteret ? Absit hoc a piis mentibus, ut quæ prima virginitatis munus obtulisse Deo creditur, in hunc consensum ducta æstimetur, in quem tot virgines ne venirent, vitæ dispendium elegerunt, et sic Agnum sequi quocunque ierit, non solum permanentes virgines, verum etiam factæ mulieres ! Quis hic autem consensus intelligendus sit tam in sponsa quam in virgine, sequentia, ni fallor, insinuant. De sponso quidem, quum nec nomen ipsius reticetur, quum dicitur : *Viro cui nomen erat Joseph* (*ibid.*). Joseph quippe, quod interpretatur *augmentum*, quid aliud nobis innuit, quam magnam in eo perfectionem virtutum ? Quem etiam, ut beatus meminit Hieronymus, (77) virginem, sicut sponsam ipsius, constat permansisse. A qua profecto virginitatis perfectione si per consensum imminutus esset carnalis concupiscentiæ, nequaquam dignum esset ab evangelista commemorari eum Joseph nominari. Qui postmodum comperto Virginis conceptu, tanto gravius id eum ferre non est mirabile, quanto se magis illusum dolebat, quem ad continentiæ consensum sponsa pertraxerat. Ipsa etiam Virgo, quum de se postmodum ait : *Quomodo fiet istud, quoniam virum non cognosco ?* (*Luc.* i, 34) patenter innuit, nequaquam in usum carnis eam consensisse, nec in concupiscentia se viro fœderasse. Ut quid enim diceret, *quomodo fiet hoc, quia virum non cognosco* ? si in mente haberet viro commisceri ? Et si enim jam commista non esset, posset utique postmodum commisceri, ut mirandum non esset, si ipsa quoque, sicut Elisabeth, per divinæ gratiæ donum ex viro conciperet. Sciebat etiam nec homines latere integritatem virginitatis suæ. Cur ergo quasi admirans quæreret qualiter id fieri posset, quum virum ipsa non cognosceret ? Si hanc, inquam, cognitionem viri ad commistionem carnis referret, quomodo de Adam vel nonnullis aliis dictum est, quia cognoverunt uxores suas ? Quid est ergo quod ait : *Virum non cognovi*, nisi quia nulli unquam consensu carnali me commisceri acquievi ? In quo ergo consenserat Joseph quum ab eo desponsaretur, nisi ut castimoniæ virtutem pari custodirent consensu ? Videbat quippe se a parentibus ad nuptias cogi, ex ipsa maxime legis sanctione, quæ sub maledicto ponebat omnes qui non relinquerent semen in Israel.

Noverat virgo virginem Joseph, quem ex castimoniæ amore, et cognationis propinquitate familiarem habebat. Hunc igitur elegit in sponsum, quem in suum trahere confidebat consensum, ne si alium cogeretur accipere, quod voverat Deo non posset custodire. De qua etiam quum dicitur : *Et ingressus est ad eam angelus* (*Luc.* i, 28), diligenter sanctum ejus propositum describitur, quæ non in plateis exterius cum sæcularibus feminis reperitur, sed clauso cubiculi sui ostio, Deo devote supplicans et orans ; ut continentiæ quod fecerat votum tam sibi quam sponso suo custodiat inviolatum. Unde et in ipsis suis precibus de sua petitione statim consolationem meruit accipere, et securitatem obtinere. De hoc autem cubiculi sui secreto tanquam oraculo divino, quam sancto ibi occupata esset studio, beatus Ambrosius libro *De virginitate* ii his scribit verbis : « Hæc ad ipsos ingressus angeli, inventa domi in penetralibus sine comite, ne quis intentionem abrumperet, ne quis obstreperet. Neque enim comites feminas desiderabat, quæ bonas cogitationes habebat. Quin etiam tunc sibi minus

---

(77) De perpetua virginitate S. Mariæ adversus Helvidium, Patrologiæ t. XXIII, col. 185. Edit

sola videbatur, quum sola esset. Nam quemadmodum sola, cui tot libri adessent, tot archangeli, tot prophetæ? Denique et Gabriel eam virginem ubi revisere solebat invenit, et angelum Maria quasi virum specie mutata trepidavit, quasi non incognitum audito nomine recognovit. Ita peregrinata est in viro, quæ non est peregrinata in angelo, ut agnoscas aures religiosas, oculos verecundos. Denique salutata obmutuit, et appellata respondit. Sed quæ primo titubaverat affectu, postea promisit obsequium (77*). » Ecce studium non tam desponsatæ quam virginis, non se ad nuptias præparantis, sed Deo penitus vacantis; non curis sæculi, sed sacræ prorsus intentæ lectioni, non sponsi quærentis solatium, ut colloquium mereretur angelicum. Attendite, virgines, quæ non virum, sed Deum elegistis sponsum, et sacræ formam professionis a Maria sumpsistis. Desponsata illa homini, non hominem in publico, sed Deum quærebat in secreto. Non oculos retorquebat ad mundum, sed erigebat ad cœlum. Non canticis nuptiarum aures præbebat, sed sacræ lectionis pabulo mentem reficiebat. Ex quo liquidum est quam sit verum, quod diximus, nunquam ejus animum ad nuptias declinasse, quia nullam certum est curam eam suscepisse. Unde et ab angelo salutata, cujus vita non carnalis erat, sed angelica, audire meruit: *Ave, gr. tia plena* (*Luc.* I, 28). Gratiam dicimus gratis datam, hoc est beneficium divinum supra merita collatum. Unde et Apostolus: *Si autem ex operibus, jam non ex gratia. Alioquin gratia jam non esset gratia* (*Rom.* XI, 6). Constat vero unumquemque fidelium nonnihil gratiæ præter merita sua collatum habere. Mariæ vero non participatio gratiæ, sed plenitudo ascribitur, ut tantum ei conferri demonstretur, quantum humanæ naturæ infirmitati promittitur. Quod quidem qualiter fieret, si jam in consensum carnalis concupiscentiæ tracta fuisset, nulla ratio habet. Unde autem amplitudinem gratiæ adepta sit, subinfertur quum dicitur: *Dominus tecum*. Tecum, inquit, potius quam in te. Qui enim ubique per præsentiam divinitatis jam se unire disponebat carni virginis per assumptionem humanitatis; ut tecum, hoc est cum carne tua unum fiat in persona. *Benedicta tu in mulieribus*. Nunquid et in viros non redundat benedictio Mariæ? Nunquid et ipsa de semine Abrahæ, et per illam Christus descendit, in quo videlicet semine omnium gentium benedictio fuerat promissa? Quid est, quæso, in mulieribus, et non magis in omnibus viris pariter ac mulieribus? Hæc iterum dico, virgines, attendite, et in vos specialiter istam benedictionem Mariæ redundare gaudete. Paucos quippe virorum reperimus, qui in virtute virginitatis Christum imitentur. Multas sequaces hæc Mariæ gratia in vobis habet, quarum tanto virtus gratior, quanto sexus infirmior. Virtus quippe in infirmitate perficitur. Quid est autem benedictum, nisi divinæ gratiæ multiplicatio? Benedicta igitur Maria in mulieribus potius quam in viris dicitur, quia hæc ejus gratia virginalis propositi in feminis maxime per ejus imitationem multiplicanda fuerat, sicut et Psalmista antea prædixerat, dicens: *Astitit regina a dextris tuis*, etc. (*Psal.* XLIV, 10). Et rursum: *Adducentur regi virgines post eam, adducentur in templum regis* (*Ibid.*, 15). Post eam, inquit, adducentur in templum regis, quia per imitationem hujus summæ reginæ, virgines innumeræ in verum Dei templum sunt consecrandæ. *Quæ cum audisset, turbata est* (*Luc.* I, 29). Ad verba loquentis, et magno præconio laudis eam salutantis turbata memoratur esse, non eum qui loquebatur aspicere. Fixis quippe oculis in lectione, vel terræ affixis in oratione, quo animus intendebat tota inhiabat, atque immobilis hærebat; nec humanum curabat aspectum, quæ tantum intendebat divinum. Unde autem turbata? Diversis undique de causis. Tum quia viri consortium fugiebat, tum quia lectioni vel orationi totam operam impendebat, quarum assiduitatem præpediri graviter sustinebat. *Et cogitabat*, inquit, *qualis esset ista salutatio* (*ibid.*). Ex qua videlicet intentione procederet utrum adulationis verba hæc essent, an veritatis: qua temeritate, quo aditu ille cubiculi sui secretum inquietare præsumeret? Quam ita perturbari angelus non perferens: *Ne timeas*, inquit, *Maria* (*ibid.*). Non quidem ait: Ne perturberis; sed: Ne nimia sollicitudine affligaris: ne aut te obtinere desperes quod vovisti, aut tanquam rea maledictum incurras legis. Et hoc quidem loco quum ait: *Maria*, primum eam vocat ex nomine, ut quasi familiarem sibi majori relevet consolatione. Cur autem non sit ei timendum, hoc est de petitione sua differendum, annectit quum ait: *Invenisti gratiam apud Deum*. Hoc est supra omnia merita illi grata facta es, atque accepta.

Quomodo autem tam legis maledictum evitet, si virgo permaneat, quam propositi sui votum incorrupta custodiat, patenter exponit dicens eam pariter tam esse parituram quam virginem permansuram. Parituram, inquam, non solum hominem, verum etiam hominum Salvatorem, id est Jesum, Cujus quidem virginei partus quanta sit excellentia, diligenter describit, dicens: *Hic erit magnus et Filius Altissimi vocabitur*. Ac si aperte dicat: Attende in hoc ipso incomparabilem gratiam, singularem gloriam tuam, vide ipsum qui Dei Filius dicatur et tuus. *Et dabit illi Dominus Deus sedem David patris ejus*, hoc est id in eo perficiet quod in typo ejus David promissum est, sicut et ipsemet profitetur, dicens: *Juravi David servo meo, usque in æternum præparabo sanctum tuum. Et ædificabo in generatione et generationem sedem tuam* (*Psal.* LXXXVIII, 4). Domus Jacob, in qua regnaturus in æternum promittitur, Ecclesia est gentium, quæ tempore præteritorum, et gratia priorum Synagogam supplantavit, et benedictionem ei subripuit. Finem hoc regnum non accipit, quia nec cum vita

---

(77*) Ambros., *De virginib.* lib. II, cap. 2, n. 10, *Patrologiæ* t. XVI.

præsenti deficit : quod tanto in cœlestibus est verius, quanto felicius. *Dixit autem Maria : Quomodo fiet istud ?* Tanquam si diceret : Magna quidem promissio, et incomparabiliter non solum feminæ virtutem, sed omnem humanam transcendens dignitatem. Quo itaque modo quove ordine futura est completio rei tantæ? *Virum enim,* inquit, *non cognosco.* Ac si diceret : Longe hoc a meo remotum proposito videtur, ut videlicet partum habeam, quæ virgo persistere decrevi. Et hoc est, ut supra jam meminimus, eam virum nequaquam cognoscere, nulli unquam in commistione carnali per consensum acquievisse. Legerat quidem Abrahæ factam de Christo promissionem, sicut et ipsa postmodum profitetur, inquiens : *Suscepit Israel puerum suum, recordatus misericordiæ suæ. Sicut locutus est ad Patres nostros, Abraham et semini ejus (Luc.* 1, 54). Unde nequaquam de hac promissione dubia, de modo requirebat quo esset complenda, utrum scilicet per admistionem viri sine dilectione peccati, sicut in paradiso fieret si homo non peccasset, an integritate corporis pariter et mentis conservata, sicut in ejus proposito fuerat. Bene autem angelus, cum ei filium promitteret, modum conceptionis reticuit, donec ipsa videlicet manifestato voti sui proposito, cum ab eo requireret : ne videlicet quia eam audieramus desponsatam, crederetur per concupiscentiam hanc inisse copulam.

Spiritus sanctus superveniet in te, hoc est superiori dono Dei ditaberis, ut virgo pariter ac mater sis. Venit Spiritus in multas fidelium animas, per aliquod divinæ gratiæ donum, sed in Mariam supervenit, cum ei superiorem et excellentiorem omnibus gratiam contulerit. Quid autem Spiritus Dei, nisi divinæ bonitatis amor seu donum intelligitur, cum aliquid nobis supra merita confertur ? Cum ergo mysterium hoc incarnationis totum per operationem bonitatis divinæ magis quam per solitam institutionem naturæ fuerit gestum, recte Spiritui sancto est ascriptum : *Et virtus Altissimi obumbrabit tibi.* Virtus Dei Filius, hoc est coæterna ejus sapientia intelligitur, juxta illud Apostoli : *Nos autem prædicamus Christum Dei virtutem et Dei sapientiam (I Cor.* 1, 23). Sicut enim Deus omnia in sapientia sua fecit, sic et per ipsam perdita restauravit, ab hoc, ut supra meminimus, nostræ redemptionis exordio restaurationem istam inchoans. Virtus itaque Dei Filius dicitur, qui brachium ejus seu fortitudo, ad omnia quæ disposuerit peragenda sufficiens. Hæc virtus obumbravit Virgini, dum in ipsa suæ divinitatis fulgorem velamine carnis operuit, et sic ad nos quasi calefata divinitas processit, ut in nostra Deus visibilis appareret natura, qui permanet invisibilis in sua. Hæc autem divinæ majestatis obumbratio in illo præfigurata est electro, cujus speciem de medio ignis propheta Ezechiel conspexit. Electrum quippe est metallum ex auro simul et argento commistum. In qua quidem mistura argentum ad claritatem proficit, au- rum vero a suo temperatur fulgore. Electrum igitur istud ipse intelligitur Christus, in cujus una persona divinitatis et humanitatis duæ naturæ ita sibi ad invicem sunt unitæ, ut inferior natura, quæ per argentum exprimitur, sese visibilem præbeat, et divinæ majestatis splendor carnis velamine obumbratus, qui per aurum figuratur, invisibilis persistat. Hoc electrum in igne, Deus homo est in passione.

« Ideoque et quod nascetur ex te sanctum, vocatur Filius Dei. » Ac si aperte dicat : Ac per hanc unionem Verbi Dei ad hominem vitæ factam, non solummodo ipsum Verbum Filius Dei dicetur, verum etiam ipse homo a Verbo assumptus Filius Dei vocabitur. Et attende quod ait, *vocabitur,* de homine potius quam de Verbo, cui competit esse. Quod diligenter evangelista considerabat, cum diceret : *In principio erat Verbum* (Joan. 1, 1). Non enim dixit : Vocabatur Verbum, sed : *Erat.* Esse namque proprium est incommutabilitatis divinæ, sicut ipse ad Moysen loquitur : *Hæc dices filiis Israel : Qui est, misit me ad vos (Exod.* III, 14). Qui est, inquit, hoc est qui incommutabiliter consistit, quia nequaquam verum habet esse, nisi quod est incommutabile. Ubicunque mutatio fit, esse pariter et non esse concurrunt. Illi ergo proprium est esse, qui penitus ignorat non esse. Unde bene dictum est : *Erat Verbum* (Joan. 1, 1), potius quam vocabatur. Vocatio quippe non est æternitatis, sed temporis; nec ad naturam, sed ad placitum hominum spectat impositio nominum. Unde recte quum de homine assumpto a Verbo loqueretur, cujus natura non est æterna, nec per naturam, sed per gratiam et unionem Verbi habet esse Filius Dei, dictum est *vocabitur,* potius quam erit. Quod si etiam personam totam in duabus naturis consistentem dicamus ex Virgine nasci secundum corpus, quod inde traductum est, et totam illam personam, non solum humanitatem, Filium Dei vocari, non incongrue dicitur. Nam et surculus trunco alterius naturæ insertus toti arbori propriæ naturæ confert vocabulum : ut si æsculus coctano inseritur, æsculus, non coctanus tota arbor dicetur, a digniori scilicet parte quæ fructum affert ita nominanda, sicut ex fructu suo cognoscenda. Quædam autem insertio divinitatis in humanitate facta est hodie, et tanquam una arbor facta est ex duabus naturis in unam sibi personam convenientibus. Scriptum quippe est de sapientia, quæ Dei Verbum intelligitur, quia *lignum vitæ est his qui apprehendunt eam (Prov.* III, 18). Quid autem humanitas, nisi arbor maledicta, et tanquam lignum mortis antea erat ? Quasi ergo lignum vitæ ligno mortis insertum intelligite, quum in Virgine velut in bona terra hæc insertio sit facta. Cujus quidem insertionis ipse spiritus in eam superveniens operator fuit, tanquam illam prævidens diem, quæ ad inserendum commodior videtur ; sicut communis hominum opinio tenet, qui inserendi peritiam habent, et longa hoc experientia didicerunt. Unde et confidenter asserunt, vix aut nunquam aliquam insertionem quæ hac die fiat, inutilem esse.

Et ecce Elisabeth. Ne de possibilitate partus Virginis quidquam suboriretur dubitationis, quasi hoc esset impossibile quod solitus cursus non haberet naturæ : in memoriam reducitur Elisabeth conceptus, quæ quum tam senio quam sterilitate esset infecunda, obtinuit ex gratia quod habere non poterat ex natura. Unde bene ab angelo tam senectus ejus quam sterilitas memoratur : *Quia non erit impossibile apud Deum omne verbum.* Verbum Dei hoc loco ipsa est divina locutio, quæ a beato describitur Augustino, divina dispositio non habens sonum strepentem et transeuntem, sed vim in perpetuo manentem. Nullum igitur verbum Dei impossibile est ipsi, quum quidquid ipse disponit ut faciat, nullo impediri casu queat. *Dixit autem Maria : Ecce ancilla Domini.* Quid est quod ais? domina ; quid est quod respondens, regina non solum hominum, sed et angelorum ex hoc futura? Non dicis : Ecce Mater Domini, vel etiam dilecta Dei, vel etiam ab ipso electa, quum sis singulariter præelecta. Quanto te ad sublimiora promissio intollit angelica, tanto summa humilitatis virtus te, dejicit ad inferiora. Ubi obsecro, illud est honorabile nomen quod unigenitus tuus fidelibus suis imponit, quum ait : *Jam non dicam vos servos, sed amicos?* (*Joan.* xv, 15.) Ille de honore suorum in ipso quoque nomine dignatus est providere, tu e contrario servilem tibi conditionem non erubescis ascribere. Ita, domina, ut ex te præcipue illa humilitatis exempla sumantur, ad quæ nos Scriptura exhortans ait : *Quanto major es, humilia te in omnibus* (*Eccli.* iii, 20). Ex hac maxime humilitatis virtute ad hujus promissionis celsitudinem meruisti conscendere. Ex hac tuæ disciplinæ regula, virgo illa tui imitatrix Agatha, et una de numero prudentium, instructa dicebat : Ancilla Christi sum, ideo me ostendo servilem personam. Et iterum : Summa ingenuitas ista est, in qua servitus Christi comprobatur. In hanc tamen regulam et humilitatis formam tuus ipse, ni fallor, quasi avus te induxerat, dicens : *Audi, filia, et vide, et inclina aurem tuam,* etc. (*IV Reg.* xix, 16). Quum enim de altitudine hujus promissionis ad te filiam suam factam præmisisset, dicens : *Astitit regina a dextris tuis,* etc. (*Psal.* xliv, 10.) Statim de humilitate conservanda admonuit, subjugens : *Audi filia,* etc. Ac si aperte dicat : Magnum est, filia, incomparabile bonum te cœlestis regis sponsam effici spiritualem, ut quasi regina cœlorum ei juncto latere assistas, et cum eo, cæteros omnes præcedas in vestitu deaurato ; hoc est in corpore solido et incorrupto, omni virtutum diversitate intus adornata. Sed quia magna sunt femineæ naturæ tanta præconia, et humanæ infirmitatis tam excellens gloria, audi quæ dicuntur, et intelligendo vide : ut quum hæc tibi nuntiabuntur, non diffidas impleri, et tantæ promissionis altitudinem aure humili suscipe, quasi obliviscendo populum tuum, et domum patris, hoc est, non superbiendo de genere Judæ et regia stirpe, nec attendendo quid habeas ex natura, sed quid tibi conferatur ex gratia. Atque ita rex ille cœlestis concupiscet decorem tuum, qui superbis resistit semper et humilibus dat gratiam. Cujus quidem exhortationis, domina, non immemor facta, dixisti : *Ecce ancilla Domini;* et rursum : *Quia respexit humilitatem ancillæ suæ.* Ex qua profecto humilitate meruisti quod sequitur obtinere. *Fiat mihi secundum verbum tuum.* Hoc est, ut ipsum Dei Verbum juxta tuæ promissionis verbum concipiam integra, et pariam incorrupta. Amen.

SERMO II.
IN NATALI DOMINI.
(Textum emendavimus ope codicis Einsied.)

Lætentur cœli, et exsultet terra ; quoniam hodie rex cœlorum ortus sui gloria singulas terras insignivit, ut hinc cœlestes cives colligeret, per quos cœlestia restauraret damna. Unde et angeli de reparatione sui lapsus et nostro profectu exsultantes, in ipso statim hujus nativitatis die, tam suum quam nostrum commune gaudium nuntiarunt, dicentes : *Gloria in altissimis Deo, et in terra pax hominibus bonæ voluntatis* (*Luc.* ii, 14). Ac si aperte fateantur : Natus est hodie, de quo spiritualiter a supernis spiritibus sit laudandus, et per quem forti armato alligato, imo prostrato, credentes in eum et sperantes veram pacem adipiscantur. Natus est hodie Deus in terris, ut homines nascerentur in cœlis. Natus est hodie de Virgine matre, qui ante tempora genitus est ex Deo Patre. Hinc enim ad eum Pater ipse loquitur : *Ex utero ante Luciferum genui te* (*Psal.* cix, 3), hoc est, ex ipsa mea substantia, antequam Lucifer crearetur, es genitus. Utraque nativitas ejus mirabilis, utraque ipsius generatio ineffabilis : ut utramque pariter, tam ad temporalem videlicet ex matre, quam ad æternam generationem ejus ex Patre, illud Isaiæ non incongrue referatur : *Generationem ejus quis enarrabit?* (*Isa.* liii, 8.) In hujus itaque typo ille præcessit rex et sacerdos Melchisedech, quem tam sine patre quam sine matre, hoc est sine genealogia, commemorat Apostolus exstitisse. Non quod ille quidem patre vel matre caruerit ; sed quod ejus genealogiam Scriptura non doceat, a nobis commemorari queat. Sic et Christus rex universorum per divinitatis potentiam, sacerdos hominum factus per assumptæ humanitatis hostiam, sine patre vel matre dicitur esse, non quod utrumque non habeat, sed quod neutrum quis quomodo sit discere queat, ut sicut ibi Scripturæ testimonium, ita hic rationis humanæ deficiat ingenium ; et tanto ejus utraque nativitas sit mirabilior, quanto ineffabilior : cum illa videlicet ex patre sit sine matre, ista ex matre sit sine patre.

De hujus quoque nativitate mirabili quam habet ex matre, scriptum est Jeremia prophetante : *Creavit Dominus novum super terram, femina circumdabit virum* (*Jer.* xxxi, 22). Ac si aperte dicat : Ille qui, sicut scriptum est, fecit quæ futura sunt, jam altissimo suæ dispensationis consilio, futuram cujusdam hominis creationem novam, et cæteris omnibus dissimilem prædestinavit. Qui cum adjunxit, non in terra, sed : *Super terram*, ostendit hanc creationem non tantum supra merita hominum esse, sed etiam superiorem et excellentiorem cæteris omnibus creationibus terrenis existere. Quæ sit autem hujus creationis novitas, subsequenter exponit, dicens : *Femina circumdabit virum*. Hoc est ex propria substantia mulier sola, sine virilis seminis admistione, præbebit corpus, quo se divinitas circumdet ac vestiat, viri formam in ea suscipiens. Unde et bene uterus Virginis, quasi circulus ex omni parte integer, virum illum in se conceptum, non per coitum extrinsecus immissum, undique circumdare dicitur. Totum quippe illud corporale indumentum ex substantia Virginis est contextum, et vir ille in ea quasi in circulo continuo fuit, quia ejus integritatem nec conceptus nec natus dissolvit. Quantum vero nova, et a cæteris sit diversa hujus creationis nativitas, animadvertemus, si cæteras hominum creationes ab exordio revolvamus. Primus homo de terra formatus, nec ex patre nec ex matre carnis originem traxit. Eva autem, quæ de costa ejus formata est, ex patre solo est, non ex matre. Cæteri vero homines ex patre simul et matre generantur : hoc uno quidem excepto, qui ex sola matre, ut dictum est, nascitur. Unde et proprie ipse solus Filius hominis, non hominum, dictus est : quia eum videlicet secundum carnem sola virgo genuit, et ipse ei quoque solus et unicus filius exstitit sicut et patri, ut ejus excellentiæ singularitas per omnia commendetur.

Hujus quidem caro Virginis, qua se verus Agnus induit, illud est niveum vellus innocentissimæ ovis, de quo Psalmista longe ante cecinerat : *Descendet sicut pluvia in vellus*, etc. (*Psal.* LXXI, 6). Legimus in *Libro Judicum*, ad petitionem Gedeon, ut confirmaretur ad prælium per visibile sibi signum, vellus in area positum rore ita fuisse madefactum, ut circumquaque sicca terra maneret, ac postmodum ad petitionem ejusdem e converso contigisse (*Jud.* VI, 39). Quo quidem signo præfiguratum dicitur, gratiam Dei, quæ rore designatur, Judaico populo in medio terrarum olim habitanti, quasi velleri in area posito, collatam primo fuisse, gentili populo reprobato : ac postmodum ab hac gratia vellere siccato, id est Judæa privata, eam circumquaque terrarum in gentes defluxisse. Sed quia ros comparatione pluviæ tenuis est, et minus irrigare sufficit; descensum divinæ gratiæ in Virginem pluviæ seu stillicidiis magis quam rori Psalmista comparavit. Omnem quippe, ut diximus, tam Judaici quam gentilis populi gratiam ea transcendit, quæ Matri Domini collata est, et ejus dona, quæ quasi terra stillicidia suscepit, cæteris donis longe sunt eminentiora. Vellus cum sit de corpore, carnis infirmitatem ex læsura non sentit in dolore, et ab omni corporeo sensu penitus alienum est. Et Virgo virginum cum in infirmitate carnalis concupiscentiæ concepta fuerit, ut cæteri homines, hanc tamen penitus infirmitatem ipsa nunquam ex consensu pertulit in mente, nec ullum illecebræ carnalis attactum experta est in carne. Unde factum est ut sic de carne orta esset, ut vitia carnis ignoraret, et sic de carne esset, quasi caro non esset; et tanquam mortua in carne, et tota vivens in spiritu, carnalium sensuum, qui maxime in concupiscentia carnis vigent, oblectationem nesciret. Unde merito ipsam præ cæteris cœlestis Regis Filius quasi palatium suæ habitationi congruum, quod ante non invenerat, adipisci gavisus est, et in ipsa quasi pluvia in vellus a supernis placido descendit illapsu. Pluvia quippe in vellus veniens, ipsum ita inundat et abluit, et nullo ei sensu passionem ingerat, et dum ab eo non sentitur, sic in eo est quasi non sit. Ita et superna sapientia, cujus haustus aquæ comparatur, juxta illud : *Aqua sapientiæ potavit eos Dominus* (*Eccli.* xv, 3), quia de plenitudine ejus omnes accepimus, ut de Virgine carnem acciperet, ipso suo descensu gratiæ suæ donis eam irrigando, ab omni humanæ infirmitatis contagio mundavit, et nullam ei passionem carnis vel in conceptu vel ex partu attulit; et dum eam tam ante partum, quam post partum Virginem consecravit, sic in ea fuit, quasi non fuerit : et sic ipsa gravida facta est quasi gravida non esset, cum nullum inde passionis gravamen incurreret. Stillicidia autem pluviæ terram quam inebriant, ab ariditate sua in fecunditatem convertunt. Et spiritus sui donis ita eam Filius Dei replevit, ut non solum ipsa Deum pariendo fructum afferret, verum etiam fidelibus omnibus ipsum conferret, quæ salutem omnium mundo peperit.

Hæc illa est fidelium omnium terra communis, et ager specialis, cujus et Spiritus sanctus colonus, et Verbum Dei semen exstitit. Quod etiam supra memoratus Propheta per Spiritum prævidens, ad singularem secum exsultationem, et divinæ laudis confessionem, omnes pariter admonet, dicens : *Confiteantur tibi populi, Deus, confiteantur tibi populi omnes : terra dedit fructum suum* (*Psal.* LXVI, 6, 7). Quod quidem si quis de terrenæ segetis fructu accipiat, quid ad David ista exhortatio laudis, quasi in diebus ejus terra inciperet fructificare, vel copiosiorem fructum afferre ? Isaac seminasse, et centuplum collegisse tanquam in admirationem divini beneficii meminit Scriptura, sed nullam inde gratiarum actionem, de tanta scilicet fructus abundantia eum Domino persolvisse. Intelligamus itaque David in prophetia hujus fructus quem alibi sibi a Domino commemorat promissum esse, dicens : *De fructu ventris tui ponam super sedem tuam* (*Psal.* CXXXI, 11), ad congratulandum sibi omnes pariter adhortari, quorum in hoc communem consideret salutem. Hic est ille fructus terræ sublimis, quem et Isaias prævidens : *Erit*, inquit, *germen Domini in magnificentia, et in gloria, et fructus terræ sublimis, et exspectatio his qui salvati fuerint de*

Israel (*Isa.* IV, 2). Quid enim germen Domini, sublimem fructum terræ, communemque omnium hinc exsultationem fidelium, nisi Christum oportet intelligi qui et ante sæcula genitus ex Patre, et hodie quasi de terra prodiit natus ex Virgine; cujus quidem sublimationem ac magnificentiam destituit Apostolus, dicens : *Propter quod et Deus illum exaltavit, et donavit illi nomen quod est super omne nomen* (*Philip.* II, 9). Quod etiam nomen, id est Jesum, quod Salvator interpretatur, idem propheta, cum de ipso terræ fructu alibi præconaretur, ait : *Rorate, cœli, desuper, et nubes pluant justum; aperiatur terra, et germinet Salvatorem, et justitia oriatur simul. Ego Dominus creavi eum* (*Isa.* XLV, 6 et seq.). Quid enim cœli vel nubium nomine, nisi angeli vel sancti Patres dignitate cæteris præeminentes, et tanquam in supernis animo conversantes, intelligendum est? Qui dum adventum Mediatoris vel parabolice, vel manifeste prænuntiaverunt, quasi rorem vel pluviam verba ipsorum fideles susceperunt. Ros quippe pluvia subtilior, et minutissimas habens guttas, ut vix conspici queat, verba sunt allegorica ad intelligendum difficilia. Quæ vero aperta sunt, pluviæ comparantur. Hæc igitur verba terram sanctam, id est immaculatam irrigarunt Virginem, ut hunc nobis fructum afferret, quia promissionibus tam per angelos quam per prophetas de Christo factis erudita, dum eorum auditui credidit, quasi aure concepit, et ex fide audibilis verbi illud concipere Verbum Dei meruit, de quo scriptum est : *In principio erat Verbum* (*Joan.* I, 1), sicut et consequenter ostenditur cum dicitur : *Et Verbum caro factum est.* Ad hunc itaque rorem seu pluviam divinarum promissionum suscipiendam terra se aperuit, cum per intelligentiam et fidem non solum corporis, sed etiam cordis aures eis apertas habuit : ut quæ videlicet dicerentur simul intelligeret et crederet. Unde bene in eam verba ista, *pluere justum*, potius quam peccatorem dicuntur, quia solus iste sine concupiscentia carnali conceptus ab omni penitus peccato fuit alienus. Tale est ergo, *pluant Justum*, ac si diceretur : Doctrinæ suæ verba conceptum a peccato prorsus immunem, conferant Virgini : et ad illa per fidem suscipienda sese aperiat terra, hoc est, de impossibilitate talis conceptus nec dubitet femina, quando videlicet hæc femina in eam tanquam in terram promissio jecerit angelica, dicens : *Ecce concipies*, etc. (*Luc.* I, 51). Cum quo simul justitia oritur, quia ipse non solum justus in se, sed etiam nos per fidem sui, non per opera legis justificans, *factus est*, ut ait Apostolus, *sapientia nobis a Deo, et justitia* (*I Cor.* I, 30). *Ego Dominus creavit eum.* Hoc est, ab æterno jam disposui hanc ejus creationem, non per concubitum virilem, sed per meæ potentiæ peragere virtutem. Quod ergo ibi tanquam futurum prædicitur : *Aperiatur terra et germinet Salvatorem*, hic quasi jam completum ostenditur : *Terra dedit fructum suum* (*Psal.* LXVI, 7).

Quod vero subditur : *Benedicat Deus* (*ibid.*), oratio est postulantis efficaciam hujus fructus, in illa videlicet benedictione inde mundo promissa, quæ Abrahæ primo facta est, cum ei a Domino dicitur, quia *in semine tuo benedicentur omnes gentes* (*Gen.* XXII, 18). In primo quippe Adam terra maledicta, in secundo benedictionem recepit, quia ille in condemnationem omnes secum pariter traxit, a qua nos iste solus liberans, ut proprie Jesus, id est Salvator, vocaretur, obtinuit. Ante adventum quippe ipsius justi etiam apud inferos propter peccatum primi hominis plectebantur; pro quibus inde liberandis ipse quoque ad inferos descendere dignatus est, illud Oseæ complens vaticinium : *O mors, ero mors tua : morsus tuus ero, inferne* (*Ose.* XIII, 14). Aperta itaque per ipsum jam nobis janua paradisi, ut videlicet nullus electorum amplius a regno differatur; illam jam querimoniam fidelium sopivit : *Patres nostri comederunt uvam acerbam, et dentes filiorum obstupescunt* (*Jer.* XXXI, 29). Quorum quidem querimoniæ statim ipse respondens, et tempus gratiæ de adventu suo promittens, ait : *Vivo ego, si erit ultra fabula hæc in proverbium in Israel* (*Ezech.* XVIII, 3). Et in sequentibus : *Anima*, inquit, *quæ peccaverit, ipsa morietur. Filius non portabit iniquitatem patris*, etc. (*ibid.*, 20). Quid est autem comestio uvæ acerbæ, quæ a patribus facta, in pœnam etiam filiorum redundat, tanquam ipsi quoque unam illam comedissent, nisi transgressio priorum parentum, quæ posteros omnes ante adventum Domini opprimebat, ut nullus quantumcunque justus ad beatitudinem transiret, sed unius vetitæ arboris comestionem tota posteritas plecteretur? Eam vero arborem, quam scientiæ boni et mali Dominus appellat, plerique Judæorum vitem esse autumant, cujus fructus hoc loco uva esse dicitur. Quam etiam inde scientiæ boni et mali, sicut Dominus appellat, merito dici volunt, quia sicut vinum moderate sumptum acuit ingenium, ita cum modum excedit obtundit ipsum. Unde quasi bonum et perversum sensum conferens, scientiæ boni et mali arbitrantur dici. Cui etiam opinioni non mediocriter illud suffragari videtur, quod post comestionem statim in se illi motum luxuriæ sentientes, erubescentia confusi pudenda texerunt. *Luxuriosa* quippe *res vinum est*, sicut scriptum est (*Prov.* XX, 1). Et Apostolus : *Vinum*, inquit, *in quo est luxuria* (*Ephes.* V, 18). In medio autem paradisi tam lignum vitæ, quam lignum scientiæ boni et mali fuisse referuntur, quasi sibi invicem ita copulata, ut alterum alteri adhæreret, sicut vitis ab ulmo ferri solet, et quasi in uno mors et vita simul sint collocata, tanquam lignum vitæ ex proprio fructu vitam ministraret, et ex adjacente vite mortem inferret. Dominus quippe Jesus in ruinam et in resurrectionem multorum positus est, et ex se ipso vitam credentibus præstat : et reprobos, quos diu tolerando portat, per justitiam condemnat. In cujus, ut dictum est, adventu illud præmissum proverbium cessare promittitur, quia in electis, qui per Israel designantur, jam illa pœna originalis peccati finem accepit : ut jam ulterius nullus credentium nisi ex proprio delicto differatur a regno, sed anima quæ peccaverit in Israel, hoc est inter videntes Deum, etiam rationis compotes, ex proprio tantum peccato, non ex alieno puniantur : nec jam filius peccatum patris portet, ubi nullum fidelium jam originale peccatum a beatitudine separat. Unde bene hoc tempus gratiæ, quo plenam remissionem consequimur, sicut illud iræ dici convenit. De hac plenitudine temporis et abundantia divinæ gratiæ qua decreverat Deus implere quod cœperat, et consummare quod promiserat, ait Apostolus : *At, ubi venit plenitudo temporis, misit Deus Filium suum factum ex muliere, factum sub lege*, etc. *(Galat.* IV, 4).

Hæc igitur mulier sexu, sed infirmitatis ignara muliebris, quæ virgo perpetua divino consecrata est partu, porta illa est orientalis semper clausa, quam Ezechiel sibi per Spiritum revelatam describit, dicens : *Porta hæc clausa erit, non aperietur, et vir non transibit per eam, quoniam Dominus Deus Israel ingressus est per eam* (*Ezech.* XLIV, 2). Per hanc quippe Virginem quasi portam quamdam ad nos quasi in templum suum Dominus ingreditur, dum se in ea nostræ copulat naturæ. Sed hæc eadem porta semper clausa permanet, et vir per eam non transiet ; quia nullus virilis coitus. Quæ bene porta ad orientem respicere dicitur, secundum quod ipsa orienti congrue comparatur. Sicut enim ibi sol iste corporalis oritur, et inde ad cæteras mundi partes diffunditur : sic in ista sol verus justitiæ Christus, secundum quod scriptum est, nascens : *Quod enim in ea natum est, de Spiritu sancto est* (*Matth.* I, 20), claritatis suæ radios ad illuminandas totius mundi tenebras dilatavit. Unde et evangelista Joannes : *Erat*, inquit, *lux vera, quæ illuminat omnem hominem venientem in hunc mundum*, etc. (*Joan.* I, 9). Hæc itaque lux, id est Verbum Patris, et coæterna ejus sapientia, sic ad nos per Virginem, quemadmodum claritas solis per solidissimi vitri specular ingreditur. Omnibus quippe metallis vitrum solidius est ac splendidius, tamen fragilius, nec post fracturam ita reparabile ut cætera. Et sanctæ virginis integritas, quam definiens Apostolus ait : *Ut sit sancta et corpore et spiritu* (*I Cor.* VII, 34), maximam habet soliditatem, et tanto Deo resplendet acceptabilior, quanto est hujus virtus sublimior. Sed, quia hæc facile deperire potest, statim videlicet si vel mens corrupta fuerit, nec jam ulterius recuperari vel integrari valet : quam sit fragile hoc tamen bonum liquet, et quam diligenti custodia indigeat. De hoc itaque tanquam fragili vitro ipsa Dei virtus et sapientia, cui velle posse est, quasi specular quoddam in Virgine sibi composuit ; per quod se nobis summus ille divinæ claritatis splendor infudit, et nec per conceptum ingrediens, nec per partum egrediens illud dissipavit. Et notandum quod specular quidem plenam lucis claritatem suscipit, sed adeo plenam non refundit, nec tantam reddere potest, quantam capit. Sic et ille divinus fulgor, cum se ad nos per illud virginale specular immittit, longe ampliore gratia Virginem quam nos illustrat per Virginem. Unde et bene ab angelo gratia plena salutatur (*Luc.* I), et in eam supervenire Spiritus sanctus nuntiatur. Ipsa quippe, quantum humana capere potest natura, omnibus divinæ gratiæ donis cumulata totum simul accepit quod particulatim distribuitur aliis. Venit itaque sæpe Spiritus sanctus in alios fideles per aliquod gratiæ suæ donum, sed in istam supervenit, quia longe superiorem hic adventum habuit, ubi fidelium omnium operatus est salutem. Secundum quam quidem operationem Salvator ipse non solum ex Virgine natus, sed de ipso quoque Spiritu natus esse dicitur, seu conceptus. Aliter tamen ex illa, aliter ex illo. Ex illa videlicet tanquam ex matre, de cujus substantia carnem accepit : de illo autem non ut de patre, sed tanquam de hujus nativitatis operatore. In hac quippe conceptione vel nativitate non consuetudo naturæ, sed divinæ operatio gratiæ consideratur : nec quid natura possit, sed quid omnipotens voluit attenditur. Quod vero ad gratiam Dei magis quam ad merita hominum respicit, Spiritui sancto specialiter tribuitur, quia ipse amor seu bonitas Dei proprie nuncupatur.

Hujus tanquam artificis cujusdam operatione, lapis ille de monte sine manibus abcissus est, qui in Daniele statuam comminuisse legitur, ac postmodum in montem magnum crevisse, et universam terram implevisse dicitur. Quem etiam lapidem per Isaiam nobis Dominus promittens, ait : *Ecce ego mittam in fundamentis Sion lapidem probatum, angularem, pretiosum*, etc. (*Isai.* XXVIII, 16). De quo et Psalmista ante cecinerat : *Lapidem quem reprobaverunt ædificantes, hic factus est in caput anguli. A Domino factum est istud*, etc. (*Psal.* CXVII, 22). Hujus lapidis de monte sine manibus abscissio facta, ipsa est incarnatio divina, in quam illa quæ Virginem replevit, sola operata est Spiritus sancti gratia. Ipse quippe sua operatione carnem illam, qua indueretur Filius Dei, de carne Virginis separavit, et in membra formavit. Quid autem manus, nisi humanam operationem significant ? Sine manibus igitur id factum est, ubi nulla humani coitus operatio fuit. Mons de quo lapis hic est abscissus, virginalis eminentia est dignitatis, quæ cœlestem in terris ducebat vitam. De cujus quidem substantia secundum carnem homo ille est assumptus, qui in unam personam Verbo Dei est unitus, quod totum est Jesus Christus. Hic grandem et sublimem statuam comminuens, dilatatam in gentibus idolatriam destruxit, sicut et ipse per Isaiam antea promiserat, dicens : *Ecce Dominus ascendet super nubem levem, et ingredietur Ægyptum : et movebuntur simulacra Ægypti a facie ejus* (*Luc.* II, 25). Ægyptus quippe, quæ *tenebræ* interpretatur, mundus est, summa idolatriæ cæcitate percussus ? In quem

Dominus per carnem manifeste veniens, huic ipsi carni quasi levi nubi insedit, quia homo ille a Verbo assumptus, de quo scriptum est : *Verbum caro factum est*, nullum ex corruptibili corpore, quod aggravat animam, pondus traxit peccati. Sol vapore suo exhalationes terræ generans, nubem attrahit, de qua postea manans pluvia terram inebriat ut fructificet. Vapor itaque sive calor solus, Spiritus ipse est a Deo procedens, qui et ipsius amor dicitur. Hic ubi vult spirans, et terrena corda in Deum accendens, quasi quasdam exhalationes terræ generat, dum ipsorum gemitus atque suspiria in Deum excitat. Unde et Apostolus : *Ipse*, inquit, *Spiritus postulat pro nobis gemitibus inenarrabilibus* (*Rom.* VIII, 26), dum nos videlicet postulantes facit, et orantes quæ suggerit. Summa ergo in antiquis Patribus hæc ad Deum oratio fuit et exspectatio, ut promissum eis mitteret Salvatorem : sicut et de beato illo legitur Simeone (*Luc.* II, 25). Quod et beatus commemorans Augustinus (78) : « Intelligite , fratres, » inquit, « quantum desiderium habebant antiqui sancti videre Christum ! Sciebant illum esse venturum, et omnes qui cupiebant, dicebant : « O si me illa inveniat nativitas ! o si quod credo in Scripturis Dei, videam oculis meis ! » Idem post aliqua de beato illo prædicto sene quasi desiderante et suspirante, et quotidie in orationibus suis dicente : « Quando veniet, quando nascetur, quando videbo ? Putas durabo ? putas hic me inveniet ? putas isti oculi videbunt, per quem cordis oculi revelabuntur ? Dicebat ista in orationibus suis, et pro desiderio suo accepit responsum, quod non gustaret mortem donec videret Christum Domini (79). » De his quoque sanctorum desideriis et vehementissimo clamore cordis illud est Isaiæ : *Clamabunt ad Deum a facie tribulantis, et mittet eis Salvatorem*, etc. (*Isai.* XIX, 20). Tales igitur clamores vel gemitus fidelium, quasi quædam erant exhalationes terrarum. Ad quorum quidem postulationem et exspectationem, sol sibi verus vapore suo nubem attraxit, dum operatione Spiritus sancti Verbum Dei de Virgine carnem accepit. De qua etiam carne tanquam de nube pluviam dedit, cum incarnationis ejus mysterium prædicatio terris omnibus nuntiavit, et fidei fructum inde extulit. Cum hac itaque, ut dictum est, carne, ipso in Ægyptum veniente, mota sunt simulacra Ægypti (*ibid.*), quia inde remota est idololatria, conversis ad ipsum gentibus. Et tunc profecto juxta Danielem, statua comminuta, lapis ille in montem magnum crevit, et universam terram replevit, quia ejus corpus non solum hanc morientium, quod est Ecclesiæ, ubi terrarum fides, dilatavit, cum infidelitatem expulerit (*Dan.* II, 25). Quod denique corpus non solum hanc morientium, sed magis illam viventium est terram repleturum. Hic est mons ille Domini præparatus in vertice montium, qui per divinitatis eminentiam omnium transcendit cacumina sanctorum Qui nobis hodie quasi de valle nascitur, quia de inferiori sexu et humillima virgine, summus ille divinæ majestatis splendor ad humanos hodie prodit obtutus, carnis velamine obumbratus, ut in nostra saltem videri possit substantia; qui invisibilis persistit in sua.

Hæc illa species electri, quam Ezechieli prophetæ legimus revelatam. Electrum quippe quædam est auri et argenti mistura, in qua et argentum ad claritatem proficit melioris admistione metalli, et aurum a suo fulgore temperatur, dum inferiori metallo sociatur (*Ezech.* I, 4). Sic et Christum unam ex duabus naturis intelligimus personam, in quo divinitas auro, humanitas vero inferiori comparatur metallo. In hac igitur persona, quæ Christus est, hoc est Deus et homo, sic sibi divina et humana conjunctæ sunt naturæ, ut ille incomprehensibilis divinæ claritatis fulgor, carnis velamine obumbratus, humanis se oculis temperaret, et suscepta humanitas ad claritatem proficeret, cum videlicet homo ille quasi quædam lutea testa, sapientiæ supernæ illius, cui est unitus, incomparabili luce accensus, nostras illuminans tenebras, tam verbis quam exemplis, omnium nobis plenitudinem virtutum exhiberet, et longe puriorem et intelligentia potiorem, quam in paradiso creata esset, nostram repararet naturam. Ut autem Verbum Dei carnem de Virgine sumens, hoc se velamine obumbraret, ipsam quoque Virginem prius obumbrasse dicitur, ut postmodum ex illa sic obumbratum nasceretur. Cum enim magnus ille cœlestis paranymphus Gabriel archangelus Virgini prædixisset : *Spiritus sanctus superveniet in te* (*Luc.* I, 35), statim exprimens in quo hic superior adventus Spiritus sancti consisteret, adjecit dicens : *Et virtus Altissimi obumbrabit tibi. Et quod nascetur ex te sanctum, vocabitur Filius Dei* (*ibid.*). Virtus quippe Patris Filius dicitur, quem Dei virtutem et Dei sapientiam Apostolus nominat ; eo quod quæcunque per sapientiam suam disponit, per eamdem potenter efficit (*I Cor.* I, 24). Hæc igitur Patris coæterna sapientia obumbrasse Virgini dicitur, quasi videlicet eam occultasse, et de universa humani generis massa ipsam sibi specialiter elegisse, atque attraxisse, in qua nostræ reparationis operaretur mysterium, et altissimum suæ dispensationis compleret arcanum. Quod autem nunc a Gabriele dicitur : *Virtus Altissimi obumbrabit tibi, et quod nascetur ex te sanctum*, etc., hoc in Isaia (VII, 14) diligenter juxta Hebraicæ linguæ proprietatem jam expressum fuerat. Ubi enim nos dicimus : *Ecce virgo concipiet, et pariet filium*, in Hebræo pro virgine ponitur *alma*, quod sonat *abscondita*. Quam igitur ibi Propheta dicit absconditam, hanc nos, secundum assertionem angelicam, dicimus obumbratam.

Qualiter autem divina sapientia obumbraverit Virgini, id est quam sapienter Deus, ut dictum est,

---

(78) Patr. XXXIX, col. 1658.   (79) *Ibid.*

eam sibi occultaverit, illæ quoque rationes nos docent quibus de desponsata nasci voluit, nec eam gravidam a viro separari permisit: quem ipsa etiam occurrens infamiæ hominum, unigeniti sui patrem appellare decrevit, ne videlicet conceptus sui vel partus veritas audita nec credita pœnam ei vel infamiam apud infideles magis compararet quam gloriam. Duobus itaque modis a Deo dicitur obumbrata, cum et veritatem partus ejus occultaverit mundo, et eam absconderit protegendo: ad illum videlicet modum, quo dicitur a propheta, protectionem in umbraculum et in absconsionem esse. Et illud Psalmistæ: *Sub umbra alarum suarum protexit me* (*Psal.* XVI, 8). Quod enim protegimus, ne lædatur occultamus. Hanc vero Virginis absconsionem illa etiam quæ in ea præcesserunt vel quæ subsecuta sunt, non incongrue insinuant. Missus quippe ad illam angelus ad eam ingressus esse memoratur, ut eam scilicet non in publico cum sæcularibus feminis ludentem, sed in occulto vacantem Deo, et tanquam orantem cubiculo clauso reperisse doceretur. Cujus etiam corpus nunc usque absconditum humanis obtutibus penitus est subtractum. Bene etiam abscondita dicitur, quæ in hoc conceptu vel partu nec viro est cognita, nec naturæ vel sexus sui legem experta: ut ei soli hujus mysterii ratio reservetur, qui de abscondita natus est absconditus, et de obumbrata processit obumbratus: ut sedentem in tenebris et umbra mortis vera suæ lucis claritate mundum illustraret, et qua rediremus ad patriam ipse nobis viam ostenderet, et facultatem præberet, et auditum patefaceret. Denique, nec ipsam Christi genealogiam, quam enarrandam susceperunt evangelistæ, usque ad matrem ipsius texuerunt, sed potius ad Joseph sponsum ejus perduxerunt: innuentes quidem huic, non tamen exprimentes, Mariam quoque de stirpe David procedere; cum referant eam secundum legem contribuli suo desponsatam fuisse, tanquam in hac quoque sua narratione illud supradictum attendentes propheticum: *Generationem ejus quis enarrabit?* (*Isai.* LIII, 8). Narrant quippe utrumque, sed non enarrant, et rem tangunt, sed non pertingunt, quia Mariæ proximos parentes non exprimunt, magisque seriem generationis ad sponsum, ut dictum est, quam ad sponsam perducunt, ut illius patefacta, hujus relinquatur abscondita. Unde et hic quoque bene Apostolus Christo Melchisedech comparavit, quod cum sine genealogia esse dicit (*Hebr.* VII, 3). Sicut enim illius generationem Scriptura non exprimit, ita nec humanam etiam Christi generationem, ut dictum est, ipsa definit. Quod ergo supputata genealogia Joseph Matthæus adjecit: *Christi autem generatio sic erat* (*Matth.* I, 18), non tam ad præcedentia spectare videtur, quam ad sequentia ubi mox subinfertur: *Cum esset desponsata mater ejus*, etc. (*ibid.*). Ac si aperte diceretur: Talis est generatio Joseph ex supradictis patribus usque ad ipsum deducta, sed humana generatio Christi patrem nesciens ex sola est Virgine per operationem Spiritus sancti facta. Quam etiam absconsionem ipsi infideles Judæi ex promisso vaticinio profitentes dicunt: *Sed hunc scimus unde sit: Christus autem cum venerit, nemo scit unde sit* (*Joan.* VII, 27). Legimus homines olim natalium suorum venerationem celebrare solitos esse, sicut et evangelista commemorat de Herode. Postquam vero Creator omnium tantam nobis exhibuit gratiam, ut nascendo de Virgine nostram super angelos sublimaret naturam; statim totam hanc natalium nostrorum deferentes vanitatem, ad ejus Nativitatis convertimur celebrationem, non jam attendentes quando hic nascamur, sed quomodo per ipsum cœlo renascamur (*Marc.* VI, 21). Cui est cum Patre et Spiritu sancto una essentia, eadem majestas, et inseparabilis gloria per infinita sæculorum sæcula. Amen.

SERMO III.

IN CIRCUMCISIONE DOMINI.

Circumcisionis Dominicæ seu baptismi rationem quærentibus, prima nobis occurrit quæstio: Cur illa in antiquo populo præcesserit? Deinde cur postmodum ea cessante baptismus ei successerit? Denique cur post Joannis adventum, usque ad quem lex et prophetæ, Dominus utraque susceperit: maxime cum id, pro quo auferendo instituta dicuntur, nullatenus habere potuerit? Quas quidem tres quæstiones, si Domino annuente solvere poterimus, præsentis intentionis operam consummabimus. Nunc de prima primum videamus. Constat ante Abraham a quo circumcisio incepit, nonnullos exstitisse justos, velut Abel, et Henoch, sive Noe, et ipsum quoque Abraham per veram cordis circumcisionem prius quam circumcideretur carne, justum fuisse sicut ex testimonio Genesis aperte convincit, sic de hoc inter cætera scribens ad Romanos: *Quid ergo dicemus invenisse Abraham patrem nostrum secundum carnem? Si enim Abraham ex operibus justificatus est, habet gloriam, sed non apud Deum. Quid enim dicit Scriptura? Credidit Abraham Deo, et reputatum est ei ad justitiam* (*Rom.* IV, 1, 2). Et post aliqua: *Dicimus quia reputata est Abrahæ fides ad justitiam. Quomodo reputata est? In circumcisione, an in præputio? Non in circumcisione, sed in præputio. Et signum accepit circumcisionis signaculum justitiæ fidei, quæ est in præputio*, etc. (*ibid.*, 9-11). Ex quo liquide convincit Apostolus, quod is qui ex Dominico præcepto primus est in carne circumcisus, ante hanc circumcisionem, dum adhuc præputiatus esset, ex fide sit justificatus, nec justitiam ex circumcisione sit consecutus. Pro signo autem justitiæ jam habitæ circumcisionem suscepit, ut videlicet interiorem mentis a vitiis circumcisionem, hoc est justitiam fidei, exterior circumcisio carnis ostenderet potius quam faceret. Interim autem præcedentium patrum justitia Deo acceptabilis exstitit, ut unus eorum, id est Henoch, vitæ præsentis ærumnis subtractus, in paradiso vivus a Domino sit translatus, sicut Ecclesiasticus quoque meminit (XLIV, 16), et Isidorus *De ortu et obitu Patrum* (80) his asserit verbis : Henoch meruit in eum locum transferri vivens, unde fuerat protoplastus expulsus, in consummationem mundi restituens cum Elia mortalis vitæ conditionem. Alius vero cum tota domo sua, id est Noe, a diluvio liberatus, in seminarium humani generis solus reservari meruit. Job quoque gentilis sanctitas, quem longe post Abraham constat exstitisse, adeo Dominico testimonio commendatur, ut non sit ei vir similis in terra (*Job.* 1, 8), nimirum eo tempore quo multi de filiis Abrahæ jam circumcisi supererant. Quem quidem lex naturalis, sicut et plerosque alios gentiles verius justificavit, quam Judæos scripta fecerit. De qualibet quidem in eadem epistola, supra commemorans Apostolus ait : *Non enim auditores legis justi sunt apud Deum, sed factores legis justificabuntur. Cum enim gentes, quæ legem non habent, naturaliter ea quæ legis sunt faciunt, ejusmodi legem non habentes ipsi sibi sunt lex, qui ostendunt opus legis scriptum in cordibus suis, testimonium illis reddente conscientia ipsorum* (*Rom.* II, 15-15). Et post aliqua : *Si igitur præputium justitias legis custodiat, nonne præputium illius in circumcisionem reputabitur, et judicabit quod ex natura est præputium legem consummans te, qui per litteram et circumcisionem carnis prævaricator legis es? Non enim, qui in manifesto Judæus est, neque quæ in manifesto est in carne circumcisio; sed qui in abscondito Judæus est, et circumcisio cordis in spiritu, non littera: cujus laus non ex hominibus, sed ex Deo est* (*ibid.*, 26-29). Et rursum : *Arbitramur enim hominem justificari per fidem sine operibus legis. An Judæorum Deus tantum? nonne et gentium? Imo et gentium. Quoniam quidem unus est Deus qui justificat circumcisionem ex fide, et præputium per fidem* (*Rom.* III, 28, 29). Quod et beatus Hieronymus diligenter attendens, et talium vitam tanquam Deo acceptam commendare non veritus, quodam loco Matthæum exponens, ait : *Ex eo quod malus servus ausus est dicere : Metis ubi non seminasti, et congregas ubi non sparsisti* (*Matth.* XXV, 24), intelligamus etiam gentilium et philosophorum bonam vitam recipere Deum, et aliter habere eos qui juste, aliter eos qui injuste agunt, et ad comparationem ejus qui naturali lege serviat, condemnare eos qui scriptam legem negligant (81). Constat ergo in antiquo populo æque incircumcisos sicut et circumcisos ex fide justificari ; nec eos qui circumcisi sunt, ex circumcisione hoc, ut justi fierent, assecutos esse, sed magis ex fide per dilectionem, ut ait Apostolus, operante (82). Quid igitur causæ fuerit ut hoc circumcisionis signum solus Abraham cum semine suo, vel quos possidebat tam de cognatione sua quam de alienigenis ex præcepto Domini susceperit, merito

quæritur. Ipsam quippe justitiam, cujus hoc signum esse Apostolus ait, æque in cæteris, ut dictum est, sicut in Abraham, constat exstitisse (*Rom.* IV, 3) : nec tamen ad hoc signum eos constringit præceptum, sed solum, ut diximus, Abraham cum semine suo, vel ad possessionem suam pertinentibus. Hinc enim scriptum est, Domino ad Abraham dicente: *Statuam pactum meum inter me,* etc., *et inter semen tuum post te in generationibus suis fœdere sempiterno; ut sim Deus tuus, et seminis tui post te. Daboque tibi et semini tuo terram peregrinationis tuæ* (*Genes.* XVII, 7). Et rursus : *Et tu ergo custodies pactum meum, et semen tuum post te in generationibus suis. Hoc est, quod observabitis inter me et vos, et semen tuum post te. Circumcidetur ex vobis omne masculinum, et circumcidetis carnem præputii vestri : ut sit in signum fœderis inter me et vos. Infans octo dierum circumcidetur in vobis, omne masculinum in generationibus vestris. Tam vernaculus quam emptitius circumcidetur, et quicunque non fuerit de stirpe vestra: eritque pactum meum in carne mea in fœdus æternum. Masculus, cujus præputii caro circumcisa non fuerit, peribit anima illa de populo suo, quia pactum meum irritum fecit* (*ibid.*, 9-14). Et post aliqua : *Sara uxor tua pariet tibi filium, vocabisque nomen ejus Isaac. Et constituam pactum meum illi in fœdus sempiternum, et semini ejus post eum. Super Ismael quoque exaudivi te, ecce benedicam ei, et multiplicabo eum valde. Pactum vero meum statuam Isaac* (*ibid.*, 19-21). Quem quidem Isaac solum ad semen Abrahæ pertinere, postmodum Dominus patenter indicavit, dicens : *Quia in Isaac vocabitur tibi semen* (*Gen.* XXI, 12). Juxta quod etiam ipsum Isaac vocat unigenitum Abrahæ, dicens : *Quia fecisti rem hanc, et non pepercisti filio tuo unigenito,* etc. (*Gen.* XXII, 12). Constat itaque neminem circumcisionis præcepto constringi, nisi Abraham cum semine suo, et his qui ad domum vel possessionem eorum pertinent. Cujus quidem circumcisionis causam Dominus quoque interserens, ait: *Ut sit in signum fœderis inter me et vos* (*Gen.* XVII, 11). Ac si aperte dicat: Non ut vos mihi fœderet atque jungat, sed ut fœderatos ostendat. Rufinus quoque, juxta Origenem Epistolam Pauli *ad Romanos* exponens, occasionem hujus præcepti de circumcisione facti tam in hoc quam in cæteris diligenter assignat ex verbis ipsius legis, quæ præcepta ejus ad solos Judæos, quæ ad omnes generaliter homines pertineant. Discutiamus, inquit, utrum hoc mandatum etiam eos, qui ex gentibus crediderant, constringat. Nunquam fecit proselyti, id est advenæ mentionem: sed vernaculum servum vel pretio emptum circumcidi jubet, non liberum. Perscrutemur ergo *Levitici* legem : *Loquere,* inquit, *filiis Israel, et dices ad eos : Mulier si peperit masculum, octava die*

---

(80) Cap. 3. Vide Patrologiæ t. LXXXIII, col. 132.

(81) Patrol. tom. XXVI, col. 187.
(82) (*Galat.* V, 26).

circumcidetur, etc. (*Lev.* xii, 12). Intueamur et hic, quemadmodum de lege circumcisionis tantum ad filios Israel Moyses loqui jubetur, et alienigenarum nulla sit mentio : cum in quibusdam mandatis non solum filiis Israel, sed et proselytis, id est advenis, loquatur, necessario utique observanda distinctio est, quia sicut ibi dicitur : Loquere ad Aaron (*Exod.* viii, 16), et alibi : *Ad filios Aaron* (*Num.*, vi, 25), et alibi : *Ad levitas* (*Num.*, xviii, 26), certum est non subjacere reliquos his legibus etiam quæ filiis jubentur, nec alienigenæ memoria ulla sit. Non est putandum commune esse mandatum (83), ubi appellationis habetur exceptio. Sic ergo non alius circumcisionis lege constringitur, nisi ex Abraham originem trahens, vel vernaculus eorum, vel pretio emptus. Vis autem videre, quia sicubi vult etiam alienigenas lege connecti, significanter ostendatur ? Audi quid scriptum sit : *Homo ex filiis Israel et advenis, quicunque manducaverit omnem sanguinem, animam illam disperdam, quia anima omnis carnis sanguis illius est. Et ego dedi vobis ut ex ipso super altare propitiaretur pro animabus vestris, quia sanguis pro anima expiabit* (*Levit.* xvii, 10). Vides ergo hanc legem, quæ advenis data est, observari et a nobis qui ex gentibus credimus? Ergo legem de observatione sanguinis communem cum filiis Israel et gentium suscepit Ecclesia. Hæc namque ita intelligens in lege scripta, tunc beatum illud apostolorum concilium decernebat, decreta gentibus scribens, ut abstinerent a sanguine et suffocato. Verum requires fortasse, si etiam de suffocato communis filiis Israel cum advenis data sit lex. Audi : *Homo*, inquit, *ex filiis Israel, et ex advenis qui sunt ex vobis, quicunque venatus fuerit feram aut avem quæ manducatur, effundat sanguinem ejus, et cooperiat terra, quia anima omnis carnis sanguis illius est* (*ibid.*, 13). Verum, quia inter illa quæ de *Levitico* superius protulimus, etiam hoc refertur : *Homo ex filiis Israel vel advenis qui sunt in eis, quicunque fecerit holocaustum aut sacrificium, et ad ostium tabernaculi non adduxerit illud facere Domino, exterminabitur de populo suo* (*ibid.*, 8). Et per hoc videbitur etiam de gentibus Ecclesia holocaustis obnoxia fieri. Non ut faciat jubet, sed, si forte fecerit, quemodo facere debeat docet. Certum est enim quod, cum Hierosolymis templum constaret, et religio tradita patribus vigeret, plurimi etiam gentium veniebant ad templum adorare et offerre sacrificium. Sed hoc quoniam in loco uno fieri præceptum est, de quo etiam hic mandat ut ad ostium tabernaculi jugulanda victima deducatur, tandiu potuit legitime fieri, quandiu status loci permansit incolumis. Denique Salvator ad decem leprosos, quos mundaverat, inquit : *Ite, ostendite vos sacerdotibus, et offerte pro vobis hostias, sicut præcepit Moyses* (*Luc.*, xvii 14). Nunc vero quid exigitur ab advenis, quod exhibere quidem nec propriis cultoribus licet. Quam quidem Dominicæ rationis causam si diligentius inspiciamus, facile est ad omnem objectionem nos satisfacere.

Primus Abraham de terra Chaldæorum et cognatione sua divino eductus imperio, propriæ terræ promissionem sibi et semini suo suscepit a Domino, in qua videlicet terra populus Dei a gentibus viveret separatus, et divino cultu serviret expeditus, cum antea fideles passim cum gentibus habitare et victitare consuevissent. In hac igitur terra tanquam in civitate quadam populum suum Dominus congregaturus, et a gentibus eum tam loco quam vita segregaturus, decrevit ei legem instituere, a circumcisione inchoans. Unde, ut supra meminimus, facta promissione terræ, qua populus Dei ab infidelibus disjungeretur, et Domino firmius conjungeretur ac fœderaretur, statim circumcisionis præceptum inducitur, quod sit videlicet in hujus fœderis signum. Ex genitali quippe membro humanæ generationis est propagatio. Hoc igitur membrum circumcisum Abraham et suos a ritu et moribus originis suæ, id est infidelium Chaldæorum, segregatos esse ostendit, et hac carnis exspoliatione jam eos veterem et carnalem exuisse hominem, et novum ac spiritalem induisse, qui secundum Deum creatur (*Ephes.* iv) et renovatur de die in diem ; ad quod etiam hujus signi consideratione præcipue admonerentur. Cujus insuper signi, quasi divini cujusdam in homine signaculi, non mediocre commodum Dominus prævidebat ad fidelium salutem tutius muniendam, et eos ab infidelibus maxime dividendos. Constat quippe tantas esse carnalis voluptatis illecebras, ut facile homines ad idololatriam quoque istam concupiscentia inclinet, sicut de summo Sapiente actum est (*III Reg.* xi). Ne igitur fideles infidelibus feminis copulati, in ritu earum transirent, et a Domino recederent, quasi quadam macería interposita, hoc signo maxime, talium copularum familiaritatem abscidit, ut si videlicet rursum filii Dei filias hominum concupiscerent (*Gen.* vi), illæ tamen eorum copulam spernerent, hujus membri detruncationem tanquam turpissimam abhorrentes ; et illi contra hoc signo fœderis Dei membra sanctificata a turpitudine infidelium servarent intacta. Unde et populus Israel eo tempore, quo in deserto segregatus a gentibus fuit, nequaquam circumcidi compulsus est. Tunc vero maxime hanc maceriam interponi necesse fuit, cum in Abraham fidelium peregrinatio inter infideles cœperit, et in ea cujus jam acceperat promissionem terra. Facile namque peregrinantes ab incolis qua possunt occasione familiaritatem captant, quam ex matrimoniis maxime contrahi constat. Quo quidem contactu si populus Dei populo Chananæorum vinciretur, difficile illum delere, vel a terra expellere sustinerent, sicut postmodum divino actum est consilio. Solet etiam communio mensæ maximum

---

(83) Locus corruptus.

familiaritatis vinculum esse. Unde et lex postmodum delicatos interdicens cibos, hanc quoque familiaritatis abstulit occasionem, et quo difficilioribus observantiis Judæos implicuit, tanto amplius ab eis gentes removit, et majores inimicitias hac interposita maceria peperit. Quod quidem tunc fieri opus fuit, cum nondum gentilem populum vocare Deus decreverit, sed tantum Judaicum.

In plenitudine vero temporis gratiæ, cum gentilem quoque populum sua vocatione dignaretur Deus, ut Ecclesiam in duos populos dilataret, et eos sibi capiti in uno corpore conjungeret, et magna invicem concordia ligaret, illam legalium observationum maceriam removit, quæ inimicitias pepererant, ut sic eos ad invicem vinculo charitatis colligaret. Quam quidem divini consilii providentiam summus Ecclesiæ doctor et specialis gentium magister, ad Ephesios scribens, his aperit verbis: *Propter quod memores estote, quod aliquando vos gentes eratis in carne, qui dicimini præputium, ab ea quæ dicitur circumcisio in carne manufacta, quia eratis illo tempore sine Christo, alienati a conversatione Israel, et hospites testamentorum, promissionis spem non habentes; sine Deo in hoc mundo. Nunc autem in Christo Jesu, vos qui aliquando eratis longe, facti estis prope in sanguine Christi. Ipse est enim pax nostra, qui fecit utraque unum, et medium parietem maceriæ solvens inimicitias in carne sua, legem mandatorum decretis evacuans, ut duos condat in semetipsum, in unum novum hominem, faciens pacem, et reconciliet ambos in uno corpore Deo*, etc. (*Ephes.* II, 11 et seq.) Judæi quippe quasi peculiaris populus Dei de legitimis suis gloriantes, quandiu lex statum suum obtineret, semper gentes despicerent, nec se illis æquari paterentur. Qui etiam post Evangelium de præterito statu legis adeo intumescebant, ut hoc sibi privilegio singularem in Ecclesia prærogativam vindicarent. Ad quam quidem superbiam maxime reprimendam Apostolus frequenter in Epistolis opera legis et ejus gloriationem deprimere vel extenuare compellitur, et ea omnino removere decrevit, ne videlicet de his Judæi gentibus insultarent, aut gentes eorum legi se subdere prorsus dedignarentur, de qua illi maxime adversus eos gloriabantur. Quam quidem apostoli discretionem in tantum postea sancti Patres æmulati sunt, ut cum in gentibus ecclesiasticas dignitates secundum pristinos civitatum gradus ordinarent, in illo Hierosolymam honore illam quondam Dei egregiam civitatem extulerunt; imo ipsam adeo depresserunt, ut eam metropoli subjugarent, ne forte privilegio civitatis suæ vel templi gloriari superbus ille posset populus, sicut nec vel cæremoniis suis. Unde nec in illis Parasceves solemnibus orationibus, cum pro gentilibus et hæreticis quoque sive schismaticis genua flectamus, solos in hoc Judæos præterimus, qui genu flexo illudentes Domino dicebant: *Ave, rex Judæorum* (*Matth.* XXVII).

Sicut autem, lege cessante, perfectior Evangelii doctrina successit, ita post circumcisionem baptismi subiit sacramentum quod tam viros quam feminas æque sanctificat, et eum jam venisse demonstrat qui nos a peccato penitus abluat, et ipsam etiam peccati pœnam cœlos reserando deleat. Unde et bene hoc sacramentum super totum hominem, non in aliqua ejus parte agitur: quo post Salvatoris hostiam ita penitus peccatum deletur, ut pœna quoque peccati omnino relaxetur. Quod etiam sacramentum tanto amplius Dominici adventus gratiam commendat, quanto et ad salutem perfectius est, et ad tolerandum levius, ut tanto lex nova sit gratior, quanto quæ præcessit fuerat onerosior; et qui legis jugum ferre consueverant gentiles, nulla sacramentorum difficultate vel multitudine territi repellerentur. A quo quidem oneris gravamine ad evangelicam libertatem Dominus invitans aiebat: *Venite ad me, qui laboratis et onerati estis. Tollite jugum meum super vos, et discite a me quia mitis sum. Jugum enim meum suave est, et onus meum leve* (*Matth.* XI, 28). Ut enim legalium vindictarum severitatem prætereamus, ubi dicitur: *Dentem pro dente*, etc. (*Levit.* XXIV, 20), quis vitam tenera parte corporis acutis lapidibus circumcidi non horreat? Non enim alio instrumento hanc fieri lex monstrat, cum et Sephora uxor Moysi sic filium circumcidisse scribatur (*Exod.* IV, 25), et Josue cultris lapideis ex præcepto Domini populum circumciderit (*Josue,* V, 2): quanquam id modo pro difficultate rei nequaquam Judæi observent. Quod diligenter apostolorum Princeps considerans, manifeste fatetur, neque se, neque patres suum jugum legis portare potuisse (*Act.* XV). Nec solum perfectione vel lenitate sui baptismus commendatur, verum etiam quadam in semet specie decoris adornatur, cum videlicet quælibet anima Deo copulanda hujus ablutione sacramenti convenienter innuat neminem ei, nisi qui a sordibus peccati lotus fuerit, sociari. Quoddam namque specialis desponsationis conjugium in baptismate cum Deo inimus, cum primus in scrutinio catechumenorum ei sponsione nostra fœderati et quasi desponsati, postmodum in baptismo corpori ejus, quod est Ecclesia, convenimur [*lcg.* cou*n*imur], tanquam si sponsa post balneum in amplexus sponsi suscipiatur. Sunt qui etiam circumcisionem ad originalis peccati, sive actualium quoque remissionem dixerint fuisse necessariam, et ob hoc institutam. Nobis autem illa quam supra reddimus, causa probabilior atque rationabilior videtur, cum videlicet constet priores justos hoc sacramento nequaquam eguisse, nec feminas, quæ eisdem obligatæ sunt peccatis, et a quibus peccatum incepit in nobis, hoc sacramento sanctificari. Quis etiam dubitet antiqua sacramenta excellentiæ novorum multum derogatura esse et in maximum errorem nos tractura, si ipsa quoque cum novis pariter remanerent, tanquam hæc scilicet sine illis sufficere non valerent? Hæc ad propositas duas priores quæstiones, de institutione scilicet circumcisionis, seu legis, et postmodum cessatione, dicta nunc sufficiant.

Superest autem, ut tertiæ respondentes, præsentem operam consummemus, cur videlicet Dominus legem finiens, et Evangelium inchoans, ipsa etiam quæ finivit legalia suscepit, quasi nos suo adhortans exemplo ut a lege incipientes, in Evangelio consummemur, nec sic ad nova transeamus sacramenta, ut derelinquamus antiqua. Et quippe, ut Salomon ait: *Oculi sapientis in capite ejus (Eccle.* II, 14). Quod quasi exponens Apostolus: *Qui dicit se in Christo,* inquit, *manere, debet sicut ille ambulavit et ipse ambulare (I Joan.* II, 6). Sicut ergo Dominus, qui ait: *Non veni solvere legem, sed adimplere (Matth.* v, 17), post circumcisionem suscepit baptismum, post veteris Paschæ sacrificium celebravit novum, ita nos ejus vestigia sequentes, ab his minime, inquies, convenit declinare. Sed id profecto recte diceretur, si eadem nunc in nobis ratio esset, quæ in illo quondam exstitit. Ut enim scandalum declinaret, et hoc quoad possemus, vitandi formam nobis præberet, antiqua suscepit sacramenta. Alioquin aperte reus legis crederetur, et a semine Abrahæ et toto Judæorum populo penitus alienus, unde promissus exspectabatur. Juxta namque Domini sententiam, quisquis in illis circumcisus non fuerat, de populo suo peribat (*Gen.* XVII), cum sine hoc sacramento nemo tunc posset connumerari Judæis, sicut nec modo sine baptismo Christianis. Unde et pro scandalo Judæorum vitando in exordio nascentis Ecclesiæ, nondum evangelica veritate roborata, in tantum apostoli superfluis jam legis operibus dispensative ad tempus consenserunt, ut Paulus ipse maximus legis persecutor Timotheum discipulum circumcideret (*Act.* XVI, 3), et ipse postmodum ex consilio Jacobi, et qui Jerosolymis erant fidelium, assumptis quibusdam aliis viris secundum Nazaræorum ritum observare se legem exhiberet (*Galat.* IX, 22). Qui tamen postmodum de ipsa legis simulatione Petrum manifeste arguit (*Galat.* II), ubi jam videlicet evangelicam veritatem confirmatam esse intellexit: diversis itaque de causis, sed utrisque rationalibus, Deus tam antiqua quam nova suscepit sacramenta. Illa quippe, ut dictum est, pro vitando scandalo, hæc in nostræ imitationis exemplo. Sicut enim mediator Dei et hominum factus duas in se naturas habuit, divinam scilicet atque humanam, quas reconciliare venit: ita duos populos sibi conjungens, et quasi duos parietes lapis angularis colligans, tam priorum fidelium quam posteriorum sacramenta suscepit ut, juxta illud Apostoli: *Omnibus omnia factus, omnes lucrifaceret (ibid.* XV, 13). Si enim se a sacramentis Judæorum subtrahens eos scandalizaret, magis eos a se repelleret quam sibi alliceret. Quisquis enim ab his, inter quos vivit, dissimilem vitam eligit, magis eorum familiaritatem sibi tollit. Unde et angeli hominibus olim apparentes, cum nec hospitio nec cibo egerent, hæc tamen pro necessitate postulantes vel accipientes, tanto nobis eos familiariores reddebant, quanto infirmitati nostræ magis condescendebant, et eorum ad quos veniebant consuetudinem non respuebant.

Hanc et Dominus providentiam tenens, nihil in cibis vel in humana conversatione præter peccatum, tam a se quam a discipulis, vitari decrevit. Qui si etiam legis onera non suscepisset, nequaquam postmodum hanc removisse videretur, tam propter mutilationem ejus, quam propter gravamen ipsius. Qui nunc profecto amplius a nobis diligendus videtur, quoniam et illius onera propter nos ipse suscepit, et ab ipsis postmodum nos liberavit. Sunt et alia nonnulla, quæ et Dominum egisse meminimus, et ea tamen salubriter declinamus omnino, vel alio tempore et alio modo convenienter celebramus. Legimus quippe ad nuptias Dominum invitatum cum matre et discipulis convivio illi interfuisse (*Joan.* II): quod nunc quidem provida dispensatione sacerdotibus Christi locis specialiter obtinentibus a sanctis Patribus interdictum est penitus. Alia quippe in illo ratio fuit, alia in nobis. Nostra namque infirmitas ad tentationem prona, in conviviis maxime non solum religionis, verum etiam communis honestatis modum excedit. Nec ille ad nuptias tam propter convivium quam propter miraculi beneficium, quo se manifestaret, et in se discipulos confirmaret, venire dignatus [*leg.* dedignatus] est. Quod diligenter evangelista considerans ait: *Et crediderunt in eum discipuli ejus (ibid.* 11). Scimus et ipsum post baptismum statim in eremum condescendisse, et quadraginta dierum jejunium tunc inchoasse, et sic consummasse, nec ipsos apostolos ab eo sacramentum corporis et sanguinis sui jejunos accepisse. Quæ tunc quidem sic fieri oportebat, et nunc aliter alia ratione in consuetudinem venerunt Ecclesiæ: Sic et Dominus, ne Judæos scandalizaret, circumcisionem suscepit, et nos postea, ut dictum est, repelleremus (84), hanc omnino respuimus.

Multa quippe sunt, quæ secundum temporis opportunitatem alio tempore sunt probanda, et alio improbanda, etsi ab eisdem prius et postmodum gerantur personis. Habent quippe in omnibus loca et tempora suas rationes, secundum quas in eis eadem modo fieri, modo vitari convenit. Adeo pro scandalis vel repulsione gentium vitandis, quædam nunc a nobis legitima caveri manifestum est, utpote circumcisionem et Sabbati seu festorum observationes, et sacrificiorum ritum, sive quorumdam abstinentiam ciborum; quod in quibus apostoli vel sancti Patres nullum præsenserunt scandalum, imo aliquid utilitatis vel decoris intellexerunt, ea retinere non abhorruerunt. Unde et adhuc Quatuor Temporum jejunia celebramus, et ipsos ecclesiasticorum

---

(84) Deest aliquid.

officiorum gradus, ab ostiario scilicet, vel ab ipsa etiam clericatus tonsura usque ad episcopum, nec non et sacerdotalis vel ecclesiastici cultus ornamenta ex antiqua retinemus et confirmamus auctoritate; veluti candelabra, coronas, et vela; ecclesiarum quoque dedicationes, vel altarium consecrationes, in tantum ex antiquitate suscepimus, ut in his peragendis nihil fere nisi de Veteri Testamento cantetur vel recitetur : ubi et ad antiquæ aspersionis exemplum hyssopum et cinerem adhibemus. Quis etiam illud intelligens : *Tu es sacerdos in æternum secundum ordinem Melchisedech* (*Psal.* CIX, 4), ignoret nostri sacrificii formam legem etiam præcessisse, et inde originem seu testimonium accepisse? In quo quidem nos Latino azymo vescentes, aliquam etiam de veteri Pascha retinemus figuram, juxta illud Apostoli : *Itaque epulemur non in fermento veteri, sed in azymis sinceritatis* (*I Cor.* v, 8). Ipsam denique misturam salis et aquæ in aspersionem fidelium quotidianam exemplo Elisei conficimus, sicut et ipsa benedictionis verba testantur.

Cum igitur aliqua ex antiquitate retineamus, aliqua respuamus, causæ vel opportunitates pensandæ sunt in singulis. Quod quidam minus attendentes, inde omnia jam respuenda judicant. quia figuræ fuerunt subsecutæ veritatis, et per Christum jam completæ. Unde merito illa jam omnino superflua censent, ubi quam præfigurabant veritas completa est, ne forte si adhuc cum ipsa veritate retinerentur figuræ, quæ ipsam præsignarunt, adhuc exspectaretur futurum quod jam est completum. Sed juxta hanc profecto rationem, omne rei futuræ sacramentum vel figuram mysticam manere non convenit, postquam res ejus completa est. Unde et conjugium, quod Christi et Ecclesiæ continet sacramentum, vel ipsam regum et sacerdotum unctionem, cum his, quæ prædiximus a nobis retineri, cessari jam oportet. Ut jam videlicet nec sacrificium Melchisedech in figuris sequamur, nec altaria chrismate consecremus, nec ecclesias dedicemus, nec candelabra in ecclesiis erigamus, et cætera quæ diximus penitus removeamus. Quod quia nemo fidelium vel discretorum approbat, constat aliquas esse rationes, cur ex Veteri Testamento nonnulla in rerum signis sicut in verbis omnia retinemus. Quamvis enim prolationes verborum manifestius quam figuræ sacramentorum demonstrent id quod significant, nulla tamen Veteris Testamenti verba respuimus, etiam cum aliter loqui videntur quam se jam rei veritas habeat, veluti cum dicitur : *Ecce virgo concipiet* (*Isai.* VII, 14). Quid ita mirum, cum tam rebus quam verbis ea quæ nunc completa sunt Vetus Testamentum prænuntiet, nonnulla ejus sacramenta post rerum etiam completionem suscipiamus, cujus nulla respuere verba præsumimus? Tanto quippe major est concordia Veteris et Novi Testamenti, et hoc ex illo magis confirmatur, quanto non solum verbis, verum etiam rebus ipsis conjuncta videntur.

Notandum vero quod solis infantibus circumcidendis certum præfinitum tempus, id est octava dies, quia eos solos, qui innocenter vivunt, *quasi modo geniti infantes, rationabiles, sine dolo* (*I Petr.* II, 2), certum est ad illius veræ octavæ gaudia pervenire, ubi tam animarum quam corporum veram ac perfectam circumcisionem assequimur, veterem penitus hominem tam per culpam scilicet quam per pœnam exuentes, ubi mens omnino sit libera, et caro a corruptione vel passibilitate pariter aliena. Totum quippe tempus vitæ præsentis septem diebus comprehenditur. Unde merito perpes illa sanctorum claritas, quæ post septenarium hujus vitæ sequitur, octava nominatur : juxta quod psalmi qui specialiter ad resurrectionem pertinere videntur, intitulari pro octava dicuntur. Legimus a Josue filios Israel cultris petrinis secundo circumcisos esse (*Josue*, v), cum post transitum Jordanis jam in terra promissionis essent introducti. Populus quippe de Ægypto egressus, et in eremo defunctus, filios in deserto natos incircumcisos reliquerat. Quos postmodum Josue circumcidens, secundo circumcidisse filios Israel dicitur, non quidem, juxta historiam, in eisdem personis convenientius accipere possumus. Multi quippe alii in populo Judæorum multos circumciderunt, et nemo præter Josue secundam circumcisionem dicitur peregisse. Legimus Abraham priorem circumcidi vel circumcidisse, primo quidem Ismaelem et vernaculos suos, postea vero Isaac (*Genes.* XVII, 26, XXI, 4), Sephoram quoque uxorem Moysi cum acutissima petra filium circumcidere Dominus coegit (*Exod.* IV, 25).

Nulla tamen harum circumcisionum secunda sive prima dicta est, vel ex ordine distincta, nisi quæ a Josue memoratur facta. Unde igitur iste solus secundo circumcidisse dicatur, vel cujus primæ comparatione hæc secunda circumcisio vocetur, non facile solvi credo, nisi ad allegoriam stylo converso. Ad quam nos quidem Apostolus invitans : *Hæc*, inquit, *omnia in figura contingebant illis* (*I Cor.* x, 11). Secunda autem circumcisio dicitur, cum terræ promissionis hæredes efficimur, hoc est cum terram viventium in illa felici, quam diximus, octava consequimur. Prima vero est circumcisio, quæ hic mentem et carnem a vitiis, vel carnalibus illecebris, quantum nobis datum est abscindimus, ut illam quam supra meminimus, veram et integram circumcisionem illic assequamur, a vero scilicet Josue, id est Jesu nostro, imo omnium Salvatore. Hic quippe ille Josue, qui Moysi successit, et in terram promissionis introduxit, tam nomine ipso quo Josue dicitur, id est Jesus, quam factorum suorum excellentia specialiter exprimere videtur. Qui, ut dictum est, Moysi succedens, et populum de Ægypto profectum in terram promissionis introducens, quod ille incepit, consummavit, quia lex per Moysem tam significata quam data, *Nihil*, ut ait Apostolus, *ad perfectum adduxit (Hebr.* vii, 19). *Impossibile enim est*, inquit, *sanguine hircorum aut taurorum auferri peccata (Hebr.* x, 4). Unde Moysi Josue succedere necesse fuit, quia frustra processisset legislator, nisi sequeretur Salvator. Qui profecto post transitum Jordanis introductos in terram promissionis cum petra circumcidit, dum videlicet nos in baptismo regeneratos, atque ad supernæ vocationis hæreditatem perductos, veram sibi nobis circumcisionem per semetipsum in petra figuratam tribuit, cui est cum Patre et Spiritu sancto æqualis gloria, coæterna majestas, per infinita sæculorum sæcula. Amen.

SERMO IV.

IN EPIPHANIA DOMINI.

(*Textum emendavimus ope codicis Einsied.*)

Epiphaniæ præsens solemnitas vocabuli sui proprietatem multis et variis rerum eventibus mundo exhibuit. Quod enim Theophania vel Epiphania Græce dicitur, id Latine Dei apparitio, vel super-apparitio nuncupatur. Salvator igitur mundi, post illam temporalis sui ortus apparitionem, qua de utero prodiens Virginis carne se visibilem mundo præbuit, et in præsepio pastoribus innotuit, una postmodum per revolutionem temporum die, signis mirabilibus sese amplius manifestare decrevit, ut qui eum ex Scriptura non cognoscerent, rerum saltem admiratione traherentur ad fidem. Novum quippe cœlestis regis ortum in terris nova stella magis revelavit, et super baptizatum Dominum, cœlis apertis, et columba in eum descendente, et paterna voce de Filio testificante, non solum populo circumstanti, verum etiam ipsi Baptistæ Joanni plenarie quantus esset innotuit, sicut et ipse Joannes profitetur dicens : *Quia vidi Spiritum descendentem quasi columbam de cœlo, et mansit super eum. Et ego nesciebam eum. Sed qui misit me baptizare in aqua, ille mihi dixit : Super quem videris Spiritum descendentem et manentem super eum, hic est qui baptizat in Spiritu sancto. Et ego vidi, et testimonium perhibui, quia hic est Filius Dei (Joan.* i, 52). Denique miraculo aquæ in vinum conversæ divinitatis ejus potentia declaratur, sicut evangelista commemorat dicens : *Hoc fecit initium signorum Jesus in Cana Galilææ, et manifestavit gloriam suam (ibid.* ii, 11). *Et crediderunt in eum discipuli ejus.* Nunc igitur singulas istas revelationes Domini ordine prosequentes, ad præsentis diei gloriam inceptam consummemus operam.

Bene magi, primitiæ gentium, ad fidem primo tracti fuerunt, ut qui maxime erroris tenuerant magisterium, ipsi postmodum etiam suæ conversionis exemplo fidei facerent documentum, et magistrorum conversio discipulorum maxima fieret ædificatio ; sicut et in Gamaliele, Nicodemo, Paulo, Dionysio Areopagita, et multis aliis, tam in lege quam in philosophia præminentibus, postmodum actum est. Quis enim magos, sive ariolos in tantum detestandos esse ignoret, ut non solum ipsos, sed etiam quemlibet ad eos declinantem lex interfici jubeat? (*Levit.* xx, 6.) Quorum nefariam et exsecrabilem doctrinam a dæmonibus inventam atque assumptam, ipse quoque Hieronymus in Isaiam his asserit verbis (85) : « Magi ab Oriente docti a dæmonibus, vel juxta prophetiam Balaam (*Num.* xxiv, 17) intelligentes naturam Filium Dei, qui omnem artis eorum destrueret potestatem, venerunt Bethlehem, et ostendente stella, adoraverunt puerum (*Matth.* ii, 11). » Isidorus quoque (86) Etymologiarum lib. ix, magorum etiam proprietatem distinguens : Magi sunt, inquit, qui vulgo malefici, ob facinorum magnitudinem nuncupantur. Hi elementa convertunt, turbant mentes hominum, ac sine ullo veneni haustu violentia tantum carminis interimunt. Unde et Lucanus (87) :

Mens hausti nulla sanie polluta veneni
Incantata perit.

Phars. lib. iv, vers. 457).

Dæmonibus enim accitis audent ventilare, ut quisque suos perimat malis artibus inimicos. Hi etiam sanguine utuntur et victimis, et sæpe contingunt corpora mortuorum. Quod vero ait Hieronymus, quod edocti a dæmonibus magi venerint quærere Salvatorem, per quem magisterium suum destrui formidabant, non ita accipere cogimur, ut hac eos intentione diabolica suggestio vel exhortatio mitteret, ut se ad Dominum Christum converterent, sed magis ut eum inquirendo proderent, quem Herodis sive Judæorum nequitia ad perdendum inveniret ; quasi ab eo metuentes, vel summum eum magum, vel maleficum opinantes, ad quem tam cito magos confluere viderent. Unde et callide eos ad Herodem et metropolim Judæorum urbem primo direxit, ut consulendo eos proderent quem quærebant. Qui enim concubitus hominum quando fuerit non ignorat, non immerito videtur agnovisse eum de Virgine natum fuisse, cujus nullum noverat concubitum, et sive per angelum ad Mariam primo missum, sive per angelos postmodum pastoribus apparentes, vel certum habere vel suspicatum esse quam excellens ipse fuerit, et suæ contrarius malignitati. Cui etiam nonnulla alia præcedentia signa, quæ in historiis continentur ecclesiasticis, satis indicio potuerunt esse, quanta rerum in proximo naturus excellentia præmineret. Qualia quidem sunt illa quæ Paulus Orosius (88) Antiquitatum ab Urbe condita libro vii commemorat. Docet quippe ibi, Augusto Cæsare ab oriente triumphos importante, tantam a Domino pacem mundo esse collatam, ut

---

(85) Patrol. tom. XXIV; col. 250.
(86) Patrol. tom. LXXXII; col. 341.
(87) Ibid.
(88) Patrol. tom. XXXI; col. 1052.

ipse Augustus sopitis finitisque omnibus bellis, jam portas pacis prorsus obstruxerit, cujus in templo arma conservabantur; ut etiam juxta litteram illa impleretur Isaiæ prophetia, qua pax mundo maxima in adventu Domini fuerat promissa, cum dicitur : *Et conflabunt gladios suos in vomeres, et lances suas in falces. Non levabit gens contra gentem gladium, nec exercebuntur ultra ad prælium* (*Isa.* II, 4). « Hodie, inquit prædictus Paulus (89), primum ille Augustus consalutatus est, atque ea die summa rerum et potestatum penes unum esse cœpit et mansit, quod Græci monarchiam vocant. » Porro autem hunc esse eumdem diem dicit (90) VIII Idus Januarii, quo nos hodie Regi summo Epiphaniæ laudes excolimus. Ad quem etiam hodie quasi salutandum atque adorandum, fideles gentium primitiæ magi convenerunt, quasi eum alterum Augustum, imo plus quam Augustum æstimantes, quem cœlum pariter et terra tantis signis prædicarent tam apud Romam, quæ caput erat gentium, quam apud Hierosolymam metropolim, ut dictum est, Judæorum.

Refert quippe idem Paulus in eodem tractatu (91), prædicti tempore imperatoris, hora circiter tertia, repente liquido serenoque die circulum ad speciem cœlestis arcus orbem solis ambisse, et Romæ sub eodem Cæsare de taberna meritoria olei largissimum liquorem per diem integrum emanasse. Quæ profecto quid aliud prætendebant, nisi eum eodem tempore nasciturum esse, qui tam cœli quam terræ monarchiam obtineret? Quid enim prædicta corona solis, aut de terra unctio profluens, nisi cœli pariter ac terræ promittebat regem? Ipse quippe Salvator tam sol justitiæ, quam Christus a chrismate, id est unctus ab unctione, nuncupatus est. Hæc autem secundum humanam naturam larga ejus unctio est, illa spiritalium donorum et septiformis gratiæ plena et perfecta ei facta collatio, de qua ipsi dicitur : *Unxit te Deus Deus tuus oleo lætitiæ præ consortibus tuis* (*Psal.* XLIV, 2). De hujus plenitudine unctionis, sicut scriptum est, omnes accepimus (*Joan.* I, 16), tanquam de taberna exuberanter oleum manat, secundum quod ei dicitur : *Oleum effusum nomen tuum* (*Cant.* I, 2). Quasi namque taberna quædam ejus seu tabernaculum assumpta humanitas fuit, in qua, ut Apostolus meminit, plenitudo divinitatis corporaliter inhabitabat (*Coloss.* II, 9). De hac itaque ipsius humanitate, divinæ gratiæ donis, ut diximus, inuncta; hoc in nobis gratia derivante, quasi de taberna oleum per totum diem manans exuberat. Diem autem totum hunc tempus gratiæ vocat, quod adventus sui præsentia Dominus illustravit, de quo illud est Apostoli : *Nox præcessit, dies autem appropinquavit* (*Rom.* XIII, 12). Per hanc totam diem oleum indeficienter a capite illo nostro defluit ad membra, cum de ejus plenitudine tempus hoc gratiæ spe-

cialiter dicatur. Unde hoc ipsum ejus nomen, quod Christus est, ad hujus quoque gratiæ abundantiam denotandam, quasi unguentum in nobis effusum atque dilatatum recte dicitur, dum ex ejus nomine insigniti, a Christo vocamur Christiani. Meritoria autem taberna illa domus æstimatur [*leg.* existimatur], ubi emeriti milites fovebantur. Quæ tanto magis eorum necessitatibus quotidianis sufficere poterat, quanto amplius ejus porticus venalium rerum abundabat copia.

Hoc in loco, basilica S. Mariæ, quæ ideo fundentis oleum agnominata Romæ adhuc ostenditur, celebris habetur. Merito autem domus illa, quæ propitiationis bene merentibus existebat, assumptæ a Domino humanitati comparatur, per quam universis fidelibus propitiatus est Deus. Quis enim Spiritu sancto suggerente factum esse non videat, cum in tanta sublimatus gloria Augustus præmineret, se dominum vocari omnino interdixerit, nec vel joco id se appellari, sed solummodo Augustum permitteret; quasi quadam divina dispositione venturo Christo hujus appellationis decus reservaret, qui discipulis ait : *Vos vocatis me, Magister et Domine, et bene dicitis ; sum etenim* (*Joan.* XIII, 13). Unde et ejus humilitatem Dominus ipse respiciens, cum ait : *Qui se humiliat exaltabitur* (*Matth.* XXII, 12,) ipsum Augusti nomen proprium adeo extollere decrevit, ut deinceps Romani imperatores se generaliter Augustos vocitari gloriarentur : et quod prius proprium atque personale, factum est generale vocabulum et imperiale. Patenter eum avunculo suo Julio Cæsari in humilitate contrarium videmus, cum ille, ut Lucanus quoque meminit, omnium dignitatem gradus in se retinens, jam non se numero singulari, sed plurali proferri permitteret, non se jam quasi unum hominem, sed plures juxta dignitatum multitudinem considerans. Quem adhuc nostra superbia quantum valet æmulans, non solum rerum, sed etiam nominum gloriam in tantum amplectitur, ut non solum abbates, verum etiam domini vocari gloriemur ; et magnæ imputemus injuriæ nos qui humiliores esse debemus, si in appellatione nostra subjecti alterum prætermittant vocabulum. Sed nec illud a tempore gratiæ et veræ libertatis alienum est, quod omne servorum genus a suo penitus dominio removit, nec a se aliquem servitute opprimi ferret, sed omnium libertate gauderet, quibus tanquam amicis prodesse magis quam tanquam servis præesse eligeret, et amari potius quam timeri appeteret. Qui etiam in tantum servitutem a regno suo studuit exstirpare, ut, sicut prædictus historiographus meminit, omnes servos, quorum dominos reperit, eis restituerit, cæteros vero servos omnes necari fecit : ne videlicet eorum posteritas in regno remaneret. In quo quid aliud præ

---

(89) Patrol. t. XXXI, col. 1052.
(90) Ibid., col. 1053.

(91) Ibid.

signabat, quam Christianam libertatem futuram, et servitutem tam legis quam peccati per Christum removendam, qui ait : *Jam non dicam vos servos, sed amicos (Joan.* xv, 15). Et alibi : *Si vos,* inquit, *Filius liberaverit, vere liberi eritis (Joan.* viii, 36). Hinc et Apostolus tempus timoris sub lege a tempore gratiæ distinguens, conversis inter Romanos Judæis scribit : *Non enim subditi estis iterum in timore,* etc. *(Rom.* viii, 15). Idem ad Galatas : *Vos,* inquit, *in libertatem vocati estis fratres : tantum ne libertatem in occasionem detis carnis, sed per charitatem servite invicem (Gal.* v, 13).

Sunt qui prædictos magos non sic appellari autumant, quia fuerint malefici, sed quod astrorum periti, quasi astronomici, vel quacunque alia de causa sic vocati. De quibus quid antiquitus scriptum fuisse Chrysostomus referat, non est incongruum hoc loco subjicere. Ait quippe sic prædictus doctor, cum Matthæum exponeret : « Legi apud aliquem magos istos, ex libris Balaam divinatoris apparituræ illius stellæ scientiam accepisse, cujus divinatio posita est et in Veteri Testamento : *Orietur stella ex Jacob,* etc. *(Num.* xxiv, 17). Et audivi aliquos referentes de quadam scriptura, etsi non certa, non tamen destruente fidem, sed potius delectante : quoniam erat quædam gens sita in ipso principio Orientis juxta Oceanum, apud quos ferebatur quædam scriptura inscripta nomine *Seth,* de apparitura hac stella, et muneribus ejusmodi offerendis, quæ per generationes studiosorum hominum patribus referentibus filiis suis habebatur deducta. Itaque, elegerunt inter seipsos duodecim quosdam ex ipsis studiosiores, et amatores mysteriorum cœlestium, et posuerunt seipsos ad exspectationem stellæ illius : et si quis moriebatur ex eis, filius ejus, aut aliquis propinquorum, qui ejusdem voluntatis inveniebatur, in loco constituebatur defuncti. Dicebantur autem magici lingua eorum, quia in silentio et voce tacita Deum glorificabant. Hi ergo per singulos annos post messem trituratoriam ascendebant in montem aliquem positum ibi, qui vocabatur lingua eorum *Mons Victorialis,* habens in se quamdam speluncam in saxo, fontibus et electis arboribus amœnissimus, in quem ascendentes et lavantes se orabant et laudabant Deum in silentio tribus diebus, et sic faciebant per singulas generationes exspectantes semper ne forte in sua generatione stella illa beatitudinis oriretur, donec apparuit eis descendens super montem illum Victorialem, habens in se quasi formam pueri parvi, et super se similitudinem crucis ; et locuta est eis, et docuit eos, et præcepit ut proficiscerentur in Judæam. Proficiscentibus autem eis, per biennium præcedebat stella, et neque esca neque potus deficit in peris eorum. Cætera autem, quæ gesta esse referuntur ab eis, in Evangelio compendiose posita sunt. Tandem cum reversi fuissent. manserunt colentes et glorificantes Deum studiosius magis quam primum, et prædicaverunt omnibus in genere suo, et multos erudierunt. » Legimus mortem terrenorum regum, vel commutationes regnorum stellis quibusdam, quas cometas appellant designari solere : non tamen novis, sed noviter de se quasi quemdam crinem producentibus. Unde et cometæ, quasi a coma, crinitæ sunt appellatæ. Summi vero Regis novum nativitatis modum, sicut et conceptum, nova stella et incomparabili splendore præsignare debuit. Cujus et mortem tanquam expavescens, vel de sceleris magnitudine dolens sol obscuratus, mundo indicavit universo ; ut tam ortum quam occasum veri Solis et cœlestis Regis gloriam cœlestia protestarentur signa.

Sunt qui non mediocri admiratione moventur, quo modo tam paucis diebus, a Natali scilicet Domini usque ad Theophaniam, magi ab oriente usque Bethlehem pervenire potuerunt. Quod quidem tum recte mirarentur, si et quærerent, si constaret hanc stellam nequaquam ante Dominicam nativitatem apparuisse, nec et magos iter hoc arripuisse. Cum vero Chrysostomus ex supradicta scriptura commemoret eos per biennium proficiscentes stellæ apparentis ducatum habuisse, et tandem Domino jam nato Hierosolymam pervenisse, nihil quæstionis relinquitur. Illud autem fortassis plurimum movet, quomodo tantus, ut dicitur, splendor stellæ solos commoverit magos, nec ab Herode vel cæteris comperiri potuerit, maxime cum eam propinquiorem cæteris exstitisse plerique arbitrentur, quo melius super puerum veniens locum magis designaret. Sed, cum nihil impossibile Deo esse credatur, non est dubitandum eum quibus voluerit hanc stellam occultasse, et eis tantum qui digni fuerant revelasse. Potuerunt et isti magi tantam præ cæteris astrorum habuisse notitiam, ut soli novam animadverterent stellam, et in ejus progressu vel statione non oberrarent. De quibus cum scriptum sit quia *viderunt eam in oriente (Matth.* ii, 9) : et rursum quia *antecedebat eos stella, usque dum veniens staret supra ubi erat puer* (ibid.), patet profecto eos a terra sua usque Hierosolymam, et rursum a Hierosolyma usque Bethlehem, præcedentis stellæ ducatum habuisse. Quod ergo illis ab Herode recedentibus scriptum est : *Et ecce stella quam viderant in oriente antecedebat eos (Matth.* ii, 9). Et iterum : *Videntes autem stellam, gavisi sunt gaudio magno valde* (ibid., 10), satis innuitur quod ex consortio Herodis, vel impiæ urbis ad quam diverterunt stellæ apparitionem, quandiu ibi fuerunt, amiserunt. Quod eo maxime factum esse credimus, ut per hoc eis Dominus intimaret, nequaquam se ab Herode et sceleratis illis hominibus cognosci voluisse.

Nonnulli hos magos reges arbitrantur fuisse, juxta illam prophetiam Psalmistæ : *Reges Arabum et Saba dona adducent (Psal.* lxxi, 10). Unde et Isidorus *contra Judæos* cap. 13 ita meminit : « Quia ei magi munera obtulerunt ; » Isaias ait : *In tempore illo deferetur munus Domino a populo terribili*

(*Isai.* XVIII, 7). Hoc autem propter Persarum gentem terribilem, et cujus potentiæ nullus populus comparabatur. De his muneribus et David : *Reges Tharsis et insulæ,* etc. (*Psal.* LXXI, 10). Nam et magos reges habuit Oriens. Quot vero isti magi fuerint, ex numero trinæ oblationis tres eos fuisse multi suspicantur; cum hoc tamen nulla auctoritate Scripturæ definiatur, et juxta hoc quod Chrysostomus superius retulit duodecim magis fuisse memorentur; ac si jam in ipsis gentium primitiis, primi discipulorum Christi præsignarentur apostoli. Cum autem præsens solemnitas, ut supra meminimus, non solum ex apparitione stellæ mirabilis, verum etiam ex Dominico baptismo, vel nuptiarum miraculo habeatur insignis, juvat et de istis pauca memorare in hujus maxima diei laude.

Factum est, inquit evangelista, *cum baptizaretur omnis populus, et Jesu baptizato et orante, apertum est cœlum, et descendit Spiritus sanctus corporali specie sicut columba in ipsum. Et vox de cœlo facta est, dicens : Tu es Filius meus dilectus, in te complacui* (*Luc.* III, 21). Quod Dominus cum populo ad baptismum venerit, vel inter turbas dignatus sit baptizari, magnum est humilitatis indicium, atque congruum mysterii signum. Baptizatus quippe cum cæteris, nequaquam circumcisus fuisse legitur cum aliis. Ex quo non absurdum est præsignare, non jam populo Dei circumcisionem necessariam esse, sicut baptismi sacramentum, quod constat generaliter cunctis ab ipso institutum esse. Quod baptizatus ad orationem se convertit, innuit patenter his qui baptizati sunt semper necessarium esse opem divinam postulare, ut in ea quam perceperunt sanctificatione valeant permanere, et sic sibi aperiri januam cœlestis vitæ. Quod statim declaratur, cum eo baptizato et orante, cœli aperiri referuntur, et Spiritus descendere commemoratur. Baptismus quippe cœlos reserat, et perseverantiæ gratiam oratio nobis impetrat. Multis cum Jesu baptizatis, pariter nemo est præter eum, super quem aperiri cœlum, vel Spiritus descendere memoretur : quia quicunque in corpore ejus, quod est Ecclesia, non continentur, tam a janua cœli quam a gratia Dei sunt exclusi. Solus quippe ipse est qui aperit, et nemo claudit, per quem unumquemque salvandum ad vitam ingredi necesse est.

De columba autem, in qua Spiritus sanctus figuratus ostenditur, sicut et de stella, sciendum est, ex elementis scilicet creata noviter utraque credatur : quæ officio suo ad quod creatæ sunt completo esse desierunt, in elementa ipsa resolutæ. Spiritus autem, qui per præsentiam divinitatis ubique est, nec localiter quoquam descendere potest in sua incorporali substantia atque invisibili, dicitur tamen descendisse super Dominum in specie corporali sicut columba : eo videlicet quod ad plenitudinem Spiritus sancti, quam semper habuit, demonstrandam, vera illa columba licet noviter facta, super eum insederit juxta illud propheticum : *Spiritus Domini super me, eo quod unxerit me : ad annuntiandum mansuetis misit me* (*Isai.* LXI, 1). Unde et bene in hujusmodi ave, quæ præ cæteris in tantum blanda et mansueta esse creditur, ut iracundiæ felle carere dicatur. Quanta mansuetudine vel innocentia iste Agnus Dei, sicut de ipso Baptista protestatur, præminuerit, universa ejus opera loquuntur atque præcepta, quæ tantam suavitatem redolent charitatis, ut nec inimicis liceat irasci. Nec putandum est ita Spiritum sanctum in specie columbæ visum esse, ut ullatenus ei incorporaretur, aut in personam uniretur; sed solummodo ea usum esse pro signo, sicut et linguis illis igneis, quibus super apostolos ostensus est. Unde, et beatus meminit Augustinus (91-95), nunquam Spiritum sanctum Patre minorem dici legimus, secundum aliquem unionem naturæ : cum tamen Filius secundum humanitatis assumptionem, Patrem se majorem esse testetur. Columba super Dominum insidente, et eum a cæteris distinguente, et tanquam digito suo, qui Spiritus intelligitur, Patre ipsum demonstrante, vox desuper Patris audita est. Quæ quidem vox in persona Patris in aere facta est sive per angelum, sive quocunque alio modo formata. Non enim Pater corpus habet, aut ipsum unquam assumit, ut corporalibus instrumentis ipse vocem formare possit. Diligenter vero dictum est, non in quo placuit, sed in quo complacuit, ut non solum caput ipsum sibi placere insinuet, sed cum ipso etiam ac per ipsum membra ejus grata sibi denuntiet.

Restat denique tertiam Dominicæ manifestationis apparitionem, in miraculo scilicet nuptiarum, breviter comprehendere. De quo quidem Joannes refert (*Joan.* I, 43), quod post vocationem Philippi die tertio, ab hac videlicet ejus vocatione nuptiæ factæ sunt, ad quas Jesus et discipuli ejus convocati fuerunt. Quod autem Dominus ad nuptias venire dignatus est, et eas tam præsentia sui, quam beneficio miraculi decorare, eorum hæresim patenter damnat qui nuptias damnant. Sunt nonnulli clericorum, qui hoc ipsum Domini factum in exemplum trahentes, moleste sustinent, et graviter ferunt, quod ad convivium nuptiarum sanctorum auctoritas Patrum parcere decrevit atque inhibere, non quidem attendentes Dominus qua illud ratione gesserit, et quod opportune hoc etiam postmodum interdictum sit. Non ut carnalibus escis se compleret, venit quippe ad nuptias Dominus, qui nulla tentatione commoveri poterat, sed ut præsentia sui magis sanctificaret, et ipsum, de nuptiis, ut dicitur, sponsum magnitudine miraculi ad se traheret, et nuptiarum copulam non esse improbandam, virgo ipse probaret. Si quis igitur clericorum tantæ opportunitatis occasionem se habere confidit, accedat in-

(92-95) Serm. 264, Patr. t. V, col. 1079.

trepidus : gerat quæ Christus, et ei indulgemus. Cum autem vita hominis tentatio sit, et inter epulas maxime sobrietas pereat, honestas periclitetur, luxuria convalescat : tanto hæc convivia amplius vitanda sunt, quanto eorum vitam in virtutibus præminere decet. Quod vero aquis in vinum conversis convivas Dominus refecit, patenter ostendit nequaquam ex indigentia cibi se ad nuptias venisse, sed quasi more illorum qui symbola conferunt plus illic posuisse, quam sumpsisse. Ipse quippe est, qui nihil gratis accipit, teste Apostolo qui ait : *Beatius est dare magis quam accipere (Act. xx, 35).*

Quantum igitur præsenti solemnitati universa debeat Ecclesia, ex his quæ dicta sunt attendat. Magos primitias gentium nova hodie stella quasi quodam prædicationis modo ad fidem convertit, et ad Christum adduxit. Unde nos qui de gentibus vocati venimus, hanc præcipue festivitatem tanquam nostræ conversionis exordium celebremus. In baptismo etiam Christi ipsum totius christianitatis initium nobis commendatum veneremur. Honor denique nuptiis exhibitus per ipsum, magnum est solatium infirmitati conjugatorum. Bene omnia fecit, et benedictus in sæcula sit. Amen.

SERMO V.

IN PURIFICATIONE SANCTÆ MARIÆ.

Cum essemus parvuli, Apostolus ait, *sub elementis mundi eramus servientes. At, ubi venit plenitudo temporis, misit Deus Filium suum, factum ex muliere, factum sub lege; ut eos qui sub lege erant redimeret, ut adoptionem filiorum reciperemus. Quoniam autem estis filii Dei, misit Deus Spiritum Filii sui in corda nostra clamantem : Abba, Pater. Itaque, jam non est servus sed Filius. Quod si Filius, et hæres per Deum (Galat.* iv, 3). Quanta perfectione doctrinæ pariter et vitæ Christiani debeant præminere, præsens Scripturæ locus patenter insinuat, plenitudinem temporis gratiæ ab imperfectione præcedentium temporum et perfectionem Evangelii ab inchoatione distinguens legis. *Cum essemus,* inquit, *parvuli,* etc. Tota hæc Epistola quæ Galatis scripta est, ad eos specialiter intendit, qui de Judaismo conversi, pristinum onus legis reducere volebant, non arbitrantes sufficere ad salutem evangelicæ doctrinæ perfectionem. Quibus se connumerans Apostolus tanquam similiter conversus ait : *Cum essemus parvuli,* etc. Constat parvulos, cum ad disciplinam litterarum applicantur, prius litteralium elementorum figuras vel pronuntiationes addiscere, quam integras orationes valeant formare. Elementa itaque mundi hoc loco dicuntur imperfecta documenta legis, quæ carnali populo et amatoribus mundi, tam doctrina quam vita parvulis, primo per Moysem lata est. Ut enim ad Hebræos idem Apostolus scribit : *Nihil ad perfectum adduxit lex (Hebr.,* vii, 19), sed quod illius imperfectioni ad consummationem justitiæ defuit, abundantia supplevit Evangelii.

Unde et Novum Testamentum discipulis Dominus tradens : *Nisi abundaverit,* inquit, *justitia vestra,* etc. (*Matth.* v, 20). Bene etiam documenta legis rudi populo data, litteris comparantur potius quam dictionibus, vel orationibus. Litteræ quippe carent significatione. Et intellectus legis tanquam litteræ occidentis mysticis obumbratus verbis, rudi illi populo non patuit. Verba itaque legis quasi litteras Judæi habuerunt, quia in eis spiritales et mysticos sensus non intellexerunt, in quibus præcipue utilitas consistit intelligentiæ. Quæ quidem spiritalis intelligentia legis *spiritus vitæ* est *in rotis (Ezech.* 1, 20), sine qua lex ipsa litteræ comparatur occidenti. Qui enim solo litteræ sensu contenti sunt, et in hoc justitiæ finem sibi constituunt, ipsam sibi litteram in mortem convertunt. Ut enim beatus meminit Hieronymus : « Timere servorum est, amare filiorum. » Sub elementis istis serviunt qui timore pœnarum in lege constitutarum, cum dicitur : *Dentem pro dente,* etc.. (*Exod.* xxi, 24), ad obedientiam coguntur ut servi, non amore ducuntur ut filii. Unde et post modum ipse Apostolus duo Testamenta per Agar ancillam, et Saram liberam distinguens, illud in servitute, istud in libertate declarat populum Deo generare, et quasi ad obediendum ei creare. Unde et illud servitutis, hoc Testamentum dicitur libertatis : illud timoris, hoc amoris : illud inchoationis, hoc perfectionis. De qua nunc perfectione subjungit : *At, ubi venit plenitudo temporis (Galat.* iv, 24). Plenitudinem temporis perfectam mundi ætatem dicit, post illud tempus parvulorum quod præmisit. Non enim jam parvuli vita vel doctrina Christiani dicendi erant, sicut illi fuerunt. Dicitur etiam plenitudo temporis consummatio eorum, quæ promissa fuerant de adventu Christi. Quale est illud Jacobi patriarchæ : *Non auferetur sceptrum de Juda,* etc. (*Gen.,* xlix, 10). Et illud in Daniele (*Dan.,* ix, 24) de numero hebdomadum annorum, et de institutionis defectu vel sacrificii, quando inungetur Sanctus sanctorum. Hæc ergo plenitudo quasi quidam est defectus legis, ut cum ritus ejus deficeret, et Moyses defunctus esset, Evangelium legi, et verus Josue succederet Moysi, ut consummarentur in istis quæ incœpta fuerant in illis. *Ubi venit,* inquit. Nam etsi Deus quod promittit differat, nullatenus tardat, sed singula tempora sic disponit, ut in eis peragat quod promittit. Hinc et Habacuc dicit : *Si moram fecerit, exspecta eum, quia veniens veniet, et non tardabit (Habac.,* ii, 3). Longe ante adventum Christi, de ipso promissum id fuerat. Aliud est itaque moram facere, aliud tardare. Moram quippe facere est differre per aliquod temporis spatium quod faciendum est. Tardare vero proprie dicitur, cum differtur aliquid, quando debere fieri videtur. Deus itaque, etsi differat implere quod promittit, tardare nullatenus potest; quia non segnius id agit quam debet. Quod patenter et in geminatione illa monstratur qua dicitur : *Quia veniens veniet,* hoc est, indilate et absque impedimento, cum opportunerit, id aget. Sollicitus de nostra salute Dominus non tardat implere promissum, prout nobis judicat necessarium. Utinam sic et de illa solliciti, ad obediendum sine tarditate essemus prompti !

Misit Deus Filium suum, videlicet Pater. Pater quippe, sicut a nullo est, sic a nullo mitti potest. Filius vero, vel Spiritus sanctus ab illo mitti ad nos dicuntur, cum aliquid pro nobis vel in nobis agunt : quia, sicut ab ipso habent esse, ita et ab ipso quod faciunt habent facere. Quod et patenter Filius tam de ipso quam de Spiritu profitetur, dicens : *A me ipso non loquor*, vel : *A me ipso facio nihil* (Joan. XIV, 10). Et rursum de Spiritu : *Non enim loquitur a semetipso* (*ibid*. XVI, 13). *Suum*, inquit, hoc est proprium et consubstantialem, non adoptivum. *Factum ex muliere*, quia temporalem secundum humanitatem, quam assumpsit de matre qui natus est; non factus secundum æternitatem, quam habet ex Patre. Quidam hoc loco natum ex muliere potius quam factum ex muliere dicunt. Sed diligentius Apostolus factum quam natum hoc loco dixit, ut hanc nativitatem ab illa, quæ de Patre est, patenter distingueret, cum eam temporalem his verbis ostenderet. Beda super Lucam : *Beatus venter qui te portavit*, etc. (*Luc*. XI, 27). Neque enim audiendi sunt qui legendum putant, *natum ex muliere, factum sub lege*, sed *factum ex muliere*. In utero virginali carnem non de nihilo, non aliunde, sed materna traxit ex carne. Alioquin, nec Filius hominis diceretur, qui originem non haberet ex homine. Ne parum videretur pro nobis actum ad humilitatis exemplum, quòd de inferiori sexu Dominus est incarnatus, additur quod etiam sub lege factus, hoc est, obedientiam legis non necessitate, sed dispensatione complens. Non enim in eo erant peccata, cui legis sacramenta essent necessaria. Circumcisus tamen est more aliorum, et cum hostiis templo præsentatus, et more feminarum mater ejus purificationem observavit legalem, in qua nihil purificandum fuerat purgandum. Quæ enim virgo de Spiritu sancto concepit et peperit, nihil legi debebat in ritu purificationis.

Quod igitur evangelista dicit : *Dies purgationis ejus* (*Luc*. II, 22), in qua, ut dictum est, nihil culpæ purgandum fuerat in lege, ritum, non effectum purgationis, purgationem vocavit. Qui profecto ritus in lege sancitus, cum his tantum mulieribus injungatur, quæ suscepto viri semine pepererunt, patenter ostenditur, nequaquam subjacere huic legi, quæ virgo concepit et peperit. Quod insuper dicitur, *adaperiens vulvam* (*ibid*., 23), nihil ad eam pertinere censetur, cujus integritas nulla est apertione dissoluta. Ille quippe clauso utero matris est natus, qui clausis januis, postmodum ad discipulos est ingressus. Sic ergo mater, sicut et Filius, legem in sacramentis tenuit, non aliqua, ut dictum est, necessitate, sed magna humilitatis dispensatione. Nec solum sub lege divina obtemperando facti sunt, verum etiam sub humana. De matre quippe legimus, quod cum viro profecta est Bethlehem, ut persolvendi census Cæsaris susciperet legem : ac sub illa profectione cum ibi morarentur, ipsa peperit unigenitum. Qui etiam postmodum non solum, ut dictum est, legi Dei, sed etiam legi obtemperans mundi, censum Cæsari persolvit, quem et persolvere cæteros admonuit, dicens : *Reddite quæ sunt Cæsaris Cæsari, et quæ sunt Dei Deo* (Matth. XXII, 21). Scriptum in Matthæo : *Cum venissent Capharnaum, accesserunt qui didragma exigebant ad Petrum, et dixerunt : Magister vester non solvit didragma ? At ille : Etiam. Et cum intrasset in domum, prævenit eum Jesus, dicens : Quid tibi videtur, Simon ? reges terræ a quibus accipiunt tributum vel censum, a filiis suis an ab alienis ? At ille dixit : Ab alienis. Dixit illi Jesus : Ergo liberi sunt filii. Ut autem non scandalizemus eos, vade ad mare et mitte hamum. Et eum piscem qui primus ascenderit tolle : et aperto ore ejus, invenies staterem : illum sumens, da eis pro me et pro te* (*Matth.* XVII, 23 seq.).

Bene ergo factus sub lege dicitur, qui cum nihil penitus legi deberet, sub lege tamen tam Dei quam sæculi sese humiliavit, et Filius Dei pariter et hominis tam Deo quam homini se per legem subjecit : ne quis forte per elationis timorem, cujuscunque potestatis contemneret prælationem. Ecce, fratres, a censu vel tributo sæcularium potestatum liberos non absolvit, qui sibi libertatem vindicare voluit. Filii hominum sumus, et de servili conditione, vel vilissima plebe Deo nos ipsi mancipavimus, et propitios in hoc terrenos dominos habuimus, qui cum suæ dominationis dispendio manumissos dedicaverunt Deo, et ejus dominium prætulerunt proprio. Ipsi domini nostri, cum ante nos venerint, submissis capitibus habitum nostrum venerantes, Deum in nobis adorant. Securi jam supplicationem illorum suscipimus, ad quorum conspectum prius trepidabamus. Tanquam dominos suos ipsi nos recognoscunt, quorum grave dominium fugientes, necessitate magis quam voluntate hanc fortasse libertatem elegimus. A lege sæculi et intolerabili jugo liberati, illius suave jugum et onus leve suscepimus, cui servire regnare est. Magna hæc dignitas, et egregia libertas, si non tam corporalis sit quam spiritalis, nec tam servitutem hominum fugiamus quam vitiorum. Non enim turpe est aut damnosum hominibus servire, sed vitiis ; nec istam tollere servitutem, sed illam Dominus venit. Quem nec Apostolus dicit sub lege factum, ut eos qui sub lege erant redimeret. Quid est hoc, fratres, quod legis suscepit, et sic onus ab eo liberavit, et ut nobis parceret, sibi non pepercit? Quæ ista, quæso, vel ratio fuit, ut non in se illam prius exaggeraret, et sic postmodum proprio exemplo nos ab ea liberaret? Attendite ergo summi consiliarii summum consilium, et supernæ sapientiæ magnum providentiæ profundum. Certe, si legis onus suscipere renuerit, de qua ipse ait : *Usque ad Joannem lex et prophetæ* (*Luc*. XVI, 16), videretur eam

SERMO V.

tanquam non a Deo datam improbare, nec tam eam pro ejus inutilitate, quam pro difficultate præceptorum a se removere. Unde illud est in homelia Joannis episcopi de proditione Judæ : *Ubi vis paremus tibi manducare pascha?* (*Marc.* xiv, 12.) Non illud quod nostrum est, sed Judæorum. Illud quidem discipuli præparabant, istud autem quod nostrum est ipse constituit. Sed ipse factus est pascha. Et cur illud manducavit? Quia omnia quæ legis sunt adimplevit. Nam quando baptizabatur dicebat : *Sic enim decet nos implere omnem justitiam* (*Matth.* iii, 15). Item, Deus Filium suum misit natum de muliere, factum sub lege, ut eos qui sub lege erant redimeret, et ipsi legi requiem daret : et ut nemo dicat quia ideo eam evacuavit, quia eam complere ut molestam et arduam non valuit, ipse prius eam complevit, et sic fecit requiescere.

Factus est itaque sub lege, ut sic competentius nos liberaret a lege, et de servitute legis in libertatem transferret Evangelii, et de timore servorum in amorem traduceret filiorum. Liber quippe est, quem timor ad serviendum non cogit, sed ad obediendum amor spontaneum facit. Quæ duo diligenter idem Apostolus attendens, et libertatem filiorum, quorum perfecta charitas foras mittit timorem, a conditione servorum distinguens, quodam loco Romanis scribit : *Non enim accepistis spiritum servitutis iterum in timore, sed accepistis spiritum adoptionis in quo clamamus : Abba, Pater* (*Rom.* viii, 15). Et in hac ipsa Epistola : *Vos*, inquit, *in libertatem vocati estis fratres : tantum ne libertatem in occasionem detis carnis, sed per charitatem servite invicem. Omnis enim lex in uno sermone impletur : Diliges proximum tuum sicut teipsum* (*Galat.* v, 13). Attendite, fratres, quod cum dixisset : *In libertatem vocavit nos Deus*, statim adjecit, *tantum ne libertatem detis in occasionem carnis*. Tanquam si diceret : Hoc unum in hac obedientia libertatis providentes, ne forte quia legis pœnam non timemus, occasionem de impunitate sumentes, securius carni serviamus, et libertas corporalis deleat spiritalem. Quam et alibi præveniens occasionem, Romanis dicebat : *Peccatum vobis non dominabitur. Non enim sub lege estis, sed sub gratia. Quid ergo ? Peccabimus, quoniam non sumus sub lege, sed sub gratia? Absit ! Nescitis quoniam cui exhibetis vos servos ad obediendum, servi estis ejus, cui obeditis, sive peccati ad mortem, sive obeditionis ad justitiam?* (*Rom.* vi, 14.) Quibus patenter verbis dedecorosam et damnosam inhibet servitutem peccati, qui hominibus servire sæpe jubet. Quale est illud : *Omnis anima sublimioribus potestatibus subdita sit. Non est enim potestas nisi a Deo* (*Rom.* xiii, 1.) Et rursum : *Servus vocatus es ? non sit tibi curæ : sed si potes liber fieri, magis utere. Qui enim in Domino vocatus est, servus est; Christi pretio empti estis, nolite fieri servi hominum* (*I Cor.* vii, 21). Quo enim expeditius Deo deservire possimus, minus hominum servitutem appetere debemus. Quam utique si jam incurrimus, injustum est ut œquum eis servitium subtrahamus, cum quo servitus Christi humilius conservatur. Hinc iterum dicit : *Servi, obedite dominis carnalibus cum timore et tremore in simplicitate cordis vestri sicut Christo : non ad oculum servientes, quasi hominibus placentes; sed ut servi Christi, facientes voluntatem Dei ex animo, cum bona voluntate servientes sicut Domino, et non hominibus* (*Ephes.* vi, 5.) Cum enim propter Deum homini servitur, Deo magis quam homini servitium impenditur. Unde scriptum est : *Dominum Deum tuum adorabis, et illi soli servies* (*Deuter.* vi, 13). Quod ut liberum possit esse servitium, ipse Dominus sub lege factus nos a servitute legis redemit, ut adoptionem filiorum reciperemus. Filius Dei, fratres, facere venit, et ut nos in filios sublimaret de servis. Unde et evangelista meminit dicens : *In propria venit, et sui eum non receperunt. Quotquot autem receperunt eum, dedit eis potestatem filios Dei fieri* (*Joan.* i, 11, 12). Propter quam causam, ut hic idem Apostolus ad Hebræos scribit, non confunditur fratres eos vocare, dicens ad Patrem : *Nuntiabo nomen tuum fratribus meis* (*Hebr.* ii, 12). Et in Evangelio ad Mariam loquitur : *Vade ad fratres meos, et dic eis : Ascendo ad Patrem meum et Patrem vestrum, Deum meum et Deum vestrum* (*Joan.* xx, 17). Qui et omnino servorum nomen a filiis removens juxta illud Isaiæ : *Et servos suos vocabit alio nomine* (*Isai.* lxv, 15), ait illis : *Jam non dicam vos servos, sed amicos* (*Joan.* xv, 15).[1] Hoc quippe sunt amici Christi, quod filii Dei, amore justitiæ magis quam timore pœnæ Deo subjecti. Hæc vera libertas de qua ipsemet dicit : *Si vos Filius liberaverit, vere liberi eritis* (*Joan.* viii, 36). Moyses quanquam fidelis in domo Dei, sicut ipse Apostolus Hebræis scribit, tamen famulus ejus, non filius erat, nec liberare potuit qui servitutem legis attulit.

Christus vero factus pro nobis maledictus, sicut factus sub lege, nos a maledicto legis, et ejus intolerabili jugo, quod suscepit, absolvit. Factus est pro nobis maledictum secundum legem, dum ignominiosum crucis patibulum sustinuit, quod in maledictionem, hoc est pœnam reorum, maximeque blasphemorum lex instituerat. Hanc ergo legis maledictionem, hoc est pœnam subiens, ab universo legis maledicto nos absolvit, ut jam nemo nostrum quidquid delinquat, propter præceptum legis debeat puniri; magisque sæculi leges ad vindictam malorum sunt reservatæ, quam lex divina, et instituta Cæsaris potius quam Dei : ne videlicet superbus ille Judæorum populus habeat aliquid unde possit gloriari. Has tamen sæculi leges nequaquam jussas, sed permissas Christianis intelligimus, ut misericordiæ locus reservetur. Quod nequaquam in lege licebat, quæ ad vindictas omnes ex præcepto cogebat, cum nullum vindictæ præceptum, sed misericordiæ tantum Novum habeat Testamentum, nec timore pœnæ, sed amore justitiæ malitiam reprimit. Nemo quippe tam innocens est dicendus, qui timore, non voluntate a malo cessat, magisque animi quam corporis esse malitia est dicenda; sicut virtutes vel vitia ad animum tantum, non ad corpus pertinent. Ut ergo veros innocentes Christus efficeret, necessitatem in voluntatem, et timorem convertit in amorem. Quem videlicet amorem per hoc plurimum ampliavit, atque ad perfectum duxit, quod onus legis voluit suscipere, a quo nos venerat liberare : tanquam per hoc nobis propitius magis factus quam sibi. Unde nunc recte dicitur, sub lege factus, qui legi non erat obnoxius, ut a servitute legis redimeret, quos in Dei filios adoptaret. Ipse quippe unigenitus Dei solus ejus est filius naturalis atque consubstantialis, cujus summa bonitas, cum fratres habere non posset proprios, quaesivit adoptivos; nec solus haereditatem Patris habere voluit, qui cohaeredes sibi fecit. Quomodo autem hanc adoptionem filiorum Deus compleret, post missionem Filii adnectit Apostolus missionem Spiritus sancti · ut nihil Pater consubstantiale habuerit quod nobis per gratiam non impertierit, tam videlicet proprium Filium quam Spiritum sanctum ad nos dirigens. Et de Filio quidem ipse Apostolus ad Romanos dixerat : *Si Deus pro nobis, quis contra nos? Qui etiam Filio suo proprio non pepercit, sed pro nobis omnibus tradidit illum, quomodo non etiam cum illo omnia nobis donavit?* (*Rom.* VIII, 31.) Tanquam si diceret : Qui post tantum donum noluit dare donum. Nunc vero cum dicitur non solum Filius, sed et Spiritus ad nos missus, maxima circa nos divinae bonitatis sollicitudo monstratur, qui nihil proprium habuit per naturam, quod non communicaret nobis per gratiam. Misit primo Filium suum, hoc est coaeternam sibi sapientiam, cujus doctrina nos instrueret, ubi salutis summa consisteret. De quo et alibi scriptum est : *Erat lux vera, quae illuminat,* etc. (*Joan.* I, 9). Misit et Spiritum sanctum, hoc est sui castum nobis infudit amorem, quo sincere eum diligeremus propter ipsum, nec tam in eo commoda nostra quam ejus gloriam, et honorem quaerentes.

Hunc Spiritum et ipse Filius tanquam suum dedit. Unde et discipulis insufflans ait : *Accipite Spiritum sanctum* (*Joan.* xx, 22). Hunc et ipse qui misit, ait : *Cum assumptus fuero, mittam eum ad vos* (*Joan.* VII, 16). Hic amor cum nos voluntarie operari facit quod Filius docuit, nos adoptat in filios, quos timore poenae non constringit ut servos. Unde nunc dicitur : *Quoniam nunc estis,* hoc est ad efficiendum id quod jam estis, missus est Spiritus, hoc est, charitas Dei diffusa est in cordibus nostris. *Spiritum,* inquit, *Filii sui,* ut sicut ille naturalis Filius per dilectionem Patris obtemperat, factus obediens usque ad mortem, sic et nos adoptivi pro nostro faciamus modulo. *Clamantem Abba,* hoc est recognoscere firmiter nos facientem, quod eum magis pro Patre quam pro Domino habeamus, reverentia filiali, non timore servili obedientes. *Abba,* Hebraicum nomen vel Syrum, id est quod Graece vel Latine *pater* dicitur. Ne igi-

tur haec filiorum adoptio ad solos eos pertinere videretur, quibus de Judaismo conversis superius dixerat : *Cum essemus parvuli,* etc., ponit diversa nomina linguarum, quibus nunc in diversis terris invocatur Deus, qui prius in Judaea tantum habebatur notus. Itaque, quia videlicet Spiritum Filii sui nobis dedit, jam non est aliquis nostrum servus per Deum, quia neminem jam cogit obedire timore poenarum, sed amore spontaneos ducit : *Quod si filius,* inquit, *et haeres.* Servus quippe non manet in domo in aeternum, nec perpetuam haereditatis possessionem meretur, quamvis non omnino mercede privetur. Scimus et Judaeos nullam de obedientia sua in coelestibus promissionis remunerationem accepisse, sed tantum abundantiam terrenorum in mercedem eis constitutam esse, quos timor servos, non amor faciebat filios. Ut autem nos homines efficeret filios Dei, et cohaeredes suos in regno Patris, id est Dei filios, fieri dignatus est Filius hominis, ut nostrae particeps infirmitatis communicaret nobis suae fortitudinem aeternitatis, et cum ad ima descenderet, nos ad sublimia sublevaret. Felix commercium nobis, Domine, non tibi, participans nostra, communicans tua, infirmus factus, ut nos fortes efficeremur.

In hujus tantae gratiae typum, qua de Adam secundo fuerat Ecclesia formanda, de costa primi Adae ita est femina creata, ut pro costa Dominus nequaquam in vero costam reportaret, sed pro costa carnem suppleret. Quid enim costa, quae est osseae naturae, nisi fortitudinem, vel quid caro mollis nisi debilitatem figurat? Cum ergo de costa viri mulier creatur, et caro pro costa suppletur, unde vir infirmatus est, inde femina fortis facta est : quia nostrae infirmitatis in Christo susceptio nostra facta fortitudo, et unde ille est infirmatus, nos fortes, ut dictum est, facti sumus. Et haec quidem costa de Adam dormiente in mulierem est traducta, quia memoria Dominicae passionis ad omnia pro ipso toleranda, fortes nos facit, et unde ipso pro nobis obdormivit in morte, inde nos in praeceptis suis facit vigilare, tanquam illud semper cum Propheta dicentes : *Quid retribuam Domino, pro omnibus quae retribuit mihi? Calicem salutaris accipiam, et nomen Domini invocabo* (*Psal.* CXV, 12). Calicem salutaris accepit, qui passioni communicat Christi. Ex qua et ipse Jesus, hoc est Salutaris sive Salvator est dictus, quia per eam nos salvavit, quam sustinuit. In hoc maxime Christo pro nobis mortuo vicem reddimus, dum usque ad mortem pro eo dimicamus : illud totum implentes quod possumus. Unde et ipsemet ait : *Majorem hac dilectionem nemo habet, ut animam suam ponat quis pro amicis suis* (*Joan.* xv, 13). Sed, quia haec virtus non est ex nobis, ipse est invocandus ut hanc nobis conferat, qui exemplo suae passionis nos ad eam invitat. Ipse nomen dicitur Dei, qui plenam ejus notitiam mundo attulit. Nomine quippe suo res quaelibet declaratur, et quodammodo dignoscitur. Quaedam nobis tribuit

Deus, quædam retribuit. Nos vero nihil ei possumus tribuere, sed nonnihil retribuere. Ipse quippe est, qui operatur in nobis et velle et perficere pro bona voluntate. Ipse nos prævenit ut velimus; ipse nos subsequitur ut possimus; et ipsam voluntatem quam inspirat, adjuvat ne deficiat, voluntatem qua mereamur gratis tribuit, et ipsa merita, quæ in nobis efficit, remunerat retributione mercedis. Non enim in nobis remunerat, nisi dona sua, ut tam meritum quam retributio non ex nobis sit, sed ex se nobis ipso. Ipse nobis tribuat per quod mereamur, cujus est retribuere cum meruerimus. Ipse nos offerat Patri suo, cui hodierna die cum nostræ carnis substantia præsentatus est in templo. Ipse quod fidelibus promisit, in nobis compleat; unusquisque nostrum qui eum exspectat, cum beato Simeone dicere queat : *Nunc dimittis, Domine, servum tuum in pace (Luc.* 11, 29). Amen.

SERMO VI.

IN SEPTUAGESIMA.

Ecclesiastes ad hujus vitæ vanitatem et inconstantiam contemnendam nos adhortans ait : *Omnia tempus habent, et suis spatiis transeunt universa sub cœlo (Eccle.* III, 1). Et post aliqua, quid nobis in hac mutabilitate et incertitudine vitæ sit faciendum vel exspectandum supponit, dicens : *Tempus flendi, et tempus ridendi. Tempus plangendi et tempus saltandi* (*ibid.*, 2). *Omnia,* inquit, *sub cœlo tempus habent,* hoc est temporaliter mutantur, et more temporis incessanter defluunt. *Sub cœlo,* inquit, non super cœlum : quia hic vanitas, ibi veritas : hic defectus, ibi perennitas : hic incerta prosperitas et miseriæ semper lætitia permista, ibi sicut indeficiens, ita et inæstimabilis felicitas. *Suis,* inquit, *spatiis universa transeunt* (*ibid.*, 1), quia quo majus spatium vitæ quilibet habuit, tanto brevius est habiturus, et singulorum vita quanto longior exstitit, tanto brevior est futura, et suis incrementis semper ad defectum properat. Id quoque ipsum, quod vita dicitur, ita miseriis est implicitum, ut mors potius quam vita sit dicendum ; defectus, non profectus sit appellandum : nocti potius quam diei, mœrori magis quam gaudio sit comparandum. Quod philosophi mundi, mundum maxime contemnentes, adeo censuerunt, ut cum se multis annis vixisse cernerent, eos tantum dies ascriberent vitæ suæ, quos se sine molestia recordabantur egisse : vix in centum annis invenientes duos dies, quos ipsi morientes sepulturæ suæ titulo inscriberent, cum dierum vitæ numerum assignarent. Jacob patriarcha, verior Dei philosophus quam mundi, interrogatus a Pharaone quot vitæ dies haberet, cum rex eum conspiceret longævum, respondit : *Dies peregrinationis vitæ meæ centum triginta annorum sunt (Gen.* XLVII, 9). In qua quidem interrogatione vel responsione diligenter nobis intuendum est, quod cum homo gentilis, quasi veræ vitæ ignarus, de diebus vitæ requireret, nequaquam homo sanctus vitam istam reputans vitam suam, peregrinationem vitæ potius quam vitam censuit appellandam esse. Ut enim Apostolus ait : *Dum sumus in corpore, peregrinamur a Deo,* (II *Cor.* V, 6), et per exsilium properamus ad patriam, et quasi per mortem festinamus ad vitam. Quibus idem alibi Apostolus ait : *Si consurrexistis cum Christo, quæ sursum sunt quærite, ubi Christus est ad dexteram Dei sedens : quæ sursum sunt sapite, non quæ super terram. Mortui enim estis, et vita vestra abscondita est cum Christo in Deo (Coloss.* III, 1). Abscondita, inquit, est vita fidelium, sicut manifesta vita reproborum, qui hoc exsilium pro patria ducunt, et quasi concives jumentorum, tam corpore quam mente in terram proni, nequaquam quæ sursum sunt quærunt, nec concives esse satagunt angelorum. Terra quippe ista brutis animalibus pro patria, et vita præsens eorum est propria, ad quam solam ipsa constat esse creata tam corpore quam anima hic desitura. Horum igitur recte concives dicendi sunt, qui sensibus magis quam ratione reguntur, et cœlestium obliti ad quæ sunt conditi, solis inhiant terrenis, pecudes magis quam homines vocandi. Qui tanto ardentius vitæ hujus amaritudinem appetunt, quanto futuræ dulcedinem minus advertunt. Ad quam ille vehementer suspirabat inter regias epulas, qui dicebat : *Quam magna multitudo dulcedinis tuæ, Domine, quam abscondisti timentibus te!* (*Psal.* XXX, 20.) Timentibus Deum potius quam mundum, et animæ magis quam corporis damnum. Hæc dulcedo dicitur abscondita, tanquam eis solis in futurum reposita et reservata, non pro reprobis communicanda.

Hoc illud est manna absconditum quod in Apocalypsi legimus a Domino fidelibus promissum : *Vincenti,* inquit, *dabo manna absconditum (Apoc.* II, 17), hoc est cœlestis panis refectionem. In cujus typum corporale manna refecit in deserto populum, cujus satietatem is quoque, ut diximus, confidenter exspectabat cum diceret : *Satiabor cum apparuerit gloria tua (Psal.* XVI, 15). Quibus utique hic se semper esurire demonstrat, ut ibi satiari mereatur, juxta illud Veritatis : *Beati qui nunc esuritis, quia saturabimini (Luc.* VI, 21). *Cum apparuerit,* inquit, *gloria tua, satiabor,* quia cum de ipsa visione, quæ nunc latet, me refeceris, nihil superest requirendum, quousque donec perveniam; quantiscunque interim deliciis affluam, semper mendicum me recognoscam. Qui et alibi ad patriæ suæ beatitudinem totis votis anhelans, et vitæ præsentis exsilium deplorans, ingemiscit dicens : *Heu mihi! quia incolatus meus prolongatus est : habitavi cum habitantibus Cedar; multum incola fuit anima mea (Psal.* CXIX, 5). Tanquam si diceret : Væ mihi peregrinanti in hujus exsilio vitæ, et tam tarde ad patriam venienti! Quid enim est incolatus, nisi peregrinatio extra proprium solum? Unde et exsilium meminimus dictum. Prolongatum itaque suum dolet incolatum, quia præsentem vitam, qua, dum sumus in corpore, peregrinamur a Deo, et tanquam exsules patriæ desideramus, qui, ut ait Apostolus, *non habemus hic manentem civitatem, sed futuram inquirimus (Hebr.* XIII, 14); sicut et ipse qui dicebat : *Cupio* [*Vulg.* desiderium habens] *dissolvi, et esse cum Christo* (*Philipp.* I, 23), gravius sustinemus, et longiorem quam vellemus esse, cum quærimus quanto ad illam, quæ sine fine est, citius pervenire cupimus. Nec solum hanc vitam peregrinationi, verum etiam tenebris comparans, quo graviorem eam demonstret : *Habitavi*, inquit, *cum habitantibus Cedar* (*Psal.* CXIX, 5), hoc est cum his qui in tenebris commorantur. Cedar quippe interpretatur *tenebræ*. Et comparatione supernæ claritatis, tenebræ dicendus est status vitæ præsentis, et nox potius quam dies appellandus. Unde et longæ peregrinationis gravamen replicans, adhuc ingemiscit dicens : *Multum incola fuit anima mea* (*ibid.* 6). Ac si aperte dicat : Multum hic et diu me peregrinari doleo, qui alibi patriam recognosco.

In cujus profecto peregrinationis et patriæ figuram ipse Israelitici populi longe postmodum per Babylonios captivati deplorationem describens, ait : *Super flumina Babylonis illic sedimus, et flevimus, dum recordaremur Sion. In salicibus in medio ejus suspendimus organa nostra*, etc. (*Psal.* CXXXVI, 1 et seq.). Duæ quippe sunt electorum et reproborum civitates, quæ hoc loco sub specie Jerusalem et Babylonis describuntur. Altera hic prosperatur, quæ reproborum est, et Babylonia dicitur. Altera hic jugiter per illum afflicta tanto amplius ad supernæ pacis visionem anhelat, quanto graviores pressuras hic tolerat. De hac itaque vita fideles ad supernam mentis oculos erigentes, et tanquam de exsilio ad patriam suspirantes, et de captivitate Babylonica liberati, ad libertatem civitatis suæ Jerusalem semper anhelant hi, quorum nunc persona psalmus iste compositus, ipsos ad modum exsulum deplorantes inducit, cum ait : *Super flumina Babylonis*, etc. Flumina Babylonis vitia sunt, quibus consentiendo si quis ea intraverit, ad Babyloniam, id est confusionem defluit, quia damnationem incurrit. Habet quoque civitas electorum propria flumina, de quibus scriptum est : *Fluminis impetus lætificat civitatem Dei* (*Psal.* XLV, 5). Et rursus : *Qui credit in me, sicut dicit Scriptura, flumina de ventre ejus fluent aquæ vivæ* (*Joan.* VII, 38). Ad differentiam igitur horum bonorum fluminum, noxia flumina sunt Babylonis dicta, sicut est gulositas, luxuria, avaritia, et his similia. Quæ utique tanquam flumina Babylonis fideles attendentes, nequaquam hæc per consensum intrant : sed quasi desuper sedendo premunt, dum eorum motus quasi quosdam intumescentes fluctus in seipsis reprimunt, contrariis virtutibus quasi quibusdam navigii remis ipsos ne prævaleant contendentes. Sic igitur super flumina pestifera sedentes, quæ tanquam obstaculum et impedimentum maximum ad transitum patriæ conspiciunt more captivorum, in recordatione illius a qua se adhuc differri dolent, flere memorantur,

cum dicitur : *Et flevimus, dum recordaremur tui, Sion.*

Sion mons est, in quo civitas Jerusalem sita est. Per hunc ergo montem celsitudo supernæ patriæ, in qua est Jerusalem, id est continua visio veræ pacis, exprimitur. Cujus desiderio fideles accensi ad illam jugiter quasi flentes suspirant, et de hac valle lacrymarum tanquam de captivitate Babylonica, quo amplius conscendere cupiunt, differri ab illa gravius gemunt. Ordo congruus prius sedere super flumina, et postmodum fletus referuntur lamenta, quia nemo dum vitiis subjicitur, et voluptatibus subjugatur, erigere se per desiderium ad supernam valet civitatem : nec nisi prius a malo declinemus, bonis faciendis operam damus. Quantum autem voluptates sæculi fugiant electi, ne libidinibus depressus animus minus se attollere ad superna valeat, sequentia declarant : *In salicibus*, inquiunt, *in medio ejus suspendimus organa nostra* (*Psal.* CXXXVI, 2). Salices infructuosæ sunt arbores, et in humidis locis abundant, ubi diabolus, quasi sus immunda, volutatur et quiescit; qui loca inaquosa perambulans requiem non invenit. Unde bene in descriptione Behemot dicitur : *Sub umbra dormivit in secreto calami, in locis humentibus* (*Job.* XL, 16). Infructuosæ itaque reproborum mentes, in fluxu carnalium voluptatum radicatæ, salices sunt in medio Babylonis plantatæ, et carnalis concupiscentiæ vitiis irretitæ, atque in profundo vitiorum, quod Babylonis intelligatur medium, jam submersæ. Inter tales electi conversantes, quandiu præsens vita tanquam area quædam grana simul continet et paleas, suspendunt organa sua ; dum fletibus magis et lamentis vacantes, a canticis exsultationis cessant, tam ærumnas suas vel dilationem patriæ, quam aliorum mortem deflentes. Ut autem organa sua inter tales suspendant, hoc est a vocibus gaudii cessent, ne illas in terra maledictionis deponant, quas cœlo potius reservandas judicant, subinferunt : *Quia illic*, etc. Hoc est, qui nos captivaverant, nobis insultantes, et solemnitatum nostrarum celebrationem irridentes, tanquam Deus quem colimus nos de manibus eorum liberare non possit. *Interrogaverunt nos verba cantionum*, hoc est, illudentes improperabant nobis, ut nunc quoque cantaremus more pristino. Ac si aperte dicerent, causam hujus rei manifestam esse, quia vanis canticis illi nos constat deseruisse, de cujus plurimum confitebamur ope. Unde et has laudes divinas non tam cantica quam cantilenas et figmenta quædam judicant appellandas.

Satellites isti prædonesque Babylonici, per quos captivamur, et de amœnitate paradisi, quo quiete vix unus tanquam de terrena Jerusalem in has miserias dejecti sumus, dæmones intelliguntur. De quibus adhuc subditur : *Et qui abduxerunt nos*, hoc est ab illa nos excusserunt amœnitate, dicebant, subaudis : *Hymnum cantate nobis ac canticis*

Sion. Quod est dicere : Laudem illam Dei, quam dicebatis Jerusalem in illis canticis vestris, ad nos convertite : tanquam divino cultu derelicto dæmonibus serviendo, qui subjectis promittunt quæ dare non possunt. Quorum unus in tantam prorupit insaniam, ut ipsi fidelium capiti dicere auderet : *Hæc omnia tibi dabo, si cadens adoraveris me* (*Matth.* IV, 9). Quorum quidem illusioni competenter respondent electi, et eorum electionem manifesta refellunt oratione, dicentes : *Quomodo cantabimus canticum Domini in terra aliena?* (*Psal.* CXXXVI, 4.) Hoc illud est Veritatis documentum, quo fidelibus præcipit : *Nolite sanctum dare canibus, nec margaritas vestras spargatis ante porcos* (*Matth.* VII, 6), quia immundis et irrisoribus divinorum verborum, et more canum ad hoc oblatrantibus, non sunt eloquia committenda divina, ne vilescere videantur irrisa. Terram alienam dicit infidelium vitam a sorte fidelium exclusam, et dæmonibus magis quam Deo subjectam. In hac itaque tam manifesta dæmonum possessione laudes Dei penitus sunt reticendæ, et lamenta potius assumenda quam cantica. Quibus, ut dictum est, lamentis non solum patriæ dilationem in miseriis hujus peregrinationis deploremus, sed magis diabolicas fraudes, per quas tot miseri deluduntur.

Hic tempus flendi nobis debetur, alibi ridendi promittitur. De quo et Ecclesiastes post illa, quæ in exordio sermonis præmisimus, verba, subjecit post aliqua : *Tempus flendi, et tempus ridendi. Tempus plangendi, et tempus saltandi* (*Eccle.* III, 4). Prius inquit flendi sive plangendi, et postmodum ridendi seu saltandi : quia deplorandæ sunt præsentes miseriæ, ut de his liberatis veræ succedant gaudia lætitiæ. Unde et Psalmista : *Qui seminant in lacrymis, in gaudio* [Vulg. *exsultatione*] *metent* (*Psal.* CXXV, 4). Quod per semetipsam Veritas : *Beati qui nunc fletis, quia ridebitis. Beati eritis cum vos oderint homines, et exprobraverint propter Filium hominis : gaudete in illa die, et exsultate. Ecce enim merces vestra multa est in cœlo. Verumtamen væ vobis divitibus, qui habetis consolationem vestram. Væ vobis saturati, quia esurietis. Væ vobis qui ridetis nunc, quoniam lugebitis et flebitis. Væ vobis, cum benedixerint vobis omnes homines* (*Luc.* VI, 24). Et alibi hanc reproborum et electorum sortem distinguens : *Mundus*, inquit, *gaudebit, vos autem contristabimini; sed tristitia vestra vertetur in gaudium* (*Joan.* XVI, 20). Quam mox tristitiam et subsecuturum gaudium in comparationem mulieris parientis conferens, ait : *Mulier cum parit, tristitiam habet. Cum autem perperit puerum, jam non meminit pressuræ propter gaudium* (ibid. 21). Quid enim partus mulieris cum dolore parientis, nisi opera fortia sunt animæ fidelis, quæ per filium magis quam per filiam designantur? Hæc illa sunt fidelium semina de quibus supra meminimus : *Qui seminant in lacrymis*, hoc est in hujus vitæ pressuris tanquam hieme quæ colligant in æstate. Seminemus et nos, charissimi, flentes, quæ metamus ridentes. Ad quod nos præcipue ipsa quoque præsentis temporis institutio admonet, quod in lamentis pœnitentiæ prævenit lætitiam resurrectionis dominicæ. Ubi et illæ speciales gaudii voces : *Alleluia*, etc., *Gloria in excelsis Deo*, subtractæ, mœroris potius quam lætitiæ tempus istud insinuant esse, et planctus magis quam cantici. In quo ad modum captivorum, quos diximus, organa nostra suspendentes, et a canticis cessantes, mœrori magis quam exsultationi vacare nos convenit, semper attendentes exsilium quod sustinemus, et ad patriam suspirantes, ad quam creati sumus. Cujus quidem patriæ felicitas in resurrectione capitis membris est exhibita, sed nondum in ipsis completa. Unde tanto ardentius nos convenit ad illam suspirare, quanto certius in capite novimus hanc completam esse; ut nec post luctum pœnitentiæ perfectis desint dilationis lacrymæ dissolvi cupientibus, et cum Christo esse. Totum itaque tempus vitæ præsentis in lacrymis deducendis vel pœnitentiæ vel dilationis, sicut est prædictum, hoc temporis intercapedo; a præsenti scilicet die usque ad octavas Paschæ, unde ipsa dicta est septuagesima, nobis figurat. Quid enim dies octavus Dominicam resurrectionem subsequens, nisi communem fidelium exprimit resurrectionem? Quæ tanto securius exspectatur a membris, quanto illa certius in capite præcessit. Cujus desiderium ipse sic in nobis semper augeat, ut de hac peregrinatione ad patriam, de hac valle lacrymarum ad supernæ felicitatis trahat gaudium. Amen.

SERMO VII.

IN RAMIS PALMARUM.

Hodierna solemnitas et tanquam imperialis pompæ triumphalis jucunditas, qua Dei Filius regio more a turbis est susceptus, et tanquam filius David recognitus et salutatus, longe antea fuit ab ipso David prophetata, exhortante nos ad eam revelatione prophetica : *Lapidem quem reprobaverunt ædificantes, hic factus est in caput anguli. A Domino factum est istud, et est mirabile in oculis nostris. Hæc est dies quam fecit Dominus, exsultemus, et lætemur in ea. O Domine, salvum me fac, o Domine, bene prosperare : benedictus qui venit in nomine Domini. Benediximus vobis de domo Domini; Deus Dominus, et illuxit nobis. Constituite diem solemnem in condensis usque ad cornu altaris* (*Psal.* CXVII, 22 et seq.) Quos enim ædificantes hoc loco dicit, nisi sacerdotes Judaici populi, qui subjectos per fidem Christi ædificare deberent in templum Dei? Hoc ipsum destruere nitebantur fundamentum, in quo erigendum fuerat ædificium. Ut enim Apostolus ait : *Fundamentum aliud nemo potest ponere præter id quod positum est* (*I Cor.* III, 10), quod est Christus Jesus. Hæc est illa petra, in cujus fide fundata perseverat Ecclesia, sicut et ipse Petro ait (*Matth.* XVI, 18), cui eam commisit. Hic est lapis sine manibus de monte abscisus, qui hoc loco ab ædificantibus dicitur reprobatus, a turbis hodie recognitus est et susceptus : ut cum ædificatores respuerent, ædificandi susciperent; et excæcatis magistris, illuminarentur discipuli, et in condemnationem seniorum resonarent pueri laudem Dei. Referente Joanne, novimus quod hodie Jerosolymis multa jam erat turba non solum ex Judæis, verumetiam ex gentibus, qui convenerant ad proximam Paschæ solemnitatem. Sic enim de gentilibus et ipse adjecit : *Erant autem gentiles quidam ex his qui ascenderant, ut adorarent in die festo. Hi ergo accesserunt ad Philippum, qui erat a Bethsaida Galilææ., et rogabant eum dicentes : Domine, volumus Jesum videre. Venit Philippus, et dicit Andreæ. Andreas rursus et Philippus dixerunt Jesu. Jesus autem respondit eis, dicens : Venit hora ut clarificetur Filius hominis* (Joan. xii, 20).

Ab his itaque gentilibus pariter et plebe Judaica Dominus hodie susceptus, tanquam lapis reprobatus ab ædificantibus in caput anguli est a Domino constitutus : sicut de illo lapide sine manibus absciso dictum est, quod in montem magnum cresceret et universam terram impleret. In angulo domus duo parietes conveniunt, nec nisi conventu duorum angulus fieri potest. Novimus in Ecclesia, quæ domus Dei est ex Judæis et gentibus congregata, quasi duos parietes sibi convenientes erigi, sicut hodie cœptum esse legimus. Unde et ipse Dominus ait : *Venit hora ut clarificetur Filius hominis* (ibid., 23). Tanquam si diceret : Jam est incœptum de multiplicatione fidelium in utroque populo, per quod maxime Filius hominis sit postmodum glorificandus, ut dum a principibus Judæorum reprobatur, ab universo mundo suscipiatur. Factus est itaque in caput anguli, hoc est a Domino constitutus, ut in hac junctura duorum parietum, tanquam in angulo quodam convenientium ipse fidelibus præsit universis, sicut caput, in corpore cæteris membris, et tanquam una persona ex ipso fiat Ecclesia, in qua ipse sit caput, et illa corpus. Hoc et ipse Dominus hodie per semetipsum declaravit, cum Jerosolymam veniens tam asinæ primum quam pullo postmodum insedit. Asina quippe mater pulli fidelis est populus primo ad Christum ex Judæis conversus, sicut apostoli et cæteri fideles in primitiva Ecclesia, qui postmodum sua prædicatione gentilem populum ad fidem convertendo, tanquam mater illum pariendo genuerunt Deo. Quorum unus ex eis dicebat : *Filioli mei, quos adhuc parturio, donec Christus formetur in vobis* (Galat. iv, 19). Et iterum : *In Christo enim Jesu per Evangelium ego vos genui* (Cor. iv, 15). Sedere autem Christum super utrumque populum, est eis tanquam equitem et rectorem præsidere, et eos quos justificat per gratiam inhabitare. Unde et in Proverbiis (Prov. xiv, 33) anima justi sedes dicitur sapientiæ, hoc est habitatio Christi, quia sapientia dicitur Dei. Cum his, super quos sedet, Jerosolymam venit, quia eos tantummodo quibus hic regendo præsidet ad cœlestem Jerusalem æternæ pacis visionem introducit. Hos quoque duos populos per asinam et pullum Jacob patriarcha designavit, cum in typo Christi Judam filium suum, de quo ipse ortus est, benedicens ait : *Et ipse erit exspectatio gentium, ligans ad vineam pullum suum, et ad vitem, o fili mi, asinam suam* (Gen. xlix, 10). Ipse quippe Dominus discipulis ait : *Ego sum vitis, et vos palmites* (Joan. xv, 5). Ad vitem itaque, hoc est ad teipsum, Domine Jesu, asina est ligata, et ad vineam pullus, hoc est ad palmites ipsius vitis : quia tu, Domine, propria prædicatione primos ex Judæis fideles tibi copulasti, per quos et postmodum gentiles convertisti, et eis aggregasti, qui tuam minime viderunt in carne præsentiam.

Hoc ipsum igitur quod tam asinæ quam pulle Dominus insidens exhibuit, hoc præsens versiculus Psalmi, longe ante præcinit, dicens : *Hic factus est in caput anguli* (Psal. cxvii, 22), hoc est constitutus a Deo in caput, ut diximus, duorum parietum, in una domo Dei sibi conjunctorum. A quo vero tam magnum quid factum sit, supponitur cum dicitur : *A Domino factum est istud* (ibid., 23). In quo patenter ostendit frustra eos laborasse, qui quod disposuerat Deus nitebantur evertere. Unde et in mortem ejus conspirati dicebant : *Videtis quia nihil proficimus. Ecce mundus totus post eum abiit. Et est mirabile in oculis nostris* (Joan. xii, 19). Quid enim mirabilius in oculis hominum, quam divinæ dispositionis profundum, de quo ipse ait : *In judicium ego veni in hunc mundum, ut qui non vident videant, et qui vident cæci fiant?* (Joan. ix, 39.) Ecce doctores legis quem in lege promissum exspectabant venturum, venientem tanquam incognitum reprobaverunt. Erraverunt magistri, in quo non erraverunt discipuli. Cæcitas ex parte facta est in Israel, ut plenitudo gentium subintraret. Fracti sunt olivæ rami naturales, ut silvestris insereretur oleaster. Peculiaris ille quondam Dei populus ex magna parte Deum reprobando meruit reprobari a Deo, et quasi filius alienatus, in eorum locum successerunt alieni. Quod altissimum Dei consilium in tantam admirationem venit mentibus fidelium, ut ipse Apostolus super hoc exclamans dicat : *O altitudo divitiarum sapientiæ et scientiæ Dei! quam incomprehensibilia sunt judicia ejus, et investigabiles viæ ejus! Quis enim cognovit sensum Dom'ni, aut quis consiliarius ejus fuit?* (Rom. xi, 33.) Ad hujus temporis plenitudinem gratiæ exsultare admonemur, et lætari, cum dicitur : *Hæc est dies* (Psal. cxvii, 24 et seq.). Tanquam si diceret : Hoc est illud tempus fidelibus optatum, quod per semetipsum Dominus copia replevit omnium bonorum. *Exsultemus*, inquit, *et lætemur* (ibid.). Ingeminat gaudium, prævidens in duobus populis Ecclesiæ crementum. Ad hanc itaque temporis gratiam totis votis ipse psalmographus anhelans, in quam suam et omnium fidelium salutem exspectabat futuram, exorat dicens : *O Domine, salvum me fac* (ibid. 25)

Me, inquam, qui te recognosco, qui in te solum tanquam omnium Jesum, id est Salvatorem, spem totam constituo; quantacunque cæcitate populus meus sit percutiendus. Et ut salvum facias, *bene prosperare (Psal.* cvii). Hoc est, prospere agas in omnibus quæ disponis, tuæ voluntati obtemperantibus sibi causa salutis æternæ. Quantum autem prosperari debeat in his quæ agit, demonstrat cum supponit : *Benedictus qui venit in nomine Domini (Luc.* xiii, 35). Benedictus, inquit, hoc est a Deo sanctificatus, et ex utero matris omnibus donis Spiritus sancti consummatus. In nomine Domini, sicut et ipse ait : *Ego veni in nomine Patris mei : et alius veniet in nomine suo, et eum suscipietis (Joan.* v, 43). In nomine Patris venit, qui non propriam gloriam, sed Patris quærit; nec tam nosci vult ut honoretur, quam eum cognosci facit ut glorificetur. Qui venturus est, inquit, quoniam tempore prophetiæ hoc erat futurum, quod in nostro novimus esse completum.

Adeo autem ad præsentem diem psalmus iste pertinet, ut hæc ipsa verba psalmi populus hodie acclamaverit in laudem Domini. Unde et Matthæus meminit : *Turbæ autem quæ præcedebant, et quæ sequebantur, clamabant dicentes : Hosanna filio David : Benedictus qui venit in nomine Domini (Matth.* xxi, 11). Hinc et Hieronymus Damaso (96) De Osanna scribit his verbis : « Ipsa Hebræa verba ponenda sunt : in cxvii psalmo, ubi nos legimus : *O Domine, salvum me fac,* etc., in Hebræo legitur : *Anna Adonai, Osianna,* etc. Et quia *Osianna,* quod nos corrupte propter ignorantiam dicimus *Osanna, salvifica,* sive *salvum me fac,* exprimatur, omnium interpretatione signatum est. » Et post aliqua (97) : « Hebræi habent interjectionem, ut quando volunt Dominum deprecari, dicant : *Anna, Domine,* quod Septuaginta interpretati sunt : *O Domine. Osi* ergo *salvifica* interpretantur, *anna* interjectio deprecantis est. Si ex duobus velis compositum verbum facere, dices *Osianna,* sive ut nos loquimur *Osanna,* media vocali littera elisa. » Item (98) : « Ubi nos legimus in Latino : *O Domine, salvum me fac, o Domine, bene prosperare (Psal.* cxvii, 25), juxta Hebræum legere possumus : *Obsecro, Domine, salvum me fac, obsecro, Domine, prosperare.* Matthæus, qui Hebræo sermone scripsit, ita posuit : *Osanna barrama,* id est *Osanna in excelsis.* » Tale est ergo juxta Hieronymum : *Osanna in excelsis,* tanquam si diceret : Precamur, Domine, ut veram nobis salutem conferas in cœlis.

Benediximus vobis. Post benedictionem salvationis Domini, qui factus est in caput anguli, ad benedictionem quoque membrorum tanquam duorum parietum ad eum conjunctorum convertens verba, dicit Psalmista : Vobis de domo Domini existentibus, et in ea tanquam duobus erectis parietibus, vobis, inquam, *benediximus,* etc., hoc est : Pro sanctificatione vestra, et Ecclesiæ multiplicatione futura, nos prophetæ Domini sæpe rogavimus; et tanquam de re jam completa certi, eum laudavimus. In hujus typo futuræ benedictionis super utrumque populum, Jacob patriarcha filios Joseph, Ephraim, et Manasse, manibus cancellatis, hoc est in modum crucis obligatis, legitur benedixisse *(Gen.* xlviii): Ubi quidem patenter innuitur utriusque populi salvationem futuram in Christi consistere passione, et hanc benedictionem tam ipsi Jacob, quam Isaac et Abrahæ in eorum semine promissam esse. Ac ne forte quisquam quæreret a propheta tam longe ante adventum Christi existente, quis hoc ei cæterisque revelaverit de longinquo, tanta cæcitate in Israel facta de proximo; ut subintraret gentium plenitudo, quasi respondens ait : Ipse idem Dominus, qui nunc per semetipsum apparens istos illuminavit, nobis quoque super hoc longe ante illuxit. *Constituite diem solemnem (Psal.* cxvii, 27).

His præmissis, quasi conclusionem supponit, qui nos exhortatur ad solemnitatem præsentis diei, tanquam sic inferens dicat : Quandoquidem ita Dominus in duobus populis Ecclesiam multiplicavit in figura, quorum qui præcedebant et qui sequebantur hodie Dominum suscepisse referuntur et benedixisse. Igitur et quicunque fideles in memoria tanti beneficii gratias acturi : *Constituite diem solemnem in condensis (ibid.),* hoc est in magna multitudine populi, et quasi densitate quadam spiritalium arborum incomparabilibus illis ramis palmarum vel olivarum, quas hodie populus accepit, significatarum. Quid enim illi rami vel frondes de arboribus avulsæ prætendebant, nisi utriusque populi aggregationem de massa peccatorum assumptam ? In quorum repræsentationem, populus fidelium hodierna die arborum ramis vel frondibus, quas gestavit, totam Ecclesiam usque ad altare, quasi frutetorum replent densitate, ut juxta litteram quoque videatur accipi quod dicitur : *In condensis usque ad cornu altaris (ibid.).* Mystice autem cornu altaris dicitur sacrificium Christi. Per altare quippe sacrificium, per cornu altaris extremitas ejus intelligitur. Sacrificium itaque Christi, quod veteri sacrificio legis successit, per cornu altaris figuratur, cum sit extremum hoc sacrificium, et suprema hostia complens cæteras. In cornu quoque altaris, tanquam in angulo quodam, duo altaris latera sibi junguntur : ut quemadmodum Christum factum superius diximus in capite anguli, ad quem duo populi junguntur; ita etiam dicamus ad sacrificium Christi duos ritus sacrificii convenire, sacrificii sancti Melchisedech in pane et vino, et sacrificii legis in carnalibus hostiis. Utraque quippe sacrificia in figura nostri præcesserunt, et in significatione illius convenerunt. Constat etiam animalia cornuta, cum in transgressum pugnæ venerunt, vim maximam et robur pugnandi in rigore et for-

---

(96) Patrol., tom. XXXII, col. 577, 578.
(97) Ibid.

(98) Ibid., col. 579.

titudine cornuum habere. Cum igitur Christus, pro nobis, immolatus virtute hujus sacrificii diabolum straverit, quasi cornu suo eum vulneravit, atque vulneratum dejecit.

Bene itaque per cornu altaris, sacrificium Christi tanquam vituli nostri figuratur, cum hoc efficax et forte, ut dictum est, fuerit in pugna, corneum magis dicendum quam carneum ; rigidum, non molle; robustum, non debile. Usque ad hoc cornu altaris celebratio nostræ porrigitur solemnitatis, cum tantæ victimæ dignitate festivitates decorantur Christianæ. Ad hoc cornu altaris specialiter hodierna solemnitas pervenit, cum in ejus missa primum Christi passio recitatur, qua pro nobis ipse est immolatus. Hac die Dominus Jerosolymam veniens passioni se obtulit, decima videlicet tunc die mensis, sicut ex Evangelio perpenditur Joannis (*Joan.* xi, xii). Ibi quippe habemus quod post resurrectionem Lazari, Judæis in mortem Domini jam omnino conspiratis, ipse Dominus jam non palam ambulabat apud eos, sed abiit in regionem juxta desertum, in civitatem quæ dicitur Ephrem, et ibi morabatur cum discipulis suis. Deinde, cum jam pascha proximum esset, venit Bethaniam ante sex dies paschæ, quasi ad victimam verus agnus accedens, capiendus in pascha ut immolaretur. Inde in crastinum veniens Jerosolymam susceptus est hodie a turbis, et tanquam rex Israel, et David regius hæres recognitus et salutatus. Quinto itaque die ante illud pascha Judæorum, hoc est hodie, qui decimus dies mensis hujus, venit rex in Jerusalem. Pascha enim celebratur in quarto decimo die. Decimo autem voluit ideo ingredi, quia ita præfiguratum erat in lege, ubi præcipitur : *Decima die mensis hujus tollat unusquisque agnum per familias et domos suas* (*Exod.* xii, 3). Et paulo post : *Et servabitis eum usque ad quartam decimam diem mensis hujus. Immolabitque eum universa multitudo filiorum Israel ad vesperam* (*ibid.*, 6). Decima autem die mensis primi, agnus qui in pascha immolaretur domum introduci jussus est, quia Dominus decima die ejusdem mensis, hoc est ante quinque dies paschæ, in civitatem in qua pateretur erat ingressurus. Hanc igitur diem secundum mysterium legis competenter elegit, qua se, ut dictum est, offerret passioni, quam antea nonnunquam refugerat sese abscondendo, vel tentus a Judæis libere per medium eorum transeundo, vel frequenter ab eis declinando, quia nondum venerat ejus hora. Qua profecto die quo magis honorifice suscipi voluit a turbis, et ingressus templum ejecit inde libere omnes vendentes et ementes, et mensas nummulariorum, et cathedras vendentium columbas evertit, et his expulsis, accedentes ad eum cæcos et claudos in ipso templo sanavit, eo amplius invidiam perversorum contra se commovit, ut quod jamdudum voluerant perficere maturarent, et ab eo daretur facultas, in quibus præcesserat voluntas. Ipse quippe est, qui ait : *Nemo tollit a me animam meam, sed ego pono eam* (*Joan.* x, 18). Nemo quippe vim ei facere potuit, ut tanquam invitum et coactum occidere, vel etiam comprehendere posset. Ut autem majori incitarentur invidia, qui de morte Domini jam tractabant, et Deo magis indignarentur, quo amplius eum honorari viderent, tantum sibi honoris hodie permisit exhiberi, quantum nulli regum legimus exhibitum. Ut enim de divinis laudibus taceamus, et ramos vel frondes quos in via sternebant prætereamus, quam mirabilis fuit illa singularitas honoris, qua plurima turba sub pedibus vilium jumentorum prosternebant vestimenta, nec pedibus illis, quibus ipsa Dominum bajulabat, contingi tolerabant ! In quo nec modicum advertendum est mysterium. Quibus enim cœlestis præsidet diis nequaquam terram suis contingunt pedibus, quia quorum desiderium conversatur in cœlis, eorum affectus non adhærent terrenis ; nec animos suos dejiciunt in caducis, qui sursum Christum quærentes solis inhiant æternis. Quos ut imitari possimus, rogamus te, Domine Jesu, ut nos quoque tua facias jumenta, quibus in fidem et regendo digneris præesse, Salvator mundi, cui dicitur in alio psalmo : *Homines et jumenta salvabis, Domine, quemadmodum multiplicasti misericordiam tuam, Deus* (*Psal.* xxxv, 7). Amen.

SERMO VIII
IN EADEM DIE

Erat autem spelunca et lapis superpositus, et ait Jesus : *Tollite lapidem,* etc. (*Joan.* xi, 58). Miserationes Domini universis operibus ejus Psalmista præferens ait : *Et miserationes ejus super omnia opera ejus* (*Psal.* cxliv, 9). Miserationum itaque Domini recordantes, tanto hinc eum amplius glorificare debemus, quanto hæc ejus opera cæteris præesse, et magis necessaria nobis cognoscimus esse. Unde et a turbis hodie meruit honorari, maxime quod mœrentium sororum Lazari miseratus, suscitatum eis reddidit fratrem jam in monumento quatuor dies habentem. Ut enim Joannes scribit, propter hoc hodie turba ei obvia venit, quoniam hoc audierant factum. Ad quod tanquam hodiernæ festivitatis originem oculos mentis reducentes, tanto diligentius ejus mysterium intueri debemus, quanto hæc magna Domini misericordia majorem tribuit peccatoribus consolationem. Tres quippe mortuos a Domino legimus suscitatos, quibus universa peccatorum genera doctores nostri dixerunt figurari. Suscitavit enim filiam archisynagogi adhuc in domo jacentem antequam foras efferretur ; suscitavit filium viduæ extra portam civitatis Naim jam deportatum ; suscitavit et hunc, de quo nunc nobis sermo est, videlicet Lazarum, cum jam in monumento quatuor dies haberet : unde et quatriduanus mortuus dicitur. Tres igitur isti mortui tria peccantium genera signant, qui per præsentiam divinam inspirante gratia reviviscere dicuntur : et felicius isti a morte animæ, quam illi a morte corporis per Dominum suscitantur.

Puella quidem mortua, quæ adhuc in domo tenebatur clausa quando est suscitata, illos significat peccatores, quorum peccata, mente tantum concepta, nondum per operationem exterius sunt progressa. Juvenis autem extra portam delatus eos significat, quorum peccata jam in effectum proruperunt, ut videri jam ab omnibus possint. Lazarus vero, non solum sepultus verum etiam quatriduanus, eos significat, qui longa consuetudine peccandi magna peccatorum mole premuntur, et divinæ consuetudinis exemplo, alios etiam corrumpunt : unde et fœtere dicuntur. Tres itaque mortes animæ, tres isti mortui, ut diximus, designant : peccatum scilicet cogitationis, hoc est contemptum Dei adhuc in mente latentem, nondum progressum in operationem; et peccatum operationis, hoc est jam per operationem apparens, atque peccatum consuetudinis, et jamdudum in operatione habitum. Hæc tria genera peccatorum tanquam tres animæ mortes in capite I psalmi a beato viro dicuntur removeri, cum talis ipse describitur, qui non abierit in consilio impiorum, non steterit in via peccatorum, non sederit in cathedra derisorum. At quoniam resurrectio Lazari ad præsentem, ut diximus, solemnitatem maxime pertinere dignoscitur, mysterium ejus sermo noster ut cœpimus prosequatur. Quod ut faciat diligentius, paulo historia altius replicetur.

Refert itaque Joannes, quod, cum facta essent encænia in Jerosolymis, et ibi esset Dominus Jesus, et quærerent eum Judæi apprehendere, exiit de manibus eorum, et abiit iterum trans Jordanem, ubi fuerat Joannes baptizans, et mansit illic. Et tunc, Lazaro jam languente, miserunt ad eum sorores ejus Maria et Martha, dicentes : *Domine, quem amas infirmatur* (Joan. XI, 3). Quo audito, mansit Dominus in eodem loco duobus diebus. Deinde, cum dixisset discipulis Lazarum interim mortuum esse, venit Bethaniam cum ipsis, et invenit Lazarum quatuor dies jam in monumento habentem. Et suscitaturus mortuum, pervenit ad sepulcrum. *Erat autem, ut diximus, spelunca et lapis superpositus ei.* Et ait Jesus : *Tollite lapidem.* Ut ergo tulerunt lapidem, voce magna clamavit Jesus : *Lazare, veni foras. Et statim prodiit qui fuerat mortuus, ligatus pedes et manus institis, et facies illius sudario erat ligata. Dicit eis Jesus : Solvite eum, et sinite abire. Multi ergo ex Judæis, qui venerant ad Mariam, et viderant quæ fecit, crediderunt in eum. Quidam autem ex ipsis abierunt ad Pharisæos, et dixerunt eis quæ fecit Jesus. Collegerunt ergo pontifices et Pharisæi concilium, et dicebant : Quid facimus? quia hic homo multa signa facit. Si dimittimus eum sic, omnes credent in eum,* etc. (Ibid., 58-48.) Ex quo profecto liquet, ex hoc denique miraculo adversus Dominum Judæos maxime commotos fuisse, et in ejus necem ex tunc præcipue conspirasse : tanquam eum occidendo possint delere, per quem mortuos noverant suscitatos esse, quasi mortuus non posset resurgere post triduum, qui quatriduanum suscitaverat Lazarum. Cujus quidem resuscitatio tanto diligentius descripta est ab Evangelista, quanto plenius nostræ salutis continet mysteria, quos quotidie divina misericordia felicius, ut diximus, resuscitat a morte animæ, quam tunc et semel Lazarum a corporis morte. Lazarus quippe, ut diximus, jam sepultus et quatriduanus mortuus, illum significat peccatorem, qui longa consuetudine peccati interim dejectus est in profundum, ut in illo profundo tanquam in sepulcro putrescat quatriduanus, nec se tantum perimens, verum etiam alios exemplo quasi fœtore quodam suæ putredinis corrumpens. Unde et bene fœtere describitur quasi quatriduanus. Quatuor enim dies quos in monumento habuit, universitatem peccatorum exprimunt, quibus quisque pessimus est involutus, tanquam in illo profundo vitiorum sepultus, de quo scriptum est : *Peccator cum in profundum vitiorum venerit, contemnet* (Prov. XVIII, 3), quia cum in longa perstiterit consuetudine peccandi, quæ jam ei facta est quasi altera natura, gravi jugo ipsum deprimit, salutiferas fidelium exhortationes vel divina monita respuens contemnit. Unde ipsi necessarium est, ut pro illius obstinatione devotio fidelium intercedat, ut interventu eorum divinæ gratiæ respectum assequatur, quo illi pœnitentiæ gemitus inspiretur, et conversus salvetur. Unde bene pro fratre Lazaro sanando sorores ejus intervenerunt, ejus infirmitatem Domino nuntiando. Quem ad subveniendum invitantes, satis hoc esse censuerunt, ut Domino nuntiarent amici sui mortem, et propriam de infirmitate fratris desolationem. Sic enim mandantes dixerunt : *Domine, ecce quem amas infirmatur;* nec addiderunt : Veni et cura eum; nec tam orando quam nuntiando quod volebant postulaverunt. Satis enim crediderunt Domino nuntiare anxietatem amici sui, atque suam; tanquam illud proverbium attendentes : *Amicus et medicus in necessitate probantur.* Unde satis æstimaverunt amicitiam fieri cum dicunt : *Ecce quem amas.* Magna fiducia earum in hac sua petitione plurimum nos confirmat, ut nihil hæsitantes a Domino necessaria constanter postulemus. Interveniunt pro infirmo nondum mortuo, quia vivis adhuc, non defunctis supplicatio fidelium proficit ut salubrem pœnitentiam habeant.

In Maria et Martha universi fideles comprehenduntur, tam contemplativæ scilicet vitæ quam activæ : quarum orationes dum sibi conjunguntur, facile pro aliis quoque impetrant quæ illi non merentur. Et notandum quod, adveniente Domino. Bethaniam, Martha occurrit illi. Maria autem domi sedebat. Ex quo diligenter activorum et contemplativorum vita describitur. Activi quippe sunt, qui circa proximi causam maxime occupati, temporalia bona procurant, ut habeant unde tribuant necessitatem patienti; et in exterioribus actionibus laborantes, illa implent opera misericordiæ de quibus illis Dominus dicturus est : *Esurivi, et dedistis mihi manducare*, etc. (*Matth*. xxv, 35.) Contemplativa vero est vita, quæ amore Dei vehementer succensa, tanto sincerius ei vacat, et in ejus contemplationem, et status supernæ vitæ oculos meritis perfectius erigit, et eo magis in hac speculatione suspensa delectatur, quanto a curis sæculi amplius remota quiescit. Martha itaque, tanquam in exteriori administratione occupata, Domino venienti statim occurrit; Maria vero domi sedens quiescit, nequaquam istis visibilibus intenta bonis, sed supernis inhians gaudiis, quæ nec oculus vidit, nec auris audivit. Quam etiam Evangelista in tantum quietem suam amare describit, ut nequaquam de domo egressa, nisi a Domino prius vocata, cum ei videlicet Martha diceret : *Magister adest, et vocat te* (*Joan*. xi, 28). Nonnunquam viri contemplativi de secreto intimæ quietis, Deo inspirante, coguntur exire, et populo illo postulante, curis implicantur ecclesiasticis, sicut in beato factum est Martino. Quanto autem contemplativorum major religio ferventiori studio adhæret Deo, tanto Mariæ devotionem Evangelista magis commendans ait : *Maria autem, cum venisset ubi erat Jesus, videns eum, cecidit ad pedes ejus. Et dixit ei : Domine, si fuisses hic, non esset mortuus frater meus. Jesus ergo, ut vidit eam plorantem, et Judæos qui venerant cum ea plorantes*, etc. (*Ibid*., 32, 33.) Nequaquam enim Martha, quæ Domino prior occurrerat, vel ad pedes ejus adorando prostrata, vel super fratre dicitur lacrymata. Prior ad Dominum Martha venit, quoniam activa vita, licet in meritis sit posterior, naturaliter tamen in ordine temporis est prior. Ut enim beatus meminit Gregorius a minimis quisque inchoat, ut ad majora perveniat. Et imperfectior activorum vita quædam est fidelium inchoatio, in qua se prius exerceant, quam ad perfectionem contemplationis conscendant.

Quod vero Dominus Lazarum suscitaturus infremuisse spiritu, et seipsum turbasse dicitur, hoc in seipso exhibuit quod misericorditer in nobis agit. Quo enim quisque pœnitens majora commiserit, magis horrore gehennæ infremere ac turbari cogitur de peccatorum suorum magnitudine. Hic vero, qui quatriduanus mortuus dictus est, per hos quatuor dies, quos jam in morte habuerat, omni peccatorum genere contaminatus fuisse innuitur. In eo quippe tam cogitationis quam operationis peccatum præcedens in consuetudinem venerat, et tandem alios per exemplum corrumpendo, in morte pariter tam aliorum quam propria consummatum erat, primo, ut dictum est, in cogitatione, secundo habitum in opere, tertio dictum in consuetudine, quarto in aliorum corruptione. Quod vero Dominus interrogat : *Ubi posuistis eum?* tanquam ignorans sepulcri locum; hoc nobis insinuat, tales maxime a Deo ignorari, quorum opera magis improbat, juxta illud quod reprobis ait : *Amen dico vobis, nescio vos* (*Matth*. xxv, 12). Primo lapidem præcipit tolli qui

mortuum premit, ut sicut mortuus resurgere possit; quia talibus, ne de magnitudine peccatorum desperent, indulgentia Evangelii magis est prædicanda, quia dictum est adulteræ : *Vade, et amplius noli peccare* (*Joan*. viii, 11), quam legis in lapide scriptæ duritia in contaminationem inducenda. Hic itaque longa consuetudine peccandi detentus, et pravæ consuetudinis jugo graviter depressus, atque in tantum libero arbitrio in ipso jam debilitato, ut non solum ad eum surgere non posset ut eum requireret, sed nec pro se orare satageret; venit ad eum misericors Dominus, cum ei gemitum pœnitentiæ inspirat, et viribus omnino destitutum erigat ægrotum. Ad quem voce magna clamans : *Lazare, veni foras*, ipso clamore insinuat, quam longe remotus hic ab eo absistat. *Veni foras*, inquit ; hoc est, per temetipsum culpam, quæ est in mente, propala confessione, et spiritali medico vulnus ostende, a quo suscipias cataplasma medicinæ. Vocat Dominus Lazarum, cum peccatori salubris pœnitentiæ inspirat gemitum. In quo quidem gemitu mortuus reviviscit, quia mors animæ, quod est peccatum, per eum abscedit. Quippe qua hora peccator ingemuerit peccatum suum, salvus erit. Et quia post pœnitentiam confessio restat peccati, vocatus Lazarus foras exit, dum se pœnitens per confessionem peccatorum prodit, et de profundo vitiorum tanquam de sepulcro surgit.

Sed quia hic talis excommunicari meruerat, et ab Ecclesia, expulsis vinculis anathematis, adhuc religatus erat pro tam manifestis criminibus suis, procedere dicitur ligatus pedes et manus, et sudario faciem involutus. Quilibet excommunicatus a prælatis, qui jam per pœnitentiam et confessionem Deo sit reconciliatus, tamen ab ipsis Ecclesiæ ministris anathematis vinculis est absolvendus : ut satisfactione peracta, consortium ei reddatur fidelium ab ipsis per quos fuerat exclusus. Pedes et manus ligatos habet, cui adhuc introitus Ecclesiæ non est concessus, ut satisfactionis opera sint injuncta, quæ pro qualitate vel quantitate peccatorum a prælatis sunt imponenda : ut sicut non est liber ad incedendum quo voluerit, ita nec ad operandum quod ipse decreverit. Qui enim diu male vivendo abusus est potestate sua, jam non proprio, sed alieno quod deliquit corrigere debet arbitrio, nec jam sui juris est in talibus agendis, sed alieni. Faciem quoque involutam habet, quia ante satisfactionis impletionem devotio pœnitentis, et verus pœnitentiæ gemitus non potest cognosci. Per faciem quippe, qua quisque cognoscitur, notitia designatur. Faciem itaque pœnitentis involutam aperiunt, qui ejus instituta satisfactione, ipsius, ut dictum est, devotionem cognosci faciunt, et reddendo ei Ecclesiam tanquam fidelem eum recognoscunt, qui eum habebant prius tanquam incognitum, et sicut ethnicum vel publicanum. Solvunt itaque discipuli resuscitatum a Domino, et liberum ire sinunt, qui prius extra Ecclesiam fuerat relegatus, dum introitum

SERMO VIII.

Ecclesiæ, et consortium fidelium ei reddunt, et in arbitrio ejus proponunt quocunque vitæ tramite velit ad Deum tendere, et quibus operibus id possit eligere. Et hoc est quod eis Dominus ait : *Solvite eum, et sinite abire*. Ecce Dominus mortuum corporaliter suscitando, discipuli suscitatum solvendo, multum meliorem tam suscitationem, quam solutionem justitiæ nobis proponunt, prout exponendo prosecuti sumus.

Illud semel miraculum Dominus egit in corpore, quod multo felicius in animabus pœnitentium agit quotidie. Reddidit Lazaro vitam, sed rursum morituro temporalem. Tribuit pœnitentibus vitam, sed sine fine mansuram. Illud mirabile in oculis hominum, sed istud maximum judicio fidelium. Quo vero majus, eo appetendum amplius. Scriptum est hoc de Lazaro, non ipso Lazaro, sed [nec] pro ipso, sed nobis, et pro nobis. *Quæcunque*, inquit Apostolus, *scripta sunt, ad nostram doctrinam scripta sunt* (Rom. xv, 4). Semel vocavit Dominus Lazarum, et suscitatus est a morte corporali. Sæpius nos vocat, ut melius resurgamus a morte animæ. Semel ei dixit : *Veni foras*, et statim prodiit ad unum Domini præceptum. Quotidie nos Dominus per Scripturam invitat ad confessionem, hortatur ad emendationem, promittit vitam quam dare paratus est nobis, qui mortem non vult peccatoris. Negligimus vocantem, spernimus invitantem, contemnimus promittentem. Inter Deum et diabolum tanquam inter patrem et hostem constituti, paternis monitibus ad vitam hostiles præponimus ad mortem. *Non ignoramus*, inquit Apostolus, *astutias Satanæ* (II Cor. ii, 11); astutias, inquam, illas ejus maximas, quibus nos ad peccatum inducit, et ab emendatione retrahit. Peccatum suggerens, duobus nos exuit, quibus illi maxime potest resisti, timore scilicet ac pudore. Quod enim vitamus, aut timore cujusque damni, aut reverentia pudoris dimittimus. Honesti quippe viri (99) plus quam rerum cavent detrimentum, sicut e converso inhonesti faciunt. Cum ergo Satanas quemlibet ad peccatum impellit, facile hoc efficit, si primo illum timore, ut diximus, et pudore privaverit. Cum autem id effecerit, eadem ei reddit quæ prius abstulit, ut sic eum a confessione retrahat, et in peccato suo mori faciat. Tunc ei latenter susurrat in animo : Leves sunt sacerdotes, et difficillimum est compescere linguam. Si hoc vel illud talibus confitearis, secretum esse non poterit : et cum in notitiam venerit, imminebit periculum, vel incurres famæ detrimentum, vel damnum te sustinere, vel confundi necesse est ex vilitate. Sic misero diabolus illudens, cum ea primum ei abstulerit, quæ per peccatum vitare debuit, eadem postmodum ei reddidit, per quæ ipsum in peccato detinere possit. Timet captivus temporale, non animæ damnum. Erubescit homines, contemnit Deum. Pudet hoc in notitiam hominum venire, quod non puduit eum in conspectu Dei et totius curiæ supernæ committere. Formidat humanum judicium, qui non veretur divinum. De quo Apostolus ait : *Horrendum est incidere in manus Dei viventis* (Hebr. x, 31). Et per semetipsam Veritas : *Nolite*, inquit, *eos timere qui occidunt corpus, animæ vero non habent quid faciant ; sed potius timete eum qui potest corpus et animam mittere in gehennam* (Matth. x, 28).

Sunt animæ morbi, sicut et corporis. Et ideo divina pietatis medicos utrisque sanandis prævidit. Ipse quippe Dominus Jesus se spiritalem medicum appellans, ait : *Non est opus valentibus medico, sed male habentibus* (Matth. ix, 12). Hujus locum sacerdotes in Ecclesia tenent, quibus tanquam animarum medicis peccata confiteri debemus, ut ab eis satisfactionis cataplasma sumamus. Qui mortem corporis timet, qualicunque corporis parte patiatur quantumque secreta, quantum libet obscena, medico revelare, et ad curandum exponere non differt. Quælibet dura, quælibet aspera sustinet, ut mortem differat, non evadat. Quidquid pretiosum habet, dare non dubitat, ut ad modicum mortem hanc corporalem depellat. Quid ergo pro morte animæ faciendum est, quantumcunque sit gravissima, sine magno labore, sine magnis sumptibus in perpetuum medicari potest. Nos ipsos Dominus, non nostra quærit, nec nostris indiget qui omnia præbet. Ipse quippe est, cui dicitur : *Bonorum meorum non eges* (Psal. xv, 2). Apud eum quisque tanto major est, quanto apud se per humilitatem minor. Tanto magis justus, quanto proprio judicio magis reus. Tanto amplius ibi nostra tegimus, quanto hic ea promptius per confessionem propalamus. Ab hac itaque, fratres, nos retinentes, attendamus quod scriptum est : *Est confusio adducens gloriam, et est confusio adducens peccatum* (Eccli. iv, 25). Et rursum : *Veniensque Babylonem, ibi liberaberis* (Jerem. xx, 6). Confusio quippe duplex est erubescentiæ : altera quidem salubris, cum erubescimus nos turpia commisisse in conspectu Dei ; altera lethalis, cum magis homines quam Deum verentes ad confessionem venire nos pudet : vel quoties aliqua humilia propter Deum agere recusamus, ne viliores apud stultos habeamur. Hæc profecto confusio est adducens peccatum, quia ne vilescamus hominibus, vilescere Deo sustinemus. Illa vero confusio veram nobis acquirit gloriam, qua vilescere hominibus non refugimus, ut gloriosi Deo efficiamur, et magni divino verius quam humano judicio simus. Ad hanc utique Babylonem, id est confusionem laudabilem, cum pervenerimus, ut de peccato scilicet erubescamus, ab ipso statim liberabimur, parati jam ad confessionem, et condignam satisfactionem. Unde et Psalmista : *Delictum meum cognitum tibi feci, et injustitiam meam non abscondi. Dixi . Confitebor adversum me injustitiam meam*, etc. (Psal. xxxi, 5). De-

---

(99) Supple *famæ*, ut infra, vel *incurres famæ detrimentum*.

lictum suum cognitum Deo facit, qui vicario ejus locum ipsius in Ecclesia tenenti confiteri peccatum nequaquam erubescit. Sicut enim ipse in membris suis persecutionem sustinere vel beneficium suscipere se testatur, dicens : *Saule, Saule, quid me persequeris? (Act. ix, 4.)* Et : *Quod uni ex minimis meis fecisti, mihi fecisti (Matth. xxv, 40)*; ita et in vicariis suis sacerdotibus cognitum sibi fieri peccatum dicit. Quod statim Psalmographus exponens adnectit : *Et injustitiam meam non abscondi (Psal. xxxi, 5)*, hoc est non solum opera, verum etiam meritis nequitiam in confessione accusans.

Dixi : Confitebor adversum me injustitiam meam Domino. Hoc est stabilivi apud me, ac deliberavi injustitiam meam confiteri sacerdoti. Confitebor, inquit, adversum me, nullum alium in me inde accusans. Sunt enim nonnulli qui in sua confessione, ut suam minuant culpam, alios magis trahunt in culpam, dicentes, ad ea quae commiserunt ab aliis se inductos et quasi compulsos, sive diabolo, seu hominibus. Qualis quidem illa confessio fuit, cum ille in uxorem, illa in serpentem culpam retorquens, se magis excusare quam accusare videbatur. Unde et statim debitae poenae sententiam excipere meruerunt. Justus vero, qui sicut scriptum est, in primordio accusator est sui, quo se amplius accusat, eo se magis apud supremum ac misericordissimum Judicem excusat; et veniam impetrat se accusando, qui poenam incurreret se excusando. Ut enim Tullius in *Rhetorica* docet, confessio peccati, quae a judicibus poenam institutam suscepit, apud superiorem senatus potestatem indulgentiam potest assequi. Judices quippe a superiori potestate instituti, et legibus jurati, poenae sententiam non habent relaxare, sed inferre. Superior autem potestas, cujus est tam legem promulgare quam judices instituere, in arbitrio suo habet rigorem legis temperare, et poenas institutas misericorditer relaxare. Non enim super se habet potestatem quam metuat, ut non libere misericordiam cui decreverit impendat. Quanto magis summa illa coelestis potestas, quae de misericordia illa coelesti nos consulens ait: *Euntes discite quid est : Misericordiam volo, et non sacrificium, et justitiam Dei plus quam holocausta (Matth. ix, 13).* Justitiam Dei quasi propriam ejus dicit, quam ipse sibi, quod maxime suum est, et eum specialiter decet, reddit: tum ipse videlicet misericordiam impendit, quia maxime glorificandus est a nobis. Unde et idem Propheta : *Et miserationes*, inquit, *super omnia opera ejus (Psal. cxlix, 9).* Quum autem praemisisset : *Dixi : Confitebor adversum me*, etc., statim quasi Deo sibi apparente et appropinquante, sermonem ad eum convertit, et gratias agens dixit: *Et tu remisisti impietatem peccati mei (Psal. xxxi, 5).* Quisquis enim jam paratus est ad confessionem, et suscipiendam inde peccati satisfactionem, ex hoc statim suo proposito ita reconciliatus est Deo, ut si aliquo casu praeventus hoc implere praepediatur, nequaquam de ejus salute sit desperandum, cum in eo non remanet quod totis appetit desideriis.

Pro hac scilicet impietate remittenda sanctus etiam quilibet orat, tanto minus de se praesumens, quanto magis est humilis, et de se amplius sollicitus, attendens semper quod scriptum est : *Beatus homo qui semper est pavidus (Prov. xxviii, 14).* Orat, inquit, in tempore opportuno, et orationi congruo, hoc est in praesenti vita tentationibus et ignorantiis plena. Unde et illa est exhortatio apostolica : *Qui stat, videat ne cadat (I Cor. x, 12).* Qui etiam cum maximis praeemineret virtutibus, nec quid in se accusaret, conscientia ejus reperiret, nequaquam tamen in hoc se justum esse censuit, qui in judicio sui errare potuit. *Sed neque meipsum*, inquit, *judico*, hoc est in nullo propria me arguit conscientia ; *sed non in hoc justificatus sum (I Cor. iv, 3, 4),* hoc est justus esse ideo dicendus non sum. Ut enim Salomon ait: *Stultorum infinitus est numerus, et est via quae videtur homini justa : novissima autem ejus deducunt ad mortem (Eccle. i, 15).* Et rursum : *Quis poterit dicere : Mundum est cor meum, purus sum a peccato ? (Prov. xx, 9.) In multis enim offendimus omnes (Jac. iii, 2).* Denique quicunque infidelitate permanent, hoc eis accidit per errorem. *Qui autem*, ait, *judicat me, Dominus est (I Cor. iv, 4).* Ac si diceret: Ille in judicio mei non errat, et qualis sim veraciter pensat, cujus oculis omnia nuda sunt et aperta. Quod si viri sancti, tanto minus de se praesumunt, quanto humiliores fiunt, nec pro seipsis, quamvis justi sint, orare desistunt : quid nobis miseris faciendum est, quibus tanto amplius frequentanda est oratio, quanto nos magis recognoscimus reos ? Tanto sollicitius ira Dei est placanda, quanto contra nos ejus indignatio magis est accensa? Quibus, ne quis forte desperet de venia, resuscitatio praedicta Lazari in exemplo mystico est proposita. Vocatus a Domino, statim est vivificatus? Vivificato dictum est ut prodiret, nullaque est mora retardatus. Progressus foras, et adhuc ligatus, confestim a discipulis est absolutus.

Oremus itaque, fratres, Dominum, ut quod tunc in corpore mortuo est actum, ipse compleat felicius in nostris mortuis animabus. Ipse per internam inspirationem verum poenitentiae gemitum immittat, quo poenitens vivificatus a morte animae resurgat. Ipse nos omni deposito pudore, ad confessionem promptos efficiat, qui hoc unum erubescere debemus, ne quid turpe in oculis ejus committamus. Ipse per Ecclesiae ministros ita nos absolvere dignetur, ut nullis deinceps peccatorum vinculis constringi mereamur. Ipse nos de peccatis ita hic satisfacere concedat, ut quid in futuro puniendum sit, judex ipse districtus non inveniat, spes nostra, salus nostra, cujus honor et imperium tam finem ignorat quam principium. Amen.

SERMO IX.
IN EADEM DIE.

Ferculum fecit sibi rex Salomon de lignis Libani. Columnas ejus fecit argenteas, reclinatorium aureum, ascensum purpureum. Media charitate constravit propter filias Jerusalem (Cant. III, *9 et seq).* Ferculum hoc loco a ferendo, id est portando, vehiculum dicitur, quasi lectica potentium vel infirmorum, qua molliter deferantur. Ligna Libani, duo ligna sunt crucis. Libanus quippe *candidatio* interpretatur. Ligna itaque crucis, ligna sunt candidationis et emundationis nostræ : quia in illis verus immolatus est Agnus, cujus sanguine a peccatis mundati sumus. Unde et Apocalypsis ita meminit : *Hi sunt qui laverunt stolas suas et dealbaverunt eas in sanguine Agni (Apoc.* VII, *14).* Hæc ligna Libani, ex quibus Dominica crux fuit composita cedrina ; et ob hoc imputribilia esse dicuntur. Unde Hieronymus, in Cantico canticorum : *Ferculum crucis secundum historiam, de lignis Libani cedrinis factum est.* Quid autem per hæc imputribilia ligna, nisi Dominicæ passionis perpes memoria in cordibus fidelium est expressa? Quam præcipue nobis Dominus commendans ait : *Hoc facile in meam commemorationem (Luc.* XXII, *19).* Et Apostolus : *Quotiescunque,* inquit, *manducabitis panem hunc, et calicem bibetis, mortem Domini annuntiabitis donec veniat (I Cor.* XI, *24 et seq.).* Hæc Domini passio dum per prædicatores annuntiatur, quasi quodam ferculo atque vehiculo crucis verus Salomon per mundum defertur.

Crux itaque, duobus lignis composita, vehiculum est Salomonis. Qui dum crucifixus prædicatur, in ipsa cruce tanquam vehiculo, ut dictum est, quodam ubique circumfertur. Hoc vehiculum ipse sibi Salomon fecit, qui bonis operibus Judæos in invidiam accendens, ipsos ad hoc commovit ut eum crucifigerent. Quod nequaquam factum est per illorum coactionem, sed tantummodo per ejus præmissionem, atque optimam ipsius dispensationem. Ipse quippe est qui ait : *Nemo tollit a me animam meam, sed ego pono eam (Joan.* X, *18).* Et rursum : *Potestatem habeo ponendi animam meam,* etc. *(Ibid.)* Ferculi columnas ipse idem fecit argenteas, quæ sunt apostolicæ prædicationis eloquia, et de ore ipsius accepta documenta. De quibus eloquiis Psalmista prædixerat : *Eloquia Domini eloquia casta, argentum igne examinatum (Psal.* XI, *7).* Casta eorum prædicatio dicitur, quia sicut unus eorum dicit, non erant adulterantes verbum Dei, quia prædicationem suam gratis impendebant : non quæ alicujus terreni lucri vendere intendebant, nec se in pretio more adulterarum sive meretricum ponebant. Argentea dicuntur apostolicæ prædicationis verba, quia claritatem habent intelligentiæ, non obscuritatem velaminis, sicut lex et prophetiæ, quæ mysticis magis quam apertis utuntur verbis. Hæc tanquam columnæ ferculum sustentant, et Dominicam crucem corroborant, dum passionis Dominicæ crucis virtutem annuntiant. Et quod dicunt eduxerunt. Unde bene per excellentiam eloquia dicuntur, quasi extra cæteras sacræ doctrinæ locutiones, quibus sunt ex utilitate longe commodiores. Omnis quippe locutio ad intelligentiam est accommodata, et propter eam in auditore faciendam etiam reperta, et ad hoc unum instituta. Quælibet itaque verba quo intelligibiliora sunt, et ita quod debent magis efficiunt, cæteris utique præponenda sunt.

Sicut autem apostolicæ prædicationis verba columnas ferculi diximus, sic et ipsos ex virtute verborum suorum, vel gratia miraculorum eis collata, qua corroborant sua dicta, columnas novimus appellatas. Unde et unus eorum, nomen cujus supra meminimus , Galatis scribit: *Jacobus, et Cephas Joannes, qui videbantur columnæ esse (Galat.* II, *9).* Reclinatorium dicitur, non lectus in quo jacendo moriamur, sed loculus quidam in quem se reclinando qui sedent paululum quiescendo se refovent, et fatigatos se ad horam recreant. Reclinatorium igitur in ferculo a Salomone præparatum, somnus est Dominicæ mortis in cruce, de quo scriptum est: *Et inclinato capite, tradidit spiritum (Joan.* XIX, *30).* Hic somnus sicut velociter advenit, ita et velociter transiit. Scimus quippe Dominum hora sexta crucifixum, circa nonam expirasse, et Pilatum miratum fuisse quod tam celeriter obierit, antequam latrones fractis cruribus mori cogerentur. Velox quoque ad transeundum iste somnus fuit, quia cito Dominus resurrexit. Quasi ergo in reclinatorio Dominus obdormivit, quia mortis somnum velocem et transitorium habuit. Somno, qui maxime fessos recreat , mors fidelium comparatur, qui quanto amplius hic pro Deo laboraverunt, ad majorem requiem morieado transire meruerunt. De hac igitur dormitione et matura ejus resurrectione Psalmista in ejus persona prædixerat : *Ego dormivi , et soporatus sum, et exsurrexi (Psal.* III, *6).* Dormit fidelis et separatur, quia moriendo ad illam requiem transit, qua maxime oblectatur, et eo jam Dei visione fruente, summum desiderium ipsius impletur. Unde et Hieronymus de prædicta Christi dormitione ait : *Dormire Dei est , cum unigenitus Patris in assumpta carne mori pro nobis dignatus est. Quibus mors recte dulcis somnus prædictus est, ipso dicente per Jeremiam :* « *Ideo quasi ex somno excitatus sum, et vidi , et somnus meus dulcis est mihi (Jer.* XXI, *26).*» Aureum dicitur declinatorium Salomonis, quia cum sit pretiosa mors sanctorum in conspectu Domini, pretiosissima dicenda est Christi, quem non solummodo sanctum, verum etiam constat esse Sanctum sanctorum. Quanti quippe pretii mors illa est dicenda , quæ in nostræ redemptionis pretium data , vitam omnibus emit, et paradisi januam aperuit? Unde bene hoc singulare pretium excellentiori metallo est comparatum, ubi reclinatorium est descriptum aureum.

Ad quod denique reclinatorium ipsius, Salomon purpureum aptasse memoratur ascensum : et horum media , tam reclinatorium scilicet quam ascensus purpurei , interposita charitate constravisse, et tanquam hæc sibi conjunxerit illius interpositione. Ascensus iste purpureus ad illud reclinatorium jam in Christo completum, nobis etiam ab ipso est factus; cum per ejus exemplum et exhortationem malis resistimus usque ad sanguinis effusionem, et sic tanquam purpureum ascensum ad supernæ quietis, quo jam ille præcessit, pervenimus reclinatorium. Sed quia humanæ infirmitatis non est mortem excipere, sed naturaliter fugere, charitate media hic ascensus et illud reclinatorium sibi conjunguntur, quia nullus hominum in tanto agone persisteret, ut illuc perveniret, nisi charitas, quæ *omnia suffert, omnia sustinet* (*I Cor.* XIII, 7), interveniret. Denique cum adjungit propter filias Jerusalem hunc ascensum ad reclinatorium fieri, vel media eorum charitate consterni, patenter innuit per hanc charitatis interpositionem, hoc tam arduo ascensu illuc conscendere nostram infirmitatem. Quod enim filias dicit potius quam filios, ex infirmiori sexu humanam exprimit imbecillitatem. Sicut filiæ Babylonis animæ intelliguntur reprobæ, sic filiæ Jerusalem electæ. Duæ quippe sunt istæ civitates Dei et diaboli, quarum hæc in malo, sicut illa generat in bono. Potest etiam quod dicitur, *media charitate,* accipi intransitive : ad eumdem casum, scilicet ablativum, sibi sociantur substantivum et adjectivum. Et tunc quidem ita est legendum, quod illum ascensum purpureum media charitate constravit, dum ejus videlicet gradibus eam interpositam inseruit. Tres quippe sunt gradus, quibus ad supernæ quietis reclinatorium conscenditur : fides videlicet, charitas et spes. Primus itaque gradus fides est; secundus charitas, tertius spes habetur. Non enim recte speranda est illa felicitas, nec de ea confidendum, nisi cum eam ex charitate meruerimus : nec charitas haberi potest, nisi fide præeunte, tanquam omnium bonorum fundamento. Charitas ergo his duobus extremis gradibus quasi media inseritur, quia de fide ad charitatem, de charitate ad spem, ut diximus, est procedendum. Quod quidem est ascensum illum purpureum media charitate consterni.

His igitur præmissis de illo sancto ferculo Salomonis, et reclinatorio aureo, et ascensu purpureo, filiabus Jerusalem per Christum præparato, ipsæ filiæ consequenter invitantur egredi ad videndum ipsum Salomonem in diademate suo. Sic quippe subinfertur : *Egredimini, filiæ Sion,* etc. (*Cant.* III, 11). Ut enim in agone passionum viriliter pro Christo persistamus, ipse semper præ oculis est habendus, et ejus passio nobis semper esse debet in exemplo ne deficiamus. In cujus videlicet passionis recordatione, ipse corporis et sanguinis sui sacramenta frequentari præcepit in Ecclesia, unde et Apostolus : *Dominus,* inquit, *Jesus qua nocte tradebatur accepit panem, et gratias agens fregit, et dixit : Hoc est corpus meum quod pro vobis tradetur. Hoc facite in meam commemorationem. Similiter et calicem : Quotiescunque manducabitis panem hunc, et calicem bibetis, mortem Domini* *annuntiabitis donec veniat* (*I Cor.* XI, 23 et seq.). Sed quid prodest nobis hoc in nostram reducere vel aliorum memoriam, nisi sic ei compatiamur, sicut idem dicit Apostolus, ut et conglorificari resurgendo mereamur? (*Rom.* VIII, 17.) Alioquin illud terribile judicium incurremus, quod ipse consequenter adnexuit, dicens : *Itaque qui manducaverit vel biberit calicem Domini indigne, reus erit corporis et sanguinis Domini. Qui enim manducat et bibit indigne, judicium sibi manducat et bibit, non dijudicans corpus Domini* (*I Cor.* XI, 27). Per ascensum, ut dictum est, purpureum condescendendum nobis est ad reclinatorium aureum; quia nisi communicemus passioni Christi, participes non erimus suæ resurrectionis. Quod ut eo trahente possimus, ipse manum porrigat, qui ut conscendamus invitat. Amen.

SERMO X.

IN EADEM DIE.

Egredimini, filiæ Sion, et videte regem Salomonem in diademate suo, quo coronavit eum mater sua in die desponsationis illius, et in die lætitiæ cordis ejus (*Cant.* III, 11). Quo egredi admoneantur filiæ Sion, ipse textus Cantici canticorum ex illis quæ præmissa sunt patenter insinuat. Cum enim dixisset : *Ferculum fecit sibi rex Salomon de lignis Libani* (ibid., 9), atque ipsum miraculum quam mirabile fuerit diligenter descripsisset, statim filias Sion egredi hortatur ad ipsum regem in hoc ferculo suo conspiciendum. Hæ vero sunt ipsæ, quas in proximo dixerat filias Jerusalem, cum ait : *Media charitate constravit propter filias Jerusalem* (ibid., 10). Quas tanquam ad conscendendum in ipsum ferculum admonens, jubet eas egredi, ut in ipso ferculo rege conspecto ejus amore ad eum ascendere niterentur in ipsum ejus feretrum, hoc est ejus imitatione crucem ejus tollendo, sicut ipsemet admonet dicens : *Qui vult venire post me, abneget semetipsum, et tollat crucem suam, et sequatur me* (*Matth.* XVI, 21), hoc est passiones sustinens me imitetur. Filiæ itaque Sion, id est Jerusalem, non Babylonis, fideles animæ sunt, quæ ad civitatem Dei tanquam cives pertinent, non diaboli. Has tanquam filias vera Jerusalem, hoc est mater Ecclesia Deo parit vel generat, dum eas prædicando instruit, vel baptizando regenerat. Unde et Apostolus tam matri quam patri se comparans ait : *Filioli mei, quos adhuc parturio, donec Christus formetur in vobis* (*Galat.* IV, 19). Et rursum : *Nam etsi multos habetis pædagogos, sed non multos patres. In Christo enim Jesu per Evangelium ego vos genui* (*I Cor.* IV, 15). De hac matre nostra, cujus conversatio in cœlis est, et per desiderium semper sursum inhabitat, idem Apostolus ait : *Illa autem, quæ sursum est Jerusalem, libere est, quæ est mater nostra* (*Galat.* IV, 26).

Hujus itaque Sion prædictas filias Salomon hortatur egredi, ut verum Salomonem nostrum, id est Christum, egressæ mereantur videre. Egressæ, inquam, maxime de terrena conversatione, ut in his tam sanctis diebus Dominicæ passionis per abstinentiam carnem macerantes, crucem ejus tollamus : attendentes quod scriptum est, quia *si compatimur, et conregnabimus. Qui enim dicit se in Christo manere, debet sicut ille ambulavit et ipse ambulare* (*II Tim.* II, 12). Mactantes in nobis vitia, nos ipsos præparemus tanquam hostiam viventem et Deo placentem. Nemo enim ad ejus hostiam, quæ nunc generaliter, pascha imminente, universis proponitur Christianis, digne accedere poterit, nisi se ille prius talem, ut diximus, hostiam præparaverit. Alioquin de mensa vitæ mortem sumemus, et quasi pro cibo venenum hauriemus. Unde et Apostolus Corinthiis ait : *Quicunque manducaverit panem, vel biberit calicem Domini indigne, reus erit corporis et sanguinis Domini. Probet autem seipsum homo, et sic de pane illo edat, et de calice bibat. Qui enim manducat et bibit indigne, judicium sibi manducat et bibit, non dijudicans corpus Domini* (*I Cor.* XI, 27). Idem ad Hebræos : *Habemus*, inquit, *altare, de quo edere non habent potestatem, qui tabernaculo deserviunt. Quorum enim animalium infertur sanguis pro peccato in sancta per pontificem horum corpora cremantur extra castra. Propter quod et Jesus ut sanctificaret per suum sanguinem populum, extra portam passus est. Exeamus igitur ad eum extra castra, improperium ejus portantes. Non enim hic habemus manentem civitatem, sed futuram inquirimus* (*Hebr.* XIII, 10 et seq.). Altare nostrum altare Christi est, in quo sacrificium ejus celebramus, imo ipsum in sacramento proprii corporis et sanguinis Patri offerimus. De quo sancto altari edere non habent qui tabernaculo deserviunt, quia de hoc tanto ac spirituali sacrificio digni sumere non sunt qui carnaliter vivunt. Tabernaculum quippe dicit hujus mortalis corporis, quod nunc habemus habitaculum, quod dissolubile est atque infirmum, sicut tabernacula, id est umbracula pastorum vel peregrinantium, quæ non sunt firmæ domus ac stabiles, sed mobiles, et ad modicum inhabitandæ mansiones. Tabernaculo ergo deservit, qui mortalis carnis concupiscentiis obedit. Regendum est corpus, et caro spiritui subjicienda, servire potius quam dominari digna. *Quorum enim*, etc. Ac si aperte dicat : Bene dixi eos nequaquam sacrificio Christi dignos, qui tabernaculo deserviunt, hoc est carnalibus indulgent concupiscentiis. Hoc enim et in sacrificio veteri, quod figura nostri fuit, Dominus præsignare decrevit, cum animalium corporibus extra castra in eremo crematis, purus eorum sanguis offerretur a pontifice in Sancta sanctorum. Sanguis quippe, in quo maxime vita carnis consistit, juxta illud Moysi, *quia anima omnis carnis in sanguine est* (*Levit.* XVII, 14), bona fidelium vita vel anima est. Quod quidem per pontificem Christum, qui pro nobis interpellat, quasi sacrificium offertur in Sancta sanctorum, quod est secundum tabernaculum, dum dignando efficitur, ut ad supernam mansionem assumatur, ubi pura et perfecta est sanctitas, per Sancta sanctorum significata. Sed ut hoc fiat, necesse est prius in hac vita horum animalium corpora cremari extra castra : hoc est carnem affligi atque macerari zelo divini amoris nobis sic extra castra positis, hoc est extra voluptates carnis constitutis. Hæ quippe voluptates quasi quædam castra vel carceres animæ sunt, qui ipsam constringunt et compriniunt, ne se omnino erigat ad superna, et libere toto affectu surgat ad cœlestia. Propter quod etiam significandum ipse noster pontifex passus est extra portam, hoc est extra septa Jerusalem, non intra · ut videlicet significaret non aliquos per suum sanguinem sanctificandos atque redimendos, nisi qui, ut dictum est, extra castra positi, id est voluptates carnis, ipsum imitarentur. Ad quod consequenter nos adhortans Apostolus, ait : *Exeamus igitur*, hoc est imitando eum sequamur, extra castra, ut determinatum est, facti : ut eum apprehendere possimus in supernis. Improperium hoc est pati, pro eo quæcunque probrosa vel turpia tolerare, sicut et ipse pro nobis nulla respuit perferre. *Non enim*, etc. Exeamus, inquam, ad eum, relictis castris, hoc est properemus ad ipsum pervenire per quæcunque adversa, postpositis voluptatibus carnis ; quia non habemus in hac vita stabilem mansionem, nec ad hanc vitam creati sumus, sed futuram, quæ indeficiens est, apprehendere nitimur.

Quod igitur Apostolus hoc loco nostrum exire dicit, hoc Salomon superius nostrum egredi præsignavit, dicens : *Egredimini, filiæ Sion*, etc. Tanquam si diceret : Egredimini mente semper ad eum conspiciendum, qui extra portam crucifixus pro vobis, vestrum factus est sacrificium. A nobis ad eum egredimur, cum abrenuntiantes propriis voluptatibus, ejus voluntati nos dicamus, et eum imitando sequimur, qui Patri usque ad mortem obediens, ait : *Non veni facere voluntatem meam, sed voluntatem ejus qui misit me* (*Joan.* V, 30). Hoc utique modo crucem post Jesum portamus, quod de illo Simeone Cyrenæo Lucas refert, cum usque ad mortem in ejus obedientia persistere parati sumus, crucifigentes corpora nostra cum vitiis et concupiscentiis, sicut et Apostolus præcipit (*Luc.* XXIII, 26). Simon quippe *obediens* interpretatur, qui post Christum crucem ejus bajulans eos significat, qui per imitationem eo usque Christum sequuntur, ut consummatam obedientiam usque ad mortes ei exhibere parentur. De qua profecto perfectione obedientiæ etiam ipse Simoni Petro ait : *S. quere me* (*Luc.* I, 16 ; II, 14), ut videlicet id quod ille Simon Cyrenæus egit in ministerio, iste Simon Petrus Ecclesiæ typum gerens consummaret in facto. Refert supra memoratus evangelista, quod Simone post Jesum crucem ejus bajulante, sequ[eb]atur illum multa turba populi et mulierum, quæ plangebant, et lamentabantur eum. Non enim hic Simon solus per passionem Christum imitatur, verum innumera fidelium multitudo tam in viris quam in feminis per martyrium Christum sequitur, et ad Deum extra portam passum hoc modo egrediuntur. Quem et nos hodie egressum præsentamus, cum de urbibus, vel castellis, aut villis, clerus pariter ac populus cum sanctuario crucem adorare procedunt in campo, ipsa videlicet die qua primum in anno Dominica recitatur passio. Qua quidem generali fidelium processione, tanquam ad Dominum extra portam passum egredientes, passionis ipsius nos memores esse profitemur, quasi eum præ oculis crucifixum pro nobis aspicientes. Ad quem utique aspectum admonemur cum dicitur, ut post egressum nostrum videamus regem Salomonem in diademate, quo coronavit eum mater sua (*Cant.* III) : mater, inquam, sua, hoc est Judæa, de qua ipse natus est secundum carnem.

Diademate coronavit eum, hoc est ad modum victoris eum exaltavit, qui in ipsa morte maxime de diabolo triumphavit. De hac exaltatione in ipsa crucis suspensione, ipsemet Nicodemo ait : *Sicut Moyses serpentem in deserto, ita exaltari oportet Filium hominis* (*Joan.* III, 14). Legimus et a Judæis ipsum Dominum corporaliter spinea corona esse coronatum. Quod cum illi ad irrisionem et pœnam intenderent, mysterium ignari gesserunt rei convertendæ in gloriam. De qua et Psalmista dudum prædixerat : *Minuisti eum paulo minus ab angelis, gloria et honore coronasti eum : et constituisti eum super opera manuum tuarum. Omnia subjecisti sub pedibus ejus* (*Psal.* VIII, 6). Quod quidem testimonium Apostolus prosequens, Hebræis scribit : *Eum autem, qui in modico quam angeli minoratus est, videmus Jesum per passionem mortis gloria et honore coronatum* (*Hebr.* II, 9). Scriptum quoque est in Joanne, quia *exivit Jesus portans spineam coronam* (*Joan.* XIX, 5) : ut etiam juxta litteram nobis ad eum sit exeundum, sicut prædictum est, in diademate suo videndum.

Sive ergo coronatus, sive crucifigendus exire Christus memoratur, ut reprobatis Judæis, qui in eum ista commiserunt, gratiam suam præsignaret transituram in latitudinem gentium, ubi videlicet crucifixionis salus, et exaltatio ipsius in acquisitione multorum populorum, uno Judæo reprobato, sese dilatavit. Unde et bene hodie ad crucem ejus in campo adorandam procedimus, in hoc mystice demonstrantes, tam gloriam quam salutem de Judæis egressa esse, et in gentibus sese dilatasse. Quod autem postmodum revertimur ad loca nostra, unde fueramus egressi, significat in fine mundi ad Judæos redituram gratiam Dei ; quando videlicet per prædicationem Henoch et Eliæ constat eos convertendos esse. Unde et Apostolus : *Nolo*, inquit, *vos ignorare, fratres*, quia cæcitas ex parte contingit in Israel, donec plenitudo gentium intraret, et sic omnis Israel salvus fieret (*I Cor.* X, 1), sicut scriptum est : *Veniet ex Sion qui eripiat et avertat impietatem a Jacob* (*Rom.* XI, 26). Unde et ipsum Calvariæ locum, quo Dominus crucifixus est, nunc intra civitatem novimus contineri, cum prius extra fuerit. *Coronavit*, inquit, *eum mater sua in die desponsationis illius.* Tunc enim magna jucunditas regibus exhiberi solet, quando, desponsatis uxoribus, solemnia celebrant nuptiarum. Dies autem Dominicæ crucifixionis quasi dies ei fuit desponsationis, quia tunc Ecclesiam veraciter sibi quasi sponsam sociavit, cum eodem die animas fidelium ad inferos descendens, hoc in eis inde assumptis complevit, quod latroni promisit dicens : *Amen dico tibi, hodie mecum eris in paradiso* (*Luc.* XXIII, 43). Hæc itaque dies desponsationis dies lætitiæ illi fuit, quando illud ad quod venerat, et quod maxime in ejus desiderio erat, in salute credentium complevit.

Lætitiæ, inquit, *cordis ejus*, quia tanquam tristis in corpore fuit, in quo molestias doloris toleravit ; sed dum caro tristitiam doloris afferret de his quæ inferebantur exterius, cordis, id est animæ, summa exsultatio erat inferius, de nostra scilicet salute, quam sic operabatur. Unde et cum ad crucifigendum exiret, bene mulieres super eum lamentantes compescuit, dicens : *Filiæ Jerusalem, nolite flere super me, sed super vos ipsas flete, et super filios vestros* (*ibid.*, 28). Tanquam si diceret : Non est propter me dolendum in his passionibus, tanquam hinc aliquod incurram damnum ; sed potius vobis imminet super vos ipsas et filios vestros, gravissima vindicta, quæ in me committuntur, plexuros. Sic et nobis, fratres, super nos potius quam super ipsum flendum est, quod ea videlicet commiserimus ex culpa, quæ ille tam graviter portavit in pœna. Sic de ipso gaudeamus cum ipso, ut de nostris doleamus offensis, quod hujus sive servorum reatus commiserit, quod innocens Dominus tantam pœnam sustinuit. Ipse nos docuit flere nos ipsos, qui nunquam se flere legitur ; sed non flevit Lazarum suscitaturus, pro cujus suscitatione honor hodiernus est ei a turbis exhibitus. Flevit et hodie cum a turbis exsultantibus susciperetur, sicut Lucas meminit, dicens : *Et cum appropinquaret jam ad descensum montis Oliveti, cœperunt omnes turbæ descendentium gaudentes laudare Deum voce magna, super omnibus quas viderant virtutibus, dicentes : Benedictus qui venit in nomine Domini, pax in cœlo, et gloria in excelsis. Et ut appropinquavit, videns civitatem flevit super illam, dicens : Quia si cognovisses et tu*, etc. (*Luc.* XIX, 38).

Flevit Lazarum, quem de refrigerio et sinu Abrahæ revocaturus erat ærumnis præsentis vitæ. Flebat ruinam civitatis, nostra videlicet damna, non propria. Utinam sic nos mala nostra deplorare possemus sicut et ille, sic solliciti de nobis essemus sicut ipse ! Qui de ipso lætamur tanquam de Salvatore nostro, cujus morte redempti sumus, super nos defleamus, qui quod ille tam graviter plexus est commisimus. Egredientes itaque semper mente ad eum, ut diximus, et ipsum sic pro nobis coronatum memoriter intuentes, sequamur ipsum, crucem ejus tollentes. Quod si jam in eo tempore non sumus ut pro eo mori cogamur, quoties tamen nos pro ipso affligimur, crucem ejus tollimus. Crux quippe a cruciando dicta est. Crucem ejus tollimus, cum quaslibet adversitates pro eo sustinemus, vel abstinentiæ virtute carnem nostram macerando, dominio spiritus eam subjicimus. Quod his præcipue diebus nobis est providendum, quibus spiritaliter nos præparari convenit, ad ipsum Dominum in sacrificio propriæ carnis et sanguinis suscipiendum. Certe, si quis potentum vel amicorum hospitio suscipiendus a nobis exspectaretur, cum omni diligentia domum nostram præparemus, ne quid immundum vel indecens oculos intrantis offenderet. Quanta igitur cura, quanto studio providendum est, ne ipsum Creator ac Redemptor a nobis, ut diximus, suscipiendus, immundum reperiat habitaculum ; cum propriam injuriam tanto gravius vindicet, quanto amplius potest ac debet ? Et quoniam ejus quoque est gratiæ in nobis sibi mansionem parare, ipse sibi hanc præparet, qui hoc nobis sacrificium ad salutem instituit, non ad iudicium. Amen.

SERMO XI.
DE REBUS GESTIS IN DIEBUS PASSIONIS.

Quo magis nostræ redemptionis tempus, et Dominicæ resurrectionis appropinquat solemnitas, crebrius ædificandi sacris exhortationibus sumus, ut tantis beneficiis digni reperiamur, et redemptionis participes simus, et resurrectionis consortes. Et quoniam plerumque ipsa rerum gestarum historia devotionem simplicium excitat magis quam mystica, juvat secundum litteram omni dulcedine refertam, omni pietate plenam, ea quæ Dominus his diebus gessit referendo contexere, et ad exhortationem nostram in mentem reducere. Refert itaque Joannes quod, resuscitato Lazaro, *multi Judæorum, qui hoc viderant, crediderunt in Jesum. Quidam autem ex ipsis abierunt ad Pharisæos, et dixerunt eis quæ fecit Jesus. Collegerunt ergo pontifices et Pharisæi concilium, et dicebant: Quid facimus,* etc. *Ab illo ergo die cogitaverunt ut interficerent eum (Joan.* xi, 45 et seq.). Interficerent, inquam, mortuos suscitantem, et pro vita reddita mortem inferrent! O cæci pariter et perversi! Nunquid qui vitam restituit mortuis, a morte sibi non potest providere, et machinamenta vestra, si velit dissolvere? Et de potestate quidem ejus non ambigitis, quem toties in his vel in aliis experti estis! Alioquin non tanquam ignarum dolo tenere ad occidendum cogitaretis, sed ipsum vi comprehenderetis. Sed quam stulte hoc vestrum consilium et perversam cogitationem eum latere credatis, Evangelista patenter ostendit. Cum enim præmisisset : « *Ab illo ergo die cogitaverunt ut interficerent eum,* statim hoc cum nequaquam ignorare patenter insinuat, dicens : *Jesus ergo non jam palam ambulabat apud Judæos, sed abiit in regio-*

nem juxta desertum in civitatem quæ dicitur Ephrem, et ibi morabatur cum discipulis suis (Joan. xi, 54). Quod itaque persecutionem scienter ad horam declinat, nequaquam hoc per ignorantiam, sed per dispensationem ab eo fieri constat. Nondum quippe tempus advenerat, quod in eum ista compleri deberent. Propterea passionem declinando dispensatione, ut dictum est, magis quam timore, nos exemplo sui revocat a præsumptione, ne forte Deum tentando, certo nos quando non oportet objiciamus periculo. Quod enim ad hoc eum nequaquam metus impulerit, ut videlicet passionem declinans ad prædictum locum secederet, ubique cum discipulis suis moraretur, sequentia declarant cum dicitur : *Proximum autem erat Pascha Judæorum (ibid.* 55). Et rursum : *Dederant autem pontifices et Pharisæi mandatum, ut si quis cognoverit ubi sit, indicet ut apprehendant eum (ibid.* 56). *Jesus ergo ante sex dies Paschæ venit Bethaniam (Joan.* xii, 1).

Attendite, fratres, quid illa velit conclusio, qua dicitur : *Jesus ergo,* etc., et unde ista pendeat illatio ; et videbitis Domini, ut dictum est, non timorem, sed dispensationem. Præmisso quippe, quia proximum erat Pascha, in quo ipse postmodum se tradendum noverat, dicens : *Scitis quia post biduum pascha fiet, et Filius hominis tradetur, ut crucifigatur (Matth.* xxvi, 2). Et hoc insuper adjuncto, *quia dederant pontifices et Pharisæi mandatum, ut si quis cognoverit ubi sit, indicet ut apprehendant eum,* statim subinfertur : *Jesus ergo ante sex dies Paschæ,* etc. Ac si aperte dicatur : Quia tempus passionis appropinquabat, et ad hoc perficiendum jam omnino Judæi conspiraverunt : ergo ipse Dominus ad hoc se jam præparat intrepidus, et Jerosolymam accedit ubi se noverat esse passurum ; ut de se jam Judæis præbeat facultatem ad perversam eorum complendam voluptatem, ut cum sua damnatione nostram operarentur salutem. Venit quidam a prædicta regione juxta desertum, vel in civitatem gentium, quæ dicitur Ephrem, tanquam per hoc etiam ad litteram compleret illam orationem propheticam : *Emitte agnum, Domine, dominatorem terræ de petra deserti ad montem filiæ Sion (Isa.* xvi, 1). Quid enim petra deserti nisi gentilitas est a Deo derelicta, cujus per gratiam mundi in amorem sui Dominus emollierat corda? Hunc etiam locum tanquam petram Dominus inhabitabat, in quo sibi tutum ac firmum habitaculum providerat. Inde igitur agnum suum Dominus mittit ad montem Sion filiæ suæ, quando Christus a prædicta gentium civitate juxta desertum sita Bethaniam primo venit. Deinde passurus Jerosolymam pervenit, in monte Sion positam. Quam profecto civitatem quasi filiam Deus olei habuit, cum eam cæteris per gratiam extulit, ut specialiter ipsa nuncupetur civitas sancta, tam videlicet Dei templo quam sanctuario adornata et in capite regni constituta.

Ante sex dies Paschæ venit Bethaniam, inde in crastino, id est quinto die ante Pascha processurus

Jerosolymam; ut tempore quo decebat mystici agni perageret sacramenta, sicut jam superius in alio sermone meminimus. Cum autem Dominus Bethaniam venisset, fecerunt ei cœnam ibi, et Martha ministrabat. Lazarus vero erat unus ex discumbentibus cum eo. Maria ergo accepit libram unguenti nardi pistici pretiosi, et unxit pedes Jesu, et extersit capillis suis, et domus impleta est ex odore unguenti. Qui vero cœnam istam paraverint, ubi Lazarus convivatur, Martha cibum, Maria ministrat unguentum, evangelista non exprimit; quia per has personas quas nominat satis insinuatum intelligit. Ut enim de Lazaro taceamus, nequaquam congruum erat, ut sanctæ feminæ in domo alterius, vel de alienis ministrarent sumptibus. Convivatur Lazarus cum Domino, ut bina ejus probetur resurrectio. Unde et Hieronymus in lib. II adversus Jovinianum, de ipso Domino ait: (100) « Comedit quidem post resurrectionem, ut veritatem sui corporis comprobaret. Nam quotiescunque mortuum suscitavit, jussit ei manducare dari, ne resuscitatio phantasma putaretur. Et Lazarus, post resurrectionem, ob hanc causam scribitur cum Domino inisse convivium. » Bene autem mulieres, quæ Dominum suscipiunt quem viri persequuntur, et eum insuper reficientes, generale majorum Christum persequentium non verentur edictum. Quæ, ut diximus, Christo ministrantes, fratre ipsarum Lazaro recumbente, tanto felicius in anima insinuantur suscitatæ, quanto majore Christo assistere monstrantur devotione.

Legimus Dominum ministrasse mensis discipulorum, sicut et ipse profitetur, dicens : *Nunquid major est qui recumbit, an qui ministrat? Nonne qui recumbit? Ego autem in medio vestrum sum, sicut qui ministrat* (*Luc.* XXII, 27). Solas autem feminas Scriptura commemorat Domino ministrasse. Novimus et ipsum pedes discipulorum abluisse; nullum autem virorum hoc ei obsequium exhibuisse, sed solam peccatricem illam, quæ pœnitentiæ lacrymis pedes ejus lavit, capillis tersit, unguentis recreavit. Nec solum pedes, verum etiam caput ipsius mulier inungens, corporaliter eum Christum fecit, et tam regis quam sacerdotis in eo sacramenta peregit. Attendite, viri, humilitatem Domini ita ut diximus ministrantis: perpendite, feminæ, dignitatem vestram, quæ sic ei in omnibus ministrare meruistis. Quod vero sæpius pedes Christi mulier unxisse perhibetur, patenter innuitur eum calceatum incedere, cujus pedes ad ungendum ita invenirentur parati, cum tamen ipse discipulis sandaliorum calceamenta indulserit. Ex quo aperte juxta litteram patet, quia duras habuerit vias, de quibus ipse ad patrem loquitur: *Propter verba labiorum tuorum*, etc. (*Psal.* XVI, 4).

Quod vero in crastino de Bethania primo Bethphage ad montem Oliveti venit, deinde Jerusalem pervenit, nequaquam a mysterio vacat. Bethphage quippe viculus est sacerdotum, et interpretatur *domus buccæ*, sicut Bethania *domus obedientiæ*. De Bethania itaque Bethphage venitur, quia solus his dignus est prædicare, qui prius didicerit obedire; ut ante discipulus fuerit obsequendo, quam magister fiat præcipiendo. Bene autem hic viculus sacerdotum, hoc est prædicatorum, ad montem Oliveti esse describitur; quia qui tales, ut diximus, fuerint, altiores in Ecclesia tam dignitate ordinis quam meritorum habentur. Unde et Dominus : *Qui autem fecerit et docuerit sic homines, hic magnus vocabitur in regno cœlorum* (*Matth.* v, 19). Olivetum quoque, quod oleum ministrat, sanctis prædicatoribus recte congruit. Oleum quippe de igne, quem nutrit, lucem spargit : et prædicatores sancti igne charitatis accensi tanquam lucerna sunt ardens et lucens : ardens videlicet in se, lucens aliis, qui eorum illuminantur prædicatione. Lucas vero refert quod *cum appropinquaret jam Dominus ad descensum montis Oliveti, cœperunt omnes turbæ descendentium gaudentes laudare Deum voce magna super omnibus quas viderant virtutibus, dicentes : Benedictus qui venit rex in nomine Domini : pax in cœlo, et gloria in excelsis* (*Luc.* XIX, 37). Bene autem descendens de monte Dominus a turbis glorificatur; quia nisi se quis humiliaverit, nequaquam meretur exaltari, sicut et de ipso scriptum est Domino : *Humiliavit semetipsum factus obediens usque ad mortem, mortem autem crucis. Propter quod et Deus exaltavit illum, et dedit illi nomen quod est super omne nomen*, etc. (*Philip.* II, 8). Deinde turbis ei, ut dictum est, laudes acclamantibus, *ut appropinquavit, videns civitatem, flevit super illam, dicens : Quia si cognovisses et tu, quia venient dies*, etc. *Et non relinquent in te lapidem super lapidem, eo quod non cognovisti tempus visitationis tuæ* (*Luc.* XIX, 42).

O summa erga impios pietas, et incomparabilis erga crudeles benignitas! Inter laudes quæ ei dantur, et occurrentium gaudia turbarum, quæ tam sollicite ab his exhibentur, non exsultat laudibus, non congaudet gaudentibus; sed condolens perituris, quos a morte revocare non valet, jam quasi mortuos deflet. Deplorat eorum mortem ut resipiscant, deterret ne pereant. Ventura denuntiat mala, per quod sibi providere possent a pœna. Dolet quod non exauditur, deflet illorum casum, non contemptum suum, qui salvare venerat, non perdere. Unde et Jesus proprio nomine est vocatus. Deplorat supremam et irreparabilem gentis illius exterminationem per Romanos principes, Titum videlicet ac Vespasianum, futuram. Hi sunt duo ursi, qui de saltu prodeuntes, quadraginta duos pueros perdiderunt, qui Eliseo de Jericho, ubi sanaverat aquas, ascendenti Bethel *illudebant, dicentes : Ascende, calve, ascende, calve* (*IV Reg.* II, 23). Ursi quippe silvestres, principes sunt gentiles a disciplina legis alieni, et a civitate Dei remoti, et more ferarum indomiti. Hos cum gentilitas mittit, quasi de inculto saltu prodeunt, quia de illo prodeunt populo qui nullam divinæ doctrinæ culturam noverat.

---

(100) Patrolog. tom. XXIII, col. 311.

Qui dum imbellione Judaici populi suam injuriam intenderent vindicare, divina hoc actum est dispensatione, ut Christi magis injuriam punirent ignari quam propriam. Sic quippe de Assur Dominus ait: *Assur virga furoris mei, ipse autem non sic arbitrabatur (Isa.* x, 5). Cum enim per populum Assur Dominus in populo suo vindictam exercet, ipse Assur quasi virga est iræ Dei, hoc est flagellum vindictæ ipsius. Quod tamen hoc divina dispensatione geratur ignorat, quia hoc totum quod prævalet non divinæ ordinationi, sed propriis virtutibus ascribit. Tale quid et de istis Romanis principibus Psalmista prævidens, exterminationem suæ gentis deplorabat, sic ad eum conquerens *(Psal.* LXXIII, 3 et seq.) : *Quanta malignatus est inimicus in sancto!* Ac si diceret: O quantas malitias et abominationes ille Romanorum populus exercuit in ipso etiam templo et sanctuario divino! *Et gloriati sunt qui oderunt te* verum Deum, tanquam idolatriæ cultores, quia dæmones. Gloriati, inquam, *in medio solemnitatis tuæ,* hoc est inter dies paschales, quos tu ipse ad honorem tui solemnes institueras. Justum quippe fuit ut Judæi, qui in solemnitate paschali Christum occiderant, locum et gentem per eum amittere metuentes, in eadem solemnitate capti, per istos in perpetuum exterminarentur, vel omnino perderentur; per istos, inquam, Vespasianum scilicet patrem, et Titum, ejus filium, punirentur illi, qui in Deum Patrem et ejus Filium tam graviter deliquerunt. Gloriati sunt de victoria quam obtinuerunt, nescientes quod propter peccata illius populi hæc Deus permiserit fieri. Unde et sequitur : *Posuerunt signa sua,* hoc est, vexilla erexerunt, tanquam victoriæ signa. *Sicut in exitu,* hoc est more triumphantium, qui in portis captarum civitatum erigunt sua tropæa *super summum,* hoc est in altiore loco civitatis, unde magis ab introeuntibus vel exeuntibus conspici possint. Et cum tanta, Deo permittente, agerent, *non tamen cognoverunt,* quid scilicet agerent, quia suam tantum injuriam ulcisci crediderunt, sed non divinam, et suis viribus hoc magis potuisse, quam promissione divina qua tradidit impios.

Pueri itaque parvuli quos prædicti perdiderunt ursi, quia illuserunt Eliseo, ipsi sunt Judæi tanquam sensu carentes, neque per legem, neque per tot signa Christum cognoscentes; et sic a vera sapientia, quæ ipse est, alieni et in reprobum sensum traditi. Non enim taliter Christo illuderent ante crucifixionem, nec Pilato inclamarent : *Crucifige, crucifige eum (Luc.* XXIII, 21)! quod est quasi dicere Christo : *Ascende, calve, ascende, calve (I V Reg.* II, 23)! Crucifixio quippe Christi ascensio est crucis. Calvum vocant, quem terrenis auxiliis vel opibus destitutum vident. Tale est ergo: *Ascende, calve!* tanquam si dicerent: Tu miser, omnibus bonis destitute, qui te a nobis exaltandum esse prædixeras, veni huc, ascendens crucem exaltare. Hoc enim per ironiam illudentes dicebant, quod in veritate de exsultatione crucifixi, et de electione gentium Dominus disponebat. Bene illi pueri quadraginta duo fuisse memorantur, secundum videlicet numerum annorum, quos eis Dominus ad pœnitentiam indulserat. Quadragesimo quippe anno secundo a Passione Domini, hæc eis calamitas accidit. Sed nec a mysterio vacat, quod sanatis aquis Jericho Elisæus Bethel, hoc est ad domum Dei ascendebat: cum et Dominus in Ramis Palmarum Jerosolymam veniens, cum per Jericho transiret, egressus inde duos cæcos sanaverit. Qui profecto antequam per Christum tam corpore quam anima illuminarentur, et ob hoc eum sequerentur, quasi aquæ steriles erant, dum adhuc omni vento doctrinæ fluctuantes quid credere deberent certum non habebant, et ob hoc fructu spiritali carentes.

Ut autem nostræ narrationis textum superioribus, quæ intermissa fuerant, copulemus, cum, ut diximus, Dominus Jerosolymam veniens, futuram civitatis ruinam deplorasset ac prædixisset, civitatem ingressus cum multo exsultantium turbarum comitatu, ad templum tanquam propriam domum pervenisse refertur, et in ipso tam justitiam quam misericordiam exercens, cum inde negotiatores potenter expulisset, cæcosque ibidem et claudos sanaret, ipsam Domini domum reconciliavit. Ejecerat jam alia vice tales de templo, quod solus Joannes commemorat *(Marc.* II, 15). Sed de hac ultima ejectione scribunt alii, quando videlicet facto flagello de funiculis omnes ejecit. Marcus vero refert *(cap.* XI, 15) hanc ejectionem non in Ramis Palmarum, sed sequenti die cum rediret Dominus Jerosolymam, factam fuisse. In Ramis tamen Palmarum ipse quoque Dominum commemorat intrasse templum, sed in eo nihil exegisse, nisi circumspectis omnibus quæ aderant, cum jam vespera esset, in Bethaniam cum duodecimis redisse. Quod igitur alii evangelistæ, Matthæus *(Matth.* XXI, 12) scilicet ac Lucas *(Luc.* XIX, 45), hoc prætermisso ejectionem commemorent, succincte per anticipationem dixisse videntur, et ad ea quæ præmiserant congrue connexuisse. Matthæus quippe cum præmisisset Dominum dixisse discipulis : *Ite in castellum quod contra vos est,* etc. *(Matth.* XXI, 2), et Lucas retulisset Dominum ruinam civitatis deflevisse *(Luc.* XIX, 41), consequenter exprimere curaverunt, quorum culpa præcipue illa contrarietas vel ista ruina contingeret, hoc est sacerdotum vel cæterorum templi ministrorum. Unde in ipso templo hanc in eos ultionem decrevit exercere, tanquam per hoc patenter insinuans eorum malitiam, et circa Deum negligentiam, horum quæ diximus causam existere.

Primo itaque cum magno comitatu turbarum laudes acclamantium templum ingressus, et omnibus circumspectis hinc egressus, Bethaniam rediit; et in crastinum, ut diximus, hanc potestatem exercere distulit. In quo quidem nos moraliter instruit, et potentiæ suæ magnitudinem ostendit. Prius enim mala quæ corrigamus diligenter inquirere, et prænoscere debemus, quam ea vindicemus, et per patientiam ad horam sustinere, ne præcipitanter sententiam inferamus vindictæ. Unde bene Dominus prius conspicere voluit mala domus suæ, quam in ea severitatem exercere justitiæ. Sicut enim et de ipso Genesis refert (*Gen.* xi) quod cum superbiam ædificantium turrem ex confusione linguarum vellet reprimere, et sic eos per regiones dispergere, prius Dominus descendit ut videret illam superborum stultitiam, quam in eam daret sententiam. Sic et peccata Sodomæ et Gomorrhæ puniturus : *Descendam, inquit, et videbo utrum clamorem qui venit ad me opere compleverint, an non est ita, ut sciam.* (*Gen.* xviii, 21.) Sic et hoc loco prius in templo circumspectis male agentibus, ostendit se cognovisse quid deberet vindicare. Exhibuit patientiam differendo vindictam. Noluit vindictam exercere, quasi præ dictarum turbarum confisus ope, quo major ejus potestas appareret, quod hoc sine turbis peragerет. Solos quippe pueros tunc adesse, et clamantes in templo : *Hosanna filio David!* Matthæus commemorat (*Matth.* xxi, 51), ut in laudibus horum recompensaretur quod commiserat in Eliseo puerorum irrisio. Vespera facta, ut dictum est, de templo Dominus egressus, in Bethaniam cum apostolis rediit, tanquam de domo inobedientiæ ad domum conferens obedientiæ. Nemo enim Deum habitatorem meretur habere, nisi qui præceptis ejus præsto est obedire. De civitate ad modicam procedit villam, quia, ut ipsemet ait, *Multi vocati sunt, pauci vero electi* (*Matth.* xx, 16). Jerusalem et templum tanquam propriam civitatem et domum relinquens, cum ibi non haberet ubi caput reclinaret (*Matth.* viii), illud quod de se ipso scriptum est adimplet : *In propria venit, et sui eum non receperunt* (*Joan.* i, 11); Jerusalem, imo jam non Jerusalem, quæ dicitur *visio pacis*, sed asylum factam tyrannidis. Jam enim in eum ita manifeste conspiraverant majores civitatis ut in ea hospitium non inveniret. Nec tamen hoc ejus impotentiæ, sed patientiæ tribuendum est. Posset, nisi vellet, securus hospitari, cui certum est a nemine posse vim inferri, cujus potentiæ est corda hominum quo voluerit inclinare. Nam et cum voluit, libere ibidem quidquid decreverat, egit. Discipulos illuc dirigens ut asinam et pullum solverent et sibi adducerent nemine contradicente, sicut dixerat implevit, cum tamen in se conspirationem factam non ignoraret : de qua his, quos mittit, discipulis ait : *Ite in castellum quod contra vos est* (*Matth.* xxi, 2), hoc est in locum Deo pariter et vobis adversantem, nec jam civitatem dicendum, hoc est conventum hominum ad jure vivendum, sed tyrannicæ munitionis castellum. Ite, inquit, confidenter in locum quamvis talem, atque adeo vobis contrarium, et quod præcipio securi peragite. Unde et subnectit : *Et si quis vobis aliquid dixerit, dicite quia Dominus his opus habet, et confestim dimittet eos* (ibid., 3). O mira potentiæ confidentia! tanquam Dominus ex imperio mandat id eis, quos in mortem suam jam omnino conspirasse noverat. Sic mandat, sic præcipit, et sic obedire compellit. Nec dubitant missi quod eis injungitur peragere, confisi de mittentis potestate. Quam et illi qui hanc maxime conspirationem fecerant experti, de templo non semel sunt ejecti, cum uni resistere non valerent multi. Qui etiam post hanc ejectionem, et eorum, ut diximus, conspirationem, cum esset quotidie docens in templo, quam intrepidus esset patenter ostendebat, cui omnia Pater in manus dederat. Denique cum voluit secundum legem Pascha celebrare, in ipsa qua disposuerat tradi nocte, missis iterum discipulis, ubi voluit domum sibi in qua id faceret in ipsa civitate paravit. Qui ergo toties in talibus potenter egit, nunc quoque si vellet, ubicunque velle parare hospitium posset, nec in Bethaniam coactus rediret. Duo itaque in hoc egit provide, ut videlicet illos quos vitabat habitatione sua indignos ostenderet, et dilectis hospitibus copiam sui in extremis daret, ut hoc ipsum jam quasi mercedem hospitalitatis haberent.

Mane autem facto, ipse cum discipulis de Bethania Jerosolymam revertens esuriit, ut Marcus ait (*Marc.* xi, 12 et seq.) : *Et videns a longe ficum habentem folia, venit quærens si quid forte inveniret in ea, et nihil invenit præter folia. Non enim erat tempus ficorum. Et ait illi : Nunquam ex te fructus nascatur in perpetuum. Et audiebant discipuli ejus, et arefacta est continuo ficulnea, et veniunt Jerosolymam. Et cum introissent templum, cœpit ejicere vendentes et ementes in templo, et mensas nummulariorum et cathedras vendentium columbas evertit. Et non sinebat ut quisquam transferret vas per templum. Et cum vespera facta esset, egrediebatur de civitate. Et abiit rursum in Bethaniam, sicut refert* Matthæus, ibique mansit. Et hæc secunda die a Ramis Palmarum, hoc est die Lunæ, sicut Marcus scribit, gesta fuerunt. Quid est, Domine Jesu, quod esuriens mane, cibum quæris in arbore, quem præ omnibus constat esse solitum jejunare? Neminem discipulorum legimus tunc esurire, sed te solum. Ministrabas aliis quod tibi nunc indulgebas. Jejunus aliis ministrabas, et esuriens discipulos reficiebas, qui ministrare veneras, non ministrari. Pauperes fortassis, etsi spontaneos, habueras hospites. Nimium reputasti, quod larga eorum paupertas discipulos refecit. Pepercisti impensæ solus abstinendo, pro quo impensa omnia constat esse. Cibum requiris in arbore, quem natura sponte præbeat, non quem hominum præparet cura, aut qui largiores augeat expensas. Quæris utique cibum, ubi certus es nequaquam haberi eum. Non ergo id pro refectione corporali, sed magis pro mysterio agis. Quippe cum non ignores, non tunc tempus esse ficorum. Tanquam iratus maledicis arbori, quod fructum non habeat, eo tamen tempore quo secundum naturam nequaquam habere debebat. Maledicta statim aruit, et potentiam maledicentis invisibilis sensit, et quasi damnata est quæ non meruit. Cur ita? Domine. Nequaquam id crudelitate, sed magis pietate novimus gestum esse. Ad terrorem hominum, et correptionem malorum gestum est in arbore quod gerendum erat in homine. Exhibita est virtus potentiæ in re insensibili, cujus offensa caveri debuit a rationali. Factis terret, verbis docet incredulam plebem, ne in sua malitia pereat, quam etiam crebris miraculorum beneficiis ad pœnitentiam invitat. Ipse Angelus consilii quibus potest modis ne pereant, consulit perituris, ut vel pœnitentes salventur, vel inexcusabiles damnari mereantur. Et hæc quidem in secunda gesta sunt feria.

Die autem tertio, sicut Marcus et Matthæus referunt, cum a Bethania rediret Jerosolymam, viderunt discipuli arefactam ficulneam. Et recordatus Petrus dixit ad Jesum: *Rabbi, ecce ficus cui maledixisti aruit* (Marc. XI, 21). Et cum venisset in templum, accesserunt ad eum docentem principes sacerdotum, et seniores populi. Quibus ipse plura in parabolis locutus, et multa eis improperans peccata, graviter eos contra se commovit, quod maturius perficerent quod de morte ipsius tractaverant : qui deinceps cum egressus de templo iret in montem scilicet Oliveti, sicut Matthæus et Marcus patenter insinuant, adnectendo videlicet quod ibi sedens discipulos doceret, unus discipulorum ait illi : *Magister, aspice quales lapides et quales structuræ* (Marc. XIII, 1). Cui respondit Jesus : *Vides has omnes magnas ædificationes? Non relinquetur lapis super lapidem qui non destruatur* (Matth. XXIV, 2). Deinde profectus ad montem Oliveti, cum ibi sederet, sicut Matthæus scribit, accesserunt ad eum discipuli ejus, secreto dicentes : *Dic nobis quando hæc erunt,* de destructione scilicet Jerusalem, *et quod signum erit adventus tui* (Matth. XXIV, 3), in fine scilicet mundi, et ipsius consummationis sæculi. De qua cum plura Dominus prædixisset, et prolixum eis sermonem habuisset, subjungit Matthæus : *Et factum est, cum consummasset Jesus sermones hos omnes, dixit discipulis suis : Scitis quia post biduum Pascha fiet, et Filius hominis tradetur ut crucifigatur* (Matth. XXVI, 1, 2). Post biduum, hoc est in fine quintæ feriæ, quando tunc oportebat vetus Pascha celebrari de immolatione agni seu hædi ad vesperum. Hoc enim Pascha hoc loco dicit, quod secundum legem omnibus erat notum. Tertia itaque feria, hoc est die Martis, sermonem illum habuit in monte Oliveti, et eo finito, dixit discipulis, quia post biduum Pascha fiet. Tunc quippe illo anno accidit, ut post illud biduum, in quinta, ut diximus, feria, quartadecima eveniret luna, ut eo die ad vesperum secundum legem veteris Paschæ fieret sacrificium. Quo quidem finito, veteri scilicet Paschæ sacrificio in carnibus hædi vel agni cum azymis et lactucis agrestibus, statim ipse Dominus novum Pascha cum fecerit in sacramento corporis et sanguinis sui, et sic vetus Pascha terminavit.

Completis autem utriusque Paschæ sacramentis, eadem nocte est traditus ad passionem. De qua consequenter traditione subjungit ut dictum est : *Et Filius hominis tradetur ut crucifigatur. Tunc congre-* *gati sunt,* inquit Matthæus (Matth. XXVI, 3-5), *principes sacerdotum, et seniores populi consilium fecerunt, ut Jesum dolo tenerent et occiderent. Dicebant autem : Non in die festo,* subaudis : hoc faciendum esse : *ne forte tumultus fieret in populo :* hoc est ne turbæ, quæ illum cum exsultatione susceperant, vel sicut prophetam habebant, in eos commoverentur, et ipsum eriperent. O cæci et pessimi ! Dolo cum vultis tenere, tanquam ignarum machinationis vestræ, nec in die festo istud perficere, non quidem pro reverentia diei, sed pro metu quem diximus populi. Diem festum dicit primum diem azymorum post Pascha. Pascha quippe proprie vocatur in quartadecima luna, ubi immolatio fiebat ad vesperum. A quinta vero die decima sequente usque ad septimum diem erant dies azymorum, quod videlicet post diem Paschæ septem diebus azymis vescerentur. In quibus quidem videlicet diebus azymorum, primus dies eorum et septimus celebriores erant cæteris et solemnes, cum ipse dies Paschæ nullam solemnitatis dignitatem ex auctoritate legis obtineat. Hinc in Exodo scriptum est (Exod. XII, 16) de his septem diebus azymorum : *Dies prima erit sancta atque solemnis; et dies septima eadem festivitate venerabilis. Nihil operis facietis in eis, exceptis his quæ ad vescendum pertinent.* Illum ergo primum diem azymorum intelligunt, cum dicunt, *non in die festo.* Tunc enim omnes pariter secundum legem ab operibus vacantes congregati in civitate, facilius tumultum credebantur excitare. Quod vero Matthæus ait : *Tunc congregati sunt,* etc., illud *tunc,* referendum est ad prædictam feriam tertiam, quando ait Dominus : *Scitis, quia post biduum.*

Quid autem ipse Dominus postea egerit in illa tertia die, vel in quarta sequente, non exprimit Scriptura manifeste. Gradiens autem ut hoc definitum consilium Judæorum evitaret, nec eis facultatem peragendæ malitiæ præberet, ante diem traditionis sive passionis ejus congruam. Quod vero adjecit evangelista : *Cum autem esset Jesus in Bethania in domo Simonis leprosi,* et, ut Marcus ait, *ibidem recumberet* (Marc. XIV, 3), *accessit ad eum mulier habens alabastrum,* etc. (Matth. XXVI, 6, 7); incertum est utrum hoc fieret in prædicta die tertia, an in quarta sequente. Nonnulli tamen istud recumbere in domo Simonis, putant illam fuisse cœnam, de qua Joannes ait : *Quia ante sex dies Paschæ venit Jesus Bethaniam, fecerunt autem ei cœnam ibi, et Martha ministrabat;* etc. (Joan. XII, 1 et sq.). Et quidem illi, qui hanc cœnam, quam Matthæus et Marcus commemorant, illam eamdem esse volunt, quam Joannes ante sex dies Paschæ factam asserit, dicunt nunc eam nequaquam secundum ordinem rei gestæ ab evangelistis narrari ; sed tanquam inde prius factam ad memoriam reduci, ut videlicet innuerent inde Judam occasionem accepisse vendendi Dominum, quasi hoc pretio illud suum damnum restauraret. At vero si diligenter hanc et illam cœnam sibi conferamus, videbimus quia nequaquam decebat in alterius domo, vel de alienis sumptibus Domino ministrare. Præterea Joannes ibi Mariam non refert nisi pedes Jesu unxisse et capillis extersisse, nec isti evangelistæ referunt hic eam nisi super caput ipsius recumbentis unguentum posuisse. Quod non incommode in aliena domo facere potuit, cum fortasse qui cibum daret unguentum non præberet. Bene autem prius Domini longa via fatigati pedes unxit mulier, ut sic eum a labore viæ recrearet. Nunc autem satis esse arbitrata est caput quiescentis inungi, tanquam hoc unguento remedium conferens contra illius ferventissimæ terræ calores. Denique in illa priore cœna, qua Martha ministravit, Joannes neminem refert de unguento murmurasse nisi Judam proditorem. In hac vero secunda cœna, nequaquam Judas de hoc ab evangelistis notatur, sed indefinite super hoc discipulos indignatos fuisse referunt. Ex quibus omnibus quasi quibusdam conjecturis hanc et illam cœnam nequaquam eamdem fuisse, et devotionem mulieris tanto circa Dominum majorem exstitisse, quanto sæpius hoc ei beneficium ministravit. De hac autem et secunda cœna, sicut Matthæus patenter ostendit, Judas abiit ad principes sacerdotum, et iniit cum eis pactum, ut pro triginta argenteis Jesum traderet illis (*Matth.* xxvi, 14). Cum enim retulisset Matthæus, Dominum approbasse effusionem unguenti super caput ejus a muliere factam, statim adjunxit : *Tunc abiit unus ex duodecim qui dicitur Judas*, etc. In quo et Marcus similiter consentit. Quod ergo utrique tunc Judam ad hoc quod diximus abiisse referunt, sat.s diligenter innuunt ad hoc cum inde commotum fuisse atque indignatum, quod hac etiam vice confusus pretium unguenti non potuit obtinere.

Quid autem Dominus quinta feria egerit, hoc est die cœnæ, quo tunc, ut diximus, Pascha Judæorum contigit, et ipsis certum est evangeliis, ubi scriptum est : *Prima autem die azymorum, accesserunt discipuli ad Jesum, dicentes : Ubi vis paremus tibi comedere pascha? Et misit Petrum et Joannem, dicens : Euntes parate nobis pascha, ut manducemus. At illi dixerunt : Ubi vis paremus? Et dixit ad eos : Ecce introeuntibus vobis civitatem occurret vobis homo amphoram aquæ portans. Sequimini eum in domum in quam intrat, et dicetis patrifamilias domus : Dicit tibi magister : Ubi est diversorium, ubi pascha cum discipulis meis manducem ? Et ipse ostendet vobis cœnaculum magnum stratum, et ibi parate. Euntes autem invenerunt sicut dixit illis, et paraverunt pascha. Et cum facta esset hora, discubuit, et duodecim apostoli cum eo* (*Luc.* xxii, 9-14). Discubuit quidem ad vetus pascha primo celebrandum. Quod vero tam Matthæus quam Marcus dicunt, hoc esse factum prima die azymorum, quæ videlicet dies proprie pascha dicebatur, ut supra meminimus, sicut septem dies sequentes azymorum vocabantur; sciat lector ipsum diem Paschæ nomine quoque azymorum comprehendi posse, cum in eo etiam azymis cum lactucis agrestibus vescerentur. Paschæ quoque nomine nonnunquam e converso dies azymorum continetur juxta illud Joannis : *Ante diem festum Paschæ* (*Joan.* xiii, 1). Sæpe etiam Pascha ipsa hostia Paschæ potius quam dies appellatur, juxta illud : *Ubi vis paremus tibi comedere pascha?* Et alibi : *Venit autem dies azymorum, in qua necesse erat occidi pascha* (*Luc.* xxii, 7). Et Apostolus : *Pascha nostrum immolatus est Christus* (*I Cor.* v, 7), hoc est ipse nostra hostia paschalis. Quod vero Joannes ait : *Et cœna facta cum diabolus jam misisset in cor ut traderet eum Judas, surgit a cœna* (*Joan.* xiii, 2, 3), ut videlicet pedes lavaret discipulorum. Et postmodum ablutione facta, subjungit : *Cum recubuisset, iterum dixit eis : Scitis quid fecerim vobis*, etc. (*Ibid.*) Hoc insinuare videtur, quod intra cœnam veteris paschæ et cœnam Dominicam, pedes Dominus ablueret, per hoc patenter innuens, neminem ad sacrificium Christi dignum accedere, nisi prius ablutis pedibus, hoc est affectionibus animi mundatis, alioquin judicium sibi comedit et bibit. Quod vero dictum est : *Et cum recubuisset iterum*, innuit eos post sacrificium veteris paschæ, ad cœnam convivium ciborum accessisse. Non enim tantæ virorum familiæ unius comestio agni vel hædi ad refectionem diei sufficeret. Præterea Lucas cum retulisset Dominum de veteri pascha dixisse discipulis : *Desiderio desideravi hoc pascha manducare vobiscum* (*Luc.* xxii, 15), duos calices postea commemorat Dominum discipulis dedisse, unum quidem statim post vetus pascha, alterum in celebratione novi paschæ. Et de illo quidem primo calice Dominus discipulis ait : *Accipite et dividite inter vos. Dico enim vobis, quia non bibam de generatione vitis, donec regnum Dei veniat* (*ibid.*, 17, 18). De alio vero calice scriptum est, quia dedit illis, dicens : *Hic est sanguis meus novi testamenti. Dico autem vobis, non bibam amodo de hoc genimine vitis usque in diem illum cum illud bibam vobiscum novum in regno Patris mei* (*Marc.* xxiv, 28, 29). Prior itaque calix post vetus pascha, et ante novum susceptus, et ille secundus recubitus post ablutionem pedum, non ad sacrificium, sed ad refectionem corporum pertinere videretur. Nihil enim de potu in veteri pascha lex præcipit, sed tantum de carnibus agni vel hædi cum panibus azymis et lactucis agrestibus. In has itaque convivii refectione discipulis edentibus, videtur Dominus de panibus illius mensæ, non de azymis paschæ accepisse, et novum pascha confecisse. Non enim illo die Paschæ interdictum erat, ne panes etiam fermentati, qui proprie panes vini adjectione dicuntur, in domibus reperirentur; sed sequentibus tantum septem diebus, qui ob hoc die azymorum specialiter dicebantur. Unde et Græci non de azymo pane, sed de fermentato Dominum dicunt novum pascha confecisse; quasi nihil de veteri pascha in novo vellet retinere. Qui etiam, ubicunque nos habemus in novo pascha dictum a Domino, quod *accepit panem et benedixit*, pro pane in Græco habetur ἀρτόν, quod *fermentatum* significat.

Quod vero discipulis edentibus Dominus ait, quod unus eorum esset eum traditurus, et eum deinde præsignavit, dicens : *Qui intingit mecum manum in paropside,* sive in catino, *hic me tradet* (*Matth.* xxvi, 23), ad esum veteris paschæ referendum est; ut cum illud ederent hoc eis diceret. Signum autem parapsidis, quo proditor designatur, sic accipiendum videtur, quod cum proditor audisset Dominum dixisse, quia unus discipulorum esset eum traditurus, ne hoc de se dici putaretur, quem jam conscientia sua super hoc accusabat, temeritate quadam providit demonstrandum, nequaquam de se suspicandum esse, qui sic de Domino confideret, ut in eodem vase cibum communem habere non trepidaret. Unde tunc in ejus paropsidem manum illam sceleratus intulit, qua eum ipsa nocte traditurus ad mortem fuerat. Sicut quoque intelligi potest signum illud paropsidis, quod Dominus, qui mensis ministrabat discipulorum, in consuetudinem haberet postquam mensæ deservisset cum Juda refici, qui quasi procurator communis loculos impensæ deferebat.

Tertio Dominus proditorem designare curavit, quo eum amplius a sua compesceret iniquitate. Cum enim primo dixisset : *Qui intingit mecum manum in paropside, hic me tradet,* ac postmodum traditor tanquam conscius sui, et quasi jam designatus ex paropside, requireret dicens : *Nunquid ego sum? Rabbi.* Respondet ei Jesus : *Tu dixisti* (*Matth.* xxvi, 25). Ac si diceret : Tu jam pacto cum Judæis inito et te hoc facturum esse pollicitus, quod nunc dico eis prædixisti. Refert etiam Joannes, quod, cum ipse Dominus dixisset : *Qui manducat panem meum, levabit contra me calcaneum suum* (*Joan.* xiii, 18), et ipse Joannes recumbens super pectus Jesu, requireret ab ipso quis ille esset, respondit : *Ille est, cui intinctum panem porrexero. Et cum intinxisset panem, dedit Judæ, et post buccellam, tunc introivit in illum Satanas. Dixit ei Jesus : Quod facis, fac citius. Cum autem accepisset ille buccellam, exivit continuo. Erat autem nox* (*Ibid.*, 27 et seq.).

Ecce hoc tertio proditor manifeste designatus, post buccellam statim exiit ad conceptum scelus peragendum, tanquam jam omnino de Domini gratia desperans, cum ejus mentem ita diabolus omnino possideret, ut redire ad veniam nullatenus posset. Mirum tamen est quomodo acquievit ut intinctam buccellam acciperet, si prius audierit Dominum hoc dixisse in signum fieri futuræ proditionis. Credimus ergo Dominum hoc privatim Joanni recumbenti super pectus ejus respondisse, ita ut proditor id nequaquam intelligeret. Nam et Petrus secreto hoc demonstrari petiit, innuens Joanni potius quam loquens, ut a Domino requireret quis ille esset de quo diceret. De illa autem buccella panis, quam ad proditorem designandum intinctam ei porrexit,

plerisque videtur quod de ipso pane sacrato eam acciperet, unde inter cæteros ita eum communicaret. Quam quidem communionem cum indigne sumeret, judicium potius quam salutem ibi acciperet, sicut et Apostolus asserit de indigne communicatis : unde et post buccellam, Satanas in Judam introisse, et sic eum plenius possedisse memoratur. Nam et quod huic quoque communioni proditor interfuerit, Lucas patenter insinuare videtur. Qui, dum novum Pascha celebraretur a Domino, refert eum dixisse : *Verumtamen ecce manus tradentis me mecum est in mensa* (*Luc.* xxii, 21). Continuo tamen accepta bucella, proditor non exspectat communionem finiri, vel hymnum post refectionem Domino persolvi; sacrum statim collegium egreditur, quo pravum desiderium amplius maturaret, sicut et Dominus prædixerat dicens : *Quod facis, fac citius.* Ideo autem panem intinctum soli proditori dedit, ut ejus mentem jam conceptione peccati infectam et maculatam significaret. Cæteris autem, qui puram habebant conscientiam, sacramenta corporis et sanguinis sui separatim distribuit, quasi panem per se et vinum per se separatim ministrans. Unde bene statutum est in Ecclesia, ut quando fideles communicantur, hæc separatim accipiant. Sunt vero qui panem illum intinctum nequaquam de sacrificio Christi fuisse intelligunt, sed buccellam illam de quocunque pane acceptam esse ad proditorem solummodo, designandum. Quorum etiam nonnulli volunt Judam in sacramento Dominici corporis participasse. Augustinus super Joannem (1) : *Et cum intinxisset panem dedit Judæ* « Non autem, ut putant quidam, tunc Judas corpus Christi accepit. Intelligendum est enim, quod jam omnibus eis distribuerat Dominus sacramentum corporis et sanguinis sui, ubi et ipse Judas erat, sicut Lucas evidentissime narrat. Deinde per buccellam tinctam atque porrectam suum exprimit traditorem. » Hilarius super Matthæum (2) : *Ubi vis paremus tibi pascha manducare?* « Post quæ Judas proditor judicatur, sine quo pascha accepto calice et fracto pane conficitur. Dignus enim æternorum sacramentorum communione non fuerat. Nam discessisse statim intelligitur, quod cum turbis reversus ostenditur. Neque sane bibere cum Domino poterat, qui non erat bibiturus in regno, cum universos tunc bibentes ex vitis istius fructu bibituros secum postea polliceretur. » Notandum tamen nequaquam in verbis Domini universos haberi, quamvis hoc beatus intelligat Hilarius, sed ita indefinite a Domino dici : *Cum illud bibam vobiscum novum in regno Patris mei.* Multa quippe novimus ad hunc modum apostolis Dominum loqui, quæ monita generaliter sunt accipienda, ut Judæ quoque possint convenire. Quale est illud : *Beati oculi qui vident quæ vos videtis* (*Luc.* x, 25), et : *Sedebitis vos super sedes duodecim*

(1) Patrol. tom. III, col. 1802.

(2) Patrol. tom. IX, col. 1065.

etc. (*Matth.* xix, 28), et : *Gaudete, quia nomina vestra scripta sunt in cœlis* (*Luc.* x, 20). Et rursum : *Et ego dispono vobis, sicut disposuit mihi Pater meus regnum, ut edatis et bibatis super mensam meam in regno meo* (*Luc.* xxii, 29). Sæpe etiam cum generaliter aliquid dicitur, non est tamen generaliter accipiendum. Unde illud est Hieronymi ad Damasum in parabola Domini de filio frugi et luxurioso (3) : *Et omnia mea tua sunt* (*Luc.* xv, 31). « Quomodo autem Dei omnia Judæorum sunt? Nunquid angeli, throni? Omnia ergo intellige prophetias, eloquia divina, secundum illud quod sæpe exposuimus, non semper omnia ad totum esse referenda, sed ad partem maximam, ut : *Omnes declinaverunt* (*Psal.* xiii, 3), et : *Omnes qui ante me venerunt, fures fuerunt et latrones* (*Joan.* x, 8), et : *Omnibus omnia factus sum* (*I Cor.* ix, 22); et : *Omnes quæ sua sunt quærunt, non quæ Jesu Christi* (*Philipp.* ii, 21). Denique si ponamus Judam quoque communioni interfuisse, qua completa Dominus illud ait : *Non bibam amodo de hoc genimine vitis - usque in diem illum, cum illud bibam vobiscum novum in regno Patris mei*, non cogimur ideo fateri tunc Judam adfuisse, cum hoc Dominus dixerit, nec eum exspectasse finem cœnæ Dominicæ, qui continuo, ut supra dictum est, exivit post acceptionem buccellæ, ut eos convocaret quibus Dominum traderet. Post cujus quidem egressum, Dominus, ut Joannes refert, prolixum sermonem ad discipulos habuit. Cujus primam partem, dum adhuc recumberet, dixit usque ad eum scilicet locum, ubi ait : *Sed ut cognoscat mundus quia diligo Patrem, et sicut mandatum dedit mihi Pater, sic facio; surgite, eamus hinc* (*Joan.* xiv, 31). » Quem quidem locum beatus exponens Augustinus, ait (4) : « Tanquam diceretur : Cur ergo moreris, si non habes peccatum, cui debetur mortis supplicium? continuo subjecit : *Sed ut cognoscat mundus*, etc. *Eamus*, dixit. Quo, nisi ad illum locum, unde fuerat tradendus ad mortem? Habebat ut moreretur mandatum Patris. »

Postquam autem dixit discipulis suis : *Surgite, eamus hinc*, illis de accubitu mensæ surgentibus, et hymno gratiarum dicto, de quo Matthæus et Marcus scribunt, aliam partem sermonis confirmavit, usquequo de domo illa exierit, secundum consuetudinem suam, in montem Oliveti. Unde et Lucas de Domino meminit, dicens : *Erat autem diebus docens in templo, noctibus vero exiens morabatur in monte qui vocatur Oliveti* (*Luc.* xxi, 37). Et iterum : *Egressus ibat secundum consuetudinem in montem Olivarum* (*Luc.* xxii, 39). Secuti sunt autem illum et discipuli. De nostra quippe salute Dominus sollicitus, die prædicationi intendebat, nocte in oratione pernoctabat. Ad quam quidem faciendam secretum requirebat locum et a tumultu sæculi remotum, quo purius suis discipulis esset orandum. Quo cum ipse pervenis-

set atque orasset, eos quoque ad orationem invitat, dicens : *Vigilate et orate, ut non intretis in tentationem, Spiritus quidem promptus est, caro autem infirma* (*Matth.* xxvi, 41). Tanquam si diceret : Prolatio vobis facilis est ad me confitendum, et cum Petro dicendum, quia parati estis mecum et in carcerem et in mortem ire; sed adhuc infirmi estis ex carne ad resistendum tentationibus. Quod humanitas Christi, imminente passionis articulo, se ad orationem convertit, et discipulos hinc scandalizandos ad orationem hortatur, patenter nos instruit, ne unquam de viribus nostris in aliquo periculo præsumamus constituti, quia non est homini mortem constantia superare, nisi hanc virtutem nobis Domino ministrante. Ter in die Daniel in anxietate positus orasse Dominum legitur (*Dan.* vi, 10), tanquam hunc unum in tribus personis intelligens. Trinam et nunc Dominus orationem assumit, qua veram infirmitatem carnis se habere demonstrans, verum se hominem probaret, et similem nobis in omnibus absque peccato, ut vera ejus passio sicut et carnis susceptio credatur. Orans itaque dicit : *Pater, si possibile est*, etc. (*Matth.* xxvi, 39). Et rursum : *Pater, si non potest hic calix transire*, etc. (*ibid.*, 42). Si possibile est, inquit, hoc est conveniens, ut alio modo redemptionis quam per mortem meam possit humanum genus salvari. Calicem dicit mortem suam transitoriam, cito resurrecturus. Qua vi delicet morte, tanquam poculo quodam, desiderium suum de nostra redemptione, quasi sitim suam erat refecturus. Sed nunquid mortem timuit, ad quam nos minime timendam adhortatur, dicens : *Nolite timere eos qui occidunt corpus?* (*Matth.* x, 28.) Certe neminem martyrum, cum ad agonem venirent, quod passuri erant, orasse memini ut ab eis passio transiret, sed læto animo et magno desiderio eam suscipere, tanquam illud implentes Apostoli : *Cupio dissolvi, et esse cum Christo* (*Philipp.* i, 25). Nunquid ipse morti se offerens, plus eam timuit quam cæteri, aut tristis ad eam venit, ad quam alii occurrere dicuntur læti? Sic quippe de ipso Marcus refert, quod *cœpit pavere et tædere* (*Marc.* xiv, 33); et tam ipse Marcus quam Matthæus eum scribunt dixisse : *Tristis est anima mea usque ad mortem* (*Matth.* xxvi, 38; *Marc.* xiv, 34), nec non et eum passionis amaritudinem profiteri non velle, et suam in hoc voluntatem a voluntate Patris dissidere, cum ait : *Verumtamen non sicut ego volo, sed sicut tu* (*Matth.* xxvi, 39), vel ita : *Sed non quod ego volo, sed quod tu* (*Marc.* xiv, 35). Et in Luca legitur : *Pater, si vis, transfer a me calicem istum. Verumtamen non mea voluntas, sed tua fiat* (*Luc.* xxii, 42). Ubi et subditur : *Apparuit autem illi angelus de cœlo, confortans eum, et factus in agonia, prolixius orabat. Et factus est sudor ejus sicut guttæ sanguinis decurrentis in terram* (*ibid.*, 43, 44). Neminem alium, præ timore mortis sanguinem legimus sudasse, quod supra naturam hu-

---

(3) Patrol. tom. XXXI, col. 591, 592.

(4) Patrol. tom. XXXVIII, col. 824.

manare constat esse. An forte plus quam cæteri timuit, quem timor passionis ad hoc coegit? an sponte magis quam anxietate timoris, hunc sudorem emisit? Quem denique fortem athletam ita periculo mortis anxiatum, et tanquam ex desperatione legimus esse perturbatum, ut de Domino scriptum esse videtur? *Nunc anima mea*, inquit, *turbata. Et quid dicam? Pater, salvifica me ex hac hora* (Joan. xii, 27). Et post aliqua : *Cum hæc dixisset Jesus, turbatus est spiritu* (Joan. xiii, 31). Ut autem ponamus in quibusdam videtur in his verbis, timoris vel tristitiæ eum membra sua in se transformasse, ut ex persona suorum membrorum hæc dicerentur aut fierent (5) ; nunquam certe in eorum persona sudor iste juxta litteram accipiendus est. Beatus autem Ambrosius plus eum quam cæteros passionem mortis horrere non veretur asserere. Sic quippe ait de fide ad Gratianum scribens, in libro ii (6) : « Petrus dicit : *Animam meam pono pro te*. Christus dicit : *Anima mea turbatur*. Utrumque verum est, et plenum utrumque rationis, quod inferior non timet, et superior gerit timentis affectum. Ille enim quasi homo vim mortis ignorat, iste quasi Deus in corpore constitutus, fragilitatem carnis exponit, ut eorum qui sacramentum incarnationis abhorrent, excluderetur impietas. » Ex quibus pa enter verbis ostenditur, revera ejus animam, quæ per unionem Verbi omnia scientis tam bene summum mortis cruciatum tanquam... esset experta, noverat magis cum horruisse, quam cæteræ possent animæ. Quando autem plus mortem timuit, et in passione constantior perstitit, tanto virtus obedientiæ major in eo claruit, et majorem nobis, pro quibus passus est, dilectionem exhibuit. Ubi et infirmioribus membris consolationem proponere voluit, ne cum ad agonis passionem trepidarent, pro hoc infirmitate sua desperarent a venia. Quam constanter autem Dominus passioni occurreret et in passione persisteret, quisquis diligenter attendit judex secundum magnitudinem timoris, incomparabilem in eo fortitudinem .... enim omittam cætera, quis non illud miretur, quod a Pilato interrogatus cum respondere nollet, ab eo audierit : *Mihi non loqueris? Nescis quia potestatem habeo dimittere te*, etc. (Joan. xix, 10).

Qui etiam ab ipso ad Herodem missus, tanquam ad ejus potestatem pertinens, cum esset Galilæus, ut sic per eum facile liberari posset, nil ei respondere dignatus est, cum multis interrogaretur sermonibus, nedum ei signum aliquod ostendere, quod ille maxime cupiebat. Quod ergo pavendo tædere, vel perturbari adeo videtur, ut quasi desperans diceret : Et quid dicam? signa sunt omnia non ignaviæ vel diffidentiæ, sed timoris maximi ad infirmitatis probationem assumptæ, ut quod mortem prævenit, ipsa jam gravius videatur morte. Angelus apparens in persona Patris eum confortat, sicut et antea factum fuerat, ipso ad eum dicente : *Et clarificavi, et iterum clarificabo* (Joan. xii, 28).

Hæc quippe consolatio orationis complendæ, qua pro suis orabat intelligenda est responsio, qua discipuli audita consolarentur. Quis fidelium, Domine, hanc etiam tuæ passionis anxietatem sine compassione possit audire? hanc pro nobis tuam perturbationem queat sustinere? Ait Apostolus : *Si unum patitur membrum, compatiuntur omnia membra*, etc. (1 Cor. xii, 26), pro se invicem sollicita. Quid ergo pro capite dolores nostros et peccata portante, nos oportet facere? Quis siccis oculis hoc intelligat? Cujus cor lapideum dolor iste non scindat? Scissum est velum templi in tua, Domine, passione, et ad terræmotum ipsa etiam fissa est duritia petrarum. Sol obscuratus est, tanquam immanitatem sceleris conspicere non ferret. Ipsa quoque insensibilia, tanquam tuam sentirent passionem, compassionis exhibuerunt affectum. Ut autem et hæc compassio nostra penetret ac scindat corda, ad intermissa, non dimissa, charitas suspirans stylum reducat.

Egressus itaque Dominus ad montem Oliveti, sicut Matthæus refert (Matth. xxvi), *venit inde cum discipulis in villam quæ dicitur Gethsemani*. Quem profecto locum Marcus prædium nominat, Joannes dicit : *Trans Jordanem* [leg. torrentem]*Cedron, ubi erat hortus, in quem frequenter Jesus conveniebat cum discipulis* (Joan. xviii, 1), tanquam secretissimum, atque ad docendum discipulos, sive orandum convenientem. Idem itaque intelligitur, *villam Gethesemani*, quod, *locum illum trans torrentem Cedron*, ad radicem montis Oliveti existentem. Cum dicitur, *torrentem Cedron*, genitivus Græcus est *Cedron*, pro Cedrorum. Torrentem dicunt, quia in valle Josaphat aqua illa vicissim currit, non semper, in qua et cedri crescunt. Qui locus Abrahæ hortus erat, qui circa Salem plures hortos et mansiones habebat. Quem locum Jesus cum discipulis suis frequentabat, qui et bene erat inde notus. Igitur hic eum quærit ad tradendum, et ibidem invenit quæsitum, sicut statim ipse Joannes prosequitur, dicens : *Judas ergo cum accepisset cohortem, et a pontificibus et Pharisæis ministros, venit illuc cum laternis et facibus et armis* (Joan. xviii, 3). Cohortem quidem gentilium a Pilato præside, ut nec gentiles in ejus traditione deessent, qui hos quoque sua venerat morte redimere; ut videlicet tam a Judæis quam a gentilibus ad mortem traderetur, qui pro salute omnium mortem pateretur.

Lucas verum refert ipsos etiam principes sacerdotum, hoc est pontifices et magistratus templi, et seniores venisse. Quod sic accipiendum videtur, ut hoc in ministris suis, non in personis propriis agerent. Cæteris quippe referentibus evangelistis,

---

(5) Locus corruptus, ut infra nonnulla.

(6) Patrol. tom. XVI, col. 568.

novimus Dominum a cohorte et ministris comprehensum, ad Annam sive Caipham pontifices fuisse perductum. Venientes afferunt laternas, ut qui sunt in tenebris cæcitatis, ipsam lucem capiant mundi. Fustibus et armis veniunt muniti, ut per hanc resistenti vim facerent, vel eum a se propulsarent. Jesus itaque omnia quæ ventura erant super eum præcessit. Dum homines Deo vim facere parant, sponte Dominus, non intractus, occurrit passioni, sicut ipse dixerat : *Nemo tollit a me animam meam, sed ego pono eam. Sciens*, inquit, *omnia (Joan.* x, 18) ; hoc est non ignorans eorum machinamenta, et per dirum mortis supplicium se salutem vestram consummaturum, ac deinceps tam resurrectione quam ascensione, vel sancti Spiritus adventu glorificandum. Qui ante a passione declinaverat, quia nondum venerat hora ejus, et discipulis præceperat : *Cum vos persecuti fuerint de civitate in civitatem, fugite in aliam (Matth.* x, 23) ; sciens jam advenisse tempus congruum passioni, offert se in pascha, tanquam pascha vel agnus ad immolandum. Processit, et dicit : *Quem quæritis? (Joan.* xviii, 4.) Vere, inquam, tanquam ignorans eorum nequissimam inquisitionem, quia tuum est ignorare mala quæ improbas, et cognoscere bona quæ approbas. Sic quippe Adam, quem ante peccatum noveras, post peccatum tanquam incognitum requiris dicens : *Adam, ubi es? (Gen.* iii, 9.) Qui etiam mulieris factum quod improbas, tanquam incognitum interrogans, ais : *Quare fecisti? (Ibid.*, 13.) Et fatuis virginibus respondens, dicis : *Amen dico vobis, nescio vos (Matth.* xxv, 12). Cum econtrario Moysi dicas : *Novi te ex nomine (Exod.* xxxiii, 12), et scriptum sit : *Novit Dominus qui sunt ejus (Num.* xvi, 5). Responderunt ei : *Jesum Nazarenum (Joan.* xviii, 5). O cæci et vere in tenebris venientes contra lucem et in nocte adversum diem, cum ei vos ipsum quærere respondetis, quem perdere venitis ! Procedit ab bellum tanquam signifer ante suos. Non eum recognoscitis Dominum, quem occurrere videtis solum. Si enim recognosceretis, nequaquam vestræ machinationis dolum responsione vestra ei panderetis. Contra sapientiam venientes, quia eam non cognoscitis, stulti permanetis, nec præsentem potestis animadvertere, nisi eo se vobis indicante. Jesum respondetis, et ne ipse de semetipso in vestra responsione possit errare, tanquam eum et de seipso docentes, subnexa determinatione additis : *Nazarenum*. Et utinam Jesum, quem profitemini tanquam Jesum, id est Salvatorem, quæreretis, ut quod in ore habetis, corde teneretis ; ne, dum Salvatorem perdere quæritis, vos ipsos potius perdatis !

Dicit eis Jesus : Ego sum (*ibid.*). Non enim cognoscere eum nisi ipso poterant indicante, sicut nec ipsum capere, nisi ipso se tradente. *Stabat autem et Judas, qui tradebat eum, cum ipsis* (*ibid.*). Lucas refert, quia antecedebat eos, et Marcus (*Marc.* xiv) quod cum venisset, statim accedens ad eum ait : *Rabbi, et osculatus est eum. At illi manus injecerunt in eum, et tenuerunt eum.* Unde mihi videtur, quod quando proficisci cœperunt, Judas tanquam dux eos antecedebat. Ubi autem appropinquare cœperunt, ipse conscientia sua confusus et perturbatus, vel hæsitans, ita se retinuit, et gradum suppressit, ut illi præcederent. Unde nunc Joannes dicit illis ad Jesum pervenientibus, Judam stare cum illis potius quam præcedere. Stabat quidem cum ipsis, non ut cæteri cum Domino. Stabat tanquam stupefactus et concepti sceleris immanitate perturbatus, et ex conspectu Domini maxime confusus, aut fortasse, tanta cæcitate percussus, ut nec eum posset cognoscere, nisi eo se ipsum indicante. Ut tamen impleret quod dixerat : *Quemcunque osculatus fuero, ipse est, tenete eum* (*Matth.* xxvi, 48), omni pudore postposito, non Deum, sed homines veritus, accessit ad osculum, tanquam eum designans, qui jam semetipsum indicaverat, ut nil in se fieri nisi se ipso disponente Dominus declararet. Unde et sequitur : *Ut ergo dixit eis : Ego sum, abierunt retrorsum, et ceciderunt in terram* (*Joan.* xviii, 6). Quid agitis, missi ? Ecce præsto est quem quæritis, et se ipsum offerens, dicit : *Ego sum*, nec istam ejus vocem ferre sustinetis, cui vim facere confidebatis. Abeuntes retrorsum, non ei valentes appropinquare, quem venitis comprehendere, in terram resupini corruistis. Hic quippe casus proprius est reproborum, sicut cadere in faciem proprium est electorum ; unde et illud est beati Gregorii in Ezechielem homilia (7) : « Electi in faciem, et reprobi retrorsum cadunt, quia qui post se cadit, ibi cadit ubi non videt. Iniqui vero qui in visibilibus cadunt, post se cadere dicuntur, quia ibi corruunt, ubi quid eos tunc sequatur modo videre non possunt. Justi vero, quia in istis visibilibus semetipsos sponte dejiciunt, ut invisibilibus erigantur, quasi in faciem cadunt, quia timore compuncti, videntes humiliantur. » Iterum ergo eos interrogavit : *Quem quæritis ? Illi autem dixerunt : Jesum Nazarenum. Respondit Jesus : Dixi vobis quia ego sum.* Qui abierunt retrorsum, non solum corpore corruentes, verum etiam in tantam exstasim pavoris et perturbationis facti, ut Dominum nec ad indicium suum, nec ad proditoris osculum agnoscere possent. Secundo interrogat eos quem quærant, et se iterum illum esse docet, quem se illi quærere respondent. In quo patenter ostenditur et ipsius perseverantia in passione, et illorum in obstinatione suæ malitiæ.

Si ergo me quæritis, sinite hos abire. Ut impleretur sermo, etc. (*ibid.*, 8.) Si me, inquit, non alium quæritis, sicut ex duabus jam patet responsionibus vestris, sufficere vobis debet vestram in me complere

---

(7) Patrol. tom. LXXVI, col. 872.

malitiam. Hoc, inquit, discipulos qui aderant intelligens, ut solus ipse torcular passionis intraret, sicut ex persona ejus Isaias prædixerat: *Torcular calcavi solus*, etc. *(Isa.* LXIII, 3.) Sermo, inquit evangelista, quem ipse Dominus antea dixerat, ad Patrem loquens: *Quos dedisti mihi custodivi, et nemo ex iis periit nisi filius perditionis (Joan*, XVII, 12),

Augustinus in Joanne, super hunc locum (8): « Cur si tunc morerentur, perderet eos, nisi quia nondum sic in eum credebant quomodo credunt quicunque non perituri? »

Item (9): « Petrus, si negato Christo hinc iret, quid aliud quam periret? » *Sinite*, inquit, *hos abire*, sed non adjecit, et capite me, ne videlicet pietatem præcipiens, impietatem quoque, quam fieri permittebat, jubere videretur. Accedens autem proditor ad Dominum dixit: *Ave, Rabbi. Et osculatus est eum. Jesus autem dixit ei: Amice, ad quid venisti? (Matth.* XXVI, 50.) Sive uti Lucas ait: *Juda, osculo Filium hominis tradis? (Luc.* XXII, 48.) Hoc osculum non pacis, sed proditionis signum est illud, de quo Matthæus commemorat: *Dederat autem traditor ejus signum eis, dicens: Quemcunque osculatus fuero ipse est, tenete eum, et ducite caute (Matth.* XXVI, 48). Ecce dux cæcorum et miserrime miserorum, quæ est ista cautela, ad quam eos hortatur insania tua? tanquam sapientiæ Dei prævalere hominum cautela possit. Impudentissime proditor, omnium scelerum abominationes tuis justificans sceleribus. Dispensatoris curam inter cæteros a Domino susceperas, loculos habens, et ea quæ poteras furto subripiens, marsupium tuum, non Dominicum volens augere, ipsum præsumpsisti Dominum vendere, et in pretio pecuniæ ipsum mundi pretium ponere. Ad cumulum malitiæ tuæ, ipsos conceptæ proditionis gradus intuere, ut nullam abominationem impudentiæ deesse cognoscas proditioni tuæ. Ipsa nocte qua tractabas eum tradere, ad cœnam præsumens accedere, in ejus paropside, manum sceleratam et tanquam ipsius sanguine cruentatam inserere non timuisti, ut hoc facto quasi teste tuæ conscientiæ bonæ omnem suspicionem a te removeres. Consors in participatione tam veteris quam novi paschæ, ac deinceps in ipsa traditione eum ut magistrum salutans, et ut lupus agnum osculans, fili perditionis, a mansueto patre audis: *Amice, ad quid venisti?* Amice quidem, non amans, sed amate, non diligens, sed dilecte, quantum ad exhibitionem familiaritatis et amicitiæ. Ad quid, inquit, *venisti?* tanquam si diceret: Attende, miser, quantam sine causa præsumis exsecrationem, cum prædictis gradibus ad conceptam pervenis proditionem. In quo et Dominus, signum proditionis detestans, ait: *Juda, osculo Filium hominis tradis?* Hoc est: Cur, infelix, osculum in signo proditionis elegisti, quod inter inimicos etiam summa fœderatio solet esse pacis? Infelicissime omnium hominum, bonum tibi esset si natus non fuisses, quia more abortivorum in utero moriens, gravissimam non meruisses pœnam!

Videntes autem hi, qui circa ipsum erant, quod futurum erat, dixerunt ei: Domine, si percutimus in gladio? (Luc. XX, 49.) Simon ergo Petrus, ardentior cæteris, habens gladium, eduxit eum, et percussit servum pontificis, et abscidit ejus auriculam dexteram. Respondens autem Jesus ait: *Sinite usque huc. Et cum tetigisset auriculam ejus, sanavit eum (ibid.*, 51).

Quærunt alii a Domino, utrum percutiendo debeant eum vindicare. Non sustinet Petrus responsum, ut audiat documentum; nec mensuram habet amor vehemens, nec immensa charitas attendit quid excedat. Noverat Dominicæ mansuetudinis patientiam, quem jam olim prædicentem suam passionem cum secreto correpsisset, dicens: *Propitius esto tibi, Domine, ne fiat hoc (Matth.* XVI, 22), audivit ab ipso: *Vade post me, Satana, non sapis ea quæ Dei sunt (ibid.*, 23). Noverat et qui generaliter ipse discipulis præceperat, dicens: *Audistis quia dictum est: Oculum pro oculo, dentem pro dente. Ego autem dico vobis non resistere malo. Sed si quis te percusserit in dextra maxilla tua, præbe ei et alteram (Matth.* V, 38, 39).

His et similibus patientiæ documentis Petrus instructus noverat, Dominum nequaquam hanc ei vindictam concessurum. Ne ergo reus inobedientiæ percutiendo fieret, si hoc responsum exspectaret, prævenit ipsum, tanquam aliis in hoc quid agerent, præbens exemplum utpote princeps vel primus eorum: ut sicut Judas ex adversa parte dux erat ad malitiam, sic iste in acie Domini dux fieret ad vindictam. Dum ergo alii quærunt an percutiant, iste percutere non differens, materialis gladii vindictam usurpat sibi nequaquam commissam. Unde et a Domino sine mora corrigitur. Quod tamen non recte tunc gestum est in opere, in mysterio vacuum est assumptione. Luca quippe referente, novimus duos gladios in cœna Domini fuisse. Sic quippe scriptum est de Domino, et discipulis: *Et dixit eis: Quando misi vos sine sacculo, et pera, et calceamentis, nunquid defuit vobis? At illi dixerunt: Nihil. Dixit ergo eis: Sed nunc, qui habet sacculum, tollat similiter et peram, et qui non habet, vendat tunicam suam, et emat gladium. Dico enim vobis, quoniam adhuc quod scriptum est oportet impleri in me: Et cum iniquis deputatus est. Etenim ea quæ sunt de me finem habent. At illi dixerunt: Domine, ecce duo gladii hic. At ille dixit eis: Satis est. Et egressus ibat secundum consuetudinem in montem Olivarum. Secuti sunt autem illum et discipuli (Luc.* XXII, 35).

Sacculus major est quam pera, et ideo necessarius est ad plurimorum viaticum deferendum. Pera vero singulis sufficere videtur. Bene ergo Dominus, dum præsens hic esset, eorum necessitudinibus

---

(8) Patrol. tom. XXXV, col. 1931.

(9) *Ibid.*, col. 1953.

omnino providebat, ne quid eis in via deferre necessarium esset, ut post ejus recessum a terris, tanto ejus praesentia amplius amaretur ac desideraretur, quanto hi eam sibi magis necessariam experti fuerant. Sed nunc qui habe, hoc etiam deinceps tam vobismetipsis quam aliis in pera vel sacculo providete sumendo : *et qui non habet*, subaudi sacculum vel peram unde comparare gladium possit, *vendat tunicam*, quae magis necessaria videtur, ut hinc eum emat. Quod quidem juxta litteram, ut sequentia innuunt, ob hoc videtur dictum, ut cum armati ad locum traditionis venirent, tanto major patientia Domini probaretur, quanto potentior ipse veniret in sua defensione. Finem habent, id est consummationem, ut ipsa omnia perficiantur in me quae scripta sunt de me. Duo autem gladii illi sive in coena Domini fortuitu reperti, sive ab aliquibus discipulorum, imminente passione, ad protectionem illic allati, duos in Ecclesia gladios significant, materialem quo rex utitur in vindicta corporali, et spiritualem quo animam sacerdos percutit per sententiam excommunicationis. Hunc spiritalem gladium Petrus assumens, auriculam ejus dextram abscidit, qui adversus Christum venit, quia qui Christi contrarius est praeceptis, sententia feriendus est anathematis : et sic ei auricula dextra amputatur, dum a divini verbi praedicatione removetur, et ei Ecclesiae aditus interdicitur. Sinistra quippe auris est, qua terrenis intendimus, dum de his instruimur. Dextera vero auris est, quae his auditum praebet, quae de coelestibus, vel quae ad salutem animae pertinent, praedicantur. Quod ergo Petrus egit, quamvis in opere sit reprehendendum, in mysterio tamen est officiosum. Officium quippe dicitur actus cuique personae congruus. Bene autem auris dextra non tam auris hoc loco dicitur quam auricula, hoc est auris parva. Pauci quippe sunt electi, ad ea quae de salute animae dicuntur accommodantes auditum : et quod de coelestibus praedicatur vix capi potest, et pro subtilitate intelligentiae, quasi tenui auris foramine ad animi pervenit intellectum. Quod vero de duobus praedictis gladiis Dominus ait : *Satis est*, et post amputationem auriculae dixit : *Sinite huc usque*, ad mysterium respexit rei significatae. Duo quippe gladii superius distincti ad exercendam justitiam sufficiunt Ecclesiae, ut quemadmodum homo ex anima constat et carne, ita in his duobus duo exerceantur gladii, regis quidem in corpore, sacerdotis in anima. *Sinite*, inquit discipulis, *usque huc*, ut videlicet contenti vestra potestate, non plus, ut dictum est, praesumatis vindictae, quam dextram auriculam amputare. Amputatam a Petro auriculam Dominus restituens, percussum sanat, quia ejus est poenitentiam inspirare, qua peccator redeat, et verbo salutis reconciliatus intendat. O misericordia Salvatoris! o impietas persequentis! Sanat percussum Dominus, et persequi non cessat sanatus. Beneficium suscipit, et in obsti-

(10) Patrol. tom. XCII, col. 278.

natione sua ingratus persistit. Vident persecutores miraculum, nec persequendi immutant animum. Corrigitur persecutor, ut cesset persecutio.

Converte, inquit Petro, *gladium tuum in vaginam. Omnis enim qui acceperit gladium, gladio peribit* (Joan. XVIII, 11). Qui acceperit, inquit, ad occidendum, non cui traditus est a potestate, ipse gladio dignus est interire. *An putas quia non possum rogare Patrem meum, et exhibebit mihi modo plus quam duodecim legiones angelorum ?* (Matth. XXVI, 53.) Ac si aperte dicat : Non egeo vestri duodecim hominum patrocinio, cui, si vellem, in auxilio adesset tanta angelorum multitudo. In illa hora dixit Jesus turbis : *Tanquam ad latronem existis cum gladiis et fustibus comprehendere me. Quotidie apud vos sedebam in templo, et non me tenuistis* (ibid., 56). *Cum quotidie vobiscum in templo fuerim, non extendistis in me manus. Sed haec est hora vestra, et potestas tenebrarum* (Luc. XXII, 53). *Hoc autem totum factum est, ut implerentur Scripturae prophetarum. Tunc discipuli omnes, relicto eo, fugerunt* (Matth. XXVI, 56). *Adolescens quidam sequebatur eum amictus sindone super nudo, et tenuerunt eum. At ille, relicta sindone, nudus profugit foras ab eis* (Marc. XIV, 51).

Latrones in viis insidias tendunt, fures in domibus. Quod autem ait, *tanquam ad latronem*, tale est tanquam ad eum, qui viam obsidens, transeuntibus insidiatur, nec tutum aut liberum eis transitum permittit, cum tu, Domine, ipsa sis potius via, qui dixisti : *Ego sum via, veritas, et vita* (Joan. XIV, 6). Quotidie, hoc est frequenter in templo, ubi omnes conveniunt, sedens quasi securus, non in abscondito, more latronis latens. Unde et a latendo latro est appellatus. Et cum manifeste sic sederem et docerem, nec manus in me ausi estis extendere, nec tunc etiam cum eos flagellatos ejicerem de templo. Nondum enim venerat ejus [hora], hoc est tempus passioni congruum, quod in ejus dispositione fuerat praefixum. Ex quo patenter ostendit, nihil eos in eo agere posse, nisi eo permittente ac disponente. *Hora vestra sicut et mea*. Vestra quidem ad perdendum, mea vero ad salvandum. *Potestas tenebrarum*, hoc est vobis excis a me ipso in me permissa. Si enim cognovissent, nunquam gloriae Dominum crucifixissent. *Hoc autem totum*, de captione scilicet Domini, et proditione Judae. Haec etiam verba non tam evangelistae quam Domini esse videntur. Unde et subditur : *Tunc discipuli omnes*. Ac si diceretur : Cum eum audirent asserere de sua passione sancitum in prophetis esse, nec ullatenus eis vindictam permittere, fugerunt, innocente impiis derelicto, et lupis agno. Hoc enim et ipse praedixerat ex testimonio prophetiae dicentis : *Percutiam pastorem, et dispergentur oves gregis* (Zach. XIII, 7). Hunc adolescentem quidam intelligunt Joannem prae caeteris a Domino dilectum, qui caeteris junior aestimatur, nonnulli Jacobum fratrem Domini.

Beda in Marco super hunc locum (10) : « Quis iste

adolescens fuerit, evangelista non dicit. » Item (11) : « Neque aliquid vetat intelligi hunc Joannem. » Jeremias in minori Breviario, psalm. xxxvi : « Judæi vim faciebant vel Petro cum dicerent : *Nam et tu ex illis es;* vel Jacobo, qui cum traderetur, sindone relicta, nudus aufugit. » *Super nudo*, sub ipso existente, cum super sindonem nullum haberet indumentum. Fortassis enim ad Dominicum dictum tunicam suam, vel aliud indumentum pro gladio emendo dederat, vel pro mutuando posuerat. Quod dicitur : *Tenuerunt eum*, cum, cæteris jam dispersis, eum sequentem invenirent solum, patenter innuitur nequaquam eos fuisse ausos aggredi apostolos dum simul armati Domino assisterent.

Cohors ergo, et tribunus, et ministri Judæorum, qui apprehenderunt Jesum, ligaverunt eum, et adduxerunt ad Annam primum (Joan. xviii, 12). Tribunus cohorti gentili præerat. Dicitur autem tribunus sive a tribus, vel a tribubus, id est plebibus et minoribus. Tres quippe hujusmodi prælatos dicitur primum Romanus populus sibi præcepisse, ut quemadmodum duces militibus, ita isti præessent plebibus. Ligaverunt eum tanquam ex consilio illius qui dixerat : *Et ducite caute, ne videlicet posset effugere.* O cæci! nunquid is qui aurem tam cito restituit, vincula dissolvere non posset, si vellet? Sed vincula sustinet impiorum, ut in omni patientia probatus, vincula solveret peccatorum. Ligatur a servis Dominus ad horam, qui fortem armatum religaret perenniter Satanam. Vinctus ut latro ducitur, humano destitutus auxilio, cui angelorum assistebat multitudo. Primum adducitur ad Annam pontificem, socerum Caiphæ, *qui* videlicet Caiphas *erat pontifex anni illius (ibid.,* 13). Vices quippe suas diversi pontifices jam facti agebant per diversos annos. Primum ad Annam illudendus ibi adducitur, deinde ad Caipham, tandem ad Pilatum, ut sæpius illusus erubescentia confunderetur, sæpius afflictus deficere cogeretur. Pontificibus tanquam legisperitis primo præsentatur, ut ab his, qui legem se cognoscere testabantur, secundum legem judicaretur, et ab eis inciperet malitia, per quos potius esset refrenanda. Quamvis Caiphas administraret eo anno pontificatum, non indignatur tamen prius adduci Jesum ad pontificem alium, ut tanto liberius et securius damnaret reum, quanto eum conspiceret jam ab alio damnatum, ut sic in ore duorum testium staret verbum.

Sequebatur autem Jesum Simon Petrus, et alius discipulus. Discipulus autem ille notus erat pontifici. Et introivit cum Jesu in atrium pontificis. Petrus autem stabat ad ostium foris. Exivit ergo discipulus alius, qui erat notus pontifici, et dixit ostiariæ, et introduxit Petrum (ibid., 15 et seq.). Cæteri evangelistæ de solo Petro referunt, quod a longe sequeretur Jesum. Qui enim propinquior ei astiterat in captione, et in vindicta ferventior, aurem servi A pontificis amputando, cum jam cæteri in fugam dispersi essent, et, ut Marcus refert, adolescens comprehensus, relicta sindone, nudus profugisset, jam tremefactus Petrus a longe Dominum sequebatur, a quo eum penitus separari non patiebatur vis amoris; quia quantumcunque in adversis trepidet Ecclesia per Petrum significata, etiamsi timore in aliquibus membris cogatur eum ad horam negare, fundamentum tamen charitatis non sinit eam periclitari, nec a Christo prorsus separari. Quod vero Joannes refert alium discipulum Petro sequenti Christum fuisse adjunctum, quamvis non exprimat quis ille fuerit, humiliter tamen se videtur innuere. Qui, ut beatus meminit Augustinus, talibus se verbis solet significare, ut videlicet dicat, *alius discipulus*. Nam et ipse solus, cæteris jam dispersis, una cum Domini matre ei crucifixo astitit, sicut ac ipsemet Joannes scribit. Quod enim Petrus plus Christum diligere et Joannes plus a Christo diligi cum dicitur ; et dicitur : majorem eo tempore dilectionem utrumque illi decebat exhibere.

Pontifex ergo interrogavit Jesum de discipulis et doctrina ejus. Respondit ei Jesus : Ego palam locutus sum mundo. Ego semper docui in synagoga et in templo, quo omnes Judæi conveniunt, et in occulto locutus sum nihil. Quid me interrogas ? Interroga eos qui audierunt quid locutus sum ipsis. Ecce hi sciunt quæ dixerim ego. Hoc autem cum dixisset, unus assistentium ministrorum dedit alapam Jesu, dicens : Sic C *respondes pontifici? Respondit ei Jesus : Si male locutus sum, testimonium perhibe de malo; si autem bene, cur me cædis? (ibid.,* 19 et seq.).

Tanquam superfluam, et inconvenientem Dominus arguit pontificis interrogationem. Superflua quidem, quia quod palam dictum fuerat, et omnibus notum, documento non eget. Incongrua vero, quia nemo proprio commendandus est testimonio. Unde bene Dominus eos qui audierunt, potius quam se super his censet interrogandos esse. *Hoc autem cum dixisset, unus assistens ministrorum,* etc. Tanquam contemptor præcepti pontificis, qui de se ad ejus imperium testimonium non dedit, alapa cæditur. *Testimonium perhibe de malo*, quia ante pœnam criminis testes sunt inducendi. *Principes autem sacerdotum et omne consilium quærebant falsum testimonium contra Jesum, ut eum morti traderent. Et non invenerunt, cum multi falsi testes accessissent. Novissime autem venerunt duo falsi testes, et dixerunt : Hic dixit : Possum destruere templum Dei, et post triduum reædificare illud (Matth.* xxvi, 59 et seq.). Tanquam occasionem hinc sumentes, quod dixerat Jesus : *Si male locutus sum, testimonium perhibe de malo.* Falsos testes inquirunt de maledictis ejus, qui veros inducere non possunt, nec facta ejus arguere. Duo falsi testes, tanquam in ore duorum falsorum veritas staret, falsi esse convincuntur in his quæ Domino imponunt. Qui enim dixerat :

---

(11) Ibid., col. 279.

Solvite te mplum hoc, nequaquam se illud facturum esse vel facere posse prædixerat, sed hoc ab illis potius esse faciendum innuerat, non quidem de templo manufacto, sicut illi mentiebantur, sed de templo corporis sui morte per eos dissolvendo. *Et surgens princeps sacerdotum ait illi : Nihil respondes ad ea quæ isti adversum te testificantur? Jesus autem tacebat, et princeps sacerdotum ait illi : Adjuro te per Deum vivum, ut dicas nobis si tu es Christus Filius Dei vivi (Matth.* xxvi, 62 et seq.). Surgens pontifex, et impatiens, cum non inveniret locum calumniæ, motu corporis indicat insaniam mentis, et provocat ad respondendum, ut quamlibet occasionem accusandi inveniat. Tacet Dominus ad objectum testimonium, quod tam manifeste falsum nulla ex occasione vel responsione censet dignum. Quod et pontifex intelligens adjurando eum extorquere nititur blasphemiam, qua manifeste convinci videatur, et summæ falsitatis reus, summam profitens veritatem. Adjuratus Dominus per Deum vivum ne tantæ majestatis læsæ reus fieret, veritatem profitetur, pro veritate damnandus, qui et ipsa est veritas. *Dicit itaque illis Jesus.... (Cætera desunt.)*

SERMO XII.

DE CRUCE.

Quanta devotione Dominicæ crucis venerationem prosequi debeamus, beatus Apostolus ad Galatas scribens diligenter declarat : *Mihi autem absit gloriari, nisi in cruce Domini nostri Jesu Christi (Gal.* vi, 14). Tanto quippe amplius crux Dominica, in qua sumus redempti, a nobis est glorificanda, quanto verius ex hoc genere redemptionis homo redemptus gloriari valet. Quid est autem gloriari, nisi quemcunque se aliquid magnum et pretiosum æstimare ? In nullo autem quælibet res quanti sit ita cognosci potest, sicut in pretio ejus. Sic et homo quanti fuerit apud Deum, quantam semper sollicitudinem divina super eum gesserit clementia, quantæque pietatis visceribus eum sit amplexatus, pretium ipsum pro redemptione hominis datum patenter insinuat. Quod diligenter Apostolus intuens, et de hoc singulariter glorians, sicut supra meminimus, ait : *Mihi autem absit gloriari,* etc. Ac si patenter dicat : Glorientur alii in quocunque voluerint, pretiosos se æstiment quibuscunque divitiis vel honore ; mihi autem absit gloriari nisi in hoc redemptionis meæ genere, quod apud infideles ignominiosius judicatur et vilius. Quo enim Dominus indigniora pro homine sustinuit, digniorem apud se et gratiorem eum haberi demonstravit. Nullum autem patibulum exsecrabilius cruce antiquitus censebatur, nulla mors adeo turpis et detestabilis judicatur. Unde et hoc genus patibuli non solum ad pœnam Christi, verum etiam ad ignominiam impii eligere decreverunt, sicut ante per Sapientiam de ipsis prophetatum fuerat dicentibus : *Morte turpissima condemnemus eum (Sap.* ii, 20). Et Apostolus, cum dixisset : *Factus obediens usque ad mortem (Philip.* ii, 8), quasi parum hoc videretur, nisi etiam ipsum genus mortis tanquam abominabile determinaret, statim adjecit : *mortem autem crucis (ibid.).* Quod est dicere non solum usque ad mortem, sed usque ad tam ignominiosam mortem, qua specialiter blasphemi, hoc est qui in aliquam blasphemiam Dei præsumebant, puniebantur. Unde et Domino improperantes quod se Filium Dei diceret aiebant : *Blasphemavit. Quid adhuc desideramus testes ? (Matth.* xxvi, 65). Et quasi hoc genus mortis ex blasphemia promeruisset, exclamabant : *Crucifigatur! (Matth.* xxvii, 23.) De quo etiam genere mortis, quam detestabile videretur, et divina maledictione plenum, Deuteronomii liber his verbis profitetur : *Quando peccaverit homo quod morte plectendum est, et adjudicatus morti appensus fuerit in patibulo, non permanebit cadaver ejus in ligno, sed in eadem die sepelietur, quia maledictus a Deo qui pependit in ligno : et nequaquam contaminabit terram tuam, quam Dominus dederit tibi in possessionem. (Deut.* xx, 22 et seq.) Cujus quidem capituli memor Apostolus, cum Galatis scriberet, ait : *Christus nos redemit de maledicto legis, factus pro nobis maledictum, quia scriptum est : maledictus omnis qui pendet in ligno (Gal.* iii, 13).

Ex his itaque verbis liquide monstratur quam ignominiosum crucis patibulum apud Judæos præcipue habebatur, qui solam litteræ superficiem, non mysticos sensus in lege perquirunt. Sed quid est magis absurdum, quam omnes eos divinæ maledictionis damnatione dignos credi, qui hoc genere mortis potius quam alio puniantur? Non enim modus pœnæ, sed lapsus culpæ reum efficit. Unde et scriptum est : *Justus qua morte præoccupatus fuerit, in refrigerio erit (Sap.* iv, 7). Sin autem velamen Moysi detrahentes revelata facie legem interius speculemur, convenienter hanc maledictionem tam singulis hominibus per culpam, quam ipsi Christo per pœnam poterimus applicare. Pro peccato quippe priorum parentum, quod in ligno vetito commissum est, omnes inde damnationem incurrimus, et tanquam in ligno morimur, qui cum originali peccato nascimur, juxta quod et Dominus Adam increpans, et quasi maledictionis sententiam intorquens, ait : *Maledicta terra in opere tuo (Gen.* iii, 17). Omnes itaque, sententiam hanc damnationis ab Adam contrahentes, quasi cadaver sine vita nascimur et permanemus, antequam ex aqua et spiritu renati, ab hac animæ morte vivificemur. Cadaver autem suspensione ligni mortuum eadem die sepeliri præcipitur, quia in hac ipsa vita præsenti qua nascimur, consepeliendi Christo per baptismum sumus ; ne videlicet terra nostra contaminetur, hoc est, ne in contagio terrenæ generationis remaneamus, si regenerati specialiter non fuerimus. Bene itaque dicitur maledictus a Deo qui pendet in ligno, quia etsi nondum propria incurramus peccata, illud tamen unum quod originale dicitur peccatum in ligno, ut dictum est, scientiæ boni et mali commissum ad damnationem nostram sufficit, cui divino judicio deputati sumus, et ob hoc a Deo quadam maledictione percussi. Quæ quidem maledictio, et in Christum retorquetur per pœnam, quem percussum a Deo et attritum propter scelera nostra Propheta longe ante prædixerat. Et sicut cæteri in ligno, ut dictum est, mortem animæ incurrerunt, sic iste mortem corporis, ut per hanc ab illa nos liberans, maledictionem nostram in benedictionem converteret. Unde et Apostolus cum præmisisset : *Factus pro nobis maledictum, sicut scriptum est* (Gal. III, 13), statim adjecit, *ut in gentibus benedictio fieret.* Sicut ergo in ligno, id est pro transgressione ligni vetiti, Christus corporaliter est mortuus, ita et corporaliter per pœnam a Deo maledictus, hoc est ex sententia Dei pœnæ huic deputatur. Hinc enim et peccata nostra suscepisse seu portasse dicitur, hoc est peccatorum nostrorum pœnam tolerasse, et sic quodammodo nostræ maledictioni communicasse. Cujus quidem pœnam vel passionem, qua perductus est ad mortem, si per singula revolvamus, reperiemus ea quæ mortem præcesserunt , longe graviora et intolerabiliora morte ipsa fuisse. Imminente quippe passionis articulo, in tantum animam ejus anxiatam legimus ut sudor ejus fieret tanquam guttæ sanguinis decurrentis in terram. Qui enim noverat quantus passionis dolor in illa dissolutione corporis et animæ futurus esset, mirabile non est si, juxta infirmitatem assumptæ humanitatis, hanc supremam passionem amplius horreret. Captus autem postmodum et tentus, et insuper, Joanne referente, vinctus, ad sacerdotes primum adductus est, ubi, sicut Marcus meminit, cœperunt quidam conspuere eum, et velare faciem ejus (*Marc.* XIV, 55), et, ut scribit Matthæus, in eam conspuere, et tam colaphis quam alapis ipsum cædere, atque illudere dicentes : *Prophetiza nobis, Christe, quis est qui te percussit ?* (*Matth.* XXVI, 67.) Ubi inter cætera, cum a pontifice interrogaretur de discipulis suis et doctrina ejus, et ipse respondisset : *Ego palam locutus sum,* etc., *unus assistens ministrorum dedit alapam ei, dicens : Sic respondes pontifici ?* (*Joan.* XVIII, 20, 32). Hæc autem in nocte captionis suæ constat in eum facta esse. Mane autem facto, de concilio sacerdotum ad Pilatum præsidem ipsum adhuc vel iterum vinctum perduxerunt. Quo adducto, ut Matthæus ait (*Matth.* XXVII, 11), stetit ante præsidem. Stetit, inquam, ut dictum est, ligatus, potius quam sedit, ut videlicet in utroque, tam statione scilicet quam ligatione eum affligerent. Quanta autem constantia illic persisteret, patenter ostenditur, ubi interrogatus a Pilato, responsum ei non reddebat. De qua ejus confidentia, et quasi de suo contemptu Pilatus admirans : *Nescis,* inquit, *quia potestatem habeo crucifigere te, et potestatem habeo dimittere te ?* (*Joan.* XIX, 10.) Qui etiam a Pilato ad Herodem missus, cum multis ab ipso quoque interrogaretur sermonibus, nihil ei respondebat. Unde tam ab ipso quam ab exercitu ejus spretus et illusus est, veste alba indutus, et sic ad Pilatum remissus (*Joan.* XVIII, 25).

A principibus itaque interrogatus, qui ad eum liberandum plurimum poterant, responsione sua dignos eos non censuit ; qui tamen, ut supra meminimus, a ministro pontificis percussus, blandam ei responsionem non negavit , dicens : *Si male locutus sum, perhibe testimonium : si autem bene, cur me cædis ?* (*Joan.* XVIII, 25.) Quanta denique apud Pilatum sustinuerit, non ignoramus. Qui cum tertio, ut Lucas meminit, eum innocentem esse confessus esset (*Luc.* XXIII, 14), idque ipsum ex ablutione manuum demonstraret, ipsum tandem flagellavit, quasi illud implens quod antea dixerat : *Corripiam eum et dimittam* (*Luc.* XXIII, 22), ut sic saltem ad misericordiam Judæorum flecteret sævitiam. Quod cum efficere non posset, cæsum eum flagellis tradidit eorum voluntati. *Tunc milites,* ut Matthæus refert, *suscipientes eum, congregaverunt ad eum universam cohortem* (*Matth.* XXVII, 27). Quibus quidem congregatis, et hoc ei objicientibus et improperantibus quod se regem faceret, quasi in modum regis illudentes ei, exutum vestimentis suis vili purpura induerunt, et pro diademate spinis coronaverunt, et pro sceptro arundine ipsum insignierunt, et genu flexo, ipsum quasi regem salutantes, ac dicentes : *Ave, rex Judæorum* (*Matth.* II, 29) , simul et in faciem ejus iterum spuebant, et caput ejus arundine percutiebant. Item Pilatus, ut Joannes refert, exiens ad eos, ipsum secum tam crudeliter tractatum adduxit, tentans utrum ex hoc si quomodo eorum duritiam mollescere posset, et ad pietatem inclinare. Ad quos quidem egressus : *Ecce,* inquit, *adduco eum vobis foras, ut cognoscatis quia in eo causam non invenio* (*Joan.* XIX, 4). Exiit ergo Jesus portans spineam coronam, et purpureum vestimentum, et dicit eis : *Ecce homo* (*ibid.*, 5). Ac si diceret : Ecce quod humanæ infirmitatis est, in me vobis apparet, non quod divinæ fortitudinis. Postquam autem, ut prædictum est, illuserunt ei, exuerunt eum purpura, et induerunt vestimentis suis quibus iterum nudaverunt eum, cum crucifigendus esset : quæ postea invicem partiti sunt, sicut Joannes commemorat. Susceptus tandem ut ad crucifigendum duceretur, ipsum quoque crucis patibulum gestare compulsus est, ut nec interim ei parceretur, ipso crucis pondere prius afflictus quam in ea crucifixus. Qui, cum pro vinculis suis vel pro prædictis afflictis expedite vel celeriter non gestaret, moras mortis ejus impii non ferentes, quemdam alium Simonem nomine crucem coegerunt portare. Crucifixus denique ad summam ejus ignominiam inter latrones constituitur, ut ex similitudine pœnæ simul reus crederetur culpæ. Pœna autem hujus patibuli quanta sit, nemo est qui possit ignorare. Quæ tanto prolixior est, nec statim suspensum interimit ; quanto ejus passio gravior diutius affligit. Quid etiam hoc patibulo gravius, ubi totum corpus ita clavis confixum extenditur, ut non minus ex pondere suo, quam ex ipsa fixura clavorum susspensus crucietur? Unde recte hoc unum mortis patibulum, crux a cruciando cognoscitur dictum.

Ecce seriem Dominicæ passionis, prout memoriæ occurrit, ex evangelicis collegimus scriptis; quæ super singula, ut dictum est, consideremus, ea quæ mortem præcesserunt ipsa morte profecto graviora, vel intolerabilia, fuerunt. Unde nec ut moreretur, frangi ei crura sicut latronibus vel lancea vulnerari necesse fuit, qui ad celerem mortem ex tot et tantis, quæ ante crucem tulerat, perductus est. Conferant martyres quæ passi sunt, et videant in comparatione Dominicæ passionis nulla esse vel parva quæ passi sunt. Unde et bene in ejus persona suspirantis Jeremiæ lamentatio proclamat: *Attendite et videte si est dolor similis sicut dolor meus* (*Thren.* I, 12). Attendant hoc mulieres, et, ut Ezechiel meminit, facta voce supra firmamentum, stent animalia, et submittant alas suas (*Ezech.* I, 25). Quid autem firmamentum aliud, quam beati angeli, cæteris corruentibus confirmati, est intelligendum? Qui cum nobis adhuc mortalibus dignitate quadam sint superiores, longe tamen supra eos Deus homo præeminet. Fit autem quandoque nobis vox de firmamento, cum videlicet de illa beatitudine angelorum, quæ nobis promittitur, aliquid prædicatur, vel interiori verbo mente concipitur. Desuper firmamentum alia fit vox, cum ea quæ Deus pro nobis humanitus gesserit, corporis vel mentis auribus concipitur: quod profecto cum fit, quasi in admiratione vel in timore sancta stant animalia, et alas deponunt, dum in consideratione tantæ rei propriæ virtutes illis vilescunt. Cum autem de firmamento, ut dictum est, aliquid audiunt, quasi erectas adhuc alas habent, quia pro magno vel mirabili non ducunt, quod per tot agones ad illam angelorum beatitudinem perveniunt, quam illi per Dei gratiam humilitate servata perceperunt.

Ecce martyres multa propter Deum passi, et in magnis virtutibus probati, plurimam gloriandi occasionem viderentur adepti, nisi occurreret Dominum vel tanta vel majora pro ipsis fuisse passum. Quod profecto dum occurrit, statim, ut dictum est, submittunt alas, pro nihilo ducentes quæ passi sunt servi in considerationem Dominicæ passionis. Quæ tanto gravior ac miserabilior, quanto ignominiosior exstitisse probatur. Ut enim omittamus cætera, quis tam turpiter, quis tam diu illusus, ut ipse? De captione quippe primum ad Judæos adductus, post tot colaphos et alapas, quos velata facie suscepit, impiis improperantibus ut prophetaret, ita est consputus et sputis deformatus, ut, juxta Isaiam, non esset ei species neque decor, et pro tanta vilitate novissimus omnium videretur virorum (*Isa.* LIII, 2). Qui et inde postmodum Pilato præsentatus, hanc quoque injuriam cum cæteris ibidem sustinuit. Quis unquam martyrum ita sputis oblitus et deformatus injuriari legitur? Quis toties illusus modo apud Judæos, modo apud Pilatum vel Herodem, nunc exspoliatus, nunc indutus suis vel alienis vestibus, et per tot loca tam impie distractus, ut ab omnibus magis illuderetur? quis denique sanctorum ipsum, quo necandus esset, patibulum bajulare compulsus est? Quid ad hoc, fratres, recogitare, vel dicere valemus, nisi illud propheticum in nobis semper ingemiscere: *Quid retribuam Domino pro omnibus quæ retribuit mihi?* (*Psal.* CXV, 12) et pro viribus nostris ad vicem tantæ charitatis ejus reddendam nos præparare, sicut et subditur: *Calicem salutaris accipiam,* etc. (*ibid.*). Quod quia virium nostrarum non est, ut calicem salutaris accipiamus, hoc est passioni Jesu patiendo communicemus, et nostram quoque crucem bajulando, eum sequamur; ipse sua gratia nobis conferat, ad honorem cujus ipsam, qua redempti sumus, crucem die veneramur hodierna. Amen.

SERMO XIII.
IN DIE PASCHÆ.

Quantum ad devotionem vel honorem feminarum paschalis exsultatio solemnitatis pertineat, tam Veteris quam Novi Testamenti paginæ testantur. Veteri quippe Pascha in Ægypto a populo Dei primum celebrato, et ea nocte per submersionem Ægyptiorum fidelibus liberatis, canticum gratiarum non solum viri, sed etiam feminæ; ut Exodus narrat, Domino persolvunt. Scriptum quippe ibidem est: *Tunc cecinit Moyses et filii Israel carmen hoc Domino, et dixerunt: Cantemus Domino, gloriose enim,* etc. (*Exod.* XV, 1). Ubi et de cantu quoque feminarum seorsum adjungitur: *Sumpsit ergo Maria prophetissa, soror Aaron, tympanum in manu. Egressæque sunt omnes mulieres post eam, cum tympanis et choris, quibus præcinebat, dicens: Cantemus Domino, gloriose enim,* etc. (*ibid.*, 20). Quod quidem feminarum canticum quanto mysterio plenum describatur, diligenter attendite. Hic quippe Maria, quæ choro illi feminarum præcinebat, quæ cum virum habuisse non legatur, virgo intelligitur, ut non solum voce cantici, sed etiam privilegio dignitatis præiret cæteris, non solum cantasse memoratur, sicut Moyses vel populus, sed etiam prophetes esse describitur, et tympanum in manu tenuisse. Quid enim prophetes, nisi videns interpretatur? Cum visionem autem, id est revelationem cantat, cui verborum quoque mysteria Dominus revelat; cum in illa videlicet populi liberatione, et hostium submersione non tam corporum salutem attenderet, quam animarum figurari prospiceret, quam quotidie in sacramento baptismatis divina operatur gratia. Tympanum autem quod manu gestabat, mortificationem carnis insinuat, quam habebat in opere, quo ejus canticum Deo magis esset acceptum. Unde et Psalmista in tympano Deum laudare nos adhortans, ait: *Laudate eum in tympano,* etc. (*Psal.* CL, 4). Sæpe autem tympanum in ore magis quam in manu habemus, cum sanctorum mortificationem carnis ita prædicamus, ut eam opere non imitemur. Tanto diligentius Mariæ can-

SERMO XIII.

ticum describitur, quanto ipsum devotius et Deo gratius fuisse intelligitur.

Quod si Novi quoque Testamenti revolvamus seriem, et in hac Maria et cæteris cum ea feminis alteram Mariam, et cum ipsa devotas feminas, quibus primum Dominus suæ resurrectionis gaudium exhibuit, competenter intelligamus, reperimus singula his convenienter aptari. Illa quippe prophetes memoratur, hæc apostolorum apostola dicitur. Illa corporale tympanum sumpsit, hæc spiritale habuit. Quo enim hæc viventem Dominum amplius dilexerat, super ejus morte amplius afflicta, et quasi mortificata fuerat. Unde et prima de resurrectione consolationem meruit, quæ de ejus morte amplius anxia et mœsta fuit. Apostolorum autem apostola dicta est, hoc est legatorum legata : quod eam Dominus ad apostolos primum direxerit, ut eis resurrectionis gaudium nuntiaret. Maria illa cæteris in cantico præcinebat, et hæc ante alias, gaudio resurrectionis primo est potita; et hæc prima nuntiando præcinit quod prima viderat. Post ipsam vero, ad cæteras feminas hoc gaudium resurrectionis priusquam ad apostolos vel quoslibet viros pervenit. Quas etiam Dominus ad apostolos dirigens ait : *Ite, nuntiate fratribus meis ut eant in Galilæam* (Matth. XXVIII, 10). Ubi præposterus quidem ordo beatior et honorabilior pensandus est. In veteri quippe Pascha prædicti viri primitus, etiam postmodum feminæ cecinisse memorantur; in nostro autem Pascha, hoc est Dominicæ resurrectionis die, spiritale canticum exsultationis de apparitione resurrectionis prius feminæ quam viri adeptæ sunt. Pascha autem Hebraice, phase Græce, Latine transitus dicitur. In veteri quippe Pascha, Dominus per Ægyptum transiens, primogenitis interfectis, et per transitum maris Rubri populum suum liberans, de nomine transitus hanc solemnitatem insignivit (*Exod.* XII). Præsens quoque Dominicæ resurrectionis dies non incongrue Pascha dicitur. Ipsa quippe immutatio humanæ naturæ de mortalitate ad immortalitatem, de corruptione ad incorruptionem, quidam in Christo transitus et motus fuit. Transit quippe in aliam statim, et quodammodo movetur, quia in aliud quam prius fuerat, commutatur; veluti cum quod mortale erat fit immortale, et quod corruptibile et passibile sive mutabile in contrarium vertitur.

Hunc quidem transitum et evangelista considerans : *sciens*, inquit, *Jesus, quia venit hora ejus, ut transeat ex hoc mundo ad Patrem,* etc. (*Joan.* XIII, 1.) Quid enim nomine Patris, nisi potentia divinæ majestatis exprimitur? In hoc autem mundo, hoc est in præsenti vita ærumnosa et misera, quasi impotens et infirmus secundum fragilitatem assumptæ humanitatis exstiterat, et quasi a Patre, hoc est divinæ potentiæ virtute se humiliando descenderat, ac quodammodo recesserat, minor etiam angelis in hoc effectus. Nunc autem in resurrectione omnem hanc infirmitatem deponens, ad Patrem ascendere vel transire dicitur, cum jam in se nihil infirmitatis vel potentiæ retinet, sed totum quod habet, potentiæ ac virtutis est, ut quasi jam totus in Deum transit, qui jam non, ut cæteri homines, homo proprie, id est animal rationale mortale dicendus est. Quod et beatus Apostolus diligenter attendens, cum electionem suam a cæteris apostolis distingueret, ad Galatas scribens, ita exorsus est : *Paulus apostolus non ab hominibus, neque per hominem, sed per Jesum Christum, et Deum Patrem qui suscitavit eum a mortuis,* etc. (*Galat.* I, 1.) Cæteri quippe apostoli, ut beatus meminit Augustinus (12), a Christo tanquam homine, id est adhuc mortali, sunt electi. Hic vero postmodum Christo jam quasi toto Deo facto, id est jam divinitus magis quam humanitus in perpetuum vivente, singularem sortitus est electionem. Quod quidem, ut ita dicam, deificationem, et immortalitatis gloriam statim Apostolus exponens, ait : *Qui suscitavit eum a mortuis.* Et attende quod juxta hanc immutabilitatis et stabilitatis gloriam, quam a die resurrectionis in Christo humanitas est adepta, non incongrue tam dies ipsa resurrectionis quantum ascensionis Domini, quæ jam non de mortali et mutabili, sed de immortali et immutabili celebrantur, feriarum variationem non habent, sed in eadem feria semper observantur. Cæteræ vero Christi solemnitates a die Conceptionis ejus usque ad Pascha, sicut et sanctorum quælibet festivitates per ferias variantur, ut modo videlicet in prima feria, modo in secunda vel in alia celebrentur.

Solet nonnullos movere, cur dies Dominicæ passionis, quæ maxime nostram operata est salutem, celebritatis non habeat exsultationem, sed in mœrore potius quam in lætitia peragatur, præsertim cum singularibus passionibus sanctorum festivam jocunditatem Ecclesia persolvat. Ad quod respondendum arbitror pro Dominicæ resurrectionis gloria, quæ tertio die passioni succedit, diligenter ab Ecclesia id esse constitutum, ut quo major præcesserit in nobis de passione Domini compassio, gratior de resurrectionis gloria sequatur exsultatio. Unde et paschalis solemnitatis lætitiæ non solum proximum mœstitiæ biduum præponitur, verum etiam totius quadragesimæ abstinentia præmittitur. In qua quidem quadragesima, voces illæ gaudii : *Alleluia, Gloria in excelsis Deo*, et apud clericos etiam : *Te Deum laudamus*, reticentur, et paschalibus gaudiis reservantur, ut eo tunc gratiores sint quasi novæ, quoniam antea fuerant usitatæ. Constat quippe quadragesimam Dominicæ abstinentiæ, ad cujus exemplum vel imitationem nostra est instituta, nequaquam eo tempore exstitisse, quo nunc nostra peragitur, sed a die Theophaniæ ipsa incœpisse,

---

(12) Patrolog. tom. XXXV, col. 2107, 2108.

ipsumque Dominum post baptismum statim ad desertum transiisse, sicut Marcus commemorat, ibique quadraginta dierum et noctium abstinentiam habuisse (*Marc.* I, 13); non in diebus proximis Paschæ, sicut nunc nostra fit quadragesima; ea quam diximus congrua dispensatione, ut videlicet ea gratior Dominicæ resurrectionis exsultatio fiat, quo major abstinentiæ maceratio, vel pœnitentiæ præcessit afflictio. Quid igitur mirum, si et biduum illud Dominicæ passionis ac sepulturæ in luctu compassionis præcipue ducimus, ut post fletum gratior habeatur risus, nec jam Dominicæ pressuræ recordemur, resurrectionis gloria superveniente? Unde et Apostolus : *Etsi Christum noverimus secundum carnem, sed jam non novimus* (*II Cor.* v, 16). Ac si aperte dicat : Et si olim corpus Christi carnale, hoc est infirmum ac passibile seu mortale fuisse non dubitemus, jam ipsum quasi spirituale factum novimus; nec jam tam infirmitatem illam quæ præcessit, quam gloria resurrectionis, quæ subsecuta est, attendimus. Quæ quidem gloria si in ipsis quoque membris Christi, sicut in ipso capite jam esset completa, nequaquam eorum passiones vel dormitiones solemnem haberent celebrationem. *Cum enim,* inquit Apostolus, *venerit quod perfectum est, evacuabitur quod ex parte est* (*I Cor.* XIII, 10). Perfecta autem glorificatio sanctorum in resurrectione est futura, ubi tunc singulis erunt geminæ stolæ, quibus jam datæ sunt singulæ. Adeo autem propter excellentiam resurrectionis proximæ dies crucifixionis solemnitatem non habet, quod ubi Paschæ solemnitas imminet, festiva jocunditate crucis venerationem celebramus, quod totum ad Dominicæ passionis honorem pertinere dubium non est; propter quam solummodo hæc tota reverentia cruci exhibetur. Unde et hymni vel cætera quæ de passione sunt, ibidem decantantur.

Illud quoque non prætermittendum æstimo, primitias dormientium Christum ab Apostolo dictum esse (*I Cor.* xv, 20); quod primus in hanc immortalitatis gloriam surrexerit. Nam etsi plures ante eum, vel ab ipso, vel a prophetis suscitati sunt, iterum mortui esse non dubitantur. Illi quoque, quos in testimonium suæ resurrectionis suscitatos Evangelium narrat, cum dicitur : *Et petræ scissæ sunt, et monumenta aperta sunt, et multa corpora sanctorum qui dormierant surrexerunt, et exeuntes de monumentis post resurrectionem ejus, venerunt in sanctam civitatem, et apparuerunt multis* (*Matth.* XVII, 51, 52); nequaquam ex his verbis intelligendi sunt ipso die Dominicæ crucifixionis resurrexisse, sed tunc tantum in fissura petrarum eorum sepulcra aperta fuisse, et postmodum, ipso die resurrectionis, post ejus resurrectionem suscitatos esse, et statim in civitatem venisse, et fidelibus apparuisse. Quod itaque dicitur, *exeuntes de monumentis, post resurrectionem ejus,* manifeste indicat, non ante, eos resurrexisse. Quod igitur evangelista et apertionem sepulcrorum, et resurrectionem eorum, breviter et succincte commemorat, quasi simul facta sint, per anticipationem rei futuræ narrationem suam breviavit. Notandum quoque ad gloriam Dominicæ sepulturæ, de qua Isaias præcinit : *Et erit sepulcrum ejus gloriosum* (*Isa.* XI, 10), non minimum profuisse tam horum fidelium quam cæterorum sanctorum sepulturas, qui Jerosolymis fuerant, ita nunc occultas esse, ut ubi fuerint ignoretur, nullasque ibi reliquias sanctorum ibidem tumulatorum apparere : sed omnes inde vel asportatas esse, vel Deum eas occuluisse, ut tota celebratio honoris Dominico vacet sepulcro.

Quoniam vero infidelium multi in tantum de resurrectione hominum dubitant, ut nullatenus corpora nostra in pulverem reducta, et dissoluta iterum suscitari æstiment posse, decrevit divina pietas non solum verbis, verum etiam rerum exemplis hanc nobis exhibere; ne quod in minimis sæpius operatur natura, nonnunquam in maximis facere divinæ potentiæ dubitetur gratia. Nemo quippe est qui phœnicis naturam cognoverit, et quam ei gloriam sæpius morienti et suscitatæ divina gratia contulerit, qui de nostra quandoque resurrectione futura diffidere debeat. Cujus quidem avis naturam et resurrectionis modos si ad Christum mystice referamus, convenienter singula ei convenire videbimus. Hæc quippe avis quia unica esse perhibetur, nec masculini, nec feminini sexus esse cognoscitur, et quia pullos non generat, nequaquam nidificat. Quæ cum sibi mortem post annos plurimos imminere præsenserit, struem quamdam et domunculam sepulcri ex ramusculis aromaticis vel ipsis aromatibus sibi præparat, tanquam fetorem cadaveris sui per fragrantiam exprimere satagat. In hanc itaque aromatum structuram se conferens expirare dicitur, et sole desuper æstuante, et aromata ipsa calefaciente, combustus in cinerem solvitur. Unde post aliquot dies, in modum apis suscitatus, paulatim alas et plumas induens in pristinum redit statum. Quæ singula nulli tam congrue ut Christo videntur convenire. Quod enim unica est avis, nec parem vel dignitate vel coitu cognoscit, tam excellentiæ quam virginitati Christi pulcherrime aptatur. Quis enim unicus et dignitate singularis ita ut Christus? In quo quoque nec masculum, nec feminam Apostolus esse dicit (*Gal.* III) : quia in Christi corpore, quod est Ecclesia, nullam dignitatem diversitas sexuum operatur; nec sexuum qualitatem, sed meritorum Christus attendit. Nidum hæc avis ut cæteræ non curat, et *Filius hominis ubi caput reclinet non habet* (*Luc.* II, 58); nec etiam in proprio, sed in alieno natus est. Sepulcrum sibi præparat, quo et aromata congregat. Et Dominus ipse per Joseph sive Nicodemum (*Matth.* XXVII, 57) tam sepulcrum sibi quam aromata præparavit, quibus ipse hanc devotionem inspiravit. Concrematio quoque phœnicis a Christi mysterio non discrepat, in cujus typo carnes paschalis agni non elixæ, sed assæ præcesserunt. Resurgens phœnix formam apis induit, quæ corruptionem carnis nescit; quia in illa resurrectionis gloria *neque nubent neque nubentur, sed erunt sicut angeli Dei in cœlo (Matth.* xxii, 30). Quam quidem gloriam et vos, Christi virgines, jam in terris adeptæ, nec tam humane quam angelice viventes, tanto hujus solemnitatis diem devotius colite, quanto eam, ut ante præfati sumus, ad excellentiam vestri honoris amplius pertinere constat.

SERMO XIV.
EXPOSITIO DOMINICÆ ORATIONIS, IN DIEBUS ROGATIONUM, QUÆ LITANIÆ DICUNTUR.

Præsentes Rogationum, id est orationum dies ex ipso quoque nomine nos nunc præcipue ad orationem invitant. Constat autem inter universas orationes eam tam dignitate quam utilitate præminere, quæ ab ipso Domino discipulis tradita Dominica inde est appellata, et ob hoc a fidelibus potissimum frequentanda, ut de ipsa præcipue Jacobus videatur dixisse : *Multum enim valet oratio justi assidua (Jac.* v, 16). Quantum autem valeat et possit oratio justi, illud Hieronymi super Jeremiam manifeste declarat, Domino ad prophetam dicente : *Tu autem noli orare pro populo hoc, et non obsistas mihi, quia non exaudiam te (Jer.* vii, 16).

Hieronymus (15) : « Quod autem dicit : *Et non resistas mihi*, ostendit quod sanctorum oratio iræ Dei possit resistere. Unde et loquitur ad Moysen : *Dimitte me, ut percutiam populum istum, et faciam te in gentem magnam (Exod.* xxxii, 10). » Quod si tantumdem oratio sanctorum posse habeat, utpote Moysis vel Jeremiæ, quid de ipsa Domini sperandum est oratione, quam ipsemet dictavit, ipse misericorditer instituit, ut sic ejus iram vertamus in misericordiam? Sed quoniam orationis fructus aut nullus est, aut parvus, quam devotio intelligentiæ non comitatur, cum cordis potius quam oris sit inspector Deus, juvat orationis hujus præcipue sensum aperire, ut eo magis fructuosa sit orantibus, quo devotius intellecta dicatur. Quod quidem Apostolus diligenter attendens, Corinthiis ait : *Nam si orem lingua, spiritus meus orat, mens autem, anima mea sine fructu est. Quid ergo? orabo spiritu, orabo et mente. Psallam spiritu, psallam et mente (1 Cor.* xiv). Lingua tantum sine spiritu orat vel psallit, qui flatu suæ prolationis verba tantum format quæ non intelligit. Mente insuper hoc agit, qui intellectum applicat his quæ dicit. Unde et illud est beati Benedicti (14) : « Sic stemus ad psallendum, ut mens nostra concordet voci nostræ. »

In tantum autem verborum intelligentiam Apostolus commendat, ut nihil in Ecclesia dici permittat, quod non comitetur intelligentia. Alioquin eos pro insanis habendos judicat, qui quod prædicant prophetare, hoc est exponendo interpretari, minime sufficiunt; aut benedictionibus, quas non intelligunt, amen supponunt. Sic quippe consequenter adnectit : *Si ergo conveniat universa Ecclesia in unum, et omnes linguis loquantur, intrent autem idiotæ aut infideles, nonne dicent quod insanitis? (1 Cor.* xiv, 23.) Idem supra : *Cæterum, si benedixeris spiritu, quis supplet locum idiotæ? quomodo dicet amen super tuam benedictionem? quoniam quid dicas nescit. Nam tu quidem bene gratias agis, sed alter non ædificatur* (ibid., 16). Et post aliqua de universis quæ in Ecclesia dicuntur concludens, ait : *Quid ergo? cum convenitis, omnia ad ædificationem fiant* (ibid., 26). Et ad Ephesios : *Implemini,* inquit, *Spiritu sancto, loquentes vobismetipsis in psalmis, et hymnis, et canticis spiritualibus, cantantes et psallentes in cordibus vestris Domino (Ephes.* iv, 25). Et quisque ei loqui proprie dicitur, a quo ejus verba intelliguntur, cum hoc unum sit verborum officium ut in auditore generent intellectum. Tunc itaque nobismetipsis loquimur, cum ex his quæ dicimus intellectis devotionem excitamus mentis : et tunc corde pariter et ore psallimus, cum quod exterius profertur, interius per intelligentiam capitur. Quid autem magis ridiculum, quam cum aliquid orando petimus, quod ora nus ignoremus? nec utrum salubria sint vel nociva discutere valemus? Duabus denique causis, verbis quoque Domini constat orandum, ut hoc videlicet ad ejus honorem et ad nostram fiat utilitatem. Ad ejus quidem honorem, cum quod ab ipso postulamus, ab ipso potius quam a nobis hoc esse fateamur quod petimus ; et ejus gratiæ potius quam virtuti nostræ hoc acceptum tribuamus. Ad utilitatem quoque nostram verba quoque commendantur, cum intellecta devotionem excitant, et compunctionem generant, ut eo facilius audiantur a Domino, quo devotius proferuntur a nobis. Solet quippe dolentium hoc esse naturale vel quasi proprium, ut cum hoc unde dolent verbis exprimunt, ipsa in eis verba dolorem accendant, et suis querimoniis mens compuncta facile prorumpat in lacrymas ex ipsis suis quas refert miseriis. Sic et pœnitentes cum in orationibus suis ea quæ commiserunt referunt, ipsa eorum verba quasi quædam punctiones mentes gementum vulnerant, ut lacrymas inde producant, ut medullatum vel pingue sacrificium offerant.

Constat autem orationem Dominicam tam a Matthæo quam a Luca conscriptam esse, sed ab illo plenius, qui non solum evangelista, verum et apostolus ipsam ex ore Domini audierit, quando eam Dominus in monte ipsi cæterisque simul apostolis tradidit. Unde eam præcipue nostra prosequitur expositio, quæ plurimum auctoritatis, sicut et perfectionis habet, in septem videlicet petitionibus distincta, cum illa Lucæ quinque sit contenta, quæ non apostolis, sed cuidam discipulo memoratur tradita. Sic quippe in ipso scriptum esse Lucæ meminimus de Domino : *Factum est, dum ipse esset in quodam loco orans,*

(13) Patrol., tom. XXIV, col. 732.

(14) Patrol., tom. LXVI, col. 476.

ut cessavit, dixit unus ex discipulis ejus ad eum : Domine, doce nos orare, sicut et Joannes docuit discipulos suos. Et ait illis : Cum oratis, dicite : Pater, sanctificetur nomen tuum. Adveniat regnum tuum, fiat voluntas tua sicut in cœlo et in terra. Panem nostrum quotidianum da nobis hodie, et dimitte nobis peccata nostra, siquidem et ipsi dimittimus omni debenti nobis. Et ne nos inducas in tentationem (Luc. XI, 1). Matthæus vero Dominicam orationem apostolis tanquam doctoribus et perfectioribus perfectius tradidam, eam interserit sermoni ad eos in monte habito, quem et perfectiorem esse constat quam ille fuerit, quem Lucas refert in campestribus ad turbas factum. Sic quippe scriptum est in Matthæo, Domino ad apostolos dicente : *Cum oratis, non eritis sicut hypocritæ, qui amant, in synagogis et in angulis platearum stantes, orare ut videantur ab hominibus. Amen dico vobis, receperunt mercedem suam. Tu autem cum orabis* [Vulg. oraveris], *intra in cubiculum tuum, et clauso ostio tuo, ora Patrem tuum in abscondito. Et pater tuus, qui videt in abscondito, reddet tibi. Orantes autem, nolite multum loqui, sicut ethnici. Putant enim quod in multiloquio suo exaudiantur. Nolite ergo assimilari eis : scit enim Pater vester quid vobis opus sit, antequam petatis ab eo* [Vulg. eum]. *Sic autem* [Vulg. *ergo vos*] *orabitis : Pater noster qui es in cœlis, sanctificetur nomen tuum. Adveniat regnum tuum. Fiat voluntas tua sicut in cœlo et in terra. Panem nostrum supersubstantialem da nobis hodie. Et dimitte nobis debita nostra, sicut et nos dimittimus debitoribus nostris. Et ne nos inducas in tentationem, sed libera nos a malo* (*Matth.* VI, 9). Diligenter nos Dominus de oratione instruens, non solum verborum pronuntiationem tradit, verum etiam de intentione nos erudit, ut oratio fructuosa nobis esse possit.

Sicut hypocritæ, inquit, hoc est non ea intentione qua illos constat orare. Quorum quidem intentionem aperiens, ait : *ut videantur ab hominibus* potius quam a Deo, dum eis placere appetunt, a quibus sic laudes vel terrena commoda requirunt. Qui ut a pluribus conspici possint, *amant,* inquit, *in synagogis et in angulis platearum,* hoc est in publicis conventibus hominum, hoc agere. Non dicit simpliciter eos ibi orare, quia ibi a pluribus videri possunt. Nec dicit in plateis, sed *in angulis platearum,* quasi conspectum hominum fugere videantur, se in angulis occultando, quem maxime appetunt. Stantes orant potius quam sedentes vel procumbantes, ut eo religiosiores putentur, quo se in oratione magis affligere creduntur. *Perceperunt,* inquit, *mercedem* orationis ab hominibus in præsenti, non eam postmodum a Deo percepturi. Merces sive remuneratio orationis bis redditur, cum laudes humanas vel terrena commoda, quæ inde requirunt, adipiscuntur. *Tu autem quicunque es, cum orabis,* etc. Cubiculum nostrum, in quo requiescimus, mens nostra est, a perturbationibus mundanis semota, ut Deo vacantes puriorem habeamus orationem, tota intentione nostra in eum directa. Ingressi cubiculum, ostium ejus claudimus, ne ab aliis, sed a solo Deo videamur, cum modis omnibus providemus, ne sic per orationem nostram hominibus placeamus, ut Deo displicere mereamur. In abscondito magis quam in manifesto Deus videre dicitur, quia probator cordis et renum, non tam quæ fiunt, quam quo animo fiant attendit, nec tam opera quam intentionem remunerat. *Orantes autem nolite,* etc. Hoc est ne appetatis prolixitatem verborum in oratione, ea qua infideles faciunt intentione. Putant enim, quod quanto prolixior verbis oratio sua fuerit, tanto magis a Deo exaudiri posset, quem non ubique præsentem æstimant, et verbis indigere putant, quibus ei quod volumus insinuemus. Nolite ergo in hac scilicet intentione similes eis fieri.

Pater noster. Octo autem partibus hæc secundum Matthæum oratio distinguitur. Quarum prima pars est invocatio, qua dicitur : *Pater noster qui es in cœlis.* Deinde septem petitiones sequuntur. Tres vero priores ad Deum pertinent, quatuor vero reliquæ ad nos. Hujus igitur ordinis intendentes expositioni, ipsum prius oremus Dominum, ut orationis suæ nobis conferat intelligentiam, quæ ipsam nobis faciat fructuosam. Cum dicit : *Pater,* potius quam : *Domine,* nos ei per amorem potius quam per timorem admonet deservire. Timere quippe servorum est, amare filiorum. Unde et Apostolus Christianam servitutem a Judaica distinguens, conversis jam Judæis aiebat : *Non enim subditi estis iterum in timore, sed accepistis spiritum adoptionis, in quo clamamus : Abba, Pater* (*Rom.* VIII, 15). Notandum vero hoc loco, cum dicitur : *Pater,* non unam tantum Trinitatis personam intelligi, sed indifferenter ad Deum orationem dirigi, cui communiter a fidelibus per amorem deservitur. Non mediocris videtur benevolentiæ captatio, cum eum quem oramus patrem vocamus, quasi ex tam dulci nomine ad paternæ dilectionis affectum moveatur, et non tam quod servis quam quod filiis debeat recordetur. Cum dicit unusquisque *noster* potius quam *meus,* filium se Dei per adoptionem quod commune multis est, potius quam per substantiam, quod solius Christi est, profitetur. Bene autem hæc oratio non singulariter, sed pluraliter ab unoquoque fit, cum dicitur : noster, vel nostrum, nobis vel nos, potius quam meus vel meum, vel mihi vel me, quia tanto facilius impetramus quod postulamus, quanto per fraternæ dilectionis affectum alios nobis in oratione sociamus. *Qui in cœlis es,* hoc est per gratiam inhabitas in his qui quasi cœlestes sunt, cœlum potius quam terram habitantes, et in superioribus, non in infimis constituti. De qualibus Dominus ait : *Cœlum mihi sedes est* (*Isa.* LXVI, 1), hoc est anima sublimis virtutibus et desideriis fervens spiritalibus.

Sanctificetur nomen tuum. Post invocationem petitiones adjungit, et quia plus gloriam Dei quam utilitatem nostram quærere nos convenit (hic quippe

SERMO XIV.

finis esse debet in omnibus quæ agimus, ut glorificetur Deus), tres istæ petitiones, ut diximus, priores glorificationem ejus postulant. Per Ezechielem Dominus de reprobis Judæis conquerens, et eos increpans, ait: *Nomen sanctum meum quod polluistis in gentibus (Ezech.* xxxvi, 22). Quam et Apostolus sententiam inducens, ait: *Nomen enim Dei per vos blasphematur inter gentes, sicut scriptum est (Rom.* ii, 24), in hoc ipso, scilicet, ut dictum est per prophetam. Quemadmodum ergo nomen Dei pollui sive blasphemari, hoc est irrideri vel vilificari ab infidelibus videtur, cum perverse agere videret eos qui se populum Dei vocabant: ita econtrario ipsum sanctificatur atque benedicitur, seu laudatur et glorificatur, cum ejus populus sancte ac religiose vixerit, et illud vivendo compleverit, quod ipsemet præcipit, dicens: *Luceat lux vestra coram hominibus, ut videant opera vestra bona, et glorificent Patrem vestrum qui in cœlis est (Matth.* v, 22). De qua etiam glorificatione Dei vel sanctificatione divini nominis per eumdem prophetam consequenter Dominus adjungit: *Et sanctificabo nomen meum, quod pollutum est inter gentes, quod polluistis in medio earum (Ezech.* xxxvi, 23). Quod etiam qualiter fiat, subsequenter exponit, dicens: *Et faciam ut in præceptis meis ambuletis,* etc. (*ibid.*, 27.) Sicut enim quantum in nobis est, inhonoramus Deum, cum ejus præcepta contemnimus; ita et econtrario nostra eum honorat obedientia. Nomen itaque ejus, quod in se sanctum est, in nobis etiam sanctificatur, cum sic sub nomine ejus vivimus, ut ipse, cujus filii esse dicimur, ex vita nostra glorificetur. Ut autem ita nomen ejus sanctificetur in nobis, orandum nobis est ut, expulso a nobis regno diaboli sive peccati, de quo dicit Apostolus: *Non regnet peccatum in vestro mortali pectore ad obediendum concupiscentiis ejus (Rom.* vi, 12), regnum Dei adveniat in nobis. Et hoc est quod secundo petimus dicentes: *Adveniat regnum tuum,* hoc est tuum in nobis ita sit dominium, ut tibi spontaneam in omnibus exhibeamus obedientiam. Quod ut fiat a nobis: *Fiat voluntas tua in nobis,* quæ est tertia petitio. Tua, inquam, quæ errare non potest, vel mala esse. Tunc autem voluntatem Dei facimus, cum quod ipse approbat et nobis consulit, implemus. *Fiat,* inquam, *sicut in cœlo, et in terra,* ut ipsa etiam in cœlum convertatur terra. Hoc est sic a carnalibus et terrena quærentibus illa impleatur, sicut a spiritualibus et cœlestia desiderantibus.

Panem nostrum supersubstantialem da nobis hodie. Præmissis, ut dictum est, tribus petitionibus ad honorem Dei pertinentibus, ad quatuor reliquas stylum convertit, quibus quatuor postulantur virtutes, in quibus fidelis animæ perfectio consistit: prudentia scilicet, justitia, temperantia, fortitudo. Sicut autem prudentia tam tempore prior est quam natura, ita et ejus petitio prior ponitur, cum dicitur: *Panem nostrum,* etc., quæ est petitio quarta. Sic junge, ut ab omnibus tua voluntas impleatur.

Has nobis virtutes impertire, quæ perfectionem confirmant animæ. Cibus animæ est, et spiritalis ejus panis, intelligentia divini verbi, de quo per Moysen dicitur: *Non in solo pane vivit homo, sed in omni verbo quod procedit de ore Dei (Matth.* iv, 4). Hunc panem, id est intelligentiam sacræ Scripturæ qui non ruminat, et in eo divisionem ungulæ non habet, immundum animal lex judicat, quia nulla est mentis munditia, ubi eorum quæ præcipit Deus manet ignorantia. Verbum Dei ruminat, qui ipsum frequenter revolvit, ut diligentius intelligat, sicut scriptum est: *Et in lege ejus meditabitur die ac nocte* (*Psal.* i, 2). Divisio autem ungulæ qua incedimus, discretio est quam in verbis divinis habemus; cum videlicet diligenter attendimus, quid juxta litteram sit accipiendum, quid ad sensum mysticum vel moralem sit applicandum. Ex qua quidem intelligentia triplici, dum quasi quibusdam ferculis anima reficitur, vera prudentia illustratur, nec generare potest fastidium ista diversitas ferculorum. Panis autem supersubstantialis hic intelligentia dicitur, quia longe hic cibus animæ excellentior est, quam quodlibet substantiale, id est corporale alimentum, quod cum animalibus nobis est commune. Bene ergo nostrum dicit panem istum, hoc est proprium rationalium animarum. Quod dicit *hodie,* tale est ac si diceret: In hac præsenti vita, hoc nobis viaticum ministra, ne deficiamus in via. Non sine admiratione videtur accipiendum quod apud nos in consuetudinem Ecclesiæ venerit, ut cum orationem Dominicam in verbis Matthæi frequentemus, qui eam, ut dictum est, perfectius scripserit, unum ejus verbum, cæteris omnibus retentis, commutemus, pro *supersubstantialem,* scilicet quod ipse posuit, dicentes *quotidianum,* sicut Lucas ait; præsertim cum hujus panis dignitas non minus exprimi videatur, cum supersubstantialis dicitur, quam cum quotidianus appellatur. Denique si arbitremur a Matthæo melius dicendum fuisse *quotidianum,* quam *supersubstantialem,* quis hoc præsumptioni non imputet, ut non solum Apostolum, verum etiam Dominum corrigere velimus, cum ille sic eam scripserit, sicut eam audierat apostolis tradi, et ab eis ipsam credimus frequentari, sicut eis est tradita, et ab apostolo in eadem etiam lingua prius scripta?

Quinta autem petitio quæ dicitur: *Et dimitte nobis debita nostra, sicut et nos dimittimus debitoribus nostris,* æquitatem postulat justitiæ. Æquum quippe est, et hoc justitia exigit, ut quales per misericordiam nos exhibemus proximo, talem nobis inveniamus Deum. Debita dicit, pœnas pro peccatis debitas. Cum dicit: *Sicut et nos dimittimus aliis sua debita,* adeo nos ad misericordiam constringit, ut hæc oratio a nobis potius ad damnationem quam ad salutem dicatur, si misericordes non fuerimus. Debitores nostros hic dicit, sicut sequentia evangelii patenter insinuant, qui pro his quæ in nos commiserunt quodam debito pœnæ astringuntur, ut pro his scilicet puniri sint digni. Quibus quidem hanc pœnam quantum in nobis est remittimus, cum in eis ad satisfactionem paratis, nullam propter hoc vindictam exerceri volumus. Et hoc est nos pœnas delictorum ad similitudinem Dei ignoscere, cum illis de illatis injuriis pœnitentibus et ad satisfactionem paratis, omnem eis vindictam relaxamus, ut jam eos in nullo penitus pro his punire velimus. Alioquin non sunt digni venia quandiu impœnitentes in sua persistunt malitia, nec debere volumus, ut quandiu tales sint, a pœna penitus absolvantur ; nec nos velle convenit quod scimus fieri non posse, vel minime convenire. Sed dicis, qua ratione his qui jam vere pœnitent, nec in peccato persistunt, pœnæ pro peccato debeantur, maximæ illæ quæ sunt damnationis æternæ? Aut si jam non debentur, quomodo dimitti possunt? Sed profecto cum nullum peccatum credatur impunitum, nequaquam a debito pœnæ ipsi etiam pœnitentes prorsus sunt absoluti, ut si non damnatoriis, saltem purgatoriis in hac vita, sive in futura, subjaceant pœnis. Quarum quidem pœnarum, futuræ scilicet vitæ, quamlibet graviorem esse beatus asserit Augustinus (15), quam quæcunque pœna sit vitæ præsentis.

Has ergo pœnas, quæ adhuc pœnitentibus debentur, nobis dimitti postulamus, ne de magnitudine ipsarum per impatientiam ad peccata relabamur, sicut illi faciunt, qui supra id quod possunt tentati, succumbunt victi, a quo quidem patientiæ defectu, dum probamur in adversitatibus, liberari precamur, cum subditur : *Et ne nos inducas in tentationem.* Talem temperantiæ virtutem rogat, ne suggestionibus voluptatum præbeat assensum. Tale est ergo : *Ne inducas nos in tentationem,* ac si dicatur, ne permittas nos ita tentari, ut in adversitatibus deficiamus, vel pravis concupiscentiis succumbamus victi. *Sed libera nos a malo,* hoc est da fortitudinem et robur animi invictum ad adversa quælibet toleranda, ne motu aliquo vel pusillanimitate declinemus a rectitudine. Notandum vero quod, velut beatus meminit Augustinus in *Enchiridion* (16), septem has petitiones, quas Matthæus distinxit, Lucas in quinque, quas posuit, breviter comprehendit. Lucas quippe in duabus primis petitionibus, quas et ipse ponit, hoc est : *Sanctificetur nomen tuum, et adveniat regnum tuum,* tertiam comprehendit quam Matthæus distinguit, scilicet : *Fiat voluntas tua,* tanquam arbitremur illa non fieri, nisi hoc etiam compleatur. Ultimam vero, quam Matthæus supponit et Lucas tacet : *Sed libera nos a malo,* ita ex præcedenti pendere Lucas autumat, ut illi in unam petitionem sit conjungenda. Quod et ipsa innuit conjunctio, *sed,* interposita. *Amen,* id est fiat.

SERMO XV.
IN DIE ASCENSIONIS.

Ascensionis Dominicæ festiva jucunditas, quæ-

(15) Patrol., tom. XXXVIII, col. 879.

dam est ab angelis Christo triumphanti pompa victorialis exhibita. Ipse quippe rex hominum pariter atque angelorum, alteram ab hominibus, alteram ab angelis hujusmodi venerationem, sicut justum fuerat, suscepit. In Ramis quippe palmarum Jerosolymam veniens, imperiali more, a turbis cum laudibus est susceptus, tanquam rex Israel et hæres Davidicæ stirpis ab eis salutatus ac benedictus. Cujus humili, cui insidebat, jumento devotione populi non solum ramos arborum, sed etiam propria vestimenta substernente, aliquid supra consuetudinem terrenorum regum hæc ejus veneratio habuit. Inde ad templum tanquam ad proprium palatium populis laudes acclamantibus deductus, sacrilegium negotiatorum inde potenter expellens, tanquam regia usus potestate ipsum expiavit, et divina virtute cæcos illic illuminans, miraculorum beneficiis domum suam consecravit. Sicut autem ibi tunc ab hominibus more triumphalis pompæ, ut diximus, est honoratus ; ita hodierna die ascendens in cœlum, ab angelis ei occurrentibus est susceptus. Quorum duo assistentes in albis solemnibus pia allocutione discipulos consolantur, dicentes : *Viri Galilæi,* etc. (*Act.* I, 11.) Hujus autem ascensionis mirabilem gloriam illis mutua laude concinentibus, cum aliis admirantibus sæpius quærerent : *Quis est iste rex gloriæ?* (*Psal.* XXIII, 8) alii respondentes dicebant : *Dominus fortis et potens, Dominus potens in prælio* (*ibid.*). Et rursum : *Dominus virtutum ipse est rex gloriæ* (*ibid.,* 10). Horum duplex responsio, quorum et duplex præcesserat jussio, bis ita dicentium : *Attollite portas, principes, vestras, et elevamini, portæ æternales* (*ibid.,* 9). Super quo alii hoc audientes, quasi quadam admiratione commoti, geminatæ jussioni geminatam subnectunt interrogationem, cum videlicet aiunt : *Quis est iste rex gloriæ?*

Legimus Dominum, ejectis a terrestri paradiso primis hominibus, diligentem atque solertem angelorum custodiam, quæ minime falli possit, ibi constituisse (*Gen.* III). Unde et bene cherubim, id est *plenitudo scientiæ* a propheta vocantur. Hi ergo gladio quodam flammeo atque versatili ejectos illos ab aditu paradisi arcentes atque inhibentes, hoc ipso gladio quasi quibusdam portis introitum clauserant atque obstruxerant paradisi. Ad quos quidem principes, id est angelos ibi ad custodiam illam præsidentes in figura cœlestis paradisi, hodie nobis in ascensu Christi reserati, nunc dicitur : O vos, principes, id est præpositi paradisi custodes, attollite jam vestras portas, id est submovete illam vestram quam diximus obstruentem clausuram, et illum versatilem avertite gladium, qui proinde versatilis, id est mobilis potius quam fixus est dictus, quia quandoque avertendus et submovendus est. Et, o vos, portæ, elevamini æternales, id est sublatæ et submotæ in æternum estote, et introibit rex gloriæ, non quidem terrenus, sed qui ad cœ-

(16) Patrol., tom. XL, col. 285, 286.

lestis gloriæ celsitudinem suos de potestate diaboli ereptos in hoc hodierno triumpho secum pariter introducat. Super quo tam glorioso et admirabili triumpho, aliis quærentibus et cum summa admiratione dicentibus : *Quis est iste?* ut dicitis, tantus rex, quem in humana forma et a nobis olim despecta, super omnem naturam, id est angelicam conscendere videmus altitudinem ; vel unde inferior natura hanc adipisci meruit dignitatem ? Alii respondentes concinunt : *Dominus iste est fortis et potens, Dominus potens in prælio.* Fortis scilicet ad omnia adversa toleranda, nec remissus in aliquo, quamvis in forma humanæ infirmitatis appareat. *Potens*, sicut statim determinans, subjungit, *potens in prælio*, nec, ita ut vetus Adam, a tentante superatus diabolo, sed ipso mortis auctore morte sua triumphato, quasi spoliorum tropæa in suis, quos eruit, captivis, nunc refert gloriosa, sicut et de ipso olim Psalmographus præcinerat dicens : *Ascendens in altum captivam duxit captivitatem* (*Psal.* LXVII, 19). Captiva quippe captivitas genus humanum bis a diabolo captivatum dicitur ; primo videlicet ejus persuasione a paradiso exsulatum, et præsentibus ærumnis expositum, postmodum de hac luce ad inferni tenebras dejectum.

Suos itaque, ut diximus, bis captivatos, nunc secum ad cœlestia perducens, quasi victor hodie de antiquo hoste superato, triumphat. Dominus ipse virtutum, non solum videlicet hominum quos sic liberat, verum etiam supernarum virtutum, per quas ubicunque vult, operatur magnalia. Conferamus autem cum gloria hujus triumphi illam, quam diximus venerationem in Ramis palmarum ei primum exhibitam, et qua similitudine jungantur per singula videamus ; ita tamen ut hanc illi longe præcellere consideremus.

Ut igitur Joannes refert, illa prior generatio pro resuscitatione Lazari (*Joan.* XII, 1) ei facta est, cui nec ipse Lazarus cum eo Jerosolymam veniens defuisse credendus est. Sicut ergo suscitatio Lazari illud præconium laudis ab hominibus meruit, ita prædictæ liberatio captivitatis triumphales hodie laudes ab angelis habuit. Et ibi quidem Jerosolymam veniens, ut dictum est, benedictus a turbis. Hic autem cœlos ascendens benedixit discipulis, ut tanto excellentior hæc dies habeatur, quanto felicior ex benedictione divina efficitur. Nec solum qui præibant, verum etiam qui sequebantur, laudes ibi præcinebant. Sic et hodie tam præcedentium angelorum chori quam captivi liberatorem suum sequentes, summa et ineffabili jubilatione victori laudes acclamabant, sicut scriptum est : *Ascendit Deus in jubilatione, et Dominus in voce tubæ* (*Psal.* XLVI, 6), id est cum signo victoriæ. Denique illo ibi ingrediente civitatem, cum tanta turbæ circumstantis exsultatione, alii admirantes quærebant : *Qui est hic?* (*Matth.* XXI, 10.) Et alii quærentibus respondebant : *Hic est Jesus propheta a Nazareth Galilææ* (*ibid.*, 11). Sic et in hodierno triumpho, aliis angelis, ut diximus, interrogantibus : *Quis est iste rex gloriæ?* alii respondebant : *Dominus fortis*, etc. Turbis comitantibus usque ad templum, id est propriæ domus palatium, Dominus perductus est. Et sicut legimus in Daniele (*cap.* VII, 13), in illo angelorum comitatu quasi oblatus paternæ majestati, usque ad Antiquum dierum Filius hominis eductus ab angelis pervenit. Et ibi quidem pigro jumento insidere, hic levi nubi describitur præsidere. Tunc quippe adhuc corruptibile corpus, quod aggravat animam (*Sap.* IX), id est mortale gestabat. Jam vero omni mortalitatis pondere deposito, nubi præsidere voluit, et sic ascendere ; ut quantæ levitatis hæc gravia, quæ nunc gestamus, corpora futura sint, in se nobis primum exhiberet. Sicut enim nascendo ex nobis, et patiendo pro nobis summum nobis honorem vel charitatem exhibuit ; ita postmodum resurgendo, vel discipulis apparendo, et nunc denique ascendendo futurorum corporum gloriam demonstravit ; ut tanto libentius corporalium passionum agones sustineant membra, quantum in ipso capite habent experimentum de futura corporum gloria. In resurrectione quippe corporum immortalitatem nobis exhibuit. Januis vero clausis ad discipulos intrans apparituris illis, subtilitatem eorum qua quælibet solida penetrare possint ostendit. Nunc vero super altitudinem cœlorum ascendens, quantam sit habitura levitatem demonstrat, ut videlicet ubicunque voluerit animus, illuc statim sine difficultate transferatur corpus. Ut igitur Apostolus ait, ipsum nunc mente *sursum quæramus, ubi est in dextera Dei sedens* (*Coloss.* III, 1), ut postmodum etiam corpore ad ipsum, nunc mente mereamur pervenire, non tam ascensuri quam ab ipso trahendi, cui honor est et gloria per infinita sæculorum sæcula. Amen.

SERMO XVI.

IN OCTAVA ASCENSIONIS.

A minimis Dominus inchoans, ut ad majora perveniat, tanquam a minore ad majus argumentum ducens, fidem ex infimis astruit summis ; ut cum in istis magna viderimus, in illis talia mirari desistamus. Unde contra infidelium errores de his, quæ in se ipso mirabiliter gessit, quædam in creaturis exempla præmisit, quibus quælibet hæreseos schismata scindi ac dissipari possint. Verbi gratia, partum Virginis adeo nonnulli abhorruerunt hæretici, ut dicerent : « Si Virgo peperit, phantasma fuit. » Cujus quidem erroris vulneri medicamentum Dominus apponens, nonnunquam equas, ut beatus in Civitate Dei asserit Augustinus (17), a spiritu ventorum concipere facit ; quo mirari desistamus, si ex Spiritu sancto Virgo conceperit. Corvos quoque in osculo concipere et nunquam coire, pluribus non esse ignotum novimus. Apes quoque sine detrimento suæ integritatis fructu non privantur

---

(17) Patrol., tom. XLI.

prolis. Quotidie insuper ex insensibilibus et vilissimis rebus, vermes innumeros, et animantium diversa genera procreari videmus. Unde nec vermi comparari Dominus dedignatur, cui dicitur : *Noli timere, vermis Jacob* (Isa. XLI, 14). Qui etiam de semetipso dicere non erubescit : *Ego sum vermis, et non homo* (Psal. XXI, 7). Desperationem quoque resurrectionis phœnicis defuncti sæpius in tanta vivificatio tollit. Denique et Domini ascensionem raptus Eliæ præcessit, qui mortale adhuc corpus et corruptibile gestans, curru igneo translatus est in paradisum (*IV Reg.* II, 11). Constat igni elementi naturam cæteris longe subtiliorem esse atque leviorem. Si ergo Eliæ corpus adhuc terrena gravitate ponderosum illa ignis levitas sustinere, nec comburere potuit, quid mirum si Christi vel nostra corpora jam immortalia facta, nec tam animalia quam spiritualia dicenda, illud quoque igneum et supremum cœlum, quod ignis contegi constat, conservare possit illæsa?

Quoniam autem ad ascensionis Dominicæ fidem, Eliæ translationem induximus, juvat denique mysterium hujus ascensionis ab Elia sumere. Quem ergo rectius Elias ex ipsa quoque nominis interpretatione vel affinitate, quam Christum verum animarum solem figurat? De quo, ut beatus meminit Gregorius, in cantico Habacuc prophetæ ita continetur (18) : *Elevatus est sol, et luna stetit in ordine suo* (Habac. III, 11). Post ascensionem quippe Domini missus ab eo Spiritus sanctus, sicut ipse promiserat, dicens : *Nisi ego abiero*, etc. (Joan. XVI, 7.) Ecclesiam quæ per lunam significatur, in tantum ordinare studuit, ut perversos in ea nequaquam toleraret, sed statim a palea grana purgaret, sicut per Petrum de Anania et Saphira egit. Quod et Petrus Ananiam increpans profitetur : *Cur*, inquit, *tentavit Satanas cor tuum, mentiri te Spiritui sancto?* (Act. V, 3.) Et post aliqua : *Non est mentitus hominibus, sed Deo* (ibid., 4). Cum enim Veritas apostolis dicit : *Non enim vos estis qui loquimini, sed Spiritus Patris vestri qui loquitur in vobis* (Matth. X, 20), quoties Spiritus aliquid occultum revelat fidelibus, de quo interrogant, ipse potius quam ipsi hoc agere dicitur, cum inspiratione vel suggestione hoc faciunt. Sublato etiam Elia in cœlum, et spiritu ejus in Eliseo geminato, congregatis filiis prophetarum ad Elisæum, tanto magis ordinatam duxerunt vitam, quanto majoris abstinentiæ vel continentiæ virtutem arripuerunt, in solitudine monasticæ vitæ perfectionem inchoantes, quam et apostoli post ascensionem Domini per Spiritus sancti missionem non minus servare studuerunt. Elias sublatus in cœlum, dimisit in terram pallium suum (*III Reg.* XIX). Christi vero pallium, corpus quod se Verbum induit intelligitur, de quo per Jacob prædictum fuerat : *Lavabit vino stolam suam, et sanguine uvæ pallium suum* (Gen.

A XLIX, 11). Hoc itaque pallium Christus ascendens ad dexteram Patris in sacramento dereliquit, cujus participatione purgati, et sic quodammodo Christum induti, præcedentium peccatorum fœditatem tegimus. Elisæus, pallio Eliæ assumpto, Deique ipsius nomine invocato, aquas Jordanis eo percussas divisit. Et nos, virtute divini sacrificii et invocatione superni auxilii, aquas dividimus, ne in ea submersi pereamus, dum carnales concupiscentias quasi quosdam noxios humores in nobis reprimimus vel exsiccamus, ut quasi sicco vestigio ad veram permissionis terram perveniamus, ad quam caput nostrum conscendisse novimus. Quod quia nostrarum virium non esse scimus, ipse nos illuc post se gratia sua trahat, cujus regnum et imperium permanet in sæcula sæculorum. Amen.

SERMO XVII.

IN SEXTA FERIA POST OCTAVAS NATIVITATIS DOMINI (19).

Tres solemnitates in lege sanctas novimus, Paschæ vel Pentecostes, atque Tabernaculorum, de quibus in Exodo scriptum est : *Tribus vicibus per singulos annos mihi festa celebrabitis : solemnitatem azymorum, tempore mensis novorum, solemnitatem quoque in exitu anni, quando congregaveris omnes fruges tuas de agro. Ter in anno apparebit omne masculinum tuum coram Domino Deo* (Exod. XXIII, 14). Hinc et in Deuteronomio scriptum legimus : *Observa mensem novarum frugum, et verni primum temporis ut facias phase Domino, et celebrabis diem festum hebdomadarum Domino : solemnitatem quoque Tabernaculorum celebrabis per septem dies quando collegeris de area et torculari fruges tuas* (Deut. XVI, 10). Has tres solemnitates illos dies intelligimus, de quibus in primo Regum de Helchana dicitur : *Et ascendebat vir ille de civitate sua, statutis diebus ut adoraret et sacrificaret Domino in Silo* (I Reg. I, 5). Ex his autem tribus solemnitatibus sub nominibus pristinis, quamvis in diversa significatione, apud nos quoque duæ permanent. Judæi quippe Pascha in immolatione agni figurativi agebant, nos in resurrectione veri agni Pascha celebramus. Illi a die Paschæ in Ægypto celebrati, primo die lege susceptа, solemnitatem Pentecostes in veneratione legis susceptæ secundam habuerunt. Nos vero in adventu Spiritus sancti, quo tanquam digito Dei lex scripta est, et tam legis intelligentia quam verborum Christi per eumdem Spiritum apostolis ministrata, Pentecostem recolimus. Festivitatem autem Tabernaculorum, quam his solis, qui de genere Israel sunt præceptam legis, Ecclesia gentium non suscepit. Quam quidem Dominus instituens, et Israelitico populo celebrandam commendans, in Levitico ait : *Omnis qui de genere Israel est, manebit in tabernaculis, ut discant posteri vestri quod in tabernaculis habitare fecerim filios Israel* (Levit. XXIII, 42). Nulla autem occasio se nobis offert, qua festivitatem Tabernaculorum Ecclesia gentium reti-

(18) Patrol. tom. LXXIX, col. 1011.
(19) Legendum videtur *Ascensionis*, ut ex ipsius sermonis lectione patet.

SERMO XVII.

neret, præsertim cum tabernacula peregrinantium sint, non in domibus suis commorantium. Quæ est autem domus vel patria nostra nisi cœlestis illa, de qua dicit Apostolus : *Si dissolvatur domus ista terrestris, habemus in cœlis domum non manufactam (II Cor.* v, 1). Prior itaque populus ille adventum Domini præcedens, cui nondum cœli janua patebat, tanquam in peregrinatione, non in patria fuit. Subsecuta vero gentium Ecclesia, quæ post passionem Domini jam a regno non differtur, et ad cœlum quotidie migrat, patriæ magis quam peregrinationis solemnitates celebrat, cum futuræ vitæ gaudia in natalitiis sanctorum frequentat; nec tam quod terris nati sunt, quam quod cœlo nascuntur, nostra jam devotio curat. Domus itaque mansionem magis quam exsilii peregrinationem celebrare nos convenit, quibus cœlestis jam patet felicitas in præmium constituta; cum terrena tantum prosperitas in remuneratione legis antiquo populo fuerit a Domino promissa.

Prætermissa itaque Tabernaculorum festivitate, ad suprapositas duas revertentes, Paschæ videlicet atque Pentecostes, diligenter eas inter se conferamus, ut hanc illa tam in Veteri quam in Novo Testamento non inferiorem esse probemus, imo præ cæteris quamdam obtinere prærogativam monstremus. Legimus (*Exod.* xix) Dominum Moysi præcepisse, ut populum sanctificaret, eumque vestimentis suis ablutis ab uxoribus abstinentem, sic ad legem præpararet in tertio die suscipiendam. Nullam autem aliam festivitatem ita lex commendat, ut talem ei sanctificationis præparationem instituat, præsertim, cum Apostolo attestante, inter universa Dei dona Judæis antiquitus collata, illud primum sit, hoc est maximum, *quia credita sunt illis eloquia Dei* (*Rom.* iii, 2), hoc est Veteris Testamenti doctrina illis, non cæteris nationum populis data. Sed nec ille dies, qui proprie Pascha vocabatur, agnum vel hœdum immolans ad vesperum septem sequentes dies, qui azymorum dicebantur, aliquid festivæ celebrationis ex præcepto Domini habuit, sed in ea tantum immolati agni ad vesperum jussa est fieri. Nostra quoque solemnitas Pentecostes quid utilitatis vel dignitatis præ cæteris adepta sit, multis clarum est indiciis. Lex hodie in monte Sinai uni populo, et in una lingua tradita, obscuritatis caligine fuit involuta, et tam fumo potius quam luce referta, sicut et patenter præfigurabatur cum ipsa traderetur. Spiritus vero super apostolos hodie descendens tam legis quam cæterorum divinorum verborum intelligentiam attulit, et omnia genera linguarum, quibus hæc ubique prædicarentur, discipulis contulit, et notum prius in Judæa Deum universo mundo declaravit, et ipsum ei acquisivit. Die Paschæ, Dominum in corpore resurrexisse novimus. Hac vero die, id actum est per sancti Spiritus adventum, per quod universus mundus felicius in anima resuscitaretur. Die resurrectionis sive ascensionis, fides et spes discipulorum confirmata est. Hac vero die, charitas per Spiritum, qui amor Dei dicitur, infusa discipulos consummavit, juxta illud Apostoli : *Charitas Dei diffusa est in cordibus nostris per Spiritum sanctum qui datus est nobis* (*Rom.* v, 5). Diffusa, inquit, potius quam infusa; hoc est dilatata in plenitudine donorum, non stillata. Legimus et Dominum die resurrectionis Spiritum apostolis insufflando dedisse atque dixisse : *Accipite Spiritum sanctum, quorum remiseritis peccata,* etc. (*Joan.* xx, 23.) Et tunc quidem Spiritus apostolis est infusus, non eis diffusus, hoc est ad unum potestatis donum eis collatus, non ad omnia charismata dilatatus. Quod utique donum in subjectos potius redundaret, quam in ipsis fructificaret. Hac vero die, qua intelligentia sunt illuminati, et igne charitatis accensi, in omni bonorum perfectione sunt consummati. Ad hanc eos consummationem tam resurrectio Domini quam ascensio præparavit, sicut populus Dei legem suscepturus, biduo ad hanc susceptionem est præparatus, Domino per Moysen dicente : *Estote parati in diem tertium,* etc. (*Exod.* xix, 15.) Hinc de resurrectione pariter et ascensione scriptum est : *Nondum enim erat Spiritus datus, quia Jesus nondum fuerat glorificatus* (*Joan.* viii, 39). Et rursum : *Expedit vobis ut ego vadam. Nisi enim abiero, Paracletus non veniet* (*Joan.* xvi, 7). Ut ergo Spiritus sanctus veniret, tam resurrectionis quam ascensionis gloria Christus fuerat exaltandus; ut sic discipuli tam fide quam spe futuræ beatitudinis roborati, promissum Spiritum accipere mererentur, ut per eum, qui amor dicitur, consummarentur in charitate. Charitatem quippe, quæ post fidem et spem perfectum efficit, et sola filios Dei a filiis diaboli discernit, hæc dies apostolis contulit, sicut scriptum est : *Charitas Dei diffusa est,* etc.

Hæc ergo festivitas charitatis tanto cæteris excellentior videtur, quanto charitas cæteris virtutibus sive donis Dei præeminere noscitur. Et quia minus est ad hominis perfectionem Deum amare, nisi et alios in amorem ejus nostra prædicatio sciat accendere, ut quod facimus alios doceamus, juxta illud Veritatis præconium : *Qui autem fecerit et docuerit sic homines, hic magnus vocabitur in regno cœlorum* (*Matth.* v, 19), charitati discipulorum doctrina est addita, ut in utroque ipsos præsens consummaret dies. Unde et bene in igneis linguis super eos apparentibus sancti Spiritus revelatus est adventus, ut videlicet ignis et linguarum specie manifestum signum amoris et doctrinæ, ut per amorem sibi, per doctrinam proficerent aliis. Lex data in monte Sinai, timorem incutiens in servitute genuit. Spiritus vero in superioribus cœnaculi datus, de quo Apostolus, ait : *Ubi Spiritus Domini, ibi libertas* (*II Cor.* iii, 17), servos in filios convertit, sicut idem Apostolus ad Romanos scribit : *Non enim accepistis spiritum servitutis iterum in timore, sed accepistis Spiritum adoptionis, in quo clamamus : Abba, Pater* (*Rom.* viii, 15). Et ad Galatas : *Quoniam,* inquit, *estis filii, misit Deus spiritum Filii sui in corda vestra clamantem : Abba, Pater. Itaque jam non est servus, sed filius. Quod si filius, et hæres per Deum (Gal.* IV, 6). Iste est Spiritus, ex quo in baptismo regenerati, et ab episcopo confirmati, nitimur in Christo Christiani effecti. Ipse est Spiritus, cujus donis in omni perfectione virtutum consummantur electi. Ejus præsens solemnitas cæterarum omnium consummatio est, et divinarum perfectio promissionum. Unde et Veritas apostolis ait : *Mitto promissum Patris mei in vos. Vos autem, sedete in civitate, donec induamini virtute ex alto (Luc.* XXIV, 49). De hoc spiritali virtutis dono Psalmista præcinit : *Et spiritu oris ejus omnis virtus eorum (Psal.* XXXII, 6). Et rursum : *Dominus dabit verbum evangelizantibus virtute multa (Psal.* LXVII, 12). Vera quippe charitas, quæ omnia suffert, omnia sustinet, et cujus flamma nullis persecutionum fluctibus exstingui potest, juxta illud Cantici canticorum : *Fortis est ut mors dilectio, dura sicut infernus æmulatio. Aquæ multæ non poterunt exstinguere, nec flumina obruent illam (Cant.* VIII, 6). Omnis discipulorum virtus facta est, cum eos Spiritus sanctus amore tanto scientiaque repleverit, ut non solum prudentes, verum etiam justos, nec non et fortes seu temperantes effectos in virtutibus quatuor consummaret. Quas quidem virtutes omnes in charitate comprehendi beatus asserit Augustinus, ut ipsa videlicet charitas sit sapientia vera dicenda, ipsa etiam sit justitia, ipsa fortitudo pariter in adversis, ac temperantia in prosperis vocetur, secundum diversa quæ in nobis operatur (20). Unde bene dictum ostenditur charitas per illam diffusa in illis, quia *Spiritu oris ejus omnis virtus eorum (Psal.* XXXII, 6).

Tanto ergo hæc solemnitas cæteris præeminet, quanto majoris gratiæ plenitudo donis omnium virtutum discipulos consummavit, quibus eos quasi quibusdam armis induit; ut his præmuniti universum debellare mundum, et acquirere Deo sufficerent. Quod quidem indumentum Christus eis promittens, ait : *Donec induamini virtute ex alto (Luc.* XXIV, 49). Tanquam si diceret : Donec inermes armaturam, et imbecilles accipiatis fortitudinem. Unde et cum baptizati a presbyteris confirmantur postmodum ab episcopis, et per impositionem manus traditur eis Spiritus sanctus, hæc ipsa eorum confirmatio quædam est virtutum armatura spiritalis ad resistendum vitiis, vel perseverandum in illa quam in baptismo perceperunt munditia plena ibi remissione peccatorum percepta. Legimus et de charitate, quæ vestis illa nuptialis dicitur, quia operit multitudinem peccatorum, et quia discipulis a Domino dictum est : *Vos autem baptizamini Spiritu sancto non post multos hos dies (Act.* I, 5). Unde patenter intelligi datur, quia Spiritus adveniens discipulos simul et a peccatis mundavit, et ornamentis virtutum eos tanquam antea nudos in-

duit, tanquam simul baptizarentur et confirmarentur omnium plenitudine bonorum tunc percepta, ut jam nulla gratia, quæ ad illorum pertineat salutem, aut etiam ad aliorum utilitatem. Ipsi quippe non solum sapientia vel virtute præditi, verum etiam omnium genera linguarum adepti, totum simul quod vel sibi vel aliis necessarium esset. De hoc ornatu tantum in libro Job scriptum est (*cap.* XXVI, 13) de Domino, quia : *Spiritus ejus ornavit cœlos,* hoc est eos qui tanquam terreni, et per merita erant infimi, superiores jam per tot dona factos in spiritales convertit cœlos. His ergo gratiis ornati, et virtutibus armati discipuli, securi quasi bellatores intrepidi per universum diriguntur mundum, etiam multis adversitatibus probari permittuntur, quos antea Dominus supra id quod possent, nequaquam tentari permiserat. Unde et ipse ad passionem captus, neminem eorum secum capi voluit, dicens : *Si me quæritis, sinite hos abire, ut impleretur sermo quem dixit : Quia quos dedisti mihi non perdidi ex ipsis quemquam (Joan.* XVIII, 8). Ut enim beatus meminit Augustinus (21), nondum sic in eum credebant, quomodo credunt quicunque non perituri. Petrus si, negato Christo, hinc iret, quid aliud quam periret ? Cum igitur apostoli ante adventum Spiritus sancti, tanquam imbecilles et inermes existerent, non eos Dominus ad fortia bella destinavit, ne in adversitatibus deficerent victi, qui statim ad ejus captionem fugam sunt conversi, et ipse princeps eorum tam nomine quam firmior fide, tam leviter eum nec semel negaverit. Die autem Pentecostes, in omnibus, ut dictum est, bonis consummati, in omnibus fuerant postmodum virtutibus probandi, ut Ecclesiam sibi commissam non solum erudirent verbis, verum etiam confirmarent exemplis ne deficerent in adversis.

Cum itaque die Pentecostes, tanta bonorum perfectione sint apostoli consummati, nequam hæc festivitas apud nos, sicut nec apud Judæos septem dies sequentes in celebrationem habent, ut usque ad octavam diem ipsa protendatur. Quid enim perfectioni potest superaddi? Præparare se quisque ad perfectionem potest, sed cum illuc pervenerit, quid requirat non super est. A Pascha usque ad Pentecosten, festiva quædam jucunditas per quinquaginta dies continuatur, ob reverentiam scilicet ac dignitatem sequentis Pentecostes. His quippe diebus austeritas pœnitentiæ relaxatur, nec in orationem genua flectimus, ut in eo amplius ob tempus nos excitet in amorem Dei, et præparet devotiores ad venturam festivitatem Spiritus, qui specialiter amor Dei dicitur, quo minus ipsum pœnale est ob gratiam, ut diximus, festivitatis prædictæ in omnibus spiritalibus gratiis consummare. Bene autem duodecima mansione populus Israel egressus de Ægypto, legem in die quinquagesimo suscepit, ut hoc videlicet numero mansionum ipse

(20) Patrol., t. XXXIV. col. 1236; t. XXXV, col. 2037.

(21) Patrol., t. XXXV, col. 1917.

numerus signaretur apostolorum, quibus per Spiritum sanctum quinquagesima die dandum, et legem amoris potius quam timoris imprimendam cordibus eorum promiserat, dicens : *Rogabo Patrem meum, et alium Paracletum dabit vobis, ut maneat vobiscum in æternum (Joan.* xiv, 16). Et rursum : *Apud vos,* inquit, *manebit, et in vobis erit (ibid.,* 17). Illa utique mansio duodecima Judæorum, qua lex datur, Spiritum præsignabat veram apostolis legem crediturum, et in eis non transitum, sed mansionem facturum. Populus ille ad legem illam imperfectam, tertio die suscipiendam, duobus se præparavit diebus. Nos ad supremum Spiritus sancti adventum, qui legis perfectionem apostolis attulit, his saltem duobus præparemus diebus, ut tantæ gratiæ participes mereamur esse. Post ascensionem apostoli a monte Oliveti Jerosolymæ reversi, cum in cœnaculum ascendissent, orationibus et jejuniis promissum Spiritus sancti adventum meruerunt. De quibus profecto jejuniis post ascensionem suam futuris, Dominus ipse prædixerat : *Venient dies, cum auferetur ab eis sponsus, et tunc jejunabunt (Matth.* ix, 15). Post itaque dies jejuniorum, istos dies sequentes post octavas Ascensionis, et præcedentes diem Pentecostes, non incongrue accepimus. Cum enim festivitas Ascensionis habeat octavas, totum illud tempus octo dierum Ascensionis est dicendum ; quia sponsus in cœlos ascendens, obtutibus apostolorum per præsentiam carnis subtractus dicitur vel ablatus. Unde nunc duo præsentes dies secundum Dominicam sententiam jejuniis deputandi videntur. Quæ profecto jejunia non pœnitentiæ sunt, ut a peccatis purgemur, sed ut desideriis accensi ad sequendum sponsum, tanto amplius Spiritus sancti mereamur descensum, quanto ardentius ad illum, sequendo Christum, anhelamus ascensum. Unde et ipsemet ait : *Nisi ego abiero, Paracletus non veniet (Joan.* xvi, 7). Quod est dicere : Nisi a vobis recessero, superius ascendendo, nequaquam illis vos desideriis ascendam, quibus advenientis Spiritus promereamini gratiam. Hanc ipse Spiritus gratiam nos ita faciat prævenire, ut ipsum ab eo mereamur percipere. Amen.

SERMO XVIII.

IN DIE PENTECOSTES.

Duæ sunt solemnitates Dominicæ tam auctoritate præclaræ, quam utilitate præcipuæ. Hæ vero sunt Pascha et Pentecoste, quæ tam in Veteri quam in Novo sancitæ sunt Testamento. Etsi enim prior populus Abraham magis umbram rerum quam veritatem haberet, nec Pascha tamen, nec Pentecosten mysticis ejus figuris defuisse certum est. Illi quippe, ut de servitute liberarentur Ægyptia, primum Pascha in Ægypto celebraverunt, assas igni carnes cum lactucis agrestibus immolantes. Inde quadragesimo die, in monte Sinai lege suscepta, ritu postmodum perpetuo diem Pentecostes, id est quinquagesimæ singulis annis ex Dominico celebraverunt præcepto. A Pascha quippe septem hebdomadas dierum, id est quinquaginta dies jussi sunt computare, et extunc solemnitatem Pentecostes celebrare, quando in susceptione legis digito Dei scriptæ, perceperunt a Domino potioris donum gratiæ. Cujus quidem gratiæ prærogativam nulli tunc alii populo concessam Psalmista considerans, et hinc maxime populum illum ad gratiarum actionem exhortans, cum præmisisset : *Lauda, Jerusalem, Dominum; lauda Deum tuum, Sion (Psal.* cxlvii, 12), unde id præcipue debeat, subjunxit, atque ita consummavit : *Qui annuntiat verbum suum Jacob, justitias et judicia sua Israel. Non fecit taliter omni nationi, et judicia sua non manifestavit eis (ibid.,* 19). Hanc et Paulus gratiam longe cæteris præferens donis · *Quid,* inquit, *amplius est Judæo, aut quæ utilitas circumcisionis? Multum per omnem modum. Primum quidem quia credita sunt illis eloquia Dei (Rom.* iii, 1). Ac si aperte dicat : Hoc amplius et hoc primum, id est maximum donum, Judaicus populus præ cæteris a Domino habuit, quod ei credita sunt, id est commissa sunt scripta divina. Unde et idem apostolus, horum scriptorum amplius scientiam adeptus, ad hanc solemnitatem Pentecostes plurimum anhelans, cum summo quoque periculo vitæ eam Jerosolymis festinabat celebrare, sicut in Actibus apostolorum his continetur verbis : *Navigantes sequenti die venimus contra Chium, et alia die applicuimus Samum, et sequenti die venimus Miletum (Act.* xx, 15). Proposuerat enim Paulus transnavigare Ephesum, neque mora illi fieret in Asia. Festinabat enim, si possibile sibi esset, ut diem Pentecostes faceret Jerosolymis. A Mileto autem mittentes Ephesum, vocavit majores natu Ecclesiæ. Qui cum venissent ad eum, et simul essent, dixit eis : *Vos scitis a prima die, qua ingressus sum in Asiam, qualiter vobiscum per omne tempus fuerim, serviens Domino cum omni humilitate, et lacrymis, et tentationibus, quæ mihi acciderunt ex insidiis Judæorum: quomodo nihil subtraxerim utilium, quominus annuntiarem vobis, et docerem vos publice, et per domos, testificans Judæis et gentilibus in Deum pœnitentiam, et fidem in Dominum nostrum Jesum Christum. Et nunc ecce alligatus ego spiritu vado in Jerusalem, quæ in ea mihi ventura sunt ignorans, nisi quod Spiritus sanctus super omnes civitates protestatur mihi dicens, quoniam vincula et tribulationes me manent. Sed nihil horum vereor, nec facio animam meam pretiosiorem quam me, dummodo consummem cursum meum, et ministerium quod accepi a Domino Jesu, testificari Evangelium Dei (ibid.,* 18). Multas tam in antiquo quam in novo populo solemnitates institutas legimus, verum ad nullam earum Jerosolymis celebrandam, vel hunc apostolum, vel cæteros, postquam ad gentes transierunt, nisi ad istam, ut dicimus, redisse novimus. Venit itaque Paulus Jerosolymam cum summo, ut dictum est, vitæ suæ discrimine, præscius eorum quæ ibi pateretur. Venit, inquam, celebraturus Pentecosten, non tam veterem cum Judæis in templo, quam novam cum Christianis in cœnaculo. Ibi quippe uberiore Spiritus sancti gratia discipulis infusa, angelicam custodiam de templo migrantem noverat consistere, et antiquam gloriam Synagogæ ad novitatem Ecclesiæ translatam esse. Quod et beatus commemorans Augustinus Epistolæ Joannis homilia secunda sic ait : « Ubi inchoat Ecclesia, nisi ubi venit de cœlo Spiritus sanctus, et implevit totum locum, et factus est sonus quasi ferretur flatus vehemens, et linguæ divisæ sunt velut ignis ? »

Liquet itaque quantum huic solemnitati debeat Ecclesia, quando, ut dictum est, uberiore gratia suscepta, quam discipulis Dominus promiserat, dicens: *Vos autem baptizamini Spiritu sancto non post multos hos dies (Act. I, 5)*, vitæ spiritalis sumpsit exordium, donis omnibus cumulata, tanto proinde a carnali Synagoga amplius discreta, quanto spiritalior effecta. In hujus quidem cœnaculi typo, charissimæ sorores, et virgines Paracletenses, vestrum oratorium constructum, et ipsius summi Paracleti nomine glorioso insignitum, quanta sit devotione tam vobis quam toti populo Dei venerandum perpendite, quantum vos spiritales oportet esse semper attendite : quæ Spiritus sancti proprio templo, eique spiritaliter consecrato, ex professione vestra estis dicatæ. Sic ergo vivite in hoc manufacto et corporali templo, ut ipsius spiritale templum effici mereamini. Hujus quanta sit offensa, et quam periculosa in eam transgressio facta, ipsa Veritas testatur, dicens : *Quicunque dixerit verbum contra Filium hominis, remittetur ei. Qui autem dixerit contra Spiritum sanctum, non remittetur ei neque in hoc sæculo, neque in futuro (Matth. XII, 32)*. Si autem offensa in Spiritum dicti tantam habet pœnam, quæ vindicta manet facti transgressionem ? Non autem sufficit vobis a transgressione cavere, nisi ei toto affectu studeatis placere, a quo speranda sunt omnia dona divinæ gratiæ. Qui cum ea singula prout vult dividit *(I Cor. XII)*, prout vult distribuit, adeo ut non solum dator eorum, verum etiam ipsum Dei dicatur donum : quantum satagere debemus, ut hunc talem ac tantum dispensatorem habeamus propitium ? Quisquis in cujuslibet potentis familia conversari desiderat, nihil aut parum ei prodest habere gratiam Domini, si careat gratia dispensatoris : præsertim cum ipse idem simul et Dominus domus sit et dispensator, sicut de Spiritu sancto manifeste clamat Apostolus : *Divisiones*, inquit, *gratiarum sunt, idem autem Spiritus. Et divisiones ministrationum sunt, idem vero Deus qui operatur omnia in omnibus (ibid., 4)*. Qui etiam consequenter enumerans dona divinæ gratiæ, quæ Spiritus ipse distribuit, dicens : *Alii quidem datur per Spiritum sermo sapientiæ, alii sermo scientiæ*, etc. *(ibid., 8)*, ita hanc donorum distributionem conclusit : *Hæc autem omnia operatur unus atque idem Spiritus, dividens singulis prout vult (ibid., 11)*. Ex quibus quidem patenter insinuat eumdem distributorem ac dispensatorem divinorum donorum, tam Dominum esse quam Deum, et pro arbitrio suo ipsum tanquam Dominum, non sub Domino dispensatorem constitutum, ea quibus voluerit libere impertire. Cujus hodie largitas uberior ampliore gratia præsentem diem tanquam propriam solemnitatem ditavit, in qua divinorum beneficiorum promissiones complevit. Post adventum quippe Filii in mundum, post ejus ad Patrem in ascensione reditum, Spiritus sancti hodiernus restabat adventus, per quem complerentur omnia quæ per Filium ad salutem nostram fuerunt inchoata. Unde et ipse Filius : *Mitto*, inquit, *promissum Patris mei in vos. Vos autem sedete in civitate, quoadusque induamini virtute ex alto (Luc. XXIV, 49)*. Et rursum : *Paracletus autem Spiritus sanctus, quem mittet Pater in nomine meo, ille vos docebit omnia, et suggeret vobis omnia quæcunque dixero vobis (Joan. XIV, 26)*. Et iterum : *Adhuc multa habeo vobis dicere, sed non potestis portare modo. Cum autem venerit ille Spiritus veritatis, docebit vos omnem veritatem (Joan. XVI, 12)*.

Ex his itaque testimoniis Veritatis liquet quanta gratia sit prædita solemnitas hodierna, in qua discipuli Christi iam virtute constantiæ, quam perfectione scientiæ sunt consummati. Quid est enim virtute indui ex alto, nisi fortitudine animi contra terrores sæculi, et quaslibet adversitates armari ? Quid enim sancti apostoli ante sancti Spiritus adventum fuerant, nisi quædam, ut ita dicam, lutea figuli vasa nondum ignis coctione solidata, ut alicui usui fierent apta ? Hæc vasa tanquam figulus antea Christus de terra plasmaverat, cum eos a terrena carnalis populi conversatione assumptos fide instruxerat. Quos postmodum Spiritus adveniens zelo divini amoris accensos, quasi quædam lutea et adhuc cruda vasa hoc igne solidavit et coxit, ut cum fiducia verbum Dei deinceps ubique prædicarent. Unde factum est, ut ipse apostolorum Princeps, qui prius unius ancillæ voce territus, Christum negaverat, nec semel id, sed ter præsumpserat *(Matth. XVI)*, ante gladios Neronis, et erectum sibi crucis patibulum in confessione et prædicatione Christi intrepidus staret. De hoc igne dilectionis, et flamma charitatis, ipse olim Filius dixerat : *Ignem veni mittere in terram, et quid volo nisi ut ardeat ? (Luc. XII, 49.)* Ac si aperte dicat : Omnia quæ in mundum veniens egi tam nascendo quam prædicando, tam moriendo quam resurgendo, seu etiam ascendendo, ad hunc unum terminum et supremum finem spectabant, ut hoc igne scilicet terram concremarem, hoc est Spiritu sancto, qui divini amoris dicitur ignis, terrena ipsius et frigida corda hominum inflammarem. Ascendit Filius, ut descenderet Spiritus sanctus, sicut ipsemet testatur, dicens : *Expedit vobis, ut ego vadam. Nisi ego vadam, Paracletus non veniet*, etc. *(Joan. XV, 7.)* O quam gloriosus, quam dignus iste sancti Spiritus est descensus, qui nequaquam potuit fieri, nisi per ascensum Filii, nec ita

SERMO XVIII.

mitti potuit Spiritus, nisi ad eum mittendum ascenderet Filius. Ipsa itaque Christi ascensio quasi parasceve hodiernæ festivitatis est, et quædam præparatio. Passio quoque Christi quantum ad hoc divini amoris donum pertineat, Apostolus diligenter declarat. Cum enim præmisisset : *Charitas Dei diffusa est in cordibus nostris per Spiritum sanctum qui datus est nobis* (Rom. v, 5), consequenter adjecit : *Utquid enim Christus cum adhuc infirmi essemus, secundum tempus pro impiis mortuus est?* (ibid., 6.) Ac si diceret : Propter quid aliud, nisi propter hanc charitatis effusionem in cordibus nostris faciendam, mortuus est ad tempus, id est transitoriam et quasi horariam sustinuit mortem, cum adhuc infirmi essemus, hoc est debiles in fide, vel in toleranda persecutione? Diffusa charitas est, dilata et ampla in cordibus facta, et usque ad inimicos etiam extensa; de qua et per Psalmistam Christo dicitur : *Diffusa est gratia in labiis tuis* (Psal. xliv, 3), hoc est tota prædicatio tua nihil aliud quam perfectionem resonat charitatis. De qua et Apostolus : *Finis præcepti charitas, de corde puro et conscientia non ficta* (1 Tim. i, 5).

Sicut ergo præcepta Dei, sic et præcepta Christi ad hunc unicum finem, id est ædificandam in nobis charitatem, tota intendit. Cujus quidem intentionis perfectio per Spiritum sanctum hodie consummata, et omnium bonorum gratia distributa, tanto præsentem solemnitatem fecit gratiorem, quanto potioribus donis hanc esse præstitit ditiorem, quam, ut dictum est, tam fortitudine quam scientia peregit clariorem. Simul quippe Spiritus hodie adveniens, corda discipulorum et corroborat, ut dictum est, et illuminat, ut promissum est, eorum scilicet quæ Filius dixerat intelligentiam suggerendo, et omnem eos veritatem docendo. Cujus quidem adventum diligenter hodie descriptum audivimus, cum illud *Actuum apostolorum* legeretur : *Factus est repente de cœlo sonus, tanquam advenientis Spiritus vehementis, et replevit totam domum ubi erant sedentes. Et apparuerunt illis diversæ linguæ tanquam ignis,* etc. *Et repleti sunt omnes Spiritu sancto,* etc. (Act. ii, 2.) Adventus Spiritus sancti in sono declaratur venti, quem ventum hoc loco dicit vehementem spiritum. Flatus quippe venti cum sit invisibilis, tamen est audibilis. Sic et inspiratione spiritus in discipulorum cordibus videri non poterat interius, sed exteriori auditu ex diversitate linguarum spiritalis gratiæ donum perpendebatur. Repentinus sonitus iste fuit, quia super humanam existimationem hujus inspirationis gratia crevit. Vehemens iste venti flatus dicitur, ut virtus verbi, hodie collata, contra quælibet obstacula vel humanæ sapientiæ rationes ostendatur valida. De qua quidem virtute verbi loquens Apostolus Corinthiis : *Arma,* inquit, *militiæ nostræ non sunt carnalia, sed potentia Deo ad destructionem munitionum, consilia destruentes, et omnem altitudinem extollentem se adversus scientiam Dei, et in captivitatem redigentes omnem intellectum* (II Cor. x, 4). Et per semetipsam Veritas apostolorum corroborans animos, ne de imperitia sua contra sapientes sæculi desperarent aut trepidarent, ait : *Ponite ergo in cordibus vestris non præmeditari quemadmodum respondeatis. Ego enim dabo vobis os et sapientiam, cui non poterunt resistere et contradicere omnes adversarii vestri* (Luc. xxi, 14). Et alibi : *Non enim vos estis qui loquimini, sed Spiritus Patris vestri qui loquitur in vobis* (Matth. xiii, 11).

Recte igitur hæc impræmeditatæ responsionis per spiritum facienda suggestio præfiguratur hodie flatu venti repentino. De cœlo sonus fieri dicitur, quia de commotione aeris, quæ ventus dicitur, audiebatur sonitus, in typo videlicet summi Spiritus locuturi per apostolos linguis omnibus, sicut scriptum est : *Non sunt loquelæ neque sermones, quorum non audiantur voces eorum. In omnem terram exivit sonus eorum,* etc. (Psal. xviii, 4.) Et attende quod non ait : sonus advenientis Spiritus, sed : *tanquam advenientis,* ut cum in veritate corporalis sonus venti fuerit, quadam tamen similitudine sonum validum exprimeret prædicationis futuræ, vel quamdam in cordibus factam vocem locutionis internæ, Spiritu scilicet suggerente interius, unde loquerentur exterius. Merito vehemens sonus ille dicitur quasi flatus fortissimus, ut videlicet designaret prædicationem apostolicam, non infra terminos unius Judææ, sicut prophetarum esse concludendam, sed quasi per universum mundum flaturam et dilatandam. Flatus ille vehemens domum replet, non concutiendo vel impellendo subruit, quasi Spiritus sancti est supplere imperfecta, non destruere inchoata bona. Unde Veritas : *Non veni solvere,* inquit, *legem, sed adimplere* (Matth. v, 17). Et de hoc ipso adventu Spiritus et de perfectione doctrinæ promiserat, dicens : *Ille docebit vos omnem veritatem, et suggeret vobis omnia quæcunque dixero vobis* (Joan. xiv, 26).

Legimus ventum a Satana immissum, cum ruina domus quam concussit, filios et filias Job exstinxisse (Job i, 19), quia illius est perdere, non salvare et destruere magis quam ædificare. Hic autem flatus venti nequaquam domum labefactat, sed incolumem conservatam intrat, et vehementis motus agitatione ignem concitans in aere, ipsam quam intrat, illuminat. Ignis qui et splendet et calet, hoc flatu venti super apostolos generatus in aere, illuminatio mentis est, et flamma charitatis apostolorum cordibus hodie inspiratæ, et in superiore hominis parte, hoc est in animam, per spiritum factæ. Ignis iste in forma linguarum exterius apparuit, quia per verba prædicationis, quid intus scientiæ, quid charitatis habeatur, audientibus innotescit. Linguæ igneæ, hoc est de igni factæ memorantur, cum apostoli ex ipsa charitate qua fervebant, et scientia quam ob hoc acceperant, prædicare compulsi, his quoque duobus corda auditorum illuminaturi erant atque accensuri. Dispertitæ in se sunt linguæ, non solum pro diversitate earum, verum etiam pro discretione prædicantium. Sicut enim pro diversitate gentium diversis utendum est linguis, ita etiam pro qualitate auditorum praedicationem temperari convenit, ut parvulos lacte nutriamus, adultos pane reficiamus. Super sedentes in domo ignis ille apparens sedisse dicitur, quia super humilem et quietum spiritum suum requiescere Dominus testatur; et qui superbi sunt, divini amoris ignem suscipere non merentur. Hinc quoque bene illis insedisse dictus est ignis ille, quia percepta illa gratia cum eis erat perseveratura, sicut et antea Dominus de ipso Spiritum promiserat dicens : *Ut maneat vobiscum in æternum* (*Joan*. XIV, 16). In una domo congregati Spiritum perceperunt, quia quicunque non sunt de Ecclesia, sunt alieni a gratia. Unde et agnus paschalis in una domo comedi præcipitur (*Exod*. XII, 4), quia extra Ecclesiam veri sacrificii locus non habetur, et quicunque in arca non fuerunt, submersi diluvio perierunt. Jam juxta quædam dona Spiritum sanctum acceperant, quibus insufflans Veritas dixerat : *Accipite Spiritum sanctum : quorum remiseritis peccata*, etc. (*Joan*. XX, 23,) sed repleti Spiritu sancto non erant, sicut hodie factum esse monstratur cum dicitur : *Repleti sunt omnes Spiritu sancto* (*Act*. II, 4). Primo itaque quibusdam donis initiati, hodie cumulati sunt et consummati. De qua quidem repletione Spiritus quasi statim eructuantes, *cœperunt loqui aliis linguis*, sicut in Græco habetur, quam antea fecerant. Nam sua propria lingua, id est Hebraica, nequaquam tunc loqui incipiebant, sed aliis quas ignoraverant, pro diversitate scilicet hominum ex omni natione, quæ sub cœlo est, ad diem festum Jerosolymis congregatorum. De qua quidem diversitate linguarum, quo mirabilior habeatur, id quidam senserunt, ut cum omnes unius linguæ prolatione uterentur, singulis auditoribus propria cujusque lingua loqui viderentur. Sed hoc profecto nequaquam esset loqui aliis linguis, sed videri aliis loqui; nec veritas esset linguarum, sed opinio deceptorum hominum; nec de linguis quidquam esset apostolis collatum, sed de intelligentia auditoribus inspiratum. Falsum denique et illud esset quod ab auditoribus dicebatur : *Audivimus eos loquentes linguis nostris* (*ibid*., 11). Si enim locutio linguarum non erat, sed videbatur, falsum est eos audisse in illis verbum quod non erat in ipsis.

Non solum igitur de intelligentia interioris verbi, verum etiam de pronuntiatione soni hodie sunt instructi, ne quid desit in ulla gratia. Unde præsens solemnitas quanto multipliore gratia fit prædita, tanto majore devotione est celebranda, et omnium linguarum laudibus honoranda, quando ad prædicandum gentibus universis genera omnia linguarum apostolis sunt collata. Atque utinam vos, sponsæ Christi gloriosæ, quibus, ut supra meminimus, hæc solemnitas specialiter incumbit celebranda, omnium linguarum generibus divinas in ea laudes resonare possetis! Quod quia non sufficitis, vel hoc saltem efficite, ut doctrinæ trium principalium linguarum, a quibus duo Testamenta conscripta sunt, et Dominicæ crucis titulus insignitus, operam dantes, aliquid amplius quam cæteri fideles his festivis addatis præconiis. Quod et ipse Spiritus ad honorem sui vobis suggerere dignetur, qui, ubi vult spirans, sive sono docet interius, sive calamo scribit in mentibus, nec moras patitur in docendo, nec dilationem habet in scribendo. Ipse infirmitatem vestram in sancto roboret proposito, qui hodie apostolos induit ex alto. Ipse fictilia vasa vestra, et luteam adhuc crudam testam igne divini amoris excoquendo solidet, quo discipulorum corda hodie replevit. Ipsum sponsus vester Dominus Jesus Christus vestris semper mentibus inspiret, et tanquam arrham desponsationis et spiritale pignus dotis vobis custodiat, ut sicut apostolis promisit, maneat vobiscum in æternum. Amen.

SERMO XIX.

IN FERIA SECUNDA PENTECOSTES.

Maximam apud vos festivitatem Pentecostes quanto majore studio celebrare nitimini, tanto pluribus exhortationum sermonibus ad hoc cupitis incitari. Octo itaque diebus eam celebrantes, in singulis istis singulos exigitis sermones. Quod ut perficere queam, hoc ab ipso Spiritu mihi vestris precibus impetrate. Et quoniam juxta Dominicam assertionem, scriba doctus in regno Dei similis est homini, qui profert de thesauro suo nova et vetera, hanc imperitia mea doctrinam quantum valet, cupiens imitari, de Novo Testamento ad Veteris testimonia stylum convertere curat, ut eo gratior hæc solemnitas habeatur, quo ejus dignitas amplius commendatur. Hanc itaque sancti Spiritus tam gloriosam solemnitatem per eumdem Spiritum Psalmista prævidens, eamque, ut oportet, Ascensioni Dominicæ copulans, ad ejus jucunditatem celebrandam nos vehementer admonens, quodam loco ait : *Regna terræ, cantate Deo, psallite Domino. Psallite Deo, qui ascendit super cœlum cœli aa orientem. Ecce dabit voci suæ vocem virtutis, date gloriam Deo super Israel : magnificentia ejus et virtus ejus in nubibus. Mirabilis Deus in sanctis suis, Deus Israel : ipse dabit virtutem et fortitudinem plebi suæ benedictus Deus* (*Psal*. LXVII, 33 et seq.). Divino itaque Spiritu illuminatus Psalmista etiam post Ascensionem Domini, descensionem ejusdem Spiritus mirabilem, et gratiam in nationes universas effusam, nec jam ut ante in Judæa Deum intelligens, universa regna jam per hanc gratiam Deo acquisita, ad ipsum glorificandum invitat dicens : *Regna terræ, cantate Deo, psallite Domino*, hoc est : Universæ gentes, quæ jam a servitute diaboli liberatæ regnare cœpistis, glorificate super hoc Deum voce cantando ac simul operatione psallendo. Ac ne Deum negaremus, quem juxta humanitatem assumptam, localem vel mobilem audiremus : *Ipsi*, inquit, *psallite qui ascendit*, etc. Superius quidem dixerat : *Iter facite ei qui ascendit super occasum*. Nunc vero dicit : *Qui ascendit super cœlum cœli ad*

SERMO XIX.

orièntem. Prius itaque de Resurrectione, sicut primum facta est, illud dixit; nunc vero de Ascensione hoc subjungit. Occasum itaque veri solis corporalem ejus obitum dicit, de quo ipse dixerat : *Nisi granum frumenti cadens in terram mortuum fuerit*, etc. (*Joan.* xii, 24.) Super hunc igitur occasum ascendit, quando de morte resurrexit, more videlicet solis, qui post occasum conscendit ad ortum. Ita ei faciunt discipuli, qui se dignos præparant, eum confidenter exspectando, ut, sicut promiserat, ad eos resuscitatus redeat.

Quod autem hic dicitur : *Qui ascendit ad orientem*, potest Psalmista non incongrue dicere secundum loci positionem. Ipse quippe mons Oliveti, de quo Dominus ascendit in cœlum, civitati Jerusalem assistere dicitur versus orientem. Potest quoque intelligi quod, ubicunque mons ille fuerit, Dominus ad orientem ascenderit, si facie sua illuc versa, hoc egerit. Quid enim ad occasum dorsum habet, faciem ad orientem intendit. Ei autem post dorsum, jam omnino erat occasus, quia resurgens a mortuis, ultra non moritur, nec amplius ad illum quem sustinuit occasum est rediturus. Super cœlum cœli conscendit quia celsitudinem ætherei, quæ aerio præeminet transcendit. Quid autem post Ascensionem suam, misso Spiritu sancto, discipulis sit facturus, consequenter adjungitur : *Ecce dabit voci suæ vocem virtutis*. Vocem suam, hoc est propriam Dei locutionem dicit internam ejus inspirationem, quæ hodie per Spiritum plenior facta est, cum sine sono interius omnem eos veritatem docuerit. Huic autem interiori locutioni cum per eumdem Spiritum exterioris locutionis diversa sint genera addita, quasi divinæ voci, quæ interius fit, vox humana est adjuncta; ut videlicet verbum mente conceptum interius, per audibile verbum proferatur aut manifestetur exterius, et ita voci divinæ vox humana datur; ut quod Deus inspiratione sua intus nobis loquitur, nos prolatione nostra hominibus doceamus.

Bene itaque dicit, Domino ascendente, quia voci suæ per Spiritum, ut dictum est, in apostolis factæ, dabit etiam vocem prolationis humanæ; ut quod recte senserunt, congrue quibuslibet proferre ac disserere possint. Quam insuper vocem virtutis dicit, quæ hodie super apostolos vento præfigurata est vehementi, sicut in hesterno sermone meminimus. Virtutem prædicatio habet, et valida est, cum quis quod dicit disserere sufficit, ut confutari non possit, vel cum animo præstanti prædicat, nec timore aliquo, veritatem ; vel cum ea, quæ prædicat, moribus non oppugnat, nec conscientia reprobæ vitæ erubescentiam timet de prædicatione. Quæ omnia in apostolis clarum est præeminere, et eorum prædicatio vox virtutis merito dicenda sit. Ipsis quippe Dominus promiserat : *Ego dabo vobis os et sapientiam, cui non poterunt resistere et contradicere omnes adversarii* (*Luc.* xxi, 15). Os scilicet ad loquendum, sapientiam ad intelligendum, vel quid cui dicatur, quando et quomodo discernendum. Scriptum et

de ipsis est, quod cum fiducia verbum Dei prædicarent. Qui etiam quam religiosæ vitæ essent, vel quanta sollicitudine providerent, ne turpitudine suæ vitæ adulterarent, aut infamarent verbum Dei, unus eorum testatur, dicens : *Castigo corpus meum, et in servitutem redigo, ne forte cum aliis prædicaverim, ipse reprobus efficiar* (*I Cor.* ix, 27). Et attende quod cum dicit, in his, quos Spiritus sanctus replet, interiori verbo exterius conjungi, patenter eos a dæmoniacis secernit. Quos enim dæmonia replent, et torquendo in insaniam vertunt, verba eis tantum, non sensum ministrant, et caliginem fumi potius quam splendorem ignis mentibus eorum immittunt. Spiritus autem sanctus cum in electis loquitur, primum intus illuminat ipsos, quam exterioribus eorum verbis alios. Unde bene hoc loco voci divinæ, ut dictum est, vox humana dicitur addita, ut quod per inspirationem aliis nuntietur. Nec tamen ideo credendum est, ut quoties per prophetas Spiritus sanctus locutus est, quidquid in verbis illis intellexerit, hoc totum eis per quos loquebatur inspiraverit ; sed modo unum tantummodo, fortassis plures quos ibi providebat sensus haberi, eis revelabat. Unde cum aliquam prophetiam varie a doctoribus exponi videmus, nequaquam necesse est ut omnes illos sensus ibi prophetam habuisse credamus ; sed quidquid ibi convenienter intelligi potuit, Spiritus præscivit. Sicut ergo dives aliquis per œconomum suum diversis artificibus proprium tradit aurum, ut diversa ei faciant ornamenta : ita et Spiritus per prophetas sua nobis tradit eloquia diversis sententiis referta, quæ cum diversis exponimus modis, quot inde sententias producimus, quasi tot opera de una materia fabricamus.

Date gloriam Deo. Regna terræ, quæ superius ad cantandum et psallendum Deo invitaverat, rursum ad glorificandum ipsum adhortatur ea, ut de tanta his diebus collata gratia uberiorem laudum dent gloriam Deo. Tanto enim hæc gratia ubique terrarum est amplius prædicanda, quanto ipsa ubique melius est operanda, et per eam universa Deo sunt acquisita regna, et de regno diaboli in regnum Christi translata. Quod quidem per quos factum sit, consequenter adjungit, dicens : *Magnificentia ejus, et virtus ejus in nubibus*. Ac si diceret : Inde date gloriam Deo, quia ipse nubibus suis, id est apostolis, magnificentiam et virtutem dedit, per quem vos in regnum suum converteret. Nubes de imo surgunt in altum, et de alto imbrem emittunt, quo irrigata terra fructificat, et sedentes apostoli Spiritum perceperunt ; quia humilibus Deus dat gratiam, et superbis resistit semper. Per hanc gratiam hodie in virtutibus sublimati, et uberioribus donis magnificati, tanquam de alto terram compluunt, dum divini eloquii verbis corda terrenorum hominum omnium linguarum generibus loquentes erudiunt. Quos itaque Deus sic magnificavit, et in tantas virtutes tot donis ipse promovit, recte magnificentiam et virtutem eis contulisse dicitur, quos et miraculis coruscare, et tam verbi quam animi virtute fecit præeminere. De quibus adhuc subditur : *Mirabilis Deus in sanctis suis* (*Psal.* LXVII, 36), per quos videlicet majora quam per semetipsum operari dignatus est, tam miraculorum exhibitione quam prædicationis operatione, tanquam spiritu Eliæ Elisæo geminato. Unde et eis promiserat, dicens : *Qui credit in me, opera quæ ego facio et ipse faciet, et majora horum faciet* (*Joan.* XIV, 12). Scimus et primogenitum fratrem, id est Christum, quasi sine liberis defunctum, et fratres ejus, id est apostolos, sponsam ejus, id est Ecclesiam suscepisse, et in ea prolem filiorum innumeram generasse, et ab his deinceps diebus universum mundum collegisse.

Unde quantum hujus solemnitatis gratiæ mundus debeat, semper attendat, ad quem undique colligendum collata sint modo universa genera linguarum. Intueamini universas Christi solemnitates ab ipsa ejus Nativitate usque ad Ascensionem, et quid tunc mundus perceperit huic gratiæ comparate, et longe cæteris hanc festivitatem videbitis præeminere. In hac quippe centum viginti discipulis in cœnaculo congregatis Spiritus sanctus infusus, per ipsos eadem die circiter tria millia hominum lucratus est. Quod quidem ut fieret, dispersos olim sub Antiochi persecutione Judæos de universis nationibus Jerosolymis in præsenti festivitate congregaverat; quod nunquam in alia festivitate legimus factum esse. Ex quo etiam liquet, quantum ad præsentem gratiarum festivitatem populi undique convenire debeant, qui spiritalis gratiæ dona desiderant. Hæc una festivitas ubique terrarum Ecclesiam dilatavit, et cum ipsa pariter divinas solemnitates per universum mundum plantavit celebrandas, et omnium linguarum generibus laudes Dei dispersit; ut hinc appareat quantum huic festivitati cæteræ omnes sint obnoxiæ, per hanc videlicet ubique terrarum disseminatæ. Unde et ad hujus diei præconia cum promissum sit, *mirabilis Deus in sanctis suis*, et ut dictum est, quodammodo in eis mirabilior quam in semetipso, statim annexuit, unde nunc maxime mirabilis apparuit : *Ipse*, inquit, *dabit virtutem et fortitudinem plebi suæ*. Plebem quippe suam discipulos dicit, illitteratos, rusticanos, de humili plebe assumptos, per quos mirabile est tanta eum operari. De quibus unus eorum Corinthiis scribens, et reprobatis sapientibus et potentibus sæculi, tales idiotas et impotentes eligi considerans, ait : *Non misit me Christus baptizare, sed evangelizare. Non in sapientia verbi, ut non evacuetur crux Christi. Verbum enim crucis pereuntibus quidem stultitia est, his autem qui salvi fiunt, id est nobis, virtus Dei est. Scriptum est enim : Perdam sapientiam sapientium, et prudentiam prudentium reprobabo. Ubi sapiens, ubi scriba, ubi inquisitor hujus sæculi ? Nonne stultam fecit Deus sapientiam hujus mundi? Nam quia in Dei sapientia non cognovit mundus per sapientiam Deum, placuit Deo per stultitiam prædicationis salvos facere credentes. Quoniam Judæi signa petunt, et Græci sapientiam quærunt. Nos autem prædicamus Christum crucifixum, Judæis quidem scandalum, gentibus autem stultitiam; ipsis autem vocatur Judæis atque Græcis Christum Dei virtutem et Dei sapientiam, quia quod stultum est Dei sapientius est hominibus, et quod infirmum est Dei fortius est hominibus. Videte enim vocationem vestram, fratres, quia non multi sapientes secundum carnem, non multi potentes, non multi nobiles; sed quæ stulta sunt mundi, elegit Deus ut confundat sapientes, et ignobilia et contemptibilia mundi elegit Deus et ea quæ non sunt, ut ea quæ sunt destrueret, ut non glorietur omnis caro in conspectu ejus* (*I Cor.* I, 17 et seqq.). Non enim mirabile esset si super potentes vel sapientes sæculi magna operaretur, quod humanæ virtuti potius quam divinæ ascriberetur. Unde bene, sicut hic dicitur, ipse Deus Israel, qui videlicet antiquum populum elegit; ipse, inquam, non alter aut recens Deus. His plebeiis et pauperibus viris de populo eodem assumptis, et nunc virtute ex alto indutis, dabit virtutem verborum contra sæculi sapientes, et fortitudinem animorum contra potentium impugnationes. *Benedictus Deus*, subaudis, sit, hoc est ab omnibus glorificatus et laudatus, qui per tales talia operatus est his diebus. Amen.

SERMO XX.
IN FERIA TERTIA PENTECOSTES.

Hesternum sermonem ex testimoniis sexagesimi septimi psalmi collegimus. Nunc autem ad septuagesimum psalmum convertentes stylum, juvat hinc quoque hujus solemnitatis præconium subinferre. Scriptum ibi est : *Notam fecisti in populis virtutem tuam, redemisti in brachio tuo populum tuum, filios Jacob et Joseph. Viderunt te aquæ, Deus, viderunt te aquæ, et timuerunt, et turbatæ sunt abyssi. Multitudo sonitus aquarum, vocem dederunt nubes,* etc. (*Psal.* LXXVI, 15.) Ad Deum Psalmista loquitur, prævidens in Spiritu, quæ per eumdem Spiritum his diebus apostoli mirabilia sunt operati : *Notam fecisti*, inquit, *in populis multis virtutem tuam*, illam videlicet quam apostolis promiserat, dicens : *Vos autem sedete in civitate donec induamini virtute ex alto* (*Luc.* XXIV, 49). Atque ita in brachio tuo, hoc est, in illa virtute vel fortitudine redemisti populum tuum a servitute scilicet peccati, liberasti per Spiritum videlicet datum, de quo dicit Apostolus : *Ubi Spiritus Domini, ibi libertas* (*II Cor.* III, 17). Quisquis enim ex charitate, quæ per Spiritum sanctum infunditur, potius quam ex timore Deo servit, amicus potius quam servus dicendus est, et liberum, non coactum impendit obsequium. *Filios Jacob et Joseph.* Cum superius dixisset populos secundum multitudinem hominum, vel diversitatem terrarum, aut regionum; et nunc adjecisse populum secundum unitatem fidei, vel dilectionis vinculum, quomodo et diversas Ecclesias et unam diximus, ne videretur populi nomine aut Judaicum tantum, aut gentilem accipere, addit: *Filios Jacob et Joseph,* id est posteros tam Judaici quam gentilis populi, ut videlicet in Ecclesia duo parietes, ad unum angularem lapidem, id est Christum, jungerentur. Jacob quippe supplantator Esau, qui eum hæreditate sua privavit, Judaicus est populus, qui expulso gentili terram promissionis obtinuit. Joseph vero, qui *augmentum* interpretatur, gentilis est populus, qui sicut multitudine hominum transcendit Judaicum, ita et numero conversorum fidelium magnum Ecclesiæ dedit augmentum. Paucos quippe vel nullos ex Judæis comparatione gentilium Ecclesia continet. Quod quidem augmentum Ecclesiæ de conversis gentibus statim prosequitur, dicens: *Viderunt te aquæ, Deus,* hoc est, credendo te intellexerunt populi nationum, qui prius quasi aqua omni vento doctrinæ circumferebantur, nec quidquam certitudinis quid sequi deberent ex lege didicerant. De quibus in Apocalypsi scriptum est: *Aquæ populi multi.* De quibus adhuc subditur, quia viso Deo timuerunt, non tam videlicet servili timore, quam pro communicatione pœnarum, quam casto vel filiali ejus quem diligunt offensam præcaventes. *Et turbatæ sunt abyssi,* hoc est profunditates sæcularis philosophiæ, quæ prius quasi limpidissimæ aquæ videbantur, et gratissimum habebant haustum, quasi turbatæ ac cœnulentæ viluerunt, comparatione simplicitatis evangelicæ.

Multitudo sonitus aquarum, subaudi vocem, dedit. Et quare? quia *vocem dederunt nubes.* Multus quippe sonus divinæ laudis resonat in conversis populis, voce nubium, id est prædicatione apostolorum edoctis. Etenim *sagittæ tuæ* (*Psal.* LXVI, 18), o Deus, per has nubes de Judæa transferuntur ad gentes. Sagittæ quippe sunt verba evangelicæ prædicationis, quæ quasi quibusdam divini amoris jaculis corda vulnerant auditorum, sicut in Cantico sponsa dicit: *Vulnerata charitate ego sum* (*Cant.* IV, 9). Et hæ quidem sagittæ prius in Judæa tanquam in pharetra tenebantur conclusæ, donec, Judæis Evangelium repellentibus, transierunt ad gentes apostoli, sicut unus eorum ad ipsos ait: *Vobis oportebat primum prædicare verbum Dei, sed quia vos repulistis illud, ecce convertimur ad gentes* (*Act.* XIII, 46). Vox tonitrui, hoc est, de supernis per Spiritum in apostolis facta per totum orbem est dilatata, et quia de his scriptum est, quod *profecti prædicaverunt ubique, Domino cooperante sequentibus signis* (*Marc.* XVI, 30); tonitruo illi verborum coruscationes sunt additæ miraculorum. De quibus nunc dicitur: *Illuxerunt fulgura ejus orbi terræ* (*Psal.* XCVI, 4). Et quoniam infideles magnitudine signorum magis quam auctoritate Scripturarum moventur ad fidem, visis coruscationibus commota est terra; quia miraculorum admiratione terrena hominum corda de pristina infidelitate sunt mutata. Atque ita Deus petit habere in mari vias, et in aquis semitas: cum videlicet a Judæa tanquam a propria terra recedens, et gratiam suam gentibus impertiens, uno reprobato populo, multos acquisivit. Mare majus est aquis et amaritudine plenum; et vita conjugatorum quæ multos capit, et curis sæculi est implicita, quot molestias sustinet, tot amaritudines habet. Via latior est quam semita, et vita conjugatorum laxior est quam continentium. Venire autem ad nos, sive propinquare Deus dicitur, ut nos ad se trahat, cum bonorum operum nobis affectum inspirat.

Per vias igitur incedit in mari, quia laxiora opera habet in non conjugatis, sicut strictiora in continentibus quæ semitis operantur. Et hæc quidem vestigia Domini in gentibus non cognoscentur, ut videlicet de peculiari populo suo Judaico gratiam suam ad gentes transferat, et sic eo derelicto, ad gentes transeat, quia nullus eo tempore id potuit prænoscere. Unde et ipse apostolorum princeps cum adhuc de vocatione gentium per prædicationem suam facienda certus non esset, vase quodam omni genere reptilium pleno per visum sibi ostenso, de hoc ipso admonetur atque docetur (*Act.* XI). Cur autem hæc vestigia Dei in gentibus ignorarentur, ut cæcitate facta in Israel gentes illuminarentur, fine psalmi concluditur. Ac si videlicet diceret: Ideo ab homine prænosci non potuit, ut reprobatis Judæis gentes illuminarentur, quia illum priorem populum quasi gregem proprium semper habueras, cui Moysen et Aaron tantos pastores deputaveras, et tantam manum in gentibus delendis propter illum exercueras, et hoc est quod ait: *Deduxisti,* etc., de Ægypto videlicet eum adducens, et in terram repromissionis inducens, sub regimine et ducatu Moysi ducis et Aaron sacerdotis.

SERMO XXI.

IN FERIA QUARTA PENTECOSTES.

Quid etiam Amos propheta, imo ipse Spiritus per eum in hujus solemnitatis suæ præconio dixerit, audiamus: *Dominus,* inquit, *Deus exercituum, qui tangit terram, et tabescet; et lugebunt omnes habitantes in ea. Et ascendet sicut rivus amnis et defluet sicut fluvius Ægypti. Qui ædificat in cœlo ascensionem suam, et fasciculum suum super terram fundabit. Qui vocat aquas maris, et effundet eas super faciem terræ. Dominus nomen ejus* (*Amos* IX, 5). Exercitus Dei, quibus ipse præsidet, tanquam principes, et aerias debellat potestates, castra illa sunt angelorum vel fidelium hominum, quæ plerumque Scriptura commemorat. Refert Genesis quod de Mesopotamia Jacob in terra Chanaan ad patrem revertenti, fuerunt obviam angeli Dei, tanquam in protectionem ipsius milites missi (*Gen.* XXXII, 1). Quos cum vidisset, ait: *Castra Dei sunt hæc* (*ibid.,* 2). Et appellavit nomen loci illius Manahim, id est castra. Ecclesiam quoque in castrorum aciem ordinatam, tanquam in præcinctu belli procedentem, Canticum canticorum describit: *Militia est vita hominis super terram* (*Job* VII, 1). Tanquam in castris semper militant, qui minime pacem hic habentes contra diabolicas tentationes vel impetus carnis, aut impugnationes iniquorum hominum, jugem pugnæ sustinent conflictum; in agone illo vel pugna constituti, de quo Apostolus ait : *Omnis qui in agone contendit, ab omnibus se abstinet* (*I Cor.* IX, 25). Et rursum : *Sic pugno, non quasi aerem verberans* (*ibid.*, 26). Et iterum in alia ejus Epistola : *Non est nobis colluctatio adversus carnem et sanguinem, sed adversus principes et potestates, adversus mundi rectores, contra spiritualia nequitiæ in cœlestibus* (*Ephes.* VI, 12).

Sed ut horum Deus exercituum proprio exemplo nos pugnare doceret et vincere daret, sicut ipse promittens ait : *Confidite, ego vici mundum* (*Joan.* XVI, 33). Terram tetigit, sicut prophetica lectio nunc ait, dum terrenæ substantiæ nostræ naturam in unam sibi univit personam primo de Spiritu sancto in virgine conceptus, et postmodum ex ea natus.

Unde et ad Spiritus sancti gratiam commendandam, per quem ille quoque factus est conceptus in nostræ redemptionis exordium, bene hic videmus prophetam exorsum, et narrationem suam in beneficiis divinis deinceps perducere usque ad missionem ejusdem Spiritus factam in præsenti tempore. Ab illo quippe Dominicæ conceptionis exordio, quo, ut expositum est, terram tetigit, ita diligenter quid id hac terra egerit, comprehendere curavit; ut nec mortem ipsius, nec resurrectionem, nec ascensionem prætermittens, ad excellentiam festivitatis hodiernæ commendandam perveniret. Congruo quidem ordine tanquam a capite ad membra per mirabilem sancti Spiritus operationem deducens, cum ipse scilicet, cujus operatione conceptus est Dominus, apostolici virtutem consummavit exercitus.

Tria itaque a Domino tacta quodammodo tabescunt, dum ab ipso humanitas assumpta ad dissolutionem perducta est mortis. Unde et ipsemet de hac dissolutione mortis ad Patrem ait : *In pulverem mortis deduxisti me* (*Psal.* XXI, 16). Et quia de morte ipsius maxime contristati apostoli fuerunt, hanc maximam eorum justitiam luctum appellabat propheta, cum subjungit : *Et lugebunt omnes habitantes in ea* (*Amos* IX, 5). De quo etiam luctu quasi vespertino, ante matutinam resurrectionis ejus lætitiam, Psalmista prædixerat : *Ad vesperum demorabitur fletus, et ad matutinum lætitia* (*Psal.* XXIX, 6). In terra quasi tabescente fideles habitant, dum in assumptæ humanitatis morte spem suæ redemptionis collocant. Quam videlicet spem nequaquam retinerent, nisi de mortis casu conscenderet resuscitatus. Unde et subditur : *Et ascendet sicut rivus amnis, et defluet sicut fluvius Ægypti* (*Amos* IX, 5). Rivus quandiu in alveo suo conclusus cohibetur, nec se erigens alveum excedit, nequaquam terras circumjacentes irrigare valet. Quasi ergo de alveo vivus amnis ascendit, cum incarnata Dei sapientia de ipso mortis loco, quo depositus fuerat, hoc est de sepulcro resurgit.

Tunc circumjacentem terram irrigat ut fructificare possit, dum desperata prius discipulorum corda fide corroboravit, ut spe futuræ beatitudinis, quam eis resurgens exhibuit, bonorum operum fructus proferant. Quod autem rivum amnis prius appellavit, consequenter fluvium Ægypti nuncupans, diligenter describit congrua parabola, illi fluvio Ægypti, qui Nilus appellatur, Dominum comparans. De hoc quippe fluvio, et singulari quadam ejus natura Beda in libro De natura rerum ita meminit (22) : «Nilo flumine pro pluviis utitur Ægyptus, propter solis calorem imbres et nubila respuens. Mense enim Maio, dum ostia ejus quibus in mare influit, zephyro flante, undis ejectis, arenarum cumulis præstruuntur, paulatim intumescens, ac retro propulsus, plana irrigat Ægypti. Vento autem cessante, ruptisque arenarum cumulis, suo redditur alveo. » Nilus itaque de paradiso manans ipsa Dei sapientia est de supernis descendens, ut nos de fonte vero potaret, et hujus mundi Ægyptum, id est tenebras ipsa carnis assumptæ præsentia illustraret, de qua scriptum est : *Erat lux vera, quæ illuminat*, etc. (*Joan.* I, 9.) Hic fluvius per septem ostia in mare dicitur defluere. Quæ scilicet ostia dum, vento flante, arenis obstruuntur, refluxum habent in terram, habent non liberum exitum in mare. Sic post resurrectionem Domini, antequam septiformis gratia Spiritus effunderetur in magnum mare nationum, quibusdam quasi arenis, vento flante, obstruebatur fluvius iste; dum metu Judæorum apostoli compressi, de Judæa, in qua erat facta cæcitas, tanquam de Ægypto egredi non permittebantur, ut de hoc fluvio per prædicationem suam gentes reficerent. Quid enim ventus, nisi diabolica suggestio? Quid arenæ, nisi qui influxu sæculi per concupiscentiam terrenorum huc illucque defluunt?

Vento itaque flante, arena cumulata fluvium obstruit, dum cupiditas Judæorum locum vel gentem amittere metuens, apostolicam compescit prædicationem. Sed hoc postmodum metu de cordibus eorum per Spiritum sanctum expulso, ruptis arenis, libere fluvius in mare defluit, dum ad gentes de Judæa prædicatio apostolica, omni timoris obstaculo repulso, constanter exivit, sicut unus eorum intrepidus ait : *Vobis oportebat primum prædicare verbum Dei; sed quia vos indignos æternæ vitæ judicastis, ecce convertimur ad gentes* (*Act.* XIII, 46). Quia tamen dum in Judæa tenebantur conclusi, nequaquam a fructu prorsus erant vacui, cum ibi quoque nonnullam hominum multitudinem Deo lucrarentur, prædictus fluvius, id est Christus, quodam ibi suo refluxu fructificavit, antequam in immensum mare gentium defluens, Ecclesiam undique colligeret.

Ascensum itaque fluvii Ægypti refluxum expositum in Judæam dicit, ac deinde ordine congruo, defluxum ejus in universum mundum ad corda gentium irroranda supponit. Quod cum nonnisi post

---

(22) Patrol., tom. XC, col. 262.

ascensionem Domini; et Spiritus sancti adventum constet esse factum, recte de utrisque subditur : *Qui ædificat in cœlo ascensionem suam, et fasciculum suum super terram fundabit (Amos.* ix. 6). Non ait solummodo *qui ascendit in cœlum,* sed, *qui ædificat in cœlo ascensum suum;* ut non transitoria hæc ejus ascensio intelligatur, tanquam ad conversationem terrenam ipse iterum revertatur, sed absque hujusmodi reversione firmam ibi deinceps habeat mansionem. Fasciculum suum jam in cœlo consistens super terram fundavit, cum ipso Spiritu sancto corda discipulorum adhuc dissoluta, et timore mortis titubantia, nec ulla fortitudine animi solidata, per Spiritum sanctum in modum fasciculi tam sibi quam invicem summæ charitatis vinculo astrinxit, et sic etiam super terram eos fundavit, hoc est in omnibus confirmavit bonis, ut ipsi etiam in Ecclesia quædam aliorum fierent fundamenta, juxta illud quod de ipsa prædixerat Psalmista : *Fundamenta ejus in montibus sanctis (Psal.* LXXXVI, 1). Aquas autem maris salsas esse constat. Et amplius bene ait : *Vos estis sal terræ (Matth.* v, 13), quo videlicet terrena corda condienda sunt, et vestra prædicatione quasi quodam sale sapientiæ in bonis moribus componenda. Aquæ itaque hujus salis verba sunt apostolicæ prædicationis. Istæ aquæ a Deo vocantur, et super terræ faciem effunduntur, dum apostoli Christi ad officium prædicationis ab ipso vocati admittuntur, non more pseudoapostolorum per se veniunt, quales quidem Veritas arguens dicit : *Omnes quotquot venerunt, fures fuerunt et latrones (Joan.* x, 8). Tanquam si diceret : Venerunt per se, non missi a me. Vocat itaque Dominus aquas maris, dum apostolicæ prædicationis verba in omni genere linguarum, et per universum mundum dirigit. Et hæc non solum super terram, verum etiam super faciem terræ fudit, dum non solum exterius sonant, verum etiam intellecta mentem intus illuminant. Per faciem quippe, qua unusquisque cognoscitur, non incongrue notitia designatur. Super terram itaque verba fiunt, sed usque ad faciem non pervenerunt, cum ænigmata legis vel prophetiarum velamen habent in littera, non apertionem in intelligentia evangelica vel apostolica doctrina, quia non ita mysticis referta est verbis : super terræ faciem effunditur, dum quæ proferuntur, intellecta cognoscuntur. Quis vero iste sit, qui hæc tanta peragit, competenter subdit : *Dominus nomen illi (Amos.* ix, 6). Quem cum simpliciter Dominum vocat, nec quorum sit determinat, generale ipsius dominium; et universale innuit imperium, quo cuncta regit atque optime disponit in sæcula sæculorum. Amen.

SERMO XXII.

IN FERIA QUINTA PENTECOSTES.

Tam ipsum diem Paschæ quam Pentecostes dono Spiritus sancti legimus insigniri, ut non solum hanc, verum etiam illam solemnitatem, quæ præcipuæ habentur, ad honorem quoque Spiritus sancti referendas esse sciamus. Ut enim Joannes commemorat : *Cum esset sero die illo, et fores essent clausæ ubi erant discipuli congregati propter metum Judæorum, venit Jesus, et stetit in medio eorum, et dixit eis : Pax vobis. Et cum hæc dixisset, ostendit eis manus et latus. Gavisi sunt ergo discipuli viso Domino. Dicit ergo eis iterum Jesus : Pax vobis; sicut misit me Pater, et ego mitto vos. Hæc cum dixisset, insufflavit et dixit illis : Accipite Spiritum sanctum : quorum remiseritis peccata, remittuntur eis; et quorum retinueritis retenta sunt (Joan.* xx, 19 et seq.). Et quidem actum esse constat in extremæ ejus apparitione illarum quinque quas illo die legitur habuisse, videlicet quinta vice apparens, tunc Spiritum daret in terra, quem postmodum de cœlo missurus erat, quinta de eadem completa. Quam quidem missionem, et supremum Spiritus sancti adventum, quem nunc colimus, ipse antea promiserat. *Ego,* inquit Veritas, *veritatem dico vobis : expedit vobis ut ego vadam. Si enim non abiero, Paracletus non veniet ad vos; si autem abiero, mittam eum ad vos (Joan.* xvi, 7). Quæ est ista, obsecro, necessitas, ad Spiritus sancti adventum, ut prius abire oporteat Christum? Nunquid in terra consistens, eum dare non poterat, cujus plenitudinem ipse semper habebat? Quid causæ exstitit, ut in cœlum ascenderet, tanquam missurus Spiritum de longinquo, quem dare poterat de proximo? Non enim localis est Spiritus non solum divinus, sed nec humanus, nec more corporum spiritalis natura moveri habet de loco ad locum. *Cœlum,* inquit Deus, *et terram ego impleo (Jer.* xxiii, 24). Et sicut Veritas ait : *Spiritus est Deus, qui ubi vult spirat, dividens singulis prout vult (Joan.* iii, 8). Cujus immensitatem et divinitatis potentiam locis omnibus præsidentem Psalmista conspiciens, ad Dominum ait : *Quo ibo a spiritu tuo, et quo a facie tua fugiam? Si ascendero in cœlum, tu illic es; si descendero in infernum, ades (Psal.* cxxxvi, 7); ac si aperte dicat : Si summa tua bonitas, de quo illud est : *Dilexisti justitiam, et odisti iniquitatem (Psal.* xliv, 8), meis te peccatis iratum reddiderit, quo mihi patebit a præsentia tua locus fugiendi? vel... tua abditus abscondendi? Quem statim per hanc incircumscripti spiritus sui majestatem ubique conspiciens præsentem, adjecit : *Si ascendero in cœlum,* etc. Tanquam si diceret : Nullus mihi tutus locus refugii, tam in supernis quam in infimis, cum me persequi decreveris, cum ad quælibet agenda tibi sint cuncta loca præsentia. Denique et in ipso die resurrectionis, ut jam supra meminimus, Spiritum sanctum ab eo apostolis datum esse novimus.

Qui ergo jam dederat in terra spiritum; quid ad eum iterum dandum necesse fuit eum ascendere in cœlum, tanquam eum ibi reperiret, quem in terra non haberet, aut inde illum mitteret, quem in terra jam sicut prius de se insufflando dare non posset; adeo, inquam, necesse fuit ut diceret : *Nisi ego abiero,* etc.? Aut fortassis hæc missio Spiritus superior fuit ac major, ut de cœlo danda esset, quam illud prædictum donum in remissione peccatorum per insufflationem apostolis in terra collatum. Revera longe superior et eminentior dignitate, si diligenter et illud donum discernere valeamus. Ibi quippe potestas illa collata est apostolis, quæ omnibus eorum vicariis, hoc est episcopis, creditur esse communis, in remittendis scilicet vel retinendis aliorum peccatis. Hæc vero Spiritus sancti gratia, quæ die Pentecostes apostolis est infusa, quanto magis est rara, tanto amplius pretiosa. Quid enim illæ igneæ linguæ super apostolos apparentes, nisi summam hominis exprimunt perfectionem in tribus consistentem? tribus his, inquam, quæ in omnibus bonis hominem consummant. Hæc vero ita sunt : Illuminatio mentis, ne simplicitas eorum ullis deinceps oberraret infidelitatis tenebris, sicut et ipse Dominus eis promittens, ait : *Cum autem venerit ille Spiritus veritatis, docebit vos omnem veritatem* (Joan. xvi, 7). Sed quia, ut beatus meminit Petrus, melius est non nosse viam veritatis, quam post agnitam retrorsum abire (II Petr. ii, 21), post fidei lucem necesse est infundi charitatis ardorem, ut quæ jam agenda esse per Deum novimus, per ejus amorem implere studeamus, qui Spiritus sanctus intelligitur. Unde et Apostolus : *Charitas*, inquit, *Dei diffusa est in cordibus nostris per Spiritum sanctum, qui datus est nobis* (Rom. v, 5). Ignis itaque, in quo dispertitæ apparuerunt linguæ, quia ex propria natura tam lucem habet quam calorem, duas prædictas gratias tam de illuminatione fidei, vel saluberrimis documentis, quam de inflammatione charitatis diligenter exprimit. Forma vero linguarum, quæ dispertitæ memorantur, prædicatio est futura, non uno genere linguæ, non in una parte per apostolos proferenda, ut non solum sibi, sed omnibus vivant. Duæ quippe priores gratiæ hominem in se moribus consummant, et beatitudine dignum efficiunt. Sed quia adhuc prædicare non sufficit, quasi sibi tantum ad hoc proficiens non aliis vivit. Etsi enim præcepta Dei jam tenet in vita, quia tamen aliis prædicare non sufficit illa, nondum magnus est in regno cœlorum, juxta illam Domini sententiam : *Qui autem fecerit et docuerit sic homines, hic magnus vocabitur in regno cœlorum* (Matth. v, 19). Nullus quippe in Ecclesia major est, quam qui præcepta Dei vivendo custodit, et ad imitationem sui alios prædicando trahit. Quid ergo de apostolis æstimandum est, quorum prædicatione non pars una terrarum, sed universus mundus conversus est ad Deum? Quæ divinæ dona largitatis huic, quam diximus, eorum trinæ gratiæ poterit comparari? Quam quidem ut apostoli mererentur accipere, in cœlum primitus Dominum oportebat ascendere, et sic eis ibi locum quodammodo conversationis, sicut ipse promiserat, parare. Unde et Paulus : *Nostra*, inquit, *conversatio in cœlis est* (Phil. iii, 20). Illuc ergo Christus conscendit opere, ut eum apostoli sequerentur mente, et tanto ardentius appeterent esse, quod Dominum suum noverant præcessisse. Unde et prædictus Apostolus nos adhortans ait : *Quæ sursum sunt quærite, ubi Christus est in dexteram Dei sedens : quæ sursum sunt sapite, non quæ super terram* (Col. iii, 1). Ut enim beatus meminit Hieronymus, nihil majus potest parari servo, quam esse cum Domino. Et profecto quisquis præsentiam alicujus plurimum diligit, majoribus in absentem desideriis inardescit. Abire ergo in cœlum eum oportuit, ut Spiritum mitteret, quia recedendo ab eis, quanto amplius ad sequendum se desideria ipsorum accendebat, tanto perceptione majoris gratiæ dignos eos efficiebat. Bene prius Spiritum quo peccata dimitterentur dedit eis in terra, quia ubi committitur, ibidem remissio est facienda, et quisquis indulgentiam non meretur in hac vita, frustra eam exspectat in futura. Hanc ergo, Domine, per Spiritum tuum, qui pro sanctis postulat, nobis hic impetra ; illic te comprehendere mereamur, quo ut te sequi tua membra valerent, Spiritum nunc illis misisti de supernis ; illum, inquam, Spiritum, de quo Propheta confidens, ait : *Spiritus tuus bonus deducet me in terram rectam* (Psal. cxlii, 10). Quæ enim terra recta, nisi illa viventium ab iniquitate penitus aliena ? Per hunc nobis Spiritum in hac terra non recta remissionem tribue peccatorum, ut ad eam quæ recta, per ejus veniamus ducatum, Salvator mundi, qui cum Patre et eodem Spiritu unus es Deus in æternum, et ultra. Amen.

SERMO XXIII.
DE SANCTO PETRO.

Beati Petri apostolorum principis solemnitas tanto celebrius ab Ecclesia veneranda est, quanto ipsi a Domino amplior principatus in Ecclesia concessus est. Ipsum quippe quasi fundamentum Ecclesiæ Dominus collocavit, cum in confessione fidei suæ, qua dictum est : *Tu es Christus Filius Dei vivi* (Matth. xvi, 16), tanquam in petra quadam firmissima Ecclesiam suam ædificandam esse prædixit : et ei specialiter ligandi atque solvendi potestatem commisit. Cujus quidem petræ fundamentum beatus considerans Cyprianus in epistola quadam ad Jubaianum ita meminit : « Manifestum est autem et per quos remissa peccatorum dari possit. Nam Petro primum Dominus, super quem ædificavit Ecclesiam, dedit ut id solveret in terris quod ille solvisset (22). » Idem de eodem ad Quintum (23) : « Petrum quem primum Dominus elegit, et super quem ædificavit Ecclesiam suam. » Ambrosius quoque ipsum Petrum, super quem, etc., intelligens, quodam loco ait : « Hoc, ipsa petra Ecclesiæ canente, culpam diluit. » Et Hieronymus ad Marcellam de fide nostra et Montani hæretici dogmate scribens, de hoc ipso ait (24) : « Si igitur apostolus Petrus, super quem Dominus fundavit Ecclesiam, etc. » Quanta autem

---

(22) Patrologiæ tom. III, col. 1114, ubi locus ille sic legitur : *Manifestum est autem ubi et per quos remissa peccatorum dari possit ; quæ in baptismo scilicet datur; nam Petro primum Dominus, super* quem ædificavit Ecclesiam, dedit ut id solveretur in cœlis quod ille solvisset in terris.
(23) Ibid. col. 1105.
(24) Patrol. tom. XXXI, col. 475.

firmitas et constantia Petri esset in fide, ut hinc ipse merito petra vocaretur, Dominus ipse alibi protestatur, dicens : *Ego pro te rogavi, Petre, ut non deficiat fides tua* (*Luc.* XXII, 33). Ac si diceret : Quantumcunque alii titubent, quantumcunque de morte mea desperent, tua fides inconcussa manebit. Ex qua quidem fidei firmitate, et ipse Petrus fratres confirmare admonetur, cum statim ei a Domino dicitur : *Et tu aliquando conversus confirma fratres tuos.* Neque enim credendum est tunc fidem Petri defecisse, cum divina dispensatione Dominum permissus est negare, ex infirmitate scilicet carnis et timore mortis. Hic est Petrus, ut dictum est, tanquam unicum cæterorum firmamentum et confirmatio, cui post trinam amoris sui confessionem, Dominus oves suas et agnos committens; ipsum totius Ecclesiæ summum constituit pastorem. Unde et merito sedes ejus, quam passionis suæ martyrio decoravit, inter universas Ecclesias primatum accepit, ut sicut ille omnibus apostolis, ita episcopatus ejus prælatus sit cæteris. Scimus antiquitus tres tantum patriarchatus, hoc est tres principales episcopatuum sedes Ecclesiam habuisse, Romanam scilicet, Alexandrinam, Antiochenam. Quarum quidem dignitas ad honorem beati Petri maxime respicit; cum videlicet tam Antiochena quam Romana sedes ejus propriæ fuerint, et tertia, id est Alexandrina, Marco ejus discipulo cesserit.

Hic est Petrus post Christum, quasi alter Eliseus post Eliam. Legimus post raptum Eliæ, ad Eliseum filios prophetarum congregatos esse (*IV Reg.* II, 3), eosque juxta fluenta Jordanis in casulis habitantes, quasi monasticam et cœnobialem vitam cum ipso duxisse. De quorum conversatione beatus Hieronymus quodam loco meminit, dicens (25) : « Filii prophetarum, quos monachos legimus in Veteri Testamento, etc. » Sicut autem tunc ad Eliseum illi, ut diximus, sunt congregati, monastice et communiter cum ipso viventes; ita et post ascensionem Domini, fideles ad Petrum adunati hanc vitæ perfectionem vel etiam majorem arripuerunt. Quod quidem in Actibus apostolorum Lucas diligenter describens: *Multitudinis,* inquit, *credentium erat cor unum et anima una, nec quisquam eorum quæ possidebat aliquid suum esse dicebat, sed erant illis omnia communia* (*Act.* IV, 32). Constat etiam Eliseum, quia vidit Eliam, quando a se tollebatur, duplicatum spiritum Eliæ, id est ampliorem gratiam in miraculis accepisse. Qui non solum vivus sicut Elias mortuos suscitavit, verum etiam mortuus cum tactu ossium suorum defunctum vitæ reddidit (*IV Reg.* XIII, 21). Quid est Eliam intueri, quando sustollitur, in cœlum scilicet aereum, nisi Christum ad Patrem ascendentem cernere, hoc est eum Patre non esse inferiorem credere, sed per divinitatis naturam ipsum ei tanquam æqualem occurrere? Unde et Psalmista : *A summo cœlo egressio ejus, et occursus ejus usque ad summum ejus* (*Psal.* XVIII, 7). Summum quippe cœlum Dei Patris excellentiam dicit, qui per hoc quod ab alio non est, summus per existentiam dicitur potius quam per dignitatem.

Ex hoc utique cœlo Filius nascendo procedit, quia Platoni mens ex summo Deo nata dicitur, hoc est sapientia de ipsa Patris substantia existens tanquam genita. De hoc quidem egressu generationis Filii de Patre illud est propheticum : *Et egressus ejus ab initio a diebus æternitatis* (*Mich.* v, 2). Et ipse Filius : *Exivi,* inquit, *a Patre* (*Joan.* XVI, 28). Qui ne inferior vel indignior Patre videretur, occursus ejus usque ad summum ejus adnectitur, quia per plenitudinem divinitatis Patri coæqualis assurgit. Cujus quidem æqualitatis dubitationem ipse increpans in Maria dicit : *Noli me tangere, nondum enim ascendi ad Patrem meum* (*Joan.* XX, 17). Ac si diceret : Non es me digna manibus tuis contingere in terris, quæ nondum fide me tanquam Patri æqualem contingis in supernis, quod est, me nondum tibi ad Patrem ascendisse; hoc est, te nondum credere me illi per plenitudinem divinitatis æqualem occurrere. Quod quia Petrus cæteris firmior in fide amplius credidit, quasi alter Eliseus Eliam sustolli vidit. Unde et spiritum Eliæ quasi geminatum vel multiplicatum accipere meruit, qui ab ipso Christo majorem miraculorum gratiam accepit, quam ipse Christus per semetipsum exhibuit, sicut et ipse antea promiserat, dicens : *Qui credit in me, opera quæ ego facio et ipse faciet, quia ad Patrem vado* (*Joan.* XIV, 12); hoc est, in corde ipsius per fidem ad æqualitatem Patris conscendo. Quo itaque Petrus in hac fide firmior exstitit, majorem quam cæteri gratiam miraculorum meruit. Qui non solum infirmos et umbra corporis curavit, verum etiam eadem umbræ suæ virtute dicitur suscitasse. Unde Augustinus in psalmo CXXX (26) : « In Christo, inquit, majora fecisse videntur apostoli, quam ipse Dominus Jesus. Ad vocem Domini surrexerunt mortui. Ad umbram transeuntis Petri surrexit mortuus. » Isidorus De vita et obitu sanctorum Patrum : « Simon Petrus præteriens, umbra mortuos suscitavit. » Quod ergo Dominus ait : « Qui credit in me, majora faciet, » ut dixit generaliter quicunque, sic specialiter ad singularem constantiam fidei Petri visus est retulisse. Mirabilius autem fuit miraculum umbræ Petri, quam fimbriæ Christi. Fimbria quippe aliquid veritatis habet, umbra vero similitudinem tenet, et illa permanet, hæc præterit.

Quod si post hanc miraculorum gratiam, dignitatem quoque honoris, quam Petrus a Domino est adeptus, consideremus, videbimus sedem Petri ipsi quoque propriæ sedi Dei, quam ab initio Jerosolymis habuit, præeminere, ut ex hoc etiam quodammodo in terris Christus videatur præferre. Quis enim nesciat ipsam quoque Jerosolymitanam Eccle-

---

(25) Patrol. tom. XXXI, col. 1076.

(26) Patrol. t. XXXVII, col. 1707.

siam, sicut et cæteras, Romanæ subjacere? Quam tamen Ecclesiam ipsum fratrem Domini Jacobum primum habuisse constat episcopum; nec tamen illa ejus prima cathedra vel cæterorum apostolorum festivitatem in Ecclesia meruerunt, ut hoc soli Petro privilegium reservaretur. Qui etiam successoribus suis in Sylvestro papa id propriis acquisivit meritis; ut deinceps Romanus pontifex vicarius quoque Constantini in urbe imperiali ab ipso constitutus, a quo et insignia, quæ hanc exornant dignitatem concessa sunt; quasi juxta ordinem Melchisedech perfectus tam sacerdotali quam regia præemineret dignitate, ut in Ecclesia Petrus, in urbe Cæsar habeatur. Geminam quippe gratiam tam in constantia fidei quam in fervore dilectionis adeptus, tam ecclesiasticam quam regiam meruit sibi monarchiam vindicare. Cæteris quippe discipulorum opinionem hominum magis, quam assertionem suam de Christo proferentibus, et cum ipse Dominus ab eis requisisset: *Vos autem quem me esse dicitis?* (*Matth.* xvi, 15) quasi adhuc hæsitando reticentibus, Petrus ut fluctuantes confirmaret respondere non distulit: *Tu es Christus Filius Dei vivi* (*ibid.*, 16). Unde statim specialiter ac solus beatus a Domino prædicatur, ac singulariter privilegium ecclesiasticæ potestatis suscipere meretur, cum ei a Domino totum cœlorum regnum, non pars, ei commendandum a Christo promittitur: *Tibi dabo*, inquit, *claves regni cœlorum* (*ibid.*, 19). Quamvis enim generaliter dictum sit omnibus 'apostolis: *Quæcunque ligaveris super terram*, etc. (*ibid.*), soli tamen Petro insuper claves regni cœlorum datæ sunt. Sicut enim multæ civitates sunt in uno regno, ita multæ partes in populo Christiano. Regnum itaque Christi universalis est Ecclesia, ita in potestatem Petri tradita, ut nihil in ea fieri nisi ordinatione vel permissione liceat Romani pontificis; nullus alius generalem super omnes habet excommunicationem vel absolutionem. Qui etiam nonnullis discipulorum recedentibus, et omnibus plurimum dubitantibus, cum eis Dominus requireret: *Nunquid et vos vultis abire?* (*Joan.* vi, lxviii) tanquam scilicet in quodam anxietatis articulo constitutus, nequaquam reticere Petrus sustinens respondit: *Domine, ad quem ibimus? Verba vitæ æternæ habes* (*ibid.*, 69). Ex hac denique intrepidus constantia, quam tunc in animo gerebat, et maxima semper dilectione flagrabat, profiteri non timuit: *Etsi omnes scandalizati fuerint in te, ego nunquam scandalizabor* (*Matth.* xxvii, 33). Et rursum: *Etiamsi oportuit me mori tecum, non te negabo*. Et iterum: *Domine, tecum paratus sum, et in carcerem et in mortem ire* (*Luc.* xxii, 33). Non enim minori charitate successus, quam fuerat fide firmus. Quæ namque illa erat in eo amoris flamma, cum Dominum nec pro redemptione sua pati toleraret, cum ei passionem suam prædicenti responderet: *Propitius esto tibi, Domine, ne fiat hoc* (*Matth.* xvi, 22). Quem denique zelum amoris in ipsa captione Domini cæteris omnibus fugientibus ita exhibuit, ut in tanto trepidationis articulo, servo principis aurem amputaret. A qua quidem ultione nec cæteris Dominum comprehendentibus parceret, nisi ab ipso Domino cito correptus fuisset.

Memor itaque illius Dominici sermonis: *Majorem hac dilectionem nemo habet, quam ut animam suam ponat quis pro amicis suis* (*Joan.* xv, 13), morti se opponebat a qua Dominum liberare volebat. Qui contra vitia ipsamque radicem omnium malorum cupiditatem quanto armaretur zelo, vindicta illa in Ananiam et uxorem ejus patenter ostendit (*Act.* v, 9); quos non gladio sicut dictum servum percussit, sed mirabilius servi sui virtute peremit. Toleravit diu Dominus avaritiam Judæ, iste nec ad momentum sustinuit sacrilegium cupiditatis commissæ. Quo enim amplioris zeli virtute fervebat, omne virtuti contrarium minus tolerabat, et quo se amplius a Domino sublimari noverat, magis se pro Domino semper humiliare studebat. Unde et ad passionem crucis tandem veniens, quo videlicet genere mortis Dominum maxime secutus est, sicut ei antea prædixerat, non tam de passione sua trepidus, quam de honore Domini sollicitus, nequaquam crucifigi se permisit ut Dominum, sed capite deorsum verso pedibusque sursum erectis, ex ipsa quoque corporis sui positione augmentum elegit pœnæ. Ex qua etiam sua humiliatione quantum a Domino meruit exaltari, dubium non potest esse, a cujus etiam honore nec id reor alienum esse, quod quantocius mundi caput præeminebat Romana sedes, ejus facta est, ut hoc etiam jure in toto mundo principatum obtineret. Per eam videlicet omnium regnorum principem, quam ipse proprio sanguine Domino consecravit, et hoc tanquam indissolubili bitumine quasi aliarum fundamentum fundavit. Ad cujus insuper civitatis gloriam id a Domino collatum est, ut cum cæteræ sedes apostolorum reliquiis eorum sint privatæ, hoc de Romana Dominus non tulerit, ne ad comparationem ejus cæteræ possint gloriari; imo et de corpore coapostoli Pauli eam voluit insigniri, ut hæc quoque civitas ex his duobus gratiæ donis quasi geminatum acciperet spiritum, sicut et de hoc Eliseo nostro præfati sumus. Unde factum est, ut hæc civitas a duobus fratribus Remo videlicet et Romulo prius ædificata, multo felicius a majoribus fratribus Petro et Paulo sit postmodum in Christo fundata. His duobus tota distributa est gratia quæ ad totius mundi confessionem sufficeret, cum Petrus in miraculis, Paulus emineret in verbis. Quæ videlicet duo ipse Paulus distinguens, ait: *Judæi signa petunt, et Græci sapientiam quærunt* (*I Cor.* 1, 22). Ne quem forte moveat, quod ex privilegio divini amoris, Joannes Petro præferri videbatur in meritis, cum iste plus a Domino diligeretur, sicut ille amplius Dominum diligere crederetur, agnoscat, secundum beatum Augustinum, hoc nequaquam de personis ipsis esse accipiendum, sed de duabus vitibus per eos significatis intelligendum. Nec enim dubitat cum, qui plus diligit Christum, esse meliorem, nec eum qui plus a Christo diligitur, beatiorem. Quod si cui forte displiceat nos ad mysterium hic declinare, nec in ipsis personis veritatem historiæ dissentire, si in eo, ut opinamur, Joannes magis a Christo diligi dicatur, quod Christus majorem ei charitatem vel familiaritatem exhibebat in opere, tum pro munditia carnis, qua ille tanquam virgo præeminebat, tum etiam quia pro juvenili ætate majorem circa eum providentiæ curam habebat. Plus igitur ipsum Christus amare dicitur per effectum operis, non per affectum dilectionis. Habeat itaque Joannes hunc dilectionis effectum a Domino tanquam virgo, ita tamen ut martyri, et per affectum amoris meliori non invideat Petro. Utrique autem suis nos magnis meritis ita juvent apud Dominum, ut ad eorum pertingere valeamus consortium.

SERMO XXIV.
IN CONVERSIONE SANCTI PAULI.

Præcipui gentium doctoris conversio tanto devotius a conversis per eum gentibus est celebranda, quanto ipsas ipsi amplius esse constat obnoxias. Sola ejus conversio, per quam universus conversus est mundus, vel diligentius de fide instructus ac perfectius edoctus, solemnitatem in Ecclesia meruit obtinere. Solus inter apostolos ipse est, qui propheticis præconiis olim mundo promissus est, atque propriis vaticiniis designatus, et a cæteris discretus itaque segregatus. Hic est rhinoceros seu monoceros ille divinis hodie loris astrictus, qui pristinam feritatem deposuit, et Domini jugo deditus, divinumque aratrum trahens, glebas vallium frangere cœpit. De cujus mirabili conversione et ipse Dominus ad beatum Job loquens, et virtutem suam, qua id potuit, magnificans, ait : *Nunquid rhinoceros volet servire tibi?* (Job xxxix, 9.) ac si diceret : Sicuti mihi, *aut morabitur ad præsepe tuum? Nunquid alligabis rhinocerotem ad arandum loro tuo, aut confringet glebas vallium post te? Nunquid habebis fiduciam in magna fortitudine ejus, et derelinques ei labores tuos? Nunquid credes ei, quod reddat sementem tibi, et aream tuam congreget?* (ibid. 10 et seq.) Quod beatus Gregorius, libro Moralium xxxi, de beato denique Paulo diligenter exponit (27) : « Rhinocerotus, inquit, indomitæ omnino naturæ est, ita ut si quando captus fuerit, teneri nullatenus possit. Impatiens quippe, ut fertur, illico moritur. Ejus vero nomen Latina lingua interpretatum sonat : in nare cornu. » « Rhinocerus, qui etiam monoceros Græcis exemplariis nominatur, tantæ esse fortitudinis dicitur, ut nulla venantium virtute capiatur. Sed sicut hi asserunt, qui describendis staturis animalium laboriosa investigatione sudaverunt, virgo ei puella proponitur. Quæ venienti sinum aperit, in quo ille omni ferocitate deposita caput deponit. Sicque ab eis, a quibus capi quæritur, repente velut enervus invenitur. Buxei quoque coloris esse describitur. Qui etiam cum elephantis quando certamen ingreditur, eo cornu quod in nare singulariter gestat, ventrem adversantium ferire perhibetur; ut cum ea quæ molliora sunt vulnerat, impugnantes se facile sternat. Potest ergo per hunc rhinocerotem, vel certe monocerotem, unicornem, ille populus intelligi, qui dum de accepta lege non opera, sed solam inter cunctos homines elationem sumpsit, quasi inter cæteras bestias cornu singulari certavit. Inde passionem suam Dominus, Propheta canente, prænuntians ait : *Libera me de ore leonis, et a cornibus unicornium humilitatem meam* (Psal. xxi, 22). Tot quippe in illa gente unicornes vel rhinocerotes exstiterunt, quot contra prædicationem veritatis de legis operibus gloriati, et fatua elatione confisi sunt. Beato igitur Job Ecclesiæ typum tenenti dicitur. *Nunquid volet rhinoceros servire tibi?* Ac si dicatur : Nunquid illum populum, quem superbire in nece fidelium stulta sua elatione considerans, sub jure tuæ prædicationis inclinas? subaudis : ut ego, qui et contra me illum singulari cornu extolli conspicio; et tamen mihi, cum voluero, protinus subdo. Sed hoc melius ostendimus, si de genere ad speciem transeamus. Ille ergo ex hoc populo et primus in superbia, et postmodum præcipuus testis in humilitate nobis ad medium [Paulus] deducatur, qui, dum contra Deum se quasi de custodia legis nesciens extulit, cornu in nare gestavit. Unde et hoc ipsum naris cornu per humilitatem postmodum inclinans dicit : *Qui prius fui blasphemus, et persecutor, et contumeliosus, sed misericordiam consecutus sum, quia ignorans feci* (I Tim. 1, 13). In nare cornu gestabat, qui placiturum se Deo de crudelitate confidebat, sicut ipse postmodum semetipsum redarguens dicit : *Et proficiebam in judaismo supra multos coætaneos meos in genere meo, abundantius æmulator existens paternarum mearum traditionum* (Galat. 1, 14). Hujus autem rhinocerotis fortitudinem omnis venator extimuit, quia Sauli sævitiam unusquisque prædicator expavit. Scriptum namque est : *Saulus autem adhuc spirans minarum et cædis in discipulos Domini,* etc. (Act. ix, 1). Cum flatus nare reddendus trahitur, spiratio vocatur, et illud sæpe per odorem nare deprehendimus, quod oculis non videmus.

« Rhinocerus ergo iste nare gestabat cornu quo percuteret, quia minarum et cædis spirans, postquam præsentes interfecerat, absentes quærebat. Sed ecce omnis ante illum venator absconditur, omnis homo, id est rationale sapiens, opinione mortis ejus effugatur. Ut ergo hunc rhinocerotem capiat, sinum suum virgo, id est secretum suum, ipsa per se involuta carne Dei sapientia expandit. Scriptum quippe est quod cum Damascum pergeret, subito circumfulsit eum die media lux de cœlo, et vox facta est, dicens : *Saule, Saule, quid*

(27) Patrol. tom. LXXVI, col. 589, 590.

me persequeris? (*Act*. ix, 4) Qui prostratus in terra respondit : *Quis es, Domine?* Cui illico dicitur : *Ego sum Jesus Nazarenus quem tu persequeris* (*ibid*., 5). Virgo nimirum rhinoceroti sinum suum aperuit, cum Saulo incorrupta Dei sapientia incarnationis suæ mysterium de cœlo loquendo patefecit. Et fortitudinem suam rhinocerotus perdidit, quia prostratus humi, omne quod superbum tumebat amisit. Qui dum sublato cœlorum lumine, manu ad Ananiam ducitur, patet jam rhinocerus iste quibus Dei loris astringitur, quia videlicet uno in tempore cæcitatis prædicationis baptismate ligatur. Qui etiam ad Dei præsepe ligatus moratus est, quia ruminare verba Evangelii dedignatus non est. Ait enim : *Ascendi Jerosolymam cum Barnaba assumpto et Tito. Ascendi autem secundum revelationem, contuli cum illis Evangelium* (*Galat*. ii, 1). Et qui prius jejunus audierat : *Durum est tibi contra stimulum calcitrare?* (*Act*. ix, 5.) mira postmodum virtute præsidentis pressus ex verbi pabulo vires obtinuit, et calcem superbiæ amisit. Loris quoque Dei non tantum a feritate restringitur, sed quod magis sit mirabile, ad arandum ligatur : ut non solum homines crudelitatis cornu non impetat, sed eorum etiam refectioni serviens, aratrum prædicationis trahat. Ipse quippe de evangelizantibus quasi de arantibus dicit : *Debet enim in spe qui arat, arare, et qui triturat, in spe fructus percipiendi* (*I Cor*. ix, 10). Qui ergo tormenta prius fidelibus irrogaverat, et pro fide postmodum flagella libenter portat; qui scriptis etiam epistolis humilis ac despectus prædicat, qui dudum terribilis impugnabat, profecto bene ligatus sub aratro desudat ad segetem, qui vivebat in campo male a timore liber. De quo recte dicitur : *Aut confringet*, etc. Jam scilicet Dominus quorumdam mentes intraverat, qui illum veraciter humani generis Redemptorem credebant. Qui tamen cum nequaquam a pristina observatione recederent, cum dura litteræ prædicamenta custodirent, eis prædicator egregius dicit : *Si circumcidamini, Christus vobis nihil proderit* (*Galat*. v, 2).

« Qui ergo in humili mente fidelium legis duritiam redarguendo contrivit, quid aliud quam in valle post Dominum glebas fregit, ne videlicet grana seminum quæ excussus aratro fidei sulcus cordis exciperet, per custodiam litteræ pressa deperirent. De quo adhuc bene subditur : *Nunquid fiduciam habebit*, etc.? In rhinocerotis hujus fortitudine fiduciam Deus habuit, quia quanto illum crudelius dura sibi inferentem pertulit, tanto pro se constantius tolerantem adversa præscivit. Cui labores etiam, quos ipse in carne pertulerat, dereliquit, quia conversum illum usque ad imitationem propriæ passionis traxit. Unde et per eumdem rhinocerotem dicitur : *Suppleo ea quæ desunt passionum Christi in carne mea* (*Coloss*. i, 24). De quo adhuc subditur : *Nunquid credes ei quod reddat seminantibus, et aream tuam congreget?* Consideremus Paulum, quis fuerit, cum ab ipsa adolescentia lapidantium adjutor existeret, cum alia Ecclesiæ loca vastaret, et acceptis epistolis, vastanda alia peteret, cum mors ei fidelium nulla sufficeret, sed semper ad aliorum interitum aliis exstinctis anhelaret; et profecto cognoscemus quia tunc nullus fidelium crederet, quod ad jugum Deus suæ fortitudinis feritatem elationis inclinaret. Unde et Ananias voce Dominica hunc et postquam conversum audivit, extimuit dicens : *Domine, audivi a multis de viro hoc, quanta mala sanctis tuis fecerit in Jerusalem* (*Act*. ix, 15). Qui tamen repente commutatus, ab hoste prædicator efficitur, et in cunctis mundi partibus Redemptoris sui nomen insinuat, supplicia pro veritate tolerat, pati se quæ irrogaverat exsultat; alios blandimentis vocat, alios ad fidem terroribus revocat; istis regnum pollicetur cœlestis patriæ, illis minatur ignes gehennæ; hos per auctoritatem corrigit, illos ad viam rectitudinis per humilitatem trahit, atque in omni latere ad manum se sui rectoris inclinat. Et tanta arte Dei aream congregat, quanta illam prius elatione ventilabat.

« Sed neque hoc abhorret a Paulo, quod rhinoceros buxei coloris dicitur, et elephantorum ventres cornu ferire perhibetur. Quia enim vivere sub rigore legis assueverat, arctius in illo cæteris custodia uniuscujusque virtutis molliviti. Quid enim per colorem buxeum, nisi abstinentiæ pallor exprimitur? Cui ipse se tenaciter adhærere testatur dicens : *Castigo corpus meum, et in servitutem redigo, ne forte cum aliis prædicaverim, ipse reprobus efficiar* (*I Cor*. ix, 27). Qui divinæ legis eruditione præditus, dum aliorum ingluviem redarguit, cornu elephantos in ventrem ferit. In ventremque elephantos percusserat, cum dicebat : *Multi ambulant, quos sæpe dicebam vobis. Nunc autem et flens dico, inimicos crucis Christi. Quorum finis interitus, quorum deus venter est, et gloria in confusione ipsorum* (*Philip*. iii, 18). Et rursum : *Hujusmodi Christo Domino non serviunt, sed suo ventri* (*Rom*. xvi, 18). (28) Cornu suo igitur rhinocerotus iste non jam homines, sed bestias percutit; quando illas Paulus doctrinæ suæ fortitudine nequaquam perimendos humiles impetit, sed superbos ventris cultores occidit. »

Quod si de prædicta Job gentilis regis prophetia transire ad patriarcharum vel prophetarum vaticinia juvat, primum illud nobis occurrit, quod in benedictione novissimi et dilectissimi filii sui Benjamin, Jacob patriarcha prædixit, in typo videlicet hujus apostoli, qui de tribu Benjamin, sicut ipsemet asserit, fuit. *Benjamin*, inquit, *lupus rapax : mane comedet prædam, et vespere dividet spolia* (*Gen*. xlix, 27), vel secundum aliam translationem, *dividet escas*. Libet autem ea quæ de Benjamin fue-

(28) Patrol. tom. LXXVI, col. 593.

SERMO XXIV.

runt altius repetere, ut quod congrue singula Paulo aptari possint, evidenter appareat. Benjamin ergo inter fratres novissimus, et patri charissimus, matrem suam Rachel nascendo peremit. Quæ quidem moriens eum Benonim, id est filium doloris mei, nuncupavit. Pater vero postea commutans, ipsum Benjamin, id est *filium dexteræ*, vocavit. Benjamin itaque, fratres, fratrum novissimus, et patri dilectissimus Paulus ipse est, qui, novissime post apostolos a Deo vocatus, tanto exstitit Deo charior, quanto in meritis fuit excellentior. De quo Hieronymus ad Paulinum (29) : « Paulus, inquit, novissimus in ordine, primus in meritis est ; quia plus omnibus laboravit. » Constat insuper eum non solum martyrem, sed et virginem exstitisse ; ut quæ in Petro et Joanne apostolo divisa videntur meritorum palmæ, in ipso reperiantur conjunctæ. De prærogativa autem virginalis palmæ ipsius illud est Ambrosii in prima ad Corinthios (30) : Dico autem non nuptis, etc. : « Non diceret : Bonum est innuptis ut sint sicut et ego, nisi esset integer corpore ; nec diceret : Omnes homines volebam esse sicut meipsum. » Si enim habuit uxorem, et hoc dixit, virgines esse noluit. Sed absit. Sic enim a pueritia spiritu ferbuit, ut hujus rei studium non haberet ; quippe cum juvenculus anticipatus sit a gratia Dei. In eo adjuvatur quis quod videtur aviditate mentis appetere.

Item in epistola II ad Corinthios (31) : « Omnes apostoli, excepto Joanne et Paulo, uxores habuerunt. » Hinc Hieronymus docet, ad Eustochium virginem inter cætera sic scribens (32) : « De virginibus, inquit Apostolus, *præceptum Domini non habeo*, quod ipse ut esset virgo non fuit imperii, sed propriæ voluntatis. Nec enim audiendi sunt, » inquit, « qui eum uxorem habuisse confingunt, cum suadens perpetuam castitatem intulerit : *Volo autem omnes esse sicut meipsum* (I *Cor.* VII, 8).» Qui etiam in libro Hebraicorum Nominum, et ipsa interpretatione nominis Pauli excellentiam ejus commendans, ait (33) : « Paulus *mirabilis* sive *electus*, » interpretatur quem Dominus ipse vas electionis vocavit, et tam vita quam doctrina inter apostolos mirabilem fecit. Benjamin, ut dictum est, nascens matrem parientem peremit, quæ præ dolore partus moriens, Benonim eum, id est *filium doloris*, appellavit. Pater vero nomine commutato, eum Benjamin, id est *filium dexteræ*, nominavit. Paulus quippe in Christo jam renascens, matrem suam Judæam, quæ eum in doctrina legis genuerat et educaverat, quasi peremisse dicitur ; cum præcipue carnalium observationum præcepta, in quibus vivebant, evacuaverit, et totam eorum gloriam ad nihilum redegerit, quasi de utero matris exiens, et a schola synagogæ per conversionem recedens, juxta quod ipsemet ait · *Qui me segregavit ex utero matris meæ, et vocavit per gratiam suam* (*Gal.* I, 15). Unde et bene mater eum Benonim, id est filium doloris sui, vocavit, quia quo plus errorem ejus Paulus infestavit, amplius eam dolere fecit, et quo præ sapientiæ suæ excellentia gratior exstiterat habitus, amplius eam contristavit amissus. Bene autem pater nomen commutare voluit, ut potius eum filium dexteræ, id est prosperitatis seu fortitudinis appellaret quam doloris; quia, ut hic diximus, interitus synagogæ, qui per Paulum factus est, in prosperitatem potius fidelium et communem Ecclesiæ exsultationem, quam in dolorem reputandus est. Qui etiam qua fortitudine animi viguerit, innumeræ in eum persecutiones indicant. Quod vero dicitur mane rapere prædam, et vespere escas dividere, significat eum primitus persecutorem Ecclesiæ fuisse, et postea ei verbi refectionem doctrina suæ prædicationis administrasse. Quod autem juxta aliam translationem dicitur distribuere spolia, significat eum posteaquam conversus est multas animas diabolo eripuisse, et quasi spolia, fugato hoste, hos retinuisse : quod postea per ecclesiastica officia, vel quæcunque fidelium ministeria ordinavit. Hieronymus vero in libro Hebraicarum Quæstionum (34) asserit secundum Hebræos, quod altare in quo immolabantur hostiæ et victimarum sanguis ad basim illius fundebatur, in parte tribus Benjamin erat. Quod quidem convenienter iste Christiani sanguinis effusor intelligit, de quo scriptum est: *Spirans minarum et cædis in discipulos Domini* (*Act.* IX, 1) ubi Christi membra tanquam lupus oves laniaret in terris.

Ut autem de patriarchis ad prophetas transeamus, qui de hoc Benjamin nostro maximus ille regum et prophetarum David prædixerit, audiamus. *Prævenerunt principes conjuncti psallentibus, in medio juvencularum tympanistriarum. In ecclesiis benedicite Deo Domino de fontibus Israel. Ibi Benjamin adolescentulus in mentis excessu* (*Psal.* LXVII, 26). In initio quippe nascentis Ecclesiæ apostoli principes ejus in electione præcesserunt, quia prius a Christo sunt electi, per quos converterentur cæteri. Qui si non tantæ perfectionis fuerunt ut verbo prædicationis alios generare possent, psallentes tamen, id est psalmum in bona operatione habentes dicuntur. Psalmus quippe, id est melodia instrumenti, quod psalterium dicitur, impulsione manuum in cordis affectum bonæ operationis actiones significat. Manibus quippe ad operandum magis quam cæteris utimur membris. Ideoque per manus opera significantur. Principes itaque in Ecclesia conjuncti sunt psallentibus, quia qui verbo prædicationis insistunt, subjectis plebibus, quæ ad hoc non sufficiunt, sed tamen bona operantur quæ possunt, in una fide sociantur. Prælatis autem et subjectis plebibus; adolescentulas tympanistrias conjungit, id

(29) Patrol. tom. XXII, col. 580.
(30) Patrol. tom. XVII, col. 217.
(31) Ibid., col. 520.

(32) Patrol. tom. XXXI, col. 407.
(33) Patrol. tom. XXIII, col. 852.
(34) Ibid., col. 1010.

est vitam continentium qui magnæ tympanum mortificationis gestant, et tanto ad novitatem Christi amplius accedunt, quanto a vetustate primi hominis longius recedunt. Quasi ergo in medio istarum duo præmissi ordines consistunt, quia vita continentium quo majoris est meriti, amplius rectorum et subjectorum plebium ordines quasi ambiendo suis virtutibus munit, et orationibus protegit. Sed quia tam continentes quam subditæ plebes de doctrina prædictorum principum, quasi de haustu quorumdam fontium imbuuntur, hortatur ut de his fontibus Deum maxime glorificemus, qui tales Ecclesiæ suæ præesse disposuit. Quorum ille Benjamin noster, quo perfectioris doctrinæ aqua imbuit corda fidelium, tanto rectius a Domino vas electionis et crater præclare nuncupatur. De cujus excellentia statim adnectitur : *Ibi*, hoc est inter illos fontes, quasi unus ex ipsis est Benjamin per electionem, ut dictum est, novissimus, sed per dignitatem primus. De cujus excellentia et gratia singulari ei collata statim subditur : *In mentis excessu*, hoc est in exstasi mentis factus, et tanta contemplatione usque ad tertium cœlum assumptus, et supra hominem raptus, ut ipsemet ignoret utrum in illa sublimitate revelationis anima ejus in corpore fuerit, an extra. Cum enim Dominus Moysi quærenti eum videre respondit : *Non videbit me homo et vivet* (*Exod.* xxxiii, 20); profecto supra hominem fuisse tunc videtur, qui tanta visione in cœlestibus fruebatur, ubi tanta se audiisse commemorat, quæ homini loqui non liceat.

Quanto autem ibi perfectius instructus fuit, tanto nobis perfectiorem doctrinam reliquit. Quæ quidem doctrina quantum cæteris præferatur, non solum a Christianis, verum et a philosophis non ignoratur. Ipse quippe coapostolus ejus atque apostolorum princeps Pauli Epistolas, in quibus tamen se reprehendi noverat, plurimum commendans : *Et sicut charissimus*, inquit, *frater noster Paulus secundum datam sibi sapientiam scripsit vobis. Sicut in omnibus epistolis loquens de his in quibus sunt quædam difficilia intellectu, quæ indocti et instabiles depravant, sicut et cæteras Scripturas, ad suam ipsorum damnationem* (*II Petr.* iii, 15). Hinc et Hieronymus Pammachio scribit (35) : « Paulum apostolum quotiescunque lego, videor non mihi verba audire, sed tonitrua. » Quantus autem et apud philosophos habitus sit qui ejus vel prædicationem audierant, vel scripta viderant, insignis ille tam eloquentia quam moribus Seneca in epistolis quas ad eum dirigit his verbis protestatur : « Libello tuo lecto, de plurimis ad quosdam litteris, quas ad aliquam civitatem seu populum caput provinciæ direxisti mira exhortatione vitam mortalem contemnentes, usquequaque refecti sumus. Quos sensus non puto ex te dictos, sed per te : certe aliquando et ex te, et per te. Tanta etenim majestas earum rerum est, tantaque generositate clarent, ut vix suffecturas putem hominum ætates, quibus institui perficique possint. » Meminit et Hieronymus hujus laudis Senecæ erga Paulum in libro De illustribus viris, cap. xii, ita scribens (36) : « Lucius Annæus Seneca Cordubensis Fotini stoici discipulus et patruus Lucani poetæ, continentissimæ vitæ fuit, quem non ponerem in catalogo sanctorum, nisi me epistolæ illæ provocarent quæ leguntur a plurimis Pauli ad Senecam, vel Senecæ ad Paulum. In quibus, cum esset Neronis magister et illius temporis potentissimus, optare se dicit esse ejus loci apud suos, cujus sit Paulus apud Christianos. » Tempus me, fratres, deficeret, si per singula laudem Pauli prosequens virium mearum facultatem excedere præsumam. Sed quia scriptum est : *Si quid residuum fuerit, igni comburatur* (*Exod.* xii, 10), Deo cætera relinquamus, et ad missarum solemnia super his hostiam laudis immolaturi nos præparemus.

SERMO XXV.
DE SANCTO JOANNE EVANGELISTA.
(Textum emendavimus ope codicis Einsedl.)

Qui sermones in sanctorum festivitatibus componunt, a prærogativa, hoc est dignitate ipsorum non incongrue sumunt exordium; ut eorum festa tanto devotius a fidelibus celebrentur, quanto amplius ipsorum commendatio est audita et eos Deo gratiores intelligimus, et de meritis ipsorum magis confidimus. Constat autem inter universos apostolos, sicut et beatus meminit Augustinus (37), Epistolam Pauli ad Galatas exponens, tres honorabiliores exstitisse, Petrum videlicet, et Jacobum et Joannem, qui, ut memoratus ait Apostolus, videbantur columnæ esse, quasi fulcimentum scilicet ac robur aliorum. Hos quippe tres familiarissimos Christi fuisse ex multis locis Evangeliorum colligimus, et his seorsum Dominum sua secreta sæpius commisisse, et tanquam inseparabiles comites eos habuisse. His enim seorsum assumptis transfigurationis suæ gloriam in monte revelavit, et ad passionem veniens eisdem secreto assumptis ait : *Tristis est anima mea usque ad mortem. Sustinete hic, et vigilate mecum* (*Marc.* xiv, 34). Ad quos etiam post orationem regressus : *Vigilate*, inquit, *et orate, ne intretis in tentationem* (*ibid.*, 38). Unde patenter innuitur, quam inseparabiliter isti tres ei semper adhæserint, quos et in gloria transfigurationis, et in agonia passionis, et tam in vigiliis quam in oratione tanquam comites individuos habuerit, nec a se unquam sicut cæteros separari permiserit.

Cum itaque isti, ut dictum est, inter apostolos non dubitentur honorabiliores, quanto præmineat honore Joannes quis dubitet, qui inter hos quoque qui honorabiliores exstiterunt, privilegio Dominicæ dilectionis ampliorem quemdam honorem est adeptus, et ab ipso Domino matri ejus virgini tanquam

(35) Patrol. tom. XXII, col. 502.
(36) Patrol. tom. XXIII, col. 629.

(37) Patrol., tom. XXXV, col. 2115.

alius filius pro ipso est virgo substitutus? Sic enim utrisque cruci ejus astantibus de ipsa cruce loquitur, dicens : *Mulier, ecce filius tuus (Joan.* xix, 26). Ad discipulum autem : *Ecce mater tua (ibid.).* Ubi et ipsemet Joannes annexuit : *Ecce filius tuus,* dicens : *Et ex illa hora accepit eam discipulus in sua (ibid.).* In sua, inquam, subaudis stipendia, et quasi virginitatis suæ præmia, non in suam, quasi uxorem. Felix hæc incomparabilis remuneratio discipuli, cui virgine matre Salvatoris commendata, quasi lateri Christi quasi alter Christus filius ei a Domino deputatus est, ut ejus gaudiis, ejus colloquiis assidue frueretur, ei sedulius usque ad exitum ministraret, ejus corpusculum immaculatum virgineis et quasi angelicis manibus sepulturæ præpararet, et præparatum in sepulcro componeret, beatos illos oculos clauderet, angelicam illam faciem aptaret, et tam manibus quam cæteris membris devote compositis officii sui devotionem sacerdos magnus consummaret. Cujus sanctissimæ postmodum vitæ atque immarcessibili carni nec rosam martyrii, sicut nec lilium virginitatis certum est defuisse, sequenti, ut scriptum est, Agnum, quocunque ierit *(Apoc.* xiv, 4). Hic quippe et in ferventis olei dolium missus, et in exsilio diutino relegatus, illud constantia mentis inplevit, quod de calice Dominicæ passionis bibendo Dominus antea tam ipsi quam fratri ejus prædicens : *Calicem,* inquit, *meum bibetis (Matth.* xx, 23). Cujus quoque constantia et insuperabilis charitas maxime circa crucem probata est, cum ipse solus apostolis dispersis per fugam cruci assisteret intrepidus, et cum matre Domini crucifixo Domino compateretur.

Ex qua denique perseverantia constantiæ stipendium illud quod diximus singulare de commendatione matris a Domino meruit suscipere. O beatum commercium! o commutatio incomparabilis! Abstractus a nuptiis virgo est, et ab uxore divisus, et a lecto concupiscentiæ sequestratus, ut immaculatus immaculatam susciperet Domini matrem, filius efficeretur virginis, et spiritalis frater Christi, potius quam maritus uxoris. Cui profecto tam in hoc quam in cæteris Christus quantam semper exhibuerit dilectionem, multis manifestum est indiciis. Soli quippe ipsi concessum est supra pectus Domini in cœna recumbere, et tanquam impavidum et fide constantem quiescere in illo imminentis passionis articulo, ubi jam omnium corda fluctuabant, ut hinc quoque constantia ejus probaretur, sicut et Jonæ prophetæ, qui de imminente periculo, cæteris desperatis, securus in sentinam ut dormiret descendit *(Jon.* II). Quod quidem apostolus nequaquam præsumeret, nisi de mira ejus familiaritate confideret, ut in ejus gremio tanquam in stratu aliquo, et in ejus pectore quasi in pulvinari quodam sese reclinaret. De quo quidem pectore, ubi, sicut Paulus meminit, *omnes sapientiæ et scientiæ thesauri erant absconditi (Coloss.* II, 3), fluenta Evangelii cæteris altius exhaurire meruit, ut plus ex hac quasi dormitione sua perciperet recumbendo, quam cæteri prolixum illum cœnæ sermonem audiendo. Unde et ab ipso tantum sermo ille postmodum est descriptus, cujus spiritalibus auribus per revelationem amplius fuerat impressus. Cujus etiam vitæ longitudo usque ad senium porrecta patenter indicat quam necessarium Dominus ad instructionem Ecclesiæ suæ tandiu eum reservaret in mundo. Quem nec ita ut cæteros apostolos passionibus exposuit, nec affligi permisit, cum et eum in ferventi oleo custodierit illæsum, et ut ejus citius terminaret exsilium, in persecutorem ejus vindictam maturavit Domitianum. Cujus omnibus decretis a senatu quassatis, occulta Dei dispensatione ab exsilio ipse reductus fidelibus populis cum summa exsultatione est restitutus. In quo etiam exsilio quanta a Domino sit ei collata consolatio, revelatio ibidem ei facta, quæ *Apocalypsis* dicitur, manifeste testatur. Qui etiam quam mirabilem et jucundum vitæ habuerit terminum, in morte quoque circa eum summa dilectio Domini claruerit, multorum relatione didicimus. Solum quippe ipsum ab ipso Domino legimus invitatum, ut ad supernum fratrum suorum conscenderet convivium, ut eo veniente sic omnium compleretur gaudium. Qui et ut voluit, et quando voluit, animam suam in manus Domini commendans, tam alienus exstitit a dolore mortis, quam ignarus fuerat a corruptione carnis.

Cujus denique corpus nec corruptione vel putredine corruptum in specie mannæ perhibetur conversum, ut ex ejus speciei candore munditia carnis probaretur immaculatæ. Quod nonnulli quoque sanctorum jam gloria resurrectionis donatum astruere non dubitaverunt. Unde illud est Augustiniani sermonis *in Natale martyrum :* « Ut taceam quia omnia possibilia sunt Deo, et quod clausis tumulis possit corpus spirituale educere, Joannis tantum apostoli habemus exemplum, quem tumulus susceptum claudere potuit, custodire non potuit. Nam depositum corpus perdidit, non assumpsit. Hic enim clausis tumuli foribus, gratia resurrectionis ablatum est, ut constaret sepultura, nec inveniretur sepultus. Denique cum sacerdotes honorandi causa corpus inquirerent, reserato aditu, tumulus non potuit reddere quem suscepit. » Cujus etiam locum, quo castissimum corpus ejus tenebatur cum Evangelium scriberet, vel orationi instaret, quanta gratia Deus insignierit, Gregorius Turonensis, libro Miraculorum I commemorat, dicens (58) : « In Epheso habetur locus, in quo hic apostolus Evangelium scripsit. Sunt autem in summitate montis illius proximi quatuor parietes sine tecto, ubi orationi insistens, Dominum exorabat, obtinuitque ne in loco illo imber ullus descenderet, donec ille Evangelium adimpleret. Sed usque hodie ita præstatur a

---

(58) Patrol. tom. LXXI, col. 730.

Domino, ut nulla ibi descendat pluvia, nec imber violentus adveniat. ›

Ex his itaque specialis iste dilectus Domini quam honorabilis inter cæteros, quam acceptus exstiterit Deo, quantis præemineat meritis, quantis sit extollendus præconiis, et vos, Deo dilectæ virgines, attendite, tantoque devotius ejus solemnitatem celebrate, quanto amplius ejus excellentiam sanctam imitamini puritate. Cujus nos intercessio ita in sancto confirmet proposito, ut ad illud supernum, quo ipse invitatus est, convivium perveniatis : ut illic mentem felicius quam hic carnem reficiatis, sponso vestro cœlesti perenniter conjunctæ, cujus præsentiæ visio ipsa est summa beatitudo.

SERMO XXVI.
IN ASSUMPTIONE BEATÆ MARIÆ.

Sicut ex dictis ecclesiasticorum doctorum collegimus, Domino ascendente in cœlos quidam angelorum dubitantes, vel potius admirantes, de tanta glorificati hominis magnificentia, cæteros assistentes non semel interrogabant : *Quis est iste rex gloriæ ? (Psal.* XXIII, 8.) Sic et in hodierna Dominicæ Matris assumptione de tanta infirmi sexus exaltatione non incongrue per angelicam admirationem dictum esse credimus : *Quæ est ista quæ ascendit sicut aurora consurgens, pulchra ut luna, electa ut sol, terribilis ut castrorum acies ordinata? (Cant.* VI, 9.) Aurora quippe consurgens primam claritatem diei affert. Surgere autem electorum est, hoc est ad culmen virtutum, et ad comprehendendum Deum sese attollere, sicut e contrario reproborum cadere, atque in profundum vitiorum se immergere. Unde ad torpentes somno negligentiæ, et in sua jacentes ignavia, vox illa est exhortationis : *Surge, qui dormis, et exsurge a mortuis, et illuminabit te Christus (Ephes.* v, 14). Surgunt quidam et per pœnitentiam a morte animæ quasi suscitati resurgunt, sed ad tanta virtutum merita non excreverunt, ut in exemplum perfectionis assumi queant, nec quasi aurora claritatem doctrinæ, his qui ad perfectionem vitæ se student attollere, valent exhibere. Beata vero Dei Genitrix quanto in virtutibus excrevit perfectius, tanto perfectionis suæ claritatem, more surgentis auroræ, amplius dilatavit, et candoris virginei proposito prima resurgens, hujus perfectionis viam, qua solæ virgines Agnum sequuntur quocunque ierit, proprio declaravit exemplo, sicut et aurora, ut dictum est, primam diei claritatem affert. Etsi enim nonnulli virgines eam præcessisse credantur, sicut de Elia, vel Jeremia, vel Daniele, vel quibusdam aliis æstimant, non hanc eos virtutem tam ex devotione sacri propositi quam ex necessitate quadam, atque oppressione persecutionis credimus habuisse, præsertim cum eo tempore maledictioni subjacerent ex lege, qui semen in Israel non relinquerent, et quædam legis coactiones ad nuptias compellerent. Usque adeo namque lex ista matrimonii vigebat, ut ipsa quoque mater Domini tam a parentibus quam a lege coacta desponsari sustineret. Divina tamen revelatione confidens virginem quoque illum, cui et virgo nubebat, ad virginitatis servandæ consensum se trahere non desperabat. Pro quo maxime impetrando in ipso desponsationis tempore secretum orationis cubiculum tenere credenda est quo ingressus fuisse angelus memoratur ad eam missus. Non enim eam exterius cum sæcularibus feminis morantem reperit, sed abditam pudicitiæ et cubiculi ostio clauso devote Dominum orantem, et sinceræ orationis puritate propositi sui concordiam Domino commendantem. Unde et in mediis precibus suis angelicam visionem meruit, qua sic ad integrum confortaretur, ut et votum virginitatis ei Dominus custodiret, et a maledictione legis de ipsa nascendo ei pariter provideret, et per eam in mulieribus benedictam, sicut et ipse mox angelus commemorat, universo mundo benedictionem infunderet, illud ei scilicet semen largiendo, de quo Abrahæ promiserat, dicens : *In semine tuo benedicentur omnes gentes (Gen.* XXII, 18).

Hæc itaque tanquam aurora consurgens, prima claritate mundum illustravit, quia prima castimoniæ nitorem, et sanctæ virginitatis propositum in exemplum proposuit. Sed quia non satis est ad laudem ipsius unum virginitatis bonum si cæterorum gratia desit, lunæ quoque comparatur ejus pulchritudo, quia totius Ecclesiæ dona in ea sunt collata, et quod per partes diversi fideles perceperunt; in eam transfusum est totum, et quæ in cæteris divisa sunt dona, in ipsa reperiuntur conjuncta. Et quoniam parum est quantamcunque gratiam donorum habere, si desit in eis virtus perseverantiæ, de qua scriptum est : *Qui perseveraverit, hic salvus erit (Matth.* x, 22), adjunctum est : *Electa ut sol.* Non enim sicut lunæ claritas solis defectui subdita est, sed in suo vigore perseverat. Tria itaque in laude hujus virginis præmissa sunt. Primo quippe comparata est auroræ pro exemplo pudicitiæ, quæ per eam mundo innotuit; postmodum lunæ, pro plenitudine omnium gratiarum ; deinde soli, pro perseverantia in eis accepta. Quibus quidem donis adornata, et quasi quibusdam spiritalibus armis munita, tandem terribilis memoratur ut castrorum acies ordinata. Talis quippe acies et suis est amabilis, et adversariis terribilis, si videlicet ita ut convenit ordinata fuerit. Tunc vero bene est ordinata, cum adversus singulos.... irruentes hostes, provisi sunt qui eis resistere valeant, ne quis locus pateat, quo irrumpere ad feriendum hostis queat. Scimus scriptum esse quia *militia est vita hominis super terram (Job* VII, 1); et qui in agone illo contendit, de quo dicitur : *Non coronabitur nisi qui legitime certaverit (II Tim.* II, 5), ab omnibus se abstinet, ne coronam scilicet victoriæ perdat. Hostes fidelis animæ, et inimici satellites, qui eam suis tentationibus persequuntur, dæmoniaci spiritus sunt, sicut est spiritus fornicationis, et qui cæteris præsunt vitiis. Adversum quos principes et potestates, ut ait Apostolus, colluctatio nobis est (*Ephes.* VI, 12), qui omnibus fulci virtutibus non apparemus. Nec tam de victoria metuendi sumus illis quam illi nobis. Dei vero Genitrix omnium munimen [munimine] est virtutum adornata, et contra impetus quarumcunque tentationum vel vitiorum, singulariter habitu virtutum roborata, magis illis terribilis quam ei ipsi apparent.

Legimus ascendenti Domino angelos astitisse, qui discipulos ejus consolantes dixerunt : *Viri Galilæi*, etc. (*Act.* I, 11). A quibus etiam cæteris præ admiratione quærentibus angelis : *Quis est iste rex gloriæ?* (*Psal.* XXIII, 8) responsum fuisse credimus : *Dominus fortis et potens, Dominus potens in prælio* (*ibid.*). Et rursum : *Dominus virtutum ipse rex gloriæ* (*ibid.*, 10). Utrorumque vero angelorum quasi quadam triomphali pompa deductus ad Patrem, a dextris ejus consedisse noscitur. At vero si diligenter illum tunc occursum angelorum, et triumphalem pompam Christo exhibitam, hodiernæ festivitatis comparemus jucunditati, videbimus plus aliquid in assumptione matris ei deferri quam in ascensione Filii ipsi exhiberi, et hujus pompæ occursum illo non mediocriter digniorem. Soli quippe angeli ascendenti Christo occurrere potuerunt ; ipse vero pariter cum tota superna curia, tam angelorum quam fidelium animarum ejus animam suscepit, in qua ipse tam animam quam carnem antea susceperat. Nec animam solum, verum etiam corpus ad cœlos hodie sustulisse creditur, ut animæ pariter et carnis glorificatione eam remuneraret, in qua, ut dictum est, simul animam et carnem decrevit assumere. Cui quidem rei plurimum attestatur sepulcrum vacuum penitus repertum, sicut et antea fuerat Dominicum ; ut ipsa quoque resurrectionis gloriam et geminam stolam adepta credatur, sicut manifeste festiva hujus diei oratio continet, his verbis : *In qua sancta Dei Genitrix mortem subiit temporalem, nec tamen mortis nexibus deprimi potuit*, etc. Cum enim præmissum sit, *mortem temporalem*, patenter ostenditur id quod subjectum est de vinculis mortis, ad mortem illam carnis referendum esse, non ad mortem animæ, cujus vinculis non detineri commune est omnibus electis. Quod diligenter beatus quoque Gregorius Turonensis attendens cum de transitu ejus scriberet, maturæ quoque resurrectionis ejus gloriam asserere non dubitavit. Unde Miraculorum lib. I, cap. 4, ita meminit (39) : « Post Dominicæ ascensionis gloriam, apostoli Domini cum beata Maria matre ejus in unam congregati domum, omnia ponebant in medio, nec quisquam suum aliquid esse dicebat, sed unusquisque cuncta possidebat in charitate, sicut sacer apostolicæ actionis narrat stylus. Post hæc dispersi sunt per regiones diversas ad prædicandum verbum Dei. Denique impleto beata Maria hujus vitæ cursu, cum jam vocaretur a sæculo, congregati omnes sunt apostoli de singulis regionibus ad domum ejus. Cumque audissent quia esset assumenda de mundo, vigilabant cum ea simul. Et ecce Dominus Jesus advenit cum angelis suis; et accipiens animam ejus, tradidit Michaeli archangelo, et recessit. Diluculo autem levaverunt apostoli cum lectulo corpus ejus, posueruntque illud in monumento, et custodiebant ipsum adventum Domini præstolantes. Et ecce iterum astitit eis Dominus, et susceptum corpus sanctum in nube deferri jussit in paradisum, ubi nunc resumpta anima cum electis ejus exsultans æternitatis bonis nullo occasuris fine perfruitur. Ex qua quidem tanti viri assertione, quam gloriosus iste summæ virginis transitus sit liquet. Ad quem videlicet consecrandum seu celebrandum tam ipse Dominus cum angelis de supernis occurrit, quam apostoli de universis regionibus sunt congregati, ut exsequias ejus isti præpararent quam illi susciperent.

Scimus apostolos in morte Domini metu fuisse dispersos, et in fugam conversos. Nunc autem divina dispensatione factum est ut quod in filio minus est auctum, in obsequio matris recompensetur ; et quod ibi deliquerant dispersi, hic emendarent congregati. Ex quo etiam apparet quanto amplius de honore matris ipse Dominus, quam de proprio fuisse videatur sollicitus, si quis tam vitam matris quam exitum penset. Ipse quippe, non solum in passione, verum etiam antea tanta sustinuit probra, ut homo vorax et potator vini, et dæmonium habens diceretur, nulla prorsus infamiæ macula matris excellentiam respergi pertulit. Unde et de ipsa nasciturus sponsum ei providit, per quem non solum ejus corporalibus necessitudinibus provideret, verum etiam tam maledicti quam infamiæ crimen ab ea propulsaret. Triduo Dominicum corpus in sepulcro jacuit, et a die resurrectionis quadraginta diebus ascensionem suam distulit. Quam quidem dilationem nequaquam, ut dictum est, in matre pertulit. Denique et sacrum corpus clam prius in paradisum sustulit quam resuscitavit, quo mirabilior exanimis corporis assumptio fieret ac resurrectio, nullatenus jam ipsum suscitatum terreno contactu judicans dignum. Creatum extra paradisum legimus Adam, in paradiso Evam ; resuscitatum in terris Dominum, in cœlestibus vero corpus maternum. Perpendant feminæ quanta inferiorem earum sexum gloria Dominus sublimaverit, et quam eis esse naturalis videatur tam cœlestis quam terrestris paradisus. In hoc quippe femineus sexus tam corpore quam anima primum creatus, in istum hodie anima pariter cum corpore sublimatur. De veteri Adam creata est Eva ; novus autem Adam et veteris Redemptor generatur ex Maria. Illa de paradiso illum suum tam virum quam parentem expulit, hanc hodie suus tam sponsus quam filius ad feliciorem paradisum assumpsit. Qui quemadmodum cœlos ascendens, a dextris Dei sedisse

---

(39) Patrol. tom. LXXI, col. 708.

describitur, ita hodie matrem assumptam a dextris suis collocasse non dubitant, cui olim per Prophetam dictum fuerat : *Astitit regina a dextris tuis, in vestitu deaurato* (*Psal.* XLIV, 10), hoc est in corpore semper immaculato, etiam immortali et incorruptibili facto. Aurum quippe cæteris metallis splendidius et solidius, nec igne consumi, nec rubigine potest corrumpi.

Sicut ergo Dominus in seipso viris, jam in matre feminis gloriam resurrectionis exhibuit, quo videlicet utriusque sexus desideria spe futuræ beatitudinis amplius in se concitaret. Ad hanc specialiter illa vox Sponsi dirigitur, qua tam dulciter invitatur : *Surge, propera, amica mea, et veni. Jam enim hiems transiit, imber abiit et recessit* (*Cant.* II, 10). Amicam simul et formosam eam appellat quæ tanta est charitate Dei vulnerata, ut nulli inimici telo in ea locus pateat. In cujus singulari laude, et ab ipso ei dicitur : *Immaculata mea, et macula non est in te* (*Cant.* v, 2). Etsi enim multi amici Dei dicantur, juxta quod ipse Sponsus apostolis ait : *Vos autem dixi amicos* (*Joan.* XV, 15), comparatione tamen Dominicæ Matris, cui ab angelo dicitur : *Ave, gratia plena* (*Luc.* I, 28), nulla est fidelium anima immunis a macula. *Surge, propera,* hoc est : Matura resurrectionem, ad me filium mater es perducenda. Per hiemem et imbrem, hoc est gelu et pluviam, totam hiemalis temporis comprehendit gravitatem. Tanto autem quisque amplius in hac vita gravatur, et invitus tenetur, quanto securior de futura, majori desiderio ad eam festinat. Quis autem fidelium sic ad Dominum, sicut mater pervenire cupiebat ad filium ? Tanto ergo hanc vitam magis pro hieme habebat, et gravius sustinebat, quanto ad æstatem supernæ serenitatis amplius anhelabat. Unde recte nunc dicitur ei, jam hiems transiisse et imber abiisse, quæ finitis omnibus molestiis, non ad illum Abrahæ sinum et refrigerium fidelium, quo pauper Lazarus perductus est, sed ad ætherei throni culmen est assumenda. Non ignoramus beatum Hieronymum (40), cum hujus Assumptionis sermonem scriberet, in tantum dubitasse de resurrectione hac, quam diximus in matre Domini completam, ut diceret nihil pro certo hinc haberi, « nisi quod hodierna die migravit de corpore. » Sed cum in Daniele scriptum sit : *Pertransibunt plurimi, et multiplex erit scientia* (*Dan.* XII, 4); et beatus Benedictus in Regula dicat (41), quia revelat Deus sæpe juniori quod non revelat majori : potuit contingere, ut quod tempore Hieronymi latuit incertum, postmodum revelante Spiritu fieret manifestum. Quod si etiam a minori ad majus argumentum ducamus, quis in hoc mendacii arguere præsumat prædictum Gregorium quod Domini Matrem jam resuscitatam asserit, cum hoc etiam de Joanne apostolo ipsius Dominicæ Matris paranympho beatus Ambrosius astruere non vereatur, sicut in sermone natalis ejus commemoravimus ?

Ascensurus Dominus discipulis promisit, se ire parare illis locum. Et vos ergo, virgines , vel quæcunque feminæ Christo devotæ, hujus summæ virginis tanquam discipulæ, a qua sancti propositi documentum suscepistis, et per continentiæ votum eam secutæ, templum Dominicum estis factæ, sicut scriptum est : *Adducentur Regi virgines post eam, proximæ ejus afferentur tibi. Afferentur in lætitia et exsultatione, adducentur in templum Regis* (*Psal.* XLIV, 15). Ita et vos in ejus discipulatu perseverate, ut per eam vobis æternas parari mansiones mereamini ; et quæ vos proprio exemplo incitavit ad cursum, auxilio suo perducat ad bravium. Quanta hodie in terris, quanta exsultatio est habenda in cœlis ? quanta angelis pariter atque hominibus lætitia confertur, cum hæc eorum collegio sursum est aggregata, et per quam hominibus patuit via, et ex hominibus angelorum restaurata sunt damna ? Hæc nostra est mediatrix ad filium, sicut et ipse Filius ad Patrem. Rogantem pro nobis matrem filius non exaudire non potuit, nec ulla eam repulsa offendere, qui honorem parentum maxime commendat. Iræ Domini sanctorum preces in tantum resistere legimus, ut nequaquam debitam possit exercere vindictam. Quod diligenter beatus attendens Hieronymus cum illum Jeremiæ locum exponeret : *Tu autem noli orare pro populo hoc, ne roges ut misericordiam consequatur, et non obsistas mihi, quia non exaudiam te* (*Jer.* VII, 16), ait (42) : « Quod autem dicit, *et non resistas mihi,* ostendit quia sanctorum oratio iræ Dei possit resistere. Unde et loquitur ad Moysen : *Dimitte me , ne percutiam populum istum.* Si ergo sanctorum oratio tantum valet ad placandam superni Judicis iram, quid de oratione matris sperandum est, de qua tanto amplius peccatoribus est confidendum, et quodam debito in hoc ipsam teneri, quanto magis apud omnes constat, hujus gloriæ singularem honorem ut mater Dei esset, nonnisi pro peccatoribus adeptam fuisse ? Ad quod quidem debitum persolvendum, quam prompta, quam spontanea sit ipsa, et omnibus qui eam invocant in necessitatibus subvenire parata , multorum jam comperimus experientia sanctorum , quorum nonnulla deducentes in medium , sic a minimis inchoamus ut perveniamus ad maxima; ut cum eam de parvis meminerimus curare, de majoribus ipsam non dubitemus sollicitam esse. »

Vinum in nuptiis defecisse legimus, ad quas filius ejus cum ipsa et discipulis venerat invitatus. Vino itaque ibi deficiente, dicit mater Jesu ad eum : *Vinum non habent.* (*Joan.* II, 3). Et dicit ei Jesus : *Quid mihi et tibi, mulier? nondum venit hora mea* (*ibid.,* 4). Dicit mater ejus ministris : *Quodcunque dixerit vobis facite* (*ibid.,* 5). Et post aliqua :

---

(40) Patrol. tom. XXX, col. 123.
(41) Patrol. tom. LXVI, col. 287.

(42) Patrol. t. XXIV, col. 732.

« Dicit eis Jesus: *Implete hydrias aqua*, etc. (*ibid.*, 7). » Ecce mater Christi de corporali beneficio sollicita, intercedendo invitat filium ad præstandum beneficium, et quasi ab ipso objurgata graviter, non destitit, donec quod intendebat obtinuit. Et quidem si diligenter attendimus, non tam beneficium eam vidębimus rogasse, quam defectum vini nuntiasse. Cum enim dixerit quia defecisset vinum, nequaquam rogasse legitur ut hoc ipse præberet, sed hoc solum sufficere arbitrata est ad impetrandum quod volebat, si nuntiaret quod deerat, nec jam apud filium precem suam esse necessariam, cum videretur suam insinuasse voluntatem. Nec rogata quidem a convivis fuerat, ut hoc eis beneficium impetraret. Quid ergo per precem factura est, cum a fidelibus exorata, pro ipsis apud filium intercesserit, et pro salute quorum se ab ipso electam, et eis debito obligatam esse recognoscit? Quæ quanto sanctior et justior est, tanto in persolvendo debito sollicitam magis esse constat.

Quod non solum ratione, verum etiam exemplorum manifestum est luce. Ad Colossenses Apostolus scribens, quodam loco de Deo Patre et Domino Jesu Christo, sic ait : *Et vos cum mortui essetis in delictis, convivificavit cum illo, donans vobis omnia delicta, delens quod adversus nos erat chirographum decreti, quod erat contrarium vobis; et ipsum tulit de medio, affigens illud cruci, exspolians principatus et potestates* (*Coloss.* II, 13). Ad hunc itaque modum et Domini Mater miserrimo atque desperato Theophilo exsecrandum ac detestandum restituens chirographum, ad consolationem multorum in uno tunc egit homine, quod filius ejus in humano genere cognoscitur egisse. Denique quantum velox et prompta sit his qui eam invocant, ferre opem non solum contra dæmones, verum etiam contra terrenorum principum tyrannidem, ille Juliani imperatoris interitus protestatur, quem in Vita beati Basilii legimus. Quanto ergo securius de protectione et suffragio confidimus, tanto nos devotius ejus interesse festivitati convenit, et unumquemque nostrum ad eam suspirantem incessanter clamare : *Trahe me post te; curremus in odorem unguentorum tuorum* (*Cant.* I, 3). Tracta quippe est ut trahat, assumpta est ut assumat, quæ creata est ut salvet, et formata ut reformet. Quo enim mirabilior in reparatione nostra fieret operatio divina, per eadem quibus corruimus erecti surreximus, si naturas potius quam res ipsas pensemus. Diabolus quippe in serpente de ligno vetito primos parentes tentavit, virum et feminam captivavit, et per hæc quatuor damnati sumus, scilicet lignum prohibitum, serpentem suadentem, Evam seductam, Adam deceptum. Per totidem etiam reparati sumus. Dum angelo ad se misso Maria credidit, sicut diabolo Eva consensit; Adam novus in ligno crucis redemit, et de ligno ligni damna reparavit, et noxii pomi lethiferum gustum quasi medicamine quodam curavit; fructibus illis de arbore crucis assumptis, de quibus ipsemet ait : *Ascendam in palmam, et apprehendam fructus ejus* (*Cant.* VII, 8). Quid enim per palmam, qua victoria designatur, nisi crux Dominica significatur, qua ipse diabolum triumphavit, et in ea nostram redemptionem operans, ea quæ ad salutem nostram pertinent consummavit? Unde et exspirans ait : *Consummatum est* (*Joan.* XIX, 30), hoc est, completum humanæ salutis medicamentum. Quo quidem medicamine ipsæ animæ nostræ morbos curare dignetur, qui se verum medicum quodam loco profitens, ait : *Non est opus valentibus medicus, sed male habentibus* (*Matth.* IX, 12). Quod quia nostris obtinere meritis nequaquam sufficimus, ipsa ejus genitrix hoc nobis impetret, quæ eum ad hoc genuit, ut hoc ipse nobis medicamentum afferret. Unde et Salvator solus proprie nuncupatur, hoc, ut ait Apostolus, nomen quod est super omne nomen Patre ipsi donante (*Ephes.* I, 21), cum quo vivit et regnat in unitate Spiritus sancti Deus, per infinita sæculo rum sæcula. Amen.

EXPOSITIO IN EVANGELICA LECTIONE IPSIUS DIEI.

Intravit Jesus in quoddam castellum (*Luc.* X, 38). Castellum munitio est et refugium defensionis ab incursu hostium. Hoc intrat Jesus, dum Verbum Dei naturam nostram in Virgine assumpsit, in qua nostram operatus est redemptionem ; et diabolum triumphans, quamdam in eam nobis constituit munitionem. Hanc ingrediens in domo Marthæ suscipitur, quia in terram Judææ exterioribus operibus intendentis est incarnatus, et a quibusdam illius populi primo est per fidem susceptus, sicut a Simeone, Anna, vel a populis inde collectis. Soror Marthæ Maria gentilitas est conversa, id est Ecclesia gentium unum Patrem Deum habens cum Martha, hoc est cum fideli Synagoga quæ jam Christum susceperat, paucis Judæorum primo ad Christum conversis. Martha suscepto per fidem Christo refectionem parat, dum Judæa de observatione corporalium operum obsequium Deo ministrat, et cum Esau exterius egressa de venatione silvestri patrem reficere laborat. Sollicitatur Martha circa diversa, dum legem simul et Evangelium, umbram et veritatem conservare nititur. Unde conversis gentibus indignata graviter perturbatur et scandalizatur, quod eis quoque jugum legis non potest imponere; ob hoc quasi murmurans a Domino requirit, ut sibi in omnibus Mariam societ, dum videlicet primitiva illa Judæorum Ecclesia postulat a vicariis Christi apostolis, ut gentes quoque judaizare compellant. Sed dum Martha constat in opere laborando, et foras ad exteriora progreditur, Maria secus pedes Domini sedens, et jam lege sepulta soli Christo adhærens quasi Jacob de domesticis animalibus interiorem atque meliorem parat refectionem, juxta illud Psalmistæ : *In me sunt, Deus, vota tua, quæ reddam; laudationes tibi* (*Psal.* LV, 12). Quæ quam sollicite Christo intendat, monstratur, et dicitur quia audiebat verbum illius, et sedens juxta pedes, non a longe. Sicut enim in una Christi persona divinitas, quæ superior est natura, capiti comparatur, ita per pedes humanitas ejus intelligitur. His pedibus quasi sedendo adhærens, audit verbum Christi potius quam Moysi, sequendo scilicet Evangelium magis quam legem : quæ tam firma fide humanitatem ejus amplectitur ut hanc ejus unam hostiam ad salutem sufficere non dubitet, nullumque jam legis sacrificium necessarium fore putet. Unde et subditur : *Porro unum est necessarium* (*Luc.* x, 42), quia *cum venerit quod perfectum est, evacuabitur quod ex parte est* (*I Cor.* xiii, 10), hoc est, cum accesserit veritas, recedet umbra, et superveniente evangelica perfectione cessabit inchoatio legis. Optima pars Mariæ, veritas, quam elegit, reprobata umbra, intelligitur, *quæ non auferetur ab ea*, quia finem non accipient evangelica præcepta, sicut ea quæ de lege sunt Marthæ sunt ablata, quia conversis Judæis legalia sunt interdicta, cum per Paulum dicitur : *Si circumcidamini, Christus vobis nihil proderit* (*Galat.* v, 2).

SERMO XXVII.

IN DIE SANCTI MARCELLINI PAPÆ ET MARTYRIS, AD MONACHOS ROTHOMAGENSES RELIQUIAS HABENTES.

Superna pietas, fratres, membris suis omnibus ex omnipotentia providens, sicut fortibus a præsumptione, sic infirmis providet a desperatione. Unde et in utroque seipsum primo constituens in exemplum, nunc persecutionem declinans se abscondit, nunc passionis imminente articulo, in tantum pavere ac tædere scribitur, ut in agonia factus, quasi sanguineas guttas pro sudore contra humanam naturam emitteret, et sæpius ad Patrem orans, calicem passionis a se transire, si possibile esset, postularet. Qui etiam infirma membra in tantum transferre in seipsum dignatus est, ut diceret : *Nunc anima mea turbata est. Et quid dicam? Pater, salvifica me ex hac hora* (*Joan.* xii, 27). Ac si diceret : Da mihi constantiam in passione, ne timor prævaleat infirmitati humanæ. Quare, o fratres, Christus dixerit securus per omnia se nullo timore passionis, nullo cruciatu doloris posse superari? nostram utique, fratres, infirmitatem his verbis intendebat consolari, non aliquam imbecillitatem quam haberet exponere. Nobis in his omnibus consulebat, non sibi providebat, ne forte si aliquid fideles tempore passionis trepidarent, aut ab ea declinarent, desperatione percussi et de venia diffidentes dicerent se ad Christum minime pertinere. Contra quam etiam desperationis plagam non solum Thomæ dubitationem, verum etiam trinam Petri negationem infirmis opposuit, et saluberrimum inde cataplasma confecit. Denique et Marcellinum nostrum, beati Petri vicarium, cujus tempore crebræ passiones multos terrebant, nonnullos etiam abnegare cogebant, titubare ad horam Dominus pertulit, et ad tempus cadere, sed non confringi, sicut scriptum est : *Cum ceciderit justus non collidetur, quia Dominus supponit manum suam* (*Psal.* xxxvi, 24).

Tertio negavit Petrus, nec simpliciter negavit, sed sicut scriptum est : *Cœpit detestari et jurare quia non novisset hominem* (*Matth.* xxvi, 74). Quod vero Matthæus ait, *detestari*, Marcus discipulus ipsius Petri, et per ipsum describendo Evangelio instructus, dixit *anathematizare* (*Marc.* xiv, 71), hoc est excommunicationi se subdere, a quo alii absolutionem exspectabant. Nec in una tantum negatione Petri Matthæus juramentum commemorat, sed quasi levioribus culpis graviores annectens primo dixit Petrum negasse, postea cum juramento, tandem cum detestatione simul et juramento. Marcellini vero juramentum vel detestationem sive anathematizationem non novimus, nec etiam verba negationis ipsius legimus; sed quasi timore mortis extra se factum, nec deliberare aliquid permissum. Audivimus ipsum in sacrificio idoli incensum solummodo posuisse, nec istam transgressionem eum tolerasse, sed statim convocatis episcopis in seipsum sententiam depositionis dedisse, cum nequaquam Petrus de trina sua negatione tantam egerit satisfactionem, nec etiam ad confessionem venisse legatur, aut satisfactionem aliquam inde suscepisse.

Quod si post Petrum, Paulum quoque summum coapostolum ejus Marcellino conferamus, levissimam Marcellini culpam in hac transgressione censebimus. Legimus quippe Paulum secundum ritum legis, cujus corporales observantias maxime impugnabat, compulsum a Judæis, ut more Nazareorum Deo se consecraret, nec non et Timotheum discipulum suum ad circumcidendum eis traderet : quando tamen circumcisionem in tantum superfluam vel periculosam judicabat, ut diceret : *Si circumcidamini, Christus vobis nihil proderit* (*Galat.* v, 2); et generaliter de observantiis legis : *Qui in lege*, inquit, *justificamini a gratia excidistis* (*ibid.*, 4).

Negaturo Petro Dominus prædixerat quod negaret, et ille constantiam sui promittens e contrario majora promittebat, et se omnibus præponens dicebat : *Etsi omnes scandalizati fuerint, sed non ego* (*Matth.* xxvi, 33). Et rursum : *Tecum paratus sum et in mortem et in carcerem ire* (*Luc.* xxii, 33). Quanto præsumptio promissionis major exstiterat, tanto reprehensibilior Petri ruina, et lapsus est gravior, quanto contra hunc professio fuerat major. Nemo Marcellinum de transgressione quæ facta est, præmunierat, nullius exhortatione ne id præsumeret præventus erat. Mendax in promissione Petrus, sicut et in negatione repertus est. Nec in una tantum, ut dictum est, negatione, sed trina, nec simplici, sed cum anathematizationis detestatione. Qui, quamvis pœnituerit, multo tamen tempore passionem suam distulit. Quam denique fugiens, sicut scriptum est, a Domino illi obviante quasi nolens redire compulsus est, juxta quod ei Dominus prædixerat : *Cum autem senueris, extendes manus tuas, et alius te cinget, et ducet quo tu non vis (Joan. xxi, 18).* Scriptum denique esse vestra novit fraternitas : *Septies cadit justus, et resurgit (Prov. xxiv, 16),* ac si aperte dicat : Quanquam fidelis crebris tentationibus pulsatus septem principalibus vitiis succumbat victus, divino tamen non destituto auxilio, a profundo tanto vitiorum emergit, illam a Domino postulationem adeptus : *Non me demergat tempestas aquæ, neque absorbeat me profundum, neque urgeat super me puteus os suum (Psal. LXVIII, 16).* Tertio negavit Petrus, septies cadit justus. Semel Marcellinus titubavit magis quam cecidit, qui tam cito surrexit, et titubationem suam confestim non tam pœnitentiæ lacrymis ut Petrus, quam virtute passionis expiavit intrepidus. De qua quidem perfectione virtutis Dominus ait : *Majorem hac dilectionem nemo habet,* etc. *(Joan. xv, 13).*

Scimus, fratres, divina disponente gratia, summos in virtutibus viros magnos quandoque peccatorum pertulisse casus, tamen propter humilitatis concordiam ac providentiæ curam... contra desperationis insaniam Domino per Psalmistam nos ita consolante : *Nunquid qui dormit, non adjiciet ut resurgat? (Ibid. v, 14.)* Quis enim dormiens non piger ad operandum, et per negligentiam torpens atque ad horam deficiens ? Quales quidem adhortans Apostolus ait : *Surge, qui dormis, et exsurge a mortuis,* etc. *(Luc. xxii, 54).* Ecce Petrus, qui prius Simon dictus, postmodum a Christo petra Petrus est appellatus, hoc est a firmitate firmus, cui et Dominus dixit : *Ego rogavi pro te, ut non deficiat fides tua, et tu aliquando conversus confirma fratres tuos (Psal. XL, 9).* Tertio lapsus ore solummodo, non mente Christum abnegat. Ecce Marcellinus Petri successor, et tam infirmitatis trepidatione quam postmodum cum fortitudine vicarius ejus, semel labitur titubans, nec deficiens, confestim convalescens ; his quibus præerant in exemplo sunt positi, ne propter quemlibet lapsum desperent. Dictum est Petro a Domino quamvis negaturo, ut confirmaret fratres.

Novimus et Marcellinum confirmatam a se Thebæam legionem in fide ad cœlos præmisisse. Cujus et discipulus Marcellus papa et martyr et succedens sanctum magistri exitum confirmavit, sicut et ante actam ejus vitam Thebæana legio comprobavit ; ut tam priora ejus quam posteriora commendatione digna, totam medii dubitationem tollant vel desperationem. Sicut autem istos Dominus in clero, ita David Salomonem præmisit in populo, qui gravi suo lapsu peccata... solarentur, ne post quantacunque crimina de indulgentia desperarent. Maximus ille regum ac prophetarum David, adulter simul, proditor, et homicida, quanto in virtutibus amplius creverat, tanto majus præcipitium de culmine pertulit virtutum. Quo enim altior gradus, tanto gravior casus. Salomon ille Idida, hoc est dilectus Domini, de quo et Dominus prædixerat :

Ego ero illi in patrem, et ipse erit mihi in filium (II Reg. VII, 14), in tantum abominationibus lapsus est puteus, ut concupiscentia carnis devictus divinum cultum omnino desereret, et tanto tempore idolis deserviret, a quo nec idolorum excelsa sunt ablata. Nec id timore mortis, sed concupiscentia egit mulieris. De cujus tamen indulgentia, ne desperemus, ipse quoque nos Dominus consolatur. Cum enim præmisisset quod dictum est : *Ego ero illi in patrem, et ille erit mihi in filium,* statim annexuit, dicens : *Qui si inique aliquid gesserit, arguam eum in virga virorum, et in plagis filiorum hominum. Verumtamen misericordiam meam non auferam ab eo, sicut abstuli a Saul, quem amovi a facie mea (II Reg. VII, 14).* Quid enim facies Dei, nisi notitia ipsius, cum unusquisque homo ex facie sua cognoscatur? Quid est itaque Deum sic alicui misericordiam impendere, ut non amoveat eum a facie sua, nisi hanc ei gratiam reservare, ut cum ille peccando quasi oblitus Creatoris sui per negligentiam fuerit, postmodum, per pœnitentiam rediens eum recognoscat, et tam timore districti judicis, quam amore Domini eum exspectantis peccata corrigat?

Bene ergo binos tam in clericis quam in laicis de rectoribus ipsorum, ibi, videlicet Petrum et Marcellinum, hic David et Salomonem, contra summam illam desperationis ruinam præmisit, ne quis, tam in clero quam in populo, post quantacunque flagitia diffidat a venia, dummodo prævideat de pœnitentia. Bene, inquam, binos tam hic quam ibi quasi testes sperandæ reconciliationis et indulgentiæ impetrandæ. Ut enim scriptum est, quantumcunque splendida fuerit persona, unius testimonium non sufficit, sed juxta divinam legem : *In ore duorum vel trium testium stabit omne verbum (Deut. XIX, 15).* Si autem in ore, quanto magis in opere? Ut autem, fratres, finem nostri sermonis ad divinam misericordiam circa nos habitam deducamus, perpendite, quæso, quantum de salute nostra Dominus providerit, quantum Salvator noster sollicitus sit nostri, ex cujus etiam nomine insignitus est locus iste. In multis, fratres, delinquimus, in multos incidimus lapsus, sed ne desperemus, ne correptionem differamus, magnus Domini martyr et patronus noster nobis a Domino missus est, in exemplo propositus, quem apud Deum habemus advocatum, et de quo præcipue, si volumus, nobis est confidendum. Princeps iste est ordinatus a Domino, ut dictum est, tentari, et graviter labi, ut de potestate tanta quam accepit, amplius possit, et de lapsu quem pertulit ad indulgentiam lapsorum et veniam postulandam pronior fiat, qui sicut de Patre dicitur, in seipso didicit qualiter aliorum infirmitati compati debeat atque misereri. Festum igitur ejus tanta devotione celebremus, ut quod nostris precibus non valemus, ejus meritis assequamur, præstante Domino nostro Jesu Christo, cui est, etc.

SERMO XXVIII.

IN DEDICATIONE ECCLESIÆ.

Dedicationis solemnitas quantum cæteras antecedat, non tam Scripturarum auctoritas quam ratio manifesta declarat. Ab hac quippe cæterarum omnium exordium manat, cum in hac locus consecretur, quo cæteræ celebrentur, et Dominica sacramenta conficiantur. Hic est ille locus, quem sibi Dominus specialiter eligens, et propriæ domus vocabulo insigniens per Moysen ait : *Vide ne offeras holocausta tua in omni loco, sed ubi fuerit memoria nominis mei (Deut.* XII, 13). Et rursum : *Domus mea domus orationis vocabitur (Matth.* XXI, 13). Et cæterarum quidem celebratio festivitatum, quas antiquo populo tanquam præcipuas Dominus instituit, nequaquam septenarium dierum excesserunt. Templi vero dedicationem septenario geminato Salomon et universus Israel in holocaustis innumeris, et multiplici musicorum instrumentorum modulatione quatuordecim diebus exsolvit.

Ex quo liquidum est quanta dignitate pariter atque auctoritate celebritas ista sit prædita, et quanta devotione sit ab omnibus peragenda. Cujus quidem institutio non a lege, non a propheta, sed a patriarcha Jacob initium habuit. Qui et futuri postmodum templi locum designasse dicitur, et sacramenta dedicationis primus exhibuisse, sicut in historia Genesis continetur. Hic nempe relictis parentibus, persecutionem primogeniti fratris declinans, cum veniret ad quemdam locum vespere, et in eo requiescere vellet, tulit unum de lapidibus qui jacebant in terra, et capiti suo supponens obdormivit. Viditque in somnis scalam stantem super terram, cujus cacumen cœlum tangebat. Angelos quoque per eam ascendentes et descendentes, et Dominum innixum scalæ dicentem sibi : *Terram in qua dormis tibi dabo, et semini tuo (Gen.* XXVIII, 13). Cumque evigilasset Jacob ait : *Quam terribilis est locus iste ! non est hic aliud nisi domus Dei, et porta cœli (ibid.,* 17). Surgens ergo mane tulit lapidem, quem supposuerat capiti, et erexit in titulum, fundens oleum desuper. Votum etiam vovit dicens : *Si fuerit Deus mecum, et custodierit me, cunctorum quæ dederis mihi decimas offeram tibi (ibid.,* 20).

Ecce, fratres, historiam succincte percurrimus. Nunc ad ædificationem nostram intelligentiam præcipue moralem in ea perquiramus, et melioris dedicationis typum in his quæ gesta sunt aperiamus. Quid enim dedicatio Ecclesiæ, nisi illa est fidelis animæ sponsio, quæ a sæculo recedens se penitus Deo dedicat, et quasi propriam sponsam Christo se copulat, ut ei deinceps tota vacet, et sic ei voto suæ professionis obligans tanquam proprium templum Deo se consecrat? Sicut enim in una villa multæ hominum domus, et una Dei dicitur, quam ecclesiam vocamus, ita et in populo Dei inter illos qui conjugati sunt, quælibet anima conveniente voto Deo consecrata proprium ejus habitaculum facta est. Qualem quidem animam Apostolus describens, et ejus prærogativam a cæteris distinguens, ait : *Qui sine uxore est, sollicitus est quæ Domini sunt, quomodo placeat Deo. Qui autem cum uxore est, sollicitus est quæ sunt mundi, quomodo placeat uxori, et divisus est. Et mulier innupta et virgo cogitat quæ Domini sunt, ut sit sancta et corpore et spiritu (I Cor.* VII, 32, 33).

Jacob itaque persecutionem, ut dictum est, primogeniti fratris fugiens, relicta domo parentum peregrinatus, fidelis anima est de sæculo ad Dominum conversa, quæ carnalium affectionum ruptis vinculis more Abrahæ, de terra sua et de cognatione progreditur, et de domo parentum procedit ad claustrum, illud Psalmistæ non solum audiens, verum exaudiens : *Audi, filia, et vide, et inclina,* etc. (*Psal.* XLIV, 11), Nec non et illud Domini documentum amplectens : *Qui non odit patrem suum et matrem, non est me dignus (Matth.* X, 37). Primogenitus talis animæ frater caro est in unam personam animæ conjuncta, et prius in utero formata quam ei anima sit infusa. Cujus quidem carnis tentationes, de quibus scriptum est : *Caro concupiscit adversus spiritum (Galat.* V, 17), dum fugimus a sæculo recedentes, quasi primogeniti fratris impugnationem vitamus. Et quia hæc virtus continentiæ et remuneratio sæculi ab adventu Christi, quæ ultima ætas est mundi, maxime cœpit. Unde Jacobus post solis occubitum, id est in vespere, ad locum pervenit, ubi dormiens requiescat. Hic autem locus claustralis vita est continentum, qui a tumultuosa sæculi vita ad quietem monasticam transeunt, et Marthæ sollicitæ et circa plurima turbatæ tranquillitatem præterunt Mariæ. Quæ quidem tranquillitas a Domino nomine lecti, a Sponsa in Cantico nomine lectuli designatur cum dicitur : *Erunt nocte illa duo in lecto. In lectulo meo per noctes,* etc. (*Cant.* III, 1).

In hoc itaque lectulo dormiturus Jacob, de lapidibus quos intuetur eligit unum, quo supposito capiti suo dormiat, cum anima quælibet locum sanctæ congregationis ingressa, multos circumspicit fideles tanquam lapides vivos et fortes ad omnia toleranda, in summo lapide Christo fundatos; ut eorum scilicet exemplis ad perfectionem instituatur. Sed quia unum Christum omnibus præfert, cui se fidelis anima quasi sponsam copulat, et dedicat, et velut in amplexibus ejus lectulo contemplationis dormit corpore, sed vigilat mente, juxta illud Sponsæ: *Ego dormio et cor meum vigilat (Cant.* V, 2), unus ex universis eligitur lapidibus. Juxta quod et ipsemet de dilecto ait : *Electus ex millibus (ibid.,* 10). Hunc capiti suo supponit ut dormiat, cum totam suæ mentis intentionem in eo defigit, ut a curis sæculi penitus quiescat, et tota ei per desiderium inhæreat. Caput quippe principalis pars corporis mentem designat in nobis. Hunc profecto somnum continentium dilectus ille Domini et virgo Joannes specialiter expressit, qui in Dei gremio recumbens, quasi hoc lapide supposito capiti obdormivit. Scalam dormiens Jacob intuetur, quia tanto amplius Scripturam sacram quisque intelligit, quanto ab occupatione saecularium curarum magis quiescit. Scala haec dormienti apposita usque ad coelum porrigitur, quia per doctrinam ipsius de terrenis ad desideranda coelestia sublevamur, et illuc mente conscendimus, ubi Christus est in dextera Dei sedens. Huic scalae Dominus innititur, et inde nobis loquitur, quia per ejus doctrinam nostris imprimitur mentibus, et de ejus verbis nostras in se mentes erudiens accendit. Hujus scalae, hoc est sacrae Scripturae, quasi duo latera duo sunt Testamenta, quae quidem ad invicem quasi quibusdam gradibus insertis connectuntur, dum per expositiones doctorum rota rotae applicatur, et quod in Veteri fuerat praedictum, in Novo monstratur exhibitum. Angeli per hanc scalam ascendentes et descendentes, sancti sunt praedicatores, quorum unus de se et aliis ait: *Quomodo praedicabunt, nisi mittantur?* (*Rom.* x, 15.) De qualibus et per Malachiam dicitur: *Labia sacerdotis custodiunt scientiam, et legem inquirent ex ore illius, quia angelus Domini exercituum est* (*Malach.* II, 7). Ascendunt vero per scalam istam vel descendunt, dummodo in sua praedicatione de natura divinitatis vel secretis coelestibus nos instruant, modo de assumpta humanitate, vel componendis moribus nostris erudiunt; vel cum modo ad altam continentiae virtutem nos hortantur, modo infirmitati nostrae per indulgentiam nuptiarum consulunt.

Terram in qua dormit Jacob ei et semini ejus Dominus promittit, quia terram viventium, cujus desiderio anima contemplativa a terrenis curis quiescit, in remuneratione pollicetur tam ei quam sequacibus ejus, et in hoc proposito ipsam imitantibus. Evigilans de somno contemplationis anima illa, et de illa coelesti habitatione ad sancta studia totius contemplationis oculos reflectens, et quasi homines pariter admonens, ut spe promissae sibi terrae in proposito perseverent: *Vere Dominus est*, inquit, *in loco isto, et ego nesciebam* (*Gen.* XXVIII, 16). Ac si diceret: Qui ubique est per divinitatis praesentiam, hic specialiter inhabitat per gratiam. Pavens quoque: *Quam terribilis*, inquit, *est locus iste!* (*Ibid.*, 17.) Terribilem, hoc est summa reverentia dignum esse recognoscit: in quo, ut dictum est, tanquam in spirituali templo, ac sibi penitus dicato, per abundantioris gratiae dona Deus inhabitat. Sed quia multi hanc reverentiam loco deberi recognoscunt, nec tamen illi hanc exhibent, nec illam Apostoli comminationem expavent: *Si quis violaverit templum Dei, disperdet illum Deus* (*I Cor.* III, 17), bene praemissum est, pavens, ut quod pavendum esse non dubitat, offendere in eo non praesumat. Et attende quod cum praemiserit: *Domus Dei*, statim annexuit, *et porta coeli* (*Gen.* XVIII, 17). Hic est talis aditus regni coelestis, ex quo sine dilatione de hujus vitae observatione illuc introeatur, nulla videlicet purgatione interposita.

Surgit mane Jacob, et lapidem quem supposuerat capiti suo erigit in titulum, ipsumque oleo desuper infuso, more pontificis votum explet dedicationis; quasi in hoc primogenitorum dignitatem quam emerat exercens. Primogenita quippe tunc fuisse dicuntur vestis seu dignitas sacerdotalis, quam primogeniti fratres per benedictionem paternam accipiebant, ut soli inter fratres sacerdotali fungerentur officio. Et a matre vestibus Esau valde bonis indutus fuisse Jacob memoratur. Et nota, sicut Melchisedech sacramenta Ecclesiae antiquiora videntur quam Synagogae; ita in patriarcha Jacob noster dedicationis ritus videtur praecessisse, quia tam altare quam ecclesiam ipsam oleo consecramus. Quod nequaquam in tabernaculo vel templo factum esse legimus. Mane surgit Jacob de loco in quo quiescens viderat visionem, et ejus loci sanctitatem cognoverat, cum anima quaelibet praedicta, peracto jam suae probationis tempore, ad professionem conscendit regulae, experta jam hujus propositi simul ac loci religione; et tunc se penitus Deo dedicans, et proprio voto illi se obligans, spiritalis templi dedicationem in seipsa celebrat. Tunc lapidem, in quo dormierat, erigit in titulum, hoc est oculis suis affigit in signum, quasi nihil aliud ulterius debeat intueri, quia jam facta professione respicere retro non licet, ne cum uxore Lot pereat. Primum tamen in imo lapis jacebat, quia non tanto debito ei antea cohaerebat. Erectum lapidem oleo superfuso sibi consecrat, dum toto dilectionis affectu ipsum comprehendens, tot unguentis delinit eum, quot desideriis amplectitur ipsum. Quid autem unguenta, nisi quaedam est recreatio dolorum, et fomenta dolentium? Dolet autem Christus de nobis cum nostra ei conversatio saecularis displicet, et sic eum exasperando, malis operibus contra nos commovemus. Placatur autem penitus, et quasi quibusdam unguentis hic ejus dolor mitigatur, cum a saeculo recedentes totis ei visceribus inhaeremus, et perfectione virtutis nos jam ei penitus copulamus, juxta illud Apostoli: *Qui autem adhaeret Deo, unus spiritus est* (*I Cor.* VI, 17). Caute autem ac provide votum faciens Jacob de persolvendis decimis, non de suis viribus, sed de misericordia Dei praesumens, quasi apposita conditione ait: *Si fuerit mecum Deus, et custodierit me* (*Gen.* XXVIII, 20), quia ejus gratiae est quidquid boni agimus. Unde et Paulus: *Gratia Dei sum id quod sum* (*I Cor.* XV, 10). Et rursum cum dixisset: *Plus omnibus laboravi*, statim adjecit: *Non ego autem, sed gratia Dei mecum* (*ibid.*). Decimas omnium Deo persolvit, qui Decalogum legens in nullo excedit, nec a mandatis Dei, quae per Decalogum illum intelliguntur in aliquo recedit. Quod in semet nobis sic complere concedat, ut quod visibilibus sacramentis exterius actum est, in corporali templo ipse invisibiliter in nobis operando templum nos verius efficere dignetur summus pontifex et rex Jesus Christus, cujus tam sacerdotium quam regnum perseverat in sæcula sæculorum. Amen.

SERMO XXIX.

DE SANCTA SUSANNA, AD HORTATIONEM VIRGINUM.

Audistis, charissimæ, atque utinam exaudissetis beatam illam sponsæ sollicitudinem in Cantico canticorum, ad exhortationem vestram diligenter descriptam. Quæ cum diu quæsitum in lectulo dilectum invenire non posset : *Surgam*, inquit, *et circuibo civitatem : per vicos et plateas quæram quem diligit anima mea* (*Cant*. III, 2). In lectulo dilectum quærit, et non invenit, cum anima perfecta fatuis virginibus adjuncta opera ipsarum considerans, exemplis earum instrui cupit, quas de continentia carnis in magna virtutum perfectione esse credit. Cum enim etiam ista carnis continentia, et hujus tam ardui propositi observantia paucorum sit, talium vita a tumultu sæculi remota lectulo potius quam lecto comparatur; quia magna quies est a molestiis nuptiarum vacare, et voluptatibus carnis operam non dare. Sed quia non magnum quid hanc continentiam, quæ paucorum est, imperiti æstimant, et ideo facile ex charitate sua in elationem simplices trahit, non potest in talibus Christus reperiri, qui superbis resistit semper, et humilibus dat gratiam (*I Petr*. V, 5). Hoc itaque sponsa conspiciens quasi de lectulo surgit, et egressa circuivit civitatem, quærens ibi sponsum per vicos et plateas, quem in lectulo reperire non potuit, dum mente foras exiens bonam vitam fidelium intuetur, qui in hoc sæculo tanquam in civitate, quæ multos capit, conversantur, et quas imitetur exempla virtutum inde assumit, in quibus per gratiam Domini habitare non desperat. Et quoniam in omni gradu fidelium alii perfectiores sunt aliis, quosdam ibi in plateis, quosdam in vicis reperit, quia quorumdam vita quo altior est in meritis in paucioribus consistit, qui quasi in vicis morantur, qui strictiores sunt quam plateæ, quales Job et Susannam legimus, et plerosque alios, qui de magna virtutum perfectione tam viris quam feminis in exemplo sunt positi. Quorum tanto laudabilior vita exstitit, quanto in sæculari conversatione religiosior fuit, et quasi purissimum aurum in fornace non arsit.

Et quoniam de virtutibus Job, quas diligenter commemorat Scriptura, supervacuum me nunc vobis scribere arbitror, ad Susannam conjugatam, quæ vestri..... minoris propositi et majoris virtutis fuit, stylum converto; ut in ejus comparatione, si quæ sacri propositi feminæ minus quam noverint habeant, de suo defectu erubescant. Prima vero laus ejus describitur, cum eam pulchram nimis, et timentem Dominum Scriptura commemorat (*Dan*. XIII, 2). A pulchritudine corporis ad decorem mentis ascendit, juxta illud Gregorii : « A minimis quisque inchoat, ut ad majora perveniat. » Pulchra corpore, sed pulchrior mente, tanto laudabilius hæc duo simul, quanto difficilius custodiebat. In altero habebat pugnandi materiam, ex altero cepit victoriæ coronam. Ex illo in concupiscentiam ejus exarserunt sacerdotes, ut hoc per constantiam virtutis probaretur, cum morti addicta vitæ periculum elegit, ne contagium incurreret corporis, atque ipsum corpus quod appetebattur ad culpam, hostiam offerret immaculatam. Proh dolor! proh pudor! Tot videmus in sacro proposito constitutas adeo deformes, ut, sicut scriptum est, larva non indigeant, quas divinæ reverentiæ, ac voti sui prorsus oblitas ita libidinis furor exagitat, ut cum ad turpitudinem peragendam gratis aliquos habere nequeant, emere incestuosos cogantur, et quæ de forma confidunt, venales sese prostituunt; aut si de mercede diffidunt, ipsas luxuriæ sordes quas excipiunt pro mercede sibi constituunt. Adulteras tam leges sæculi quam divinæ morte puniendas censuerunt. Quanta autem vindicta in sponsas Christi corruptas exercenda sit, datur intelligi, quibus vix locum etiam pœnitentiæ canones reliquerunt. Sunt et nonnullæ inter eas vetulæ meretrices, quæ cum jam se omnino contemni præsenserint aliena corpora vendendo, cum propria non possunt, detestanda exercent lenocinia. De qualibus quodam loco me scripsisse recolo : Vetus meretrix se propagat in adolescentulis.

Quam severam quoque sententiam de lænis sancti Patres instituerint, ex eorum manifestum est scriptis, quas in fine quoque a communione privarunt. Unde et illud est Eliberitani concilii, cap. 11 : « Mater vel parens, vel quælibet fidelis si lenocinium exercuerit, eo quod alienum corpus vendiderit vel suum, placuit nec in fine communicandam. » Quod si in feminis sæculi adeo lenocinium sunt detestati, quantum in sponsis Christi istud est abhorrendum, ubi proprium Dei templum violatur, et hæc ei vindicta specialiter reservatur? *Si quis*, inquit Apostolus, *templum Dei violaverit, disperdet illum Deus* (*I Cor*. III, 17). Beata laica, et sæculi non claustri, femina prædicta, hominis potius conjux quam Christi sponsa dicenda, surget in judicio, et condemnabit generationem hanc pessimam; quæ ut hominis servaret fidem, elegit interire munda, ne viveret immunda. Unde autem tanto castimoniæ zelo successa, tanto constantiæ muro esset munita, subinfertur cum dicitur : *Parentes autem ejus cum essent justi, erudierunt filiam suam secundum legem Moysi* (*Dan*. XIII, 3). De justis parentibus justissima filia nata memoratur, et in communi eorum laude sanctissima studia prædicantur.

Quod et beatus Hieronymus diligenter attendens, cum in explanatione Danielis ad hunc locum veniret, ait (45) : « Hoc utendum est testimonio ad exhortationem parentum, ut doceant juxta legem Domini, sermonemque divinum, non solum filios, sed

(45) Patrol. tom. XXV, col. 580.

filias suas.» Hoc adhuc sacrarum litterarum zelo judaicus populus in ipsis etiam tenebris cæcitatis suæ plurimum fervens, non mediocriter nostram, id est Christianorum negligentiam accusat. Tanto quippe ardore legem amplectuntur, ut quislibet eorum quantumcunque pauper, quotquot habeat filios, neminem divinas litteras ignorare permittat. Quorum tanto zelo Apostolus maxime compatiens, ait : *Fratres, voluntas quidem cordis mei et obsecratio ad Deum fit pro illis in salutem. Testimonium enim perhibeo illis quod æmulationem Dei habent, sed non secundum scientiam (Rom.* x, 1), hoc est magnum fervorem in Deum, ac desiderium in mandatis ejus, quæ in lege acceperant, cognoscendis atque implendis, licet in magno persistentes errore, cum hæc ad salutem sufficere credant. Æmulatio quippe seu zelus quislibet animi fervor vehemens ad desiderium cujuslibet nuncupatur. Unde et tam bonus quam malus zelus dicitur vehemens, scilicet commotio animi ac sollicitudo ad aliquid agendum. Nulli vero, vel pauci Christianorum sunt, qui evangelicæ doctrinæ perfectionem tanto studio vel causa amplectuntur, ut ejus desiderio filios suos sacris imbuere litteris curent, sed temporalis tantummodo commodi causa, ut hujus vitæ necessaria sibi ipsis vel illis inde provideant, aut de officiis clericorum, aut de habitu monachorum. Unde recte ab intentione talium patrum Susannæ parentes distinguuntur cum tam in eorum laudibus quam in ipsius Susannæ dicitur, quia *parentes ejus, cum essent justi, erudierunt filiam suam,* etc. Cum essent enim justi, dictum est, non cum essent avari ; quia quod isti nunc per avaritiam agunt, illi per religionem egerunt ; et amore Dei, non ambitione sæculi, tanquam illud quod scriptum est attendentes : *Beatus homo quem tu erudieris, Domine, et de lege tua docueris eum (Psal.* xcɪɪɪ, 12). Quos in hac spe sua nequaquam frustratos fuisse præsentis historiæ sequentia clamant, tantam filiæ suæ describendo perfectionem, quam de divinæ legis eruditione provenisse, præcedentia insinuant, ob hoc videlicet commemorata.

Quali autem agone matrona mirabilis mirabiliter triumphaverit, perpendite, virgines, ut ex ea discatis qualiter et ipsæ dimicare debeatis, et sponsionis votum servare Christo, sicut illa fidem custodivit marito. Comprehendentes igitur eam senes, et ad consensum adulterii cogere nitentes : *Ecce,* inquiunt, *ostia pomarii clausa sunt, et nemo nos videt. Quamobrem assentire nobis, et commiscere nobiscum. Quod si nolueris, dicemus contra te testimonium, quod fuerit tecum juvenis, et ob hanc causam emiseris puellas a te (Dan.* xɪɪɪ, 20, 21). O cæci cæcorum duces, et expertes justitiæ judices, nunquid si ostia pomarii sunt clausa, janua cœli nonne est aperta ? Frustra hominum conspectum fugitis, qui conspectum Dei fugere non potestis. Hoc illa præcipue attendebat, cum diceret : *Melius est mihi absque opere incidere in manus vestras, quam peccare in conspe-* ctu *Domini (ibid.,* 25). Nemo, dicitis, nos videt. Quid, si Deus ? Pudet ab homine deprehendi, et non a Deo conspici ? mortem corporis temporalem ab hominibus deprehendi timetis, mortem animæ perpetuam non formidatis, cujus comparatione nec illam dici mortem illa profitetur ? Sic quippe ait : *Si enim hoc egero, mors mihi est ; si autem non egero, non effugiam manus vestras (ibid.,* 22). Mortem utique potius animæ quam corporis appellandam censuit ; et quia illam plus timuit, utramque pariter evitare meruit. Vos autem e converso, hanc magis quam illam metuentes, a neutra fuistis immunes. Illa judicem Deum plus quam hominem verita, tam divino quam humano judicio liberata, quorum neutrum vos ipsi judices effugere non potuistis.

« Attendite, sponsæ Christi, quid dixerit ac fecerit conjux hominis, et si quis profanus, et Dei prorsus oblitus, consimilem a vobis exegerit turpitudinem, et in tantum etiam fortasse perstiterit ut vim facere præsumat, respicite vestrum maritum non hominem, sed Deum, non Joachim, sed Christum, et intrepida Susanna vestrum unaquæque dicat : *Si hoc egero, mors mihi est.* Latere Joachim fornicatio poterat uxoris, sponsum autem vestrum quis latere potest ? Injuriam suam tam ipse, quam gloriosa mater ejus, ac tota pariter cœli curia desuper intuebitur. Quæ adeo impudens, adeo insana, ut hunc maxime non erubescat, et expavescat aspectum ? Cum quis te falsi nominis Christianus super hoc convenire, imo circumvenire tentaverit, sufficit tibi uno te statim responso absolvere : Assentiam tibi in isto, si peragi potest inscio sponso meo, aut si fortiores eo fuerimus, quo ejus offensam minus timeamus. Denique instantibus impudicis senibus, cum vi non posset eos Susanna repellere, ore usa pro manibus, quod unum restabat, impetum eorum compescuit, dicens.... Perpendite, virgines, virtutem conjugatæ, et de majoribus minora cogitate. Non timetis mortis periculum, si a vobis incestuosos repuleritis, sicut illa, ut dictum est, faciebat. Non est tanta vis eorum, ut ab ipsis clamore liberari sitis compulsæ. Aut si clamare necesse sit, facilius vos sponsus quam Susannam exaudiet maritus, et quo potest amplius, liberabit citius.

Egressæ itaque de lectulo mente, Susannam in vico requirite, ut quas non invenitis in claustro virtutes, reperiatis in sæculo. Videte quid in secreto comprehensa, quid in publico gesserit accusata. Et quia partem agonis ejus jam diximus, quæ restant breviter perstringamus. Deducitur illa, ut dictum est, ad judicium cum parentibus et filiis, et universis cognatis suis. *Flebant igitur sui, et omnes qui noverant eam. Consurgentes autem duo presbyteri in medio populi, posuerunt manus suas super caput ejus. Quæ flens, suspexit ad cœlum. Erat enim cor ejus fiduciam habens in Domino, et dixerunt presbyteri : Cum deambularemus in pomario soli (Dan.* xɪɪɪ, 33), etc.

Et vos itaque, piæ virgines, innocentem matronam, et tantam sustinentem injuriam pio prosequimini fletu, ut quo major vestra fuerit compassio, jucundior existat innocentis liberatio. Flebant non solum sui, sed omnes qui noverant eam ; non quidem omnes qui ejus laudem audierant, quæ nullos aut paucos latere poterat, sed qui rei veritatem multis indiciis experti fuerant. In medium matrona sanctissima trahitur, et innocens pro rea statuitur. Anxius maritus, anxii tam parentes quam filii, et omnes qui noverant eam, quanto pudore confusi, quantis lacrymis perfusi ejus innocentiam deplorarent, quis commemorare vel cogitare non plorando queat ? Soli tam naturæ quam humanitatis immemores senes in ejus judicium, imo suum potius consurgere ausi, et immundas manus sanctæ vertici ejus imponentes tanquam testimonium accusationis in eam dicturi : *Cum deambularemus*, inquiunt, *in pomario soli*, etc. Bene, inquam, dicitis, *deambularemus*, et *soli*, qui concupiscentiæ stimulis agitati, a Deo pariter et lege jam eratis alieni.

Bene autem cum dictum sit : *Consurgentes in medio populi, manus suas super caput ejus*, statim adjunctum est, *quæ flens suspexit ad cœlum ; erat enim cor ejus fiduciam habens in Domino*. Quid est quod hucusque cum sui eam deflerent, non est memorata flere, sed tunc tantum cum castissimum ejus caput contingerent manus impudicæ? Nunquid tunc primo vel præcipue de periculo timebat vitæ ? Quod quidem ne suspicemur, mox annectitur : *Erat enim cor ejus fiduciam habens in Domino*. Quamvis enim superius dixisset : *Si autem non egero, non effugiam manus vestras*, et postmodum dicat : *Et ecce morior, cum nihil horum fecerim* (Dan. XIII, 43) ; confisa tamen et secura de salute animæ, et gloria palmæ, nequaquam tristis erat de transitoria morte, per quam se transituram sciebat ad gaudia perennis vitæ. Unde et bene suspicere ad cœlum memoratur quo ejus intentio toto desiderio ferebatur.

Cur igitur flebat tunc tantum cum ejus capiti manus imponerent illi, ac non potius cum ad mortem duceretur, nisi quod ea quæ mortem non timebat, ab obscenis manibus caput suum contingi dolebat, quibus nec inferiores corporis partes tangi consenserat ? Audite hæc, et intelligite, virgines sacræ, quæ corpora quoque vestra tanquam propria Deo templa consecrastis, ut nullo lasciviæ tactu hæc pollui permittatis, nullo immunditiæ sacrilegio violari. *Si peccaverit vir in virum*, Samuel ait, *placari ei Deus potest. Si autem in Deum peccaverit, quis orabit pro eo ?* (I Reg. II, 25.) In virum suum peccare Susanna timuerat, si aliquo lasciviæ tactu corpus suum, ei dicatum contingi permitteret. Quid igitur sponsæ Christi faciendum est, cum quis incestus ad eam accesserit, summam injuriam Deo facturus, si hoc ejus proprium templum aliquod lasciviæ contagium præsumpserit ? Cui judici nisi summo hæc summa injuria ; cui nisi cujus est propria vindicanda servatur ? Ei utique qui ad timorem sui maxime nos adhortans, ait : *Nolite timere eos qui occidunt corpus, animæ vero non habent quid faciant ; sed potius eum timete qui habet potestatem corpus et animam perdere in gehennam* (Matth. X, 28). Ac si aperte dicat : Non est eorum guerra nimirum metuenda, quæ in una tantum nostri ac minori parte est, hoc est in corpore, et cito præterit ; sed ea præcipue, quæ in utraque parte perenniter sævit. Quam et Apostolus considerans, ingemiscit, dicens : *Horrendum est incidere in manus Dei viventis* (Hebr. X, 51). Si enim illas, quæ torum maritalem maculaverint, lex divina senserit morte puniendas, quid eas manet quæ ipsum Dei templum prostituerint ? Nunquid præjudicium illis fecit, quæ minus deliquerunt, si majora crimina, et proprii tori maculas expiaverit minore vindicta ? Certum est, ut supra memoratus Apostolus ait, in manufactis templis nequaquam Deum habitare, sed magis in illis, qui vera ejus templa spiritalia sunt dicendi. De qualibus ipse quibusdam ait : *Nescitis quia Dei templum estis, et spiritus Dei habitat in vobis. Si quis templum Dei violaverit, disperdet illum Deus. Templum Dei sanctum est, quod estis vos* (I Cor. III, 16, 17). Qui autem intra parietes corporalis templi sordes aliquas corporales intuens, non eas statim asportare festinet ? Quis sibi fornicari non abhorreat, ac magis illud quam verius animæ templum polluere trepidet ?

Flebat, ut dictum est, Susanna, et fletus ejus causa jam ex parte est exposita, pro contactu scilicet obscenarum manuum, quæ nec ad horam sustinere potuit. Flebat utique de præsente, et si diligentius attendimus, non solum corporis contactum, sed et famæ futurum flebat detrimentum, cum illi scilicet ad testificandum prorumperent, quorum testimonio plurimum credi providebat, sicut et postmodum Scriptura commemorat, dicens : *Credidit eis multitudo quasi senibus populi, et judicibus, et condemnaverunt eam ad mortem* (Dan. XIII, 41). Flebat opprobrium domus suæ, nec tam suam calamitatem quam suorum deplorabat anxietatem. Quid enim? quid, inquam? Circumstantes suos, virum, parentes, filios, cognatos, ut dictum est, et omnes qui noverant eam, in summa anxietate positos, et tam innocentiam ejus quam suam infamiam deplorare cernebat. De quorum compassione magis quam de propria passione dolebat; nec tam corporis mortem quam infamiæ labem plangebat. Quo enim quæque castior est, verecundior esse cognoscitur, et castimoniæ summum istud est argumentum. Unde bene sicut re, ita et nomine pudor, et pudicitia ita sunt adjuncta, ut frequenter nomine pudoris ipsa castitas designetur, quod, ut dictum est, signum est ejus præcipuum argumentum. Quod et Apostolus diligenter attendens cum muliebris honestatis habitum describeret, id in commendatione ipsarum primum assumpsit, per quod eas maxime commendari censuit : *Mulieres in habitu ornato, cum verecundia et sobrietate* (I Tim. II, 9), etc. Hinc e contrario scriptum est : *Frons mulieris meretricis facta est tibi, noluisti erubescere (Jerem.* III, 3). Heu! quid jam novimus, vel audivimus inter eas, quæ per habitum sanctum Deo mentiuntur, non solum turpitudinem carnis incurrere, sed nec infamiæ notam abhorrere. Quibus hoc ipsum pro gloria videtur, quod Christo dedecorato amasiæ hominum, imo detestanda scorta dæmonum prædicantur. A quibus si nonnulla munuscula quandoque suscipiunt, tam Christi quam sui oblitæ miserandam mortem suam, cum summo dedecore sui quibus audent ostentant, quasi non parvi se æstimantes, quæ se aliquibus vendere possint; plura tamen fortassis largituræ quam accepturæ. Paucos quippe emptores reperiunt et magis damnum quam lucrum conspiciunt; et quæ minus appetuntur merces, facilius omnibus exponuntur, et publicatæ citius obtinentur.

Ut autem a proposito [ad propositum] revertamur, et de summa ignominia Christi ad laudem feminæ sæcularis redeamus, cum falso testimonio senum populus credidisset, et eam ad mortem condemnassent, exclamavit voce magna, et dixit : *Deus æterne, qui absconditorum es cognitor, qui nosti omnia antequam fiant, tu scis quoniam contra me falsum tulerint testimonium, et ecce morior, cum nihil horum fecerim (Dan.* XIII, 43). In judicio prius constituta, cum illi in accusationem ejus testificarentur, non loqui, sed flere, et in cœlum suspicere narratur, ut ejus patientia primum probaretur quam et in Christo propheta prædixerat his verbis : *Tanquam ovis ad occisionem ducetur, et quasi agnus coram tondente se obmutescet, et non aperiet os suum (Isa.* LIII, 7). Expectabat ibi tacita damnationis suæ sententiam, et tacens hominibus, soli Deo fletu loquebatur. Nunc vero damnationis accepta sententia, ad excusationem sui, non liberationem, suam innocentiam protestata, famæ potius quam vitæ decrevit consulere, et suos saltem de morte sua minus sollicitos reddere quam minime dubitarent ad feliciorem vitam transire. Certissimum quippe vel innocentiæ, vel culpæ testimonium est, extrema confessio damnatorum, maxime cum quidquid jam dicatur apud homines, sibi profuturum desperent, et tanto amplius de servanda veritate sunt solliciti, quanto se magis ad divinum judicium propinquare trepidant. Bene autem dicitur exclamasse voce magna, non quæ solum aures hominum tetigit, sed quæ ad piissimas aures Dei perfectius venit, nec tam terram quam cœlum replevit. Quod statim subsecutus indicat effectus, cum dicitur : *Et exaudivit Dominus vocem ejus (Dan.* XIII, 44). Quam, obsecro, vocem ejus audivit, imo, ut audistis, exaudivit? Quid enim oravit unde meruit exaudiri? *Tu, Domine*, inquit, *omnia nosti antequam fiant; tu scis quam falsum contra me tulerint testimonium.* Nunquid orando adjecit ut liberaretur a pœna quam non meruerat ex culpa? nequaquam id rogare decreverat, quæ sic se ad vitam transire magis quam mori attendebat, nec tam de morte quam de infamia propulsanda curabat, ut suis potius quam sibi consuleret. Dominus autem, cui conscientia magis quam lingua loquitur, non solum ab infamia, verum etiam a morte ipsam liberare non differens, in eo vocem ejus exaudivit, quod confessionis suæ veritatem certis indiciis comprobavit. Unde et subditur : *Cumque duceretur ad mortem, suscitavit Deus spiritum sanctum pueri junioris, cui nomen Daniel (ibid.,* 45). Spiritum, inquit, potius quam corpus suscitavit, cum ætatem pueri junioris mirabiliter exaltavit, ut Spiritus sanctus, qui in eo jam erat per gratiam, per prophetiæ cognosceretur efficacia; et per virginem puerum pudicitiæ defensorem impudici senes judicati damnarentur. Ex qua quidem spiritus suscitatione ad pudicæ, ut dictum est, defensionem matronæ, et condemnationem impudicorum senum, id non immerito puerum hunc meruisse credimus, ut perpetuæ virginitatis florem obtineret. Hinc quoque non incongrue credimus in tantam pueri famam ex hoc tam mirabili judicio suo crevisse, ut ipse quoque Nabuchodonosor, qui eum captivaverat, cum cæteris eum præcipue toti terræ suæ quasi judicem præficeret.

Exclamavit autem voce magna, et dixit : Mundus ego sum a sanguine hujus. Et conversus omnis populus ad eum, dixit : Quis est iste sermo quem locutus es? Qui cum staret in medio eorum ait : *Sic fatui, viri Israel, non judicantes, neque quod verum est cognoscentes, condemnastis filiam Israel? Revertimini ad judicium, quia falsum testimonium locuti sunt adversus eam. Reversus est ergo populus cum festinatione (ibid.,* 46-48). Quod vero tam mirabile, vel tam divinæ virtutis manifestum signum, ut tam cito ad unius pueri subitam increpationem totus subsisteret populus, et eo diligenter audito, ad judicium festinanter rediret? Quid in eo cernebat, quem ætas parvulum monstrabat et despicabilem, nec omnino ad tantum negotium sufficientem ostendebat? Profecto non est ambigendum eum quo repletus est, spiritum aliquo manifesto signo in eo esse visum, et quiddam divinum in vultu ejus vel habitu apparuisse, sicut de Domino creditur, cum ipse solus omnes pariter tam ementes quam vendentes de templo ejiceret. Reverso autem ad judicium populo, quam constanter, quam sapienter judex senum puer, imo in puero Spiritus sanctus loquatur audiamus : *Separate eos ab invicem procul, et dijudicabo eos (ibid.,* 51). Et primo quidem graviter increpando atque arguendo eos dixerat : *Sic fatui, filii Israel, non judicantes, neque quod verum est cognoscentes*, etc. Quæ est ista, obsecro, confidentia ejus, qui non solum puer, sed et junior memoratur, ut unus duos tam acriter arguat, tam publice puer increpet seniores, et tam cito judicium ipse consummet? Audistis pueri constantiam, sed miramini prudentiam, de qua in examinandis testibus universa per orbem Ecclesia sumpsit auctoritatem. Puer erat, et captivus, etiam Ecclesiæ legem non scripto, sed facto promulgabat. Quid est, puer, quod audes præsumere, et supra ætatem pueri, et non trepidas dicere : *Dijudicabo eos?* (*Ibid.*) Dic saltem : Dijudicabit eos Dominus. Sed quia, ut ait Apostolus, *Qui adhæret Deo unus spiritus est* (*I Cor.* vi, 17), secure profiteris quod per divinum agatur, per tuum fieri spiritum; præsertim cum et Veritas dicat : *Non enim vos estis qui loquimini, sed spiritus Patris vestri qui loquitur in vobis* (*Matth.* x, 20).

Quid interim agis, o Susanna? quanta subsistis admiratione suspensa! quod a puero speras auxilium, quæ per commune damnaris judicium? Sed quia scriptum legisti de tuo et omnium Salvatore : *Puer natus est nobis* (*Isa.* ix, 6), etc., ne diffidas eum te per hunc puerum salvare, quem ut omnes salvet puerum fieri credideras ex lege. Non attendas pueri ætatem, sed præsidentem puero Deitatem, de cujus potentia scriptum meministi : *Dixit, et facta sunt; mandavit, et creata sunt* (*Psal.* xxxii, 9). Confidens Domino, atque omni auxilio destituta præter divino, illud Apostoli jam in te completum experiris : *Si Deus pro nobis, quis contra nos?*. (*Rom.* viii, 31.) Filia Juda, ut ipse Daniel profitetur, et de regio sanguine clara, atque Dominicæ stirpi per cognationem conjuncta, quem fueras habitura cognatum, jam in agone tuo præsentis propitium; ut quod speras de salute animæ, jam experiaris in corporis liberatione, ut ex beneficio minori certior reddaris de majori, et de perceptione amplioris gratiæ ei semper studeas deservire. Audistis, virgines et sponsæ Christi, virtutem laicæ conjugatæ, quam a vobis de lectulo, ut diximus, foris egressis voluimus conspici, ut eam scilicet imitantes, sponsum vestrum reperiatis in vico, quem fortassis non habetis in claustro. Audistis, et vos, tam presbyteri quam clerici, judicium vestrum, qui circa sponsas Dei aliqua de causa conversantes, vel eis familiaritate qualibet adhærentes, tanto a Deo longius recediditis, quanto eis turpiter amplius propinquatis. Maculare hominis torum præsumentes presbyteri, dignam, ut dictum est, mortis sententiam exceperunt. Quid eos maneat perpendite, qui proprium Dei lectum non verentur polluere. Cum apud ipsas missarum solemnia celebratis, vel ad infirmas venire cogimini, sæpe, ut audio, earum ori hostias porrigitis manibus illis, quibus ipsarum nates vel obscenas partes contrectare soletis. Si corruptis monialibus vix a sanctis Patribus remedium indulgetur, quid de ipsis sentiendum est corruptoribus? Quorum sexus quo naturaliter est fortior, tanto et eorum lapsus damnabilior. Ac ne prolixitate tam abhorrendæ maculæ finem nostri fœdemus sermonis, sufficit utrisque suum nos proposuisse judicium, et de propositæ historiæ judiciis a minori ad majus traxisse argumentum. Dominus ipse, sorores charissimæ, qui sicut audistis, cubile hominis servavit immaculatum, proprium quem ei consecrastis lectum custodiat incontaminatum, et longe a vobis releget fornicationis spiritum; et qui sancti propositi vobis inspiravit voluntatem, ipse perseverandi tribuat facultatem. Amen.

SERMO XXX.

DE ELEEMOSYNA, PRO SANCTIMONIALIBUS DE PARACLITO.

Inter universas Domini parabolas, fratres, illa præcipue de villico iniquitatis ad eleemosynæ fructum nos invitat. Qui cum villicationis suæ rationem reddere domino non sufficeret, hoc novissimum habuit consilium, ut de pecunia domini sui, et de redditibus ipsius villæ cui præerat, quos ipse antea in seipso prodigus consumpserat, amicos sibi præpararet, qui cum expulsus a domino suo fuisset, eum susciperent beneficiorum ejus memores. Factum est itaque, ut cum ipsius villæ redditus colligeret, de rebus domini sui in tantum aliis largus existeret, ut ei qui centum cados olei debebat, quinquaginta condonaret, id est dimidietatem, et ei qui centum coros tritici, viginti remitteret, octoginta scilicet accipiens. Et sic in eo completum est illud vulgare proverbium : « De alterius corio largæ corrigiæ. » Quo audito, dominus ejus, qui eum a villicatione, hoc est a præpositura illa villæ removere decreverat, laudavit ipsum villicum iniquitatis, qui videlicet inique eum pecunia sua defraudaverat, quod prudenter fecisset, de alieno videlicet ære sibi amicos comparando. Quam quidem parabolam suam Dominus Jesus tali fine concludens ait : *Et ego dico vobis, facite vobis amicos de mammona iniquitatis, ut cum defeceritis, recipiant vos in æterna tabernacula* (*Luc.* xvi, 9).

Ecce ipsum villicum Dominus dicit iniquum, qui inique scilicet dominum suum pecunia sua defraudaverat, et ipsam mammonam, id est pecuniam iniquitatis appellat, tanquam Domino fraude subreptam. Et tamen hanc ipsius villici sive mammonæ iniquitatem (43*) excusat providentia villici, quæ laudatur in amicis scilicet sibi comparatis; ut hinc maxime colligatur quanta sit eleemosynæ virtus, quæ de male etiam acquisitis, et inique domino subreptis, æterna cœlestis mansionis habitacula nobis promeretur. Quicunque enim in hac vita possidet aliquid, quasi villicus summi regis est, nec sua sunt quæ habet, sed a Domino sibi commissa tanquam procuratori et ministro. Quas quidem res Domini sui ita debet administrare, ut inde necessaria vitæ habeat, et quæ superfuerint Domino reddat. Inique vero agit et fraudulenter, si ultra necessaria sua quidquam retinet, et non de residuis ipsum Dominum in pauperibus pascit et vestit, sicut ipsemet ait : *Amen dico vobis, quod uni ex minimis meis fecistis, mihi fecistis* (*Matth.* xxv, 40). Divina autem inspirante gratia, tunc apud dominum suum se defamari villicus intelligit, quod non videlicet domini sui fidelis exstiterit dispensator aut procurator, quando peccatis obstinaciæ suæ, et avaritiæ, et clamore pauperum, quibus subvenire, et sua *illis* reddere noluit, se apud Deum graviter accusari

---

(43*) Non excusat iniquitatem, sed laudat eleemosynam qua redimitur iniquitas. EDIT. PATROL.

SERMO XXX.

recogitat, et eos sibi inimicos fecisse, quos amicos debuit comparasse. Attendit etiam se a villicatione removendum esse, cum ejus rationem Domino non sufficiat reddere, quia hoc ipsum est villicationem amittere, fructum de administratione rerum terrenarum apud Deum non obtinere. Quem tanto amplius quisque debet timere, et de reddenda ratione sollicitior esse, quanto sibi ab eo plura recognoscit commissa esse. Cum enim augentur dona, rationes etiam crescunt donorum. Quod quidem attendens villicus providus et prudens, quem dominus suus multis præfecerat, præparat sibi amicos, qui se a domino exclusum recipiant. A Domino se excludendum judicat, cum in se non recognoscit unde Deo placeat, attendens quam terribile quid de divite Dominus alibi dicat: *Facilius est camelum intrare per foramen acus, quam divitem in regnum cœlorum (Matth.* XIX, 24). Ut ergo illic per alios introeat, amicos sibi illos comparat, quorum ipsum est regnum, ipsa Veritate sic attestante: *Beati pauperes spiritu, quoniam ipsorum est regnum cœlorum (Matth.* V, 3). Illis ergo communicat sua terrena, ut illi sua ei communicent cœlestia. Audi Salomonem, et exaudi plus quam Salomonem, quia *redemptio animæ viri, propriæ divitiæ (Prov.* XIII, 8). Et Dominus ipse Jesus Christus: *Date*, inquit, *et dabitur vobis. Date eleemosynam, et ecce omnia munda sunt vobis (Luc.* XI, 41), quia *sicut aqua exstinguit ignem, ita eleemosyna exstinguit peccatum (Eccle.* III, 33).

Valde contraria sunt, fratres, ignis et aqua, quibus Dominus eleemosynam comparat et peccatum. Ille inter elementa calidissimus est, hæc frigidissima est. Et scitis, fratres, quia charitas, quæ nos, juxta Apostolum, spiritu ferventes facit, igni merito comparatur. De quo quidem igne Veritas ait: *Ignem veni mittere in terram, et quid volo, nisi ut ardeat? (Luc.* XII, 49.) Ac si aperte dicat: Quid aliud veni quærere in mundum, nisi ipsum flamma dilectionis accendere? Peccatum autem quod per invidiam ejus intravit in orbem terrarum, qui frigidas hominum inhabitat mentes, sicut scriptum est: *Ponam sedem meam in aquilone (Isa.* XIV, 4), id est præparabo mihi regnum in cordibus hominum igne charitatis carentibus, recte per aquam frigidissimum elementum designatur. Cum autem charitas in Deum ferveat semper, maxime illa fervere cognoscitur, quæ per compassionem fraternam in eleemosynis exhibetur. Unde et per excellentiam quamdam ipsa eleemosynæ largitas quasi proprio jam vel speciali nomine charitas vocari consuevit. Sic e contrario obduratio mentis in pauperes maxime frigidam mentem esse convincit, et ab omni charitatis igne privatam, sicut scriptum est: *Qui enim non diligit proximum quem videt, Deum quem non videt quomodo potest diligere? (Joan.* IV, 20.) Bene itaque hanc obstinationem animi frigidissimo com-paravit elemento, sicut illam benignitatem calidissimo. Hujus itaque benignitatis effectum pauperibus exhibentes, a regno diaboli recedimus, et in regnum Christi transferimur. Sicut ab aquilone pandetur malum, ita Deus ab austro veniet. Inde enim venire quisque habet, ubi inhabitat. Et diabolus, qui malorum actor est, in frigidis habitat mentibus, quæ per aquilonem, frigidissimum ventum, intelliguntur; et Deus in his quæ charitatis igne sunt succensæ, quas bene auster, qui calidissimus est, designat.

Ad has sibi mentes parandas ipse in Canticis sponsus dicit: *Surge, aquilo, et veni, auster, et perfla hortum meum, et fluant aromata illius (Cant.* IV, 16). Hortus Domini sancta est Ecclesia, quam excolit et irrigat doctrinis et exhortationibus sanctis. Hic hortus habet duo aromata, id est pretiosa sancti Spiritus unguenta, quorum altero Deum, altero proximum quasi ungere dicitur, Dei videlicet, ac proximi dilectionem, quia per illam proprie Deum in seipso tangit, et ad ipsum toto se desiderio suspendit, et per istam ad procurandas proximi necessitudines se inclinat atque demittit. Ab hoc horto surgit recedendo aquilo et venit auster, quando frigida prius hominum corda charitatis accenduntur flamma. Perflando auster sentitur, et charitas per eleemosynam exhibetur. Est auster, sed nondum flat, charitas mente concepta, nondum in opere exhibita. Tum autem flatu suo educitur atque sentitur, dum in opere necessitatibus proximorum exhibetur. Tunc aromata, quæ prius in mente quasi recondita latebant, fluunt, cum tam Dei quam proximi dilectio visibili effectu operum exhibetur. Tum aromata fluentia pariter fragrantiam suam dilatant, quando impensæ charitatis bonus odor ad multorum veniens notitiam, multos aliorum exemplo ad bonæ operationis imitationem trahit.

Ecce, fratres hic congregati, hortus Dei esse debemus. Oremus ipsum Dominum horti, ut ad ejus imperium surgat aquilo, sicut exposuimus, et veniat in eum auster perflans ipsum, ut fluant aromata; ut vestra videlicet charitas pauperibus impensa, non solum vos Dominus lucretur, sed exemplo vestro alios ei acquirat. Facite, juxta ipsius exhortationem, de mammona iniquitatis amicos, ut cum defeceritis, recipiant vos. Est enim mammona iniquitatis, est et pecunia æquitatis, id est justitiæ. Iniquitatis est, quæ inique Domino fraudata, cum pauperibus debuerit erogari, tot pauperes ut homicida peremit [*leg*. peregit], quos sustentare potuit. Unde Hieronymus in Epistolam Pauli ad Romanos (44): « Nam si viderit illum fame periclitari, nonne ipse illum occidit, si illi cum affuit non dedit victum? Quicunque enim in necessitate succurrere morituris potest, si non fecerit, occidit. » Augustinus contra Faustum: « Itaque si occurras in eum famelicum qui mori possit, nisi cibum porrigendo subvenias,

---

(44) Patrol. t. XXX, col. 705.

jam tu homicida teneberis lege Dei, si non dederis. » Leo papa in Sermone secundæ Dominicæ Quadragesimæ : « Quisquis enim pascendo hominem servare poteris, si non paveris, occidisti. ». Nobilis quoque gentilis Seneca, et naturali præditus lege, hoc quoque diu ante in proverbiis suis sanxerat, dicens : « Qui succurrere perituro potest, cum non succurrit, occidit. » Quantum hic, fratres, nobis periculum indicitur, si sic pauperes membra Christi avaritia nostra interficit, imo ipsum iterum in membris suis Christum occidit? Ipse quippe de his omnibus, quæ his pauperibus fiunt, per semetipsum loquitur : *Quod uni ex minimis meis fecistis, mihi fecistis* (*Matth*. xxv, 40). Etiam in cœlo consistens persecutori suo clamat, dicens : *Saule, Saule, quid me persequeris?* (*Act*. ix, 4.) Ipse propter pauperes suos semel occisus est, nos eum adhuc quotidie in ipsis pauperibus interficimus. Prior ejus illa occisio, per quam redempti sumus, fructuosa nobis fuit, hæc autem solummodo damnosa. Suscepit Judas mammonam iniquitatis, ut Christum traderet. Nos mammonam retinentes iniquitatis, ipsum interficere non cessamus. Accusamus Judam, quod eum propter pecuniam semel tradidit. Non accusamus nos, quod per pecuniæ cupiditatem eum quotidie quasi iterum crucifigentes interficimus.

Transferamus, fratres, istam mammonam iniquitatis in mammonam æquitatis atque justitiæ, de qua scriptum est : *Dispersit, dedit pauperibus, justitia ejus manet in sæculum sæculi* (*Psal*. cxi, 9). Illa est mammona æquitatis, id est pecunia justitiæ, quam virtus justitiæ fideliter dispensat, sicut illa est iniquitatis quam avaritiæ defraudat iniquitas.

Ne putetis, fratres, cum hæc pauperibus impenditis, vos eis vestra dare, sed sua reddere. Quidquid enim supra necessaria vitæ retinetis, ipsorum sunt, et per rapinam sua violenter occupastis, quibus ablatis eos interficitis. Unde Gregorius in Pastorali (45) : « Ea, inquit, de qua sumpti sunt, cunctis hominibus terra communis est, et idcirco alimenta quoque communiter omnibus profert. » Incassum se ergo innocentes putant, qui commune Dei munus sibi privatim vindicant, qui cum accepta non tribuunt, in proximorum nece grassantur. Nam cum quælibet necessaria indignantibus ministramus, sua illis reddimus, non nostra largimur. Justitiæ potius debitum solvimus, quam misericordiæ opera implemus. Unde et Veritas cum de misericordia caute exhibenda loqueretur, dixit : *Attendite ne justitiam vestram faciatis coram hominibus* (*Matth*. vi, 1). Et Psalmista : *Dispersit, dedit pauperibus, justitia ejus manet in sæculum sæculi* (*Psal*. cxi, 9). Est enim justitia, quæ unicuique reddit quod suum est. Cum autem pauperibus sua restituimus, maxima est adhibenda discretio, ne scilicet quod alterius est alteri demus, aut cui magis debemus, minus demus. Est enim discretio

mater omnium virtutum. Etsi recte offeras, sed non recte dividas, peccasti. Et omnia lex immunda censet animalia, quæ non ruminant, et non findunt ungulam. Non enim infidelibus deneganda est misericordia sed maxime fidelibus impendenda, juxta quod scriptum est : *Maxime autem ad domesticos fidei* (*Galat*. vi, 10), si tanta sit largitas stipis porrigendæ. Sed Apostolus docet faciendam quidem ad omnes eleemosynam, sed maxime ad domesticos fidei. De quibus et Salvator loquebatur : *Quos recipiant in æterna tabernacula* (*Luc*. xvi, 9). Sed inter etiam ipsos fideles pauperes multa est differentia, cum alii pauperes mundi sint necessitate, alii pauperes Dei propria voluntate ; de quibus dicitur : *Beati pauperes spiritu, quoniam ipsorum est regnum cœlorum* (*Matth*. v, 3). Quod et prædictus doctor diligenter attendens, consequenter adjecit : « Nunquid et isti pauperes, inter quorum pannos et ingluviem corporis flagrans libido dominatur, possunt habere æterna tabernacula, qui nec præsentia possident nec futura? Non enim simplices pauperes, sed pauperes spiritu beati appellantur, id est ut ei tribuat qui erubescit accipere, et cum acceperit dolet metens carnalia, et seminans spiritualia. » Sed inter ipsos iterum, qui Dei potius quam mundi pauperes sunt, nonnulla est differentia, cum alii plus egeant, alii minus. Hi quidem, qui sæculo penitus abrenuntiantes apostolicam imitantur vitam, veriores sunt pauperes et Deo propinquiores. Sed sunt hujus professionis non solummodo viri, sed etiam feminæ, quæ cum sint fragilioris sexus, et infirmioris naturæ, tanto est earum virtus Deo acceptabilior atque perfectior, quanto est natura infirmior, juxta illud Apostoli : *Nam virtus in infirmitate perficitur* (*II Cor*. xii, 9).

Istæ cum, terrenis conjugiis vel carnalium voluptatum illecebris spretis, sponso immortali se copulant, sponsæ summi regis effectæ, omnium ejus servorum efficiuntur Dominæ. Quod diligenter attendens beatus Hieronymus cum ad unam harum sponsarum Eustochium scriberet, ait : « Hæc idcirco, domina mea Eustochium, dominam quippe debeo vocare sponsam Domini mei. » Quod si tantus Ecclesiæ doctor veraciter profiteri non erubuit, et vos eas dominas vestras rebus ipsis magis quam verbis recognoscentes, ne differatis earum inopiæ subvenire, et vos longe amplius domini vestri sponsis debere quam servis, et eas apud sponsum proprium plus posse quam servos agnoscatis. Inter ipsas quoque sanctimoniales hæc in eleemosynis adhibenda est discretio, ut quæ majori paupertate sunt oppressæ, majori subsidio sustententur. Sunt enim monasteria feminarum sicut et monachorum antiquitus a potentibus sæculi fundata, vel copiosis possessionibus ditata. Hoc vero monasterium noviter constructum, nec a divite quodam fundatum est, nec possessionibus ditatum. Quod tamen

(45) Patrol. t. LXXVII, col. 87.

in divinis officiis, et disciplina regulari non minori studio perseverare quam cætera Dei gratia novimus. Sed novella ejus adhuc et tenera plantatio vestris, ut crescat, colenda est eleemosynis. Eligendi vobis sunt pauperes, et eleemosyna qua regnum cœlorum emere vultis, non temere cuilibet porrigenda; sed sudet, sicut scriptum est, eleemosyna in manu tua, donec invenias qui dignus sit, donec tibi occurrat ubi eam possis bene collocare, quam in pretio tantæ rei vis ponere. Considerandi sunt pauperes, qui te possint meritis suis et orationibus illuc introducere; quia stultum est ab illis æterna tabernacula sperare, qui ut ea obtineant minime seu parum laborant, qui coactione magis quam voluntate sunt pauperes, rebus potius quam spiritu, inviti potius quam spontanei. *In carcere eram*, Dominus inquit, *et venistis ad me* (*Matth.* xxv, 36). Nonnulla misericordia est eis etiam subvenire, qui in carceribus hominum inviti tenentur; sed maxima est his subvenire, quæ se sponte Domini carceribus in perpetuo mancipaverunt, donec sponso occurrentes cum ipso intrent ad nuptias, sicut ipsemet sponsus asserit dicens: *Et quæ paratæ erant intraverunt cum eo ad nuptias* (*ibid.*, 10), ut illuc videlicet quasi uxores assidua cohabitatione fiant, quæ hic exstiterunt tanquam sponsæ. Ad quam quidem cœlestium societatem nuptiarum et æterna tabernacula, ipsæ vos meritis et intercessionibus suis sponsæ secum introducant, ut illic per eas percipiatis æterna, quæ hic a vobis suscipiunt temporalia, præstante ipso earum sponso Domino Jesu Christo, cui est honor et gloria, per infinita sæculorum sæcula. Amen.

SERMO XXXI.

IN NATALI SANCTI STEPHANI, VEL CÆTERORUM DIACONORUM, QUI AB APOSTOLIS DERIVATI SUNT OBSEQUIO SANCTARUM VIDUARUM.

En lectulum Salomonis sexaginta fortes ambiunt ex fortissimis Israel, omnes tenentes gladios, et ad bella doctissimi. Uniuscujusque ensis super femur suum propter timores nocturnos (*Cantic.* iii, 7). Quam gloriosus et quam pretiosus, fratres, iste sit lectulus Salomonis, cui tam diligens custodia tot et tantorum virorum sic præparatorum, sic armatorum deputatur, mirari magis quam eloqui possumus. Quid in noctibus rex tantus metuebat, qui ex ipso quoque nomine suo, quantam sit adeptus pacem, insinuat? Quid, inquam, in noctibus potius quam in diebus verebatur, ut tanta custodiæ providentia lectulum suum ambiente muniret? Cur hæc denique quies ejus lectulo magis quam lecto comparatur? Lectum quidem in Evangelio legimus duos in se continentem, quorum alterum assumi, et alterum relinqui Veritas testatur. De lectulo autem, qui in hoc Cantico canticorum sæpius memoratur, nihil tale dicitur; nec quisquam in eo quiescens relinqui perhibetur. Lectus itaque qui major

est, et multos capit, quorumlibet continentium vitam designat. Hi namque quo amplius ab inquietudine sæcularium curarum sunt remoti, nec conjugalibus molestiis impliciti, ampliori quiete fruuntur. Sed quia et inter virgines nonnullæ fatuæ inveniuntur quæ a sponso clausa janua repelluntur, et multi post sacrum propositum apostatantur et ob hoc assumi a sponso non merentur, derelinqui dicuntur. Lectulus vero, qui arctior est et paucos capit, sanctæ continentiæ quietem exprimit, cujus vitæ perfectio Deo se arctius astringit, et quasi cum eo unus spiritus fit. Talium vita Deo penitus vacans, atque illi soli dedita, sponsæ nomine recte censetur, sed tunc rectius et specialiter, cum tanta virtus in feminis præminet, quæ, virili copula spreta, et contemptis voluptatibus, Christum sibi pro marito proposuerunt: non solum virgines, ut Maria, sed etiam viduæ, sicut Anna, et quæ abrenuntiantes sæculo, apostolico adhærebant collegio. Quas denique apostoli tanto pietatis amore sunt amplexi, ut, cum crescente numero fidelium ipsi jam ut antea mensis earum non sufficerent ministrare, septem huic officio diaconos, id est ministros deputaverint, quibus earum necessitudini diligenter providentibus, ipsæ spiritali lectuli quiete fruerentur ampliore. De quorum quoque numero, sicut et de cœtu apostolico diabolica tentatione uno cribrato et ventilato, sex tantum diaconi hujus viri Salomonis lectuli custodes, et tanquam excubiæ nocturnæ remanserunt. De quibus nunc dicitur: *En lectulum Salomonis*, etc. Ac si patenter diceretur: Jam in hac incarnati Verbi manifesta fœderatione veri Salomonis lectulum sexaginta viri fortes diligenter ambiendo et circumspiciendo protegunt, ne quo diabolicæ tentationis adulterio violetur, ne quo carnalium voluptatum contagio maculetur, aut curæ mundialis tumultibus inquietetur.

Sexagenarius numerus constat ex senario atque denario, quia sexies decem sexaginta fiunt. Sex autem illi diaconi tam senarium in numero suo habuerunt, quam in perfectione et custodia mandatorum Dei, quæ per Decalogum legis designantur, denarium tenuerunt. Sic igitur in eis senario atque denario pariter conjunctis, recte sexaginta fuisse perhibentur. Fortes præcipue, nec in carnalibus remissos voluptatibus esse oportuit, qui sanctarum castimoniæ feminarum custodes præpositi. De quorum collegio ille solus expelli meruit, qui zelo pulchræ conjugis suæ nimium accensus, nec ab hac concupiscentiæ carnalis infirmitate vel correptus destitit, sed vehementis doloris vesania commotus, tam illam suam, de qua corripiebatur, quam cæteras feminas publicari censuit. Quem adeo detestandum apostoli decreverunt, ut in locum ejus neminem judicarent substituendum, sicut in Mathia Judam restauraverunt (*Act.* i, 26). In omni quippe religionis conventu tolerabilior avaritia videtur, et minoris infamiæ, quam turpitudo luxuriæ, et maxime in devotis feminis. Hæc labes est detestanda, et ab eis penitus semovenda.

Expulso denique illo misero et tam infirmi animi Nicolao a prædicto illo diaconorum forti consortio, mysticus ille quem diximus sexagenarius numerus recte est conservatus. Ex fortissimis Israel hi sunt diaconi electi, quia ex discipulis Christi mira continentiæ et abstinentiæ virtute præditis sunt assumpti. Unde gladiis armati et ad bella doctissimi describuntur, quia doctrinis instructi divini verbi,' qui gladius spiritus nuncupatur, quælibet antiqui hostis tentamenta cum hoc gladio resecabant, et tam continentiæ quam abstinentiæ clypeis muniti ignea tela illius nequissimi quasi quodam umbone valido repellebant. Qui etiam in qua sui parte gladios præcipue gestarent provide est determinatum, cum subditur : *Uniuscujusque ensis super femur suum* (*Cant.* III, 8). Qui enim sanctimoniæ præerant feminarum, et prædictum miserum de concupiscentia carnis damnatum a consortio suo moverant ejectum, ab hoc sibi vitio maxime providebant, et incentiva libidinis continentiæ gladio a se maxime resecabant. Unde et bene super illam corporis partem enses habere describuntur, ubi sedem luxuriæ constat esse tanquam propriis partibus libidinis. Quod diligenter maximus ille Christianorum philosophus Origenes attendens, corporali quoque gladio in semetipso usus, manus sibi inferre sustinuit, quo sine suspicione infamiæ ad mulieres quoque instruendas liberum accessum posset habere. Ex primo quoque Dialogorum beati Gregorii libro (46) didicimus venerabilem Equitium abbatem, ut feminarum quoque monasteriis præesse deberet, ab angelo per visum ita spiritaliter eunuchizatum esse, ut incentiva carnis quibus primo graviter incestabatur, sic in eo penitus exstinguerentur ac si omnino deinceps viveret sine sexu.

Sunt qui super femur alienum potius quam super suum gladium habent, cum aliqui non tam bene viventes quam prædicantes, aliorum incestuosam vitam magis corrigunt quam propriam. Timores nocturni sunt sollicitudines sanctorum de quibuslibet diaboli vitandis insidiis. Tanquam enim in tenebris omnis insidians latet, et perfecti quilibet, qui jam manifesta vicerunt tentamenta, de his superest ut cogitent quæ magis sunt occulta, et difficilius deprehendi possunt. Unde et secundum veterem Ezechielis translationem, ut beatus meminit Gregorius, sancta illa quatuor animalia oculos in dorso habere dicuntur. Quod ipse diligenter exponens, ait (47) : « Et hæc quidem vitia quæ virtutibus finitima sunt, majori sollicitudine consideranda sunt, ne per speciem fallant. » Et post aliqua (48) : « Ea enim quæ in facie sunt, sæpe etiam peccatores custodire solent. Justi autem quia se et in eis custodiunt quæ in promptu et in facie non videntur, in dorsis oculos habent; quia et ea quæ in oculis sunt discutiunt, et ab his se custodiunt quæ latent. » Pensate itaque, dilectissimæ sorores, quam obsequii vicem his tam egregiis ministris referre debeatis, et tanto majori devotione natalitia ipsorum celebrate, quanto fidelibus his viris dispensatoribus amplius estis obnoxiæ. Perpendite et quanto vos honore divina gratia sublimaverit, qui vos primum suas et postmodum apostolorum habuit diaconas, cum tam illis quam istis sanctis viduis de suis facultatibus constet ministrasse. Unde et ipsas tam diaconas quam diaconissas appellare doctores sancti consuevere. De quarum etiam mensis ordo diaconatus in prædictis viris incœptus, ad dominicam altaris mensam postmodum est translatus; ut qui diaconarum fuerant diaconi, nunc levitæ efficiantur Christi. Quibus pariter et feminas in hoc diaconatus ordine ab Apostolo conjunctas esse, doctores sancti multis profitentur in locis. Qui ad Romanos Epistolam scribens : *Commendo*, inquit, *vobis Phœben sororem nostram, quæ est in ministerio Ecclesiæ, quæ est Chencris* (*Rom.* XVI, 1). Quem quidem locum Cassiodorus in hujus Epistolæ commentariis suis exponens : « Significat, inquit, diaconissam fuisse matris Ecclesiæ, quod in partibus Græcorum hodie usque peragitur, quibus et baptizandi usus in Ecclesia non negatur. » Hinc et Claudius ita meminit : « Hic locus apostolica auctoritate docet etiam feminas in ministerio Ecclesiæ institui, in quo officio positam Phœben apud Ecclesiam, quæ est Chencris, Apostolus magna cum laude et commendatione prosequitur. » Hieronymus quoque illum Apostoli locum ad Timotheum scribentis exponens, dicit (49) : « Adolescentiores autem viduas devita in ministerio diaconatus præponere, nec malum pro malo detur exemplum. »

Idem quoque apostolus, cum supra in eadem Epistola post episcopos etiam diaconorum vitam ordinaret, institutionem quoque diaconarum illis conjunxit, dicens : *Diaconos similiter pudicos, non bilingues, non multo vino deditos, non tempore lucrum sectantes, habentes mysterium fidei in conscientia pura. Et hi autem probentur primum, et sic ministrent nullum crimen habentes. Mulieres similiter pudicas, non detrahentes, sobrias, fideles in omnibus. Diacones sint unius uxoris viri, qui filiis suis bene præsint, et suis domibus* (*I Tim.* III, 10-12, etc. Ubi et illud notandum est, quod quemadmodum hoc loco diaconos quoque, sicut episcopos, unius uxoris viros approbat, ita et postmodum diaconissarum ordinem instituens, eas etiam unius viri uxores maxime commendat : *Vidua*, inquit, *eligatur non minus sexaginta annorum, quæ fuerit unius viri uxor* (*I Tim.* V, 9), ut videlicet tanto sit ad sui ordinis administrationem idoneior, quanto jam calore corporis refrigescente, ardorem libidinis minus sentit : et tanto solertius ecclesiasticis ministeriis valeat præesse,

(46) Patrol. tom. LXXVII, col. 165.
(47) Patrol. tom. LXXVI, col. 841.

(48) Ibid., col. 843.
(49) Patrol. tom. XXX, col. 883.

quanto magis in rei familiaris cura bene cognoscitur exercitata. Quæ de intemperantia libidinis ne plurimum possit notari, si videlicet per plures decurrerit viros, unius viri uxor eligenda censetur. Vos tandem alloquor, virgines, ut ministrorum quoque differentiam de vestra cogitetis prærogativa. Ecce enim sanctorum obsequio viduarum ab apostolis, locum quorum obtinent episcopi, minoris ordinis viros, id est diaconos, videtis deputatos: ab ipso vestro Christo in matre ejus Virgine didicistis, quid vobis debeant episcopi. Non enim illi diaconum, sed apostolum dedit ministrum, per hoc patenter insinuans tanto vos digniores promereri ministros, quanto ad excellentiam Dominicæ matris amplius propinquatis. Quæ quidem non diaconum, sed apostolum in obsequio sui ministrum adepta, quid vobis episcopi debeant insinuat, qui apostolorum gradum in Ecclesia possident. Unde et devotis communiter feminis, tam virginibus quam cæteris, quanto studio tam apostolorum quam prædictorum diaconorum ab eis electorum festivitates sint celebrandæ, nolo vos ignorare. Quorum vos intercessionibus plurimum adjutas ille vos in sacro proposito custodiat, qui tales vobis deputavit ministros, et eosdem apud se vestros habeat advocatos sponsus vester Dominus Jesus Christus, qui cum Patre, etc.

SERMO XXXII.

DE LAUDE SANCTI STEPHANI PROTOMARTYRIS.

(*Textum emendavimus ad fidem codicis Einsidl.*)

Ancillis Christi servus Christi, tanto Domino digne confamulari.

Protomartyris et coelestis signiferi piissimas exsequias, imo triumphalem celebrantes agonem, tanto id majore perficite devotione, quanto vos amplius huic tam Christi quam vestro diacono constat obnoxias esse. Quid enim diaconus nisi minister interpretatur? Quis autem Actus apostolorum perlegens, non noverit beatum Stephanum cum sex aliis Spiritu sancto plenis, juxta ipsius Spiritus septiformis gratiæ numerum, ab apostolis in ministerium sanctarum feminarum diaconos electos, et per impositionem manus, ad hujus administrationis curam diligenter adstrictos, et quasi adjuratos? Qui cum omnes pariter pleni Spiritu sancto ab apostolis eligendi dicantur, solus tamen Stephanus hanc gratiam spiritaliter adeptus in sequentibus memoratur, cum dicitur: *Et elegerunt Stephanum virum plenum fide et Spiritu sancto, et Philippum* (*Act.* VI, 5), etc. Et rursum: *Stephanus plenus gratia et fortitudine faciebat prodigia et signa magna in populo* (*ibid.*, 8). Gaudete itaque, et spiritaliter congaudete tanti agonistæ victoriæ, quem et meruistis habere ministrum, et in hujus administrationis mercede priorem martyrii palmam adeptum de obsequio vestro misistis ad coelum. Reddite mutuum super hoc divinæ laudis obsequium; et quo ille fidelis pro Deo vestris ministravit mensis, eo vos devotius in obsequio Dei et veneratione martyris persistatis. In quo simul et honorem vestrum pensate, et fiduciam de meritis ejus non mediocrem sumite. Honorem quidem, quod, ut præfati sumus, talem meruistis habere ministrum, quem militiæ coelestis signiferum omnes animæ sequuntur justæ; fiduciam vero, qua ipsum præcipue ibi speretis adjutorem, quem hic fidelissimum habuistis procuratorem; ut qui in minimo fidelem se præbuit ministrum, in majore ultroneum se præparet advocatum. Quod tanto facilius suis apud Dominum meritis obtinebit, quanto ejus gratiam majorem adeptus, summo sacerdoti primus diaconus meruit adjungi. Cujus quoque passio tantam privilegii nacta est auctoritatem, ut sola ipsa canonicis inserta Scripturis, eumdem habuerit scriptorem, quem et Dominica. Tanquam apocryphæ passiones apostolorum repudiantur, et exitus Dominicæ matris certum ex scriptore titulum non habet. Sola est protomartyris passio evangelici scriptoris stylo insignita, et tam diligenter descripta, ut tam in sua quam in vestra laude abundet. Statim quippe post electionem ejus et cæterorum ad obsequii vestri diaconatum, subjunctum legimus: *Stephanus autem plenus gratia et fortitudine faciebat prodigia et signa magna in populo.* Quid hoc, obsecro, vobis dignitatis acquirit, quod non ante susceptum diaconatus officium his prodigiis et signis Stephanum magnificari Lucas commemorat, sed statim post hujus curæ susceptionem; nisi ut innuat hoc a vobis meritum processisse, ut quo se amplius sub infirmiori sexu famulando humiliaret, amplius hinc eum Dominus exaltaret, et in his quæ sequuntur, cæteris excellentior sanctis appareret?

De quo et subditur, quod cum propter prodigiorum et signorum magnitudinem ferre adversarii eum non possent, de diversis in eum synagogis et locis convenientes, tam verbis quam factis mirabilem invenerunt. Cum enim præmisisset evangelista: *Stephanus autem plenus gratia et fortitudine faciebat prodigia et signa magna in populo*; adjecit, atque ait: *Surrexerunt autem quidam de synagoga quæ appellatur Libertinorum, et Cyrenensium, et Alexandrinorum, et eorum qui erant a Cilicia et Asia, disputantes cum Stephano: et non poterant resistere sapientiæ et Spiritui, qui loquebatur* (*ibid.*, 9, 10). Unde illico tam verbis ipsius quam miraculis amplius confutati, et vehementius in eum commoti falsis contra eum testibus introductis, commoverunt plebem, et seniores, et scribas, ut concurrentes raperent eum, et traherent in concilium, ut de blasphemia saltem in Deum et Moysem a falsis testibus ei objecta reus adjudicaretur. Quod quidem non tam per eorum malitiam, quam per dispensationem divinam, ut in omnibus militem suum Deus glorificaret, patenter historia docet. Unde et cum scriptum sit, quia *concurrentes rapuerunt eum, et adduxerunt in concilium* (*ibid.*, 12), non tam vi adductum quam propria voluntate eum intelligimus Cupiens enim dissolvi, et esse cum Christo, qui ad

Patrem ait : *Volo, Pater, ut ubi sum ego, illic sit et minister meus* (*Joan.* XII, 26), eo tunc desiderio primus ipse diaconus post summum sacerdotem Christum ferebatur, quo postmodum Laurentius Sixto adhærebat dicens : « Quo progrederis sine filio, pater? Quo, sacerdos sancte, sine ministro properas? » Recordabatur et illud Sapientis proverbium, quo se obligatum attendebat, et exsolvere cupiebat : Ad mensam magnam sedisti : scito quoniam et talia te oportet præparare (*Prov.* XXII). Sicut enim mensa est corporalis cibi, quæ parva dicitur : sic et mensa magna ea recte vocatur, unde cibus animæ in sacramento Dominico sumitur. Hanc mensam Dominus erexit, cum se ipsum in cruce pro nobis immolavit. Ad hanc mensam accedimus, cum de altari corporis et sanguinis ejus sacramenta sumimus. Quod quidem sumentes, illud attendere debemus, quod ista sumentes Christus admonet : *Hoc facite,* inquit, *in meam commemorationem* (*Luc.* XXII, 19); ac si aperte dicat : Hoc in memoriam meæ passionis ita celebrate sacramentum, ut ad compatiendum pro me, ipsa vos promptos præparet memoria. Ut enim Apostolus meminit : *Si compatimur, et conregnabimus* (*II Tim.* II, 12). Cum vero compatiendo Christo, vicem ei reddimus, quasi de mensa potentis sumpta fercula recompensamus, ut et nos eum reficiamus de nostro, sicut et ille nos satiavit de suo; et nobiscum ipse cœnet, cum quo nos prius cœnavimus. Quis autem minister in mensa Christi, nisi diaconus intelligitur, qui et ipsam altaris mensam, et in ea consecrandæ hostiæ sacramenta componit? Unde bene memorem hujus hostiæ ipsum esse convenit, cujus præcipue ministerio tractatur, ut inde merito primus hic diaconus illi summo sacerdoti in hac recompensanda vice succederet. Cujus quidem laudem cum in concilium advocatus esset, ut diximus, ac accusandum, evangelista prosequens ait : *Et intuentes in eum omnes, qui sedebant in concilio, viderunt faciem ejus, tanquam faciem angeli* (*Act.* VI, 15). Jam enim in eo futuræ vitæ gloria resplendebat, quam fidelibus suis promittens, ait : *Ibi enim neque nubent, neque nubentur ; sed erunt sicut angeli Dei in cœlo* (*Matth.* XXII, 30). Et Apocalypsis : *Mensura,* inquit, *hominis, quæ et angeli* (*Apoc.* XXI, 17). Legimus Dominum in transfiguratione sua tanquam solem facie resplenduisse : hujus autem faciem tanquam angeli audivimus factam esse, quod nec apostolorum, nec sanctorum cuiquam sacræ historiæ. Statutus autem et interrogatus in concilio, quanta fortitudine animi atque constantia plenus esset, propriis responsis exhibuit, quæ quidem tali fine concludens ait : *Dura cervice, et incircumcisi corde et auribus, vos semper Spiritui sancto restitistis, sicut patres vestri, ita et vos. Quem prophetarum non sunt persecuti patres vestri? Et occiderunt eos, qui prænuntiabant, cujus vos nunc proditores et homicidæ fuistis, qui accepistis legem, et non custodistis* (*Act.* VII, 51). Ubi et subditur : *Audientes autem hæc, dissecabantur cordibus suis, et stridebant dentibus in eum* (*ibid.,* 54). Jam enim de primitiis percipiendæ coronæ securus, et de consummatione agonum suorum roboratus, quanto amplius properabat ad bravium, tanto adversarios minus verebatur, et magis in se commoveri gaudebat. Quam profecto constantiam non tam verbis ipsius, quam ipsa sua præsentia ei Dominus exhibebat, sicut statim adjunctum est : *Cum autem esset Stephanus plenus Spiritu, intendens in cœlum, vidit gloriam Dei, et Jesum stantem a dextris Dei* (*Act.* VII, 54).

Legimus Dominum Jesum, cum cœlos ascenderit, ad dexteram Patris consedisse ; nunc vero propter Stephanum, quasi inde surrexerit, stantem potius quam sedentem eum vidit apparuisse. Quis hic honor, quæso, aut quæ spes martyris, ut in occursum ejus assurgere, vel in auxilium ejus stare, quasi et pariter pugnet, Christus appareat? Bene autem præmissum est, faciem ejus tanquam faciem angeli factam fuisse, cum subjunctum sit eum gloriam Dei vidisse, ut jam ejus vita sive cognitio angelica magis quam humana dicenda sit. Scriptum quippe est, Domino ad Moysen dicente : *Non videbit me homo, et vivet* (*Exod.* XXXII, 20). [Et Psalmista de ipsa visione Divinitatis jam securus, ad Deum loquitur : *Satiabor cum apparuerit gloria tua* (*Psal.* XVI, 15). Hic vero Stephanus non solum humanitatem Christi stantem ad dexteram Patris, verum et gloriam Dei videre se asserit, quasi jam omnino angelicam faciem adeptum. De qua videlicet angelica visione per semetipsam Veritas ait : *Amen dico vobis, quia angeli eorum semper vident faciem Patris mei, qui in cœlis est* (*Matth.* XVIII, 10). Raptus est Paulus usque ad tertium cœlum, *et audivit arcana verba, quæ non licet homini loqui* (*II Cor.* XII, 4) ; non tamen gloriam Dei, vel dexteram Patris, in qua Christus consisteret, legitur conspexisse. Unde jam Stephanum quasi jam in exitu vitæ constitutum non tam humane quam angelice vivere perpendimus ; cui nec virginitatis prærogativam defuisse credimus, quæ præcipue virtus angelos imitatur, ut videlicet in carne sine corruptione carnis vivatur, quod nequaquam Moysi concessum et humanæ infirmitatis copulæ obligato. Unde et in laudem tanti martyris sermo quidam conscriptus tali fine conclusus est : « In hoc quod præpositus est feminis, testimonium meruit sincerissimæ castitatis. Beatus ergo erit, qui hunc imitatus fuerit. Et pudicitiæ enim palmam, et martyrii consequetur coronam ; » ac si aperte diceretur : Qui exemplo ejus Agnum sequens quocunque ierit, et bysso pariter indutus et purpura, rosis simul et liliis intextum percipiet diadema. Unde et per excellentiam tanti meriti divino quodam præsagio factum est ut Stephanus vocaretur : quod ut Beda meminit (50) Hebraice *norma vestra,* Græce *corona* dicitur ; cujus nominis

---

(50) *In Act. apost.* Patrologiæ XCII, col. 956.

utraque interpretatio quantum hujus militis excellentiam exprimat facile est assignare. Quod enim dicitur norma vestra, o fideles, tantis eum virtutibus adornatum innuit, ut ad perfectionem vitæ ipse sit omnibus regula disciplinæ. Quippe cum dilectio sit legis plenitudo, quis æque ut Stephanus hanc tam Deo quam proximo visus est exhibere? Deo quidem pro ipso, et post ipsum prior moriendo, atque illud adimplens, quod ipse de ipso dixerat: *Majorem hac dilectionem nemo habet, quam ut animam suam ponat quis pro amicis suis (Joan.* xv, 13). Proximo autem, cum pro se lapidantibus voce magna orans, supplicavit dicens: *Domine, ne statuas illis hoc peccatum, quia nesciunt quid faciunt (Act.* vii, 59). Ubi et mox de ipso de tanta perfectione assumpta subditur: *Et cum hoc dixisset, obdormivit in Domino* (ibid.). Et quidem ipsum pro se orasse Scriptura non reticet, dicens: *Et lapidabant Stephanum invocantem et dicentem: Domine Jesu, suscipe spiritum meum* (ibid., 58).

Sed, profecto, dum pro se orat, nec genua flexisse, nec clamasse voce magna legitur, ut tanto majorem inimicis exhiberet devotionem, quanto eos amplius orationis suæ præsidio egere sentiret, de quorum meritis nihil confidebat. In hac ergo perfectione charitatis erga inimicos consummatus, expleta pro eis oratione, statim in Domino meruit obdormire; ut de perfecto virtutis cumulo, primus tam dignitate quam tempore martyr, primum perciperet bravium. Decebat quippe ut talis in acie Domini primus eligeretur athleta, et cæteris anteponeretur, qui, quo virtute perfectior, eo amplius ad bellum propriis animaret atque instrueret exemplis, quasi ipsum Dominus manus omnium doceret ad prælium et digitos ad bellum. Et ut constantius ad agonem posteros hortaretur, intuens in cœlum vidit gloriam Dei, et sibi jam astantem Jesum, statimque, quasi ad sequaces suos in agone corroborandos, exclamat dicens: *Ecce video cœlos apertos, et Filium hominis stantem a dextris virtutis Dei (ibid.,* 55); ac si diceret: Pugnate et vos fortiter, dimicate viriliter, quia post agonem pugnæ, nulla est jam dilatio palmæ. State in acie intrepidi, pugnate securi, quia Christus in agone astat nobis, ut vincamus pugnat pro nobis. *Si Deus pro nobis, quis contra nos? (Rom.* viii, 31.) Quid etiam illud est insigne præsagii, quod Stephanus non tam coronatus, quam *corona* ipsa interpretatur? Quasi enim de ipso sunt omnes coronandi, qui ab ipso inchoantes, sunt per ipsum instructi, ut ipse simul et regula sit virtutum, et quodammodo corona victorum, et ducatus ad præmium. Qui etiam tantis, ut dictum est, exstitit virtutibus adornatus, ut corona cæterorum quasi supremum diceretur ornamentum, et in ipso corpore Christi non tam cæteris sanctis in vestimento Dominico sit connumerandus, quam in superiori parte, quasi corona, collocandus.

Unde et immaculatæ suæ carnis hostia cæteris martyribus præponi, et in catalogo septem diaconorum tanquam eorum archidiaconus, tam rei quam ordinis nomine meruit anteponi. Decebat quippe ut cæteri cum ipso vobis, ut diximus, deputati, ejus præcipue regerentur arbitrio, qui castimoniæ præeminebat virtute. Bene itaque divina dispensatione actum est, ut in exemplo martyribus ille primus exhiberetur, qui virtutum gratia præcedens, eos amplius roboraret, et ad coronam provocaret. Et sursum intuitus Jesum, tam in occursum, quam in auxilium sui pariter stantem, hanc revelationem sibi fieri non distulit profiteri, qua videlicet sequaces suos ad compatiendum amplius roboraret, et adversarios in se ipsum vehementius commoveret. Meminerat, ni fallor, Isaiam a Judæis occisum, eo quod se Dei majestatem vidisse scripserat. Unde et ipse amplius istos commovendos ex his verbis suis Stephanus æstimabat, sicut et statim annexum est cum dicitur: *Exclamantes autem voce magna, continuerunt aures suas, et impetum fecerunt unanimiter in eum. Et ejicientes eum extra civitatem, lapidadant (Act.* vii, 56). Hanc eamdem portam æstimo, qua et Christus ad crucifigendum egressus est, ut et regi et militi idem passionis locus esset communis. Completum est in eo juxta ipsam quoque historiam, quod ad Hebræos scribens Apostolus, ait: *Quorum animalium infertur sanguis in sancta per pontificem, horum corpora cremantur extra castra. Propter quod et Jesus, ut sanctificaret per suum sanguinem populum, extra portam passus est. Exeamus igitur ad eum extra castra, improperium ejus portantes. Non enim habemus hic manentem civitatem, sed futuram inquirimus (Hebr.* xiii). Si ergo his, qui futuram inquirunt, tanto desiderio prope audum est, quanto magis Stephano, qui jam eam in cœlis præsentem cernebat, qui sibi assurgentem, seu in occursum ejus stantem ac paratum videbat Christum?

Quanta autem promotione in eum debaccharentur, ipsa persequentium impatientia testatur, cum dicitur: *Et ejicientes eum extra civitatem, lapidabant* (Act. vii, 57). Non (51) enim dicit jam ejectum lapidari, sed cum adhuc ejiceretur inchoari. Ejecto autem illo, quanta festinatione ad ejus interitum convocarent, depositio vestium eorum innuit qua auferri videbatur aliquid impedimenti. Quanta vero sit ejus charitas quæ: *Omnia suffert, omnia sperat, omnia sustinet (I Cor.* xiii, 7), exitus manifestat. Positis quippe genibus, exclamavit voce magna dicens: *Domine, ne statuas illis hoc peccatum; et cum hoc dixisset obdormivit in Domino (Act.* vii, 59). Monstrant præcedentia Stephanum etiam pro se ipso orasse cum dicitur: *Et lapidabant Stephanum invocantem et dicentem: Domine Jesu, suscipe spiritum meum (Act.* vii, 58). Ubi diligenter attendendum video quanta charitate inter ipsos lapidum ictus inimicos amplecteret, pro quibus non solum orat,

---

(51) Quæ sequuntur ex codice Einsidlensi supplemus. Desunt in edit. Ambœsii. EDIT. PATR.

sed etiam flexis genibus supplicat, quod nequaquam legitur pro seipso fecisse, verum etiam pro his quos primo graviter arguere et tam sua quam patrum suorum scelera non timuit improperare. Ex quanto autem charitatis fonte id perveniret exhibuit in fine, in quo tum præcipue Dominum Jesum imitari videtur, qui ad passionem deductus, pro crucifigentibus deprecatus est, dicens : *Pater, ignosce illis, non enim sciunt quid faciunt (Luc.* XXIII, 34). Perpendite, obsecro, charissimæ sorores et filiæ Christi, quanta providentia divinæ pietatis circa vos fuerit qui hanc famulatui vestro charitatem deputavit, quæ nec inimicis, cum occideretur, irasci potuit : ut hinc præcipue colligatis quid de ipso vobis sit sperandum qui sic se inimicis præbuit propitium. Legimus et alios sequaces ejus fortiter dimicasse, nullos autem vel paucos hanc exemplo Domini sui interemptoribus gratiam exhibuisse. Unde et merito primus in agone Domino succedere meruit, cui ex tanta virtutis imitatione propinquior exstitit, ut quo profectior esset virtute, prior assumeretur in exemplo pugnæ.

At ne tantæ charitatis affectum in oratione sua non obtinuisse putemus affectum, attendite quid oratione illa proveniat et sequatur. Dictum quippe fuerat testes illos fuisos quibus lapidantibus traditus est, custodienda vestimenta sua secus pedes adolescentis Sauli deposuisse, postea vero cum, expleta oratione, pro inimicis martyr statim in Domino obdormivisse dicitur, mox de eodem adolescente Saulo subinfertur : *Saulus autem erat consentiens neci ejus (Act.* VII, 59), etc. Quibus verbis quidem in hoc maxime adolescente ejus oratio fructuosa invenitur, ut ille postea per meritum Stephani conversus fuisse credatur, per quem universus fere mundus ad Deum converteretur, ut hoc ipsum quod credimus Stephani meritis omnes pariter gentes tribuamus.

Sed nec Stephano lapidato persequentium ira sedata est, sed tanto amplius propter eum accensa, quanto constat eum Deo magis acceptabilem et inimicis Dei fuisse odibilem. Unde et sequitur : *Facta est persecutio magna in Ecclesia in illa die quæ erat in Jerosolymis, et omnes dispersi sunt per regiones Judeæ et Samariæ, præter apostolos (Act.* VIII, 1). Cujus quidem persecutionis dispersionem in quantam salutem Ecclesiæ Dominus converterit, ut de morte scilicet Stephani desolata materiam acciperet consolationum, sequentia indicant, cum hæc scilicet fidelium dispersio multos in fidem Christi congregaret populos, sicut in sequentibus continetur, cum dicitur : *Igitur qui dispersi erant pertransibant evangelizantes verbum Dei, Philippus autem descendens in civitatem Samariæ prædicabat illis Christum. Intendebant autem turbæ his quæ a Philippo dicebantur unanimiter audientes et videntes signa quæ faciebat. Multi enim illorum qui habebant spiritus immundos clamantes voce magna exiebant, multi paralytici et claudi curati sunt. Factum est ergo gaudium* magnum in illa civitate *(Act.* VIII, 4 et seq.). Quod etiam gaudium quantum apostolis fuerit non tacetur cum dicitur : *Cum audissent autem apostoli qui erant Jerosolymis quia recepisset Samaria verbum Dei, miserunt ad illos Petrum et Joannem (ibid.,* 14), etc.

Hunc autem Philippum eum esse constat, qui etiam inter ipsos septem diaconos vestro famulatui deputatos evangelista superius secundum post Stephanum computavit, dicens : *Et elegerunt Stephanum, virum plenum fide, et Spiritu sancto, et Philippum (Act.* VI, 5), etc. Ex quo etiam liquet per hunc quoque diaconem vestrum quasi de domo vestra primam agentes prædicationem Christi dilatam fuisse et primitias gentium in horrea Christi pervenisse. Cujus etiam filiabus quantam gratiam prærogativa virginitatis contulerit longe inferius evangelista non reticet dicens : *Altera autem die profecti venimus Cæsaream et intrantes domum Philippi evangelistæ, qui erat unus de septem, mansimus apud eum. Huic autem erant filiæ quatuor virgines prophetantes (Act.* XXI, 8, 9).

Ut ergo nunc ad superiora redeamus, libet etiam nunc intueri quantam curam sepeliendi sanctissimum martyris sui corpus habuerit Dominus, cum de cæteris ad ipsum ingemiscens Psalmista conqueratur dicens : *Posuerunt morticina servorum tuorum escas volatilibus cœli, carnes sanctorum bestiis terræ. Effuderunt sanguinem sanctorum in circuitu Jerusalem et non erat qui sepeliret (Psal.* LXXVIII, 2, 3). In illa quippe tanta persecutione et dispersione fidelium quæ tunc Jerosolymis facta est, non defuerunt fideles qui cum planctu magno in tanta sui anxietate martyrem sepelierunt, sicut scriptum est : *Sepelierunt Stephanum viri timorati et fecerunt planctum magnum super eum (Act.* VIII, 2). Hic est ille ploratus et ululatus multus Rachelis vestræ, hæ sunt illæ compatientis Ecclesiæ piæ lacrymæ, quæ per Jeremiam præfiguratæ sunt dicentem : *Vox in excelso audita est lamentationis et luctus, Rachelis plorantis filios suos (Jer.* XXXI, 15), etc. Et vos ergo, sorores in Christo charissimæ, talem ac tantum in vestro famulatu defunctum pia lamentatione plangite, pia compassionis devotione venerandas exsequias celebrate, et quasi hunc præcipue vestrum ad sepulcrum prosequentes ejus sepulturæ lacrymis unguenta perficite, et fideli ejus circa vos obsequio quasi aromata præparate.

Legimus in illis sceleratis turbis quæ ad crucifigendum ducebant Dominum, non defuisse illi lugentium pietatem feminarum. Sicut idem meminit evangelista dicens : *Sequebatur autem eum multitudo populi et mulierum quæ plangebant et lamentabantur eum (Luc.* XXIII, 27). Conversus autem ad illas Jesus dixit : *Filiæ Jerusalem, nolite flere super me (ibid.,* 28), etc. Si ergo infideles feminas, et ipsorum et persequentium uxores naturalis affectus pietatis qui maxime vestro sexui inest ad compassionis lacrymas commovit, quid vestro debeatis Stephano non ignoratis.

Quem etiam post mortem quot et quantis miraculis Dominus extulerit præcipue doctores Ecclesiæ ad posterorum memoriam studiose scribendo transmiserunt. Unde inter cætera meritis ejus perpetrata magnalia, maximus Ecclesiæ doctor Augustinus libro De civitate Dei ultimo (52) sex mortuos in Africa commemorat suscitatos, quod nec ipsum sibi Dominum nec Petrum in miraculis præcipuo, nec cuiquam sanctorum legimus concessisse. Prius quidem quemdam presbyterum, deinde puerum, postea quamdam sanctimonialem, dehinc quamdam puellam, postea juvenem, deinde quemdam infantem. Eucharius enim presbyter vetere morbo calcibus laborabat et per memoriam ejus in terris salvus factus est. Ipse vero postea morbo alio prævalescente, mortuus est, sed tunica ejusdem presbyteri postquam ad memoriam sancti martyris delata est, et reportata est, et super jacentis mortui corpus posita, meritis beati martyris suscitatus est. De puero vero legimus quia, cum in area luderet, exorbitantem boves qui vehiculum trahebant rotis eum attriverant, et confestim palpitavit exspirans. Hunc mater arreptum ad eamdem memoriam posuit, et non solum revixit, sed etiam illæsus apparuit. Sanctimonialis vero cum ægritudine laboraret, ad eamdem memoriam tunica illius allata est, sed antequam tunica reportaretur illa defuncta est. Hac denique tunica operuerunt cadaver ejus et recepto spiritu salvata est.

Quadam autem die, quum Basus quidam Syrus ad memoriam ejusdem martyris pro filia ægrotante rogaret et vestem puellæ eo detulisset, ecce duo pueri de domo occurrerunt qui eam mortuam nuntiaverunt. Sed amici qui erant in domo prohibuerunt illi dicere, ne per publicum plangeret. Qui cum domum rediisset nimio dolore commotus, mortuæ filiæ vestem quam detulerat superjecit et vitæ reddita est. Filius item cujusdam exstinctus erat. Cujus corpus amici martyris oleo perunxerunt et statim revixit. Sextus vero qui superest hoc modo suscitatus est. Eleustus, vir tribunitius, habens infantulum in infirmitate mortuum, super memoriam martyris posuit, et post multam orationem cum lacrymis fusam, juvenem levavit. Hæc omnia, ut diximus, in Africa gesta, quæ videlicet ibi habitando noverat, beatus commemorat Augustinus, ex his scilicet innuens quæ in una provincia facta ad ejus notitiam pervenerunt, quot et quanta talia videlicet majora in cæteris mundi partibus ad gloriam sui militis Dominus operari credendus sit.

Unde et id prærogativæ consecutus est, ut in ejus memoriam maxime cathedrarum episcopalium basilicas videamus consecratas. Qui primus martyr Christi, tanquam alter Abel, proprii sanguinis effusione, quidam, ut ita dixerim, fundator exstitit Ecclesiæ, seipsum tanquam lapidem vivum et multorum lapidum ictibus obtusum et quadratum in ejus fundamentum substernens, super quem cæteri omnes tanquam in ipso quodam modo fundati ac firmati innitantur, qui et viris exhibuit formam constantiæ et feminis pariter continentiæ.

Sed quoniam cuncta hæc ad vestram gloriam, charissimæ sorores, specialiter pertinent quæ de primo vestro prædicantur ministro, tanto amplius a vobis triumphus ejus memorandus est, quanto ejus memoria vobis ampliorem honorem vel majorem securitatem præstat. Unde pia vobis exhortatione consulimus ut semper in matutinis et vespertinis laudibus in antiphona propria et collecta ejus memoriam devote celebretis, ut quem apud homines fidelem habuistis ministrum, salubriorem apud Deum sentiatis advocatum, ipso id vobis Domino præstante, cui est honor et gloria per infinita sæculorum sæcula. Amen.

SERMO XXXIII

DE SANCTO JOANNE BAPTISTA.

Dominus ad beatum Job in parabolis loquens, cum per ibices et parturientes cervas rectorum ordinem descripsisset, consequenter, dilectissimi fratres et commonachi, ad institutionem vestri propositi stylum convertit, et ejus libertatem cæteris præferens ait : *Quis dimisit onagrum liberum, et vincula ejus quis solvit ? Cui dedi in solitudine domum, et tabernacula ejus in terra salsuginis ? Contemnit multitudinem civitatis, et clamorem exactoris non audit. Circumspicit montes pascuæ suæ, et virentia quæque perquirit* (Job XXXIX, 5). Magnum, fratres, in multis virtutibus Job fuisse, tam ipsius historia quam Dei testimonia monstraverant. Quem ne tantarum magnitudo virtutum in elationem forte traheret, vitæ ipsius conjugali tam rectorum quam continentium dignitas præ oculis ponitur, ut eorum scilicet comparatione se compescat ab elatione. Et quia tam continentiæ quam abstinentiæ virtus præminet in monachis, sub onagri specie hujus prærogativa describitur vitæ. Onager quippe non domesticus, sed silvestris asinus dicitur. Hic tanto liberius in solitudine conversatur, quanto a commiseratione hominum magis remotus nec onere gravatur, nec vinculis coercetur, sicut e contra domesticus sustinet asinus. Unde merito huic vita conjugatorum, sicut illi continentium comparatur. Quod enim vinculum majus quam copulæ conjugalis? Quæ gravior servitus, quam ut homo proprii corporis potestatem non habeat? Quæ denique vita onerosior, quam molestiis quotidianæ sollicitudinis tam pro uxore quam pro filiis cruciari? Aut quæ vita pigrior ad obsequium Dei, quam ejus qui tot affectionum vinculis mundo ligatus astringitur? Unde nec ab hujus vitæ comparatione pigri jumenti tarditas dissidet. Monachi vero tanto expeditiores vel promptiores ad divinum fiunt obsequium, quanto amplius sæcularium affectionum vinculis absoluti, omnibusque renuntiantes ab illa, quam diximus, servitute longius absistunt, et liberiores fiunt.

De qua nunc libertate Dominus ad Job loquitur :

---

(52) Patrol. tom. XLI, col. 766, et seq.

Quis dimisit onagrum liberum? Ac si diceret: Quis, nisi ego, hanc libertatem quieti monasticæ dedit, quæ longe præminet illi tuæ conjugali servituti? Magnum utique hoc tantæ gratiæ donum, ut inspiratione et virtute divina homines in carnalibus concupiscentiis nati, et in sæcularibus illecebris educati, contra vel supra humanæ naturæ infirmitatem ita in carne vivant, ut vitia carnis nesciant, et humanitatis obliti virtute fiant angelici. *Et vincula ejus quis solvit?* Hoc est affectiones carnis, quibus naturaliter quasi quibusdam vinculis mundo ligatus erat, quis dirupit? Quam congrue autem vitam continentium, quæ, ut dictum est, in monachis præminet, onager designet, illa ejus natura indicat, quam Isidorus, et qui de naturis animalium scripserunt, referunt. Qui enim mares sunt in onagris, filios suos castrare dicuntur. Quod quidem ne fiat, matres, quantum possunt, eos occultare nituntur. Mares autem in onagris, fortes in proposito suo sunt monachi, qui eos quibus quasi filiis præsunt, vel quos in suam congregationem suscipiunt, spiritualiter castrando in sua continentia servant. Quales quidem eunuchos, qui se videlicet propter regnum cœlorum castraverunt, tam Isaias quam ipsa Veritas plurimum commendat (*Isa.* LVI, 4; *Matth.* XIX, 12). Quod autem de monachis, id est solitariis, hæc de onagro dicta sint intelligenda, patenter insinuat, dicens: *Cui dedi in solitudine domum* (*Job* XXXIX, 6), hoc est a tumultu sæculi ad secretum eremi traxi, ut ibi scilicet quanto quietius habitaret, tanto perfectius mihi vacaret. *Et tabernacula ejus in terra salsuginis* (*ibid.*). Tabernacula mobiles domus sunt, nullaque stabilitate fixæ, qualia sunt pastorum vel peregrinantium obumbracula. His corpora nostra comparantur, morte adhuc dissolubilia, nec stabilitatem immortalitatis adepta. De qualibus dicit Apostolus: *Si dissolvatur domus nostra terrestris, habemus in cœlum domum non manufactam a Deo paratam* (*II Cor.* v, 1). Dum ergo in his luteis et mortalibus corporibus sumus, in tabernaculis magis quam in domibus habitamus. Qui ergo hic adhuc peregrinantes quasi tabernaculum habemus, cum ad cœlestis Jerusalem patriam venerimus, domum potius habituri sumus. In cujus rei typo populus Dei primum habuit tabernaculum in deserto, et postea templum in Jerosolymis, terram adeptus promissionis, et maxima pacis jucunditate fruens sub Salomone, qui ex nomine quoque suo, sicut et Jerusalem, ubi templum ædificavit, pacem prætendit, quæ nusquam nisi in illa Jerusalem superna potest esse vera. Scribens etiam ad Hebraicos Apostolus, mortale cujuslibet corpus tabernaculo comparat dicens: *Habemus altare, de quo non habent edere qui tabernaculo deserviunt* (*Hebr.* XIII, 10), hoc est concupiscentiis carnis magis quam spiritui obediunt, et ventri magis quam Deo famulantur. Terra salsuginosa loca sunt arida et sicca, quam perambulans diabolus requiem non invenit, qui in locis humentibus dormit, sicut ad eumdem Job Dominus dicit. Onagri ergo tabernacula in terra sunt arida, quia virtus abstinentiæ in eis viget, quorum corpora fluxu carnalium concupiscentiarum nequaquam sunt humida.

Contemnit multitudinem civitatis (*Job* XXXIX, 7). Ad duo quæ novissime dixerat duo subjungit, quasi singula singulis reddens. Ad illud quidem: *Cui dedi in solitudine domum*, istud refert quod nunc dicitur: *Contemnit multitudinem civitatis*, id est frequentiam sæcularium hominum quæ multos capit atque oblectat. Multi quippe sunt vocati, sed pauci electi, et spatiosam et latam viam mortis multi perambulant. Sunt qui timore vel necessitate aliqua commoti ad occulta solitudinis se conferunt, et hoc ex coactione magis quam ex voluntate faciunt; sicut in Elia primo antiqui populi anachoreta, vel in Paulo postmodum primo eremita factum esse legimus. At vero egregius est a sæculo recessus et Deo acceptus, cum quis propter Deum relinquit mundum, nec tam eum mundus expellit, quam ipse mundum rejicit. *Et clamorem exactoris non audit* (*ibid.*), ac si diceret: Ex hoc apparet eum in terra salsuginis habere tabernacula, quia quotidianæ abstinentiæ moderatis jejuniis carnem domat, ut et concupiscentias reprimat, et defectum naturæ non incurrat. Importunus et quotidianus exactor in nobis venter est, qui cibum a nobis exigendo quasi quotidie murmurat, et clamat: Affer, affer! Hic quidem vocem moderatam habet in necessariis, sed clamorem intemperatum in superfluis. Onager ergo iste, quia necessaria ventri alimenta non subtrahit, sed superflua tollit, clamorem exactoris, ut dictum est, non audit, quia ei non obtemperat in superfluis. De quo adhuc subditur: *Circumspicit montes pascuæ suæ, et virentia quæque perquirit* (*ibid.*, 8). Montes pascuæ volumina sunt sublimioris doctrinæ, id est sacræ Scripturæ. Quo ergo iste spiritalis onager amplius cibis corporalibus abstinet, tanto consolatione melioris cibi, id est pabulo divini verbi magis indiget; et quo illam minus curat, hac refectione animam magis satiat. Bene autem circumspicere dicitur montes pascuæ suæ, hoc est diligenter inquirere ac providere, in quibus montibus, id est sacris voluminibus aptiorem sibi refectionem ex intelligentia ipsorum possit reperire. Non enim omnibus omnium librorum lectio competit, nec omnes ab omnibus intelligi possunt, nec in omnibus ferculis omnes pariter oblectantur. Et quoniam in divinis libris quædam reprehenduntur, quædam commendantur, nec solum vita bonorum quam sequamur, verum etiam malorum quam fugiamus describitur; montes isti non solum viridem, sed etiam siccam continent herbam. Quæ enim ad sæcularem pertinent vitam feno comparanda sunt, quod abscisum de terra suæ viriditatis vigorem amisit. Et vita reproborum a terra viventium aliena, his caducis inhians rebus, quæ in defectu consistunt, feno comparatur; sicut e contrario vita electorum, quæ quotidianum habens

SERMO XXXIII.

profectum, ad immarcescibilem patriæ cœlestis quasi semper virentis tendit amœnitatem, virentium pratorum speciem gerit. His igitur onager noster in illis montibus reficiendus. Non sicca pabula, sed virentia quærit, quia hæc assequi nititur, per quæ ad æternam pertingitur vitam, et his tantum animam suam hic reficere curat, quibus ad supernam illam refectionem perveniat.

Hæc quidem de onagro in generali, ut ita dicam, persona monachorum expositio nostra prosecuta est. Quem nunc de genere ad speciem transferentes, in summo illo monachorum principe, cujus hodie solemnitas agitur, juvat hæc omnia diligentius considerare, ubi ea perfectius possimus invenire; qui sine professione regulæ vivens, omnem regulæ transcendit perfectionem. Hic quippe, ut dictum est, in spiritu et virtute veniens Eliæ, hujus propositi vitam, quam ille inchoavit, ipse consummavit. Ab his duobus tanquam ducibus nostri propositi, seu principibus hujus philosophiæ christianæ tam in veteri quam in novo populo studia sunt exorta. Hieronymus ad Paulinum in epist. II (53) : « Habet unumquodque propositum principes suos, et ut ad nostra veniamus, episcopi et presbyteri habeant ad exemplum apostolos et apostolicos viros, quorum honorem possidentes, habere nitantur et meritum. Nos autem habeamus propositi nostri principes, Paulum, Antonium, Hilarionem, Macharium. Et ut ad Scripturarum auctoritatem redeam, noster princeps Elias, Eliseus, nostri duces prophetarum filii, qui habitabant in agris et solitudine, et faciebant sibi tabernacula prope fluenta Jordanis. De his sunt et illi filii Rechab, qui vinum et siceram non bibebant, qui morabantur in tentoriis, qui Dei per Jeremiam voce laudantur, quod non deficiat de stirpe eorum vir stans coram Domino. » Idem ad Eustochium virginem, de diversis generibus monachorum (54) : « Ad tertium genus veniam, quos anachoretas vocant, et qui de cœnobiis exeuntes, excepto pane et sale, amplius ad deserta nihil perferunt. Hujus vitæ auctor Paulus, illustrator Antonius, et ut ad superiora conscendam, princeps Joannes Baptista fuit. Talem virum quoque Jeremias describit, dicens : *Bonum est viro cum portaverit jugum ab adolescentia sua, sedebit solitarius et tacebit, quoniam sustulit per se jugum*, etc. (*Thren.* III, 27). » Chrysostomus, homilia 25, quæ sic incipit : « De Joanne dicitur : *Fuit homo missus a Deo, cui nomen erat Joannes* (*Joan.* I, 6). Gratia in nomine comprehenditur. Joannes enim interpretatur *Domini gratia*, quia majorem accepit gratiam. Propterea in eremo philosophatur, et reservat se in adventum Christi, quia nuntiaturus erat Christum. Statim in eremo nutritur, statim ibi crescit. Non vult cum hominibus conversari, in eremo cum angelis philosophatur. »

Considerate, monachi dignitatem vestram Joannes princeps vestri est dogmatis. Ipse monachus statim ut natus est in eremo vivit, in eremo nutritur, Christum exspectat in solitudine. Eo tempore quo Joannes natus est, et erat in eremo, hoc templum quod videmus esse destructum, quantas habebat divitias, quid auri, quid argenti, Josephus describit ; quantum gemmarum, quantum serici : quanti erant sacerdotes, scribæ et universa genera officiorum. Videte quomodo semper Christus humilitatem diligit. Christus Dei Filius in templo nescitur, et in eremo prædicatur. Humilis enim humiles diligit. Hoc totum quare dico ? Ut doceam dogmatis nostri principem esse Joannem Baptistam. Hic alter, ut dictum est, Elias in spiritu, imo quodam privilegio vitæ major habitus, tanto majorem a Domino gratiam percepit, quanto hujus excellentiam gratiæ, ex præcepto angeli nativitatem ejus nuntiantis, talique nomine, quod hanc exprimeret gratiam, meruit insigniri. Ipse revera onager liber fuit, qui ab infantia ruptis carnalium affectionum vinculis, spretaque domo parentum, ad horridum eremi desertum se contulit, non quidem ut Elias metu persecutionis coactus, sed abstinentiæ virtute spontaneus. Qui in illa solitudine, quam salsugineos et aridæ terræ tabernaculum efficeret corpus suum, Evangelia docent. Ubi naturalibus cibis, et quæ ultro terra dabat, contentus, nec pane, nec olere, nec aliquo cocto vesci legitur, sed tantum melle sylvestri, et locustis, et aqua sustentatur. Elias non solum cibi monastici, verum etiam carnium alimentum corvis ministrantibus habuit. A quibus non semel in die, sed tam mane quam vespere ad eum hæ pariter cum pane deferebantur. Qui et de torrente Charit poculum habens, in tribus istis, pane videlicet, carnibus et aqua, non magnæ abstinentiæ gravamen sentiebat. Filii quoque Rechab nullam jejuniorum laudem adepti, de abstinentia tantum vini, non carnium, vel quarumcunque deliciarum, commendantur a Domino (*Jer.* XXXV, 1 et seq.). Joannes vero ejusque discipuli in abstinentia corporali quotidiana, non solum priores patres, verum etiam ipsum Christum, vel ejus discipulos transcendisse legitur, sicut Matthæo referente didicimus : *Accesserunt*, inquit, *ad Jesum discipuli Joannis dicentes : Quare nos et Pharisæi jejunamus frequenter, discipuli autem tui non jejunant ? Et ait illis Jesus : Nunquid possunt filii lugere, quandiu cum illis est sponsus ?* (*Matth.* IX, 14.) Qui etiam quanta vestium asperitate, ne in istis aliquam sentiret mollitiem, nec eadem Evangelia, nec ipse Dominus reticet in laude ejus. Scriptum quippe est : *Ipse autem Joannes habebat vestimentum de pilis camelorum, et zonam pelliceam circa lumbos suos* (*Matth.* III, 4). Pro cucullis quidem laneis hispida de pilis camelorum habebat indumenta. Pro femoralibus lineis, zona pellicea circa lumbos utebatur, ut videlicet frigiditate et duritia pellis calorem et mollitiem reprimeret libidi-

---

(53) Patrol. tom. XXXI, col. 585.

(54) Patrol. tom. XXXI, col. 421.

nis. Filius ipse pontificis qui tunc hæreditario jure patri succedebat, populo contempsit præesse in civitate, ut perfectius Deo vacaret in solitudine. Hujus onagri fuerunt montes pascuales viri prædicti altitudine vitæ in antiquo populo præminentes, ad quos intentionis suæ oculos levans, juxta illud : *Levavi oculos meos in montes* (*Psal.* CXX, 1), quot inde virtutum sumpsit exempla, quasi tot virentis herbæ habuerit pabula. Non enim in singulis omnia divinæ gratiæ dona reperiebat, sed ex diversis diversa colligens, quasi ex multis unum hominem perfectum componere studebat. Hujus itaque vitam tam de continentia quam de abstinentia Dominus præferens universis, nec tam humanam quam angelicam censens eam, cum præmisisset in ejus laude : *Sed quid existis videre? prophetam? Dico vobis plus quam prophetam*, statim adjecit : *Hic est, de quo scriptum est* : *Ecce mitto angelum meum*, etc. (*Matth.* XI, 9.)

Quid autem, fratres, tanti principis nostri vitam commendare prodest, si eam imitari contemnimus? Sicut ait Apostolus : *Quæcunque scripta sunt, ad nostram doctrinam scripta sunt, ut per patientiam et consolationem Scripturarum spem habeamus* (*Rom.* XV, 4). Quantum nobis imminet periculum, si ea non impleamus documenta, quæ specialiter ad ædificationem nostram sunt scripta, si eis instruimur exemplis, quæ nostri propositi mores describunt perfectius? Quo enim diligentius hæc nobis exposita videmus, majus judicium de contemptu incurrimus eorum. Unde et Veritas : *Servus*, inquit, *sciens et non faciens voluntatem Domini sui, plagis vapulabit multis* (*Luc.* XXII, 47). Ecce in onagri suprapositæ descriptione quid nos sequi deceat patenter expressum est, sed quam contraria incedamus via non minus liquidum est. Jam quippe refrigescente, imo exstincto religionis fervore, postmodum de labore proprio vivere deberemus, quod unum vere monachos efficere beatus Benedictus meminit (55), inimicam animæ sectantes otiositatem, de alieno labore victum quærimus ; et hujus noxiæ quietis perversa libertate utentes, et tam luxui rerum quam multiloquio vacantes, veram prædicti onagri libertatem amisimus. Unde sæculares nos implicantes negotiis, dum cupiditate terrenorum nobis dominante, ditiores fieri studemus in monasterio quam fueramus in sæculo, terrenis nos dominis potius quam Deo subjecimus. Villas et homines et servos pariter et ancillas a potentibus sæculi tanquam in eleemosyna sumentes, eorum nos gravi jugo subjugamus, et nonnunquam pro paucis quæ accipimus multa persolvimus. Quæ cum de suo potius quam de nostro sibi provenire censeant, nullas his habent grates, quæ sibi non tam dari quam reddi autumant. Sæpe et pro tutela horum ad forinseca judicia trahimur compulsi, et ante sæculares judices publicam agentes causam, adeo non impudenter contendimus, ut homines nostros non solum ad juramenta, verum etiam ad duella pro nobis agenda cum summo vitæ suæ periculo compellamus. Quod quidem in sæcularibus quoque christianis Apostolus arguens ait : *Jam quidem omnino delictum est in vobis, quod judicia habetis inter vos. Quare non magis injuriam accipitis? Quare non magis fraudem patimini? Sed vos injuriam facitis, et fraudatis, et hoc fratribus. An nescitis quia iniqui regnum Dei non possidebunt?* (*I Cor.* VI, 7.) Quis etiamnum ignoret in ipsos subjectos nostros exactiones graviores nos exercere, et majori debacchari tyrannide, quam sæculares faciunt potestates? Denique et in tantam, si valemus, insaniam prorumpimus, ut de tributis et vectigalibus, et teloneis victum nobis acquiramus, cum inter magna Domini miracula deputetur, quod a teloneo vocatione sua potuit abducere Matthæum (*cap.* IX).

Ut autem de sæcularibus ad ecclesiasticas transeamus potestates, non minora hinc gravamina nostra ambitio sustinere videtur. Cum enim ea quæ sunt clericorum nobis usurpamus, et ab episcopis quocunque modo parochiarum redditus tam in decimis quam in oblationibus obtinemus, sæpe quæ non rapuimus exsolvere cogimur. Hinc ad synodos et ad concilia frequenter tracti, et ad publicas causas quotidie profecti, non modico pretio judices, vel qui nostras injurias pallient conducimus oratores. Certe et in ipsis conciliis quanta sit avaritiæ nostræ rapacitas, frequens querimonia monstrat. Raro ibi episcopos, raros clericos invicem contendere videmus. Omnes fere controversiæ aut monachorum sunt, aut de monachis ortæ. Denique ut omittam harum sollicitudinum servitutem et vincula, quibus se mundo vehementer obligant; quid de affectionibus carnalium propinquitatum vel affinitatum dicam, pro quibus innumera de rebus monasterii committunt sacrilegia? Verbi gratia, cum filios, aut nepotes, vel quacunque sibi cognatione vel affinitate conjunctos habent in sæculo, furtim, si manifeste non possunt, quæ fratribus subripiunt, illis impendunt. Quos si forte ad monachatum traxerint, vel ministros in domibus suis habuerint, hos in prælationibus sublimant, et pro arbitrio ipsorum cuncta dispensantur. Contra quos si quis dixerit, statim læsam majestatem sentit.

Isti monasterii sunt domestici hostes, isti quotidiani fures, tanto magis noxii, quanto plus assidui. Quorum patrocinio ad quævis turpia, ad quælibet illicita ipsi monachi tanto facilius prorumpunt, quanto de ipsorum propinquitate vel affinitate amplius confidunt. Tabernacula prædicti onagri in solitudine a Domino præparari dictum est. Isti autem e contrario, suggerente diabolo, solitudinis quietem fugientes, et sæculi tumultibus se impudenter ingerentes, in civitatibus et castellis habitare lætantur, non tam monachi, hoc est solitarii,

---

(55) *Regulæ* cap. 48. Vide *Patrologiæ* t. LXVI, col. 704.

quam cives appellandi. Quorum impudentiam maximus ille monachorum et ecclesiasticorum doctorum Hieronymus arguens, et nostram ac clericorum vitam diligenter distinguens, ait (56) : « Si episcopatus te vel opus vel onus forte delectat, vive in urbibus et castellis, et aliorum salutem, fac lucrum animæ tuæ. Si cupis esse quod diceris monachus, id est solus, quid facis in urbibus, quæ utique non sunt solorum habitacula, sed multorum? » Idem alibi : « Interpretare vocabulum monachi, hoc est nomen tuum. Quid facis in turba, qui solus es? » Tanto autem periculosius in sæcularibus turbis, et in frequentia hominum habitamus, quanto eorum nostro major est numerus, et plures cernimus sæculares quam religiosos homines. Quod quidem periculum tunc maxime incurrimus, cum bini, vel terni, et nonnunquam singuli inter hos conversamur. Etiam hæc loca nostra, quæ abbatias dicere non possumus, obedientiarum nomine commendamus ; tanto in hoc mentientes apertius, quanto ab obedientia regulæ, et ab ordine professionis nostræ amplius removemur. Ubi enim juxta institutionem regulæ ordo non tenetur, quis inordinatam domum dicere vereatur? Denique duo tantum genera monachorum commendat auctoritas, cœnobitarum scilicet atque anachoretarum. Qui autem [in sæculo bini vel terni aut singuli conversantur, nec tantum fratrum numerum habent, ut observantiam regulæ impleant, profecto nec cœnobitæ sunt, nec anachoretæ : cœnobitæ quidem cum sub regula non degant, sed nec anachoretæ cum in solitudine non vivant.

Quod si nec monita, nec exempla sanctorum Patrum nos a sæculo tentationibus pleno revocant et plus lucra corporalia cupimus quam animarum damna timemus : ipsa saltem rerum nostrarum incommoda, quæ de communi hominum conversatione frequenter sustinemus, nos ab hac præsumptione compescant. Incursu quippe hostium civitates ipsas vel quæ civium sunt depopulante, res nostræ pariter cum rebus eorum junctæ, a communi clade non possunt esse disjunctæ. Cessantibus quoque hostibus, frequenter in civitatibus contingunt improvisa domorum incendia, per quæ tam oratoria, quam officinæ monachorum penitus consumuntur. Ipsa saltem damna, quæ fugiendo incurrimus, refugere ad solitudinem doceant ut quasi mercibus nostris tempestate amissis, de procellis sæculi vel nudi properemus ad quietis et solitudinis portum. Sunt qui in solitudine tabernacula sua collocant, sed minime perseverant. Quod quidem multis de causis accidit. Alii quippe paupertatis suæ modum excedentes, et majora suis viribus aggredientes, quod non habent de proprio, supplere coguntur ex alieno, et pro necessitudinibus suis se rursum sæculo in-

gerere, quod proposuerant fugere. Sunt et qui longa eremi conversatione et abstinentia tantum religionis nomen adepti sunt, ut a potentibus sæculi vel sæcularibus viris sub aliqua pietatis occasione sæpius invitentur, et sic diabolico cribro more paleæ ventilati, de eremo renoventur in sæculo. Qui multis adulationum favoribus dona divitum venantes, tam suam quam illorum jugulant animas, sicut scriptum est : ' *Væ vobis qui consuitis pulvillos sub omni cubitu manus, et cervicalia sub capite universæ ætatis ad capiendas animas* (Ezech. XIII, 18). Et rursum : *Popule meus, qui te beatificant, ipsi te decipiunt, et vias gressuum tuorum dissipant* (Isa. III, 12). Quid est autem pulvillos cubitis, vel cervicalia capitibus supponere, nisi sæcularium hominum vitam blandis sermonibus demulcere, quam nos magis asperis increpationibus oportebat corrigere, et de horrore divini judicii et pœnis gehennæ ad pœnitentiam trahere? Quorum dona cum sustulerimus, eos utique de suffragio nostrarum orationum confidentes, in suis iniquitatibus relinquimus securiores. Qui nec ea se male acquisisse vel possidere credunt, unde religiosos viros eleemosynam petere cernunt. Quam cum suscipimus, mammonæ iniquitatis frequenter communicamus. De qua quidem mammona iniquitatis a Domino vocata, beatus Hieronymus ad Edibiam de diversis scribens quæstionibus : *Fac tibi amicos de mammona iniquitatis* (Luc. XVI, 9) (57), pulchre dixit de iniquo. Omnes enim divitiæ de iniquitate descendunt, et nisi alter perdiderit, alter non potest invenire. Unde illa vulgata sententia mihi videtur esse verissima : « *Dives autem iniquus, aut iniqui hæres.* » Seneca in Proverbiis : « *Lucrum sine damno alterius fieri non potest.* » Item prædictus doctor in Isaia (58) : *Principes tui socii furum* (Isa. I, 23). Principes Scribas vocat et Pharisæos, qui a Domino recedentes, socii fuerunt proditoris furisque Judæ. Quod quidem et nos cavere debemus, ne accipientes ab hominibus munera, qui per rapinas miserorumque lacrymas divitias congregant, socii furum appellemur, dicaturque nobis : *Videbas furem, et currebas cum eo*, etc. (Psal. XLIX, 18.) Omnes diligunt munera. Non dixit qui accipiunt, hoc enim sæpe necessitate fit, sed sunt qui non putant amicos, nisi a quibus dona perceperint ; nec os considerant amicorum, sed manus ; et eos sanctos judicant, quorum exhauriunt marsupium. De quibus et Ecclesiastes loquitur : *Qui loquitur pecuniam, non implebitur* (Eccle. V, 9). Sequuntur retributiones, ut laudent eos a quibus aliquid acceperint, vel certe nulli quippiam tribuant, nisi a quo se recepturos putaverint.

Si quis autem diligenter consideret quod ait Dominus : *Facite vobis amicos de mammona iniquita-*

---

(56) Patrol. tom. XXXI, col. 582. 583.
(57) Ibid., col. 985.

(58) Patrol. tom. XXIV, col. 39.

tis, hoc est a vobis vel aliis male acquisita, et de alieno damno in lucrum nostrum suscepta, et consilium Domini voluerit propositæ de villico parabolæ competentius aptare, viderit hoc ita intelligi debere, ut eis quibus abstulimus sua, restituamus eorum damna, et sic eos nobis in amicitiam conciliemus, quos in odium nostri concitaveramus. Non enim veros Christi pauperes donis nostris amicos efficimus nostros, qui suos quoque diligunt inimicos, sed potius eos quos diximus, et eo modo quo diximus. Quod quidem parabola, quam de villico Dominus præmiserat, diligenter exprimit, cum his quos ille generaverat damna sua restituit, non quæ ab ipsis acceperat aliis distribuit. A quibus etiam in æterna tabernacula recipiendus dicitur, cum id eis fecerit, unde recipi mereatur non tam in sua quam in Dei superna tabernacula. Quis denique nesciat quantum nostra religio his quoque vilescat, a quibus vocati venire non recusamus, et non solum eorum dona suscipimus, verum etiam inordinatis eorum mensis et familiis admiscemur. Quod si non pro reverentia Dei, saltem pro vitando nostræ famæ detrimento fugere deberemus. Scriptum quippe est in Ecclesiastico : *Advocatus a potentiore discede, ex hoc enim te magis advocabit* (*Eccli.* XIII, 12). Et Hieronymus ad Nepotianum (59): « Facile contemnitur clericus, qui sæpe vocatus ad prandium ire non recusat. Nunquam petentes, raro accipiamus rogati. Nescio enim quomodo etiam ipse, qui deprecatur ut tribuat, cum acceperis viliorem judicat te. » Quod si hoc est in clericis arguendum, quanto magis in monachis est detestandum ?

Ut autem nunc documenta sanctorum omittam, gentilium saltem philosophorum exempla nostræ cupiditatis impudentiam reprimant. Hi quippe sine ulla regulæ professione adeo mundum contempserunt, ut non solum potentum respuerent dona, verum etiam possessiones amplissimas abdicarent. Quorum nonnulli tanta frugalitate referuntur contenti, ut vel unum retinere scyphum censerent superfluum, cum ad hauriendum aquæ poculum proprias manus viderent sufficere. Ex quibus illum Diogenem famosissimum, et de contemptu mundi notissimum, doctor prædictus Contra Jovinianum in secundo libro inducens, inter cæteras ejus laudes id quoque adjecit (60) : « Quodam vero tempore habens ad potandum caucum ligneum, vidit puerum manu concava bibere, et elisisse illud fertur ad terram, dicens : « Nesciebam quod et natura haberet poculum. » Ad quem etiam potentissimus Alexander multa ei donalia offerens, cum dolio ejus tanquam dator importunus assisteret, hoc unum ab ipso suscepisse dicitur responsum : « Ne obstes mihi, juvenis, a sole. » Socrates quoque Archelai regis dona respuens, hoc unum in excusatione prætendit, nolle se suscipere tanta,

quibus referre non posset æqualia. Unde Seneca de Beneficiis libro V : Alexander Macedonum gloriari solebat a nullo se beneficiis victum. Item Archelaus rex Socratem rogavit ut ad se veniret. Dixisse Socrates traditur, nolle se ad eum venire, a quo acciperet beneficia, cum reddere illi paria non posset. Primum, in illius potestate erat non accipere; deinde ipse dare beneficium par incipiebat. Veniebat enim rogatus, et id dabat, quod utique ille non erat Socrati redditurus. Etiam nec Archelaus daturus erat aurum et argentum, recepturus contemptum auri et argenti. Non poterat referre Archelao Socrates gratiam ? Et quid si regem in luce media errantem ad rerum naturam admisisset, si illum negare vetuisset? Quare ergo hoc Socrates dixit, vir facetus, et cujus per figuras sermo procedere solitus erat, derisor omnium maxime potentum. Maluit ei nasute negare quam contumaciter aut superbe. Timuit fortasse ne cogeretur accipere quæ nollet, timuit ne quid indignum Socrati acciperet. Dicet aliquis : Negasset si nollet, sed instigasset in se regem insolentem, et omnia sua magno æstimari volentem. Vis scire quid vere voluerit ? Noluit ire ad voluntariam servitutem, is cujus libertatem libera civitas ferre non potuit.

Quod si de philosophis ad apostolos, imo ad ipsam sophiam Christum, quasi a minimis ad maxima conscendere velimus, ut eorum videlicet exemplis et auctoritate amplius instructi, dona libentius respuamus, Paulum doctorem Ecclesiæ maximum ponamus in medium, qui non solum data, sed etiam sibi debita recipere non acquievit ; ne, ut ipse ait, vel gloriam suam minueret, vel occasionem turpis quæstus exemplo suo aliis relinqueret. Qui enim secundum legis auctoritatem, et Dominicam institutionem de labore prædicationis suæ victum accipere merebatur, sicut cæteri faciebant apostoli, hac tamen potestate, sicut ait ipse, uti verebatur, prædictis videlicet causis, et summopere cavebat, ne quod offendiculum daret Evangelio Christi (*I Cor.* IX, 12). Providebat quippe vir discretissimus et animo liberali præditus, si seminando spiritalia meteret carnalia, non tam manducare ut evangelizaret, quam evangelizare ut manducaret, ne quid tam ex charitate quam ex ambitione id facere, nec tam quæ Christi sunt quam quæ sua quærere. Si ergo ipse ne turpem incurreret suspicionem, debita quoque suscipere de tanto lucro animarum erubuit, quanta est impudentia nostra, qui non deprecatione vel conversione hominum victum suscipimus, si de adulatione potentum ipsum qualibet arte possumus extorquemus. Qui etiam nonnunquam in tantam prorumpimus ignominiam, ut phylacteria nostra dilatantes (*Matth.* XXIII, 5), et interdum casas cum reliquiis sanctorum circumferentes, venali prædicatione mundo discurramus, et nonnunquam, pseu-

(59) Patrol. tom. XXXI, col. 539.

(60) Patrol. tom. XXXII, col. 505.

do prædicatoribus conductis, quæ veritate non possumus, mendaciis lucramur. Quod si quandoque sub obtentu eleemosynæ aliqua largimur, ad hoc utique intendimus, ut majora recipiamus; et quasi modicam escam in hamo ponimus, ut sic magnum piscem extrahamus, nec tam aliis quam nobis beneficia impendimus, nec tam aliis quam nobis charitatem exhibemus, si forte in talibus vel beneficium, vel charitas dici queat. Seneca quippe maximus morum ædificator beneficium, et beatus Gregorius charitatem nonnisi erga alteros haberi asserunt. Ille quidem in supra memorato De Beneficiis libro sic meminit (61) : « Nemo sibi beneficium dat, sed naturæ suæ paret a qua ad charitatem sui compositus est, nec liberalis est qui sibi donat. Beneficium est, quod quidem non sua causa dat, sed ejus cui dat. Is autem qui sibi beneficium dat, sua causa dat : non est ergo beneficium. »

Hieronymus : « Binos, inquit, in prædicatione discipulos mittit. Quia enim duo sunt præcepta charitatis, Dei videlicet amor et proximi, et minus quam inter duos haberi non potest. Nemo enim proprie ad semetipsum habere charitatem dicitur, sed in alterum dilectione se extendit, ut esse charitas possit. Binos ad prædicandum Dominus discipulos mittit, quatenus hoc nobis tacitus innuat, quia qui charitatem erga alterum non habet, prædicationis officium suscipere nullatenus debet. »

Cum ergo id non pro lucro animarum, sed nummorum geritur juxta quod per Jeremiam Dominus conqueritur, dicens : *Sacerdotes mei non dixerunt : Ubi est Dominus ?* (Jer. II, 8.) Ac si diceret, sed ubi est nummus? non tam id beneficium quam lucrum, non tam charitas quam cupiditas est appellandum. A quo quidem turpi quæstu memoratus apostolus tam proprio quam Dominico exemplo nos vehementer dehortans, et impudentiam nostram reprimens, Luca in Actibus apostolorum referente, ait : *Argentum, et aurum, aut vestem nullius concupivi, ipsi scitis, quoniam ea quæ mihi opus erant, et his qui mecum sunt ministraverunt manus istæ. Omnia ostendi vobis, quoniam sic laborantes oportet suscipere infirmos, ac meminisse verbi Domini Jesu, quoniam ipse dixit : Beatius est magis dare quam accipere* (Act. xx, 35). In quantum autem ad dandum magis, quam ad accipiendum Christus manum extensam haberet, ipse patenter insinuat, cum diviti de perfectione justitiæ consulenti respondit : *Si vis perfectus esse, vade, vende omnia quæ habes, et da pauperibus, et veni, et sequere me* (Matth. XIX, 21). Non utique ait : Veni, et affer quæ habes ad nos, sed aliis prius eroga tua, et sic post modum, suscipe nostra. Nos vero econtrario quemlibet ad conversionem venientem, non tam lucrum animæ quam pecuniæ quærentes, ut quæ habet afferat exhortamur, nec tam ei nostra largimur quam vendimus.

(61) Senec. *De benef.* tom. IV, lib. v, 9, pag. 306 edit. Panckoucke, 1857.

In quo ei profecto non mediocrem tentationis occasionem damus. Facile quippe de his quæ attulit intumescens, cum quid ei defuerit indignatur et murmurat; et se miserum ac proditum clamat, cum se his coæquari viderit, qui minus, aut omnino nihil attulerint.

Has igitur omnes occasiones Christus amputans, nudum magis quam suffarcinatum decrevit assumere. Qui enim discipulis præceperat : *Gratis accepistis, gratis date* (Matth. x, 8), hoc in se ipso primum voluit exhibere non tam verbo suo quam exemplo nos ad hoc cupiens incitare. Qui enim propter Deum relinquit propria, impudenter exigit aliena. Ac longe melius vel honestius esset ei sua retinuisse, ut haberet de proprio fructum eleemosynæ, quam ad aliena mendicantem famæ suæ detrimentum incurrere, et non mediocriter religionis propositæ dignitatem lædere. Qui dum marsupia hauriunt aliena, ea procul dubio congregant, quæ religioni maxime sint contraria, et juxta Dominicam parabolam, spinas plantant messem Domini suffocaturas. Quid enim tam congruum religioni, quam frugalitas, quam voluntaria paupertas ? Quid tam noxium quam abundantia rerum? Unde et philosophi gentium nequaquam virtutes cum divitiis retineri censuerunt. Quorum unus, ut cæteros emittam, ille fuit, quem de contemptu mundi nobis exemplum prædicto Contra Jovinianum libro Hieronymus proponens, ait : Crates ille Thebanus projecto in mare non parvo auri pondere : « Abite, inquit, pessum, malæ cupiditates. Ego vos mergam ne ipse mergar a vobis. » Item ad Paulinum presbyterum (62) : « Crates ille Thebanus, homo quondam ditissimus, cum ad philosophiam Athenas pergeret, magnum auri pondus abjecit; nec putavit se posse et virtutes simul et divitias possidere. Nos suffarcinati auro Christum sequimur pauperem, et sub prætextu eleemosynæ pristinis opibus incubantes, quomodo possumus aliena fideliter distribuere, qui nostra timidi reservamus? » Idem ad Pammachium de morte Paulinæ (63) : « Non est profecto et consummato viro opes contemnere, pecuniam dissipare, et projicere quod in momento et perdi et inveniri potest. Fecit hoc Crates Thebanus, fecit Antisthenes, fecerunt plurimi, quos vitiosissimos legimus. Plus debet Christi discipulus præstare, quam mundi philosophus. Christus sanctificatio est, Christus redemptio, idem redemptor et pretium. Christus omnia, ut qui omnia propter Christum dimiserit, unum inveniat pro omnibus, ut possit libere proclamare : *Pars mea Dominus* (Psal. LXXII, 26). Sunt et qui de monasteriis ad sæculum prodeuntes, in tantum sibi religionis nomen vindicant, et mirabiles videri appetunt, ut miraculorum quoque gratiam se habere simulent, atque id de se prædicari glorientur. Quales nonnullos temporibus nostris vidimus, qui frequentiam hominum quam maxime fugere

(62) Patrol. tom. XXXI, col. 580.
(63) Ibid., col. 644.

debuerant, hac potissimum arte convocabant. Denique et in tantum hac simulatione gratiam potentum vel favorem ecclesiasticarum potestatum venantur, ut relicto proposito monachi, sæcularibus clericis præficiantur episcopi. Quod quidem cum ad religionem non adducant, in sæcularitatem eorum facile declinant, et ex eorum misera conversatione, et religiosorum fratrum separatione notum illud Psalmistæ proverbium vel non attendunt, vel contemnunt : *Cum sancto sanctus eris, et cum perverso perverteris* (Psal. XVII, 27). De qua quidem eorum sublimatione, ad quam non tam ab aliis tracti, quam a se ipsis sunt intrusi, illud non incongrue accipitur, quod ad Deum dicitur : *Dejecisti eos dum allevarentur* (Psal. LXXII, 18): Certum quippe est spirituales viros de monasterii quiete ad pontificalem administrationem compulsos, ab illa quam habuerant virtutum gratia per tot occupationem curarum esse diminutos, sicut de semetipso scilicet profitetur Martinus, et beatus Gregorius deplorat.

Si ergo viri tanti hoc sine detrimento pristinarum virtutum ad Martham transire de Maria non potuerunt; quid de his quos diximus restat æstimandum? Steriles, inquiunt, sunt monachi, et spiritalium filiorum beatior fecunditas. Sed nunquid nuptiæ præferendæ sunt continentiæ, aut habentes filios conjugatæ sunt virginibus anteferendæ? Nunquid lippæ fecunditas Liæ pulchritudine Rachel infecundæ gratior exstitit patriarchæ? Denique ista fecunditati sororis invidens, cum in hac quoque re summum desiderium suum implesset, ipso suo partu exstincta est, et quæ infecunda vixerat incolumis, de fecunditate sua mortem incurrit. Tales profecto isti sunt, qui ad episcopatum anhelantes, cum de monasteriis revocantur ad sæculum, et quasi de sterilibus fecundi, ut dictum est, fieri glorientur, ex hac ipsa gloria dignitatis periculum incurrunt religionis. Quod diligenter sponsa in Canticis attendens, sponso ad ejus ostium pulsanti, ut sibi aperiatur postulanti, ne ipsum hoc consentiat, talibus se responsis excusat : *Exspoliavi me tunica mea, quomodo induar illa? Lavi pedes meos, quomodo inquinabo illos?* (Cant. V, 3.) Quid enim sponsa in lectulo quiescens intelligitur, nisi fidelis anima quæ, relicta sæculi tumultuosa vita, tranquillitatem solitariæ tanto amplius diligit, quanto in ea liberius Deo deservit? Quam cum fidelis populus ad regimen sui requirit, ut videlicet ipsa ecclesiasticis implicetur negotiis, quasi ad ostium cellæ ipsius Christus pulsat in membris suis, et ut sibi aperiatur postulat; hoc est ut fideles ad se admittat potius quam excludat, eisque præesse sustineat et multorum salutem suæ perfectioni præponat. At illa sæculi tentationes præcavens, vel meritorum suorum diminutionem non ferens, devotioni pulsantium tale in excusationem sui affert responsum : *Exui me tunica mea* (ibid.), hoc est exteriorem sæculi curam ex voto reliqui. Tunica quippe, quæ camisiæ vel pelliciæ superponitur, exterior est administratio sæcularium rerum. Lavi pedes meos, hoc est affectus ab inquinamentis sæcularium tentationum mundavi, et ab illecebris mundanarum curarum purgavi. Pedibus quippe ducimur, et affectu nostro ad effectum operis trahimur, ideoque per pedes affectus exprimuntur. De lectulo ad terram pedes deponere timet ne inquinentur, quia nunquam veram munditiam reputat extra secretum suæ quietis. Unde et apostolorum quoque pedes Dominus abluens, patenter innuit nequaquam sine aliquo contagio pulveris perfectos etiam viros mundum perambulare posse. Hoc est, nequaquam diu inter tentationes atque illecebras sæculi conversari, ut non inde aliqua macula nostræ infirmitatis effectus respergantur, etsi non usque ad opera tentatio pertrahat

Prolixa, fratres, imo superflua digressione sermonem nostrum fortasse videor protendisse, et ab exordio nostri propositi longius recessisse. Laudare Joannem incœperam, sicut hodiernæ solemnitatis dignitas exigebat, et nunc inde ad vituperationem nostram stylum converti, quasi eorum vitium incurrens, qui Tulliana reprehensione digni, laudare aliquos nesciunt nisi alios redarguant; nec ullos extollere nisi alios deprimant. Sed quia sermo noster hodiernus non tam ad Joannis laudem quam ad nostram intenditur ædificationem (non enim quæ scribuntur ad utilitatem præcedentium hominum, sed subsequentium ædificationem fiunt); ita vitam Joannis tanquam principis nostri commendare cœpimus, ut ad imitationem ejus nos maxime provocaremus. Quod quidem nequaquam diligenter fieri decrevimus, nisi prius exposita perfectione ipsius, quid nostræ quoque imperfectioni desit ex comparatione illius adnotaremus, et cum profectu ejus defectum etiam nostrum præ oculis poneremus, et eorum quæ in ipso laudavimus, contraria in nobis reprehenderemus. Ecce enim a solitudine monachi vocamur, id est solitarii. Etsi enim μονος [μόνος] *unus* interpretatur, non tamen monachus ita unus personaliter dicitur, sicut etiam quilibet de plebe, sed ex solitariæ vitæ conversatione. Unde et Augustinus in psalmum CXXXII : Ex voce hujus psalmi appellati sunt et monachi. Quare ergo et non appellamus monachos, cum dicat Psalmista : *Ecce quam bonum et quam jucundum habitare fratres in unum* (Psal. CXXXII, 1). Μόνος enim *unus* dicitur, et non unus quocunque modo. Nam et unus in turba est, sed cum multis unus dici μόνος non potest, id est solus. Qui ergo sic vivunt in unum, ut unum hominem faciant, *ut sit illis*, vere, quomodo scriptum est, *una anima, et unum cor* (Act. IV, 52), recte dicitur μόνος, id est *unus solus*. Hinc et Hieronymus ad Heliodorum monachum (64) : « Interpretare vocabulum monachi, hoc est nomen tuum. Quid facis in turba, qui solus es? » Et post aliqua (65) : « O

---

(64) Patrol. tom. XXXI, col. 550.

(65) Ibid., col. 354.

eremus familiarius Deo gaudens! Quid agis, frater, in sæculo, qui major es mundo? quandiu te tectorum umbræ premunt, quandiu te famosarum urbium carcer includit? » Et ad Paulinum presbyterum (66) : « Quia igitur, frater, me interrogas per quam viam incedere debeas, revelata tecum facie iloquar. Si officium vis exercere presbyterii, si episcopatus te vel opus vel onus forte delectat, vive et urbibus et castellis, et aliorum salutem fac lucrum animæ tuæ; sin autem cupis esse quod diceris monachus, id est solus, quid facis in urbibus, quæ utique non sunt solorum habitacula, sed multorum? » Et ad Rusticum monachum (67) : « Filii Jonadab, qui vinum et siceram non bibebant in tentoriis, et quo nox compulerat, sedes habebant, scribuntur in psalmo, quod primi captivitatem sustinuerint, qui ab exercitu Chaldæorum vastante Judæam urbes introire compulsi sunt. Viderint quid alii sentiant. Unusquisque enim suo sensu ducitur. Mihi oppidum carcer, et solitudo paradisus est. Quid desideramus urbium frequentiam, qui de singularitate censemur? Moyses, ut præesset populo Judæorum, quadragintis annis eruditur in eremo. Pastor ovium, hominum factus est pastor. » Et attende hanc epistolam Hieronymi ad monachum scriptam non tam ex nomine monachi quam presbyteri intitulatam esse. Censuit quippe doctor discretissimus, eum qui nondum ad solitudinem transierat, presbyterum magis quam monachum esse vocandum.

Quid autem de his dicendum est monachis, qui non solum urbes, aut sæcularium habitacula non fugiunt, sed etiam asciscunt? Quem quidem Joannes tanto ampliori desiderio est amplexus, quanto in ea providit Deo deservire perfectius. Unde bene in ejus laude meminimus a Domino præmissum esse : *Cui dedi in solitudine domum* (Job, XXXIX, 6). Semel a sæculo recessit ad eremum, nulla deinceps pietatis occasione, vel indigentiæ necessitudine revocatus ad sæculum, donec ab Herode tractus ad carcerem, lilio virginitatis rosam martyrii copulavit. Qui cum tantus videretur, ut Christus credi posset, et summo desiderio ab omnibus requireretur in eremo, multa facile in civitatibus posset corrigere, et sæcularibus hominibus persuadere, si aliqua ratione sibi congruum judicaret ad sæculum redire. Quis etiam nesciat eo tempore, quo patri succedere in episcopatu habebat, jam in Israel cæcitate facta, quantum locum in hac dignitate religio ejus haberet, quam convenientius eum quam Annam et Caipham pontificari oporteret, si ad humanum judicium magis quam ad divinam dispensationem respiciamus? Eo tamen tempore, quo pontificandi majorem nactus opinionem videtur fuisse, monachatum pontificatui præposuit, et lucro aliorum proprium melioris vitæ meritum prætulit.

Semel itaque recedens a sæculo, immobilis perstitit in eremo, et cum omnes ad eum de Jerosolymis et de Judæa, vel de regione circa Jordanem causa baptismatis vel ædificationis exirent, ipse ad neminem intrabat, et qui semel vincula ruperat, nodare postmodum nullatenus acquiescebat. Qui quanto amplius homines fugiebat, eisque rarior apparebat, tanto charior omnibus majori desiderio requirebatur. Ad quem et Dominus ipse cum populo exire non dedignatus ab ipso una cum eis est baptizatus, sicut et Lucas meminit, dicens : *Factum est, cum baptizaretur omnis populus, et Jesu baptizato*, etc. (*Luc.* III, 21.) Ad servum Dominus, ad monachum summus pontifex venit, ut ab eo baptismum susciperet, ab eo testimonium haberet, sicut et alius evangelista commemorat : *Vidit Joannes Jesum venientem ad se, et ait : Ecce Agnus Dei*, etc. (*Joan.* I, 29). Nec semel, sed sæpius ad eum veniebat Dominus, cum eum ad Dominum nunquam venisse legamus. Mittere pro eo Dominus posset, ut ad se baptizandum veniret, aut ut ei apostolatus officium sicut cæteris injungeret, si hoc congruum judicaret. Sed profecto quem nihil latebat, id noverat nequaquam proposito tantæ vitæ ut ad sæculum revocaretur convenire, et sic eum facile vilescere, nec testimonium ejus tantam ulterius auctoritatem habere. Qui enim partem Mariæ parti prætulerat Marthæ (*Luc.* X, 41), nequaquam excellentiæ Joannis congruere censebat, ut eum de quiete Mariæ ad laborem venire compelleret Marthæ. Sciebat et quid ipse sub persona sponsi de sponsa præceperat olim : *Ne suscitetis*, inquit, *neque evigilare faciatis dilectam, donec ipsa velit* (*Cant.* II, 7). Qui enim, ut supra meminimus, debitum sibi reliquerat pontificatum, nequaquam sponte susciperet apostolatum. Et qui conversari non sustinuit in civitate, multo minus acquiesceret per mundum discurrere.

Monachus, fratres, seu eremita, nomen est religionis. Episcopus autem sive clericus vocabulum est officii et operis, magis quam devotionis. Unde Apostolus: *Qui episcopatum*, inquit, *desiderat, bonum opus desiderat* (*I Tim.* III, 1). Idem alibi de se ipso et consimilibus ait : *Sic nos existimet homo ut ministros Christi, et dispensatores*, etc. (*I Cor.* IV, 1). Non apud Dominum domus ejusdem gradus sunt sponsa ejus in secreto thalami manens, et minister exterioribus intendens, quamvis et de sponsa ipsa nonnullam providentiam et curam gerat. Sic et in Ecclesia Dei clericorum vel episcoporum occupatio laboriosa nequaquam quieti monasticæ contemplationis est coæquanda ; quantum, inquam, ad meriti pertinet quantitatem, non ecclesiasticam dignitatem. Unde et plerumque videmus non solum clericos, verum etiam episcopos pro emendatione vitæ ad humilitatem monachorum descendere, habitu pariter cum vita mutato. Monachos autem ad officia clericorum ascire non solet Ecclesia præsumere, nisi tantum ad summum sacerdotii gradum ; et hoc, ut diximus, non sine aliquo religionis detrimento.

(66) Patrol. tom. XXXI, col. 582, 583.

(67) Ibid., col. 1076.

Quod cum evenerit, nequaquam is qui episcopus factus est, quamvis religionem minuat, habitum tamen religionis non mutat. Ad quam quidem religionem cum filii quoque sacerdotum transeunt, qui de adulterio parentum tantam infamiæ labem trahunt, ut nec tonsuram ecclesiasticam suscipere permittantur, postquam monachi fuerint, tota illa labes sanctitatis lavacro deletur, ut deinceps per singulos ecclesiasticorum ordinum gradus usque ad episcopalem conscendant altitudinem. Quantum denique monachi clericis præemineant in meritis, ipsa ecclesiastica consuetudo testatur, cum videlicet in supplicatione litaniæ dicatur ab omnibus : *Omnes sancti monachi et eremitæ, orate pro nobis.* A nullis autem dici præsumitur : omnes sancti clerici, vel episcopi, seu canonici, orate pro nobis. Horum quippe nomina seu vita non ita ut illorum sanctitate præeminent.

Si igitur sic est, imo quia sic est, ut videlicet vita monastica sanctitate præmineat episcopali administrationi, sicut e converso ista illi præminet dignitate prælationis, nemo profecto est plus sanctitatem quam dignitatem appetens, qui hanc derelinquere, vel minuere propter illam velit. Sed fortassis, inquies, quia hoc inviti monachi onus suscipiunt, constricti videlicet obedientia prælatorum, et maxime pro lucro aliorum suæ religionis tolerant dispendium, eligentes magis mediocre meritum cum multis habere commune, quam magnum habere singulare. Atque utinam ita sit, ut inviti scilicet trahantur, et hac saltem intentione qua diximus, de monachis fiant episcopi pro salute scilicet aliorum; sicut econverso, ut dictum est, de episcopis nonnunquam monachi fiunt, qui propriæ student saluti. Sed profecto sicut credibile est eos, qui sponte de divitiis ad paupertatem transeunt, causa religionis id facere; ita verisimile judicatur, si econverso fiat, ambitionis causa maxime peragi. Quod quidem qua intentione cœperint, vita sequens indicat; cum videlicet remissius ac mollius vivant episcopi, quam fecerant monachi, et delicatius se tam in cibis quam in vestimentis gerant. Quod qui non faciat, neminem videmus, et si quis hoc non fecerit, ut videlicet deliciis affluat, nec eas sentiat, supra hominem eum æstimamus ; et forti animo se prædicant esse, qui ea quæ religioni maxime adversantur, et quæ alii pro religione dimittunt, cum religione possidere confidunt. Nec quicunque tales sunt, a tentatione Dei recedere videntur. Quid enim est aliud tentare Deum quam sponte periculo ingerere quod possit vitare? Verbi gratia, si quis flammis se injiciat, confidens se inde divina liberari virtute, a quo tamen periculo sibi cavere potest absque animæ suæ detrimento, id utique est Deum tentare. Quid autem divitiæ, vel sæculi sunt illecebræ, nisi quædam flammæ vel incentiva vitiorum, quæ desideriis carnalibus animam æstuare compellunt?

Quod si forte respondeas, te ad hoc onus per obedientiam cogi, vel nec ullatenus te id posse recusare sine damno animæ tuæ; non facile tibi a quoquam credendum arbitror. Sed cum obedientiæ actionem opponis, illud omnes de te proverbium susurrare scias : *Satis catus novit cujus barbam lambit.* Et certe cum quis episcopus vel abbas sub nomine obedientiæ monachum ad episcopandum invitat, non utique diffidit ab impetratione suæ jussionis, etiam quando illum, cum hoc injungit, reluctari videt in verbis, et se ipsum tanquam indignum accusare, et nonnunquam qualescunque lacrymas fundere. Ita quippe naturaliter omnibus honoris ambitio insita est, ut cum quis ad eum pervenerit, quo se ante indignum censebat, modis omnibus sibi vindicare ac defendere contendit, et cum accusatur ut dignus depositione videatur, quantumcunque potest excusare se nititur, ut honorem susceptum retineat, quem antequam susciperet eo se indignum censebat. Ex quo liquidum est excusationem illam simulatoriam magis quam veram fuisse, et se amore magis quam coactione in hac prælatione præsidere. Notum quippe omnibus proverbium est : *Quæ sine amore possidentur, sine dolore amittuntur.* Sed, inquies, illud mihi beatus Augustinus objiciens (68) : « Qui famam suam negligit crudelis est; » addes etiam hoc plurimam afferre perniciem, si fictis criminibus mali bonos dejiciant, et prævaleat iniquitas sanctitati. Sed ab hoc quidem periculo et famæ detrimento, eum qui vi ad episcopatum tractus est, facile sibi est providere; et quod cum amore non possidet, cum honore dimittere, nec ut sibi tollatur expectare. Si enim de suscepta prælatione debitam prælatis reverentiam aut subditis caram nolit impendere, et hoc exhibere modo quod revera invitus tolleret onus, tam famæ suæ quam animæ pariter consulere poterit. Quod si de sanctitate sua confidens æstimet se ad hanc administrationem melius quam cæteros posse sufficere, et hoc utique superbissimum est, et in illam Eliæ præsumptionem incidere, qua dicebat : *Domine, prophetas tuos occiderunt, altaria tua suffoderunt, et ego relictus sum solus, et quærunt animam meam. Sed quid*, inquit Apostolus, *dicit ei divinum responsum? Reliqui mihi septem millia virorum, qui non curvaverunt genua ante Baal* (Rom. XI, 3, 5). *Sic ergo et in hoc tempore reliquiæ secundum electionem gratiæ factæ sunt salvæ,* etc.

Si ergo propheta tantus, unum se cæteris præferens, de hoc suæ præsumptionis temerario judicio a Domino correptus est, quis nostrum, nullam prophetiæ gratiam adeptus, se aliis meliorem æstimare audeat, maxime cum id, juxta Regulam beati Benedicti, a proposito monasticæ religionis sit remotissimum? Unde illud est in præfata regula, capite 7, ubi de gradibus humilitatis monachum instruens, ait: (69) « Septimus humilitatis gradus est, si omnibus se inferiorem et viliorem non solum sua lingua pronuntiet, sed etiam intimo cordis credat affectu, »

(68) Patrol. tom. XL, col. 448.

(69) Patrol. tom. LXVI, col. 396.

humilians se et dicens cum Propheta : *Ego autem sum vermis*, etc. (*Psal*. XXI, 7.) Qualiter autem quislibet de congregatione assumptus inferiorem aliis se æstimare potest, et assentire eo loco se poni, quo melior se dignus sit. Aut quidem perniciosus est, alios se inferiores æstimare, et non audire Apostolum dicentem : *Tu quis es, qui judicas alienum servum?* (*Rom*. XIV, 4.) Maxime cum et juxta Bedam, quæ dubia sunt in meliorem partem debeamus interpretari. » Quod Apostolus quoque attendens, cum præmisisset : (*ibid*.) *Tu quis es, qui judicas alienum servum?* suo *Domino stat, aut cadit*, adjecit : *Stabit autem*, in meliorem videlicet partem dubium convertens. Quid denique periculosius, et in superbiam pronius quam alios inferiores se attendere, etiamsi inferiores et impares meritis videantur? Unde et Pharisæus publicanum respiciens statim intumuit, et ex comparatione minoris magnum se æstimans, quæ habuerat merita perdidit ; sic e converso publicanus de comparatione illius tanquam majoris per humilitatem excrevit in meritis (*Luc*. X, 18 et seq.) Nihil quippe ad superbiam ita nos trahit, sicut inferiores respicere, et quæ illis bona desunt in illis attendere. Nihil ita proficit ad obtinendam vel conservandam humilitatem, quemadmodum eos intueri, qui nos præcedunt in meritis, ut sciamus quid desit nobis, non quid desit aliis. Quod diligenter Apostolus considerans, Philippensibus scribens, ait : *Fratres, ego me nondum arbitror comprehendisse. Unum autem, quæ quidem retro sunt, obliviscens, ad ea vero quæ sunt priora extendens meipsum, ad destinatum prosequor bravium supernæ vocationis Dei in Christo Jesu* (*Philipp*. III, 13-15). Quicunque ergo perfecti sumus, hoc sentiamus.

Quod ergo Dominus ad reprimendam superbiam consilium dederat, proponens nobis Pharisæi et publicani parabolam, ad hoc postmodum Apostolus proprio incitavit exemplo, dicens se nondum arbitrari se comprehendisse id ad quod tendit, hoc est, nondum se illius esse meriti quod desiderat adipisci. Quod quidem ut obtineat qualiter id possit, diligenter aperit, dicens se in hoc uno occupari, ut quæ retro sunt obliviscatur, et ad ea quæ ante sunt extendat se, hoc est hanc in operibus vel meritis hominum rationem habeat, ut quæ dignitate priora sunt ad exemplum imitationis aspiciat, non quæ posteriora sunt respiciat. *Nemo* quippe, ut ipse Dominus ait, *mittens manum ad aratrum, et respiciens retro, aptus est regno Dei* (*Luc*. IX, 62), quia quisquis ad bona opera festinat, si deteriores respiciat se, et non meliores attendat, regni cœlestis aditum sibi claudit, quia de comparatione minorum in suis meritis amplius confidit, sicuti Pharisæus ille, qui cum Abraham et superiores in meritis Patres aspicere debuisset, publicanum respexit, quem inferiorem meritis æstimavit. Ita, fratres, cum quis de cœtu monachorum ad episcopatum assumptus se cæteris tanquam inferioribus comparat, quibus se ad hanc administrationem digniorem æstimat, mirandum, valdeque mirandum est, si de sua electione cæteris reprobatis in elationem non incidat. Ut enim rhetoricæ complexionis argumentatione utar, quam cornutum syllogismum Hieronymus vocat, profecto aut meliorem se cæteris et ad hoc digniorem, æstimat, aut non æstimat. Si æstimat, quo magis ab humilitate monachi recedit, tanto deterius in elationem cadit, et eo ipso quo se meliorem credit, deteriorem efficit ; si non æstimat, se videlicet cæteris ad hoc esse meliorem, sed vel æqualem aliis vel inferiorem, profecto nonnullum et in hoc periculum occurrit : si enim æqualem aliis, excidit a supraposito regulæ canonicæ quo præcipitur ad humilitatis custodiam, ut se cæteris inferiorem non solum pronuntiet voce, verum etiam teneat in corde ; sin autem deteriorem, ut oportet, se æstimat, quanta sit præsumptio videat locum occupare melioris, et per ambitionem sacrilegium rapinæ committere. Denique cum Apostolus diligenter episcopum describens, dicat : *Oportet ergo episcopum irreprehensibilem esse, unius uxoris virum, doctorem, non cupidum, suæ domui bene præpositum, filios habentem subditos cum omni castitate. Si quis autem domui suæ præesse nescit, quomodo Ecclesiæ Dei diligentiam habebit?* *Oportet autem illum et testimonium habere bonum ab his qui foris sunt, ut non in opprobrium incidat* (*I Tim*., 3, 2), etc.

Multa in descriptione illius, qui episcopali dignus sit electione, cura diligenti collegit, ex quibus pauca in hunc locum contulimus, sed ea quæ sufficere credimus his in excusationem sui prætendere, qui se invitos ad episcopatum trahi profitentur. Si enim dixerint his, a quibus trahuntur, se apostolicam super hoc sententiam velle audire, et qualem eligi oporteat episcopum ab ipso cognoscere, cum recitata ex integro fuerit ab Apostolo prolata descriptio, nulla, ni fallor, reperiet, quibus se rationabiliter poterit excusare, quo magis Apostolum, imo spiritum Dei in eo loquentem, quam coactionem hominum sequi debeat. Quid est enim quod statim in ipsa fronte descriptionis præmisit *irreprehensibilem?* Quis de salute sua sollicitus, hoc audito, statim pedem non retrahat, et non magis illud alterius apostoli dictum attendat : *In multis enim offendimus omnes?* (*Jac*. III, 2.) Quanto etiam diligentius illud est attendendum, quod secundo loco adjecit, *unius uxoris virum*, et post modum rationem supposuit, dicens, *habentem filios subditos cum omni castitate. Si quis autem domui suæ*, etc. Consulens quippe probatas in sæculo personas de minoribus ad majora transferri juxta illud Dominicum : *Qui fidelis erit in minimo, fidelis erit et in majore* (*Luc*. XVI, 10), hoc potissimum præbet consilium, ut qui in matrimonio positi fuerant, et circa domesticam curam bene se gessisse probati sunt, quasi spiritalem uxorem ducant, et Dominicæ domus curam suscipiant. Quod et ipse Dominus proprio declaravit exemplo, cum duodecim apostolos congregans, quorum episcopi locum obtinent, nullos aut paucos nisi conjugatos assumpsit. Et quamvis Joannem virginem magis quam Petrum copulam nuptiarum expertum, et domui suæ diu præpositum dilexerit, non tamen illum sicut istum Principem apostolorum constituit. Quo ergo quisque de monastico cœtu assumptus circa curam uxoris et domesticorum minus probatus est, magis ad episcopatum accedere trepidet. Qui etiam doctoris officium quanto minus est expertus, juxta illud Hieronymi (70) : « Monachus non doctoris, sed plangentis officium habet, qui se mundum lugeat, et Domini pavidus præstoletur adventum, » tanto magis ignorat quid populum doceat, qui a populo jam toto tempore sequestratus vixit. Denique quod ait Apostolus, quia oportet eum habere bonum testimonium, et ab his qui foris sunt, attendatis qui electus est de subjectione ad prælationem, de paupertate ad abundantiam translatus, quam difficile sit eum bonum testimonium retinere, ubi de ambitione major quam de religione subrepit opinio. Nemo autem mihi objiciat quod in antiquis temporibus multis de monastica religione ad episcopatum tractis, per eos Ecclesia in magnam fidelium messem et virtutum copiam excrevit. Scimus et nos ista, nec negamus cognita. Sed edocti de proximo tempora discernimus, et cum præteritis præsentia conferentes reperimus officium episcopi tanto nunc laudabilius et salubrius respui, quanto laudabilius et salubrius olim suscipiebatur. Tunc honorabile nomen episcopi, et salubre officium fuit : cum episcopi non tam honorem quam onus susciperent, nullis adhuc opibus Ecclesia ditata, sed assiduis tribulationibus afflicta, quando in eam persecutione sæviente eos primum aut plurimum infideles persequerentur, quos in capite noverant constitutos. Nunc autem Ecclesia corporalem pacem adepta, sicut in primo De civitate Dei beatus meminit Augustinus (71), longe graviores expressiones a vitiis intus sustinemus, quam tunc externis ab hostibus. Nunc enim libertate pessima, crapulæ et ebrietati et omni luxui vacantes, interfectores nostrarum efficimur animarum, sicut illi antea corporum, et civilibus quibusdam et intestinis bellis perit Ecclesia, sicut olim destructa est Roma. Tanquam enim ad dignitatem episcopi pertineat ita in divitiis abundare, sicut in prælatione perire, non aliter se digne censent episcopari, nisi splendidius et accuratius vivant, et obliti cibarium panem, quo antea vescebantur, corde in Ægyptum revertentes de eremo, ollis carnium impudenter incumbant. Qui cum de apostolica dignitate glorientur, pauperem eorum vitam et frugalitatem beatam omnino refugiunt, quam Dominus ipsis in fundamento constituens ait : *Beati pauperes spiritu, quoniam ipsorum est regnum cœlorum (Matth.* v, 3). Quibus quidem verbis patenter ostendit, non per honorem prælationis, sed per onus voluntariæ paupertatis cœlos promereri.

Quanta sit autem impudentia tales episcopos de monachis factos habitum monachi retinere, et non monastice vivere, imo suæ professioni contraria prorsus agere, quis non videat quanta sit impudentia? Quis ignoret de talibus, ut verbis utar apostolicis, quia primam fidem irritam fecerunt (*I Tim.* v 12), et quam contrarii reperiantur sanctis Patribus similiter promotis? Non beatus Martinus asperitatem cilicii seu cibi pro prælatione mutavit episcopali. Quare in hoc officio non quæ sua essent, sed quæ Jesu Christi quærebat. Quis denique non miretur quod hoc tempore soliti sunt præsumere, ut videlicet Romam pergentes, cum necessitas exegerit aliqua ut ad summum pontificem vadant, ipsum quoque monasticæ religionis habitum deponant, quo liberius in via sub laicali habitu sæculariter vivere audeant, et simulatione pessima se id esse quod sunt tam re quam voce mentiantur. Qui nec clericatus signa retinentes, comam pariter et barbam nutriunt, quo facilius intuentes fallant, atque tutius sub habitu lecatorum, lecaciter se gerant, ut tam a monachi quam episcopi proposito apostatantes, nec monachi meritum habeant, nec episcopi reverentiam servent. Quos prædictus onager noster tanto amplius accusat, quanto perfectius sine professione monasticæ religionis monachum exhibuit, et episcopali dignitati austeritatem hujus vitæ præposuit. Cui nec a Domino gratia miraculorum est collata, quo magis frequentiam populi declinaret, cum ipse, sicut in Joanne scriptum est, nullum fecerit signum (*Joan.* x, 41). Quæ quidem gratia quantum quieti et humilitati monachorum sit noxia, ille diligenter attendebat, quem Posthumianus de peregrinatione sua scribens, in exemplum hujus gratiæ non appetendæ, imo summopere nobis fugiendæ ad medium deduxit. Cujus sanctitas cum inter cætera in expellendis dæmonibus singularem gratiam esset adepta, et de hoc se inquietari, tam hominum frequentia quam vana gloria videret, rogavit Dominum, ut ipsis dæmonibus, quos expellebat, in seipsum potestatem daret, simulque bis fieret videlicet mensibus, quos, ab hac oppressione curabat. Quod cum impetrasset a Domino, correptus est a dæmone, tentus in vinculis, omnia illa quæ energumeni solent ferre perpessus. Quinto demum mense purgatus est, non tamen dæmone, sed, quod illi erat utilius atque optatius, vanitate. « Sed mihi, inquit Posthumianus, ista replicanti nostra infelicitas, nostra occurrit infirmitas. » Quis enim nostrum est, quem si unus homunculus humilis salutaverit, aut fatuus, atque adulantibus verbis femina una laudaverit, non continuo elatus sit superbia, non statim inflatus sit vanitate? Aut etiamsi non habeat conscientiam sanctitatis, tamen quia vel stultorum adulatione, aut fortassis errore, san-

(70) Patrol. tom. XXIII, col. 551.

(71) Patrol. tom. XLI, col. 21, 22.

ctus esse dicatur, sanctissimum se putabit? Jam vero si ei munera crebra mittantur, Dei se magnificentia asserit honorari, cui dormienti atque resoluto necessaria conferantur. Quod si vel de modico ei aliqua virtutis signa succederent, angelum se putaret. Cæterum cum neque opere, neque virtute conspicuus sit, si quis clericus fuerit effectus, dilatat continuo fimbrias suas, gaudet salutationibus, inflatur occursionibus. Ipse etiam ubique discurrit. Et qui ante pedibus aut asello ire consueverat, spumeo equo superbus invehitur. Parva prius ac vili cellula contentus habitare, erigit celsa laquearia, construit multa conclavia, sculpit ostia, pingit armaria, vestem respuit grossiorem, indumentum molle desiderat, atque hæc charis viduis, ac familiaribus mandat tributa virginibus. Illa ut birrum rigentem, hæc ut fluentem texat lacernam. Verum hæc mordacius describenda beato viro Hieronymo relinquamus.

Quid ad hæc illi dicturi sunt, quos hoc tempore in tantum vidimus præsumere, ut de solitudine ad turbas procedentes, sicut de ficto religionis nomine tumebant, ita et de simulatione miraculorum gratia videri mirabiles appetebant? Omitto contactus et benedictiones aquarum, quas languidis in poculum dirigebant, ut sic curarentur, contrectationes vel consignationes membrorum, ut dolores infirmantium expellerent, eulogias in panibus fractas, et ad infirmos destinatas. Ad majora veniam, et summa illa miracula de resuscitandis quoque mortuis inaniter tentata. Quod quidem nuper præsumpsisse Norbertum, et coapostolum ejus Farsitum mirati fuimus, et risimus: qui diu pariter in oratione coram populo prostrati, et de sua præsumptione frustrati, cum a proposito confusi deciderent, objurgare populum impudenter cœperunt, quod devotioni suæ et constanti fidei infidelitas eorum obsisteret. O calliditas incautorum! o excusatio frivola inexcusabilium! Aliquos aliquando in talibus decipere possunt, sed, juxta Veritatis assertionem, nihil occultum quod non reveletur (*Luc.* VIII, 17), et, juxta Hieronymi sententiam, falsus rumor cito opprimitur. Non ignoramus astutias talium, qui cum febricitantes a lenibus morbis curare præsumunt, pluribus aliqua vel in cibo vel in potu tribuunt ut curent, vel benedictiones vel orationes faciunt. Hoc utique cogitant, ut si quoquomodo curatio sequatur, sanctitati eorum imputetur; sin vero minime, infidelitati eorum vel desperationi ascribatur.

Tale consilium quidam sæcularis astutus cuidam pauperculæ sibi notæ fertur dedisse. Cum enim illa, ut dicitur, ad paupertatem nimiam devenisset, et a prædicto viro eleemosynam postularet, miratus ille quod eam mendicantem videret, quam antea noverat abundantem, dedit ei tandem consilium, ut se medicari scire simularet, et herbas quascunque colligeret, et ægrotantibus inde curationem præpararet, et hac arte sibi victum quæreret. Addebat enim, dicens quod si alicui pro medicamine aliquid daret, et sanitas quacunque de causa inde aliquo curato sequeretur, ille sanatus hanc curationem ejus medicinæ deputans, multos exemplo sui ad medicamenta illius invitaret, et sic in brevi magnum sibi nomen medicinæ acquireret; quæ cum in aliquibus medicamentis suis efficaciam non haberet, morbo id imputaretur, quod incurabilis esset, et contra mortem nihil medicamenti vires posse. Quid plura? fallaci homini ut multos falleret acquievit illa, et magna tandem in opinione hominum de virtute medicamenti habita est. Sic isti de miraculis præsumentes, sicut illa de medicaminibus, quodam simulationis pallio se ornantes, multarum febriuncularum curationem præsumunt, ut cum in aliquibus quocunque casu sanitas consequatur, hoc eis imputari possit. Cum vero in aliquibus defecerint, infirmæ fidei hominum ascribatur, qui digni non fuerant ut hæc beneficia susciperent aut etiam viderent.

Nonnulli quoque de nomine religionis gloriantes, cum gratiam miraculorum assequi non valent, ut hinc maxime religio ipsorum comprobetur, hoc ad consolationem suam afferre solent, non jam hoc tempore, quo fides corroborata est, miracula sic esse necessaria quomodo quondam in primitiva Ecclesia. Ad quod etiam testimonium de Apostolo inducentes, dicunt: *Linguæ in signum sunt non fidelibus, sed infidelibus, prophetiæ autem non infidelibus, sed fidelibus* (I *Cor.* XIV, 22). Sicut ergo cuilibet genera linguarum collata subito pro signo habentur apud infideles, et cum admiratione magna ab eis quasi magnum quid suscipiuntur, ut his tanquam miraculis ad fidem moveantur, ita et quæcunque miracula infidelibus potius quam fidelibus necessaria dicunt; ideoque hoc tempore his, qui inter fideles conversantur, hanc signorum gratiam non esse necessariam, qua illi fideles efficiantur qui jam fideles sunt. Sed profecto cum fides sine operibus mortua sit (*Jac.* II, 20) et servus sciens, et non faciens voluntatem Domini sui multis vapulet plagis (*Luc.* XII, 47), non minus propter opera quam propter fidem conferenda, hoc etiam tempore necessaria videntur miracula. Sed nec adhuc infidelium tam hæreticorum quam Judæorum sive gentilium nobis copia deest. Ad quorum conversionem faciendam, vel oppugnationem reprimendam, non minus miracula nunc quoque sicut olim necessaria videntur. Sed quia non sunt qui hanc promeruerint gratiam, nec tam ad salutem aliorum quam ad ostentationem sui quisque eam desiderat, jamque omnino fides illa periit, de qua Salvator ait: *Si habueritis fidem sicut granum sinapis, dicetis huic monti ut se transferat, et transferet* (*Luc.* XVII, 6), cessantur penitus illa miraculorum beneficia, quæ prædictus onager, quamvis his indignus non esset, respuit, et qui digni non sunt, appetunt et impudenter simulant. Qui denique clamorem exactoris non audiens, et in montanis virentia quæque perquirens, quanto hæc amplius ad gloriam suam peregit, tanto hæc magis ad ignominiam nostram convertit. Quis enim tam insatiabilis vel importunus exactor, quomodo venter monachorum vel potius Epicureorum porcorum, de qualibus quidem illud Horatianum (72):

Me quoque jam nitidum bene curata cute vises,
Cum ridere voles Epicuri de grege porcum.

Quilibet in sæculo macilenti, cum ad vivaria monasticorum claustrorum pervenerunt, ita in brevi dilatati ac impinguati fiunt, ut si post modicum tempus eos visites, vix agnoscere queas. Inter mille laicos, si paucos adhibeas monachos, plures in eis pingues, plures nitidos, plures ex nimio calore inebriatos, sæpius capitis calvos reperies.

SERMO XXXIV. (73-74).

IN NATALI INNOCENTUM.

Si ad corporalem aspiciamus pacem hodierna passio Innocentum prima professata est quam verum fuerit, quod ipsa Veritas postmodum ait: *Nolite putare quia veni pacem mittere in terram : non veni pacem mittere, sed gladium (Matth.* x, 34). Etsi enim adventus ejus pacem maximam mundo dederit, bellis prioribus sub Augusto finitis, nequaquam ipse sibi hanc præstitit quam omnibus contulit. Quod quidem non sine magna dispensatione factum esse credimus, ut in ejus scilicet persecutione tam cito inchoata singuli fideles in propria se maxime consolarentur, quam et ipse Dominus consolationem discipulis anteponens : *Mementote,* inquit, *sermonis mei, quem ego dixi vobis: non enim est servus major domino suo ; si me persecuti sunt et vos persequentur (Joan.* xv, 20). Bene autem ab ipsa statim infantia Christi persecutio ejus est incœpta et in infantibus debacchata ut tanto irrationabilier comprobetur, quod tam crudelis innocentiam manifestam prosequitur, ut prius imperatur supplicium quam patrandi facultatem ætas habeat. Ne quis forte Dominum crudelitatis arguat quod ipse persecutionem declinans in Ægypto latuerit, nec ab ea innocentiam infantum liberare decrevit, sciat hoc Dominicæ pietati magis imputandum esse. Quis enim nesciat eos qui tunc occisi sunt quandoque morituros, aut quis certus sit eos, si non interficerentur, fuisse salvandos, de quorum salute neminem fidelium nunc constat dubitare ? Quod cum id sola gratia Dei eis absque aliquibus eorum meritis collatum sit, quis non pietatem Dei magis commendet quam crudelitatem accuset ? Ipse denique mortis cruciatus tanto in eis levior exstitit, quanto momentaneus et improvisus magis fuit. *Videns Herodes,* inquit evangelista, *quoniam illusus esset a Magis, iratus est valde, et mittens occidit omnes pueros qui erant in Bethlehem,* etc. (*Matth.* II, 16). Illusus a Magis occidit innocentes qui illudere nec peccare poterant. An illusum te, impie, credis quia dolum conceptum perficere nequis, et ordinationem Dei tuo scelere prævenire non permitteris, et prius illudere quam illudi, seducere quam decipi, fraudem inferre quam errorem pati? Usque adeo insensibilis factus es, ut quem justitia non reprimit, humanitas non commovet, ut his quos innocentes non dubitas parcere nequeat crudelitas? Insanus in alios factus, in te ipsum crudelior es repertus, qui dum Filium Dei persequeris, tuorum filios occidis; nec ipse filius tuus a tantæ malitiæ crudelitate persistit immunis. Quo quidem cum cæteris interfecto, illusionis tuæ crudelitas incomparabilis in ludum proverbii conversa, titulum tibi quem merueras inscriptum dereliquit, non a Pilato, ut titulus Domini in ejus honorem compositus, sed ab Augusto in illusione tui perpetua promulgatum. Unde et Macrobius, *Saturnaliorum* libro II de Augusto et jocis ejus inter cætera sic meminit : « Cum audisset inter pueros quos in Syria rex Judæorum Herodes in tribunatu jussit interfici, filium quoque ejus occisum, ait : « Melius est Herodis porcum esse quam filium. » Credebat quippe Augustus ipsum etiam Herodem regem Judæorum more populi sui a carne abstinere porcina, et ob hoc cum nequaquam porcos occidere velle, a quorum usu decreverat abstinere. »

Utrum vero hoc scienter an per ignorantiam ad generale edictum regalis imperii sit factum, non satis ex prædictis verbis liquide apparet. Potuit quippe fieri, ut qui pro uno turbatus infante, ab omnibus verebatur, suum quoque filium suspicaretur, per quem regnum amitteret, vel in eo dolorem aliorum leniri crederet, et ob hoc etiam ipsum occidi furor immoderatus præciperet, ut sic sceleris immensitas in admiratione sui cunctos commoveret. Quod si, eo ignorante, divino judicio, quacunque occasione id actum sit, benedictus Deus qui impii gaudium retorsit in ipsum, et quam a proprio Filio [necem] avertit, in maledictum germen nequissimum convertit. Quem denique divina ultio in tantam insaniam dejecit, ut cum ipse miserabilis mortis cruciatus ferre non posset, proprias sibi inferret manus, ut qui tot innocentum vitam eripuerat, ipse suam, non alius, eripere mereretur. A Magis illusus, ab Augusto delusus, a se ipso interfectus, quas pœnas meruit, tam vitæ perversitate quam perversitatis suæ fine patenter edocuit. Neminem malitiæ suæ præconem tam certum habuit quam se ipsum.

Quod ejus tempore Christus nasceretur prophetia prædixerat, quod ejus fraude Christus perderetur malitia ejus disponebat. Completum est quod prophetia dixit, non quod dolus cogitavit ; non enim furere permissus, nisi prius in Ægyptum Christus infans esset transmissus. Cum occultatus Christus

---

(72) *Me pinguem et nitidum bene curata cute vises,*
Cum ridere voles Epicuri de grege porcum.
(HORAT. *Epist.* lib. I, cap. 4, vers. 15, 16.)

(73-74) Ex codice ms. cœnobii S. Mariæ ad Eremitas Einsedlensis. EDIT. PATR.

in Ægypto, filius Herodis remanet in regno. Qui utique si cum Christo transisset, nequitiam pariter patris vitasset. Sed in quo regno? Christi potius quam Herodis alienigenæ. Scriptum quippe de Christo est: *In propria venit, et sui eum non receperunt (Joan.* I, 11). Parum est quod dixi: *Non receperunt*, imo eum expulerunt. De Judæa in Ægyptum translatus, quasi de proprio ad alienum migrans regnum, tutus in alieno persistit regno. Dum filius Herodis jugulatur in paterno, patrem filius hostem sustinuit, quia servus Dominum non cognovit. Filius pro filio traditus est, filius Herodis pro Filio Dei. Traditus est ad mortem non ab hoste, sed a patre, ut ex morte filii maxime patris crudelitas innotesceret. Reservatur ad vitam Filius Dei in quo vita omnium constituta fuerat, sicut ipsemet ait: *Ego sum via et veritas et vita (Joan.* xiv, 6). Non erat in manu hominis mors Dei, nec terrenus rex poterat prævalere cœlesti; cœlestis est terrena disponere, non terreni cœlestia. Quantum voluit ille, quievit iste; at ubi permissus furere, est aggressus. Quod diligenter evangelista describens, cum ad imperium angeli puer in Ægyptum de Judæa translatus fuisset: *Tunc*, inquit, *Herodes videns quoniam illusus esset a Magis*, etc. *(Matth.* ii, 16). Tunc quidem, non ante illusionem advertere permissus est. Quod vero dicitur pueros occidisse *a bimatu et infra, secundum tempus quod exquisierat a Magis (ibid.,* 17), nec solum in Bethlehem unde audierat prophetiam, verum et in omnibus finibus ejus, magnitudo sceleris exaggeratur, sic ut loco nativitatis, ita et temporum ætati crudelitas adderetur iniquitate occisionis. Nonnullam tamen quæstionem habens quod dicitur *a bimatu*, hoc est a duobus annis, *et infra*, per tempus quod exquisierat a Magis. Si enim illi, ut Chrysostomus super Matthæum ex scriptura quadam refert, in profectione sua biennium consumpserunt, magis depressisse tempori quam addidisse visus est Herodes. Constat quippe Magos ante biennium illud stellam vidisse, cujus apparitione proficisci cœperunt. Si ergo Herodes ab eo quod didicit a Magis stellam apparuisse biennium computaverit, plus quam integrum annum depressit de tempore, cum videlicet constet hanc occisionem nequaquam peragi, nisi post anni revolutionem quam nos hodie hujus interfectionis passionem recolimus. Ut ergo tempori quoque sicut et loco crudelitas adderetur, intelligendum nobis videtur, ut est, a duobus quoque annis supra stellæ apparitione et deinceps usque ad interfectionis diem.

Quod vero de completione prophetiæ tunc facta dixit evangelista magis ad mysterium quam ad historiam referendum est. Illud quippe juxta historiam de persecutione Nabuchodonosor in Jeremia constat prophetasse; quæ quia futuram Ecclesiæ persecutionem quæ hodie incœpit, figurabat in mysterio, et impletum quod in historia erat prædictum. Rachel quam post Liam Jacob accepit, Ecclesia est quæ a tempore Joannis, Synagogæ successit. Quæ quidem, ab adventu Christi, crebris passionibus afflicta, primum in infantibus hodie est passa. Sed nondum quia per Dominicam passionem et hostiæ veræ oblationem regnum cœlorum nobis fuerat reseratum, compassio Ecclesiæ de istis primis martyribus consolationem non accepit, quos a regno Dei differre cognoscit. Non vult ergo consolari, quia nondum sunt isti quos compassionis affectu materno deplorat, intelligens eos nondum habere verum esse, quandiu exclusi a beatitudine, nec adhuc in eo sunt statu ad quem creati fuerunt ac prædestinati. Unde etiam provide a sanctis Patribus institutum est ut hæc Innocentium solemnitas non ita, ut cæterorum martyrum Natalitia, voces illas exsultationis habeat, *Te Deum laudamus, Gloria in excelsis Deo, Alleluia* in missa. Non enim Natalitia sanctorum proprie dicenda sunt, nisi quando qui in terris sunt nati, in cœlo meruerunt renasci. Hic igitur natalitia sunt hominum, ibi natales sanctorum, quia hic per humanæ naturæ conditionem nascimur miseriis, ibi per sanctitatis gratiam perpetuis renascimur gaudiis. Nec tam nativitas ista deputanda est nativitati quam morti, ubi de paradiso ejecti cadimus per culpam, ut inferiores ad paradisum resurgamus per gratiam. Tunc ergo Rachel tempus habuit mœroris, sed nunc jam adepta tempus consolationis. Quæ tunc flevit ad inferos descendentes, nunc super eos gaudeat cum Christo regnantes. Attendat Dominicam consolationem in his quoque jam completam: *Amen, amen, dico vobis quia plorabitis et flebitis vos: mundus autem gaudebit, vos vero contristabimini, sed tristitia vestra vertetur in gaudium (Joan.* xvi, 20). Quid enim mundus, nisi Herodes et cæteri mundi amatores? Gavisus est Herodes, completa nequitia sua de morte Innocentium prædicta, quasi jam mundum quietus haberet, qui cœlestem Regem occidisset, et risit deceptus, potius quam securus. Flevit Rachel, compassione filiorum afflicta. Nunc autem omnibus in contrarium conversis, hæc perenniter gaudet de suis, sicut ille cum suis sine fine mœreret. Per omnia benedictus Deus qui impios tradidit et innoxios salvavit; qui, ut quodam loco beatus meminit Hieronymus, adeo misericors et benignus est, ut quos non potest salvare justitia, salvet misericordia, et invitis quoque beneficia et ingratis gratiam largiatur, sicut specialiter hæc severitas testatur. Unde spes maxima sanctorum meritis repromittitur, si tanta perceperunt ex gratia, quorum nulla præcesserunt merita. Super omnia benedictus Deus. Amen.

PETRI ABÆLARDI
EXPOSITIO ORATIONIS DOMINICÆ.

(Edit. Opp. ann. 1616).

Inter omnia quæ fragilitas humana facere potest, unde placere Conditori, vel cum placare valeat, plurimum prodest oratio, si cum pura conscientia et cordis humilitate fiat. Ideo dico cum pura conscientia et cum cordis humilitate, quia si conscientia fuerit sorde pravæ voluntatis, vel operis nævo polluta, si cor nostrum inani fuerit elatione repletum, oratio nostra apud Deum non recipitur, nec noster animus exauditur. *Qui avertit aurem suam ne audiat legem, oratio ejus erit exsecrabilis* (Prov. xxviii, 9). Mediator itaque Dei et hominum Homo Christus Jesus humanæ saluti consulens et illi misericorditer providens, inter cætera sanctissimæ doctrinæ verba formam orationis instituit, et quomodo Patrem orare debeamus edocuit dicens : *Cum orabitis, non eritis sicut hypocritæ, qui amant in synagogis et in angulis platearum stantes orare : orantes autem nolite multum loqui sicut ethnici. Putant enim quia in multiloquio suo exaudiantur. Sic ergo vos orabitis :· Pater noster, qui es in cœlis,* etc. (*Matth.* vi, 5). In hac oratione Dominica septem petitiones esse dignoscuntur. Prima petitio est, *Pater noster, qui es in cœlis, sanctificetur nomen tuum:* secunda, *Adveniat regnum tuum;* tertia, *Fiat voluntas tua sicut in cœlo et in terra;* quarta, *Panem nostrum quotidianum da nobis hodie;* quinta, *Et dimitte nobis debita nostra sicut et nos dimittimus debitoribus nostris;* sexta, *Et ne nos inducas in tentationem;* septima, *Sed libera nos a malo. Amen.*

PRIMA PETITIO.

Pater noster, qui es in cœlis, etc. Ecce, charissimi, singulis fere diebus clerus et populus, viri et mulieres, sed, præcipue diebus solemnibus gregatim ad basilicas evolant, vestibus melioribus coram aspectibus hominum singuli pro posse suo se adornant, domum Dei sancti quasi filii Dei communiter intrant, genua flectunt, pectora tundunt, manus expandunt, ora aperiunt, preces fundunt, dicentes : *Pater noster,* sed, quod sine gravi mœrore dicendum non est, quam multi domum Dei, Dominum deprecaturi ingrediuntur, et quam pauci exaudiuntur! Quam multi Dominum vocant in hac oratione : *Pater noster,* qui non sunt ejus filii, sed illius patris de quo scriptum est : *Vos ex patre diabolo estis!* (*Joan.* viii, 44.) Dei non sunt filii, qui jam diu perdiderunt gratiam; diaboli sunt filii, quia per superbiam eos genuit, et nutrit per culpam.

Filii sunt diaboli omnes immundi, concubinarii, ad ultimum avari, maledici, fœneratores, et aliis quibuscunque damnabilibus peccatis depravati qui dicunt fratri suo, *fatue,* qui vident mulierem ad concupiscendum eam. Et quicunque, etsi non perverso opere, perversa tamen a Deo separati sunt voluntate, et (quod multo gravius est, quod magis flendum est) non solum vulgares et indocti laici, verum etiam et innumerabiles nostri temporis sacerdotes, qui sacro peruncti sunt oleo, qui quotidie sacris ornantur vestibus, sacris assistunt altaribus, qui sacramentum Dominici corporis et sanguinis tractare mundissimis manibus debent, Dominum pro se sibique commissis placare devotis precibus, ipsi, inquam, sordibus vitiorum involvuntur, ipsi maculis peccatorum polluuntur, sed et (quod scelestius est), non solum talibus qualibus multi laici fœdantur sceleribus, sed multo gravioribus, et non in ædificationem, sed in scandalum et in ruinam populorum jam positi, omnibus proverbium, risus et contemptus facti sunt. Sciant etiam tales sacerdotes quod quotidie, quando primam horam Deo decantant, vel semetipsos maledicunt, vel testimonium divinæ maledictionis adversus se dicunt, dum proferunt : *Maledicti qui declinant a mandatis tuis* (*Psal.* cxviii, 21).

Quicunque igitur, fratres, Deum in Oratione Dominica Patrem vocat, quicunque ab eo exaudiri desiderat, taliter vivat, ut Deus eum suum filium recognoscat esse per gratiam, qui omnium Pater est per naturam. Alioquin, cum judicabitur, exibit condemnatus, et oratio hujus fiet in peccatum (*Psal.* cviii, 7) : *Pater noster, qui es in cœlis.* Qui dicit, *Pater,* captat benevolentiam ; qui dicit *noster,* excludit superbiam. Qui dicit, *qui es in cœlis,* exhibet reverentiam. Qui dicit, *Pater,* captat benevolentiam, quia pium clamat. Qui dicit, *noster,* excludit superbiam, quia non sibi arroganter proprium, aut specialem ; sed et aliis etiam communem denuntiat. Qui dicit, *qui es in cœlis,* exhibet reverentiam, quia non solum infimis, sed et summis eum præsidere prædicat.

Sanctificetur nomen tuum. Multa sunt nomina divina. Quod ergo nomen petimus sanctificari, cum dicimus, *sanctificetur nomen tuum ?* Nomen Dei fides est Dei, per quam credentibus innotescit. *Sanctificetur nomen tuum,* sanctificetur fides tua, quæ est notitia tui. Sed nunquid nomen Domini non est sanctificatum et sanctum? Omnes Scripturæ clamant, omnes resonant : *Sanctum nomen tuum*. Nomen quidem Domini, fratres, sanctum est, sed adhuc in cordibus quorumdam amplius sanctificari potest. Potest namque sanctificari in cordibus paganorum, in quibus nondum sanctificatum est per fidem ; in cordibus Judæorum, in quibus nondum sanctificatum est per fidei consummationem; in cordibus falsorum Christianorum, in quibus non est sanctificatum per dilectionem. Potest quoque amplius sanctificari in cordibus electorum per majorem fidei confirmationem, et majorem Dei et proximorum dilectionem. Quanto etenim quisque perfectius Deum credit et diligit, tanto amplius nomen Patris in se sanctificat et sanctificatum demonstrat. *Pater noster, qui es in cœlis, sanctificetur nomen tuum*. — *Sanctificetur nomen tuum* in cordibus paganorum, *sanctificetur* in cordibus Judæorum, ut et illi in te credant, et isti perfectius credant, et utrique diligant. *Sanctificetur* in cordibus falsorum Christianorum, ut sicut habent per fidem tui cognitionem, sic quoque habeant per affectum et dilectionem. *Sanctificetur* adhuc in cordibus electorum per majorem claritatem cognitionis, et majorem suavitatem dilectionis : *Pater noster, qui es in cœlis, sanctificetur nomen tuum*.

PETITIO SECUNDA.

Adveniat regnum tuum. Quid est quod petimus dum dicimus : *Adveniat regnum tuum*? Nunquid non habet regnum Deus? nunquid non est rex Deus? Si Deus non est rex, aut si non habet regnum, quid est quod Psalmista ait : *Quoniam rex omnis terræ Deus, psallite sapienter*? (*Psal*. XLIV, 8.) Ergo rex est Deus, et regnum habet Deus. Quare ergo petimus ut adveniat regnum ejus? Quando petimus ut adveniat regnum ejus, non petimus ut adveniat in hoc quod jam est, sed in hoc quod nondum est, vel potius manifestetur in eo quod nondum manifestum est. Ad hæc et nascituri sunt multi, qui ad regnum ejus sunt prædestinati; et qui prædestinati necdum sunt de regno ipsius esse, omnibus manifestat. *Adveniat* ergo *regnum tuum*, o Pater cœlestis, ut per naturam carnis generentur ad regnum tuum prædestinati, et per gratiam baptismi regenerentur, et fiant justi, et per claritatem justitiæ omnibus manifestentur esse filii regni tui. *Adveniat* ergo *regnum tuum*, ut in fine sæculi, in die judicii, in resurrectione generali, separentur grana a paleis, agni ab hædis, frumentum a zizaniis, et Ecclesia tua quæ est regnum tuum, de pressura sæculi præsentis te vocante transeat in gloriam patriæ cœlestis. Item : *Adveniat regnum tuum*, ut sicut regnas in justificatis, ita cito regnes in justificandis, et sicut regnas in illis qui jam sunt boni, sic expulsa potestate dæmonum, regnes et in illis, qui adhuc sunt mali : *Adveniat regnum tuum*.

PETITIO TERTIA.

Fiat voluntas tua sicut in cœlo et in terra. Scimus quod in cœlo nemo sanctorum vel angelorum a voluntate Dei deviat, nemo illi contradicit. Quando ergo fieri poterit, ut non voluntas Dei ita in terra sicut in cœlo fiat, ut videlicet in terra nemo vel per ignorantiam, vel per fragilitatem humanam delinquat : cum infans unius diei non sit sine peccato super terram (*Job* XIV, 4 juxt. LXX), et in multis offendamus omnes (*Jac*. III, 2). Sed sciendum quod, *sicut*, non est quantitatis, sed qualitatis, et similitudinem insinuat, non æqualitatem. Si quis ædificaret domum parvam secundum formam et dispositionem domus majoris, non diceremus de parva domo : Tanta est ista quanta illa major; sed diceremus : Talis est ista qualis illa, talis similitudine, non tanta quantitate. *Fiat* ergo, o Pater, *voluntas tua sicut in cœlo* per angelos, et per sanctos per primam stolam jam glorificatos, ita *in terra* per homines justificandos et glorificandos, ut sicut illi faciunt voluntatem tuam in cœlo, ita eam faciant isti in terra, etsi non secundum æqualitatem, tamen secundum similitudinem : si non secundum illorum perfectionem, tamen secundum perfectionis illorum imitationem. *Fiat voluntas tua*, non solum in electis per bonorum operum exhibitionem, verum et in reprobis per malorum dispositionem. Quamvis vero malorum dispositor, et quamvis sub potestate tua multa sunt mala, nulla tamen relinquis inordinata ; et sic fit in omnibus voluntas tua

PETITIO QUARTA.

Panem nostrum quotidianum da nobis hodie. Fecit Deus hominem ex substantia duplici, corporea scilicet et spirituali. Quia igitur homo compositus est ex duabus substantiis, necessarius est ei duplex panis, corporalis et spiritualis. Corporalis reficit corpus, spiritualis animam satiat. Corporalem petimus, quia nisi Deus fecerit terram germinare, non poterit fructus suos ministrare. Spiritualem panem a Deo postulamus, quia nec ipsum nisi ipse dederit percipimus. Hunc habent nobis dispensare sacerdotes. *Hic jam quæritur inter dispensatores, ut fidelis quis inveniatur* (I *Cor*. IV, 2). Quis vero est nostris temporibus *fidelis servus et prudens, quem constituit Dominus super familiam suam, ut det illis cibum in tempore* fideliter et prudenter ? (*Luc*. XII, 42.) Fideliter quantum ad Deum, ut videlicet cum tanta fide, tanto timore, tanta similitudine, tanta instantia, tanta diligentia, quemadmodum præcipit Dominus, verbum Dei dispenset. Prudenter, quantum ad homines, ut secundum capacitatem singulorum singulos erudiat. Sed, quod sine gravi luctu dicendum non est, mundus sacerdotibus plenus est, et tamen si sit qui bonum audiat, non est qui dicat, juxta illud : *Parvuli petierunt panem, et non est qui porrigat eis* (*Thren*. IV, 4). Quid dicturi sunt quidam moderni sacerdotes in die judicii, qui ordinem sacerdotalem susceperunt, sed inordinate vivere non erubescunt? Quidam vero in convivi's et potationibus cum vulgo prorsus indocto, pravis moribus corrupto, tota die sedent, fabulantur, et quæ dicenda non sunt turpiter operantur. Lanis gregis Dominici superbe vestiuntur, lacte pascuntur, et oves fame et penuria verbi Dei moriuntur. Transeunt festa, transit integer annus, quod nec unum verbum de ore ipsorum egreditur, quo plebs sibi commissa erudiatur, de malo corrigatur, ad bonum revocetur, et in bono confirmetur. Quotidie tamen se Deo præstare obsequium arbitrantes, verba divinæ laudis jubilant, imo sibilant, et audientes et intendentes sono vocis, gestu corporis scandalizant, non ædificant. Cogitare deberent hujusmodi sacerdotes animadversiones propheticas adversum se esse prolatas, quibus dicitur : *Erit sicut populus, sic sacerdos* (*Ose.* IV, 9). Et item : *Sacerdotes non dixerunt : Ubi est Dominus? et tenentes legem nescierunt me* (*Jer.* III, 8). Et illud : *Canes muti non valentes latrare* (*Isa.* LVI, 18). Et : *Canes impudentissimi nescierunt saturitatem* (*ibid.*, 11). Nemo itaque ab istis sacerdotibus exspectet sibi dari panem sacræ doctrinæ, quia vel nesciunt docere, vel contemnunt. Considerent potius illis in locis doctos et dignos sacerdotes, bonæ vitæ et famæ ; illos adeant et audiant, ab eis doceri suppliciter requirant. Sunt autem quidam prædicatores, qui sicut zizania in agro Domini a diabolo sunt seminati, qui totum mundum cum suis phylacteriis peragrant, et indoctum vulgus et peccatis oneratum verbis mendacibus beatificant, dicentes : *Pax, pax, cum non sit pax* (*Jer.* VIII, 11). Unde Isaias : *Populus meus, qui te beatificant ipsi te seducunt, et viam gressuum tuorum dissipant* (*Isa.* III, 12). Et iterum : *Erunt qui beatificant, et qui beatificantur præcipitati* (*Isa.* IX, 16). *Panem nostrum*, Pater, *da nobis hodie*; pasce, Domine, pasce, tu ipse, oves tuas ; unctio tua doceat eas de omnibus, ut Spiritus tuus per internam aspirationem vel doctrinam infundat quam talium sacerdotum os mutum non dispensat. *Panem* itaque *nostrum quotidianum da nobis hodie*, panem scilicet corporalem et panem spiritualem, panem corporalem, ut facias terram germinare, et fructus suos temporibus suis reddere, panem spiritualem, ut inspires prælatis et doctoribus Ecclesiæ tuæ doctrinam tuam sibi traditam studeant feliciter nobis et prudenter dispensare. Et si illi non curant panem istum nobis frangere, tu ipse nos pasce per occultam Spiritus tui aspirationem, ut intus per te capiamus panem, quo foris fraudamur per illorum taciturnitatem. *Panem nostrum quotidianum da nobis hodie.*

PETITIO QUINTA.

Dimitte nobis debita nostra, sicut et nos dimittimus debitoribus nostris. Quam multis timenda, quam multis perniciosa est, fratres, ista oratio! Multis etenim plus confert detrimenti quam augmenti, plus damni quam lucri. Sunt namque quidam, qui per magnam vel longam malignitatis vel odiorum malitiam [*al.* militiam] obdurati, illos qui per aliquam injuriam facti sunt illis debitores, manibus suis lædere vel jugulare concupiscunt ; nec pro timore Dei, sed precibus hominum satisfactionem recipere, vel concordiam facere volunt. De talibus scriptum est : *Uva eorum, uva fellis, et botrus amarissimus. Fel draconum vinea eorum, et venenum aspidum insanabile* (*Deut.* XXXII, 32). Qui, cum tales sint, secrete tamen ad ecclesiam confluunt, et coram Deo et altari ejus orantes dicunt : *Pater noster, dimitte nobis debita nostra*, etc. Sed, o misera insipientia ! o infelix præsumptio iram Dei adversum se precibus provocare! Homo homini reservat iram, et a Deo quærit misericordiam ? Sunt autem quidam imperfecti, quorum imperfectioni, sicut dicit beatus Augustinus, divina miseratio condescendens, concedit ut saltem tunc debitoribus suis debita dimittant, cum ipsi debitores indulgentiam ab eis sibi dari postulaverint. Sicut Dominus servo suo nequam fecisse legitur, quemadmodum scriptum est : *Serve nequam, omne debitum dimisi tibi quia rogasti me.* (*Matth.* XVIII, 32.) Quicunque autem rogatus a debitore debitum cujuslibet injuriæ dimittere contemnit, in vanum sibi a Domino dimitti debitum peccati sui petit. Quinimo magis illud iram judicis aggravat quam alleviat. Quamvis vero imperfectis concedatur sua posse requirere, satisfactionem de sibi illata injuria recipere, et a debitoribus rogari de indulgentia ; si tamen nihil horum fieri contingat, debent omnino proprii cordis iram refrenare, et tenebras odiorum a se pellere, memores illius Jacobi apostoli : *Ira enim viri justitiam Dei non operatur.* (*Jac.* I, 20.) Et : *Qui odit fratrem suum, hoc est, omnis homicida, non habet partem in regno Dei.* (I *Joan.* III, 15.) Perfectorum autem est omnibus omnia corde puro, vultu jucundo, sine restauratione rerum, sine satisfactione injuriarum, et sine precibus, suis debitoribus indulgere, insuper et sua tribuere, et obsequia charitatis exhibere. Providebat igitur unusquisque sibi in oratione ista : *Dimitte nobis, Pater, debita nostra, sicut et nos dimittimus debitoribus nostris*, et si pro aliqua fragilitate vel etiam pernicie nos videas non dimittere sicut debemus, da nobis gratiam ut secundum voluntatem tuam dimittamus, et sic tuam indulgentiam consequamur. Da ut sic diligamus homines, ut eorum non diligamus errores, ut sic in eis diligamus naturam, ut non diligamus culpam; ut sic diligamus quod sunt, ut non diligamus quod male faciunt. *Dimitte nobis debita nostra.*

PETITIO SEXTA.

Et ne nos inducas in tentationem. Cum scriptum sit : *Deus intentator malorum est, ipse neminem tentat: unusquisque autem tentatur a concupiscentia sua abstractus et illectus* (*Jac.* I, 13, 14), quid est quod petimus cum dicimus : *Et ne nos inducas in tentationem?* Est igitur sensus : Ne nos inducas in tentationem, non ut nunquam permittas tentari, sed ut nunquam permittas a tentatione superari; et da ut per tentationes probemur, non reprobemur. Multum enim prosunt tentationes electis, quia per tentationum victoriam pertingunt ad coronam. Unde Jacobus apostolus: *Beatus vir qui suffert tentationem,* etc. (*Jac.* 1, 12). Item : *Omne gaudium existimate, fratres, cum in varias tentationes incideritis, scientes quod probatio fidei vestræ,* quæ, subaudis, per tentationes fit, *patientiam operatur* (*ibid.,* 3). Unde, *In patientia vestra possidebitis animas vestras* (*Luc.,* xxi, 19). Tentationum quatuor species sunt: alia enim levis et occulta, alia levis et manifesta ; alia gravis et occulta, alia gravis et manifesta. Tria autem sunt quæ nos tentant, caro, mundus, diabolus. Caro nos tentat per gulam et luxuriam, mundus per prospera et adversa : per prospera ut decipiat, per adversa ut frangat. Diabolus omnibus modis nos aggreditur, et ad omnem nequitiam nos perducere conatur. *Pater, ne nos inducas in tentationem,* ne nos permittas tentari supra id quod possumus, sed fac etiam cum tentatione provectum, ut possimus sustinere (*I Cor.* x, 13). *Ne nos inducas in tentationem.*

PETITIO SEPTIMA.

Sed libera nos a malo. Multa sunt mala, quibus humana conditio subjacet, et quorum pressuram per se minime evadere valet; quæ generaliter considerata sex modis distinguere possumus. Malum enim aliud est corporis, aliud animæ. Item aliud est malum, quod est culpa, aliud quod est pœna. Item aliud præsentis sæculi, et aliud futuri. Ab omnibus istis, et ab aliis, quæ per ista comprehenduntur, petimus liberari. Et sub istis continentur, quando oramus dicentes: *Libera nos ab omni malo,* quia nisi tu liberes nos, non poterimus sine te liberari. *Libera* ergo *nos tu,* Pater, *a malo.*

CONCLUSIO HARUM PETITIONUM.

Amen. Interpretatur *vere,* et concludit omnes præcedentis orationis petitiones. *Amen,* quasi dicamus : O Pater noster, qui es in cœlis, vere sanctificetur nomen tuum, vere adveniat regnum tuum, vere fiat voluntas tua sicut in cœlo et in terra, vere panem nostrum quotidianum des nobis hodie, vere dimittas nobis debita nostra, sicut et nos dimittimus debitoribus nostris, vere ne nos inducas in tentationem, vere liberes nos a malo. Ista est, fratres, jugiter meditanda, ista est jugiter dicenda oratio, utpote quam ipse Salvator docuit, et qua nobis Patrem orare præcepit. Nulla est enim ista sublimior, nulla utilior. Sunt quidam qui, sicut ethnici, gloriantur multa verba fundere, multa psalteria legere, diversas horas decantare, prolixas orationes continuare : et cum ore Dominc loquuntur, nonnunquam in finibus terræ vagantur. Meminerint tales Scripturæ qua dicitur : *Populus hic labiis me honorat, cor autem eorum longe est a me* (*Matth.* xv, 8). Neque ista dicentes, sanctæ orationis solertiam et perseverantem devotionem culpamus, quam multum laudamus, dum prolixitatem orationis comitatur fervor maximus devotionis.

PETRI ABÆLARDI
EXPOSITIO SYMBOLI
QUOD DICITUR APOSTOLORUM.

Institutum, fratres, a Patribus sanctis habemus tam Symbolum fidei, quod dicitur apostolorum, quam Orationem Dominicam ab omnibus communiter Christianis debere sciri, et memoriter retineri, ut promptius queant frequentari. In illo quippe fidei confessio breviter est expressa; in ista instruimur a Domino postulare necessaria. Ex concilio Remensi, capitulo 8 : « Ut omnis presbyter omnibus parochianis suis Symbolum et Orationem Dominicam aut ipse insinuet, aut insinuanda injungat, ut cum ad confessionem tempore quadragesimali venerint, hæc ab unoquoque memoriter sibi decantari faciat. Nec ante sanctam communionem alicui tradat, nisi hæc ex corde pronuntiare noverit. Siquidem sine horum scientia nullus salvus esse poterit. In uno enim fides et credulitas Christiana continetur; in alio, quid orare et petere a Deo debemus exprimitur. » Quod vero sine fide nemo possit salvari, Dominus ostendit cum dicit: *Qui crediderit et baptizatus fuerit, salvus erit* (*Marc.* xvi, 16). Nullus autem credere potest quod nescit nec audivit. Ait enim Paulus: *Quomodo credent ei quem non audierunt?* (*Rom.* x, 14.) Nec sola sufficit fides in corde, nisi etiam verbo enuntietur, ut idem Apostolus testis est : *Corde enim creditur ad justitiam; ore confessio fit ad salutem* (*ibid.,* 10). Nullus autem de stoliditate sensus, vel tenuitate ingenii causetur, quia hæc tam parva sunt, ut nemo tam hebes et barbarus sit, qui hoc dicere, et verbis omnibus enuntiare non possit, tam magna, ut qui horum scientiam pleniter capere potuerit, sufficere sibi credatur ad salutem perpetuam.

Illud etiam observandum, ut nullus suscipiat infantem in baptismo a sacro fonte, antequam idem Symbolum et Orationem Dominicam coram presbytero decantet. Ex concilio Cabilonensi, capitulo 3 : Jubendum est ut Oratio Dominica, in qua omnia necessaria humanæ vitæ comprehenduntur; et Symbolum apostolorum, in quo fides Catholica ex integro comprehenditur, ab omnibus discantur tam Latine quam barbarice, ut quod ore confitentur corde credant. Ex concilio Parisiensi, capitulo 2 : « Ut nemo a sacro fonte aliquem suscipiat, nisi Orationem Dominicam et Symbolum juxta linguam suam et intellectum teneat, et coram presbytero decantet, et ut intelligant omnes pactum quod cum Deo pepigerunt. » Ex concilio Garinaziensi, capitulo 1: « Caveant presbyteri, ut neque viri, neque feminæ de sacro fonte filios vel filias suscipiant, nisi memoriter Symbolum et Orationem Dominicam tenuerint. » Ex concilio Agathensi, capitulo 12 : « Symbolum etiam placuit ab omnibus Ecclesiis octava die ante Dominicam resurrectionem publice in ecclesia competentibus tradi. »

Hac itaque auctoritate Patrum eruditi, præsenti die ante resurrectionem octava decrevimus prædicti Symboli non verba docere, quæ jam didicistis, sed aperire sensum eorum quæ profertis, cum cordis potius fides sit quam oris, et prius ipsa sit habenda quam ejus confessione facienda. Quem etiam ordinem Apostolus assignans : *Corde*, inquit, *creditur ad justitiam, ore autem confessio fit ad salutem. Dicit enim Scriptura: Omnis qui credit in eum, non confundetur* (*Rom.* x, 10). Et post aliqua : *Quomodo autem credent si non audierint? Quomodo autem audient sine prædicante?* etc. (*Ibid.*, 14.) Hoc igitur, fratres, tam salubre consilium ab ortu suo Ecclesia providens, brevissimum fidei symbolum composuit quod et summam fidei comprehenderet, et verborum multitudine confitentem non gravaret. Hoc autem illud est quod non conciliorum, sed ipsorum esse creditur apostolorum, et juxta numerum eorum totidem sententiis dicitur comprehensum. Symbolum autem collatio dicitur, quando videlicet homines convivaturi partes suas in unum conferunt, unde comessationes fiant. Hinc illud est in Proverbiis : *Noli esse in conviviis potatorum, nec in comessationibus eorum qui carnes ad vescendum conferunt, quia vacantes potibus et dantes symbola consumuntur* (*Prov.* xxiii, 20). Ad hanc itaque similitudinem symbolum dicuntur diversorum sententiæ in unum congregatæ, summam fidei continentes. Unde et Eusebius Emisenus homilia De Symbolo fidei : Sicut nonnullis scire permissum est, apud veteres symbola vocabantur, quod de substantia collecti in unum sodales in medio conferebant ad solemnes epulas, ad cœnæ communes expensas, ita et Ecclesiarum Patres de populorum salute solliciti, ex diversis voluminibus Scripturarum collegerunt testimonia divinis gravida sacramentis, ad animarum pactum salubre convivium, verba brevia, etc., et hoc Symbolum nominaverunt. Est quippe quasi quoddam spiritale convivium divini verbi refectio, et quasi quædam mensa Scriptura nobis apposita, in qua tot sunt fercula quot sunt doctorum sententiæ. De hac mensa scriptum est : *Fiat mensa eorum coram ipsis in laqueum* (*Psal.* lxviii, 23). Item De pane divini Verbi : *Non in solo pane vivit homo, sed in omni verbo quod procedit de ore Dei* (*Luc.* iv, 4). Sed etiam apud philosophos Timæus Platonis diversarum collationem sententiarum sub specie cujusdam convivii componit, dicens : « Unus, duo, tres, quartum enimvero vestrum, Timæe, requiro; qui hesterni epuli convivæ fueritis, hodierni præbitores mutatores ex condicto resideatis. » Legimus et cœnam Cypriani, in qua sancti Patres, quasi quædam fercula virtutum, quibus præeminebant, offerentes inducuntur. Sic et apostoli, tanquam invicem conferentes, communi deliberatione præsens fidei Symbolum creduntur instituisse; in quo et fidei Catholicæ summa, ut dictum est, doceatur, et ejus salubris confessio paucis verbis conferatur, ut simul et doctrina fidei sit perfecta, et nulla sit verborum prolixitas onerosa. Quod quidem postmodum a sanctis Patribus tanta est diligentia roboratum, ut nemini fidelium liceat verba ejus ignorare ad confitendum, etsi nondum sufficiat ad intelligendum. Sed quoniam sonus sine intelligentia aures tantum mulcere, non mentem reficere potest, et balatus potius quam pastus dicendus est; nec mentem excitant audita, si minime fuerint intellecta, nos, qui litterarum scioli videmur, niti jam convenit, ut de sensu verborum sumamus animæ pastum; nec tam ore corporis sonum, quam ore cordis capiamus sensum. Quales quidem aures tantum Dominus requirens, dicit : *Qui habet aures audiendi audiat*. Cum autem fides omnium bonorum sit fundamentum, sine qua impossibile est placere Deo (*Hebr.* xi, 6), et cordis ipsa sit potius quam oris, corde enim, ut dictum est, creditur, magis ei cordis quam corporis aures sunt applicandæ, ut quod verbis asserimus, intelligentia capiamus. Non enim longe est a mendacio, qui quod nescit profitetur, et perjurii reus est, qui jurat quod ignorat. Quod quidem ne præsumamus, illa nos Apostoli reprehensio compescat, qua quibusdam improperans, ait : *Nescientes de quibus loquuntur, neque de quibus affirmant* (*I Tim.* i, 7). Nulli est autem periculosius mendacium vel error, quam in his quæ ad fidem pertinent; et quassa est verborum prolatio, quam intelligentia non sequitur, quæ ad hoc tantum instituta sunt, ut intelligentiam conferant audita. Quanto autem divinorum verborum salubrior est intelligentia, tanto hæc a nobis amplius est requirenda. Ad quam nos supra memoratus adhortatur Apostolus, ut cum divinæ laudis benedictiones vel orationes quælibet in ecclesia fiunt, vel aliquid dicitur ad confirmationem cujus vel precis complectionem, *Amen* seu *Fiat*, est respondendum, a nemine id responderi permittat, qui ea quæ præcesserunt, non intelligat. Sic quippe Corinthiis scribens de idiota litteras ignorante, et quasi ad respondendum in ecclesia cuiquam astante : *Quomodo dicet Amen super tuam benedictionem, qui quid dicas nescit?* (*I Cor.* xiv, 16.) Quod et beatus Hieronymus memoriter tenens, cum Marcellam de diversis nominibus Hebraicis erudiret (75) : « In Hebræo, inquit, legitur Amen, quod scilicet ea vera sint dicta quæ supra confirmantur. » Unde et Paulus asserit non posse aliquem respondere Amen, id est confirmare ea quæ supra dicta sunt, nisi intellexerit prædicationem. Qui et ad omnium intelligentiam, quæ in ecclesia dicuntur, vehementer nos excitans : *Impleamini*, inquit, *Spiritu sancto, loquentes vobismetipsis in psalmis, et hymnis, et canticis spiritalibus* (*Ephes.* v, 19). Non enim sibi vel secum loquitur, qui quod dicit minime intelligit, cum totum, ut dictum est, sermonis officium ad intelligentiam sit accommodatum ; nec sermo sine intelligentia prolatus tam sermo quam sonus sit habendus. Ut igitur, juxta Apostolum, malitia parvuli, sensu autem perfecti, firmum teneamus fidei fundamentum, quod proposuimus expositionis luce, prout Dominus annuerit, consummemus.

Credo in Deum. Sed ut confessionis suæ veritatem observet, ne os, quod mentitur, occidat animam, attendere primum debet et quid sit credere in Deum. Aliud quippe est credere Deum, aliud credere Deo, aliud credere in Deum. Credere quippe Deum est æstimare quod ipse sit. Credere Deo, verbis ejus, quod vera sint, vel a falsitate penitus aliena, consentire. Credere vero in Deum, est credendo eum diligere, et sic ejus membrum fieri vel esse. Hæc vero illa est fructuosa fides, quæ, ut dicit Apostolus, per dilectionem operatur ; et de qua, ut diximus, scriptum est : *Omnis qui credit in illum non confundetur* (*Rom.* x, 11). In illum inquit, potius quam illum, vel illi. Illi quippe duo priores fidei modi, cum videlicet Deum vel Deo credimus, communes nobis sunt cum reprobis, et cum ipsis etiam dæmonibus. De quibus et beatus meminit Jacobus, quia *dæmones credunt et contremiscunt* (*Jac.* ii, 19), et : *Fides sine operibus mortua est* (*ibid.*, 20). Hic vero tertius credendi modus, quo videlicet in Deum creditur, solus inter reprobos discernit et electos. Ut igitur vera sit nostra fidei confessio, qua singuli quotidie dicimus : *Credo in Deum*, sic vivere studeamus, ut hoc vere dicere valeamus. Aliter quippe membrum veritatis non erimus, et plus nobis officit falsitas confessionis, quam ejus prolatio adjuvet. Cum autem singula, quæ in hac fidei confessione sequuntur, ita huic principio cohæreant, atque hinc pendeant, ut si hujus veritas violetur, non possit in cæteris ipsa custodiri, cum videlicet dicitur : *Credo in Jesum Christum, et in Spiritum sanctum*, etc., frustra reliqua confitemur,

si confessionis exordium falsitatis habeat fundamentum.

Patrem omnipotentem. Cum præmiserit Deum, unum videlicet, non plures, deitatis astruxit unitatem. Nunc vero personarum annectit distinctionem, cum Patrem, et Filium, et Spiritum sanctum commemorat. Omnipotens dicitur, ut beatus meminit Augustinus, non quod omnia possit, hoc est, quaslibet in se suscipere actiones, sed quod ejus voluntati vel dispositioni nulla resistere potestas, vel cujusque naturæ vis eam impedire possit. Bene autem cum nos in Deum credere confitemur, omnipotentiam ejus memoramus, ut quam rectum sit in eum credere, vel spem nostram in eum ponere, cujus tanta sit potentia, declaremus. Unde et Apostolus : *Si Deus pro nobis, quis contra nos?* (*Rom.* viii, 31.)

Creatorem cœli et terræ. Dicturus eum creatorem omnium esse, præmisit omnipotentem, ut ostenderet eum hoc posse qui omnia possit, et cujus voluntati nihil resistere queat. Creatorem autem cœli dicit, hoc est de nihilo, non de præjacente materia omnia, ex quibus constat mundus, operatum. Cœlum quippe, quod tam aereum quam æthereum dicitur, superiores mundi partes hic appellat : terram vero, inferiores quæ pondere suo in imo subsistunt, tam aquaticam scilicet quam terrenam substantiam. Possumus et per cœlum et terram ita universam includere creaturam, ut cœlum dicamus dignitatem superiorem, id est spiritalem quamlibet naturam ; terram vero quamcunque corpoream. Cum autem ita omnium creatorem Deum commemorat, quantum ei debeant universa patenter insinuat.

Et in Jesum Christum. Filii Dei personam præsens symbolum nobis commendans, ejus divinitatem pariter et humanitatem commemorat, et tam regni ejus quam sacerdotii dignitatem, unde Christus dictus est, designat, per quæ duo nobis Jesus, id est Salvator, efficitur. Nam quia tam regia quam sacerdotalis dignitas per unctionem instituitur, hinc merito Christus est appellatus Rex iste summus, et Sacerdos supremus, et Salvator verus. Unde est hæc nomina jam quasi propria meruit obtinere ; ut jam cum audimus Christum vel Jesum, eum per excellentiam solum intelligamus. Rex autem nobis est quasi supremus Dominus, et nobis præsidens, et, inter hujus sæculi procellas et turbines, Ecclesiam suam navem propriam ad portum tranquillitatis æternæ regendo dirigens, et tam verbis quam exemplis disciplinæ regulam nobis tradens. Sacerdos autem, imo et pontifex nobis factus est, dum in cruce suspensus tanquam in ara pro nobis immolatus est. Unde autem nobis tam Christus, ut dictum est, quam Jesus verus existat, diligenter aperit, cum eum tam Dei quam hominis filium esse consequenter annectit, dicens :

---

(75) Patrol. tom. XXXI, col. 431.

Filium ejus, id est Dei Patris, *unicum;* ne adoptivus, sed consubstantialis putetur. Et rursum, *qui conceptus est*, etc. Quod tamen dicimus unicum, quibusdam videtur magis ad Dominum quam ad Filium esse conjungendum, sive ad utrumque simul, ut sicut est unicus Filius Patri, ita et unicus sit Dominus nobis. Sicut enim personam Patris commendans, eum et omnipotentem, et cœli et terræ dixit creatorem, ita nunc ad honorem Filii, eum non solummodo Christum et Jesum, verum etiam Dominum confitemur nostrum et unicum, id est solum Dominum nostrum, secundum hoc quod ejus solius pretioso sanguine empti sumus. Aut si forte quem movet etiam Patrem et Spiritum sanctum non minus nostrum dici Dominum, sciat ita Filium solum dici Dominum nostrum, ut præter eum non sit alius omnium Dominus. Licet enim utraque aliarum personarum æque Dominus noster sicut et Deus sit dicenda, quia non est alius Dominus una persona quam alia, sicut nec alius Deus quælibet earum : ita Deus vel Dominus sola est dicenda, ut nullatenus res alia Dominus sit existimanda, vel alius (76) ab ea Dominus sit credendus, cum idem Dominus sicut et Deus una sit persona cum alia.

Qui conceptus est. Qui, inquam, Christus, sive qui Filius Dei secundum assumptam humanitatem conceptus est, etc. Ac si diceretur: Cujus humanitas de ipsa substantia Virginis per operationem divinæ gratiæ concepta est et nata. Nam et cum singuli homines ex anima constent et corpore, secundum tamen solam corporis naturam, quæ traducitur, concipi a matribus, vel nasci dicuntur. Bene autem dicturus eum de Virgine natum, ne quis quæreret qualiter id fieret, præmisit conceptum per Spiritum sanctum, sicut et matri quærenti : *Quomodo fiet istud?* dictum est ab angelo : *Spiritus sanctus superveniet in te*, etc. (*Luc.* I, 34, 35). Ex quo quidem non mediocriter ipsam quoque Spiritus personam nobis commendat, dicendo videlicet per operationem ejus illud corpus esse conceptum, in cujus hostia omnium redemptio est consummata. Quod nec minus per ipsum Spiritum Apostolus dicit pro nobis oblatum sicut et conceptum. Hinc est illud ad Hebræos, ubi in hac nostræ salutis consummatione totius Trinitatis operationem commemorans, ait : *Si enim sanguis hircorum et taurorum, et cinis vitulæ aspersus inquinatos sanctificat ad emundationem carnis : quanto magis sanguis Christi, qui per Spiritum sanctum semetipsum obtulit immaculatum Deo, emundabit conscientiam nostram ab operibus mortuis?* (*Hebr.* IX, 13.) Cum autem ipsum vel conceptum vel natum de Spiritu sancto audimus, aliter a Virgine conceptum, aliter eum de Spiritu conceptum; vel aliter eum de Spiritu natum, aliter de Virgine natum intelligamus : a Virgine quidem, vel de Virgine, secundum quod de substantia ejus tanquam matris carnem acceperit : de Spiritu vero, secundum hoc quod per divinæ, ut dictum est, gratiæ novam ac mirandam operationem factum est : ad quam nulla institutio naturæ sufficere poterat. Non ergo ita in hac nativitate vel incarnatione Domini patrem ejus intelligere debemus Spiritum sanctum, sicut ejus matrem profitemur Virginem. Sicut enim illa ejus æterna generatio de substantia Patris sine matre est, sic ista temporaliter de matre sine patre est.

Operatorem itaque, ut dictum est, potius quam patrem Spiritum sanctum hinc intellige, sicut et in singulis quæ facit Deus operator dicitur, vel creator potius quam Pater proprie dicendus est. Et attende quod cum dicit Filium Dei de Virgine natum, eumdemque tam Dei quam hominis filium esse astruit, unitatem personæ in duabus naturis, divina scilicet atque humana, confirmat. Quamvis enim secundum divinitatem ex solo Patre sit genitus, et secundum humanitatem ex sola matre sit natus, aliaque sit natura Dei, alia hominis; aliud sit divinitas, aliud humanitas : una tamen est in Christo persona, in duabus naturis consistens, nec est aliud in persona Filius Dei quam filius hominis. Quamvis aliud sit in natura Verbum quod hominem assumpsit, quam homo ipse assumptus ; nec duo sunt Christi, assumens et assumptus, sed unus Christus : sic nec duo sunt homines vel duæ personæ anima hominis et ejus caro, licet aliud secundum naturam sit anima quam caro, cum illa videlicet sit incorporea substantia, hæc corporea, hoc est, illa corpus, hæc spiritus. Si ergo in singulis hominibus duæ sunt naturæ, corporea scilicet atque incorporea, sed una tantum persona, sic et in Christo duæ sunt naturæ, divina scilicet atque humana, sed una solummodo persona. Persona quippe quasi per se una dicitur, hoc est, substantia quælibet rationalis ita per se ab aliis rebus disjuncta, ut ipsa substantiam cum aliqua re alia non constituat. Quandiu ergo anima humana in corpore est, persona dici non potest, quia carni conjuncta unam hominis personam atque unam rationalem substantiam cum ea constituit. Sic et Verbum homini in Christo unitum unam Christi personam, non duas reddit. Juxta quam quidem unionem personæ eumdem Christum tam Dei Filium quam hominis profitemur, et tam Dei Filium quam hominis dicimus crucifixum, mortuum, et sepultum, cum tamen ista non nisi secundum humanitatem sint accipienda. Unde et Paulus Dominum gloriæ crucifixum esse non veretur dicere (*I Cor.* II, 8), et qui descendit de cœlo, et qui ascendit, eumdem esse. Et ipse Dominus Christus de seipso loquens : *Nemo*, inquit, *ascendit in cœlum, nisi qui descendit de cœlo, Filius hominis qui est in cœlo* (*Joan.* III, 13). Et iterum : *Si ergo videritis Filium hominis ascendentem ubi erat prius*, etc. (*Joan.* VI, 63).

Cum itaque Christus proprie dicatur Deus et homo

---

(76) *Alius* ex codice Victorino 397 supplevit D. Cousin, Opp. Abælardi, p. 608.

simul, hoc est tria illa simul in naturis propriis discreta, Verbum videlicet, anima humana et caro: ad ostendendum tamen unitatem personæ tam diversarum in Christo naturarum, ita sæpe vocabula permiscemus, ut modo Verbum, modo animam, modo etiam carnem dicamus; et nonnunquam quæ propria sunt Dei, homini ascribamus, et e converso. Cum enim dicit Apostolus : *Christum Dei virtutem et Dei sapientiam (I Cor.* 1, 25); et rursum : *Qui cum in forma Dei esset, non rapinam arbitratus est esse se æqualem Deo, sed semetipsum exinanivit, formam servi accipiens,* etc. (*Philipp.* 11, 6) quis hoc ad ipsius divinitatem non referat? Sed et cum ipsemet Christus de se et Patre loquens, dicat : *Quia ego et Pater unum sumus (Joan.* x, 30); et rursum : *Quia Pater major me est (Joan.* xiv, 28); quis non videat hoc et illud secundum aliam et aliam naturam de ipso dici? Quem etiam cum dicimus ad inferos descendisse, vel in sepulcro fuisse; quis non illud de anima sola, hoc de corpore solo intelligat? Hoc quippe modo et Petrum Romæ in sepulcro esse, et eumdem in cœlestibus cum Christo profitemur gaudere, cum tamen hoc de alia, et illud de alia dicamus substantia, non tamen de alio Petro, quamvis post dissolutionem corporis et animæ jam non sit una in Petro persona ex anima simul et corpore compacta. Ad illam tamen unionem personæ, quæ jam fuit, non quæ modo sit, respicientes dicimus Petrum ipsum et ibi esse in sepulcro, et in cœlestibus cum Christo. Qui etiam sepulcrum alicujus intuentes dicere non veremur : Hic homo, qui hic jacet, magnam scientiam et pulchritudinem habuit, cum tamen illud cadaver nec jam homo sit, nec scientiam habuit, quæ solius erat absentis animæ : nec ipsa anima, quæ scientiam illam habuit, ullatenus habere corporalem illam pulchritudinem potuit, sed in diversis penitus naturis scientia illa et pulchritudo fuerit, illa quidem in anima, hæc in corpore.

Cum itaque dicimus hunc qui hic jacet, sapientem fuisse, propter unitatem videlicet personæ, quæ jam non est, sed fuit, cur non dicamus de Christo hunc, qui Deus est, hominem esse? vel hunc, qui de cœlo descendit, ascendisse, hoc est unam Dei et hominis, vel Verbi descendentis est hominis personam esse? Alioquin, quomodo dicemus aliquem intuentes hominem, quia hic qui pulcher est, sapiens est? nisi videlicet secundum unitatem personæ, in cujus diversis, ut dictum est, partibus pulchritudo et sapientia ita sunt distincta, ut aliud ibi pulchritudinem habeat, id est corpus, aliud sapientiam, id est anima. Sicut ergo dicimus eum, qui pulcher est, vel qui animatus, sapientem esse, cum tamen pulchritudo, vel animatio solius sit corporis, sicut sapientia solius animæ, ita et unum eumdemque Christum et Deum dicimus et hominem, hoc est unam ex istis vel in istis naturis consistere personam; et cum Christus, adhuc in terra consistens, dicit Filium hominis in cœlo esse, vel in cœlo quondam fuisse, quid aliud sonat nisi humanam naturam ei esse unitam, quæ per præsentiam divinitatis ubique consistentis a cœlesti celsitudine non est remota? Quid ita mirum, si cum superius præmissum sit *Filium Dei,* statim adjunctum sit, *qui conceptus est de Spiritu,* vel *natus de Virgine;* hoc est, assumpta humanitas sic concepta est vel nata? Sic quippe intelligimus et Dominum gloriæ crucifixum, hoc est hominem vel corpus ab eo assumptum tali patibulo affixum. Juxta quod et Maria Magdalena Dominum suum de monumento dicit sublatum, id est corpus Domini sui, sicut et dicimus hic Petrum sepultum esse, de solo ejus corpore id intelligentes, et rursum, ut dictum est, ipsum in cœlestibus esse, de sola ejus anima hoc intendentes. Sæpe quippe de toto ad partes, vel de partibus ad totum translationes fiunt nominum : veluti cum modo animam, modo carnem totum hominem dicimus, et nonnunquam animam desideriis carnalibus irretitam carnis nomine designamus.

Passus, secundum eamdem scilicet humanitatis naturam de Spiritu conceptus, vel ex Virgine dictus est natus. *Sub Pontio Pilato,* hoc est, eo ibi dominante ubi passus fuit. Pontius vel cognomen vel gentile nomen esse patet ex aliquo loco. Bene autem gentilem commemorat præsidem, ubi ex hoc etiam insinuet jam illud tempus advenisse, quo jam, juxta prophetiam Jacob sive Danielis unctio regia in populo Judæorum defecerat.

Crucifixus. Genus quoque patibuli determinat, quod ignominiosius erat, sicut et prædictum fuerat : *Morte turpissima condemnemus eum* (*Sap.* 11, 20). Et ita *mortuus* et insuper *sepultus,* ut in omnibus humanitatis veritas comprobetur, et tanto amplius diligatur a nobis, quanto graviora vel indigniora sustinuit pro nobis.

Descendit ad inferos. Qui mortuus dicitur et sepultus, ipse etiam ad inferos descendisse asseritur, cum illud tantum secundum corpus, hoc secundum animam intelligatur. Ipsa quoque anima, quæ in carne passa fuerat, ad inferos dicitur descendisse, quia passionis illius efficaciam justi senserunt antiqui, per eam a pœnis liberati. Non enim anima, vel spiritus aliquis, ut beatus meminit Augustinus, loco movetur, sed solummodo corpus. Sicut ergo Deus, qui ubique est, descendere quoque dicitur secundum aliquem suæ operationis effectum, ita et anima illa secundum efficaciam propriæ passionis, quam habuit in electis, descendisse liberando dicitur.

Solius quippe animæ vel sentire vel pati est, etsi ei hoc ex carne accidat, tanquam quodam talium instrumento. Inferos itaque dicit pœnales illas tenebras, quas justi etiam sustinebant, adhuc extra divinæ gloriæ conspectum constituti, ad quam totis desideriis anhelabant. Cujus quidem gloriæ visio summa est illa felicitas ab omni pœna penitus immunis, quam latroni Dominus ipse promittit dicens: *Hodie mecum eris in paradiso* (*Luc.* XXIII, 43).

Tertia die resurrexit a mortuis. Hoc est de inter mortuos, tanquam veraciter corpore defunctus propria voluntate, non aliena, est suscitatus. Sicut et ipsemet ait : *Potestatem habeo ponendi animam meam, et iterum sumendi eam* (*Joan.* x, 18). Nota ordinem, quod priusquam surrexit, ad inferos descendens, salutem nostræ liberationis, antequam gloriam suæ resurrectionis est operatus : quia non tam sua quam nostra in his omnibus requirebat. Ipso itaque die passionis suæ, antequam resurgeret, vel cœlos ascenderet, tam prædictum latronem quam antiquos viros in paradisum introduxit, quia eis suæ divinitatis visionem exhibens, vera jam beatitudine, quam paradisum nominant, animas eorum satiavit. De qua quidem satietate propheta dixerat: *Satiabor cum apparuerit gloria tua* (*Psal.* XVI, 15). Extra quam quidem visionem gloriæ quidquid est, ejus comparatione dicendum est tenebræ; nec est prorsus alienum a pœna, quantacunque sint quietis remedia.

Ascendit ad cœlos. Sicut corpore surrexit de sepulcro, ita et corpore ascendit ad cœlos, et utrumque in propria potestate, ut non tractus esse, sed magis dicatur ascendisse. Ut enim ipsemet ait : *Nemo ascendit in cœlum, nisi qui descendit de cœlo* (*Joan.* III, 13). Alii quippe magis trahi quam ascendere sunt dicendi. Absit autem ut Christo, jam per resurrectionem glorificato, corporalis ejus ad cœlos ascensus aliquid beatitudinis contulerit. Quæ est enim in futura vita beatitudo nostra, nisi illa Divinitatis visio, de qua Psalmista dicit : *Satiabor, cum apparuerit gloria tua?* (*Psal.* XVI, 15.) Cujus quidem visionis lucem civitati per Isaiam Dominus promittens, ait : *Non erit tibi amplius sol ad lucendum per diem, nec splendor lunæ illuminabit te, sed erit tibi Dominus in lucem sempiternam, et Deus tuus in gloriam tuam. Non occidet ultra sol tuus, et luna non minuetur, quia Dominus erit in lucem sempiternam, et complebuntur dies luctus tui. Populus autem tuus omnes justi in perpetuum hæreditabunt terram,* etc. (*Isa.* LX, 19 et seq.). Quis etiam nesciat Deo, qui ubique est, nos nequaquam locis, sed operibus præsentes fieri vel absentes? Unde et angeli faciem Dei semper videntes, cum ad nos mittuntur, nequaquam hujus visionis beatitudine privantur. Quanto magis anima Christi, quæ hac visione perfectius semper fruitur, ea nunquam privari potuit? Quid est itaque humanitatem ejus cœlos conscendisse, vel ut diligentius Apostolus ait, eum super omnes cœlos ascendisse, ut adimpleret omnia (*Ephes.* IV, 10), nisi loco corporali ascensu monstrasse eam omnium beatorum altitudinem transcendisse? De qua quidem dignitatis excellentia, qua transcendit universa, dictum est per prophetam : *Elevata est manus tua sicut cedrus* (*Ezech.* X, 4). Et per Apostolum : *Propter quod et Deus illum exaltavit, et dedit ei nomen quod est super omne nomen* (*Philipp.* II, 9). Et ite-

rum : *Sedet ad dexteram majestatis in excelsis, tanto angelis melior effectus, quanto differentius præ illis nomen hæreditavit* (*Hebr.* 1, 3).

Ascendisse itaque ad cœlos dicitur, non ut ejus beatitudo vel gloria per corporalem ejus ascensum augeatur, sed ut per ipsum declaretur. Absit enim, ut dictum est, quod post resurrectionem ipsi aliquid beatitudinis vel gloriæ suæ in anima sive in corpore credamus collatum esse : sed quod jam obtinebat, cum jam corpus suum tanta levitate ostendebat glorificatum, ut et nubi insidere, et cœlos penetrare, et longe jam diversum factum esse ab hoc corruptibili corpore, quod aggravat animam, et sensus nostri deprimit vigorem. Ut ergo fideles hanc in suis corporibus glorificationem exspectarent, ut ubicunque vellet Spiritus, ibi sine ulla difficultate statim esset corpus, hoc primum in seipso caput exhibuit, quod exemplo ejus sperandum esset membris. Sicut ergo Filius Dei de cœlo descendisse dicitur humiliatus, et secundum assumptam humanitatem quodammodo angelis minor factus, ita et Filius hominis ascendisse dicitur exaltatus, quamvis et corporalis ei non defuerit ascensus, qui hunc exaltatum attestaretur. Nam et quod mox additur, *sedet ad dexteram Patris*, non de corporali ejus sessione, vel de corporali ejus dextera Patris est accipiendum. Quid est enim hominem Christum ad dexteram Dei sedere, nisi eum in gloria Dei Patris, hoc est in superna illa beatitudine digniorem gradum tenere, tanquam omnium a Deo judicem constitutum? Unde subditur : *Inde, hoc est perinde, venturus judicare vivos et mortuos.* Quasi cæteris electis ad sinistram Dei constitutis, solus iste assistit dexteræ, quia sicut dextera prævalet sinistræ, ipse universis præeminet beatitudine. Quia vero sedere judicantium, sicut stare judicandorum, bene per ejus sessionem judiciariam exprimit potestatem. Vivos et mortuos judicabit, quia tam electis quam reprobis vel pœnam vel præmium pro meritis reddet. Quia enim justus ex fide vivit, et iniquitas mors quædam animæ, juxta illud : *Non mortui laudabunt te, Domine, sed nos qui vivimus benedicimus Domino* (*Psal.* CXIII, 17). Electos hic vivos, reprobos appellat mortuos. Vel vivos dicit, quos adventus ille Judicis occultus adhuc in corpore viventes reperiet : cæteros vero, mortuos appellat.

Credo in Spiritum sanctum. Quæ quidem confessio fidei ipsum æque Deum sicut Patrem et Filium patenter asserit. Alioquin non diceret, *in Spiritum sanctum*, sed Spiritum tantum, sicut et consequenter dicit *Ecclesiam*, non in Ecclesiam, etc. Sicut ergo dicimus, *credo sanctam Ecclesiam*, id est eam esse sanctam, ita et dicere possumus, credo sanctum Petrum, vel, credo sancto Petro, et credo sanctæ Ecclesiæ. Vel Petri tanquam capitis sumus, sicut membra Dei existimus. Membra tamen Ecclesiæ tanquam corporis dicuntur, sed solius Dei tanquam capitis. Quod quidem illa innuit propositio cum dicitur, *in Deum*, sicut jam superius expositio nostra præfixit. Græci tamen et *in Ecclesiam*, dicere non verentur, sicut et Symbolum illud continet, quod ad cautelam fidei orthodoxæ Leo III instituit, et in tabula argentea descriptum Romæ altari sancti Pauli affixit. *Catholicam*, id est universalem, et non in aliqua mundi parte, sicut sunt hæreticorum conventicula, conclusam : sed ubique dilatatam, sicut et Jacob in figura Christi promissum est, cum dicitur : *Dilataberis ad Orientem et Occidentem* (Gen. xxviii, 14).

Sanctorum communionem. Hoc est illam, qua sancti efficiuntur vel in sanctitate confirmantur, divini scilicet sacramenti participatione; vel communem Ecclesiæ fidem, sive charitatis unionem. Possumus et *sanctorum* dicere neutraliter, id est sanctificati panis et vini in sacramentum altaris. *Remissionem peccatorum*, tam per pœnitentiam, quam per virtutem ecclesiasticorum sacramentorum. *Carnis resurrectionem*, tam in electis videlicet quam in reprobis, et in corporibus utrorumque deinceps nulla dissolutione interveniente. *Vitam æternam*, sive ad gloriam, sive ad pœnam. *Amen*, hoc est, verum est Quod quidem, juxta Apostolum, ut supra meminimus, dicere non debemus, nisi, quæ præmissa sunt, intelleximus. Unde ad parvulorum eruditionem, hanc quantulamcunque necessariam duximus expositionem.

PETRI ABÆLARDI
EXPOSITIO FIDEI
IN SYMBOLUM ATHANASII.

Quisunque vult salvus esse..... Voluntate quippe propria, non coactione salvamur aliena.... *Ante omnia opus est...* Subaudis : Illi hoc est necessarium. *Ante omnia*, hoc est ante spem et charitatem, vel cætera bona, quibus ad vitam æternam pervenitur.... *Ut teneat...* Non solum habeat, sed habitam custodiat, tanquam bonorum omnium fundamentum atque originem : *Sine fide* quippe, ut ait Apostolus, *impossibile est placere Deo* (Hebr. xi, 6)... *Catholicam*, id est universalem, et omnibus fidelibus communem, atque ita cunctis necessariam, ut nec antiqui justi, tam ante legem quam sub lege, absque illa salvarentur. *In Trinitate*, hoc est in tribus personis existentem, et tres personas in uno Deo non solum credamus, sed etiam veneremur. Qualiter autem hæc Trinitas juxta proprietates personarum, et hæc unitas secundum naturam divinæ substantiæ credenda sit, statim determinat, dicens : *Neque confundentes personas*. Hoc est, permiscentes ad invicem personas, ut videlicet eamdem dicamus personam Patris, quæ Filii, vel Spiritus sancti ; sicut illa hæresis asserebat, quæ de Patre dicebat quia, quando vult, Pater est, quando vult, Filius. *Neque substantiam separantes*, hoc est, diversas substantias in Deo credentes, sed unam tantum. Sicut enim diversitatem personarum in Deo debemus credere, ita etiam unitatem divinæ substantiæ. Quod statim exponens, ait : *Alia est enim persona Patris*, etc. Et rursum : *Sed Patris, et Filii, et Spiritus sancti una est deitas. Æqualis gloria*, id est reverentia exhibenda. *Majestas*, id est dignitas. Quare? quia, qualis Pater, id est quantus dignitate. Quam dignitatem statim prosequitur, dicens : *Increatus Pater*, etc. *Immensus Pater*, non mole, sed potestate omnia concludente. Vel, *immensus*, id est incomprehensibilis. *Æternus*, tam principio quam fine carens. *Et tamen non tres omnipotentes.* Teste Augustino, nullum nomen est Dei, cujus singulare ita de singulis dicatur personis, ut ejus pluralitas illis simul conveniat, præter hoc nomen persona. Pater quippe persona est, et Filius persona, et hi duo sunt personæ. At vero cum Pater sit Deus, et Filius Deus, vel Dominus, vel creator, seu principium, aut lumen, vel omnipotens, non tamen Pater et Filius aut dii plures sunt, aut creatores, aut plura principia, vel lumina, sive omnipotentes. Quippe cum dicitur pluraliter personæ, diversitas proprietatum ostenditur, non rerum numero, vel essentialiter differentium. Econtra autem, si diceremus Deos vel creatores, etc., ipsam quoque rerum essentialiter diversarum multitudinem monstraremus, quarum unaquæque esset Deus, etc. *Prius* tempore vel existentia præcedens. *Majus*, prolatione dignitatis. *Unitas*, scilicet substantiæ in tribus personis. *Trinitas* e converso personarum, in unitate videlicet substantiæ. *Sentiat*, id est credat salutem substantiæ obtinendam. *Ut credamus*, etc., juxta illud : *Corde creditur ad justitiam, ore autem confessio fit ad salutem* (Rom. x, 10). Non duæ substantiæ Christi sunt, sed unus tantum in persona Christus (77).

---

(77) Sic e codice Victorino hunc locum restituit D. Victor Cousin, Opp. Abælardi, p. 616 : *Sentiat, id est credat. Salutem, subaudis obtinendam ut credamus*, etc. *Non duo, subaudis Christi sunt, sed unus*, etc.

Etsi ergo in Christo diversæ sunt naturæ, divina scilicet atque humana; non tamen ideo diversæ personæ. Quod statim congrua similitudine confirmat, dicens : *Nam sicut anima*, hoc est, sicut in uno homine diversæ sunt naturæ, spiritalis et corporalis ; nec tamen ideo duo homines vel duæ personæ : ita in Christo duæ, ut dictum est, sunt naturæ, non tamen duo Christi, imo vel duæ personæ. Persona quippe quasi per se una dicitur, non rei alii in unam rationalem substantiam sociata. Divinitas itaque humanitati in Christo conjuncta per se ibi persona una non est dicenda, et humanitas altera, sed duæ simul una sunt persona, quæ proprie Christus dicitur. *Omnes homines resurgent*, etiam illi qui tunc reperientur vivi. Hi namque dum rapientur obviam Christo in aera, in ipso raptu, quo judici occurrent, morientes, statim reviviscent; et hoc ipsum erit eis resurgere quod reviviscere. Quod si opponatur de quibusdam, quorum resurrectio jam completa creditur, veluti de his qui Dominicæ resurrectionis testes sua quoque resurrectione fuerunt; ita intelligendum est tunc omnes resurrecturos esse, ut tunc omnium resurrectio ita compleatur, ut neminem deinceps resurgere contingat, sicut nec morte dissolvi. *Cum corporibus suis*. Hoc est, resumptis eisdem corporibus quæ prius habuerant cum in mortem corruerunt. Non enim resurget nisi quod cecidit. At vero utrum hi, qui parvuli moriuntur, vel qui diu vixerunt, illud solum, vel illud tantum ibi sint habituri de quantitate suæ corpulentiæ, quod hic habuerunt, nonnulla est quæstio. Quidquid tamen de hoc æstimemus, illud procul dubio constat resurrectionem dici non posse absque illa corporis substantia, quæ pertulit casum in morte.

Et reddituri sumus. Si hoc quoque generaliter de omnibus intelligatur, quærendum videtur quomodo parvulis morientibus id conveniat, vel perfectis justis, qui potius sunt ibi judicaturi quam judicandi. Quippe quæ ratio de suis tunc ab eis exigenda est, discussio est facienda, qui in tanta perfectione beatitudinis apparebunt, ut cum ipso Domino resideant judicantes, nec tam pro se rationem reddituri, quam a cæteris exacturi. Denique parvuli, quibus nulla imputanda sunt opera, quam ibi habent rationem reddere de propriis factis ? Sed profecto, quemadmodum diximus omnes homines ibi resurgere, non ut de singulis tunc resurrecturis id cogamur intelligere, sed ita tunc omnium resurrectionem compleri, ut nulla ulterius fiat, ita et hoc loco omnes tunc reddere rationem dicuntur, ut tunc de omnibus ita sit consummatum judicium, ut nulla deinceps discussio restet, ne de quoquam amplius dubitetur, utrum præmio vel poena dignus sit. Et hoc est eos ibi de propriis operibus reddere rationem, manifestari omnibus quid horum meruerint. Quæ duo statim determinat, tam præmium scilicet quam poenam, dicens : *Et qui bona egerunt*, hoc est, in proposito bonorum operum vitam consummaverunt, qualiacunque præcesserint opera. *Vitam æternam*, hoc est beatitudinem indeficientem. *Ignem æternum*, hoc est summum atque indeficientem cruciatum, sive ille ignis corporeus tantum sit atque materialis, sive quicunque interior animæ cruciatus, qui nomine ignis maxime nos cruciantis, et validius consumentis, cum sit acutius elementum, et penetrabilius cæteris, quominus ei resisti queat, exprimitur. Et attende nihil hic de parvulis qui nihil habent meritorum, dictum videri, quamvis eos quoque non minus [quam] adultos salvari constet aut damnari. Sicut enim tam hæc scriptura quam cæteræ nonnisi adultis, et qui capaces sunt rationis, ad eruditionem fiunt, ita satis visum est hoc loco tantum de his eos instruere quæ ad ipsos pertinent.

MONITUM IN OPUSCULUM SUBSEQUENS.

(R. P. Bernardus Pezius, *Dissertatio isagog.* ad partem II tomi III *Thesauri Anecdot.*, p. XIX).

Si qui fuerint, qui nos reprehendant, quod Petri Abælardi Librum *Scito te ipsum*, seu, ut ipse alicubi vocat, *Ethicam*, vel verius *Theologiam morum*, sancto Bernardo adeo invisam et a magnis sæculi duodecimi viris ut erroribus infamem condemnatam, e tenebris in lucem revocaverimus, ii meminerint nos in hoc doctrina et eruditione maximorum hominum auctoritatem et exemplum secutos, ex quibus celeberrimus Andreas Chesnius pleraque Abælardi in omni genere Opera, undiquaque eruta, cum præfatione apologetica pro Abælardo. a Fr. Amboesio equite, Galliarum regi a sanctioribus consiliis scripta, Parisiis anno 1616, in-4, publici juris fecit. Porro cum in ea editione præcipue *Theologia Christiana* ejusdem Abælardi desideraretur, eam libris V comprehensam, licet anno MCXX in synodo Suessionensi flammis traditam, vir religiosissimus eruditissimusque P. Edmundus Martene in tomo V *Thesauri sui Novi Anecdotorum*, una cum Petri Abælardi *Expositione in Hexameron* publicavit. Nempe non ignorabant prudentissimi hi viri, cui nostris sæculis usui hujusmodi scripta, quæ tantum in Ecclesia strepitum aliquando excitarunt, esse possint, si sobrie a sobriis legantur expendanturque, præsertim cum proximis annis non defuerint, qui *Abælardum purgare niteretur*, ut advertit in Præf. tom. V Martenus, *Bernardum Claravallensem abbatem, virum sanctissimum ac mansuetissimum præcipitis judicii accusare non formidarint*. Qua in re ut rectum quis ferre judicium possit, nihil magis necessarium nihilque opportunius est, quam ut capita accusationum, quibus S. Bernardus Abælardum impetiit, cum genuinis hujus scriptis conferantur. Inter quæ non ultimum locum obtinere Petri librum : *Scito te ipsum*, catis ex S. Bernardi epistolis 188 et 192, edit. an. 1690 a

Mabillonio procuratæ, constat. *Legite*, inquit in priori ad Rom. Eccl. cardinales, *si placet, librum Petri Abælardi, quem dicit Theologiæ; ad manum est enim, cum, sicut gloriatur, a pluribus lectitetur in curia : et videte qualia ibi de sancta Trinitate dicantur, de genitura Filii et de processione Spiritus sancti et alia innumera, catholicis prorsus auribus et mentibus dissueta. Legite et alium quem dicunt sententiarum ejus, nec non et illum qui inscribitur* : Scito teipsum, *et animadvertite quanta et ipsi silvescant segete sacrilegiorum atque errorum : quid sentiat de anima Christi, de persona Christi, de descensu Christi ad inferos, de sacramento altaris, de potestate ligandi atque solvendi, de originali peccato, de concupiscentia, de peccato delectationis, de peccato infirmitatis, de peccato ignorantiæ, de opere peccati, de voluntate peccandi*, etc. Ubi vides quid Bernardus, maxime in hoc Abælardi libro : *Scito teipsum*, reprehenderit.

Clarius et uberius Bernardus sententiam suam exponit in *Capitulis Hæresum Petri Abælardi*, quod Opusculum undecimum est in tomo II Operum S. Bernardi, ad quæ tamen in *Admonitione* prævia notat Mabillonius, *ex capitulis errorum Abælardo imputatis quædam in vulgatis ejus operibus desiderari. Unde nonnulli*, ait, *occasionem arripiunt insimulandi Bernardum, quasi Abælardo falsos errores affinxerit et cum larvis atque umbris dimicaverit. At constat plerosque etiam in vulgatis scriptis errores deprehendi, ut suis locis ostendemus, et si qua amplius non exstant, ea quondam in ipso Abælardo legisse Guillelmum S. Theoderici, Gaufridum, et abbatem illum anonymum, Abælardi quondam discipulum, qui et præceptoris sui doctrinam callebat, et verba ipsa refert, uti et Guillelmus, tum ex Apologia, tum ex Theologia Abælardi, quæ in editis non comparent. Et certe Abælardus ipse in libro secundo* Commentarii super Epistolam ad Romanos pag. 554, *quædam in Theologia sua tractanda reservat, de quibus nulla mentio est impressis, quæ sic desinunt :* cætera desunt, *ut appareat Theologiam in editis mutilam esse. Itaque male omnino merentur de religione Christiana necdum de Bernardo qui, ut Abælardum absolvant, Bernardum cæco, ut aiunt, zelo impulsum fuisse criminantur.* Ita Mabillonius, Abælardi libro : *Scito te ipsum*, nondum in lucem protracto. Verum eo nunc a nobis e membraneo codice Emmerammensi, qui sexcentorum circiter annorum est, edito, tanta necessitas non est se in salvanda Bernardi fide torquendi. Capitula enim errorum Abælardo imputatorum, quæ in aliis ejusdem operibus desiderantur et mores spectant, totidem fere verbis in libro : *Scito teipsum*, potissimum contineri vel capitulorum summaria inspicienti patebit. Cæterum num adeo male Abælardus *de peccato ignorantiæ, de suggestione, delectatione et consensu*, etc., docuerit, ut S. Bernardo visum fuit in *Capitulo errorum eidem imputatorum* XI et XIII aliis dijudicandum relinquimus. Certe passim in hodiernis scholis traditur *inadvertentiam militiæ ac ignorantiam invincibilem* a formali peccato excusare, quo amplius forte Abælardus noluit. Sed quidquid demum Abælardus scripserit sensuque, illud omnino liquidum est eum hæreticum fuisse nunquam, ut cujus hæc verba in Apologia sint : *Scripsi forte aliqua per errorem, quæ non oportuit; sed Deum testem et judicem in animam meam invoco, quia in his, de quibus accusor, nil per malitiam aut superbiam præsumpsi.* Ad quæ verba Abælardi miramur Mabillonium, virum alias æquissimum, hæc observasse : *Esto itaque malitiam atque etiam hæresim ab eo removere liceat ; at errores saltem aliquos, vocum novarum studium, levitatem, forsan etiam superbiam et contentionum pruriginem in eo dissimulare non licet.* Sane si Abælardo *Deum testem et judicem in animam suam invocanti, quia in his de quibus accusabatur nil per malitiam aut superbiam præsumpserit*, fidem non habemus, eccui tandem habebimus ? Idem nuper advertit doctissimus Martenus tom. V *Thesauri Novi Anecdot.*, in Observationibus præviis ad Theologiam Christianam, ubi si quid Abælardum excusare possit, illud præsertim esse existimat, *quod scripta sua peritiorum ac proinde ipsius Ecclesiæ judicio subjecisse videtur.* Nam in libro tertio ita Petrum disserere testatur : *Quidquid itaque de hac altissima philosophia disseremus, umbram non veritatem esse profitemur et quasi similitudinem quamdam, non rem. Quid rerum sit noverit Dominus ; quid autem verisimile ac maxime philosophicis consentaneum rationibus, quibus impetitur, dicturum me arbitror. In quo quidem si culpis meis exigentibus a catholica, quod absit ! exorbitaverit intelligentia vel locutione, ignoscat ille mihi qui ex intentione opera dijudicat, parato semper ad omnem satisfactionem de maledictis vel corrigendis et dolendis, cum quis fidelium vel virtute rationis vel auctoritate Scripturæ correxerit.* Quæ Abælardi verba certe alia omnia, quam obfirmatum in errore animum et pertinaciam, quæ sola hæreticum faciunt, significant. Neque tamen quisquam propterea existimet nos omnium errorum vitiorumque Petri defensionem aut purgationem hic voluisse instituere. Vitia Abælardi vel ex propria ejusdem Apologia certiora sunt, quam ut excusari aut tegi possint. Verum nec id dissimulandum est, eum ferventioris ætatis et vivacioris ingenii errata monachum Cluniacensem Ord. S. Bened. factum, seria demum pœnitentia diluisse.

PETRI ABÆLARDI

ETHICA

SEU

LIBER DICTUS SCITO TE IPSUM.

(Ex cod. ms. imperialis monasterii S. Emmerammi Ratisbon. ord. S. Ben. eruit R. D. P. Benedictus Bonetus, Benedictinus Mellicensis; edidit D. Bern. Pezius *Thes. Anecd.*, III, II, 626.)

PROLOGUS.

Mores dicimus animi vitia vel virtutes quæ nos ad mala vel bona opera pronos efficiunt. Sunt au- tem vitia seu bona non tantum animi, sed etiam corporis ; ut debilitas corporis vel fortitudo quam vires appellamus ; pigredo vel velocitas, claudicatio vel rectitudo, cæcitas vel visio. Unde ad differentiam talium cum dicimus : *vitia*, præmisimus : *animi.* Hæc autem vitia, scilicet animi, contraria sunt virtutibus, ut injustitia justitiæ, ignavia constantiæ, intemperatia temperantiæ.

CAP. I. *De vitio animi quod ad mores pertinet.*

Sunt autem animi quoque nonnulla vitia seu bona, quæ a moribus sejuncta sunt; nec vitam humanam vituperio vel laude dignam efficiunt, ut hebetudo animi vel velocitas ingenii ; obliviosum vel memorem esse, ignorantia vel scientia. Quæ quidem omnia cum æque reprobis ut bonis eveniant, nihil ad morum compositionem pertinent nec turpem vel honestam efficiunt vitam. Unde bene, cum superjus præmisissemus : *animi vitia*, ad exclusionem talium subjunximus : *quæ ad mala opera pronos efficiunt*, id est voluntatem inclinant ad aliquid, quod minime convenit fieri vel dimitti.

CAP. II. *Quid distet inter peccatum et vitium inclinans ad malum ?*

Non est autem hujusmodi animi vitium idem quod peccatum, nec peccatum idem quod actio mala. Verbi gratia iracundum esse, hoc est pronum vel facilem ad iræ perturbationem, vitium est et mentem inclinat ad aliquid impetuose et irrationabiliter gerendum, quod minime convenit. Hoc autem vitium in anima est, ut videlicet sit ad irascendum, etiam cum non movetur ad iram : sicut claudicatio, unde claudus dicitur homo, in ipso est quando etiam non ambulat claudicando, quia vitium adest etiam cum actio deest. Sic et multos ad luxuriam sicut ad iram natura ipsa vel complexio corporis pronos efficit ; nec tamen in ipso hoc peccant quia tales sunt, sed pugnæ materiam ex hoc habent, ut per temperantiæ virtutem de se ipsis triumphantes coronam percipiant juxta illud Salomonis : *Melior est patiens viro forti, et qui dominatur animo suo expugnatore urbium* (Prov. XVI, 52). Non enim religio ab homine vinci, sed a vitio turpe existimat. Illud quippe bonorum quoque hominum est; in hoc a nobis declinamus. Hanc nobis victoriam commendans Apostolus, ait : *Non coronabitur quis, nisi legitime certaverit (II Tim.* II, 5). Certaverit, inquam, non tam hominibus quam vitiis resistendo, ne nos videlicet in consensum pertrahant pravum : quæ, etsi homines cessent impugnare, nos non cessant, ut tanto periculosior eorum pugna sit quanto frequentior, et tanto victoria clarior quanto difficilior. Homines vero quantumcunque prævaleant, nihil vitæ nostræ turpitudinis ingerunt, nisi cum more vitiorum et, quasi nobis in vitia conversis, turpi nos consensu subjiciunt. Illis corpori dominantibus, dum liber animus fuerit, nihil de vera libertate periclitatur, nihil obscenæ servitutis incurrimus. Non enim homini servire, sed vitio turpe est; nec corporalis servitus, sed vitiorum subjectio animam deturpat ; quidquid enim bonis pariter et malis commune est -nihil ad virtutem vel vitium refert.

CAP. III. *Quid sit animi vitium et quid proprie dicatur peccatum ?*

Vitium itaque est quo ad peccandum proni efficimur, hoc est inclinamur ad consentiendum ei quod non convenit, ut illud scilicet faciamus aut dimittamus. Hunc vero consensum proprie peccatum nominamus ; hoc est culpam animæ, qua damnationem meretur vel apud Deum rea statuitur. Quid est enim iste consensus, nisi Dei contemptus et offensa ipsius ? Non enim Deus ex damno, sed ex contemptu offendi potest. Ipse quippe est summa illa potestas quæ damno aliquo non minuitur, sed contemptum sui ulciscitur. Peccatum itaque nostrum contemptus Creatoris est et peccare est Creatorem contemnere, hoc est id nequaquam facere propter ipsum, quod credimus propter ipsum a nobis esse faciendum ; vel non dimittere propter ipsum quod credimus esse dimittendum. Cum itaque peccatum diffinimus abnegative, dicentes scilicet : *non facere*, vel *non dimittere quod convenit*, patenter ostendimus nullam esse substantiam peccati, quod in *Non esse* potius quam *esse* subsistat, velut si tenebras diffinientes dicamus : *absentiam lucis, ubi lux habuit esse.*

Sed fortassis inquies, quia et voluntas mali operis peccatum est quæ nos apud Deum reos constituit, sicut voluntas boni operis justos facit ; ut quemadmodum virtus in bona voluntate, ita peccatum in mala voluntate consistat , nec in *non esse* tantum, verum etiam *in esse*, sicut et illa. Quemadmodum enim volendo facere quod Deo credimus placere ipsi placemus, ita volendo facere quod Deo credimus displicere, ipsi displicemus et ipsum offendere sive contemnere videmur.

Sed dico quia, si diligentius attendamus , longe aliter de hoc sentiendum est quam videatur. Cum enim nonnunquam peccemus absque omni mala voluntate, et cum ipsa mala voluntas refrenata, non exstincta, palmam resistentibus pariat et materiam pugnæ et gloriæ coronam conferat, non tam ipsa peccatum quam infirmitas quædam jam necessaria dici debet. Ecce enim aliquis est innocens, in quem crudelis dominus suus per furorem adeo commotus est, ut eum evaginato ense ad interimendum persequatur. Quem ille diu fugiens, et quantumcunque potest sui occisionem devitans, coactus tandem et nolens occidit eum, ne occidatur ab eo. Dicito mihi, quicunque es, quam malam voluntatem habuerit in hoc facto ? Volens siquidem mortem effugere, volebat propriam vitam conservare. Sed nunquid hæc voluntas mala erat? Non, inquies, hæc arbitror ; sed illa quam habuerit de occisione domini persequentis. Respondeo : Bene et argute dicis, si voluntatem posses assignare in eo quod asseris.

Sed, jam ut dictum est, nolens et coactus hoc fecit, quod quantum potuit vitam incolumem distulit, sciens quoque ex hac interfectione vitæ sibi periculum imminere. Quomodo ergo illud voluntarie fecit quod eum ipso etiam vitæ suæ periculo commisit?

Quod si respondeas ex voluntate id quoque esse factum, cum ex voluntate scilicet mortem evadendi, non dominum suum occidendi, constet in hoc eum esse inductum : nequaquam id refellimus; sed, ut jam dictum est, nequaquam voluntas ista tanquam mala est improbanda, per quam ille, ut dicis, mortem evadere, non dominum voluit occidere; et tamen deliquit consentiendo, quamvis coactus timore mortis injustæ, interfectioni quam eum potius ferre quam inferre oportuit; gladium quippe accipit per se, non traditum sibi habuit a potestate; unde Veritas : *Omnis*, inquit, *qui acceperit gladium, gladio peribit* (*Matth.* xxvi, 52); hoc est damnationem atque animæ suæ occisionem ex hac temeritate incurrit. Voluit itaque, ut dictum est, ille mortem evadere, non dominum occidere; sed quia in occisionem consensit, in quam non debuit, hic ejus injustus consensus qui occisionem præcessit peccatum fuit.

Quod si quis forte dicat : Quia voluit interficere dominum suum propter hoc ut mortem evaderet, non ideo simpliciter inferre potest *quia voluit eum occidere*; veluti si dicam alicui : Quia volo ut habeas cappam meam propter hoc ut des mihi quinque solidos, vel : libenter eam pro pretio isto fieri tuam volo, non ideo concedo quod eam tuam esse velim. Sed et si quis in carcere constrictus velit filium suum ibi pro se ponere, ut redemptionem suam perquirat, nunquid ideo simpliciter concedimus quod filium suum in carcerem mittere velit, quod cum magnis lacrymis et cum multis gemitibus sustinere cogitur? Non utique talis, uti ita dicam, voluntas, quæ in magno dolore animi consistit, dicenda est *voluntas*, sed potius *passio*. Et tale est; quia hoc vult propter illud, tanquam si diceretur quia quod non vult tolerat, propter illud quod desiderat. Sic et infirmus uri, vel secari dicitur, ut sanetur, et martyres pati, ut ad Christum perveniant; Christus ipse, ut nos ejus passione salvemur. Non tamen ideo simpliciter concedere cogimur ut hoc velint; nusquam enim passio esse potest, nisi ubi contra voluntatem aliquid fit; nec quisquam in eo patitur, ubi suam implet voluntatem et quod fieri eum oblectat. Et certe Apostolus, qui ait : *Cupio* (78) *dissolvi, et esse cum Christo* (*Phil.* i, 23), id est ad hoc mori ut ad eum perveniam, ipse alibi commemorat : *Nolumus exspoliari, sed supervestiri, ut absorbeatur mortale a vita* (*II Cor.* v, 4). Quam etiam sententiam a Domino dictam beatus Augustinus meminit, ubi Petro dixit : *Extendes manus tuas et alius te cinget, et ducet quo tu non vis* (*Joan.* xxi, 18). Qui etiam juxta infirmitatem humanæ naturæ assumptam Patri ait : *Si possibile est, transeat a me calix iste; verum tamen non sicut ego volo, sed sicut tu* (*Matth.* xxvi, 39). Magnam quippe mortis passionem anima ejus naturaliter formidabat, nec voluntarium ei esse poterat quod pœnale sciebat. De quo cum alibi Scriptum sit : *Oblatus est, quia ipse voluit* (*Isa.* liii, 7), aut secundum Divinitatis naturam accipiendum est, in cujus voluntate fuit illum assumptum hominem pati, aut *voluit* dictum est pro *disposuit*, juxta illud Psalmistæ : *Quæcunque voluit fecit* (*Psal.* cxiii, 3). Constat itaque peccatum nonnunquam committi sine mala penitus voluntate, ut ex hoc liquidum sit quod peccatum est voluntatem non dici.

Equidem, inquies, ita est ubi coacti peccamus; sed non ita, ubi volentes : veluti si tale quid committere velimus, quod nequaquam debere a nobis committi scimus. Ibi quippe mala illa voluntas et peccatum idem esse videtur : verbi gratia, videt aliquis mulierem et in concupiscentiam incidit et delectatione carnis mens ejus tangitur, ut ad turpitudinem coitus accendatur. Hæc ergo voluntas et turpe desiderium quid aliud, inquis, est quam peccatum?

Respondeo : Quid si ista voluntas temperantiæ virtute refrenetur nec tamen exstinguatur, ad pugnam permaneat et ad certamen persistat nec deficiat victa? (ubi enim pugna, si pugnandi desit materia? aut unde præmium grande, si non sit quod toleremus grave?) Cum certamen defuerit, non jam superest pugnare, sed præmium percipere; hic autem pugnando certamus, ut alibi certaminis triumphatores corona percipiamus. Ut vero pugna sit, hostem esse convenit qui resistat, non qui prorsus deficiat. Hæc vero est nostra voluntas mala, de qua triumphamus, cum eam divinæ subjugamus, nec eam prorsus exstinguimus, ut semper habeamus contra quam dimicemus.

Quid enim magnum pro Deo facimus, si nihil nostræ voluntati adversum toleramus, sed magis quod volumus implemus? Quis etenim nobis grates habeat, si in eo quod pro ipso nos facere dicimus, voluntatem nostram impleamus? aut quid, inquies, apud Deum meremur ex eo quod volentes aut inviti agimus? Nihil certe respondeo : cum ipse animum potius quam actionem in remuneratione penset, nec quidquam ad meritum actio addat sive de bona, sive de mala voluntate prodeat, sicut postmodum ostendemus. Cum vero voluntatem ejus nostræ præponimus, ut illius potius quam nostram sequamur, magnum apud eum meritum obtinemus; juxta illam Veritatis perfectionem : *Non veni facere voluntatem meam, sed ejus qui misit me* (*Joan.* vi, 38). Ad quod et nos exhortans ait : *Si quis venit ad me, et non odit patrem, et matrem..., adhuc autem et animam suam*, non est me dignus (*Luc.* xiv, 26); hoc est, nisi suggestionibus eorum vel propriæ renuntiet voluntati, et præceptionibus meis se omnino subjiciat. Sicut ergo patrem odire, non perimere jubemur : ita et voluntatem nostram, ut non cam

---

(78) Vulg. *desiderium habens*, etc.

sequamur, non ut funditus eam destruamus: Qui enim ait : *Post concupiscentias tuas non eas (Eccli.* xviii, 30); et : *a voluntate tua avertere (ibid.*), præcepit nos concupiscentias nostras non implere, non penitus eis carere. Illud quippe vitiosum est, hoc autem infirmitati nostræ impossibile. Non itaque concupiscere mulierem, sed concupiscentiæ consentire peccatum est; nec voluntas concubitus, sed voluntatis consensus damnabilis est.

Quod de luxuria diximus, hoc et de gula videamus. Transit aliquis juxta hortum alterius et conspectis delectabilibus fructibus in concupiscentiam eorum incidit nec tamen concupiscentiæ suæ consentit, ut inde aliquid furto vel rapina auferat, quanquam delectatione cibi in magnum desiderium mens ejus sit accensa. Ubi autem desiderium, ibi procul dubio voluntas consistit. Desiderat itaque fructus illius esum in quo delectationem esse non dubitat : ipsa quippe suæ infirmitatis natura compellitur id desiderare quod, inscio domino vel non permittente, non licet accipere. Desiderium ille reprimit, non exstinguit; sed quia non trahitur ad consensum, non incurrit peccatum.

Quorsum autem ista? Ut denique pateat-in talibus ipsam quoque voluntatem vel desiderium faciendi quod non licet nequaquam dici peccatum, sed ipsum potius, ut diximus, consensum. Tunc vero consentimus ei quod non licet, cum nos ab ejus perpetratione nequaquam retrahimus : parati penitus, si daretur facultas, illud perficere. In hoc itaque proposito quisquis reperitur, reatus ad peccati augmentum quidquam addit, sed jam apud Deum æque reus est, qui ad hoc peragendum, quantum valet, nititur, et quantum in se est illud peragit, ac si, ut beatus Augustinus meminit, in opere quoque ipso esset deprehensus. Cum autem voluntas peccatum non sit, et nonnunquam inviti, ut diximus, peccata committamus, nonnulli tamen omne peccatum voluntarium esse dicunt : in quo et quamdam differentiam peccati a voluntate inveniunt, cum aliud voluntas, aliud voluntarium dicatur, hoc est aliud voluntas, aliud quod per voluntatem committitur.

At vero si peccatum dicimus quod *proprie dici peccatum præfati sumus*, hoc est *contemptum Dei sive consensum in eo quod credimus propter Deum dimittendum*, quomodo dicimus peccatum esse voluntarium, hoc est nos velle Deum contemnere, quod est peccare vel deteriores fieri, aut dignos damnatione effici? Quamvis enim velimus facere id quod debere puniri scimus vel unde puniri digni simus, non tamen puniri volumus : in hoc ipso manifeste iniqui, quod hoc volumus facere quod est iniquum, non tamen pœnæ quæ justa est subire volumus æquitatem. Displicet pœna quæ justa est; placet actio quæ est injusta. Sæpe etiam contingit ut cum velimus concumbere cum ea quam scimus conjugatam, specie illius illecti, nequaquam tamen adulterari cum ea vellemus, quam esse conjugatam nollemus. Multi e contrario sunt qui uxores potentum ad gloriam suam eo magis appetunt, quia talium uxores sunt, quam si essent innuptæ; magis adulterari quam fornicari cupiunt, hoc est magis quam minus excedere. Sunt quos omnino piget in consensum concupiscentiæ vel malam voluntatem trahi, et hoc ex infirmitate carnis velle coguntur quod nequaquam vellent velle. Quomodo ergo hic consensum quem habere non volumus voluntarius dicetur, ut secundum quosdam, velut dictum est, omne peccatum dicamus voluntarium, profecto non video, nisi voluntarium intelligamus ad exclusionem necessarii, cum videlicet nullum peccatum inevitabile sit. Vel voluntarium dicamus quod ex aliqua procedat voluntate. Nam, etsi ille qui coactus dominum suum occidit, non habuit voluntatem in occisione, id tamen ex aliqua commisit voluntate, cum videlicet mortem evadere vel differre vellet.

Sunt qui non mediocriter moveantur, cum audiant nos dicere operationem peccati nihil addere ad reatum vel ad damnationem apud Deum. Objiciunt quippe quod in actione peccati quædam delectatio sequatur, quæ peccatum augeat, ut in coitu vel esu illo quem diximus. Quod quidem non absurde dicerent, si carnalem hujusmodi delectationem peccatum esse convincerent, nec tale quid committi posse nisi peccando. Quod profecto si recipiant, utique nemini licet hanc carnis delectationem habere; unde nec conjuges immunes sunt a peccato cum hac sibi carnali delectatione concessa permiscentur; nec ille quoque qui esu delectabili sui fructus vescetur. Essent etiam in culpa quilibet infirmi qui, ad recreationem, ut de infirmitate convalescant, suavioribus cibis foventur, quos nequaquam sine delectatione sumunt vel, si sumerent, non prodessent. Denique et Dominus, ciborum quoque Creator sicut et corporum, extra culpam non esset, si tales eis sapores immitteret, qui necessario ad peccatum sui delectatione nescientes cogerent. Quomodo enim ad esum nostrum talia conderet, vel esum eorum concederet, si hæc nos edere sine peccato impossibile esset? Quomodo etiam in eo quod est concessum dici potest committi peccatum? Nam et illa quæ quandoque illicita fuerunt atque prohibita, si postmodum conceduntur et sic licita fiant, jam omnino absque peccato committuntur; ut esus carnium suillarum et pleraque alia Judæis quondam interdicta, nunc vero nobis concessa. Cum itaque videmus Judæos quoque, ad Christum conversos, hujusmodi cibis, quos lex interdixerat, libere vesci, quomodo eos inculpabiles defendimus, nisi quia jam eis hoc a Deo esse concessum asserimus? Si ergo in esu tali olim eis prohibito sed nunc concesso ipsa concessio peccatum excusat et contemptum Dei removet, quis quempiam in eo peccare dicat, quod ei licitum divina concessio fecit? Si ergo concubitus cum uxore vel esus etiam delectabilis cibi a primo die nostræ creationis, quo in paradiso sine peccato videbatur [vivebatur], nobis concessus est, quis nos in hoc peccati arguat, si concessionis metam non excedamus?

Sed rursum inquirunt quia conjugalis quidem coitus et delectabilis cibi esus ita concessus est, ut delectatio ipsa non concedatur, sed ut ista omnino sine delectatione agantur. Sed profecto, si ita est, sic fieri sunt concessa, quomodo ea nullatenus fieri possunt; nec rationabilis fuit permissio, quæ ita fieri concessit, quomodo eam certum est non posse fieri. Qua insuper ratione lex ad matrimonium olim cogebat, ut unusquisque semen relinqueret in Israel; vel Apostolus conjuges debitum invicem solvere compellit, si hæc nullatenus absque peccato fieri possunt? Quomodo in hoc debitum dicit, ubi jam necessario est peccatum? Aut quomodo quis ad hoc agendum est cogendus, in quo agendo Deum sit offensurus? Ex his, ut arbitror, liquidum est nullam naturalem carnis delectationem peccato ascribendam esse nec culpæ tribuendum in eo eos delectari, quo cum perventum sit, delectationem necesse est sentiri: veluti si quis religiosum aliquem vinculis constrictum inter feminas jacere compellat, et illè mollitie lecti et circumstantium feminarum contactu in delectationem, non in consensum trahatur, quis hanc delectationem, quam natura facit necessariam, culpam appellare præsumat?

Quod si objicias, ut quibusdam videtur, delectationem carnis in concubitu quoque legitimo peccatum imputari; cum David dicat: *Ecce enim in iniquitatibus conceptus sum* (Psal. L, 7); et Apostolus cum dixisset: *Iterum revertimini in id ipsum*, etc. (I Cor. VII, 5), tandem adjungat: *hoc autem secundum indulgentiam dico, non secundum imperium* (ibid., 6): magis nos auctoritate quam ratione videntur constringere, ut ipsam scilicet carnis delectationem peccatum fateamur; non enim in fornicatione, sed in matrimonio David conceptum fuisse constat; nec indulgentia, hoc est venia, ut asserunt, intercedit, ubi culpa penitus absistit. Quantum vero mihi videtur quod ait David *in iniquitatibus* vel *peccatis* fuisse se *conceptum* nec addidit quorum, generalem originalis peccati maledictionem induxit, qua videlicet uniusquisque ex culpa propriorum parentum damnationi subjicitur, juxta illud quod alibi scriptum est: *Nemo mundus a sorde, nec infans unius diei si sit vita ejus super terram.* Ut enim beatus meminit Hieronymus et manifesta ratio habet, quandiu anima infantili ætate constituta est, peccato caret. Si ergo a peccato munda est, quomodo sordibus peccati immunda est, nisi quia hoc de culpa, illud intelligendum est de pœna? Culpam quippe non habet ex contemptu Dei, qui quidem quid agere debeat nondum ratione percipit; a sorde tamen peccati priorum parentum immunis non est, a qua jam pœnam contrahit, etsi non culpam, et sustinet in pœna quod illi commiserunt in culpa. Sic cum ait David, in iniquitatibus, vel peccatis se esse conceptum, generali sententiæ damnationis ex culpa propriorum parentum se conspexit esse subjectum; nec tam ad proximos parentes quam ad priores hæc delicta retorsit.

Quod vero Apostolus indulgentiam dixit, non ita, ut volunt, est accipiendum, ut indulgentiam permissionis, veniam dixerit peccati. Tale quippe est quod ait: secundum indulgentiam, non secundum imperium; ac si diceret: secundum permissionem, non secundum coactionem. Si enim volunt conjuges et pari consensu decreverint, abstinere possunt penitus ab usu carnis nec per imperium ad eum sunt cogendi. Quod si non decreverint, indulgentiam habent, hoc est: permissionem ut a vita perfectiore in usum declinent laxioris vitæ. Non ergo Apostolus hoc loco indulgentiam intellexit veniam peccati, sed permissionem laxioris vitæ pro evitatione fornicationis, ut inferior vita peccati magnitudinem præveniret et minor esset in meritis, ne major fieret in peccatis. Hæc autem ad hoc induximus, ne quis volens forte omnem carnis delectationem esse peccatum, diceret ex actione ipsum peccatum augeri, cum quis videlicet consensum ipsum animi in exercitium duceret operationis, ut non solummodo consensu turpitudinis, verum etiam maculis contaminaretur actionis, tanquam si animam contaminare posset, quod exterius in corpore fieret. Nihil ergo ad augmentum peccati pertinet qualiscunque operum exsecutio et nihil animam, nisi quod ipsius est, coinquinat, hoc est consensus, quem solummodo peccatum esse diximus in voluntate eam præcedentem, vel actionem operis subsequentem. Etsi enim velimus vel faciamus quod non convenit, non ideo tamen peccamus, cum hæc frequenter sine peccato contingant. Sicut e converso consensus sine istis, sicut jam ex parte monstravimus: de voluntate quidem sine consensu in eo, qui incidit in concupiscentiam visæ mulieris, sive alieni fructus, nec tamen ad consensum pertractus est; de consensu vero malo sine mala concupiscentia, in illo, qui invitus dominum suum interfecit.

De his autem quæ fieri non debent, quam sæpe absque peccato fiant, cum per vim scilicet, aut ignorantiam committuntur, neminem latere arbitror: veluti si quæ vim passa cum viro alterius concubuerit; vel aliquis quoquo modo deceptus cum ea dormierit, quam uxorem putavit; vel eum per errorem occiderit, quem a se tanquam a judice occidendum credidit. Non est itaque peccatum uxorem alterius concupiscere vel cum ea concumbere, sed magis huic concupiscentiæ vel actioni consentire, quem profecto consensum concupiscentiæ lex concupiscentiam vocat, cum ait: *Non concupisces* (Deut. v, 21): non enim concupisces, quod vitare non possumus vel in quo, ut dictum est, non peccamus, prohiberi debuit, sed assentire illi. Sic et illud intelligendum est quod ait Dominus: *Qui viderit mulierem ad concupiscendam eam* (Matth. v, 28); hoc est, qui viderit sic, ut in concupiscentiæ consensum incidat, *jam mœchatus est in corde suo* (*Matth* .v, 28), etsi non mœchatus sit in opere ; hoc est, jam peccati reatum habet, etsi adhuc effectu caret.

Etsi diligenter consideremus, ubicunque opera sub præcepto vel prohibitione concludi videntur, magis hæc ad voluntatem vel consensum operum quam ad ipsa opera referenda sunt : alioquin, nihil quod ad meritum pertincat, sub præcepto poneretur ; et tanto minus præceptione sunt digna, quanto minus in nostra potestate sunt constituta. Multa quippe sunt, a quibus operari prohibemur, voluntatem vero semper et consensum in nostro habemus arbitrio. Ecce Dominus ait : *Non occides. Non falsum testimonium dices* (*Deut*. v, 17, 20). Quæ si de operatione tantum, ut verba sonant, accipiamus, nequaquam reatus interdicitur nec culpa sic prohibetur, sed actio culpæ. Non enim hominem occidere peccatum est, nec concumbere cum aliena uxore, quæ nonnunquam absque peccato committi possunt ; neque enim ille, qui falsum testimonium vult dicere vel etiam in dicendo consentit, dummodo illud non dicat quacunque de causa reticens, reus legis efficitur, si prohibitio hujusmodi de opere, sicut verba sonant, accipiatur. Non enim dictum est ut non velimus falsum testimonium dicere vel ne in dicendo consentiamus, sed solummodo ne dicamus. Aut cum lex prohibet ne sorores nostras ducamus vel eis permisceamur, nemo qui hoc præceptum servare possit, cum nemo sorores suas recognoscere queat : nemo, inquam, si de actu potius quam de consensu prohibitio fiat. Cum itaque accidit ut quis per ignorantiam ducat sororem suam, nunquid transgressor præcepti est quia facit quod facere lex prohibuit ? Non est, inquies, transgressor, quia transgressioni non consensit in eo quod ignoranter egit. Sicut ergo transgressor non est dicendus, qui facit quod prohibetur, sed qui consentit in hoc quod constat esse prohibitum : ita nec prohibitio de opere, sed de consensu est accipienda, ut videlicet cum dicitur : *Ne facias hoc vel illud*, tale sit : *Ne consentias in hoc, vel illo faciendo ;* ac si dicatur : *Ne scienter hoc præsumas.* Quod et beatus diligenter considerans Augustinus omne peccatum vel prohibitionem ad charitatem, seu cupiditatem potius, quam ad opera reducens ait : *Nihil præcipit lex, nisi charitatem et nihil prohibet, nisi cupiditatem.* Unde et Apostolus : *Omnis lex*, inquit, *in uno sermone completur : Diliges proximum tuum sicut te ipsum* (*Rom.* XIII, 8, 10). Et rursum : *Plenitudo legis est dilectio* (*ibid.*). Nihil quippe ad meritum refert utrum eleemosynam indigenti tribuas et te paratum tribuere charitas faciat ; et præsto sit voluntas, cum desit facultas ; nec in te remaneat facere quod potes, quocunque præpediaris casu. Constat quippe opera quæ fieri convenit aut minime æque a bonis sicut a malis hominibus geri, quos intentio sola separat. In eodem quippe facto, ut prædictus doctor meminit, in quo videmus

Deum Patrem, et Dominum Iesum Christum, videmus et Judam proditorem. Facta quippe est a Deo Patre traditio Filii, facta est et a Filio ; facta est et a proditore illo : cum et *Pater Filium tradidit, et Filius se ipsum* (*Rom.* VIII, 32 ; *Gal.* II, 21), ut Apostolus meminit ; et Judas Magistrum. Fecit ergo proditor quod et Deus ; sed nunquid ille bene fecit ? Nam etsi bonum, non utique bene vel quod ei prodesse debuerit. Non enim quæ fiunt, sed quo animo fiant pensat Deus ; nec in opere, sed in intentione meritum operantis, vel laus consistit. Sæpe quippe idem a diversis agitur : per justitiam unius et per nequitiam alterius ; ut si unum reum duo suspendant, ille quidem zelo justitiæ, hic antiquæ odio inimicitiæ ; et cum sit suspensionis eadem actio, et utique [uterque] quod bonum est fieri et quod justitia exigit agant, per diversitatem tamen intentionis idem a diversis fit, ab uno male, ab altero bene.

Quis denique ipsum diabolum nihil facere ignoret, nisi quod a Deo facere permittitur, cum vel iniquum punit pro meritis ; vel, ad purgationem vel exemplum patientiæ, justum aliquem permittitur affligere ? Sed quia id quod agere eum Deus permittit, nequitia sua stimulante agit, sic potestas ejus bona dicitur vel etiam justa, ut voluntas ejus semper sit injusta. Hanc enim a Deo accipit, illam a se habet. Quis etiam electorum, in his quæ ad opera pertinent, hypocritis potest adæquari ? Quis tanta sustinet vel agit amore Dei, quanta illi cupiditate humanæ laudis ? Quis denique nesciat nonnunquam ea quæ Deus prohibet fieri, recte geri vel esse facienda : sicut e contrario nonnulla quandoque præcipit, quæ tamen fieri minime convenit ? Ecce enim nonnulla novimus ejus miracula, quibus cum infirmitates curaverit, revelari prohibuit, ad exemplum scilicet humilitatis, ne quis forte de gratia sibi collata simili gloriam appeteret. Nec tamen minus illi qui beneficia illa susceperant, publicare illa cessabant, ad honorem scilicet ejus, qui et illa fecerat et revelari prohibuerat, de qualibus scriptum est : *Quanto eis præcipiebat ne dicerent, tanto plus prædicabant*, etc. Nunquid tales reos transgressionis judicabis, qui contra præceptum quod acceperant egerunt atque hoc etiam scienter ? Quis eos excuset a transgressione, nisi quia nihil egerunt per contemptum præcipientis, quod ad honorem ipsius facere decreverunt ? Dic, obsecro, si præcepit Christus quod præcipiendum non fuit, aut si illi dimiserunt quod tenendum fuit. Fuit bonum præcipi, quod non fuit bonum fieri. Utique et in Abraham accusabis Dominum, cui primum præcepit de immolando filio, quod postmodum ipse inhibuit. Nunquid non bene præcepit Deus id fieri quod non erat bonum fieri ? Si enim bonum, quomodo postea prohibitum ? Si autem idem et bonum fuit præcipi et bonum prohiberi (nec enim quidquam absque rationabili causa Deus permittit, nedum [*Cod.* necdum] facere consentit) vides quia sola intentio præcepti, non actio facti Deum excusat, cum id bene præcepit, quod non est bonum fieri. Non enim Deus ad hoc intendebat vel agi præcipiebat ut Abraham filium immolaret; sed ut ex hoc maxime obedientia ejus, et constantia fidei, vel amoris in eum probaretur et in exemplo nobis relinqueretur. Hoc quippe patenter et Dominus ipse postmodum profitetur, cum ait : *Nunc cognovi quod timeas Dominum (Gen: XXII, 12);* ac si aperte diceret : Ad hoc istud tibi præcepi, ad quod te paratum exhibuisti, ut ab aliis facerem cognosci, quod ante sæcula de te ipse cognoveram. Recta igitur hæc intentio Dei fuit in facto, quod rectum non fuit; et sic recta prohibitio ejus in illis quæ diximus quæ ad hoc prohibuit, non ut prohibitio teneretur, sed ut vitandæ inanis gloriæ nobis infirmis exempla darentur. Præcepit itaque Deus quod fieri bonum non fuit; sicut e contrario prohibuit quod fieri bonum fuit. Et sicut ibi excusat eum intentio, ita et hic eos qui præceptum opere non impleverunt. Sciebant quippe non ob hoc eum præcepisse, ut teneretur, sed ut prædictum exemplum præponeretur. Salva itaque voluntate jubentis, non eum contempserunt, cujus voluntati se non esse contrarios intellexerunt.

Si ergo opera magis quam intentionem pensemus, videbimus nonnunquam contra præceptum Dei non solum velle fieri, verum etiam fieri aliquid et hoc scienter, sine ullo reatu peccati; nec malam voluntatem vel actionem ideo esse dicendam, quia præceptum Dei non servat in opere, cum a voluntate præcipientis non discrepat ejus intentio, cui præceptio fit. Sic enim intentio jubentis excusat ipsum, qui præcipit fieri quod tamen minime convenit fieri; ita et eum cui fit præceptio excusat charitatis intentio.

Ut ergo brevi conclusione supra dicta colligam, quatuor sunt quæ præmisimus, ut ab invicem ipsa diligenter distingueremus : vitium scilicet animi, quod ad peccandum pronos efficit; ac postmodum ipsum peccatum, quod in consensu mali, vel contemptu Dei statuimus; deinde mali voluntatem malique operationem. Sicut autem non idem est velle, quod voluntatem implere, ita non idem est peccare, quod peccatum perficere. Illud quippe de consensu animi quo peccamus, hoc de effectu operationis est accipiendum, cum videlicet illud in quo prius consensimus, opere implemus. Cum ergo peccatum vel tentationem tribus modis dicimus peragi, suggestione scilicet, delectatione, consensu, ita est intelligendum : quod ad operationem peccati per hæc tria frequenter deducimur, sicut in primis contigit parentibus. Persuasio quippe diaboli præcessit, cum ex gustu vetitæ arboris immortalitatem promisit; delectatio successit, cum mulier videns lignum pulchrum et ipsum intelligens suave ad vescendum, in concupiscentiam ejus exarsit, cibi voluptate quam credebat correpta. Quæ cum reprimere concupiscentiam deberet, ut præceptum servaret, consentiendo in peccatum tracta est. Quod etiam peccatum cum per pœnitentiam deberet corrigere, ut veniam mereretur, ipsum denique consummavit in opere; et ita tribus gradibus ad perpetrandum peccatum incessit. Sic et nos frequenter non ad peccandum, sed ad peccati perpetrationem, iisdem passionibus pervenimus, suggestione scilicet, hoc est, exhortatione alicujus non exterius incitantis ad aliquid agendum, quod non convenit. Quod quidem agere si delectabile noverimus, ante ipsum etiam factum ipsius facti delectatione mens nostra corripitur et in ipsa cogitatione per delectationem tentamur. Cui videlicet delectationi dum assentimus per consensum, peccamus. His tandem tribus ad operationem peccati pervenimus.

Sunt, qui suggestionem carnis etiamsi persona suggerens desit, comprehendi nomine suggestionis velint, veluti si quis, visa muliere, in concupiscentiam ejus incidat. Sed hæc profecto suggestio nihil aliud quam delectatio videtur esse dicenda ; quam quidem delectationem quasi necessariam factam et cæteras hujusmodi, quas non peccatum esse supra meminimus, humanam tentationem Apostolus vocat cum ait : *Tentatio vos non apprehendat nisi humana. Fidelis autem Deus, qui non patietur vos tentari supra id quod potestis ; sed faciet cum tentatione etiam proventum ut possitis sustinere (I Cor.* x, 13). Tentatio autem generaliter dicitur quæcunque inclinatio animi ad aliquid agendum quod non convenit, sive illa voluntas sit sive consensus. Humana vero tentatio dicitur, sine qua jam humana infirmitas vix aut nunquam subsistere potest, ut concupiscentia carnalis, vel delectabilis cibi desiderium, a quibus se liberari postulabat qui dicebat *De necessitatibus meis erue me, Domine (Psal.* XXIV, 17); hoc est, de his tentationibus concupiscentiarum, quæ quasi naturales ac necessariæ jam factæ sunt, ne ad consensum pertrahant, vel vita ista, plena tentationibus, finita prorsus eis careant. Quod ergo ait Apostolus : *Tentatio vos non apprehendat nisi humana,* consimilis sententia est ac si diceret : Si inclinatur animus ex delectatione quæ est, ut diximus, humana tentatio, non usque ad consensum pertrahat, in quo peccatum consistit. Quod quasi aliquis quæreret, qua nostra virtute concupiscentiis istis possemus resistere ? *Fidelis,* inquit, *Deus qui non patietur vos tentari.* Tanquam si diceret : De ipso potius est confidendum, quam de nobis præsumendum, qui, nobis auxilium promittens, in omnibus verax est promissis, quod est eum *fidelem* esse, ut ei scilicet de omnibus adhibenda sit fides. Tunc vero nos non patitur tentari supra id quod possumus; cum per misericordiam suam ita hanc tentationem humanam temperat, ut non plus ad peccatum premat quam perferre possimus, ei videlicet resistendo. Tunc autem insuper hanc ipsam tentationem nobis convertit ad commodum, dum per eam sic nos exercet, ut deinceps cum occurrerit, minus gravare possit; et jam minus impetum hostis timeamus, de quo jam triumphavimus, et perferre novimus. Omnis quippe pugna, quam nondum experti sumus, gravius sustinemus (79), et amplius formidamus (80). Cum vero in consuetudinem victoribus venerit, pariter virtus ejus et metus evanescit.

CAP. IV. *De suggestionibus dæmonum.*

Sunt autem suggestiones non solum hominum, sed et dæmonum; quia et isti nonnunquam ad peccatum nos incitant non tam verbis quam factis. Periti quippe naturæ rerum tam ingenii subtilitate quam longa experientia (unde et dæmones, hoc est *scientes* sunt appellati,) noverunt vires rerum naturales, unde ad libidinem vel ad cæteros impetus humana infirmitas facile possit commoveri. Sic et in languorem, Deo permittente, nonnunquam aliquos mittunt ac postmodum supplicantibus sibi remedia conferunt et frequenter cum cessant lædere, curare creduntur. Denique in Ægypto multa contra Moysen mirabiliter operari per magos sunt permissi, ac quidem, naturali vi rerum quam noverant, non tam eorum quæ faciebant creatores dicendi quam compositores: veluti si quis juxta documentum Virgilii tunsa carne tauri apes inde fieri laborando efficeret (81), non tam apum creator quam naturæ præparator dicendus esset. Ex hac itaque rerum peritia quam habent in earum naturis dæmones; nos in libidinem vel cæteras animi passiones commovent, quacunque arte nobis ignorantibus eas admovendo, sive in gustu, sive in stratu eas ponendo, vel quolibet modo eas interius vel exterius collocando. Multæ quippe sunt in herbis vel seminibus, vel tam arborum, quam lapidum naturis vires ad commovendos vel pacandos animos nostros aptæ, quas qui diligenter nossent, hoc agere facile possent.

CAP. V. *Cur opera peccati magis quam ipsum puniatur?*

Sunt etiam qui non mediocriter moventur, cum audiunt nos dicere, opus peccati non proprie peccatum dici, vel quidquam non addere ad peccati augmentum; cur gravior satisfactio pœnitentibus injungatur de operis effectu, quam de culpæ reatu. Quibus quidem hoc primum respondeo, cur non præcipue mirentur pro eo quod nonnunquam magna satisfactionis instituitur pœna, ubi nulla intercesserit culpa; et eos quandoque punire debeamus, quos innocentes scimus? Ecce enim pauper aliqua mulier infantulum habet lactentem, nec tantum indumentorum habet, ut et parvulo in cunis et sibi sufficere possit. Miseratione itaque infantuli commota eum sibi apponit, ut propriis insuper foveat pannis et tandem infirmitate ejus vi naturæ superata opprimere cogitur, quem amore summo amplectitur: Habe, inquit, Augustinus, *charitatem et fac quidquid vis.* Quæ tamen pro satisfactione cum ad episcopum venerit, gravis ei pœna injungitur non pro culpa quam commiserit, sed ut ipsa deinceps vel cæteræ feminæ in talibus providendis cautiores reddantur. Nonnunquam etiam contingit aliquem ab inimicis suis apud judicem accusari et tale quid illi imponi, unde illum innocentem esse judex cognoscit. Quia tamen illi instant et audientiam in judicio postulant, statuto die causam ingrediuntur, testes proferunt licet falsos ad eum quem accusant, convincendum; quos tamen testes cum nequaquam judex manifestis de causis refellere possit, eos suscipere lege compellitur; et eorum probatione suscepta punire innocentem debet, qui puniri non debet. Itaque punire debet; licet non meruerit, cum tamen lege præcipiente hoc juste judex peragit. Ex his itaque liquet nonnunquam pœnam rationabiliter injungi ei, in quo nulla culpa præcessit. Quid igitur mirum si ubi culpa præcesserit, operatio subsecuta pœnam augeat apud homines in hac vita, non apud Deum in futura? Non enim homines de occultis, sed de manifestis judicant, nec tam culpæ reatum quam operis pensant effectum. Deus vero solus, qui non tam quæ fiunt quam quo animo fiant attendit, veraciter in intentione nostra reatum pensat et vero judicio culpam examinat: unde et *probator cordis et renum* (Jer. XX, 12) dicitur, et *in abscondito videre* (Matth. VI, 4). Ibi enim maxime videt, ubi nemo videt; quia in puniendo peccatum non opus attendit, sed animum; sicut nos e converso non animum, quem non videmus, sed opus quod novimus. Unde sæpe per errorem, vel per legis, ut diximus, coactionem, innocentes punimus, vel noxios absolvimus. *Probator et cognitor cordis et renum* dicitur Deus; hoc est, quarumlibet intentionum ex affectione animæ, vel infirmitate, seu delectatione carnis provenientium.

CAP. VI. *De peccatis spiritualibus vel carnalibus.*

Cum enim omnia peccata sint animæ tantum, non carnis (ibi quippe culpa et contemptus Dei esse potest, ubi ejus notitia et ratio consistere habet) quædam tamen peccata spiritualia, quædam carnalia dicuntur, hoc est, quædam ex vitiis animæ, quædam ex infirmitate carnis provenientia. Et quamvis concupiscentia solius sit animæ, sicut et voluntas (non enim concupiscere vel desiderare aliquid nisi volendo possumus), concupiscentia tamen carnis, sicut et concupiscentia spiritus dicitur: *Caro* enim, ait Apostolus, *concupiscit adversus spiritum, et spiritus adversus carnem* (Gal. V, 7); hoc est, ex delectatione quam habet in carne, quædam appetit, quæ tamen judicio rationis refugit, vel appetenda censet.

CAP. VII. *Cur Deus dicatur inspector cordis et renum?*

Juxta igitur hæc duo, concupiscentiam carnis et concupiscentiam animæ, quæ præmisimus, proba-

(79) Ita utroque loco Cod.
(80) Vide supra.

(81) *Georg.*, lib. IV, v. 549.

tor cordis et renum dictus est Deus, hoc est, inspector intentionum vel consensuum inde provenientium. Nos vero qui hoc discutere ac dijudicare non valemus, ad opera maxima judicium nostrum convertimus, nec tam culpas, quam opera punimus, nec in aliquo tam quod ejus animæ nocet, quam quod aliis nocere possit vindicare studemus, ut magis publica præveniamus damna, quam singularia corrigamus, juxta quod et Dominus Petro ait : *Si peccaverit in te frater tuus, corripe illum inter te et ipsum solum* (*Matth.* xviii, 15). Quid est : *peccaverit in te*, quasi non in alium, ut magis injurias nobis, quam aliis illatas corrigere vel vindicare debeamus? Absit. *Si peccaverit in te*, dixit, cum manifeste agit unde te per exemplum corrumpere possit. Quod si enim in se tantum peccat, cum culpa ejus occulta eum solum reum constituit, non ad reatum alios quantum in se est per exemplum trahit. Etsi enim desunt, qui malam ejus actionem imitentur, vel etiam cognoverint, actio tamen ipsa magis quam animi culpa castiganda est apud homines, quia plus offensæ contrahere potuit, et perniciosius per exemplum fieri, quam culpa latens animi. Omne namque quod in communem perniciem, vel in publicum redundare potest incommodum, castigatione majori est puniendum, et quod contrahit majorem offensam, graviorem inter nos promeretur pœnam, et majus hominum scandalum, majus inter homines incurrit supplicium, etsi levior præcessit culpa. Ponamus enim aliquem coitu suo mulierem aliquam corrupisse in ecclesia : quod cum ad aures populi delatum fuerit, non tantum de violatione feminæ, ac veri templi Dei, quantum de infractione corporalis templi commoventur; cum tamen gravius sit in muliere, quam in parietes præsumere, et homini quam loco injuriam inferre. Et incendia domorum majori pœna vindicamus, quam in peracta fornicatione, cum longe apud Deum hæc illis habentur graviora.

Et hæc quidem non tam justitiæ debito, quam dispensationis aguntur temperamento, ut, quemadmodum diximus, publica præveniendo damna communi consulamus utilitati. Sæpe igitur minima peccata majoribus pœnis vindicamus, non tam æquitate justitiæ attendentes quæ culpa præcesserit, quam discretione providentiæ cogitantes quanta hinc contingere possit incommoditas, si leviter puniatur. Culpas itaque animi divino reservantes judicio, effecta earum, de quibus judicare habemus, prosequimur nostro, dispensationem in talibus, hoc est, prudentiæ quam diximus rationem magis quam æquitatis attendentes puritatem. Deus vero unius cujusque pœnam secundum culpæ quantitatem disponit, et quicunque ipsum æqualiter contemnunt, æquali postmodum pœna puniuntur cujuscunque conditionis aut professionis sint. Si enim monachus et laicus in consensum fornicationis pariter veniant, et mens quoque laici in tantum sit accensa, ut neque ipse, si monachus esset, pro reverentia Dei ab ista turpitudine desisteret, eamdem quam monachus pœnam meretur. Sic et de illis sentiendum est, quorum alter manifeste peccans multos scandalizat, ac per exemplum corrumpit; alter vero cum occulte peccet, soli sibi nocet. Si enim qui occulte peccet, in eodem, quo ille, proposito et pari contemptu Dei existit, ut quod alios non corrumpit, fortuitu magis eveniat, quam ipse propter Deum dimittat, qui nec sibi ipsi propter Deum temperat, profecto pari reatu apud Deum constringitur. Solum quippe animum in remuneratione boni vel mali, non effecta operum Deus attendit, ne quid de culpa vel bona voluntate nostra proveniat, pensat, sed ipsum animum in proposito suæ intentionis, non in effectu exterioris operis dijudicat. Opera quippe, quæ, ut prædiximus, æque reprobis ut electis communia sunt, omniaque in se indifferentia, nec nisi pro intentione agentis bona vel mala dicenda sunt, non videlicet quia bonum vel malum sit ea fieri, sed quia bene vel male fiunt, hoc est, ea intentione qua convenit fieri, aut minime. Nam, ut beatus meminit Augustinus, ipsum malum esse, bonum est, cum eo quoque bene utatur Deus, nec aliter ipsum esse permittat, cum tamen ipsum nequaquam sit bonum. Cum itaque dicimus intentionem hominis bonam, et opus illius bonum, duo quidem distinguimus, intentionem scilicet ac opus; unam tamen bonitatem intentionis; veluti si dicamus bonum hominem, et filium boni hominis, duos quidem homines, non duas bonitates figuramus. Sicut ergo homo bonus ex propria bonitate dicitur, filius autem boni hominis cum dicitur, nihil in se boni habere; ex hoc monstratur : ita cujusque intentio bona in se vocatur, opus vero bonum non ex se appellatur, quod ex bona procedat intentione. Una itaque est bonitas, unde tam intentio quam operatio bona dicitur, sicut una est bonitas, ex qua bonus homo et filius hominis boni, appellatur, vel una bonitas, ex qua bonus homo et bona hominis voluntas dicitur.

Qui ergo solent objicere operationem quoque intentionis remuneratione dignam esse, vel ad aliquod remunerationis augmentum proficere, attendant quod nugatoria eorum sit objectio. Duo, inquiunt, bona sunt intentio bona, et bonæ intentionis effectus; et bonum bono adjunctum plus aliquid valere quam singula debet.

Quibus respondeo, quod si ponamus plus illud totum valere quam singula; nunquid ideo majori remuneratione dignum cogimur concedere? Non utique. Multa quippe sunt tam animata quam inanimata, quorum multitudo ad plura utilis est, quam unumquodque in ea multitudine comprehensum; quibus tamen omnibus nulla prorsus remuneratio debetur. Ecce enim bos bovi vel equo adjunctus, sive lignum ligno, vel ferro, res quidem bonæ sunt, et plus eorum multitudo, quam singula valet, cum tamen nihil omnino remunerationis amplius habeat.

Revera, inquies, ita est; quia non sunt talia, quæ mereri possint, cum ratione careant. Sed nunquid opus nostrum rationem habet, ut mereri possit? Nequaquam, inquies; sed tamen mereri opus dicitur, quia nos mereri facit, hoc est dignos remuneratione, vel saltem majore. Sed hoc profecto supra negavimus, et cur negandum sit ea extra quæ diximus, accipe. Sunt duo in eodem proposito ædificandi domos pauperum, alter devotionis suæ affectum implet, alter vero pecunia, quam præparaverat, sibi violenter ablata, quod proposuit, consummare non permittitur, nulla sui culpa interveniente, sed sola eum violentia præpediente. Nunquid ejus meritum id quod exterius est actum minuere potuit apud Deum, aut malitia alterius eum minus acceptabilem Deo facere potuit, qui, quantumcunque potuit, pro Deo fecit? alioquin pecuniæ magnitudo unumquemque meliorem ac digniorem facere posset, si videlicet ad meritum, vel augmentum meriti proficere ipsa posset, et quo ditiores homines essent, meliores fieri possent, cum ipsi ex copia divitiarum devotioni suæ plus possent in operibus addere. Quod quidem existimare, ut opes scilicet ad veram beatitudinem, vel ad animæ dignitatem quidquam valeant conferre, vel de meritis pauperum quidquam auferre, summa est insania. Si autem animam meliorem efficere non potest possessio rerum, utique nec eam Deo chariorem facere potest, nec in beatitudine meriti quidquam obtinere.

Cap. VIII. *De remuneratione operum exteriorum.*

Nec tamen negamus in hac vita bonis istis operibus vel malis aliquid tribui, ut ex præsenti retributione in præmio vel pœna amplius ad bona incitemur, vel a malis retrahamur; et de aliis alii exempla sumant in faciendis quæ conveniunt, vel cavendis, quæ non conveniunt.

Cap. IX. *Quod Deus et homo in Christo uniti non sit melius aliquid quam solus Deus.*

Denique ut ad præmissa redeamus, ubi videlicet dictum est, quia bonum bono additum quiddam melius efficit quam unumquodque eorum per se sit; vide ne illuc usque ducaris, ut Christum, id est Deum et hominem sibi invicem in persona unitos melius quiddam dicas quam ipsa Christi divinitas vel humanitas sit, hoc est ipse Deus homini unitus vel ipse homo a Deo assumptus. Constat quippe in Christo tam assumptum hominem, quam Deum assumentem esse bonum, et utramque substantiam non nisi bonam intelligi posse: sicut et in singulis hominibus tam corporea quam incorporea substantia bona est. licet ad dignitatem vel meritum animæ bonitas corporis nihil referat. At vero quis totum id, quod Christus dicitur, hoc est simul Deum et hominem, vel quamcunque rerum multitudinem Deo præferre audebit tanquam eo melius aliquid esse possit, qui et summum bonum est, et ab ipso quidquid boni habent, accipiunt omnia? Quamvis enim ad aliquid agendum nonnulla ita necessaria videantur, ut non id facere Deus sine illis possit, tanquam quibusdam adminiculis vel primordialibus causis, nihil tamen, quantacunque sit rerum magnitudo, Deo melius dici potest. Etsi enim bonarum rerum numerus constat, ut bonitas in pluribus sit, non ideo bonitatem majorem esse contingit; veluti si scientia in pluribus abundet, aut scientiarum numerus crescat, non ideo scientiam cujusque crescere necesse est, ut major scilicet fiat quam prius. Sic et cum in se Deus bonus sit, et innumerabilia creet, quæ nec esse, nec bona esse nisi per illum habent, bonitas per eum in pluribus est, ut major sit numerus bonarum rerum, nulla tamen bonitas ejus bonitati præferri vel æquari potest. Bonitas quidem in homine, et bonitas in Deo est, et cum diversæ sint substantiæ vel naturæ quibus bonitas inest, nullius tamen rei bonitas divinæ præferri vel æquari potest; ac per hoc nihil melius, hoc est, majus bonum quam Deus, vel æque bonum dicendum est.

Cap. X. *Quod multitudo bonorum non est melius uno bonorum.*

In opere vero et intentione nec bonitatum aut bonarum rerum numerus consistere videtur. Cum enim bona intentio, et bona operatio dicitur, hoc est, ex bona intentione procedens, sola bonitas intentionis designatur; nec in eadem significatione nomen boni retinetur, ut plura bona dicere possimus. Nam et cum dicimus simplicem hominem esse, et simplicem dictionem, non ideo hæc esse concedimus plura simplicia, cum hoc nomen *simplex* aliter hic, et aliter ibi sumatur. Nemo ergo nos cogat, ut cum bonæ intentioni bona operatio additur, (concedamus) bonum bono superaddi tanquam plura sint bona, pro quibus remuneratio crescere debeat; cum, ut dictum est, nec plura bona recte dicere possimus illa, quibus boni vocabulum nequaquam uno modo convenit.

Cap. XI. *Quod intentione bona sit opus bonum.*

Bonam quippe intentionem, hoc est, rectam in se dicimus; operationem vero, non quod boni aliquid in se suscipiat, sed quod ex bona intentione procedat. Unde et ab eodem homine cum in diversis temporibus idem fiat, pro diversitate tamen intentionis ejus operatio modo bona modo mala dicitur, et ita circa bonum et malum variari videtur. Sicut hæc propositio: *Socrates sedet*, vel ejus intellectus circa verum et falsum variatur, modo Socrate sedente, modo stante. Quam quidem permutationem varietatis circa verum et falsum ita in his Aristoteles contingere dicit, non quod ipsa, quæ circa verum, vel falsum mutantur, aliquid suscipiant sui mutatione, sed quod res subjecta, id est Socrates, in se ipso moveatur, de sessione scilicet ad stationem, vel e converso.

Cap. XII. *Unde bona intentio sit dicenda?*

Sunt autem qui bonam vel rectam intentionem esse arbitrantur, quotiescunque se aliquis bene agere credit, et Deo placere id, quod facit; sicut et illi qui martyres persequebantur, de quibus Veritas in Evangelio : *Venit hora ut omnis qui interficit vos, arbitretur obsequium se præstare Deo (Joan.* xvi, 2). Qualium ignorantiæ Apostolus quidem compatiens ait : *Testimonium illis perhibeo, quod æmulationem Dei habent, sed non secundum scientiam (Rom.* x, 2) ; hoc est, magnum fervorem habent ac desiderium in his faciendis, quæ Deo placere credunt ; sed quia in hoc animi sui zelo vel studio decipiuntur, erronea est eorum intentio, nec simplex est oculus cordis, ut clare videre queat, hoc est, ab errore sibi providere. Diligenter itaque Dominus, cum secundum intentionem rectam vel non rectam opera distingueret, oculum mentis, hoc est, intentionem, *simplicem* et quasi a sorde puram, ut clare videre possit, aut e contrario *tenebrosam* vocavit cum diceret : *Si oculus tuus simplex fuerit, totum corpus tuum lucidum erit* ; hoc est si intentio recta fuerit, tota massa operum inde provenientium, quæ more corporalium rerum videri possit, erit luce digna ; hoc est bona ; sic e contrario. Non est itaque intentio bona dicenda, quia bona videtur, sed insuper quia talis est, sicut existimatur ; cum videlicet illud, ad quod tendit, si Deo placere credit, in hac insuper existimatione sua nequaquam fallatur. Alioquin ipsi etiam infideles sicut et nos bona opera haberent, cum ipsi etiam non minus quam nos per opera sua se salvari, vel Deo placere credant.

Cap. XIII. *Quod peccatum non est nisi contra conscientiam.*

Si quis tamen quærat utrum illi martyrum vel Christi persecutores in eo peccarent, quod placere Deo credebant ; aut illud sine peccato dimittere possent quod nullatenus esse dimittendum censebant, profecto secundum hoc, quod superius peccatum esse descripsimus *contemptum Dei*, vel *consentire in eo, in quod credit consentiendum non esse*, non possumus dicere eos in hoc peccasse, nec ignorantiam cujusquam, vel ipsam etiam infidelitatem, cum qua nemo salvari potest, peccatum esse. Qui enim Christum ignorant, et ob hoc fidem Christianam respuunt, quia eam Deo contrariam credunt, quem in hoc Dei contemptum habent quod propter Deum faciunt, et ob hoc bene se facere arbitrantur, præsertim cum Apostolus dicat : *Si cor nostrum non reprehenderit nos, fiduciam habemus apud Deum (I Joan.* iii, 2) : tanquam si diceret, ubi contra conscientiam nostram non præstimimus, frustra nos apud Deum de culpa reos statui formidamus? Aut si talium ignorantia peccato minime est ascribenda, quomodo ipse Dominus pro crucifigentibus se orat dicens : *Pater, dimitte illis ; non enim sciunt quid faciunt (Luc.* xxiii, 34); vel Stephanus, hoc instructus exemplo, pro lapidantibus supplicans ait : *Domine, ne statuas illis hoc peccatum ? (Act.* vii, 59.) Non enim ignoscendum videtur ubi culpa non præcessit, nec aliud solet dici ignosci ; nisi pœnam condonari quam culpa meruit. Stephanus insuper *peccatum* patenter appellat, quod de ignorantia erat.

Cap. XIV. *Quot modis peccatum dicatur ?*

Sed ut objectis plenius respondeamus, sciendum est nomen *peccati* diversis modis accipi ; proprie tamen peccatum dicitur *ipse Dei contemptus*, vel *consensus in malum*, ut supra meminimus. A quo parvuli sunt immunes, et naturaliter stulti : qui; cum merita non habeant tanquam ratione carentes, nihil eis ad peccatum imputatur, et solummodo per sacramenta salvantur. Dicitur etiam peccatum *hostia pro peccato*, secundum quod Apostolus Dominum Jesum Christum dicit factum esse peccatum. *Pœna* etiam *peccati* dicitur peccatum sive maledictum, juxta quod dicimus peccatum dimitti, hoc est, pœnam condonari, et Dominum Jesum Christum portasse peccata nostra, hoc est, pœnam peccatorum nostrorum, vel ex eis provenientes sustinuisse. Sed cum parvulos originale peccatum dicimus habere, vel nos omnes secundum Apostolum in Adam peccasse, tale est, ac si diceretur a peccato illius originem nostræ pœnæ vel damnationis sententiam incurrisse. *Opera* quoque ipsa *peccati*, vel quidquid non recte scimus, aut volumus, nonnunquam peccata dicimus. Quid est enim aliquem fecisse peccatum, nisi peccati implesse effectum ? Nec mirum, cum e converso ipsa peccata vocemus facta juxta illud Athanasii : *Et reddituri sunt*, inquit, *de factis propriis rationem, et qui bona egerunt, ibunt in vitam æternam ; qui vero mala, in ignem æternum.* Quid est enim de factis propriis ? an tanquam de his tantum, quæ opere impleverunt, faciendum sit judicium, ut plus accipiat in remuneratione, qui plus habuerit in opere ? Vel a damnatione sit immunis, qui in eo, quod intendit, effectu caruit, sicut ipse diabolus, qui, quod præsumpsit affectu, non obtinuit effectu ? Absit ! De factis itaque propriis dicit de consensu eorum, quæ implere decreverunt, hoc est, de peccatis, quæ apud Dominum pro opere facti deputantur ; cum ille scilicet sic puniat illa, sicuti nos opera. Cum autem Stephanus peccatum dicit, quod per ignorantiam in ipsum committebant Judæi pœnam ipsam, quam patiebatur ex peccato primorum parentum, sicut et cæteras provenientes ; vel injustam eorum actionem, quam habebant in lapidando, peccatum dixit : Quod quidem rogabat, eis non statui, hoc est, propter hoc eos nec corporaliter puniri. Sæpe etenim Deus aliquos hic corporaliter punit, nulla eorum culpa hoc exigente, nec tamen sine causa, veluti cum justis etiam afflictiones immittit ad aliquam eorum purgationem, vel probationem : vel aliquos cum affligi permittit ; ut postmodum hinc liberentur, et ex collato beneficio glorificetur ; sicut in illo cæco actum est, de quo ipse ait : *Neque hic peccavit ; neque parentes ejus, ut cæcus nasceretur, sed ut manifestentur opera Dei in illo* (*Joan.* ix, 2). Quis etiam neget quandoque cum malis parentibus pro culpa eorum innocentes filios periclitari, vel affligi, sicut in Sodomis factum est, vel in multis populis sæpe contingit, ut quo pœna, magis extenditur, amplius mali terreantur ? Quod diligenter beatus Stephanus attendens peccatum, hoc est, pœnam, quam tolerabat a Judæis, vel id quod non recte agebant, orabat eis non statui, hoc est, propter hoc nec corporaliter puniri.

In hac quoque sententia Dominus fuerat, cum dicebat : *Pater, dimitte illis* (*Luc.* XXIII, 34), id est, ne vindices id quod agunt in me, vel corporali pœna : quod quidem fieri rationabiliter posset, si nulla etiam culpa eorum præcessisset, ut cæteri scilicet hoc videntes vel ipsi etiam recognoscerent ex pœna se non recte in hoc egisse. At vero Dominum decebat hoc suæ orationis exemplo nos maxime ad patientiæ virtutem et ad summæ dilectionis exhibitionem exhortari, ut quod ipse docuerat verbis nos, videlicet pro inimicis quoque orare, proprio exemplo nobis exhiberet in opere. Quod ergo dixit : *dimitte*, non ad culpam præcedentem, vel contemptum Dei, quem hic haberent, respexit, sed ad rationem inferendæ pœnæ, quæ non sine causa, ut diximus, subsequi posset, quamvis culpa non præcessisset ; sicut in propheta contigit, qui, contra Samariam missus, comedendo egit, quod Dominus prohibuerat ; in quo tamen cum nihil per Dei contemptum præsumeret, sed per alium prophetam deceptus, non tam ex reatu culpæ quam ex operis perpetratione innocentia ejus mortem incurrit. *Deus quippe*, ut beatus meminit Gregorius, *nonnunquam sententiam mutat, consilium vero nunquam* ; hoc est, quod præcipere vel comminari aliqua de causa decrevit, sæpe id non implere disponit. Consilium vero ejus fixum permanet, hoc est, quod in præscientia sua disponit, ut faciat, nunquam efficacia caret. Sicut ergo in Abraham præceptum de immolatione filii, vel comminationem in Ninivitis factam non tenuit, et sic, ut diximus, sententiam mutavit : ita prædictus propheta, cui prohibuerat comedere in via, mutari ejus sententiam credidit, et se maxime delinquere, si alium prophetam non audiret, qui se ad hoc a Domino mitti asserebat, ut ejus lassitudinem reficeret cibo. Absque culpa igitur hoc fecit, in quo culpam vitare decrevit, nec ei mors repentina nocuit, quem ab ærumnis vitæ præsentis liberavit, et multis ad providentiam profuit, cum justum sic videant sine culpa puniri, et illud in eo impleri quod alibi Domino dicitur : *Tu Deus, cum justus sis, juste omnia disponis, cum eum quoque, qui non debet puniri, condemnes* (82). Condemnas, inquit, ad mortem non æternam, sed corporalem. Sicut enim sine meritis nonnulli salvantur, ut parvuli, et sola gratia vitam assequuntur æternam : ita non absurdum est nonnullos pœnas corporales sustinere, quas non meruerunt, sicut et de parvulis constat sine baptismi gratia defunctis, qui tam corporali, quam æterna morte damnantur, et multi etiam innocentes affliguntur. Quid itaque mirum, si crucifigentes Dominum ex illa injusta actione, quamvis eos ignorantia excusat a culpa, pœnam, ut diximus temporalem non irrationabiliter incurrere possent, atque ideo dictum est : *dimitte illis*, hoc est pœnam quam hinc, ut diximus, non irrationabiliter incurrere possent, ne inferas ?

Sicut autem, quod isti per ignorantiam egerunt, vel ipsa etiam ignorantia peccatum proprie, hoc est, contemptus Dei, non dicitur : ita nec infidelitas ; quamvis ipsa necessario æternæ vitæ aditum adultis ratione jam utentibus intercludat. Ad damnationem quippe sufficit Evangelio non credere, Christum ignorare, sacramenta Ecclesiæ non suscipere, quamvis hoc non (tam) per malitiam, quam per ignorantiam fiat. De qualibus et Veritas ait : *Qui non credit, jam judicatus est* (*Joan.* III, 18). Et Apostolus : *Et qui ignorat*, inquit, *ignorabitur* (*I Cor.* XIV, 38). Cum autem dicimus ignoranter nos peccare, hoc est, tale quid, quod non convenit facere, *peccare* non in contemptu, sed in operatione sumimus. Nam et philosophi peccare dicunt inconvenienter aliquid seu dicere, quamvis illud nihil ad offensam Dei videatur pertinere. Unde Aristoteles in ad aliquid cum de vitiosa relativorum assignatione loqueretur, ait : *At vero aliquoties non videbitur converti, nisi convenienter, ad quod dicitur, assignetur. Si enim peccet is, qui assignat, ut ala si assignetur avis, non convertitur, ut sit avis alæ*. Si ergo isto modo peccatum dicamus, omne quod vitiose agimus, vel contra salutem nostram habemus, utique et infidelitas, et ignorantia eorum, quæ ad salutem credi necesse est, peccata dicemus, quamvis ibi nullus Dei contemptus videatur. Proprie tamen peccatum illud dici arbitror, quod nusquam sine culpa contingere potest. Ignorare vero Deum, vel non ei credere, vel opera ipsa, quæ non recte fiunt, multis sine culpa possunt accidere. Si quis enim Evangelio vel Christo non credit, quia prædicatio ad ipsum non pervenerit ; juxta illud Apostoli : *Quomodo credent ei, quem non audierunt? quomodo autem audient sine prædicante?* (*Rom.* x, 14.) Quæ hinc ei culpa potest assignari, quod non credit? Non credebat Cornelius in Christum, donec Petrus ad eum missus de hoc ipsum instruxit, qui quamvis antea lege naturali Deum recognosceret atque diligeret, ex quo meruit de oratione sua exaudiri, et Deo acceptas eleemosynas habere, tamen si eum ante fidem Christi de hac luce migrasse contingeret, nequaquam ei vitam promittere auderemus, quantumcunque bona opera ejus viderentur, nec eum fidelibus, sed magis infidelibus connumeraremus, quantocunque studio salutis esset occupatus. Abyssus quippe multa Dei judicia sunt, qui nonnunquam reluctantes, vel minus de salute sua sollicitos trahit, et se offerentes, vel ad credendum paratiores profundissimo dispensationis suæ consilio respuit. Sic enim illum se offe-disponis : *ipsum quoque, qui non debet puniri, condemnare exterum æstimas a tua virtute.*

---

(82) Textus male citatus ab Abælardo. Is, Sap. XII, 15, sic habet : *Cum ergo sis justus, juste omnia*

rentem : *Magister, sequar te quocunque ieris (Matth. iv, 19)*, reprobavit. Et alterum excusantem se per sollicitudinem, quam habuit de patre, nec ad horam in hac pietatis excusatione toleravit. Denique et quarumdam civitatum obstinationem increpans ait : *Væ tibi, Corozain; væ tibi, Bethsaida, quia si in Tyro et Sidone virtutes factæ fuissent, quæ factæ sunt in vobis, jam olim in cilicio et cinere pœnitentiam egissent (Matth. xi, 21).* Ecce illis obtulit non solum prædicationem suam, verum etiam miraculorum exhibitionem, quas tamen prius noverat non esse credituras. Has vero gentilium alias civitates, quas ad fidem suscipiendam faciles esse non ignorabat, sua tunc visitatione non censuit dignas, in quibus quidem, cum aliqui subtracto sibi prædicationis verbo, tamen ad suscipiendum ipsum parati, perierunt, quis hoc eorum imputet culpæ, quod nulla negligentia videmus accidere? Et tamen hanc eorum infidelitatem, in qua defuncti sunt, ad damnationem sufficere dicimus, quamvis hujus cæcitatis, in qua Dominus eos dimiserit, causa minus nobis appareat. Quam profecto, si quis peccato eorum sine culpa ascribat, fortassis licebit, cum absurdum ei videatur, tales sine peccato damnari?

Nos tamen proprie peccatum, ut sæpe jam meminimus, illud solum dici arbitramur, quod in culpa negligentiæ consistit, nec in aliquibus esse potest, cujuscunque sint ætatis, quin ex hoc damnari mereantur. Non credere vero Christum, quod infidelitatis est, quomodo parvulis, vel his quibus non est annuntiatum, culpæ debeat ascribi, non video, vel quidquid per ignorantiam invincibilem fit, cui vel prævidere non valuimus ; veluti si quis forte hominem, quem non videt in silva sagitta interficiat, dum feris vel avibus sagittandis intendit. Quem tamen dum peccare per ignorantiam dicimus, sicut nos quandoque fatemur non solum in consensu, verum etiam in cogitatione peccare, hoc loco non proprie pro culpa ponimus, sed large accipimus, pro eo scilicet, quod nos facere minime convenit, sive id per errorem sive per negligentiam, vel quocunque modo inconvenienti fiat. Tale est ergo per ignorantiam peccare, non culpam in hoc habere, sed quod nobis non convenit, facere, vel peccare in cogitatione, hoc est, voluntate, quod nos velle minime convenit, vel in locutione, aut in operatione, loqui nos vel agere, quod non oportet, etsi per ignorantiam nobis invitis illud eveniat. Sic et illos, si persequebantur Christum vel suos, quos persequendos credebant per operationem peccasse dicimus, qui tamen gravius culpam peccassent, si contra conscientiam eis parcerent.

Cap. XV. *Utrum omne peccatum sit interdictum?*

Quæritur autem utrum omne peccatum Deus nobis interdicat? Quod si recipiamus, videtur hoc irrationabiliter agere, cum nequaquam vita ista sine peccatis saltem venialibus transigi possit. Si enim omnia nos cavere peccata præcepit, nos autem omnia cavere non possumus, utique nequaquam, sicut ipse promisit jugum suave nobis, vel onus leve imponit, sed quod longe vires transcendens nostras minime portare valemus, sicut et de jugo legis Petrus apostolus profitetur. Quis enim a verbo saltem otioso semper sibi prævidere potest, ut in eo nunquam excedens perfectionem illam teneat, de qua Jacobus ait : *Si quis in verbo non offendit, hic perfectus est vir? (Jac. iii, 2)*, qui etiam cum præmisisset : *in multis offendimus omnes*; et alius magnæ dicat perfectionis apostolus : *Si dixerimus, quia peccatum non habemus, nos ipsos seducimus, et veritas in nobis non est (I Joan. i, 8)*, quam difficile, imo impossibile nostræ infirmitati videatur, immunes omnino a peccato manere, neminem latere reor. Ita, inquam, si peccati vocabulum large, ut diximus, accipientes illa etiam vocemus peccata, quæcunque non convenienter facimus. Si autem proprie peccatum intelligentes solum Dei contemptum dicamus peccatum, potest revera sine hoc vita ista transigi, quamvis cum maxima difficultate. Nec profecto illud, ut supra meminimus, nobis a Deo prohibitum est, nisi consensus mali, quo Deum contemnimus, etiam cum de opere præceptio fieri videtur, sicut superius exposuimus, ubi etiam ostendimus aliter nequaquam a nobis præcepta posse sua custodiri.

Peccatorum autem alia venialia dicuntur, et quasi levia, alia damnabilia sive gravia. Rursus damnabilium quædam criminalia dicuntur, quæ in illis personam infamem vel criminosam facere habent, si in audientiam veniant, quædam vero minime. Venialia quidem, vel talia peccata sunt, quando in eo consentimus, cui non consentiendum esse scimus, sed tunc tamen non occurrit memoriæ illud quod scimus; multa quippe scimus, etiam dormientes, vel quando eorum non recordamur. Non enim dormiendo nostras amittimus scientias, vel stulti efficimur, aut cum vigilamus, sapientes efficimur. Quandoque itaque vel in vaniloquium, vel in superfluum esum vel potum consentimus, quod tamen nequaquam esse faciendum scimus; sed tunc minime recordabamur, quod non esset faciendum. Tales itaque consensus, quos per oblivionem incurrimus, venialia aut levia dicuntur peccata, hoc est, non magnæ satisfactionis pœna corrigenda, ut vel extra ecclesiam positi, vel gravi abstinentia pressi ob talia plectamur; pro quibus quidem negligentiis pœnitentibus dimittendis verba quotidianæ confessionis frequentamus, in qua minime commemoratio graviorum culparum facienda est, sed tantum leviorum. Neque enim ibi dicere debemus, peccavi in perjurio, in homicidio, in adulterio, et consimilibus, quæ damnabilia, et graviora dicuntur peccata; hæc quippe non per oblivionem, sicut illa incurrimus, sed tanquam ex studio, et deliberatione committimus, abominabiles etiam Deo effecti juxta illud Psalmistæ : *Abominabiles facti sunt in studiis suis* (*Psal.* XIII, 2) : quasi exsecrabiles, et valde odibiles ex his in quibus scienter præsumpserunt. Horum autem alia criminalia dicuntur, quæ per effectum cognita nævo magnæ culpæ hominem detrahunt, ut consensus perjurii, homicidii, adulterii, quæ plurimum Ecclesiam scandalizant. Cum vero supra quam necesse est, cibo indulgemus vel non mediocri cultu ex vana gloria nos adornamus, etsi hoc scienter præsumimus, non hæc crimini ascribuntur, et apud multos plus laudis habent, quam vituperationis.

CAP. XVI. *Utrum melius sit a levioribus culvis, quam gravioribus abstinere?*

Sunt, qui perfectius, et ideo melius dicunt providere a venialibus peccatis quam a criminalibus, eo quod difficilius id videatur, et majoris studii sollicitudine indigeat. Quibus primum illud respondeo Tullianum: *Quod si laboriosum, non ideo gloriosum.* Alioquin majoris meriti apud Dominum essent, qui grave jugum legis portaverunt, quam qui evangelica libertate deserviunt: quia timor pœnam habet, quam perfecta charitas foras mittit, et quicunque timore aguntur, plus opere laborant, quam quos charitas spontaneos facit. Unde laborantes et oneratos ad suave jugum, et onus leve sumendum Dominus exhortatur, ut videlicet de servitute legis, qua premebantur, ad libertatem transeant Evangelii, et qui a timore incœperant, charitate consummentur, quæ sine difficultate omnia suffert, omnia sustinet : nihil quippe amanti difficile, maxime cum non carnalis, sed spiritualis amor Dei tanto est fortior, quanto verior. Quis etiam nesciat difficilius nobis provideri a pulice, quam ab hoste; vel ab offendiculo parvi lapidis, quam magni? Sed nunquid ideo id cavere quod difficilius est, melius aut salubrius judicamus? Non utique. Quare? quia quod difficilius est, cavere, minus potest nocere. Sic ergo, etsi ponamus difficilius a venialibus peccatis quam a criminalibus providere, plus tamen hoc vitari quam quæ periculosiora sunt, convenit, et quæ majorem merentur pœnam, et quibus amplius offendi credimus Deum, et magis ei ea displicere. Quo enim amplius ipsi per amorem inhæremus, eo sollicitius cavere debemus quibus magis offenditur, et quæ ipse magis improbat. Qui enim vere aliquem diligit, non tam damnum suum, quam offensam amici, vel contemptum cavere satagit, juxta illud Apostoli : *Charitas non quærit quæ sua sunt* (*I Cor.* XIII, 5) ; et rursum : *Nemo quod suum est quærat, sed quod alterius* (*I Cor.* X, 24). Si ergo, non tam pro nostro damno quam pro Dei offensa, debemus cavere peccata, profecto plus ea cavenda sunt, in quibus magis offenditur. Quod si illam quoque poeticam attendamus sententiam, de morum scilicet honestate :

Oderunt peccare boni virtutis amore,
HOR., *Epist.* XVI, 57.

tanto majori odio quælibet sunt habenda, quanto turpiora in se censentur, et ab honestate virtutis amplius recedunt, et naturaliter quoslibet magis offendunt.

Denique, ut singula sibi conferendo diligentius peccata dijudicemus, comparemus venialia criminalibus, utpote superfluam comestionem perjurio et adulterio; et quæramus, in transgressione cujus magis peccatur, vel amplius Deus contemnatur atque offendatur. Nescio, fortassis respondebis, cum nonnulli philosophorum omnia peccata paria censuerunt. At si hanc philosophiam, imo manifestam stultitiam sequi velis, æque bonum a criminalibus et venialibus abstinere peccatis, quia æque malum est hæc et illa committere : cur ergo abstinere a venialibus præferre quis audeat abstinentiæ criminalium? Quod si quis forte requirat unde conjicere possimus, Deo magis displicere transgressionem adulterii, quam superfluitatem cibi, lex divina, ut arbitror, docere nos potest, quæ ad illud puniendum nullam pœnæ satisfactionem instituit; hoc vero non qualibet pœna, sed summæ mortis afflictione damnari decrevit. Quo enim charitas proximi, quam Apostolus *plenitudinem legis* dicit, amplius læditur, magis contra eam agitur, et amplius peccatur.

Quod si ad hunc modum singulis venialibus pariter et criminalibus peccatis invicem collatis, simul etiam tam ista omnia, quam illa conferre velimus, ut omnino scilicet satisfacere valeamus, nequaquam refugio. Ponamus ergo ut aliquis magno studio ab omnibus venialibus caveat peccatis et nulla criminalia curet vitare, et cum illa omnia caveat, hoc præsumat: quis eum in hoc levius peccare judicabit, aut meliorem esse, si hæc præcavens, illa incurrat? Collatione itaque facta tam singulorum, ut diximus, quam omnium simul invicem peccatorum, liquere arbitror, non melius vel majoris perfectionis esse venialia peccata cavere, quam criminalia. Si quis tamen, cum illa primum vitaverit, hæc postmodum, ut oportet, vitare valuerit, in hoc quidem fateor virtutem ejus ad perfectionem pervenisse; nec tamen ideo posteriora, in quibus consummatio virtutis consistit, sunt priora, nec præferenda, nec tanta retributione sunt digna. Sæpe namque in operatione alicujus ædificii minus agunt, qui perficiunt ipsum quam qui antea operati sunt, et qui extremo assere in consummatione operis posito ipsum perficiunt, ut sic domus perfecta fiat, quæ dum imperfecta fuit domus, opus non erat.

Sufficere hucusque arbitror nos ad cognitionem peccati, quantum memoriæ occurrit, laborasse, ut eo melius caveri possit, quo diligentius cognitum fuerit. Mali quippe notitia justo deesse non potest, nec cavere quis vitium nisi cognitum valet.

CAP. XVII. *De peccatorum reconciliatione.*

Et quoniam plagam animæ monstravimus, curationis remedium studeamus ostendere; unde illud Hieronymi : *O medice, si peritus es, sicut posuisti causam morbi, ita indica sanitatis!* Cum igitur peccando Deum offendimus, superest quibus ei modis reconciliari possimus. Tria itaque sunt in reconciliatione peccatoris ad Deum, pœnitentia scilicet, confessio, satisfactio.

Cap. XVIII. *Quid proprie dicatur pœnitentia?*

Pœnitentia autem proprie dicitur : *Dolor animi super ea, in quo deliquit, cum aliquem scilicet piget in aliquo excessisse* (Sap. v, 2, 3). Hæc autem pœnitentia tum ex amore Dei accidit, et fructuosa est; tum damno aliquo, quo nollemus gravari, qualis est illa damnatorum pœnitentia, de quibus scriptum est : *Videntes turbabuntur terrore horribili, et mirabuntur in subitatione insperatæ salutis, dicentes intra se, et pœnitentiam agentes, et præ angustia spiritus gementes : hi sunt quos aliquando habuimus in derisu* (Matth. xxvii, 3), etc. Legimus et pœnitentiam Judæ super hoc quod Dominum tradiderat; quod non tam pro culpa peccati quam pro vilitate sui, qui se omnium judicio damnatum sentiebat credimus accidisse. Cum enim quis alium pecunia, vel quo modo corruptum ad perditionem traxerit, nemini vilior, quam ei proditor habetur, et nemo ei minus se credit, quam is qui infidelitatem ejus amplius expertus est. Multos quippe quotidie de hac vita recessuros de flagitiis perpetratis pœniteri videmus, et gravi compunctione ingemiscere non tam amore Dei, quem offenderunt, vel odio peccati quod commiserunt, quam timore pœnæ in quam se præcipitari verentur. Qui in eo quoque iniqui permanent, quod non tam eis iniquitas displicet culpæ, quam, quæ justa est, gravitas pœnæ; nec tantum odio habent id quod commiserunt, quia malum fuit, quam justum Dei judicium, quod in pœna formidant, æquitatem potius quam iniquitatem odientes. Quos diu obcæcatos, atque vocatos ut a malitia sua converterentur, ita tandem in reprobum sensum divina justitia tradit, et cæcitate percussos a facie sua prorsus abjicit, ut ne salubris pœnitentiæ notitiam habeant, nec qualiter satisfaciendum sit advertere queant.

Quam plurimos quippe quotidie cernimus morientes graviter ingemiscere, multum se accusare super usuris, rapinis, oppressionibus pauperum, vel in quibuscunque injuriis, quas commiserunt, et pro emendatione istorum sacerdotem consulere. Quibus si hoc, ut oportet, primum consilium detur, ut venditis omnibus quæ habent, restituant aliis quæ abstulerunt, juxta illud Augustini : *Si res aliena cum reddi possit, non redditur, non agitur pœnitentia, sed fingitur;* statim quam inanis eorum sit pœnitentia, responsione sua profitentur. Unde ergo, inquiunt, domus mea viveret? quid filiis meis, quid uxori relinquerem? Unde se sustentare possent? Quibus illa primum Dominica occurrit increpatio : *Stulte, hac nocte animam tuam repetunt a te, quæ autem parasti cujus erunt?* (Luc. xii, 20.) O miser, quicunque talis es, imo miserorum omnium miserrime, et stultorum stultissime, non provides quid tibi conserves, sed quid aliis thesaurizes? Qua præsumptione Deum offendis, ad cujus horrendum judicium raperis, ut tuos habeas propitios, quos ditas de pauperum rapinis? Quis super te non rideat, si audierit te sperare alios magis tibi propitios fore quam te ipsum? Confidis in eleemosynis tuorum, quos quia successores habere te credis, iniquitatis pariter hæredes constituis, quibus aliena per rapinam possidenda relinquis. Vitam pauperibus eripis sua illis auferendo, unde sunt sustentandi, et in eis rursum occidere Christum machinaris, juxta illud quod ipsemet ait : *Quod uni ex minimis meis fecistis, mihi fecistis* (Matth. xxv, 40). Quid ergo tu male pius in tuos, et crudelis in te pariter atque Deum a judice justo exspectas, ad quem velis, nolis, judicandus properas, qui non solum de rapinis, sed etiam de otioso verbo rationem exigit? Qui quam districtus sit in vindicta, priorum hominum statim exhibuit pœna. Semel Adam peccavit, et comparatione nostrorum, sicut beatus meminit Hieronymus, levissimum ejus peccatum fuit. Non quemquam per violentiam oppressit, nec quidquam alicui abstulit; de fructu, qui reparabilis erat, semel gustavit. In qua quidem tam levi transgressione, in posteritatem quoque totam per pœnam redundata, præmonstrare Dominus decrevit, quid de majoribus facturus sit culpis. Dives, quem ad inferos Dominus descendisse dicit, non quod aliena rapuerit, sed quia propria, quibus tanquam licitis vescebatur, indigenti Lazaro non impertivit, patenter edocet, qua pœna feriendi sunt, qui rapiunt aliena, si sic ille damnatus est atque in inferno sepultus, qui non tribuerit bona sua. Tecum memoria tui sepulta, et cito siccatis lacrymis eorum, quos in exsequiis habuisti, juxta rhetoris Apollonii : *lacryma citius nihil arescit,* tua conjux in proximo ad novas nuptias se præparavit, ut novi mariti voluptatibus deserviret, de his quas ei dimisisti rapinis, et præsente adhuc corpore tuo lectulum calefaciet alieno, te misero in flammis gehennæ voluptates istas plexuro. Idem et a filiis tuis exspectandum est.

Quod si quis forte interroget cur non tui recordantes eleemosynis suis tibi propitientur, multis se de causis excusare posse videntur. Quia enim, si respondeant : Cum ille sibi propitius esse noluerit, quanta stultitia fuit sibi alios sperare propitios, et animæ suæ salutem aliis committere, de qua ipse debuit plurimum providere : quem sibi propitium magis credidit quam se ipsum? Qui sibi crudelis erat, de cujus misericordia confidebat? Possunt denique et in excusationem avaritiæ suæ prætendere ac dicere : scimus insuper ea, quæ ipse nobis dereliquit, non hujusmodi esse, ut de ipsis nobis sint eleemosynæ faciendæ. Ridebunt omnes, et ridere debent, qui hæc audient. Ille vero miser, qui exspoliatos pauperes ad horam flere coegit, in perpetuum ibi flebit. Sunt qui suam negligentiam hominibus non Deo volentes occultare, ad excusandas excusationes in peccatis dicunt, tot eos esse quos exspoliaverunt, ut omnino cognoscere vel reperire nequeant; de quo, cum nullam sollicitudinem assumant, illud Apostolicæ sententiæ judicium incurrunt : *Et qui ignorat ignorabitur* (*I Cor.* xiv, 38). Non inveniunt illos, quia non quærunt ; inveniet illos dextera Dei, quem contempserunt. De qua etiam scriptum est : *Dextera tua inveniet omnes qui te oderunt* (*Psal.* xx, 9). Quam idem Propheta, qui hoc dixit, vehementer expavescens, et locum nullum evadendi considerans alibi ait : *Quo ibo a spiritu tuo, et quo a facie tua fugiam? Si ascendero in cœlum, tu illic es, si descendero in infernum, ades* (*Psal.* cxxxviii, 5). Et quia plerumque non minor [*coq.* si minor] est avaritia sacerdotis quam populi juxta illud prophetæ : *Et erit sicut sacerdotes, sic populus* (*Ose.* iv, 9), multos morientium seducet cupiditas sacerdotum vanam eis securitatem promittentium, si quæ habent, sacrificiis obtulerint, et missas emant, quas nequaquam gratis haberent. In quo quidem mercimonio præfixum apud eos pretium constat esse, pro una scilicet missa unum denarium ; et pro uno annuali quadraginta. Non consulunt morientibus ut rapinas restituant, sed ut in sacrificio ipsas offerant; cum e contrario scriptum sit : *Qui offert sacrificium de substantia pauperis, quasi qui victimet filium in conspectu patris* (*Eccli.* xxxiv, 24) : plus enim gravat patrem occisio filii coram se facta, quam si non videret eam; et quasi filius immolatione occiditur, dum substantia pauperis, in qua vita ejus consistebat, in sacrificio ponitur. Et veritas sacrificio misericordiam præferens, *euntes*, inquit, *discite quid est, misericordiam volo, et non sacrificium* (*Matth.* ix, 13). Pejus autem est rapinas retinere, quam misericordiam non impendere, hoc est, pauperibus auferre sua quam non impendere nostra, sicut et supra in damnatione divitis meminimus.

Cap. XIX. *De fructuosa pœnitentia.*

Et quia de infructuosa diximus pœnitentia, tanto diligentius quanto salubrius fructuosam consideremus. Ad quam Apostolus quemlibet invitans obstinatum, nec horrendum Dei judicium attendentem, ait : *An divitias bonitatis ejus et patientiæ, et longanimitatis contemnis? Ignoras quoniam benignitas Dei ad pœnitentiam te adducit?* (*Rom.* ii, 4.) Quibus videlicet verbis quæ sit pœnitentia salubris, et ex amore Dei potius quam ex timore proveniens, manifeste declarat, ut videlicet doleamus Deum offendisse vel contempsisse, quia est bonus, magis quam quia justus est. Quo enim diutius eum contemnimus, quia statim eum contemptum suum judicare non credimus, sicut e contrario principes sæculi faciunt, qui cum offenduntur, nesciunt parcere, nec suarum injuriarum ultionem differre, eo justius graviorem infert sui contemptus pœnam ; et tanto districtior est in ultionem, quanto patientior fuit in exspectatione. Quod subsequenter prædictus Apostolus ostendit dicens : *Secundum duritiam autem tuam et cor impœnitens, thesaurizas tibi iram in die iræ* (*ibid.*, 5); tunc quidem iræ, modo mansuetudinis, quia tunc vindictæ, modo patientiæ. Ibi justitia exigente tanto gravius sui contemptum ulciscetur, quanto minus contemni debuit, et diutius toleravit. Timemus homines offendere, et quorum offensam timore non effugimus, verecundia vitamus. Latebras quærimus, cum fornicamur, ne ab hominibus videamur, nec unius hominis aspectum tunc sustinere possumus. Scimus Deum præsentem esse, quem nihil potest latere ; videri ab ipso et tota curia cœli in hujus actione turpitudinis non erubescimus, qui ad unius homunculi aspectum confunderemur. Ante judicem terrenum præsumere aliquid maxime timemus, a quo nos judicandos scimus temporali tantum pœna, non æterna. Multa nos facere vel tolerare carnalis affectus cogit, pauca spiritualis. Utinam tanta propter Deum, cui omnia debemus, quanta propter uxorem vel filios, vel quamcunque meretricem facimus vel toleramus !

Qua, obsecro, pœna hæc injuria est judicanda ut meretricem quoque ipsi præponamus? Conqueritur ipse per prophetam quod nec ei amor tanquam Patri, nec timor exhibeatur tanquam Domino : *Filius,* inquit, *honorat patrem, et servus dominum suum timet ; si ego Pater, ubi honor meus ? Et si ego Dominus, ubi timor meus ?* (*Malach.* i, 6.) Conqueritur sibi patrem vel dominum præferri. Attende igitur, quantum indignetur, meretricem quoque sibi anteferri, et de summa suæ bonitatis patientia, unde plus debuit amari, magis contemni. Quam quidem bonitatem, et patientiæ longanimitatem hi qui salubriter pœnitent attendentes, non tam timore pœnarum quam ipsius amore, ad compunctionem moventur, juxta prædictam Apostoli exhortationem, ubi salubrem pœnitentiam diligenter descripsit; cum e contrario dixit : *an divitias bonitatis ejus,* hoc est divitem et copiosam bonitatem, sive abundantem benignitatem longanimis patientiæ, qua tam diu te tolerat, *contemnis,* quia videlicet non cito punit ; *ignoras,* hoc est non attendens, *quoniam tanta ejus benignitas ad pœnitentiam,* quantum in se est, *te adducit,* hoc est facit cur eam attendendo ad pœnitentiam deberes converti, quod tam benignum contempsisti ? Et hæc quidem revera fructuosa est pœnitentia peccati, cum hic dolor, atque contritio animi ex amore Dei, quem tam benignum attendimus, potius quam ex timore pœnarum procedit.

Cum hoc autem gemitu et contritione cordis, quam veram pœnitentiam dicimus, peccatum non permanet, hoc est contemptus Dei, sive consensus in malum, quia charitas Dei hunc gemitum inspirans, non patitur culpam. In hoc statim gemitu Deo reconciliamur, et præcedentis peccati veniam assequimur, juxta illud prophetæ : *Quacunque hora peccator ingemuerit, salvus erit* (*Ezech.* xxxiii, 14); hoc est, salute animæ suæ dignus efficietur. Non ait: quo anno, vel quo mense, sive qua hebdomada, vel quo die, sed *qua hora ;* ut sine dilatione venia dignum ostendat; nec ei pœnam æternam deberi, in qua consistit condemnatio peccati. Etsi enim articulo necessitatis præventus non habeat locum veniendi ad confessionem, vel peragendi satisfactionem, nequaquam in hoc gemitu de hac vita recedens gehennam incurrit; quod est condonari a Deo peccatum, hoc est, eum talem fieri, quam jam non sit dignum sicut animam propter illud quod præcessit peccatum, æternaliter a Deo puniri. Non enim Deus cum peccato pœnitentibus condonat, omnem pœnam eis ignoscit, sed solummodo æternam. Multi namque pœnitentes, qui præventi morte, satisfactionem pœnitentiæ in hac vita non egerunt, pœnis purgatoriis, non damnatoriis in futura reservantur. Unde suprema judicii dies, qua repente multi fidelium puniendi sunt, quanto spatio temporis extendatur, incertum est; quamvis resurrectio *in momento, in ictu oculi fiat (I Cor.* xv, 52); ut videlicet ibi de culpis satisfaciant, quantum Deus decreverit, de quibus satisfacere distulerint, aut permissi non sunt.

Cap. XX. *Utrum quis de uno peccato sine altero pœnitere possit.*

Sunt qui quærunt, utrum quis de uno peccato pœnitere possit, et non de alio, utpote de homicidio, et non de fornicatione, quam adhuc perpetrare non desistit? Sed si fructuosam illam pœnitentiam intelligamus, quam Dei amor immittit, et quam Gregorius describens ait : *Pœnitentia est commissa deflere, et flenda non committere*, nequaquam pœnitentia dici potest, ad quam nos amor Dei compellit, quoties unus contemptus retinetur. Si enim amor Dei, sicut oportet, ad hoc me inducit, atque animum trahit, ut de hoc consensu doleam propter hoc tantum quia in eo Deum offendi, non video qualiter idem amor de illo contemptu eadem de causa pœnitere non cogat; hoc est, in eo proposito mentem meam statuat, ut quis excessus meus memoriæ occurrerit, de ipso similiter doleam, et ad satisfaciendum paratus sim. Ubicunque igitur vera est pœnitentia, ex amore scilicet Dei solo proveniens, nullus Dei contemptus remanet, maxime cum Veritas dicat : *Si quis diligit me, sermonem meum servabit, et Pater meus diliget eum, et ad eum veniemus, et mansionem apud eum faciemus (Joan.* xiv, 23). Quicunque ergo in amore Dei persistunt, salvari necesse est : quæ salvatio nequaquam contingeret uno peccato, id est uno Dei contemptu retento. Cum autem in pœnitente jam nullum Deus reperit peccatum, nullam ibi invenit damnationis causam; et ideo necesse est ut, peccato cessante, non restet damnatio, hoc est, perennis pœnæ afflictio; et hoc est peccatum, quod præcessit, a Deo condonari a pœna æterna, quam inde meruerat ei, ut diximus, a Deo provideri. Quamvis enim Deus jam non inveniat in pœnitente, quod perenniter debeat punire, pœnam tamen præcedentis peccati dicitur condonare, cum per hoc, quod gemitum ei pœnitentiæ inspiraverit, eum indulgentia dignum fecit; hoc est, talem, cui nulla tunc debeatur pœna æterna, et quem in hoc statu de hac vita recedentem salvari necesse est. Quod si forte et in eumdem recidat contemptum, sicut redit ad peccatum, ita etiam relabitur ad pœnæ debitum, ut rursum puniri debeat, qui prius pœnitendo non puniri meruerat.

Si quis forte dicat : Peccatum a Deo condonari, tale esse tanquam si diceretur : Deum, propter illud quod commissum est, nequaquam hominem esse damnaturum; vel hoc : Deum apud se statuisse ut eum propter hoc non damnaret : profecto et antequam pœnitens peccasset, concedendum videtur Deum condonasse illud peccatum; hoc est apud se statuisse, quod propter illud non esset eum damnaturus : nihil quippe recenter apud se Deus statuit, vel disponit, sed ab æterno quæcunque facturus est, in ejus prædestinatione consistunt et in ejus providentia præfixa sunt, tam de condonatione cujuscunque peccati, quam de cæteris quæ fiunt. Melius itaque nobis esse videtur ita intelligendum Deum condonare peccatum, quemlibet, ut diximus, per inspiratum ei pœnitentiæ gemitum dignum indulgentia efficere; hoc est, talem, cui tunc damnatio non debeatur, nec unquam ulterius, si in tali proposito perseveret. Peccatum itaque Deus condonat, cum ipse, a quo pœna fieri debuit, faciat, pœnitentiam inspirando, cur jam non debeat inferri.

Cap. XXI. *Injustum non esse, dignum præmio non donari*

Sed fortassis requiris, si is qui pœnitet, jam dignus sit vita æterna, qui damnatione dignus non est? Quod si concedamus, objicitur nobis, eum quoque, qui post pœnitentiam lapsus periit, dum pœniteret, dignum vita æterna fuisse; et Deum arguendum injuriæ esse videri, qui præmium, quo ille tunc dignus erat, ei tunc saltem non reddidit, ut sic ejus damnationem præveniret. Sicut enim si tunc moreretur, ex illo, in quo tunc erat, proposito, dignus vita æterna salvaretur : ita et si postea lapsus sit, ex eodem animo quem prius habuit, dignus salvari fuit. Sed dico quia sicut multi sæpe damnatione digni sunt, nec tamen in hac sua nequitia moriuntur, ut damnatio quam meruerant eis a Deo reddatur; nec tamen ideo Deus injustitiæ est arguendus, quia non reddidit eis pœnam quam meruerant : ita nec in præmiis reddendis, quæ perseverantibus tantum promittuntur, Veritate attestante : *Qui perseveraverit usque in finem, hic salvus erit (Matth.* x, 22). Non ergo concedere cogimur, ut quia quandoque vel præmio quis dignus fuerit, ideo dignum vel justum sit, Deum illud ei conferre, cum alio modo melius utendum eo esse providerit, quia etiam malis bene utitur, et quæque pessima optime disponit. Quod si forte quis dicat, eum, qui ad horam Deum amando, vere pœnituit, sed tamen in hac pœnitentia vel amore non perseveraverit, non ideo fuisse præmio dignum vitæ : profecto cum nec tunc damnatione lignus fuisse conceditur, nec justus, nec peccator tunc exstitisse videbitur.

CAP. XXII. *De peccato irremissibili.*

Cum autem, ut diximus, omne peccatum per pœnitentiam statim remissionem accipiat, quæritur, cur Veritas quoddam peccatum irremissibile dixerit, vel nunquam ipsum remissionem, hoc est, condonationem, habiturum ; quale est illud peccatum blasphemiæ in Spiritum sanctum, de quo eum dixisse Matthæus sic refert : *Omne peccatum et blasphemia remittetur hominibus, Spiritus autem blasphemia non remittetur* (*Luc.* XII, 31)*;* et : *Quicunque dixerit verbum contra Filium hominis, remittetur ei ; qui autem dixerit contra Spiritum sanctum, non remittetur ei neque in hoc sæculo, neque in futuro ?* (*ibid.*, 32*;* XII, 10.) Quod quare diceret, Marcus aperuit dicens : *Quoniam dicebant : Spiritum immundum habet* (*Marc.* III, 30). Hoc autem peccatum quidam desperationem veniæ dicunt ; cum quis videlicet ob magnitudinem peccatorum diffidit penitus a bonitate Dei, quæ per Spiritum sanctum intelligitur, ut nec pœnitendo, vel aliqua satisfactione veniam possit impetrare. Sed si hoc dicimus peccare vel blasphemare in Spiritum, quid dicemus peccare in Filium hominis ? Quantum vero mihi videtur, peccare vel blasphemare in Filium hominis hoc loco dicitur excellentiæ humanitatis Christi derogare, tanquam eam negaremus sine peccato conceptam, vel a Deo assumptam propter visibilem carnis infirmitatem. Id quippe nulla humana ratione comperi poterat, sed Deo tantum revelanti credi. Tale est ergo quod ait : *Omne peccatum et blasphemia remittetur hominibus ; Spiritus autem blasphemia non remittetur*, tanquam si diceret : De nulla alia blasphemia diffinitum est apud Deum, quod nullis hominibus dimittatur, nisi de ista ; et quicunque dixerit verbum contra Filium hominis remittetur ei, hoc est, nullus qui assumpti hominis dignitati, ut diximus, deroget, propter hoc damnabitur, si aliæ non interveniant damnationis causæ. Non enim in hoc aliquis contemptu Dei notari potest, si veritatem per errorem contradicat, nec contra conscientiam agat, maxime cum id tale sit, quod humana ratione investigari non possit, sed magis rationi videatur contrarium. Blasphemare autem in Spiritum est ita opera manifestæ gratiæ Dei calumniari, ut illa, quæ credebant per Spiritum sanctum, hoc est, divina bonitate misericorditer fieri, per diabolum tamen assererent agi, tanquam si dicerent illum, quem Spiritum Dei credebant, esse spiritum nequam, et sic Deum esse diabolum.

Quicunque igitur sic in Christum peccaverunt, dicendo scilicet contra conscientiam eum in Beelzebub principe dæmoniorum ejicere dæmonia, ita prorsus a regno Dei sunt proscripti, et ab ejus gratia penitus exclusi, ut nullus illorum deinceps per pœnitentiam mereretur indulgentiam. Nec quidem negamus eos salvari posse si pœniterent, sed solummodo eos dicimus nec pœnitentiæ actus assecuturos esse.

CAP. XXIII. *Utrum pœnitentes gemitum sui doloris hinc secum deferant ?*

Quærit fortassis aliquis, utrum hi, qui de hac vita pœnitentes recedunt in hoc gemitu cordis et contritione doloris, ubi verum Deo sacrificium offertur juxta illud : *Sacrificium Deo spiritus contribulatus* (*Psal.* L), utrum, inquam, tales de hac luce migrantes hunc gemitum et dolorem secum deferant ; ut in vita quoque illa cœlesti hæc se commisisse doleant, quo, ut scriptum est, *aufugit dolor et gemitus* (*Isa.* XXXV, 10), atque tristitia. Sed profecto sicut Deo vel angelis peccata nostra sine aliqua pœna doloris displicent, eo videlicet quod illa non approbant, quæ mala considerant ; ita et tunc nobis illa displicebunt, in quibus deliquimus. Sed utrum nos illa fecisse velimus, quæ bene ordinata esse a Deo scimus, et nobis quoque in bonum cooperata, juxta illud Apostoli : *Scimus quoniam diligentibus Deum omnia cooperantur in bonum* (*Rom.* VIII, 28), alia est quæstio, quam pro viribus nostris tertio Theologiæ nostro *libro* absolvimus.

CAP. XXIV. *De confessione.*

Nunc de confessione peccatorum nobis agere incumbit. Ad hanc nos apostolus Jacobus adhortans ait : *Confitemini alterutrum peccata vestra, et orate pro invicem ut salvemini ; multum enim valet deprecatio justi assidua* (*Jac.* V, 16). Sunt qui soli Deo confitendum arbitrantur, quod nonnulli Græcis imponunt. Sed quid apud Deum confessio valeat, qui omnia novit ; aut quam indulgentiam lingua nobis impetret, non video, licet Propheta dicat : *Delictum meum cognitum tibi feci, et injustitiam meam non abscondi ?* (*Psal.* XXXI, 5.) Multis de causis fideles invicem peccata confitentur juxta illud Apostoli, quod præmissum est ; tum videlicet propter suppositam causam, ut orationibus eorum magis adjuvemur, quibus confitemur ; tum etiam quia in humilitate confessionis magna pars agitur satisfactionis, et in relaxatione pœnitentiæ majorem assequimur indulgentiam : sicut de David scriptum est ; qui cum accusatus a Nathan propheta responderit : *peccavi* (*II Reg.* XII, 13) ; statim ab eodem propheta responsum audivit : *Dominus quoque transtulit peccatum tuum* (*ibid.*) : quo enim major erat regis sublimitas, acceptior Deo fuit confidens humilitas. Denique sacerdotes quibus animæ confitentium sunt commissæ, satisfactiones pœnitentiæ illis habent injungere ; ut qui nulla arbitrio suo et superbe usi sunt Deum contemnendo, alienæ potestatis arbitrio corrigantur ; et tanto securius id agant, quanto melius prælatis suis obediendo non tam suam, quam illorum voluntatem sequuntur. Qui si fortassis non recte præceperint, cum ille ad obediendum paratus sit, illis magis quam istis imputandum est. *Non ignoramus*, inquit Apostolus, *astutias Satanæ* (*II Cor.* II, 11). Nec ejus nequitia hoc loco prætereunda est qua nos ad peccatum imp llit, et a confessione retrahit. Ad peccatum quippe nos incitans timore pariter ac verecundia nos exuit, ut nihil jam restet, quod nos a peccato revocet. Multa namque timore pœnæ committere non audemus; multa pro detrimento nostræ famæ aggredi erubescimus, etsi hoc impune possemus. His ergo duobus quasi retinaculis male quilibet expeditus præceps ad quodvis perpetrandum peccatum efficietur. Quo quidem pacto eadem, quæ prius ei abstulit ut peccatum perficeret, postmodum reddit ut a confessione revocet. Tunc confiteri timet vel erubescit, quod, cum oportuerit primum, non timuit nec erubuit. Timet ne forte per confessionem cognitus puniatur ab hominibus, qui puniri non timuit, a Deo : erubescit ab hominibus sciri, quod non erubuit coram Deo committi. Sed qui plagæ quærit medicamentum, quantumcunque ipsa sordeat, quantumcunque oleat, medico revelanda est ut competens adhibeatur curatio. Medici vero locum sacerdos tenet, a quo, ut diximus, instituenda est satisfactio.

CAP. XXV. *Quod nonnunquam confessio dimitti potest.*

Sciendum tamen nonnunquam salubri dispensatione confessionem vitari posse, sicut de Petro credimus, cujus lacrymas denegatione sua novimus, satisfactionem vero aliam, vel confessionem non legimus. Unde et Ambrosius super Lucam de hac ipsa Petri negatione ac fletu ejus : *Non invenio*, inquit, *quid dixerit, invenio quod fleverit, lacrymas ejus lego, satisfactionem non lego. Levant lacrymæ delictum quod voce pudor est confiteri, et veniæ fletus consulunt, et verecundiæ; lacrymæ sine horrore culpam loquuntur, sine offensione verecundiæ confitentur; lacrymæ veniam non postulant, sed merentur.* Invenio cur tacuerit Petrus, ne scilicet tam cito veniæ petitio plus offenderet. Quæ vero ista sit verecundia vel reverentia confessionis ut flendo magis quam confitendo Petrus satisfecerit, videndum est. Si enim propter hoc unum confiteri verecundabatur, ne, cognito peccato suo vilior, haberetur, profecto superbus erat, et honoris sui gloriæ magis quam animæ suæ saluti consulens. Sin autem verecundia non tam sua, quam Ecclesiæ retinebatur, non est hoc improbandum. Providebat se fortassis super Dominicam plebem a Domino constituendum esse principem, et verebatur ne si hoc trina ejus negatio per confessionem ejus cito in publicum prodiret, super hoc Ecclesia graviter scandalizaretur; et erubescentia vehementi confunderetur, quod tam facilem ad negandum, et tam pusillanimem Dominus ei præfecisset. Si ergo tam pro honore sibi conservando, quam pro hac animi erubescentia Ecclesiæ confiteri distulit, provide hoc, non superbe fecit. Timor quoque in causa rationabilis fuit de damno Ecclesiæ magis, quam de propriæ detrimento famæ. Sciebat quippe sibi specialiter a Domino Ecclesiam esse commissam cum ei diceret : *Et tu aliquando conversus confirma fratres tuos (Luc* XXII,

32). Si ergo eo propria confessione convicto ad aures Ecclesiæ præveniret hic ejus tam abhorrendus lapsus, quis non leviter diceret : *nolumus hunc regnare super nos (Luc.* XIX, 14); et non facile Dominicum improbaret consilium, quod ad confirmandos fratres eum elegit, qui primus defecit? Hac quoque providentia multi confessionem differre, vel omnino dimittere possent sine peccato; si videlicet plus illam nocere quam prodesse crederent, quia nullam Dei offensam ex culpa incurrimus, in quo nequaquam contemnimus. Distulit Petrus confiteri peccatum, cum adhuc tenera in fide, atque infirma esset Ecclesia, donec virtus Petri prædicatione ipsius vel miraculis esset probata. Postea vero cum de hoc jam constaret, ipsemet Petrus sine ullo Ecclesiæ scandalo contra desperationem lapsorum confiteri hoc potuit, ut scriptum etiam relinqueretur ab evangelistis.

Sunt fortassis, quibus videatur Petrum, qui cæteris omnibus præerat, nec superiorem habebat, cui anima ejus esset commissa, nequaquam haberet necessarium homini confiteri peccatum, tanquam ab illo instituenda esset ei satisfactio, ac si præcepto ejus quasi superioris obediret. Sed si non pro satisfactione injungenda confiteri alicui debuerit, propter orationis suffragium non incongrue fieri potuit; de quo quidem cum diceretur : *Confitemini alterutrum peccata vestra,* subjunctum est : *et orate pro invicem ut salvemini (Jac.* V, 16). Nihil etiam impedit ne prælati eligant subjectos ad confessionem faciendam, vel ad satisfactionem suscipiendam, ut quod agitur, tanto Deo fiat acceptius, quanto ab illo geritur humilius. Quis etiam vetet quemlibet in talibus personam religiosiorem, vel magis discretam eligere, cujus arbitrio satisfactionem suam committat, et orationibus ejus plurimum adjuvetur? Unde et cum præmissum : *et orate pro invicem ut salvemini,* statim adjunctum est : *multum enim valet deprecatio justi assidua.* Sicut enim multi fiunt imperiti medici, quibus infirmos committi periculosum est aut inutile : ita et in prælatis Ecclesiæ multi reperiuntur, nec religiosi, nec discreti, atque insuper ad detegendum confitentium peccata leves, ut confiteri eis non solum inutile, verum etiam perniciosum videatur. Tales quippe nec orare intendunt, nec in orationibus suis exaudiri merentur; et cum instituta canonum ignorent, nec in statuendis satisfactionibus moderari sciant, frequenter in talibus vanam securitatem promittunt, et spe cassa ipsos confitentes decipiunt, juxta illud Veritatis : *Cæci sunt duces cæcorum;* et rursum : *Si cæcus cæco ducatum præstet, ambo in foveam cadunt (Matth.* XV, 14). Qui cum etiam ut diximus, leviter confessiones quas suscipiunt, revelant, pœnitentes ad indignationem commovent, et qui curare peccata debuerant, novas peccatorum plagas inferunt, et a confessione audientes deterrent.

Nonnunquam etiam peccata vel ex ira, vel ex levitate revelando graviter Ecclesiam scandalizant, et eos, qui confessi sunt, in pericula magna constituunt. Unde qui pro his incommoditatibus prælatos suos vitare decreverunt, et alios in talibus eligere, quos ad ista commodiores credant, nequaquam sunt improbandi, sed potius comprobandi quod ad solertiorem medicum declinant; in quo tamen faciendo, si assensum prælatorum impetrare possunt, ut ab eis ad alios dirigantur, tanto id convenientius agunt, quanto humilius per obedientiam hoc faciunt. Sin autem prælati superbi hoc eis interdicunt tanquam se viliores æstimando, si meliores medici requirantur, ægrotus tamen de salute sua sollicitus, quod melius credit medicamentum, majori sollicitudine requirat, et meliori consilio cedat plurimum. Nemo enim ducem sibi ab aliquo commissum, si eum cæcum deprehenderit, in foveam sequi debet; et melius est eligere eum videntem, ut quo tendit, perveniat, quam male sibi traditum male sequi ad præcipitium. Quippe qui ei talem ducem tradidit tanquam viam ostensurum, aut scienter hoc fecit per malitiam, aut innocenter per ignorantiam? Si per malitiam, cavendum fuit, ne malitia ejus impleretur; si per ignorantiam, nequaquam contra ejus voluntatem agitur, si illum non sequimur ad periculum, quem ipse dederat nobis ad ducatum. Utile tamen est, ut eos primum consulamus, quibus animas nostras committi scimus, et eorum consilio audito salubrius, si quod speramus, medicamentum non deserere, maxime cum eos legem ignorare credamus, et non solum quid agant, (non) curent, sed quid doleant ignorent; deteriores habendi his, de quibus Veritas ait: *Super cathedram Moysi sederunt Scribæ et Pharisæi: quæcunque ergo dixerint vobis, servate et facite; secundum autem opera eorum nolite facere* (Matth. XXIII, 2). Tanquam si diceret: magisterium legis tales obtinent, quorum opera cum sint mala, et ob hoc respuenda, verba tamen Dei, quæ de cathedrâ Moysi, hoc est de magisterio legis, proferunt, suscipienda sunt, ut simul quæ ipsorum sunt opera rejiciamus, et quæ Dei sunt verba, retineamus.

Non est ergo talium doctrina contemnenda qui bene prædicant, licet male vivant, et qui erudiunt verbo, licet non ædificent exemplo; et viam ostendunt quam sequi nolunt, non tam de cæcitate ignorantiæ, quam de culpa negligentiæ judicando. Qui vero nec viam subjectis ostendere valent, qui ducatui eorum committere se debent, et ab eis requirere documentum, qui docere nesciunt. Nec tamen desperandum est subjectis a misericordia Dei, cum ad satisfactionem omnino parati prælatorum suorum, quamvis cæcorum, arbitrio se tradunt, et quod illi per errorem minus instituunt, isti per obedientiam diligenter eos sequuntur. Non enim error prælatorum subjectos damnat, nec illorum vitium istos accusat; nec jam in subjectis culpa remanet qua moriantur, quos jam antea pœ-

nitentia Deo, ut diximus, reconciliaverat, prius scilicet quam ad confessionem venirent vel satisfactionis institutionem susciperent. Si quid tamen de pœna satisfactionis minus est institutum quam oportet, Deus, qui nullum peccatum impunitum dimittit, et singula quantum debet punit, pro quantitate peccati satisfactionis æquitatem servabit; ipsos videlicet pœnitentes non æternis suppliciis reservandos, sed in hac vita, vel in futura pœnis purgatoriis affligendo. Si nos, inquam, in nostra satisfactione negligentes fuerimus. Unde Apostolus: *Si nos, inquit, dijudicaremus, non utique dijudicaremur* (I Cor. XI, 31); quod est dicere: Si nos ipsi nostra puniremus, vel corrigeremus peccata, nequaquam ab ipso gravius essent punienda. Magna profecto misericordia Dei, cum nos nostro judicio dimittit, ne ipse puniat graviori. Has autem pœnas vitæ præsentis, quibus de peccatis satisfacimus, jejunando, vel orando, vigilando, vel quibuscunque modis carnem macerando, vel quæ nobis subtrahimus, egenis impendendo, satisfactionem vocamus; quas alio nomine in Evangelio *fructus pœnitentiæ* novimus appellari, ubi videlicet ait: *Facite fructus dignos pœnitentiæ* (Matth. III, 8); ac si aperte diceretur: digna satisfactione quod deliquistis, emendando ita hic reconciliamini Deo, ut deinceps quod ipse puniat nequaquam inveniat; et graviores pœnas mitioribus prævenite. Ut enim beatus asserit Augustinus: *Pœnæ vitæ futuræ, etsi purgatoriæ sint, graviores sunt istis omnibus vitæ præsentis*. Magna itaque cautela est eis adhibenda, et magna opera danda, ut secundum instituta sanctorum Patrum talis hæc satisfactio suscipiatur, ut nihil ibi purgandum restet. Cum ergo indiscreti fuerint sacerdotes, qui hæc instituta canonum ignorant, ut minus de satisfactione quam oportet, injungant, magnum hinc incommodum pœnitentes incurrunt, cum male de ipsis confisi gravioribus pœnis postmodum plectentur, unde hic per leviores satisfacere potuerunt.

Sunt nonnulli sacerdotum non tam per errorem, quam cupiditatem subjectos decipientes, ut pro nummorum oblatione satisfactionis injunctæ pœnas condonent vel relaxent; non tam attendentes quid velit Dominus, quam quid valeat nummus, de quibus ipse Dominus per prophetam conquerens ait: *Sacerdotes mei non dixerunt: Ubi est Dominus?* (Jer. II, 6.) Tanquam si diceret: Sed ubi est nummus? Nec solum sacerdotes, verum etiam ipsos principes sacerdotum, hoc est episcopos ita impudenter in hanc cupiditatem exardescere novimus; ut cum in dedicationibus ecclesiarum, vel in consecrationibus altarium, vel benedictionibus cœmeteriorum, vel in aliquibus solemnitatibus populares habent conventus, unde copiosam oblationem exspectant, in relaxandis pœnitentiis prodigi sunt; modo tertiam, modo quartam pœnitentiæ partem omnibus communiter indulgentes sub qua jam scilicet specie charitatis; sed in veritate summæ cupiditatis. Qui de sua se jactantes potestate, quam, ut aiunt, in Petro, vel apostolis susceperunt, cum eis a Domino diceretur : *Quorum remiseritis peccata, remittentur eis ; vel, quæcunque solveritis super terram, erunt soluta et in cœlis* (Joan. xx, 23), tunc maxime quod suum est agere gloriantur, cum hanc benignitatem subjectis impendunt. Atque utinam id saltem pro ipsis, non pro nummis facerent, ut qualiscunque benignitas potius quam cupiditas videretur. Sed profecto si hoc in laude benignitatis habendum est, quod tertiam vel quartam pœnitentiæ partem relaxant, multo amplius eorum pietas prædicanda erit, si dimidiam vel totam ex integro pœnitentiam dimitterent, sicut licere sibi profitentur, et [a] Domino concessum esse, et quasi in manibus eorum cœlos esse positos secundum remissionis vel absolutionis peccatorum supra posita testimonia. Magnæ denique impietatis e contrario arguendi videntur, cur non omnes subjectos ab omnibus absolvant peccatis, ut videlicet neminem illorum damnari permittant; si ita, inquam, in eorum potestate constitutum est, quæ voluerint peccata dimittere vel retinere, vel cœlos his, quibus decreverint aperire vel claudere; quod utique beatissimi prædicandi essent, si hos sibi, cum vellent, aperire possent. Quod quidem si non possunt, vel nesciunt, certe illud poeticum, in quantum arbitror, incurrunt

Nec prosunt domino, quæ prosunt omnibus, artes.

Appetat quislibet, non ego, potestatem illam, qua potius aliis quam sibi proficere possit, tanquam in potestate sua habeat alienas animas salvare magis quam propriam; cum e contrario quislibet discretus sentiat.

CAP. XXVI. *Utrum generaliter ad omnes pertineat prælatos solvere et ligare?*

Cum ergo quæritur, quæ sit illa potestas, vel claves regni cœlorum, quas apostolis Dominus tradidit, ac similiter eorum vicariis, scilicet episcopis, concessisse legitur, non parva quæstio videtur. Cum enim multi sint episcopi nec religionem, nec discretionem habentes, quamvis episcopalem habeant potestatem; quomodo eis æque ut apostolis convenire dicemus : *Quorum remiseritis peccata, remittentur eis, et quorum retinueritis, retenta sunt?* Nunquid si indiscrete vel supra modum velit episcopus pœnam peccati augere vel relaxare, hoc in ejus est potestate; ut videlicet secundum ejus arbitrium pœnas Deus disponat, ut quod minus puniendum est, ipse magis puniat, e converso, cum æquitatem rei magis quam hominum voluntatem Deus attendere debeat? Nunquid si episcopus per iram, vel odium quod habeat in aliquem, tantumdem eum pœnitere decreverit de levioribus peccatis, quantum de gravioribus; vel pœnam ejus in perpetuum extendere, vel nunquam ei relaxare statuerit, quantumcunque

A ille pœniteat, nunquid hanc ejus sententiam Dominus confirmabit? Quod itaque Dominus apostolis ait : *Quorum remiseritis peccata, remittuntur eis*, etc., ad personas (83) eorum, non generaliter ad omnes episcopos referendum videtur, sicut et quod eis alibi ait : *Vos estis lux mundi; et vos estis sal terræ* (Matth. v, 13), vel pleraque alia de personis eorum specialiter accipienda. Non enim hanc discretionem vel sanctitatem, quam apostolis Dominus dedit, successoribus eorum æqualiter concessit; nec omnibus æque dixit : *Beati oculi qui vident quæ vos videtis* (Luc. x, 23); et rursum : *Vos autem dixi amicos, quia omnia quæcunque audivi a Patre meo, nota feci vobis* (Joan. xv, 15); et iterum : *Cum autem venerit ille Spiritus veritatis, docebit vos omnem veri-
B *tatem* (Joan. xvi, 13).

Quod si forte quis de Juda objiciat, qui etiam cum hæc dicerentur unus ex apostolis erat, sciat Dominum non ignorasse, ad quos, id quod dicebat, deberet intendere; sicut et cum ait : *Pater, ignosce his, quia nesciunt, quid faciunt* (Luc. xxiii, 34); non de omnibus persequentibus eum hæc ejus oratio accipienda censetur. Cum enim dicitur, *His*, vel *Vos*, quæ demonstrativa pronomina sunt, pro intentione loquentis sermo dirigitur, vel ad omnes pariter qui adsunt, vel ad aliquos ex illis, quos decreverit, sicut et hæc quæ prædicta sunt, non ad omnes generaliter apostolos, sed ad solos electores ferenda sunt. Sic et fortassis sentiendum videtur de

C illo, quod ait : *Quæcunque ligaveris super terram, erunt ligata et in cœlis* (Matth. xvi, 19); in quo consimilis esse putatur sententia, quod diligenter beatus attendens Hieronymus cum ad hæc verba in Matthæo exponenda venisset, ubi Dominus Petro ait : *Quodcunque ligaveris super terram, istum,* inquit, *locum episcopi et presbyteri non intelligentes aliquid sibi de Pharisæorum assumunt supercilio; ut vel damnent innocentes, vel solvere se noxios arbitrentur : cum apud Deum non sententia sacerdotum, sed reorum vita quæratur. Legimus in Levitico de leprosis, ubi jubentur ut ostendant se sacerdotibus; et si lepram habuerint, tunc a sacerdote immundi fiant; non quod sacerdotes mundos faciant, vel immundos, sed quod habeant notitiam leprosis, et non leprosis, et possint*
D *discernere, quis immundus vel mundus sit. Quomodo ergo ibi leprosum sacerdos immundum facit : sic et hic alligat vel solvit episcopus vel presbyter non eos, qui sontes sunt vel innoxii, sed pro officio suo cum peccatorum audierit varietates, scit qui ligandus, vel qui solvendus sit.* Ex his, ni fallor, verbis Hieronymi liquidum est illud, quod Petro vel cæteris similiter apostolis dictum est de ligandis vel solvendis peccatorum vinculis, magis de personis eorum, quam generaliter de omnibus episcopis accipiendum esse; nisi forte juxta hoc quod ipse ait Hieronymus, hanc ligationem vel absolutionem intelligamus prædictum judicium omnibus generaliter concessum; ut vide-

(83) Error Abælardi.

licet qui ligandi vel absolvendi sint a Deo, ipsi habeant judicare, et inter mundum et immundum discernere. Hinc et illud Origenis super eumdem locum in Matthæo electos episcopos, qui hanc gratiam meruerint, quæ Petro concessa est, a cæteris ita distinguentis : *Quæcunque ligaveris super terram, quoniam*, inquit, *qui episcopatus vindicant locum, utuntur hoc textu quemadmodum Petrus, et claves regni cœlorum acceptas a Christo docent, qui ab eis ligati fuerint, in cœlo ligatos esse, et qui ab eis soluti fuerint, id est remissionem acceperint, esse et in cœlo solutos : dicendum est quia bene dicunt; si opera habent illa, propter quæ dictum est illud Petro : Tu es Petrus; et tales sunt, ut super eos ædificetur Ecclesia Christi, si portæ inferorum non prævalent eis : Alioquin ridiculum est, ut dicamus eum qui vinculis peccatorum suorum ligatus est, et trahit peccata sua sicut funem longum, et tanquam juge lorum vitulæ iniquitates suas, propter hoc solum quoniam dicitur episcopus, habere hujusmodi potestatem, ut soluti ab eo super terram, sint soluti in cœlo; aut ligati in terris, sint ligati in cœlo. Sit ergo episcopus irreprehensibilis, qui alterum ligat aut solvit, dignus ligare vel solvere in cœlo, sit unius uxoris vir, sobrius, castus, ornatus, hospitalis, docibilis, non vinolentus, non percussor; sed modestus, non litigiosus, non concupitor pecuniarum, bene præsidens domui suæ, filios habens subditos cum omni castitate. Si talis fuerit, non injuste ligabit super terram, et neque sine judicio solvet : propterea quæcunque solverit qui ejusmodi est, soluta erunt et in cœlo; et quæcunque ligaverit super terram, ligata erunt et in cœlo : si enim fuerit quis, ut ita dicam, Petrus, et non habuerit, quæ in hoc loco dicuntur quasi ad Petrum, et putaverit se posse ligare ut sint ligata in cœlo; et solvere ut sint soluta in cœlo, ipse se fallit non intelligens voluntatem Scripturæ, et inflatus incidit in judicium diaboli.*

Patenter itaque Origenes ostendit, sicut et manifesta ratio habet, quod in his quæ diximus, Petro concessum est, nequaquam omnibus episcopis a Domino collatum esse; sed his solis, qui Petrum non ex sublimitate cathedræ, sed meritorum imitantur dignitate. Non enim suam voluntatem sequentes, et a voluntate Dei se avertentes contra divinæ rectitudinis justitiam quidquam possunt; nec cum inique aliquid agunt, ad iniquitatem Deum inclinare possunt, ut eum quasi similem sui efficiant. Quales quidem ipse vehementer arguens, et graviter eis comminans ait : *Existimasti inique quod ero tui similis, arguam te, et statuam contra faciem tuam : intelligite hæc qui obliviscimini Deum*, etc. (Psal. XLIX, 21). Quis enim magis Deum oblivisci, et in reprobum sensum dari dicendus est, quam qui hanc sibi arrogat potestatem, ut in subjectis pro arbitrio suo ligandis atque solvendis divinam sibi subjacere sententiam dicat; ut quod etiam injuste præsumpserit, summam Dei justitiam pervertere queat : quasi reos, vel innocentes facere possit quos voluerit. Quod ne unquam præsumant, magnus ille doctor Ecclesiæ Augustinus, et inter ipsos episcopos præclarus occurrit sexto decimo sermone de verbis Domini dicens : *Cœpisti habere fratrem tuum tanquam publicanum; ligas eum in terra; sed ut juste alliges vide : nam injusta vincula disrumpit justitia.* Beatus quoque Gregorius patenter asserit, et dominicis convincit exemplis, nihil ecclesiasticam potestatem in ligando vel solvendo posse, si deviet ab æquitate justitiæ, et non divino concordet judicio. Unde illud est quod ait in Evangeliorum homilia vicesima quinta : *Plerumque contingit, ut locum judicis teneat, cujus ad locum vita minime concordat; ac sæpe agitur, ut vel damnet immeritos, vel alios ipse ligatus solvat. Sæpe in solvendis vel ligandis subditis suæ voluntatis motus, non autem causarum merita sequitur; unde fit ut ipsa ligandi et solvendi potestate se privet, qui hanc pro suis voluntatibus, et non pro subditorum moribus exercet. Sæpe fit ut erga quemlibet proximum odio vel gratia moveatur pastor. Judicare autem digne de subditis nequeunt, qui in subditorum causis sua vel alia vel gratiam sequuntur : unde per prophetam : Mortificabant animas quæ non moriuntur, et vivificabant animas quæ non vivunt. Non morientem quippe mortificat, qui justum damnat; et non victurum vivificare nititur, qui reum a supplicio absolvere conatur : causæ ergo pensandæ sunt; ac tunc ligandi atque solvendi potestas exercenda est; videndum quæ culpa, aut quæ sit pœnitentia secuta post culpam : ut suos Omnipotens per compunctionis gratiam visitat, illos pastoris sententia absolvat. Tunc enim vera est absolutio præsidentis, cum tantum sequitur arbitrium judicis. Quod bene quatriduani mortui resuscitatio illa significat; quæ videlicet demonstrat, quia prius Dominus mortuum vocavit, et vivificat dicens : Lazare, veni foras; et postmodum is, qui vivus egressus fuerat a discipulis est solutus. Item : Ecce illum discipuli jam solvunt, quem Magister suscitaverat mortuum; si enim mortuum Lazarum discipuli solverent, fœtorem magis ostenderent quam virtutem. Ex qua consideratione nobis intuendum est, quod illos debemus per pastoralem auctoritatem solvere, quos auctorem nostrum cognoscimus per resuscitationis gratiam vivificare : quæ nimirum vivificatio ante operationem rectitudinis in ipsa jam cognovimus confessione peccatorum : unde et ipsi mortuo nequaquam dicitur : Revivisce, sed, Veni foras; ac si aperte cuilibet mortuo in culpa diceretur : Foras jam per confessionem egredere, qui apud te interius per negligentiam lates. Veniat itaque foras, id est, culpam confiteatur peccator; venientem vero foras solvant discipuli, ut pastores Ecclesiæ ei pœnam relaxent, qui non erubuit confiteri quod fecit. Item : Sed utrum juste alliget pastor, pastoris tamen sententia gregi timenda est, ne is, qui subest, et cum injuste forsitan ligatur, ipsam obligationis sententiam ex alia culpa mereatur. Item : Qui sub manu pastoris est, timeat ligari vel juste vel injuste; nec pastoris sui judicium temere re-*

prehendat, ne, etsi injuste ligatus est, ex ipsa tumidæ reprehensionis superbia culpa, quæ non erat, fiat.

Ex his Gregorii dictis et divinæ auctoritatis exemplis liquidum est nihil episcoporum sententiam valere, si ab æquitate discrepat divina, juxta illud propheticum mortificare vel vivificare volentes quos non possunt. Qui episcoporum quoque sententia ab ipsorum communione privantur, cum subjectos injuste a communione sua privare præsumpserint. Unde Africanum concilium ccx : *Ut non temere quemquam communione privet episcopus; et quandiu excommunicato suus non communicaret episcopus, eidem episcopo ab aliis non communicetur episcopis; ut magis episcopus caveat, ne dicat in quemquam, quod aliis documentis convincere non potest.*

HELOISSÆ
PARACLITENSIS DIACONISSÆ
PROBLEMATA
CUM PETRI ABÆLARDI SOLUTIONIBUS.

EPISTOLA HELOISSÆ AD PETRUM ABÆLARDUM.

Beatus Hieronymus sanctæ Marcellæ studium, quo tota fervebat circa quæstiones sacrarum litterarum maxime commendans ac vehementer approbans, quantis eam super hoc præconiis laudum extulerit, vestra melius prudentia quam mea simplicitas novit. De qua, cum in Epistolam Pauli ad Galatas Commentarios scriberet, ita in primo meminit libro (84) : « Scio quidem ardorem ejus, scio fidem, quam flammam habeat in pectore, superare sexum, oblivisci homines, et divinorum voluminum tympano concrepare, Rubrum hoc sæculi pelagus transfretare. Certe cum Romæ essem, nunquam tam festina me vidit, ut de Scripturis aliquid interrogaret. Neque vero, more Pythagorico, quidquid responderem rectum putabat, nec sine ratione præjudicata apud eam valebat auctoritas; sed examinabat omnia, et sagaci mente universa pensabat, ut me sentirem non tam discipulam habere quam judicem. » Ex quo utique studio intantum eam profecisse noverat, ut ipsam cæteris eodem studio discendi ferventibus magistram præponeret. Unde et ad Principiam virginem scribens, inter cætera sic meminit documenta (85) : « Habes ibi in studio Scripturarum et in sanctimonia mentis et corporis Marcellam et Asellam ; quarum altera te per prata virentia et varios divinorum voluminum flores ducat ad eum, qui dicit in Cantico : *Ego flos campi, et lilium convallium* (Cant. II, 1). Altera ipsa flos Domini tecum mereatur audire : *Ut lilium in medio spinarum, sic proxima mea in medio filiarum* (ibid., 2). »

Quorsum autem ista, dilecte multis, sed dilectissime nobis? Non sunt hæc documenta, sed monita, ut ex his quid debeas recorderis, et debitum solvere non pigriteris. Ancillas Christi, ac spirituales filias tuas in oratorio proprio congregasti, ac divino mancipasti obsequio; divinis nos intendere verbis, ac sacris lectionibus operam dare, plurimum semper exhortari consuevisti. Quibus sæpius intantum Scripturæ sacræ doctrinam commendasti, ut eam animæ speculum dicens, quo decor ejus vel deformitas cognoscatur, nullam Christi sponsam hoc carere speculo permittebas, si ei cui se devoverit placere studuerit. Addebas insuper ad exhortationem nostram ipsam Scripturæ lectionem non intellectam esse quasi speculum oculis non videntis appositum. Quibus quidem monitis tam ego quam sorores nostræ plurimum incitatæ; tuam in hoc quoque quoad possumus implentes obedientiam, dum huic operam studio damus, eo videlicet amore litterarum correptæ, de quo prædictus doctor quodam loco meminit : « Ama scientiam Scripturarum, et carnis vitia non amabis, » multis quæstionibus perturbatæ, pigriores efficimur in lectione, et quod in sacris verbis magis ignoramus, minus diligere cogimur, dum infructuosum laborem sentimus, cui operam damus. Proinde quæstiunculas quasdam discipulæ doctori, filiæ Patri destinantes, supplicando rogamus, rogando supplicamus, quatenus his solvendis intendere non dedigneris, cujus hortatu, imo et jussu hoc præcipue studium aggressæ sumus. In quibus profecto quæstionibus, nequaquam ordinem Scripturæ tenentes, prout quotidie nobis occurrunt, eas ponimus et solvendas dirigimus.

PROBLEMA HELOISSÆ I.

Quid est quod Dominus in Evangelio Joannis de Spiritu quem missurus erat promittit, dicens : *Et*

(84) Patrol. tom. XXVI, col. 507.

(85) Patrol. tom. XXXI, col. 624.

cum venerit ille, arguet mundum de peccato, et de justitia, et de judicio: De peccato quidem, quia non crediderunt in me; de justitia vero, quia ad Patrem vado, et jam non videbitis me; de judicio autem, quia princeps mundi hujus jam judicatus est? (*Joan.* xvi, 8-11.)

SOLUTIO ABÆLARDI.

Arguet per apostolos, quos replebit, non unam partem mundi, sed totum, de peccato scilicet perseverante vel retento ab hominibus, propter hoc, quia non crediderunt in me. Arguet de justitia, scilicet per meipsum præsentem oblata et non suscepta, tunc cum præsens essem, quem jam recuperare non possunt euntem ad Patrem, et jam ultra hic non videndum; de judicio, scilicet præcedentium, in quo erant, hoc est peccati sive justitiæ, cum ea videlicet quæ reos vel justos faciunt, in operibus magis quam in intentione constituant, et merita non tam secundum animum, quam secundum operationem dijudicent, sicut maxime Judæi faciunt, neminem arbitrantes damnati, quidquid velit, dummodo illud opere non compleat. Unde et Apostolus ad Romanos : *Israel*, inquit, *sectando legem justitiæ, in legem justitiæ non pervenit* (*Rom.* ix, 31). Quare? quia non ex fide, sed quasi ex operibus. Quamvis ergo lex concupiscentiam quoque interdicat, non tamen hoc peccatum esse tantum arbitrantur, ut ad damnationem sufficiat. Quem quidem errorem arguendum esse Dominus nunc dicit, ex eo quod princeps hujus mundi judicatus est. Ipse quippe diabolus, qui carnalibus et amatoribus mundi dominatur, et totius auctor est et origo peccati, non de hoc quod fecerit, sed quod præsumendo voluerit, statim damnatus tam graviter corruit.

PROBLEMA HELOISSÆ II.

Quid est illud in Epistola Jacobi : *Quicunque autem totam legem servaverit, offendat autem in uno, factus est omnium reus? Qui enim dixit : Non mœchaberis, dixit et : Non occides. Quod si non mœchaberis, occides autem, factus es transgressor legis?* (*Jac.* ii, 10, 11.)

SOLUTIO ABÆLARDI.

Omnia simul legis præcepta, non singula, sunt lex ipsa. Qui ergo totam legem præter unum mandatum custodierit, fit reus omnium, hoc est, ex eo damnandus est, quod non omnia custodit præcepta, quæ simul, ut dictum est, accepta, sunt lex ipsa. Ac si aperte dicat : Quamvis impletor legis nemo esse possit, unum ejus observando mandatum, transgressor tamen legis efficitur, si vel unum ejus transgrediatur præceptum. Unde et statim apostolus exponens quod dixerat, *omnium reus*, subjecit, *factus es transgressor legis*, ex eo videlicet quod unum prætermisit præceptum, quod æque ut cætera fuerat injunctum. Alioquin ex eo quod subjungit, *Qui enim dixit : Non mœchaberis*, etc., nequaquam comprobaret illud præmissum, *factus est omnium reus*. Cum igitur ait : *Qui enim dixit*, etc., tale est ac si diceret : Ideo recte dixi quia unum transgrediendo, factus est omnium reus, hoc est ex hoc damnandus est, quia non omnia servando Deum contempsit. Quia ipse Dominus, qui legem tradidit, tam hoc mandatum quam illud observari jussit, hoc est, omnia, non aliquod unum ex omnibus. Ac per hoc sicut transgressor fit legis, vel unum transgrediendo præceptum, ita fit reus omnium, sicut est expositum, ex hoc etiam damnandus, quod non omnia compleverit.

PROBLEMA HELOISSÆ III.

Quid est quod sæpe Dominus ab aliquibus interrogatus, respondens illis sigillatim dicat : *Tu dixisti*, vel, *Tu dicis*, nonnunquam etiam pluribus simul interrogantibus respondeat : *Vos dicitis*, tanquam hoc eos dixisse assereret, quod quasi dubitantes quærebant? Sic quippe Judæ interroganti : *Nunquid ego sum, Rabbi* (*Matth.* xxvi, 25), qui te scilicet sum traditurus? respondit : *Tu dixisti*. Et interrogatus a pontifice an sit Filius Dei, similiter respondit (*ibid.*, 64). Populo etiam quærenti, *Si tu es Christus, dic nobis palam* (*Joan.* x. 24), vel, *Tu ergo es Filius Dei* (*Joan.* xviii, 37)? respondit : *Vos dicitis, quia ego sum*. Denique et a præside, id est Pilato, inquisitus an sit Rex Judæorum, respondit : *Tu dicis: quia Rex sum ego* (*Matth.* xxvii, 11). Quæ profecto responsiones non immerito dubitationem excitare videntur. Qui enim quærit utrum hoc sit vel illud, nequaquam enuntiando dicit quod hoc sit, vel illud, sed quasi dubitando quærit utrum ita sit.

SOLUTIO ABÆLARDI.

Re vera difficilem vel prorsus insolubilem hæ responsiones Domini moverent quæstionem, si quod Dominus ait, *Tu dixisti*, vel, *Vos dicitis*, vel, *Tu dicis*, ad præcedentium interrogationum verba referret, ut in eis scilicet hæc dicta fuisse assereret, quod nequaquam convenit. Cum ergo Judæ interroganti an ipse sit, qui eum tradat, respondit, *Tu dixisti*, potius quam, *Tu dicis*, ad pactum illud respexit, quod jam ille cum Judæis inierat promittens se illis eum tradere cupiditate promissæ pecuniæ. Quod vero principi sacerdotum interroganti an Christus sit Filius Dei, respondit, *Tu dixisti*, sic est accipiendum, quod ille, qui eo tempore Christum, quem videbat, esse Filium Dei negabat, sæpius olim legem ac prophetas recitando id confessus fuerat. Cum autem Judæis interrogantibus an sit Christus, vel an sit Filius Dei, respondit, *Vos dicitis*, verbo scilicet præsentis temporis utens ad eos sicut et ad Pilatum, præsentem jam adesse diem significat, in quo id fateantur. Ubi enim illudentes ei dicebant : *Prophetiza, Christe, quis est qui te percussit* (*Luc.* xxii, 64), vel : *Ave, rex Judæorum* (*Matth.* xxvii, 29), eum profecto Christum esse, hoc est unctum quacunque intentione detestabantur, in hoc fortassis prophetiam Caiphæ imitantes dicentis : *Expedit vobis ut unus moriatur homo et non tota gens pereat* (*Joan.* xviii, 14). Sed et turbæ testimonio eum cum ramis palmarum suscipientis ipse et filius David est, Juxta Matthæum (*Matth.* xxi, 9), et in ipso regnum David venit, secundum Marcum (*Marc.* xi, 10) : et benedictus est rex qui venit, secundum Lucam (*Luc.* xix, 38); et denique, secundum Joannem, benedictus qui venit in nomine Domini, rex Israel (*Joan.* xii, 13). Quod nequaquam isti, per illusionem, sicut supradicti, sed ex fide dicebant. Tale est ergo quod Judæis ait : *Vos dicitis*, ac si diceret : Multi adhuc inter vos sunt, qui hoc non solum ore proferant, sed et corde teneant. Etsi enim illi, qui hoc interrogabant, nequaquam id dicerent, vel crederent : cum tamen dixit : *Vos dicitis*, non ad personas illas, quæ aderant, sed ad populum ipsum respexit. Sic et alibi cum ait Judæis de Zacharia; *Quem occidistis inter templum et altare* (*Matth.* xxiii, 35), nequaquam de illis, qui tunc erant, Judæis, sed de populo ipso, de quo erant, accipiendum est. Sic et Josue cum dicitur filios Israel secundo circumcidisse (*Josue* ii, 1 seq.), non hoc in eisdem personis, sed in eodem populo constat eum fecisse.

Legimus quoque in hoc die passionis quod centurio, et qui cum eo erant custodientes Dominum crucifixum, cum exspirasset, et viderent velum templi scissum, et terræmotum, et monumenta aperta, dixerunt : *Vere Filius Dei erat iste* (*Matth.* xxvii, 54). *Et omnis turba eorum, qui simul aderant ad spectaculum istud, et videbant quæ fiebant, percutientes pectora sua revertebantur* (*Luc.* xxiii, 48). Tale est ergo, ut diximus, quod Judæis quærentibus an esset Filius Dei, respondit : *Vos dicitis*; hoc est, jam præsens dies vel tempus adest, in quo id de me confiteamini. Similiter Pilato quærenti an sit rex Judæorum respondit, *tu dicis*, potius quam, *tu dixisti*. Homo quippe gentilis prophetias ignorabat, non ea legerat verba, ubi Christus fuerat promissus, et regnum ejus prophetatum, juxta illud : *Et regni ejus non erit finis* (*Luc.* i, 33), vel illud : *Dicite filiæ Sion : Ecce rex tuus venit* (*Matth.* xxi, 5) : quod tamen ipso die Pilatus sæpius verbis asseruit, et in ipso titulo crucis scripto meminit, Judæis ait (86) : *Vultis dimittam vobis regem Judæorum?* (*Joan.* xviii, 39), et iterum : *Regem vestrum crucifigam?* (*Joan.* xix, 15.) Qui etiam cum superius quæsisset a Domino, *tu es rex Judæorum?* (*Joan.* xviii, 33), et ille respondisset: *A temetipso hoc dicis, an alii tibi dixerunt de me?* (*ibid.*, 34.) Rursum ait Pilatus : *Nunquid ego Judæus sum? Gens tua et pontifices tradiderunt te mihi* (*ibid.*, 35). Ecce quoties et quam manifeste Pilatus eum regem profiteatur Judæorum, et ipsum populum Judæorum gentem ejus appellet: cui cum Dominus dixerit: *A temetipso hoc dicis*, etc., tale est, ac si diceret : Quæris hoc pro teipso ut veritatem cognoscas, an dolo Judæorum, tanquam unus ex ipsis, ut me interficiendi occasionem hinc sumas?

(86) Hunc locum ex codice Victorino sic restituit vir cl. Victor Cousin (Opp. Abælardi, p. 242): et in

Denique et titulum Pilatus scribens, hoc quod dixerat verbis, scripto confirmavit trium linguarum, ut ab omnibus Jerosolymam convenientibus legi posset, et verus intelligi rex Judæorum. Erat quippe scriptum : *Jesus Nazarenus, rex Judæorum* (*Joan.* xix, 19). Ubi quidem cum adjecit, *Nazarenus*, diligenter hunc Jesum distinxit a cæteris, qui in antiquo populo, hoc quoque nomine, non tam proprie quam nuncupative fuerant insigniti; ut pote Josue, Jesus sacerdos, vel Jesus filius Sirach. De hoc autem honore tituli, pontifices Judæorum vehementer indignati tanquam in damnationem suam conscripti regem proprium crucifixissent, dixerunt Pilato : *Noli scribere regem Judæorum, sed quia ipse dixit : Rex sum Judæorum* (*ibid.*, 21). At vero quoniam prophetatum fuerat : *Ne corrumpas David in tituli inscriptione* (*Psal.* lvi, 1), tanquam hoc ad se dictum Pilatus intenderet, respondit : *Quod scripsi, scripsi* (*Joan.* xix, 22). Tanquam si diceret : Quod scribendum providi, sine ulla correptionis retractatione firmavi, tanquam in ejus mente hoc scriptum primitus esset, quod secundo litteris exhiberet. Hæc ergo geminatio verbi, *Quod scripsi, scripsi*, perseverantiam vel incommutabilitatem significat facti, sicut illud : *Euntes ibant* (*Psal.* cxxv, 6).

PROBLEMA HELOISSÆ IV.

Quomodo stare potest quod Dominus Judæis signa quærentibus respondit de tempore sepulturæ suæ; *Sicut fuit Jonas in ventre ceti tribus diebus et tribus noctibus, sic erit et Filius hominis in corde terræ tribus diebus et tribus noctibus?* (*Matth.* xii, 40.) Constat quippe Dominum sexta feria de cruce depositum esse sepultum, et Sabbato quievisse in sepulcro, et sequenti nocte Dominicæ diei resurrexisse quarta vigilia. Unde certum est per unam tantum integram noctem præcedentem Sabbatum, et per integram ipsius Sabbati diem eum in sepulcro fuisse, quem quarta vigilia noctis Hieronymus in Epistolam ad Galatas dicit resurrexisse.

SOLUTIO ABÆLARDI.

Quod ait Dominus, *tribus diebus et tribus noctibus*, non est accipiendum, quod per tres dies integros et noctes ibi fuerit, sed quod in tempore continente, tres dies cum noctibus suis sepultus quieverit. Unde et bene cum dicitur, *tribus diebus et tribus noctibus*, adjunctum est, *sicut Jonas*, quem tertio die piscis evomuit in aridam, ac per hoc per unam tantum noctem integram, et unum tantum integrum diem in ventre ceti fuerit. Tempus itaque continens tres dies cum noctibus suis, accipe a principio noctis Parasceven sequentis usque ad finem Dominicæ dici, et invenies in illo temporis spatio, quamvis non per totum tempus, Dominum tribus diebus et tribus noctibus jacuisse in sepulcro. Non enim quod in tempore aliquo fit per totum illud tempus fieri necesse est. Fortassis et quod dicitur, *in corde terræ*, non tam de sepultura ipso titulo crucis scripto confirmavit. Ut enim Matthæus meminit Judæis ait:

Domini accipi videtur quam de cordibus hominum, eo tempore in tantum de Christo desperantium ut discipuli quoque nec non et mater ipsius in fide graviter titubaverint. Unde Augustinus Quæstionum veteris et novæ legis capitul. (87) : « Etiam Maria, per quam mysterium gestum est incarnationis Salvatoris, in morte Domini dubitavit ; ita ut in resurrectione Domini firmaretur : Omnes enim in morte dubitaverunt, et quia omnis ambiguitas a resurrectione Domini recessura erat, pertransire dixit gladium. » Cor itaque terræ quasi cor terrenum adhuc et carnale nondum spiritale factum ex firmitate fidei, vel ardore charitatis, dicit cor humanum, quandiu homines in illo temporis articulo Christum carnem magis, hoc est hominem quam Deum æstimarent, et terrenum potius quam cœlestem. Quod ergo Judæis signum potentiæ requirentibus tanquam per hoc eum recognoscerent Deum, respondit se potius eis daturum signum Jonæ, tale est, quod potius infirmitatem in eo cognoscere digni sint, sicut Jonas in mare missus plus injustitiæ quam religionis æstimatus est habuisse, et hoc ei ex propria culpa contigisse, ut damnari etiam mereretur.

PROBLEMA HELOISSÆ V.

Maximam dubitationem de apparitionibus Domini resurgentis, quæ mulieribus factæ sunt, nobis evangelistæ reliquerunt. Marcus quippe et Joannes eum insinuant primo apparuisse Mariæ Magdalenæ, quæ venit mane, cum adhuc tenebræ essent, ad monumentum, et vidit lapidem sublatum a monumento ; et postquam hoc nuntiavit Petro et Joanni, et illi cucurrerunt ad monumentum, et inde reversi sunt, vidit duos angelos, et deinde Jesum quem putavit hortulanum (*Marc.* XVI, 1 et seq.; *Joan.* XX, 1 et seq.). Et hæc apparitio prima illi soli dicitur facta. Matthæus vero refert eam cum altera Maria venisse ad sepulcrum, et tunc terræmotu facto angelum descendisse, et lapidem revolvisse, et nuntiasse Dominum resurrexisse, et illis duabus Jesum occurrisse : cujus pedes tenuerunt (*Matth.* XXVIII, 1 et seq.). Marcus vero refert quod Maria Magdalene et Maria Jacobi, et Salome valde mane venerunt ad monumentum, orto jam sole, conquirentes ad invicem, quis revolveret eis lapidem ab ostio monumenti : Quem cum respicientes viderunt revolutum, et per angelum eis loquentem, et per sepulcrum vacuum cognovissent Dominum resurrexisse : exeuntes de monumento fugerunt tremefactæ, nemini quidquam de hoc præ timore dicentes (*Marc.* XVI, 1 et seq.). Ubi et statim annectitur : *Surgens autem Jesus mane prima Sabbati, apparuit primo Mariæ Magdalenæ. Illa vadens nuntiavit his qui cum eo fuerant, et non crediderunt* (*ibid.* 9-11).

Lucas autem refert quod Maria Magdalene, et Joanna, et Maria Jacobi, et quæ cum eis erant, valde diluculo venerunt ad monumentum, et invenerunt lapidem revolutum a monumento, et ingressæ non invenerunt corpus Jesu, et edoctæ ab angelis de resurrectione Domini, nuntiaverunt hoc discipulis, et non credebant illis (*Luc.* XXIV, 1 et seq.). Positis itaque verbis evangelistarum, primo quærimus quomodo, juxta Joannem, Maria Magdalene veniens ad monumentum mane cum adhuc essent tenebræ, vidit lapidem sublatum, et postea, ut Marcus dicit, ipsa et Maria Jacobi et Salome valde mane veniunt ad monumentum, orto jam sole, dicentes ad invicem : *Quis revolvet nobis lapidem ?* (*Marc.* XVI, 3.) Si enim Maria Magdalene jam viderat lapidem revolutum cum adhuc tenebræ, id est nox esset, quomodo nunc, orto jam sole, ipsa cum cæteris queritur de lapide revolvendo, quæ jam antea sublatum viderat ? Secundo etiam quærendum videtur quomodo in Marco mulieres dicuntur nemini præ timore resurrectionem Domini nuntiasse, cum cæteri evangelistæ asserant e contrario ? Denique Joannes Mariam Magdalenam, non aliquam cum ea, refert antequam Jesum videret, nuntiasse Petro et Joanni eum de monumento sublatum, et eos statim illuc cucurrisse. Lucas vero refert eamdem Mariam et alias cum ea plures feminas, postquam didicerunt Dominum resurrexisse, hoc discipulis nuntiasse, et tunc Petrum ad monumentum cucurrisse.

SOLUTIO ABÆLARDI.

Solus quidem Joannes de Maria Magdalene, et non cæteris mulieribus in resurrectione Domini commemorat non quod ea sola his, quæ tunc facta sunt, adfuerit, sed quod ejus devotionem cæteris majorem plurimum ipse commendaret, cujus hortatu et exemplo cæteræ feminæ incitarentur maxime. Sicut ergo cæteris in dilectione ferventior erat et de gaudio resurrectionis magis sollicita, venit prior et intrepida, cum adhuc nox esset, ad monumentum : et reversa est iterum ad suos, quærendo studiose si quis adhuc de resurrectione Domini certificatus esset. Quod cum minime reperisset, iterum ad monumentum, orto jam sole, cum aliis venit, et tunc revolutio lapidis facta est, quamvis Joannes hanc revolutionem quasi prius factam per anticipationem dicat a Maria visam fuisse. Prior ergo Maria quam cæteræ, quibus sollicitior erat, lapidem revolutum comperit, et sublatum Dominum credens, festina rediit, et hoc Petro nuntiavit et Joanni. Deinde reversa cum illis ad monumentum post discessum eorum a monumento, stabat ad ipsum monumentum foris plorans ; cæteris, quæ aderant, non sic accedere audentibus ; tunc angelos, ac deinde Dominum prima videre meruit, ac deinceps altera Maria, quæ juxta Matthæum, cum ea venerat prius, accedens, et metuens adhuc custodes, qui aderant, consolatæ sunt ambæ, cum ad terræmotum, et ad apparitionem angeli sedentis super lapidem, quem revolverat, exterriti sunt custodes et

---

(87) Patrol. tom. XXXV, col. 2401.

facti sunt velut mortui. Quibus duabus euntibus nuntiare discipulis quod angelus præceperat, occurrit Jesus illis simul secundo apparens. Aliæ autem, quæ timidiores et infirmiores fuerant in fide, nequaquam tunc Dominum meruerunt videre ; sed et tantum angelis nuntiantibus, eum audierant resurrexisse. Et ideo cum non omnes æqualiter super hoc prius essent certæ, prius omnes tacuerunt, et distulerunt illud discipulis nuntiare, pavidæ adhuc et obstupefactæ de angelica visione, et verentes ne sibi statim non crederetur, donec pluribus sibi aggregatis confidentius diceretur. Unde postea, ut Lucas meminit, ipsa Magdalene, et Joanna et Maria Jacobi, et cæteræ, quæ cum eis erant, dicebant ad apostolos hæc. Quibus Petrus in fide firmior, cæteris hoc non credentibus, iterum cucurrit ad monumentum ; et cum nec angelos, nec Dominum vidisset, rediit vehementer admirans. Qui cum vehementer stuperet de apparitionibus angelorum, sive Domini, quæ factæ fuerant mulieribus potius quam ei vel discipulis, ne diu in dubitatione et mœstitia persisteret, vel credimus tunc ei Domjnum apparuisse, sicut Lucas refert apostolos dicere quod : *Surrexit Dominus vere, et apparuit Simoni* (*Luc.* xxiv, 34). Quod autem Matthæus et Lucas dicunt, *Vespere Sabbati* (*Matth.* xxviii, 1 ; *Luc.* xxiv, 1), finem ejus, id est noctem sequentem usque ad lucem Dominicæ diei intelligunt. Hoc vesperum lucescit in prima Sabbati, cum ad lucem diei sequentis perducitur. Quod vero ait, *quæ lucescit* (*ibid.*), feminino scilicet genere utens, ad significationem respexit, quia, ut diximus, in vespere noctem intellexit, ut tale sit, *quæ lucescit*, tanquam diceretur : Quæ nox ad claritatem pertingit. Vesperum itaque seu vespera diei, dicitur extrema ejus hora ; vesper vero totum tempus noctis sequentis.

PROBLEMA HELOISSÆ VI.

Quid est quod Dominus sacramenta corporis et sanguinis sui discipulis tradens et commendans, non ait de corpore suo : *Hoc est corpus meum Novi Testamenti* (*Matth.* xxvi, 26), cum de sanguine dixerit : *Hic est sanguis meus Novi Testamenti* (*ibid.*, 28), tanquam magis sanguinem commendaret quam carnem ? Quid est etiam illud : *Non bibam amodo de hoc genimine vitis, usque in diem illum, cum illud bibam vobiscum novum in regno Patris mei ?* (*ibid.*, 29.)

SOLUTIO ABÆLARDI.

Corpus Christi in sacramento susceptum, humanitas est, quam nascendo de Virgine suscepit, quando, sicut scriptum est : *Verbum caro factum est* (*Joan.* i, 14). Sanguis ejus in poculum datus, passio est ipsius, cui communicare debemus quicunque membra ejus sumus. Unde et scriptum est : *Christus passus est pro nobis, vobis relinquens exemplum, ut sequamini vestigia ejus.* (*I Petr.* ii, 21). Cum enim Gregorius dicat : « Nihil enim nasci profuit, nisi redimi profuisset, atque in ejus passione nostra redemptio consummetur ; quod et ipso moriens profitetur dicens : *Consummatum est* (*Joan.* xix, 50), non incongrue sanguis effusus præfertur conceptæ carni, hoc est, passio ejus nativitati. Qui etiam magis quam caro ejus dicendus fuit Novi Testamenti, hoc est confirmatio evangelicæ prædicationis, quia, sicut dicit Apostolus, *testamentum in mortuis confirmatum est* (*Hebr.* ix, 17). Quid Evangelium nisi testamentum est amoris, sicut lex fuerat timoris ? Unde et Apostolus conversis Judæis ait : *Non enim subditi estis iterum in timore* (*Rom.* viii, 15). Et rursum : *Finis præcepti charitas de corde puro* (*I Tim.* i, 5). Et per semetipsam Veritas : *Ignem veni mittere in terram, et quid volo risi ut ardeat ?* (*Luc.* xii, 49.) Hoc igitur testamentum amoris in hoc maxime Dominica passio confirmavit, cum pro nobis moriendo, illam nobis dilectionem exhibuit, qua major esse non possit. Unde et ipsemet ait : *Majorem hac dilectionem nemo habet, ut animam suam ponat quis pro amicis suis* (*Joan.* xv, 13). In hoc etiam testamentum hoc confirmavit, quod pro doctrina evangelicæ prædicationis usque ad mortem perstitit, et moriendo monstravit, quod nascendo non potuit, sicut et ille qui testamentum aliquod suis hæredibus componit, dum in pristina voluntate perseverat moriens, testamentum suum confirmat, quod nequaquam delens, vel in aliquo corrigens, ipsum omnino tunc roborat. Unde bene sanguis Domini potius quam corpus ejus Novi Testamenti, ut diximus, fuerat dicendus.

Illud autem quod ait : *Non bibam amodo de hoc genimine vitis usque in diem illum cum illud bibam vobiscum novum in regno Patris mei* (*Matth.* xxvi, 29), sic intelligo, tanquam si diceret : Non celebrabo ulterius in sacramento passionem carnis meæ, donec id faciam vobiscum tanquam novum in regno Patris mei. Sacramentum quippe Christi tunc quasi novum sumitur, cum ipsum sumentes plena fide, accedentes ipsos innovat, et a veteri homine, quem per transgressionem imitantur, in novum transmutat, dum ipsum per obedientiam usque ad mortem sequi sunt parati. Quales nequaquam tunc aderant discipuli in fide adhuc maxime, et a temporis articulo potissimum infirmi, nec adhuc in regno Dei traditi, ut in eis videlicet regnaret Deus, cui nondum soliditate fidei adhærebant, ejus dominio penitus subditi. Quasi ergo vetus et non novum tunc acceperunt ipsum sacramentum, et tanquam adhuc extra regnum Dei manentes, quia nondum in Deo sic eos constantia fidei confirmaverat, ut hoc percipiendo novi jam facti, mererentur in novitate illa sicut post resurrectionem confirmari. Bibet tunc Christus de hoc genimine vitis cum eis, id est de sanguine suo, qui est vitis eorum tanquam palmitum, cum illis digne sacramenta suæ passionis communicantibus, sic inde sitim suam in ipsis reficiet. Qui enim salutem hominum sitit vel esurit, tunc de ipsa reficitur, cum eam impleri lætatur. Fortassis et ex hoc sacramentum Dominicæ passionis quasi vetus ante resurrectionem exstitit, et postmodum novum fuit, quia cum adhuc passibile corpus et corruptibile vel mortale gestaret, veteri homini per hoc similis fuit, antequam resurgendo de hac vita pœnali ad novitatem futuræ perveniret. Dum ergo mortalis fuit, et se talem, qualis tunc erat, in sacramento dedit, quodammodo vetus et non novum fuit illud sacrificium comparatione videlicet novi, quod nunc in humanitate sumimus immortali jam et incorruptibili. Lucas vero ait : *Hic calix novum testamentum est in sanguine meo* (*Luc.* XXII, 20), id est pactum vel promissio vobis a Deo facta, de vestra scilicet redemptione in mea passione. Ubi enim nos habemus *testamentum,* in Hebræo habetur *pactum*. Qui enim legem Domini suscipiunt, cum eo quoddam ineunt pactum, sive ille cum ipsis, cum ipsi videlicet legis obedientiam, ille promittat remunerationem.

PROBLEMA HELOISSÆ VII.

Quid est etiam quod in Luca legimus duos calices, vel eamdem bis Dominum dedisse discipulis ? Sic quippe scriptum habetur : *Et cum facta esset hora, discubuit, et duodecim apostoli cum eo. Et ait illis : Desiderio desideravi hoc Pascha manducare vobiscum antequam patiar. Dico enim vobis quia ex hoc non manducabo, donec illud impleatur in regno Dei. Et accepto calice, gratias egit, et dixit : Accipite et dividite inter vos. Dico enim vobis quod non bibam de generatione vitis, donec regnum Dei veniat. Et accepto pane, gratias egit, et fregit, et dedit eis, dicens : Hoc est corpus meum quod pro vobis datur. Hoc facite in meam commemorationem. Similiter et calicem postquam cœnavit dicens : Hic est calix novum testamentum in sanguine meo* (*Luc.* XXII, 14 et seq.

SOLUTIO ABÆLARDI.

Pascha, quod secundum legem parare discipulos miserat, vetus est Pascha, in esu videlicet agni vel hœdi cum lactucis agrestibus. Quod etiam Pascha dicit se desiderasse, ut hoc cum discipulis manducaret, antequam pateretur, quia ante passionem, non postea voluit in figuris celebrari vetera, quæ supervenientibus novis essent projicienda. Quod et ipse Dominus patenter insinuat, cum de novo sacramento tantum dixerit : *Hoc facite in meam commemorationem,* tanquam vetus jam finiens, et solummodo novum deinceps statuens. Cum enim dixisset: *Hoc est corpus meum, quod pro vobis tradetur,* statim adjunxit : *Hoc facite in meam commemorationem.* Unde et Apostolus : *Quotiescunque enim manducabitis panem hunc et calicem bibetis : mortem Domini annuntiabitis donec veniat* (*I Cor.* XI, 24). Est igitur missæ celebratio Dominicæ Passionis commemoratio, ad quam unusquisque fidelium tanta compassionis devotione debet accedere, quanta eum pro se crucifixum debet conspicere. Ut ergo hæc Dominicæ passionis memoria nostris mentibus inhæreat, et in ejus amorem semper accendat, quotidie in ejus altari hoc ejus sacrificium debet immolari. *Hoc,* inquit, *facite,* hoc est ipsum corpus meum, non jam pro vobis traditum, sed tradendum in memoriam tantæ meæ dilectionis conficite, ut inde quoque tantæ dilectionis flamma sitis accensi, ut communicare possitis passioni. Bis eumdem calicem dare voluit, ut per hoc exprimeret nos calicem ejus non solum in sacramenti perceptione, verum etiam in passionis imitatione accipere debere. Unde et Psalmista : *Calicem salutaris,* hoc est veri Jesu, *accipiam* (*Psal.* CXV, 13), cum videlicet per passionis quoque virtutem imitando. Et quia mortem tolerare non est humanæ infirmitatis, sed collatæ nobis a Deo virtutis, ipse est invocandus, a quo ista speranda est virtus, in qua non tam nostram utilitatem, quam ejus gloriam quærere debemus, quæ per nomen ejus significatur. Sicut enim ignominiosa dicuntur quæ nomine digna non videntur, ita e contrario quæque gloriosa nomine digna sunt et fama.

Nomen igitur Dei invocamus, cum ea quæ facimus ad gloriam ejus intendimus, ut ille potius in nobis, quam nos ipsi, glorificetur atque laudetur, a quo in his virtutem accipimus, ad quæ infirmi ex nobis sumus. Hinc et Apostolus : *Qui glorificatur,* inquit, *in Domino glorietur* (*I Cor.* I, 34); hoc est qui in se aliquid virtutis vel pretii recognoscit, non se inde, sed Deum quærat honorari ; nec id virtuti suæ, sed divinæ ascribat gratiæ non a se, sed a Deo id recognoscens esse. De hoc calice, quem Christi passionem imitando sumimus; illud est quod filiis Zebedæi ait : *Potestis bibere calicem, quem ego bibiturus sum ?* (*Matth.* XX, 22). Hoc est, me per passionem imitari posse confiditis ? Bene autem de hoc calice primo, et non de secundo, dicipulis, ait : *Accipite, et dividite inter vos.* Calicem quippe Christi ab eo accipientes inter nos dividimus, cum eum diversis generibus passionum imitamur. In perceptione vero sacramenti non est divisio, quia ibi est una ipsius capitis non membrorum oblatio, quæ a malis æque ut a bonis sacerdotibus virtute divinorum verborum conficitur. *Accipite,* inquit, *calicem,* hunc a me, quem postea inter vos dividatis, *quia deinceps non bibam de generatione vitis,* hoc est non celebrabo hanc hostiam meæ passionis, *donec regnum Dei veniat,* hoc est vita cœlestis, in qua solus Dominus, non peccatum regnat, per passionem meam fidelibus patefiat. Bene calicem imitationis calici præmisit sacramenti, quia hi soli condigni sunt Dominicæ mensæ communicare, qui passionem ejus imitari et crucem ejus parati sunt tollere. Unde et scriptum est : *Ad mensam magnam sedisti, scito quoniam talia oportet te præparare* (*Eccli.* XXXI, 12 juxt. LXX). Novum, non vetus testamentum tradens, tam panem quam calicem accipiens, gratias agit, innuens per hoc hic esse completum, quod ibi fuerat præfiguratum, et de veritate potius quam de umbra Deum esse glorificandum.

Superius tamen se desiderasse dixit vetus quoque Pascha cum discipulis celebrare, ne sic ab ipso nova sacramenta susciperent, ut a Deo tradita vetera non æstimarent. Quæ etiam vetera eis adhuc veteribus tunc maxime congruebant, ut hoc præcipue Dominus deberet cum eis celebrare quod eis potissimum videbat convenire, tanquam in hoc suo desiderio id ipse innuere intenderet, quod hoc eorum arguendæ vetustati videbat potissimum convenire. De qua ut ad novitatem eos transferendos esse innueret, vel admoneret, novum veteri testamentum statim subjunxit, ut sic quodammodo illud quoque vetus in novum transiret : dum illi scilicet vetustatem deponentes, de regno peccati in regnum transirent Dei, et in veteri Pascha non jam litteram, sed spiritalem intelligentiam sequerentur; et sic de vetustate litteræ ad novitatem spiritus deferrentur : quod est Christum nunc etiam cum eis vetus Pascha manducare, et ipsum in novum commutare cum ibi illud figurari perpendimus, quod in novo consummari credimus. Unde et ipse post resurrectionem statim incipiens a Moyse et interpretans in omnibus Scripturis, vetus sacramentum in novum convertit, dum illud per intelligentiam huic applicuit, et quasi rotam in rota conclusit, et aquam legis in vinum Evangelii convertit. Et jam etiam vetus Pascha tanquam mutatum in novum nobiscum manducat, quia tunc eum reficimus ac delectamus, dum sic istud sumimus, sicut in illo sumendum edocti mystice sumus, in esu videlicet agni et hædi, et agrestibus lactucis, vel cæteris sibi constitutis. Vetus Pascha, non novum cum discipulis Christus manducat; ipse quippe ipsum est Pascha novum, juxta illud Apostoli : *Etenim Pascha nostrum immolatus est Christus (I Cor.* v, 7), quando nostra hostia ipse est factus, et ipsum in sacramento quotidie sumimus. Recte quoque hinc vetus Pascha cum discipulis celebravit, cum ipse adhuc in veteri homine esset ex corporis mortalitate, sicut illi ex morum similitudine. Sic econtrario quasi novus cum novis novum genimen vitis nunc bibit, dum ipse per immortalitatem, et isti per morum diversitatem, depositio veteri homine, veri sacrificii delectantur novitate, et tanquam ipse cum eis bibit, dum caput in membris agit. Vetus Pascha calicem non habuit, quia lex ad perfectum nihil adduxit (*Hebr.* vii, 19), ideoque in ejus sacrificio perfecta non debuit esse refectio.

PROBLEMA HELOISSÆ V.....

Quod Dominus pro adultera liberanda Judæis respondit : *Qui sine peccato est vestrum, primus in eam lapidem mittat (Joan.* viii, 7), et sic eam eruit, nonnihil habet quæstionis. Cum enim eam lapidari non permittit, nisi ab eo qui peccato careat, omni homini vindictam exercere videtur interdicere, cum *nemo mundus sit a sorde, nec in-*

(88). Patrol. tom. XLI, col. 55.

fans, cujus unius diei vita sit *super terram* (*Job* xiv, 4 juxt. LXX).

SOLUTIO ABÆLARDI.

Dominus Jesus ex Judæis solus inter eos fuit sine peccato, hic adulteram lapidat, et feminam servat, dum misericorditer ei parcit, et sic a flagitiis suis pœnitentem convertit. Tale est ergo quod ait : *Qui sine peccato est vestrum, primus in eam lapidem mittat*, ac si aperte dicat : Ei lapidandam dimittite, qui ex vobis solus est a peccato immunis. Ipse primus in lapidandam dirigit lapidem, cum ei prius pœnitentiam inspirat; et illa postmodum per satisfactionem se macerat, et carnem ne spiritui amplius reluctetur, domat, ut jam mortificata mundo, deinceps vivat Deo, et mactentur vitia, conservata natura. Denique et Dominus ait : *Mihi vindictam, et ego retribuam* (*Rom.* xii, 19). Tunc quippe Deo vindictam reservamus, quando ipse in nobis potius, quam nos ipsi, hanc operatur. Unde et homini, non Deo, dictum est: *Non occides* (*Exod.* xx, 13). Ab ipso utique nobis hoc interdicitur, qui sub nullo præcepto conclusus, id sibi deberi patenter profitetur. *Ego occidam*, inquit, *et ego vivere faciam* (*Deut.* xxxii, 59). Ipse in nobis occidit et parcit, cum tanquam adminiculo quodam nobis utens, nos præceptis suis reos occidere vel innocentibus parcere facit, ut ei potius quam nobis ista debeant imputari. Nam cum aliquis potens per operarios suos aliquid agit, non tam istorum quam illius opus illud esse dicitur, hoc est, non illorum, qui operando faciunt, sed illius magis, qui per illos fecit hæc fieri.

Homo itaque prohibetur occidere, non Deus in homine. Tunc autem occidit homo, et non in eo Deus, quando propria malignitate id agit, non præceptione Dei, hoc est, quando id ex se, non ex lege facit, et suæ malitiæ magis quam divinæ obedit justitiæ. Tunc gladium accipit non ad exercendam justitiam, ut vindicet iniquitatem : sed ut suam compleat impietatem. De qualibet Veritas ait : *Qui acceperit gladium, gladio peribit* (*Matth.* xxvi, 52). Qui acceperit, inquit, per se, non cui traditus fuerit a potestate, iste gladio perdendus est juste, qui gladio uti præsumpsit injuste. Cum autem quasi gladium miles sibi a rege traditum exercet ad vindictam, Rex in eo id agit, cujus ille operarius in hoc exstitit. Unde Augustinus De civitate Dei libro primo (88) : « *Non occides*, his, inquit, exceptis, quos Deus occidi jubet sive data lege, sive pro tempore ad personam expressa jussione. Non autem ipse occidit, qui ministerium debet jubenti, sicut adminiculum gladius utenti. » Idem in Quæstionibus Exodi (89) : « Israelitæ furtum non fecerunt spoliando Ægyptios, sed Deo jubenti ministerium præbuerunt, quemadmodum minister judicis occidit eum quem lex jussit occidi. Profecto si id sponte faciat, ho-

(89) Patrol. tom. XXXIV, col. 608.

misida est, etiamsi cum quem occidit, scit occidi a judice debuisse. » Item in Quæstionibus Levitici (90) : « Cum homo iste occiditur, lex eum occidit, non tu. » Ex his profecto verbis patenter docemur nec homicidium nec furtum proprie dici, quod ex obedientia committimus, cum id recte geramus in quo Dei jussionem implemus. Quidquid ad Domini possessionem pertinere videtur, Dei potius quam hominis esse dicendum est. Nec quisquam eorum dominus est, sed dispensator, quandiu hoc habet Domino permittente, nec quisquam hoc ei subripit injuste, qui hoc accipit Domino jubente. Cujus tantum sunt illa a quo, quandiu vult, nobis sunt commissa, atque in diversos, prout voluerit, dispensatores transitura : qui tanto minus hæc dispensare et habere digni sunt, quanto minus eum recognoscunt a quo hæc ei sunt commissa. Quales utique infideles erant Ægyptii, hæc magis amittere quam habere digni.

PROBLEMA HELOISSÆ IX.

Dominus leprosum, sicut Matthæus refert, tactu suo mundatum ad sacerdotis judicium misit, et offerre id jussit quod lex talibus offerendum præcipit (*Matth.* VIII, 2). Unde super hoc quæstione movemur qua ratione Dominus in hoc facto legi contraire simul et obtemperare videatur. Leprosum quippe tetigit, quod lex prohibet, et mundatum ad sacerdotem misit, et ad offerendam hostiam, sicut lex jubet.

SOLUTIO ABÆLARDI.

Sicut ipse Dominus ait : *Usque ad Joannem lex et prophetæ* (*Luc.* XVI, 16), hoc est usque ad tempus gratiæ, tam legis quam prophetarum præcepta etiam juxta litteram fuerunt implenda. In nullo ergo jam Dominus legi contradicit, cui jam nullus obedire ex præcepto constringitur Dei, præcipue cum lex ipsa in manu mediatoris, ut Apostolus ait, posita (*Gal.* III, 19), hoc est in ejus potestate constituta, sit, ut qui eam ad tempus instituerat, cessare pro arbitrio faceret, cum oporteret, ut jam perfecta charitas in tempore gratiæ timorem foras mitteret. Pertinet autem ad tempus gratiæ misericordiam maxime circa quoslibet exhibere, et ad pietatem, quos possumus, exemplis invitare, nec quidquam in hominibus immundum, præter peccatum, abhorrere. Unde Dominus in leproso cuncta hic misericorditer agit, cum et eum tangere propter infirmitatem corporis non est dedignatus, et ei id facere præcepit, sine quo in conversationem hominum nequaquam fuerat suscipiendus. Ad hoc enim a sacerdote aspectus, ipsius iudicio et legis sacrificio fuerat commendandus.

PROBLEMA HELOISSÆ X.

Quid est illud in Evangelio Lucæ, quod diviti damnato Abraham dicit : *Et in his omnibus inter nos et vos chaos magnum firmatum est, ut hi qui volunt hinc transire ad vos, non possint, neque inde huc transmeare?* (*Luc.* XVI, 26.) Quomodo enim aliqui excæcati sunt, ut de refrigerio tantæ quietis ad pœnas damnatorum transire velint, vel eis aliquod impendere beneficium jam omnino inaniter affectent, quos a misericordia Dei penitus exclusos vident?

SOLUTIO ABÆLARDI.

Abraham, in cujus sinu Lazarus est susceptus, Deus est, qui fideles suos de hujus vitæ miseriis ad futuræ vitæ refrigerium nobis adhuc occultum tanquam in quoddam secretum quietis suscipit. Ad hunc anima damnata loquitur quasi supplicando, dum eum sui desideret misereri. Abraham ei de sententia sua constituta respondet, cum eum intelligere facit inaniter eum desiderare, quod nullatenus eidem potest evenire. Hoc est autem quod eum intelligere facit, quod subjungit : *Et in his omnibus inter nos et vos chaos magnum firmatum est*, etc. *In his omnibus*, hoc est, in utrisque prædictis, de consolatione scilicet justorum et cruciatu malorum, *chaos magnum firmatum est*, et hoc est impedimentum tantum divino judicio perenniter constitutum, *ut qui volunt ad vos hinc transire non possint*. Transire hoc loco de refrigerio justorum ad pœnas malorum intelligimus velle his quoque subvenire, qui damnati sunt et quasi hoc beneficium justorum illis afferre ; vel inde huc illos educere, sicut fideles quotidie faciunt in hac vita, dum orationibus vel eleemosynis suis his quoque subvenire nituntur, quos in pœnis purgatoriis esse putant, cum omnino sint damnati. Non ergo de illis qui in illo refrigerio sunt intelligimus, ut hanc de damnatis compassionem habeant, sed de viventibus adhuc, sicut dictum est, fidelibus. Non enim Abraham dixit, ut hi de istis qui sunt hic, volunt ad vos hinc transire ; sed simpliciter dixit, *hi qui volunt*, sive adhuc vivi, sive jam defuncti. Nos autem, ut diximus, propter viventes hoc dictum accipimus, qui parabolice dicuntur de refrigerio justorum transire ad loca pœnalia damnatorum, vel inde huc transmeare : quæ videntur ejusdem esse sententiæ. Tale quippe est eos de refrigerio justorum transire ad pœnas damnatorum, vel huc meare, tanquam illis quoque, qui damnati sunt, ita compati, ut bonis operibus suis hoc refrigerium velint illis impertiri, et quodammodo transportare, vel eos inde huc educere, ut eadem sententia in diversis videatur verbis.

PROBLEMA HELOISSÆ XI.

Quid est quod in eodem evangelista legimus Dominum dicere : *Dico autem vobis quod ita gaudium erit in cœlo super uno peccatore pœnitentiam agente, quam super nonaginta novem justis, qui non indigent pœnitentia?* (*Luc.* XV, 7.) Multo quippe melius est ac perfectius peccatum cavere quam commissum emendare, et multos quam unum bene agere : Unde hoc magis quam illud Deo constat placere. Quid est ergo quod Deus unius peccatoris pœnitentiam plus approbat quam multorum justorum perseverantiam ?

SOLUTIO ABÆLARDI.

Quo quisque amplius de peccato alicujus dolet, mag s de correptione ipsius gaudet ; et quo dolor

(90) Patrol. tom. XXXIV, col. 707.

damni major exstiterat, et de reparando commodo minus sperandum videbatur, et gravius ut eveniret, majore cum lætitia suscipitur, et majori sollicitudini de damno majus gaudium succedit de commodo. De justis autem quos in bono perseverare confidimus, et ideo minus illi intendimus, de quibus securiores sumus, minore gaudio hinc accendimur quam de conversione peccatoris, quæ difficillima videbatur. Non tamen ideo plus valet hujus conversio quam illorum perseverantia; sed plus inde gaudemus cum acciderit, unde plurimum solliciti fueramus ut accideret. Quod ergo dicitur, *Gaudium erit in cœlo*, in Ecclesia præsenti fidelium intelligitur exsultatio, quæ nonnunquam etiam regnum cœlorum à Domino nuncupatur.

PROBLEMA HELOISSÆ XII.

Illud quoque nonnihil quæstionis habet quod in Matthæo legimus de operariis in vineam missis, quorum priores tantum novissimis invidisse videntur, et adversus patremfamilias murmurasse ut tale mererentur reponsum: *An oculus tuus nequam est, quia ego bonus sum? (Matth.* xx, 15.) In futura quippe vita, ita cuique beatorum sufficiet bravium susceptum, ut nemo plus ibi habere appetat quam accipiet, ubi erit tanta omnium charitas, ut unusquisque alterius bonum diligat tanquam suum, nec a voluntate Domini quisquam discrepare possit, nec per malum invidiæ adversus aliquem possit nequam oculum habere, maxime cum invidia hos, in quibus est, tantum affligat et cruciet, ut de ipsa poeta dixerit·

Invidia Siculi non invenere tyranni
Majus tormentum
(HORAT. EPIST. epist. I, v. 58, 59.)

Et alibi:
Invidus alterius rebus macrescit opimis.
(Ibid. vers. 57.)

SOLUTIO ABÆLARDI.

Sciendum vero in omni parabola non tam rei veritatem expressam esse quam ex parte aliqua rei similitudinem inductam esse, et sæpe historiæ veritati similitudinem quasi rem gestam adjungi. Cum enim de divite et Lazaro gestum esse creditur in duabus personis, vel sæpius in multis, quod hujus anima sit salvata, illius damnata, nequaquam juxta litteram accipi potest quod dives Abrahæ dicit: *Mitte Lazarum, ut extremum digiti sui intingat in aquam et refrigeret linguam meam (Luc.* XVI, 24). Non enim animarum est digitum vel linguam in se habere, sed corporum tantum. Quod ergo de his dicitur, non ad veritatem pertinet rei gestæ secundum proprietatem litteræ. sed ad similitudinem inductam ex aliqua parte. Sic et hoc loco, cum murmurare dicuntur quidam et tanquam indignari alios sibi adæquari; murmuratio ista non indignationis, sed admirationis est accipienda. Qui enim murmurant, mirantur id fieri quod non credebant. Unde murmuratio illa nunc dicitur multorum fidelium admiratio, quod sibi videbunt in præmio adæquari, quos pauciori tempore noverant operari. Similiter oculus nequam per similitudinem dicitur hominum invidorum, qui inde adversus alios commoventur, quod quasi contra rationem factum, quod non crediderant, mirantur. Tale est ergo, *An oculus tuus nequam est, quia ego bonus sum?* tanquam si diceret. Nunquid ex eo quod vides per meam bonitatem factum commoveris more mundi ex iniquitate ad indignationem? Ac si diceret: Nequaquam sic convenit. Hoc autem Dominum cuiquam dicere, est ipsum facere, hoc intelligere, quod non hinc debeat indignari, sed magis laudare Deum.

PROBLEMA HELOISSÆ XIII.

Quæstio illa de peccato in Spiritum sanctum irremissibili nos quoque sicut multos commovet. Quomodo enim quis in Filium Dei, et non in Spiritum sanctum peccare potest cum unus offendi nequaquam sine alio queat, et unius offensam in utrumque redundare sit necesse; cum nequaquam cuiquam possit esse placatus; cui fuit ille offensus?

SOLUTIO ABÆLARDI.

Antequam solutionem, prout possumus, ponamus; præmittenda sunt, et ex diversis evangelistis colligenda hujus sententiæ verba, et unde ipsa pendeat præmittendum, ut facilius ad solutionem sit perveniendum. Sicut ergo Matthæus refert, cum dæmonium quemdam Dominus curasset et invidi Pharisæi dicerent eum id facere per spiritum nequam, non per Spiritum sanctum, Dominus ait: *Si ergo in Beelzebub ejicio dæmones, filii vestri in quo ejiciunt? Si autem in Spiritu Dei ejicio dæmones, igitur pervenit in vos regnum Dei (Matth.* XII, 27). Et post aliqua: *Ideo dico vobis: Omne peccatum et blasphemiæ remittetur hominibus: Spiritus autem blasphemiæ non remittetur. Et quicunque dixerit verbum contra Filium hominis, remittetur ei; qui autem dixerit contra Spiritum sanctum, non remittetur ei neque in hoc sæculo, neque in futuro (ibid.,* 31). Marcus vero sic ponit: *Amen dico vobis, quoniam omnia dimittentur filiis hominum peccata et blasphemiæ, quibus blasphemaverant; qui autem blasphemaverit in Spiritum sanctum, non habebit remissionem in æternum; sed reus est æterni delicti; quoniam dicebant: Immundum spiritum habet (Marc.* III, 28, 29). Lucas vero sic scribit Dominum dicere: *Quicunque confessus fuerit me coram hominibus, et Filius hominis confitebitur illum coram angelis Dei. Qui autem negaverit me coram hominibus, negabitur coram angelis Dei. Et omnis qui dicit verbum in Filium hominis, remittetur illi. Ei autem, qui in Spiritum sanctum blasphemaverit non remittetur (Luc.* XII, 8).

Illis itaque præmissis, primo distinguendum est quid sit peccatum blasphemiæ in Filium hominis, et quid in Spiritum sanctum. Quantum vero æstimo, ille peccat blasphemando in Filium hominis, qui Christo detrahit eum denegando Deum non tam per malitiam quam per errorem, ex assumpta nostræ infirmitatis natura, quam in eo conspicit. Hoc enim innuit, cum dicit Filium hominis potius quam Filium Dei ut propter infirmitatem hominis quam ex matre nascendo suscepit, non credatur in eo fortitudo Dei. Quod quidem peccatum ex ignorantia tanquam invincibili, plurimum excusabile videtur, cum hoc nequaquam humana ratione, sed Deo tantum inspirante percipi posset, ut videlicet Deus homo fieret. Unde et ipsemet Christus profitetur : *Nemo venit ad me, nisi Pater meus traxerit illum (Joan.* vi, 44); quia non est humanæ rationis hoc in Christo percipere, quod solummodo fit Deo inspirante. Blasphemare vero in Spiritum sanctum, est manifeste bonitati Dei, qui Spiritus sanctus intelligitur, ita scienter ex invidia detrahere, ut beneficia, quæ per Spiritum sanctum, hoc est divinæ bonitatis gratiam non dubitant fieri, per invidiam tribuant maligno Spiritui, sicut Pharisæi faciebant, dum turbam credentem his quæ videbant, miraculis, a Christo per invidiam avertere niterentur. Quorum peccatum si diligentius consideremus, gravius esse videtur quo diabolus corruit. Etsi enim Pharisæi Christum non credebant Deum, hominem tamen justum ex vita et operibus ejus ignorare non poterant, nec ista, quæ faciebat, per Spiritum sanctum facta esse.

Cum ergo contra conscientiam suam hæc dicerent per malignum spiritum, quæ fieri non dubitabant per Spiritum sanctum; profecto scienter mentientes ipsum Spiritum sanctum asserebant esse spiritum malignum. In quo longe magis præsumpsisse videntur mentiendo, quam diabolus superbiendo. Diabolus quippe, quamvis appetierit Deo similis esse et per se regnum obtinere, non tamen intantum ibi excessisse credendus est, ut in tantam prorumpere blasphemiam auderet, ut Deum mentiri esse malum sustineret. Unde blasphemia istorum non minor superbia illorum, sed etiam magis exsecrabilis videtur, ut omnino a venia excludi sit digna. Nequaquam tamen dicimus quod pœnitentia talium, si esset, indulgentiam non impetraret; sed ex sententia Domini omnes tales credimus ita Spiritum Dei exacerbasse, ut in sua obstinati malitia, penitus exclusi fuerint a gratia.

Hanc autem manifestam gratiam Dei, quæ se in Christo per effectum miraculorum revelat, Lucas superius per digitum Dei designat, ipso dicente Domino : *Porro si in digito Dei ejicio dæmonia* (*Luc.* xi, 20). Manus quippe sive dextera, vel brachium Dei Filius ejus dicitur : in hac manu digitus est manifesta quælibet sancti Spiritus operatio. Digito quippe maxime utimur in demonstratione corporalium rerum, unde digitum Dei Spiritum ejus dicit, cum gratiam suam per aliquem effectum beneficii patenter exhibet, ut non nisi Dei opus illud credatur, etsi nonnulli per invidiam more Pharisæorum illud calumnientur. Et hoc est hoc peccatum blasphemiæ in Spiritum sanctum, per quem remissio fit peccatorum irremissibile permanere. Quod autem dictum est; *Quicunque dixerit verbum contra Filium hominis, remittetur ei,* sic accipe, quod nullus, qui, ut dictum est, non per malitiam, sed per errorem detraxerit honori Christi, propter hoc damnabitur, cum hæc ignorantia invincibilis similem cum faciat illis pro quibus Dominus in passione sua sive Stephanus oraverit. Pietati quippe atque rationi convenit, ut quicunque lege naturali creatorem omnium ac remuneratorem Deum recognoscentes, tanto illi zelo adhærent, ut per consensum, qui proprie peccatum dicitur, eum nitantur nequaquam offendere, tales arbitremur minime damnandos esse : et quæ illum ad salutem necessum est addiscere, ante vitæ terminum a Deo revelari sive per inspirationem, sive per aliquem directum quo de his instruatur, sicut in Cornelio factum esse legimus de fide Christi ac perceptione baptismi (*Act.* 11). Quod et patenter illa videtur astruere sententia : *Si cor nostrum non reprehenderit nos, fiduciam habemus ad Deum (I Joan.* 111, 21); cum Dominus dicat, *majorem hac dilectionem nemo habet, ut animam suam ponat quis pro amicis suis* (*Joan.* xxv, 13), nequaquam de his diffidendum videtur qui zelo legis, quamvis Christum non noverint, mori pro Deo sustinent, cum sit facile Deo talibus statim inspirare quid de Christo sit credendum antequam de corpore recedat anima, ne infidelis transeat ex hac vita.

PROBLEMA HELOISSÆ XIV

Quid est quod fidelium mentes Dominus componens, et ea computans bona, quibus beatitudinem promereri possunt, modo in singulis dicit eos beatos, in quibus sunt tanquam unum quodque facere sufficiat beatum sicut esse declaratur ex remunetione eorum subjecta? Sic quippe dicitur: *Beati pauperes spiritu, quoniam ipsorum est regnum cœlorum* (*Matth.* v, 2). Et similiter in cæteris singulis remuneratio supponitur, ex qua unaquæque gratia sufficere videtur ad salutem. Quas etiam distingui petimus diligenter, quo melius appareat utrum singulæ sufficiant, si non in eodem homine simul occurrant.

SOLUTIO ABÆLARDI.

Septem sunt bona tanquam septem beatitudinibus distincta, quibus ad supernæ gaudia vitæ meremur pertingere. Nam illa quæ quasi octava supponitur, probatio magis est præcedentium beatitudinum quam illis tanquam diversa, connumeranda; ubi videlicet dicitur : *Beati qui persecutionem patiuntur propter justitiam, quoniam ipsorum est regnum cœlorum* (*Matth.* v, 10). Nam quia fidelibus beatis persecutiones maxime constat imminere, nequis eos propter hoc crederet minus esse beatos, ideo prædictis beatitudinibus istud supposuit tanquam si diceret : Nec minus isti tales beati sunt, cum persecutiones sustinent; sed magis hinc probantur, cum in eis non deficiunt. Tres autem fidelium ordines constat esse, unum videlicet continentium, alterum rectorum, tertium conjugatorum. In tribus autem præcedentibus beatitudinibus continentes diligenter describi arbitror : post has autem tres, duas proximas ad rectores maxime referendas arlatrer, sicut duas ultimas ad conjugatos, et est ordo congruus secundum meritorum gradus. Ordo quippe continentium, perfectione vitæ prior est cæteris. Secundus est rectorum, qui, quamvis sint potestate ipsis quoque continentibus digniores, gratior tamen exstitit patriarchæ pulchra Rachel et sterilis, quam Lia lippa et fecunda (*Gen.* xxix); et melior pars Mariæ tanquam in otio vacantis, quam Marthæ cibum ministrantis (*Luc.* x, 39 et seq.). Ultimus ordo est conjugatorum : qui longe a continentibus distant, et rectoribus æquari non merentur quamvis utrique in activa sint occupati. Nam, ut postmodum Veritas ait : *Qui docuerit et fecerit legem* (quod est doctorum et Ecclesiæ prælatorum) *magnus vocabitur in regno cœlorum* (*Matth.* v, 19). sicut continens, maximus, et conjugatus minimus.

Ab his ergo, qui virtute sunt maximi, et priores apud Deum dignitate religionis, inchoans, in tribus eorum sanctitatem comprehendit, cum eos videlicet pauperes spiritu, mites ac lugentes describit. Beatus dicitur, quasi bene actus, hoc est in bonis moribus compositus. Pauperes spiritu dicuntur, qui paupertatem non necessitate sustinent, hoc est Dei, quo fervent, edocti ratione, hanc appetant, divitias contemnentes, et eas tanquam nocivas fugientes, attendentes quod Dominus ait : *Facilius est camelum intrare per foramen acus quam divitem in regnum cœlorum* (*Matth.* xix, 24). Spiritum itaque hoc loco rationem dicit, sicut et Apostolus id secutus ait : *Caro concupiscit adversus spiritum, et spiritus adversus carnem* (*Galat.* v, 17). Quis enim nesciat concupiscentiam animæ potius quam corporis esse? Sed tunc caro adversus spiritum concupiscit, cum in eadem anima sensualitas, hoc est delectatio ex infirmitate carnis veniens, rationi repugnat, ut, juxta Apostolum, sæpe victi faciamus, quæ nolumus ; hoc est quæ facienda esse non approbamus. Cum ergo spiritus, hoc est ratio, suggesserit nos facere quod debemus, et nos inde carnalitas retrahit; in quo perficiendo nonnulla difficultas incumbit : vincitur spiritus dominante carne, et ei subjicitur, ut homo jam carnalis vel animalis sit dicendus, desideriis carnis more pecudum deditus.

Quoniam ipsorum est regnum cœlorum. Inde pauperes spiritu probat esse beatos, quia qui rationabiliter terrena contemnunt, cœlestia promerentur.

Pauperes itaque spiritu sunt qui tam possessionis quam honoris ambitionem propter Deum postponunt, et nihil ad voluptatem appetunt; sed contenti necessariis, a licitis quoque abstinent, ne voluptatibus terrenis capiantur, et Deo magis quam sæculo dare operam contendunt. Tales sunt, qui a tumultuosa sæculi vita transeunt ad quietem monasticam, ut tanto purius Deo et sibi vacent, quanto magis remoti sunt a curis sæculi, et tanto facilius ad cœlos evolent, quanto magis terrenis sarcinis exonerati sunt. Quod et Hieronymus in illo principe

(31) Patrol. tom. LXVI, col. 669.

monachorum præfiguratum attendens, quodam loco ait : Elias ad cœlorum regna festinans, melotem reliquit in terris. Hi tales cum pauperes spiritu facti fuerint, mites ac mansueti necesse est fiant. Qui enim in terrenis nihil ambiunt, nequaquam de amissione rerum, vel illatis injuriis in iram accenduntur. His bene se possidentibus, et impetus carnis regendo frangentibus, terra viventium, hoc est vera stabilitas beatorum in præmium supponitur, cum ait : *Quoniam ipsi possidebunt terram* (*Matth.* v, 4). Istam in talibus mansuetudinis et patientiæ virtutem Jeremias describens, ait : *Bonum est viro, cum portaverit jugum ab adolescentia sua. Sedebit solitarius et tacebit, quia levavit se super se. Ponet in pulvere os suum, si forte sit spes. Dabit percutienti se maxillam, saturabitur opprobriis, quia non repellit in sempiternum Dominus* (*Thren.* iii, 27 et seq.). Jugum monasticæ ab adolescentia sua portat, cum quis hoc suscipere non differt, quousque in senio viribus exhaustus hoc præsumat tollere quod non possit portare, et quietem corporis magis quam pacem animæ quærens, voluptates sæculi, quas fugere se mentitur, in monasterio quærit. Et nihil jam valens operari, tanquam inter apes burdio factus, quod illæ congregant, devorat impudenter. Et jam consumptis viribus corporis, quas, quoad potuit, in servitio diaboli expendit, occasione senilis infirmitatis, luxurioso vacat otio, quando eum tanto restrictius vivere decuit, et contra vitia dimicare, quanto ei minus victurum novit, et ad percipiendam bravii sui palmam citius perventurum, si hanc meruerit.

Iste talis miser ab adolescentia sua jugum portare non assuetus, sub ipso, quod non potest ferre, cogitur succumbere. Sedet solitarius et tacet professor monasticæ disciplinæ, cum et nomen monachi et vitæ perfectionem sibi vindicat. Monachus quippe *solitarius* interpretatur, quem beatus increpans Hieronymus, ait : « Quid facis in turba, qui solus es ? » Quem omni tempore debere silentio studere beatus asserit Benedictus (91), cultum justitiæ silentium ex testimonio comprobans Isaiæ (*Isa.* xxxii, 17). Et apostolus hanc præcipue virtutem commendans, ait : *Si quis in verbo non offendit, hic perfectus est vir* (*Jac.* iii, 2). Levat se super se, cum se ipsum regens, et opprimens, carnem spiritui subdit : et voluntatem propriam voluntati subjiciens Dei, de seipso gloriose triumphat, attendens quod scriptum est : *Melior est patiens viro forti, et qui dominatur animo suo expugnatore urbium* (*Prov.* xvi, 32). Tunc autem maxime tacere debet, cum alii virtutem ejus divulgant, ne ipse sui præco factus, in levem evanescat auram, et quanto altior in virtutibus videtur, graviorem superbiendo causam perferat.

Taceat ergo quia levavit se super se, ne videlicet hæc si fecerit recognoscat, et pavidus oret ne corruat; quia in hac vita, nulli secura est victoria. Quod si forte de se loqui præsumat : non virtutem suam, sed infirmitatem prædicet. Unde et subditur : *Ponet in pulvere os suum, si forte sit spes (Thren.* III, 29). Quod est dicere : Tanquam pulverem tentationibus dæmonum agitatum, et in operibus non constantem, sed dissolutum profiteatur; et si quando mentis elatio titillaverit, statim se objurgans dicat : *Quid superbis, terra et cinis? (Eccli.* x, 11.) Quid præsumis, levissime pulvis, quem projicit ventus a facie terræ? hæc dicens, et de se pavens, cum terrore cogitet, si forte sit illi spes, ne novissime superbia vincatur, quæ non nisi de virtutibus triumphat. Et ne virtutibus extollatur, persecutionibus est humiliandus, ut per patientiam virtus ejus probata coronetur, quæ spiritu pauperes facit veros mites. Dabit igitur percutienti se maxillam, et saturabitur opprobriis, quia sive factis, sive verbis injurietur, his tanquam quadam dulcedine saporis oblectatus reficietur. Dat percutienti se maxillam, qui pro Deo gaudet injuriari. Subtrahit econtrario maxillam, qui injurias refugit, vel invitus patitur. Cur autem justus libenter hæc toleret, et in passionibus gaudeat, juxta illud, quod de apostolis dictum est : *Ibant gaudentes a conspectu concilii, quoniam digni habiti sunt pro nomine Jesu contumeliam pati? (Act.* v, 41.) Et etiam supponitur, et propheta ait : *Quia non repellet in sempiternum Dominus (Thren.* III, 31). Repulsus in gratia Domini, et miseriis in vita hac expositus videtur justus : unde et de ipso justorum capite scriptum est : *Desideravimus eum despectum et novissimum virorum, et putavimus eum quasi leprosum, et percussum a Deo, et humiliatum (Isa.* LIII, 2). De hoc despectu vel repulsione Dei, cum nos in adversis non protegit, scriptum est : *Deus repulisti nos (Psal.* XLIX, 3). Sed quia hic, ut dictum est, repellit nos, ut probemur, quos post victoriam assumit, ut coronemur, spes afflictorum, qua triumphant, exponitur cum dicitur : *Quia non repellet in sempiternum Dominus,* hoc est pœnas finiet afflictorum, qui pœnas non finiet affligentium.

Et notandum quod Dominus apostolis Novum Testamentum tradens, cum in exordio statim ad paupertatem admonet, ut fecunditatem terrenorum cœlesti commutemus felicitate, patenter remunerationem Evangelii a remuneratione legis distinguit, cum ibi cœlestium, hic terrenorum tantum promissionem in renumerationem obedientiæ constituat. Carnalis quippe populus Israel terrena magis quam cœlestia desiderans, hoc in remuneratione accepit, quod magis concupivit, et per ea ad magis obediendum trahendus magis fuerat, quæ concupiscebat, ut hac saltem promissione a perverso retraheretur opere, si nondum animus mundari poterat ab iniquitate. Ut enim Apostolus ait : *Nihil ad perfectum adduxit lex (Hebr.* VII, 19), nec perfectionem habuit in promissis, sic nec in præceptis.

Beati qui lugent (Matth. v, 5). Luctus salubris proprie convenit monachis, sive ille sit pœnitentiæ de peccato, sive dilationis a regno. Quæ duo lacrymarum genera, in Axa filia Caleb præfigurata sunt; A cui conquerenti ad patrem, quod ei terram aridam dedisset, et irriguam postulanti, ei pater dedit tam superius irriguum quam inferius *(Jos.* xv, 19). Quantum autem de peccatis tam suis quam aliorum lugere conveniat monachum, Hieronymus hujus professionis maximus profitetur dicens : Monachus non doctoris, sed plangentis habet officium, qui se et mundum lugeat, et Domini pavidus præstoletur adventum. Quid enim vita monastica, nisi quædam est districtioris pœnitentiæ forma? Lugeant ergo monachi sive hoc, ut dictum est, sive illo modo, ut risum mereantur consolationis de quo vere dicitur : *Quoniam ipsi consolabuntur (ibid.),* attendentes illud quod apostolis Dominus promisit : *Amen, amen dico vobis quia plorabitis et flebitis vos; mundus autem gaudebit, vos autem contristabimini : sed tristitia vestra vertetur in gaudium (Joan.* XVI, 20). Unde et econtrario reprobis ait : *Væ vobis, qui nunc ridetis, quia plorabitis (Luc.* VI, 25). Contrariæ quippe vitæ contrarios status et exitus habent, cum nunc justi flentes postea rideant, et iniqui modo ridentes, econtrario fleant. Justi sive de perpetratione peccati, sive de dilatione regni consolationem accipiunt, quando ad vitam illam, quæ a dolore penitus est immunis, perveniunt.

Beati qui esuriunt (Matth. v, 6). Post vitam continentium ad ordinem transit rectorum, ita istos instituens in duobus, sicut illos fecerat in tribus. Rectores in populo Dei, non solum ecclesiasticæ sunt potestates in sacerdotibus, verum etiam sæculares in regibus. Et notandum quod cum binarius numerus, qui conjugatis convenit, teste Hieronymo, immundus sit, unde et opera secundæ diei laudem habere non meruerunt, et bina et bina de immundis animantibus in arcam jussa sunt mitti, non incongrue continentes per ternarium, qui impar numerus est, magis quam binarium describendi esse videntur. Cæteris vero, ubi continentiæ virtus omnino non præminet, magis convenire binarius videtur. Esuries vel sitis justitiæ, desiderium magnum est in rectoribus debitæ vindictæ, ut videlicet mala commissa tantum vindicare velint, quantum se debere cognoscunt, et si non tantum quantum illi meruerint qui deliquerunt. Alioquin misericordia in eis locum non haberet, si videlicet nihil de pœna, quam rei meruerunt, relaxarent. Nam et cœlestis Judex, quem terreni debent imitari, ita justitiam temperat per misericordiam, ut non tantum reos puniat, quantum illi merentur, sed quantum ipsi convenit, cujus miserationes super omnia opera ejus. Hinc enim de ipso scriptum est : *Aut obliviscetur misereri Deus, aut continebit in ira sua misericordias suas (Psal.* LXXVI, 10). Et rursum : *Et cum iratus fueris, misericordiæ recordaberis (Habac.* III, 2). Superexaltat quippe misericordia judicium, et magis judicem commendat quam vindictam. Hæc ergo duo in judice semper esse debent conjuncta, ut et reum puniat per justitiam, et minus quam meruerit per clementiam, quam hic dicit misericordiam. Misericordia quippe a miseris dicta, humana compassio est ex miseriis aliorum progressa, qua ex infirmitate animi magis quam ex virtute pœnas abhorremus, ex hoc uno quod patienter affligunt, tam eas quæ sunt justæ quam quæ injustæ. Talis est animi compassio naturalis, sive rationalis sit sive minime, misericordia proprie dicitur, teste Seneca. Clementia autem, quæ hoc loco dicta est misericordia, rationabilis tantum dicitur compassio, per quam videlicet eis subvenire volumus, quibus debemus. Quisquis justitiam habet sine misericordia, ut videlicet vindicare velit, nec pœnam relaxare, crudelis est. Sin autem e converso, remissus est. Unde bene Dominus hoc loco rectorum mores instruens, nunquam justitiam sine misericordia exerceri approbat : ideoque hoc loco tanquam inseparabiles comites eas sibi sociat. Potest autem remissio pœnæ in his etiam qui occiduntur nonnulla esse, si videlicet eas abbreviare, vel genus mortis levius eligere studeamus. Alioquin illam incurrimus sententiam : *Judicium sine misericordia illi qui non facit misericordiam (Jac.* II, 13). Contraria quippe contrariis conveniunt, ut videlicet quemadmodum misericordes misericordia sunt digni, ita immisericordes hac mereantur privari.

Denique post continentes et rectores ad conjugatos veniens, ait : *Beati mundo corde (Matth.* v, 8). Cum ait corde et non corpore, vitam conjugatorum voluptati carnis plurimum indulgentem, et concupiscentiæ libidini cedentem insinuat. Etsi enim admistio conjugum habeat indulgentiam, cum in ea incontinentiæ suæ remedium quærunt, non ob voluptatem et carnis delectationem more pecudum hanc appetunt : caro tamen ex labe luxuriæ nonnullum trahit contagium et immunditiam vel fetorem maculæ. Mundi tamen corde sunt, sed non corpore, qui hanc tantum appetunt non ad voluptatem, ut diximus, sed ad necessitatem, ne fornicando Deum offendant. Et hi quoque salvandi, non carebunt visione Dei, in qua veræ beatitudinis summa consistit. Hi quoque pacifici dicuntur, qui pugnam carnis maximam per indulgentiam conjugii vitantes, sic eo rationabiliter ac mediocriter utuntur, ut ad Deum quoque pacem habeant, quem per intemperantiam non offendunt. Unde et filiis Dei sunt aggregandi, qui nunc per vinculum matrimonii servire invicem coguntur carni. De qua quidem servitute Hieronymus Apostolum dixisse intelligit : Servus vocatus es? non sit tibi curæ. Qui enim positus in conjugio, conversus est ad fidem Christi, tanquam servus Deo inspirante est vocatus et tractus (*I Cor.* VII, 21). Quippe quæ major servitus est dicenda quam ut proprii corporis vir aut uxor potestatem non habeat, nec ab usu carnis abstinere, ut vel orationi vacent, nisi ex consensu, queant? Hi tamen tales filii Dei vocabuntur, cum de hac servitute ad libertatem venerint supernæ vitæ, ubi *neque nubent, neque nubentur, sed erunt sicut angeli in cœlo* (*Matth.* XXII, 30).

Hæc ad distinctionem prædictarum beatitudinem, hoc est virtutum, vel donorum divinæ gratiæ, quibus beati efficimur, nunc a nobis utcumque breviter dicta sufficiant : superest autem qualiter ex singulis donis beati sunt dicendi, qui unum sine cæteris habuerint, cum unum mandatum Dei observare nequaquam sufficiat, imo qui omnia præter unum impleverit, ex uno etiam prætermisso damnationem incurrat. Sed, quantum mihi videtur, qui primum dixit : *Beati pauperes,* et adjecit, *spiritu,* eamdem adjectionem in cæteris subintellexit, tanquam mites spiritu, vel lugentes spiritu diceretur, ut hæc quoque vel cætera, quæ sequuntur, per Spiritum Dei, quæ charitas ejus intelligitur, in istis quæ hic memorantur, fideles non solum esse, sed etiam alios aliorum operatione faciat præminere atque abundare. Sicut enim quæ de quatuor elementis constare certum est, ex obtinenti vocabula sortiuntur, hoc est ex illo elemento quod in eis abundat, esse maxime dicuntur : ita et hic fidelium gratiæ distinguntur secundum hoc quod in eis abundare probatur. Illos quippe pauperes charitas Dei facere dicitur, quos in contemptu divitiarum vehementiores ac perfectiores facit. Similiter mites, quos in virtute patientiæ reliquis præfert, ac similiter de cæteris nobis sentiendum videtur. Omnes tamen beatos vel beatitudine dignos charitas Dei facit, cum qua nemo perire potest, quamvis in donis Dei istos illis perfectiores faciat. Diversa autem verba, quæ in remuneratione supponuntur, cum dicitur : *Quoniam ipsorum est regnum cœlorum* (*Matth.* v, 5), vel : *Quoniam ipsi possidebunt terram,* etc. (*ibid.,* 4). Nequaquam in significatione percipiendi præmii videntur diversa, sed identitatis fastidium fugiens, hoc Dominus variavit quadam convenientia, quam habent ad præmissa juxta proprietatem sermonis et similitudinem rei. Quod in singulis leve est intueri. Congrue quippe pauperibus regnum cœlorum promittitur, ut qui terrenas divitias propter Deum contemnunt, cœlestes mereantur. Mitibus, qui se bene gerendo possident, possessio terræ viventium, lugentibus consolatio convenit. Esurientibus et sitientibus justitiam, saturitas, hoc est impletio desiderii sui apud Deum obtinendi ; cujus amore plurimum intendunt exercitio justitiæ in vindictam malorum. Sic et in cæteris remunerationis verbis quædam concinnitas ad beatitudines præmissas assignari potest. Non ergo Dominus tam beatitudines ipsas haberi præcipit, quam in eis illos abundare admonet, qui in singulis ordinibus desiderant esse perfectiores. Nam ad perfectionis abundantiam, ipse consequenter Novum se tradere Testamentum hic Deo profitetur, dicens : *Nisi abundaverit justitia vestra plus quam Scribarum et Pharisæorum, non intrabitis in regnum cœlorum* (*Matth.* v, 20).

PROBLEMA HELOISSÆ XV.

Quid est quod postmodum Dominus ait : *Nolite putare quoniam veni solvere legem* (*Matth.* v, 17)?

cum Joannes dicat : *Propterea ergo magis quærebant eum Judæi interficere, quia non solum solvebat Sabbatum, sed etiam Patrem suum dicebat Deum, æqualem se faciens Deo (Joan. v, 18).*

SOLUTIO ABÆLARDI.

Cum dixit : *Non veni solvere*, et postmodum addidit, *sed adimplere*, in moralibus scilicet præceptis potius quam figurativis, sicut sequentia continent ex adimpletione quam supposuit, innuit quam solutionem mandatorum legis prius intellexerit, in moralibus scilicet præceptis. Moralia quidem præcepta sunt agendæ vitæ, sicut figuralia figurandæ. Et moralia quidem quæ naturaliter ab omnibus semper complenda fuerunt, et antequam lex scripta daretur, mores hominum ita necessario componunt, ut nisi impleatur quod in eis præcipitur, nemo unquam salvari meruerit. Qualia sunt; diligere Deum et proximum, non occidere, non mœchari, non mentiri, et similia, sine impletione quorum nemo unquam justificari potest. Figuralia vero sunt legis præcepta, quæ juxta litteram accepta, nihil justitiæ conferunt ex operatione sua : sed ad tempus instituta fuerunt, ad aliquid figurandum justitiæ, ut observatio Sabbati, circumcisio, quorumdam ciborum abstinentia, et his similia. Ad moralia itaque tantum legis præcepta referendum est quod Dominus ait se non venisse solvere legem, sed adimplere, hoc est nequaquam cessare facere quod in moralibus præceptis lex continet, sed in eis per Evangelium supplere quod legi deest. Lex quippe Moysi nequaquam inimicum diligi præcipit, sed amicum, nec peccatum in mente consummari docet, sed opera magis quam intentionem interdicit. Etsi enim concupiscentiam quoque lex prohibeat, non tamen ex ea reum statuit esse putandum, nec concupiscere prohibet, nisi res ejus, quem juxta litteram, proximum definit, hoc est ejus, qui de populo suo nunquam est alienigena. Non enim omnem hominem, juxta litteram, lex proximum dicit, sed patenter alienigenam a proximo distinguit, cum dicit Judæum nequaquam fœnerari proximo, sed alieno.

PROBLEMA HELOISSÆ XVI.

Quomodo etiam Evangelii abundantiam præfert imperfectioni legis, dicens : *Nisi abundaverit justitia vestra plusquam Scribarum aut Pharisæorum, non intrabitis in regnum cœlorum? (Matth. v, 20.)* Aut quomodo, ut Apostolus ait, *reprobatio fit præcedentis mandati propter infirmitatem ejus et inutilitatem? Nihil enim ad perfectum adduxit lex (Hebr. vii, 18, 19).* Cum enim Dominus diviti quærenti, quomodo vitam æternam possideret, respondit de duobus mandatis dilectionis, quæ in lege sunt : *Hoc fac, et vives (Luc. x, 28),* et Apostolus dicat : *Qui diligit proximum, legem implevit. Nam : Non adulterabis, non occides (Rom. xiii, 8),* etc. Et iterum : *Dilectio proximi malum non operatur. Plenitudo ergo legis, est dilectio (ibid., 10).* Quomodo ad perfectionem mandatorum deest aliquid legi, cum illa etiam duo præcepta dilectionis Dei et proximi sufficere omnino videantur, nec aliquid perfectionis deesse?

SOLUTIO ABÆLARDI

Cum ait Dominus : *Nisi abundaverit justitia vestra plus quam Scribarum et Pharisæorum*, subaudis justitia, non ait, justitia legis. Unde et in sequentibus ait : *Audistis quia dictum est antiquis : Diliges amicum tuum, et odio habebis inimicum tuum (Matth. v. 43),* nequaquam hoc in lege reperiri potest, sed magis in traditionibus Scribarum et Pharisæorum legi superadditis, de quibus Dominus ait. *et irritum fecistis mandatum Dei propter traditiones vestras (Matth. xv, 6).* Præsertim cum de dilectione inimici, vel etiam de beneficiis ei impendendis, lex ipsa præcipiat dicens : *Si occurreris bovi inimici tui aut asino erranti, reduc eum. Si videris asinum odientis te jacere sub onere, non pertransibis, sed levabis cum eo (Exod. xxiii, 4).* Et in Psalmista : *Si reddidi retribuentibus mihi mala, decidam merito ab inimicis meis inanis (Psal. vii, 5).* Et Salomon in Proverbiis : *Ne dicas : Reddam malum pro malo : exspecta Dominum, et liberabit te (Prov. xx, 22). Cum ceciderit inimicus tuus, ne gaudeas, et in ruina ejus ne exsultet cor tuum, ne forte videat Dominus, et displiceat ei, et auferat ab eo iram suam (Prov. xxiv, 17). Ne dicas; Quomodo fecit mihi, sic faciam ei, reddam unicuique secundum opus suum (ibid., 18).* Item : *Si esurierit inimicus tuus, ciba illum : si sitierit, da ei aquam bibere. Prunas enim congregabis super caput ejus, et Dominus reddet tibi (Prov. xxv, 22).* Et beatus Job : *Si gavisus sum,* inquit, *ad ruinam ejus, qui me oderat, et exsultavi, quod invenisset eum malum : Non enim ad peccandum guttur meum, ut expeterem maledicens animam ejus (Job xxxi, 29, 30).* Non ergo antiquis hoc jussum vel concessum fuit in lege, ut odio haberent inimicum, sed magis, ut dictum est, in traditionibus hominum quam in præceptis Dei habebatur.

Cum ergo dicit Dominus, *plus quam Scribarum et Pharisæorum (Matth. v, 20)*, non plus quam legis, nequaquam hinc cogimur fateri Dominum hanc abundantiam Evangelii præferre imperfectioni legis. Non tamen ideo minus concedimus legem in præceptis suis ita imperfectam fuisse, ut ei necessarium esset Evangelium succedere, sicut et Apostolus, ut supra meminimus, patenter profitetur. Sed nec præceptum de dilectione proximi, ante adventum Christi perfectum esse potuit, quod ipse veniens et proximus noster factus, tam susceptione carnis, quam exhibitione dilectionis, perfectum fecit, ut jam quilibet eum tanquam proximum diligens, ex hac perfectus dilectione fiat. Unde et eidem diviti requirenti quis esset proximus ejus, parabolice respondens se illum proximum esse significavit, quem ille Samaritanus expressit, qui vulnerati misertus est; et quem ex affectu compassionis ipse quoque dives vere proximum fuisse professus est. Sive ergo in lege habeatur : *Diliges amicum tuum,* sive proximum (*Matth.* v, 43), ut eum videlicet ibi proximum intelligamus, qui vel cognatione, vel amore est nobis conjunctus, nemo rectius proximus noster, quam Christus est dicendus, ut in eo nunc dilectio proximi perfecta sit facta, quæ antea fuerat imperfecta, quandiu videlicet statum suum lex habuerit, quæ usque ad Joannem vigorem suum custodivit. Prius ergo imperfecta, quandiu lex proprie fuit dicenda, ut ei obediendum esset per omnia; pro hac ipsa imperfectione sui reprobata est, evangelicæ doctrinæ superveniente perfectione, ubi quidquid est necessarium, liquide magis quam parabolice est expressum. Nam etsi diligenter legis litteræ insistamus, quæ soli populo Judæorum data est, nequaquam proximus nisi eorum est intelligendus. Unde nec per Christum illud præceptum de dilectione proximi, ad alios pertinere videtur, cum ipsi soli sub lege continerentur. Quapropter necessario succedere legi Evangelium debuit, omnibus generaliter injunctum, ut omnes debeant salvari per ipsum. Ad prædictum itaque proximum, id est Christum Apostolus respexit, cum eo præmisso: *Qui diligit proximum, legem implevit* (*Rom.* xiii, 8): statim hoc tanquam pro probatione adjunxit: *Nam, Non adulterabis, non occides* (*ibid.*, 9), etc. Si enim Judæus hunc inter proximos suos compresum diligat, sicut ipse ait: *Si quis diligit me, mandata servabit* (*Joan.* xiv, 23), in nullo adulterio, in nullo peccabit homicidio, et omnia similia, quæ in lege sunt, evitabit, et justitias ejus complebit.

PROBLEMA HELOISSÆ XVII.

Quid est etiam, quod in sequentibus Dominus ait: *Neque per caput tuum jurabis, quia non potes unum capillum album facere aut nigrum* (*Matth.* v, 36), tanquam si hoc facere posset, jurare per caput liceret?

SOLUTIO ABÆLARDI.

Replicanda sunt, quæ in proximo sunt præmissa, ut ex illis, et de hoc facilius judicemus. *Dico*, inquit, *vobis, non jurare omnino, neque per cœlum, quia thronus Dei est; neque per terram, quia scabellum est pedum ejus; neque per Hierosolymam, quia civitas magni regis est; neque per caput tuum, quia non potes unum capillum album facere aut nigrum* (*Matth.* v, 34, 35). Quatuor itaque sunt, cœlum scilicet, terra, Jerosolyma, caput nostrum, per quæ jurare prohibemur, quia hæc maxime in juramento ponimus, quæ venerabiliora æstimamus, ut ex his amplius nobis credatur. Hæc autem veneratione digna majore videntur, quæ ad Deum maxime constat pertinere, ut cœlum, quod dicitur thronus Dei, hoc est anima Christi, cui specialiter Divinitas insidet, et in ea plenius per gratiam inhabitat. Terra, quæ scabellum Dei dicitur, humanitas est Christi, tanquam terrena et inferior in Christo creatura. Hierosolyma civitas Dei, sancta est Ecclesia, cujus caput ipse est Christus. Capilli adhærentes capiti, et ipsum adornantes vel protegentes, eloquia sunt divina quibus Christus commendatur, et per fidem in nobis conservatur: horum quædam alia, quædam nigra dicuntur, cum aliorum intelligentia clara sit, et manifesta; aliorum obscura, sicut illorum maxime quæ sunt allegorice dicta. Quorum quidem nullum sive album sit, ut dictum est, sive nigrum, nostrum non est facere, quia eloquia Dei non sunt inventionis humanæ, nec nostra sunt documenta, sed divina. Quod ergo ait: *Non jurabis per caput tuum, quia non potes*, etc., tale est: Non debes Christum in juramento ponere, quod ejus solius summæ Dei sapientiæ sit hæc invenire, quorum alia, ut diximus, alba sunt, alia nigra. Similiter cum jubet ut nec juremus per cœlum, quod thronus Dei est, sic accipe, ut non ideo per ipsum jurare eligamus, quia tantæ dignitatis est, quod cæteris eminet creaturis.

In his itaque verbis negativum adverbium præpositum orationi, causam ipsam excludit, non interpositum ipsam relinquit atque constituit. Aliam quippe vim negativa particula habet toti orationi præposita, ut totam scilicet simul neget, aliam interposita, ut uni tantum illius orationis, parti apposita. Aliud quippe est dicere: Non quia hoc fecisti, peccati; aliud dicere: Peccasti, quia hoc non fecisti. Ibi namque causa removetur peccandi, ut videlicet non propter hoc peccaverit, vt hinc cum certum sit non peccasse, ubi causa ad hoc intercesserit; ibi vero non ostenditur quod non peccaverit, sed hoc tantum quod non propter hoc peccaverit, ut videlicet causa peccati potius quam peccatum ipsum removeatur. Tale est ergo quod juramento Dominus præcipit vel adhortatur, ut, quia periculosum est jurare, ne perjuremus omnino, quantum possumus, hoc caveamus, ne aliqua dignitate quam res habeat per ipsam jurare appetamus, sive ipsa sit Deus, ut pote Christus, seu quæcunque creatura ex Deo præ cæteris aliquid dignitatis adepta. Jurare autem per aliquid est nos ei cui juramus concedere, ut nihil utilitatis in ea re, per quam juramus, habeamus ulterius, nisi hoc quod juramento firmamus, verum sit. Cum autem in ecclesiasticis causis omnis controversiæ, ut Apostolus ait, finis sit juramentum (*Hebr.* vi, 16); non hoc loco Dominus præcipit non jurare, sed magis adhortatur. Quædam namque præcipiuntur, quædam prohibentur, quædam suadentur, quædam permittuntur. Præcipiuntur illa sive prohibentur, sive quibus vel cum quibus nos salvari diffidimus.

Mala itaque prohibentur omnia, et bona præcipiuntur omnia, sed illa tantum, quæ saluti necessaria videntur, ut credere in Deum, et diligere non tam ipsum quam proximum, non adulterari et similia. Illa vero bona, quæ non ita necessaria sunt, sive quia strictioris, vel laxioris sunt vitæ, et tanquam nimis alta, vel nimis infima, sub præcepto non clauduntur, sed vel persuasionem consilii habent, ut virginitas, vel indulgentiæ permissionem, ut nuptiæ. Quippe si præceptum ad virginitatem cogeret, damnarentur nuptiæ, vel si ad nuptias, dan.naretur virginitas. Consilium itaque sive persuasio, est de potioribus bonis, permissio vero, de minoribus, hoc est, quæ minoris sunt meriti, quando consilium de melioribus aliqua diffidentia vel dispensatione non suscipitur. Quæ ergo tam fieri, quam dimitti licet, præceptum non habent, sed admonitionem, ut omnino non jurare, vel permissionem, ut hoc fiat pro necessitate; veluti cum ad inquisitionem veritatis, testibus opus est. Permissio autem est, cum dicitur : *Unusquisque habeat uxorem suam propter fornicationem (I Cor.* vii, 2), præceptio vero, cum dicitur : *Alligatus es uxori? noli quærere solutionem (ibid.,* 27). Persuasio vero consilii, cum statim supponitur: *Solutus es ab uxore? noli quærere uxorem (ibid.)*

PROBLEMA HELOISSÆ XVIII.

Quid est in eodem evangelista : *Nolite solliciti esse dicentes, quid manducabimus? (Matth.* vi, 31.) Et rursum. *Nolite solliciti esse in crastinum. Crastinus enim dies sollicitus erit sibi ipsi. Sufficit enim diei malitia sua (ibid.,* 34). Nunquid enim providentiam prohibet futurorum? Nunquid et ipse Dominus eum qui turrem vult ædificare, de sumptibus cogitare admonet? Et Apostolus: *Qui præest,* inquit, *in sollicitudine (Rom.* xii, 8); sicut et ipse faciebat, de seipso dicens : *Instantia mea quotidiana, sollicitudo omnium Ecclesiarum (II Cor.* xi, 28).

SOLUTIO ABÆLARDI.

Sollicitudinem proprie Dominus dicit superfluam curam de futuris, quando videlicet pro aliquibus præparandis, magis necessaria dimittuntur, ut si pro apparatu crastinorum ciborum, prætermittamus orando quærere a Deo regnum suum, hoc est, tales nos facere, ut in nobis ipse, non peccatum regnet. Crastinus enim ut tanquam si diceret : Ne affligatis vos superfluis curis, pro tempore futuro, antequam veniat, quia cum ipsum venerit, satis sollicitudinis afferet ex se ipso, illis, qui de necessariis minus in Domino confidunt, non attendentes illud Prophetæ : *Jacta super Dominum curam tuam, et ipse te enutriet (Psal.* liv, 23). *Sufficit enim diei,* etc. Hoc est, unicuique tempori vitæ hujus ærumnosæ, suæ sollicitudinis pœna sufficere debet, quam videlicet affert nobis ex superfluis curis pro temporalibus, dum pro his æternorum obliviscimur. Sollicitudinem vero in bono, vel in his, quæ ad æternam pertinent vitam, dicit Apostolus providentiam, hoc est rationabilem de futuris vel profuturis curam, si videlicet temporalia provideamus propter æterna, ut his sustententur quodam viatico necessario qui ad illa festinant.

PROBLEMA HELOISSÆ XIX.

Quid illud est, quod sequitur : *Nolite judicare, ut non judicemini. In quo enim judicio judicaveritis, judicabimini? (Matth.* vii, 1.*)* Quid enim si injustum fecerimus judicium? nunquid simile recipiemus?

SOLUTIO ABÆLARDI.

Nolite judicare, hoc est, ne præsumatis, de incertis, aliquem certa sententia gravare. Cum enim iratus patet, de se ipsa res judicat, non tu. Hinc et Apostolus : *Nolite ante tempus judicare, quoadusque veniat Dominus, qui et illuminabit absc.ndita cordium (I Cor.* v, 4). Venit Dominus occulta revelando, cum ejus dispositione, quæ latebant, apparent, vel cum secundum legem ejus aliquid discutiendum investigamus, vel de probatis pœnam inferimus; et tunc potius ipse judicat, vel punit quam nos. *In quo enim judicio judicaveritis, judicabimini.* Ac si diceret : Ideo non debetis in judicio præsumere, ut alios appetatis gravare, quia consimile judicium gravaminis incurretis apud Deum. Non ait denique, ne judicetis, sed : *Nolite judicare,* ut non hoc scilicet sponte appetamus, quod tamen nonnunquam facere cogimur, officio judicis nobis commisso.

PROBLEMA HELOISSÆ XX

Quærimus et illud quod in sequentibus adjungit : *Omnia ergo quæcunque vultis ut faciant vobis homines, et vos facite illis. Hæc est enim lex, et prophetæ (Matth.* vii, 2). Si quis enim vult ut in malo sibi quisquam consentiat, nunquid debet illi præbere consensum in re consimili?

SOLUTIO ABÆLARDI.

Duo legis naturalis præcepta sunt circa dilectionem proximi, unum scilicet, quod hoc loco ponitur, alterum quod in Tobia legimus, ipso ad filium dicente : *Quod ab alio odis fieri tibi, vide ne alteri tu aliquando facias (Tob.* iv, 16). Sicut ergo id de malis, ita illud de bonis accipiendum est, ut videlicet, sicut mala nolumus nobis inferri, sic nec aliis inferamus : et econtrario, bona, quæ nobis ab aliis volumus conferri, aliis impendere simus parati. Cum ergo dicitur : *Quæ vultis ut faciant vobis homines,* tale est : Quod approbatis in conscientia vestra vobis aliis deberi fieri. Nullus enim in conscientia approbat sibi consentiendum esse in malo, sed in his, quæ bona æstimat, et fieri digna. Sic et Apostolus, cum ait : *Non quod volo, hoc ago (Rom.* vii, 15) : volo dixit, pro fieri approbo. Sed quid est quod ait, *omnia quæcunque vultis?* Multi quippe pro dignitate, vel diversitate personarum, multa sibi debere fieri censent, quæ nequaquam aliis se debere recognoscunt, ut in prælatis videmus et subjectis, cum isti multa exigant ab illis, ut sibi fiant, quæ nequaquam illis facere debent. Sed profecto sic est accipiendum, ut quæcunque fieri debere nobis ab hominibus credimus; parati essemus et illis facere, non quidem quibuscunque, sed nostri similibus, hoc est, qui hæc a nobis suscipere digni essent, sicut nos ab illis. Illud quoque Tobiæ : *Quod ab alio odis fieri tibi, vide ne alteri tu aliquando facias,* nonnihil habet quæstionis, cum is scilicet, qui alium propter justitiam occidit, nunquam ab alio id sustinere velle possit. Sed quia cum quis justitiam propter Deum exercet; Deus potius id quam ille facit, sicut dudum superius diximus, præcipitur ut quod odit fieri sibi ipse alteri ne iaciat : quia cum aliquem recte punit, Deus hoc potius, vel lex, quam homo facit.

PROBLEMA HELOISSÆ XXI.

Quid est, ut ait Apostolus (*I Thess.* v, 17), sine intermissione orare?

SOLUTIO ABÆLARDI.

Nullum tempus, quo debeamus orare, prætermittere.

PROBLEMA HELOISSÆ XXII.

Quid est illud in Matthæo de fide centurionis rogantis pro servo : *Audiens autem Jesus, miratus est, et sequentibus se dixit : Amen dico vobis, non inveni tantam fidem in Israel?* (*Matth.* VIII, 10.) Non enim aliquid mirari dicuntur, nisi qui insperatum aliquid accidere vident, quod nullatenus eventurum antea sciebant, vel credebant.

SOLUTIO ABÆLARDI.

Miratus esse dicitur, quia similem miranti se fecit, quia mirari alios fecit de fide centurionis, quem in tantum extulit.

PROBLEMA HELOISSÆ XXIII.

Quid est illud in Luca : *Omni petenti tribue, et qui aufert, quæ tua sunt ne repetas?* (*Luc.* VI 30.)

SOLUTIO ABÆLARDI.

Cum ait, *tribue*, non subjunxit illud quod petit, sed in hoc innuit neminem petentem nos vacuum a dono dimittere, ut saltem in nostra responsione nos convenienter excusando, non illum exacerbare, sed charitate in eo studeamus ædificare : ut blanda vel conveniens responsio, aliquod sit gratiæ donum. *Tua ne repetas*, hoc est quia tua sunt, ut in te videlicet potius quam in Deo repetitionis finem constituas. Non enim religiosus excedit, si qua sibi oblata, quæ propter Deum possidebat, propter ipsum repetat, et illa in bonos usus expendat, et violentum liberet a rapina. Nam et cum in proximo supponit : *Et si diligitis eos qui vos diligunt, et si beneficeritis eis qui bene faciunt vobis, quæ vobis est gratia?* (*Luc.* VI, 32.) Cum dicit : *Qui vos diligunt*, simile est ei : *Ne repetas quæ tua sunt*, hoc est, quia vos diligunt sicut quia tua sunt. Alioquin iniquum esset non nos diligere eos a quibus diligimur, cum omnes diligere præcipiamur : nec ipsum etiam, qui nos diligit, Deum, sicut ipsemet ait : *Ego diligentes me diligo* (*Prov.* VII, 17), quem potius propter ipsum, quia summe bonus est, quam quod nobis utilis est, summo amore debemus diligere. Hæc est ordinata charitas, ut unumquemque, prout melior ac dignior est, ob hoc amplius diligamus ; hoc est ut ei melius sit desideremus, sicut et justum est.

PROBLEMA HELOISSÆ XXIV.

Quomodo dicit Dominus : *Non quod intrat in os coinquinat hominem, sed quod procedit ex ore?* (*Matth.* xv, 11.) Nunquid qui comedit de rapina, vel quod illicitum credit, etsi licitum sit, vel qui sacrificium indigne accipit, ex his peccati maculam non incurrit? Dicit Apostolus de quibusdam Judæis ad fidem conversis, et adhuc propter legem quosdam cibos ab aliis discernentibus, tanquam immundos, dicit, inquam : *Qui autem discernit, si manducaverit, damnatus est : quia non ex fide. Omne autem quod non est ex fide, peccatum est* (*Rom.* xiv, 25), Dicit et de his qui pro reverentia idoli vescebantur idolothytis : *Quidam usque nunc conscientiam idoli, quasi idolothytum manducant; et conscientia ipsorum cum sit infirma, polluitur* (*I Cor.* VIII, 7). Quomodo ergo nunc dicit Dominus; quia quod in os intrat, non coinquinat hominem, sed magis quod de ore procedit?

SOLUTIO ABÆLARDI.

Ex hoc loco præcipue in quo sit peccatum accipiendum Dominus diligenter distinxit, et Judæos redarguens super hoc, nos instruxit. Illi quippe ad opera magis quam ad animum respicientes, ex his, quæ fiunt exterius, magis ex hoc quod in mente habetur, tam bona quam mala dijudicant. Dominus vero ad intentionem cuncta reducens, ex his potius, quæ in corde sunt quam ex his quæ apparent in opere, damnari hominem censet, nec animam pollui judicat, nisi ex his, quæ in ea sunt, et ipsam contingunt, ut sint animarum maculæ spiritales, sicut corporum sunt sordes corporales. Unde et consequenter exponens quod dixerat : *Sed quod procedit ex ore, hoc coinquinat hominem*, ait : *Quæ autem procedunt ex ore, de corde exeunt, et ea coinquinant hominem. De corde enim exeunt cogitationes malæ, homicidia, adulteria, fornicationes, furta, falsa testimonia, blasphemiæ. Hæc sunt quæ coinquinant hominem. Non lotis manibus manducare, non coinquinat hominem* (*Matth.* xv, 18-20). Ac si aperte dicat : Sordes manuum corporales animam non attingunt, ut eam polluere peccato possint. Cogitationes, quæ inquinant, de corde exeunt, cum ad hoc perpetrandum consentimus, quod cogitavimus. Ubi autem non est sensus, non potest esse consensus, sicut in parvulis aut stultis. Qui sic faciunt, quod non debent, nullum in hoc eis peccatum imputatur ; nec homicidium, vel adulterium, nec aliquod peccatum Dominus dicit, nisi quod ex corde procedit, hoc est, nisi cum hæc illicita recognoscimus, ad quæ nos inclinat consensus. Sicut ergo cogitationes exeunt de corde, cum per consensum ad opera tendunt, ita homicidium, et adulterium et cætera peccata de corde docet exire, nec aliter peccata esse, nisi per consensum prius fuerint in corde, quam exhibeantur in opere. Postquam enim his agendis, quæ scit sibi non licere, aliquis consentit, is consensus proprie peccatum dicitur : et homicida seu mœchus, ex hoc uno apud Deum tenetur. Unde et Veritas ipsa : *Qui viderit*, inquit, *mulierem, ad concupiscendum eam*, hoc est qui inspectat illam, venerit ad concupiscentiæ consensum ; *jam mœchatus est eam in corde suo* (*Matth.* v, 28), hoc est, peccatum habet in animo perfectum, etsi nondum sit in opere consummatum. Cum aliquid manducandum male sumimus, quia hoc nobis illicitum credimus, nequaquam cibus ille, qui in os intrat, animam polluit, sed jam hoc fecerat præcedens conscientia nostra, nec quidquam ad peccatum refert, quod nunc ore suminus, sed quod ad sumendum consenseramus.

PROBLEMA HELOISSÆ XXV.

Quid est illud in Matthæo, quod Dominus quibusdam civitatibus improperans, ait : *Væ tibi, Corozain, væ tibi, Bethsaida; quia si in Tyro et Sidone factæ essent virtutes quæ factæ sunt in vobis, olim pœnitentiam egissent in cilicio et cinere!* (*Luc.* x, 13.) Salvare quippe Dominus homines venerat, unde et Jesus, id est Salvator proprio dictus est vocabulo. Cur ergo Tyro et Sidoni civitatibus gentilium illa beneficiorum miracula subtraxit, per quæ salvarentur, et ea illis exhibuit, quibus nocitura magis quam profutura sciebat? Sed, inquies, quia sicut ipsemet profitetur, non erat missus nisi ad oves quæ perierunt domus Israel (*Matth.* xv, 24). Sed dico : Cur ad eas, nisi ut salvarentur? Si autem ut salvarentur, quid eis profuit ea sibi fieri, per quæ gravius damnarentur, nec sunt ad pœnitentiam conversi, sed in sua obstinatione permanentes? Unde et ipsemet Dominus supponit : *Verumtamen dico vobis, Tyro et Sidoni remissius erit in die judicii, quam vobis* (*Luc.* x, 14). Denique et Samaritanorum multos refert Joannes ad verbum ejus credidisse (*Joan.* IV, 36), et eum nonnulla miraculorum beneficia gentilibus etiam tam in viris quam in feminis exhibuisse, per quæ illi crederent, vel in fide firmarentur, sicut est illud de puero centurionis (*Matth.* III, 5; *Luc.* VII, 2), et de filia Syrophœnissæ, de ipsius Tyri finibus egressæ (*Marc.* VII, 26).

SOLUTIO ABÆLARDI.

Revera Dominus Jesus ad solos Judæos in persona propria missus fuit. Quod ergo circa gentiles misericorditer egit, non ex officio missionis fecit, sed ex gratia, debito superaddidit, attendens quod et ipsemet ait : *Cum feceritis omnia quæ præcepta sunt vobis, dicite : Servi inutiles sumus, quod debuimus facere, fecimus* (*Luc.* XVII, 10). Ac si aperte dicat : Ne pro magno habeatis, si obedientiæ debitum impleatis, nisi insuper aliquid gratiæ debitis adjungatis, sicut illi faciunt, qui virginitati vel continentiæ student, virtuti nequaquam sub præcepto comprehensæ. Denique nec illa beneficia gentilibus præstita tam missus facere venit, quam invitatus et quasi precibus ad hæc agenda tractus. Quod vero illis prædicationis subtraxit, quos ad pœnitentiam sic fuisse convertendos testatur; nequaquam cogimur per hoc fateri eos in hac pœnitentia perseveraturos ut salvarentur. Multi quippe leves sunt homines, qui ad pœnitentiæ compunctionem facile commoventur, et eadem facilitate, quasi ad vomitum revertentes, in mala, quæ fleverant, relabuntur; et cum auditum verbum prædicationis avide susceperint, firmitatem non habent radicis, ut in eo persevererent, quod cœperint. Quod si etiam ponamus illos ad prædicationem Domini fuisse convertendos atque salvandos quibus ipse tamen prædicationis gratiam subtraxit, penes ipsum est, cur hoc facere non decreverit, qui nihil sine ratione facit; sicut de Esau, cui subtracta est gratia, quæstionem Apostolus movit, et eam indiscussam reliquit.

PROBLEMA HELOISSÆ XXVI.

Quærendum etiam videtur quo mysterio, vel qua ratione Dominus in ficulnea quærens fructum, et non inveniens, quando, ut Marcus ait, non erat tempus ficorum (*Marc.* XI, 13); eam tamen sua maledictione percussam, continuo effecit aridam, ut deinceps arefacta permaneret, tanquam ex culpa quacunque arboris, hanc maledictionem in eam intorsisset?

SOLUTIO ABÆLARDI.

Arbor sine fructu reperta, Judæa est pro sua nequitia tunc a Domino reprobata, ut boni operis fructu privari mereretur, nequaquam recognoscens suæ visitationis tempus. Culpa autem ejus accidit quod tunc tempus fructuum ejus non fuerit, quando videlicet Dominicæ prædicationis gratiam sibi oblatam repulit.

PROBLEMA HELOISSÆ XXVII.

Quid est : *Oratio ejus fiat in peccatum?* (*Psal.* CVIII, 7.)

SOLUTIO ABÆLARDI.

Ita in reprobum sensum tradatur; ut magis eligat orare nociva, quam profutura, et obtinere precibus ea, quæ ad peccatum magis pertrahant quam ad salutem perducant.

PROBLEMA HELOISSÆ XXVIII.

Ex Epistola prima Pauli ad Thessalonicenses : *Ipse autem Deus pacis sanctificet vos per omnia, ut integer spiritus vester, et anima et corpus sine querela in adventu Domini nostri Jesu Christi servetur* (*I Thess.* v, 23). Quid est spiritus et anima, tanquam anima non sit spiritus, aut duo spiritus sint in uno homine?

SOLUTIO ABÆLARDI.

Spiritum pro ratione, hoc est animi discretione hoc loco ponit Apostolus, sicut et ibi, *spiritus adversus carnem* (*Galat.* v, 17). Tale est ergo : Integer sit spiritus vester, hoc est ratio ita perfecta vel incorrupta, ut in nullo per errorem exorbitet a veritate. Animam vero dicit voluntatem, juxta illud : *Qui amat animam suam perdet eam* (*Matth.* x, 39). Hoc est qui suam hic voluntatem sequitur, postmodum sua voluntate privabitur; ut qui hic voluntatem suam impleverit, quod voluerit in futuro non habeat. Anima itaque nostra, id est voluntas, integra est, quando a divina non discrepat. Corpus quoque integrum servatur, cum exercitium corporalium sensuum non corrumpitur illecebris carnalibus, nec oculus noster animam nostram deprædetur, neque mors intret per fenestras nostras (*Jer.* IX, 21). In his vero tribus per omnia sanctificamur, cum nec in discretione rationis, nec in exæstuatione nostræ voluntatis, nec in oblectatione sensuum excedimus, ut caro spiritui dominetur. Sic tunc profecto sine querela, hoc est sine reprehensione servamur usque in adventum Domini, cum tales perseveramus usque ad 'extremum judicium, vel tales tunc inveniri meremur.

PROBLEMA HELOISSÆ XXIX.

Quid est illud ad Ephesios : *Ut possitis comprehendere cum omnibus sanctis quæ sit latitudo, longitudo, sublimitas, et profundum; scire etiam supereminentem scientiæ charitatem Christi, ut impleamini in omnem plenitudinem Dei? (Ephes.* III, 19.

SOLUTIO ABÆLARDI.

Possitis comprehendere, hoc est in vobismetipsis experiri quanta sit latitudo ipsorum, scilicet sanctorum, in charitate, per quam se usque ad inimicos etiam dilatant. Longitudo, id est longanimitas perseverantiæ, charitatis, vel patientiæ in adversis, per ipsam scilicet charitatem, quæ omnia suffert, omnia sustinet; sublimitas eorumdem et profundum, hoc est quam magni sint ex his duobus apud Deum per meritorum quantitatem, et quam parvi vel infirmi apud se per humilitatem. Profundum quippe imum dicit vel humile. Quam magni vero sint ac sublimes Deo, in remuneratione sua experientur, ubi tanto amplius merentur exaltari, quanto hic humiliores exstiterint; et tanto plus a Deo recipere, quanto minus hic ex se recognoscunt habere. Hæc autem quatuor, latitudo scilicet sanctorum, vel Ecclesiæ, quæ corpus Christi est, in ipsa ejus cruce, cui ejus corpus affixum est, præfiguratum esse intelligunt. In latitudine quidem crucis, ad dexteram et in sinistram, ubi manibus affixis extensus est : latitudo charitatis inimicos etiam amplectentis, qui nobis tanquam in sinistra sunt, hoc est in adversitate, sicut amici in dextera, designatur. Manus affixæ in dextera et sinistra crucis parte, opera sunt charitatis, ad inimicos pariter et amicos in beneficiis dilatata. Quam profecto latitudinem charitatis de ipsa cruce Dominus nobis exhibuit, cum et curam matris gerens, eam discipulo commendavit, et pro crucifigentibus exoravit. Sicut autem latitudo dextrorsum et sinistrorsum tendit, ita longitudo sursum et deorsum respicit, in qua ipse Dominus a capite usque ad pedes in cruce stetit erectus. Ex qua quidem longitudine, illa ejus perseverantia patientiæ figuratur, usque ad consummationem vitæ ipsius, sive redemptionis nostræ. De qua ipsemet ait : *Consummatum est (Joan.* XIX, 50). Et Apostolus : *factus*, inquit, *obediens usque ad mortem (Philipp.* II, 8). Sublimitas crucis additio illa est, in qua titulus scriptus est super caput Domini. In quo certe titulo nomen ejus præscriptum, quod est Jesus, illud est excellentissimum, de quo idem Apostolus adjecit : *Propter quod et Deus exaltavit illum, et donavit illi nomen quod est super omne nomen (ibid.,* 9).

In electis quoque illa superior pars addita significat illud in remuneratione sanctorum, quod supra merita ipsis est collatum ex gratia, juxta illud ejusdem Apostoli : *Non sunt condignæ passiones hujus temporis ad futuram gloriam, quæ revelabitur in nobis* (*Rom.* VIII, 18). Profundum, hoc est inferior pars crucis, per quam terræ affixa stat, humile est, et abjectum crucis patibulum, sive genus mortis ignominiosum, quo maxima Christi humilitas commendatur, et ipse amplius exaltari meruit, sicut supra meminimus ibi : *Propter quod et Deus exaltavit illum*, etc. De hoc genere mortis prædictum fuerat ex persona impiorum : *Morte turpissima condemnemus eum (Sap.* II, 20). In electis etiam illa pars inferior crucis, qua terræ infixa tenetur, virtutem exprimit humilitatis, qua ipsi se pulveri et terræ comparantes quanto se amplius hic humiliant, et minores reputant, tanto postmodum exaltari merentur. Et hæc quidem humilitas eorum, firmos et erectos eos tenet in culmine virtutum, sicut illa pars terræ affixa firmam eam, et erectam tenet. Post charitatem sanctorum, transit ad summam Christi charitatem, quam nobis exhibuit, et nos eam scire, ac semper attendere admonet, ut ejus comparatione humiliores ac ferventiores in ejus dilectione teneamur. Hanc utique Christi charitatem supereminentem scientiæ nostræ dicit, quia longe major est, quam nos comprehendere intelligentia, vel experientia possimus. Cum autem hanc Christi charitatem considerantes, eam nostræ conferemus incomparabiliter superiorem, tunc, ut dictum est, humiliores ac ferventiores effecti, implebimur omni perfectione virtutum a Deo nobis collata.

PROBLEMA HELOISSÆ XXX.

Quid est illud in primo libro Regum, quod de Elcana dicitur : *Et ascendebat vir ille statutis diebus, ut adoraret? (I Reg.* I, 5.) Qui, vel a quo statuti sunt dies isti?

SOLUTIO ABÆLARDI.

Rabanus Maurus in libris Regum (92), ex sententia cujusdam Hebræi, quem in plerisque sequitur secundum litteram : « Quod autem dicit, *statutis diebus*, hoc est tribus festivitatibus, Pascha videlicet, Pentecoste et solemnitate Tabernaculorum. » Unde Dominus in Exodo præcepit, dicens : *Tribus vicibus per singulos annos mihi festa celebrabitis (Exod.* XXIII, 14). Et item : *Ter*, inquit, *in anno apparebit omne masculinum tuum coram Domino Deo tuo in loco quem elegerit Dominus Deus tuus* (ibid., 17). Ergo in Silo cum esset eo tempore arca Domini, ibi hic Elcana, cum esset ipse levita, post oblatas victimas, cum uxoribus et filiis, atque filiabus pariter vescebatur. »

PROBLEMA HELOISSÆ XXXI.

Quid est postmodum, quod Anna respondit Eli sacerdoti : *Nequaquam*, inquit, *Domine mi; nam mulier infelix nimis ego sum, vinumque, et omne quod inebriare potest, non bibi; sed effudi animam meam in conspectu Domini. Ne reputes ancillam*

---

(92) Patrol. tom. CIX, col. 12.

tuam, sicut unam de filiabus Belial? (I Reg. 1, 15.)

SOLUTIO ABÆLARDI.

Infelicem se dicit, quasi probrosam, quia maledicta sterilis, et quæ semen non reliquit in Israel. Unde et illud est Elisabeth : *Quia sic fecit mihi Dominus in diebus quibus respexit auferre opprobrium meum inter homines* (*Luc.* 1, 25). Unde et illud est Deuteronomii, quod Dominus inter cætera promittit populo, pro præceptorum observantia : *Non erit apud te sterilis utriusque sexus, tam in hominibus, quam in gregibus tuis* (*Deut.* VII, 14). Quod vero ait : *Vinum, et omne quod inebriare potest, non bibi,* magnam laicæ feminæ vel conjugatæ perfectionem exprimit. Quam profecto abstinentiam si tunc agebat, ut ejus orationem facilius exaudiret Dominus, de partu quem postulabat, quanto magis virgines Christi, quæ spirituali ac longe meliori fructui student, ista decet abstinentia? Filias Belial specialiter appellat, quas sibi diabolus, tanquam propriam prolem generat. Ebrietas quippe statum mentis evertit, et quidquid imaginis Dei per rationem habemus, exstinguit, ut jumentis insipientibus comparandi, efficiamur sicut equus et mulus, quibus non est intellectus. Antiquus hostis, et diabolus dicitur, hoc est *deorsum fluens*; et Zabulus, sive Satanas, quod in Latinum sonat *adversarius*, sive *transgressor*; et Belial, hoc est *absque jugo*. Quod quidem nomen hoc loco propter ebrios recte positum est, cum ebrii, tanquam insani, nulli Dei, vel disciplinæ jugo subjaceant. Tales ergo dicit filias Belial, quales furibundæ Bacchi sacerdotissæ describuntur.

PROBLEMA HELOISSÆ XXXII.

Quid est etiam illud de Anna : *Vultusque illius non sunt amplius in diversa mutati?* (*I Reg.* 1, 18).

SOLUTIO ABÆLARDI.

Hilarem tantum faciem, et non mœstam vel flebilem deinceps exhibuit.

PROBLEMA HELOISSÆ XXXIII.

Quid et illud est : *Oravit Anna, et ait : Exsultavit cor meum in Domino?* etc. (*I Reg.* II, 1.) Hoc quippe canticum verba gratiarum vel prophetiæ potius habet quam orationis.

SOLUTIO ABÆLARDI.

Quantum æstimo, ante canticum orationem præmisit : quo ejus canticum, vel actio gratiarum acceptabilius Deo fieret. De oratione itaque præmissum est, *Oravit*; et de cantico subjunctum, *et ait: Exsultavit cor meum*, etc. Nam et mos Ecclesiæ est in singulis horis orationem præmittere his quæ in laudibus Dei decantanda sunt. Plura autem cantica sanctarum feminarum legimus, ut Debboræ (*Judic.* v, 1 et seq.), Judith (*Judith.* XVI, 2 et seq.), et istud Annæ matris Samuelis, sicut et Mariæ matris Domini de partu sibi a Domino commisso (*Luc.* I, 46 et seq.), illi quidem sterili, ut mater fieret tanti prophetæ, isti vero Virgini, ut mater fieret Salvatoris. Et hoc profecto canticum Annæ, sicut et illud Virginis summæ, Ecclesia maxime frequentare consuevit, non solum pro sanctitate matris, vel dignitate partus ei concessi in Samuele, scilicet a quo specialiter prophetæ dicuntur incœpisse, et qui primus a matre Domino est oblatus : verum etiam quia nullus ante prophetarum tempus tam manifeste Christum et ejus imperium in suis canticis, sicut nunc Anna, prophetasse videtur. Sic quippe ait de Patre Christi, et ipso : *Dominus judicabit fines terræ, et dabit imperium regi suo, et sublimabit cornu Christi sui* (*I Reg.* II, 10). Nondum quippe rex in Israel erat constitutus, ad quem hæc prophetissæ gratulatio pertineret. Ipsa primo Christum, hoc est Messiam verum patenter exprimere meruit; ipsa manifeste prænuntiat futurum quod Maria decantat completum, tanquam fidem Virginis, tam prophetia quam partus instrueret sterilis.

PROBLEMA HELOISSÆ XXXIV.

Illud etiam movet quod hic dicitur : *Donec sterilis peperit plurimos* (*ibid.*, 5). Etsi enim Scriptura postmodum referat quod post Samuelem adhuc tres filios et duas filias Anna pepererit, nondum tamen, dum hoc diceret canticum, nisi Samuelem habuisse refertur. Quomodo etiam de filiis suis dicit *plurimos* et de filiis æmulæ suæ Phenennæ, dicit *multos* (*ibid.*), tanquam ipsa plures habuerit quam illa? Quamvis enim Scriptura non definiat quot filios habuerit Phenenna, nonnulli tamen astruunt eam plures habuisse quam Annam, hoc est septem.

SOLUTIO ABÆLARDI.

Non est necesse ut plurimos hoc loco, pro plures comparative accipiamus, respectu pauciorum; sed plurimos dicit absolute, sicut et multos, verbis in eodem sensu variatis. Nec impedit, si jam multos filios habuisset Anna, quando canticum istud Domino persolvit, quamvis Scriptura nondum retulerit eam habuisse nisi Samuelem. Sæpe namque series Scripturæ non tenet ordinem historiæ, sed nonnulla narrat præpostere. Potuit etiam istud per prophetiæ spiritum Anna dicere, cum solum adhuc haberet Samuelem. Denique nec incongrue dicere potuit pro solo Samuele, ut ipse scilicet pluris esset in pretio quam filii Phenennæ, licet unus in numero. Hoc enim modo nonnunquam contingit ut illum dicamus plus habere quam alium, qui pauciora numero, sed pretiosiora possidet.

PROBLEMA HELOISSÆ XXXV.

Obsecramus et quid illud sit : *Samuel autem ministrabat ante faciem Domini puer accinctus ephod lineo, et tunicam parvam faciebat mater sua, quam afferebat statutis diebus, ascendens cum viro suo, ut immolaret hostiam solemnem* (*ibid.*, 18). Sive enim levita, ut probabilius est, sive sacerdos Samuel fuerit, nequaquam ætas pueritiæ ministerio ejus convenire secundum legem poterat, ut videlicet ephod accinctus tanquam levita, vel sacerdos vitam tenera ætate ministraret. Quærimus et quam tunicam vel quibus temporibus statutis mater puero afferret.

SOLUTIO ABÆLARDI.

Ministrare puer in aliquibus officiis minoribus poterat, ephod quoque lineo accinctus. Unde et illud est Rabani secundum Augustinum (93-94) : « Samuel accinctus ephod bad, hoc est super humerali lineo, quod distat ab illo ephod quod induebatur pontifex; quia istud tantummodo lineum fuit, et concessum minoribus gradibus ad utendum. Illud enim quod vestiebat pontificem, ex quatuor coloribus, id est hyacintho, bysso, cocco, purpura, et ex auro habebatur contextum. » Statutos dies patet esse supradictos trium festivitatum secundum legem, ut in singulis illis præcipuis solemnitatibus anni mater sollicita filio novam tunicam afferret, in qua ipse Domino mundius vel honestius ministraret, superhumerale lineum desuper habens, quo accinctus et non oneratus, expeditius ministrare posset. Quem, ni fallor, habitum monachi nunc imitantur, cum opera manuum in tunica et scapulari desuper accincto soleant exercere. Quid enim aliud scapulæ quam humeri? Aut quid scapulare nisi superhumerale? Denique quis improbet Samuelem, licet puerum, in officio levitarum pro necessitate ministrare, hoc etiam Heli jubente, cum nullus tunc in domo Heli reperiretur hoc officio dignus? Notum quippe proverbium est : *Necessitas non habet legem.*

PROBLEMA HELOISSÆ XXXVI.

Rogamus quippe et quærimus quis fuerit ille vir Dei a Domino missus ad Heli, ut eum corrigeret, et mala domui ejus ventura prædiceret? Quid et illud sit quod inter cætera dicitur de sacerdote meliore successore Heli : *Suscitabo,* inquit, *mihi sacerdotem fidelem, qui juxta cor meum et animam meam faciat, et ædificabo ei domum fidelem, et ambulabit coram christo meo cunctis diebus. Futurum est autem ut quicunque remanserit in domo, veniat ut oretur pro ea, et offerat nummum argenteum, et tortam panis, dicatque : Dimitte me, obsecro, ad unam partem sacerdotalem, ut comedam buccellam panis* (I Reg. II, 35-36). Scimus quidem Samuelem, qui Heli supervixit, fidelissimum exstitisse Domino. Sed quod levita potius quam sacerdos exstiterit, communis opinio est, nec domum ejus fidelem exstitisse, cujus filii reprobati sunt. Quod etiam dicitur, *Ambulabit coram christo meo,* utrum de ipso sacerdote, an de domo ejus accipiendum sit, et quis ille christus sit quærimus. Denique quod supponitur de oblatione nummi argentei et tortæ panis, tanquam oblatione nova, quam lex non habuit, et cæteris quæ adduntur, exponi postulamus.

SOLUTIO ABÆLARDI.

Vir ille Dei creditur angelus fuisse apparens in humana specie. Sacerdos successurus Heli, non tam Samuel, qui levita fuerit, nec fidelem, sed reprobam domum habuit, quam quicunque alius vir sanctus, qui in ordine sacerdotii Heli successerit, intelligendus esse videtur, qualis fortassis Abina-

(93-94) Patrol. tom. CIX, col. 20.

dab fuit, in cujus domum arca Domini Cariathiarim reducta est a Philisthæis (*I Reg.* VII, 1), vel Eleazarus filius ejus sanctificatus ibi ad custodiendam arcam (*ibid.*), vel denique ipse Achimelec, quem cum aliis sacerdotibus Saul interfecit in Nobe civitate sacerdotum (*I Reg.* XXII, 9 et seq.). Quod vero dictum est : *Ambulabit coram christo meo,* non de sacerdote, sed de domo ejus accipe sub ipso ministrante. Denique quod additur, *Futurum est enim.* etc., ita Hebræum quemdam audivi exponentem : Nummus argenteus, siclus argenteus est, quo unusquisque redimebat se a sacerdote. Torta panis, quicar, id est quarta panis pars, quæ pauperum oblatio erat. Pars sacerdotii armus dexter et pectusculum, id est superior pectoris pars, maxillæ, ventriculus et cauda (quæ tamen non semper cadem erat), quia secundum diversos sacrificiorum ritus, ut in Levitico legitur, pars sacerdoti dabatur (*Levit.* X, 12). Nuntiatur itaque Heli quod domus ejus ad tantam ventura sit paupertatem, ut qui modo redemptionum et oblationum susceptores erant, quibus etiam propter ipsum Heli pars sacerdotalis dabatur, ab aliis se redimendos sacerdotibus, alimoniam petant, orantes, ut eis quantulacunque sacerdotii particula, et buccella panis, quæ torta superius appellata est, dimittatur.

PROBLEMA HELOISSÆ XXXVII.

Quid est illud in exordio Marci evangelistæ, quod ait : *Sicut scriptum est in Isaia : Ecce mitto angelum meum ante faciem tuam, qui præparabit viam tuam ante te. Vox clamantis in deserto,* etc. (*Marc.* I, 2). Cur enim dicit in Isaia, cum primum testimonium, quod statim addit, sit Malachiæ, secundum Isaiæ? Sin autem e converso fecisset, stare veritas posset, ita scilicet ut illud quod præmiserat, *Sicut scriptum est in Isaia,* ad primum tantum pertineret testimonium.

SOLUTIO ABÆLARDI.

Sed quia eadem sententia in verbis utriusque prophetæ continetur, breviloquus evangelista idipsum, quod Malachias dixit, Isaiæ ascripsit, qui majoris erat auctoritatis, et a quo fortassis ille hoc didicerat. Missio quippe angeli ad parandam viam Domini, vel ipsa ejus præparatio, et vox clamantis in deserto, Joannis est prædicatio. Quem etiam diligentius Isaias describit, cum eum non angelum appellat, sed clamantem in deserto prænuntiat; unde et bene evangelista post testimonium Isaiæ, quod posterius posuit, statim adjecit : *Fuit Joannes in deserto baptizans et prædicans* (*ibid.*, 4). Quod quidem cum ait, *in deserto, et prædicans,* apertius verbis consonat Isaiæ dicentis, scilicet, *Vox clamantis in deserto.* Provide quoque Marcus cum præmiserit, *Scriptum est in Isaia,* addidit, *Propheta,* tanquam Isaias testimonio quoque Malachiæ (*Malac.* III, 1) propheta potius esset quam ille qui hoc, ut arbitror, testimonium ex prophetia Isaiæ, quam legerat, non hac sola inspiratione Spiritus, acceperat. Ad hunc etiam modum illud posse solvi arbitror testimonium, quod Matthæus inducit de duobus prophetis collectum, Zacharia scilicet et Jeremia, cum ipse totum tribuat Jeremiæ, dicens : *Tunc impletum est quod dictum est per Jeremiam prophetam dicentem : Et acceperunt triginta argenteos pretium appretiati, quem appretiaverunt a filiis Israel, et dederunt eos in agrum figuli, sicut constituit mihi Dominus (Matth.* XXVII, 9; *Zach.* II, 12). Cum igitur tam primum testimonium Zachariæ quam secundum Jeremiæ, in eadem de Domino sententia sint conjuncta, Jeremiæ tamen, qui majoris erat auctoritatis, et a quo Zacharias illud quod dixit accipere potuit, Matthæus totum Jeremiæ tribuit.

PROBLEMA HELOISSÆ XXXVIII.

Illud quoque testimonium Zachariæ prophetæ, quod Dominus in Matthæo inducit de seipso dicens : *Scriptum est enim : Percutiam pastorem, et dispergentur oves gregis* (*Matth.* XXVI, 31), nonnullam generat quæstionem. Hoc enim Zacharias de pseudopropheta potius quam de Domino dicere videtur. Sic quippe in eo scriptum est. *Et erit, cum prophetaverit quispiam ultra : dicit ei pater ejus, et mater ejus, qui genuerunt eum : Non vives, quia mendacium locutus es in nomine Domini. Et configent cum pater ejus, et mater ejus, genitores ejus, cum prophetaverit. Et erit in die illa, confundentur prophetæ, unusquisque ex visione sua, cum prophetaverit, nec operientur pallio saccino, ut mentiantur; sed dicet : Non sum propheta, homo agricola ego sum, quoniam Adam exemplum meum ab adolescentia mea. Et dicetur ei : Quæ sunt plagæ istæ in medio manuum tuarum? Et dicet : His plagatus sum in domo eorum qui diligebant me. Framea suscitare super pastorem meum, et super virum cohærentem mihi, dicit Dominus exercituum. Percute pastorem, et dispergentur oves* (*Zach.* XIII, 3-7).

SOLUTIO ABÆLARDI.

Quamvis Zacharias illud pro pseudopropheta dixerit, Dominus vero pro se ipso induxerit, tamen tale est illud Domini testimonium ex Zacharia sumptum, quod tam bono pastori quam malo conveniat. Sive enim bonus pastor, sive malus, aliqua adversitate percussus, a cura illa pastorali, quam acceperat, præpediatur; ab ejus regimine grex, quem adunaverat, dispergitur, et disgregatus in diversa vagatur, sine pastore et duce factus. Quia ergo persecutio adversariorum, tam in bono pastore quam in malo hanc dispersionem gregis operatur, non incommode Dominus, quod generaliter de pastoribus dicitur, ad suam etiam passionem applicuit, tanquam si diceret : Quod generaliter de pastoribus verum est, hoc etiam in se complendum esse, et sic etiam in se futurum, sicut in pseudopastore fuerat prædictum : ut in hoc etiam cum iniquis sit reputatus, quod eis etiam in hoc assimilatus.

PROBLEMA HELOISSÆ XXXIX.

Quærimus etiam quomodo illud quod de galli cantu Dominus Petro prædixit, tam varie scriptum sit ab evangelistis. Matthæus quippe ita scribit : *Ait illi Jesus : Amen dico tibi, quia in hac nocte antequam gallus cantet, ter me negabis* (*Matth.* XXVI, 34). Marcus vero, qui Evangelium suum ipso Petro dictante dicitur scripsisse, sic ait : *Amen dico tibi, quia hodie in nocte hac, priusquam bis gallus vocem dederit, ter me es negaturus* (*Marc.* XIV, 50). Lucas vero ita : *Dico tibi, Petre, non cantabit hodie gallus, donec ter abneges nosse me* (*Luc.* XXII, 34). Joannes vero sic : *Amen, amen dico tibi, non cantabit gallus, donec ter me neges* (*Joan.* XIII, 38). Quid ergo sibi vult tanta verborum diversitas, si semel unum ex his Dominus Petro dixerit? Quid est etiam quod dicit Marcus, *Hodie in nocte hac,* cum nequaquam nox in die sit, et in cantu galli addiderit, *bis,* quod cæteri tacent.

SOLUTIO ABÆLARDI.

Consuetudo est Scripturæ nomine diei pariter diem et noctem comprehendere, veluti cum dicimus, quia ille vixit, vel sedit tot annis et tot diebus, vel quia ibi fuit per tot dies. Sic et cum Marcus dixit *hodie,* noctem etiam cum suo die comprehendit. Quod vero adjunxit, *in nocte hac,* noctem non tempus, sed imminentis noctis adversitatem dixit. Ut vero utraque solvamus de galli cantu dicta, ponamus Dominum ita temperate Petro dixisse prius, ut Marcus refert, antequam gallus scilicet bis vocem dederit, et postea, tanquam Petrus constantiam suam promitteret, adjecisse, quod etiam illud faceret, antequam gallus cantaret. Nam et Marcus Petrum quasi nimium confidentem sæpius verbis Domini quasi procaciter contraire commemorat, dicens : *Petrus autem ait : Etsi omnes scandalizati fuerint, sed non ego. Et ait illi Jesus : Amen dico tibi, quia hodie in nocte hac, priusquam gallus bis vocem dederit, ter me es negaturus. At ille amplius loquebatur : Et si oportuerit me simul commori tibi, non te negabo* (*Marc.* XIV, 29-31). Qui prius dixerat se non esse scandalizandum, plus aliquid nunc addit, dicens se etiam paratum commori, antequam neget. Ad quam majorem suæ constantiæ præsumptionem, et ipse Dominus plus aliquid adjecisse non incongrue creditur, dicendo scilicet, quod priusquam etiam gallus cantet, ter sit negaturus, ut diximus. Sed illud plurimum quæstionis generat, quod negationes Petri et cantum galli Marcus sic ordinat, ut post primam negationem gallus primo cantaret, et post duas alias, secundo : ex quo videtur nequaquam posse stare quod, sicut dicunt cæteri Evangelistæ, Petrus ter negaret, antequam gallus cantaret, nisi forte in verbis quoque ipsorum subaudiatur, *bis,* quod Marcus ponendo subaudiendum innuit, et quod Dominus tantummodo dixerit. Cum enim aliquid uno loco magis determinate quam in alio dicitur, sæpe determinationem subaudiri oportet, ubi etiam ipsa non ponitur, vel quod alibi est exceptum, diligenter adnotandum, ne falsitas confundat sensum. Quod nec ipsos etiam latet infideles. Unde cum Judæis nonnunquam opponimus : *Ad usuram non accommodaveris (Ezech.* XVIII, 8), tanquam nec nobis etiam fenerare debeant, dicunt, *proximo tuo,* subintelligendum esse, quod alibi legitur determinatum esse. Sed et cum veritas habeat Evangelica : *Nisi quis renatus fuerit ex aqua et Spiritu sancto, non potest introire in regnum Dei (Joan.* III, 5), subintelligendum est, vel sua passione sanctificatus, cum alibi quoque de martyribus generalem habeamus sententiam, Domino dicente : *Qui perdiderit animam suam propter me, inveniet eam (Matth.* x, 39). Augustinus vero lib. III De consensu evangelistarum (95), hanc diversitatem de negatione Petri ita dissolvit, ut quod Marcus ait, ad prolationem vocis referat negantis ; quod cæteri dicunt, ad propositum animi jam tanta formidine percussi, atque perturbati, ut paratus esset tertio negare, antequam omnino gallus cantaret.

Quod si quis forte requirat cur dixerit Dominus, *ter,* et non quater, vel amplius, quod similiter ex magnitudine formidinis facere paratus esset, videtur mihi nonnulla etiam ratio in hoc negationis haberi ternario, quo comprehenso intelligatur omnis negatio. Omnis quippe Christum negans, vel per errorem id facit, vel timore aliquo, sive cupiditate compulsus id præsumit. Ter igitur negaturus Petrus cum a Domino prædicitur, ad omnem paratus esse negationem insinuatur. Neque enim dubitandum est ex his quæ jam in Domino gesta conspexerat, antequam primum negaret, in desperationis scandalum una cum cæteris ipsum corruisse : a quo postmodum liberatus, Domino eum respiciente, amaro pœnitentiæ fletu delevit quod commisit. Nec illud fortassis absurde dici potest quod ille prior cantus galli, post primam negationem Petri, naturalis non fuit : sed ex aliquo strepitu, vel Petri de atrio foras exeuntis, vel quorumcunque illic deambulantium, gallus aliquis prope assistens, excitatus ante horam, primo cantaverit, ut non esset ille prior cantus naturaliter factus, sed vi quadam extortus. Nec tamen sine ratione id Dominus ordinavit, ut ad primam statim negationem Petri, statim gallus, quasi Petrum arguendo, cantaret, nec sic Petrus negando desisteret, ut veritas ipsa appareret. Cum itaque Dominus prædixerit Petrum ter negaturum, antequam gallus cantaret, horam naturalis cantus galli intellexisse videtur. Marcus vero qui solus apposuit bis tam naturalem quam accidentalem cantum galli indifferenter accepit.

PROBLEMA HELOISSÆ XL.

Quid est quod solæ bestiæ, vel aves commemorantur adductæ esse in Paradisum ad Adam, ut videret quid vocaret ea, et non etiam reptilia terræ, ut serpentes, vel reptilia aquæ, ut pisces? (*Gen.* II, 20.)

SOLUTIO ABÆLARDI.

Bene quidem, quantum ad mysterium, hoc credimus actum. In Ecclesia namque præsenti continentes, qui se maxime per desiderium ad cœlestia sublevant, et quasi volucres in altum volant, avibus comparantur ; boni vero conjugati bestiis, quæ terram ex parte contingunt, pedibus videlicet, et ex parte ab ea separantur, cum corpore in ea non volutentur. Qui enim matrimonio conjunctus est, divisus est partim Deo serviens, partim sæculo intentus, propter instantes conjugii necessitates. Quasi ergo pedibus, hoc est inferiori parte sui, terram contingit, quia terrenis curis, propter occupationem matrimonii quod lapsioris vitæ est, deseruit. Reptilia vero, quæ toto corpore in imo jacent, nec se ullatenus erigere possunt, reprobi sunt terrenis desideriis penitus vacantes, et in profundo vitiorum commorantes. De qualibus scriptum est : *Peccator cum in profundum vitiorum venerit, contemnit (Prov.* XVIII, 13). Unde nec pisces unquam in sacrificio Dei permissi sunt offerri. Recte igitur volatilibus tantum et gressibilibus animantibus in paradisum adductis, non etiam reptilibus, Adam nomina imposuisse dicitur, quia de toto præsentis Ecclesiæ populo, in qua granis paleæ adhuc sunt permistæ, soli continentes, et boni conjugati ad verum cœlestis patriæ paradisum sunt perventuri, et Dei vocatione digni : quorum nomina jam in libro vitæ sunt scripta. De qua quidem vocatione Dei, illud est Apostoli : *Quos autem prædestinavit, hos et vocavit ; et quos vocavit, illos et justificavit (Rom.* VIII, 30).

PROBLEMA HELOISSÆ XLI.

Quærimus quis illud addiderit in fine Deuteronomii (*Deut.* XXXIII et XXXIV), librorum scilicet quinque Moysi novissimi, quod de morte Moysi et deinceps narratur : utrum videlicet ipse Moyses id quoque prophetico spiritu dixerit, ut etiam id libris ejus connumerari possit, an ab alio postmodum sit superadditum ?

SOLUTIO ABÆLARDI.

Sicut Beda super Esdram meminit, ipse Esdras, qui non solum legem, sed etiam, ut communis majorum fama est, omnem sacræ Scripturæ seriem, quæ pariter igni absumpta est, prout sibi videbatur legentibus sufficere, rescripsit, tam hoc quam pleraque alia scriptis Veteris Testamenti adjecit. Sic et nonnulla scriptis etiam evangelicis superaddita videmus a translatoribus, quale est illud in Matthæo : *Eli, Eli, lamma sabacthani ? hoc est : Deus meus, Deus meus, utquid me dereliquisti ? (Matth.* XXVII, 46). Sic et in cæteris evangelistis, quæ non Hebraice, sed Græce scripta sunt, simul expositio istorum Hebraicorum verborum addita reperitur. Libro etiam Hieronymi De illustribus viris (96), ubi

---

(95) Patrol. tom. XXXIV, col. 1172.

(96) Patrol. tom. XXIII, col. 716-720.

se ipsum in fine operis posuit, ejus vitæ quantitas et finis a quodam addita reperitur.

PROBLEMA HELOISSÆ XLII.

Utrum aliquis in eo quod facit a Domino sibi concessum, vel etiam jussum, peccare possit quærimus.

SOLUTIO ABÆLARDI.

Quod si, ut oportet, verum concedatur, quæstione gravi pulsamur, quomodo conjuges, vel in antiquo populo, vel in novo, carnalem concupiscentiam exercentes, in eo peccare dicantur, unde in posteros peccatum originale transfundunt. Priorem quippe populum ad procreationem filiorum Dominus ex præcepto, et legis maledicto in eos, qui semen in Israel non relinquerent, constringebat. Unde non solum primis parentibus ante peccatum dixit : *Crescite et multiplicamini, et replete terram* (Gen. I, 28), verum etiam hoc ipsum Noe et filiis ejus post diluvium injunxit (Gen. XIX, 1). De supradicto autem legis maledicto, quo ad propagationem filiorum homines cogebantur, illud est Hieronymi contra Elvidium De perpetua virginitate sanctæ Mariæ (97) : « Quandiu lex illa permansit : *Crescite, et multiplicamini, et replete terram*; et : *Maledicta sterilis, quæ non facit semen in Israel (Exod.* XXIII, 26), nubebant omnes, et nubebantur. » Hinc et illud est beati Augustini in libro De bono conjugali (98) : « Continentiam Joannes et in opere, Abraham vero in solo habitu habebat. Illo itaque tempore, cum et lex dies patriarcharum subsequens maledictum dixit qui non excitaret semen in Israel, et qui poterat, non promebat, sed tamen habebat. » Idem ad Julianum De viduitate servanda (99) : « Nec quia dixi Ruth beatam, Annam beatiorem, cum illa bis nupserit, hæc univira cito viduata diu vixerit, continuo etiam te meliorem putes esse quam Ruth ; alia quippe propheticis temporibus sanctarum feminarum dispensatio fuit, quas nubere obedientia, non concupiscentia compellebat, ut propagaretur populus Dei, ex quo nasceretur etiam caro Christi. » Ut ergo ille populus propagaretur, maledictus habebatur per legis sententiam, qui non suscitaret semen in Israel. Unde et sanctæ mulieres accendebantur non cupiditate concumbendi, sed pietate pariendi, ut rectissime credantur coitum non fuisse quæsituræ, si proles posset aliter provenire. Et viris usus plurimarum vivarum concedebatur uxorum. Proinde sancta Ruth quale cum semen illo tempore necessarium fuit in Israel non haberet in mortuo viro, quæsivit alterum de quo haberet (Ruth. IV, 13).

Ad hoc utique legis maledicto, quod prædictus commemorat doctor, et quasi summo fidelium opprobrio, in tantum etiam ipsa lex illi providebat populo, ut posteriores fratres, etsi de uxoribus suis proprium semen haberent, ad semen quoque priorum fratrum suscitandum, uxores eorum ducere compelleret et illis jam defunctis potius quam sibi filios generare, ut vel sic a maledicto legis illos absolveret, qui prole privati non essent.

Ipse etiam Dominus observatoribus legis id quoque in remuneratione constituit, ut steriles apud eos non permaneant, tam in hominibus quam in jumentis. Sic quippe scriptum est in Deuteronomio : *Si postquam audieris hæc judicia, custodieris ea, custodiet te Dominus, diliget et multiplicabit, benedicetque fructui ventris tui, et terræ tuæ armentis, gregibus ovium. Benedictus eris inter omnes populos. Non erit apud te sterilis utriusque sexus, tam in hominibus quam in gregibus tuis* (Deut. VII, 13). Unde et nullos sanctorum Patrum legimus semine privatos, quamvis steriles haberent uxores, quas non ad voluptatem concupiscentiæ carnalis exercendam, sed ad populum Dei propagandum ducebant, ut non tam sibi quam Deo filios procrearent. Quale et illud est Tobiæ : *Et nunc, Domine, tu scis quia non luxuriæ causa accipio sororem meam; sed sola posteritatis causa, in qua benedicetur nomen tuum in sæcula sæculorum* (Tob. VIII, 9). Hac intentione Abraham matrimonio copulatus, de uxore sterili prolem suscipere meruit (Gen. XVI, 1 et seq.). Sic quoque Isaac (Gen. XXV), Manue pater Samsonis (Judic. XIII), Elcana de Anna (I Reg. I, 19), Zacharias de Elisabeth (Luc. I, 5 et seq.) optatam adepti sunt prolem, ne maledictum legis vel opprobrium incurrerent matrimonii. Quod inde matrimonium est dictum, quod ad matremfamilias faciendam sit initum. Hoc maledictum legis Jephte filia considerans, virginitatem suam deflebat, quod virgo moritura semen in Israel non esset relictura (Judic. XI, 38). Ab hoc opprobrio se liberari Elisabeth exsultabat dicens : *Quia sic fecit mihi Dominus, in diebus quibus respexit auferre opprobrium meum inter homines* (Luc. I, 25).

Hæc omnia supra memoratus doctor diligenter attendens, illum conjugatorum concubitum, qui fit propter filios, non tam generandos quam in Christo regenerandos, ita commendat, ut illum magis a peccato immunem dicat quam eum qui fit causa vitandæ fornicationis : quam tamen solam Apostolus causam constituit, ad continentiam plurimum nos adhortans : *De quibus*, inquit, *scripsistis mihi, bonum est homini mulierem non tangere : propter fornicationem autem, unusquisque suam uxorem, et unaquæoue suum virum habeat* (I Cor. VII, 2). Tanquam ergo melius fit, concubitum quoque conjugalem Deo magis quam nobis impendi, ut ei scilicet filios generare magis quam utilitati nostræ intendamus providere. Adeo prædictus doctor illam intentionem isti præponit, ut nequaquam illum concubitum ad indulgentiam referat, quem a culpa penitus alienat, ut non solum tanquam culpabilis non vitetur, sed tanquam laudabilis expetatur. Qui etiam nuptiarum bonum commendat, ut si causa

---

(97) Patrol. tom. XXIII, col. 203.
(98) Patrol. tom. XL, col. 592.

(99) Ibid., col. 436.

qua convenit, ineantur, procreandi videlicet filios, illos etiam concubitus excusent, qui non hac intentione qua convenit, fiunt, atque in seipsis magis quam in operationem vitandæ fornicationis, nuptias esse bonas convincit. Unde et in prædicto libro, De bono scilicet conjugali, sic ait (100) : « Bonum ergo conjugii, quod etiam Dominus in Evangelio confirmavit, non solum quia prohibuit dimittere uxorem nisi ex causa fornicationis, sed etiam quia venit invitatus ad nuptias, cur sit bonum merito quæritur. Quod mihi non videtur propter solam filiorum procreationem, sed propter ipsam etiam naturalem in diverso sexu societatem. » Item (1) : « Tantum valet illud sociale vinculum conjugum, ut cum causa procreandi colligitur, nec ipsa causa procreandi solvatur. Posset etiam homo dimittere sterilem uxorem, et ducere aliam, de qua filios habeat, et tamen non licet habere. » Item (2) : « Sane videndum est alia bona Deum nobis dare, quæ propter seipsa expetenda sunt, sicut est sapientia, salus, amicitia; alia quæ propter aliquid sunt necessaria, sicut doctrina, cibus et potus, somnus, conjugium, concubitus. Horum enim quædam necessaria sunt propter sapientiam, sicut doctrina; quædam propter salutem, sicut cibus, et potus, et somnus; quædam propter amicitiam, sicut nuptiæ vel concubitus. Hinc enim subsistit propagatio generis humani, in quo societas amicabilis magnum bonum est. His itaque bonis, quæ propter aliud necessaria sunt, qui non ad hoc utitur, propter quod instituta sunt, peccat, alias venialiter, alias damnabiliter. Quisquis vero eis propter hoc utitur, propter quod data sunt, benefacit. » Item (3) : « Mihi videtur hoc tempore solos eos, qui se non continent, conjugari oportere, secundum illam ejusdem Apostoli sententiam : *Quod si se non continent, nubant. Melius est enim nubere quam uri* (*I Cor.* VII, 9). Nec ipsis tamen non peccatum sunt nuptiæ, quæ si in operationem fornicationis eligerentur, minus peccatum esset quam fornicatio, sed tamen peccatum esset. Nunc autem quid dicturi sumus adversus evidentissimam vocem Apostoli dicentis : *Quod vult faciat, non peccat si nubat* (*ibid.*, 36); et : *Si acceperis uxorem, non peccasti, et si nupserit virgo, non peccat* ? (*Ibid.*, 28.)

Hinc certe jam dubitare fas non est nuptias non esse peccatum. Non itaque nuptias secundum veniam concedit Apostolus. Nam quis ambigat absurdissime dici non eos peccasse, quibus venia datur ? Sed illum concubitum secundum veniam concedit, qui fit per incontinentiam, non sola causa procreandi, et aliquando nulla causa procreandi : quem nuptiæ non cogunt fieri, sed ignosci impetrant, si tamen non ita sit nimius, ut impediat, quæ seposita esse debent tempora orandi, nec immutetur in eum usum, qui est contra naturam. De quo Apostolus tacere non potuit, cum de corruptelis nimiis impudorum et impiorum hominum loqueretur. Concubitus enim necessarius causa generandi, inculpabilis et solus ipse nuptialis est. Ille autem, qui ultra istam necessitatem progreditur, jam non rationi, sed libidini obsequitur. Et hunc tamen non exigere, sed reddere conjugi, ne fornicando damnabiliter peccet, ad personam pertinet conjugalem. Si autem ambo tali concupiscentiæ subiguntur, rem faciunt non plane nuptiarum. Verumtamen si magis in sua conjunctione diligunt quod honestum, quam quod inhonestum est, id est quod est nuptiarum, quam id quod non est nuptiarum, hoc eis, auctore Apostolo, secundum veniam conceditur. » Item (4) : « Ille naturalis usus, quando prolabitur ultra pacta nuptialia, id est ultra propagandi necessitatem, venialis fit in uxore, in meretrice damnabilis ; iste, qui est contra naturam, exsecrabiliter fit in meretrice, sed exsecrabilius in uxore. Tantum valet ordinatio Creatoris et ordo creaturæ, ut in rebus ad utendum concessis, etiam cum modus exceditur, longe sit tolerabilius quam in eis quæ concessa non sunt, vel unus vel rarus excessus : et ideo in re concessa, immoderatio conjugis, ne in rem non concessam libido prorumpat, toleranda est. Hinc est etiam quod longe minus peccat quamlibet assiduus ad uxorem, quam vel rarissimus ad fornicationem. Cum vero vir membro mulieris non ad hoc concesso uti voluerit, turpior est uxor si in se, quam si in alia fieri permiserit. Decus ergo conjugale est castitas procreandi, et reddendi carnalis debiti fides; hoc est opus nuptiarum, hoc ab omni crimine defendit Apostolus, dicendo : *Et si acceperis uxorem, non peccasti, et si virgo nupserit, non peccat; et, quod vult faciat : non peccat, si nubat* (*I Cor.* VII, 28). Exigendi autem debiti ab alterutro sexu immoderatior progressio, propter illa quæ supra diximus, conjugibus secundum veniam conceditur. Quod ergo ait : *Quæ innupta est cogitat ea quæ sunt Domini, ut sit sancta et corpore et spiritu* (*ibid.*, 34), non sic accipiendum est, ut putemus non esse sanctam corpore Christianam conjugem castam. Omnibus quippe fidelibus dictum est : *Nescitis quoniam corpora vestra templum in vobis est Spiritus sancti, quem habetis a Deo ?* (*I Cor.* VI, 19.) Sancta sunt etiam corpora conjugatorum, fidem sibi et Domino servantium. Cui sanctitati cujuslibet eorum, nec infidelem conjugem obsistere, sed potius sanctitatem uxoris prodesse infideli viro, aut sanctitatem viri prodesse infideli uxori, idem Apostolus testis est, dicens : *Sanctificatus est enim vir infidelis in uxore fideli; et sanctificata est mulier infidelis per virum fidelem* (*I Cor.* VII, 14). Proinde illud dictum est secundum ampliorem sanctitatem innuptarum quam nuptarum. »

Item (5) : « Manet vinculum nuptiarum, etiamsi proles, cujus causa initium est, manifesta sterilitate

---

(100) Patrol. tom. XL, col. 575.
(1) Ibid., col. 378.
(2) Ibid., col. 580.

(3) Ibid., col. 581, 582.
(4) Ibid., col. 582.
(5) Ibid., col. 585.

non subsequatur, ita ut jam scientibus conjugibus non se filios habituros, separare se tamen, vel ipsa causa filiorum atque aliis copulare non liceat. Quod si fecerint, cum eis quibus se copulaverint, adulterium committunt; ipsi autem conjuges manent. Plane uxoris voluntate adhibere aliam, unde comunes filii nascantur unius commistione, ac semine alterius autem jure ac potestate, apud antiquos Patres fas erat : utrum et nunc fas sit, non temere dixerim. Non est enim propagandi necessitas, quæ tunc fuit, quando et parientibus conjugibus alias propter copiosiorem posteritatem, superducere licebat : quod nunc certe non licet. » Item (6) : « Quod est cibus ad salutem hominis, hoc est concubitus ad salutem generis, et utrumque non est sine delectatione carnali. Quæ tamen modificata, et temperantia refrenante in usum naturalem redacta, libido esse non potest. Quod est autem in sustentanda vita illicitus cibus, hoc est in quærenda prole fornicarius vel adulterinus concubitus. Et quod est in luxuria ventris et gutturis illicitus cibus, hoc est in libidine nullam prolem quærente illicitus concubitus. Et quod est in cibo licito nonnullus immoderatior appetitus, hoc est in conjugibus venialis ille concubitus. Sicut ergo satius est mori fame, quam idolothytis vesci, ita satius est defungi sine liberis quam ex illicito coitu stirpem quærere. Undecunque autem nascantur homines, si parentum vitia non sectentur, et Deum recte colant, honesti et salvi erunt. Semen enim hominis ex qualicunque homine, Dei creatura est, et eo male utentibus male erit, non ipsum aliquando malum erit. Sicut autem filii boni adulterorum, nulla defensio est adulteriorum, sic mali filii conjugatorum, nullum crimen est nuptiarum. » Idem supra (7) : « Sunt viri usque adeo incontinentes, ut conjugibus nec gravidis parcant. Quidquid ergo inter se conjugati immodestum, inverecundum, sordidumve gerunt, vitium hominum est, non culpa nuptiarum. Jam in ipsa quoque immoderatiore exactione debiti carnalis, quam eis non secundum imperium præcipit, sed secundum veniam concedit Apostolus, ut etiam præter causam procreandi sibi misceantur; et si eos pravi mores ad talem concubitum impellunt, nuptiæ tamen ab adulterio seu fornicatione defendunt. Neque enim illud propter nuptias admittitur, sed propter nuptias ignoscitur. Debent ergo sibi conjugati non solum ipsius sexus sui commiscendi fidem, liberorum procreandorum causa, quæ prima est humani generis in ista mortalitate societas, verum etiam infirmitatis invicem excipiendæ ad illicitos concubitus evitandos, mutuam quodammodo servitutem, ut et si alteri eorum perpetua continentia placeat, nisi ex alterius consensu non possit. Et ad hoc enim uxor non habet potestatem sui corporis, sed vir : similiter et vir non habet potestatem sui corporis, sed mulier, ut et quod non filiorum procreandorum, sed infirmitatis et incontinentiæ causa expetit, vel ille de matrimonio, vel illa de marito, non sibi alterutrum negent, ne per hoc incidant in damnabiles corruptelas, tentante Satana propter incontinentiam, vel amborum, vel cujusquam eorum. Conjugalis enim concubitus generandi gratia non habet culpam. » Item (8) : « Reddere debitum conjugale, nullius est criminis : exigere autem ultra generandi necessitatem culpæ venialis. »

Idem ad Valerianum comitem, De nuptiis et concupiscentia, libro primo (9) : « Quis autem audeat dicere donum Dei esse peccatum ? Anima et corpus, et quæcunque bona animæ et corporis, naturaliter insita etiam peccatoribus, dona Dei sunt, quoniam Deus, non ipsi, ista fecerunt. De his quæ faciunt dictum est, omne quod non est ex fide, peccatum esse (Rom. XIV, 23). Absit ergo pudicum veraciter dici, qui non propter verum Deum fidem connubii servat uxori ! Copulatio itaque maris et feminæ, generandi causa, bonum est naturale nuptiarum. Sed isto bono male utitur, ut sit ei intentio in voluptate libidinis, non in voluntate propaginis (10). Hac intentione cordis, qui suum vas possidet, id est conjugem suam, procul dubio non possidet in morbo desiderii, sicut gens quæ ignorat Deum, sed in sanctificatione et honore, sicut fideles qui sperant in Deum. Illo quippe concupiscentiæ malo utitur homo, non vincitur, quando eam inordinat aut indecoris motibus æstuantem frenat et cohibet : neque nisi propagini consulens relaxat atque adhibet, ut spiritualiter regenerandos carnaliter gignat, non ut spiritum carni sordida servitute subjiciat. » Item de conjugio Joseph et Mariæ (11) : « Omne nuptiarum bonum impletum est in illis parentibus Christi, proles, fides, sacramentum : prolem cognoscimus ipsum Dominum Jesum; fidem, quia nullum adulterium; sacramentum, quia nullum divortium. Solus ibi nuptialis concubitus non fuit, quia in carne peccati fieri non poterat, sine illa carnis concupiscentia, quæ accidit ex peccato, sine qua concipi voluit, qui futurus erat sine peccato, non in carne peccati, sed in similitudine carnis peccati, ut hinc etiam doceret omnem, quæ de concubitu nascitur, carnem esse peccati; quandoquidem, sola quæ non inde nata est, non fuit caro peccati. Quamvis conjugalis concubitus, qui fit intentione generandi, non sit ipse peccatum, quia bona voluntas animi sequentem ducit, nec ducentem sequitur corpus voluptatem, nec humanum arbitrium trahitur subjugante peccato, cum juste redigitur in usum generandi plaga peccati. »

Item (12) de eo quod dicit Apostolus : *Hoc autem dico secundum veniam, non secundum imperium*

---

(6) Patrol. tom. XL, col. 385, 386.
(7) Ibid., col. 377.
(8) Ibid., col. 582.
(9) Patrol. tom. XLIV, col. 415.

(10) Ibid., col. 419.
(11) Ibid., col. 421, 422.
(12) Ibid., col. 423.

(*I Cor.* VII, 6). « Ubi ergo danda est venia, aliquid esse culpæ nulla ratione negabitur. Cum igitur culpabilis non sit generandi intentione concubitus, qui proprie nuptiis imputandus est; quid secundum veniam concedit Apostolus, nisi quod conjuges, dum se non continent, debitum ab alterutro carnis exposcunt, non voluntate propaginis, sed libidinis voluptate? Quæ tamen voluptas non propter nuptias cadit in culpam, sed propter nuptias accipit veniam. Quocirca etiam hic sunt laudabiles nuptiæ, quia et illud, quod non pertinet ad se, ignosci faciunt propter se. Neque etenim iste concubitus, quo servitur concupiscentiæ, sic agitur, ut impediatur fetus, quem postulant nuptiæ; sed tamen aliud est non concumbere nisi sola voluntate generandi, quod non habet culpam, aliud carnis voluptatem appetere concumbendo, sed non propter conjugem, quod venialem habet culpam. » Item libro secundo (13) : « Panem et vinum sic non reprehendimus, propter luxuriosos et ebriosos, quomodo nec aurum propter cupidos et avaros. Quocirca commistionem quoque honestam conjugum non reprehendimus propter pudendam libidinem corporum. Illa enim posset esse nulla præcedente perpetratione peccati, de qua non erubescerent conjugati. Hæc autem ex-torta est post peccatum, quam coacti sunt velare confusi. Unde remansit posterioribus conjugatis, quamvis hoc malo bene et licite utentibus, in ejusmodi opere humanum vitare conspectum, atque ita confiteri quod pudendum est, cum debeat neminem pudere quod bonum est. Sic insinuantur hæc duo, et bonum laudandæ conjunctionis, unde filii generentur; et malum pudendæ libidinis, unde qui generantur, regenerandi sunt ne damnentur. Proinde pudenda libidine-qui licite concumbit, malo bene utitur; qui autem illicite, malo male utitur. Rectius enim accipit nomen mali quam boni, quoniam erubescunt boni et mali. Meliusque credimus ei qui dicit : *Scio quia non habitat in me, hoc est in carne mea, bonum* (*Rom.* VII, 18); quam huic, qui hoc dicit bonum, unde si confunditur, confitetur malum; si autem non confunditur, addit impudentiam pejus malum. Recte ergo diximus, ita nuptiarum bonum malo originali, quod inde trahitur, non potest accusari, sicut adulteriorum malum bono naturali quod inde nascitur, non potest excusari; quoniam natura humana, quæ nascitur vel de conjugio vel de adulterio, Dei opus est; quæ si malum esset, non esset generanda, si malum non haberet, non esset regeneranda. »

(13) Patrol. tom. XLIV, col. 457.

PETRI ABÆLARDI
OPERUM PARS TERTIA.

THEOLOGICA ET PHILOSOPHICA.

EXPOSITIO IN HEXAEMERON.

(Edidit. D. MARTEN. *Anecdot.* t. V, col. 1362, ex ms. monasterii S. Michaelis in periculo maris.)

OBSERVATIO PRÆVIA.

Inter difficiliora intellectu sacræ Scripturæ loca, tria in primis recensent antiquiores Ecclesiæ Patres, quorum lectionem etiam non nisi peritis in lege permittebant Judæi, scilicet initium Genesis, Canticum canticorum et Ezechielis prophetiam. Hinc natum primis sæculis singulare illa explicandi ac commentariis illustrandi studium : quo in labore operam impendisse suam præsertim Rodonem Tatiani discipulum, Candidum, et Hippolytum testatur Hieronymus in libro De scriptoribus ecclesiasticis, capp. 37, 48 et 61, ut interim taceam Basilium Cæsariensem et Ambrosium Mediolanensem episcopos, qui omnes singulari aliquo opere initium Genesis explicare aggressi sunt. Horum exemplo sequentem Expositionem in Hexaemeron conscripsit Petrus Abælardus secundum triplicem sensum, litteralem, moralem et allegoricum. Hanc autem ad petitionem Heloissæ, cui nihil negare poterat, conscriptam quonam tempore aggressus fuerit non satis constat. Existimamus tamen eam post suam cum sancto Bernardo reconciliationem ab eo jam Cluniacensi monacho facto susceptam fuisse. Nam referens illam philosophorum sententiam de anima mundi, stellarum et planetarum, illam de Spiritu sancto, ut in sua Theologia fecerat, non amplius interpretatur. Sed quocunque tandem tempore illa Expositio scripta fuerit, in ea mirum Abælardi ingenium et eruditionem suspicere libet. Præterea vero quæ hactenus sub ejus nomine prodiere opera, et ea quæ hic a nobis edita fuere, reperimus in veteri codice ms. monasterii B. Mariæ de Fontanis in diœcesi Turonensi Abælardi Elucidarium : quod opus in codice Claravallensi Angeldi Montis-Leonis nomen præfert, editum est inter spuria S. Anselmi opera.

ABÆLARDI PRÆFATIO.

Tria sunt in Veteri Testamento loca quæ ad intelligendum difficiliora esse sacræ Scripturæ periti censuerunt. Principium scilicet Geneseos, secundum ipsam divinæ operationis historiam, et Canticum canticorum, et prophetiam Ezechiel in prima præcipue visione de animalibus et rotis, et in extrema de ædificio in monte constituto. Unde apud Hebræos institutum esse aiunt prædictorum scriptorum expositionem præ nimia difficultate sui nonnisi maturis sensibus seniorum committendam esse, sicut et Origenes meminit prima in Cantico canticorum homilia, dicens : « Aiunt et observari apud Hebræos quod nisi quis ad ætatem perfectam maturamque pervenerit, librum hunc in manibus tenere non permittitur : sed illud ab eis accepimus custodiri, apud eos omnes Scripturas a doctoribus tradi pueris, ad ultimum IV libros reservari, id est principium Genesis quo mundi creatura describitur, et Ezechiel prophetæ principia in quibus de cherubim refertur, finem quoque in quo templi ædificatio continetur, et hunc Cantici canticorum librum. » Hinc et illud Hieronymi in prologo Expositionis suæ in Ezechielem : « Aggrediar Ezechiel prophetam, cujus difficultatem Hebræorum probat traditio. Nam nisi quis apud eos ætatem sacerdotalis ministerii, id est trigesimum annum impleverit, nec principium Geneseos, nec Canticum canticorum, nec hujus voluminis exordium et finem legere permittitur, ut ad perfectam scientiam, et mysticos intellectus plenum humanæ naturæ tempus accedat. »

Supplicando itaque postulas et postulando supplicas, soror Heloissa, in sæculo quondam chara, nunc in Christo charissima, quatenus expositionem horum tanto studiosius intendam quanto difficiliorem esse constat intelligentiam, et spiritaliter hoc tibi et filiabus tuis spiritalibus persolvam. Unde et rogantes vos rogo ut, quia me rogando ad hoc compellitis, orando Deum mihi efficaciam impetretis; et quoniam, ut dici solet, a capite inchoandum est, tanto me amplius in exordio Geneseos vestræ orationes adjuvent, quanto ejus difficultatem cæteris constat esse majorem, sicut expositionum raritas ipsa testatur. Cum enim multi multas mysticas vel morales in Genesim confecerint explanationes, solius apud nos beatissimi Augustini perspicax ingenium historiam hic aggressus est exponere. Quam adeo difficilem recognovit, ut quæ ibi dixerit, ex opinione potius quam ex assertione sententiæ protulerit ; vel quærendo magis tanquam dubia, quam diffiniendo tanquam certa, quasi Aristotelicum illud attendens consilium : « Fortasse, inquit, difficile sit de hujusmodi rebus confidenter declarare, nisi sæpe pertractata sunt : dubitare autem de singulis non erit inutile. » Prædictus itaque doctor in secundo Retractationum suarum, libros XII suos de Genesi ad litteram retractaturus ait (14) : « In quo opere plura quæsita sunt quam inventa, et eorum quæ inventa sunt pauciora firmata, cætera vero ita posita, velut adhuc requirenda sint. » Sed quoniam hujus quoque operis dicta adeo vobis obscura videntur, ut ipsa rursus expositio exponenda esse censeatur, nostram etiam opinionem in exponendo prædicto Genesis exordio efflagitatis. Quam nunc quidem expositionem ita me vestrarum instantia precum aggredi cognoscatis, ut ibi me deficere videritis, illam a me apostolicam excusationem exspectetis. *Factus sum insipiens, vos me coegistis* (II Cor. XII, 11).

(14) Patrol. tom. XXXII, col. 640.

INCIPIT EXPOSITIO IN HEXAMERON.

Immensam igitur abyssum profunditatis Geneseos triplici perscrutantes expositione, historica scilicet, morali et mystica, ipsum invocemus Spiritum, quo dictante, hæc scripta sunt; ut qui prophetæ verba largitus est, ipse nobis eorum aperiat sensum. Primo itaque, prout ipse annuerit, imo dederit, rei gestæ veritatem quasi historicam figamus radicem. Carnalem itaque populum propheta desiderans ad divinum cultum allicere, cui tanquam rudi adhuc et indisciplinato priori instituta Testamenti fuerat traditurus, primo eos ad obediendum Deo tanquam omnium Creatori ac dispositori monet; consideratione videlicet corporalium ejus [*f.* operum]..... in ipsa mundi optima creatione ac dispositione. Quarum quidem rerum ab ipso mundi exordio usque ad tempora sua diligenti narratione deducit. Unde et ipsius recte materiam assignamus hanc ipsam, quam diximus mundi creationem ac dispositionem, hoc est ipsa quæ in creatione mundi vel dispositione divina operata est gratia. De qua quidem operatione ad cognitionem opificis nos perducente Apostolus ait : *Invisibilia ipsius a creatura mundi per ea quæ facta* sunt intellecta conspiciuntur, etc. (Rom. 1, 20). Quisquis enim de aliquo artifice an bonus vel solers in operando sit voluerit intelligere, non ipsum sed opera ejus considerare debet. Sic et Deus qui in seipso invisibilis et incomprehensibilis est, ex operum suorum magnitudine primam nobis de se scientiam confert, cum omnis humana notitia surgat a sensibus. Quod diligenter Moyses attendens populo illi carnali et corporeis sensibus dedito nec spiritali intelligentia prædito, juxta numerum quinque sensuum hoc Vetus Testamentum in quinque libris scribere decrevit, ab ipso divinæ creationis exordio sumens exordium, naturalem quidem ordinem in hoc prosecutus : unde bene hanc ipsam ejus operationem prophetæ hujus materiam assignamus.

Intentio vero est ea quam præmisimus, horum videlicet narratione vel doctrina carnalem adhuc populum ex visibilibus saltem operibus ad cultum allicere divinum, ut ex his videlicet homo intelligat quantam Deo debeat obedientiam, quem ipse et ad imaginem suam creavit et in paradiso collocatum cæteris præfecit creaturis tanquam propter eum conditis universis, sicut scriptum est : *Omnia subjecisti sub pedibus ejus*, etc. (*Psal.* VIII, 8). Quem etiam post culpam a paradiso ejectum beneficiis suis non destituit; sed eum modo per aspera corrigendo, modo per blanda attrahendo, modo lege instruendo, modo miraculis confirmando, modo minis deterrendo, modo promissionibus alliciendo, summa eum sollicitudine ad veniam non cessat invitare. Quæ quidem omnia, ut præfati sumus, diligenti narratione ab ipso mundi exordio usque ad tempora sua Moyses prosecutus ita exorsus est.

DE OPERE PRIMÆ DIEI.

In principio creavit Deus cœlum et terram. Cœli et terræ nomine hoc loco quatuor elementa comprehendi arbitror, ex quibus tanquam materiali primordio cætera omnia corpora constat esse composita. Cœlum quidem duo levia elementa, ignem videlicet atque aerem dicit. Reliqua vero duo quæ gravia sunt, terram generaliter vocat. Cœlum quippe tam aereum dicimus, juxta illud, *volucres cœli*, quam æthereum quod est igneum. Unde non incongrue tam aerem quam ignem cœlum hic nominat. Constat etiam cœlum æthereum : quo purior est ignis, cœlum proprie solere dici. Unde merito nomen cœli, quod quanto purior est ignis, tanto levioris est naturæ, pro duobus, ut dictum, levibus elementis igne scilicet atque aere hic positum esse intelligitur. Sicut e contrario per terram, cujus maxime gravis est et ponderosa natura, tam terram ipsam quam ei adhærentem aquam determinat. Hæc itaque quatuor elementa tanquam cæterorum corporum principia Deum in principio fecisse prænuntiat.

Et tale est quod dicit, *In principio*, ac si diceret, ante illa omnia quæ consequenter enumerat, et de quorum etiam consummatione postmodum subdit : *Igitur perfecti sunt cœli*, etc. (*Gen.* II, 1.) Tale est quod dicit in principio sequentium operum, ac si diceret : In principio mundi, id est antequam quidquam de his quæ de mundo sunt efficeret. Non enim angeli, cum incorporeæ sint naturæ, inter mundanas creaturas comprehenduntur, sicut homines, de quibus in III Topic. philosophus meminit. « Mundus, inquit, Providentia regitur, homines autem pars mundi sunt; humanæ igitur res Providentia reguntur. »

Potest etiam sic intelligi, *In principio creavit* hæc, ac si diceretur ut ipsa quæ diximus elementa cæterorum corporum ex eis conficiendorum primordialiter essent causa. Unde et bene elementa quasi alimenta dicta sunt, quod ex eis cætera suum esse trahant, sicut et quæcunque animantia per alimenta ciborum vivere habent atque subsistere.

Bene autem de elementis dictum est, *creavit*, potius quam *formavit*, quia creari proprie id dicitur, quod de non esse ita ad esse producitur, ut præjacentem non habeat materiam, nec in aliquo primitus subsisteret naturæ statu. Cum autem de ipsa jam materia præparata adjunctione formæ aliquid fit, recte illud formari dicitur, sicut est illud quod in sequentibus ponitur : *Formavit igitur hominem de limo terræ* (*Gen.* II, 7). Et iterum : *Formatis igitur de humo cunctis animantibus terræ* (*ibid.*, 19). Cum enim præjacens materia denotatur, veluti cum præmittitur de humo quoniam in speciem aliquam formaretur, tunc rectissime formari dicitur.

Terra autem erat inanis et vacua. Quoniam ad hominis creationem de terra formandi et in terra conversaturi specialiter iste spectat tractatus, quo propheta, ut diximus, ad cultum Dei hominem allicere intendens, ad terrena opera stylum convertit, cœlestis et superioris naturæ, id est angelicæ creatione præterita ; ne forte, si eam perscrutaretur et ad Creatoris sui laudem ejus excellentiam ostenderet, minus hominem ad amorem Dei alliceret, qui sibi aliam præferri naturam conspiceret. Præmittens itaque terram in creatione sua inanem et vacuam exstitisse, quomodo postmodum ejus inanitati et vacuitati divina operatio consuluerit posteriorum dierum operibus declarat. Inanem, dicit terram a fructu, quem nondum produxerat ; vacuam, ab habitatore, non solum homine, verum etiam ab omni penitus animantium genere, cum nulla adhuc animantia vel terrestris vel aquatica mansio contineret, quæ utraque, ut diximus, terræ vocabulo comprehendit. Terram itaque dicit, secundum quod expositum est, hanc ex elementis gravibus constantem inferiorem mundi regionem. Et notandum quod, dum ait, *terra autem erat inanis et vacua*, subinnuit ex illa apposita conjunctione adversativa de cœlo non sic esse intelligendum, cum videlicet angeli vel ante ipsum cœlum vel cum cœlo creati esse intelligantur, qui quasi cœlestes habitatores dicuntur, ut, licet eorum creationem propheta non exsequatur, in transitu tamen eam perstringat, ne quid ejus narrationi de divinis operibus deesse videatur.

Et tenebræ erant super faciem abyssi. Abyssum, id est profunditatem, vocat totam illam confusam necdum distinctam, sicut postmodum fuit, elementorum congeriem. Quam quidem confusionem nonnulli philosophorum seu poetarum chaos dixerunt : quod enim profundum est minus apparet et visui patet. Illam itaque elementorum congeriem nondum per partes ordinatas distinctam, ut cognitioni nostræ vel visui patere posset, etiamsi jam homo creatus esset, abyssum nominat ; faciem vero qua unusquisque cognoscitur pro notitia ponit. Facies ergo abyssi tenebris obducta erat, id est notitia illius congeriei ex prima confusione præpediebatur, ut nequaquam se visibilem præberet, vel aliqua ejus utilitas in laudem Creatoris adhuc appareret.

Et Spiritus Domini ferebatur super aquas. Hebraicum habet, *volitabat super faciem aquarum.* Translatio vero quædam habet, *fovebat aquas,* quædam, *ferebatur super aquas,* sicut habet præsens quam præ manibus habemus, ac primum nobis occurrit exponenda. Quantum ergo nobis videtur, aquarum etiam nomine fluidam illam atque instabilem congeriem nondum certa partium suarum collocatione firmatam comprehendit. Super hanc itaque Spiritus Domini ferebatur, quia ut eam ordinaret, tanquam imperio suo subjectam divina disponebat gratia, ne videlicet ulterius esset inanis aut vacua, seu tenebrosa vel fluida. Quid enim Spiritus Dei nisi ejus bonitas intelligitur, cujus participatione sunt bona universa? Quæ videlicet Dei bonitas, quia nondum in illa elementorum confusione apparebat, superferri potius illi quam inferri dicebatur, quia nondum in ea operatus fuerat unde aliquid utilitatis ipsa prætenderet. Unde nec in ejus commendatione : dicitur vidit Deus quia bonum est, sicut in commendatione reliquorum operum. Diligenter etiam dicit, *ferebatur super aquas* potius quam erat, quasi ostendens eum habere quemdam transitum in istis, ut de tenebris ad lucem produceret, non in eis permanentiam habere, quas nequaquam in hac confusione proposuerat relinquere.

Alia etiam, ut diximus, translatio habet, *et Spiritus Domini fovebat aquas,* more videlicet avis, quæ ovo incumbit, ut ipsum foveat atque vivificet ; unde et bene vivificatorem Spiritum sanctum appellamus. Bene autem ovo nondum vivificato aut formato illa confusa congeries comparatur, in qua tanquam in ovo quatuor in se continenti quatuor elementa comprehenduntur. Est quippe in ovo testa exterior; deinde intus tela, id est cartilago quædam testæ adhærens; ac postmodum albugo ; denique medium illud ovi quasi medulla ejus. Quod quidem medium ovi quod vitellum dicimus, quasi terra est in mundo : albugo quasi aqua terræ adhærens: tela tanquam aer; testa ut ignis. Ex vitello autem et albugine ovi constat pullum in eo formari et nasci ; et ex terra vel aqua cuncta produci ac formari animantia liber iste commemorat. Sicut igitur avis ovo incumbens et ei nimio affectu se applicans ipsum calore suo fovet, sicut dictum est, pulum format atque vivificat : sic divina bonitas quæ Spiritus sanctus intelligitur, et proprie charitas Dei dicitur, quæ infusa cordibus fidelium ea fervere in Deum facit, et sic quodam suo fotu calentia reddit, illi adhuc fluidæ et instabili congeriei, quasi aquis præesse dicitur, ut inde postmodum animantia producat, quia sic eam quasi sub se habebat, hoc est in sua potestate, ut inde postmodum hominem et animantia cætera quasi de ovo pullum formaret, ac formata vivificaret.

Notandum vero quod ubi nos dicimus *Spiritus Domini ferebatur super aquas,* pro spiritu Hebraicum habet *ruauh,* quod tam spiritum quam ventum figurat : Et pro eo quod dicimus, *ferebatur super aquas,* in Hebræo est, *volitabat super faciem aquarum,* ut supra quoque meminimus. Ex quo et volitans alibi in eodem propheta reperitur, cum dicitur : *Sicut aquila provocans ad volandum pullos et super eos volitans* (*Deut.* XXXII, 11). Quod itaque dicitur ventus Dei jam tunc super faciem aquarum volitare, id est ventilare, tale est fortassis juxta litteram ac si diceretur quod jam tunc ventus a Deo aquis immissus, earum superiorem partem, quam semper constat leviorem esse in omni aquarum congerie, sursum agitabat, ut videlicet postmodum suspensæ firmarentur. Cum enim postmodum ait : *Fiat firmamentum in medio aquarum* ; et rursum : *Divisit aquas quæ erant sub firmamento ab his quæ erant super* (*ibid.*, 7), innuit jam eas fuisse divisas, sed nondum esse firmatas. Nec mireris hoc loco ventum a Domino aquis immissum Spiritum Domini a Moyse dici, cum hoc idem propheta tanquam in consuetudine habens alibi dicat : *In spiritu furoris tui congregatæ sunt aquæ* (*Exod.* XV, 8). Et rursum : *Flavit spiritus tuus et operuit eos mare* (*ibid.*, 10). Nec mirum ventum a Domino immissum spiritum ejus vocari, cum malignus quoque spiritus nonnunquam ab eo furere permissus spiritus Domini malus nuncupetur, sicut in Saule legimus.

Bene autem ventus aquis immissus et eas sustollens, ut universum tegerent mundum, typum nostræ regenerationis ex aqua et spiritu præsignabat. Hoc enim elementum Spiritus sanctus cæteris dignitate præfecit ac superposuit, dum hoc ei sui gratiæ beneficium contulit, ut quorumlibet hominum aqua baptismatis perfusorum universa peccata sic tegerentur vel delerentur, ut nec satisfactio pœnæ corporalis restaret.

Si quis etiam hoc ad naturalem ordinem elementorum ita referat, ut aerem aqua circumfusum dicat, sicut aqua terram tunc omnino ambiat vel cœlum aerem ambit, et tale sit spiritum tunc illum volitare super aquas quasi mobili sua levitate illas ambire. Videtur hæc quoque sententia naturali rerum ordini consentire, nisi forte quod cum de aere dicitur spiritus, additur Domini : quod nequaquam de terra vel cæteris dictum est elementis. Sed fortasse tanto id diligentius propheta scripsit, quanto perfectius rem gestam simul et mysticam comprehendit. Tale est ergo, *Spiritus Domini volitabat, super aquas*, ac si diceret : Ventus in eis spirabat, typum gerens Spiritus sancti, aquas in baptismum sua gratia fecundaturi et quasi hoc beneficium eis inspiraturi.

Cum ergo propheta de cœlo et terra manifestam prius fecisset mentionem, dicens : *Creavit cœlum et terram*, et in hoc patenter duo elementa comprehendisset, ignem videlicet ac terram, præsertim cum nomine cœli et terræ nonnisi terrenum elementum et igneum ex quo est, extrema mundi spatia, hoc est ætherea, quæ proprie cœlum dicitur, intelligi soleat, duo quoque alia, scilicet aquam et aerem consequenter exprimere curavit; quæ dum non creari tunc sicut illa patenter dixerit, quamvis, ut diximus, hæc quoque in eorum nominibus comprehendat, curavit manifeste nunc ea distinguere, ut diligenter totam mundi constitutionem in quatuor istis consistere declararet.

Dixit quoque Deus : Fiat lux. Dictum ipsius Dei est Verbum Patris, quod ejus coæternam Sapientiam intelligimus, in qua primitus omnia disponuntur quam opere compleantur, sicut scriptum est : *qui fecit quæ futura sunt :* fecit, inquam, disponendo antequam faceret opere complendo. Sicut est itaque verbum oris, ita et verbum dicitur cordis, juxta illud : *In corde et corde locuti sunt* (Psal. XI, 3). Cum igitur propheta in diversis rerum creationibus faciendis præmittit : *Dixit Deus*, et ad dictum statim effectum adjungit, dicens : *Et factum est*, ita cuncta Deum condidisse in Verbo, hoc est in Sapientia sua ostenditur, id est nihil subito vel temere, sed omnia rationabiliter ac provide. De quo et Psalmista : *Dixit*, inquit, *et facta sunt* (Psal. XXXII, 9), id est ratione et providentia præeunte cuncta condidit sive ordinavit. Qui etiam alibi verbum hoc apertius demonstrans non esse verbum audibile et transitorium, sed intelligibile ac permanens, ait : *Qui fecit cœlos in intellectu* (Psal. CXXXV, 5); primo videlicet per rationem apud se eos constituendo quam opere complendo ; quasi bina sit omnium rerum creatio : una quidem primum in ipsa divinæ providentiæ ordinatione, altera in opere. Secundum quas etiam duas creationes duos esse mundos, unum videlicet intelligibilem, alterum sensibilem astruxere philosophi. Quod nec ab evangelica dissidet disciplina, si sententiæ veritatem magis quam verborum attendamus proprietatem. Scriptum quippe est in Evangelio de hoc ipso Dei Verbo : *Quod factum est in ipso vita erat* (Joan. I, 3). Quod tamen philosophi ipsum etiam divinæ providentiæ conceptum mundum appellant, ab ecclesiasticæ locutionis usu plurimum dissentire videtur. Unde Augustinus in primo Retractationum (15) : « Displicet, inquit, mihi quod philosophos non vera pietate præditos dixi virtutis luce fulsisse. Et quod duos mundos, unum sensibilem, alterum intelligibilem sic commendavi tanquam hoc etiam Dominus figurare voluerit, quia non ait : Regnum meum non est de mundo, sed, *Regnum meum non est de hoc mundo* (Joan. XVIII, 36). » Item, nec Plato quidem in hoc erravit quia esse mundum intelligibilem dixit, si non vocabulum quod ecclesiasticæ consuetudini in re illa minime usitatum est, sed ipsam rem volumus attendere, mundum quippe ille intelligibilem nuncupavit ipsam rationem qua fecit Deus mundum. Quam qui esse negat, sequitur ut dicat irrationabiliter Deum fecisse quæ fecit. Idem De Civitate Dei libro decimo sexto hanc internam Dei locutionem, et intellectuale non audibile verbum diligenter describens (16) : « Dei, inquit, ante factum suum locutio ipsius, facti sui est incommutabilis ratio, quæ non habet sonum strepentem atque transeuntem, sed inde sempiterne manentem et temporaliter operantem. »

Quod itaque dictum est : *Dixit Deus : fiat lux; et facta est lux*, tale est quod sicut prius in verbo mentis ordinavit aut propria ratione faciendum esse decrevit, ita postmodum opere complevit. Lucem vero istam quæ prædictas tenebras removit, ipsam sequentium operum distinctionem accipimus, qua videlicet confusa illa congeries, quæ se nondum visibilem præbebat nec usui apta alicui cognosci poterat, vel ad quid creata esset ex ipsa adhuc percipi valebat, ad eam ordinationem perducta est, ut jam se omnino ipsis aptam præberet. *Et facta lux*, hoc est juxta hoc quod in verbo mentis suæ Deus ordinaverat opere complevit, illis videlicet confusionis quas diximus tenebris sequentis dictinctionis luce remotis.

Nec est prætereundum quod superius in creatione cœli et terræ non est scriptum : *Dixit Deus, et factum est ita*, sicut in sequentibus per singula opera scriptum videmus ; sed quasi primo tacuit Deus et a luce loqui exorsus est. Bene equidem ; quasi enim imperando dicit Dominus, *fiat* et ei subjecta famulatur creatura, quantumcunque irrationalis sit vel bruta, tanquam ejus audierit atque intellexerit imperium, sicut et Jeremias meminit dicens : *Perfecit terram et adimplevit eam pecudibus, vocavit eam et audivit in tremore ; stellæ autem dederunt lumen in custodiis suis, et lætatæ sunt, vocatæ sunt et dixerunt : Adsumus ; et luxerunt cum jocunditate* (Baruch. III, 32). Quomodo itaque nondum creata materia nec adhuc existente, cui imperaretur, verba imperii convenienter dicerentur? Præterea dictum illud Dei, hoc est Verbum ipsius,

(15) Patrol. tom. XXXII, col. 588.

(16) Patrol. tom. XLI, col. 484.

de quo scriptum est : *Erat lux vera quæ illuminat omnem hominem*, etc. *(Joan.* 1, 9). Bene tunc primo propheta demonstravit, cum ad lucem operum Dei pervenisset, per quam quidem lucem operum Deus homini quodammodo loqui et seipsum manifestare primo incœpit, sicut et Apostolus patenter edocuit, dicens : *Invisibilia enim ipsius a creatura mundi per ea quæ facta sunt intellecta conspiciuntur*, etc. *(Rom.* 1, 20). Dum igitur illa adhuc confusa congeries nec visui nec notitiæ se præberet humanæ, nec alicui apta usui, vel angelo vel homini, si jam esset creatus, appareret, quasi tacuisse Deus ostenditur ; quia nondum tale quid in illa egerat, unde aliquid ipse loqui valeret, hoc est humanam instruere rationem atque aliquam excellentiæ suæ præbere notitiam.

Notandum vero in hoc ipso Genesis exordio fidei nostræ fundamentum circa unitatem Dei ac Trinitatem prophetam diligenter expressisse. Cum enim dixerit *Spiritus Domini*, simul et personam Spiritus sancti et Patris, a quo ipse Spiritus, ut beatus meminit Augustinus, principaliter procedit, manifeste distinxit. In eo vero quod addidit : *Dixit Deus*, dictum ipsius Dei, id est Verbum ejus, quod est Filius, cum ipso pariter Patre patenter expressit. Nemo etenim sani capitis ita desipere potest, ut hoc dictum corporale æstimet, cum nec corporalis sit divinitas, nec loqui corporaliter habeat, nec adhuc cui eum loqui corporaliter oporteret, assisteret. Ubi autem nos dicimus : *Creavit Deus*, pro eo quod est *Deus*, in Hebræo habetur *Eloim*, quod divinarum personarum pluralitatem ostendit. Et quippe singulare est quod interpretatur *Deus* ; *Eloim* vero plurale est, per quod diversitatem personarum, quarum unaquæque Deus est, intelligimus. Unde autem dictum est : *Eloim creavit*, non creaverunt ? ut videlicet ad plurale nomen singulare verbum referretur ; quatenus insinuaretur in tribus illis personis non tres creatores, sed unum tantum debere intelligi. Cum igitur dixit *Eloim creavit*, in quo divinas personas pariter cooperari docuit, profecto indivisa esse opera Trinitatis præfixit. Cum autem postmodum, ut diximus, Patris et Spiritus et Verbi personas distinxit, in quo illa consisteret Trinitas determinavit.

Notandum vero pro eo quod dicimus : *Fiat lux, et facta est lux*, in Hebræo haberi : *Sit lux, et fuit lux* ; et similiter in cæteris quæ sequuntur ubicunque nos habemus : *Dixit Deus, Fiat hoc, et factum est ita*, in Hebræo est : *Sit hoc, et fuit ita*. Quibus fortasse verbis maxima celeritas divinæ operationis exprimitur. Quippe dum aliquid fit quod nondum est, aliqua mora in faciendo esse potest. Cum vero dicitur, sit et fuit, nulla interposita mora perfectio rei ostenditur.

Et vidit Deus lucem, quod esset bona. Cum dicitur in diversis operibus Dei post eorum consummationem, quia vidit Deus quod esset bonum, tale est ac si diceretur : Intellexit nihil ibi per errorem factum quod sit corrigendum, etiam aliquid comparatione præcedentis imperfectionis esse perfectum innuitur. Bene lucem, id est distinctionem operum, Deus approbat, quia per eam excellentiæ suæ laudem nobis manifestat, quoniam laus operis in artificem redundat. Unde etiam de his quæ propter hominem facit, cum dicitur ipse videre quia bona sint, nullo modo rectius intelligi puto quam quod ea sic ordinat, ut nos etiam illa bona esse videre faciat, sicut et Abraham dicit : *Nunc cognovi quod timeas Dominum* (*Gen.* xxii, 12), id est cognosci feci. Hinc est quod secundæ diei opera in suspensione scilicet superiorum aquarum minime approbare dicitur, cum nos id minime laudare faciat, cujus operis rationem vel utilitatem nequaquam percipimus.

Et divisit lucem a tenebris. Hoc est operatione sua perfectum discrevit ab imperfecto et distinctum a confuso. Superius autem ubi ait : *Dixitque Deus : Fiat lux, et facta est lux*, ad imperium quidem Dei lucem esse factam monstravit. Hic vero cum ait : *Et divisit lucem a tenebris*, per ipsum quoque hanc distinctionem operum, quam lucem appellat, factam esse demonstrat, ut idem ipse materiæ Creator pariter et formator intelligatur, eique tota laus tam de creatione materiæ quam de operum formatione tribuatur.

Appellavitque lucem diem, et tenebras noctem. Hoc est fecit eam hac appellatione dignam, ut videlicet ipsa operum facta distinctio per similitudinem dies appelletur, et illa quæ præcessit confusio nox dicatur, quæ etiam superius tenebræ dicebatur.

Et factum est vespere et mane dies unus. Diem unum hic vocat totam illorum operum Dei consummationem, prius in mente habitam et in opere postmodum sexta die completam. Vesperam autem hujus totius temporis quod hic unum diem appellat, totam illam operationem Dei vocat, secundum quod prius in ejus mente latebat, antequam per effectum ad lucem prodiret. Ac rursus ipsam eamdem operationem mane nuncupat secundum quod opere postmodum completa sese visibilem præbuit. Divinæ itaque mentis conceptum in dispositione futuri operis vesperam dicit, mane vero appellat ipsam conceptus illius operationem et divinæ dispositionis effectum in sex diebus consummatum. Cum itaque dicitur : *Et factum est vespere et mane dies unus*, tale est ac si diceretur : Eadem est operatio, quæ in mente Dei tanquam in vespere prius latebat, et quæ postmodum per effectum operum ad lucem erupit ; quod est dicere : Sicut prius mente concepit, ita postmodum opere consummavit, juxta quod scriptum est : *Quod factum est; in ipso vita erat* (*Joan.* 1, 3). Quasi enim de sinu quodam secreti sui singula Deus producit, dum exhibet opere quod ante conceperat mente ; nec a conceptu dissidet opus, dum quod mente disponitur opere completur. Cum itaque tam vespere quam mane totam divinorum operum summam, ut dictum est, comprehendat, tam videlicet conceptorum mente quam exhibitorum opere, bene dictum est dies unus potius quam dies primus, cum omnia comprehendat opera, nullus est operum dies respectu cujus primus hic dici possit. Unitas vero hæc dici magnam divinorum operum concordiam et convenientiam demonstrat, in illa scilicet totam diversorum operum summa. Hunc vero unum diem magnum, totum videlicet tempus illud divinorum operum ipse in sequentibus propheta declarat dicens : *Istæ sunt generationes cœli et terræ, quando creatæ, sunt in die quo fecit Dominus cœlum et terram et omne virgultum agri*, etc. (Gen. II, 4.) Cum vero in sequentibus dicit diem secundum et tertium, etc. diem primum intelligit quo cœlum et terra creata sunt, sicut dictum est : *In principio creavit Deus cœlum et terram*, in quo etiam lux est creata vel a tenebris divisa. Ad opera quippe primæ diei sola creatio cœli et terræ pertinet quæ primo diei deputanda est, respectu cujus videlicet primæ diei secundus aut tertius dies dicatur, ut tale sit in *principio creavit* ac si diceretur : In prima die, hoc est ante cætera quæ sequuntur opera. Prius quippe materiam creari oportuit quam formari. Si quis tamen quod dicitur : *Et factum est vespere et mane dies unus*, ad opus solummodo primæ diei referre velit, sicut et in cæteris diebus de operibus eorum fit, nihil impedit; nam et ipsam materiam sicut et materiata prius in mente Deus habuit, velut in vespere, antequam per creationem produceret in mane.

DE SECUNDA DIE.

Dixit quoque Deus. Notandum vero quod in his dictis divinis nostra translatio habet aliquando : *Dixit quoque Deus*, aliquando : *Dixit vero Deus*, vel *autem*, vel *etiam*, quod idem est, aliquando sicut superius : *Dixitque Deus*, cum Hebraica veritas ubique habeat: *Dixitque Deus*. Quæ quidem veritas Hebraica juxta superiorem nostram expositionem huic loco maxime congruit, ut videlicet dicatur *Dixitque Deus* potius quam *Dixit quoque Deus*. Cum, ut diximus, in luce facta omnium sequentium operum distinctio intelligatur, nequaquam proprie ista conjunctio *quoque* quoddam augmentum dicti significans supponi hoc loco debuit; cum jam videlicet hujus diei operatio sicut et cæterorum in luce facta sit comprehensa. Cum ergo in Hebraico dicitur : *Dixitque*, ut scilicet qualiter ista lux facta sit distinguatur, ita est ad superiora continuandum, tanquam si dicatur : Facta est lux, id est distinctio præcedentis confusionis, sicut dixit Deus, et ita facta est ad imperium dicti ejus, sicut tam nunc quam postmodum distinguitur. De cujus quidem distinctionis opere primo nunc dicitur : *Dixitque Deus*, etc. Dixit Deus, id est in Verbo sibi coæterno, sicut jam determinatum est, id est in ipsa propriæ Sapientiæ providentia prius id disposuit quam opere compleret.

Fiat firmamentum in medio aquarum, et dividat aquas ab aquis. Firmamentum vocat aereum similiter simul et æthereum cœlum, de quibus dictum est, *et aquæ quæ super cœlos sunt* (Psal. CXLVIII, 4), quæ utraque nunc interjacent inter has aquas interiores sive terram, et illas superiores aquas. Quod quidem ideo firmamentum dicitur, quod superiorem aquarum fluidam naturam ne inferius defluant et relabantur propria interpositione confirmat. Unde Hieronymus Samaim Hebraice, id est *cœlos*, æthereum scilicet atque aereum, quos hic firmamentum Moyses appellat, ex aquis dicit sortiri vocabulum, id est pro eo sic appellatum, quod aquas ita superius firmat, ne inferius defluant.

Quæritur autem quomodo ignis et aer aquæ substantiam quæ ponderosior est sustentare valeant. Sed profecto tanta potest esse raritas atque subtilitas illarum aquarum, et tanta ignis et aeris massa quæ ei subjacet, quod ab istis illæ sustentari queant; sicut ligna et nonnulli lapides ab aquis, quamvis ipsa terrenæ sint et gravioris naturæ. Quis etiam nesciat vicinum aerem, quamvis aquis levior sit, eas tamen exhalatione terræ vaporaliter tractas, antequam in guttas conglobentur, suspendere atque sustentare? Si ergo his aquis vaporatis, illæ superiores rariores sunt ac minus corpulentæ, cur non ab igne simul et aere subjacentibus sustentari perenniter valeant, sicut illæ corpulentiores ab aere solo suspenduntur ad horam ? Nam et nubes densas et ingentia draconum vel avium corpora ab aere sustentari manifestum est. Nec quisquam fidelium dubitat humana corpora, quamvis terrenæ naturæ sint, tantæ subtilitatis ac levitatis, post resurrectionem futura, ut non solum super cœlos consistere queant, verum etiam ubicunque voluerit Spiritus sine dilatione transferantur. Præterea quis nesciat inclusum aerem in vesica circumstantem pellem vesicæ undique suspendere atque sustentare, licet ipse omnino pelle illa sit levior? Imo etiam quantamcunque corporum molem sustentare posset quandiu inclusus cohiberi posset. Sic et illa aeris et ignis congeries, atque globus in illa aquarum corpulentia conclusus, nequaquam levitate sui eas suspendere vel sustentare impeditur. Nec ullo modo labi aqua illa circumfusa posset, qua undique ignem et aerem cohibet, donec ei ignis vel aer in aliquam partem cederet; quoniam locum unius corporis nullatenus alterum occupare potest, nisi illo primitus inter recedente. Undique vero aer ipse et ignis, ne devolare fortassis possint, circumstantibus aquis comprimuntur et undique superpositas habent aquas, quomodo in omni globo quæ exteriora sunt superiora sunt. Ut autem cohibere illa et comprimere possint, aliquid gravitatis inesse necesse est, et ita moderate, ut ab illis queant sustentari. Constat vero, ut dictum est, duo tantum elementa gravia esse, terram scilicet atque aquam et terram graviorem aqua. Unde ut moderatior esset gravitas aquam potius quam terram superponi oportuit, quæ et facilius sustentari a levibus potuit. Denique in his corporibus, quæ ex quatuor constant elementis, tam animatis quam inanimatis, quis rationabiliter negare possit, hæc quatuor elementa tali sibi modo copulari, ut nonnullæ particulæ leviorum elementorum aliquibus particulis graviorum supponantur? Non enim alicujus magni corporis inferiores partes ita prorsus ignei vel aerii elementi admistione penitus carent, sicut nec superiores ab aqua et terra prorsus sunt immunes; sed tam superiores quam inferiores hujus corporis partes ex quatuor constant elementis, congrua quadam naturali moderatione sibi colligatis, juxta illud quod ad Deum dicitur : *Qui numeris elementa ligas*. Quid ergo mirum si in compositione mundi aqua igne vel aere gravior superponi potuit illis, et ab eis etiam sustentari?

Nonnulli autem aquas illas superiores glaciali concretione solidatas atque in crystallum induruisse astruxerunt. Quod quidem si ita est, quanto magis sunt solidæ, tanto vehementius conclusum ignem et aerem cohibent ne aliquo abscedant et tanto fortius ab ipsis sustentantur; imo fortassis nec jam ab eis sustentari eas necesse est, quæ jam fluidæ non sunt, sed in crystallum solidatæ. Unde Josephus *Antiquitatum* lib. primo : « Secunda die cœlum super omnia collocavit, eumque ab aliis distinguens in semetipso constitutum esse percepit; et ei crystallum circumfigens, humidum esse et pluviale ad utilitatem quæ fit ex imbribus terræ congrue fabricatus est. » Hieronymus ad Oceanum de unius uxoris viro (17) : « Inter cœlum et terram medium exstruitur firmamentum, et juxta Hebraici sermonis etymologiam cœlum, id est *samaim* ex aquis sortitur vocabulum, ut aquæ quæ super cœlos sunt in laudes Domini separentur. Unde et Ezechiele crystallum super cherubim videtur extensum, id est compactæ et densiores aquæ. » Beda *De rerum naturis* : Cœlum superioris circuli virtutes continet angelicas, quæ ad nos exeuntes ætherea corpora sumunt, ut possint hominibus etiam in edendo similari, eademque ibi reversæ deponunt. Hoc Deus aquis glacialibus temperavit, ne inferiora succenderet elementa, dehinc inferius cœlum nuncupans firmamentum propter sustentationem superiorum aquarum ; item aquas super firmamentum positas cœlos quidem spiritualibus humiliores, sed omni creatura corporali superiores. »

Quidam ad inundationem diluvii reservatas, alii vero rectius ad ignem siderum temperandum suspensas affirmant. Beatus vero Augustinus istas opiniones prætermittens de aquis illis superioribus, utrum videlicet glaciales sint vel non, vel quas in se habeant utilitates, ait : « Sane quales ibi aquæ sint, quosve ad usus reservatæ, Conditor ipse noverit, esse tamen eas ibi Scriptura testante nulli dubium est. » Quod ergo tantus doctor quasi dubium sibi reliquit, affirmare nobis arrogantissimum videtur. Quod vero nonnulli opinati sunt eas ibi constitutas et reservatas ad inundationem diluvii, ut inde scilicet labentes abundantia sui terram cooperirent, frivolum omnino deprehenditur. Cum enim Psalmista longe post diluvium existens dicat : *Et aquæ quæ super cœlos sunt laudent nomen Domini* (*Psal.* CXLVIII, 4), profecto ibi nunc quoque sicut ante constat eas existere. Quippe non ait, quæ erant, sed *quæ sunt*. Quod si pars quædam inde sit delapsa, nequaquam firmamentum illi parti fuit interpositum, quod nequaquam ita eas firmavit, ut non ulterius laberentur. Constat etiam, ut Genesis refert, diluvium ex abundantia pluviarum fuisse, ruptis etiam fontibus abyssi magnæ ; quibus postea clausis et prohibitis pluviis, ipsum diluvium cessavit. Certum autem habetur pluvias nequaquam oriri nisi terrarum exhalatione, cum sol videlicet eas calefaciens vaporatione sui aquas tenues tanquam in fumo ex calefactione terræ conscendentes attrahit. Non itaque illa aquarum abundantia, quæ in pluviis fuit, de supernis sed infimis originem habuit. Ubi et cum jam diluvio cessante additur non solum quia pluviæ sunt prohibitæ, sed etiam quia clausi sunt fontes, manifeste innuitur totam illam aquarum in diluvio abundantiam nonnisi de inferioribus aquis fuisse, quæ in die tertia congregatæ sunt ut appareret arida. Quod vero dictum est quia cataractæ cœli in diluvio sunt apertæ et facta est pluvia, cœlum ipsum aereum unde pluvia manat, non æthereum dicit; cataractas vero non arcta foramina dicens, abundantiam pluviæ insinuat, tanquam tunc nihil dubium vel aquæ vaporatæ aer uspiam retineret. Atqua itaque desuper in pluviam labente, et obstrusis terræ foraminibus, terram undique aquis cooperiri necesse fuit, sicut et in die tertia antequam illæ eædem aquæ inferiores in unum congregarentur locum ut appareret arida. Quid ergo suspensio illa aquarum utilitatis habeat, quod nec a sanctis certa sententia definitum est, difficillimum disseri arbitror. Illa tamen nobis probabilior videtur opinio, ut ob hoc maxime ad calorem temperandum superioris ignis constituerentur, ne fervor ille superior vel nubes ipsas vel aquas inferiores omnino attraheret, cum sit vis ignis naturaliter attractiva humoris : unde et phlebotomi cum vasculis appositis sanguinem extrahere volunt, inclusis stupis ignem immittunt, ut calore ignis humorem attrahant sanguinis.

Et notandum quod ubi nos dicimus *Fiat firmamentum in medio aquarum*, Hebræi habent : *sit extensio infra aquas*; hoc est intervallum quo ipsæ ab invicem in perpetuum separentur ne se ulterius contingant ; sicut scriptum est : *Extendens cœlum sicut pellem ; qui tegis aquis superiora ejus.* (*Psal.* CIII, 2). Et alibi : *Congregans sicut in utre aquas maris* (*Psal.* XXXII, 7). Illa igitur extensio, qua superiores et inferiores aquæ separantur, quasi pellis interjacens inferiores aquas tanquam utrem concludit et

---

(17) Patrol. tom. XXXI, col. 659.

superiores quasi firmamentum suspendit atque sustentat. Cum autem ait : *Divisit aquas quæ erant sub firmamento*, etc., tale videtur esse ac si diceret . Divisit quæ jam divisa erant. Non enim ait : quæ nunc sunt sub firmamento et quæ super, sed quæ jam tunc erant. Ex quo manifestum est a prima die jam aquas super ætherem constitisse, sive flatu venti, ut diximus, illuc superjectas, sive ibi in ipsa sua creatione factas et circumductas universo mundo, non de inferioribus illuc flatu aliquo venti sublatas. Quod ergo nunc dicitur in secunda die divisas aquas quæ erant super ab his quæ erant subtus, divisionem istam per interpositionem firmamenti intelligit ita eas in secundo die firmatas esse, ut ulterius labi non possent. Quamvis enim in prima die jam ibi essent, non tamen jam ibi firmatæ erant, ut labi non possent, quod secunda die factum est, in qua firmamentum fieri dicitur. Hebraicum tamen ubi nos habemus : *divisit aquas quæ erant sub firmamento*, etc., non habet *erant*, quoniam verbo substantivo aut vix aut nunquam utitur, et absque hoc verbo enuntiationes facere consuevit, veluti cum dicitur, *Beatus vir*, pro Beatus est vir. Tale est itaque quod ibi habetur ac si diceretur : Divisit aquas quæ sub firmamento ab his quæ super firmamentum. Ubi quidem si subintelligatur, *sunt*, quod est in præsens verbum, sicuti cum dicitur *Beatus vir*, pro Beatus est vir, tale est quod propheta ait : Divisit tunc quod nunc sub firmamento, etc., quoniam in ipso tempore prophetæ qui loquitur et firmamentum jam olim existebat factum, et divisio aquarum erat per interpositionem ipsius sicut et modo.

Si quis autem requirat quanta mora ibi fuerint antequam firmarentur, volens cognoscere quæ fuerit illa prima dies ante secundam, sciat istos sex dies quibus mundus perfectus est, nequaquam mensurari debere secundum dies istos quos nunc habemus ex solis illuminatione, præsertim cum nondum sol in illis tribus præcedentibus diebus factus esset. Cum ergo dies in his operibus Dei computamus et dicimus quod factum est vespere et mane dies unus, nequaquam diem vel vesperam vel mane juxta dies nostros quos nunc habemus accipimus, sed unam et aliam diem secundum operum distinctionem intelligimus, ut prima videlicet dies dicatur prima Dei operatio, per quam ipse prius operatus est, unde nos illuminare de sua notitia posset, juxta illud quidem Apostoli : *Invisibilia enim ipsius*, etc. Etsi enim materia illa informis primo de creata minus sufficiens esset ad notitiam vel laudem Creatoris quandiu in illa confusione vel informitate sui permaneret, illa tamen primæ creationis confusio postea formanda atque distinguenda in hunc mundi ornatum quo nunc utimur, et quem necessarium nobis intelligentes, Deum inde laudamus, non immerito prima dies dicta est, quia inde humanæ notitiæ circa Deum exordium cœpit. Prius quippe cœlum et terram creari necesse fuit, hoc est materiam futurorum in elementis præparari, quam eam in opera subsecuta formari. Primam itaque diem dicit, ut jam supra meminimus, primam materiæ creationem in elementis. De vespera quoque et mane hujus diei sicut et cæterorum jam dudum docuimus.

Nunc autem, ut ad intermissa non dimissa redeamus, sciat lector nos hæc interposuisse, nec cum audit unam diem vel aliam a propheta dici, moras istas temporis intelligat, quas nunc in diebus nostris accipimus, sed diversitatem dierum ad diversitatem operum referat, quantamcumque moram in successione vel operatione sui habentium. Nemo igitur miretur, cum audit secunda die aquas firmari jam super cœlos existentes, tanquam aliqua mora fuerit inter illam earum existentiam et firmationem ipsarum, cum videlicet statim postquam ibi fuerint, firmatæ sint ibi. Quod ergo nunc dicitur : *Fiat firmamentum*, vel *Divisit aquas quæ erant*, etc., ista firmatio earum vel divisio ita est accipienda, ut sine dilatione, postquam ibi fuerint, in indissolubilem glaciem tanquam crystallus induratæ, sic stabilirentur et firmarentur per interpositionem ætheris et aeris, ne ad inferiora dilaberentur, quamvis ex natura elementi aquatici aliquid ponderositatis haberent, et juxta philosophos omnia pondera nutu suo ferantur in terram.

Forte et hoc aliquis requirit, si, ut dicitur, aquæ illæ superiores igni superpositæ in glaciem duruerint, qua vi naturæ id factum sit. Ad quod primum respondeo nullatenus nos modo, cum in aliquibus rerum effectis vim naturæ vel causas naturales requirimus vel assignamus, id nos facere secundum illam priorem Dei operationem in constitutione mundi, ubi sola Dei voluntas naturæ efficaciam habuit in illis tunc creandis vel disponendis, sed tantum ab illa operatione Dei sex diebus illa completa. Deinceps vim naturæ pensare solemus, tunc videlicet rebus ipsis jam in præparatis, ut ad quælibet sine miraculis facienda illa eorum constitutio vel præparatio sufficeret. Unde illa quæ per miracula fiunt magis contra vel supra naturam quam secundum naturam fieri fatemur, cum ad illud scilicet faciendum nequaquam illa rerum præparatio prior sufficere possit, nisi quamdam vim novam rebus ipsis Deus conferret, sicut et in illis sex diebus faciebat, ubi sola ejus voluntas vim naturæ obtinebat in singulis efficiendis. Quæ quidem si nunc quoque sicut tunc faceret, profecto contra naturam hæc fieri diceremus : veluti si terra sponte sua sine seminario aliquo plantas produceret, vel bestias ex se vel aqua volucres formaret. Naturam itaque dicimus vim rerum ex illa prima præparatione illis collatam ad aliquid inde nascendum, hoc est efficiendum sufficientem. Nemo ergo quærat qua natura illas superiores aquas super ignem constitutas duruerit in glaciem, vel eas etiam sursum extulerit, cum tunc sola ejus voluntas, ut dictum est, vim naturæ obtinuerit : quam et Plato in rebus efficiendis sive conservandis omni natura earum validiorem esse profitetur, ubi.... Deum in Timæo suo loquentem ad sidereos deos introducit, cum ait : « Immortales quidem nequaquam, nec omnino indissolubiles, nec tamen unquam dissolvemini, nec mortis necessitatem subibitis, quia voluntas mea major est nexus et vegetatior ad æternitatis custodiam, quam illi nexus vitales ex quibus æternitas vestra coaugmentata atque composita est. » Potest et fortassis probabiliter dici quod ipse ventus, qui eas sursum projecerit, frigiditate sui flatus eam in glaciem astrinxerit, ut ita secunda die firmamentum fieret; eis videlicet tunc ita solidatis, quæ ibi ante fuerant quam sic solidarentur. Quod enim ibi jam essent antequam sic solidarentur, manifeste, ut supra meminimus, insinuatur, cum dicitur *quæ erant* potius, quam *quæ sunt*. Hebraicum tamen, ut jam quoque dictum est, non habet *erant*, quo minus habeat quæstionis.

Et factum est ita. Hoc est firmata est in perpetuum hæc aquarum divisio, ut nunquam ulterius illæ superiores aquæ ad istas inferiores relabantur. Quod quidem ideo dici arbitror, ne quis putaret ex illis superioribus aquis pluviam stillare et adhuc illas superius suspensas fuisse, sicut et Josephus opinatus est, ut supra meminimus.

Vocavitque. Id est fecit per hoc unde ipsum firmamentum appellaretur postmodum a nobis cœlum, cum videlicet tam aereum quam æthereum cœlum nunc dicamus quasi superiores mundi partes comparatione nostræ habitationis. Cum autem in Hebraico pro cœlo *Samaim* habeatur, quod ex aquis, ut dictum est, vocabulum trahit, recte *Samaim* dici videtur pro divisione aquarum vel suspensione et confirmatione illarum superiorum.

Et factum est vespere. Sicut superius vesperam et mane conceptum divinæ mentis et effectum operis accepimus, ita tam in hoc loco quam in cæteris intelligendum est. Tale est ergo cum in hac operatione, vel in cæteris dicitur : *Factum est vespere et mane dies unus*, tanquam si diceretur hujus operis effectus qui per hanc diem designatur, ita ad mane productus sicut in vespera fuit, hoc est ita visibili opere completus, sicut in mente divina primo fuit dispositus, tanquam eadem sit sententia cujusque operis in novissimis verbis quæ in prioribus quasi ad principium finis reducatur. Idem quippe est quantum ad sensum, cum in singulis operibus præmittitur : Dixit Deus : Fiat hoc, et factum est ; quod et in fine subponitur, cum dicitur quia hujus diei factum est vespere et mane dies unus, hoc est hujus operationis complexio, sicut ejus in Deo præcesserat dispositio. Notandum vero, ut supra quoque meminimus, non ita in hac die dici : *Et vidit Deus quod esset bonum*, sicut in cæteris, hoc est non ita Deum approbasse operationem hujus diei sicut reliquorum, propter eam videlicet causam quam jam reddidimus, hoc est cum nondum nos faciat Deus videre quid boni vel utilitatis habeat illa superiorum aquarum suspensio. Sed nec ista divisio aquarum laude digna visa est, cum nondum aquæ divisæ ita collocatæ et stabilitæ erant, ut permansuræ fuerant, et necessarium erat ad creationem rerum futurarum. Adhuc enim inferiores aquæ in unum erant congregandæ, ut appareret arida. Denique nec illam corporalem superiorum aquarum suspensionem, ut universum operirent mundum, commendare propheta voluit, providens baptismum in aquis futurum ad quamlibet peccatorum multitudinem operiendam in his superpositis aquis figurari.

DE TERTIA DIE

Dixit vero Deus : Congregentur aquæ. Inferiorem terræ regionem, in qua hominem Deus creaturus et collocaturus erat ei, prout necessarium erat, præparat; inundantes videlicet aquas a superficie terræ removendo, atque ipsam terram herbis et arboribus venustando.

Quæ sub cœlo sunt. Hoc dicitur ad differentiam earum quæ super cœlum, id est firmamentum suspensæ sunt.

In locum unum. Hoc est, ut non jam totam cooperiant terram, sed cedentes in unam partem terræ, aliam habitabilem præbeant.

Factumque est ita. Id est cedentibus aquis in unam partem terræ, altera detecta est, sicut scriptum est : *Qui fundavit terram super aquas*. Quasi enim aliquis globus ita in aqua constituatur, ut una pars ejus supereminea, ita ille globus terræ in aquis insedit, ut ex una parte eum mare contingeret, et per venas ejus se infunderet, unde nobis fontes vel flumina nascerentur. Cujus quidem maris aqua in unum modo congregata profundior facta est quam prius esset diffusa, nisi forte id quod per venas terræ immissum est ejus minuat profunditatem.

Et vocavit. Id est vocari dignam fecit aridam, id est siccam illam terram aquis detectam. Terra enim erat etiam cum limosam eam aquæ superfusæ redderent, sed arida nunc facta est, aquis cedentibus.

Congregationesque aquarum. Id est earum continuationes licet diversis locis distinctarum. Apud Hebræos enim cunctæ aquarum congregationes, sive salsæ sive dulces, appellari maria dicuntur. Et nota quod cum in opere secundæ diei præmisisset : *Et fecit Deus firmamentum, divisitque aquas*, etc., postea supposuit : *Et factum est ita*. Quod nequaquam in ista congregatione aquarum nunc facta observavi. Non enim dixit prius, *et congregatæ sunt aquæ*, ut postmodum subderet : *Et factum est ita*; sed tantum dixit quia *factum est ita*. Si enim hic sicut ibi supposuisset : factum est ita, innuere videretur quod sicut illa suspensio aquarum perpetua est, ita etiam hæc congregatio earum : quod nequaquam verum est, cum eædem aquæ tunc in unum locum adductæ ut appareret arida, in diluvio sint reductæ ut eam contegerent.

Et vidit. Id est sic istam congregationem fecit,

ut bonam esse et ad hæc quæ facturus erat necessariam, postmodum eam videri faceret.

Germinet terra. Id est in se primum concipiat quod deinde proferat, sicut ex conceptu producitur in lucem partus. De quo quidem partu statim adnectit : *Et protulit.* Quod vero interpositum est : *Et factum est ita,* ad conceptum tantum germinationis pertinet. Quod vero statim addit : *Et protulit,* tale est tanquam si diceret : Et mox germinatum produxit. Et nota quod cum ex terris vel aquis aliqua procreari vel nasci dicuntur, non sic accipiendum est, ut ex uno tantum elemento constent, sed ex obtinenti nomina sortiuntur, sicut et ipsa ex quibus produci referuntur.

Herbam virentem. Quæ terræ radicitus adhærent, et ex humore aquæ vivere et crescere habent, recte prædictæ dispositioni terræ et aquæ sub una die aggregantur. Notandum vero, ut quibusdam videtur, ex hoc maxime innui mundum verno tempore his adornari, quod his nascituris de terra vel conservandis vernam temperiem necessariam videamus. Sed profecto non video qua ratione hanc temperiem, quam nunc experimur, in vere mundus habere posset, sole nondum condito, ex cujus quidem accessu ipsa nunc fit temperies ; imo hac die qua hæc terra protulit frigidius tempus exstitisse videtur quam in hiemalibus diebus quos quantumcunque sol modo calefacit. Unde ergo secundum naturam rerum terra tunc germinare ista potuerit vel conservare nonnulla est quæstio. Sed sicut jam supra meminimus, in illis operibus sex priorum dierum sola Dei voluntas vim naturæ obtinuit, quando ipsa etiam natura creabatur, hoc est vis quædam conferebatur illis rebus quæ tunc fiebant. Unde ipsa postmodum ad multiplicationem sui sufficeret vel ad quoscunque effectus inde processuros vel tanquam nascituros. Quippe, ut dictum est, nihil nunc naturam aliud dicimus, nisi vim et facultatem illis operibus tunc collatam, unde illa sufficerent ad efficiendum hæc quæ postmodum inde contigerunt.

Potest fortassis et nonnulla naturæ ratio reddi, qua tunc terra producere ista potuerit, quod scilicet illa terræ novitas in producendis vel conservandis plantis vires majores habuerit quam postea, et maxime hoc accepisse ex nimia humectatione sui, quam aquarum abundantia ei contulit antequam congregarentur, et ex calore solis die proximo conditi ad hæc conservanda profecisse, qui fortasse conditus statim calore sui universam temperiem fecit in aliqua terrarum parte, non, ut arbitror, ubique. Nunquam enim eodem tempore omnes regiones æqualiter calent et frigescunt, nec eodem tempore quæ in eis sunt nascuntur vel revirescunt, nec simul ad maturitatem fructus ubique perveniunt, nec in omnibus terris eædem herbæ vel arbores nascuntur. Si igitur omnes herbarum vel arborum species hac die terra protulit, ut in sex diebus Deus opera consummasset, neque simul verna temperies omnibus terris inesse posset, quid necesse est, ut in vere id fieret, nisi in ea forte parte terræ ubi ver esset ? Ex qua quidem parte ad cætera terrarum loca postea transferri et transplantari potuerunt. Verna autem temperies in paradiso jugis esse creditur, et ibi fortassis omnia tunc simul terra producere et conservare potuit, ubi et terra omnibus apta et ipsa temperies cœli convenirent. Scimus autem multa de terra nasci, quorum alia calidam terram desiderant, alia frigidam, alia temperatam ; et sic fieri potuit ut quocunque tempore terra germinaret, in diversis locis diversa produceret. Nec tam necessaria videtur temperies ad producendas plantas quam ad conservandos fructus. Scriptura autem de fructibus nullam hic mentionem facit. Sed de fructuosis plantis in paradiso ubi homo collocandus erat, fructus subito cum arboribus produci credimus quantum homini necessarium esset : unde et eos in [fructu vetitæ arboris transgressos fuisse Scriptura commemorat, et cæterarum arborum fructus ei fuisse concessos in esum ei necessarios. Nihil tamen impedit, si in diversis terris pro qualitate earum ac diversa temperie cœli diversæ plantæ fructus suos eodem tempore conservarent, vel eædem plantæ in alia terra cum fructu, in alia sine fructu tunc consisterent donec temperies adveniret, sicut quotidie contingit, cum videamus non æque cito terras omnes eosdem fructus ministrare.

Et facientem semen. Sive ut nata statim semen suum haberet ac si ad maturitatem pervenisset, sive ut apta ad habendum semen crearetur.

Et lignum pomiferum. Hoc est arbores fructuosas, sive statim cum nascerentur poma, id est fructus suos afferentes, sive non statim. Solet quippe pomum generaliter pro omni arboris fructu intelligi.

Juxta genus suum. Hoc est secundum materiæ suæ naturam, ut pro diversitate scilicet herbarum vel arborum magis quam terrarum, diversos afferant fructus, non eosdem. Cujus semen, hoc est dum terræ radicitus adhærebit, vim suæ propagationis in seipso habeat, sive ex semine sive ex insertione ramorum vel ex plantatione. Et nota quot cum ait, *lignum pomiferum,* de fructuosis tantum arboribus, non de infructuosis, videtur dicere quod tunc creatæ sint ; et ita non omnes tunc arbores creatas esse, sed quasdam postea, sicut de spinis et tribulis creditur post peccatum in pœnam hominis de terra productis. Si quis tamen dicat has quoque arbores, quæ nunc infructuosæ sunt, primo creatas esse fructuosas, sed postmodum pro peccato hominis infructuosas fieri, vel fructum arboris sive pomum quamcunque utilitatem ligni intelligat, non absurdum videtur, cum infructuosa quoque ligna nonnullas habeant utilitates, etsi fructum aliquem non producant in esum. Et quia non est in consuetudine sermonis ut pomum pro quacunque utilitate sicut fructus accipiatur, ideo cum prius dictum sit *pomiferum*, postea quasi pro expositione supposuit *faciens fructum*, hoc est habens quamcunque utilitatem. Propter quam etiam expositionis determinationem cum præmittat, *factum est ita*, statim adjungit, *et protulit terra herbam*, etc.

DE QUARTA DIE.

Fiant luminaria. Inter creationem plantarum jam factam, et animalium faciendam, luminaria fiunt, ut calore ipsorum plantæ foveantur et proficiant, et eorum luce animalia solatium habeant, ne quasi cæca oberrent in tenebris, ut et alimenta sua eligere possint.

In firmamento cœli. Intransitive quod novissime cœlum est appellatum aquis, ut dictum est, interpositum et ab illis aquis quas superius firmat firmamentum dictum.

Et dividant. Ad quas utilitates fiant exponit. Primo ad distinguendum sua illuminatione diurnum tempus ac nocturnum. Diurnum quippe tempus est quod sole illuminatur, sicut nocturnum quod luna et sideribus illustratur vel solis illuminatione caret.

Et signa. Non quæ vanitatis est observare, sicut in auspiciis atque auguriis, sed in quasdam naturales ostensiones futurorum eventuum sive præsentium. Nautæ quippe siderum inspectione ad quas partes mundi ferantur cognoscere solent, et de commutandis temporibus multa indicia ex sole et luna vel sideribus capiuntur, cum modo alterius coloris vel caloris, modo alterius nobis esse videntur, vel quocunque modo nostris aspectibus variantur.

Et tempora. Hoc est temporum computationem, sicut dierum vel annorum, quæ statim per exempla supponit; dies enim computamus atque numeramus secundum motus et discursus solis ab oriente in occidentem, et annos secundum revolutiones ejus et nonnunquam cæterorum planetarum computare solemus, ut quot videlicet revolutiones sunt eorum ad idem punctum, tot annos solis vel Saturni vel aliorum planetarum dicamus.

Et luceant. Ut alibi *sint*, et alibi *illuminent* terram, scilicet ubi necessarium est splendorem suum inde spargentia.

Fecitque. Quomodo factum sit de illis ad dividendum diem et noctem quod prius dixerat exponit, cum solem ad illuminationem diurni temporis, lunam et stellas ad illuminationem nocturni instituerit.

Luminare majus. Scilicet solem, non tam sui orbis quantitate quam suæ illuminationis virtute quantum ad sensum nostrum, qui majorem inde suscipimus illuminationem.

Præesset diei. Tanquam videlicet ipsum diurnum tempus illuminatione sui efficiens, vel lucem circumferens, sicut luna et stellæ nocti.

Luminare minus. Lunam dicit, quasi secundam a sole in effectu illuminandi, quod terris propinquior sit quam stellæ ideoque majorem vim ad lucendum nobis habeat quam stellæ, etsi aliquæ ipsarum magis a nobis remotæ amplius splendoris vel magnitudinis habere credantur.

Et stellas. Subaudit : similiter fecit ut præessent nocti. *Eas* etiam, scilicet stellas in firmamento sicut solem et lunam.

Ut lucerent. Istud communiter tam ad stellas quam ad solem et lunam referendum est. Alioquin non apparet quomodo diceret ut præessent diei ac nocti, cum videlicet stellæ nocti tantum præesse non diei habeant. Non parva quæstio est de planetis, qui contra firmamentum ferri dicuntur, utrum animati sint, ut philosophis visum est, et quidam spiritus illis præsint corporibus qui hunc eis motum tribuant, an sola Dei voluntate et ordinatione hunc discursum immobiliter teneant. Philosophi vero tam eos quam ipsum totum mundum animatos esse astruunt, et quædam animalia rationalia immortalia atque impassibilia non dubitant asserere, dicentes omnem motum in corporibus ab anima incipere, nec postea corpus nisi per eam moveri. Qui etiam mundum ita ubique animalibus repleri volunt, ut singulæ mundi partes habeant animalia propria, aer quidem iste inferior et corpulentior usque ad lunam dæmones, superior vero pars mundi, quam æthereum cœlum nominare solemus planetas vel cætera sidera. Quam quidem sententiam beatus AUGUSTINUS commemorans libro De civitate Dei octavo (18), ita de Platonicis ait : « Omnium, inquiunt, animalium in quibus est anima rationalis, tripertita divisio est in deos, homines, dæmones. Deorum sedes in cœlo est, hominum in terra, in aere dæmonum. » Item (19) : « Habent dæmones cum diis communem immortalitatem corporum, animarum autem cum hominibus passiones. » Et post aliqua descriptionem dæmonum ex dictis Apulei Platonici supponens ait (20) : « Breviter Apuleius dæmones diffiniens, ait eos esse genere animalia, anima passiva, mente rationalia corpore aerea, tempore æterna. » Ex quibus philosophorum dictis maxime vero platonicorum, constat cœlum quoque et aerem propriis animalibus adornari, quorum hæc dæmones, id est animalia rationalia, immortalia et passibilia dicunt, illa vero deos appellant, hoc est animalia rationalia, immortalia et impassibilia, sicut sunt omnia sidera, non solum planetæ, verum etiam quælibet stellæ. Planetas vero non solum deos, verum etiam deos deorum, tanquam cæteris sideribus excellentiores et majorem efficaciam habentes a Platone dici autumant, ubi, sicut aiunt, eos præcipue ad creationem hominis invitat, ut vi quadam eorum ex terra fingatur corpus humanum, cui Deus animam infundat. Cum autem deorum neminem nisi bonum esse fateantur, dæmonum tamen sicut et hominum quosdam bonos,

---

(18) Patrol. tom. XLI, col. 258.
(19) Ibid.

(20) Ibid., col. 244.

quosdam malos esse distinguunt : unde hos Græce calodæmones, illos cacodæmones appellant. Nihil enim sciunt de diaboli dejectione, sed sicut homines vel cætera animalia, ita et dæmones corporeos esse creatos arbitrantur. Omnium itaque animalium rationalium corpora secundum regionem vel partem mundi quam inhabitant distinguunt, ut videlicet horum alia terrena sint, sicut hominum ; alia aerea vel ætherea, sicut dæmonum vel deorum.

« Constat itaque, juxta Platonicam vel Platonicorum sententiam, ipsa quoque sidera quædam esse animalia et illis sidereis quæ videmus corporibus quasdam inesse animas, quibus ipsa moveri vel agitari queant. Quam profecto sententiam beatus Augustinus nequaquam refellere præsumens, dicit in Enchiridion sibi adhuc incertum esse utrum ad societatem angelorum sol et luna pertineant, an videlicet quidam de spiritibus angelicis illis sidereis corporibus sint deputati, ut illa trahentes ac circumducentes, humanis usibus tanta beneficia ministrent. De mundo autem utrum animal quoddam sit, quod tam hæc animalia quam cætera in se contineat minus rationi propinquare, primo Retractationum libro insinuat. Cujus nunc verba ex utroque ipsius opere collecta non incongruum supponere duximus. Ait itaque in Enchiridion, cap. 58 (21) : « Utrum archangeli appellentur virtutes et quid inter se distent sedes sive dominationes, sive principatus, sive potestates dicant qui possunt, si tamen possunt probare quod dicunt : ego me ista ignorare profiteor. Sed neque illud certum habeo utrum ad eamdem societatem pertineant sol et luna et sidera, quamvis nonnulla lucida esse corpora, non cum sensu vel intelligentia esse videantur. » Idem in primo Retractationum (22) : « Animal esse istum mundum, sicut Plato sensit aliique philosophi plurimi, nec ratione certa indagare potui nec divinarum Scripturarum auctoritate persuaderi posse cognovi : unde tale aliquid a me dictum, quod accipi possit etiam in libro De immortalitate animæ temere dictum notavi, non quia hoc falsum esse confirmo, sed quia nec verum esse comprehendo quod sit animal mundus. » Apostolus quoque tam cœlestia animalia quæ deos philosophi vocant, quam aerea quæ dæmones appellant, distinguere videtur. Si ergo, ut philosophis visum est, nec sancti prorsus refellere præsumunt, illis cœlestibus siderum corporibus quidam præsint spiritus, qui eos movere vel agitare queant, facile est propositæ quæstionis de motu planetarum solutio. Sin autem aliunde ordinatum sibi et stabilem motum habeant, sufficit hoc divinæ tribuere voluntati, quæ in primordialibus, ut dictum est, causis vim naturæ obtinuit, et juxta Platonem in omnibus efficiendis validior est, quam ipsa rerum creatarum naturalis facultas.

Sunt qui astronomiæ doctrinam atque ipsam vim astrorum in tantum efferant et extollant, ut ex ipsis etiam contingentia futura præsignari queant et per hanc artem de his quoque se judicare fateantur, quæ naturæ incognita philosophi profitentur, tanquam ipsa videlicet astra in signa sint futurorum non solum naturalium, ut diximus, verum etiam contingentium, sicut illi mentiuntur. Naturalia vero futura dicuntur, quæ causam aliquam naturalem sui eventus habent, ut ex his quæ præcedunt tanquam quibusdam naturalibus sui causis contingere habeant et sic eis adjuncta sint, ut vix aut nunquam illis præcedentibus hæc inde contingere possit impediri : velut mortis dissolutio futura in proximo post venenum exhaustum, vel pluvia post tonitruum, vel sterilitas terræ post nimiam æstuationem vel immoderatos imbres. Contingentia vero futura sunt quæ sic æqualiter ad fieri et non fieri sese habent, ut nulla in rerum naturis causa præcedat unde ipsa fieri vel non fieri cogantur, nec ex aliquo præunosci queat utrum illa contingere habeant vel non, sicut me hodie lecturum esse, et quæcunque tam facere quam dimittere in nostri arbitrii consistit potestate.

Sunt itaque futura quædam naturalia et quasi determinata in suis eventibus, cum ex aliqua naturali adjunctione ad præcedentes sui causas prænosci queant, ac per hoc jam naturæ esse cognitæ dicuntur, sicut omnia quæ præsentia sunt vel præterita. Cum enim jam in præsenti sit ipsa astra esse paria vel esse non paria nec nobis cognitum sit quid horum jam sit, ipsum tamen naturæ cognitum esse Boetius asserit : cum jam videlicet in ipsis astris sit numerus talis qui de se cognitionem conferre possit, quod est cum naturæ cognosci vel determinatum esse. Nam et vox vel sonus audibilis naturaliter dicitur quantum in ipsis est, etsi nemo assistat qui hæc audire valeat; et ager ad excolendum aptus fuit antequam homo esset qui eum excolere posset. Futura vero contingentia naturæ quoque dicuntur incognita, cum videlicet ex nulla naturæ operatione vel institutione prænosci queant. Unde miror quosdam se per astronomiam scire profiteri, de his quoque judicare posse et quasi divinatores talium esse. Cum enim astronomia species sit physicæ, hoc est naturalis philosophiæ, quomodo per eam investigare valent quod ipsi quoque naturæ philosophi asserunt incognitum esse, hoc est ex nulla rerum natura prænosci posse ? Naturalia vero quædam futura nequaquam cognosci per eam negamus, sicut nec per medicinam. Medici enim secundum complexiones corporum multa prænoscere de infirmis possunt, utrum videlicet evadere queant, an minime. Sic et periti astrorum, qui naturas ipsorum, unde calida aut frigida, sicca vel humida vel temperata sunt noverunt, et illas partes cœli quæ domicilia eorum vocant, in quibus cum fuerint, suas maxime vires exercent, per astrono-

(21) Patrol. tom. XL, col. 259, 260.

(22) Patrol. tom. XXXII, col. 602.

miam didicerunt, multa de naturalibus futuris præ-noscere possunt, utrum videlicet sequenti tempore siccitas abundet aut pluvia, sive color aut frigiditas. Quæ non solum ad providentiam cultus terræ, verum etiam ad medicamentorum moderationem plurimum valet. Unde et philosophi planetas ipsos vocare ausi sunt deos, et quasi quosdam mundi rectores profiteri, eo videlicet quod secundum eorum naturas et qualitates situs iste noster plurimum varietur, ut diximus, ut modo sterilitas inde, modo abundantia contingat, modo in humidis locis, modo in siccis seminandum sit, modo calida vel humida in medicamentis vel alia sint providenda.

De contingentibus vero futuris, quæ, ut diximus, naturæ quoque sunt incognita, quisquis per documentum astronomiæ certitudinem aliquam promiserit, non tam astronomicus quam diabolicus habendus est. De quo facile nihil eos scire convincere possumus. Si enim interrogemus de aliquo faciendo, quod æque facere vel dimittere in nostra sit potestate, nullum ibi judicium ex aliquo artis suæ documento facere audent : scientes quod si hoc dicerent, in aliud nos converteremus. Si vero alius ex nobis eos hoc ipsum interrogaret de nobis neque id, inquiunt, faceret causa tentandi, sed sincera intentione veritatis, tunc se veritatem dicturos promittunt. Quod quanta irrisione sit excipiendum quis non videat? Si enim per artem suam de eventu de quo consuluntur certitudinem habent, quid refert quis inde eos interroget, vel qua etiam intentione? Vel cur etiam de intentione dijudicare non possunt, quæ cum præsens sit, determinatum jam habet eventum, et de futuro quod omnino incertum est certitudinem promittunt? Ex quo liquere arbitror, quod si quemquam in talibus verum dicere ipsos contingat, non hoc ex arte prædicta, sed ex opinione diabolica instructi proferunt. Sicut enim nos rerum aliquarum videntes apparatum, quid inde proveniat ex suspicione magis quam ex certitudine prædicimus, ita et diabolus quem consulunt in hanc eos divinationem inducit, ut multa veraciter incerti pronuntient : qui cum de aliquibus vera prædixerint, de cæteris omnibus præscire credunt. Sæpe quoque præsentia de absentibus vel præterita nuntiant diabolico instinctu, nec mentiuntur, quod ab imperitis pro magno habetur, non attendentes quod hæc diabolus nuntiet, quæ jam conspiciendo noverit, ut de futuris quoque ipsis credatur. Nemo itaque talium divinationes ad prædictam referat artem, sed magis ad diabolicam machinationem. Quod itaque de sideribus dictum est, sint in signa scilicet futurorum, non de contingentibus futuris, hoc est casualibus sive fortuitis, quæ ad utrumlibet se habere Aristoteles dicit; sed de naturalibus futuris ut dictum est, accipiendum est; tanquam hinc maxime astronomicæ disciplinæ studium sumpserit initium, vel auctoritate ejus hoc loco præcipue utilitate præsignata; in qua et ipse Moyses Ægyptiorum scientiæ peritissimus enituisse creditur.

DE QUINTA DIE.

Reptile animæ viventis. Ambrosius in Hexameron de die quinto (23) : « Scimus reptilia dici genera serpentium, eo quod super terram repant, sed multo magis omne quod natat reptandi habet vel speciem vel naturam; nam cum supra aquam natant, repunt toto corpore quo trahuntur super quædam dorsa aquarum : Unde et David ait : Hoc mare magnum et spatiosum, illic reptilia quorum non est numerus (*Psal.* CIII, 25). Quin etiam cum pleraque pedes habeant et ambulandi usum eo quod sint amphibia, et quæ vel in aquis vel in terris vivant, ut sunt phocæ, crocodili, equi fluvialis [*f.* fluviales], quos hippopotamos vocant, eo quod hi generentur in Nilo flumine, tamen cum in alto aquarum sunt, nec ambulant, nec natant, nec vestigio utuntur pedis ad incedendum, sed tanquam remo ad reptandum. » Ex quibus quidem Ambrosii verbis patet omnes etiam pisces reptilibus aggregari, cum sine incessu pedum sese moveant. *Animæ viventis* dicit ad differentiam vivificationis plantarum, quæ si animam quamdam, id est vitam habere dicantur, non tamen ex se vivere habent, sicut ea quæ spirando et respirando vivunt, sed terræ tantum affixæ ipsum terræ humorem in eas conscendentem pro vita habent. Tale est ergo, *animæ viventis*, hoc est vitæ ex se, ut dictum est, permanentis, non ex immissione terreni humoris.

Et volatile. Ex quo liquidum est tam pisces quam volucres ex aquis procreatos habere corpora ejusdem naturæ, nec tantam vim humanis corporibus ad lasciviendum carnes eorum ministrare, quantam carnes terrestrium animantium, quæ cum nostris corporibus ejusdem sunt naturæ. Unde nec monachis beati Benedicti Regula ita (24) carnes illas sicut has interdicit, cum videlicet a carnibus tantum quadrupedum, non aliarum abstinere præcipit (25).

Super terram, sub firmamento cœli. Quod dicit : *super terram sub firmamento cœli*, non solum ad volatile, sed etiam ad reptile referendum videtur, si videlicet ipsa quoque sidera animata putentur. Ipsa quippe cum sine pedibus ferantur, reptilibus aggreganda essent sicut et pisces; sed cum ipsa sub firmamento cœli nequaquam sint, patet ea excludi per hoc quod dicitur : *sub firmamento cœli.* Tale est ergo reptile atque volatile tanquam si diceretur animal aptum ad repandum sive volandum super

---

(23) Patrol., tom. XIV, col. 207.
(24) Patrol., tom. LXVI. col. 616.
(25) Reg. S. Bened., c. 39. — Eadem est sententia Theodemari abbatis Casinensis in epistola ad Carolum Magnum, Rabani Mauri lib. II *De institutione clericorum*, cap. 27 et S. Hildegardis in *Expo-*

sitione regulæ S. Benedicti. Communis tamen opinio est S. Benedictum non solum quadrupedia, sed etiam volatilia monachis prohibuisse. Qua de re vide Commentarium ad c. 59 Regulæ S. Benedicti terram, hoc est ita ut terram non contingat. Nam postmodum cum dicit reptilia terræ potius quam super terram, profecto hoc et istud reptilium genus diligenter distinguunt. Nonnullæ aves aquaticæ dicuntur pedes habere, ita posterioribus adhærentes ut nequaquam cum illis incedere queant, sed solummodo natare, sicut pisces cum pennulis suis, quas profecto reptiles magis quam gressibiles dicendas credimus. Quæ cum nunquam in terram exire videantur, nonnulla quæstio est de ovis earum quomodo ea foveant, an potius aquæ ipsæ talium ova sicut et piscium suscepta quodam suo fotu vivificare sufficiant.

Cum dicit : *sub firmamento cœli*, intransitive videtur accipiendum quasi sub firmamento quod cœlum est, sicut cum dicitur urbs Romæ, fluvius Tiberis, creatura salis, corpus vel essentia lapidis. Hoc autem firmamentum, ut superius dictum est, inde sic nominatur quod aquis interpositum superiores ita sustentando firmet, ut relabi ad inferiores nequeant vel eas unquam contingere. Non ergo proprie firmamentum dicitur quod aquis nubium permistum est, sed quod prorsus ab aquis vacuum superius est. Aves vero nequaquam volare per firmamentum possunt, quia earum corpora sustentari ab aere sine aquarum corpulentia nequaquam possent.

Creavitque, ex ipsis videlicet aquis.

Animam pro toto animante ponit ex corpore simul et anima constante, unius videlicet nomine partis totum comprehendens. Juxta quod et alibi ait : *Da mihi animas, cætera tolle tibi*. Et rursum : *Descendit Jacob in Ægyptum in animabus septuaginta*.

Viventem. Subaudis ex se non ex terra, sicut plantæ affixæ radicitus terræ.

Atque motabilem. Ad differentiam scilicet cæterorum animalium quæ terra postmodum produxit, quæ gravius est elementum quam aqua. Unde et ista ex aquis producta naturaliter mobiliora et agiliora sunt, cum ex leviori scilicet elemento consistant. Et attende quid superius dixerit de plantis, quod terra eas germinavit ac protulit. De animalibus vero dicitur tantum quod aqua vel terra ea produxerit, non quod germinaverit; ut videlicet innueret, quia non terræ radicitus affixa vegetationem inde accipiunt sicut plantæ.

Quam produxerant aquæ in species suas. Sic construe : creavit omnem animam, hoc est omne animatum tale in species, ac si diceret : omnem, inquam, secundum speciem, non secundum numerum. Quippe non omnia individua harum specierum, sed singulæ species tam avium quam piscium tunc creatæ sunt. Unde et in sequentibus cum dicit Deum requievisse ab omni opere suo, non de individuis specierum multiplicandis est accipiendum, sed de naturis specierum jam præparatis ad quælibet postmodum inde procreanda. *Quam produxerant*. Id est ad quam producendam jam aquæ fuerant præparatæ; sive dulces ut flumina, sive salsæ ut marinæ.

Et vidit. Nota in operibus hujus diei nequaquam in repetitione creationis ipsorum dici : *Et factum est ita*, sicut superius in secundo die. Vel cum præmisisset : *Et fecit firmamentum*, etc., postmodum adjunxit : *et factum est ita*, tanquam per hoc innuens illam aquarum divisionem ita in perpetuum permansuram. Sic et in creatione hominis postquam dixit : *Creavit Deus hominem*, etc., subjunxit, *et factum est ita*. Cum ergo ubicunque dicitur : *et faciamus ita*, perseverantia quædam operum significetur, ut sic scilicet permaneant sicut facta sunt, nequaquam in speciebus avium id recte dici posse videtur, cum videlicet nonnulla species in eis quandoque prorsus deperire habeat, sicut de phœnice legitur ac fortasse de nonnullis aliis tam avium quam piscium speciebus contingit, quæ ad opera pertinent hujus diei.

Benedixitque. Solis animantibus istis ex aqua productis sicut et postmodum hominibus creatis benedixisse Deus memoratur, quasi quadam dignitate animantia ista homini propinquarent, quæ de illo generata sunt elemento de quo et homines regenerandi erant. Unde et in arca secundum post hominem locum aves tenuisse non immerito videntur, quia videlicet de illo facta sunt elemento quod in sacramento baptismi magis necessarium nostræ esset saluti. Recte ergo benedictio Dei a creationibus aquaticis incœpit, cum ex hoc, ut dictum est, elemento nostræ salutis benedictio initium esset habitura in remissionem peccatorum perfecta. Tale est ergo, benedixit eis, tanquam si diceret, typum sanctificationis regenerandorum ex aqua vel multiplicationis eorum comparatione circumcisorum jam tunc providebat. Circumcisio quippe, quamvis id quod baptismus operata esse dicatur in remissionem peccatorum, non tamen hanc efficaciam in tot habuisse potuit in quot baptismi gratia persistit, non enim nisi mares circumciderentur, et soli Judæi sive proselyti.

Dicens. Id est apud se disponens quod nobis postmodum exhiberet.

Crescite et multiplicamini, hoc est numero individuorum non diversitate specierum crementum accipite. Non enim ita est intelligendum ut prius in seipsis crescerent donec ad perfectam venirent ætatem qua generare possent, cum statim creatio talium perfecta fuisse credenda sit, alioquin diu educanda esset ut ad perfectionem veniret. Quod si de avibus quoque intelligamus, non facile apparet unde alimentorum acciperent nutrimentum.

Replete. Hoc est quantum satis sit ad hoc fructificate.

Aquas maris. Cum tamen et aquæ dulces tam pisces habeant quam volucres. Sed constat quia omnis congregatio aquarum tam salsa quam dulcis mare dicitur, et omnes aquæ ex mari proveniunt. Ubi et quod ait : *Animam viventem atque motabilem*, de his scilicet animantibus quæ producta sunt ex aquis, sacramento baptismi plurimum congruere videtur, ubi a peccato liberati et quasi de morte suscitati per vivificatorem spiritum nasci ac vivere in Deo incipimus, ac de veteri Adam in novum promovemur et in membra Christi transformamur. Et attende quod solis animantibus istis ex aqua scilicet creatis et postmodum hominibus et tandem septimo diei Deus inter hæc opera benedicere memoratur, benedictione hominis media constituta, tanquam ad illam cæteris duabus convenientibus. Benedictio quippe hominis a baptismo incipit, remissione plenaria peccatorum ibi percepta, ac postmodum in sabbatum supernæ felicitatis promota consummatur, ut hinc quoque benedictum sit superius produci ex aquis animam viventem atque motabilem. In baptismo quippe vivere incipimus, ut inde postmodum in prædictum sabbatum promoti pariter quiescamus.

DE SEXTA DIE.

Animam viventem. Hoc est animatum ex se vivens, non ex terra vitam contrahens, quamvis ex terra sit, sicut e contrario plantæ faciunt. *Viventem,* inquit, *in genere suo,* quia etsi jam illa animantia quæ prius creata fuerunt in se defecerunt, nec jam eadem numero permanent quæ prius facta sunt, in suo tamen genere quodammodo semper vivunt, quia decidentibus individuis genus sive species non deperit. Vivunt ergo in genere, hoc est in specie sua, quæ primo creata sunt, etsi jam in se non vivant, sicut et de aliquo dicitur tyranno jam mortuo, quia vivit in filiis suis. Et nota quod cum ait *animam viventem* de his quæ de terra produxit, non adjecit motabilem sicut prius de his quæ aquæ produxerunt; quia cum elementum aquæ levius sit terra, profecto animalia de aquis producta faciliorem habent motum, et corpora eorum facilius ab anima moveri atque agitari possunt, ut jam supra meminimus.

Jumenta. Id est quadrupedia domestica quasi sub jugo et dominio nostro posita.

Reptilia terræ. Sic enim jungendum est ad differentiam scilicet supradictorum reptilium aquæ.

Bestias. Videlicet silvestres, ut feras, vel quascunque a nostra conversatione remotas.

Et fecit. Primo dixit: *factum est ita,* quod scilicet terra produxit animalia, secundum corporis substantiam; sed postmodum hæc Dominus consummando fecit, quasi perfecit, vitalem spiritum eis dando de aqua, ut nonnullis videtur, sive de cæteris elementis, non ita corpulentis aut gravibus, sed magis levibus atque mobilibus. Non dicitur Deus benedixisse bestiis sicut piscibus et volucribus, quia serpens cui maledicturus erat de bestiis tunc erat. Homini vero benedixit quanquam peccaturus esset, nec cum, sed terram propter eum maledictam dicit.

Faciamus hominem. Creatis cæteris omnibus sive dispositis propter hominem, cum novissime condidit, et tanquam in fine suorum operum constituit: ad quem tanquam finem et causam suæ creationis cætera omnia tendebant, cum propter eum fierent universa. Unde nec eum creari oportuit nisi cæteris quibus præesse debebat, vel quæ ipsi in esum necessaria, vel saltem ad glorificandum Deum congrua erant ante creatis et ei præparatis, ne quid forte de indigentia in excusationem sui peccati prætendere posset, et tanto amplius ab offensa Dei revocari posset, quanto majorem dilectionis ejus causam haberet, qui eum præfecerit universis, vel etiam post casum ad pœnitentiam citius moveretur, dolens se illum offendisse cui tanta debebat. Cujus quidem creationis excellentiam patenter insinuat, cum quasi ex quodam consilio loquens, dicit: *faciamus.* Sed cur pluraliter dicitur: *faciamus hominem ad imaginem nostram,* si nulla prorsus pluralitas in Deo sit, qui solus hominem creasse ad imaginem suam postea memoratur his verbis: *Et creavit Deus hominem ad imaginem suam, ad imaginem Dei creavit illum.*

Dicant Judæi si possunt, vel nobiscum fateantur in una Divinitatis essentia pluralitatem personarum magis quam rerum esse. Quod diligenter propheta considerans ad distinctionem personarum faciendam, dicit pluraliter: *Faciamus;* ad unitatem vero Dei assignandam subjunxit singulariter, *et creavit Deus hominem,* etc. Quasi ergo aliquis secum loquens se et rationem suam quasi duo constituit cum eam consulit, sicut Boetius in libro *De consolatione Philosophiæ,* vel Augustinus in libro *Soliloquiorum.* Sic Deus Pater ad creationem hominis tam Sapientiam quam Bonitatem, hoc est Filium et Spiritum sanctum quasi invitans dicit: *Faciamus* eum talem et tantum, ut imago nostra sit vel similitudo. Quæ quidem creatio quam excellens sit et cæteris supra positis longe superior, ipsis quoque verbis exprimitur tanquam in consilio quodam collatis ad magnum aliquid faciendum cum dicitur: *Faciamus.* In cæteris vero creationibus non ita dictum est, sed solummodo ut fiat hoc vel illud, vel terra sive aqua hoc vel illud producat. Cum autem homo commune nomen sit tam viri quam feminæ, cum sit utrumque animal rationale mortale; unde et in sequentibus cum dicitur, *quia creavit Deus hominem,* statim subinfertur: *masculum et feminam creavit eos,* intelligimus virum ad imaginem Dei creatum, feminam vero ad similitudinem. De viro quippe Apostolus ait: *Vir quidem non debet velare caput suum, quia imago et gloria Dei est* (I Cor. II, 7). Hoc est gloriosior et pretiosior ejus similitudo. Distat autem inter imaginem et similitudinem quod similitudo rei potest dici quod convenientiam aliquam habet cum ipsa, unde simile illi dici queat. Imago vero expressa tantum similitudo dicitur, sicut figuræ hominum quæ per singula membra perfectius eos repræsentant.

Quia ergo vir dignior quam femina est et per hoc

Deo similior, imago ejus dicitur; femina vero similitudo, cum ipsa etiam sicut vir per rationem et immortalitatem animæ Deum imitetur. Vir autem hoc insuper habet quo Deo similior fiat, quod sicut omnia ex Deo habent esse, ita ex uno viro secundum traducem corporis tam femina ipsa quam totum genus humanum initium habet. Si quis autem diligentius ac perfectius hanc imaginem vel similitudinem Dei ad quam homo factus dicitur considerare velit juxta ipsarum personarum distinctionem, videbit hominem ipsum tam Patris quam Filii vel Spiritus sancti ex sua conditione similitudinem maximam adeptum esse. Constat quippe Deo Patri, qui a seipso non ab alio esse habet, juxta hanc ejus proprietatem, id quod ad potentiam pertinet divinam specialiter ascribi, sicut et Filio, qui ejus Sapientia dicitur, quod sapientiæ est; et Spiritui sancto, qui amborum amor vocatur et proprie charitas dicitur, id quod ad bonitatem divinæ gratiæ spectat tanquam proprium tribuitur.

Homo itaque, ut dictum est, secundum animæ dignitatem ad similitudinem singularem personarum factus est, cum per potentiam et sapientiam et amorem cæteris prælatus animantibus Deo similior factus sit. Eo quippe anima humana per propriæ naturæ potentiam cæteris omnibus validior est, quod sola immortalis et defectus ignara est condita. Sola quoque capax est rationis et sapientiæ et divini amoris particeps. Quæ enim Deum recognoscere pro ratione nequeunt, nequaquam eum diligere possunt. Et hæc quidem tria tam viro quam feminæ communia sunt, unde utrique ad similitudinem Dei facti memorantur cum in sequentibus dicitur: *In die qua creavit Deus hominem, ad similitudinem Dei fecit illum, masculum et feminam creavit eos.* Cum itaque ambo juxta prædicta similitudinem cum divinis personis habeant, vir tamen quo majorem cum eis similitudinem tenet, non solum ad similitudinem, verum etiam ad imaginem creari dicitur. Ut enim ex Patre cæteræ personæ habent esse, ita in humana creatione femina ex viro creata esse inde habuit, non vir ex femina. Per sapientiam quoque sive rationem virum feminæ præeminuisse supra docuimus, et in hoc eum sapientiorem constare quod a serpente seduci non potuit. A quo etiam Deum magis diligi non dubitandum est, qui nequaquam eum sibi invidere vel dolose quidquam dicere, vel in mendacium prorumpere credere potuit, sicut mulier seducta fecit. Ex his itaque liquet virum illum primo conditum non solum similitudinem, verum etiam imaginem divinarum personarum ex ipsarum cooperatione in sua creatione accepisse, quod similior illis in istis conditus sit. Unde recte de viro dictum est: *ad imaginem nostram,* hoc est ad expressiorem similitudinem, et de femina subjunctum est tantum: *Ad similitudinem.*

Et præsit piscibus. Non quidem hominem homini præponit Deus, sed insensibilibus tantum vel irrationabilibus creaturis, ut eas scilicet in potestatem accipiat, et eis dominetur quæ ratione carent et sensu, sicut postmodum ait ibi: *Et dominamini piscibus maris,* etc. Potestas aut dominium in his ideo collata homini dicuntur, quod juxta ejus arbitrium hæc omnia disponerentur et pro voluntate sua eis penitus uteretur, quandiu ipse voluntati sui Conditoris subjectus esset. In quos tamen usus hæc omnia tunc haberet non facile est de singulis disserere, si semper in paradiso persisteret, tanquam ad manum habens omnia necessaria, et sufficientem sibi de fructibus arborum vel herbis esum concessum: præsertim cum nec ad eum pertingere possent universa animantia. Ut enim de bestiis et avibus prætermittamus, quis cete grandia vel marinos pisces illuc posse pervenire, vel etiam vivere arbitretur? Quale denique dominium super hæc exercere posset quæ nunquam videret nec etiam ubi essent sciret, nec fortassis si essent cognosceret? Quomodo insuper universæ, ut dicitur, terræ dominari vel præesse posset in uno paradisi loco semper conclusus, cæteris omnibus mundi partibus ignoratis tanquam nondum visis? Aut quod postmodum ait: *Crescite et multiplicamini et replete terram,* quomodo unquam eveniret, si in tantula parte mundi conclusi nondum exirent in diversas mundi regiones? Nulla itaque ratio habet totam hominum futuram multitudinem in illo uno paradisi loco semper conversaturam esse, si non peccassent, sed inde postmodum sicut et de arca per mundum dispergendos esse, nihil pœnale alicubi reperturos, cum nulla maledictione pro peccato terra percuteretur a Deo. Ideo tamen primos homines in paradiso locatos primum credimus, quo temperies illa loci, quem a principio Dominus plantaverat, fructibus plurimum abundaret, nondum his ita vel cæteris per mundum propagatis. Sed nec de ligno vitæ diffitendum est ne ante maledictionem terræ per plantationem multiplicari posset in terris. Tunc utique universæ terræ homo præesse et dominari posset, et multis usibus ei animantia cætera esse fortassis postmodum et in esum ei concessa, sicut post diluvium a Domino Noe concessum est. Possent et delectationem nonnullam homini afferre secundum sensuum diversitatem, cum ex cantu auditum mulcerent vel ex pulchritudine formæ visum oblectarent, vel odoris suavitate olfactum reficerent, vel quibuscunque modis diversæ ipsorum naturæ diligenter cognitæ in amorem et laudem Creatoris nos amplius excitarent, juxta quod ad eum Psalmista dicit: *Delectasti me, Domine, in factura tua, et in operibus manuum tuarum exsultabo* (*Psal.* xci, 5).

Sunt fortassis quibus hujusmodi quæstiones frivolæ esse nec rationabiliter moveri videntur, cum quis videlicet quærit de aliquo nunquam eveniente et dicit quid fieret si ita esset. Quæ namque, inquiunt, ratio est quærere si ita esset, quod nec fieri habet, sicut nec illud esse? Dicunt itaque Deum præscium futurorum hoc homini concessisse, ut per rationem dominaretur cæteris animantibus et ea constringere posset atque opprimere, quamvis corpore validiora, ut videlicet ex concessa sibi ratione tanto eum homo amplius diligeret, quanto amplius in hac se ab eo accepisse cognosceret.

Cum dicit : Volatilibus cœli, hoc est avibus, non ad differentiam aliquam volatilium additum est : *cœli*, sed ad demonstrandum per quam partem mundi volare habeant; sicut etiam dictum est : *piscibus maris*, vel sidera cœli dicere solemus, non ad aliquorum determinationem, sed magis ad eorum exprimendam proprietatem ubi esse habeant. Cœlum ergo hic tam aereum quam æthereum comprehendens, quidquid ab inferioribus aquis usque ad superiores interest hoc vocabulo nuncupat.

Et bestiis. Quod superius per bestias et jumenta distinxit, hic nomine bestiarum communiter comprehendit.

Universæque terræ. Nota quod cum hic concedatur homini tam bestiis quæ in terra sunt, quam ipsi terræ præesse, nequaquam tamen ita superius ei concessum est, tam piscibus maris quam ipsi mari, vel tam volatilibus cœli quam ipsi cœlo præesse. Non enim ita mare vel cœlum in nostra est potestate, sicut terra in qua manemus, et ædificia nostra constituimus, et quæ ad nostras utilitates excolendo paramus.

Reptili quod movetur in terra. Hoc est in hac mundi parte inferiori, ad differentiam fortassis cœlestium animalium, id est siderum, quæ, sicut philosophis visum est, animata sunt, et reptilia potius in suo motu quam gressibilia sunt dicenda, cum pedibus careant.

Hominem ad imaginem suam. Virum videlicet prius condidit talem, ut ejus esset imago, sicut exposuimus. Recte postquam dictum est : *Faciamus hominem ad imaginem nostram*, subditur hic, *creavit Deus hominem ad imaginem suam*, hoc est Dei, non alterius rei sicut statim etiam supponitur, *ad imaginem Dei creavit illum*, ne videlicet cum præmitteretur *nostram*, non solum ad imaginem Dei factus intelligeretur, verum etiam ad aliquorum aliorum quibus loqui videretur, cum ait : *Faciamus hominem*. Et nota quod cum ait hic : *Ad imaginem Dei creavit illum;* et postmodum addit : *Masculum et feminam creavit eos*, nec repetit ad imaginem Dei, cum dicit pluraliter *eos*, sicut fecit cum dixit *illum*, patenter innuit de solo viro recipiendum esse quod ad imaginem Dei creatus sit. Potest etiam videri quod adjunctum est : *Ad imaginem Dei creavit illum*, aliter debere intelligi, quam quod dictum est *ad imaginem suam*. Filius quippe Dei imago dicitur, qui ex solo Patre est, cum Spiritus sanctus a Patre et Filio esse dicatur. Vir itaque ad imaginem Dei creatus est, quia in hoc præcipuam habet cum Filio Dei similitudinem, quod sicut ille ex solo est Patre tanquam genitus, ita iste ex solo Deo habet esse tanquam creatus, non de aliquo animali assumptus, sicut mulier de viro sumpta est et de costa ejus formata.

Masculum et feminam. Hoc est tales qui ad propagationem humani generis sufficerent. De qua propagatione postmodum ait : *Crescite et multiplicamini*. Cum dicit eos masculino genere pro viro simul et femina, pro dignitate virilis sexus factum est : quod in tantum etiam usque hodie servamus, ut uno viro multis feminis aggregato, cum de ipsis loquimur, plurale aliquod adjectivum de ipsis simul proferentes, masculino genere contenti sumus, veluti si de ipsis dicamus quia sunt boni vel albi.

Benedixitque. Hoc est, de meliori statu ipsorum immortali et incorruptibili futuræ vitæ jam tunc disponebat. Hoc autem Propheta dixit præveniens futurum eorum lapsum, ne quis forte cum postmodum audiret eos expelli de paradiso terrestri, desperaret de cœlesti.

Crescite et multiplicamini. Sicut superius animantibus aquaticis dixisse memoratur : *Crescite et multiplicamini et replete aquas maris*, ita hic hominibus creatis dicere narratur : *Crescite et multiplicamini et replete terram;* ut hæc quoque locutio sicut illa non prolatio sermonis, sed dispositio divinæ operationis subintelligatur, præsertim cum nondum linguæ alicujus institutio facta esset, nondum impositis ab Adam nominibus, sicut postmodum fecisse refertur : unde ista quoque Dei locutio sicut et supradictæ non tam de prolatione verborum accipienda videtur quam ex dispositione divina ; cum videlicet ita de ipsis facere Deus apud se ordinaret ut crescerent et multiplicarentur, id est crementum multiplicationis acciperent commistione masculi et feminæ, quos jam supra distinxit tanquam ad hoc masculum et feminam creatos. Ex quo patenter insinuat, quantum a creatione Dei et institutione naturæ illa Sodomitarum abominabilis commistio recedat, qua seipsos tantum polluunt, nullum de prole fructum reportantes. Damnantur et ex hoc loco præcipue damnatores nuptiarum, cum primis hominibus creatis, ex auctoritate Dominica conjugium statim sancitum sit.

Animantibus quæ moventur super terram. Quod adjungit, quæ moventur super terram, potest videri additum esse ad exclusionem tam cœlestium animalium, juxta illam scilicet opinionem philosophorum, qua sidera deos appellant, id est animalia rationalia immortalia, impassibilia, quam aereorum id est dæmonum.

Ecce dedi. Ac si diceret : In præsenti tempore sive loco, quia et post diluvium carnium quoque esum homini Dominus indulsit. Sed cum nonnullas modo bestias vel aves videamus, quibus carnium esus necessarius sit, quomodo his quoque sicut homini solummodo herbæ et arbores nunc in esum conceduntur, tanquam hæc illis primum sufficerent, et nisi post peccatum hominis carnibus indigerent, ut pœna videlicet hominis ex peccato proveniens in ea quoque redundaret, quibus homo præesse et dominari habuit, ut alia scilicet animantia aliis in rapinam et esum traderentur. Et fortassis nulla sunt animantia de his quæ hodie inter nos carnium indigerent alimento, quibus in aliquibus mundi partibus sufficiens esus reperiri non possit in herbis vel arboribus. Et attende quantum sibi in omnibus hominem velit obedire, cum nec eum comedere ut vivat nisi per obedientiam velit, nec sine permissione sua quidquam in quibuscunque necessariis attingere, nec ad sustentationem etiam vitæ. Ex quo patenter innuit totam hominis vitam nonnisi in obedientia Dei consistere et ad hoc eum solummodo debere vivere.

Vobis et cunctis animantibus terræ. Alia quidem vobis, alia illis vel aliqua pariter vobis et illis. Non enim omnia pabula vel homini vel illis convenire videntur, quamvis ante peccatum nullum escæ genus homini nocivum esset vel fortassis incongruum; sed si hominibus omnia convenire ponamus, nequaquam credibile est ut hoc de animantibus annuamus, ut eis quoque tam lignum vitæ quam cætera omnia sint concessa, nisi forte quis velit ea quoque sicut homines inde contra mortem et senium habere remedium: quibus etiam lignum scientiæ boni et mali nunquam legimus esse prohibitum, sicut postmodum hominibus dicitur interdictum. Non enim apparet quomodo de omnibus lignis hæc concessio facta sit hominibus et cæteris animantibus, si arbor illa vetita nunquam fuerit hominibus vel illis concessa. Et nota quod illæ quoque arbores, quæ infructuosæ dicuntur, aliquod alimentum in foliis saltem vel floribus seu cortice nonnullis animantibus ministrare possunt. Et attende quod, cum de cibo etiam hominis sicut de cibo animalium providet et omnibus pariter terrena concedit alimenta, patenter insinuat mortales quoque homines creatos fuisse et eos in corporibus animalibus non spiritalibus factos esse, et ne morte dissolverentur, tunc quoque homini sicut nunc cibum necessarium esse. Unde nec iste animæ vel vitæ status, in quo videlicet homo conditus fuerat, laudem habere meruit, comparatione scilicet spiritalis illius vitæ ad quam transferendus erat. Non enim de homine quoque creato sicut de cæteris animantibus dictum est quia vidit Deus quod esset bonum; quia commendari non debuit in homine vita illa ad quam obtinendam nequaquam creatus erat, sed de illa transiturus ad longe meliorem. Communiter vero cum cæteris laudari potuit, quia comparatione aliorum hic etiam mortalis status hominis tanquam excellens et optimus commendandus fuit, cum tamen ad hoc quod futurus erat nequaquam in tantum dignus laude censebatur, ut per se optimus, id est valde bonus diceretur.

Et factum est ita. Hoc non ad creationem hominis tantum vel operationem sextæ diei, sed ad totam præcedentium operum summam referendum videtur. Quæ universa statim comprehendit, cum in eorum laudem prorumpens ait: *Cuncta quæ fecerat,* tam de creatione scilicet cœli et terræ quam de luce operum superaddita et in creatione hominis consummata. Ad quem quidem tanquam finem, hoc est finalem cæterorum causam, omnia spectabant, cum propter hominem creata sint sive disposita. Homo vero non propter illa, sed propter Deum solum glorificandum. Cum ergo illa usque ad hominem per suas utilitates pervenerint, cursum suum quasi in meta quadam et stadii termino sibi præfixo consummabunt. Homo vero usque ad Deum pervenire habet et in ejus visione tanquam in sabbato vero quiescere.

Et nota quod non ait: Videns quod essent cuncta valde bona, sicut superius in diversis operibus dictum est: *Vidit quod esset bonum*; sed ita distinxit: *Vidit Deus cuncta quæ fecerat*; et postmodum nequaquam repetens *vidit*, subintulit: *Et erant valde bona.* Non enim, juxta hoc quod exposuimus de singulis: *Vidit Deus quod esset bonum,* hoc est videre hoc nos et intelligere fecit ex manifesta eorum utilitate. Potuit de omnibus dici, quia viderit cuncta bona propter operationem saltem secundæ diei de suspensione aquarum, quarum, ut diximus, utilitatem nondum probare valemus. Quod ergo dictum est *vidit cuncta et erant valde bona,* tale est quod nihil in eis ab ipso perfecte cognitis corrigendum censuit, sed tantum omnia bona condidit, quantum bona condi oportuit, ut nihil scilicet in conditione sua plus boni accipere illa decuerit, juxta illam quoque Platonis sententiam, qua mundum ab omnipotente et non æmulo factum Deo convincit nequaquam meliorem fieri potuisse. Quod et Moyses considerans, asserit omnia valde bona creata, quamvis de omnibus rationem reddere nec ipsi etiam concessum esse credamus. Non tamen singula in se, sed omnia simul valde bona dicit, quia ut beatus quoque meminit Augustinus, bona sunt singula in se, sed cuncta simul valde bona; quia quæ in se considerata nihil aut parum valere videntur, in tota omnium summa valde sunt necessaria. Unde dicitur: *Magna opera Domini, exquisita in omnes voluntates ejus (Psal.* cx, 2).

Movet fortassis aliquos cum dicitur: *Valde bona,* quid de quibusdam animantibus vel plantis venenatis dicamus, vel de aliis quibusdam quæ omnino superflua censentur, vel denique de ipsis apostolis angelis qui ab ipso statim exordio suæ creationis superbiendo mali facti sunt. Sed quia malitiam istam a se postmodum habuerunt, non in sua creatione acceperunt, nequaquam a Deo facti sunt mali, sed a seipsis superbiendo corrupti. Quia ergo et illi spiritus facti sunt boni et absque peccato, sed non tales perstiterunt, nequaquam propter hoc negandum est opera Dei bona fuisse, cum illos quoque spiritus bonos condiderit, in ipsa scilicet spiritali substantiæ natura, quam ipsi superbiæ labe maculaverunt, non destruxerunt. Opera itaque Dei cuncta bona sunt et omnis creatura bona est præ-dicanda, quia nihil peccati vel mali in ipsa suæ creationis origine accipiunt, sed singulis tantum confert Deus quantum convenit, ut non solum bonæ, verum etiam optimæ, id est valde bonæ, singulæ ab ipso fiant creaturæ. Nec solum tunc cum primo crearentur, verum etiam quotidie cum ex illis primordialibus causis nascendo procreantur vel multiplicantur. Etsi enim infans cum nascitur nondum bonus homo dicatur, quod ad mores pertinet, bona tamen est creatura. Sic et pullus cum nascitur, quamvis nondum sit bonus equus et ad usitandum idoneus, bona tamen est creatura, et quantum ei convenit in ipsa creatione a Deo accepit, qui nihil sine ratione vel facit vel fieri permittit, etiam cum abortivi fœtus producuntur vel vitiati nascuntur. De sarmentis vero plantarum quæ superflua videntur, et a nobis sæpe resecari convenit, sicut et capillos nostros vel ungues, seu de venenatis quæ diximus : illud fortassis ad solutionem sufficere videtur, quod ait, *erant valde bona*, tunc videlicet ante peccatum hominis non nunc, jamque post peccatum in pœnam nobis conversa. Constat quippe si homo non peccasset, nec ex veneno illi imminere periculum, nec ex aliqua re cruciatum, sed omnia illi animalia quantumcunque sæva, quantumcunque crudelia, ei mansueta quasi domestica, fore per omnia illius dominio subjecta, quandiu ille suo Creatori qui hoc ipsi subjecerat per obedientiam subjectus esset. Quod postquam ille neglexit, multa illi ex his periculosa facta sunt et usque ad mortem in eum prævalere permissa, ut ex his miser jam discreet quantum deliquerit non obediendo Deo, qui hæc tandiu in potestatem habere mereretur, quandiu ille summæ potestati subjiceretur, a qua acceperat ut his ipse dominaretur. Quem ergo ratio retrahere debuit a peccato et quid cavendum esset prædocere, irrationabiles vel insensibiles quoque creaturæ nunc ei periculosæ factæ patenter edocent quantum deliquerit, tanquam quadam vi divina sentientes jam se homini nullam subjectionem debere, postquam ille Deo subjectus esse neglexerit, utpote quæ nihil ei nisi propter Deum deberent. Ex quo et patenter ipsa etiam quæ ratione vel sensu carent nostram insipientiam erudiunt, ne aliquibus in his obediamus quæ contra Deum facere præsumunt, cum nihil cuiquam nisi propter Deum debeamus et omnium quæ agimus finem in Deo constitui oporteat.

Nemo itaque inobedientiæ est arguendus, nec etiam arguendus ubicunque offensa Dei cavetur, quæ sola quemlibet reum constituit. Juret quislibet alicui quod ab eo ille requisierit et tandiu juramentum teneat, quandiu non recognoverit se id quod juravit exsequendo Deum esse offensurum, sicut et ex ipsis, ut diximus, quæ ratione carent jam edocti sumus, quæ jam nostrum non curant dominium, tanquam intelligant nos respuisse divinum. Quæ dum nos perimunt vel cruciant, divi-

num in hoc judicium exercendo ac debitam pœnam inferendo, falso in eis opera Dei quasi mala calumniamur, quia nobis in dolorem pro meritis nostris convertuntur : alioquin et pœnam ipsam quæ justa est, et tam Deum quam quemlibet judicem justum, cum reos punit et quod debet agit arguere possemus. Non sunt igitur opera Dei ulla dicenda mala, quamvis nonnulla, ut justum est, periculosa sint ac nociva, vel cum nonnunquam justum perimendo ab hujus vitæ angustiis liberant, vel aliquibus afflictionibus purgant. Sed nec aliqua in creaturis superflua sunt dicenda, quamvis nos nonnunquam maxime gravent, quia pro diversis usibus ea quæ ad unum minime valent, ad aliud commoda sunt, ut sarmenta præcisa quæ fructui vitis nocerent si in ea remanerent, ad faciendum ignem vel ad alias necessitudines non inutilia sunt. Denique quanto amplius vita hæc periculosior vel magis pœnalis habetur, tanto ardentius illa expetitur quæ ab his omnibus immunis existit. Quid autem proprie bonum ac per se, scilicet sine adjectione, vel quid malum sive indifferens dicatur, in secunda collatione nostra quantum arbitror satis est definitum.

De creaturis autem nonnulla est quæstio, utrum videlicet, ut quibusdam videtur, quidquid est et Creator non est creatura dicatur, an solæ substantiæ, non etiam earum accidentia, dicendæ sint creaturæ, an res etiam aliquæ sicut est sessio. Non enim cum aliquem sedere accidit, quamdam rem tunc dicimus esse quæ prius non fuerit, vel quamdam rem periisse quæ prius in stante fuisset.

Et factum est vespere. Sicut in cæteris diebus tali fine opera eorum sic concludit ut nihil supra intelligendum sit quod ad opera uniuscujusque diei pertineat, ita et de hac die intelligendum videtur, ut nihil scilicet supra id quod dictum est ad operationem hujus diei pertinere dicatur, sed statim primis parentibus creatis, totam operationem hujus sextæ diei consummatam esse. Unde quod in sequentibus additur de prohibitione ligni facta vel transgressione præcepti et de ejectione paradisi vel impositione nominum quam Adam fecit, vel si qua sunt alia, non necesse est hæc omnia nos profiteri sexto die hæc facta; præsertim cum incertum sit quanto temporis spatio illi parentes in paradiso perstiterint, ut hæc scilicet omnia quæ postea referuntur ibi facta fuisse, peragi possent ante ipsorum dejectionem. Quod enim multis annis vel diebus ante transgressionem in paradiso fuerint, tam auctoritas quam ratio habere videtur, sicut postmodum loco suo ponere decrevimus.

Dies sextus. Quod in sex diebus opera sua Deum consummasse propheta retulerit non vacat a mysterio, ut videlicet perfectioni operum ipsa quoque numeri attestaretur perfectio ; hic quippe numerus qui senarius dicitur inter eos numeros qui perfecti dicuntur primus occurrit. Tres quippe numerorum species secundum computationem partium suarum distinguuntur; cum videlicet alii perfecti, alii abundantes, alii dicantur diminuti. Perfecti vero sunt quorum partium computatio summæ totius adæquatur : verbi gratia, senarius mediam partem habet ternarium, tertiam binarium, sextam unitatem : quibus quidem ad invicem ita junctis ut dicas, unus, duo, tres, solum perficit senarium. Abundantes vero numeri dicuntur quorum computatio partium ipsos excedens majorem reddit numerum, ut duodenarius : hujus quippe senarius media pars est, quaternarius tertia, ternarius quarta, binarius sexta, unitas duodecima; quæ omnes ad invicem conjunctæ sexdecim faciunt, qui profecto numerus duodenario major est. Diminuti vero sunt quorum partibus computatis et sibi conjunctis summa totius reddi non potest, ut est octonarius : hic quippe numerus mediam partem habet quaternarium, quartam binarium, octavam unum; quæ simul junctæ septenarium faciunt, quem octonario minorem esse constat.

Igitur perfecti sunt. Quia videlicet elementa, ut dictum est, creata sunt atque disposita et sideribus, plantis, animantibus adornata, igitur non solum facta in creatione, sed etiam perfecta sunt in sua dispositione. Ornatus eorum dicit non saltem quæ sunt in eis, verum etiam quæ sunt ex eis, non spiritales scilicet sed corporales substantias, quæ maxime ad commendationem mundi pertinent per hoc quod ex eo initium habent : *Omnis ornatus eorum,* tam cœli videlicet, sicut sidera, quam terræ vel aqua, sicut plantæ vel animalia.

Quod fecerat. Sex scilicet præcedentibus diebus. Sed quomodo tunc opus suum complevit et non in sexta die, si tunc nihil fecit? Unde septimum diem intelligimus totum futurum sæculi tempus, quo multiplicare non cessat species creatas in aliquo rerum numero ex natura earum jam præparatarum, juxta illud Veritatis :· *Pater meus usque modo operatur, et ego operor,* tanquam si diceret : Sicut ille nondum operari cessat, quotidie scilicet multiplicando quæ primo facta sunt, sic nec ego pariter cooperari tanquam coæterna ejus Sapientia, per quam omnia facit.

Et requievit. Cessando scilicet, sicut statim exponit, a speciebus quas creaverat, non a numero rerum in eis multiplicandarum : nulla quippe de speciebus illis postmodum peritura erat, ut ad eam reparandam non sufficeret per se natura jam præparata, sicut et ad individua specierum multiplicanda. Etsi enim ponamus phœnicem speciem esse, vel aliquas species herbarum vel florum quandeque deperire, jam tamen ita natura ex primordialibus causis est præparata, ut ad hæc restauranda sufficiat. Bene itaque dicit *quod patrarat,* scilicet in speciebus, non quod multiplicaturus erat in numero individuorum. Quamvis enim mulus inter species animalium creatus non fuerit, vel vermes multi ex aliqua putredine vel corruptione postmodum nati, in ipsis tamen speciebus prædictis semi-

narium habuerunt et vim quamdam futuræ suæ creationis. Animæ vero licet ex animabus per traducem non propagentur, quia tamen jam species animæ creata fuerat, non impedit earum quotidiana multiplicatio dici Deum requievisse ab universo, etc.

Benedixit et sanctificavit. Id est cæteris prætulit diebus et in celebrationem ipsum constituit.

Cessaverat. Quod dicit *cessaverat* expositio est ejus quod dixerat *requievit,* ne forte a labore ipsum quievisse arbitraremur.

Creavit. In Verbo ut *faceret* in opere juxta illud : *Dixit et facta sunt.* Et attende quod non - ita de septima die, sicut de cæteris dicitur, quia factum est vespere et mane dies septimus. Non enim in eo sicut in cæteris aliquid fecisse Deus memoratur, sed tantum quievisse, nec opera multiplicationis quæ in hoc septimo die fuerunt quotidie usque ad consummationem sæculi complebuntur.

Quoniam ea quæ prædicta sunt juxta radicem historiæ ac veritatem rei gestæ quantum valuimus prosecuti sumus, juvat morali quoque ac postmodum mystica expositione nos eadem perquirere. Moralis itaque dicitur expositio quoties ea quæ dicuntur ad ædificationem morum sic applicantur, sicut in nobis vel a nobis fieri habent quæ ad salutem necessaria sunt bona, veluti cum de fide, spe et charitate vel bonis operibus expositione nostra lectorem instruimus. Mystica vero dicitur expositio, cum ea præfigurari docemus quæ a tempore gratiæ per Christum fuerant consummanda, vel quæcunque historia futura præsignari ostenditur.

MORALITAS.

Confusio illa cœli et terræ prius creata in materia et nondum in creatam partium distinctionem redacta, homo est ex superiori et inferiori substantia constans, id est ex anima et corpore; sed adhuc quasi informis et moribus incompositus, nondum carne spiritui sicut oportet subjugata, imo magis spiritui dominante, atque ita naturalem ordinem confundente ac perturbante, donec divina gratia animalem hunc hominem in spiritalem transferat atque formet, sicut illam quasi brutam atque confusam elementorum congeriem postmodum ordinavit. Cui videlicet confusioni, quæ per fluidum elementum aquæ iterum figuratur, spiritus incumbit, dum de homine adhuc animali spiritalem efficere divina bonitas disponit; et sic quodammodo illam confusionem more avis incumbentis fovet, ut inde quasi pullum producat, dum veterem adhuc hominem in novum reformare parat. Quod quidem efficit primo lucem fidei inspirando, postmodum spem, deinde charitatem, tandem in operibus charitatis eum consummando, ut non solum sibi, sed etiam aliis vivat, nec tantum in se bonus sit, verum etiam alios bonos efficiat tam exemplo operum vel beneficiis collatis quam doctrina prædicationis. Creatio itaque lucis illius natio est fidei, quam Spiritus sanctus his quibus vult inspirans ædificium animæ spiritale ab hoc inchoat fundamento, sine quo, ut ait Apostolus, impossibile est placere Deo. Unde et bene post creationem illam cœli et terræ lucem factam esse propheta statim commemorat. Post fidem autem spes sequitur, quæ hominem prius per concupiscentiam ad terrena defluentem, dum variis ducitur desideriis, jam quasi a terrenis ad cœlestia sustollit et in eis ejus animum ad multa primitus discurrentem firmat ac stabilit, et contra quaslibet adversitatum procellas quasi anchora navem conservat, et ad quælibet toleranda vel aggredienda desiderio cœlestium corroborat : quod bene superior aquarum suspensio facta secundo die figurat, quæ per interpositionem cœli sursum firmiter est stabilita. Tertio die recedentibus aquis vel per meatus quosdam terræ submissis, exsiccatur terra et arida fit, quia igne charitatis anima successa dum carnem spiritui subjicit, a fluxu vel desideriis carnalium concupiscentiarum hoc calore siccata quodammodo fit arida, ut jam fit de illis locis inaquosis, per quæ diabolus suggestionibus suis transiens requiem non invenit, quia talem animam per concupiscentias ad consensum non trahit. Ut autem talis anima per opera etiam consummetur, primum terra producit plantas, postea luminaria in firmamento posita lucem ministrant. Terra itaque, ut dictum est, arefacta plantas producit, cum anima quælibet charitatem qua fervet interius in exhibitione corporalium operum ostendit. Quæ si in tantam perfectionem excreverit ut verbo quoque prædicationis alios ædificare atque illuminare possit, luminaria fuerit in cœlo, id est verba prædicantis in Ecclesia minorum et quasi adhuc terrenorum fuerit illuminatio, et hoc est illuminent terram. Nec solum in die, verum etiam in nocte, quia tam in prosperitate quam in adversitate infirmis mentibus prædicatio necessaria est, ne per hanc extollantur vel per illam frangantur. Qualibus quidem luminaribus non solum exemplo sed etiam verbo alios ædificantibus Apostolus ait : *Inter quos lucent tanquam luminaria* (*Phil.* II, 15). Et Veritas ipsa : *Vos estis lux mundi* (*Matth.* v, 14). Hoc igitur viro perfecto tum luce operum tum etiam documento prædicationis alios ædificante, parit undique mundus animantia tam volatilia scilicet quam gressibilia sive reptilia, hoc est trium ordinum fideles, continentes videlicet, rectores seu conjugatos. Denique homo ille extra paradisum creatus in paradisum transfertur, dum is qui in hac vita tantis bonis per gratiam Dei floruit ad patriam cœlestem de hoc exsilio transfertur, pro meritis primo ad sabbatum, deinde ad octavam perveniens.

ALLEGORIA.

Sex ætates sæculi senarius iste dierum quibus mundus perfectus est atque adornatus exprimit. Prima ætas sæculi quasi ejus infantia est ab Adam usque ad Noe. Inde secunda usque ad Abraham quasi pueritia. Deinde tertia ad David tanquam adolescentia. Postea quarta usque ad transmigrationem Babylonis quasi juventus, id est virilis ætas. Inde quinta usque ad Christum tanquam senectus. Denique sexta usque ad finem sæculi tanquam senium vel decrepita ætas.

Confusa itaque illa nec adhuc distincta congeries elementorum primam mundi ætatem sine lege et disciplina incultam et rudem bene figurat, quæ infantia mundi vocatur : et bene infantia necdum ex documento legis verba Dei formare valens, sicut infantes nondum loqui sufficiunt. Deleta hæc est ætas diluvio, sicut eorum memoria quæ in infantia geruntur per oblivionem delentur.

Secunda ætas diluvio non deletur, cum quisque eorum quæ in pueritia gesserit recordari valeat. In hac ætate arca in diluvio fideles conservavit, et quasi firmamentum aquis interpositum eos ab aquis desuper compluentibus et ab aquis inferius inundantibus illæsos custodivit.

Tertia ætate lex data est, quæ fluxum carnalis concupiscentiæ ab antiquo populo timore pœnarum coerceret, sicut die tertia ab inferioribus aquis terra est exonerata, et statim germinans terrenam sobolem in herbis et arboribus produxit, quia populus antiquus, terrena potius quam cœlestia desiderans, terrenam accepit promissionem et terrenis maxime desideriis adhærens, quasi terrena generatio fuit atque terræ totus innitens et in terrenis vitam suam constituens.

Quarta die facta luminaria lucem prophetarum post legem significant longe apertius de Christo loquentium quam lex antiqua fecerat, sicut dicit Daniel : *Pertransibunt plurimi et multiplex erit scientia tam in viris, ut in Samuele, Nathan, quam in feminis sicut in Anna*. Proprie namque a tempore Samuelis tempus prophetarum incœpit, sicut in Actibus apostolorum, ubi scriptum est : *Et omnes prophetæ a Samuel et deinceps*, etc. (*Act.* III, 24), diligenter exprimitur. Beda etiam attestante, dum locum illum exponeret dicens : « Quamvis patriarchæ et sancti priorum temporum multa de Christo dictis factisque prophetaverint, tempus tamen proprie prophetarum, eorum dico qui de Christi Ecclesiæque mysterio manifeste scripserunt, a Samuele exordium sumpsit et usque ad Babylonicæ captivitatis solutionem permansit. »

Quinta ætas quasi senium mundi, defectum præteritorum bonorum designat, cum jam patriarchæ et prophetæ præteriissent, atque unctio ad alienigenam transferretur, non jam pristino ritu sacrificium celebraretur, quod etiam Babylonica captivitas abstulerat. In hoc quidem senio jam mundo languescente missus est Salvator, qui veterem renovaret hominem, baptismum prædicaret : in quo quidem baptismo homines veterem hominem deponentes, et novum induentes, sicut scriptum est : *Quicunque baptizati estis Christum induistis* (*Rom.* VI, 3), quasi ex aquis animalia producta sunt.

Sexta ætate homo renovatus in paradiso collocatur, quia post passionem Domini tantum aditus cœlestis hominibus patuit, ut primo sabbatum in anima, postmodum octavam in corpore simul et anima celebret. Unde et latroni dictum est : *Hodie mecum eris in paradiso* (*Luc.* xxiii, 43), ut in hac ætate tantum cœlum hominibus patere ostenderet.

Istæ generationes. Quasi diceret : bene dixi, Cessaverat, quia istæ sunt non aliæ postmodum ex aliqua nova naturæ præparatione futuræ : *Generationes cœli et terræ.* Id est species rerum factæ materialiter ex elementis per cœlum et terram, ut diximus, primo significatis.

Quando creatæ sunt. Id est primum factæ istæ, scilicet generationes ante hunc septimum diem quo multiplicantur quotidie.

In die. Id est in tempore illo sex præcedentium dierum.

Quo fecit Dominus cœlum et terram. In Hebræo est ordo commutatus ita : *quo fecit Dominus terram et cœlum,* cum in principio dictum sit e converso quia creavit cœlum et terram. Ex quo innuitur ex hac commutatione ordinis varietas quædam significationis ad prædictas scilicet generationes comprehendendas. Per terram quippe et cœlum animalia, per virgultum et herbas comprehendit plantas. Animalia quippe, quia vivificationem non ex humore sicut plantæ, sed ex spiritu habent, juxta quod Gregorius tres vitales spiritus distinguit, per terram et cœlum hoc loco insinuantur, cum ex corporea et gravi substantia constent secundum corpus et ex spirituali et levi secundum animam. Et quia corpora prius formata sunt quam spiritus infunderentur, bene hic terram prius quam cœlum nominavit. Ubi et de stellis innuere videtur, si omnia comprehendit facta ex elementis, quosdam spiritus et illis inesse quo possint animalibus et connumerari, sicut philosophi asserunt, et beatus Augustinus adeo sibi esse incertum profitetur, ut se ignorare dicat utrum sol et luna ad societatem angelorum pertineant, sicut et supra meminimus.

Virgultum agri. Id est agreste adhuc et nondum cultum ab hominibus vel insertum sicut nunc vel aliqua cura hominum custoditum.

Oriretur in terra. Id est fructificaret per universas terras dispersum sicut nunc ex irrigatione imbrium proficiens.

Regionis. Pro quo in Hebræo est *agri,* sicut superius ; quasi diceret incultam adhuc nec ex propagine et ope imbrium multiplicatam sicut nunc. Unde et subditur

Non enim. Id est nondum pluvia facta fuerat, ex qua tunc quoque sicut nunc per universum mundum hæc multiplicatio fieret, homine tunc terram sicut nunc excolente, cum nec ipse homo qui terram operaretur tunc esset. Quod statim adnectit dicens.

Et homo non erat. Non dicit simpliciter non erat, cum ipse quoque inter generationes cœli et terræ superius sit comprehensus et factus esse monstretur ; sed non erat ad operandam terram, quia nondum ei necessaria erat laboriosa cultura, quam postmodum in pœnam peccati accepit et quam nunc ubique terrarum exercet.

Sed fons. Ne quis forte requireret unde ergo humorem quo nutrirentur vel conservarentur plantæ habebant, cum pluvia non esset, respondet quia de imo aqua tenuis conscendens more fontis irrigabat eas mundi partes in quibus plantæ dispersæ erant. Et attende quod cum superius per septem dies Deus tantum vocatus sit, non etiam Dominus appellatus ; hic tamen ubi generationes cœli et terræ completas commemorat, eum non solum Deum sed et Dominum vocat, et deinceps frequenter Domini vocabulo ipsum designat. Hoc quippe nomen Dominus nonnisi ex creaturis quibus dominari et præesse habet convenit, nec ex quibusdam tantum creaturis, sed ex omnibus simul. Unde post consummationem omnium ipsum tantum poni congruum visum est.

Formavit igitur. Hoc et ad illud respicit quod sexto die præmissum est de hominis creatione, cum dicitur : *Et creavit Deus hominem,* etc. Ibi quippe quod creatus sit homo tam masculus quam femina præmissum est, sed modus creationis expressus non est : quod hic diligenter aperit docendo scilicet corpus viri de limo terræ prius formatum esse, ac deinde animam infundi ; feminam vero non per se creatam esse, sed de viro assumptam, ut sequentia docent. Continenter dixi hominem creari, sed modum creationis non expressi, igitur nunc faciam. Et hoc est quod nunc agit dicens : formavit *hominem,* id est humanum corpus in effigiem istam quam nunc habemus composuit.

De limo terræ. Id est de terra humida et quasi compacta non dissoluta, et sic corpori jam creato infudit animam. Ex quo patenter innuit animam humanam ex ipso modo creationis dissimilem a cæteris animabus esse. In creatione quippe cæterorum animantium dictum est terram vel aquam ea cum corpore simul et anima produxisse : ex quo innuitur illorum animas ex ipsis etiam elementis esse quasi quamdam eorum raritatem vel subtilitatem, pro qua scilicet subtilitate illæ quoque animæ spiritus dicuntur, sicut et ventus nonnunquam spiritus appellatur, comparatione terræ et aquæ, quæ grossioris et corpulentioris substantiæ sunt. Diligenti etiam vocabulo utitur, cum dicit hominem de humo formari potius quam creari. Ubi enim de materia aliquid fit forma ei superaddita, formari proprie dicitur. Isidorus *Etymol.* lib. xi, capite 1 (26) : « Homo dictus est, quia ex humo est

---

(26) Patrol. tom. LXXXII, col. 397, et passim.

factus, sicut et in Genesi dicitur : *Et creavit Deus hominem de limo terræ.* Abusive tamen pronuntiatur ex utraque substantia totus homo, id est ex societate animæ et corporis, nam proprie homo ab humo. Item : Duplex est autem homo, interior et exterior : interior homo, anima ; exterior homo, corpus. Idem : Anima hominis non est homo, sed corpus quod ex humo factum est, id tantum est homo. Beda supra Genesim lib. II : Et vocavit nomina eorum Adam in die quo creati sunt. Adam interpretatur homo, ut utrique sexui possit aptari. Unde recte dicitur : Vocavit nomina eorum Adam, id est homo. Sicut homo Latine ab humo, ita apud Hebræos Adam a terra nominatur. Unde et terrenus sive terra rubra potest interpretari. Porro apud Græcos, homo aliam habet etymologiam. Vocatur enim ἄνθρωπος ab eo quod superna spectari et ad cœlestia contuenda debeat mentis oculos attollere.

Inspiravit spiraculum vitæ. Id est quasi per se non de aliquo materiali primordio dedit animam corpori jam formato, ut ipsa videlicet anima ex solo Deo tanquam principio non ex alia primordiali causa esse haberet. *Spiraculum vitæ* dicit ad differentiam flatus venti, qui et spiraculum dicitur, sed non vivificans, sicut et anima nonnunquam flatus dicitur, juxta illud Isaiæ : *Flatum omnem ego feci* (*Isa.* LVII, 16). Hinc quoque anima recte flatui sive spiraculo comparatur, quia maxime an in corpore sit exspirando vel flando apparet, cum sine his vita non possit in animalibus conservari.

In faciem ejus. Spiraculum, inquam, in faciem ejus, hoc est hominis factum, ut videlicet anima illa sola non cæterorum animantium notitiam sive scientiam per rationem haberet. Facies quippe qua unusquisque cognoscitur notitiam significat.

Et factus est. Id est consummatus est homo.

In animam viventem. Id est per talem animam quæ semper vivat, cum defectum non habeat.

Paradisum voluptatis. Id est hortum delectabilem, ut non solummodo ex dignitate creationis suæ quantum Deo debeat homo attenderet, verum etiam ex amœnitate et delectabilitate loci electi ex universo mundo in quo est positus. De quo quidem loco scriptum est quod nonnulli volunt quod in orientali parte orbis terrarum sit locus paradisi, quamvis longissimo interjacente spatio vel Oceani vel terrarum a cunctis regionibus quas nunc humanum genus incolit secretum. Unde nec aquæ diluvii, quæ totam nostri orbis superficiem altissime cooperuerunt, ad eum pervenire potuerunt. Quod quidem ex eo maxime videtur quod Enoch ante diluvium in paradisum translatus submergi non potuit. Hieronymus Hebraicarum quæstionum in Genesi : *Paradisum a principio,* etc. Ex quo manifestissime comprobatur quod priusquam cœlum et terram Deus faceret, paradisum ante condiderat. Et legitur in Hebræo : *Plantaverat autem Dominus Deus va-*

radisum in Eden a principio. Isidorus Etym. lib. XIV, cap. 3, de Asia, in qua est paradisus : *Paradisus est locus in Orientis partibus constitutus, cujus vocabulum ex Græco in Latinum vertitur hortus; porro Hebraice eden dicitur, quod in nostram linguam deliciæ interpretatur.* Quod utrumque junctum facit hortum deliciarum. Est enim omni genere ligni et pomiferarum arborum consitus habens etiam lignum vitæ. Non ibi frigus, non æstus, sed perpetua aeris temperies. E cujus medio fons prorumpens totum nemus irrigat, dividiturque in quatuor nascentia flumina. Cujus loci post peccatum homini aditus interclusus est. Septus est enim undique romphæa flammea, id est muro igneo accinctus, ita ut ejus cum cœlo pene jungatur incendium. Cherubim quoque, id est angelorum, præsidium arcendis spiritibus malis super rompheæ flagrantiam ordinatum est, ut homines flammæ, angelos vero malos angeli submoveant, ne cui carni vel spiritui transgressionis aditus ad paradisum pateat. Quod vero ait *a vrincivio*, subaudit plantationis ; innuit ante cæteras plantas ipsum fuisse : quo aliquid delectabilitatis præ cæteris locis haberet quando in ipsum homo introduceretur, tanto diligentius ante præparatus, quanto amplius temporis impenderetur ejus præparationi.

Posuit hominem quem formaverat. Id est virum cujus formatio jam prædicta est. Vir quippe extra paradisum factus de limo terræ in paradisum translatus est ; mulier vero in paradiso de viro creata est, quæ tamen virum et se pariter de paradiso ejecit, sicut sequentia manifeste tradunt. Ex quo patenter innuitur non tam loca quam mores ad salutem pertinere, cum mulier in meliori loco facta deterior in seductione fuerit.

Produxitque. Quare dixerit : voluptatis, assignat, *Pulchrum visu et ad vescendum suave,* ut visu delectaret et gustus suavitate reficeret.

Lignum etiam vitæ. Cum dixerit omne lignum, quid est quod dicit de istis duobus lignis etiam tanquam ipsa non fuerint de omnibus lignis visu et gustu delectabilibus, maxime cum de ligno in quo transgressio facta est scriptum sit in sequentibus quia vidit mulier quod bonum esset lignum et delectabile ? Sed profecto non pro diversitate lignorum dictum est *etiam*, sed pro diversitate loci ubi hæc duo ligna constituit et sibi conjunxit, id est in medio paradisi, non in circuitu sicut cætera. Cum enim dixisset quia protulit terra in paradiso ligna cætera sicut et ista, nequaquam distinxit quomodo ponerentur vel qua dispositione sibi aptarentur. Quod nunc facit cum hæc in medio, illa circumposita describit. Lignum vitæ dicit quod ad vitam conservandam et corporis incolumitatem sine defectu senii quasi pro medicamento illis creatum et concessum fuerat. Unde et in sequentibus de ipsis post peccatum a paradiso ejectis scriptum est : *Ne forte sumat de ligno vitæ et vivat in æternum.* Et rursum · *Collocavit ante paradisum cherubin ad custodiendam viam ligni vitæ.* Cætera vero ligna in esum quotidianum habebant ad sustentationem vitæ et corporis refectionem, non ad medicamenti sanitatem. Lignum vero scientiæ boni et mali dicitur non ex eo quod accepisset in sua creatione, sed ex eo quod consecutum est in illis primis parentibus ex ea quam in eo fecerunt transgressione. Per hanc enim experimento ipso didicerunt quid inter bonum vitæ delectabilis quam prius habebant et inter malum pœnæ quam incurrerunt distaret, quasi inter requiem et laborem.

Lignumque scientiæ. In medio simul paradisi cum ligno vitæ, ut dum hoc lignum quod melius est et magis sibi necessarium homo conspiceret sibi concessum, a transgressione alterius maxime revocaretur, si non amore Dei, saltem retinendi tanti beneficii in ligno vitæ constituti. Quale autem hoc lignum fuerit in quo transgressi sunt, nulla definitum est Scripturæ auctoritate. Nonnullis tamen visum est quod ficus fuerit, ex eo præcipue quod postmodum referantur illi parentes de foliis ficus perizomata sibi consuisse. Unde et illud quod Dominus respondit Nathanael quærenti unde eum nosset, dicens: *Cum esses sub ficu vidi te* (Joan. I, 48), ita intelligi volunt, tanquam si Dominus diceret: Non modo mihi primum notus esse cœpisti, quem a principio in primis parentibus per seminarium existenti in per præscientiam novi. Sic enim et Levi in lumbis Abrahæ fuisse Apostolus dicit. Hebræi autem hoc lignum scientiæ boni et mali autumant vitem fuisse, et sic ligno vitæ in medio paradisi appositam sicut nunc sæpe videmus vitem ab ulmo suscipi et ei quasi in uno corpore colligari. Hinc etiam item lignum scientiæ boni et mali dici assignant, quod ex fructu ejus vinum productum moderate vel immoderate sumptum hominem reddat scientem bonum vel malum, id est bono vel malo sensu eum esse faciat, cujus scilicet ingenium vel acuit vel pervertit. Unde et uvam esse fructum illum intelligunt, in quo priores patres prævaricati sunt, juxta illud prophetæ: *Patres nostri comederunt uvam acerbam* (Jer. XXXI, 29), id est fructum quo acerbitatem pœnæ incurrimus. Quod statim determinans ait: *Et dentes filiorum obstupuerunt* (ibid.); id est pœna in posteros traducta perseverat. Cui fortassis opinioni illud quoque non incongrue attestari videtur, quod post esum hujus ligni statim senserunt incentiva libidinis. Calidæ quippe naturæ fructum hunc vel vinum hinc expressum esse constat, et in luxuriam maxime commovere, juxta illud Apostoli: *Nolite inebriari vino in quo est luxuria* (Ephes. v, 18). Secundum quem etiam luxuriæ motum in primis illis hominibus inde factum, de quo erubescentes virilia texerunt, non incongrue videtur dictum scientiæ boni et mali fuisse illud lignum. Denique hujus ligni gustum, in quo Adam excedens tam se quam posteros pœnæ addixit, in tantum posteritas ejus postmodum abhorruit vel vitare decrevit, ut ante diluvium nemo vinum attigisse credatur, quasi memor pœnæ quam ex contactu incurrerat vetiti fructus. Post diluvium Noe plantata vinea, quasi supradictæ transgressionis immemor, inebriatus vino memoratur et statim genitalibus suis denudatis turpitudo ejus apparuit. Sic et in primis parentibus factum fuerat, qui post commissum vetitæ arboris gustum nudati referuntur et de sua nuditate mox erubuisse, et ad tegenda pudenda statim festinasse, sicut et de Noe duo ejus filii curaverunt, tertio, patrem irridente.

Et fluvius. Id quoque ad describendam amœnitatem loci pertinet, ut cum arboribus jucunditas quoque fluvii incolas illos oblectaret.

De loco voluptatis. Hoc est de ipso paradiso, non de foris influens, sed de ipso paradiso intus nascens, ut omnia in se necessaria continere monstretur non aliunde accipere.

Ad irrigandum. Et virorem perpetuum ei conferendum, ut nulla ibi pluvia esset necessaria.

Inde. Unde videlicet de terra egrediens emergebat, vel de ipso paradiso cum exterius egrederetur, quamvis in ipso paradiso quasi unus esset fluvius.

In quatuor capita. Id est, in origines quatuor fluviorum hæc fit divisio. Ubi enim divisio hæc incipit, inde habent flumina distingui, quia ante hanc divisionem tota illa aqua per unum alveum discurrens fluvius unus dicenda est, sive fons unus et origo illorum quatuor fluviorum.

Nomen uni. Videlicet capiti horum quatuor. Sicut enim fluvius quislibet horum quatuor a capite suo habet distingui, ita et a capite habet nominari, quia usque ad initium illius divisionis tota illius fluvii aqua sic vel sic nominatur donec mare ingreditur.

Ipse est. Hoc pronomen relativum *ipse*, cum sit masculini generis secundum proprietatem constructionis, reducendum est ad hoc nomen Phison, non ad illud quod præmissum est, uni videlicet capiti.

Omnem terram. Pro majori parte dicit, cum nullus fluvius aliquam omnino terram circuire possit, cum nullatenus per illam partem qua influit effluere possit.

Evilat. Id est India, quæ inde habet hoc nomen, quod post diluvium possessa sit ab Evila filio Jectan, filii Heber, unde Hebræi. Plinius dicit Indiæ regiones auri venis præ cæteris abundare terris.

Bdellium est arbor aromatica colore nigra, lacryma ejus lucida, gustu amara, boni odoris, sed vino perfusa odoratior.

Onyx, lapis pretiosus ita appellatus, quod in se habet permistum colorem vel in similitudinem unguis humani. Græci enim unguem ὄνυχον dicunt. Antiqua translatio habet pro his, *carbunculus et lapis prassinus.* Carbunculus est lapis ignei coloris, qui noctis tenebras illustrat. Prassinus viridis aspectus. Unde et a porro nomen accepit, quod a Græcis πρᾶσον dicitur. Cum laudem cujuscunque fluvii de paradiso egredientis prosequitur, in commendationem hujus loci redundare videtur, tanquam ex loco nativitatis suæ trahat, quod his bonis abundet. Et nota quod ad majorem horum fluviorum notitiam non solum ex nominibus suis eos distinguit, verum etiam ex locis terrarum ad quæ perveniunt, ut ex utilitate ipsorum ibi præcipue cognita amplius commendentur. Cum dicit de his fluminibus unum, vel secundum, vel tertium seu quartum, non hoc juxta ordinem positionis eorum, sed magis narrationis accipiendum videtur, nisi forte quis dicat in prædicta quoque divisione ipsorum hunc ordinem haberi, ut alius alio prius dividatur in alveum suum ab ipsa origine nativitatis suæ.

Ipse est Euphrates. Hunc non ita describit ex locis per quæ discurrit sicut cæteros cum, ut aiunt, vicinior atque notior populo Judæorum esset. Hæc flumina gentibus per quas fluunt notissima sunt. Duobus eorum vetustas nomina mutavit. Geon quippe ipse est qui nunc Nilus vocatur. Phison autem ille dicebatur quem nunc Gangen appellant. Duo vero Tygris et Euphrates antiqua nomina servaverunt. Sed movere potest quod de his fluminibus dicitur, aliorum fontes esse notos, aliorum prorsus ignotos, et ideo non posse accipi ad litteram quod ex uno fonte dividantur [*forte derivantur*], cum potius credendum sit quoniam locus ille paradisi remotus est a cognitione hominum, qui in quatuor aquarum partes dividitur, sicut fidelissima Scriptura testatur. Sed ea flumina quorum fontes noti dicuntur alicubi esse sub terris et post tractus prolixarum regionum locis aliis erupisse, ubi tanquam in suis fontibus noti esse perhibentur. Nam hoc facere solere nonnullas aquas quis ignorat? Sic et illud Boetii absolvi judicant, quod libro quinto De consolatione his verbis de Tygri et Euphrate dixit :

*Rupis Achimeniæ scopulis ubi versa sequentum
Pectoribus figit spicula pugna fugax.
Tygris et Euphrates uno se fonte resolvunt.*

(Boet. *De Consol.* l. v, met. 1, v. 1-3).

Isidorus Etymol. lib. xiii (27) : « Geon vocatur quod incremento suæ exundationis terram Ægypti irriget. » τῇ Græce, Latine *terram* significat. Hic apud Ægyptios Nilus vocatur propter limum quem trahit, qui efficit fecunditatem terræ : unde et Nilus dictus est quasi Niahomon [*leg.* νέαν ἰλύν]. Nam antea Nilus Latine Melo dicebatur. Ganges, quem Scriptura Phison cognominat, pergit ad Indiæ regiones. Dictus est autem Phison, id est caterva, quia decem fluminibus magnis sibi adjunctis impletur et efficitur unus. Ganges autem vocatur, a rege Gangaro Indiæ. Fertur autem Nili modo exaltari et super Orientis terras erumpere. Tygris fluvius Mesopotamiæ pergens contra Assyrios post multos circuitus in mare Mortuum influit. Vocatur autem hoc nomine propter velocitatem instar bestiæ tigris nimia pernicitate currentis. Euphrates fluvius Mesopotamiæ copiosissimus gemmis per mediam Babyloniam influit. Hic a frugibus vel ab ubertate nomen accepit ; nam Hebraice Euphrata *fertilitas* interpretatur. Mesopotamiam etenim ita in quibusdam locis irrigat, sicut Nilus Alexandriam. Sallustius autem auctor certissimus asserit Tygrim et Euphratem uno fonte manare in Armenia, qui per diversa euntes longius dividantur spatio medio relicto multorum millium. Quæ tamen terra quæ ab ipsis ambitur Mesopotamia dicitur. Ex quo Hieronymus animadvertit aliter de paradisi fluminibus intelligendum. Beda De natura rerum (28) : « Nili flumine pro pluviis utitur Ægyptus, propter solis calorem imbres et nubila respuens ; mense enim Maio dum ostia ejus quibus in mare influit, zephyro flante, undis ejectis arenarum cumulis perstruuntur, paulatim intumescens ac retro propulsus plana irrigat Ægypti ; vento autem cessante ruptisque arenarum cumulis, suo redditur alveo. »

Tulit ergo. Quia videlicet tam delectabilis et amœnus erat ille locus paradisi. Commode vir extra paradisum factus est et inde in paradisum translatus, ut tanto amplius amœnitatem paradisi concupisceret ac retinere niteretur, quanto eam terræ illi exteriori qua conditus fuerat præcellere videretur.

Ut operaretur. Id est ad excolendum ipsum paradisum et per obedientiam servatam sibi custodiendum, ne videlicet per transgressionem expulsus eum amitteret. De quo autem præcepto deberet ibi obedire statim insinuat, cum ait :

Præcepitque ei. Non dicit *eis* pluraliter, sed *ei* singulariter, respiciens ad solum virum quem dixit in paradiso translatum, cum tamen mulier postmodum fateatur sibi pariter ut viro Deum hoc præcepisse dicens : *De fructu ligni quod est in medio paradisi præcepit nobis Deus ne comederemus.* Unde intelligendum est, quod cum hoc loco Dominus lignum illud viro interdicit, ad speciem hominis in illo communiter loquitur, non specialiter ad personam illam sermonem intendens, sed generaliter ad naturam humanam, id est penitus interdicens ne quis humanæ naturæ id præsumat. Sic et sacerdos cum aliqua aqua præsentem sanctificans dicens, *qui super te pedibus ambulavit, qui te in vinum convertit,* ad elementum aquæ non ad præsentem illam aquam sermo dirigitur. Sed quomodo verum est quod Deus hominem posuerit in paradiso ad hoc ut eum excoleret ac sibi custodiret, cum hoc nullatenus sit consecutum ut homo sibi eum custodiret. Duobus quippe modis dicimus aliquid fieri ut aliud inde contingat vel fiat, tum videlicet secundum in-

(27) Patrol. tom. LXXXII, col. 490.

(28) Patrol. tom. XC, col. 262.

tentionem, tum secundum effectum consecutionis. Veluti si de aliquo dicam quia exiit ad bellum ut occideret, vel exiit ut occideretur : sicut illud intelligitur hac intentione factum ab illo ut alium occideret, sic istud ita factum ut eum occidi inde contingeret. At vero cum dicimus quia posuit Deus hominem in paradiso ut eum sibi custodiret, nequaquam ipse hac intentione id fecit quod sciebat nequaquam futurum esse, neque ita ut illud inde contingeret. Ita ergo accipiendum est *ut operaretur*, etc., ac si diceretur quia ponendo eum ibi, constituit eum cultorem et conservatorem illius loci, præcipiendo scilicet ei ut eum excoleret ac sibi conservaret : excoleret quidem eum delectatione magis aliqua ibi operando, sicut arbores ipsas vel herbas purgando, potius quam cum fatigationis labore.

Quæri etiam potest si hoc præceptum audibile fuit, qua lingua prolatum sit quam Adam intelligere posset, cum postmodum ipse referatur linguam invenisse, cum adductis ad se animalibus nomina illis imponeret. Sed scimus multa in Scripturis per intermissionem vel anticipationem extra ordinem rei gestæ nonnunquam narrari. Ecce enim superius sexto die tam viro quam femina creatis, sed nondum exposito modo illius creationis, postmodum repetitur illa creatio, ac sic diligenter et integre narratur tanquam tunc tantum et non ante fieret. Sicut ergo ipsa prius facta postmodum iteratur propter intermissum scilicet ejus modum, ita et per anticipationem nonnulla hic referri extra ordinem non est improbandum, ut prius scilicet Adam voces instituerit ad loquendum, quam præceptum Domini audiret in illis vocibus quas ipse instituisset, ut eas intelligere posset quibus et ipse postmodum loquens diceret : *Hoc nunc os ex ossibus meis*, etc., quibus et serpens cum muliere loqueretur, vel mulier cum serpente ; et ipse rursum Dominus in increpatione peccati cum Adam et Eva, vel ipsi cum Domino. Ex quo profecto non minimum rationis habere videntur, qui illos primos parentes aliquibus annis in paradiso ante peccatum vixisse æstimant, quamvis nullum ibi filium genuerint. Non enim breve temporis spatium, ut cætera omittamus, ad unius linguæ inventionem sufficere poterat, nec sola inventio nominum quæ hic tantum commemoratur in his locutionibus continetur, quæ in paradiso dici memorantur ; imo e contrario nullum de nominibus animantium terræ vel volucrum quæ Adam imposuisse dicitur, in his locutionibus continetur.

Quod autem pluribus annis in paradiso innocenter vixerint, præter rationem quam diximus, auctoritas Malachiæ prophetæ, cui plurimum in hoc beatus assentit Augustinus, astruere videtur. Unde idem doctor verba illa prophetæ inducens lib. *De civ. Dei* xx, cap. 26 : « Exponere, » inquit, « nos oportet quomodo sit accipiendum quod dictum est *sicut in diebus pristinis et sicut annis prioribus* (*Malach*. III, 4); fortassis enim tempus illud commemorat, quo primi homines in paradiso fuerunt. »

Tunc enim puri atque integri ab omni sorde ac labe peccati seipsos Deo mundissimas hostias offerebant. Cæterum ex quo commissæ prævaricationis causa inde emissi sunt atque humana in eis natura damnata est, excepto uno Mediatore et post lavacrum regenerationis quibusque adhuc parvulis. *Nemo mundus a sorde, sicut scriptum est, nec infans cujus est unius diei vita super terram* (*Job* XIV, 4; juxt. LXX). Quod si respondetur etiam eos merito dici posse offerre hostias in justitia qui offerunt in fide, *justus enim ex fide vivit* (*Rom*. I, 17); quamvis *seipsum seducat, si dixerit se non habere peccatum* (*I Joan*. I, 8), et ideo dicat nunc quia ex fide vivit : nunquid dicturus est quispiam hoc fidei tempus illi fini esse coæquandum, quando igne judicii novissimi mundabuntur qui offerrent in justitia? Ac per hoc quoniam post talem mundationem nullum peccatum justos habituros esse credendum est, profecto illud tempus, quantum attinet ad non habere peccatum, nulli tempori comparandum est, nisi quando primi homines in paradiso ante prævaricationem innocentissima felicitate vixerunt. Recte itaque intelligitur hoc significatum esse cum dictum est *sicut diebus pristinis et sicut annis prioribus*. Nam et per Isaiam postea quam cœlum novum et terra nova promissa est, inter cætera quæ ibi de sanctorum beatitudine per allegorias et ænigmata, exsequitur, quibus expositionem congruam reddere nos prohibuit vitandæ longitudinis cura, *secundum dies*, inquit, *ligni vitæ erunt dies populi mei* (*Isa*. LXV, 22). Quis autem sacras litteras attigit et ignorat ubi Deus plantaverit lignum vitæ, a cujus cibo separatis illis hominibus, quando eos sua de paradiso ejecit iniquitas, eidem ligno circumposita est ignea terribilisque custodia. Quod, si quisquam illos dies ligni vitæ, quos commemoravit propheta Isaias, istos qui nunc aguntur Ecclesiæ dies esse contendit, ipsumque Christum lignum vitæ prophetice dictum, quia ipse est Sapientia Dei de qua Salomon ait : *Lignum vitæ est omnibus amplectentibus eam* (*Prov*. III, 18), nec annos aliquos egisse in paradiso illos primos homines, unde tam cito ejecti sunt, ut ibi nullum gignerent filium, et ideo non posse illud tempus intelligi in eo quod dictum est, *sicut diebus pristinis et sicut annis prioribus* : istam prætereo quæstionem, ne cogar, quod prolixum est, cuncta discutere ut aliquid horum veritas manifestata confirmet. Video quippe alterum sensum, ne dies pristinos et annos priores, carnalium sacrificiorum nobis pro magno munere per prophetam præmissos fuisse credamus. Hostiæ namque illæ veteris legis in quibusque pecoribus, quæ immaculatæ ac sine ullo prorsus vitio videbantur offerri, significabant homines sanctos, qualis solus inventus est Christus sine ullo omnino peccato. » Ut tamen his quoque satisfacere laboremus qui primos parentes nec unius diei spatium in paradiso peregisse volunt, fortassis aliquibus signis ibi pro voce usus est Dominus, quorum intelligentiam facile fuit ei inspirare homini. Nam et serpens non verbis, sed sibilo mulieri locutus fuisse creditur, tantæque sagacitatis illi primi parentes exstitisse, ut ex sibilo serpentum vel vocibus avium affectus eorum cognoscerent. Quod si ita ponamus, nullatenus cogimur profiteri Adam instituisse linguam in paradiso; sed hoc per anticipationem quod extra paradisum factum sit prophetam retulisse.

Ex omni. Solummodo id quod sequitur: *de ligno vero scientiæ,* etc., videtur ad præceptum pertinere. Quod vero præmittitur *ex omni ligno* concessio potius A quam præceptio videtur. Non enim rei essent, si non de omnibus aliis lignis comederent, quando in paradiso fuerunt. Unde et mulier respondens serpenti, de ligno tantum quod est in medio paradisi se accepisse præceptum solummodo dicit.

In quacunque. Comminatione pœnæ ad obedientiam eum adhortatur dicens quod quacunque die lignum illud vetitum attingat, ex morte animæ id est peccato tunc commisso, mortem postmodum corporis incurret, quasi geminam mortem.

Reliqua desunt.

PETRI ABÆLARDI
COMMENTARIORUM
SUPER
S. PAULI EPISTOLAM AD ROMANOS
LIBRI QUINQUE.

(Edit. Opp. anni 1616, p. 489, ex ms. codice monasterii S. Michaelis in Periculo maris.)

PROLOGUS.

Omnis Scriptura divina more orationis rhetoricæ aut docere intendit aut movere. Docet quippe, dum quæ fieri vel vitari oportet insinuat. Movet autem, dum sacris admonitionibus suis voluntatem nostram vel dissuadendo retrahit a malis, vel persuadendo applicat bonis, ut jam videlicet implere velimus quæ implenda esse didicimus, vel vitare contraria. Juxta hanc itaque rationem tam Veteris quam Novi Testamenti tripertita est doctrina. In Veteri nempe Testamento lex, quæ in quinque libris Moysi continetur, præcepta Domini primum docet. Deinde prophetæ vel historiæ cum cæteris Scripturis ad ea quæ jam præcepta erant opere complenda adhortantur, et affectus hominum ad obediendum præceptis commovent. Cum enim prophetæ vel sancti Patres populum sentirent præceptis minus obedire divinis, admonitiones adhibebant, ut per promissiones vel comminationes eos ad obediendum traherent. Exempla quoque ex historiis necessarium erat adjungi, in quibus tam remuneratio obedientium quam pœna transgressorum ante oculos ponerentur. Hi autem sunt veteres illi panni, qui ad extrahendum Jeremiam de lacu, funibus circumligati sunt (*Jer.* xxxviii, 11), exempla videlicet antiquorum Patrum, quæ sacris admonitionibus adhibentur ad extrahendum peccatorem de profundo vitiorum.

Similiter et Novi tripertita est disciplina Testamenti, ubi quidem Evangelium pro lege est, quod veræ justitiæ ac perfectæ formam docet. Deinde Epistolæ cum Apocalypsi loco prophetarum ponun- B tur, quæ ad obediendum Evangelio cohortantur. Actus vero apostolorum et pleræque narrationes evangelicæ sacras historias continent. Ex his itaque liquet quod, cum sit intentio Evangelii docere, hanc intentionem Epistolæ vel Actus apostolorum tenent, ut ad obediendum Evangelio nos moveant, vel in his quæ Evangelium docet nos confirment. Nemo itaque post Evangelium, quod perfectæ est doctrinæ, quasi superflue Epistolas calumnietur, cum has ad admonitiones potius quam ad doctrinam scriptas esse meminerimus, quamvis nonnulla in eis salubria documenta sive consilia contineantur, quæ Evangelium non habet. Unde ad Corinthios scribens ait: *Nam cæteris ego dico, non Dominus: Si quis frater uxorem habet infidelem* (*I Cor.* C vii, 12), etc. Necnon etiam circumcisionem vel cæteras legis carnales observantias cessare jam debere docet, quod nondum in Evangelio revelatum erat. Qui etiam ad Timotheum scribens multa de episcopali vel sacerdotali seu levitica dignitate docet quæ Evangelium non expresserat. Perfectam tamen Evangelii dicimus doctrinam traditam esse, quantum ad veræ justitiæ formam et ad animarum salutem sufficiebat, non ad Ecclesiæ decorem vel ipsius salutis amplificationem. Sunt quippe de bonis civitatis quædam ad incolumitatem ejus pertinentia, quædam ad amplificationem, sicut et in fine secundi libri Rhetoricæ Julius meminit. Quæ vero ad incolumitatem pertinent, ea sunt sine quibus incolumis ac salva consistere civitas non potest, ut ager, silvæ, et cætera hujusmodi quæ valde civitati sunt necessaria. Alia vero non sunt ita necessaria, sed magis egregia, cum videlicet ultra quam necesse est quædam obtinet, quæ eam cæteris civitatibus digniorem efficiunt aut tutiorem reddunt, sicut ædificia pulchra, thesaurorum copia, dominatio multa, et similia. Sufficere autem saluti fortasse poterant ea quæ Evangelium de fide et spe et charitate seu sacramentis tradiderat, etiamsi apostolica non adduntur instituta, neque aliquæ sanctorum Patrum disciplinæ vel dispensationes, ut sunt canones, vel decreta, regulæ monachorum, et plurima sanctorum scripta sacris admonitionibus plena. Neque enim aliqua his prætermissis imputanda esset transgressio, si nulla de eis fieret præceptio. Voluit tamen Dominus et ab apostolis et a sanctis Patribus quædam superaddi præcepta vel dispensationes, quibus adornetur vel amplificetur Ecclesia velut civitas sua, vel ipsa civium suorum tutius muniatur incolumitas, sicut in singulis promptum est assignare. Unde Dominus nonnulla discipulis suis vel posteris præcipienda vel disponenda reservavit, ut quibus in miraculis quoque majora favorum signa sibi ipsi permisit, nonnullam etiam eis præceptorum auctoritatem reservaret, quibus eos amplius exaltaret, et Ecclesiæ suæ tanto eos efficeret amplius gratos, quanto eos ipsa sibi magis esse cognosceret necessarios.

Cum itaque, ut dictum est, Evangeliorum intentio sit ea quæ sunt saluti necessaria nos docere, hanc intentionem Epistolæ tenent, ut ad obediendum evangelicæ doctrinæ nos moveant, vel nonnulla etiam ad amplificandam et tutius muniendam salutem tradant. Et hæc quidem est omnium Epistolarum generalis intentio. In singulis vero proprias intentiones requiri convenit, seu materias aut tractandi modos, sicut in ipsa Epistola, cujus quidem intentio est Romanos ex Judæis et gentilibus conversos, superba contentione se alterutrum præponentes, ad veram humilitatem et fraternam concordiam revocare. Id vero duobus modis efficit, tam divinæ scilicet gratiæ dona amplificando quam operum nostrorum merita extenuando, ut nemo jam de operibus gloriari in se præsumat; sed totum divinæ tribuat gratiæ quidquid valet, a qua quidem recognoscat se accepisse quidquid boni habet. In his itaque duobus, tam operibus scilicet nostris quam divina gratia, totius materiæ summa consistit. Modus vero tractandi, in attenuationem est nostrorum operum, sicut dictum est, et exaggeratione gratiæ, ut jam nemo de operibus gloriari præsumat, sed, *qui gloriatur, in Domino glorietur* (*I Cor.* I, 31). Gloriabantur autem gentiles quod tam cito Evangelio acquieverunt, sicut scriptum est: *Populus quem non cognovi, servivit mihi, in auditu obedivit mihi* (*Psal.* XVII, 45). Et minime antea deliquissent in his quæ egerant, qui nulla adhuc lege Dominum cognoverant. Judæi vero de corporalibus legis observantiis maxime intumescebant. Ad conterendam itaque utrorumque superbiam, alternis invectionibus modo hos, modo illos, et nonnumquam utrosque simul aggreditur, ut et gentes inexcusabiles in suis fuisse peccatis ostendat; quæ si legem scriptam non acceperant, naturalem habebant qua et Deum cognoscere, et mala a bonis possent discernere, et Judæos non ex operibus legis justificari, ut æstimant, posse, sed utrosque sola Dei vocantis gratia misericordiam, qua justificentur, assecutos.

Quæritur autem de Romanis istis, quibus hæc Epistola dirigitur, quorum prædicatione antea conversi fuerant. Ecclesiastica quidem historia, et Hieronymus sive Gregorius Turonensis, per Petrum apostolum eos jam conversos fuisse tradunt. Haymo vero econtra sentit, dicens eos non a Petro primum de fide fuisse instructos, vel ab aliquibus duodecim apostolorum, sed ab aliis quibusdam Judæis fidelibus a Jerosolymis Romam venientibus. Ait autem ecclesiastica Historia libro secundo, cap. decimo quarto: « Claudii temporibus, clementia divinæ providentiæ Petrum ad urbem Romam deducit. Iste adveniens primus in urbe Roma Evangelii sui clavibus januam regni cœlestis aperuit. » Igitur cum Romanæ urbi clarum verbi Dei lumen fuisset exortum, Simonis tenebræ cum suo auctore restinctæ sunt. Hieronymus quoque super hanc Epistolam, ubi scriptum: *Ut aliquid impertiar vobis gratiæ spiritalis*, ait sic (29): « Romanos prædicatione Petri fidem tenentes confirmare se velle Paulus dicit: non quominus accepissent a Petro, sed ut duobus apostolis attestantibus atque doctoribus, eorum corroboraretur fides. » Greg. etiam Turonensis Historiarum lib. I, cap. 25, ita meminit (30): « Petrus apostolus sub imperatore Claudio Romam aggreditur; ibique prædicans in multis virtutibus manifestissime Christum esse Dei Filium comprobavit. Ab illis diebus enim Christiani apud civitatem Romanam esse cœperunt. » At vero Haymo in proœmio expositionis præsentis Epistolæ ita loquitur (31): « A Corintho scripsit Apostolus Romanis hanc Epistolam; quos non ipse Petrus, non quilibet duodecim discipulorum primum instruxit, sed quidam Judæorum credentium, qui ab Jerosolymis Romam venientes, ubi princeps orbis residebat, cui erant ipsi subjecti, fidem quam apud Jerosolymam didicerant Romanis evangelizaverunt. » Notandum vero quia si diligenter attendamus quæ dicta sunt, nulla erit superiorum doctorum et Haymonis contrarietas. Si enim integre supra memoratum capitulum ecclesiasticæ historiæ percurramus, inveniemus Petrum primum ex omnibus apostolis, non ex omnibus doctoribus Romanis prædicasse. Hieronymus quoque cum dicit Romanos a Petro per prædicationem ejus fidem accepisse, sive tenere, nihil obest, cum per discipulos Petri a Jerosolyma

(29) Patrol. tom. XXX, col. 648.
(30) Patrol. tom. LXXI, col. 175.

(31) Patrol. tom. CXVII, col. 361.

venientes non per ipsum Petrum id fieri potuerit. Haymo vero negat per ipsam Petri personam id factum esse. Unde et cum Petrus ab eo nominatur, additur *ipse*. Præterea non dicit Haymo quod eos Petrus non instruxit, sed quod non primum id fecerit. Quod vero ait prædictus Gregorius Petrum Romæ prædicasse sub Claudio, non addidit primum eum prædicasse, sed multis miraculorum virtutibus manifeste Christum esse Dei Filium comprobasse. Quod autem tunc addidit, ex tunc Christianos esse Romæ cœpisse, potest intelligi eos tunc per Petrum manifestos fuisse, qui prius occulti esse potuerunt. Hæc autem Epistola, quamvis primum scripta fuisse non credatur, prima tamen a sanctis Patribus ordinata est, quia contra primum vitium et cæterorum radicem, quod est superbia, dirigitur, sicut scriptum est : *Initium omnis peccati superbia* (*Eccli.* x, 15). Vel etiam quia ad primæ sedis Ecclesiam destinatur. De hoc autem ita Haymo meminit (32) : « Epistola autem ista non illum ordinem tenet in corpore Epistolarum, quo est conscripta, » sed causa dignitatis Romanorum, qui tunc temporis universis gentibus imperabant, primatum obtinuit. Hoc autem factum est, non ab apostolo, sed potius ab illo qui omnes ejus Epistolas sub uno corpore curavit colligere. » Item idem (33) : « Interpretantur autem Romani *sublimes*, sive *tonantes*, quia illo tempore quo Apostolus hanc Epistolam eis misit cunctis gentibus principabantur et intonabant præcepta. » Creditur autem Apostolus præsentem Epistolam Romam misisse a Corintho per Phœben, ministram Ecclesiæ Cenchris, qui est locus vicinus Corintho, imo portus ipsius Corinthi, sicut Origenes super hanc Epistolam meminit. De qua quidem Phœbe ipse Apostolus in fine Epistolæ ait sic : *Commendo vobis Phœbem sororem nostram*, etc. (*Rom.* xvi, 1). Quem quidem locum Hieronymus exponens ait (34) : « Hic monstrat Apostolus non accipiendam personam esse viri vel feminæ, quando Romanis per mulierem, ut fertur, litteras mittit, etc. »

(32) Patrol. tom. CXVII, col. 365.
(33) Ibid., col. 366.

(34) Patrol. tom. XXX, col. 714.

LIBER PRIMUS.

CAPUT PRIMUM.

Paulus. More scribentium Epistolas salutationem præmittit, qui ad veram eos salutem adhortatur. Quam quidem salutationem cum quibusdam quæ annectit quasi loco procemii præscribit, ubi eos videlicet attentos aut dociles seu benevolos breviter efficiat. Attentos quidem facit tam a persona sua quam a persona Christi eum mittentis, quam etiam ab ipsa re, hoc est evangelica doctrina, ad quam observandam eos adhortatur : a persona quidem sua, dum eam commendat tanquam in apostolatum segregatam, et ad prædicandum Evangelium a Deo vocatam. Commendat autem et Domini Jesu Christi personam, quem et Filium Dei nominat, et eum esse asserit, qui patribus promissus erat tanquam humani generis Redemptor, et qui ex Spiritu sancto conceptus sit, et mortuorum suscitator magnificus exstiterit. Sed nec Evangelii commendationem præterit, dum ipsum per Scripturas sanctas prophetarum Dei promissum esse commemorat. Docilitas vero in hoc ipso notatur, quod per hoc quod sibi dicit injunctum evangelicæ prædicationis officium, de his, quæ ad Evangelii doctrinam pertinent se scripturum esse insinuat. Qui etiam eum se servum Christi, et se eorum servum esse confitetur, tam ex humilitate sua quam ex amore quem illi in Christum habebant, nec non et ex his quæ subjungit de amore quem habet in eos, quod videlicet per conversionem eorum maxime gratias Deo agat, et ad eos venire desideret, ut eos amplius instruat aut confirmet, sibi ipsi benevolos reddit. Nunc litterarum insistamus.

Notandum vero quia, juxta expositionem Rufini in hanc Epistolam, quæ quidem expositio translatio expositionis Origenis creditur, iste Apostolus antea etiam quam converteretur binomius erat, ut tam videlicet Paulus quam Saulus antea vocaretur, sicut scriptum est, inquit, in Actibus apostolorum : *Saulus qui et Paulus*. Juxta Hieronymum et Augustinum seu cæteros, ipse sibi Apostolus nomen mutavit a Paulo proconsule, quem per miraculum primum convertit. In Actibus apostolorum scriptum est, *assumens hoc nomen*, ut nunc Paulus sicut ante Saulus vocaretur, ut post ejus conversionem sicut novam vitam vel novum prædicationis assumpsit officium, ita et novum sortiretur vocabulum. Sicut et de apostolo Petro Dominus fecit, a quo ipse post conversionem Petrus est vocatus, qui antea Simon vocabatur.

Unde et Romana Ecclesia jam in consuetudine duxit, ut quos in cathedram beati Petri sublimat, nomina eis mutet. Saulus autem quasi a Saule antea dictus erat, qui de eadem tribu, id est de Benjamin erat, et in persecutione fidelium Saulem imitabatur, qui David et suos persequebatur, sicut iste Christum atque membra ejus. Cui ab ipso dictum : *Saule, Saule, quid me persequeris ?* (*Act.* ix, 4.) Teste autem Hieronymo, sicut Jacob in nostram linguam translatum Jacobus dicitur, et Joseph Josephus, ita et Saul nunc Saulus dicitur, tanquam sit trissyllabum nomen, cum tamen per diphthongon proferre ipsum bissyllabum soleamus. Videtur etiam quasi diminutivum esse a Saul Saulus, sicut a Julio Julius. Sicut autem Saul primo humilis, postea superbus factus est; ita hic e contrario primo superbus et maximus Ecclesiæ persecutor, nunc Paulus, id est per humilitatem jam modicus sive quietus appellatur. Nam juxta Augustinum Paulus Latine *modicus* sonat (35). Unde et dicimus, *Paulum exspecta*, id est modicum. Quantum vero humilis ipse fuerit, audi ab ipso. *Ego enim sum*, inquit, *minimus apostolorum, qui non sum dignus vocari apostolus* (*I Cor.* xv, 9). Juxta Ambrosium vero (36) ex Saulo Paulum se dicit, hoc est immutatum, ut quia Saulus *inquietudo* seu *tentatio* interpretatur, hic cum ad fidem Christi accessit Paulum se dicit, id est quasi jam quietum, cum prius tentationes æmulatione legis Dei servis inferret. Quantum vero jam quietus et patiens exstiterit, et ne quem scandalizaret semper studuerit, ipse quoque docet, qui ne quem gravaret manibus laborabat, non ut cæteri apostoli de Evangelio victitans. A Hieronymo autem in libro Hebraicorum Nominum Paulus *mirabilis*, sive *electus*, interpretari dicitur (37). Quem et Dominus ipse vas electionis vocavit, et tam vita quam doctrina inter apostolos mirabilem fecit. Quem quidem tam virginem esse quam martyrem constat, ut quæ in magnis apostolis, Petro scilicet et Joanne, divisa sunt merita, in isto reperiantur conjuncta ; et præ cæteris tam prædicationis quam virtutis gratias assecutum; per quem fere universus conversus est mundus; atque ipse quoque apostolorum princeps de perniciosa simulatione necessario correctus, ut in eo quoque mirabiliter illa Veritatis impleretur sententia : *Erunt novissimi primi, et primi novissimi* (*Matth.* xx, 16). In cujus etiam typo Benjamin fratrum suorum extremum, et a patre vehementer dilectum fuisse non ambigimus. De hoc autem præclaro Christi signifero et tuba Domini vehemente ipse humiliter qui ab eo correctus fuerat Petrus, in excellentiæ ejus laudem prorumpens : *Sicut et charissimus*, inquit, *frater noster Paulus secundum sibi datam sapientiam scripsit vobis, sicut in omnibus Epistolis loquens de his, in quibus sunt quædam difficilia intellectu, quæ indocti et instabiles depravant, sicut et cæteras scripturas ad suam ipsorum damnationem* (*II Petr.* iii, 15).

Quam quidem difficultatem, ex nimia subtilitate rationum procedentem, et professi et veriti sunt doctores sancti. Unde et Ambrosius in Epistola quadam quæ sic incipit : « Etsi sciam quod nihil difficilius sit, quam de apostoli lectione disserere, cum ipse Origenes longe minor sit in Novo quam in Veteri Testamento, etc. » Augustinus Retractationum lib. I (38) : « Epistolæ ad Romanos expositionem inchoaveram, sed hujus operis, si perficeretur, plures libri essent futuri. Quorum unum solum in sola disputatione salutationis absolvi : sed deinde cessavi ipsius magnitudine ac labore deterritus. » Et beatus Hieronymus ad Pammachium (39) : « Paulum, » inquit, « apostolum quotiescunque lego, videor non mihi verba audire, sed tonitrua. » Idem ad Paulinum (40) : « Paulus novissimus in ordine, primus in meritis est, quia plus omnibus laboravit. » Idem ad Eustochium (41) : *De virginibus*, inquit Apostolus, *præceptum Domini non habeo* (*I Cor.* vii, 25). « Quod et ipse ut esset virgo non fuit imperii, sed propriæ voluntatis. Neque enim audiendi sunt, » inquit, » qui eum uxorem habuisse confingunt. Cum suadens perpetuam castitatem intulerit; *volo autem omnes esse sicut meipsum* (*ibid.*, 8). » Quantus autem et apud philosophos habitus sit, qui ejus vel prædicationem audierunt, vel scripta viderunt, insignis ille tam eloquentia quam moribus Seneca in epistolis, quas ad eum dirigit, his verbis protestatus est (42) : « Libello tuo lecto, de plurimis ad quosdam litteris, quas ad aliquam civitatem seu caput provinciæ direxisti, mira exhortatione vitam mortalem contemnentes usquequaque refecti sumus. Quos sensus non puto ex te dictos, sed per te certe aliquando et ex te, et per te. Tanta etenim majestas earum rerum est, tantaque generositate clarent, ut vix confecturas puto ætates hominum quibus illustrari perficique possint. » Meminit et Hieronymus hujus laudis Senecæ erga Paulum in libro De illustribus viris cap. 12, ita scribens (43) : « Lucius Annæus Seneca Cordubensis, Photini stoici discipulus, et patruus Lucani poetæ, continentissimæ vitæ fuit, quem non ponerem in catalogo sanctorum, nisi me epistolæ illæ provocarent, quæ leguntur apostoli Pauli ad Senecam, aut Senecæ ad Paulum. In quibus cum esset Neronis magister, et illius temporis potentissimus, optare se dicit esse ejus loci apud suos cujus sit Paulus apud Christianos. »

Quod et si prophetiæ auctoritatis laudem philosophico adjungas præconio, invenies hujus Apostoli excellentiam supra cæteros tam apud patriarchas quam prophetas insigne aliquid laudis specialiter adeptam esse. Hic quippe, sicut ipse ait, de tribu Benjamin exordium ducens, ille est, in typo cujus tam patriarcha Jacob quam prophetarum et regum maximus David, exsultantes præcinerunt. Jacob quidem sic ait : *Benjamin lupus rapax mane rapiens prædam, vespere dividet escas* (*Gen.* xlix, 27). Sive juxta aliam translationem, *vespere spolia distribuet*. David vero futuræ Ecclesiæ princeps in spiritu prævidens, et quasi hunc cæteris anteponens : *Ibi*, in-

---

(35) Patrol. tom. XXXV, col. 2037.
(36) Patrol. tom. XVII, col. 47.
(37) Patrol. tom. XXIII, col. 852.
(38) Patrol. tom. XXXII, col. 623, 624.
(39) Patrol. tom. XXXI, col. 502.

(40) Patrol. tom. XXXI, col. 580.
(41) Ibid., col. 407.
(42) Senec. et Pauli Epist. apud Senec. philos. tom. VII, col. 555, edit. Panckoucke.
(43) Patrol. tom. XXIII, col. 629.

quit, *Benjamin adolescentulus in mentis excessu* (*Psal.* LXVII, 20). Ille quippe Benjamin filius Jacob, qui hujus typum gerebat de semine suo futuri, inter fratres ordine extremus, primus apud patrem per gratiam erat, a quo ipse in senio susceptus potissimum diligebatur. Sic et Paulus inter apostolos ordine vocationis et conversionis ultimus, meritis, ut dictum est, apud Deum primus. Benjamin quoque nascens matrem parientem peremit, quæ præ dolore partus moriens Benonim, id est *filium doloris* appellavit : Pater vero nomine commutato eum Benjamin, id est *filium dexteræ* appellavit. Paulus quippe in Christo jam renascens, matrem suam Judæam, quæ eum in doctrina legis genuerat et educaverat, quasi peremisse dicitur, cum ipse præcipue carnalium observationum præcepta, in quibus ipsi vivebant, evacuaverit, et totam eorum gloriam ad nihilum redegerit, quasi de utero matris exiens, et a scholis Synagogæ per conversionem recedens, juxta quod ipsemet ait : *Qui me segregavit ex utero matris meæ, et vivificavit per gratiam suam* (*Gal.* I, 5). Unde et bene mater eum Benonim, id est filium doloris sui vocavit, quia quo plus errorem ejus Paulus infestavit, amplius eam dolere fecit, et quo præ sapientiæ suæ excellentia gratior ei exstiterat, amplius eam contristavit amissus. Bene autem Pater nomen commutare voluit, ut potius eum filium dexteræ, id est prosperitatis seu fortitudinis appellaret, quam doloris; quia hic, ut diximus, interitus Synagogæ, qui per Paulum factus est in prosperitatem potius fidelium et communem Ecclesiæ exsultationem, quam in dolorem reputandus. Qui etiam quanta fortitudine animi viguit innumeræ in eum persecutiones indicant. Quod vero dicitur mane rapere prædam, et vespere escas dividere, significat eum primitus persecutorem Ecclesiæ fuisse, et postea spiritalis verbi refectionem doctrina suæ prædicationis administrasse. Quod vero juxta aliam translationem dicitur distribuere spolia, significat eum posteaquam conversus est multas animas diabolo eripuisse, et quasi spolia fugato hoste hos retinuisse, quos postea per ecclesiastica officia et quæcunque fidelium ministeria ordinavit.

Hieronymus vero in prologo libri Hebraicarum quæstionum in Genesim (44) asserit secundum Hebræos, quod altare in quo immolabantur hostiæ, et victimarum sanguis ad basem illius fundebatur, in parte tribus Benjamin erat. Quo quidem convenienter iste Christiani sanguinis effusor intelligitur, de quo scriptum est : *Spirans minarum et cædis in discipulos Domini*, etc. (*Act.* IX, 1), ut Christi membra tanquam lupus oves laniaret in terris. Iste est Benjamin adolescentulus, quasi inter apostolos ipse extremus, mente et ratione cæteris præcellens : utpote qui raptus est ad tertium cœlum, et audivit arcana verba, quæ non licet homini loqui. A quo etiam ipse primus apostolorum a perniciosa simulatione correctus est, et universa Ecclesia spiritaliter instructa, ut inter universa sanctorum scripta ejus Epistolæ privilegium tam utilitate quam subtilitate adeptæ sunt. Quarum nunc istam, quæ ad Romanos dirigitur, exponendam suscepimus; quæ omnium eruditissimorum judicio tam litteræ difficultate quam rationum subtilitate implicita est.

Servus. Cum dicat apostolis Dominus, *Jam non dicam vos servos, sed amicos* (*Joan.* XV, 15), quare nunc Apostolus se servum appellavit? At vero ut prætermittamus distinguere duo genera servorum, id est subjectorum, quorum videlicet alios timor pœnæ subjectos tenet : de qualibet dicitur, *quia servus non manet in domo in æternum* (*Joan.* VIII, 35). Et iterum illud : *Cum feceritis omnia quæcunque præcepta fuerint vobis dicite : Servi inutiles sumus* (*Luc.* XVII, 10). Alios quoque amor obedientes facit. Quibus quidem dicitur : *Euge, serve bone et fidelis*, etc. (*Matth.* XXV, 21). Facile est prædictæ quæstioni etiam hoc modo respondere, quod alio modo dicitur servus simpliciter, alio modo servus dicitur Christi, sive servus bonus. Ibi enim quasi coactio quædam ex servili timore non voluntaria subjectio monstratur, hic per amorem filialem obedientia designatur. Nec fortasse necesse est ex nomine servi simpliciter prolato coactam semper et non voluntariam subjectionem signari, nisi forte per adjunctum aliquod amicalis subjectio removeatur, veluti cum dicitur : *Jam non dicam vos servos, sed amicos.* Cum enim subditur, *sed amicos*, quasi adversando ad illud quod est, *servos*, intelliguntur non præmissi servi illi qui tantum sunt servi, non etiam amici. Alioquin modo generaliter servi dicuntur omnes illi tam boni vel mali, quibus talenta sua Dominus commisit. Servi itaque generaliter dicuntur, sive eos qui præsunt diligant sive non, dummodo eis ita subjecti sint, ut in eorum penitus potestate tam res eorum quam ipsi permaneant; ut nec seipsos, nec aliquid ii qui servi dicuntur possideant proprium. Hoc itaque modo se hoc loco Apostolus servum Christi nominat, cui se penitus ita subjecerat, ut nihil suo relinqueret arbitrio, sed totum se Christi subderet voluntati, dicens illud ei per omnia, *Fiat voluntas tua* (*Matth.* VI, 10). Quis etiam culpet, cum Dominus per gratiam nolit jam apostolos appellare servos, ipsi tamen per humilitatem se servos profiteantur? Non enim ait, Jam non dicetis vos servos, sed amicos, sed, *jam non dicam vos servos, sed amicos.* Bene autem Apostolus, cum ad obediendum alios invitet, se primitus obedientem profitetur, ut non solum verbo, verum etiam magis exemplo auditores commoveat, sectatus quidem eum, de quo scriptum est : *Quæ cœpit Jesus facere et docere* (*Act.* I, 1). Prius videlicet facere, et postea docere. Cum vero præmiserit nomen Christi, quod est commune omnium tam in regem quam sacerdotem inunctorum, secundum quod scriptum est:

---

(44) Patrol. tom XXIII, col. 98.

Nolite tangere christos meos (*Psal.* civ, 15); subjecit proprium nomen ejus, quod est Jesus, ut hunc videlicet Christum a cæteris tam singularitate personæ, quam dignitate distingueret. Solus quippe proprie Jesus dicitur, qui solus vere et in perpetuum salvare potest. Cum itaque dicitur Christus, id est *unctus*, quoniam tam reges quam sacerdotes inungebantur, ostendit eum a Domino tam in regem quam in sacerdotem nobis esse constitutum, per quæ duo nos salvet, quod sonat Jesus. Sacerdos quippe nobis exstitit, seipsum pro nobis in ara crucis immolando; rex vero pro fortitudine et potentia dictus est, qua potest sibi subjicere omnia, et tanquam fortior fortem alligare diabolum, utpote illi cui Pater omnia dedit in manu.

Vocatus apostolus. Hoc est vocatus a Deo et electus in apostolatum, non a seipso veniens ad prædicandum, alioquin fur esset et latro, juxta illud Veritatis : *Omnes quotquot venerunt fures sunt et latrones* (*Joan.* viii, 10). *Venerunt*, inquit Hieronymus, *non qui missi sunt*. Unde et bene apostolus *missus* sive *legatus* interpretatur. Attende etiam humilitatis suæ commendationem, cum dixerit *vocatus* potius quam *electus*. Vocatio quippe clamor vocis est ad longe positos ut accedant vel audiant. Tanto autem iste remotior erat a Deo, quanto immanior erat Ecclesiæ persecutor. Diligenter itaque ait non electus, vel assumptus, sed *vocatus* quasi a longe a Domino tractus ad Evangelium illius prædicandum.

Segregatus in Evangelio Dei, id est, seorsum et per se, non cum aliis apostolis electus, non a Christo adhuc in terra consistenti mortali, sed jam in cœlestibus ad dexteram Patris constituto, et tam per resurrectionem quam ascensionem glorificato. Unde et ad Galatas scribens, ut suam commendaret electionem adversus eos qui calumniabantur cum cæteris apostolis non esse connumerandum, quod non fuerit a Domino Jesu Christo in terra cum cæteris electus, ait : *Paulus apostolus, non ab hominibus neque per hominem, sed per Jesum Christum et Deum Patrem, qui suscitavit eum a mortuis* (*Gal.* i, 1), ac si diceret Paulus apostolus non per hominem, id est mortalem, sed per Christum jam resurrectione glorificatum, et nihil jam mortalis naturæ vel corruptibilis habentem. Dicitur etiam segregatus in prædicatione Evangelii, dum cæteris adhuc apostolis circa prædicationem Judæorum occupatis iste specialiter ad gentes tanquam eorum proprius apostolus destinatus est. Unde et Doctor gentium specialiter ipse dictus est. Hinc est illud in Actibus apostolorum, dicente Spiritu sancto : *Segregate mihi Barnabam et Paulum in opus ministerii quo assumpsi eos* (*Act.* xiii, 2). Evangelium bona annuntiatio dicitur, eo videlicet quod evangelica prædicatio enuntiet completum quod antea erat promissum.

Quod ante promiserat. Commendatio est Evangelii quod olim a Deo nobis promissum dicit. Per *prophetas suos*. Nemo enim rem vilem, ut ait Ambrosius, magnis præconibus nuntiat. Per Jeremiam Dominus dicit : *Ecce dies veniunt, et consummabo testamentum novum*, etc. (*Jer.* xxxi, 31). Suos dicit prophetas ad differentiam falsorum sive reproborum, sicut Balaam, vel qui per spiritum malignum nonnunquam futura prædicunt; propheta quippe est qui futura prædicendo revelat. Unde et propheta quasi a prophetando, id est prædicendo dicitur. *In Scripturis*. Ut non solum verbis hoc prophetæ annuntiarent, verum etiam scripturis confirmarent. *Sanctis*. Hoc est ad sanctitatis doctrinam et religionis formam conscriptis, et Spiritu sancto dictante compositis. *De Filio suo*, id est proprio et substantiali, non adoptivo. *Qui factus est ei ex semine David secundum carnem*, id est humanam naturam qui secundum divinam solummodo est genitus. *Ei*, scilicet Deo Patri, id est ad honorem ipsius qui semper in Filio glorificatus est et honoratus, cum ipse dicat Filius Dei propriam gloriam se non quærere, sed ejus qui misit eum (*Joan.* viii, 50). *Ex semine David*, id est ex Maria, quæ fuit ex stirpe David, cum tam Abraham quam David promissio de Christo facta sit, ut videlicet de eorum semine per matrem suam nasceretur. Hic tamen solum commemorat David, qui graviter nonnunquam deliquit, non Abraham, qui maxime justus apparuit, ut videlicet divinæ gratiæ, non meritis hominum totum hujus incarnationis tribuatur mysterium. Sufficit etiam nominare David, tacito Abraham, cum per David, qui de genere Abrahæ est, Christum de genere Abrahæ esse doceat.

Qui prædestinatus est secundum carnem, scilicet hoc est divina præparatus, pro qua et matri ejus dictum est : *Ave, gratia plena* (*Luc.* i, 28). Prædestinatio quippe dicitur divinæ gratiæ præparatio. Prædestinatus est, inquam, *Filius Dei in virtute*. Hoc est, ut esset virtus et fortitudo omnium ei cohærentium per fidem. *Secundum Spiritum sanctificationis*. Ad duo præmissa duo alia subnectit quasi singula singulis reddens. Ad illud quidem quod primo dixit, *qui factus est ei ex semine David secundum carnem*, istud subjungit, *secundum Spiritum sanctificationis*, hoc est per operationem divinæ gratiæ, quæ Spiritus sanctus dicitur, mundantem prius et sanctificantem a peccato matrem ejus, ut de semine peccatoris David sacrosanctam carnem assumeret. Ad illud vero aliud quod secundo promiserat, *Qui prædestinatus est Filius Dei in virtute*, istud annectit : *Ex resurrectione mortuorum Jesu Christi*. Ac si diceret : Ex tunc factum est ut esset virtus seu fortitudo omnium per fidem ei cohærentium, ex quo ejus resurrectio completa est, testificata per resurrectionem mortuorum eodem die factam, de quibus scriptum est, quia *venerunt in sanctam civitatem et apparuerunt multis* (*Matth.* xxvii, 53). Tunc enim omnis infidelitatis dubitatio abscessit, quæ de passione quoque discipulis acciderat, quorum quidam jam desperati dicebant :

Nos autem sperabamus quod ipse esset redempturus Israel (*Luc.* XXIV, 21). Mortuos Jesu Christi dicit, id est ad honorem ipsius, qui ad hoc mortui fuerant, ut eum resurrectionis suæ testimonio glorificarent. Possumus et resurrectionem spiritalem animæ a vitiis accipere, de qua Simeon ait *quia positus est hic in ruinam et resurrectionem multorum* (*Luc.* II, 34). Solus quippe est Christus qui a morte animæ liberare potest, Agnus videlicet Dei qui tollit peccata mundi (*Joan.* I, 29).

Notandum vero quod, ut ait beatus Augustinus in Enchiridion (45), cum dicatur Christus natus ex Spiritu sancto et Maria, non tamen ideo filius Spiritus sancti dicitur sicut Mariæ, cum videlicet non sit natus aut conceptus ex substantia Spiritus sancti sicut ex substantia Mariæ, sed potius per operationem Spiritus, id est divinæ gratiæ excellens ejus conceptio sive nativitas facta est, et ideo ex illo quoque natus, hoc est conceptus per illum dicitur. Non enim omne quod ex aliquo nascitur filius ejus dicitur, ut capilli ex capite, vel pediculi ex nobis nascentes. Ex aqua quoque et spiritu denuo renascentes nequaquam filii aquæ dicimur. Solent et filii dici eorum, a quibus non nascuntur ut filii adoptivi, filii diaboli, filii gehennæ, vel filii per doctrinam. Si quis tamen Christum secundum hominem Filium Dei aut Spiritus sancti dicat, eo quidem modo quo cæteros fideles per filialem ei amorem subjectos, non absurdum arbitror. Non tamen ideo plures habent patres propter Deum, scilicet Patrem et Spiritum sanctum, cum præsertim nec cæteri electi plures patres Deo habeant propter personarum diversitatem. Neque enim ibi plures patres dicendum est, sicut nec plures deos aut dominos cum nulla sit ibi rerum diversitas, aut nominum differentia. Si vero quæratur utrum homo ille in Christo a Verbo assumptus sit adoptivus Dei Filius sicut cæteri electi, cum hoc bonum quoque per gratiam habeat, non puto concedendum. Qui enim adoptantur et sic filii efficiuntur, utique prius erant non eo modo filii quo facti sunt. At vero homo ille a Verbo assumptus omnino sine peccato et natus et conceptus, statim ex quo exstitit Filius Dei per gratiam fuit. Nos vero alii qui cum peccato nascimur, et filii iræ dicimur, renati baptismo per adoptionem esse incipimus quod non prius eramus. Ille itaque licet per gratiam secundum humanitatem Filius dicatur, non tamen per adoptionem hoc accepit qui hoc ex quo fuit habuit. Unde Hilarius de Trinitate lib. XII (46) : « Et nos qui filii Dei, sed per facturam filii, fuimus enim aliquando filii iracundiæ, sed filii Dei per adoptionem effecti, et dici id meremur potius quam nascimur. Et quia omne quod fit antequam fiat non fuit, nos cum filii non fuissemus, ad id quod sumus efficimur. Ante enim filii non eramus, sed postquam meruimus hoc sumus. Sumus autem non nati, sed facti; neque, generati, sed acquisiti. Acquisivit enim sibi Deus populum, et per hoc genuit. Genuisse autem Dominum filios nunquam cum proprietatis significatione cognoscimus. »

Per quem accepimus gratiam et apostolatum. Commendata Christi persona, adnectit commendationem suæ, sive officii sui, cum se a tanto auctore mitti perhibet ad prædicandum, ut saltem ex auctoritate mittentis suscipi ejus prædicatio debeat. *Gratiam et apostolatum*, hoc est prædicandi officium gratis, non ex meritis suis, ei collatum; vel primo gratiam in conversione ipsius et remissione peccatorum, seu collocatione virtutum, vel miraculorum aut quorumlibet donorum, et postea apostolatum, dum ad prædicandum missus est. Possent Romani Apostolo dicere: Etsi ad apostolatum vocatus es, non tamen super gentes, vel super gentes aliquas, non tamen super nos. Ideo subdit, *in omnibus gentibus*, hoc est, ut omnibus ubicunque prædicaret gentilium nationibus. Gentes sive nationes dicuntur quasi tales quales genitæ vel natæ, hoc est sine disciplina legis quasi pecudes viventes. Pagani autem a pago dicti sunt, id est nulla seu quacunque mansione extra civitatem, ut sint pagani quasi rustici, et non urbani; qui nondum legibus civitatis ad recte aut honeste vivendum instructi sunt. Est quippe civitas conventus hominum, æquo jure vivendum. Qui ergo a civitate Dei penitus alieni erant, nullis adhuc divinis legibus instructi, merito pagani erant appellati, qui nunc se Saracenos magis quam Agarenos vocari volunt, quasi a Sara libera magis quam ab Agar ancilla nuncupari se gloriantes. *Ad obediendum fidei.* Hoc est, ad ea opera implenda quæ ante crediderint implenda. Primo quippe sciri oportet quæ facienda sunt quam opere complean tur. *Pro nomine ejus*, id est Dei sive Christi, ut videlicet ipse cognoscatur et sic ametur secundum quod ipse Christus de se et Patre loquitur, ut cognoscant te solum et quem misisti Jesum Christum. Quælibet res nomine suo significari et cognosci habet, ideoque nomen hic pro notitia ponitur. Cognosci autem vere tantum bonum non potest, nisi et statim diligatur. *In quibus estis et vos*, id est in quarum gentium vocatione et vos Romani jam estis. *Vocati Jesu Christi.* Hoc est ex glorioso ejus nomine Christiani appellati.

Omnibus qui sunt Romæ. Hucusque littera tota præmissa hujus salutationis suspensiva est, quasi dicatur, repetitis omnibus præmissis, Paulus servus, etc., mandat, subaudis hoc omnibus qui sunt Romæ dilectis Dei vocatis sanctis, hoc, inquam, mandat: *Gratia sit vobis et pax*, etc. *Dilectis Dei.* Ac si diceret: Non dico simpliciter omnibus qui sunt Romæ, tam fidelibus scilicet quam infidelibus, tam electis quam reprobis: sed his tantum qui per conversionem suam jam amicitiam cum Deo inierunt, subjecti jam ei more Christianorum, id est

---

(45) Patrol. tom. XL, col. 252.

(46) Patrol. tom. X, col. 440, 441.

ex amore potius quam timore. Quibus quidem dictum illud convenit : *Jam non dicam vos servos (Joan.* xv, 15). Et iterum : *Vos autem dixi amicos* (*ibid.*). Vel *dilectis Dei*, id est a Deo, qui eos prior dilexit, ut præveniente gratia ejus non, meritis eorum, ipsos eligeret. *Vocatis sanctis*, hoc est vocatis per inspirationem internam, seu prædicationis gratia, ad hoc ut sancti sint. Cum dicit eos vocatos a Deo esse potius quam eos Dominum invocasse, gratiam Dei exaggerat, quæ nonnunquam invitis vel non petentibus beneficia præstat.

Sed cum hæc salutatio ad omnes illos pertineat, ad quos Epistola dirigitur, quomodo dicit dilectis Dei vel vocatis sanctis, cum maxime ad eos vel propter eos corrigendos Epistola sit directa, qui superba contentione, ut dictum est, se ad alterutrum præponere volebant ? quippe qui superbe agunt, quomodo dilecti Dei dicuntur ? Nunquid propter eorum benevolentiam captandam mentiri aut falsum scribere aliquid Apostolum oportuerit ? Sed profecto ad omnes quidem hæc salutatio pertinet, licet non omnes adhuc sint dilecti Dei, ut cum videlicet eos tantum salutet qui sunt dilecti Dei, eos tantum salutatione sua dignos judicet, aliosque ad imitationem ipsorum invitet, ut et ipsi, scilicet dilecti Dei esse nitantur. Convenienter etiam, etsi nonnulli ibi essent Dei dilecti, dicere eos dilectos Dei potuit, juxta eorum opinionem quidem qui hoc de se profitebantur, sicut etiam nonnulli ironice quandoque loquuntur. Non enim mendacium, beato attestante Augustino (47), dicitur, nisi falsa significatio cum voluntate decipiendi. Hic vero Apostolus non decipere, sed admonere intendit. *Gratia vobis et pax.* Gratiam dicit donum gratuitum, id est non ex meritis præcedentibus collatum. Gratia et pax, id est donum pacis, qua ipsi qui contendunt superbe, invicem et cum ipso Deo reconcilientur. Qui enim proximum quem videt non diligit, Dominum quem non videt quomodo potest diligere? (*I Joan.* iv, 20.) *A Deo Patre nostro et Domino Jesu Christo.* Donum Dei, quod gratiam dicit, Spiritus sanctus dicitur. Unde et cum septiformem Spiritum dicimus, vel septem Spiritus Dei nominamus, septem divinæ gratiæ dona demonstramus. Recte ergo donum Dei quod Spiritus sanctus dicitur, a Patre et Filio simul dari postulat, a quibus simul procedere spiritus ipse habet. Sic construe · A Deo Patre et Domino Jesu Christo, Deo Patre nostro dico, tam Domini scilicet Jesu Christi Patre quam nostri. Hinc et ipse Filius Deum Patrem tam suum quam nostrum appellat dicens : *Ascendo ad Patrem meum et Patrem vestrum* (*Joan.* xx, 17); illius quidem per naturam, nostri vero per adoptionem. Ex quo maxime gratiam Dei erga nos commendat, per quam fratres efficimur et cohæredes Domini Jesu Christi. Filii quidem dicimur per amorem, et magis quam per timorem subjicimur. Dominum Jesum dicit, quia ei assidua et perpetua debetur obedientia, sicut domino a servis, juxta quod superius et se servum dixit.

Primum quidem. Ne præmissa Epistolæ salutatio magis ex occasione et consuetudine scribendi epistolas quam ex affectu charitatis prolata videretur, quanta eos charitate amplectatur annectit, dicens se primum, id est maxime pro conversione et fide Romanorum Deo gratias agere, cum pro omnibus tamen conversis id faciendum sit. Oportebat etiam gratiam, quam in eos Apostolus habebat, prius eum ostendere, ut cum eos graviter postmodum reprehenderet, ex amore id factum intelligerent, et libentius ejus correctionem vel admonitionem susciperent. Quasi ergo blandiendo more solertis oratoris prius eos allicit, ut ad audiendum attentiores ac benevolos eos magis reddat. Gratias alicui agere est pro beneficio ab eo gratis collato eum laudare, benedicere, glorificare. *Deo meo per Jesum Christum*, hoc est qui mihi propitius factus est, sicut et cæteris peccatoribus per Filium suum redemptorem ac mediatorem nostrum. Vel *gratias ago* per Jesum Christum, quia id factum esse de conversione Romanorum per Christum recognosco, non per nostram virtutem sive cæterorum hominum. Qui etiam in laudem Dei me idoneum ex me esse non recognosco, sed ex gratia Filii ejus cui deservio. De hoc, inquam, gratias ago. *Quia fides vestra annuntiatur*, hoc est divulgatur ad laudem Dei, et ad exemplum conversionis aliorum in toto mundo, id est ubicunque terrarum vel in maxima parte earum. Quo vero magis notus erat Romanus populus quasi caput totius mundi, magis ubique innotescebant quæ apud Romanos fiebant : et quo superiores erant, magis exemplo sui cæteros ad conversionem invitabant. Unde Quintilianus de cæco : « Quo,» inquit, « ad altiorem quisque honoris gradum extenditur, magis exemplum spectantibus patet. » Item : « Hæc conditio superiorum est, ut quidquid faciunt præcipere videantur. » Ex his quidem et consimilibus Apostoli verbis, quibus dicit se gratias Deo agere per Jesum Christum, Ecclesia, ni fallor, in consuetudine duxit ut in celebrationibus missarum cum Deo Patri gratiæ referuntur, vel in ipsis orationum petitionibus semper adjungatur, *Per Dominum nostrum Jesum Christum*, vel simile aliquid, ac si omne quod agimus recognoscamus Deo Patri minime placiturum, nisi per ipsum mediatorem qui nos ei reconciliavit, neque nos ab eo aliquod bonum adeptos nisi per eumdem qui nobis ipsum pacificavit.

Testis enim. Ostendit quasi a causa, quod pro gratia eis collata maxime Deo gratias agat; quia eos tanto affectu complectitur, ut in suis semper orationibus eorum memor sit, id est quotiescunque pro se orat, oret etiam ut ad eos pervenire valeat, ut in ipsis quoque aliquem habeat fructum. Unde, inquit, *mihi testis est Deus*, cui ipsam orationem facio, et decipi non potest, et qui solus intentionem

---

(47) Patrol. tom. XL, col. 489.

discutere potest. Non dicit simpliciter, *sine intermissione*, sed *sine intermissione in orationibus suis*, ut videlicet nulla ejus oratio sine memoria eorum fiat. *Cui servio in spiritu meo*, hoc est interiori homine, ex toto videlicet cordis affectu inclytus amicus, non ad oculum sicut servus qui flagellari timet. *In Evangelio Filii ejus*, hoc est in prædicatione Evangelii, quod Dominus Jesus ipse nobis tradidit atque docuit. *Obsecrans etiamsi quomodo*, sive per tranquillitatem, sive per tribulationem, sive terra, sive mari ad vos corpore etiam perveniam. *Prosperum iter* dicit secundum Dei voluntatem, non suam, qui quælibet sanctorum pericula cooperatur eis in bonum, et melius eis providet quam ipsi sibi providere queant, cum in omnibus decantat quisque religiosus : *Fiat voluntas tua*, non scilicet mea.

Desidero enim. Causa est cur oret venire ad eos, ut videlicet sua prædicatione aliquod spirituale donum eis impendat confirmando eos suis adhortationibus in ipsa doctrina quam acceperant. Quod videlicet confirmare eos dicit esse, seipsum simul consolari in eis sicut et ipsi consolarentur in eo, hoc est, dicit hoc commune fore solatium tam sibi qui instrueret quam illis qui instruerentur. Illis quidem, quia confirmarentur per ejus rationes, si in aliquibus dubitarent ac titubarent ; ei vero qui illis confirmatis securior esset de perseverantia eorum. Hoc est illud commune solatium, quod in ipso Hypotheticorum Syllogismorum exordio inter docentes et discentes Boetius commemorat, dicens (48) : « Cum in omnibus philosophiæ disciplinis ediscendis atque tractandis summum in vita solatium positum esse existimem, etc. »

Spiritalis gratiæ, id est alicujus spiritalis, non corporalis doni gratis ab Apostolo impensi, non spe temporalis lucri. *Per eam fidem*. Quam jam habetis mecum communem, id est ad confirmandos vos in ea fide, quæ jam vobis prædicata est, non in alia nova. *Quæ est invicem*, id est quam inter nos habemus communem, vel quæ omnium communis est fidelium. Unde et Catholica dicitur, id est universalis, non privata aut particularis, sicut hæreticorum, quæ in aliquo esse potest terrarum angulo, non ubique dilatatur. Cum subdit : *Vestram atque meam*, ostendit fidem suam, quæ omnium est fidelium, tam ipsorum Romanorum quam apostoli esse. Potest etiam dici tunc esse fides invicem, quando ipsos fideles vicaria charitate ad invicem constringit. Hæc est enim vera illa fides, quæ, sicut ipsemet dicit, per dilectionem operatur.

Nolo autem. Ne parvum videatur desiderium Apostoli veniendi ad eos nisi id facere jam aggressus esset, dicit se jam id sæpius ipso paratu aggressum esse, sed adhuc permissus non est id complere, occulta Dei dispensatione ita disponente. *Venire*, in-

quam, *ad vos, propter hoc ut aliquem*, id est aliquam utilitatem in vobis conferam. Fructus quippe arboris non serenti, sed accipienti utilis est, et Apostolo bonæ voluntatis desiderium sufficit si effectus desit, nec quidquam de merito illius minuitur si impediatur effectus. *Græcis ac barbaris*. Ac si diceret : Et hoc quidem oportet me velle quia secundum prædicationis officium mihi injunctum omnibus gentibus debitor a Deo constitutus sum. Præter Græcos omnes cæteras gentes barbaras vocat tam a cultu unius Dei quam a lege Dei penitus alienas. Apud Græcos vero jam unius Dei fides per philosophos innotuerat. Lex per septuaginta Interpretes translata nota erat. *Sapientibus et insipientibus*, id est tam fidelibus jam per Christum et Dei sapientiam illuminatis, sicut vos estis, quam infidelibus. Illis quidem ut eos confirmem, istis vero ut ipsos convertam. *Ita quidem in me*. Debitor sum, inquam, et voluntarius in solvendo quæ debeo : et hoc est, ita debitor sum, quod in me promptum est evangelizare vobis, id est quantum in me est jam pronus sum et voluntarius in solvendo quod debeo ex injuncto mihi officio, ad prædicandum scilicet vobis, sicut et cæteris gentibus prædicavi. Licet enim jam conversi essent ad fidem, in multis tamen adhuc eis prædicatione vel exhortatione opus erat. Potest etiam quantum ad cæteros Romanos id accipi, qui nondum conversi fuerant. Unde et generaliter dicit vobis qui Romæ estis, non qui conversi estis. *Non enim*. Ideo promptum est in me, quia non erubesco prædicare Evangelium, licet in eo quædam erubescentia digna videantur, quæ videlicet juxta infirmitatem assumptæ humanitatis de Domino Jesu prædicantur. Aliter : *Non erubesco Evangelium*, id est prædicationem Evangelii, id est confutari non possum sicut illi qui rationibus reddendis deficiunt. *Virtus enim*. Ac si diceret : Ideo in me promptum est evangelizare, vel non erubesco Evangelium propter infirmitatem assumptæ humanitatis, quia Evangelium omni credenti et suscipienti illud est virtus Dei, id est, scilicet hoc est collata a Deo nobis ad salvandum non tanquam virtus, per quam quisque proficit. Evangelium, id est bonum nuntium, per excellentiam Novum Testamentum dicitur, non solum ut superius insinuavimus, quia completum docet quod in Veteri Testamento erat promissum, verum etiam quia ejus perfecta penitus et vere prorsus justitiæ sufficiens doctrina est; cum lex vetus, ut ipse Apostolus ait, ad perfectionem nihil adduxerit, opera magis quam intentionem corrigens. *Judæo primum*. Tempore, et postmodum Græco. Primum enim apostoli ex Judæis conversi sunt, per quos inde ad Græcos prædicatio Evangelii descendit, tandem ad Latinos. Unde etiam illud quod dictum est, primum respectu Romanorum sive cæterarum gentium ad Judæos simul et Græcos referri potest. Vel *primum*, id est maxime dicamus quod in tempore apostoli Pauli de aliis populis conversi jam essent.

Justitia enim Dei. Vere in salutem, quia ibi totius salutis doctrina continetur, ubi videlicet justitia Dei, id est justa ejus remuneratio sive in electis ad gloriam, sive in impiis ad pœnam liquide et perfecte continetur et traditur. Et hoc est, *In eo* scilicet Evangelio revelatur, id est in ejus prædicatione docetur justitia Dei, id est justa ejus in quibuscunque remuneratio tam electis, ut dictum est, quam reprobis. *Revelatur*, inquam, *ex fide in fidem*, id est ex fide pœnarum dirigente nos in fidem præmiorum. Consequens est enim quasi a contrariis, ut dum noverimus: quod pœnam apud Deum mereantur, subintelligamus et quod præmium assequantur, quia necesse est eum qui mala oderit bona diligere, sicut scriptum est: *Dilexisti justitiam et odisti iniquitatem (Psal.* XLIV, 8). Maxime autem hæc in Evangelio revelari et distingui arbitror, ubi Dominus cuncta quæ fiunt secundum radicem intentionis examinat, dicens: *Si oculus tuus fuerit simplex, totum corpus tuum lucidum erit. Si oculus tuus fuerit tenebrosus, totum corpus tuum tenebrosum erit (Matth.* VI, 23). Et hoc quidem est examen veræ justitiæ, ubi cuncta quæ fiunt secundum intentionem pensantur magis quam secundum operum qualitatem. Quæ quidem opera Judæi magis quam intentionem attendebant, cum nunc Christiani naturali suscitata justitia non tam attendant quæ fiunt quam quo animo fiant. Habemus etiam ibi in Evangelio manifeste utramque retributionem, ubi dicitur a Domino: *Ite, maledicti (Matth.* XXV, 41), et: *Venite, benedicti* (*ibid.*, 34). Juxta quod alibi ait: *Eadem quippe mensura*, etc. (*Matth.* VII, 2). Cum dicitur ex fide puniendorum, in fidem glorificandorum, ordinem diei judicii tenemus, ubi impiis punitis coronabuntur electi.

Sicut scriptum est in Habacuc scilicet propheta, *Justus ex fide vivit (Habac.* II, 4), id est secundum quam revelationem factam, de his videlicet quæ credenda sunt, tam de pœnis impiorum, quam de præmiis justorum, quilibet electus in sua perseveratus [f. perseverans] justitia, dum hæc videlicet cavet quæ punienda credit, et contraria quæ placitura Deo credit appetit, ut animi terrorem superbis incutiat Romanis, illam partem hic divinæ justitiæ prosequitur, qua punit eos, dicens: *Revelatur ira. Quod* dixit justitiam Dei revelari ibi ex fide, scilicet injustorum, ut diximus, puniendorum ; nunc manifeste determinat dicens, quia ibi, id est in Evangelio, manifestatur ira Dei, id est justa ejus vindicta super iniquos. *Dei de cœlo.* Dicit ad differentiam falsorum deorum, sive vicariorum Dei in Ecclesia, quibus dicitur: *Ego dixi: Dii estis (Psal.* LXXXI, 6). Vel revelatur de cœlo, id est ex ruina superbientium angelorum de cœlo facta, ab æterna scilicet beatitudine irrecuperabiliter alienatorum. Si enim tam pretiosas creaturas tam cito pœna irrecuperabili damnare sustinuit, quid de hominibus sperandum est tot peccatis eum offendentibus? Aliter de vindicta illa prævaricationis angelicæ patenter ostenditur, unde ad damnandum irascatur, de perversa scilicet voluntate priusquam de opere. Non enim diabolus hoc quod superbiendo voluit, dicens apud se: *Ponam sedem meam*, etc. (*Matth.* XIV, 14), opere complevit. Unde nequaquam eum effectus operis, qui subsecutus est, sed voluntas damnavit. Sic et Simon Magus donum miraculorum concupiscendo quod non obtinuit, non ex opere, sed ex infidelitate, quod venalem scilicet Spiritum sanctum credidit, damnatus est, sicut et ei Petrus ait: *Quia existimasti*, etc. (*Act.* VIII, 20). *Impietatem.* Quantum ad majorem transgressionem Judæorum, qui lege etiam scripta instructi erant. *Et injustitiam.* Quantum ad transgressionem gentilium, qui sola naturali lege utebantur. Super omnem impietatem, id est ad puniendum omnem, etc. Et bene superesse dicitur, quasi prævalere in illis qui se ab eo tanquam superiori defendere nullatenus valent. *Veritatem Dei in injustitia detinent.* Hoc quod de vero Deo sentiunt fructificare non permittunt, injusta desideria sua sectantes, et voluntatem suam divinæ voluntati præponentes.

Quia quod notum est Dei. Nota quoniam Apostolus in hac Epistola, sicut supra meminimus, ad reprimendam tam Judæorum quam gentilium superbe contendentium elationem, alternatim in utrosque, modo in gentiles, modo in utrosque simul invehitur. In utrosque autem pariter jam quamdam præmisit invectionem, cum ait, *Super omnem impietatem et injustitiam*, ostendens Dominum ad ultionem præparatum. Nunc maxime ac specialiter in gentiles invehitur, qui juxta rationes suas minus reprehensibiles videbantur, ac pene omnino inexcusabiles, quod Deo vero non servierant, quem sine lege scripta, ut aiebant, cognoscere non valebant, Quam quidem excusationem manifeste retundit, etiam sine scripto a gentibus per naturalem legem Dominum antea notum fuisse, ipso eis de seipsis per rationem quam dederat, hoc est legem naturalem, ac per visibilia sua opera notitiam conferente. Et hoc est quod ait, *quod notum est.* Tanquam diceret, dixi eos detinere quod de Deo vero sentiunt, et bene dixi quod sentiunt. *Quia quod notum est Dei*, id est de natura Divinitatis modo revelatum est mundo per legem scriptam, etiam sine scripto per naturalem rationem manifestum ante fuerat. *In illis*, id est non tantum illis, verum etiam per illos aliis. Unde et multa de Trinitate testimonia aperta in philosophorum libris reperiuntur, qui gentium magistri erant: quæ etiam sancti Patres in nostræ fidei commendationem adversum gentilium impugnationem diligenter collegerunt. Quorum pleraque et nos etiam in theologiæ nostræ opusculo contulimus. *Deus enim illis revelavit.* Saltem per effecta suorum operum. Et hoc est quod subdit.

Invisibilia enim, etc. Totum hic mysterium Trinitatis distinguit, ut non solum unitatem Dei, verum et Trinitatem ex ipsis operibus perpendere possent, quemadmodum ex qualitate operis cujuslibet, qualis et cujus solertia fuerit artifex ejus conjicimus. Et attende diligenter dictum quod notum est Dei illis revelatum fuisse, hoc est eos credidisse ea quæ nunc credimus de his quæ ad Divinitatem quidem pertinent potius quam ad divinæ Incarnationis mysterium. Mysterium quippe Incarnationis ex visibilibus Dei operibus nequaquam concipi humana poterat ratione, sicut potentia Dei, et sapientia ejus, et benignitas ex his quæ videbant liquide percipiebantur. In quibus quidem tribus totam Trinitatis distinctionem consistere credo. Id quippe Deus Pater sonare mihi videtur quod sonat divina potentia divinam generans sapientiam, id est Filium, et Deus quidem Filius tantumdem quantum divina sapientia ex Deo Patre genita, et Deus' Spiritus sanctus quantum amor Dei sive benignitas ex Deo Patre procedens et Filio. Continuatio : Deus illis revelavit, quia per rationem quam Deus eis contulit, ex visibilibus ipsius operibus divina ejus Trinitas innotuit, et per effecta sua ipse artifex sui notitiam eis impersit. Et hoc est quod ait, *Invisibilia enim ipsius*, id est Dei, quod est dicere multiplex ejus seu septiformis Spiritus, qui etiam septem spiritus nonnunquam dicitur, sicut septiformis gratiæ dona; ipse, inquam, septiformis Spiritus Dei conspicitur intellectus, id est perpenditur non oculis corporis, sed intelligentia rationis.

A creatura mundi per ea quæ facta sunt intellecta, id est intelligi per effecta mundanorum operum, quæ tam optime fieri voluit ac disponi. *Sempiterna ejus*. Hic sapientiam ejus, id est Dei intelligimus, quæ, ut diximus, Filius Dei, de quo alibi idem Apostolus dicit: *Christum Dei virtutem, et Dei sapientiam* (1 Cor. I, 24). Quam quidem sapientiam evangelista Verbum, id est mentis conceptum, philosophus mentem nominat, quam ex Deo natam affirmat. Virtus quidem Dei sapientia ejus dicitur, secundum id quod in sapientia omnia optime facit ac disponit. Debile quippe atque invalidum opus est, quod solerter factum non est. Divinitas vero hoc loco pro majestate divinæ potentiæ accipitur, quæ specialiter ex nomine Patris, sicut reor, innuitur. Deus quippe teste Isidoro, Θεός, id est *timor* interpretatur, et potestas quælibet timor est subjectorum. Unde merito nomine Dei sive divinitatis, id est deitatis, divina specialiter exprimitur potentia. Quod diligenter maximus episcopus in expositione Symboli quod dicitur apostolorum, quæ legitur in v Quadragesimæ Dominica his verbis insinuat : « Credis, » inquit, « in Deum Patrem omnipotentem. In Deo natura innascibilis, in Patre ingeniti veritas, in omnipotente plenitudo virtutis ostenditur. Est namque per ingenitam divinitatem omnipotens, et per omnipotentiam Pater. » De his autem in primo Theologiæ nostræ prout potuimus satis diligenter disseruimus. Apparet itaque maxime ex ipsa mundanæ fabricæ universitate tam mirabiliter facta, tam decenter ornata, quantæ potentiæ, quantæ sapientiæ, quantæ bonitatis ejus artifex sit, qui tantum et tale opus de nihilo facere potuit et voluit, et tam solerter et rationabiliter cuncta temperavit, ita ut in singulis nihil plus aut minus quam oportuerit actum sit. Unde et Plato ipse, cum de genitura mundi ageret, in tantum divinæ potentiæ et sapientiæ bonitatem extulit, ut astrueret Deum nullatenus potuisse mundum meliorem facere quam fecerit. Non solum autem philosophi gentium ex ipsa mundi compositione vel ornatu mirabili mirabilem ejus artificem perceperunt, verum et ex optima ejus dispositione optimam divinæ gubernationis providentiam rationibus congruis assignarunt. Quorum unus Tullius in primo Rhetoricæ suæ, mundum ipsum providentia, non fortuitu regi valida ratione monstravit, cum videlicet ea quæ consilio ac providentia reguntur, melius procedere atque administrari proponeret quam alia : ac statim nihil melius et ordinatius administrari vel disponi, quam mundum ipsum assumeret, atque hoc quoque illico manifesta ratione convinceret, ostendens scilicet quam utiliter et rationabiliter ea quæ in mundo sunt in sua ordinatione perseverent.

Possumus et quod ait Apostolus : *Invisibilia enim ipsius a creatura mundi*, etc., non solum ita exponere, quod ex compositione et ex ornatu mundi potuerit per humanam rationem ipsa artificis potentia, sapientia atque bonitas percipi, secundum quæ, ut diximus, tres in Deo personæ distinguuntur, verum et dicere eousque per similitudinem corporalium rerum humanam rationem conscendisse, ut ipsam Dei unitatem atque in eo personarum Trinitatem, et quomodo ipsæ personæ invicem se habeant congruis similitudinum exemplis assignare valeret, ponendo videlicet ante oculos aliquam mundi creaturam sicuti æream substantiam (49), et attendendo aliquid quod fiat in ipsa ærea substantia, ut per imaginem æream, quæ nostra operatione ipso ære facta est, ita quidem ut ipsum æs et ærea statua, quæ in ære ipso vel ex ære facta est, eadem res sint essentialiter sive numero, sed tamen proprietatibus suis diversa sint; cum videlicet aliud sit proprium æris, aliud æreæ statuæ. Et quamvis idem sint essentialiter æs et ærea statua, ærea tamen statua ex ære est, non æs ex ærea statua. Sic et in divina Trinitate cum sit eadem substantia trium personarum, id est Patris, et Filii et Spiritus sancti, diversæ tamen sunt in suis' proprietatibus personæ, cum sit aliud proprium Patris, aliud Filii, aliud Spiritus sancti. Et quamvis sit unaquæque persona idem essentialiter cum cæteris, Filius tamen ex Patre tanquam ærea imago ex ære, non Pater ex Filio

---

(49) S. Bernardus ep. 190, hanc similitudinem refellit.

sicut nec ipsum æs est ex ærea imagine, et Spiritus sanctus a duabus aliis habet esse personis, non illæ ab eo. Sed et de his quidem, quantum oportuit in II Theologiæ nostræ nos tractasse arbitramur. Nunc ad litteram revertamur.

A creatura mundi per ea quæ facta sunt intellecta, id est per aliquam creaturam mundi, sicuti per ipsum æs, et per illa quæ in ipso ære facta sunt, sicut est imago ærea vel aliquid simile. Cætera in expositione non mutantur. *Ita ut sint inexcusabiles*, id est jam non possint se gentiles per ignorantiam excusare, de notitia scilicet unius Dei, quamvis legem scriptam non habuerint. Et unde sint inexcusabiles exponit : *Quia cum cognovissent Dominum*, per humanam scilicet rationem, quæ lex naturalis dicitur. *Non sicut Deum glorificaverunt*, id est debitum reverentiæ cultum ei per humilitatem non exhibuerunt. *Nec gratias egerunt*, recognoscentes scilicet ex dono gratiæ ejus esse hanc notitiam de ipso habitam quam præ cæteris habebant, et ob hoc eum laudantes. *Sed evanuerunt in cogitationibus suis*, more videlicet fumi, qui quo altius conscendit, magis deficit atque annullatur. Sic et isti quo magis ex arrogantia intumescebant propter scientiam quam adepti erant, suo studio vel ingenio, non divinæ gratiæ eam ascribentes, magis excæcari meruerunt, et in errorem amplius devolvi. Et hoc est quod exponens subdit : *Et obscuratum est insipiens cor eorum*. Insipiens fuit, qui sibi, non Deo proprium ipsius donum tribuerunt, et ex se, non ab ipso hoc se habere crediderunt. Unde merito est cor obscuratum, et ipsa in eis naturalis ratio obtenebrata. Vere obscuratum, quia *stulti facti sunt*, et illa nobili cognitione privati, *dicentes esse se sapientes*, id est jactantes se esse potius sapientes ex seipsis quam sapientes esse factos a Domino. Et in quantam stultitiam, imo insaniam proripuit, tam per infidelitatis errorem quam per ignorantiam vitæ subjungit dicens :

Et mutaverunt gloriam, id est honorem et sacrificia, quæ debuissent vero Deo exhibere, qui videlicet corrumpi aut mutari in aliquo non potest, exhibuerunt falso homini, id est imaginariæ similitudini hominis corruptibilis et mortalis, idololatræ scilicet facti, et non solum in similitudinem hominis, verum etiam quorumlibet irrationalium animalium, tam *volucrum* scilicet quam *quadrupedum et serpentum*. Fortasse autem credebant quosdam spiritus, quos deos vocabant, præesse hominibus; quosdam cæteris animantibus. Et ideo eos colebant in formis eorum, quibus præesse videbantur. Haymo (50) : « Assyrii simulacrum Beli patris Nini regis pro Deo colebant, et Babylonii ipsum quem vocant Bel, Sidonii Baal, Indi Belzebub, et Philisthæi. Romani colebant anserem, et Ægyptii accipitrem. Item Ægyptii colebant Apim, hoc est vaccam albam, Babylonii draconem, et Ægyptii croco-

(50) Patrol. tom. CXVII, col. 373.

dilum, qui est serpens aquaticus natans in aqua ut piscis, pascens in terra ut bos. » *Propter quod*, videlicet quia a Domino desipuerunt, ut falsa animalia, id est animalium simulacra pro Deo colerent, *tradidit illos Deus*, id est permisit abire post immunda desideria sua; ut quod turpiter mente conceperant, turpius etiam opere complerent. *Ut afficiant*, id est affligant, et in quamdam contrariam naturam cogant, et dedecorent corpora sua contumeliosis immunditiis Sodomiticis peccati in semetipsis commissi, ut seipsos mutuo polluant.

Qui commutaverunt, submissio sive repetitio causæ, quare id videlicet permiserit de illis Deus, quia in eum, inquit, maxime deliquerunt. *Commutantes veritatem Dei in mendacio*, id est sub nomine et honore veri Dei colentes falsos deos : et servierunt creaturæ, id est dæmoniacis spiritibus, quos inhabitare simulacra credebant. *Qui est benedictus*, id est qui glorificatur, hoc est laudabilis apparet ex universis suis creaturis per omnes temporum successiones. *Sæcula*, quasi a sequendo dictæ sunt ipsæ temporum successiones. *Amen*, id est verum est. Modo enim confirmandi, modo optandi adverbium est hoc. *Propterea tradidit*, quia videlicet interim excellentiæ divinæ derogaverunt, non sufficit semel hoc dicere, ut magis deterreat auditorem a talibus. Passiones ignominiosas dicit pollutiones non naturalis libidinis. Pati merito dicitur quælibet substantia, et quasi quamdam sustinere violentiam, quoties contra naturam aliquid in ea agitur. Quæ vero sint hujusmodi turpitudines statim annectit, tam feminis quam viris eas assignando ad majorem vindictam Dei probandam. Feminæ eorum dicuntur, quas ipsi pessimi exempli doctrina quasi suas in hoc fecerant. *Qui est contra naturam*, et ideo magis abusio dicendus est quam usus. Contra naturam, hoc est contra naturæ institutionem, quæ genitalia feminarum usui virorum præparavit, et e converso, non ut feminæ feminis cohabitarent. *Exarserunt*, id est contra legem naturæ accensi sunt in suis desideriis, vel naturæ voluptatibus. *Et mercedem*, id est retributionem, debitam sui erroris, hoc est excæcationis atque idololatriæ. *Recipientes in semetipsis*, mutuo scilicet se invicem polluentes in corpore, sicut animo corrupti erant infidelitate. *Et sicut non probaverunt*, hoc est laudaverunt atque elegerunt, *Dominum*, quem cognoverant, *habere in notitia*, hoc est retinere in memoria ei cohærendo, *tradidit illos Deus in reprobum sensum*, hoc est ita penitus excæcari permisit, ut omnino conscripserant, *ita ut faciant*, id est opere impleant ea quæ non conveniunt, non solum quæ mala sunt apud Deum, sed quæ nulli hominum disciplinæ concordant, aut aliqua ratione excusari etiam apud impios valeant. Illos dico *repletos omni immunditia*, hoc est non omnibus simul tantum peccatis, sed singulis repletos, ita scilicet ut unaquæque iniquitas in eis plena et perfecta reperiatur. Unde statim enumerando, subdividit iniquitatis partes, quibus eos repleri ostendit.

Malitia, per quam student aliis damnum inferre; *fornicatione*, quæ est omnis illicitus concubitus, extra uxorem videlicet; *avaritia*, id est immoderato terrenorum desiderio; *nequitia*, qua et alios corrumpere gaudent, quibus non sufficit ut soli moriantur; *invidia*, de bonis alterius dolendo; *homicidiis*, tam opere, si possunt, quam voluntate; *contentione*, aperte veritati contradicendo; *dolo*, id est simulatione, quando scilicet occulte aliud agitur, et aliud simulatur; *malignitate*, in ipsos, et benefactores suos; *susurrones*, id est latenter cum aperte non valent detrahentes, et cum audent etiam in aperto; *detractores*, et per hoc non solum hominibus quibus detrahunt, vel nocere volunt, verum etiam *Deo odibiles*, *contumeliosos*, inferendo convitia; *superbos*, appetendo esse super æquales; *elatos*, appetendo æquari superioribus; *inventores malorum*, id est cogitantes novum aliquod peccandi genus in quo delectarentur; *parentibus non obedientes*, et in hoc inhumani, et feris ipsis indomitiores; *insipientes*, jam ex consuetudine mali discretionem boni non habentes; *incompositos*, quantum ad exteriorem habitum, qui male ordinatæ mentis nuntius, *sine affectione*, scilicet naturalis benignitatis in proximos sui generis; *sine misericordia*, id est compassione alienarum miseriarum; *sine fœdere*, id est mutuo charitatis vinculo in aliquos, vel alicujus pacti observatione. Qui etiam in tantam devoluti sunt excæcationem, ut non per pœnitentiam redire sciant, non jam intelligentes, id est non attendentes vel curantes.

Quoniam qui talia agunt digni sunt morte, videlicet æterna, cum, id est quamvis, justitiam Dei primitus cognovissent, id est ejus debitam vindictam de singulis peccatis. *Sed et qui consentiunt.* Consentire hic dicit non resistere aliquem peccato alterius cum possit et debeat. Multorum enim fortasse Deus resistere peccatis posset, disturbando scilicet, ne fierent, nec tamen debet culpis nostris exigentibus, vel ipsis peccatis, in melius utendo : ideoque consentire peccatis nullo modo dicendus est. Notandum vero non de omnibus philosophis vel naturali lege utentibus hanc excæcationem vel malitiam prædictam esse intelligendum, cum plerique illorum tam fide quam moribus Deo acceptabiles exstiterint, veluti Job gentilis, et nonnulli fortasse philosophorum gentium, qui continentissimæ vitæ fuerunt ante ipsum Domini adventum. De qualibus beatus Hieronymus super Matthæum commemorans ait (51) : « Ex eo quod malus servus ausus est dicere : *Metis ubi non seminasti*, *et congregas ubi non sparsisti*, intelligimus etiam gentium philosophorum bonam vitam recipere Dominum, et aliter habere eos qui juste, aliter eos qui injuste agunt ad comparationem ejus qui naturali legi serviat, condemnari eos qui scriptam legem negligunt (*Matth.* xxv, 24). » Metere itaque Dominum ubi non seminaverit, juxta Hieronymum, intelligimus eos etiam qui per naturalem legem bene agunt ad vitam colligere, in quibus scilicet nullum prædicationis verbum seminatum est. Sed quia fortassis inter philosophos pauci tales exstiterunt, quasi generaliter sine aliquorum exceptione hoc de eis supra dictum est, ut sapientes minus de sua sapientia præsumant, quæ magis inflare quam ædificare solet; ipso alibi attestante Apostolo : *Scientia instat, charitas ædificat* (*I Cor.* VIII, 1). Sufficiebat enim etiam hoc loco Apostolus ad reprimendam superbam Romanorum gentilium contentionem, et humilitatem conservandam, ostendere per aliquos philosophorum gentilibus notitiam sive fidem Dei innotuisse, et eosdem ipsos fidei magistros graviter deliquisse, ut usque et ad idololatriam eorum cæcitas duceretur, et cum summo idolatriæ errore ad summam etiam ignominiam vitæ devolverentur, ut supra memoravit. Quæ omnia pœnam esse peccati superbiæ docet, ut secundum intentionem præsentis Epistolæ, quæ tota etiam contra superbiæ pestem scripta est, a superbia in ipso statim Epistolæ exordio dehortetur. Pœna præcedentis peccati sequens peccatum dicitur justa ejus remuneratio ad pœnam, cum ex præcedenti peccato quod corrigere negligit promeretur aliquis in aliud peccatum devolvi, ut juxta illud Apocalypsis : *Qui in sordibus est*, *sordescat adhuc* (*Apoc.* XXII, 11).

Tres in hoc loco quæstiones occurrunt, quarum quidem una est : Quid sit quod idololatriam faciat, cum nos etiam Christiani nonnulla in cultu Dei vel angelorum aut sanctorum hominum sculptilia sive picturas habeamus ? Alia vero quæstio est : Cur dicitur Deus aliquem pro præcedentibus peccatis in alia peccata tradere, atque hoc ex justitia agere; cum scilicet ille qui traditur hoc meruit ? Utrum Deus quoque auctor vel causa peccati sit, cum subtrahendo gratiam suam eum compellere ad peccandum videatur, qui ea subtracta a peccato sibi minime possit cavere. Quemadmodum si quis ei qui inter fluctus in navi navim subtrahat quacunque de causa, et eum ibi dimittat, eum profecto non compellit. Tertia autem est quæstio : Quomodo justum sit impio Dominum subtrahere gratiam suam, qua subtracta ille deterior fiat, et amplius peccet, nisi etiam justum sit illum deteriorem fieri, et amplius peccare, hoc est amplius Creatorem suum offendere atque contemnere ? Quis hoc autem, quod iniquissimum est, justum esse dicat, cum videlicet potius resipiscere peccator debeat quam augere peccata ? Quippe si justum esset eum amplius peccare, quomodo reus statueretur, aut etiam peccare diceretur id faciendo, quod utique eum facere justum esset ? Sed harum quidem trium propositarum quæstionum

---

(51) Patrol. tom. XXVI, col. 188.

solutiones theologiæ nostræ examini reservamus.

CAPUT II.

Propter quod. A singulari invectione in gentiles ad generalem transit, ac si ita dicat : Quandoquidem hi se excusare non possunt per ignorantiam Dei a peccato, id est a contemptu Creatoris, quibus lex scripta non data est, ergo nullus, et hoc est : *Ergo inexcusabilis es, homo omnis qui judicas.* Omnis, inquam, qui judicas, id est judicium rationis et discretionem boni habes et mali. Ab hoc quippe contemptu parvuli, qui nondum discretionem habent, liberi sunt ; in quo enim vere inexcusabiles. Quia etiam proprio tuo judicio condemnandus, cum in aliis reprehendas eadem quæ facis, aut similia. Hoc autem maxime spectat ad superbam Romanorum contentionem, qua se alterutrum præponere volebant, et seipsos singuli defendentes, alios criminosos judicabant. *In quo enim judicas,* id est de eodem peccato de quo judicas, id est reprehendis alterum et censes damnandum, teipsum condemnas, id est ea operando damnabilem facis vel asseris, et in teipsum proprio judicio sententiam profers, et quare vel quomodo supponit dicens : *Eadem vero agis quæ judicas,* id est quæ in aliis reprehendis, scilicet mala opera quæ contra propriam conscientiam committis. Et dixi quæ judicas reprehendendo, sed bene judicas hæc arguendo quæ Deus ipse judicat puniendo ; et hoc est : *Scimus enim,* etc. Vel ita : Dixi, teipsum condemnas, id est damnabilem facis ea operando. Et verum est quidem. Scimus enim nos, scilicet divina gratia illuminari, *quoniam judicium Dei,* quod *est secundum veritatem* ipsam rei, non falli potest. *Est in eos,* id est contra illos, *qui talia agunt,* ad ipsos scilicet puniendos atque damnandos. Et cum ita sit, quod videlicet Deus tales damnet. *Existimas, tu qui judicas,* id est arguis vel accusas, *eos qui talia agunt, et facis ea.* Existimas, inquam, *quia tu effugies judicium Dei,* id est justam ejus de talibus vindictam, et nunquid etiam ignoras, quia tanto damnabilior es quanto majori patientia Deus te exspectat, et exspectando diu ad pœnitentiam ejus invitat benignitas, et hanc ejus benignitatem patientiæ in contemptum ejus convertis, et tanto minus eum vereris quanto amplius sustinet offensas tuas, nec statim punit : et hoc est quod ait, *an ignoras.* Nunquid contemnis divitias bonitatis ejus, id est Dei, hoc est divitem et copiosam ejus animi dulcedinem : bonitatis dico, patientiæ et longanimitatis, id est longæ ejus patientiæ. *Ignoras quoniam benignitas Dei,* id est hæc bonitatis ejus exhibitio, qua exspectat te. *Adducit,* quantum in ipsa est, id est invitat, adhortatur ad pœnitentiam peccatorum tuorum potius quam ad contemptum exspectantis. *Sed tu secundum duritiem tuam et cor impœnitens thesaurizas tibi,* id est studiose tanquam pretiosas divitias accumulas tibi *iram,* id est vindictam exercendam in te, *in die,* id est in tempore iræ et revelationis, id est vindictæ Dei in te revelandæ, et ut

ira illa potius justitiæ quam crudelitatis intelligatur, et deliberationis magis quam præsumptionis, addit, *justi judicis,* id est iræ dico, id est vindictæ provenientis ex judicio justæ deliberationis Dei, qui injuste agere non potest. Quam vero justum sit divinum judicium supponit dicens :

Qui reddet unicuique. Quod videlicet meruerit. *Secundum opera,* id est qualitatem operum, quæ magis in intentione quam in actione consistit. Secundum qualitatem operum est qualitas retributionis, quia qualia sunt opera, talis et retributio, pro bono scilicet bonum, pro malo malum ; cum apud Deum voluntas ipsa pro opere facti reputetur. Unde et ipse probator cordis et renum in abscondito videre dicitur. Opus hoc loco pro affectu operis ponit, ab effectu videlicet ad causam vocabulo translato. Alioquin non ostenderetur æquum esse judicium Dei, cum opera indifferentia sint in se, scilicet nec bona nec mala, sive remuneratione digna videantur, nisi secundum radicem intentionis, quæ est arbor bonum vel malum proferens fructum. Tale est ergo quod ait, *secundum opera ejus,* ac si diceret, secundum voluntatem eorum quæ fieri vel non fieri appetunt. Alioquin superbia diaboli, vel cupiditas Simonis, quæ non obtinuerunt operis effectum, ad hoc judicium pertinere non viderentur. Parvuli autem, qui intra annos discretionis morientes judicium habere non videntur, ad hujus judicii revelationem non pertinent, qua videlicet dicitur : *Reddet unicuique secundum opera ejus,* id est tribuet ei quod meruerit.

Diligenter itaque expressit Apostolus quid sit accipiendum judicium Dei, cum ait revelationem judicii. Non enim verbis, sed exhibitione operis quisque ibi judicabitur, id est manifestabitur an præmio vel pœna dignus fuerit. Cujus quidem dum viveret occultus etiam sanctis exitus habebatur. Utrum videlicet prædestinatus esset ad vitam vel non. Hoc autem judicium, id est hæc revelatio seu discussio divini examinis, et singulariter quotidie fit in exitu singulorum morientium, et generaliter in fine sæculi facienda est. Ubi quidem omnes omnibus revelabuntur, quales videlicet antea fuerint, an præmio scilicet an pœna digni. In illa vero generali discussione bini in electis et reprobis ordines esse dicuntur. Quidam enim electorum, id est prædestinatorum, ibi judicabunt tantum et non judicabuntur. Sic et reproborum duo erunt ordines cum alii eorum judicandi sint tantum, alii minime judicandi sint. Quicunque enim electi purgati ante diem judicii non invenientur, judicandi, id est revelandi ibi erunt ; de qualibus alibi ait : *Ipse autem salvus erit, sic tamen quasi per ignem.* Qui vero perfectæ vitæ inventi fuerint, vel ante ipsum judicium purgati, non erunt ibi judicandi, id est revelandi ; sed potius cum ipso Christo pariter judicabunt. Cujus quidem majestatis et gloriæ participes ita fulgebunt, ut statim ex ipsis appareat, sicut ex ipso Christo, quam bene egerint qui eis adhæserunt, quam male qui eos contempserunt. Et ita ipsi quoque tanquam judices cum Christo residebunt, securi penitus de se, et alios judicantes, hoc est, ut dictum est, revelantes an bene cum eis an in eos male egerint, ut præmio ex hoc vel pœna digni sint. Reprobi vero, qui in infidelitate sua moriuntur, jam in ipso exitu suo judicati sunt, id est revelati, nec ulterius generaliter revelandi sunt, juxta illud Veritatis : *Qui non credit, jam judicatus est (Joan.* III, 18). Ii vero qui fidem habentes dubiam in occulto gesserunt vitam, propter quod eorum incertus est exitus, ibi judicandi sunt, id est revelandi.

His quidem qui secundum. Quomodo secundum qualitatem operis sit qualitas retributionis ostendit, ut videlicet pro bono bonum reddatur, et e contrario. Et hoc est hic dicere, *Qui secundum patientiam boni operis.* Subaudi sunt, ut videlicet ostendat bene agentibus tribulationes non deesse, per quas purgantur aut proficiunt. *Gloriam et honorem,* id est gloriosum honorem, cum nostra videlicet humanitas ad celsitudinem angelorum pervenerit, et nos pariter hæredes Dei et cohæredes Christi cum ipso regnabimus. Et ne ista gloria ad animam tantum referatur, addit etiam de glorificatis corporibus quæ incorruptibilia erunt, dicens : *Et incorruptione,* videlicet corporum, his inquam, *quærentibus vitam,* non transitoriam sicut vidimus, sed æternam sicut Christiani, ut ostendat merito id eos obtinere ad quod toto desiderio anhelaverunt, nec sua spe esse fraudatos, sicut de quolibet scriptum est justo : *Vitam petiit a te, et tribuisti ei* (*Psal.* XX, 5). Et item : *Desiderium animæ ejus tribuisti ei* (*ibid.*, 3). *His autem quæ ex contentione,* sunt subaudis, id est qui scienter divinæ repugnant voluntati. Quod statim exponit dicens, *qui non acquiescunt veritati quam norunt,* ut videlicet operentur secundum quod operandum esse veraciter credunt. *Sed magis credunt,* id est acquiescunt vel assentiuntur iniquitati, ut malum quod animo concipiunt opere compleant, id est adimplere studeant. Reddetur subaudis, *ira et indignatio,* quam videlicet meruerunt, id est vindicta Dei sine eorum patientia. Electi vero, si qua in ipsis quandoque puniuntur ut videlicet purgentur, patienter sustinent, nec inde irascuntur, sed potius gaudent, atque grates referunt, attendentes quod scriptum est : *Castigans castigavit me Dominus, et morti non tradidit me* (*Psal.* CXVII, 18). Et rursum, *Quos diligit Deus corrigit, flagellat autem omnem filium quem recipit* (*Hebr.* XII, 6). Unde Hieronymus ad Castrutium (52), « Magna ira est quando peccantibus non irascitur Deus. »

Tribulatio et angustia. Ostendit ex quibus prædicta ira et indignatio proveniat. Tribulatio enim angustia est, ubi is qui torquetur omni spe evadendi destitutus est, ut nec spes ei ad remedium aliquod sit relicta, sed ipsa quoque desperatione torqueatur. Et quia dixerat his indefinite, addit generaliter id fieri *in omnem animam hominis operantis malum,*

tam Judæi scilicet quam gentilis, id est tam scripta quam naturali lege instructi, *operantis,* inquit non operati, id est perseverantis in malitia, non desistentis. Qui etiam inter ipsa tormenta nec malam voluntatem deponent cum diabolo confirmati, nolentes adhuc si liceret eadem agere, atque ideo perpetua erit merito pœna, quia perpetua in animo perseverabit culpa. Unde, et beato attestante Hieronymo, merito Dominus in die judicii dicturus est : *Discedite a me, qui operamini iniquitatem* (*Matth.* VII, 23), id est qui non solum operati estis, sed adhuc in ipsis cordibus vestris operamini. Ubi, ut supra diximus, apud Deum voluntas pro opere facti computatur. Bene dicit in animam, non in corpus hominis, vindictam fieri, quia solius animæ est non corporis dolere sive sentire, et contristari vel delectari, irasci vel gaudere. Et si diligenter consideremus sola ipsa quæ velle potest, apud Deum voluntatis remuneratorem vel præmium vel pœnam ex bona vel mala voluntate promeretur ; et sola proprie dicenda est peccare, sicut et virtutes habere, et sola beata effici ex visione divinæ majestatis, quæ oculis tantum mentis non corporis conspicitur. Quod autem quinque animæ sensus corporei dicuntur, cum sola tantum est, anima sentiat ; vel quod quædam peccata carnalia, quædam spiritalia vocentur, cum sola tantum anima peccet : quæ sola rationem habet, et velle potest, non ita est accipiendum, ut corpus ipsum vel sentiat, vel peccet, sed quia per ipsum vel sensus exercentur vel voluntates implentur, ut ingluvies gula, libido genitalibus.

Sola itaque anima ex bona vel mala voluntate præmium vel pœnam apud Deum meretur et obtinet, et sola beatitudinis vel miseriæ particeps esse potest ; licet ex corpore resumpto pœna ejus vel gloria augeatur. Unde duplicem contritionem impiorum, et geminam stolam sanctorum, tam secundum animam scilicet quam secundum corpus dicimus. Gaudebit amplius bona anima et Creatorem magis glorificabit, cum corpus ipsum, quod hic tam infirmum et passibile gessit, viderit ibi ita aptatum, quod ulterius dissolvi non possit, nec ipsa ex contractu ejus aliquam contrahere læsionem. Et hæc ipsa corporis humani reparatio, corporis glorificatio vel beatitudo dicitur. Sic et pœna corporis dici potest, quam anima ipsa per corporea sustinebit membra. Nec tamen cum ex corporibus geminetur animarum gloria vel pœna, ideo geminam istam gloriam vel pœnam simplici angelorum vel dæmonum gloriæ vel pœnæ præferimus, qui corporeæ non sunt naturæ. Quod vero, ut dictum est, sola anima doleat vel sentiat, ipsi quoque asserunt sancti. Unde Augustinus *De civitate Dei,* lib. XX, c. 11 : « Si consideremus diligentius, dolor qui dicitur corporis magis ad animam pertinet. Animæ est enim dolere, non corporis, etiam quando ei dolendi causa existit a corpore, cum in eo loco dolet ubi læditur corpus. » Idem super Genesim : « Sentire non est

---

(52) *Patrol.* tom. XXXI, col. 652.

corporis, sed animæ per corpus. » Item : « Neque enim corpus sentit, sed anima per corpus. » Idem ad Dioscorum in ea Epistola : *Tu me innumerabilium quæstionum*, etc. : « Non igitur accipit animus a corpore vel summum bonum vel partem aliquam summi boni. Hoc qui non vident cæcati sunt dulcedine carnalium voluptatum, quam ex indigentia sanitatis venire non intuentur. Sanitas autem perfecta corporis illa extrema totius hominis immortalitas erit. Tam potenti enim natura Deus fecit animam, ut ex ejus plenissima beatitudine, quæ in fine temporum sanctis promittitur, redundet etiam in inferiorem naturam quæ est corpus, non beatitudo quæ fruentis et intelligentis est propria, sed plenitudo sanitatis et incorruptionis vigor. »

Judæi primum et Græci. Judæum vocat omnem scripta lege edoctum, Græcum omnem gentilium more philosophorum qui Græci fuerunt, ratione præditum, id est naturali lege optime instructum ; quorum quo major est discretio, major est transgressio. Et ideo ait : *Judæi et Græci primum*, id est maxime; *operantis malum*, id est delinquentis, comparatione scilicet aliorum hominum quasi brutorum. *Gloria autem et honor*. Repetit justorum remunerationem, quam præmisit, ut ad eam sæpius memoratam nos accendat amplius. Pacem quidem dicit, non solum quietem ab infestatione exteriorum inimicorum, verum etiam concordiam illam spiritus et carnis, ut in nullo ulterius caro spiritui reluctetur, omnibus prorsus finitis carnalium suggestionum molestiis. *Judæo primum et Græco bonum*, scilicet *operanti*. Quo enim isti amplius summum bonum Dominum vel scripto vel ratione cognoverant, amplius, ejus voluntati sobrie vivendo inhærebant. Primum itaque et hoc loco pro maxime supraponit. *Non est enim*. Dixi generaliter omni atque differenter, nullam faciens differentiam retributionis ex dignitate personarum. Et merito, quia non est personarum acceptio apud Deum, hoc est nunquam divinum judicium minus aliquem ibi punit vel magis glorificat pro aliqua dignitate vel excellentia, quam hic habere videbatur ; sed æque omnibus secundum merita reddit, tam habentibus quam non habentibus legem, tam iis qui de genere Israel gloriantur quam cæteris. Et quod secundum merita tantum reddat ostendit, cum secundum quantitatem transgressionum sit quantitas pœnarum. Unde similiter de præmiis subintelligendum constat. Sicut itaque major est transgressio ejus qui legem quoque scriptam accepit, quam illius qui sola naturali est instructus, ita majorem ejus esse pœnam ostendit, et alterius minorem, dicens : *Qui peccaverunt sine lege*, scilicet scripta, sicut gentiles, id est non eam habentes qua instruerentur, peribunt quidem, id est damnabuntur, sed sine lege peribunt, id est nullam ex transgressione legis scriptæ pœnam incurrent, sed ex transgressione naturalis legis tantum : *Et quicunque in lege peccaverunt*, id est per transgressionem quoque scriptæ legis, sicut Judæi, per le- gem, id est convinci aperte rei poterunt per professionem legis susceptæ, quam non servaverunt. Sed cum major sit istorum transgressio qui legis quoque scriptæ transgressores sunt, quam legis naturalis, quare ibi dixit *peribunt*, hic dixit *judicabuntur ?* Cum videlicet ea quæ judicio reservantur peccata non tantum videantur, quantum illa quæ judicium non exspectant, sed statim damnant, et perire reum cogunt, absque ullo scilicet judicii examine. Sed profecto ut diximus, *judicari* dixit, pro aperte convinci, ut tanto majus peccatum appareat, quanto apertius convinci potest, ex transgressione scilicet scriptæ legis, quæ aperte a Deo coram omnibus est tradita, et miraculis confirmata. Quæ enim publico judicio damnantur, aperte arguuntur, nec post sententiam judicii approbatam defensorem invenient.

Non enim auditores. Incipit invectio in Judæos... Dixi, *per legem judicabuntur*, tanquam rei scilicet, quia licet legem audiant, non ideo justi sunt nisi opera faciant quæ lex videlicet præcipit. Et hoc est, *Non enim auditores*. Hoc est non quia sunt auditores legis justi sunt apud Deum, id est divino judicio quamvis humano, *sed factores*, id est quia faciunt quæ lex præcipit. At vero cum alibi dicat neminem justificari ex operibus legis, quomodo nunc dicit factores legis justificari ; nisi hoc loco factores dicat qui amore Dei ad faciendum spontanei sunt, secundum quod bona voluntas pro opere facti reputatur ut diximus? Non enim exteriori opere Deo placemus, sed potius ex voluntate, ibi de exteriori opere loquitur. Possumus et hic naturalem legem accipere, qua sola utuntur gentiles. De quibus vero ait et in sequentibus illud de lege scripta operum intellige, ut videlicet ita intelligatur, quod non illi tantum qui audiunt verba legis naturalis justi sunt, sed qui opere complent. Verba autem legis naturalis illa sunt, quæ Dei et proximi charitatem commendant, sicuti ista : *Quod tibi fieri non vis, alteri ne feceris (Tob.* IV, 16); et: *Quod vultis ut faciant vobis homines et vos facite illis (Matth.* VII, 12).

Cum enim gentes. Et vere non in auditu scriptæ legis, sed in opere ejus, ut dictum est, vis justificationis consistit. Quod apparet ex gentilibus, qui quamvis legem scriptam non habeant quam audire possint, cum tamen faciunt ea opera quæ lex præcipit, æque ut Judæi salvantur. Et hoc est, *cum enim gentiles*, id est gentiles qui legem scilicet scriptam non habent, *naturaliter faciunt*, id est naturali lege instructi, hoc est cognitione Dei ac discretione rationis, quam naturaliter, hoc est ex sua creatione habent, non ex scripta alicujus doctrina : ipsi dico non habentes hujusmodi legem, id est scriptam exterius sicut habent Judæi, ipsi sibi sunt lex, hoc est eamdem remunerationem assequuntur per seipsos sine lege scripta, quam illi per obedientiam scriptæ legis. Quippe qui exhibent exterius in opere voluntatem bonam quam habent in mente, hoc est opus legis scriptum in cordibus. Cum dicit *scriptum*, perseverantiam bonæ voluntatis innuit. Ut enim beatus ait Gregorius, quod loquimur transit, quod scribimus permanet. Qui itaque legis auditores sunt, quasi legem loquuntur quam in membranis scriptam, non in cordibus tenent affixam. Sicut e contrario isti faciunt, *Bonum eis testimonium reddente conscientia ipsorum*, hoc est securos eos facientes de justitia operum suorum, bona ipsorum conscientia atque recta intentione, quæ illis non aliis cognita est. Secundum quam quidem intentionem Deus opera pensat. *Et inter se invicem.* Diversa littera hic legi solet. Modo enim genitivi pluralcs ponuntur hoc modo, *cogitationum et accusantium*, aut etiam *defendentium;* modo ablativi sic, *cogitationibus accusantibus*, etc. Unde Augustinus *De civitate Dei* lib. xx (55) : « *In cogitationibus enim*, sicut scriptum est, *impii interrogatio erit (Sap.* I, 9). Et Apostolus : *Cogitationibus,* inquit, *accusantibus*, vel etiam excusantibus, *in die qua judicabit Deus occulta hominum,* etc. » Idem in psal. cviii (54) : « Omnia opera vel bona vel mala a cogitatione procedunt. In cogitatione quisque innocens, in cogitatione reus est. Propter quod scriptum est : *Cogitatio sancta servabit te* (Prov. II, 11). » Et alibi : *In cogitationibus impii interrogatio erit (Sap.* I, 9). Et Apostolus : *Cogitationibus,* inquit, *accusantibus* aut etiam *excusantibus,* etc. Idem in psal. v (55) : « Decidant a cogitationibus suis dictum est, decidant accusantibus se cogitationibus suis, conscientia sua, sicut Apostolus dicit : *Cogitationum accusantium seu defendentium,* etc. (ibid.) »

Puto autem hanc litteræ narrationem maxime ex consuetudine Græcæ linguæ contigisse, cum videlicet Græci ablativo carentes, genitivo pro ablativo utuntur. Unde factum est ut, secundum diversas translationes ex Græco in Latinum, modo in genitivis retentus ut in Latino sicut erat in Græco, modo, prout sententia requirebat, in ablativum apud nos sit commutatus. Quamvis enim hæc Epistola, quæ ad Romanos dirigitur, primo Latine scripta intelligatur, etsi in Græcia apud Corinthum scripta fuerit, credimus tamen diversos postea ejus translatores vel expositores exstitisse, qui Græcos, ut dictum est, imitarentur, cum illam fortassis scripturam Latinam ad manum non haberent, et ideo ad exemplaria Græca recurrerunt. Nunc igitur utramque litteram exponamus.

Cum itaque præmissum sit, *testimonium reddente illis conscientia,* addit, *et conscientia cogitationum,* etc. Ac si diceret : Et tali conscientia quæ non erret in discretione operum, ea scilicet discutiens secundum ipsas animi cogitationes, hoc est intentiones. Quæ quidem cogitationes habent accusare vel defendere apud Deum potius quam exteriora opera. Et hoc est, conscientia dico cogitationum, id est quæ ipsas cogitationes magis attendit quam opera.

(53) *Patrol.* tom. XLI, col. 702.
(54) *Patrol.* tom. XXXVII, col. 1571.

Et quare eas maxime penset annectit, qua accusant vel excusant apud Deum. Cogitationum dico inter se invicem, scilicet habitarum, ut de ipsis videlicet existimaret agendum sicut de aliis; juxta illam videlicet suprapositam naturalis legis regulam : *Quod tibi fieri non vis, alii ne feceris.* Et : *Quæ vultis ut faciant vobis homines, et vos facite illis. In die,* hoc est in tempore, *quo judicabit Deus per Filium suum,* id est Jesum Christum, secundum quod scriptum est : *Pater omne judicium dedit Filio* (Joan. v, 22). *Occulta hominum,* id est intentiones potius quam exteriora opera. *Secundum Evangelium meum,* id est sicut ego prædico, asserere videlicet Deum potius intentionem, quam operum remunerationem. Si vero sit ablativus absolutus hoc modo : *Et inter se invicem cogitationibus accusantibus,* etc., continuabitur ad præmissum alium ablativum sic : Dixi, conscientia ipsorum reddente illis testimonium, et cogitationibus suis quas habent inter se invicem, id est per quas sese ita ut alios pensant ut dictum est, ipsis, inquam, suis cogitationibus, id est propriis intentionibus, subaudis reddentibus illis testimonium. Et est quasi expositio ejus quod præmissum est, *conscientia,* scilicet, *ipsorum.* Ac si diceret, id est *cogitationibus eorum,* etc. Et quare testimonium reddatur eis, id est securos eos faciat cogitationes suæ apud Deum subdit, quia videlicet solæ, ut dictum est, cogitationes apud Deum habent accusare vel defendere. Et hoc est quod supponit : *Accusantibus aut enim defendentibus,* etc.

Quæritur autem quomodo post datum circumcisionis mandatum : *Omnis anima cui caro præputii circumcisa non fuerit,* etc. (Gen. XVII, 14). Gentiles incircumcisi salvabantur, sicut Job et fortasse plerique alii, de qualibus dictum est : *Cum enim gentes,* etc. Sed si diligenter attendamus verba ipsa Scripturæ, atque ipsum circumcisionis exordium, quæ primo Abrahæ est injuncta, videbimus præceptum circumcisionis non fuisse generale, sed ad Abraham tantum et semen illius pertinere, id est Isaac, dicente Domino ad Abraham : *Quia in Isaac vocabitur tibi semen* (Gen. XXI, 12), non in Ismael videlicet. Unde et cum circumcisionem Dominus Abrahæ præciperet ait : *Hoc erit pactum inter me et te, et semen tuum post te* (Gen. XVII, 10). Origenes quoque, super hanc Epistolam in sequentibus aperte convincit ex ipsis aliis Scripturæ verbis, soli populo Israeli et vernaculis eorum vel emptis pecunia, circumcisionis signum fuisse præceptum. Exposito namque illo versiculo : *Si sibi præputium justitias legis custodiat,* etc., diligenter circumcisionis mandatum atque rationem discutiens ait : « Non importunum videtur circumcisionis generalem discutere rationem. Dixit Dominus ad Abraham : *Tu autem testamentum meum servabis, et omne semen tuum post te in generationes suas. Et hoc est testamentum inter me et vos, et inter me et inter medium seminis tui*

(55) *Patrol.* tom. XXXVI, col. 88.

post te. Circumcidetur omne masculinum vestrum, et puer in octava die. Circumcidetur in vobis omnis masculus in generationibus vestris, vernaculus et pecunia emptus (Gen. XVII, 10-14). Discutiamus utrum mandatum et eos qui ex gentibus crediderant constringat. Nunquam fecit proselyti, id est advenæ mentionem, sed vernaculum servum, vel pretio mercatum circumcidi jubet, non liberum? Perscrutemur ergo Levitici legem.

Loquere, inquit, *filiis Israel, et dices ad eos: Mulier si pepererit masculum, octava die circumcidet*, etc. (Levit. XII, 3.) Intuere et hoc quemadmodum de lege circumcisionis tantum ad filios Israel Moyses loqui jubetur, et alienigenarum nulla sit mentio, cum in quibusdam mandatis non solum filiis Israel, sed et proselytis et advenis loquatur. Necessario utique observanda distinctio est, quia sicut ibi dicitur, *loquere ad Aaron*, et alibi *ad filios Aaron*, et alibi *ad Levitas*, certum est non subjacere reliquos his legibus; et quæ filiis jubentur, nec alienigenæ memoria ulla fit, non est putandum commune esse mandatum ubi appellationis habetur exceptio. Si ergo non alius quisquam circumcisionis lege constringitur nisi ex Abraham originem trahens, vel vernaculus eorum, vel pretio emptus, vis autem videre quasi sicubi vult etiam alienigenas lege connecti significanter ostendatur? Audi quid scriptum sit: *Homo ex filiis Israel et advenis, quicunque manducaverit omnem sanguinem, animam illam disperdam, quia anima omnis carnis sanguis illius est, et ego dedi vobis ut ex ipso super altare propitiaretur pro animabus vestris, quia sanguis pro anima expiabit* (Levit. VII, 1 et seq.). Vides ergo hanc legem, quæ et advenis data est, observari a nobis qui ex gentibus credimus. Ergo legem de observatione sanguinis communem cum filiis Israel et gentium suscipit Ecclesia. Hæc namque ita intelligens in lege scripta, tunc beatum illud apostolorum concilium decernebat decreta, gentibus scribens ut abstinerent se a sanguine et suffocato (Act. XV, 20). Verum requiris fortasse, si etiam de suffocato communis filiis Israel cum advenis data sit lex? Audi, *Homo*, inquit, *ex filiis Israel et ex advenis qui sunt in vobis, quicunque venatus fuerit feram aut avem quæ manducatur, effundat sanguinem ejus et cooperiat terram, quia anima omnis carnis sanguis ipsius est* (Levit. VII, 13). Verum quia inter illa quæ de Levitico superius protulimus, etiam hoc refertur: *Homo ex filiis Israel vel ex advenis qui sunt in eis quicunque fecerit holocaustum aut sacrificium, et ad ostium tabernaculi non adduxerit facere illud Domino, exterminabitur de populo suo* (ibid., 9). Et per hoc etiam videtur Ecclesia ex gentibus holocaustis obnoxia fieri. Non ut faciat jubet, sed si forte fecerit quomodo facere debeat docet. Certum est enim quod, dum Jerosolymis templum constaret, et religio tradita patribus vigeret, plurimi etiam gentium veniebant ad templum adorare et offerre sacrificia. Sed hoc quoniam in loco uno tantummodo fieri præceptum est, de quo etiam hic mandat ut ad ostium tabernaculi jugulanda victima deducatur, tandiu potuit legitime fieri, quandiu status loci permansit incolumis. Denique et Salvator ad decem leprosos, quos mundaverat inquit: *Ite, ostendite vos sacerdotibus, et offerte pro vobis hostias sicut præcipit Moyses* (Luc. XVII, 14). Nunc vero quomodo exposcitur ab advenis quod exhibere nec propriis quidem cultoribus licet? Hæc dicta sunt a nobis, ut ostenderemus præcipue de circumcisionis præcepto, quod non aliis quam his qui ex Abraham genus ducant, vernaculisque eorum vel pretio emptis esset injunctum. Liberos esse ab hujusmodi legibus eos qui per Christum Deo gentibus credunt. Item, recuperent ergo prius statutum templum, etc.

Si autem cognominaris Judæus. Gentiles, qui a genere sanctorum Patrum hæreditate remoti, o Judæe, tibi videntur, cum dicat Dominus Abrahæ: *Quia in Isaac vocabitur tibi semen* (Gen. XXI, 12), et insuper lege scripta non sunt instructi, et ita bene operantur, sed in te contra est. Quod cum in compositione quadam, et improperii indignatione proferens exagerat, dicens: *Si tu cognominaris Judæus*, hoc est non ille Judæus existens, imitatione scilicet fidelium Patrum; sed solo nomine cognominaris, a Juda scilicet patriarcha, seu a Juda Machabæo sic vocaris, etc., Origenes: « Non diceris, sed cognominaris, » docet in sequentibus, quia vere Judæus ille sit, qui in occulto circumcisus est. Qui autem in manifesto ut videatur ab hominibus, non est vere, sed cognominatur Judæus. » Et in Apocalypsi: *Qui dicunt se Judæos esse, et non sunt* (Apoc. III, 9). Qui vere Judæus est ab illo Juda vocabulum trahit, de quo scriptum est: *Juda, te laudabunt fratres tui*, etc. (Gen. XLIX, 8), quæ in Salvatore prophetata sunt. Aug. in psal. LXXI: « Judæi maxime a Juda patriarcha appellati sunt, » quia primo de alia tribu datus est Saul et reprobatus, tanquam malus. Rex primus de tribu Juda David, et ex illo de tribu Juda semper reges habuerunt. Unde Judæi dicti sunt, et cœperunt reges alienigenæ ab Herode. Itaque, veniente Domino, eversum est regnum Judæorum, et sublatum est ex Judæis quia noluerunt cognoscere verum regem. Jam videte si Judæi sunt appellandi. Ipsi voce sua abdicaverunt se ab isto nomine, ut Judæi non sint digni appellari, nisi tantum carne. Sæviebant in Christum, id est in genus Juda, semen David, dicebant: *Non habemus regem nisi Cæsarem* (Joan. XIX, 15). O Judæi, si non habetis regem nisi Cæsarem, defecit jam princeps ex Juda, venit cui repromissum est. Illi ergo verius dicuntur Judæi qui Christiani facti sunt ex Judæis. Judæa vera Christi Ecclesia est. Credimus in illum qui venit ex tribu Juda per Mariam. Haymo: « *Si autem tu Judæus cognominaris*, subaudis a Juda patriarcha, » etc. Ambrosius: « *Judæo primum et Græco.* Judæi ex tempore Judæ Machabæi dici cœperunt, qui in causa cladis resistit sacrilegis, et fiducia Dei collegit populum, et defendit genus suum. »

Notandum vero quia hoc loco Ambrosius non dicit Judæos dici a Juda Machabæo, sed a tempore ejus sic dici, præsertim cum a cæteris libris Veteris Testamenti non inveniantur sic appellati sicut in libris Machabæorum. Qui etiamsi a Juda Machabæo sic essent appellati, videntur et a Juda patriarcha sic nominari, cum ipse quoque Judas Machabæus ab illo Juda sic esset appellatus.

Et requiescis in lege. Ut non fatigeris erroribus inquirendo quæ facienda sint tibi, et totum in ea studium habes occupatum, ut non, ipsas alias petendas, ad scripta scilicet poetarum et philosophorum. *Et gloriaris in Deo*, jactando scilicet te gloriosum de cognitione Dei et lege tibi ab ipso data, ex qua videlicet lege nosti voluntatem ejus, quod videlicet ei fieri placeat. *Et probas*, id est discernis non solum utilia ab utilibus, verum etiam utiliora ab utilibus. *Confidis*, ut videlicet possis ostendere aliis viam justitiæ in mandatis Dei. Cæcos sive in tenebris existentes, sive insipientes et infantes ideo intelligit, et similiter ducem, et lumen, et eruditorem, et magistrum pro eodem accipit, ut sit quædam verborum inculcatio ad confusionem eorum, non diversa significatio. Unde autem se ducem esse cæcorum confidat, id est sufficientem ad alios docendos, supponit. Te dico, *habentem ex lege formam scientiæ et veritatis*, id est veram scientiam quæ instruere alios et informare potest ab bene agendum. Tu ergo talis ac tantus secundum judicium tuum, qui alios doces, id est corrigis, etc. In quo autem se debeat corrigere supponit dicens : *Qui prædicas*, ex verbis scilicet legis, etc. *Qui abominaris idola*, id est simulacrorum formas propter significatum, cum non evitas sacrilegium propter ipsum, quia in seipsum malum est. Sacrilegium dicitur violatio rei sacræ, scilicet eorum maxime quæ ad cultum Dei pertinent, veluti templum et quæ ad ipsum spectant. Templum vero Dei sive materiale et figurativum, sive spirituale et verum Judæi violarunt, in ipso manufacto templo negotiationem exercendo, propter quam a Domino inde sunt expulsi; vel ipsum Dominum crucifigendo, qui de templo corporis sui loquens ait : *Solvite templum hoc*, etc. (*Joan.* II, 19). *Dominum inhonoras*, id est facis despicabilem aliis quantum in te est. Colorem in hoc loco rhetoricum facit, qui repetitio dicitur, habens in diversis clausulis orationis idem principium, sicut est, qui, quod, quantum est repetitum.

Nomen enim. Cum superius singulariter dixerit, *si autem tu*, nunc vero pluraliter dicat *per vos*, plane insinuat generalem Judæi personam se introduxisse, quasi generaliter rebellem redarguens populum, de quo se esse gloriabantur isti conversi Judæi, qui Romæ erant. In quo quidem populo alios dicit reos furti esse, exstitisse, vel adhuc esse; alios adulterii, etc. Continuatio : Bene dico inhonoras, tu videlicet, popule Judæorum, quia per vos blasphematur inter gentes, id est infideles nomen Dei, et notitia ejus quam vos habere gloriamini. Ut enim Tullius meminit, sæpe ex vitio hominis culpari scientia solet, quasi scientia illa male operari doceat. Sicut *scriptum est*, in propheta Ezechiele his verbis : *Nomen sanctum meum quod polluistis in gentibus* (*Ezech.* XX, 39), id est contemptui vel irrisioni haberi fecistis, et cum in se pretiosissimum esset vivificastis.

Circumcisio quidem. Superius abstulit gloriationem legis datæ, per hoc quod non faciunt quæ lex præcipit, et ideo magis a lege arguuntur quam justificentur. Nunc vero per hoc ipsum quod legi non obtemperant, aufert gloriam circumcisionis. Quia sicut legis latio nil prodest suscipientibus, nisi eam servent, ita circumcisio, nisi legi obtemperent, ut videlicet cætera præcepta impleant sicut præceptum circumcisionis. Quippe qui in unum offenderit, ut alius dicit apostolus, reus est omnium (*Jac.* II, 10), id est transgressor est seu contemptor totius legis, universa scilicet Dei præcepta continentis. Cum enim lex omnia simul, non unum tantum præcipiat, quisquis unum transgreditur legem non servat. Ac si per uniuscujusque præcepti transgressionem legis violatæ reus efficitur. Nihil ergo circumcisio carnalis ad salutem prodest si lex in cæteris violetur. Sicut et baptismus cujus locum, beato attestante Gregorio, circumcisio tenebat, si in cæteris transgressores permaneamus, non salvat. Cum autem circumcisio in hoc tempore jam nullius sit momenti, juxta illud ipsius Apostoli ad Galatas scribentis : *Si autem circumcidimini, Christus vobis nil proderit* (*Gal.* V, 2), id est nihil jam utilitatis vobis ex illo signo conferet, apparet hoc loco Apostolum ad statum priorem legis spectare, in quo utilis erat circumcisio. De quo quidem statu legis quamvis jam præterito et quantum ad carnales observantias defuncto, ibi nunc etiam Judæi conversi gloriabantur. Si vero Apostolus ad suum nunc tempus respiciens dicat : *Circumcisio quidem prodest, si legem observes*, tale est ac si dicat : Circumcisio nunc prodest, si sit spiritualis potius quam carnalis, quæ gentili æque sicut et Judæo communis est. Custodia igitur legis spiritualem circumcisionem facit, id est separationem a vitiis, quæ per carnalem circumcisionem figuratur. Tale est ergo, si legem custodias, ac si diceret : Si sit spiritualis circumcisio cordis potius quam corporis, quia superfluum est signum ubi deest per negligentiam signatum.

Si autem prævaricator, id est transgressor, etc. *Præputium* vocatur illa particula genitalis membri, quam de summitate illius præcidebant circumcidentes. Et dicitur præputium quasi amputando, id est præscindendo, quamvis putare modo pro incidere non sit in usu, sicut amputare. Dicitur tamen in Canticis : *Tempus putationis advenit* (*Cant.* II, 12), id est amputationis. Quemadmodum autem circumcisio carnis circumcisionem cordis, id est separationem a carnalibus vitiis significat, ita præputium retentum immunditiam carnalium desideriorum demonstrat. Unde et Judæi et gentiles, qui præputium habebant, non præputiatos, id est immundos, verum ipsum præputium, id est ipsam immunditiam vocabant. *Circumcisio tua*. In sola videlicet carne tua, inquam, quam approbas, quam facis, non Deus. *Præputium facta est tibi*, id est quodammodo immunditia, quoniam magis reus convinceris post susceptum circumcisionis sacramentum et professionem observandæ legis, si eam non observes, quam si hoc non fecisses. *Si ergo*. Quasi a contrariis infert: Quandoquidem tua circumcisio, id est carnalis, præputium fit tibi, id est magis te inquinat et damnat, si legem non observes. Igitur præputium gentilis, si ipse lege naturali quod scriptum est impleat, *reputabitur ei a Domino in circumcisionem*, id est ipsi corporale præputium habentes æstimabuntur divino judicio ejusdem esse meriti, cujus sunt et spiritualiter circumcisi. Non enim hic repetit circumcisionem tuam, ut carnalem intelligat, sicut superius posuit, sed simpliciter dicit circumcisionem, ut spiritualem insinuet a Deo factam. Qui etiam cum dicit *præputium illius*, sicut superius *circumcisionem tuam*, carnaliter intelligit præputium, corporis, scilicet particulam, non cordis immunditiam. Alioquin non diceret reputari præputium in circumcisionem. Si præputium, id est ipsa præputiata gentilitas, quam vos scilicet Judæi quasi ad ignominiam præputium vocatis. *Custodiat legis justitias* potius quam figuras, id est impleat moralia charitatis præcepta, quæ unumquemque justificant, nonne præputium illius, id est ipsa gentilitas proprium habens præputium, carnale videlicet cum quo ipsa nascitur, reputabitur a Deo digna præmio? Vere et spiritualiter, ut dictum est, circumcisorum et ipsum præputium legem consummans, id est adimplens. Plenitudo enim legis, ut postea dicitur, est dilectio. Quod videlicet consummare legem est ei ex natura, id est ex instructione legis naturalis illa, quæ duo dicimus continentis præcepta charitatis, *quod tibi non vis*, etc. *Judicabit te*, id est reum manifeste convincet qui lege etiam scripta instructus, de qua gloriaris, bene agere negligis. Te dico, Judæe, *qui prævaricator es legis*, id est trangressor per litteram occidentem, id est litteralem sensum, carnale signum in quibus confidis significantibus maxime non significatis adhærens, id est figuris potius quam rebus ipsis, et similitudini potius quam veritati.

Non enim qui. Bene dico præputium per bonorum operum exhibitionem reputari in circumcisionem, et bene dico circumcisionem per mala opera transire in præputium. Nam illi carnaliter circumcisi etsi in manifesto dicantur Judæi, non tamen vere, id est corde sunt Judæi, sed potius illi supradicti gentiles, quanquam nullo modo reputarentur Judæi vel circumcisi. Manifesti Judæi dicuntur, qui solo nomine et natione Judæ Judæi nuncupantur, foris Dominum voce confitentes, et mente ab eo recedentes. De quibus dicitur: *Populus hic labiis me honorat, cor autem eorum longe est a me* (Matth. xv, 8). Sed *qui in abscondito Judæus est*. Confitentes Deum in corde ubi Deus videt, et qui Deo servire satagant, non ad hominum aspectum. *Neque quæ in manifesto est circumcisio*, id est quæ manufacta est, *in carne*, id est in carnis ablatione, non est circumcisio, id est non vera vitiorum damnatio et concupiscentiæ destructio, sed vera circumcisio est illa quæ est cordis, id est per quam ab animo vitia et concupiscentiæ amputantur. Circumcisio, dico, in spiritu, non littera, id est juxta spiritualem et mysticum, non litteralem sensum facta. *Cujus*, scilicet, Judæi vel circumcisionis spiritualis, *laus est ex Deo* quia Deus eam approbat, non homines, id est carnales, qui videlicet legem carnaliter tantum, non spiritualiter intelligunt, et opera magis quam animum pensant, videntes in facie, non in corde.

CAPUT III.

Quid ergo amplius. Oppositionem quam possent Judæi facere contra prædictam rationem objicit sibi Apostolus, ut eam solvat. Dicerent enim Judæi: Tu dixisti circumcisionem transire in præputium, et præputium transire in circumcisionem. Ergo quid amplius Judæo quam gentili est? quæ majora beneficia contulit Judæis quam gentilibus, qui dicebantur canes et immundi? aut, quæ utilitas circumcisionis, id est circumcisorum! Hoc quidem, quasi expositio præcedentis subditur. Poterant quippe cum ait, *Judæo soli*, intelligi illi qui ad tribum Judæ pertinent, a quo dicti sunt Judæi. Et quod dicitur, *quid amplius*, poterat tam ad bonum quam ad malum se habere, et fortasse magis ad malum, cum Judæos in proximo maxime vituperasset. Est autem consuetudo Apostoli sicut per præputium gentes, ita per circumcisionem Judæos accipere. *Multum* videlicet amplius utilitatis Judæo quam gentili olim a Domino collatum est. *Per omnem modum*, id est modis omnibus, lege scilicet eos instruendo, et miraculis innumeris, et beneficiis confirmando, et ad amorem suum provocando. *Sed hoc primum*, id est maximum illud fuit inter bona Dei; quod legem eis dedit, ut non solum naturali sicut gentiles, verum insuper scripta lege instruerentur. Et hoc est quod ait *primum*, id est maximum fuit illud beneficium quod sunt illis *credita*, id est commissa, *eloquia Dei in lege et prophetis*. Quod quidem donum et eos erudire, et in perpetuum retinere potest. Nota tamen quod non ait commissa, sed credita; quasi ad tempus eis sit hæc doctrina accommodata. Quæque ad nos per spiritualem et rectam ejus intelligentiam transitura erat, et in carnalibus ejus observantiis, in quibus maxime confidebant Judæi, cessatura. Quasi et creditor eloquiorum suorum Deus dicitur, pro quibus ab his quibus ea credit, quasi pretium obedientiam requirat. Verba Dei eloquia dicit, quasi extra alia locutionum genera per excellentiam,

Propter eorum, id est obedientiæ fructum et salutiferam doctrinam.

Quid enim. Quæ causa, diceret aliquis, de eloquiis divinis datis illi populo, tamen propter incredulitatem ejus bona ipsi promissa Deus non compleverit, sive de reparatione humani generis per Filium suum, sive de quibuscunque promissionibus. Quod quidem duobus modis refellit Apostolus ostendendo non omnes in populo fuisse incredulos, et penitus illi populo promissa negarentur, nec Deum quia verax est, promissiones suas posse cessare. Sic lege : Bene dixi maximum illud esse de eloquiis divinis, per quæ sibi alliceret populum suum. Nam quid impedit propositum divinum? *Si quidam illorum non crediderunt*, illis eloquiis, hoc est his quæ ibi promittebantur vel prædicebantur. *Nunquid incredulitas illorum*, qui videlicet non crediderunt, *fide Dei*, id est per quam Deo crediderunt, *evacuavit* ut videlicet non evenerit quod ipse Moyses, Josue et cæteri fideles crediderunt? *Absit*, ut scilicet eorum fides sit evacuata, id est frustrata in his promissis ibi prædictis quæ crediderunt. *Est autem Deus*. Dixi, absit, nec inconsiderate, sed provide, cum sit *Deus verax*, id est stabilis seu immobilis, in his quæ promittit aut prædicit.

Omnis autem homo mendax, id est mutabilis in suo proposito, ut videlicet facile ejus consilium aut voluntas mutari queat. Forte quæritur si homo in Christo unitus divinitati mentiri aut peccare potuerit, quamvis in eo quod præmissum est, *est autem Deus verax*, et statim subjunctum est, *omnis autem homo mendax*, Deus homo exclusus videtur, ut de puro homine tantum accipi debeat quod dictum est, *omnis homo mendax*, non de homine qui Deus est. Nemo autem ambigere debet hominem illum Deo unitum, postquam ei unitus est, aut dum ei unitus est, nullatenus peccare posse, sicut eum qui prædestinatus est, postquam prædestinatus, vel cum prædestinatus sit, damnari non posse. At vero si simpliciter dicitur hominem illum, qui unitus est, nullo modo peccare posse, potest quilibet ambigere. Si enim penitus peccare non potest, aut male facere, quod meritum habet, cavendo peccatum quod nullo modo potest committere, aut quo etiam cavere id dicitur quod nullatenus incurrere potest. Unde Boetius contra Eutychen et Nestorium de homine quem Deus assumpsit. Quando, inquit, fieri potest, ut talem assumpserit hominem, qualis Adam fuit ante peccatum, cum in Adam potuerit esse peccandi voluntas atque affectio? Scriptum præterea est in laude justi : *Qui potuit transgredi, et non est transgressus; facere mala, et non fecit, iste in excelsis habitabit*, etc. (*Eccli.* xxxi, 10.) Et hoc quidem ad liberum hominis arbitrium pertinet, ut in ejus sit potestate agere bene et male. Quod si Christus non habuit, libero videtur privatus arbitrio, et necessitate potius quam voluntate peccatum cavere, et ex natura potius quam ex gratia id habere. Quippe quod per gratiam cuivis collatum est, ex dono ei potius quam ex naturæ suæ proprietate venit, non tam naturale quam gratuitum est dicendum quod ex dono alterius potius quam ex nobis habemus. Quis etiam neget hominem illum ex anima et carne consistere, qui Deo unitus est, in unam videlicet personam, etiam sine illa unione, sicut cæteros homines, in sua natura consistere posse? Alioquin minoris valetudinis esse videretur, si per se ipse subsistere non posset, sicut cæteri homines, non et magis accidentis quam substantiæ naturam habere. Quod si per se etiam existere posset, cur non et peccare sic posset ut cæteri? Videtur itaque nobis ut in hac quoque, sicut in cæteris rebus, vires propositionum diligenter attendamus, quando videlicet cum determinatione possibile aut necesse ponit, et quando simpliciter prædicatur, id est sine apposita determinatione. Verum quippe est si simpliciter dicatur, quod eum qui prædestinatus est, et qui salvandus est, possibile est damnari, cum omnino possibile sit eum fuisse non prædestinatum, nec salvandum, non tamen cum determinatione verum est dicere, quod eum possibile est damnari, cum sit prædestinatus, vel cum sit salvandus. Sic et eum, qui curtatus est, possibile est habere duos pedes, cum sit omnis homo bipes, et eum qui cæcus est possibile est videre; non tamen possibile est postquam curtatus est, vel postquam cæcus. Alioquin possibile esset regressionem de privatione ad habitum fieri, quod penitus falsum est. Sic et fortasse non est absurdum nos concedere simpliciter, quod cum hominem, qui Deo unitus est, possibile sit peccare, non tamen postquam unitus vel dum unitus est. Christum vero, id est Deum simul et hominem modis omnibus impossibile est peccare, cum videlicet ipsum Christi nomen Dei et hominis exprimat unionem. Ac sic quod dictum est, *omnis homo mendax*, modis omnibus vera videtur esse enuntiatio.

Sicut scriptum est, ut justificeris. Probat per auctoritem psalmi, quam verax sit Deus in promissis suis complendis, et stabilis in suo proposito. Promiserat quippe Dominus ad David quod de semine ejus Christus nasceretur. Quæ quidem promissio post adulterium David cassanda omnino videbatur, et omnino incongruum videbatur ut ulterius de semine tam peccatoris hominis Filius Dei carnem susciperet, et ita Deum, qui hoc ei promiserat, mendacem fieri oporteret. Quod nequaquam posse contingere, idem qui tam graviter attendens aiebat : *Tibi soli peccavi* (*Psal.* L, 6), id est ad honorem tui tantum, qui etiam iniquitatem bene ordinas, et ad gloriam tuam omnia convertis, *et malum coram te feci* (*ibid.*), id est te sciente, quem nihil latet, ut per hoc appareat quam justus sis, qui videlicet cum scias me promeruisse, ut non mihi promissa custodias, tamen quia justus es et verax, non potes promissionem tuam frustrare. Si enim peccatum hoc Deum lateret, non videretur causa quare promissionem non impleret. Nunc autem cum sciat peccatum committi, et peccantem meruisse contrarium, servat tamen immobilem suæ veritatis constantiam, adimplendo scilicet promissa. *Ut justificeris in sermonibus tuis*, id est ut exsequendo sermones tuos, de promissionibus quas mihi fecisti justificeris, id est justus et verax appareas. *Et vincas*, scilicet humanum judicium, *cum judicaris* ab hominibus, id est argueris mendacii, tanquam qui non possis ulterius propter delicta mea tuam promissionem adimplere.

Si autem. Oppositionem ad præmissa ipse inducit Apostolus, quasi diceret : Dictum est Deum justificari, id est justum et veracem maxime apparere ex peccatis, cum illam scilicet promissionem illius impedire nequeant, imo etiam ipsa ad gloriam suam convertat. Sed si peccata mea ita ut dictum est in præmisso exemplo de David, *justitiam Dei commendant*, id est ad laudem et gloriam veritatis ejus proficiunt, *quid dicemus*, id est quid poterimus respondere objectioni sequenti, quæ ait : *Nunquid iniquus est Deus qui infert iram*, id est vindictam propter peccata, quæ ejus, ut dictum est, justitiam commendant, id est eum maxime laudabilem ostendunt de incommutabili suæ veritatis proposito? Et quoniam non ex persona hoc sua Apostolus objicit, quasi non ei videretur ut in hoc ageret inique, addit : *Secundum hominem dico*, id est secundum animalem, qui non sapit ea quæ Dei sunt, non secundum spiritualem, qui dijudicat omnia, tam in divinis quam in humanis æquum rationis judicium tenet, et ideo, *absit* ut hoc scilicet recipiamus, Deum inique agere, puniendo peccata, quæ etiam ad ejus proficiunt gloriam, ut quamvis peccata non sint bona, bonum tamen sit esse peccata. Unde est illud August. in Enchiridion (56) : « Non fit aliquid nisi Omnipotens fieri velit vel sinendo ut fiat, vel ipse faciendo. Non dubitandum est Deum facere bene, et sinendo fieri quæcunque fiunt male. Non enim hoc nisi justo judicio sinit. Et profecto bonum est omne quod justum.» Item (57) : « Nam nisi esset hoc bonum ut essent mala, nullo modo esse sinerentur ab omnipotente bono. » *Alioquin*, id est si aliter esset quam dicimus, hoc est, si inique faceret Deus; inferendo vindictam pro peccatis, quomodo mundum, id est universos, tam bonos scilicet quam malos judicaret, eis videlicet pro meritis vel gloriam vel pœnam retribuendo?

Si enim veritas. Ad suprapositam objectionem iterum redit, quasi eam commendans, quod scilicet bene iniquus videtur Deus puniendo peccata, si ipsam justitiam ejus commendant, quia nec jam pro peccatis reputari debent, sed pro bonis quæ ejus veritatem commendant. Et hoc est, *si enim veritas Dei abundavit in gloriam ejus ex meo mendacio*, id est immobilitas suæ veritatis laudabilior efficitur ex mutabilitate et inconstantia meæ professionis, qui licet ei mentiar, ipse tamen mihi mentiri non potest. *Qui dijudicor*, adhuc dum videlicet id quod facio ad ejus gloriam proficit, tanquam peccator, id est qua ratione ea quæ facio pro peccatis reputanda sunt. Et cur non potius *faciamus mala ut veniant bona*, id est peccemus, ut ex nostris peccatis glorificetur Deus? *Sicut blasphemamur* a quibusdam, et sicut *aiunt nos dicere*, me scilicet et cæteros spiritales, qui dicimus etiam mala tam bene ordinari, ut ad gloriam Dei proficiant. Unde et ipse etiam prædictus doctor in XI *De civit. Dei*, cum de bonitate et malitia diaboli loqueretur, ait : « Deus sicut naturarum bonarum optimus creator est, ita malarum voluntatum justissimus ordinator. » Item ibidem de diabolo : « Deus cum eum conderet, futuræ malignitatis non erat ignarus, et prævidebat quæ bona de malis ejus esset ipse facturus. » Item post aliqua : « Neque enim Deus ullum non dico angelorum vel hominum creasset, quem malum esse futurum præscisset; nisi pariter nosset quibus eos bonorum usibus commendaret. » Item in Enchiridion (58) : « Neque enim Deus omnipotens cum summe bonus sit, ullo modo sineret mali aliquid esse in operibus suis; nisi usque adeo esset omnipotens et bonus, ut bene faceret et de malo. » *Quorum*, scilicet nos blasphemantium, id est non tam pro existimatione sua quam propter nos blasphemandos id dicentium. Adeo namque mala quoque a Deo bene ordinari dicit, ut hoc etiam gentilis ille philosophus Plato manifeste professus sit, dicens : « Nihil enim fit, cujus ortum non legitima causa et ratio præcedat.

Quid ergo. Dixi talium nos blasphemantium justam esse damnationem, ex quo nos maxime commendasse videmur, quasi tales simus ex nostris meritis, in quibus nihil sit blasphemandum. *Quid ergo*, id est nunquid potest dici quia præcellimus tales juste damnandos, id est ex propriis meritis et nostra virtute digniores sumus illis? *Nequaquam*, sed potius ex Deo quam ex nobis est, si quid boni habemus, sicut et in sequentibus ait : Quia non est volentis neque currentis, sed miserentis Dei, quia ejus misericordia sufficiens est ad salutem potius quam nostra valetudo, quoniam ex nobis omnes simul culpabiles sumus, sicut superius ostendimus, tam de Judæis quam ex gentibus, omnes inexcusabiles esse. Et hoc est, *Causati enim sumus*, id est quasi in causam accusando traximus tam Judæos quam Græcos, quos sapientiores esse convenit, *omnes sub peccato esse*, id est reos esse et pœnæ debitos, tanquam transgressores. Et hoc quidem ad generalem revertitur invectionem, colligens ex Scripturis testimonia, quibus omnes pariter reos et inexcusabiles convincat.

Sicut scriptum est, in psal. videlicet XII : *Quia non est justus quisquam*, etc. Psalmus hic ubi testimonia hæc apud nos continentur, quasi generalem invectionem facit in omnes, qui tempus suæ visita-

(56) *Patrol.* tom. XL, col. 276.
(57) *Ibid.*

(58) *Ibid.*, col. 256

tionis non cognoscentes, quasi pro abominatione habuerunt Dominum, scilicet pro humana redemptione incarnari et pati. Unde et alibi idem Apostolus : *Nos autem prædicamus Christum crucifixum, Judæis quidem scandalum, gentibus autem stultitiam* (*I Cor.* I, 23). Ait itaque Psalmus : *Dixit insipiens*, id est animalis homo, qui non percipit ea quæ sunt spiritus Dei (*I Cor.* II, 14), de arcano videlicet illo nostræ reparationis mysterio, cum infirmitatem assumpti hominis inspiceret : *Non est Deus*. Dixit hic quidem non verbis negando tantummodo, sicut Petrus eum negando, sed et corde, quia etsi credidit, hoc est, paucissimi et quasi nulli sunt qui justi sunt, id est unicuique reddentes quæ sua sunt. Absit enim ut credamus Ecclesiam a primo electo usque ad novissimum in aliquibus saltem fidelibus non perseveraturam, quæ et ante legem multos et post legem plures, sicut et ipsum qui hunc Psalmum composuit, et sub gratia colligit multos. Unde et in ipso adventu Domini jam ex maxima parte in Israel facta cæcitate nonnullos legimus superesse, velut Simeonem, Annam, atque ipsam Domini matrem cum sponso suo Joseph, et patrem et matrem Joannis Baptistæ cum ipso. Sæpe autem cum dicitur *omnis*, vel *nullus*, non generaliter, sed ad maximam partem dicitur. Veluti si dicatur de civitate, in qua pauci sunt boni : Omnes mali sunt qui in ea habitant ; vel : Nulli boni sunt in ea. Hinc est illud Hieronymi ad Damasum papam de filio prodigo : *Fili, tu semper mecum es, et omnia mea tua sunt* (*Luc.* XV, 31). Nunquid angeli throni ? Omnia ergo, intellige prophetas, eloquia divina, secundum illud quod sæpe exposuimus, non omnia ad totum esse referenda, sed ad partem maximam, ut : *Omnes declinaverunt* (*Psal.* XIII, 3), et : *Omnes qui ante me venerunt fuerunt fures et latrones* (*Joan.* X, 8). Et : *Omnibus omnia factus sum, ut omnes lucrifacerem* (*I Cor.* IX, 22). Et : *Omnes quæ sua quærunt, non quæ Jesu Christi* (*Philipp.* II, 21).

Quare autem non sit justus quisquam, supponit : *Quia non est intelligens Dominum aut requirens ipsum*. Non est intelligens Dominum, id est non curat ejus promissis vel minis attendere, quia animalis homo non percipit ea quæ sunt spiritus Dei (*I Cor.* II, 14), sed est sicut equus et mulus, quibus non est intellectus (*Psal.* XXXI, 9). Et quia non est intelligens Dominum, nescit requirere eum per pœnitentiam, quem amisit per negligentiam. Quam quidem negligentiam annectit, dicens : *Omnes declinaverunt*, hoc est studium suum, relicto Deo, converterunt ad sæculum, ut pro temporalibus contemnerent æterna, atque ita omnes pariter tam Judæi, scilicet quam gentes. *Inutiles simul facti sunt.* Nemo quippe tam iniquus est ut omnino inutilis fiat, cum ipsis etiam malis Deus, ut dictum est, optime utatur, sicut nequitia Judæ sive diaboli. In uno quippe et eodem facto, et Deus Pater, et Filius, et Judas cooperati sunt, quia Pater Filium, et Filius seipsum, et Judas tradidit Dominum. Traditio illa, quam et Judas operatus est, communem omnium redemptionem est operata. Per prædicationem quidem Petri apostoli aliqui conversi sunt et salvati. Judæ vero nequitiam in salutem omnium Dominus convertit. Ad majorem utilitatem nobis malo istius quam illius bono divina usa est gratia. Diaboli quoque nequitiam quis dubitet a Deo semper bene ordinari, cum et ipse nihil nisi Deo permittente faciat, vel puniendo reos, vel probando justos, vel quidlibet agendo ? Unde et potestas illius non nisi justa esse potest, sicut voluntas illius non nisi injusta ; qui a Domino potestatem, a se vero habet voluntatem. *Non est enim potestas*, ipso attestante postea Apostolo, *nisi a Deo* (*Rom.* XIII, 1). Unde et Veritas iniquo præsidi ait : *Non haberes in me potestatem, nisi datum tibi esset desuper* (*Joan.* XIX, 11). Qui itaque male agunt, sibi potius inutiles quam omnino inutiles intelligendi sunt, cum in ordine rerum nihil inutiliter aut superflue agi divina, ut ostendimus, dispositio permittat. Quomodo autem declinaverunt omnes, aut a quo declinaverunt ? a bono, scilicet opere, supponit, dicens : *Non est qui faciat bonum*, qui bene operetur, et quod debet impleat. Quamvis enim bona videatur traditio Domini, quæ a Juda facta est, et simul, ut dictum est, a Patre sive a Filio, non tamen id Judas bene fecit, quod perversa intentione, id est ex cupiditate pecuniæ commisit. Omnia quippe opera ex intentione pensanda esse Dominus docuit, dicens : *Si oculus tuus simplex fuerit*, etc. (*Matth.* VI, 22). Alioquin Judæ quoque opus, in quo tam Pater quam Filius misericorditer sunt operati, bonum dicendum esset.

Non est usque ad unum. Repetitio est præmissi illius ; videlicet quod dictum est, *non est qui faciat bonum*, ut determinatio subderetur, ne generaliter dictum putaretur. Tale est itaque ac si diceret : Non est qui faciat bonum, inquam, usquequo veniat credendo et per amorem se copulando ei qui vere unus est, et immutabilis per naturam, et singularis per eminentiam, id est Deo sive Christo, qui est unus Dei et hominum mediator, per cujus fidem in sequentibus salvari nos astruet sine operibus legis. Potest etiam ita intelligi : *Non est qui faciat bonum usque ad unum*, ac si diceret : Vix est qui faciat bonum, id est fere nullus est qui faciat. Fere enim nullus est, nec unus tantum superest. *Sepulcrum patens.* Tres isti sequentes versiculi, qui in nostro Psalterio habentur, in Hebræo, teste Origene sive Hieronymo, minime ita continue leguntur. Unde Origenes super hanc Epistolam : « In nonnullis, inquit, exemplaribus Latinorum, ea quæ subsequuntur in XIII psalmo consequenter inveniuntur ; in Græcis autem pene omnibus in XIII psal. scriptum est, *usque non est qui faciat bonum, non est usque ad unum*. Sed et quod dixit Apostolus, sicut scriptum est : *Quia non est justus quisquam*, *quoniam usque non est qui faciat bonum*, *non est usque ad unum*. Sed et quod dixit Apostolus, *sicut scriptum est, quia non est justus quisquam*, *non est intelligens, non est requirens Deum*. Et quod dixit : *Non est justus quisquam*, puto ex eo sumpserit, *non est qui faciat bonum, non est usque ad unum.* Quod vero dicit, *Sepulcrum patens est guttur eorum, linguis suis dolose agebant*, in quinto psalmo reperies. *Venenum aspidum, sub labiis eorum*, ex quodam psalmo assumptum puto immutatis sermonibus. *Quorum os maledictione et amaritudine plenum est*, ex nono psalmo videtur acceptum. *Veloces pedes eorum ad effundendum sanguinem*, vel in Isaia invenies, vel in Proverbiis. *Sed contritio et infelicitas in viis eorum, et viam pacis non agnoverunt*, non quidem ad integrum recordor, ubi scriptum sit, suspicor tamen in uno prophetarum inveniri posse. In Psalmis autem scriptum est : *Non est timor Dei ante oculos eorum.* »

Hæc autem testimonia videtur congregasse ut ostenderet, quia quod causatur Judæos et Græcos omnes sub peccato esse, non tam sua quam Scripturæ sententia pronuntiat, omnes sub peccato esse quos vel naturali vel scripta lege ne peccent constat edoctos. Hieronymus in Præfat. lib. xvi in Isaiam ad Eustochium (59) : « Quæstiunculam detulisti, quod viii versus, qui leguntur in Ecclesiis, et in Hæbraico non habetur, tertii decimi psalmi Apostolus usurparet : *Sepulcrum patens*, etc. Animadverti hoc testimonium de psalmis in Isaia esse contextum. Nam duo primi versus, *sepulcrum patens*, etc., quinti psalmi sunt. Illud autem quod sequitur, *venenum aspidum sub labiis eorum*, cxxxix psal. Rursum quod dicitur : *Quorum os maledictione et amaritudine plenum*, de nono psalmo scriptum est. Tres autem versiculi qui sequuntur, *veloces pedes eorum ad effundendum sanguinem, contritio et infelicitas in viis eorum, et viam pacis, non* in Isaia reperiuntur. Ultimus versus, id est octavus, *Non est timor Dei ante oculos eorum*, ut tricesimi Psalmi quinti principio est. Item denique omnes Græciæ tractatores qui nobis eruditionis suæ in psalmos commentarios reliquerunt, hos versiculos...... adnotant atque prætereunt, liquido confitentes in Hebraico nec haberi, nec esse in LXX Interpretibus, sed in editione Vulgata quæ Græce κοινή dicitur, et in toto orbe diversa est. » Nunc autem litteram persequamur.

Dictum est : *Omnes declinaverunt et non est qui faciat bonum*. Et non solum declinaverunt, verum etiam ut alios faciant declinare, et plurimum noceant nituntur. Quasi eis non sufficiat ut soli damnentur, sed quasi ad defensionem sui sociam quærunt multitudinem. Guttur quoniam formandæ vel proferendæ vocis instrumentum est, sermonem significat, qui per guttur emittitur. Sermo itaque eorum ad malum persuadens, quasi sepulcrum patens est ex concepta mente nequitia, quasi fœtore inclusi cadaveris alios corrumpens atque astantium nares offendens, id est naturalem eorum discretionem perturbans, ac vicians. *Linguis suis.* Quasi expositio est præmissi parabolice dicti, cum dicit eos in dolo loqui, id est contra conscientiam suam ea commendare ad quæ persuadent, vel vituperare a quibus dehortantur.

Venenum aspidum. Quod et ipse Moyses insanabile dicit, ac per hoc cæteris pœnis testatur esse mortifera, id est criminalia peccata significat, quæ quasi venenum suis persuasionibus infligunt aliis. Hæc autem videlicet peccata, ad quæ persuadent, sub labiis eorum esse dicuntur, id est callidis eorum sermonibus ita occultari, ut animadverti ab audientibus non possint. Possumus et per venenum aspidum insanabile, illud in Spiritum sanctum irremissibile peccatum accipere, quando quis videlicet per invidiam vel cupiditatem aliquam opera illorum, quæ a Deo fieri non dubitat, diabolo tribuit : sicut nonnulli Judæorum faciebant, qui ut populum a Christo averterent, opera ejus tanquam diabolica vituperabant : quæ tamen spiritu Dei, id est divina gratia fieri non dubitabant, et ideo in Spiritum Dei, id est divinæ gratiæ donum peccare dicebantur, cum scienter diabolo tribuerent unde glorificare Deum deberent, contra propriam mentientes conscientiam. Quod quidem peccatum, etsi per pœnitentiam deleri posset, ita tamen divino sancitum judicio, ut nullus in hoc lapsus resipiscendo redeat, atque ideo irremissibile dicitur. Hoc autem peccatum sub labiis eorum latebat, non in labiis apparebat, quia, dum sic contra propriam conscientiam delinquerent, aliud in corde habebant quam ore proferebant. *Quorum os*, id est tam sibi ipsis quam acquiescentibus maledictionem acquirit a Domino, et amaritudinem illam, videlicet de qua per prophetam dicitur : *Vox diei illius amara, tribulabitur ibi fortis* (Soph. I, 14). Tale est *maledictione et amaritudine*, ac si diceretur amara illa maledictione, qua dicetur reprobis in damnationem eorum: *Ite, maledicti, in ignem æternum* (Matth. xxv, 41). Est quidem alia maledictio quasi dulcis et paterna, quando aliquibus anathematis maledictionem inferimus ad correctionem potius quam ad damnationem.

Veloces pedes, id est affectus habent pronos ad homicidia, etsi opere non permittantur implere. Pes enim, quo incedimus, affectum, id est voluntatem significat, quo ad operationem perducimur. *Contritio et infelicitas*, id est infelix contritio est, *in viis eorum*, id est in operibus, per quæ ad mortem præparantur æternam, alios etiam secum conterentes, ac per exempla etiam corrumpentes, ut sint quasi pulvis dissoluti, quem projicit ventus a facie terræ (Psal. I, 4), id est diabolica tentatio, quæ huc et illuc impellit et dejicit a stabilitate terræ viventium. *Et viam pacis*, id est omnino in viis suis damnatione conterentur, quia viam Dei non cognoverunt, id est Christum, per quem tanquam mediatorem Dei et hominum Deo pacificati et reconciliati sumus, qui

---

(59) *Patrol.* tom. XXIV, col. 547, 548.

est pax nostra, ut idem ait Apostolus, et facit utrumque unum (*Ephes.* II, 14). Qui et de semetipso ait : *Ego sum via* (*Joan.* XIV, 6); *ego sum ostium; per me si quis introierit, salvabitur* (*Joan.* X, 9). Hanc quidem viam non cognoverunt, id est Christum qui pro infirmitate carnis eum contempserunt, aut purum hominem crediderunt, ac per hoc tanquam Dominum eum reveriti non sunt, nec Joanni crediderunt de eo quidem comminanti et dicenti : *Jam enim securis ad radicem arboris posita est. Omnis enim arbor quæ non facit fructum,* etc. (*Matth.* III, 10). Hoc est quod supponit, *Non est timor Dei,* id est oculis carnalibus suis, quibus infirmitate ejus percipiebant, actum est ut eum tanquam Deum non metuerent, cum sola ejus infirmitas humanitatis, non majestas appareret divinitatis.

LIBER SECUNDUS.

Scimus autem. Redit Apostolus ad invectionem Judæorum, ut sicut abstulit eis gloriationem de circumcisione, auferat et de lege vel quibuscunque carnalibus observantiis, ne forte maxime legem in eo commendasse videretur, quod dixerat *primum quidem,* quia credita sunt illis eloquia Dei. Legis ergo gloriationem per hoc primum aufert, quod eos per legem magis argui quam justificari convincit. Continuatio : Induxit testimonia ex lege, id est Veteri Testamento, per quæ omnes reos esse, tam Judæos scilicet quam gentiles, astrueret. Sed scimus Judæos maxime his argui, quibus quidem solum non de solis lex loquitur, cum eis solis data fuerit atque imposita. Et hoc est quod ait, *scimus autem,* etc., ac si diceret : Quamvis præmissa testimonia contra gentiles quoque ex lege collegerimus, tamen seimus legem non eis fuisse locutam, quibus data non fuerat, licet de eis. *Sed his tantum qui in lege sunt,* id est professioni susceptæ legis tenentur astricti. Notandum legis nomine quandoque proprie quinque tantum libros Moysi comprehendi, quandoque etiam totum Vetus Testamentum, sicut in hoc loco. Unde Augustinus, *De Trinit.* lib. XV, legis nomine aliquando omnia Veteris Instrumenti eloquia, aliquando autem proprie lex dicitur, quæ per Moysem data est. *Ut ita omne os obstruatur,* id est compescatur et conticeat a sua gloriatione, et non aperiatur nisi in glorificationem Dei, cum scilicet intellexerimus illius quoque peculiaris populi Dei maximam gloriam, quam ex lege habebant tanquam per ejus opera se justificari arbitrantes, nullam esse reputandam. *Et ita subditus,* id est humiliet se Deo, nihil de sua gloriatione præsumens, quæ eis etiam, qui magni apud Deum videbantur, ablata est. *Quia ex operibus legis,* id est corporalibus ejus observantiis, quæ maxime populus ille attendebat, veluti circumcisionem, sacrificia, observationem Sabbati, et cæterorum hujusmodi figuralium præceptorum. *Non justificabitur coram illo,* id est apud Deum, *omnis caro,* id est omnis ea carnaliter tantum, non spiritualiter adimplens, licet coram hominibus, id est humano judicio, quod de exterioribus et visibilibus judicat, justi tales reputentur.

Per legem enim. Ad duo præmissa duo refert. Ad illud quod ait, *ut omne os obstruatur, et subditus,* etc., istud subjungit, *per legem enim.* Ad illud vero aliud, *quia ex operibus,* etc., istud supponit, *Nunc autem sive,* etc. Sic continua : Quare per legem compesci a sua gloriatione homines debeant, qui per eam inexcusabiles a peccatis suis maxime redduntur, quæ per eam cognoverunt potius quam amiserunt, imo etiam auxerunt, et in sequentibus dicturus est : *Ut fiat supra modum peccans peccatum per.... Nunc autem.* Dixi ex operibus propriis legis scriptæ, id est figurativis illis præceptis quæ lex naturalis ignorat, neminem justificari apud Deum, sed nunc, id est in tempore gratiæ justitiæ Dei, id est quam Deus approbat, et per quam apud Deum justificamur, id est charitas est manifesta, per evangelicam, scilicet doctrinam. *Sine lege,* id est carnalibus illis et propiis observantiis legis, illa tamen dico, *Justitia testificata a lege et prophetis,* qui eam quoque præcipiunt. Unde vero hæc justitia pendeat, statim annectit dicens : *Justitia autem Dei.* Fidem Christi dicit quam de ipso habemus, cum sive ei vel in eum credendo. Unde et cum adjecit, *qui credunt,* non addidit horum aliquem, ut æque ad omnia se haberet. Ex fide, quam de Christo habemus, charitas in nobis est propagata, quia per hoc quod tenemus Deum in Christo nostram naturam sibi unisse, et in ipsa patiendo summam illam charitatem nobis exhibuisse, de qua ipse ait : *Majorem hac dilectionem nemo habet* (*Joan.* XV, 13), etc., tam ipsi quam proximo propter ipsum insolubili amoris nexu cohæremus. Unde et in sequentibus scriptum est : *Quis ergo nos separabit a charitate Dei? tribulatio* (*Rom.* VIII, 35), etc. Et rursum : *Certus sum enim quia neque mors* (*ibid.,* 58), etc. Justitia dico habita supra omnes fideles, id est in superiori eorum parte, id est in anima, ubi tantum dilectio esse potest, non exhibitione operum exteriorum.

Non est enim. Benedixi super omnes pariter, tam gentiles scilicet quam Judæos, quia nulla est eorum differentia ex hac justitia Dei per fidem Christi, sicut olim erat ex operibus legis. Quia sicut omnes peccaverunt, ita indifferenter justificati sunt per hanc summam gratiam a Deo nobis exhibitam. Et hoc est quod ait, *Omnes enim peccaverunt et egent gratia Dei,* id est opus habent quasi ex debito Dominum glorificare, *justificati gratis,* id est quia justificati sunt, non prævenientibus meritis eorum, sed per gratiam ipsius, id est Dei qui prior dilexit nos. Quæ vero sit illa gratia, id est gratuitum et spirituale ipsius donum, supponit dicens : *Per redemptionem nostram factum per Christum, quem proposuit nobis Deus Pater propitiationem,* id est reconciliatorem *in sanguine suo,* id est per mortem suam, et quia non omnibus, sed solis credentibus hæc propitiatio proponitur a Deo, id est constituitur, addit, *per fidem,* quia eos solos hæc reconciliatio contingit qui eam crediderunt et exspectaverunt. *Ad ostensionem suæ justitiæ,* id est charitatis, quæ nos, ut dictum est, apud eum justificat, id est ad exhibendam nobis suam dilectionem, vel ad insinuandum nobis quantum eum diligere debeamus, qui proprio Filio suo non pepercit pro nobis. *Propter remissionem,* id est ut per hanc justitiam, id est charitatem remissionem peccatorum assequamur, et sicut per semetipsam Veritas de beata peccatrice ait : *Remittuntur ei peccata multa, quoniam dilexit multum* (*Luc.* vii, 47). Remissionem dico habitam, vel præcedentium, inquam, delictorum, *in sustentatione Dei,* id est propter patientiam Dei, qui non statim punit reos et perdit peccatores, sed diu exspectat ut redeant per pœnitentiam, et cessent a peccato, et sic indulgentiam consequentur. *Ad ostensionem.* Primo dixerat simpliciter ad ostensionem justitiæ suæ, nunc vero addit, *in hoc tempore gratiæ,* id est amoris potius quam timoris. Cum itaque ait justitiæ ejus, id est suæ in hoc tempore scilicet gratiæ, aperte insinuat quam justitiam primo intellexerit, id est charitatem quæ hominibus nostri temporis, id est temporis gratiæ tanquam propria convenit. Potest et quod dicitur, *in sustentatione Dei,* ad consequens referri, id est ad hoc quod subjungitur, *ad ostensionem justitiæ ejus in hoc tempore,* ut sit videlicet sensus, Dominum ad hoc sustinuisse vel distulisse in præcedenti tempore, ut manifestaret justitiam suam quam diximus, id est charitatem in hoc tempore, *ut sit ipse justus* voluntate, *et justificans* operatione, id est ut et velit implere per Christum quod promiserat, de redemptione scilicet vel justificatione nostra, et sicut voluerit opere adimpleat : *Eum qui ex fide est Jesu Christi,* id est credit qui eum Jesum, id est salvatorem, per hoc quod Christus est, id est Deus et homo.

QUÆSTIO. Maxima hoc loco quæstio se ingerit quæ sit ista videlicet nostra redemptio per majorem Christi, aut quando in ejus sanguine justificari Apostolus dicat, qui majori supplicio digni videmur, quia id commisimus iniqui servi, propter quod innocens Dominus occisus sit. Primo itaque videtur quærendum qua necessitate Deus hominem assumpserit, ut nos secundum carnem moriendo redimeret, vel a quo nos redemerit qui nos vel justitia vel potestate captos tenet, et qua justitia nos ab ejus potestate liberaverit, qui præcepta dederit, quæ ille suscipere vellet ut nos dimitteret. Et quod dicitur quod a potestate diaboli nos redemerit qui per transgressionem primi hominis, qui se ei sponte obediendo subjecerat jure quodam, omnem quoque ejus potestatem possidebat, ac semper possideret nisi liberator veniret. Sed cum solos electos liberaverit, quando eos diabolus possidebat sive in hoc sæculo sive in futuro magis quam modo. Nunquid et pauperem illum, qui in sinu Abrahæ requiescebat, sicut divitem damnatum diabolus cruciabat, licet minus eum torqueret, aut et in ipsum Abraham dominium habebat cæterosque electos? Quando in eum malignus ille tortor dominium haberet, qui portatus ab angelis in sinum Abrahæ commemoratur, de quo etiam ipse Abraham testatur dicens : *Nunc autem hic consolatur, tu vero cruciaris?* (*Luc.* xvi, 25.) Et insuper chaos magnum firmatum esse asserit inter electos et reprobos, ut nequaquam hi ad illos transire possint, ne dum diabolus omnibus nequior ibi dominium haberet, ubi nullus iniquus locum vel et transitum habet. Quod etiam jus in possidendo hominem diabolus habere poterat, nisi forte quia eum Domino permittente aut etiam tradente ad torquendum ipsum susceperat. Nunquid enim si aliquis servus dominum suum deserere vellet, et alterius potestati se subdere, et sic agere liceret, ut non jure si vellet eum dominus requireret, atque reduceret ? Quis etiam dubitet quod si servus alicujus domini persuasionibus suis conservum suum seducat, et ab obedientia proprii domini declinare faciat, quanto amplius apud dominum suum reus constituatur seductor quam seductus, et quam injustum sit ut is qui alium seduxerit aliquod inde privilegium vel potestatem in eum quem seduxit habere meruerit, qui, etiamsi quod prius in eum jus haberet, ex hac ipsa seductionis suæ nequitia jus illud amittere meruerit? Scriptum quippe est : « Privilegium meretur amittere, qui commissa sibi potestate abutitur. » Quod alter alteri ex his conservis præponendus esset, et potestatem in eum accepturus, nequaquam oporteret nequiorem præesse qui nullam penitus habet privilegii rationem, sed magis rationi consentaneum esset, ut is qui seductus est in eum qui sibi seducendo nocuit, districtionem exerceret vindictæ. Præterea diabolus immortalitatem quam homini ex transgressione promisit, dare non potuit, ut per hoc jure aliquo retinere posset.

His itaque rationibus convinci videtur quod diabolus in hominem quem seduxit nullum jus seducendo acquisierit, nisi forte, ut diximus, quantum ad permissionem Domini pertinebat, qui eum illi quasi carcerario vel tortori suo ad puniendum tradiderat. Nec enim ille nisi in Dominum suum peccaverat, cujus obedientiam deseruerat. Si ergo Dominus suus ei dimittere peccatum vellet, sicut et Mariæ virgini factum est, et multis etiam ante passionem suam Christus fecit, ut dictum est de Maria Magdalene, et quemadmodum scriptum est ad paralyticum Domino dicente : *Confide, fili, remittuntur tibi peccata tua* (*Matth.* ix, 2). Si ita, inquam, sine passione homini transgressori ignoscere Dominus vellet, et dicere tortori suo : Nolo ut amplius eum punias : quid juste torqueri posset tortor, qui nil, ut ostensum est, juris in torquendo acceperat, nisi ex ipsa Domini permissione? Si ergo Dominus hoc permittere cessaret, nullum tortori jus superesset, cui quidem conquerenti vel murmuranti adversus Dominum, statim responderi a Domino conveniret : *An oculus tuus nequam est quia ego bonus sum ?* (*Matth.* xx, 15.) Non fecit Dominus injuriam diabolo, cum de massa peccatrice carnem mundam et hominem ab omni peccato immunem susceperit. Qui quidem homo non hoc meritis obtinuit, ut sine peccato conciperetur, nasceretur et perseveraret, sed per gratiam suscipientis eum Domini. Nunquid eadem gratia, si cæteris hominibus peccata dimittere vellet, liberare eos a pœnis potuisset? Peccatis quippe dimissis, propter quæ in pœnis erant, nulla superesse ratio videtur, ut propter ipsa amplius punirentur. Qui ergo tantam exhibuit homini gratiam, ut eum sibi uniret in personam, non posset minorem impendere, dimittendo scilicet ei peccata? Quæ itaque necessitas, aut quæ ratio, vel quid opus fuit, cum sola visione sua divina miseratio liberare hominem a diabolo potuisset : quid, inquam, opus fuit propter redemptionem nostram Filium Dei carne suscepta tot et tantas inedias, opprobria, flagella, sputa, denique ipsam crucis asperrimam et ignominiosam mortem sustinere, ut etiam cum iniquis patibulum sustinuerit? Quomodo etiam nos justificari vel reconciliari Deo per mortem Filii sui, dicit Apostolus, qui tanto amplius adversus hominem irasci debuit, quanto amplius homines in crucifigendo Filium suum deliquerunt, quam in transgrediendo primum ejus in paradiso præceptum unius pomi gustu? Quo enim amplius multiplicata sunt per homines peccata, nasci Deum hominibus amplius justum fuerat. Quod si tantum fuerat illud Adæ peccatum, ut expiari non posset nisi per mortem Christi, quam expiationem habebit ipsum homicidium quod in Christum commissum est, tot et tanta scelera in ipsum vel in suos commissa? Nunquid mors innocentis Filii in tantum Deo patri placuit, ut per ipsam reconciliaretur nobis, qui peccando commisimus, propter quod innocens Dominus est occisus? Nec nisi hoc maximum fieret peccatum, illud multo levius potuit ignoscere, nec nisi multiplicatis malis tantum bonum facere. In quo etiam justiores facti sumus per mortem Filii Dei, quam ante eramus, ut a pœnis jam liberari debeamus. Cui etiam pretium sanguinis datum est ut redimeretur, nisi ei in cujus potestate eramus, id est ipsius, ut dictum est, Dei, qui nos tortori suo commiserat? Neque enim tortores, sed domini eorum captivorum pretium componunt aut suscipiunt. Quomodo hoc pretio hos captivos dimisit, si ipse prius hoc pretium exegerit aut instituerit, ut captivos dimitteret. Quam vero crudele et iniquum videtur, ut sanguinem innocentis in pretium aliquod quis requisierit, aut ullo modo ei placuerit innocentem interfici, nedum Deus tam acceptam Filii sui mortem habuerit, ut per ipsam universo reconciliatus sit mundo? Hæc et his similia non mediocrem movere quæstionem nobis videntur, de redemptione scilicet vel justificatione nostra per mortem Domini nostri Jesu Christi.

SOLUTIO. Nobis autem videtur quod in hoc justificati sumus in sanguine Christi, et Deo reconciliati, quod per hanc singularem gratiam nobis exhibitam, quod Filius suus nostram susceperit naturam, et in ipsos nos tam verbo quam exemplo instituendo usque ad mortem perstitit, nos sibi amplius per amorem astrinxit, ut tanto divinæ gratiæ accensi beneficio, nil jam tolerare ipsum vera reformidet charitas. Quod quidem beneficium anti quos Patres etiam hoc per fidem exspectantes, in summum amorem Dei tanquam homines temporis gratiæ non dubitamus accendisse, cum scriptum sit : *Et qui præibant, et qui sequebantur, clamabant dicentes : Hosanna filio David*, etc. (*Marc.* xi, 9). Justior quoque, id est amplius Dominum diligens quisque fit post passionem Christi quam ante, quia amplius in amorem accendit completum beneficium quam speratum. Redemptio itaque nostra est illa summa in nobis per passionem Christi dilectio, quæ non solum a servitute peccati liberat, sed veram nobis filiorum Dei libertatem acquirit, ut amore ejus potius quam timore cuncta impleamus, qui nobis tantam exhibuit gratiam, qua major inveniri ipso attestante non potest. *Majorem hac*, inquit, *dilectionem nemo habet, quam ut animam suam ponat pro amicis suis* (*Joan.* xv, 13). De hoc quidem amore (Dominus alibi ait : *Ignem veni mittere in terram, et quid volo nisi ut ardeat? (Luc.* xii, 24.) Ad hanc itaque veram charitatis libertatem in hominibus propagandam se venisse testatur. Quod diligenter attendens Apostolus in sequentibus ait : *Quia charitas Dei diffusa est in cordibus nostris per Spiritum sanctum qui datus est nobis* (*Rom.* v, 5). *Ut quid enim Christus*, etc. Iterum : *Commendat autem suam charitatem Deus in nobis. Quoniam sicut adhuc*, etc. Quæ quidem plenius suo loco exponemus. Nunc autem succincte, quantum ad expositionis brevitatem pertinet, de modo nostræ redemptionis quod videtur nobis sufficiat. Si qua vero desunt perfectioni, Theologiæ nostræ tractatui reservamus : *Ubi est :* Dixi sine lege justitiam manifestari nunc per fidem Christi super omnes pariter qui credunt. Igitur, o Judæe, ubi est amplius gloriatio tua, illa scilicet singularis, quam habebas de lege et corporalibus ejus observantiis ? Nam exclusa est, id est ablata tibi et annullata.

Per quam legem : scilicet est exclusa per legem *factorum*, id est aliquorum exteriorum operum ? *Non, sed per legem fidei*, ut dictum est, Jesu Christi, id est charitatis ex fide nostræ salvationis per Christum venientem. Nam et antequam aliquis baptizaretur, si jam credit et diligit, sicut Abraham de quo scriptum est : *Credidit Abraham Deo, et reputatum est ei ad justitiam*, et fortasse Cornelius nondum baptizatus, cujus eleemosynæ susceptæ sunt a Deo (*Act.* x, 4), et de præteritis peccatis vere pœnitet, sicut Publicanus qui de templo descendit justificatus (*Luc.* xviii, 14) : eum justum dicere non dubito, seu justitiam habere, qui unicuique reddit quod suum est. Unde et ex utero sanctificatos Jeremiam et Joannem dicimus, ubi specialiter illuminati Dominum jam cognoscebant et diligebant, quamvis eis adhuc necessarium esset suscipere circumcisionem, quæ tunc locum obtinebat baptismi. Quare ergo, inquies, istos tales postea circumcidi vel baptizari oportuit, qui jam antea erant, ex fide, scilicet et charitate quam habebant, et quos si tunc morerentur salvari necesse esset? Nemo quippe juste mori potest, vel habens charitatem, qui damnatur. Rursus nemo sine baptismo vel martyrio post datam de baptismo sententiam salvari potest. Mori tamen poterat cum charitatem habebat ante baptismum vel martyrium, eo quidem tempore quo, inquies, si moreretur, et salvari eum necesse esset et damnari. Nos autem cum dicimus omnem, qui Dominum sincere et pure propter ipsum jam diligit, prædestinatum ad vitam, nec unquam præveniendum morte, donec ei vel per prædicationem vel per Spiritum sanctum Dominus revelet quidquid ei de sacramentis fuerit necessarium, et insuper facultate hoc percipiendi tribuit. Quod vero opponitur, tum qui ante baptismum jam justus erat, credendo atque diligendo. Deum in eo tempore etiam esse, in quo si moreretur et salvari eum et damnari oporteret. Hoc opponi potest de quolibet criminaliter peccante, qui ad vitam prædestinatus est, sicuti de David adulterante. Sicut enim illum, qui justus erat, salvari oporteret, sic justum qui prædestinatus est sicut non baptizatum damnari necesse esset, sic istum adulterantem.

Fuit itaque et David in quodam tempore, in quo si moreretur, et damnari eum et salvari oportebat. Sed rursus, si in illo tempore fuit, in quo non posset mori bene, et in nullo in quo non male posset mori, quandiu habuit liberum voluntatis arbitrium, non tamen omnino in aliquo fuit, in quo necesse esset eum et bene et male mori. Imo in nullo (60) tempore necesse fuit aliquem bene mori, vel in nullo aliquem male mori, sed in singulis temporibus, in quibus potest aliquis bene mori, potest in eisdem male mori. In nullo tamen conjunctim verum est dicere eum posse mori simul bene et male. Sic et de illo qui charitatem habet ante baptismum, et per hoc justus est, concedimus quod in nullo tempore fuerit, in quo necesse esset eum salvari et damnari simul si moreretur. Posset quippe is qui charitatem habet ante baptismum sine charitate tunc esse, et sic mori et damnari tantum. Posset et mori baptizatus in eo tempore in quo nondum est baptizatus et sic salvari. Quod si dicas conjunctim eum posse simul et habentem charitatem et non baptizatum, non recipio magis quam si diceres aliquem posse mori adulterum et prædestinatum. Sic vero eum qui prædestinatus est bene agere oportet, ut salvetur, sicut eum, qui jam justus est, credendo et diligendo baptizari propter fixam Domini sententiam de baptismo, vel propter ipsam justitiæ perseverantiam. Si enim is qui charitatem antequam baptizari habet, priusquam baptizetur vitam finiret, nequaquam in ipsa charitate perseveraret ut de æterna beatitudine penitus desperaret, et se statim in ipso exitus esse in perpetuo damnandum præsentiret. Sicut autem ante baptismum aliquem ex fide, id est dilectione justum jam dicimus, cui tamen in baptismate nondum sunt peccata dimissa, id est pœna eorum penitus condonata : sic et post baptismum parvulos et qui nullius discretionis sunt, quamvis remissionem perceperint peccatorum, nondum tamen justos dicimus, quamvis mundi sint apud Deum, qui nondum aut charitatis aut justitiæ capaces esse possunt, nec aliqua merita habere. Qui tamen si in hac imbecillitate moriantur, cum incipiunt de corpore exire, et vident sibi per misericordiam Dei gloriam præparatam, simul cum discretione charitas Dei in eis nascitur. Ne quis itaque Judæorum nobis, imo Apostolo posset opponere, nos quoque per legem factorum, id est exteriorum operum, sicuti baptismi justificari, sufficiat nos hoc de nostra justificatione, imo omnium quæ in charitate consistit interposuisse, et antequam sacramenta suscipiantur sive nostra sive illorum. Quod et propheta considerans ait : *In quacunque hora peccator ingemuerit salvus erit* (*Ezech.* xxxiii, 12).

Arbitramur enim. Nos scilicet, quos Dominus præposuit, id est censemus vel testificamur. « Unde, ut ait Haymo (61), arbitros dicimus judices sive testes. » *Hominem omnem*, scilicet tam Judæum quam gentilem, *per fidem* tanquam scilicet ei necessariam, quia sine fide impossibile est Deo placere. Per fidem, dico, *sine operibus legis*, illis videlicet exterioribus et corporalibus observantiis. *An Judæorum.* Arbitrantur et bene, quia etiam gentes gratiam Dei assequuntur per fidem, quæ tamen legis opera non servant, sicuti Job, gentilis olim, et nunc etiam gentiles conversi. Et hoc est quod ostendit dicens : *An Judæorum tantum est Deus per gratiam. Quoniam quidem.* Ac si diceret : utrorumque est per gratiam, quia utrosque justificat per fidem quæ ad charitatem, ut diximus, perducit. *Circumcisionem*, id est Judæos. *Præputium*, id est gentiles. Quod dicit, *ex fide in fidem*, diversitas est locutionis, non sententiæ. Unde Augustinus in libro *De spiritu et littera* (62) : « Non ad differentiam dictum est tanquam sit ex fide aliud per fidem, sed ad varietatem locutionis. » *Legem ergo. Quoniam quidem* per fidem sine operibus legis di-

(60) *Patrol.* tom. CXVII, col. 395.
(61) *Patrol.* tom. CXVII, col. 395.

(62) *Patrol.* tom. XLIV, col. 231.

cimus homines posse salvari, ergo legem destruimus per fidem, id est per commendationem fidei eam irritam monstramus. *Absit : imo legem statuimus*, id est volumus ut lex per omnia compleatur. Ille enim veraciter etiam figuralia nunc implet præcepta, qui illud facit vel credit, quod nunc tantum illa habent figurare, non efficere, non tam sonum vocis quam sensum et intentionem attendens jubentis. Denique, ut ipse ait Apostolus, *plenitudo legis est dilectio* (Rom. XIII, 10), de qua etiam commemoratis ejus præceptis Dominus ait diviti : *Hoc fac et vives* (*Luc.* x, 28).

CAPUT IV.

Quid ergo. Quoniam quidem exteriora illa opera legis justitiam non habent conferre, quid ergo justitiæ vel utilitatis, *dicemus invenisse Abraham secundum carnem*, id est per illas carnales observantias, veluti circumcisionis vel sacrificiorum. Ac si diceret, nihil. *Cum dicit Patrem nostrum*, id est quem imitari debemus quasi filii ejus per doctrinam, quæstionem suam agitat, quasi et nos eam in istis sequi debeamus. *Si enim.* Et vere non est per illa exteriora justitiam assecutus, divino judicio, quia per illa nullum apud Dominum pretium habet, et hoc est, *Si justificatus est ex operibus*, id est si exteriora, quæ justitiæ hominibus videbantur, exercuit. *Habet quidem gloriam, sed non apud Deum*, id est apud homines, qui de visibilibus judicant, magnus per hoc habetur, nec apud Dominum, qui cordis inspector est et renum probator, et in abscondito videt. *Quid enim.* Et bene dico, non ex operibus Abraham justificari apud Deum, sed ex fide, quia sic habemus ex testimonio Scripturæ. Et hoc est : *Quod enim dicit Scriptura*, hoc est attendimus quod scriptum est in Genesi, hoc videlicet quod sequitur,

Credidit Abraham Deo, id est promissionibus divinis, sive exeundo de terra sua, ut multiplicaretur in aliena, sive de promissione filii sui, de quacunque ei promisit, quantumcunque incredibilia vel magna videantur. Hæc autem est vera illa fides, quæ per dilectionem operatur. Cum itaque dicit, *credidit Deo*, tale est, credendo exsecutus est libenter jussa Domini. *Et reputatum est hoc ei a Domino ad justitiam*, id est ad obedientiam fidei eum apud Dominum justum constituit : non circumcisio, vel cæteræ corporales observantiæ, quæ in lege postea scripta sunt. *Ei autem.* Ac si diceret : Non sine causa dico quod Abraham si ex operibus justificaretur haberet gloriam, id est maximam laudem inter homines, sed non apud Deum, sed propter hoc dico, quod ei *qui operatur, imputatur, ab hominibus merces secundum debitum*, hoc est suæ acquisitionis et propriæ virtutis id dicitur esse, non ex aliena gratia conferri, cum apud Dominum sola amantis fides ad justitiam sufficiat. Et hoc est quod sequitur : *Ei vero qui non operatur* legalia

(62*) *Patrol.* tom. XXXV, col. 1631.

videlicet opera, sed per fidem ei vere cohæret, qui justificat impium, et hoc est : *Credenti in eum qui justificat impium*, deputatur ab eo scilicet, qui justificat impium, id est a Deo. *Fidem autem ad justitiam*, id est remunerat eum pro hac fide tanquam justum. Hic aperte Apostolus determinavit, cum ait : *credenti in eum*, qualem fidem intelligit. Aliud est enim credere Deum, ut videlicet ipse sit, aliud est Deo, id est promissis vel verbis ejus, quod vera sint, aliud in Deum. Tale quippe est credere in Deum, ut ait Augustinus super Joannem (62*), « amare, credendo diligere, credendo tendere ut membrum ejus efficiatur. » Credunt itaque dæmones quoque et reprobi Deum, credunt Deo, sed non in Deum, quia non diligunt, nec diligendo se ei incorporant, id est Ecclesiæ, quæ ejus corpus est, per devotionem aggregant. Quomodo autem deputatur supponit, *secundum propositum gratiæ Dei.* Secundum hoc quod in proposito divinæ bonitatis consistit, quæ magis animum quam opera remunerat. Alioquin multi, qui facultatem operandi non habent, cum tamen habent voluntatem, reprobarentur.

Sicut et David dicit, id est exponit nobis beatitudinem hominis cui Deus accepto, id est per suam misericordiam susceptionis ipse surgere per se ad Deum non valeret. *Fert justitiam* quia ipse cui affertur sumere per se non poterat. Fert, inquam, *sine operibus legis*, scilicet legalibus. Quod enim ait : *Beati quorum remissæ sunt iniquitates*, etc., generaliter dicitur. Quicunque sint sive Judæi sive gentiles, remittitur iniquitas quando pœna ejus condonatur per gratiam, quæ exigi poterat per justitiam, ac per hoc jam ipsam gratiam quasi fundamentum Scriptura constituit, ut quidquid deinceps superædificaretur, præeunti gratiæ deputetur. Remissis autem iniquitatibus qualiter ad perfectionem divina gratia hominem perducat prosequitur, cum deinde addit peccata tegi, ac denique nec imputari. Remittuntur quidem peccata per pœnitentiæ gemitum, de quo dicitur : *Quacunque hora peccator ingemuerit* (*Ezech.* XXXIII, 12). Quia priusquam ei vere displicet iniquitas, et omnis mala ejus voluntas abscedit, jam ita est Deo peccator reconciliatus, ut a gehennæ pœnis sit liberatus, nec unquam gehennam incurrat si in hoc gemitu moreretur, paratus ad omnem quam posset satisfactionem. Tunc autem tecta sunt peccata, quando in hoc sæculo satisfactio sequitur. Quæ quidem satisfactio et purgatorias exstinguit sæculi alterius pœnas, cum prius pœnitentia pœnas deleverit damnatorias et gehennales. Tunc ergo tecta sunt ante oculos judicis peccata, quando nec pro eis nihil videt quod puniat.

Beatus vir. Eum primum plurali numero beatum enuntiat, et virum nominat dicens : *Beatus vir*, etc. Nisi quia divinæ gratiæ beneficia usque et ad singularem illum hominem ostendit, qui in unam Christi personam Deo unitus est. Cujus etiam beatitudinem eodem Propheta describente, in ipso statim capite libri scriptum est : *Beatus vir qui non abiit (Psal.* i, 1). Vir quippe a viribus dictus est, ideo quia ille qui nihil debilitatis ex corruptione peccati traxit, qui fortior fortem alligavit et arma diripuit, quasi vir singulariter per excellentiam dicitur. Alii vero cooperatione ipsius quasi effeminati et molles omnes existunt, terrenis voluptatibus subjacentes. Huic autem omnino si sit immunis a peccato, nullum Dominus imputavit peccatum, quia nulla eum pœna pro peccato dignum judicavit aliquo vel originali vel proprio, qui nec in peccato conceptus fuerit, nec peccatum aliquod commiserit. Possumus etiam tunc beatitudinem nominata hominum salvatorum vel salvandorum genera intelligere. Unum quidem genus est parvulorum baptismo vel martyrio sanctificatorum, et quorumlibet vere pœnitentium, quibus in hac vita satisfactionem pœnitentiæ non licet explere. Aliud vero genus est, quasi per condignam satisfactionem peccata corrigere. Tertium vero genus in unius Salvatoris singularitate, ut expositum est, permanet. Cum itaque ait : *Beati quorum remissæ sunt iniquitates*, solam intelligit remissionem, quam scilicet nulla hic satisfactio sequitur. Parvuli autem, juxta Psalmistam, in iniquitatibus concepti sunt illi, in quibus concepti et nati, iniquitates remittuntur, dum originalis peccati damnationem pro eis, ut diximus, non incurrunt. Cæteri enim, sicut supra meminimus, per satisfactionem bonorum operum peccata corrigunt præterita. Et hoc quidem ipsa constructionis proprietas exigere videtur, ut cum hæc dicuntur, *quorum et quorum*, non eosdem intelligamus, sed diversos. Alius enim sensus, si semel proferatur *quorum*, hoc modo : *Beati quorum remissæ sunt iniquitates et tecta sunt peccata*. Alius si repetitum bis dicatur, sicut præsens habet littera. Semel quippe dictum eosdem, duplicatum diversos insinuat.

Quæstio de gratia Dei et meritis hominum hoc loco se ingerit, quæ sint apud Deum videlicet merita nostra, cum omnia bona ejus tantum gratiæ tribuenda sint, qui *in nobis operatur*, eodem attestante Apostolo, *et velle et perficere pro bona voluntate* (*Philipp.* ii, 15). Unde et alibi ait : *Quid autem habes quod non accepisti ? Si autem accepisti, quid gloriaris quasi non acceperis ?* (*I Cor.* iv, 7.) Quærendum est in quo merita nostra consistant, in voluntate scilicet tantum, an etiam in operatione, id est quid ad gloriam sine pœna Deus in nobis remuneret, et utrum virtus ad beatitudinem sufficiat, et si in operatione non prorumpat, et utrum opus exterius quod bonum vel malam voluntatem sequitur, meritum augeat, et cum omnis virtus sit animi, et in ipso fundata consistat, utrum omne peccatum similiter animi sit, et quid inter vitium animi et peccatum differat, et quot modis peccatum dicatur.

Sed quia hoc maxime ad ethicam pertinet considerationem, et diutius in his dirimendis immorandum esset, quam brevitas expositionis postulat, nostræ id ethicæ discussioni reservemus.

Beatitudo ergo. Quandoquidem ostensum est quot modis beatitudo dicatur sive habeatur, illud etiam videamus a quibus habeatur, id est a circumcisis tantum an etiam a præputiatis. Et hoc est, quod quærendo ait : Ergo hæc beatitudo, quam videlicet in Deum assequimur si non operibus etiam legis credendo, *Manet in circumcisione tantum*, id est in circumcisis, an etiam in præputiatis ? Quæ vero sit hæc beatitudo, quam videlicet in Deum assequimur, determinat ; dicens eam esse quam Abraham consecutus est, cum ex fide fuit justificatus. Et hoc est quod subdit : *Dicimus enim*, id est ex supposito convincimus testimonio, *quia Abrahæ fides*, qua, ut expositum est, in Deum credidit, *reputata est ei apud Deum ad justitiam*, id est Deus eum justum esse reputavit, et remuneratione justorum dignum judicavit. Dixi reputata est, ergo quæramus in ipso Abraham *quomodo*, id est quando sit ei reputata fides ejus ad justitiam, utrum videlicet antequam circumcideretur, vel post, ut per eum videlicet, et de cæteris hominibus judicare possimus, utrum videlicet soli circumcisi hanc beatitudinem justitiæ assequantur, an non. Et hoc est quod ait, *quomodo* scilicet requirendo, et statim solvendo. *In circumcisione*, id est priusquam circumcisus fuit, *In præputio*, id est antequam circumcideretur, dum adhuc videlicet præputium retineret. *Et signum accepit.* Forte quæreret aliquis quare superflue circumcisionem acceperit Abraham, cum ante justificatus fuerit, nihilque in ea justificationis acceperit. Et ideo hanc quæstionem præveniens ait, non ad justificationem aliquam eum hoc signum exterius suscepisse, sed ad sanctificationem et ostensionem justitiæ, quam jam habebat in mente dum adhuc in præputio esset. Et hoc est quod dicitur : *signum accepit*, etc., id est circumcisionem accepit pro signo, et cujus rei signo statim supponit. *Signaculum*, id est pro signaculo, id est signo, *justitiæ fidei*, quæ est etiam in præputio, id est in præputiatis nihilominus quam in circumcisione, ut videlicet tali signo justitiam potius designaret quam adipisceretur. Justitia fidei dicitur, quæ est in mente, ad differentiam illius quam solent homines justitiam appellare, quam scilicet exterius exercent in vindicta malorum, vel in beneficiis aliquibus exigendis. Unde scriptum est : *Attendite ne justitiam vestram faciatis coram hominibus ut videamini ab eis.* Possumus etiam ita variare signum et signaculum, ut circumcisio ipsa alterius rei signum sit, alterius vero signaculum ; signum quidem sit carnalium Abrahæ filiorum, et signaculum spiritualium, cum ipse tam Judæorum secundum carnem, quam gentilium per fidem, pater sit constitutus. Est quippe, juxta Haymonem, signaculum quasi sigillum quod alicui rei imprimitur ut lateat, atque ideo bene referendum videtur ad spirituales filios Abrahæ ex gentibus futuros, qui nondum apparebant. Circumcisio itaque, quæ in ipso incœpit, et in carnali ejus posteritate est reservata, tam signum quam signaculum fuit, quia et per eam distinguebantur a cæteris populis filii Abrahæ carnales, et præsignabantur futuri ex gentibus filii ejus spirituales, qui videlicet per fidem imitarentur. Unde et bene Ismael, quem secundum carnem, non secundum virtutem miraculi genuit, circumcisus legitur, per quod videlicet carnalium Abrahæ filiorum circumcisio signaretur exterior, per quam, ut dictum est, carnalis Israel cognosceretur. Isaac vero qui postea natus est, gentilis populi postea vocati spiritualem a vitiis circumcisionem exprimit, quam et proselyti figurabant.

Recte itaque Apostolus signum et signaculum distinguens quantum ad Judæos carnales Abrahæ filios, et gentiles filios ejusdem etiam spirituales dixit primitus signum circumcisionis, id est signum carnalis Israel, per quod videlicet populus ille a cæteris distinguebatur, et postmodum signaculum justitiæ fidei quæ est in præputio, id est sacramentum spiritualis circumcisionis, quam solam habent fideles ex gentibus collecti. Potest etiam signaculum quasi expressum signum intelligi, juxta quod in laude apostatæ angeli dicitur : *Tu signaculum similitudinis*, etc. (*Ezech.* XXVIII, 12.) Per hoc quippe circumcisionis signum maxime justus ac spiritualis homo exprimitur, qui voluptatibus carnis propter Deum renuntiat, et a se illas amputat, quæ maxime in renibus dominantur, et per genitalia exercentur. Potest et signaculum quasi diminutivum accipi a signo, id est primum signum justitiæ Abrahæ. Non enim erat magnum illam cuticulam ad imperium Dei amputare, ad comparationem eorum quæ postea spirituales Abrahæ filii, tam martyres quam reliqui sancti, pro Christo sustinuerunt. Potest et sic distingui signum et signaculum, ut quod signum magnum est in carne, tam bonis videlicet quam malis commune, parvum est signum justitiæ, quia pauci sunt qui Abrahæ ita per justitiam cohæreant sicut per carnem. Signum itaque est secundum carnem, sed signaculum, id est parvum signum secundum justitiam, quia in multis Abrahæ posteris secundum carnem est dilatatum, sed in paucis secundum justitiam contractum. Unde bene dicit signum circumcisionis, scilicet exterioris, quæ omnibus æque convenit, et signaculum justitiæ quæ paucorum est.

Nunc vero pauca de virtute et sacramento circumcisionis discutienda sunt, quid videlicet ipsa conferret aut figuraret, et quare potius in membro genitali et virili, non femineo instituta sit, et in octava die jussa fieri in infantibus. In adultis quippe nullum erat circumcidendi determinatum tempus, nisi quando ad Judaismum converterentur. Constat autem hoc idem apud antiquos circumcisionem valuisse quod nunc apud nos baptismus efficit. Unde ait Augustinus De nuptiis et concupiscentia lib. I (63) : « Ex quo enim instituta est circumcisio in populo Dei, quod erat tunc signaculum justitiæ fidei, ad significationem purgationis valebat et in parvulis veteris originalis peccati, sicut et baptismus ex illo valere cœpit ad innovationem hominis, ex quo est institutus. » Gregorius in Moral. lib. IV (64) : « Quod valet apud nos aqua baptismatis, hoc egit apud veteres vel pro parvulis sola fides, vel pro majoribus virtus sanctificii vel pro his qui ex Abrahæ stirpe descenderant mysterium circumcisionis. » Ex his itaque liquet circumcisionem apud antiquos eamdem vim obtinuisse in remissione peccatorum, quam habet modo baptismus et tamen qui modo baptizati statim moriuntur, regnum cœlorum statim ingrediuntur : quod tunc non fiebat, quia scilicet hostia nondum erat soluta, in effusione videlicet sanguinis Christi, sicut nec illi qui baptismo Christi baptizati fortassis ante passionem ejus mortui sunt, januæ cœlestis aditum adhuc habere poterant. Non enim nisi per mare Rubrum transitum habuerunt Israelitæ ad terram promissionis, hoc est baptismus qui per mare designatur non potest sine rubore, id est sanguinis Christi effusione, quemquam ad veram promissionis terram, id est cœlestem Jerusalem transmittere. Quemadmodum vero baptismo Christi hostia postmodum adjuncta regnum cœlorum contulit, ita eadem circumcisione præcedentium subsecuta idem eisdem præstitit. Est autem circumcisio carnis signum interioris animæ circumcisionis, sicut ablutio exterior baptismi signum interioris animæ mundationis per peccatorum remissionem. Maxime autem in genitali membro, quo per carnalem concupiscentiam culpæ originalis peccatum una cum prole propagatur, hoc sacramentum fieri oportuit, ut illo merito membro plecteretur peccatum quod per ipsum ad posteros transmittitur. Mulier vero, cui dictum est : *In dolore paries filios* (*Gen.* III, 16), non hujusmodi pœna afficienda fuit, cui ad pœnam satis esse debuit in genitali suo, per quod similiter peccatum transfunditur, partus gravissimus dolor, quem in eo sustinet : cui, ni fallor, sexui sacrificium pro eo oblatum ad indulgentiam sufficit, atque ad originalis peccati remedium. Videtur insuper nobis ob hoc præcipue genitale viri potius quam mulieris circumcidendum fuisse, ut in hoc significaretur omnibus in populo illo, qui per illud membrum gignerentur, hujus sacramenti remedium esse necessarium, per quod ipsi a veteris hominis expiarentur contagione. Quod non ita est de muliere, cum Dominus Jesus ex muliere absque omni peccato natus fuerit. Potest etiam viri circumcisio beatum eumdem virum spiritualiter designare, qui solus sine concupiscentia conceptus carnem puram et penitus absque præputio immunditiæ suscepit. In cujus quidem typo fe-

(63) Patrol. tom. XLIV, col. 450.

(64) Patrol. tom. LXXV, col. 633.

mur Abrahæ, quod primo circumcisum est, servus ejus in sacramento suscepit, quasi in cum juras qui ex semine illo nasciturus ei primo fuerat promissus, id est in Christum. Circumcisioni vero infantium certa dies, id est octava recte præfixa est, ut in hoc videlicet præfiguraret illius octavæ claritatem, et beatitudinem quæ sanctis promissa est illis solis deberi qui innocenter more parvulorum vixerunt, nec purificationis sacramentum ad hoc sufficere, nisi innocentia custodiatur vitæ. Ad quod nos Dominus adhortans constituto in medio parvulo ait : *Nisi conversi fueritis, et efficiamini sicut parvulus iste*, etc. (*Matth.* XVIII, 3). Octava dies, qua circumciditur parvulus, futuram sanctorum claritatem in die resurrectionis significat, quando videlicet resumptæ carnis veritas permanebit, sive superaddita corruptela peccati, quæ erit vera circumcisio, in exspoliatione scilicet veteris hominis cum actibus suis, cum jam videlicet carnalis concupiscentiæ stimulis manentibus angelice nobis vivendum fuerit, ubi, inquit Veritas, *neque nubent neque nubentur, sed erunt sicut angeli Dei* (*Matth.* XXII, 30). Quia vero totum præsentis vitæ tempus per septem dies peragitur, recte illa vitæ futuræ perpetua claritas per octavam intelligitur. Unde et psalmos, qui intitulantur *Pro octava*, ad diem resurrectionis certum est pertinere.

Quæritur autem de infantibus ante octavam diem morientibus, utrum damnentur, cum eos videlicet nondum juxta præceptum Domini circumcidi liceat, nec pro eis legamus sacrificia esse offerenda ante diem maternæ purificationis, id est a nativitate masculi quadragesimum. At vero cum scriptum sit : *Omnis anima cujus caro præputii non fuerit circumcisa, peribit de populo suo* (*Gen.* XVII, 14). Et rursus si præcepto Domini ante octavam diem a circumcisione parvi inhibeantur, videtur crudelis divina sententia in damnationem talium, qui et his circumcisionem necessariam instituit, et circumcidi quando possent non permittit. Neque autem a Salvatore quidquam præcipi vel institui oportuit quod saluti obsisteret, nec enervari debuit remedium quod pluribus proficere posset, utpote fides parentum, sive sacrificiorum ritus, quibus antea parvulos sive adultos mundari constat, juxta illud Gregorii quod novissime adjecimus. Sed hoc quidem objectioni in nostri quoque sacramenti institutione, id est baptismi redundare videtur, cum videlicet propter aquæ tantum absentiam deesse nonnullis baptismum contingat, quem in aqua solummodo Dominus constituit, nec tamen eos cum vel ipsi ad hoc nitantur, vel alii propter eos, salvandos esse definimus absque baptismo, nisi interveniat martyrium. Providentiæ itaque divinæ omnem ejus dispositionem committentes, qui solus novit quare hunc elegerit, illum vero reprobaverit, auctoritatem Scripturæ quam ipse dedit immobilem teneamus, ut videlicet tempore circumcisionis nullos de semine Abrahæ sine illa mortuos temere asseramus salvari,

nisi forte pro Domino interfecti sint, sicut de innocentibus creditur. Attende autem quod dictum est, *de semine Abrahæ*, cum nonnulli fideles etiam post institutionem circumcisionis ante adventum Christi circumcisi morientes lege naturali nihilominus quam circumcisi salvati sunt, sicut Job et nonnulli fortasse alii gentium naturali lege contenti, et sacrificiorum ritu quæ Job quoque pro filiis obtulisse legitur, ab originali peccato seu propriis expiati, sicut Abel vel Noe ante legem, vel circumcisionis institutionem : de qualibus supra Apostolus meminit, dicens : *Cum enim gentes quæ legem non habent*, etc. Unde et Isidorus De summo bono lib. I, cap. 15 : « Christi, inquit, adventum non tantum plebis Judææ sancti prophetantes exspectaverunt, sed fuisse etiam in nationibus plerosque sanctos viros prophetiæ donum habentes, quibus per Spiritum sanctum Christus revelabatur, et a quibus exspectabatur, sicut Job, Balaam, qui Christi utique prædicaverunt adventum. » Licet autem Job ex Abraham quoque et Isaac per Esau descendisse credatur, non tamen in semine Abrahæ vel Isaac quisquam est computandus, qui ex patriarcharum filiis in cultu Dei minime remanentibus sit procreatus. Unde et Dominus Abrahæ leniens molestiam ejus, de expellenda scilicet Agar ancilla et Ismaele filio suo ad imperium Saræ : *Non tibi*, inquit, *viaeatur asperum super puero et super ancilla tua. Omnia quæ dixerit tibi Sara, audi vocem ejus, quia in Isaac vocabitur tibi semen. Sed et filium ancillæ faciam in gentem magnam, quia semen tuum est* (Gen. XXI, 12, 13). Hoc etiam Apostolus in inferioribus præsentis Epistolæ prosecutus et quasi spiritualiter exponens ait : *Non enim omnes qui ex Israel hi sunt Israelitæ ; neque qui semen sunt Abrahæ omnes filii, sed in Isaac vocabitur tibi semen* (Rom. IX, 6, 7); id est non qui filii carnis hi filii sunt Dei, sed qui filii promissionis sunt æstimantur in semine. Itaque juxta historiæ veritatem, neque Job neque alii multi licet de genere sint Abrahæ, tamen semen Abrahæ vocandi non sunt, quia de infidelibus, ut dictum est, nati sunt. Patres tamen talium, licet infideles fuerint, utpote Ismael sive Esau, semen Abrahæ sunt, quia non de infidelibus geniti, juxta quod Dominus Abrahæ supradixit de Ismael : *Quia semen tuum est.* Et tamen nullum semen Abrahæ vocandum erat sicut in Isaac.

Aliud est itaque Isaac sive Ismael vocari semen Abrahæ. Tale quippe est : *In Isaac vocabitur tibi semen*, ac si diceret, in posteris Isaac, tam videlicet carne quam fide ei conjunctis, non aliquibus intervenientibus patribus in posteris Isaac, tam videlicet carne quam fide eis a cultu Dei recedentibus. Hoc enim credo significari, cum Dominus circumcisionis pactum cum Abraham et semine ejus iniens præmissis istis : *Statuam pactum meum inter me et te, et inter semen tuum post te in generationibus suis* (Gen. XVII, 7), mox adjunxit : *Fœdere sempiterno, ut sim Deus tuus et Deus seminis tui post te*

(*Gen.* XVII, 7). Tale quippe est, *in generationibus suis fœdere sempiterno, ut sim Deus tuus*, etc., ac si diceret : In posteris tuis mihi continue per obedientiam fœderatis, nec a cultu meo per interpositionem infidelium patrum disjunctis. Hoc autem modo neque Job neque cæteri gentiles ab Ismael vel Esau descendentes in semine Abrahæ sunt æstimandi, nec ad eos quidquam vel circumcisio vel cætera legis figuralia præcepta pertinent, cum hæc solummodo Abrahæ et semini ejus, ut supra determinavimus, injuncta sint. Scriptum quippe est de circumcisione, Domino sic eam Abrahæ primo præcipiente : *Statuam pactum meum inter me et te, et semen meum post te in generationibus suis fœdere sempiterno, ut sim Deus tuus et seminis tui post te, daboque tibi et semini tuo terram peregrinationis tuæ, omnem terram Chanaam in possessionem æternam, eroque Deus eorum. Et tu ergo custodies pactum meum et semen tuum post te in generationibus suis. Hoc est pactum meum quod observabitis inter me et vos et semen tuum post te. Circumcidetur ex vobis omne masculinum, et circumcidetis carnem præputii vestri, ut sit in signum fœderis inter me et vos. Infans octo dierum circumcidetur in vobis. Omne masculinum in generationibus vestris tam vernaculus quam emptitius circumcidetur, et quicunque non fuerit de stirpe vestra, eritque pactum meum in carne vestra in fœdus æternum. Masculus, cujus præputii caro circumcisa non fuerit, peribit anima illa de populo suo, quia pactum meum irritum fecit* (ibid., 7-14). Et post aliqua : *Super Ismael quoque exaudivi te, et multiplicabo eum valde. Pactum vero meum statuam ad Isaac quem pariet tibi Sara* (ibid., 20, 21). Augustinus De nuptiis et concupiscentia, lib. I, de circumcidendis (65) : « Deus ie manifestavit infantibus : *Masculus qui non circumcidetur præputii sui carne octavo die, disperiet anima ejus de genere suo, quia testamentum meum dissipavit* (ibid., 14). Dicat iste, si potest, quomodo puer ille octo dierum testamentum dissipavit. Quantum ad ipsum proprie attinet, innocens infans. Tunc ergo dissipavit testamentum Dei, nec hoc de imperata circumcisione, sed illud de ligni prohibitione, quando *per unum hominem peccatum, et per peccatum mors, et ita in omnes homines transiit, in quo omnes peccaverunt* (*Rom.* V, 12). »

Ecce beato exponente Augustino quomodo unusquisque in primis parentibus testamentum sive pactum Domini, id est primam ejus a Domino legem datam in paradiso transgressi sunt, ut saltem originalis peccati vinculo teneatur et parvulus, cum de Abraham cæterisque fidelibus natus parentibus de populo suo, id est a sorte et beatitudine fidelium patrum suorum sit excludendus, nisi ei, ut dictum est, circumcisionis remedio subventum fuerit. Quod vero in præcepto circumcisionis additum est, *tam vernaculus quam emptitius circumcidetur, et quicunque non fuerit de stirpe vestra*, ita est intelligendum, ut de vernaculis vel emptitiis eorum, sive fuerint Hebræi, id est de stirpe sua, sive non, hoc præcipiat Dominus, non de aliis nationibus. Tale ergo : *Tam vernaculus quam emptitius circumcidetur, et quicunque non fuerit*, etc., ac si diceret, de vernaculis et emptitiis etiam omnes illi, qui non fuerint de stirpe vestra. Non est igitur circumcisionis generale præceptum, sicut est baptismi, sicut Evangelii, sed populo tantum Israel eam esse traditam, non gentilibus. Quod diligenter Origenes in posterioribus ostendit, distinguens ex ipsis litteræ testimoniis quæ præcepta legis sint generalia, tam ad Judæos scilicet quam ad gentiles pertinentia, quæ non. Unde etiam constat nec traditionem legis esse generalem. Quod ipse quoque Moyses diligenter distinguens, in Deuteronomio ait : *Et nunc, Israel, audi præcepta et judicia quæ ego doceam te, ut faciens ea vivas, et ingrediens possideas terram quam Dominus daturus est vobis* (*Deut.* IV, 1). Item : *Quæ est enim alia gens sic inclyta, ut habeat cæremonias, justaque judicia, et universam legem quam ego proponam hodie ante oculos vestros* (ibid., 8). Et iterum : *Docebis eam filios tuos ac nepotes* (ibid., 9). Et post aliqua : *Te elegit Dominus Deus tuus, ut sis ei populus peculiaris de cunctis populis qui sunt super terram* (*Deut.* VII, 6). Et Psalmista : *Qui annuntiat verbum suum Jacob, justitias et judicia sua Israel. Non fecit taliter omni nationi, et judicia sua non manifestavit eis* (*Psal.* CXLVII, 19, 20). Apostolus quoque patenter legem non omnibus loqui, vel datam esse supra professus est, dicens : *Scimus autem quoniam quæcunque lex loquitur, his qui in lege sunt loquitur* (*Rom.* III, 19).

His autem a nobis de circumcisione prælibatis, licet succincte antiquorum dicta ad eam pertinentia non præterire. Origenes super hanc Epistolam Pauli verbis superius citatis : Si igitur præputium, etc. « *Dixit Deus ad Abraham : Tu autem testamentum meum servabis, et omne semen tuum post te in generationes suas. Et hoc est testamentum inter vos et me, et inter me et inter medium seminis tui post te : Circumcidetur omne masculinum vestrum, et puer octava die. Circumcidetur in vobis omnis masculinus in generationibus vestris vernaculis et pecunia emptus.* Discutiamus utrum mandatum etiam eos, qui ex gentibus crediderunt constringat. Nunquam fecit proselyti mentionem, id est advenæ, sed vernaculum servum vel pretio mercatum circumcidi jubet, non liberum. Perscrutemur etiam Levitici legem. *Loquere*, inquit, *filiis Israel, et dices ad eos : Mulier si pepererit masculum, octavo circumcidetur die* (*Levit.* XII, 2, 3). Intuere etiam hic quemadmodum de lege circumcisionis tantum ad filios Israel Moyses loqui jubetur, et alienigenarum nulla fit mentio, cum in quibusdam mandatis non solum filiis Israel, sed proselytis, id est advenis loquatur. Necessario utique observanda distinctio est. Quia sicubi dicitur, *loquere ad Aaron*, et alibi, *ad filios Aaron*, et alibi, *ad Levitas*, certum est non subjacere reliquos his legibus, quæ filiis jubentur Israel, nec alienigenæ memoria ulla fit. Non ergo putandum est commune esse mandatum, ubi appellationis habetur exceptio. Sic ergo nec alius quisquam circumcisionis lege constringitur, nisi ex Abraham originem trahens, vel vernaculus eorum, vel pretio emptus. » Item : « Hæc dicta sunt a nobis ut ostenderem præcipue de circumcisionis. præcepto quod non aliis quam his qui ex Abraham genus ducunt, vernaculisque eorum vel pretio coemptis esset injunctum circumcisioni. Liberos vero esse ab hujusmodi legibus eos, qui per Christum Deo ex gentibus condicitur. » Item : « De circumcisione quid etiam allegoricis legibus sit videamus. Circumcisione ex genitali membro, per quod carnalis propago ministratur, amputare aliquam partem. Per hoc indicari figuraliter reor amputandam esse ab anima si qua excusatio ei carnis adhæret impuritas. Idcirco ista dissectio genitalibus infligitur, quod hujusmodi vitia animæ non ex propria substantia, sed ex incentivo carnis adveniant. Præsenti sæculo septimana deputata est. Octavus dies autem futuri sæculi mysterium tenet. Illorum ergo est circumcisio spiritalis qu. futuro sæculo militant, in quo neque nubent neque nubentur, et eorum qui seipsos castraverunt propter regnum Dei, et quorum in terris ambulantium in cœlis est conversatio. Sed apud Ezechielem dicit Dominus : *Omnis filius alienigena incircumcisus corde et carne non introibit in sancta mea* (Ezech. XLIV, 9). Sed videamus ne forte referri queat ad duo generalia præcepta, ut sit incircumcisus corde qui non habet fidem, incircumcisus carne qui non habet opera. Altera namque sine altera reprobatur, quia et fides sine operibus mortua dicitur, et sine fide nemo vivificatur. »

Item : « Et dicitur circumcidi auribus, cum secundum Salomonis monita non recipit auditionem vanam, et incircumcisus labiis dicitur, qui non circumcidit blasphemiam, scurrilitatem, turpiloquium de ore suo, qui non posuerit ori suo custodiam. Cur non simili forma incircumcisus præputio carnis suæ dicatur qui erga naturalem coitus motum immoderatius effluit, circumcisus vero habeatur qui hujusmodi negotio legitimis et quantum posteritati sufficit utatur officiis? Unde quoniam de circumcisionis ratione tractavimus, et illud adjungere non absurdum videbitur, quod filius Nave ex præcepto Domini filios Israel secundo circumcidisse cultris saxeis memoratur. Quod utique quantum ad litteram impossibile videtur. Semel enim circumcisis in carne præputiis, quid invenire potest secunda circumcisio ? Jesus vero noster qui vere post Moysem filios Israel in terram sanctam induxit, evidens est quomodo secundo circumcidat credentes populos. Prima namque est circumcisio, quæ ab eis vel idolorum cultum vel commenta philosophicæ persuasionis resecuit; secunda autem veteris hominis consuetudinem ac vitia carnis abscidit. Et tunc impletur quod in Jesu Nave scriptum est : *Hodie a vobis abstuli opprobria Ægypti* (Josue, v, 9), id est Ægyptiorum morem et motus animi barbaros. Stoici aiunt : Indicet aliquid mysticum circumcisio et figuram teneat allegoriæ. Itane oportuit, ut cum pœna et periculo parvulorum, cum cruciatibus teneræ et innocentis infantiæ figurarum species et legis ænigmata crederentur ? Sic non habebat legislator ubi firmas justitias poneret nisi in deculcatione verecundorum locorum, et Dei signaculum nisi in obscenis partibus? Itane Deus et animæ creator et corporis, superfluo se plasmasse partem illam corporis notat, quam postmodum abscindi mandat, et per miserorum supplicia proprium emendat errorem, aut quod utiliter fecit non recte mandat auferri ? Propterea, si curæ est Deo plurimos ad cultum sanæ religionis adduci, maximum ex circumcisione obstaculum nascitur. Cum eo enim quod supplicium unusquisque declinat, tunc etiam quod irrisionis turpitudinem refugit. Quibus respondere necessarium puto. Nemo sapiens in aliis notat quæ apud se honesta ducit et magna. Etenim circumcisio apud nos gentiles ita manifesta habetur, ut non passim vulgo ignobili, sed solis sacerdotibus, et his qui inter ipsos electioribus studiis mancipati fuerint, credatur. Nam apud Ægyptios qui in superstitionibus vestris vetustissimi habentur et eruditissimi, a quibus prope omnes reliqui ritum sacrorum et cæremonias mutuati sunt; apud hos, inquam, nullus aut geometriæ studebat, aut astronomiæ, quæ apud illos præcipua ducitur; nullus certe astrologiæ et Geneseos, qua nihil divinius putant, secreta rimabatur nisi circumcisione suscepta. Sacerdos apud eos aut aruspex, aut quorumlibet sacrorum minister, vel ut illi appellant propheta omnis circumcisus est. Litteras quoque sacerdotales veterum Ægyptiorum nemo discebat nisi circumcisus. Omnes vates, omnes cœli, ut putant, infernique simsustes [*sic. An.* leg. symmystes?] et conscius apud eos esse non creditur, nisi circumcisus fuerit. Hoc ergo apud nos turpe judicatis, quod apud vos ita honestum habetur et magnum, ut cœlestium infernorumque secreta nonnisi per hujuscemodi insignia enuntiari nobis posse credatis. Unde si replicetis historias vestras, invenietis non solum Ægyptiorum sacerdotes usos esse circumcisione, sed etiam Arabas et Æthiopas, et Phœnices, aliosque quorum studia erga hujusmodi superstitiones nobilius viguere.

« Hæc dicta sunt adversus gentiles. Nunc ad eos sermo dirigatur, qui Christo quidem credunt, sed legem non recipiunt et prophetas. Scriptum est in Epistola Petri quia redempti sumus pretioso sanguine Unigeniti, ab aliquo sine dubio empti cujus eramus servi, qui et pretium proposuit quod voluit, ut dimitteret quod tenebat. Tenebat autem nos diabolus, cui distracti fueramus peccatis nostris. Poposcit ergo pretium nostrum sanguinem Christi. Unde donec Jesu daretur, necessarium fuit eos qui instituebantur in lege unumquemque pro se ad imitationem quamdam futuræ redemptionis sanguinem suum dare. Et propterea nos, pro quibus completum est pretium sanguinis Christi, non necesse habemus pro nobis pretium sanguinem circumcisionis offerre. Si ergo culpabile videtur quod Deus inferri jubet infantibus, hoc etiam in Christo factum culpabitis, qui et circumcisus est, et cum crucis pœna sanguinem effudit. Quod vero circumcisionis horrore difficilis ad religionem videtur accessus, difficilius multo videbitur ingressus ad Evangelium, ut non partem exiguam corporis, sed ipsam quis animam ponere jubetur. Sed et exempla martyrum secundum nos prohibebunt homines accedere ad fidem. An eo magis creditur firma religio, quod nihil remissum, nihil delicatum pollicetur aut molle? Quod si et nihil sacramenti circumcisio teneret, quid esset absurdi si ad distinctionem cæterarum gentium populus, qui sub lege Dei instruebatur, proprium aliquod gestaret insigne? Et si necessaria visa est partis alicujus amputatio, quid tam convenicns fuit quam eam minuere, quæ videbatur obscena, et illa auferre quorum diminutio nihil ad officium corporis impediret? Quod vero dicunt, quia si necessaria non erat pars illa membri, a Creatore fieri non debuit, si necessaria facta est, non debuit auferri. Interrogemus et nos, si necessariam dicant filiorum procreationem. Necessariam sine dubio respondebunt. Erunt ergo culpabiles, qui continentiæ et virginitatis obtentu necessariis naturæ officiis non ministrant. In summa vero dicendum est, quod sicut necessariæ erant multæ hostiæ antequam una hostia agnus immaculatus semetipsum Patri offerret hostiam Christus, ita etiam multis circumcisionibus opus fuit quousque una in Christo circumcisio omnibus traderetur, et multorum sanguinis effusio præcessit quousque per unius sanguinem omnium redemptio fieret. »

Ambrosius in Epistola ad Constantium maxime Origeni in supradictis de circumsione consentiens : « Plerosque, » inquit, « movet quæstio, qua causa circumcisio et Veteris Testamenti auctoritate quasi utilis imperetur, et Novi Testamenti magisterio quasi inutilis repudietur? Quod ergo dicemus secutum Patrem Abraham, ut id primus instrueret, quod ejus non sequeretur hæreditas. » Item : «Reperimus autem in historia veterum non solum Ægyptios, sed etiam Æthiopum et Arabum, et Phœnicum aliquos circumcisione erga suos usos ; et hanc putant se adhuc probandæ viam servare rationis, eo quod sui corporis primitus et sanguinis initiati insidias dæmonum, quas illi generi suo molliuntur, exiguæ partis arbitrantur consectionibus destruenda. Sed arbitror jam non otiosam causam in hanc portiunculam membri æstimare, qua circumcidatur puer octava die, quando incipit mater in sanguine esse puro, quæ ante octavam diem fertur in sanguine immundo sedere. » Hieronymus in epistola ad Romanos : « Quæritur quare data sit circumcisio si per se non prodest. Primum ut agnosceretur Dei populus inter gentes : quando soli erant in eremo circumcisi non fuerunt ; sive ut corpora illorum cognoscerentur in bello. Nam quod in tali membro signatur, hæc causa est, primum ne aliud membrum aut debile fiat aut turpe, quod publice videtur. » Item : « Propter gratiæ promissionem, in qua erat per castitatem placendum, sive ut Christus significaretur ex ejus semine nasciturus, usque ad quem futura erat ista carnalis, quia spiritualem habebat afferre, cujus typum gerens Jesu Nave, qui populum secundo circumcidere jubetur. »

Solet, memini, nonnulla esse quæstio, quando [f. quare] videlicet Josue cultris petrinis ex præcepto Domini filios Israel secundo circumcidit, quasi qui antea circumcisi essent rursus circumcidi potuissent. Beatus vero Augustinus in lib. Quæstionis Veteris et Novæ legis omnem hujus dubitationis errorem removens, docet secundam hanc circumcisionem non in eisdem personis, sed in eodem populo factam fuisse. Quod et patenter continent verba ipsa historiæ libri Josue, hæc videlicet : *Eo tempore, ait Dominus ad Josue : Fac tibi cultros lapideos, et circumcide secundo filios Israel. Fecit quod jusserat Dominus, et circumcidit filios Israel. Hæc autem causa est secundæ circumcisionis. Omnis populus qui egressus est ex Ægypto generis masculini universi bellatores viri mortui sunt in deserto per longissimos viæ circuitus, qui omnes circumcisi erant. Populus autem qui natus est in deserto per quadraginta annos itineris latissimæ solitudinis incircumcisus fuit, donec consummarentur qui non audierant vocem Domini. Horum filii in locum successerunt patrum, et circumcisi sunt a Josue : quia, sicut nati fuerant in præputio erant, neque eos in via aliquis circumciderat. Postquam autem omnes circumcisi sunt, manserunt in eodem castrorum loco donec sanarentur, dixitque Dominus ad Josue : Hodie abstuli opprobrium Ægypti a vobis* (Josue v, 2-8). Miror itaque Origenem tam litteratum virum in hac secunda circumcisione per Josue factam adeo errasse, ut eam superius assereret nullo modo juxta litteram fieri potuisse. Quam tamen historia ipsa mox a Josue factam adjecit, dicens : *Fecitque quod jusserat Dominus, et circumcidit filios Israel*. Nunc ad expositionem Epistolæ redeamus.

Ut sit pater omnium. Duo dixerat, quod videlicet Abrahæ in præputio, id est dum præputium haberet, reputata est fides sua ad justitiam, tanquam jam spiritualiter circumciso : et quod postea carne quoque circumcisus est, ut per hæc duo videlicet sit pater atque auctor cæteris in exemplo et doctrina propositus, tam de spirituali quam carnali circumcisione. Et hoc est, *ut præputium, in quo justificatus antequam circumcisus sit pater credentium*, in hoc scilicet quod credentes sunt reputetur etiam illis ad justitiam, quamvis desit exterius signum.

Et sit pater circumcisionis, videlicet exterioris, id est primus omnibus in spirituali simul et carnali circumcisione in exemplo et auctoritate propositus. *Non his tantum*, scilicet pater, *qui sunt ex circumcisione*, id est quibus praecepta est carnis circumcisio *sed et his qui sectantur*, etc., id est qui habent fidem cum praeputio. Sic construe : Vestigia fidei patris nostri Abrahae, quae scilicet fides est in praeputio, id est in praeputiatis aeque ut in circumcisis. *Non enim per legem.* Cum superius ostenderet hominem ex fide sine operibus legis justificari, et per hoc glorificationem legis Judaeis auferret, manifestum de Abraham patre ipsorum interposuit exemplum. Unde nunc ad glorificationem legis evacuandam revertitur, ac si iterum supra dicta ut ea probet repetens dicat : Dixi superius me arbitrari hominem justificari per fidem sine operibus legis, quod in ipso etiam patet Abraham, qui opus maximum, legis scilicet circumcisionem suscipiens, potius per justitiam fidei, quam per opus ipsum legis justificatus est, et merito. Non enim per legem, id est per aliquod legis, vel per obedientiam legis, quae nondum data erat, meruit promissionem haereditatis accipere, sed per *justitiam fidei*, id est per fidem justificantem, sive per justitiam ex fide venientem ; aut semini ejus, id est exemplo ejus instructi; *ut haeres esset mundi*, id est perpetuus possessor universorum bonorum quae per fecunditatem terrae promissae significantur. Universa quippe possidet bona, qui omnia habet necessaria, et ei nihil deesse dicitur qui nullo indiget. Unde Apostolus de his qui exemplo Abrahae peregrinantes terrena despiciendo coelestia appetunt, ait : *Tanquam nihil habentes, et omnia possidentes* (II Cor. VI, 10). Vel esset haeres mundi id est soli ex universo mundo eligerentur, ut fierent haeredes. *Si enim qui.* Bene dico per opera legis non perveniri ad haereditatem fidelibus promissam. *Alioquin fides esset exinanita*, id est meritum fidei evacuatum, cum aeque infideles sicut fideles opera illa legis habere possint, et per hoc haeredes fieri. *Et promissio abolita*, id est inefficax et irrita facta. Per quam quidem promissionem in semine Abrahae gentes sunt benedicendae, quae legis opera non habent. Et hoc est, si qui ex lege sunt, subaudis sunt haeredes, id est qui opera legis habent, pro hoc haereditatem merentur, etc.

Lex enim. Iterum probat per legem, id est opera illa legis exteriora, quae lex praecipit, non acquiri haereditatem, imo magis reos constitui homines per legem, ut haereditatem amittant. Multa quippe sunt opera legis ita gravia, ut eos a quibus vel in quibus fiunt adeo affligant, ut vix eis aut nunquam praecepta eorum placeant, nec voluntarie possint impleri, sicut est, dentem pro dente et oculum pro oculo tollere, et nonnullis mortem inferre. Quis enim in his quos diligit haec libenter exerceat, aut in se ea libenter excipiat ? Unde Petrus in Actibus apostolorum eos refellens, qui Christianis opera legis imponere volebant, ut ea videlicet ipsi quoque servarent, ait : *Viri fratres, quid tentatis Dominum imponere jugum super cervicem discipulorum, quod neque patres nostri, neque nos portare potuimus; sed per gratiam Domini Jesu credimus salvari, quemadmodum et illi* (Act. XV, 10). Lex itaque carnalem et durae cervicis populum ex operibus legis magis reum effecit, quam purgavit. Spiritualibus vero nihil justitiae contulit, per illa videlicet propria sua opera exteriora. Et hoc est quod ait : Lex enim illa legalia opera iram Dei in eos potius operatur quam veniam vel aliquam justificationem. Et quare iram? Quia transgressores sui facit eos, non alios scilicet, et hoc est : *Ubi enim non est lex*, etc. Idem illi quibus illa legalia praecepta non sunt data, praevaricationis et transgressionis reatum per illam non incurrunt, cum eis voluntarie non obediunt. *Ideo ex fide*, scilicet sunt haeredes, quando quidem non ex lege. Vel ita continua : Dixi non per legem esse factam promissionem haereditatis, sed per justitiam fidei. Ideo, ex fide sunt haeredes. Et hoc est : *Ut sit firma promissio* scilicet haereditatis, id est ad effectum perducta. *Omni semini Abrahae*, id est fidem ejus imitanti, tam gentili scilicet quam Judaeo. Et hoc est quod subdit: *Non solum ei qui est ex lege*, id est Judaeo qui legi subjacet, *sed et etiam qui ex fide est Abrahae*, id est gentili, qui sola fide Abraham imitatur, secundum gratiam scilicet Dei, sit firma promissio ejus non secundum merita legalium operum. *Qui est pater*, scilicet Abraham, *omnium nostrum*, tam Judaeorum scilicet quam gentilium, id est in exemplo ad imitandum hominibus propositus est. *Sicut scriptum est*, in Genesi scilicet, ac si diceret : Eo videlicet modo pater est atque auctor omnibus in exemplo ad imitandum propositus, quo promittitur a Domino pater esse multarum gentium, id est diversarum regionum, credendo scilicet magis quam opera legis exercendo. Quod patenter insinuat, cum subdit : *An Deum cui credidisti*; verba Domini loquentis ad Abraham sunt ista : *Quia patrem*, etc. Sic quippe scriptum est : *Non vocabitur nomen tuum Abram, sed vocaberis Abraham, quia patrem multarum gentium constitui te* (Gen. XVIII, 5).

Innuitur itaque ex his verbis interpretatio nominis Abrahae, quod sonat pater multorum. Sed quod additur *gentium*, explanatio est potius quarum rerum multarum sit intelligendum, quam interpretatio. Sed et quod ait Apostolus : *Ante Deum, cui credidisti*, vel nostra translationis est subtractum, vel ex parte Apostoli additum, ut videlicet determinaret Abraham ex fide in omnibus in patrem esse propositum magis quam ex circumcisione. Pater ponitur, id est constituitur ante Deum, id est in beneplacito ejus, qui filios non quaerit sibi generare, sed Deo, nec concumbendo suae voluptati satisfacere, sed exemplo fidei magis quam propagatione carnis filios Dei praeparare. Quod patenter insinuat cum subdit : *Cui credidisti*, de omnibus scilicet ejus promissis; ac si diceret: Posui te patrem ante Deum cui credidisti, id est ut per hoc quod ei credidisti ministros sibi similes exemplo tuæ fidei illi generares. Quod Deus loquens ad Abraham ita fatur: *Patrem multarum gentium posui te ante Dominum*. Et non dicit, ante me, sed ita de se quasi de alio loquitur. Consuetudo est Hebraici sermonis. Unde et ipse legislator, qui hoc scripsit, semper de seipso quasi de alio consuevit loqui, veluti cum ait : *Dixit Dominus ad Moysem*. Et item : *Et erat Moyses mitissimus*, etc. (*Num*. XII, 3), quod tamen non sine causa factum videtur, ut videlicet alius quasi de alio loquatur. Constat quippe in sanctis et maxime in prophetis Dominum potius quam ipsos loqui. Unde prophetæ aliquid dicturi frequenter aiunt : *Hæc dicit Dominus*. Et Veritas in Evangelio ad discipulos : *Non enim vos estis*, inquit, *qui loquimini* (*Matth*. x, 20). Apparens quoque et loquens Dominus Abrahæ olim vel cæteris, quoniam id per Angelum exhibebat, veritatem ipsius apparentis vel loquentis angeli a seipso provide distinguebat, ut ipso quoque locutionis genere alius intelligeretur qui verba firmaret, quam ipse de quo verba erant, id est angelus a Domino.

Qui vivificat. Et merito ei credidisti de suis promissis, quia talis est qui vivificat mortuos, id est infideles prout vult ad fidem convertit. Mortui dicuntur infideles, vulnerati, peccatores. Vita quippe justorum fides dicitur, juxta illud : *Justus ex fide vivit*. (*Rom*. I, 17.) Qui infidelis est, nihil penitus boni habet, quo Deo placere possit, *quia sine fide*, ut ipse dicit Apostolus, *impossibile est Deo placere* (*Hebr*. XI, 6). *Et vocat*, id est ita suis verbis facit obedire non existentia; *Dixit enim, et facta sunt, mandavit, et creata sunt* (*Psal*. XXXII, 9), sicut existentia. *Qui contra spem*. Commendata potentia Domini, ut de ejus promissis nullatenus sit dubitandum, commendat et constantiam fidei Abrahæ, ad quam imitandam adhortatur. Cum primitus Abraham desperasset de Sara, speravit de Agar se hæredem suscipere. Postea vero e contrario per promissionem Domini credidit ac speravit : et hoc est, *credidit in spe contra spem*, id est credendo divinis promissis ductus est in spem suscipiendi scilicet hæredis contrariam priori spei. Aliter. Quando duxit Saram credidit eam fecundam et secundum naturam ei filios in juventute parituram. Postea vero frustratus hac sua spe e contrario penitus credidit et speravit, propter promissionem Domini, id est eam sterilem in senectute contra naturam parituram. Quod mirabile fuit eum potuisse credere, juxta illam dialecticæ regulam : « Si enim quod magis videtur inesse non inest, nec quod minus videtur inesse inerit. » *Ut fieret pater*, id est ut per tantam constantiam fidei de promissionibus Dei mereretur proponi in exemplo etiam gentibus. *Secundum quod dictum est ei a Domino*, scilicet in ipsa Genesi. *Sic erit semen tuum*, id est homines exemplo fidei tuæ mihi generandi, ita scilicet innumerabiles. *Sicut stellæ*, etc.

Possumus et per stellas et arenam Judaicum et gentilem populum distinguere, ex quibus spirituales Abrahæ filii pariter sunt collecti, ut non solum filiorum multitudo, verum et populorum diversitas exprimatur. Stellis Judæi comparantur per fidem ex lege jam illuminati, et a fluxu mundanarum concupiscentiarum per legem coerciti, et quasi cœlestes in spe sua facti, cum e contrario gentiles nulla lege constricti per omnem concupiscentiam libere effluerent terrenis tantum desideriis inhiantes. Sed quia de gentibus tantum, in quibus maxime fides Abrahæ fructificatura erat, promissionis verba sunt. Possumus fortassis convenientius in stellis et arena maris tres Ecclesiæ ordines distinguere, per stellas quidem quæ et igneæ sunt et lucidæ duos sublimiores, continentium scilicet, id est contemplativorum, qui divini amoris igne vehementius fervent, et prædicatorum qui alios doctrina sua illuminant ; per arenam vero maris conjugatorum, qui quasi in mari et in humidis habitant luxuriæ indulgentes, et mundanarum sollicitudinum curis fluctuant, et earum amaritudinem graviter tolerant. Credidit, inquam, *Et non est infirmatus in fide*, id est non fuit remissa in aliquo vel debilis fides ejus quantumcunque differretur promissio, vel impossibilis videretur, sed æque firmiter credidit id quod contra naturam esse penitus sciebat, sicut illud quod per naturam fieri prius exspectaverat.

Nec consideravit corpus suum emortuum, id est non attendit impossibilitatem suæ naturæ vel uxoris, sed potentiam promittentis. Corpus emortuum dicit, id est omnino jam per naturam impotens ad generationem quæ promittebatur. *Cum*, id est quamvis jam ipse Abraham, *fere esset centum annorum*, id est nonaginta novem, *et emortuam vulvam Saræ*, ad opus similiter generationis, tam propter senectutem scilicet, quam propter sterilitatem. Et attende, cum ait de Abraham cum fere centum esse annorum, innuit eum propter ætatem tantum, non propter sterilitatem ad generandum minime valere, nec tamen tam impotens penitus ad generandum Abraham credendus est, qui mortua Sara postea Cethuram duxit, de qua filios generavit. Quippe potuit in juvencula id natura senis, quod non potuit in vetula et sterili. Quod et satis ipsa verba Apostoli determinant. Non enim ait simpliciter emortuum corpus Abrahæ, sed statim adjunxit, *et emortuam vulvam Saræ*, ut per adjunctionem Saræ Abraham impossibilitatem ostendat, et cum Sara scilicet, non cum alia. Non repetiit negativam conjunctionem, sed copulativam interposuit. Non enim ita dixit : Non consideravit corpus suum emortuum, nec emortuam vulvam Saræ. Sed potius ita adjunxit, *et emortuam vulvam Saræ*. Ex quo intelligi innuit, nec unumquemque per se ad generandum penitus esse impotentem, sed conjunctum invicem. Notandum vero quod hæc promissio : *Sic erit semen tuum sicut stellæ cœli et sicut arena maris*, non invenitur facta fuisse Abrahæ, quando ei promissus est Isaac, sed postquam, juxta præceptum Domini, voluit eum immolare Domino. Sic enim scriptum est: *Per memetipsum juravi, dicit Dominus, quia fecisti rem hanc, nec pepercisti filio tuo unigenito propter me, benedicam tibi, et multiplicabo semen tuum sicut stellas coeli, et velut arenam quæ est in littore maris* (Gen. XXII, 16, 17). Scimus quidem, antequam Ismael etiam natus esset Deum Abrahæ promisisse sic fore semen ejus innumerabile sicut pulverem terræ, et alia vice postea sicut stellas coeli ; sed nihil de arena maris tunc addidisse. Hæc autem ideo notavimus, quia videtur Apostolus ita extremam promissionem et conceptionem, id est Isaac disponere, ut ante facta illa promissio videatur quam Isaac conciperetur. Sic enim superius ait: *Qui contra spem in spem credidit, ut fieret pater multarum gentium, secundum quod dictum est: Erit semen tuum sicut stellæ coeli et sicut arena maris*; et statim adjunctum est, *et non est infirmatus in fide*, etc. Ad illud vero tantum quod interponitur, *ut fieret pater*, etc., illud spectat quod subditur, *secundum quod deinde est, sic erit*, etc.

Quærendum existimo quando non fuerit Abraham infirmus in fide de promissione Isaac, cum ipse quoque sicut et Sara de promissione hac quasi diffidenter loqui et risisse narretur. Sic enim scriptum est in Genesi : *Cecidit Abraham in faciem, et risit, dicens in corde suo: Putasne centenario nascetur filius, et Sara nonagenaria pariet?* (Gen. XVII, 17.). Dixit ad Dominum: *Utinam Ismael vivat coram te*. Sed profecto cum præmittitur: *Cecidit Abraham in faciem suam*, id est adorando atque supplicando gratias retulit promissioni, pariter innuitur quia de ea non desperavit. Quod nequaquam Sara fecisse legitur, cum riserit. Dicitur etiam de Sara, quod riserit occulte post ostium; de Abraham vero, quod riserit corde potius quam ore, videlicet, risus cordis gaudium intelligitur mentis, non risio promissi. Et verba illa quæ sequuntur, *putasne centenario*, etc., admirationis potius quam desperationis sunt. Et quod adjunxit, *utinam Ismael vivat coram te*, ostendit humilitatem Abrahæ non tam præsumpsisse de bonitate divinæ gratiæ quantum Deus ipse non petenti offert, sed potius Abrahæ satis esse, si vel Ismael vivat ei pro semine.

In repromissione, etc. De duobus factæ sunt Abrahæ promissiones, de semine scilicet ei dando vel multiplicando, et de terra Chanaan ei danda, vel semini ejus. Sæpius autem utramque promissionem factam ei fuisse legimus, dum compleri differetur. Sed maximam illa de possessione terræ dilationem accepit, quæ longe post mortem illius complenda esse promittitur. Hanc itaque secundam promissionem repromissionem dicit Apostolus, ac si diceret : Non solum in prima promissione, de semine scilicet non dubitavit, sed nec etiam in secunda, de possessione, videlicet terræ, licet longe postea futura, in quarta scilicet vel in quinta generatione filiorum Jacob in Ægypto profectorum. *Non hæsitavit diffidentia*, id est non habuit dubitationem in corde, sicut in ore verba quidem dubitationis habuisse videtur, et non statim credidisse. Non prius in visione signo accepto sicut statim credidit promissioni priori de semine. Sic enim scriptum est de Domino et de Abraham : *Qui egredietur de utero tuo ipsum habebis hæredem. Eduxitque eum foras, et ait: Suspice coelum, et numera stellas si potes. Et dixit ei : Sic erit semen tuum. Credidit Abraham et reputatum est illi ad justitiam. Dixitque ad eum : Ego Dominus, qui eduxi te de Hur Chaldæorum, ut darem tibi terram istam, et possideres eam. At ille ait : Domine unde scire possum quod possessurus sum eam ? Et respondens Dominus : Sume, inquit, mihi vaccam triennem*, etc. (Gen. XV, 4-9). Hæc itaque dubitationis verba signum requirentia ad confirmationem posteriorum magis quam suam Abraham assumpsisse credimus. Sicut et Joannes Baptista Dominum non sibi, sed discipulis requisivit dicens : *Tu es qui venturus es*, etc. (Matth. XI, 3). Sed confortatus *fide*, id est exspectatione, non re ipsa, quæ longe scilicet post mortem ejus erat futura, dans gloriam Deo, id est grates ei pro his referens, non meritis suis quidquam tribuens. *Plenissime sciens*, id est firmiter credens *quia quæcunque*. Providam repromissionem ostendit et rationabilem, nihil scilicet promittentis nisi quod implere potest, vel etiam debet. Certum quippe est quia non potest facere nisi quod debet, id est quod convenit ei. *Ideo reputatum est*, quia scilicet confortatus est fide, dans gloriam Deo, plenissime sciens, etc. Hoc est, etiam hæc fidei firmitas, si opera cessarent exteriora, imputatur ei à Domino pro justitia, ut videlicet ad eum justificandum sufficiat.

Non est autem, quasi quis diceret; quid ad nos relatio tantæ laudis Abrahæ? Respondet quod hæc laus ejus *non est scripta tantum propter ipsum*, id est ad commendationem ipsius, sed et *propter nos*, quibus videlicet exemplo ejus instructis, id est reputabitur ad justitiam. *Credentibus in eum*, etc., id est si credendo in Deum, Abraham imitemur. In eum dicit, non eum, vel ei, sicut superius exposuimus. *Qui suscitavit*, id est qui jam complevit in semine Abrahæ per Christum quod Abraham exspectabat futurum, et quod sibi in promissione terræ vel benedictione ipsius seminis intelligebat figuratum. Tota quippe exsultatio Abrahæ de figurato Isaac, id est Christo, potius quam de figurativo fuisse intelligitur. Unde et per se ipsam Veritas ait : *Abraham pater vester exsultavit ut videret diem meum, vidit et gavisus est* (Joan. VIII, 16). Totam autem humanæ reparationis et salutis summam tam in capite quam in membris Apostolus hoc loco paucis comprehendit, dicens videlicet Christum resurrexisse a mortuis qui traditus est, etc. Nota autem quod dum ait Apostolus Deum Patrem suscitasse Christum, et quod potentiæ est specialiter Deo Patri assignat, divinam potentiam ad personam Patris maxime pertinere insinuat, sicut divinam sapientiam ad Filium, et divinæ gratiæ bonitatem ad Spiritum sanctum. Quod plenius Theologiæ nostræ textus edisserit. *A mortuis,* id est de inter mortuos corpore, quorum ipse unus erat. *Qui mortuus est.* Causa mortis Christi, quam resurrectionis causam ad nos reducit. Duobus modis propter delicta nostra mortuus dicitur; tum quia nos deliquimus propter quod ille moreretur, et peccatum commisimus cujus ille pœnam sustinuit, tum etiam ut peccata nostra moriendo tolleret, id est pœnam peccatorum introducens nos in paradisum pretio suæ mortis auferret, et per exhibitionem tantæ gratiæ, quia, ut ipse ait, *majorem dilectionem nemo habet* (Joan. XIII, 13), animos nostros a voluntate peccandi retraheret, et in summam suam dilectionem intenderet. *Et resurrexit propter justificationem nostram.* Justificationem dicit perseverantiam justitiæ quæ justum facit. Non enim justus dicitur qui aliquando juste agit, sed qui hoc in consuetudinem habet. Quod itaque dicitur : *Resurrexit propter justificationem nostram,* tale est, ut spe gloriæ resurrectionis, quam in seipso nobis exhibuit, nos in operibus justis perseverantes faciat.

CAPUT V.

Justificati ergo a fide. Quandoquidem et propter nos scriptum est de justificatione Abrahæ per fidem, ut videlicet exemplo ejus similiter justificemur, Ergo ex fide potius quam ex operibus legis nos justificati, *Pacem habeamus apud Deum,* id est sic reconciliemur ei, et quantumcunque justi fuerimus, mediatore Christo nobis opus est. Addit : *Per Dominum nostrum Jesum Christum,* a quo ad nos tanquam a capite ad membra omne bonum emanat tum exemplo vitæ tum prædicatione doctrinæ. Et hoc est, *per quem habemus accessum in gratiam istam in qua stamus,* et quæ sit illi gloria supponit dicens, *in spe gloriæ filiorum Dei,* id est ex spe illa quam habemus adipiscendi illam summæ beatitudinis, quæ filiis non servis est debita. Et hoc est *per fidem præeuntem.* Ex fide enim spes nascitur, cum electi ex fide quam habent ad spem supradictam assurgunt, ac nemo sperare aliquid potest nisi quod primitus credit. Gratiam dicit gratis datam non pro meritis scilicet collatam, quia *non sunt condignæ passiones hujus temporis ad futuram gloriam* (Rom. VIII, 18). *Non solum autem,* scilicet gloriamur in spe gloriæ filiorum Dei, *sed et gloriam in tribulationibus,* id est magno nobis honori imputamus affligi pro Deo, secundum quod in Actibus apostolorum scriptum est : *Ibant gaudentes a conspectu concilii,* etc. (Act. V, 41.) *Scientes etiam,* hoc est attendentes maximum fructum, in his tantum gloriamur quod videlicet tribulatio, *patientiam operatur,* id est in opere virtutum exhibet patientiæ atque ipsum tribulationis exercitium fortiores ad eas tolerandas nos reddit. *Patientia autem,* secundum quod scriptum est : *Tanquam aurum in fornace probavit electos Dominus* (Sap. III, 6), id est tam tibi quam aliis eorum constantiam, id est probitatem exhibuit ; *probatio vero spem,* ut jam videlicet tam nos ipsi quam alii de nostris per gratiam Dei meritis confidamus. Et ne spes ista irrita videretur sicut de impiis dicitur : *Spes autem impiorum peribit* (Prov. X, 28), addit, *spes autem,* scilicet hæc, *non confundit,* id est erubescentiam nobis non acquiret in futuro, quia speratum obtinebimus, et quasi qui requiret unde hoc scire possumus, adjungit : *Quia charitatem habemus per quam speramus,* promeremur. Et hoc est, *quia charitas Dei,* etc. Dei dicitur, id est pure propter Dominum habita, ad differentiam carnalis dilectionis. Charitatem, id est dilectionem diffusam dicit, quæ inimicum quoque complectitur. De qua scriptum est : *Omnis consummationis vidi finem, latum mandatum tuum nimis* (Psal. CXVIII, 96), id est perpendi atque intellexi latum tuum de charitate mandatum finem esse omnis consummationis, id est illud esse ad quod universorum tuorum mandatorum intentio dirigitur. *Propter Spiritum sanctum qui datus est nobis,* id est per operationem gratiæ divinæ nobis collatæ. Augustinus De doctrina Christiana libro IV (66) : « *Patientiam operatur tribulatio,* etc., agnoscitur figura quæ Latine a quibusdam est appellata gradatio, cum verba vel sensus connectuntur alterum ex altero, sicut hic ex tribulatione patientiam, ex patientia probationem, ex probatione spem connexam videmus. »

Ut quid enim. Merito dixi charitatem diffusam in cordibus nostris. Nam propter quid aliud, nisi videlicet ut in nobis dilataretur charitas Dei? *Christus mortuus est secundum tempus,* id est quasi ad horam et in transitu mortis detentus, qui cito resurrexit. *Pro impiis mortuus est,* ut eos videlicet a damnatione liberaret. *Cum adhuc infirmi essemus.* Notandum vero est Apostolum hoc loco modum nostræ redemptionis per mortem Christi patenter exprimere, cum videlicet eum pro nobis non ob aliud mortuum dicit, nisi per veram illam charitatis libertatem in nobis propagandam, per hanc videlicet qua nobis exhibuit summam dilectionem, sicut ipse ait : *Majorem hac dilectionem nemo habet,* etc. (Joan. XIII, 13.) De quo quidem redemptionis modo supra nos satis arbitror disseruisse. *Vix enim.* Dixi Christum pro impiis mortuum esse, ut charitas in cordibus nostris diffunderetur, quasi hoc magnum esset quod fecerit. Et vere magnum hoc et salutarium fuit, Deum scilicet pro impiis mori, quia vix pro homine iste homo mori sustinet. Dixi, vix, ex toto negavi, quia fortasse, etsi rarissime, potest reperiri, qui pro amore boni hominis, id est justi, moriuntur. Et hoc est, *Nam pro bono,* scilicet homine, *forsitan quis,* id est aliquis, *audeat mori,* sciens se a Domino remunerandum. Cum dicit *forsitan,* et *audeat,* difficultatem insinuat. Christus autem non solum ausus mori, sed et mortuus est pro peccatoribus, et per exhibitionem tantæ gloriæ, *Commen-*

---

(66) Patrol. tom. XXXIV, col. 93, 94.

dat Deus, id est ædificat sive confirmat *suam charitatem in nobis*; quoniam scilicet Dei *Christus Filius pro nobis mortuus est cum adhuc peccatores essemus.* Quod si ita respexit cum essemus peccatores, morti scilicet unicum suum pro nobis tradendo. *Multo magis ergo,* id est multo facilius sive libentius vel probabilius nunc respiciet nos ad salvationem jam justificatos in sanguine suo, id est jam per dilectionem, quam in eo habemus, ex hac summa gratia, quam nobis exhibuit, pro nobis scilicet adhuc peccatoribus moriendo. Et hoc est, *salvi erimus ab ira,* scilicet futura, id est a peccatorum vindicta, *per ipsum,* videlicet Christum pro nobis semel morientem, et sæpius orantem, et assidue nos instruentem.

Si enim cum. Dixi quia justificati in sanguine Christi salvi erimus ab ira Dei per ipsum. Et merito, quia jam reconciliati sumus Deo per mortem illius, cum prius nos pro inimicis haberet ad puniendum. Et si tantum mors ejus potuit ut nos scilicet justificaret vel reconciliaret, multo magis vita ipsius nos protegere poterit et salvare ab ira sua. Constat quippe plus posse unumquemque vivum quam mortuum. *In vita ipsius,* id est ipsum jam suscitatum et viventem. *Non solum autem,* scilicet salvi erimus, id est salvari per ipsum impetrabimus. Et hoc est, gloriationem maximam adepti sumus, et maximo honori nobis imputamus, quod talem nobis reconciliationem Dominus dedit. Et hoc est, *gloriamur in Deo,* non in nobis, id est de tanto beneficio ejus, ex gratia ejus, non ex meritis nostris, nobis per Christum collato. *Propterea sicut.* Littera ideo hæc defectiva videtur, nisi cum superioribus vel inferioribus quoquomodo conjungere nitamur. Sic autem superioribus fortasse continuabitur, ac si dicamus : Reconciliationem, inquam, per Christum accipimus, propterea, id est propter hoc quod supradictum est, quia videlicet pro nobis mortuus est, sicut e contrario damnationem per Adam incurrimus. Et hoc est quod addit : *Sicut et per unum hominem,* videlicet Adam, *peccatum intravit,* quia prior peccans aditum peccato dedit. *In hunc mundum,* id est in hanc partem mundi scilicet terrenam, in qua homines habitant, non veri homines qui antea peccaverant. *Et per peccatum mors,* scilicet corporis. *Et ita,* videlicet ab Adam incipiendo tam mors quam peccatum, saltem originale, *pertransiit in omnes homines,* unum, inquam, hominem, id est Adam, *in quo omnes reliqui peccaverunt,* id est pœnam peccati incurrerunt. Poterit et fortassis versus incipere, *propterea,* et ad inferiora longe postea constructio dirigi, illuc scilicet sic, *et per unius justitiam in omnes homines,* etc. Ac si diceretur propter, quia scilicet per Christum reconciliationem accepimus, sic per unius justitiam, subaudi justificationem vitæ, in omnes homines, sicut per unum hominem in hunc mundum peccatum intravit, etc. Cætera vero quæ interponuntur suspensivam litteram tenent.

Usque ad legem enim. Bene dico in omnes pertransiit peccatum, cum nec ulli, qui ante legem fuerunt a peccato immunes exstiterint. De quibus magis videtur. Cum adhuc nullius scriptæ transgressionis eos reos faceret, *usque ad legem,* id est toto tempore illo antequam lex per Moysem daretur; peccatum erat in mundo, licet non imputaretur, id est ab hominibus argueretur, vel puniretur per aliquam legem, cum videlicet lex nondum scripta esset, sed tantum naturalis per quam boni vel mali discretionem nonnullam habebant, ex qua cognoscere peccatum possent. Potest etiam sic dici peccatum ante legem non imputari ab hominibus, id est a nullis vel paucis cognosci quid esset peccatum, antequam scilicet concupiscentiam lex tanquam peccatum interdiceret, et doceret in corde potius quam in opere peccatum consistere. Quod quidem in sequentibus patenter Apostolus edocens ait : *Lex peccatum est? absit! Sed peccatum non cognovi nisi per legem. Nam concupiscentiam nesciebam,* etc. (*Rom.* VII, 7.) Peccatum itaque non imputabatur sive originale sive proprium, id est ignorabatur ab hominibus, donec ipsum lex diceret. Nam et ipsum primorum parentum peccatum etiam in concupiscentia fuit, sicut scriptum est : *Vidit ergo mulier quod bonum esset lignum ad vescendum, et pulchrum oculis aspectuque delectabile, et tulit de fructu illius, et comedit* (*Gen.* III, 6). Et licet peccatum ante legem, ut dictum est, non imputetur ab hominibus, tamen etiam tunc imputabatur a Deo, quoniam pro ipso pœnam corporalis mortis omnibus inferebat, insinuans per hoc nobis a propriis maxime peccatis esse cavendum, cum hoc sustineremus propter alienum. Et hoc est : *Sed regnavit mors,* scilicet corporalis, id est quietum obtinuit dominium, et ante legem, id est *ab Adam usque ad Moysem etiam in eos qui non peccaverunt,* scienter transgrediendo sicut Adam fecit, id est in parvulos vel quoslibet innocentes, qui scilicet Adam vetus est *forma futuri,* id est similitudo novi Adæ, id est Christi post eum futuri. Adam sicut homo commune nomen est tam viri quam feminæ. Ideo cum dicitur novus Adam, tale est ac si diceretur novus homo, et veteri homini per obedientiam omnino contrarius. Similitudinem Adæ et Christi ipse Apostolus aperit, ostendens videlicet ita Christum omnium spiritualium esse patrem, sicut est Adam carnalium, hoc est, ita præesse omnibus ad generandum in Deo, sicut ille est ad generandum mundo : et hunc sic ad vitam et requiem esse auctorem, sicut ille est ad mortem et pœnam. Potest etiam ad hanc similitudinem, Adæ videlicet et Christi, illud reduci quod alibi idem Apostolus intelligens ait : *Sacramentum hoc magnum est : ego dico in Christo et in Ecclesia* (*Ephes.* V, 32), sed litteræ præsenti sufficit similitudo prædicta, quam ipse Apostolus prosequitur, de carnali, scilicet et spirituali generatione.

Sed non sicut delictum Adæ, *ita est et donum*

Christi, id est non sunt æqualia in istis quæ ad posteros suos transmittuntur, et plura per Christum ad posteros transmittuntur in salutem, quam per Adam in damnationem : et merito, quia plus conveniens fuit divinæ justitiæ sive pietati, ut per Christum plus prodesset quam per Adam noceret, id est plura per hunc commoda quam per illum incommoda daret, Longe quippe est pronior Deus ad bonum conferendum, quam ad malum inferendum. Et hoc est, *si pro unius delicto*, scilicet Adæ, uno videlicet non pluribus, *multi mortui sunt*, id est damnati,, sicut parvuli non baptizati, qui ob aliud non sunt perditi, multo magis in plures, id est multos similiter, non in unum tantum hominem, ut absolute videlicet, non comparative intelligatur, abundare debuit gratia Dei, et donum in gratiam Christi, id est per dona Dei homini illi collata; de plenitudine cujus nos omnes accepimus, et qui nobis meritis suis impetravit quidquid boni habemus, et non sicut per unum scilicet hominem, Adam pertransiit, subaudi ut supra diximus *peccatum*, scilicet unum in omnes, hoc est originale, *ita et donum*, similiter unum pertransiit per unum hominem videlicet Christum, imo multa dona ad multos. Et hoc est quod Apostolus in superiori versu jam comprehenderat, sed repetiit ut probaret dicens :

Nam judicium quidem, etc., id est ex uno peccato, Adæ scilicet, est judicium Dei *in condemnationem* posterorum ejus, id est deputat eos æternæ pœnæ tradendos. Sed gratia Dei, id est gratuitum remissionis donum ex multis delictis, tam originali scilicet quam propriis per Christum condonatis est nobis *in justificationem*, id est ad pœnarum absolutionem. Apparet itaque plura nobis a Christo collata esse ad salutem, quam ab Adam ad condemnationem, cum ille videlicet Adam unum peccatum i tulerit mundo, id est unius peccati scilicet originalis pœnam, iste vero remissionem tam illius quam cæterorum. Et merito quia plus oportuit tot et tanta bona istius juvare quam illius unum delictum, nec magnum aliorum comparatione nocere. Unde Hieronymus ad filiam Mauritii hoc etiam peccatum extenuans ait : « Adæ magis parcendum fuit, qui adhuc novellus erat, et nullius ante peccantis, et propter peccatum suum morientis retrahebatur exemplo. Tibi vero post tanta documenta, post legem, post prophetas, post Evangelia, post apostolos, si delinquere volueris quomodo indulgere possit ignoro. » Sic expone. Quandoquidem per delictum unius scilicet Adæ, et per unum scilicet delictum *mors;* etiam animæ *regnavit*, id est quiete posteros obtinuit, multo convenientius et justius per unum Jesum Christum omnium bonorum plenitudine perfectum posteri ejus spirituales accipientes abundantiam divinæ gratiæ, id est plura bona super merita ipsorum eis collata, bona dico donationis et justitiæ. Donationis solummodo illa dona dicuntur quibus nullum est meritum adjunctum, sicut in parvulis; justitiæ vero, ubi aliquid pro meritis datur. Justitia quippe dicitur, quæ unicuique reddit quod suum est. Regnabunt in vita scilicet æterna, id est vitam quasi regnum, non quasi consulatum instabilem obtinebunt. Ne mireris hanc sententiam sæpius Apostolum memorare, cum maxime Christum in hoc attendat commendare, et ratione valida velit astruere plus de Christo omnibus esse confidendum quam de Adam timendum. Quod ut firmiter memoriæ commendet, sæpius replicat :

Igitur sicut per unius. Quandoquidem per Adam incurrimus damnationem, et per Christum assequimur justificationem, id est remissionem ; igitur per unum, id est per unum illud confertur, et hoc est sicut per unius delictum, agitur subaudi. *Ad condemnationem*, ut videlicet obnoxii sint etiam propter illud morti æternæ. *In omnes homines*, tam videlicet in eos qui non peccaverunt in similitudinem prævaricationis Adæ, ut supra meminit, quam in alios, vel tam in eos qui ante legem fuerunt, quam in alios, ut supra quoque meminit. Ita et per unius justitiam agitur ad justificationem vitæ, id est ad remissionem peccatorum, quæ vitam conferat æternam, in omnes similiter homines, non quidem in singulos, sed in utraque hominum genera determinata. Quod enim non de singulis dicat Apostolus statim sequentia insinuant, ubi solummodo *multi*. Multi non omnes dicuntur. Et plane Apostolus exprimit quomodo superius supradixerit priorem Adam formam, id est similitudinem secundi, id est Christi, in hoc videlicet quod, sicut quod suum est, transfundit ad posteros, id est peccatum, ita ille quod suum ad suos, id est gratiam justificationis.

Sicut enim. Vere per delictum et justitiam sic actum est, quia per inobedientiam et obedientiam. Et hoc est, *sicut enim*, etc. Per peccatum Adæ multos dicit, non omnes constitui peccatores, id est æternæ pœnæ tradi. Ut enim prætermittamus hominem Christum ab omni peccato semper immunem, sunt multi quibus jam per sacramenta Ecclesiæ peccatum originale condonatum est, et postea propriis condemnantur peccatis, quos nequaquam eo modo quo dictum est peccatores Adam constituit, sed ipsimet ipsos, quia jam non peccatum Adæ in eis puniri videtur, quippe quod jam eis condonatum est, sed propria ipsorum tantum peccata. Quamvis nonnulli juxta parabolam Domini 'de duobus conservis dimissa etiam peccata in damnatis atque ingratis redire, et jungi ad pœnam ita velint, ut quod jam condonationem accepit iterum puniatur. Cum id plane Apostolus in sequentibus contradicat, dicens sine pœnitentia esse dona Dei et vocationem. De quo quidem suo loco diligentius disseremus. Possumus etiam fortasse nullos salvandos ab Adam peccatores, ut determinatum est, constitui, id est æternæ morti subjici, sed solos sine sacramento damnatos.

Per unius obedientiam. Qui videlicet factus obediens usque ad mortem, *constituentur justi,* id est ab omni peccato penitus immunes etiam per pœnam. Nota quod in Adam dicit, *constituti sunt,* in Christo *constituentur.* Ipsum quidem Adæ peccatum in nobis transfusum quasi præsens et determinatum est per pœnam sui. Justificatio autem illa per Christum quasi futura est adhuc, cum sit occulta, et maxime, quia Christiani qui sunt, afflictionibus in hoc mundo subjaceant. Unde Joannes Apostolus. *Filii Dei sumus et nondum apparuit quid erimus. Scimus quoniam, cum apparuerit, similes ei erimus,* etc. *(1 Joan.* III, 2.) Et ipse Paulus : *Vita,* inquit, *nostra abscondita est cum Christo in Deo (Coloss.* III, 3).

Non autem segniter prætereundum est quod hoc loco Apostolus de peccato et gratia per Adam et Christum transfusis toties replicat, et quod quasi necessaria ratione ac manifesta justitia exigente astruit plura per Christum bona, licet non pluribus debere conferri quam per Adam mala, quasi plus in juvando iste potuerit quam ille in nocendo: quod apertum est. Sed ex hoc, ni fallor, contuendo nobis Apostolus reliquit Deum in incarnatione Filii sui id quoque sibi machinatum fuisse, ut non solum misericordia, verum et justitia per eum subveniret peccantibus, et ipsius justitia suppleretur quod delictis nostris præpediebatur. Cum enim Filium suum Deus hominem fecerit, eum profecto sub lege constituit quam jam communem omnibus dederat hominibus. Oportuit itaque hominem illum ex præcepto divino proximum ipsum tanquam se diligere, et in nobis charitatis suæ gratiam exercere, tum instruendo nos, tum pro nobis orando. Præcepto itaque divino et pro nobis, et maxime pro dilectione ei adhærentibus orare cogebatur, sicut in Evangelio Patrem sæpissime interpellat pro suis. Summa vero ejus justitia exigebat ut in nullo ejus oratio repulsam sustineret, quem nihil nisi quod oportebat velle vel facere unita ei divinitas permittebat. Quod ipse Apostolus duobus aliis locis diligenter insinuavit, scribens de eo ad Galatas : *Factum ex muliere, factum sub lege, ut eos qui sub lege erant redimeret (Galat.* IV, 5). Et ad Hebræos : *Qui in diebus vitæ suæ preces supplicationesque ad eum qui possit illum salvum facere a morte, cum clamore valido et lacrymis offerens, est exauditus pro sua reverentia,* etc. (*Hebr.* V, 7.) Homo itaque factus lege ipsa dilectionis proximi constringitur, ut eos qui sub lege erant, nec per legem poterant salvari, redimeret, et quod in nostris non erat meritis, ex suis suppleret. Et sicut sanctitate singularis exstitit, singularis fieret utilitate in aliorum etiam salute. Alioquin quid magnum sanctitas ejus promereretur, si suæ tantum salvationi, non alienæ sufficeret? Nunquid Adam obediendo seipsum salvasset, quod unusquisque etiam sanctorum per gratiam Dei obtinet? Multo plus aliquid in illo singulari justo divina operari gratia debuit. Non sunt etiam copiosæ potentis divitiæ, quæ alios ditare non sufficiunt.

De originali peccato quæstiones sive objectiones.

Nunc ad illam veterem humani generis querelam et interminatam quæstionem, de originali scilicet peccato, quod a primo parente in posteros redundare Apostolus præsenti loco commemorat, veniendum nobis est, et prout poterimus, in ejus solutione laborandum. Primo itaque id quæritur, quid originale peccatum dicamus, cum quo singuli homines procreantur. Deinde qua justitia pro peccato patris innocens filius apud misericordissimum judicem Deum reus constituatur, quod non apud sæculares judices approbaretur, et quod jam ei qui commisit dimissum credimus, vel in cæteris per baptismum deletum, in filiis puniatur, qui nec adhuc peccato consentire valuerunt et quos proprium non obligat peccatum damnet alienum, et prioris iniquitas patris magis quam proximorum quantocumque graviores in damnatione trahant. Quantum etiam sit crudele, et summæ bonitati Dei incongruum, vel salvare magis quam perdere animas desiderat, ut pro peccato parentis filium damnet, quem pro ejus minime justitia salvaret. Pluribus autem modis peccati nomen Scriptura sacra accipit, uno quidem modo et proprie pro ipsa animæ culpa et contemptu Dei, id est prava voluntate nostra, qua rei apud Deum statuimur. Altero autem modo peccatum dicitur ipsa peccati pœna quam per ipsum incurrimus, vel cui propter ipsum obnoxii tenemur. Secundum quam quidem significationem dicuntur peccata dimitti, id est pœnæ peccatorum condonari, et Dominus peccata nostra portasse, id est pœnas peccatorum nostrorum sustinuisse. Et cum aliquis dicitur habere peccatum, vel cum peccato adhuc esse, qui tamen per voluntatem malam non peccat, sicut est aliquis iniquus dormiens, tale est ac si adhuc eum obnoxium pœnæ proprii peccati fateamur. Tertio autem modo ipse Christus ab Apostolo peccatum dicitur, id est hostia pro peccato.

Cum itaque dicimus homines cum originali peccato procreari et nasci, atque hoc ipsum originale peccatum ex primo parente contrahere, magis hoc ad pœnam peccati, cui videlicet pœnæ obnoxii tenentur, quam ad culpam animi et contemptum Dei referendum videtur. Qui enim nondum libero uti arbitrio potest, nec ullum adhuc rationis exercitium habet, quasi cum recognoscat auctorem, vel obedientiæ mereatur præceptum, nulla est ei transgressio, nulla negligentia imputanda, nec ullum omnino meritum, quo præmio vel pœna dignus sit magis quam bestiis ipsis, quando in aliquo vel nocere vel juvare videntur. Unde Augustinus in libro De fide ad Petrum, de anima irrationalium disserens animalium : «Ideo,» inquit, «nec æternitas irrationabilibus spiritibus data est, nec aliquod eis judicium præparatur, in quo eis vel beatitudo pro bonis, vel damnatio pro malis reddatur operibus. Ideo in eis nulla operum discretio requiratur, quia nullam intelligendi facultatem divinitus acceperunt. Propterea ergo eorum corpora resurrectura non sunt, quia nec ipsis animalibus aut æquitas aut iniquitas fuit, pro qua eis aut æterna beatitudo sit retribuenda, vel pœna. » Idem in lib. xxx, quæst. 85, cap. 16 : « Deus justus est gubernans universa, nullam pœnam cuiquam sinit immerito infligi, nullum præmium immerito dari. Meritum autem pœnæ peccatum, et meritum præmii recte factum est. Nec peccatum aut recte factum imputari cuiquam recte potest, qui nihil propria fecerit voluntate. Est ergo et peccatum et recte factum in libero voluntatis arbitrio. »

Boetius autem lib. III editionis secundæ in Perihermenias, quid sit liberum arbitrium diligenter aperiens, ait : « Nos enim liberum arbitrium ponimus nullo extrinsecus cogente in id quod pro nobis faciendum vel non faciendum judicantibus perpendentibusque videatur : ad quam rem præsumpta prius cognitione perficiendam et agendam venimus, ut id quod sit ex nobis ex nostro principium judicio sumat, nullo extrinsecus aut violenter cogente aut impediente. » Item : « Nos autem liberum voluntatis arbitrium non id dicimus quod quisque voluerit, sed quod quisque judicio et examinatione collegerit. Alioquin multa quoque animalia habebunt liberum voluntatis arbitrium. Illa enim videmus sponte quædam refugere, quibusdam sponte concurrere. Quod si velle aliquid vel nolle hoc recte liberi arbitrii vocabulo teneretur, non solum hoc esset hominis, sed cæterorum quoque animalium, quibus hanc liberi arbitrii potestatem abesse quis nesciat? Sed est liberum arbitrium, quod ipsa quoque vocabula produnt, liberum nobis de voluntate judicium. Quotiescunque enim imaginationes animo concurrunt, et voluntatem irritant, eas ratio perpendit, et de his judicat, et quod ei melius videtur cum arbitrio perpenderit et judicatione collegerit, facit. Atque ideo quædam dulcia et speciem utilitatis monstrantia spernimus, quædam amara licet nolentes, tamen fortiter sustinemus : adeo non in voluntate, sed in judicatione voluntatis liberum constat arbitrium, et non in imaginatione, sed in ipsius imaginationis propensione consistit. Atque ideo quarumdam actionum nos ipsi principia non sequaces sumus. Hoc est enim uti ratione, uti judicatione. »

Ex his itaque verbis Boetii patet, liberum arbitrium nihil aliud esse quam ipsam animi facultatem deliberandi ac dijudicandi id quod velit facere, an scilicet sit faciendum, an non, quod elegerit sequendum. Unde et qui nihil actu deliberat, quia tamen ad deliberandum aptus est, libero non caret arbitrio. Quam quidem facultatem nemo sani capitis parvulis deesse contradicet, sive furiosis aut mente captis, qui discretionis judicium non habent, nec in his qui agunt sola voluntate, vel impetu mentis agitati, non aliqua deliberatione animi commoti, aliquid eos promereri concedet vel pœnæ vel præmii : nec legibus etiam hominum subjaceret, ut vel humano judicio rei pro aliquo censeantur. Unde et ipse Augustinus in libro Quæstionum Veteris et Novæ legis . « Quomodo, » inquit, « reus constituitur qui nescit quid fecerit? » Et Hieronymus super Ezechielem : « Quandiu anima in infantia constituta est, peccato caret. » Ac rursus : « Objicies mihi illud suprapositum B. Augustini dictum, quod Deus nullam pœnam cuiquam sinit immerito infligi, nullum præmium immerito dari, id est nulli qui non meruit aut pœnam aut præmium conferri. Quod quidem non solum in parvulis tam propter originale peccatum damnatis quam per solam gratiam baptismatis salvatis reprehensibile videtur, verum etiam in plerisque aliis, sicut in Job percusso, et illo quem Dominus sanavit, a nativitate cæco facto, non ut ait Dominus, quia ipse peccasset aut parentes ejus, sed ut manifestarentur opera Dei in illo (*Joan.* IX, 3). » Quod diligenter beatus Gregorius attendens, diversa promissionum genera in I distinguit Moralium. Quis etiam nesciat Deum non solum promittere, verum et jubere ut inimicis nostris non secundum merita eorum bona retribuamus pro malis, et nos a Deo per gratiam, quæ nos prævenit vel subsequitur, multa obtinere, non per merita. Unde Apostolus : *Si autem ex operibus, jam non ex gratia. Alioquin gratia jam non est gratia* (*Rom.* XI, 6). Quid itaque illud Augustini velit quod primo posuimus et postmodum opposuimus, Dominum videlicet nulli immerito aut pœnam inferri, aut præmium conferri permittere, non facile absolvi posse video, nisi in eo vim quamdam notemus, quod cum dixerit Deus, addidit justus, ut videlicet notet non id Dominum ex justitia permittere quod tamen aliqua permittat dispensatione, aut ex abundantia charitatis potius fieri jubet, quam ex æquitate justitiæ. Est quippe justitia quæ reddit unicuique quod suum est, non plusquam quod suum est, aut minus, hoc est id tantum quod ille cui redditur meruit. Si quis autem alicui plus boni conferat quam ille meruit, aut minus infligat mali, gratiæ id est potius quam justitiæ. Sicut e converso iniquitatis esse videtur, si quis alicui minus boni conferat, vel plus mali reddat quam ille meruit.

Ut ergo ad propositum revertamur, quanta est illa crudelitas æstimanda, quam Deus in parvulis exercere videtur, ut videlicet cum nullum inveniat meritum, gravissimam tamen infernalis incendii pœnam inducit? Hinc enim illud est Augustini in libro De fide ad Petrum : « Firmissime tene, et nullatenus dubites non solum homines jam ratione utentes, verum etiam parvulos, qui sive in uteris matrum vivere incipiunt et ibi moriuntur, sive jam nati sine sacramento baptismatis, quod datur in nomine Patris et Filii et Spiritus sancti, de hoc sæculo transeunt, ignis æterni supplicio sempiterno puniendos Quia etsi peccatum propriæ actionis nullum habuerunt, originalis tamen peccati damnationem carnali conceptione et nativitate traxerunt. Nunquid etiam apud homines iniquissimum judicaretur, si quis innocentem filium pro peccato patris flammis istis transitoriis traderet, nedum perpetuis? Esset utique, inquam, hoc in hominibus iniquum, quibus etiam interdicitur propriae vindicta injuriae. Sed non ita in Deo qui dicit : *Mihi vindictam, ego retribuam (Rom.* xii, 19). Et alibi : *Ego occidam, et ego vivere faciam (Deut.* xxxii, 39). Non enim injuriam creaturae suae Deus facit, quocunque modo eam tractet, sive ad poenam eam deputet, sive ad requiem. Alioquin animalia, quae ad laborem humani obsequii creata sunt, juste conqueri et murmurare adversus Creatorem possent. Quibus quidem murmurantibus super se illud Evangelii responderet : *An non licet mihi quod volo facere (Matth.* xx, 15)? sive illud Apostoli : *O homo, tu quis es qui respondeas Deo? Nunquid dicit figmentum ei qui se finxit : Quid me fecisti sic? An non habet potestatem figulus luti ex eadem massa facere aliud quidem vas in honorem, aliud in contumeliam? (Rom.* ix, 20, 21.) Nulla profecto ratione cum eo posset contendere. Hac quidem ratione profiteor, quoquomodo Deus creaturam suam tractare velit, nullius injuriae potest argui. Nec malum aliquomodo potest dici, quod juxta ejus voluntatem fiat. Non enim aliter bonum a malo discernere possumus, nisi quod ejus est consentaneum voluntati, et in placito ejus consistit. Unde et ea quae per se videntur pessima, et ideo culpanda, cum jussione fiunt Dominica nullus culpare praesumit. Alioquin Hebraei spoliantes Aegyptios furti graviter arguendi essent, qui suos occiderunt proximos cum Madianitis fornicantes, non tam ultores quam homicidae, judicarentur. Adeo autem boni vel mali discretio in divinae voluntatis dispositione consistit, cui hoc attendentes quotidie clamamus : *Fiat voluntas tua,* ac si ita dicamus : Ordinentur optime cuncta, ut ad ejus jussionem vel prohibitionem eadem fieri alio tempore bonum sit, alio malum, cum pro temporum diversitate antiqui et novi contrariae penitus nonnullae videantur observantiae. Quis enim nesciat antiquo populo prius esse praeceptum, ut de sua quisque tribu duceret uxorem, et omnino modo est inhibitum : et tunc praecipue nuptiis implicari, nunc libertate continentiae frui, et circumcisionem et caetera legis sacramenta, quae in summa veneratione ex praecepto divino tunc fuerunt, nunc abominabilia esse? Constat itaque, ut diximus, totam boni vel mali discretionem in divinae dispensationis placito consistere, quae optime cuncta nobis ignorantibus disponit, nec quidquam bene fieri dicendum aut male, nisi quod ejus optimae voluntati consentaneum est aut adversum : ut quemadmodum proposuimus, quocunque modo Deus jam parvulos quam caeteras ejus creaturas tractare velit, id optime fieri non dubitemus, et si eas omnes ut voluerit ad poenam ordinet, nec eum injuriae argui posse, quocunque modo eas ordinet, sive ad gloriam sive ad poenam.

Sed quia parum est ad divinae dispositionis commendationem in hac parvulorum damnatione ab injuria Deum absolvere, nisi et aliquam bonitatis ejus gratiam valeamus astruere, videtur quoque id nobis agi ex multiplicis gratiae ipsius dispensatione, tam in ipsos scilicet parvulos, quam in alios redundantis. Scimus quippe hanc esse mitissimam poenam, B. in Enchiridione Augustino sic attestante (67) : « Mitissima sane omnium poena erit eorum, qui praeter peccatum, quod originale traxerunt, nullum insuper addiderunt. » Quam quidem poenam non aliam arbitror quam pati tenebras, id est carere visione divinae majestatis sine omni spe recuperationis. Quod, ni fallor, conscientiae tormentum ignem perpetuum B. Augustinus supra nominavit. Credimus etiam huic mitissimae poenae neminem deputari morte in infantia praeventum, nisi quem Deus pessimum futurum, si viveret, praevidebat, et ob hoc majoribus poenis cruciandum. Unde nonnullam in hac remissione vel alleviatione poenae divinae bonitatis gratiam percipere parvuli non immerito videntur. Bene etiam Deus ad correptionem nostram hac mitissima parvulorum poena utitur, ut videlicet cautiores efficiamur ad evitandum propria peccata, cum tales et tam innocentes, quibus nec sepultura vel orationes fidelium conceduntur, damnari quotidie credamus propter aliena, et ampliores Dei gratias referamus, cum nos ab illo perpetuo igne post multa etiam perpetrata crimina per gratiam suam immunes habeat, a quo minime illos salvat. Voluit etiam statim ostendere in prima et fortasse modica primorum parentum transgressione, quam ita in posteris nihil adhuc merentibus vindicat, quantum omnem abhorret iniquitatem, et quantam poenam majoribus culpis et frequentibus reservet, si hoc semel commissum in unius pomi reparabilis esu ita in posteris punire non differat. Unde Hieron. in epistola ad filiam Mauricii, sive ad virginem Deo consecratam : « Adae, » inquit, « magis parcendum fuit; qui adhuc novellus erat, et nullius ante peccantis, et propter peccatum suum morientis retrahebatur exemplo. Tibi vero post tanta documenta, post legem, post prophetas, post Evangelia, post apostolos, si delinquere volueris, quomodo indulgere possit ignoro. Sunt et in singulorum parvulorum damnatione propriae et familiares quaedam causae, licet nobis occultae, quas ille novit qui nihil non optime disponit. Et nos quidem aliquas hujuscemodi ex his quae frequenter accidere videmus, conjicere possumus. Saepe quippe accidit ut talium parvulorum mortem in vitam suorum parentum divina gratia commutet, cum ipsi videlicet maxime de eorum damnatione quaerentes quanta eis per concupiscentiam propriam generatis intulerint, propriae id culpae totum tribuant, et sibi ascribant, et tam ipsi quam caeteri hoc videntes timidiores in Deum, et de propriis peccatis

---

(67) Patrol. tom. XL, col. 275.

magis compuncti vel resipiscentes efficiantur, cum tam severam in parvulos ex concupiscentia, in qua omnes genuerunt, viderint sententiam. Ex quo etiam ad continentiæ bonum potius invitamur, quod tam periculosæ indulgemus concupiscentiæ, per quam tot animæ incessanter inferis transmittuntur. » His vel consimilibus rationibus apparere arbitror Dominum de mitissima illa damnatione parvulorum non solum injuriæ non esse arguendum, verum etiam ex nonnulla gratiæ suæ tam in parvulos, ut dictum est, quam in cæteros collatione glorificandum.

Est ergo originale peccatum, cum quo nascimur, ipsum damnationis debitum quo obligamur, cum obnoxii æternæ pœnæ efficimur propter culpam nostræ originis, id est primorum parentum, a quibus nostra incœpit origo. In illo enim, ut supra meminit Apostolus, peccavimus, id est peccati ejus causa æternæ damnationi ita deputamur, ut nisi divinorum sacramentorum nobis remedia subveniant æternaliter damnemur. Et notandum quod licet dicamus peccasse parvulos in Adam, ut expositum est, non ideo simpliciter annuamus eos peccasse, sicut nec cum dicimus aliquem tyrannum adhuc vivere in filiis suis, ideo eum simpliciter vivere concedimus. Damnantur itaque, inquies, qui non peccarunt, quod est iniquissimum; puniuntur qui non meruerunt, quod est atrocissimum. Sed hoc fortasse, quantum ad homines, non quantum ad Deum est concedendum. Alioquin quomodo parvulos quoque pœna diluvii vel incendii Sodomitarum Deus affligens non arguitur? Aut quomodo B. Job et martyres sanctos affligi vel occidi permisit? denique et unicum suum morti tradidit? dispensatione, inquies, commodissima gratiæ suæ id fecit, bene et argute : sic etiam, inquam, homines aliqua saluberrimi consilii dispensatione et innocentes pariter ut nocentes affligere possunt, nec in hoc peccare : veluti cum propter alicujus tyranni malitiam boni principes terras eorum depopulantes atque deprædantes, et bonis fidelibus qui eis subjecti sunt, et possessione non mente conjuncti nocere compelluntur, ut paucorum electorum damno plurimorum utilitati provideatur. Potest etiam contingere ut aliqui falsi testes, quos tamen refellere non valeamus, aliqua de aliquo impudent quem innocentem scimus. Quorum quidem testimonia, postquam id egerint quod eis adjudicatum fuerit, cogimur etiam contra conscientiam nostram gravare innocentem, ut (quod mirabile dictu est), dum legibus obtemperamus, juste cum puniamus qui juste non punitur, et juste id agamus quod justum non est, competenti super hoc deliberatione habita, ne uni parcendo pluribus noceamus. Sic etiam in parvulorum damnatione, cum quod non meruerint plectuntur, multæ possunt existere causæ divinæ dispensationis saluberrimæ, præter has etiam quas assignavimus, ut non sit iniquum eos sic puniri, licet non meruerint, quoniam Deus qui talium pœna tam ipsis quam aliis non inutiliter utitur, ut supra aliquibus non improbabilibus assignavimus opinionibus, ut magis ad gratiam Dei quam ad justitiam hæc mitissima parvulorum pœna referenda videatur, et in quo maxima Dei videtur crudelitas, magnæ dispensatio gratiæ sit prædicanda.

Nec hoc rationi contrarium est, si quod dimissum est in parentibus, puniatur in filiis, licet hoc filii non ex culpa contrahunt parentum. Aliqua enim pro parentibus satisfactio intercedit, et eis tantum sufficiens est, non etiam filiis. Verbi gratia, egerunt Adam et Eva ejecti de paradiso in sudore vultus et dolore partus vel cæteris afflictionibus pœnitentiam de commissa transgressione, et propitiatus est eis Deus propria ipsorum satisfactione. Morte denique temporali cum sint pro illa transgressione quam commiserant ipsi puniti, nequaquam propter ipsam æternæ morti sunt reservandi, juxta illud propheticum : *Non judicabit Dominus bis in idipsum, et non consurget duplex tribulatio* (*Nahum* I, 9), id est nemo de uno eodemque proprio peccato et corporali et æterna morte puniendus est. Filiis autem illorum, videlicet primorum parentum, quibus pariter omnibus etiam pro culpa ipsorum patrum iratus est Deus, tanquam in peccato carnalis concupiscentiæ conceptis, quam ipsi videlicet patres ex prima transgressione incurrerunt, singulis propria necessaria est absolutio, quæ levissima nobis instituta est in baptismo, ubi pro alieno quo obligantur peccato aliena fides patrinorumque confessio intercedat. Quippe qui obligatus peccato nascitur, pro ipso quo tenetur nondum satisfacere vel pro se valet, sed divinæ gratiæ sacramento mundatur. Non mirum videri debet si quod indulgetur parentibus, exigatur a filiis, cum ipsa vitiosa carnalis concupiscentiæ generatio peccatum transfundat, et iram mereatur. Unde Apostolus : *Natura filii iræ,* a qua quidem ira parentes primi satisfactione propria sunt liberati. Potest autem usu evenire ut cum aliquis pauper dominio alicujus se subjugaverit et parvulos suos; ipse tamen postea propriæ virtutis facto aliquo vel pretio libertatem sibi, non filiis acquirat. In ipsis etiam rerum naturis non incongruam nobis Dominus hujus rei similitudinem impressit, quæ hujusmodi objectioni satisfacere quodammodo videatur, cum tam videlicet ex olivæ quam ex oleastri semine non nisi oleaster nascatur, sicut tam ex carne justi quam ex carne peccatoris non nisi peccator nascitur, et ex frumento a palea purgato non purgatum, sed cum ipsa palea frumentum producatur : sicut ex parentibus per sacramentum a peccato mundatis nemo nisi cum peccato nascitur.

Utrum autem ex proximis quoque parentibus sicut ex primis peccata contraxerimus, et multiplicatis originalibus peccatis tanto quisque nascatur deterior quanto posterior, ante ... quæritur. Beatus vero Augustinus in Enchiridione cap. 16, hoc probabiliter dici consentit, ut proximorum quoque parentum peccatis filii obligentur, ubi videlicet ait parentum quoque peccatis parvulos obligari, non solum primorum hominum, sed etiam ipsorum, de quibus ipsi nati sunt, non improbabiliter dicitur. Illa quippe divina sententia, Reddam peccatum patrum in filios (*Exod.* xx, 5), tenet eos utique antequam per regenerationem ad testamentum novum incipiant pertinere, quod testamentum prophetabatur cum dicitur per Ezechielem, non accepturos filios peccata patrum, nec ultra futuram in Israel parabolam hanc : *Patres manducaverunt uvam acerbam, et dentes filiorum obstupuerunt* (*Jerem.* xxix, 31). Item ideo est instituta regeneratio, quia vitiosa est generatio usque adeo, ut de legitimo matrimonio procreatus dicat : *In iniquitatibus conceptus sum, et in peccatis concepit me mater mea* (*Psal.* l, 7). Neque enim hic dixit, in iniquitate vel peccato, quia et in verbo uno quod in omnes homines pertransiit, tam magnum est ut mutaretur vel converteretur in necessitatem mortis humana natura. Reperiuntur, sicut supra disserui, plura peccata, et alia parentum, quae et reatu obligant filios, nisi gratia divina subveniat. Sed de peccatis aliorum parentum ab ipso Adam usque ad patrem suum disceptari potest, utrum omnium malis actibus et multiplicatis delictis originalibus qui nascitur implicetur, ut tanto pejus quanto posterius quisque nascatur. Haec tamen beati Augustini dicta magis ad opinionem aliorum, sicut ipsemet innuit, probabilem, quam ad ipsius assertionem referenda videntur. Quis namque Jeremiam et Joannem Baptistam sanctificatos in utero longe posteriores quam Cain deteriores nasci arbitretur ? Denique et Dominus Jesus ex multis peccatoribus patribus originem ducens secundum carnem longe post Cain natus est ex Virgine. Et cum plures quam Cain peccatores haberet antecessores, nihil tamen ei obfuit numerositas talium patrum, quorum carnem accepit in Virgine. Sed vero illud in admirationem venire debet, quod cum originale peccatum condonatur, status immortalitatis, qui per ipsum amissus est, non recuperatur. Satis quippe ad divinae gratiae largitatem nobis debet esse, si vel gravissimam et aeternam evitemus mortem, quia per illud peccatum incurrimus utramque. Non est enim aliud Deum condonare peccatum, quam aeternam ejus relaxare poenam. Ad hoc enim, ut arbitror, poena ista corporalis et transitoriae mortis reservatur, ut eo minus vitam habere temporalem appetamus, quo facilius eam finiri prospicimus, et aerumnis subjacere, et eam amplius diligamus quae vere beata est, et finem non habet. Haec de originali peccato non tam pro assertione quam pro opinione, nos ad praesens dixisse sufficiat. Nunc ad expositionem litterae redeamus.

Lex autem subintravit. Ac si aliquis quaereret : Quid ergo egit lex ante adventum Christi, si postea Christus adveniens peccata abstulit ? Respondet quia lex non solum peccata non abstulit, sed auxit, ut necessario Christus ad auferendam quoque habitudinem peccatorum descenderet. Et hoc est *lex* scilicet scripta *subintravit,* post naturalem, *ut abundaret delictum.* Hoc autem dictum est, quomodo si dicatur de aliquo, *exivit ut moreretur,* id est exivit, et propterea mors est subsecuta, non quod hac intentione exiret. Sic et per hoc quod lex data est populo rebelli, peccatum per transgressionem plurimam abundavit. *Ubi autem,* id est in eodem populo, in quo per transgressionem etiam legis scriptae, *abundavit peccatum, superabundavit et gratia,* Christi, id est bona ab eo gratis non pro meritis collata, tum quia ibi salutem nostram specialiter operatus est, tam patiendo scilicet quam praedicando. Unde ait : *Non sum missus nisi ad oves quae perierunt domus Israel* (*Matth.* xv, 24), vel remittendo peccata, aut miracula faciendo, sive patiendo, resurgendo, ascendendo, Spiritum sanctum mittendo quam apostolos et priores electos inde colligens, per quos universus postmodum orbis acquisitus est Deo. Abundasse peccatum, dicit, et superabundasse gratiam, quae non solum peccatum abstulit, verum etiam virtutes contulit et multiplicavit, tam visibiliter in miraculis quam spiritualiter in interioribus animae bonis, *ut sicut,* id est ad hoc abundavit haec gratia, id est dona a Christo gratis collata, *ut ipsa regnat per justitiam,* id est regnum justitiae in nobis aedificet, quae omnibus imperet libidinibus, et illicitos refrenet motus, praeparando nos ita, *in vitam aeternam,* et hoc, *per Christum* seipsum pro nobis hostiam offerentem. *Sicut antea regnavit,* id est regnum suum et dominium habuit, *in nobis peccatum,* ducens nos ita, *in mortem,* scilicet aeternae damnationis.

CAPUT VI.

Quid ergo dicemus ? etc. Quandoquidem ubi abundavit delictum scilicet quasi diceret aliquis : Quid dicemus nisi ut perseveremus in peccato, ut sic in nobis *gratia abundet,* sicut in illis ? Absit ! inquit Apostolus ex sua parte, hoc concedamus, scilicet perseverandum unquam esse nobis aliqua occasione in peccato. *Qui enim mortui sumus peccato.* Ac si diceret : Non est nobis permanendum in peccato, quia nec manendum aliquo modo, cui sumus jam mortui, per gratiam scilicet nobis collatam de remissione etiam peccatorum, *An ignoratis;* ac si diceret, etiam ipso sacramento et similitudine mortis Christi, quam accepistis in baptismo, admonemini postquam mortui facti estis peccato, non esse vivendum in illo. Sicut enim ille semel mortuus corpore semel resurrexit a morte, non ultra scilicet moriturus, ita et vos a morte animae, id est peccato, per gratiam baptismi Christi, non Joannis, liberati, redire ad peccatum non debetis. Et hoc est : Nunquid vos qui ita opponitis, ignoratis sacramentum, id est sanctificationem baptismi Christi, id est ignoratis quod *quicunque baptizati sumus in Christo Jesu*, id est baptismate ejus potius quam Joannis, *sumus baptizati in morte ipsius?* id est in similitudine et significatione corporalis mortis. Sicut dictum est, ut videlicet sicut ille semel mortuus est corpore, et resurrexit, ita et nos semel mori peccato nitamur, et non ultra velle peccare, etiamsi per pœnitentiam valeamus resurgere. *Consepulti enim.* Post similitudinem mortis et sepulturæ adjungit etiam resurrectionis, dicens nos ad hoc in baptismo consepultos esse Christo in morte peccati, id est similitudine tridua ejus sepulturæ, per quam morimur peccato, accepisse, ad hoc, inquam, ut, *Quomodo Christus semel resurrexit*, semel iterum casurus in mortem, *per gloriam Dei Patris*, id est per potentiam divinitatis, quæ specialiter nomine Patris exprimatur, ita nos ambulemus per gradus virtutum, quæ novum hominem faciunt, non revertentes ad vitia quæ sunt mors animæ. *Si enim.* Dixi nos accepisse similitudinem mortis et sepulturæ Christi in baptismo, ut similitudinem resurrectionis per novitatem vitæ teneamus. Et merito, *Quia si complantati fuerimus similitudini mortis Christi*, id est si in gratia baptismatis, quæ est similitudo mortis Christi, firmiter radicati fuerimus, sicut ille obedientia mortis sibi injunctæ a Patre immobilis exstitit. Quæ quidem mors ejus fuit quasi plantatio grani fructificandi, et multiplicandi sicut ipse dicit : *Nisi granum frumenti*, etc. (*Joan.* XII, 24); *simul erimus et resurrectionis ejus*, id est perveniemus per gradus virtutum ad resurrectionis ejus gloriam, sive ad ipsam novitatem vitæ, quæ est etiam in terris quædam similitudo futuræ vitæ, quam resurgendo primus Christus nuntiavit. Novitas vitæ est, ut ait Origenes, ubi veterem hominem cum actibus suis deponimus, et induimus novum qui renovatur in agnitione Dei. Quotidie sic dici potest ipsa novitas innovanda esse. Sic enim dicit : *Nam et is qui foris est homo noster corrumpitur, sed qui intus renovatur de die in diem* (*II Cor.* IV, 16). Qui in fide proficiunt, semper bonis operibus adjiciunt meliora.

Hoc scientes, id est attendentes et considerantes in ipso genere mortis Christi significari quod non simul cum Christo sit *crucifixus*, id est in nobis, *vetus homo*, id est transgressor Adam, ut quemadmodum scilicet Christus corporaliter crucifixus mortuus est, ita spiritualiter in nobis veterem hominem per baptismum mori credamus et crucifigi, id est omnem transgressionem, per quam imitamur veterem et priorem Adam, condonari. Et hoc est quod exponens subjungit, ita *ut destruatur in nobis totum corpus peccati*, non unum membrum, id est universa peccata, tam originale scilicet quam propria, non hoc tantum vel illa condonentur. Crucifixus quilibet ita totum corpus extensum habet, ut movere membra non possit, tanquam omnia sint mortificata. Per quod significatur in baptizatis omnia deleta esse peccata. *Ut ultra*, id est ad hoc nobis gratia remissionis est collata, ut ei, quantum possumus, cohærentes, et in hac munditia permanentes *non serviamus* ultra *peccato*, id est non dominetur nobis longa peccati consuetudo, quæ etiam nolentes quasi servos in perpetuum retinet, non tanquam famulos ad horam subjectos habet. *Qui enim.* Bene dixi crucifixum esse et mortuum in nobis veterem hominem, ut amplius ille in nobis peccato non serviat, quam mortuus quilibet, ut ait Hieronymus, justificatus est a peccato, id est ab opere peccati jam alienus, licet penitus voluntate peccandi non careat, sicut libero caret operandi arbitrio : *Si autem*, id est si morte peccati imitamur mortem Christi. *Credimus*, id est mente firmiter tenemus, *quia simul etiam vivemus cum Christo*, tam corpore quam anima glorificati in perpetuum. Cujus quidem vitæ perpetuitatem subjungit dicens, *scientes*, nunc per experimentum quia nunc credimus, *quod scilicet Christus resurgens ex mortuis*, id est de inter mortuos, quorum unus erat, *jam*, id est in præsenti sæculo, *non moritur*, neque etiam in futuro : et hoc est, *Mors illi ultra non dominabitur*. Sed quid est quod ait, *non dominabitur*, quasi prius dominata fuerit, et eum tanquam inimicum oppresserit. Et fortasse qui usque adeo mortem visus est expavisse ut diceret : *Pater, si possibile est*, etc., et iterum, *verumtamen non sicut ego volo*, etc., mori nullatenus voluit, sed permisit? Secundum divinitatem vero, sicut unum est cum Patre, ita et unius voluntatis est, juxta quod ipse de se ait : *Nemo tollit animam meam a me, sed ego pono eam* (*Joan.* X, 18). Et iterum : *Potestatem habeo ponendi animam, et iterum sumendi eam* (*ibid.*). Et Isaias : *Oblatus est*, inquit, *quia voluit* (*Isa.* LIII, 7).

Desideravit quidem anima hominis illius salutem nostram quam in morte sua consistere sciebat, et propter illam quam desiderabat hanc tolerabat, sicut infirmus vel sauciatus aliquis propter sanitatem quam desiderat, multa tolerat aspera coactus, non spontaneus, per quam sanitatem se adepturum existimat. Quæcunque autem coactus quis sustinet, non utique velle, sed magis tolerare dicendus est. Nihil quippe affligendo gravat aliquem, nisi quod contra ejus geritur voluntatem. Et in nullo quis patitur, nisi quod ejus voluntati adversatur. Anima itaque Christi non tam afflictiones passionum velle quam tolerare dicenda est. Sed quia etiam Christus ipse alibi profitetur non se venisse voluntatem suam facere, sed voluntatem Patris. Unde et pro magno id merito et virtute reputandum est, cum amore quis Dei suæ penitus abrenuntiat voluntati, imo et, ut ipse alibi Christus ait, adhuc et animam suam oderit. Quodam itaque modo mors ipsa humanitati Christi dominata est, quando eam videlicet præ augustia sua reformidabat, et transire potius quam venire volebat, quasi nolens sustinuit propter injunctam sibi a Patre obedientiam. Qui etiam sub lege factus est, cum omnino legi nil deberet. Tale est itaque quod ait. Apostolus, *Mors illi ultra non dominabitur*, ac si diceret : Non opprimet nolentem, vel non affliget violenter innocentem. Quasi enim violentiam mors in eum exercuit, cum innocentem, et nulli peccato penitus subjacentem oppressit, quæ non nisi peccati causa homini est immissa. Potest enim convenientius distingui quod dictum est, *jam non moritur, et mors illi ultra non dominabitur*, ut videlicet illud primum ad mortem corporis, secundum vero ad mortem animæ referatur. Tale quippe est, *non moritur jam*, ac si dicatur : Præsentem vitæ mortem, id est corporalem non incurret. Tale est vero, *mors illi ultra non dominabitur*, ac si dicatur : Mors illi ulterior, quæ in reprobis corporalem sequitur, et etiam post resurrectionem impiis dominatur, eum nullatenus opprimet. Quæ videlicet mors omnibus quos arripit dominatur, et neminem nisi invitum detinere potest. Hanc autem distinctionem sequens littera exigere videtur quæ ait : *Quia enim mortuus est*, etc. Hinc enim probat quod mors illa, quæ ultima est, id est quæ post hanc transitoriam sequitur, æterna illi non dominabitur, quia ille semel mortuus est in corpore tantum.

Quod enim mortuus est peccato penitus, id est in nullo penitus unquam fuit peccato, sive actuali sive originali, pro quo videlicet peccato mors illa damnationis debetur, ideo semel tantum mori potuit, ut dictum est, id est corpore tantum, non anima. *Quod autem vivit*. Mortuus est, inquam, sed vivit jam suscitatus. Et quod vivit, *vivit Deo*, sicut mortuus fuerat peccato, imo quia mortuus existit in præsenti sæculo peccato, necesse est ut in futuro vivat Deo. Vivit peccato qui vivendo peccat, vivit Deo qui ab ejus voluntate non discordat. Quod quidem soli Christo sive in ipso capite sive in ejus glorificatis membris veraciter assignatur. *Ita et vos*. Quod præmisit de capite per similitudinem quamdam ad membra reducit, ut videlicet peccato moriantur et Deo vivant. Et quia possent illi dicere se ignorare quando peccato, quando Deo viverent, præveniens atque auferens hanc excusationem, dicit ut saltem pro existimatione sua et capacitate suæ intelligentiæ id implere studeant. Et hoc est quod ait : *Existimate*, etc., hoc est ita saltem vivatis, ut vos non reprehendat vestra conscientia, sed mundum ad plenum qualiter vivendum sit cognoscatis, quia et si aliter sapitis, ut ipse alibi Apostolus ait, id quoque Deus vobis revelavit, corrigendo scilicet vestræ simplicitatis minus doctam existimationem. *In Christo Jesu*, id est per gratiam vobis in Christo collatam, cum quo vobis collata sunt omnia, non per merita vestra.

Non ergo. Ad superiora illa revertitur ubi dictum est : *Quid ergo dicemus? permanebimus in peccato? ut gratia hæc*, etc. Et multis rationibus interpositis concludit non esse permanendum in peccato, id est non oportere aliqua de causa peccatum regnare in nobis. Continuatio : Quandoquidem sic vivendum est ut existimetis vos mortuos esse peccato. Ergo *non regnet peccatum in vestro mortali corpore*, hoc est non perseveret in fragilitate vestræ carnalitatis. Non dicit, non sit, sed *non regnet*, id est non dominando perseveret. Quod autem non dicat, non sit, insinuat dicens : *In vestro mortali corpore*, id est in fragili et ad peccandum prona humanæ naturæ substantia. Difficile quippe est, imo quodammodo impossibile, ut quandoque nostra hæc mortalitas ad peccatum inclinetur, sed cum humanum peccare diabolicum est, non humanum perseverare. Quomodo autem regnet in nobis peccatum, et dominium obtineat, determinat subjungens, *ut obediatis concupiscentiis ejus*. Quasi transitum, non regnum in nobis habet peccatum, quando quod suggerit concupiscentia ratio refrenat. Tunc vero quasi regnans et dominans stabilem in nobis mansionem facit, quando malum quod mente concipimus, opere implemus, vel (quod pejus est) in consuetudinem ducimus, nolentes id per pœnitentiam emendare. Est itaque obedire concupiscentiæ peccatum ita ad affectum ducere, sicut prava concupiscentia quæ peccati est persuadet.

Sed neque. Non solum non obediatis malæ concupiscentiæ, verum et ipsam ita prævenire vestra providentia studeat, ut cum voluerit dominari non possit. Quod quidem facietis, si non exhibueritis, *membra vestra arma iniquitatis peccato*, id est non præparabitis ea instrumenta conceptæ animo iniquitatis, id est malæ concupiscentiæ, ad peccatum opere complendum. Tunc autem præparamus membra nostra ad malam concupiscentiam quæ ad actum perducitur, quando nimio cibo vel potui indulgemus, unde lascivire facile caro possit; vel quando componimus nos atque adornamus, ut mulieribus placere valeamus ; vel quando pugillatorie vel gladiatorie insistimus, ut per ea quos voluerimus opprimamus ; vel in causis linguam exercemus, ut inde pecuniam acquiramus ; et quibuscunque modis vel aliquam partem nostri corporis ad aliquid mali operandum facilem sive habilem efficimus. *Sed exhibete*, id est præparate vos Deo, hoc est divinæ voluntati dicate, utpote per fidem ab eo spiritualiter suscitati a morte animæ. Et hoc est *tanquam exhibete membra vestra*. Et quia fides sine operibus mortua est, addit *et membra vestra*, scilicet exhibete *arma justitiæ Deo*, id est instrumenta quibus omnis ad justa opera utatur, veluti si quis abstinentia gulam domet, ut quod sibi subtrahit alteri largiatur, vel manus in labore exerceat, ut habeat unde tribuat necessitatem patienti, vel aures prædicationi et oculos sacræ lectioni applicet, ut alios quoque valeat erudire, etc. *Peccatum enim*. Dixi, ut exhibeatis membra vestra Deo, et id præcipue debetis propter appositam gratiam Evangelii, et gravissimam pœnam legis remotam. Et hoc est peccatum, id est lex peccati, id est pœnæ potius quam gratiæ. *Vobis*, ad Christum jam conversis, *non dominabitur*, id est non opprimet atque affliget illis intolerabilium pœnarum vindictis. Unde causam annectit, dicens :

Non enim sub, id est non estis jam sub legalibus institutionibus obnoxii, tanquam illo legis jugo gravissimo pressi, dentem pro dente, oculum pro oculo, etc., sed sub gratia scilicet Evangelii. Quod scilicet Evangelium testamentum amoris et misericordiæ est dicendum, sicut illud timoris et vindictæ exstitit. Unde et in laudem Christi Psalmista præcinit, *Diffusa est gratia in labiis tuis*, hoc est dilatatam usque ad inimicos charitatem, juxta quod alibi dicit : *latum mandatum tuum nimis*, et tota tua resonat prædicatio. Quæ quidem ita dimitti præcipit, seu persuadet, ut incassum speremus remissionem a Deo peccatorum, nisi omnibus omnes injurias dimittamus. *Quid ergo peccabimus ?* occasione præmissorum quæstionem interserit atque solvit dicens : *Quid ergo*, scilicet dicendum est aut tenendum? hoc est quæstionem quasi rationabiliter incurrimus hanc, peccabimus quoniam non sumus sub lege; id est libertatem hanc gratiæ quam accepimus convertemus ad peccandum, quia scilicet vindictam hanc corporalem non timemus? *Absit !* quod videlicet non esset hæc libertas, sed servitus. Et hoc est quod subdit : *An nescitis*, id est tam stolidi estis quod ignoratis, *quod servi estis ejus cui vos præparatis servos ad obediendum*, id est cui vos sponte traditis non coacti, ut quod præcipit exsequamini ; non attendentes videlicet an non sit faciendum, sed quod sit ab eo præceptum, *sive peccati*, id est pravæ voluntatis ducentis ad mortem, id est damnationem, quasi suggerem præcipientis prava opera, *sive obeditionis*, scilicet servi, id est bonæ voluntatis, seu præceptionis, cui est obediendum ad justitiam, id est aliquam justam operationem. *Gratias autem*. Dixi sive peccati sive obeditionis, quasi dubitarem cujus servi sitis; sed gratias, id est grates Deo, subaudi refero, quod cum fuissetis prius servi peccati, nunc estis facti servi obeditionis. Et hoc est, *obeditis autem ex corde*, id est amore potius quam timore, in eam formam, id est secundum illum modum doctrinæ, in qua a prædicatoribus estis eruditi, et sic liberati a servitute peccati, cui videlicet prius obediebatis. *Servi facti estis justitiæ*, id est justæ vel rectæ voluntatis, seu divinæ præceptionis, quæ non solum justa, verum etiam ipsa est appellata justitia. *Humanum dico*. Ac si diceret : et quia nunc a jugo peccati liberati ad obedientiam justitiæ estis traducti.

LIBER TERTIUS.

Humanum dico. Adhortando vos, ut in ea perseveretis, et quia vos infirmos adhuc et carnales intueor, id est pronos relabi ad peccata, humanitus vobis loquor, id est remissius quam justum sit, ut videlicet si non plus saltem tantum studeatis implere opera justitiæ, quantum studuistis iniquitati deservire. Et hoc est illud humanitus dictum, *propter infirmitatem carnalitatis eorum*, id est quam ex carnalibus trahunt desideriis, quod statim adjungit dicens : *Sicut enim*. Ac si diceret, vere humanum vobis dico, quia hoc ut videlicet sicut olim *exhibuistis*, id est aperte atque impudenter præparastis, *membra vestra servire immunditiæ*, id est carnalibus turpitudinibus, luxuriæ vel gulæ, *iniquitati*, id est spiritalibus vitiis, sicut est ira vel odium in alterum, seu cupiditas rei alienæ : illis, inquam, exhibuistis servire *ad iniquitatem*, scilicet perpetrandam, ut videlicet perversum mentis desiderium in effectum duceretis, ita præparate nunc illa *servire justitiæ*, id est justis desideriis *in sanctificatione*, id est in effectum sancti operis. Qui non tam ex infirmitate quam ex studio peccant, membra sua præparant ad iniquitatem, sicut nonnulli calidis utuntur, ut luxuriæ; vel falsis, ut potui vacare diutius possint, atque ipsa sui corporis membra sæpe contra ipsorum naturam ad turpitudines cogunt. Manum quoque suam ad iniquitatem perpetrandam præparat, si ei gladium providet, quem in eum quem odit exerceat. E contrario membra sua justitiæ præparat, si ea sic temperare satagit, et coercere, ne ad illicita prorumpant; sed ad coronam proficiant : quibus quidem cum potuit non est transgressus, imo viriliter in eis omnem pravæ suggestionis impetum exstinxit, et quæ eis potuit ad bene operandum monstravit, ut oculis sacras litteras, auribus lectiones, manibus eleemosynarum munera vel religiosi laboris instrumenta.

Cum enim. Bene dixi, quia liberati modo a peccato servi facti estis justitiæ, quia e contrario olim servi existentes peccati liberi fuistis justitiæ, id a servitio justitiæ alieni. Locus a contrariis. Sicut servus justitiæ dicitur qui ei famulatur, ita e contrario liber ejus dicitur qui ab ejus servitio remotus est, id est qui eam implere non curat. *Quem ergo*, id est quandoquidem olim ita peccato servistis a justitia penitus alieni, quem tunc *fructum*, id est utilitatem, *habuistis*, scilicet supra positis, immunditia scilicet et iniquitate, *in quibus*, id est de quorum perpetratione, *nunc erubescitis*. Et hic est finis illorum, scilicet ad quod ducit, vel effectus prius eis debitus mors est, animæ videlicet, id est perpetuæ cruciatus pœnæ. *Nunc vero liberati a peccato*, id a gravi malæ consuetudinis jugo, *habetis* jam hic *fructum vestrum in sanctificationem*, id est ipsam remissionem peccatorum, qua sanctificati estis, habetis pro remuneratione. *Finem vero*, id est exitum, ad quem hæc sanctificatio perducit, habetis jam vobis præparatum. *Vitam æternam*. Merito finem dicit tam vitam quam mortem animæ æternam, quæ vita ista corporis et morte temporali finitis extremæ consequuntur. *Stipendia enim* ad duo illa præmissa. *Nam finis illorum*, et *Hinc vero liberati* etc., ista duo subnectit, *stipendia enim*, et, *gratia autem Dei*, etc., ostendens videlicet qualiter ad duos illos fines, quos distinxit, mortem scilicet ac vitam perveniatur. Ad mortem quidem ex justitia, ad vitam autem ex gratia per Jesum ante collata. *Non sunt enim condignæ passiones hujus temporis ad futuram gloriam, quæ revelabitur in nobis* (Rom. VIII, 18). Unde bene remunerationem peccati de morte vocat stipendium, remunerationem autem obedientiæ Dei de vita æterna non stipendium, sed gloriam nominat. Stipendium quippe a stipe nomine, et penso pensas verbo dicitur. Stipes autem vel stips dicitur merces quæ militibus redditur, pensato eorum labore, sive considerata dominorum utilitate. Haymo vero sic ait : Stipendia, id est remuneratio stipendium dicitur, a stipe pendenda, id est substantia ponderanda. Antiquitus enim potius ponderabatur pecunia quam numerabatur. Sic continua : Dixi quia finis illorum, id est immunditiæ et iniquitatis, mors est, et bene, quia omnis peccati stipendia sunt, id est justa et debita remuneratio mors, his videlicet qui in eo perseverant : sed vita æterna potius est gratia Dei dicenda quam stipendia nostra, id est gratis potius nobis collata, quam meritis nostris debita. Et hoc est per Christum Jesum, per quem Deo reconciliati sumus.

CAPUT VII.

An ignoratis. Dixerat superius Apostolus : *Non enim sub lege estis, sed sub gratia* ; et rursus hic novissime adjecit, *per Jesum Christum Dominum nostrum*, potius quam per legem, nos nanc gratiam vitæ æternæ assecutos. Unde quia aliquis possit quærere : Post legem datam quando aliquis sine ejus observationibus potest salvari cuicunque apponatur gratia, convenienti similitudine Apostolus talem prævenit et solvit quæstionem, ostendens videlicet quod quemadmodum mulier priore viro defuncto potest ad alium inculpabiliter transire, ita populus Dei prius jugo legis alligatus quasi mulier viro cui debet obedire, potest jam lege defuncta ad libertatem Evangelii sine culpa meare. Usque ad Joannem enim, qui interpretatur *gratia Dei*, id est ad tempus gratiæ singularis adventus Christi, lex et prophetæ. Quod quidem tempus sicut in Epistola ad Hebræos ipse commemorat Apostolus, de mutatione scilicet testamenti, id est de interitu veteris et nativitate novi, Dominus per Jeremiam promiserat dicens : *Ecce dies venient, dicit Dominus*, etc. Continuatio : Dixi nos jam non esse sub lege, nec jam post Christum eam nobis esse necessariam insinuari. Nec hoc quidem mirabile videri debet.

Quia, *nunquid ignoratis, fratres*, id est non credo quod ignoretis, quia lex in homine dominatur, id est ei ab homine est obediendum, quandiu ipsa vivit, id est tanto tempore quod ei a Domino præfinitum est et concessum, ut ejus obedientia valeat et integre in ipsis etiam figuralibus præceptis custodiatur. Quod autem interponit, *scientibus autem loquor*, id est vobis qui legem jamdudum didicistis, ostendit hanc invectionem ad eos qui ex Judæis crediderant, specialiter spectare, de quibus quasi causam hic interserit, quod id quod dicit non ignorent, quia legem didicerunt, quæ hoc docet, tempus videlicet eam habere præfixum, vel a Deo determinatum, ut non semper ut dictum est vivat, sicut supposito Jeremiæ testimonio confirmatur, sive aliis Veteris Testamenti locis.

Nam quæ. Probat competenti similitudine, quia lex ex eo tempore tantum quo vivit dominari habet populo subjecto. Quia et vir quilibet uxori sibi alligatæ non habet dominium, nisi dum vivit. Et hoc est : *Nam quæ sub viro est mulier*, id est ei tanquam superiori copulata est, *eo vivente alligata est legi ipsius*, id est legi maritali, ut videlicet alii nubere non possit. *Ergo vivente*, quia scilicet alligata est ita legi matrimonii. *Itaque fratres*. Præmissam adaptat modo similitudinem, dicens, et ita id est quemadmodum vos qui primitus legi vivebatis per obedientiam ei subjecti, mortui jam facti estis ei per corpus Christi, id est per ipsam præsentiam veritatis in Christo vobis exhibitam. Cujus quidem veritatis umbra in lege præcessit. Postquam enim res ipsa venit, quæ per se sufficit, jam non est opus figuris illis, quæ in signum rei futuræ præcesserunt, et in spe tantum illius venerabiles æstimantur, ne si et figuræ illæ adhuc perseverarent adhuc exspectaretur futurum quod jam est præteritum ; et Judæi de sua adhuc vetustate gloriantes nostræ insultarent novitati et amplius de operibus ipsis quam de fide Christi nonnulli considerent, quam sine operibus minime sufficere crederent. Notandum vero quod cum, juxta similitudinem inductam, convenientius dicendum videretur legem nobis fuisse mortuam quam nos legi, quia tamen eadem est sententia nil refert sive hoc sive illo modo dicatur. *Ut sitis alterius*, id est Christi, ejus tantum obedientiæ atque evangelicæ doctrinæ præceptis alligati. At ne quis opponeret ipsum quoque Christum jam fuisse mortuum, et sic a jugo ejus jam suos absolutos esse, provide adjunxit, *qui ex mortuis resurrexit*, id est de inter mortuos propria virtute in vitam se erexit perpetuam, ut spe et desiderio ejus gloriæ accensi *fructificemus* non mundo, sed *Deo*, id est spiritualibus bonis quibus oblectatur Deus potius abundemus quam mundanis et terrenis, quæ Judæi semper avide requirebant, quorum, juxta litteram quam insistunt, nulla nisi terrena promissio reperitur, ut ita mundo potius quam Deo fructificare ex promissione legis dicendi essent. Quod enim Deus illum duræ cervicis populum amplius desiderare noverat, eis præmittebat, ut sic magis eos qui carnales erant, id est carnalibus potius quam spiritualibus bonis intenti, ad obedientiam alliceret. Et attende quod cum ad hoc quod promisit, *ut sitis alterius qui ex mortuis resurrexit*, adjunxit ut *fructificemus Deo;* non ait ut fructificetis, sed ut vos et nos pariter, id est omnes fructificemus, sive prædicando sive obediendo.

Cum enim essemus. Dixi ut sitis alterius discipuli, scilicet et imitatores quam hucusque fuistis, ut fructificetis Deo, id est, ut sitis spirituales per desiderium potius quam carnales, sicut olim fuistis temporalem legis promissionem sequentes. Et merito sic monet, quia tunc per illam legis promissionem vos carnalium desideriorum amatores nequaquam spiritualem Deo fructum reddere poteratis, sed morti potius, id est mortalem et damnabilem habebatis fructum magis ac magis semper per concupiscentiam terrenis adhærentes, juxta quod scriptum est :

Crescentem sequitur cura pecuniam.
(HORAT., *Od.* lib. III, od. 16, v. 18.)

Et alibi :
Crescit amor nummi quantum ipsa pecunia crescit.
(JUVEN., *Satyr.* 14, v. 139.)

Sic lege, *Cum essemus in carne*, id est carnalibus, non spiritualibus desideriis inhiantes, passiones peccatorum, id est concupiscentiæ diversæ nos peccare facientes, ut sit quasi intransitive dictum, *passiones peccatorum*, id est quæ peccata erant, sicut dicitur *creatura salis*, vel substantia aut corpus lapidis, id est creatura quæ est sal, vel substantia aut corpus quod est lapis. Quæ quidem passiones, *erant per legem*, laudantem scilicet atque pollicentem eorum quæ multum desiderabant magnam abundantiam, terram videlicet optimam lacte et melle manantem, et pacem et prosperitatem in ea maximam , et vitam longævam, et quidquid ad terrenam pertinet felicitatem, quam præcipue desiderabant. Et quorum quidem laude, promissione, et spe amplius in eorum desiderium accendebatur, quam si ea minime sperarent, vel tanta esse didicissent. A quibus enim ideo desperamus, non multum aut diu eorum desiderio tenemur. *Operabantur in membris nostris, ut fructificarent morti*, hoc est damnationis mortalem nobis acquirebant exitum. Concupiscentiæ operantur in membris , quando conceptum mente desiderium per aliquod membrum opere implemus, ut per genitalia libidinem, per manus furtum aut rapinam. Nunc autem absoluti sumus ab obedientia illa legis, quæ pro remuneratione, ut dictum est, temporalium impendebatur. *Ita ut jam serviamus Deo*, mente potius quam opere spiritualiter illas legis figuras magis quam corporaliter adimplentes, sicut alibi dicitur : *Littera enim occidit, spiritus autem vivificat* (II *Cor.* III, 6). *In novitate spiritus*, id est in spiritualibus desideriis et intelligentia, quæ ante non erant, et non in vetu-

A state litteræ, id est in antiquis operibus quæ juxta litteram tantum fiebant, sicut erat carnalis circumcisio, observatio Sabbati, sacrificia et alia innumera.

Quærit fortassis aliquis, cur etiam promissionem æternæ vitæ lex non habuerit, ut non solum terrenorum, verum et cœlestium donorum desideriis amplius ad obediendum populus alliceretur ; sed quia imperfecta habuit præcepta, sicut alibi idem Apostolus commemorat, dicens quod *lex ad perfectum nihil adduxit* (*Hebr.* VII, 19). Et Veritas per semetipsam : *Audistis quia dictum est antiquis*, etc. (*Matth.* v, 21). Et : *nisi abundaverit justitia vestra*, etc. (*ibid.*, 20). Non potuit ejus esse remuneratio perfecta, nec terrenis desideriis cœlestia competebant, neque Deo aliquis tam pro terrenis quam pro cœlestibus serviens aptus esse potest. Unde Veritas per semetipsam admonet dicens : *Nesciat sinistra tua quid faciat dextera tua* (*Matth.* VI, 3), id est ne admisceas in aliquo tuo opere terrenam intentionem cœlesti, ut simul pro transitoriis et æternis bonis obedias Deo. Sed fortasse dum propositæ quæstionis nodos solvere cupimus, majores ex ipsa solutione incurrimus. Cum enim in lege de dilectione et Dei et proximi præceptum sit, et hæc duo præcepta sufficiant ad vitam. Unde et Dominus diviti quærenti quid faciendo vitam æternam possideret, respondit ut hæc duo præcepta servaret et sufficerent, et Paulus ipse plenitudinem legis esse dilectionem profitetur. Mirabile videtur quod lex ad perfectionem nihil duxerit, et quod ipsa non suffecerit ad vitam, ut merito propter hoc evangelica deberet abundare justitia. Revera quia præcepta legis sive de dilectione sive de aliis ad perfectum non duxerint, id est ad salutem sufficere non poterant, sed necesse erat ut veniret Christus, qui est finis et consummatio legis, cum videlicet sine ipso in lege promisso lex adimpleri nullatenus valeret. Sed et si diligenter verba legis scrutemur, nusquam lex nomen proximi nisi ad homines ejus populi, id est Judaici extendit, nec usquam apud nos in tota lege Moysi scriptum reperitur, *diliges proximum*, sed *diliges amicum tuum* (*Levit.* XIX, 18). Quod quidem et Dominus ipse diligenter attendens, cum ei mandata legis dives interrogatus recitaret et diceret : *Diliges proximum tuum sicut teipsum* (*Matth.* XIX, 19), proximum pro amico vel benefactore poni ex adjuncta parabola patenter insinuavit, ostendens ex ipso divitis judicio eum tantum qui misericordiam impenderat illi qui inciderat in latrones, proximum ejus exstitisse. Ac per hoc manifestum est cum dilectio proximi ad amicum tantum secundum litteram legis accommodetur, nequaquam præceptum dilectionis, quod in lege est, perfectum esse sicut est Evangelii, in quo præcipimur et inimicos diligere, atque eis quoque benefacere, ut simus perfecti sicut Pater cœlestis, qui solem suum facit oriri super bonos et malos (*Matth.* v, 44, 45). Quod quidem ipse Apostolus attendens, non ait, *qui diligit proxi-*

mum, justitiam vel Evangelium adimplet, sed, *legem adimplet (Rom.* XIII, 8).

At vero rursus gravem quæstionis nodum incurrimus, quod diviti interroganti quid faciendo vitam æternam possideret, et ab ipso postea recitatis duobus de dilectione Dei et proximi mandatis, respondit ei dicens : *Hoc fac, et vives* (*Luc.* x, 28), præsertim cum ipse alibi dicat : *Si enim diligitis eos qui vos diligunt, quam mercedem habebitis? (Matth.* v, 46.) Sed profecto nemo melius vel proximus vel amicus intelligendus erat, quam is quem designabat Samaritanus ille, qui misericordiam vulnerato impenderat, id est Christus qui profecto proximus erat Judæis tam cognatione quam veræ charitatis affectu, vel beneficiis innumeris, sive scilicet prædicando, sive miracula faciendo. Si ergo dives ille omnem tunc proximum sive amicum diligeret, utique per Christum. Et sic ei et præceptis ejus cohærendo vitam utique meretur æternam. Nec tamen ideo præceptum de dilectione proximi et amici vel benefactoris, quod lex dederat, perfectum exstiterat, cum nequaquam omnem hominem comprehenderet, tam amicum scilicet quam inimicum, licet etiam in tempore Christi videretur, imo per ipsum Christum qui jam advenerat, et proximus, ut dictum est, factus fuerat; perfectionem autem tunc haberet mandatum sive lex, si ex se ita sufficeret ut nihil unquam ad integritatem justitiæ deesset obedientibus sibi, nec opus esset aliud adjungi. Quod nequaquam verum est, cum ante adventum Christi illorum qui tunc erant proximorum et amicorum dilectio imperfecta esset, nec usque ad inimicos extenderetur, sicut postea per Christum extensa est. Quod vero supradiximus proximum in lege secundum litteram non omnem hominem accipi, non solum ex ipsa lege, verum etiam ex nonnullis ecclesiasticorum doctorum testimoniis astrui potest.

Unde Ambrosius (68) super Epistolam Pauli ad Romanos, ubi dictum est : *Nemini quidquam debeatis,* etc. (*Rom.* XIII, 8). « Pacem vult, inquit, nos habere, fieri si potest, cum omnibus; dilectionem vero cum fratribus. Et hoc erit nulli quidquam debere, unicuique pro loco suo officium exhibere. » Item infra (69). « *Dilectio proximi malum non operatur (ibid.,* 10). Malum non operatur, quia bona est dilectio, nec peccari potest per illam, quæ legis perfectio est. Sed quia tempore Christi addi aliquid oportuit, non solum proximos, sed etiam inimicos diligi præceptum est. Unde : *Plenitudo legis dilectio est (ibid.*), ut justitia sit diligere proximum, abundans vero et perfecta justitia etiam inimicos diligere. » Hæc cœlestis justitia est, hæc Deo Patri similes facit, qui et non colentibus se annua dona largitur. Nec nos latet plurimos sanctorum Patrum in ipso de dilectione proximi mandato omnem hominem proximum intelligere, atque id verisimilibus confirmare rationibus. Unde Augustinus De doctrina Christiana lib. I (70), utrum ad illa duo præcepta et dilectio angelorum pertineat quæri potest. Nam quod nullum hominum exceperit qui præcepit ut proximum diligamus, et Dominus ostendit, et Paulus apostolus. Item duo præcepta protulerat, atque in eis pendere totam legem et prophetas dixerat. Item Dominus ait, *Vade et fac similiter,* ut videlicet eum esse proximum intelligamus, cui vel exhibendum est officium misericordiæ si indiget, vel exhibendum si indigeret. Ex quo est jam consequens, ut et ille a quo nobis vicissim exhibendum est, proximus sit noster. Proximi enim nomen ad aliquid est. Nec quisquam esse proximus nisi proximo potest. Item : (71) « Paulus dicit : *Nam non adulterabis, non homicidium facies, non furtum facies, non concupisces,* et si quod est aliud mandatum, in hoc sermone recapitulatur. *Diliges proximum tuum tanquam teipsum (Rom.* XIII, 9, 10). » Item : « Quisquis ergo arbitratur non de omni homine Apostolum præcepisse, cogitur fateri quod scelestissimum est visum fuisse Apostolo non esse peccatum. Si quis aut non Christiani aut inimici adulteraverit uxorem, » etc. Item (72) : « Jam vero si vel cui præbendum, vel a quo a nobis præbendum officium misericordiæ; recte proximus dicitur, manifestum est hoc præceptum quo jubemur diligere proximum, et sanctos angelos contineri, a quibus misericordiæ impenduntur officia. »

Hæc quidem diligentissimi doctoris nostri Augustini verba, omnino convincere videntur proximum in lege omnem hominem intelligendum. Alioquin per proximi dilectionem nequaquam impleri lex videretur, quæ etiam de alienigenis multa præcipit, quorum offensio sicut et proximorum vitanda est. Sed cum duo dilectionis sint rami, dilectio scilicet Dei, cujus Veritas ipsa primum et maximum dicit esse mandatum, et dilectio proximi, quando per dilectionem proximi lex impletur, nisi hæc dilectio illam quoque complectatur, cum nemo rectius nobis proximus vel amicus sit intelligendus quam ipse Conditor noster et Redemptor, a quo tam nos ipsos quam omnia bona habemus, sicut ipse Apostolus commemorat dicens : *Quid autem habes quod non accepisti? (I Cor.* IV, 7.) De cujus quidem circa nos ineffabili charitate alibi dicit : *Commendat autem suam charitatem Deus in nobis, quoniam sic cum adhuc peccatores essemus, Christus pro nobis mortuus est (Rom.* V, 8). Item rursum : *Proprio Filio suo non pepercit, sed pro nobis omnibus tradidit illum.* Et per semetipsum Filius ait : *Majorem charitatem nemo habet ut animam suam,* etc. (*Joan.* XV, 13). Unde hunc spiritualiter proximum in hoc dilectionis mandato Origenes intelligens, in sequentibus hujus Epistolæ ait : « Si diligentius

---

(68) Patrol. tom. XVII, col. 164.
(69) Ibid., col. 165.
(70) Patrol tom. XXXIV, c l. 34.

(71) Ibid.
(72) Ibid.

requiras quis sit proximus noster, disces in Evangelio illum esse qui jacentes nos inclinatos ad stabulum Ecclesiæ detulit, et stabulario Paulo, vel ei qui Ecclesiæ præest duos denarios Veteris ac Novi Testamenti ad nostræ curæ concessit expensas. Hunc proximum si diligamus, legem implemus. *Finis enim legis Christus (Rom.* x, 4). Cum itaque proximi nomen etiam Deum, et maxime ipsum comprehendat (neque enim aliter dilectio proximi impleret legem) constat profecto per ipsam quoque, sicut et per dilectionem Dei, legem impleri, quia qui Deo vere per dilectionem cohæret, nullum ejus præceptum contemnit, sicut scriptum est : *Si quis diligit me, sermonem meum servabit (Joan.* xiv, 23). Quomodo etiam vere potest esse dilectio : quæ charitas dicitur, nisi ad Dominum referatur. Et ipse Augustinus De doctrina Christiana lib. quarto (73) : « Charitatem voco motum animi ad fruendum Deo propter Deum. » Idem lib. De moribus Ecclesiæ contra Manichæos (74) : « Scriptum est quia *propter te afficimur tota die (Psal.* xliii, 22) : » « Charitas non potuit signari expressius quam quod dictum est *propter te* : » Quisquis ergo charitate Deo cohæret qua scilicet sola discernuntur filii Dei a filiis diaboli, atque ideo ejus satagit obtemperare præceptis, implere studet tam ea quæ pertinent ad alienos quam quæ attinent ad proximos, et in utrisque pariter divinam sequi voluntatem nititur. Nihil ergo refert ut salva reverentia patrum seu fratrum loquamur et longe a perfectione Evangelii legem absistere fateamur, omnemque insuper tam apostolicam quam evangelicam auctoritatem conservemus. Nihil, inquam, refert sive proximum in lege omnem hominem intelligamus, sive minime : dummodo, ut dictum est, in proximo comprehendatur Deus, et dilectionem quoque Dei dilectio includat proximi. Quippe cum dicitur, *diliges proximum tuum (Matth.* xxii, 39), atque additur *sicut teipsum,* quomodo implere id possemus, nisi et nos ipsos diligeremus? Quomodo autem diligere vel nos ipsos possumus, si mandata Dei contemnentes inique agamus? *Qui enim diligit iniquitatem, odit animam suam (Psal.* x, 6).

Quid ergo dicemus? lex peccatum est? Continuatio : Dixi passiones peccatorum per legem olim operari, ut utile etiam nobis esset a lege absolvi quasi a peccato. *Quid ergo dicemus,* id est quid de lege sentiendum est quam bonam putabamus? nunquid jam ipsa non videtur potius mala dicenda esse quam bona? Et hoc est quod quasi sibimet objiciendo ait : *Nunquid lex peccatum est,* id est ad damnationem potius quam ad salutem pertrahens, ut videlicet damnationem potius quam salutem nobis promereatur, et solummodo nocere, non juvare queat, et in se nihil boni habeat magis quam peccatum? *Absit!* ut hoc videlicet credamus. *Sed peccatum,* id est imo potius peccato contraria est, ipsum penitus docendo et prohibendo ut caveatur, ita ut non solummodo facta, verum etiam concupiscentias inhibeat, sicut et Evangelium, sed longe minus, cum ipsa videlicet ad ea tantum quæ proximi sunt, eas restringat, dicens : *Non concupisces rem proximi tui, nec desiderabis quæ illius sunt (Exod.* xx, 17). Quare autem necesse esset peccatum doceri a lege prætermittit, dicens quia ante documentum legis, in quo præcipue peccabatur, ignorabatur, in corde videlicet magis quam in opere. Et hoc est quod de se dicit in persona generali hominum, quorum jam per transgressionem priorum parentum obtenebrata tunc erat, ut potius opera quam desideria culparent : *Peccatum non cognovi,* id est discretionem ad veram notitiam peccati non habui, nisi per documentum legis, quia id in quo tantummodo videlicet vel maxime peccatur, id est concupiscentiam peccatum esse ignorabam. Et hoc est quod supponit : *Nam concupiscentiam,* id est pravum animi desiderium, in ambitione scilicet terrenarum vel carnalium voluptatum *nesciebam esse,* videlicet quod ipsa esset, *peccatum, nisi lex* id docendo *diceret : Non concupisces,* id est non interdiceret concupiscentiam, licet non generaliter, sed de rebus, ut dictum est, proximi. Nota quod cum dicitur, *Non concupisces,* simul et docetur peccatum, et prohibetur ut vitetur. Unde legem penitus bonam esse convincit, quia quidquid suum est bonum, sive in docendo scilicet, sive in prohibendo, nec vitio legis, sed hominum est imputandum; si peccatum post legem abundavit, et deteriores et inexcusabiliores effecti sumus post doctrinam præceptorum et negligentiam eorum, quam ante, secundum quod scriptum est : *Servus sciens, et non faciens voluntatem domini sui, vapulabit multis.* Item : *Melius est non cognoscere viam veritatis, quam post agnitam retro abire.* Bene itaque dictum est : *Absit ut lex peccatum sit,* id est inutilis et mala ex se, sed tamen occasione peccati quod ante non erat ex ipsa accepimus, sicut ex nonnullis bonis quæ Deus erat, sæpe concupiscentiam incurrimus si his careamus, vel superbiam, si ipsa habeamus. Non tamen ideo mala sunt ipsa dicenda, si male ipsa desideremus, vel male ipsis utamur. Sic lege, *peccatum,* id est pœna et afflictio hujus vitæ temporalis, quam ex culpa priorum parentum sustinemus, operata est in nobis *omnem concupiscentiam,* quorumlibet scilicet terrenorum, bonorum, ut per eorum videlicet abundantiam omnem præsentium ærumnarum evitemus anxietatem. Et quomodo id operata sit demonstrat dicens :

Accepta occasione per mandatum, id' est per legis obedientiam hæc terrena bona promittentis. Quod enim lex propter obedientiam sui hoc promittebat, non videbamur peccare, quantumcunque illa concupisceremus, si requisitam obedientiam impederemus. Hoc autem quod hoc loco peccatum nominat,

---

(73) Patrol. tom. XXXIV, col. 105-106.

(74) Patrol. tom. XXXII, col. 1517.

ipsum fomitem et nutrimentum peccati esse insinuat, de quo nobis in præcedenti libello, cum de originali peccato ageremus, non est prætermissum. *Sine lege enim*, id est antequam lex præcepta et promissiones auferret, peccatum illud, id est fomes ille, ut dictum est, peccati, etsi tunc etiam erat, quia minores habebat vires ad exsuscitandam concupiscentiam quam postea. Quo enim certius id quod desideramus exspectamus, amplius in ejus concupiscentiam accendimur, sicut supra meminimus. *Ego autem vivebam aliquando*, id est aliquo modo, si non ex toto, morte illius fomitis carebam, et quasi sine concupiscentia eram ad comparationem subsecutæ post legem concupiscentiæ. *Sed cum venisset mandatum*, lege data, *revixit peccatum*, id est post præceptum invaluit concupiscentia, vel revixit in prole quod præcessit in parente, id est concupiscentia ita est nobis post præceptum excitata, sicut in primis parentibus post præceptum inchoata, præsertim cum sæpe etiam ardentius desideretur quod prohibetur, juxta illud poeticum.

Nitimur in vetitum semper, cupimusque negata.
(Ovid., *Amor.* lib. III, eleg. 4, vers. 17.)

Ego autem mortuus sum. Qui prius quasi infirmus, non mortuus eram, et quasi corrigendus, non damnandus; flagellandus, non occidendus, minore merito si qua erat concupiscentia stimulatus. *Et inventum est mihi*, id est occasione legis, ut dictum est, ex qua melior esse debui, factus sum longe deterior, et unde vitare peccatum debui, amplius incurri. Et hoc est quod subjungit: *Nam peccatum accepta occasione*, id est inventa causa incitandi nos ad concupiscentiam per mandatum, id est legem, de cujus obedientia nimium præsumebamus, *seduxit me*, id est fefellit reputans me scilicet singulariter Deo charum esse, propter obedientiam legis quam ei exhibebam, ut vix aut nunquam de damnatione mea vererer quidquid facerem, et maxime concupiscentiam promissorum quantacunque esset non arbitrans esse damnabilem, cum præceptis obediremus, pro quorum obedientia illa erant promissa. *Et per illud me occidit*, id est damnavit. *Itaque lex quidem* : quandoquidem lex ad cognitionem peccati, et ad vitam data est potius quam ad mortem, ergo lex quidem *sancta* est, id est in nullo vitiosa sive culpabilis, *et mandatum ejus sanctum*, nihil jubens atque prohibens, nisi quod oportet, atque ideo *justum* in se *et bonum*, id est utile ac salubre obedientibus.

Quod ergo bonum est. Duo dixit, scilicet et mandatum ejus bonum, et per illud tamen accepta occasione se esse occisum. Unde quasi rationabiliter objiciens quærit ergo quod bonum est in seipso, videlicet præceptum factum est mihi mors, id est damnatio. *Absit!* Nulli enim debet dici damnabile præceptum, nisi cujus obedientia damnosa est, sicut fuit præceptum diaboli ad Evam. *Sed peccatum.* Dixi quia mandatum bonum est, nec mihi nec alicui mors, id est damnabile dicendum est; sed tamen ipsum causa quodammodo mihi damnationis factum est, ex ipso ut dictum est occasione concupiscentiæ accepta, juxta illud historiographi : « Omnia enim mala orta sunt ex bonis initiis. » Sic lege : *Sed peccatum*, id est fomes ille, ut diximus, peccati, *per bonum*, subaudi mandatum legis, sive per legem ipsam ut supra monstravimus, *operatum est mortem animæ*, id est omnem concupiscentiam, ita ut *appareat peccatum*, id est culpa illa concupiscentiæ sit manifesta, et inexcusabilis, et ita ut sit maxima. Et statim quod maxima sit ostendit, dicens, *ut peccatum*, id est fomes ille supradictus peccati, *fiat peccans supra modum*, id est ad peccandum nos maxime inclinans, *per mandatum*, id est occasione accepta, ut dictum est, ex lege.

Forte quærat aliquis quomodo mandatum legis, seu ipsa lex bonum dicatur, vel ad vitam datam, vel quare etiam Deo datum, si salvare obedientes non poterat? Ad quod respondemus legem in hoc esse datam ad vitam, ut etiam populo Dei vitæ æternæ meritum initiaret, non perficeret, et ideo bona tantummodo, quia omnia ejus, ut dictum est, justa sunt præcepta, etiam secundum litteram, si non perfecta, et causas habent rationabiles quæcunque Dominus præcepit, etsi ea ignoremus. Fuit autem magnæ dispensatio providentiæ, rudi adhuc penitus et indisciplinato populo ac duræ cervicis semper atque rebelli inchoationes aliqua, non perfectionis dare mandata, ut saltem in aliquo addiscerent obedire qui nullam adhuc, aut pene nullam expertus fuerat obedientiam, ut poeta meminit :

Est quodam prodire tenus, si non datur ultra.
(Horat., *Epist.* l. I, ep. 1, vers. 32.)

Nec nos cum jumenta domamus, magna eis onera primum imponimus, sed in parvis eorum primitus excitatam insolentiam ad magna perferenda paulatim conducimus. Credimus tamen eos omnes qui imperfectioni mandatorum amore Dei potius quam timore obtemperabant, ante diem sui exitus, quod de perfectione ei per ignorantiam deerat, quod lex tacuerat, vel per spiritualem aliquem doctorem, vel per internam divinæ gratiæ inspirationem ei revelari. Multos quippe homines spirituales, atque jam per inspirationem doctrina evangelicæ prædicationis instructos prior ille populus, qui etiam habuit inimicorum quoque dilectionem, non solum scriptis, verum etiam factis plurimum docuerunt. Unde Psalmista : *Si reddidi*, inquit, *retribuentibus mihi mala*, etc. (*Psal.* VII, 5); Et iterum : *Cum his qui oderunt pacem eram pacificus* (*Psal.* CXIX, 7). Qui etiamsi inimicum suum Saulem sibi a Domino in manus traditum non solum non occidit, sed etiam occisum graviter planxit, et eum qui se ejus occisorem professus est morte statim punivit. Salomon quoque beneficentiam in inimicos commendans ait : *Si esurierit inimicus tuus, ciba illum*, etc. (*Prov.* XXV, 21.) Longe tamen a perfectione evangelica tam legis quam prophetarum dicta disjuncta sunt. Ad quam quidem perfectionem discipulos adhortans Veritas dicebat : *Mandatum novum do vobis, ut diligatis inimicos vestros, sicut dilexi vos* (Joan. XIII, 34). Hæc est illa vera et sincera dilectio, quam Apostolus describens ait : *Non quærit quæ sua sunt, omnia suffert, omnia credit, omnia sperat, omnia sustinet* (I Cor. XIII, 5, 7), ut etiam pro fratribus animam parata sit ponere, nec sua tantum illis, sed seipsam impendere.

Ac si diligenter attendamus quod ait Veritas, *sicut dilexi vos*, et Apostolus, *Charitas non quærit quæ sua sunt*, revera inveniemus evangelicum de dilectione proximi mandatum singulare ac novum. Tam sincera enim circa nos Christi dilectio exstitit, ut non solum pro nobis moreretur, verum etiam in omnibus, quæ pro nobis egerit, nullum suum commodum vel temporale vel æternum, sed nostrum quæreret ; nec ulla propriæ remunerationis intentione, sed totum nostræ salutis desiderio egit. Revera hæc vera et sincera dilectio, quam diligenter attendens Apostolus tam scripto nobis quam exemplo commendans, ait : *Sicut et ego per omnia omnibus placeo, non quærens quod mihi utile est, sed quod multis, ut salvi fiant* (I Cor. x, 33). Certus tamen debet esse qui sic agit de amplissima tantæ dilectionis remuneratione : nec tamen hac intentione hic agit, si perfecte diligit, alioquin sua quæreret, et quasi mercenarius, licet in spiritualibus esset. Nec jam est charitas dicenda, si propter nos eum, id est pro nostra utilitate, et pro regni ejus felicitate, quam ab eo speramus, diligeremus potius quam propter ipsum, in nobis videlicet nostræ intentionis finem, non in Christo statuentes. Tales profecto homines fortunæ potius dicendi sunt amici quam homines, et per avaritiam magis quam per gratiam subjecti. Quod quidem diligenter beatus attendens Augustinus in libro Quæst. 83, cap. 35 (75) : « Nihil aliud, inquit, est amare quam propter semetipsam aliquam rem appetere. » Rursus idem (76) id quod scriptum est exponens : *Voluntarie sacrificabo tibi, et confitebor nomini tuo quoniam bonum est* (Psal. LIII, 8). « Quid offeram, inquit, nisi quod ait, *sacrificium laudis honorificabit?* (Psal. XLIX, 23.) Cur voluntarie? Quia gratis amo quod laudo, gratuitum fit quod amatur et quod laudatur. Quid est gratuitum? ipse propter se, non propter aliud. Si enim laudas Deum, quod tibi det aliquid, jam non gratis amas Deum. Erubesce, si te uxor tua propter divitias amaret, et forte tibi paupertas accideret, de adulterio cogitaret. Cum ergo te a conjuge gratis amari vis, tu Dominum propter aliud amabis? Quod præmium accepturus es, o avare? Non tibi terram, sed seipsum servat qui fecit cœlum et terram. *Voluntarie sacrificabo tibi*. Noli ex necessitate. Si enim propter aliud laudas, ex necessitate laudas. Si adesset tibi quod amas, non laudares. Item contemne omnia, ipsum attende : et hæc quæ dedit, propter dantem bona sunt. » Item (77) : « Ipsum gratis dilige, quia melius ab eo non invenis quid det quam seipsum : aut si invenis melius, hoc pete voluntarie quod gratis. Quoniam bonum est nihil aliud nisi quod bonum est. »

Ex his itaque beati Augustini verbis aperte declaratur quæ sit vera in aliquem ac sincera dilectio, ipsum videlicet propter sua diligi. Denique si Deum quia me diligit diligam, et non potius quia quidquid mihi faciat, talis ipse est qui super omnia diligendus est, dicitur in me illa Veritatis sententia : *Si enim eos diligitis qui vos diligunt, quam mercedem habebitis?* (Matth. v, 46.) Nullam profecto mercedem justitiæ, quia non æquitatem rei dilectæ, sed utilitatem meam attendo. Et æque alium plus diligerem, si æque mihi vel amplius prodesset ; imo nec eum jam diligerem, si in eo utilitatem meam non sperarem. Unde quamplures et pene omnes in tam reprobum sensum devoluti sunt, ut plane fateantur se nullatenus venerari Deum sive diligere, si eum sibi minime profecturum crederent, cum tamen ipse non minus diligendus esset, si eum puniret, cum id non nisi juste faceret, et ejus prævenientibus meritis, vel aliqua causa rationabili, quæ hoc ipso quod justa esset omnibus placere deberet. Denique quis aliquem dignum gratia censeat, quem non sibi gratis, sed cupiditate retributionis deservire noverit? Si pro hoc servitio gratiæ cuiquam rei sunt referendæ, magis rebus nostris, pro quibus nobis servitia quam iis qui deserviunt exhibendæ sunt. Veluti cum mihi mercenarius, quem conduxi, pro multa mercede multum deservit ac proficit, aut cum mihi aliquis amore alterius, non mei ipsius mihi famulatur. Sed quæ est gratia referenda iis pro quibus id fit, non eis qui faciunt est reddenda. At fortasse dicis, quoniam Deus seipso nos non alia re est remuneraturus, et seipsum, quo nihil majus est, ut beatus quoque meminit Augustinus nobis est daturus. Unde cum ei deservis pro eo quod exspectas ab eo, id est pro æterna beatitudine tibi promissa, utique propter ipsum id pure ac sincere agis ; et pro illa qua debes remuneratione, sicut ipsemet admonet, dicens beatos illos qui seipsos propter regnum cœlorum castraverunt (Matth. XIX, 12). Et Psalmista : *Inclinavi*, inquit, *cor meum ad faciendas justificationes tuas propter retributionem* (Psal. CXVIII, 112). Ac tunc profecto Deum pure ac sincere propter se diligeremus, si pro se id tantummodo, non pro nostra utilitate, faceremus : nec qualia nobis donat, sed in se qualis ipse sit attenderemus. Si autem eum tantum in causa dilectionis poneremus, profecto quidquid ageret vel in nos vel in alios, quoniam non nisi id optime faceret, eum, ut dictum est, æque diligeremus, quia semper in eo nostræ dilectionis integræ causam inveniremus, qui integre semper et eodem modo bonus in se et amore dignus

(75) Patrol. t. XL, col. 23.
(76) Ibid., t. XXXVI, col. 626.

(77) Patrol. t. XXXVI, col. 627.

perseverat. Talis est verus paternæ dilectionis affectus in filium, vel castæ uxoris in virum, cum eos etiam sibi inutiles magis diligunt quam quoscunque utiliores magis habere possent; nec si qua propter eos incommoda sustinent, potest amor minui, quoniam amoris integra causa substitit in ipsis quos diligunt, dum eos habent non in commodis suis quæ per eos habeant. Quod bene in consolatione Juliæ uxoris Corneliæ Pompeius victus et profuga commemorans ait : « Quod defles id amasti. » Sæpe etiam qui liberalis sunt animi homines, etiam magis honestatem quam utilitatem sequuntur. Si qui forte sui consimiles viderint, a quibus tamen nihil emolumenti sperent, majoris eos dilectionis amplectuntur affectu, quam proprios servos a quibus quotidiana suscipiunt commoda. Utinam et in Dominum tam sincerum haberemus affectum, ut secundum quod bonus est in se magis, quam secundum quod nobis utilis est, eum diligeremus, et ei quod suum est nostra integre justitia servaret, ut quia videlicet summe est bonus, summe ab omnibus diligeretur. Quod autem fidelis anima supradixit in psalmo se inclinatam ad bona opera fuisse propter retributionem, inchoationem bonæ operationis, non perfectionem ostendit. Quisque etiam imperfectus primo ad bene operandum, id est ad præcepta Dei implenda spe retributionis allicitur, et timore potius quam amore, sicut scriptum est : Initium sapientiæ timor Domini (Psal. cx, 10). Cujus quidem charitas est consummatio, sive finis, id est perfectio, sicut alibi dicitur : Omnis consummationis vidi finem, latum mandatum tuum nimis (Psal. cxviii, 96). Bene, inquam, dixit, inclinavi, id est in initio suæ operationis, spe et desiderio retributionis id aggressus est. Quod vero eos Veritas laudat beatos, qui se castraverunt propter regnum cœlorum, id est continenter vixerunt propter beatitudinem æternam, ita intelligendum puto, quod hi per continentiam illam sunt assecuti, sicuti cum de aliquo dicimus eum exisse ut moreretur, id est exisse, et ideo mortem consecutum esse non hac intentione ut ei accideret.

Scimus enim. Probat quod dixerat, legem videlicet Moysi bonam esse, licet occasionem inde in peccatum acceperit, quia videlicet est spiritualis lex, non sæcularis, tanquam digito Dei scripta, id est Spiritu sancto dictante composita et data, non ab hominibus inventa. *Ego autem carnalis sum,* id est carnalibus voluntatibus et terrenis inhians desideriis; atque adeo carnalis sum, *ut sim venundatus sub peccato,* id est sponte me peccato et ejus servituti subjiciens pretio terrenorum bonorum, id est exercens omnem concupiscentiam propter illa acquirenda et obtinenda ; vel etiam in primis parentibus venundatus cum ipsis sub peccato, ob dilectionem scilicet et gustum pomi quod Eva concupivit. Ecce unde facti sumus captivi, vendere nos potuimus, redimere non possumus. Sanguis innocens datus est pro nobis, nec nostris nos viribus a dominio peccati liberari possumus, sed gratia Redemptoris.

Quod enim operor. Quantum carnalis et infirmus sit factus, et quanto pravæ consuetudinis jugo depressus ostendit, dicens se committere scienter malum ipsum quod non vult, quasi si aliquis, cogente Domino, id quod non vult operetur. Et hoc est quod *non operor,* non intelligo esse operandum, id est non credo ut fieri debeat, imo indubitanter scio esse malum, et ideo non esse faciendum. *Non enim quod.* Probat se male agere contra propriam conscientiam, quia etiam quod bonum esse recognoscit dimittit, et quod non dubitat esse malum facit. Et hoc est quod dicit, *si ago,* id est non facio bonum, *quod volo,* id est quod approbo debere fieri, et cui per rationem consentio. *Sed malum quod odi,* id est quod, ut dictum est, non volo, sed non rationis judicio reprobo atque damno. *Si autem.* Redit ad commendationem legis, ut ex nostro quoque judicio eam bonam esse convincat, quia id videlicet prohibet quod nos per rationem esse malum deprehendimus, sicut est concupiscentia, cum ait : *Non concupisces* (Exod. xx, 17); Et hoc est, *si facio quod nolo,* id est quod non approbo, consentio et concordo legi de hoc quod bona est, cum eam videlicet ea prohibere video, quæ ego ipse mala esse judico, sicut concupiscentia, de qua superius dixit, sive ira, odium, invidia. Quod etiam nolentes habemus, quia profecto concupiscere nollemus, licet quod concupiscimus volentes et cum dilectione peragamus.

Cum itaque dicitur : « Omne peccatum voluntarium, » et cum dicitur : « Nemo peccat invitus, » de actu hoc peccati, non de concupiscentia est intelligendum. Omnis quippe actus peccati......... voluntarius potius quam necessarius dicitur, quia ex voluntate quacunque præeunte tempore descendit, sive per aliquam fiat coactionem, verbi gratia : jacit aliquis lapidem improvide et fortuitu, non scienter, hominem interfecit : hoc profecto ex voluntate jaciendi lapidem, non interficiendi hominem procedit. Est et alius qui irruentem super se hostem coactus interficit, ne ab eo scilicet interficiatur, et peccare invitus dicitur, cum id quoque ex voluntate evadendi mortem potius quam ex desiderio antea habito occidendi hominem agat. Omnis itaque actus peccandi voluntarius et non necessarius in eo dicitur, qui ex quacunque, ut dictum est, voluntate descendit. Si quis tamen dicat occasionem illam hominis per jactum lapidis voluntariam, non concedo, sicut jactum lapidis voluntarium dico. Frequenter enim nomina ex adjunctis suas variant significationes, ut cum omnem substantiam concedamus, non tamen ideo omnem hominem. Ita et cum omne peccatum dicamus voluntarium, et omnem peccati actum ex aliqua, ut dictum est, voluntate procedere, non tamen occasionem illam concedimus voluntariam, id est ex voluntate quam aliquis haberet occidendi illum esse commissam. Hoc itaque modo cum coacti peccata committimus, simul et quod volumus et quod nolumus efficimus, ut supra posito exemplo dum coacti hominem occidimus, mortem per hoc evitamus quod volumus, et homicidium facimus quod nolumus. Sic et in coitu uxoris alterius ipse nobis placet concubitus, non adulterii offensa, vel reatus quem incurrimus. Coitu itaque tantum, non adulterio delectamur, quia nihil ad voluptatem adulterii reatus pertinet, sed magis ad conscientiæ tormentum. Et quominus peccaremus atque adulterium vitaremus, eam cum qua fornicamur nequaquam conjugatam esse vellemus. Cum itaque dicitur, *non quod ago, sed quod nolo*. nihil obest si nolle et velle proprio et usitato modo sumamus pro placere et displicere, quia frequenter, ut dictum est, in eodem actu et quod placet et displicet invenimus, sicut in ipso coitu carnalis voluptatis et adulterii culpa. Possumus et juxta superiorem velle et nolle pro approbare et improbare accipere, quando et Deus nonnulla velle et nolle dicitur. Neque enim in eo potest esse commotio animi, quæ in nobis voluntas seu voluptas, id est delectatio dicitur, sed est cum velle aliquid dicimus, aut ejus approbationem aut dispositionem significamus. Alioqui cum dicit Veritas : *Quoties volui congregare filios tuos, et noluisti* (Matth. XXIII, 57)? vel Apostolus . *Qui vult*, inquit, *omnes salvos fieri, et neminem perire* (I Tim. II, 4); et rursus Psalmista : *Quæcunque voluit fecit* (Psal. CXIII, 3); vel idem Apostolus : *Voluntati enim ejus qui resistit* (Rom. IX, 19)? maximam incurreremus controversiam. In superioribus itaque duobus locis velle Dei approbare dicitur, ut id videlicet quod approbat seu consulit ut fiat, et quod si factum sit tanquam sibi placitum remunerat, velle dicatur. Reliquis vero duobus inferioribus locis velle ejus disponere dicitur, atque apud se stabilire quod facturus est. Quæ quidem voluntas nunquam effectu carebit, nec ei ab aliquo resistetur.

Nunc autem. Postquam ita videlicet legi consentio per rationem, et a me ipso dissideo per ipsam rationem, et per carnalem concupiscentiam, dum spiritus videlicet adversus carnem, et caro adversus spiritum concupiscit (*Gal.* V, 17). Jam non *ego illud malum operor, sed peccatum*, id est prava concupiscentia. Non dicit simpliciter, *non ego illud operor*, sed ita dicit, *non ego, sed peccatum*: quod est dicere : Non ad hoc ex natura, sed ex vitio naturæ jam ei dominante pertrahor, imo ex natura, per quam rationalis sum a Deo creatus, reluctor concupiscentiæ, et eam damno potius quam consentio. Cum dicit, *quod habitat in me peccatum*, et non dicit, quod est in me, quasi advenientem incolam, non naturalem civem ipsum demonstrat, et jam habitaculum in se habentem per diutinam consuetudinem, non transitum. *Scio enim.* In me jam, ut dictum est, carnali facto peccatum inhabitat, id est assidue manet, ut jam quasi in habitum sit mihi conversum. *Quod bonum*, id est virtus quæ est optimus animi habitus, jam non manet in me carnali facto, quod significat cum dicit, *Hoc est in carne mea.* Nam *velle*. Probat se virtute destitutum cum bonum quod vult, id est per rationem faciendum esse approbat, implere per infirmitatem carnalis concupiscentiæ non queat. Perficere bonum, est bonæ voluntati factum adjungere : quod in me, inquit, non invenio, si bene me circumspiciam, et diligenter discutiam. Velle itaque mihi naturaliter adjacet, quia ex me ipso et propria creatione rationem habeo, per quam bonum faciendum esse approbo, sed ex me illud perficere non habeo, nisi videlicet ex apposita mihi gratia. *Non enim quod*, ac si diceret : Non invenio me perficere bonum. *Quod volo*, quia ex contrario illud dimitto, et malum facio, et ita ut supra quoque meminit. Sed *quod nolo illud facio. Non ego operor*, etc. *Invenio igitur.*

Quandoquidem lex, ut supradictum est, cognitionem peccati mihi attulit, per quam quidem cognitionem volo bonum facere, quod ipsa docet; et ei per rationem consentio, licet inde peccatum occasionem acceperit. *Igitur invenio*, id est per memetipsum propriæ rationis judicio comperio, legem esse bonam et rem utilem mihi vel ministram magni boni, cum per ejus doctrinam boni seu mali discretionem adeptus sim, mihi, inquam, volenti eam facere, id est bonum quod ipsa præcipit implere. In hoc quippe ipso quod id quod præcipit facere volo, et per rationem appetere, revera recognosco quod bona est, in suis videlicet præceptis. Quare autem dixerit, *volenti potius quam facienti*, supponit dicens : *Quoniam mihi malum adjacet*, id est gravi consuetudinis jugo premor, quæ bonam impedit voluntatem.

Condelector enim. Quia dixit se velle facere bonum quod lex præcipit, et tamen non facere, unde utrumque accidit exponit dicens, quia se condelectari legi secundum interiorem hominem : id est placere ei quod lex præcipit, et se illud per rationem appetere, quod hoc loco interiorem hominem appellat, id est spiritualem et invisibilem Dei imaginem, in qua factus est homo secundum animam, dum rationalis creatus est, et per hoc cæteris prælatus creaturis. Et rursus dicens se videre aliam legem in membris suis, etc., id est se cognoscere ipsum peccati fomitem carnis vel concupiscentiæ stimulos, quibus tanquam legi per carnis infirmitatem obedit, in membris corporis sui regnare et sibi dominari, sicut gulositatem in gula, luxuriam in genitalibus, et cætera vitia in cæteris partibus corporis per quas exercentur. Legem illam concupiscentiæ dico repugnantem, id est contrariam *legi naturali meæ mentis*, id est rationi, quæ me quasi lex regere debet. Per rationem quippe bonum, per concupiscentiam appeto malum. *Et captivantem me*, id est quasi captivum et nolentem me trahentem, *in legem*, id est in obedientiam peccati mente concepti, ut opere illud impleam. Quæ scilicet lex ita me captivans, et a Deo proprio Domino meo avertens, sicut jam dictum est, *in membris meis*. Unde et concupiscentia dicitur oculorum, per quam visa concupiscimus, et similiter dici potest cæterorum membrorum, secundum videlicet sua exercitia in carnalibus voluptatibus. Quod vero repetit, *quæ est in membris meis*, ad exagerandam et amplius nostræ memoriæ commendandam infirmitatem nostram facit, qui quia quot membra habemus, tot fere in eis hostes jugiter sustinemus et inseparabiliter nobiscum ipsos portamus. Unde vehementer exterritus quærendo exclamat.

Infelix ego homo, subaudis revera sum, qui tot hostibus in ipso corpore modo circumsessus sum, quibus, ut superius dixi, a meipso sum venundatus et captivus traditus, nec jam per me ab hac servitute liberari possum aut redimi. Et quia ita est, *Quis me liberabit*, id est quis erit tam potens et tam benignus mihi, ut me liberet *a corpore mortis hujus*, id est ita prono et præparato ad interficiendam animam, ne carnales, scilicet suggestiones mihi prævaleant, et cedat spiritus carni, id est ratio victa succumbat et consentiat voluptati. *Gratia Dei*, id est non lex, non propriæ vires, non quælibet merita, sed divina beneficia gratis nobis per Jesum, id est Salvatorem mundi collata. Cum autem subdit Christum et Dominum nostrum potentiam et justitiam qua salvare queat, nos ostendit. Christus quippe, id est unctus, regiam quam habet, potestatem exprimit. Cum vero ait, Dominum nostrum jus quod habet in nobis tanquam servis suis demonstrat, ut nos juste a dominio peccati sive diaboli possit eruere, et a captivitate prædicta tanquam suos reducere. *Igitur ego*. Quandoquidem per rationem, ut dictum est, bonum quod lex præcipit volo, sed per peccatum quod habitat in carne mea malum operor. *Igitur mente*, id est ratione servio legi Dei... Dominus videlicet ad obediendum ei per rationem. Sed ego ipse carne, id est carnalis desiderio voluptatis stimulante, *servio legi peccati*, id est pravis concupiscentiæ suggestionibus quasi legi obedio.

CAPUT VIII.

Nihil ergo. Quia videlicet, ut dictum est, gratia Dei per Christum suos liberat, ergo *nil damnationis his qui*, etc., id est qui in hoc superædificati sunt fundamento. Quomodo autem hos cognoscere valeamus determinat. Qui videlicet *non ambulant secundum carnem*, id est si quando per infirmitatem carnis aliquam labuntur, sicut fecit Petrus mortem timens corpoream, non perseverant post concupiscentias suas eundo de vitio in vitium. Lex enim dixit quia gratia Dei liberabit eum per Christum, et quomodo id fiat nunc aperit, quia lex spiritus vitæ, id est lex charitatis et divini amoris potius quam timoris, sicut erat lex vetus, *in Christo Jesu*, id est per eum nobis data et exhibita, liberabit me a lege peccati, et ideo mortis, id est a præceptis vel suggestionibus carnalis concupiscentiæ, ne eis scilicet consentiendo obediam. Spiritus vitæ, id est Spiritus sanctus, qui est vita animarum quia amor est ; ideo lex hujus Spiritus lex amoris dicitur filios generans, non servos constringens, id est Evangelium, quod totum charitate refertum est. Unde et ad Christum dicitur, *diffusa est gratia in labiis tuis*, quia tota ejus prædicatio charitate plena est. Unde et Spiritus apostolos replens scientia, sicut promiserat Filius dicens : *Ille vos docebit omnia*. Quæ etiam doctrina significatur, cum dicitur, *factus est repente de cœlo sonus*, id est sermo intelligentiæ factus eis per inspirationem in mente, merito in ignois demonstratus est linguis, cum eorum scilicet linguæ nihil nisi charitatis fervorem essent prædicaturæ.

Nam quod. Exponit quomodo in Christo sit liberatus a lege peccati. *Nam Deus Pater*, id est divinæ potentiæ majestas *misit Filium suum in similitudinem carnis peccati*, id est coæternam sibi sapientiam fecit humiliari usque ad assumptionem passibilis et mortalis hominis, ita ut per pœnam peccati cui subjacebat, ipse etiam carnem peccati, id est in peccato conceptam habere videretur. *Et de peccato*, id est de pœna peccati, quam pro nobis sustinuit in carne, id est in humanitatem assumptam non secundum divinitatem, *damnavit peccatum*, id est pœnam peccati a nobis removit, qua etiam justi tenebantur antea, et cœlos aperuit. *Ut justificatio legis*. Non dicit opera legis, quæ nequaquam justificant, sed quod lex præcipit de his quæ ad justificationem attinent, sine quibus justificare non possumus, sicut est Dei et proximi charitas, quam lex imperfectam facit, sicut supra monuimus, sed per Christum in nobis perficitur. Et hoc est quod ait, *ut charitas Dei et proximi*, quam lex præcipit, in nobis perfecta nos justificaret. Ipsum quippe Christum tanquam Deum ipsum proximum vere diligere, summum illud beneficium, quod nobis exhibuit compellit : quod est in nobis peccatum damnare, id est reatum omnem et culpam destruere per charitatem ex hoc summo beneficio. Quod verius, inquit, habetur apud Græcos, *pro peccato damnavit peccatum ipse hostia pro peccato factus*. Per hanc hostiam carnis quæ dicitur pro peccato, damnavit, id est delevit peccatum, quia remissionem quoque peccatorum nobis in sanguine suo, et reconciliationem, operatus est. Vel de peccato a diabolo vel a Judæis in se commisso, damnavit peccatum in nobis, ut dictum est, malis etiam ipsis optime utens, et in bonum convertens. Duo illa quæ præmissa sunt ad duo supposita sunt referenda et copulanda. Ad hoc quidem quod ait, *de peccato damnavit peccatum*, illud subjungit quod impossibile erat legi scilicet damnare vel auferre peccatum. Ad illud vero quod subditur, *ut justificatio legis impleretur*, illud est annectendum, in quo infirmatur ipsa lex, scilicet per carnem, id est habendam plenam et perfectam justificationem lex infirma fuit, propter carnalem populum cui data fuit, ut supra ostendimus, de imperfectione mandatorum ejus agendo. Impossibile itaque erat legi per obedientiam sui peccatum auferre; cum perfecta, ut dictum est, non haberet præcepta. Ad quam præcipue perfectionem infirmabatur et impediebatur propter insolentis populi carnalitatem.

Qui enim secundum. In nobis dico impleretur per Christum qui ejus doctrina et exemplo, et summa illa charitatis exhibitione spirituales, per desiderium carnales effecti sumus. Et hoc est, *qui non ambulamus secundum carnem,* id est carnalibus desideriis jam non inducimur, sed gratia Dei, id est Spiritu sancto regimur, et de virtute in virtutem promovemur. *Qui enim.* Dixi justificari eos qui non secundum carnem, sed secundum spiritum ambulant. Et merito, quia qui secundum carnem sunt, id est carnalibus desideriis irretiti, illa *sapiunt,* id est illorum experimentis utuntur, *quæ carnis sunt,* id est quæ carnales attinent voluptates. Qui vero secundum spiritum sunt, id est qui spiritalibus accenduntur desideriis, sentiunt experiendo dona ipsa Spiritus sancti. *Nam prudentia.* Vere qui secundum carnem sunt, quæ carnis sunt sapiunt, quia mortem scilicet animæ, id est damnationem, per ipsa carnalium desideriorum experimenta, quæ nos alliciunt, acquirimus: sicut e contrario prudentia spiritus, id est experientia virtutum et bonorum Dei *vita* fiunt nobis *et pax,* id est quietam ab omni perturbatione conferunt vitam. *Quoniam sapientia.* Ideo prudentia carnis mortem acquirit, quia Deo contraria est et omnino displicens. Et quare displiceat statim annectit, quia legi Dei non est subjecta, id est præceptis divinis obedire non sinit. *Neque enim potest,* obedientiam Dei servare. *Qui autem.* Exponit quid sapientiam carnis dicat Deo inimicam, hoc est esse in carne, id est in carnalibus delectari voluptatibus, et per hoc displicere. Continuatio: Dixi sapientiam carnis inimicam Deo, nec sine causa, sed ideo quia *qui in carne sunt,* etc. *Vos autem.* Ne desperarent Romani, quibus scribebat, audientes quod qui in carne sunt Deo placere non possunt, quasi propter se etiam dictum esset, consolatur eos dicens: Vos autem gratia Dei jam, *non estis in carne, sed in spiritu,* id est non in carnalibus, sed spiritualibus desideriis. Et ne iterum de hoc quod testatur quasi certus esset nimis, confidenter et ad superbiam amplius incitarentur, quibus maxime ad elationem eorum reprimendam scribit, quasi dubitative hoc se profiteri insinuat, dicens: *Si tamen spiritus,* hoc est spiritum Dei habetis habitatorem potius quam hospitem, id est permanentem in vobis per inhabitantem gratiam suam, non a vobis recedentem vel per vos transeuntem. Quantum autem sit periculum spiritu Dei carere annectit dicens: *Quod si quis non habet spiritum Christi, hic non est ejus,* videlicet membrum, quia spiritus ejus ipse est amor et vinculum, quo huic capiti membra sua cohærent. De quo quidem spiritu specialiter dicitur, quia *Deus charitas est* (I Joan. IV, 8). Cum autem primo dixit spiritum Dei, et præterea Christi, ipsum profecto Christum, cujus etiam dici divinum spiritum, dictum esse demonstrat. *Si autem,* ac si diceret : Sed spiritum Christi Dei habemus: quod est dicere, si Christus per spiritum suum, id est per gratiam donorum suorum, utpote remissionem peccatorum, et collationem virtutum in nobis est : *Corpus quidem nostrum mortuum est,* id est corporali morti obnoxium. *Propter peccatum,* scilicet primorum parentum, sive carnalis concupiscentiæ maculam, in qua est conceptum. *Sed spiritus noster vivit propter justificationem,* id est ex virtutibus quæ eum justificant, mortem damnationis evitat. Ac si aperte dicat : Licet in Christo remissionem etiam carnalis originalis peccati consequamur, cujus quidem mors peccati etiam carnis est pœna, non tamen hanc abstulit pœnam qui removit causam.

Unde non minima fieri quæstio solet, quare videlicet pœna hæc reservatur ubi peccatum, quod ejus causa est, condonatur, ut qui videlicet in baptismo plenam peccatorum remissionem percipiunt, statim illam saltem quam in paradiso ante peccatum habebant, immortalitatem recuperent? Ad quam quidem quæstionem Isidorus de summo bono respondens lib. I, cap. 25, ait : « Si a pœna præsenti homines liberarentur per baptismum, ipsum putarent baptismi pretium, non illud æternum. Ergo soluto reatu peccati, manet tamen quædam temporalis pœna, ut illa ferventius vita requiratur, quæ erit a pœnis omnibus aliena. Quis etenim nesciat omnes fere homines plus temporalem vitam quam æternam appetere, cum pro ea quam retinere non possunt multo amplius quam pro æterna laborent, et plus corporis quam animæ mortem pavere, et magis sollicitari de præsentis vitæ ærumnis quam futuræ? Si hujus itaque animalis vitæ felicitatem se detinere considerent, amplius ad Ecclesiæ sacramenta propter istam quam propter æternam præpararent, et hujus qualicunque refrigerio contenti, illius profectionem gloriæ vel omnino contemnerent, vel minus appeterent, in hoc ipso iniqui, quod summo bono inferius anteponerent. »

Quod si spiritus. Dixi quia corpus nostrum mortuum est, id est morti temporali subjectum remanet, etiam post remissionem peccatorum omnium. Sed ab hac etiam mortalitate ipsum liberabitur in resurrectione, ut non solum animam, verum etiam corpus divina glorificet gratia. Et hoc est quod ait, *si spiritus ejus,* id est Patris, quo videlicet Patre divina specialiter designatur potentia. *Ejus,* inquam, *qui per propriam potentiam suscitavit* jam caput nostrum *a mortuis,* id est Jesum, habitans, ut dictum est in nobis, ipse idem qui suscitavit Jesum non ab infirmitate, sed a morte, etc. Ideo resuscitationem Christi repetit, ut ea sæpius memorata securiores nos reddat. *Vivificabit etiam nostra mortalia corpora,* ut eamdem resurrectionis gloriam in capite et membra participent, vivificabit non quomodo corpora reproborum, quæ passibilia erunt, et cruciatui apta; sed propter *inhabitantem spiritum*, id est prout debetur reverentiæ spiritus Christi, qui in corporibus illis quasi in templo jam habitat et quiescit, jam per ejus gratiam repressis mortibus carnalibus.

Non parva est quæstio, cum divina substantia humanam sibi in unam Christi personam conjunxerit, et eadem sit penitus Patris et Filii et Spiritus sancti substantia individua, cur Filius potius quam Pater aut Spiritus sanctus dicatur incarnatus, vel cum sint opera Trinitatis indivisa, videlicet ut quidquid una personarum facit et cæteræ faciant, quomodo Filius carnem assumpsisse dicitur, et non Pater aut Spiritus? sed hoc ex Atropologia [*f.* Antropologia] nostra petatur. *Ergo fratres*. Quandoquidem qui in carne sunt Deo placere non possunt, ergo non sumus debitores carni, id est desideriis carnalibus obedire non debemus, quia nihil cuiquam contra Deum debemus, qui etiam propter Deum animam ponere recte jubemur. Hoc sæculares attendant potestates, nullam sibi scilicet a subjectis obedientiam deberi, cum aliquid quod Deus prohibet eis injungunt, etiam si fide vel sacramento eos sibi in hoc astrixerint. *Ut scilicet carnem vestram*. Exponit quod promisit, quomodo videlicet intelligendum sit nos non esse debitores carni, ne forte hoc aliquis de substantia carnis dictum acciperet, cui quidem debitores sumus quantum ad necessariam ejus curam pertinet, in victu videlicet et vestitu, ut hæc ei ministremus. Tale est ergo ac si dicat : Non sumus, inquam, debitores carni, ita ut secundum carnem vivamus, licet in carne, id est ut carnalia sectemur desideria. *Si enim*, id est non estis obnoxii carni, quia ejus obedientia vos damnaret. Et hoc est, *moriemini*, id est mortem animæ, quæ est peccatum, incurretis ei consentiendo, si ea stimulante non quantum potestis reluctemini. *Si autem spiritu*, id est dono aliquo divinæ gratiæ magis quam vestra virtute *mortificaveritis facta carnis*, si nondum penitus suggestiones exstirpare potestis, *Vivetis*. E contrario vera animæ vita, sive hic in virtutibus, sive in æterna beatitudine, facta mortificantur, tanquam si parvulus in utero conceptus antequam nascatur exstinguatur, dum mala quæ mente concipimus ne usque ad opera prodeant prævenimus, omnem eis quantum possumus occasionem auferentes, sicut scriptum est : *Beatus qui tenebit, et allidet parvulos suos ad petram* (*Psal.* cxxxvi, 9), id est concepta per aliquam suggestionem mente peccata adhuc quasi parvula sint mortificabit atque interficiet, allidendo ad petram, id est confringendo ea et dissipando ad illud bonorum omnium stabile fundamentum, quod Christus est; dum quod per infirmitatem carnis mens humana concupiscit, per amorem Christi ratio roborata ne perficiatur satagit. Sicut alibi idem Apostolus commemorat dicens : *Caro concupiscit adversus spiritum, spiritus adversus carnem* (*Galat.* v, 17), id est ratio carnis suggestiones reprimens, ne scilicet usque ad opera procedant. Et Salomon : *Melior est*, inquit, *patiens viro forti, et qui dominatur animo suo, expugnatore urbium* (*Psal.* xvi, 32).

Quicunque enim. Bene, inquam, vivetis, si spiritu scilicet facta carnis mortificaveritis, quia quicunque aguntur potius quam coguntur, id est amore alliciuntur magis quam timore compelluntur. *Spiritu Dei*. Filii sunt Dei potius quam servi, id est per amorem ei magis quam per timorem subjecti. *Non enim*. Ac si aliquis quæreret : Habetne Deus plures filios, cum ejus Unigenitus dicatur Christus? Respondet, habet quidem plures, sed per adoptionem, non per naturam. Quia et vos ipsi spiritum adoptionis accepistis, in quo efficiuntur filii Dei. Unde et ipse alibi dicit : *Quod charitas Dei diffusa est in cordibus nostris per Spiritum sanctum qui datus est nobis* (*Rom.* v, 5). Spiritus itaque adoptionis donum dicitur charitatis, per quod adoptamur a Deo in filios. *In quo*, scilicet spiritu, id est in professione et recognitione cujus doni, nos ad Dominum *clamamus* intente, atque exsultanter dicimus, *Abba, Pater*, id est eum potius profitemur esse Patrem quam Dominum, ac per hoc nos potius filios quam servos recognoscimus. Sic enim et Veritas in Evangelio frequenter docuit nos scilicet Deum potius vocare Patrem quam Dominum, ut ex hoc quoque ad filialem nos hortaretur subjectionem. Unde et cum illam discipulis spiritualem traderet orationem : *Orantes*, inquit, *dicite, Pater noster, qui es in cœlis*, etc. (*Matth.* vi, 9). Unde bene abbates monasteriorum Patres dicimus, ut ex ipso nomine magis amari tanquam patres, quam timeri tanquam domini aperte admoneantur. Clamamus, inquit, nos Hebræi *Abba*, nos ex gentibus *Pater*, cum hoc, scilicet nomen sit Hebræum sive Syrum; illud Græcum sive Latinum. Augustinus in Epistola ad Galatas (78): « *Abba, Pater*, duo sunt verba, quæ posuit, ut posteriore interpretetur primum. Nam hoc Abba quod pater, propter universum populum, qui de Judæis et gentibus vocatus est; ut Hebræum verbum ad Judæos, Græcum ad gentes pertineat. » Idem lib. III de consensu evangelistarum (79). « Hoc est Abba Hebraice quod est Latine Pater. » Haymo super hunc locum (80): « Abba Hebræum est et Syrum, Pater Græcum et Latinum. Prævidens ergo Apostolus utrosque populos ad fidem colligendos, posuit duo nomina sub una significatione, ut qui credunt ex Hebræis et Syris dicant, *Abba, miserere*, qui ex Græcis aliisque dicant *Pater*. Tale quid in Evangelio Marci habetur, dicente Domino : *Abba Pater, si possibile est transeat calix iste a me* (*Marc.* xiv, 36). »

Spiritum servitutis in timore. Dicit donum illud servilis timoris, quo non a mala voluntate, sed a mala compescimur actione, formidine pœnæ; sicut antea Judæi per pœnas legis corporales. *Non acce-*

(78) Patrol. tom. XXXV, col. 2127.
(79) Patrol. tom. XXXIV, col. 1166.

(80) Patrol. tom. CXVII, col. 450.

pistis spiritum. Per Evangelium sicut olim Judæi per legem. *Ipse enim spiritus.* Adoptionis quem diximus et habemus facere recognoscere spiritum nostrum, id est rationem. *Quod sumus filii Dei,* id est ei per amorem subjecti. Nihil enim melius quisque quam propriam recognoscit conscientiam, et utrum servus an filius potius dicendus sit. Notandum vero Apostolum in his, quibus loquitur Romanis, quorum nonnuč vehementer erant reprehendendi, generalem fidelium Patrem hoc loco se intelligere, et non tam quales illi essent quam quales esse deberent exponere. *Si autem filii,* scilicet adoptionis, utique *et hæredes,* quia ad hoc adoptantur, id est gratis eliguntur, ut hæreditatem assequantur. *Hæredes quidem Dei,* id est Patris, et *cohæredes Christi,* id est naturalis ejus Filii, in illa scilicet beatitudinis professione perpetua. Ostendit quantum sit assequi illam hæreditatem Dei, per quam Filio ejus Christo similes efficimur, *Si tamen.* Dixi *hæredes sumus,* hac tamen intentione, si compatimur ipsi Christo, quia non coronabitur quis nisi qui legitime certaverit (*II Tim.* II, 5), adversus hostium videlicet seu vitiorum impugnationem. Et quia, ut ait Cyprianus (81), martyrem non facit pœna, sed causa, addit, ut conglorificemur, id est si ita patimur ut Christo glorificari digni simus. Quod tunc fit quando charitas ad patiendum præparat, non necessitas trahit, et pro Christo sicuti pro nobis; ut sic ei mutuum solvamus.

Omnes itaque, quantum in ipsis est, pro eo compatiuntur, quicunque, ut diximus, pro eo pati parati sunt, si videlicet ipsi persecutori non desunt, licet eis desit persecutor. *Existimo enim.* Ac si aliquis quæreret : Estne tanta illa hæreditas, ut pro ea promerenda patiendum sit usque ad mortem sicut Christus passus est? Respondet, imo tantam esse existimo, ut omnia merita hominum, quantumcunque ipsi patiendo mereantur, longe excedat. Et hoc est quod ait : *Non sunt condignæ passiones hujus temporis,* id est temporales illæ et transitoriæ tribulationes, quantæcunque fuerint, non sunt tanti meriti, ut eis debeatur illa ineffabilis et æterna gloria futuræ vitæ, *quæ revelabitur in nobis,* quia *jam filii Dei sumus,* sicut scriptum est, *sed nondum apparet quid erimus* (*I Joan.* III, 2). Nulli enim transitorio, quamvis sit bonum ex debito, redditur perpetuum bonum, sed per gratiam Dei meritis nostris superadditam id obtinemus, ad quod nequaquam meritis ex nostris sufficiebamus. Et si diligenter attendamus, nihil transitorium etiam boni remuneratione dignum est. Sola quippe charitas, quæ nunquam excidit, vitam promeretur æternam, et quicunque æquales sunt charitate, pares apud Deum habent remunerationes, etsi alter effectu charitatis privetur aliquo casu præpeditus. Unde et merito B. Augustinus æqualem de martyrio coronam asserit habere Joannem, qui passus non est, quantam et Petrus habet qui passus est, ut non tam passionis effectum quam affectum Deus attendat.

Nam exspectatio. Bene dixi futuram gloriam, quæ revelabitur in nobis, scilicet filiis Dei; quia hanc revelationem scilicet gloriæ filiis Dei debitæ exspectatio fidelium omnium exspectat. Ac si diceret : Exspectans unusquisque exspectat, sicut dicitur : *Euntes ibant,* hoc est perseveranter atque confidenter sperant, bonis scilicet operibus eam promerentes. *Revelationem filiorum Dei,* id est remunerationem illam, in qua revelabitur qui filii Dei sint, et ad vitam prædestinati, quod adhuc occultum est. Creaturam eos dicit, quia creationem Dei in seipsis incorruptam satagunt custodire, ac reformare ad imaginem Dei in qua creati sunt, peccatis quæ eam delent vel maculant, quantum valent, resistendo. Et vere hanc revelationem exspectant fideles, quia propter eam contemnunt vitæ præsentis vanitatem, et nolentes eam sustinent, concupientes etiam jam potius dissolvi et esse cum Christo. Et hoc est quod ait : *Creatura ipsa subjecta est nolens,* id est hanc vanam vitam, quæ et transitoria est, et ærumnis plena, sustinet invita, quantum in se est. *Sed propter eum,* scilicet eam tolerat, *qui subjecit eam in spe illius,* scilicet futuræ revelationis, id est in hac eam affligendo humiliat, ut in illa quæ speratur exaltet. Quod vero sit spes illa creaturæ, id est quod sperent hic afflicti fideles, supponit dicens : *Quia et ipsa,* etc., id est hic sperant qui liberabuntur ibi a jugo passibilis et corruptibilis carnis, quo hoc opprimuntur inviti. Libertatem dicit illius vitæ gloriam, in qua nulla erit oppressio, cum nemo aliquid contra voluntatem suam incurrerit.

Scimus enim. Ostendit per partes creaturam hic afflictam ad illam, quam ibi sperat, libertatem gloriæ toto desiderio anhelare, quia videlicet tam hi qui inter fideles sunt minores, quam illi qui majores. Minores autem distinguit per hoc quod dicit, *omnis creatura.* Majores vero per hoc quod supponit, *primitias spiritus habentes.* Quod itaque dicitur, *omnis creatura,* tale est ac si diceret : Hi qui omnino sunt creatura, vel qui toti sunt creatura, non creatores, nullos videlicet creare vel generare Deo per prædicationem volentes. Apostoli vero eorum vicarii tanquam aliorum, ut diximus, creatores quodammodo sunt, juxta quod alibi ipse dicit Apostolus : *In Christo enim Jesu per Evangelium ego vos genui* (*I Cor.* IV, 15). Et iterum : *Filioli mei, quos iterum parturio, donec formetur,* etc. (*Gal.* IV, 19.) *Ingemiscit et parturit,* id est ingemiscendo parturit. Gemitus autem fidelium hi vel de terrena afflictione proveniunt, secundum istud : *Euntes ibant et flebant, mittentes semina sua* (*Psal.* CXXV, 6), vel de cœlestis patriæ desiderio, sicut est illud : *Heu mihi! quia incolatus meus prolongatus est* (*Psal.*

---

(81) Patrol. tom. IV, col. 311.

cxix, 5). Et rursum : *Super flumina Babylonis illic sedimus et flevimus, donec recordaremur tui, Sion* (*Psal.* cxxxvi, 1). *Parturiunt autem,* id est labore maximo fructum bonorum operum proferre meditantur. *Et satagunt usque adhuc,* id est non horarie, sed quandiu vivit. Parturio enim verbum est meditativæ formæ, non perfectæ : et ideo bene minoribus atque imperfectis aptatur, qui quasi sunt in initio cogitationis, non in perfectione operationis. Hæc autem Apostoli verba cum ait : *Ingemiscit et parturit,* illis Dominicis concordant verbis quibus dicitur : *Mulier cum parit tristitiam habet,* etc. (*Joan.* xvi, 21.) *Primitias spiritus habentes,* id est majora sancti Spiritus dona, sicut prædicatores sancti, qui secum et alios Deo acquirunt. Ad quod quidem prædicationis officium tanquam ad maximum Spiritus sancti donum ipse nos Apostolus in II Epist. ad Corinthios adhortatur dicens : *Æmulamini enim charismata meliora, et adhuc excellentiorem viam vobis demonstro* (*I Cor.* xii, 51). Et post pauca : *Sectamini charitatem, æmulamini spiritualia, magis autem ut prophetetis* (*I Cor.* xiv, 1), id est ut officium prophetarum prædicando assumatis.

Et ipsi gemimus, gemimus, gravati scilicet passibilitate et corruptione carnis, sicut cæteri scilicet ex spe consolationem habentes, quæ scilicet spes quasi anchora est navis nostræ inter hujus sæculi fluctus, quia statim consolationem adjecit, dicens : *Exspectantes,* id est cum fiducia sperantes, *adoptionem filiorum Dei,* de ipsis gentibus, id est ipsos adoptari a Deo et constitui hæredes in regno cœlesti. Adoptionem hanc dico *redemptionem carnis nostræ,* id est Ecclesiæ, cujus membra sumus. Nihil quippe est aliud nos a Deo sic adoptari, quam per Unigenitum suum a diaboli potestate seu jugo peccati nos redimi : ut hæc tota adoptio divinæ gratiæ, non meritis nostris tribuatur. *Spe enim.* Dixit superius quia revelationem filiorum Dei exspectamus sperando, et quod præsentis vitæ vanitati in hac spe subjecti sumus, ne propter labores diffidamus. Et ne quis objiceret spem istam non esse certitudinem, et ideo in ea non esse confidendum, ideo dicit, quod omnes quotquot salvamur, per spem salvamur. Et statim quod spes de non apparentibus tantum dicatur annectit, dicens : *Spes autem,* id est cognitio quæ de apparentibus est, nequaquam spes dicenda est. *Nam quod videt,* hoc est, quid sperat aliquid quod videt? Ac si diceret : Nihil est quod videndo speret ipsum, ut si quis videat se divitem factum esse, et fortasse antea speraverat, jam non de hoc spem vel existimationem, sed certitudinem habet. *Si autem quod.* Ostendit quomodo spe salvi facti fiamus, quia videlicet illa spes, quæ dicta est vitæ futuræ, nos patientes reddit, ne in tribulatione vitæ præsentis deficiamus. Et hoc est, *si enim,* quia scilicet quod non videmus speramus, patienter illud exspectamus non in agone præsentis certaminis deficientes, si-militer autem, sicut videlicet spes nos adjuvat patientiam præstando, ita et Spiritus sanctus in hoc agone nostram adjuvat infirmitatem, necessarias nobis orationes suggerendo. Et hoc est : *Nam quid ita,* scilicet *ut oportet,* et nobis necessarium est, *oremus,* in tribulationibus videlicet positi, frequenter ignoramus, in multis scilicet dubitantes quid eorum videlicet nobis utile sit, sicut et ipse Apostolus quando ter Dominum rogavit stimulum Satanæ sibi auferri. *Sed ipse Spiritus postulat pro nobis,* id est postulare nos facit, quod scilicet nesciebamus docendo, et ejus desiderium maximum inspirando. *Qui autem.* Dixi quod nos postulare facit *gemitibus inenarrabilibus,* id est tantis desideriis ut potius sentiri quam edisseri queant. Sed, licet sint inenarrabiles, ei tamen sunt cogniti, qui scrutatur corda, et inspector est cordis, ea videlicet potius attendens quæ versantur in corde quam quæ proferuntur de ore. *Quid desideret,* id est desiderare nos faciat, quia postulat pro sanctis, id est sanctos postulare facit, *secundum Deum,* id est secundum hoc quod ipse Spiritus Dei a Deo accepit, qui a Deo habet esse, procedendo scilicet ab ipso, et secundum quod in ipsa Dei dispositione ordinatum esse novit. Unde certum est Deum non posse latere quid agat spiritus eo disponente.

Scimus enim. Tanquam aliquis opponens, diceret, quomodo adjuvet Spiritus quos tot videmus afflictionibus laborare, dicit quia et ipsas afflictiones et quæcunque accidunt sanctis, tam prospera scilicet quam adversa, in bonum eis convertit, et ad eorum utilitatem perducit. Qui vero sint diligentes Deum, supponit dicens : *His qui vocati sunt sancti,* id est internæ vocationis inspiratione sanctificati, *secundum propositum Dei,* potius quam secundum eorum præcedentia merita, id est secundum hoc potius quod divinæ gratiæ placuerit, quam secundum hoc quod ipsi meruerunt. *Nam quos præscivit.* Exsequitur diligenter quomodo secundum propositum Dei, id est divinæ gratiæ placitum sint sanctificati, dicens quia quos præscivit postmodum, et prædestinando conformes Christo reddidit. Scire dicitur Deus ea quæ approbat, et quæ ejus notitia sunt digna, juxta illud : *Novit Dominus viam justorum,* sicut e contrario mala ignorare vel nescire dicitur. Juxta quod ipse Filius reprobis ait : *Nescio vos.* Illos itaque præscisse dicitur, quorum antequam essent futuram electionem approbavit. Quoscunque itaque sic præscivit, eos postmodum *prædestinavit,* id est donis gratiæ suæ præparavit. Prædestinatio quippe divina dicitur præparatio gratiæ, quæ in electis tantum est. *Prædestinavit,* inquam, *conformes fieri,* id est ad hoc ut similes fierent, *imaginis Filii sui,* id est Christo, qui est imago Dei, id est expressa similitudo Patris, in omnibus scilicet bonis ei æqualis secundum divinitatem, juxta illud quod ait : *Philippe, qui videt me videt et Patrem* (*Joan.* xiv, 9), ac si diceret : Quia ex me integre cognosci potest qualis vel quam bonus ipse sit Pater. Tunc autem Christo conformamur, si veterem hominem cum actibus suis deponentes, ipsum induamus Christum, sicut scriptum est : *Qui dicit se in Christo manere, debet sicut ille ambulavit et ipse ambulare (I Joan.* II, 6). Ita, inquam, conformes fieri, *ut sit ipse videlicet Christi primogenitus in multis fratribus,* id est inter multos qui ejusdem Patris sunt filii per adoptionem, ipse qui per naturam Filius est more primogenitorum excellat dignitate, non eis adæquetur similitudine, sicut et ipse Patri æqualis est, cujus imago est. *Qui autem prædestinantur electi,* id est ad vitam æternam præparantur per fidem illuminati, quam primo tanquam omnium bonorum fundamentum suscipiunt, vocantur postmodum per spem illexi, cum jam misericordia Dei et virtute sacramentorum cognita ad bene operandum alliciuntur, propter æternorum scilicet retributionem : deinde justificantur sinceræ charitatis affectu, non jam Deo tam propter sua quam propter ipsum adhærentes, et denique magnificantur in cœlesti scilicet patria sublimati.

Quæstio se hoc loco ingerit de divina scilicet providentia, seu prædestinatione, quæ liberum nobis arbitrium auferre videtur, cum omnia videlicet sicut a Deo prævisa sunt, necesse sit evenire, nec aliquem prædestinatum possibile sit perire. Certum quippe est omnia antequam fiant eo modo quo futura sunt a Deo esse prævisa, sive bona sint sive mala, nec in aliquo providentiam ejus posse falli. Cum itaque hunc hominem, qui forte mœchaturus est, præviderit mœchaturum esse, necesse est eum mœchaturum esse. Quod si eum necesse est esse mœchaturum, hoc est inevitabile, jam non est libero ejus arbitrio seu potestate peccatum hoc evitare. Non ergo propter hoc peccatum, quod nullatenus evitare potuit, reus est constituendus. Atque ita omnia mala in Dei providentiam tanquam eorum necessariam causam retorquenda videntur, et sic omnia eo modo quo eveniunt necessario provenire, cum scilicet sic a Deo prævisa fuerint, nec ullo modo aliter posse contingere. Nos autem concedimus eum qui mœchaturus est necessario mœchaturum esse, cum id Deus præviderit ; sed non ideo simpliciter dici convenit eum esse necessario mœchaturum. Non enim hæc modalis cum determinatione illam simplicem infert, de quo quidem diligentius disserendum Theologiæ nostræ reservamus, et quæ differentia sit providentiæ ac prædestinationis seu fati.

Quid ergo. Quandoquidem Deus ita de nostra sollicitus est salute, ut præscierit, prædestinet, prædestinatos vocet, vocatos justificet, justificatos magnificet. Quid dicemus ad hæc, id est contra hæc quod impedimentum poterimus invenire? Nullum utique, quia etsi ex nobis infirmi sumus, *quis contra nos prævalere poterit, si Deus pro nobis,* id est cum Deum habeamus patronum? De cujus quidem patrocinio vel defensione quia securi esse valeamus, adnectit commemorans ejus singularem dilectionem, quam nobis exhibuit, dicens : *Qui non pepercit etiam proprio Filio suo,* consubstantiali, non adoptivo, sed *tradidit illum,* videlicet ad mortem pro nobis omnibus, scilicet quos præscivit, seu, ut dictum est, prædestinavit ut in ejus sanguine nostrorum maculas dilueret peccatorum. Quod vero ait, *etiam proprio Filio,* innuit Deum et aliis adoptivis filiis antea pro nobis non pepercisse sicut Isaiæ, seu Jeremiæ, vel nonnullis aliis prophetarum, qui ad populum Dei missi, tanquam martyres pro salute hominum sunt occisi. *Quomodo enim etiam,* id est qua ratione potest dici ut in tanto de traditione Filii sui dono non dederit nobis omnia, nostræ scilicet saluti necessaria ? *Quis accusabit ?* Quandoquidem Deus de nostra ita, ut dictum est, sollicitus est salute, cujus accusatio quidquam adversus nos obtinere poterit ? Nunquid accusatio ipsius Dei, qui non solum non accusat, verum etiam, ut dictum est, justificat ? ac si diceret : Non. Aut si etiam accusator esset quis, in nostra condemnatione perstiterit. Nunquid ipse Christus, qui tantam nobis exhibuit dilectionem, sicut ipse ait : *Majorem hac dilectionem,* etc., ut pro nostra moreretur salute ? ac si diceret : Non. *Imo qui.* Quasi corrigens quod dixerat, qui mortuus est, quod est infirmitatis, supponendo resurrectionis gloriam in ipso nobis exhibitam atque promissam, quæ nos in omni tribulatione maxime consolatur, et quoniam resurrectio nonnullorum fuit iterum mortuorum sicut Lazari, ut etiam reproborum erit ad sinistram constituendorum, subdit : *Qui est ad dexteram Dei,* id est secundum ipsam humanitatem resuscitatam in æterna beatitudine perseverat, ibi quoque non immemor nostræ salutis, ubi tanquam advocatus Patrem interpellat pro nobis, ipsam videlicet, in qua tanta pro nobis passus est, humanitatem oculis Patris semper præsentando, et sic nos ei tanquam mediator reconciliando. Interpellat igitur, ut dictum est, tanquam inter nos et Deum medius intercedat, per ipsam, ut dictum est, nostræ naturæ substantiam. Sanctos etiam ipsos intercedere et orare pro nobis dicimus affectu potius charitatis vel meritorum suorum suffragiis, quam prolatione vocis. Unde et cum dicimus : *Sancte Petre, ora pro nobis,* tale est ac si dicamus : *Miserere nostri, Deus, propter merita B. Petri.*

Quis ergo nos. Quandoquidem tantis beneficiis tantam nobis gratiam Deus exhibuit, et in seipso confirmavit, quæ res nos ulterius poterit avellere ab ejus dilectione ? Ac si diceret : Nulla. Atque id statim comprobat per ea quæ maxime videntur posse homines a Deo avertere. Ac primo de adversis sic ait : *Tribulatio,* ac si diceret : Non. Tribulatio dicitur quæcunque corporis afflictio vel verberatio, angustia, mentis anxietas, ut et metus, persecutio de loco ad locum, propulsio, periculum, mortis apparatus, gladius, ipsa mors. *Sicut scriptum* in psalmo XLIII, ac si diceret : Utique verum est quod nihil horum poterit separare, quia sicut dicit propheta, *propter te*, id est quia inseparabiliter tibi adhæremus, periculis vitæ afflicti subjacemus. *Tota die*, id est toto tempore vitæ nostræ, quod quidem ad comparationem vitæ infidelium, qui in tenebris ambulant, dies est dicenda, fide videlicet illuminata. *Æstimati, sicut scriptum est*, de impiis dicentibus de justis : *Nos vitam illorum æstimabamus insaniam*, etc. (*Sap.* 1, 4.) *Oves occisionis*, id est dignæ occisione, et nihil alterius utilitatis habentes, nec de ipsa etiam morte sua fructum aliquem ad esum tribuentes, nec ullatenus interfectoribus suis tum pro imbecillitate suæ naturæ, cum etiam pro mansuetudine sua resistentes. *Sed in his*. Dixi, non poterunt omnes oppressiones istæ constantiam nostram superare, ut videlicet a Deo separet, sed e contrario hæc omnia perseverando vincimus per gratiam Dei potius quam per nostram virtutem. Et hoc est quod ait, *propter eum qui datus nobis*, id est propter ejus adjuvantem gratiam. *Certus sum*. Ideo tam fiducialiter loquor de divina gratia fideles adjuvante, ut nullis, videlicet de causis a Deo possint separari, quia jam de his non solum fidem, verum etiam certitudinem imaginis assecutus sum experimentis, quod videlicet neque mors comminata, *neque vita* promissa scilicet in hoc mundo, *neque angeli*, id est angelica dignitas, a quocunque nos tentante nobis promissa, sicut diabolus Evæ promisit, quod essent sicut dii, *neque etiam principatus, neque virtutes*, id est istorum ordinum excellentia, quæ major est dignitate angelici ordinis, quos quidem ordines diligenter beatus Gregorius distinguens, ait (82) : « Græca lingua angeli nuntii, archangeli summi nuntii vocantur. Qui minima nuntiant angeli, qui vero summa archangeli vocantur. Hinc est quod ad Mariam non quilibet angelus, sed Gabriel archangelus mittitur. » Item (83) : « Virtutes vocantur illi, per quos signa et miracula frequentius fiunt. Potestates vocantur qui hoc potentius cæteris in suo ordine perceperunt, ut eorum ditioni virtutes adversæ subjectæ sint, quorum potestate refrenantur, ne corda hominum tantum tentare prævaleant, quantum volunt. Principatus vocantur qui ipsis quoque bonis angelorum spiritibus præsunt, qui subjectis aliis, dum quæ sunt agenda disponunt, eis ad explenda mysteria principantur. » *Neque instantia*, id est præsentia bona vel mala, *neque fortitudo*, id est violentia cujuscunque potestatis, *neque altitudo, neque profundum*, id est sublimatio alicujus humanæ gloriæ, vel dejectio atque humiliatio in quamcunque utilitatem. Ac si diceret : Neque prosperitas aliqua humana, neque adversitas, *neque creatura aliqua*, quam videlicet suprapositæ, id est angeli, potestates, etc. *A charitate Dei*, quia videlicet eum sincere propter ipsum diligimus. *Quæ est in Christo Jesu*, id est per Christum Salvatorem nostrum nobis inspirata, sive in ipso ædificata atque radicata, et fundata.

CAPUT IX.

Veritatem dico. Quod dixit se et consimiles sui fideles a charitate Dei non posse avelli, experimento proprio vult probare dicens videlicet se, dum maximus Ecclesiæ persecutor existeret, ad hoc laborasse, ut servos ad fidem Christi conversos inde averteret, et hoc est in Christo Jesu, hoc est per Christum Jesum jurans veraciter dico, quantum ad ipsius rei eventum, et ita se habet ut dico. *Et non mentior, testimonium mihi perhibente conscientia mea*, id est reus mendacii non sum, cum sic credam sicuti dico. Potest quippe aliquis quantum ad rei eventum veritatem in verbis per ignorantiam habere, et tamen contra conscientiam loqui, et per hoc incurrere mendacii reatum. Non enim mentitur apud Deum, id est reus mendacii non reputatur a Deo, nisi qui per duplicitatem loquitur. Loquenti conscientia sua perhibet testimonium, quando non dissidet animus a verbis, id est quando creditur ab ipso sicut dicitur. Mihi, inquit, qui eam novi, etsi non nobis, conscientia dico mea existens. *In Spiritu sancto*, id est fundata et radicata in charitate Dei. Ex qua scilicet charitate pullulare mendacium non potest. Unde et bene Spiritus veritatis dicitur, hanc videlicet dico veritatem. *Quoniam tristitia est mihi magna*, quantum ad computationis quantitatem, *et continua* quantum ad diuturnitatem. *Cordi meo*, id est non simulata in exteriori habitu, sed vera in ipso animi affectu, et unde se tristitia supponit, quia videlicet *optabam* olim, non modo. *Ego ipse*, qui modo aliquid magni esse videor, et præ cæteris adversari Judaismo, et pristinæ vitæ contrarius, *optabam*, inquam, *pro fratribus meis esse anathema a Christo*, id est nitebar modis omnibus fieri separatio nostratum, id est Judæorum a Christo, ut non solum scilicet ego separatus essem a Christo, sed ipse aliorum essem separatio, et tam verbis quam factis eos quoque, qui ei jam per fidem adhæserant, ab eo averterem, sicut scriptum est : *Saulus adhuc spirans minarum*, etc. (*Act*. ix, 1.) Vel ita ut fratres meos averterem a Christo, omnes generaliter avertere cupiebam, sicut scriptum est, ut si quos inveniret hujus viæ viros, non videlicet solum Judæos, etc. Quod autem fratres generaliter dicat quicunque de suo genere sunt, id est quoslibet Judæos declarat, subdens :

Qui sunt cognati mei secundum carnem, id est de cognatione mea carnali, et ideo tunc vehementius animo meo inhærentes, ut plurimum pro eis agerem, et ne tantum eos intelligamus, qui ad tribum Benjamin pertinent, unde erat Apostolus, imo generaliter totum genus Judæorum, addit, *qui sunt Israelitæ*, id est de genere Jacob, patriarchæ, qui prius Jacob a parentibus, postmodum Israel a De-

---

(82) Patrol. tom. LXXVI, col. 1250, 1251.

(83) Ibid.

mino appellatus est, id est vir videns Dominum. Unde et præcipue nomine ejus tota posteritas insignita gloriabatur, quasi solis ipsis Deum videre, id est cognoscere concessum esset, quasi jam ulterius nec Christi, nec alicujus doctrina indigerent, ut hinc quoque ipse Paulus Christi disciplinam nonnulla de causa se præmisisse insinuet, nec non ex iκ quæ sequuntur, de condemnatione scilicet illius olim peculiaris populi Dei, cum ait : *Quorum adoptio est filiorum*, hoc est de primo per gratiam adoptati sunt a Deo in filios, qui specialiter ab eo dilecti innumerabilium beneficiorum exhibitione monstrantur. *Et gloria*, id est glorificatio in præsenti ex adoptione ista procedens, qua se et nunc in Ecclesia gentibus conversis præponere volebant. Unde autem adoptio vel glorificatio eorum maxime processerit, diligenter prosequitur, dicens eorum esse testamentum, et ad eos primitus, non ad gentes latum fuisse, sicut scriptum est : *Non fecit taliter omni nationi, et judicia sua non manifestavit eis* (Psal. cxlvii, 20). Ad hoc quidem illud pertinet quod superius dixerat : *Quid ergo amplius Judæo*, etc. — *Multum per omnia* (Rom. iii, 1). *Primum* quidem, quia credita sunt illis eloquia Dei (ibid., 2). *Et obsequium*, id est publicum divini cultus officium, in tabernaculo vel in templo, et *præmissa munera* tam de terra Chanaan possidenda, et terrenis commodis, quam de spiritualibus etiam bonis per Christum ex eis nasciturum, sicut mox annectit dicens : *Quorum sunt patres secundum carnem* potius quam secundum fidei imitationem illi, ex quibus et ipse Christus est secundum carnem, utpote ipsi patriarchæ Abrahæ, Isaac, et Jacob, quibus de Christo promissiones factæ sunt, quod in semine eorum scilicet benedicerentur omnes gentes. Quod vero dixerat, Patres Christi, ne per hoc videretur Christus a patribus illis incœpisse, addit : *Qui est super omnia benedictus*, et laudandus et glorificandus *in sæcula*, id est per omnes temporum successiones ab ipso tanquam a divina sapientia optime ordinatas. *Amen*, id est verum est. Geminatio assertionis tam oris quam cordis professionem indicat, sicut et ibi : *Amen, amen dico vobis* (Matth. vi, 2) ; et : *Sit sermo vester, Est, est; non, non* (Matth. v, 37).

LIBER QUARTUS.

Non autem quod exciderit. Diceret fortasse aliquis : Et quomodo promissa divina Israelitis facta sunt, quæ pro nequitia sua obtinere populus ille non potest, semper Deo rebellis existens, et jam ab ipso penitus reprobatus ? Ad hoc Apostolus : *Non ita*, inquit, promissa ista facta sunt, quod exciderit verbum ipsum promissionis, id est quod sit cassa promissio, et nullatenus impleatur. Stare quippe, sive manere promissio dicitur, quæ impletur ; excidere autem e contrario. Tale superius animadverte. Cum enim quæsitum fuisset quæ utilitas circumcisionis, et responsum multum per omnem modum, primum quidem, etc. subjunctum est : Quid enim si quædam illorum non crediderunt, nunquid incredulitas illorum fidem Dei evacuat ? Ita igitur et hoc loco dicitur, quod promissio, ut dictum est, Israelitis facta non est cassata, si in quibusdam qui de genere Israel secundum carnem sunt, nequaquam sit completa. *Non enim omnes.* Soli quippe illi inter filios Israel computandi sunt, qui in cultu unius Dei permanentes fidem sui patris Israel, id est Jacob imitantur, sicut mox per simile in Abraham demonstrat dicens : *Neque qui semen sunt Abrahæ*, secundum carnem scilicet omnes in filiis Abrahæ computantur. Quod statim testimonio ipso ex Genesi sumpto confirmat, dicente Domino ad Abraham, postquam Sara Agar ancillam expelli cum filio jusserat : *Omnia quæ dixerit tibi Sara, audi vocem ejus, quia in Isaac vocabitur tibi semen* (Gen. xxi, 12).

Exponit Apostolus quod præmissum est : *In Isaac vocabitur tibi semen*. Filios carnis dicit, qui ex Patre Abraham solam carnis originem ducunt, non fidei sumunt exemplum. Cum autem dicendum videretur, hi filii sunt Abrahæ, dicit potius Apostolus : *Hi filii sunt Dei*, ostendens videlicet non alios dicendos esse filios Abrahæ, nisi qui filii sunt Dei, id est qui fideles sunt. Abraham quidem fidem significat. Ideoque Abrahæ filii illi soli recte dicuntur quos sibi Dominus per fidem adoptat tam ex Judæis quam ex gentibus, sicut et ipse superius meminit Apostolus, cum de Abraham loqueretur, dicens : Ut sit pater credentium omnium, non his tantum qui sunt ex circumcisione, sed et his qui sectantur vestigia fidei, quæ est in præputio. *Sed qui filii sunt promissionis*, filios promissionis dicit, qui ad fidelem Isaac pertinent, eum scilicet fide imitando, quoniam scilicet Abraham ex senili et sterili matre per solam promissionem Dei, non per naturam carnis generavit. *Æstimantur in semine*, videlicet Abrahæ, id est inter filios Abrahæ reputandi sunt. Quibus autem verbis promissio facta sit Abrahæ de futuro filio Isaac, supponit dicens :

Promissionis enim, etc. Hæc sunt verba angeli ad Abraham loquentis, *secundum hoc tempus*, id est in tali tempore quale modo est anno, scilicet revoluto, *veniam et erit*, id est per adventum et operationem meam potius quam per naturam tunc Sara concipiet. Hæc autem sententia his verbis in Genesi est expressa : *Revertens veniam ad te tempore isto vita* comite, et habebit Sara filium uxor tua (Gen. xviii, 10). Item infra : *Visitavit Dominus Saram sicut promiserat, et implevit quod locutus est, concepitque et peperit filium in senectute sua, tempore quo prædixerat eis Dominus* (Gen. xxi, 1). Ex quibus quidem verbis non satis liquet cum dicitur, *erit Saræ filius*, an de conceptu ejus sive partu sit intelligendum. Cum autem dicitur *in senectute sua*, patenter innuit quod dixit, filium hunc non tam esse carnis quam promissionis, id est non naturæ, sed gratiæ. Et licet dictum sit : *In Isaac vocabitur tibi semen*, non tamen in omnibus ex Isaac secundum carnem nascituris, cum ipse statim Esau reprobatus sit, et solus Jacob a Deo electus. Quod nunc prosequitur dicens : *Non solum autem illa*, id est Sara, subaudi promissionem habuit de prole a Deo, sed etiam Rebecca jam quidem habens in utero, antequam scilicet promissionem illam haberet: *habens*, inquam, in utero, *ex uno concubitu Isaac patrem nostrum*, non tam per carnem quam per fidem. Et vere promissionem hanc quomodo habuit, quia istam de electione, scilicet minoris filii, quod videlicet major serviret minori. Et hoc est : *Cum enim nondum nati essent*, illi videlicet quos ista habuit ex Isaac. *Aut aliquid*, id est nec aliquod adhuc meritum haberent ex bono vel malo opere suo. Posset quippe contingere ut more Jeremiæ, vel Joannis Baptistæ in utero illuminati Deum cognoscerent, et jam eum diligendo vel non diligendo aliquid mererentur, ut...... scilicet qui nondum aliquid promeruerant. *Maneret propositum Dei secundum electionem*, ipsius in altero ipsorum, id est in Jacob, non in Esau, id est secundum hoc quod Deus apud se proposuerat, et in altero providentia sua ab æterno disposuerat, maneret electio Jacob, id est perseveraret immobilis ejus prædestinatio. *Non ex operibus*, id est propter meritum aliquod operum ejus, qui electus est, sed tantum ex Deo, *vocante eum*, id est ex sola gratia ejus, qui eum per internam inspirationem postea ad se traxit.

Dictum est ei, id est Rebeccæ, *quia major*, id est Esau qui primogenitus futurus erat, *serviet posteriori fratri*, id est Jacob. Quæ quidem servitus non tam in personis duorum fratrum quam in posteritatibus eorum accipienda est, id est in populis qui ex ipsis nascituri promittuntur, Domino ad Rebeccam dicente : *Duæ gentes in utero tuo sunt, et duo populi ex ventre tuo dividentur, populus populumque superabit, et major serviet minori* (Gen. xxv, 23). Si enim ad personas fratrum respicias, nunquam Esau deservisse, vel in aliquo subjectum exstitisse Jacob reperies, imo magis Jacob semper Esau maxime timuisse, et ei se plurimum humiliasse. De populis autem planum est hoc accipi, cum etiam secundum præceptum legis interdictum sit Israelitis servos habere de populo suo, sed de gentibus tantum. Unde in Levitico scriptum est : *Si paupertate compulsus vendiderit se tibi frater tuus, non eum opprimes servitute famulorum, sed quasi mercenarius et colonus erit, usque ad annum jubileum operabitur apud te; et postea egredietur cum liberis suis, et revertetur ad cognationem et possessionem patrum suorum. Mei enim sunt servi. Non veniat conditione servorum, non affligas eum per potentiam. Servus et ancilla sint vobis de nationibus, hos habebitis famulos, et hæreditario jure transmittetis ad posteros, ac possidebitis in æternum* (Levit. xxv, 39-46). Vocante dico cum *sicut scriptum est*, in Malachia scilicet propheta, his quidem verbis : *Nonne frater erat Esau Jacob, dicit Dominus, et dilexi Jacob, Esau autem odio habui* (Malac. i, 2), id est hunc eligendo vocavi, illum autem respui. De quali quidem electione superius idem dicit Apostolus, *et quos vocavit hos et justificavit* (Rom. viii, 30).

Quid ergo. Congruam sumit Apostolus ex proxime dictis objectionem, quasi in accusationem et injuriam Dei, qui antequam aliquid Esau promereri posset, eum non prædestinando dignum odio suo judicavit, et quia alteri fratri dedit gratiam, qui similiter antea nil meruerat, ei subtraxit, qua ei subtracta constat eum bene agere non posse, atque ita non tam culpa Esau accidere videtur quod iniquus fuerit quam ipsius Dei qui ei gratiam, qua bene operari posset, dare noluit. Hujus autem objectionis ipsemet Apostolus postmodum solutionem ponit, ubi ait : *O homo, tu quis es*, etc., usque illuc vero totum quod interpositum est, de objectione est. Continuatio : Quandoquidem Jacob electionem suam et vocationem non magis quam Esau ex meritis suis, sed ex arbitrio tantum vocantis obtinuit, neque Esau ex meritis antea suis illam amisit, quid diceremus, quid poterimus dicere, et ad hujusmodi objectionem respondere, quæ statim sequitur : *Nunquid iniquitas est apud Deum*, id est qua ratione poterimus Deum a culpa defendere, atque astruere quod non sit reus iniquitatis, qui gratiam scilicet suam subtrahendo ei qui nondum meruit, eum reprobum fecit? Sic enim dictum est : *Cum nondum nati fuissent aut aliquid boni*, etc. *Absit*, inquit statim Apostolus ex sua parte, ut videlicet ullo modo iniquitas credatur unquam in Deo esse, sed prius quidem quam hoc ostendat quod propter objecta non sit Deus iniquus dicendus, ipsam adhuc objectionem more boni argumentatoris corroborat, ut quanto validior fuerit objectio, tanto difficilior ac mirabilior appareat postmodum solutio. Mors vero. Ac si diceret : Bene quæsitum est ad propositam quæstionem, ut videlicet Deum a culpa defendere valeamus, et penitus ex ipsis quoque Scripturæ testimoniis in talibus culpabilis atque inexcusabilis videtur Deus, cum habeat in potestate quibuscunque velit misericordiam impendere qua salventur, et sine ejus misericordia nemo salvari possit. Quod vero hanc habeat potestatem præmittit dicens : *Miserebor*, etc. Quod vero non nisi præveniente misericordia ejus quisquam salvari queat, statim adjungit dicens : *Igitur non volentis et currentis. Cujus misereor*, prædestinando, antequam scilicet ullum sit hominis meritum, *miserebor*, postea vocando eum per internam inspirationem, et ei denique cujus miserebor vocando misericordiam præstabo, in ipso scilicet supernæ vocationis bravio. Ergo, inquit Apostolus ex persona componentis, hic subaudi, divinæ collatio misericordiæ, non est hominis quantumcunque eam *volentis neque currentis*, id est quantumcunque festinantis atque nitentis ad eam obtinendam, sed tamen *Dei miserentis*, id est non est in potestate nostra eam accipere, sed in manu ejus eam dare, ut per hoc astruendum videatur neminem esse in culpa si ab ea sit alienus misericordia, non eum qui largiri eam habuit nec voluit.

Dicit enim. Ostendit a contrariis quod miserentis est Dei quod homines salvantur : quod obdurantis est quod damnantur, sicut in Pharaone ex ipso Dei testimonio patet. Nec dicit tamen obdurantis, sed quasi impellentis ad malum, cum ait : *Excitavi*. Et ut culpam Dei augeret, addit : *Ut ostendam in te*, etc., quasi ideo damnaret alios Deus, ut se glorificet, et gloriam suam in morte aliorum quærat, quod iniquissimum videtur. *In hoc ipsum*, id est ad affligendum populum vel persequendum, sive etiam me non exaudiendum, sicut scriptum est : *Indurabo cor Pharaonis. Excitavi te*, id est resistendo tibi feci magis exardescere malitiam tuam contra me, ut sicut scriptum est : *Qui justus est amplius justificetur* (Apoc. xxii, 11). Per quod quasi aurum in fornace tribulationis purgatur, *et qui in sordibus est amplius sordescat* (ibid.). *Virtutem meam*, id est potentiam, tam in plagis scilicet Ægypti quam in submersione Ægyptiorum. *Ut per hoc annuntietur nomen meum*, id est dilatetur notitia potentiæ meæ ubique terrarum. Quod dicit ut per hoc magis effectivum esse quam causativum videatur. Quomodo solet dici de aliquo, exivit ut mereretur, id est exivit, et mortis non consecutus est effectus, ita et hic dicitur excitavi te, ac per hoc postea ostendi in te virtutem meam, id est in his quæ egi circa te et tuos.

Ergo cujus vult, id est et ita apparet, inquit Apostolus, ex persona adhuc opponentis, quod cujus vult miseretur, et quem vult indurat, id est pro velle ejus atque arbitrio potius quam pro meritis suis homines vel salvantur per ejus misericordiam, vel damnantur per ejus in peccatis suis indurationem, quam videlicet obdurationem ipse non miserando efficit, ut sic divino totum arbitrio de salvatione vel damnatione hominum tribuendum esse videatur. *Dicis itaque mihi*, inquit Apostolus ex propria persona, vel quorumlibet fidelium Deum in omnibus laudantium, id est tu aliquis quicunque sis, rationabiliter dicere videris, et opponere, ut supradictis testimoniis et rationibus id scilicet quod sequitur : Quid adhuc queritur, id est conqueritur Deus, id est unde potest juste querimoniam ullam adversum nos movere, de offensis scilicet nostris, quia omnis videlicet culpa ejus sola vel maxime videtur accidere, cum, ut dictum est, quos *vult indurat*, et ut nunc dicitur, voluntati ejus nemo queat resistere. Adhuc, id est post tam manifesta testimonia vel rationes in accusationem illius, *voluntati ejus*, id est dispositioni, de qua scriptum est : *Quæcunque voluit fecit*. Alio etiam modo dicitur Deus velle, non disponendo scilicet, sed consulendo nobis, ut faciamus per quæ salvemur juxta illud : *Quoties volui congregare*, etc. (*Matth.* xxiii, 37.) Et quia vult omnes salvos fieri, id est consulit ut faciant.

O homo, tu. Hoc loco Apostolus suprapositis objectionibus, quæ Deum penitus in culpam trahere videntur, ex sua parte respondet, easque sufficienter dissolvit congrua de figulo inducta similitudine. Dicit itaque quæstione quæstionem dissolvens et satisfaciens : *O homo*, id est carnalis et potius animalis quam spiritualis, qui hucusque in Deum invectus es, quasi eum de iniquitate arguendo, sicut ibi inceptum est : *Nunquid iniquitas apud Deum ?* Et postea exemplis vel rationibus exaggeratum est : *Tu quis es*, inquam, *qui respondeas Deo*, id est qui justificas te, qui Deum modis supradictis accusas, ipsi responde ut teipsum defendas ab inconvenienti, si te ipse scilicet ita interroget, dicens : *Nunquid dicit*, id est juste potest conqueri de figulo quod tale ipsum fecerit *figmentum*, id est vas de luto fictum, id est compositum. Fingere namque componere dicitur. *An non habet potestatem*, id est non licet figulo sine injuria aliqua, quam vasi scilicet inferat, *aliud quidem vas facere in honorem*, id est ad aliquod honorabile officium, *aliud in contumeliam*, id est ad aliquod vile et abjectum ministerium ? Et hoc est : *Ex eadem massa terræ*, id est etiam si nulla sit hujus contumeliæ causa ex qualitate materiæ quæ est eadem. *Figulus luti*, id est formator humidæ et mollis terræ, non creator ipsius materiæ.

Ex quo quidem apparet cum minus juris habere in opere suo quam Deus habeat in suo, qui non solum formator, sed etiam materiæ creator est. Quidquid ad proposita homo iste respondeat, quasi cornuto vulneratur stilo. Si enim respondeat quia non habet figulus hanc potestatem, penitus officium damnat figulorum, et utilitatem publicam, et commune commodum atque necessarium impudenter accusat. Sin autem quod manifestum est eligat, ut videlicet sine injuria aliqua, quam vasi contumeliæ inferat, ea faciat talia, liquet similiter, imo multo magis Deo licere quocunque modo voluerit creaturam suam tractare atque disponere, qui obnoxius nullo tenetur debito, antequam quidquam illa promereatur. Alioquin universa animalia ad laborem creata recte adversus eum murmurare et conqueri possent : quare ipsa scilicet tantum ad laborem et ad servitium hominum condiderit, cum hujusmodi afflictionem, quæ usque ad mortem perseverat, ipsa non meruerint. Quod si ad glorificationem sui, vel ad aliquam utilitatem hominum, hoc est ad laborem creata esse recte concedantur, eadem profecto ratione concedendum est quibusdam merito Deum gratiam suam subtraxisse, nec eos ab iniquitate liberasse, cum nulla sit iniquitas qua Deus optime non utatur, et nihil accidere sine causa permittat, ipso etiam sæcularis sapientiæ judicio. Unde et Plato in Timæo suo : « Nihil fit, » inquit, « cujus ortum non legitima causa et ratio præcedat. » Quis enim fidelium nesciat quam optime usus sit summa illa impietate Judæ, cujus exsecrabili proditione totius humani generis redemptionem est operatus? Multo profecto utilius est operatus in nequitia Judæ quam in justitia Petri, et hujus opere malo quam illius bono longe melius usus est : non, inquam, quantum ad Judam pertinet, sed ad communem omnium utilitatem, quæ familiari semper est præponenda. Prædicatione quidem Petri et exemplo vitæ aliqui conversi sunt et salvati, sed illa Judæ traditio in salutem omnium conversa est, quæ a Patre quoque et Filio pariter facta est, sed intentione diversa. Ita etiam quantæcunque fiant malitiæ, divina dispositione optime ordinantur, et in omnibus quæ facit vel facere permittit, causas ipse novit, licet occultas nobis et ininvestigabiles, *quia sic*, scilicet cum facere vel permittere conveniat. Alioquin quædam irrationabiliter faceret vel permitteret.

Recte autem quærendum arbitror, etsi injuriæ Deus argui non possit, quod aliquibus gratiam suam dare nolit; quomodo tamen iniquis hominibus, quibus ipse gratiam dare noluit ut salvarentur, imputandum sit quod damnantur, ut videlicet sua culpa damnari dicantur. Aut si nulla eorum culpa est, quo merito suo ipsi damnari dicantur a Deo, qui unicuique reddit secundum opera ejus. Sed quæ rursus culpa est hominis, si non salvetur, cui Deus gratiam per quam salvaretur nunquam dare voluit, nec ipse sine illa potuit? Sed fortasse quis dicat, quod culpa ejus sit quod Deus gratiam ei illam dare noluerit, quam illi æqualiter obtulit sicut et justis, sed oblatam ipse accipere noluit? Ad quod respondeo, quod nec ipsum accipere sine gratia Dei potest esse, quia quidem gratiam accipiendi oblatum donum, cum Deus illi eam dare noluit, nec ipse sine hac gratia queat illud accipere, falso id culpæ ejus ascribitur quod oblatam gratiam non accepit, veluti si medicus ad infirmum veniens potionem offerret qua curari ille posset, sed nequaquam infirmus ad suscipiendum medicamentum erigere se valeret, nisi ipse quoque medicus eum sublevaret : quæ est culpa infirmi si curationem oblatam non suscipit, aut quæ est commendatio medici in offerendo, si efficaciam medicaminis auferat non sublevando?

Dicimus itaque non esse necesse in singulis bonis operibus novam nobis gratiam a Deo impertiri, ut nequaquam scilicet bona operari vel velle possimus sine novo divinæ gratiæ præeunte dono, sed sæpe Deo æquale gratiæ suæ donum aliquibus distribuente, non eos tamen æqualiter operari contingit, imo sæpe eum minus operari qui plus gratiæ ad operandum susceperit (84). Ut enim de amore vel desiderio temporalium rerum evenit, ita de veris et æternis bonis accidit. Venit præpotens aliquis, et opes suas aliquibus egenis pariter exponit in mercede atque offert, si quod eis præcipit impleverint. Alius itaque ex eis desiderio ostensæ et promissæ sibi mercedis accensus laborem operis arripit ac perficit. Alius autem cum piger sit ac magni laboris impatiens, tanto minus desiderio illo accenditur, quanto amplius laboris magnitudine deterretur, ac sæpe id evenit ut qui fortior est corpore, ignavior sit mente; et qui pauperior est pigrior existat. Quid est ergo quod cum æqualiter ostensæ sint et oblatæ pro mercede utriusque divitiæ, alius desiderio earum accensus laborem tolerat ut ditetur, alius laborare negligit, et diutinam magis eligit paupertatem quam ad horam sustinere laborem? Quid est hoc, quæso, nisi hujus probitas et illius ignavia? Quid amplius uni quam alteri dives ille fecit, qui utrisque pariter parem mercedem exhibuit et promisit? In isto, inquies, tamen desiderium accendit, ut laboris eum patientem efficeret et consummatorem. Sed hoc, inquam, ex actione illa divitis consecutum est, non aliquid de ipsa actione est, id est non ejus aliqua pars est. Quod ergo impedimentum in altero habuit, quod similiter eum non permovet? Nullum profecto ostendere poteris, nisi ejus ignaviam, qui laborem renuit. Sic et Deo nobis quotidie regnum cœlorum offerente, alius regni ipsius desiderio accensus in bonis perseverat operibus, alius in sua torpescit ignavia. Æque tamen Deus utrisque offert illud, et quod suum est efficit, tantumque erga utrumque operatur regni ipsius beatitudinem exponendo et promittendo, quod ad desiderium uniuscujusque accendendum sufficiat, absque nova alia gratia apposita. Quo enim major esse merces cognoscitur, magis unumquodque naturaliter suo allicitur desiderio, præsertim cum ad ipsum obtinendum sola sufficiat, multoque minori impensa vel sudore seu discrimine ab omnibus perveniri possit, quam ad acquisitionem terrenorum regnorum. Ad desiderium itaque nostrum in Deo accendendum et ad regnum cœleste concupiscendum, quam præire gratiam necesse est nisi ut beatitudo illa ad quam nos invitat, et via qua pervenire possimus, exponatur atque tradatur? Hanc autem gratiam tam reprobis ipse quam electis pariter impertit, utrosque videlicet de hoc instruendo æqualiter, ut ex eadem fidei gratia, quam percepe-longe aliud dicit, scilicet sine nova gratia, non tamen sine gratia.

---

(84) Super hoc videtur fuisse notatus Abælardus. Impositum enim ei fuit, quod diceret liberum arbitrium per se sufficere ad aliquod bonum. Sed

runt, alius ad bona opera incitetur, alius per torporis sui negligentiam inexcusabilis reddatur. Hæc itaque fides quæ in isto per dilectionem operatur, in illo iners et segnis atque otiosa vacat, gratia Dei est quæ unumquemque electum prævenit, ut bene velle incipiat, ac rursus bonæ voluntatis exordium subsequitur, ut voluntas ipsa perseveret : nec necesse est ut per singula, quæ quotidie nova succedunt opera, aliam Deus gratiam præter ipsam fidem exponat, qua videlicet credimus pro hoc quod facimus tantum nos præmium adepturos. Nam et negotiatores sæculi, cum tot et tantos sustineant labores, una spe mercedis terrenæ, quam ab initio conceperunt, omnia tolerant, et cum diversa operentur, non diversa spe ad illa permoventur, sed una et eadem trahuntur.

Quod si volens. Ostendit Apostolus congrua similitudine inducta de figulo Deum nequaquam injuriæ argui posse, si aliquibus gratiam nolit dare, per quam salventur, sicuti Pharaoni vel Esau, de quibus objectio præcessit. Nunc vero ad ipsam Dei commendationem convertit hoc ipsum quod de eis actum est, ostendendo scilicet Deum multa patientia sua malitiam Pharaonis sustinuisse, ut resipisceret, et cum illum incorrigibilem omnino monstrasset malitia ejus, vindicta ad communem aliorum utilitatem optime usum fuisse, ut videlicet populus ille liberatus, id est Judæus sive universus mundus hoc audiens timore saltem pœnarum a malo coerceatur, et ad bonum invitetur. Continuatio : Sicut ostensum est, non est arguendus injuriæ Deus, si quibuscunque velit gratiam suam non conferat, qua salventur. Neque tu, homo, qui Deum primitus arguebas, habes quid ad eum respondeas de præsenti similitudine pulsatus, sed multo magis unde eum laudes, cum in his etiam in quibus tibi maxime crudelis videtur, ejus sit misericordia prædicanda. Et hoc est, *quod,* id est sed quid respondeas vel dicere poteris, cum ipse in hoc, quod de Pharaone fecit *nolens* ad alios impios deterrendos, *ostendere iram suam,* id est vindictam quam exercet in impiis, et potentiam suam in miraculis quæ fecit tam in plagis Ægypti quam in submersione Ægyptiorum. *Sustinuit in multa patientia,* id est per multam suam patientiam, *vasa iræ,* id est diu toleravit iniquos illos, cum ipsi penitus ab eo deleri mererentur. Vasa iræ dicit eos, qui omnibus vitiis pleni sunt, quibus statim irascendum est. Et hoc est quod subdit determinans, *apta in interitum,* id est digna penitus deleri. *Sustinuit,* inquam, non sine causa, sed propter hoc ut secundum hoc quod abundat oppressionis malitia, abundabit in oppressis divinæ miserationis potentia, qua suos eruat ad glorificationem sui. *Divitias gloriæ,* id est excellentiam potentiæ suæ, qua glorificetur in *vasa misericordiæ,* id est erga electos suos, quos misericorditer conservat, ne adversitatibus frangantur. Bene vasa iræ et vasa misericordiæ dicit secundum propositam de vasis figuli similitudinem, *quæ* scilicet *vasa misericordiæ præparavit in gloriam,* id est prædestinavit ad æternæ vitæ beatitudinem, vel in gloriam suam, ut et ipsi eum laudando de misericordia percepta glorificent.

Quos et vocavit. Juxta rei significationem, non præmissi nominis proprietatem, relativum nomen supponit dicens, *quos,* masculino genere, non *quæ* neutro, cum tamen præmissum nomen, quod est *et vasa,* ad quod relatio sit neutri generis. Tale est et apud Virgilium mutatio generis secundum significationem cum dicitur : *Prœneste sub ipsa. Quos,* scilicet et *ipse vocavit,* id est interna inspiratione ad se traxit, non per se ad eum venerunt, maxime et in istis, quæ omnibus exhibuit, de Pharaone miraculis, sicut supradictum est, *ut enuntietur nomen meum in universa terra. — Non solum ex Judæis,* inquam, vocavit eos, sed etiam *ex gentibus,* cum videlicet audissent gentiles quantum manum in Pharaonem exercuisset, sicut et Raab receptis exploratoribus confitetur, *sicut in Osee,* id est per Osee prophetam, *dicit ipse,* scilicet Dominus. De vocatione gentium primo testimonium inducit, præterea de Judæorum ibi : *Isaias autem,* etc. *Vocabo,* id est gentiles, qui prius mihi subjecti nullatenus erant, timore terribilium mihi subjugabo, quia initium sapientiæ timor Domini, sed consummatio charitas, cum de servis fiunt amici, sicut et mox adjungit dicens : *Et non dilectam dilectam,* id est postmodum eos de servis in amicos transferam, sicut scriptum est : *Jam non dicam vos servos,* etc. (*Matth.* xv, 15). *Vocabo,* id est veraciter vocari faciam, *et non misericordiam consecutam, misericordiam consecutam.* Multo plus est filium fieri quam misericordiam consequi. Illud quippe inchoationis est, hoc est perfectionis; misericordiam consequimur cum nos, Deo vocante et nisi convertamur comminante, ad ipsum convertimur, ne ab ipso puniamur. Filii vero efficimur cum jam perfecta charitas foras mittit hunc timorem (*I Joan.* iv, 18). Duobus itaque præmissis duo hæc sigillatim referuntur, quasi confirmatio et expositio præmissorum. *In loco,* id est in terram gentilium, *ubi nec plebs mea* primitus erat, hoc est nec etiam per timorem mihi subjecti. *Filii,* id est filiali reverentia servientes. *Dei vivi* dicit differentiam deorum, quos scilicet antea gentilitas vario delusa errore, vel ex insensatis rebus, vel ex mortuis hominibus constituerat.

Isaias autem, supradictam vocationem gentium Oseæ prophetæ, scilicet ita Isaias aperte de futura conversione Judæorum : *Si fuerit,* quamvis innumerabiles fuerint Judæi in sua sterilitate, id est in infidelitate perseverantes. *Sicut arena maris,* quæ innumerabilis est et sterilis. *Tamen reliqui eorum salvabuntur,* quos videlicet sibi Dominus reliquit, alios a gratia sua repellens atque abjiciens a se, vel reliquias dicit populi simplices et idiotas, qui abjecti sunt inter eos, sicut apostoli fuerunt, et multi de turba Christo adhærentes, sicut et ipsi profitentur impii dicentes : *Nunquid alicui ex principibus crediderunt in eum ?' Sed turba hæc quæ non novit legem maledicti,* etc. *(Joan.* VIII, 48.) Quia vero aliquis quæreret cujus prædicatione ista vocatio fiat utriusque populi, respondet prædicatione scilicet propria ipsius Domini incarnati. Et hoc est, quod faciet Dominus per semetipsum *verbum breviatum super terram,* id est prædicationem compendiosam scilicet quod dicitur, sapiens paucis innotescit verbis. *Super terram,* id est quæ super et omnem terrenæ et humanæ sapientiæ doctrinam, sicut et magnus ille Domini Joannes profitetur dicens : *Qui de terra est, de terra loquitur,* etc. *(Joan.* III, 31.) Quomodo autem supereminent hæc doctrina cæteris omnibus præmittit dicens : quia *Verbum consummans et abbrevians,* videlicet faciet. Consummare est perficere, quando videlicet id quod inchoatum est ad perfectionem ducitur. Evangelica itaque prædicatio, quam per semetipsum Dominus attulit, ædificationem necessariam in veteri lege inchoatam consummavit, id est perfecit, addendo scilicet quæ ad plenitudinem justitiæ deerant, sicut ipsemet profitetur dicens : *Nisi abundaverit justitia vestra,* etc. *(Matth.* v, 20.) Consummans in æquitate, id est supplens quod de æquitate minus fuerat, id est quod de perfectione justitiæ atque virtutum defuerat. Et prætermissis innumeris observantiis carnalibus, abbrevians scilicet in duobus præceptis charitatis ipsam æquitatem, ubi videlicet diviti illi, qui de salute animæ suæ consuluerat eum, respondit : *Hoc fac et vives (Luc.* x, 28). *In his enim duobus mandatis tota lex pendet et prophetæ (Matth.* XXII, 40).

Possumus etiam dicere quantum ad multitudinem verborum in Novo Testamento, quod Vetus præceperit abbreviatum, quia pauca sunt quæ in monte Dominus cum Novum traderet Testamentum apostolis dixit, ad comparationem eorum quæ per Moysem præcepit : et parva sunt quatuor Evangeliorum volumina ad comparationem quinque librorum Moysi. Magna itaque est Evangelii commendatio, ut et in sententia sit perfectius, et in verbis brevius. *Et sicut prædixit idem Isaias, nisi Dominus sabaoth,* id est exercituum, qui adversum regnum diaboli suos quotidie dirigit bellatores, sicut scriptum est : *Ut castrorum acies ordinata (Cant.* VI, 5), *reliquisset nobis semen,* id est cum pro culpa sua nostrum populum, id est Judaicum excæcaret, et a gratia sua removeret, et quasi ab arca sua corruptam annonam projiceret, retinuissetque sibi aliquos tanquam semen, sicut apostolos et cæteros Ecclesiæ primitivæ fideles : *Sicut Sodoma fuissemus et sicut Gomorrha.* Ubi pariter cum prole sua parentes sunt exterminati, ut nec semen relinquerent. In semine conservatur utilitas prioris annonæ, et antiqua reviviscunt et renovantur, et ex paucis multa procreantur. Sic in apostolis et cæteris primitivæ Ecclesiæ membris præcedentium Patrum utilitas est recompensata, et revixit religio, magnaque inibi divinæ messis per universum mundum pullulavit utilitas. *Quid ergo.* Quandoquidem non dilectam fecit dilectam, et nunc e converso videmus dilectam factam non dilectam, id est electo populo gentili totum fere Israel reprobatum esse, qua causa id accidisse dicemus, de reprobatione videlicet populi sui? Et hoc est, quid dicemus, super hoc, scilicet quod gentiles, qui primitus non noverant justitiam, id est fidem quæ ad justitiam perducit ; *nunc apprehendunt justitiam* illam, scilicet veram animi justitiam, *quæ ex fide est,* non quæ in exterioribus consistit operibus. *Israel vero,* id est populus Judæorum *sectando legem justitiæ,* id est exercendo auctoritatem corporalis vindictæ, *non pervenit in legem,* id est non recepit perfectam Evangelii doctrinam, quæ sola justificat. Quare hoc, inquit? *quia non apprehendit,* subaudi justitiam, quæ *ex fide est, sed quasi* justitiam non vere justitiam, quæ *ex operibus,* id est legis litteram occidentem sequens in exterioribus et carnalibus observantiis, spirituali et mystica intelligentia quæ ex fide Christi ædificat, non est justificatus, et justificatus sicut scriptum est : *Justus ex fide vivit (Rom.* I, 17). Et hoc ideo quia *offenderunt in lapidem offensionis,* id est per Christum scandalizati sunt quem propter humanæ naturæ infirmitatem Deum minime crediderunt. Solent pedes impingere atque offendi in parvis lapidibus qui præ parvitate sua vix adverti possunt. Sic et Christus, pro parvitate suæ humilitatis, quam mundo exhibuit, a Judæis contemptus, lapis ejus offensionis factus est, ut in eum Judæi non credentes, ad ea quæ diceret indignarentur. *Sicut scriptum est,* in ipso videlicet Isaia : *Ecce pono,* verba Patris sunt et promissio de Filio suo mittendo; *Ecce pono,* id est jam apud me ponendum delibero, in Ecclesia humile fundamentum, sed forte, id est Verbum incarnatum. Quia enim lapis est, forte; quia offensionis, humile, et ab offendentibus in eum conculcandum. *Omnis,* sive Judæus sive gentilis, *in eum,* non ei tamen, vel eum, *non confundetur,* id est non erubescet, frustratus sua spe. Ideo dicit lapidem offensionis, et petram scandali : et hoc in prophetis frequenter evenit, ut in eadem sententia varientur verba. *Sion,* id est specula, dicitur Ecclesia, quæ in altum se per desiderium attollens omnem suam sollicite quam habet actionem circumspicit, ne supernum ejus impediat desiderium.

CAPUT X.

Fratres. Ne videretur Apostolus, qui a Judæis recesserat, ex aliquo odio magis quam ex studio corrigendi eos vituperasse, ostendit in effectu quantum charitatis affectum in eos et compassionem habeat, dicens se intente pro salute eorum Deum exorare. Cum enim dicit : *Voluntas cordis et obsecratio,* ex devotione cordis orationem procedere demonstrat, et magis eam in devotione quam in verbis consistere.

Ac si dicat : Licet sic eos vituperem, tamen, o vos fratres, orare pro illis ut salventur non desisto. Unde et Ecclesia singulis annis specialem pro Judæis orationem habet, *Ut Deus auferat velamen a cordibus eorum, et agnita veritate, quæ Christus est, ad ipsum convertantur* (85). Fratres eos, quibus scribit Apostolus, dicit, secundum quod Veritas ait : *Unus est enim Pater vester qui in cœlis est (Matth.* XXIII, 9); ut ejus correptionem quasi a fratre et compare non superiore libentius susciperent. Unde hæc et in Ecclesia inolevit consuetudo, ut in exordiis lectionum, quæ de Epistolis apostolicis sumuntur, *Fratres* prænuntietur. Quia autem pro Judæis orandum est, vel eorum maxime errori sit compatiendum, supponit dicens : *Testimonium enim, ex me ipso qui olim similiter faciebam. Æmulatio est non secundum scientiam,* id est zelum in Deum non rationabilem nec bonum, quia erroneum putantes scilicet quod non est juxta illud Veritatis, scilicet : *Venit hora ut omnis qui vos interficit, arbitretur obsequium se præstare Deo, et hæc facient quia non noverunt Patrem neque me* (Joan. XVI, 2, 3). Zelus sive bonus sive malus dicitur fervor quilibet, atque commotio accensi animi ad aliquid gerendum. Quomodo autem non secundum scientiam statim adjungit, dicens : *Ignorantes enim quæ Deus approbat,* quæ est videlicet ex fide Christi, *et suam,* id est quam ipsi pro justitia reputant et approbant, in observantiis scilicet carnalibus, *volentes statuere,* id est immobilem conservari, *Justitiæ Dei,* id est illis Dei præceptis, quæ obedientes justificant, non sunt subjecti, id est obedientes, quale est illud : *Creditis in Deum? et in me credite* (Joan. XIV, 1). *Finis enim,* vere ignorantes Dei justitiam, quia fidem Christi non habent, qua unusquisque fidelis justificatur. Quod vero ex fide Christi quisque justificetur, et non ex sua justitia, legalium scilicet operum, sic dicit : *Quia omni credenti,* id est unicuique fideli, *Christus,* id est fides Christi, *ad justitiam,* id est ad hoc ut per ea justificetur, vel finis legis, id est legalium operum, quæ gaudium in illis operibus spem salutis constituunt, Christus eis non proderit. Unde et ad Galatas dicit : *Si circumcidamini, Christus vobis nihil proderit (Gal.* v, 2). Et per semetipsum Christus dicit : *Usque ad Joannem lex et prophetæ (Matth.* XI, 13).

Moyses enim. Ostendit ipsius legislatoris Moysi testimoniis ex justitia legis impleta, in operibus scilicet illis carnalibus, neminem assequi vitam æternam, nec fuisse promissam, sed potius ex fide Christi. *Justitiam quæ ex lege est, qui fecerit homo,* id est legalia opera impleverit, *vivet* super terram, scilicet *in ea,* id est propter ipsius legis observantiam vitæ hujus bonis fruetur, non æternæ. *Quæ autem ex fide est,* id est quoniam fides de non apparentibus est, vitam illam æternam, quæ in Christo abscondita est, potius promittit quam præsentem; et invisibilia potius quam visibilia bona. Et hæc est illa justitia, quæ ex fide est Christi, id est ipsa fides in Christum habita nos justificans. Sic loquitur ibidem, scilicet in Deuteronomio, per ipsum Moysem, qui per eam vere justus erat, nos corroborans, ut in nullis deficiamus vel desperemus adversis. Hoc est, ipse ex illa justitia, quam jam habebat, sicut dicit : *Ne dixeris in corde tuo,* id est non cogites, tu homo quicunque, vel tu popule Israel : *Quis ascendet in cœlum,* id est ne desperes de vita illa cœlesti, in qua fides Christi consistit, et cujus nos promissione maxime Christus allicit, quasi ad vitam illam conscendere humana minime possit natura, quia hoc esset, inquit Apostolus, ex sua parte Christum ipsum ab illa vita deducere, id est credere nec ipsum illuc ascendisse in humana quam assumpsit natura. *Aut quis descendet in abyssum,* id est usque ad ipsum etiam infernum? aut quos videlicet non liberavit ad cœlestia secum perducat, quia hoc esset Christum in abyssum, hoc est credendo reducere Christum sive retrahere ab illo descensu, quo fideles suos mortuos ab inferno liberavit et secum ad cœlestia transtulit. *Sed quid dicunt,* id est, inquit Apostolus, attende quod ibidem subjunctum est ab ipso Moyse, hoc videlicet, *prope est verbum,* etc., id est facile est te in Christo hoc profiteri completum vel credere, de ascensu scilicet hominis ad cœlestia, et descensu hominis ad inferna. Ideo facile quia rationi non est adversum, sed maxime congruum divinæ clementiæ, hoc est, inquit Apostolus, *verbum fidei,* id est verbum de eo quod fides habet, et de eo quod creditum fideles facit. Quod verbum scilicet nos apostoli prædicare missi sumus. Et merito, quia in hujus verbi confessione et fide salus nostra consistit.

Et hoc est, quia si tu, quicunque sis, etc. Ore suo confitetur, qui quod enuntiat intelligit. Corde suo credit qui cor et voluntatem suam applicat his quæ credit, ut ipsa videlicet fides eum ad opera trahat, veluti cum quis credendo Christum a mortuis resurrexisse in vitam æternam, satagit prout potest ut vestigia ejus sequendo ad ejusdem vitæ beatitudinem perveniat. Notandum vero frequenter evenire, quod cum de Veteri Testamento aliqua in Novo testimonia inducuntur, facile est inducta testimonia applicari ad id confirmandum ad quod inducta sunt, si per se ipsa considerentur. Si vero loci illius unde sumpta sunt circumstantias simul attendamus, et quomodo superiora Scripturæ vel inferiora ei quod inde sumptum est cohærere queant, plurimum nostra angustatur intelligentia. Quod in hoc quoque ipso, quod nunc expositum est, contingit testimonio. Quod ut diligentius intueamur, ipsius Scripturæ verba latius replicemus. Scriptum est enim in Deuteronomio, cap. XXX, cum post legem datam Moyses ad observantiam legis populum exhortaretur his verbis : *Mandatum hoc quod ego tibi præcipio hodie, non supra te est neque procul positum, nec in cœlo situm ut possis dicere : Quis nostra*

---

(85) Offic. Eccl. ad missam in Admonit. in die S. Parasceves.

valet conscendere ut deferat illud ad nos, ut audiamus atque opere impleamus? Neque trans mare positum ut causeris et dicas : Quis ex nobis transfretare poterit mare, et illud ad nos usque deferre, ut possimus audire et facere quod præceptum est ? (Deut. xxx, 11-13.) Item, eodem cap. : Sed juxta est sermo valde in ore tuo, et in corde tuo, ut facias illum (ibid., 14).

Ecce ex his verbis, si ea juxta litteram sequamur, hoc totum Judæos admonere videtur, ut non conquerantur de difficili intelligentia legis, quasi per ænigma aliquid obscure sit dictum, sed omnia ita aperte præcipi, ut per se queant intelligi, nec aliquam habere excusationem si præceptis differat obedire, quia ea non valeat intelligere. Sed quoniam Apostolum legis peritissimum maxime nos sequi convenit, oportet nos, juxta ejus sensum, ad fidem Christi quæ dicta sunt accommodare. Sciens itaque Moyses legem ipsam quam dederat mysticis et obscuris sensibus esse plenam, qui non nisi per adventum Christi et ascensionem ejus aperiendi essent, sicut scriptum est : Et incipiens a Moyse et omnibus prophetis, interpretabatur eis Scripturas (Luc. xxiv, 27); et sicut ipse dicit: Nisi ego abiero, etc. (Joan. xvi, 7); et iterum : Paracletus autem, etc. (Joan. xiv, 26), admonet populum ne desperet de spirituali illa legis intelligentia tanquam aperienda, quasi non esset mundus habiturus qui de cœlo veniret, ut sensum Dei quem in lege habuerat aperiret, quia revera Filius Dei de cœlo venturus erat, et iterum ascensurus ut hanc mundo intelligentiam ministraret tam per seipsum quam per Spiritum sanctum post ascensionem ad hoc ipsum mittendum. Notandum vero hoc quod adjunxit Apostolus : Aut quis descendet in abyssum, nequaquam in suprapositis Moysi verbis continert, sed pro hoc ibi esse dictum, neque trans mare positum, etc. Hæc itaque verba, vel ipse Apostolus sensum prosecutus adjunxit, vel forte juxta aliam, qua nunc utimur, translationem, ea tantum collegit quæ congruere propositæ sententiæ vidit. Potest quippe quod dicitur, non est trans mare positum, ita intelligi ut non sit in abysso, id est in inferno locatum, ut videlicet propter ipsum illuc oporteat aliquem descendere, et mare hujus sæculi ut ad illud profundum inferni perveniat penetrare ut tale sit ultra mare. Ac si dicatur deorsum post mare, id est in illa ulteriori amaritudine inferni post miseriam præsentis vitæ.

Corde enim. Bene dixi, confitearis et credas, quia utrumque necessarium est, quia corde creditur ad hoc ut justificetur ipse qui credit, quia sine fide impossibile est Deo placere (Hebr. xi, 6). Et postea confessio fit de hoc ipso quod credit ut Ecclesiæ fidelis aggregetur, et sacramenta ejus participet. Dicit enim, ut superius in Isaia comprehensum est, non enim dixi omnes sive scilicet Judæos sive gentiles, et merito quia ad hanc obtinendam salutem nihil refert diversitas populorum dummodo una sit fides, quia in eum credamus potius quam ei vel cum, ut supra meminimus. Dives in omnes, id est sufficiens veris omnes ditare divitiis, qui invocant, non qui vocant. Vocatio quippe exteriorum sonus est verborum, de qua dicitur : Non omnis qui dicit mihi, Domine, Domine, intrabit in regnum cœlorum (Matth. vii, 21). Invocatio vero est interior clamor, id est devotio animi ad Deum suspirantis, de qua Moysi dicitur : Quid clamas ad me? (Exod. xiv, 15.) Omnis enim ab auctoritate Isaiæ, nomen Domini, id est notitiam ejus et manifestationem devotione postulat, de qua dicitur : Et manifestabo ei meipsum (Joan. xiv, 21). Et Psalmista : Satiabor, inquit, cum apparuerit gloria tua (Psal. xvi, 15).

Quomodo ergo. Suum et aliorum apostolorum officium commendat, ostendendo scilicet quam necessaria sit eorum prædicatio, ut credant homines et salventur. Continuatio : Quandoquidem qui invocaverit salvabitur, ergo invocandus est hominibus ut salventur. Sed in quem nondum crediderunt. Ergo quomodo invocabunt? ac si aperte dicat : Nullo modo ei, id est non solum in eum, sed nec ei, id est præceptis vel admonitionibus ejus, quem non audierunt, neque per seipsum prædicantem, neque per alium qui eum prædicaret, sine prædicante, vel ipso vel alio, prædicabunt aliqui nisi mittantur, sicut ipse Filius a Patre, et apostoli ab ipso Filio, ita eis dicente : Sicut misit me Pater, et ego mitto vos (Joan. xx, 21). Hic pseudo tangit apostolos, qui non missi a Deo per seipsos ad prædicandum veniunt, de quibus ipsa Veritas : Omnes, inquit, quotquot venerunt, fures sunt et latrones, sicut scriptum est (Joan. x, 18). Origenes : « Exemplum hoc de Isaia videtur assumptum : » Ambrosius : « Hoc propheta dicit Nahum. Apostolorum pedes speciosi fuerunt, quia affectus eorum a contagio terrenæ cupiditatis mundi exstiterunt, et puri in Deo non quæ sua sunt de prædicatione quærentium, sed quæ Jesu Christi, nec ventri, sed Deo servientium. Unde et bene eorum pedes a Domino abluti sunt, quos etiam propter hanc mysticam eorum speciositatem calceamentis abscondi prohibuit, quia deforme est quod occultatur, et ubi male agitur lux absconditur. » Evangelizantium pacem, id est prædicantium atque docentium reconciliationem ad Deum. In quo etiam mysterio omni domui quam intrarent dicere præcipiuntur : Pax huic domui. Bona, scilicet vera, quæ nec oculus vidit, etc. (I Cor. ii, 9.) In hac quidem vita pacem hanc et reconciliationem ad Deum per pœnitentiam jam assequimur, sicut scriptum est : Convertimini ad me, et ego convertar ad vos (Zachar. i, 5). Bona vero illa postmodum in futura vita. Unde bene præmisit pacem, et postea bona. Evangelio, id est divinæ prædicationi.

Quis credidit, id est quis per hoc quod a nobis audivit fidem habuit? Ac si diceret : Nulli vel pauci. Ergo, id est ex isto testimonio apparet quod fides habetur ex auditu, per verbum Christi, potius quam nostrum, quia non ex nobis loquimur, sed ex eo quod nos ipse docuit, ut ad ipsius gloriam vel offensam specialiter spectet, quidquid de prædicatione nostra accidat. *Nunquid non*, id est potest se aliqua mundi pars excusare de infidelitate sua per ignorantiam quasi ad omnes non venerit vel ventura sit evangelica prædicatio? Ac si diceret : Nequaquam. Quod statim testimonio Psalmistæ convincit, dicens : *Et quid*, licet non omnes obediant? *Sonus eorum*, id est fama apostolorum sive prædicatorum Evangelii, etc., usque et *in fines orbis terræ verba* per quæ prædicabant; dixi *in fines*, id est ad externas etiam partes mundi, quas incoli certum est a gentilibus. Sed nunquid ideo non cognoverunt Judæi, quod scilicet prædicatio transivit tam longe ad gentes, id est nunquid ideo se possunt excusare quasi eis non fuerit oblata prædicatio, et hoc prædicantium culpæ imputare? Nec dicit tantum, non audivit, sed etiam non cognovit, id est non advertit ipsius prædicationis veritatem. Ac si diceret : Revera fecit, licet malitiæ et invidiæ, seu terrenæ cupiditatis zelo resisteret. Unde et peccatum ejus irremissibile in Spiritum sanctum persistit. Et hoc ipsius Moysi testimonio astruit, qui sicut primus prophetarum scripserit, ita et prius hanc eorum malitiam scripto etiam prophetavit. *Ego*, verba sunt Dei, *ad æmulationem*, id est per me ipsum prædicando, dicit Filius Dei, *adducam vos*, in invidiam et odium tam mei ipsius quam meorum. Cum autem invidia sit odium alieni boni, monstratur profecto eos scienter in Christum deliquisse. *In non gentem mittam vos per insipientem gentem*, id est per dispersionem vestram faciendam ab infidelibus Romanis, faciam vos non esse populum. Non enim recte populus vel gens dicitur, nisi hominum congregatio. *In iram vos mittam* aliorum hominum etiam dispersos, ut duris exactionibus vos semper opprimant atque affligant. *Isaias autem*. Non solum Moyses, sed etiam Isaias patenter de reprobatione eorum et electione gentium sic audet dicere, etsi se ab eis occidendum præviderit. *A non quærentibus me*, dicit Dominus, id est a gentibus, *palam* quia multo amplius Ecclesia de Deo quam Synagoga erudita est, *non interrogabant*, id est nihil etiam a me requirere noverant, quem penitus ignorabant. *Ad Israel autem*, id est Judæos tota die, id est toto tempore prædicationis meæ, quæ vere dies et illuminatio mundi est dicenda, *expandi manus meas*, id est ad eos colligendos ultroneum me obtuli, per manus, id est opera eis quotidie exhibita, a via scilicet gentium penitus declinans, ut eis omnino vacarem. *Sed contradicentem* : quod pejus est modis omnibus me calumniantem.

CAPUT XI.

Dico ergo. Quia tot auctoritatibus confutaverat Judæos et novissime gentium electionem et eorum reprobationem manifeste prophetatam docuerat, ne hinc maxime occasionem gloriandi adversus Judæos gentiles in sua altercatione præsumerent, quasi intelligentes populum illum penitus esse reprobatum, incipit etiam gentilibus hanc gloriationem et Judæis desperationem auferre, et jam ad invectionem gentilium redit, ut eorum quoque superbiam conterat. Continuatio : Quandoquidem tam manifestis testimoniis reprobatio Judæorum confirmata est, *dico*, id est arbitror quærendum quod sequitur et solvendum. *Populum suum*, id est Judæos, ex toto repulit, ut nullum inde ulterius assumat. Israelita, id est videns, non proselytus, et de genere Abraham, non Ismael vel Esau, descendens, sed per Benjamin et de generatione maledicti Saul, cujus reprobata est a regno posteritas. *Plebem suam quam præscivit*, id est illos quos de populo illo quondam scilicet peculiari suo prædestinavit. *In Elia*, id est ubi de Elia loquitur in libro Regum : *Quemadmodum*, scilicet ipse Elias, *interpellat Deum adversum Israel*, id est orando vel conquerendo provocat Deum ad vindictam in nequitia persequentium se Judæorum. *Occiderunt*, subaudi Jesabel, *suffoderunt*, id est a fundamento penitus everterunt, ut idola tantum colerentur. *Sed quid dicit*, id est putavit ita se solum remansisse, sed ipsius Dei testimonio errare comprobatur? *Reliqui mihi*, id est non abjeci a gratia mea Baal, id est idolum Baal et Jesabel. *Sic ergo*. Quandoquidem de Elia exemplum induximus, ad quid inductum sit assignemus. Et hoc est quod dicit, sic etiam nunc, *reliquiæ*, id est illi quos non abjecit Dominus, *secundum electionem gratiæ Dei*, non merita ipsorum. *Si autem gratiæ*, id est per gratiam, subaudi salvæ factæ sunt, *jam non ex operibus*, id est ex meritis suis. Non dicit per merita, sed ex meritis, quia et gratia Dei merita Pauli et aliorum non excludit. Sed ex meritis esset, non ex gratia, si..... a meritis nostris procederet, nec gratia Dei præiret, quæ fidem saltem inspiraret, vel prædicatores dirigeret. *Alioquin*, id est si aliter, id est contrario modo quam dico evenisset, id quod modo est gratia, id est gratis collatum, non prævenientibus meritis nostris gratia Dei, *non esset gratia*, sed meritum solum. Convenienter ab Elia similitudinem ad tempus nostrum Apostolus induxit et convenienti exemplo temerarium judicium gentium confutare incipit, cum etiam tantum virum de consimili præsumptione a Domino viderint reprehensum. Scimus Joannem Baptistam, quasi alterum Eliam, primum Domini adventum præcessisse, et populum Judæorum, quasi de eorum desperaret salute, graviter arguisse his verbis : *Genimina viperarum*, etc., ut in hoc quoque tempore gratiæ de quo scriptum est, *usque ad Joannem lex et prophetæ*, ea quæ nunc de Elia dicta sunt consonare videantur.

Quid ergo. Quandoquidem ex electione gratiæ Dei potius quam ex meritis suis reliquiæ tantum Israel salvæ vel salvatæ factæ sunt, igitur quid subaudi dicendum sit patet, hoc scilicet quod sequitur quia *quod quærebat Israel*, id est requirebat a Deo quasi suum, et per opera sibi debitum, *non est consecutus*, vitam scilicet æternam, vel æternam hæreditatem. *Electio vero*, id est Pauli qui de populo illo per gratiam Dei electi sunt, quod quærebat, id est vitam æternam, *consecuta est : cæteri vero excæcati sunt* non solum non assecuti quod quærebant, sed ne ulterius credant penitus reprobati. *Sicut scriptum est, dedit illis spiritum communionis.* Origenes. Ubi scriptum sit, dedit illis Deus spiritum compunctionis, oculos ut non videant, et aures ut non audiant, usque in hanc diem hactenus invenire non potui : puto autem hoc modo dixisse Apostolum : *Cæteri vero excæcati sunt, et sicut scriptum est de illis* (Isa. vi, 9), *dedit eis spiritum compunctionis*. Sed ea quæ de cæcitate oculorum et de auditu aurium per Isaiam dicta sunt : *Auditu audietis et non intelligetis, et videntes videbitis et non videbitis. Incrassatum est enim cor populi hujus*, etc. (*Isai.* xxix, 10.) Nunc ergo sensum Isaiæ videtur Apostolus suis sermonibus protulisse. Similiter et de his faciendum quæ de David Scriptura pronuntiat : *Fiat mensa eorum*, etc. (*Psal.* lxviii, 23.) *Spiritum compunctionis*, etc., id est invidiæ et odii, quibus eorum mentes pungerentur, id est stimularentur adversus Christum, et suos. *Oculos*, id est rationem per se videre non valentem, *et aures*, id est non alio docente intelligentes, *fiat mensa eorum*. Quod ex Isaia vel ex David videtur assumptum, in utroque unus sensus quodammodo exponitur. Item, idem quod dixit *in captionem*, in Psalmo non habetur scriptum, neque in LXX, neque in Hebræo. Et rursum in Psalmo habetur *coram ipsis*, Apostolus autem non posuit coram ipsis. *Mensa eorum coram illis*, id est Scriptura Veteris Testamenti eis tradita, et ab eis frequentata, unde cibum animæ intelligentes sumunt, *in laqueum et in captionem*, id est ut laqueum, quo ipsi non alios capiant, sed capiantur, et detineantur ne via veritatis incedant, quæ ait : *Ego sum via, veritas, et vita*, dum scilicet nihil ibi mystice accipiant, sed ad litteram, quæ occidit, cuncta exponunt, vel in captionem, dum sæpe Domino vel sanctis doctoribus confligentibus cum eis, his quæ de Scriptura eis objiciuntur testimonia ita capiuntur et constringuntur, ut se expedire ab objectis non valeant. Quale est illud quod Dominus eis opposuit dicens : *Quomodo ergo David in spiritu vocat eum Dominum*, etc. (*Psal.* xxii, 43.) *In scandalum et in retributionem*, hoc est in retributionem scandali animæ suæ, id est damnationis, non salutis. Sed verbum Domini, quo ait : *Est qui accusat vos Moyses* (Joan. v, 45). Et secundum quod Apostolus dicit : *Et qui in lege peccaverint per legem judicabuntur*. Scandalum etiam lex eis facta est, offensæ et indignationis causa, cum multa Christum et suos vel dicere vel facere viderent, quæ legi contraria crederent. Unde illud est quod dixerunt : *Nos audivimus ex lege, quia Christus manet in æternum* (Joan. xii, 34).

Obscurentur. Unde scandalum hoc procedat, vel illaqueatio supponit, ex excæcatione scilicet ipsorum, et cupiditate terrenorum, quæ semper in Judæis maxima regnat. *Incurva* verbum est imperativum, ac si dicatur : Tu Deus, incurva dorsum eorum, ut cupiditate appetendi terrena non erigantur ad cœlestia. Notandum vero hujusmodi verba quæ imprecationis videntur cum a sanctis dicuntur, magis ad propheticam enuntiationem quam ad desiderium vindictæ pertinere, ut videlicet cum dicitur, fiat, tale sit ac si prædiceretur. Sicut enim quandoque futuro indicativi modi verbi imperative utitur Scriptura, ut *diliges Dominum* (*Matth.* xxiii, 37), pro dilige ; *Non occides* (*Exod.* xx, 13), pro non occide, ita e converso nonnunquam facit. Quid etiam obest si aliquis sanctus per spiritum illuminatus, divino assentiens judicio, optet fieri de vindicta etiam malorum quod recte faciendum esse intelligit, et in divina præfixum videt esse sententia ? Velle quippe fieri quod justum est fieri, quæ est injustitia ? Alioquin quædam nobis displiceret justitia, et ipsam quoque Domini sententiam cognitam haberemus exosam. Sed de hoc diligentius Theologiæ nostræ tractandum reservamus.

Dico ergo. Quandoquidem sic de eorum reprobatione prophetatum : *Nunquid offenderunt Deum*, videlicet ut non tantum titubarent in fide, sed penitus *caderent*, id est sine recompensatione alicujus commodi damnarentur a Deo, qui omnibus malis bene utitur, *sed illorum delicto*, dum videlicet prædicationem Christi a se repellerent, et apostoli ad gentes transirent, tanto facilius a gentibus essent recepti, quanto a Judæis summis earum inimicis repulsos eos et afflictos viderent ; vel in hoc etiam quod dispersi per mundum in perpetuam captivitatem pro peccato in Christum commisso fidei nostræ plurimum attestantur, et magna potentiæ Christi præconia præbent. *Ut illos æmulentur*, id est ut deinceps e converso gentes faciant Judæis quod olim Judæi faciebant gentibus in proselytis, id est zelo Dei illos ad imitationem sui convertant vel provocent. Æmulari aliquem est zelum, id est vehemens desiderium erga eum habere ut illum imitetur vel ille eum e converso, juxta quod statim dicturus est, *si quomodo ad æmulandum provocem*, etc. *Quod si* æmulantur illos, et merito. Quod si delicto eorum tam bene usus est Deus, id est tanta inde consecuta est utilitas, ut universus inde mundus in gentibus profecerit, quanta erit utilitas de ipsorum pariter conversione cum gentibus ? Et hoc est : *Quod si delictum illorum divitiæ sunt mundi*, id est ex delicto illorum, et reprobatione populi mundus in cæteris spiritualiter est ditatus, *et diminutio eorum*, id est quod minus in illis modo habet mundus, de spiritualibus bonis recompensatur in gentibus. *Quanto magis plenitudo* ei erit, subaudi, divitiæ mundi, id est si et ipsi pariter cum gentibus mundum impleant bonis operibus, multo amplius ipse ditabitur. Et hoc est quidem istud, quod quidam, sed adversativum, ad hoc scilicet quod primitus dixerat de eorum peccato, et nunc de conversione loquitur, ut sic videlicet juxta litteram continuetur ad præmissa. Ita delicto eorum ditatus est mundus in gentibus. Quod si delictum illorum, etc. *Vobis enim.* Et quasi aliquis de hac plenitudine futura desperaret, jam penitus Judæos ulterius a Deo reprobatos esse ostendit, proposito exemplo desperandum non esse, quia et ipse ad hoc quotidie laborat, cum sit apostolus gentium, ut etiam aliquos ex Judæis convertat. Quod quidem est officium suum prædicandi scilicet honorare, id est maxime commendare, cum ex abundanti hos etiam dico lucretur; quorum apostolus, id est prædicator non est ipse constitutus *apostolus gentium*, etsi videlicet minime Judæorum.

Si quomodo, tam verbis quam exemplis, tam auctoritate quam ratione, tam aperta veritate quam utili simulatione vel dissimulatione, de qua alibi dicit : *Factus sum Judæis Judæus, et omnibus omnia factus ut omnes lucrifaciam* (*I Cor.* ix, 23). *Carnem suam*, id est Judæos, qui de genere meo sunt, *ad æmulandum*, id est imitandum me in conversione, *aliquos* saltem si non multos. *Si enim.* Et merito in hoc persisto, ut etiam eos convertam, quia cum amissio illorum reconciliatio sit mundi in gentibus, ac per hoc utilis, multo mirabilior et utilior erit assumptio eorum quæ erit quasi mortuorum resuscitatio. Mirabilius est enim mortuum suscitare, quam illum qui non vixit animare, id est vitam reddere quam dare. Quotidie enim scimus in uteris matrum naturaliter carnes animari, nec miramur ; mortuos autem reviviscere miraculi esset potius quam naturæ. Gentes itaque conversas ad Deum, quarum populus antea per fidem non vixit, animari, id est vivificari potius dicere possumus quam resuscitari. Judæos vero, si redeant ad Deum et convertantur corda patrum in filios, quasi mortui suscitantur, cum populus ille, scilicet antea per fidem vixerit. Et certe difficilius est justum cum lapsus fuerit suscitare, quam qui iniquus perstiterit ad justitiam trahere. Quod quotidie in ipsis conventibus religionum experimur, cum eos, qui de sæculi malitia ad monachatum convertuntur, facile in bono perseverare videamus proposito ; sæculares vero monachos vix aut nunquam redire. Amissio Judæorum merito dicitur cum eos Deus per infidelitatem amiserit, quos prius subjectos per fidem tenebat. Mundi nomine gentiles designat, qui magis inter insensibiles mundi partes sensu ac ratione carentes, dum idola colerent, quam inter homines rationales creaturas computandi fuerant.

Quæ erit, id est cujusmodi, scilicet *assumptio* Judæorum amissorum, *nisi vita ex mortuis*, id est nisi resuscitatio mortuorum in peccatis? *Quod si delibatio est degustatio alicujus partis sumptæ de toto, per quam explorari possit quale illud sit totum, id est cujus saporis.* Semper autem in populo Judæorum fuit aliqua massa fidelium incarnationem Dei et passionem in suam redemptionem exspectantium, quales Zacharias et Elisabeth, Simeon et Anna, Nathanael et Nicodemus, et nonnulli alii in tempore etiam Christi reperti sunt, quibus quidem revelata est persona ipsa divinitus et determinate ostensa, in qua promissum quod exspectaverant crederent esse complendum. Et fortasse tales antea omnes sancti fuerunt apostoli ; unde tam facile vocantem Christum sequerentur sive antea divinitus inspirati, sive testimonio Joannis edocti. Quorum unus Andreas discipulus Joannis Simoni fratri dixit : *Invenimus Messiam* (*Joan.* 1, 41). Et Philippus Nathanael : *Quem scripsit Moyses et prophetæ in lege invenimus Jesum* (*ibid.*, 45). Ex quibus quidem verbis ostenditur eos ex lege et prophetis instructos Christum exspectavisse, sed nondum præfinitum tempus nec determinatam personam cognoscere. Ad quod quidem cognoscendum sive etiam aliis manifestandum divina eos gratia assumpsit, et eis assumptis de massa præcedentium fidelium, et tam facile ad unius jussionis vocem Christum secutis omnibus suis quasi delibatio facta est, in qua possit ostendi cujus fidei massa illa exstiterit. Unde ipsi quasi reliquiæ sunt assumpti ad hoc quod fide tenuerant, visibiliter vel reipsa exhibendum. Continuatio : Et quomodo, inquit Apostolus, ex tam nequam populo et tam rebelli semper possunt aliqui assumi? Bene, inquit Apostolus, et secundum suæ originis naturam facilius quam ex gentibus, quia massam oportet ibi sanctam fuisse, unde delibatio facta est. Quia qualis delibatio, talis massa ; et e converso, sicut mox adjungit : *Et si radix sancta, et rami*, radicem quippe massam illam fidelium præcedentium dicit ramos, modo credentes dicit eos qui inde assumpti sunt. *Quod si quidam ex ramis*, id est aliqui de massa illa fidelium, quod antea recte crediderant adhuc futurum exspectantes, *fracti sunt*, id est statum pristinum fidei, quem habebant, amiserunt. *Tu autem*, gentilis scilicet, *cum oleaster esses*, id est sterilis naturaliter et silvestris, *insertus es in illis*, id est aliena operatione loco illorum substitutus. *Et socius radicis olivæ frugiferæ factus* per fidem, et pinguedinis per charitatem. Pinguedo enim calidæ naturæ est, et ideo charitatis ignem significat, et fides radix est et fundamentum charitatis. *Noli gloriari adversus ramos*, id est eis insultare de suæ fractionis detrimento, et de suo superbire statu, id scilicet meritis vel virtuti tuæ tribuens. *Quod si gloriaris*, scias quod *non tu radicem portas*, id est a radice eorum processit ad te quod habes, non a te ad radicem, quia populus Judæorum fidelis asina est mater pulli, id est pariens in fide gentilem populum.

Dicis ergo quia videlicet contra radicem non potes gloriari, vis te saltem ramis illis præferre, in hoc quod *fracti sunt* illi *ut tu inseraris*, id est fracti sunt illi et..... iterum situ inserti loco eorum. Bene quidem dicit Apostolus, id est verum est quod dicit, sed non ideo potes gloriari, quia non sunt illi fracti propter bonum tuum quod ante haberes, unde te Deus eligeret inserendum, sed propter malum suum, id est incredulitatem. *Noli altum sapere* superbiendo, scilicet adversus eos, *sed time*, scilicet committere tale quid unde et tu frangaris. Et revera oportet te timere. Quid autem timeat subjungit : *Si enim non pepercit* a fractione, scilicet ramis nationalibus, illi videlicet suæ radici, ex qua erant, time, subaudi ne forte, etc. Et ut hoc timeas sive exemplo aliorum correptus, sive susceptæ gratiæ amore succensus, attende memoriter bonitatem gratiæ et severitatem justitiæ si permanseris in ipsa bonitate suscepta, id est si culpa tua susceptam gratiam amiseris. Alioquin, id est aliter si erit quam moneo, *etiam tu excideris* a radice sancta in qua per accidens es insertus, non ex ea natus. *Sed et illi* etiam post fractionem suam insererentur loco tui excisi, sicut tu e converso prius loco illorum fractorum. Et quasi quæreretur quid hoc possit facere, cum Deus pro culpa sua eos fregerit, dicit quia ipsemet per misericordiam suam id facere potest, qui eos fregit propter ipsorum culpam. Et hoc est quod dicit : *Potens est enim Deus iterum*, id est post tuam insertionem, et suam fractionem. Dixi quia potens est Deus et illos inserere, nec mirum, quia multo id facilius et conducibilius naturæ videtur secundum suprapositam de oliva similitudinem, ut proprii rami inseri possint, quam alieni. Et hoc est quod a minori ostendit, dicens : *Nam si tu gentilis excisus es ex oleastro* tibi naturali, id est ex arbore infecunda gentilis populi assumptus, *contra naturam*, id est consuetudinem inserendi. Neque enim infructuosæ arbores inseri solent fructuosis, nec silvestres domesticis, nec surculus fructus radicis ferre solet. Sed propriæ naturæ quanto magis, id est quam facilius secundum naturam suæ originis *insererentur suæ origini*, ex qua videlicet nati fuerunt. *Nolo enim*, ac si diceret : Ideo commemoro toties, o gentiles, vestræ electionis gratiam et reprobationis illorum justitiam, et postmodum conversionem ipsorum futuram.

Quia nolo vos ignorare hoc mysterium, id est divinæ dispensationis occultum judicium, quia videlicet *cæcitas contingit in Israel ex parte*, id est quidam Judæorum excæcati adventum Christi, per quem de fide illuminarentur non recognoverant, donec plenitudo gratiæ intravit, id est de universitate omnium gentium multi convertentur, et spiritualem Dei civitatem, id est Ecclesiam intrabunt, et *sic* tandem post eorum introitum *omnis Israel*, secundum singulas videlicet tribus, unde multi convertentur in fine per prædicationem Enoch et Eliæ, non tamen omnes, cum de Antichristo Veritas eis dicat : *Alius in nomine suo veniet, illum suscipietis* (Joan. v, 43), ut nec in fine mundi, sicut nec in adventu Christi omnes Judæi convertentur, sed solæ Domini reliquiæ. Unde Hieronymus ad Hedibiam de quæstione nona scribens (86) : « Clamat Isaias pro Israel : *Si fuerit numerus filiorum Israel*, etc., id est etiamsi multitudo non crediderit, tamen pauci credent. » De fine autem sæculi ita Isidorus loquitur lib. 11, contra Judæos, cap. 6. « Malachias quoque ante finem mundi Eliam sic esse dicit mittendum ad conversionem Judæorum : *Ecce ego mittam vobis Eliam prophetam, antequam veniat dies Domini magnus et terribilis, et convertet corda patrum ad filios, et cor filiorum ad patres eorum* (Malach. iv, 5). » Item : « Hic est populus in novissimis convertendus, quem Jacob patriarcha sub figura Benjamin lupum mane comedentem et vespere spolia dividentem prophetat, quia initio legem accepit, in vespera autem mundi crediturus dividet inter Novum Testamentum et Vetus. » Idem, cap. 12, Amos prophetæ : *Domus Israel cecidit, non adjiciet ut resurgat* (Amos v, 1). Ergo Israel projecta est in terram suam, non est qui suscitet eam. Sequitur in eodem propheta, *venit finis super populum meum Israel* (Amos viii, 2).

Quæ omnia pertinent ad carnale ipsius regnum vel observantiam quia ultra in reprobabilia erunt. Nam illæ repromissiones reparationis, quas earum sermo complectitur illi parti promittuntur, quæ ex Judæis creditura est. Nam nec omnes Judæi redimendi sunt, nec omnes salvi erunt, sed qui fide electi fuerint salvabuntur. Quod autem nonnulli sanctorum dicunt in fine per prædicationem Eliæ et Enoch convertendos esse, quibus et ipse Apostolus concordare videtur, dicens : *Et sic omnis Israel salvus fiet*, aut secundum universalitatem tribuum, non personarum, est accipiendum ut diximus, aut fortasse hi qui primitus Antichristum susceperint ritus Judaicos reducentem, postea per prædicationem Eliæ et Enoch correcti, vel viso interitu ejus de quo Veritas dicit : *Et nisi breviati fuissent dies illi, non fieret salva omnis caro* (Matth. xxiv, 22), conversi ad Christum salvabuntur. Greg. in Moral. lib..... « Sed in extremo Israelitæ omnes ad fidem cognita Eliæ prædicatione occurrent, et tunc illud eximium multiplici aggregatione populorum convivium celebratum. » Remigius in psal. xii : *Cum averterit Dominus captivitatem*, etc. : « Dum Judaica perfidia in sua crudelitate impœnitens exstitit, duriori se captivitatis laqueo irretivit. Quæ tamen captivitas solvetur ad prædicationem Eliæ et Enoch, cum ad eorum prædicationem omnes in Christum Judæi crediderint. » Haimo : « Impietates a Jacob avertet pleniter, sicut scriptum est : *Et ipse redimet Israel ex omnibus iniquitatibus ejus* (Psal. xii, 8). » Et cum plenitudo gentium *intraverit tunc omnis Israel salvus fiet*.

Ut non sitis vobis ipsis sapientes, id est ideo nolo vos istud occultum ignorare, ne visa illorum excæcatione de illuminatione sapientiæ quam habetis superbe illis insultantes, de dono Dei quasi de vestro proprio gloriemini, quod esset sapientem esse sibi potius quam Deo, id est ad gloriam sui non dantis sapientiam suam accommodare. Haimo :

---

(86) Patrol. tom. XXXI, col. 1000.

« Mysterium est res occulta, et secretum aliquod in se continens, quare Judæos quondam peculiarem populum abjecerit, et gentiles peccatores per fidem sibi copulaverit. »

Sicut scriptum est. Origenes : « In Isaia, unde testimonium istud Paulus assumpsit, scriptum est : *Veniet propter Sion* (*Isai.* LIX, 20), et quod ait hic, *cum abstulero peccata eorum,* ibi omnino scriptum non est. Apostoli tamen auctoritate præsumptum est, Sion, id est Jerusalem, pro Judæa ponit, partem videlicet quæ caput regni est, pro toto ipso. » Et tale est quod dicit, *veniet de Judæa,* nascendo scilicet in ea qui Judæos salvet, vel secundum Origenis verba, veniet propter Sion, id est salvandum, sicut determinat dicens : *Qui eripiat* eam, et liberet a captivitate diaboli sive jugo peccati quod animam captivat a Deo. Et hoc statim aperiens dicit : *Et avertat impietatem a Jacob,* id est a populo Judæorum. Possumus etiam sic distinguere, eripiat scilicet a peccato cum qui nascimur, originali vel eo quod ipse in eis invenit, et avertat a reliquis quæ commissuri essent, nisi ipse illa averteret.

Attende cum dicit eum nasciturum in Judæa, vel propter Sion venturum quamdam in Judæis gloriam ascribere, qua superbam gentium insultationem reprimat. *Et hoc a me illis,* ubi nos dicimus testamentum in Hebræo dicitur pactum, id est firma promissio. *Dicit Dominus.* Nam et quæ testamento confirmantur maxime stabilia sunt : promissio, inquam, tunc implenda. *Cum abstulero,* id est remisero *peccata eorum secundum Evangelium.* Isti duo nominativi plurales *inimici et charissimi,* unde pendeant secundum seriem constructionis non satis apparet, nisi longe superius ad præmissa referantur, ubi videlicet dictum est : *Quanto magis hi secundum naturam inserentur suæ olivæ;* ipsi quidem, inquam, subaudi etiam *inimici* modo secundum Evangelium propter vos, etc. Et fortassis juxta Hebraicæ linguæ consuetudinem nominativis sine verbo absolute usus est Apostolus, sicut ibi dicitur : *In convertendo Dominus* (*Psal.* CXXV, 1), et : *Dominus in cœlo sedes ejus* (*Psal.* X, 5). In Epistola ad Galatas ipse Paulus de perniciosa simulatione Petrum arguens : *Si tu,* inquit, *cum Judæus sis gentiliter vivis, et non Judaice, quomodo gentes cogis judaizare ?* (*Gal.* II, 14.) Item : *Ego autem, fratres, si circumcisionem prædico, quid adhuc persecutionem patior?* (*Gal.* III, 11.) Ex quibus apparet Paulum maxime et cæteros libertatis evangelicæ prædicatores maximas a Judæis et conversis inimicitias sustinere propter onera legis, quæ gentibus nolebant imponere, scientes jam legales illas observantias omnino inutiles, et gentes vix aut nunquam in eas induci posse. Et hoc est quod nunc Paulus meminit, dicens : *Illi dico inimici,* id est adversantes mihi et consimilibus meis secundum Evangelium, id est sicut ex nostra patet prædicatione eorum gloriationi maxime infesta, cum onera legis penitus interdicat, et hoc propter vos, o gentiles, quibus hæc onera imponere

nolumus. Sed tamen *charissimi nobis,* id est pro cæteris nostro inhærentes desiderio, ut conversi salventur *propter patres ipsorum* justissimos et magnæ auctoritatis, patriarchas scilicet et prophetas. *Secundum electionem* tamen Dei magis quam secundum propria eorum merita, qui eos per gratiam suam gentibus reprobatis elegit, ac mirabiliter sublimavit. Nam et Deum ipsum erga filios propter patres gratiam suam exhibuisse non ignotum est, quem Salomoni idololatræ propter justum patrem pepercisse novimus, et Moysem veniam delinquenti populo propter merita patrum implorasse atque impetrasse.

Sine pœnitentia enim. Quasi aliquis diceret : Quæ cura de illa electione antiquorum patrum, seu promissionibus vel beneficiis a Deo illis olim factis, cum nunc prorsus appareat in malitia filiorum eorum quæ in precibus egerit Dominus ipsi displicere. Respondens Apostolus, imo, inquit, *sine pœnitentia sunt dona Dei et vocatio Dei,* id est nunquam ei displicet se alicui quidquam donasse, vel ad fidem quemquam vocasse, quia videlicet incommutabilis est omnino ejus voluntas, nec unquam quod semel faciendum esse judicat se illud fecisse improbat : quod utique esset de facto suo pœnitere. Alio tamen modo etiam Deus nonnunquam pœnitere dicitur, mutando scilicet vel dolendo quod fecerat, non improbando factum suum, id est non judicando illud fuisse malum, quod proprie pœnitentia diceretur juxta illud philosophi : « Pœnitentia enim malum factum comitatur. » In electis Dei dona ejus eorum vocationem præcedunt, dum eorum scilicet prosperat voluntatem, ut vocanti eos ad se assentiant, et jubenti obediant. *Sicut enim.* Dixi plenitudine conversarum gentium, etiam Judæos ad fidem convertendos. Nec mirum si fiat ita de illis, o vos gentiles, sicut et de vobis factum est. Et hoc est, *sicut enim,* etc. *Propter illorum,* id est dum videlicet illis repellentibus a se prædicationem apostoli ad gentes transire cito compulsi sunt. *Ita et isti,* id est Judæi, *nunc non crediderunt in vestram misericordiam,* id est non receperunt prædicationem qua vos misericordiam a Deo consecuti estis, ut post vos ad fidem postmodum et ipsi veniant et eo humiliores efficiantur quod ad fidem vos sequantur, quasi exempli vestri magisterio hinc edocti. *Conclusit autem,* id est cæcitate infidelitatis jam constringi omnes, tam Judæos scilicet quam gentes, promisit, ut in omnium postmodum conversione magnam suam clementiam ostenderet, quibus videlicet, ante fidem nullum inesse meritum constat, quia *sine fide impossibile est placere Deo* (*Hebr.* XI, 6).

O altitudo. Exclamatio admirantis est super istam multam abyssum divini judicii, de prima scilicet electione Judaici populi, et reprobatione gentilium, et de nova nunc electione gentilium in conversione multorum, et reprobatione Judæorum, tam paucis modo scilicet conversis, sed postmodum plenius convertendis, ut qui olim in fide gentes præcesserant, postmodum sequantur, et fiant « novissimi primi (*Matth.* XIX, 30). » *Altitudo*, id est profunditas occulta nobis divitis et copiosæ *sapientiæ Dei*, quantum ad præscientiam ipsius, et scientiæ quantum ad ipsius operis effectum, ex quo prævisa illa jam sciri possunt. *Quam incomprehensibilia*; id est, quam impossibiles sumus ad causas illas cognoscendas dispensationum vel dispositionum ejus, quare videlicet sic decuerit agendum esse antequam fierent, et post effectum operum, *ininvestigabiles viæ ejus*; viæ quippe Dei, quibus videlicet ad cognitionem ejus venitur, ejus sunt opera, sicut idem Apostolus supra meminit, dicens : *Invisibilia enim ipsius a creatura*, etc. Opera itaque Dei, quæ sensu quotidie experimur, investigabilia nobis sunt, quia occultas eorum naturas nondum discutere ratione suscipimus. Nec mirum : *Quis enim cognovit sensum Dei*, id est rationem quam habuit in sua præscientia de his quæ facturus erat, comprehendere per se potuit? aut quem de his quæ facturus erat consuluit, ut ejus instrueretur consilio quid vel qualiter agendum esset ? *Aut quis*, post summam incomprehensibilem Dei sapientiam ostendit summam ejus bonitatem, quia omnia nobis prius largitur quam a nobis quidquam accipiat. Deinde in actione gratiarum Apostolus admirationem suam terminans, ait : *Quoniam ex ipso sunt omnia*, id est quælibet substantiæ natura tanquam ab ipso creata, ut esset *per ipsum* scilicet conservata, ut maneret *in ipso*, tanquam fine optimo consummata, dum eorum videlicet opifex optimus atque dispositor in ipsis glorificatur atque laudatur, propter quod ea condidit atque conservat, sicut in Proverbiis scriptum est : *Universa propter semetipsum creavit Deus, impium quoque ad diem malum* (*Prov.* XVI, 4). Ut quinto super Genesim beatus meminit Augustinus (87), quælibet creaturarum quantum in te vespera est, quantum vero ad laudem Creatoris relata mane dicitur, et in se considerata quasi defectum habet, in laude vero Creatoris profectum.

Quærat fortasse aliquis quomodo natura quælibet substantiæ conservetur, ut maneat, cum spiritus irrationalium animalium carne regi, et cum carne deficere penitus credantur. Sed profecto si illi quoque spiritus sicut et nostri substantiæ sunt, quædam scilicet raritas elementorum, ut quibusdam videtur, cum deserunt esse spiritus, id est vivificare cessant corpora illa, non tamen deserunt esse substantiæ sicut et caro, cum qua deperire dicuntur, cum caro deseret esse, non tamen corporeæ substantiæ naturam amittit. Quæri etiam potest, cum Deus ipse propter se potius quam propter opera sua sit laudandus, quomodo dicat Apostolus eum propter opera sua esse glorificandum, id est maxima laude dignum. Ex se ipso quippe bonus vel laude dignus est potius quam ex operibus suis, et propter ipsum opera ejus potius sunt laudanda vel bona quam ipse propter opera. Sed licet ex ipso potius quam ex effectis suis ipse bonus sit, vel d gnus laude, actio tamen ipsa gratiarum vel effectus laudis nostræ, quam ei persolvimus, ex operibus quæ per ipsum cognoscimus, consequitur sicut et cujuslibet artificis laus in operibus ejus cognoscitur et quamvis propter scientiam quam habet jam dignus sit laude, ex notitia tamen operum ejus laudatio ejus consequitur. Nec Apostolus hoc loco dicit Deum dignum laude propter opera quæ fecit, sed nos ad ejus hortatur laudem propter opera ejus quæ cognoscimus. *Ipsi gloria*, inquit, *sit*, id est optima et summa et late patens fama, *in sæcula*, id est per omnes successiones temporum. *Amen*, id est fiat, quod est adverbium optandi, aliquando etiam confirmandi, quando videlicet ponitur pro *ita est*, vel *verum est*.

CAPUT XII.

Obsecro itaque, quia videlicet talis vel tantus est, ex quo omnia, per quem, etc., obsecro ut vos ipsos et hostiam præparetis potius quam pecora vestra ipsi mactetis. Quasi adjurando eos coarctat, cum dicit : *Per misericordiam Dei*; ac si diceret : Sicut de misericordia ejus confiditis, ita et ad ipsam obtinendam, quantum valetis, vos præparetis. Corpora pecorum cum offerebantur in sacrificio occidebantur, nostra autem corpora cum Deo immolantur, vitiis ita moriuntur ut vita non priventur. Et hoc est quod dicit, *hostiam viventem*, et tunc profecto immolationis nostræ obsequium rationabile est, si nos ipsos ita immolemus potius quam pecora nostra ei mactemus, vel nos ipsos propter eum interficiamus. *Conformari huic sæculo*, id est sæculares qui præsentem vitam diligunt imitari, *sed reformamini*, id est studete reparare ac renovare humanæ rationis sensum peccatis jamdudum obtenebratum. *Ut sic probetis*, id est cognoscere valeatis, vel etiam aliis ostendere, et ratione probare possitis, *quæ sit voluntas Dei*, id est quid Deus a nobis fieri velit, ut boni simus in nobismetipsis, imo aliis quoque, vel ipsi Deo beneplacentes, et tandem perfecti in virtutibus consummati, crescendo semper in melius, vel in cœlesti vita perfectæ beatitudinis. *Dico enim*. Dixi, *nolite conformari huic sæculo, sed reformamini*, etc., et merito id vos moneo, quia hoc dico *per gratiam quæ data est mihi*, id est per magisterium mihi super vos injunctum dicere compellor *omnibus qui sunt inter vos*, id est apud gentes confusis, quare specialiter Apostolus sum destinatus : *Non plus sapere quam oportet, sed sapere usque ad sobrietatem*. Ille sapit plusquam oportet, qui mala ipsa non solum notitia rationis a bonis discernit, juxta illud philosophi : « Mali quippe notitia justo deesse non potest, » verum etiam experientia discit, secundum quam lignum scientiæ boni et mali dictum est. Et hic quidem est sensus, *sæculi*, id est sæcularium et carnalium hominum, ut

---

(87) Patrol. tom. XXXIV, col. 235.

experientia voluptatum, quasi quadam saporis dulcedine illecti mala ipsa cognoscunt. In qua quidem experientia sobriæ et honestæ vitæ terminos excedunt, dum voluptatibus suis turpiter inserviunt. *Et unicuique*, scilicet nostrum, hoc ipsum dico, id est non plus sapere, etc. *Sicut Deus divisit mensuram fidei*, id est prout credit faciendum esse, ita hoc impleat. *Sicut enim*, ac si aliquis quæreret : Estne in discretione boni et mali diversa existimatio infidelibus? Respondet Apostolus quod est, sed et divinæ gratiæ dona in eis sunt diversa, et hoc est quod competenti similitudine demonstrat, dicens : *Sic enim et non eumdem actum habent*, id est non idem officium, ita multi nos secundum personarum diversitatem in uno corpore Christo et in eisdem sacramentis uniti sumus.

Alter alterius membra, id est supplentes officium suum pro altero, et ei administrantes quod iste implere non potest. Tunc enim oculus quasi membrum manus efficitur, cum visum subministrat, ut illa operari queat, et similiter unusquisque fidelium donum gratiæ quod habet in alterum ministrare debet, ut maxime sibi invicem charitate colligentur fideles cum sibi vicissim subveniunt, et unusquisque alterum esse recognoscit. Dixi, singuli alter alterius membra, sed merito quia *habentes* dona diversa gratiæ Dei illis collatæ. Quæ statim dona subdividit dicens : *Sive prophetiam*, scilicet habentes, id est gratiam interpretandi, id est exponendi verba divina. Unde et ad Corinthios dicit : *Nam qui prophetat hominibus loquitur ad ædificationem (I Cor. XIV, 3), secundum rationem fidei.* Prophetiam habet qui in sua prædicatione secundum hoc quod credit auditoribus esse necessarium, verba sua moderatur, et quid his sive illis pro capacitate eorum prædicari oporteat discernit, ut modo lac parvulis, modo solidum cibum majoribus ministret, sicut et ipse Paulus ad eosdem Corinthios scribens proprio docet exemplo. Quam quidem apostolicam discretionem Psalmista prævidebat cum diceret : *Dies diei eructat verbum, et nox nocti indicat scientiam (Psal.* XVIII, 3). Tale est ergo secundum rationem fidei suæ, ac si diceretur, secundum discretionem quam se credit habere, ubi forte si erraverit, charitas ejus ignorantiam eam excusat. *Sive ministerium in ministrando.* Per hæc omnia subaudiendum est secundum rationem fidei, ut videlicet omnia discrete faciamus, secundum quod faciendum esse credimus. Ministerium dicit corporalis operis officium, sicut est suendi vel fabricandi. Ministerium habet in ministrando aliis, qui inde majorem utilitatem aliorum quam propriam quærit, sicut idem Apostolus alibi ait : *Nemo quod suum est quærat, sed quod alterius (1 Cor.* x, 24).

Sive qui docet in doctrina sit, id est doceat quæ docenda credit. Similiter *qui exhortatur*, id est ad persuadendum. Loquitur secundum rationem fidei, qui prophetiam quam superius intellexit per doctrinam et exhortationem non distinguit. Quisquis enim ad ædificationem loquitur, aut docendo aliquid, aut exhortando aliquid loquitur. Sic expone : Sive qui docet, scilicet rationem fidei, *in exhortando* sit discernens, scilicet quantum valet, quæ quibus hominibus persuadenda sint, sicut et docenda, juxta illud Veritatis : *Nolite sanctum dare canibus, neque mittatis margaritas ante porcos (Matth.* VII, 6). *Qui tribuit*, id est sua largitur egentibus, *in simplicitate*, subaudi id faciat, id est non duplicem ibi habeat intentionem, tam pro temporali scilicet quam æterna remuneratione. Quod et alibi prohibet Dominus dicens : *Cum facis eleemosynam, nesciat sinistra tua quid faciat dextera tua (Matth.* VI, 2). Aliter in simplicitate, id est non sit duplex finis in intentione, ut videlicet eleemosynæ suæ finem tam in se quam in Deo constituat, sed tantummodo in Deo, vel ita ut non dolose id faciat, sicut hypocritæ faciunt, qui aliud simulant quam intendant, cum se videlicet propter Deum id facere fingant, quod magis propter humanam gloriam agunt, vel sicut faciunt qui aliquid largiuntur alicui, amplius inde se recepturos sperantes, se id ex charitate facere simulant, quod ex cupiditate potius agunt. *Qui præ aliis*, id est prælati vicem gerit, *in sollicitudine*, subaudis præsit, eorum scilicet lucra quærendo potius quam sua. De qua quidem sollicitudine prælatorum erga subditos Salomon admonet, dicens : *Fili mi, si spoponderis pro amico tuo, defixisti apud extraneum manum tuam, illaqueatus es verbis oris sui, et captus es propriis sermonibus tuis. Fac ergo quod dico, fili mi, et temetipsum libera, quia incidisti in manum proximi. Discurre, festina, suscita amicum tuum. Ne dederis somnum oculis tuis; ne dormitent palpebræ tuæ (Prov.* VI, 1-4).

Qui miseretur, id est ignoscit delinquentibus in se, lætus et sine omni rancore animi hoc faciat, non erubescentiam inferat pœnitenti, neque illi turpiter peccatum suum improperans, quasi magis tristem se ostendat de propria læsura quam hilarem de conversione peccatoris. *Dilectio*, subaudis sit immutabilis, vera, non simulata, sicut alibi scriptum est : *Filioli, non diligamus verbo neque lingua, sed opere et veritate (Joan.* III, 18). *Odientes vitia, adhærentes virtutibus*, vel recedentes conversatione seu moribus a perverso homine, et imitantes bonum, attendentes quod scriptum est : *Cum sancto sanctus eris*, etc. (II *Reg.* XXII, 26). *Charitatem fraternitatis*, id est effectus fraternæ charitatis invicem exercentes, ut unusquisque aliis tanquam fratri subveniat, et Deo tanquam Patri obediat. Non solum de utilitate proximorum, verum etiam de honore ipsorum providendum admonet, dicens, *honore*, scilicet alter alterum, scilicet *prævenientes*, id est inter vos hoc providentes, ut cum alius vos honorare voluerit, vos prius eum honoretis, et beneficium ejus vestrum præveniat, ut quasi debitum vobis reddatur potius quam tribuatur. Sunt autem qui nostris non egent beneficiis, et qui magis ad dilectionem honore quam utilitate trahuntur : ideoque post utilitatem beneficii de honore quo diligunt Apostolus providit. *Sollicitudine non pigri*, hoc est effectus providentiæ nostræ erga subjectos implere non differentes, sicut scriptum est: *Quæcunque potest manus tua instanter operare*, etc. *(Eccl.* ix, 10). *Spiritu ferventes*, ac si diceret: Et si non poteritis hæc supradicta penitus implere, zelo saltem charitatis ad hæc implenda ferveatis, et boni desiderii voluntas apud Deum sufficiet.

Domino servientes. Post fraternam charitatem erga proximum, ad charitatem Dei qua deservitur conscendit. Bene autem cum dicturus esset: *Domino servientes*, præmisit Apostolus: *Spiritu ferventes*, ut hæc servitus filialis reverentiæ subjectio ex amore potius quam servilis ex timore, intelligatur Christiana magis quam Judaica. Soli Domino servimus, cuicunque servitium impendamus, si totum nostræ subjectionis finem in Deo constituamus, si videlicet solam reverentiam quam prælatis exhibemus propter Deum, cujus vicarii sunt, et a quo prælationis potestatem acceperunt, eis exhibemus. Qui enim legato vel vicario alicujus prælati obsequium impendit, propter ipsum tantummodo prælatum, a quo destinatur, ipsi solummodo prælato in hoc deservire dicitur, et ei soli propter quem tantum id agitur servitium vel honorem impendere. *Spe gaudentes* ut videlicet sitis *in tribulatione patientes*. Unde et Apostolus Jacobus: *Omne gaudium*, inquit, *existimate, fratres mei, cum in tentationes incideritis, scientes quod probatio*, etc. *(Jac.* i, 2). Dicturus, *in tribulatione patientes*, bene præmisit *spe gaudentes*, ut spes remunerationis præcedens fortes efficiat contra passiones, dum illud attendunt quod scriptum est: *In paucis vexati, in multis bene disponentur*, etc. *(Sap.* iii, 5). *Spe gaudentes*, id est exspectatione futuræ beatitudinis, cum spes non nisi de bono sit et de futuro, et quia ex nostra virtute hanc in passione constantiam habere non possumus, ut orationem super hoc frequentemus admonet, dicens: *Orationi instantes*, id est in oratione superstantes potius quam jacentes. Quasi enim jacentes sunt, qui se ad Deum per devotionem non erigunt, ut oratio suum consequatur effectum, et verba solummodo præparant, non corda: de quibus Dominus per Isaiam conqueritur: *Populus hic labiis me honorat, cor autem eorum longe est a me (Matth.* xv, 8). *Necessitatibus sanctorum communicantes*, id est fidelibus penuriam vel adversitatem patientibus ita compatientes, ut eorum penuriæ vel tribulationis participes efficiamur, dum videlicet quod nobis subtrahimus eis impendimus, vel pro ipsis etiam eripiendis seu defendendis periculum vel damnum incurrimus. Unde alibi dicit: *Alter alterius onera portate (Galat.* vi, 2). *Hospitalitatem sectantes*, non solum impendentes, cum videlicet recedentes a nobis insequimur, ut etiam reluctantes ad hospitium trahamus, sicut Lot in susceptione angelorum egit.

Benedicite persequentibus vos, hoc est, illis etiam ut bene sit orate, ut sic in eis charitatem ædificetis, sicut scriptum est: *Tunc enim carbones ignis congeres super caput ejus (Prov.* xxvi, 21): vel ideo ut oratio vestra tanto facilius effectum assequatur, quanto Deo gratior erit, qui ait: *Si enim diligitis eos qui vos diligunt, quam mercedem habebitis? (Matth.* v, 46.) Quam quidem dilectionis perfectionem tam Dominus ipse quam protomartyr ejus Stephanus in passionibus suis pro inimicis orando nobis exhibuerunt. *Benedicite et nolite maledicere*. Bis dicit *benedicite*, ut tam in ore quam in corde benedictionem habeamus. Nec dixit; ne maledicatis, sed *nolite maledicere*. Cum enim aliquem pro suæ culpæ obstinatione excommunicamus, profecto in eum maledictionis sententiam intorquemus. Ipse etiam Paulus in Actibus apostolorum ei maledixisse legitur cui ait: *Destruat te Dominus, paries dealbate (Act.* xxiii, 3). Sed quia zelo justitiæ compulsi talia sancti faciunt, maledictionis actionem habent, non voluntatem. Hoc uno loco non dicitur, ut penitus non maledicant, sed ut maledicere non velint, ut videlicet voluntas maledictionis non actio prohibeatur sicut et Dominus dicit: *Nolite jurare (Matth.* v, 34). Voluntatem potius jurandi interdicit quam actionem. Sic et judex cum aliquem lege sua coactus occidit non voluntarie, ab homicidio excusatur, quia id ab eo voluntate non geritur, cui omnino displicet quod ille qui punitur illud commiserit, pro quo lex eum interfici præcipit, ut magis eum lex ipsa quam homo puniat, imo ipse Deus legem instituens, qui ait: *Ego occidam, et ego vivere faciam (Deut.* xxxii, 39); Et: *Mihi vindictam, ego retribuam (Deut.* xxxii, 35; *Hebr.* x, 30), quia ipse minister Dei. Non immerito quærendum videtur cum ad corda potius Deus quam ad verba respiciat, tamen verbis etiam ipsum deprecemur. Sed duabus id causis geri existimo: una quidem ad honorem Dei, altera est ad utilitatem nostram accommodata. Cum enim aliquid a Deo orando postulamus, ex ipsis verbis nostris ostendimus non nisi ab eo id nos posse habere quod oramus. Ipsa verba quæ proferimus affectum nostrum et devotionem intellectu suo in Deum excitant et commovent ut tanto efficacior ipsa sit oratio, quanto in orante major est devotio.

Gaudere cum gaudentibus. Infinitivis pro imperativis utitur, dicendo scilicet *gaudere et flere* pro *gaudete et flete*, id est cum fidelibus de profectu eorum exsultate, vel de ipsorum effectu compatiendo contristemini. Est enim falsa lætitia iniquorum, cui congaudendum non est, et falsa eorum tristitia cui contristandum minime est. Unde Dominus: *Mundus*, inquit, *gaudebit, vos autem contristabimini (Joan.* xvi, 20). Et Salomon in Proverbiis de perversis: *Qui lætantur cum male fecerint, et exsultant in rebus pessimis (Prov.* ii, 14). Cum autem idem Salomon alibi dicat: *Non contristabit justum quidquid ei acciderit (Prov.* xii, 21), et ipse Apostolus supra: *Scimus quoniam diligentibus Deum om-*

nia cooperantur in bonum, etc. *(Rom.* VIII, 28); quid potest accidere electis unde flendum sit, aut quomodo rationabiles sunt illæ lacrymæ [Rachel de interfectione filiorum, de miseria sic ad beatitudinem transeuntium? Unde et de illo fletu fidelium in transitu beati Martini scriptum est : « Cum sentiret magis esse gaudendum, si rationem vis doloris amitteret. » Hieronymus ad Tyrasium de morte filiæ : « Tantas talesque tempestates vitæ, tot impugnationes diaboli, tot corporis bella, tot sæculi clades evasit, et lacrymas fundimus, quasi ipsi nesciamus quid quotidie patiamur. Propter quod et Dominus sic admonet discipulos : *Si diligeretis me, gauderetis utique, quia vado ad Patrem (*Joan. XIV, 28). Plane mortuum Lazarum flevit, doluit non morientem, sed potius resurgentem, et flebat quem cogebatur pro salvandis aliis ad sæculum revocare. Hanc vitam dans Dominus ingemiscebat, quam tu doles esse sublatam. Contra lacrymas ejus pugnant tuæ. Ille nolebat reddere laboribus quem dilexerat, et tu amare te credis, cui laborum volebas adhuc restare tormenta. De hostili patria migravit ad cœlum. Apostolus memorat : *Quandiu sumus in hoc sæculo, peregrinamur a Deo* (II *Cor.* V, 6). Unde ergo illæ lacrymæ Rachel ? unde compassio fidelium super interfectione justorum quæ finit in eis miseriam et confert gloriam ? Vel etiam cum omnia quæ accidunt electis, eis ut dictum est, *cooperantur in bonum (Rom.* VIII, 28), vel quidquid eis accidat non contristentur ? *(Prov.* II, 14.) Unde nos super eos dolere convenit, vel ipsos de aliquo pœnitere, quos in alia vita, licet suorum peccatorum memores, constat tamen nullo modo dolore pœnitentiæ affici, attendentes scilicet ipsa etiam peccata sibi in bonum fuisse cooperata ? Denique cum omnia optime a Deo [ordinari] non dubitemus, adeo ut ipsa quoque mala bonum sit esse; et juxta Veritatis vocem, necesse sit ut veniant scandala ; quid contingere potest ut rationabiliter doleant ? Si enim, ut beatus meminit Augustinus, bonum est malum esse, quisquis de malo dolet, de hoc profecto dolet quod bonum est esse; et quisquis vult ipsum non esse, utique vult non esse id quod bonum est esse : et ita tam divinæ dispositioni quam rationi contrarius esse videtur, et frustra dicitur ad Deum : *Fiat voluntas tua,* cujus scilicet voluntati seu dispositioni quantum in se est adversatur. Sed quia hæc discutere altioris est philosophiæ, perfectioni nostræ reservamus Theologiæ.

Id ipsum invicem sentientes, per charitatis videlicet affectum ita alios sicut seipsos reputantes, juxta illud Veritatis : *Quæ vultis ut faciant vobis homines, et vos eadem illis facite* (*Matth.* VII, 12). Et illud : *Quod tibi fieri non vis, alii ne feceris* (*Tob.* IV, 16); vel ita idipsum cum alii sentientes, quasi bona eorum sicut detrimenta nostra esse reputantes, vel idipsum de fide sentientes, ut nulla sint schismata in fide catholica. Ad quod maxime pertinere videtur quod subditur : *Non alta sapientes*, id est non superbe aliquid per hæresim præsumentes, dum ex novitate aliqua quærimus gloriari. Sed *humilibus* quibus videlicet Deus dat gratiam, superbis resistens (*I Petr.* V, 5), *consentientes*, in fidei scilicet unitate nos eis sociantes. Quod qualiter faciamus docet cum adjungit : *Nolite esse prudentes apud vosmetipsos,* id est prudentiam vestram, si quam habetis, nolite ad gloriam vestram convertere, nec de illa in vobis gloriari, vos etiam dico *nulli malum pro malo reddentes*, id est, neminem quia nos læsit, sed potius quia justum est punientes. Possumus etiam quod dictum est, *nolite esse prudentes*, etc. ita accipere, ut hoc illi competentius adjungatur : ille etenim prudens apud semetipsum dicitur, qui totus suo judicio nititur, ut quidquid istud esse decreverit, exsequi velit ut, cum nemini irascenti sua ira videatur invisa, in quocunque offenditur ulciscendum putat. Cui quidem periculo occurrit, dicens : *Nulli malum pro malo reddentes.* Superius dixerat : *Nolite maledicere persequentibus vos* : hic facta mala sicut etiam verba mala prohibet. *Providentes bona*, etc., id est nitentes quantum possumus ut opera nostra non solum Deo, sed etiam hominibus bona videantur, ut ea scilicet imitari velint, vel Deum inde glorificent, sicut et Veritas ait : *Luceat lux vestra coram hominibus*, etc. (*Matth.* VII, 16). *Si fieri potest cum omnibus hominibus pacem habentes.* Itaque ut diximus, nulli videlicet malum pro malo reddentes, et providendo bona etiam coram hominibus. Quod, scilicet pacem habere cum omnibus, *ex vobis est*, id est ex propria natura habetis, ut videlicet eis maxime concordes sitis, quos per naturam affiniores conspicitis. Unde alius dicit apostolus : *Qui enim proximum quem videt non diligit, Deum quem non videt quomodo potest diligere?* (I *Joan.* IV, 20.) Quo enim natura magis sumus affines, amplius ipsa nos ad dilectionem invitat. Adeo, inquam, cum omnibus pacem habentes, ut si aliquem offendendo excesseritis, *non vosmetipsos defendatis*, id est proprias culpas excusetis, *sed date locum iræ*, id est cedite irato et offenso fratri patienter, scilicet ejus iram ferentes, non eum iterum per excusationem vestram commoventes. Tunc enim iræ ejus resisteremus ut amplius æstuaret, vel in eo remaneret, non cederemus ut ab eo transiret.

Scriptum est enim, scilicet in Proverbiis [Deuteronomio] : *Mihi vindictam* (*Deut.* XXXII, 35). Ac si diceret : Ideo cum offenditis alios debetis offensos patienter tolerare, et eorum iram, quantum poteritis, lenire, quia etiam si ab eis offensi essetis, hortatur vos Dominus ne vos inde vindicetis; sed ei vindictam reservetis dicenti : *Mihi vindictam*, subaudi reservate, *et ego retribuam* (*ibid.*), illam, ut scilicet ulciscar vos. Et notandum quod si hoc intelligatur exhortatio ad perfectionem potius quam præceptum, sicut et quod Veritas ait : *Et tua ne repetas* (*Luc.* VI, 30), potest et illud quod dictum est superius : *Non nosmetipsos*, etc., ita exhortatio perfectionis intelligi, ut cum a persecutoribus defendere nos possimus, perfectius tamen dicat esse omnino non defendere, sed potius inde nobis illatam [vim] sustinentes, quam defendendo corpus animam nostram vulnerantes, eum videlicet per iram interficiendo, a quo fortasse nos aliter defendere non possumus. Sed sicut et illud superius pro præcepto exposuimus, potest forsitan et hoc pro præcepto intelligi, *mihi vindictam*, etc., sicut enim judex lege vel amore Dei qui legem instituit, constrictus, reum interficit, non tantum ipse hoc facere dicitur quam lex vel Deus ipse qui hoc facere præcipit, et ad hoc faciendum tanquam instrumento utitur, ita et cum zelo justitiæ vel amori vindicta est imputanda. Quod itaque præcipit Deus, sibi vindictam reservari, ut ipse illam faciat, tale est ut nemo vindicare præsumat, nec, ut dictum est, Deus hoc per ipsum agat, qui ait : *Ego occidam, et ego vivere faciam* (Deut. xxxii, 39). Unde Augustinus Quæst. in Levit. cap. 68 (88) : « Cum homo juste occiditur, lex eum occidit, non tu. » Idem De civit. Dei, lib. II (89) : « *Non occides*, his exceptis quos Deus occidi jubet. » Non autem ipse occidit qui ministerium debet jubenti, scilicet adminiculum gladio utenti. Tunc itaque homo occidit, cum ex se id, non ex Deo agit. Cum vero ex divina institutione vel jussione id facit, Deus potius tanquam instrumentum id facit quam homo ipse. Sic quippe quemlibet potentem aliquid ædificare vel facere dicimus, cum ad ejus imperium illud geritur. Homini itaque, non Deo prohibitum est occidere. Sic et fortasse nostra repente prohibemus, quia videlicet nostra sunt, sicut et diligere eos qui nos diligunt, id est quia nos diligunt. Quæ enim propter nos habere non debemus, ut hujus scilicet possessionis in nobis finem constituamus, multo minus propter nosmetipsos repetere, ablata debemus : quod videlicet fortasse Deus per alios melius quam per nos disponere vult, vel qui nobis nocitura prævidebat. Itaque repetere licet nos quæ Dei sunt potius quam quæ nostra sunt, id est propter Deum potius, ut secundum voluntatem ea disponamus quæ propter nos, et tunc potius Deus in nobis sua repetit, quam nos nostra, dum hoc videlicet agimus ut potius Dei faciamus esse quam nostra.

Sed si. Dixi : Non vindicetis vos, sed potius Deus, ut dictum est ; sed e contrario benefacite male facientibus. Et hoc est, *sed si*, etc. Hoc enim : reddit causam quare sic faciendum sit inimicis, quia propter hoc facile poterimus ad salutem trahere. Caput quidem est principalis pars in corpore, tanquam in omnibus scilicet corporis ornatum, mentem sive animam nostram significat. Carbones ignis incendia sunt charitatis, vel lamenta pœnitentiæ quibus anima penitus excrucietur, et contra semetipsam indignationis flammis accenditur. Hos itaque carbones super mentem inimici nostri con-

geramus, ei benefaciendo, dum per hoc eum ad amorem erga nos vel ad pœnitentiam malorum, quæ nobis intulit, accendimus. *Noli vinci*, id est superari, a vitio tuo, si videlicet ira tibi adeo dominatur, ut reddas malum pro malo ; sed vince et reprime ipsam iram tuam per bonum malo recompensatum. Non enim malum est servire homini, sed vitio. Unde statim adjungit :

CAPUT XIII

Omnis anima, id est quælibet rationalis creatura *subdita sit*, id est libenter obediat. Quod quidem adversus quorumdam fidelium opinionem dicit, quibus omnino injustum et inconveniens videbatur, ut quislibet jam ad fidem Christi conversus terrenæ potestati amplius deserviret, seu obediret, quasi tales omnino potestates a Deo constitutæ non essent. Unde et Dominus ipse, pro seipso et Petro, censum Cæsari persolvere dignatus, proprio ad hoc nos hortatus est exemplo. *Sublimioribus* id est sibi prælatis a Deo, scilicet sicut statim annectit dicens : *Non est enim potestas*, sive bona scilicet sive mala videatur, *nisi a Deo*, id est per ejus dispensationem constituta. Cum enim principes boni sunt, divini muneris est. Cum autem mali vel ad vindictam perversorum hominum, vel ad purgationem seu probationem bonorum a Deo sunt instituti, qui quamlibet impietatem etiam bene disponit. Unde et potestas diaboli vel cujuslibet impii bona perhibetur, licet voluntas eorum sit pessima, vel operatio perversa. Potestatem quippe a Deo accipiunt, a se vero voluntatem malam habent. Unde et iniquo Pilato Veritas ait : *Non haberes in me potestatem, nisi datum tibi esset desuper.* Et diabolus in nullo aggredi Job poterat, donec hujus potestatis licentia sibi a Deo concessa. *Quæ autem sunt a Deo*, scilicet instituta, sed non tamen permissa. Nam et peccata Deus ipse permittit, non instituit. *Ordinata sunt*, id est rationaliter instituta. *Itaque qui.* Quandoquidem omnis potestas a Deo est instituta. *Damnationem acquirit*, id est hoc faciendo damnari merentur, quia Deo potius quam homini resistunt. Aliud est autem resistere tyrannidi mali prælati, aliud justæ ejus potestati quam a Deo suscepit. Cum enim aliquid per violentiam agit quod ad ejus potestatem et institutionem non pertinet ; profecto cum ei in hoc resistimus, tyrannidi magis quam potestati obviamus, homini potius quam Deo, quia hoc ex se præsumit, non ex Deo agit. Quando vero in his ad quæ legitime constitutus est ei resistimus, tunc potestati contrarimus.

Nam principes, id est eorum potestas non est timenda his qui bene operantur, sed male. Quod statim ostendit dicens : *Vis, tu aliquis, non timere potestatem* potius quam hominem, *bene operare, et* parcendo tibi approbabit opera tua, et te bene agere testificabitur. *Gladium portat*, id est non irrationabiliter ad occidendum etiam est instructus, quia vi-

(88) Patrol. tom. XXXIV, col. 707.   (89) Patrol. tom. XLI, col. 35.

delicet in hoc Deo deservit, qui super hoc cum instituit, ut vindicet mala. Et hoc est, *Dei enim*, etc., *vindex in iram*, id est vindex irascendo male agenti potius quam homini, id est malitiæ potius ejus quam substantiæ. Ideo quia scilicet minister est Dei, obedientes ei estote tanquam Deo, et hoc *necessitate*, id est pro manifesta utilitate, quam ex ministerio principum percipitis, *non solum propter iram*, eorum scilicet, *sed et propter conscientiam vestram*, id est non solum propter fortitudinem vindictæ ipsorum qui nos inobedientes sibi statim punirent, verum etiam quia vobismetipsis conscii estis eos vobis necessarios esse ad malitiam reprimendam. *Ideo enim*, quia videlicet ita vobis necessarii sunt, vindicando scilicet de his qui male agunt, ut dictum est, *tributa eis persolvitis. In hoc ipsi*, scilicet Deo servientes, quod vindicant mala, ut de hoc ipso quod tributa suscipiunt officium suum implere valentes, quod nequaquam sine his expensis possent exercere, et ideo quia sic conscii estis, vel quia hic ita Deo militant.

Reddite illis omnibus quæ pro hoc debetis. *Cui tributum* scilicet debetis, *tributum reddite*. Origenes : « Tributa terræ, vectigalia negotiationis. » Haymo : « Cui tributum debetis reddere, reddite, sicut et ipse Conditor pro se et pro Petro didrachma. » Tributum dicitur a tribunis, et tribuni a tribus, siquidem Romulus in tres partes populum sibi subditum divisit, in Senatores scilicet qui et consules vocabantur, in milites et agricolas, et unicuique parti principem unum constituit, qui etiam tribunus dicebatur eo quod uni ex partibus præesset. Census vero qui a subditis exigebatur tributum dicebatur. *Cui vectigal :* vectigal est tributum fiscale, et dicitur a vehendo, eo quod accipiatur de vectitiis, id est deportatis mercibus. *Cui timorem.* Iracundis maxime prælatis timor est exhibendus, ne ira commoti plus vindicent quam oporteat. Mansueti vero tanto amplius sunt honorandi, quo eos patientia digniores vel benigniores facit.

LIBER QUINTUS.

Nemini quidquam debeatis, id est ita ab omnibus debitis absolvite, ut nihil præter charitatem debere vos recognoscatis. Quæ sic semper est solvenda ut semper debeatur, et sic semper est impendenda, ut tunc maxime retineatur cum impenditur. Pecunia autem cum persolvitur ei cui redditur accedit, et a reddente discedit. Diligere alterum est ei propter ipsum bene optare. *Invicem*, id est inter vos ut sit mutua dilectio. Proximum intellige omnem hominem qui humanitatis natura nobis conjunctus est, et ex eodem patre Adam communem nobiscum dicit originem ; si enim Apostolus proximum intelligat Judæum tantum, secundum quod in lege dicitur : *Non fœnerabis proximo tuo, sed alieno* (*Deut.* XXIII, 19, 20), nequaquam stare potest quod ait, eum qui diligit proximum non adulterari, etc., cum videlicet hæc etiam committi in infidelibus possint. *Legem* Moysi dicit ubi quæ subjungit præcepta continentur. *Nam non adulterabis*. Adulterari sive mœchari, pro omni illicito concubitu, lex ponere videtur, alioquin nusquam illam fornicationem excluderet, quæ ab eis committitur qui conjugati non sunt. Cum itaque dicit, *non adulterabis*, speciem pro genere ponit, sicut e converso subdit : *Non occides* (*Exod.* XX, 13), genus pro specie. Non enim occidi ab homine bestiam, sed hominem vetat. Tunc autem homo hominem occidit, non Deus per eum, ut supra quoque innuimus, quando id propria gerit voluntate, non divinæ legis sanctione constrictus, de qua quidem injusta occisione Dominus Petrum instruens ait : *Qui acceperit gladium, gladio peribit* (*Matth.* XXVI, 52). Qui per se acceperit ait, non cui a potestate traditur, ad justitiam scilicet exercendam, gladio perire dignus est. Tunc etiam ipse tantummodo absque Deo id facit, id est cum ad propriam voluntatem implendam non ad justitiam exercendam id agens homicida sit. Unde August. Quæst. in Exod., cap. 20 (90) : Cum minister judicis occidit eum quem lex jussit occidi, profecto si id sponte faciat, homicida est, etsi eum occidat quem scit a judice occidi debuisse. *Non furaberis* (*Exod.* XX, 13, 14), id est non fraudulenter aliena tolles. Non enim Hebræi furtum fecerunt, cum jussu divino Ægyptios spoliaverunt ab his quæ magis Dei quam ipsorum erant. *Non loqueris falsum testimonium*, contra conscientiam scilicet loquendo. *Non concupisces*, aliena scilicet, non tantummodo non tolles. *Et si mandatum* subaudi dilectionis in hoc præcepto completur, *diliges*, etc. Aliud est dicere sicut te, aliud est quantum te. Ibi quippe similitudo, hic æqualitas ostenditur. Unde et cum Veritas ait : *Estote misericordes, sicut et Pater vester cœlestis*, similitudinem potius misericordiæ quam æqualitatem expressit. Si autem unumquemque quantum me diligere deberem, omnes æqualiter a me diligendi essent. At vero cum nemo nisi propter Deum diligi debere videatur, tanto amplius quisque diligi dignus est, quanto Deo charior habetur et melior est. Si enim Deus, quia melior est, super omnes est diligendus, quicunque post eum meliores sunt, amplius diligendi sunt quam alii. Aliter quippe charitas ordinata non est. Eum autem plus diligimus cui ut beatior sit optamus, licet ei de

(90) Patrol. tom. XXXIV, col. 622.

corporalibus bonis minus quam de nostra vel eorum qui specialiter nobis adhærent curam agamus. Tunc autem quemlibet sicut nos diligimus, cum eum ad beatitudinem sicut nos pervenire volumus, eadem scilicet intentione circa eum habita, qua circa nos, quia videlicet hoc ei bonum existimamus esse sicut et nobis. Fortassis enim cum quis alium odit, eum in paradiso jam esse vellet, quo nil melius ei optare potest : nec tamen ideo eum diligit, cum id non tam propter eum quam propter se ab eo liberandum faciat. *Dilectio proximi;* vere qui diligit proximum non adulterabit, non occidet, etc., quia nullum penitus malum operatur. Unde apparet David dum cum Bersabee fornicaretur vel Uriam ad mortem proderet, nequaquam proximum dilexisse, sed et cum alius dicat apostolus : *Qui enim non diligit proximum quem videt, Deum quem non videt quomodo potest diligere (I Joan.* iv, 21) *?* utique nec Deum tunc dilexisse videtur. Quomodo etiam d ci potest alterum diligere sicut semetipsum, cum nec semetipsum vere diligat, qui a morte animæ sibi parcendo non parcit? Scriptum quippe est : *Qui diligit iniquitatem, odit animam suam (Psal.* x, 6).

Plenitudo ergo. Quandoquidem, scilicet proximi etiam dilectio legem implet, ut dictum est, ergo multo magis de genere ipsius, quod est dilectio, id recipi constat. Cum vero tota meritorum nostrorum summa in dilectione Dei consistat et proximi, diligenter utraque si possumus a nobis est describenda, et insuper demonstrandum quomodo prætermissa Dei dilectione, quæ major est, ausus sit Apostolus dicere dilectionem proximi legem implere. Dilectio Dei ex toto corde in nobis est optima illa erga Deum voluntas, qua ei tanto amplius placere studemus, quanto amplius ei placendum esse recognoscimus. Ex toto autem corde seu ex tota anima id agimus, quando sic ad eum penitus nostræ dilectionis intentionem dirigimus, ut non tam quid nobis utile sit quam quid ei placitum sit attendamus. Alioquin nos potius quam ipsum dilectionis nostræ finem, id est finalem et supremam institueremus causam. Dilectio vero Dei erga nos est ipsa divinæ gratiæ de salute nostra dispositio. Proximum vero tanquam se diligit qui propter Deum tam bonam erga eum voluntatem habet, ut sic se propter eum gerere studeat, ne ille de se juste conqueri possit, sicut nec ipse sibi ab illo vult fieri, de quo juste conqueri queat. Ad hanc autem proximi dilectionem illa duo naturalis legis præcepta pertinent : *Quod tibi non vis fieri, alteri ne feceris (Tob.* iv, 16); et : *Quæ vultis ut faciant vobis homines, et vos eadem facite illis (Matth.* vii, 12). Quorum quidem præceptorum intelligentia quæ sit habenda, non fortassis omnibus patet. Sæpe enim aliis ex charitate honorem aut beneficium impendimus, quo ab aliis suscipere recusamus, vel sæpe alios pro justitia punimus, vel etiam interficimus, cum hoc ab aliis nullo modo pati velimus. Quis etiam nesciat nonnunquam nos velle ipsa nobis fieri quæ non convenit? non tamen ideo nos aliis ea facere debere. Ut si velim mihi assentiri in malo, nunquid aliis similiter assentiri debeo ad peccandum? Sæpe etiam prælati de subditis exigunt talia obsequia quæ nequaquam convenit eos subditis reddere, et pauperes a divitibus multa sibi fieri volunt, quæ minime ipsi aliis facere possunt, ut videlicet hoc implere queant, *quæ vultis ut faciant vobis,* etc., nisi forte dicatur hoc non esse generale præceptum, sed his tamen hoc præcipi, qui vicem beneficiorum referre possunt, sicut et cum dicitur : *Date eleemosynam (Luc.* xi, 41), vel, *frange esurienti panem tuum (Isa.* lviii, 7), iis tantum qui hoc possunt injungitur.

Ut autem breviter objectis respondeamus, cum dicitur : *Quod tibi non vis,* etc., et *quod vultis ut,* etc., sic accipi debent, ut illud de injuriis cavendis, istud de beneficiis impendendis intelligas, ac si dicatur : Sicut injuriari non vis, sic ab alienis abstine offensis, et sicut tibi in necessitatibus tuis vis misericorditer subveniri, ita et aliis subveni si possis in suis. Nemo autem bonus se id posse fatetur, qui sui juris non esse, vel sibi minime convenire credit. Cum autem Deus propter se tantum sit diligendus, proximus autem propter Deum, constat in dilectione proximi dilectionem Dei includi, cum videlicet sine dilectione Dei esse non possit. Unde et cum eam describeremus provide propter Deum adjecimus. Dilectio vero Dei cum naturaliter prior sit dilectione proximi, sicut et Deus naturaliter prior est proximo, non ita e converso dilectionem proximi necessario comprehendit, ut sine proximo Deus diligi sicut esse potest. Unde bene dilectionem proximi, quam dilectionem Dei legem adimplere videtur Apostolus dixisse. Non immerito quæri potest, si eos quoque diligere debeamus, qui in inferno sunt, vel qui prædestinati ad vitam non sunt, aut si sancti in alia etiam vita omnem proximum ita ut se diligant, tam eos scilicet quos damnatos jam vident vel damnandos, Deo revelante, prævident, quam electos. Sed cum in proximo, sicut diximus, omnis homo sit intelligendus, quomodo dilectionem proximi retinebunt, si quosdam non diligant, aut quomodo ibi quam hic perfectiores habentur si in eis dilectio proximi sit contracta vel diminuta? Neque enim cum sanctos angelos diligamus, perversos diligere debemus. Quomodo ergo rationalis est vel eorum vel nostra dilectio, si in ipsa etiam diaboli membra complectamur? Nunquid quia in hac vita qui prædestinati sint vel non sint ignoramus, ideo rationabiliter omnes diligimus, vel pro omnibus etiam oramus? Aut si hoc fieri rationabile non est, quomodo id facere jubemur pro ipsis, et non potius pro nobis, cum nobis magis quam ipsis proficiat? Quomodo etiam recta intentio, quæ erronea? Quia enim id eis profuturum esse credimus id agimus, aut si nos adhuc ignorantia excusat, quid de hoc respondemus quod cum non omnes salvandos esse sciamus, vel paucissimos, juxta illud Veritatis : *Multi vocati, pauci vero electi (Matth.* xx, 16), et :

Arcta est via quæ ducit ad vitam, etc. (*Matth.* vii, 14), tamen omnes salvari volumus, et pro omnibus oramus, scientes scilicet nec nostram voluntatem nec orationem effectum consequi debere? Sed dicis illud Augustini : « Habe charitatem, et fac quidquid vis. » Et recordaris illud Hieronymi : « Charitas mensuram non habet. » Unde sæpe charitas modum nos ita excedere compellit, ut fieri velimus quod fieri nequaquam bonum est aut justum, et e contrario nolle fieri quod fieri bonum est, sicut interfici sanctos vel affligi qui etiam eis cooperantur in bonum. Sed hanc Ethicæ nostræ reservamus discussionem.

Et hoc scientes. Sic construe : Et hoc scientes tempus, quia *hora est jam nos de somno surgere. Abjiciamus opera tenebrarum,* etc., de somno et negligentia vel torpore boni operis. Cum dicit, hora quæ modicum est tempus, non dicit vel hebdomadam seu mensem vel annum, sine dilatione nos id facere adhortatur. Quo enim brevius est tempus quo aliquid est agendum, citius hoc faciendum est. *Non enim.* Ideo celeriter surgendum nobis est a somno, quia non jam fidei nostræ bonis operibus superadditis propinquiores sumus ad percipiendum æternæ vitæ bravium, *quia eum* primo *credimus,* in ipso scilicet nostræ conversionis exordio. Metaphora quæ ducitur a somno, jam nobis surgendum esse convenientibus prosequitur verbis, dicens jam noctem præcessisse, quæ dormitionis est tempus, et diem advenisse. Nox ignorantia salutis est, dies cognitio vel illuminatio. Non mirum dum hac nocte premebamur, si pigri ad operandum eramus. Expulsa est cæcitas infidelitatis de cordibus, adveniente doctrina Christi qui ait : *Ego sum lux mundi (Joan.* viii, 12). Nec tam nos ab hac nocte quam ipsa a nobis recessit, nec tam nos ei quam ipsa nobis appropinquavit, quia nobis nequaquam id requirentibus divina sic operata est gratia, sicut de ipso scriptum est Domino : *Inventus sum a quærentibus me,* etc. *Abjiciamus ergo.* Quando quidem scilicet nox ista jam præcessit, et dies appropinquavit. Nec dicit jam abjiciantur sed abjiciamus, quia jam per fidem illuminati operari valemus. *Opera tenebrarum.* Dicit mala opera juxta illud Veritatis : *Omnis qui male agit odit lucem (Joan.* iii, 20), vel opera infidelium et tenebrosorum, quibus nondum Sol justitiæ ille ortus est, ut eorum illuminet corda. *Arma lucis* virtutes sunt fidelium quibus contra vitia vel diabolicas tentationes dimicant. Sic, inquam, induamur arma lucis, ut ita induti honeste ambulemus tanquam in die, quando pretiosioribus indumentis quisque induitur.

Non in quæ sint abjicienda opera, prius docet. *Non in commessationibus,* subaudi ambulemus, id est pedes nostros qui affectus animi intelliguntur, in istis non ponamus. Commessatio dicitur convivium de diversis familiis congregatum, ubi quisque de suo aliud ponit, et ideo securius comedit tanquam de suo vescens atque avidius, ne quasi minus cibi consumens et æqualiter expendens injuriari videatur, et tanto licentius gulæ indulget, quanto plurimorum exemplis incitatur. Dicitur itaque commessatio quasi corporis, ut dictum est, esus, a comedendo, id est simul edendo. Hieronymus : « Commessatio est mensæ collatio. » Quales quidem commessationes et Salomon in Proverbiis interdicens ait : *Noli esse in conviviis potatorum, nec in commessationibus eorum qui carnes ad vescendum conferunt, quia vacantes potibus et dantes symbola consumentur* (*Prov.* xxiii, 20, 21). Haymo : « Commessatio dicitur mensæ alternatio. » Sunt enim convivia quæ celebrantur alternatim, et præparantur a sociis per dies et vices. Sunt alia quæ ex communione, quando unus affert panem, alius carnes, alius vinum, etc. Tria genere masculino dicimus calicem aptum potationi, a quo dicitur ebrietas, quæ est potatio nimia. Quod autem hoc loco dicit Apostolus, *non in commessationibus et ebrietatibus*, ad illud respicit quod in Evangelio Dominus ait : *Videte ne graventur corda vestra crapula et ebrietate* (*Luc.* xxiii, 34), id est superfluo cibo et potu.

Non in cubilibus, quæ commessationes et ebrietates sequantur; consequenter adjungit, ut eo amplius vitentur, quo ex eis pejora proveniunt. Cubilia proprie ferarum sunt, vel irrationalium animalium, quibus ebriorum lecti comparantur, in quibus, imagine Dei, id est ratione per ebrietatem exstincta, « facti sunt sicut equus et mulus, quibus non est intellectus (*Psal.* xxxi, 9). » Ebrietatem quoque impudicitia sequitur. Unde et idem alibi adhortatur Apostolus : *Nolite inebriari vino, in quo est luxuria* (*Ephes.* v, 18). Quod pessimo nobis exemplo beati Lot ebrietas exhibuit. Tale est ergo in cubilibus et impudicitiis, ac si diceret in cubilibus impudicis, ubi absque omni reverentia quasi pecudes ebrii luxuriantur. Ad has maxime commessationes et ebrietates impudicitiæ prædicator Ovidius fornicarios venire adhortatur, ut inde facile fornicationum suarum occasionem assumant. *Non in contentione.* Tumultuosa est ebrietas, et facile in contentionem prorumpit, ut litiget. Æmulationem dicit zelum malum, id est commotionem odii in alterum, quod maxime ex conviciis vel injuriis contentiones sequantur : fere enim omnes et maxime liberales homines magis ex turpitudine verborum quam ex jactatione damnorum in odium accenduntur. Post opera tenebrarum, quæ abjicienda dicit, arma lucis, id est virtutes Christi quas induamur supponit dicens, *sed induimini.* Agnum vel leonem induere dicitur quicunque habitum mansueti vel crudelis assumit : sed et Christum qui plenitudo est omnium virtutum induere dicitur, qui ejus sequendo vestigia, omnibus pro posse suo studet se adornare virtutibus. Dicit idem Apostolus alibi de Christo : *Qui factus est sapientia nobis a Deo, et justitia, et sanctificatio et redemptio* (*I Cor.* i, 30). Ac si aperte dicat : Eum nobis omnes virtutes fieri, ut cum virtutibus adornamur Christum induere recte dicamur. Et ut specialiter Christum induere possitis, carnaliter ne vivatis, cum videlicet caro adversus spiritum concupiscat id est Christum. *Curam ne feceritis in desideriis*; in desideriis, inquit, id est non in superfluitate voluptatum, sed in necessitate alimentorum. Oportet enim et corpori quoque nostro necessaria impendi, sicut superflua subtrahi, ut videlicet naturæ substantia conservetur, et vitiorum fomenta denegentur. Non ergo ait simpliciter, *carnis curam ne habueritis*, sed, *in desideriis*, id est in voluptatibus potius quam in necessitatibus. Non enim naturæ, sed vitiorum hostes esse debemus.

CAPUT XIV.

Infirmum autem. Cum superius dixisset, *non in contentione*, hic præcipue cuidam perversæ contentioni in primitiva Ecclesia statim expositione finem imponere studet. Quidam enim ad fidem noviter conversi Judæi et nondum de libertate Christianæ fidei satis instructi putabant adhuc etiam carnales observantias legis retinendas esse, et præcipue a carne porcina, et cæteris cibis quos lex interdixit, nostrum quoque abstinendum esse, eo maxime fortassis quod quidquid abstinentiæ esse videtur virtuti deputatur. Sicut ergo superius superfluas commessationes interdixit, hic ita superfluis abstinentiis consulit, ne per hujus contentionis dissensionem infirma adhuc, id est imperfecta Judæorum conversorum a Deo scandalizaret, ut ad Judaismum redirent, si ab his, scilicet, interdicerentur abstinentiis, quas lex antea sanxerat, imo ipse Dominus per legem, unde his qui inter Romanos perfectæ fidei vel doctrinæ jam........ erant, consulit Apostolus, ut si quis de noviter conversis Judæis adhuc infirmus, id est imperfectus in fide sit, nondum videlicet credens Christum seu evangelicam doctrinam ad salutem sufficere sine carnalibus legis observantiis, non ideo eum abjiciant, sed assumant eum venientem, scilicet ad conversionem, non disceptantes de cogitationibus ejus, id est de hoc quod in talibus credit, non contendentes; facile enim contingere potest ut qui in exordio suæ conversionis imperfectæ est fidei paulatim postmodum instructus ad perfectionem perveniat. *Alius enim* unde disceptationes hujus sint exponit dicens, quia alius quam ille scilicet præmissus, qui imperfectæ est fidei *credit se manducare omnia*, id est licere sibi quibuslibet cibis vesci, ut nullum videlicet inde reatum propter legem incurrat. *Qui autem*: ac si diceret, sed qui hoc non credit, abstineat ab his, scilicet quos v........ cibis, ne videlicet contra conscientiam propriam agens peccet. Et hoc est: Qui infirmus est, in hac scilicet fide verborum timens, scilicet se contaminari quibusdam cibis, *olus manducet*, id est id ei consulo, ut eis utatur cibis, quos et facile possit habere, et minus scandali aliis inde præbere, et nonnullam etiam suæ religionis commendationem accipere. Si enim alias carnes ederet, alias non; facile judaizare convinceretur. Sed cum ab omnibus communiter abstinet, et vilioribus contentus est cibis, religioni potius quam errori fidei deputatur.

Is qui. Postquam dixit in talibus non esse contendendum, dicit etiam non ab altero in corde suo, et quasi damnandum censeat, qui non manducat omnia, id est a quibusdam abstinet. *Et qui non manducat*, scilicet omnia simpliciter, non ideo judicet, id est damnandum censeat manducantem, quasi legis transgressorem. *Deus enim illum*, tam scilicet qui manducat quam qui abstinet, assumit, non abjicit; multi etenim ad fidem conversi sunt in multis adhuc errantes, et postea paulatim inde correpti et educti sunt. Nota quod ait *assumpsit* potius a Deo quam per se venientem, juxta illud Veritatis: *Nemo venit ad me nisi Pater meus traxerit eum* (Joan. vi, 44). *Tu quis es*: ac si diceret: Quem te esse existimas, qui præsumis servum alterius judicare, id est de his quæ agenda sunt ei pro tuo arbitrio disponere? Quod est dicere: Dimitte hanc ordinationem vitæ servi Domino suo, qui vel per seipsum vel per vicarios suos de his cum voluerit eum instruat, non tu qui conservus es nec venisti imperare, sed obedire sicut et ille, *suo Domino*, id est arbitrio Domini sui tam bonus ejus status in fide, unde lapsus in errorem relinquendus est, et ad ipsum tantummodo spectat utrumque a quo ipse quod meruerit recepturus est. *Stabit autem*: ac si diceret: Dixi: *stat aut cadit*. Sed quia quæ dicta sunt in meliorem partem interpretari vel exponere debemus, dico potius stabit, id est non propter hoc damnabitur, quod vel zelo legis abstinet, ne contra conscientiam peccet. *Potens est enim*. Ac si diceret: Ideo quidem melius est, opinor vel charitative assero, quia nil adversari videtur quin hoc sperandum non sit. Et hoc est, *potens est Deus*, etc. Ideo enim Deus posse dicitur quod ne ab eo fiat nulla impediri ratione videtur, id est vel auctoritate contradicitur. Tale est ergo, *potens est Deus*, ac si dicatur: Nulla ne hoc faciat contraire ratio videtur.

Nam alius. Unde ita alii alios judicent vel reprehendant, subjungit Apostolus, ex propriis scilicet conscientiis, cum alius scilicet censeat observandum in abstinentia supradictorum *diem inter diem*, id est diem, aliqua alia die interposita, sicut modo quarta et sexta feria, quibus maxime ab omnibus quoque carnalibus abstineri solet propter edomandam scilicet carnem, non propter aliquod legis mandatum. *Alius omnem diem*, scilicet observandum esse, ab his videlicet carnibus, quas lex interdicit.

Unusquisque in talibus his scilicet dijudicandis vel deliberandis, de quibus nulla adhuc discussio vel ratione vel auctoritate facta est, *abundet in suo sensu*, id est suam magis opinionem quam alterius sequatur. Nondum enim ab Apostolo vel aliis doctoribus manifesta ratio tradita Romanis istis fuerat, cur propter præceptum legis hæc abstinentia servanda non esset. *Qui sapit diem*. Ac si diceret: Ideo quisque nostrum in talibus ad huc prorsus judicio relinquatur, quia aliter contra conscientiam agendo peccaret, sicut postmodum scilicet dicitur quia *omne quod non est ex fide peccatum est* (Rom. xiv, 23), et hoc est : *Qui sapit diem*, hoc est credit aliquam observari debere, ad honorem Domini hoc facit, cui scilicet per abstinentiam hanc moderatam placere se credit. *Et qui manducat*, id est a nullis sibi unquam abstinendum credit, cum videlicet nullam rebellionem carnis quæ domanda sit sentiat, vel infirmitatem patiatur quæ abstinentiæ contraria sit. Nondum enim in tempore apostolorum Quadragesimæ vel sextæ feriæ sic institutam esse abstinentiam vel confirmatam credimus. *Domino manducat*, id est ad honorem ejus similiter, propter hoc videlicet quod statim subjungit, quia *gratias ei agit*, id est laudem refert, de refectione scilicet ab eo sibi præstita. Ex quo propendendum est quantæ sit culpæ has grates post cibum Domino non referre. *Et qui non manducat*, id est penitus abstinet propter legem ab his quæ ipsa prohibet ad honorem Domini, non manducat, id est abstinet. Non enim hanc obedientiæ reverentiam legi exhibet, nisi propter Deum qui eam dedit, et cum abstineat insuper de perceptione alterius cibi concessi, et a Deo præstiti, gratias agit. *Nemo enim*. Ideo et manducans et abstinens ad honorem Dei hoc agit, quia semper tam vivendo scilicet quam moriendo electi Dominum honorant atque glorificant, vivendo quidem glorificant, juxta illud Veritatis : *Luceant opera vestra bona, ut glorificent Patrem vestrum qui in cœlis est* (*Matth.* v, 16). Mors quoque justorum Dominum glorificat, sicut de Petro dicitur : *Significans qua morte clarificaturus esset Deum* (*Joan.* xxi, 19), quando nec in exitu quoque suo justus a bonis operibus et oratione et a laude sui Creatoris cessat. Tanto enim sollicitius quisque se præparat, quanto amplius ad coronæ suæ perceptionem propinquat. Sibi vivere vel sibi mori dicitur qui ad commoda sua vel propter gloriam potius quam ad honorem Dei disponere intendit. Multi etenim morte quoque sua magnitudinem animi sui ostentantes, gloriam sibi acquirere cupierunt, vel sibi etiam inferentes manus morte cruciatus suos finiendos esse crediderunt.

Sive ergo : Quandoquidem scilicet nos electi Deo, non nobis, ut dictum est : Vivimus aut morimur, ergo morimur. Ac per hoc, *sive vivimus*, id est tam vita nostra quam mors Deo potius, ad cujus honorem fit, quam nobis est ascribenda, id est ejus potius pro hoc dicenda est quam nostra. *In hoc enim*, ac si diceret : *In hoc quod mortuus est*, pro nobis scilicet et propter justificationem nostram, sicut idem supradixit Apostolus, meruit tam morti nostræ quam vitæ dominari, ut sicut utrumque fecit pro nobis, ita tam moriendo quam vivendo nonnisi ei obedire et ejus voluntatem implere quæramus. Aliter enim mortuorum Dominus non est, sed quasi hostis puniendo, nisi etiam usque ad mortem in ejus obedientia persistamus, parati animam non solum propter ejus confessionem, sed etiam pro fratribus ponere. *Tu autem qui*. Postquam dixit : *Tu quis es qui judicas alienum servum*, addit nunc, *fratrem tuum*, ut si hoc videlicet pro injuria quam facit Domino suo non dimittit, saltem pro fraterna dilectione, ne scilicet fratrem suum scandalizet, eum sic judicare desistat. Aut si non judicas, quare *spernis*, in talibus ubi magis intentio quam actio discutienda est, cum nondum videlicet inde certa sit prælata sententia. Pro talibus enim et similibus diffiniendis unde Romani altercabantur, in ipso Epistolæ suæ principio Apostolus dixit se ad eos desiderare venire, ut aliquem in eis sicut et in cæteris gentibus fructum haberet. *Quis enim*. Ac si diceret : Non ita præsumatis dubia judicare, qui de cæteris a Deo cum aliis omnibus hominibus estis judicandi, sed ei potius hoc judicium reservate, qui omnibus habet judicare. Et hoc est, *omnes enim*. Unde et Veritas recte dicit : *Nolite judicare, et non judicabimini*, id est non appetatis judicare, ne hinc quoque judicemini atque damnemini. Et ipse alibi dicit Apostolus : *Nolite ante tempus judicare, quoadusque*, etc. (*I Cor.* iv, 5). Si autem diligentius consideremus, sicut Dei est potius occidere quam nostrum, sic et judicare. Et postremo sicut omnia ad gloriam ejus debemus facere, ita ipse potius per nos cuncta hæc operari debet quam nos ipsi. Tunc vero Deus judicium facit potius quam homo, quando ipse vel per legem aliquam vel inspirationem internam quid dicendum sit nos instituit, ut a nobis recitandum postea sit ejus judicium non faciendum. Tribus itaque modis de aliquo prius dubio judicari videtur, per Dominum videlicet ipsum sicut exposuimus, per aliquam rei manifestationem, per hominem de sua scilicet opinione præsumentem. Cum autem aliquo eventu rei quod dubium fuerat manifestatur, ipsa res judicare, non homo dicitur. In dubiis itaque tantum homo judicare dicitur, quod omnino prohibetur, quando videlicet propriam tantum existimationem sequens præsumit definire, cum nec per Deum adhuc, nec per ipsam rei experientiam contingit eum certum esse. *Stabimus*, dicit, quasi erecti, ut cognosci ab omnibus possimus, *ante tribunal*, id est sedem judiciariam Dei potius, qui falli non potest et justus est, quam hominis. Hanc quidem sedem Dei hominem a Verbo assumptum intellige. Pater enim omne judicium dedit Filio, quia Filius ejus est (*Joan.* v, 22, 27). In hoc quippe homine assumpto Filius Dei tam mortuus est quam resurrexit, sicut nunc diximus, et inde maxime judicium damnationis imminet, si mortuo pro nobis, ut dictum est, et resuscitato pro nobis, tam mors nostra quam vita inseparabiliter non adhæreat, atque ad obediendum parata sit.

Scriptum est enim. Isaiæ testimonio probat quod omnes a Deo sint judicandi. *Vivo ego*. Ac si diceret : Per memetipsum indeficienter viventem juro. Genu flectitur judici quando suppletur ejus sententia, exspectatur cui resisti non potest. Omnis lingua in illo judicio confessionem laudis Deo faciet, quia nullius conscientia contra illius judicis rectitudinem murmurare poterit. Unde mali quoque pœnitentiam inter te agentes et ingemiscentes, hoc ipso quod facient attestabuntur justam te damnationis accipere sententiam. In illo itaque judicio tam judicantes quam judicandi, vel qui jam etiam judicati sunt genu flectent, quoniam omnes vel timore pœnarum vel perceptæ gratiæ beneficio sub tanto se judice humiliabunt. Itaque, quia videlicet ita omnes astabimus ante tribunal tanti judicii, *rationem reddet*, id est quantum ratio exegerit recipiet a Domino de pœna vel præmio. *Non ergo*, quia videlicet ipse ita de omnibus et maxime de his quorum dubia est intentio judicare habet, *amplius*, id est post admonitionem hanc nostram seu præceptionem, *invicem*, alter videlicet alterum pro talibus damnandum esse reputando, *sed hoc magis*, id est potius observandum censere ne *ponatis offendiculum fratri*, id est ne aliquid faciatis, cujus exemplo corruptus ipse corruat, vel scandalizatus et exasperatus reprehensione vestra a fide recedat. Et quoniam tota hæc contentio ex cibis lege interdictis nascebatur, dicit neminem ex qualitate ciborum contaminari, sed ex conscientia tantum transgressionis, si eis contra conscientiam vescatur. Et hoc est, *scio*, id est non ex me, sed confidenter hoc dico, ex doctrina Domini qui ex his solummodo quæ de corde exeunt, non ex his quæ intrant in os, coinquinari hominem dicit (*Matth.* xv, 11). Et mittens ad prædicandum discipulos ait : *Edentes et bibentes quæ apud illos sunt* (*Luc.* x, 7), quia nullus cibus communis et immundus est per ipsum, id est ex semetipso, sed potius ex conscientia comedentis. Et hoc est, *nisi ei*, ac si diceret : Sed ei qui existimat quem, id est aliquem cibum esse immundum, id est animam suam inde pollui, illi immundus est, quia contra conscientiam suam illum comedendo peccat. Quæ communicantur sive publicantur, tanto amplius immunda sunt quanto minus custodiuntur; ideoque commune pro immundo ponitur. Unde et in Actibus apostolorum, inquit Origenes, Dominus dicit ad Petrum : *Quod Deus mundavit tu ne commune dixeris* (*Act.* x, 15). Marcus etiam evangelista communicare pro coinquinari ponens ait : *Non intelligitis quod omne extrinsecus introiens in hominem non potest eum communicare, quia non introit in cor ejus, sed in ventrem vadit. Quæ de homine exeunt illa communicant hominem* (*Marc.* vii, 18-20). *Si enim*. Dixi, non ponatis offendiculum fratri, quia quisquis es, si propter cibum tuum, etc., id est, si sustines eum sic offendere. *Noli*. Post offendiculum vetat etiam scandalum, quia offensus facile recederet a fide, *pro quo*, scilicet salvando, *etiam Christus*. Ac si diceret : Ne parvipendas salutem ejus, pro quo tantum pretium datum est

Non ergo. Generaliter admonet nos vitare blas-phemiam omnem, per quam videlicet a nostra fide alios repellamus, ac si dicat : Quia videlicet exemplo Christi lucrandi sunt potius homines nobis quam perdendi, caveamus facere quantum possumus per quod bona nostra fides blasphemetur. *Non est*, id est nullo genere cibi vel potus promeremur ut Deus in nobis regnet vel habitet.

Quæcunque enim exterius bene fieri videntur, et maxime quæ ad abstinentiam pertinent, æque reprobis ut electis communia sunt, et hypocritis sicut veris fidelibus. *Sed justitia*, æquitas illa per quam quod tibi non vis alteri ne facias, *et pax* inde, id est proveniens a concordia cum fratribus, et deinde *gaudium* spirituale hinc exortum, *in hoc* scilicet quod dixi, ut scilicet scandalum fratris vitet et justitiam sectetur et pacem, ut dictum est, *servit Christo*, hoc est ei hoc præcipienti obedit, *et probatus est*, id est hominum quoque judicio probatur, laudatur atque commendatur. *Itaque* id est et ita, scilicet ut dixi scandala vitando prius quæ ad pacem pertinent, ut dixi *sectemur*, id est maxime studeamus concordiam teneri cum fratribus quoque, ut dictum est, infirmis, et sic postmodum quæ sunt ædificationis, *invicem custodiamus*, id est alter qui perfectioris est fidei alterius imperfectam adhuc fidem instruat, et ad perfectionem promovere intendat. *Noli*, tu scilicet qui perfectiorem habens fidem omnia comedis, scandalizando noviter conversum, et adhuc infirmum fratrem, *opus Dei*, id est illud fidei quod jam habet in eo destruere. *Omnia quidem*. Ac si diceret : Revera tecum assentimur, quia nulla genera ciborum esu suo polluunt animam, sed damnosum est tamen hoc scienter comedere, ubi offenditur frater. *Bonum est homini*. Ac si diceret : Ita, ut dixi, comedere malum est, sed e contrario penitus abstinere propter offendiculum fratris vitandum salubre est, exemplo Daniel qui a vino quoque infidelis regis abstinebat. Judæi etiam conversi ab omni vino infidelium abstinendum censebant. *Offenditur penitus a fide recedendo* vel saltem scandalizatur, id est apud se perturbatur quasi talem fidem, ad quam conversus sit, judicans legi contrariam et perversam. *Aut infirmatur*, in fide scilicet suæ professionis de ipsa dubitando si non penitus eam damnando. *Tu fidem*. Ac si diceret : Tu quidem qui omnia credis manducanda, *habes fidem apud te*, id est ut ei placeat et ejus judicio approbetur. Ea enim quæ coram nobis sunt videre possumus atque cognoscere, et ea Deus scire dicitur quæ approbat, et nescire quæ reprobat.

Beatus est, subaudi *qui non judicat semetipsum*, hoc est qui non acquirit sibi damnationem ex his quæ ipse potius quam Deus probat, id est approbat, vel non improbat esse facienda, ac si diceret : Qui tantæ discretionis est ut etiam de his quæ credit licite fieri ita pervidet, ne ipsa indiscrete faciendo damnationem vel iram Dei incurrat. Ut enim Salomon ait : *Sunt viæ hominis quæ videntur rectæ, novissima autem illarum deducunt ad mortem* (*Prov.*

xiv, 12). Et ad Cain Dominus ait : *Nonne si recte offeras, recte autem non dividas, peccasti ? (Gen.* iv, 7, juxt. LXX.) *Qui autem.* Ac si diceret : Sicut ille beatus est, qui a licitis abstinet, ne his indiscrete utendo ad scandalum, scilicet fratris damnationem incurrat, ita e contrario ille qui contra conscientiam suam illicitis utitur, peccat. Et hoc est : Qui autem discernit, id est distinguit quosdam cibos edendo, eos scilicet propter prohibitionem legis non esse comedendos, et tamen contra conscientiam suam eos comedit, dum videlicet credit ab ipso non debere comedi, reus per hoc statuitur, quia non ex fide est quod facit, imo contra fidem suam agit, id est contra hoc quod credit agit. Credit enim non esse comedendum, et tamen comedit, ac per hoc peccat. *Omnem enim,* ac si diceret : Quia quidquid contra hoc quod creditur fit, sive in esu sive in aliis, *peccatum est.* Deus enim qui cordis inspector est, non tam quæ fiunt quam quo animo fiunt attendit. Non immerito autem quæri potest de his qui interficiebant fideles quos seductores putabant, juxta illud Veritatis : *Venit hora ut omnis qui interficit vos arbitretur obsequium se præstare Deo (Joan.* xvi, 2), utrum in hoc peccaverint. Si enim credebant eos seductores animarum, et ideo dignos morte, quomodo contra conscientiam suam eis parcere debebant? Quippe si parcerent, contra conscientiam suam agerent, et ita peccarent. Sed rursus cum interficiunt innocentes, imo electos Dei, quod iniquum est, dicemus eos non peccare, aut eos in hoc bonam intentionem habere, quia maxime errat, ideoque bona æstimatur potius esse quam sit. Quomodo etiam ignorantia excusat eos a peccato cum constet nonnulla etiam peccata ignorantiæ dici? Alioquin quomodo Psalmista diceret ad Deum : *Effunde iram tuam in gentes, quæ te non noverunt (Psal.* lxxviii, 6). Et Veritas de persecutoribus suis : *Pater, ignosce eis, quia nesciunt quid faciunt (Luc.* xxiii, 34). Ubi enim culpa non præcessit, quid est opus ignoscere? Si enim ignorantia vel etiam fidei error excuset penitus a culpa, unde Judæi aut gentiles, vel quilibet infideles de infidelitate sua damnandi sunt, cum unusquisque fidem suam rectam esse putet? Quis enim sponte in ea persistat fide, quam erroneam credat, ut sibi partem eligat deteriorem? De talibus tamen Veritas ait : *Qui non credit, jam judicatus est (Joan.* iii, 18). Sed hujus rei discussionem Ethicæ nostræ reservamus.

Quærendum quoque arbitror cur hoc loco Apostolus consulat alimentis et cibis propter scandalum infirmorum fratrum abstinendum, cum in Epistola ad Galatas dicat se in hoc Petro restitisse, quia reprehensibilis erat, sed hoc definiendum illi loco reservamus. Quærendum etiam si juxta ipsum Apostolum omnia munda mundis, et nil rejiciendum in cibis quod cum gratiarum actione percipiatur. Cur enim apostoli vel sancti Patres quædam nobis in cibo sicut etiam lex interdixit? Unde etiam in Actibus apostolorum continetur : *Surrexerunt quidam de hæresi Pharisæorum qui crediderant, dicentes quia oportet circumcidi eos præcipere quoque legem Moysi (Act.* xi, 5). *Surgens Petrus dixit ad eos : Quid tentatis Dominum, imponere jugum super cervicem discipulorum quod neque patres nostri, neque nos portare potuimus ? Sed per gratiam Domini Jesu credimus salvari quemadmodum et illi (ibid.* 10, 11). Item respondens Jacobus et dicens : *Notum a sæculo est Domino opus suum. Propter quod ego judico non inquietari eos qui ex gentibus convertuntur ad Deum, sed scribere ad eos ut abstineant se a contaminationibus simulacrorum et fornicatione et suffocatis et sanguine. Moyses enim a temporibus antiquis, habetur in civitatibus singulis quæ [qui] eum prædicant: in synagogis vero per omne Sabbatum legitur (ibid.* 18-20). Origenes in hac Epistola supra ubi scriptum est : *Si igitur præputium legis,* etc. Vis autem videre usque sanguis est ipsius, quod invenies superius in 11 quaternione. Ambrosius in Epistola ad Galatas de apostolis (91) : « Præterea cum legem dedissent non molestari eos qui ex gentibus credebant, sed ut ab iis tantum observarent, id est a sanguine et fornicatione et idololatria, non utique ab homicidio prohibiti sunt, cum jubentur a sanguine observare. Sed hoc acceperunt quod Noe a Deo didicerat ut observarent a sanguine edendo cum carne. Quæ Sophistæ Græcorum non intelligentes, scientes tamen a sanguine abstinendum adulterarunt, scriptum quartum mandatum addentes, et a suffocato observandum, quia jam supradictum erat quod addiderunt. » Hieronymus in Ezechiel (92) : « Omne morticinium et captum a bestia de avibus et pecoribus non comedunt sacerdotes, et juxta litteram omni generi electo, regali scilicet et sacerdotali, quod proprie ad Christianos refertur, qui uncti sunt oleo spirituali, de quo scriptum est : *Unxit te Deus oleo exsultationis præ participibus tuis. (Heb.* 1,9). Hæc præcepta conveniunt, ubi morticinium non comedant tam de avibus quam de pecoribus, cujus nequaquam sanguis effusus est. Quod in Actibus apostolorum dicitur suffocato, et quia necessario observanda apostolorum Epistola monet, et capitur a bestia, quia et ipse similiter suffocatus est. » Ex pœnitentiali Theodori : « Animalia quæ a lupis seu canibus lacerantur non sunt comedenda, nec avis nec capra, si mortui inventi fuerint, nisi forte ab homine adhuc viva occidantur prius, sed porcis et canibus dentur. Aves vero et animalia cætera si in retibus strangulentur, non sunt comedenda, nec si oppresserit accipiter, et si sic mortua inveniuntur, quia in Actibus apostolorum præcipitur abstinere a fornicatione, a sanguine suffocato, et idololatria. » Item : « Si porci vel gallinæ sanguinem hominis comederunt, mox occidantur, et penetralia projiciantur, et cætera caro manducetur; si autem

(91) Patrol. tom. XVII, col. 346.

(92) Patrol. tom. XXV, col. 444.

iaroatur occidi non comedantur; si autem cadavera laceraverint mortuorum macerentur, et post anni circulum comedantur. Si autem porci occiderint hominem, statim interficiantur, et sepeliantur. Item : « Qui manducat carnem immundam aut morticinam aut dilaceratam a bestiis, quadraginta dies pœniteat. Si autem necessitate famis contingat, multo levius est. » Item : « Qui sanguine vel quocunque immundo polluitur, si nescit quod manducat leve est. » Item : « Qui sanguinem aut semen biberit pro aliqua re, quatuor annis pœniteat. » Item : « Piscis mortuus inventus in flumine non est edendus. Si vero piscando tactus fuerit et ipso die inventus, qui non hæsitat, manducet; qui autem dubitat, non manducet. » Ex concilio Gangrensi post Nicænum concilium, cap. II : « Si quis carnem manducans ex fide cum religione præter sanguinem et idolis immolatum et suffocatum ediderit, condemnandus tanquam spem non habens quid eas manducat, anathema sit. » Augustinus De fide ad Petrum (95) : « Firmissime tene, et nullatenus dubites omnem creaturam Dei bonam esse et nil rejiciendum esse quod cum gratiarum actione percipitur (*I Tim.* IV, 4), et Dei servos qui a carnibus aut vino abstinent, non tanquam immunda quæ a Deo facta sunt respuere, sed a fortiori cibo et potu pro sola corporis castigatione abstinere. »

Sed si hæc in apostolis et apostolicis viris, quæ contraria videntur diliguntur, in ipsa radicis intentione discutiamus, reperiemus hæc et illa pro tempore et loco modo prohibenda esse modo concedenda, et nonnunquam in aliquibus prohibendis magis de honestate vitæ quam de religione fidei prævisum esse. Sic enim in Hexaemeron beati Ambrosii alium quod ad medicamen sumi concedit, ad cibum sumi interdicit, quod scilicet fetore ipsius honesti viri facile scandalizentur. Sic et de nonnullis aliis vilibus cibis propter honestatem conservandam fieri credimus. Nec mirum etiam si ea discretione, qua Apostolus hic a cibis quibusdam esse abstinendum propter scandalum scilicet infirmorum fratrum, et Jacobus in primitiva Ecclesia quæ infirmæ adhuc fidei erat, eorum interdixit esum, in quibus fideles tunc maxime offendi considerabat. Nam et Apostolus ipse cum penitus circumcisionem interdicat, ad horam tamen ei cessit, Timotheum circumcidi permittendo, vel seipsum etiam in ritu Judaico cum quibusdam conversis Judæis consecrando. Quod ergo aliqui sanctorum Patrum in quibusdam locis vel temporibus propter scandalum eorum, cum quibus convivebant, rationabiliter prohibuerunt, postmodum alii, fide nostra jam optime roborata, laudabiliter concesserunt. Alioquin Moysi Apostolus inveniretur contrarius, si videlicet quod uno tempore prohibitum est vel permissum, semper esset tenendum. Nonnulla etiam quæstio esse potest de Judæis seu proselytis ante adventum Christi per legis observantias professionem suam seu votum facientibus, utrum postmodum ad fidem conversi votum illud vel in cibis vel in aliis transgredi queant. Tunc quippe statum suum adhuc lege retinente legitime factum fuisse votum hujusmodi videtur. Unde nequaquam violandum esse videtur, nec ille qui tunc illud fecit, postea factus Christianus, ab abstinentia illa ciborum absolutus esse videtur, maxime cum remissius vivatur a nullis abstinendo, quam a quibusdam, nec votum legitime votum bene quis intermittat, nisi ad majora conscenderit, quæ illud tenere impediant. Ad quod quidem respondendum arbitror, quod si hoc non tam pro antistite legis non observet, quam pro voti sui dispositione, nequaquam culpandus est, nec ab hoc absolvendus est voto, nisi forte propter aliquorum scandalum eum adhuc in hoc judaizare credentium, quasi nunc quoque statum suum legitime retinere crederet, et ob hoc abstineret. Videtur nec tale votum legitime vel rationabiliter tunc esse factum, sed per errorem ab eo in professionem illud promissum esse, cum legem scilicet in pristino vigore suo perseveraturam crederet.

CAPUT XV.

Debemus. Dixi superius nil esse commune, imo omnia munda fidelibus, sed tamen debemus eorum qui aliter credunt et infirmiores sunt in fide debilitatem tolerare, et *non nobis placere*, id est non nostram de eis voluntatem implere, ipsos scilicet repellendo, sed eorum quærere salutem, eos scilicet tolerando. *Placeat*, id est placere studeat in eo quod culpabile non est, propter *ædificationem* scilicet ipsius. Aliter enim a nobis ædificari non poterit nisi nostram doctrinam susceperit, et hoc exemplo Christi faciamus. Et hoc est, *etenim*. Id est homo ille assumptus a Verbo, qui secundum ejus unctionem specialiter Christus dicitur, non tam humanæ quam divinæ voluntatis placitum implere studuit. Unde et ipsemet ait : *Non veni facere voluntatem meam, sed ejus qui misit me* (Joan. VI, 38). Voluntas quippe hominis ea proprie dicitur, quæ ex infirmitate vel passibilitate carnis illata eam naturaliter quietare appetit, quæ nullis affligatur molestiis, sed ab omni penitus pœna sit immunis, sicut et primis parentibus ante peccatum concessum est, et in futura vita plenius nobis concedendum est. Sicut enim miseriæ pœnam, sic quietem constat esse, et sicut quod beatitudinis vel quietis est quisque appetit, sic quod miseriæ vel laboris est, refugit. Talis itaque appetitus humana in nobis voluntas dicitur, quam voluntatem quisque obediendo sequitur. At, inquies, quomodo Christus non sibi placuit si placuit Deo Patri? Nunquid alteri placere potest quod alteri displiceat? Nunquid omnes justi Christo placent sicut et Patri? An voluntas Patris est alia quam voluntas Christi? Quid itaque est? Christus non sibi placuit, vel non venit facere voluntatem

(95) Patrol. tom. XL, col 777.

suam, nisi quod nunquam homo ille assumptus aliquid facere appetivit quod hic sibi suave esse speravit, sed quia hoc Deo placere credidit? Omnes vero alii quantumcunque sint sancti, quia omnino expertes peccati, id est non sunt, nonnulla ex infirmitate vel passibilitate carnis appetunt, non alia de causa nisi ut ipsi infirmitati satisfaciant, et praesentem passionem vel afflictionem evitent. Quod quidem est sibi placere, ut suam voluntatem facere, id est ad tantum vel praecipue agere, quia sibi credat illud esse suave, in seipsis scilicet hujus actionis suae finem constituentes, quod a Christo longe penitus fuit. Tale est ergo, Christus non placuit sibi, sed videlicet Deo Patri, quia nil homo ille appetivit quod suave ipsi esset, sed quia hoc Deum approbare sciret, vel ejus in hoc praeceptum haberet. Cui et ipsemet ait : *Propter verba labiorum tuorum ego custodivi vias duras* (Psal. XVI, 4). Quam quidem passionis aut laboris poenam propter obedientiam susceptam Apostolus statim adjungit, ut videlicet per hoc ostendat eum Patri magis quam sibi placuisse, sed sicut scriptum est in psalmo LXXVIII : *Improperia*, etc. Quisquis enim exprobrat nuntio alicujus, vel cum in aliquo deturpat seu honorat, non tam ei qui mittitur, quam ei qui mittit imputandum est. Unde et Saulo dicitur : *Saule, Saule, quid me persequeris?* (Act. apost. IX, 4) me, inquam, potius quam meos, quia propter me potius quam propter ipsos. Quid autem improbare [f. improperare] Deo Patri, nisi irridere generationem esse in divinitate, quam carnaliter eorum intelligentia capere non poterat? Haec ergo irrisio super Christum cecidit, quia dum hanc generationem praedicaret, vel se Filium Dei diceret, Patris in hoc gloriam, non propriam quaerendo, non solum irrisioni inde est habitus, sed ad mortem quoque traditus, sicut scriptum est : *Deum se Patrem habere gloriatur, videamus si sermones illius veri sint*, etc. (*Sap.* II, 16.) Et in Evangelio : *Confidit in Deo, liberet eum nunc, si vult ; Dixit enim quia Filius Dei sum* (Matth. XXVII, 43).

Quaecunque scripta sunt. Ac si diceret : Quid ad nos novae legis professores testimonium Veteris Testamenti, maxime cum ejus opera respuamus? Respondet quia quaecunque scripta sunt, tam in Veteri scilicet quam in Novo Testamento, ad nostram id est Christianorum, etc. Non enim illi in Veteri Testamento docentur, sed excaecantur qui litteram occidentem ibi sequuntur, sed illi maxime qui frangentes exteriorem crustam mica interiore saginantur, sed et saeculares litteras non nisi ad doctrinam aliquam vel morum vel litteraturae, vel ut in aliquo sacrae Scripturae opitulentur. Deus scribi permisit, licet hoc illarum scriptores ignorarent. *Ut per.* Ad hoc, inquam, eis instituimur, et docemur, ut per *patientiam* videlicet in adversis, *et consolationem* in Scripturis factam de bravio videlicet aeternae beatitudinis, spe per omnia corroboremur in Deo, scientes quia, si *compatimur et conregna-* bimus (II Tim. II, 12), *et in patientia vestra possidebitis animas* (*Luc.* XXI, 19). Haec autem spes illa est, de qua superius dictum est : *Spes autem non confundit*. Bene autem cum de adversitatibus praemisisset, dicens : *Improperia improperantium*, etc., patientiam contra illa scilicet necessariam et consolationem Scripturarum apposuit. Cum autem in exordio hujus Epistolae praedixisset omnem Scripturam divinam aut docere aut movere intendere, quomodo nunc dicit 'quaecunque scripta sunt ad nostram doctrinam scripta esse? sed profecto ea etiam quae admoneret ad doctrinam scripta sunt, non quidem ut doceant quod fiat, sed ut doctrina efficaciam habeant, id est ut implere velimus quod edocti sumus. *Deus autem*, id est sicut Christus non placuit sibi, sed Deo, nec propriam gloriam, sed Patris quaesivit, ita ipse Deus, cujus est et patientiam et consolationem dare, det vobis idipsum *sapere in alterutrum*, id est inter vos hoc quaerere, ut alter alteri placeat in bonum *secundum Jesum Christum*, id est ejus, ut dictum est, exemplo, *ut unanimes*, id est communiter tam infirmi in fide quam firmi, concordi ore laudetis *Deum*, de misericordia scilicet redemptionis nostrae per Filium suum nobis exhibita. Unde et cum dixisset Deum, addit eumdem et *Patrem Domini nostri Jesu Christi*, qui non solum ad gloriam suam, sed ad nostram etiam salvationem habere talem Filium gloriatur, ut per eum etiam noster sit Pater, qui descendit quaerere fratres. *Propter quod*, ut videlicet ita communiter ab omnibus honorificetur Deus, *suscipite vos invicem*, id est non abjiciat vel exasperet alter alterum, sed qui firmior est in fide atque perfectior infirmum toleret. Et hoc exemplo Christi facite, qui nos videns et durae cervicis non solum infirmos fide, sed mortuos in infidelitate non repulit, sed suscepit ; imo etiam traxit ad glorificandum Deum scilicet et laudandum tam de nostra scilicet conversione quam de aliorum per nos, *ministrum fuisse circumcisionis*, id est Judaeorum, quibus solis per semetipsum praedicando verbum vitae ministravit, sicut et ipsemet ait : *Non sum missus nisi ad oves quae perierunt domus Israel* (Matth. XV, 24). *Propter veritatem Dei*, id est ut promissio Dei consisteret, qui specialiter et frequenter eis se mittere salvatorem promiserat. Et hoc est quod subdit *ad confirmandas*, id est ut firmae et inconcussae permaneant promissiones illae antiquis patribus factae de Christo eis mittendo. Voluit enim debitorem se teneri promittendo, ut solutor fieret propitiando.

Gentes autem. Ac si diceret : Dico Christum ministrum, etc., sed et gentes dico, subaudis *super misericordia* sibi a Deo impensa, praecipue nunc *honorare Deum*. Qui videlicet quanto amplius olim per idolatriam a Deo remoti fuerant, tanto nunc ad cultum Dei majori copia propinquaverunt, ut ubi abundavit peccatum superabundaret et gratia. Et nota quod superius propter promissionem Judaeis factam non tam misericordiam dixit quam debitum intellexit. in gentibus vero tantum rectius misericordiam vocavit, quanto eis pro multiplici sui erroris culpa minus debebatur, *sicut scriptum est* in Psalmo, loquente scilicet ad Patrem in persona Christi dicentis Patri : *Confitebor tibi in gentibus (Psal.* XVII, 50), id est laudari te faciam etiam a gentibus conversis, et tibi per me acquisitis. Quarum quidem primitiæ Magi fuerunt, sive Samaritani etiam illi, quibus per Samaritanam illam innotuit, et forlasse etiam gentiles illi, qui circa passionem per Philippum et Andream ad eum accesserunt, eum videre cupientes, de quibus ait : *Nunc clarificatus est Filius hominis (Joan.* XIII, 31). *Et nomini tuo,* ad honorem tuum, videlicet tuam dilatandam notitiam spiritalibus canticis eos vacare faciam. Quod vero ait propterea superius, continuatur in psalmo ubi præmissum est : *Ei ab insurgentibus in me erue me,* etc. *(Psal.* XVII, 49.) Exaltatus quippe est per ipsos qui eum crucifigentes nomen ejus delere crediderunt, de qua quidem exaltatione ipse quoque prædixerat : *Et ego si exaltatus fuero a terra, omnia traham ad me ipsum (Joan* XII, 52), non solum videlicet Judæos, sed et gentes convertendo. *Et iterum,* per Isaiam scilicet prævidens Ecclesiam tam ex Judæis quam ex gentibus congregandam, hortatur communiter utrosque ad exsultandum et laudandum Deum de sua conversione. Plebem Dei et quondam peculiarem populum ejus Judæos dicit : *Et iterum,* per ipsum David *magnificate,* id est bonis operibus glorificate, *omnes populi,* id est quælibet fidelium multitudo, non solum ex gentibus congregata. *Erit radix.* Aliud testimonium de conversione gentium post incarnationem scilicet Domini ab eo regendarum, et in eo sperandarum, sicut radix residuum est arboris incisæ, et si in terra sit recondita, multas ramusculorum emittit propagines. Ita Jesse patre David olim defuncto, et tanquam arbore de vita præsenti abscisso, quasi radicem et residuum sui Christum habuit longe postea de semine suo nasciturum. Radix hæc in terra recondita est, dum in ipsa carne sua, quæ terrenæ substantiæ est, sepultus juxta quod de semetipso ait : *Sicut fuit Jonas in ventre ceti,* etc. *(Matth.* XII, 40), in multam propaginem fidelium resurgendo pullulavit, secundum illam ipsius parabolam : *Nisi granum frumenti,* etc. *(Joan.* XII, 24.) Scimus autem et tunc maxime radicem quamlibet generari, et quasi impinguari, ut multiplicetur, si ei fimus adhibeatur, et stercora juxta illud Dominicæ parabolæ : *Dimitte et hoc anno, ut mittam stercora (Luc.* XIII, 8). Quid autem fimus vel stercora sunt huic radici admota, nisi sordes peccatorum nostrorum quæ suscepit. . . . . et portavit in corpore suo, ut de ipso tanquam radice et omnium origine innumeri propaginis fructus in Ecclesia nascerentur ? Nil quippe nasci profuit, nisi redimi profuisset. Hoc itaque Spiritus per Isaiam promittens, ait : *Erit radix Jesse,* id est, eo defuncto, supererit ei de suo semine posteritas per quam restauretur uberius in prole quod deperiit in arbore, quia plures fideles orientur quam antea de Jesse exstiterant. *Et qui,* ac si diceret : Et ille erit ista radix, *qui exsurget* conscendendo vehementer, donec ejus corpus, quod est Ecclesia, ubique dilatetur, quarum regimini ipse semper tanquam caput præerit, sicut et promittit dicens : *Ecce ego vobiscum sum omnibus diebus usque ad consummationem sæculi (Matth.* XXVIII, 20). De quo etiam regimine idem propheta alibi dicit : *Et puer parvulus minabit eos (Isa.* XI, 6). *In eum,* id est de gratia ejus, non de lege vel suis viribus confident, hoc est radix, de qua idem etiam quodam loco dicit Propheta : *Radix Jesse quæ stat in signum populorum, ipsum gentes deprecabuntur, et erit sepulcrum ejus gloriosum* (ibid., 10), de quo scilicet sepulcro radix illa exsurgens in magnam crevit ramorum fructicem. *Deus autem.* Dixi : *Lætamini, gentes,* et : *In eum gentes sperabunt,* et hoc in vobis Romanis ipsum impleatur. Et hoc est Deus spei, de cujus gratia sperandum est omnibus, soli electi omne gaudium habere possunt, tam in hac scilicet vita in spe quam vel illa in re et *pace,* removendo scilicet a vobis superbam illam contentionem, pro qua sedanda hæc scripta est Epistola. *In credendo ut,* ac si diceret : Ut ex fide, per quam creditur, et quæ omnium bonorum est fundamentum proficiatis in spe et charitate, quæ naturaliter inde sequuntur. Virtutem quippe Spiritus sancti, amorem Dei, in nobis dicit qui contra omnia fortis est, sicut scriptum est : *Valida est sicut mors dilectio (Cant.* VIII, 6); et iterum : *Omnia suffert, omnia sustinet (I Cor.* XIII, 7). *Certus sum.* Quos culpando diu terruerat, laudando ne desperent in fine mitigat, dicendo scilicet etiam apud eos esse qui et dilectione et scientia pleni sunt, ut scilicet alios instruere velint et possint. Et hoc est, *certus sum,* ac si diceret : Ac si ita corrigam vel moneam, *et ipsi,* id est sicut in quibusdam personis pleni estis superba contentione vel ignorantia, ita et ipsi in quibusdam pleni, etc. *omni scientia ita ut,* id est ad hoc sufficientem habetis scientiam, ut possitis invicem vos adhortari ad bene operandum. *Audacius autem ex parte,* id est aliquantulum majori fiducia scripsi vobis, qui in loco mihi commisso estis, qui scilicet doctor specialiter sum tam gentium quam Judæorum. Et hoc est quod exponit, dicens, ut pote sollicitus de vobis, *propter gratiam,* id est officium apostolatus prædicandi gentibus mihi injunctum, de qua quidem gratia ipsemet ait : *Gratis accepistis, gratis date (Matth.* X, 8). Minister Christi prædicator est, dum non sua lucra, sed Christi quærit, et quia nonnulli bene prædicantes male vivunt, addit, *sanctificans,* id est vita quoque mea commendans prædicationem quam de Deo facio, ut oblatio, id est oratio etiam mea quam pro ipsis facio, *fiat accepta Deo,* id est *sanctificata in Spiritu sancto,* id est per Spiritum sanctum, qui, ut supra dictum est, docet nos quid orandum sit, et postulat pro nobis gemitibus..., id est sanctum consequatur effectum, ut nos omnes sanctos efficiat.

Habeo ergo. Quia videlicet ita facio quæ Christi sunt quærendo, habeo *gratiam,* hinc pro Christo, cui in hoc deservio, ad quod *Deum,* id est pretium divino judicio, si non humano, hinc acquiro. Quod quidem dicendo exemplo suo ad fraternæ dilectionis sollicitudinem eos adhortatur. *Non enim* ostendit quomodo sanctificet vel commendet prædicationem suam, dicens se non præsumere aliquid loqui, id est sibi imputare per jactantiam, quorum non habeat efficaciam, sicut pseudoapostoli faciebant. *In obedientia gentium,* id est propter hoc ut obedientiam inter gentes traham, hæc efficit, inquam, *in verbo,* id est per verbum suum, *et factis,* id est per miracula. Quæ statim facta subdividit dicens : *in virtute,* id est per potentiam mihi collatam, *signorum prodigiorum,* id est signorum mirabilium. Sunt enim signa quædam naturalia, de quibus non miramur, sicut de planetis scriptum est : *Ut sint in signa et tempora* (Gen. 1, 14). Quæ vero contra naturam, id est usitatum naturæ cursum veniunt, ut leprosos mundare, vel mortuos suscitare, hæc prodigia, id est admiratione digna dicuntur. Unde prodigium quasi prodendum digito dicitur. *Virtute Spiritus sancti,* id est ex potestate per gratiam Dei mihi collata, ad differentiam scilicet miraculorum Antichristi, seu magorum. Origenes : « Signa appellantur, in quibus cum sit aliquid mirabile indicatur quoque aliquid futurum ; prodigia vero in quibus tantummodo mirabile aliquid ostenditur. Scriptura interdum abusive et prodigia pro signis, et signa pro prodigiis ponit. » Signa et prodigia pro uno accipiuntur hoc loco, *ita ut* gloriam, inquam, habeo apud Deum, tantum scilicet de labore meo, ut totam illam terram *ab Jerusalem usque ad Illyricum repleverim* prædicatione Evangelii, ut videlicet ostendat dignum se a Romanis exaudiri, qui a tot et tantis sit exauditus. Haymo : « Illyricum provincia est finis Asiæ ad principium Europæ. » *Sic autem,* scilicet verbo et factis et virtute signorum in his locis, ubi prius de Christo nil omnino auditum fuerat, ut videlicet non sit mirabile si apud vos jam Christum confessos prædicatio mea locum habeat, *ne super,* ac si diceret : Hoc scilicet mihi contingente, ut nisi ædificium fidei collocarem super aliorum prædicationem præcedentem, quæ quasi meæ prædicationis fundamentum esset. In quo difficilius ostendit quod ibi fecit quam quod apud Romanos facere cupit. *Scriptum est* in Isaia, id est ut per me contingeret quod per illum prophetatum est *de eo,* id est Christo, *videbunt* scilicet intelligendo. Quod statim exponens ait : *Et qui,* etc.

Propter quod, quia videlicet ad tot penitus ignaros intendebam convertendos. *Impediebar,* ut pseudoapostolorum commenta excludat dicentium cum ad tales vel tantos accedere non audere, et maxime præsentibus, vel ut se rationabili causa excuset, *plurimum dicit,* id est maxime quia et aliæ non-

nullæ potuerunt hujus impedimenti esse causæ, *locum* scilicet prædicandi vel causam morandi omnibus bene confirmatis. Origenes : « Videtur hoc in Achaia positis dicere apud Corinthum. In Hispania, in transitu se eos videre promittit, quasi innuens apud eos qui jam conversi erant non diu sibi immorandum esse, sicut et in exordio Epistolæ eos in aliquibus confirmandos dixit potius quam convertendos ; decet etiam quemquam bonum virum minus promittere quam facere, et boni doctoris, tanto gratior mora fit, et amplius desideratur, quanto brevior speratur. Prævenit ita illos, ut in adventu suo se præparent, et de quibus instrui velint prævideant. *Spero* nil videlicet ex meipso de me præsumens, sed totum Deo committens, *et a nobis.* Vult enim eos comites itineris sui esse, tum ut auctoritate Romanorum cæteræ gentes facilius subjectæ convertantur, tum etiam ut adversus pseudoapostolos et quoslibet ei detrahentes prædicationem ejus quam ipsi audierint valeant attestari, et eis diu secum in prædicatione circumeuntibus sic saltem recompenset quod in transitu eos viderit. Bene dicit deduci se ab illis, quasi tutum se ostendens per conductum eorum quæ cæteris imperant. In quo et eos de mora sua apud illos consolatur, quasi in eorum arbitrio hanc constituens. *Si vobis.* Haymo : « Frui est aliquid cum delectatione possidere, et amplecti et videre, et attende quod cum proprie Dei frui sit, ut beatus meminit Augustinus, hic non dicit frui simpliciter, sed frui ex parte, sicut et ad Philemonem cum diceret, *fruar te,* adjunxit statim *in Domino;* Deo quippe omnino fruimur, dum illum propter se tantum obtinere cupimus, proximo vero fruimur ex parte, dum sic eum propter utilitatem ipsius per amorem amplectimur, ut tamen hujus fruitionis finem, id est finalem et supremam causam in Deo ponamus. Partim quippe proximus in causa est, sed causa Deus suprema est. Ex parte itaque fruimur proximo, sed ex toto fruimur Deo, quia ipse fruitionis suæ tota est causa, proximus vero non tota suæ fruitionis ut diximus causa est, cum sit superior Deus, cum videlicet de proximo quoque propter Deum cogitemus. Nota quod dicit proficisci cœpero, quia cum ad Romanos propter ipsos veniat, non sibi imputat proficisci ad Hispaniam, nisi cum ab ipsis recesserit, quando videlicet propter Hispanos totum egerit. Et attende quod cum dicit, si vobis primum, iterum eorum benevolentiam captat, quasi necessarium sibi judicet, nec se aliter de Hispanis facere posse, nisi prius eos visitet.

Nunc ergo. Quia videlicet hic ulterius non habeo locum, *nunc,* id est antequam veniam ad vos, cum in gentibus specialiter apostolatum accepissem : Unde et solus Doctor gentium appellatur. Quantam etiam de Judæis conversis habeat curam ostendit, quod alibi ait : *sollicitudo omnium Ecclesiarum* (*II Cor.* xi, 28). Quod etiam fortassis ad excusationem quamdam sui prætendit, si ad eos scilicet venire differat. *Ministrare sanctis*, id est illis qui ibi sunt fidelibus ex Judæa conversis, cibum ad necessitatem eorum a me collectum illis deferre. Habebat quippe in consuetudine Apostolus, sicut sæpe testatur de illa Hierosolymitana Ecclesia, per ipsum Christum olim et per Petrum et Jacobum cæterosve apostolos conversa, in corporeis necessitatibus maximam sollicitudinem, ut eis saltem corporalem cibum ministraret, quibus aliorum prædicatio spiritualem. Præcipue vero eis subveniendum putabat pluribus de causis. Plurimam quoque auctoritatem fidei nostræ dabat populus ille conversus, qui locus a Deo legem suscipiens peculiaris ejus populus vocatus est, et cum primo credidisset quasi in nostræ fidei fundamento et cæteris exemplo positus plurimum ne deficeret sustentandus erat.

Denique sicut in Actibus apostolorum legitur, tanta devotione conversi sunt ut omnino proprium relinquentes, omnia quæ habebant ad pedes apostolorum ponerent, et sicut ipse in Epistola ad Hebræos meminit, majorem violentiam Judæorum in amissione suarum rerum sustinuerant. Hinc autem præcipue formam et exemplum Epistolis apostolus proponit, ut cum pauperes Ecclesias seu monasteria conspexerint, eorum prædicatio eis alimenta colligat. *Probaverunt enim*. Vide quam caute Romanos aliorum exemplo ad hanc eleemosynam similiter Hierosolymitanis faciendam invitet, dicens eos qui hanc tribuant, per seipsos id faciendum probasse, id est laudasse potius quam aliqua coactione vel exhortatione Apostoli. Unde et dicit, *probaverunt*, id est quasi suo id judicio approbantes ad hoc me compulerunt. Haymo (93*): « Isti qui scientiam prædicandi non habebant, ut ad prædicandas gentes possent ire, erant in Jerusalem vacantes orationibus et jejuniis. Quibus etiam apostoli de singulis provinciis et locis in quibus prædicabant, quidquid pecuniarum, argenti et auri et frumenti et vestimentorum accipiebant, eis mittere satagebant, maxime tamen Paulus, qui pluribus gentibus prædicabat. Unde dicunt doctores, quod aliquando amplius quam tres aut quinque modios argenti eis mittebat. » Item (94). Macedonia et Achæa, quæ Achaia vocatur, a qua et populi ejus dicuntur Achei, provinciæ sunt nobilissimæ Græcorum sibi adjacentes, quas Apostolus Ecclesiis replevit. » Cum dicitur Macedonia et Achaia, continens ponitur pro contento, id est nomina terrarum propter nomina habitatorum, sicut et potum calicem appellamus. *Collationem*, quam symbolum Græce dicimus, ubi scilicet diversa conferuntur a diversis, sicut in commessationibus fieri solet. Isti vero substantias, sed paupertim commessationes de suo congregabant. *Placuit enim*, ac si diceret, bene dixi, *proba*, ut hoc voluntarii potius quam coacti agant. Quia ex eorum voluntate magis quam ex nostra concitatione id geritur, et merito placuit, quia scilicet *debitores sunt*. Quod statim a minori convincit dicens : *Nam si spiritualium eorum participes facti sunt, gentiles debent et in carnalibus ministrare eis*, id est cum spiritualium bonorum, quæ illi habebant, sicut legis, prophetarum, vel etiam orationum et obsequiorum divinorum, quæ quotidie ibi pro salute gentium celebrant. *Hoc ergo*, quia videlicet illis, sicut justum est, placuit.

Cum consummavero, id est perfecero hanc legationem, et perveniens illuc *assignavero eis fructum hunc* videlicet eleemosynæ, hoc est, distinxero qui bene eis mittant, ut pro eis tanquam benefactoribus suis orent, *proficiscar, etc*. Quamvis dicat Apostolus se profecturum in Hispaniam, incertum est adhuc utrum id fecerit, propter diversorum opiniones. Hiero. in Isai. lib. IV (95) : « *Volabunt in navibus alienigenarum et mare simul deprædabuntur* (*Isa*. x, 14, juxt. LXX). Quod de unius Pauli apostoli intelligamus exemplo, qui per Pamphyliam et Asiam et Macedoniam et Achaiam, et diversas insulas atque provincias ad Italiam quoque (*Act*. XXVIII, 14), et ut ipse scribit ad Hispanias alienigenarum portatus est ratibus (*Rom*. XV, 28). » Cassiodorus super hanc ipsam Epistolam Pauli, *Proficiscar per vos in Hispaniam* : « quod frequenter dicit, sed nunquam legimus fuisse completum. Unde desideratur quod dicitur, sed non prophetali veritate completur. Nemo tamen Apostolum reum mendacii arguat, si hoc quod credidit non implevit. Non enim per duplicitatem locutus est, ut videlicet aliud diceret quam intenderet, id est ore quam corde. » *Scio autem quoniam veniens ad vos*, id est spiritu revelante didici, quamvis scilicet me transitum per vos habere dixerim. In quo quidem notandum est quod, dum hoc sibi revelatum dicit, ut sciat, innuit illud quod de Hispania præmisit ex opinione potius quam ex assertione protulisse. *In abundantia benedictionis Christi veniam*, ut videlicet sicut de Joseph legitur, ad introitum meum Dominus largam vobis cœlestis gratiæ benedictionem infundat, id est in spiritualibus multiplicet. *Obsecro ergo vos, fratres ut videlicet quod volo possim per Dominum nostrum Jesum Christum et per charitatem Spiritus sancti, ut adjuvetis me*, si videlicet in eo amplius perficere vultis, et dilectionem Dei habetis, *in orationibus ad Deum ut liberer ab infidelibus qui sunt in Judæa, et obsequii mei*. Multorum enim princeps fidelium quamvis imperfectorum multum apud Deum obtinere credit. *Ab infidelibus*, dum ita scilicet pro fidelibus qui ibi sunt, laboro, *obsequii mei*, id est mihi inimica ab his qui per me hoc mittunt, vel etiam a Domino qui me ministrum sive dispensatorem Ecclesiæ constituit. *Oblatio* eis tanquam ad altare Dei

---

(93*) *Patrol*. tom. CXVII, col. 501, 502.
(94) *Ibid*., col. 502.

(95) *Patrol*. tom. XXIV, col. 151.

sacrificium per me delatum, *accepta fiat in Hierosolyma sanctis ut veniam ad vos in gaudio per voluntatem Dei*, id est placens et læta. Si enim mihi grave aliquod ibi propter hoc acciderit, maxime contristabuntur, *refrigerer vobiscum*, tum a longo labore requiescendo, tum desiderium meum implendo. *Deus autem*, sive scilicet veniam sive non, *pax sit cum omnibus vobis, Amen.* Id est vos invicem a superba contentione pacificans. Quod quidem in fine Epistolæ reservans, ad quod præcipue ipsa tendat Epistola insinuat, et quæ in ea finalis sit causa sive intentio.

CAPUT XVI.

Commendo autem vobis Phœben, scilicet precibus meis. Phœbe per quam hanc Epistolam Romanis de Corinthio mittere creditur, dives quædam et nobilis mulier dicitur, quæ de facultatibus suis vel aliorum fidelibus illis qui erant Cenchris necessaria ministrabat, exemplo scilicet sanctarum feminarum, quæ Domino seu apostolis fecisse memorantur. Hæc autem negotium quoddam habebat, pro quo Romam venire necesse habebat. Pro hac ergo Romanos Apostolus adhortatur et rogat ut eam honorifice suscipiant, et in suo negotio, quantum possint, adjuvent. *Sororem nostram, et assistatis ei in quo negotio vestro indiguerit*, fide, non carne. Ministerio, id est obsequium illorum fidelium qui sunt Cenchris, id est in eo loco qui sic vocatur, et dicitur esse portus Corinthi. *Suscipiatis* hospitio, *in Domino*, id est amore Dei, et ita honorifice ac benigne suscipiatis, prout dignum est atque conveniens sanctis suscipere sanctam. *Et assistatis ei*, id est adjuvetis eam. *Etenim ipsa quoque assistit multis et mihi ipsi.* Quod enim debetur ex multis ejus præcedentibus meritis, ut non tam hoc ei tribuatur quam reddatur. Origenes Apostolica auctoritate docet etiam feminas in ministerio Ecclesiæ constitui, in quo officio positam Phœben apud Ecclesiam, quæ est Chone, magna cum laude et commendatione prosequitur, quia in necessitatibus apostolicisque laboribus astiterit. Locus hic duo docet, et haberi feminas ministras in Ecclesia, et tales debere assumi in ministerium, quæ astiterint multis, et per bona officia usque ad apostolicam laudem meruerint pervenire. Hieronymus : « In ministerio Ecclesiæ et nunc etiam in orientalibus locis diaconissæ mulieres in suo sexu ministrare videntur in baptismo sive in ministerio verbi, quia privatim docuisse feminas invenimus, sicut Priscillam cujus vir Aquila vocabatur. » Idem in Epistola ad Timotheum : *Adolescentiores autem viduas devita* (*I Tim.* v, 11), in ministerio diaconatus præponere. Sanctus Epiphanius Joanni Hierosolymitano : « Numquam ego ordinavi diaconissas et ad alias misi provincias, neque feci quidquam ut Ecclesiam scinderem. » Quas itaque antiquitus diaconissas, id est ministras, nunc abbatissas, id est matres vocamus. »

(96) *Patrol.* tom. CXVIII, col. 504.

Cassiodorus super hunc eumdem locum Phœben significat diaconissam fuisse matris Ecclesiæ, quod in partibus Græcorum hodie quasi militiæ causa peragitur, quibus et baptizandi usus in Ecclesia non negatur. Claudius quoque in expositione hujus Epistolæ : Hic locus docet etiam feminas in ministerio Ecclesiæ constitui, in quo officio positam Phœben apud Ecclesiam, quæ est Cenchris, Apostolus cum magna laude et commendatione prosequitur.

Salutate Priscam et Aquilam adjutores meos. In fine Epistolæ quosdam nominatim salutando plurimum commendat, ut eorum præcipue consilio et auctoritati qui perfectiores erant cæteris acquiescant (96). Priscam hic appellat Apostolus, quæ in Actibus apostolorum Priscilla nominatur, pulchra quadam fortassis nominis allusione, ut eam, scilicet su..... sensu, et moribus matrem insinuet. Erat autem Priscilla uxor Aquilæ, et ambo de Judaismo conversi ad Christum. *In Christo Jesu qui*, id est pro Christo adjutores in multis fuerunt, quas olim cum cæteris Judæis per Claudium Roma expulsas Apostolus Corinthum veniens ibi invenit, et quia ejusdem artis erat penitus, id est scenefactoriæ, junxit se illis, ut simul operarentur. Unde Beda in Actus apostolorum (97) : « Erant enim scenefactoriæ artis quasi exsules et peregrini, tentoria sibi quibus in via utantur, ædificant. Scenæ [σκῆναι] enim Græce *tabernacula* dicuntur, etymologia ab obumbrando ducentia, apud quos *umbra* scena [σκία] dicitur. Scenæ enim vel scenomata [σκηνώματα] quasi *umbracula* sonant, quæ ex lineis aut laneis aut ciliciniis, sive ex arborum frondibus, aut virgultis veteres esse ponebant. Mystice autem sicut Petrus piscando nos a fluctibus sæculi extraxit, ita Paulus umbracula protectionis erigendo ab imbre nos criminum, ab arbore tentationum, et a ventis insidiarum verbo factisque defendit. » Chrysostomus in Epistolam ad Hebræos serm. 1 : « Qui est splendor gloriæ et character substantiæ ejus apostolica sententia, magis autem Spiritus sancti miranda gratia. Non enim ex intellectu proprio hæc loquebantur. Unde enim ille hoc? Num et ex scalpellis, aut pellibus, aut in ... hæc operatio majestatis? Non enim has intelligentias sua mente procurabant, quæ tunc erat tam debilis et extrema, ut nil amplius haberet a plebeis et populis. Quomodo enim aliquid divinum posset ille sentire, qui circa pretia vendendi et circa confectionem pellium totam suam vitam, totumque suum studium continebat? » Ambrosius de Priscilla et Aquila : « Hi credentes facti sunt socii laboris Apostoli, ut etiam ipsi exhortarentur cæteros ad fidem. Denique et Apollo, quamvis fuerit exercitatus in Scripturis, ab istis jam per viam Domini diligentius instructus est. Ideo socios laboris sui dicit eos in Christo Jesu. Cooperarii enim ejus fuerunt in Evangelio. Unde præcipue docet, quantum obedire eis

(97) *Patrol.* tom. XCII, col. 981.

Romani debeant. » Origenes : « Potest autem fieri ut, quia illo tempore pulsis ex urbe Judæis per præceptum Cæsaris Corinthum venerunt, rursus edicti cessante sævitia regressi salutarentur a Paulo. » Quod tamen apparet Judæorum insidiis Paulo periclitante semetipsos objecisse, ut ille liber absceder. *Qui pro anima mea suas cervices supposuerunt, quibus non ego solus gratias ago; sed et*, id est vita conservanda morti se opposuerunt. *Cunctæ Ecclesiæ*, quarum, videlicet Apostolus prædicator seu doctor specialiter dicitur, *domesticam eorum Ecclesiam. Salutate Ephenetum dilectum mihi qui est*, id est totam ipsorum familiam ad fidem similiter conversam, *primitivus Asiæ in Christo. Salutate Mariam.* Haymo (98) : « Sive quia prius omnium credidit, seu etiam quia magnæ dignitatis atque nobilitatis erat, ut ostenderet nobiles etiam ad fidem venire, ac per hoc invitaret primos Romanorum ad fidem. *Quæ multum.* Origenes : « Docet etiam debere etiam feminas laborare pro Ecclesiis. Laboratur cum docetur adolescentulas omnia quæ de officiis mulierum scripta referuntur. » *Laboravit in nobis. Salutate Andronicum et Juliam.* Ambrosius (99) : « Ad exhortationem illorum. » Haymo (100) : « Laboravit, officium, scilicet prædicationis feminis sui sexus impendendo per domos. Nam in Ecclesia non docebant mulieres. » *Cognatos.* Ambrosius (1) : « Etiam juxta carnem et sanctum Spiritum. » *Concaptivos meos qui sunt nobiles.* Haymo (2) : « Isti sunt exsules effecti propriæ sedis ob gratiam Dei, sicut et Paulus. » *In apostolis qui et ante me fuerunt*, id est inter prædicatores. Videtur hoc loco etiam feminam apostolicam dicere, nisi forte istum *qui ad* Andronicum tantum et supradictos viros violenter referamus. *In Christo. Salutate Ampliatum dilectum mihi in Domino. Salutate Urbanum adjutorem nostrum in Christo et Stachyn*, id est in fide Christi, nostrum, mei, scilicet et aliorum : *Dilectum meum salutate*, etsi non ita adjutorem, *Apellem.* Origenes : « Puto hunc Apellem post multas tribulationes transisse sapienter, et ideo pronuntiavit probum secundum quod ipse in aliis dixit, quia operatur patientia probationem (*Rom.* v, 4). » Videndum est ne ipse sit qui in Actibus apostolorum nuncupatur Alexandrinus in Scripturis eruditus. Ambrosius (3) : « Hunc Apellem non quasi amicum aut principem operis salutat, sed propterea quod tentationibus probatus est in Christo fidelis inventus. Haymo (4) : « Licet quidam faciant ex hoc duo nomina propria, dicentes ita : Salutate Apellem et Probum, id est probatum in fide, et laude dignum. »

Aristoboli domo. Salutate Herodionem. Fortasse hic jam defunctus erat, quem satis laudat, familiam ejus salutando, et fidem ejus in ea commendando. Ambrosius (5) : « Iste congregator intelligitur fuisse fratrum in Christo. *Cognatum meum. Salutate eos qui sunt ex.* Ambrosius (6) : « Quem cognatum tantum appellat ostendit devotum in charitate, non tamen vigilantiam ejus designat. » *Narcissi domo, qui sunt in Domino. Salutate Tryphænam et Tryphosam quæ.* Origenes : « Neque dilectos neque probos neque adjutores nominat, sed forte nil utile habebant in meritis, idcirco eos solo titulo salutationis honoravit. *Ex Narcissi domo.* Videntur plures fuisse ex Narcissi domo vel familia, sed non omnes in domo fuisse. Ambrosius (7) : « Narcissus hic illo tempore presbyter dicitur fuisse, sicut legitur in aliis codicibus, et quia præsens non erat, salutat sanctos qui ex ejus erant. Hic ergo Narcissus presbyter peregrini officio fungebatur exhortationibus firmans credentes. *Laborant in Domino. Salutate Rufum.* Origenes : « Multi laborant, sed non in Domino. » Ambrosius (8) : « Has uno ore dignas declarat in Christo, laborant, scilicet ministrando sanctis. *Quæ multum.* Origenes : « Videtur hic magis laudari et in exhortatione et in ministerio sanctorum, et in pressura, et in egestate propter Christum, quia et domus suas relinquebat fugatis, et opprobrio erat infidis. » *Electum in Domino, et matrem.* Haymo (9) : « Id est promotum ad sacerdotium, ejus. » *Et meam.* Sic prius legi matrem ejus et matrem meam, ut duæ sint vel ut eadem sit illius, scilicet mater secundum carnem, apostoli secundum beneficium quod fortassis eum olim alibi de sua substantia tanquam mater aleret, vel pro reverentia sanctitatis eam matrem suam dicit cui, scilicet tanquam matri honor sit deferendus.

Asyncritum et Phlegontem, Hermam, Patrobam, et qui cum eis sunt fratres. Salutate Philologum et Juliam, Nereum et sororem ejus, et Olympiadem, et omnes qui cum eis sunt sanctos. Salutate. Ambrosius (10) : « Hos simul salutat, quia sciebat eos esse concordes in Christo, id est unitos in amicitia Christiana, nec fideles in amicitiis. » *Hermem.* Origenes : « Puto quod Hermes iste sit scriptor libelli illius qui Pastor appellatur, quæ scriptura mihi valde utilis videtur, et, ut puto, divinitus inspirata. Quod vero nil laudis scripsit, illa, opinor, est causa, quia videtur sicut scriptura illa declarat, post multa peccata ad pœnitentiam fuisse conversus. Intelligatur quod simul habitaverint ii quorum salutatio sociata est. » Ecclesiastica Historia, lib. III, cap. 1 : « Et libellus Hermæ qui appellatur Pastoralis, cujus Paulus in Epistolis suis meminit, a plurimis non est receptus, ab aliis autem neces-

(98) *Patrol.* tom. CXVII, col. 504, 505.
(99) *Patrol.* tom. XVII. col. 179.
(100) *Patrol.* tom. CXVII, col. 505.
(1) *Patrol.* tom. XVII, col. 179.
(2) *Patrol.* tom. CXVII, col. 505.
(3) *Patrol.* tom. XVII, col. 179.
(4) *Patrol.* tom. CXVII, col. 505.

(5) *Patrol.* tom. XVII, col. 179.
(6) *Ibid.*, col. 179.
(7) *Ibid.*, col. 179.
(8) *Ibid.*, col. 180.
(9) *Patrol.* tom. CXVII, col. 505.
(10) *Patrol.* tom. XVII, col. 180.

sarius judicatus est propter quem primi ad fidem institutionis imbuuntur. Unde et in nonnullis Ecclesiis legitur, et multi veterum scriptorum usi sunt testimonio ejus. « Hieronymus De illustribus viris, cap. 10 (11) : « Hermem, cujus apostolus Paulus ad Romanos scribens meminit, *salutate Phlegontem, Hermem,* asserunt auctorem esse libelli qui appellatur Pastor, et apud quasdam Ecclesias Græciæ publice legitur. » Revera utilis liber, multique de eo veterum scriptorum usurparunt testimonia. Sed apud Latinos pene incognitus est. » *Philologum et Juliam.* Origenes : « Potest fieri ut conjuges fuerint, cæteri, domestici eorum. » Hieronymus suo exemplo nos docet quales debemus nostris litteris salutare, non divites sæculi facultatibus honoratos, sed gratia Dei et fide locupletes. Ideo paulo ante primitivos Ecclesiæ Asianæ istos omnes quos salutat intelligimus, vel ex omnibus fuisse peregrinos quorum exemplo atque doctrina non absurdum existimat credidisse Romanos; *Invicem in osculo,* scilicet nosipsos, quia sigillatim omnes salutare non poterat, præcipit ut ex parte ejus et loco ejus mutuo se salutent, sicut ipse faceret, si adesset, et sic invicem sibi osculo reconciliati superbam finiant contentionem. Osculo salutant vos non luxurioso aut subdolo quale fuit Judæ proditoris, sed quod nos in amore fraterno concilict. *Omnes Ecclesiæ Christi,* id est congregationes Christianorum, ad differentiam scilicet Ecclesiæ malignantium, quam Psalmista denotat, eodem affectu dilectionis quo ego optant vel orant vobis salutem. Qui enim alterum salutando dicit ei, salve, profecto ut salvus sit precatur.

Rogo autem vos, fratres, ut observetis eos qui. Pseudoapostolos tangit, ut ab ipsis caveant, ne fides eorum per illos corrumpatur; *observetis,* id est discernatis; *dissensiones,* id est pericula errorum in fide. Illi dico existentes, *propter doctrinam quam vos didicistis faciunt, et declinate ab illis. Hujusmodi enim Christo Domino nostro non serviunt, sed suo ventri, et per,* id est mollitiis carnalibus intenti, *dulces sermones,* id est adulationes. Hieronymus in Amos, lib. xi : « Pulchre adulator apud philosophos definitur, blandus inimicus, vertens amara. » Unde Apostolus : *Inimicus vobis factus sum veritatem dicens* (Gal. iv, 16), etc. : « Amicus. obsequium amicos, veritas odium parit. » Quapropter et Pascha cum amaritudinibus comedamus, etc. Vas electionis docet Pascha celebrandum cum veritate et sanctitate. *Benedictiones seducunt corda,* quasi dona Spiritus sancti per manuum impositionem vel consignationem conferentes, *Innocentium,* id est simplicium vel imperitorum, qui eos deprehendere non valent. *Vestra enim obedientia in omni loco divulgata est.* Ideo id vos rogo, quia tanto periculosior esset seductio vestra, quanto fidei vestræ obedientia magis est divulgata, tanquam in capite scilicet mundi constituta. *Gaudeo igitur in vobis, sed volo vos sapientes esse in bono,* quia videlicet ita est divulgata in bono, scilicet discernendo. *Et simplices in malo,* id est quasi nescientes cuiquam illud machinari, juxta illud Veritatis : *Prudentes sicut serpentes, et simplices sicut columbæ* (Matth. x, 16).

Deus autem pacis conterat. Ac si diceret : Ego quidem ita rogo, ut fiat, sed Deus pacis potius quam dissensionis, ita ut postulo efficiat. *Satanam,* id est omnem animæ vestræ adversarium *conterat sub pedibus vestris velociter,* id est quasi impotentem vobis subjiciat, ut ei per omnia prævalere possitis, et eorum omnia machinamenta conculcare, sicut ea quæ sub pedibus premuntur, *velociter,* scilicet in adventu meo. Quos iterum sicut deprecor observetis. *Gratia Domini nostri Jesu Christi vobiscum. Salutat vos Timotheus.* Quamvis dixerit, *salutant vos omnes Ecclesiæ,* specialiter tamen et nominatim ex parte illorum quos habebat præcipuos salutare ipsos decrevit, ut tantorum testimonio virorum scripta Epistola roboraretur. *Adjutor meus, et Lucius et Jason.* In prædicatione scilicet tanquam coepiscopus, ut ait Ambrosius. Hic est ille discipulus Pauli filius cujusdam mulieris Judææ fidelis ex patre gentili, quem ipse Paulus circumcidere compulsus est, sicut in Actibus apostolorum continetur. Origenes. « Lucium quidam perhibent esse Lucam qui Evangelium scripsit, pro eo quod soleant nomina interdum secundum, primam declinationem Græcam Romanis proferri. Jason ille est, de quo etiam in Actibus apostolorum scribitur quod, dum Thessalonicam pro Paulo et Sila seditionem commoventibus turbis semetipsum dederit, ut apostolis discedendi faceret libertatem. *Sosipater, cognati mei. Saluto vos, ego.* Suspicor quod ipse sit qui in Actibus apostolorum scribitur Sosipater Piriberonensis. Movebit quomodo Paulus ex Hebræis Timothei consanguineus dicatur, vel Jasonis vel Sosipatris. Nunc vero cum cæteris nequaquam hoc nomen indulgeat, certum est eum quamdam nominationem nominare quam cognationem vel consanguinitatem sine dubio sciat. Ambrosius (12) : « Cognatos dicit partim generis, partim fidei causa. »

Tertius, qui scripsi Epistolam in Domino. Salutat vos Gaius, hoc est primum nomen ejus qui dictante Paulo hanc Epistolam scribebat, tanquam notarius Apostoli, sicut nunc est cancellarius apostolicus, quod fortasse divino quodam factum est præsagio, ut videlicet ille tertius diceretur nomine, qui tertius erat in operatione. Spiritus quippe sanctus inspirabat quæ Apostolus dictabat seu proferebat, quæ iste, qui Tertius dicitur, ut dictum est, sua manu scribebat. Ambrosius : « Hic est scriba Epistolæ cui Apostolus concessit suo nomine salutare populum Romanum. Quia nec immerito factum est ut propriis scilicet ille uteretur verbis, quæ humano tantum sensu probata sunt. *Hospes meus.* Origenes :

(11) *Patrol.* tom. XXIII, col. 625.

(12) *Patrol.* tom. XVII, col. 181.

« Videtur indicare de eo quod vir fuerit hospitalis, qui non solum Paulum receperit, sed et Ecclesiae universae in domo sua conventiculum, praebuit. Fertur traditione majorum quod iste Gaius primus episcopus fuerit Thessalonicensis. Ambrosius (13) : « Hic est Gaius, ut arbitror, ad quem scribit Joannes Apostolus exsultans in charitate ejus, quam exhibebat fratribus praebens sumptus illis necessarios. » Haymo : « Iste est Gaius etiam captivus, qui baptizatus est ab Apostolo, sicut dicit in Epistola ad Corinthios : *Neminem vestrum baptizavi nisi Crispum et Gaium* (*I Cor.* 1, 14). *Et universae Ecclesiae. Salutat vos Erastus.* Ambrosius : (14) « Hic nominativum pluralem intelligit, ac si diceretur, salutant vos universae Ecclesiae. Sed melius est, secundum Origenem, genitivus singularis, ut dictum est, ut videlicet ita intelligatur, hospes meus, et hospes universae Ecclesiae. Cum enim jam superius dixisset Apostolus, *salutant vos omnes Ecclesiae Christi*, quid opus erat ut hoc repeteret, *salutant vos universae Ecclesiae? Erastus arcarius civitatis.* Origenes : « Puto esse Erastum quem dicit, quia remansit Corintho, arcarium eum, id est dispensatorem illius civitatis, cujus conditor est Deus. Secundum Hieronymum. « Vocatur arcarius civitatis secundum hoc quod olim fuerat, non modo. » Haymo : « Arcarius, id est princeps vel dispensator qui praeerat arcae, ubi census ponebantur regis tributorum et vectigalium. » *Et Quartus frater.* Proprium nomen est, sicut et Tertius. *Gratia Domini nostri.* Hieronymus : « Haec est scriptio manus ejus in omnibus Epistolis, ut in ea etiam commemoret beneficia Christi. » Haymo : « Gratia dicitur gratis data, et nomine gratiae debemus intelligere quidquid boni gratis accipiunt electi a Deo, ut videlicet spem, charitatem, remissionem peccatorum.

Ei autem qui potens est vos. Capitulum hoc Marcion, a quo Scripturae Evangelicae atque apostolicae interpolatae sunt, de hac Epistola penitus abstulit. Sed et ab eo loco ubi scriptum est : *Omne autem quod non est ex fide, peccatum est*, usque ad finem cuncta dissecuit. In aliis vero exemplariis quae non sunt a Marcione temerata hoc ipsum capitulum vel diverse positum invenitur. In nonnullis etiam codicibus post eum locum : *Omne autem quod non est ex fide peccatum est* (*I Cor.* xiv, 23), statim habetur, *Ei autem qui potens est vos confirmare.* Alii vero codices in fine id ubi nunc est positum continent. Consummata salutatione eorum terminat Epistolam suam in actione gratiarum, quasi de expleto opere suo ei grates referens, qui hoc ei inspiravit. Ac si ita continuet : vobis, inquam, sit gratia, sed ei qui potens est, etc., perpes sit gloria. Et notandum quod, cum dictum sit, *ei qui potens est*, videtur superfluere ad sensum vel constructionem, quod in fine supposuit, *cui*, cum in principio scilicet dixisset *ei*, nisi forte propter longam interpositionem id fieri dicatur. Multa quippe sunt interposita inter illud *ei*, quod est praemissum, et hoc quod in fine subjungitur, *honor et gloria*. Ideoque quasi oblitus sit imperitus lector cui adjungatur honor et gloria, suppositum est *cui*. Ut ergo litterae constructio quoquomodo texatur, ita hujus versiculi principium fini conjunge. *Ei autem qui potens est vos*, etc., honor et gloria sit, subaudi et rursus, *cui* subaudiatur, est, ac si videlicet dicatur : Ei sit honor et gloria, cujus est, ac si dicatur : sicuti revera est, sit inquam per Jesum Christum, per quem glorificandus est Pater.

Ex hac quidem fine Epistolae arbitror ecclesiasticos doctores expositiones et sermones suos consimili fine concludere, in actione videlicet gratiarum Dei. *Confirmare*, in fide scilicet quae est omnium bonorum fundamentum, *juxta Evangelium meum et praedicationem Jesu Christi*, secundum doctrinam meae praedicationis, quae est etiam Jesu Christi; non alia praedicatio, quia idem quod ille praedico Evangelium meum sive praedicationem Jesu Christi dico factam, *secundum revelationem mysterii*, vel confirmari secundum revelationem meam. Mysterium dicitur *secretum* et *occultum*. Unde et mystica locutio dicitur significativa, quae non est aperta. Mysterium quod nunc patefactum est, ipse est redemptionis nostrae modus, qui olim latebat in propheticis scriptis nondum expositis, sed nunc ipsis tam a Christo quam a nobis expositis, revelatus est. De Christo quippe scriptum est quia *incipiens a Moyse et omnibus prophetis* (*Luc.* xxiv, 27), id est, *Tacitis aeternis temporibus, quod nunc patefactum est per Scripturas prophetarum secundum praeceptum aeterni Dei ad obeditionem fidei* ; id est, absconditi usque nunc semper, nec per expositionem revelati unquam ulterius. Quippe cum ipsi quoque septuaginta Interpretes in suis translationibus quae de Filio Dei dicuntur maxime reticuisse, vel velasse credantur, prophetarum dicit potius quam legis, quia maxime hoc mysterium in prophetis continetur, ubi apertius sive plenius de Christo erat prophetatum. Patefactum est dico in omnibus gentibus *secundum praeceptum aeterni Dei*, id est Christi dicentis : *Euntes in mundum universum*, etc. (*Marc.* xvi, 15.) Dei dico, *aeterni*, licet secundum hominem initium habuit. Ad hoc, inquit, est patefactum, non solum ut credant omnes gentes, sed magis ut ei obediant, id est secundum fidem operentur. *Ei*, inquam, *cognito nunc per Jesum Christum soli sapienti Deo*, id est qui nunc singulariter sapiens apparet ex hoc quod per Christum egerit in hoc redemptionis nostrae mysterio, de quo ait Joannes : *Ex prudentia sua percussit superbum.* Solus sapiens dicitur in cujus comparatione nullus est sapiens dicendus, sicut et bonus juxta illud Veritatis : *Nemo bonus nisi solus Deus* (*Marc.* x, 18). Solus quoque sapiens dicitur, quia solam illam et singularem habet sapientiam quam nil latere potest. *Honor et gloria*, id est gloriosus et singularis honor. *Amen*.

(13) *Patrol.* tom. XVII, col. 182.

(14) *Ibid.*, col. 182.

PETRI ABÆLARDI
INTRODUCTIO AD THEOLOGIAM

IN LIBROS TRES DIVISA.

(Edit. Opp. Abælardi anni 1616, curante Amboesio, pag. 975-1136.)

PROLOGUS.

Scholarium nostrorum petitioni, prout possumus, satisfacientes, aliquam sacræ eruditionis summam, quasi divinæ Scripturæ introductionem conscripsimus. Cum enim a nobis plurima de philosophicis studiis et sæcularium litterarum scriptis studiose legissent, et eis admodum lecta placuissent; visum illis est, ut multo facilius divinæ paginæ intelligentiam, sive sacræ fidei rationes nostrum penetraret ingenium, quam Philosophicæ abyssi puteos, ut aiunt, exhausisset. Addebant etiam nec me aliter philosophiæ cursum consummare, nec ad ejus pervenire metam, aut aliquem ex ea me fructum colligere ; nisi ejus studium ad Deum, ad quem omnia referri convenit, terminarem. Ad hoc quippe fidelibus sæcularium artium scripta et libros gentilium legere permissum est; ut per ea locutionum et eloquentiæ generibus, atque argumentationum modis, aut naturis rerum præcognitis, quidquid ad intelligentiam vel decorem sacræ Scripturæ, sive ad defendendam vel astruendam veritatem ejus pertinet, assequi valeamus. Quo enim fides nostra, id est Christiana, inquiunt, difficilioribus implicita quæstionibus videtur, et ab humana ratione longius absistere; validioribus utique munienda est rationum præsidiis, maxime vero contra impugnationes eorum, qui se Philosophos profitentur. Quorum quanto subtilior videtur inquisitio, tanto difficilior ad solvendum, et ad perturbandam fidei nostræ simplicitatem facilior invenitur. Ad has itaque dissolvendas controversias cum me sufficere arbitrarentur, quem quasi ab ipsis cunabulis in philosophiæ studiis, ac præcipue dialecticæ, quæ omnium magistra rationum videtur, conversatum sciant, atque experimento, ut aiunt, didicerint, unanimiter postulant ne talentum mihi a Domino commissum multiplicare differam; quod cum usuris utique districtus ille et horrendus Judex quando exigat ignoratur. Addunt etiam nostræ jam ætati ac professioni convenire, ut sicut mores et habitum, ita commutem et studium, et humanis divina præferam volumina, qui ad Deum sæculo relicto totum me jam transferre proposui. Et quia olim studium ad lucrandan pecuniam institueram, nunc ad lucran- das animas hoc convertam. Ut saltem circa undecimam ad excolendam Dominicam vineam, prout possum, introeam. Hæc et his similia discipulis nostris frequenter improperantibus, ut si non propter rationem, vel propter improbitatem nostrum assequerentur assensum; in hoc tandem consensimus, ut pro viribus nostris, imo divinæ gratiæ supplemento, quod postulant aggredi tentaremus; non tam nos veritatem dicere promittentes, quam opinionis nostræ sensum quem efflagitant, exponentes.

In quo quidem opere, si culpis meis exigentibus a Catholica, (quod absit!) exorbitavero intelligentia vel locutione, ignoscat ille mihi, qui ex intentione opera pensat, parato semper ad satisfactionem de male dictis vel corrigendis vel delendis, cum quis me fidelium vel virtute rationis, vel auctoritate Scripturæ correxerit. Scio namque quod scriptum est : *Corripiet me justus in misericordia, et increpabit me : oleum autem peccatoris non impinguabit caput meum* (Psal. CXL, 5). Et in Proverbiis : *Via vitæ, increpatio disciplinæ : qui autem odit increpationes, insipiens est* (Prov. XII, 1). Et iterum : *Qui custodit increpationes, astutior fiet; et qui increpationes odit, morietur* (Prov. XV, 5). Et rursum : *Non amat pestilens eum qui se corripit; si autem corripuerit sapientem, intelliget disciplinam* (ibid., 12). Item : *Viro qui corripientem dura cervice contemnit, repentinus superveniet interitus* (Prov. XXIX, 1). At hoc autem et beatissimi Augustini exemplo provocamur, qui cum a Deo tantam eloquentiam ac sapientiam assecutus esset, plura tamen in scriptis suis erronee posita retractando atque corrigendo professus est, dicens : *Neque enim quisquam nisi imprudens, ideo quia errata mea reprehendo, me reprehendere audebit. Ut volet quisque accipiat hoc quod facio, me tamen apostolicam illam sententiam intueri et in hac re oportuit, ubi ait : « Si nos ipsos judicaremus, a Domino non judicaremur* (I Cor. XI, 31). » *Illud etiam quod scriptum est : « Ex multiloquio non effugies peccatum* (Prov. X, 19). » Item : *Quem vero filiorum [al. fidelium] suorum non terruit Christus, ubi ait : « Omne verbum odiosum* quoacunque dixerit homo, reddet rationem pro eo in die judicii (Matth. xii, 36). » Unde et apostolus Jacobus : « Sit, « inquit, » omnis homo velox ad audiendum, tardus autem ad loquendum (Jac. i, 19). » Et alio loco: « Si quis in verbo non offendit, hic perfectus est vir (Jac. iii, 2). » Ego hanc perfectionem mihi nec nunc arrogo cum sim senex, quanto minus cum juvenis cœpi scribere? Tanti itaque viri instructus exemplo, si qua forte per errorem proferam, nulla in his per contemptionem defendam, aut per elationem præsumam. Ut si nondum ignorantiæ vitio caream, hæresis tamen crimen non incurram. Non enim ignorantia hæreticum facit, sed magis superbiæ obstinatio, cum quis videlicet ex novitate aliqua nomen sibi comparare desiderans, aliquid inusitatum proferre gloriatur, quod adversus omnes defendere inopportune nititur, ut vel cæteris superior, vel nullis habeatur inferior. Unde Gennadius Marsiliensis episcopus de orthodoxa fide ecclesiasticorum dogmatum: *Quolibet quis acquiescat modo, non est hæreticus, nisi in contentione hæreticus fiat;* Augustinus in Epistola ad Optatum : *Si de anima falsitatis assertio proferatur, et falsitas mendacem, et falsitatis inopportuna defensio hæreticum facit.* Rursus idem super Genesim : *Non ob aliud sunt hæretici, nisi quod, Scripturas canonicas non recte intelligentes, suas falsas opiniones, contra earum veritatem pertinaciter asserunt.* Qui et in libro De utilitate credendi, hæreticum diligenter describens : *Hæreticus,* inquit, *est, ut mea fert opinio, qui alicujus temporalis commodi, et maxime gloriæ causa falsas ac novas opiniones vel gignit, vel sequitur.* Item idem in xviii De civitate Dei : *Qui in Ecclesia aliqua prava sapiunt, si correcti contumaciter resistunt, et sua pestifera dogmata emendare nolunt, sed et defendere persistunt, hæretici fiunt.* Rursus idem De unico baptismo Lib. iv : *Istum hæreticum nondum dico, nisi manifestata sibi doctrina Catholica fidei resistere maluerit, et illud quod tenebat elegerit.* Sed hæc hactenus. Nunc ad propositum accedamus.

ARGUMENTUM OPERIS.

Primus iste liber Theologiæ breviter comprehendit summam totius prædicti tractatus, in fide scilicet, et charitate et sacramentis; quid sit fides, quid spes, quid charitas, quid sacramentum, quomodo proprie sive improprie Fides dicatur, quæ sit fides Catholica. Positio sententiæ de fide sanctæ Trinitatis, sive unitatis. Quare solus Pater dicatur ingenitus. Quid velit distinctio trium personarum in una divinitatis essentia. Quod vocabulo Patris divina potentia specialiter designetur. Quare opera trium personarum indivisa dicantur. Quod nomine Filii seu Verbi divina sapientia exprimatur. Quod Spiritus sanctus divinæ charitatis bonitas appelletur. Testimonia prophetarum de Trinitate. Testimonia philosophorum.
Secundus liber Theologiæ disserit ea quæ de Trinitate primus liber proposuit, et ad testimoniorum, auctoritatem intelligentiæ commendat rationem.
Tertius liber superposita replicando diligentius de potentia, et sapientia Dei, et bonitate, in quibus Trinitas consistit, perfectius inquirit ac disserit.

LIBER PRIMUS.

I.

Tria sunt, ut arbitror, in quibus humanæ salutis summa consistit, fides videlicet, charitas et sacramentum. Spem autem in fide, tanquam speciem in genere, comprehendi existimo. Est quippe fides existimatio rerum non apparentium, hoc est sensibus corporis non subjacentium; spes vero, exspectatio aliquod commodum adipiscendi, quando videlicet quis credit se aliquod bonum assecuturum esse. Est itaque fides tam bonarum quam malarum rerum, et tam præsentibus vel præteritis quam futuris, sicut in principio Enchiridion beatus disserit Augustinus (15). Spes autem de bonis est tantum et de futuris. Exspectatio quippe alicujus incommodi non tam spes dicenda est quam desperatio, hoc est diffidentia a bono. Charitas vero est amor honestus, qui ad eum videlicet finem dirigitur, ad quem oportet, sicut e contrario cupiditas, amor in-

(15). Patrol. tom. XL, col. 234.

honestus ac turpis appellatur. Amor vero est bona erga alterum ipsum voluntas, qua videlicet optamus, ut eo modo se habeat, quo se habere bonum ei credimus esse, et hoc ejus potius quam nostri causa desideramus. Sæpe namque contingit, ut aliquem odientes, et ab eo quoquo modo nos deliberare volentes, optemus eum ad cœlestia jam transferri, et superna illa gloria frui : quo melius ei contingere nil potest. Nec tamen id ejus amore gerimus, quia pro nobis id potius quam pro ipso agimus, nec tam illius utilitatem quam nostram in hoc attendentes. Cui fortassis in hoc ipso melius quam nobismet ipsis optamus, magis adhuc præsentis vitæ miseriam, quam futuræ gloriam nobis cupientes. Quod Tullius quoque, cum amicitiam in secundo Rhetoricæ definiret, diligenter providebat, dicens : *Amicitia est voluntas erga aliquem rerum bonarum, ipsius illius causa quem diligit.* Ubi profecto cum adjecit, *ipsius illius causa quem diligit*, veram a falsa distinxit amicitiam. Sunt enim qui alios amare dicuntur, quacunque intentione bene alii esse desiderent. Qui cum id causa sui potius quam illorum agant, non tam hominem diligunt quam fortunam ejus sequuntur, nec tam commoda ipsius quam sua in illo venantur, nec tale desiderium tam charitas, id est amor honestus, ut dictum est, quam cupiditas, id est amor inhonestus ac turpis est dicendum.

Illa quippe amor Dei, hæc amor sæculi nuncupatur, quia per illum Deo copulamur, per istum mundanis occupamur curis, et terrenis deservimus desideriis. Et per illum quidem quæ Dei sunt curamus, per istum quæ nostra sunt providemus. Et in illo finis est Deus, id est finalis et suprema causa, ad quem nostra dirigitur intentio, quando videlicet tam ipsum quam proximum diligimus propter ipsum, nec tam nostram quam ipsius sequimur voluntatem. In isto autem ipsi nosmetipsos finem constituimus, quibus satis est si desideria nostra compleamus et voluntati nostræ pareamus. Quales et Apostolus prævidens, *Erunt*, inquit, *homines seipsos amantes* (*II Tim.* III, 2), hoc est, in se potius quam in Deo sui amoris finem constituentes. Cum enim proximum tanquam nos ipsos amare jubeamur, nequaquam peccamus nos amando; sed amoris, ut dictum est, finem in nobis collocando. Et cum nostri quoque sicut et proximi curam in necessariis agere debeamus, nonnulla propter nosmetipsos agere nos oportet, ut et nos eorum quæ agimus causa quædam existamus; sed non, ut dictum est, finis, id est superior et suprema causa, quæ Deus est. Hoc ipsum quippe quod pro nobis gerimus, si recte agamus, propter Deum facimus, cui hoc placere credimus, et ejus dilectio nostræ causa est, ut nos quoque propter ipsum, non eum propter nos diligamus. Alioquin perverse agentes in nobis potius quam in ipso nostræ dilectionis finem constitueremus. Tunc vero propter ipsum tam nosmetipsos quam proximum diligimus, cum ideo nos amamus, quia hoc ei credimus placere, non quia nobis utile fore, licet id constet inutile nobis esse non posse. Nihil igitur amandum est, nihil omnino faciendum nisi propter Deum, ut in Deo finem omnium constituamus. Unde et ipsa α et ω dicitur, hoc est principium et finis. Principium quidem supremum a quo omnia; finis, id est finalis et suprema causa, propter quem omnia. Neque enim comedere, nec dormire, nec uxorem ducere, nec omnino aliud facere nisi propter ipsum debemus. Alioquin bestialiter viveremus, nostris tantum voluptatibus dediti. Comedere autem propter ipsum debemus, hoc uno saltem ut corpori quod suum est, ac nobis commissum, necessaria impendamus, quibus in ejus obsequio sustentetur. Similiter et dormiendo ipsum reficere debemus, ut vigilare cum oportet in ejus obsequio valeamus. Uxor quoque ab eo qui est incontinens ducenda est, non solum propter filios ipsi generandos, verum etiam ne eum ex fornicatione offendamus. Qui etiam cum pro nobis ipsi oramus, aut aliquid quod nobis apud eum prosit efficimus, ipsa ejus etiam charitas ad hoc nos compellit, per quæ ad eum, quem super omnia diligimus, pervenire cupimus. Sic et cætera omnia propter ipsum facienda sunt, alioquin ab ipso frustra remunerationem exspectaremus, si ea quæ agimus propter ipsum non ageremus. Quod diligenter Apostolus attendens, in I ad Corinthios Epistola dicit : *Sive ergo manducatis, sive aliud quid facitis, omnia in gloriam Dei facite* (*I Cor.* x, 31).

II.

Sacramentum vero est visibile signum invisibilis gratiæ Dei : veluti cum quis baptizatur, ipsa exterior ablutio corporis, quam videmus, signum est interioris ablutionis animæ, cum ita interior homo a peccatis mundatur, sicut exterior a corporalibus sordibus. Nunc autem tribus supra positis breviter assignatis atque descriptis, scilicet fide, charitate et sacramento, de singulis diligentius est agendum, quantum pertinet ad propositam humanæ salvationis summam : et de his quæ præcipue majoribus implicita quæstionibus videntur. Ac primum de fide, quæ naturaliter cæteris prior est, tanquam bonorum omnium fundamentum. Quid enim sperari, vel speratum amari potest, nisi prius credatur? credi autem potest, si non speretur vel ametur? Ex fide itaque spes nascitur, cum quod credimus bonum nos adepturos esse per Dei misericordiam confidimus. Unde Apostolus : *Fides*, inquit, *est sperandarum rerum substantia, argumentum non apparentium* (*Hebr.* xi, 1). *Substantia sperandarum rerum*, hoc est fundamentum et origo, unde ad speranda aliqua perducimur, credendo videlicet prius ea esse, ut postmodum speremus. *Argumentum non apparentium*, hoc est probatio quod sint aliqua non apparentia. Quia enim nemo fidem esse dubitat, oportet ex hoc ut aliqua non apparentia esse concedat, cum fides, ut dictum est, proprie non dicatur nisi de his quæ nondum apparent. Unde juxta Apostolum, cum nunc tria manere dicantur, fides scilicet, spes, charitas (*I Cor.* xiii, 13), sola charitas nunquam excidit (*ibid.*, 8), tam in hoc scilicet sæculo quam in alio futuro perseveratura. Ex quo et merito major dicitur tam dignitate perseverantiæ, quam remunerationis debito : cum ipsa videlicet sola, ut arbitror, remuneratione sit digna. Si quis autem de apparentibus quoque fidem haberi dicat, fidem abusive nominat. Reperitur tamen fides dici de apparentibus quoque, sicut de non apparentibus. De utroque autem exempla præ manibus habemus. Gregorius, homilia vi, lib. ii in Evangelia (16) : *Cum Apostolus dicat :* « *Est fides sperandarum rerum substantia*, etc. » (*Hebr.* xi, 1). *Profecto liquet quia fides illarum rerum argumentum est, quæ apparere*

---

(16) Patrol. tom. LXXVI, col. 1202.

non possunt. Quæ enim sunt apparentia, fidem non habent, sed agnitionem. Idem Dialog. lib. IV, cap. 8 (17) : *Cum Paulus dicat :* « *Est enim fides sperandarum substantia rerum, argumentum non apparentium,* » *hoc veraciter debet credi quod non valet videri. Nam credi jam non potest quod videri potest.* Augustinus super Joannem (18):« *Et nunc dico vobis priusquam fiat, ut cum factum fuerit credatis* (Joan. XIV, 29). » *Quid est hoc, cum magis hæc credere habeat antequam fiat id quod credendum est? Hæc est enim laus fidei, si quod creditur non videtur. Nam quid magnum est si id creditur quod videtur, secundum illam Domini sententiam, qua discipulum arguit dicens :* « *Quia vidisti, credidisti? Beati,* etc. (Joan. XX, 29.) » *Sed aliud vidit, aliud credidit. A mortali quippe homine divinitas videri non potuit. Hominem igitur vidit, et ideo confessus est, dicens :* «*Dominus meus, et Deus meus* (ibid., 28). » *Nam ipsa fides ita est diffinita :* « *Est autem fides sperandarum rerum substantia* (Hebr. XI, 1), » *quæ non videntur. Quapropter quid sibi vult* « *ut cum factum fuerit credatis?* » *Nam et ille cui dictum est : Quia vidisti, credidisti, non hoc credidit quod vidit. Cernebat carnem, et credebat Deum latentem in carne. Sed et si dicimus credi quæ videntur, sicut dicit unusquisque oculis suis se credidisse, non tamen ipsa est quæ in nobis ædificatur fides, sed ex rebus quas videmus, agitur in nobis, ut ea credantur, quæ non videntur.* » Item (19) : *Credituri non fide nova, sed aucta, aut certe cum mortuus esset defecta, cum resurrexisset refecta.* Item, sermone trigesimo nono (20) : *Quid promittit credentibus?* « *Cognoscetis veritatem* (Joan. VIII, 32), *non quia cognoverunt, sed ut cognoscerent crediderunt. Credimus ut cognoscamus, non cognoscimus ut credamus. Quid est enim fides, nisi credere quod non vides? Fides ergo est quod non vides credere, veritas, quod credidisti videre. Veritas est, sed adhuc creditur, non videtur.* » Idem in libro De verbo Domini, et quibusdam sententiis Pauli Apostoli, sermone octogesimo : « *Justus ex fide vivit* (Rom. I, 17), » *quia credit quod non videt, filii Dei sumus; et :* « *Nondum apparuit quid erimus* (I Joan. III, 2), *Quandiu enim sumus in corpore, peregrinamur a Deo. Per fidem enim ambulamus, non per speciem* (II Cor. V, 6). » *Cum venerimus tenebimus, et jam visio erit, non fides; et jam res, non spes. Amabimus videndo et tenendo. Ergo charitas perfecta erit, sicut ait Apostolus :* « *Fides, spes, charitas, tria hæc; major autem horum est charitas* (I Cor. XIII, 13). » *Securi illo adjuvante perseverantes in eo dicamus : Quis nos separabit a charitate Christi? Tribulatio, an angustia,* etc. (Rom. VIII, 35). » Idem libro secundo Quæstionum Evangeliorum : « *Justitia Dei in eo revelatur ex fide in fidem* (Rom. I, 17), » *intelligitur quidem fides qua creduntur ea quæ non videntur.*

III.

Sed tamen est fides etiam rerum, quando non verbis, sed rebus ipsis præsentibus creditur quod futurum est, cum jam per speciem manifestam se contemplandam præbebit sanctis ipsa Dei sapientia. De qua fide rerum lucisque ipsius præsentia forsitan Paulus dicit : *Justitia enim Dei in eo revelatur ex fide in fidem.* Dicit enim alio loco : *Nos enim revelata facie gloriam Dei spectantes in eamdem imaginem transformabimur a gloria in gloriam* (II Cor. III, 18). Sicut enim dicit hic, *a gloria in gloriam*, ita et ibi *ex fide in fidem.* De gloria scilicet Evangelii, quo nunc credentes illuminantur, in gloriam manifestæ veritatis. Apud philosophos quoque de apparentibus etiam fides dici videtur. Quo etiam videlicet res quælibet ita animo tenetur, ut de ipsa non dubitetur, sive per opinionem, sive per experimentum quoque sensuum. Unde Boetius super Topica Ciceronis libro primo (21). *Argumentum est ratio quæ rei dubiæ facit fidem. Multa enim, inquam, sunt quæ faciunt fidem, sed quia rationes non sunt, nec argumenta esse possunt, ut visus facit fidem his quæ videntur. Sed quia ratio non est visus, nec argumentum quidem esse potest.* His itaque testimoniis patet fidei nomen modo proprie, modo improprie poni, cum videlicet non solum de occultis, verum etiam de manifestis fides dicatur. Sunt autem plura ad Deum pertinentia quæ credi vel non credi nostra non interest, quia sive credantur, sive non credantur, nullum incurrimus periculum, veluti si credamus Deum cras pluviam facturum vel non facturum, vel huic nequissimo homini misericordiam impensurum vel non. Ei vos quæ de fide ad ædificationem loquitur, ea sola tractare ac docere sufficit, quæ si non credantur damnationem pariunt. Hæc autem sunt quæ ad fidem Catholicam pertinent.

IV.

Catholica quippe est fides, id est universalis, quæ ita omnibus necessaria est, ut nemo discretus absque ea salvari possit. Bene Athanasius cum præmisisset : *Hæc est fides Catholica*, statim id aperiens, unde scilicet dicatur Catholica, et velut exponens ait : *Quam nisi quisque fideliter firmiterque crediderit, salvus esse non poterit.* Sunt et qui velint fidem Catholicam ad differentiam fidei Catholicorum non ubique, cum Ecclesia dilatatæ, sed quasi in angulo aliquo latitantis, vel in aliqua terrarum parte conclusæ. Fides autem Catholica partim circa ipsam divinitatis naturam, partim circa divina beneficia et quascunque Dei necessarias dispensationes vel ordinationes consistit, quæ nobis diligenter apostolorum vel sanctorum Patrum symbolis expressa sunt. Ac primum de his quæ ad divinitatis naturam pertinent, consideremus, qualiter videlicet in una et eadem penitus divinitatis substantia tres personæ credantur, Pater scilicet, ac Filius ac Spiritus sanctus, et quid rationis vel utilitatis hæc in uno

---

(17) Patrol. tom. LXXVII, col. 329.
(18) Patrol. tom. XXXV, col. 1837.
(19) Ibid., col. 1838.

(20) Ex Tract. XL, cap. 8, Patrol. tom. XXXV, col. 1690.
(21) Patrol. tom. LXIV, col. 1098.

Deo habeat personarum distinctio. Primo itaque hanc fidei summam ponamus, de unitate scilicet ac trinitate divina; deinde positam, prout Dominus dederit disseramus.

V.

Tenet igitur Christianæ fidei religio unum solummodo Deum esse, ac nullo modo plures esse deos, unum omnium dominum, unum creatorem, unum principium, unum lumen, unum bonum, unum immensum, unum omnipotentem, unum æternum, unam substantiam, sive essentiam incommutabilem penitus ac simplicem, cui nec partes aliquæ, nec aliquid quod ipsa non fuerit, possit inesse, ac per omnia solam prædicat, ac credit unitatem, excepto quod ad personarum pertinet multitudinem. Huic itaque tam simplici seu individuæ ac meræ substantiæ, tres inesse personas sibi per omnia coæquales ac coeternas, non numero rerum, sed pluralitate proprietatum, diversas veraciter confitetur, Deum videlicet Patrem, ut dictum est, ac Deum Filium ejus, atque Deum Spiritum ejus, ab utrisque procedentem. Non est autem una persona altera, licet sit hoc ipsum quod altera: neque enim qui Pater est Filius est, aut Spiritus sanctus, nec qui Filius est, Spiritus sanctus est; sed tamen quod Pater est, est Filius, est et Spiritus sanctus, et econtrario. Idem quippe Deus tam Pater est, quam Filius seu Spiritus sanctus, unum quippe prorsus in natura, unum tam numero quam substantia sunt; sed juxta eorum proprietates ita personaliter ab invicem distinguuntur, ut alius sit iste quam ille, non aliud; homo est personaliter, non substantialiter diversus, cum hic videlicet non sit ille, licet hic sit penitus hoc quod ille, id est eadem penitus sit substantia quæ et ille, non persona. Unde Sedulius: « *Non quia quæ summus Pater est et Filius hic est; sed quia quod summus Pater est, et Filius hoc est.*

VI.

Proprium autem est Dei Patris ingenitum esse, hoc est a seipso non ab alio existere, sicut filii proprium est a Patre genitum esse, non creatum vel factum, et Spiritus sancti ab utrisque procedere, nec creatum nec factum esse. Quod enim æternaliter subsistit, atque initio caret, nec creatum nec factum convenit dici. Solum itaque Patrem ingenitum dicimus, hoc est a seipso non ab alio. Unde Augustinus adversus Felicianum Arianum: *Patrem ingenitum dico, quia non processit ex altero.* Isidorus Etymol. lib. sexto (22): *Pater,* inquit, *solus non est de alio; ideo solus appellatur ingenitus.* Aliud itaque dicere est Patrem non genitum, aliud non genitum. Sicut aliud est dicere aliud injustum, aliud non justum. Quippe quod injustum est necesse est esse non justum, sed non e converso, lapis quippe non justus, nec tamen injustus est. Sic et cum Deus Pater sit ingenitus, constat profecto eum esse non genitum, id est non esse Filium. Spiritus vero sanctus ipse quoque est non genitus, cum ipse etiam non sit genitus, hoc est non sit Filius, nec tamen ideo est ingenitus, cum ipse ab alio sit, tam a Patre scilicet, quam a Filio procedens. Solus itaque Pater ingenitus dicitur, sicut solus Filius genitus, Spiritus vero sanctus, nec genitus est, nec ingenitus, sed ut dictum est, ab utrisque procedens. Unde et Augustinus ad Orosium, cap. secundo: *Spiritum sanctum nec genitum nec ingenitum fides certa declarat, quia, si dixerimus ingenitum, duos patres affirmare videbimur; sin autem genitum, duos filios affirmare* [al. *credere*] *culpamur. Sed quod certa fides tenet nec ingenitus est, nec genitus, sed ab utrisque procedens, id est a Patre et Filio.* Idem et Gennadius De orthodoxa fide ecclesiasticorum dogmatum, cap. I. asserit his verbis: *Pater ergo principium deitatis, a quo Filius est natus, a quo Spiritus sanctus non natus, quia Filius non est, nec ingenitus quia non est Pater.* Hinc et beatus papa Greg. in symbolo epistolis suis præscripto meminit dicens: *Credimus Spiritum sanctum nec genitum nec ingenitum, sed coæternum de Patre et Filio procedentem.* Cum autem unaquæque persona harum sit Deus aut Dominus sive Creator, nec una persona sit altera; non tamen ideo plures dii vel domini sunt, sive creatores, sicut plures sunt personæ. Quippe cum dicimus deos, aut dominos seu creatores, rerum quemdam numerum ostendimus, quarum unaquæque Deus sit, aut Dominus sive Creator cum in individuitate nulla rerum possit esse multitudo, unde et individuam dicimus Trinitatem. Cum vero multas in Deo profitemur personas, proprietatum non rerum multitudinem, ut supra meminimus, demonstravimus.

Quædam itaque de singulis tantum dicuntur personis, ut ingenitus de solo Patre, genitus sive incarnatus de solo Filio, procedens ab utroque, de solo Spiritu sancto; quædam conjunctim tantum et non sigillatim, ut trinitas de tribus tantum personis; quædam tam divisim quam conjunctim de eis æque dicuntur, ut Deus, Dominus, Creator, omnipotens, sapientia, virtus, justitia, etc. Solum vero hoc nomen quod est persona pluraliter proferimus, cum videlicet plures proferimus personas, non deos aut dominos nec ullam in cæteris pluralitatem recipiamus. Unde Augustinus De Trinitate lib. VII, cap. 7: *Pater ad se dicitur persona, non ad Filium vel Spiritum.* Item: *Hoc solum non est, quod cum dicatur de singulis ad se pluraliter, non singulariter accipitur in summa.* Dicimus itaque Pater est persona, et Filius est persona. Spiritus sanctus persona: Pater tamen et Filius et Spiritus sanctus non sunt una persona, sed plures. Quarum quidem tamen personarum sicut eadem prorsus est substantia, ita indeterminans est gloria, indivisa operatio ac voluntas. Hac autem fidei summa circa unitatem ac trinitatem proposita, superest ut adversus inquisitiones dubitantium, congruis etiam similitudinum

---

(22) Patrol. tom. LXXXII, col. 271.

exemplis defendamus atque astruamus. Quid enim ad doctrinam loqui proficit, si quod docere volumus exponi non potest ut intelligatur? Quod diligenter beatus attendens Augustinus cum difficillimum de Trinitate illum exponere vellet locum, quod videlicet Evangelista Joannes exorsus est, dicens (23) : *In principio erat verbum, et verbum erat apud Deum, et Deus erat verbum (Joan.* I, 1), hoc inquit, *animalis homo non percipit. Quid ergo fratres? Silebimus hinc? Quare ergo scribitur, si siletur? aut quare auditur, si non exponitur? Sed ut quid exponitur, si non intelligitur? Itaque quoniam rursus non dubito in numero vestro quosdam esse, a quibus possit non solum expositum capi, sed antequam exponatur intelligi; non fraudabo eos qui possunt capere, dum timeo superfluus esse auribus eorum qui non possunt capere.*

VII.

Primum itaque nobis disserendum occurrit quid sibi velit in una divinitatis natura personarum ista distinctio, ut eadem scilicet Pater, eadem Filius, eadem Spiritus sanctus sit appellata. Deinde qualiter una penitus et individua permanente substantia, Trinitas personarum queat assignari, et quod de unitate ac Trinitate divina ante proposuimus contra vehementes philosophicas impugnationes defendi. Videtur autem nobis suprapositis trium personarum nominibus summi boni perfectio diligenter esse descripta, ut cum videlicet prædicatur Deus esse Pater et Filius et Spiritus sanctus, eum summum bonum atque in omnibus perfectum hac distinctione Trinitatis intelligamus.

VIII.

Patris quippe nomine divinæ majestatis potentia designatur, qua videlicet quidquid velit efficere potest, unde August. in Enchiridion (24) : *Neque enim veraciter vocatur omnipotens, nisi quoniam quæcunque vult potest, nec voluntate cujuspiam creaturæ voluntatis omnipotentis impeditur effectus.* Idem in lib. de Spiritu et littera : *Non potest facere injusta, quia ipse est summa justitia et bonitas. Omnipotens vero est, non quod possit omnia facere, sed quia potest efficere quidquid vult.* Sicut autem Dei Patris vocabulo divinæ majestatis potentiæ exprimitur specialiter, ita Filii seu Verbi appellatione sapientia Dei significatur, quia scilicet cuncta discernere valet, ut in nullo penitus decipi queat.

IX.

At vero Spiritus sancti vocabulo ipsa ejus charitas seu benignitas exprimitur, qua videlicet optime cuncta vult fieri seu disponi, et eo modo singula provenire quo melius possunt, in aliis quoque bene utens, et optime singula disponens, et ad optimum finem quoque perducens. Non est autem perfectus in omnibus, qui in aliquo impotens invenitur, nec perfecte beatus est qui in aliquo decipi potest, nec penitus benignus qui omnia optime fieri non velit ac disponi. Ubi vero hæc tria conveniunt, ut tam videlicet potentia quam sapientia, quam bona voluntate sit perfectus, nil boni est quod ejus plenitudini desit. Tale est ergo Deum Patrem ac Filium et Spiritum sanctum nos profiteri, ac si ipsum, ut dictum est, summum bonum esse prædicemus, cui, inquam, bonorum omnium plenitudini nil desit, et cujus participatione bona esse cætera constet. Nec solum hæc Trinitatis distinctio ad summi boni perfectionem, ut dictum est, describendam convenit, verum etiam ad persuadendum hominibus divini cultus religionem plurimum proficit, ut ob hoc præcipue ipsa Dei sapientia incarnata in prædicatione sua eam rectissime decrevisset assumere. Duo quippe sunt quæ nos omnino subjectos Deo efficiunt, timor videlicet atque amor. Potestas quippe et sapientia maxime timorem incutiunt, cum eum quem judicem esse scimus, et cuncta quæ voluerit, punire posse, et nil eum latere cognoscimus. Benignitas autem ad amorem specialiter pertinet, ut quem benignissimum habemus, potissimum diligamus. Ex quo etiam certum est eum impietatem ulcisci velle, quia quo plus placet ei æquitas, magis ipsi displicet iniquitas sicut scriptum est : *Dilexisti justitiam et odisti iniquitatem (Psal.* XLIV, 8).

Nec solum ad timorem vel ad amorem Dei hominibus incutiendum hæc Trinitatis distinctio necessaria est, verum et ad universorum operum ejus commendationem plurimum valet, ut quæcunque agit, egregie fieri credantur, utpote qui omnia quæ velit, efficere possit, et in omnibus modis conservare sciat, et optime cuncta fieri seu procedere velit. Unde et cum ad aliud per nos operandum divinam imploramus gratiam, ante commemorationem Trinitatis facimus, dicentes : *In nomine Patris et Filii et Spiritus sancti,* vel, *In nomine sanctæ et individuæ Trinitatis,* ut videlicet divinam potentiam et sapientiam seu benignitatem commemorando quæcunque Deus efficiat, egregie fieri demonstremus. Unde et Moyses cum de universa mundi ageret creatione in ipso statim Genesis exordio Deum Patrem et Filium et Spiritum sanctum commemorat, ut quæcunque a Deo fieri narrat, egregie facta credantur. Cum enim ait : *In principio creavit Deus cœlum et terram (Gen.* I, 1), et postmodum adjecit, *Spiritus Domini ferebatur super aquas (ibid.,* 2), divinam Trinitatem diligenter expressit. In Deo quidem creatore Patrem insinuans, hoc est divinam commemorans potentiam, per quam creari omnia de nihilo potuerit. Quanquam etiam non incongrue hoc nomen, Deus, juxta propriam interpretationem, innuit quod hoc, videlicet quasi θεὸς, id est *timor* interpretetur, cum potestati reverentia timoris maxime exhibeatur. Nomine vero principii Filium designat, id est divinam rationem seu sapientiam, in qua per providentiam cuncta prius consistere quodammodo habuerunt, atque ibidem incipere quam in effectum operis ducerentur. Unde et Evangelista de verbo Patris disserens : *Quod factum est,* inquit, *in ipso vita erat (Joan.* I, 3, 4). Sic et Ma-

(23) Patrol. tom. XL, col. 276.

(24) Patrol. tom. XLIV, col. 255.

crebius Platonem insecutus, mentem Dei, quam Græci νοῦν appellant, originales rerum species, quæ *ideæ* dictæ sunt, continere meminit. *Antequam etiam*, inquit Priscianus, *in corpora prodirent, hoc est in effecta operum provenirent*. Spiritus vero Domini aperte Spiritum sanctum insinuat, id est divinæ gratiæ bonitatem, juxta hanc quidem diligentem prophetæ considerationem, cum ad excellentem hominis creationem ventum esset, provide hoc opus cæteris imponens, et quasi pro cæteris commendans distinctionem potenter Trinitatis fecerit, ubi videlicet a Domino potius dictum est, *Faciamus hominem*, quam, faciam, *ad imaginem*, inquit, *et similitudinem nostram (Gen.* 1, 26); virum quidem ad imaginem, mulierem vero ad similitudinem. Vir quippe juxta Apostolum, imago Dei est, non mulier *(I Cor.* xi, 7). Sed sicut vir imago est Dei, ita et mulier imago dicitur viri. Imago quippe expressa alicujus similitudo vocatur, similitudo autem dici potest, etsi non multum id cujus est similitudo exprimat. Vir itaque ad imaginem Trinitatis est factus, quia quo perfectior conditus est quam mulier, descriptæ summi boni perfectioni similior existit. Qui et per potestatem tam mulieri quam cæteris mundanis prælatus est creaturis, et per sapientiam dignior, et per amorem ad ea quibus perfectio est pronior exstitit. Bene et eum a serpente non esse seductum, cum seduceretur mulier, testatur Apostolus (*I Tim.* ii, 14), qui tamen amore mulieris gustatum ei fructum porrigentis, cum eam contristare nollet, in transgressionem prorumpit, amplius de misericordia Dei quam oporteret præsumens, quem ad ignoscendum facilem existimabat, pro tam levi quæ ei videbatur, offensa; si quoquomodo commissam sibi a Domino non scandalizaret mulierem, præsertim cum hæc pie magis quam malitiose fieri videretur, a quo etiam amplius amari Deum quam a muliere, quis non consentiat? Quomodo enim illa tunc Deum vere dilexerit, quem sibi in dolo fuisse locutum crediderit, cum serpentis acquieverit consilio?

X

Quod autem nomine Patris divina potentia, nomine vero Filii seu Verbi divina sapientia, nomine Spiritus sancti ipsa Dei benignitas seu charitas specialiter exprimatur, nec nos auctoritas nec ratio subterfugit. Potentiam quidem nomine Patris specialiter exprimi, ex multis colligitur testimoniis. Unde Maximus episcopus in expositione symboli quod dicitur apostolorum, quæ legitur in quinta Quadragesimæ Dominica his verbis insinuat (24*) : *Credis in Deum*, inquit, *Patrem omnipotentem? In Deo natura innascibilis, in Patre Unigeniti veritas, in omnipotente plenitudo virtutis ostenditur. Est namque per ingenitam deitatem omnipotens, et per omnipotentiam Pater*. Innascibilem hoc loco, increatum dicit ingenitam deitatem Patris appellat, hoc est eum solum ex tribus personis ingenitum esse profitetur,

cum videlicet ut jam supra meminimus, solus ipse non sit ab alio. Cæteræ vero personæ ab ipso sunt. Quod vero dicitur ipse Pater per ingenitam deitatem esse omnipotens, hoc est per hoc quod cum sit Deus, insuper ut dictum est, ipse solus sit ingenitus, et rursus per omnipotentiam Pater, aperte innuitur, quod sic ut ingenitum esse proprium est Dei Patris, ita et ad proprietatem ejus specialiter divinam potentiam pertinere, licet unaquæque aliarum personarum, cum sit ejusdem cum Patre substantiæ, ejusdem sit penitus potentiæ. Juxta proprietates quippe trium personarum, quædam specialiter ac tanquam proprie de aliqua earum dici vel accipi solent, quæ tamen juxta earum naturam, unionem singulis inesse non ambigimus, ut sapientia Filio, charitas Spiritu sancto specialiter attribuitur, cum tamen tam Pater, quam Spiritus sanctus, seu etiam tota Trinitas sapientia sit, et similiter tam Pater ipse, quam Filius charitas dici possit. Sic etiam juxta personarum proprietates, quædam opera specialiter alicui personæ attribuuntur, quamvis indivisa totius Trinitatis opera prædicentur, et quidquid ab una earum fit, a singulis fieri constet.

Soli quippe Filio carnis susceptio assignatur, et ex aqua et Spiritu tantum, non ex aqua etiam ex Patre vel Filio regenerari dicuntur, cum tamen in istis totius operatio Trinitatis adfuerit. Sic et juxta ipsam Patris proprietatem specialiter ei et maxime quæ ad potentiam pertinent assignari solent, cum ex ipsius, ut dictum est, nomine, divina specialiter potentia designetur, et eo ipso quod solus ipse ingenitus dicitur, hoc est a seipso, non ab alio, existens; quædam ei secundum substantiæ modum propria maneat potentia, ut cum videlicet ipse Pater omnia facere possit quæ Filius et Spiritus sanctus, hoc insuper habeat, ut a se ipso solus ipse queat existere, nec necesse habeat ab alio esse. Non minus tamen aut Filium aut Spiritum sanctum omnipotentem prædicamus quam Patrem. Ut enim beatus meminit Augustinus, non propter aliud omnipotens dicitur Deus, nisi quia quidquid vult potest efficere, ut non scilicet in aliquo efficiendo ullum ejus voluntati impedimentum obsistat. Ideo autem trium personarum indivisa opera, id est communia dicuntur, quod quidquid potentia geritur, id sapientia moderatur, et bonitate conditur. Unde et merito in his quæ facere Deum exoramus, commemorationem facimus Trinitatis dicentes : *In nomine sanctæ et individuæ Trinitatis*, vel, *In nomine Patris et Filii, et Spiritus sancti*, ut sicut trium personarum est indivisa operatio, ita et eorum sit inseparabilis invocatio : atque hoc modo cum fides ipsa postulati beneficii astruatur, tamen ipsa operis divini efficacia commendetur. Facile enim creditur facturus esse bonum quod rogatur, qui et facere id sicut voluerit, potest, et benignissimus esse cognoscitur. Nomine vero Patris, ut dictum est,

(24*) Patrol., tom. LVII, col. 433.

omnipotentia Dei, nomine Spiritus, summa ejus benignitas commemoratur. Cum autem et sapientiæ divinæ commemoratio additur, quæ scilicet nomine Filii exprimitur, per quam in omnibus quæ efficit modum tenere noverit, egregius effectus ostenditur qui ab eo proveniat, qui omnia quæ velit facere queat, et in omnibus faciendis modum sciat servare, et optime cuncta velit fieri. At vero cum unaquæque trium personarum inde omnipotens dicatur, quod quidquid earum quæcunque velit efficere possit complere, non tamen necesse est eodem modo se penitus habere unam quo alteram, cum in suis proprietatibus diversæ sint. Solus quippe Pater potest esse Pater sive ingenitus, et solus Filius genitus, sicut et solus Spiritus sanctus procedens. Quidquid itaque una persona facere potest, et alia potest, et ideo unaquæque omnipotens dicitur; sed non quidquid una esse potest, vel cujus modo una esse potest, necesse est alteram esse. Hoc autem teste Hieronymo plus habere Pater a Filio invenitur, quod solus a seipso est; Filius vero a se non est, sed a Patre tanquam genitus. Sic quippe ait Niceni concilii exponendo fidem, symbolum : *Absit ergo in Filio Dei aliud plus minusve, aut in loco aut in tempore, aut in potentia, aut in scientia, aut in æqualitate, aut in subjectione, cum dicitur hoc ut divinitati ejus ascribatur, non carni ! Si enim plus minusve aliud invenitur, excepto hoc quod genuit Pater Filium, et excepto hoc quod Filius non ex semetipso natus est, sed de Patre natus est, proprie aut invidens aut impotens Pater, insuper etiam temporalis agnoscitur.*

Ex his quidem verbis Hieronymi, cum profitetur nil plus in Patre quam in Filio, vel minus in Filio quam in Patre reperiri, excepto quod Filius a seipso non est, sicut et Pater profecto, videtur juxta naturam vel modum existentiæ, non operationis, hanc quasi propriam Patri ascribere potentiam; quod solus ipse per se subsistere queat, vel a seipso existere habeat : hoc est non ab alio, cæteras vero duas in Trinitate personas ab ipso necesse sit esse, nec per se habeant subsistere. Cui et illud beati consonat Ambrosii, qui in Epistola Pauli ad Ephesios, ubi scriptum est : *Unus Deus et Pater omnium, qui super omnes,* etc. (*Ephes.* IV, 6) : *Si itaque potentiam tam ad naturam subsistendi, quam ad efficaciam operationis referamus, inveniemus ad proprietatem personæ Patris proprie vel specialiter omnipotentiam attinere, qui non solum cum cæteris duabus personis Deus omnia efficere potest, verum etiam ipse solus a se non ab alio existere habet, et sicut ex se habet existere, ita etiam ex se habet posse.* Cæteræ vero personæ sicut ab ipso habent esse, ita et ab ipso habent posse quod volunt efficere, unde et per semetipsum Filius dicit : *Non possum ego a meipso facere quidquam* (*Joan.* V, 30) ; et alibi : *Et a meipso facio nil* (*Joan.* VIII, 28), vel, *a meipso non loquor* (*Joan.* XIV, 10). Cum itaque de Patre Maximus dixerit quod per ingenitam deitatem sit omnipotens, id est per hoc quod cum sit Deus, sit etiam ingenitus, illa quoque propria Patris potentia qua solus ipse a se non ab alio subsistit, unde solus ipse ingenitus dicitur, in omnipotentia comprehenditur, et sic eum intellexit omnipotentem, ut quidquid ad potentiam attinet, non solum quantum ad operationis effectum, verum etiam quantum ad subsistendi modum, ei tanquam propriam attribuerit, ut tale sit scilicet quod dixerit per ingenitam deitatem omnipotens, ac si aperte diceret : Per hoc quod Deus est et ingenitus, eum utroque modo, ut diximus, proprie omnipotentem esse. Sic et cum statim subjunxerit, et per omnipotentiam Pater, tale est ac si hanc quam intellexerit omnipotentiam ipsum proprie habere fateamur. Fortasse autem et in hoc diligentius accipi potest per omnipotentiam Pater, ac si dicamus eum per omnipotentiam, quæ ei, ut dictum est, specialiter tribuitur, de ipso Sapientiam suam tanquam Filium generare, cum ipsa scilicet divina Sapientia aliquid sit de divina omnipotentia, cum sit ipsa quoque aliqua potentia. Sapientiam namque dicimus potentiam discernendi, sive a deceptione sive a fallacia providendi, ne in aliquo decipi possit, vel aliud eum latere queat.

Est itaque divina sapientia quædam divina potentia, per quam videlicet Deus cuncta perfecte discernere atque cognoscere habet, ne in aliquo errare per inscientiam possit, secundum quod scilicet Verbum ipsum Dei de ipsa Patris substantia esse dicitur, quod est Filium ex Patre genitum esse, sicut postmodum ipso annuente plenius disseremus, cum ad hujus scilicet generationis modum exponendum ventum fuerit. Nunc vero præsentis est operæ auctoritates inducere, quibus vocabulo Patris divinam maxime astruamus potentiam exprimi. Quod si etiam tam evangelica quam apostolica discutiamus dicta, intelligimus, juxta ipsius locutionis proprietatem, ea quæ ad potentiam pertinent, Patri specialiter ascribi, ut hic quoque aperte colligi possit vocabulo Patris ipsam specialiter omnipotentiam designari. Ait quippe Filius : *Quæ Pater posuit in sua potestate* (*Act.* I, 7), non quæ ipse Filius vel Spiritus sanctus, licet eadem sit trium personarum potestas. Et alibi, *sicut disposuit,* inquit, *mihi Pater* (*Luc.* XXII, 29). Qui etiam videlicet Filius quoties humanitas ejus opem unitæ sibi divinitatis implorat, aut quascunque ei preces fundit, solo Patris utitur vocabulo, ipsam scilicet commemorando potentiam qua potens est efficere quod rogatur, veluti cum dicit : *Pater sancte, serva eos* (*Joan.* XVII, 11). *Pater, in manus tuas commendo spiritum meum* (*Luc.* XXIII, 46), et similia quæ ad orationem pertinent. Quod et adhuc maxime mos ecclesiasticus observat; ut in illis specialibus orationibus quæ in celebrationibus missarum ad altare fiunt, quæ scilicet orationes ad solum Patrem locutionem dirigentes intendunt. Sed et cum ait Apostolus Christum surrexisse a mortuis per gloriam Dei Patris (*Rom.* VI, 4), id est per virtutem divinæ potentiæ, vel Patrem eum a mortuis suscitasse, et vivificaturum esse corpora nostra, vel ab eo Filium, vel Spiritum sanctum missum esse, vel ei Filium obedisse, quasi proprie vel specialiter Patri tribuit, quæ ad potentiam pertinere videntur, ut ex his quoque insinuetur maxime ad personam Patris, juxta ejus, ut dictum est, proprietatem, ea quæ potentiæ sunt ascribenda esse, sicut Filio ea quæ ad animi rationem vel sapientiam pertinent, sicut est judicare quod discretionis est. Unde scriptum est: *Pater, omne judicium dedit Filio*, quia potentia cedit sapientiæ in discussione judicii, ubi æquitas magis examinanda est, quam vis potentiæ exercenda. Quod autem supponitur, quia Filius hominis est, ex quo divinum maxime pendeat judicium, declarat secundum quod ipse Filius protestatus est : *Si non venissem et locutus eis fuissem, peccatum non haberent. Nunc autem excusationem nullam habent de peccato* (Joan. xv, 22). Ac si dicatur ex hoc maximam impios condemnationem juste incurrere, quia tanto divino beneficio ingrati inexcusabiles exstiterunt, missum etiam a Patre Filium respuentes.

Ad hoc etiam illa inscriptio psalmi noni pertinet quæ ait : *Pro occultis filii*, scilicet judicii, de quibus in eodem psalmo subjunctum est : *Cognoscetur Dominus judicia faciens* (Psal. ix, 17), et alibi, *Judicia tua abyssus multa* (Psal. xxxv, 7). Quia videlicet, sicut dictum est, sapientia est judicare, id est quod ex justitia cuique debeatur, cognoscere. Christum autem *Dei sapientiam et Dei virtutem* Apostolus nominat (*I Cor.* i, 24). Sapientiam quidem per quam omnia ad integrum novit, virtutem vero, per quam omnium bonorum efficaciam complet, secundum quod scriptum est : *Omnia per ipsum facta sunt* (Joan. i, 3); et alibi : *Omnia in sapientia fecisti* (Psal. ciii, 24). Unde et dextera sive manus Patris appellatus est, per quam Pater omnia operatus est. Qui etiam bene mens Patris, sive ratio, sive Angelus consilii dictus est, quia omnia in hac sapientia rationabiliter Pater disponit, sive creando mundum, sive reparando eumdem post lapsum ; et in hoc Pater verum consilium nostræ ignorantiæ dedit, cum eo incarnato nos visitaverit. Sed et quando hominibus apparere ad aliquid docendum Deus legitur, Filio id magis quam alteri personæ tribuitur, eo quod docere ad sapientiam necesse pertineat. Sive ergo ad aliud docendum antiquis temporibus in angelo vel in aliqua specie corporali Deus apparuerit, sive tempore gratiæ per hominem assumptum se mundo visibilem exhibuerit, Filio id proprie aut specialiter propter suprapositam causam ascribitur. Per ipsum enim Deus nos erudiens tanquam Verbo suo nos instruit, quoties de plenitudine ipsa sapientiæ suæ nobis aliud impartit, sicut scriptum est : *Et de plenitudine ejus omnes accepimus* (Joan. i, 16)

XI.

Logos itaque Filius Dei cum dicitur, id est Verbum, secundum illam significationem sumitur, secundum quam λόγος apud Græcos ipsum etiam mentis conceptum seu rationem mentis significat, non vocis prolationem. Unde Boetius in Categoriis Aristotelis, lib. secundo, quoniam Græca oratione λόγος dicitur etiam animi cogitatio, et intra se ratiocinatio, λόγος quoque et oratio, ne quis Aristotelem, cum diceret λογὸν, id est rationem quantitatem esse, de eo putaret dicere quem quisque λογὸν in cogitatione disponeret, addidit, *quæ fit cum voce.* Hinc et beatus meminit Augustinus lib. Quæstionum octuagesimo tertio, cap. 44. *In principio*, inquit, *erat Verbum* (Joan. i, 1), quod λόγος Græce dicitur, Latine autem orationem et Verbum significat. Sed hoc loco melius *Verbum* interpretatur, ut significetur non solum ad Patrem respectus, sed ad illa etiam quæ per Verbum facta sunt. Ratio vero etsi nihil per eam fiat, necesse ratio dicitur. Idem in lib. contra quinque hæreses. *In principio erat Verbum*, melius Græci λογὸν dicunt. Λόγος quippe verbum significat et rationem. De quo quidem Verbo Dei scilicet intelligibili, quod ut dictum est, sapientia intelligitur, beatus quoque Gregorius in homelia evangeliorum septima ita loquitur, distinguens scilicet ipsum intelligibile Verbum a verbo audibili, quod est vox. *Scitis*, inquit, *quia Unigenitus Verbum Patris vocatur, Joanne attestante qui ait,* « *in principio erat Verbum.* » *Ex ipsa nostra locutione cognoscitis quia prius vox sonat ut Verbum postmodum possit audiri, Joannes ergo vocem se esse asserit, quia Verbum præcedit*. Idem in homilia 23 De Joanne Baptista : « *Ego vox clamantis in deserto.* » *Ideo*, inquit, *vox a propheta vocatus est, quia Verbum præibat.* Quod est dicere : Sicut verbum audibile in auditore præcedit intelligibile, quia videlicet prius vox sonat, ut postmodum ex ea intellectus concipiatur ; ita Joannis prædicatio anteibat, adventum Domini nuntiando. Verbum itaque dicit conceptum mentis, et quamdam intelligentiæ locutionem, quæ in mente formatur, ad cujus similitudinem Unigenitus Verbum Dei, et quasi quædam ejus intellectualis ac perpetua locutio, in cujus providentia omnium ab æterno præfixa consistit ordinatio atque operatio. Unde et Moyses cum in diversis rerum creationibus faciendis præmittat, *Dixit Deus* (Gen. i, 3), et ad dictum statim adjungat effectum dicens : *Et factum est ita* (ibid., 7), cuncta Deum condidisse in verbo, hoc est in sapientia sua ostendit, id est omnia rationabiliter. De quo etiam Psalmista ait : *Dixit et facta sunt* (Psal. xxxii, 9), id est ratione cuncta condidit, sive ordinavit. Qui etiam hoc Verbum alibi apertius demonstrans, non esse verbum audibile, et transitorium, sed intelligibile et permanens, ait : *Qui fecit cœlos in intellectu* (Psal. cxxxv, 5), hoc est ad modum illum quo eos primum ordinaverat in verbo mentis, id est in conspectu suæ perpetuæ omnia providentis intelligentiæ. Hanc autem intellectualem Dei locutionem, id est æternam suæ sapientiæ ordinationem Augustinus De Civitate

Dei lib. XVI, cap. 6 desciibens : *Dei*, inquit, *ante factum suum, locutio sui ipsius facti est incommutabilis ratio, quæ non habet sonum strepentem atque transeuntem, sed vim sempiterne manentem, et temporaliter operantem.*

XII.

Quemadmodum vero quæ ad potentiam pertinent Patri, quæ ad sapientiam Filio specialiter tribuuntur, ita quæ ad operationem divinæ gratiæ attinent ac divinæ charitatis bonitatem, Spiritui sancto ascribuntur, sicut est remissio peccatorum, et quorumcunque donorum distributio, ex sola bonitate ejus, non vero ex meritis nostris proveniens, qualis est regeneratio in baptismo ad dimittenda peccata; confirmatio per impositionem manus episcopi, ad dandam armaturam virtutum, quibus scilicet virtutibus post remissionem peccatorum perceptam resistere valeamus inimico tunc vehementius insurgenti. Sic et cætera sacramenta quæ in Ecclesia conficiuntur, ex bonitate Dei spiritui tribuenda sunt, ut ex hoc patenter innuatur ipsum divinæ bonitatis affectum, atque divinæ gratiæ dulcedinem Spiritus sancti vocabulo exprimi. Spiritu quippe oris nostri, id est anhelitu maxime affectus animi patefiunt, cum videlicet aut præ amore suspiramus, aut præ laboris aut doloris angustia gemimus. Unde in hoc loco Spiritus sanctus pro affectu bene ponitur, juxta illud Sapientiæ : *Benignus est spiritus sapientiæ*, etc. (Sap. I, 6.) Atque illud Psalmistæ : *Spiritus tuus bonus deducet me in terram rectam*, etc. (Psal. CXLII, 10.) Unde et Apostolus, *Deus charitas est;* quia teste Gregorio, Spiritus ipse amor est. De quo etiam Augustinus in primo super Genesim, eo loco quo scriptum est : *Spiritus ferebatur super aquas*, ita meminit : *Egenus atque indigens amor ita diligit, ut rebus quas diligit subjiciatur.* Propterea cum memoraretur Spiritus Domini in quo sancta ejus benevolentia dilectioque intelligatur, superferri dictus est, ne faciendo opera sua per diligentiæ necessitatem, potius quam per abundantiam beneficentiæ Deus amare putetur. Idem in XIV, De Trinit. : *Denique si in nobis Dei nil est majus charitate, et nullum est majus donum Dei quam Spiritus sanctus; quid consequentius quam quod ipse sit charitas quæ dicitur Deus et ex Deo ? Quod si charitas qua diligit Pater Filium, et Patrem diligit Filius ineffabiliter communionem amborum demonstrat, quid convenientius quam ut ille proprie dicatur charitas quæ spiritus est communis amborum?* Idem supra, lib. V : *Spiritus sanctus secundum id quod dictum est, quia Deus spiritus est; potest quidem universaliter dici, quia et Pater Spiritus, et Filius spiritus, et Pater sanctus, et Filius sanctus.* Et post pauca : *Spiritus sanctus quædam Patris Filiique communio est, et ideo fortasse sic appellatur, quia Patri et Filio potest eadem appellatio convenire. Ut ergo ex homine quod utrisque convenit, utrisque communio significetur, vocatur donum amborum Spiritus sanctus.* Idem in XV : *Multis exemplis dici possunt multarum rerum vocabula et universaliter poni, et proprie quibusdam rebus adhiberi. Hoc ideo dixi, ne quisquam propterea nos inconvenienter existimet charitatem appellare Spiritum sanctum, quia et Deus Pater, et Deus Filius, possunt charitas appellari.*

Clarum itaque, ex supra positis arbitror testimoniis, divinam, ut diximus, potentiam vocabulo Patris exprimi, divinam sapientiam Filium intelligi, ac divinæ gratiæ bonitatem Spiritum sanctum appellari. Tale itaque est dicere Domini potestatem, ac si dicamus divinam potentiam, ex qua divina genita est sapientia. Tale est dicere Deum Filium quasi diceremus divinam sapientiam ex divina genita potentia. Spiritum vero sanctum cum dicimus, tale est ac si commemoremus divinæ bonitatis charitatem ex Patre et Filio pariter procedentem. Modum vero hujus generationis seu processionis, prout Dominus dederit, in sequentibus exponemus. Nunc autem ad nostræ fidei assertionem adversus universos Christianæ fidei derisores, tam Judæos scilicet quam gentiles, ex scriptis eorum testimonia inducere libet, quibus hanc Trinitatis distinctionem omnibus annuntiatam esse intelligant, quam quidem divina inspiratio et per prophetas Judæis, et per philosophos gentibus dignata est revelare, ut utrumque populum ad cultum unius Dei ipsa summi boni perfectio agnita invitaret, ex quo omnia, per quem omnia, in quo omnia, et facilius hæc fides Trinitatis tempore gratiæ susciperetur ab utroque populo, cum eam a doctoribus quoque antiquis viderent esse traditam.

XIII.

Primum ipsa legis exordia occurrant, ubi legislator Moyses fidem Catholicam de unitate pariter et Trinitate tanquam omnium bonorum fundamentum anteponit. Cum enim dicitur : *In principio creavit Deus cœlum et terram.* Pro eo quod apud nos dicitur Deus, Hebraica veritas habet, *Eloim*, quod est plurale hujus singularis, quod est *El*. Quare ergo non dictum est *El*, quod est Deus, sed *Eloim*, quod apud Hebræos *dii* sive *judices* interpretatur, nisi hoc ad multitudinem personarum accommodetur, ut videlicet eo modo insinuetur pluralitas in Deo, quomodo et Trinitas ; et quodammodo multiplex dicatur Deus quomodo et trinus, non secundum quamdam substantiæ diversitatem, sed secundum personarum proprietates? Ut videlicet tale sit quod dictum est *Eloim*, ac si diceretur, non res multæ, sed personæ multæ, quarum unaquæque sit Deus, alioquin plures etiam dicerent deos, cum unus sit tantum. Nam et ibidem de unitate substantiæ demonstranda caute provisum est, cum dicitur *Creavit*, non *creaverunt*, servata singularitate numeri in verbo secundum unitatem substantiæ per subjectum nomen intelligentiæ, quamvis scilicet istud nomen secundum formam vocis et terminationem declinationis sit pluralis numeri, sicut e contrario cum dicitur : *Turba ruunt*, ad nomen singularis numeri plurale verbum applicatur, juxta intelligentiam scilicet pluralitatis rerum per subjectum nomen intelligentiæ. Tale est ergo *Eloim creavit*, ac si diceretur, Trinitas personarum divinarum creavit, id est cooperata est. Ubi et statim in sequentibus distinctionem personarum annectit : quasi ad determinandum quod ad hanc denotandam, Eloim pluraliter dixerat. Spiritus quidem sancti æternitas patenter ostenditur, cum dicitur : *Spiritus Domini ferebatur super aquas (Gen.* I, 2). Verbum vero, id est Filius, simul et patenter insinuatur, cum dicitur : *Dixit Deus : Fiat (ibid.,* 3), hoc est in dicto suo, seu Verbo, id est in coæterna Sapientia sua Pater ordinavit facienda. Non enim de corporali locutione hoc accipi potest. In eo quoque quod scriptum est : *Et vidit Deus quod esset bonum (ibid.*, 10). Bonitas Dei quam Spiritum sanctum dicimus, insinuatur, sicut in eo quod dicitur : *Dixit Deus*, intelligitur Verbum et Pater. Tale est enim quod dicitur : *Vidit Deus quod esset bonum*, ac si dicatur intelligendo quia opus quod fecerat bonum esset, amavit illud, eo ipso quod bonum erat. Ex quo et ipse bonus esse liquido monstratur. Quid etiam apertius ad documentum Trinitatis esse potest, quam illud quod postea in creatione hominis subjungitur, dicente Domino : *Faciamus hominem ?* etc. Quid enim pluraliter dictum est : *Faciamus*, nisi ut cooperatio totius Trinitatis exprimatur ? Quippe quos cohortaretur Deus ad creandum hominem, aut ad se in aliquo juvandum, cum ipse solus creaturus sit ? Scriptum namque est : *Quis adjuvit Spiritum Domini ? aut quis consiliarius ejus fuit ? Cum quo iniit consilium*, etc. *(Isa.* XL, 13.)

Bene autem ad imaginem, et similitudinem Trinitatis, hoc est ad expressam similitudinem quamdam trium personarum, homo fieri dicitur, qui et Patrem per potestatem, quam in cæteras creaturas accepit, imitatur; et Filium per rationem, et Spiritum per innocentiæ benignitatem, quam postmodum per culpam amisit. Ad hanc quoque pluralitatem divinarum personarum illud attinere videtur quod in sequentibus per serpentem dictum est : *Eritis sicut dii (Gen.* III, 5), quod, ut superius dictum est, in Hebraïco sonat *eloim*, id est divinæ personæ potius quam dii diversi, nec non et illa Dominica increpatio : *Ecce Adam quasi unus ex nobis factus est (Gen.* III, 22); et rursus istud quod Dominus ait : *Descendamus et confundamus linguam eorum (Gen.* XI, 7), cum hoc solus Deus compleverit. Unde et subditur : *Atque ita divisit eos (ibid.*, 8). Nunc autem post legem, ad prophetas transeamus.

Ait itaque maximus prophetarum et regum David, qui suam cæteris intelligentiam præferens dicit : *Super omnes docentes me intellexi (Psal.* CXVIII, 99). Et : *Super senes intellexi (ibid.*, 100). Ait, inquam, distinctionem Trinitatis patenter insinuans : *Verbo Domini cœli firmati sunt, et spiritu oris ejus omnis virtus eorum (Psal.* XXXII, 6). Qui et alibi unitatem pariter cum Trinitate insinuat dicens : *Benedicat nos Deus, Deus noster; benedicat nos Deus, et metuant eum omnes fines terræ (Psal.* LXVI, 8). Trina quippe confessio Dei, Trinitatem exprimit personarum, Patris scilicet, et Filii, et Spiritus sancti. Bene autem Filium Dei designans addidit, *noster*, quasi eum participem nostræ naturæ, et a Patre nobis esse datum ostendens, cum per Incarnationem Verbi divina nos sapientia illuminavit. De quo etiam Verbo Apostolus ait : *Proprio Filio suo non pepercit, sed pro nobis omnibus tradidit illum (Rom.* VIII, 32). Unitatem vero divinæ substantiæ Psalmista in eodem aperit, cum post ternam divini nominis prolationem, unum tantummodo Deum in tribus personis intelligens, non conjunxit eos pluraliter, sed singulariter. Hinc et illud consonat Isaiæ quod dicit se vidisse Seraphin et audisse clamantia : *Sanctus, sanctus, sanctus, Dominus Deus sabaoth (Isa.* VI, 3). Recte autem vocabulo Domini usus est propheta ad potentiam designandam, quia dominorum est præesse. Quæ videlicet potentia plerumque etiam hoc nomine Deus assignatur. Eo videlicet quod Θεὸς Græce, id est Deus, teste Isidoro, timor interpretatur, et potestas quælibet timor est subjectorum. Quod autem Verbum Dei, ipsa Sapientia ejus sit intelligendum, aperte in Ecclesiastico monstratur his verbis : *Omnis sapientia a Domino Deo est, et cum illo fuit semper est ante ævum. Sapientiam Dei præcedentem omnia quis investigavit? Prior omnium creata est sapientia, et intellectus prudentiæ ab ævo, fons sapientiæ verbum Dei in excelsis*, etc. *(Eccli.* I, 1 et seq.) David quoque æternam Filii generationem ex Patre Deo aperte insinuat, ubi personam Filii introducit loquentis sic : *Dominus dixit ad me : Filius meus es tu, ego hodie genui te. Postula a me, et dabo tibi gentes hæreditatem tuam (Psal.* II, 7, 8). Tale est autem quod ait : *Ego hodie genui te*, ac si diceret. Æterna lux ex ipsa mea substantia es ; nam quia in æternitate, nihil præteritum aut futurum, sed tantummodo præsens, idcirco adverbio temporis præsentis, pro æternitate est usus dicendo, *hodie*, pro æternaliter. Bene autem ad *hodie* addidit *genui*, quasi præsens præteritum, ut videlicet ipsam generationem per *hodie* præsentem, semper, per *genui*, perfectam esse indicaret, nunquam scilicet aut cessare, aut inceptam esse. Quippe quæ præterita sunt, jam completa sunt et perfecta, ideoque præteritum quasi pro perfectione posuit, ostendens scilicet Filium ex Patre semper generari et semper genitum esse.

Qui et alibi apertius æternitatem Filii protestatur dicens : *Permanebit cum sole et ante lunam, in generatione et generationem (Psal.* VII, 5); et rursus : *Tecum principium (Psal.* CIX, 3). De hac etiam ineffabili et æterna generatione, sive etiam temporali, quarum utraque mirabilis est, Isaias admirans ait : *Generationem ejus quis enarrabit? (Isa.* LIII, 8.) Ac si aperte diceret : Non est hoc disserere humani ingenii, sed solius Dei, cujus tamen spiritus in his fidelibus quos vult loquitur, ipso attestante qui ait : *Non enim vos estis qui loquimini, sed spiritus Patris vestri qui loquitur in vobis* (*Matth.* x, 20). Hieronymus etiam super Ecclesiastem eo loco quo dicitur : *Quis scit spiritus filiorum hominum si ascendat sursum, et spiritus pecoris descendat deorsum in terra?* (*Eccle.* iii, 21) illud quod dictum est : *Generationem ejus quis enarrabit?* ad exemplum difficilis non impossibilis trahit dicens : *Adjiciendo, « quis, » difficultatem rei voluit demonstrare.* Pronomen enim, quis, in Scripturis sanctis, non pro impossibili, sed pro difficili semper accipitur, ut ibi : « *Generationem ejus quis enarrabit?* » (*Isa.* liii, 5) id est Christi, etc. Hæc etiam sapientiæ coæternitas cum Patre plane in Proverbiis monstratur his verbis : *Ego sapientia habito in consilio. Dominus possedit me in initio viarum suarum antequam quidquam faceret ab initio. Ab æterno ordinata sum, antequam terra fieret. Necdum erant abyssi, et ego jam concepta eram; necdum fontes, necdum montes. Ante colles ego parturiebar. Adhuc terram non fecerat, et cardines orbis terræ. Quando præparabat cœlos aderam, quando appendebat fundamenta terræ, cum eo eram cuncta componens, et delectabar per singulos dies ludens coram eo omni tempore* (*Prov.* viii, 12 et seq.). Quid enim apertius ad æternam generationem Verbi quam id quod ipsa sapientia perhibet se ante constitutionem mundi conceptam esse et parturiri, et se cum Patre æternaliter permanentem semper ludere coram eo? Quippe quod conceptum parturitur, utique in ipso est a quo generatur, et sapientia in ipsa substantia sive in essentia potentiæ est, cum ipsa scilicet quædam sit potentia, sicut posterius ostendemus. Tale est ergo sapientiam conceptam parturiri a Deo, ac si dictum sit ipsam sapientiam ex ipsa Patris substantia, ex qua est, gigni. Tale est sapientiam ludere coram Patre, et cum ipso cuncta componere, ac si dixerit ipsam divinam potentiam omnia in sapientia pro bonitatis suæ arbitrio disponere, ut in ipso ludo ipsum bonitatis effectum intelligamus, de quo scriptum est : *Spiritu oris ejus, omnis virtus eorum* (*Psal.* xxxii, 6). Quod autem ait, Sapientiam coram Deo Patre semper assistere, tale est omnipotentiam ipsam nil efficere, nisi præeunte ratione et ducatu sapientiæ. Item, in eisdem Proverbiis de Filio Dei et ineffabili nomine ipsius quoque Filii manifestissime scripsit, quasi inducens personam admirabilis cujusdam prophetæ, hanc inenarrabilem generationem prophetantis atque admirantis. Dicit quippe sic : *Visio quam locutus est vir cum quo est Deus, et quæ Deo secum morante confortatus, ait : Quis suscitavit omnes terminos terræ? quod nomen ejus, aut quod nomen filii ejus?* (*Prov.* xxx, 1 et seq.). Quam firmum etiam et quam apertum fidei nostræ testimonium in Ecclesiastico occurrit, ubi quidem sapientia Dei et se primogenitam ante omnia dicit secundum divinitatis naturam, et postmo-

dum creatam secundum naturæ nostræ assumptionem, cum ipsa videlicet ad imperium Patris per Incarnationis habitum visitaverit Israel? Scriptum quippe est ibi : *Sapientia in multitudine electorum habebit laudem, et inter benedictos benedicetur dicens : Ex ore Altissimi prodii primogenita ante omnem creaturam, ego in cœlis feci ut oriretur lumen indeficiens, et sicut nebula texi omnem terram. Ego in altissimis habito, et thronus meus in columna nubis. Gyrum cœli circuivi sola,* etc. (*Eccli.* xxiv, 4 et seq.) Et post pauca : *Tunc præcepit et dixit mihi Creator omnium, et qui creavit me requievit in tabernaculo meo, et dixit mihi : In Jacob inhabita, et in Israel hæreditare, et in electis meis mitte radices* (*ibid.*, 12, 13).

In eodem quoque libro apertissime peccatorum remissionem consistere in incarnatione divinæ sapientiæ quæ Christus est prophetat dicens, peccata David per Christum purgata esse. Ibi enim cum de laude David plura dicerentur, summa totius laudis in hoc uno collecta est quod subditur : *Christus purgavit peccata ipsius, et exaltavit in æternum cornu ejus, et dedit illi testamentum regum, et sedem gloriæ in Israel.* Micheas quoque de hac æterna Verbi generatione ex Patre, nec non et de temporali ex matre ait : *Et tu Bethlehem Ephrata, parvula es in millibus Juda, ex te egredietur qui sit dominator in Israel, et egressus ejus ab initio a diebus æternitatis* (*Mich.* v, 2). Dicant rebelles et increduli Judæi, de quo nascituro in Bethlehem hoc dictum sit, quod videlicet egressus ejus ab initio sit a diebus æternitatis. Æternum quippe est quod origine caret. Quod si hoc referant ad Messiam illum, scilicet maximum prophetam, ut aiunt, quem exspectant, qui tamen secundum eos homo purus erit, non etiam Deus, ostendant quis egressus ejus æternus sit, vel unde æternaliter egrediatur. Si autem dicant cum æternaliter egredi ex Bethlehem, eo quod ejus nativitas in eo loco futura ab æterno prævisa sit a Deo et prædestinata, hoc utique modo cujuslibet hominis, vel cujuslibet rei nativitas æterna est, quia videlicet ab æterno prævisa.

Discant itaque æternam generationem esse quam ex Scriptura legunt, et legendo profitentur, et profitentes non credunt. Respondeant etiam mihi cum audiunt Prophetam dicentem : *Verbo Domini cœli firmati sunt, et spiritu oris ejus omnis virtus eorum* (*Psal.* xxxii, 6), quid per verbum Domini, quid per os ejus, et per spiritum intelligant. Unum quippe omnium aliarum rerum principium Deum constat esse. Et omne quod est, aut Deus est, et ideo æternum, aut ab æterno illo principio manet creatum. Scriptum præterea est : *In principio creavit Deus cœlum et terram* (*Gen.* i, 1), unde ante hoc nihil creatum esse volunt. Verbum itaque illud quo cœli firmati sunt, et ideo prius est his quos constituit, creatum non est, imo creator ipse qui Deus, quo cœli firmati sunt. Si autem hoc verbum locutionem aliquam Dei transitoriam appellant, sicut et verbum hominis, eo videlicet quo scriptum est : *Dixit Deus, et facta sunt (Psal.* xxxii, 9), atque ita Deus quoque sicut homo modo loquatur, cum ait, *Fiat lux (Gen.* i, 3), modo conticeat, profecto permutabilis est divinitatis æternitas, cum non semper dicat, fiat lux, etc., quæ jam condita sunt. Quid etiam opus verbo audibili fuit ante mundi constitutionem, cum nondum esset qui loqueretur, vel qui audiretur? Nunquid inane verbum non protulit, si opus verbo non fuerit, præsertim cum sola voluntas sufficeret, nec ad hæc aliquis esset, qui audito verbo instrueretur. Quo etiam proferendo verbum emitteret, cum nullus adhuc locus creatus esset, nec aer adhuc conditus ex quo verba formantur. Quibus etiam instrumentis verba formaret, cum nec os, nec pars aliqua inesse possit ei qui omnino simplex est, et indivisibile? Omne quippe quod partibus constat, posterius est naturaliter his ex quibus constat, et quorum conventu perficitur, cum ex ipsis suum esse contrahat ex quibus est constitutum. *Omne etiam*, inquit Plato, *quod junctum est natura dissolubile est.* Quod si Spiritum Domini ventum intelligant, sicut ibi accipere volunt, *Spiritus Domini ferebatur super aquas (Gen.* i, 2), eo, ut aiunt, quod ventus in aquis quas commovet, maxime appareat, quomodo spiritus, id est flatus Domini oris esse dicatur, cum videlicet neque os, neque aliquam partem, ut dictum est, habeat? Quomodo etiam per ventum virtus cœli consistit et terræ?

Intelligant ergo hunc esse illum spiritum Domini, cujus septiformem gratiam Isaias describens ait : *Et requiescet spiritus Domini super eum, spiritus sapientiæ et intellectus, spiritus consilii et fortitudinis*, etc. *(Isa.* xi, 2.) Et alibi : *Et nunc Dominus misit me et Spiritus ejus (Isa.* xlviii, 16). Et rursus : *Spiritus Domini super me, eo quod unxerit me; ad annuntiandum mansuetis misit me (Isa.* lxi, 1). De quo etiam in Sapientia dicitur : *Spiritus sanctus effugiet disciplinæ fictum; benignus est enim spiritus sapientiæ*, etc. *(Sap.* i, 5.) De quo iterum cum subditur : *Et hoc quod continet omnia scientiam habet vocis (ibid.*, 7), aperte ipse spiritus Deus esse perhibetur, cum omnia continere dicatur. Et iterum ad Deum loquens Sapientia dicit : *Sensum autem tuum quis scivit, nisi tu dederis sapientiam, et miseris Spiritum tuum sanctum de altissimis? (Sap.* ix, 17.) Et rursus : *O quam bonus et suavis, Domine, Spiritus tuus in nobis! (Sap.* xii, 17.)

XIV.

Hinc etiam cum ipse Spiritus sapientiæ describeretur, verus Deus plane prædicatur, cum inter cætera de eo scriptum sit in Sapientia sic : *Omnem habens virtutem, omnia prospiciens, et qui capiat omnes spiritus (Sap.* vii, 23). Quem etiam Eliud in libro Job confitetur creatorem dicens : *Spiritus Domini fecit me, et spiraculum Omnipotentis vivificavit me (Job* xxxiii, 4). Cujus et Filius ipse Dei in Evangelio æqualem sibi et Patri dignitatem ascri-

bens dicit : *Ite, docete omnes gentes*, etc. *(Matth.* xxviii, 19.) Nec non et Apostolus teste Augustino, cum templum Spiritus sancti nominavit, aperte eum esse Deum pronuntiat, cum solius templum Dei esse dicatur. Scriptum quippe est in Apostolo : *Nescitis quoniam templum Dei estis, et Spiritus Dei habitat in vobis? (I Cor.* iii, 16.) Ubi aperte insinuat Deum ipsum cujus est templum, et Spiritum Dei quem inhabitare dicit idem esse. Sic et beatus Petrus in Actibus apostolorum Spiritum sanctum Deum esse profitetur dicens : *Ut quid mentitus es Spiritui sancto, Anania? non es mentitus hominibus, sed Deo (Act.* v, 4). De quo iterum Spiritu in eisdem Actibus continetur. Hoc dicit Spiritus jubens : *Separate mihi Barnabam et Paulum*, etc. *(Act.* xiii, 2) ; et rursum : *Placuit Spiritui sancto et nobis (Act.* xv, 28). Et Psalmista Spiritum Dei ubique esse tanquam incircumscriptum profitetur dicens : *Quo ibo a spiritu tuo? (Psal.* cxxxvi, 7.) Qui et statim ut ipsum spiritum Dei, quem ubique esse profitetur, idem esse cum ipso Deo ad quem loquitur, insinuet; per hoc patenter ostendit quod statim spiritum ipsum ubique esse assignat per ipsum Deum quem ubique esse astruit, dicens : *Si ascendero in cœlum, tu illic es*, etc. *(Psal.* cxxxviii, 8.) Sed et cum Veritas ipsa perhibet, peccatum in Spiritum non esse remissibile, cum peccatum in Patrem vel in Filium remissibile dicat *(Matth.* xii, 32), cui aperte non insinuet Spiritum ipsum non minorem esse Patre vel Filio, et per hoc etiam ipsum Deum plenum esse sicut est Pater ipse vel Filius?

Liquet itaque ex suprapositis tam Verbum Dei quam Spiritum ejus Deum esse, sicut et ipse cujus est Verbum vel Spiritus. Intelligant igitur, ut dictum est, hoc Verbum Deum, id est Filium Dei, non transitorium verbum, non audibile, sed intellectuale, hoc est ipsam rationem sive sapientiam coæternam Deo, quam dici convenit omnisapientiam sicut et dicimus omnipotentiam, unde et scriptum est : *Omnis sapientia a Domino Deo est, et cum illo fuit semper, et est ante ævum (Eccli.* i, 1). Qui etiam in libro Sapientiæ verus Dei Filius et consubstantialis monstratur, ad differentiam scilicet adoptivorum filiorum, de quibus per prædicationem ejus Deo acquisitis scriptum est : *Quotquot autem receperunt eum, dedit eis potestatem filios Dei fieri, his qui credunt in nomine ejus (Joan.* i, 12). Sic quippe cum ejus passio in Sapientia manifeste prophetaretur, inter cætera ab impiis dictum est : *Si enim verus Dei Filius est, suscipiet illum et liberabit de manu contrariorum (Sap.* ii, 18). Hanc et aperte generationem profitetur sancta anima per Deum liberata cum in Ecclesiastico dicit : *Invocavi Dominum Patrem Domini mei, ut non derelinquat me in die tribulationis meæ (Eccli.* li, 14).

XV.

Nunc autem post testimonia prophetarum de fide sanctæ Trinitatis, libet etiam testimonia philosophorum supponere, quos ad unius Dei intelligentiam cum ipsa philosophiæ ratio perduxit, qua, juxta Apostolum : *Invisibilia ipsius Dei a creatura mundi per ea quæ facta sunt, intellecta conspiciuntur* (Rom. I, 20), tum etiam ipsa continentissimæ vitæ sobrietas, quodam eis merito idipsum acquisivit : Oportebat quippe tunc etiam, ut in ipsis præsignaret Deus per aliquod abundantioris gratiæ donum quam acceptior sit ei qui sobrie vivit, et se ab illecebris hujus mundi per contemptum ejus abstrahat, quam qui voluptatibus ejus deditus, spurcitiis omnibus se immergit. Quantæ autem continentiæ vel abstinentiæ philosophi fuerint, sancti etiam doctores tradunt, qui et eorum vitam ad nostram increpationem advehunt, et pleraque ex documentis eorum moralibus, vel testimoniis fidei, ad ædificationem nostram assumunt : quod qui ignorat, legat saltem Hieronymum contra Jovinianum, et viderit quanta de eorum virtutibus et cæterorum gentilium referat, ad impudentiam scilicet illius hæretici conterendam. Maxime autem et nos opere hoc testimoniis seu rationibus philosophorum niti convenit, in quo adversus eos præcipue agimus, qui fidem nostram philosophicis nituntur oppugnare documentis, præsertim cum nemo nisi per ea quæ recipit, arguendus sit aut convincendus ; et ille nimia confusione conteratur, qui per eadem vincitur, per quæ vincere nitebatur. Philosophos autem unum tantummodo Deum cognoscere unus ex ipsis Tullius in primo Rhetoricorum perhibet dicens : *Eos qui philosophiæ dant operam non arbitrari deos esse*, ac si aperte dicat : Imo unum Deum, non deos plures. Qui etiam qualiter Deo revelante ad ipsius divinæ Trinitatis cognitionem conscenderint, Paulus quoque Apostolus in Epistola ad Romanos patenter insinuat dicens : *Quod notum est Dei, manifestum est in illis ; Deus enim illis revelavit. Invisibilia enim ipsius a creatura mundi per ea quæ facta sunt, intellecta conspiciuntur. Sempiterna quoque ejus virtus et divinitas, ita ut sint inexcusabiles, quia cum cognovissent Deum, non sicut Deum glorificaverunt, aut gratias egerunt, sed evanuerunt in cogitationibus suis*, etc. (*Rom.* I, 19 et seq.) Unde et Claudianus Præfectorio patricio de statu animæ scribens, his meminit verbis : *Et quoniam mortalium generi natura datum est, ut abstrusa fortius quærat, ut negata magis ambigat* [f. ambiat], *ut tardius adepta plus diligat, eo flagrantius animadverteretur veritas, quo diutius desideratur, vel laboriosius quæritur, vel tardius invenitur. Hinc factum ut philosophi quoque excellentibus ingeniis longi sæculi de veritate quærentes abusque Pythagora Italico, vel Ionico Thalete semper exstiterint, qui dissidentibus aliis, vel in parte operis aliud dignum tanta indage senserunt.* Unde etiam doctor gentium non tam ignaros veri philosophos, quam cognitionis contemptores accusat, inquiens : « *Invisibilia Dei a creatura mundi per ea quæ facta sunt intelle-*

---

(25) Patrol. tom. XLI, col. 234.

---

cta, etc. » (25) Hinc etiam illud est Augustini De civitate Dei, lib. VIII : *Homo Christianus litteris tantum ecclesiasticis eruditus cavet eos qui secundum elementa hujus mundi philosophantur.* Admonetur enim apostolico præcepto : « *Cavete ne quis vos decipiat per philosophiam et inanem seductionem secundum elementa mundi* (Coloss. II, 8). » *Deinde ne omnes tales arbitretur, aliud audit ab eodem Apostolo de quibusdam* : « *Quia quod notum est Dei, manifestum est in illis*, etc. » *Et ubi Atheniensibus loquens, cum rem magnam de Deo dixisset, et quæ a paucis posset intelligi* : « *Quod in illo vivimus, movemur, et sumus* (Act. XVII, 28), adjecit : *Sicut et vestri quidam dixerunt.* Idem, in lib. De spiritu et littera : « *Vita sapiens quæ fecit mundum, contemplato mundo, intelligitur. Interroga mundum et ornatum cœli, terram fructificantem herbis, et lignis, et animalibus plenam, mare quantis natantibus plenum est, aerem quantis volatilibus ; interroga omnia et vide si non omnia specie sua tanquam voce tibi respondeant : Deus nos fecit. Hæc philosophi nobiles quæsierunt, et ex arte artificem cognoverunt.* Isidorus, De summo bono lib. I, cap. 4 : *Sicut laus operis in artificem retorquet laudem, ita et rerum Creator per creaturam suam laudatur, et quanto sit excellentior ex ipsa operis conditione monstratur.* Item : *Collaudant Deum et insensibilia per nos, dum ea considerantes Deum laudamus.*

Dixerunt antiqui quia nihil fit quod non sensum habeat in Deum. Nemo itaque miretur, si ab ipsis quoque philosophis, qui tot sanctorum assertionibus ad divinitatis notitiam ipso etiam Domino revelante conscenderunt, testimonia inducamus. Licet eorum plurimi ab ipso quoque Apostolo graviter arguantur, eo quod juxta illud quod ipsemet ait : *Scientia inflat* (I Cor. VIII, 1), ex ipsa divinæ notitiæ prærogativa superbiendo reprobi facti sunt ; non enim eos in exemplo vivendi hoc loco assumimus, sed docendi sive credendi, sicut et Salomonem frequenter. Cujus tamen sapientiæ excellentia ipsius etiam Domini testimonio omnibus præferenda, per concupiscentiam carnalesque voluptates devicta idololatriæ consensit, divino cultu derelicto, quem in Scripturis suis et docebat et prædicabat. Ad quem etiam cultum Dei magnificandum ipse jussu Dei templum ædificavit, a quo pater ejus justus inhibitus fuit. Deus autem reprobis et infidelibus nonnunquam maxima dona distribuit, quæ aliorum doctrinæ vel usui necessaria fore videt. Nec non et per reprobos multa miracula operatur, de quibus Veritas in Evangelio : *Multi dicent mihi in illa die : Domine, Domine, nonne in nomine tuo prophetavimus, et in nomine tuo dæmonia ejecimus, et in nomine tuo virtutes multas fecimus ? Et tunc confitebor illis quia non novi vos, discedite a me omnes qui operamini iniquitatem* (Matth. VII, 22, 23). Deus autem cum per reprobos aut miracula ostendit, aut prophetias loquitur, aut quælibet magna operatur, non hoc ad utilitatem ipsorum agere quibus utitur tanquam ministris, sed potius aliorum, quos instruere per istos intendit. Qui et per indignos ministros gratiæ suæ dona non deserens, quotidie sacramenta Ecclesiæ ad invocationem sui nominis spiritualiter conficit in salutem credentium. Bene autem et per indignos sive infideles maxima Deus operatur, qui verbis asini prophetam docuit (*Num.* xxii, 28), ne si per magnos tantum magna operaretur, virtutibus meritisque hominum magis quam divinæ gratiæ hæc tribuerentur. Nequando tamen de salute omnium desperet philosophorum, aut omnium vitam existimet reprobam, qui Dominicam incarnationem præcesserunt, beatum audiat Hieronymum, Evangelium Matthæi exponentem; ait quippe sic inter cætera (26) : *Ex eo quod malus servus ausus sit dicere:* « *Metis ubi non seminasti, et congregas ubi non sparsisti* (*Matth.* xxv, 24), » *intelligamus etiam gentilium philosophorum bonam vitam recipere Deum, aliter habere eos qui juste et aliter eos qui injuste agunt.* Si enim supra positam ab Apostolo causam discutiamus, quia videlicet quosdam eorum post divinam quam assecuti sunt notitiam, in reprobum sensum tradi meminerit, cum in suis scilicet evanescerent cogitationibus, dicentes se esse sapientes (*Rom.* i, 19 et seq.), id est suam sapientiam proprio studio vel ingenio ascribentes, non divinæ gratiæ dono tribuentes, reperiemus eos qui præcipui habentur, omnem præcipue philosophiam divinæ tribuere gratiæ, veluti Socratem, sive Platonem. Socratem quidem, lib. viii De civitate Dei, beatus Augustinus talibus effert præconiis (27) : *Socrates magister Platonis, universam philosophiam ad corrigendos componendosque mores exegisse commemoratur. Hic animum intendit ad hoc quod esset beatæ vitæ necessarium, per quam unam omnium philosophorum invigilasse ac laborasse videtur industria. Nolebat immundos terrenis cupiditatibus animos se in divina conari, quandoquidem ab eis causas rerum videbat inquiri, quas primas atque summas, nonnisi in unius vim ac summi Dei voluntate esse credebat. Unde et non eas putabat nisi mundata mente posse comprehendi, et ideo purgandis bonis moribus vitæ censebat instandum : ut deprimentibus libidinibus exoneratus animus, naturali vigore in æterna se attolleret, naturamque incorporalem atque incommutabilis luminis, ubi causæ omnium factarum naturarum stabiliter uniuntur, intelligentiæ puritate conspiceret.* A Platone quoque in primo De republica personam Socratis et Thimæi inducente scriptum est ita : Socrates. *Ergo age, Thimæe, deliba cæptum, vocata, ut mos est, in auxilium divinitate.* Thimæus. *Vere, mi Socrates. Nam cum omnibus mos sit, et quasi quædam religio, qui de maximis vel minimis rebus aliquid sunt acturi, precari auxilium divinitatis, quanto nos æquius est, qui universitatis naturæ substantiæ rationem præstaturi su-*

mus, invocare divinam opem, nisi plane sævo quodam furore atque implacabili rapiemur amentia? Ecce aperte ex his verbis Platonis asseritur morem hunc esse philosophis, ut tam in maximis quam minimis quæ agenda sunt divinum invocent auxilium, et pro summo furore atque implacabili amentia id si dimittatur apud eos haberi.

Quod itaque ait Apostolus quosdam philosophorum et gentilium sapientium, hoc quod de Deo vel cæteris intelligebant, sibi potius quam Deo ascripsisse, atque hinc excæcari meruisse, paucis potius quam multis imputandum videtur, sicut et ipsa turpitudinis pœna quam consequenter adjungit dicens : *Propterea tradidit illos Deus in passiones ignominiæ* (*Rom.* i, 26). Et rursum : *Masculi,* inquit, *in masculos turpitudinem operantes,* etc. (*ibid.,* 27.) Constat quippe philosophos maxime continenter vixisse, atque ad continentiam tam scriptis quam exemplis multas nobis exhortationes reliquisse. Sed si quis sine fide venturi eos salvari posse contradicat, quomodo id comprobare poterit, quod in eum scilicet non crediderint, quem etiam per gentilem feminam, id est Sibyllam multo fere apertius quam per omnes prophetas vaticinatum viderint? Neque enim ideo astruendum est eos Incarnationem Domini futuram non exspectasse, aut non credidisse, quia hoc in scripturis eorum minime reperitur, cum nec fortasse in omnibus eorum prophetarum scriptis ipsa satis sit expressa, divino id disponente consilio, ut non quibuslibet, aut per quoslibet tantum revelaretur arcanum, cum etiam provida dispensatione septuaginta Interpretes in multis Scripturarum locis quas transferebant scriptum Dei Filium reperientes, hoc penitus præterisse ac reticuisse dicuntur, ne scandalum scilicet infidelibus auditoribus magis commoverent quam fidem astruerent. Scimus quippe philosophos cum de diis, quos populus venerabatur, diversa a cæteris sentirent, et ideo a populo in fide dissentirent, metu tamen compulsos, communia cum illis templa tenere, et cæremoniis eorum interesse, ac se pariter idololatras simulasse.

Unde Augustinus De vera religione (28) : *Sapientes,* inquit, *quos philosophos vocant, scholas habebant dissidentes, et templa communia, non enim vel populos vel sacerdotes latebat de ipsorum natura deorum quam diversa sentirent. Omnes tamen cum sectatoribus suis diversa et adversa sentientibus et sacra communia nullo prohibente veniebant. Sed certe illud satis quantum mihi videtur, oportet aliud eos in religione suscepisse cum populo, et aliud eosdem ipso populo audiente defendisse privatim. Socrates tamen audacior cæteris fuisse perhibetur, jurando per canem quemlibet aut lapidem, et quidquid juraturo quasi ad manum occurrisset. Credo intelligebat qualiacunque opera naturæ, quæ administrante divina providentia generentur, multo quam hominum meliora, et ideo divinis honoribus digniora quam ea*

(26) Patrol. tom. XXVI, col. 188.
(27) Patrol. tom. XLI, col. 226, 227.

28) Patrol. tom. XXXIV, col. 125.

quæ in templis colebantur. Non quod vere canis aut lapis essent colenda sapientibus, sed ut hoc modo intelligerent, quod possent tanta superstitione eversos esse homines, ut esset tam turpis demonstrandus gradus, ad quem venire si puderet, viderent quanto magis pudendum esset in turpiore consistere. Similiter et illos qui mundum istum visibilem summum Deum esse opinantur, admonebat turpitudinis suæ, docens esse consequens, ut quilibet lapis tanquam summi Dei particula jure coleretur. Item (29) : Socrates cum populo simulacra venerabatur, et post ejus damnationem mortemque nemo ausus est jurare ver canem, nec appellare quemcumque Jovem, sed hoc tantummodo memoriæ litterisque mandare. Quod utrum timore an aliqua cognitione fecerint, judicare non est meum. Ex his itaque verbis aperte docemur quod scholæ, id est doctrinæ philosophorum, longe in fide dissentirent a vulgo, cum quo tamen habebant templa communia, cum eos omnes a se in fide dissidere tam populus quam sacerdotes sentirent. Nec solum diversos a fide, sed adversos etiam existere. Qui cum manifeste cum populo exteriorem religionem templis : exhiberent. Stultorum scilicet, quorum infinitus est numerus (Eccle. 1, 15), multitudinem metuentes, privatim tamen, et quasi sapientiam loquentes inter perfectos, ipso etiam nonnunquam populo audiente, sectam fidei contrariam profitebantur atque defendebant. Quorum quidem Socrates maximus idolatriæ derisor, in tantum plures deos, id est idola, contemptum adduxit, ut eis canem præferre auderet, per quem ad hanc irrisionem jusjurandum susceperat, unde et antiquorum nominum gloriam ipsis abstulit idolis. Superest nunc ut proposita quoque philosophorum proferamus de fide testimonia, ut utrumque populum infidelem ex ipsis suis doctoribus confutemus, Judæos scilicet ex prophetis, gentiles ex philosophis.

XVI.

Primus autem nunc ille antiquissimus philosophorum, et magni nominis occurrat Mercurius, quem pro excellentia sua deum quoque appellaverunt. Cujus quidem testimonium de generatione Verbi Augustinus contra quinque hæreses disputans inducit, dicens (30) : *Hermes, qui Mercurius Latine dicitur, scripsit librum qui appellatur Λόγος τέλειος, id est Verbum perfectum. Audiamus quid loquatur de Verbo perfecto. Dominus, inquit, et factor omnium deorum secundum fecit Dominum, hunc fecit primum, et solum et verum. Bonus autem ei visus est, et plenissimus omnium bonorum; lætatus est, et valde dilexit eum tanquam unigenitum suum.* Item, alio loco (31) : *Filius benedicti Dei atque bonæ voluntatis, cujus nomen non potest humano ore narrari.* Augustinus (32) : *Quem primo factum dixit, postea unigenitum appellavit. Quantum plenissimus sit, Joannes evangelista ait :* « *De plenitudine ejus omnes accepi-*

(29) Patrol. tom. XXXIV, col. 123.
(30) Patrol. tom. XLII, col. 1103.
(31) Ibid.

mus. » Deos autem, hoc est animalia rationalia immortalia, philosophi planetas, seu etiam mundum ipsum vocare consueverunt, unde et propheta solem et lunam et cætera, militiam cœli vocat, morem gentilium secutus, qui eis tanquam rectoribus et protectoribus suis immolabant. Horum autem deorum excellentiores, juxta Platonem, summus Deus, cum de creatione hominis facienda alloquitur, quasi omnia quæ in terris deorsum fiunt a superioribus, per occultas planetarum ac siderum naturas administrentur. Ita enim dicit : *Dum deorum quæritur opifex idem paterque ego : opera siquidem mea dissolubilia natura, me tamen ita volente indissolubilia,* etc. Ad hoc et illud pertinet, quod in octavo De civit. Dei de Platonicis dicitur (33) : *Omnium, inquiunt, animalium in quibus est anima rationalis, tripartita divisio est, in deos, homines, dæmones. Deorum sedes est in cœlo, hominum in terra, in aere dæmonum.* Et Boetius super Porphyrium : *Quandocunque*, inquit, *supponimus Deum animali, secundum eam opinionem facimus quæ cœlum stellasque atque hunc mundum totum animatum esse confirmat, quos etiam deorum nomine appellaverunt.*

Beatus vero Augustinus quod dicitur de sole et cæteris cœlestibus luminaribus, nequaquam refellere audet, sed sibi incertum esse profitetur utrum videlicet quidam rectores spiritus illis insint, per quos etiam vivificentur, et (quod mirabile dictu videtur) dicit etiam se ignorare, utrum hæc quoque pertineant ad societatem eorum quos nos Christiani angelos vel cœlestes spiritus dicimus. Unde in Enchiridion ita dicit (34) : *Utrum archangeli appellentur virtutes, et quid intra se distent sedes sive dominationes, sive principatus, sive potestates, dicant qui possunt, si tamen possunt probare quod dicunt. Ego me ista ignorare profiteor. Sed nec istud certum habeo, utrum ad eamdem societatem pertineant sol et luna, et cætera sidera, quamvis nonnullis lucida esse corpora non consensu vel intelligentia videantur.* Ne quis forte sacris eruditus litteris abhorreat Hermetis philosophi verba, quibus videlicet ait de Deo Patre, qui secundum fecerit Dominum, hoc est genuerit Filium, cum profecto Deus Filius a Deo Patre, nec factus, nec creatus, sed tantum sit genitus; sciat etiam a catholicis et sanctis doctoribus multa de eadem generatione similiter abusive prolata, cum nonnunquam Patrem auctorem Filii, vel eum procreasse, vel Filium a Patre formatum, ipsius Patris esse effectum abusive pronuntient. Unde Hilarius De Trinitate lib. III : *Secundum Apostolum quia in Christo inhabitat omnis plenitudo divinitatis corporaliter* (Coloss. II, 9), *sed incomprehensibiliter, inenarrabiliter ante omne tempus et sæcula, unigenitum ex his quæ ingenita in se erant procreavit, omne quod Deus est per charitatem atque virtutem,*

(32) Ibid.
(33) Patrol. tom. XLI, col. 258.
(34) Patrol. tom. XL, col. 259, 260.

nativitati ejus impartiens, ac sic ingenito, perfecto, æternoque Patri, unigenitus, et perfectus, et æternus est Filius. Ea autem quæ ei sunt secundum corpus quod assumpsit, bonitati ejus ad salutem nostram voluntas est. Idem in XI : « *Verba quæ loquor vobis, non a me loquor (Joan.* XII, 49). » *Nam dum non a se loquitur, auctori eum necesse esse debere quod loquitur.* Item : *Ad id quod agit secundum nativitatem sibi Pater auctor est.* Rursus idem in XII, de non nato Deo Patre, et nato ab eo Filio loquens ait : *Neque ipsum non natum atque nasci, quia illud ab altero, hoc vero a nemine est, et aliud est sine auctore esse semper æternum, aliud quod Patri, id est auctori, est æternum. Ubi enim Pater auctor est, ibi et nativitas est; at vero ubi auctor est æternus, ibi et nativitatis æternitas est, quia sicut nativitas ab auctore est, ita et ab æterno auctore æterna nativitas.* Item : *Quod ex æterno natum est, id si non æternum, natum jam non erit, et Pater auctor æternus. Si quid igitur ei qui ab æterno Patre natus est, ex æternitate defuerit, id ipsum auctori quidem Pater est, non est ambiguum defuisse quod gignenti est infinitum, infinitum est etiam nascenti.* Item : *Ex æterno nil aliud quam æternum, quod si non æternum, jam non Pater, qui generationis est auctor, æternus est.* Item : *Ex te natus ostenditur, ut nil aliud quam te sibi significet auctore.* Idem in psalmo CXXXVII : « *Tu formasti me et posuisti super me manum tuam,* » *utrumque significat, ut quod formavit antiquum sit, quod superposuit manum novissimum sit. Quod enim secundum naturam divinitatis formatus sit, Apostolus docet dicens :* « *Qui cum in forma Dei esset (Philipp.* II, 6). » *Quod enim in forma est, formatur. In forma, et ei pater naturæ et divinitatis est, ut referri possit ad Patrem, et formatus ab ipso sit.* Augustinus Quæst. veteris et novæ legis cap. LVII : *Deus Pater Deum Filium generavit, in quo ipse videtur qui nil ab eo distaret ut magnitudini suæ congruus responderet affectus.* Item : *Simillimum itaque Filium suum creans addidit, ex se quasi alterum se.* Idem in eodem : *Habuit itaque ante mundum creatæ sobolis principatum, ut Pater rerum futurus ante esse debuerit Pater proprius, hoc est proprii sui fœtus.*

In Ecclesiastico etiam ipsa Dei sapientia quæ Filius ejus dicitur, tam ab ipso creata quam genita commemoratur. *Sapientiam,* inquit, *Dei præcedentem omnia quis investigabit? Prior omnium creata est sapientia, et intellectus prudentiæ ab ævo. Fons sapientiæ verbum Dei in excelsis (Eccli.* I, 3-5). Et iterum : *Unus est Altissimus Creator omnipotens et Dominus Deus, ipse creavit illam in Spiritu sancto, et effudit illam super omnia opera sua (ibid.,* 8-11). Item infra : *Sapientia inter benedictos benedicetur* dicens : *Ego ex ore Altissimi prodii primogenita ante omnem creaturam. Gyrum cæli circuivi sola,* etc. (*Eccli.* XXIV, 4 et seq.) Et rursum : *Ab initio et ante sæcula creata sum, et usque ad futurum sæculum non desinam,* etc. (*Ibid.,* 14 et seq.).

Quid itaque mirum cum in verbis quoque ecclesiasticorum ac sanctorum doctorum nonnulla tam abusive proferantur, ad generationem Verbi demonstrandam, ut Deus Pater auctor esse Filii sui, et eum procreasse, vel Filius ab eo procreatus, vel ejus dicatur effectus esse, secundum id videlicet quod ab eo est genitus potius quam creatus vel factus, et ille tantum genitor potius quam creator vel auctor. Quid, inquam, mirum si prædictus philosophus Hermes, videlicet in illis ecclesiasticis imbutus disciplinis, abusionem verborum non curaverit, dicendo scilicet *fecisse,* pro *genuisse?* Quid etiam cum secundum a Patre Filium dixerit, a verbis quoque sanctorum alienus non existit? Unde Hilarius de Trinitate in XII : *Filius ex te Deo Patre Deus verus et a te genitus, post te ita confitendus ut tecum, quia æternæ originis, sive æternus auctor es. Nam dum ex te est, secundus a te est. Secundus,* inquam, *ex modo existendi, non ex differentia dignitatis.* Hic quippe a Deo Patre quasi primo loco subsistit, cum Spiritus tanquam tertio loco ab utrisque sit. Unde et Patrem Hieronymus principalem Spiritum ad Filium nominat, opere videlicet illo suo de tribus virtutibus. Ita loquens David in psalmo tres spiritus postulat dicens : *Spiritu principali confirma me (Psal.* L, 14), *Spiritum rectum innova in visceribus meis (ibid.,* 12), *Spiritum sanctum tuum ne auferas a me (ibid.,* 13). Qui sunt isti tres spiritus ? Spiritus *principalis* Pater est, *rectus* spiritus Christus est, *spiritus sanctus,* Spiritus sanctus est. Augustinus veteris et novæ legis cap. LVIII : *Spiritum sanctum qui tertius sit a Patre, secundus autem a Christo secundum numeri ordinem;* ac si diceret : Secundum ordinatam ac congruam computationis ordinationem, juxta videlicet ipsam existentiæ seriem, quæ in ipsis est personis, non secundum aliquos earum dignitatis gradus. Pater quippe a nullo est, Filius a Patre solo est, Spiritus sanctus ab utrisque simul esse contrahit.

XVII.

Revolvatur et ille maximus philosophorum Plato, ejusque sequaces, qui testimonio sanctorum Patrum præ cæteris gentium philosophis fidei Christianæ accedentes, totius Trinitatis summam post prophetas patenter addiderunt, ubi videlicet mentem quam νοῦν vocant, ex Deo natam, atque ipsi coæternam esse perhibent, id est Filium, quem sapientiam Dei dicimus, ex Deo Patre æternaliter genitum, qui nec Spiritus sancti personam prætermisisse videntur, cum animam mundi esse astruxerunt tertiam a Deo νοῦν, personam. Quod vero Plato sanctæ Trinitatis fidem non so'um docuerit, sed et ita esse convicerit, Claudianus Præfectorio patricio, de statu animarum scribens, his astruit verbis : *Plato,* inquit, *procedat in medium, qui tantis equidem sæculis ante puerperium Virginis, ante incarnationem Dei, ante prædictam summæ Trinitatis in gentibus veritatem, ineffabiliter unum, tres in divinitate personas, mirabili ingenio, immutabili eloquio quæsivit, invenit, prodi* dit : *Patrem Deum, paternamque mentem actionem sive consilium, et utriusque horum amorem mutuum, unam summam æque ternam indivisam divinitatem, non solum ita credi oportere docuit, sed ita esse convincit.* Quod autem Claudianus mutuum amorem adinvicem Patris et Filii dixerit, non incongrue animam mundi, id est universorum fidelium vitam, atque salutem, Plato nominavit. In quo videlicet amore Dei, quælibet anima mortua jacet. De qua quidem anima mundi ea diligenter consideremus quæ a Platone dicta sunt, a quo cæteri quoque philosophi quod de anima ipsa dixerint habuisse creduntur. Hanc itaque videlicet mundi animam, quasi tertiam a Deo, et νοῦν personam distinguens, prolixiori ac diligentiori descriptione prosequens, eam tam in seipsam quam in effectis suis integerrima designatione declarat, juxta quam et nos Spiritum sanctum modo secundum effecta operum suorum dicere solemus, modo secundum naturalem bonitatis ejus affectum, quem in seipso ab æterno habuit, sicut diligentius postmodum distinguemus.

Nunc autem illa Platonis verba de anima mundi diligenter excutiamus, ut in eis Spiritum sanctum integerrime designatum esse agnoscamus.

Dicit itaque Plato hanc ante mundi constitutionem factam sive genitam a Deo esse, in quo Spiritus sancti perpetuam processionem, qua ex Deo Patre est, nobis, ni fallor, insinuat. Solent quippe philosophi factum ex Deo sive genitum dicere, omne quod a Deo habet esse. Unde et Hermes superius, Filium Dei factum a Deo dixit, secundum hoc quod ab ipso habet esse tanquam æternaliter genitus, non temporaliter ab ipso factus aut creatus. Plato quoque omne quod a Deo habet esse, genitum dicit ex ipso, non tamen ideo omne quod a Deo est Filium ejus esse, velut ipsum mundum et cætera ejus opera. Ait autem sic, cum de mundo antea locutus ad animam venisset mundi : *Nec tamen,* inquit, *eo quod nos ad præsens loquimur, eo ordine ortum animæ Deus annuit, minoremque ac posteriorem corporibus fecit eam; neque enim docebat rem antiquiorem a postgenita regi.* Itemque : *Deus tam ab antiquitate quam virtutibus præire animam naturæ corporis jussit, dominamque eam et principali jure voluit esse circa id quod tueretur.* In quo etiam notandum est quod, dum eam præesse regimini mundi ut dominam dicit, profecto eam omni præfert creaturæ, et Deum esse astruit, quam postmodum his verbis animam mundi vocavit. Hoc dicit : *Et demum reliquias prioris concretionis, ex qua animam mundi commiscuerat,* etc.

Bene autem Spiritum sanctum animam mundi quasi vitam universitatis posuit, cum in bonitate Dei omnia quodammodo vivere habeant, et universa tanquam viva sint apud Deum, et nulla mortua, hoc est nulla inutilia, nec etiam ipsa mala, quæ optime per bonitatem ipsius disponuntur. Juxta quod tam apud evangelistas quam apud Platonicos scriptum esse meminimus : *Quod factum est in ipso vita erat (Joan.* 1, 3, 4). Ac si diceret : Omnia temporaliter facta per ipsum, hoc est per ipsam Dei bonitatem condita, in ipsa Dei bonitate quodam modo perenniter vivebant, cum apud divinam providentiam omnia ab æterno per ejus bonitatem optime essent ordinata, ut tam bene singula procedere vellet, quantum oporteret. Hinc non incongrue illud Apostoli consonare videtur, quod perhibet philosophorum quosdam dixisse quod *in Deo vivimus, movemur et sumus (Act.* XVII, 28), ac si hanc animam mundi ipsum intelligerent Deum. Quod vero dicit Deum excogitasse tertium animæ genus, quod animam mundi dicimus, tale est ac si tertiam a Deo et νῷ personam astruat esse Spiritum sanctum in illa spirituali divina substantia. Excogitare Deus dicitur, hoc est ex integro percipere unius personæ discretionem, quam nos digne cogitare, atque ab ipso Patre et Filio plene distinguere non sufficimus. Soli quippe sibi Trinitas divina vere cognita est. Tantumdem etiam videt aliud ex Deo excogitari aliquo modo, quantum illud se habere illo modo, hoc est ita veraciter esse. Deinde statim hujus tertiæ personæ, quam animam mundi collocat, diligentem adhibet descriptionem, cum animam ipsam ex individua, et immutabili substantia consistere perhibet, ac rursum ex dividua, secundum quod scilicet seipsam anima scindere putatur per corpora. Tale quippe est quod dicit animam ex hoc et illo constare, tanquam si diceret ipsam sic tam hoc quam illud in se habere, ut ipsa animæ substantia et individua et quodammodo dividua sit. Nam et Spiritus sanctus et in seipso simplex omnino substantia est, et ex natura divinitatis omnis invariabilis atque incommutabilis in seipso perseverat. Atque idem spiritus per effecta multiplex quodammodo vocatur, et septem spiritus nonnunquam dicitur, secundum septiformis gratiæ suæ efficientiam. Unde et in laude divinæ sapientiæ spiritus et unicus, et multiplex, et discurrens, et stabilis esse describitur.

Dicit itaque philosophus animam ipsam esse ex individua semperque in suo statu perseverante substantia, itemque, alia quæ inseparabilis comes corporum per eadem corpora se scindere putatur, quia Spiritus sanctus et hujusmodi est qui ex suo statu, quem in seipso non in effectis suis habet, omnino simplex esse, atque incommutabilis : et quodammodo multiplex esse secundum effecta putatur, quod est seipsum in corpora scindere, secundum quod ipsa videlicet anima inseparabilis comes est corporum, cum hanc scilicet multiplicitatis scissuram nullo modo quantum ad seipsam habere possit, sed, ut dictum est, quantum ad effecta suorum videlicet distributione donorum, cum etiam isti gratiam, aliam illi tribuat, et seipsum singulis non æqualiter vel eodem modo conferat, ut hinc quoque alium spiritum iste, alium ille habere dicatur. Egregie quoque putari dictum est et non esse, quia si vere ac proprie loquamur, non est hæc multiplicitas spiritus, sed effectorum ipsius, cum eum videlicet in hoc uno multiplicem dicamus, quia multiplicia facit : quod est effecta ejus magis esse diversa quam ipsum. Cum itaque in ipsa anima mundi individua et dividua, sive, ut dictum est, eadem et diversa concurrat substantia, addidit his duobus in ipsa anima concurrentibus quamdam misturam effici ex individuo et dividuo, scilicet sive ex eodem et diverso, hoc est incommutabili et mutabili. In qua quidem, ut ita dicam, mistura Spiritus sancti proprietas distinguitur, et integre videtur expressa tam in seipso quam in effectis, ut dictum est, suis. Dicit itaque quia Deus hoc tertium substantiæ genus, ita ut dictum est, mistum, locavit medium inter utramque substantiam, individuam scilicet atque dividuam, quia cum sit ipse spiritus ex Deo, tanquam ab ipso procedens, utrumque eorum ab ipso habet agi a quo esse habet. Et hoc est dicere quod Deus locavit hoc ipsum animæ genus inter utraque supra dicta quasi medium horum ; hoc est mistum ex eis, ac si diceret quod ab ipso Deo a quo est ipsa anima tam hoc quam illud habet, ut videlicet et individua sit ut substantia sua et dividua secundum effecta. Quod autem dictum est, locavit, congrue dictum est juxta metaphoram locutionis qua dictum est medium quasi inter aliqua circumstantia collocandum.

Postquam autem assignavit misturam animæ ex individuo et dividuo, transit ad misturam ex eodem et diverso, dicens animam eamdem eodem modo ex eodem et diverso consistere; sicut ex individuo et dividuo consistit. *Cujus*, inquit, *pars idem per diversum vocetur*, cum videlicet spiritus ille et idem sit in substantia cum Deo et νῷ, id est cum Patre et Filio, et diversus in proprietate personæ. Possumus et eumdem hoc est incommutabilem eum in se dicere, et diversum quodammodo per effecta esse, cum non solum ipse quæ diversa sunt, fecerit; secundum quod superius dictum est ex dividua constare substantia, verum etiam ea per temporum successionem mutat, et narrat prout opportunum esse indicat, juxta illud Boetii :

Stabilisque manens dat cuncta moveri.

Et jam quidem superius eum incommutabilem esse assignaverat cum ait : *Semperque in suo statu perseverante substantia.* Sed quod variabilis per effectum et suorum mutationem esset, nondum addiderat quod nunc facit. Bene itaque dicit animam ipsam quoddam medium esse, id est mistum ex individua in se substantia, et dividua per conjunctionem corpoream, id est conjunctionem ipsius ad corpora, quando scilicet ipsa ad rem quamlibet creandam vel regendam atque disponendam se applicat, sicut animalis anima corpori suo sua impertiens beneficia, cui etiam philosophus totam vim et concordiam proportionalem numerorum tribuit, ut divinæ gratiæ bonitate universarum rerum concordiam consistere doceat. Omnis quippe ordo naturæ a concinna dispositio numerorum proportionibus vestigatur atque assignatur, et omnium perfectissimum exemplar numerus occurrit, qui rebus congruit universis. Qui quidem eos non latet qui philosophiæ rimantur arcana. Hinc est etiam quod arithmetica, quæ tota circa proportiones numerorum consistit, mater et magistra cæterarum artium dicitur : quod scilicet ex dissectione numerorum, cæterarum rerum vestigatio doctrinaque pendeat. Cujus etiam ut ineffabilem exprimerent benignitatis ejus dulcedinem, totam ei musicarum consonantiarum ascribunt harmoniam, qua et ipsum jugiter resonare firmamentum, et superiores mundi partes repleri perhibent. Nihil quippe est quod ita oblectet, et nimia suavitate sui alliciat animos, sicut melodia, nihil ita pronum ad eos componendos vel commovendos vel pacandos, ut juxta illud primi capituli Boetianæ musicæ scirent philosophi, quod nostræ tota animæ corporisque compago musica coaptatione conjuncta sit. Adeo quidem ut iracundiam insaniamque melodia sedari, et gravissimarum infirmitatum dolores curari animadverterent atque efficerent. Quod qui ignorat, nec experimento didicit, adhuc legat dictum musicæ capitulum et inveniet quomodo Pythagoras ebrium adolescentem sub Phrygii modi sono incitatum, spondeo succinente reddidit duriorem et sui compotem. *Nam cum scortum*, inquit, *in rivalis domo esset clausum, atque ille furens domum vellet comburere, cumque Pythagoras stellarum cursus, ut ei mos erat, nocturnus inspiceret, ubi intellexit sono Phrygii modi incitatum multis amicorum admonitionibus a facinoribus noluisse desistere, mutari modum præcepit, atque ita furentis animum adolescentis ad statum mentis pacatissimæ temperavit.*

Inveniet etiam ibidem, quod cum vinolenti adolescentes tibiarum etiam cantu, ut fit, instructi in litteris pudice fores frangerent, admonuisse tibicinem ut spondeum caneret dicitur Pythagoras. Quod cum illa fecisset tarditate modorum et gravitate canentis, illorum petulantiam consedasse. Videbit iterum et quomodo Terpander atque Arion Lesbios atque Iones gravissimis morbis cantus eripuere præsidio. Necnon et qualiter Ismenias Thebanus, Bœotiorum pluribus, quos inficiati doloris tormenta vexabant, modis ferunt cunctas abstersisse molestias. Ubi etiam Empedocles cum ejus hospitem in vitis patrum quidam gladio furibundus invaderet inflexisse modum canendi, itaque adolescentis iracundiam temperasse. *In tantum vero*, inquit Boethius, *priscæ philosophiæ studiis vis musicæ artis innotuit, ut Pythagorici, cum diurnas in somno resolverent curas, quibusdam cantilenis uterentur, ut eos lenis et quietus sopor reciperet, itaque expergefacti aliis quibusdam modis stuporem somni confusionemque purgarent, id nimirum scientes quod tota nostra animæ compago corporisque musica coaptatione conjuncta sit; nam ut sese corporis affectus habet, ita etiam pulsus cordis motibus incitantur. Quod scilicet Democritus Hypocrati medico tradidisse fertur, cum eum quasi insanum cunctis Democriti civibus id opinan-*

tibus in custodia medendi causa viseret. Sed quorsum isthæc? Quia non potest dubitari quin nostræ animæ et corporis status eisdem quodammodo proportionibus videatur esse compositus, quibus harmonicas modulationes posterior disputatio conjungi copularique demonstrabit. Quod si parva fidelibus videantur, quæ juxta philosophos de virtute diximus harmonica, nisi et sacræ Scripturæ testimonio id confirmemus, occurrat memoriæ qualiter spiritu malo in Saul irruente, actum est prudentium virorum consilio vim harmonicæ suavitatis non ignorantium, ut vesaniæ tantæ stimulis Davidici moduli mederentur. Unde et postmodum vir Deo plenus cum ad divini cultus religionem amplificandam templum ædificare disponeret, psalmos qui decantarentur, composuit, et omnium musicorum instrumentorum genera congregavit, ut tam vocum quam sonorum consonantiis rudem alliceret populum, per quæ antea diabolicum in reprobo rege mitigavit tormentum.

Ex quo præcipue traditur quam naturalis sit harmonica modulatio, quæ ita naturam ejus suavitate sui componere ac reparare valet, ut maligni quoque spiritus tormenta eam perturbare non queant. Legimus et quorumdam sanctorum animas ne quid doloris in exitu suo paterentur, ad melodiæ dulcedinem sponte hinc egressas fuisse. Unde et in Vitis Patrum scriptum esse meminimus, quod, dum quidam frater videre vellet animam peccatoris et justi quomodo abstrahatur a corpore, et non vellet Deus contristare eum in desiderio ejus, invenit hominem peregrinum jacentem in platea ægrotum, non habentem qui ei curam adhiberet. Et cum venisset hora dormitionis ejus, conspicit frater ille Michaelem et Gabrielem descendentes propter animam ejus. Et sedens unus a dextris, et alius a sinistris ejus, rogabant animam ejus ut egrederetur, et non exibat quasi nolens relinquere corpus suum. Dixit autem Gabriel ad Michaelem: *Assume jam animam istam ut exeamus.* Cui Michael respondit: *Jussi sumus a Domino ut sine dolore ejiciatur, ideoque non possumus cum vi avellere eam.* Exclamavit ergo Michael magna voce dicens: *Domine, quid vis de anima hac, quia non acquiescit nobis ut egrediatur?* Venit autem ei vox: *Ecce mitto David cum cythara et omnes psallentes Jerusalem, ut audiens psalmum ad vocem ipsorum egrediatur.* Cumque descendissent omnes in circuitu animæ illius cantantes hymnis, sic exsiliens anima illa sedit in manibus Michaelis, et assumpta est cum gaudio. Bene itaque philosophi, imo Dominus per eos id forsitan ignorantes, tam ipsi animæ mundi, quam superioribus firmamenti partibus nimiam ac summam modulationis suavitatem assignant, ut quanta pace, quanta fruantur concordia, quam diligentius possent exprimerent, et quam concorditer cuncta in mundo divina disponit bonitas, quam illi animam mundi, veritas Spiritum sanctum, ut dictum est, nominat. Quis etiam si diligenter attenderit, non animadvertet quid de cœlesti dixerint harmonia, quæ in superioribus firmamenti partibus incessanter resonat? cum cœlestes videlicet spiritus ex assidua divinæ majestatis visione, et summa invicem concordia ligentur, et in ejus quem conspiciunt laudes jugi et ineffabili exsultatione illud decantent, quod, juxta Isaiam, seraphim die ac nocte conclamare non cessant: *Sanctus, sanctus, sanctus Dominus Deus sabaoth,* etc. (*Isa.* vi, 3.)

Superiores itaque cœli vel firmamenti partes, beatos hos spiritus vel eorum mansionem intelligimus, quos etiam septem planetarum nomine propter excellentiam claritatis ipsorum, quos spiritualiter divina gratia, quæ septiformis dicitur, illuminat, non incongrue designasse videntur. Qui et bene apud Isaiam seraphim, id est incendium ex hac spirituali illuminatione gratiæ in amorem Dei maxime succensa nuncupatur. Superior autem eorum mansio tam dignitate quam positione dicenda videtur, a qua hi qui superbierint in hunc caliginosum et densum aerem detrusi dicuntur: qui loci quoque positione inferior, sicut inhabitatione deterior, inferni nomine non inconvenienter accipi potest. Bene et beati spiritus illi sive superna eorum mansio firmamento comparatur, qui cæteris per superbiam cernentibus, hoc in suæ fidelitatis et humilitatis remunerationem acceperunt, ut sic in contemplatione divinæ majestatis firmarentur, ut ulterius omnino labi non queant. Unde Gregorius in Job, lib. xxvi: *Prius,* inquit, *cœlum factum dicitur, et hoc idem post modum firmamentum vocatur, quia natura angelica, et prius subtilis est in superioribus condita, et post, ne unquam cadere potuisset, mirabilius confirmata.* Idem super Ezechielem homilia: « *Creavit Deus cœlum* (*Gen.* i, 1), » *quod post modum vocavit* « *firmamentum* (*ibid.,* 8). » Cœlum ergo fuerunt, hi, qui primo bene sunt conditi, sed postmodum firmamentum appellati sunt, quia ne omnino jam caderent virtutem immutabilitatis acceperunt. Illud quoque quod ait Plato, animam locatam esse a Deo in medietate mundi, eamque per omnem globum teretis orbis æqualiter porrigi, pulchre designat gratiam Dei omnibus communiter oblatam, cuncta prout salubre vel æquum est, benigne in hac magna domo sua seu templo disponere. His autem illud libri Sapientiæ aperte concinit: *Spiritus Domini replevit orbem terrarum,* etc. (*Sap.* i, 7.) Atque illud Psalmistæ: *Spiritu oris ejus omnis virtus eorum* (*Psal.* xxxii, 6). Quod vero totum mundum unum animal Plato dicit, maximam concordiam universorum operum Dei demonstrat, quasi diversorum membrorum in uno corpore animalis, quibus omnibus una præest anima singulis tota præsens, et in diversis una, et eadem operans diversa. Sic et Apostolus totius Ecclesiæ concordiam unitatemque demonstrans, eam unum corpus Christi appellat, per quosdam nexus, et compagem fidei, et charitatis, ex diversis fidelibus conjunctum, sibi ita invicem servientibus et administrantibus, quasi diversa membra in uno corpore, ex quibus alterum alterius eget obsequio, uno omnibus spiritu praesidente, et diversa in diversis operante, sicut anima in diversis totius corporis membris. *Hæc enim*, inquit, *omnia operatur unus atque idem Spiritus dividens singulis prout vult (I Cor.* XII, 11). Quam patenter similitudinem beatus Ambrosius in prima Pauli Epistola ad Corinthios ad mundani quoque corporis institutionem patenter applicavit dicens. *Multa membra cum invicem sui egeant, non discrepant in unitate naturæ, quamvis diversa sunt; quia diversitas hoc in unum concurrit, ut corporis unitas expleatur, sicut et ea quibus mundus constat, cum sint diversa non solum officiis, sed et naturis, ad unius tamen mundi proficiunt perfectionem, et ex omnibus his nascitur temperies quædam.* Huic etiam involucro, de positione scilicet animæ in medio mundi locatæ, hoc est de divina gratia omnibus communiter oblata, ipsa etiam divina facta secundum allegoriæ ministerium, manifeste concordant, cum videlicet doctrinam suam, et veræ religionis cultum propagaturus Dominus in mundo, Jerusalem, quæ in medio est terræ, elegit, quam quasi caput constituit regni sui, in qua primum ad magnificandum cultum suum ædificare sibi templum, quasi regale palatium voluit, et ibi etiam uberrimam Spiritus sancti gratiam Apostolis infudit, per quam per eos totus spiritualiter mundus vegetaretur. Unde scriptum est : *Deus autem Rex noster operatus est salutem in medio terræ (Psal.* LXXIII, 12). Et rursus : *De Sion exibit lex, et verbum Domini de Jerusalem (Isa.* II, 3). Medium autem mundi, et quasi umbilicum terræ, super illum Ezechielis locum, quo scriptum est : *Hæc dicit Dominus : Ista est Jerusalem in medio gentium posita, et in circuitu ejus terra (Ezech.* V, 5). Hieronymus his asserit verbis Jerusalem in medio mundi sitam. Hic idem propheta testatur, umbilicum terræ eam esse demonstrans. Et Psalmista Domini exprimens passionem : *Operatus est,* ait, *salutem in medio terræ.* Hinc plantata est vinea, quæ *extendit palmites suos usque ad mare.* (*Psal.* LXXIX, 12), cum. hic vitis vera Christus, apostolis suis quasi palmitibus per universum orbem directis, universum mundum ubertate doctrinæ spiritualis inebriavit. De hac autem vegetatione ac vivificatione Spiritus sancti, sanctus Salvianus episcopus, ad sanctum Salonium episcopum, lib. I De gubernatione Dei, Pythagoricum testimonium inducit dicens :

XVIII.

Pythagoras philosophus, quem quasi magistrum suum ipsa philosophia suscepit, de natura ac beneficiis Dei disserens sic locutus est : « *Animus per omnes mundi partes commeans atque diffusus, ex quo omnia quæ nascuntur animalia vitam capiunt.* » *Quomodo igitur mundum negligere Deus dicitur, quem hoc ipso satis diligit, quod ipsum semper totum mundi corpus intendit ?* De Salviano autem ipso Massiliensis ecclesiæ episcopo, et de libro ejus ad Salonium episcopum, et aliis operibus ipsius, Gennadius Massiliensis presbyter de illustribus viris scribens, inter illustres viros et eorum opera mentionem facit. Qui etiam post Pythagoræ testimonium, Tullium inducens Deum ipsum, quem Pythagoras animum vocat, mentem a Tullio appellari commemorat, dicens :

XIX.

Tullius quoque : Nec vero Deus ipse, inquit, *qui intelligitur a nobis, alio modo intelligi potest quam mens soluta quædam et libera et segregata ab omni congregatione mortali, omnia sentiens et movens.* Alibi quoque : *Nihil est,* inquit, *præstantius Deo, ab eo igitur mundum regi necesse est. Nulli igitur naturæ obediens aut subjectus est : Omnem igitur ipse regit naturam.* Augustinus quoque lib. XII, De Civit. Dei, cap. 32, de Varrone loquens, ait : *Dicit etiam idem auctor acutissimus atque doctissimus quod hi soli et videantur animadvertisse quid esset Deus, qui crediderunt esse animam, motu ac ratione mundum gubernantem.* Mentem itaque, id est animum sive animam, Deum dixerunt, secundum quod totius mundi regimini quasi anima corpori præest. Unde et per sapientem quemdam adhortantem non digne Deum excolere, nisi mente scilicet a vitiis purgata, et virtutibus adornata, pulchre in ipso suæ adhortationis et disciplinæ exordio dictum est

Si Deus est animus nobis, ut carmina dicunt,
Hic tibi præcipue sit pura mente colendus.

Ac si aperte Filium instruens dicat : Cum Deus sit animus, nobis hoc est vera et spiritualis vita, sicut et ipsa perhibet scriptura poetarum, velut illa Virgilii verba, quæ super hoc ipsum Macrobius inducit, sicut postmodum ostendemus, hunc præcipue, scilicet Deum, bene vivendo glorifica. Bene etiam cum animal esse Plato mundum dixerit, ipsum quoque intelligentem , hoc est rationale animal esse perhibuit, secundum hoc scilicet quod ejus anima quanto cæteris præstantior exstitit, tanto rationabilius in ipso cuncta agit atque disponit. De cujus quidem summæ rationis ordinatione cum subditur, quod hæc videlicet ipsa mundi anima causas omnium quæ proveniunt providet, divinam et omnium naturarum providentiam assignat et divinæ plenitudinem scientiæ, ex quo etiam ipsa Deus esse innuitur, metiri ac deliberare ea quæ futura sunt ex præsentibus dicitur, quia juxta ea quæ jam sunt oportet præparari, ut eis congrua ordinatione cohærere possint atque aptari. Quod autem subditur ex reliquiis concretionis mundanæ animæ nostras, id est mundanas animas esse confectas, tale est ac si diceret eam animam mundi in potentiis ac virtutibus imitari, sed longe hoc ipso a dignitate ejus abscedere, ut videlicet quemadmodum anima illa totius mundi administrationi præest, sic singulis corporibus singulæ animæ suæ vitam eis animalem non spiritualem præbentes. Et bene hæ quasi reliquiæ mundanæ animæ dicuntur, quæ scilicet ad animalem pertinent vitam, quia hæc inferioribus ipsa relinquit animabus quæ per eam expleri dignum non est. Unde et eorum hæresis confutatur qui Dominum Jesum non aliam animam quam sanctum Spiritum habere profitentur. Reliquias etiam mundanæ animæ non incongrue dicit ea, quæ ad operationem ejus quam in nobis habet, pertinent; secundum quod in corporibus ipsa degenerare dicitur, sicut suo loco exponemus. Sicut enim reliquiæ his quibus supersunt inferiora quidem et indigniora videntur, ita hæc quæ non ad æternitatem spiritus, sed ad temporales ejus operationes attinent, posteriora dignitate censentur. Congrue etiam dicit animam mundi non alicujus rei in mundo, sicut et animam hominis dicimus, non alicujus membri humani. Anima quippe ab animando dicta est, nec aliud proprie animari dicitur nisi id in quo tota vis vegetationis ita consummatur, ut nil corpori illi vegetato adhærere extrinsecus necesse sit ad vegetationem quam habet in ipso conservandam. Cum itaque mundus, juxta philosophos, universa concludat, ut nil extra ipsum divinitus disponendum relinquatur, recte anima mundi sicut et anima hominis dicta est, cum universa vis animæ in eo consummetur : adeo ut nec ipsum mundum oculos vel cætera sensuum instrumenta habere oportuit, sicut et ipse perhibet Plato, cum nulla extra ipsum remaneant, ad quæ ista aliquam opportunitatem habeant.

His ex Platone breviter collectis, atque ad nostræ fidei testimonium satis, ut arbitror, diligenter expositis, consequens existimo ad sequaces ejus commeare, ut ea quæ ab ipsis quoque de anima mundi sunt dicta, nulla ratione convenienter accipi posse monstremus, nisi Spiritu sancto per pulcherrimam involucri figuram assignentur. Hoc quippe loquendi genus philosophis quoque sicut et prophetis familiarissimum est, ut videlicet ad arcana philosophiæ cum veniunt, nil vulgaribus verbis efferant, sed comparationibus similitudinum lectorem magis alliciunt. Quæ enim quasi fabulosa antea videbantur, et ab omni utilitate remota, secundum litteræ superficiem gratiora sunt, cum magnis plena mysteriis postmodum reperta, magnam in se doctrinæ continent ædificationem. Ob hoc enim, teste Augustino, teguntur ne vilescant, qui secundo quidem libro De Doctrina Christiana, cum causas difficultatis vel facilitatis sacræ Scripturæ aperiret, ait : *Obscure quædam dicta densissimam caliginem obducunt, quod totum provisum esse divinitus non dubito, ad edomandam labore superbiam, et intellectum a fastidio revocandum, cui facile investigata plerumque vilescunt.* Item : *Qui prorsus non inveniunt quod quærunt fame laborant; qui autem non quærunt, quia in promptu habent, fastidio sæpe marcescunt.* Igitur salubriter Spiritus sanctus ita Scripturas modificavit, ut locis apertioribus fami occurreret, obscurioribus autem fastidia detergeret. Quasi ergo in latebris Dominus quiescere, gaudet ut quo magis se occul-

tat, gratior sit illis quibus se manifestat. Ex quo magis ex difficultate Scripturæ laboratur, meritum lectorum augeatur, de quo Psalmista : *Posuit,* inquit, *tenebras latibulum suum* (Psal. XVII, 12); et rursum : *Tenebrosa aqua in nubibus aeris* (ibid.), quia, inquit Gregorius, obscurata est sententia in prophetis, de quo scriptum est in lege : *Accessit Moyses ad caliginem in qua erat Deus* (Exod. XX, 21). Et Salomon in Paralipomenon ait : *Dominus pollicitus est ut habitaret in caligine* (II Paral. VI, 1). Idem in Proverbiis : *Gloria est Dei celare verbum, et gloria regum investigare sermonem* (Prov. XXV, 2). Qui etiam ad Scripturarum obscuritatem quasi ad latebras in quibus nuntiatur Deus, perscrutandas, invitat nos in Proverbiis dicens : *Sapiens cum advertet parabolam et interpretationem, verba sapientium et ænigmata eorum* (Prov. I, 6). Quæ quidem tanto chariora sunt intellecta, quanto in his intelligendis major operæ facta est impensa. Hinc est illud Hieronymi ad magnum oratorem scribentis, super hoc ipsum quod in exordio Proverbiorum Salomon commonet, ut intelligamus sermones prudentiæ, versutiasque verborum, parabolas et obscurum sermonem, dicta sapientum et ænigmata, quæ proprie dialecticorum sunt et philosophorum. Quantum etiam semper philosophia arcana sua nudis publicare verbis dedignata sit, et maxime de anima, de diis, per fabulosa quædam involucra loqui consueverat, ille non mediocris philosophus, et magni Ciceronis expositor Macrobius, diligentissime docet. Remotis enim generibus figmentorum sive fabulosorum, quæ philosophos non decet, supposuit illud quod honestissime assumunt.

XX.

Ait namque quod quando sacrarum rerum notionem sub pio velamine figmentorum honestis et tectam rebus, et vestitam nominibus enuntiant, hoc est figmenti genus quod cautio de divinis rebus philosophantis admittit. Item post pauca : *Sciendum est,* inquit, *in omnem disputationem philosophos admittere fabulosa, sed his uti solent, cum vel de anima, vel de æthereis potestatibus loquuntur. Cæterum autem cum ad summum Deum et principem omnium, qui apud Græcos τὸ ἀγαθὸν, qui et πρωτοπάντον nuncupatur, tractatus se audet attollere, vel ad mentem, quam Græci νοῦν appellant, originales rerum species, quæ ideæ dictæ sunt, continentem, ex summo natam et perfectam Deo, cum de his, inquam, loquuntur summo Deo et mente, nil fabulosum penitus attingunt. Sed si quid de his assignare conantur, quæ non sermonem tantummodo, sed cogitationem quoque superant humanam, ad similitudines et exempla confugiunt. Sic Plato cum de τῷ ἀγαθῷ loqui esset animatus, dicere quid sit non ausus est, hoc solum de eo sentiens, quod sciri qualis sit ab hominibus non possit. Solum vero ei simillimum solem de visibilibus reperit, et per ejus similitudinem; viam sermoni suo attollendi se ad non comprehensibilia patefecit; ideo et nullum ejus simulacrum cum diis aliis constitue-*

retur finxit antiquitas. Quia summus Deus et nata ex eo mens, sicut ultra animam, ita sunt supra naturam, quo nil fas est fabulosum pervenire. De diis autem, ut dixi, cœteris, et de anima, non frustra se, nec ut oblectent, ad fabulosa convertunt; sed quia sciunt inimicam esse naturæ apertam nudamque expositionem sui, quæ sicut vulgaribus hominum sensibus intellectum sui vario rerum tegmine operimentoque subtraxit, ita a prudentibus arcana sua voluit per fabulosa tractari. Sic ipsa mysteria figurarum cuniculis operiuntur, ne vel his adeptis nudum rerum talium natura se præbeat, sed summatibus tantum viris sapientia interprete, sui arcani consciis, contenti sint reliqui ad venerationem figuris defendentibus a vilitate secretum. Juxta quod et Veritas ipsa de integumento parabolarum suarum apostolis loquitur dicens : « *Vobis datum est nosse mysterium regni Dei, cæteris autem in parabolis; ut videntes non videant, et audientes non intelligant* (Matth. xiii, 11). »

Ex hac itaque Macrobii traditione clarum est quæ a philosophis de anima mundi dicuntur, per involucrum accipienda esse. Alioquin summum philosophorum Platonem summum stultorum deprehenderemus. Quid enim magis ridiculosum quam mundum totum arbitrari unum animal esse rationale, nisi per hoc integumentum sic prolatum? animal quippe esse non potest nisi sensibile sit, cum sit nota diffinitio, animalis substantia animata sensibilis. Quis autem ex quinque sensibus mundo inesse poterit, nisi forte tactus, qui omnibus est communis animalibus. Desunt ei quippe cæterorum sensuum instrumenta, ipso attestante Platone, ubi videlicet ostendit quare ei oculi, aut nares, aut cæteræ partes humani corporis necessariæ non fuissent. Atque est pars corporis mundi qua ipse si tangatur, sentire queat magis quam arbores vel plantæ, quæ terræ radicitus affixæ, eadem anima vivificari dicuntur. Nunquid ex effossione terræ potius sentiret mundus quam arbores ex frondium avulsione vel totius corporis sui abscisione? Arbores tamen et quaslibet plantas insensibiles esse constat, ideoque ad exclusionem earum in diffinitione animalis post animatum ponitur sensibile. Præterea cum dicant animam mundi singulis infusam corporibus ea animare quæ ad animandum apta reperit, quid opus erat creatione nostrarum animarum quas postea factas Plato esse commemorat? aut quid opus est animam mundi his corporibus nostris inesse quæ non animat? Quid enim evidentius quam corpora nostra ex propriis animabus humanis magis quam ex anima mundi vitam animalem habere? His quippe animabus præsentibus statim animata sunt et, iisdem absentibus inanimata, licet ut aiunt, in eis anima mundi etiam post mortem perseveret, quæ in omnibus tota est corporibus, et in his in quibus vacat. Quid etiam est quod absentibus humanis animabus, anima mundi corpora nostra, licet eis insit, animare non sufficit, cum ipsa, testante Platone, cunctis invisi-bilibus præstantior a præstantissimo auctore facta sit? Nunquid minoris efficaciæ est in nobis quam cæteræ animæ, aut cum jam corpora nostra defuncta sunt, non sunt idonea ad animandum, sicut antea erant præsentibus humanis animabus? Possunt ex uno corpore innumeros vermes vivificare, cum jam ipsum corpus non valet animare? Quæ deest aptitudo defuncto corpori, nec item quo animetur, nisi tantum præsentia humanæ animæ, quæ et præsens corpus vivificat, et recedens ipsum mortificat? quod si ad involucrum ista deflectamus, quæ de anima mundi a philosophis dicta sunt, facile est rationabiliter cuncta accipi, nec a sacræ fidei tenore exorbitare. Conferant animæ humanæ corporibus nostris animalem vitam, conferat anima mundo.

Nisi fallor, Spiritum sanctum intellexerunt philosophi ipsis animabus nostris vitam spiritalem, distributione scilicet suorum donorum, ut sicut singulæ animæ vita corporum, Spiritus autem sanctus vita animarum, quas vegetando ad profectum bonorum operum promovet. Quod itaque modo animæ nostræ corpora sancti Spiritus dicendæ sunt, quas ipse per aliquod gratiæ suæ donum quasi templum inhabitat, et virtutibus vivificat. Unde et illud est Augustini sermone 6, De verbis Domini : *Sicut enim vita corporis anima est, sic vita animæ Deus :* '*sicut exspirat corpus cum animam emittit, ita anima cum Deum amittit. Deus amissus mors animæ, anima amissa mors corporis. Mors corporis necessaria, mors animæ voluntaria.* Sed et illud quod aiunt, animam totam singulis corporibus infusam omnia vivificare, atque animæ quæ ad vivificandum idonea reperit, nulla illorum duritia vel diversitas, natura impediente, pulchrum involucrum est, quia charitas Dei quam Spiritum sanctum dicimus, cordibus humanis per fidei sive rationis donum primitus infusa, quædam vivificat ad bonorum operum fructum nos promovendo, ut vitam assequamur æternam, et in quibusdam ipse Spiritus vacare dicitur pravitatis eorum duritia repugnante. Hanc autem animæ videlicet mundanæ doctrinam præcipue diligentissimus philosophorum in Expositione Macrobius reliquit. Cujus quidem verba si diligenter inspiciamus, totam fidem fere nostram de Spiritu sancto in ipsis expressam inveniremus, cum hanc ipsam animam et Creatorem nominet, atque ex Deo Patre et νοῷ, hoc est Deo Filio astrui esse. Quam dum quandoque mentem nominat, mentem pro anima vel spirituali natura generaliter ponit. Aliter itaque Filium νοῦν, id est mentem dicit, aliter animam ipsam mentem appellat. Mens quippe Patris Filius dicitur, secundum quod sapientia ipsius vel ratio dicitur. Animam quoque cum mentem nominat, spiritualis eam esse naturæ, non corporeæ insinuat. Quod quidem et per semetipsum aperiens dum quædam Virgilii verba exponeret, ait : *Ut puritati ejus attestaretur, mentem nominavit.* Item : *Ut illius mundanæ animæ assereret dignitatem, mentem esse testatus est.* Ac si aperte doceat ob hoc eam mentem vocari, ut sinceritas naturæ spiritualis et dignitas in ea demonstretur. Sic enim et cum Dominum Jesum mentem humanam habuisse dicimus, mentis vocabulo ipsam ejus animam nominamus. Hæc autem sunt illa quæ proposuimus Macrobii verba : *Anima ergo*, inquit, *creans sibi et condens corpora*. Nam ideo ab anima natura incipit, quam sapientes de Deo et νοῷ, mente nominant, ex illo purissimo fonte, quem nascendo de originis suæ hauserat copia, corpora cœli, et siderum quæ condidit, prima animavit. Et post aliqua cum ipse ipsius animæ vires distingueret, quas in corporibus exercet, secundum quas omnium animatorum ordinata est natura, ut alia scilicet aliis præsint, adjecit dicens : *Hunc ordinem rerum, et Virgilius expressit, nam et mundo animam dedit, et ut puritati ejus attestaretur, mentem vocavit*. Cœlum enim, ait, *terras et maria et sidera*,

... *Spiritus intus alit*,
(VIRG., *Æneid.*, lib. VI, vers. 726.)

id est anima. Et ut illius mundanæ animæ assereret dignitatem, mentem esse testatus est.

... *Mens agitat molem*.
(VIRG., *ibid.*, vers. 727.)

Nec non ut ipse ostenderet per ipsam animam constare et animalia universa quæ vivunt, addidit.

... *Hinc hominum pecudumque genus*, etc.
(VIRG., *ibid.*, vers. 728.)

Utque asseveraret eumdem esse in anima semper vigorem, sed usum ejus hebescere in animabus corporis densitate, adjecit :

... *Quantum non noxia corpora tardant*.
(VIRG., *ibid.*, vers. 731.)

Hæc quidem omnia tam Virgilii quam Macrobii verba, facile est juxta propositum nostrum ad nostræ fidei tenorem accommodare, nec aliter ea exponi. Quod itaque ait usum animæ hebescere in animalibus corporis densitate, tale est Spiritus sancti gratiam suorum beneficiorum efficaciam minus habere in carnalibus, scilicet deditis voluptatibus, ut ipsam densitatem corporis carnalium illecebrarum magnitudinem intelligamus. Qui etiam ubi ait ipsam animam creare sibi corpora et condere, eam Creatorem rerum, et per hoc Deum astruit esse, et creatarum rerum ordinationem et præparationem ad bona opera donorum suorum distributione, ut sibi eas dignum habitaculum efficiat. Ab anima naturam dicit incipere, quia per gratiam Spiritus sancti nascimur spiritualiter, ac sumus filii Dei magis quam servi. Sicut enim substracta gratia hac moreremur in vitiis, ita et eadem collata nascimur in veram virtutum vitam. Quam quidem per naturam habemus, et contra naturam vitia, cum sit vitium corruptio naturæ. De Deo et mente anima nominatur, quia tam Patris et Filii idem est Spiritus cum ab utroque procedat. Unde etiam, ut ait Augustinus in xv De Trinitate, cap. 19, quia ipse Spiritus communis est ambobus, id vocatur ipse proprie quod ambo communiter, cum videlicet tam Pater ipse quam etiam Filius Spiritus sit et sanctus. Cum autem de Deo vel νοῷ nasci, aut creari sive fieri anima quandoque a philosophis dicitur, abusio est verborum magis quam sententiæ. Creari namque vel fieri necessario non dicitur nisi in his quæ cœperunt, hoc est æterna non sunt. Nasci vero, hoc est de substantia ipsa Patris existere, proprium est Filii, de quo suo loco postmodum serius disseremus. Creari tamen sive nasci seu fieri pro esse aliquo philosophi nonnunquam ponunt, ut supra meminimus. Unde et Macrobius eam νοῦν ipsam a Deo, quam animam a νοῷ creatam dicit, hoc est ex ipso esse. In eadem quoque significatione nasci, hoc loco abutimur. Hermes quoque superius cum dixerit quod Deus secundum fecit Dei Filium, ipsum ex Deo Patre esse ostendit; fontem sapientiæ purissimum ipsam νοῦν appellat, hoc est sapientiam Patris, quam nihil quantumcunque sit obscurum latere potest.

De copia hujus fontis ipsa Dei bonitas animavit prius cœli corpora ac siderum, hoc est ipsos angelos vel cœlestes spiritus, qui ante hominem conditi sunt, secundum quod scriptum est : *De plenitudine ejus omnes accepimus* (Joan. I, 16). Cœli ac siderum dictum est secundum dignitatis differentiam, cum alios spiritus aliis prælatos ac superiores credamus, unde et angelos et archangelos dicimus seu dominationes. Corpora summi spiritus dici possunt etiam angeli, ab eo ut dictum est spiritualiter vivificati, vel etiam corpora dicit, secundum quod omnem creaturam corpoream dicimus, hoc est circumscriptam. Unde Gennadius in lib. De orthodoxa fide, cap. 10 : *Nihil*, inquit, *incorporeum et invisibile in natura credendum est nisi Deum solum. Qui ex eo incorporeus creditur, quia ubique est, et omnia complet, et ideo invisibilis omnibus creaturis, quia incorporeus est. Creatura omnis corporea, angeli et omnes cœlestes corporeæ, licet non carne subsistant*. Ex eo autem corporeas credimus esse intellectuales naturas, quod localiter circumscribuntur, sicut et anima humana quæ carne clauditur, et dæmones qui per substantiam angelicæ naturæ sunt corporei. Bene autem dictum est ex ipsa sapientia eos esse animatos, quia hæc est vita æterna, ut cognoscamus sicut et cogniti sumus, facie ad faciem Deum videntes. Haurit spiritus de fonte illo, cum nos de divinæ sapientiæ intelligentia imbuit, secundum quod dictum est : *De meo accipiet et annuntiabit vobis* (Joan. XVI, 17). Unde et spiritus sapientiæ sive intellectus, sive scientiæ dictus est. Quod vero dictum est, *Mens agitat molem*, hoc est totius mundanæ fabricæ quantitatem quasi cuncta in mundo vivificet aut moveat, superius expositam Platonis sententiam prosequitur de spiritu Dei, quod scilicet cuncta optime disponit,

... *Stabilisque manens dat cuncta moveri*.

Quam quidem agitationem animæ Salomon quoque in Ecclesiaste diligenter exprimens ait : *Oritur sol et occidit, et ad locum suum revertitur, illustrans universa. In circuitu pergit spiritus, et in circulo suo revertitur (Eccle.* I, 5, 7). Quis est ille circulus, nisi ambitus globosi et teretis orbis, de quo scriptum est quia *Spiritus Domini replevit orbem terrarum?* (*Sap.* I, 7.) Divinæ quippe bonitatis gratia sic omnia replet, ut nihil penitus ab operationis suæ administratione vacet, quæ sicut solem visibus nostris oriri facit seu occidere, sic et cætera quæque disponit optime. Adeo autem prædicta Virgilii verba de anima mundi, veritate plena videntur, ut ea quoque quasi in auctoritatem assumere doctores sancti non abhorruerint. Unde et Hieronymus cum illum Ezechielis locum exponeret, ubi scriptum est: *Introduxit in atrium interius per viam orientalem* (*Ezech.* XI, 1), ait: *Si autem exterius et interius accipimus atrium, sic intelligendum, quod Deus et circumfusus sit et infusus, dicens per prophetam:* « *Qui tenet cœlum palma, et terram pugillo, ut videantur omnia ab illo concludi.* » Et rursum: « *Cœlum autem thronus est, terra autem scabellum pedum meorum,* » *ut intra omnia esse credendum sit, juxta illud Virgilianum:*

Principio cœlum ac terras, camposque liquentes,
Lucentemque globum Lunæ, Titaniaque astra
Spiritus intus alit, totamque infusa per artus
Mens agitat molem, et magno se corpore miscet.
(VIRG. *Æneid.*, lib. VI, vers. 724 et seq.)

Idem in Epistola Pauli ad Ephesios lib. II: *Diversitas autem propositionum, in quibus dicitur unus Deus et Pater omnium, qui super omnia, et per omnes, et in omnibus diversam intelligentiam sapit. Super omnia enim est Deus Pater qui auctor est omnium. Per omnes Filius qui cuncta transcurrit, vaditque, per omnia. In omnibus Spiritus sanctus, quia nil absque eo est.* Tale quid de creaturis et de Deo etiam Zeno cum Stoicis suspicatur, quem sequitur Virgilius. Deum namque,

..... *ire per omnes*
terrasque inanis....... et reliqua.

Et

Principio cœlum et terram, camposque liquentes,
Lucentemque globum Lunæ, Titaniaque astra
Spiritus intus alit, etc.

Vivere quippe in Deo cuncta dicuntur, ut supra meminimus, secundum hoc quod in ipso nulla sunt mortua, hoc est inutilia, sed omnia utiliter, aut convenienter facta seu ordinata, unde scriptum est: *Quod factum est in ipso vita erat* (*Joan.* I, 3, 4), hoc est in ipsa antequam fierent providentia divinæ Sapientiæ commodissime erant ordinata. Hinc rursum dicitur: *Deus, cui omnia vivunt.* Et Apostolus: *In quo,* inquit, *vivimus, movemur, et sumus* (*Act.* XVII, 28), tam homines quam pecudes vivificat. Cujus dona aliqua ad vitam tam sapientissimam quam simplices atque idiotæ habent; unde et in Ecclesiaste dicitur: *Quis novit spiritus filiorum Adam, et si ascendat sursum, et si spiritus jumentorum descendat deorsum (Eccle.* III, 2); hoc est qui sint prædestinati ad vitam, qui deputati ad mortem de sapientissimis et idiotis. Hæc de Macrobio dicta sufficiant.

Si quis autem me quasi importunum ac violentum expositorem causetur, eo quod minus propria expositione ad fidem nostram verba philosophorum detorqueam, et hoc eis imponam quod nequaquam ipsi senserunt, attendat illam Caiphæ prophetiam, quam Spiritus sanctus per eum protulit, longe ad alium sensum eam accommodans quam prolator ipse senserit. Nam et sancti prophetæ cum aliqua Spiritus sanctus per eos loquatur, non omnes sententias ad quas se habent verba sua intelligunt, sed sæpe unam tantum in eis habent, cum spiritus ipse, qui per eos loquitur, multas ibi provideat, quatenus postmodum alias aliis expositionibus, et alias aliis inspirat. Unde Gregorius in registro ad Januarium episcopum Calaguritanum scribens ait: *In intellectu sacræ Scripturæ respui non debet quidquid sacræ fidei non resistit. Sicut enim ex uno auro alii murenulas, alii annulos, alii dextralia ad ornamentum faciunt, ita ex una Scripturæ sacræ sententia expositiones etiam per innumeros intellectus, quasi varia ornamenta componunt; quæ tamen omnia ad decorem cœlestis sponsæ proficiunt.* Ipse præterea Macrobius, ea quæ de anima mundi a philosophis dicta sunt, mystice interpretanda esse meminit. Quod etiam juxta litteram exponi veraciter aut convenienter nullatenus queant, ut supra meminimus, ipsa nos littera ad expositionem mysticam compellit. Pluribus quoque testimoniis sanctorum didicimus Platonicam sectam Catholicæ fidei plurimum concordare. Unde non sine causa maximus Plato philosophorum præ cæteris commendatur ab omnibus, non solum a peritis sæcularium artium, verum etiam a Sanctis. De quo Pater Augustinus in lib. IX, De civit. Dei (35): *Mirantur,* inquit, *quidam nobis in Christi gratia sociati, cum audiunt vel legunt Platonem, eum de Deo ista sensisse quæ multum congruere veritati nostræ religionis, agnoscuntur. Unde nonnulli putaverunt eum quando perrexit in Ægyptum, Jeremiam audisse, vel Scripturas propheticas in eadem peregrinatione legisse. Si diligenter computetur temporum ratio, quæ chronica historia continetur, Platonem indicat a tempore quo prophetavit Jeremias, centum fere annos postea natum fuisse. Qui cum octoginta et unum vixisset, ab anno mortis ejus usquequo Ptolemæus rex Ægypti Scripturas propheticas per septuaginta Hebræos, qui Græcam linguam noverant, interpretandas habendas curavit, anni reperiuntur ferme novem. Quapropter in illa peregrinatione sua Plato nec Jeremiam videre potuit tanto ante defunctum, nec easdem Scripturas legit in Græco, quæ nondum fuerant in Græcum translatæ; nisi quia fuit acerrimi studii, sicut Ægyptiacas, ita et istas per interpretem didicit. Adeo autem ipsa Platonis dicta verbis Domini atque prædicationi ejus consonare videntur, ut sicut idem prædictus doctor in secundo de doctrina Christiana profitetur,*

(35) Patrol. tom. XLI, col. 255.

quidam lectores et dilectores Platonis ausi sunt in tantam prorumpere insaniam, quod dicerent. Domini nostri Jesu Christi sententias, quas mirari et prædicare coguntur, de Platonis libris eum didicisse. Hinc etiam Ptolemæus rex in Platonis dogma eadem videri, ni fallor, dictus est, quod Deum et mentem, id est Patrem et Verbum, ex Platonicis scriptis didicerat. Unde septuaginta Interpretes cum ei legem transferrent, arcanum divinæ generationis prudenti, ut videri dicunt, consilio penitus tacuerunt, ne si id quoque apud Hebræos prædicari audiret, duplicem divinitatem esse deprehenderet, quod antea tantum unius Dei cultor exstiterat, ne propter Platonicum dogma ab unitate deitatis deviaverat, licet ibi plures distingui personas audierit, unius tamen deitatis singularitate servata. Hinc Hieronymus in Prologo Penthateuci meminit dicens, a prædictis septuaginta multa hujusmodi reticeri, ut est illud : *Ex Ægypto vocavi filium meum*, etc. (*Matth.* II, 15.)

Ex quo liquidum est Platonicam sectam fidei sanctæ Trinitatis plurimum semper assentiri, et eam diligentius cæteris omnibus philosophis a Platone, et sequacibus ejus distingui ac describi. Unde et non immerito in ejus laudem Valerius Maximus his prorumpit verbis : *Sed Platone parvulo dormiente in cunis, mel apes inseruerunt ejus labiis. Qua re audita prodigiorum interpretes singularem eloquii suavitatem ore ejus emanaturam dixerunt*. Excellentius autem et convenientius ad interpretandum esse non dubito, si ad divinæ deitatis gloriam hoc miraculum referatur, ut hoc ei Deus insigne præsagii conferret, qui divinitatis suæ per eum diligentius arcana revelaturus esset. Oportebat quippe ut summæ sophiæ, quæ Christus est, verbum videlicet et sapientia Dei Patris, summus philosophus ejusque sequaces plurimum attestarentur. Unde et juxta Augustinum, Apostolus Atheniensibus loquens, ut supra meminimus, cum rem magnam dixisset, et quæ a paucis posset intelligi, quod *in illo* scilicet, *vivimus, movemur, et sumus* (*Act.* XVII, 28), adjecit, *sicut et vestri quidam dixerunt* (*ibid.*). Platonem quippe Atheniensem fuisse constat. Illud autem in quo non mediocriter errasse Plato et videtur et dicitur, illud, inquam, quod animam mundi factam esse dicit, hoc est initium habuisse, et quod supra Macrobius, cum de anima mundi loqueretur, asseruit Deum et νοῦν ultra animam esse, quasi superiores dignitate, cum constat inter Catholicos tres personas in divinitate per omnia sibi coæquales et coæternas sibi esse, si diligentius attendant a veritate non exorbitat, sicut postmodum ostendemus de processione Spiritus sancti dissentire. Non enim sine causa hic philosophus præ cæteris commendatur ab omnibus tam fidelibus, ut supra meminimus, quam infidelibus. Cum itaque in omni doctrina philosophiæ Platonica secta enituerit, juvat etiam aliquorum Platonicorum testimonia inferre, quæ idem Pater Augustinus in VII Confessionum, commemorat in scriptis se eorum reperisse. In quibus quidem fere tota fidei nostræ summa circa divinitatem Verbi apertissima continetur, sicut ipsa postmodum tradita est a summis scriptoribus Novi Testamenti, Joanne scilicet et Paulo apostolis. Ait quippe Augustinus ibidem ad eumdem sermonem intendens :

XXI.

Procurasti mihi per quemdam hominem immanissimo typo turgidum, quosdam Platonicorum libros ex Græca lingua in Latinam versos, et ibi legi non quidem istis verbis, sed hoc idem omnino multis et multiplicibus suaderi rationibus, quod : « *In principio erat Verbum, et Verbum erat apud Deum, et Deus erat Verbum. Hoc erat in principio apud Deum. Omnia per ipsum facta sunt, et sine ipso factum est nihil quod factum est. In ipso vita erat, et vita erat lux hominum, et lux in tenebris lucet, et tenebræ eam non comprehenderunt* (*Joan.* I, 1-5). » *Et quia omnis anima, quamvis testimonium perhibeat de lumine, non est tamen ipsa lumen, sed Verbum Deus lumen est verum, quod illuminat omnem hominem venientem in hunc mundum. Et quia in hoc mundo erat,* « *et mundus per ipsum factus est, et mundus eum non cognovit* (*ibid.*, 10). » *Quia vero* « *in sua propria venit, et sui eum non receperunt, quotquot autem receperunt eum; dedit eis potestatem filios Dei fieri credentibus in nomine ejus* (*ibid.*, 11, 12), » *non ibi legi.* Item : *Legi ibi quia* « *Verbum Deus non ex carne, non ex sanguine, non ex voluntate viri, neque ex voluntate carnis, sex ex Deo natum est* (*ibid.*, 13). » *Sed quia* « *Verbum caro factum est, et habitavit in nobis* (*ibid.*, 14), » *non ibi legi. Indagavi in litteris illis, multis modis dictum, quod sit Filius in forma Patris non rapinam arbitratus esse coæqualis Deo, quia naturaliter idipsum est. Sed quia* « *semetipsum exinanivit formam servi accipiens, in similitudinem hominum factus et habitu inventus ut homo. Humiliavit semetipsum factus obediens usque ad mortem, mortem autem crucis, propter quod et Deus exaltavit eum a mortuis, et donavit ei nomen quod est super omne nomen, ut in nomine ejus omne genu flectatur, cœlestium, terrestrium et infernorum, et omnis lingua confiteatur quia Dominus Jesus Christus in gloria est Dei Patris* (*Philipp.* II, 7-11), » *non habent illi libr. : Quod enim ante omnia tempora, et super omnia tempora incommutabiliter manet unigenitus Filius tuus coæternus tibi, et quia de plenitudine ejus accipiunt animæ, ut beatæ sint, et quia participatione manentis in se sapientiæ renovantur ut sapientes sint, est ibi. Quod autem pro impiis mortuus est non est ibi.*

At vero ne aliquis sexus inter homines sapientiæ fama cæteris præstantes, fidei nostræ testimoniis desit, illa etiam famosa Sybilla inducatur, quæ nec divinitatem Verbi, nec humanitatem, nec utrumque adventum, nec utrumque judicium Verbi scribendo prætermisit. Primum quidem judicium quo injuste Christus est judicatus in passione, et secundum quod juste judicaturus est mundum majestate, de qua Augustinus contra quinque hæreses : *Audiamus quid etiam Sibylla vates eorum de eodem dicat :* « *Alium*, inquit, *dedit Dominus hominibus fidelibus colendum.* » Item : « *Ipse tuum cognosce Dominum Dei filium esse.* » Alio loco « *Filium Dei*, Σύμβολον *appellat, id est « Consiliarium,* » vel « *consilium.* » Et propheta dicit : « *Vocabitur nomen ejus admirabilis, Consiliarius.* » De qua rursum idem Pater Augustinus in VIII De civit. Dei : *Eo*, inquit, *tempore nonnulli sibyllam Erithream vaticinatam ferunt, quam quidam magis credunt esse Cumanam, et sunt ejus* XXVIII *versus, qui (sicut eos quidam Latinis versibus est interpretatus) hoc continent.*

Judicii signum, tellus sudore madescet,
Et cœlo rex adveniet per sæcla futurus,
Scilicet in carne præsens, ut vinceret orbem, etc.

Quorum versuum quidem primæ litteræ Græco junctæ id sonant : JESUS CHRISTUS FILIUS DEI SALVATOR. Infert etiam Lactantius quædam de Christo vaticinia sibyllæ :

In manus, inquit, *infidelium postea veniet,*
Dabunt Deo alapas manibus incestis,
Et impurato ore inspuent venenatos sputos,
Dabit vero ad verbera sanctum dorsum,
Suppliciter, et colaphos accipiet, ne quis agnoscat,
Quod Verbum vel unde venit, ut inferis loquatur
Et spinea corona coronetur.
Ad cibum autem fel, ad sitim acetum dederunt,
In hospitalitatem hanc monstrabunt mensam,
Ipsa enim insipiens gens tuum Deum non intellexisti.
Ludentem mortalium mentibus, sed spinis
Coronasti, fel miscuisti.
Templi velum scindetur, et in medio die
Nox erit tribus diebus somno suscepto.
Et tunc ab inferis regressus ad lucem veniet
Primus resurrectionis principio ostensus.

Hoc profecto sibyllæ vaticinium, ni fallor, maximus ille poetarum nostrorum Virgilius audierat atque intellexerat, cum in quarta Ecloga futurum in proximo sub Augusto Cæsare, tempore consulatus Pollionis, mirabilem cujusdam pueri de cœlo ad terras mittendi, qui etiam peccata mundi tolleret, et quasi secundum novum in mundo mirabiliter ordinaret, præcineret ortum, admonitus, ut ipsemet ait, Cumæi carminis vaticinio, hoc est sibyllæ, quæ Cumæa sive Cumana dicitur. Ait quippe sic quasi adhortans quoslibet ad congratulandum sibi, et concinendum seu conscribendum de hoc tanto puero nascituro, in comparatione cujus omnes alias materias quasi infimas et viles reputat dicens :

Sicelides musæ, paulo majora canamus,
Non omnes arbusta juvant humilesque myricæ,
Ultima Cumæi venit jam carminis ætas.
Magnus ab integro sæclorum nascitur ordo,
Jam redit et virgo, redeunt Saturnia regna,
Jam nova progenies cœlo demittitur alto.

(VIRGIL., ecl. 4, vers 1 et seq.)

Et post pauca :

. . . . *Teque adeo decus hoc te consule inibit,*
Pollio, si qua manent sceleris vestigia nostri,
Irrita perpetua solvent formidine terras.

(VIRG., *ibid.*, vers 11.)

Item de puero :

Pacatumque reget patriis virtutibus orbem.

(VIRG., *ibid.*, vers 17.)

Quæ apertissimam de Incarnatione Filii Dei continent prophetiam, ipso fortassis poeta ignorante, quæ in Sibylla vel in eo Spiritus sanctus loqueretur, sicut de Caipha contigit, dicente, quia *expedit vobis ut unus moriatur homo pro populo, et non tota gens pereat* (Joan. XI), ubi et subditur : *Hoc autem a semetipso non dixit (ibid.,* 51). Facillime autem ex subsequentibus convinci potest hanc eclogam de nullo veraciter aut convenienter accipi posse nisi de incarnato unigenito Dei typice more prophetico dicantur, cum apertissime falsa et impossibilia deprehendantur esse, si ad litteram exponantur, nec saltem commode in adulationem ut quibusdam videtur afferri, quæ statim judicio omnium tanquam incredibilia respuuntur : ut magis contra poetam commoveant ad indignitatem quam ad benevolentiam trahant. Sed hæc diligentius alibi nobis ostendenda sive exponenda occurrent, cum de incarnatione scilicet Verbi, magis quam de divinitate ejus testimonia conferemus. Qui et postmodum in alia ecloga divinam Trinitatem non mediocriter innuens, ex cujusdam ad alium persona dicit,

Trina tibi hæc primum triplici diversa colore
Licia circumdo, terque hæc altaria circum
Effigiem duco, numero Deus impare gaudet.

(VIRGIL., ecl. 8, vers. 73.)

Vota quippe hic quidem sortilegi ritus ostendens, quæ maximam vim habeant ad constringendum rebellem, minatur dicens : Tria fila ejusdem substantiæ, id est de lana, sed diversa triplici colore tibi in effigie videlicet tua circumdo, ad te videlicet et constringendum et capiendum, quasi illud Salomonis attendens : *Funiculus triplex difficile rumpitur* (Eccle. IV, 12). Et tunc inquit, effigiem tui sic ligatam duco ter circum altaria. Denique cur et terna licia dixerit, vel triplicem colorem, sive ternum circuitum altaris, quasi in omnibus ternarii numeri magnam vim attenderet ad celebrationem divinorum sacrorum, adjecit, quia *Deus gaudet impare numero.* Ac si diceret : Quia Deus hoc numero secundum personarum Trinitatem describi vult suam perfectionem. Quæ quidem personæ sunt ejusdem substantiæ, sed proprietatibus diversæ, unde tribus laneis filis diversorum colorum expressæ videntur.

XXII.

Nunc itaque ad proposita de divinitate Verbi testimonia revertamur, et cum David et Salomone regibus Israel, tertium adhibeamus gentium regem ad summi vaticinium regis. Quid enim apertius illo testimonio Nabuchodonosor, de Filio Dei? *Ecce*, inquit, *video cœlos solutos, quatuor ambulantes in medio ignis, et species quarti similis Filio Dei.* Juvat autem et Didimi regis Bragmanorum inferre testimonium, ut in quatuor regum auctoritate nostræ assertio fidei præmineat. Duorum quidem Judæorum, et duorum gentilium, David scilicet et Salomonis, Nabuchodonosor et Didimi, sintque hi quatuor reges quasi quatuor rotæ nobilis quadrigæ summi regis, per quas videlicet fides quatuor evangelistarum de sancta Trinitate per universum deferatur mundum, et tanto regum auctoritas sit firmior, quanto potestas similior, et qui edicta populis legesque proferunt, sacræ quoque fidei testimonia tradant.

XXIII.

Ait itaque Didimus in prima ad Alexandrum epistola, ait, inquam, sic : *Inter cætera religionis vel fidei suæ gentis insignia, non suscipit Deus sacra sanguinea; cultum diligit incruentum, spernit funesta libamina, verbo propitiatur orantibus, quod solum vi cum homine est, suaque numinis similitudine delectatur. Nam verbum Deus est, mundum creavit, hoc regit atque alit omnia, hoc nos veneramur, hoc diliginius, ex hoc spiritum trahimus, si quidem Deus ipse spiritus atque mens est, atque ideo non terrenis divitiis nec largitate munifica, sed religiosis operibus, et gratiarum actione placatur.* Ex his liquide verbis traditur, tam verbum ipsum Dei quam spiritum ab ipso fidelibus infusum esse Deum, quem rex ille non solum credebat, verum etiam alteri magno regi scribendo prædicat. Quantæ autem religionis seu abstinentiæ populus Brachmanorum fuerit, ut illis Deus supra universas nationes fidei sacræ intelligentiam inspirare deberet, epistolæ ipsæ Didimi ad Alexandrum continent. Quibus quidem epistolis, si fides exhibenda sit, nulla hominum vita quantumcunque religiosorum innocentiæ atque abstinentiæ Brachmanorum æquiparanda videtur. Unde et hæc in exemplum abstinentiæ beatus quoque Hieronymus nobis proposuit, de quibus inter cætera in secundo contra Jovinianum meminit dicens (36) : *Bardesenes vir Babylonius in duo dogmata apud Indos Gymnosophistas dividit, quorum unum appellat Brachmanas, alterum Samonaos, qui tantæ continentiæ sint, ut vel pomis arborum juxta Gangem fluvium vel publico orizæ et farinæ alantur cibo ; et cum rex ad eos venerit, adorare illos solitus sit, pacemque provinciæ suæ in illorum precibus arbitrari sitam.* Ad quos etiam divina gratia prædicationem Evangelii directam esse, ipsa ejusdem Epistola ad Magnum oratorem perhibet, his verbis (57) : *Pantænus stoicæ sectæ philosophus ob præcipuæ eruditionis gloriam a Demetrio Alexandriæ episcopo missus est Indiam, ut Christum apud Brachmanas et illius gentis philosophos prædicaret.*

XXIV.

Seneca quoque inter universos philosophos, tam moralis doctrinæ quam vitæ gratiam adeptus, Spiritum sanctum bonorum omnium distributorem patenter profitetur, ita de ipso ad Paulum apostolum in quarta scribens epistola : *Profiteor me bene acceptum lectionem litterarum tuarum quas Galatis, Corinthiis, Achiis misisti. Spiritus enim sanctus in te supra excelsos sublimior, satis venerabiles sensus exprimit.*

XXV.

Restat denique ad maximum illum Latinorum philosophorum, Boetium scilicet, descendere : qui omnes fere liberalium artium disciplinas, scribendo vel transferendo, seu etiam exponendo Latine tradidit, ac diligenter sanctæ Trinitatis fidem Symmacho socero ac patricio scribendo edisserens, de unitate quoque personæ Christi ac diversitate naturarum quæ in Christo sunt, divinæ scilicet et humanæ, ad Joannem diaconum (qui postea papa effectus est) scribendo contra Eutichem et Nestorium, optime disputavit, fidemque nostram, et suam ne in aliquo vacillaret, tam de divinitate quam de divinitatis incarnatione tractando inexpugnabiliter astruxit. Constat hunc egregium senatorem Romanum quoque et consulem atque patricium tempore prædicti Joannis papæ floruisse, a Sylvestro papa vicesimi, et eum in illa persecutione Christianorum qua in Joannem papam cæterosque Christianos Theodericus sæviit, una cum prædicto Symmacho occubuisse. De quo in gestis pontificum, necnon et in libro miraculorum beati Benedicti scriptum est, qualiter videlicet ambos Theodericus rex Gothorum interfecerit. In gestis quidem ita scriptum reperies : *Rex hæreticus Theodericus duos senatores et consules et patricios gladio interfecit, Boetium et Symmachum, quorum etiam abscondi corpora fecit et præcepit.* In libro autem miraculorum prædicti sancti ita continetur : *Theodericus post Odoacrem Gothorum principatum cum regio nomine suscipiens, homo pestilens Arianæ sectæ, denique inter cætera facinora Joannem papam corporali inedia maceratum necavit, duosque senatorii ordinis viros et ex consules, Symmachum videlicet atque Boetium, in carcere gladio transverberavit.* Cum itaque Dominus et per prophetas Judæis, et per præstantes philosophos seu vates gentibus catholicæ fidei tenorem annuntiaverit, inexcusabiles redduntur tam Judæi quam gentes, si cum hos in cæteris doctores habeant, in salutem animæ cujus est fundamentum fides ipsos non audiant. Et quidem multi ex gentibus, nonnulli ex Judæis in hoc quoque a doctoribus populi sui instructi, fidem sanctæ Trinitatis recognoverunt in uno corpore Ecclesiæ quasi duo parietes conjuncti. Ex gentibus quidem primo Græci, ex quibus prædicti philosophi fuerunt; post Græcos Latini, qui sicut in disciplinis sæcularium artium imitati sunt Græcos, ita et in vera fidei doctrina ab ipsis exempla sumpserunt. Cum eos scilicet Christianam fidem suscepisse audiissent, quos ingeniorum subtilitate præditos, omnibus philosophiæ rationibus armatos esse cognoverant.

(36) Patrol. tom. XXIII, col. 304.

(57) Patrol. tom. XXXI, col. 667.

LIBER SECUNDUS.

Operis parte superiori, testimonia quædam tam prophetarum quam philosophorum collegimus, quibus sanctæ Trinitatis fidem astrueremus, ubi quidem dum philosophorum infidelium assertiones, sicut et sanctorum Patrum, quasi in auctoritatem induximus, multorum nos detractionibus corrodendos parere præsensimus, atque a nonnullis nobis id improperandum, quod beato Hieronymo a multis olim legimus objectum, cum non solum ille et ethnicorum, verum etiam hæreticorum testimonia suis insereret scriptis. Unde et adversus calumnias Magni oratoris urbis Romæ epistolam scribens, ita exorsus ait (38) : *Quid quæris quod in opusculis nostris sæcularium litterarum interdum ponamus exempla, et candorem Ecclesiæ ethnicorum sordibus polluamus, nunquam hoc quæreres si Scripturas sacras legeres, si interpretes earum revolveres. Quis enim nesciat et in Moyse ac prophetarum voluminibus quædam assumpta de gentilium libris, et Salomonem philosophari et proposuisse nonnulla et aliqua respondisse? Unde in exordio Proverbiorum commonet ut intelligamus sermones prudentiæ, versutiasque verborum, parabolas, et obscurum sermonem, dicta sapientium et ænigmata, quæ proprie sunt dialecticorum et philosophorum. Sed et Paulus apostolus Epimenidis poetæ abusus versiculo est, scribens ad Titum* (Tit. 1, 22) :

Cretenses semper mendaces, malæ bestiæ, ventres pigri. In alia quoque epistola Menandri ponit senarium (I Cor. xv, 33) :

Corrumpunt mores bonos confabulationes malæ.

Et apud Athenienses in Martis curia disputans Aratum testem vocat. « *Ipsius enim et genus sumus* (Act. xvii, 28). » *Pater, hoc est doctor Christiani exercitus, et orator invictus pro Christo causam agens, etiam inscriptionem fortuitam arte torquet in argumentum fidei* (ibid., 23 et seq.). *Didicerat enim a vero David, extorquere de manibus hostium gladium, et Goliæ superbissimi caput proprio mucrone truncare. Legant in Deuteronomio mulieris captivæ radendum caput, supercilia, omnes pilos et ungues corporis amputandos, et sic eam habendam conjugio* (Deut. xxi, 12 et seq.). *Quid ergo mirum, si et ego sapientiam sæcularem propter eloquii venustatem, membrorum pulchritudinem, de ancilla atque captiva Israelitam facere cupio? Si quid in ea mortuum est, idololatriæ, voluptatis, erroris, libidinum, vel præcido vel rado, et mistus purissimo corpori, vernaculos ex ea genero Domino.* Item (39) : *Cyprianus, vir eloquentiæ pollens, et martyrio, Formano narrante, mordetur, cur adversus Demetrianum scribens testimoniis usus sit prophetarum et apostolorum, quæ illa ficta et commentitia esse ducebat, et non potius philosophorum et poetarum, quorum auctoritati ut ethnicus contraire non poterat* (40)? Item : *Josephus duos libros scribit contra Apionem Alexandrinum, et tanta sæcularium profert testimonia, ut mihi miraculum subeat, quomodo vir Hebræus ab infantia sacris litteris eruditus, cunctam Græcorum bibliothecam evolverit.* Item (41) : *Exstant et Juliani Africani libri et Theodorici, viri apostolicorum signorum, ac virtutum; et Dionysii Alexandrini episcopi, Anatolii quoque, Pamphilii, Pierii, Luciani, Malchionis, Eusebii Cæsariensis episcopi, etc., qui omnes in tantum philosophorum doctrinis atque sententiis suos referserunt* [resarciunt] *libros, ut nescias quid in istis primum admirari debeas, eruditionem* [sæculi] *an scientiam litterarum.* Idem ad Vigilantium presbyterum (42) : *Eadem absenti significo quæ præsenti quoque locutus sum, me ita Origenem legisse vel legere, aut Apollinarem, aut cæteros tractatores, quorum in quibusdam libros Ecclesia non recipit, quia operis mei et studii est multos legere, ut ex plurimis multos flores carpam, tam probaturus omnia quam quæ bona sunt electurus. Assumo multos in manu, ut ex multis multa cognoscam, secundum quod scriptum est :* « *Omnia legentes, quod bonum est retinentes* (Thess. v, 21). » *Unde satis miror te voluisse Origenis mihi objicere dogmata. Origenes hæreticus quid ad me, qui illum in plerisque hæreticum non nego? Erravit de resurrectione corporis, de statu animarum, de diaboli pœnitentia, et quod his majus est, Filium et Spiritum sanctum in Commentariis Isaiæ seraphim esse contestatus est.* Item (43) : *Neque enim debemus bona ejus recipere, ut mala quoque recipere cogamur. Si ergo quæ bona sunt transtuli, et mala amputavi, vel tacui, vel correxi, arguendus sum, cur non per me Latini bona ejus habeant, et ignorent mala? Si hoc crimen est, arguatur Hilarius confessor, qui psalmorum interpretationem et homelias in Job ex libris ejus transtulit. Sit in culpa Vercellensis Eusebius, qui omnium psalmorum commentarios hæretici hominis vertit in nostrum eloquium, licet hæretica prætermittens.*

Hoc quidem et Hieronymus adversus eorum calumnias reddidit, qui ob id catholicos tractatores reprehendendos autumant, quod suis scriptis infidelium testimonia vel dicta inserere præsumant, quasi eis auctoritatem tribuant, qui nulla digni

---

(38) Patrol., t. XXXI, col. 665, 666, lib. II.
(39) Patrol., ibid., col. 666.
(40) Patrol., ibid.
(41) Patrol., ibid., col. 667, 668.
(42) Patrol., ibid., col. 662, 663.
(43) Patrol., ibid., col. 663.

sunt auctoritate, et quasi maculare sacras sententias possit veritas per infideles prolata. Noverat certe ut discretissimus grana a paleis, et margaritam cæteris quandoque pretiosiorem in sterquilinio deprehendere, quam in ornamento regio tanquam sapiens aurifaber valeat componere. Tenebat certissime, et dona Dei per quemcunque malum contaminari non posse, nec divina sacramenta contractu pravorum inquinari, cum aut in nomine Trinitatis infideles baptizant, aut pessimi quique divina verba prædicant, aut prophetias loquuntur, et nonnunquam miracula faciunt. Quæcunque enim bona sunt, a Deo esse necesse est, nec ea quorumlibet malitia contaminare potest. Unde nec prophetiam Balaam gentilis, neque Arioli sacra improbavit auctoritas, qua postmodum Magi primitiæ gentium incitari creduntur, ut nova apparente stella novum statim regem quærerent; nec Sibyllæ vel Virgilii vaticinia spiritualis doctor Augustinus sanctorum prophetiis inserere timuit, attendens illud Apostoli : *Et nemo dicere potest Dominus Jesus, nisi in Spiritu sancto* (Cor. XII, 3), nec prophetiam Caiphæ commendare evangelista veritus est dicens : *Hoc autem a semetipso non dixit, sed cum esset pontifex anni illius prophetavit* (Joan. XI, 51). Nec ipsorum dæmonum testimonia Evangelium reticuit, cum ad eorum expulsionem, Domino veniente, cum Jesum Christum, seu Filium Dei inclamarent ac confiterentur. Quippe cujus virtutem, sive nascentis, seu morientis, sive resurgentis vel ascendentis et miracula facientis, ipsa etiam insensibilia quodam modo sensisse, ut ei testimonium suo modo præberent, beatus perhibet Gregorius, angelis quidem et stella statim in ortu ipsius apparentibus, in morte vero sole obscurato, petris et velo templi scissis, et monumentis sanctorum apertis resurgentium, multisque apparentium, in resurrectione terræ motu facto cum visione angelorum, in ascensione nube eum suscipiente. Cujus quoque potentiam atque sapientiam universus mundi ornatus annuntiare non cessat ac prædicare, et suo modo laudare, et commendare, ex ipsa sui mirabili compositione ac dispositione. Unde Apostolus : *Invisibilia*, inquit, *ipsius a creatura mundi per ea quæ facta sunt, intellecta conspiciuntur. Sempiterna quoque virtus et divinitas*, etc. (Rom. I, 20.) Hinc Psalmista insensibilium quoque creaturarum laudibus applaudens, omnes pariter ad laudes Dei creaturas invitat, quasi ex omnibus optime conditis laudes Dei a nobis exigat, qui pro nobis in mundo condidit universa. Unde et a summitate cœli, et solemnitate angelorum exorsus usque ad dracones et serpentes atque omnes abyssos, divinas extendit laudes, cum dixerit : *Laudate Dominum de terra, dracones et omnes abyssi* (Psal. CXLVIII, 7). Et iterum : *Serpentes et volucres pennatæ* (ibid., 10). Qui nec aliqua reptilia prætermisit dicens : *Laudabunt illum cœli et terra, mare et omnia reptilia in eis* (Psal. LXVIII, 35).

Legimus etiam in vita Pauli eremitæ a beato scripta Hieronymo, satyrum beato apparuisse Antonio, qui adventum Salvatoris protestans ait sancto viro : *Legatione fungor mei gregis; precamur ut pro nobis communem Deum depreceris, quem in salutem mundi olim venisse cognovimus, et in universam terram exiit sonus ejus.* Cujus quidem satyri videlicet confessionem ac testimonium de Christo, longævus viator admirans et gavisus, quod etiam monstra Christum prædicarent, et vehementer indignatus super duritia et cæcitate Alexandriæ, baculo statim humum percutiens, aiebat : *Væ tibi, Alexandria, quæ pro Deo portenta veneraris. Quid nunc dicturi estis? Bestiæ loquuntur Christum.* Ac si aperte clamet dicens : Conteret impudentiam vestram saltem confessio monstrorum. Quæ quidem confessio tanto fortasse gloriam mirabilius atque potentiam Dei prædicat, quanto majori miraculo est habenda, et tanto verior ejus assertio videtur, quanto a doctrina hominum remotior est, et tota suggestioni sancti Spiritus imputanda. Unde et verba asinæ Balaam, et voces in aere factæ sicut de baptizato vel transfigurato Domino legimus, cum aliquid astantibus annuntiaverunt, tanto facilius ad fidem auditores commovebant, quanto mirabiliores omnibus apparebant. Quod de philosophis quoque et quibusdam gentilibus quantumvis infidelibus, seu nostræ fidei inimicis, manifesta docetur ratione. Quo enim fidei nostræ magis essent adversi, minus in laude ejus invenirentur suspecti, et probabilius in laude cujuslibet est testimonium inimici quam amici, sicut e converso in crimine. Unde et cum Josephi Judæi testimonium de Christo vel de sanctis ejus legimus, plurimum ad fidem in eo commovemur, et cum audimus Philonem Judæum vitam monachorum Ægypti probasse atque commendasse, plus nobis satisfacit quam si quis nostrum eam commendaret. Ex quo utrique inter illustres viros a beato Hieronymo connumerari et ascribi meruerunt. Quid etiam magis necessarium ad defensionem fidei nostræ, quam ut adversus omnium infidelium importunitatem, ex ipsis habeamus per quod ipsos refellamus ? ut si nos impetunt philosophi, per ipsos convincantur doctores sui atque philosophi, et si nos impetunt hæretici a quibus sacræ paginæ testimoniis refellantur. Atque ita juxta Apostolum : *Omne os obstruatur, et subditus fiat omnis mundus Deo* (Rom. III, 19). Quis etiam hæreticos longe deteriores esse gentibus, et quibusdam philosophis ignoret ? Juxta namque Petri apostoli assertionem, melius esset his non nosse veritatis viam, quam post agnitam retro ire (*II Petr.* II, 2).

Si ergo propter infidelitatem gentilium, hi qui aliquibus eorum testimoniis vel dictis utantur, arguendi sunt : multo amplius illi qui Origenis tot et tantis hæresibus irretiti expositiones atque sententias tam studiose ad nostram transtulerunt atque induxerunt ædificationem, cum ex infidelitate damnabiliores omnibus, ut dictum est, constet esse hæreticos. Cujus quidem innumeras ac supramodum abominandas hæreses silentio deperire non sustinuerunt, quasi et in his retractandis aliquam præviderent utilitatem, ac si ab eis designatis, atque damnatis, cæteri sibi facilius providerent, aut quibus eas rationibus dissolverent, si quis in eis illos illaquearet addiscerent. Unde et beatus Hieronymus Epistolam ad Auctum presbyterum direxit, ut hæretica illa quæ in libris Periarchon Origenes minima posuerat, ex parte manifestaret. Quis etiam me testimoniis philosophorum inductis ratione arguat, nisi et in culpam mecum sanctos doctores in hoc ipso trahat? Quæ enim superius ex philosophis collegi testimonia, non ex eorum scriptis, quorum pauca novi, imo ex libris sanctorum Patrum collegi. Nunquid et Apostolum arguere præsumeret, qui, ut ait beatus Augustinus in VIII *De civit. Dei*, Atheniensibus loquens, cum rem magnam de Deo dixisset, et quæ a paucis posset intelligi; quod *in illo* scilicet *vivimus, movemur, et sumus* (*Act.* XVII, 26), adjecit, *sicut et bene quidam dixerunt* (*ibid.*), philosophorum videlicet ipsorum, quorum studiis gloriosa illa civitas exstiterat, testimonium ad persuasionem inducens, de quibus ut in eodem ipse Augustinus præmisit ad Romanos scribens, ait, quia *quod notum est Dei manifestum est in illis. Deus enim illis revelavit*, etc. (*Rom.* I, 19.) Ex quibus aperte Apostolus docet eis quoque mysterium Trinitatis fuisse revelatum. Sed hic quædam verba Apostoli nobis in sequentibus exponenda occurrunt. Nunc autem adversus tam hæreticorum quam philosophorum objectiones, pluribus de fide sanctæ Trinitatis collectis atque expositis testimoniis, superest aperire, quibus rationibus defendi possit quod testimoniis confirmatum est. Omnis quippe controversia, ut in Rhetoricis suis Tullius meminit, aut in scripto, aut ratione versatur, et beato attestante Augustino, in omnibus auctoritatem humanæ anteponi rationi convenit; maxime autem in his quæ ad Deum pertinent, tutius auctoritate quam humano nitimur judicio. Hinc est illud quod ait, c. 1 lib. De moribus Ecclesiæ contra Manichæos : *Naturæ quidem ordo ita se habet, ut cum aliud dicimus, rationem præcedat auctoritas : nam infirma ratio videri potest, quæ cum reddita fuerit, auctoritatem postea, per quam formetur, non assumit.* Restat itaque nunc nobis post auctoritatum fundamentum, fulcimenta superinducere rationum, maxime ideo ne verbositas inimicorum Christi nostræ insultet simplicitati, qui cum aliquos idiotas aut minus eruditos Christianos inductionum suarum laqueis præpedierint, summæ id sibi gloriæ ascribunt. Quibus quidem non sufficit ut soli moriantur, nisi alios compellant suis erroribus, illo videlicet Judæorum more, quo eos veritas dicit, mare et aridam circuire, ut faciant proselytum unum (*Matth.* XXIII, 15).

II.

Omnium autem bonorum quasi fundamentum fidem sanctæ Trinitatis ponimus, ut ab ipsa divinæ naturæ cognitione omnium bonorum ducatur exordium. Quisquis itaque hoc fundamentum labefactare poterit, nihil fructuosum nobis de his quæ superædificanda sunt relinquit. Unde et nos primum huic tanto periculo tam auctoritatum quam rationum clypeum opponere curavimus, in eo quidem confisi, qui suos confortat, dicens; *Cum steteritis ante reges et præsides, nolite cogitare*, etc. (*Matth.* x, 19.) Cujus quidem fretus auxilio, parvulus David immensum Goliam et tumidum proprio ipsius gladio jugulavit. Et nos ergo humanarum gladio rationum, quibus nos tam philosophi quam hæretici impetunt, in eos converso, eorum robur aciesque argumentorum suorum in Domino dissipemus, ut jam minus simplicitatem fidelium aggredi præsumant, cum de his confutati fuerint, de quibus præcipue impossibile eis videtur respondere de diversitate personarum in una et individua penitus ac simplici divina substantia, et de generatione Verbi seu processione Spiritus. De quo quidem nos docere veritatem non promittimus, ad quam neque nos neque mortalium aliquem sufficere credimus ; sed saltem aliquid verisimile atque humanæ rationi vicinum, nec sacræ fidei contrarium proponere libet, adversus eos qui humanis rationibus fidem se impugnare gloriantur, nec nisi humanas curant rationes quas noverunt, multosque facile assentatores inveniunt, cum fere omnes animales sint homines, ac paucissimi spirituales. Sufficit autem nobis quocumque modo summorum inimicorum robur dissipare, præsertim cum alio modo non possumus, nisi has quas noverunt rationes ex ipsorum artibus afferamus. Absit enim hoc ut credamus Deum, qui malis quoque ipsis bene utitur, non bene etiam omnes artes, quæ ejus dona sunt, ordinare, ut hæc quoque ejus majestati deserviant, quantumcunque male his abutuntur perversi !

Unde et beatus Augustinus, cæteri quoque doctores Ecclesiastici, sæculares quoque artes, atque ipsam quoque dialecticam præcipue sacræ Scripturæ admodum necessariam perhibent. Adeo namque prædictus doctor, lib. II De ordine, dialecticam commendare ausus est, ut eam solam scientiam esse profiteri videatur, cum eam solam posse facere dicat scientes (44). *Disciplinam*, inquit, *disciplinarum, quam dialecticam vocant, hoc docet docere, hoc docet discere. In hac seipsa ratio demonstrat, atque aperit quæ sit quid velit, scit scire, sola scientes facere non solum vult, sed etiam potest.* Idem in secundo De doctrina Christiana : Cum inter omnes artes præcipue dialecticam et arithmeticam sacræ paginæ necessarias esse profitentur, illam quidem ad dissolvendas quæstiones, hanc ad allegoriarum mysteria discutienda, quæ frequenter in naturis numerorum

---

(44) Patrol. tom. XXXII, col. 1013

investigamus, tanto amplius dialecticam extulit, quanto amplius eam necessariam assignavit, ad omnes videlicet quæstionum dubitationes terminandas; ait autem sic (45) : *Restant ea quæ non ad corporis sensus, sed ad rationem pertinent, ubi disciplinam disputationis regunt et numeri. Sed disputationis disciplina ad omnia genera quæstionum quæ in sanctis libris continentur plurimum valet. Tamen ibi cavenda est libido rixandi, et puerilis quædam ostentatio decipiendi adversarium.* Sunt enim quidem multa quæ appellantur sophismata, sicut conclusiones rationum, et plerumque ita veras imitantes, ut non solum tardos, sed ingeniosos etiam minus attentos decipiant. Quod genus captiosarum conclusionum Scriptura, quantum existimo, detestatur illo loco ubi dictum est : « Qui sophistice loquitur, odibilis est (Eccli. xxxvii, 23). » Qui rursum in eodem, cum in ipsis philosophorum dictis magnam morum ædificationem, et nullam de fide et cultu unius Dei doctrinam consideraret, adjecit atque ait (46) : *Philosophi qui vocantur, si qua forte et fidei nostræ accommodata dixerunt, maxime Platonici, non solum formidanda non sunt, sed etiam ab eis tanquam injustis possessoribus, in usum nostrum vindicanda. Sicut enim Ægyptus non tantum idola habebat quæ populus Israel detestaretur, sed etiam vasa atque ornamenta de auro et argento, et vestem quæ ipse populus exiens de Ægypto sibi potius tanquam ad usum meliorem clanculo vindicavit præcepto Dei, ipsis Ægyptiis nescienter accommodantibus ea quibus non bene utebantur (Exod.* iii, 22 et xii, 35). *Sic doctrinæ omnes gentilium et liberales disciplinæ usui veritatis aptiores, etiam morum quædam præcepta continent, deque ipso Deo colendo nonnulla vera apud eos inveniuntur.* Item in eodem de philosophis (47) : *Dederunt aurum, et argentum, et vestem suam exeunti de Ægypto populo Dei, nescientes, quemadmodum illa quæ dabant in Christi obsequium redderentur.*

Noverat itaque iste ecclesiasticorum maximus doctor, a philosophia olim gentili ad veram, quæ Christus est, sophiam conversus, quæ in philosophicis de Deo legerat scriptis, et quam indignum philosophicas quoque disciplinas, quæ inter maxima dona Dei semper in terris effloruerunt, auctorem suum atque omnium non agnoscere, et ei quoque cui obtemperant omnia, non deservire. At non deerat et illud quod in Ecclesiastico scriptum est : *Sapientiam omnium antiquorum exquiret sapiens, et in prophetis vacabit. Narrationem virorum nominatorum conservabit, et versutias parabolarum simul introibit. Occulta proverbiorum exquiret, et in absconditis parabolarum conversabitur (Eccli.* xxxix, 1-5). Juxta quod et Salomon ipse beato, ut supra meminimus, testante Hieronymo in ipso statim Proverbiorum exordio commonet ut intelligamus sermones prudentiæ, versutiasque parabolarum, et obscurum sermonem, dicta sapientum et ænigmata. Quæ proprie, ut ait Hieronymus, dialecticorum sunt et philosophorum, unde et a sanctis postmodum Patribus, non incongrue liberalium artium studia tanquam sacræ paginæ admodum necessaria plurimum commendantur, cum omnino poetica figmenta Christianis interdicantur, non solum quia fallacitate referta sunt, et, *os quod mentitur occidit animam (Sap.* i, 11), verum etiam quia inanium fabularum cogitationibus, ad desideria turpitudinum quæ finguntur alliciunt animam, atque a sacræ lectionis studio nos abducunt. De utrisque autem in promptu sunt sanctorum testimonia nobis :

Synodus Eugenii papæ tempore Ludovici : *De quibusdam*, inquit, *locis, ad nos refertur non magistros neque curam inveniri pro studio litterarum. Idcirco universis episcopis subjectisque plebibus et aliis locis, in quibus necessitas occurrerit, omnino cura et diligentia adhibeatur, ut magistri ac doctores constituantur, qui studia litterarum liberaliumque artium habentes, dogmata doceant, quia in his maxime divina manifestantur atque declarantur mandata.* De poeticis autem figmentis, quos nonnulli libros Grammaticæ vocare consueverunt, eo quod parvuli ad eruditionem grammaticæ lectionis eos legere soliti sint, talia sanctorum sanxit auctoritas : Hieronymus ad Damasium papam de filio prodigo (48). *Dæmonum cibus est carmina poetarum sæcularium, scientia rhetoricorum, pompa verborum.* Et post aliqua, tanquam Exodi illud ad mentem recurreret : « *Per nomen externorum deorum non jurabis, neque audietur ex ore vestro (Exod.* xxiii, 15). » *Absit*, inquit, (49) *ut de ore Christiani sonet Jupiter omnipotens, et me Hercule, me Castor, et cætera magis portenta quam numina. At nunc etiam sacerdotes Dei omissis Evangeliis et prophetis, videmus comœdias legere, amatoria Bucolicorum versuum verba cantare, tenere Virgilium; et id quod in pueris necessitatis est, crimen in se facere voluntatis.* Idem super Epistolam ad Ephesios : « *Educate*, ait Apostolus, *filios in disciplina et correctione Dei (Ephes.* vi, 4), » *legant episcopi atque presbyteri, qui filios suos sæcularibus litteris erudiunt, et faciunt comœdias legere, et amorum turpia scripta cantare. De ecclesiasticis quoque sumptibus eruditos, et quod in corbonam pro peccato quilibet pauper totam substantiam effuderat obtulerat, hæc in Saturnalium sportulam, et Minervæ, aut in sumptus domesticos, aut in sordida scorta convertit.* Item idem in Epistola ad Eustochium virginem. *Quæ communio lucis ad tenebras? Quis consensus Christi ad Belial? (*II *Cor.* vi, 15.) *Quid facit cum Psalterio Horatius, cum Evangelio Maro, cum Apostolo Cicero?* Quod vero de poeticis figmentis, non de philosophicis documentis, aut liberalium artium studiis, hæc sunt dicta, aperte Isidorus de summo bono libro... cap. 13,

---

(45) Patrol. tom. XXXIV, col. 57, 58.
(46) Patrol., ibid., col. 63.
(47) Patrol., ibid.

(48) Patrol., tom. XXXI, col. 585.
(49) Patrol. ibid. col. 586.

insinuat dicens : *Ideo prohibetur Christianis legere figmenta poetarum, quia per oblectamenta inanium fabularum excitant mentem ad incentiva libidinum. Non enim solum thura offerendo dœmonibus immolatur, sed etiam eorum dicta libentius capiendo.* Item : *Cavendi sunt libri gentilium, et propter amorem sacrarum Scripturarum vitandi.* Simplicioribus litteris non est præponendus succus grammaticæ artis, meliores enim sunt communes litteræ et simpliciores ad solam utilitatem pertinentes ; illæ vero nequiores sunt quæ ingerunt mentis elocutionem. Meliores sunt grammatici quam hæretici. Grammaticorum doctrina potest etiam proficere ad vitam, dum fuerint in melioris usus assumpti.

Ex consilio quarto Carthaginensi, cap. 9. *Episcopus gentilium libros non legat ; hæreticorum autem pro necessitate et tempore.* Gregorius Desiderio episcopo : *Pervenit ad nos fraternitatem tuam grammaticam quibusdam exponere, quam tunc ita moleste suscepimus, ac sumus vehementius aspernati, ut ea quæ prius dicta fuerant in gemitum et tristitiam verteremus, quia uno se ore cum Jovis laudibus Christi laudes non capiunt, et quod grave nefandumque sit episcopum canere quæ nec laico religiose conveniant, ipse considera.* Unde et Plato ipse, cum civitatis novæ ordinandæ traderet institutionem, poetas a civitate esse dejiciendos decrevit, sicut in secundo De civit. lib. beatus Augustinus his verbis commemorat: *An forte*, inquit, *Platoni potius danda est palma, qui cum ratione formaret, qualis esse civitas debeat, tanquam adversarios civitatis poetas censuit urbe pellendos?* Item post aliqua : *Qui scilicet Plato poetas ipsos, vel arbitrio mentientes, vel hominibus miseris, quasi Deorum facta pessima imitanda proponentes, omnino in civitate bene instituta vivere noluit, ac si aperte sanctis ipsis jam illud prædicaret:* « *Os quod mentitur occidit animam* (Sap. 1, 11). » Atque illud Apostoli : « *Fornicatio et omnis immunditia nec nominetur in vobis, sicut decet sanctos, aut turpitudo, aut stultiloquium, aut scurrilitas quæ ad rem non pertinet,* » etc. (*Ephes.* v, 3, 4.) Quid etiam de philosophicis vel de poeticis existimet, musis, et quantum indignetur aliquem alumnum suum ad meretriculas illas unquam divertere, in ipso aditu libri Boetii De consolatione philosophiæ diligenter exprimitur, ubi de ipsa ad consolandum philosophum accedente, et inspiciente, musa, philosopho ipsi assistente, ipsemet ait philosophus : *Quæ ubi poeticas musas vidit assistentes, nostro thoro fletibusque meis verba dicantes, commota pauliser ac ternis inflammata luminibus : Quis,* inquit, *has scenicas meretriculas ad hunc ægrum permisit accedere, quæ dolores ejus non modo nullis remediis foverent, verum insuper dulcibus alerent venenis? Hæ sunt enim quæ infructuosis affectuum spinis uberem fructibus rationis segetem necant, hominumque mentes assuefaciunt morbo, non liberant. At si quem profanum, ut vulgo solitum, nobis blanditiæ vestræ detraherent, minus moleste ferrem dum putarem. Nihil quippe in eo nostro opere læderentur. Hunc vero Æleaticis atque academicis studiis innutritum. Sed abite potius, o Sirenes usque in exsilium, dulces, meisque cum musis curandum sanandumque relinquite. His ille chorus increpitus dejecit humi mœstior vultum, confessusque rubore verecundiam limen tristis excessit.*

At fortasse, inquies, non solum poetarum, verum etiam liberalium artium lectiones Christianis interdicendas, cum beatus Hieronymus in epistola ad Eustochium se graviter correctum ac verberatum a Domino pro lectione, philosophorum librorum, asseverat. At jam profecto nec grammaticam a Christiano legi convenit, sine documentis cujus nec divina potest intelligi pagina, nec scriptura aliqua. Sic nec rhetoricam, quæ omnis eloquentiæ tradit ornamenta, quibus maxime sacra Scriptura est referta, nec ejus decor nisi his diligenter assignatis elucere poterit. Quare igitur, inquies, propter Ciceronis libros prædictus doctor tam graviter flagellatus et correctus est, ut sub ostentatione sacramenti cogeretur omnino sæcularium librorum lectioni abrenuntiare? profecto quia non pro utilitate aliqua, sed pro oblectatione eloquentiæ illius intendebat, neglecto sacræ Scripturæ studio, cujus quidem, ut ipsemet ait, incultus ei senno horrebat. Ego autem nullius artis lectionem cuicumque religioso interdicendam arbitror, nisi forte per hoc major ejus aliqua utilitas præpediatur, sicut in cæteris litteris faciendum scimus, ut videlicet minora pro majoribus aut intermittantur, vel penitus omittantur. Quippe cum nulla sit in doctrina falsitas, nulla in verbis turpitudo, nonnulla de scientia utilitas, quis hoc dicendo aut docendo culpari mereatur, nisi causa venerit supradicta, potiori videlicet bono neglecto aut dimisso? Nemo etenim scientiam aliquam malam esse dixerit, etiam illam quæ de malo est, quæ justo homini deesse non potest. Non ut malum agat, sed ut a malo præcogitato sibi provideat, quod nisi cognitum teste Boetio vitare non posset. Non est enim malum scire decipere vel adulterari, sed ista committere, quia ejus rei bona est cognitio, cujus pessima est actio : et nemo peccat cognoscendo peccatum, sed committendo. Si quæ autem scientia malum esset, utique et malum esset quædam cognoscere. At jam absolvi a malitia Deus non posset, quia omnia novit. In ipso enim solo omnium est plenitudo scientiarum, cujus donum est omnis scientia. Scientia quippe est comprehensio omnium rerum quæ sunt, atque his veraciter cuncta discernit, cui ea quoque quæ non sunt quasi præsentia assistunt. Unde et enumeratis donis Spiritus ejus, ipse spiritus scientiæ esse dicitur (*Isa.* xi, 2). Sicut autem mali quoque scientia bona est, ad evitandum scilicet malum necessaria, ita potestatem etiam mali bonam esse constat ad promerendum necessariam. Si enim peccare non possemus, nihil non peccando promereremur, et ei qui liberum non habet arbitrium, nullum ex his quæ coactus agit debetur præmium. At vero contra, ut ait propheta, *Qui potuit transgredi et non est transgressus, facere mala et non fecit, ideo stabilita sunt bona illius in Domino* (*Eccli*. XXXI, 10, 11).

Ex his itaque liquidum est nullam aut scientiam vel potestatem malam esse, quantumcunque mala sint exercitia eorum, cum et Deus tribuat omnem scientiam, et omnem ordinet potestatem. Qui etiam de potestate iniquissimi Pilati adversus se ait : *Non haberes in me potestatem, nisi datum esset tibi desuper*. Scientias itaque approbamus, sed fallaciis abutentium resistimus. Non enim teste Tullio mediocriter errant, qui ex vitio hominis scientiam culpant. Sic enim cum de reprehensione argumentationum in Rethorica doceret, ait inter cætera : *Non ad id ad quod instituitur accomodabitur aliqua pars argumentationis, si res ex vitio hominis vituperabitur, ut si quis doctrinam ex alicujus docti vitiis reprehendat*. Nullos autem sacris litteris eruditos ignorare arbitror plus in sacra doctrina spirituales viros ex ipso scientiæ studio, quam ex religionis merito profecisse, et quo quisque sanctior ante conversionem suam, amplius eum in sancta eruditione sua valuisse. Paulus quippe apostolus licet non major merito quam Petrus videatur, vel confessor Augustinus quam Martinus, tanto tamen uterque altero majorem in doctrina gratiam post conversionem habuit, quanto antea majore litterarum scientia pollebat. Ex quo præcipue sæcularium quoque litterarum studium divina dispensatione commendari arbitror, non solum propter utilitatem quam continent, verum a donis ejus alienæ viderentur, si ad nullum eis commodum uteretur. Novimus tamen et ab Apostolo dictum, quia *scientia inflat* (I Cor. VIII, 1), id est superbiam generat. Sed ex hoc præcipue bona esse convincitur quia in malum superbiæ conscium sui trahit ; sicut enim nonnulla sunt bona, quæ non nisi ex malo proveniunt, ita et nonnulla sunt mala quæ ex bono originem trahunt. Pœnitentia quippe, sive correctionis satisfactio, cum bona sint ita malum factum comitantur, ut non nisi ab eo nasci possint. E contrario invidia sive superbia, cum sint pessimæ, a bonis initium habent. Nemo quippe invidia alterius attenuatur, nisi pro bonis ejus, et nemo nisi ex bonis quæ se habere cognoscit, in superbiam extollitur. Unde et Lucifer ille qui mane oriebatur, tanto ad superbiendum pronior exstitit, quanto cæteris Angelicis spiritibus per sapientiæ vel scientiæ claritatem superior fuit, nec tamen ideo sapientiam ejus vel scientiam de naturis rerum cognoscendis quam a Deo acceperat, malam dici convenit, sed ille superbiendo illa male usus sit. Sic et cum quilibet de philosophia sua vel doctrina superbit, non ipsam scientiam culpare debemus propter adjunctum vitium, sed unumquodque secundum seipsum pensari convenit, ne forte indiscrete agentes, propheticam illam maledictionem incurramus. *Væ his qui dicunt bonum malum, et malum bonum, ponentes lucem tenebras, et tenebras lucem* (*Isa*. V, 20).

Hæc adversus illos dicta sufficiant qui suæ imperitiæ solatium quærentes, cum nos aliqua de philosophicis documentis exempla, vel similitudines inducere viderint, quibus planius quam volumus fiat, statim obstrepunt, quasi sacræ fidei et divinis rationibus ipsæ naturæ rerum a Deo conditarum inimicæ videntur, quarum videlicet naturarum maximam a Deo peritiam ipsi sunt a Deo philosophi consecuti, ut cum sancti doctores allegoriarum mysteria in ipsis animalium, vel quarumlibet naturis rerum investigent, juxta ipsorum philosophorum dicta, has assignant, dicentes quidem hanc hujus vel illius naturam esse rei, sicut Physicæ scriptores tradiderunt. In tantum vero in ipsa factura delectatur Deus, ut frequenter ipsis rerum naturis quas creavit, se figurari magis quam verbis nostris, quæ nos confinximus aut invenimus, exprimi velit, ut magis ipsa rerum similitudine, quam verborum nostrorum gaudeat proprietate, ut ad eloquentiæ venustatem ipsis rerum naturis, juxta aliquam similitudinem, pro verbis Scriptura malit uti, quam propriæ locutionis integritatem sequi. Nemo itaque me culpare præsumat, si ad propositum nostrum ostendendum, aliquas vel ex nobis vel ex philosophis similitudines induxero, quibus facilius aperire quod desidero, possim. Scriptum quippe est : *Fas est ab hoste doceri, et cum intelligentiæ deservimus modis omnibus curandum est, ut quoad possumus, id facile facere studeamus*. Unde est illud beati consilium Augustini, in quarto De doctrina Christiana, ubi quidem Christianæ doctrinæ modos exsequitur ac docet : *Non curante illo*, inquit, *qui docet quanta eloquentia doceat, sed quanta evidentia. Diligens appetitus aliquando negligit verba cultiora, unde ait quidam, cum de genere tali elocutionis ageret, esse in eo quamdam diligentiam negligentem*. Item : *Quid enim prodest locutionis integritas, quam non sequitur intellectus audientis ? cum loquendi omnino nulla sit causa, si quod loquimur non intelligunt, propter quos ut intelligant, loquimur. Qui ergo docet, vitabit verba omnia quæ non docent.* Item : *Insignis est indolis in verbis verum amare, non verba*.

III

Quid enim prodest clavis aurea, si aperire quod volumus non potest ? aut quid obest lignea, si hoc potest ; quando nil quærimus, nisi patere quod clausum est ? Sed incassum, inquies, laboramus, si id aperire quærimus, aut quod jam per alios est apertum, ut nostro ulterius labore opus non sit, aut omnino aperiri non potest, ut illud videlicet ineffabile Trinitatis mysterium. Et profecto nihil hoc verius. Sed si hoc aperiri non potest ab homine, quid egerunt sancti Patres, qui tot nobis de Trinitate tractatus reliquerunt ? Si vero qui de ea tractaverunt, docere quod intendebant potuerunt, et quod clausum erat aperire, quid opus erat unum post alium scribere, et quod ille jam aperuerat, hunc postea reserare? Quidquid horum quislibet constituat, miror qua me fronte aliquis arguat, si cæterorum de his scribentium providentiam laudet, nisi forte in hoc nostrum jam penitus superfluere tractatum dicat, quod et illorum documenta sufficiant, et nullæ jam ulterius quibus resistendum sit pullulent hæreses, vel nullæ de nostra fide supersint dubitationes, quæ aliquibus rationibus vel ad documentum vel ad defensionem ejus egere videantur, atque utinam ita sit. At vero ut innumeram multitudinem infidelium, quæ extra Ecclesiam est, tam Judæorum scilicet quam ethnicorum, prætereant, quis ita omnes hæreses repressas profiteri audeat, ut jam nulla apud nos fidei sint schismata, nullæ ulterius futuræ sint dissensiones? Quousque enim paleas cum granis præsens Ecclesia indifferenter continebit, nec messi Domini inimicus homo superseminare zizania cessabit? donec videlicet in fine sæculi messores angeli Dei zizania colligant in fasciculos, et in ignem arsuros mittant. Non possunt schismatici, non possunt deesse hæretici, nec inter scorpiones et serpentes tutum patebit iter, sed semper ad probationem vel excitationem fidelium habebit mater Ecclesia sub Christi nomine multos quos coleret Antichristos, pro quibus ingemiscens quotidie dicat: *Ex nobis exierunt, sed ex nobis non erant* (*I Joan.* II, 19), et affectu materno per singulos annos pro eis ut redeant, immolet publicas orationum hostias. Nam *oportet,* inquit Apostolus, *hæreses esse, ut qui probati sunt manifesti fiant* (*I Cor.* XI, 19). Quod maxime in novissimis temporibus Antichristi regno appropinquante, futurum exspectamus, quando juxta Dominicam et apostolicam sententiam graviora semper imminere atque excrescere constat pericula, et refrigescente charitate, mala omnia amplius pullulare. Unde et idem Apostolus ad Timotheum : *Hoc autem scito quod in novissimis diebus instabunt tempora periculosa, et erunt homines seipsos amantes, cupidi, elati, superbi, blasphemi, sine pace, habentes quidem speciem pietatis, virtutem autem ejus abnegantes* (*II Tim.* I, 5). Qui et alibi : *Nos,* inquit, *sumus in quos fines sæculorum devenerunt* (*I Cor.* X, 11). Et Petrus in secunda Epistola : *Hoc primum,* inquit, *scientes quod venient in novissimis diebus deceptione illusores,* etc. (*II Petr.* III, 3.) Et Joannes : *Filioli,* inquit, *novissima hora est. Et sicut audistis quia Antichristus venit, nunc autem Antichristi multi facti sunt. Unde scimus quia novissima hora est. Ex nobis enim prodierunt, sed ex nobis non erant* (*I Joan.* II, 18, 19). Hinc et in Epistola Judæ scriptum est : *Vos autem charissimi, memores estote verborum quæ prædicta sunt ab apostolis Domini nostri Jesu Christi, qui dicebant vobis quoniam in novissimis temporibus venient illusores; hi sunt qui segregant semetipsos et hos quidem arguite judicatos* (*Jud.* 17 et seq.). Ac si aperte nos hortaretur dicens : Providete ut tales dijudicare ac rationibus convincere valeatis,

parati semper, ut beatus Petrus meminit, *ad satisfactionem omni poscenti vos rationem, de ea quæ in vobis est spe et fide, ut in eo quod detrahunt de vobis, confundantur qui calumniantur vestram bonam conversationem in Christo* (*I Petr.* III, 15, 16). Idem et coapostolus ejus Paulus admonens : *Sermo,* inquit, *vester in gratia conditus sit sale, ut sciatis quomodo oporteat vos unicuique respondere* (*Coloss.* IV, 6).

Quæ quidem apostolorum dicta beatus diligenter attendens Augustinus, ad Valerium comitem in libro De nuptiis et concupiscentia, his scribit verbis : *Quod licet fide robustissima irriseris, bonum est tamen ut etiam noveris defendendo adjuvare quod credimus. Et apostolus Petrus paratos nos esse præcepit, « ad satisfactionem omni poscenti nos rationem de fide et spe nostra. »* *Et apostolus Paulus* : *« Sermo,* inquit, *sit in gratia sale conditus, ut sciatis quomodo oporteat unicuique respondere. »* Item in tractatu De misericordia, nos ad ea quæ nondum capere intellegendo sufficimus adhortatur dicens : *Petite orando, quærite disputando, pulsate rogando. Ratione quippe magis hæretici sunt quam potestate coercendi, cum juxta sanctorum Patrum auctoritatem, fideles quoque quibus « omnia cooperantur in bonum* (*Rom.* VIII, 28), *» eorum disputationibus exercitati, vigilantiores atque cautiores reddantur.* Unde Hieronymus super Jeremiam, lib. XI : *Ad tempus,* inquit, *valet hæresis, ut electi quique manifesti fiant, et probati sint.* Augustinus contra Epistolam Parmeniani : *Hæretici si in Ecclesia essent, nihilominus errarent : cum autem foris sunt, plurimum prosunt, non verum dicendo, quod nesciunt, sed ad verum quærendum carnales, et ad verum accipiendum spirituales Catholicos excitando. Utamur ergo hæreticis, non ut eorum approbemus errores, sed ut Catholicam disciplinam adversus eorum insidias asserentes vigilantiores et cautiores simus, etsi eos ad salutem revocare non possumus.* Isidorus De summo bono, lib. I, cap. 16 : *Sancta Ecclesia exercetur sapientia, cum tentatur verbis; exercetur patientia, cum tentatur gladiis; cum pravitatis hæreticæ doctrina est propagata Ecclesiæ, nam antea simplici tantum fide vigebat.* Hæreticorum ergo occasione propagati sunt doctores in fide, et per acumen hæresum hodie creverunt magistri. Unde et sancti doctores cum ad exercitationem, ut dictum est, fidelium adeo necessarias esse hæreticorum disputationes vel inquisitiones attenderent, ratione potius quam potestate eos coerceri sanxerunt, et nos quasi tantæ victoriæ desiderio ad sacræ studium eruditionis sunt potissimum adhortati. Quale est illud Hieronymi ad Nepotianum : *Disce,* inquit, *quid doceas ut possis adhortari in doctrina sacra, et contradicentes revincere, paratus semper ad satisfactionem omni poscenti rationem de ea quæ in te est spe.* Gregorius Bonifacio : *Si ita, ut audieram, magnitudo vestra intentione sollicita, de animæ suæ vita cogitaret, nequaquam mihi de fide sua per epistolas, sed per semetipsam posceret respondere, ut et vos de nostra ra-*

tione, et nos de vestra credulitate gauderemus. Nam nos licet in omnibus causis, in his præcipue quæ Dei sint, ratione magis constringere homines quam auctoritate festinamus. Idem Dominico episcopo : *Quanquam desideremus omnes hæreticos a catholicis sacerdotibus vigore semper ratioueque compesci.* Idem in Pastorali, cap. 30 : *Aliter admonendi sunt hujus sæculi sapientes, atque aliter hebetes. Illos plerumque rationis argumenta, istos nonnunquam melius exempla convertunt. Illis nimirum prodest ut in suis allegationibus juncti permaneant, istis vero aliquando sufficit ut laudabilia aliorum facta cognoscant.* Nicolaus papa ad consulta Bulgarorum, cap. 41 : *De eis qui Christianitatis bonum suscipere renuunt, non aliud possumus scribere vobis, nisi ut ad fidem necessariis monitis, et exhortationibus et ratione eos potius quam vi convincatis.* Isidorus De summo bono lib. II : *Fides nequaquam vi extorquetur, sed ratione atque exemplis suadetur, a quibus autem exigitur violenter, perseverare in eis non possunt exemplo, ut ait quidam, novellæ arboris, cujus si quis cacumen violenter impresserit, denuo dum laxatur in id quod fuerat confestim revertitur.* Hilarius de Trinitate in lib. XII : *Oportet eos qui Christum prædicant mundo, irreligiosis mundi imperfectisque doctrinis per scientiam omnipotentiæ contraire, juxta illud Apostoli :* « *Nostra enim arma non sunt carnalia, sed potentia Deo, ad destructionem munitionum rationis, destruentia et omnem altitudinem elevatam adversus cogitationem Dei* (II Cor. X, 4, 5), » *fidem non nudam apostolis atque inopem rationis reliquit. Quæ quamvis potentissima ad salutem sit, tamen nisi per doctrinam instruatur, habebit quidem inter adversa tutum diffugiendi recessum, non etiam retinebit constantem abscedendi securitatem, eritque ut infirmioribus sunt post fugam castra, non etiam ut castra habentibus adest interrita fortitudo. Constituendæ ergo sunt insolentes adversus Deum disputationes, et destruenda rationum fallacium munimenta, et elevata ad impietatem ingenia conterenda ; nec carnalibus armis, sed spiritualibus; nec terrena doctrina, sed cœlesti sapientia, ut quanta rerum divinarum humanarumque discretio est, tanta ultra terrena studia ratio cœlestis excedat.*

Quomodo ergo audiendi sunt, qui fidem rationibus vel astruendam vel defendendam esse denegant? præsertim cum ipsi sancti quoque de his quæ ad fidem pertinent ratiocinantes multis exemplorum vel similitudinum rationibus rebelles arguere vel reprimere soleant? Si enim cum persuadetur aliud ut credatur, nil est ratione discutiendum, utrum ita scilicet credi oporteat vel non : quid restat nisi ut æque tam falsa quam vera prædicantibus acquiescamus, et illam Fausti hæretici defensionem prætendamus, qua se ab impugnatione fidelium protegere, et ipso per prophetam ac eorum sententiam nititur confutare? Sic quippe aiebat, sicut in primo contra Faustum libro beatus meminit Augustinus : *Et hæc enervis fidei confessio in Christo sine teste, et argumento non credere.*

Nempe vos ipsi dicere soletis; idcirco nil esse curiosius exquirendum, quia simplex sit et absoluta Christiana credulitas. Quomodo ergo nunc fidei simplicitatem destruitis, judiciis ac testibus eam fulciendo? Similem a beato Sylvestro oppositionem a Judæis fieri in Vita ejus legimus, cum videlicet eos de fide Christi rationibus coarctaret : *Ita quippe scriptum est : Joasi rabi dixit : Rationi humanæ non est committenda fides, quæ Deum hunc suadeat credi, quem tu unum Deum Patrem, et Filium, et Spiritum santum confiteris.* Unum denique simile dictum beati Gregorii dicitur, quod hi qui suæ solatium imperitiæ quærunt, cum ea de fide interrogantur ad quæ respondere non sufficiunt, statim objiciunt illud, inquam, quod in homilia Evangeliorum XX, cum de resurrectione corporum loqueretur, ait : *Sciendum nobis est quod divina operatio si ratione comprehenditur, non est admirabilis, nec fides habet meritum, cui humana ratio præbet experimentum.*

Ex qua profecto sententia, ne videlicet inutilis sit fides et expers meriti, patenter asserunt nil ad Catholicæ fidei mysteria pertinens ratione investigandum esse, sed de omnibus auctoritati statim credendum esse, quantumcunque hæc ab humana ratione remota esse videatur. Quod quidem si recipiatur, ipsum quoque Gregorium in his quæ antea de dictis ejus collegeramus sibimetipsi contrarium reperiemus. Nec sibi tantum, sed cæteris omnibus fere doctoribus sanctis, qui nos pariter cum ipso ad rationes fidei nostræ perquirendas seu reddendas adhortantur. Alioquin ut supra quoque meminimus, cujusque populi fides, quantamcunque astruat falsitatem refelli non poterit, etsi in tantam devoluta sit cæcitatem ut idolum quodlibet Deum esse ac cœli ac terræ creatorem fateatur. Statim quippe qui hoc receperit, cum hinc pulsare eum cœperimus, sicut olim martyres faciebant, cum idololatriæ cultum gentilibus improperarent, respondere poterit secundum nosipsos etiam de fide ratiocinandum non esse, nec a nobis alios impeti debere, unde nos ab aliis censemus impetendos non esse. Novimus quippe ipsum beatum Gregorium sæpius in scriptis suis eos qui de resurrectione dubitant congruis rerum exemplis vel similitudinibus ratiocinando ipsam astruere, pro qua tamen superius dixit fidem non habere meritum cui humana ratio præbet experimentum. Nunquam hic quos rationibus suis in fide resurrectionis ædificare volebat, has ejus rationes secundum ipsius sententiam refellere poterat, secundum quam scilicet astruere dicitur nequaquam de fide humanis rationibus disserendum esse, qui nec hoc astruere dicitur, ipse proprie exhibuit factis. Qui nec etiam dixit non esse ratiocinandum de fide, nec humana ratione ipsam apud Deum habere meritum, ad quam non tam divinæ auctoritatis inducit testimonium, quam humanæ rationis cogit argumentum. Nec quia Deus id dixerat creditur, sed quia hoc sic esse convincitur, recipitur. Distinguitur itaque fides talis a fide Abrahæ, qui contra spem in spem credidit, nec naturæ possibilitatem, sed promittentis attendit veritatem. At nunquam si fidei nostræ primordia statim meritum non habent, ideo ipsa prorsus inutilis est judicanda, quam postmodum charitas subsecuta, obtinet quod illi defuerat. Nunquam multi, cum his quæ prædicabantur non crederent, ipsarum exhibitione rerum et magnitudine miraculorum credere sunt compulsi. Quod de apostolo etiam Thoma, cum de resurrectione Domini dubitaret, factum esse cognoscimus. Sic et in Pauli conversione gestum videmus, qui cum superari ratione non posset, factis ipsis constrictus ad fidem est compulsus, et quanto gravior ipse ante conversionem fuerit, tanto postmodum fides ejus fortior exstitit; vix enim qui loquitur leviter, credit; firmus in fide permansit. Nec quod levitate geritur, stabilitate firmabitur. Unde et in Ecclesiastico scriptum est · *Qui credit cito, levis est corde, et minorabitur* (*Eccli.* xix, 4). Cito autem sive facile credit qui indiscrete atque improvide his quæ dicunt prius acquiescit, quam hoc ei quod persuadetur ignota ratione quantum valet discutiat, an scilicet adhiberi ei fidem conveniat (50). Quod etiam diligenter beatus pensans Hieronymus, cum sanctæ Marcellæ studium et discretionem commendaret, lib. I in Epistolam Pauli ad Galatas ita meminit : *Scio equidem ardorem ejus, scio fidem, quam flammam habeat in pectore superare sexum, oblivisci homines, et divinorum voluminum tympano concrepante Rubrum hujus sæculi mare transfretare. Certe cum Romæ essem, nunquam tam festina me vidit, ut non de Scripturis aliquid interrogaret. Neque enim more Pythagorico quidquid respondebam rectum putabat, nec sine ratione præjudicata apud eam valebat auctor ita, sed examinabat omnia, et sagaci mente universa pensabat, ut me sentirem non tam discipulam habere, quam judicem.*

Nunc vero e contra plurimi solatium suæ imperitiæ quærunt, ut cum ea de fide docere nituntur, quæ ut etiam intelligi possint, disserere non sufficiunt, illum maxime fidei fervorem commendent qui ea quæ dicantur antequam intelligat credit, et prius his assentit ac recipit, quam quæ ipsa sint videat, et an recipienda sint agnoscat, seu pro captu suo discutiat. Maxime vero id profitentur, cum ea prædicantur quæ ad divinitatis naturam, et ad sanctæ Trinitatis pertinent discretionem, quæ penitus in hac vita non posse intelligi asseverant, sed hoc ipsum intelligi vitam dicunt æternam, juxta illud Veritatis : *Hæc est autem vita æterna, ut cognoscant te Deum verum, et quem misisti Jesum Christum* (*Joan.* xvii, 3). Et iterum : *Manifestabo eis meipsum* (*Joan.* xiv, 21). Sed profecto aliud est intelligere seu credere, aliud cognoscere seu manifestare. Fides quippe dicitur existimatio non apparentium, cognitio vero ipsarum rerum experientia per ipsam earum præsentiam. Quæ quidem duo beatus Gregorius

distinguit homilia 6, lib. II in Evangelia : *Liquet*, inquit, *quia fides illarum rerum est argumentum quæ apparere non possunt; quæ enim sunt apparentia fidem non habent, sed agnitionem; proprie quoque de invisibilibus intellectus dicitur, secundum quod quidem intellectuales et visibiles naturæ distinguuntur.* Quisquis etiam in hac vita, ea quæ de Trinitate dicuntur, non posse intelligi arbitratur, profecto in illum Montani hæretici labitur errorem, quem beatus damnans Hieronymus in prologo Commentariorum Isaiæ sic ait : *Neque vere, ut Montanus somniat, prophetæ in exstasi sunt locuti*, ut nescirent quid loquerentur, et quod aliis erudirent, ipsi ignorarunt quid dicerent. Sed juxta Salomonem qui loquitur in Proverbiis : *Sapiens intelligit quæ loquitur de corde suo, et in labiis suis portabit scientiam* (*Prov.* xv, 14), *et ipsi sciebant quid dicerent.* Item : *Quomodo sapienter prophetæ ad instar brutorum animalium, quid dicerent ignorabant?* Hinc est et illud Origenis, Epistolam Pauli ad Romanos exponentis : « *Secundum revelationem mysterii æternis temporibus taciti*, » etc. (*Rom.* xvi, 25.) *Sed requirendum est utrum id dicam in silentio habitum, ut omnino nullus agnoverit, neque ipsi quidem qui annuntiabant prophetæ.* Mihi quidem valde absurdum videtur, ut dicamus prophetas ita scripsisse de sacramentis divinis, ut non intellexerint quæ dicebant, cum Scriptura dicat : « *Sapiens intelligit quæ de ore ejus procedunt, et in labiis portat intellectum* (II *Cor.* xii, 4). » Si vero non intellexerint quæ de ore proprio proferebant, non erant sapientes. Unde si stultum est prophetas negare sapientes fuisse, restat ut intellexerint quæ proferebant.

Paulus dicit audivisse *verba quæ non licet homini loqui*, non quod ipse ignoret quod audierit, sed quod aliis pandere quæ sibi sunt indicata non liceret. Ita ergo potest et hoc loco dictum videri sacramentum in silentio habitum, quod scirent quidem prophetæ, sed hominibus, id est vulgo, non manifestaverint, sed texerint, secundum præceptum Dei, usquequo tempus adesset, et Verbum caro fieret. Adeo quoque quæcunque prædicantur, ita dici ut intelligi possint Apostolus jubet, ut omnino a prædicatione quiescendum esse præcipiat, si in his quæ prædicanda sunt desit qui prophetare valeat, hoc est ea quæ dicuntur exponere, et eorum intelligentiam aperire. Unde ipse nos ad spiritualium donorum desiderium exhortans in prima ad Corinthios Epistola, dicit : *Æmulamini spiritualia, magis autem ut prophetetis* (I *Cor.* xiv, 1), hoc est super cætera Spiritus sancti dona, hoc maxime desiderate, ut quæ lingua proferuntur, hoc est in verbis sonant, per intelligentiam videri faciatis, et exponere possitis. Quia etenim prophetæ Videntes antiquitus dicebantur, hoc loco Apostolus prophetare dicit, visum intelligentiæ ministrare. Qui etiam statim prosequens quanta sit utilitas prophetandi, et quam excellentius

---

(50) Hoc reprehendit Bernard. Claravallen. abb. quia scilicet non de fide in Deum ibi agitur, sed de mutua credulitate.

sit prophetare quam loqui lingua sola, id est verba exponere magis quam formare, *Qui enim loquitur lingua*, inquit, *non hominibus loquitur, sed Deo (I Cor. xiv, 2).* Nemo enim audit, hoc est intelligit. Quem etiam auditum Dominus requirit, dicens: *Qui habet aures audiendi, audiat (Matth. xiii, 9).* Item Apostolus de utilitate prophetandi, subjecit: *Nam qui prophetat hominibus loquitur ad ædificationem (I Cor. xiv, 3);* et iterum: *Qui loquitur lingua semetipsum ædificat, qui autem prophetat Ecclesiam ædificat, volo autem vos omnes loqui linguis; magis autem prophetare. Nam major est qui prophetat quam qui loquitur linguis, nisi forte interpretetur ut Ecclesia ædificationem accipiat. Nunc autem, fratres, si venero ad vos linguis loquens, quid vobis prodero? (Ibid., 4-6.)* De quo quidem et congruam statim similitudinem inducens ait: *Quæ sine anima sunt vocem dantia sive tibia, sive cithara, nisi distinctionem sonituum dederint, quomodo scietur quod canitur, aut citharizatur? Etenim si incertam vocem det tuba, quis parabit se ad bellum? Ita ergo et vos per linguam nisi manifestum sermonem dederitis, quomodo scietur id quod dicitur? Eritis enim in aera loquentes (ibid., 7-9).* Quasi inutiliter aerem solum exterius lingua verberantes, non cor interius per intelligentiam contingentes. Et rursus: *Ego si nesciero virtutem vocis, ero cui loquor barbarus, et qui loquitur mihi barbarus; sic et vos et omnis qui loquitur lingua oret ut interpretetur (ibid., 11, 12).*

Quid, quæso, virtutem vocis dicit, nisi ejus intelligentiam propter quam est reperta? Quod etiam beatus, ut supra meminimus, attendens Augustinus: *Quid prodest,* inquit, *locutionis integritas quam non sequitur intellectus audientis, cum loquendi omnino nulla sit causa, si quod loquimur non intelligunt propter quos ut intelligant loquimur?* Qui etiam tam verborum intelligentiam in Ecclesia necessariam dicit, ut cum ibi aliquæ benedictiones fiunt, non debeat *Amen* responderi nisi ab intelligentibus, qui videlicet discernere possint an benedictionis verba sint, an maledictionis: *Quomodo,* inquit, *dicet Amen super tuam benedictionem, quando quæ dicas nescit? (ibid., 14.)* Et rursum: *Gratias ago Deo meo, quoniam omnium vestrum lingua loquor. Sed in Ecclesia volo quinque verba sensu meo loqui, ut et alios instruam, quam decem verborum millia in lingua (ibid., 18, 19).* Et statim ad perfectionem intelligentiæ sacrorum verborum nos adhortans: *Fratres,* inquit, *nolite pueri effici sensibus, sed militia parvuli estote, sensibus autem perfecti (ibid., 20).* Qui etiam eos qui quæ prædicant exponere non sufficiunt, quantæ irrisioni sunt habendi, non reticet dicens: *Si ergo conveniat universa Ecclesia in unum, omnes linguis loquantur, intrent autem idiotæ aut infideles, nonne dicent quod insanitis? (Ibid., 23.)* Unde et post aliqua de illo qui prædicat, adjecit: *Si autem non fuerit interpres taceat in Ecclesia, sibi autem loquatur et Deo (ibid., 28).* Ac si aperte dicat: Non præsumat loqui hominibus qui ad exponendum quæ dicit non sufficit, sed magis ad Deum qui expositione non indiget, in suæ fidei confessione verba convertat, quam ad hominum doctrinam verba quæ non intelligantur, frustra proferat.

Si autem eos qui prædicant, cum illa quæ dicuntur exponere non sufficiunt, cessare convenit a prædicatione, quanto magis cum nec ipsi intelligunt ea quæ proferunt, et tota eorum fides in ore potius quam in corde consistat, cum e contrario dicat Apostolus: *Corde creditur ad justitiam, ore autem confessio fit ad salutem! (Rom. x, 10.)* Qui enim quod dicit non intelligit, profecto quod dicit ipse, nescit; et docere imprudenter præsumit, quæ ipse adhuc ignorat inter eos merito computandus, quibus Veritas improperans ait: *Cæci sunt duces cæcorum (Matth. xv, 14).* Et Apostolus: *Nescientes,* inquit, *quæ loquuntur, neque de quibus affirmant (I Tim. i, 7).* Adhuc quoque post evangelicam revelationem, post tot sanctorum Patrum revela.... velamen Moysi super cor habentes, nec adhuc cum Apostolo, *revelata facie gloriam Domini speculantes (II Cor. iii, 18),* hoc illi audiant qui sacræ Scripturæ magistri residentes, verba magis pueros proferre quam intelligere docent. Nec ad salutem illius sapientis proverbium quod pueri didicerunt, eorum conterit impudentiam: *Legere enim et non intelligere, negligere est.* Qui cum in his cæci sunt, quæ de Deo dicuntur, tanto hic eorum error est periculosior, quanto est hujus rei doctrina magis necessaria, quæ tanquam omnium bonorum fundamentum collocatur. Quod nisi diligenter fuerit inspectum, nihil securitatis afferet quod fuerit superædificatum. Quid denique magis ridiculosum quam si aliquis aliud docere volens, cum requisitus fuerit de his quæ dicit utrum intelligat, neget seipsum intelligere quæ dicit vel se nescire de quibus loquitur? Quantum cachinnum philosophis et Græcis sapientiam quærentibus apostoli movissent, Filium Dei prædicantes, si in ipso statim prædicationis exordio sic confutari possent, ut qui eos primum prædicare ac docere oportebat ipsi se nescire faterentur? Quod nec forte de ipsis præsumamus, quibus Veritas Spiritum sanctum promittens ait: *Ille vos docebit omnia, et suggeret vobis omnia, quæcunque dixero vobis (Joan. xiv, 26).* Audiamus et quantam eis fiduciam de tanto magistro Veritas ipsa reliquerit dicens: *Non enim vos estis qui loquimini, sed spiritus Patris vestri, qui loquitur in vobis (Matth. x, 20).* De quo et alibi scriptum est: *Et non poterant resistere sapientiæ et spiritui qui loquebatur (Act. vi, 10).* Si qua igitur mysteria de Deo antea disseruimus, hic potius in nobis quam nos ipsi, hoc agit, et quod nobis est impossibile, ipsi est facile. In quo adeo cuncta consistunt, quæ salubriter profitemur, ut *nemo possit dicere Dominus Jesus, nisi in Spiritu sancto (I Cor. xii, 3).* Hoc igitur docente intelligimus, hoc suggerente disserimus quæ nos ipsi non possumus, ipsa etiam Dei et Trinitatis mysteria.

Quæ diligenter beatus distinguens Hieronymus,

ipsam Verbi generationem, et a nobis disseri non posse et per nos disseri posse profitetur. Unde ipse super Ecclesiasten, ut jam supra meminimus, ubi scriptum est, « *Quis scit spiritus filiorum hominum, si ascendat sursum, et spiritus pecoris descendat deorsum in terra,* » an sic. Adjiciendo « quis » difficultatem voluit demonstrare. Pronomen enim quis in Scripturis sanctis non pro impossibili, sed difficili ponitur, ut in « *Generationem ejus* » id est Christi, « *quis enarrabit?* » *(Isa.* XIII, 8.) Idem super Matthæum cum illud exponeret, « *Liber generationis Jesu Christi* (*Matth.* I, 1) » : *In Isaia,* inquit, *legimus : Generationem ejus quis enarrabit? (Isa.* XIII, 8.) Non ergo putemus Evangelium prophetæ esse contrarium, ut quod ille impossibile dicit effatu, hic narrare incipiat, et ibi de generatione divinitatis, hic de incarnatione dictum est. Et beatus Augustinus hanc ipsam Verbi generationem profitens, frustra legi vel exponi, sive intelligi a multis etiam antequam exponatur, intelligi posse asseverat. Unde ipse cum ad hanc exponendam veniens, verba illa Joannis præmisisset : *In principio erat Verbum, et Verbum erat apud Deum, et Deus erat Verbum (Joan.* I, 1), statim exorsus ait, ut supra quoque meminimus : Hoc animalis homo non percipit. Quid ergo, fratres, silebimus hinc? Quare ergo legitur si non siletur, aut quare auditur, si non exponitur? Sed ut quid exponitur, si non intelligitur? Itaque quoniam rursus esse non dubito in numero nostro quosdam a quibus non solum possit expositum capi, sed et antequam exponatur intelligi, non fraudabo eos qui possunt capere dum timeo superfluum esse auribus eorum qui non possunt capere. Quid enim hoc mirum a fidelibus Christianis, post tot documenta intelligi posse, quæ revelante Deo a gentilibus quoque reprobis, ut etiam supra dictum est, Paulus intelligi et cognosci manifeste testatur dicens : *Quia quod notum est Dei, manifestum est in illis : Deus enim illis revelavit,* etc. (*Rom.* I, 19.) Et rursum : *Quia cum cognovissent Deum, non sicut Deum glorificaverunt,* etc. (*Ibid.,* 21.) Sed fortassis inquies, quid ergo profuerunt tot sanctorum Patrum de fide tractatus, si adhuc aliquæ supersint dubitationes, quibus nondum satisfactum sit? Audi illud Poetæ dictum,

Est quoddam prodire tenus si non datur ultra.
(HORAT., *Epist.* 1, epist. 1, vers. 32.)

Sufficiebat eis quæstiones quas audiebant, dissolvere, et sui temporis dubitationes terminare, posterisque exemplum relinquere, cum similibus si forte acciderint, operam dare, bene inquies, si acciderint, et tunc arma sumenda cum hostis imminerit. Annuo tunc quidem esse sumenda, sed ante fabricanda ac præparanda. Quid si hostis esset semper, nunquid satis debemus nobis esse nostra obtinere quiete, et non acquisitis aliis amplificare? Atque utinam illud saltem possemus, si istud maximum assequi non possumus! Sed attende, obsecro, illud quoque poeticum :

... Nondum tibi defuit hostis.

Prætermitto Judæos et ethnicos.

IV.

Ad hæreticos venio qui quanto domesticiores, tanto pejores, civilibus bellis inquietare Ecclesiam non cessant. Atque ut ad nostra veniamus tempora, quibus jam, aiunt, adeo repressas esse ut jam nullo fidei fundamento sit opus : nullos in tantam olim insaniam proruisse hæreticos quisquam audierit, quanta nonnulli contemporaneorum nostrorum debacchati sunt. Tanquelmus quidam laicus nuper in Flandria, Petrus presbyter nuper in Provincia, ut ex multis aliquos in medium producamus. Quorum quidem alter, Tanquelmus scilicet, in tantam se erexerit dementiam, ut se Dei Filium vocitari atque decantari, et a seducto populo, ut dicitur, templum ædificari sibi faceret. Alter vero ita fere omnem divinorum, sacrorum et ecclesiasticæ doctrinæ institutionem enervarat, ut multos rebaptizari cogeret, et venerabile Dominicæ signum crucis removendum penitus censeret, atque altaris sacramentum bullatenus celebrandum esse amplius astrueret.

V.

Sed nec magistros divinorum librorum, qui nunc maxime circa nos pestilentiæ cathedras tenent, prætereundos arbitramur, quorum unus in Francia, alter in Burgundia, tertius in pago Andegavensi, quartus in Bituricensi, multa catholicæ fidei, vel sanctis doctrinis adversa non solum tenent, verum etiam docent.

VI.

Primus quidem ille quem diximus, sine fide venturi multos qui ante incarnationem ejus exstiterunt, salvandos asserit, Dominum nostrum Jesum Christum in aperto utero Virginis fuisse natum, sicut et cæteros homines, nisi quod ipse solus sine virili semine sit conceptus. In ipsa quidem divinitatis natura, ac divinarum personarum distinctione, ita præsumptuosus assertor invenitur, ut quia Deus Pater generavit Filium, profiteatur Deum genuisse seipsum. Quem aperte errorem, imo hæresim beatus Augustinus in primo de Trinitate refellit dicens : *Qui putat ejus potentiæ Deum ut seipsum ipse genuerit, eo plus errat, quod non solum ita Deus non est, sed nec spiritualis creatura nec corporalis, nulla enim res est omnino quæ se ipsam gignat.*

VII.

Alter quoque totidem erroribus involutus, tres in Deo proprietates, secundum quas tres distinguntur personæ, tres essentias diversas ab ipsis personis, et ab ipsa divinitatis natura constituit, ut scilicet paternitas Dei, vel filiatio sive processio, res quædam sint tam ab ipsis personis, quam ab ipso Deo diversæ, qui etiam Dominum Jesum in corpore, more aliorum hominum crevisse denegat, et ejus longitudinis corpus in utero matris, vel in cunis exstitisse, cujus postmodum fuit in cruce. Monachos autem atque moniales, post publicum etiam suæ professionis votum, et benedictionis vel consecrationis vinculum, posse matrimonium contrahere, ubi licet sit voti transgressio, nulla tamen fiet initæ copulæ separatio : sed in ipso permanentes matrimonio de transgressione pœnitentiam agunt.

VIII.

Tertius vero prædictorum, non solum prædictarum personarum proprietates res diversas a Deo constituit, verum etiam potentiam Dei, justitiam, misericordiam, iram, etc. hujusmodi quæ juxta humani sermonis consuetudinem in Deo significantur, res quasdam et qualitates ab ipso diversas, sicut et in nobis concedit, ut quot fere vocabula de Deo dicuntur, tot in Deo res diversas constituat.

IX.

Quartus autem in tantam prorupit insaniam, ut quia res aliter evenire possunt quam Deus providerat, Deum posse falli concedat. Hoc illi attendant qui de fide amplius minime scribendum autumant, cum mille, ut aiunt, hoc tempore hæreses pullulent, quasi ipsi omnium conscientias et fidem cognoverint.

X.

Nunc ad propositum redeamus, qualiter videlicet in tanta divinæ substantiæ unitate, tres personæ intelligi ac disseri queant, ut quæ pronuntiant verba, non abhorreat intelligentia. Tantam quippe divinæ unitatem substantiæ ac simplicitatem seu identitatem profitemur, ut sicut a partibus ita ab accidentibus immunis omnino perseveret, nec in ullo penitus variari queat, nec in ipsa quidquam esse possit, quod ipsa non sit. Eadem itaque substantia simplex omnino atque individua quæ Pater est tam Filius quam Spiritus sanctus; eadem etiam tota est Trinitas, id est tres simul hæ personæ, individua sit prædicanda, nec sit major totius Trinitatis essentia, id est trium simul personarum quam singularum, hoc est omnium simul quam cujuslibet unius earum per se. Unde Augustinus De Trinitate lib. VII, cap. 7 : *Non quoniam Deus est Trinitas, ideo triplex putandus est, alioquin minor esset in singulis, quam in tribus pariter.* Item : *Cum dicimus tres personas, unam essentiam, neque ut genus de speciebus, neque ut species de individuis prædicamus. Videtur posse dici, ut tres homines una natura, sed plus sunt tres homines quam unus, sed non est major essentia, Pater et filius quam solus Pater aut solus Filius.* Item : *Non tantum unus homo, quantum tres homines simul, et plus aliud sunt duo homines quam unus homo, ac in Deo non est ita; non enim major est essentia Pater et Filius, quam solus Pater aut solus Filius, sed tres simul personæ æquales sunt singulis.* Exempla sanctorum Augustini et Alpii ad Maximum medicum Thenitanum : *Trinitas unius ejusdemque naturæ atque substantiæ non minor in singulis quam in omnibus, nec major in omnibus quam in singulis, sed in solo Patre, vel in solo Filio tanta est, quanta est in Patre et in Filio simul, et tanta in Spiritu sancto, quanta in Patre et Filio.*

Cum itaque non sit major essentia totius Trinitatis quam singularum personarum, constat quoque ipsam Trinitatem sicut singulas, individuam esse, hoc est nullas penitus in quantitate suæ essentiæ partes habere. Omne quippe quod partibus constat, ipsis partibus ex quibus suum esse contrahit, naturaliter posterius dicitur. Summa vero illa Trinitas, quæ universorum supremum principium est, qua ratione posterius aliquo dici potest ? Amplius : *Omne,* inquit Plato, *quod junctum est natura, dissolubile est.* Et beatus Hilarius in psalmum CXXIX : *Quisquis ita valet credere, ut Deus corporalis sit, quia ad imaginem ejus homo factus compositum Deum statuet esse.* Quidquid autem compositum est, necesse est non fuerit æternum, quia compositio habet initium, quo compositum maneat. De sinceritate autem ac puritate divinæ substantiæ, ut nulla videlicet penitus accidentia, nullas habeat formas, sicut nec partes, Boetius De Trinitate lib. I, cum summam ejus unitatem asseveraret, ait : *Quocirca hoc vere unum in quo nullus numerus, nullum in eo aliud præter id quod est, neque substantivum fieri potest : forma enim est, formæ vero subesse non possunt.* Formam itaque Boetius loco hoc appellavit divinam substantiam secundum hoc quod nullarum formarum fundamentum est. Sanctus quoque Augustinus divinæ naturæ sinceritatem astruens, lib. XI De civitate Dei, ait : *Non propter hoc naturam illam boni simplicem dicimus, quia est Pater in ea solus, aut Filius solus, aut Spiritus sanctus, id est, aut sola est ista nominis Trinitas sine substantia personarum, sicut Sabelliani putaverunt, sed ideo simplex dicitur quia est hoc quod habet, excepto quod relative quoque persona ad alteram dicitur. Nam utique Pater habet Filium, nec tamen ipse est Filius, et Filius Patrem, nec tamen est Pater, in quo vero ad semetipsum dicitur, non ad alterum, hoc est quod habet, sicut ad semetipsum dicitur unius habendo vitam, et eadem vita Christus est, propter hoc utique natura hæc dicitur simplex quod non sit aliud habens, aliud quod habet sicut in cæteris rebus. Neque enim vas habens liquorem, nec corpus color, nec aer lux sive fervor, nec anima est sapientia. Hinc est etiam quod privari possunt rebus quas habent, et in alios habitus verti atque commutari.* Idem, in VII Confessionum, ad Deum loquens ait : *Nec cogeris invitus ad aliquid, quia voluntas tua non est major quam potentia ; esset autem major si te ipso tu ipse major esses.* Item : *Voluntas et potentia Dei Deus est.* De incommutabilitate autem atque invariabilitate divinæ substantiæ, de qua ipsemet per prophetam loquitur : *Qui est misit me ad vos (Exod.* III, 14). Et alibi : *Ego sum Deus et non mutor (Malach.* III, 6), ipsos philosophos consulat qui Scripturarum sacrarum documentis contentus non est. Unde Macrobius, cum juxta Plotinum quatuor virtutes Deo assignaret, *Fortitudo*, inquit, *illi est quod semper idem est, nec aliquando mutatur*, hoc est, quod supra memoratus doctor et maximus Latinorum philosophorum Boetius, in lib. III De consolatione philosophiæ astruit his verbis :

O qui perpetua mundum ratione gubernas,
Terrarum cœlique sator, qui tempus ab ævo
Ire jubes, stabilisque manens, das cuncta moveri!

Omne quippe quod variatur, sive per alterationem, et quamlibet rei mutationem motum esse constat. Quam quidem incommutabilitatem Dei, immortalitatem ipsius appellamus. Unde Augustinus De natura summi boni : *Vera*, inquit, *immortalitas, hoc est summa illa incommutabilitas quam Deus habet solus qui mutari omnino non potest.* Idem supra : *Naturæ corruptibiles jam non incommutabiles sunt, quia nil est unde factæ sunt. Omnis enim mutatio facit non esse quod erat; vere ergo ille est qui incommutabilis est.*

Cum sit itaque tanta divinæ substantiæ unitas, simplicitas, puritas atque identitas, ut in ea videlicet nulla sit partium aut accidentium seu quarumlibet formarum diversitas, nulla unquam variatio, quomodo tres personæ in ea assignari, sive intelligi queant? cum nulla ibi sit rerum multitudo, ubi tantum est una atque individua penitus substantia, nullus ibi rerum numerus, ut vel tria vel multa dicere possumus, sed eadem penitus substantia simplex omnino atque individua sit, singulæ personæ sive omnes simul, hoc est unaquæque trium personarum, sive ipsa, ut dictum est, Trinitas. Quippe ubi nulla est multitudo rerum, imo penitus nulla multitudo, nulla pluralitas, nulla diversitas, quomodo multitudo personarum, aut ulla earum diversitas erit? Qua ratione altera persona ab altera diversa est, sive etiam ab ipsa Trinitate, cum eadem penitus, ut dictum est, trium personarum substantia sit, nec ulla ab invicem vel essentiæ diversitate vel accidentium, sive formarum proprietate disjunctæ sunt. Difficile fortasse, imo impossibile est homini hoc disserere, et ei maxime qui in omnibus quæ astruit per humanas rationes satisfacere contendit, et cum de re aliqua singulariter quidquam discutit, quod ad ejus proprietatem pertinet, aliarum id rerum multitudine nititur confirmare, cum videlicet unaquæque res proprium quiddam habeat, per quod a cæteris omnibus differt, nec facile sit dissimilitudinem in cæteris assignare. Quanto autem excellentia divinæ naturæ a cæteris quas condidit naturis, longius abscedit, tanto minus congruas similitudines in illis reperimus, quibus satisfacere de ista valeamus. Quam etiam naturam philosophi Deum ignotum profitentes, in tantam ejus excellentiam, omnium mortalium cogitationem excedentem, veriti sunt attingere, ut nec quid ipsa sit diffinire ausi sint, cum summus ille, ut supra meminimus, philosophorum Plato, vix quid sit dicere ausus sit, hoc solum de eo sciens, quod sciri qualis sit ab hominibus non possit. Hermes quoque de Filio Dei : *Cujus*, inquit, *nomen non potest humano ore narrari.* Ecce ille negat ab homine hunc posse sciri, iste vero posse edisseri. Unde ipsum penitus cum rerum omnium naturas philosophi distinguerent, prætermittentes, quem nec ore disseri, nec mente concipi profitentur, sic eum a numero rerum excluserunt, quasi eum nihil esse astruerent. Cum enim omnem rem aut substantiæ, aut alicui aliorum generalissimorum subjiciant, utique et Deum si inter res ipsas comprehenderent, aut substantiis aut quantitatibus, aut cæterorum prædicamentorum melius connumerarent, qui nil omnino esse ex ipsis convincitur. Omnes quippe res præter substantias, per se subsistere non possunt, nisi scilicet subjectis sustententur substantiis, ut albedo nulla ratione esse potest nisi in subjecto corpore, aut pietas nisi in anima, aut quælibet res novem prædicamentorum, nisi in subjectis substantiis insint. Substantiæ vero in propria natura per seipsas existere aut perseverare possunt, omnibus et aliis rebus destructis. Unde et substantiæ quasi subsistantiæ esse dictæ sunt, et cæteris rebus, quæ ei assistunt, non per se subsistunt, naturaliter priores sunt.

Ex quo liquidum est Deum, qui omnium rerum est initium, et singulare principium, nullo modo in eo rerum numero contineri quæ substantiæ non sunt. Sed nec substantiæ secundum eos supponitur Deus, licet ipse maxime sit res per se existens, et verum et incommutabilem esse ipse solus a se habeat a quo sunt omnia. De cujus quidem veritate ac simplicitate sive incommutabilitate substantiæ, Augustinus in lib. De Trinitate ait : *Sic intelligamus Deum, si possumus, quantum possumus, sine qualitate bonum, sine quantitate magnum, sine indigentia creatorem, sine situ præsentem, sine habitu omnia continentem, sine loco ubique totum, sine tempore sempiternum, sine ulla mutatione sui mutabilia facientem, nihilque patientem. Quisquis Deum ita cogitat, etsi nondum potest invenire omnino quid sit, pie tamen caveat quantum potest, aliud de eo sentire quod non sit. Est tamen sine dubitatione substantia, vel si melius hoc appellatur essentia, quam Græci* οὐσίαν *vocant.* Quod autem nec juxta philosophos ipse Deus substantia sit dicendus, facile convinci potest ex ipsis scripturis omnium dialecticam tractantium, quam nunc Latinitas, Porphyrii scilicet, Aristotelis et Boetii. Ait quippe Porphyrius in Isagogis, quas ad Categorias Aristotelis perscripsit. Ait, inquam : *unamquamque substantiam una specie participare, pluribus vero accidentibus et separabilibus et inseparabilibus.* Aristoteles quoque in Categoriis proprium substantiæ assignans ait : *Maxime autem proprium substantiæ videtur esse, quod cum sit unum et idem numero contrariorum est susceptibile.* Item idem de eodem : *Quare proprium erit substantiæ quod cum sit unum et idem numero, susceptibile est contrariorum.*

Cum itaque Deo ista omnia coaptari non possunt, cujus substantia nec accidentibus variari, nullis omnino formis subjacere potest; liquet nec inter substantias eum philosophos recepisse, ea profecto ratione qua Plato, inter nullam et aliquam substantiam ὕλην collocavit, quam omnino adhuc informem conceperit. Neque enim substantia non est Deus, si vere subsistere naturam et incommutabilem esse, in ipso attendamus. Nec rursus substantia est, si usitatam nominis substantiæ appellationem sequamur, cum videlicet accidentibus subjectus esse non possit. Unde et in illo argumento Deus non substantia ostenditur aperte, quo Boetius, quamvis Christianus, opinionem philosophorum secutus, cum de philosophia tractaret, Themistium scilicet et Tullium in Topicis suis vestigans probat in quinto Topicorum ipsorum albedinem non esse substantiam, his verbis: *Substantia est, quæ omnibus accidentibus possit esse subjectum, albedo autem nullis accidentibus subjecta est, albedo igitur substantia non est.* Ipse quoque Augustinus hanc usitatam et propriam significationem substantiæ aperte profitetur in VII de Trinitat. lib., cap. 4 et 5, his quidem verbis de Deo disputans: *Sicut enim ab eo qui est appellatur esse essentia, ita ab eo quod est subsistere, substantiam dicimus. Absurdum est autem ut substantia relative dicatur. Omnis enim res ad se ipsum subsistit, quanto magis Deus? si tamen dignum est ut dicatur subsistere. De his enim rebus intelligi ratione in quibus subjectis sunt ea quæ in aliquo subjecto esse dicuntur, sicut color in corpore.* Item: *Res ergo mutabiles neque simplices proprie dicuntur substantia.* Item: *Nefas est autem dicere ut subsistat, et subsistit bonitati suæ, atqui illa bonitas non substantia sit, vel potius essentia, neque ipse Deus sit bonitas sua, sed in illo sit, tanquam in subjecto. Unde manifestum est Deum abusive vocari substantiam, ut nomine usitatiori intelligatur essentia, quæ vere ac proprie dicitur, ita ut fortasse Deum solam dici oporteat essentiam. Est enim vere solus quia incommutabilis est, idque suum nomen Moysi enuntiavit, cum ait: « Ego sum qui sum (Exod.* III, 14). » Et: « *Dices ad eos: Qui est misit me ad vos (ibid.).* » *Sed tamen, sive essentia dicatur, quæ proprie dicitur, sive substantia quod abusive, utrumque ad se non relative dicitur. Unde hoc est Deo esse quod subsistere, et ideo si una essentia Trinitas, una etiam substantia.* De quo etiam Job loquitur: *Ipse enim solus est et nemo advertere potest cogitationes ejus (Job* XXIII, 15).

Ex his itaque liquet, nec etiam juxta sanctos proprie, nec juxta philosophos ullo modo Deum substantiam dici. Patet itaque a tractatu philosophorum, rerum omnium naturas in decem prædicamenta distribuentium, illam summam majestatem esse exclusam omnino, nec ullo modo regulas aut traditiones eorum ad illam summam atque ineffabilem celsitudinem conscendere, sed creaturarum naturis inquirendis eos esse contentos secundum quod scriptum est: *Qui de terra est, de terra loquitur (Joan.* III, 31), quas nec adhuc comprehendere ac ratione discutere ad illud sufficiunt. Quod summus ille sapientum Salomon considerans ait: *Cunctæ res difficiles, non potest eas homo explicare sermone, et alta profunditas, quis inveniet eam? (Eccle.* I, 8). Et per semetipsam Sapientia: *Cogitationes,* inquit, *mortalium timidæ, et incertæ providentiæ nostræ: Corpus enim quod corrumpitur aggravat animam, et deprimit terrena habitatio sensum multa cogitantem. Et difficile æstimabimus quæ in terra sunt, et quæ in prospectu sunt, inveniemus cum labore. Quæ in cœlis sunt, quis investigabit? (Sap.* IX, 14-16.) Quod etiam omnis hæc locutio ad creaturarum status maxime accommodata sit, ex ea præcipue parte orationis apparet, sine qua nulla dicitur constare perfectio orationis, ex ea scilicet quæ verbum appellatur. Hæc quippe dictio temporis designativa, quæ incœpit a mundo. Unde si hujus partis significationem attendamus, per eam cujusque constructionis sensum infra ambitum contineri vel coerceri temporis, hoc est ad eas res tantum temporaliter inclinari, quas demonstrare volumus, temporaliter contingere, nec æternaliter subsistere. Unde cum dicimus Deum priorem esse mundo, sive existere ante tempora, quis sensus in his verbis verus esse potest de processione Dei et successione istorum, si hæc verba ad hominum institutionem accipiamus, secundum ipsam temporis significationem, secundum tempus priorem esse mundo vel exstitisse, hoc est in tempore præterito fuisse antequam tempus esset aliquid? Oportet itaque cum ad singularem divinitatis naturam quascunque dictiones transferimus, eas in quamdam singularem significationem seu etiam institutionem contrahere. Atque per hoc quod omnia etiam excedit, necessario propriam institutionem excedere. Constat quippe juxta Boetium ac Platonem cognatos de quibus loquuntur rebus oportere esse sermones. Quod recte Gregorius attendens in prologo Moralium, ait: *Indignum vehementer existimo, ut verba cœlestis oraculi restringam sub regulis Donati.* Sed nec proprium et usitatum nomen Dei ad illam unicam divinitatis majestatem, quæ excogitari non valet, necdum disseri, ipsi magni philosophi noverunt accommodare qui cum Deum cum Marte nominant, quem animali rationi supponunt, de mundo et cœlestibus corporibus illud, ut supra meminimus, accipiunt.

Quid itaque mirum si, cum omnia ineffabiliter transcendat Deus, omnem quoque institutionis humanæ sermonem excedat? Et cum ejus excellentia omnem longe exsuperet intellectum, propter intellectus autem, voces sunt institutæ, quid mirum si intellectus transcendat, qui transcendit causas? multo quippe facilius res excogitari, quam disseri valet. Quid etiam mirum si in scipso Deus philosophorum infringat regulas aut exempla, quæ in factis suis frequenter cassat? Cum videlicet aliqua nova contra naturam facit, sive supra naturam, hoc est super hoc quod prima instructio rerum potest. Nunquid enim illuminatione cæci, nota illa philosophorum regula infringitur qua ab Aristotele dictum est : Ab habitu quidem in privationem fit mutatio, in habitu vero a privatione impossibile est. Neque enim cæcus factus rursum videt, etc. Nunquid et Virginis partus omnino illi præjudicat propositioni quæ frequenter a philosophis in exemplum necessariæ consequentiæ seu argumentationis affertur : *Si peperit, cum viro concubuit?* Ut hinc quoque appareat quod ait Apostolus : *Nonne stultam fecit Deus sapientiam hujus mundi* (*I Cor.* I, 20). Quod si ut philosophos salves ea quæ per miracula fiunt a disciplinis vel regulis illorum excipias, aut in his vocabula propriam significationem non observare dicas, ut videlicet proprie dicatur visio vel partus qui per miracula fiunt, quanto magis in ipso auctore miraculorum id concedi oporteat, ut illius excellentiæ singularitas aliquid habeat proprium, quod sicut humanas cogitationes, ita et humanarum disciplinarum transcendat traditiones? de quibus recte Apostolus admonet dicens : *Videte ne quis vos decipiat per prophetiam et inanem fallaciam, secundum traditionem hominum, secundum elementa mundi, et non secundum Christum* (*Coloss.* II, 8).

Ecce enim secundum ipsius Domini documentum, ut supra meminimus, testimonium Job eum solum proprie esse profiteri cogimur, quem penitus nihil esse constat, secundum illam sæcularium disciplinam doctorum, quæ omnium rerum, ut dictum est, naturas in decem prædicamenta distribuit. Attendite, fratres et verbosi amici, quantum ab invicem dissonent divinæ et humanæ traditiones, spirituales et animales philosophi sacrarum et sæcularium litterarum disciplinæ : nec tanquam temerarii judices arguatis, cum talia fides verba protulerit, quorum intelligentia vestris incognita sit disciplinis. Certum quippe est, quoniam unaquæque scientia atque cujuslibet artis tractatus propriis utitur verbis, et unaquæque doctrina propriis locutionibus gaudet, et sæpe ejusdem artis tractatores verba variare delectat, quia semper in omnibus, teste Tullio, identitas mater est satietatis, hoc est fastidium generans, atque in tantum etiam variare, ut sæpe vocem eamdem de una significatione sic ad aliam transferant, ut si vocis identitatem magis quam sensuum diversitatem sequamur, ipsos sibi contrarios reperiamus. Quanto magis ergo illius singularis, et summi boni tractatores singularia verba quædam habere oportuit, aut ad quamdam illa detorquere significationem, quibus id quod singulare est singulariter proferatur, nec publicis et vulgaribus locutionibus illud ineffabile, illud incomprehensibile coercetur. De quo si quid de aliqua similitudine de creaturis ad Creatorem vocabula transferimus, quæ quidem vocabula homines instituerunt ad creaturas designandas quas intelligere potuerunt, cum videlicet per illa suos intellectus manifestare vellent.

Cum itaque homo vocem invenerit ad manifestandos intellectus suos, Deum autem minime intelligere sufficiat, recte illud ineffabile bonum effari nomine non est ausus. Unde in Deo nullum propriam inventionem vocabulum servare videtur. Sed omnia quæ de Deo dicuntur, translationibus et parabolicis ænigmatibus involuta sunt, et per similitudinem vestigantur, ex parte aliqua inductam, ut aliud de ineffabili majestate credendo, nunc magis quam intelligendo degustemus. Et quoniam minus plenarias similitudines invenimus ad illud quod singulare est inducendas, minus de eo satisfacere possumus per similitudines. Quod diligenter beatus attendens Augustinus in libro contra Felicianum Arianum, de hoc ipso quærentem, ita scripsit : FELICIANUS : *Nescio quo pacto una creditur esse substantia, cum non dicatur una esse persona. Velim quæso, exemplo mihi faciliore dicta dilucides.* AUGUSTINUS : *In rebus quidem incomprehensibilibus exempla non suppetunt disputandi. Tamen in quantum fieri potest, etiam in hac parte non deero : Ecce homo pater habet hominem filium, est commune utrisque quod homo est, uni tamen quod filius, alteri proprium videtur esse quod pater est.* Item : *Patrem ingenitum, Filium genitum dico, eo tantum docens ingenitum Patrem, quod non processit ex altero; eo genitum Filium, quod etiam existit ex semetipso.* Itaque si proprium Patri quærimus, sufficit, quia solus non habet Patrem; si Filii satis est, quia non habet prolem. Quas tamen ut possumus aggrediamur, maxime ut pseudodialecticorum importunitatem refellamus, quorum disciplinas et nos paululum attingimus, atque adeo in studiis eorum profecimus, ut Domino adjuvante ipsis in hac re per humanas rationes quas solas desiderant, satisfacere nos posse confidamus. Habet enim humanas rationes etiam conditor rationis ipse, quibus animalium hominum ora obstruere possit, qui nos per Sapientiam admonet dicens : *Responde stulto juxta stultitiam suam, ne sibi esse sapiens videatur* (*Prov.* XXVI, 8). De cujus etiam sapientia in ipso Sapientiæ libro, inter cæteras etiam laudes ipsius, dicitur : *Scit versutias sermonum et dispositiones argumentorum* (*Sap.* VIII, 9). Tunc vero probabiliores illis afferimus similitudines, si de ipsis artibus quas frequentant, eas sumere poterimus, et ad singula quæ objiciunt, illas applicuerimus.

XI.

Quærunt autem quomodo in Deo una penitus permanente substantia vel essentia aliqua, ibi proprietatum sit diversitas, secundum quas Trinitas personarum constat. Vel quomodo potest esse, ut cum unaquæque ibi persona sit Deus, nec tamen una persona sit alia, non etiam plures dii, sicut et plures personæ sint dicendi. Aut quæ sit denique generatio Filii de Patre, vel processio Spiritus ab utroque.

Quod quidem ut diligentius fiat, præmittendum est quot modis idem, et quot modis diversum, accipiatur.

XII.

Tribus autem modis utrumque, et fortasse pluribus dici solet. Idem namque similitudine, idem essentialiter sive numero, idem proprietate dicimus : idem similitudine, cum easdem res apud omnes esse, sicut et intellectus, Aristoteles asserit, et nos easdem merces in hac et in illa civitate reperiri dicimus. Tam numero autem quam essentialiter idem sunt, cum sit eadem essentia tam hoc est quam illud, ut numerum in se rerum non habeant, nec res plures numero dici queant, ut in Socrate homo, et animal, vel homo et risibile. Proprietate autem seu diffinitione idem sunt, quæ non solum numero sunt eadem, verum etiam nec proprietatibus ullis, nec propriis discrepant similitudinibus, ut ensis et mucro, vel album et candidum. Quam quidem maximam identitatem juxta proprium et expressum esse rei Boetius attendens in primo Topicorum, ait : *Rursum potest de eo quod est idem, fieri certamen, ut an idem sit utile quod honestum est. Sed hæc quomodo diffinitioni est aggreganda ? quarum enim rerum diffinitio est eadem, ipsæ quidem eædem sunt. Quarum vero diversa ratio substantiæ est, diversæ etiam ipsæ sunt.* Tribus etiam modis solet diversum sumi essentialiter, scilicet numero, proprietate, seu diffinitione. Diversa namque essentialiter dicimus, si eadem essentia quæ est hoc, non sit illud, et si homo est nullius essentia tanquam pars includatur, ut manus et homo. Tunc vero etiam numero sunt diversa, cum ita tota quantitate suæ essentiæ sunt discreta, ut in computatione sibi queant admisceri, cum videlicet dicitur unus, duo, tres, etc. Quod tunc quidem fieri potest cum non solum hoc non est illud, verum etiam nec ipsum, nec aliud de ipso est de substantia alterius, ut hic homo et ille, et etiam in eadem manu hic digitus et ille. Proprietate vero seu diffinitione diversa sunt, quæ licet habeant de se prædicari, cum essentialiter idem sunt, secundum proprios tamen status, aliud est hujus proprium, et aliud illius, et singula propriis diffinitionibus et in sensu diversis sunt terminanda. Proprias vero diffinitiones eorum esse dicimus, quorum ex integro exprimunt esse, ut substantia corporea corporis, vel aptum ad ridendum risibilis, vel habens albedinem albi, quanquam differentiam, proprietatis scilicet seu diffinitionis, Boetius in libro divisionum diligenter attendens rationale et bipes, quæ idem numero contingit esse, differre tamen his verbis asserit : *Quoniam vero quædam sunt quæ differunt, quæ contra se in divisionibus poni non debent, ut in animali rationale et bipes. Nullus enim dicit animalium, alia sunt rationalia, alia duos pedes habentia, idcirco quod rationale et bipes licet differant, nulla tamen a se oppositione distinguuntur,* etc.

Idem in primo Topicorum, cum propositionem et quæstionem et conclusionem definisset et suis singula proprietatibus distinxisset ; ostendendo scilicet quod unumquodque et quantum ex vi et natura propria requireret, idem numero hæc tria esse monstraret, nihilominus tamen ea dicuntur differre secundum proprietates quas assignaverat, ostendit dicens : *Idem igitur est propositio quomodo conclusio, sed differunt supradicto modo.* Quam quidem differentiam et B. Gregorius diligenter considerans lib. Moralium xxi, ait : *Hoc inter peccatum distat et crimen, quod omne crimen peccatum est, sed non omne peccatum crimen.* Rursus Boetius in prædicto libro Topicorum, ut jam supra meminimus, cum illam quæstionem, *Utrum idem sit utile quod honestum*, de diffinitione esse docet dicens secundum hæc quomodo diffinitioni est aggreganda. Quarum enim rerum eadem diffinitio est, ipsæ quidem eædem sunt ; quarum vero diversa substantiæ ratio est, ipsæ etiam sunt diversæ, patenter ostendit quæcunque diffinitionibus propriis discrepant, etsi eadem numero illa esse contingat, ut eadem videlicet res aliqua hoc sit et illud, nihilominus tamen illa dici diversa. Quod et Porphyrius ante in Isagogis suis docuerat dicens : *Quorum termini sunt differentes, ipsa quoque sunt differentia.* Qui etiam cum ait : *Differentiarum aliæ quidem sunt secundum quas dividimus genera in species, aliæ secundum quas ea quæ diversa sunt specificantur : hoc est aliæ sunt divisivæ generum, aliæ constitutivæ specierum*; quomodo has ab illis alias dixit, cum omnis divisiva sit constitutiva, et e contrario ipsi secundum proprietatem dividendi et constituendi quæ diversæ sunt ? Aliud quippe exigit ex eo quod est divisiva, et aliud ex eo quod est constitutiva, licet modis omnibus eadem sit numero divisiva et constitutiva differentia. Tale igitur est dicere aliam esse differentiam divisivam, et aliam constitutivam, ac si dicamus alterius proprietatis esse divisivam, alterius constitutivam, licet penitus ea sit divisiva quæ constitutiva, et e converso. Hoc autem modo facile in singulis rebus assignari potest, et unam numero atque essentialiter rem permanere, et ipsi plures inesse proprietates, secundum quas aliqua diversa sunt diffinitione, non numero, et eædem res diversa in sensu vocabula sortiantur. Verbi gratia : hic homo et substantia est et corpus, et animatum et sensibile, quod est alias rationale, et mortale quod est homo. Et fortassis albus et crispus, et aliis accidentibus subjectus quæ recipit, et cum ipso idem sit numero, vel essentialiter substantia, quod corpus vel animatum, etc. Nihilominus tamen hæc ab invicem proprietatibus suis diversa sunt, secundum quas scilicet ipsa diversis terminanda sint diffinitionibus : aliud quippe substantiæ est proprium, et aliud corporis; alius cæterorum et alius substantiæ status dicitur; alius corporis, alius cæterorum.

Ad hunc igitur modum cum in singulis rebus, una permanente substantia, possint innumerabilia assignari, secundum proprietates suas ab invicem diversa, quid mirum si una permanente divina essentia, diversæ quæ in illo sint proprietates, secundum quas distingui tres personæ queant? Sicut enim in uno homine qui simul substantia est et corpus, vel cætera singula quæ prædicta sunt, et fortassis quantum ad diversos pater et filius, alia est proprietas substantiæ, alia corporis, et cæterorum, et alia est patris et filii, ita et in Deo licet eadem essentia sit Pater et Filius et Spiritus sanctus, alia tamen est proprietas Patris, secundum quod scilicet generat, alia Filii, secundum quod generatur, alia Spiritus sancti, secundum quod procedit. Quas quidem proprietates plenius exponemus. Si quis forte id quod de rerum identitate, vel proprietatum diversitate monstramus, non satis ad rem quam proposuimus pertinere dicat, nisi etiam in aliquibus rebus una permanente essentia, plures quoquo modo personas inesse demonstremus, agnoscat nullam ex toto similitudinem, sed ex parte aliquam induci. Alioquin identitas potius quam similitudo diceretur; ut tamen et in hoc satisfacere valeamus, divina nobis ex ipsorum artibus gratia providit. Nam et grammatici cum tres distinguunt personas, primam videlicet quæ loquitur, secundam ad quam loquitur, tertiam de qua tanquam ab utrisque diversa loquuntur personarum, juxta quarum proprietates diversitatem intelligunt, ut eidem rei sic tres istas personas inesse fateantur, ut idem homo et prima sit persona secundum quod loquitur, et secunda secundum quod ad eum aliquis loquitur, et tertia secundum quod de ipso inter aliquas sermo est. Et prima quidem persona cæterarum principium est quoddam, et origo seu causa; et rursum prima et secunda tertiæ. Nisi enim prima sit persona, quæ scilicet loquitur, quomodo erit secunda, ad quam videlicet sermo loquentis? dirigatur? aut quomodo tertia erit, de qua scilicet invicem loquuntur, nisi invicem illis loquentibus. Unde et bene quantum ad ipsum existentiæ gradum seu modos, illa prima dicitur, ex qua cæteræ habent esse, et illa secunda post primam, ex qua simul et ex prima tertia esse habet.

XIII.

Quam etiam similitudinem si quis ad divinæ Trinitatis personas inducere velit, non incongrue fortassis aptare poterit, cum videlicet ex Deo Patre tam Filius quam Spiritus sanctus, et ex Patre simul et Filio simul Spiritus sanctus habeat esse. Secundum quos etiam existentiæ modos beatus quoque Augustinus, ut jam olim meminimus supra, secundum a Patre dicit Filium, et Spiritum sanctum nominat tertium. Sicut autem, juxta grammaticos persona sub disjunctione facilius describitur hoc modo : Persona est qui loquitur sive ad quem loquitur, vel de quo tanquam diverso loquitur, ita et divinæ personæ sub disjunctione patentius describi hoc modo videntur. Persona est in illa summa Trinitate Deus Pater vel ejus Filius, sive amborum Spiritus sanctus. Sicut etiam ibi nemo grammaticorum dicit primam personam esse secundam aut tertiam, cum sint earum diversæ proprietates, licet eadem res, ut diximus, quæ est prima persona sit secunda vel tertia, ita et in Deo, cum eadem essentia quæ est Pater, sit Filius et Spiritus sanctus, nemo orthodoxus dicit unam personam esse alteram. Quod si post grammaticam quasi puerilem disciplinam ad philosophicam perfectionem conscendere juvat, ut scilicet tantum aliquam ad propositum nostrum idoneam sumamus similitudinem, nec ibi nobis divinæ gratiæ suffragium deerit, maxime cum de ipsis Apostolus philosophis loquens, asserat illos *a creatura mundi per ea quæ facta sunt, intellecta conspiciuntur, sempiterna quoque ejus virtus et divinitas* (Rom. 1, 20). Ubi quidem cum ait, *invisibilia ipsius*, id est Dei, quia etiam ipso nomine spiritus, invisibilis natura declaratur; et pluraliter, ut dictum est, *invisibilia* septiformem ejus spiritum, hoc est Spiritum sanctum, intelligi arbitror, qui nonnunquam etiam pro diversitate donorum septem spiritus appellant; *sempiterna* autem *virtus* Dei Filius intelligi, juxta quod alibi ait idem Apostolus : *Christum Dei virtutem et Dei sapientiam* (*I Cor.* 1, 24). Cum vero ait *invisibilia ipsius* vel *ejus virtus*, per hoc quod *ipsius* et *ejus* Patrem dixerit, ipsum expressit, cujus videlicet tam ipse Spiritus quam Filius esse dicitur; cum autem subdit, *et divinitas*, subaudis similiter intellecta conspicitur, unitatem divinitatis in tribus illis personis assignari. Sin autem intelligatur ut dicatur divinitas ipsius vel ejus, sicut Dei invisibilia ipsius vel virtus ejus, recte quoque cum dicitur divinitas ipsius, id est ipse Deus cujus sunt illa invisibilia, et illa virtus, Deus Pater intelligitur.

Quomodo autem philosophi hanc personarum distinctionem in una divinitatis essentia, per similitudinem alicujus mundanæ creaturæ, et eorum quæ in ipsa sunt creatura vestigare poterunt atque invenire, facile, credo, poterit assignari in his quæ ex materia et forma, vel ad similitudinem materiæ et formæ dixerunt consistere, verbi causa : Æs quidem est inter creaturas, in quo artifex operans, et imaginis regiæ formam exprimens, regium facit sigillum, quod scilicet ad sigillandas litteras, cum opus fuerit, ceræ imprimatur (51). Est igitur in sigillo illo ipsum æs materia, ex quo factum est, figura vero ipsa imaginis regiæ, forma ejus; ipsum vero sigillum ex his duobus materiatum atque formatum dicitur, quibus videlicet sibi convenientibus ipsum est compositum atque perfectum. Nil quippe est sigillum quam æs ita formatum. Id itaque essentialiter est ipsum æs, quod est materia ærei sigilli, et sigillum ipsum cujus est materia, cum tamen in suis proprietatibus ita sint distincta, ut

---

(51) Contra hanc similitudinem scripsit S. Bernardus ep. 190.

aliud sit proprium æris, aliud ærei sigilli, et quamvis idem sint essentialiter, sigillum tamen est æreum ex ære, non æs ex æreo sigillo, et æs est materia ærei sigilli, non sigillum æris. Nec ullo modo æs materia sui ipsius esse potest, quamvis sit materia sigilli, quod est ipsum æs; non enim æs ex ære fit, sicut sigillum ex ære est constitutum, et quamvis idem sit materia ipsa quod est materiatum, nequaquam tamen in sigillo illo materiatum est materia, vel materia est materiata. Facto autem ex ære sigillo, jam sigillabile est, hoc est aptum ad sigillandum, etsi nondum sit actualiter sigillans. Cum autem per illum sigillari ceram contingit, jam in una æris substantia tria sunt proprietate diversa, æs videlicet ipsum, sigillabile, et sigillans. Quæ quidem inter se sic se habent, ut ex ære sit factum sigillabile, hoc est sigillum, et ex ære simul et sigillabili contingat fieri sigillans. Et ex ære quippe quod erat primitus, ad hoc productum est ipsum æs ut sigillabile esset, deinde ut quod æs sigillabile jam erat, sigillans fieret. Sic igitur cum eadem sit essentia æris et sigillabilis, et sigillantis, quæ tria proprietate diversa sunt, ita hæc tria invicem sibi sunt conjuncta, ut ex ære sigillabile, et ex ære et sigillabili simul, sigillans habeat suum esse. Quæ quidem omnia si ad divinæ Trinitatis doctrinam congruis proportionibus reducantur, facile est nobis ex ipsis philosophorum documentis, pseudophilosophos, qui nos infestant, refellere. Sicut enim ex ære sigillum est æreum, et ex ipso quodammodo generatur, ita ex ipsa Dei Patris substantia Filius habet esse, et secundum hoc ex ipso dicitur genitus. Ut enim ex suprapositis jamdudum ostendimus, specialiter nomine Patris divina potentia declaratur, sicut nomine Filii divina sapientia significatur. Est autem divina sapientia quædam, ut ita dicam, ipsius Dei potentia, qua videlicet ab omni sibi fallacia vel errore providere potest, et ita veraciter cum ista dijudicare, et scrutando penetrare, ut in nullo decipi vel errare possit.

Sapientia itaque divina potentia est illa et facultas disserendi, per quam *omnia oculis ejus nuda sunt et aperta* (Hebr. IV, 13), nec quidquam ignorantiæ illi possit inesse. Sicut enim sanativum aut durum ex potentiis quibusdam dici Aristoteles astruit, quod videlicet ipsa incommodis suis resistere valent, ita sapientia ratione quadam potentia dicitur, quia fallaciæ scilicet vel ignorantiæ resistitur, nec in aliquo per errorem mens cæcata labatur. Sic et visionem potentiam quamdam, sicut e contra cæcitatem impotentiam nominamus. Idem quoque de scientia qualibet, quæ visio quædam mentis est, et de ignorantia dici convenit. Cum igitur sapientia quædam, ut dictum est, sit potentia; sicut enim æreum sigillum est quoddam æs, liquet profecto divinam sapientiam ex divina potentia esse suum habere, ad eam scilicet similitudinem qua sigillum

(52) B. Bernard. epist. 190 hunc refutat locum

æreum ex ære dicitur esse, quod est ejus materia vel species ex genere, quod quasi materia speciei dicitur esse, ut animal hominis. Sicut enim ex eo quod est æreum sigillum exigit necessario ut æs sit, et ex eo quod homo ut animal sit, sed non e contrario. Ita divina sapientia, quæ est potentia discernendi, exigit quod sit divina potentia, non e contrario. Quippe ut æs tam ad æreum sigillum quam alia se habet, et animal tam ad hominem quam ad alia sit, et potentia divina tam ad discernendum quam ad operandum se habet : et sicut æreum sigillum de ipsa æris substantia vel essentia dicitur esse, cum esse videlicet æreum sigillum sit esse æs quoddam, et esse hominem, id est animal rationale.... sit esse animal quoddam, ita et divina sapientia de divinæ potentiæ dicitur esse substantia, cum videlicet esse sapientiam, id est potentiam discernendi, sit esse potentiam quamdam, quod est Filium de substantia Patris esse, vel ab ipso genitum esse (52). Nam et species ex genere quasi gigni vel creari philosophi dicunt, secundum hoc scilicet, quod ex ipso, ut dictum est, esse contrahunt. Boetius in libro Divisionum, genus in species quasi in quasdam a se quodammodo procreationes dividi asserit.

Cum autem species ex genere creari seu gigni dicantur, non tamen ideo necesse est genus species suas tempore, vel per existentiam præcedere, ut videlicet ipsum prius esse contigerit quam illas. Nunquam etenim genus, nisi per aliquam speciem suam, esse contingit, vel ullatenus animal fuit, antequam rationale vel irrationale fuerit; et ita quædam species cum suis generibus simul naturaliter existunt, ut nullatenus genus sine illis, sicut nec ipsæ sine genere esse potuerint, sicut quantitas et unitas, vel numerus et binarius. Sic et divina sapientia, licet, ut dictum est, ex divina potentia omne habeat, quod est Filium ex Patre gigni, non tamen hanc illa præcesserit, cum nullatenus sine sapientia Deus esse potuerit. Sic et innumerabilia ex aliis gigni vel esse videntur, a quibus tamen tempore nullatenus præceduntur, ut ex sole splendor aut calor, quæ ad similitudinem Trinitatis nonnulli afferre consueverunt, ut sit videlicet Filius ex Patre, sicut splendor ex sole, et rursus Spiritus ex ipso, sicut ex sole calor. Splendor quippe ad sapientiam, quæ tamen est animæ, recte videtur pertinere, et de ipsa Dei sapientia quæ Filius ejus intelligitur, scriptum est ab evangelista : *Erat lux vera quæ illuminat omnem hominem venientem in hunc mundum* (Joan. I, 9). Et ab ipso dictum est Filio : *Ego sum lux mundi* (Joan. VIII, 12). Et Apostolus inquit : *Splendor gloriæ ejus* (Hebr. I, 3). Spiritus vero sanctus, qui amor Dei dicitur, recte per calorem intelligi videtur, cum in omnibus ipsis amor quo calere pectora dicuntur, frequenter calor sive ignis appellatur. De quo et ipse Filius ait : *Ignem veni mittere in terram, et quid volo nisi ut ardeat? (Luc. XII, 49.)* Hoc est amore potius quam timore corda terrena implere. Et Psalmista neminem absque aliquo divinæ gratiæ dono conspiciens, *Non est*, inquit, *qui se abscondat a calore ejus (Psal.* XVIII, 7).

Et hanc profecto de sole similitudinem illam esse existimo, qua in divinæ Trinitatis assignatione Platonem usum esse commemorat, ut jam supra meminimus dudum. Sed quia nec secundum philosophos, id est ipsa solis substantia, quod est ejus splendor aut calor, sicut eadem est essentia Patris et Filii ; nec calor simul de sole et splendore est, sicut Spiritus simul ex Patre et Filio, a quibus ipse procedit, magisque de substantia ejus calor esse videtur qui substantialis est igni, ac per hoc ipse magis ad Filium qui de ipsa substantia Patris est quam ad Spiritum pertinere, minus fortasse quam volumus, hæc inducta de sole similitudo ad propositi nostri demonstrationem sufficit. Quod et quidam nostrum attendentes, cum trium personarum eamdem essentiam assignare conarentur, et sicut Filium ex Patre esse, sic Spiritum ab utrisque, de fonte, et rivo, et stagno familiariorem videntur excogitasse similitudinem. Eadem quippe aqua fontis et rivus primo fit, et postmodum stagnum, et sicut rivus ex fonte, sic stagnum ex rivo simul et fonte contrahit esse. Patrem itaque fonti, Filium rivo, Spiritum sanctum comparant stagno. Quod ad incarnationem Verbi demonstrandam sic attendunt rivum in fistula, quasi Filium in carne humana, ac si rivum in fistula cum dicamus Verbum incarnatum. Cujus quidem, ni fallor, similitudinis fundamentum Anselmus Cantuariensis a beato sumpsit Augustino scribente ad Laurentium papam de hoc ipso, et fontem et ejus rivum, quorum est eadem substantia, ac divinæ generationis exemplum. Ubi eadem substantia generantis et geniti inducitur. Sed hæc quoque similitudo ad identitatem substantiæ trium personarum in hoc minus sufficere videtur, quod eadem aqua non est simul fontis, et rivi, et stagni, sed per temporis, ut dictum est, successionem, sicut est eadem simul essentia Patris et Filii et Spiritus sancti. Imo eodem tempore alia est essentialiter aqua fontis quam rivi seu stagni, unde fortassis hæc similitudo illi potius suffragatur hæresi, quæ ita per tempora proprietates personarum commiscet, ut eamdem personam dicat quando vult esse Patrem, quando vult esse Filium vel Spiritum sanctum. Quod et nos providentes, alias quasdam similitudines, tam secundum grammaticos, quam secundum philosophos superius induximus, quas proposito nostro magis convenire credamus, sed eam præcipue quæ sumpta est de philosophis majori ratione præditis, ac per hoc a doctrina veræ philosophiæ (quæ Christus est) minus remotis.

XIV, XV.

Superest nunc post generationem Filii, de processione Spiritus sancti disserere, in quo præcipue de ipso confidentes, quem apostolis Dominus promittens, *Ille vos docebit*, inquit, *omnia, et suggeret vobis omnia quæcunque dixero vobis (Joan.* XIV, 26), tanto ampliorem gratiam ab ipso in hoc speramus, quantum id amplius ad ipsum pertinet quod disserere cupimus. Spiritus spirando quasi spiritus dictus est, unde Veritas, *Spiritus,* inquit, *ubi vult spirat (Joan.* III, 8). Et Propheta convenienti metaphora Spiritum Domini distinguens, Spiritum oris ejus ipsum appellat *(Psal.* XXXII, 6). Ideoque ipso suo nomine procedere ex Deo Patre vel Filio potius quam gigni declaratur. Benignitas quippe ipsa quæ hoc nomine demonstratur, non est aliqua in Deo potentia sive sapientia, cum videlicet ipsum benignum esse non sit in aliquo esse sapientem aut potentem, sed ejus bonitas magis secundum ipsum charitatis effectum sive effetus accipienda est (53). Charitas autem, teste Gregorio, minus quam inter duos haberi non potest. Nemo enim, inquit, *ad semetipsum charitatem dicitur habere, sed dilectionem in alterum extendit, ut esse charitas possit.* Procedere itaque Dei est, sese ad aliquam rem per affectum charitatis quodammodo extendere, ut eam videlicet diligat ac ei per amorem se conjungat. Cum itaque tam Filius quam Spiritus sanctus ex Patre sit, hic quidem genitus, ille procedens, differt in eo generatio ipsa a processione, quod is qui generatur, ex ipsa Patris substantia est, cum ipsa, ut dictum est, sapientia, hoc est ipsum esse habeat, ut sit quædam potentia ; ipse vero charitatis affectus magis ad benignitatem animi quam ad potentiam attineat, unde bene Filius ex Patre gigni dicitur, hoc est ex ipsa Patris substantia proprie dicitur esse. Hinc Nicæna synodus quasi exponens hanc generationem Filii ex Patre ait : *Credimus et in unum Dominum Jesum Christum Filium Dei, natum ex Patre unigenitum,* hoc est ex substantia Patris, *Deum ex Deo, lumen ex lumine.* Non ignorans nonnullos ecclesiasticorum doctorum astruere Spiritum quoque sanctum ex substantia Patris esse, hoc est ab eo sic esse, ut etiam ipse unius sit substantiæ cum Patre, proprie tamen non dicimus ex substantia Patris esse : solus Filius dicendus est. Spiritus vero quamvis ejusdem substantiæ sit cum Patre et Filio, unde illam Trinitas omousios, id est *unius substantiæ* prædicatur, minime tamen ex substantia Patris aut Filii, si proprie loquimur, esse dicendus est, quod oportet ipsum ex Patre vel Filio gigni, sed magis ex ipsis habet procedere, quod est Deum se per charitatem ad alterum extendere, quodammodo etenim per amorem unusquisque a seipso ad alterum procedit, cum proprie, ut dictum est, nemo ad seipsum charitatem habere dicatur, aut sibi ipsi benignus esse, sed alteri. Maxime autem Deus cum nullius indiget, erga ipsum benignitatis affectum commoveri non potest, ut sibi

---

(53) Locus productus a B. Bernard. epist 190, post medium.

aliud ex benignitate impendat, sed erga creaturas tantum, quæ divinæ gratiæ beneficiis indigent, non solum ut sint, sed ut bene sint.

Quo itaque modo Deus a seipso ad creaturas exire dicitur per benignitatis affectum sive effectum, cum hoc ipsum quod benignus est, aut benigne aliquid ex charitate agit, secundum affectum vel effectum quem in creaturis habeat, dicatur. Tunc vero in se per benignitatem remaneret, si sibi benignus esse posset, aliquam in se beneficentiam exercendo et aliquod sibi beneficium impendendo. Ex Patre autem simul et Filio Spiritus procedere habet, quia bonus ipse affectus sive effectus aliud faciendi vel disponendi ex potentia ipsius, et sapientia provenit, cum ideo scilicet velit Deus aliud et faciat, quia et potest illud adimplere et solerter efficere; nisi enim posset aliud frustra illud vellet, quia efficacia careret, et nisi solerter sciret illud efficere, non haberet egregium effectum. Nonnullos autem aliud velle contingit, quod non sufficiunt adimplere, quod etiam si possunt, non ita, ut oportet, perficere sciunt; quorum quidem voluntatem tam impotentia ipsorum quam inscientia irrationabilem facit. Ut igitur bona Dei voluntas erga quælibet facienda vel disponenda omnino ratione prædicta demonstretur, ex Patre et Filio, sicut prædictum est, procedere Spiritus sanctus perhibetur. Sicut igitur ex ære sigillum æreum habet esse, et rursum ex ære simul et sigillo, id est sigillabili, sigillans habet esse, sic ex Patre solo Filius habet esse, et ex Patre et Filio Spiritus sanctus, ut exposuimus. Et sicut sigillum in forma impressæ sibi imaginis consistit, sic solus in forma Dei esse dicitur, et figura substantiæ ejus, sive ipsa Patris imago, id est expressa ejus similitudo nuncupatur, cum ipse Filius tanta Patri cognatione, ut ita dicam, sit unitus, ut non solum ipse sit unius cum Patre substantiæ, sed insuper, ut dictum est, ex ipsa Patris substantia. Ad hanc fortassis similitudinem, æris scilicet et ærei sigilli, quasi videlicet informis et formati, Hilarius respexit cum, ut dudum supra meminimus, Filium a Patre formatum dixit, id est eo modo esse suum habere de Patre quo res formata ex ipsa suæ materiæ substantia dicitur esse. Non tamen ullomodo materiam vel materiatum in Deo concedimus esse, sed in creaturis tantum vel mutabilibus rebus quæ sunt accidentium susceptibiles. Sicut ergo sigillans eo ipso quo sigillans est in alterum quiddam mollius cui imprimitur procedit, ut videlicet ejus imaginis, quæ in ipsa ejus substantia jam erat, formam illi tribuat, sic Spiritus sanctus donorum suorum distributione nobis infusus imaginem Dei deletam in nobis reformat, ut juxta Apostolum, conformes efficiamur imaginis Filii Dei (*Rom.* VIII, 29), id est Christo, ut sequamur vestigia ejus qui peccatum non fecit (*I Petr.* II, 21, 22), et de veteri homine in novum transeamus. Sicut autem æs et sigillum seu sigillans in suis proprietatibus diversa sunt secundum modos existentiæ quos adinvicem habent, ita scilicet ut nullus ipsorum proprietatem alterius communicet, sic et Pater et Filius et Spiritus sanctus. Verbi gratia: Sigillum æreum ex ære est tanquam ex materia materiatum, et æs materia est ærei sigilli, et æreum sigillum materiatum ex ære, et istæ quidem æris et ærei sigilli proprietates ita intermistæ sunt, ut neque æs sit materiatum ex ære, neque eorum sigillum materia sit æris, cum tamen eadem res sit hoc quod est materia ærei sigilli, vel materiatum ex ære, hoc est æs ipsum, et æreum sigillum. Sic et in divinis contingit personis: secundum id quippe quod divina sapientia, ut diximus, ex divina potentia esse habet, illa Pater hujus, et hæc Filius illius dicitur, et in Deo tantumdem est dicere Patrem, quantum si dicamus sapientiam ex Patre genitam.

Si ergo dicamus ibi Filium esse Patrem, tale est ac si dicamus ipsam Dei Patris sapientiam esse genitorem ipsius sapientiæ Patris, hoc est sui ipsius, ut ipsa scilicet Dei sapientia ex seipsa sit genita, et ex seipsa habeat esse. Similiter si dicamus in Patrem esse Filium, videlicet sui ipsius, tale est ac si dicamus divinam potentiam seipsam genuisse. Quamvis enim idem essentialiter sit æs, quod æreum sigillum, non tamen ideo quia æreum sigillum ex ære est, æs ex seipso esse dicitur, vel quia ipsum posterius est ex ære, ideo posterius seipso dicitur. Non enim hoc pronomen quod est *sui*, relationem facere potest recte, nisi ubi res eadem non essentialitate tantum, sed etiam proprietate nititur. Diversa autem proprietate sunt æs, et æreum sigillum, unde non est consequens ut si æreum sigillum sit ex ære, ideo aliud sit ex seipso. Sic et quamvis idem sit Pater quod et Filius, quia tamen, ut dictum est, proprietatibus suis adinvicem distant, nullatenus procedunt. Quod si Filius ex Patre sit genitus, vel ex Patre habeat, ut dictum est, esse, ideo concedatur Filius ex seipso genitus esse vel ex seipso habere esse. Quod diligenter beatus attendens Augustinus in primo De Trinitate his confirmat verbis: *Qui putat ejus potentiæ Deum esse, ut seipsum genuerit, eo plus errat quod non solum Deus ita non sit, sed nec spiritualis creatura, nec corporalis. Nulla enim res omnino est, quæ seipsam gignat*. Sicut igitur in ære et æreo sigillo absoluta eorum nomina sibi per prædicationem conjunguntur, quando videlicet eorum eamdem substantiam esse demonstramus, veluti cum dicimus: æs est æreum sigillum, vel e contrario, et similia, nec tamen eorum relativa nomina quæ proprietates eorum prædicant, secundum quas hoc ex illo habet esse, sibi conjungi possunt, sicut materia ærei sigilli, et materiatum ex ære. Nemo etenim dicit: materia ærei sigilli est materia ex ære, vel materiatum ex ære est materia ærei sigilli, sicut et in divinis contingit personis. Ipse etenim Omnipotens est sapiens sive benignus et e contrario, sed non ipse Pater est Filius, scilicet sui, vel est Spiritus sanctus, cum ipse videlicet Pater non procedat ex Patre, hoc est ex seipso, vel Filio, sicut et Spiritus ex Patre procedit sive Filio ; non enim quemadmodum bonus Dei affectus ex potentia ejus et sapientia, ut dictum est, procedit, ita potentia ipsa sive sapientia ex seipsis procedere possunt, quod esset Patrem vel Filium esse Spiritum sanctum.

Græci tamen ex Patre solo, non etiam Filio Spiritum sanctum procedere profitentur, eo scilicet quod Veritas in Evangelio integre continente de processione Spiritus loquens, solum Patrem commemorat dicens : *Spiritus qui a Patre procedit (Joan.* xv, 26). Qui etiam super hoc quod a Filio eum quoque procedere dicimus, non vehementer, arguunt atque reos anathematis teneri asserunt, quod in principalibus conciliis quæ apud eos celebrata sunt, ita symbola eorum subjunctis anathematibus sancita sunt, ut nulli de fide Trinitatis aliud dicere, vel aliud prædicare, quam ibi contineatur, liceat. In quibus quidem symbolis cum in processione Spiritus de solo Patre commemoretur: *Quicunque,* inquiunt, *Filium addunt, anathema incurrunt.* Addunt etiam ad exaggerationem impudentiæ, nostræ testimonium damnationis fidei, quod juxta traditionem prædictorum conciliorum Leo tertius Romæ transcriptum in tabula argentea posteris reliquit, pro amore, ut ipsemet dicit, et cautela orthodoxæ fidei. In quo quidem symbolo ipse quoque in processione Spiritus solum commemorat Patrem, his quidem verbis : *Et in Spiritum sanctum Dominum et vivificatorem ex Patre procedentem, cum Patre et Filio coadorandum et conglorificandum,* etc. In quanta autem reverentia illa principalia concilia tenenda sint beatus diligenter aperit Gregorius, qui se ea tanquam quatuor Evangelia suscipere et venerari profitetur, unde et eorum verbis, non magis quam evangelicis, vel addere aliud vel substrahere permittit, ita Constantino episcopo Mediolanensi de uno eorum scribens : *Nos auctore Veritate, et teste conscientia fatemur fidem Chalcedonensis symboli illibatam per omnia custodire, nihilque ejus diffinitioni addere, nihil substrahere audere. Sed si quis contra eam ejusdem scilicet modi fidem, sive plus minusve ad sapiendum usurpare appetit, eum omni dilatione postposita anathematizamus, atque a sinu Ecclesiæ matris alienum esse decrevimus.* Sed profecto cum interdicitur ne quis aliter doceat aut prædicet catholicam fidem quam in prædictis continetur conciliis, aliter dictum puto non secundum verborum diversitatem, sed secundum fidei diversitatem, ac si dicatur, aliter, hoc est contrario modo, non diverso verborum sono, quia et nos Latine dicimus quod illi Græce. Sicut ergo diversum pro opposito dicitur, ita diverso modo quod est aliter pro opposito modo non incongrue sumitur. Alioquin cum unumquodque illorum conciliorum proprium composuerit atque instituerit symbolum, sintque ipsa symbola ab invicem verbis diversa, ac fortasse quibusdam sententiis, cum unum nonnunquam contineat quod alterum non habeat, profecto anathematis reus esset,qui uno recepto cætera symbola confitendo recitaret vel reciperet.

Eadem ratione rei teneremur ex supplemento Evangelii additi, cum in Deuteronomio Moyses dicat : *Quod præcipio tibi, hoc tantum Domino facias, nec quidquam addas vel minuas (Deut.* xii, 32). Addi. itaque prohibuit contrarium aliquid, non quod perfectioni deesset, suppleri. Quamvis etiam . possit intelligi, ut omnino prohibeatur homo ex seipso verbis aliquid supplere. Tunc vero homo ex se aliud adderet, si hoc ex sensu suo, non ex inspiratione Spiritus præsumeret, de quo quidem Spiritu est scriptum : *Non enim vos estis qui loquimini, sed Spiritus Patris vestri qui loquitur in vobis (Matth.* x, 20). Multa etiam de miraculis sanctorum, et de his quæ sancti Patres post apostolos scripserunt prædicamus. Cum tamen Apostolus dicit ad Galatas scribens : *Licet nos aut angelus de cœlo evangelizaret vobis præter id quod evangelizamus vobis, anathema sit, sicut prædixi. Et nunc iterum dico : Si quis vobis evangelizaverit præter id quod accepistis, anathema sit (Gal.* i, 8, 9). Quod autem opponunt Græci evangelicam traditionem ad integram fidei disciplinam sufficere, nec quidquam ulterius addendum esse, præter ea quæ in verbis continentur evangelicis, in se etiam ipsos sententiam proferunt. Cum autem Spiritum a solo Patre procedere (non enim Evangelium a Patre procedere Spiritum dicat solo adjungit quod ipsi apponunt, sed tantummodo a Patre dicit), quærimus etiam et interrogamus eos cum credant Spiritum sanctum a Patre procedere, utrum credant ipsum a solo Patre procedere, vel non. Quod si sic, et vera sit hæc fides, utique ita est quod videlicet a solo Patre ipse procedit, et quod ipsi super hoc sentiunt salubriter doceri seu confiteri, non est incongruum quod non credi sit periculosum, præsertim cum dicat Apostolus : *Corde creditur ad justitiam, ore autem confessio fit ad salutem (Rom.* x, 10). Sin autem non a solo Patre Spiritum procedere credant, cum eum a Patre procedere non dubitant, oportet quod tam a Patre quam Filio seu ab alio ipsum procedere assentiant, et quod necesse est credi, salubre sit confiteri, sicut et cætera omnia quæ ad fidem pertinent catholicam. Nec rectæ confessioni officit, si nonnulla confessionis verba in canonicis minime reperiantur Scripturis. Ob hoc enim maxime symbola conciliorum Scripturis illis sunt superaddita, ut illa doceant vel disserant quæ ibi aperte non habentur. Quis enim Trinitatem, vel tres personas in ea sibi coæternas et coæquales, quarum unaquæque sit Deus in illis Scripturis dici meminerit, aut Pilatum Pontium appellari, aut ad inferos animam descendisse Christi, et alia quædam quæ in verbis non continentur canonicis? Multa profecto fidei necessaria post Evangelium ab apostolis, vel apostolicis viris addita sunt, quæ ex verbis evangelicis minime comprobantur, sicut est illud dé virginitate Matris Domini etiam post partum jugiter conservata, et de aliis fortasse multis.

His autem adversus Græcorum objectionem Spiritus responsis, libet etiam ex ipsorum doctoribus testimonia proferre quibus a Filio quoque Spiritum sanctum procedere doceant. Athanasius in symbolo fidei : *Spiritus,* inquit, *sanctus, a Patre et Filio non factus, non creatus, nec genitus, sed procedens.* Ubi quidem cum præmiserit Spiritum sanctum a Patre et Filio esse atque subjunxerit, *procedens,* manifeste docuit eum ab utroque procedere, sicut et esse retulerit, præsertim cum non aliter a Patre Spiritus esse habeat quam procedendo. Didimus etiam eorum maximus doctor, in libro De Spiritu sancto, a Filio quoque procedere patenter profitetur dicens : Salvator, qui et Veritas, ait : « *Non enim loquetur a semetipso (Joan.* XVI, 15), » *loquetur, hoc est non sine me, non sine meo et Patris arbitrio, quia inseparabilis est a mea et Patris voluntate, quia ex se non est, sed ex Patre et a me est. Hoc enim ipsum quod subsistit et loquitur a Patre et a me est illi.* « *Ego veritatem loquor (ibid.,* 7), » *id est inspiro quæ loquor.* Siquidem spiritus veritatis dicere, et loqui in Trinitate non secundum consuetudinem nostram accipiendum, sed juxta formam incorporalium naturarum et maxime Trinitatis, qua voluntatem suam ingerit in corda credentium. Item : *Spiritus sanctus qui est spiritus veritatis, spiritusque sapientiæ, non potest audire Filio loquente quæ nescit, cum hoc ipsum sit quod profertur a Filio, id est procedens Deus de Deo, Spiritus veritatis procedens a veritate, consolator manens de consolatore.* Quæ quidem veritas quæ sit, a qua ipse procedit, symbolum Ephesini concilii (quod etiam Græcorum fuisse constat) manifeste his verbis determinat : *Quamvis in sua substantia sit Spiritus Filii, et intelligatur in persona proprietas, juxta id quod Spiritus est, et non Filius, non est tamen alienus ab ipso : nam Spiritus appellatur veritatis, et veritas Christus est.* Item, Cyrillus episcopus Alexandrinus in epist. 8, Nestorio directa, quæ sic incipit : *Reverendissimo et domino amantissimo,* etc. *Si est,* inquit, *in substantia Spiritus speciali, vel certe et... perse secundum quod Spiritus est, et non Filius, sed tamen est non alienus ab eo.* Spiritus enim veritatis nominatur et profluit ab eo, sicut denique ex Deo Patre. Joannes Chrysostomus homilia 27, De expositione symboli quæ sic incipit : *Universalis Ecclesia congaudet :* — *Iste est Spiritus procedens de Patre et Filio, qui dividit propria dona ut vult.* Item, homilia 28, in alia expositione ejus symboli quæ sic incipit : *Super fabricam totius Ecclesiæ:*—*Itaque credendum est Spiritum sanctum Patris esse et Filii.* Item : *Istum Spiritum sanctum dicimus Patri et Filio esse cœqualem, et procedentem de Patre et Filio. Hoc credite ne colloquia mala corrumpant mores vestros bonos.* Item : *Videte ubique sacramentum Trinitatis, ecce et in Spiritum sanctum credimus, qui Spiritus procedens de Patre et Filio charitate conjungitur.*

Augustinus libro Quæstionum ad Orosium, cap. 11 : *Spiritus Dominus noster ille Christus post resurrectionem suam, ut ostenderet a se procedere Spiritum sanctum sicut a Patre, inflans in discipulos suos ait :* « *Accipite Spiritum sanctum (Joan.* XX, 22). » Idem, lib. IV De Trinit. : *Nec possumus dicere quod Spiritus sanctus a Filio non procedat; nec enim frustra idem spiritus et Patris et Filii et Spiritus dicitur, nec video quid aliud significare voluerit cum sufflans ait :* « *Accipite Spiritum sanctum.* » *Neque enim flatus ille corporeus substantia Spiritus sancti fuit, sed demonstratio et a Filio procedere Spiritum sanctum.* Item in libro De Trinit. : *Sicut unicum Dei Verbum proprie vocamus nomine sapientiæ, cum sit universaliter, et Spiritus sanctus, et Pater ipsa sapientia, ita Spiritus proprie vocatur vocabulo charitatis, cum sit et Pater et Filius universaliter charitas.* De utroque autem procedere sic docetur, quia ipse Filius ait *de Patre procedit,* et discipulis suis insufflavit, et ait : *Accipite Spiritum sanctum,* ut eum etiam de se procedere ostenderet, et ipsa est *virtus quæ de illo exibat et sanabat omnes,* sicut legitur in Evangelio (*Luc.* VI, 19). Quippe cum Spiritus quasi spiramen aspirando dictus sit, et æque ipse tam Patris quam Filii Spiritus appelletur, quis recte abneget ab ambobus eum procedere, a quibus tanquam amborum Spiritus esse habet, atque spirare? Proprie tamen seu principaliter eum a Patre procedere non negamus. Unde Hieronymus diffinitionem catholicæ fidei Nicæniqne symboli exponens ait : *Credimus et in Spiritum sanctum qui de Patre procedit proprie.* Item : *Spiritum sanctum verum Deum invenimus in Scriptura, et de Patre proprie esse.* Et iterum : *De Patre et Filio et Spiritus proprie et vere procedit.* Primum igitur accipe quod de Patre est proprie Spiritus sanctus, dicente Scriptura : *Verbo Domini cœli firmati sunt (Psal.* XXXII, 6) ; *et Spiritu ejus omnis virtus eorum (Joan.* XV, 26). Et Salvator ait : *Spiritus veritatis qui a Patre procedit.* Et B. Augustinus in XV De Trinit., cap. 18 : *Non frustra in hac Trinitate dicitur Verbum Dei nisi Filius, nec donum Dei nisi Spiritus sanctus: Nec de quo genitum est Verbum, et de quo procedit principaliter Spiritus sanctus, nisi Deus Pater.* Idem de verbis Domini, sermone 9 : *Et Spiritus sanctus principaliter de illo procedit de quo natus est Filius. Ideo autem addidi principaliter, quia et de Filio Spiritus sanctus procedere reperitur. Sed hoc quoque illi dedit non jam existenti, licet nondum habenti. Sed quidquid unigenito Verbo dedit, gignendo dedit. Sic ergo eum genuit, ut etiam de illo bonum commune procederet.* Ac si aperte Augustinus his verbis determinet per hoc Spiritum sanctum principaliter ex Patre, et non principaliter ex Filio, quia sic ex Patre procedit, quasi primo loco, cum eum Pater ab alio non habeat, sed a seipso sicut et a seipso est, hoc est non ab alio. Filius vero cum a se non sit, sed a Patre, etiam ipsum Spiritum a Patre, habet, a quo per generationem esse habet.

Sed quid est quod dictum est, proprie Spiritum ex Patre procedere? Nunquid proprie ibi dictum sicut hoc loco *principaliter?* Et fortasse eodem modo dici videri posset, nisi quod ibi interseritur quod et Filius ex Patre natus sit proprie, sicut et Spiritus ex Patre proprie dicitur esse. Dictum quippe ibidem est : *Filius non ex semetipso natus est, sed ex Patre natus est proprie : non in tempore, sed semper : non aliunde, sed de una substantia : non de aliena, sed de sua propria.* At vero si eodem modo tam in Filio quam in Spiritu sancto accipitur proprie, cum hic scilicet proprie nasci ex Patre, et ille procedere dicitur proprie ex Patre, et tale sit dicere proprie ac si diceretur *principaliter,* quomodo Filium ex Patre principaliter nasci dicemus, cum ex eo solo natus sit? Nisi forte cum ibidem statim additum sit, non in tempore, sed per respectum temporalis generationis ejusdem Filii ex matre, id dictum est, ut videlicet hæc principalis et prima sit, quæ est æterna, per quam ab æqualitate Patris non receditur; illa vero quasi posterior et temporalis, secundum quam minor Patre ipse Filius dicitur. Possumus etiam dicere in eo Filium ex Patre proprie natum esse sive genitum, quod naturalis sit ejus Filius, non adoptivus, sicut et statim determinatur, cum subditur non aliunde, sed ex sua substantia. Sed et secundum hoc quod juxta philosophos nata sive genita omnia dicuntur, quæ ab aliquo habent esse, proprie Filius solus ex Patre natus est, quia solus ipse nascendo ex ipsa Patris substantia est. Spiritus vero sanctus secundum hoc ex Patre solo procedere proprie dicitur, quod ab eo sic procedit, quasi a summo principio, qui videlicet ab alio non est. Inde enim aliquid proprie procedere dicitur, unde primo venire ac moveri cœpit, sicut locus ex fonte, non ex rivo, sed per rivum procedere dicitur, in quem scilicet rivum aqua ipsius lacus de fonte prodiens per eum transit ac pervenit in stagnum. Sic et Spiritus sanctus ex Patre proprie procedere dicitur, quasi a summa origine, quæ scilicet aliunde non sit, et ab ipso in Filium, quasi in rivum, quia et quod habet Filius ab ipso habet a quo et hoc ipsum habet quod ipse est, et per Filium ad nos tandem quasi in stagnum hujus sæculi. Quippe qui omnia in sapientia facit ac disponit, in hac ipsa sapientia sua Spiritum tribuit suorum distributorem donorum, non improvide vel inconsiderate.

Unde et beatus Hilarius Spiritum a Patre per Filium magis quam a Patre et Filio procedere seu esse, sicut et mitti perhibet, ita et ad Deum Patrem de Spiritu sancto et Filio loquens in XII de Trinit. libro : *In sancto Spiritu tuo ex te profecto et per eum misso.* Item : *Ex te per eum sanctus Spiritus tuus est.* Item : *Filium tuum una tecum adorem, sanctum Spiritum tuum qui ex te per unigenitum tuum est, promerear.* Et hoc fortasse modo, si a solo Patre procedere Spiritum Græci intelligant, eo scilicet quod sic ab ipso sit, quasi a summo et non existente ab alio, nulla est sententiæ controversia, sed verborum diversitas. Certum quippe est et solam personam Patris hoc modo summam debere prædicari, et Spiritum quoque ab ipso esse sicut a Filio, qui ipsius quoque sicut et Filii Spiritus dicitur. Quod vero nonnulli moventur, ex eo quod dicimus Filium a Patre per generationem esse, et Spiritum a Patre et a Filio per processionem. Nec tamen ideo Patrem per existentiam priorem esse Filio, vel Patrem et Filium Spiritu sancto, potest ex multorum similitudine exemplorum refelli. Solis quippe substantia est et splendida et illuminabilis, id est potens illuminare aliquid, et cum sit splendor ex sole, et illuminabilitas ex sole simul et splendore, nunquam tamen ex his tribus aliquod per existentiam aliquod illorum præcesserit.

XVI.

Sed et si quis illam philosophicam Platonicæ rationis considerationem altius inspiciat, quæ videlicet de Deo opifice ad similitudinem quamdam solertis opificis vel artificis agit, præmeditantis scilicet et deliberantis ea quæ facturus est, ne quid inconvenienter componat, et prius singula ratione, quam opere formantis. Ad hunc quippe modum formas Plato et exemplares in mente divina considerat, quas ideas appellat, et quas postmodum quasi ad exemplar quoddam summi artificis providentia operata est, videlicet Spiritum sanctum ex Filio quoque sive per Filium recte procedere, cum ex ratione sapientiæ universa Dei opera administrentur, et ita quodammodo conceptus divinæ mentis in effectum per operationem prodeat. Effectus autem ad Spiritum pertinent, qui ex bonitate Conditoris eveniunt, quia Spiritus ipse bonitas est. Dicamus itaque Spiritum ex Filio quoque procedere, cum ratio divinæ providentiæ ad effectum benignitatis perducitur, et quod ab æterno faciendum prævidet temporaliter quando vult facit. Hanc autem conceptionem, quæ scilicet conceptus mentis in effectum operando prodit, Priscianus in primo Constructionum diligenter aperit, dicens generales et speciales formas rerum intelligibiliter in mente divina constitisse, antequam in corpora prodirent, hoc est in effecta per operationem, quod est dicere, ante providit Deus quid et qualiter ageret, quam illud opere compleret. Ac si diceret : Nil impræmeditate sive indiscrete egit.

XVII.

Macrobius quoque ipsam animam mundi, etiam quam putamus Spiritum sanctum intelligi, ex Νοῦ, hoc est Filio, præcipue esse declarat, cum aperte eam a Νῷ creatam sive natam, sicut et ipsam Noym a Deo Patre esse profitetur, ita generaliter de origine animæ exorsus : *Deus qui prima causa et est, et vocatur; unus omnium quæ sunt quæque videntur esse, princeps et origo est. Hic superabundantis majestatis fecunditate de se mentem creavit. Hæc mens quæ* Νοῦς *vocatur qua Patrem incipit, plenam similitudinem servat auctoris. Animam vero de se creat, posteriora respiciens. Rursum : Anima qua Patrem intuetur, ac paulatim reaigente respectum in fabricam corporum incorporea ipsa degenerat.* Creari autem sive nasci hoc loco Macrobius abusive protulit, sicut et in primo libro determinavimus, cum videlicet tam mentem ipsam quam animam ipsam creatam dixit. Mentem quidem ex Deo, hoc est Filium ex Patre, et animam ex mente, hoc est Spiritum ex Filio, ubi et utram natam esse insinuat, cum utrique Patrem assignat, Deum quidem menti, et rursum mentem ipsam animæ. Creari itaque sive nasci esse ex aliquo intelligitur, ut tale sit quod ait, hoc ex illo nasci sive creari, quasi simpliciter diceret hoc ex illo esse. Sufficit autem philosopho ad ostendendam animam ipsam tam ex Patre quam ex Filio, memorasse solum hoc loco Filium, quia cum Filius ex ipso Patre sit, et Spiritus ipse, hoc est anima ipsa ex Filio esse assignatur, liquet profecto ipsam quoque ex Patre esse, scilicet quod et ipsa eam philosophus a Deo et Νῶ juxta sapientes nominari supra inductus asserit. Quod vero ait mentem esse ex fecunditate majestatis, tale est ac si diceret, sapientiam ex ipsa omnipotentia esse natam, proprie namque majestas ac reverentia potentiæ ascribi solet. Quod vero dicit, mens, qua Patrem inspicit, similitudinem servat auctoris, ita dictum puto, ac si aperte dicat Filium ipsum in omni re in qua similis est Patri, æqualem omnino illi esse. Potens quippe est sicut et Pater, et tantumdem potens bonus est sicut et Pater et æque honus. Sic et in cæteris, in quibus habet similitudinem cum Patre, et æqualitatem habet, non autem in omnibus similitudinem habet cum Patre, cum ipse solus sit genitus, et ipse Pater sit genitor. Quod quidem ad distinctionem personarum attinet, secundum proprietates earum, secundum nos etiam qui solum Filium incarnatum credimus, in hoc uno Filio minorem Patre, non æqualem dicemus. Νοῦς posteriora respiciens, animam creat, quia Spiritus sanctus qui ex Filio est, sive quæcunque anima ab ipso Conditore suo ducens exordium, hoc ipsum quod anima est, hoc est vita creaturarum rerum ex respectu quod ipsius Creatoris habet, hoc est ex beneficio divinæ sapientiæ cuncta disponentis, ut in ipso respectu Dei divinum intelligatur beneficium.

Anima quippe ab animando, hoc est vivificando, dicta est. Spiritus quidem sanctus, ut in primo libro distinximus, quasi anima est, hoc est animarum nostrarum, et nostræ animæ quasi quædam ejus corpora sunt, ab ipso scilicet donis suæ gratiæ vegetata. Quas rursus animalem vitam nobis certum est impertire Patrem suum, id est Νοῦν dicit animam indui in ea sua qua intuetur, hoc est ratione utitur, quia ex ratione quam habent maximam similitudinem cum divina sapientia tenet, ut ratio maxime sit ascribenda sapientiæ, paulatim anima in corpora respicit, quia ad comparationem plenitudinis illius summi boni, modicum est quidquid habemus, quantacunque dona virtutum ab ipso suscepimus. Possumus etiam in eo paulatim intelligere dictum esse, quod quibusdam gradibus per intervalla temporum, animus ad maxima spiritus suos fideles promoveat, nec sua simul conferat dona. Degenerare dicitur anima in ipso suæ operationis effectu, ex quo anima dicta est, cum non sit hoc æternum, sed temporale quod operatur, de quo ni fallor, illud facile est absolvi, quod Plato animam mundi incœpisse voluerit, nec coæternam Deo et menti. Cum enim Spiritum sanctum animam magis quam spiritum appellaverit, quasi ab animando, hoc est vivificando nos donis suæ gratiæ per incrementa virtutum, non semper ille spiritus anima fuit, id est vivificans, quia, dum nondum creaturæ essent, quibus dona sua distribueret, in illas bonorum suorum distributionem non exercebat. Sicut ergo Spiritum sanctum, qui in se est omnino simplex, multiplicem tamen dicimus, et septem spiritus appellamus, secundum diversitatem donorum, ita et philosophus eumdem qui in essentia propria æternaliter subsistit, incœpisse quantum ad effecta sua voluit, ex quibus eum animam magis quam spiritum appellavit. Spiritus quippe nomen est naturæ, anima vero officii, ab animando scilicet. Sicut ergo ipsos cœlestes spiritus semper quidem spiritus, sed non semper angelos esse profitemur, eo quod angelus nomen sit officii, non naturæ, et Dominum nostrum Jesum Christum secundum humanitatem incœpisse, secundum vero divinitatem æternum esse prædicamus : ita et Spiritum sanctum secundum substantiam essentiæ suæ æternum, secundum effecta vero incœpisse dicamus, quod est dicere effecta potius quam ipsum incœpisse. Et hunc quidem philosophi sensum esse arbitror, sub illo animæ typo, quod eam creaturam esse, id est incœpisse perhibet, et quasi temporalem esse, non æternam. Juxta quod et Macrobius animæ ipsi tam Deum quam Νοῦν proferre non abhorreret. Vocet itaque Plato Spiritum sanctum animam secundum effectum operum. Nos vero dicamus Spiritum secundum naturalem suæ bonitatis affectum, quem ita ab æterno habuerit, ut ex opere eum impleret quando eum implendum esse providit. Dicat ille animam incœpisse secundum effecta, nos vero spiritum in affectu suæ bonitatis æternaliter perseverare. Dicat ille animam incœpisse, nos spiritum omnino æternum esse. Sit processio spiritus secundum affectum æterna, quia scilicet ab æterno sic voluit. Sit processio animæ secundum effectum temporalem, utramque spiritus processionem, tam secundum efficaciam scilicet, quam secundum effectum a sanctis Patribus distinctam esse cognovimus. De processione quidem efficaciæ Beda in homilia Dominicæ primæ post Ascensionem, ita loquitur : *Cum Spiritus gratia datur hominibus, profecto Spiritus mittitur a Patre, mittitur et a Filio : procedit a Patre, procedit et a Filio, quia et ejus missio ipsa processio est, quia ex Patre procedit et Filio.*

Ipse autem Augustinus utramque processionis

modum diligenter distinguit, cum eum procedere perhibet, tam secundum hoc quod datur, quam secundum hoc quod dabitis est. Unde lib. v De Trin. : *Cum ad processionem Spiritus pervenisset, ait, procedit non quomodo natus, sed quomodo datus. Quod autem datum est, et ad eum qui dedit refertur, et ad eos quibus dedit. Sed si non procedit, nisi cum datur, nec procederet utique priusquam esset cui daretur. Nam donum potest esse et antequam detur, donatum autem nisi datum fuerit, nullo modo dici potest.* Quid itaque mirum cum duobus modis Spiritum procedere dicamus, si secundum alterum processionis modum dicatur Spiritus a nobis, et secundum alterum vocatur anima a philosophis? Illud ergo spiritus æternaliter, hoc temporaliter habet, unde et statim in eodem idem annectit dicens : *Nec moveat quidem Spiritus scilicet cum sit coæternus Patri et Filio. Dicatur tamen aliud ex tempore, veluti hoc ipsum quod donatum; nam sempiterne Spiritus donum, temporaliter autem donatum. Nam et si Dominus non dicitur, nisi cum habere incipit servum, etiam ista appellatio relativa ex tempore est Deo. Non enim sempiterna creatura est, cui est ille Dominus.* Item : *Ecce Dominum, ecce non sempiternum habet, ne cogamur etiam dicere creaturam sempiternam, quia ille sempiterne non dominaretur, nisi etiam ista sempiterne famularetur,* qui etiam in eodem hoc superiori cap. Spiritum etiam, secundum effecta manifeste vocat, cum ei principium assignat. Ait autem sic : *Quod datum est, et ad eum qui dedit refertur, et ad eos quibus dedit. Ita Spiritus sanctus dicitur et Dei qui dedit, et nostri qui accipimus. Unde scriptum est de Joanne, quod in spiritu Eliæ veniet* (Luc. I, 17). Hoc et de Moyse intelligendum est, cum ait ei Dominus : Tollam de spiritu tuo, et dabo eis (Num. XI, 17), hoc est, de Spiritu sancto quem tibi dedi. Si ergo et quod datur principium habet eum a quo datur, quia non aliunde accepit illud quod ab ipso procedit, fatendum est Patrem et Filium principium esse Spiritus sancti, tamen non duo principia, sed unum principium.

Liquet itaque Augustinum hoc loco spiritum accepisse secundum effecta cum dicit : *Datum magis quam secundum naturalem suæ bonitatis affectum vel benignitatis.* Unde bene secundum effecta Pater et Filius priores Spiritu dicuntur, et quasi principium ejus, quia ex potentia moderante sapientia effectus gratiæ descendit, ex quo etiam spiritus hoc loco appellatur, et prius potentiam et sapientiam esse oportet, ut postea aliud in effectum ducatur. Tale est ergo Patrem et Filium esse principium Spiritus sancti, ac si dicamus Spiritum ex ambobus per effectum procedere, hoc est potentia Dei moderante ejus ratione ad auctum perduci. Et hoc quidem modo si quis nomen Spiritus accipiat, secundum scilicet suæ gratiæ effecta, non recte dicitur spiritus æternus, sicut nec Dominus aut creator, quia ut diximus, non semper spiritus secundum effecta exstitit; unde et bene evangelista Joannes ab æternitate Dei inchoans, cum Verbum apud Deum æternaliter ostenderet dicens : *In principio erat Verbum, et Verbum erat apud Deum, et Deus erat Verbum* (Joan. I, 1); et : *Omnia per ipsum facta sunt* (ibid., 3), nullam Spiritus mentionem habuisse videtur, qua eum esse æternum astrueret, cum de Deo et Verbo ejus loquens, Patri et Verbo solummodo æternitatem ascribit, dicens : *Hoc erat in principio apud Deum* (ibid., 2). Qui in eo fortasse quod subjunxit de effectu operum dicens : *Omnia per ipsum facta sunt,* Spiritum designasse videtur secundum effecta ipsa quæ sua Deus condidit bonitate, secundum quæ, ut diximus, æternus non est Spiritus, id est datus, sicut nec anima mundi quam Plato dicit. Nec mirum locum evangelistæ maxime cum Platone convenire, cum totam verborum istorum sententiam in libris Platonicorum Augustinus, ut supra meminimus, invenerit. Sunt autem nonnulli qui charitatem Dei non solum ad creaturas porrigi, verum etiam ab una persona in alteram, ut videlicet amor Patris in Filium, vel Filii in Patrem Spiritus ipse sit. Quod aperte Augustinus in xv De Trinit. astruit his verbis : *Denique si in donis Dei nil majus est charitate, et nullum majus donum Dei est quam Spiritus sanctus, quid consequentius quam ipse sit charitas quæ dicitur Deus, et ex Deo ? Et si charitas qua Pater diligit Filium, et Patrem diligit Filius ineffabiliter, communionem amborum demonstrat, quid convenientius quam ut ille proprie dicatur charitas, qui spiritus est communis ambobus?* Hinc est et illud Hieronymi super psalmum VII : *Spiritus sanctus nec Pater est, nec Filius est, sed dilectio quam habet Pater in Filio et Filius in Patre.* Quod fortassis ideo maxime dicendum videtur et tenendum, ut videlicet amor quoque Patris in Filium vel Filii in Patrem, dicatur Spiritus sanctus, et non tantum amor ad creaturas, quod fortassis aliter videretur Spiritus sanctus posse non esse, ac per hoc non necessario esse ipsam Trinitatem. Posset quippe esse ut nulla creatura unquam esset, cum nulla ex necessitate sit, ac per hoc consequens videretur, ut jam nec effectus ipsius quem videlicet erga creaturas habet ex necessitate sit, ac per hoc Spiritus ipse ex necessitate non sit quem dicimus Dei ipsum affectum esse sive amorem. At vero si amorem Dei non solum erga creaturas, verum etiam unius personæ erga alteram accipiamus, hoc inconveniens evitamus aperte. Ac fortasse cum creaturæ ipsæ ex necessitate non sint, quia scilicet quantum ad propriam naturam non esse possunt, amor tamen Dei erga illas ita necessario habet esse, ut absque illo Deus esse non possit omnino, cum videlicet ipse ex propria natura tam hunc amorem suum quam quodlibet bonum ita habeat, ut eo carere nullatenus possit, quem nullatenus aut minus bonum quam est, aut majus bonum posse esse constat. Sed de hoc plenius tractandum postmodum reservamus, cum de divina potentia principale tractandi se obtulerit negotium. Donum tamen Patris quantum ad Filium, vel Filii quantum ad Patrem nequaquam dicendum esse arbitror Spiritum, quia nequaquam dari ei potest, cui abesse non potest, hoc est cui necessario inest, qui necessario utriusque est Spiritus.

XVIII.

Non arbitror autem hoc quoque ab hac quæstione alienum esse, quomodo scilicet hanc fidem Trinitatis soli Christiani teneant, et non etiam vel Judæi vel gentiles. Cum enim Deum esse Patrem et Filium et Spiritum sanctum tale sit, ut diximus Deum esse potentiam, ut dictum est, generantem, et sapientiam genitam, et benignitatem procedentem, cum istud nemo discretus ambigat, sive Judæus, sive gentilis, nemini hæc fides deesse videtur, quod et nos quidem concedimus, sequentes Apostolum qui ait: *Quod notum est Dei, manifestum est in illis* (Rom. I, 19), ac si diceret: Quod ad divinitatem pertinet, ratione perceperunt, quia hoc de Deo ratio naturaliter unumquemque edoceat. Unde et superius cum Platonicorum sententias de verbo Dei Augustinus præsentaret, solum quæ ad divinitatem Verbi pertinent se in eis reperisse confirmavit, et nil de incarnationis mysterio, in quo totam salutis humanæ summam consistere certum est, sine quo cætera frustra creduntur. Facile autem convinci poterit eos quoque qui nostra de fide verba abhorrent, cum videlicet audiunt Deum Patrem, et Deum Filium, in sensum verborum nobis esse conjunctos. Interrogemus enim eos si sapientiam Dei credant, de qua scriptum est: *Omnia in sapientia fecisti* (Psal. CIII, 24), et statim respondebunt se credere. Inferamus deinde convenienter eos in hoc ipso Filium Dei sicut et nos credere, cum nos videlicet idem intelligamus per Verbum sive per Filium Dei, quod illi per sapientiam Dei. Quisquis autem Filium esse recipit, utique et eum cujus est Filius, esse non dubitat, hoc est Patrem. Spiritum quoque simili ratione eos credere convincemus, si eis quid in hoc nomine intelligamus exposuerimus, ipsam scilicet divinæ gratiæ bonitatem. Hinc autem facile occasionem sumi arbitror, convertendi ad fidem nostram quoslibet alienos, si hujusmodi inductionibus eos jam communem nobis sensum fidei habere convicerimus. Quam licet ore non confiteantur, sicut nos, propter ignoratam scilicet verborum nostrorum significationem: corde tamen jam tenent, sicut scriptum est: *Corde creditur ad justitiam* (Rom. X, 10).

LIBER TERTIUS.

Expeditis his quæ ad singularem Christianæ fidei professionem attinere videntur, de discretione videlicet trium personarum in una eademque penitus ac simplici divinitatis substantia, juvat in hujus summi boni perfectione contemplanda mentis aciem altius imprimere, ac diligentius singula replicando quæcunque aliquid quæstionis habere videntur, verisimilibus et honestissimis rationibus diffinire, ut quo amplius innotuerit hujus summi boni perfectio, majori unumquemque ad se trahat desiderio. Ac primo de unitate divinæ substantiæ, postmodum de personarum recapitulandum est Trinitate. In superioribus itaque libellis ad nostræ fidei professionis defensionem elaboratum est, hic vero ad ipsius amplificationem elaborandum.

I.

Prima igitur sit de ratione credendi unum Deum discussio, et quod unum magis quam plures attineat credi, ubi et prima se ingerit quæstio, an humana etiam ratione divina celsitudo indagari potuerit, ac per hanc a creatura sua creator recognosci, an potius ipse Deus signo aliquo sensibili suam ei notitiam primum exhibuerit; velut in angelo vel in quocunque ei Spiritu primitus apparens, sicut de primis legitur parentibus, quibus in paradiso locutus fuisse perhibetur. Et fortassis ita primo factum est, ut in aliqua scilicet visibili specie invisibilis Creator ipse homini se revelaret. Si tamen vim ipsam rationis diligentius attendamus, cujus proprium est omnem transcendere sensum, et ea vestigare quæ sensus non valet attingere, profecto quantocunque res subtilioris est naturæ, et a sensu remotior, tanto rectius se rationis judicio, et magis in se rationis studium provocare debet. Unde etiam cum per insigne rationis imaginis Dei specialiter homo comparetur, in nihil aliud homo pronius eam figere debuerat, quam in ipsum, cujus imaginem, hoc est expressiorem similitudinem, per hanc obtinebat, et in nullam fortasse rem percipiendam pronior esse credenda est, quam in eam cujus ipsa amplius adepta sit similitudinem. Facile quippe est ex similibus similia conjici, et quo quisque alteri similior, facilius ex seipso ad ejus notitiam pertingere valet, cui est ipse per naturam vicinior. Quod si et in hac ipsa quoque sensuum experimenta necessaria videntur, ut videlicet a sensibilibus ad intelligibilia duceretur, facile etiam erat, ut omnium optimus conditor atque dispensator Deus, per ea quæ tam mirabiliter et facit et ordinat, ex ipsis suis quantus sit operibus indicaret, quia et per qualitatem operum quæ videntur, absentis artificis industriam dijudicamus. Hoc quidem modo et ipse perhibet Apostolus, Deum sui notitiam reprobis quoque contulisse, juxta quod ad Romanos scribens, inexcusabilem omnem hominem esse convincit, et de contemptu sui Conditoris esse arguendum, cum ejus notitiam lex ipsa naturalis, quæ in ratione consistit, etiam sine scripto ex ipsa operum ejus exhibitione omnibus afferret. Ait quippe sic: *Revelatur ira Dei de cœlo super omnem impietatem et injustitiam hominum, eorum qui veritatem Dei in injustitia detinent. Quia quod notum est Dei, manifestum est in illis; Deus enim illis revelavit. Invisibilia enim ipsius a creatura mundi per ea quæ facta sunt, intellecta conspiciuntur, sempiterna quoque ejus virtus et divinitas, ita ut sint inexcusabiles, quia cum cognovissent Deum, non sicut Deum glorificaverunt, aut gratias egerunt* (Rom. I, 18-21). Et post aliqua: *Propter quod inexcusabilis es, o homo omnis qui judicas* (Rom. II, 1), hoc est, qui rationis uteris judicio in bonis et malis discernendis, atque in ipsis Creatoris et creaturarum discutiendis naturis.

Unde et Salomon nonnullos mundi sapientes se vehementer admirari insinuat, quomodo scilicet mundum ratione vestigaverunt, naturamque ipsius per singulas ipsius partes disserere conati sunt, nondum Creatorem ipsius animadvertentes, quem facilius ratione percipere poterant. Si enim, inquit, ratione tantum potuerunt scire ut possent existimare sæculum, quomodo ipsius mundi Deum et Creatorem non facilius invenerunt?

Hoc et ille maximus Latinorum philosophorum Tullius diligenter intuitus, cum non solum optime factum, verum etiam optime disponi mundum conspiceret, providentia id potius agi quam fortuitu confirmans, tam suam in hoc, quam cæterorum rationem exposuit philosophorum. Unde est illud in primo Rethoricæ: *Melius*, inquit, *accurantur ea quæ consilio geruntur quam quæ sine consilio administrantur. Domus ea quæ ratione geritur, omnibus est instructior rebus, et apparatior quam ea quæ temere et nullo consilio administratur. Exercitus is cui est præpositus sapiens et callidus imperator, omnibus partibus commodius regitur, quam is qui temeritate vel stultitia alicujus administratur. Eadem navigii ratio est.* Hoc itaque proposito et collatione similitudinum convenienter astructo, assumptionem statim aggregans syllogismi, *Nil autem*, inquit, *omnium rerum melius quam omnis mundus administratur. Nam et signorum*, inquit, *ortus et obitus definitum quemdam ordinem servant, et animæ commutationes non modo quadam ex necessitate semper eodem modo fiunt, verum ad utilitates quoque rerum omnium sunt accommodatæ, et diurnæ nocturnæque vicissitudines nulla in re mutatæ unquam nocuerunt, quæ signo sunt omnia, non mediocri quodam consilio naturam mundi administrari. Quod si melius*, inquit, *geruntur ea quæ consilio, quam quæ sine consilio administrantur, nil autem omnium rerum melius quam omnis mundus administratur: consilio igitur mundus administratur.* Quanta autem ratione cuncta in mundo fiant ac disponantur, maximus omnium philosophorum Plato diligenter attendens ait: *Nihil fit cujus ortum non legitima causa et ratio præcedat, quæ enim quantum ad nos fortuita dicuntur atque inopinate provenientia, certis in Deo rationis legibus fixa sunt, atque optimo quoque fiunt consilio.*

Hæc vero quæ optime cuncta fiunt ac disponuntur, consilium, alii Deum, alii naturam ipsam rerum, alii mentem seu animam mundi vocare consueverunt. Omnes autem id summum bonum esse intellexerunt. Quod professus est Socrates. Primus autem omnium Anaxagoras, inter universos philosophos divinum animum omnium effectorem naturarum sensisse perhibetur, sicut in VIII De civit. Dei beatus commemorat Augustinus. Unde et illud est in epistolis ejusdem ad Macedonium: *Non propterea veritas chara esse debet quia non latuit Anaxagoram, sed quia veritas est, etsi nullus eorum cognorisset; facile autem illud quoque ratione convinci poterat mundum ipsum etiam et quæ in eo sunt a se ipso non esse, nec per se subsistere, sed ab alio quocunque longe cunctis excellentiore cuncta optime tam fieri quam regi. Quippe quod a se ipso est, natura dignius esse constat quam quod ab alio est. Et omne quod rationis atque intelligentiæ capax est, universis aliis excellentius esse invenitur. Non enim oportet rationalem substantiam ab alio esse concedi, si ratione carentem a se esse ponamus, nemo enim nostrum est qui se ipsum ignoret a se minime esse, sed ab alio gigni. Quomodo igitur ea quæ ratione carent, ab alio esse negabimus?* Partes itaque mundi quæ naturaliter priores sunt, factas esse convenit, ac per hoc ab alio mundum exordium ducere atque factum esse. Quippe quem etiam propter hominem factum esse constat, cui singulis suis partibus deservit, longe indigniorem eo esse convenit, ac per hoc minime concedi oportet hunc non esse factum, cum ille factus sit, multo minus etiam convenit ut suo regimine rationalia quam non rationalia nitantur. Hominem autem, quamvis rationalis sit, nequaquam suo regimini sufficere constat, cum seipsum quomodo vult in hujus vitæ pelago regere non valet. Multo igitur minus regimini proprio committi convenit quæ qua se regere possint ratione carere certum est. Id vero est mundus sive singulæ particulæ, et his quidem vel consimilibus rationibus omnia quæ in mundo sunt conditorem sive rectorem habere manifestum arbitror, quem nos Deum dicimus.

II.

De cujus nunc unitate superest disputare, ut magis videlicet unum conditorem mundo præesse conveniat quam plures ; atque unum potius Deum ac Dominum omnium, quam plures credi oporteat. Certum quippe est omni tanto majori concordia regi, quanto paucioribus cura regiminis eorum commissa est. Nihil autem melius aut majori concordia regi quam mundum constat universum, sicut supra Tulliana exposuit ratio. Uni igitur rigimini subjectum est. Nihil quippe, ut dictum est, majori concordia quam mundus regitur, nec etiam res ea quælibet cui unus tantum præsidet rector. Nullo itaque modo pluribus rectoribus mundus subjacet, sed uni tantum. Tanto quippe major in omnibus custoditur concordia, quanto major tenetur identitas, et tanto amplius a concordia receditur, quanto ab unitate magis receditur. Ut ergo summa sit concordia, summa teneatur identitas, ac præcipua conservetur unitas. Nil autem cum aliquo ita ut secum idem vel unum potest, nec ita alii concordare, ut sibi cum a seipso nihil dissimile sit. Ad unum itaque cuncta spectare ac referri convenit, ut quod rerum diversitate agitur, una ratione concorditer administretur, modo quem in omnibus oportet servato. Sed nec plures ad rerum creationem magis quam ad generale earum regimen convenire credendum est, sed ab uno naturas omnes fieri, ut et regi opportune creditur, ut tanto concordius regi valeant, quanto majori connexæ sunt concordia. Tanto autem major est earum concordia, quanto amplius uno eodemque penitus semper principio manant, et earum artifex a multiplicitate ac diversitate recedit. Facta autem sunt primitus, ut optime postea regerentur, et quæ fiebant ut regerentur, ad regendum utique dum fierent, præparabantur. Ut ergo optime regerentur, facta optime dum fierent, ad regendum erant præparanda. Quomodo autem optime præpararentur dum fierent, ut facta postmodum optime regerentur, nisi summa invicem concordia, et ipsa sui creatione colligentur, ut eo amplius concorditer atque melius regantur, quanto concordius in ipsa eorum conditione naturæ ipsorum sunt invicem colligatæ? Ad quam etiam conditionis concordiam, sicut et regiminis, unitas ipsa atque identitas maxima conditoris proficit, ut hinc quoque unum eumdemque penitus conditorem sicut et rectorem omnium esse constet, quem nos Deum dicimus, ac summum jure profitemur bonum. Qui quomodo summum diceretur, nisi cæteris omnibus præcelleret bonis? Quod vero omnibus aliis præcellit, unum profecto et unicum esse convenit, et quod in se perfectum esse conceditur, atque ad omnia quæ facienda sunt ex propria voluntate per se sufficiens, ex quo et omnipotens dicitur, cum pars aliquod bonum habere non potest. Neque enim bonum esse poterit quod superfluum sit. Superfluus autem alius vel creator esset vel rector, si unus ad omnia æque sufficiat ut plures. Sufficit autem, cum sit summum ac perfectum, atque ad omnia sufficiens; ut dictum est, bonum. Nullo itaque modo plures deos esse sive credi convenit.

Sed fortassis, inquies, quia quo melius est quodlibet bonum ejus, multiplicatio ejus melior esset, atque ita illud summum bonum quod dicitur Deus, melius fore multiplicatum quam unicum, et si ipsum extollere cupimus ac magnificare, magis ipsum multiplex quam simplex prædicandum esse. Sed ad hoc primo respondendum esse arbitror, quod juxta hanc rationem, quanto plures prædicaverimus deos, tanto amplius divinæ gloriam excellentiæ amplificabimus. Infinitos itaque prædicari oportet deos, ut infinitam ejus gloriam magnificemus, præsertim cum nulla sit ratio, quæ ad certum numerum aliquem ea reduci queat. Quam juxta prædictam rationem tanto magis amplificabimus, quanto amplius numerum ejus extenderimus. Atque ita plura esse summa bona quam inferiora conveniret, imo omnino infinita esse, ut nec earum scientia esse possit quorum nullus in natura terminus occurrerit, nec ipse etiam Deus eam per scientiam comprehenderet, quæ nullo naturæ termino comprehenderetur. Præterea si plures sunt dii, quomodo Dominum quemcunque summum bonum dicemus, cum aliud sit majus ipso, ipsa scilicet donorum multitudo, quam quislibet unus ex ea multitudine? Sed nec bonum dicendum esset, quod, ut jam ostendimus, superfluum esset. Denique omnis multitudo totum quidem est, et omne totum propriis partibus posterius esse naturaliter constat, atque omne quod simplicius est, tanto firmius esse necesse est, cum omne compositum natura dissolubile sit, et tanto infirmius, quanto dissolutioni magis obnoxium. Quis etiam quodlibet bonum tanto pretiosius esse deneget, quanto rarius; et eo magis gloriosum, quo magis est unicum? Unde et plerumque ea, quæ minus sunt necessaria aliis, raritate tamen sui eis omnino præferuntur, ut aurum ferro, piper frumento. Commendat itaque divinæ gloriam excellentiæ ipsa quoque ejus singularitas, quæ operum quoque ipsius maxima est commendatio, tam in his faciendis, quam in eis disponendis atque regendis. Nulla proprie tanta fieri concordia vel regi possunt, quanta illa quæ unus tantum et condit et regit. Hæc quidem ad astruendam divinæ singularitatem excellentiæ pro rationibus induci satis esse arbitror, quibus et facile assentiri quemcunque bonum existimo, qui nulli invidus, omnium rerum commendationi plurimum congaudet. Magis autem honestis quam necessariis rationibus utimur, quoniam apud bonos id semper præcipuum statuitur, quod ex honestate amplius commendatur, et ea semper potior est ratio quæ ad honestatem amplius quam ad necessitatem vergit, præsertim cum quæ honesta sunt per se placeant, atque nos statim sua vi quadam alliciant. Quam honestum vero sit ac salubre, omnia ad unum optimum tam rectorem quam conditorem spectare, et cuncta potius ratione quam casu seu fieri, seu regi, nullus est cui propriæ ratio non suggerat conscientiæ. Quæ enim sollicitudo bonorum nobis operum inesset, si quem nunc amore vel timore veneremur, Deum penitus ignoremus? Quæ spes aut malitiam refrenaret potentum, vel ad bona eos alliceret opera, si omnium justissimus ac potentissimus frustra crederetur? Ponamus itaque ut dum bonis prodesse ac placere quærimus, obstinatos cogere non possimus, cum ora eorum non necessariis obstruamus argumentis; ponamus, inquam, hoc si volunt, sed opponamus quod nolunt, summam eorum impudentiam arguentes, si hoc calumnientur quod refellere nullo modo possunt, et quod plurima tam honestate quam utilitate commendatur. Inquiramus eos qua ratione malint eligere Deum non esse quam esse, et cum ad neutrum cogi necessario possint, et alterum multis commendetur rationibus, alterum nullis, iniquissimam eorum confundamus impudentiam, qui id quod optimum esse non dubitent, omnibusque etiam tam rationibus quam auctoritatibus consentaneum sequi respuant, et contrarium amplectantur. Quod si de occultis rerum naturis, ac de ipso quoque rerum cœlestium statu, quas experimentis non possunt discutere, ut certi inde valeant esse auctoritatibus hominum credunt, cur de auctore omnium Deo eisdem non acquiescunt? Sed hæc hactenus adversus hanc primam et maximam infidelium obstinationem.

III.

Nunc autem ab unitate divinæ substantiæ, quam quasi fundamentum subjecimus, ad discretionem trium personarum, quæ eidem insunt substantiæ, ordo est commeare, et de divina potentia seu sapientia vel benignitate, juxta quæ, ut dictum est, tres distinguuntur personæ ad perfectam et integram summi boni commendationem, superest diligenti examinatione disserere, ut quo amplius, ut supra meminimus, hujus boni perfectio cognita fuerit, magis ad amorem sui quemque alliciat, præsertim cum nullæ super his fidelium quoque animos difficiles movere possint quæstiones, et tanto facilius minus eruditos ad maxima trahere scandala atque infideles juvare, quanto difficiliores ad solvendum videntur. Ac prima nobis de omnipotentia Dei consideratio sit.

IV.

Quærendum itaque primo videtur quomodo vere dicatur omnipotens, si non possit omnia efficere, aut quomodo omnia possit, si quædam non possumus quæ ipse non possit : possumus autem quædam, ut ambulare, loqui, sentire, quæ a natura Divinitatis penitus aliena sunt, cum necessaria istorum instrumenta habere nullatenus incorporea queat substantia. Quibus quidem objectis id prædicendum arbitror, quod juxta ipsos quoque philosophos, et communis sermonis usum, nunquam potentia cujusque rei accipitur, nisi in his quæ ad commodum vel dignitatem ipsius rei spectant. Nemo enim hoc potentiæ hominis deputat, quod ille superari facile potest, imo impotentiæ et debilitati ejus, quod minime resistere suo potest incommodo, et quidquid ad vitium hominis vergit, magisque personam improbat quam commendet, impotentiæ potius quam potentiæ ascribendum est. Unde et Aristoteles in secundo qualitatis genere, ubi scilicet de potentia naturali et impotentia agitur, sanativum et durum ad potentiam reducit, et ægrotativum et molle ad impotentiam, cum tamen ægrotativum dicamus qui facile ægrotare potest, hoc est non facile valet huic passioni resistere, et molle quod leviter secari aut dissipari potest. Sanativum vero et durum e contra ad potentiam reducit, cum tamen sanativum dicatur, quod non potest facile infirmari, et durum quod non potest leviter secari. Sicut ergo in supra positis, id est ægrotativo et molli illa posse quæ ad incommodum vel debilitatem rei attinent, impotentiæ est potius quam potentiæ, ita et eadem non posse e contrario potentiæ est ascribendum. Alioquin e converso impotentiam diceremus potentiam, et potentiam impotentiam. Nemo itaque Deum impotentem in aliquo dicere præsumat si non possit peccare sicut nos possumus, quia nec in nobis ipsis hoc potentiæ tribuendum est, sed infirmitati. Unde et Augustinus lib. De Trinit. xv : *Magna*, inquit, *ejus potentia est non posse mentiri*. Sunt et quædam quæ in aliis rebus potentiæ deputanda sunt, in aliis vero minime, et quæ in aliis laudabilia sunt, in aliis reprehensibilia sunt, cum eadem sæpe aliarum rerum dignitatem commendent, aliarum vero minime; veluti si quis hominum usum viribus superare possit, hoc magnæ hominis potentiæ ascribendum est. Unde ipse cæteris hominibus præcelleret, et commendabilior esset, quod in leone tamen et in elephante pro magno nullus haberet. Inde enim hominem potentem comparatione aliorum hominum diceremus, sed non ita leonem vel elephantem. Sic et in homine quod ambulare valet potentiæ est ascribendum, quoniam ejus necessitudini congruit, nec in aliquo ejus minuit dignitatem. In Deo vero (qui sola voluntate omnia complet) hoc omnino superfluum esset, quod in nobis necessarium est, atque ideo non potentiæ, sed vitio potius tribuendum esset in eo, præsertim cum hoc in multis excellentiæ ipsius derogaret, ut ambulare videlicet posset. Ex quo etiam moveri localiter posset, et compositionem pedum admittere, et ut mobilis et dissolubilis esset ejus corporea et compacta substantia, non absurde tamen et de his omnibus quæ efficere possumus, Deum potentem prædicabimus, et omnia quæ agimus ejus potentiæ tribuimus, *in quo vivimus, movemur, et sumus* (*Act.* xvii, 28), et qui *omnia operatur in omnibus* (*I Cor.* xii, 6). Utitur enim nobis ad efficiendum quæ vult, quasi instrumentis, et id quoque facere aliquo modo dicitur quæ nos facere facit, sicut dives aliquis turrem componere per opifices quos adhibet, et posse omnia efficere dicitur qui sive per se, sive per subjectam creaturam omnia quæ vult et quomodo vult operatur. Nam etsi non potest ambulare, tamen facere potest ut ambuletur, hoc est ut alius ambulet, cum ipse ad hoc sui creatione quemque aptum præparet, et in ipso etiam actu ipsum conservet et sustentet, et hunc ille actum expleat. Posse itaque Deus omnia dicitur, non quod omnes suscipere possit actiones, sed quod in omnibus quæ fieri velit, nihil ejus voluntati resistere queat. Hinc illud est quod in Enchiridion beatus commemorat Augustinus : *Neque enim ob aliud veraciter vocatur omnipotens, nisi quoniam quidquid vult, potest; nec voluntate cu-*

juspiam creaturæ, voluntatis omnipotentis impeditur effectus. Idem in libro De spiritu et littera : *Non potest facere injusta, quia est summa justitia et bonitas. Omnipotens vero est, non quod possit omnia facere, sed quia potest efficere quidquid vult, ita ut nil valeat resistere ejus voluntati, quin compleatur, vel aliquomodo impedire eam.* Joannes Chrysostomus homilia 28, de expositione Symboli, quæ sic incipit : *Super fabricam totius Ecclesiæ :* « *Credo in Deum Patrem omnipotentem.* » *Omnipotens dicitur, quia posse illius non potest inveniri non posse, dicente Propheta :* « *Omnia quæcunque voluit fecit* (*Psal.* cxiii, 3). » Ipse est ergo omnipotentia, ut totum quod vult, possit, unde et Apostolus : « *Voluntati ejus quis resistet?* » (*Rom.* ix, 19.) Et Psalmista : « *Quæcunque voluit fecit.* » Sed et cum alibi dicat Apostolus : « *Deus vult omnes salvos fieri, et neminem perire* (*I Tim.* ii, 4), » juxta illud quidem prophetæ : « *Nolo mortem peccatoris, sed magis ut convertatur et vivat* (*Ezech.* xviii, 32); » *Et per semetipsam Veritas obstinatæ et damnandæ dicat civitati :* « *Quoties volui congregare filios tuos, quasi gallina pullos suos,* etc. (*Luc.* xiii, 34); » patet itaque divinæ voluntatis vocabulum duobus modis esse sumendum. Alioquin cum Deus omnia quæcunque voluit faciat, et omnes salvos fieri velit, cogemur utique profiteri omnes quandoque salvandos esse. Velle itaque Deus duobus modis dicitur, aut secundum scilicet providentiæ suæ ordinationem, secundum quod scilicet aliquid disponit apud se ac deliberat statuitque in sua providentia, ut sic postmodum compleat, aut secundum consilii adhortationem vel approbationem qua unumquemque ad hoc admonet, quod per gratiam suam remunerare paratus esset. Et juxta priorem quidem modum, quo Deus velle aliud dicitur, hoc est ex gratia sua ordinare, atque apud se statuere ut fiant aliqua, tam nos quam apostolos in his quæ fieri vult, nil ejus voluntati resistere posse dicimus, nec eam aliquo impediri casu, cui omnia necesse sit obedire. Secundum autem posteriorem modum multa dicitur velle fieri quæ non fiunt, hoc est multa adhortari quæ certum est ex gratia ejus remunerari si fierent, quæ minime fiunt. Sic quippe unicuique homini consulit de salute suæ, et ad hanc eam hortatur, cum obediant pauci. Vult itaque Deus peccatorem converti, quia ei id consulit, quod esset benigne remuneraturus, quemadmodum ei gratum dicitur in quo ejus gratiam experturi essemus, sicut e contrario nolle illa dicitur quæ dissuadet, aut quæcunque punire magis debet, quam dono aliquo remunerare, et in quibus iram ipsius potius quam gratiam sentiremus, hoc est vindictam potius quam præmium.

V.

Quærendum arbitror utrum plura facere possit Deus vel meliora quam faciat, aut ab his etiam quæ facit, ullo modo cessare posset, nec ea unquam videlicet faceret, quod sive concedamus, sive negemus, multas fortasse inconvenientium anxietates incurremus. Si enim ponamus ut plura vel pauciora facere possit, vel ab his quæ facit cessare, profecto multum summæ ejus bonitati derogabimus. Constat quippe eam non nisi bona facere posse; si autem bona, cum possit, non faciat, et ab aliquibus quæ facienda essent se retrahat, quis eum tanquam æmulum vel iniquum non arguat? Præsertim cum nullus eum labor in faciendo aliquid gravet, cujus æque omnia voluntati sunt subjecta, secundum quod scriptum est : *Dixit et facta sunt; mandavit et creata sunt* (*Psal.* xxxii, 9). Hinc est illa Platonis verissima ratio, qua scilicet probat Deum nullatenus mundum meliorem potuisse facere quam fecerit; sic quippe in Timæo suo ait : *Dicendum*, inquit, *cur conditor fabricatorque geniturœ omne hoc instituendum putaverit. Optimus erat. Ab optimo porro invidia longe relegata est, itaque consequenter sui similia cuncta, prout cujusque natura capax beatitudinis esse potuerit, effici voluit.* Quam quidem voluntatem Dei originem rerum certissimam si quis ponat, recte eum putare consentiam. Volens siquidem Deus bona quidem omnia provenire, mali porro nullius, prout eorum quæ nascuntur natura fert, reliquit propaginem. Et hæc quidem Platonis verba plane omnia a Deo tam bona fieri perhibere videntur, quantum fieri bona possunt, vel quantum ipse ea bona facere potest. Quam etiam rationem sancti secuti videntur, cum Deum Patrem probarent Filium tam bonum genuisse, quantum potuit, ut ei æqualis esset. Unde Augustinus Quæstionum lxxxiii, cap. 63 : *Deus*, inquit, *quem genuit, quoniam meliorem se generare non potuit. Nil enim Deo melius debuit æqualem. Si enim voluit, et non potuit, infirmus est; si potuit et noluit, invidus est.* Ad hoc et illud pertinet Nicæni concilii quod sicut in primo libro præfati sumus, beatus commemorat Hieronymus dicens : *Absit ergo in Filio Dei aliud plus minusve aut in loco, aut in tempore, aut in potentia, aut in scientia, aut in æqualitate, aut in subjectione, cum dicitur hoc ut deitati ejus, non carni ascribantur ! Si enim plus minusve aliud invenitur, excepto hoc quod genuit Pater Filium, et excepto quod Filius non ex semetipso natus est, sed de Patre, aut invidens aut impotens Pater, insuper etiam temporalis agnoscitur.* Hac itaque ratione qua convincitur quia Deus Pater tam bonum genuerat Filium quantum potuit, cum videlicet aliter reus esset invidiæ, clarum est omnia quæ facit, quantum potest egregia facere nec ullum commodum quod conferre possit, subst, ahere velle. Nihil quippe est quod aut faciat aut dimittat, nisi optima et rationabili causa, licet illa nobis occulta sit. Unde et illud est Platonicum : *Omne quod gignitur, ex aliqua causa necessaria gignitur ; nil enim fit cujus ortum non legitima causa et ratio præcedat.* Hinc et illud est Augustini, cum omnia in mundo fieri vel disponi divina providentia convinceret, et nihil casu, nihil fortuitu evenire, sed omnia ex divino provenire consilio. Ait quippe sic prædicto Quæstionum lib., cap. 26 : *Quidquid casu fit, temere fit. Quidquid temere fit, non fit providentia. Si ergo casu aliqua fiunt in mundo, non providentia universus mundus administratur.* Item : *Illud bonum cujus participatione sunt bona cætera, non per aliud, sed per semetipsum bonum est. Quod divinam etiam providentiam vocamus.* Nihil igitur casu fit in mundo. In tantum autem in omnibus quæ Deus facit, quod bonum est attendit, ut ipso boni pretio potius quam voluntatis suæ libito, ad singula facienda inclinari dicatur. Hinc est illud Hieronymi super Danielem in expositione visionis tertiæ, ubi de Deo sic Nabuchodonosor loquitur : *Juxta voluntatem enim suam fecit, tam in cœlo quam in terra, et non est qui resistat manui ejus, et dicat: Quare fecisti ?* (*Dan.* IV, 32.) *Et hoc*, inquit Hieronymus, *loquitur, quasi homo sæculi ; non enim quod vult hoc facit, sed quod bonum est, hoc vult Deus. Nabuchodonosor sic locutus est, ut dum potentiam Dei prædicat, justitiam ejus videatur arguere, quod in merito pœnas sustinuerit.* Tale ergo est quod ait Hieronymus, *non enim quod vult hoc facit, sed quod bonum est, hoc vult Deus*, ac si diceret: Non ita ut æstimat Nabuchodonosor operatur Deus, more videlicet eorum qui in his quæ faciunt, non tam quod bonum est attendunt, quam ut suæ satisfaciant voluntati, qualiscunque ipsa sit. De qualibus scriptum est :

Hoc volo, sic jubeo, sit pro ratione voluntas.

(JUVEN., VI, 223.)

Sed magis velle dicendus est singula ut fiant quia bonum esse ut fierent, vidit. Hoc autem modo unusquisque voluntatem suam sequi prohibetur. Et Christus etiam ipse non sibi placuisse dicitur, quia nihil hoc fine vel intentione agere debemus, quia id volumus, vel quia nobis in hoc placemus, id est quia in hoc delectamur, sed potius quia id a nobis fieri bonum esse censemus.

Patet itaque quidquid Deus faciat ac dimittat, justam ac rationabilem causam subesse, ut sola faciat aut dimittat; quæ fieri vel dimitti oporteat atque ipsum deceat. Quod si quidquid facit eum facere oportet, justum est ubique ut faciat quidquid facit, ac sine dubio quidquid facit facere debet. Omne quippe quod justum est fieri, injustum est dimitti, et quisquis non facit id quod ratio exigit, æque delinquit, ac si id faciat quod rationi minime concordat. Sed fortassis, inquies, quod justum justum est aliud bonum seu rationabile id [*sic*] quod modo facit, ita bonum esset atque æquum bonum si illud faceret, hoc dimitteret. Atqui si illud æque bonum esset quod dimisit facere quando istud elegit, nulla ratio profecto fuit cur illud dimitteret, atque istud eligeret. Fuit autem, inquies, quia cum non utrumque fieri oporteret et æque hoc vel illud fieri bonum esset, quodcunque eorum fieret, rationabiliter factum esset. Sed vix habeat, profero rationem, æque fieri oportebat quod factum non est, sicut quod factum est, et æque bonum etiam illud fieri sicut hic. Cum vero quid fieri bonum est, et rationalem hanc causam qua faciendum sit, irrationabiliter profecto agit, qui quod a se fieri debere non ignorat, prætermittit, atque ita jam in suprapositum inconveniens relabemur. Sin autem dicas de altero quod factum non est, quia non erat bonum ut fieret, nisi ita ut alterum cessaret ; profecto eadem ratione de altero quod factum est, non erit simpliciter concedendum, ut bonum esset illud fieri, cum æque concessum sit tam hoc quam illud fieri bonum esse. Fecit itaque Deus quod noverat bonum fieri ? Absit ! Quod si illud solum quod facit fieri ab eo bonum est, profecto illud solum quod facit, facere potest, qui nihil facere potest quod non ab eo fieri bonum est. Hac itaque ratione id solum posse facere videtur Deus quod facit, vel illud solum dimittere posse quod dimittit. Cum videlicet in singulis faciendis vel dimittendis rationabilem habeat causam, cur ab ipso fiant vel dimittantur, nec ipse quidquam, qui summa ratio est, contra id quod ratio congruit, aut velle aut agere queat. Nemo quippe quod a ratione dissidet, velle vel agere rationabiliter potest. Quod diligenter beatus Hieronymus attendere visus est, cum Eustochium virginem ad observandum sanctæ virginitatis propositum adhortans ait : « *Virgo Israel cecidit, et non est qui suscitet eam* (*Amos* V, 2) : » *Audacter loquar cum omnia possit Deus, virginem post ruinam suscitare non potest.* Quæ quidem verba Hieronymi contra calumniatores quidam defendens, inter ætera quæ de vita ejus scribebat, ait : *Sanctus Hieronymus Eustochio ad meliora studuit hortando mandare.* « *Cum omnia possit Deus, virginem post ruinam suscitare non potest.* » *Quod non posse Dei non velle alio modo omnimodo dici poterat verbo. Per quemdam namque Sapientem dicitur Deo :* « *Tu autem Dominator virtutis, cum tranquillitate judicas, et cum magna reverentia disponis. Subest enim cum volueris tibi posse* (*Sap.* XII, 18). » *Ergo ubi non est velle Dei, deest posse. Deus quippe immutabilis naturæ, ita immutabilis est voluntatis.*

Ex his itaque tam de ratione quam de scripto collatis, constat id solum posse facere Deum quod aliquando facit. At vero si ponamus id solum quod facit Deus eum facere posse, multa e contrario tam rationi quam auctoritati contraria videmur incurrere. Quis enim nesciat hunc hominem, qui damnandus est, posse salvari ? aut hunc hominem, qui bonus est, posse meliorem fieri quam unquam futurus sit ? cum tamen utrumque nonnisi per Deum contingere queat. Si enim hic damnandus omnino salvari non posset, nec ea facere per quæ a Deo salvaretur ; utique arguendus non esset, nec reus constituendus, quod ea non faceret quæ facere non posset. Sed nec ea bene illi præciperentur a Domino, per quæ salvaretur, cum ea nullatenus facere possit. Si autem per opera quæ faceret salvari a Deo posset, quis ambigat quin Deus eum salvare possit, qui tamen nunquam salvandus est ? Quomodo enim a Deo salvari possit, nisi et Deus eum salvare possit ? Quippe quid aliud est eum salvari a Deo, quam Deum salvare eum ? Si ergo possibile est eum salvari a Deo, quomodo non sit, possibile Deum salvare eum ? Cum enim antecedens possibile est, et consequens, quia ex possibili non sequitur impossibile, cum si constet impossibile esse, ex eo impossibile sequitur. Salvari autem a Deo hunc quis neget antecedens ad Deum salvare eum ; cum videlicet, ut diximus, idem prorsus sit, hunc qui damnandus est, a Deo salvari, et Deum salvare ipsum ? Cum itaque possibile sit hunc, qui damnandus est, a Deo posse salvari, quis neget possibile esse et Deum salvare eum ? Potest itaque facere Deus quod nequaquam facturus est. Falsumque omnino esse liquet quod jam supra astruximus, Deum videlicet ea tantum facere posse quæ quandoque faciat. Alioquin nequaquam de eis quæ facit grates ei referendæ essent, cum ea quæ dimittere non potest, necessitate magis quadam propriæ naturæ compulsus, quam gratuita voluntate ad hæc facienda inductus agat.

Multa etiam concurrunt testimonia, quæ manifeste Deum asserunt plura posse, quæ tamen nunquam complet opere. Unde et Veritas ipsa secundum Matthæum : *An putas, inquit, quia non possum rogare Patrem meum, et exhibebit modo mihi plus quam duodecim legiones angelorum ? (Matth.* xxvi, 53.) Ex quibus profecto Domini Jesu verbis patenter innuitur quia poterat rogare illud tunc quando non rogabat, neque conveniens rogari erat; vel quia poterat tunc ei Pater exhibere legiones illas, per quas ab inimicis liberaretur, quod tunc minime oportebat, cum tunc ad patiendum opportune veniret, sicut antea prædictum fuerat, vel a Deo dispositum. Unde etiam consequenter annectit, dicens : *Quomodo ergo implebuntur Scripturæ, quia sic oportet fieri? (ibid.,* 54.) Si ergo vel sic tunc oportebat fieri, quomodo poterat rogare tunc Filius, ut non fieret illud ; vel Pater disturbare tunc ne fieret, quod tunc disturbari minime bonum esset ? imo tunc fieri oportebat, sicut et dispositum et prædictum fuerat. Ut autem in verbis Domini sententiæ veritas teneatur, nec quidquam a ratione dissonum videatur, tale est quod dicitur : *An putas*, etc. Ac si aperte diceretur: Nunquid ignoras quod, si rogarem Patrem de mea liberatione, non id obtinerem absque dilatione per tot etiam angelorum legiones, quot vos estis homines mihi tanquam discipuli adhærentes, et in defensionem meam, si possetis, parati ? Summa, inquam, sententiæ est : Putas orationem meam in hoc quoque efficaciam non habere, si hoc me a Patre oporteret postulare ? Juxta quam quidem expositionis sententiam nequaquam concedendum est, quod vel tunc Dominus orare poterat quod orandum non erat, vel Pater ei in hoc subvenire in quo subveniendum non esset. Conditionaliter quippe, ut exposuimus, magis quam absolute idem Domini dictum accipiendum est, non quod videlicet rogare poterat vel impetrare, sed quod impetraret si rogaret, cum scilicet ejus oratio nullatenus cassa fieri possit. Non itaque ex hoc Dominico dicto cogi possumus eum aliquid posse facere quod nunquam faciat ; de quo potius sentiendum videtur id solummodo eum posse facere quod ab eo fieri oportet. Nihil autem ab eo fieri oportet quod nunquam ab eo fiet. Alioquin optime bonus non esset, si quid facere dimitteret quod a se opportune faciendum esse præsciret. Qui etiam si mala quæ fiunt disturbare ne quid etiam nisi opportune faceret, qui nisi importune facere posset, profecto non video quomodo consentiens peccatis non esset. Quis enim consentire malo dicendus est, nisi is per quem illud opportune disturbari potest ? Cum autem, sicut et beatus meminit Augustinus, mala etiam fieri bonum sit, quæ Deus quoque optime ordinat, nequaquam ab eo ea disturbari convenit, ne fiant quæ ipso etiam attestante fieri necesse est, ac dicente : *Necesse est enim veniant scandala. Væ autem,* etc. *(Matth.* xviii, 7). Cum itaque scandala, quæ bonum est fieri, disturbare opportune non possit, aut omnino etiam non possit, qui nihil contra rationem potest, profecto nullatenus consentire peccatis dicendus est.

Primum itaque atque opportune de Deo dictum est, quod ei subest posse, cum voluerit, ut scilicet in singulis faciendis ita ejus potestas et voluntas sese comitentur, ut quod velit minime possit, nec possit etiam tunc facere, quando ut fiat non vult, veluti modo pluviam facere non vult, qui hoc ideo fieri non vult modo, quia id modo fieri non convenire, nec hoc tempus pluviæ idoneum censet, quadam utique rationabili de causa, licet nobis occulta. Si igitur pluviam nunc facere possit aut velit, eo utique tempore id facere potest, aut etiam vult, in quo id eum facere non oportet quod ab omni dissonat ratione. Quantum igitur æstimo, cum id tantum Deus facere possit quod eum facere convenit, nec eum quidquam facere convenit quod facere prætermittat, profecto id solum eum posse facere arbitror quod quandoque facit, licet hæc nostra opinio paucos aut nullos habeat assentatores, et plurimum dictis sanctorum, et aliquantulum a ratione dissentire videatur (54). Hoc quippe, inquiunt æstimare, multum derogat divinæ excellentiæ, ut videlicet id solummodo facere possit quod quandoque facit, et id solum dimittere quod dimittit, cum nos etiam ipsi, qui longe impotentiores sumus, multa etiam facere et dimittere possumus, quæ nequaquam facimus vel dimittimus.

Quibus quidem respondeo non ideo nos potentiores vel meliores æstimari debere, quia quædam facere possumus quæ ille facere non potest, ut co-

---

(54) Adversus eam scribit S. Bernard., ep. 190 ; et ipse Abælardus retractat in Confessione suæ fidei, quæ habetur in calce epistolarum ejus supra.

medere, vel ambulare, vel denique peccare; quod a potentia Divinitatis penitus est remotum, et ab ejus dignitate prorsus alienum. Quod denique attinet Deum illa etiam posse facere quæ nunquam faciat, vel quæ hunc facere minime conveniat. Nam et quod nos quædam facere possumus, quæ facere non debemus, infirmitati potius nostræ quam dignitati ascribendum est, qui omnino meliores essemus, si ea quæ tantum facere debemus, facere possemus, nec quidquam inhoneste a nobis fieri posset. Quod tamen male faciendi vel peccandi potestatem haberemus, non absque ratione hæc a Deo nobis potestas concessa est, ut si comparatione nostræ infirmitatis ille gloriosior appareat, qui omnino peccare non potest, et cum a peccato cessamus, non hoc naturæ nostræ, sed ejus adjutrici gratiæ tribuamus, qui ad gloriam sui non solum bona, sed etiam mala disponit. Sunt vero qui ideo Deum æstimant ea etiam posse facere quæ non facit, quod certum sit nihil ei posse resistere, si ea etiam quæ non facit vellet facere, juxta illud: *Voluntati enim ejus quis resistet?* (*Rom.* ix, 19.) Unde et beatus meminit Augustinus, omnipotens Deus, non quia omnia potest, sed quia quæcunque vult potest, nec ullatenus voluntatis ejus præpediri potest effectus. Ideoque quidquid vellet necessario fieret cum vellet, quia videlicet ejus voluntas effectu carere nullatenus posset. Sed hac profecto eorum ratione, et quasi sub quadam voluntatis ejus conditione eum etiam posse peccare, vel aliquid inhoneste agere, dicere possemus, cum sit certum nihil etiam ei in hoc resistere posse, si et id facere vellet quod non oporteret. Præterea cum dicunt inde eum omnipotentem dici, quia quidquid vult potest, manifeste ita ejus potestatem et voluntatem consociant, ut ubi deest ejus velle, desit et posse. Quod autem superius objectum est, non posse aliquem salvari a Deo, nisi et Deus salvare eum possit; præsertim cum idem sit aliquem a Deo salvari, et Deum salvare eum, non satis nos constringit. Idem quippe est et loquentem tacere, et eum qui loquitur tacere, nec tamen fortasse ita possibile est loquentem tacere, sicut possibile est eum qui loquitur tacere. Vel cum idem sit id quod est album esse nigrum, et albedinem et nigredinem eidem simul inesse : non tamen ut possibile est id quod est album esse nigrum, ita etiam possibile est albedinem et nigredinem simul eidem inesse.

Quid ergo mirum, si ponamus idem esse aliquem, qui non est salvandus, a Deo salvari, et Deum salvare eum, nec tamen ideo recipiamus Deum posse salvare eum, sicut concedimus eum posse salvari a Deo? Quippe cum dicimus eum posse a Deo salvari, ad facilitatem humanæ naturæ possibilitatem reducimus, ac si videlicet diceremus naturæ hominis non hoc repugnare, ut ipse salvetur, qui in se ita mutabilis est, ut tam salvationi suæ quam damnationi consentiat, et tam hoc quam in illo modo tractabilem se Deo præbeat. Cum autem dicimus Deum illum posse salvare qui minime salvandus est, ad ipsam divinitatis naturam possibilitatem reducimus, ut videlicet naturæ Dei non repugnet quin eum salvet. Quod omnino falsissimum est. Prorsus quippe naturæ divinæ repugnat id eum facere quod ejus derogat dignitati, et quod eum facere minime convenit. Hoc quidem modo et cum vocem dicimus audibilem, id est potentem ab aliquo audiri, et aliquem posse audire vocem : et agrum posse excoli ab aliquo, et aliquem posse colere agrum, possibilitatem ad diversa referimus. Ibi quidem ad naturam vocis vel agri, hic ad naturam rei vel aptitudinem audire vocem, vel colere agrum potentis. Unde non necesse est, ut, cum vox audibilis sit, hoc est apta ex se ad audiendum ab aliquo, aliquis sit jam aptus ad audiendum eam. Omnibus quippe hominibus surdis existentibus, vel prorsus etiam non existentibus vox quælibet hujus naturæ esset, ut se audibilem homini præberet, nec quidquam in ea præparandum esset, ut ad audiendum idonea esset, quamvis homo nondum existeret qui eam audire posset, vel ad eam audiendam aptus esset.

Denique illud quod ex philosophorum traditione objicitur, quod cum antecedens possibile sit, et consequens etiam impossibile esse, ex quo impossibile sequitur, nil officit quemadmodum in præcedenti libro diximus, si regularum suarum documenta naturis creaturarum intelligimus fuisse contenta. Unde cum aliquid possibile vel impossibile dicunt, quantum ad creaturarum naturas hoc intelligunt, ut videlicet id solum possibile dicant, quod nullius creaturæ repugnat naturæ. Cum autem dicimus, possibile est hoc vel illud Deum facere, ad naturam Divinitatis potius quam creaturarum possibile sumimus. Sed et cum idem sit judicem punire istum, et istum puniri a judice, non tamen concedi oportet ut, si justum sit judicem punire istum, justum etiam sit justum puniri a judice, cum videlicet hoc nomen justum, sicut et possibile, in talibus significationem variet. Cum enim dicitur quia justum est ut judex puniat istum, hoc institutione legis eum debere ostendimus. Sin autem dicamus istum debere puniri a judice, hoc eum meruisse dicimus ut puniatur. Sæpe itaque contigit ut secundum legis sanctionem judex debeat aliquem punire, qui tamen nequaquam pro meritis suis debeat ab eo puniri. Veluti cum aliqui falsi testes, qui tamen a judice refelli non possunt, contra innocentem aliquem surgunt, et secundum leges eum reum convincunt qui reus non est, et credi faciunt culpam quæ non est. Unde accidit ut, sicut dictum est, judex debeat eum punire, qui tamen non debet puniri a judice, et hoc agere justum sit judici : quod tamen pati non est justum illi, hoc est debitum. Sicut ergo hic quamvis idem sit judicem punire istum, et istum puniri a judice, non tamen ideo sicut justum est judicem punire istum, quem juste, ut dictum est, secundum legem punit; ita etiam justum est illum puniri a judice eadem ratione, quamvis idem sit aliquem salvari a Deo et Deum salvare eum, mirandum non est, si cum hoc possibile est, illud nequaquam possibile esse concedatur.

Puto et ex his, quæ dicta sunt facile refelli posse quod de providentia Dei vel ejus voluntate circa creaturas objici posse videtur, ut eum ipse videlicet sine his quæ ab æterno in se habent, non esse potuerit, quia non convenerit, non tamen ponamus res quæ provisæ sunt, vel quas esse voluit, ideo non potuisse non esse, hoc est ex necessitate eas contigisse. Etsi enim sine providentia fuisse non potuit, quia non oportuit, ipsamque providentiam rerum eventum consequi necesse sit, non tamen ideo res provisas concedi oportet non potuisse non esse. Etsi eum sine voluntate creandi mundum, vel voluntate miserandi ponamus non potuisse non esse, non ideo cogendi sumus vel mundum, vel ea quæ creata sunt, non potuisse deesse. Ibi quippe, sicut jam determinatum est, ad naturam Dei; hic ad naturam creaturarum possibile sumitur. Unde necesse non est ut, cum Deus ex propria natura vel providentiam rerum, vel bonam de eis voluntatem habere necesse sit, quia hoc ei videlicet maxime convenit, non tamen naturæ earum ut ipsæ sint exigit, quæ omnino non esse possunt. Quod autem novissime opponebatur, nullas scilicet grates Deo referendas esse pro eis quæ facit, cum ea nequaquam dimittere possit, et quadam necessitate id potius agat quam voluntate, omnino frivolum est. Hic enim quædam naturæ vel bonitatis ejus necessitas ab ejus voluntate non est separata, nec coactio dicenda est, qua etiam nolens id facere cogatur. Nam et cum ipsum necesse sit immortalem esse, vel immortalis dicatur, nequaquam hinc divinæ naturæ necessitas ab ejus voluntate disjuncta est, cum et hoc ipse velit esse quod necesse est ipsum esse, id est quod non potest non esse. Si autem ita aliquid necessario ageret, ut vellet nollet, id facere cogeretur; tunc et profecto nullæ hinc gratiæ deberentur. Cum vero ejus tanta sit bonitas atque optima voluntas, ut ad id faciendum non invitum eum, sed spontaneum inclinent, tanto amplius ex propria natura diligendus est, atque hinc glorificandus, quanto hæc bonitas ejus non ei per accidens, sed substantialiter atque incommutabiliter inest. Tanto quippe hinc melior existit, quanto in ea firmius persistit. Nunquid enim alicui subvenienti nobis grates non haberemus, si tantæ is pietatis esset, ut cum nos affligi violenter videret, a subveniendo abstinere non posset, ipsa eum scilicet pietate ad hoc compellente. Quid est enim nos alicui debere grates pro susceptis beneficiis, nisi nos recognoscere eum a nobis bene meruisse, vel laudandum esse pro his quæ nobis ejus benignitas gratis exhibuit? Prædictis itaque rationibus, vel objectorum solutionibus, liquere omnibus reor, ea solummodo Deum posse facere vel dimittere, quæ quandoque facit vel dimittit, et eo modo tantum vel eo tempore quo facit, non alio. Quibusdam tamen videtur, nonnulla ipsum facere posse alio modo quam faciat, sed eum tamen semper eligere eum modum faciendi, qui convenientior sit. Quod etiam penitus a ratione dissidet, ut videlicet inconvenientiori modo possit facere quam faciat, vel inconvenientiorem modum eligere, et convenientiorem dimittere. Non enim perfecte bonus est, nisi in omnibus perficiendis a Deo voluntatem optimam haberet, ut singula eo modo fieri vellet, quo convenientius fierent.

At fortassis, inquies, quod, si eo tempore quo aliud facit, illud facere possit, et non videlicet in alio tempore, constat eum uno tempore posse quod alio non potest, nec semper eum æqualiter posse omnia, nec semper æqualiter omnipotentem permanere; sed modo eum quamdam habere potentiam, modo ipsam non habere. Sed si diligenter attendamus, semper æque omnipotens est, et nullo tempore habet aliquam potentiam quam semper non habeat. Sed dicis: Potuit incarnari olim, quod modo non potest, cum nullatenus id fieri modo conveniat, et sic potentiam habuit olim quam modo non habet. Ad quod respondeo: Cum dicimus: Potest facere aliquo tempore quod alio facere non potest, duobus modis intelligi valet, uno quidem ut illa determinatio temporis ad facere applicetur, alio falso, si ad posse ipsa conjungatur. Aliud quippe est dicere, possum modo id facere, id est habeo modo potentiam id faciendi; quandocunque, aliud possum id facere modo, id est facere in hoc præsenti. Nam et determinatio localis relata ad diversa diversos efficit successus. Cum enim homo ubicunque sit, ibi gressibilis sit, id est potentiam habeat ambulandi, etiam cum in aquis natat: cum tamen dicitur, potens est ambulare in aquis, si ad actum ambulandi potius quam ad potentiam hæc determinatio referatur, ut videlicet intelligamus eum habere potentiam hunc actum exercendi etiam in undas, falsum est; si autem ad potentiam ambulandi etiam inter aquas habitam, e contrario verum est. Si autem verum est eum hac potentia non carere etiam inter aquas, licet hanc ibi potentiam exercere non possit, ita non est necesse vel Deum vel aliquem in aliquo tempore carere potentia aliquid faciendi, quamvis eo tempore exercere non possit illam potentiam. Nam et infantulus omnino adhuc debilis ad incedendum, gressibilis tamen jam est, et potentiam jam habet ambulandi quandoque, licet non adhuc in tam tenera ætate.

Hac itaque ratione potentia incarnandi Deus privatus non est quam olim exercuit, licet eam exercere modo ideo non possit, quia eam minime nunc exerceri convenit. Nec quisquam unquam aliqua potentia privatus dicitur, quem certum sit, si vellet, eam exercere posse, nec ejus voluntati quemquam resistere valere. Cum autem inde omnipotens dicatur, ut supra meminimus, quia semper quidquid velit possit, semper æque omnipotens est, cum semper quidquid velit, certum sit eum complere.

posse, nec ejus unquam voluntatem aliquo impedimento disturbari posse. Qui etiam sicut omnia semper scit quæ aliquando scit, vel semper vult quæ aliquando vult, nec unquam aliquam scientiam amittit, vel voluntatem mutat, quam unquam habuit, ita semper omnia potest quæ aliquando potest, nec unquam aliqua sua potentia privatur. Etsi enim scivit olim me nasciturum esse, ne tamen sciat me nasciturum esse, non tamen ideo olim aliquid scivit quod modo non sciat; sed id de nativitate mea nunc etiam scit, quod sciebat antequam fieret, licet et tunc et nunc hanc ejus scientiam diversis verbis exprimi oporteret. Quippe quod tunc futurum erat modo peractum est, ideoque verba commutata sint ad ipsum designandum; sicut diversis temporibus loquentes eamdem diem modo per hoc adverbium *cras* designamus dum adhuc futura est, modo per *hodie* dum præsens est, modo per *heri*, cum præterita est. Antequam itaque nascerer, cum sciret Deus me nasciturum esse, eo quidem tempore quo nasciturus eram, nunc quoque nihilominus id scit, scilicet eodem tempore natum esse : sic et idem de eadem nativitate mea nunc quoque vult quod tunc voluit, ut videlicet tunc fieret, quando eam fieri ab æterno voluit et scivit. Et attende, quod sicuti cum dicimus, Deus scit modo id factum esse, vel vult modo id factum esse; illud *modo*, ad diversa conjunctum successum enuntiationis mutat, ita etiam, ut supra meminimus, cum dico, potest modo id facere, idem adverbium conjunctum diversum successum variat. Potest quippe quod dico, Deus scit modo id factum esse, modo illud tam ad *scit* quam ad *factum esse* referri. Ac si videlicet ita dicatur, quomodo scit hoc factum esse, id est modo habet hanc scientiam quod hoc factum est, vel scit quod id modo factum est, quæ longe diversa sunt. Sic et cum dicimus, quod sic modo quia scit illud modo fieri quod non scit postea fieri, si tam modo quam postea ad scit referantur, falsum est.

Ex eo profecto concedendum esset quod illud quoque quandoque scit, quandoque etiam non scit. Si vero ad fieri utraque conjungantur, verum est quod dicitur : nec inde annuendum est quod aliud uno tempore sciat quod alio nesciat. Id est cum hujusmodi adverbiis hæc verba faciunt, vult et potest, similiter cum eis successum variantia. Si enim dicatur, potest Deus id modo facere, et ad verbum *potest*, adverbia referantur, falsissimum est, quia jam uno tempore quamdam habet potentiam, quam alio non haberet. Si vero ad *facere* utraque conjungantur, verissimum est. Et sicut non ostenduntur diversæ scientiæ cum dicitur de ipso, quia scivit olim incarnandum esse, ita et cum dicitur, olim potuit incarnari, et modo potest incarnatus esse, possibilitas ostenditur. Non enim cum dicitur per successionem temporis, Deus incarnatur, et Deus incarnatus est, diversa quæ fecerit ostendimus, sed pro eodem quod semel fecerit, ista dicuntur. Sic et cum dicitur *prius*, quia possibile est Deum incarnari, et postmodum dicimus quia possibile est ipsum incarnatum esse, nec diversum factum nec diversa possibilitas monstratur, sed pro eodem quod prius erat futurum, et modo est præteritum, utrumque vere dicitur. Liquet itaque Deum, sicut nec scientia vel voluntate mutari, ita nec etiam possibilitate. O..... itaque quod semel scit, semper scit, et quod semel vult semper vult : ita et quam semel habet potentiam nunquam deponit. Denique, si more hominum dicamus eum aliud posse uno tempore quod alio non possit, propter hoc videlicet solum quod ei convenit uno tempore id facere quod non convenit alio, nulla ejus in hoc impotentia vel potentiæ diminutio est intelligenda, cum ad potentiam cujuslibet minime pertineat quod ei nullatenus conveniat, ut inde commendari possit. imo e contrario, ejus derogaret dignitati.

VI.

Cum autem ad potentiam seu firmitatem divinæ naturæ ipsa ejus incommutabilitas pertineat, de ipsa nunc nobis disserendum occurrit, præcipue cum ex quibusdam quæ ipse operatur, sicut et nos ipsi, variari videatur, cum videlicet aliqua modo faciat, modo ab eisdem completis quiescat. Unde et de ipso scriptum est, quod completis operibus suis, quæ sex diebus operatus est, septimo requievit (*Gen.* II, 2), hoc est ab operando cessavit. Sicut ergo nos faciendo aliud, et postmodum quiescendo, physica ratio etiam alterari demonstrat, ita etiam ipse hanc alterationis mutationem videtur incurrere. Cui etiam localis motus videtur abesse, cum modo descendere aliquo, vel transire aliqua dicatur, vel egredi quoquam sive inde regredi describatur. Unde et in Virginem tam Verbum Patris quam Spiritum sanctum descendisse salubriter tradimus, et veraciter prædicamus. In qua etiam virgine Deus homo factus adeo mutari videtur, ut aliud quam fuerit factus esse dicatur : quod ad illum substantiæ motum præcipuum, quæ a philosophis generatio dicitur, pertinere videtur. Non omnino igitur incommutabilis videtur Deus, cum ipse, ut dictum est, tam alterationis quam loci, seu etiam generationis motum suscipere videatur. Sed si diligenter attendamus, nec in his nec aliis ullam mutationis variationem incurrit. Quippe cum dicimus eum aliquid facere, non aliquem in operando motum illi inesse intelligimus, vel aliquam in laborando passionem, sicut nobis accidere solet, sed ejus sempiternæ voluntatis novum aliquem significamus effectum. Cum ergo dicimus eum aliquid facere, dicere est juxta ejus voluntatem aliquid contingere, ut in ipso nihil novi contingat, sed novum aliquid sicut in ejus voluntate fixum permanet, fiat. Unde bene est illud philosophicum :

... *Stabilisque manens dat cuncta moveri*.

Qui etiam cum ab operando quiescere dicitur, consummationem operis ejus, non eum ab aliquo actionis motu cessare significamus. Nos autem modo operando, modo cessando permutari dicimur, quia in hoc secundum quamdam agitationem membrorum, vel passionem mentis aliter quam prius nosmetipsos habemus, et in nobismetipsis variamur. Eum vero facere aliquid non aliter intelligimus, quam cum quamdam esse causam eorum quæ fiunt, quamvis ea nulla sua agitatione faciat, ut actio proprie dici queat, cum videlicet omnis actio in motu consistat. Ipsa quippe ejus dispositio, quam in mente habuit ab æterno, ejus actio dicitur, cum ad effectum perducitur. Nec in ipsa novi aliquid accidit, cum per eam novum aliquod opus contingit, nec ex ipsa variatur Deus, quam in mente semper æqualiter habet. Ita etiam post rei completionem, sicut ante in eodem proposito dispositionis consistens, ut ita id velit completum, sicut ante voluerat complendum. Sicut ergo sol, cum ex calore ejus aliqua calefieri contingit, nulla hinc in ipso vel in calore ejus mutatio fit, quamvis res inde calefacta sit mutata : ita nec Deus cum aliqua ejus nova fuerit disponere, ideo mutari dicendus est, quamvis novi operis vel mutationis rerum quædam ipse sit causa vel auctor. Quod autem nec loco moveri possit, qui spiritus est, tam philosophorum quam sanctorum assertione docemur, sicut de quantitate tractantes ostendimus cum Grammaticam [*f*. Dialecticam] scriberemus. Id quippe solum quod locale est, localiter moveri potest, vel localiter alicubi teneri, sicut est corpus. Nihil enim locale est, vel localiter contineri potest, nisi quod sui interpositione circumstantium rerum distantiam intervalli potest facere, veluti si alicui continuo corpori stylus vel corpusculum aliquod inseratur, statim per ejus interpositionem necesse est aliquam intervalli distantiam fieri inter particulas circumstantes, quæ post ad invicem continuatæ fuerant. Si vero albedo vel aliquid incorporeum illis inesset particulis, nulla eorum continuatio ideo deperiret. Nullum igitur incorporeum localiter moveri potest, quia nec localiter alicubi esse potest. Maxime vero Deus, qui ubique per substantiam esse conceditur, non habet quo moveatur localiter, cum ubique sit essentialiter. Moveri quippe localiter, id est de loco ad locum transire non potest, nisi unum deserendo locum migret ad alium. Nullum autem deserit locum motu locali, qui semper substantiæ suæ præsentia in omnibus est locis.

Cum itaque Deus in Virginem venire, aut aliquo dicitur descendere, secundum æquam suæ operationis efficaciam, non secundum localem accessionem intelligi debet. Quid est enim aliud eum in virginem descendisse ut incarnaretur, nisi eum ut nostram assumeret infirmitatem se humiliasse, ut hæc quidem humiliatio ejus videlicet ejus intelligatur descensus? Sic et quoties aliquo descendere vel venire dicitur Deus, non aliquis ejus localis accessus, sed aliquis novæ operationis effectus ostenditur : qui etiam cum in quosdam venire, vel a quibusdam recedere dicitur, juxta donorum suorum collationem vel substractionem intelligitur id, non secundum localem ejus adventum vel recessum ; qui ubique, ut dictum est, per præsentiam suæ substantiæ semper existens, non habet quo moveri localiter possit. Quod tamen ubique esse per substantiam dicitur, juxta ejus potentiam vel operationem dici arbitror, ac si videlicet diceretur ita ei cuncta loco esse præsentia, ut in eis aliquid operari nunquam cesset, nec ejus potentia sit alicubi otiosa. Nam et ipsa loca, et quidquid est in eis, nisi per ipsum conserventur, manere non possunt ; et per substantiam in eis esse dicitur, ubi per propriæ virtutem substantiæ aliquid nunquam operari cesset, vel ea ipsa, ut dictum est, servando, vel aliquid in eis per seipsum ministrando. Nam etsi longas manus reges habere dicantur, eo quod potentiam suam in longinquis exerceant locis; non tamen hoc per substantiam suam facere sufficiunt quod per vicarios agunt. Sicut ergo anima in corpore per substantiam suam magis quam per positionem localem dicitur esse, eo scilicet quod per propriæ vigorem substantiæ ipsum vivificet ac moveat, ac ne in putredinem dissolvatur custodiat ; sicque per operationem vegetandi ac sentiendi singulis membris tota insit ut singula vegetet, et in singulis sentiat, ita Deus non solum in omnibus locis, verum etiam in rebus singulis per aliquam suæ potentiæ efficaciam semper esse dicendus est; et cum universa moveat in quibus est, nec tamen in eis ipse movetur, sicut nec anima in corpore, cum singula moveat membra, et singulis tota, ut dictum est, simul præsto sit.

Denique quod objectum est Deum fuisse mutatum cum homo factus est, ut aliud fieret quam prius esset, ac sic motum illum maximum substantiæ incurrisset, quæ generatio dicitur, facile eum refelli si sensum magis verborum quam verba pensemus. Quid est enim dicere Deum fieri hominem, nisi divinam substantiam, quæ spiritalis est, humanam, quæ corporea est, sibi unire personam in unam? Non enim quod spiritale, corporeum fieri potest, sed in illa unione personæ Christi, in quo simul divinitas Verbi, et anima et caro, tres istæ naturæ conveniunt, ita unaquæque harum trium substantiarum ibi propriam retinet naturam, ut nulla earum in aliam commutetur, ut nec divinitas, quæ humanitati conjuncta est, aut anima fiat aut caro, sicut nec anima unquam potest fieri caro, quamvis in singulis hominibus una persona sunt anima et caro. Anima quippe spiritalis quædam et simplex essentia est, caro autem humana res, corporea et ex membris composita. Ideoque nequaquam hæc illa esse potest, quæ nullas omnino partes in quantitate sui recipere potest. Quod et ipse Dominus patenter aperiens dicit : *Palpate et videte quia spiritus carnem et ossa non habet; sicut me videtis habere* (*Luc.* XXIV, 39). Sicut ergo anima et caro in unam ad invicem conjunctæ personam, in propriis naturis sic discretæ permanent, ut nequaquam hæc in illam commutetur, alioquin duæ res nequaquam dicerentur, ita et divinitas humanitati conjuncta, hoc est humanæ animæ simul et carni in unam personam sociata, nequaquam in ejus naturam convertitur, ut videlicet spiritualis illa substantia Dei, quæ hominem assumpsit, in illam corpoream commutetur substantiam, cum hoc penitus ipsum permaneat ipsa quod prius erat. Sic quippe assumpsit nostra, ut non dimitteret sua. Mutatio autem in aliud fieri non potest, nisi esse desinat quod prius fuerat. Prius autem spiritualis substantia erat, quæ corpore naturæ conjuncta est, et nunc quoque ut spiritualis permanet non corporea facta est. Cum ergo et nunc sicut ante juxta ipsam veritatis assertionem spiritus sit Deus, nec unquam quod spiritus est corporeum fiat, aut partes recipiat, quomodo proprie vel Verbum dicitur fieri caro, vel Deus homo, cum Verbum ipsum nunc etiam sit spiritus quia est Deus, sicut et ante incarnationem fuerat? Homo quippe res corporea est, et membris composita ac dissolubilis. Deus vero nec corporea res est, nec partibus constat ut dissolvi possit. Deus igitur nec caro, nec homo esse proprie dicendus est. Alioquin et homo e contrario proprie dicendus esset Deus. Unde aliquid creatum, vel quod non semper fuit concedi oportet Deum esse, cum videlicet constet hominem creatum esse atque initium habere. Absit autem ut aliquam rem Deum esse ponamus, quæ non semper exstiterit, aut non semper Deus fuerit! Hoc quippe est Deum novum vel recentem confiteri. A qua quidem perversitate Deus nos inhibens, ait : *Israel, si audieris me, non erit in te Deus recens* (Psal. LXXX, 10).

Ut igitur expositum est, cum dicitur Deus fieri caro, vel Deus homo esse, sic accipiendum est, ut divina substantia humanæ sociari in personam unam intelligatur, non illa effici cui sociatur, sicut nec anima hominis caro fit cui unitur, nec in ejus naturam convertitur. Quod diligenter beatus aperiens Athanasius, cum unitatem personæ Christi in duabus consistentis naturis defenderet, ait de ipso : *Qui licet Deus sit et homo, non duo tamen, sed unus est Christus. Unus autem non conversione divinitatis in carnem, sed humanitatis in Deum. Unus omnino non confusione substantiæ, sed unitate personæ. Nam sicut anima rationalis et caro unus est homo, ita Deus et homo unus est Christus.* Tale est autem quod ait : *Deus et homo sunt unus Christus, non duo Christi, sicut anima et caro unus sunt homo, non duo homines.* Quamvis enim diversitas naturarum in Christo sit, divinæ scilicet et humanæ ; sicut in uno homine anima et caro corporeæ sunt et incorporeæ naturæ, non tamen necesse est duos ideo Christos esse, sicut nec duos homines, aut diversitatem fieri personarum, sicut est naturarum in unam personam sibi conjunctarum, licet in suis proprietatibus ita discretarum, ut nequaquam altera substantia in alteram convertatur propter hanc unionem personæ. Quod consequenter aperit, dicens : *Unus autem non conversione divinitatis in carnem,* id est in humanitatem, *sed per assumptionem humanitatis a Deo factam.* Alia quippe est substantia vel natura, quæ assumpta est, quam assumens, licet non sit alia persona. Quod rursus exponens ait : *Unus omnino per unionem personæ, non per confusionem substantiæ;* hoc est non per commistionem substantiarum in unam naturam, vel per conversionem alterius substantiæ in alteram. Sicut enim in uno Deo tres personæ sunt et una substantia, ita econtrario in Christo duæ sunt substantiæ, humana scilicet ac divina, sed una in duabus substantiis vel naturis persona. Unde et superius in eodem Symbolo fidei idem doctor, cum diversitatem personarum in una Dei substantia demonstraret, ait : *Fides autem Catholica hæc est, ut unum Deum in Trinitate,* etc.. *neque confundentes personas,* etc. Tunc autem personas confunderemus, id est invicem permisceremus, si hanc esse illam poneremus, sicut econtrario substantiam Dei separaremus, si in eo diversas esse substantias teneremus. Quod statim diligenter exponens subdit : *Alia est enim persona Patris, alia Filii,* etc. Sicut ergo in Deo una est substantia, sed diversæ personæ, ita econtrario in Christo una est persona, sed diversæ substantiæ, divina, ut dictum est, atque humana, quarum nequaquam una in alteram est mutata, sed utraque propriam naturam retinet in illa unione personæ, et ambæ in naturis suis permanent impermistæ. Nam et singulis totis sic diversæ partes ad compositionem ipsorum conveniunt, ut tamen in suis naturis sint disjunctæ, quæ quadam aggregatione sunt conjunctæ, velut ossa et caro in humano corpore, vel ligna et lapides in unius domus compositione.

Sicut ergo ossa in uno homine carni adhærentia, in naturam carnis non transeunt, nec in una domo lapides lignis aggregati propriam substantiam mutant ut aliud fiant quam prius erant, aut caro animæ sociata aliud quam caro fit, nec prioris substantiæ naturam... : ita nec divinitas humanitati in unam personam conjuncta aliud fit quam prius erat, quamvis aliud sibi in unitate personæ conjungat. Secundum quam quidem unionem personæ, cum Deus homo factus dicitur, aut aliud quam primitus fuerit esse conceditur, non hoc ex mutatione substantiæ, sed unitate personæ intelligendum, quia videlicet Deus hominem sibi in unam personam conjunxerit, et rem alterius naturæ in hanc unionem sibi sociaverit. Non est igitur Deus in aliud mutatus quam fuerit, licet aliud sibi, ut dictum est, in hanc unionem conjunxerit. Nam nec animæ nostræ cum resumptis corporibus eis in unam personam sociabuntur, ideo aliud quam erant efficientur, quamvis ipsum corpus rursum animando vivificetur, et de inanimato ad animationem promoveatur, ut ex hoc corpus ipsum potius per eam quam ipsa propter corpus mutari dicendum sit. Corpus quippe ex ipsa, non ipsa ex corpore in quemdam proficit statum, ab ipso calorem et motum suscipiens, cum ipsa in seipsum persistat immobilis. Multo minus autem Deus homini unitus, aliud ob hoc fieri dicendus est, cui nihil conferre creatura potest. Unde ab omni mutabilitate Deum penitus immunem profitemur esse. Hæc in præsentiarum de divina potentia, vel quæ ad eam pertinent, dicta sufficere arbitror.

VII.

Nunc de sapientia ipsius prosequamur. Hanc alii verbum, alii rationem, seu mentem dixerunt; quasi videlicet vim quamdam discretionis ad omnia integre cognoscenda; ut in nullo ejus dispositio possit errare, nihil eam penitus possit latere. Unde et Dei Filius, Dei virtus, et Dei sapientia, hoc est ea vis divinæ potentiæ, qua cuncta sapit, hoc est veraciter discernit, ut in nullo, ut dictum est, errare possit, nec quidquam ejus obsistere queat cognitioni. Hæc quidem ejus notitia sive scientia æque futura, sicut præsentia vel præterita comprehendit; et æque de his sicut de illis certa semper existit, et quæ adhuc naturæ incognita sive fortuita dicuntur, ei jam penitus certa sunt ac determinata. Nihil quippe nisi ex divinæ dispositionis ordinatione contingere potest. Sicut ergo Deus quod de futuro præordinat ignorare non potest, ita nec eorum eventum potest non præscire. Quæ igitur casu, quantum ad nostram certitudinem fieri dicuntur, et non ex libero provenire arbitrio, quantum ad ipsum nec casu, nec sine libero contingunt arbitrio. Cum enim casum philosophi describentes dicunt: *Casus est inopinatus rei eventus, ex confluentibus causis propter aliud incœptis proveniens:* inopinatum quantum ad nos vel creaturarum naturam intelligunt, non quantum ad divinæ providentiæ dispositionem. Tale quippe est ac si diceretur: Quod casu evenit, ita contingit, ut ex nulla institutione naturæ prænoscere possemus quod futurum esset. Nam, etsi eclipses solis vel lunæ præter opinionem nostram sæpius accidant, naturaliter tamen hæc, non fortuitu fiunt: et in rerum præfixum est institutione, unde hæc scire possemus. At vero cum quis agrum fodiens propter agriculturam thesaurum invenit, et hæc inventio fortuita dicitur. Hanc quippe ex diversis causis propter aliud incœptis contingere constat, et ita, ut diximus, inopinate. Ex hoc enim quod thesaurus ibi reconditus fuit, et quod ille agrum fodiebat, contigit thesaurum inveniri. Ad hanc inventionem hæ duæ causæ convenerunt, licet propter aliud incœptæ. Neque enim qui thesaurum ibi recondidit hanc intentionem posuit, ut ille cum inveniret; nec ille hac intentione fodiebat ut thesaurum quæreret, sed ut agrum coleret.

Utræque itaque causæ, ex quibus illa inventio contingit, ad illud spectabant; ideoque casu potius ipsa quam ex libero arbitrio provenit. In libero quippe arbitrio, ejus rei, quæ inde contingit, intentio præcedit; veluti si deliberem ire ad Ecclesiam, et ita exsequar ex libertate arbitrii mei, id quod intendebam perficio. Ideoque id non tam casu quam ratione fieri dicendum est, neutrum tamen horum naturaliter contingit, sed utrumque pariter ex aliqua nostra voluntate, non ex aliqua institutione naturæ ad hoc nos compellente, ut magis hoc voluntarium quam necessarium dicatur. Liberum autem arbitrium diffinientes philosophi dixerunt: *Liberum de voluntate judicium.* Arbitrium quippe est ipsa deliberatio sive dijudicatio animi, qua se aliquid facere vel dimittere quilibet proponit. Quæ tunc quidem dijudicatio libera est, cum ad hoc quod proposuerit exsequendum nulla vi naturæ compellitur, sed æque in sua potestate habet tam illud facere quam dimittere. Ubi ergo ratio animi non est, per quam aliud deliberari possit et dijudicari, an faciendum sibi sit vel dimittendum, æque utrumque in nostra sit potestate, liberum nequaquam est arbitrium. Etsi enim bruta animalia quædam per voluntatem suam facere possunt vel dimittere; quia tamen judicio rationis carent, liberum non habent arbitrium. Si quid etiam tale quid velit ac disponit facere, quod in ejus non sit potestate, vel quod sine dispositione ipsius æque fieret, in hoc liberum arbitrium non habet. Verbi gratia, sæpe talia nos facere proponimus, quæ decepti nos posse implere confidimus, et nonnunquam nitimur vel desideramus ut ea fiant, quæ non minus fierent absque nostro proposito. Veluti si qui diutinis pœnis mori cogantur, et morte ipsa cruciatus finire desiderent, et ad hoc nitantur; nequaquam cum id accidit, ex libero suo arbitrio assequuntur, quod videlicet non minus contingeret eis etiam nihil inde præmeditantibus. Et hæc quidem liberi arbitrii diffinitio nullatenus in Deum cadit, sed in eos tantum qui voluntatem mutare, et in contraria possunt deflectere, ut videlicet in eorum sit potestate, id quod eligitur tam dimittere quam facere. Denique et nonnulli liberum ad hoc reduxerunt arbitrium, ut his tantum ipsi concedant quæ et bene facere et male possunt. Quorum opinionem beatus quoque Hieronymus secutus homilia illa de filio prodigo inter cætera sic ait: *Solus Deus est, in quo peccatum non cadit; cætera cum sint liberi arbitrii in utrumque possunt suam deflectere voluntatem.* At vero qui diligentius liberum arbitrium inspexerit, nulli benefacienti hoc deesse dixerit. Maxime autem Deo, et his omnibus qui tanta beatitudine sunt corroborati, ut jam in peccatum labi non queant. Quo enim quisque a peccato remotior est, et ad bonum pronior; tanto in eligendo bonum liberius habet judicium, quanto ab illa ultima servitute peccati, de qua scriptum est: *Qui facit peccatum, servus est peccati* (Joan. VIII, 34), longius absistit.

Generaliter itaque ac verissime liberum arbitrium dicitur, cum quilibet quod ex ratione decreverit, voluntarie ac sine coactione adimplere valebit. Quæ quidem libertas arbitrii tam Deo quam hominibus æque indubitanter inest, quicunque tunc voluntatis facultate privati non sunt, atque his præcipue, ut diximus, qui jam omnino non possunt peccare. Quamvis enim peccare nequeant, aut a bono quod faciunt minime se retrahere queant, quia non oportet, non ideo tamen id alicujus coactionis necessitate agunt, quod utique si non vellent, nequaquam facere cogerentur. Quod et diligenter beatus attendens Augustinus, lib. xxii De civit. Dei, his astruit verbis : *Sicut prima immortalitas fuit quam peccando Adam perdidit, non posse mori ; ita primum liberum arbitrium posse non peccare, novissimum non peccare posse.* Item : *Certe Deus ipse nunquid, quoniam peccare non potest, ideo liberum arbitrium habere negandus est ?* etc. Quidquid itaque gerimus, sive fortuito, sive præmeditate, quia id optime Deo disponente et providente, cur fieri oporteat agimus, ex libero ejus, si non ex nostro, procedit arbitrio ; et quamvis ea casu facimus, nihil tamen, quantum ad ipsum, casu fit, cujus providentia cuncta præcedit, et ex ejus dispositione quidquid agimus contingit. Unde et præfatus doctor, Quæst. 83, c. 26, ita meminit : *Quidquid casu fit, temere fit. Si ergo casu aliqua fiunt in mundo, non Providentia universus mundus administratur.* Item : *Illud bonum cujus participatione sunt bona cætera, non propter aliud, sed per semetipsum bonum est. Quod divinam etiam providentiam vocamus. Nihil igitur casu fit in mundo.* Ac si aperte dicat. Nihil fit quod non ex aliqua providentia saltem divina proveniat, nec tamen ideo penitus eos errare dicimus, qui casu plurima fieri profiteantur, quantum ad nostram, ut dictum est, incertitudinem. Qui etiam juxta philosophos cum ea naturæ incognita dicunt quæ casu proveniunt, hoc est nullam rei naturam ad hoc præcognoscendum sufficere, ut inde certa queat esse ; nullatenus hic divinæ majestatis, sed creaturarum tantum naturam attendunt. Qui etiam cum ea quæ per miracula fiunt impossibilia dicunt, vel contra naturam fieri pro fitentur, ut virginem parere, vel cæcum ulterius videre, profecto ad usitatum naturæ cursum, vel ad primordiales rerum causas respiciunt, non ad excellentiam divinæ potentiæ, quam videlicet constat ex propria natura quidquid decrevit posse, et præter solitum ipsas rerum naturas quocunque modo voluerit permutare. Qui si nunc quoque hominem ex limo terræ formaret, vel feminam de costa viri produceret, sicut in primis actum est parentibus, nemo utique esset qui contra naturam vel præter naturam id fieri non censeret, eo, ut dictum est, quod primordialium causarum institutio ad hoc minime sufficere posset, nisi Deus præter solitum propria voluntate vim quamdam rebus impartiret, ut hoc inde fieri posset, qua videlicet voluntate et ex nihilo cuncta potuit creare.

Ex quo liquidum est, ut jam non semel meminimus, philosophorum tractatus, per quos maxime rerum naturæ vestigantur, ita creaturarum naturis et earum usu quotidiano contentos esse, ut summam illam divinæ potentiæ naturam, quæ universis imperat naturis, et cujus voluntati obtemperare proprie naturam dicendum est, vix aut nunquam attingere audeant, sed omnes earum regulas infra eam, aut extra eam penitus consistere. Unde cum aliquid possibile vel impossibile, id est naturæ consentire vel repugnare dicunt, juxta solam creaturarum facultatem, non divinæ potentiæ virtutem hæc metiuntur. Ex quo apparet quam verum sit quod supra meminimus, in illa videlicet philosophorum regula, cujus possibile est antecedens et consequens eos ad creaturarum tantum nomen accommodare. Quod et fortassis ad sequentia prænotari necessarium fuit, ubi videlicet juxta illam veterem, ut ait philosophia, querelam, videntur omnia secundum divinæ providentiæ incommutabilitatem ex necessitate contingere.

De quo et nunc nobis superest disserere, cum hoc maxime ad divinam constet sapientiam pertinere. Hæc quippe prospiciendo futura, providentia dicitur sive præscientia. Ipsum enim Dei prospicere providere est ; sive præscire futura, hoc est omnia quæ futura sunt cognoscere antequam fiant, et ita ut de præsentibus vel præteritis, de his quoque ipsum jam certum existere, sicut dudum superius ratione adhibita confirmavimus. Sed si diligenter ipsos quoque philosophos revolvamus, præcipue vero Aristotelem adeo in rationibus argumentorum discretum ut inde Peripateticorum, id est dialecticorum princeps, dici mereretur, inveniemus apud eos, qualiter pseudophilosophos refellere possimus, et eorum non rationes, sed sophismata dissolvere, quibus de providentia Dei adeo simplicium fidem perturbare solent, ut non solum bona, verum etiam mala necessario provenire astruant, nec ullatenus a nobis peccata posse vitari, sed necessario unumquemque quod deliquerit committere, cum et hoc videlicet a Deo constet provisum esse, cujus providentiam constat nullo modo falli posse. Horum igitur muscipulam disrumpentes, telam illam fortissimam inspiciamus, quam in primo περὶ ἡρμενίας Aristoteles orditur, ut eam contradictionis proprietatem corroboret etiam in propositionibus de futuro, quam generaliter de omnibus præmiserat, dicens videlicet quod omnium affirmationum et negationum alteram esse veram necesse sit sicut et alteram falsam : verbi gratia : Navale bellum est cras futurum, et non est futurum cras : affirmatio et negatio sunt dividentes. Unde et alteram earum esse veram, et alteram earum rursus necesse est esse falsam, cum videlicet nec ambæ simul esse veræ, nec ambæ queant simul esse falsæ ; nec ulla fit propositio, quam non veram vel falsam necesse sit esse. Unde hanc vel illam necesse est esse veram : hoc est necesse est esse bellum tale cras fieri. Quæ quidem verba diversos successus habentia Aristoteles diligenter determinare nos docens, ut videlicet supradictam contradictionis proprietatem conservare ubique ac defendere possimus, diligenter nos tandem de prædicatione necessarii tam simplici et absoluta, quam determinata nos instruit. Dicit itaque quia necesse est navale bellum cras esse futurum vel non esse futurum. Non tamen ideo vel navale bellum cras esse futurum necesse est vel non cras esse necesse. Hæc quippe propositio, nec esse est navale bellum cras futurum esse futurum, vel non esse cras futurum, duos habet sensus : unum quidem in quo hypothetica disjuncta est falsa, ac si ita diceremus, necessarii nomen bis ponentes : Necesse est navale bellum cras esse futurum, vel necesse est non esse cras futurum ; alium vero in quo categorica est vera, habens disjunctum subjectum, et quasi disjunctam in subjecto positam, et necessarii nomen semel positum in prædicato. Ac si videlicet ita dicamus : navale bellum cras esse futurum, vel non esse futurum, hoc videlicet totum necesse est, hoc est necesse est ut ipsum cras fiat vel non fiat. Et hoc quidem modo necessarii nomen semel positum et absolute prædicatum veram reddit enuntiationem; et generaliter ad quaslibet affirmationes et negationes earum prædicatio ipsius veraciter applicatur, ut videlicet de singulis dicamus, quia hanc vel illam esse veram est necesse, quod Aristoteles intellexit cum proprietatem assignaret contradictionis, non tamen ideo ad alteram earum necessarii prædicationem absolute possumus applicare, ut veraciter dicamus quia vel hanc necesse est esse veram, vel illam necesse est esse falsam. Ideo autem absolute addimus, quia determinatam necessarii prædicationem omnibus hujusmodi veris propositionibus applicari, ipse ibidem edocet dicens : *Igitur esse quid est quando est, necesse est, et non esse quod non est quando non est necesse est. Sed non ideo simpliciter dici quia necesse sit. Non enim sic determinata necessarii prædicatio simpliciter infert, ut quia videlicet necesse est esse dum est, ideo concedi oporteat ut et simpliciter dicatur, quia necesse est esse, hoc est omnino inevitabile quin sit.* Ex quo quidem tanti philosophi tanto documento et rationabili, illud supra memoratum, quod de divina providentia objici solet, facile refelli potest. Constat, inquiunt, divinam providentiam falli non posse.

Cætera desunt.

PETRI ABÆLARDI
THEOLOGIA CHRISTIANA.

(Edidit D. Marten. *Anecdot.* t. V, col. 1159, ex ms. codice Majoris-Monasterii Turonensis.)

OBSERVATIONES PRÆVIÆ.

De Petri Abælardi varia fortuna pluribus hic disserere non est animus, cum hoc ante me argumentum multi in se susceperint, nec infeliciter prosecuti sint. Ipse etiam totam fere vitæ suæ seriem in Historia calamitatis suæ luculenter descripsit. Palatio diœcesis Nannetensis oppido natus piis æque ac nobilibus parentibus Berengario ac Lucia, cum promptum ac facile in litteras haberet ingenium, Martis curia penitus abdicata, ut Minervæ in gremio educaretur, Roscelinum in dialectica præceptorem sortitus est, in philosophia Guillelmum de Campellis Parisiensis Ecclesiæ archidiaconum ac Peripateticæ philosophiæ celeberrimum professorem. Ex discipulo brevi factus magister, cum mira docendi facilitate polleret, disputando omnes nullo negotio superaret, ac confluentes undique ad se tot discipulos haberet, ut alii præ illo magistri deseri viderentur, haud paucos, ut fieri solet, homo inquietus sibi comparavit æmulos. Id adversariorum invidiæ tribuit Abælardus, nos ipsius petulantiæ. Laudunum deinde profectus Anselmum celeberrimum theologiæ professorem audiit; sed paucis ejus lectionibus, magistrum contempsit, et docendi munus ipse sibi assumpsit : quæ res novos sibi ascivit æmulos. Coactus discedere, et Parisios reversus, incœptas Laudini consummavit lectiones, ac famam brevi dilatavit. « Sed quoniam prosperitas, » inquit, « stultos semper inflat, et mundana tranquillitas vigorem enervat animi, et per carnales illecebras facile resolvit, cum jam me solum in mundo superesse philosophum æstimarem, nec ullam ulterius inquietationem formidarem, frena libidini laxare cœpi. » Et cum totus in superbia et luxuria laboraret, ut ipse iterum loquitur, contigit ut Fulbertus, insignis Ecclesiæ Parisiensis canonicus Heloissam formosissimam puellam, quam omni scientiarum genere imbui curaverat, quasi amplioris litteraturæ comparandæ gratia, ipsi traderet erudiendam, hoc est, ut ejus verbis utar, *agnam teneram famelico lupo committeret.* Et revera non multo post adolescentulam corrupit; et cum concepisset, furtim sublatam transmisit in Britanniam, ubi in domo cujusdam sororis suæ peperit filium, quem Astrolabium nominavit. Hæc ubi in cognitionem Fulberti venerunt, tantam in iram exarsit, ut nisi corruptam neptim matrimonio, etsi reluctantem copularet Abælardus, placari nequiverit. Sed neque hic stetit furoris ejus impetus. Nam cum Heloissam in Argentoliense virginum cœnobium, ubi olim educata fuerat, transmisisset Abælardus, eamque habitu monastico induisset, Fulbertus adeo efferbuit, ut ipsum noctu dormientem et nihil tale cogitantem eunuchum fecerit.

Tantam confusionem ut devoraret Abælardus, in monasticorum latibula claustrorum convolavit, non sponte, non conversionis devotione factus monachus in monasterio Sancti Dionysii. Qui ejus partes tuendas susceperunt, miris post hæc eum perinde ac Heloissam laudibus efferunt, ac sanctis ipsis utrumque fere exæquant. At quanta fuerit utriusque sanctitas ex eorum epistolis facile colligi potest. Et certe quantum ad Heloissam pertinet, quis hæc ejus verba ex epistola ad Abælardum decem post conversionem saltem annis scripta non abominetur : « Etsi uxoris nomen sanctius ac validius videtur, dulcius mihi semper exstitit amicæ vocabulum, aut si non indignaris, concubinæ vel scorti... Deum testem invoco, si me Augustus universo præsidens mundo matrimonii honore dignaretur, totumque mihi orbem confirmaret possidendum, charius mihi et dignius videretur tua dici meretrix, quam illius imperatrix. » Et in alia ad eumdem epistola : « In omni autem, Deus scit, vitæ meæ statu, te magis adhuc offendere, quam Deum vereor, tibi placere amplius quam ipsi appeto. Tua me ad religionis habitum non divina traxit dilectio. » Sed neque postquam Paraclitensi monasterio præposita fuit, severiorem regulæ disciplinam saltem in victu secutam fuisse, verum mollem omnino vitam duxisse satis indicat in alia ad eumdem Abælardum epistola, scribens in hæc verba : « Satis nostræ esse infirmitati et maximum imputari debet, si continenter ac sine proprietate viventes, et officiis occupatæ divinis, ipsos Ecclesiæ duces vel religiosos laicos in victu adæquemus. » Ex quibus patet eam religiosorum laicorum in victu vita contentam, omnem asperitatem, quæ tamen peccatores pœnitentes decet, abjecisse. Hæc sane referimus non quo Heloissæ, quam nonnulli martyribus satis inepte comparant, famæ detractum iri velimus, sed ne vitium approbare videamur.

Abælardus mutato habitu cor non mutavit, idem in claustro qui fuerat in sæculo, unique inquietus novos sibi ascivit æmulos. Ipsi si credimus, erat abbatia illa ad quam se contulerat, « sæcularis admodum vitæ atque turpissimæ, cujus abbas, quo cæteris prælatione major, tanto vita deterior, atque infamia notior : quorum quidem intolerabiles spurcitias frequenter atque vehementer modo privatim, modo publice redarguens, » omnibus se onerosum atque odiosum effecit. Quæ quidem si vera essent, longe culpabilior foret Abælardus, qui inter tot et tam dissolutos monachos vivere delegisset, Verum etsi non omnino stricta forte vigeret in monasterio Sancti Dionysii disciplina, inustam ipsi ab Abælardo labem jam dudum abstersit Andreas Chesnius in notis ad Historiam calamitatis ejus, ubi demonstrat non multo ante Adamum Sancti Dionysii abbatem, monasterium illud ad puriorem Regulæ disciplinam revocatum fuisse ministerio sancti Odilonis abbatis Cluniacensis, egregiam Adami in pauperes charitatem, pietatem et affectum ejus erga divini cultus honorem et amplificationem probat ex chartis ejusdem monasterii.

Circa illud tempus Abælardus theologiæ tractatum De unitate et trinitate scholaribus suis composuit, erroribus plenum, quem ab Alberico et Rodulfo Remensium scholarum magistris in concilio Suessionensi delatum, mox igni damnatum propriis ipse manibus in flammas projicere jussus est. Reversus in monasterium, novos inter fratres excitavit tumultus, occasione Dionysii Corinthiorum episcopi, quem cum Dionysio Areopagita eumdem facit Beda. Hinc ansam arripuit homo jugi impatiens de monasterio nocte latenter aufugiendi, nec revocatus ab abbate persuaderi potuit ut rediret. Paucis post diebus defuncto Adamo cum successisset Sugerius, urgeretque Abælardum, ut ad monasterium reverteretur, ille tam amicorum, quam sæculi potestatum interventu effecit, ut tandem abbas facultatem ei indulgeret monastice vivendi, non ubicunque locus ei competens occurreret, ut petieret, sed ad quamcunque vellet solitudinem transeundi, dummodo nulli se abbatiæ subjugaret. Optatis gaudens Paraclitensis monasterii in Trecensi diœcesi fundamenta jacit, confluunt ad eum undique discipuli, solitudinemque quasi in urbem convertunt. Factus postea abbas Ruiensis monasterii diœcesis Venetensis in Britannia Armorica, cum ibi incidisset « in Christianos et monachos gentibus longe sæviores atque pejores, » abdicata præfectura, in Trecensem solitudinem reversus est. Monachos Ruienses teterrimis coloribus depingit Abælardus, non magis credendus, quam cum Adamum abbatem fratresque Sandionysianos turpissimæ vitæ diffamavit. Longe verisimilius est eum tanto terrarum intervallo a dilectissima Heloissa suisque amicis separari ægre ferentem, Ruiense monasterium deseruisse. Certe cum eo tempore Sugerius abbas Sancti Dionysii sanctimoniales ex Argentolio propter impudicitias expulisset, ut monachos sui monasterii ibidem institueret, e re sua existimavit Abælardus, Heloissæ, quæ tunc in Argentoliensi monasterio priorissæ officium exercebat, ejusque sororum necessitatibus providere. Id quod præstitit, cum Ruiense monasterium deserens, eas in cellam suam Paraclitensem, quam illis cum adjuncto oratorio concessit, excepit, donationem confirmante episcopo Trecensi, imo etiam summo pontifice Innocentio II.

Hactenus a calamo temperaverat Abælardus, aut si quid forte scripserat, ab erroribus, qui Suessionensi in concilio damnati fuerant, abstinuerat. At ubi eos, quos tunc passus fuerat adversarios, e sæculo migrasse animadvertit, amplius se cohibere non potuit. « Emortuis quippe omnibus pene doctrinæ ecclesiasticæ magistris, » inquit Guillelmus abbas Sancti Theodorici, » quasi in vacuam rempublicam Ecclesiæ domesticus irruens inimicus, singulare sibi in ea magisterium arripuit: agens in Scriptura divina, quod agere solebat in dialectica, proprias adinventiones, annuas novitates, censor fidei, non discipulus ; emendator, non imitator. » Casu autem contigit, ut idem Guillelmus incideret in lectionem libelli cujusdam hominis illius, cui titulus erat : *Theologia Petri Abælardi*, quem cum titulus curiosum fecisset ad legendum, aliqua invenit, quæ ipsum non parum moverent, ea notavit, et cur moverent subnotavit. « Duo autem erant tunc libelli idem pene continentes, » inquit Guillelmus, « nisi quod in altero plus, in altero minus aliquando inveniretur. » Hos suis cum observationibus, hoc est cum refutatione errorum quos repererat, ad venerabilem Gaufredum episcopum Carnotensem et Bernardum abbatem Claræ vallis misit, ut ex eorum lectione, an recte ipsum novissent, facilius dijudicare possent.

Lectis errorum capitulis, exhorruit Bernardus, rescripsitque ad Guillelmum in hæc verba : « Motum vestrum et justum judico et necessarium. Sed et otiosum non esse, monstrat libellus tundens et obstruens os loquentium iniqua. » Ne tamen auctorem ipsum temere judicare videretur, diem Guillelmo indixit post Pascha, quo simul convenirent, legerentque, atque attentius examinarent Abælardi Theologiam. Cumque ex sedula librorum ejus lectione virus in eis contentum deprehendissent, Bernardus « solita bonitate et benignitate desiderans errorem corrigi, hominem non confundi, secreta illum admonitione convenit. Cum quo etiam tam modeste tamque rationabiliter egit, ut ille quoque compunctus, ad ipsius arbitrium correcturum se promitteret universa (55-100). » Hæc observare operæ pretium fuit, ut appareat quam immerito, imo quam injuste Otho Frisengensis scripserit sanctissimum abbatem « tam ex Christianæ religionis fervore zelotypum, quam ex habitudinali mansuetudine quodammodo credulum » fuisse in causa Abælardi. Sed vir « arrogans, suoque tantum ingenio confidens, ut vix ad audiendos magistros ab altitu-

---

(55-100) Gaufr. l. III De vita S. Bernardi, cap. 5, *Patrologiæ* t. CLXXXV.

dine mentis suæ humiliatus descenderet, » ut fatetur ipse ejus defensor Otho Frisengensis, cum ab eo recessisset vir Dei, consiliis stimulatus iniquis, resiliit a proposito saniori. Imo expetens Senonensem metropolitanum, quod in ejus Ecclesia celebrandum foret in proximo grande concilium, Clarevallensem causatur abbatem suis in occulto detrahere libris, additque paratum se esse in publico sua defendere scripta, rogans ut prædictus abbas dicturus si quid haberet, ad concilium vocaretur. Hæc ex Gaufredo Vitæ sancti Bernardi scriptore accurato perinde ac pio. Econtra Otho Frisengensis scribit Abælardum ab episcopis abbateque Bernardo ad audientiam apud Senonas vocatum fuisse. Verum præterquam quod auctoritas Gaufredi auctoris domestici et ab omni falsi suspicione liberi prævalere debet Othoni auctori extraneo, Patres concilii Senonensis non a sancto Bernardo provocatum fuisse ad concilium Abælardum, sed Bernardum ab Abælardo, disertis verbis affirmant. Sic enim illi in epistola ad Innocentium papam, quæ inter Bernardinas in nova editione est 337, postquam dixerunt Abælardum minus patienter ac nimium ægre tulisse quod a Bernardo primum privatim, deinde publice coram testibus errores corrigere commonitus fuisset, « Magister Petrus, » inquiunt, « crebro nos pulsare cœpit, nec ante voluit desistere, quoad ad dominum Clarevallensem abbatem super hoc scribentes, assignato die, scilicet octavo Pentecostes, Senonis ante nostram submonuimus venire præsentium, quo se vocabat et offerebat paratum magister Petrus ad probandas et defendendas, de quibus illum dominus abbas Clarevallensis, quo modo prætaxatum est, reprehenderat, sententias. Cæterum dominus abbas nec ad assignatum diem se venturum, nec contra Petrum sese disceptaturum nobis remandavit. »

Ex Bernardi modestia factus arrogantior Abælardus, suos cœpit undequaque convocare discipulos et obsecrare, ut ad futuram inter se abbatemque Clarevallensem disputationem, una cum illo suam sententiam simul et scientiam defensuri venirent. Hinc Bernardus magnorum virorum monitis flexus, ne videlicet ex ejus absentia scandalum populo et cornua crescerent adversario, ad concilium venire tandem acquievit, et quidem tristis, nec sine lacrymarum effusione. Adfuerunt concilio Francorum rex Ludovicus VII, Willelmus comes Nivernensis religiosus, Remensis archiepiscopus cum quibusdam suis suffraganeis episcopis, abbatibus multis, valdeque litteratis clericis. Librum Theologiæ Abælardi in medium protulit sanctus Bernardus, quæ in eo adnotaverat absurda, imo hæretica plane, capitula proposuit, ut ea vel a se scripta negaret, vel si sua fateretur, aut probaret aut corrigeret. Neutrum præstare voluit Abælardus, sed ut tamquam redimeret ab æquissimis judicibus, quos ipse delegerat, contra canones ad sedem apostolicam appellavit. Si credimus Othoni Frisengensi, Abælardus « seditionem populi timens » respondere recusavit. Verum præsentibus rege Ludovico, comite Willelmo, aliisque nobilibus viris, quid a populo metuendum esse poterat? Hinc apparet Othonem ea quæ de Abælardo concilioque Senonensi scribit, non tam a veridicis testibus, quam ab incertis rumoribus popularibus didicisse. Æquius est, ut Gaufredo Vitæ S. Bernardi scriptori, Abælardi cum hæc agebantur discipulo, fidem adhibeamus hæc scribenti : « Sed ab egregio illo Catholicæ fidei advocato, » nempe Bernardo, « monitus, ut vel jam sciens in personam suam nihil agendum, responderet, tam libere, quam secure, audiendus tantum, et feriendus in omni patientia, non sententia aliqua feriendus, hoc quoque omnimodis recusavit. Nam et confessus est postea suis, ut aiunt, quod ea hora maxime quadam ex parte memoria ejus turbata fuerit, ratio caligaverit, et interior fugerit sensus. » Non itaque libertas defuit Abælardo semetipsum defendendi, nec timore popularis seditionis id recusavit, sed injustam causam tueri minime potuit. Pro reverentia tamen sedis apostolicæ, ad quam appellaverat, damnatis perversis ejus dogmatibus, personæ ipsius pepercit concilium.

Egressus a concilio Abælardus errorum suorum scripsit Apologiam, in qua acriori quidem stylo invehitur in sanctum Bernardum. Id certe discimus ex disputatione abbatis anonymi contra Abælardum, in cujus libro secundo hæc leguntur : « In Apologetico suo, responsione sua super hoc capitulum, furiis exagitatus Petrus insanit; et sic nimis intemperanter invehitur in hominem Dei, ut non eum loqui quæ loquitur, sed per eum Satanam, qui transformat se in angelum lucis, asservere. » Et in libro tertio : « In Apologia autem sua multo vehementius spiritu vertiginis abducitur et infelicius ægrotat; diligentiore siquidem tractatu et quasi viribus in unum collectis hoc capitulum » scilicet De potestate Dei « cæteris diffusius exsequitur. » Postea Romam, ut causam coram pontifice defenderet, fretus amicorum discipulorumque, quos ibi non paucos habebat, auxilio, proficisci statuit. Sed cum Cluniacum pervenisset, audivit errorum suorum capitula debita damnatione ab Innocentio II esse affecta. Hic itaque gradum sistere coactus fuit, monitusque a Petro Venerabili abbate, ut Bernardum sibi reconciliaret, et si quæ catholicas aures offenderant aut scripsisset aut dixisset, ea a verbis suis amoveret, et a libris abraderet; Claramvallem cum abbate Cisterciensi profectus, prava dogmata omnia retractavit, et sopitis prioribus querelis, in gratiam cum sanctissimo abbate rediit. Hanc retractationem editis Abælardi operibus præmissam habemus, quam Apologiæ nomine donare placuit editori; cum tamen ab ejus Apologia sit omnino distinguenda, rectius Retractatio appellanda. Reversus Cluniacum biennio religiose ibidem vixit, ac tandem in Cabilonensi S. Marcelli prioratu, in sinu Ecclesiæ requievit.

Adversus Abælardum scripsere Guillelmus abbas S. Theodorici, S. Bernardus, et abbas anonymus, quem eumdem esse putant cum Gaufredo, qui ex Abælardi discipulo anno 1140 factus monachus Clarevallensis, Bernardi notarius, ac post Robertum et Fastredum successor evasit. Prioris et posterioris lucubrationes habemus in bibliotheca Cisterciensi, in quibus ipsissima Abælardi verba quæ impugnant referunt. Nonnullos tamen ille patronos habuit; imprimis Othonem Frisengensem in sanctum Bernardum parum æquum, hominem exterum, et, uti existimamus, parum instructum, cujus certe auctoritas, nec Guillelmo abbati, nec S. Bernardo, nec Gaufredo, qui hominem noverant, ejus scripta attente legerant, ab omni prava suspicione immunes, prævalere debet. Multo minus Petri Berengarii Pictaviensis Abælardi discipuli, qui ex professo ejus defensionem suscepit, scripsitque Apologeticum, suam secum condemnationem præferentem, quem rectius libellum in sanctum Bernardum contumeliosum appellare licet, opus in tenebris natum et æterna oblivione dignum. Et certe ne quidem unum in eo verbum protulit ad defensionem sui magistri, aut fidem ejus Catholicam demonstrandam, ejusque adversarios impugnandos, licet id se præstiturum audacter promisisset. Imo ipse sanior factus contumeliosa scripta retractavit in epistola ad episcopum Mimatensem, ac pro non scriptis haberi voluit : « Quia, » inquit, « processu temporis meum sapere crevit, et in sententiam abbatis pedibus, ut dicitur, ivi. Nolui esse patronus capitulorum objectorum Abælardo, quia, etsi sanum saperent, non sane sonabant. »

Hæc forte sufficere deberent his qui nostro ævo Abælardi partes tuendas susceperunt, ac sanctum Bernardum præcipitis in eum judicii accusare non verentur : quibus sane fieri satis haud dubium posset, si

Abælardi Introductionem ad Theologiam integram haberemus. Nam mutila est in editis, nec perfectam invenimus in manuscriptis. Ejus defectu lucem aliquam proferre poterit tractatus De Trinitate, quem hic ex manu exarato codice Majoris Monasterii vetustissimo damus : quemque eumdem esse cum tractatu De Trinitate Suessionensi in concilio igni addicto, aut cum uno ex duobus illis libellis, qui in manus Guillelmi abbatis inciderunt, quique idem pene continebant, nisi quod in altero plus, in altero minus aliquando inveniretur, mihi constare videtur. Duo præsertim ex suo libro reprehensa fuisse in concilio Suessionensi asserit Abælardus in Historia calamitatis suæ, unum scilicet, pag. 21, quod « cum Deus Deum genuerit, nec nisi unus Deus sit, negaret tamen Deum seipsum genuisse, » id quod probasse se dicit auctoritate S. Augustini libro primo De Trinitate, ubi hæc leguntur : « Qui putat ejus potentiæ Deum, ut seipsum ipse genuerit, eo plus errat, quod non solum Deus ita non est ; sed nec spiritalis creatura, nec corporalis. Nulla enim omnino res est, quæ seipsam gignat. » Quæ quidem in nostro tractatu cum eadem S. Augustini auctoritate reperiuntur. Alterum, pag. 24, quod asseruisset « solum Deum Patrem omnipotentem, » quæ propositio ex his quæ hoc in tractatu leguntur facile eruitur, ut ex infra referendis patebit. Quod autem Guillelmus abbas S. Theodorici ad Gaufredum episcopum Carnotensem et S. Bernardum scribens ait, Abælardus sub Theologiæ titulo duos in manus suas incidisse libellos, « idem pene continentes, nisi quod in altero plus, in altero minus aliquando inveniretur, » perfecte huic nostro Tractatui congruit, si cum ejusdem Abælardi Introductione ad Theologiam conferantur. Et certe primus et quintus tractatus nostri libri pene de verbo ad verbum integri reperiuntur in Introductione ad Theologiam, in qua etiam nonnulla legimus quæ in aliis tractatus quoque nostri libris existunt, adeo ut nullus supersit dubitandi locus quin unus ex duobus illis sit libellis, qui in manus Guillelmi abbatis inciderunt, et forte idem qui in concilio Suessionensi ante annos circiter viginti damnatus fuerat, in quo nonnulla addere potuit Abælardus.

An vero jure a Patribus Suessionensis concilii igni addictus sit, et a Guillelmo abbate atque a sancto Bernardo alioque abbate anonymo tanquam perversa continens dogmata exagitatus, æqui doctique lectores non ægre judicabunt ex sequentibus propositionibus quæ in sequenti tractatu leguntur.

Et primo quidem in capitulis librorum suæ Theologiæ dicit « quod fidem Trinitatis omnes naturaliter homines habeant, » ab hoc beneficio ne quidem Judæos ac gentiles excludit; sic enim sub finem libri quarti. « Cum enim Deum esse Patrem et Filium et Spiritum sanctum tale sit, ut diximus, Deum esse potentiam, ut dictum est, generantem, et sapientiam genitam et benignitatem procedentem ; cum istud nemo discretus ambigat, sive Judæus, sive gentilis, nemini hæc fides deesse videtur, quod et nos quidem concedimus, sequentes Apostolum, qui ait : *Quod notum est Deo, manifestum est illis;* ac si diceret : Quod ad divinitatem pertinet ratione percipiunt: quia hæc de Deo naturaliter ratio unumquemque edocet. »

2. In capitulis librorum sic commendat philosophos gentiles, « ut digni illi videantur, quibus etiam Deus suæ fidei arcana revelare dignaretur. » Et in libro I, hanc revelationem non divinæ gratiæ, sed eorum continentiæ tribuit his verbis : « Tum ipsa continentissimæ vitæ sobrietas quodam eis merito idipsum acquisivit, » scilicet Dei cognitionem.

3. Præ cæteris tamen hoc privilegium tribuit Platonicis. « Revolvatur, » inquit, « et ille maximus philosophorum Plato, ejusque sequaces, qui testimonio sanctorum Patrum præ cæteris gentilium philosophis, fidei Christianæ attendentes, totius Trinitatis summam post prophetas patenter ediderunt, ubi videlicet mentem, quam νοῦν [νοῦν] vocant, ex Deo natam atque ipsi coæternam esse perhibent, id est Filium, quem sapientiam Dei dicimus, ex Deo Patre æternaliter genitum. Qui nec Spiritus sancti personam prætermisisse videntur, cum animam mundi esse astruxerunt tertiam a Deo et νοῦ [νοῦ] personam. » Neque id in Abælardo ferre potuerunt ejus adversarii, quod Spiritum sanctum assereret esse animam mundi. Non tamen ibo inficias Abælardum Platonicorum verba in sensum Catholicum inflectere tentasse. Verum omnino contra Platonis ejusque sequacium mentem, qui νοῦν [νοῦν] sive mentem summo Deo, animam mundi Deo et νοῦ [νοῦ] seu menti inferiorem faciebant. Et certe plures deos a Platone admissos fuisse docet S. Augustinus in lib. De civitate Dei, unde et S. Bernardus jure redarguit Abælardum, quod « dum multum sudat quomodo Platonem faciat Christianum, se probat ethnicum. »

Non solum Platonem, sed omnes ejus discipulos Christianos facere tentavit Abælardus. Nam non multo post citata jam libri ejus primi verba hæc addit : « Pluribus quoque sanctorum testimoniis didicimus Platonicam sectam Catholicæ fidei concordare. » Et post pauca : « Ex quo, » inquit, « liquidum est Platonicam sectam fidei sanctæ Trinitatis plurimum semper assentire, et eam diligentius cæteris philosophis a Platone et sequacibus ejus distingui ac describi. » Tum referens id quod a Valerio Maximo scribitur, Platonis parvuli dormientis ori examen apum insedisse, prodigium illud non suavitati ejus eloquii cum vatibus attribuit, sed « excellentius, » inquit, « et convenientius id interpretandum esse non dubito, si ad divinæ dignitatis gloriam hoc miraculum referatur, ut hoc ei Deus insigne præsagii conferret, qui divinitatis suæ per eum diligentius arcana revoluturus esset. Oportebat quippe ut summæ Sophiæ, quæ Christus est, Verbum videlicet et Sapientia Dei Patris, summus philosophus ejusque sequaces plurimum attestarentur. »

4. Fidei donum non Platonicis tantum, sed omnibus tribuit philosophis. Sic enim in libro II : « Gentiles fortasse natione, non fide omnes fuerunt philosophi. »

5. Eis non modo SS. Trinitatis, sed Incarnationis Verbi quoque mysterium disertis verbis asserit : « Quis etiam asserat nullis eorum (philosophorum) fidem Incarnationis revelatam esse, sicut et Sibyllæ, licet in eorum scriptis non videatur expressa. »

6. Ex hujusmodi principiis cœlestem beatitudinem philosophis minime denegandam infert. « Nulla, » iuquit, « ratione cogendi videmur, ut de salute talium diffidamus gentilium, qui ante adventum Redemptoris, nullo legis scripto instructi, naturaliter, juxta Apostolum, ea quæ legis sunt facientes, ipsi sibi lex erant (*Rom.* I). » Et non multo post : « Hæc idcirco induximus, ne quis post legem etiam datam usque ad adventum Christi, de salute fidelium gentilium desperet, si sine perceptione sacramentorum sobrie ac juste vixerint, inter quos quidam philosophi tam vita quam doctrina claruisse noscuntur. » Et iterum : « Quid de philosophis ante adventum Christi tam fide, quam vita clarissimis diffidere cogamur, ne indulgentiam sint assecuti? »

7. Longe certior fuit Abælardus de salute philosophorum quam de salute catechumenorum sine baptismo decedentium, unde paulo ante finem libri II improbat Ambrosium scribentem de salute Valentiniani

imperatoris catechumeni defuncti minime desperandum, « cum hoc, » inquit, « non solum Evangelio, verum et sanctis doctoribus adversari penitus videatur. »

8. Philosophos suos etiam Judæis ipsis, quos in proprium Deus elegerat populum, non obscure præfert. Sic enim in libro II : « Nam et hunc finem esse eis » philosophis « propositum constat, de perceptione scilicet æternæ vitæ, quem et ipse Dominus nobis assignavit, et quem Israel minus attendebat, spe et ambitione terrenæ felicitatis magis subjectus quam desiderio æternorum. Unde et eis litteræ veneratoribus nulla retributio in lege de observatione legis juxta litteram promissa, aut exspectanda est, nisi prosperitas terrena, ad quam toto inhiant desiderio. »

9. Inter philosophos Socratem sanctis martyribus comparare non veretur. Nam secundum ipsum, Socratem « quasi martyrem et certum de remuneratione occubuisse tam divini quam sæculares commemorant codices. »

10. Ut sanctum efficeret Socratem, quod iste philosophus de communitate uxorum suis præscripserat, excusare non erubuit, ad sensus figurativos ejus verba detorquens, contra manifestam Socratis mentem, qui ipso fatente Abælardo, « Uxores quoque communes fore instituit, ut nullus proprios requirat liberos, » cum scilicet ignorarentur veri eorum patres.

11. Ferenda certe non videntur hæc Abælardi verba libro II : « Dixit et Moyses omnia a Deo valde bona esse facta, sed plus aliquantulum laudis divinæ bonitati Plato assignare videtur. »

12. Ipsi etiam Vespasiano imperatori ethnico vera miracula attribuere non hæsitat, ut videre est paulo ante finem libri II.

13. In libro IV, Patri tantum tribuit omnipotentiam, Filio quamdam potentiam, Spiritui sancto nullam potentiam. Sic enim habet : « Ponamus itaque Deum Patrem, ut supra monuimus, divinam potentiam, ac Deum Filium divinam Sapientiam : et consideremus quod ipsa Sapientia sit quædam potentia, cum sit ipsa videlicet potentia discernendi ac providendi seu deliberandi veraciter omnia, ne quid Deum decipere possit aut lateret. » Et paulo post : « Est autem Filium gigni a Patre divinam Sapientiam, ita ut determinatum est, ex divina potentia esse, cum ipsa, ut dictum est, Sapientia quædam sit potentia, atque ipsius potentiæ Dei, quæ est omnipotentia, quasi portio quædam ipsa sit Sapientia, quomodo et quilibet filius portio quædam parentum quodammodo dicitur, » etc. Et aliquanto post : « Spiritus a spirando dictus est, unde Veritas : *Spiritus*, inquit, *ubi vult spirat (Joan.* III, 8), « ideoque ipso nomine suo procedere ex Patre et Filio potius quam gigni perhibetur. Benignitas quippe ipsa, quæ hoc nomine demonstratur, non est aliqua potentia sive sapientia, cum videlicet benignum esse, non sit esse sapientem aut potentem, » etc. Adversus hanc de Trinitatis personis doctrinam vehementer insurrexerunt S. Bernardus, Guillelmus abbas S. Theodorici, et abbas anonymus. Et merito quidem, non desunt tamen qui partes Abælardi tuentes, Bernardum aliosque, qui adversus eum scripserunt, illius mentem minime assecutos fuisse jactitent, propterea quod ille disertis verbis asserat Filium ac Spiritum sanctum perinde ac Patrem esse omnipotentem. Id quod non uno in loco docet. Verum neque id latuit Bernardum, neque Guillelmum abbatem, aliumque abbatem anonymum, qui Abælardi libros non oscitanter, sed attente legerant. Sed quod ille uno in loco recte astruit, ab eo alio in loco destrui etiam animadverterunt, non verbis tantum, sed similitudinibus quæ verba ejus confirmant, nec ullum dubitandi locum relinquunt, ut comparatione æris et ærei sigilli, ceræ et cereæ imaginis, materiæ et materiati, generis et speciei, animalis et hominis, quorum unum longe latius patet altero. Ita enim in libro quarto : « Est igitur divina sapientia ex divina potentia, quomodo cerea imago est ex cera, aut quomodo juxta philosophos species ipsa ex genere esse dicitur; cum tamen idem sit species quod genus, ut homo idem quod animal, et imago cerea idem quod cera. Ipsa quippe imago cerea ita est ex cera et homo ex animali, quod ex eo quod cerea imago exigit ut cera sit, et ex eo quod homo est ut sit animal; sed non e converso. Potentia quippe tam ad discernendum, quam ad alia agenda se habet, sicut cera tam ad ceream imaginem quam ad id quod non sit cerea imago, et animal tam ad hominem, quam ad non hominem. » Certe ipse Abælardus tam in privatis quam in publicis cum Bernardo colloquiis nunquam causatus est ipsum sinistra interpretatione verba sua accipere. Imo cum urgeret eum Bernardus in concilio Senonensi, ut aut errorem corrigeret, aut si quid objectis respondendum haberet, ediceret, utrumque facere recusavit. Et sub finem libri III hujus tractatus facta sibi objectione cur Patrem et Filium per potentiam et sapientiam potius distinguat, quam per æternitatem aut aliud attributum, nullam reddit rationem, sed sic respondet. « Ad quod respondendum est, non hoc nos suscepisse negotium, cur hoc potius modo quam alio personæ divinæ distinctæ sint; sed eas eo modo quo distinctæ sunt convenienter accipi posse, et fidem nostram tueri, » etc. Denique in sua Retractatione seu fidei confessione nullam interpretationem benignam suis verbis tribuit, sed ea audacter a se unquam dicta negat et pernegat : « Quod autem mihi vel per malitiam impositum est quod scripserim, quia Pater plena potentia est, Filius quædam potentia, Spiritus sanctus nulla potentia, hæc ego verba non tam hæretica, quam diabolica, sicut justissimum est, abhorreo, detestor, et ea cum suo auctore pariter damno. Quæ si quis in meis reperit scriptis, non solum me hæreticum, verum etiam hæresiarcham profiteor. » Hic impudentiam Abælardi, qui ea se dixisse negat quæ disertissimis asseruit verbis, merito redarguit abbas anonymus, qui ejus quondam fuerat discipulus, et qui consequenter ejus doctrinam apprime nosse poterat. Nam si ejus verba benignam pati possunt interpretationem, cur eam hic non proferebat? Certe qui « omnes naturaliter homines » habere fidem sanctæ Trinitatis asserit, recte de Trinitate sentire non est dicendus.

14. Abælardum redarguunt etiam ejus adversarii, quod Verbum carnem factum esse assereret, non ut hominem a peccato redimeret, sed tantum ut verbis instrueret et exemplis ad amorem Dei inflammaret. In hoc autem tractatu, etsi non omnino neget Filium Dei hominem a peccatis redemisse, præcipuum tamen incarnationis ejus finem fuisse instructionem asserit. Ita enim libro IV : « Ad hoc omnia gessit in carne, ut nos vera erudiret Sapientia, quæ ad salutem sufficeret. » Et paulo post : « Ad hoc solum et maxime Deus incarnatus est, ut suos prædestinatos veræ in ipso habitu carnis visibili illustraret. » Et non multo antea dixerat : « Lumen divinæ Sapientiæ per hanc incarnationem carnalibus effulsit, atque hoc solum vel hoc specialiter beneficium Deum intendisse in ipso habitu carnis nobis impertire, pro quo Angelus consilii sive Consiliarius dictus est, » etc.

15. Tantam Deo necessitatem imponit, ut secundum ipsum aliter agere non possit quam agat. « Quidquid itaque facit, » inquit libro V, « sicut necessario vult, ita et necessario facit, » etc. Et paulo post : « Necessario itaque Deus mundum esse voluit ac fecit, nec otiosus exstitit, qui eum priusquam fecit facere non potuit, quia priusquam fecit, fieri non oportuit. » Quam doctrinam merito impugnat

abbas anonymus in libro III, adversus Abælardus. Taceo quod ille sanctorum Patrum imo et Scripturæ dicta quæ citat sæpe detruncat. Ex quibus omnibus, ni mea me fallit opinio, satis apparet quam merito ipsius de Trinitate liber igni addictus sit in concilio Suessionensi, et postmodum ejus doctrina Ecclesiæ censuris affecta in Senonensi et ab Innocentio II. Nam quæcunque his interpretatio donetur, nemo certe negare potest quin hæc omnia male sonent, et incautis errandi viam facile præbeant, nec sufficit in his intelligentia doctorum virorum. « Requiruntur etiam verba Catholica, » ut ait ipse Abælardus. Si quid ipsum excusare potest, illud præsertim esse existimamus, quod scripta sua peritiorum ac proinde ipsius Ecclesiæ judicio subjecisse videtur. Nam in libro tertio ita disserit : « Quidquid itaque de hac altissima philosophia disseremus, umbram non veritatem esse profitemur, et quasi similitudinem quamdam, non rem. Quid verum sit noverit Dominus, quid autem verisimile ac maxime philosophicis consentaneum rationibus, quibus impetitur, dicturum me arbitror. In quo quidem si culpis meis exigentibus a Catholica (quod absit!) exorbita vero intelligentia vel locutione, ignoscat ille mihi, qui ex intentione opera dijudicat, parato semper ad omnem satisfactionem de male dictis, vel corrigendis vel delendis, cum quis fidelium vel virtute rationis, vel auctoritate Scripturæ correxerit. » Utinam id sponte præstitisset Abælardus, certe debitam erroribus suis censuram non ascivisset.

LIBRORUM CAPITULA.

Primus liber continet quid vult distinctio trium personarum in Deo, vel quid sonent in ipso hæc nomina personarum, Pater, Filius, et Spiritus sanctus. Testimonia tam prophetarum quam philosophorum de S. Trinitate, nec non et quare Sapientia Dei vocetur Verbum, aut Benignitas ipsius dicatur Spiritus sanctus. In quo etiam ea quæ de anima mundi a philosophis dicta sunt, recte de Spiritu sancto intelligi monstrantur.

Secundus liber adversus calumnias fidelium de admistione philosophorum testimoniorum totus scribitur. In quo de vita et virtutibus et doctrinis philosophorum, et de naturalis legis hominibus plurima commendatio fit, ut digni illi videantur, quibus etiam Deus suæ fidei arcana revelare dignaretur.

Tertius continet invectiones in dialecticos, et eos omnes qui Deum quoque humanis comprehendi rationibus volunt, nec eadem fide suscipienda censent, quæ humanis rationibus astrui vel defendi non valeant. Proponit etiam summam fidei circa unitatem ac Trinitatem, et objectiones adversus proposita, et quot modis idem sive diversum accipiatur, et quot modis persona dicatur.

Quartus continet solutiones adversus objecta, et generationem Verbi ex Patre, id est divinæ sapientiæ ex divina potentia, et quo similitudine divina Potentia dicatur Pater, vel divina Sapientia dicatur Filius. Continet insuper processionem Spiritus, et quomodo Plato animam mundi quam Spiritum sanctum intellexit, vult creatam esse, hoc est initium habere, et quod fidem Trinitatis omnes naturaliter homines habeant.

Quintus est de ratione credendi unum Deum non plures, et de perfectione et incommutabilitate hujus summi boni, quod in nullo crescere vel minui possit aut variari.

THEOLOGIÆ CHRISTIANÆ

LIBER PRIMUS.

CAPUT PRIMUM.

Summi boni perfectionem, quod Deus est, ipsa Dei Sapientia incarnata Christus Dominus describendo, tribus nominibus diligenter distinxit, cum unicam et singularem individuam penitus ac simplicem substantiam divinam, Patrem et Filium et Spiritum sanctum tribus de causis appellaverit.

Ambrosius, De fide, ad Gratianum imperatorem : « Quod unius est substantiæ, separari non potest, etsi non sit singularitatis, sed unitatis. Singularitas ad personam pertinet, unitas ad naturam. »

CAPUT II.

Patrem quidem, secundum illam unicam majestatis suæ potentiam, quæ est omnipotentia, qua scilicet efficere potest quidquid vult, cum nihil ei resistere queat. Filium autem eamdem divinam substantiam dixit, secundum propriæ sapientiæ discretionem, qua videlicet cuncta veraciter dijudicare ac discernere potest, ut nihil eam latere possit quo decipiatur. Spiritum sanctum etiam vocavit ipsam, secundum illam benignitatis suæ gratiam, qua omnia quæ summa condidit sapientia, summa ordinat bonitate, et ad optimum quæque finem accommodat, malo quoque bene semper utens, et mirabiliter quantumlibet perverse facta optime disponens, quasi qui utraque manu pro dextera utatur, et nesciat nisi dextram. Unde in Enchiridion B. Augustinus. « Non enim, inquit, Deus omnipotens, cum summe bonus sit, ullo modo sineret mali aliquid esse in operibus suis, nisi usque adeo esset omnipotens et bonus, ut bene faceret et de malo. » Idem in XI De civitate Dei (1), de bonitate Dei et malitia diaboli loquens, ait : « Deus sicut naturarum bonarum optimus creator est, ita malarum voluntatum justissimus ordinator, ut cum ille male utatur naturis bonis, ipse bene utatur etiam voluntatibus malis. » Item idem ibidem de diabolo : « Deus cum eum conderet, futuræ malignitatis ejus non erat ignarus, et prævidebat quæ bona de malis ejus esset ipse facturus. » Item post aliqua (2): « Neque enim Deus ullum, non dico angelorum vel hominum creasset, quem malum futurum esse præscisset, nisi pariter nosset, quibus eos bonorum usibus commodaret. » Hinc est et illud Platonicum : « Omne, inquit, qui [f. quod] gignitur ex aliqua causa necessaria gignitur : Nihil enim fit, cujus ortum non legitima causa et ratio præcedat. » Ex summa itaque illa bonitate sua Deus, qua juxta Moysen cuncta valde bona condidit, et juxta etiam Platonis assertionem, optimus ipse omnium Conditor, a quo invidia relegata longe est, cuncta sui similia, prout cujusque natura capax beatitudinis esse poterat, effici voluit : volens siquidem Deus bona quidem omnia provenire, mali porro nullius, prout eorum quæ nascuntur natura fert, reliquit propaginem, nec fas sit bonitati præstanti quidquam facere, nisi pulcherrimum. Ex hac, inquam, tanta bonitate sua Deus, qua singula quantum potest et decet bona efficit, ac bene disponit etiam mala altissimo suo et incomprehensibili nobis consilio, Spiritus sanctus, ut supra meminimus, ipse est appellatus.

Tale est ergo tres personas, hoc est Patrem et Filium et Spiritum sanctum in divinitate confiteri, ac si commemoraremus divinam Potentiam generantem, divinam Sapientiam genitam, divinam Benignitatem procedentem. Ut his videlicet tribus commemoratis, summi Boni perfectio prædicetur, cum videlicet ipse Deus et summe potens, id est omnipotens, et summe sapiens, et summe benignus ostenditur. De genitura autem hujusmodi seu processione in sequentibus, prout poterimus, et ipse Dominus annuerit, imo, gratia sua dederit, aliquid per quascunque similitudines assignare tentabimus. In his itaque tribus, Potentia scilicet, Sapientia, Benignitate, tota Boni perfectio consistit, ac parvipendendum est quidlibet horum sine duobus aliis. Qui enim potens est, si id quod potest juxta modum rationis conducere nescit, exitialis ac perniciosa ejus potentia. Si autem sapiens sit et discretus in agendo, sed minime possit, efficacia caret. Et si etiam potens sit et sapiens, sed nequaquam benignus, tanto ad nocendum fit pronior, quanto ex potentia et astutia sua ad efficiendum quod vult est securior; nec spem beneficiorum suorum cæteris præstat, qui benignitatis affectu non commovetur. In quo autem hæc tria concurrunt, ut videlicet et possit implere quæ voluerit, et bene velit, utpote benignus, nec exinde sapientia modum rationis excedat, eum profecto vere bonum esse et in omnibus perfectum constat, atque in ejus regimine cuncta quæ optime condidit, optime conservari : quippe qui et possit, et sciat et velit. Unde non solum hæc Trinitatis distinctio ad summi Boni perfectionem describendam convenit, verum etiam ad persuadendam hominibus divini cultus religionem plurimum proficit : ut ob hoc præcipue ipsa Dei Sapientia incarnata in prædicatione sua eam rectissime decrevisset assumere. Duo quippe sunt quæ nos omnino Deo subjectos efficiunt, timor videlicet et amor. Potentia quidem et Sapientia maxime timorem incutiunt, cum eum et posse punire errata, et nihil latere cognoscimus. Benignitas autem ad amorem pertinet, ut quem benignissimum habemus, potissimum diligamus. Ex qua etiam certum est impietatem ulcisci velle, quia quo plus ei placet æquitas, magis displicet iniquitas, sicut scriptum est : *Dilexisti justitiam et odisti iniquitatem* (*Psal.* XLIV, 8). Nomine vero Patris, ut diximus, Potentia designatur, nomine Filii Sapientia, et nomine Spiritus sancti Bonus effectus erga creaturas. Causas autem horum nominum in sequentibus assignabimus, quare videlicet hæc nomina ad hæc distinguenda in Deo translata sunt a consuetis significationibus. Sed prius hanc divinæ Trinitatis distinctionem, non a Christo inceptam, sed ab ipso apertius ac diligentius traditam esse ostendamus; quam quidem divina inspiratio et per prophetas Judæis, et per philosophos gentibus dignata est revelare, ut utrumque populum ad cultum unius Dei ipsa summi Boni perfectio agnita invitaret, ex quo omnia, per quem omnia, et in quo omnia, et facilius hæc fides Trinitatis tempore gratiæ susciperetur ab utroque populo, cum eam a doctoribus quoque antiquis viderent esse traditam.

CAPUT III.

Primum ipsa legis exordia occurrant, ubi legislator Moyses fidem Catholicam de unitate pariter et Trinitate tanquam omnium bonorum fundamentum anteponit. Cum enim dicitur : *In principio creavit Deus cœlum et terram* (*Gen.* I, 1), pro eo quod apud nos dicitur Deus, Hebraica veritas habet *Eloim*, quod est plurale hujus singularis quod est *El*. Quare ergo non dictum est *El*, quod est Deus ; sed *Eloim*, quod apud Hebræos *dii* sive *judices* interpretatur, nisi hoc ad multitudinem divi-

---

(1) Aug. De civitate Dei, lib. XI. c. 17.   (2) Id. ibid., c. 18.

narum personarum accommodetur, ut videlicet eo modo insinuetur pluralitas in Deo, quomodo et trinitas; et quodammodo dicatur multiplex Deus, quomodo et trinus, non secundum quidem [*al.* quamdam] substantiæ diversitatem, sed secundum personarum proprietates (3)? Nam et ibidem de unitate substantiæ demonstranda caute provisum est, cum dicitur *creavit*, non *creaverunt*. Ubi et statim in sequentibus distinctionem personarum adnectit, quasi ad determinandum quod ad hanc denotandam *Eloim* pluraliter dixerit. Spiritus quippe sancti æternitas patenter ostenditur, cum dicitur, *Spiritus Domini ferebatur super aquas* (*Gen.* I, 2). Verbum vero, id est Filius simul et Pater insinuantur, cum dicitur, *Dixit Deus, fiat* (*ibid.*, 3), hoc est in coæterna Sapientia sua Pater ordinavit facienda. Non enim de corporali locutione hoc accipi potest, sicut postmodum convincemus. In eo quoque quod scriptum est, *Et vidit Deus quod esset bonum* (*ibid.*, 4), Bonitas Dei, quam Spiritum sanctum dicimus, insinuatur, sicut in eo quod dicitur *Dixit Deus*, intelligitur Verbum et Pater. Tale enim quod dicitur, *Vidit Deus quod esset bonum*, ac si dicatur intelligendo quia opus quod fecerat bonum esset, amavit illud eo ipso quod bonum erat. Ex quo et ipse bonus esse liquide demonstratur. Bene autem ad astruendam fidem operum, et ad commendationem eorum, commemoratio fit divinarum personarum, hoc est omnipotentiæ Dei, et sapientiæ ejus et bonitatis, ut videlicet quia hoc potest et bonus est, credatur ea fecisse quæ et potuit et voluit. Rursus elegantia operum per sapientiam et bonitatem artificis ostenditur, ut quia summe bonus est artifex et perfecte solers, excellentissimum opus componat. Quid etiam apertius ad documentum Trinitatis esse potest, quam illud quod postea in creatione hominis subjungitur, dicente Domino, *Faciamus hominem?* etc. (*Ibid.*, 26.) Quid enim pluraliter dictum est, *Faciamus*, nisi ut cooperatio totius Trinitatis exprimatur? quippe quos cohortaretur Deus ad creandum hominem, aut ad se in aliquo jurandum, ut ipse solus eum creaturus sit? Scriptum quippe est, *Quis adjuvit Spiritum Domini, aut consiliarius ejus fuit, cum quo iniit consilium?* etc. (*Isa.* XL, 13.) Bene autem ad imaginem et similitudinem Trinitatis, hoc est ad expressam quamdam similitudinem trium personarum homo fieri dicitur: qui et Patrem per potestatem, quam in cæteras creaturas accepit imitatur, et Filium per rationem, et Spiritum sanctum per innocentiæ benignitatem, quam post modum per culpam amisit. Ad hanc quoque pluralitatem divinarum personarum illud attinere videtur, quod in sequentibus per serpentem dictum est: *Eritis sicut dii* (*Gen.* III, 5), quod

ut superius dictum est, in Hebræo sonat *Eloim*, necnon et illa Dominica increpatio: *Ecce Adam quasi unus ex nobis factus est* (*ibid.*, 22). Et rursus illud quod Dominus ait: *Descendamus et confundamus (4) linguas eorum*, cum hoc solus Deus compleverit: unde et subditur: *Atque ita divisit eos* (*Gen.* XI, 7, 8). Nunc autem post legem ad prophetarum testimonia transeamus.

Ait itaque maximus ille prophetarum et regum David, qui suam cæteris intelligentiam præfere s dicit: *Super omnes docentes me intellexi, super senes intellexi* (*Psal.* CXVIII, 99); ait, inquam, distinctionem Trinitatis patenter insinuans: *Verbo Domini cœli formati sunt, et Spiritu oris eorum omnis virtus eorum* (*Psal.* XXXII, 6), qui et alibi unitatem pariter cum Trinitate insinuat dicens: *Benedicat nos Deus, Deus noster, benedicat nos Deus, et metuant eum omnes fines terræ* (*Psal.* LXVI, 7).

Cassiodorus (5): « Deus sermo græcus est, qui Latine interpretatur *timor*, pro qua re, ut arbitror, majores nostri Deum a timore appellandum esse voluerunt: unde quidam ait gentilium poetarum:

Primus in orbe deos fecit timor.

(STAT. *Theb.* III, 661.)

Trina quippe confessio Dei, trinitatem exprimit personarum, Patris videlicet, Filii, et Spiritus sancti. Bene autem Filium designans addidit *noster*, quasi eum a Patre nobis esse datum ostendens, cum per Incarnationem Verbi divina nos Sapientia illuminaverit. De quo etiam Verbo Apostolus ait: *Proprio Filio suo non pepercit, sed pro nobis omnibus tradidit illum* (*Rom.* VIII, 32).

Augustinus *Quæstionum* LXXIV, cap. 44 « : *In principio erat Verbum* (*Joan.* I. 1), quod Græce Logos [Λόγος] dicitur, Latine autem et rationem et verbum significat, sed hoc loco melius Verbum interpretatur. Significetur non solum ad Patrem respectus, sed ad illa etiam quæ per Verbum facta sunt. Ratio autem etsi nihil per illam fiat, recte ratio dicitur, cap. 45: Dei Sapientia Christus et in utero Mariæ fuit, et in cœlis, quo modo Verbum hominis, quod etsi multi audiunt, totum audiunt singuli. »

Unitatem vero divinæ substantiæ Psalmista in eodem aperit, cum post trinam divini nominis prolationem, unum tantummodo Deum in tribus personis intelligens, non subjunxit eos pluraliter, sed eum singulariter. Huic et illud consonat Isaiæ, qui dicit se vidisse seraphim et audisse clamantia *Sanctus, Sanctus, Sanctus Dominus Deus Sabaoth* (*Isa.* VI, 3).

Recte autem vocabulo *Domini* usus est propheta ad patentem designandam, quia dominorum est præesse; quæ videlicet potentia plerumque etiam hoc nomine *Deus* assignatur, eo videlicet quod

---

(3) In Introductione ad Theologiam, lib. I, col. 996, post hæc verba additur: *Ut videlicet tale sit quod dictum est* ELOIM, *ac si diceretur, non res multæ, sed personæ multæ, quarum unaquæque sit Deus: alioquin plures etiam dicerent Deos, cum unus sit tantum.*

(4) In nostra Vulgata et in Introductione ad Theologiam cap. 13 med. legitur in singulari *linguam.*

(5) Expos. in Psalt.

Theos [Θεός] Græce, id est Deus, teste Isidoro, *timor* interpretatur, et potestas quælibet timor est subjectorum.

CAPUT IV.

Verbum ideo Sapientia vocatur, translato scilicet de effectu ad causam vocabulo, quod maxime ex verbis uniuscujusque intelligentia ipsius et cujus scientiæ sit manifestatur. Unde scriptum est in Ecclesiastico : *In lingua enim agnoscitur sapientia, et sensus et doctrina in verbo sensati* (*Eccli.* IV, 29). Hinc etiam per semetipsam Veritas, *ex abundantia,* inquit, *cordis os loquitur* (*Matt.* XII, 34). Sicut igitur visionem mentis et oculorum dicimus, ita locutionem seu verbum cordis quodammodo dicimus, sicut et oris, juxta illud Psalmistæ : *In corde et corde locuti sunt* (*Psal.* XI, 3), et illud libri Sapientiæ : *Dixerunt impii apud se cogitantes non recte* (*Sap.* II, 1), quale et illud est in Evangelio : *Dixerunt intra se : Hic blasphemat* (*Matth.* IX, 3), hoc est cogitaverunt. Et Veritas : *Non quod intrat in os,* inquit, *coinquinat hominem, sed quod procedit ex ore* (*ibid.,* XV, 11). Et post pauca, *quæ autem procedunt,* inquit, *de ore, de corde exeunt, et hoc coinquinat hominem. De corde enim exeunt cogitationes malæ,* etc. (*ibid.* XVIII, 19). Juxta hanc igitur consuetudinem Scripturæ, locutionem cordis, id est ipsam cogitationem, seu intelligentiam animi verbum mentis hoc loco dicimus. In Deo autem ipsa ejus cogitatio seu intelligentia hoc ipsum dicitur quod ratio ejus seu Sapientia, quæ est Verbum Patris, hoc est Filius Dei. Unde et Moyses, ut supra meminimus, cum in diversis rerum creationibus faciendis præmittit *Dixit Deus* (*Gen.* I, 7), et ad dictum statim effectum adjungit dicens, *et factum est ita* (*ibid.,* 7), cuncta Deum condidisse in Verbo, hoc est in sapientia sua ostendit, id est nihil subito temere, sed omnia rationabiliter provide. De quo et alibi Psalmista ait : *Dixit et facta sunt* (*Psal.* XXXII, 9), id est ratione et providentia præeunte cuncta condidit sive ordinavit. Qui etiam hoc verbum alibi apertius demonstrans non esse verbum audibile et transitorium, sed intelligibile ac permanens ait : *Qui fecit cælos in intellectu* (*Psal.* CXXXV, 5), hoc est ad modum illum quo eos primum ordinaverat in verbo mentis, id est in conceptu suæ perpetuæ omnia providentis intelligentiæ; de quo quidem verbo, scilicet intelligibili, beatus Gregorius in homilia Evangeliorum 7, ita loquitur, distinguens scilicet ipsum intelligibile verbum a verbo audibili, quod est vox (6), « Scitis inquit, quia Unigenitus Verbum Patris vocatur, Joanne attestante, qui ait : *In principio erat Verbum* (*Joan.* I, 1). Ex ipsa vestra locutione cognoscitis quia prius vox sonat, ut verbum postmodum possit audiri. Joannes vero vocem se esse asserit, quia Verbum præcedit; » Idem in Homilia 23, De Joanne Baptista : *Ego vox clamantis in deserto.*

« Ideo vox, inquit, propheta vocatus est, quia Verbum præibat; » quod est dicere : Sicut verbum audibile in auditore præcedit intelligibile, quia videlicet prius vox sonat, ut postmodum ex ea intellectus concipiatur, ita Joannis prædicatio anteibat adventum Domini annuntiando.

Verbum itaque dicit conceptum mentis, et quamdam intelligentiæ locutionem, quæ in mente formatur, ad cujus similitudinem Unigenitus Dei Verbum dicitur, et quasi quædam ejus intellectualis ac perpetua locutio, in cujus providentia omnium ab æterno præfixa consistit operatio atque ordinatio. Hanc autem intellectualem Dei locutionem, id est æternam Sapientiæ ordinationem Augustinus, *De civitate Dei* lib. XXVI, cap. 6, describens : « Dei, inquit, ante factum suum locutio ipsius sui facti est incommutabilis ratio, quæ non habet sonum strepentem atque transeuntem, sed vim sempiterne manentem et temporaliter operantem. » Idem in lib. contra v hæreses (7) : « *In principio erat Verbum.* Melius Græci logos [Λόγος] dicunt, logos quippe verbum significat et rationem. » De quo etiam Verbo in VIII, de Trinitate ait : « Verbum idcirco Filium nuncupavit, ut ostenderet de se illum exstitisse. » Quod autem Verbum Dei ipsa ejus sapientia sit intelligendum, aperte in Ecclesiastico monstratur his verbis : *Omnis sapientia a Domino Deo est, et cum illo fuit semper, et est ante ævum. Sapientiam præcedentem omnia quis investigavit? Prior omnium creata est sapientia, et intellectus sapientiæ ab ævo. Fons sapientiæ Verbum Dei in excelsis,* etc. (*Eccli.* I, 1.) Ne mireris si, ut dixerim, ipse quoque conceptus mentis verbum dicatur, translato de effectu ad causam vocabulo, cum e converso de causa ad effectum factis plerisque utamur translationibus. Unde et ipsum eleemosynæ beneficium, quo impenso maxime charitas dantis innotescit, charitatem nonnunquam appellamus, et ipsam pœnitentis satisfactionem nomine pœnitentiæ designamus, cum recte charitas non dicatur, nisi dilectio; nec pœnitentia, nisi ipse animi dolor, licet etiam ipsum nostræ mentis conceptum ipsius sermonis tam effectum quam causam ponere, in proferente quidem causam, in audiente effectum, quia et sermo ipse loquentis ab ejus intellectu proficiscens generatur, ut eumdem rursus in auditore generet intellectum. Pro hac itaque maxima sermonum et intellectuum cognatione non indecenter in eorum nominibus mutuas fieri licet translationes : quod in rebus quoque et nominibus propter adjunctionem significationis frequenter contingit. Hæc de translatione hujus nominis *Verbum* hoc loco facta et significatione ejus dicta nunc sufficiunt.

Filius autem Dei Patris hoc ipsum Verbum, hoc est ipsa ejus coæterna Sapientia dicitur, secundum illum generationis modum, quo divina sapientia ex

---

(6) S. Greg. hom. 7, num. 2.
(7) Cap. 6. — Hic liber, etsi antiquissimi scriptoris, non est tamen S. Augustini, rejectus in appendicem tom. VIII novæ editionis.

divina est potentia, sicut in sequentibus assignare conabimur, prout Dominus dederit. Quod vero nomine Patris divina specialiter exprimatur potentia, maximus quoque episcopus in expositione Symboli quod dicitur apostolorum, quæ legitur in quinta Quadragesimæ Dominica, his verbis insinuat : « Credis, » inquit, « in Deum Patrem omnipotentem ? In Deo natura innascibilis, in Patre Unigeniti veritas, in omnipotente plenitudo virtutis ostenditur. Est namque per ingenitam Deitatem omnipotens, et per omnipotentiam Pater : » ac si aperte dicat : In eo quod est Deus ingenitus, hoc Deus Pater, hoc quasi proprie et specialiter habet quod sit omnipotens, sicut Filius in eo quod Filius est, quod sapiens sive sapientia; vel Spiritus quod sit benignus, imo benignitas ipsa. Non enim ita ut solus Deus sit omnipotens, et non vel Filius, vel Spiritus sanctus, vel solus Filius sit sapiens aut solus Spiritus sanctus sit benignus; sed quod juxta cujusque personæ distinctionem quædam specialiter ad unam attinent personam, et ei maxime tribuuntur : quædam ad aliam, ut cum Pater ex omnipotentia, sicut supra meminimus, dictus sit, quemadmodum Filius ex sapientia, vel Spiritus sanctus ex benignitate, tale sit quod dicitur per ingenitam Deitatem omnipotens, et per omnipotentiam Pater, ac si diceret ad proprietatem seu distinctionem personæ Dei Patris omnipotentiam specialiter attinere, cum ipsa scilicet omnipotentia generans Sapientiam expressa sit Patris proprietas, sive idem penitus cum ipso Patre, atque hoc nomen Pater in hac persona, ita ipsam divinam potentiam, quæ omnipotentia, simpliciter exprimat, ut neque sapientiam nec benignitatem in ea distinguere habeat, sed tantum contentum sit ipsam omnipotentiam ex qua sapientia gignitur designare. Et notandum quod juxta sanctorum Patrum auctoritatem solam personam Patris dicamus ingenitam, sicut et Patrem videtur hic idem esse ingenitum, quod est a semetipso esse, non ab alio, cum unaquæque videlicet aliarum personarum ab ipso Patre sit, sola vero persona Patris non sit ab aliqua aliarum. Sicut ergo juxta philosophos omne id genitum dicitur quod est ab alio, unde et genituram mundi legimus secundum quod scilicet ipse mundus opus Dei dicitur, non tamen Filius ejus esse ; et Deum genitorem universitatis Plato dicit, a quo scilicet universa alia habent esse; ita e contrario hoc loco solum Patrem dicimus ingenitum, secundum hoc scilicet quod ipse solus non habet ab alio esse.

Quare et beatus Augustinus Spiritum quoque ipsum negat esse ingenitum, sicut et genitum. Sic quippe ait in Quæstionibus ab Orosio propositis et ab ipso expositis capitulo 2 : « Spiritum sanctum neque genitum neque ingenitum fides certa declarat, quia si dixerimus ingenitum, duos Patres affirmare videbimur. Sin autem genitum, duos Filios credere culpamur. Sed quod certa fides tenet, nec ingenitus est, nec genitus, sed ab utrisque procedens, id est a Patre et Filio. » Gennadius De orthodoxa fide ecclesiasticorum dogmatum (8) : « Pater ergo, » inquit, « principium Deitatis, a quo Filius natus, a quo Spiritus sanctus non natus ; quia non est Filius, nec ingenitus, quia non est Pater. » Hunc beatus papa Gregorius secutus in symbolo epistolis suis præscripto meminit dicens : « Spiritum vero sanctum nec genitum nec ingenitum, sed coæternum de Patre et Filio procedentem. » Isidorus quoque Etymologiarum libro VI imponens [f. exponens] quare solus Pater dicatur ingenitus, ait : « Pater solus non est de alio, ideo solus appellatur ingenitus. » Et notandum quod secundum hoc quod ingenitum dicimus solum Patrem, in eo scilicet quod non est ab alio, videtur id quoque quod dicitur ingenitus non incongrue ad potentiam maxime vergere, quasi summus ipse ostendatur, non aliqua quidem dignitate, sed subsistendi possibilitate, cum videlicet ipse solus, ut dictum est, a se ipso habeat esse ; aliæ vero duæ personæ nullatenus, nisi ab ipso sint, esse queant; ipse vero solus non alio egeat, a quo esse ducat, quasi ipse solus suæ sufficiat existentiæ, qui a seipso, non ab alio habet esse. Sic enim et philosophi existentem naturam aiunt ex summo Deo quem Tagathon vocant, id est Filium ex Deo Patre summum in eo vocant quod ab alio non est, qui etiam cum ipsum Patrem protopanton etiam appellant, id est principem omnium, omnipotentiam ipsi quasi proprie et specialiter ascribunt, eo videlicet quod ab ipso non solum creaturæ, verum etiam et cæteræ duæ personæ habeant, ut dictum est, esse, non quidem per creationem, sicut aliæ res, sed per generationem vel processionem. Unde et Pater ipse per hoc potestatem in omnibus quasi specialiter ac naturaliter habere videtur, quod ab ipso sint omnia, et quasi quodam naturali jure sua, quomodo et quilibet filius sui patris jure naturali propriæ existentiæ suæ dicitur esse. Unde et sacra pagina maxime hoc nomen Omnipotens cum nomine Patris proferre consuevit, quamvis et utraque aliarum personarum æque sit omnipotens. Cum itaque superius dixerit Maximus, quod si Deus per ingenitam Deitatem omnipotens talis est, ac si dicat Deo ingenito, id est Deo Patri ex hoc ipso quod ingenitus est, hoc est a seipso, non ab alio existens, maxime et quasi specialiter omnipotentiam esse tribuendam, cum ipse quidem sicut a seipso est non ab alio, omnia vero alia ab ipso, ita a seipso non ab alio omnia posse, nulli alii in aliquo obnoxius, quasi ab eo vel esse, vel posse, vel facere aliquid

---

(8) Hic liber vulgo De ecclesiasticis dogmatibus inscriptus tribuitur sancto Augustino in quibusdam mss. Ejus auctorem Alcuinum faciunt Trithemius et Balæus, Paterium Gratianus, melius alii Gennadium, non quidem Constantinopolitanum episcopum, ut voluit Ratramnus, sed Massiliensem presbyterum, non vero episcopum, ut perperam quibusdam placuit.

habeat qui summus est omnium existentiæ naturarum, et in omnibus aliis tanquam naturaliter suis jure potestatem, ut dictum est, obtinere videatur, tanquam in his quæ ab ipso esse habeant, quæ id quoque quod possunt ab ipso ex necessitate accipiunt, a quo et esse trahunt. Ipse vero solus sicut in existentia summus est, hoc est non ab alio; ita et summa in eo dicatur potestas, quod a se ipso non ab alio posse habet sicut et esse. Cæteræ vero personæ sicut ab ipso sunt, ita et ab ipso habent quod possunt vel faciunt; unde et Filius ipse perhibet quod nihil a seipso faciat, sicut nec a seipso loquatur. Eum quippe qui sui ipsius non est Verbum, sed Patris, profecto necesse est et hoc ipsum quod facit habere a Patre, qui hoc ipsum quod est ab ipso habeat. Summus itaque quodammodo per potentiam videtur Pater, sed non major, qui a se ipso, ut dictum est, omnia possit, qui a seipso non ab alio subsistit, quod est ei quasi proprie quodammodo vel specialiter omnipotentiam esse tribuendam, qui sic omnia potest, ut hoc a se habeat, non ab alio accipiat. Quod vero ait in hoc nomine, Deum, ostendi naturam innascibilem, tale est ac si diceret substantiam non factam aut creatam, sed æternam.

CAPUT V.

Nomine vero Spiritus sancti affectus benignitatis et charitatis exprimitur, eo videlicet quod spiritu oris nostri et anhelitu maxime affectus animi patefiant, cum aut præ amore suspiramus, aut præ laboris vel doloris angustia gemimus. Unde Spiritus sanctus pro affectu bono ponitur juxta illud libri Sapientiæ: *Benignus est spiritus sapientiæ, et non liberabit maledictum [maledicum] a labiis suis* (Sap. I, 6); atque illud Psalmistæ · *Spiritus tuus bonus deducet me in terram rectam*, etc. (Psal. CXLII, 10.) De quo et sanctus Augustinus in primo super Genesim, eo loco quo scriptum est: *Spiritus Domini ferebatur super aquas*, ait : « Egenus atque indigens amor ita diligit, ut rebus quas diligit subjiciatur; propterea cum commemoraretur Spiritus Dei in quo sancta ejus benevolentia dilectioque intelligitur, superferri dictus est, ne facienda opera sua per indigentiæ necessitatem potius quam per abundantiam beneficientiæ Deus amare putaretur. » Huic et illud apostoli plane congruit : *Deus charitas est* (Joan. IV, 16), quia teste Gregorio, Spiritus ipse amor est. Unde et Paulus in salutationibus suis quas Epistolis præscribere consuevit dicens: *Gratia vobis a Deo Patre et Domino Jesu Christo*, nomine gratiæ Spiritum ipsum congrue designavit, quem etiam donum Dei vocamus; quam quidem gratiam, id est quem Spiritum ab eisdem dari optime prædicitur, a quibus et procedit, hoc est a Patre et Filio. Bene itaque Spiritus sanctus tam in columba quam in igne revelari elegerit, cum ipsa, ut dictum est, divina benignitas seu charitas nomine Spiritus sit expressa. Nam et columba mitissima esse creditur et benignissima omnium avium, quæ et felle carere dicitur, et ab iracundiæ stimulis maxime esse remota, et igneæ quodammodo et calidissimæ esse naturæ, cum ignis ipse amor dicatur, de quo Veritas: *Ignem veni*, inquit, *mittere in terram* (*Luc.* XII, 49), id est charitatem prædicare atque plantare, potius quam timorem, qui frigori comparatur, unde et frequentius, quam cæteræ aves generare ac parere columbæ sufficiunt, cum sint videlicet calidioris naturæ. Nec vacat etiam quod binos pariunt, etiam sociales sunt, et simul commorantes. Duo quippe sunt charitatis rami, unus in Deum, alius in proximum; et quicunque charitatem habet, unitatem concordiæ servat. Et est hoc loco Spiritus sanctus proprium nomen unius personæ, cum in alia significatione acceptum sit commune trium personarum, secundum hoc scilicet quod divina substantia spiritualis est et non corporea, et etiam sancta. De hoc etiam Augustinus libro V (9) De Trinitate, meminit dicens : « Spiritus sanctus secundum id quod scriptum est, quoniam Deus spiritus est, potest quidem universaliter dici, quia et Pater spiritus, et Filius spiritus, et Pater sanctus, et Filius sanctus. » Et post pauca : « Spiritus sanctus quædam Patris Filiique communio est, et ideo fortasse sic appellatur, quia Patri et Filio potest eadem appellatio convenire. Ut ergo ex nomine quod utrisque convenit, utriusque communio significetur, vocatur donum amborum Spiritus sanctus. » Idem in XV (10) : « Multis exemplis doceri potest multarum rerum vocabula et universaliter poni, et proprie quibusdam rebus adhiberi. Hoc ideo dixi, ne quisquam propterea nos inconvenienter existimet charitatem appellare Spiritum sanctum, quia et Deus Pater, et Deus Filius potest charitas nuncupari. Sicut ergo unicum tum Verbum vocamus proprie nomine Sapientiæ, cum et Spiritus sanctus et Pater ipse Sapientia : ita Spiritus sanctus proprie nuncupatur vocabulo charitatis, cum sit et Pater et Filius charitas. »

Frequenter quippe contingit, ut nomen commune multarum rerum ad unam earum quasi proprium transferatur; cum cæteræ res habeant propria nomina, per quæ scilicet ab invicem distent, hæc vero non habeat nomen, differentiæ sit hujus proprium quod prius commune erat omnium : veluti cum clericos appellamus ad differentiam monachorum, cum tamen et monachi clerici sint, et confessores dicimus ad differentiam martyrum, cum præcipue martyres, id est testes , dicendi sint confessores, qui usque ad mortem etiam in confessione divini nominis perseverant. Multa quoque alia sunt prophetiarum loca, ex quibus aperte Trinitatis discretio traditur.

Generationem quidem Filii æternam ex Patre ipse David aperte docuit, ubi personam Filii intro-

---

(9) Similia habet Augustinus l. XV, c. 19.

(10) Cap. 17, 50.

ducit loquentis sic : *Dominus dixit ad me : Filius meus es tu, ego hodie genui te. Postula a me, et dabo tibi gentes hæreditatem tuam*, etc. (*Psal*. II, 7 et seqq.) Tale est autem quod ait : *Ego hodie genui te*, ac si diceret : Æternaliter ex ipsa mea substantia es. Nam quia in æternitate nihil est præteritum aut futurum, sed tantummodo præsens, idcirco adverbio temporis †præsentis pro æternitate usus est, dicendo *hodie* pro æternaliter. Bene autem ad *hodie* addidit *genui*, quasi præsenti præteritum, ut videlicet ipsam generationem per *Hodie* præsentem semper, per *Genui* perfectam esse indicaret, nunquam, scilicet aut cessare aut incœptam esse. Quippe quæ præterita sunt, jam completa sunt et perfecta : ideoque præteritum quasi pro perfectione posuit, ostendens scilicet Filium ex Patre semper gigni et semper genitum esse. Qui et alibi apertius æternitatem Filii protestatur dicens : *Permanebit cum sole et ante lunam in generatione et generationem* (*Psal.* LXXI, 5). Et rursum : *Tecum principium in die virtutis tuæ in splendoribus sanctorum, ex uteroante Luciferum genui te* (*Psal.* CIX, 5). De hac etiam ineffabili et æterna generatione, sive etiam temporali, quarum utraque mirabilis est, Isaias admirans ait : *Generationem ejus quis enarrabit ?* (*Isa.* LIII, 8) ac si aperte diceret : Non est hoc disserere humani ingenii, sed solius Dei, cujus tamen Spiritus in his fidelibus quos vult loquitur, ipso attestante, qui ait : *Non vos estis qui loquimini, sed Spiritus Patris vestri qui loquitur in vobis* (*Matth.* x, 20). Hieronymus etiam super Ecclesiasten eo loco quo dicitur : *Quis scit spiritus filiorum hominum* (11) *si ascendat sursum, et spiritus pecoris descendat deorsum in terram ?* (*Eccle.* III, 21) illud quod dictum est. *Generationem ejus quis enarrabit ?* ad exemplum difficilis non impossibilis trahit dicens : « Adjiciendo *Quis*, difficultatem rei voluit demonstrare. Pronomen enim *Quis*, in Scripturis sanctis non pro impossibili, sed pro difficili semper accipitur, ut ibi : *Generationem ejus*, id est Christi, *quis enarrabit ?* » etc.

Hæc etiam Sapientiæ coæternitas cum Patre plane in Proverbiis monstratur his verbis : *Ego Sapientia habito in consilio... Dominus possedit me initio viarum suarum antequam quidquam faceret a principio. Ab æterno ordinata sum antequam terra fieret. Necdum erant abyssi, et ego jam concepta eram, necdum fontes aquarum eruperant. Necdum montes gravi mole constiterant, ante colles ego parturiebar. Adhuc terram non fecerat et cardines orbis terræ. Quando præparabat cœlos, aderam... Quando appendebat fundamenta terræ, cum eo eram cuncta componens, et delectabar per singulos dies, ludens coram eo omni tempore* (*Prov.* VIII, 12, 22 et seqq.). Quid enim apertius ad æternam generationem Verbi, quam id quod ipsa Sapientia perhibet, se ante mundi constitutionem conceptam esse et parturiri, et se cum Patre æternaliter permanentem semper ludere coram eo. Quippe quod conceptum parturitur, utique in ipso est a quo generatur. Et Sapientia in ipsa substantia sive essentia potentia est, cum ipsa scilicet quædam sit potentia, sicut posterius ostendemus. Tale est ergo Sapientiam conceptam parturiri a Deo, ac si dictum sit, ipsam Sapientiam ex ipsa Patris substantia, in qua est, gigni. Tale est Sapientiam ludere coram Patre et cum ipso cuncta componere, ac si dixerit, ipsam divinam Potentiam omnia in Sapientia pro bonitatis suæ arbitrio disponere, ut in ipso ludo ipsum bonitatis affectum intelligamus : de quo scriptum est : *Spiritu oris ejus omnis virtus eorum* (*Psal.* XXXII, 6). Quod vero ait Sapientiam coram Deo Patre semper assistere, tale est, ipsam Omnipotentiam nihil efficere, nisi præeunte ratione et ducatu Sapientiæ. Item idem in eisdem Proverbiis de Filio Dei et ineffabili nomine ipsius quoque Filii manifestissime scribit, quasi induens personam admirabilis cujusdam prophetæ hanc inenarrabilem generationem prophetantis et admirantis. Dicit quippe sic : *Visio... quam locutus est vir cum quo est Deus, et qui Deo secum morante confortatus ait* (*Prov.* XXX, 1) : *Quis suscitavit omnes terminos terræ ? quod nomen ejus, et quod nomen Filii ejus ?* (*Ibid.*, 4.) Quam firmum etiam, quamque apertum fidei nostræ testimonium in Ecclesiastico occurrit, ubi quidem Sapientia Dei et se primogenitam ante omnia dicit secundum divinitatis naturam, et postmodum creatam secundum naturæ nostræ assumptionem, cum ipsa videlicet ad imperium Patris per Incarnationis habitum visitavit Israel. Scriptum quippe est ibi : *Sapientia in multitudine electorum habebit laudem et inter benedictos benedicetur dicens : Ego ex ore Altissimi prodivi primogenita ante omnem creaturam. Ego in cœlis feci ut oriretur lumen indeficiens, et sicut nebula texi omnem terram. Ego in altissimis habitavi, et thronus meus in columna nubis. Gyrum cœli circuivi sola*, etc. (*Eccli.* XXIV, 4-8.) Et post pauca : *Tunc præcepit et dixit mihi Creator omnium, et qui creavit me requievit in tabernaculo meo, et dixit mihi : In Jacob inhabita, et in Israel hæreditare, et in electis meis mitte radices* (ibid., 12, 13). In eodem quoque libro apertissime peccatorum remissionem sistere in Incarnatione divinæ Sapientiæ, quæ Christus est, prophetat, dicens peccata David per Christum purgata esse. Ibi enim cum de laude David plurima dicerentur, summa totius laudis in hoc uno collecta est, quo subdicitur : *Christus purgavit peccata ipsius, et exaltavit in æternum cornu ejus, et dedit illi testamentum regum, et sedem gloriæ in Israel* (*Eccli.* XLVII, 13).

Michæas quoque de hac æterna Verbi generatione ex Patre, necnon et de temporali ex matre ait : *Et tu Bethlehem Ephrata, parvulus es in milli-*

---

(11) In vulgata *Spiritus filiorum Adam... et spiritus jumentorum.*

bus Juda, ex te mihi egredietur qui sit dominator in Israel, et egressus ejus ab initio a diebus æternitatis (*Mic.* v, 2). Dicant rebelles et increduli Judæi, de quo nascituro in Bethlehem hoc dictum sit, quod videlicet egressus ejus ab initio sit a diebus æternitatis. Æternum quippe est quod origine caret. Quod si hoc referant ad Messiam, illum scilicet maximum prophetam, ut aiunt, quem exspectant, qui tamen secundum eos homo purus erat, non etiam Deus : ostendant quis egressus ejus æternus sit, vel unde æternaliter egrediatur. Si autem dicant eum æternaliter egredi ex Bethlehem, eo quod ejus nativitas in eo loco futura ab æterno provisa sit a Deo et prædestinata : hoc utique modo cujuslibet hominis, vel cujuslibet rei nativitas æterna est, quia videlicet ab æterno provisa. Discant itaque æternam generationem esse, quam et scriptam legunt, et legendo profitentur, et profitentes non credunt. Respondeant etiam mihi cum audiunt Prophetam dicentem : *Verbo Domini cœli firmati sunt, et spiritu oris ejus omnis virtus eorum* (*Psal.* xxxii, 6), quid per Verbum Domini, quid per os ejus, vel per Spiritum ejus intelligant. Unum quippe omnium aliarum rerum principium Deum esse constat; et omne quod est, aut Deus est, et ideo æternum, aut ab æterno illo principio manet creatum. Scriptum præterea est : *In principio creavit Deus cœlum et terram* (*Gen.* i, 1) : unde ante hæc nihil creatum esse volunt. Verbum itaque illud quo cœli firmati sunt, et ideo prius est his quos constituit, creatum non est, imo Creator, ipse, qui Deus est, quo cœli firmati sunt. Si autem hoc Verbum locutionem aliquam Dei transitoriam appellent, sicut et verbum hominis, eo videlicet quod scriptum est : *Dixit Deus et facta sunt* (*Psal.* xxxii, 9); atque ita Deus quoque sicut homo modo loquitur, cum ait : *Fiat lux* (*Gen.* i, 3), modo conticeat, profecto permutabilis est divinitatis æternitas, cum non semper dicat *fiat lux,* et cætera quæ jam condita sunt. Quid etiam opus verbo audibili fuit ante mundi constitutionem, cum nondum esset cui loqueretur, vel qui audiret ? Nunquid inane verbum non protulit, si opus verbo non fuerit ? præsertim cum sola voluntas sufficeret, nec adhuc aliquis esset qui audito instrueretur. Quo etiam proferendo verbum emitteret, cum nullus adhuc locus creatus esset, nec aer adhuc conditus ex quo verba formantur ? Quibus etiam instrumentis verba formaret, cum nec os, nec pars aliqua inesse possit ei qui omnino simplex est et indivisibile ? omne quippe quod partibus constat, posterius est naturaliter his ex quibus constat et quorum conventu proficitur, cum ex ipsis esse suum contrahat ex quibus est constitutum : «Omne etiam,» inquit Plato, « quod junctum est, natura dissolubile est. » Quod si Spiritum Domini ventum intelligant, sicut ibi accipere volunt : *Spiritus Domini ferebatur super aquas* (*Gen.* i, 2), eo, ut aiunt, quod ventus in aquis quas commovet maxime appareat, quomodo spiritus, id est flatus oris Domini esse dicatur, cum videlicet, neque os, neque aliquam partem, ut dictum est, habeat? Quomodo etiam per ventum virtus cœli et terræ subsistit

Intelligant ergo hunc esse illum Spiritum Domini, cujus septiformem gratiam Isaias describens ait : *Et requiescet super eum Spiritus Domini, spiritus sapientiæ et intellectus, spiritus consilii et fortitudinis,* etc. (*Isa.* xi, 2.) Et alibi : *Et nunc Dominus misit me, et Spiritus ejus* (*Isa.* xlviii, 16). Et rursus : *Spiritus Domini super me, eo quod unxerit me, ad annuntiandum mansuetis misit me* (*Isa.* lxi, 1). De quo etiam in Sapientia dicitur : *Sanctus Spiritus disciplinæ effugiet fictum. Benignus est enim Spiritus Sapientiæ,* etc. (*Sap.* i, 5.) De quo iterum cum subditur : *Et hoc quod continet omnia scientiam habet vocis* (*ibid.*, 6), aperte ipse Spiritus Deus esse perhibetur, cum omnia continere dicatur. Et iterum ad Deum loquens Sapientia dicit : *Sensum autem tuum quis scivit, nisi tu dederis sapientiam, et miseris Spiritum sanctum tuum de altissimis?* (*Sap.* ix, 17.) Et rursum : *O quam bonus et suavis est, Domine, Spiritus tuus in nobis!* (*Sap.* xii, 1.) Hic etiam cum ipse Spiritus Sapientiæ describeretur, verus Deus plane prædicatur, cum inter cætera de eo scriptum sit in Sapientia sic : *Omnem habens virtutem, omnia prospiciens,* et quod *capiat omnia Spiritus* (*Sap.* vii, 23). Quem etiam Eliud in libro Job Creatorem profitetur dicens : *Spiritus Domini fecit me, et spiraculum Omnipotentis vivificavit me* (*Job* xxxiii, 4). Cui et Filius ipse Dei in Evangelio æqualem sibi et Patri dignitatem ascribens ait : *Ite, docete omnes gentes, baptizantes eos in nomine Patris et Filii et Spiritus sancti* (*Matth.* xxviii, 19). Necnon et Apostolus, teste Augustino, cum templum Spiritus sancti nominat, aperte eum esse Deum pronuntiat, cum solius Dei templum esse dicatur. Scriptum quippe est in Apostolo : *Nescitis quod templum Dei estis et Spiritus Dei habitat in vobis?* (*I Cor.* iii, 16.) Ubi aperte insinuat Deum ipsum cujus est templum, et Spiritum Dei quem inhabitare dicit, idem esse. Sic et B. Petrus in Actibus apostolorum Spiritum sanctum Deum esse profitetur, dicens : *Ut quid mentitus es Spiritui sancto, Anania? Non es mentitus hominibus, sed Deo* (*Act.* v, 3, 4). De quo iterum Spiritu in eisdem Actibus continetur : *Hæc dicit Spiritus jubens : Separate mihi Barnabam et Paulum,* etc. (*Act.* xiii, 2.) Et rursum : *Placuit Spiritui sancto et nobis* (*Act.* xv, 28). Et Psalmista Spiritum Dei ubique esse tanquam incircumscriptum profitetur dicens : *Quo ibo a Spiritu tuo?* (*Psal.* cxxxviii, 7.) Qui et statim ut ipsum Spiritum Dei, quem ubique esse profitetur, idem esse cum ipso Deo, ad quem loquitur, insinuet, per hoc patenter ostendit, quod statim Spiritum ubique esse assignat per ipsum Deum, quem ubique astruit dicens: *Si ascendero in cœlum, tu illic es,* etc. (*Ibid.*, 8.) Sed et cum Veritas ipsa perhibet peccatum in Spiritum non esse remissibile, cum peccatum in Patrem et in Filium remissibile dicat(*Matth.* xii, 32), cui aperte non insinuet Spiritum ipsum non minorem esse Patre et Filio, ac per hoc ipsum etiam Deum plenum esse sicut est Pater ipse, vel Filius?

Liquet itaque ex supra positis tam Verbum Dei, quam Spiritum ejus Deum esse, sicut et ipse cujus est Verbum vel Spiritus. Intelligant igitur ut dictum est, hoc Verbum Domini, id est Filium Dei, non transitorium verbum, non audibile, sed intellectuale, hoc est ipsam rationem sive Sapientiam coæternam Deo, quam dici convenit omnisapientiam, sicut et dicimus omnipotentiam. Unde et scriptum est : *Omnis Sapientia a Domino Deo est et cum illo fuit semper, et est ante ævum (Eccli.* i, 1). Qui etiam in libro Sapientiæ verus Dei Filius et consubstantialis monstratur, ad differentiam scilicet adoptivorum filiorum, de quibus per prædicationem ejus Deo acquisitis scriptum est : *Quotquot autem receperunt eum, dedit eis potestatem filios Dei fieri (Joan.* i, 12). Sic quippe cum ejus passio in Sapientia manifeste prophetaretur, inter cætera ab impiis dictum est : *Si enim est verus Filius Dei, suscipiet illum, et liberabit de manu contrariorum (Sap.* ii, 18). Hanc et aperte generationem profitetur sancta anima per Deum liberata, cum in Ecclesiastico dicit : *Invocavi Dominum Patrem Domini mei, ut non derelinquat me in die tribulationis meæ (Eccli.* li, 14).

Nunc autem post testimonia prophetarum de fide Trinitatis, libet et testimonia philosophorum supponere, quos ad unius Dei intelligentiam tum ipsa philosophiæ ratio perduxit, qua juxta Apostolum, *invisibilia ipsius Dei a creatura mundi per ea quæ facta sunt, intellecta conspiciuntur* (*Rom.* i, 20), tum ipsa continentissimæ vitæ sobrietas quodam eis merito id ipsum acquisivit. Oportebat quippe ut tunc etiam in ipsis præsignaret Deus per aliquod abundantioris gratiæ donum, quam acceptior sit ei qui sobrie vivit, et se ab illecebris hujus mundi per contemptum ejus subtrahit, quam qui voluptatibus ejus deditus spurcitiis omnibus se immergit. Quantæ autem abstinentiæ et continentiæ (12) philosophi fuerint, sancti etiam doctores tradunt, qui et eorum vitam ad nostram increpationem inducunt (13), et pleraque ex documentis eorum moralibus vel testimoniis fidei ad ædificationem nostram assumunt : quod qui ignorat, legat saltem Hieronymum contra Jovinianum, et viderit quanta de eorum virtutibus vel cæterorum gentilium referat, ad impudentiam scilicet illius hæretici conterendam. Maxime autem et nos hoc opere testimoniis seu rationibus philosophorum niti convenit, in quo adversus eos præcipue agimus, qui fidem nostram philosophicis nituntur oppugnare documentis, præsertim cum nemo, nisi per ea quæ recipit, arguendus sit, aut convincendus, et ille nimia confusione conteratur, qui per eadem vincitur, per quæ vincere nitebatur.

Philosophos autem unum tantummodo Deum cognoscere unus ex ipsis Tullius in primo Rhetoricorum perhibet dicens : « *Eos qui philosophiæ dant operam non arbitrari deos esse,* » ac si aperte dicat : Imo Deum unum, non deos plures. De quibus etiam Apostolus, teste Augustino, cum Atheniensibus loquens rem magnam dixisset, et quæ a paucis posset intelligi, quod in illo scilicet *vivimus, movemur et sumus,* adjecit, « *sicut et vestri quidam dixerunt* (*Act.* xvii, 28). » De talibus rursum idem Apostolus ad Romanos scribit : *Quod notum est Dei, manifestum est illis : Deus enim illis manifestavit : invisibilia enim ipsius a creatura mundi per ea quæ facta sunt intellecta conspiciuntur, sempiterna quoque virtus ejus et divinitas : ita ut sint inexcusabiles, quia cum cognovissent Deum, non sicut Deum glorificaverunt, aut gratias egerunt; sed evanuerunt in cogitationibus suis* (*Rom.* i, 19 - 21). Nec mirum cum et Salomonis illa sapientia per concupiscentiam carnalesque voluptates devicta, idolatriæ consenserit, divino cultu, quem in suis et docebat et prædicabat, derelicto. Ad quem etiam cultum Dei magnificandum, ipse jussu Dei templum ædificavit, a quo pater ejus justus inhibitus fuit. Deus autem reprobis etiam et infidelibus nonnunquam maxima dona distribuit, quæ aliorum doctrinæ vel usui necessaria fore videt, necnon et per reprobos multa miracula operatur, de quibus in Evangelio Veritas : *Multi dicent mihi in illa die : Domine, Domine, nonne in nomine tuo prophetavimus et in nomine tuo dæmonia ejecimus, et in nomine tuo virtutes multas fecimus? Et tunc confitebor illis, quia non novi vos. Discedite a me, qui operamini iniquitatem* (*Matth.* vii, 22, 23). Cum autem per reprobos Deus aut miracula ostendit, aut prophetias loquitur, aut quælibet magna operatur, non ad utilitatem ipsorum agitur (14), quibus utitur tanquam instrumentis; sed potius aliorum, quos instruere per istos intendat, qui et per indignos ministros gratiæ suæ dona non deserens quotidie sacramenta Ecclesiæ ad invocationem sui nominis specialiter (15) conficit in salutem credentium. Bene autem et per indignos seu infideles maxima Deus operatur, qui verbis asini prophetam (16) docuit, ne si per magnos tantum magna operaretur, virtutibus meritisque hominis magis quam divinæ gratiæ hæc tribuerentur.

---

(12) In Introductione ad theologiam, *incontinentiæ* male omnino et contra auctoris mentem.

(13) Ibid., *advehunt.*

(14) In Introductione ad theologiam pro *agitur* legitur *agere,* quod nullum efficit sensum.

(15) Ibid., *spiritualiter*, melius in codice nostro *specialiter.*

(16) Scriptura *ariolum* vocat non prophetam.

Primus autem nunc ille antiquissimus philosophorum et magni nominis occurrat Mercurius, quem præcellentia sua deum quoque appellaverunt : cujus quidem testimonium de generatione Verbi Augustinus contra quinque hæreses disputans inducit dicens : « Hermas qui Latine *Mercurius* dicitur, scripsit librum (17) qui Logostilcos appellatur, id est Verbum perfectum, audiamus quid loquatur de Verbo perfecto. « Dominus, » inquit, « et omnium factor deorum secundum Dominum fecit. Hunc fecit primum et solum et verum (18). Bonus autem ei visus est et plenissimus omnium bonorum. Lætatus est, et valde dilexit eum tanquam unigenitum suum. » Item alio loco dicit : « Filius benedicti Dei atque bonæ voluntatis, cujus nomen non potest humano ore narrari. » Augustinus quem primo factum dixit, postea unigenitum appellavit. Quantum plenissimus sit Joannes evangelista dicit : *De plenitudine ejus omnes accepimus (Joan.* I, 16). Deos autem, hoc est animalia rationalia immortalia philosophi planetas seu etiam mundum ipsum vocare consueverunt. Unde et Propheta solem et lunam et cætera militiam cœli vocat, morem gentilium secutus, qui eis tanquam rectoribus suis et protectoribus suis immolabant. Horum autem deorum excellentiores juxta Platonem summus Deus de creatione hominis facienda alloquitur, quasi omnia quæ in terra deorsum fiunt a superioribus per occultas planetarum ac siderum naturas administrentur. Ita enim dicit : « Dii deorum quorum opifex idem paterque ego (19), opera vos siquidem mea dissolubilia natura, me tamen ita nolente indissolubilia etc. » Ad hoc et illud pertinet quod in octavo De civitate Dei de Platonicis dicitur : « Omnium, inquiunt, animalium in quibus est anima rationalis tripertita divisio est, in deos, homines, dæmones. Deorum sedes in cœlo, hominum in terra, in aere dæmonum. » Et Boetius super Porphyrium : « Quandocunque, » inquit, « deum subponimus animali, secundum opinionem eam facimus, quæ solem stellasque atque hunc totum mundum animatum esse confirmat, quos etiam deorum nomine appellaverunt. » Beatus autem Augustinus, quod dicitur de sole et cæteris cœlestibus luminaribus nequaquam refellere audet, sed sibi incertum esse profitetur, utrum videlicet quidam rectores spiritus illis insint, per quos etiam vivificentur, et quod mirabile dictu videtur, dicit etiam se ignorare utrum hæc quoque pertineant ad societatem eorum, quos nos christiani angelos vel cœlestes spiritus dicimus. Unde in Enchiridion ita dicit : « Utrum archangeli appellentur virtutes, et quid inter se distent sedes, sive dominationes, sive principatus, sive potestates, dicant qui possunt, si tamen possunt probare quod dicunt. Ego me ista ignorare profiteor. Sed nec illud certum habeo, utrum ad eamdem societatem pertineant sol et luna et sidera, quamvis nonnulla lucida esse corpora non cum sensu (20) vel intelligentia videantur. »

Ne quis forte sacris eruditus litteris abhorreat Hermetis philosophi verba, quibus videlicet ait de Deo Patre qui secundum fecerit Dominum, hoc est genuerit Filium, cum profecto Deus Filius a Deo Patre nec factus nec creatus, sed tantum sit genitus, sciat etiam a catholicis et sanctis doctoribus multa de eadem generatione similiter abusive prolata, cum nonnunquam Patrem auctorem Filii, vel eum procreasse, vel Filium a Patre formatum, vel ipsius Patris esse effectum abusive pronuntient. Unde Hilarius De Trinitate lib. III ': « Secundum Apostolum quia *in Christo inhabitat omnis plenitudo divinitatis corporaliter (Col.* II, 9), sed incomprehensibiliter, inenarrabiliter, ante omne tempus et sæcula, Unigenitum ex his quæ ingenita in se erant procreavit, omne quod Deus est per charitatem atque virtutem nativitati ejus impertiens : ac sic ingenito, perfecto æternoque Patri unigenitus et perfectus, et æternus est Filius. Ea autem quæ ei sunt secundum corpus quod assumpsit, bonitatis ejus ad salutem nostram voluntas est. « Idem in XI : « *Verba quæ loquor vobis non a me loquor (Joan.* XIV, 10). Nam dum non a se loquitur, auctori eum necesse est debere quod loquitur. » Item : « Ad id quod agit secundum nativitatem sibi pater auctor est. » Rursus idem libro XII, de non nato Deo Patre et nato ab eo Filio loquens ait : « Neque ipsum non natum atque nasci, quia illud ab altero, hoc vero a nemine est, et aliud est sine auctore esse semper æternum, aliud quod Patri, id est auctori est æternum (21-22). Ubi enim Pater auctor est, ibi et nativitas est. At vero ubi auctor æternus est, ibi et nativitatis æternitas est, quia sicut nativitas ab auctore est, ita et ab æterno auctore æterna nativitas. » Item : « Quod ex æterno natum est, id si non æternum natum, jam non erit et Pater auctor æternus. Si quid igitur ei, qui ab æterno Patre natus est, ex æternitate defuerit, id ipsum auctori, qui Pater est (23), non est ambiguum defuisse : quia quod gignenti est infinitum, infinitum est etiam nascenti. Item ex æterno nihil aliud quam æternum ; quod si non æternum, jam nec Pater, qui generationis est auctor, æternus. » Item :

---

(17) Cont. quinque Hæres. c. 3. — In Introduct. ad theol., λόγος τέλεος ; melius ut in libro contra quinque hæreses λόγος τέλεος.

(18) In libro contra quinque hæreses legitur *solum et unum*, sed fratres nostri in novissima editione operum S. Augustini notant in quibusdam mss. legi *solum et verum*.

(19) In Introd. ad theol., *Dum deorum quæritur opifex idem paterque ego.*

(20) Ibid., *consensu.*

(21-22) Apud Hilarium non simpliciter *æternum*, sed *coæternum* legitur.

(23) Hæc verba, *qui pater est*, desiderantur apud Hilarium, quæ tamen reperiuntur in duobus mss. In Introd. ad theologiam *quidem pater est* omnino male.

« Ex te natus ostenditur, ut nihil aliud quam te sibi significet auctorem. » Idem in psalmo CXXXVIII : « Tu formasti me et posuisti super me manum tuam (*Psal.* CXXXVIII, 5) ; utrumque significat ut quod formavit antiquum sit, quod superposuit manum, novissimum sit. Quod enim secundum naturam divinitatis formatus sit, Apostolus docet dicens : *Qui cum in forma Dei esset* (*Philip.* II, 6) ; quod enim in forma est formatur in forma et ei Pater naturæ et divinitatis est (24), ut referri possit ad Patrem, et formatus ab ipso sit. » Augustinus (25) Quæstionum veteris et novæ legis, cap. LVII : « Deus Pater de se Filium generavit, in quo ipse videtur, qui nihil ab eo distaret, ut magnitudini suæ congruus responderet effectus. » Item : « Simillimum itaque suum Filium creans edidit ex se quasi alterum se. » Idem in eodem : « Habuit itaque ante mundum creatæ sobolis principatum, ut Pater rerum futurus ante esse debuerit Pater proprius, hoc est proprii sui fetus. »

Quid itaque mirum cum in verbis quoque ecclesiasticorum ac sanctorum doctorum nonnulla tam abusive proferantur ad generationem Verbi demonstrandam, ut Deus Pater auctor esse Filii sui et eum procreasse, vel Filius ab eo creatus, vel ejus esse dicatur effectus, secundum id scilicet quod ab eo est genitus potius quam creatus vel factus, et ille tantum genitor potius quam creator vel auctor; quid, inquam, mirum si prædictus philosophus, Hermes videlicet, nullis (26) ecclesiasticis imbutus disciplinis, abusionem verborum non caverit (27), dicendo scilicet fecisse pro genuisse? Quod etiam cum secundum a Patre Filium dixerit, a verbis quoque sanctorum alienus non exstitit. Unde et Hilarius de Trinitate in XII : « Filius ex te Deo Patre Deus verus, et a te genitus post te ita confitendus ut tecum, qui æternæ originis suæ auctor æternus es. Nam dum ex te est, secundus a te est; secundus, inquam, ex modo subsistendi, non ex differentia dignitatis. Hic quippe a Deo Patre quasi primo loco subsistit, cum Spiritus tanquam tertio loco ab utrisque sit. » Unde et Patrem Hieronymus principalem Spiritum ad Filium nominat opere illo suo (28) de Tribus virtutibus ita loquens : « David in Psalmo tres Spiritus postulat, dicens : *Spiritu principali confirma me... Spiritum rectum innova in visceribus meis... Spiritum sanctum tuum ne auferas a me.* Qui sunt isti tres Spiritus? Principalis Spiritus, Pater est; Rectus Spiritus, Christus est ; Spiritus sanctus, Spiritus sanctus est ; » Augustinus Veteris et novæ legis cap. 58, Spiritum sanctum qui tertius sit a Patre, secundus autem a Christo secundum numeri ordinem.

Revolvatur et ille maximus philosophorum Plato ejusque sequaces, qui testimonio sanctorum Patrum præ cæteris gentilium philosophis fidei christianæ attendentes (29) totius Trinitatis summam post prophetas patenter ediderunt (30), ubi videlicet Mentem, quam Noym vocant, ex Deo natam atque ipsi coæternam esse perhibent, id est Filium quem Sapientiam Dei dicimus ex Deo Patre æternaliter genitum; qui nec Spiritus sancti personam prætermisisse videntur, cum animam mundi esse astruerint tertiam a Deo et Noy (31) personam. Ac primum ea diligenter consideremus quæ a Platone de hac anima dicta sunt, a quo cæteri philosophi, qui de anima ipsa dixerunt, habuisse creduntur. Hanc itaque, mundi videlicet animam, quasi tertiam a Deo et Noy personam distinguens, prolixiori ac diligentiori descriptione prosequens, eam tam in se ipsa quam in effectis suis integerrima designatione declarat. Juxta quod et nos Spiritum sanctum modo secundum effecta operum suorum dicere solemus, modo secundum naturalem bonitatis suæ affectum, quem in seipso ab æterno habuit, sicut diligentius postmodum distinguemus. Nunc autem illa Platonis verba de anima mundi diligenter discutiamus, ut in eis Spiritum sanctum integerrime designatum esse agnoscamus. Dicit itaque hanc ante mundi constitutionem factam sive genitam a Deo esse, in quo Spiritus sancti perpetuam processionem, qua ex Deo Patre est, nobis, ni fallor, insinuat. Solent quippe philosophi factum ex Deo sive genitum dicere omne quod a Deo habet esse. Unde et Hermes superius Filium Dei factum a Deo dixit, pro hoc quod ab ipso habet esse tanquam æternaliter genitus, non temporaliter ab ipso factus aut creatus. Plato quoque omne quod a Deo esse habet genitum ex ipso dicit, non tamen omne quod a Deo est filium ejus esse, velut ipsum mundum et cætera ejus opera. Ait autem sic, cum de mundo antea locutus ad animam mundi pervenisset : « Nec tamen, inquit, eo quo nos ad præsens loquimur ordine ortum animæ Deus annuit, junioremque ac posteriorem corporibus eam fecit. Neque enim decebat rem antiquiorem a postgenita rei [*f.* regi]. » Item : « Deus tam antiquitate quam virtutibus præire animam naturæ corporis jussit; dominamque eam et principali jure voluit esse circa id quod tueretur. » In quo etiam notandum est quod dum eam præ-

---

(24) Apud Hilarium *formatur in formam, et quidem paternæ naturæ, et divinitatis formam.* In novissima editione operum S. Hilarii Abælardi lectio quæ in unico reperitur mss. tanquam mendosa rejicitur.

(25) Hic liber non est S. Augustini. Plerique viri eruditi hoc tempore existimant auctorem habere Hilarium diaconum qui tempore Damasi papæ vixit.

(26) In Introd. ad theologiam legitur *in illis* pro *nullis*, quæ verba contrarium omnino efficiunt sensum.

(27) Ibid., *curaverit.*

(28) Inter opera S. Hieronymi nullum exstat opus de Tribus virtutibus.

(29) In Introductione ad theologiam *accedentes.* Melius meo quidem judicio codex noster ms. *attendentes.*

(30) Ibid., *addiderunt.*

(31) Ibid., *a Deo volν* mendose omnino nisi restituatur *a Deo et* νοῦ

esse regimini mundi ut dominam dicit, profecto eam omni præfert creaturæ, et Deum esse astruit, quam postmodum his verbis animam mundi vocavit : « Hoc dixit et demum reliquias prioris concretionis, ex qua mundi animam commiscuerat, etc. » Bene autem Spiritum sanctum animam mundi quasi vitam universitatis posuit, cum in bonitate Dei omnia quodammodo vivere habeant, et universa tanquam viva sint apud Deum, et nulla mortua, hoc est nulla inutilia, nec ipsa mala quæ etiam optime per bonitatem ipsius disponuntur, juxta quod tam apud Evangelistam, quam apud Platonicos scriptum esse meminimus : *Quod factum est in ipso vita erat* (Joan. 1, 3), ac si aperte dicatur: Omnia temporaliter facta per ipsum, hoc est per ipsam Dei bonitatem condita, in ipsa Dei bonitate quodammodo perenniter vivebant, cum apud divinam providentiam omnia ab æterno per ejus bonitatem optime essent ordinata, ut tam bene singula procedere vellet quantum oporteret. Huic non incongrue illud Apostoli consonare videtur, quod perhibet philosophorum quosdam dixisse, quod in Deo *vivimus, movemur, et sumus* (Act. xvii, 28), ac si hanc animam mundi ipsum intelligerent Deum. Quod vero dicit Deum excogitasse tertium animæ genus, quod animam mundi dicimus, tale hoc ac si tertiam a Deo et Noy personam astruat esse Spiritum sanctum in illa spirituali divina substantia. Excogitare dicitur Deus, hoc est ex integro percipere hujus personæ discretionem, quam nos digne cogitare atque ab ipso Patre et Filio plene distinguere non sufficimus. Tantumdem etiam valet aliquid a Deo excogitari aliquo modo, quam illud se habere illo modo, hoc est ita veraciter esse. Deinde statim hujus tertiæ personæ, quam animam mundi collocat, diligentem adhibet descriptionem, cum animam ipsam ex individua et incommutabili substantia consistere perhibet : ac rursus ex dividua secundum quod scilicet seipsam anima scindere per corpora putatur. Nam et Spiritus sanctus et in seipso simplex omnino substantia est, et ex natura divinitatis omnino invariabilis atque incommutabilis in seipso perseverat, atque idem Spiritus per effecta multiplex quodammodo vocatur, et septem Spiritus nonnunquam dicitur, secundum septiformis gratiæ suæ efficaciam : unde et in laude divinæ Sapientiæ Spiritus ejus et unicus et multiplex et discurrens et stabilis esse describitur.

Dicit itaque philosophus animam ipsam esse ex individua semperque in suo statu perseverante substantia. Itaque per alia quæ inseparabilis comes corporum, per eadem se corpora scindere putatur, quia Spiritus sanctus et hujusmodi est, quod ex suo statu, quem in seipso non in effectis suis habet, omnino simplex est atque incommutabilis, et quodammodo multiplex esse secundum effecta putatur, quod est seipsum in corpora scindere secundum quod ipsa videlicet anima inseparabilis comes est corporum, cum hanc scilicet multiplicitatis scissuram nullo modo quantum ad seipsam habere possit, sed solummodo quantum ad effecta. Egregie quoque putari dictum est et non esse, quia si vere ac proprie loquamur, non est hæc multiplicitas Spiritus, sed effectorum ipsius, cum eum videlicet in hoc uno multiplicem dicamus, quia multiplicia facit, quod est effecta ejus magis esse diversa, quam ipsum. Cum itaque in ipsa anima mundi individua et dividua, sive, ut dictum est, eadem et diversa concurrit substantia, addit his duobus in ipsa anima sibi concurrentibus quamdam misturam effici ex individuo scilicet et dividuo, sive ex eodem et diverso, hoc est incommutabili et commutabili. In qua quidem, ut ita dicam, mistura Spiritus sancti proprietas diligenter et integre videtur expressa, tam in seipso scilicet, quam in effectis, ut dictum est, suis. Dicit itaque quia Deus hoc tertium substantiæ genus ita, ut dictum est, mistum, locavit medium inter utramque substantiam ; individuam scilicet et dividuam, quia cum sit ipse quoque Spiritus ex Deo, tanquam ex ipso procedens, utrumque horum ab ipso habet, a quo esse habet : et hoc est dicere quod Deus locavit hoc ipsum animæ genus inter utraque supra dicta quasi medium eorum, hoc est mistum ex eis, ac si diceret, quod ab ipso Deo, a quo ipsa est anima, tam hoc quam illud habet, ut videlicet et individua sit in sua substantia et dividua secundum effecta. Quod autem dictum est locavit, congrue dictum est juxta metaphoram locutionis, qua dictum est medium quasi inter aliqua circumstantia collocatum.

Postquam autem designavit misturam animæ, ex individuo ac dividuo, transit ad misturam ex eodem et diverso, dicens eamdem animam, eodem modo ex eodem et diverso consistere, sicut ex individuo consistit atque dividuo. Cujus, inquit, pars idem, pars diversum vocetur, cum videlicet Spiritus ipse et idem sit in substantia cum Deo et Noy, id est cum Patre et Filio, et diversus in proprietate personæ. Possumus etiam eumdem, hoc est incommutabilem in se, eum dicere et diversum quodammodo per effecta esse, cum non solum ipse ea quæ diversa sunt fecerit, secundum quod superius dictum est, ex individua constare substantia, verum etiam ea per temporum sucessionem mutat ac variat, prout opportunum esse judicat, juxta illud Boetii :

.... *Stabilisque manens dat cuncta moveri.*

Et jam quidem superius incommutabilem esse assignaverat, cum ait, semperque in statu suo perseverante substantia, sed quod variabilis per effectuum suorum mutationem (32) esset, nondum addiderat, quod nunc facit. Bene itaque dicit animam ipsam quoddam medium esse, id est mistum ex individua in se substantia et dividua per conjunctio-

---

(32) In Introductione ad theologiam *Per effectum et suorum mutationem.*

nem corpoream, id est conjunctionem ipsius ad corpora, quando scilicet ipsa ad res quaslibet creandas vel regendas atque disponendas se applicat, sicut quælibet anima (33) corpori suo sua impertiens beneficia, cui etiam philosophus totam vim et concordiam proportionalem numerorum tribuit, ut in divinæ gratiæ bonitate universarum rerum concordiam consistere doceat. Omnis quippe ordo naturæ et concinna dispositio numerorum proportionibus vestigatur atque assignatur, et omnium perfectissimum exemplar numeris occurrit quod rebus congruit universis, quod quidem eos non latet qui philosophiæ rimantur arcana.

Hinc est etiam quod arithmetica, quæ tota circa proportiones numerorum consistit, mater et magistra cæterarum artium dicitur, quod videlicet ex discretione (34) numerorum cæterarum rerum vestigatio doctrinaque pendeat. Cujus etiam ut ineffabilem exprimerent benignitatis dulcedinem, totam ei musicarum consonantiarum ascribunt harmoniam, qua et ipsum jugiter resonare firmamentum, et superiores mundi partes repleri perhibentur. Nihil quippe est quod ita oblectet, et nimia suavitate sui alliciat animos, sicut melodia. Nihil est ita pronum ad eos componendos vel commovendos vel pacandos, ut juxta illud primi capituli Boëtianæ musicæ scirent philosophi, quod nostræ tota animæ corporisque compago musica coaptatione conjuncta sit : adeo quod ut iracundias insaniasque melodia sedaret, et gravissimarum infirmitatum dolores curari animadverterent atque efficerent : quod qui ignorat, nec adhuc experimento didicit, legat prædictum musicæ capitulum, et inveniet quomodo Pythagoras ebrium (35) adolescentem sub Phrygii modi sono incitatum, spondæo succinente reddidit mitiorem, et sui compotem. Nam cum scortum, inquit, in rivalis domo esset clausum, atque ille furens domum vellet amburere, cumque Pythagoras stellarum cursus, ut ei mos nocturnus, inspiceret, ubi intellexit sono Phrygii modi incitatum, multis amicorum admonitionibus a facinore noluisse desistere, mutari modum præcepit atque ita furentis animum adolescentis ad statum mentis pacatissimæ temperavit. Inveniet etiam quod cum violenti adolescentes tibiarum etiam cantu, ut fit, instincti mulieris pudicæ fores frangerent (36), admonuisse tibicinam, ut spondæum caneret, Pythagoras dicitur : quod cum illa fecisset, tarditate modorum et gravitate canentis illorum furentem petulantiam consedasse. Videbit ibidem et quomodo Terpander atque Arion Lesbios atque Iones gravissimis morbis cantus eripuere præsidio ; necnon et qualiter Ismenias Thebanus Boetiorum pluribus, quos sciatici (37) doloris tormenta vexabant, modis fertur cunctas abstersisse molestias. Ubi etiam Empedocles cum ejus hospitem (38) quidam gladio furibundus invaderet, inflexisse modum canendi dicitur, atque adolescentis iracundiam temperasse. In tantum vero, inquit Boetius, priscæ philosophiæ studiis vis musicæ artis innotuit, ut Pythagorici cum diurnas in somno resolverent curas, quibusdam cantilenis uterentur, ut eis lenis et quietus sopor irreperet.

Itaque experrecti (39) aliis quibusdam modis stuporem somni confusionemque purgabant. Id nimirum scientes quod nostræ tota animæ corporisque compago musica coaptatione et juncta sit (40). Nam ut sese corporis affectus habet, ita etiam pulsus cordis motibus incitantur. Quod scilicet Democritus Hippocrati medico tradidisse fertur, cum eum quasi insanum, cunctis civibus (41) id opinantibus, in custodia medendi causa viseret. Sed quorsum istic ? quia non potest dubitari quin nostræ animæ et corporis status eisdem quodammodo proportionibus videatur esse compositus, quibus harmonicas modulationes posterior disputatio conjungi copularique monstrabit. Quod si parum fidelibus videantur quæ juxta philosophos de virtute diximus harmonica, nisi et sacræ al Scripturæ testimonio confirmemus, occurrat memoriæ qualiter in spiritu malo in Saül irruente, actum est virorum prudentium consilio vim harmonicæ suavitatis non ignorantium, ut vesaniæ tantæ stimulis Davidici moduli mederentur. Unde et postmodum vir Deo plenus cum ad divini cultus religionem amplificandam templum ædificare disponeret, psalmos qui decantarentur composuit, et omnium musicorum instrumentorum genera congregavit, ut tam vocum quam sonorum consonantiis rudem alliceret populum, per quæ antea diabolicum in reprobo rege mitigarat tormentum. Ex quo præcipue traditur quam naturalis animæ sit harmonica modulatio, quæ ita naturam ejus suavitate sui componere ac reparare valet, ut maligni quoque spiritus tormenta eam perturbare non queant. Bene itaque philosophi, imo Dominus per eos id forsitan ignorantes, tam ipsi animæ mundi, quam superioribus firmamenti partibus nimiam ac summam harmonicæ modulationis suavitatem assignant, ut quanta pace, quanta fruantur concordia, quam diligentius possent exprimerent, et quam concorditer cuncta in mundo divina disponat bonitas, quam illi animam mundi, veritas Spiritum sanctum, ut dictum est, nominat. Quis etiam, si diligenter attenderit, non animadvertat quod de cœlesti dixerunt harmonia, quæ in superioribus mundi partibus incessanter resonat, cum cœlestes videlicet spiritus et assidua

(33) Ibid., *animalis anima.*
(34) Ibid., *ex dissectione.*
(35) In Introd. ad theol., *Ebrum* quasi nomen proprium, longe rectius codex noster *ebrium* ut sequentia demonstrant.
(36) Ibid., *Instructi in litteris pudice fores frangerent;* melius in nostro codice *instincti mulieris pudicæ fores frangerent.*
(37) Ibid., *Inficiati.*
(38) Ibid. additur *in vitis Patrum.*
(39) Ibid., *expergefacti.*
(40) Ibid., *conjuncta sit.*
(41) Ibid., *Democriti* civibus, sed *Democriti* redundat.

divinæ Majestatis visione, et summa invicem concordia ligentur, et in ejus quem conspiciunt laudes jugi et ineffabili exsultatione illud decantent quod juxta Isaiam seraphim die ac nocte conclamare non cessant : *Sanctus, Sanctus, Sanctus, Dominus Deus Sabaoth*, etc.? (*Isa.* vi, 3.)

Superiores itaque cœli, id est firmamenti partes beatos hos spiritus vel eorum mansionem intelligimus, quos etiam septem planetarum nomine propter excellentiam claritatis ipsorum, quos spiritualiter divina gratia, quæ septiformis dicitur, illuminat, non incongrue designasse videntur, qui et bene apud Isaiam seraphim, id est incendium, ex speciali illuminatione gratiæ nuncupantur (42). Superior autem eorum mansio tam dignitate, quam positione dicenda videtur, atque (43) hi qui superbierunt in hunc caliginosum et densum aerem detrusi dicuntur, qui loci quoque positione inferior sicut et inhabitatione deterior, inferni nomine non inconvenienter accipi potest. Bene etiam beati spiritus illi, sive superna illorum mansio firmamento comparatur, qui cæteris per superbiam corruentibus (44) hoc in suæ fidelitatis et humanitatis remunerationem acceperunt, ut sic in contemplatione divinæ majestatis firmarentur, ut omnino ulterius labi non queant. Unde Gregorius in Job libro xxvi : « Prius, inquit, cœlum factum dicitur, et hoc idem postmodum firmamentum vocatur, quia natura angelica et prius subtilis est in superioribus condita, et post ne unquam potuisset cadere, mirabilius confirmata. » Idem super Ezechielem homilia : « *Creavit Deus cœlum*, quod *postmodum vocavit firmamentum*. » Cœlum ergo fuerunt hi qui prius bene sunt conditi, sed postmodum firmamentum appellati sunt, quia ne omnino jam caderent, virtutem incommutabilitatis acceperunt. » Illud quoque quod ait Plato, animam locatam esse a Deo in medietate mundi, eamque per omnem globum terrestris orbis æqualiter porrigi, pulchre designat gratiam Dei omnibus communiter oblatam, cuncta, prout salubre est vel æquum, benigne in hac magna domo sua seu templo disponere. His autem illud libri Sapientiæ aperte concinit : *Spiritus Domini replevit orbem terrarum*, etc. (*Sap.* i, 7.) Atque illud Psalmistæ : *Spiritu oris ejus omnis virtus eorum* (*Psal.* xxxii, 6).

Hieronymus, in Epistola Pauli ad Ephesios lib. ii : « Diversitas autem omnium in quibus dicitur unus Deus et Pater omnium, qui super omnia et in omnibus diversam intelligentiam sapit. Super omnia est enim Deus Pater, qui auctor est omnium : per omnes Filius qui cuncta transcurrit, vaditque per omnia, in omnibus Spiritus sanctus, et nihil absque eo est. » Tale quid de creaturis et Deo etiam Zeno cum stoicis suspicatur, quem secutus Virgilius : Deum namque ire per omnes terrasque tractusque maris, et reliqua ; et :

Principio cœlum et terras camposque liquentes,
Lucentemque globum lunæ, Titaniaque astra,
Spiritus intus alit, totamque infusa per artus
Mens agitat molem, et magno se corpore miscet.
  Virg., *Æneid.* vi, 724-27.

Quod vero totum mundum unum animal Plato dicit, maximam concordiam universorum Dei operum demonstrat quasi diversorum membrorum in uno corpore animalis, quibus omnibus una præest anima, singulis tota præsens, et in diversis una et eadem operans diversa. Sic et Apostolus cum totius Ecclesiæ concordiam unitatemque demonstrat, eam unum corpus Christi appellat, per quosdam nexus et compagines fidei et charitatis ex diversis fidelibus conjunctum, ita sibi invicem servientibus vel administrantibus, quasi diversa membra in uno corpore, ex quibus alterum alterius eget obsequio. Huic et involucro de positione scilicet animæ in medio mundi locatæ, hoc est de divina gratia omnibus communiter oblata, ipsa etiam divina facta manifeste concordant, cum videlicet doctrinam suam et veræ religionis cultum propagaturus Dominus in mundo, Jerusalem, quæ in medio terræ est, elegit, quam quasi caput regni sui constituit, in qua primum ad magnificandum cultum suum ædificari sibi templum quasi regale palatium voluit, ubi etiam uberrimam Spiritus sancti gratiam apostolis infudit, qua per eos totus spiritualiter vegetaretur mundus. Unde scriptum est : *Deus autem rex noster operatus est salutem in medio terræ* (*Psal.* lxxiii, 12). Et rursus : *De Sion exibit lex et verbum Domini de Jerusalem* (*Isa.* ii, 3). Medium autem mundum et quasi umbilicum terræ super illum Ezechielis prophetæ locum quo scriptum est : *Hæc dicit Dominus : Ista est Jerusalem, in medio gentium posui eam et in circuitu ejus terras* (*Ezech.* v, 5), Hieronymus ascripsit his verbis : « Jerusalem in medio mundi sitam hic idem propheta testatur, umbilicum terræ eam esse demonstrans. » Et Psalmista exprimens Domini passionem : *Operatus est*, ait, *salutem in medio terræ* (*Psal.* lxxiii, 12). Hic plantata est vinea quæ extendit palmites suos usque ad mare, cum hinc vitis vera Christus, apostolis suis quasi palmitibus per universum orbem directis, universum mundum ubertate doctrinæ spiritualis inebriavit. De hac autem vegetatione et vivificatione Spiritus sancti sanctus Salvianus episcopus ad S. Salonium episcopum libro primo *De gubernatione Dei* Pythagoricum testimonium inducit, dicens : « Pythagoras philosophus, quem quasi magistrum suum philosophia ipsa suscepit, de natura et beneficiis Dei disserens, sic loquitur : Animus per omnes mundi partes commeans atque diffusus, ex quo omnia quæ nascuntur animalia vitam capiunt; quomodo igitur mundum negligere Deus dicitur, quem hoc ipso satis diligit, quod

---

(42) In Introd. ad theolog., *ex spirituali illuminatione gratiæ in amorem Dei maxime succensa nuncupatur.*

(43) Ibid., *a qua*, forte melius quam *atque*
(44) Ibid., *canentibus*, male omnino.

ipsum semper totum mundi corpus intendit ? » A nium quæ proveniunt providet, divinam ei omnium De Salviano autem isto Massiliensis Ecclesiæ episcopo, et de libro ejus ad Salonium episcopum, et aliis operibus ipsius, Gennadius Massiliensis presbyter de illustribus viris scribens, inter illustres viros et eorum opera mentionem facit, qui etiam post Pythagoræ testimonium Tullium inducens, Deum ipsum quem Pythagoras animum vocat, mentem a Tullio appellari commemorat, dicens : *Tullius quoque*, « Nec vero Deus ipse, inquit, qui a nobis intelligitur, alio modo intelligi potest, quam mens soluta quædam, et libera quædam et segregata ab omni concretione (45) mortali, omnia sentiens et movens. *Alibi quoque* : « Nihil est, inquit, præstantius Deo. Ab eo igitur mundum regi necesse est; nulli igitur naturæ obediens aut subjectus Deus, omnem ergo regit ipse naturam. »

Augustinus libro IV *De civitate Dei*, cap. 34, de Varrone loquens, ait : « Dicit autem idem auctor acutissimus atque doctissimus, quod ii soli ei videantur animadvertisse quid esset Deus, qui crediderunt eum esse animam motu ac ratione mundum gubernantem, ac per hoc etsi nondum tenebat quod Veritas habet, Deus enim verus, non anima, sed animæ quoque est conditor, tamen unum Deum colendum fatetur, atque suadet. » Item libro XXII : « Deum certe volens, sicut poterat, diffinire Cicero, tantus auctor ipsorum : *Mens quædam est*, inquit, *soluta, et libera, secreta ab omni concretione mortali, omnia sentiens et movens, ipsaque prædita motu sempiterno*. Hoc autem reperit in doctrina magnorum philosophorum. »

Mentem itaque, id est animum sive animam Deum dixerunt, secundum hoc quod totius mundi regimini quasi anima corpori præest : unde et per sapientem quemdam adhortando nos digna Deum excolere mente, id est a vitiis purgata et virtutibus adornata, pulchre in ipso suæ adhortationis et disciplinæ exordio dictum est,

*Si Deus est animus, nobis ut carmina dicunt,
Hic tibi præcipue sit pura mente colendus.*

Ac si aperte filium instruens, dicat : Cum Deus sit animus, hoc est (46) vera et spiritualis vita, sicut et ipsa perhibent scripta (47) poetarum, velut illa Virgilii verba, quæ super hoc ipsum Macrobius inducit, sicut postmodum ostendemus, hunc præcipue, scilicet Deum bene vivendo glorifica. Bene etiam cum animal esse Plato mundum dixerit, ipsumque intelligentem, hoc est rationale animal esse perhibuit, secundum hoc scilicet, quod ejus anima quanto cæteris præstantior existit, tanto rationabilius in ipso cuncta agit atque disponit. De cujus quidem summæ rationis ordinatione cum subditur quod hæc ipsa mundi videlicet anima, causas om-

(48) naturarum providentiam assignat, et divinæ plenitudinem scientiæ, ex quo ipsa etiam Deus esse innuitur ; metiri ac deliberare ea quæ futura sunt ex præsentibus dicitur, quia juxta ea quæ jam sunt oportet futura præparari, ut eis congrua ordinatione cohærere possint atque aptari. Quod autem subditur ex reliquiis concretionis mundanæ animæ nostras id est humanas animas esse confectas, tale est ac si diceret eas animam (49) mundi in potentiis ac virtutibus imitari, sed longe in hoc ipso a dignitate ejus abscedere. Congrue etiam dicit animam mundi, nec alicujus rei in mundo, sicut et animam hominis dicimus, nec alicujus membri humani. Anima quippe ab animando dicta est, nec aliquid proprie animari dicitur, nisi id in quo tota vis vegetationis ita consummatur, ut nihil corpori illi vegetato adhærere extrinsecus necesse sit ad vegetationem quam habet in se ipso conservandam. Cum itaque mundus, juxta philosophos, universa concludat, ut nihil extra ipsum divinitus disponendum relinquatur, recte anima mundi dicta est, sicut et anima hominis, cum universa vis animæ in eo consummetur : adeo quidem, ut nec ipsum mundum oculos vel cætera sensuum instrumenta habere oportuerit (50), sicut et ipse perhibet Plato, cum nulla extra ipsum remaneant ad quæ ista opportunitatem aliquam habeant.

His ex Platone breviter collectis, atque ad nostræ fidei testimonium satis, ut arbitror, diligenter expeditis, consequens existimo ad sequaces ejus commeare, ut ea quæ ab ipsis quoque de anima mundi dicta sunt, nulla ratione convenienter accipi posse monstremus, nisi Spiritui sancto (51) per pulcherrimam involucri figuram assignentur. Hoc quippe loquendi genus philosophis quoque sicut et prophetis familiarissimum est, ut videlicet cum ad arcana prophetiæ pervenerint, non vulgaribus verbis efferant, sed comparationibus similitudinum lectores magis alliciant. Quæ enim quasi fabulosa antea videbantur et ab omni utilitate remota, secundum litteræ superficiem gratiora sunt, cum magnis plena mysteriis postmodum reperta, magnæ (52) in se doctrinæ continent ædificationem. Ob hoc enim, teste Augustino, teguntur, ne vilescant, qui secundo quidem libro *De doctrina christiana*, cum causas difficultatis et facilitatis sacræ Scripturæ aperiret, ait : « Obscure quædam dicta densissimam caliginem obducunt, quod totum provisum esse divinitus non dubito, ad edomandam labore superbiam, et intellectum a fastidio revocandum, cum facile investigata plerumque vilescunt. » Item : « Qui prorsus non inveniunt quod quærunt, fame laborant; qui autem non quærunt, quia in promptu habent, fasti-

---

(45) In Introd. ad theol., *congregatione*.
(46) Introd. ad theol., *nobis hoc est*.
(47) Introd., *Scriptura*.
(48) Introd., *divinam et omnium*, non ita recte.
(49) Introd., *eam animam*, melius codex noster

eas scilicet *animas humanas*.
(50) Introd., *oportuit*.
(51) Introd. ad theol., *Spiritu sancto*, male omnino ut attendenti patet.
(52) Introd., *magnam*.

dio sæpe marcescunt. Igitur salubriter Spiritus sanctus ita Scripturas modificavit, ut locis apertioribus fami occurreret, obscurioribus autem fastidia detergeret. » Quasi ergo in latebris Dominus quiescere gaudet, ut quo magis se occultat, gratior sit illis quibus se manifestat, et quo (53) magis ex difficultate Scripturæ laboratur, meritum lectorum augeatur. De quo Psalmista: *Posuit*, inquit, *tenebras latibulum suum* (*Psal.* XVII, 12). Et rursum : *Tenebrosa aqua in nubibus aeris* (*ibid.*), « Quia, inquit Gregorius, obscura est scientia in prophetis. » De quo et scriptum est in lege : *Accessit Moyses ad caliginem in qua erat Deus* (*Exod.* XX, 21). Et Salomon in Paralipomenon ait : *Dominus pollicitus est ut habitaret in caligine* (*II Paral.* VI, 1). Idem in Proverbiis : *Gloria Dei est celare verbum, et gloria regum investigare sermonem* (*Prov.* XXV, 2). Qui etiam ad Scripturarum obscuritates quasi ad latebras, in quibus inveniatur Deus, perscrutandas invitat nos in Proverbiis, dicens : *Sapiens animadvertet* (54) *parabolam et interpretationem, verba sapientium et ænigmata eorum* (*Prov.* I, 6). Quæ quidem tanto chariora sunt intellecta, quanto in his intelligendis major operæ facta est impensa. Hinc et illud Hieronymi ad Magnum oratorem scribentis super hoc ipsum quod in exordio Proverbiorum Salomon modo dixerit : « In exordio, inquit, Proverbiorum commonet, ut intelligamus sermones prudentiæ, versutiasque verborum, parabolas, et obscurum sermonem, dicta sapientium, et ænigmata quæ proprie dialecticorum et philosophorum sunt. » Quantum etiam semper philosophia arcana sua nudis publicari verbis dedignata sit, et maxime de anima, et de diis, per fabulosa quædam involucra loqui consueverit, ille non mediocris philosophus et magni philosophi Ciceronis expositor Macrobius diligentissime docet. Remotis enim generibus figmentorum sive fabulosorum quæ philosophos non decent, superposuit illud quod honestissime assumunt. Ait namque quod « quando sacrarum rerum notio sub pio figmentorum velamine, honestis et tecta rebus, et vestita nominibus enuntiatur, hoc est solum figmenti genus quod cautio de divinis rebus philosophantis admittit. » Idem post pauca : « Sciendum est, inquit, non in omnem (55) disputationem philosophos admittere fabulosa, sed his uti solent, cum vel de anima, vel de æthereis potestatibus loquuntur. » Cæterum cum ad summum Deum et principem omnium, qui apud Græcos Tagathon, qui et Protopanton nuncupatur, tractatus se audet attollere, et ad mentem quam Græci Noyn appellant, originales rerum species, quæ ideæ dictæ sunt, continentem, ex summo natam et profectam Deo, cum de his, inquam, loquuntur, summo Deo et mente nihil fabulosum penitus attingunt ; sed si quid de his assignare conantur, quæ non sermonem tantummodo, sed cogitationem quoque superant humanam, ad similitudines et exempla confugiunt.

Cassiodorus in psalmo L : « *Redde mihi lætitiam*, etc. A nonnullis Patribus corporalium et simul existentium rerum talis similitudo proponitur; invenimus in sole tres proprietates : prima est ipsa substantia corporalis, qui sol est; deinde splendor ejus qui in ipso permanet; tertia calor, qui ab splendore ejus usque ad nos pervenit. Quæ hoc modo, si tamen tantæ rei potest similitudo aliqua reperiri, arbitror æstimanda, ut quod est in sole substantia corporalis, intelligatur in Trinitate quodammodo persona Patris ; et quod est splendor, hoc persona Filii, sicut Apostolus dicit . *Splendor gloriæ ejus* (*Heb.* I, 5); quod autem calor, hoc persona Spiritus sancti, sicut legitur: *Quis se abscondit a calore ejus?* (*Psal.* XVIII, 7.) Datur et aliud exemplum incorporalium rerum. Anima est substantia incorporea, in qua est intellectus et vita. Quod ergo est in anima substantia, hoc intelligatur, si dici fas est, in Trinitate persona Patris : quod autem in anima virtus est et scientia, hoc intelligitur Filius, qui est Dei virtus et Dei sapientia ; et quod est in anima vivificandi proprietas, hoc intelligitur Spiritus sanctus, per quem vivificandi opus multis locis prædicatur impleri, sicut ait Petrus apostolus in Epistola « *Mortificatus carne, vivificatus autem spiritu* (*I Petr.* III, 18). Item Apostolus : *Littera occidit, spiritus autem vivificat* (*II Cor.* V, 6). Et in Evangelio Dominus ait : *Spiritus est qui vivificat, caro autem non prodest quidquam* (*Joan.* VI, 63). Sic Plato cum de Tagathon (56) esset loqui animatus, dicere quid sit non est ausus, hoc solum de eo sciens (57), quod sciri qualis sit ab hominibus non possit. Solum vero ei simillimum solem de visibilibus reperit, et per ejus similitudinem viam sermoni suo attollendi se ad non comprehensibilia patefacit : ideo et [ut] nullum ejus simulacrum cum diis constitueretur fixit (58) antiquitas, quia summus Deus et nata ex eo mens, sicut ultra animam, ita sunt supra naturam, quo nihil fas est de fabulosis pervenire. De diis autem, ut dixi, cæteris, et de anima non frustra se, nec ut oblectent, ad fabulosa convertunt, sed quia sciunt inimicam esse naturæ apertam nudamque expositionem sui, quæ sicut vulgaribus hominum sensibus intellectum sui vario rerum tegmine operimentoque subtraxit, ita a prudentibus arcana sua voluit per fabulosa tractari. Sic ipsa mysteria figurarum cuniculis operiuntur, ne vel hoc adeptis..... talium natura se præbeat ; sed summatibus tantum viris, Sapientia interprete, sui arcani consciis, contenti sint reliqui ad venerationem figuris defendentibus a vilitate secretum. Juxta quod Veritas ipsa de integu-

---

(53) Introd., *ex quo.*
(54) Introd., *cum advertet.*
(55) Introd.; ad theol. *in omnem* omisso *non contra manifestum auctoris sensum.*

(56) Introd., τῷ ἀγαθῷ.
(57) Introd., *sentiens.*
(58) Introd., *finxit.*

mento parabolarum suarum apostolis loquitur dicens : *Vobis datum est nosse mysterium regni Dei, cæteris autem in parabolis, ut videntes non videant, et audientes non intelligant (Marc.* IV, 11, 12). Ex hac itaque Macrobii traditione clarum est, ea quæ a philosophis de anima mundi dicuntur, per involucrum accipienda esse ; alioquin summum philosophorum Platonem summum stultorum esse deprehendemus. Quid enim magis ridiculosum, quam mundum totum arbitrari unum esse animal rationale, nisi hoc per integumentum (59) sit prolatum? Animal quippe esse non potest, nisi sensibile sit, cum sit nota diffinitio animalis · substantia animata sensibilis. Quis autem ex quinque sensibus mundo inesse poterit, nisi forte tactus, qui omnibus est communis animalibus? desunt quippe ei cæterorum sensuum instrumenta, ipso attestante Platone, ubi videlicet ostendit, quare ei aut oculi, aut aures, aut cæteræ partes humani corporis necessariæ non fuerint : aut quæ est pars corporis (60) mundi, qua ipse, si tangatur, sentire queat magis quam arbores vel plantæ, quas terræ radicitus affixas eadem anima vivificari dicunt. Nam (61) quid ex effossione terræ potius sentiet mundus, quam arbores ex frondium avulsione, vel totius corporis sui abscissione ? arbores tamen et quaslibet plantas insensibiles esse constat, ideoque ad exclusionem earum in definitione animalis post animatum ponitur sensibile.

Præterea cum dicant animam mundi singulis infusam corporibus, ea animare quæ ad animandum apta reperit, quid opus erat creatione nostrarum animarum, quas postea factas esse Plato commemorat? Aut quid opus est animam mundi his corporibus inesse quæ non animat? quid enim evidentius est, quam corpora nostra ex propriis animabus humanis magis quam ex anima mundi vitam animalem habere? His quippe animabus præsentibus statim animata sunt et eisdem absentibus inanimata, licet, ut aiunt, in eis anima mundi etiam post mortem perseveret, quæ in omnibus tota est corporibus, etiam in his in quibus vacat. Quid etiam est quod absentibus humanis animabus anima mundi corpora nostra, licet eis insit, animare non sufficit, cum ipsa, teste Platone, cunctis invisibilibus præstantior a præstantissimo Auctore facta sit? Nunquid minoris efficaciæ est in nobis quam cæteræ animæ, ut jam corpora nostra defuncta non sunt idonea ad animandum, sicut antea erant, præsentibus humanis animabus? Potest ex uno corpore innumeros vermes vivificare, cum jam ipsum corpus non valet animare; quæ [*f.* igitur] deest aptitudo defuncto corpori, ne nunc quoque animetur (62), nisi tantum præsentia animæ humanæ, quæ et præsens corpus vivificat, et recedens ipsum mortificat? Quod si ad involucrum etiam ista deflectamus, quæ de anima mundi a philosophis dicta sunt, facile est rationabiliter cuncta accipi, nec a sacræ fidei tenore exorbitare.

Conferant humanæ animæ corporibus nostris animalem vitam. Conferat anima mundi quam (63), ni fallor, Spiritum sanctum intellexerunt philosophi, ipsis animabus nostris vitam spiritualem, distributione scilicet suorum donorum, ut sint singulæ animæ (64), vita corporum, Spiritus autem sanctus vita animarum, quas vegetando ad profectum bonorum operum promovet, quodam itaque modo (65), animæ nostræ corpora quædam (66) Spiritus Sancti dicendæ sunt, quas ipse per aliquod gratiæ suæ donum, quasi templum inhabitat, et virtutibus vivificat. Sed et illud quod aiunt, animam totam singulis corporibus infusam omnia vivificare, atque animare, quæ ad animandum idonea reperit (67), nulla ipsorum duritia vel densitatis (68) natura impediente, pulchrum est involucrum, quia charitas Dei, quam Spiritum sanctum dicimus, cordibus humanis per fidei sive rationis donum primitus infusa, quædam vivificavit, ad bonorum operum fructum nos promovendo, ut vitam assequamur æternam, et in quibusdam ipse Spiritus vacare dicitur, pravitatis eorum duritia repugnante. Hanc autem animæ videlicet mundanæ doctrinam præcipue diligentissimus philosophorum in expositione Macrobius posteris reliquit. Cujus quidem verba si subtiliter inspiciamus, totam vere fidem nostram de Spiritu sancto in ipsis expressam inveniemus, cum hanc ipsam animam et creatorem nominet, atque ex Deo Patre et Noy, hoc est Deo Filio eam esse astruat, eamque etiam ad unitatem substantiæ assignandam, quam habet cum Filio, a quo ipsa est, nonnunquam noyn [νοῦν] ausus sit appellare. Unde et verba Virgilii exponens dicit de mundana loquens anima : « Nam et mundo animam dedit, et ut puritati ejus attestaretur, mentem vocavit. » Item : « ut illius mundanæ animæ assereret dignitatem, mentem esse testatus est, » ac si diceret eam esse ejusdem substantiæ cum ipso Verbo, a quo ipsa est. Puritas mentis dicitur subtilitas rationis, quæ universas discutiendo penetrat naturas. Hæc autem sunt illa quæ proposuimus Macrobii verba : «Anima ergo, inquit, creans sibi condensque corpora, nam ideo ab anima natura incipit, quam sapientes de Deo et mente noy [νοῦ] nominant, ex illo purissimo fonte, quem nascendo de originis suæ hauserat copia, corpora cœli et siderum quæ condidit prima animavit. » Et post aliqua cum ipse

---

(59) Introd., *nisi per hoc integumentum*, ubi manifesta est verborum transpositio hoc modo restituenda, *nisi hoc per integumentum.*
(60) Introd., *atque est pars corporis*, melius ut in codice nostro.
(61) Introd., *nunquid.*
(62) Introd., *nec item quo animetur.*

(63) Introd deest *quam.*
(64) Introd., *ut sicut animæ.*
(65) Introd., *quod itaque modo.*
(66) Introd. deest *quædam.*
(67) Introd., *atque anima quæ ad vivificandam reperit.*
(68) Introd., *vel diversitas.*

ipsius animæ vires distingueret, quas in corporibus exercet, secundum quas omnium animatorum ordinata est natura, ut alia scilicet aliis præsint, adjecit dicens : « Hunc rerum ordinem, et Virgilius expressit (Æneid. VI, 727 et seq.). Nam et mundo animam dedit, et ut puritati ejus attestaretur, mentem vocavit. Cœlum enim, ait terras et maria, et sidera spiritus alit intus, id est anima ; et ut illius animæ assereret dignitatem, mentem esse testatus est : Mens agitat molem. Nec non ut ostenderet ex ipsa anima constare et animari universa quæ vivunt, addidit : Hinc hominum pecudumque genus etc. Utque asseveraret eumdem esse in anima (69) semper vigorem, sed usum ejus hebescere in animalibus corporis densitate, adjecit : Quantum non noxia corpora tardant. »

Hæc quidem omnia tam Virgilii quam Macrobii verba facile est juxta propositum nostrum ad nostræ fidei tenorem accommodare, non aliter ea convenit exponi. Quod itaque ait usum animæ hebescere in animalibus corporis : densitate, tale est Spiritus sancti gratiam suorum beneficiorum efficaciam minus habere in carnalibus et bestialibus hominibus, qui magis sensibus quam ratione reguntur, carnalibus scilicet dediti voluptatibus, ut ipsam densitatem corporis carnalium illecebrarum magnitudinem intelligamus. Qui etiam ubi ait ipsam animam creare sibi corpora et condere, eam creatorem rerum, et per hoc Deum esse astruit, et creatarum rerum ordinatorem et præparatorem ad bona opera donorum suorum distributione, ut sibi eas dignum habitaculum efficiat. Ab anima naturam dicit incipere, quia per gratiam Spiritus sancti nascimur spiritualiter, ut simus filii Dei magis quam servi. Sicut enim subtracta hac gratia moreremur in vitiis : ita et ea collata nascimur in veram virtutum vitam, quas per naturam habemus, et contra naturam vitia, cum sit vitium corruptio naturæ. De Deo et mente anima nominatur, quia tam Patris quam Filii idem est Spiritus, cum ab utroque procedat : unde etiam, ut ait Augustinus in XV De Trinitate, cap. 19, « quia ipse Spiritus communis est ambobus, id vocatur ipse proprie quod ambo communiter, cum videlicet tam Pater etiam ipse, quam Filius, Spiritus sit et sanctus. » Cum autem de Deo et νῷ nasci vel creari voluit, sive fieri anima quandoque a philosophis dicitur, abusio est verborum magis quam error sententiæ. Creari namque vel fieri recte (70) non dicitur, nisi in his quæ incœperunt, hoc est æterna non sunt. Nasci vero, hoc est de substantia ipsa Patris existere, proprium est Filii, de quo suo loco postmodum disseremus. Creari tamen, sive nasci, sive fieri, pro esse ex aliquo (71) philosophi nonnunquam ponunt. Unde et Macrobius, tam νοῦν (72) ipsam a Deo, quam animam a νῷ creatam dicit, hoc est ex ipso esse. In eadem quoque significatione nasci hoc loco abutitur (73). Hermes vero superius cum dixerit quod Deus secundum fecit Dominum, Filium (74) ipsum ex Deo Patre ejus ostendit. Fontem Sapientiæ purissimam ipsam νοῦν appellat, hoc est sapientiam Patris, quam nihil quantumcunque obscurum sit latere potest.

De copia hujus fontis ipsa Dei bonitas animavit primum corpora cœli ac siderum, hoc est ipsos angelos vel cœlestes spiritus, qui ante hominem conditi sunt, secundum quod scriptum est : De plenitudine omnes accepimus (Joan. I, 16). Cœli ac siderum dictum est secundum dignitatum differentiam, cum alios spiritus aliis prælatos et superiores credamus. Unde angelos atque archangelos dicimus seu dominationes. Corpora summi Spiritus dici possunt etiam angeli ab ipso, ut dictum est, spiritualiter vivificati. Vel etiam corpora dicit secundum hoc quod omnem creaturam Augustinus corpoream dicit, hoc est circumscriptam. Sic enim dicit in libro De orthodoxa fide cap. 10 (75) : « Nihil incorporeum et invisibile in natura credendum est, nisi solum Deum, qui ex eo incorporeus est, quia ubique est, et omnia implet, et ideo invisibilis omnibus creaturis, quia incorporeus est. Creatura omnis corporea, angeli et omnes cœlestes virtutes (76) corporeæ, licet non carne subsistant. Ex eo autem corporeas esse credimus intellectuales naturas, quod localiter circumscribuntur, sicut et anima humana, quæ carne clauditur, et dæmones qui per substantiam angelicæ naturæ sunt corporei (77). » Bene autem dictum est ex ipsa sapientia eos esse animatos, quia hæc est vita æterna ut cognoscamus sicut et cogniti sumus, facie ad faciem Deum videntes. Haurit spiritus de illo fonte, cum nos de divinæ sapientiæ intelligentia imbuit, secundum quod dictum est : De meo accipiet et annuntiabit vobis (Joan. XVI, 14). Unde et Spiritus sapientiæ, sive intellectus, seu scientiæ dictus est. Quod vero dictum est: Mens agitat molem, hoc est totius mundanæ fabricæ quantitatem, quasi cuncta in mundo vivificet aut moveat, secundum hoc accipe, quod optime cuncta disponit, stabilisque manens dat cuncta moveri. Vivere etiam in Deo cuncta dicuntur, secundum quod in ipso nulla sunt mortua, hoc est inutilia, sed omnia utiliter aut convenienter facta, sive ordinata. Unde scriptum est : Quod factum est in ipso vita erat (Joan. I, 3), hoc est in ipsa antequam fierent providentia divinæ sapientiæ commodissime erant ordinata. Hinc rursus dicitur:

---

(69) Introd., ad theol. animabus.
(70) Introd., necessario.
(71) Introd., pro esse aliquo.
(72) Introd., eam νοῦν.
(73) Introd., abutimur.
(74) Introd., Dei filium.
(75) Cap. 11 et 12 Introd., Unde Gennadius lib. De orthodoxa fide, et certe rectius, neque enim Augustinus est auctor libri De orthodoxa fide, etsi reperiatur inter ejus opera, sed Gennadius presbyter Massiliensis, ut supra observavimus.
(76) Introd. deest virtutes, male.
(77) In editis Gennadii apud Augustinum desideratur verbum corporei.

Deus cui omnia vivunt, et Apostolus inquit : *In quo vivimus, movemur, et sumus* (Act. XVII, 28). Tam homines quam pecudes vivificat, cujus dona aliqua ad vitam tam sapientissimi quam simplices atque idiotæ habent. Unde et in Ecclesiaste dicitur : *Quis novit spiritus filiorum Adam, si ascendat sursum, et si spiritus jumentorum descendat deorsum?* (*Eccles.* III, 21) hoc est qui sint prædestinati ad vitam, qui deputati ad mortem de sapientissimis et idiotis.

Hæc de Macrobio collecta sufficiant. Si quis autem me quasi importunum ac violentum expositorem causetur, eo quod nimis improba expositione ad fidem nostram verba philosophorum detorqueam, et hoc eis imponam quod nequaquam ipsi senserint, attendat illam Caiphæ prophetiam, quam Spiritus sanctus per eum protulit, longe ad alium sensum eam accommodans, quam prolator ipse senserit. Nam et sancti prophetæ, cum aliqua Spiritus sanctus per eos loquitur, non omnes sententias, ad quas se habent verba sua, intelligunt; sed sæpe unam tantum in eis habent, cum Spiritus ipse, qui per eos loquitur, multas ibi provideat, quare (78) postmodum alias aliis expositoribus, et alias aliis inspirat. Unde Gregorius in Registro ad Januarium episcopum Caralitanum (79) scribens loquitur : « In intellectu sacræ Scripturæ respui non debet quidquid sanæ fidei non resistit. Sicut enim ex uno auro alii murenulas, alii annulos, alii dextralia ad ornamentum faciunt : ita ex una Scripturæ sacræ sententia expositores quique per innumeros (80) intellectus quasi varia ornamenta componunt : quæ tamen omnia ad decorem cœlestis sponsæ proficiunt. » Ipse præterea Macrobius ea quæ de anima mundi a philosophis dicta sunt, mystice interpretanda esse supra meminit. Quæ etiam cum exponi (81) veraciter aut convenienter nullatenus queant, ut supra meminimus, ipsa nos littera ad expositionem mysticam compellit. Pluribus quoque sanctorum testimoniis didicimus Platonicam sectam catholicæ fidei concordare. Unde non sine causa maximus Plato philosophorum præ cæteris commendatur ab omnibus, non solum a peritis sæcularium artium, verum etiam a sanctis. De quo Augustinus in libro VIII (82) De civitate Dei : « Mirantur, inquit, quidam nobis in Christi gratia sociati, cum audiunt vel legunt Platonem, eum de Deo ista sensisse, quæ multum congrua veritati nostræ religionis agnoscuntur. Unde nonnulli putaverunt eum quando perrexit in Ægyptum, Jeremiam audisse, vel Scripturas propheticas in eadem peregrinatione legisse. Sed diligenter computata (83) temporum ratio, quæ chronica historia continetur, Platonem indicat a tempore quo prophetavit Jeremias, centum ferme annos postea natum fuisse, qui cum octoginta et unum vixisset, ab anno mortis ejus usquequo Ptolomæus rex Ægypti Scripturas propheticas per septuaginta Hebræos, qui etiam linguam Græcam noverant interpretandas habendasque curavit, anni reperiuntur ferme sexaginta (84) ; quapropter in illa peregrinatione sua Plato nec Jeremiam videre potuit tanto ante defunctum nec easdem Scripturas legere in Græco, quæ non fuerant in Græcum translatæ, nisi forte quia fuit acerrimi studii, sicut Ægyptias, ita et istas per interpretem didicit. »

Adeo autem ipsa Platonis dicta verbis Domini atque ejus prædicationi consonare videntur, ut sicut beatus Augustinus in secundo De doctrina Christiana profitetur, quidam lectores ac dilectores Platonis ausi sunt in tantam prorumpere dementiam, quod dicerent omnes Domini nostri Jesu Christi sententias, quas mirari et prædicare coguntur, de Platonis libris eum didicisse? Hinc etiam Ptolomæus rex in Platonis dogma eadem videre, ni fallor, dictus est, quod Deum et mentem, id est Patrem et Verbum ex Platonicis scripturis didicerat. Unde Septuaginta Interpretes cum ei legem transferrent, arcanum divinæ generationis, prudenti, ut Judæi dicunt (85), consilio penitus tacuerunt, ne si id quoque apud Hebræos prædicari audiret, duplicem divinitatem esse deprehenderet, qui antea (86) tantum unius Dei cultor exstiterat, nec propter Platonicum dogma ab unitate Deitatis deviaret, licet ibi plures distingui personas audierit, unius tantum Deitatis singularitate servata. Hinc Hieronymus in prologo Pentateuchi meminit dicens : « A prædictis Septuaginta multa hujusmodi reticeri, ut est illud : *Ex Ægypto vocavi Filium meum* (Ose. II, 1), et similia. » Ex quo liquidum est Platonicam sectam fidei sanctæ Trinitatis plurimum semper assentire, et eam diligentius cæteris omnibus philosophis a Platone et sequacibus ejus distingui ac describi. Unde et non immerito in ejus laudem Valerius Maximus his prorupit verbis : « Platone parvulo dormiente in cunis, apes mel inseruerunt ejus labellis. Qua re audita, prodigiorum interpretes singularem eloquii suavitatem ore emanaturam dixerunt. » Excellentius autem et convenientius id interpretandum esse non dubito, si ad divinæ dignitatis (87) gloriam hoc miraculum referatur, ut hoc ei Deus insigne præsagii conferret, qui divinitatis suæ per eum diligentius arcana revoluturus (88) esset. Oportebat quippe ut summæ sophiæ quæ Christus est, Verbum videlicet et Sapientia Dei Patris summus philosophus

---

(78) Introd., *quatenus.*
(79) Introd., *Calaguritanum.*
(80) Introd., *expositiones etiam per innumeros.*
(81) Introd., *quod etiam juxta litteram exponi.*
(82) Introd., *in libro* IX *ante.*
(83) Introd., *si diligenter computetur.* Nostra autem lectio conformis est textui Augustini.
(84) Introd., *novem;* nostra lectio ut apud Augu-

stinum.
(85) Introd., *ut videri dicunt,* quæ verba nullum efficiunt sensum.
(86) Introd., *quod antea.* Rectius in codice nostro *qui antea.*
(87) Introd., *deitatis* minus recte.
(88) Introd., *revelaturus.*

ejusque sequaces plurimum attestarentur. Unde et, juxta beatum Augustinum, Apostolus Atheniensibus loquens, ut supra meminimus, cum rem magnam dixisset, et quæ a paucis posset intelligi, quod in illo scilicet *vivimus, movemur et sumus*, adjecit, *sicut vestri* (89) *quidam dixerunt* (*Act.* xvii, 28), Platonem quippe Atheniensem fuisse constat. Illud autem in quo non mediocriter errasse Plato et videtur et dicitur, illud, inquam, quod animam mundi factam esse dicit, hoc est initium habuisse, et quod supra Macrobius cum de anima mundi loqueretur asseruit, Deum et νοῦν [νοῦν] ultra animam esse, quasi superiores dignitate, cum constet apud omnes vere Catholicos tres personas in divinitate per omnia sibi coæquales et coæternas esse, si diligentius attendatur, a veritate non exorbitat, sicut postmodum ostendemus de processione Spiritus disserentes (90). Non enim sine causa hic philosophus præ cæteris commendatur ab omnibus tam fidelibus, ut supra meminimus, quam infidelibus.

Cum itaque in omni doctrina philosophiæ Platonica secta enituerit, juvat etiam quorumdam Platonicorum testimonia inferre, quæ idem Pater Augustinus in septimo Confessionum commemorat in scriptis eorum se reperisse, in quibus quidem tota fere fidei nostræ summa circa divinitatem Verbi apertissime continetur, sicut ipsa posmodum tradita est a summis scriptoribus Novi Testamenti, Joanne scilicet et Paulo ; ait quippe Augustinus ibidem ad Deum sermonem intendens : « Procurasti mihi per quemdam hominem immanissimo typo turgidum quosdam Platonicorum libros, ex Græca lingua in Latinam versos, et ibi legi, non quidem his verbis, sed hoc idem omnino multis et multiplicibus suaderi rationibus quod : *In principio erat Verbum, et Verbum erat apud Deum, et Deus erat Verbum. Hoc erat in principio apud Deum, omnia per ipsum facta sunt et sine ipso factum est nihil, quod factum est. In ipso vita erat, et vita erat lux hominum, et lux in tenebris lucet, et tenebræ eum non comprehenderunt* (*Joan.* i, 1). Et quia hominis anima, quamvis testimonium perhibeat de lumine, non est tamen ipsa lux, sed Verbum Deus est lumen verum, quia illuminat omnem hominem venientem in hunc mundum, et quia in hoc mundo erat, et mundus per eum factus est, et mundus eum non cognovit. Quia vero in sua propria venit, et sui eum non receperunt, quotquot autem eum receperunt, dedit eis potestatem filios Dei fieri, credentibus in nomine ejus non ibi legi. Item legi ibi, quia Verbum Deus non ex carne, non ex sanguine, non ex voluntate viri, neque ex voluntate carnis, sed ex Deo natum est. Sed quia Verbum caro factum est, et habitavit in nobis, non ibi legi. Indagavi in litteris illis multis modis dictum, quod sit Filius in forma Patris, non rapinam arbitratus esse æqualis Deo, quia naturaliter id ipsum est. Sed quia *semetipsum exinanivit formam servi accipiens in similitudinem hominum factus et habitu inventus ut homo est, humiliavit semetipsum factus obediens usque ad mortem, mortem autem crucis, propter quod et Deus ipsum exaltavit a mortuis et donavit ei nomen quod est super omne nomen, ut in nomine ejus omne genu flectatur, cœlestium, terrestrium et infernorum, et omnes confiteantur quia Dominus Jesus in gloria est Dei Patris* (*Philip.* ii, 7-11), non habent illi libri. Quod enim ante omnia tempora et super omnia tempora incommutabiliter manet Filius tuus coævus tibi (91), et quia de plenitudine ejus accipiunt animæ, ut beatæ sint, et quia participatione manentis in se sapientiæ renovantur, ut sapientes sint, est ibi. Quod autem pro impiis mortuus est, non est ibi. »

At vero ne aliquis sexus inter homines sapientiæ fama cæteris præstantes fidei nostræ testimoniis desit, illa etiam famosa Sibylla inducatur quæ divinitatem Verbi, nec humanitatem nec utrumque adventum nec utrumque judicium Verbi describendo prætermisit. Primum quidem judicium quo Christus injuste judicatus est in passione, et secundum quo juste judicaturus est mundum in majestate (92), de quo Augustinus Contra v hæreses : « Audiamus quid etiam Sibylla vates eorum de eodem dicat. « Alium, inquit, dedit Dominus hominibus colen- « dum. » Item : « Ipse tuum cognosce Dominum Dei Filium esse. Alio loco Filium Dei Symbolum appellat, id est consiliarium vel consilium. Et propheta dicit : *Vocabitur nomen ejus, Admirabilis, Consiliarius* (*Isa.* ix, 6). » De quo rursus idem Pater Augustinus in octavo decimo (93) *De civitate Dei* : « Eo, inquit, tempore nonnulli Sibyllam Eritream vaticinatam ferunt, quam quidam magis credunt esse Cumanam, et sunt ejus xx et vii versus, qui sicut eos quidam Latinis versibus est interpretatus, hæc continent :

Judicii signum, tellus sudore madescet,
E cælo Rex adveniet per sæcla futurus,
Scilicet in carne præsens ut judicet orbem, etc. »

Quorum quidem versuum primæ litteræ in Græco conjunctæ id sonant Jesus Christus Dei Filius Salvator. Infert etiam Lactantius (94) quidem de Christo vaticinia Sibyllæ :

In manu, inquit, infidelium postea veniet,
Dabunt Deo alapas manibus incestis,
Et impurato ore exspuent venenatos sputos.
Dabit vero ad verbera suppliciter sanctum deorsum,
Et colaphos accipiens tacebit (95). *Ne quis agnoscat*

---

(89) In Actibus apostolorum legitur *vestrorum poetarum*, sed Abælardus *poetarum* vocem subticuit, ut dictum Apostoli posset attribuere Platoni, quem Atheniensem facit, sed philosophum, non poetam.
(90) Introd., *dissentire*, contra auctoris mentem.
(91) Introd., *Unigenitus Filius tuus coæternus tibi*.

(92) Introd., *majestate* omisso *in* : quod melius quadrat.
(93) Male in Introd. *octavo*.
(94) Lactant., *Div. Instit.* l. iv, c. 18.
(95) Introd. *recipiet*, omisso *tacebit*.

Quod Verbum vel unde venit, ut inferius (96) loquatur,
Et spinea corona coronetur.
Ad cibum autem fel, et ad sitim acetum dederunt.
In hospitalitatem hanc monstrabunt mensam.
Ipsa enim insipiens gens tuum Deum non intellexisti.
Ludentem mortalium mentibus sed spinis
Coronasti, fel miscuisti,
Templi velum scindetur, et in medio die
Nox erit tribus horis, et morietur (97)
Tribus diebus somno suscepto ;
Et tunc ab inferis regressus ad lucem veniet.
Primus resurrectionis principio ostensus.

Hoc profecto Sibyllæ vaticinium, ni fallor, maximus ille poetarum nostrorum Virgilius audierat atque attenderat, cum in quarta Ecloga futurum in proximo sub Augusto Cæsare, tempore consulatus Pollionis, mirabilem cujusdam pueri de cœlo ad terras mittendi, qui etiam peccata mundi tolleret, et quasi sæculum novum in mundo mirabiliter ordinaret, præcineret ortum, admonitus, ut ipsemet ait, Cumæni carminis vaticinio, hoc est Sibyllæ quæ Cumæna dicitur. Ait quippe sic quasi adhortans quoslibet ad congratulandum sibi et concinendum, seu scribendum de hoc tanto puero nascituro, in comparationem cujus omnes alias materias infimas et viles reputat dicens :

Sicelides musæ, paulo majora canamus,
Non omnes arbusta juvant, humilesque myricæ :

Ultima Cumæi venit jam carminis ætas,
Magnus ab integro sæclorum nascitur ordo,
Jam redit et Virgo, redeunt Saturnia regna,
Jam nova progenies cœlo demittitur alto.
    (VIRG. Ecl. IV, v. 1 et seqq.)

Et post pauca :
Teque adeo decus hoc ævi, te consule inibit,
Pollio. . . . . . .
Si qua manent sceleris vestigia nostri,
Irrita perpetua solvent formidine terras.
    (Id. ibid. v. 11-14.)

Itemque de puero :
Pacatumque reget patriis virtutibus orbem, etc.
    (Id. ibid. 17 et seqq.)

Quæ apertissimam de incarnatione Filii Dei continent prophetiam, ipso fortassis poeta ignorante quid in Sibylla vel in eo Spiritus sanctus loqueretur, sicut et de Caipha contigit dicente : *Quia expedit ut unus moriatur pro populo, et non tota gens pereat* (Joan. XI, 50). Ubi et subditur : *Hoc autem a semetipso non dixit* (ibid., 51). Facillime item ex subsequentibus convinci potest, hanc Eclogam de nullo veraciter aut convenienter accipi posse, nisi de incarnato Unigenito Dei typice more prophetico dicantur, cum apertissime falsa et omnino impossibilia deprehendantur esse, si ad litteram exponantur, nec saltem commode in adulationem, ut quibusdam videtur, afferri, quæ statim judicio omnium tanquam incredibilia respuuntur, ut magis commoveant contra nos auditorem ad indignationem (98), quam ad benevolentiam trahant. Sed hæc diligentius alibi nobis ostendenda seu exponenda occurrent, cum de incarnatione scilicet Verbi, magis quam de divinitate ejus testimonia conferemus.

Nunc itaque ad proposita de divinitate Verbi testimonia revertamur, et cum Davide et Salomone regibus Israel tertium adhibeamus gentium regem ad summi vaticinium Regis. Quid enim apertius ille testimonio Nabuchodonosor de Filio Dei ? *Ecce,* inquit, *video viros solutos* (99) *quatuor ambulantes in medio ignis, et species quarti similis Filio Dei* (Dan. III, 92)

Juvat autem Dindimi regis Brachmanorum inferre testimonium, ut in quatuor regum auctoritate nostræ assertio fidei præmineat; duorum quidem Judæorum, et duorum gentium; David scilicet et Salomonis, Nabuchodonosor et Dindimi ; sintque hi quatuor reges quasi quatuor rotæ nobilis quadrigæ summi Regis, per quas videlicet fides quatuor evangelistarum de sancta Trinitate per universum deferatur mundum, et tanto regum auctoritas sit firmior, quanto potestas sublimior ; et qui edicta populis legesque proferunt, sacræ quoque fidei dogmata tradant. Ait itaque Dindimus in prima ad Alexandrum epistola, ait, inquam, sic : « Inter cætera religionis vel fidei suæ gentis insignia, non suscipit Deus sacra sanguinea, cultum diligit incruentum, spernit funesta libamina, verbo propitiatur orantibus, quod solum ei cum homine est, suaque nimis (100) similitudine delectatur. Nam Verbum Deus est, hoc mundum creavit, hoc regit atque alit omnia, hoc veneramur, hoc diligimus, ex hoc spiritum trahimus. »

Ex epistola quarta Senecæ ad Paulum : « Profiteor bene me acceptum lectione litterarum tuarum quas Galatis, Corinthiis, Achæis misisti. Spiritus quoque sanctus in te supra excelsos sublimior satis venerabiles sensus exprimit. »

Si quidem Deus ipse spiritus atque mens est, atque ideo non terrenis divitiis, nec largitate munifica, sed religiosis operibus et gratiarum actione placatur. Quantæ autem religionis seu abstinentiæ populus Brachmanorum fuerit, ut illis Deus supra universas nationes fidei sacræ intelligentiam inspirare deberet, epistola Dindimi ad Alexandrum continetur, quibus quidem epistolis, si fides adhibenda sit, nulla hominum vita quantumcunque religiosorum, innocentiæ atque abstinentiæ Brachmanorum æquiparanda videtur. Hos autem in exemplum abstinentiæ beatus quoque Hieronymus nobis proponit, de quibus inter cætera in secundo contra Jovinianum meminit dicens : « Bardesanes vir Babylonius in duo dogmata apud Indos Gymnosophistas dividit, quorum unum appellat Brachmanas, alterum Samoneos, qui tantæ continentiæ sunt, ut vel pomis arborum juxta Gangim fluvium, vel publico ori-

---

(96) Introd., *inferis.*
(97) In Introd., desiderantur hoc verba *tribus horis et morietur.*
(98) Introd., *ut magis contra poetam commoveant ad indignitatem.*
(99) Introd., *cœlos solutos.*
(100) Introd., *numinis.*

zæ (1) et farinæ alantur cibo. Et cum rex ad eos venerit, adorare illos solitus sit, pacemque provinciæ suæ in illorum precibus arbitrari sitam. » Ad quos etiam divina gratia prædicationem evangelii directam, ipsa ejusdem Epistola ad magnum oratorem perhibet his verbis : « Pantenus Stoicæ sectæ philosophus, ob præcipuæ eruditionis gloriam a Demetrio Alexandriæ episcopo missus est Indiam, ut Christum apud Brachmanas et illius gentis philosophos prædicaret. »

Restat denique ad maximum illum Latinorum philosophum, Boetium scilicet, descendere, qui omnes fere liberalium artium disciplinas scribendo vel transferendo seu etiam exponendo Latinis (2) tradidit, ac diligenter sanctæ Trinitatis fidem Symmacho socero suo et compatricio scribendo edisserens, de unitate quoque personæ Christi ac diversitate naturarum quæ in ipso sunt, divinæ scilicet et humanæ, ad Joannem Diaconum, qui postea papa effectus est, scribendo contra Eutychem et Nestorium optime disputavit, fidemque nostram et suam ne in aliquo vacillaret, tam de divinitate quam de Divinitatis incarnatione tractando, inexpugnabiliter astruxit. Constat hunc egregium senatorem Romanum, consulem quoque, atque patricium, tempore prædicti Joannis papæ floruisse a Sylvestro papa vigesimi, et cum in illa persecutione Christianorum, qua in Joannem papam cæterosque Christianos Theodericus sæviit, una cum prædicto Symmacho occubuisse. De quo in Gestis pontificum, necnon in Libro miraculorum B. Benedicti scriptum est, qualiter videlicet ambos Theodericus rex Gothorum interfecit. In Gestis quidem ita scriptum reperies : « Rex hæreticus Theodericus duos senatores et consules et patricios gladio interfecit, Boetium et Symmachum, quorum etiam abscondi corpora præcepit. » In Libro autem miraculorum prædicti sancti ita continetur : « Theodericus post Odoacrem Gothorum principatum cum regio nomine suscipiens, homo pestilens Arianæ sectæ, denique inter cætera facinora, Joannem papam corporali inedia maceratum necavit, duosque senatorii ordinis viros et exconsules, Symmachum videlicet atque Boetium in carcere gladio transverberavit. » Cum itaque Dominus et per prophetas Judæis, et per præstantes philosophos seu vates gentibus Catholicæ fidei tenorem annuntiaverit, inexcusabiles redduntur tam Judæi quam gentes, si cum in cæteris doctores habeant, in salutem animæ, cujus fundamentum est fides, ipsos non audiant. Et quidem multi ex gentibus, nonnulli ex Judæis in hoc quoque a doctoribus populi sui instructi, fidem sanctæ Trinitatis recognoverunt in uno corpore Ecclesiæ quasi duo parietes conjuncti. Ex gentibus quidem primo Græci, ex quibus prædicti philosophi fuerunt. Post Græcos Latini, qui sicut in disciplinis sæcularium artium imitati sunt Græcos, ita et in vera fidei doctrina ab ipsis exempla sumpserunt, cum eos Christianam fidem suscepisse audissent, quos ingeniorum subtilitate præditos, omnibus philosophiæ rationibus armatos esse cognoverant:

(1) Introd., ozizæ.
(2) Introd., Latine.

LIBER SECUNDUS.

Operis parte superiori testimonia quædam tam prophetarum quam philosophorum colleginus, quibus sanctæ Trinitatis fidem astrueremus. Ubi quidem dum philosophorum infidelium assertiones sicut et sanctorum Patrum quasi in auctoritatem induximus, multorum detractionibus corrodendos patere præsensimus, atque ante in illis nobis id improperandum quod beato Hieronymo a multis olim legimus objectum, cum non solum ille ethnicorum, verum etiam hæreticorum testimonia suis insereret scriptis. Unde et adversus calumnias Magni oratoris urbis Romæ Epistolam scribens (3), ita exorsus ait : « Quod quæris cur in opusculis nostris scholarium litterarum interdum ponamus exempla, et candorem Ecclesiæ ethnicorum sordibus polluamus: nunquam hoc quæreres, si Scripturas sacras legeres, si interpretes earum evolveres. Quis enim nesciat et in Moyse ac prophetarum voluminibus quædam assumpta de gentilium libris, et Salomonem philosophis Tyri et proposuisse nonnulla et aliqua respondisse? Unde in exordio Proverbiorum commonet ut intelligamus sermones prudentiæ, versutiasque verborum, parabolas, et obscurum sermonem, dicta sapientium et enigmata, quæ proprie dialecticorum et philosophorum sunt. Sic et Paulus apostolus Epimenidis poetæ abusus versiculo est scribens ad Titum : *Cretenses semper mendaces, malæ bestiæ, ventres pigri* (Tit. I, 12). In alia quoque epistola Menandri ponit Senarium : *Corrumpunt mores bonos confabulationes malæ* (I Cor. XV, 33). Et apud Athenienses in Martis curia disputans Aratum testem vocat : *Ipsius enim et genus sumus* (Act. XVII, 21). Parum hoc est, doctor (4) Christiani exercitus et orator invictus pro Christo causam agens, etiam inscriptionem fortuitam, arte torquet in argumentum fidei. Didicerat enim a vero David extorquere

(3) Hieron. epist. LXX in Patrol.
(4) Introd., *doctor* male, nam exercitus non doctore sed ductore indiget.

de manibus hostium gladium, et Goliæ superbissimi caput proprio mucrone truncare (*I Reg.* xvii, 51). Legerat in Deuteronomio mulieris captivæ radendum caput, supercilia, omnes pilos, et ungues corporis amputandos, et sic eam habendam conjugio (*Deut.* xxi, 12, 13). Quid ergo (5) si et ego sapientiam sæcularem propter eloquii venustatem, et membrorum pulchritudinem de ancilla atque captiva Israelitam facere cupio? Si quod in ea mortuum est idololatriæ, voluptatis, erroris, libidinum, vel præcido, vel rado, et mistus (6) purissimo corpori vernaculos ex ea genero Domino. » Item : « Cyprianus, vir eloquentia pollens et martyrio, Formiano (7) narrante, mordetur cur adversus Demetrianum scribens, testimoniis usus sit prophetarum et apostolorum, quæ ille (8) ficta et commentitia esse ducebat, et non potius philosophorum ac poetarum, quorum auctoritati ut ethnicus contraire non poterat. » Item : « Josephus duos libros scribit contra Pionem et Alexandrinum (9), et tanta sæcularium præfert testimonia, ut mihi miraculum subeat, quomodo Hebræus ab infantia sacris litteris eruditus cunctam Græcorum bibliothecam evolverit. » Item : « Exstant et Juliani Africani libri et Theodori, viri apostolicorum signorum atque virtutum ; et Dionysii Alexandrini episcopi, Anatolii quoque, Pamphili, Pierii, Luciani, Malchionis, Eusebii Cæsariensis episcopi, etc., qui omnes in tantum philosophorum doctrinis atque sententiis suos referserunt libros, ut nescias quid in illis primum admirari debeas, eruditionem an scientiam Scripturarum. »

Idem ad Vigilantium presbyterum : « Eadem absenti significo quæ præsenti quoque locutus sum, me ita Origenem legisse vel legere, ut Apollinarem, ut cæteros (10) tractatores, quorum in quibusdam libros Ecclesia non recipit ; quia operis mei est et studii multos legere, ut ex plurimis diversos flores carpam : non (11) tam probaturus omnia, quam quæ bona sunt electurus. Assumo multos in manu, ut a multis multa cognita (12) cognoscam, secundum quod scriptum est : *Omnia legentes, quod bonum est retinentes* (*I Thess.* v, 21). Unde satis miror te voluisse Origenis mihi objicere dogmata. Origenes hæreticus, quid ad me, qui illum in plerisque hæreticum esse non nego ? Erravit de resurrectione corporis, de animarum statu, de diaboli pœnitentia, et, quod his majus est, Filium et Spiritum sanctum in Commentariis Isaiæ seraphim esse testatus est. » Item : « Neque enim ita debemus bona ejus recipere, ut mala quoque suscipere cogamur. Si igitur quæ bona sunt transtuli, et mala vel amputavi, vel tacui, vel correxi, arguendus sum cur non (13) per me Latini bona ejus habent, et ignorent mala ? Si hoc crimen est, arguatur confessor Hilarius, qui Psalmorum interpretationem et homilias in Job ex libris ejus transtulit. Sit in culpa Vercellensis Eusebius, qui omnium Psalmorum commentarios hæretici hominis vertit in nostrum eloquium, licet hæretica prætermittens. » Hæc quidem Hieronymus adversus eorum calumnias reddit, qui ob id Catholicos tractatores reprehendendos autumant, quod scriptis suis infidelium testimonia vel dicta inserere præsumant, quasi eis auctoritatem tribuant, qui nulla digni sunt auctoritate, et quasi maculare sacras sententias possit veritas per infideles prolata. Noverat quippe vir discretissimus grana in paleis, et margaritam cæteris quandoque pretiosiorem in sterquilinio deprehendere, quam in ornamento regio tanquam sapiens aurifaber valeat componere ; et tenebat certissime dona Dei per quodcunque malum contaminari non posse, nec divina sacramenta contactu pravorum inquinari, cum aut in nomine Trinitatis infideles baptizant, aut pessimi quique verba divina prædicant, aut prophetias loquuntur, et nonnunquam miracula faciunt. Quæcunque enim dona [*f.* bona] sunt, a Deo esse necesse est, nec ea quorumlibet malitia contaminari possunt.

Unde nec prophetiam Balaam gentilis atque arioli sacra reprobavit auctoritas, qua postmodum Magi primitiæ gentium incitati creduntur, ut nova apparente stella novum statim regem quærerent, nec Sibyllæ vel Virgilii vaticinia spiritualis doctor Augustinus sanctorum prophetiis inserere timuit, attendens illud Apostoli : *Et nemo potest dicere, Dominus Jesus nisi in Spiritu sancto* (*I Cor.* xii, 3), nec prophetiam Caiphæ commendare Evangelica veritas est dicens : *Hoc autem a semetipso non dixit, sed cum esset pontifex anni illius, prophetavit* (*Joan.* xi, 51). Nec ipsorum dæmonum testimonia evangelium reticuit, cum ad eorum expulsionem Domino veniente, eum Jesum Christum seu Filium Dei inclamarent ac confiterentur. Quippe cujus virtutem sive nascentis, seu morientis, sive resurgentis, vel ascendentis, aut miracula facientis ipsa etiam insensibilia quodammodo sensisse, ut ei testimonium suo modo præberent, perhibet beatus Gregorius, angelis quidem et stella statim in ortu ipsius apparentibus, in morte vero sole obscurato, petris et velo templi scissis, et monumentis apertis sanctorum resurgentium multisque apparentium, in resurrectione terræ motu facto cum visione angelorum, et in ascensione nube eum suscipiente, etc. Cujus quoque potentiam atque sapientiam universus mundi ornatus annuntiare non cessat ac prædicare et suo

---

(5) Introd., addit. *mirum* ut apud Hieronymum.
(6) Apud Hieronymum *mixtos*.
(7) Introd., *Formano* apud Hier. *Firmiano*.
(8) Introd., *illa*, sed apud Hieronymum ut in nostro codice *ille*, scilicet, Demetrianus.
(9) Legendum ut apud Hieron. *Appionem Alexandrinum*.

(10) Introd., *aut Apollinarem, aut cæteros*.
(11) Introd., omittit *non* quod tamen exstat apud Hieronymum.
(12) Apud Hieronymum et in Introd. desideratur *cognita* nec certe necessarium videtur.
(13) Delendum hic videtur *non*, quod non exstat in Hieronymi textu.

modo laudare et commendare, ex ipsa sui mirabili compositione ac dispositione. Unde Apostolus: *Invisibilia*, inquit, *ipsius a creatura mundi per ea quæ facta sunt intellecta conspiciuntur, sempiterna quoque virtus ejus et divinitas*, etc. (*Rom.* I, 20). Hinc et Psalmista insensibilium quoque creaturarum laudibus applaudens, omnes pariter ad laudes Dei creaturas invitat, quasi ex omnibus optime conditis laudes Dei a nobis exigat, qui pro nobis in mundo condidit universa. Unde et a summitate cœli et sublimitate (14) angelorum exorsus usque ad dracones et serpentes atque omnes abyssos divinas extendit voces cum dixit : *Laudate Dominum de terra dracones et omnes abyssi* (*Psal.* CXLVIII, 7). Et iterum, *serpentes et volucres pennatæ* (*ibid.*, 10). Qui nec aliqua reptilia prætermisit, alibi dicens : *Laudent illum cœli et terra, mare et omnia reptilia in eis* (*Psal.* LXVIII, 35).

Legimus etiam in Vita Pauli Eremitæ a beato scripta Hieronymo, satyrum beato Antonio apparuisse, qui adventum Salvatoris protestans, ait sancto viro : « Legatione fungor gregis mei, precamur ut pro nobis communem Deum depreceris, quem in salutem mundi olim venisse cognovimus, et in universa terra exiit sonus ejus. » Cujus satyri videlicet confessionem ac testimonium de Christo longævus viator admirans, et gravius (15) quod etiam monstra Christum prædicarent, ac vehementer indignatus super duritia et cæcitate Alexandriæ, baculo statim humum percutiens aiebat : « Væ tibi, Alexandria, quæ pro Deo portenta veneraris ! Quid nunc dicturi estis? Bestiæ loquuntur Christum ; » ac si aperte clamet dicens : Conterat (16) impudentiam vestram saltem confessio monstrorum. Quæ quidem confessio tanto fortasse mirabilius gloriam atque potentiam Dei prædicat, quanto majori miraculo est habenda, et tanto verior ejus assertio videtur, quanto a doctrina hominum remotior est, et tota suggestioni sancti Spiritus imputanda. Unde et verba asinæ Balaam, et voces in aere factæ, sicut de baptizato vel transfigurato Domino legimus, cum aliquid astantibus annuntiaverunt, tanto facilius ad fidem auditores commovebant, quanto mirabiliores omnibus apparebant : quod de philosophis quoque, vel quibuscunque gentilibus, quantumvis infidelibus seu nostræ fidei inimicis, manifesta docetur ratione; quo enim fidei nostræ magis essent adversi, minus in laude ejus invenirentur suspecti, et probabilius in laude cujuslibet testimonium est inimici quam amici, sicut e converso in crimine. Unde et cum Josephi Judæi testimonium de Christo vel de sanctis ejus legimus, plurimum ad fidem in eo commovemur : et cum audimus Philonem Judæum vitam monasteriorum Ægypti probasse atque commendasse, plus nobis fortasse satisfecit (17), quam si aliquis noster eam commendaret, ex quo et utrique inter illustres viros a beato Hieronymo connumerari et scribi meruerunt.

Quid etiam magis necessarium ad defensionem fidei nostræ, quam ut adversus omnium infidelium importunitatem ex ipsis habeamus, per quod ipsos refellamus ? ut si nos impetunt philosophi, per ipsos convincantur doctores suos atque philosophos ; et si nos impetunt hæretici, aliquibus (18) sacræ paginæ testimoniis refellantur, atque ita, juxta Apostolum, *omne os obstruatur, et subditus fiat omnis mundus Deo* (*Rom.* III, 19). Quis etiam hæreticos longe deteriores esse philosophis et quibuslibet gentibus (19) ignoret? Juxta namque Petri apostoli assertionem, melius esset eis non nosse viam veritatis, quam post cognitam retro abire. Si ergo propter infidelitatem gentilium hi qui aliquibus eorum testimoniis vel dictis nituntur (20) arguendi sunt, multo amplius illi qui Origenis tot et tantis hæresibus irretiti expositiones atque sententias tam studiose ad nostram transtulerunt atque induxerunt ædificationem, cum ex infidelitate damnabiliores omnibus, ut dictum est, constet esse hæreticos : cujus quidem innumeras ac supramodum abominandas hæreses silentio deperire non sustinuerunt, quasi et in his retractandis aliquam præviderent utilitatem : ac si ab eis assignatis atque damnatis cæteri facilius sibi providerent, aut quibus eas rationibus dissolverent, si quis in eis illaquearetur, addiscerent. Unde et beatus Hieronymus epistolam ad Avitum (21) presbyterum direxit, ubi hæretica illa quæ in libris Periarches Origenes innumera (22) posuerat, ex parte manifestat. Quis etiam me pro testimoniis philosophorum inductis recte arguat, nisi et in culpam mecum sanctos doctores in hoc ipso trahat? Quæ enim superius ex philosophis collegi testimonia non ex eorum scriptis quæ nunquam fortasse vidi, imo ex libris beati Augustini collegi (23). Nunquid et Apostolum arguere præsument, qui, ut ait ipse Augustinus in VIII *De civitate Dei*, Atheniensibus loquens, cum rem magnam de Deo dixisset, et quæ a paucis possit intelligi, quod *in illo vivimus, movemur et sumus*, adjecit, *sicut et vestri quidam dixerunt* (*Act.* XVII, 28), ipsorum videlicet philosophorum, quorum studiis gloriosa illa civitas exstiterat, testimonium ad persuasionem inducens, de quibus, ut in eodem ipse Augustinus præmiserit, ad Romanos scribens, quia *quod notum est Dei, manifestum est illis. Deus enim illis manifestavit. Invisibilia enim ipsius a creatura mundi per ea quæ facta sunt intellecta conspiciuntur, sempiterna quoque ejus virtus ac divinitas*, etc. (*Rom.* I, 19, 20).

---

(14) Introd., *solemnitate*.
(15) Introd., *gavisus*.
(16) Introd., *conteret*.
(17) Introd., *satisfacit*.
(18) Introd., *a quibus*.
(19) Introd., *gentibus et quibusdam philosophis*.
(20) Introd., *utantur*.
(21) Introd., *auctum*.
(22) Introd., *minima*.
(23) Introd., *quorum pauca novi, imo ex libris sanctorum Patrum collegi*.

Ex quibus aperte Apostolus docet eis quoque mysterium Trinitatis fuisse revelatum. Sed hæc quidem verba Apostoli (24) nobis in sequentibus exponenda occurrent. Nunc autem adversus tam hæreticorum quam philosophorum objectiones pluribus de sanctæ Trinitatis collectis atque expositis testimoniis, superest aperire. Quibus rationibus defendi posset quod testimoniis confirmatum est. Omnis quippe controversia, ut in Rhetoricis suis Tullius meminit, aut in scripto aut in ratione versatur, et beato attestante Augustino, in omnibus auctoritatem humanæ anteponi rationi convenit, maxime autem in his quæ ad Deum pertinent tutius auctoritate, quam humano nitimur ingenio. Hinc est illud quod ait capite primo libri *De moribus Ecclesiæ contra Manichæos* (25) naturæ quidem ascribunt. Quomodo una penitus permanente substantia tres in ea personæ distingui queant, quarum nullatenus una sit alia. Deinde quomodo hæc persona genita, illa procedens dicatur.

Primo itaque disserendum occurrit quot modis personæ nomen accipi solet, ut diligenter a cæteris hoc signo distinguatur. Aliter autem in rhetorica, aliter in grammatica, atque aliter in theologia personam accipimus. Quod enim dictum est invisibilia Dei eis fuisse revelata, ad personam Spiritus non incongrue applicatur, qui hoc ipso quod Spiritus dicitur, ex ipso nomine invisibiliter insinuatur. Et quia ipsum donum Dei vocatur, et secundum septiformem gratiam multiplex, et septem Spiritus quasi septem dona nonnunquam dicitur, non incongrue dictum est pluraliter *invisibilia Dei*, hoc est Spiritum ejus septiformis gratiæ donorum distributorem. Verbum autem Patris Christum Dominum Dei virtutem et Dei sapientiam Apostolus clamat. Unde et hoc loco cum dicitur, *sempiterna quoque Dei virtus*, persona Filii exprimitur, ut et cum subditur *et divinitas*, quia ut supra meminimus, maxime nomine Dei vel Domini potestatis majestas exprimitur, persona quoque Patris expressa est. Quod si adhuc nec ipsius apostoli, nec sanctorum Patrum auctoritas mihi satis suffragari videtur, nec ea quoque, quam supra prætendimus, ratio, quod in præsenti videlicet opere maxime adversus philosophorum discipulos agimus, qui nos philosophicis impetunt rationibus, quorum et penitus auctoritate ipsi nituntur, superest ut hostilis malitiæ jacula pluribus retundamus rationibus, et per singula eorum respondentes objectis, eorum compescamus latratus, ne quod ad fidei nostræ defensionem sincera conscripsimus intentione, inde eorum invida sive erronea criminatione vilescat fidelibus; unde magis patet infestum infidelibus, et quoniam infidelitatis philosophos, utpote gentiles arguunt, omnemque eis quasi damnatis per hoc fidei auctoritatem adimunt, in hoc nostra plurimum intendat defensio, in quo tota eorum nititur impugnatio.

Gentiles fortasse natione, non fide, omnes fuerunt philosophi; sicut de Job et amicis ejus dicitur. Quomodo enim infidelitati ac damnationi eos omnes deputaverimus, quibus, Apostolo quoque testante, ipse fidei sui arcana, ac profunda Trinitatis mysteria revelavit, et mire eorum virtutes et opera a sanctis quoque doctoribus prædicantur, quamvis eorum nonnullos per elationem excæcatos, atque ad idololatriam et ignominiosam vitam devolutos esse idem perhibeat Apostolus, sicut et de Salomone ipso legimus, et de multis contigit fidelibus. Quis etiam asserat nullis eorum fidem Incarnationis revelatam esse, sicut et Sibyllæ, licet in eorum scriptis non videatur expressa? quæ neque a Job et nonnullis prophetarum aperte prædicatur, cum et septuaginta Interpretes legem ethnicis transferentes, omnia fere fidei arcana tacuerint, quæ forte rudi populo revelata magis scandali offensionem parerent, quam ædificationem. Quod si ad allegoriam dicta quoque philosophorum accipi fas esset, quis non convenienter ad mysterium redemptionis mundi animadvertat deflectendum esse, quod Plato asserit, Deum in ipsa mundi compositione duas longitudines in speciem χ chi Græcæ litteræ sibi invicem applicuisse, curvasseque in orbem, ut ipsum mundi perficeret globum, quasi mystice perhibeat, universorum hominum salutem, quam ipsius mundi veram intelligimus constitutionem, in ipsa Dominicæ crucis passione consummatam fuisse? Quod si sacramenta non susceperunt, qui ante adventum Salvatoris exstiterunt, cum neque de Job gentili id credere cogamur, nec ita lex omnibus data videatur, sicut Evangelium fuit, sed soli Israeli, qui solus ex omnibus populis primo vocatus est, lege accepta, ut non ita generalis intelligatur legis institutio, sicut est Evangelium; aut prima vocatio, sicut est secunda. Unde Moyses capite Deuteronomii xv ad Israel dicit: *Interroga de diebus antiquis ex die quo creavit Deus hominem... si facta est aliquando hujuscemodi res..., ut audiret populus vocem Dei loquentis de medio ignis, sicut tu audisti et vidisti, si fecit Deus ut ingrederetur, et tolleret sibi gentem de medio nationum per signa atque portenta..., videntibus oculis tuis, ut scires quoniam ipse est Deus, et non alius de cœlo te fecit audire vocem suam, ut doceret te.., quia dilexit patres tuos, et elegit semen eorum post eos* (Deut. iv, 32-37). Item idem capite xxiii (26): *Populus sanctus es Domino Deo tuo. Te elegit Dominus Deus tuus, ut sis ei populus peculiaris de cunctis populis quæ sunt super terram,* etc. (Deut. vii, 6). Hinc et illud est Psalmistæ:

---

(24) Introd., *sed hic quædam verba Apostoli.*
(25) S. Augustini textum hic non profert codex noster, sed primum duntaxat et ultimum illius verbum, quem lectores apud Augustinum lib. *De moribus Ecclesiæ Catholicæ contra Manichæos*, cap. 2, legere possunt. Sed neque hæc verba, quæ parenthesi includuntur satis cohærent cum sequentibus, licet ex præcedentibus recte sequantur; quare secundo hic loco addita credimus.
(26) Errat de num. V. infra.

Non fecit taliter omni nationi, et judicia sua non manifestavit illis (Psal. CXLVII, 20).

Nulla itaque ratione cogendi videmur, ut de salute talium diffidamus gentilium, qui ante adventum Redemptoris nullo legis scripto instructi, naturaliter, juxta Apostolum, ea quæ legis sunt facientes, ipsi sibi lex erant, qui ostendebant opus legis scriptum in cordibus suis, testimonium reddente illis conscientia ipsorum. Sicut namque scriptum est in Epistola ad Romanos : *Non enim auditores legis justi sunt apud Deum, sed factores legis justificabuntur : cum enim gentes quæ legem non habent naturaliter, quæ legis sunt faciunt, ejusmodi legem non habentes, ipsi sibi sunt lex, qui ostendunt opus legis scriptum in cordibus suis, testimonium reddente illis conscientia ipsorum (Rom.* II, 13 et seq.). Et post aliqua : *Arbitramur enim justificari hominem per fidem sine operibus legis. An Judæorum Deus tantum ? nonne et gentium ? imo et gentium : quoniam quidem unus Deus qui justificat circumcisionem ex fide et præputium per fidem (Rom.* III, 28). Item : *Quid enim Scriptura dicit ? Credidit Abraham Deo, et reputatum est ei ad justitiam (Rom.* IV, 3). Et rursum : *Discimus* [1. *Dicimus*] *quia reputata est Abrahæ fides ad justitiam. Quomodo reputata est ? In circumcisione, aut in præputio ? non in circumcisione, sed in præputio, et signum accepit circumcisionis signaculum justitiæ fidei quæ est in præputio, ut sit pater omnium credentium per præputium (ibid.,* 9). Et iterum : *Si enim qui ex lege hæredes sunt, exinanita est fides, abolita est promissio. Lex enim iram operatur : ubi enim non est lex, nec prævaricatio (Rom.* IV, 14, 15). Et in sequentibus : *Peccatum, inquit, non cognovi nisi per legem. Nam concupiscentiam nesciebam, nisi lex diceret : Non concupisces. Occasione vero accepta, peccatum per mandatum operatum est in me omnem concupiscentiam. Sine lege enim peccatum mortuum erat, ego autem vivebam sine lege aliquando, sed cum venisset mandatum, peccatum revixit, ego autem mortuus sum, et inventum est mihi mandatum quod erat ad vitam, hoc esse ad mortem.., ut fiat supra modum peccans peccatum per mandatum (Rom.* VII, 7-13).

Ex quibus quidem verbis Apostoli apte monstratur justitiam a naturali lege incœpisse, et omnino sine lege scripta per fidem homines justificatos esse, ubi etiam adnectitur, quia facile ad gravissima peccata post legis scriptæ prohibitiones inclinarentur homines, juxta illud poeticum :

Nitimur in vetitum semper, cupimusque negata.
(OVID. *Am.* III, IV, 17.)

At fortasse, inquies, non posse cassari illud circumcisionis decretum postquam datum fuit Abrahæ primum : *Masculus cujus præputium caro circumcisa non fuerit, delebitur anima illa ae populo suo, quia pactum meum irritum fecit (Gen.* XVII, 14). Sed si diligenter consideremus præcedentia, inveniemus hoc nonnisi Abrahæ et semini ejus fuisse injunctum ; hoc est his qui de Isaac, non de Ismael egressuri erant. Unde et Abrahæ dictum est : *In Isaac vocabitur tibi semen (Gen.* XXI, 12). Legimus etiam in utero sanctificatos esse Jeremiam et Joannem antequam corporalia perciperent sacramenta. Absit itaque ut ita generale esse profiteamur sacramentum circumcisionis sicut et baptismi, sed juxta Ambrosium potiora semper dicamus et perfectiora sacramenta Ecclesiæ quam Synagogæ, cum hæc omnibus, illa quibusdam, ut dictum est, data sint, et sine his jam nulla remissio vel sanctificatio speranda sit. Hæc idcirco induximus, ne quis post legem etiam datam usque ad adventum Christi de salute fidelium gentilium desperet, si sine perceptione sacramentorum sobrie ac juste vixerint : inter quos quidem philosophi tam vita quam doctrina claruisse noscuntur. Quanta vero abstinentia, quanta continentia, quantis virtutibus non solum philosophos verum et sæculares atque illiteratos homines lex naturalis amorque ipse honestatis olim sublimaverit, multorum didicimus testimoniis, quos nonnunquam ad increpationem negligentiæ nostræ sancti quoque doctores, sicut et beatum Job inducere curaverunt, et utrumque eorum sexum quasi in exemplum imitandæ religionis impudentiæ nostræ proponere, qui utriusque testamenti paginis et innumeris sanctorum scriptis instructi, per omnia deteriores existimus, cum nec sic obtemperare volumus, qui et juxta Gregorium una cum beato Job illud nobis improperant propheticum : *Erubesce, Sidon, ait mare (Isa.* XXIII, 4). Unde et bene Dominus ante scriptæ legis traditionem vel miraculorum suorum exhibitionem quosdam in utroque sexu nobis virtutibus imitandos præmisit, tum ut per eos nostra inexcusabilis appareat negligentia, tum etiam ut obedientium major conservetur humilitas, si post tot documenta tam miraculorum quam scriptorum, post tot exempla sanctorum, aliqua bona habeamus opera ; cum illi sine scripto legis, sine admonitione prædicationis, tantis virtutibus, tanta etiam morum disciplina claruerint, tamque constanti animo in reprehensione vitiorum præstiterint, ut pro veritatis defensione mortem nonnulli subierint. Quæ jam per singula subjectis testimoniis et exemplis confirmemus.

Fidem itaque, ut diximus, philosophi prædicant, et immortalitatem animæ tradunt, futuramque pro meritis retributionem animarum sive ad pœnam sive ad gloriam : unde et ad bona nos maxime cohortantur opera, spe videlicet cœlestis beatitudinis et comminatione infernalis supplicii, de quibus plura Macrobius loquitur. Hinc et Hieronymus ad Heliodorum episcopum in epitaphio Nepotiani : « Taceo, » inquit, « de Græcis, Hebræis et Latinis, quas nationes crucis suæ titulo Dominus dedicavit. Immortalem animam et post dissolutionem corporis subsistentem, quod Pythagoras somniavit, Democritus credidit, in consolationem damnationis suæ, Socrates disputavit in carcere. » Qui etiam quantis claruerint virtutibus, ipsa eorum tam vita quam doctrina perhibet : qui nequaquam, ut arbitror, tam diligenter virtutes describerent, dum moralia tradunt instituta, nisi eas in seipsis certis cognoscerent experimentis, quas quidem descriptiones virtutum sancti et doctores ab ipsis assumere non sunt dedignati, cum aut justitiam aut fortitudinem, aut cæteras virtutes eis nobis exprimunt verbis, quasi et ipso Spiritu eodem locutus fuisse non ambigant. Quorum quidem unus cum honestatis formam traderet, egregie ait :

Oderunt peccare boni virtutis amore.
(HORAT. *Epis.* I, XVI, v. 57.)

Ac si aperte doceat a turpitudine vitiorum magis abstinendum ipsius virtutis amore, quæ dicitur honestas, quam supplicii timore, quo ingrati coercentur servi. Quod si id minus videtur esse ad meritum salvationis quod dicitur amore virtutis, et non potius amore Dei, ac si virtutem vel aliquod bonum opus habere possimus, quod non secundum ipsum Deum ac propter ipsum sit : facile est et hoc reperiri apud philosophos, quod summum bonum, quod Deus est, omnium tam principium, id est originem et causam efficientem, quam finem, id est finalem causam constituunt, ut omnia, scilicet bona, amore ipsius fiant, cujus ex dono proveniunt. Unde ipsum alpha et omega, hoc est principium et finis, recte nominamus, a quo sunt omnia, et propter quem omnia. Hunc Plato optimum et ineffabilem omnium naturarum Conditorem asserit, qui cum omnia possit, et ab eo longe relegata sit omnis invidia, omnia tam bona condidit, quantum singulorum natura permittebat, vel ipse ordo et concinnitas rerum postulabat. Dixit et Moyses omnia a Deo valde bona esse facta (*Gen.* 1) ; sed plus aliquantulum laudis divinæ bonitati Plato assignare videtur, cum tam bona facta dicit singula, quantum eorum natura permittebat, vel opportunum erat : ubi etiam adjecit ipsam Dei voluntatem recte omnium creatarum rerum causam arbitrari. Ac si omnia ideo facta atque optime facta intelligat, quia optimus artifex ita facienda decrevit, cujus ad omnia sufficit voluntas, quæ nullatenus cassa esse potest. Hic autem cum de Deo loquens sic præmisisset, itaque consequenter cuncta sui similia, prout cujusque natura poterat esse capax beatitudinis, effici voluit, adjecit statim, atque ait : « Quam quidem voluntatem Dei originem rerum certissimam si quis ponit, recte eum putare consentiam. » Quem et beatus secutus Augustinus in Enchiridion, c. XI [*l.* IX] : « Satis est, » inquit, « Christiano rerum creatarum causam nonnisi credere bonitatem Creatoris, qui est Deus unus, nullamque esse naturam quæ non aut ipse sit, aut ab ipso. »

Hanc etiam causam et magister ipsius Socrates assignatam reliquerat, ut videlicet omnium factarum naturarum causæ penes ipsius Creatoris incommutabilem voluntatem incommutabiliter permaneant, et stabiliter vivant, sicut quod dictum est *quod factum est in ipso vita erat* (*Joan.* 1, 3). Ubi etiam et de inquirendis causis ac primordiis rerum apud physicam disciplinam Socratica sanxit auctoritas, nullam adipisci nos posse certitudinem, nisi illuc contemplatione mentis conscendamus, ubi causæ omnium, ut dictum est, incommutabiliter fixæ manent, in ipsa scilicet voluntate creatoris, quo nec posse conscendi perhibet, nisi mente a vitiis purgata, juxta illud Veritatis, *Beati mundo corde quoniam ipsi Deum videbunt* (*Matth.* v, 8). Unde et propter ipsam quoque physicæ vel cujuslibet philosophiæ perceptionem, quæ nonnisi in discussione occultarum causarum consistunt [*l.* consistit], primum purgandæ bonis moribus vitæ censebat instandum, ac si ethica in omni philosophia primum præfigeret gradum, ut quod amore Dei ad vitæ honestatem allicere non posset, saltem cupiditate philosophiæ aliquatenus ad hoc eos initiaret, quem quidem Augustinus in VIII *De civitate Dei* talibus digne effert præconiis : « Socrates magister Platonis universam philosophiam ad corrigendos componendosque mores flexisse permemoratur. Hic animum intendit ad hoc quod esset beatæ vitæ necessarium, propter quam unam omnium philosophorum invigilasse ac laborasse videtur industria. Nolebat immundos terrenis cupiditatibus animos se in divina conari, quandoquidem ab eis causas rerum videbat inquiri, quas primas atque summas nonnisi in unius veri ac summi Dei bonitate esse credebat. Unde nec eas putabat nisi mundata mente posse comprehendi, et ideo purgandæ bonis moribus vitæ credebat instandum, ut deprimentibus libidinibus exoneratus animus naturali vigore in æterna se attolleret, naturamque incorpoream (27), atque immutabilis luminis, ubi causæ omnium factarum naturarum stabiliter vivunt, intelligentiæ puritate conspiceret. » Et post pauca : « Socrates, inquit, reliquit plurimos suæ philosophiæ sectatores; quorum certatim studium fuit in quæstionum moralium disceptatione versari, ubi agitur de summo bono, sine quo fieri beatus (28) nullus potest. »

Ubi quidem et de Platonica disciplina quam diligenter Deum investigaverit, et ipsum summum bonum esse definierit, in quo tota beatitudinis summa consistit, et quam recte philosophari determinaverit amare Deum, ut omnium quoque bonorum finem amorem Dei constituat, placet nunc subinferre ex eodem, scilicet VIII *De civitate Dei* : « Fortassis, » inquit, « qui Platonem cæteris philosophis gentium longe recteque prælatum acutius atque subtilius intellexisse assecuti laudantur (29), aliquid tale de eo sentiunt, ut in eo inveniatur et causa subsistendi, et ratio intelligendi, et ordo vivendi:

---

(27) Apud Augustinum, *incorporei.*
(28) Apud Aug. *quo fieri homo beatus potest.*

(29) Apud Aug., *atque scuti esse fama celebriore laudantur.*

quorum trium unum ad naturalem, alterum ad rationalem, tertium ad moralem intellexit (30), pertinere. Si enim homo ita est creatus, ut per id quod in eo præcellit, attingat ad illud quod cuncta præcellit, id est unum, verum, optimum Deum, sine quo nulla natura subsistit, nulla creatura instruit, nullus usus expetit : ipse quæratur, ubi nobis secura sunt omnia; ipse cernatur, ubi nobis certa sunt omnia, ipse diligatur, ubi nobis recta sunt omnia. Si ergo Plato Dei hujus imitatorem, cognitorem, amatorem, dixit esse sapientem, cujus participatione fit beatus, quid opus est excutere cæteros? » Item : « Viderunt ergo isti philosophi, quos cæteris non immerito fama atque gratia (31), prælatos videmus, nullum corpus esse Deum; et ideo cuncta corpora transcenderunt quærentes Deum. Viderunt quidquid mutabile est non esse summum Deum, et ideo animam omnem mutabilesque omnes spiritus transcenderunt, quærentes summum Deum. » Item de philosophis : « Hi vero, quos merito cæteris anteponimus, discreverunt ea quæ mente conspiciuntur, ab his quæ sensibus attinguntur, nec sensibus adimentes quod possunt, nec eis dantes ultra quam possunt. Lumen autem mentium esse dixerunt, ad discernenda (32) omnia, Deum, a quo facta sunt omnia. Reliqua est pars moralis, quam Græco vocabulo dicunt ethicam, ubi quæritur de summo bono, quo referentes omnia quæ agimus, quod non propter aliud, sed propter seipsum appetentes, idque adipiscentes, nihil quo beati simus ulterius requiramus; ideo quippe et finis est dictus, quia propter hunc cætera volumus, ipsum autem nonnisi propter ipsum. » Item : « Nunc satis commemorare Platonem determinasse finem boni esse propter virtutem vivere, et ei soli evenire posse qui notitiam Dei habeat et mutationem, nec esse aliam ob causam beatum, ideoque non dubitat hoc esse philosophari amare Deum. Unde colligunt tunc fore beatum studiosum sapientiæ, id est philosophum, cum Deo frui cœperit. Quisquis ergo fruitur eo quod amat, verum et summum bonum amat, quis eum beatum nisi miserrimus negat? »

Ipsa quoque Platonis documenta didicimus ex ipsis philosophiæ studiis, et investigatione rationum veri philosophos ut Deo placeant intendere. A quo quidem præmissa prece in quibuslibet rationibus ut veritatem percipere ac disserere possent, atque hinc etiam ipsi placere supplici obsecratione postulabant : in tantum ut eos omnes pro furiosis et inexpiandis haberent, qui omnibus recte agendis divinam non invocent opem. Ex quo plurimum et eorum intentio manifestatur, et humilitas commendatur, cum et propter Deum omnia recte agi velint, ut hinc ei suppletur, et ei omnia tribuant bona a quo postulant universa. Hinc est illud Platonis, ubi introducta Socratis et Timæi persona, scriptum est : SOCRATES : « Ergo age, Timæe, deliba cœptum, vo-

cata, ut mos est, in auxilium Divinitate. » TIMÆUS : « Vere, mi o Socrates; nam cum omnibus mos sit, et quædam quasi religio, quod de maximis vel de minimis rebus acturi aliquid, sunt prædicari [f. prædicaturi] ad auxilium Divinitatem, quanto nos æquius est, qui universitatis naturæ substantiæque rationem præstituri sumus, invocare divinam opem, nisi plane sævo quodam furore atque implacabili raptemur amentia? Sit ergo meis precibus comprehensum, maxime quidem ut ea dicantur a nobis quæ placeant Deo, tum ut nobis quoque ipsis consequenter propositoque operi decenter proferamus. » Quis etiam illam Pythagoræ non satis admiretur humilitatem, qui se more antiquorum non sustinuerit appellari sophum, hoc est sapientem, sed magis philosophum, hoc est amatorem sapientiæ, quasi non in homine, sed in solo Deo vere sapientiam Dei prædicaret, cujus se participatione desidem potius quam habilem profiteretur? Hinc est illud Augustini in VIII *De civitate Dei* : « Duo philosophorum genera traduntur; unum Italicum ex parte Italiæ, quæ quondam magna Græcia nuncupata est; alterum Ionicum, in eis terris, ubi et nunc Græcia nominatur. Italicum genus auctorem habuit Pythagoram Samium, a quo et fertur ipsum philosophiæ nomen exortum. Nam cum antea sapientes appellarentur, qui modo quodam laudabilis vitæ aliis præstare videbantur, iste interrogatus quid profiteretur, philosophum se esse respondit, id est studiosum vel amatorem sapientiæ : quando sapientem profiteri arrogantissimum, videbatur. » Huic profecto minime necessaria videbatur illa Veritatis admonitio : *Ne vocemini magistri, unus est enim magister vester qui in cœlis est* (*Matth.* XXIII, 10) (33). Minus quippe ei esset sapientis nomen quam magistri sibi arrogare.

Notanda sunt ipsa Augustini verba, quibus sophum sive philosophum solere appellari dicit, ex laude vitæ potius quam scientiæ. Sicut enim nunc, ait, qui modo quodam laudabilis vitæ aliis præstare videbantur. Unde et Boëtius in editione 11 super Porphyrium philosophiam describens dicit : « Philosophia est rerum humanarum divinarumque cognitio cum studio bene vivendi conjuncta. » Et Isidorus Etymologiarum libri VIII capite 6 : « Est, » inquit, « philosophus qui divinarum et humanarum rerum scientiam habet, et omnem bene vivendi tramitem tenet. » Non itaque aut sophus id est sapiens, aut philosophus dicebatur, ex quantacunque scientia, si deesset vitæ munditia. Aliud quippe est astutia sive calliditas in sola cognitione scientiæ, aliud sapientia in rectitudine etiam vitæ. Quam quidem sapientiam Tullius in Rhetorica eloquentiæ conjungendam dicit, ut prodesse civitatibus eloquentia velit, secundum quod orator a Victorino describitur « Vir bonus dicendi peritus, etc. » Bonus quidem rectitudine sapientiæ, ut bene velit, peritus scientiæ,

(30) Apud Aug. *intelligitur*.
(31) Apud. Aug., *gloria*.

(32) Apud Aug., *ad discenda*.
(33) Vulg., *quia Magister vester unus est, Christus.*

rhetoricæ, ut bene possit. Quem et beatus Hieronymus tanquam præceptorem suum in rhetorica secutus, in illa quam ad Occanum scribit epistola (34) : « Definiunt, inquit, rhetores oratores oratorem qui sit vir bonus, dicendi peritus. Ante vita, sic lingua irreprehensibilis quæritur, ut doctus merito suscipiatur. Perdit auctoritatem dicendi, cujus sermo opere destruitur. » De hac quoque sapientia benignitatis seu bonitatis, qua videlicet dulce nobis sapit per desiderium quod recte capimus per intellectum, Augustinus in Enchiridion capitulo 1 [l. capitulo 2]. loquitur dicens : « In libro S. Job legitur quod ipsa sapientia dixerit homini : *Ecce pietas est sapientia* (Job. XXVIII, 28) (135).»

Quod si post fidem ac moralem doctrinam philosophorum finemque seu intentionem recte vivendi ab eis assignatum, vitam quoque ipsorum inspiciamus, et quam diligenter reipublicæ statum instituerint, atque ipsorum civium simulque conviventium vitam ordinaverint, reperiemus ipsorum tam vitam, quam doctrinam maxime evangelicam seu apostolicam perfectionem exprimere, et a religione Christiana eos nihil aut parum recedere, quod nobis tam rationibus morum, quam nomine ipso juncti sunt reperiuntur, nomine quidem, cum nos a vera sophia, hoc est sapientia Dei Patris, quæ Christus est, Christiani dicamur, vere in hoc dicendi philosophi, si vere Christum diligimus. Fide quoque et spe morumque et honestatis rationibus secundum charitatis libertatem, quod in gratia vocati sumus, non secundum servitutem Judaicam ex timore pœnarum et ambitione terrenorum, non ex desiderio æternorum, nobis plurimum philosophos certum est assentire : quibus, ut diximus, et fides Trinitatis revelata est, et ab ipsis prædicata, et spes immortalis animæ et æternæ retributionis exspectata, pro qua mundum penitus contemnere, et terrenis omnibus abrenuntiare, et seipsos dura macerare inedia non dubitaverunt, ponentes nobiscum amorem Dei finem et causam omnium, ut supra satis meminimus. Hinc quidem facilius evangelica prædicatio a philosophis, quam a Judæis suscepta est, cum sibi eam maxime invenirent ad finem, nec fortasse in aliquo dissonam, nisi forte in his quæ ad incarnationis vel sacramentorum vel resurrectionis mysteria pertinent. Si enim diligenter moralia Evangelii præcepta consideremus, nihil ea aliud quam reformationem legis naturalis inveniemus, quam secutos esse philosophos constat, cum lex magis figuralibus, quam moralibus nitatur mandatis, et exteriori potius justitia, quam interiori abundet. Evangelium vero virtutes ac vitia diligenter examinat, et secundum animi intentionem omnia, sicut et philosophi, pensat. Unde cum tanta, ut dictum est, evangelicæ ac philosophicæ doctrinæ concordia pateat, nonnulli Platonicorum, ut supra olim meminimus, in tantam proruperunt blasphemiam, ut Dominum Jesum omnes suas sententias a Platone accepisse dicerent, quasi philosophus ipsam docuisset sophiam.

Nunc autem præter diligentem virtutum descriptionem a philosophis datam, juvat et eorum de activæ vitæ rectitudine doctrinam inspicere, cum rectis rationibus vivendi civitatum et eorum rectorum instituerent vitam, deinde quantum ipsi quoque suis de rectitudine vivendi obtemperaverint dictis, vel amplius fecerint quam aliis imponerent, juxta quod et de vera scriptum est sophia, quæ *cœpit Jesus facere et docere* (Act. I, 1) : ac si diceret, primum facere, deinde docere. Instituerunt autem juxta evangelicam prædicationem tam conjugatorum, quam rectorum, quam continentium vitam, cum et civitatibus quasi conjugatorum conventibus modum vitæ assignaverunt, et quales ipsi reipublicæ rectores esse oporteret definierunt; et in seipsis continentium atque abstinentium vitam expresserunt, quam nunc clerici sive monachi profitentur. Civitatum autem conventus tanta proximi charitate junxerunt, ut omnibus in commune redactis, nihil civitas nisi fraternitas videretur, et nihil aliud rectores civitatis, quam reipublicæ dispensatores dicerentur, ut jam tunc illam primitivæ Ecclesiæ apostolicam præsignarent vitam, de qua in Actibus apostolorum dicitur. *Quod erant eis omnia communia, et nihil suum dicebat aliquis, sed unicuique distribuebatur prout cuique opus erat* (Act. IV, 32) ; cujus nunc vitæ se professores monachi dicunt, cum hæc omnibus recte conviventibus philosophi jure assignaverint, juxta illam de æquitate charitatis regulam, *Diliges proximum tuum tanquam teipsum* (Matth. XIX, 19).

Quid etiam amplius omnem interdixit proprietatem, et omnia in commune redegit, quam illud Socratis dictum in Timæo Platonis inductum, quo uxores quoque communes fore instituit, ut nullus proprios recognoscat liberos ? Nunquid hoc, fratres, ad aliquam turpitudinem inclinandum est, ut tantam ac tam manifestam atque abominabilem obscœnitatem tantus institueret philosophus, a quo totum moralis disciplinæ studium et investigatio summi Boni sumpsit exordium; et cum non solum a philosophis verum et a poetis, et ab omnibus naturalis legis hominibus adulteria damnentur : imo et a nonnullis ardor libidinis in uxorem propriam adulterio deputetur. Unde Hieronymus (36) contra Jovinianum libro primo : « Sextus in sententiis adulter est, » inquit, « in suam uxorem amator ardentior. In aliena quippe uxore omnis amor turpis est, in sua nimius. Sapiens vir judicio debet amare conjugem, non affectu. Reget impetus voluptatis, ne præceps feratur (37) in coitu. Nihil est fedius, quam uxorem amare quasi adulteram. Certe qui

---

(34) Apud Hieronymum desideratur *oratores*.
(35) Vulg., *Ecce timor*.

(36) Apud Henr., *Xystus*; sed mss. legunt *Sextus*.
(37) Apud Hier. *Nec præceps feratur*.

dicunt se causa reipublicæ et generis humani, uxoribus jungi, et liberos tollere, imitentur saltem pecudes, et postquam uxoris venter intumuerit, non perdant filios, nec amatores uxoribus se exhibeant, sed maritos. »

Cum itaque Socrates uxores quoque publicandas esse instituerit, de communitate quarum nihil omnino tenendum esse videbatur, profecto nihil penitus reliquit proprium, quod videlicet ad communitatem non reduceret. Uxores itaque vult communes esse secundum fructum, non secundum usum; hoc est ad utilitatem ex eis percipiendam, non ad voluptatem in eis explendam, ut videlicet tanta sit in omnibus charitas propagata, ut unusquisque omnia quæ habet, tam filios, quam quæcunque alia, nonnisi ad communem omnium utilitatem possidere appetat. Quod diligenter ille attendebat, de quo Valerius Maximus inter cætera commemorat, dicens (38) : « Aulus Fulvius filium suum pravo consilio amicitiam Catilinæ secutum, inque castra ejus temerario impetu ruentem, medio itinere abstractum, supplicio mortis affecit, præfatus non se illum Catilinæ adversus patriam, sed patriæ adversus Catilinam genuisse. » Et hos fortasse omnes tales veros reipublicæ rectores intellexit, qui ea scilicet quæ possidere videntur, non sibi, sed communi deputant utilitati. Et hæc quidem vere dicenda est respublica, cujus administratio ad communem geritur utilitatem : et hi vere dicendi sunt concives, qui sic in unum tam corpore quam devotione inhabitant, ut in eis completum videatur, quod de perfectione primitivæ Ecclesiæ, quam nunc monasteriorum conventus imitantur, per Psalmistam dicitur : *Ecce quam bonum et quam jucundum habitare fratres in unum* (Psal. cxxxii, 1). Et hinc eorum unanimis convictus recte civitas est appellandus, ubi par æquitatis censura unicuique quod suum est servat, et in omnibus æqua dispensatio tenetur, et prout cuique opus est, et facultas permittit, omnia dispensantur, et ad unum exitum, hoc est ad communem civitatis incolumitatem, quæ omnia fiunt intenduntur, ut in omnibus sine murmuratione sincera charitas conservetur. Unde Clemens ad Jacobum scribens : « Nisi in communi vivendum esse adhortaretur : Denique, inquit, Græcorum quidam sapientissimus hæc ita sciens esse, ait : Sicut non potest aer dividi, neque splendor solis ; ita nec reliqua, quæ communiter in mundo hoc omnibus data sunt ad habendum dividi debere, sed habenda esse communia. Alioquin non est perfecta, quæ quærit quæ sua sunt, sed [non] amici sui commoda. »

Hieronymus ad Heliodorum episcopum in Epitaphio Nepotiani : « Quid memorem Romanos duces, quorum virtutibus, quasi quibusdam stellis, Latinæ micant historiæ? Pulvillius capitolium dedicans, mortuum ut nuntiabatur filium, subito se jussit absente sepeliri. Lucius Paulus septem diebus inter duorum exsequias filiorum triumphans Urbem iniit in proximum charitas gressus est. »

Ad hanc profecto æquitatis censuram illa civitatum definitio spectat, de qua verba Tullii Macrobius exponens ait : « Illa autem definitione quid pressius potest esse, quid cautius de nomine civitatum, quam concilia, » inquit, « cœtusque hominum jure sociati, quæ civitates appellantur ? » Secundum quam quidem definitionem conventus quilibet Christianæ religionis proprie civitates dicendi sunt, et concives proprie fratres, in quo per gratiam renati. Unde et Veritas de societate Ecclesiæ dicit : *Non potest abscondi civitas supra montem posita* (Matth. v, 14). Cui et illud in Ezechiele concinit de ædificio civitatis super montem ostenso, atque illud Psalmistæ, *Jerusalem quæ ædificatur ut civitas* (Psal. cxxi, 3). Ad hanc, credo, reipublicæ communitatem cum nos adhortarentur philosophi, egregie per naturalem justitiam commendaverunt positivam, hoc est hanc quam ipsi ponere et statuere in conventibus civitatum cœperunt, et congrue ad concordiam et communitatem hominum in terris, concordiam superiorum et cœlestium rerum, quæ communiter nostris usibus deputatæ sunt, introduxerunt ; ut cum omnes beneficium solis et cæterorum communiter accipiamus, admoneamur ex his et nos ipsi nobis invicem communiter subvenire ; et cum major mundus divina dispositione singulis suis partibus nobis subveniat, qui nec sibi ipsi, sed nobis factus est ; ex hoc præcipue minor mundus, id est singuli homines admoneantur, mutuis sibi beneficiis subvenire, et ad communem omnia quæ habemus utilitatem disponere ; præcipue cum id ipsum Deus omnium remunerator se apertissime velle insinuet, cœlestia quoque et universa quæ in mundo sunt, et insensibilia omnium nostrum usibus, ad quos et facta sunt, subjiciendo, sicut per Psalmistam (viii, 8) de homine ad Deum dicitur suis verbis : *Omnia subjecisti sub pedibus ejus*, etc.

Quantum etiam illud magnificandum est ac prædicandum, quod cum rectitudine civilis honestatis Plato instituerat, a verbis quoque inhonestis et fabulosis, sicut et a turpibus factis providet, ut in nullo civitatis ordinationem labefactari permitteret. Unde et cum civitatis recte ordinandæ traderet institutionem, poetas a civitatibus ejiciendos esse decrevit, sicut in secundo *De civitate Dei* (33) beatus Augustinus his verbis commemorat : « An forte, » inquit, « Platoni potius palma danda est, qui cum ratione formaret qualis esse civitas debeat, tanquam adversarios civitatis (39) poetas censuit urbe pellendos. » Item post aliqua : « Quod si Plato poetas ipsos, vel pro arbitrio mentientes, vel hominibus miseris quasi deorum facta pessima imitanda proponentes, omnino in civitate bene instituta vivere noluit. » Ac si

---

(38) Valer. Max. lib. v. c. 8.
(38') L. II, c. 14.
(39) In mss. S. Augustini libri solet legi *adversarios veritatis.*

aperte factis et ipsis illud jam prædicaret : *Omnis qui mentitur occidit animam* (Sap. I, 11); » atque illud Apostoli : *Fornicatio et omnis immunditia nec nominetur in vobis sicut decet sanctos, aut turpitudo aut stultiloquium, aut scurrilitas quæ ad rem non pertinent,* etc. (*Ephes*. v, 3). » Quid etiam philosophia de poeticis æstimet musis, et quantum indignetur aliquem alumnum suum ad meretriculas illas unquam divertere, in ipso aditu libri Boetii *De consolatione* philosophiæ diligenter exprimitur, ubi de ipsa ad consolandum philosophum accedente et inspiciente musas philosopho illi assistentes, ipsemet ait philosophus : « Quæ ubi poeticas musas vidit nostro assistentes thoro, fletibusque meis verba dictantes, commota paulisper, ac torvis inflammata luminibus : quis, » inquit, « has scenicas meretriculas ad hunc ægrum permisit accedere, quæ dolores ejus non modo nullis remediis foverent, verum dulcibus insuper alerent venenis? Hæ sunt enim quæ infructuosis affectuum spinis uberem fructibus rationis segetem necant, hominumque mentes assuefaciunt morbo, non liberant. At si quem profanum uti vulgo solitum vobis blanditiæ vestræ detraherent, minus moleste ferendum putarem. Nihil quippe in eo nostræ operæ læderentur. Hunc vero Eleaticis atque academicis studiis innutritum, sed ite potius, Sirenæ usque ad exitum dulces, meisque cum musis curandum sanandumque relinquite. His ille chorus increpitus dejecit humi mæstior vultum, confessusque rubore verecundiam, tristis excessit (40). »

Quanto etiam effectu subditam plebem rectores civitatum amplectantur, ut eis magis per amorem adesse, quam per damnum præesse recognoscant, et se potius ministros quam dominos, certum præfixerunt philosophi decretum, cum tales eos descripserunt, qui juxta illud Tullii, pro libertate patriæ non solum pugnare, verum et vitam ponere non formident : certi de illa cœlestis beatitudinis sede, quæ Scipioni revelata promittitur. De quo et nonnulla apud gentiles ipsos in præsto nobis sunt exempla, qui propriæ saluti suorum sospitatem præponerent, et plus suos quam seipsos se diligere exhiberent : quod in duobus Deciis, quod in Platone, quod in multis aliis mirari vehementer cogimur. Nam et illi pro salute suorum morti se devovisse, et viriliter eam sustinuisse referuntur, et hic siti periclitans oblatam aquam suscipere recusavit, et communi periculo maluit cum suis occumbere, quam se solum superstitem haustu refocillatum conservare, quod et dilectus Domino David antea suæ indolis reliquerat exemplum. Erubescant ad hæc hujus temporis abbates quibus summa religionis monasticæ cura commissa est, erubescant, inquam, et resipiscant saltem gentilium exemplo

commoti, quod in oculis fratrum vilia pulmentorum pabula ruminantium, exquisita fercula ac multiplicia imprudenter devorant. Attendant et Christiani principes quanto fortitudinis zelo justitiam gentis amplexæ sint, et illud inter cætera Valerii Maximi (41) quasi præ oculis affixum semper in exemplo gerant. Illud, inquam, de quo scriptum est : Zeleuchus cum filiis suis [*l*. filius suus] adulterii crimine damnatus, secundum jus ab ipso statutum, utroque oculo carere deberet, ac tota civitas in honorem patris pœnam adolescentulo remitteret, aliquandiu repugnavit : tandem populi precibus victus, suo prius, deinde filii oculo eruto, utrique usum videndi reliquit. Item debitum supplicii modum legi reddidit. Magnus in hoc filii amor, sed major justitiæ exhibetur. Naturæ indulsit quantum potuit, sed tamen virtus naturam superavit. Plus se principem quam patrem profiteri voluit. Quanta etiam pro veritate et fidelitate conservanda sustinuerint, et quanto fortitudinis zelo libertatem animi sibi vindicaverint, ille in exemplo præstat, qui ne conjurationem in supplicium tyrannus a se et consciis suis factam detegere cogi, et socios prodere posset, linguam sibi morsu vehementi præcisam, ipse in os prædicti tyranni sævientis exspuit, sicut et secundus Boetii *De consolatione* philosophiæ liber continet.

Quod si ad ipsorum philosophorum perfectionem vitæ rationis nostræ examen sublevemus, summam in eis anachoretarum seu monachorum mirabimur abstinentiam et contemplativæ vitæ celsitudinem. De quorum quidem conversione a sæculo ad solitariæ vitæ quietem, tum propter illecebras sæculi fugiendas, tum etiam pro desiderio divinæ contemplationis et philosophiæ studio adipiscendæ, multi posteris scribere curaverunt. Unde et beatus Hieronymus in secundo contra Jovinianum ad impudentiam illius Epicurei hæretici conterendam, philosophorum quoque ab illecebris sæculi conversionem inducit dicens : « Nos quorum et conversatio in cœlis est, nec ei debemus cui nascimur, sed cui renascimur. Esus carnium et potus vini, ventris est satietas (42), seminarium libidinis est. Unde et comicus : « Sine Cerere, inquit, et Libero friget Venus. » Per quinque sensus quasi per quasdam fenestras, vitiorum ad animam introitus est. Non potest metropolis et arx mentis capi, nisi per portas irruerit hostilis exercitus. Si circensibus quisquam delectatur, si athletarum certamine, si mobilitate histrionum, si formis mulierum, si splendore gemmarum, vestium, etc. Hujusmodi per oculorum fenestras animæ capta libertas est, et impletur illud propheticum : *Mors intravit per fenestras nostras* (*Jerem*. IX, 21). Igitur cum per has portas quasi quidam perturbationum cunei ad arcem nostræ mentis intraverint, ubi erit libertas? ubi fortitudo ejus? ubi de Deo cogitato ? maxime cum tactus depingat sibi

---

(40) S. Thomas hunc Boetii locum commentans, *Fleys*, inquit, *est civitas Græciæ, in qua studuit Aristoteles, unde studia sua dicuntur Eleatica. Academia autem fuit civitas vel villa in qua studuit Plato, unde studia sua dicuntur Academica.*
(41) Val. Max. lib. vi, c. 15.
(42) Apud Hier., *ventrisque satietas*.

etiam præteritas voluptates, et recordatione vitiorum cogat animam compati, et quodammodo exercere quod non agit. His igitur rationibus invitati multi philosophorum, reliquerunt frequentias urbium, et hortulos suburbanos, ubi ager irriguus et arborum comæ, et susurrus avium, fontis speculum, rivus murmurans, et multæ oculorum auriumque illecebræ, ne per luxum et abundantiam copiarum animæ fortitudo mollesceret, et ejus pudicitia stupraretur. Inutile quippe est crebro videre per quæ aliquando captus sis, et eorum te experimento committere, quibus difficulter careas. Nam et Pythagorici hujuscemodi frequentiam dedignantes, in solitudine et desertis locis habitare consueverant. Platonici quoque et Stoici in templorum lucis (43) et porticibus versabantur, ut admoniti augustioris habitaculi sanctitate, nihil aliud quam de virtutibus cogitarent. Sed et ipse Plato cum dives esset, et thorum ejus Diogenes lutatis pedibus conculcaret, ut posset vacare philosophiæ, elegit academiam (44) villam ab urbe procul, non solum desertam, sed pestilentem, ut cura et assiduitate membrorum (45) libidinis impetus frangerentur, discipulique sui nullam aliam sentirent voluptatem, nisi earum rerum quas discerent. »

De quibus et Hieronymus ad Eustochium scribens, cum austeram Ægyptiorum monachorum per cellulas divisorum descripsisset vitam : « Tales, inquit (46), philosophiam Platonici sermonis imitantur, tales Josephus in Judaicæ captivitatis historia Essenos debere refert. » Philosophiam dicit Platonici sermonis, quam in sermone suo Plato ipse, sive Platonici prædicabant. Hi quidem juxta Macrobium (47) ad tantam vitæ celsitudinem pertingisse videntur, ut ipsi a quibusdam soli virtutes habere crederentur, ac per eas soli fieri beati. Plotinus vero inter philosophiæ professores cum Platone princeps, ut ait Macrobius, cum quatuor virtutes quadrifariam divisisset, in Platonicas (48) scilicet virtutes, et purgatorias, et quæ sunt purgati animi ac defecati, atque exemplares, purgatorias philosophantibus quasi proprias assignat; et hæ sunt, inquit, hominis, qui divini capax est, solumque animum ejus expediunt, qui decrevit se a corporis contagione purgare, et quadam humanorum fuga solis se inserere divinis; quorum, inquiunt, prudentiam esse mundum istum et omnia quæ in mundo insunt divinorum contemplatione despicere, omnemque animi cogitationem in sola divina dirigere. Temperantiæ autem, omnia relinquere in quantum natura ponitur, quæ corporis usus requirit, ac si et ipsi pariter cum ipsa veritate tam factis quam verbis animent omnibus [f. omnes] : Intrate per angustam portam (Matth. VII, 13), et : Beati qui se castraverunt propter regnum cœlorum (Matth. XIX, 12). Nam et hunc finem esse eis propositum constat, de perceptione scilicet æternæ vitæ, quem et ipse Dominus nobis assignavit, et quem Israel minus attendebat spe et ambitione terrenæ felicitatis Deo magis subjectus, quam desiderio æternorum. Unde et eis litteræ veneratoribus nulla retributio in lege de observatione legis juxta litteram promissa aut exspectanda est, nisi prosperitas terrena, ad quam teto inhiant desiderio. Quæ quidem promissio in Deuteronomio aperte continetur capitulo XXIV et XXVIII. At vero qui hic transitoria despiciunt, necesse est ut potiora his aliqua sperent quæ sunt æterna, sicut philosophi et Christiani. Hinc et supra Hieronymus consolationem Socratis induxit super condemnatione ejus ad mortem immeritam, de promerenda immortalis animæ beatitudine, tam in fide Sanctæ Trinitatis, quam in spe futuræ beatitudinis conjunctos nobis fuisse philosophos intelligamus, et eumdem utrisque finem esse propositum ac bravium ipsum, videlicet summum quod Deus est Bonum. Unde et cum superius de ipso Socrate beatus ageret Augustinus (49), dictum est de eo inter cætera : « Hic animum intendit ad hoc quod esset beatæ vitæ necessarium propter quam unum omnium philosophorum invigilasse ac laborasse videtur industria. » Qui etiam de discipulis Socratis adjecit dicens : « Quorum certatim studium fuit, in quæstionum moralium disceptatione versari, ubi agitur de summo bono, sine quo fieri beatus nullus potest. Ad hoc et illa pertinet exhortatio, quam rectoribus reipublicæ Tullius scribit, inducens scilicet avum Scipionis, cum eo per somnum ita loquentem : Sed quo sis, Africane, alacrior ad tutandam rempublicam, sic habeto : Omnibus qui patriam conservaverint cer-

Hieronymus ad Paulinum presbyterum de omnibus divinæ historiæ libris : « Legimus in veteribus historiis, quosdam lustrasse provincias, novos adiisse populos, maria transiisse, ut eos quos ex libris noverant, coram quoque viderent. Sic Pythagoras Memphiticos vates, sic Plato Ægyptum et Architam Tarentinum, eamque oram Italiæ quæ quondam Magna Græcia dicebatur, laboriosissime peragravit; ut qui Athenis magister erat et potens, cujusque doctrinam Academiæ gymnasia personabant, fieret peregrinus atque discipulus, malens aliena verecunde discere, quam sua imprudenter ingerere. Denique cum litteras quasi toto fugientes orbe persequitur, captus a piratis et venundatus,

---

(43) Apud Hier., *locis*.
(44) Apud Hier., *Academicam*.
(45) Apud Hier., *morborum*.
(46) Textum Hieronymi non satis fideliter hic citat Abælardus. Nam apud Hieronymum sic legitur : *Tales Philo Platonici sermonis imitator : tales Josephus, Græcus Livius in secunda Judaicæ captivitatis historia Essenos refert.*
(47) Macrob. l., 1 in Sam. Sap. c. 8.
(48) Apud Macrobium non *Platonicæ*, sed *politicæ* dicuntur.
(49) Aug. De civit. Dei, l. 8, c. 3.

tum esse in cœlo definitum locum, ubi beati ævo sempiterno fruantur. Nihil est illi principi Deo..... qui omnem mundum regit, quod quidem in terris fiat acceptius quam concilia cœtusque hominum jure sociati, quæ civitates appellantur. »

Bene autem subdidit, ex his quæ in terris fiant, hoc est in communi hominum habitatione, quod ad activam referendum est vitam, quæ in necessitatibus proximi, cum quo inhabitat, amore quoque ipsius laborat in terrenis, ut habeat unde tribuat necessitatem patienti, et ei fructum sui commiscet laboris. Majoris quippe meriti solitaria vita est contemplationis, qua nos nimius divini amoris fervor ad contemplationem divinæ visionis suspendit, omni jam mundanarum necessitatum sollicitudine postposita, et quasi in cœlestibus nostram tenet conversationem. Quod nec ipsa Macrobii expositio notare prætermisit, activam rectorum vitam per hoc a contemplatione philosophorum distinguens. Duos itaque continentium ordines in philosophis concluserunt, cum alios adhuc purgari per abstinentiæ ac studii assiduitatem dicunt, qui fortasse philosophantes rectius quam philosophi dicendi sunt, et communi habitatione studiorum, formam cœnobitarum tenent monachorum, qualem et Josephus in octavo decimo Antiquitatis libro vitam Essenorum describit, cum Hebræos quoque tria genera philosophorum et eorum sectas distingueret, quorum alios Pharisæos, alios Sadducæos, alios Essenos appellat. Quos quidem novissimos miris effert laudibus, alios jam purgati ac defecati animi esse, in quorum carne jam per diutinam abstinentiam mortificata nullus jam irrepere vel dominari concupiscentiæ motus valet, qui jam solitaria habitatione viventes, suo ipso sufficiant præsidio, qualium perfectam anachoretarum vitam dicimus, quos quidem juxta Hieronymum ad Rusticum monachum scribentem de conventu monasteriorum egredi oportet quasi de schola philosophantium, ut illic sub regula disciplinæ instruantur, atque tam exemplo aliorum, quam verbo ad perfectionem erudiantur, et a recenti consuetudine voluptatum abducti purgentur. Hic purgati jam, et in omnibus instructi, cunctisque tentationum motibus repulsis, quasi sui ipsorum victores, sui regimen securi suscipiant, et ad videndum Deum purgatis jam mentibus toti anhelent, ut jam nulla hominum frequentia vel aspectu ab illa contemplationis celsitudine revocentur. Quantus autem mundi contemptus apud philosophos fuerit, et quam sibi arctam vitam a sæculo recedentes instituerint, quantumque alios ad hoc etiam tyranno crudelissimo paruit, vinctus et servus. Tamen quia philosophus, major emente se fuit. »

Ambrosius in epistola ad Irenæum : « Pythagoricum mandatum in aliquorum scriptis prædicari invenimus, quod ille discipulos suos communem atque usitatam populo prohibuerit ingredi viam, Sed hoc unde ipsam tam factis ipsis quam dictis adhortati sint, pluribus sanctorum quoque Patrum testimoniis didicimus. Socratem quippe multosque alios omnia reliquisse sicut et apostolos Hieronymus perhibet, tum quia in eis nullam judicarent gloriam, quæ tam a pessimis quam ab optimis viris possideri possint, et iniquissimum esse attenderent illam humani animi excellentiam, et divinæ decus imaginis rebus infimis et caducis subdi : tum quia has impedimento esse præsentirent ad studium, sive ad veræ beatitudinis perceptionem ; quasi jam tunc in ipsis philosophis illa Veritatis prædicatio diceret : Nisi quis renuntiaverit omnibus quæ possidet, non potest meus esse discipulus (Luc. xiv, 33). Et iterum : Non potestis servire Deo et mammonæ (Matth. vi, 24). Quorum quidem unus diligenter attendens, quid distet inter habere pecuniam, et servire pecuniæ, juxta quod et Psalmista ait : Divitiæ si affluant, nolite cor apponere (Psal. lxi, 11), inter cætera meminit dicens : « Et mihi res non me rebus supponere conor, ut videlicet ego ipsis dominer, non ipsæ mihi aliqua sui ambitione capto et usque ad illicita pertracto. » Hinc est illa Hieronymi ad Julianum exhortatio : « Contemnis aurum ? contempserunt et mundi philosophi, e quibus unus, ut cæteros sileam, multarum possessionum pretium projecit in pelagus, Abite, dicens, in profundum, malæ cupiditates, ego vos mergam, ne ipse mergar a vobis. » Quem quidem in secundo contra Jovinianum ex nomine videtur exprimere, ubi de amore studii philosophorum loquitur dicens : « Quosdam legimus sibi effodisse oculos, ne per eorum visum a contemplatione philosophiæ avocarentur. Unde et Crates ille Thebanus projecto in mare non parvo auri pondere : « Abite, » inquit, « pessum, « malæ cupiditates, ego vos mergam, ne ipse mer- « gar a vobis. » Idem in eodem : Pythagoræ, Socratis, Antisthenis, et reliquorum frugalitatem referrem in confusionem nostram, nisi et longum esset assumpserit non est incognitum. Nam cum ex populo Judæorum, ut plerique arbitrantur, genus duxerit, ex ejus disciplina derivavit etiam magisterii præcepta, meritoque magnus apud philosophos habitus ; æqualem, ut aiunt, vix reperit. Legerat itaque in Exodo Moysi præceptum esse, ut montem cum sacerdotibus ascenderet, populus autem deorsum staret. Separavit igitur sacerdotes a populo, et postea ipsum Moysen intra nubem intrare præcepit. Vides divisiones ? nihil in sacerdotibus plebeium requiri, nihil populare, nihil commune cum studio atque usu et moribus inconditæ multitudinis ? Supergradiamur igitur plebeias opiniones, et strata quædam gregalis conversationis, ac detritæ vitæ orbitas declinemus vulgaris semitæ : solum quæramus nobis viam inaccessam sermonibus insolentium, inviam operibus imperitorum, quam nullus maculosus deterat. »

et proprii operis indigeret. Hic certe est Antisthenes qui cum gloriose docuisset rhetoricam, audissetque Socratem, dixisse fertur ad discipulos suos : Abite, et ma-« gistrum quærite, ego « enim reperi. » Statimque venditis quæ habebat, et publice distributis, nihil sibi plusquam palliolum reservavit. Paupertatisque ejus et laboris et Xenophon testis est in Symposio, et innumerabiles libri ejus; quorum alios philosopho, alios rhetorico genere conscripsit. Hujus Diogenes ille famosissimus sectator fuit, potentior rege Alexandro, et naturæ humanæ victor. Nam cum discipulorum Antisthenes nullum reciperet, et perseverantem Diogenem removere non posset, novissime clava minatus est nisi abiret. Cui ille subjecisse dicitur caput, atque dixisse : « Nullus tam durus baculus erit, qui me a tuo possit obsequio separare. » Refert Satyrus qui illustrium virorum scribit historias, quod Diogenes pallio duplici usus sit propter frigus, peram pro cellario habuerit, secumque clavam ob corpusculi fragilitatem, qua jam senex membra sustentare solitus erat et ἡμερόβιος vulgo appellatus sit, in præsenti poscens a quolibet et accipiens cibum. Habitavit autem in portarum vestibulis et in porticibus civitatum, cumque se torqueret in dolio, volubilem habere domum jocabatur, et se cum temporibus immutantem. Frigore enim os dolii vertebat in meridiem, æstate ad septentrionem, et utcunque se sol inclinaverat, Diogenis simul prætorium vertebatur. Quodam vero tempore habens ad potandum caveum ligneum, vidit puerum manu concava bibere, et elisisse illud fertur ad terram dicens : « Nesciebam quod et natura habet poculum. » Quid ad hoc dicturi sunt nostri temporis monachi, et qui se mundum cum Christo contemnere profitentur? Quid, inquam, dicturi sunt, qui ut vinum in dulcedine bibant, pigmenta studiose conficiunt, scyphos pretiosos et nitidos quærunt, nec communi hominum victu vel apparatu contenti sunt? Adde et illud in laudem philosophi quod Valerius Maximus

Hieronymus ad Avigium (50) Spanum : « Ne doleas, si hoc non habeas, quod formiculæ et muscæ et serpentes habent, id est carnis oculos ; sed illum te oculum habere lætare, de quo dicitur in Cantico canticorum : *Vulnerasti cor meum, soror mea sponsa, uno de oculis tuis (Cant.* IV, 9), de quo Deus videtur, de quo ad Moysen dicitur : *Transiens videbo visionem hanc magnam (Exod.* III, 3), de quo quosdam (51) etiam mundi philosophos legimus, ut totam cogitationem cogitarent (52) ad mentis puritatem, sibi oculos eruisse. Et a Propheta dicitur : *Intravit mors per fenestras vestras;* et apostoli audiunt : *Qui viderit mulierem ad concupiscendam eam, jam mœchatus est eam in corde suo (Matth.* v, 28). »

refert (53) de invicta ejus constantia, his verbis scribens : « Alexander continentiam Diogenis vincere nequivit, ad quem cum in sole sedentem accessisset, hortareturque, ut si qua sibi præstari vellet indicaret. Ille, inquit, cætera omitte, verum nolo ne mihi obstes a sole. Quapropter dicitur Alexander primus [*l.* prius] movisse gradu suo Darium armis suis, quam Diogenem divitiis. »

Plurimi etiam philosophorum multis possessionibus suis omnino abrenuntiantes, adeo arctam et laboriosam arripuerunt vitam, ut labore manuum omnia sibi necessaria præpararent, quasi jam tunc nobis formam perfectionis anachoretarum ex abstinentia et labore manuum prætenderent; ac si illud Apostoli divinitus inspiratum jam audissent: *Qui non laborat, non manducet (II Thess.* III, 10) ; atque illud Psalmistæ : *Labores manuum tuarum quia manducabis, beatus es, et bene tibi erit (Psal.* CXXVII, 2). Unde Hieronymus ad Heliodorum scribens : « Apud Græcos, inquit, philosophus ille laudabatur, qui omne quo uteretur usque ad pallium et annulum manu sua factum gloriatus est. » Quanta autem animis eorum fortitudo inerat, et quantus castimoniæ amor, neque hoc sancti doctores tacuerunt. Unde Socratem usque ad mortem in correctione stultorum ac vitiosorum perstitisse, et pro veritatis assertione quasi martyrem et certum de remuneratione occubuisse, tam divini quam sæculares commemorant codices. Hinc est illud Valerii Maximi : « Socratem damnaverunt, qui novam religionem introducere videbatur. » Quæ vero hæc nova religio esset? de commendatione scilicet virtutum et reprehensione vitiorum, cum in ethicis suis mores hominum ad honestatem informaret, beatus Augustinus in VIII *De civitate Dei* exponit dicens : « Constat cum imperitorum stultitiam scire se aliquid opinantium, etiam in ipsis moralibus quæstionibus, lepore mirabili et acutissima urbanitate agitasse. Unde et concitatis inimicitiis calumniosa criminatione damnatus, morte mulctatus est. Sed cum postea illa ipsa quæ publice damnaverat Atheniensium civitas publice luxit, in duos accusatores ejus usque adeo populi indignatione conversa, ut unus eorum oppressus vi multitudinis interiret, exsilio autem alter voluntario atque perpetuo pœnam similem evaderet. Tam præclara igitur vitæ mortisque fama Socrates reliquit plurimos suæ philosophiæ sectatores, quorum certatim studium fuit in quæstionum moralium disceptatione versari, ubi agitur de summo bono, sine quo fieri beatus nullus potest. » In eodem quoque refert prædictus sanctus, quod se legisse dixerit Agellius [A. Gellius] hoc

Hieronymus ad Heliodorum in epitaphio Nepotiani : « Xerxes ille potentissimus, qui subvertit montes, maria stravit, cum de sublimi loco innumerabilem videret exercitum, flesse dicitur, quod post centum

(50) Apud Hier., *Abigaum.*
(51) Apud Hier., *denique quosdam.*
(52) Lege *cogerent,* ut apud Hieronymum.
(53) Val. Max. lib. IV, c. 3.

Stoicis placuisse de subitis animi perturbationibus ex timore provenientibus, quod cum ex terribilibus rebus veniunt, necesse est ut etiam sapientis animum moveant ; ita ut parumper vel pavescat vel contristetur. Hoc tamen interesse censent inter animum sapientis et stulti, quod stulti animus eisdem passionibus cedit atque accommodat assensum : sapientis autem quamvis eos necessitate patiatur, retinet tamen de his quæ appetere vel fugere rationabiliter debet, veram et stabilem inconcussa mente sententiam.

Quis illam Diogenis constantiam atque animi robur invictissimum maxima admiratione non excipiat, qui morte potius febres excludere, quam eas sibi dominari elegerit, et se magis infirmitatis victorem, quam ab ea victum custodire ? Unde et Hieronymus in secundo contra Jovinianum de ejus quoque magnanimitate adjecit, dicens sive ex sua sive ex Satyri persona, qui illustrium virorum scripsit historias. « Virtutem, » inquit, « ejus et continentiam mors quoque indicat, nam cum ad agonem Olympiarum, qui magna frequentia Græciæ celebrabatur, jam senex pergeret, febri in itinere apprehensus, dicitur occubuisse in crepidine viæ : volentibusque eum amicis, aut in jumentum aut in vehiculum tollere, nec acquievit, sed transiens ad arboris umbram locutus est : « Abite, quæso, et « spectatum pergite. Hæc me nox, aut victorem « probabit aut victum. Si febrem vicero, ad agonem « veniam ; si me vicerit febris, ad inferna descen« dam, ibique per noctem eliso gutture, non tam « mori se, ait, quam febrem morte excludere. » Quid iste facturus esset in persecutione fidelium, cum ei pro fide dimicandum immineret, et pro æterna temporalem vitam impendendam, et ne perpetuam mortem evitandam crederet, qui ne febribus opprimeretur, morte medicinam adhibuit, aperte protestatus quam parvi penderet vitam hanc ærumnis implicatam. Huic et illam quam supra meminimus adhibe philosophorum mirabilem tolerantiam, qua nonnulli eorum effossionem oculorum, ne a contemplatione philosophiæ per eos devocarentur, quasi illud Veritatis ad litteram interpretantes : *Si oculus tuus scandalizat te, erue eum et projice abs te* (*Matth.* XVIII, 9). In quo aperte docuerunt, quantum corporeo lumini mentis oculos præponerent, et quantum carnem ipsam spiritui subjacerent, cum fenestras corporis, de quibus propheta conquirente dicitur : *Oculus meus deprædatus est animam meam* (*Thren.* III, 51), tanta passionum molestia obstruere sustinerent.

Dicit fortasse aliquis hoc omnino fortitudinem aut virtutem apparere, non esse, imo pro furore habendum, quod sibi ipsi Diogenes manum intulerit, de quo nec Samsonem, neque aliquem excusare

(54) *Miles* hoc loco pro carnifice seu quæstionario sumitur, phrasi Augustino non omnino inso-

annos nullus eorum quos tunc cernebat superfuturus esset. »

præsumimus, nisi hoc committant familiari aliquo mandato sibi divinitus inspirato, sicut de Samsone creditur factum, ad ulciscendum scilicet de Allophilis, quos pariter secum stravit, et de nonnullis virginibus Christianis, quæ se flammis vel aquis injecerunt, ne a gentilibus corrumperentur. Unde Augustinus *De civitate Dei* libro primo : « Quædam, » inquiunt, « sanctæ feminæ tempore persecutionis ut insectatores suæ pudicitiæ devitarent, in raptu- rum atque necaturum se fluvium projecerunt, eoque modo defunctæ sunt, earumque martyria in Catholica Ecclesia veneratione celeberrima frequentantur. De his nihil temere audeo judicare : utrum enim Ecclesiæ aliquibus fide dignis testificationibus, ut earum memoriam sic honoret, divina persuaserit auctoritas nescio, et fieri potest ut ita sit. Quid enim si hoc fecerunt non humanitus deceptæ, sed divinitus jussæ ; nec errantes, sed obedientes ? » Ad hoc maxime illud Hieronymi spectare videtur quod ait super Jonam prophetam, eo quidem loco, quo scriptum est, Jona dicente : *Tollite me, et mittite in mare, et cessabit mare a vobis* (*Jon.* I, 12), illud, inquam, Hieronymi quo dicit : « Non est enim nostrum mortem arripere, sed illatam libenter accipere : unde et in persecutionibus non licet propria manu perire, absque ubi castitas periclitatur. » Item in eodem *De civitate Dei* libro : « Nec Samson, » inquit, « aliter excusatur, quod seipsum cum hostibus ruina domus oppressit, nisi quod latenter Spiritus hoc jusserat, qui per illum miracula faciebat. » Item in eodem : « De Samsone aliud nobis fas non est credere. Cum autem Deus jubet, seque jubere sine ullis ambagibus intimat, quis obedientiam in crimen vocat, quis obsequium pietatis accuset ? Nam et miles (54) cum obediens potestati, sub qua legitime constitutus est, hominem occidit, nulla civitatis suæ lege reus est homicidii, imo nisi fecerit, reus imperii deserti atque contempti. Quod si ita est, jubente imperatore, quanto magis jubente Creatore ?

In his itaque ista animi magnitudo atque constantia virtus fortitudinis esse potuit, quod in Diogene minime comperimus. Ubi enim non est considerata laborum perpessio, hoc est provida et rationabilis, non subest tolerantiæ causa, certum est fortitudinem non esse, cum hoc ad descriptionem fortitudinis attineat. Nec nos quidem in hoc virtutem Diogenis satis commendare valemus, quod rationabiliter factum esse non agnoscamus ; sed illi magis B. Augustini sententiæ assentimus, qua in eodem capitulo primi libri *De civitate Dei* de interfectoribus sui subjunctum est : « Quicunque hoc in seipsis perpetraverint, animi magnitudine mirandi, non sapientiæ sanitate laudandi sunt. Quanquam si rationem diligentius consulas, nec ipsa quidem animi magnitudo recte nominabitur, ubi quisque non valendo tolerare, vel quæque aspera, vel lenti, qua etiam utitur in sermone 302, n. 13.

aliena peccata, seipse interemerit. Magis enim mens infirma deprehenditur, quæ ferre non potest vel duram sui corporis severitatem [servitutem], vel stultam vulgi opinionem, sicut de Catone vel Lucretia legimus, cum ille quidem qui tanti nominis ac rigoris æstimabatur, seipsum Uticæ occiderit, ne sub Cæsare libertatem amitteret; et illa laudis nimium avida, verita sit ne putaretur, quod violenter est passa cum viveret, libenter passa si viveret. » Item in eodem : « Si magno animo fieri putandum est, cum sibi homo ingerit mortem, ille potius Theobrotus (55) in hac animi magnitudine reperitur, quem ferunt lecto Platonis libro, ubi de immortalitate animæ disputatum est, se præcipitem dedisse de muro, atque ita de hac vita migrasse ad eam quam credidit esse meliorem... Quod tamen magne potius esse factum, quam bene, testis esse potuit Plato ipse quem legerat, qui profecto id præcipue potissimumque fecisset vel etiam præcepisset, nisi ea mente qua immortalitatem animæ vidit, nequaquam faciendum, quin etiam prohibendum esse judicasset. » Item post aliqua : « Restat una causa, de qua dicere cœperam, qua utile putatur, ut se quisquam interficiat, scilicet ne in peccatum irruat, vel blandiente voluptate, vel dolore sæviente : quam causam si voluerimus admittere, eo usque progressa perveniet, ut hortandi sint homines tunc se potius interimere, cum lavacro sanctæ regenerationis abluti, universorum remissionem acceperint peccatorum. Tunc enim tempus est cavendi omnia futura peccata, cum sunt omnia deleta præterita. » Item : « O mentes amentes! Quis est hic tantus non error, sed furor ? »

Constat ipsorum quoque judicio philosophorum hoc detestandum esse, ut sibi aliqua ratione manus aliquis injiciat, quod sine ulla penitus exceptione damnaverunt, sicut jam supra ex ipsa Platonis sententia cognovimus, et Macrobius diligenter tam ipsum, quam Ciceronem secutus, exponit, eo scilicet loco commentatus, ubi Cicero describens somnum Scipionis, ipsum inducit Scipionem cum Paulo patre ei apparente loquentem, et desiderantem quoque ad æternæ vitæ beatitudinem quoquo modo posse properare; quam sibi per avum suum intellexerat revelatam, atque bonis reipublicæ rectoribus a Deo esse in cœlis præparatam. « Quæso, » inquit, « Pater sanctissime atque optime, quoniam hæc est vita, ut Africanum audio dicere : Quid moror in terris, quin huc ad vos venire propero? Non est ita, inquit ille, nisi enim cum Deus istis te corporis custodiis liberavit, huc tibi aditus patere non potest. Quare et tibi, Publi, et piis omnibus retinendus animus in custodia corporis; nec injussu ejus, a quo ille est vobis datus, ex hominum vita migrandum est, ne munus assignatum a Deo ipsi fugisse videamini. » Macrobius super hunc locum (56) : « Hæc secta et præceptio Platonis est, qui in Phædone definit homini non esse sua sponte moriendum. Sed in eodem tamen dialogo idem dicit mortem philosophantibus appetendam, et ipsam philosophiam meditationem esse moriendi. Sed Plato duas mortes hominum novit, nec hoc nunc repeto quod superius dictum est, duas esse mortes, unam animæ, animalis alteram. Sed ipsius quoque animalis, hoc est hominis, duas asserit mortes, quarum unam natura, virtutes alteram præstant. Homo enim moritur cum anima corpus relinquit solutum lege naturæ. Mori enim dicitur, cum anima adhuc in corpore constituta corporeas illecebras, philosophia docente, contemnit, et cupiditatum dulces insidias reliquasque omnes exuitur passiones. Hanc ergo mortem dicit Plato sapientibus appetendam. Illam vero quam omnibus natura constituit, cogi, vel inferri, vel accersiri vetat, docens exspectandam esse naturam. Hoc quoque addidit nos esse in dominio Dei (57), cujus tutela et providentia gubernamur. Nihil autem esse, invito domino, de his quæ possidet, ex eo loco in quo suum constituerat, auferendum. Et sicut qui vitam mancipio extorquet alieno, crimine non carebit, ita eum qui finem sibi, Domino necdum jubente, quæsierit, non absolutionem consequi, sed reatum. » Hæc Platonicæ sectæ semina altius Plotinus exsequitur : « Cum constet, inquit, remunerationem animis illic esse tribuendam, pro modo perfectionis, ad quam in hac vita unaquæque pervenit, non est præcipitandus vitæ finis, cum adhuc proficiendi esse possit accessio. Ergo, inquies, qui jam perfecte purgatus est, manum sibi debet inferre, cum non sit ei causa remanendi, quia profectum ulterius non requirit, qui ad superna pervenit. Sed hoc ipso, quo sibi celerem finem spe fruendæ beatitudinis accersit, irretitus laqueis passionis : quia spes sicut timor passio est. Et hoc est quod Paulus filium spe vitæ verioris ad se venire properantem prohibet ac repellit. Nisi enim cum Deus, inquit, istis te corporis custodiis liberaverit, huc tibi aditus patere non potest. Nec dicit quod nisi mors naturalis advenerit, mori non poteris, sed huc venire non poteris. Pari autem constantia mors, nec veniens per naturam timenda est, nec contra ordinem cogenda naturæ. »

Cum itaque aut Diogenem aut Theobrotum de sibi illata morte defendere nemo præsumat, arbitror tamen hoc ad exemplum tolerantiæ, et ad contemptum hujus vitæ, et desiderium æternæ nobis salubriter a sanctis Patribus esse propositum; ut hoc saltem laudabile in illo monstretur, quod hanc tur. Sed Abælardus, ut suos philosophos ipsis etiam christianis præcellere demonstret, deorumque pluralitatem ab eis avertat, Macrobii textum mutare non veretur.

---

(55) Ita omnes pene Augustini mss. legunt, vulgo *Cleombrotus* legitur. Cic. in 1 Tuscul. *Ambraciotam Cleambrotum* vocat.
(56) Macrob. lib. I in Somn. Scip., cap. 13.
(57) Apud Macrobium non *Dei*, sed *deorum* legi-

vitam ita contempserit, non quod sibi manus injecerit, in isto autem quod immortalem animæ beatitudinem tanto desiderio amplexus sit.

Et si post abstinentiam et magnanimitatem philosophorum eorum quoque continentiam consideremus, multa in confusionem nostram de eis et ab eis scripta reperiemus, et in eis Christianæ castimoniæ, quam Judæi non intellexerunt, incœpisse pulchritudinem. De qua per Sapientiam dicitur : *O quam pulchra est casta generatio cum claritate !* (*Sap.* IV, 1) id est continentia vitæ cum illuminatione sapientiæ, cum sint et fatuæ virgines, cujus et laudem statim prosequitur dicens : *Immortalis enim est memoria illius, quoniam apud Deum nota est, et apud homines* (*ibid.*). Cum præsens est imitantur illam ; et desiderant eam cum se eduxerit, et in perpetuum coronata triumphat, inconquinatorum certaminum præmium vincens, quam et Veritas apostolis injungit dicens : *Sint lumbi vestri præcincti* (*Luc.* XII, 35), et Apostolus maxime commendat dicens : *Bonum est homini mulierem non tangere* (*I Cor.* VII, 1). Et item : *Volo autem omnes homines esse sicut meipsum ; sed unusquisque proprium habet donum ex Deo; alius quidem sic, alius vero sic. Dico autem non nuptis et viduis, bonum illis est, si sic permaneant sicut et ego : quod si se non continent, nubant* (*ibid.*, 7, 8, 9). Et rursus : *De virginibus autem præceptum Domini non habeo, consilium autem do. Existimo ergo hoc bonum esse propter instantem necessitatem, quoniam bonum est homini sic esse* (*ibid.* 25, 26). Et post aliqua : *Volo autem vos sine sollicitudine esse. Qui sine uxore est, sollicitus est quæ Domini sunt, quomodo placeat Deo ; qui autem cum uxore est, sollicitus est quæ sunt mundi, quomodo placeat uxori et divisus est. Et mulier innupta, et virgo cogitat quæ Domini sunt, ut sit sancta corpore et spiritu. Quæ autem nupta est, cogitat quæ sunt mundi, quomodo placeat viro. Porro hoc ad utilitatem vestram dico, non ut laqueum vobis injiciam, sed ad id quod honestum est, et quod facultatem præbeat sine impedimento Domino obsecrandi* (*I Cor.* VII, 32-35). Item : *Igitur et qui in matrimonio jungit virginem bene facit, et qui non jungit melius facit. Mulier alligata est quanto tempore vir ejus vivit ; quod si dormierit vir ejus, liberata est : cui vult nubat, tantum in Domino ; beatior autem erit, si sic permanserit, secundum meum consilium* (*ibid.*, 58, 40).

Quantis autem impedimentis, quantis molestiis et periculis matrimonia abundent, multorum antea testimoniis et lapsuum experimentis didicimus, cum in paradiso mulier statim virum captivaverit, et Nazaræum Domini Samsonem, cujus per angelum nativitas annuntiata fuerat, concupiscentia mulieris usque ad interitum attraxit, et maximum illum prophetarum et regum David, cui et Dominus tantum dederat testimonium dicens : *Inveni virum juxta cor meum* (*Act.* XIII, 22), unus Bersabeæ aspectus in tantum illaqueavit, ut strenuissimo ac fidelissimo Uria interfecto, tam adulterii quam homicidii, seu summæ proditionis reus simul constituatur. Et Salomonem illum sapientium maximum usque ad idolatriam voluptas ita prostraverit quasi in idolo illo, ut quod turpissimum est turpiter efferam, cunnum gentilis feminæ per concupiscentiam magis quam idolum ipsum per ignorantiam veneraretur, tanto effectus deterior, quanto ex conscientia sua inexcusabilior. Qui etiam quam facilis sit ac periculosa hujus concupiscentiæ tentatio, ipsemet qui tam graviter hoc expertus est, per semetipsum nobis in Proverbiis exponit dicens : *Mulier viri pretiosam animam capit. Nunquid abscondere potest homo ignem in sinu suo, ut vestimenta illius non ardeant ; aut ambulare super prunas et non comburantur plantæ ejus ?* (*Prov.* VI, 26, 27, 28.) Item : *Dic Sapientiæ : Soror mea es; et prudentiam voca animam tuam, ut custodiat te a muliere extranea, quæ verba sua dulcia facit. De fenestra enim domus meæ... prospexi... juvenem..., et ecce mulier occurrit ei ornatu meretricio præparata ad copiendas animas* (*Prov.* VII, 4 et seqq.). *Statim eam sequitur, quasi bos ductus ad victimam... ignorans quod ad vincula stultus trahatur, donec transfigat sagitta cor ejus, velut si avis festinet ad laqueum; et nescit quia de periculo animæ illius agitur. Nunc ergo, fili mi, audi me, ne abstrahatur in viis illius mens tua, neque decipiaris semitis ejus, multos enim vulneratos dejecit, et fortissimi quique interfecti sunt ab ea. Viæ inferi domus ejus penetrantes ad inferiora* (*ibid.*, 22). Idem in Ecclesiaste : *Lustravi universa animo meo, ut quærerem sapientiam et rationem, et inveni amariorem morte mulierem, quæ laqueus venatorum est, et sagena cor ejus. Vincula enim sunt manus illius. Qui placet Deo effugiet eam, qui autem peccator est, capietur ab ea* (*Eccle.* VII, 26, 27). Item : *Virum de mille unum reperi, mulierem ex omnibus non inveni* (*ibid.*, 29).

His et illa consonant de Ecclesiastico de molestiis et periculoso feminarum consortio tam propriarum quam extranearum : *Non zeles mulierem sinus tui, ne ostendat malitiam doctrinæ nequam. Ne des mulieri potestatem animæ tuæ, ne ingrediatur virtute tua et confundaris. Non respicies mulierem multivolam, ne forte incidas in laqueos illius* (*Eccli.* XIX, 1, 2). Item : *Operarius ebriosus non locupletabitur, et qui spernit modica, paulatim decidet. Vinum et mulieres apostatare faciunt sapientes et arguunt sensatos* (*Eccli.* XIX, 1, 2). Item : *Omnis plaga tristitia cordis est, et omnis malitia nequitia mulieris* (*Eccli.* XXV, 17). *Non est caput nequius super capite colubri, et non ira super iram mulieris. Commorari leoni et draconi placebit, quam habitare cum muliere nequam* (*ibid.*, 23). *Brevis omnis malitia super malitiam mulieris, sors peccatorum cadit super eam* (*ibid.*, 26). *Mulier si primatum habeat, contraria est viro suo, et plaga mortis mulier nequam* (*ibid.*, 30, 31). *A muliere initium factum est peccati, et per illam omnes morimur. Non des aquæ tuœ exitum, nec mulieri nequam veniam prodeundi. A carnalibus tuis abscide illam, ne semper abutatur (ibid.* 33, 34, 36). Et rursum : *In medio mulierum nolo commorari, de vestimentis enim procedit tinea, et a muliere iniquitas. Melior est iniquitas viri quam benefaciens mulier et mulier confundens in opprobrium (Eccli.* XLII, 13, 14). Hinc et ipsa Sapientia in laudem virginum seu continentium prorumpit dicens : *Felix sterilis, et incoinquinata, quæ nescivit thorum in delicto, habebit fructum in respectione animarum sanctarum, et spado qui non operatus est per manus suas iniquitatem, non cogitavit adversus Deum nequissima ; dabitur enim ei fidei donum electum, et sors in templo Dei acceptissima (Sap.* III, 13, 14). Et iterum illud quod jam supra posuimus : *O quam pulchra casta generatio cum claritate ; immortalis est enim memoria illius, quoniam apud Deum nota est, et apud homines (Sap.* IV, 1).

Bene autem dicit hanc virtutem non solum apud Deum notam, quasi specialiter approbatam, quod ei in Evangelio centesimum assignat fructum, et eam in semetipso de Virgine natus tam verbo quam exemplo prædicare voluit, quem verum Agnum et sine macula hi qui sine macula sunt, id est virgines, sequi dicuntur quocunque ierit : a quo etiam virginitas octo Sybillarum, beato attestante Hieronymo, spiritum prophetiæ promeruerit ; verum et apud homines, cum solæ virgines Deo consecrandæ manu summi sacerdotis velentur, et diaconissarum obtineant principatum. In quanto etiam honore apud gentiles quam et infidelis virginitas semper habita sit, B. Hieronymus in primo contra Jovinianum exposuit dicens : « Certe Romanus populus quanto honore virgines semper habuerit, hinc apparet quod consules et imperatores, et in curribus triumphantes, qui de superatis gentibus tropæa referebant, et omnis dignitatis gradus, eis viam cedere solitus sit. » Nam quod etiam inter duodecim signa cœli, quibus mundum volvi putant, virginem collocarint, nulli dubium est ; unde magna injuria nuptiarum, ut ne inter scorpios quidem et centauros et cancros, et pisces, et enocerotas uxorem maritumque construxerint. »

His et consimilibus rationibus incitati philosophi continentiæ sibi proposuerunt vitam, tum ut philosophiæ penitus vacare possent, tum plurimum ne eorum fortitudo muliebrium illecebrarum mollitiis enervata succumberet, vel filiorum affectu ad illicita vel turpia quædam cogerentur, vel labem aliquam infamiæ, quam ex propria non haberent vita, vitiis uxorum contraherent : quarum impudentiam et Socrates expertus satis est cæteris in exemplo, quantum oporteat philosophum vitæ munditiam observare, nec philosophiæ, cui se copulat, alterius quasi adulteræ copulam superinducere. Ut enim in primo contra Jovinianum beatus meminit Hieronymus, « Socrates Xantippem et Miro, neptem Aristidis, duas habebat uxores : quæ cum crebro inter se jurgarentur, et ille eas irridere esset solitus, quod propter se fœdissimum hominem simis naribus, recalva fronte, pilosis humeris, et repandis cruribus, disceptassent ; novissime verterunt in eum impetum ; et male mulctatum fugientemque diu persecutæ. Quodam autem tempore cum infinita convicia ex superiori loco ingerenti Xantippæ restitisset, aqua profusus immunda, nihil respondit amplius, quam capite deterso : Sciebam, inquit, futurum, ut ista tonitrua imber sequeretur. » Has profecto molestias atque turpitudines assiduasque inquietudines conjugiis inesse Theophrastus noverat, qui pene omnibus diligenter expositis, uxorem sapienti non esse ducendam plurimis astruit rationibus : quasi eam veram intelligat sapientiam, de qua Jacobus apostolus dicit : *Quæ desursum est sapientia primum pudica quidem est, deinde pacifica (Jac.* III, 17). Ac si aperte dicat : Contemplationi studioque divinorum idoneus non est, qui continentiæ vitam non arripit, ut liber a gravissimo uxoris jugo, et quietus a tot et tantis conjugiorum molestiis vivat. Servum nempe se efficit qui se vinculis nuptiarum astringit, propriique etiam corporis juxta Apostolum potestatem amittit, ut si quandoque etiam a sæculo converti ad religionem voluerit, uxore prohibente, non possit.

Unde et, ut ait Hieronymus in primo contra Jovinianum, illud est Apostoli : « *Servus vocatus es ? non sit tibi curæ, sed et si potes liber fieri, magis utere (I Cor.* VII, 21). Hoc est, etiam si habes, inquit, uxorem et illi alligatus es et solvis debitum, et non habes tui corporis potestatem, atque ut manifestius loquar, servus uxoris es, noli propter hoc habere tristitiam ; nec de amissa virginitate suspires, sed etiam si potes causas aliquas invenire discidii, ut libertate pudicitiæ perfruaris, noli salutem tuam cum alterius interitu quærere, etc. » Quod autem Theophrastus quoque eam quæ desursum est sapientiam intellexerit, qua jam gustu contemplationis de Deo sapere aliud incipimus, in eodem aperit capitulo, ubi sapientem nunquam solum perhibet, quem semper aut cum sapientibus conferre, aut cum Deo loqui asserit. De quo ista Hieronymus in eodem primo contra Jovinianum libro : « Fertur, inquit, Aureolus Theophrasti liber De nuptiis, in quo quærit an vir sapiens ducat uxorem, et cum definisset si pulchra esset, si bene morata, si honestis parentibus, si ipse sanus et dives, sic sapientem inire aliquando matrimonium, statim intulit : « Hæc autem raro in nuptiis univer« sa concordant. Non est igitur uxor ducenda sa« pienti. Primum enim impediri studia philosopho« rum, nec posse libris et uxori pariter inserviri. « Multa esse quæ matronarum usibus necessaria « sunt, pretiosæ vestes, aurum, gemmæ, sumptus, « ancillæ, supellex, variæ lecticæ, et esseda deaura« ta ; deinde per totas noctes garrulæ conquestio« nes : Illa ornatior procedit in publicum, hæc ho-

« noratur ab omnibus, ego misella despicior. Cur
« aspiciebas vicinam? quid cum ancilla loqueba-
« ris ? De foro veniens quid attulisti? non amicum
« habere possumus, non sodalem. Alterius amorem
« suum odium suspicatur. Si doctissimus præcep-
« tor in qualibet urbium fuerit, nec uxorem re-
« linquere, nec cum sarcina ire possumus [potest]-
« Pauperem alere difficile est, divitem ferre tor-
« mentum. Adde quod nulla est uxoris electio,
« sed qualiscunque obvenerit, habenda. Si iracun-
« da, si fatua, si deformis, si superba. si fetida :
« quodcunque vitii est, post nuptias discimus.
« Equus, asinus, bos. canis, et vilissima mancipia
« probantur prius et sic emuntur, sola uxor non
« ostenditur, ne ante displiceat quam ducatur.
« Attendenda semper est ejus facies, et pulchritu-
« do laudanda ; ne si alteram aspexeris, se æsti-
« met displicere, vocanda domina, celebrandus na-
« talis ejus, jurandum per salutem illius, ut sit
« superstes optandum, honoranda nutrix ejus, et
« gerula, servus paternus, et alumnus, et formo-
« sus assecla, et procurator calamistratus, et in
« longam securamque libidinem exsectus spado : sub
« quibus nominibus adulteri [adulteria] delitescunt.
« Quoscunque illa dilexerit, gratis sunt amandi.
« Si totam ei domum regendam commiseris, ser-
« viendum est. Si aliquid tuo arbitrio reservave-
« ris, fidem sibi haberi non putabit, si in odium
« vertetur ac jurgia, et nisi cito consulueris, para-
« bit venena. Anus, et aurifices [aruspices], et ha-
« riolos, et institores gemmarum sericarumque
« vestium si intromiseris, periculum pudicitiæ est ;
« si prohibueris suspicionis injuria. Verum quid
« prodest etiam diligens custodia, cum uxor ser-
« vari impudica non possit, pudica non debeat ?
« Infida enim custos est castitatis necessitas, et illa
« vere pudica dicenda est, cui licuit peccare si voluit.
« Pulchra cito adamatur, fœda concupiscit. Difficile
« custoditur quod plures amant. Molestum est possi-
« dere quod nemo habere dignetur. Minore tamen
« miseria deformis habetur, quam formosa servatur.
« Nihil tutum in quo totius populi vota suspirant;
« alios forma, alios ingenio, alios facetiis, alios libe-
« ralitate, sollicitat. Aliquo modo expugnatur quod
« undique lacessitur. Quod si propter dispensatio-
« nem domus, et languoris solatia, et fugam so-
« litudinis ducuntur uxores, multo melius servus
« fidelis dispensat, obediens auctoritati domini, et
« dispositioni ejus obtemperans, quam uxor, quæ
« in eo se æstimat dominam, si adversum viri faciat
« voluntatem, id est quod placet, non quod jubetur.
« Assidere autem ægrotanti magis possunt amici
« et vernaculæ beneficiis obligati, quam illa quæ
« nobis imputet lacrymas suas, et hæreditatis spe
« vendat illuviem, et sollicitudinem jactans, lan-
« guentis animum desperatione perturbet. Quod si
« languerit, coægrotandum est, et nunquam ab ejus
« lectulo recedendum. Aut si bona fuerit et suavis

(58) Apud Hieronymum, rara avis est.
(59) Apud Hier., certis.

« uxor, quæ tamen rara, aut vix est (58), cum
« parturiente genimus, cum periclitante torque-
« mur. Sapiens autem nunquam esse solus potest:
« habet secum omnes qui sunt, quique unquam
« fuerunt boni, et animum liberum quocunque vult
« transfert. Quod corpore non potest, cogitatione
« complectitur ; et si hominum inopia fuerit, lo-
« quitur cum Deo. Nunquam minus solus erit, quam
« cum solus fuerit. Porro liberorum causa ducere
« uxorem, ut vel nomen nostrum non intereat, vel
« habeamus senectutis præsidia, et cunctis (59)
« utamur hæredibus, stolidissimum est. Quid enim
« ad nos pertinet recedentes e mundo, si nomine
« nostro alius non vocetur, cum et filius non sta-
« tim patris vocabulum referat, et innumerabiles
« sint qui eodem appellantur nomine? Aut quæ
« senectutis auxilia sunt, nutrire domi, qui aut
« te prior forte moriatur, aut perversis moribus
« sit, aut certe cum ad maturam ætatem pervene-
« rit, tarde ei videaris mori? Hæredes autem me-
« liores et certiores sunt amici et propinqui, quos
« judicio eligas, quam quos velis nolis habere co-
« garis ; licet certa [certior] hæreditas sit, dum
« advivis, bene uti substantia tua, quam tuo labore
« quæsita in incertos usus relinquere. » Hactenus
quidem Theophrastus.

Deinde Hieronymus : « Hæc, inquit, et hujusmodi Theophrastus disserens, quem non suffundat
Christianorum, quorum conversatio in cœlis est, qui
quotidie dicunt : Opto dissolvi et esse cum Christo?
(Philipp. I, 23). Hæredem nimirum desiderabit...,
liberorum nepotumque serie delectabitur, quos
forsitan sit occupaturus antichristus, cum legamus
Moysen et Samuelem filiis suis alios prætulisse,
nec putasse liberos, quos videbat Domino displicere. » Idem in eodem : « Cicero rogatus ab Hirtio, ut
post repudium Terentiæ, sororem ejus duceret, omnino facere supersedit, dicens non posse se et
uxori et philosophiæ operam pariter dare. » Item
idem : « Scribit Herodotus quod mulier cum veste
deponat et verecundiam ; et noster comicus fortuna-
tum putat qui uxorem nunquam duxerit. Epicurus
voluptatis assertor raro dicit sapienti ineunda conjugia, quia multa incommoda admista sunt nuptiis. »
Quanta etiam cura honestas gentilium non solum
actionum verum etiam suspicionum turpitudines
evitaret, docet Valerius Maximus de quodam adolescente ita scribens (60) : « Spurvina adolescens
excellentis pulchritudinis cum mira specie feminarum illustrium sollicitaret oculos, ideoque viris et
parentibus earum se suspectum esse sentiret, oris
decorem vulneribus confodit. » Factis etiam ipsis
ad illud nos sapientis maxime adhortatus, de quo
scriptum est, Melius est nomen bonum quam divitiæ multæ. (Prov. XXII, 1). Et crudelis est qui famam suam negligit. Hi etiam quanto studio pudicitiam amplecterentur, et in omnibus quæ possent
obscenas turpitudines prævenirent in eodem conti-

(60) Val. Max. l. IV, c. 5.

netur libro : « Vergilius (61), inquit, filiam suam in forum deductam occidit, eo quod Claudius stuprum ejus potestatis viribus fretus expeteret, pudicæque quam corruptæ esse pater maluit. » Item : « Metellus uxorem quæ vinum bibisset fuste percussam interemit, quia quæcunque femina vini usum immoderate appetit, virtutibus januam claudit, et delictis aperit. » Idem : « Sulpicius uxorem dimisit, quod eam capite aperto foris versantem cognoverat. Antistius uxorem repudiavit, quod illam in publico cum quadam libertina vulgari secreto loqui viderat. Sempronius uxorem dimisit, quod se ignorante ludos spectaret. » Proh-pudor! et multos Christianorum novimus lenocinium in uxoribus exercentes. Sed nec ista continentiæ virtus, aut pudicitiæ amor, feminis ipsis philosophiæ et litterarum abundantia insignitis defuisse cognoscitur, ut hoc insigne virtutum maxime congruere philosophicæ eo cognoscamus excellentiæ, et quantum semper ab obscenis voluptatibus concupiscentiæ decor se subtraxerit philosophiæ. Unde Hieronymus in eodem contra Jovinianum libro: « Quid referam, inquit, Sibyllam Erythræam atque Cumanam et octo reliquas. Nam Varro decem fuisse autumat, quarum insigne virginitas est, et virginitatis pretium divinatio. » Item in eodem : « Diodorus Socraticus quinque filias dialecticas insignis pudicitiæ habuisse narratur, de quibus Philo Carneadis magister plenissimam scribit historiam. »

Quod si etiam post philosophos aut litteratas feminas, ad sæculares vel laicos venire delectat, nec de talibus exempla deerunt, quæ nos ad pudicitiam invitant, tam de innuptis quam de nuptis. Unde Hieronymus in primo quoque contra Jovinianum libro, talium quoque laudem prosecutus ait : « Demotionis Areopagitarum principis virgo filia, audito sponsi Leosthenis interitu, se interfecit, asserens quanquam intacta esset corpore, tamen si alterum accipere cogeretur, quasi secundum acciperet, cum priori mente nupsisset. » Item : « Quis valeat, inquit, silentio præterire vii Millesias virgines, quæ Gallorum impetu cuncta vastante, ne quid indecenter sustinerent, mortem sumpserunt, exemplum sui cunctis virginibus relinquentes, honestis mentibus majus pudicitiam esse quam vitam (62). Nicanor, victis Thebis atque subversis, unius captivæ virginis amore superatus est, cujus conjugium expetens, quod captiva optare debuerat, sentit pudicis mentibus plus virginitatem esse quam regnum. Interfectam propria manu flens ac lugens amator tenuit. Narrant scriptores Græci et aliam Thebanam virginem, quam hostis Macedo corruperat, dissimulasse paulisper dolorem, et violatorem virginitatis suæ jugulasse postea dormientem, seque interfecisse cum gaudio, ut nec vivere voluerit post perditam castitatem, nec ante mori, quam sui ultrix existeret. » Quantum autem virtutem pudicitiæ Deus approbet, manifestis miraculis, in talibus quoque virginibus declarare non est dedignatus. Unde inter cætera idem Hieronymi liber ita continet : « Claudia virgo Vestalis cum in suspicionem venisset stupri, fertur cingulo duxisse ratem quam hominum millia trahere nequiverant. » Ad hoc et illud Sidonii pertinet in Propenticon ad libellum suum ita loquentis : « Qualis nec Tanaquil fuit, nec illa quem Tricipitinæ procreasti. Qualis nec Phrygia dicata veste quam contra satis albulam tumentem duxit virgineo ratem capillo. »

Si autem post virginalem castimoniam ad conjugalem transmigrare juvet, quantaque reverentia, quam integro amore fidem conjugii illæsam servare et gentes studuerint, nec in his exemplorum copia defuerit. Præstat in exemplo illa Lucretia, quam omnes fere Romani tam poetæ, quam historiographi dignis laudibus pro castitatis amore conati sunt efferre. Unde est illud Valerii Maximi (63) : « Lucretia a Tarquinio per vim stuprum pati coacta, cum injuriam suam coram amicis suis deplorasset, ferro se quod veste tectum attulerat interemit. » Item (64) : « Plautius Horestillæ uxoris suæ morte audita, stricto ferro incubuit, ejusque amore se interfecit. » Item idem (65) : « Portia Catonis filia cum apud Philippos interemptum virum suum Brutum audisset, quia ferrum deerat, ardentes ore carbones haurire non dubitavit, novo genere mortis assumpto. » Et idem (66) : « Hypsicratia Metridatem conjugem suum vere amavit, propter quem formæ suæ decorem in habitum virilem convertit, tonsis enim capillis, equo se et armis assuevit, quo facilius ejus laboribus interesset. » Quis itaque non attendat quantum in omni gente semper Deo accepta fuerit carnis integritas et continentia vitæ, cum beato etiam attestante Hieronymo, supradictæ viii Sibyllæ ex virginitatis suæ decore spiritum meruerunt prophetiæ. Qui et Claudiam vestalem virginem a suspicionis labe protegens admirabilis signi miraculo non tacuit. Et quid mirum cum hoc illi continentia vitæ contulerit, si magna apud Deum promeruerit tanta philosophorum abstinentia et continentia, cum hæc tanto laudabiliora in eis videantur, et majori reputanda merito, quanto minus ad hæc aliorum prædicatione vel exemplis incitati sunt, sed propria ratione et naturalis legis instructione commoti. Sicut [enim constat nos tam naturali quam scripta lege utriusque Testamenti, et tot vel ipsius Domini vel sanctorum Patrum exemplis instructos, tanto deterius relinquere [f. delinquere] quanto inexcusabilius : ita e

---

(61) Apud Valerium Maximum non *Vergilius* legitur, sed *Virginius plebeii generis, sed patricii vir spiritus.*

(62) Apud HIER., *magis pudicitiam curæ esse, quam vitam.*

(63) VAL. MAX. l. vi, c. 1.
(64) Ibid. l. iv. c. 6.
(65) Id. ibid.
(66) Id., ibid.

contrario tanto eorum venialiora erant mala et laudabiliora videbantur bona. Unde et Dominus Job gentilem non immerito cæteris, qui tunc temporis erant, fidelibus prætulit, dicens : *Quod non sit ei similis in terra, homo simplex, et rectus, et timens Deum, et recedens a malo (Job* I, 8), quamvis multi etiam de filiis Abrahæ tunc superessent, cum hic post legem etiam datam in tempore Israelitarum Judicum, ut beatus asserit Gregorius, fuisse signetur. Hinc est et illa Hieronymi commendatio in laudem Titi imperatoris, et confusionem nostram, super epistolam ad Galatas : « Titus, inquit, filius Vespasiani, qui in ultionem Dominici sanguinis subversis Jerosolymis Romam victor ingressus est, tantæ dicitur fuisse bonitatis, ut cum quadam nocte sero recordaretur in cœna quod nihil boni in die illa fecisset, dixerit : « Amici, hodie « diem perdidi. » Nos putamus non perire nobis horam, diem, momenta, tempus, ætates, cum otiosum verbum loquimur, pro quo rationem reddituri sumus in die judicii. »

Quod si hæc ille sine lege, sine evangelio, sine apostolorum doctrina naturaliter et dixit et fecit; quid nos oportet facere, in quorum condemnationem habet et Juno univiras, et Vesta univirgines, et alia idola continentes? Legerat, ni fallor, prædictus sanctus illud Suetonii, vel consimile, de excellentia supra nominati principis. Titus amor et deliciæ generis humani, id obstinatissime tenuit, ne quemquam ad se accedentem postulandi gratia sine spe dimitteret. Quin etiam admonentibus domesticis quod plura polliceretur, quam præstare posset, non oportere, ait, quemquam a sermone principis tristem discedere. Idem recordatus super cœnam quod nihil tota die cuiquam præstitisset dixit : « Amici, diem perdidi.] » Idem febrim nactus qua et mortuus est, cum lectica veheretur, suspexisse dicitur cœlum, multumque conquestus est, eripi sibi vitam immerenti. Neque enim exstare ullum suum factum, quod sibi esset pœnitendum, excepto duntaxat uno : id quale fuerit, nec

Augustinus *De civitate Dei* libro XVII : « Jam si ad eorum miracula veniamus, quæ facta a diis suis opponunt martyribus nostris; nonne etiam ipsa pro nobis facere, et nobis reperientur omnino proficere? Nam inter magna miracula deorum suorum, profecto magnum illud est, quod Varro commemorat, Vestalem virginem, cum periclitaretur falsa suspicione de stupro, cribrum implesse aqua de Tyberi, et ad suos judices nulla ejus parte stillante portasse. Quis aquæ pondus tenuit tot cavernis patentibus? Itane Deus omnipotens terreno corpori grave pondus auferre non poterit, ut in eodem elemento habitet vivificatum corpus, in quo voluerit vivificans spiritus?

ipse tunc prodidit, neque cuiquam notum fuit.

De cujus etiam patre Vespasiano quam mirabile sit illud quod in eodem Suetonius (67) præmittit, et quam accepta Deo opera ejus, ipsa miraculorum dona testentur, quis non intelligat? Sic nempe scriptum est : « Vespasianum necdum imperatorem quidam e plebe luminibus orbatus, item alius debilis crure, sedentem pro tribunali pariter adierunt, orantes opem valetudinis, demonstratam a Serapide per quietem : restituturum oculos, si inspuisset; confirmaturum crus, si dignaretur calce contingere. Orantibus amicis, licet invitus utrumque tentavit, nec defuit eventus. Quod si etiam consideremus quantum talibus hominibus etiam in infidelitate sua mortuis vel sine sacramentorum gratia defunctis ante actæ vitæ opera profuerint, nec de hoc nobis testimonia decerunt. Legat quislibet capitulum 43 libri II. Vitæ B. Gregorii (68), et inveniet quantum justitia Trajani gentilis imperatoris tam Deo ipsi, quam prædicto sancto acceptabilis exstiterit, cum prædictus sanctus ejus animam, qui post Evangelii quoque traditionem sine fide et gratia baptismatis defunctus fuerat, a pœnalibus locis et infermi cruciatibus, precum instantia suarum, et abundantia lacrymarum, eruisse scribatur; compunctus quidem vehementissime super recordatione illius justitiæ prædicti imperatoris, quam in tanto arcto positus viduæ occurrenti fecerat, de qua ibidem videlicet scriptum est, quod dum quodam tempore Trajanus ad imminentis belli procinctum vehementissime festinaret, et viduæ cuidam proclamanti pro vindicta filii sui interfecti, si sanus reverteretur a prælio, vindictam per omnia se facturum responderet, vidua dixit : « Si tu in prælio mortuus « fueris, quis mihi præstabit ? Trajanus respondit : « Ille qui post me imperabit. Vidua dixit : Et quid « tibi proderit, si alter mihi justitiam fecerit ? Tra« janus respondit : Utique nihil. Et vidua : Nonne, « inquit, tibi melius est, ut tu mihi justitiam facias, « et tu pro hoc mercedem tuam recipias, quam al« teri hanc transmittas ? » Tunc Trajanus ratione pietateque commotus, equo descendit, et peregit judicium. »

Hujus itaque justitiæ tam clementis et justi imperatoris clementissimus papa recordatus, et hoc plurimum attendens, quod pro æterna remuneratione id factum ab imperatore, ad S. Petri apostoli basilicam pervenire ausus dicitur, ibique tandiu super errore tam clementissimi principis deflevisse, quo usque responsum sequenti nocte accepisset, se pro Trajano fuisse auditum, eruta quidem anima ejus de locis pœnalibus, quamvis, ut ibidem dicitur, non ideo credere cogamur, introductam eam fuisse in regnum cœlorum, ne forte verbis Veritatis præjudicemus, quibus dicitur : *Nisi quis renatus fuerit ex aqua et Spiritu sancto, non potest introire in regnum cœlorum (Joan.* III, 5). Sed fortasse illud ma-

(67) SUET., l. VIII.

(68) JOAN. Diac. in *Vita S. Gregorii,* l. II, c. 4β.

jori admiratione suscipitur, quod in Consolatione super morte Valentiniani imperatoris ad sorores ipsius beatus scripserit Ambrosius. Ubi quidem prædictus sanctus omnino astruere intelligitur, eum a se jam catechizatum, sed nondum baptizatum, ex anteactæ vitæ bonis operibus veniam impetrasse post mortem, et sortem electorum sine baptismi gratia percepisse, cum hoc non solum Evangelio, verum et sanctis doctoribus adversari penitus videatur. Unde Augustinus (69) De orthodoxa fide : « Baptizatis tantum interesse salutis, nullum catechumenum, quamvis in bonis operibus defunctum, vitam æternam habere credamus, excepto martyrio, ubi tota baptismi sacramenta complentur. » Hæc autem sunt illa Ambrosii verba in præfata epistola de morte Valentiniani ad sorores ipsius : « Audio vos dolere quod non accepit sacramenta baptismatis. Dicite mihi, qui etiam dudum hoc voti habuit, ut cum in Italiam venisset initiaretur, et proxime baptizari se a me significavit ; et ideo præteritis causis me accersendum putavit. Non habet ergo gratiam quam desideravit? non habet quam poposcit? Et quia poposcit, accepit. Et ubi illud est : *Justus quacumque morte prævenlus fuerit, anima ejus in requie erit.* Solve igitur, Pater sancte, munus servo tuo. » Item : « Non metuebat hominibus displicere, ut tibi soli placeret in Christo ; qui habuit spiritum tuum, quomodo non accepit gratiam tuam? aut si, quia solemniter non sunt celebrata mysteria, hoc movet? Ergo nec martyres, si catechumeni fuerint, coronantur. Quod si suo abluuntur sanguine, et hunc tua pietas abluit, et voluntas. » Item : « Et huic adhuc intercessionem addisco, cui remunerationem præsumo, pio requiem ejus poscamus affectu. » Item : « Doleo in te, fili Gratiane, doleo etiam in te, fili Valentiniane. Tu per me putabas eripi te periculis, tu me non solum ut parentem diligebas, sed ut redemptorem tui et liberatorem sperabas. Tu dicebas : « Putasne videbo Patrem « meum? » Speciosa de me voluntas tua, sed non efficax præsumptio. Hei mihi! Vana spes in homine ! Hei mihi ! quid voluntatem tuam non ante cognovi? Domine, quia nemo habet quod alii plus deferat, quam quod tibi optat, non me ab aliis separes post mortem, quos in hac vita charissimos sensi. Domine, peto ut ubi ego fuero et illi sint mecum. Te quæso, summe Deus, ut charissimos juvenes matura resurrectione suscites, et resuscites, et in maturum hunc vitæ istius cursum matura reuscitatione compenses. » Quod si hi post Evangelii traditionem, sine fide Jesu Christi, vel gratia baptismi, tanta apud Deum ex anteactæ vitæ meritis otinuerint, quid de philosophis ante adventum Gristi, tam fide quam vita clarissimis, diffidere egamur, ne indulgentiam sint assecuti, aut eorum va et unius Dei cultus, quem ipsi tunc temporis pecipue habuerunt, et scribendo prædicaverunt,

(69) Gennad. De dog. Eccl. c. 41. Hic liber, ut jam olervavimus, non est Augustini, sed Gennadii Mas-

magna eis a Deo dona tam in hac quam in futura vita non acquisierit, et quæ necessaria saluti essent ostenderit, cum scriptum sit : *Intellectus bonus omnibus facientibus eum (Psal. cx, 10),* et tanta sit divinæ gratiæ misericordiæ, ut invitis quoque sua præstet beneficia?

Quod si post vitam philosophorum nobis ad nostræ confusionem impudentiæ a sanctis Patribus propositam de eorum doctrina discutere libet, intelligemus tam testimoniis sanctorum, quam manifesta ratione, quam sit ea quoque sacris litteris necessaria, non solum in his quæ ad documenta morum attinent, seu ad sacræ fidei testimonia, verum ad omnia quæstionum genera rationibus terminanda, sive allegoriarum quoque mysteria discutienda, quas frequenter in naturis numerorum investigamus. Unde nobis præcipue tam dialecticam quam arithmeticam beatus commemorat Augustinus, qui ideo in secundo libro De ordine dialecticam commendare ausus est, ut eam solam esse scientiam profiteri videatur, cum eam solam posse facere scientes dicat : « Disciplinam, inquit, disciplinarum, quam dialecticam vocant, hoc docet docere, hoc docet discere. In hac si ipsa ratio demonstrat atque aperit, quæ scit quid velit. Scit scire, sola scientes facere non solum vult, sed et potest. » Idem in secundo De doctrina Christiana 'cum inter omnes artes præcipue dialecticam et arithmeticam sacræ paginæ necessarias esse profiteretur, illam quidem ad dissolvendas quæstiones, hanc ad allegoriarum mysteria discutienda, quæ frequenter in naturis numerorum investigamus, tanto amplius dialecticam extulit, quanto amplius necessariam eam assignavit ad omnes videlicet quæstionum dubitationes terminandas ; ait autem sic : « Restant ea quæ non ad corporis sensus, sed ad rationem pertinent, ubi disciplina regna disputationis et numeri. Sed disputationis disciplina ad omnia genera quæstionum, quæ in sanctis litteris sunt penetranda, plurimum valet ; tantum ibi cavenda est libido rixandi, et puerilis quædam ostentatio decipiendi adversarium. Sunt enim multa quæ appellantur sophismata, falsæ conclusiones rationum, et plerumque ita veras imitantes, ut non solum tardos, sed ingeniosos etiam minus attentos decipiant. Quod genus captiosarum conclusionum scriptura quantum existimo detestatur illo loco, ubi dictum est : *Qui sophistice loquitur, odibilis est (Eccli.* XXXVII, 23). Qui rursus in eodem cum in ipsis philosophorum dictis magnum morum ædificationem, et nonnullam de fide et cultu unius Dei doctrinam consideraret, adjecit atque ait : « Philosophi qui vocantur, si qua forte vera et fidei nostræ accommoda dixerint, maxime Platonici, non solum formidanda non sunt ; sed etiam ab eis tanquam injustis possessoribus in usum nostrum vindicanda. Sicut enim Ægyptus non tantum idola habebat quæ

siliensis presbyteri, sub cujus nomine non semel eum citat Abælardus.

populus Israel detestaretur, sed etiam vasa atque ornamenta de auro et argento, et vestem, quæ ille populus exiens de Ægypto, sibi potius, tanquam ad usum meliorem, clanculo vindicavit præcepto Dei, ipsis Ægyptiis nescienter commodantibus ea quibus non bene utebantur : sic doctrinæ omnes gentilium, et liberales disciplinæ usui veritatis aptiores, etiam morum quædam præcepta continent, deque ipso Deo colendo nonnulla vera inveniuntur apud eos. » Item in eodem de philosophis : « Dederunt aurum et argentum et vestem suam exeunti de Ægypto populo Dei, nescientes quemadmodum illa quæ dabant in Christi obsequium redderentur. »

Noverat itaque ille ecclesiasticorum maximus doctor, et a philosophia olim gentili ad veram, quæ Christus est sophiam conversus, quæ in philosophicis de Deo legerat scriptis, et quam indignum esset philosophicas quoque disciplinas, quæ inter maxima dona Dei semper in terris effloruerunt, Auctorem suum atque omnium non agnoscere, et ei quoque cui obtemperant omnia non deservire. Attendebat et illud quod in Ecclesiastico scriptum est : *Sapientiam omnium antiquorum exquiret sapiens et in prophetis vacabit, narrationem virorum nominatorum conservabit, et in versutias parabolarum simul introibit, occulta proverbiorum exquiret, et in absconditis parabolarum conversabitur* (*Eccli.* XXXIX, 1-5). Juxta quod et Salomon, beato, ut supra meminimus, attestante Hieronymo, in ipso statim Proverbiorum exordio commonet, ut intelligamus sermones prudentiæ, versutiasque verborum, parabolas et obscurum sermonem, dicta sapientium, et ænigmata, quippe, inquit Hieronymus, dialecticorum et philosophorum sunt. Unde et a sanctis postmodum Patribus non incongrue liberalium artium studia, tanquam sacræ paginæ admodum necessaria, plurimum commendantur, cum omnino poetica figmenta Christianis interdicantur, non solum quia falsitate referta sunt, et *os quod mentitur occidit animam* (*Sap.* I, 11), verum etiam, quia inanium fabularum cogitationibus ad desideria turpitudinum quæ fingunt, alliciunt animum, atque a sacræ lectionis meditatione nos abducunt. De utrisque autem in promptu sunt nobis sanctorum testimonia.

Synodus Eugenii papæ tempore Ludovici : « De quibusdam, » inquit, « locis ad nos refertur non magistros, neque curam inveniri pro studio litterarum. Idcirco universis episcopis, subjectisque plebibus, et aliis locis, in quibus necessitas occurrerit, omnino cura et diligentia habeatur, ut magistri et doctores constituantur, qui studia litterarum liberaliumque artium habentes dogmata doceant : quia in his maxime divina manifestantur atque declarantur mandata. » De poeticis autem figmentis, quos nonnulli libros grammaticæ vocare consueverunt, eo quod parvuli ad eruditionem grammaticæ locutionis eos legere soliti sunt, talia sanctorum sanxit auctoritas. Hieronymus ad Damasum papam de filio prodigo : « Dæmonum cibus est carmina poetarum, sæcularis sapientiæ rhetoricorum pompa verborum. » Et post aliqua : « Absit, » inquit, « ut de ore Christiani sonet *Jupiter omnipotens*, et *me Hercule*, et *me Castor*, et cætera magis portenta quam numina ! Ac nunc etiam sacerdotes Dei, omissis evangeliis et prophetis, videmus comœdias legere, amatoria Bucolicorum versuum verba cantare ; tenere Virgilium, et id quod in pueris necessitatis est, crimen in se facere voluntatis. » Idem super Epistolam ad Ephesios : *Educate*, ait : Apostolus, *filios in disciplina et correctione Domini* (*Ephes.* VI, 4). « Legant episcopi atque presbyteri, qui filios suos sæcularibus litteris erudiunt, et faciunt comœdias legere, et (70) amorum scripta turpia cantare, de ecclesiasticis forsitan sumptibus eruditos, et quod in corbonam pro peccato quilibet pauper totam substantiam effundens obtulerat, hoc in Saturnalium sportulam et Minervæ, aut in sumptus domesticos, aut in sordida scorta convertit. » Idem in epistola ad Eustochium virginem « *Quæ communicatio lucis ad tenebras? Quis consensus Christo ad Belial ?* (*II Cor.* VI, 15.) Quid facit cum Psalterio Horatius, cum Evangelio Maro, cum Apostolo Cicero ? » Qui etiam statim in eadem epistola se propter lectionem Platonis seu aliorum philosophorum quibus intendebat, cum ei sermo propheticus incultus horreret, raptum in spiritu fuisse ante tribunal districti Judicis asserit, ubi interrogatus conditionem suam, Christianum se esse respondit. Cui ille qui præsidebat : « Mentiris, » ait, « Ciceronianus es, non Christianus ; *ubi enim fuerit thesaurus tuus, illic et cor tuum* (*Matth.* VI, 21).» Qui denique post multa verba prece assistentium sanctorum, et quasi sub obtestatione sacramenti, quod nunquam amplius sæculares libros legeret, vix impetrare potuit indulgentiam per quam evaderet.

Unde et Rabanus De pressuris ecclesiasticis parte secunda : « Legimus, » inquit, « de B. Hieronymo, quoniam, cum librum legeret Ciceronis, ab angelo correptus est, eo quod Christianus vir paganorum intenderet figmentis. » Isidorus Sententiarum libro III, cap. 13 : « Ideo prohibetur Christianus legere figmenta poetarum, quia per oblectamenta inanium fabularum mentem excitat ad incitamenta libidinum. Non enim solum thura offerendo dæmonibus immolatur; sed etiam eorum dicta libentius capiendo. » Item : « Cavendi sunt libri gentilium et propter amorem sanctarum Scripturarum vitandi. Simplicioribus litteris non est præponendus succus grammaticæ artis ; meliores enim sunt grammatici quam hæretici. Grammaticorum doctrina potest etiam proficere ad vitam, dum fuerit in meliores usus assumpta. » Ex concilio IV Carthaginensi, cap. 9 : « Episcopus gentilium libros non legat, hæreticorum autem pro necessitate et tem-

---

(70) Apud Hier. *Mimorum.*

pore. » Gregorius Desiderio episcopo : « Pervenit ad nos fraternitatem tuam grammaticam quibusdam exponere; quam rem ita moleste suscepimus, ac sumus vehementer aspernati, ut ea quæ prius dicta fuerant in gemitum et tristitiam verteremus: quia uno se ore cum Jovis laudibus Christi laudes non capiunt : et quam grave nefandumque sit episcopum canere quæ nec laico religioso conveniant, ipse considera. » Unde et Plato ipse cum civitatis recte ordinandæ traderet institutionem, poetas a civitatibus ejiciendos esse decrevit, sicut in II De civitate Dei beatus Augustinus his verbis commemorat : « An forte, » inquit, « Platoni potius palma danda est, qui cum ratione formaret qualis esse civitas debeat, tanquam adversarios civitatis poetas censuit urbe pellendos ? » Item post aliqua : « Qui scilicet Plato poetas ipsos vel pro arbitrio mentientes vel hominibus miseris quasi deorum facta pessima imitanda proponentes, omnino in civitate bene instituta vivere noluit. » Ac si aperte factis etiam ipsis illud jam prædicaret : *Os quod mentitur occidit animam* (Sap. I, 11).

At fortasse, inquies, non solum poetarum, verum etiam liberalium artium lectiones Christianis interdicendas, cum B. Hieronymus in epistola ad Eustochium, se graviter correctum, et verberatum a Domino, pro lectione philosophicorum scriptorum asserat. Ac jam profecto nec grammaticam a Christiano legi conveniet, sine documentis cujus nec divina intelligi pagina potest, nec scriptura aliqua. Sic nec rhetoricam, quæ omnis eloquentiæ tradit ornamenta, quibus maxime sacra Scriptura referta est, nec ejus decor nisi his diligenter assignatis, elucere poterit. Quare ergo, inquies, propter Ciceronis libros prædictus doctor tam graviter correctus et flagellatus est, ut sub obtestatione sacramenti cogeretur omnino sæcularium librorum lectioni abrenuntiare ? Profecto quia non pro utilitate aliqua, sed pro oblectatione eloquentiæ illis intendebat, neglecto sacræ Scripturæ studio, cujus, ut ipsemet ait, incultus ei sermo horrebat. Ego autem nullius artis lectionem cuicunque religioso interdicendam arbitror, nisi forte per hoc major aliqua ejus utilitas præpediatur, sicut et in cæteris bonis faciendum scimus, ut videlicet minora pro majoribus quandoque intermittantur, vel penitus obmittantur quippe cum nulla est in doctrina falsitas, nulla in verbis turpitudo, nonnulla de scientia utilitas, quis hæc discendo aut docendo culpari mereatur, nisi causa intervenerit suproposita, potiori videlicet bono neglecto aut dimisso ? nemo etenim scientiam aliquam recte malam esse dixerit. Quod quidem in quantam nostri condemnationem et confusionem factum sit, quis discretus non animadvertat, quibus non solum illud dicitur, quod *os quod mentitur occidit animam* (*Matth.* XII, 36), verum de omni verbo otioso districta exigitur ratio.

Si juvat Christianum legere ad eruditionem locutionum vel sententiarum, nunquid hoc plene effi-cere non potest, nisi poëticis studendo figmentis et inanibus fabulis ? quæ sunt genera locutionum, qui ornatus verborum, quæ sacra Pagina non habeat, maxime parabolarum et allegoriarum ænigmatibus referta, et ubique fere mysticis redundans involucris ? quæ sunt urbanitates locutionum, quæ mater linguarum Hebraica non docuerit, præsertim cum Palæstinæ terræ etiam plebem parabolis assuetam non lateat, ut his quoque Dominum Jesum loqui eis oporteret, cum Evangelium prædicaret? Quæ deesse fercula possunt spirituali Domini mensæ, id est sacræ Scripturæ, in qua juxta Gregorium, et elephans natat, et agnus ambulat ? Cujus quidem intelligentia ita omnium alimentorum et deliciarum copiis exuberat, ut sola ipsa triplici expositione perfectionem teneat doctrinæ, in qua quislibet et dictaminis suavitatem, multo amplius atque facilius, quam apud poetas addiscet, et simul morum honestatem et ædificationem animæ plene percipiet. Quis enim, non dico poetarum, verum etiam philosophorum maturitate dictaminis beatum Hieronymum; quis in suavitate beatum Gregorium ; quis in subtilitate beatum æquiparet Augustinum ? In illo quidem Ciceronis eloquentiam, in istis Boetii suavitatem et Aristotelis invenies subtilitatem ; et, ni fallor, multo amplius, si singulorum conferas scripta. Quid de eloquentia Cypriani sive Origenis et aliorum innumerabilium ecclesiasticorum doctorum, tam Græcorum quam Latinorum, in omnibus liberalium artium studiis eruditissimorum ? Cyprianum in dictamine omnes transcendisse gentiles, ipsorum quoque gentilium judicio, beatus asserit Augustinus. Ubi quædam dicta cujusdam epistolæ Cypriani inducta sunt a Christianis in ipsum certaminis conflictum inter Christianos et gentiles habitum, qui de eorum doctoribus in dictando prævaluissent. Sunt autem hæc illa Cypriani verba dicentis quodam loco : « Petamus hanc sedem. Et secessum vicina secreta, ubi dum erratici palmitum lapsus pendulis nexibus per arundines bajulas repunt viteam porticum frondea tecta fecerunt. » De quo quidem verborum istorum ornatu, beatus Augustinus in quarto De doctrina Christiana meminit, dicens : « Exigua et fragilia bona spumeo verborum ambitu ornantur. « Est tale aliquid in epistola Cypriani. Ait ergo quodam loco : « Petamus hanc sedem, etc. »

Quod si in brevi assequi juvat Christianos lectores tam genera constructionum, quam ornatus verborum, plene id percipient ex ipsis artibus, quæ ista ex integro et aperte tradunt, grammatica scilicet, dialectica, rhetorica : nec opus est diu detineri in fabulosis poëtarum, ut hæc colligant, quæ ibi aut raro, aut obscure, aut imperfecte notantur. Unde nec Tullius in rhetorica cum de elocutione plene instrueret, poëticis uti voluit exemplis, sed propriis, in quibus plenius, ut ipsemet ait, ars emineret. Quid ergo episcopi et religionis Christianæ doctores poetas a civitate Dei non arcent, quos a civitate sæculi Plato inhibuit? Imo quid in solemnibus magnarum festivitatum diebus, quæ penitus in laudibus Dei expendi debent, joculatores, saltatores, incantatores, cantatores turpium acciunt ad mensam, totam diem et noctem cum illis feriant, atque sabbatizant, magnis postmodum eos remunerant præmiis, quæ de ecclesiasticis rapiunt beneficiis, de oblationibus pauperum, ut immolent certe dæmoniis? Quid enim sunt tales histriones, nisi præcones, et ut ita dicam, apostoli dæmonum, per quorum ora vel gestus prædari miseras non cessant animas? Gravat profecto et tædet auditores quod in Ecclesia Dei dicitur. Molestum est illis qui offerunt Christi altaribus; nec in ipsis missarum solemniis, ad unius horæ spatium, linguam a vaniloquiis cohibere possunt. Totus flagrat et anhelat animus foras ad curiam dæmonum et conventus histrionum, ubi sunt in oblationibus prodigi, et cum summo silentio et toto desiderio attenti illi, ut dictum est, diabolicæ prædicationi. Parum fortassis et hoc diabolus reputat quod extra sacra loca basilicarum gerunt, nisi etiam scenicas turpitudines in Ecclesiam Dei introducat. Proh dolor! audet hoc; et proh pudor! perficit, atque ante ipsa Christi altaria, omnibus jam ubique introductis turpitudinibus, per solemnitatum conventus templa dedicantur dæmonibus, et sub religionis et orationis obtentu, ad explendam libere lasciviam omnibus undique tam viris quam feminis convenientibus, Veneris celebrantur vigiliæ.

LIBER TERTIUS.

Cum omnis controversiæ discussio aut in scripto aut in ratione versetur, ut eisdem terminetur, si hujusmodi est quæ finem accipiat, primo nobis necessarium duximus ex scriptis præcellentium sapientium ad nostræ fidei firmamentum auctoritates conferre; deinde ipsas etiam auctoritates ad nostræ perfectionem disputationis superest rationibus fulcire. In his quidem in quibus non irrationabiliter videntur oppugnari, ne forte illud comici poetæ nobis improperetur: Huic opus est patrono, quem mihi paro defensorem. Beatus quoque Augustinus capite I [I. Cap. 2] libri De moribus Ecclesiæ contra Manichæos auctoritatem rationi præmittendam censet, dicens: « Naturæ quidem ordo ita se habet, ut cum aliquid dicimus, rationem præcedat auctoritas. Nam et infirma ratio videri non potest, quæ cum reddita fuerit, auctoritatem postea per quam firmetur assumit. » Restat itaque nunc nobis post auctoritatum fundamentum fulcimenta superinducere rationum, maxime ideo ne verbositas inimicorum Christi nostræ insultet simplicitati. Qui cum aliquos idiotas aut minus eruditos Christianos inductionum suarum laqueis præpedierint, summæ id sibi gloriæ ascribunt: quibus quidem non sufficit ut soli moriantur, nisi etiam alios suis consepeliant erroribus, illo videlicet Judæorum more, quo eos Veritas dicit: *Mare et aridam circuire, ut unum faciant proselytum* (*Matth.* XXIII, 15).

Omnium autem bonorum quasi fundamentum sanctæ Trinitatis fidem ponimus, ut ab ipsa divinæ naturæ cogitatione omnium bonorum ducatur exordium. Quisque itaque hoc fundamentum labefactare poterit, nihil fructuosum de his etiam [quæ] superædificanda sunt relinquit. Unde et nos primum huic tanto periculo tam auctoritatem, quam rationum clypeum opponere curavimus, in eo quidem confisi qui suos confortat, dicens: *Cum steteritis ante reges et præsides, nolite cogitare quomodo, aut quid loquamini: dabitur enim vobis in illa hora quid loquamini* (*Matth.* x, 19), cujus quidem fretus auxilio parvulus David immensum et tumidum Goliam proprio ipsius Goliæ gladio jugulavit. Et nos ergo ipso humanarum gladio rationum, quibus nos tam philosophi quam hæretici impetunt (71), in eos converso robore eorum. Multi namque jam clamant magni Antichristi præcones, per quos hostis humani generis fidem omnium bonorum fundamentum labefactare conatur. Talium ora quondam miraculis obtrusa sunt, cum illi verbis, sancti vero Patres dimicarent factis. Prætierunt miracula, crevit malitia, fallacia membra sua adversus veritatem jam effrenis armat, atque unum jam superest, ut qui non possumus factis, pugnemus verbis, in ipsa confisi Veritate quæ confortat, dicens: *Ponite in cordibus vestris non præmeditari quomodo respondeatis; ego enim dabo vobis os et sapientiam, cui non poterunt resistere, et contradicere omnes adversarii vestri* (*Luc.* XXI, 14).

Supra universos autem inimicos Christi tam hæreticos, quam Judæos, sive gentiles, subtilius fidem sanctæ Trinitatis perquirunt, et acutius arguendo contendunt professores dialecticæ, seu importunitas sophistarum, quos verborum agmine atque sermonum inundatione beatos esse Plato irridendo judicat. Hi argumentorum exercitio confisi, quid murmurarint scimus, ubi facultas aperte garriendi non datur [f. eis datur]. Hi, inquam, non utentes arte, sed abutentes; neque enim scientiam dialecticæ, aut cujuslibet liberalis artis, sed fallaciam sophisticæ condemnamus, præsertim cum SS. quoque Patrum

---

(71) Hic deesse videtur aliquod verbum, ut *ac-cingamur* aut *utamur*.

judicio hæc ars maxime, ut supra meminimus, commendetur, et cæteris præferatur. Tenet itaque hæc philosophia acutissimi gladii instar, quo tyrannus ad perniciem præceps utitur, ad defensionem, ac pro intentione utentium sicut plurimum prodesse, ita et plurimum nocere potest. Scimus quidem a Peripateticis, quos nunc dialecticos appellamus, nonnullas et maximas hæreses tam Stoicorum quam Epicureorum rectis rationibus esse repressas, sicut est illa de qua contra Stoicos disputant et fortissimis astruunt argumentis, quod licet Deus ab æterno cuncta providerit, atque ipsius providentia omnino falli non possit, nec tamen ideo cuncta ex necessitate proveniunt, ut scilicet humani pereat libertas arbitrii. Alioquin, inquit princeps Peripateticorum Aristoteles in I Perihermenias, non oportebit consiliari neque negotiari. De libero autem arbitrio convenientius alibi disserendum nobis reservamus. Sed neque ullam scientiam malam esse concedimus, etiam illam quæ de malo est, quæ justo homini deesse non potest, non ut malum agat, sed ut a malo præcognito sibi provideat, quod nisi cognitum, teste Boetio, vitare non posset. Non est malum scire decipere vel adulterari, sed ista committere, quia ejus rei bona est cognitio, cujus pessima est actio; et nemo peccat cognoscendo peccatum, sed committendo. Si quæ autem scientia mala esset, utique et malum esset quædam cognoscere, nec jam absolvi a malitia Deus posset, qui omnia novit. In ipso enim solo plenitudo est scientiarum, cujus donum omnis scientia. Scientia quippe est comprehensio veritatis rerum quæ sunt, atque is cuncta veraciter discernit, cui ea quoque quæ non sunt quasi præsentia assistunt. Unde et enumeratis donis Spiritus ejus, ipse Spiritus scientiæ esse dicitur. Sicut autem mali quoque scientia bona est, ad evitandum scilicet malum necessaria; ita potestatem etiam mali bonam esse constat, et ad promerendum necessariam. Si enim peccare non possemus, nihil non peccando promereremur, et ei qui liberum non habet arbitrium, nullum ex his quæ coactus agit debetur præmium. At vero econtra, ut ait propheta, *qui potuit transgredi et non est transgressus; facere mala, et non fecit: ideo stabilita sunt bona illius in Domino* (Eccli. xxxi, 10).

Ex his itaque liquidum est, nullam ut scientiam aut potestatem malam esse, quantumcunque sint mala exercitia ipsarum, cum et Deus omnem tribuat scientiam, et omnem ordinet potestatem. Qui etiam de potestate iniquissimi Pilati adversus se ait : *Non haberes in me potestatem, nisi datum tibi esset desuper* (Joan. xix, 11). Scientias itaque approbamus, sed fallaciis abutentium resistimus. Non enim, teste Tullio, mediocriter errant, qui ex vitio hominis scientiam culpant. Sic enim cum de reprehensione argumentationum in rhetorica doceret, ait inter cætera : « Non ad id quod instituitur accommodabitur aliqua pars argumentationis, si res ex hominis vitio vituperabitur, ut si quis doctri-

nam ex alicujus docti vitiis reprehendat. » Nullos autem sacris litteris eruditos ignorare arbitror, plus in sacra doctrina spirituales viros, ex ipso scientiæ studio, quam ex religionis merito profecisse, et quo quisque sanctorum ante conversionem suam ampliorem sæcularium litterarum scientiam habuerat, post conversionem suam eum amplius in sancta eruditione valuisse. Paulus quippe apostolus licet non major merito, quam Petrus videatur; confessor Augustinus quam Martinus : tanto tamen uterque altero majorem in doctrina gratiam post conversionem habuit, quanto antea majore litterarum scientia pollebat. Ex quo præcipue sæcularium quoque litterarum studium divina dispensatione commendari arbitror, non solum per utilitatem quam continent, verum ne a donis ejus alienæ viderentur, si ad nullum eis commodum verteretur. Novimus tamen et ab Apostolo dictum quia *scientia inflat* (I Cor. viii, 1), id est superbiam generat. Sed ex hoc præcipue bona esse convincitur, quia in malum superbiæ conscium sui tribuit. Sicut enim nonnulla sunt bona, quæ nonnisi ex malo proveniunt : ita nonnulla sunt mala quæ ex bono originem trahunt. Pœnitentia quippe, seu correctionis satisfactio cum bonæ sint, ita malum factum comitantur, ut nonnisi ab eo nasci possint. E contrario superbia sive invidia cum sint pessimæ, nonnisi a bonis initium habent. Nemo quippe nisi ex bonis quæ se habere cognoscit, in superbiam extollitur, et nemo alteri nisi pro bonis ejus invidet. Unde et Lucifer ille, qui mane oriebatur, tanto ad superbiendum pronior exstitit, quanto cæteris angelicis spiritibus per sapientiæ vel scientiæ claritatem superior fuit : nec tamen ideo sapientiam vel scientiam de naturis rerum, quam a Deo acceperat, malam dici convenit; licet ille superbiendo male illa usus sit. Sic et cum quislibet de philosophia vel doctrina sua superbit, non ipsam culpare scientiam debemus, propter adjunctum vitium; sed unumquodque secundum se pensari convenit, ne forte indiscrete agentes propheticam illam maledictionem incurramus : *Væ his qui dicunt bonum malum et malum bonum, ponentes lucem tenebras, et tenebras lucem!* (Isa. v, 20.)

Hæc adversus illos dicta sufficiant qui suæ imperitiæ solatium quærentes, cum nos aliqua de philosophicis documentis exempla vel similitudines inducere viderint, quibus planius quod volumus fiat, statim obstrepunt quasi sacræ fidei et divinis rationibus ipsæ naturæ rerum a Deo conditarum inimicæ viderentur, quarum videlicet naturarum maximam a Deo peritiam ipsi sunt a Deo philosophi consecuti : ut cum sancti doctores allegoriarum mysteria in ipsis animalium vel quarumlibet rerum naturis investigent, juxta ipsorum philosophorum dicta has assignent, dicentes quidem hanc hujus, vel illius rei esse naturam, sicut physicæ scriptores tradiderunt. In tantum vero in ipsa factura sua delectatur Deus, ut frequenter ipsis rerum naturis quas creavit, se figurari magis quam verbis nostris quæ nos confinximus aut invenimus exprimi velit, et magis ipsa rerum similitudine, quam verborum nostrorum gaudeat proprietate, ut ad eloquentiæ venustatem ipsis rerum naturis juxta aliquam similitudinem pro verbis Scriptura malit uti, quam propriæ locutionis integritatem sequi.

Nemo itaque me culpare præsumat, si ad propositum nostrum ostendendum aliquas vel ex nobis vel ex philosophis similitudines induxero, quibus facilius aperire quod desidero possim. Scriptum quippe est : Fas est et ab hoste doceri ; et cum intelligentiæ deservimus, modis omnibus curandum est, ut quoad possumus facilius studeamus. Unde est illud beati Augustini consilium in iv *De doctrina Christiana*, ubi quidem Christianæ doctrinæ modos exsequitur ac docet : « Non curante illo, » inquit, « qui docet quanta eloquentia doceat, sed quanta evidentia. Diligens appetitus aliquando negligit verba cultiora, unde ait quidam, cum de genere tali elocutionis ageret, esse in eo quamdam diligentiam negligentem. » Item : « Quid enim prodest locutionis integritas, quam non sequitur intellectus audientis, cum loquendi omnino nulla sit causa, si quod loquimur non intelligunt, propter quos, ut intelligant, loquimur? Qui ergo docet vitabit verba omnia quæ non docent. » Item : « Insignis est indolis in verbis verum amare, non verba. Quid enim prodest clavis aurea, si aperire quod volumus non potest? aut quid obest lignea, si hoc potest, quando nihil quærimus nisi patere quod clausum est? »

At sicut erroneam penitusque irrationabilem esse talium reprehensionem non ambigimus : ita et eorum impietatem maximam impietatem profitemur, qui donum Dei maximum quod ex collatione scientiæ susceperunt, improbitate sua culpari faciunt atque vilescere, et immeritam atque innocentem artem in suæ culpæ trahunt participationem, quod quondam et de rhetorica contigisse in ipsa statim Tullius rhetorica meminit, et nos quotidie modo de dialectica fieri non ignoramus. Quippe sicut illam malitiosorum oratorum solertia omnibus fere bonis hominibus odiosam fecerat, propter incommoda scilicet civitatibus per eam frequenter illata : ita et jam fere omnibus religiosis contemptibilem reddidit dialecticam impudentium scholarium ejus vita et garrulitas, sanctam Dei civitatem, quæ est Ecclesia, plurimum conturbantium. Qui dum intolerabili verbositate gloriam sibi comparare nituntur, non sinit miseros animadvertere singularis eorum superbia, in quantam secum ignominiam ipsam de qua gloriantur artem deficiunt. Adversus impudentiam quorum et Tullius in secundo Rhetoricæ, ad Herennium invectus ait, de causa scilicet ambigui scripti disserens hoc modo : « Sunt qui arbitrentur ad hanc causam tractandam vehementer pertinere cognitionem amphibologiarum eam quæ a dialecticis profertur. Nos vero arbitramur non modo nullo adjumento esse, sed potius maximo impedimento. Omnes enim illi amphibologias occupant eas, quæ etiam parte ex altera sententiam nullam possunt interpretari. Itaque et alieni sermonis molesti interpellatores, et scripti tum odiosi, tum obscuri interpretes sunt, et dum caute et expedite loqui volunt, infantissimi reperiuntur. Ita dum metuunt in dicendo ne quid ambiguum dicant, nomen suum pronuntiare non possunt. Verum horum pueriles opiniones rectissimis rationibus cum voles refellemus. Inpræsentiarum hoc interdicere non alienum fuit, ut hujus infantiæ garrulam disciplinam contemneremus. » Sed nec ipse maximus eorum præceptor Aristoteles sophisticas ipsorum importunitates reticuit dicens in primo Peri. : « Et quæcunque, inquit, cætera talium determinamus contra argumentorum sophisticas importunitates. »

His et illa saluberrima tam apostoli Pauli quam B. Ambrosii adhortatio consonat libro ii *De fide ad Gratianum* imperatorem sic continens : « Scriptum est : *Cavete ne quis vos deprædetur per philosophiam et inanem seductionem secundum traditionem hominum et secundum elementa hujus mundi, et non secundum Christum* (*Col.* ii, 8). » Omnem enim vim venenorum suorum in dialecticis disputationibus constituunt, quæ philosophorum sententia definitur non astruendi vim habere, sed studium destruendi. Sed non in dialectica placuit Deo salvum facere populum suum. Regnum enim Dei in simplicitate fidei est, non in contentione sermonis. » Quam etiam B. Ambrosii sententiam in eadem adhortatione, responsiones Adriani papæ contra objectiones quorumdam ad Carolum, capite 49, ita commemorant : « Omnem vim venenorum suorum in dialectica disputantes ponunt hæretici. Quæ philosophorum sententia definitur, non astruendi vim habere, sed studium destruendi, etc. » Item : « Aufer hinc argumenta ubi fides sequitur (72), etiam ipsis gymnasiis suis jam dialectica taceat. Non quæro quid loquantur philosophi, requiro quid faciant. Soli in suis gymnasiis remanserunt. Vide quam fides argumentis præponderet. Illi quotidie a suis consortibus deseruntur, qui copiose disputant : isti quotidie crescunt qui simpliciter credunt. Non creditur philosophis, creditur piscatoribus. Non creditur dialecticis, creditur publicanis. Illi voluptatibus et deliciis orbem ligarunt, isti jejuniis et doloribus exuerunt. Plures itaque jam cœpit illicere injuria quam voluptas. » Item de Arianis : « Nonne ex philosophia omnem impietatis suæ traxerunt colorem ? » Et Apostolus ad Corinthios : *Si quis*, inquit, *contentiosus videtur esse, nos talem consuetudinem non habemus, neque Ecclesia Dei* (*I Cor.* ii, 16). Et ad Timotheum primam scribens Epistolam, diligenter eum ad ultimum admonet,

---

(72) Lege ut apud Ambrosium, *ubi fides quæritur*.

ut summopere inusitata verba quasi profana et falsæ scientiæ laqueos devitet, per quos a fide quosdam jam excidisse asserit dicens : *O Timothee, depositum custodi, devitans profanas vocum novitates, et opponens falsi nominis scientiæ, quam quidam promittentes, circa fidem exciderunt* (I Tim. VI, 20). Idem ad eumdem in secunda : *Hæc commoneo* [V. *commone*], *testificans coram Deo, noli verbis contendere, in nihil utile est, nisi ad subversionem audientium. Profana autem et vaniloquia devita, multum enim proficiunt ad impietatem, et sermo eorum ut cancer serpit* (II Tim. II, 14). Item : *Juvenilia autem desideria fuge, sectare vero justitiam, fidem, charitatem, pacem cum his qui invocant Deum de corde puro. Stultas autem et sine disciplina quæstiones devita; sciens quia generant lites. Servum autem Dei non oportet litigare, sed mansuetum esse ad omnes, docibilem, patientem, cum modestia corripientem eos qui resistunt* (*Ibid.,* 22-25). Unde et ab his quos obstinatos atque importunos viderimus circatores declinare nos Veritas admonet, dicens : *Nolite sanctum dare canibus, neque mittatis margaritas vestras ante porcos, ne forte conculcent pedibus suis, et conversi disrumpant vos* (Matth. VII, 6).

De illis autem, quos devotos ad inquisitionem veritatis percipiendæ viderimus, ut eis scilicet per rationes satisfacere studeamus, Petrus apostolus admonet dicens : *Dominum autem Christum sanctificare parati, semper ad satisfaciendum omni poscenti vos rationem de ea quæ in vobis est fide et spe* (I Pet. III, 15). Et coapostolus ejus Paulus : *Sermo,* inquit, *vester in gratia conditus sit sale, ut sciatis quomodo oporteat vos unicuique respondere* (Coloss. IV, 6). Aliud quippe est conferendo veritatem inquirere, aliud disputando contendere ad ostentationem. Illud quippe devotionis est studium ad ædificationem; hoc elationis impetus ad gloriationem. Ibi scientiam quam non habemus percipere nitimur, hic eam ostentare quam nos habere confidimus. Quo enim est excellentius scientia bonum, facilius ad elationem trahit, juxta illud Apostoli, *Scientia inflat, charitas ædificat* (I Cor. VIII, 1). Unde et magnus ille apostata angelus, qui pro majori perspicacitate intelligendarum naturarum rerum cæteris a propheta prælatus est, et præ nimia scientiæ illuminatione Lucifero comparatus, dicente propheta : *Tu Lucifer, qui mane oriebaris,* etc. (Isa. XIV, 12). Quanto majori præditum sapientia se conspexit, tanto facilius altiusque intumuit, et prostratus deterius ruit. Cujus, ni fallor, imaginem inter universos philosophos dialectici sibi hoc tempore vindicant, quasi magis egregiam adepti philosophiam, quia magis verbosam. Hi, inquam, tam Deo infesti quam hominibus ingrati, sicut scriptum est : *Vir linguosus non dirigetur in terra,* etc. (Psal. CXXXIX, 12). Et Boetius : « Si arrogans est, » inquit, « odiosus est. » Ex arrogantia enim quisque fit odiosus. Hæc quidem omnis peccati initium angelum primum, ut diximus, statim a Conditoris sui visione, hoc est a vera beatitudine expulit. Quæ sicut illum apostatare fecit ita et multos ei adhuc per hæresim acquirit. Non enim ignorantia hæreticum facit, sed superbia, ut quis videlicet ex novitate aliqua nomen sibi comparare desiderans, aliquod inusitatum proferre gloriatur, quod adversus omnes importune defendere nititur, ut superior omnibus videatur, aut ne confutata sententia sua, inferior cæteris habeatur. Unde Augustinus in libro *De utilitate credendi,* hæreticum diligenter describens : « Hæreticus [est], » inquit, « ut mea fert opinio, qui alicujus temporalis commodi, et maxime gloriæ principatusque sui gratia, falsas et novas opiniones vel gignit vel sequitur. » Idem in VIII *De civitate Dei :* « Qui in Ecclesia aliquid pravum sapiunt, si correcti contumaciter resistunt, et sua pestifera dogmata emendare nolunt, sed et defendere persistunt, hæretici fiunt. » Item idem in epistola ad Optatum : « Si de anima, » inquit, « falsitatis assertio proferatur, et fallacitas mendacem, et falsitatis importuna defensio hæreticum facit. » Idem super Genesim : « Non ob aliud sunt hæretici, nisi quod Scripturas canonicas non recte intelligentes suas falsas opiniones contra earum veritatem pervicaciter asserunt. »

Ad quod tanto facilius professores dialecticæ pertrahi solent, quanto se amplius rationibus armatos esse autumant, et tanto securiores liberius quodlibet aut defendere, aut impugnare præsumunt. Quorum tanta est arrogantia, ut nihil esse opinentur, quod eorum ratiunculis comprehendi aut edisseri nequeat, contemptisque universis auctoritatibus, solis sibi credere gloriantur. Quod enim id solum recipiunt, quod eis ratio sua persuadet, profecto sibi solis acquiescunt, quasi eos habeant oculos, qui in nullis caligare noverint. Adversus quales illud Augustini dicitur super XXXIX psalmum : « Nonne superbus inveniris, cum dicis : Primo videam et sic credam? » Quibus, quod mirum est, ex scientia ignorantia generatur, ut contrarium virtus pariat. Scientiam quippe superbiam, superbiam cæcitas comitatur, cum quis videlicet donum maximum, quod a Deo recepit, sibi ascribit, et non recognoscendo dantem, amittit datum; et tanto postmodum deterior fit, quanto melior ante factus factori gratias agere contempsit. Justum quippe est ut cui plus committitur, plus ab eo exigatur. Talium vero justam excæcationem, et sensus et vitæ reprobæ ignominiam Apostolus conspiciens ait : *Qui cum cognovissent Deum, non sicut Deum glorificaverunt, aut gratias egerunt, sed evanuerunt in cogitationibus suis, et obscuratum est insipiens cor eorum... Dicentes enim se esse sapientes, stulti facti sunt... propter quod tradidit illos Deus in passiones ignominiæ,* etc. (Rom. I, 21-26.) Et Psalmista de hujusmodi contentiosis elatis, qui se quasi magistros et principes aliorum æstimant : *Effusa est,* inquit, *contemptio super principes, et errare fecit eos in invio et non in via* (Psal. CVI, 40). Hæreticus quippe, ut aiunt, *electus* interpretatur, eo videlicet quod nemo hæreticus fiat, nisi quem propriæ elationis æstimatio cæteris præferat, ut jam de communione aliorum videri erubescat. Unde Isidorus Etymologiarum libro IV, cap. 3 : « Hæresis, » inquit, « Græce ab electione vocatur, quod scilicet unusquisque sibi eligat quod melius sibi esse videtur. » Ac si diceret, non spiritum Dei, sed suum sequentes. Omnem autem elatum sicut impatientem, ita et contentiosum necesse est esse, cum quis ei quoquomodo resistere cœperit. Et hæc quidem ea est contentio, quæ, ut supra meminimus, hæreticos facit. Unde Gennadius De orthodoxa fide ecclesiasticorum dogmatum, cap. 7 ita dicit : « Quolibet quis acquiescat modo, non est hæreticus, nisi in contentione hæreticus fiat. » Idem De unico baptismo libro IV : « Justum, non hæreticum, dico, nisi manifesta sibi doctrina Catholicæ fidei resistere maluerit, et illud quod tenebat elegit [*f*. elegerit]. » De talibus quidem electis Psalmista commemorat dicens : *Et non communicabo cum electis eorum* (*Psal.* CXL, 4). Quam Apostolus quoque sententiam prosecutus scribens ad Titum ait : *Hæreticum hominem post unam et secundam correptionem devita, sciens quia subversus est qui ejusmodi est, et delinquit, cum sit proprio judicio condemnatus* (*Tit*. III, 10). Quippe qui seipsum magis ad contentionem præparat, quam ad disciplinam ; et magis gloriam suam desiderat, quam salutem ; et se opportune contendere apud se recognoscit, proprio eum judicio ipsa ejus conscientia accusat.

Hæc illi effrenes et indomiti circatores attendant, qui singulari superbiæ cornu erecti, in solum etiam conditorem irruentes, posuerunt in cœlum os suum, a fallaciis quorum simplicitatem fidelium protegi precatur qui ait : *Salva me ex ore leonis, et a cornibus unicornium humilitatem meam* (*Psal.* XXI, 22). A quibus et summopere Apostolus cavendum admonet, hoc est a fallaciis ipsorum providendum dicens : *Cavete ne quis vos decipiat per philosophiam inanem secundum elementa mundi* (*Coloss.* II, 8), ac si diceret : Providete ab argumentis eorum, qui de singulari et incorporea Divinitatis natura ad similitudinem corporum ex elementis constantium ratione præsumunt, non tam pro percipienda veritate, quam pro philosophiæ suæ ostentatione : ideoque ad ejus notitiam minime assurgunt, qui superbis resistit semper, et humilibus dat gratiam. De talibus in Proverbiis scriptum est : *Abominatio Domini est omnis illusor, et cum simplicibus sermocinatio ejus* (*Prov.* III, 32). Illusores ipse deludet, et mansuetis dat gratiam suam. Unde et Veritas ipsa : *Confiteor tibi*, inquit, *Pater cœli et terræ, qui abscondisti hæc a sapientibus et prudentibus, et revelasti ea parvulis* (*Matth.* XI, 25). Et Apostolus · *Scriptum est*, inquit, *Perdam sapientiam sapientium, et prudentiam prudentium reprobabo* (*I Cor.* I, 19). Item : *Nonne stultam fecit Deus sapientiam hujus mundi ? Nam quia in Dei sapientia non cognovit mundus per sa-pientiam Deum, placuit Deo per stultitiam prædicationis salvos facere credentes* (*ibid.*, 20). Et post aliqua : *Videte*, inquit, *vocationem vestram, fratres, quoniam non multi sapientes secundum carnem, non multi potentes, non multi nobiles, sed quæ stulta sunt mundi elegit Deus, ut confundat sapientes ; et infirma mundi elegit, ut confundat fortia, et ignobilia mundi et contemptibilia elegit, et ea quæ non sunt, ut ea quæ sunt destruerel, ut non glorietur omnis caro in conspectu ejus, ut quemadmodum scriptum est : Qui gloriatur in Domino glorietur* (*ibid.*, 26). Unde et consilium de via disciplinæ per humilitatem arripienda in eadem adnectit Epistola, dicens : *Nemo se seducat. Si quis autem videtur inter vos sapiens esse in hoc sæculo, stultus fiat ut sit sapiens. Sapientia enim hujus mundi stultitia est apud Deum. Scriptum est enim : « Comprehendam sapientes in astutia eorum* (*I Cor.* III, 18). » *Et iterum : Dominus novit cogitationes hominum quia vanæ sunt. Itaque nemo glorietur in hominibus* (*ibid.*, 20). Et post pauca cum omnia bona divinæ tribueret gratiæ : *Quid habes*, inquit, *quod non accepisti ? Si autem accepisti, quid gloriaris quasi non acceperis ?* (*ibid.*, IV, 7.) Et alibi : *Noli altum sapere, sed time* (*Rom.* XI, 20).

Qui etiam ea maxime, quæ ad notitiam Dei attinent, nonnisi eo revelante percipi posse quam soli mundicordes conspicere valent, valida similitudine convincit, dicens : *Quis scit hominum quæ sunt hominis, nisi spiritus hominis, qui in ipso est ?* (*I Cor.* II, 11.) Ita et quæ Dei sunt nemo cognovit, nisi Spiritus Dei, præsertim cum nec minimum aliquid doceri quis valeat, nisi eo nos interius illuminante, qui nisi mentem instruat interius, frustra qui docet aerem verberat exterius. Quid enim quod cum alicujus doctoris verba æqualiter ad aures diversorum perferuntur, nec tamen æqualiter ab eis intelliguntur, nisi quod quibusdam præsto est interior magister, quibusdam minime, qui quos vult etiam sine sono docet ? De hujus quidem magistri sapientia ipse Sapientiæ liber continet ita : *Sentite de Domino in bonitate, et in simplicitate cordis quærite illum : quoniam invenitur ab his qui non tentant illum : apparet autem eis qui fidem habent in illum. Perversæ enim cogitationes separant a Deo : quoniam in malevolam animam non introibit sapientia, nec habitabit in corpore subdito peccatis* (*Sap.* I, 1-4). Et Apostolus : *Animalis*, inquit, *homo non percipit ea quæ sunt Spiritus Dei* (*I Cor.* II, 14). Sed juxta Psalmistam : *Intellectus bonus omnibus facientibus eum* (*Psal.* CX, 10), hoc est illis qui quod bene intelligunt, operatione implere satagunt, ut ex hoc aperte doceamur, PLUS PER intelligentiam apud Deum ex religione vitæ, quam ex ingenii subtilitate proficere. Alioquin Dominus sibi plus humanum ingenium, quam sanctitatem vitæ placere ostenderet. Quippe quod plus de Deo a nobis sentitur, plus a nobis diligitur, et cum profectu intelligentiæ charitatis accenditur flamma, licet hi qui simplices atque idiotæ nobis videntur, et ideo vehementer sint ferventes, nec tantum exprimere aut disserere queant, quantum eis intelligentiæ divina inspiratio confert. Hoc utinam et illi attenderent, qui imprudenter magisterii nomen in divina Pagina sibi arrogant, cum vitam non emendent, et cum carnaliter et spurce vivant, specialem divinorum ænigmatum intelligentiam sibi revelatam, et cœlestia sibi arcana commissa esse mentiuntur, ac si se templum Spiritus sancti apertissime jactent! Quorum saltem impudentiam falsorum Christianorum gentiles conterant philosophi, qui normam Dei non ratiocinando, sed magis bene vivendo acquirendam censebant; et ad eam moribus potius quam verbis nitendum esse. Unde Socrates, ut jam præfati sumus, nolebat immundos, terrenis cupiditatibus animos se in divina conari, quoniam quidem ab eis causas rerum videbat inquiri, quas nonnisi in Dei voluntate esse credebat, et ideo purgandæ bonis moribus vitæ censebat instandum. Cujus et ipse non immemor Augustinus sententiæ, libro primo super Genesim, contra calumnias Manichæorum, ipsam quoque aliis explicavit verbis hoc modo : « Qui dicit : Quare Deus fecit [cœlum] et terram? respondendum illi est : Quia voluit. Voluntas enim Dei causa est cœli et terræ, et ideo major quam cœlum et terra. Qui autem dicit : Quare voluit? majus aliquid quærit quam est voluntas Dei. Nihil autem majus inveniri potest. Ac si voluntatem Dei nosse quisque desiderat, fiat amicus Deo, quia si voluntatem hominis nosse vellet, cujus amicus non esset, omnes imprudentiam aut stultitiam deriderent. Non autem efficitur amicus Dei, nisi purgatissimis moribus, et illo fine præcepti, de quo dicit Apostolus : Finis autem præcepti est charitas de corde puro et conscientia bona et fide non ficta (I Tim. 1, 5); « quam isti si haberent, non essent hæretici. »

Quantam etiam in Deum reverentiam Socrates habuerit, in eo videlicet quod omnia nostra tribuerit, atque ascripserit bona, maxime ea quæ ad percipiendæ veritatis attinent discretionem, ipsemet profitetur, cujus persona in Timæo Platonis introducta, ut supra quoque meminimus, omnem intelligentiam et rationem in omni veritate discutienda a Deo simplici obsecratione petendam censet : in tantum ut eos omnes pro furiosis et inexpiandis habeat, qui in omnibus recte agendis divinam non invocent opem. In quo aperte se nihil ex se posse, sed ex divinæ beneficio gratiæ protestatur. Audiant saltem philosophorum consilium hi qui se philosophos profitentur. Audiant magistros suos qui contemnunt sanctos, ut si videlicet cupiunt Deum intelligere, velint ad intelligendum se bene vivendo præparare, et viam humanitatis [f. humilitatis] arripere, qua sola ad celsitudinem illam intelligentiæ acceditur, nunquam pervenitur quandiu in hac mortali carne vivitur. *Corruptibile enim corpus aggravat animam, et deprimit terrena inhabitatio sensum multa*

(73) In libro Ecclesiastes legitur *tractavi*.

cogitantem (Sap. IX, 15). Unde et Dominus Moysi quærenti faciem ejus videre respondit : *Non videbit me homo et vivet* (Exod. XXXIII, 20). Ipsa quippe visio Divinitatis ipsa est futura beatitudo, de qua dicit Apostolus : *Nunc videmus per speculum in ænigmate; tunc autem facie ad faciem* (I Cor. XIII, 12). Et alibi : *In quem desiderant angeli prospicere* (I Petr. 1, 12). Sed et cum dictum est : *Tollatur impius ne videat gloriam Dei,* tale est, ne videndo fruatur, quia videre frui est. Tanta est enim illius gloriæ beatitudo, ut nemo eam videre queat, qui simul non sentiat. Unde et Psalmista : *Satiabor,* inquit, *cum apparuerit gloria tua* (Psal. XVI, 15). Tunc quidem implebitur quod ipsa Sapientia Dei promittit dicens : *Si quis diligit me, diligetur a Patre meo, et ego diligam eum et manifestabo ei meipsum* (Joan. XIV, 21). Nisi enim se ipse Deus manifestet, nec tunc natura nostra eum videre sufficiet; nec nunc mortales omni spurcitia peccatorum pleni ratiunculis suis comprehendere incomprehensibilem nitantur, qui nec seipsos nec quantulæcunque naturam creaturæ discernere ratione sufficiunt. Quod etiam maximus ille sapientum considerans in Ecclesiaste profitetur dicens : *Cunctæ res difficiles, nec potest eas omnes homo explicare sermone* (Eccli. I, 8). Idem in eodem : *Ego Ecclesiastes fui rex Israel in Jerusalem, et proposui in animo meo quærere et investigare sapienter de omnibus, quæ fiunt sub sole* (ibid., 12). Item : *Et apposui cor meum, ut scirem sapientiam et intelligerem distensionem quæ versatur in terra, et intellexi quod omnium operum Dei nullam possit invenire homo rationem eorum quæ fiunt sub sole, et quanto plus laboraverit ad quærendum, tanto minus inveniet, etiamsi dixerit sapiens se nosse, non poterit reperire. Omnia hæc tentavi* (75) *in corde meo, ut curiose intelligerem* (Eccli. VIII, 16, 17; IX, 1). Et idem : *Cuncta tentavi in sapientia. Dixi, Sapiens efficiar, et ipsa longius recessit a me, multo magis quantum erat et alta profunditas, quis inveniet eam?* (Eccli. VII, 24, 25.) Ac si aperte magnus ille sapiens profiteatur, se in omnibus rerum naturis investigandis et ratione discutiendis insufficientem atque imbecillem reperiri, qui prius ad hoc se sufficere arbitrabatur, et summa præditus sapientia videbatur.

Consule etiam ipsam Sapientiam, et attende quid de hoc ipsa consulat; illam, inquam, quæ a quodam summo sapiente singularis et maxima prædicatur, ut magis divina quam humana videatur, ubi scilicet in libro Sapientiæ scriptum est, summo illo Sapiente ita dicente : *Mihi didit Deus dicere ex sententia, et præsumere digna horum quæ mihi dantur..... Ipse enim dedit mihi horum quæ sunt scientiam veram, ut sciam dispositionem orbis terrarum, et virtutes elementorum, initium et consummationem et medietatem temporum, vicissitudinum permutationes, et consummationes ipsorum* (74), *annorum cursus et stellarum dispositiones, naturas animalium,*

(74) In libro Sapientiæ *commutationnes temporum*.

bestiarum, vim ventorum, et cogitationes hominum, differentias virgultorum, et virtutes radicum. Et quæcunque sunt abscondita et improvisa didici (Sap. VII, 15-21).

Ecce quanta sit hæc sapientia, et quam longe omnem humanum exsuperet sensum. Sed attende quid in sequentibus et ipsa dicat : *Cogitationes,* inquit, *mortalium timidæ, et incertæ providentiæ nostræ. Corpus enim quod corrumpitur aggravat animam, et deprimit terrena inhabitatio sensum multa cogitantem, et difficile æstimabimus quæ in terra sunt, et quæ in prospectu sunt inveniemus cum labore. Quæ in cœlis sunt autem quis investigabit? (Sap.* IX, 14-16.) Ille, inquam, maximus ac studiosissimus naturæ indagator, cui incomparabiles opes, cui pacem ac sospitatem continuam, is quoque qui sapientiam ei largitus est contulit, ne qua forte necessitatis sollicitudo, ne qua periculorum instantia studium ejus præpediret. De hujus quidem sapientia ac studio liber tertius Regum sic continet : *Et præcedebat sapientia Salomonis sapientiam omnium Orientalium et Ægyptiorum ; et erat sapientior cunctis hominibus, et nominatus universis gentibus per circuitum. Locutus est quoque tria millia parabolas ; et fuerunt carmina ejus quinque millia ; et disputavit super ligna a cedro quæ est in Libano usque ad hyssopum quæ egreditur de pariete, et disseruit de jumentis et volucribus, et reptilibus, et piscibus. Et veniebant de cunctis populis ad audiendam sapientiam Salomonis, et ab universis regionibus terræ (III Reg.* IV, 30). De cujus etiam incomparabili divitiarum affluentia inter cætera eodem subscriptum est libro : *Sed et universa vasa, de quibus potabat rex Salomon, erant argentea, et universa supellex domus saltus Libani de auro purissimo. Non erat argentum, nec alicujus pretii putabatur in diebus Salomonis (III Reg.* X, 21). Item post pauca : *Fecitque ut tamen esset abundantia argenti in Jerusalem, quanta lapidum et cedrorum præbuit multitudinem, sycomoros quæ nascuntur in campestribus (III Reg.* X, 27).

Miræ quidem opes Salomonis, mira opera quæ construxit, sed mirabilior sapientia, qua cum modico præesset regno, tantas congregavit. Quem etiam per exorcismos quos invenit, seu per quasdam naturæ rerum vires occultas quas cognovit, dæmonibus quoque ipsis certum est dominari. Sic in octavo Judaicæ Antiquitatis libro Josephus narrat, et seipsum id visu probasse perhibet, abstracto videlicet dæmonio per nares cujusdam quem vexabat, immisso annulo ipsius naribus, cui suberat radix Salomonis.

Cum itaque tantæ excellentia sapientiæ cunctas res adeo difficiles esse intelligat, ut explicari sermone nullatenus possint, quasi illud philosophicum et ipse clamet : « Latet omne verum, » perpende quisquis es quanta præsumptio sit de eo, quod cuncta transcendit humana, discutere ratione, nec aliter acquiescere velle, donec ea quæ dicuntur, aut ex sensu aut ratione humana sint manifesta. Quod est penitus fidem et spem tollere, cum utramque de non apparentibus esse constet : Unde Ambrosius : *Si ratione convincor, fidem abnuo.* Et Apostolus : *Fides,* inquit, *est substantia sperandarum rerum, argumentum non apparentium (Hebr.* IX, 1). Et alibi : *Spes autem quæ videtur, non est spes. Quod enim videt quis, quomodo sperat ? (Rom.* VIII, 24.) Ex quo liquidum est tales omnium hominum miserrimos esse, qui tam fide quam spe destituti, nec cum philosophis immortalitatem animæ credent, nec Deum remuneratorem bonorum exspectabunt, toti sensuum experimentis dediti sicut pecora ; et cum pecoribus suam ponentes sortem, quæ cum carne penitus deficiant, atque hic omnino moriuntur. Ad hæc quippe recipienda et credenda nec sensuum experimentis, nec humanis cogi rationibus poterunt, sed sola auctoritate sunt conducendi. Quod si ex auctoritate his acquiescunt quibus tamen ratione satisfieri non potest, cur de Deo ista reprobant quæ tot testimoniis tantorum comprobata sunt sapientium ? Scimus omnes in his quæ ratione discuti possunt, non esse necessarium auctoritatis judicium. Id quoque pro ratione satis esse debet, ut qui cuncta longe transcendit per omnia, humanæ discussionis atque intelligentiæ vires excedat, et quod capi non potest loco, humano non comprehendatur animo. Quæ etiam major indignatio fidelibus habenda esset, quam eum se habere Deum profiteri, quem ratiuncula humana possit comprehendere, aut mortalium lingua disserere ? Hoc autem nec ipsos latuit philosophos, quorum maximus in Timæo suo ait : « Opificem genitoremque universitatis tam invenire difficile est, quam inventum impossibile est profari digne. » Qui etiam cum νοῦν [νοῦν] ex Deo natam esse assereret, id explicare non præsumpsit, quod in explicabili modo esse cognovit atque professus est, sed tantum de ineffabili illa generatione dixit, quantum voluntas divina permisit. Qui etiam, teste Macrobio, quid sit Deus dicere non est ausus : hoc solum de eo sciens, quod sciri qualis sit ab hominibus non possit : qui nec ab ipsis spiritibus cœlestibus majori sapientia præditis plene cognoscitur. Unde Augustinus libro Quæstionum veteris et novæ legis : « Cherubim, inquit, et seraphim non comprehendunt penitus quid Deus sit ; quia nemo novit Patrem nisi Filius. » Hermes quoque, cum de Filio Dei supra loqueretur adjunxit : « Cujus nomen non potest humano ore narrari. » Hinc est enim quod merito Deum appellabat *Ignotum,* quasi qui a paucis vel summis sapientibus intelligeretur aut crederetur, nec in communem vulgi veniret opinionem : cui nec simulacrum juxta Macrobium, ausi sunt constituere : quem etiam, juxta philosophos, soli mundicordes et purgati animi conspicere possunt : de quo et Lucanus ait : « Incerti Judæa Dei, hoc est absconditi atque ignoti : cujus quidem ignoti Dei aram magnus philosophus Dionysius Areopagita

Paulo apostolo apud egregiam studiis civitatem Athenas legitur ostendisse. » Hæc quidem, ni fallor, illa est ara misericordiæ, cui a supplicibus non immolabatur nisi illud Brachmanorum sacrificium, hoc est orationes et lacrymæ; cujus videlicet aræ et Statius in xii meminit, dicens :

Urbe fuit media nulli concessa potentum
Ara Deum mitis posuit clementia sedem, etc.

Quid ad hæc responsuri sunt professores dialecticæ, si illud ratione conantur discutere quod præcipui doctores eorum perhibent explicari non posse? Irridebunt doctores suos, quia inspiratam sibi a Deo veritatem non tacuerunt, quam tamen ipsimet edisseri non posse profitentur, et tanto id venerabilius habuerunt, quanto amplius ipsum omnem humanæ intelligentiæ exsuperat sensum. Non pudebat eos profiteri se multa audire vel etiam dicere, et vera profiteri, quæ non sufficerent disserere. Qui etiam adeo obscuritate ænigmatum gaudebant, sicut supra meminimus, ut in his quoque quæ facile possent edisseri, litteræ velamen obducerent, ne scilicet nuda vel aperta veritas ex facilitate intelligentiæ contemneretur. Unde et Macrobius in argumentum mysticarum locutionum philosophorum illud assumpsit (75) : Quomodo Numenio philosopho irata per somnium apparuerint numina, ipsæque Eleusinæ deæ in habitu meretricio visæ sint ei ante lupanar consistere, et querentes ab ipso se adyto pudicitiæ per eum vi fuisse abstractas, eo videlicet quod de eis ille aperta sit interpretatus expositione, et non sicut alii de eis mystice et involute sit locutus. O utinam vel per somnium et isti, qui se philosophos profitentur, a præsumptione sua compescerentur, ut veri et summi numinis incomprehensibilem majestatem esse non negarent, nisi eam aperte discuti audirent ! Sed fortasse, inquiunt, quid eam veritatem dici attinet ab aliquo, quam ipse non valet explicare, ut intelligi possit? Multum equidem respondeo. Cum enim auditur de Deo quod non intelligitur, excitat auditorem ad inquisitionem, quod nec fieret nisi audiretur. Inquisitio vero facile intelligentiam parit, si devotio adsit. Cui se Deus revelare dignetur, et sæpe quod divina inspiratione dicitur, vel divina operatione geritur, non ad opus eorum fit, per quos agitur, sed ad commodum aliorum intenditur, sicut de miraculis supra meminimus. Aliis itaque dicendi gratia data est, aliis intelligendi reservatur, quo-

Gregorius in *Pastorali*:
« Sunt nonnulli qui dum æstimari hebetes nolunt, sæpe in quibusdam inquisitionibus plusquam necesse est se exercentes ex nimia subtilitate falluntur. Unde hic quoque subditur, vel grandi vel torto naso. Nasus enim grandis et tortus est discretionis subtilitas immoderata : quæ, dum plus quam decet excreverit, actionis suæ rectitudinem ipsa confundit. »

usque opus sit secundum divinæ consilium Providentiæ, et aliquorum sincera devotio tum orationibus, tum bonis operibus id promeruerit. Interim autem, dum ratio latet, satisfaciet auctoritas, et ea notissima atque maxima propositio de vigore auctoritatis in ipso corporis artis a philosophis tradita conservetur : « Quod omnibus , vel pluribus, vel doctis videtur hominibus, ei contradici non oportere. »

Credi itaque salubriter debet quod explicari non valet, præsertim cum nec pro magno habendum sit, quod humana infirmitas disserere sufficit, nec pro fide reputandum, quod de manifestis recipimus humana compulsi ratione ; nec apud Deum meritum habet, in quo non Deo creditur qui in sanctis loquitur, sed ratiunculis humanis quæ frequenter falluntur , et vix deprehendi possunt quando sint rationes. Unde Gregorius in homilia 26 super Evangelia : « Sciendum , inquit , nobis est, quod divina operatio, si ratione comprehenditur, non est admirabilis, nec fides habet meritum, cui humana ratio præbet experimentum. » Ad hoc et illud Ambrosii occurrit consilium, De fide ad Gratianum imperatorem, scribentis his verbis : « Mihi impossibile est generationis scire secretum, supra potestates , supra angelos, supra cherubim, supra seraphim , supra omnem sensum est. Scrutari non licet superna mysteria, licet scire quod natus , non licet discutere quemadmodum. » Item idem : « Credere jussum est , non discutere permissum. » Ac rursus adjecit : « Mysterium Patris nec angeli potuerunt comprehendere. » Hinc et beatus Augustinus De fide Symboli ad Laurentium papam scribens, inter cætera ait : « Propheta dicit : *Nisi credideritis, non intelligetis* (Isa. vii, 9). » Item in eodem : « Quomodo sane Deus Pater genuerit Filium nolo discutias, ne te curiosius inferas in profundi hujus arcanum, ne forte dum inaccessæ lucis fulgorem pertinacius perscrutaris, exiguum ipsum quod mortalibus divino munere concessum est perdas aspectum. » Unde et illa comminatio Sapientis seu consilium : *Scrutator majestatis opprimetur a gloria* (Prov. xxv, 27). Et Hieronymus super Jeremiam libro vi : « Quid sibi, inquit, in loco hoc voluerit editio Vulgata possem dicere, et sensum aliquem reperire, nisi de verbis Dei humano sensu argumentari esset sacrilegium. » Rursus De baptismo parvulorum Augustinus : « Ubi, inquit, de re obscurissima disputatur, non adjuvantibus divinarum Scripturarum certis clarisque documentis, cohibere se debet humana præsumptio, nihil faciens in alteram partem declinando. » Ad extremum illud nobis opponendum arbitror, ut dicere illi tales velint, se non ideo fidem nostram reprobare, quia probari vel disseri non valet, sed magis quia defendi non potest, cum eam penitus manifestæ rationes stare non permittant. A quibus id requirendum puto,

---

(75) Macrob. lib. i *Somn. Scipion.*, c. 2.

quid de magistris suis censeant, qui hoc docuerunt, nec falsa esse deprehenderunt. Scimus quidem a solo Boetio omnium argumentationum, quibus nunc utimur traditum esse documentum, et omnium argumentorum vires ab ipso nos didicisse. Scimus et ipsum de fide Trinitatis diligenter ac philosophice juxta decem prædicamentorum distinctionem disseruisse. Arguent magistrum ipsum rationum, et dicent eum in rationibus oberrasse, quas tamen sese ab eis gloriantur didicisse. Non animadvertit magister quod animadvertunt discipuli, quibus scilicet rationibus id quod arguebat impugari posset? Ignosco tam manifestæ talium impudentiæ, quantumlibet jam detrahant nobis qui nec parcere noverunt suis, dummodo simplicitatem fidelium non perturbent, et eisdem laqueis sophismatum, quibus jam ipsi abstracti sunt, in suam alios foveam non trahant. Quod ne forte eveniat, unum superest adversus hanc pestem a Domino petere medicamentum, ut eorum ipse machinamenta dissipet, qui crebro argumentorum suorum ariete verum ipsius templum dissolvere conantur.

Cum itaque talium importunitas corrixariorum, neque sanctorum, neque philosophorum auctoritate compesci possit, nisi humanis rationibus eis resistatur, qui humanis rationibus invehuntur, decrevimus et nos stultis secundum stultitiam suam respondere, et eorum impugnationes ex ipsis artibus, quibus nos impugnant, conquassare. Nam et divino fretus auxilio parvulus David immensum ac tumidum Goliam proprio ejus gladio jugulavit; et nos eodem dialecticæ gladio, quo illi animati simplicitatem nostram impugnare nituntur, in ipsos converso, robur eorum ariesque argumentorum suorum in Domino dissipemus, ut jam minus simplicitatem fidelium aggredi præsumant, cum de his confutati fuerint, de quibus præcipue impossibile eis videtur responderi, de diversitate scilicet personarum in una et individua penitus ac simplici divina substantia, et de generatione Verbi, seu processione Spiritus. De quo quidem nos docere veritatem non promittimus, ad quam neque nos aliquem sufficere credimus; sed saltem aliquod verisimile, atque humanæ rationi vicinum, nec sacræ fidei contrarium, proponere libet adversus eos qui humanis rationibus fidem se impugnare gloriantur, nec nisi humanas curant rationes quas noverunt, multosque facile assentatores inveniunt, cum fere om- nes animales sint homines, ac paucissimi spirituales. Sufficit autem nobis quocunque modo summorum inimicorum nostrorum robur dissipare, præsertim cum alio modo non possimus, nisi has quas noverunt rationes ex ipsorum artibus afferamus. Absit enim hoc ut credamus Deum, qui malis quoque ipsis bene utitur, non bene etiam omnes artes, quæ ejus dona sunt, ordinare, ut hæ quoque ejus majestati deserviant, quantumcunque male his abutantur perversi! Unde et beatus Augustinus. . . .

. . . . Doctores ecclesiastici sæculares quoque artes, ipsam præcipue dialecticam, sacræ Scripturæ admodum necessarias perhibent. His contra adversarios prælibatis ad propositum festinemus, illo prius a nobis commemorato atque constituto, ne si in tanta obscuritate ratio caligaverit, quæ magis religione, quam ingenio conspicitur, aut tot et tantis subtilissimis inquisitionibus parvitas nostra non suffecerit, aut etiam victa succubuerit, ne ob id, inquam, culpare aut reprehendere fidem nostram præsumant, quæ minus in se non valet, si quis in disserendo eam deficiat. Nemo etiam mihi præsumptioni imputet, si quod aggressus sum non perfecero; sed piæ ignoscat voluntati, quæ apud Deum sufficit, si facultas desit. Quidquid itaque de hac altissima philosophia disseremus, umbram, non veritatem esse profitemur, et quasi similitudinem quamdam, non rem. Quid verum sit, noverit Dominus; quid autem verisimile ac maxime philosophicis consentaneum rationibus, quibus impetitur, dicturum me arbitror. In quo quidem si culpis meis exigentibus a catholica, quod absit! exorbitavero intelligentia vel locutione, ignoscat ille mihi qui ex intentione opera dijudicat, parato semper ad omnem satisfactionem de maledictis vel corrigendis vel delendis, cum quis fidelium vel virtute rationis vel auctoritate Scripturæ correxerit. Scio namque quod scriptum est : *Corripiet me justus in misericordia et increpabit me, oleum autem pecca-*

(76) Qui et alibi suo instituit exemplo nonnunquam ad rationes, cum de divinis agitur, transmeare, ubi videlicet cum illis conferimus, qui sacras, non admittunt auctoritates. Unde in libro De moribus Ecclesiæ contra Manichæos, cap. 11, ait : « Unde igitur oriar, ab auctoritate, an a ratione? Naturæ quidem ordo ita se habet, ut cum aliquid discimus, rationem præcedat auctoritas. Nam infirma videri ratio potest, quæ cum reddita fuerit, auctoritatem postea per quam firmetur assumit. Sed quoniam cum his nobis res est, qui omnia contra ordinem et sentiunt, et loquuntur, et gerunt; nihilque aliud maxime dicunt, nisi rationem prius esse reddendam, morem illis geram; quod fateor in disputando vitiosum esse suscipiam. Rationem igitur quæramus quemadmodum sit hominibus vivendum, » etc.

---

(76) Ita in ms. sed hæc subjicienda videntur verbis Augustini supra relatis.

toris non impinguet caput meum (Psal. CXL, 5). Et in Proverbiis : *Via vitæ increpatio disciplinæ. Qui autem odit increpationes insipiens est (Prov.* VI, 23 XII, 1). Et iterum : *Qui custodit increpationes, astutior fiet, et qui increpationes odit, morietur (Prov.* XV, 5-9). Et rursum : *Non amat pestilens eum qui se corripit. Si autem corripueris sapientem, intelliget disciplinam (Prov.* XV, 12; XIX, 25). Item : *Viro qui corripientem dura cervice contemnit, repentinus superveniet interitus (Prov.* XXIX, 1).

Primum autem ponendum est totius nostræ disputationis thema, et summa fidei breviter concludenda, de unitate scilicet divinæ substantiæ ac trinitate personarum, quæ in Deo sunt, imo Deus unus sunt. Deinde objectiones adversus proposita, denique solutiones adversus objecta subjiciemus. Tenet itaque Christianæ fidei religio, tenet et incommutabiliter, et credit salubriter, asserit constanter, profitetur veraciter, unum Deum tres personas esse, Patrem, et Filium, et Spiritum sanctum; unum, inquam, tantummodo Deum, ac nullo modo plures deos; unum Creatorem omnium tam visibilem quam invisibilem [*f.* tam visibilium quam invisibilium], unum principium, et unum bonum, unum dispositorem omnium et Dominum, unum æternum, unum omnipotentem, unum immensum; ac per omnia solam prædicat et credit singularitatem unitatis, excepto quod ad trium personarum attinet discretionem, id est Patris, et Filii, et Spiritus sancti. In quibus videlicet personis solummodo pluralitatem ac multitudinem seu diversitatem profitetur, cum in cæteris omnibus, ut dictum est, unitatem conservet. Tres quippe personas dicimus ab invicem suis proprietatibus diversas, Patrem, et Filium, et Spiritum sanctum; sed non tres deos aut dominos, et sic unitatem per omnia profitemur, excepta multitudine personarum, licet unaquæque harum personarum non sit aliqua aliarum, et unaquæque in seipsa sit Deus plenus aut Dominus, ita ut juxta beati Hieronymi assertionem De fide scribentis ad Damasum papam, exceptis vocabulis quæ proprietatem personarum indicant, quidquid de una persona dicitur, de tribus dignissime possit intelligi. Neque enim Pater est Filius, aut Spiritus sanctus, nec ipse est Spiritus sanctus. Sed Pater est Deus, et Filius Deus, et Spiritus Deus. Nec ideo tres dii sunt aut plures, sed unus solummodo Deus in tribus personis æternaliter atque incommutabiliter consistit. Sic et unus creator et unus Dominus, et ita in cæteris. Nec refert ad veritatis enuntiationem, sive unum Deum dicamus de singulis tribus personis, sive de eis simul, cum æque et unaquæque ipsarum trium sit unus et idem Deus cum duabus aliis, et tres simul, hoc est ipsa Trinitas sit unus Deus, unus Dominus, etc. Est itaque harum trium personarum una et eadem omnino substantia, et individua penitus et simplex es-

sentia, una prorsus potentia, una gloria, una majestas, una ratio, una voluntas, eadem operatio, non divisa. Unum atque idem per omnia ipsæ sunt, excepto quod ad differentiam attinet proprietatum, per quas ipsæ ita ab invicem perpetuo diversæ consistunt, ut nunquam unius personæ proprietas in aliam transfundatur personam, neque unquam ab altera communicetur persona : alioquin non esset proprietas, sed communitas. Proprium autem Patris a se ipso tantum, non ab alio esse, et coæternum sibi Filium æternaliter gignere, vel genuisse. Filii vero proprium est a solo Patre æternaliter gigni, seu genitum esse (77) [Spiritus sancti proprium est procedentem esse a Patre et Filio], non creatum, non factum, non genitum, sed procedentem tantum. Et hæc quidem est trium personarum ab invicem discretio, juxta proprietates singularum.

Quædam itaque sic de Deo dicuntur, ut de una tantum trium personarum et non de pluribus earum dici possint : et rursus quædam ita de pluribus personis dici possunt, ut de eis tam divisim quam conjunctim dicantur, hoc est de eis singulis et de eis simul; quædam vero conjunctim tantum. Verbi gratia Pater, et generans, sive ingenitus de solo Patre dicuntur, quamvis etiam et Spiritus sanctus, cum non sit genitus, sit ipse quoque non genitus, non tamen et ipsum consuevimus dicere ingenitum, sed solum Patrem, ut tale sit hoc loco dicere ingenitum, ac si eum esse non ab alio, sicut priore libello prætaxati sumus. Est itaque hoc loco aliqua differentia dicere ingenitum, et dicere non genitum; sicut aliqua est differentia dicere injustum et dicere non justum : quippe quod injustum est necesse est esse non justum, sed non e converso. Lapis namque non justus sicut et non rationalis, nec tamen injustus dicitur aut irrationalis. Illa quippe infinita sunt sive abnegative nomina, hæc privatoria. Augustinus tamen de Trinitate libro V, *ingenitum* hoc nomen abnegative pro non genito ponit, ubi videlicet, capite 7, de divinis similiter disserit personis his quidem verbis : « Quod ergo dicitur ingenitus, hoc ostenditur quod non sit Filius; sed genitus et ingenitus commode dicuntur. Filius autem Latine dicitur; sed infilius ut dicatur, non admittit loquendi consuetudo. Nihil tamen intellectui demitur, si dicatur non Filius, quemadmodum etiam si dicatur, non genitus pro eo quod dicitur ingenitus, nihil aliud dicitur. » Item : « Non ergo jam dicemus ingenitum, quamvis dici Latine possit; sed pro eo dicamus non genitum, quod tantum valet. Non ergo aliud dicimus, quam non Filium. » Item : « Ingenitus porro quid est nisi non genitus? Sicut enim genitus non ad seipsum dicitur, sed quod ex Patre sit; ita cum dicitur ingenitus, non ad seipsum dicitur, sed quod ex genitore non sit ostenditur. »

Ex his itaque liquet Augustinum hoc loco inge-

(77) Inclusa u cinis desunt in ms., sed debent necessario restitui.

nitum large pro non genito dicere, nisi forte diligens lector hoc ad hypothesim per consensum potius deflectat, quam ad veritatis assertionem, ut, quemadmodum supra jam astruximus, Pater et generans sicut ingenitus tantum de solo Patre dici liceat; non etiam non genitus solo Filio (78), et Spiritus sanctus seu procedens a Patre et Filio, de solo Spiritu sancto. At vero Deus, Dominus, Creator, omnipotens, immensus, æternus, principium, vita, lumen, et quæcunque ad divinæ naturæ dignitatem attinent, non ad personarum significantiam, tam de singulis personis, quam de eis simul dicenda sunt. Trinitas vero de tribus tantummodo personis simul et conjunctim dicitur, non divisim de una earum, vel de duabus per se, sed de tribus tantum. Neque enim Pater est Trinitas, hoc est tres personæ simul, una tantum, Deus tantum ipse Trinitas est, et Deus ipse Pater, nec tamen ideo Pater est Trinitas. Sic nec Filius nec Spiritus sanctus Trinitas dici potest, sed una tantum in Trinitate persona. Pater itaque et Filius et Spiritus sanctus propria sunt nomina singularum personarum; et Trinitas trium simul proprium est nomen; Deus vero et Dominus et cætera supraposita communia sunt tam singulis personis, quam toti Trinitati. Unum vero nomen est quod singulis personis et non eis simul commune est. Hoc videlicet nomen persona, quod in cæteris minime reperies. Non ergo mirum si et id solitarie hoc nomen possideat, ut ipsum solum ex communibus personarum nominibus pluraliter efferatur. Plures quippe personas dicimus, quia tres personas prædicamus; sed non plures deos aut dominos, licet unaquæque trium personarum in se ipsa Deus sit et Dominus, nec ullo modo una persona sit alia. Plures itaque personæ dicuntur, sed diversitate proprietatum, quas superius singulis personis assignavimus. Plures autem deos aut dominos si diceremus; aut cætera nomina, quæ substantialiter magis de Deo dicuntur, quam relative, hoc est ad seipsum et non ad alium sicut est magnus, bonus, et simul pluraliter efferremus multitudinem diversarum rerum et numerum substantiarum essentialiter diversarum, quare unaquæque Deus et Dominus esset, et magna sive bona explicaremus. Unde Augustinus De Trinitate lib. v, cap. 8. « Quapropter illud præcipue teneamus, quidquid a se dicitur divina sublimitas, substantialiter dici : quod autem ad aliquid, non substantialiter, sed relative, tantamque vim esse ejusdem substantiæ in Patre et Filio et Spiritu sancto, ut quidquid de singulis ad seipsos dicitur, non pluraliter in summa, sed singulariter accipiatur. Item, Quidquid ergo ad seipsum dicitur Deus, et de singulis personaliter dicitur, et simul de ipsa Trinitate, non pluraliter, sed singulariter dicitur. Quoniam quippe non est aliud Deo esse, et aliud magnum esse, sed hoc idem illi est esse quod magnum esse. Propter-

ea sicut non dicimus tres essentias, sic non dicimus tres magnitudines. Una quippe tantum et eadem res est in singulis personis una et individua penitus substantia, atque omnino simplex essentia, cui tres illæ insunt proprietates, secundum quas personarum consistit diversitas, non aliqua in rerum numero multitudo, cum sit una tantum res singularis atque omnino indivisibilis. Unde sanctam et individuam dicimus Trinitatem, cum nulla in ea sit multitudo rerum, sed sola diversitas proprietatum. Constat itaque tres personas sibi per omnia coæquales, sicut ei coæternas esse, quia nullam dignitatis differentiam habere possunt, quarum eadem penitus essentia singularis et individua.

Constat ex hoc quoque nullam trium personarum ab alia substantialiter esse diversam, vel etiam secundum numerum rerum esse discretam, sed tantummodo proprietate sua diversam esse unam ab alia, non autem substantia dissimilem aut numero, ut Arius putat. Unde est illud Ambrosii De fide ad Gratianum, libro II : « Apostolus dicit imaginem Patris esse Christum, Arius dicit esse dissimilem, et vult ut Pater dissimilem genuerit sui, quasi impotens qui generare sibi similem non potuerit. » Item : « Imago docet non esse dissimilem. » Non est itaque Pater aliud quam Filius vel Spiritus sanctus, aut Filius quam Spiritus sanctus, nec in numero divisus. Non est, inquam, aliud in natura, cum unaquæque trium personarum sit eadem penitus divina substantia; sed alius est in persona, alter ab altero, id est in proprietate sua diversus ab alio, cum hic non sit hic qui ille, sed hoc ipsum quod ille ; nec alter alterius proprietatem communicet, ut supra meminimus : alioquin personas sibi permiscendo confunderemus. Sed nec Socrates cum sit a Platone numero diversus, hoc est ex discretione propriæ essentiæ ab ipso alius, ullo modo ideo ab ipso aliud dicitur, hoc est substantialiter differens, cum ambo sint ejus naturæ secundum ejusdem speciei convenientiam, in eo scilicet quod uterque ipsorum homo est; atque ideo nulla substantiali differentia disjuncti sunt, ut hic aliud sit quam ille ex diversæ speciei substantia; sed aliud, ut dictum est, in persona, ex discretione scilicet propriæ substantiæ. Multo minus ergo aliqua trium personarum, quæ in Deo sunt, dicenda est aliud ab alia, quarum unica est penitus substantia singularis, nullam partium aut formarum diversitatem recipiens. Quippe quod partibus constat, ipsis partibus naturaliter posterius est ex quibus constituitur, et ad esse perducitur, et suum esse contrahit. Hilarius super psalmum *De profundis* : « Nulli etiam fidelium dubium esse arbitror divinam substantiam sicut partium constitutione, ita etiam ab omni proprietatis informatione alienam, ut videlicet in ea nihil esse possit, quod non sit ipsa. » Unde Augustinus in XII De civitate Dei disputans de simpli-

---

(78) Hic videtur aliquid deesse, sensusque exigit ut dicatur : *sic etiam Filius et genitus de solo Filio*, aut quid simile.

citate ac sinceritate divinæ substantiæ, ait : « Non propter hoc naturam istam boni simplicem dicimus, quia est Pater in ea solus, aut Filius solus, aut solus Spiritus sanctus, aut sola est ista nominis Trinitas sive subsistentia personarum, sicut Sabelliani putaverunt. Sed ideo simplex dicitur, quia hoc est quod habet, excepto quod relative quæque persona ad alteram dicitur. Nam utique Pater habet Filium, nec tamen ipse est Filius, et Filius Patrem, nec tamen est Pater. In quo vero ad semetipsum dicitur, non ad alterum ; hoc est quod habet, sicut ad semetipsum dicitur vivus, habendo utique vitam, et eadem vita ipsa est. Propter hoc utique natura hæc dicitur simplex, quod non sit aliud habens, aliud quod habet sicut in cæteris rebus. Neque enim vas habens liquorem, liquor est ; nec corpus color, nec aer lux sive fervor, nec anima sapientia est. Hinc est quod etiam privari possunt rebus quas habent, et in alios habitus verti atque commutari. » Idem in VII Confessionum ad Deum loquens, ait : « Ne cogeris invitus ad aliquid, quia voluntas tua non est major quam potentia. Esset autem major, si te ipso tu ipse major esses. » Item : « Voluntas et potentia Dei Deus ipse est. » Boetius quoque in libro *De Trinitate* cum de summa illa unitate divinitatis loqueretur, in qua non partium nec formarum potest esse diversitas. « Quocirca, inquit, hoc vere unum , in quo nullus numerus , nullum in eo aliud præter id quod est. Neque enim subjectum fieri potest, forma enim est, formæ vero subjectæ esse non possunt. » Formam itaque Boetius hoc loco dixit divinam substantiam secundum hoc quod nullarum formarum sustentamentum est.

Bene autem omnium theologorum auctoritas divinam substantiam simplicem omnino esse astruxerit, hoc est ab omni accidente, ab omni formæ participatione immunem, ut nihil scilicet in Deo sit, quod Deus non sit. Omne quippe quod naturaliter existit, aut æternum est, ut Deus ; aut cœpit ab eo summo principio quod Deus est, ducens exordium ; a se quippe nihil est, præter illud a quo sunt omnia. Unde Gennadius (79) *De orthodoxa fide* capite 9 : « Satis est, inquit, Christiano rerum creatarum causam nonnisi credere bonitatem Creatoris ; nullamque esse naturam quæ non aut ipse sit, aut ab ipso. » Naturam, ut arbitror, sive rem naturalem dicit, quæ ad humanæ operationis efficaciam non attinet. Nam peccatum et idolum nostra magis dicenda sunt opera quam naturæ. Unde Apostolus : *Scimus*, inquit, *quoniam nihil est idolum in mundo* (I Cor. VIII, 4), hoc est non est idolum de universis creaturis Dei, neque ad res naturales, et ad ipsa naturæ opera pertinet, quæ de mundo esse dicuntur, sed ad nostram formationem. Unde et vilius hoc ipsum apparet quod dicitur idolum, quam quod dicitur lignum ; cum illud factitium sit, hoc naturale. Si itaque potentia Dei, sive sapientia, aut etiam pars aliqua, seu aliud aliquid in Deo sit quod Deus non sit, utique ab ipso incœpit, a quo sunt omnia : quod si incœpit aut potentia ejus aut sapientia, profecto ipse qui æternus est exstitit absque istis, ut videlicet non semper aut potens fuerit aut sapiens, donec scilicet ipse imp.... in seipso potentiam cr.... aut adhuc insipie.... sapientiam sibi credidisset [*f.* impotens in seipso, potentiam creasset, aut adhuc insipiens sapientiam sibi condidisset]. Quæ cum fecerit absque discretione sapientiæ, quippe quam nondum habebat, utique nonnulla ejus opera irrationabilia sunt. Si quis autem dicat qualitates in Deo sic esse, ut nec Deus sint, nec a Deo factæ, sed in Deo æternaliter permanentes, atque ipsi divinæ substantiæ, in qua sunt, coæternas esse : quærendum restat, utrum ei substantialiter atque accidentaliter insint. Si autem substantialiter, ut scilicet divinam substantiam conficiant, profecto ipso Deo naturaliter priores videntur, cui esse conferunt, sicut rationalitas homine prior dicitur, quia ejus scilicet constitutiva est forma, atque in ipsa ejus constitutione pars quædam formalis est, cujus conventu ad substantiam animalis, quasi ad materiam, homo ipse perficitur.

Nec refert etiam ad constitutionem quæ ex materia venit et forma, sive sapientia quæ inest Deo sit ei substantialis sive accidentalis, dummodo sit forma aliqua in Deo et res diversa ab ipsa divina substantia. Similiter enim homo albus vel corpus album ex homine, vel corpore et albedine constat ad similitudinem materiæ et formæ, sicut ærea statua ex ære et compositione : atque eadem ratione oportet concedi quod Deus sapiens ex ipsa divinitatis substantia et sapientia constitueretur ; si videlicet sapientia in Deo res alia esset a Deo; cujus conventu ad substantiam ipsam Deus sapiens esset, duabus invicem convenientibus rebus : ac per hoc Deum sapientem quoddam esse totum ex materia et forma compositum, ipsamque materiam ac formam, ex quibus conficitur, principium sui habere. Quis etiam dicere præsumat aliquid Deo per accidens posse inesse, et ipsum quoque accidentibus esse subjectum : quod omnium tam philosophorum quam catholicorum anathematizat auctoritas ? Unde Augustinus *De Trinitate* libro V, capitulo 8 : « Accidens dici non solet, nisi quod aliqua mutatione ejus rei, cui accidit, amitti potest. Nihil itaque accidens in Deo, quia nihil mutabile, aut amissibile. Quamobrem nihil in eo secundum accidens dicitur, quia nihil ei accidit ; nec tamen omne quod dicitur, secundum substantiam dicitur. Dicitur enim ad aliquid, sicut Pater ad Filium, et Filius ad Patrem, quod non est accidens : quia et ille semper Pater, et ille semper Filius. Quod si aliquando esse cœpisset, aut aliquando esse desineret Filius, secundum accidens diceretur. Si vero quod dicitur Pater, ad seipsum diceretur, non ad Filium; secundum sub-

---

(79) Hic locus non reperitur apud Gennadium, sed apud Augustinum, *Enchiridii*, cap. 9.

stantiam diceretur. » Præterea philosophi accidentia determinant esse posterioris generis et adventitiæ naturæ. Unde et Porphyrius, proprium quoque ipsum, quod in natura speciei insitum esse videtur, posterius specie naturaliter esse confirmat, eo scilicet quod substantiam speciei minime conficiat, sicut substantiales, id est specificæ differentiæ. Ait enim : « Species ante subsistit, quam proprium ; proprium vero postea fit in specie. Oportet enim hominem esse, ut sit risibile. » Qui etiam cum accidens generaliter definiret dicens : « Accidens est quod adest et abest præter subjecti corruptionem, » patenter docuit omne accidens subjecto tam adesse quam abesse posse præter corruptionem ipsius subjecti. At vero quomodo sapientiam Dei in ipso, vel posterioris generis, vel adventitiæ naturæ dicemus esse, aut eam ei præter corruptionem posse abesse, cum nullo penitus modo ei possit abesse ? Omnino enim Deum necesse est esse sapientem, nec ullo modo aut non esse potest, aut non esse sapiens, aut aliquam suscipere corruptionem, ut ei aliquid accidere possit. Quippe cum definitur accidens quod adest et abest præter subjecti corruptionem, patenter innuitur accidens non inesse corruptibili rei, quæque videlicet possit non esse, aut corrumpi ; ut tale sit, ac si ita dicatur : Accidens est forma corruptibilis rei, sine qua illa res et esse et non esse potest præter corruptionem, id est egressum a substantia, quam per illam formam incurrat. Tale quippe est quod ait, præter corruptionem subjecti, ac si apertius dicat quod earum corruptionem, quas pati potest subjectum, nullam per adventum vel recessum hujusmodi formæ incurrit. De quo alibi plenius nobis disserendum fuit. Non itaque sapientia in Deo vel substantialis ei forma vel accidentalis, imo Sapientia ejus ipse Deus est. Idem de potentia ejus sentiendum est, et de cæteris quæ ex nominum affinitate formæ esse videntur in Deo quoque sicut in creaturis.

His itaque rationibus patet divinam substantiam omnino individuam, omnino informem perseverare, atque ideo eam recte perfectum bonum dici, et nulla alia re indigens, sed a seipso habens, non aliunde quod habet accipiens. Creaturæ autem quantumlibet bonæ, adjunctione egent alterius, ex qua quidem indigentia imperfectionem suam profitentur. Virtutes quippe quæ animam bonam faciunt, subjecto indigent quo sustententur ; quia pietas esse non poterit, si non habeat fundamentum in quo sit. Ipsa autem anima, ut bona sit, virtutum indiget ornamentis. De hac etiam informitate ac sinceritate seu simplicitate divinæ substantiæ Boetius in eo quem de Trinitate componere libro dicitur, ait : « Quod non est hoc atque hoc, sed tantum est hoc, illud vere est, id quod est, et hoc fortissimum quod nullo nititur. Quocirca hoc est vere unum in quo nullus numerus, nullum in eo aliud præter id quod est. » Qui etiam ibidem statim ipsam divinam substantiam, in eo quod nullis accidentibus subjecta est, tanquam sustentamentum, sicut sunt cæteræ substantiæ, formam potius quam substantiam nominat, ut jam supra meminimus. Quam rursus in sequentibus substantiam quæ sit ultra substantiam esse profitetur, nec proprie secundum usitatam significationem substantiæ dici substantiam his verbis : « Substantia in illo non est vere substantia, sed ultra substantiam est ; cum dicimus, inquit, « Deus, » substantiam quidem significare videmur, sed eam quæ sit ultra substantiam. Cum vero « Justus, » qualitatem quidem, sed non accidentalem, sed eam quæ sit substantia et ultra substantiam. » Item cum dicimus, « Magnus, » vel « Maximus, » quantitatem quidem significare videmur, sed eam quæ sit ipsa substantia talis qualem esse dicimus ultra substantiam. » Sic ergo Boetius Deum proprie dici substantiam negat, quæ sit scilicet accidentium sustentamentum. Ita et proprietates quæ ipsi divinæ substantiæ insint, accidentia sive formas substantiæ dici non convenit ; sed tam accidens hoc nomen, quam forma et novem prædicamentorum nomina, quæ his duobus includuntur, proprie in rebus tantum creatis accipiuntur. Unde et Boetius in eodem cum ait : « Substantia in illo non est vere substantia, sed ultra substantiam, » adjecit statim : « Item qualitas et cætera quæ evenire queunt, hoc est quæ possunt accidere, ut scilicet accidentia dicantur, in ipso vere non sunt. »

Cum itaque divina substantia singularis prorsus et unica sit, in qua tres personæ consistunt, ita ut unaquæque personarum sit eadem penitus substantia, quæ est et altera, nec ulla sit partium aut formarum diversitas illius simplicis boni, multo minus hæc persona aliud ab illa dici potest, quam Socrates a Platone, cum videlicet trium personarum una sit singularis essentia ; Socratis vero et Platonis non sit eadem essentialiter substantia, sed magis discretæ eorum substantiæ, ita quidem ut hæc essentia Socratis non sit illa Platonis. At vero eadem essentia quæ est Patris, eadem penitus est Filii ; eadem etiam prorsus est Spiritus sancti. Nec minus tamen Pater alius est, id est diversus in persona a Filio sive a Spiritu sancto ; necnon et Filius a Spiritu sancto ; cum hic non sit ille, licet sit illud quod ille. Magna autem et subtilissima discretio hic adhibenda est, ut nec identitas singularis substantiæ, et individua unitas essentiæ impedimento sit diversitati personarum, et cum Sabellio oberrantes unam tantum profiteamur personam, sicut unum Deum ; nec diversitas personarum, impedimento sit singularitati substantiæ, et in foveam Arii corruentes, tres asseramus deos, sicut et tres personas ; sed simul et unus omnino in singularitate substantiæ sit Deus, et totus ipse sit in trium personarum discretione. Quo in loco gravissimæ et difficillimæ dialecticorum quæstiones occurrunt. Hi quippe ex unitate essentiæ Trinitatem personarum impugnant : ac rursus ex diversitate personarum identitatem essentiæ oppugnare laborant. Horum itaque objectiones primum ponamus, postea dissolvamus.

Aut enim, inquiunt, hæc diversitas personarum in solis vocabulis consistit, non in re, ut videlicet vocabula tantum diversa sint, et nulla sit in Deo rei diversitas; aut in re sola, et non in vocabulis; aut simul et in re et in vocabulis. At vero si alterum horum auferri poterit, non remanebit utrumque. Quod si ad vocabula respiciamus, jam non est Trinitas personarum æterna, cum ipsa impositio nominum ab hominibus facta sit.

Præterea si ad numerum vocabulorum hæc distinctio personarum sit accipienda, multo plures personas confiteri quam tres nos oportet, quia multa sunt et alia divinæ substantiæ nomina, sicut hoc nomen Deus, vel Dominus, vel æternus, vel immensus, vel creator, et alia infinita nomina.

Sin autem hæc diversitas personarum, magis accipienda sit in ipsa re quam in vocabulis, in Deo autem nihil est in re præter singularem substantiam, et individuam, et informem, quis dubitet Trinitatem accipi secundum substantiæ unitatem, ut et trinus sit in substantia dicendus Deus?

Aut si idem penitus in Deo substantia sit et personæ, ut videlicet nihil aliud substantia sit quam personæ, vel personæ quam substantia, nunquid si unus est Deus in substantia, unus est et in personis; aut si trinus sit in personis, trinus et in substantia?

Quomodo etiam tres personæ sunt ubi nullo modo tria sunt? Aut quomodo tria sunt si multa non sunt? Aut quomodo multa esse possunt, si nulla sit rerum multitudo? At vero multitudo rerum esse non potest ex una tantum re, nisi videlicet ex pluribus constet partibus. Partes autem nullæ in ipso esse possunt, ut supra confirmavimus. Quomodo ergo Trinitas ibi est, ubi nulla est multitudo? Omne quippe simile in aliquo dissimile est? Aut quomodo tres sunt, si multi non sunt?

Præterea quomodo dicitis : « Talis Pater qualis Filius » vel « Spiritus sanctus, » si nulla sit personarum similitudo, quarum nulla est multitudo? Omne quippe simile in aliquo dissimile est, et nulla est nisi in discretis rebus similitudo. Unde nemo hunc hominem et hunc album similes dicit, de eodem homine agens, cum non sint ab invicem essentialiter discreti.

Amplius cum unumquodque quod existit aut substantia sit aut forma in substantia subsistens, sicut est albedo, vel pietas, vel quælibet res novem prædicamentorum, quomodo possunt esse aliqua multa, nisi aut substantiæ sint aut formæ, aut ex utrisque conjuncta?

Aut cum Deus substantia sit, et hoc nomen Deus substantiæ sit, non personæ, hoc est propter naturam substantiæ, non propter personam distinguendam inventum, sicut est Pater et Filius, quomodo melius dicitur Deus trinus quam substantia trina, vel quam Pater trinus? Sicut enim una tantum substantia est et unus Pater, ita etiam unus tantum Deus, non plures.

Trinus etiam Deus vel trina substantia quid aliud sonat, quam tres dii, vel tres substantiæ? Quippe quid aliud est trina oratio, quam tres orationes? vel bina percussio, quam duæ percussiones? Ad hæc fortasse et illud in oppositionem ducitur, quod Deum tripertitum Augustinus in *Enchiridion* capitulo 11, his verbis dicit: « Satis est Christiano rerum creatarum causam nonnisi credere bonitatem Creatoris, qui est Deus unus, nullamque esse naturam, quæ non aut ipse sit, aut ab ipso, eumque tripertitum (80), Patrem scilicet, et Filium, et Spiritum sanctum (81). » Quomodo enim, inquient, tripertitus est Deus, si partitus non est, aut partes habeat? Aut quomodo partitus est, nisi primum integer fuerit, aut postmodum divisus? Sed hoc quis adeo infidelis est, ut non anathematizet?

Quomodo etiam fieri potest, ut tres personæ ita ab invicem sint discretæ, ut hæc non sit illa, et unaquæque ipsarum substantia sit et Deus, et non sint ideo plures substantiæ vel dii? Quippe quid aliud est dicere plures substantiæ, quam dicere plura, quorum unumquodque est substantia? Ipsum nempe plurale vocabulum nihil aliud est, quam geminatio vel multiplicatio sui singularis, ut videlicet plurale multa simul nominet, quibus sigillatim convenit singulare.

Qua etiam ratione melius dicuntur tres personæ, quia unaquæque ipsarum persona est, quam tres dii vel tres substantiæ, cum unaquæque ipsarum Deus sit, sive substantia?

Quod si ideo plures substantias vel plures deos dici negemus, quia licet unaquæque personarum substantia sit sive Deus, nulla est unius personæ differentia ad aliam in eo quod substantia est vel Deus : profecto eadem ratione nunquam dicendum est plures homines, nec etiam plures personas, cum videlicet hic homo non differat ab illo in eo quod homo est, aut hæc persona ab illa in eo quod persona est.

Quomodo etiam vere dicimus : Tres personæ sunt, si multa entia non sunt, hoc est multæ essentiæ? Ipsum quippe participium ubique in numero suum verbum sequitur, ut videlicet de quo dicimus ambulat, dicamus est ambulans; et de quibus dicimus ambulant, dicamus sunt ambulantia. Unde Aristoteles in secundo Physicorum : « Nihil, inquit, differt dicere hominem ambulare et hominem ambulantem esse. » Ex quo apparet quod de quibuscunque dicimus : « Sunt; » dici oportet : « Sunt entia, » id est essentiæ.

---

(80) Apud Aug. non *tripertitum* lego, sed *eumque esse Trinitatem*.

(81) Aug., *Ench.* c. 9.

Quomodo etiam hoc nomen Deus singulare est et non magis universale, si plura sint personaliter discreta, hoc est numero differentia, de quibus singulis prædicetur, cum videlicet et Pater sit Deus, et Filius Deus, et Spiritus Deus, nec iste sit ille?

Quæ etiam rerum differentia esse potest ubi eadem est singularis et individua penitus essentia? Omnis quippe differentia aut in rebus discretis accipitur, cum videlicet hæc essentia non est illa; aut in eadem re secundum variationem ejus vel aliquam mutationem per temporis successionem, ut si aliquis modo stet, modo sedeat. Discretio autem rerum nulla est ubi unica est et individua essentia. Sed nec in Deo ulla potest esse variatio, cum scriptum sit: *Apud quem non est transmutatio, nec vicissitudinis obumbratio (Jac.* 1, 17). De quo etiam ille philosophus ait:

Qui tempus ab ævo
Ire jubet, stabilisque manens dat cuncta moveri.
(BOET., l. III *De consol. philos.*)

Cujus etiam verum esse et incommutabile ipsemet Dominus aperit Moysi, dicens: *Ego sum qui sum, hæc dices filiis Israel: Qui est misit me ad vos (Exod.* III, 14).

Præterea cum Pater sit Deus, hoc est hæc essentia divina, et Deus est Filius, nunquid et Pater Filius est? Quomodo enim ex eo quod Pater est Deus, et Deus est æternus, melius ostenditur, Pater est æternus, quam ex eo quod Pater est Deus, et Deus est Filius, sive incarnatus, Pater etiam esse Filius sive Incarnatus? Præsertim cum hoc nomen, Deus singulare esse constat, sicut hoc nomen: *Socrates*, imo etiam magis singulare, hoc est individuum videtur; cum individuam, hoc est omnino indivisibilem ac prorsus simplicem unicamque substantiam significet.

At vero cum hic sedens sit Socrates, et Socrates sit albus, constat etiam hunc sedentem esse album, cum eadem prorsus essentia sit hujus sedentis et hujus albi, nec multa numero dicantur hic sedens et hic albus, cum eadem sit essentia hujus et illius, quæ diversis licet occupata sit formis, non tamen aut multæ personæ, aut multa numero Socrates esse dicitur; alioquin hoc nomen Socrates universale esset potius quam singulare, cum de differentibus numero diceretur.

Multo autem minus multa numero in Deo sunt, ubi nec ulla est formarum multitudo; et multo magis concedendum est in Deo, quia hic qui Pater est Filius est, quam in creaturis, in quibus est saltem formarum diversitas, atque ipsius substantiæ instabilitas, assiduaque variatio.

Quomodo ergo, si concedamus in creaturis propter identitatem essentiæ, quod hic sedens est hic albus; vel hic qui Pater est Filius est, non hoc magis in Deo recipiamus, ut is videlicet qui Pater est Filius sit, cum sit utriusque unica et individua prorsus ac mera substantia? Aut hic qui Pater est sit Incarnatus sicut et Filius, cum eadem substantia quæ Pater est carnem susceperit, sicut ea quæ Filius est, cum eadem penitus substantia sit utriusque personæ?

Denique cum nihil in Deo sit præter unicam essentiam simplicis et individuæ omnino substantiæ, et Deus Deum generet, hoc est Pater Filium, nunquid substantia substantiam generat? Et cum eadem sit penitus substantia quæ generatur cum ea quæ generat, nunquid idem seipsum generat? Quod autem eadem res seipsam gignat, non solum omnium ratio, verum sanctorum Patrum scripta detestantur, maxime in hac ipsa generatione divina, de qua Augustinus in primo *De Trinitate* ait : « Qui putat ejus potentiæ Deum, ut seipsum ipse genuerit, eo plus errat quod non solum Deus ita non est; sed nec spiritualis creatura nec corporalis. » Nulla enim omnino res est quæ seipsam gignat. Constat quippe omne quod de Deo dicitur, de personis ipsis aut sigillatim aut conjunctim dicendum esse; hoc est de una earum aut de pluribus simul. Si ergo Deus seipsum generet, utique aut aliqua trium personarum seipsam, aut plures earum seipsas genuerunt. Quod si aliqua trium personarum seipsam genuerit, vel Pater ipse gignit se, vel Filius ipse, vel Spiritus sanctus. Quod si Pater seipsum gignat, profecto ipse sui est Filius, et ita confusæ sunt personæ, cum ille qui Pater est sit Filius. Eadem quoque confusio est, hoc est permistio personarum, si aliqua aliarum seipsam gignat, hoc est sit pater sui.

Præterea si Deus Deum generat, utique vel seipsum vel alium Deum. Alius vero Deus ab alio non potest esse, sed unus tantum Deus, nec, juxta Augustinum et suprapositam rationem, Deus seipsum generare potest. Quippe si seipsum Deus genuerit, utique ipse Deus sui Pater est. Quod si ipse' Deus pater est sui, profecto vel Deus Pater est pater sui, vel non Deus Pater est pater sui. At vero Deus pater solius Filii, et non sui ipsius pater est. Non igitur Deus Pater est pater sui. At rursus, si falsum sit Deum Patrem esse patrem sui, utique falsum est Deum Patrem sui esse patrem sui. At vero quis ponat aliquid esse patrem sui, et contradicere audeat ipsum patrem sui esse patrem sui?

Qua etiam ratione cum una tantum substantia sit trium personarum, ut sit videlicet eadem penitus substantia Patris quæ Filii sit et Spiritus sancti, ipse Filius tantum ex substantia Patris quæ Filii sit et Spiritus sancti, dicitur esse et non ex substantia Spiritus sancti vel sua?

Aut cum similiter una eademque sit sapientia trium personarum, quarum unaquæque sapiens æque est ut aliæ, eademque charitas singularum, cur non æque dicitur Filius Sapientia Spiritus sancti, vel sui ipsius, sicut dicitur Sapientia Patris? vel ipse Spiritus amor sui ipsius, sicut amor Patris vel Filii? Nunquid enim vel Filius vel Spiritus sanctus sapiens est, et non per sapientiam sui; aut sapientia est, et non est sua sapientia, sed alia? aut diligens est, et non est sua dilectio; sicut ipse est corporeæ, licet non carne subsistant. Ex eo autem potentia sua, magnitudo sua, justitia sua, pietas incorporeas (82) credimus intellectuales naturas, sua, et voluntas? quia localiter circumscribuntur, sicut et anima humana quæ carne clauditur, et dæmones qui per substantiam angelicæ naturæ sunt, corporea. »

Quomodo etiam potest esse, ut Filius ex Patre sit genitus, vel ex Patre esse habeat tam Filius quam Spiritus sanctus, non Pater ex illis; et non sit Pater prior illis?

His et consimilibus objectis respondere non differamus, in ipso confisi, de quo loquimur; in ipso securi pro quo dimicamus.

Summa, ut arbitror, omnium quæstionum hæc est, quomodo scilicet in tanta unitate individuæ ac penitus meræ substantiæ diversitatem personarum consideremus, cum nullus differentiæ modus a philosophis distinctus videatur hic posse assignari, secundum quem diversitas personarum valeat ostendi.

Ad quod illud primum respondendum esse arbitror, quod mirabile non debet videri, si illa Divinitatis natura sicut singularis est, ita singularem modum loquendi habeat. Æquum equidem est, ut quod ab omnibus creaturis longe remotum est, longe diverso genere loquendi efferatur, nec illa unica majestas communi ac publica locutione coerceatur, nec quod omnino incomprehensibile est atque ineffabile ullis subjaceat regulis cui sunt omnia subjecta, quod nec ab homine intelligi potest, qui ad manifestandos intellectus suos voces instituit. Hoc autem nec philosophorum latuit reverentiam, qui quantum reveriti sint semper summum illud bonum verbis etiam attingere, quod omnino incomprehensibile atque ineffabile profitentur, ex suprapositis liquidum est, cum summus philosophorum nec quid sit dicere ausus sit : hoc solum de eo sciens, qui sciri non possit ab homine. Hoc enim docere rectæ Sophiæ incarnandæ reservandum erat, ut ipse per seipsum sui notitiam afferret Deus, cum ad ejus notitiam nulla assurgere creatura sufficiat. Ipse itaque solus quid ipse sit manifeste aperuit, cum gentili illi et Samaritanæ mulieri ait : *Spiritus est Deus* (*Joan.* IV, 24), hoc est Divinitas spiritualis substantia est, non corporalis. At vero sicut in corporibus alia aliis subtiliora sunt, utpote aqua quam terra, et aer quam aqua, et ignis quam aer : ita longe et inexcusabili modo omnium spirituum naturam ita propriæ sinceritatis subtilitate Divinitas transcendit, ut in comparatione ejus omnes alii spiritus quasi corpulenti seu corpora quædam dicendi sint. Unde Gennadius De orthodoxa fide (81*) : « Nihil, inquit, incorporeum et invisibile in natura credendum est, nisi solum Deum Patrem et Filium, et Spiritum sanctum; qui ex eo incorporeus creditur, quia ubique est, et omnia implet, atque constringit : et ideo invisibilis omnibus creaturis, quia incorporeus est. Creatura omnis corporea, angeli et omnes cœlestes virtutes

Ex his itaque liquidum est quantæ subtilitatis sit divina substantia, atque animæ a natura corporum disjuncta, et a vigore nostrorum sensuum penitus remota. De qua si quid forte philosophi dicere animati sunt, ad similitudines et exempla se contulerunt, quasi præsumptionem suam velantes, quod de ineffabili fari viderentur : cujus gloriam in creaturis quoquo modo non in ipsa vestigabant, atque per ipsas assignabant, sicut de Platone supra meminimus ad similitudinem solis cum de Deo loqui præsumeret recurrente. Quod autem illi quoque doctores nostri, qui maxime intendunt logicæ, illam summam majestatem, quam ignotum Deum esse profitentur, omnino ausi non sunt attingere, aut in numero rerum comprehendere, ex ipsorum scriptis liquidum est. Cum enim omnem rem aut substantiæ aut alicui aliorum generalissimorum subjiciant, utique et Deum, si inter res ipsum comprehenderent, aut substantiis, aut quantitatibus, aut cæterorum prædicamentorum rebus connumerarent, quod nihil omnino esse ex ipsis convincitur. Omnes quippe res præter substantias per se existere non possunt, nisi scilicet substantiis sustententur, ut albedo nulla ratione esse potest, nisi in subjecto corpore, aut pietas nisi in anima, aut quælibet res novem prædicamentorum nisi subjectis substantiis insint. Substantiæ vero in propria natura per seipsas subsistere ac perseverare possunt omnibus et aliis rebus destructis. Unde et substantiæ quasi subsistentiæ dictæ sunt, et cæteris rebus quæ eis assistunt, non [*f.* nec] per se subsistunt, naturaliter priores sunt. Unde liquidum est Deum, qui omnium rerum est unicum et singulare principium, nullo modo in eo rerum numero contineri, quæ substantiæ non sunt : sed nec substantiæ secundum eos supponitur Deus, licet ipse maxime sit res per se existens, et verum et incommutabile esse ipse solus a se habeat a quo sunt omnia. Propter quod Moysi dicit : *Hæc dices filiis Israel : Qui est misit me ad vos* (*Exod.* III, 14). De cujus quidem veritate, ac simplicitate, seu incommutabilitate substantiæ, Augustinus in libro V [*De Trinitate* (83) ait : « Sic intelligamus Deum, si possumus, quantum possumus, sine qualitate bonum, sine quantitate magnum, sine indigentia Creatorem, sine situ præsentem (84), sine habitu omnia continentem, sine loco ubique totum, sine tempore sempiternum, sine ulla sui mutatione mutabilia facientem, nihilque patientem. Quisquis Deum ita cogitat, etsi nondum potest omnimodo invenire quid sit; pie tamen cavet, quantum potest, aliquid de illo sentire quod non

(81*) Gennad. *De dogm. Eccl.* c. 11.
(82) Lege *corporeas*, ut apud Gennadium.
(85) Aug., l. V *De Trin.* c. 1.

(84) Ita editi apud Augustinum, sed mss. magno numero legunt *præsidentem*.

sit. Est tamen sine dubitatione substantia, vel si melius hoc appellatur essentia, quam Græci οὐσίαν usiam vocant. » Quod autem nec juxta philosophos ipse Deus substantia sit dicendus, facile convinci potest ex ipsis scriptis omnium dialecticam tractantium, quam nunc Latinitas... Porphyrii scilicet, Aristotelis et Boetii. Ait quippe Porphyrius in Isagogis quas ad categorias Aristotelis perscribit, ait, inquam, unamquamque substantiam una specie participare, pluribus vero accidentibus et separabilibus et inseparabilibus. Aristoteles quoque in categoriis proprie proprium substantiæ assignans inquit : « Maxime autem proprium substantiæ videtur esse, quod cum sit unum et idem, numero sit susceptibile contrariorum. » Item idem de eodem : « Quare proprium erit substantiæ, quod cum unum et idem numero sit, susceptibile est contrariorum. »

Cum itaque Deo ista aptari omnino non possint, cujus substantia nec accidentibus variari, nec ullis omnino formis subjacere potest, liquet nec inter substantias eum philosophos recepisse : ea profecto ratione qua Plato inter nullam et aliquam substantiam ὕλην collocavit, quam omnino adhuc informem conceperit. Neque enim substantia non est Deus, si vere subsistentiæ naturam, et incommutabile esse in ipso attendamus (85). Nec rursus substantia est, si usitatam nominis substantiæ appellationem sequamur, cum videlicet accidentibus subjectus esse non possit. Unde et illo argumento non esse substantia Deus aperte ostenditur, quo Boetius, quamvis Christianus, opinionem secutus philosophorum, cum de philosophia tractaret, Themistium scilicet et Tullium in *Topicis* suis vestigans, probat in secundo (86) ipsorum *Topicorum* albedinem non esse substantiam his verbis : « Substantia est quæ omnibus accidentibus possit esse subjectum. Albedo autem nullis accidentibus subjecta est. Est igitur albedo substantia non est. » Ipse quoque Augustinus hanc usitatam et propriam significationem substantiæ aperte profitetur in septimo *De Trinitate* libro cap. 4 et 5, his quidem verbis de Deo disputans : « Si hoc est Deo esse quod subsistere, ita non erunt dicere (87) tres substantiæ, ut non dicuntur tres essentiæ : quemadmodum quia hoc est Deo esse quod sapere, sicut non tres essentias, ita nec tres sapientias dicimus. Sic enim quia hoc illi est Deum esse quod est esse, tam tres essentias, quam tres Deos dici fas non est. Si autem aliud est Deo esse, aliud subsistere, sicut aliud est Deo esse, aliud Patrem esse vel Dominum esse. Quod enim est, ad se dicitur. Pater autem ad Filium, et Dominus ad servientem creaturam relative subsistit, sicut relative gignit, et relative dominatur. Ita jam substantia non erit substantia, quia relativum erit. Sicut enim ab eo quod est esse appellatur essentia, ita ab eo quod est subsistere substantiam dicimus. Absurdum est autem ut substantia relative dicatur. Omnis enim res ad seipsam subsistit, quanto magis Deus? Si tamen dignum est ut Deus dicatur subsistere. De his enim rebus intelligitur, in quibus subjectis sunt ea quæ in aliquo esse subjecto esse dicuntur, sicut color in corpore. » Item : « Res ergo mutabiles neque simplices proprie dicuntur substantiæ. » Item : « Nefas est autem dicere ut subsistat et subsit Deus bonitati suæ, atque illa bonitas non substantia sit, vel potius essentia, neque ipse Deus sit bonitas sua, sed in illo sit tanquam in subjecto. Unde manifestum est Deum abusive substantiam vocari, ut nomine usitatiore intelligatur essentia, quod vere ac proprie dicitur; ita ut fortasse Deum solam dici oporteat essentiam. Est enim vere solus, quia incommutabilis est, idque nomen suum Moysi essentiavit (88), cum ait : *Ego sum qui sum, et dices ad eos : Qui est misit me ad vos* (*Exod.* III, 14). Sed tamen sive essentia dicatur quod proprie dicitur, sive substantia, quod abusive, utrumque ad se dicitur non relative. Unde hoc est Deo esse quod subsistere; et ideo si una essentia Trinitas, una etiam substantia.

In illud Job : *Ipse enim solus est, et nemo avertere potest cogitationes ejus* (*Job* XXIII, 13). Gregorius : « Aliud est esse, aliud principaliter esse; aliud mutabiliter esse, aliud immutabiliter esse. Sunt enim hæc omnia, sed principaliter non sunt : quia in semetipsis minime subsistunt, et nisi gubernantis manu tencantur, esse nequaquam possunt. Unde etiam ad Moysen dicitur : *Ego sum qui sum. Sic dices filiis Israel : Qui est misit me ad vos* (*ibid.*).

Ex his itaque liquidum est, nec etiam juxta Augustinum, Deum proprie dici substantiam, sicut nec juxta philosophos ullo modo, cum videlicet aliquid in eo non sit ut in subjecto, hoc est ut accidens, sicut supra satis disseruimus. Cum igitur Deus nec juxta Augustinum proprie dicatur substantia, nec ullo modo juxta philosophos, qui tamen omnem rem aut substantiæ, aut alicui aliorum prædicamentorum applicant, patet profecto a tractatu peripateticorum illam summam majestatem omnino esse exclusam, nec ullo modo regulas aut traditiones eorum ad illam summam et ineffabilem altitudinem conscendere ; sed creaturarum naturis ad inquirendum eos esse contentos secundum quod scriptum est : *Qui de terra est, de terra loquitur* (*Joan.* III, 31); quas nec adhuc comprehendere ac ratione discutere ad liquidum sufficiunt. Quod vero omnis hominum locutio ad creaturarum status maxime accommodata sit, ex ea præcipua parte ora-

---

(85) In Introd. ad theol. l, II : *Si vere subsistere naturam et incommutabilem esse in ipso attendamus.*
(86) Introd., *quinto.*
(87) Lege ut apud Aug. *dicenda.*
(88) Apud Augustinum *enuntiavit.*

tionis apparet, sine qua, teste Prisciano, nulla constat orationis perfectio, ex ea scilicet quæ dicitur verbum. Hæc quippe dictio temporis designativa est quod incœpit a mundo. Unde si hujus partis significationem attendamus, oportet per eam cujusque constructionis sensum infra ambitum temporis coerceri, hoc est ad res tantum inclinari, quas temporaliter contingere, non æternaliter subsistere volumus demonstrare. Unde cum dicimus Deum priorem esse mundo, sive exstitisse ante tempora, quis sensus in his verbis verus esse potest de præcessione Dei, et successione istorum, si hæc verba ad hominum institutionem accipiamus secundum ipsam temporis significationem, ut videlicet dicamus Deum secundum tempus priorem esse mundo, vel exstitisse, hoc est in præterito tempore fuisse antequam tempus aliquod esset. Oportet itaque cum ad singularem Divinitatis naturam quascunque dictiones transferimus, eas in quamdam singularem significationem seu etiam constructionem contrahere, atque per hoc quod omnia excedit, necessario propriam institutionem excedere. Constat quippe, juxta Boetium ac Platonem cognatos de quibus loquuntur rebus oportere esse sermones. Quod recte Gregorius in Prologo Moralium ait : « Indignum vehementer existimo, ut verba cœlestis oraculi restringam sub regulis Donati. » Sed nec proprium et usitatum nomen Dei ad illam unicam Divinitatis majestatem, quæ excogitari non valet, necdum disseri, ipsi magni philosophi noverunt accommodare, qui cum Deum in arce nominant, quam animali rationali supponunt, de mundo et cœlestibus corporibus illud, ut supra meminimus, accipiunt.

Quid itaque mirum, si cum omnia ineffabiliter transcendat Deus, omnem quoque institutionis humanæ sermonem excedat? Et cum ejus excellentia nimen longe exsuperet intellectum, propter intellectus autem voces institutæ sint, quid mirum si effectus transcendit, qui transcendit causas? Multo quippe facilius res excogitari quam edisseri valet. Quid etiam mirum, si in se ipso Deus philosophorum infringat regulas, aut exempla quæ in factis etiam suis frequenter cassata [adde sunt]. Cum videlicet aliqua nova contra naturam facit, sive supra naturam, hoc est supra hoc quod prima rerum institutio potest. Nunquid enim illuminatione cæci nota illa philosophorum regula infringitur, qua ab Aristotele dictum est, ab habitu quidem in privationem fit mutatio, a privatione vero in habitum impossibile est. Neque enim cæcus factus rursus videt, etc. Nunquid et Virginis partus omnino illi præjudicat propositioni, quæ frequenter a philosophis in exemplum necessariæ consequentiæ seu argumentationis affertur : Si peperit, cum viro concubuit? Ut hinc quoque appareat quod ait Apostolus : *Nonne stultam fecit Deus sapientiam hujus mundi?* (*I Cor.* I, 20.) Quod si, ut philosophos salves, ea quæ per miracula fiunt excipias, aut in his vocabula propriam significationem non observare dicas, ut videlicet non proprie dicantur visio vel partus, quæ per miraculum contingunt, quanto magis in ipso auctore miraculorum idem concedi oportet?

Responde tu, mi acute dialectice, seu versipellis sophista, qui auctoritate peripateticorum me arguere niteris, de differentia scilicet personarum et earum proprietatibus, quæ in Deo sunt, quomodo ipsos quoque doctores tuos absolvis, secundum traditiones quorum, ut jam ostendimus, nec Deum substantiam esse, nec ipsum esse aliquid aliud cogeris confiteri ? quem tamen solum vere ac proprie esse, videlicet perpetuam ejus et incommutabilem permanentiam, tam ipse, ut dictum est, ad Moysen loquens innotuit, quam ab ipso instructi veri philosophi. Unde et beatus Job inter cætera de eo commemorat : *Ipse enim solus est, et nemo avertere potest cogitationes ejus* (*Job* XXIII, 13). Attendite, fratres, et verbosi amici, quantum ab invicem dissonent divinæ et humanæ traditiones, spiritales et animales philosophi, sacrarum et sæcularium scripturarum disciplinæ. Ut enim supra docuimus, constat secundum vestrarum artium disciplinas quæ omnium rerum naturas in decem prædicamenta distribuunt, Deum penitus nihil esse, quem tamen ipsius Dei ac discipulorum ejus testimonio solum esse profiteri cogimur. Quod si ut vestras defendatis disciplinas, naturis, ut diximus, creaturarum differendis eas esse contentas annuatis, nec de celsitudine Divinitatis eas præsumpsisse, et vos eis innitentes minus nos infestare præsumite, cum talia fides verba protulerit, quorum intelligentia vestris incognita est disciplinis. Certum quippe est quoniam unaquæque sententia atque cujuslibet artis tractatus propriis utitur verbis, et unaquæque doctrina propriis locutionibus gaudet, et sæpe ejusdem artis tractatores verba variare delectat, quia semper in omnibus, teste Tullio, identitas mater est satietatis, hoc est fastidium generans : quanto magis ergo illius singularis et summi boni tractatores singularia verba habere oportuit, quibus id quod singulare est singulariter efferretur, nec publicis et vulgaribus locutionibus illud ineffabile, illud incomprehensibile coerceretur. De quo si quid dicitur, aliqua similitudine de creaturis ad Creatorem vocabula transferimus : quæ quidem vocabula homines instituerunt ad creaturas designandas quas intelligere potuerunt, cum videlicet per illa vocabula suos intellectus manifestare vellent. Cum itaque homo voces invenerit ad suos intellectus manifestandos, Deum autem minime intelligere sufficiat, recte illud ineffabile bonum effari nomine non est ausus. Unde in Deo nullum proprium inventionem vocabulum servare videtur, sed omnia quæ de eo dicuntur translationibus et parabolicis ænigmatibus involuta sunt et per similitudinem aliquam vestigantur ex parte aliqua inductam, ut aliquid de illa ineffabili majestate suspicando potius quam intelligendo degustemus. Et quoniam minus plenarias similitudines invenimus ad illud quod singulare est inducendas, minus de eo satisfacere possumus per similitudines : quas tamen possumus aggrediemur, maxime ut pseudodialecticorum importunitatem refellamus, quorum disciplinas et nos paululum attingimus, atque adeo in studiis eorum profecimus, ut Domino adjuvante, ipsis in hac re per humanas rationes, quas solas desiderant, satisfacere nos posse confidamus. Habet enim humanas etiam rationes Conditor ipse rationis, quibus animalium hominum ora obstruere possit, qui nos per Sapientem illum admonet dicens : *Responde stulto juxta stultitiam suam, ne sibi sapiens esse videatur* (Prov. xxvi, 5). De cujus etiam sapientia in ipso Sapientiæ libro inter cæteras ipsius laudes dicitur : *Scit versutias sermonum et dispositiones* (88*) *argumentorum* (*Sap.* viii, 8). Illud autem primum removeamus obstaculum, quod de differentia personarum unius et ejusdem penitus essentiæ opponunt, cum hic differentiæ modus tam philosophis quam cæteris omnibus videatur ignotus.

Quod autem Porphyrium nobis opponunt, qui de differentiis tractans, modos differentiarum distinxit, sub quibus modus iste differentiæ personarum quæ in Deo sunt non cadit, nihil impedit. Ibi quippe solummodo differentias tractat quæ in formis consistunt, quando videlicet res discretæ diversis ab invicem formis distant, vel eadem res per formas sibi invicem succedentes permutatur. In Deo autem nullæ formæ sunt, nec tamen ideo minus eum a creaturis differre dicimus, licet Porphyrius in tractatu Differentiæ hanc differentiam non connumeret. Multos etiam alios differentiæ modos præter hos quos Porphyrius distinguit fateri cogimur : quos omnes ut plenius ac diligentius prosequamur, distinguendum est quot et quibus modis idem accipiatur, sive etiam diversum, præsertim cum totius controversiæ summa ex identitate divinæ substantiæ et diversitate personarum pendeat, nec aliter ipsa queat terminari controversia, nisi ostendamus hanc identitatem illi diversitati non esse contrariam. Quod ut diligentius fiat, præmittendum est, ut diximus, quot modis dicatur idem, et quot modis diversum.

Quinque autem modis ac pluribus fortassis utrumque per se etiam acceptum dici videtur. Idem namque sive unum aliquid cum aliquo dicitur, secundum essentiam, sive secundum numerum, idem proprietate, idem definitione, idem similitudine, idem pro incommunicato. Totidem modis e contrario dicimus diversum ac fortassis pluribus.

Idem aliquid cum aliquo essentialiter dicimus, quorum eadem numero est essentia : ita scilicet ut hoc et illud sint eadem numero essentia, sicut eadem numero essentia est ensis et mucro, vel substantia et corpus, sive animal sive homo, sive etiam Socrates, et album idem numero quod durum. Verum est enim, substantiam esse hoc corpus sive hoc animal, licet non omnem. Et hæc quidem omnia, quæ videlicet eadem sunt essentialiter, eadem numero dicuntur, quia cum eadem sit utriusque essentia, non potest in eis numerus rerum multiplicari, nec computatio ex ipsa rerum discretione protendi, ut videlicet dicatur de eis unum duo, etc. cum videlicet numerus nonnisi in discretis constat essentiis, hoc est, in his quæ ita penitus sunt diversæ, ut non solum hoc non sit illud, verum nec alterum de altero sit, nec aliquid de isto sit de illo, hoc est, ut nec alterum pars sit in quantitate alterius, nec eamdem communicent partem.

Idem vero proprietate aliquid cum aliquo dicitur, quando hoc illius proprietatem participat, ut album duri, vel durum albi. Nam et album duritiam participat, quæ proprietas duri, quod est dicere : Durum est album, vel e converso durum albi. Nonnulla autem essentialiter eadem sunt, quæ tamen proprietatibus suis distinguuntur, cum eorum scilicet proprietates ita penitus impermistæ maneant, ut proprietas alterius ab altero minime participetur, etiamsi sit eadem numero penitus utriusque substantia. Verbi gratia, in hac imagine cerea idem est numero hæc cera, hoc est materia ipsa et materiatum, nec tamen ibi materia ipsa et materiatum suas communicant proprietates, cum nec ipsa materia cereæ imaginis sit materiata, hoc est ipsa cera sit facta ex cera, nec ipsum materiatum sit materia ibi, hoc est cerea imago sit materia cereæ imaginis, cum videlicet nihil sui ipsius pars aliquo modo sit constitutiva, aut naturaliter prius. Itaque materia cereæ imaginis et materiatum ex cera cum sint eadem numero essentia, in suis proprietatibus tamen sunt impermista. Ipsa quippe materia cereæ imaginis et ipsum materiatum, utpote ipsa cera et ipsa imago cerea sunt eadem res, hæc scilicet cera; sed tamen ipsum materiatum ibi nequaquam est materia, nec ipsa materia est materiata, licet ea res est quæ materiata. Pertinet autem ad proprietatem materiæ præcedere ipsum materiatum quod ex ipsa sit ; ad proprietatem vero materiati subsequi ac posterius esse. Proprietas itaque materiæ ipsa est prioritas, secundum quam ex ea materialiter aliquid fieri habet. Materiati vero proprietas est ipsa e converso posterioritas. Proprietates itaque ipsæ impermistæ sunt per prædicationem, licet ipsa propriata, ut ita dicam, permistim de eodem prædicentur. Aliud quippe est prædicare formam, aliud formatum ipsum, hoc est rem ipsam formæ subjectam. Si enim dicam, imago cerea est prior cera, hoc est prioritatem habet respectu ceræ, tunc ipsam copulo ac prædico formam ; et falsum est quod dicitur. Si vero dicam, imago cerea est

---

(88*) In Vulgata editione *dissolutiones*.

prius cera, hoc est res aliqua prior cera, tunc ipsum copulo et prædico formatum, ac vera est propositio, cum ipsa imago sit corpus quod est prius cera. Sic et Socrates non habet perpetuitatem, hoc est non est perpetuus, licet sit res perpetua sicuti hoc corpus. Ostenso itaque quæ sint proprietatibus diversa, clarum est e contrario quæ sint eadem convenientia proprietatum.

Ex his autem quæ scilicet eadem essentialiter seu proprietate dicuntur, quædam diffinitione quoque eadem sunt, sicut ensis et mucro, vel Maro et Tullius, et quorumcunque eadem penitus est diffinitio, quoniam non solummodo ensis et mucro est et mucro ensis; verum etiam ex hoc quod ensis est, mucro est, et a converso, ut eadem penitus diffinitione sint terminanda, cum idem sit expressum et proprium esse hujus quod illius. Hoc autem modo Boetius idem accipit in primo Topicorum ubi ait quæstionem de diffinitione esse de eodem, veluti cum quæritur « utrum idem sit utile quod honestum, eo, inquit, quod quarum rerum, eadem est diffinitio, ipsæ res eædem sunt; et quarum rerum diffinitio est diversa, ipsæ res sunt diversæ, » diffinitionem autem hoc loco accipimus, quæ ex integro vim et proprietatem definiti exprimit, et sententiam nominis in nullo excedit, nec ab eo exceditur, ut si quis diffiniens corpus dicat ipsum esse substantiam corpoream, non substantiam coloratam. Quamvis enim hæc diffinitio substantia colorata omnibus ex solis corporibus conveniat, sicut illa, non tamen vim et sententiam hujus nominis, quod est corpus, aperit, sicut facit illa; quia nomen corpus colorem non determinat, quod est accidens corpori, sicut determinat corporeitatem, quæ est ei substantialis. Nec ita diffinitio ostendit id quod proprietas exigit, ex eo scilicet quod corpus est, sicut illa facit. Tale est ergo dicere quod ensis et mucro idem sunt diffinitione, ac si diceretur, eadem essentia ita esse ensis et mucro, quod ex eo quod ensis est, hoc tantum exigit ut mucro sit et e converso, ut videlicet non solum eadem essentia sit ensis et mucro, verum et idem sit penitus esse ensem quod esse mucronem. Eadem itaque diffinitione dicuntur, quæ ita adjuncta sunt, non ut solummodo hoc sit illud, verum etiam ex eo quod est hoc exigat tantum ut sit illud, et e converso; et hoc quidem modo non possunt dici idem substantia et corpus, vel album et durum, licet sint idem essentialiter. Omnia ergo quæ eadem sunt diffinitione, eadem sunt essentialiter, sed non convertuntur; et secundum has quidem tantum duas significationes suprapositas relative supponi solet hoc pronomen quod est *idem*, hoc est aut secundum identitatem numeri, aut secundum identitatem diffinitionis. Cum enim dicimus : Mulier damnavit mundum et eadem salvavit, duo sunt sensus : unus quidem falsus, si ad identitatem numeri fiat relatio, ut videlicet eadem personaliter ac numero mulier intelligatur et damnasse et salvasse; alius sensus verus, si ad identitatem diffinitionis supponatur idem, ut videlicet tantumdem significet, quantum nomen mulieris simpliciter repetitum, mulier damnavit, et mulier salvavit, quod quidem verum est per Evam et Mariam.

Idem vero similitudine dicuntur quælibet discreta essentialiter, quæ in aliquo invicem similia sunt, ut species idem sunt in genere, vel individua idem in specie, sive unum, vel quælibet in aliquo convenientia eadem dicuntur, hoc est similia. Unde Porphyrius : « Participatione, inquit, speciei plures homines unus ; unus autem et communis particularibus plures. »

Dicimus etiam idem pro incommunicato, ut semper idem Deus est, hoc est nunquam in aliquo alteratus vel permutatus, quia nihil unquam natura Divinitatis in se habet, quo aliquando careat ; vel caret, quod habeat efficaciæ valetudinem, sicut easdem quæ idem valent. Idem itaque sive unum quinque supradictis modis dicitur, licet sæpe eadem res sub pluribus ex istis modis cadat, ut videlicet tam hoc quam illo modo possit dici eadem cum aliquo. Totidem etiam modis dicimus diversum, sive differens, cum videlicet modo diversa dicantur essentialiter, id est numero, modo, proprietate, vel diffinitione, vel similitudine, vel mutatione.

Dicimus autem ea ab invicem essentialiter diversa, quæcunque ita ab invicem dissident, ut hoc non sit illud, ut Socrates non est Plato, nec manus Socratis Socrates. Sic etiam quælibet disparata diversa essentialiter dicimus, cum videlicet essentia unius non sit essentia alterius, quamvis tamen sit de essentia alterius, ut manus de homine, vel paries de domo. Sicut ergo Socrates aliud est essentialiter quam Plato, ita manus Socratis quam Socrates, et quælibet pars quam suum totum. Secundum quam quidem acceptionem dicimus rem aliam simplicem, aliam compositam, cum videlicet id quod simplex est, non sit ipsum compositum, licet sit de ipso composito. Omnia ergo essentialiter diversa dicimus, quæ ita ab invicem sunt remota, ut hoc non sit illud. Hanc vero differentiam ipse quoque Porphyrius in communitatibus aperte insinuat, ubi videlicet ostendit generalissimum et specialissimum in eo differre, quod neque generalissimum fictum quam specialissimum, neque specialissimum generalissimum. Horum autem quæ essentialiter diversa sunt, quædam numero quoque diversa sunt, quædam minime.

Diversa quippe numero dicimus, quæ adeo tota essentiæ suæ quantitate ab invicem discreta sunt, ut non solum hoc non sit illud, verum ne unum alterius pars sit, vel eamdem cum eo communicet partem. Hæc itaque sola et omnia numero sunt differentia, quæ tota quantitate suæ essentiæ discreta sunt, sive solo numero ab invicem distent, ut Socrates et Plato ; sive etiam specie, ut hic homo et ille equus ; seu genere quoque, ut hic homo et hæc albedo; seu quacunque forma ab invicem differant, sive illa forma sit communis differentia, hoc est separabile accidens, ut nasi curvitas, sive magis propria differentia, id est substantialis, sicut est rationalitas, quæ scilicet substantialis differentia non solum facit alterum, id est quoquo modo diversum, verum etiam aliud, hoc est substantialiter atque specie diversum. Et hæc sola proprie dicuntur plura sive multa, eo quod plura et multa proprie ad numerum pertinent, et secundum numerum accipiuntur. Sunt itaque quædam essentialiter diversa, quæ non sunt numero differentia, utpote domus et paries, et quodlibet integrum totum cum propria parte sua. Utroque autem prædicto diversitatis modo ipse etiam Deus differens dicitur a creaturis, tam essentialiter scilicet quam numero. Hoc etiam modo diversa sumimus quando negamus in uno ternario diversos esse binarios. Nam licet tertia unitas cum unaquaque aliarum duarum unitatum unum binarium efficiat, et hic binarius non sit ille, diversos tamen binarios dici negamus, cum non sint tota capacitate vel continentia suæ essentiæ discreti, cum eamdem scilicet unitatem communicent. Sed et cum dicimus aliquem solam domum possidere, hoc est domum et nihil aliud diversum a domo, diversum numero potius quam essentialiter intelligimus. Qui enim domum possidet, etiam parietem, qui non est domus, in possessione habet. Sed cum sit paries essentialiter diversus a domo, in qua non est diversus numero, cum videlicet in ipsa quantitate domus comprehendatur. Et notandum quod, cum omne idem essentialiter cum aliquo sit idem numero cum ipso et e converso, non tamen omne diversum essentialiter ab aliquo diversum in numero est ab ipso, ut supra docuimus; pars quippe quælibet diversa est essentialiter a suo toto, sed non diversa numero, nec fortassis eadem numero, nisi quis forte numero idem negative dicat, hoc est non diversum numero. Si enim pars numero diversa diceretur a suo toto, profecto Socrates de differentibus numero prædicari concederetur, cum videlicet hoc totum ex manu scilicet et reliquo corpore compositum sit Socrates, et ipsum quoque reliquum corpus a manu deinceps Socrates sit dicendum, hoc est hac anima vivificatum, de quo quidem latius in prædicamento substantiæ alibi nobis agendum fuit.

Diversa autem diffinitione sunt, quæ eadem diffinitione sententiæ terminari non possunt, hoc est quæ talia sunt, ut sese invicem non exigant, licet eadem res sit utrumque, sicut est substantia et corpus, vel album et durum. Non enim ex eo quod substantia est corpus est; vel ex eo quod album est, durum est, cum hoc sine illo queat esse, neque ex se illud exigat. Et hanc quidem differentiam Boetius in primo Topicorum nos docet, ubi cum dicat idem esse propositionem, quæstionem, conclusionem, dicit tamen ea differre, cum videlicet propositio possit esse si non sit quæstio vel conclusio; et quæstio, si non sit conclusio, cum hoc non exigat illud, et singula propriis diffinitionibus terminanda sint. Qui etiam in divisionibus hoc modo rationale et bipes differre dicit : « Licet, inquit, nulla ab invicem oppositione disjungantur. » Porphyrius quoque in Isagogis suis hujusmodi differentiam, secundum diffinitionem scilicet, non prætermisit, cum ait : Quorum termini, id est diffinitiones sunt differentiæ, ipsa quoque sunt differentia: certum quippe est omnia quæ quoquo modo affirmatione et negatione disjungi possunt, differre ab invicem. Verbi gratia, si de aliquibus ostendere possumus, quod istud animal, et illud non sit animal, clarum est ea differre. Unde etiam oportet concedi quælibet diffinitionibus diversa, etiamsi sint sibi per prædicationem cohærentia, sicut animal et homo, vel album et durum, differre quodammodo ab invicem, cum ea quoque quodammodo affirmatione et negatione ab invicem separentur. Animal quippe esse potest, ita quod non sit homo; sed homo non potest esse, ita quod non sit homo [f. animal]; et animal hæc tantum exigit, ut sit animatum et sensibile; homo vero non hoc tantummodo, sed insuper ut sit rationale et mortale. Eodem modo phœnix et hic phœnix, et hoc corpus, et hæc anima, sive hic homo, sive hoc corpus album, diversa esse possunt ostendi, licet ejusdem penitus essentiæ sint. Ad hanc quoque diversitatem illud pertinere videtur, quod ait Porphyrius, differentiarum alias esse divisivas generis, alias constitutivas specierum. Nam licet eædem penitus divisivæ sint et constitutivæ, aliunde tamen constitutivæ sunt, ex eo scilicet quod constituunt, aliunde divisivæ, ex eo scilicet quod dividunt ab invicem, hoc est diversificant species. Et ideo alia est proprietas sive diffinitio constitutivi, alia divisivi, sicut et cum dicimus infinitum aliud secundum tempus, aliud secundum mensuram, aliud secundum multitudinem et cætera, aliud diffinitione accipimus. Et nos quidem pro eodem vel diversis diffinitione eumdem statum vel diversos status consuevimus dicere, nec aliter hunc statum illum esse dicimus, nisi idem sit diffinitione penitus hæc res cum illa, aut hunc statum non esse illum, nisi hæc res non sit eadem penitus cum illa, in expresso scilicet esse suo, hoc est eadem omnino diffinitione.

Quæ vero sint proprietate diversa diligenter arbitror superius esse discussum, cum e contrario quæ sint eadem proprietate docetur.

Similiter et ex eo quod diffinitum est quæ sint eadem similitudine, hoc est similia, clarum e contrario relinquitur quæ sint similitudine diversa, hoc est in aliquo dissimilia.

Diversum quoque mutatione ex superioribus per contrarium dici liquet quidquid in aliquo est permutatum, hoc est diversificatum ab eo quod prius erat, ut si modo stet Socrates, modo sedeat. Hæc quidem dicta sunt ad ostendendum quot modis *idem* et *diversum* accipiantur ex propria vi per se etiam dicta, cum frequenter ex adjunctis et alias assumant significationes, vel istas deponant. Cum enim dicimus loca diversa, diversa dicimus secundum continentiam, non secundum numerum, vel secundum essentiam. Alioquin vinum quod est in dolio et in domo in diversis esset locis, cum nullum corpus in diversis esse locis concedatur. Cum itaque locus hoc nomen ex continentia vel capacitate conveniat, cum additur ei diversum, diversitas continentiæ designatur : ac si diceretur loca diversa quæ illud continere ac concludere non habent. Sic et cum dicimus Spiritum sanctum multiplicem, vel septem Spiritus, quia Spiritus ex operatione suæ bonitatis et distributione suæ gratiæ dici solet, hanc multiplicitatem ac diversitatem Spiritus ad effecta ejus totam reducimus : juxta quod et illud accipitur quod Veritas ait : *Alium Paracletum dabo vobis* (Joan. xiv, 16), hoc est ad aliud efficiendum in vobis. Sed et cum dicimus opifex alius, pictor alius, faber alius, etc., quia hoc nomen opifex ex operatione convenit, sive ex officio, dicimus alium et alium secundum effecta vel officia, non secundum personas, cum fortasse nonnunquam eadem persona utriusque officii sit. Sed cum Aristoteles vester dicit in primo Perihermenias sermones sicut et litteras non eosdem omnibus esse ; sed diversos diversis secundum officium significandi id dixit, quod est sermonum et litterarum, non secundum ipsam vocum prolationem : quia, cum sit prolatio vocum naturalis omnibus, significandi officium apud omnes non tenetur, sed apud eos solummodo, qui earum impositionem non ignorant. Qui etiam postmodum in secundo Perihermenias ait, vocem esse unam et affectiones multas. Aut cum Priscianus dixit multa nomina incidere in unam vocem, multa seu diversa accipiuntur secundum ipsum significandi officium ad diversos intellectus constituendos, unde affirmationes vel nomina dicuntur. Vocem vero unam dicit ex ipsa prolationis et soni forma, non ex officio, cum videlicet vox hoc nomen ex qualitate soni, non ex officio significandi datum sit. Sic itaque ex adjunctione subjectorum *idem* et *diversum* frequenter suas significationes commutant, sicut et cæteræ sæpe dictiones, ut si dicam citharœdus bonus et homo bonus, vel vox simplex et propositio simplex, vel vera diffinitio et vera oratio.

Puto me diligenter distinxisse, quantum ad præsens negotium attinet, quot modis *idem* sive *diversum* accipiatur, ut facile postmodum discutiatur in quo consistat diversitas personarum quæ in Deo sunt, quarum eadem penitus substantia est. Eadem, inquam, essentialiter ac numero, sicut eadem est substantia ensis et gladii, vel hujus hominis et hujus animalis. Sunt autem ab invicem diversæ personæ, id est Pater, et Filius, et Spiritus sanctus ad similitudinem eorum quæ diffinitione diversa sunt seu proprietate, eo videlicet quod quamvis eadem penitus essentia sit Deus Pater quæ est Deus Filius, seu Deus Spiritus sanctus, aliud tamen proprium est Dei Patris, in eo scilicet quod Pater est, et aliud Filii et aliud Spiritus sancti. Patris quidem proprium est, ut supra quoque meminimus a seipso esse, non ab alio, et coæternum sibi Filium æternaliter gignere. Filii vero gigni a solo Patre, Spiritus sancti procedere ab utroque. Unde bene sancti Patres has personas ab invicem quibusdam quasi proprietatibus differre dixerunt, juxta illud Gregorii : « Et in personis proprietas, et in essentia unitas ; » et illud Hieronymi in epistola de explanatione fidei ad Damasum papam directa, ubi dicitur : « Confundentes Arium, unam eamdemque dicimus Trinitatis substantiam. Item, impietatem Sabellii declinantes, tres personas expressas sub proprietate distinguimus. » Et post aliqua : « Personas etiam ipsas proprietates appellat, dicens : Non enim nomina tantummodo, sed etiam nominum proprietates, id est personas, vel ut Græci exprimunt hypostases, hoc est subsistentias confitemur. » Ubi et rursus adjecit : « Itaque substantia unum sunt, personis ac nominibus distinguuntur. » Non tamen cum proprietates dici audimus ita intelligendum est, ut formas aliquas in Deo opinemur, sed proprietates quasi propria dicimus, eo scilicet modo quo dicit Aristoteles omni substantiæ commune esse non esse in subjecto, vel non suscipere magis et minus, sive nihil esse ei contrarium, nec in his tamen communitatibus quas assignat ullas intelligit formas ; quas scilicet communitates potius removendo aliquid, quam ponendo assignat. Et quemadmodum dicimus substantiæ proprium esse quod per se subsistit ; quia videlicet ex eo quod substantia est, hoc solummodo exigit ; et rei informis dicimus proprium esse quod non habet formas, utpote ipsius Dei, vel rei simplicis quæ partibus caret, nullasque per hoc formas ponere videmur ; sed prorsus omnium tam formarum quam partium remotionem facere : aut si quis aliquas in hoc quoque formas intelligat, certum est ipsas omnino non esse diversas ab ipsis substantiis quibus insunt. Ita et Patris istud esse proprium dicimus, illud Filii, atque illud Spiritus sancti.

Nolo autem sub silentio præterire, quare videlicet in assignandis proprietatibus divinarum personarum tandiu perstiterim, ut eas quidem proprietates non esse aliud ab ipso Deo vel ab ipsis personis astruerem. Hoc ideo plurimum faciendum esse decrevi, quod temporibus nostris nonnulli inter vere catholicos computati, atque etiam per assiduitatem studii divinorum librorum cathedram magistri adepti, in tantam prorumpere ausi sunt insaniam, ut proprietates ipsas personarum alias res esse ab ipso Deo vel ab ipsis personis profiteantur : hoc est paternitatem ipsam, et filiationem, et processionem Spiritus, quas quidem ipsa etiam sanctorum Patrum auctoritas relationes appellat. In hanc autem hæresim ex hoc maxime sunt inducti, quod nisi proprietates istas, per quas scilicet personæ differunt, diversas res ab ipsa substantia divina ponant, nullo modo assignare valent, in quo sit personarum diversitas, quarum eadem penitus est essentia. At vero frustra hoc diffugium quærunt, ut se absolvant; et frustra hanc falsitatem constituunt, ut veritatem defendant: quos, cum interrogantur, nescire se profiteri pudet. Cum enim unam tantum et individuam esse divinam essentiam non præsumant contradicere, cui tres illas proprietates inesse dicunt : quæ est ideo major diversitas inter Deum Patrem et Deum Filium, quam inter hunc hominem patrem istius et eumdem filium illius, cum videlicet idem homo et pater sit istius et filius illius? Aut si non est major diversitas ibi quam hic, qua ratione concedunt hunc hominem patrem esse, hunc hominem filium, et non Deum Patrem esse Deum Filium? Quid etiam valet hoc constituere quod summam non excludit controversiæ? Quomodo hoc præsumit Christianus quod etiam gentilis et quislibet abhorret infidelis, aliquid videlicet in Deo fingere quod non sit ipse? Nunquid enim si paternitas, quæ inest Deo, alia essentia sit ab ipso Deo, verum est Deum Patrem ex duobus consistere, hoc est ex Deo et paternitate, ipsumque esse totum ad hæc duo ex quibus consistit? Nunquid etiam pro eo quod has proprietates vocamus relationes, oportet eas intelligi res diversas ab ipsa substantia, quæ ad aliquid relative secundum eas dicitur? Nequaquam utique. Alioquin et cum Deus relative Dominus dicitur, dominium ejus alia essentia ab ipso esset, cujus profecto susceptione mutari Deum contingeret cum esse Dominus cœperit.

Adversum quam detestabilem hæresim beatus Augustinus v libro *De Trinitate*, capite 16, aperte invehitur, Dei incommutabilitatem defendens in his quidem quæ ei ex tempore conveniunt : « Certe, inquit, ut Dominus hominis esset, ex tempore accidit Deo, et ut tuus Dominus esset aut meus, qui modo esse cœpimus; quomodo igitur obstinabimus nihil secundum accidens dici de Deo, nisi quia ipsius naturæ nihil accidit quo mutetur, aut ea sint (89) accidentia relativa, quæ cum aliqua mutatione earum rerum de quibus dicuntur accidunt, sicut amicus relative dicitur, et sit aliqua mutatio voluntatis, ut amicus dicatur. Nummus autem, cum dicitur pretium, relative dicitur, nec tamen mutatus est, neque cum dicitur pignus. Si ergo nummus potest nulla sui mutatione toties dici relative, ut neque cum incipit dici, neque cum desinit, aliquid in ejus natura vel forma, qua nummus est, mutationis fiat; quanto facilius de incommutabili Dei substantia debemus accipere, ut ita dicatur relative aliquid ad creaturam, ut quamvis tamen temporaliter incipiat dici, non tamen ipsi substantiæ Dei accidisse intelligatur; sed illi creaturæ ad quam dicitur, *Domine, refugium factus es nobis? (Psal.* LXXXIX, 1.) In nobis ergo fit aliqua mutatio, et efficimur ad eum refugiendo meliores, in illo autem nulla. Sed et Pa-

ter noster esse (90) incipit, cum per ejus gratiam regeneramur. Substantia itaque nostra mutatur in melius. Quod ergo temporaliter dici incipit Deus, manifestum est relative dici, non secundum accidens Dei, sed plane secundum accidens ejus ad quem dici aliquid incipit Deus relative. Et quod amicus Dei justus esse incipit, ipse mutatur, Deus autem absit ut aliquem temporaliter diligat, quasi nova dilectione! Itaque omnes sanctos ante mundi constitutionem dilexit, sicut prædestinavit; sed cum convertuntur, et inveniunt illum, tunc incipere ab eo diligi dicuntur, ut eo modo dicatur, quo potest humano affectui capi quod dicitur. Sic et cum iratus malis dicitur, et placabilis bonis, illi mutantur, non ipse : sicut lux, infirmis oculis aspera, firmis lenis est, ipsorum mutatione, non sua. »

Nemo itaque quia Deum relative Patrem vocari novit, sive Filium, proprietates istas relationum alias res esse a Deo præsumat confiteri, cum et ipsius Augustini testimonio, quod longe ante posuimus, divina substantia ideo simplex dicatur, quod nihil sit in ipsa. Quod etiam omnem naturam, aut Deum esse, aut ab ipso factam, aperte profitetur, sicut supra quoque meminimus. Sed et Hieronymus ipse, ut supra quoque meminimus, proprietates ipsas personas dicit : «Non enim, inquit, nomina tantummodo, sed et nominum proprietates, id est personas confitemur. » Nam et in nobis ipsis multa relative accipiuntur, cum nemo discretus relationes ipsas aliud a nobis esse concedat. Quippe unaquæque res cuilibet alteri similis dicitur in eo quod esse habet; vel etiam opposita sive dissimilis in eo quod non est ipsa. Quod similitudo vel oppositio ab ea re cujus relatio dicitur diversa essentialiter sit, cum ipsa rursus similitudo similis sit, et ipsa oppositio opposita, quis summum infinitatis inconveniens vitare rationabiliter poterit, cum nullus in natura rerum terminus occurrat : ita ut nec Deo numerus ipse rerum definitus sit, qui in rerum natura definitus non subsistit, ubi quidem nullus terminus occurrit? Quid enim ridiculosius, ut, cum aliquis modo nascitur, cui similis efficior, propter illum quædam res nova mihi innascitur, quam cum ille perierit necesse sit deperire?

Personam itaque hoc loco diversam ab altera dicimus, eo quod diffinitione ab ea disjungatur, hoc est proprietatis suæ singularitate, ut videlicet hoc sit hujus proprium quod non sit illius proprium. Quæ quidem propria superius sunt distincta. Et ita Pater a Filio proprietate sive diffinitione diversus est, hoc est alius; et similiter uterque a Spiritu sancto. Quomodo autem beatus Augustinus, nisi hanc diversitatem propriorum sive diffinitionum attenderet, quomodo, inquam, dixisset in VII *De Trinitate,* ut supra quoque meminimus, quid aliud est Deo esse, aliud Patrem esse, cum videlicet idem numero sit in Deo ipsum ens et pater? Quod si ex-

---

(89) Apud Augustinum, *ut ea sint.*

(90) Apud Aug., *sic et Pater noster.*

pressius prosequi velimus quid sonet persona in Deo, tantumdem valet, quantum si dicamus eum esse vel Patrem, hoc est divinam potentiam generantem; vel Filium, hoc est divinam Sapientiam sumptam; vel Spiritum sanctum, hoc est divinæ benignitatis processum. Et Deum esse tres personas tantumdem valet, ac si dicamus eum esse Patrem simul et Filium et Spiritum sanctum. Tale est etiam Patrem et Filium et Spiritum sanctum esse tres personas ab invicem discretas, tanquam si dicamus tres personas ex diversitate proprietatum suarum ita ab invicem per prædicationem disjunctas, ut nulla earum sit altera, neque scilicet Pater sit Filius aut Spiritus sanctus; neque Filius sit Spiritus sanctus. De qua quidem prædicationis oratione plene nobis disserendum in sequentibus erit, et fortasse cum dicimus in Deo personas diversas, ita scilicet ut non solum sint diffinitione diversæ, verum etiam prædicatione ab invicem disjunctæ, cum hæc non sit illa: non est necesse ut hoc nomen *diversum* per se hanc significationem gerat, sed ex adjuncto quod est, persona id contrahat. Persona itaque, hoc nomen cum in Divinitate profertur, et tantumdem sonat, quantum si sub disjunctione diceretur, Deus Pater, vel Deus Filius, vel Deus Spiritus sanctus; quodammodo non substantialiter sed relative dicitur, cum ea videlicet quæ relative dicantur, sub disjunctione denotet Patrem scilicet, Filium et Spiritum sanctum, quamvis in constructione non habeat ad quod relative dicatur. Alioquin cum personas pluraliter dicamus, non ad probandum videtur quod beatum Augustinum supradixisse commemoravimus v *De Trinitate* libro, capite 8, tantam videlicet vim esse ejusdem substantiæ in Patre et Filio et Spiritu sancto, ut quidquid de singulis ad seipsos dicitur, non pluraliter in summa, sed singulariter accipiatur. Qui etiam cum ibidem in fine præcedentis capituli subnisisset, quia sicut Filius ad Patrem, et non Filius ad non Patrem refertur, ita genitus ad genitorem et non genitus ad non genitorem referatur necesse est. Longe aliter quam nos soleamus *relativa* dixit, non Filium et non Patrem, et non genitum et non genitorem, cum in his nominibus abnegativis magis relationes removeantur, quam conferantur, nec naturaliter ista simul habeant esse, sicut de relativis constat. Non enim necesse est ut si aliqua res sit non generans, sit aliqua non genita vel e converso. Quodam itaque modo abusive hæc quoque relativa dixit, secundum illam relationum significationem quam remotive tenent, sicut et non homo hominem perimendo significare dicitur, et quodlibet infinitum suum finitum.

Ne mireris in eadem divina substantia tres personas distingui secundum expositam rationem, cum etiam secundum grammaticam institutionem eumdem hominem tres personas esse concedamus. Primam videlicet secundum hoc quod loquitur, et secundam in eo quod ad ipsum sermo dirigitur, nec-

non et tertiam cum de ipso alter ad alterum loquitur. Quarum quidem personarum diversitas cum eadem sit ipsarum substantia, non aliter distingui possunt, quam secundum propria eorum quæ diffinitionibus exprimuntur, cum videlicet aliud sit proprium loquentis, in eo scilicet qui loquitur, aliud audientis, vel de quo locutionem alter habet ad alterum, sicut et divinarum personarum diversitas secundum proprias ipsarum diffinitiones est ad significata. Qui si hoc loco diversas personas dicere non abhorres, propter diversitatem scilicet proprietatum, cum tamen hæ personæ non sint a se per prædicationem disjunctæ, ut non videlicet dici liceat primam personam esse secundam, et secundam tertiam. Quippe Socrates ipse grammaticis omnis persona esse conceditur: multo magis in Deo diversas esse personas concedi oportet, quas prædicatione quoque a se disjunctas cognoscimus. Præterea sicut in grammatica cum dicimus tres personas, determinate intelligimus loquentem, et ad quem loquitur, et de quo loquitur, ut supra meminimus: ita cum dicimus in Divinitate tres personas, determinate intelligi convenit Patrem et Filium et Spiritum sanctum, ut supra quoque astruximus. Alioquin fortasse plures personas quam tres videlicet confiteri cogeremur.

Rhetores quoque alio modo quam theologi sive grammatici personam accipiunt, pro substantia scilicet rationali, ubi videlicet de persona et negotio agunt, et locos rhetoricos per attributa personæ et attributa negotio distinguunt. Quam quidem significationem Boetius exsecutus in quarto *Topicorum* ait: « Purgas cum facti culpa his ascribitur, quibus obsisti obviarique non possit, nec tamen personæ sunt. Id enim in aliam constitutionem cadit. » Qui etiam hanc acceptionem personæ contra Euthychen et Nestorium disputans de unitate personæ Dei et hominis in Christo, tali prosecutus est diffinitione. « Persona est, » inquit, « naturæ rationabilis individua substantia. » Quæ quidem nequaquam diffinitio dicenda est trium personarum in Divinitate superius a nobis distinctarum, hoc est Patris et Filii et Spiritus sancti. Alioquin cum sint tres personæ, essent tres individuæ rationales substantiæ.

Personas etiam comœdiarum dicimus ipsos videlicet homines, qui per gestus suos aliqua nobis facta vel dicta repræsentant. Quas et ipse Boetius ibidem distinxit dicens: « Nomen personæ videtur aliunde tractum, ex his scilicet personis, quæ in comœdiis tragœdiisque eos quos interest homines repræsentabant. » Tribus itaque seu quatuor modis ac pluribus fortassis hoc nomen persona sumitur; aliter videlicet a theologis, aliter a grammaticis, aliter a rhetoribus, vel in comœdiis, ut supra determinatum est. Cum autem sicut in principio operis assignavimus, in tribus divinis personis, Patre videlicet, Filio, Spiritu sancto, tota boni perfectio consistit, et omnia quæ ad boni perfectionem pertinent, in his tribus comprehenduntur; bene hæ solæ tres personæ distinctæ sunt, cum hæc tria nomina secundum vim suæ significationis cætera omnia in se concludant, quæ ad commendationem boni sunt idonea. Quod enim æternus est Deus, potentiæ est, ut videlicet aliquo non eguerit principio per quod subsisteret; quod vero justus est, sive misericors, benignitas est. Justitia namque est quæ unicuique reddit quod suum est, sive pœnam sive gloriam pro meritis retribuendo. Hoc autem ex benignitatis affectu descendit, quia sicut impium est non judicare mala, ita e contrario pium est illatas ulcisci injurias. Unde et vindicta benignitati ascribenda est, quæ scilicet benignitas nomine Spiritus designatur, sicut scriptum est : *Spiritu oris sui interficiet impium* (*Isa.* xi, 4). Similiter cætera nomina Dei, quæ ad perfectionem illius summi boni determinandam conveniunt, ac hæc tria retorquentur.

Sed huic loco gravis fortassis occurrit objectio, cum videlicet Pater et Filius ex potentia et sapientia maxime dicantur, sicut in ipso operis exordio determinavi; quomodo melius per sapientiam Dei una est persona distincta, quæ [*f.* quam] per æternitatem, cum secundum æternitatem quoque quædam sit diffinitionis diversitas. Sicut enim juxta Augustinum aliud est Deo esse, aliud Patrem esse; ita et aliud Deo esse æternum, aliud esse Patrem. Nunquid etiam hac ratione multas et innumeras personas in Deo convenit confiteri? Quippe Deus ipse et potens est, et sapiens, et justus, et æternus, et misericors, et multa et innumera secundum diffinitionum ac proprietatum diversitatem de eo dici possunt, secundum quæ tamen non est fas assignare personas in Deo, cum sint tres tantum quas distinximus personæ, id est Pater et Filius et Spiritus sanctus. Ad quod respondendum est non hoc nos suscepisse negotium, cur hoc potius modo quam alio personæ divinæ distinctæ sint; sed eas eo modo quo distinctæ sunt convenienter accipi posse, et fidem nostram tueri, si quis non ita, ut credimus, posse stare arguat, hoc autem discutere penes ipsum est Deum, a quo hæc fides tradita est, in cujus voluntate omnium rerum causæ incommutabiliter consistunt, quarum minimam nulla valet humana ratio comprehendere. Plures autem personas quam tres sive pauciores nullomodo in Deo esse concedimus; cum persona in Deo tantumdem sonet determinate, quam vel Pater, vel Filius, vel Spiritus sanctus, ut jam supra diffinivimus. Multa autem tradunt philosophi, quæ eo solummodo tenentur, quia auctoritate philosophorum confirmantur, non ratione aliqua quæ appareat. Quanto magis ea quæ Deus tradit, præsertim cum præsto sit ratio, quare videlicet dicta sit hæc trium personarum distinctio, ad commendationem scilicet vel descriptionem summi boni, sive ad majorem, ut supra meminimus, divini cultus persuasionem. Licet et hæc nobis ratio desit quare hoc modo potius quam alio summi boni descripta sit perfectio, quæ et aliis fortasse multis modis æque describi aut doceri posset. Liquet etiam diversitatem personarum non tantum in diversitate diffinitionum ac proprietatum consistere, verum etiam in remotione prædicationis ipsarum ab invicem cum nullo modo una personarum sit alia. Quam quidem remotionem ab invicem cætera supraposita non habent, cum videlicet ipse Deus Pater sit æternus, et justus, et misericors; similiter et Filius idem sit, et Spiritus sanctus. His de identitate aut diversitate rerum prælibatis, atque insuper assignato in quo unitas Dei, in quo Trinitas personarum sit accipienda, ad suprapositas quæstiones atque objectiones redeamus, singulis ordine, prout Dominus annuerit, satisfacientes, quarum primam primum solvamus.

LIBER QUARTUS.

Quæsitum primum est an Trinitas personarum quæ in Deo sunt, in vocabulis an in re potius sit accipienda.

Nos autem in re ipsa ita eam accipi debere prædicamus, ut ab æterno res illa unica simplex omnino et individua quæ Deus est, tres personæ sit, ut supra determinatum est, hoc est Pater et Filius et Spiritus sanctus. Tres quidem, ut diximus, secundum diffinitiones aut proprietates, non secundum numerum. Nam et hæc anima et quælibet res multa est et infinita secundum diffinitionum proprietates, non secundum numeri discretionem, eo videlicet quod hujusmodi sit res, quæ sub diversis diffinitionibus cadat, hoc est cui diversæ applicari diffinitiones queant : diversæ, inquam, in sententia, non in rerum continentia. Hæc quippe anima et sapiens est, et justa; sed non idem est sensus sive intellectus diffinitionis justi, qui sapientis. Sicut ergo dicimus hanc animam esse diversam diffinitionibus, secundum hoc scilicet quod est sapiens et justa : ita Deum concedimus esse diversas diffinitionibus personas, secundum hoc scilicet quod est Deus Pater et Filius et Spiritus sanctus. Et licet idem numero sit in Deo essentia quod personæ, non tamen ideo si est trinus Deus in personis, est trinus in essentia : vel si est unus in essentia, est unus in personis. Quod est dicere, si sunt tres personæ, sunt tres essentiæ : vel si est una tantum essentia, est una persona. Quippe cum dicimus trinus in personis, hoc est tres personas, tres secundum diffinitiones aut proprietates accipimus. ut supra satis docuimus. Cum vero dicimus trinus in essentia, hoc est tres essentias, tres essentialiter sive numero intelligimus. Possumus etiam ita accipere Deum esse trinum in personis et unum in essentia, tanquam si dicamus ipsum esse trium diffinitionum sive proprietatum, ut supra determinatum est ex personis ipsis, quod ipse est. In eo, inquam, trium diffinitionum, quod ipse est illæ personæ : Et rursus eumdem esse diffinitionis unius ex essentia quæ ipse est, in eo scilicet quod est illa essentia. Si autem idem esset diffinitione essentia quod personæ, ut videlicet idem penitus sonaret essentia quod personæ, tunc fortassis necesse esset Deum esse trinum in essentia sicut est in personis, aut unum esse in personis sicut est in essentia. In hoc videlicet sensu, ut si trium diffinitionum vel proprietatum esset ex personis et ex essentia similiter, aut si ex essentia unum esset, et ex personis unum. Cum vero non sint idem diffinitione essentia et personæ, non est necesse hoc. Nam et cum homo idem sit numero cum risibili et navigabili, vel Socrates cum loquente vel audiente et de quo alter ad alterum loquitur, non tamen si [f. sic] homo est multa diffinitione, in eo scilicet quod est risibilis et navigabilis. Ideo in eo quod est homo, vel si unum diffinitione in eo quod homo, ideo in eo quod est risibilis et navigabilis. Similiter et Socrates cum sit tres personæ secundum grammaticos, in eo scilicet quod est loquens et audiens, et de quo alter ad alterum loquitur : non tamen in eo quod est Socrates vel quod est substantia, imo ipse unus est in substantia et trinus in personis secundum grammaticos acceptis. Sic et Deus unus omnino est in essentia et trinus in personis : quia et in essentia unus tantum est in numero, et in personis tria diffinitionibus aut proprietatibus diversa. Trinitas itaque ista ad diversitatem diffinitionum vel proprietatum, ut dictum est, spectat; unitas ad essentiam : ideoque sibi minime adversantur, cum secundum diversa, ut dictum est, Trinitas ipsa et unitas accipiantur; illa videlicet secundum diversitatem diffinitionum aut proprietatum, hæc secundum numerum.

Movet fortassis aliquem, quod diximus Trinitatem divinarum personarum in re esse accipiendam : ac si dicamus Deum esse trinum in personis, in eo quod ipse res est, cum potius in eo quod res est, una tantum numero sit res, ac nullam in se habeat multitudinem, nec etiam proprietatum diversitatem. Et hic qui hoc dicit recte sentit de eo quod dicit, sed non de eo quod a me supra dictum est et determinatum. Non enim ita Trinitatem in re accipi dicimus, ut in eo quod ipse Deus est res, trinum eum dicamus : Sed ita Trinitatem ejus in re esse determinamus, et non in vocabulis consistere, ut ipsa res quæ Deus est, ipsa sit Trinitas : non in quantum res ipse est, sed magis in eo quod est ab æterno illæ tres personæ per vocabula distinctæ. Non enim quia distinctio nominum facta est,

Trinitas ista est; sed quia ista ab æterno Trinitas est, distinctio nominum temporalis facta est, ad hoc scilicet quod æternaliter est nobis assignandum qui ex tempore cœpimus. Unde cum dicit Augustinus Deum unum in substantia, trinum in vocabulis, tale est trinum in vocabulis, ac si dicat trinum in his quæ per vocabula distinguuntur, hoc est in personis. Tale etiam in Isidoro reperitur, ubi in *Etymologiarum* libri VII capitulo 4 sic ait : « Proinde Trinitas in relativis personarum nominibus est secundum id scilicet quod in illis exprimitur ac designatur. » In re itaque quæ Deus est Trinitatem accipimus, non in vi vocabulorum : quæ si omnino deessent, non minus illa in re ipsa permaneret Trinitas. In re, inquam, ita eam accipimus, ut ipsa res quæ Deus est, illa sit Trinitas, non in eo tantum quod est ipsa res, sed quod est personæ illæ supra distinctæ. Longe autem aliud est rem ipsam esse Trinitatem, aliud eam in eo quod est res esse Trinitatem : sicut aliud est hominem esse album, aliud hominem in eo quod homo est esse album ; et Socratem esse tres personas secundum grammaticos, et in eo quod est Socrates esse tres personas illas. Non itaque Deus aut in eo quod est una res, aut in eo quod sit multæ res, quod omnino falsum est, dicendus est Trinitas esse; sed in eo tantum quod est Pater et Filius et Spiritus sanctus, hoc est harum trium participes proprietatum supra determinatarum, ut videlicet et gignere habeat Deus et gigni habeat, atque procedere.

Notandum quoque quod nullam rerum multitudinem in Divinitate concedamus esse, sed personarum solummodo, Augustinus tamen in primo De doctrina Christiana, res pluraliter abusive dicere ausus est ad diversitatem personarum aspiciens, ait quippe sic : « Res aliæ sunt quibus fruendum est, aliæ quibus utendum. Illæ quibus fruendum est nos beatos faciunt. Istis quibus utendum est tendentes ad beatitudinem adjuvamur. Frui enim est amore inhærere alicui rei propter seipsam. Uti autem quod in usum venerit ad id quod amas obtinendum, si tamen amandum est. Nam usus illicitus abusus potius vel abusio nominanda est. Si redire in patriam volumus ubi beati esse possimus, utendum est mundo, non fruendum, ut invisibilia Dei per ea quæ facta sunt intellecta conspiciantur (*Rom.* I, 20). Res igitur quibus fruendum est, Pater et Filius et Spiritus sanctus; eademque Trinitas summa una quædam res est, communisque omnibus fruentibus ea : si tamen res et non rerum omnium causa sit; si tamen et causa, non enim facile nomen quod tantæ excellentiæ conveniat inveniri potest. » In quibus verbis dum dicit si et si, quasi dubitative magis quam confirmative nullum horum creaturarum nominum divina excellentia dignum esse insinuat. Hieronymus quoque tres Spiritus, Patrem et Filium et Spiritum sanctum juxta divinarum personarum proprietates abusive protulit, ubi quidem de tribus virtutibus scribens ait sic : « David in psalmo tres

Spiritus postulat dicens, *Spiritu principali confirma me, Spiritum rectum innova in visceribus meis, Spiritum tuum sanctum ne auferas a me* (Psal. L, 12-14). » Qui sunt isti tres spiritus? Principalis spiritus Pater est, rectus spiritus Christus est, spiritus sanctus Spiritus sanctus est.

Quod autem opponunt Deum non esse tres personas, nisi etiam sit tria, et per hoc multitudo sit in Deo ex partibus juncta, frivolum est. Tres enim personas dici concedimus, et multas personas sed non ideo tria per se, vel multa simpliciter dici convenit. Accidentaliter enim tres addimus ad personas, cum dicimus tres personas: ideoque non est necesse ut tria per se dicamus. Quæ enim accidentali prædicatione sibi conjunguntur, non est necesse sigillatim dici, quamvis conjunctim dicantur, sicut jam dudum ex secundo Perihermenias didicimus. Neque enim necesse est ut sit vigesimus primus, ideo sit vigesimus sive primus; vel si hæc sunt viginti unum, ideo sint viginti sive unum; vel si sit dimidia domus sive imperfecta domus, ideo sit domus; vel si hoc corpus sit parum ridens, ideo sit ridens; vel si sit magnus locus, ideo sit magnus; vel si aliquis sit citharœdus bonus secundum existimationem, ideo sit bonus; aut si Verbum sit factum caro, id est incarnatum, ideo sit factum; vel si Deus sit factus adjutor, ideo sit factus; vel si hæc vox *Est* propositio simplex, hoc est non habens propositiones in terminis, ideo sit simplex, id est non constituta omnino ex aliquibus per successionem vocibus; vel si hæc anima sit multæ personæ vel multi loci secundum dialecticos, ideo sit multa, hoc est multæ res ab invicem discretæ. Est autem hæc anima multæ personæ secundum grammaticos, cum scilicet aliquis ad eam loquitur, et de ea alius, et de eadem anima diversa argumenta fieri possunt; vel secundum hoc scilicet quod est oppositio alicui, vel quod est similis, vel secundum alias habitudines ex quibus ipsa est diversi loci; nec tamen ideo quod anima est multi loci secundum dialecticos, eo scilicet quod diversas vires probandi habet; ideo concedi oportet eam simpliciter esse multa. Similiter et Deum licet sit multæ personæ, hoc est Pater et Filius et Spiritus sanctus, non ideo concedendum est eum esse multa, hoc est multas res, sive multas essentias, cum eadem penitus essentia, quæ Pater est, sit Filius, sit et Spiritus sanctus. Quippe multa hoc nomen, sive tria et quælibet numeralia nomina proprie ad numerum pertinent; ideoque in rebus tantum numero diversis recte sunt per se accipienda.

Huic etiam illud Boetii *De Trinitate* concordat, ubi de Deo ait : « De forma ejus superius demonstratum est, quoniam is sit forma, et unum vere, nec ulla pluralitas, unde etiam sanctam et individuam dicimus Trinitatem. » Poterit et fortasse quodammodo Deus et tria et multa dici, si videlicet tria et multa diffinitione vel proprietate non numero intelligamus, et magis veritatem sensus, quam proprietatem verborum attendamus. Ipse quippe æternus est, immensus, creator, omnipotens, et alia multa diffinitionibus diversa, et ipse Deus et Pater est et Filius est Spiritus sanctus: et ita quodammodo multitudinem in eo attendi licet, secundum videlicet diversitatem diffinitionum vel proprietatum, non numeri. Juxta quam quidem diversitatem apostolus ait : *Et tres sunt qui testimonium dant in cœlo, et tres unum sunt* (I Joan. III, 8); nihil videlicet addens ad hoc nomen tres, neque personas, neque aliud. Hoc etiam Augustinus VII *De Trinitate* libro, capitulo 4, confirmat his verbis : « Dum intelligatur saltem in ænigmate quod dicitur, placuit ita dici, ut diceretur aliquid cum quæreretur quid tria sint, quæ tria esse fides vera pronuntiat, cum et Patrem non dicit esse Filium; et Spiritum sanctum qui est donum Dei, nec Patrem dicit esse nec Filium. » Idem post aliqua in eodem capitulo : « Cum conaretur humana inopia loquendo proferre quod tenet de Domino Deo, timuit dicere tres essentias, ne intelligeretur in illa summa æqualitate ulla diversitas. Rursus non esse tria quædam non poterat dicere, quod Sabellius, quia in hæresim lapsus est, dixit. » Tria itaque debere dici etiam Augustinus manifeste perhibet, secundum ipsam scilicet, ut dictum est, personarum diversitatem.

At rursus tria quomodo dicantur nisi et quædam sit multitudo? Quod si quis multitudinem personarum etiam per se multitudinem dici annuat, cum omnis multitudo ex multis colligatur partibus; nunquid et multitudo personarum, quæ in Deo sunt, partes habebit? Pars autem, teste Boetio, prior est ab eo cujus pars est, et eo ejus constitutiva divisio in priora fit, sicut generis in posteriora. Oportebit itaque quamlibet trium personarum ipsa Trinitate quam constituunt priorem esse, et ipsam Trinitatem posteriorem esse singulis illis, si non tempore, saltem natura. Ipso etiam attestante Boetio, non idem est pars quod est totum, quia una eademque essentia esse totius et partis non potest, cum hæc in quantitate totius ipsius inclusa sit cum aliis, atque ideo minor. At vero et tota Trinitas, et singulæ personæ, sunt una et eadem penitus divina substantia. Dicamus itaque constanter, sicut incœpimus, nullam omnino multitudinem in Divinitate consistere, licet multitudo personarum ibi sit; atque ipsam Trinitatem individuam penitus confiteamur : quia licet in ea diversæ, ut dictum est, personæ sint, nulla tamen ideo multitudo partium, vel quæcunque multitudo dici potest, ubi nulla est rerum atque essentiarum diversitas. Nullo itaque pacto concedimus multitudinem illam personarum dici absolute multitudinem, nec quia multæ sunt personæ ideo dici multa simpliciter : quia quantumcunque quislibet et abuti verbis velit, neque hoc nomen multa, neque hoc nomen, multitudo, nonnisi juxta numerum accipi recte potest, hoc est nonnisi secundum pluralitatem aliquam ac diversitatem rerum in essentiis discretarum : ita scilicet diversarum, ut hæc essentia non sit illa : quæ quidem pluralitas nullo modo in simplicitate divinæ substantiæ potest esse ; ac sic nec totum aliquod ex multitudine aliqua partium, cum nullo modo ibi res multæ sint, licet multæ sint personæ, et nullo modo ibi sit diversitas rerum, licet sit personarum. Unde Leo papa in sermone Pentecostes : « In Trinitate » inquit, « divina nihil dissimile, nihil impar est. » Tale namque est quod ait, nihil, ac si diceret nulla res; et quod ait nihil est ibi dissimile, tale est ac si diceret : Nulla res ibi est diversa ab alia, cum sint tamen diversæ ab invicem personæ secundum proprietates suas superius distinctas, non secundum numerum. Unde et Augustinus *De Trinitate* libro vii, capitulo 6 : « Non tantum est unus homo quantum tres homines simul; et plus aliquid sunt duo homines, quam unus homo. At in Deo non est ita. Non enim major essentia est Pater et Filius simul, quam solus Pater aut solus Filius; sed tres simul personæ æquales sunt singulis. » Ac si diceret, non in aliquo numero rerum excedentes, ne quem forte moveat, quod Isidorus *Etymologiarum* libri vi [*l.* vii] capitulo 4, dum etymologiam nominis divinæ Trinitatis prosequeretur, ipsam Trinitatem unum totum ad singulas dixerit personas.

His quidem verbis Trinitas appellata est, quod fiat unum totum ex quibusdam tribus quasi Trinitas attendat abusive totum dici pro quacunque tam rerum quam proprietatum multitudine. Qui etiam in eodem capitulo cum propria et appellativa Dei nomina distingueret, ita ab omni hominum ratione et usu recesserit, ut propria diceret quæ magis appellativa videntur, et e converso appellative propria. In hac, inquit, Trinitate alia appellativa nomina, alia propria sunt. Propria sunt essentialia, ut Deus, Dominus, Omnipotens, Immutabilis, Immortalis; et inde propria, quia ipsam significant substantiam qua unum sunt. Appellativa vero Pater et Filius et Spiritus sanctus; Ingenitus, Genitus et Procedens, eadem et relativa possumus etiam dicere, quod cum nominis hujus quod Trinitas etymologiam Isidorus reddiderit, vim ipsam nominis generaliter nobis expresserit, non singulariter in divina solummodo Trinitate. Et verum quidem est quod juxta propriam et usitatam significationem, si dicatur Trinitas vel tria, multitudinem rerum et numerum monstrant, quod in Deo minime convenit, ubi nequaquam multitudo est rerum, sed diversitas personarum.

Quod autem in eo quod dicitur talis Pater qualis Filius et Spiritus sanctus, quædam similitudo innuitur, ut scilicet Pater sit similis Filio vel Spiritui sancto; tale est ac si dicatur, Non est in aliquo majestatis bono ab eo diversus, ut videlicet negatione magis quam affirmatione intelligatur. Et similiter cum dicitur æqualis esse, tale est ac si dicatur, in

(91) Hæc desumpta sunt ex Symbolo quod singulis diebus Dominicis ad Primam canit Ecclesia.

illa Divinitatis gloria alia persona minor esse [*adde* non potest*], cum sint ejusdem penitus essentiæ. Sed et cum Athanasius præmisso, « Qualis Pater, talis Filius et Spiritus sanctus (91), statim adjecit, quasi ad determinandum in quo sint similes, hoc est non diversi, dicens : « Immensus Pater, immensus Filius, immensus Spiritus sanctus, » etc., aperte declaravit, quomodo id quod præmiserat intelligendum esset, ut videlicet idem quod uni personæ convenit, et alteri, de his scilicet quæ statim adjungit. Nec fortassis incongruum est, si similia dicamus non solum quæ essentialiter vel numero diversa sunt, verum etiam quæ proprietatibus disjunguntur. Sic quippe propositionem et conclusionem convenire dicimus in terminis et in aliis multis, cum non sint tamen ab invicem numero vel essentialiter disjunctæ propositio et conclusio. Unde etiam divinas personas non est incongruum hoc modo similes ad invicem dici. Simile etiam quandoque pro eodem ponitur, sicut in tertio *Topicorum*, ubi ait Boetius, quod locus a contrario et a repugnantibus videtur esse similis, hoc est idem. Quippe, sicut dicimus aliquid diversum a seipso fieri, atque differens, sive dissimile, ac non idem permanere, quando mutatur, cur non aliquid quodammodo simile sibi dicamus quando id permanet nec variatur ? Quid enim est simile alicui, nisi tale esse quale illud est? Ac similiter simile sibi tale esse, quale primitus erat. Quam quidem rationem Augustinus secutus libro primo *De vera religione*, cum de identitate atque incommutabilitate divinæ pulchritudinis ageret ait : « Quamobrem sanandum esse animum ad intuendam incommutabilem rerum formam, et eodem modo semper se habentem, atque undique sui similem pulchritudinem, nec distentam locis, nec tempore variatam, sed unam atque idem ex omni parte servantem, » etc. Simile itaque pro eodem dixit, et in hac quoque acceptione potest dici, Pater similis Filio vel Spiritui, hoc est idem penitus cum illo in substantia, sive in his quæ statim Athanasius determinavit, cum videlicet illud idem quod immensum est Pater sit et Filius, etc.

Sed et illud quod opponitur, cum unumquodque quod existit sit vel substantia vel forma, quomodo multa dici possunt, si non sint multæ substantiæ, vel multæ formæ, vel multa ex utrisque conjuncta : jam jugulatum est, secundum illud quod jam negavimus omnino Deum esse multa, quia licet sit multæ personæ, non ideo fortassis est multa simpliciter, cum videlicet multitudo, sicut dictum est, recte non sumatur, nisi in discretis essentiis ac numero diversis. Secundum vero illud quod quis receperit Deum esse multa quantum ad diversitatem proprietatum, ut expositum est, seu diffinitionum non procedit conclusio, ut videlicet si Deus sit hoc modo multa, ideo sit aut multæ substantiæ, quod quodque vulgo tribuitur Athanasio, ut hic, sed non est illius.

sonat numero diversæ, aut multæ formæ, etc. Eadem quippe anima, seu quælibet substantia est multa diffinitionibus, nec tamen ideo multæ substantiæ vel cætera. Quod si esset multa numero, tunc indubitanter conclusio præmissa procederet.

Illud autem quod quæsitum est, quare videlicet magis dicitur Deus trinus, quam substantia trina, rationabiliter interrogatur, et magis, ut arbitror (92), oportet dici Deum esse Trinitatem, quam Deum esse trinum. Quod licet sincera et sana intelligentia esse possit, si dicamus Deum trinum quantum videlicet ad proprietates personarum, non tamen ratio videtur cur magis dicamus trinum, quam substantiam trinam. Multo etiam minus tripartitum dici Deum approbamus, licet in sensu sanctus ille qui hoc dixit non oberraverit, Trinitatem scilicet personarum intelligens.

Illud vero multis modis refellitur, quod cum unaquæque trium personarum sit Deus sive substantia, neque una persona sit alia, non tamen ideo plures dii sunt sive substantiæ. Non enim necesse est ut cum de aliquibus sigillatim dicatur nomen singularis numeri, plurale de eisdem simul dicatur. Nam cum Plato alterius hominis, alterius Socrates frater sit, et per hoc concedatur et Plato esse frater, et Socrates esse frater; non ideo fortasse concedi convenit Platonem et Socratem esse fratres: quod nequaquam dici solet, nisi ad ostendendum quod sint invicem fratres. Sed et cum tam hæc albedo quam ille color sit, non tamen propterea diversos esse colores dicimus, cum non sint colores specie differentes. Duobus quoque hominibus assistentibus mihi, cum profero hanc vocem *homo*, per quam uterque intelligitur animal rationale mortale, diversa quidem est essentia hujus intellectus, et essentia illius. Quare unaquæque est intellectus, nec tamen ideo multos intellectus dicimus, cum hæc diversa concipiant nec diverso modo. Et cum multa nomina vel multæ affinitiones incidunt in unam vocem, omnis autem affinitio et omne nomen sit vox sive essentia, non tamen ideo multas voces dicimus, sive multas essentias. Sed et cum dolium quod in domo est sit quidam locus, et ipsa rursus domus sit quidam locus, nec sit iste locus ille, non tamen diversa loca dicimus dolium ipsum et domum: alioquin vinum, quod in dolio est, in diversis esset locis; cum nullum, ut supra meminimus, corpus in diversis locis esse constet. Sed et cum unaquæque res tantum post proprium habeat, hoc est quantamcunque moram existentiæ suæ, non tamen diversa tempora accipimus, nisi per successionem.

Præterea in uno homine multæ sunt partes ita ab invicem diversæ, ut hæc non sit illa; vel in uno ligno, vel in una margarita, quæ cæteris partibus abscissis vel remotis, homines vel ligna seu margaritæ dicuntur : quarum etiam partium unaquæque ante abscissionem homo erat, sive lignum, seu margarita. Non enim separatio nostra quidquam in substantia confert ei quod remanet, vel quod remotum est, quod prius non haberet : quia abscissa manu, id quod tunc homo permanet et ante abscissionem homo permanebat. Quædam pars latens in homine, qui integer erat, similiter postea absciditur, residuum homo est, quod non homo erat ante ipsam abscissionem, cum tunc quoque hominis diffinitionem haberet, quo tunc etiam animal erat, cum esset animatum et sensibile, et eodem modo rationale et mortale, quo modo et nunc. Cum itaque ante omnem abscissionem multæ partes essent in uno homine, quarum unaquæque esset homo, non tamen ideo multi homines in uno homine erant, quia multos homines non dicimus, nisi multis animabus vegetatos. Si autem cum essentialiter diversæ res sunt, quarum unaquæque est intellectus, sive homo, non ideo tamen dicimus multos intellectus vel multos homines : quanto magis non oportet dici multos deos, vel multas substantias, quamvis unaquæque personarum Deus est sive substantia, quarum eadem penitus est essentia ? Cum enim trium personarum secundum grammatices quæ in Socrate sunt, unaquæque sit Socrates, sive homo, cum videlicet ipse loquens sit homo sive Socrates; et ipse ad quem aliquis loquitur, vel de quo loquitur, non ideo tres Socrates vel tres homines dicimus, cum sit trium personarum eadem essentia : hoc est ejus qui loquitur, et ad quem aliquis loquitur, vel de quo loquitur. Eadem de causa et trium personarum quæ in Deo sunt, cui sit una essentia, licet unaquæque ipsarum sit Deus sive substantia, non ideo oportet tres deos dici sive tres substantias : cum sæpe, ut supra meminimus, voces ex adjunctis significationem suam varient, utpote hæc dictio tres et aliæ multæ. Eumdem quippe hominem tres opifices dicimus esse secundum trium officiorum scientiam, non tamen ideo tres homines. Græci tamen, teste Augustino, non reverentur tres substantias dicere magis quam tres personas. Unde in vii *De Trinitate*, capitulo 4, ita meminit : « Loquendi causa de ineffabilibus, ut fari aliquo possemus modo, quod effari nullo modo possumus, dictum est a nostris Græcis una essentia, tres substantiæ, a Latinis una essentia vel substantia, tres personæ, quia, sicut jam diximus, non aliter in sermone Latino essentia quam substantia solet intelligi. » Item : « Quod de personis secundum nostram, hoc est de substantiis secundum Græcorum consuetudinem. Sic enim dicunt illi tres substantias, unam essentiam, quemadmodum nos

---

(92) Eadem fuit sententia Hincmari Remensis archiepiscopi, qui contra Goteschalcum collectionem ex SS. Scripturis et orthodoxorum dictis scripsit de *una et non trina Deitate*. At Goteschalci sententiam approbavit Ecclesia universa, quæ quotidie resonat in templis *Te trina Deitas, unaque poscimus*.

dicimus tres personas, unam essentiam vel substantiam. »

Non est autem nunc nobis sermo adversus Græcos, nec fortassis a nobis in sensu diversi sunt, sed in verbis tantum, abutentes hoc nomine substantiæ pro persona, cum et ipsam nonnunquam ousiam id est substantiam ad naturam ipsius essentiæ, non ad proprietatem personæ, in ipsa quoque animæ substantia dicere non recusent, sicut et in cæteris quibuscunque substantiis, quibus hoc nomen totius prædicamenti substantiæ commune est : Ipsi quippe ad identitatem substantiæ in tribus personis intelligendæ, novum nomen Homoousion quod est unius substantiæ instituerunt. Quam quidem acceptionem Hieronymus quoque secutus ad Damasum scribens, Omoousion Trinitatem ipsam confitetur, hoc est unius substantiæ, non unius personæ. Hinc et Gennadius *De orthodoxâ fide* (93) meminit, dicens : « Omoousion ergo, id est coessentialis in divinitate Patri Filius, Omoousion (94) Patri et Filio Spiritus sanctus. » Unde liquidum est, cum tres substantiæ a quibusdam eorum dicuntur, substantias pro personis abusive dici. Quam quidem abusionem aperte ac merito Hieronymus reprehendit, scribens ad eumdem Damasum papam (95) de novo nomine trium hypostaseos his verbis : « Interrogamus, quid hypostasis posse arbitrentur intelligi ? Tres personas subsistentes aiunt. Respondemus nos ita credere. Non sufficit sensus, ipsum nomen efflagitant, quia nescio quid veneni in syllabis latet. Si quis autem hypostasim ousiam intelligens, non in tribus personis unam hypostasim dicit, alienus a Christo est. » Item idem : « Tota sæcularium litterarum schola nihil aliud hypostasim nisi ousiam novit, et quis unquam, rogo, ore sacrilego tres substantias prædicabit ? Una est Dei sola natura, quisquis tria esse, hoc est tres hypostases dicit, tres naturas conatur asserere. Et si ita est, cur ab Ario parietibus separamur, perfidia copulati ? sufficit nobis dicere unam substantiam tres personas perfectas, æquales, cœternas. Non bonæ suspicionis est, cum in eodem sensu verba dissentiunt. Aut si rectum putatis tres hypostases cum interpretationibus suis debere nos dicere, non negamus. Sed mihi credite, venenum sub melle latet. Transfigurat se angelus Satanæ in angelum lucis. »

Quod autem opponitur quare potius tres personas dicimus quam tres Deos aut tres essentias, jam arbitror ex suprapositis esse manifestum, quia videlicet personarum diversitas ad distinctionem proprietatum pertinet, non ad discretionem essentiarum. Ideoque tres sunt personæ, quia diversa insunt propria eidem essentiæ, cum ex eo quod Pater est aliud proprium habeat vel aliud exigat ; et aliud ex eo quod est Filius vel Spiritus sanctus. Tale est ergo Deum esse tres personas, ac si dicamus ipsum esse Patrem et Filium et Spiritum sanctum. Plures autem Deos esse si dicamus, sicut plures homines, discretionem rerum essentialiter diversarum demonstramus quare unaquæque sit Deus. Sic et Socratem secundum grammaticos plures personas dicimus, sed non plures homines. Eadem ratione nec plures Dominos vel plures potentes dici convenit, nec ulla omnino assignanda est Deo pluralitas nisi in personis.

Objectum quoque est, quomodo dicimus Personæ sunt, nisi dicamus essentia id est essentiæ sunt ? Sed hoc modo dictum est quo dicimus Athenæ sunt, sicut vel hic albus et homo sedens idem sunt. Non enim semper pluralitas vel singularitas vocis ad significationem respicit ; sed quandoque ad terminationem vocis vel constructionem, velut cum dicimus numerus est, hoc [*f.* hoc est] unitates sunt ; et Athenæ sunt, hoc est hæc civitas est. Quandoque etiam secundum pluralitatem vocum plurale verbum significate proferimus, sive etiam plurale nomen etiam quando eadem est penitus vocabulorum intelligentia, non tamen eadem essentia, veluti cum dicimus ensem et gladium esse multivoca. Unde Boetius in primo *Topicorum :* Quarum rerum, inquit, eadem diffinitio, ipsæ quoque res sunt eadem. Cum autem figurate dicimus sunt, ubicunque scilicet una tantum res est, non est necesse dici entia vel essentias : quia sæpe cum eædem sint voces in significatione per se acceptæ, una earum constructionem habere potest per figuram in uno sensu, quam non habet alia.

De eo etiam arbitror esse discussum quod dictum est hoc nomen Deus magis universale quam singulare dicendum esse, cum de divinis personis dicatur. Quippe diversitas illa personarum non in discretione essentiæ constat, sed magis in diversitate proprietatum vel diffinitionum, ut diximus ; sicut et diversitas personarum secundum grammaticos, quæ scilicet personæ insunt Socrati, propter quas tamen non minus hoc nomen Socrates singulare est.

Sed illud hoc loco maximum impedimentum occurrit, quod essentialiter quoque ab invicem personæ quæ in Deo sunt discretæ videntur, cum hæc scilicet non sit illa, quod non est in grammaticis personis. Ad quod respondendum est, quod non magis istæ personæ essentialiter discretæ sunt quam illæ, cum sit harum quoque sicut illarum una eademque penitus essentia ad comparationem unitatis ; cujus, hoc est, divinæ essentiæ nulla vel corporea vel spiritualis creatura dicenda est una, cum hæc omnino nullam aut partium aut formarum diversitatem admittere possit, nec in aliquo permutari. « Quocirca, inquit Boetius *De Trinitate*, hoc vere unum in quo nullus numerus, nullum in eo aliquid præter id quod est. » Unde bene eam philosophi monadem id est unitatem magis quam unam vocare voluerunt. Cum autem nulla sit in

---

(93) GENNAD., *De dogm. Eccl.* c. 5.
(94) Legendum *Homoousios* ut apud Gennadium.

(95) HIER. ep. 14.

personis discretio essentiæ ab invicem, non tamen oportet dici Pater est Filius vel Spiritus sanctus ; vel Filius est Spiritus sanctus : quia etsi quis forte sanum sensum in suis verbis habere queat, eo scilicet quod eadem essentia quæ Pater est, sit et Filius et Spiritus sanctus ; sensus omnino falsus est secundum sanctorum Patrum acceptionem, quæ est hujusmodi, ac si dicamus personam . . . ntem [*f.* generantem] esse personam genitam vel esse personam ab utrisque procedentem, quod est dicere eamdem esse proprietatem utriusque personæ : ita videlicet ut utræque personæ sint eadem diffinitione terminandæ atque exprimendæ, quod omnino falsum est. Quippe cum idem sit numero status risibilis et status navigabilis, atque insuper de quocumque dicatur risibile dicatur et navigabile : non tamen hunc statum illum esse dicimus, hoc est risibile idem esse diffinitione cum navigabili, cum aliud sonet hoc nomen risibile, aliud hoc nomen navigabile, licet eadem res penitus sit utrique nomini per appellationem subjecta, ipse videlicet homo, cui tam risibile quam navigabile proprium assignatur.

Quia ergo statum eumdem vel diversum non dicimus, nisi secundum expressam atque integram diffinitionem aut proprietatem, oportet cum hic status ille dicatur, hanc rem cum illa eadem penitus inexpressa proprietate monstrari. Sic et in divinis personis cum ad proprietates earum, non ad numerum rerum tota spectet diversitas, non potest hæc vere illa dici, dum sit aliqua proprietatis diversitas, etiam [*f.* etiamsi] diversis in sensu nominibus exprimatur, sicut et in ipsis contigit personis. Aliud quippe sonat Deus Pater, aliud sonat Deus Filius, aliud sonat Deus Spiritus sanctus ; et aliud proprium habet Deus Pater, in eo scilicet quod generat Deum Filium ; aliud Deus Filius, in eo videlicet quod ab eo generatur ; aliud Deus Spiritus sanctus, in eo scilicet quod procedit. Qui itaque dicit de Deo Pater est, Filius [*f.* Filii] non simplicem enuntiationem facit, ad identitatem scilicet tantum essentiæ demonstrandam, ac si videlicet ita diceret : Hoc quod est Pater est Filius ; sed insuper proprietatum exprimit unitatem, ac si videlicet dicat, idem proprium esse hujus quod est illius, sicut si diceret hunc statum illum esse in his omnibus, quæ diversis in sensu nominibus sunt exprimenda ; quod omnino falsum est, quamvis sit eadem utrique personæ essentia. Nam et sic solemus dicere, non idem esse utile quod honestum, etsi id quod est utile sit honestum : nec idem esse grammaticum et oratorem, cum scilicet aliud sit proprium hujus, aliud illius ; quia licet eadem sit essentia grammatici et oratoris, aliud tamen est esse grammaticum, aliud esse oratorem ; et aliud esse hunc grammaticum quam hunc oratorem ; et aliud esse risibile quam navigabile, licet una penitus sit utriusque substantia. Sic etiam licet eadem sit Patris et Filii substantia, diversum

est tamen esse Patrem et esse Filium. Unde Augustinus libro v *De Trinitate :* « Quamvis, » inquit, « diversum sit Patrem esse et Filium, non est tamen diversa substantia. » Idem in vii : « Aliud est, » inquit, « Deum esse, aliud Patrem esse. » Sed et cum eadem vox sit quandoque nomen et verbum, vel dictio simul et oratio ; nomen tamen non esse verbum concedimus, cum hoc sine tempore sit, illud cum tempore : et dictionem non esse orationem, cum partes dictionis in ea significativæ non sint, sicut sunt orationis. Sed nec fortasse personas grammaticorum per prædicationem conjungi convenit, ut videlicet una persona sit altera, licet idem sit una quod altera, ut supra meminimus. Cum enim sint diversæ tres personæ secundum grammaticos, prima videlicet, secunda et tertia, non est fortasse una persona alia persona cum ipsa diversa persona ab alia. Quippe cum aliquorum diversitas tantum in proprietate ipsorum aut in differentia statuum consistit, non in numero vel in essentia, recte identitas eorum in hoc ipso monstratur per prædicationem ipsorum ad invicem, ut videlicet cum dicitur hæc persona esse illa, quæ proprietate tantum vel diffinitione, hoc est statuum diversitate disjunctæ sunt, intelligatur hæc eadem esse cum illa in hoc ipso, hoc est proprietate vel diffinitione, quod omnino falsum est tam in his personis quam in divinis.

Præterea multa sunt, ut supra meminimus, numero eadem, quorum tamen nomina per prædicationem disjuncta sunt, quod maxime vis quædam relationis facit, quæ in illis nominibus continetur, cum videlicet omnis relatio inter opposita consistat. Idem quippe est numero materia Socratis et Socrates, et prius Socratis et Socrates ; et perpetuum Socratis et Socrates : cum videlicet hoc corpus sive hoc animal idem sit quod Socrates ; nec tamen dici convenit, ut Socrates sit materia Socratis, quamvis sit idem quod est materia Socratis ; aut ut sit prior Socrate, hoc est seipso ; aut ut sit perpetuus, licet sit hoc quod est perpetuum, utpote hoc corpus. Sic nec Patrem convenit dici Filium suum, aut Filium esse Patrem suum, hoc est alterum ex seipso, ipso esse gignendo seipsum, sicut nec Socrates dicitur ex seipso esse, ut sit videlicet materia sui vel materiatus ex se, licet idem sit Socrates cum materia sui, hoc videlicet corpore, vel cum materiato sui, videlicet Socrate albo, sicut idem est Pater quod est Filius secundum substantiæ identitatem, non personæ proprietatem. Sed dicet mihi aliquis : Dicam Pater et Filius, et sane intelligam, ita scilicet quod eadem essentia quæ est Pater est et Filius. Nam et ipso attestante Augustino in libro *De duabus animabus :* « De verbis cum res constet, controversia facienda non est. » Idem in iv super Genesim : « Dum intelligatur, » inquit, « quod intelligendum est, non magnopere curandum est quod vocetur. » Et post pauca : « Hoc est, » inquit, « quod dixi dum res conceditur, non esse de vocabulis laborandum. » Ad quod respondeo, quod placet mihi sola intelligentia; sed requiro verba esse Catholica, quia non sine causa Apostolus novitates verborum nos vitare admonet, tum ideo ne contemptores sanctorum videamur et Spiritus sancti qui loquitur in eis; tum etiam magis, ne si tu in verbis tuis sanum sensum haberes, alius in eis offenderetur, qui sensum tuum non intelligeret, et scandalum erroris inde sumeret.

Habe itaque etiam cum sensu verba idonea, ad ædificationem, non ad scandalum; et dicas ad hunc sensum manifestandum, non Pater est Filius, sed hoc quod est Pater est Filius, hoc est eadem est utrorumque essentia sive substantia. Nec dicas hanc personam esse illam, quod est dicere idem esse proprium utriusque, sed hanc personam idem esse quod illa est, hoc est ejusdem substantiæ esse. In quanta autem veneratione etiam verba divina habenda sint, vis ipsorum admonet, quæ quotidie sacramenta Ecclesiæ conficit, cum ad invocationem sui nominis mira Deus operatur, etiam per immundissimos ministros. Unde et merito christiana religio verbis quoque divinis reverentiam exhibens, sola ipsa vocabulum *Dei* usurpare non consuevit, sed immobile illud custodit, quod tam a gentibus, quam Judæis ad creaturas nonnunquam detortum est, cum utrique deos nominent. Ipse etiam Priscianus doctor et scriptor loquendi in locutionibus maxime usum æmulandum esse admonet. Bene equidem cum locutio significationem non ex placito hominum habeat. Quod vero ait Augustinus: « De verbis, cum res constet, controversia facienda non est, » ibi sane intelligendum, ubi de rebus contentio orta est, hoc est de inquirenda et discutienda veritate rerum potius quam de proprietate verborum. Cum enim jam id habemus quod quærebamus, hoc est illam rerum certitudinem quam investigabamus, non est curandum quo genere verborum id nobis significetur, aut comprobetur, cum jam ita esse teneamus. At vero si de verbis quæstio mota fuerit, an videlicet sermo qui dicitur, hoc vel illud habeat dicere sicut hoc loco quæritur, cur non scilicet vere dicatur Pater est Filius, tunc tota controversia ad vim verborum est referenda.

Dicit fortasse aliquis quod secundum propositam expositionem, in qua dicitur Pater non est Filius, hoc scilicet modo quod non est idem proprium utriusque, licet etiam dicere Pater non est Deus, vel homo non est animal; cum videlicet non sit idem proprium istorum sicut nec illorum. Ad quod respondendum est quod verba nostra ad Deum translata, ut jam supra meminimus, ex ipsa singularitate divinæ substantiæ, sicut singularem significationem, ita et singularem nonnunquam constructione contrahunt sensum.

Præterea non oportet figurativas et improprias locutiones porrigi ultra hoc quam auctoritas vel usus habet, si ad doctrinam et intelligentiæ facultatem loqui intendimus, ut cum dicitur figurative de Deo quia nescit malos, ideo figuram extendentes dicamus, quia non scit omnes homines, vel nescit omnia. Vel si dicam quia adoro crucem, ideo concedam me adorare insensibile vel lignum. Vel si dicam me credere in Christum vel adorare eum, qui etiam figurative lapis aut serpens dicitur; ideo me in lapidem credere vel in serpentem annuam, vel adorare lapidem aut serpentem. Aut cum Christus ex divinitate et humanitate una sit compacta persona, et pro parte Deus, pro parte homo dicatur, atque in ipso homo Deus esse dicatur, quia hic illi in unam personam sit unitus, sitque divina substantia æterna, humana non æterna, non tamen ideo concedere cogimur quod non est æternum esse æternum; nec Scripturæ figurativas locutiones ultra hoc quod scriptum necesse est extendi. Sed nec cuiquam fas est, a consueta significatione sermonem commutare, nisi ei cujus gravissima videtur auctoritas, aut aliqua ornatus hoc commendet gratia. Quid etiam mirum si voces cum a creaturis ad Deum transferuntur, significationem varient, utpote hoc nomen Pater vel Filius, constructionis quoque vim commutent, cum illæ etiam id faciant quæ significationem nullatenus mutare videntur? Nemo quippe recte intelligens unitatem aut plerasque alias formas ita a subjectis substantiis dividit, ut eas ab eis numero vel essentialiter diversas existimet. Nec quis, cum dicit unitatem Dei, vel unum Deum, aut simplicitatem Dei, et simplicem Deum, sicut unitatem animæ vel unam animam, aut simplicitatem animæ vel simplicem animam ad alium sensum hæc nomina in Deo accipit, quam in animam : non tamen ita dicimus unitatem vel simplicitatem esse animam, sicut esse Deum. Sed quælibet formarum nomina Deo copulata solam identitatem essentiæ monstrant : ac si dicamus idem esse unitatem quod Deum, quod minime in cæteris contingit substantiis, sicut alibi, cum de discretione prædicamentorum dissereremus, ostendimus. Quid itaque mirum si Pater et Filius hæc nomina a creaturis ad Deum translata in creaturis sibi copulata solam identitatem essentiæ monstrent, in Deo autem id solum non faciant, sed et insuper identitatem proprietatis, cum e contrario nomina formarum Deo copulata, solam identitatem essentiæ monstrent quæ in creaturis contenta non sunt?

Illud autem Athanasii, quod ait : « Omnipotens Pater, omnipotens Filius, omnipotens Spiritus sanctus, » maxime fortasse confirmare videtur, ut concedamus Filium quoque, sive Spiritum sanctum esse Patrem, cum scilicet, ut supra diximus, Pater ex potentia sit dictus, sicut Filius ex sapientia, et Spiritus ex benignitate. Quis etiam negare queat quin unaquæque personarum potens sit et sapiens et benigna? Cum itaque Filius sit Deus omnipotens, et tantumdem valeat dicere Deum omnipotentem, quantum dicere Patrem, nunquid et Filius est Pater? Ad quod primum respondere satis arbitror, quod sæpe, ut diximus, voces per se acceptæ eamdem vim penitus habent atque æquipollentiam juxta propriam earum significationem, quæ tamen eamdem vim in constructione non custodiunt. Nam, teste Prisciano, amans et qui amat idem valent, non tamen sicut de eo qui modo non amat verum est dicere quod erit amans, ita verum est dicere quod erit qui amat. Unitas quoque et unum, et sessio et sedens, eadem penitus fortasse sunt in significatione, non in constructione, sicut alibi docuimus, cum de discretione prædicamentorum nobis esset tractandum. Quid igitur mirum est, si ponamus hæc nomina Pater et Deus omnipotens ejusdem penitus esse significationis in Deo, non tamen ejusdem constructionis esse concedamus, nec ea in contextu orationis eumdem penitus custodire sensum? Atque ita dicere licebit quod hæc enuntiatio Pater est potens, sive sapiens, aut benignus, ad identitatem tantum essentiæ sit accommodata, ac si dicatur quod is qui Pater est, sit potens sive sapiens aut benignus. Hæc autem enuntiatio Pater est Filius sive Spiritus sanctus, ad identitatem, ut dictum est, proprietatis tantummodo spectat, ut videlicet idem sit utriusque proprium, ut expositum est, ideoque tantummodo falsa est enuntiatio.

Præterea quis ex suprapositis edoceri non possit, quod non idem penitus sonent in Deo hæc nomina Pater et Potens; et Filius et Sapiens; et Spiritus sanctus et Benignus? Alioquin non magis relative invicem dicerentur Pater et Filius, quam Potens et Sapiens; vel Spiritus sanctus ad Patrem et Filium, quam Benignus. Non itaque Pater hoc nomen sonat tantummodo divinam potentiam, verum etiam ipsam ut gignentem determinat; ac si ita dicatur: Divina potentia generans divinam Sapientiam. Nec Filius simpliciter ostendit divinam Sapientiam, verum et ipsam significat tanquam ex Patre genitam. Sed et Spiritus sanctus divinam Bonitatem tanquam a Patre et Filio procedentem determinat. Unde recte hæc nomina Pater, Filius, Spiritus sanctus discretiva personarum sunt: hoc est earum ab invicem diversitatem monstrantia; cum videlicet hanc personam tanquam generantem, illam tanquam generatam ab ista, et rursus aliam tanquam procedentem ex istis duabus hæc nomina discernant. Quædam enim differentia rerum prædicatione ab invicem disjunctarum, in relativis nominibus insinuatur, unde ipsa ab Aristotele opposita dicuntur; et quædam prædicationis disjunctio innuitur in eo qui generat et qui ab ipso generatur; et in eo qui procedit et a quibus procedit. Unde mirabile non est, si ex hujusmodi personarum discretione hæc nomina ab invicem per prædicationem disjuncta sint: quæ relationes et significent et copulent; et non illa suprapo-

sita quæ minime sunt relativa: quod et ipsis quoque rerum aliarum generationibus seu creationibus facile est assignari, ubi etiam rei generantis et genitæ est eadem essentia. Ex materia quippe ipsum materiatum generari et creari quodammodo tradunt philosophi. Unde Plato Ylen, id est corpoream naturam tanquam matrem corporum ponit; et Boetius in libro *Divisionum* genus dividi in species quasi in quasdam a se quodammodo creationes dicit, eo quod species ex ipsa generis substantia nasci et confici habeant superveniente forma: ut homo ex animali superveniente animali rationalitate et mortalitate, sicut statua ex ære superveniente figura. Et cum idem sit materia quod materiatum, sicut idem est animal quod homo; vel hoc æs quod hæc statua: non tamen ipsum materiatum est materia sui, aut ipsa materia est materia ex se, licet sit hoc ipsum, quod est materia ejus. Vel sit hoc ipsum quod est materiatum ejus, utpote hæc statua est hoc æs, et hoc æs est hæc statua. Et sonent idem hæ voces per se acceptæ, materia et id ex quo aliquid materialiter constat, vel materiatum, et id quod ex aliquo materialiter conficitur; non tamen in constructione de eodem necesse est ea prædicari, cum hæc vox substantiam complet illa proprietate: quæ quidem proprietas in relatione consistit materiæ scilicet vel materiati: de qua nos quidem prædicationis differentia supra satis disseruisse arbitror.

Magna itaque discretio adhibenda est in his enuntiationibus quæ de Deo fiunt; quæ videlicet tantum ad identitatem essentiæ, quæ ad identitatem quoque proprietatis sint accommodatæ. Ad identitatem quidem essentiæ tantum non etiam proprietatis hæ spectant, Pater est Deus, Filius est Deus, Spiritus sanctus est Deus, vel æternus, vel Dominus, vel creator, vel omnipotens, vel immensus, seu justus, sive misericors, et aliæ multæ, ideoque veræ sunt. Hæ vero annuntiationes Pater est Filius vel Spiritus sanctus; vel Pater est Genitus seu Procedens, ad identitatem proprietatis aspiciunt, ideoque omnino falsæ sunt. Ibi quippe solummodo ostendebatur idem esse rem prædicati et subjecti termini, veluti idem esse Deum quod est Pater, etc. Hic vero rem subjecti termini proprietatem quoque prædicati termini sic habere, ut hoc sit hujus personæ proprium quod illius, vel eadem insit proprietas huic personæ, quæ illi: hoc est ut sic Patri conveniat gigni ex Patre, hoc est ex seipso, sicut et Filio congruit gigni ex ipso Patre: quod omnino falsum est, sicut diligentius ostendemus de generatione postmodum disserentes. Ut itaque juxta Athanasium neque confundamus personas, hoc est permisceamus eas, alteram scilicet in proprietate alterius, neque separemus unitatem substantiæ, oportet diligenter vim singularum enuntiationum distinguere; quæ videlicet ad identitatem substantiæ, quæ ad identitatis proprietatem sint accommodatæ.

Notandum quoque quod cum in descriptione

Summi Boni potentia ejus ac sapientia seu benignitas, ut supra sæpius docuimus, commemorantur, ideo ista relative magis quam simpliciter assignari, cum videlicet Deus Pater, Filius, et Spiritus sanctus, ut major unionis et concordiæ in ipsa personarum Trinitate commendatio fiat, cum eas sic invicem se habentes et sibi æternaliter connexas assignamus, ut aliam personam ex alia gigni, aliam ex his duabus procedere confiteamur, hoc est aliam ex alia, vel ex illis esse.

Apparet autem ex his quæ dicta sunt de discretione scilicet enuntiationum illud refelli, quod supra opponebatur, cum videlicet objiceretur, quod sicut ostenditur per hoc quod Pater est Deus et Deus est æternus, Pater esse æternus; ita etiam ostendi possit, per hoc quod Pater est Deus et Deus est Filius, Pater esse Filius. Ibi quippe ea propositio quæ consequitur ex duabus præmissis, quæ videlicet ait Pater est æternus, ad solam identitatem essentiæ spectat, sicut et præmissæ, ut supra jam determinavimus : ideoque ex ipsis convenienter infertur. Quæ vero ait Pater est Filius, non solum essentiæ, verum insuper proprietatis identitatem ostendit; ideoque ex præmissis non procedit, quæ scilicet præmissæ simpliciter ad identitatem essentiæ spectant : imo apertissime falsum esse liquet, ideoque quod Pater est Deus et Deus est Filius, oportere concedi Patrem esse Filium. Quod est dicere, ut supra jam exposuimus, idem esse proprium Patris et Filii, in eo scilicet quod Pater est et Filius, ipsum Patre hoc est seipso gigni. Quod si ad hanc quoque complexionem comprobandam illa inducatur dialecticorum regula quæ ait : Quoties aliquid prædicatur de aliquo, quidquid prædicatur de prædicato et de subjecto : hoc est quoties aliqua res est aliquid, et illud idem rursus est aliquid, primum est ultimum ; facile deprehendi potest nihil ad hanc complexionem regulam attinere, nec eam ex hac regula monstrari posse, cum videlicet illa ad enuntiationes illas tantum attineat, quæ ad identitatem solam essentiæ spectant, non etiam ad identitatem proprietatis, sicut hæc facit quæ ait Pater est Filius. Imo si vim verborum diligenter attendamus, talis potius ei regula inducenda esset, si vera esset. Quoties aliquid prædicatur de aliquo et aliquid prædicatur de prædicato, idem est proprium primi subjecti et ultimi prædicti [*f.* prædicati] : quod cum aperte falsum sit, non est pro regula habendum. Possumus etiam dicere, si diligentius vim et significationem verborum quam sonum eorum attendamus, cum inferebatur ex præmissis Pater est Filius, non idem prædicari quod primitus prædicabatur, cum videlicet diceretur, Deus est Filius; sicut et cum dicitur, hæc cera est hæc imago, et hæc imago est ex hac cera. Quasi Filius qui est ex Patre, ergo hæc cera est ex hac cera. Sed de hoc nobis diligenter dicendum erit postea, cum de generatione Verbi disseremus. Sunt et aliæ consimiles dispositionis argumentationes, quibus propter terminorum dispositionem præmissa regula competere videtur, cum a sensu verborum longe sit : quales sunt hujusmodi complexiones, hic homo est hoc corpus, sed hoc corpus semper est, ergo hic homo est semper. Item, hic homo est hoc corpus, et hoc corpus est materia hujus hominis, vel factum est hic homo, vel prius est homine hoc : ergo hic homo est materia hujus hominis, vel factus est hic homo, vel prior est hoc homine. Item hic citharœdus et hic citharœdus bonus est vel laudandus. Ergo hic miles. De qualibus quidem argumentationibus in Dialectica nostra latius prosecuti sumus.

Quod autem solus Filius non etiam Pater vel Spiritus sanctus incarnatus dicitur, cum tamen eadem essentia quæ Pater est sive Filius vel Spiritus sanctus sit incarnata, non sine magna ratione traditum est. Hoc enim his verbis ostenditur, cum dicitur Filius Dei est incarnatus, lumen divinæ Sapientiæ per hanc incarnationem carnalibus effulsisse, atque hoc solum, vel hoc specialiter beneficium Deum intendisse in ipso habitu carnis nobis impertire, pro quo Angelus consilii sive Consiliarius dictus est. Quod et Joannes evangelista innuens : *Vita*, inquit, *erat lux hominum, et lux in tenebris lucet, et tenebræ eam non comprehenderunt (Joan.* I, 4). De qua etiam illuminatione scriptum est : *Surge, illuminare, Jerusalem, quia venit lumen tuum (Isa.* LX, 1). Et item : *Ambulabunt gentes in lumine* (ibid., 3). Et Psalmista : *In lumine tuo videbimus lumen* (Psal. XXXV, 10). Et Simeon : *Lumen ad revelationem gentium (Luc.* II, 32). Et Platonici : « Verbum Deus est lumen verum, » etc. Qui etiam a Judæis requisitus quis esset, ut quid intenderet audirent, respondit : *Ego principium qui et loquor vobis (Joan.* VIII, 25) : ac si diceret : Ego Verbum ante tempora, quod vos ex tempore verbis instruere veni ac prædicare regnum Dei. Tale est ergo Sapientiam Dei incarnatam esse, ac si dicatur, ad hoc Deum incarnatum esse, ut vere doctrina justitiæ nos instrueret, tum prædicatione, tum etiam exemplo corporalis conversationis suæ. Unde et Isidorus *De summo bono*, primi libri capitulo 14 : « Ideo, inquit, « Deus in homine venit, quia per seipsum ab hominibus cognosci non potuit, quorum videlicet ratio in tantum jam multitudine peccatorum oppressa atque obtenebrata erat, ut consurgere ad invisibilia » valeret [*f.* minime valeret], nisi visibilibus quibusdam judiciis duceretur. Sapientiam itaque Dei in carne esse tale est, carnales, id est homines hac incarnatione veræ sapientiæ lumen suscepisse, et eam nostræ mortalitatis testam luce sua accendisse, sicut scriptum est : *Verbum caro factum est et habitavit in nobis (Joan.* I, 14); ac si aperte diceret : Ad hoc ipsa Sapientia incarnata est, ut per illuminationem in nobis inhabitet vere notitia Sapientiæ. Qui in ipsa carne quam assumpsit, tum, ut dixi, conversatione vitæ, tum etiam passione mortis suæ, sive etiam gloria resurrectionis suæ vel ascensionis perfecte nos instruxit et docuit. Moriendo quidem docuit quantum nos dilexerit, juxta hoc quod et ipse ait : *Majorem hac dilectionem nemo habet, ut animam suam ponat quis pro amicis suis (Joan.* xv, 13), atque in hoc ipso nobis usque ad mortem pro ipso certandi exemplum proposuit. Unde et apostolus Petrus : *Christus passus est pro nobis, vobis relinquens exemplum, ut sequamini vestigia ejus (I Petr.* II, 21). Resurgendo autem vitam immortalitatis exhibendo prædicavit. Ascendendo docuit nos illuc milites esse trahendos, quo jam in rege nostra regnat substantia, et illic semper mente membris inhabitandum esse, quo jam præcesserit caput nostrum. Unde Apostolus : *Quæ sursum sunt,* inquit, *quærite, ubi Christus est in dextera Dei Patris (Coloss.* III, 1).

Cum itaque in omnibus quæ in carne gesserit Dominus, nostræ sit eruditionis intentio, recte sola incarnari Sapientia dicitur, et in carne quam accepit ista nobis exhibuisse; quia ad hoc omnia gessit in carne, ut nos vera erudiret Sapientia, quæ ad salutem sufficerent. Qui etsi in aliquibus vel miraculis vel aliis factis suam exhiberet potentiam, omnia ad intentionem doctrinæ spectant, ut factis quoque nos de ipsa sua potentia ad percipiendam fidem erudiret. Prius itaque docendus erat homo, qui vel crederet vel ageret, deinde ad amorem trahendus eorum quæ nosset. Hæc autem quæ in carne gessit Dominus ad doctrinam attinent, ut diximus. Ad amoris vero fervorem, qui omnia tolleret [*f.* tolerar et] adversa, ut libera voce ubique terrarum verbum Dei prædicaretur, infusio illa Spiritus, quæ super discipulos die Pentecostes in igne est revelata. Sed dicit mihi aliquis quod hæc incarnatio cum ex summa sola misericordiæ divinæ gratia, non ex meritis nostris facta sit, maxime Spiritui tribuenda est, ut scilicet Spiritus potius quam Filius incarnari diceretur. Unde et scriptum est : Conceptus ex Spiritu sancto, hoc est ex sola benignitate misericordiæ suæ incarnatus. Ad quod respondendum est quod aliud est concipi ex Spiritu, aliud Spiritum concipi, hoc est incarnari; sicut aliud est ex aqua et Spiritu regenerari, aliud aquam et Spiritum regenerari. Si quis itaque vim hujus enuntiationis attendat, Filius est incarnatus, ad quam, scilicet eam sanctorum auctoritas instituit, solus est Filius incarnatus, non etiam Pater vel Spiritus : quia hic est sensus, ac si dicamus quod ad hoc solum vel maxime Deus incarnatus est, ut suos prædestinatos veræ Sapientiæ luce in ipso habitu carnis visibili illustraret. Cum itaque sint in diversa opera trium personarum, quarum nullomodo diversa est essentia, pro diversitate tamen personarum et operum quædam specialiter opera uni personæ tanquam propria, quædam alii [*adde* tribuuntur]. Patri quidem proprie tribuuntur ea quæ ad potentiam pertinent, sicut est creasse cuncta ex nihilo, per Verbum tamen suum, non Verbum per Patrem, vel disponere omnia pro arbitrio suo, vel imperare vel dare potestates, vel mittere Filium suum in mundum, vel obedientiam impendi, unde scriptum est *obediens* Patri *(Phil.* II, 8), et postremo omnia quæ ad potentiam ac reverentiam majestatis pertinent, Patri specialiter tribuuntur : quod etiam verba Christi aperte insinuant, cum videlicet humanitas ejus in anxietate posita, quoties a divinitate in unam personam sibi unita opem virtutis, aut quotiescunque preces ei fundit, solo vocabulo Patris utitur, ipsam scilicet commemorando potentiam qua potens est efficere quod rogatur. Quod et adhuc maxime mos ecclesiasticus observat in specialibus orationibus suis, quæ in celebrationibus missarum ad altare fiunt : quæ scilicet orationes ad solum intenduntur Patrem. Sed cum ait Filius ipse quæ Pater posuit in sua potestate potius quam quæ Filius in sua, vel Spiritus sanctus in sua, quasi proprie et specialiter divinam potestatem Patri adscribendam esse innuit. Filio autem ipsi ea maxime adscribuntur, quæ ad Sapientiam attinent, sicut est judicare quod discretionis est. Unde scriptum est : *Pater omne judicium dedit Filio (Joan.* v, 22) : quia potentia sapientiæ cedit in discussione judicii, ubi æquitas magis examinanda est quam vis potentiæ exercenda. Ad hoc etiam illa ins- aut Filius quod non facit Pater. De Patre et Filio dicam. Cum autem hic expedierit conatum nostrum, cui dicimus. *Adjutor meus esto, ne derelinquas me (Psal.* XXVI, 9), intelligitur etiam Spiritus sanctus in operatione Patris et Filii nequaquam discedere. Fratres, audite : Facit aliquid Pater sine Filio ? Respondemus : Non. Quid enim facit sine illo per quem facta sunt omnia et sine ipso factum est nihil ? Intelligimus utique immensam creaturam factam per Filium. Nihil itaque Pater sine Filio, nihil Filius sine Patre facit. Occurrit quæstio : Si nihil facit Pater sine Filio et nihil Filius sine Patre, nonne quasi consequens erit ut et Patrem dicamus natum de Virgine, passum, resurrexisse, in cœlum ascendisse? Placet nobis quæstio proposita ; Deus adjuvet ut placeat et soluta: Filius quidem, inquam, non Pater natus de Virgine. Sed ipsam nativitatem ei Pater et Filius operatus est. Non est passus Pater, sed Filius. Passionem tamen et Pater et Filius operatus est. Non resurrexit Pater, sed Filius ; resurrectionem Filii et Pater et Filius operatus est. Apostolus inquit : *Misit Deus Filium suum natum ex muliere, factum sub lege, ut eos qui sub lege erant redimeret (Gal.* IV, 4, 5). Ecce Pater fecit Filium nasci de Virgine. Probavimus nativitatem Filii a Patre factam, probemus et a Filio factam. Quid est nativitas Filii de Virgine ? Certe assumptio formæ servi in utero Virginis. Ergo quia Filius

Augustinus De verbis Domini et quibusdam sententiis Pauli apostoli sermone 74 : « Solet hæc quæstio a studiosis proponi. Facit aliquid Pater quod non facit Filius, criptio psalmi ix pertinet, quæ ait: *Pro occultis filii*, scilicet judiciis. Quæ etiam bene mens Patris seu ratio sive angelus consilii dictus est; quia omnia in hac sapientia rationabiliter Pater disponit, sive creando mundum, sive eumdem reparando post lapsum; et in hoc Pater verum consilium nostræ ignorantiæ dedit, cum eo incarnato nos visitaverit. Logos itaque Filius Dei cum dicitur, id est *Verbum* secundum illam significationem sumitur, secundum quam logos apud Græcos ipsum mentis conceptum seu rationem significat, non vocis prolationem. Unde Boetius in Categorias Aristotelis lib. II. Quoniam Græca oratione logos dicitur etiam animi cogitatio et intra se ratiocinatio logos quoque et oratio, ne quis Aristotelem, cum diceret logon, id est orationem quantitatem esse, de eo putaret dicere quem quisque logon in cogitatione disponeret, addidit: qui fit cum voce. Unde et beatus meminit Augustinus libri *Quæstionum*, 83 capitulo 44: « *In principio*, inquit, *erat Verbum*, quod Græce logos dicitur, Latine autem et rationem et Verbum significat. Logos enim ratio dicitur. » Idem in libro v *contra hæreses (Joan.* 1): « *In principio erat Verbum.* Melius Græci logos dicunt. Logos quippe *Verbum* significat et *rationem.* De quo quidem Verbo Dei, scilicet intelligibili, quod, ut dictum est, ejus Sapientia intelligitur, beatus papa Gregorius in homilia... operantem (95*). Spiritui autem ea quasi proprie tribuuntur quæ ad comparationem divinæ gratiæ attinent, sicut est remissio peccatorum et quorumcumque donorum distributio ex sola bonitate ejus, non ex meritis nostris proveniens, qualis est regeneratio in baptismo ad dimittenda peccata, confirmatio per impositionem manus episcopi ad dandam armaturam virtutum; quibus scilicet virtutibus, post remissionem peccatorum perceptam, resistere valeamus inimico tunc vehementius insurgenti. Sic et cætera sacramenta quæ in Ecclesia conferuntur ex bonitate Dei Spiritui tribuenda sunt. Nam, etsi idem sit dialecticus quod orator, aliud tamen oratori tribuendum est secundum officii sui proprietatem, aliud dialectico.

Movere fortasse aliquos poterit quod dicimus in

(95*) Ita in ms. relinquitur spatium vacuum, quod occupare debuerat locus ex S. Gregorio, cujus

semetipsum exinanivit formam servi accipiens (*Phil.* II, 7), videmus nativitatem Filii et ab ipso factam esse. Facit Pater passionem Filii, qui *proprio Filio non pepercit, sed pro nobis omnibus tradidit illum* (*Rom.* VIII, 32). Facit et Filius passionem suam. *Qui me*, inquit Apostolus, *dilexit, et tradidit semetipsum pro me* (*Gal.* II, 20). Passio hæc uni facta est, sed ab utroque facta est. Operatur Pater resurrectionem Filii. Resuscitavit Pater Filium et Filius resuscitat semetipsum. In figuram sui corporis de templo dixit, *Solvite templum hoc, et in triduo suscitabo illud*) (*Joan.* II, 19).

diversa opera Trinitatis, hoc est hoc idem operari unamquamque trium personarum quod una earum operatur, ut videlicet omne id quod facit Pater faciat Filius sive Spiritus, et e converso. Solus quippe Filius carnem accepisse dicitur, sicut et passus; et solus Spiritus nos regenerare dicitur in baptismate. Solus etiam Pater Filium generat. Ad quod respondendum arbitror quod, licet non possimus dicere aut Patrem aut Spiritum accepisse carnem, hoc est incarnatum esse aut passum, tamen vere profitemur quia in eadem ipsa incarnatione et Pater operatus est et Spiritus, a qua nec potestatem divinam nec benignitatem possumus excludere. Nam et cum se induit aliquis aut armat, multi in eodem cooperantur qui tamen non armantur aut induuntur. Quamvis igitur omnia verba operationis quæ uni personæ congruunt alteri non conveniant, operatio tamen unius personæ non minus aliarum esse dicenda est; quia in eodem necesse est omnes simul cooperari. Animæ quoque ipsi, quæ corpus movet et agitat, omnes nostræ actiones non immerito tribuuntur, nec tamen omnia verba actionum designativa in prædicatione sua ad animam referuntur. Neque enim omnes animam ambulare vel comedere, sed ipsum animal, et tamen ipsam actionem qua sic anima corpus agitat in ambulando vel comedendo certum est soli animæ inesse, quæ quidem per actiones ambulat et comedit. Hæc verba significantur in ipsa anima, dum de ipso animali dicitur quod ambulat et comedit: quod est dicere sic ipsum ab anima sua moveri atque agitari, ut solam animam in hoc agere intelligamus et corpus ipsum agitari. Cumque itaque hæc verba actionum animæ significativa nullo modo de ea, qui soli insunt hæ actiones prædicabilia sint, non est mirandum si in tribus divinis personis, cum sit communis eis actio, de una earum tamen Verbum ipsum specialiter dicatur, secundum quamdam, ut diximus, proprietatis ipsius personæ expressionem. Quod vero opposuimus propter conclusionem operis comprobandam solum Patrem generare, nihil attinere videtur, cum hæc generatio, quæ æterna est, opus non sit aliquod aut aliqua creatio Dei.

Superest extrema objectio, qua scilicet opponitur idem a se ipso nasci vel a se procedere, quod recte discuti non valet, nisi quæ sit hujusmodi generatio vel processio determinemus.

Ac primum de generatione disseramus, nihil quidem sub assertione docendæ veritatis astruentes, ut satis supra meminimus, sed sub quadam pia similitudinis umbra, quam nos Veritas docuit, defendentes. Non enim hoc opusculo veritatem docere, sed defendere intendimus, maxime adversus pseudophilosophos qui nos philosophicis maxime rationibus aggrediuntur. Unde et nos per easdem, scilicet philosophicas rationes quas solas recipiunt et quibus nos impetunt, eis præcipue satisfacere decrevi-

ultimum tantum verbum ponit scilicet *operantem.*

mus, defendendo veritatem potius quam docendo. Quod si mihi fidelium quisquam objiciat jam nec doctrinam meam nec defensionem necessariam esse, post tot videlicet et tanta sanctorum documenta, verum fortassis dicit quantum ad doctrinam, non quantum ad defensionem. Cum enim unusquisque in sensu suo abundet et pro diversitate hominum vel temporum novæ quotidie quæstiones vel impugnationes oriantur, novis quotidie rationibus resistendum puto et novis exorientibus morbis nova quærenda remedia. Potuit autem fieri ut in antiquis temporibus sancti Patres ea quæ tunc adversus catholicam fidem opponi audirent rectis diluerent rationibus, et illis quos tunc invenerunt morbis mederentur, non his quos quotidie succrescentes nondum fortassis deprehenderant. Quousque enim paleas cum granis præsens Ecclesia indifferenter continebit, nec messi Domini inimicus homo super seminare zizania cessabit, donec inde in fine sæculi messores angeli Dei zizania colligant et in fasciculos in ignem arsuros mittant; non possunt schismatici, non possunt deesse hæretici, nec inter scorpiones et serpentes tutum patebit iter; sed semper ad probationem vel exercitationem fidelium habebit mater Ecclesia sub Christi nomine multos quos toleret antichristos: pro quibus ingemiscens quotidie dicat: *Ex nobis exierunt, sed ex nobis non erant* (Joan. XI, 19), et affectu materno per singulos annos pro eis ut redeant, immolat publicas orationum hostias. Nam *oportet*, inquit Apostolus, *hæreses esse, ut et qui probati sunt manifesti fiant* (I Cor. II, 19): quod maxime in novissimis temporibus, Antichristi regno appropinquante, futurum exspectamus, quando juxta Dominicam et apostolicam sententiam graviora semper imminere atque excrescere constat pericula, et refrigescente charitate, mala omnia amplius pullulare. Unde et idem Apostolus ad Timotheum: *Hoc autem*, inquit, *scito quod in novissimis diebus instabunt tempora periculosa, et erunt homines seipsos amantes, cupidi, elati, superbi, blasphemi, sine pace, habentes speciem quidem pietatis, virtutem ejus abnegantes* (II Tim. III, 1 et seq.). Qui et alibi: *Nos*, inquit, *sumus, in quos fines sæculorum devenerunt* (I Cor. X, 11). Et Petrus in Epistola secunda: *Hoc primum*, inquit, *scientes, quod venient in novissimis diebus in deceptione illusores*, etc. (II Petr. III, 3.) Et Joannes: *Filioli*, inquit, *novissima hora est, et sicut audistis quod Antichristus venit, nunc Antichristi multi facti sunt. Unde scimus quia novissima hora est. Ex nobis prodierunt, sed ex nobis non erant* (I Joan. II, 18, 19). Hinc et in Epistola Judæ scriptum est : *Vos autem, charissimi, memores estote verborum quæ prædicta sunt ab apostolis Domini nostri Jesu Christi, qui dicebant vobis, quoniam in novissimis temporibus venient illusores..... Hi sunt qui segregant semet-*

ipsos..... *et hos quidem arguite judicatos* (Jud. XVIII, 19, 22). Ac si aperte nos adhortetur dicens: Providete ut tales dijudicare ac rationibus convincere valeatis, *comparati semper, ut beatus Petrus meminit, ad satisfactionem omni poscenti vos rationem de ea quæ in vobis est spe et fide, ut in eo quod detrahunt de vobis confundantur, qui calumniantur vestram bonam in Christo conversationem* (I Petr. III, 15). Idem et coapostolus ejus Paulus admonens: *Sermo*, inquit, *vester in gratia conditus sit sale, ut sciatis quomodo oporteat vos unicuique respondere* (Col. IV, 6).

Ratione magis hæretici quam potestate coercendi, cum juxta sanctorum Patrum auctoritatem fideles quidem, quibus omnia cooperantur in bonum, eorum disputationibus exercitati vigilantiores atque cautiores reddantur. Unde Hieronymus super *Jeremiam* libro II: « Ad tempus, » inquit, « valet hæresis, ut electi quique manifesti fiant et probati sint. » Augustinus contra epistolam Parmeniani: « Hæretici si in Ecclesia essent, nihilominus errarent. Cum autem foris sunt, plurimum prosunt non verum dicendo quod nesciunt, sed ad verum quærendum carnales, et ad verum accipiendum spirituales catholicos excitando. Utamur ergo hæreticis non ut eorum approbemus errores, sed ut catholicam disciplinam adversus eorum insidias asserentes, vigilantiores et cautiores simus, etsi eos ad salutem revocare non possumus. » Isidorus *Sententiarum* libro I, c. 19: « Sancta Ecclesia exercetur sapientia, cum tentatur verbis; exercetur patientia, cum tentatur gladiis. Causa pravitatis hæreticæ doctrina est propagata Ecclesiæ. Nam antea simplici tantum fide vigebat. Hæreticorum igitur occasione propagati sunt doctores in fide, et per acumen hæresum Ecclesiæ magistri creverunt. » Unde etiam sancti doctores, cum ad exercitationem, ut dictum est, fidelium adeo necessarias esse hæreticorum disputationes vel inquisitiones attenderent, ratione potius quam potestate coerceri sanxerunt, et eos quasi tantæ victoriæ desiderio ad sacræ studium eruditionis sunt potissimum adhortati. Unde Hieronymus ad Nepotianum : « Disce, » inquit, « quod doces, ut possis exhortari in doctrina sacra (96) contradicentes revincere, paratus semper ad satisfactionem omni poscenti te rationem de ea quæ in te est spe. » Gregorius Bonifacio..... « potius quam vi convincatis (97). » Qua vero ratione hos qui Christianitatis bonum suscipere renuunt convincere, quibus monitis vel exhortationibus ad fidem attrahere poterimus, si quid in ipsa fidei nostræ professione dubium protulerimus, quod non valeamus defendere, nedum confirmare? Auctoritate quidem Scripturæ quam non recipit argui nemo potest. » Quod si adhuc aliquis in meam perseveret reprehensionem, et cum nondum illa periculosa tum verba scriptor apposuit, scilicet *potius quam vi convincatis.*

---

(96) Apud Hier. *sana*, ut apud Apostolum.
(97) Hoc etiam loco relinquitur spatium vacuum ad S. Gregorii textum ponendum, cujus ultima tan-

tempora instent, nostra penitus abjiciat vel non curet scripta, illud tandem Hieronymi audiat : « Peregrinæ merces tantum volentibus navigant; » et nos quidem ista volentibus tantum scribimus, imo importune nobis insistentibus atque insultantibus quod eam quam prædicamus fidem defendere ausi non simus, præsertim cum omnium bonorum fundamentum fidem esse constet, quam quisquis labefactare poterit, nihil de superædificatis firmum reliquerit.

Sed et si veritatem profiteri liceat [*subaud.* tunc præsertim licet], cum nullas [*l.* nonnullas] hujus etiam temporis hæreses aut schismata reprehendendas aut corrigendas esse censemus, quas vel ipsi non ab his qui eas profitentur audivimus vel ab his qui eas audierint didicimus. Sunt enim, ut supra meminimus, qui ad assignandam trium personarum diversitatem tres proprietates in eo intelligant, tanquam tres res diversas essentialiter ab ipso Deo. Quorum etiam unus qui in Andegavensi pago magni nominis magister viget, in tantam prorripere ausus est insaniam, ut omnia creaturarum nomina ad Deum translata, ipsi quoque Deo convenire velit, ex quibusdam formis diversis essentialiter ab ipso Deo sicut et in creaturis, veluti cum dicitur Deus justus sicut et homo justus, ita justitiam ab ipso Deo essentialiter diversam intelligit sicut ab homine ; et similiter cum dicitur Deus sapiens, Deus fortis. Necnon et propria ipsius Dei nomina vult in ipso Deo, ita qualitates aut formas ponere, sicut et in creaturis, ut est hoc nomen æternum, sive etiam Deus vel Creator : quod maxime ex eo astruere nititur quod ait Priscianus proprium esse nominis substantiam et qualitatem significare, et ex ipsa nominis diffinitione qua asserit unumquodque nomen subjectis corporibus vel rebus proprias vel communes distribuere qualitates. Propter quos et hujusmodi illud Gregorii, quod supra meminimus, convenienter dici arbitrari licet : « Indignum vehementer existimo, ut verba coelestis oraculi restringam sub regulis Donati. Est et alius in Francia, qui se quasi singularem divinæ Paginæ magistrum omnibus præfert, et cum hoc quod dictum est in cæteris ipse quoque vehementer arguat, nihil videlicet penitus inesse Deo, concedimus, quod non sit Deus, non minorem tamen videtur incurrisse errorem ex summa illa unitate divinitatis quam tenet, cum nihil in Deo præter ipsam substantiam esse nobiscum profiteatur. Inde enim ad hoc compulsus est, sicut et ipsemet ego ab ipso audivi, ut confiteatur Deum ex seipso gigni, quia Filius a Patre est genitus. Et sicut arrogantissimus omnium omnes plane hæreticos vocat quicunque ita non tenent, quem etiam hi qui ab eo legerunt ita in fide ab Ecclesia jam divisum esse asserunt, ut multos qui ante Incarnationem Dei fuerunt, salvari asserat et per passionem ejus redimi, qui nunquam aut incarnationem aut passionem ejus crediderunt. Qui etiam, quod mirabile est apud omnes Catholicos, sicut ad nos nuper ablatum [*f.* allatum] est, asseruisse etiam publice in scholis suis non est veritus Dominum incarnatum ita aperto utero Virginis natum sicut et cæteros homines, nisi quod ipse solus sine virili coitu sit conceptus.

Novi etiam quemdam non parvi nominis inter hujus temporis magistros ad hoc perductum esse ex quibusdam argumentorum quas tenet rationibus, ut Deum etiam posse decipi profiteatur, pro eo scilicet quod res aliter evenire possint quam ipse præviderit : quod nec credo apud gentiles vel quantumlibet infideles dici unquam permissum est. Novimus et duos fratres, qui se inter summos connumerant magistros, quorum alter tantam vim divinis verbis in conficiendis sacramentis tribuit, ut a quibuscunque ipsa proferantur, æque suam habeant efficaciam, ut etiam mulier et quislibet cujuscunque sit ordinis vel conditionis per verba Dominica sacramentum altaris conficere queat. Alter vero adeo philosophicis innititur sectis, ut profiteatur Deum priorem per existentiam mundo nullatenus esse. Est et quidam eorum patriota inter divinos celeberrimus magistros, qui in tantam prorupit insaniam, ut corpus Dominicum ejusdem longitudinis seu grossitudinis in utero Virginis fuisse astruat, cujus et in provecta ætate exstitit. Sed nec adhuc illam summam controversiam de sacramento altaris, utrum videlicet panis ille qui videtur figura tantum sit Dominici corporis, an etiam veritas substantiæ ipsius Dominicæ carnis, finem accepisse certum est; et innumeras alias in quarum quotidianis relationibus frequenter obstupescimus, quæ nec per incendia eorum qui a populo deprehenduntur compesci possunt. Hæc illi attendant, qui de fide amplius minime scribendum esse autumant, cum mille, ut aiunt, hoc tempore hæreses pullulent, quasi ipsi omnium conscientias et fidem cognoverint.

Nunc ad propositum redeamus, de generatione verbis quibus possumus disserenda ad defendendam, ut diximus, fidem nostram, non docendam. Quod quidem ideo maxime faciendum esse decrevi, quod similitudines illas quas ad hanc generationem Filii vel processionem Spiritus defendendam, seu ad diversitatem personarum assignandam a sanctis Patribus didicimus, minus satisfacere quibusdam videantur, quod in illis rebus quæ per simile inducuntur non possit unius essentiæ identitas servari, unde et nonnullos fidelium quasi irridentes murmurare sæpe audivimus, cum de his ad hoc similitudo inducitur quæ non sunt ejusdem essentiæ, veluti cum in illo sermone natalis Domini beatus Augustinus ad defendendum quod solus Filius sit incarnatus, similitudinem in cithara et sole sumpsit, per quam videlicet assignaret non esse mirandum, si cum in una divinitatis substantia tres personæ conveniant, uni tamen earum congruat quod alteri non convenit, utpote soli Filio incarnari. « Sicuti, inquit, in una citharizationis actione tria conveniunt, ut simul agant ars, manus et corda, cum tamen diversa agantur a singulis, cum videlicet ars dictet, manus tangat, corda resonet. In sole etiam, inquit, calor et splendor diversa agunt, cum calor exsiccet, splendor illuminet. » Sed ad hæc quid nonnulli murmurent novi, dicentes quidem hæc nihil attinere ad vim quæstionis, quæ de identitate unius substantiæ in tribus personis orta est. Nemo enim, inquiunt, dubitat quin in eodem opere diversæ res diversa agant, aut in eadem substantia diversas habeant vires diversæ qualitates ; sed hoc, inquiunt, miramur, cum sit una penitus substantia sive essentia trium personarum, qua ratione hæc incarnata dicatur et non illa, cum ipsa divinitatis substantia carnem susceperit, quæ una et eadem singulis æque inest personis.

Fuit et quidam novissime temporibus nostris Anselmus videlicet Cantuariensis metropolitanus, qui servata substantiæ unitate, validiorem visus est similitudinem ad hæc quæ diximus induxisse. Cujus, ni fallor, similitudinis fundamentum a beato sumpsit Augustino scribente ad Laurentium papam de hoc ipso et fontem et ejus rivum, quorum eadem est substantia, ad divinæ generationis exemplum, ubi eadem est substantia generantis et geniti, inducente. Ponit itaque prædictus archiepiscopus quasi tria ejusdem substantiæ, fontem videlicet rivum et stagnum : fontem quidem ex quo est rivus, quasi Patrem ex quo Filius, stagnum vero quod ex fonte et rivo provenit, quasi Spiritum qui ex Patre et Filio procedit. Posuit etiam rivum in fistula quasi Filium in carne humana, ac si rivum infistulatum dicamus Verbum incarnatum. Sed hæc quoque similitudo non minus [*l.* majus] satisfacere potest, quod non est simul eadem substantia fontis et rivi atque stagni, sed per temporis successionem eadem aqua primo fons erat, deinde rivus, denique stagnum facta est. Unde non est mirabile si per successionem temporis eadem aquæ substantia diversis modis se habeat, cum nunquam simul cadent numero sit substantia fontis et rivi vel stagni, ut videlicet unquam vere dici possit modo aqua fontis est aqua rivi sive stagni ; sicut semper dicimus substantiam Patris esse substantiam Filii et Spiritus sancti. Imo fortassis hæc similitudo illi maxime suffragatur hæresi, quæ ita per tempora proprietates personarum commiscet, ut eamdem personam dicat quando vult esse Patrem, quando vult Filium vel Spiritum sanctum. Ut itaque satisfacere per similitudinem de hac generatione vel processione valeamus, excogitanda est talis similitudo generationis vel processionis, in qua eadem simul sit substantia generantis et generati vel procedentis et a quo procedit, et tamen proprietates eorum impermistæ maneant, ut videlicet genitus non sit generans, nec procedens a quo procedit. Quod facilius nos posse invenire arbitror, si juxta Apostoli testimonium, diligenter attendamus qualiter a creatura mundi per ea quæ facta sunt, ipsi quoque philosophi, quorum rationibus nos impetunt, congruis similitudinum proportionibus in una et eadem divina substantia tres personas pro-

prietatibus ab invicem diversas vestigare atque assignare, Domino revelante, valuerit [*f.* valuerunt]. Sic quippe scriptum est : *Quod notum est Dei manifestum est illis* (Rom. I, 19), hoc est non solum illis, verum etiam in illis, hoc est per illos et eorum scripta aliis, *Deus enim illis revelavit* (*ibid.*), eorum scilicet illuminando rationem, ut ex similitudine corporalium seu visibilium rerum ad incorpoream atque invisibilem Divinitatis naturam contemplandam assurgerent. *A creatura*, inquit, *mundi per ea quæ facta sunt* (*ibid.* 20), tam a nobis etiam ipsis quam a natura secundum illam videlicet philosophicam rationem, qua dicuntur alia ex materia et forma consistere, alia ad similitudinem materiæ et formæ. In his quippe constitutionibus cum sit una penitus substantia constituens et constituti, utpote materiæ et materiati, diversa tamen sunt proprietate ab invicem materia ipsa et materiatum, utpote cera ipsa et quæ ex ipsa est imago cerea. Ac primum de generatione prosequamur.

Ponamus ergo ante oculos ceream imaginem et consideremus in ea ipsa naturam ceræ, hoc est ipsam ceream substantiam, ex qua est imago cerea juxta philosophos tanquam materiatum ex materia, cum tamen eadem essentia sit cera ipsa et imago cerea, ut etiam per prædicationem sibi sociari queant cera ipsa et imago ipsa et dici possit quod imago cerea sit ipsa. Nec tamen ideo minus dicamus ceream imaginem esse ex cera, non ceram ex cerea imagine, et ceram ipsam esse materiam ceræ imaginis, non ceream imaginem esse materiam ipsius ceræ aut ceræ imaginis. Et rursus imaginem ceream dicimus esse materiatam ex ipsa cera, neque ipsam ceram aut ipsam imaginem esse materiatam ex cerea imagine. In qua quidem re considerandum est quod si ea nomina ipsius ceræ et ceræ imaginis accipiamus, quæ absolute non relative dicuntur, licet ea per prædicationem sibi veraciter conjungi propter identitatem substantiæ ipsius ceræ et ceræ imaginis, veluti cum cera ipsa sit crocea et imago sit recta, unum est ipsum croceum et rectum, vel e converso.

Si vero ea sumamus nomina, quæ secundum ipsam generationem aut constitutionem ceræ imaginis ex cera relative ad invicem dicuntur, utpote materia vel [*f.* et] materiatum, sive constituens et constitutum, sive causa et effectus, sive generans et genitum, non licet ea secundum suas proprietates sibi per prædicationem sociari, ut videlicet dicamus ibi ipsam materiam esse materiatum, vel ipsum materiatum esse materiam, etc. Quod si hujus similitudinis rationem ad divinam generationem reducamus, facile est ibi cuncta assignare ac defendere quæ audimus. Ponamus itaque Deum Patrem, ut supra meminimus, divinam potentiam ac Deum Filium divinam Sapientiam, et consideremus quod ipsa Sapientia quædam sit potentia, cum sit ipsa videlicet potentia discernendi ac providendi seu deliberandi veraciter omnia, ne quid

Deum decipere possit aut latere (98). Est igitur divina Sapientia ex divina Potentia quomodo cerea imago est ex cera, aut quomodo juxta philosophos species ipsa ex genere esse dicitur, cum tamen idem sit species quod genus, ut homo idem quod animal et imago cerea idem quod cera. Ipsa quippe imago cerea ita est ex cera et homo ex animali, quod ex eo quod cerea imago exigit ut cera sit et ex eo quod homo est, ut sit animal; sed non e converso. Potentia quippe tam ad discernendum quam ad alia agenda, se habet, sicut cera tam ad ceream imaginem quam ad id quod non sit cerea imago; et animal tam ad hominem quam ad non hominem.

Est itaque Filium gigni a Patre divinam Sapientiam ita, ut determinatum est, ex divina Potentia esse, cum ipsa, ut dictum est, Sapientia quædam sit potentia atque ipsius Potentiæ Dei, quæ est omnipotentia, quasi portio quædam ipsa sit Sapientia, quomodo et quislibet filius portio quædam parentum quodammodo dicitur. Ideo autem quasi Patrem [f. partem] omnipotentiæ et non proprie partem dicimus Sapientiam, quod nulla sit rerum multitudo in illa simplici penitus Divinitatis natura, quarum conventu quantitas alicujus totius componatur, ut supra jam sæpius meminimus. In eo tamen quasi partem quamdam Omnipotentiæ dicimus Sapientiam, quod cum ipse Deus ex omnipotentia sua ad infinita agenda se habeat, ex Sapientia ad discernendum tantum sese habet; et cum dicamus omnipotentiam Dei quasi omnem potentiam ejus, plures ejus potentias quodammodo dicimus, quantum ad effecta scilicet, hoc est ad diversitatem eorum quæ agere potest, secundum quod dicimus eum diversa agere, cum unus atque idem omnino perseveret. Unde et unum et eumdem Spiritum sanctum multiplicem dicimus, seu etiam septem Spiritus, secundum septiformis gratiæ operationem, non secundum substantiam. Et attende quod quemadmodum in suprapositis generationibus, de imagine scilicet et specie, licebat sibi per prædicationem sociari nomina illa generantis rei et genitæ, quæ absolute dicebantur, sed non illa nomina quæ relative ad invicem dicuntur, secundum hujusmodi generationem: ita etiam in hac ipsa generatione divina. Ipsa quippe imago cerea est cera, et ipse homo est animal, et e converso [f. non e converso]. Sed non ibi ipsum materiatum est materia, vel ipsa materia est materiata a se. Hæc quippe nomina materia et materiatum relative ad invicem dicuntur, sicut Pater et Filius. Illa vero supraposita secundum substantiam potius quam secundum relationem prædicantur. Materiam quidem dicimus secundum hoc quod aliquid ex ipsa est; materiatum vero secundum id quod ex aliquo ipsum est. Sic et Pater et Filius relative invicem dicuntur, secundum id scilicet quod hic illum generat atque ex hoc ille per generationem existit, sicut illud ex illa per constitutionem materialem.

Eadem itaque ratione qua non licet dici quod materia ex seipsa sit materiata, vel materiatum sui ipsius sit materia, vel constituens sit constitutum ex se, vel posterius se, vel generans se, quamvis in talibus idem sit generaliter materia quod materiatum, velut hoc æs idem quod hæc statua et idem constituens quod constitutum, et idem prius quod posterius, et generans quod generatum; eadem, inquam, proportionis ratione et in divinis personis neque Pater est Filius, hoc est Deus Pater genitus a seipso; neque Filius est Pater, hoc est Deus Filius genitor sui ipsius: quod esset dicere ipsam divinam potentiam esse ex seipsa, vel ipsam divinam Sapientiam esse ex seipsa. Sed solummodo ipsa Sapientia est ex ipsa Potentia, sicut est determinatum: quemadmodum imago ex cera, non imago ex se, vel cera [subaud. imago] ex se, sive ex imagine, licet idem sit cera ipsa quod imago illa: sicut idem est Pater quod Filius secundum substantiam, sed non secundum proprietatem vel diffinitionem, et ipse Deus omnipotens sit sapiens sive benignus, et e converso. Et quemadmodum ibi quod ex materia est id quod est materiatum ex ea, utpote cera ipsa est cerea imago, vel e converso, nec tamen ideo ipsa materia est materiata ex se, vel ipsum materiatum est materia sui: ita et hic id quod Pater est, id quidem est Filius, et e converso; nec tamen Pater est Filius vel e converso. Ibi quippe substantiæ prædicatio fit, cum videlicet dicitur: Est id quod est materiatum, vel quod est Filius; hic vero proprietatis cum dicitur: Est materiata vel est Filius. Substantia vero eadem est, proprietates vero impermistæ sunt. Apparet itaque secundum propositam rationem qua ratione divina Potentia dicatur Pater, aut divina Sapientia Filius, quod est hanc ex illa esse, ut supra distinximus; et qua ratione sibi nomina proprietatum relativarum conjungi minime per prædicationem liceat.

Si quis autem quærat utrum secundum istum generationis modum assignatum in divina Potentia possit dici materia divinæ Sapientiæ, hoc est Pater Filii, seu causa seu principium, aut aliquo modo prior saltem natura, si non tempore, respondemus nihil horum nobis videri posse dici proprie. Materia vero nullo modo dici hic concedimus, cum materiam Boetius describat eam quæ subjectam formam suscipit, et in Deo nullam omnino formam esse certum sit. Sed nec recte materiam dicimus, nisi quæ tempore quoque materiatum præcedit, sicut cera ipsa quæ ante fuit quam esset imago. Unde et philosophi alia ex materia et forma constare, alia ad similitudinem materiæ et formæ consistere distinxerunt, sicut nos alibi de materia et forma tractantes docuimus.

---

(98) Alia similitudine utitur Petrus Abælardus in Introductione ad theologiam, scilicet æris et sigilli ærei, sed quæ ejus ad intentum ex æquo facit, contra quam merito invecti sunt ejus adversarii S. Bernardus, Guillelmus abbas S. Theoderici et abbas anonymus, qui fuerat ejus discipulus.

Nunc autem ad hoc nos induxisse similitudinem de materia et materiato sufficiat quod quemadmodum illud ex illa dicimus generari, secundum hoc quod ex illa est, ita hic Filium ex Patre, hoc est ipsam Sapientiam ex ipsa Potentia esse, ut determinatum est. Sed nec causam proprie dicimus nisi ad effectum, ubi nihil est factum. Effectus quippe est, teste Boetio, quod efficit causam [*f*. quem efficit causa]; et juxta Tullium omnis causa præter finalem efficiens dicitur, et natura prior effectu. Unde Boetius, cum locum a causa juxta Tullium in tertio *Topicorum* tractat, causam diffiniens dicit eam esse, quæ quamlibet rem præcedens efficit non tempore, sed proprietate naturæ, ut sol diem. Ipse etiam Augustinus hanc secutus rationem omnem causam efficientem dicit capitulo 30 libri *Quæstionum* 33, his verbis: « Qui quærit cur Deus voluerit mundum facere, causam quærit voluntatis Dei. Sed omnis causa efficiens est, omne autem efficiens majus est quam id quod efficitur. Nihil autem majus voluntate Dei. Non ergo ejus causa quærenda est. » Qua quidem ratione manifeste convincitur nec Deum Patrem esse causam Filii, cum videlicet nec ipsum efficiat quem nullo modo facit, sed tantummodo gignit; nec major eo sit, nisi forte secundum carnis susceptionem. Quomodo etiam dicemus principium vel originem habere id quod æternum est? Æternas vero et coæternas sibi esse tres personas certum est. Non est itaque altera alterius principium, sed unaquæque sine principio est, quia æterna est et omnium aliarum rerum principium. Quippe quod æternum, sicut in tertio *Topicorum* Boetius definit, origine caret, hoc est principio. Nec illud quidem obest quod dicimus Deum Patrem principium sine principio et Filium principium de principio, hoc est de Patre qui est principium omnium creaturarum; quippe, cum dicimus de principio, non addimus suo, ut non Filii principium intelligatur Pater, sed creaturarum omnium, sicut et Filius ipse qui de semet ait: *Principium qui et loquor vobis* (*Joan*. VIII, 25). Sed fortassis dicis nulla ratione dicendum esse hanc personam esse ex illa, sed non e converso, nisi illa hujus quædam causa sit atque origo sive principium, præsertim cum hanc ex illa nasci dicamus, quod est oriri, a quo origo dicta est. Cui quidem rationi ipsi quoque doctores catholici plurimum suffragari videntur, ubi nonnunquam ipsum Patrem causam Filii seu principium duarum aliarum personarum dicunt, necnon tam Patrem ipsum quam Filium esse principium Spiritus sancti.... quippe qui ex ipsis est non per generationem, sed per processionem, et tam Patrem Filii quam Filium Spiritus sancti caput esse. Unde Augustinus libro *Quæstionum* 83, capitulo 17, de Filio Dei disserens: « Deus, » inquit, « omnium quæ sunt causa est. Quod autem omnium rerum causa est, etiam Sapientiæ suæ causa est, nec unquam Deus sine sapientia. Suæ igitur sempiternæ Sapientiæ causa est sempiterna, nec tempore prior est quam sua Sapientia. » De orthodoxa fide, capitulo 1 (99): « Credimus, » inquit, « unum esse Deum Patrem et Filium et Spiritum sanctum. Patrem eo quod habeat Filium, Filium eo quod habeat Patrem; Spiritum sanctum eo quod sit ex Patre et Filio. Pater ergo principium Deitatis, a quo Filius natus, a quo Spiritus sanctus non natus, quia non est Filius neque ingenitus quia non est Pater, neque factus quia non est ex nihilo sed ex Deo Patre et Deo Filio Deus procedens. » Ex his itaque testimoniis clarum est Patrem ipsum aliarum personarum causam sive principium quodammodo dici, in eo scilicet quod aliæ duæ personæ ex ipso esse habent: altera quidem nascendo de qua dictum est; altera procedendo, de qua dicendum est. Et nos quidem sensum sanctorum virorum venerantes, verba eorum minus nunc approbanda esse censemus, ut videlicet id dicamus habere principium quod est æternum ac per hoc sine principio est: vel id dicamus habere causam quod non convenit effectum dici, cum nullo modo effici vel fieri possit id quod nullo modo non esse potest, sed penitus ex necessitate est. Quippe si sit aliquid, ut ait ipse quoque Aristoteles, non est. Ipse etiam Augustinus nec ista verba esse approbare satis insinuat, ubi omnem causam superius efficientem dixerat et majorem esse effectu suo, ac per hoc omnem causam a voluntate Dei removet, ut nihil videlicet causa esset divinæ voluntatis. Qui etiam in ipso libro *De Trinitate* ubi specia-

Joannes Chrysostomus super Epistolam Pauli ad Hebræos sermone 11: « Sadech *justitiæ* dicitur, Melcha vero *rex*. Melchisedech ergo *rex justitiæ*. Quomodo initium dierum neque finem vitæ habuit, quomodo in eo non est narrata genealogia, sic et Christo ipsa natura rei et sine initio et sine fine est. Sicut enim istius nescimus neque initium dierum neque finem vitæ, quod non sit scriptum, sic et nescimus Filii vel initium vel finem. » Item: « Intueris sine initio Filium, non quia non habet causam ex qua sit, hoc enim impossibile est: habet namque Patrem, alioquin quomodo Filius? Sed, quia non habebat initium vitæ, neque finem. »

Ex libro *Quæstionum* Orosii ad Augustinum: « Orosius. Voluntate genuit Pater Filium, an necessitate? AUGUSTINUS. Nec voluntate, nec necessitate, quia necessitas in Deo non est. Præire voluntas Sapientiam non potest. Igitur prius est rationabiliter sapere quam rationabiliter velle. Nam quidam nostrum cum eum interrogasset hæreticus utrum volens an nolens

---

(99) Gennad. De dogm. Eccl. c. 1.

liter de ipsa Trinitate definire intendit, incertum nobis reliquit quod asserere non est ausus, sed dubitative protulit, ac sub quæstione deseruit, an videlicet Pater principium dicendus sit aliarum personarum. Ait quippe sic ibi libro v, capitulo 15 : « Dicitur relative Pater idemque relative principium. Sed Pater ad Filium dicitur, principium vero ad omnia quæ ab ipso sunt. Item et principium Filius dicitur. Cum enim diceretur ei : « Tu quis es? » Respondit : *Principium qui et loquor vobis* (Joan. VIII, 25). Creatorem quippe se ostendere voluit, cum se dixerit esse principium, sicut et Pater principium est creaturæ, quod ab ipso sunt omnia. » Item : « Unum ergo principium ad creaturam dicitur Deus, non duo, vel tria principia. Ad se tamen invicem in Trinitate, si gignens ad id quod gignitur principium est, Pater ad Filium principium est, quia gignit eum. Utrum autem et ad Spiritum principium sit Pater, quoniam dictum est : *de Patre procedit* (Joan. 15, 26), non parva quæstio est. » Et post pauca in sequenti capitulo. « Si, » inquit, « et quod datur principium habet eum a quo datur, fatendum est Patrem et Filium principium esse Spiritus sancti. » Sed nec natura Patrem esse priorem Filio concedimus : imo simul esse natura, cum mutuo relative ad invicem dicantur Pater et Filius. Et juxta ipsos quoque philosophos omnia ad invicem relativa simul sint natura, cum utraque mutuo ad invicem ita sese habeant, ut nullo modo alterum sine altero queat esse. E contrario autem, ut ait Aristoteles, naturaliter prius alterum altero id dicitur quod consequi habet necessario ad illud, sed minime antecedere, ut unum duobus prius est : potest quippe unum existere, ita ut non sint duo, sed e converso. At vero nulla personarum ita potest esse ut non sit altera ; cum nullo modo aliqua ex eis possit non esse ; cum æque omnes necesse sit esse, hoc est omnino impossibile sit non esse ipsam personarum Trinitatem.

Sed nec ullam habent ad invicem dignitatis prioritatem, ut videlicet Pater dignior sit Filio vel Spiritu sancto dicatur, quia illi ex ipso sunt, non Pater ex ipsis; aut Filius eadem ratione Spiritu sancto. Alioquin et animal eadem proportione dignius esset homine, cum potius natura hominis naturam animalis præcedere videatur : cum homo ipse ex propria natura rationalis sit, quod animal ipsum ex sua natura non obtinet. Sic et homo posset dignior dici homine aliquo dignissimo vel optimo omnium, cum videlicet homo optimus ex homine esset, non ex homine optimo homo. Quod si quis in eo quoque Patrem cæteris præferat personis,

genuerit Pater Filium ? Laudabiliter respondisse fertur : Dic, inquit, et tu, hæretice, Deus Pater necessitate est Deus an voluntate? Si dixisset necessitate, sequebatur grandis absurditas ; si voluntate, respondebatur illi : Ergo voluntate est Deus, non natura. »

quod Pater non est ab alio, cum tam Filius quam Spiritus ab alio sint, utpote a Patre ipso, præferat eadem ratione malum angelum bono angelo : cum ille quod hujusmodi est a se ipso non ab alio habeat, iste vero a Deo hoc habeat : quæ etiam dignitas notari possit in non esse ab alio, cum maxima emineat in esse a Deo. Magnum quippe est esse Deum de Deo et Summum Bonum de Summo Bono. Quasi geminatio quædam dignitatis in hoc exprimitur, in eo quod dicitur non esse ab alio, quæ ostenditur dignitas, cum id rebus quoque non existentibus applicari possit, quæ nihil penitus habent dignitatis. Sed, etsi posset contingere ut aliquis homo a se ipso esset et alius esset a Deo, nunquid is qui a se esset melior esset aut dignior eo qui esset a Deo, idcirco quod hic a se esset et ille ab alio ? Non utique, cum longe melior a Deo hic fieri posset quam ille per se esse valeret. Ponamus etiam quod aliquis homo genuerit alium æque sapientem, æque potentem, æque per omnia bonum et æqualem ipsi patri suo. Ponamus, inquam, hoc sicut fortasse nonnunquam evenit vel evenire potest, cum sæpe etiam filii parentibus sint præferendi, dico postea : Nunquid is qui patri suo per omnia æqualis est, aut fortasse melior, in aliquo indignior est patre suo? Non utique, cum æqualis ei per omnia sit aut fortasse melior. Si autem in nullo penitus is talis indignior est patre suo, quomodo in eo indignior vocabitur quod est ab ipso? Aut quomodo dignitati alicujus id derogaverit quod ab alio est, potius quam qui a se ipso esset, si per omnia æque bonus sit is qui est ab alio, sicut est ille a quo ipse est? Nihil quippe aliqua dignitate præcedit alterum, quod in nullo bono exsuperat ipsum. Deus autem Pater Deum Filium in nullo transcendit bono, cum æque Filius et potens sit et sapiens et benignus, et eadem per omnia boni perfectio singulis insit personis, sicut et eadem penitus individua illis inest substantia. Quod itaque perhibet Mercurius Filium esse secundum Dominum a Patre, tale est ac si dicat ipsum quoque Filium esse Dominum et esse secundum a Patre, hoc est personaliter diversum a Deo Patre, a quo solo ipse est, sed non solus, cum ipse quoque Spiritus ab utrisque sit. Quasi ergo primo loco Filius est ex Patre, nullo scilicet mediante; Spiritus vero quasi tertio loco, quoniam sic est ex Patre quod est etiam ex Filio. Secundum itaque dixit quasi eum qui primo loco ex Patre sit, ex ipsa videlicet ejus substantia et nulla alia interveniente persona. Sed et cum dicunt philosophi mentem ex summo Deo natam, hoc est Verbum ex Deo Patre, summum, ut dictum est, dicunt non ex aliqua dignitate, sed ex eo quod a nullo sit ipse, cum cæteræ duæ personæ ab ipso sint.

Quod vero objectum est quod, quia idem sit essentialiter Filius quod Pater, et Pater generet Filium, idem generet seipsum : hoc est quia Filius, ut diximus, est ex Patre, idem sit ex seipso facile est quassari ex similitudine superius inducta, de cera videlicet atque cerea imagine. Idem quippe est essentialiter cera ipsa et imago cerea. Et cum imago ipsa ex ipsa cera est, non ideo ex seipsa, hoc est non ideo ipsa imago cerea est ex ipsa imagine cerea; quia est ex ipsa cera, quamvis hæc ipsa cera et hæc ipsa imago idem sint penitus essentialiter, non diffinitione quidem vel proprietate. Ipsæ quippe dictiones relativæ cum ad identitatem ejusdem rei præmissis nominibus superponuntur, non solum ad identitatem essentiæ, verum etiam ad identitatem diffinitionis atque ejusdem penitus status accommodantur, ut si dicam aliquam rem esse ex se, oportet ut idem penitus sint juxta expressum esse suum, res ipsa quæ est et res ipsa ex qua est, veluti si idem esset diffinitione hæc cera et hæc imago cerea, sicut idem est ensis et mucro : et tunc, cum concederemus ipsam imaginem esse ex ipsa cera, oporteret concedi idem esse ex se ipso. Cum vero non possit ostendi id quod dicitur esse ex illo idem esse diffinitione cum illo, non est ideo verum idem esse ex se ipso, etsi hoc idem sit essentialiter ac numero cum illo. Multo minus, cum Pater et Filius diversi ab invicem sint, tam diffinitione quam proprietate, licet sint idem essentialiter, non est necesse, ut cum Filius sit ex Patre vel generetur ex Patre, idem sit ex se vel generetur ex se. Sed dicis mihi quia Deus de Deo est, cum Filius sit ex Patre, unde et confitemur nos credere in Filium Dei, Deum de Deo, lumen de lumine.

Cum itaque, inquies, Deus sit de Deo, et Deus hoc nomen proprium sit unius et individuæ singularisque substantiæ, nec ullo modo Deus a Deo sit diffinitione diversus, sed penitus idem, oportet concedi idem esse ex se ipso. Ad quod respondeo quod quemadmodum dicimus hominem ab homine esse diversum diffinitione sive proprietate, si hoc scilicet ad diversitatem personarum, quæ in homine sunt, accipiamus, ut videlicet una persona hominis diversa sit ab alia, utpote Socrates a Platone, nec tamen ideo eadem res diversa est a se ipsa, cum hæc persona non sit illa : ita et dicimus Deum a Deo diversum esse diffinitione vel proprietate secundum ipsam personarum diversitatem, quarum unaquæque Deus est, cum is qui Deus est, hoc est Pater, ab eo qui Deus est, hoc est Filio, sit proprietate diversus, nec tamen ideo eamdem rem a se ipsa diversam esse contingit, cum hæc persona non sit illa. Falsum est itaque quod dictum est nullo modo Deum a Deo diffinitione vel proprietate diversum esse, cum is qui Deus est, ab eo qui Deus est sit proprietate diversus, hoc est una persona, ab alia, utpote Pater a Filio. Quod vero additum est quod hoc nomen *Deus* proprium sit unius individuæ substantiæ ac per hoc, si Deus de Deo sit, idem est a se ipso, nihil cogit ; quia Deum de Deo esse dicimus propter personas ipsas, quarum cum unaquæque Deus sit, una tamen est ex altera, nec ullo modo est altera. Unde non est necesse ut cum una persona quæ Deus est sit ex una persona quæ Deus est, quod est Deum esse de Deo, ideo idem sit ex se, cum nullo modo una persona quæ est ex altera sit illa ex qua est, ac similiter istæ personæ, quæ in Deo sunt, sint a se per prædicationem disjunctæ, sicut et illæ quæ sunt sub homine et specie.

Quod vero objectum est, si Deus Deum generet, vel seipsum Deum vel alium Deum, facile est refelli secundum inductam superius generationis similitudinem de cera videlicet et imagine cerea. Cera quippe cujuslibet ceræ quocunque modo formatæ materia est et quodammodo quodlibet suum generat materiatum quod ex ipsa est, ut diximus. Cum itaque cera hanc ceram sic formatam quasi materia constituat atque generet, utique cera quamdam generat ceram. Unde oportet secundum suprapositam rationem, ut vel se ipsam generet vel aliam ceram. Sed nec eadem cera ex se ipsa generatur vel ex se ipsa est, quamvis cera sic formata idem sit essentialiter cum cera ipsa ex qua est nec sit idem diffinitione. Unde supra meminimus relativas dictiones non proprie supponi nisi ad identitatem quoque diffinitionis. Est itaque cera materia ceræ cujusdam atque ejus materia juxta Platonem, qui materiam quasi matrem materiati constituit, nec tamen ideo vel sui ipsius materia est seu mater vel alterius ceræ. Sic et Deus cum Deum generet, hoc est sit Pater Dei, nec seipsum ideo generat nec alium Deum.

De æternitate autem generationis quod quæsitum est, utrum videlicet Filius semper gignatur, an semper sit genitus, in ipso fere superius nostri tractatus exordio quod sentimus assignavimus, cum scilicet tam gigni semper quam genitum esse asserentes, hoc est semper eum ex Patre esse et plenam semper et perfectam in hoc ipso generationem ejus esse : quæ nunquam aut incœpit aut desinit, quod est eum semper gigni et semper genitum esse, cum idem sit ei gigni quod est genitum esse. Neque enim, cum dicimus, aut quod Filius ex Deo Patre gignitur aut quod est genitus, secundum temporum distinctionem id accipimus. cum illa videlicet æterna generatio tempori nullo modo cedat, quæ ante tempora quoque sicut nunc perfecta consistebat. Ac per hoc nihil referre intelligimus, sive gigni Filium sive genitum esse teneamus. Præterea, quomodo dici potest quod Pater genuit Filium, nisi ipse fuerit gignens Filium : nihil quippe aliud sonat quam fuit gignens, sicut nec gignet aliud sonat quam erit gignens vel gignit quam est gignens. Quod si gignens fuerit Pater et jam gignens non sit, cum jam videlicet genitus ab eo Filius esse dicitur potius quam gigni, profecto inchoata primitus et postea perfecta esse Verbi generatio dicenda est, ille qui antea fuit gignens postea a generando cessare, cum jam ab eo genitus esset Filius. In æternitate autem nulla imperfectio, nulla cessatio aut variationis vicissitudo contingere potest [*f. patet*]. Patri itaque, et ex hoc idem esse gigni Filium Dei et genitum esse, cum videlicet nulla ratione intelligere possimus aliquid esse genitum, si nullatenus ipsum gigni contingeret ; nec aliquem genuisse, si penitus eum nunquam contingeret gignere. Nunquam autem hoc loco pro æternaliter non temporaliter sumimus, cum illa, ut dictum est, generatio æterna sit, non temporalis.

Videntur tamen nonnullæ auctoritates hoc penitus respuere quod Filius Dei nasci vel gigni dicatur ex Patre, sed tantum natus esse vel genitus. (100) Unde Augustinus de hac ipsa generatione disserens in libro 83 *Quæstionum*, capitulo 59, meminit, dicens : « Melius est semper natus quam qui semper nascitur ; quia qui semper nascitur, nondum est natus, et nunquam natus est, aut natus erit si semper nascitur. Aliud est enim nasci, aliud natum esse. Ac per hoc nunquam Filius, si nunquam natus. Et si semper Filius, semper igitur natus. » Hinc et illud Gregorii, qui ait in *Moralibus*, libro xxix : « Dominus Deus Jesus Christus in eo quod virtus et sapientia Dei est, de Patre ante tempora natus est, vel potius quia nec coepit nasci nec desiit, dicamus verius semper natus. Non autem possumus dicere semper nascitur, ne imperfectus esse videatur. At vero ut æternus designari valeat et perfectus, et semper dicamus et natus, quatenus et *natus* ad perfectionem pertineat, et *semper* ad æternitatem : quamvis hoc ipsum quod perfectum dicimus, multum ab illius expressione veritatis deviamus ; quia quod factum non est, nec potest dici perfectum. Et tamen infirmitatis nostræ verbis Dominus condescendens, » *Estote*, inquit, *perfecti sicut et Pater vester cœlestis perfectus est (Matth.* v, 48). Quod vero B. Augustinus de semper nascente et semper nato dixerit in illo *Quæstionum* 83 libro, juxta consuetam verborum significationem dictum puto, quod fortasse aliquis illam quæstionem movens nasci et natum eo modo sumpserit, quo de generationibus nostris agimus. Tunc enim nasci dicimus cum nondum completa est nativitas, sed inchoata ; tunc vero natum, quando jam perfecta est. Cum ergo quis ita verba accipiens quæstionem hujusmodi moverit, non incongrue sanctus vir, servata eadem verborum acceptione, eisdem satisfecit verbis, præferendo scilicet completam et perfectam generationem, quam Filio Dei ascribit inchoare et nondum complete. Et tale est quod dicit quod melior est nativitas, quæ nunquam inchoata semper est perfecta, quam esset aliqua quæ inchoata semper perseveraret imperfecta. Quod vero dicitur

A Filius esse ex substantia Patris, tantumdem hoc loco sonat esse ex substantia Patris, quantum gigni ex Patre, ab eo quod translatum quod in nostris generationibus is qui gignitur, in eo de substantia Patris esse dicitur ; quod in ipsa generatione humani corporis traductum est et conversum aliquid de ipsa substantia corporis Patris in corpus Filii. Cum ergo tale sit Filium esse ex substantia Patris ac si dicatur gigni ex Patre, sicut ex solo Patre gignitur, ita solummodo ex substantia Patris esse dicitur, non etiam ex substantia [*f. addendum* Filii] vel Spiritus sancti, quod esset a seipso gigni sive a Spiritu sancto. Gregorius in Job libro xxxiv : « *Lingua mea calamus scribæ* (*Psal.* xliv, 2). Quod loquimur transit, quod scribimus permanet. Lingua Patris scribæ calamus dicitur, quia ab eo Verbum illius coæternum ac sine transitu generatur. » Ambrosius *De fide* ad Gratianum imperatorem : « Non hæc sunt in Deo corporalibus æstimanda. Incomprehensibiliter generatur Filius. Impassibiliter generat Pater et tamen ex se generat et ante omnem intellectum generat, ut Deus verus Deum verum. » Hieronymus in diffinitione fidei catholicæ Nicænique symboli : « Quod de substantia Patris natus est semper, ipse ait Salvator in Evangelio : » *Quod* (1) *nascitur ex carne caro est, et quod nascitur de spiritu spiritus est, quoniam Deus spiritus est (Joan.* iii, 6). Augustinus *De Trinitate* libro v, capite xiii : « Si gignens ad id quod gignit principium, Pater ad Filium principium est, quia gignit eum. Idem in sermone de *Symbolo* : « Multis libris disseruerunt docti et spiritales viri quod ille genitor ille genitus. Ille hujus principium, unde et caput Christi dicitur, quamvis et Christus principium, sed non Patris. Hic vero illius imago, quamvis nulla ex parte dissimilis et omnino indifferenter æqualis Filius Patri debet quod est, hoc etiam debens utique Patri, quod Patri æqualis est : Pater autem nulli debet quidquid est. »

Notandum quoque quod Sapientia Patris vel Amor Patris et Filii, cum ad distinctionem personarum Filii et Spiritus sancti proferantur sicut et Spiritus sanctus ad distinctionem tertiæ personæ tanquam propria ipsarum personarum nomina relative ponuntur, ut tale sit quod dicatur Sapientia Patris ac si dicatur ex Patre genita, quod est Verbum ipsum, id est Filius. Et quod dicitur amor Patris vel Filii, ac si dicatur ex eis procedens, hoc est tertia illa persona Spiritus sanctus. Et sic quidem, dum relative ponuntur istæ orationes, vim habent propriorum nominum singularum personarum, sicut et Spiritus sanctus, quando

---

(100) Id etiam acriter in Abælardo arguit Abbas anonymus in libro tertio dissertationis quam adversus eum conscripsit, probatque contrarium auctoritate tum S. Augustini, tum S. Hilarii atque etiam S. Leonis, adversus Arianorum argutias, qui aliquam in Filio Dei imperfectionem prætendebant, eo quod semper de Patre gigneretur, cum contra sancti Patres non *semper gigni*, sed *semper genitum* esse assererent.

(1) In Evangelio Joannis legitur *quod natum est ex carne*, et mox *quod natum est de spiritu.*

per processionem dicitur. Si vero dicatur Spiritus sanctus communiter et non proprie, hoc est secundum hoc quod quilibet Spiritus bonus Spiritus talis est qui sit sanctus, et non secundum proprietatem processionis tertiæ in Trinitate personæ, licet juxta beatum quoque Augustinum tam Patrem etiam ipsum quam Filium dici Spiritum sanctum. Sic fortasse et cum dicitur Sapientia Patris vel Amor Patris non relative inter personas ad invicem, ut videlicet vel generationem Filii vel processionem Spiritus determinemus, scilicet ita simpliciter ac si diceremus : Sapientia ipsa quæ est Patris, vel Amor ipse qui est Patris, imo et ipse est Pater, nihil impedit dici vel ipsum Patrem esse Sapientiam sui, hoc est eam ipsam Sapientiam qua Sapiens est, imo et quæ ipse est, cui juxta Augustinum etiam idem est sapere quod esse; et ita sicut in seipso habet sapere non ad aliud, vel ipsum similiter Filium vel Spiritum sanctum esse ipsam suam Sapientiam, et unamquamque personam hoc modo Sapientiam quæ est uniuscujusque personæ, vel amorem similiter qui sit uniuscujusque personarum, cum unaquæque personarum et sapientiam habeat et amorem, nec sint diversæ sapientiæ vel amores. Si quis tamen hoc omnino dicere recuset propter scandalum sermonis in aliam significationem pronioris ac magis usitati, quamvis sententiam non contradicat, sicut et omnino dici respuat Pater vel Filius est Spiritus sanctus, non eum cogendum esse arbitror. Hæc de generatione Verbi dicta terminemus, nunc de processione Spiritus sancti, ipso inspirante, dicamus.

(2) Spiritus quasi a spirando dictus est, unde Veritas : *Spiritus*, inquit, *ubi vult spirat* (*Joan.* III, 8), ideoque ipso nomine suo procedere ex Patre et Filio potius quam gigni perhibetur. Benignitas quippe ipsa, quæ hoc nomine demonstratur, non est aliqua potentia sive sapientia, cum videlicet benignum esse non sit esse sapientem aut potentem. Nullus quippe in eo quod benignus est aut sapiens est aut potens, imo ipsam magis charitatis affectum sive effectum dici convenit. Charitas autem, teste Gregorio, minus quam inter duos haberi non potest. Nemo enim, inquit, ad semetipsum habere charitatem dicitur, sed dilectione se in alterum tendit, ut esse charitas possit. Procedere itaque Dei est sese ad aliquam rem per affectum charitatis quodammodo extendere, ut eam videlicet diligat, ac se ei per amorem conjungat. Cum itaque tam Filius quam Spiritus sanctus ex Patre sit, hic quidem genitus, ille procedens, differt in eo generatio ipsa a processione quod is qui generatur ex ipsa Patris substantia est, cum ipsa, ut dictum est, Sapientia hoc ipsum esse habeat ut sit quædam potentia. Ipse vero charitatis affectus magis ad benignitatem animi quam ad potentiam attineat. Unde bene Filius ex Patre gigni dicitur, hoc est ex ipsa Patris substantia esse. Spiritus vero minime gigni, sed magis procedere, hoc est se per charitatem ad alterum extendere, quia quodammodo per amorem unusquisque a seipso ad alterum procedit ; cum proprie, ut dictum est, nemo ad seipsum charitatem habere dicatur aut sibi ipsi benignus esse, sed alii. Maxime autem Deus, qui nullius indiget, erga seipsum benignitatis affectu commoveri non potest, ut sibi aliquid ex benignitate impendat, sed erga creaturas tantum quæ semper donis gratiæ ejus indigent. Quodam itaque modo a seipso Deus ad creaturas exire dicitur per benignitatis affectum sive effectum, cum hoc ipsum quod benignus est aut benigne aliquid ex charitate agit, secundum affectum sive effectum quem in creaturis habeat dicatur. Tunc vero in se per benignitatem remaneret, si sibi benignus esse posset, aliquam in se beneficentiam exercendo. Ex Patre autem et Filio procedere Spiritus habet, quia bonus ipse affectus sive effectus faciendi aliquid ex potentia ipsius et sapientia provenit, cum ideo velit Deus et faciat, quia et potest illud adimplere et solerter [f. et scit solerter] efficere. Nisi enim posset aliquid, frustra illud vellet, quia efficacia careret ; et nisi solerter sciret illud efficere, non haberet egregium effectum. Constat etiam nihil eum posse velle nisi optimum, nec rationabiliter illud vellet quod ignoraret. Ut itaque rationabiliter aliquid velit facere et optime oportet eum et hoc posse et ante cognoscere quæ faciat et scire optime facere. Bonus itaque affectus Dei quodammodo ex potentia ejus ac sapientia descendit, quod est Spiritum ipsum ex Patre et Filio simul procedere ; quia eo vult, ut dictum est, optime cuncta efficere, quia et potest et scit.

Græci tamen ex solo Patre, non etiam ex Filio

Ambrosius *De fide ad Gratianum*, libro I : « Crede quia a Deo exivit Filius, ut ipse testatur, dicens : *Ex Deo processi et veni* (*Joan.* VIII, 42). Et alibi : *A Deo exivi* (*Joan.* XVI, 27). Qui a Deo processit et a Deo exivit nihil aliud potest habere, nisi quod Dei est. »

Item : « Ex Patre nascendo prodivit, ut dixit ipse qui natus est : *Ex ore Altissimi prodivi* (*Eccli.* XXIV, 5). » Item libro IV : « Dicit Sapientia Dei : *Ex ore Altissimi prodivi*, hoc est non coacta sed libera, non potestati obnoxia sed nata generationis arcano. »

Ex libro *Quæstionum Orosii ad Augustinum* : Responsio Augustini : « Nullus autem filius est nisi duorum, patris et matris. Quod absit ut inter Deum Patrem et Filium tale aliquid suspicemur ; quia nec Filius hominis simul ex Patre procedit et ex matre, quia cum procedit ex Patre, non tunc procedit ex matre ! »

(2) Hunc locum integrum refert et refutat Guillelmus abbas S. Theodorici in disputatione adversus Petrum Abælardum, c. 4.

Spiritum sanctum procedere confitentur, eo scilicet quod Veritas in Evangelio fidem integre continente de processione Spiritus loquens, solum Patrem commemorat, dicens : *Spiritus qui a Patre procedit (Joan.* xv, 26). Qui etiam super hoc quod eum a Filio quoque procedere credimus, nos vehementer arguunt atque reos anathematis teneri asserunt : Quod in principalibus conciliis quæ apud eos celebrata sunt, ita symbola eorum subjunctis anathematibus sancita sint, ut nulli de fide Trinitatis aliud docere vel aliter prædicare quam ibi continetur, liceat. In quibus symbolis cum in processione Spiritus de solo Patre commemoretur, quicunque, inquiunt, Filium addunt, anathema incurrunt. Addunt etiam ad exaggerationem impudentiæ nostræ testimonium damnationis, symbolum fidei, quod juxta traditionem prædictorum conciliorum Leo tertius Romæ transcriptum in tabula posteris argentea reliquit, pro amore, ut ipsemet dicit, et cautela orthodoxæ fidei. In quo quidem symbolo ipse quoque in processione Spiritus, solum commemorat Patrem, his quidem, verbis : « Et in Spiritum sanctum Dominum et vivificantem, ex Patre procedentem, cum Patre et Filio coadorandum et glorificandum, etc. » In quanta autem reverentia principalia illa concilia tenenda sint, beatus diligenter aperit Gregorius, qui se ea tanquam quatuor Evangelia suscipere et venerari profitetur. Unde et eorum verbis non magis quam evangelicis vel addere aliquid vel subtrahere nos permittit, ita Constantio episcopo Mediolanensi de uno eorum scribens : « Nos, auctore Veritate, teste conscientia, fatemur fidem Chalcedonensis symboli illibatam per omnia custodire, nihilque ejus diffinitioni addere, nihil subtrahere audere. Sed, si quis contra eam ejusque synodi fidem, sive plus minusque ad sapiendum usurpare appetit, eum omni dilatione postposita anathematizamus, atque a sinu matris Ecclesiæ alienum esse decernimus. » Sed profecto cum interdicitur ne quis aliter doceat aut prædicet catholicam fidem quam in prædictis continetur conciliis, aliter dictum puto, non secundum verborum diversitatem sed secundum fidei contrarietatem, ac si dicatur aliter, hoc est contrario modo, non diverso verborum sono; quia et nos Latine dicimus, quod illi Græce. Sicut ergo diversum pro proposito dicitur, ita diverso modo quod est aliter pro opposito modo non incongrue sumitur. Alioquin, cum unumquodque illorum conciliorum proprium composuerit atque instituerit symbolum, sintque ipsis symbola ab invicem verbis diversa, ac fortasse quibusdam sententiis, cum unum nonnunquam contineat quod alterum non habet, profecto anathematis reus esset, qui uno recepto cætera symbola decantaret. Eadem ratione rei teneremur ex supplemento Evangelii additi, cum in Deuteronomio Moyses dicat : *Quod præcipio tibi, hoc tantum facias Domino, nec addas quidquam, nec minuas (Deut.* xii, 32). Addi itaque prohibuit contrarium aliquid, non quod perfectioni

deerat suppleri. Quamvis etiam ita possit intelligi, aut omnino [*f.* ut omnino] prohibeatur homo ex seipso verbis Domini aliquid supplere. Tunc vero homo ex se aliquid adderet, si hoc ex sensu suo, non ex inspiratione Spiritus præsumeret. De quo quidem Spiritu scriptum est : *Non enim vos estis qui loquimini, sed Spiritus Patris vestri qui loquitur in vobis (Matth.* x, 20). Multa etiam de miraculis sanctorum et de his quæ sancti Patres post apostolos scripserunt prædicamus, cum tamen Apostolus dicat, ad Galatas scribens : *Licet nos aut angelus de cœlo evangelizet vobis præter quod evangelizamus vobis, anathema sit. Sicut prædixi et nunc iterum dico : Si quis vobis evangelizaverit præter id quod accepistis, anathema sit (Gal.* i, 8). Quod autem opponunt Græci evangelicam traditionem ad integram fidei disciplinam sufficere nec quidquam ulterius addendum esse præter ea quæ in verbis continentur evangelicis, in seipsos sententiam proferunt, cum aiunt Spiritum a solo Patre procedere. Non enim Evangelium, cum a Patre procedere Spiritum dicit, *solo* adjungit, quod ipsi apponunt, sed tantummodo *a Patre* dicit. Multa quoque fidei necessaria post Evangelia ab apostolis vel apostolicis viris addita sunt, quæ ex verbis evangelicis minime comprobantur, sicut est illud de virginitate Matris Domini etiam post partum jugiter conservata et de aliis fortasse multis.

His autem adversus Græcorum objectionem de processione Spiritus responsis, libet etiam ex ipsorum doctoribus testimonia proferre, quibus a Filio quoque Spiritum sanctum procedere doceantur. Athanasius in Symbolo fidei : « Spiritus, » inquit, « sanctus a Patre et Filio, non factus, non creatus, non genitus sed procedens; ubi quidem cum præmiserit Spiritum sanctum a Patre et Filio esse atque subjunxit procedens, manifeste docuit eum ab utroque procedere, cum ad utrumque procedens retulerit sicut esse, præsertim cum non aliter a Patre Spiritus esse habeat quam procedendo. » Ait etiam Didymus eorum maximus doctor in libro *De Spiritu sancto*, quem beatus transtulit Hieronymus, verba Christi de eodem Spiritu ita inducens atque exponens : « Salvator qui et Veritas, ait : *Non enim loquitur a se-*

Ivo Carnotensis in sermone Pentecostes : « Dominus dicit in Evangelio: *Cum venerit Spiritus veritatis, qui a Patre procedit, ille vos docebit omnem veritatem, ille me clarificabit, quia de meo accipiet, et annuntiabit vobis (Joan.* xvi, 13). Hæc verba ita interpretatur Didymus : « Etiam separabilis est Spiritus a mea et Patris voluntate. Et amplius quia non ex se est, sed ex Patre et me est. Hoc enim ipsum quod subsistit et loquitur, a Patre et a me illi est. » Item : « Consensus significatio est. Spiritus sanctus quidem est Spiritus Veritatis, Spiritusque Sapientiæ, non potest audire, Filio loquente, quæ nescit, cum ipsum sit, quod profermetipso (Joan. xvi, 13), hoc est non sine me et sine meo et Patris arbitrio, quia inseparabilis « st a mea et Patris voluntate; quia ex se non est, sed ex Patre et me est. Hoc enim ipsum quod subsistit et loquitur, a Patre et me illi est. Ego veritatem loquor, id est inspiro quæ loquitur. Siquidem Spiritus veritatis est. Dicere et loqui in Trinitate non secundum consuetudinem nostram accipiendum, sed juxta formam incorporalium naturarum et maxime Trinitatis, quæ voluntatem suam ingerit in corda credentium. » Item : « Spiritus sanctus, qui est Spiritus veritatis Spiritusque sapientiæ, non potest audire, Filio loquente, quæ nescit, cum hoc ipsum sit quod profertur a Filio, id est procedens Deus de Deo, Spiritus veritatis procedens a Veritate, consolator manens de consolatore. » Item, Cyrillus Alexandrinus episcopus in epistola 8, Nestorio directa, quæ sic incipit : *Reverendissimo et Deo amantissimo*, etc. « Si est, » inquit, « in subsistentia Spiritus spirituali, vel certe et intelligitur per se secundum quod Spiritus est non Filius, sed tamen est non alienus ab eo. Spiritus enim Veritatis nominatur et profluit ab eo sicut denique ex Deo Patre. » Sanctus Joannes Chrysostomus homilia 26, De expositione Symboli, quæ sic incipit : *Universalis Ecclesia congaudet* : « Iste est Spiritus procedens de Patre et Filio, qui dividit propria dona singulis prout vult. » Idem in homilia 28, in alia expositione ejusdem Symboli, quæ sic incipit *Super fabricam totius Ecclesiæ* : « Itaque credendum est Spiritus Patris esse et Filii. » Item : « Non dicatis minorem esse Filium de Patre genitum, sed istum qui natus est de Spiritu sancto et Maria Virgine. » Item : « Istum Spiritum sanctum dicimus Patri et Filio esse coæqualem, et procedentem de Patre et Filio. Hoc credite ne colloquia mala corrompant mores vestros bonos. » Item : « Sunt hæretici qui dicunt Spiritum sanctum inter creaturas esse ordinatum. » Item : « Videte ubique sacramentum Trinitatis. Ecce et in Spiritum sanctum creditis, qui Spiritus sanctus procedens de Patre et Filio charitate conjungitur. » Augustinus libro *Quæstionum* ad Orosium, cap. 2 : « Ipse Dominus noster Jesus Christus post resurrectionem ut ostenderet a se procedere Spiritum sanctum sicut a Patre, insufflans, ait : *Accipite Spiritum sanctum* (Joan. xx. 22). » Idem libro iv *De Trinitate* : « Nec possumus dicere quod Spiritus sanctus et a Filio tur a Filio, id est procedens Deus de Deo, Spiritus Veritatis procedens a veritate, consolator manens de consolatore. » Item : « idem in symbolo Ephesini concilii, quod Græcorum fuisse constat, manifeste his verbis astruitur : « Quamvis in sua substantia sit Spiritus Filii, et intelligatur in persona proprietas, juxta id quod est Spiritus, et non Filius, non est tamen alienus ab ipso. Nam Spiritus appellatur Veritatis, et veritas Christus est. »

non procedat ; nec enim frustra idem Spiritus et Patris et Filii Spiritus dicitur. Nec video quid aliud significare voluerit, cum sufflans ait : *Accipite Spiritum sanctum*. Neque enim flatus ille corporeus substantia Spiritus sancti fuit, sed demonstratio et a Filio procedere Spiritum sanctum. » Sufficere autem putamus quod in processione Spiritus Veritas solum Patrem commemorat. Cum enim ipsa Sapientia, ut dictum est, quædam sit potentia atque in ipsa potentia sit sapientia inclusa, satis probabiliter apparet per processionem Spiritus ex potentia processio ipsius ex Sapientia. Sed et Hieronymus scribens de Fide solum Patrem commemorat, sicut et in symbolis principalium conciliorum continetur. Unde ita ad Damasum scribit, dicens : « Credimus et in Spiritum sanctum, Deum verum ex Patre procedentem. » Nec non et Augustinus, cap. i libri Enchiridion, de solo Patre in processione Spiritus mentionem facit, licet Spiritum ipsum tam Patris quam Filii esse dicat, his quidem verbis : « Satis est Christiano rerum creatarum causas nonnisi bonitatem credere Creatoris, nullamque esse naturam, quæ non aut ipse sit aut ab ipso, eumque esse Trinitatem, Patrem scilicet et Filium a Patre genitum, et Spiritum sanctum ab eodem Patre procedentem, sed unum eumdemque Spiritum Patris et Filii. » Multis tamen aliis locis, tam ipse Augustinus quam omnes fere Latini theologi Spiritum sanctum ex Filio quoque procedere et profitentur et comprobant. Unde et ipse in xv *De Trinitate*, c. 26 de processione Spiritus disserens, ait : « Scriptura sancta Spiritum eum dicit amborum, de quo dicit Apostolus : *Misit Deus Spiritum Filii sui in corda nostra* (Gal. iv, 6), et de quo dicit idem Filius : *Spiritus Patris vestri qui loquitur in vobis* (Matth. x) ; de quo item dicit : *Quem ego mittam vobis a Patre* (Joan. xv, 26). Et alio loco : *Quem mittet Pater in nomine meo* (Joan. xiv, 26). Et cum resurrexisset a mortuis, discipulis suis insufflavit et ait : *Accipite Spiritum sanctum* (Joan. xx, 2), ut eum etiam de se procedere ostenderet. » Quippe quomodo apertius quam insufflando docere potuerit Spiritum sanctum ex se quoque procedere? Præsertim cum Spiritum quasi spiramen a spirando dictum esse constet, et juxta propriam significationem Spiritus sanctus hoc loco, ut dictum est, sonet procedens. Unde necesse est ut cujuscunque spiritus esse dicatur, vel ab eo mitti, vel ab ipso procedere concedatur. Proprie tamen seu principaliter ab ipso Patre procedere Spiritus dicitur. Unde Hieronymus definitionem fidei catholicæ Nicæni symboli tractans, ait : « Credimus et in Spiritum sanctum qui de Patre procedit proprie. » Item : « Spiritum sanctum verum Deum invenimus in Scriptura et de Patre proprie esse. » Et iterum : « De Patre Filius et Spiritus proprie et vere de Patre quidem procedit. Primum igitur accipe quod de Patre est proprie Spiritus sanctus, dicente Scriptura ; *Verbo Domini cœli firmati sunt, et Spiritu oris ejus omnis virtus eorum (Psal.* xxxii, 6). Et Salvator ait : *Spiritus veritatis qui a Patre procedit (Joan.* xv, 26). » Et beatus Augustinus in xv *De Trinitate,* cap. 18 : « Non frustra in hac Trinitate non dicitur Verbum Dei nisi Filius, nec Donum Dei nisi Spiritus sanctus, nec de quo genitum est Verbum, et de quo procedit principaliter Spiritus sanctus, nisi Deus Pater. Ideo autem addidi principaliter quia et de Filio Spiritus sanctus procedere reperitur. Sed hoc quoque illi Pater dedit, non jam existenti et nondum habenti, sed quidquid unigenito Verbo dedit, gignendo dedit. » Sic ergo eum genuit, ut etiam de illo bonum commune (5) procederet, ac si aperte Augustinus his verbis determinet per hoc Spiritum sanctum principaliter ex Patre procedere et non principaliter ex Filio, quia sic ex Patre procedit quasi primo loco, cum Pater ab alio non habeat, sed a seipso sicut et a seipso est, hoc est non ab alio. Filius vero, cum a se non sit sed a Patre, et hunc ipsum Spiritum a Patre habet, a quo per generationem esse habet. Sed quid est quod dictum est proprie Spiritum ex Patre procedere? Nunquid proprie ibi dictum est sicut hoc loco principaliter et fortasse eodem modo dici videri posset, nisi quod ibi intereritur quod et Filius ex Patre natus sit proprie, sicut et Spiritus a Patre proprie dicitur esse? Dictum quippe ibidem est : Filius non ex semetipso natus est, sed ex Patre natus est proprie, non in tempore sed semper, non aliunde sed de sua substantia, non de aliena sed de sua propria. At vero, si eodem modo et in Filio et in Spiritu sancto accipitur proprie, cum hic scilicet proprie nasci ex Patre et ille proprie procedere dicitur ex Patre, et tale sit dicere proprie ac si diceretur principaliter. Quomodo Filium ex Patre principaliter nasci dicemus, cum ex eo solo natus sit? nisi forte cum ibidem statim additum sit non temporaliter, sed semper respectu temporalis generationis ejusdem Filii id dictum sit, ut videlicet hæc principalis et prima sit quæ est æterna, per quam ab æqualitate Patris non recedatur. Illa vero quasi posterior et temporalis secundum quam minor Patre Filius ipse dicitur. Possumus et dicere in eo Filium ex Patre proprie natum esse sive genitum, quod naturalis ejus sit Filius, non

Charitas Dei, qua se per creaturas ad effectum extendit, id est bona ejus erga eas voluntas, tam in eis condendis quam disponendis, qua videlicet Deus non solum bonum vult, sed etiam bene, ut rationalis monstretur, ex Patre procedere dicitur et Filio, hoc est in illis quasi primordium et causam suæ existentiæ habere, cum ex eo Deus rationaliter velit quidquid de condendis vel disponendis creaturis instituit, quia et potentiam et solertiam in his vel condendis vel disponendis plenam obtinet.

adoptivus, sicut et statim determinatur cum subditur non alium, sed de sua substantia. Sed et secundum hoc quod juxta philosophos nata sive genita omnia dicuntur quæ ab aliquo habent esse, proprie Filius solus ex Patre natus est ; quia solus ipse nascendo ex ipsa Patris substantia est. Spiritus vero sanctus secundum hoc ex solo Patre proprie procedere dicitur, quod ab eo sic procedit quasi a summo principio, quod videlicet ab alio non est. Inde enim aliquid proprie procedere dicitur, unde primo venire ac moveri cœpit, sicut lacus ex fonte non ex rivo, sed per rivum. in quem a fonte emissus per eum transiit ac pervenit in stagnum. Sic et Spiritus sanctus ex Patre proprie procedere dicitur quasi a summa origine, quæ scilicet aliunde non sit, et ab ipso in Filium quasi in rivum ; quia et quod habet Filius ab ipso habet a quo et hoc ipsum habet quod ipse est, et per Filium ad nos tandem quasi in stagnum hujus sæculi. Quippe qui omnia in Sapientia facit ac disponit ; et in hac ipsa sapientia sua Spiritum tribuit suorum distributorem donorum non improvide vel inconsiderate. Unde et beatus Hilarius Spiritum a Patre per Filium magis quam a Patre et Filio procedere seu esse sicut et mitti perhibet, ita ad Deum Patrem de Spiritu ipso et Filio loquens in xii *De Trinitate* libro : « In sancto Spiritu tuo ex te profecto et per eum misso. » Item : « Ex te per eum Spiritus sanctus tuus est. » Item : « Filium tuum una tecum adorem, sanctum Spiritum tuum, qui ex te per unigenitum tuum est, promerear. » Et hoc fortasse modo si a solo Patre procedere Spiritum Græci intelligant, eo videlicet quod sic ab ipso sit quasi a summo et non existente ab alio, nulla est sententiæ controversia, sed verborum diversitas. Certum quippe est solam personam Patris hoc modo summam debere prædicari, et Spiritum ab ipso quoque esse sicut a Filio, qui ipsius quoque sicut et Filii Spiritus dicitur.

Quod vero nonnulli moventur ex eo quod dicimus Filium a Patre per generationem esse, et Spiritum a Patre et a Filio per processionem, nec tamen ideo Patrem per existentiam priorem esse Filio, vel Patrem aut Filium Spiritu sancto : potest ex multorum similitudine exemplorum refelli. Solis quippe substantia et splendida est et illuminabilis, id est potens illuminare aliquid ; et, cum sit splendor ex sole et illuminabilitas ex sole simul et splendore, nunquam tamen aliquid ex his tribus per existentiam aliquid horum præcesserit.

Sed, et si quis illam philosophicam Platonicæ rationis considerationem altius inspiciat, quæ videlicet de Deo opifice ad similitudinem quamdam solertis artificis agit, præmeditantis scilicet et liberantis ea quæ facturus est, ne quid inconvenienter componat, et prius singula ratione quam opere

---

(5) Apud Augustinum *donum commune.*

formantis; ad hunc quippe modum Plato formas exemplares in mente divina considerat, quas ideas appellat et ad quas postmodum quasi ad exemplar quoddam summi artificis providentia operata est: videbit Spiritum sanctum ex Filio quoque, sive per Filium recte procedere, cum ex ratione Sapientiæ universa Dei opera administrentur, et ita quodammodo conceptus divinæ mentis in effectum per operationem prodeat. Effectus autem ad Spiritum pertinent, qui ex bonitate Conditoris eveniunt, quia Spiritus ipse bonitas est. Dicamus itaque Spiritum ex Filio quoque procedere, cum ratio divinæ providentiæ ad effectum benignitatis perducitur, et quod ab æterno faciendum providerit, temporaliter quando vult facit. Hanc autem processionem, qua scilicet conceptus mentis in effectum operando prodit, Priscianus in primo *Constructionum* diligenter aperit, dicens generales et speciales formas rerum intelligibiliter in mente divina constitisse, antequam in corpora prodirent, hoc est in effecta per operationem ; quod est dicere : Antea providit Deus quid et qualiter ageret quam illud opere impleret. Ac si diceret, nihil impræmeditate sive indiscrete egit. Macrobius (4) quoque ipsam etiam mundi animam, quam putamus Spiritum sanctum intelligi, ex Noy [νοῦ] hoc est ex Filio præcipue esse declarat, cum aperte eam a Noy [νοῦ] creatam sive natam, sicut et ipsam Noym (νοῦν) a Deo Patre esse profitetur, ita generaliter de origine animæ exorsus :
« Deus, qui prima causa et est et vocatur, unus omnium quæ sunt, quæque videntur esse, princeps et origo est. Hic superabundanti majestatis fecunditate de se mentem creavit. Hæc mens quæ noys (νοῦς) vocatur, qua Patrem inspicit, plenam similitudinem servat auctoris. Animam vero de se creat, posteriora respiciens. Rursus anima Patrem qua intuetur induitur, ac paulatim redigente respectu (5) in fabricam corporum, in corporea ipsa degenerat. » Creari autem sive nasci, hoc loco Macrobius abusive protulit, sicut et in primo loco determinavimus, cum videlicet tam mentem ipsam quam animam creatam dixerit : mentem quidem ex Deo, hoc est Filium ex Patre; et animam ex mente, hoc est Spiritum ex Filio : ubi et utramque natam esse insinuat, cum utrique Patrem assignat, Deum quidem menti et rursum mentem ipsam animæ.

Creari itaque sive nasci esse ex alio intelligit, ut tale sit quod ait hoc ex illo nasci sive creari, quasi simpliciter diceret hoc ex illo esse. Sufficit autem philosopho ad ostendendum animam ipsam tam ex Patre quam Filio esse, solum memorasse hoc loco Filium; quia, cum Filius ex ipso Patre sit, et Spiritus ipse hoc est anima ipsa ex Filio esse assignatur, liquet profecto ipsam quoque ex Patre esse secundum quod et ipse eam philosophus a Deo et Noy [νοῦ] juxta sapientes nominari supra inductus

asseruit. Quod vero ait mentem esse ex fecunditate majestatis, tale est ac si diceret Sapientiam ex ipsa omnipotentia esse natura. Proprie namque majestas ac reverentia potentiæ ascribi solet. Quod vero dicit quod mens qua Patrem inspicit similitudinem servat, ita dictum puto ac si aperte dicat Filium ipsum in omni re, in qua similis est Patri, æqualem omnino illi esse. Potens quippe est sicut et Pater et tantumdem potens ; bonus est sicut et Pater, et æque bonus. Sic et in cæteris in quibus habet similitudinem cum Patre et æqualitatem habet. Non autem in omnibus similitudinem habet cum Patre, cum ipse solus sit genitus et solus Pater genitor : quod quidem ad distinctionem personarum attinet secundum proprietates earum. Secundum nos etiam, qui solum Filium incarnatum credimus, in hoc uno Filium minorem Patre, non æqualem dicimus. Noys [νοῦς] posteriora respiciens animam creat, quia Spiritus sanctus, qui ex Filio est, sive quæcunque anima ab ipso Conditore suo ducens exordium, hoc ipsum quod anima est, id est vita creaturarum rerum, ex respectu quodam ipsius Creatoris habet, hoc est ex beneficio divinæ Sapientiæ cuncta disponentis, ut in ipso respectu Dei divinum intelligatur beneficium. Anima quippe ab animando, hoc est vivificando dicta est. Spiritus quidem sanctus, ut in primo libro distinximus, quasi anima est, hoc est vita nostrarum animarum, et nostræ animæ quasi quædam ejus corpora sunt, ab ipso scilicet donis suæ gratiæ (6)... vegetata, quas rursus animalem vitam nobis certum est impertire. Patrem suum id est Noym [νοῦν], dicit animam indui in ea sua vi qua intuetur, hoc est ratione utitur; quia ex ratione quam habet maximam similitudinem cum divina sapientia tenet, cum ratio maxime sit ascribenda Sapientiæ. Paulatim anima in corpora respicit, quia ad comparationem plenitudinis illius summi Boni, modicum est quidquid habemus, quantacunque dona virtutum ab ipso susceperimus. Possumus etiam in eo paulatim dictum esse intelligere, quod quibusdam gradibus per intervalla temporum a minimis ad maxima spiritus suos fideles promoveat, nec sua simul conferat dona. Degenerare dicitur anima in ipso suæ operationis effectu, ex quo anima dicta est, cum non sit hoc æternum sed temporale quod operatur. In quo, ni fallor, illud facile est absolvi, quod Plato animam mundi incœpisse voluerit, nec coæternam esse Deo et menti. Cum enim Spiritum sanctum animam magis quam spiritum appellaverit, quasi ab animando, hoc est vivificando nos donis suæ gratiæ per incrementa virtutum, non semper Spiritus anima fuit, id est vivificans, quia [*omissum videtur cum*] nondum creaturæ essent quibus dona sua distribueret in illas donorum suorum distributionem non exercebat. Sicut ergo Spiritum sanctum, qui in se est omnino simplex, multiplicem tamen dicimus, et vii Spiritus appellamus

---

(4) Macrob. lib. I *in Somnium Scipion.*, c. 14.
(5) Apud Macrobium *regrediente respectu.*

(6) Ita in ms. parvum spatium vacuum relictum est.

secundum diversitatem donorum : ita etiam philosophus eumdem qui in essentia propria essentialiter subsistit, incœpisse quantum ad effecta sua voluit, ex quibus eum animam magis quam Spiritum appellaverit. Spiritus quippe nomen est naturæ, anima vero officii ab animando scilicet. Sicut ergo ipsos cœlestes spiritus semper quidem spiritus, sed non semper angelos esse profitemur, eo quod angelus nomen sit officii, non naturæ, et Dominum Jesum Christum secundum humanitatem incœpisse, secundum vero divinitatem æternum esse prædicamus : ita et Spiritum sanctum secundum subsistentiam essentiæ suæ æternum, secundum effecta vero incœpisse dicamus : quod est dicere effecta potius quam ipsum incœpisse, et hunc quidem philosophi sensum esse arbitror sub illo animæ typo, quo eam creatam esse, id est incœpisse perhibet, et quasi temporalem esse non æternam, juxta quem et Macrobius animæ ipsi tam Deum quam Noyn [νοῦν] præferre non abhorret. Vocet itaque Spiritum sanctum Plato animam secundum effectum operum ; nos vero dicamus Spiritum secundum naturalem suæ bonitatis effectum, quem ita ab æterno habuit, ut tunc opere eum impleat quando implendum esse prævidit. Dicat ille animam incœpisse secundum effecta ; nos vero Spiritum in effectu suæ bonitatis æternaliter perseverare. Dicat ille animam incœpisse, nos Spiritum omnino æternum esse. Sit processio Spiritus secundum affectum æterna, quia scilicet ab æterno sic voluit. Sit processio animæ secundum effectum temporalem. Utramque autem Spiritus processionem, tam secundum effecta scilicet quam secundum affectum, a sanctis Patribus distinctam esse cognovimus. De processione quidem efficaciæ Beda in homilia Dominicæ primæ post Ascensionem ita loquitur : « Cum Spiritus gratia datur hominibus, profecto mittitur Spiritus a Patre, mittitur et a Filio. Procedit a Patre, procedit et a Filio, et ejus missio ipsa processio est qua ex Patre procedit et Filio. » Ipse etiam Augustinus utrumque eum procedere perhibet tam secundum hoc quod datur, quam secundum id quod dabilis est. Unde libro v *De Trinitate* cum ad processionem Spiritus pervenisset, ait : « Procedit non quo modo natus, sed quo modo datus. Quod autem datum est, et ad eum qui dedit refertur, et ad eos quibus dedit : » Item : « Sed, si non procedit nisi cum datur, nec procedet utique priusquam esset cui daretur. Nam donum potest esse et antequam detur. Donatum autem nisi datum fuerit nullo modo dici potest. »

Quid itaque mirum cum duobus modis Spiritum procedere dicamus, si secundum alterum processionis modum dicatur Spiritus a nobis, et secundum alterum vocetur anima a philosophis. Illud ergo Spiritus æternaliter, hoc temporaliter habet. Unde et statim in eodem idem adnectit dicens : « Nec moveat quod Spiritus sanctus, cum sit coæternus Patri et Filio, dicatur tamen aliquid ex tempore veluti hoc ipsum quod donatum dicimus. Nam sempiterne Spiritus donum, temporaliter donatum ; nam, etsi dominus non dicitur nisi cum habere incipit servum, et ista appellatio relativa ex tempore est Deo : non enim sempiterna creatura est, cujus est ille Dominus. » Item : « Ecce Dominum esse non sempiternum habet, ne cogamur esse etiam creaturam sempiternam dicere, quia ille sempiterne non dominaretur, nisi etiam ista sempiterne famularetur. » Qui etiam in eodem libro superiori capitulo, Spiritum etiam secundum effecta manifeste vocat, cum ei principium assignat. Ait autem sic : « Quod datum est et ad eum qui dedit refertur, et ad eos quibus dedit : » Ita Spiritus sanctus dicitur et Dei qui dedit, et noster qui accepimus. Unde scriptum est de Joanne quod in spiritu Eliæ veniret. Hoc et de Moyse intelligendum est, cum ait ei Dominus : *Tollam de spiritu tuo et dabo eis* (Num. XI, 17) : hoc est de Spiritu sancto quem tibi dedi. Si ergo et quod datur principium habet eum a quo datur, quia non aliunde accepit illud quod ab ipso procedit, fatendum est Patrem et Filium principium esse Spiritus sancti, non duo principia, sed unum principium. Liquet itaque Augustinum hoc loco Spiritum accepisse secundum effecta, cum dicit datum, magis quam secundum naturalem suæ benignitatis affectum. Unde bene secundum effecta Pater et Filius priores Spiritu dicuntur, et quasi principium ejus, quia ex potentia, moderante sapientia, effectus gratiæ descendit. Ex quo Spiritus etiam hoc loco appellatur, et prius potentiam et sapientiam esse oportet, ut postea aliquid in effectum ducatur. Tale est ergo Patrem et Filium esse principium Spiritus sancti, ac si dicamus Spiritum ex ambobus per effectum procedere, hoc est Potentiam Dei, moderante ejus ratione, ad actum (7) perduci. Et hoc quidem modo si quis nomen Spiritus accipiat, secundum scilicet suæ gratiæ effecta, non recte dicitur Spiritus æternus, sicut nec Dominus aut Creator ; quia, ut diximus, non semper Spiritus secundum effecta exstitit. Unde et bene evangelista Joannes ab æternitate Dei inchoans, cum Verbum apud Deum æternaliter esse ostenderet, dicens : *In principio erat Verbum, et Verbum erat apud Deum, et Deus erat Verbum. Hoc erat in principio apud Deum. Omnia per ipsum facta sunt,* etc. (Joan. I, 1). Nullam Spiritus mentionem habuisse videtur, qua eum æternum esse astrueret, cum de Deo et Verbo ejus loquens, Patri et Verbo solummodo æternitatem ascribit dicens : *Hoc erat in principio apud Deum.* Qui in eo fortasse quod subjunxit de effectu operum dicens, *Omnia per ipsum facta sunt,* Spiritum designasse videtur secundum effecta ipsa quæ sua Deus condidit bonitate, secundum quæ, ut diximus, æternus non est Spiritus, id est,

---

(7) Male in Introd. ad theolog. *adauctum.*

datus, sicut nec anima mundi quam Plato dicit. Nec mirum locum evangelistae maxime cum Platone convenire, cum totam verborum istorum sententiam in libris Platonicorum Augustinus, ut supra meminimus, invenerit. Sunt autem nonnulli qui charitatem Dei non solum ad creaturas porrigi velint, verum etiam ab una persona in alteram, ut videlicet amor Patris etiam in Filium vel Filii in Patrem Spiritus ipse sit. Quod aperte Augustinus in xv *De Trinitate* astruit his verbis : « Denique, si in donis Dei nihil majus est charitate, et nullum est majus donum Dei quam Spiritus sanctus, quid consequentius quam ut ipse sit charitas, quae dicitur Deus et ex Deo? Et si charitas, qua Pater diligit Filium, et Patrem diligit Filius, ineffabiliter communionem amborum demonstrat, quid convenientius quam ut ille proprie dicatur charitas, qui Spiritus est communis amobus? » Hinc et illud est Hieronymi super psalmum xvii : « Spiritus sanctus nec Pater est, nec Filius, sed dilectio quam habet Pater in Filio et Filius in Patre. » Quod fortassis ideo maxime dicendum videtur et tenendum, ut videlicet Amor quoque Patris in Filium vel Filii in Patrem dicatur Spiritus sanctus, et non tantum amor ad creaturas, quod fortassis aliter videretur Spiritus sanctus posse non esse, ac per hoc non necessario esse ipsam Trinitatem. Posset quippe esse ut nulla creatura unquam esset, cum nulla ex necessitate sit, ac per hoc consequens videtur ut jam nec affectus ipsius, quem videlicet erga creaturas habet, ex necessitate sit, ac per hoc Spiritus ipse ex necessitate non sit, quem dicimus ipsum affectum Dei esse sive amorem. At vero, si amorem Dei non solum erga creaturas, verum etiam unius personae erga alteram accipiamus, aperte hoc inconveniens evitamus. Ac fortasse cum creaturae ipsae ex necessitate non sint, hoc est possint omnino non esse, ipse tamen Deus ipsa sua voluntate necessario permanet, nec potest aliquo suo bono carere per omnia incommutabilis. Sed de hoc plenius tractandum nobis postmodum reservamus, cum de divina potestate principaliter processionis modum diligenter distinguit, cum tractanti se obtulerit negotium. Donum tamen Patris quantum ad Filium, et Filii quantum ad Patrem nequaquam dicendum esse arbitror Spiritum quia nequaquam dari ei potest, cui abesse non potest : hoc est cui necessario inest, qui necessario utriusque est Spiritus.

Non alienum a quaestione reor, utrum haec nomina personalium proprietatum, quae in Deo sunt, paternitas scilicet, filiatio, processio, de Deo praedicari valeant sicut et caetera. Ut videlicet quemadmodum dicitur Deus est omnipotentia, vel sapientia, sive charitas, benignitas, justitia, misericordia, pietas, ita etiam dici liceat: Deus est paternitas vel filiatio sive processio. Nihil quippe in Deo esse constat quod ipse non sit, ut longe ante praefati sumus, cum omne quod est bonum, hoc omnem naturam, aut Creatorem aut creaturam

esse necesse sit. Aut itaque has proprietates non esse res aliquas bonas vel naturas dicemus, aut Deum eas esse profitebimur, cum nunquam eas creari constet, quae incipere nullatenus potuerunt, sed penitus aeternae sunt. Ac fortasse nihil impedit, si, quemadmodum omnipotentiam Dei Deum omnipotentem esse ponimus ; quia Sapientiam Dei nihil aliud quam Deum sapientem esse intelligimus; vel benignitatem ipsius, quam ipsum benignum : ita et paternitatem Dei Deum Patrem esse concedamus ; et filiationem Filium ; et processionem procedentem, id est Spiritum sanctum. His tamen enuntiationibus nusquam auctoritatem Patrum usam fuisse meminimus, sicut suprapositis illis. Sed ubicunque de ipsis egerunt proprietatibus, eas ante proprietates [*f.* aut proprietates] aut relationes nominasse, quibus nemo unquam nominibus Deum appellaverit. Non est itaque incongruum, ut quemadmodum in caeteris rebus relationes a subjectis suis res diversas non ponimus, nec tamen ideo eorum nomina per praedicationem sibi conjungimus : ita etiam hic observemus, ut videlicet paternitatem Dei vel relationem quamlibet ad Filium, nullo modo Deum Patrem vel etiam Deum esse annuamus, si omnino substantiam divinam, sive personas singulas ab his quas habent proprietatibus relativis per praedicationem disjungamus, sicut hominem vel Socraten, a paternitate quam habet ; cum tamen ipsa paternitas non sit res alia ab ipsis, nec fortassis eadem, cum res omnino recte dici non possit, quae in se veram non habet entiam [*f.* essentiam], ut sit in se una res numero a caeteris omnibus, quae ipsa non sunt, rebus entialiter discreta. Sed de hoc diligentem, ut arbitror, tractatum in retractatione praedicamentorum nostra continet grammatica. Tres itaque proprietates non tres res dicimus, id est non tres essentias, sed tres in una essentia relationum diversitates, per quas, ut dictum est, tres personae consistunt. Cum itaque has proprietates res non esse ponamus, et dictum sit : Quidquid est in Deo Deus est; hoc est nullam rem esse in ipso, quae non sit ipse : profecto non possumus cogi ut per hoc has proprietates Deum esse concedamus, cum ipsae, ut dictum est, rerum aliquae non sint existentiae, sed in una re consistentes proprietates.

Si quis forte objiciat quod, si non sint res aliquae, omnia non sint aut nihil sint, cum omne quod est res aliqua sit, profecto fallitur, vim enuntiationum distinguere nesciens. Est quippe verbum aequivoce dici auctore por... Aristoteles asserit, ut aliter scilicet de substantiis, aliter de eorum proprietatibus dicatur : cum enim dicimus esse, tale est, ac si ponamus hominem in sua manere substantia, hoc est aliquem seipsum esse sive aliquid esse hominem. Si vero dicamus paternitatem esse, tale est ac si ponamus, aliquid esse patrem, non ipsam paternitatem esse suam essentiam. Unde penitus falsum est paternitatem nihil esse, hoc est non esse, quandiu aliquid pater sit, hoc est eam habeat. Quod etiam dictum est : quidquid est, res est; et ideo paternitatem non esse, si ipsa non sit res, nihil ad formam attinet syllogismi, si vim et sensum enuntiationum magis quam sonum attendamus. Tale quippe est quod dicitur : Quidquid est res est, ac si dicatur : Quæcunque res est, ipsa est res; cum vero additur, paternitas non est res, et ex his colligitur paternitas non esse; talis est, ut diximus, conclusionis sensus ac si dicamus non esse aliquid patrem. Resolutis itaque per expositionem propositionibus, talis erit argumentatio ac si ita dicatur : Omnis res quæ est, est res; sed paternitas non est res; ergo non habet aliquid paternitatem, quod omnino non provenit. Si quis vero graviter accipiat quod hoc loco lectorem ad retractationem prædicamentorum invitaverimus, atque hunc sibi tractatum sufficere non posse dicat et ob hoc eum quasi imperfectum arguat : breviter de prædicatione patris et paternitatis instrui poterit, quare videlicet cum diversam rem paternitatis a patre nolimus esse, ea tantum [*f.* tamen] sibi invicem per prædicationem non jungamus, ut videlicet dicamus patrem esse paternitatem, et e converso. Si enim pater esset paternitas, profecto ex participatione patris esset assignandus pater, ut videlicet idem penitus esset, aliquem esse eum qui pater est, et eum habere in se paternitatem, hoc est eum esse patrem, quod omnino falsum est. Quippe, sicut aliud est aliquid esse id quod est prius, vel id quod est perpetuum, quam ipsum esse prius vel esse perpetuum . ibi quippe res formatæ, hic formæ ipsæ prædicantur : ita aliud est aliquid esse eum qui pater est quam ipsum esse patrem : hoc est aliud est ipsum esse eum qui habet paternitatem quam ipsum habere paternitatem, licet illud sine hoc non possit esse. Qui itaque dicit de aliquo quia est pater, paternitatem, non patrem prædicat. Si vero diceret quia est is qui pater est, hoc est qui habet paternitatem, tunc utique patrem ipsum prædicaret. Non est itaque pater paternitas, cum ex participatione patris non sit assignandus pater, sed ex participatione, ut dictum est, paternitatis. Sed neque e converso paternitas est pater, hoc est habens paternitatem respectu filii sui, cum ipsa omnino substantia non sit, ut ex seipsa filium gignere possit; sed magis proprietas relatio substantiæ est, quam substantia. Sed hæc nunc satis.

Superest autem novissima quæstio, quomodo scilicet hanc fidem Trinitatis soli Christiani teneant, et non etiam vel Judæi vel Gentiles. Cum enim Deum esse Patrem et Filium et Spiritum sanctum tale sit, ut diximus, Deum esse Potentiam, ut dictum est, generantem, et Sapientiam genitam, et Benignitatem procedentem; cum istud nemo discretus ambigat, sive Judæus sive gentilis : nemini hæc fides deesse videtur. Quod et nos quidem concedimus, sequentes Apostolum qui ait : *Quod notum est Dei, manifestum est illis* (*Rom.* I, 19) ; ac si diceret : Quod ad divinitatem pertinet ratione percipiunt, quia hæc de Deo naturaliter ratio unumquemque edocet. Unde et superius cum Platonicorum sententias de Verbo Dei Augustinus præsentaret, solum quod ad divinitatem Verbi pertinet se in eis reperisse confirmavit, et nihil de Incarnationis mysterio, in quo totam salutis humanæ summam consistere certum est, sine quo frustra cætera creduntur. Facile autem convinci poterit eos quoque qui nostra de fide verba abhorrent, cum videlicet audiunt Deum Patrem et Deum Filium, in sensum verborum nobis esse conjunctos. Interrogemus enim eos, si Sapientiam Dei credant, de qua scriptum est : *Omnia in sapientia fecisti* (*Psal.* CIII, 24) : et statim respondebunt se credere. Inferamus deinde convenienter eos in hoc ipso Filium Dei sicut et nos credere, cum nos videlicet idem intelligamus per Verbum sive per Filium Dei, quod illi per Sapientiam Dei. Quisquis autem Filium esse recipit, utique et eum cujus est Filius esse non dubitat, hoc est Patrem. Spiritum quoque simili ratione eos credere convincemus, si eis quid in hoc nomine intelligamus exposuerimus, ipsam scilicet divinæ gratiæ Bonitatem. Hinc autem facile occasionem sumi arbitror convertendi ad fidem nostram quoslibet alienos, si hujusmodi inductionibus eos jam communem nobiscum fidei sensum habere convincerimus : quam licet ore non profiteantur sicut nos, propter ignoratam scilicet verborum nostrorum significationem, corde tamen eam jam tenent, sicut scriptum est : *Corde creditur ad justitiam* (*Rom.* X, 10).

Hæc nos de altissima et incomprehensibili philosophia divinitatis coacti frequenter et provocati ab importunitate infidelium scribere ausi sumus, nihil asserentes de eis quæ dicimus, nec veritatem docere intendentes, quam neque nos posse scire profitemur. Sed neque hi qui fidem nostram impugnare glorientur, veritatem quærunt, sed pugnam. Quibus si resistere possumus lacessiti, satis esse debet quod nos defendimus. Hi vero qui impetunt, nisi vicerint a proposito cadunt atque deficiunt. Et, quoniam philosophicis maxime rationibus nos aggrediuntur, et nos eas præcipue prosecuti sumus, quas credo ad plenum nemo intelligere valet, nisi qui philosophicis et maxime dialecticis studiis invigilaverit. Necesse autem erat ut adversariis nostris ex his quoque quæ recipiunt resisteremus, cum nemo nisi ex his quæ concesserit arguendus sit aut refellendus, ut illud Veritatis judicium impleatur, quo dicitur : *Ex ore tuo te judico, serve nequam* (*Luc.* XIX, 22).

LIBER QUINTUS.

Expeditis his quæ ad singularem christianæ fidei professionem attinere videntur, de discretione videlicet trium personarum in una eademque penitus ac simplici divinitatis substantia, juvat in hujus summi Boni perfectione contemplanda mentis aciem altius imprimere : ac diligentius singula retractando (7*), quæcunque aliquid quæstionis habere videntur, verisimilibus et honestissimis rationibus definire, ut quo amplius innotuerit hujus summi Boni profectio, majori unumquemque ad se trahat desiderio. Ac primo de unitate divinæ substantiæ, postmodum de personarum recapitulandum est trinitate. In superioribus itaque libellis ad nostræ professionis defensionem elaboratum est, hic vero ad ipsius amplificationem elaborandum.

Prima igitur de ratione credendi unum Deum discussio, et quod unum magis quam plures credi attineat, ubi et prima se ingerit quæstio, an humana etiam ratione divina celsitudo indagari potuerit, ac per hanc a creatura sua Creator recognosci, an se potius ipse Deus signo aliquo sensibili suam ei notitiam primum exhibuerit, velut in angelo aut in quacunque ei specie primitus apparens, sicut de primis legitur parentibus, quibus in paradiso locutus fuisse perhibetur. Et fortassis ita primo factum est, ut in aliqua, scilicet visibili specie invisibilis Creator ipse homini se revelaret. Si tamen ipsam vim rationis diligentius attendamus, cujus proprium est omnem transcendere sensum, et ea vestigare quæ sensus non valet attingere, profecto quanto quæque res subtilioris est naturæ, et a sensu remotior, tanto rectius rationis se committit judicio et majus in se rationis studium provocare debet. Verum etiam cum per insigne rationis imagini (8), Dei specialiter homo comparetur, in nihil aliud homo prævius eam figere debuerat, quam in ipsum cujus imaginem, hoc est expressiorem similitudinem per hanc obtinebat, et in nullam fortasse rem percipiendam pronior esse credenda est, quam in eam cujus ipsa amplius adepta sit similitudinem. Facile quippe est ex similibus similia conjici, et quo quisque alteri similior est, facilius ex seipso ad ejus notitiam pertingere valet, cui est ipse per naturam vicinior. Quod si et in hoc ipsa quoque sensuum experimenta necessaria fuisse videantur, ut videlicet, a sensibilibus ad intelligibilia duceremur (8*), facile id etiam erat, ut optimus omnium Conditor atque dispositor Deus per ea quæ tam mirabiliter et facit et ordinat, ex ipsis suis quantus sit operibus indicaret; quia et pro qualitate operum quæ videntur absentis artificis industriam dijudicamus. Hoc quidem modo et ipse perhibet Apostolus Deum sui notitiam reprobis quoque contulisse : juxta quod ad Romanos scribens, inexcusabilem omnem hominem esse convincit et de contemptu sui Conditoris arguendum, cum ejus notitiam lex ipsa naturalis, quæ in ratione consistit, etiam sine scripto in ipsa operum ejus exhibitione omnibus afferret. Ait quippe sic : *Revelatur ira Dei de cœlo super omnem impietatem et injustitiam hominum eorum qui veritatem Dei in injustitia detinent; quia quod notum est Dei manifestum est [in] illis. Deus enim illis manifestavit. Invisibilia enim ipsius a creatura mundi per ea quæ facta sunt intellecta conspiciuntur; sempiterna quoque ejus virtus et divinitas, ita ut sint inexcusabiles. Quia, cum cognovissent Deum, non sicut Deum glorificaverunt, aut gratias egerunt* (Rom. I, 18). Et post aliqua : *Propter quod inexcusabilis es, o homo omnis qui judicas* (Rom. II, 1), hoc est qui rationis uteris judicio in bonis et malis discernendis, atque in ipsis Creatoris et creaturarum discernendis naturis. Unde et Salomon nonnullos mundi sapientes se vehementer mirari insinuat, quomodo scilicet mundum ratione vestigarent naturamque ipsius per singulas ejus partes disserere conati sunt, nondum Creatorem ipsius animadvertentes, quem facilius ratione percipere poterant. *Si enim*, inquit, *tantum* (9) *potuerunt scire, ut possent æstimare sæculum, quomodo ipsius mundi Deum et Creatorem non facilius invenerunt ?* (Sap. XIII, 9.) Hoc et ille Latinorum maximus philosophorum Tullius diligenter intuitus, cum non solum optime factum, verum etiam optime disponi mundum conspiceret, providentia id potius agi quam fortuito confirmat (10), tam suam nobis in hoc quam cæterorum rationem exposuit philosophorum. Unde illud in primo Rhetoricæ : « Melius, » inquit, « accurantur quæ consilio geruntur, qua·n quæ sine consilio administrantur (11). Exercitus is cui præpositus est sapiens et callidus imperator, omnibus partibus commodius regitur quam is qui temeritate aut stultitia alicujus administratur. Eadem navigii ratio est. Hoc itaque proposito colla-

---

(7*) Introd. *replicando.*
(8) Introd., *imaginis.*
(8*) Introd., *duceretur*
(9) Introd. addit *ratione*, sed non exstat in Scriptura.
(10) Introd., *confirmans*
(11) Edit. addit : *Domus ea quæ ratione geritur omnibus est instructior rebus et apparator, quam ea quæ temere et nullo consilio administratur.*

tione, similitudinum convenienter astructo, assumptionem statim aggregans syllogismi, nihil autem, inquit, omnium rerum melius quam omnis mundus administratur. « Nam et signorum, » inquit, « ortus definitum quemdam ordinem servant, et annuæ (12), commutationes non modo quadam ex necessitate semper eodem modo fiunt; verum ad utilitates quoque rerum omnium sunt accommodatæ, et diuturnæ nocturnæque vicissitudines nulla in re unquam mutatæ quidquam nocuerunt : quæ signa sunt omnia non mediocri quodam consilio naturam mundi administrari. Quod si melius, » inquit, « geruntur ea quæ consilio quam quæ sine consilio administrantur, nihil autem omnium rerum melius quam omnis mundus administratur; consilio igitur mundus administratur. » Quanta autem ratione cuncta in mundo fiant ac disponantur, maximus omnium philosophorum Plato diligenter attendens ait : « Nihil fit cujus ortum non legitima causa et ratio procedat. Quæ enim quantum ad nos fortuita dicuntur, atque inopinate provenientia, certis in Deo rationis legibus fixa sunt, atque optimo quæque (15) fiunt consilio. Hoc vero, quo (14) optime cuncta fiunt ac disponuntur, consilium, alii Deum, alii naturam ipsam rerum, alii mentem seu animam mundi vocare consueverunt, omnes autem id summum bonum intellexerunt quod professus est Socrates. Primus autem Anaxagoras inter universos philosophos divinum animum omnium effectorem naturarum sensisse perhibetur, sicut in octavo [c. 2] *De civitate Dei* beatus commemorat Augustinus. Unde et illud est in epistola [*ed.* epistolis] ad Macedonium, non propterea veritas chara esse debet, quia non latuit Anaxagoram, sed quia veritas est, etiamsi nullus illorum cognovisset. Facile autem illud quoque ratione conjici (15) poterat mundum etiam ipsum et quæ in eo sunt a seipsis non esse, nec per se subsistere, sed ab alio quocunque longe cunctis excellentiore cuncta optime tam fieri quam regi. Quippe quod a seipso est, natura dignius esse constat quam quod ab alio est. Et omne quod rationis atque intelligentiæ capax est universis aliis excellentius esse non ambigitur (16). Non igitur oportet rationalem substantiam ab alio esse concedi, si ratione carentem a se esse ponamus. Nemo autem est nostrum qui se ipsum ignoret a se minime esse, sed ab alio gigni. Quomodo igitur ea quæ ratione carent ab alio esse negabimus? Partes itaque mundi, quæ naturaliter priores sunt factæ esse convenit, ac per hoc ab alio mundum exordium ducere atque factum esse; quippe quem etiam propter hominem factum esse constat, cui singulis suis partibus deservit, longe indigniorem eo esse convenit, ac per hoc minime concedi oportet; hunc non esse factum, cum ille factus sit. Multo minus etiam convenit ut suo regimine non rationalia quam irrationalia (17) nitantur, hominem autem quamvis rationalis sit, nequaquam suo regimini sufficere constat, cum seipsum quomodo vult in hujus vitæ pelago regere non valeat. Multo igitur minus proprio regimini committi convenit quæ qua se regere possint ratione carere certum est. Id vero est mundus sive ejus singulæ particulæ. Et his quidem vel consimilibus rationibus omnia quæ in mundo sunt conditorem seu rectorem habere manifestum arbitror, quem nos Deum dicimus.

De cujus nunc unitate superest disputare, ut magis videlicet unum conditorem ac rectorem mundo præesse conveniat quam plures, atque unum potius Deum ac Dominum omnium quam plures credi oporteat. Certum quippe est omnia tanto majori concordia regi, quanto paucioribus cura regiminis eorum commissa est. Nihil autem melius aut majori concordia regi quam mundum constat universum, sicut supra Tulliana exposuit ratio. Uni igitur ejus regimen (18) subjectum est. Nihil quippe, ut dictum est, majori concordia quam mundus regitur, nec etiam res ea quælibet, cui unus tantum præsidet rector. Nullo itaque modo pluribus rectoribus mundus subjacet, sed uni tantum. Tanto quippe major in omnibus custoditur concordia, quanto major tenetur identitas; et tanto amplius a concordia recedítur, quanto ab unitate magis absceditur. Ut ergo summa sit concordia, summa teneatur identitas ac præcipua conservetur unitas. Nihil autem cum aliquo ita ut secum idem esse vel unum potest, nec ita alii concordare ut sibi, cum a seipso nihil dissimile sit. Ad unum itaque cuncta spectare ac referri convenit ut quod rerum diversitate agitur, una ratione concorditer administretur, modo in omnibus quem oportet servato. Sed nec plures ad rerum creationem magis quam ad generale earum regimen convenire credendum est, sed ab uno naturas omnes fieri sicut et regi opportune creditur, ut tanto concordius regi valeant, quanto majori sunt connexæ concordia. Tanto autem major est earum concordia, quanto amplius ab uno (19) eodemque penitus semper principio manant et earum artifex a multiplicitate ac diversitate recedit. Facta autem sunt primitus, ut optime postea regerentur, et quæ fiebant ut regerentur, ad regendum utique dum fierent præparabantur. Ut ergo optime regerentur facta, optime dum fierent ad regendum erant præparanda. Quomodo autem optime præparantur dum fierent, ut facta postmodum optime regerentur, nisi summa invicem concordia ex ipsa creatione sui colligentur, ut eo amplius concorditer atque melius regantur, quanto concordius in ipsa eorum conditione naturæ ipsorum sunt invicem colligatæ? Ad quam etiam conditionis concordiam sic-

---

(12) Introd., *animæ.*
(13) Introd., *quoque.*
(14) Introd., *hæc vero quæ.*
(15) Introd., *convinci.*
(16) Introd., *inveniatur.*
(17) Introd., *rationalia quam non rationalia.*
(18) Introd., *Uni igitur regimini.*
(19) Introd., *amplius uno.*

ut et regiminis unitas ipsa atque identitas maxima conditoris perficit, ut hinc quoque unum eumdemque penitus conditorem sicut et rectorem omnium esse constet, quem nos Deum dicimus ac Summum jure profitemur bonum. Qui quomodo summum diceretur Bonum, nisi cæteris omnibus præcelleret bonis? quod vero omnibus aliis præcellit, unum profecto et unicum esse convenit; et quod in se perfectum esse conceditur atque ad omnia quæ facienda sunt ex propria voluntate per se sufficiens ex quo et omnipotens dicitur, compar (20) aliquod bonum habere non potest. Neque enim bonum esse poterit quod superfluum sit. Superfluus autem alius vel creator esset vel rector, si unus ad omnia æque sufficiat ut plures. Sufficit autem cum sit summum ac perfectum atque ad omnia sufficiens, ut dictum est, bonum. Nullo itaque modo plures deos esse sive credi convenit.

Sed fortassis, inquies, quia quo melius est quodlibet bonum (21), ejus multiplicatio melior esset, atque ita illud Summum Bonum quod dicitur Deus, melius fore multiplicatum quam unicum : et si ipsum extollere cupimus ac magnificare, magis ipsum multiplex, quam simplex prædicandum esse. Sed ad hoc primo respondendum arbitror, quod juxta hanc rationem, quanto plures prædicaverimus deos, tanto amplius divinæ gloriam excellentiæ amplificabimus. Infinitos itaque prædicari oporteret deos, ut infinitam ejus gloriam magnificemus præsertim cum nulla sit ratio, qua ex certum numerum aliquem ea reduci queat, quam juxta prædictam rationem tanto magis amplificabimus, quanto amplius numerum ejus extenderimus. Atque ita plura esse summa bona quam inferiora conveniret: imo omnino infinita esse, ut nec eorum scientia esse possit, quorum nullus in natura terminus occurreret, nec ipse etiam Deus ea per scientiam comprehenderet, quæ nullo naturæ termino comprehenduntur. Præterea, si plures sunt dii, quomodo deum quemcunque summum bonum dicemus, cum aliquid majus sit ipso, ipsa videlicet deorum multitudo quam quislibet unus ex ea multitudine. Sed nec bonum dicendum esset quod, ut jam ostendimus, superfluum esset. Denique, omnis multitudo totum quoddam (22) est, et omne totum propriis partibus posterius esse naturaliter constat : atque omne quod simplicius est, tanto firmius esse necesse esse, cum omne compositum natura dissolubile sit, et tanto infirmius quam dissolutioni magis obnoxium. Quis etiam quodlibet bonum tanto pretiosius esse deneget quanto rarius, et eo magis gloriosum quo magis est unicum? Unde et plerumque ea etiam quæ minus sunt necessaria aliis, raritate tamen sui eis omnino præferuntur, ut aurum ferro, piper frumento. Commendat itaque divinæ gloriam excellentiæ ipsa quoque ejus singularitas, quæ operum quoque ipsius maxima est commendatio, tam in his faciendis quam in eis disponendis atque regendis. Nulla quippe (25) tanta fieri concordia vel regi possunt, quanta illa quæ unus tantum et condit et regit.

Hæc quidem ad astruendam divinæ singularitatem excellentiæ pro rationibus induci satis arbitror : quibus et facile assentire quemque bonum existimo, qui nulli invidus, omnium rerum commendationi plurimum congaudet. Magis autem honestis quam necessariis rationibus nitimur (24); quoniam apud bonos id semper præcipuum statuitur quod ex honestate amplius commendatur, et ea semper potior est ratio quæ ad honestatem amplius quam ad necessitudinem vergit, præsertim cum quæ honesta sunt per se placeant atque nos statim ad se sua vi alliciant. Quam honestum vero sit ac salubre omnia ad unum optimum tam rectorem quam Conditorem spectare ; et cuncta potius ratione quam casu fieri seu regi nullus est cui propriæ ratio non suggerat conscientiæ. Quæ enim sollicitudo bonorum nobis operum inesset, si quem nec amore nec timore vereremur, Deum penitus ignoraremus ? Quæ spes aut malitiam refrænaret potentum aut ad bona eos alliceret opera, si omnium justissimus ac potentissimus frustra crederetur! Ponamus itaque ut dum bonis prodesse ac placere quærimus, obstinatos cogere non possimus, cum ora eorum non necessariis obstruamus argumentis. Ponamus, inquam, hoc si volunt; sed opponamus quod nolunt, summam eorum impudentiam arguentes, qui hæc calumniantur quod refellere nullo modo possunt et quod plurima tam honestate quam utilitate commendatur. Inquiramus eos qua ratione malint eligere Deum non esse quam esse; et cum ad neutrum cogi necessario possint, et alterum multis commendetur rationibus, alterum nullis, iniquissimam eorum confundamus impudentiam, qui id quod optimum esse non dubitent omnibusque est tam rationibus quam auctoritatibus consentaneum sequi respuant, et contrarium complectantur. Quod si de occultis rerum naturis ac de ipso quoque rerum cœlestium statu, quas experimentis non possunt discutere, ut certi non valeant esse, auctoritatibus hominum cedunt (25), cur de auctore omnium Deo eisdem non acquiescunt? Sed hæc hactenus adversus hanc primam ac maximam infidelium obstinationem.

Nunc autem ab unitate divinæ substantiæ, quam quasi fundamentum subjecimus, ad discretionem trium personarum, quæ eidem insunt substantiæ, ordo est commeare, et de divina potentia vel sapientia, seu benignitate, juxta quæ, ut dictum est, tres distinguuntur personæ, ad perfectam et integram illius Summi Boni commendationem, superest diligenti examinatione disserere : ut quo amplius,

(20) Introd., *cum pars.*
(21) Introd., *donorum.*
(22) Introd., *quidem.*

(23) Introd., *proprie.*
(24) Introd., *utimur.*
(25) Introd., *credunt.*

ut supra meminimus, hujus boni perfectio cognita fuerit, magis ad amorem sui quemque alliciat, præsertim cum nullæ super his fidelium quoque animos difficiles movere possint quæstiones, et tanto facilius minus eruditos ad maxima trahere scandala atque infideles juvare, quanto difficiliores ad solvendum videntur. Ac prima nobis de omnipotentia Dei consideratio sit.

Quærendum itaque primo videtur quomodo vere dicatur Omnipotens, si non possit omnia efficere; aut quomodo omnia possit, si quædam nos possumus quæ ipse non possit. Possumus autem quædam, ut ambulare, loqui, sentire, quæ a natura divinitatis penitus aliena sunt, cum necessaria istorum instrumenta nullatenus habere incorporea queat substantia. Quibus quidem objectis id prædicendum arbitror, quod juxta ipsos quoque philosophos et communis sermonis usum, nunquam potentia cujusque rei accipitur, nisi in his quæ ad commodum vel dignitatem ipsius rei pertinent. Nemo enim hoc potentiæ hominis deputat, quod ille superari facile potest; imo impotentiæ et debilitati ejus quod minime suo resistere potest incommodo; et quidquid ad vitium hominis vergit magisque personam improbat quam commendet, impotentiæ potius quam potentiæ ascribendum est. Unde et Aristoteles in secundo qualitatis genere; ubi scilicet de potentia naturali et impotentia agitur, sanativum et durum ad potentiam reducit, et ægrotativum et molle ad impotentiam, cum tamen ægrotativum dicamus qui facile ægrotare potest, hoc est non valet facile hujusmodi passioni resistere; et molle, quod leviter secari aut dissipari possit. Sanativum vero et durum e contrario ad potentiam reducit, cum tamen sanativum dicatur quod non potest leviter secari. Sic ergo in suprapositis, id est ægrotativo et molli illa posse quæ ad incommodum vel debilitatem rei attinent, impotentiæ est potius quam potentiæ : ita et eadem non posse e contrario potentiæ est ascribendum. Alioquin e converso impotentiam diceremus potentiam, et potentiam impotentiam. Nemo itaque Deum impotentem in aliquo dicere præsumat, si non possit peccare sicut nos possumus, quia nec in nobis ipsis hoc potentiæ tribuendum est, sed infirmitati. Unde et Augustinus De Trinitate libro XV : Magna ejus potentia est non posse mentiri. Sunt etiam quædam quæ in aliis rebus potentiæ deputanda sunt, in aliis vero minime, et quæ in aliis laudabilia sunt, in aliis reprehensibilia sunt, cum eadem sæpe aliarum rerum dignitatem commendent, aliarum vero minime, veluti si quis hominum ursum viribus superare possit, hoc magnæ hominis potentiæ ascribendum est. Unde cæteris (26) ipse præcelleret et commendabilior esset, quod in leone tamen vel elephante pro magno nullus haberet. Inde enim potentem hominem comparatione aliorum hominum diceremus, sed non ita leonem vel elephantem. Sic et in homine quod ambulare valet potentiæ est ascribendum, quoniam ejus necessitudini congruit, nec in aliquo ejus minuit dignitatem. In Deo vero, qui sola voluntate omnia complet, hoc omnino superfluum esset, quod in nobis necessarium est atque ideo non potentiæ, sed vitio penitus tribuendum esset in eo, præsertim cum hoc in multis excellentiæ ipsius derogaret, ut ambulare videlicet posset. Ex quo et moveri localiter posset, et compositionem pedum admittere, ut et mobilis et dissolubilis esset ejus corporea et compacta substantia. Non absurde tamen, et de his omnibus quæ efficere possumus Deum potentem prædicabimus, et omnia quæ agimus ejus potentiæ tribuemus, in quo vivimus, movemur et sumus. Et qui omnia operatur in omnibus (utitur enim nobis ad efficiendum quæ vult quasi instrumentis), et id quoque facere dicitur, quæ nos facere facit, sicut dives aliquis turrem componere per opifices quos adhibet, et posse omnia efficere dicitur qui sive per se sive per subjectam creaturam omnia quæ vult et quomodo vult operatur; et ut ita fiant ipse etiam facit (27). Nam etsi non potest ambulare, tamen potest facere ut ambuletur, hoc est aliquis ambulet, cum ipse hoc a sua creatione (28) quemque aptum præparet, et in ipso etiam actu ipsum conservet et sustentet, ut hunc (29) ille actum expleat. Posse itaque Deus omnia dicitur, non quod omnes suscipere possit actiones, sed quod in omnibus quæ fieri velit, nihil ejus voluntati resistere queat. (30) Unde et Apostolus : *Voluntati ejus*, inquit, *quis resistet?* (*Rom.* IX, 29.) Et Psalmista : *Quæcunque voluit fecit* (*Psal.* CIII, 13). Sed et cum idem alibi dicat Apostolus, *Deus vult omnes salvos fieri et neminem perire* (*I Tim.* II, 4), juxta illud prophetæ : *Nolo mortem peccatoris, sed magis ut convertatur et vivat* (*Ezech.* XXXIII, 11); et per

Hinc illud est quod in Enchiridion beatus commemorat Augustinus : « Neque enim ob aliud veraciter vocatur omnipotens, nisi quoniam quidquid vult potest, nec voluntate cujuspiam creaturæ voluntatis omnipotentis impeditur effectus. » Idem in libro De spiritu et littera : « Non potest facere injusta, quia ipse est summa justitia et bonitas. Omnipotens vero est, non quod possit omnia facere, sed quia potest efficere quidquid vult, ita ut nihil valeat resistere ejus voluntati quin compleatur, aut aliquomodo impedire eam. » Joannes Chrysostomus homilia XXVIII, De expositione Symboli quæ sic

---

(26) Introd., *cæteris hominibus*.
(27) In Introduct. deest *et ut ita fiant ipse etiam fecit*.
(28) Introd., *ad hoc sui creatione*.

(29) Introd., *et hunc*.
(30) In Introductione hic sequuntur ea quæ in altera parte hujus columnæ habentur *hinc illud est*.

semetipsam Veritas obstinatæ et damnandæ dicat civitati : *Quoties volui congregare filios tuos, quemadmodum gallina congregat pullos suos sub alas, et noluisti?* (*Matth.* XXIII, 37.) Patet divinæ voluntatis vocabulum duobus modis esse sumendum. Alioquin cum Deus omnia quæcunque voluit faciat et omnes salvos fieri velit, cogemur utique profiteri (31) juxta illum detestabilem Origenis errorem, quod usque etiam ad dæmones salvationem extenderit, omnes quandoque salvandos esse, et Veritatem ipsam Veritati contraire, ubi de impiis et justis loquitur, dicens : *Et ibunt hi in supplicium æternum, justi autem in vitam æternam* (*Matth.* XXV, 46). Qui rursus impiis ait : *Ite, maledicti, in ignem æternum qui præparatus est diabolo et angelis ejus* (*ibid.*, 41). Velle itaque Deus duobus modis dicitur, aut secundum videlicet providentiæ suæ ordinationem, secundum quod scilicet aliquid disponit apud se ac deliberat, statuitque sua providentia, ut sic postmodum compleat, aut secundum consilii sui adhortationem vel approbationem, qua unumquemque ad hoc admonet, quod per gratiam suam remunerare paratus esset. Et juxta priorem quidem modum quo Deus velle aliquid (32) dicitur, hoc est ex gratia sua ordinare atque apud se firmare ut fiant aliqua, tam nos quam Apostolus (33) in his quæ fieri vult, nihil ejus voluntati resistere posse dicimus, nec eam aliquo impediri casu, cui omnia necesse sit obedire. Secundum autem posteriorem modum multa dicitur velle fieri, quæ non fiunt : hoc est multa adhortari quæ certum est ex gratia ejus remunerari si fierent, quæ minime fiunt. Sic quippe unicuique homini consulit de salute sua, et ad hanc eum adhortatur, cum obediant pauci. Vult itaque Deus peccatorem converti ; quia id ei consulit quod esset benigne remuneraturus. Quodammodo enim gratum ei dicitur in quo ejus gratiam experturi essemus. E contrario nolle illa dicitur quæ dissua-

incipit : « Super fabricam totius Ecclesiæ. Omnipotens dicitur, quia posse illius non potest invenire non posse, dicente propheta : *Omnia quæcunque voluit fecit* (*Psal.* CIII, 13). » Ipse est ergo omnipotentia, ut totum quod vult possit

Non ita ut æstimat Nabuchodonosor operatur Deus, more videlicet eorum qui, in his quæ faciunt, non tam quod bonum est attendunt quam ut suæ satisfaciant voluntati, qualiscunque ipsa sit, de qualibus scriptum est : Sic volo, sic jubeo, sit pro ratione voluntas. Sed magis velle dicendus est singula ut fiant, quia bonum esse ut forent vidit. Patet itaque quidquid Deus faciat aut dimittat, justam ac rationabilem subesse causam, ut sola illa faciat aut dimittat, quæ fieri vel dimitti oportet,

det, aut quæcunque punire magis deberet, quam dono aliquo remunerare, et in quibus iram ipsius potius quam gratiam sentiremus, hoc est vindictam potius quam præmium.

Quærendum arbitror utrum plura facere possit Deus vel meliora quam faciat, aut ab his etiam quæ facit ullo modo cessare posset, ne ea unquam videlicet faceret. Quod sive concedamus sive negemus, multas fortassis inconvenientium anxietates incurremus. Si enim ponamus ut plura vel pauciora facere possit, vel ab his quæ facit cessare, profecto multum summæ ejus bonitati derogabimus. Constat quippe eum nonnisi bona facere posse. Si autem bona cum possit non faciat, et ab aliquibus quæ facienda essent se retrahat, quis eum tanquam æmulum vel iniquum non arguat? Præsertim cum nullus eum labor in faciendo aliquid gravet, cujus æque omnia voluntati sunt subjecta, secundum quod dictum est : *Dixit et facta sunt, mandavit et creata sunt* (*Psal.* CXLVIII, 5). Hinc est illa Platonis verissima ratio, qua videlicet probat Deum nullatenus mundum meliorem potuisse facere quam fecit. Sic quippe in Tymæo ait : « Dicendum cur Conditor, etc. » Quis etiam neget unumquemque tantum velle bene agere quantum potest, aut unumquemque tantum debere bene agere, quantum potest? Quod

atque ipsum deceat. Quod si quod facit, eum facere oportet, justum est utique ut faciat quidquid facit, ac sine dubio quidquid facere debet. Quod si debet, non potest profecto juste dimittere ne faciat. Omne quippe quod justum est fieri, injustum est dimitti ; et quisquis id non facit quod ratio exigit, æque delinquit ac si faciat quod rationi minime concordat. Sed fortassis, inquies, quod sicut justum est aut bonum seu rationabile id quod modo facit, ita bonum esset atque æque bonum si aliud faceret et hoc dimitteret. Atqui si æque illud bonum esset quod dimisit facere quando istud elegit, nulla profecto ratio fuit cur illud dimitteret potius quam istud eligeret. Fuit autem inquies, quia cum non utrumque fieri oporteret et æque hoc vel illud fieri bonum esset, quodcunque eorum fieret, rationabiliter factum esset. Sed juxta hanc profecto rationem æque fieri oportebat quod factum non est, sicut quod factum est ; et æque bonum erat illud fieri sicut hoc. Cum vero quid fieri bonum est, et rationabilem habet causam qua faciendum sit, irrationabiliter profecto agit, qui quod a se fieri debere non ignorat, prætermittit ; atque ita jam in suprapositum inconveniens relabemur. Sin autem dicas de altero quod factum non est, quia non erat bonum ut faceret, nisi ita ut alterum cessaret, profecto eadem ratione de altero quod

---

(31) Introd. addit *omnes quandoque salvandos esse omissis quæ sequuntur usque ad velle itaque.*

(32) Introd., *aliud.*
(33) Introd., *apostolos.*

si hoc in nobis judicium, tenemus, quanto magis qui summe est bonus, et quem nullius operationis labor gravare potest? Quomodo autem vult et potest Deus, si non perficit? Aut quomodo justus est, si quod debet et etiam potest non facit? Sed etsi minus benefaceret quam posset, perfecte bonus non esset. Facit itaque omnia quæ potest Deus, et tantum bene quantum potest. Sed non cessare ab iis potest quæ facit, ut videlicet ea tunc non faciat quando facienda sunt. Quippe si cessaret a bonis quæ posset, cum ea fieri oporteret, profecto et ex hoc non esse perfecte bonum convincendus esset. Præterea quæcunque ei naturaliter insunt, carere non potest. Si autem, quem necesse est summe bonum esse atque benignum, nec in sua minui posse bonitate, bona voluntas naturaliter ac substantialiter inest, non sicut nobis per accidens. Unde eam quam habet bonam voluntatem deponere non potest, quam et Deum esse concedi convenit. Quamcunque itaque bonam habet voluntatem, carere non potest; necesse est igitur ut omnia quæ vult, ipse velit. Sed nec inefficax ejus voluntas esse potest; necesse est ergo ut quæcunque vult ipse perficiat, cum eam videlicet sumamus voluntatem, quæ ad ipsius pertinet ordinationem. Istis ergo rationibus astruendum videtur, quod plura Deus nullatenus facere possit quam faciat, aut melius facere, aut ab his cessare, sed omnia ita ut facit necessario facere. Sed rursus singulis istis difficillimæ occurrunt objectiones, ut utroque cornu graviter fidem nostram oppugnet complexio. Quis enim negare audeat quod non possit Deus eum qui damnandus est salvare, aut meliorem illum qui salvandus est facere, quam ipse futurus sit collatione suorum donorum, aut omnino dimisisse ne eum unquam crearet? Quippe si non potest Deus hunc salvare, utique nec ipse salvari a Deo potest. Necessaria quippe est hæc reciprocationis consecutio. Quod si iste salvatur a Deo, Deus hunc salvat. Unde si possibile est hunc salvari a Deo, possibile est Deum hunc salvare. Non enim possibile est antecedens, nisi possibile sit et consequens; alioquin ex possibili impossibile sequeretur, quod omnino falsum est. Sic enim in primo Yprocorum [f. Hypotheticorum] Boetius, impossibile diffiniens ait: Impossibile est, quo posito aliquid falsum atque impossibile comitatur, hoc est id impossibile est quod habet ad aliquid impossibile necessariæ argumentationis adjunctionem hoc

iactum est non erit simpliciter concedendum ut bonum esset illud fieri, cum æque concessum sit tam hoc quam illud fieri bonum esse. Fecit itaque Deus quod non erat (34) bonum fieri? absit. Quod si illud solum quod facit fieri ab eo bonum est, profecto illud solum quod facit facere potest, qui nihil facere potest, nisi quod ab eo fieri bonum est.

quippe propter syllogismorum complexiones inducebat, in quibus per inductionem impossibilium conclusionum impossibilia esse præmissa convicturus erat: Quis autem necessariam negare audeat et hujus argumentationis inferentiam: Iste a Deo salvatur, ergo Deus hunc salvat? Cum itaque possibile sit inferens, possibile est et illatum. Atque ita si possibile sit hunc salvari a Deo, possibile est Deum hunc salvare; et si non sit possibile Deum hunc salvare, non est possibile hunc a Deo salvari: hoc est, ut supra posuimus, si non potest Deus hunc salvare, utique nec ipse salvari a Deo potest, ac per hoc nec omnino salvari, quem nonnisi per Deum salvari posse constat. Quod si salvari iste non potest, profecto liberum jam perit arbitrium, frustraque homini illi ea quæ ad salvationem pertinent injunguntur, qui salvari omnino non potest nec ea facere quibus salvari potest. Similiter etsi illum Deus meliorem facere non potest, utique nec ipse ab eo melior fieri potest atque ita nec ullo modo melior fieri, quod utique si fieret, a Deo fieri necesse esset. Absit autem ut aliquem nostrum adeo bonum esse concedamus ac perfectum, ut ulterius crescere non possit, quanquam in contrariam Plato plurimum declinare videatur sententiam, cum omnia a Deo tam bona fieri dicat, quantum singulorum permittit natura, et Deum ex ipsa summa sua bona voluntate, qua omnium faciendorum causam constituit, ad faciendum singula compulsum, et ad faciendum tantum bona, quantum eorum fert et natura. Sic quippe scriptum est in Timæo: « Dicendum, inquit, cui conditor fabricatorque geniturae omne hoc instituendum putaverit. Optimus erat. Ab optimo porro invidia longe relegata est. Itaque consequenter sui similia cuncta, prout cujusque natura capax beatitudinis esse poterat, effici voluit. Quam quidem voluntatem Dei originem rerum certissimam si quis ponat, recte eum putare consentiam. Volens siquidem Deus bona quidem omnia provenire, mali porro nullius, prout eorum quæ nascuntur natura fert, reliquit propaginem. » Et hæc quidem Platonis verba plane omnia a Deo tam bona fieri perhibere videntur, quantum fieri bona possunt, vel quantum ipse ea bona facere potest. Quam etiam rationem sancti secuti videntur, cum Deum Patrem probarent Filium tam bonum genuisse, quantum potuit, ut ei æqualis esset. Unde Augustinus libro Quæstionum 83, cap. 64: « Deus, inquit, quem genuit, quoniam meliorem se generare non potuit, nihil enim Deo melius, debuit æqualem. Si enim voluit et non potuit, infirmus est. Si potuit et noluit, invidus est. » Ad hoc et illud pertinet Nicæni concilii, quod sicut in primo libro præfati sumus, beatus retractat Hieronymus dicens: « Absit ergo in Filio Dei aliquid plus minusve aut in loco aut in tempore, aut in potentia, aut in scientia aut in æqualitate aut in subje-

---

(34) Introd., *quod noverat*.

ctione cum dicitur hoc, ut deitati ejus non carni ascribatur! Si enim plus minusve aliquid invenitur, excepto hoc quod genuit Pater Filium, et excepto hoc quod Filius non ex semetipso natus est, sed de Patre, aut invidens aut impotens Pater, insuper etiam temporalis nascitur (35). »

Hac itaque ratione, qua convincitur quia Deus Pater tam bonum genuerit Filium quantum potuit, cum videlicet aliter reus esset invidiæ, clarum est et omnia quæ facit quantum potest egregia facere, nec ullum commodum quod conferre possit subtrahere velle. Nihil quippe est quod aut faciat aut dimittat, nisi optima et rationabili causa, licet illa non occulta sit. Unde et illud est Platonicum : « Omne quod gignitur, ex aliqua causa necessaria gignitur. Nihil enim fit, cujus ortum non legitima causa et ratio præcedat. » Hinc et illud est Augustini, cum omnia in mundo fieri vel disponi divina providentia convinceret, et nihil casu, nihil fortuitu evenire, sed omnia ex divino provenire consilio. Ait quippe sic Quæstionum 83, cap. 26 : « Quidquid casu fit, temere fit ; quidquid temere fit, non fit providentia. Si ergo casu aliqua fiunt in mundo, non providentia universus mundus administratur. » Item : « Illud bonum, cujus participatione sunt bona cætera, non per aliud, sed per semetipsum bonum est. Quod divinam etiam providentiam vocamus. » Nihil igitur casu fit in mundo. In tantum autem, in omnibus quæ Deus facit, quod bonum est attendit, ut ipso boni pretio potius quam voluntatis suæ libito ad singula facienda inclinari dicatur. Hinc est illud Hieronymi in expositione versionis super Danielem III, ubi de Deo sic Nabuchodonosor loquitur : *Juxta voluntatem enim suam facit* (36) *tam in cœlo quam in terra, et non est qui resistat manui ejus, et dicat cur fecisti?* (*Dan.* IV, 32.) « Et hoc, inquit Hieronymus, loquitur quasi homo sæculi. Non enim quod vult hoc facit, sed quod bonum est, hoc vult Deus. Nabuchodonosor autem sic locutus est, ut dum potentiam Dei prædicat, justitiam ejus videatur arguere, quod immerito pœnas sustinuerit. » Tale ergo est quod ait Hieronymus : « Non enim quod vult hoc facit, sed quod bonum est hoc vult Deus ; » ac si diceret : In omnibus itaque Deus quæ facit aut dimittit, rationabilem habet causam cur ab eo faciendum sit aut dimittendum.

Si igitur ratio est cur facere aut dimittere debeat, profecto ab eo fieri debet aut dimitti. Quod autem ab eo fieri debet quomodo dimittere potest, vel quod dimittere debet quomodo facere potest? Qui enim facit quod omnino ab eo fieri non convenit, non recte agit. Deus autem cum aliquid omnino dimittit ut non faciat, videt profecto quare ab eo nunquam sit faciendum (37). Quod tam a veritate quam a nostra remotum est opinione : quod tamen postmodum si poterimus aliqua liniemus ex-

positione. Nunc ad incœpta redeamus : Quomodo etiam, inquam, diceremus non posse dimittere quin ea quandoque faciat quæ facit, nisi ea necessario quandoque faciat? Facit autem hunc hominem bonum : necesse est ergo hunc hominem bonum fieri, nec ullo modo eum damnari posse, quod omnino falsum est. Scriptura quippe est ad laudem justi viri de eo, *qui potuit transgredi et non est transgressus, facere mala et non fecit* (*Eccli.* XXXI, 10). Scriptum quoque est quod potuerit Deus alio modo quam fecerit humanum genus redimere. Unde est illud beati Augustini in libro De Trinitate XIII, cap. 10.
« Eos, inquit, qui dicunt : Itane defuit Deo modus alius quo liberaret homines, ut unigenitum Filium hominem fieri vellet, mortalemque factum mortem perpeti? parum est sic refellere, ut istum modum, quo nos liberare dignatur, asseramus bonum ; verum etiam ut ostendamus non alium modum possibilem Deo defuisse, cujus potestati cuncta æque subjacent. Sed sanandæ nostræ miseriæ convenientiorem alium modum non fuisse; cur non fieret mors Christi, imo cur non prætermissis innumerabilibus modis, quibus ad nos liberandos uti posset Omnipotens, ipsa potissimum eligeretur. » Item (38) :
« Poterat utique Deus hominem aliunde suscipere, in quo et esset Mediator Dei et hominum, non de genere illius Adam, sicut illum quem primum creavit, non de genere creavit alicujus. Poterat vel sic, vel alio quo vellet modo creare unum alium, de quo vinceretur victor prioris. Sed melius judicavit, de ipso quod victum fuerat genere hominem assumere. » Item in libro Quæstionum veteris et novæ legis : « Potuit Deus simul cuncta facere, sed ratio prohibuit. » Item : « Poterat animam limo terræ admiscere, et sic formare corpus, sed ratione infirmabatur, quia primum oportebat domum compaginari et sic habitatorem induci. » Idem in Enchiridion : « Omnipotentis voluntas mala esse nunquam potest. Præterea multa potest facere, quæ nec facit nec vult. Potuit enim efficere ut duodecim legiones angelorum pugnarent contra eos qui eum ceperunt. » Evangelista Matthæus : « *An putatis quia non possum rogare Patrem, et exhibebit mihi modo plusquam duodecim legiones angelorum?* (*Matth.* XXVI, 53.) » Item : « Tunc in clarissima Sapientiæ luce videbitur, quod nunc fides habet, quam certe immutabilis efficacissima sit voluntas Dei, quam multa possit et non velit, nihil autem velit quod non possit. » Idem in libro De spiritu et littera : « Absurdum tibi videtur dici aliquid fieri posse, cujus desit exemplum, cum sicut credo non dubites nunquam esse factum ut per foramen acus camelus transiret; et tamen ille hoc quoque dixit Deo esse possibile. » Item : « His addi possunt etiam illa quæ leguntur in libro Sapientiæ : Quoniam multa posset nova tormenta Deus exercere in impios, ad nutum sibi

---

(35) Introd., *agnoscitur.*
(36) Apud Danielem *tam in virtutibus cœli quam in habitatoribus cœli.*

(37) Vereor ne aliquid hoc loco desit, omissum forte scriptoris oscitantia.
(38) Ibid., c. 18.

serviente creatura, quæ tamen non exercuit. Potest et de monte illo quem fides in mare transferret, quod tamen nusquam factum vel legimus vel audivimus. Quisquis horum aliquid Deo dixit impossibile, vides quam desipiat, quamque adversus fidem Scripturæ ejus loquatur. Multa alia hujusmodi possunt occurrere vel legenti vel cogitanti, quæ possibilia Deo negare non possumus, quamvis eorum desit exemplum. ɪ Idem in libro De natura et gratia : « Dominus Lazarum suscitavit : sine dubio potuit; quia vero Judam non suscitavit, nunquid dicendum est : Non potuit ? Potuit ergo, sed noluit. Nam si voluisset, eadem etiam hoc potestate fecisset, quia Filius quos vult vivificat. » His itaque tam rationibus quam auctoritatibus, graviter in utraque parte complexionis impliciti, quo nos explicare possimus non facile aditum invenio; quo enim vehementiores sunt quæstionum impugnationes, difficiliores profecto necesse est esse solutiones. Sed quoniam divinum in omnibus integrum honorem servare et prout possumus magnificare intendimus, ipsius opem super hoc confidenter imploremus, ut qui suos absolvit a peccatis, expediat a verbis, et horum quoque laqueos sicut illorum ad nominis sui laudem sua explicare gratia dignetur, ne nos mendacii vel præsumptionis in eum ab ipso arguamur, qui probator cordis et renum magis in omnibus intentionem attendit, quam actionem ; nec quæ fiant, sed quo animo fiant.

Eo itaque more quo de Deo disserere cœpimus innitentes, quid et nobis super hoc visum sit sine aliqua obstinationis assertione proferamus. Visum autem itaque nobis est Deum qui summe bonus est, nec in sua excrescere vel minui bonitate potest, quam naturaliter ac substantialiter ex seipso non nostro modo per actus habet, ex ipsa sua et ineffabili bonitate, adeo semper, ut humano more loquar, accensum, ut quæ vult necessario velit, et quæ facit necessario faciat: Non enim carere sua potest bona voluntate quam habet, cum sit ei naturalis et coæterna, non adventitia, sicut nostra est nobis, et omne quod in natura est divinitatis necessario ei atque omnibus modis inevitabiliter inest, utpote justitia, pietas, misericordia, et quæcunque erga creaturas bona voluntas. Qui itaque necessario tantum bonus est quantum bonus est, nec minui potest in bonitate, necesse est ut tam bene velit de singulis quam bene vult, et tam bene singula tractet quantum potest. Alioquin, juxta etiam Platonem, æmulus esset, nec perfecte benignus. Quod si eam quam habet voluntatem faciendi aliquid necessario habet, nec illa unquam efficacia possit carere, necesse est ut et ea necessario faciat quæ ejus voluntatem necessario comitantur. Quidquid itaque facit, sicut necessario vult, ita et necessario facit. Tanta quippe est ejus bonitas ut cum necessario ad bona quæ potest facienda compellat, nec omnino possit abstinere quin bona quæ potest efficiat et quo melius potest vel citius potest. Unde et in laudem ejus dicitur de his quoque quæ diu distulit, quia non tardabit. Nemo enim tardare in aliquo dicendus est, quod ideo differt ut convenientius fiat; sed is tantum tardare dicendus est, qui dum facere debet non facit. Nam et differre sicut auferre bonum quod possis, non est bonitatis perfectæ, hoc est ut quod jam faciendum esse censeas, in futurum differas, cum jam æque possis ut in futuro. Necessario itaque Deus mundum esse voluit ac fecit, nec otiosus exstitit, qui eum, priusquam fecit, facere non potuit; quia priusquam fecit, fieri eum non oportuit. Si enim prius fecisset, utique et prius eum fieri oportuisset, quia facere quidquam nisi opportunum non potest, imo nisi optimum, id est tam bonum quantumcunque convenit, quod suo alto reservatur consilio.

PETRI ABÆLARDI
SIC ET NON.

Primum integrum ediderunt ɪrnestus Ludov. Theod. HENKE, theol. D. et P. P. O., seminarii theol. Philipp. Ephorus, bibl. Acad. præf., et Georgius Steph. LINDENKOHL, V. D. M., seminarii theol. Philippini major

(Marburgi Cattorum, sumptibus et typis librariæ academ. Elwertianæ, 1851, 8°.)

PRÆFATIO.

Quam antiquiores operum Petri Abælardi editores omnes typis exscribendam curare religioni habuerant « collectionem sententiarum ab ipso *Sic et Non* appellatam (1), » quindecim abhinc annis vir cele-

(1) Verba sunt aut ipsius Abælardi, aut librarii, qui codicem Monacensem descripsit et adornavit. Cfr. infra col. 1349.

berrimus Victor Cousin, ipsius Petri in cathedra philosophica successor et languescentis in Gallia philosophici studii hoc tempore stator et vindex, in volumine scriptorum Abælardi, quod anno 1836 Parisiis edidit et eruditissima introductione exornavit (2), omnibus aperuisse, votisque omnium, qui ex hoc libro ad rationem et methodum scholarum medii ævi recte cognoscendam non parcos fructus carptum iri sperabant, tandem satisfecisse videbatur. Cum autem accuratius inspiceretur ab iis nova editio, quibus plurimum cordi essent hæc studia temporis scholastici inde illustranda, statim apparuit, tot partes libri Sic et Non, ut aut brevitati consuleretur, aut illi religioni hodieque satisfieret, qua hucusque libri editio prohibita fuerat, consulto omissas et resectas esse, ut ne dimidium quidem totius operis exscriptum esset. Non deerat quidem index, quo de quibus quæstionibus dicta veterum Abælardus collegerit notatum esset; ipsæ autem sententiarum collectiones LXVIII tantum eæque breviores propositis quæstionibus additæ erant, cæteræ vero eæque longiores denuo recisæ et prohibitæ. Hinc denuo eorum falsa spes, qui integrum opus et ex eo universum apparatum historico-theologicum, cui Petri sive dubia sive placita superstructa fuissent, cognoscere cupiverant. Accessit quod celeberrimus editor, gravioribus, uti par erat, in edendo Abælardo intentus negotiis, hoc est doctrinæ et methodo ejus perspiciendæ et e fontibus derivandæ, textui antiquorum effatorum, etiam eorum, quæ exscribenda curaverat, non eam sive suam sive aliorum perfunctorie forte agentium operam impenderat, ut ei restituendo in omnibus satisfecisse videretur. Neque cum anno superiore novam operum Abælardi editionem vir perillustris auspicaretur (5), in ea se suppleturum si quæ hic forte infecta essent pollicitus est, sed indice edendorum, quem præfationi inseruit, eos libros se non repetiturum esse indicavit, quos in collectione anno 1836 edita jam absolvisse videbatur.

Quæ cum ita essent, non omnia in his studiis subeunda negotia curæ et operæ virorum doctorum in patria Abælardi, vel sic longe magis quam nostrates de illustrando ævo scholastico meritorum, committenda esse, sed nobis ipsis quam nimium nonnunquam Germani præ aliis gentibus jactamus diligentiæ litterariæ consulendum esse duximus. Antiquissimum libri Sic et Non codicem etiam in Germania exstare, nimirum quem antea in monasterio Tegernseensi reconditum suis thesauris minus inaccessis Monacensis bibliothecæ addidit, omnibus innotuerat, ex quo Fr. Henr. Rheinwaldus Abælardi epitomen theologiæ Christianæ inde ediderat codicemque in præfatione hujus editionis paucis descripserat (4). Quem jam decem abhinc annis Monaci visum per benevolentiam illustrium virorum, qui incomparabili hujus urbis bibliothecæ præsunt, intercedente viro summo Friderico Thiersch, contigit mihi, ut domi per satis longum tempus diligentius examinare et cum textu Cousinianæ editionis eorumque scriptorum, unde ipse Abælardus sententias suas excerpserat, comparare possem. In quo negotio mox quidem deprehendi quantum etiam post Cousinii labores ille codex valeret ad textum Abælardi in iis quæ hic jam ediderat restituendum et emendandum, et quantum esset operæ pretium, ut ea quoque inde depromerentur et supplerentur, quæ in editione ejus omissa essent. Verum statim quoque apparuit, tot difficultatibus impeditum esse hoc negotium, maxime si quidem quos Abælardus collegerat scriptorum aliorum dicta in ipsis eorum operibus exquirenda et ita, quantum fieri potuit, restituenda erant, ut per mearum virium meique otii tenuitatem desperandum fuisset, nisi operam suam suasque vires mihi commodare voluisset vir juvenis optimus mihique conjunctissimus Georgius Stephanus Lindenkohl, V. D. M. et tam in bibliotheca academica quam in seminario Philippino gubernandis mihi muneris socius additus, et plurimum in textu ex codice enucleando et cum Patrum editionibus comparando laborem fortiter subiisset. Itaque junctis viribus novam imo primam totius libri Sic et Non editionem suscipi a nobis posse et fortasse debere arbitrati sumus, in qua adornanda quam simus rationem et methodum secuti jam paucis dicendum est.

Monacensis codex, cv membranis eo modo iisque litteris quarum exemplum adjunximus infra conscriptus, universi operis, ut ab ipso auctore absolutum est, imaginem exprimit; nam ea quoque in eo leguntur, quæ aliunde exscripta ipse Abælardus etiam prologo libri præfigenda censuit. « Placuit nobis, inquit (5), huic operi nostro, quod ex sanctorum dictis compilavimus in unum volumen congregatis, decretum illud Gelasii papæ præscribere, quo videlicet sciatur nihil nos ex apocryphis induxisse. » Itaque decretum illud Gelasii papæ dictum, re vera autem si non Pseudoisidorianum, certe paulo antiquius, eodem modo, quo ut anteca collectionibus Pseudoisidori, Burchardi et Ivonis, ita Gratiani quoque decreto dist. 15, cap. 3 insertum est, nimirum inde a verbis « sancta Romana Ecclesia » usque ad verba « in æternum confitemur esse damnata, » etiam in codice Monacensi primum locum obtinet; pauca tantum omissa sunt, etenim sub initium indicis scriptorum receptorum post Athanasii Basiliique mentionem quinque nomina Patrum desunt, Joannis Constantinopolitani, Theophili et Cyrilli Alex., Ambrosii et ipsius Augustini; hæc autem non de industria ab Abælardo vel antiquiore decreti editore, sed serioris librarii incuria omissa esse vel ipsa nomina testari videntur; similem ob causam in indice scriptorum prohibitorum Hesychii et Luciani nomina deesse, et in hæreticorum catalogo corrupta haud dubie Calixti, Subiani et Euticii nomina rectiori scriptioni; quæ Cœlestium, Jovinianum et Eutychem his locis indicat, substituta esse videntur. Proxime additi autem sunt loci quatuor, infra in margine appositi (6), qui quo consilio sequantur ægre suspiceris, nisi forte eum in finem accesserint, ut jam in ipso limine operis affirmanti scriptori, hoc est Gelasio certum quemdam numerum recipiendorum scriptorum definienti, usumque aliorum plurimorum tanquam apocryphorum interdicenti, statim contradicerent alii iique non minus orthodoxiæ laude insignes, qui præter ea quæ a Gelasio sancita essent, alias quoque revelationes earumque testes agnoscerent, et quorum dicta hac ipsa re auctorum dissensum et discordiam, quam indoles totius operis ferebat, si non aperte indicarent, certe innuerunt et præsagire cogerent. « Excerpta, » ita in prologo pergit Abælardus, « etiam Retractationum beati Augustini adjunximus, ex quibus appareat nihil hic ex his, quæ ipse retractando correxerit, positum esse. » Hinc in Monacensi quoque codice decretum Gelasii et locos quatuor ei additos excipit totius libri retractationum epitome. Et primum quidem operum omnium ibi descriptorum eodem ordine, quo ab Augustino ipso recensentur, tituli enarrantur post hæc Abælardi verba: « Sicut ex libro Retractationum Augustini colligitur, antequam has retracta-

---

(2) Ouvrages inédits d'Abélard pour servir à l'histoire de la philosophie scolastique en France, publiés par M. Victor Cousin. Paris 1836, 4.
(3) Petri Abælardi Opera, ed. Victor Cousin, adjuvantibus C. Jourdain et E. Despois. Parisiis 1849. 4. Tom. I.
(4) Petri Abælardi epitome theologiæ Christianæ primum ed. Fr. W. Rheinwald. Berolini 1835. 8.
(5) Infra col. 1349.
(6) Augustin. super Joan. (Ed. Maur. III, 2, p. 805): « Venit Nicodemus, qui venerat ad Jesum nocte primum. » Hic ergo intelligendum est ut Jesum non tunc solum, sed tunc primum venisse Nicodemum, ve-

tiones scriberet, xciii opera jam composuerat in libris ccxxxii; hæc autem opera quæ sint et quo ordine sint scripta ex ejusdem retractationibus atque ipsorum capitulis insinuatur, quæ quidem capitula hujusmodi sunt. » Deinde ex libris Augustini *De Trinitate* inseruntur loci tres (7), eo haud dubie consilio, ut apud summum Ecclesiæ doctorem animum a nimia sui admiratione alienum semperque ab aliis meliora edoceri paratum ostendant, et ita non solum indolem et præstantiam librorum retractationum, verum ipsius Abælardi quoque mentem in ipso operis initio simul exprimant. Tum demum decem foliis uberior sequitur *Retractationum* Augustini epitome, jam pari modo ac ipse liber *Sic et Non* comparata, ita quidem, ut auctor non suis verbis sensum Augustini complecti et reddere conatus sit, sed optima quæque Augustini effata ex textu ejus excerpta tesselati instar operis in novum ordinem compingat, et tam libri argumento enarrando satisfaciat, quam quæ ipse ex his maxime commendare suaque simul haberi velit præ cæteris eligat et conjungat. Denique huic introductioni ante prologum finem imposuit effatis aliquot Patrum de laudibus Augustini additis (8), quibus et ipsis, postquam hujus nobilitatis et discendi cupidinis imagine suimetipsius similem Augustinum effinxerat, nonnihil apologiæ inerat, qua sua quoque indoles et methodus defenderetur et commendaretur.

Haud scio, hæcne omnia, ut immutata libri *Sic et Non* imago restitueretur, hic quoque ad verba repeti et typis exscribi debuerint. Cum autem Gelasianus catalogus vel cum decreto Gratiani, cui insertus est, in omnibus decreti et corporis juris canonici editionibus legatur, et *Retractationes* in quavis operum Augustini editione primum locum tenere soleant, non opus erat ut hic repeterentur, sed sufficiebat indicasse quo ordine et consilio in universi operis vestibulo adhibitæ essent, et cætera effata, quæ aliunde petita ab Abælardo iis addita sunt, id quod supra in margine factum est, apposuisse.

In ipso autem textu Abælardi edendo id maxime nostrum habuimus, ut quantum fieri posset, codice Monacensi tanquam fundamento operis uteremur, neque tamen ea negligeremus, quæ tam ex Cousinii editione, Abrincensem et Turonicum codices secuta, quam ubi hæc deficeret ex scriptorum, quorum dicta ipse Abælardus excerpserat, operibus eorumque editionibus rei nostræ adhiberi poterant. Et primum quidem quoties Cousinii textui contradiceret Monacensis, hunc quidem recepimus non solum ubi rectiora continere, sed etiam ubi ferri posse videbatur, et Cousinii lectionem in adnotatione indicavimus: verum ubi codicem apertis librariorum vitiis corruptum haberemus, ejus scriptionem in margine apposuimus,

nisse autem postea, ut fieret audiendo discipulus, quod modo certe in Revelatione corporis beatissimi Stephani fere omnibus declaratur. » *Gennadius* presb. *De illustribus viris*, cap. 46 : « Lucianus presbyter, vir sanctus, cui revelavit Deus temporibus Honorii et Theodosii Augusti locum sepulcri et reliquiarum S. Stephani martyris primi, scripsit istam revelationem Græco sermone ad omnium Ecclesiarum personam. » *Item*, cap. 47. : « Avitus presbyter, Hispanus genere, ante relatam scripturam Luciani in Latinum transtulit. » *Beda* in chronicis (*De VI ætat. mundi*) : « Lucianus presbyter, cui revelavit Deus septimo Honorii principis anno locum sepulcri et reliquiarum beati Stephani protomartyris et Gamalielis et Nicodemi, qui in Evangelio et in Actibus apostolorum leguntur, scripsit ipsam revelationem Græco sermone ad omnium Ecclesiarum personas, quam revelationem Avitus presbyter homo Hispanus genere in Latinum vertit eloquium, et adjecta epistola sua per Orosium presbyterum Occidentalibus dedit. Qui etiam Orosius ad loca sancta perveniens quo cum Augustinum ad Hieronymum pro discenda animæ ratione miserat, reliquias beati Stephani accepit, et patriam reversus primus intulit Occidenti. »

(7) *Augustinus*, *De Trinitate*, *lib.* i, *cap.* 3 : « Proinde quisquis hæc legit, ubi pariter certus est, pergat mecum, ubi pariter hæsitat, quærat mecum : ubi errorem suum cognoscit, redeat ad me; ubi meum, revocet me. Ita ingrediamur charitatis viam simul, et hoc placitum pium cum omnibus ingero [*Maur.* : inierim], qui ea quæ scribo legunt, et in omnibus scriptis meis, maximeque in his ubi quæritur unitas Trinitatis, quia nec periculosius alicubi erratur, nec laboriosius aliquid quæritur, nec fructuosius aliquid invenitur. Quisquis ergo cum legit dicit : Non bene hoc dictum est, quoniam non intelligo, locutionem meam reprehendit, non fidem. Et forte vere potuit dici planius ; verumtamen nullus hominum ita locutus est ut in omnibus ab omnibus intelligeretur, neque omnia, quæ ab omnibus conscribuntur, in omnium manibus veniunt. Et fieri potest ut qui nostra intelligere valent, illos planiores non inveniant libros et in istos saltem decidant [*Maur.* : incidant]. Ideoque utile est plures a pluribus fieri diverso stylo, non diversa fide; etiam de quæstionibus eisdem, ut ad plurimos res ipsa perveniat, ad alios sic, ad alios autem sic. » *Item :* « Arbitror sane nonnullos tardiores in quibusdam locis librorum meorum opinaturos me sensisse quod non sensi ; quorum errorem mihi tribui non debere quis nesciat, si velut me sequentes neque apprehendentes deviaverunt in aliquam falsitatem. » *Item*, iii *libro*, *cap.* 1 : « Sane cum in omnibus litteris meis non solum pium lectorem, sed etiam liberum correptorem [*Maur.* : correctorem] desiderem, multo maxime in his, ubi ipsa magnitudo est quæstionis, et utinam tam multos inventores haberem possem quam multos contradictores habeo. Verumtamen sicut lectorem meum nolo esse mihi deditum, ita correptorem nolo sibi. Ille me non amet amplius, quam catholicam fidem ; ille se non amet amplius quam catholicam veritatem. Sicut illi dico : Noli litteris meis quasi Scripturis canonicis inservire, sed in illis et quod non credebas cum inveneris, incunctanter crede, in istis autem quod certum non habes, nisi certum intellexeris, noli firmiter retinere ; ita illi dico : Noli meas litteras ex tua opinione vel contemptione [*Maur.* : contentione], sed ex divina lectione vel inconcussa ratione corrigere. »

(8) *Hieronymus Augustino* (Martianay IV, 641) : « Duobus libellis tuis, quos meo nomini dedicasti, eruditissimis et omni eloquentiæ splendore fulgentibus ad præsens respondere non potui, non quia in eis quidquam reprehendendum putem ; quidquid enim dici potuit et subtili ingenio de Scripturarum sanctarum haurire fontibus, a te positum atque dissertum est. Mihi autem decretum est te amare, suscipere atque mirari, tuaque dicta ut me defendere. » *Idem ad Desiderium*, *De XII scriptoribus* (Mart. V, 416): « Augustinus episcopus, volans per montium culmina quasi aquila [et] ea quæ in montium radicibus fiunt non considerans, multa cœlorum spatia terrarumque situs [et] aquarum circulum claro sermone denuntiat. Qui enim in lignum fructuosum ascendere vult, paulatim ad superiora et majora poma carpere festinat, ramos autem parvulis proximos relinquit. Nos autem, qui parvuli sumus infirmique ac minores, si inferiora congregare voluerimus, nobiscum bene agitur. » *Gregorius in Registro* (Maur. II, 1067) : « Si delicioso cupitis pabulo saginari, opuscula beati Augustini compatriotæ vestri legite et ad illius similagini comparationem furfurem nostrum ne requiratis. » *Ex Decretis pontificum* : « Augustinus. Quem ne sinistræ suspicionis rumor aspersit. « Post quem locum jam operis ipsius initium in codice his verbis indicatur : « Expliciunt excerpta *Retractationum* Augustini. Incipit prologus Abælardi, » etc.

Cousiniumque in textu secuti sumus; quatuor præterea quæstiones, a 139 usque ad 143, quæ in codice prorsus deerant, e Cousinio adjecimus. Magis autem quo esset modo scribendum dubii hæsimus, quoties optimæ Patrum editiones, eæ maxime quæ Maurinorum monachorum insigni industriæ debentur, rectiorem scriptionem indicare viderentur, quam at solus Monacensis textus aut præter illum Cousinianus quoque ostenderet; poterant quidem vitia bis quoque irrepsisse et medela egere; poterant autem commissa esse a librariis aut ante aut post Abælardum viventibus; cum autem non veterum Patrum, sed Abælardi textus restituendus esset, de lege quidem, secundum quam agendum esset, vix poterat ambigi, nimirum posterius hoc vitiorum genus, si fieri possit, emendandum, illud prius autem consulto retinendum esse; ubi vero de singulis decernendum erat, vix unquam erui poterat, utrum suspecta quædam lectio librariis antiquioribus, an paucis iis demum deberetur, per quos Abælardi textus ex ipsius autographo ad Monacensis codicis librarium usque traditus et translatus esset. Quid igitur agendum erat? Cum ad id, quod Abælardi intererat, dum dictum cujusdam scriptoris alicui quæstioni addit, plerumque nihil referat dissensus inter vitiosam hujus effati scriptionem, et eam quæ rectior visa est, vix unquam dubitari potest, ipsum Abælardum, si hanc rectiorem novisset, eam non improbaturum, sed libenter in textum suum recepturum fuisse. Ut igitur boni interpretis est, non solum verba scriptoris singulatim respicere et per alia explicare, sed quibusvis aliis quoque adminiculis sententiam ejus cognoscere, in qua verbis exprimenda quoties auctor ipse sibi nonnunquam minus satisfecerit non ægre feret, ut hoc ab interprete verborum suorum intelligatur et distinguatur, ita ejus est, qui scriptoris aliorum dicta colligentis mentem assequi velit, adspersas forte his dictis maculas abstergere, licet dubium sit an scriptor ipse eas jam deprehenderit. Nos certe hoc non semper a nobis impetrare potuimus, ut quas rectiores censeremus lectiones in textum non reciperemus, quanquam neque in codice, neque apud Cousinium, sed in Patrum tantum editionibus eas inveneramus. Verum bene memores, non licere nobis antiqua cum recentioribus miscere, et ita Abælardi librum emendare velle, nunquam tamen ex Patrum editionibus contra auctoritatem codicum tam Monacensis quam Gallicorum in textum quidquam admisimus, quod non uncis, imo plerumque editionis, unde receptum esset, significatione insigniremus, et cui non scriptionem Monacensis codicis certe in margine apponeremus. Excusatiores erimus, quod orthographiam codicis, variam hic illic et nulli certæ legi accommodatam, ad litteram reddere operæ pretium non duximus, sed communem scribendi usum in commodum lectorum sequi maluimus; neque hoc ab iisdem improbatum iri speramus, quod quæ in codice prima tantum singulorum verborum littera indicata invenimus Scripturæ sacræ dicta, ex Vulgata ejus versione plenius transcripsimus, iisque capitis versusque significationem fere adjecimus. Non prorsus quidem immutatum his omnibus reliquimus textum codicis Monacensis, neque nobis persuasimus, his ad ea, quæ sua manu Abælardus ipse scripserit, propius nos accessisse. Existimavimus autem usum libri ita plurimis commodiorem et acceptiorem fore, et hunc usum quamplurimorum lectorum adjuvare maluimus, quam laudem mereri, vel minutissima antiqui temporis vestigia nos conservasse vel restituisse. Concedimus omnino non ab omni quidem parte laudandum esse mentem et consilium, quibus ad scribendum hunc librum Abælardus permotus esse videatur, et inesse huic dissensum inveniendi et explicandi libidini nonnihil fortasse partium studii et voluptatis ex alieno incommodo; non diffitemur graves exstitisse causas iis quibus Catholica Ecclesia ejusque immota auctoritas cordi erant, cur eum librum « æternis tenebris potius quam luce dignum existimarent (9), » qui consensum eorum, quos testes veritatis sibi soli concreditæ hæc Ecclesia habet, non in levibus solum quæstionibus, sed et in summis quibusdam fidei articulis evanescere faciat, et dissensum horum testium sæpe quidem per fictam ejus speciem exaggeret et simulet, verum non raro ita quoque re vera demonstret, ut dubitandi de eo nulla materia relinquatur, et his omnibus ipsum hujus Ecclesiæ fundamentum concuti et everti videatur; non negamus denique, a sæculo duodecimo longe diversum esse nostrum, et quo salutari sive remedio sive toxico illius ævi theologi maxime sanandi erant, ut e veterno expergefacti ab antiquorum placitorum languida repetitione ad suarum quoque virium usum primaque in studiis theologicis et criticis tirocinia converterentur, nostrates minus egere, quorum non pauci jam oppositum vitium incurrerint, ut pharmacum parce ægrotis profuturum ipsam quoque vivam aquam sitientibus animis satisfacturam, et novaculam criticorum, μάχαιραν τοῦ πνεύματος mundum superaturam habeant. Attamen scimus quoque, quovis tempore eosdem morbos, licet variam formam indutos rursus erumpere et semper impugnandos esse, quovis tempore ad stuporem et pigritiam, ad languorem in amando et quærendo vero, ad ignaviam et hebetudinem in testimonio animæ pie audiendo, ad sui admirationem et rectius sentientium contemptum proclivem esse turbam hominum, eoque gravius affligi et corrumpi, si superveniunt, qui hæc vitia etiam virtutes esse et non corrigenda, sed fovenda esse deceptæ plebeculæ persuadeant; neque in scholis theologorum hodieque cessavisse hæc mala videmus, imo e rep. in Ecclesiam rediisse, jamque pari modo, ac sexto illo sæculo, quo imperator clausis philosophorum scholis monasteriisque solis relictis disciplinæ futurorum Ecclesiæ ministrorum optime se consuluisse existimavit, novam quod nos quoque iminere barbariem, cum in dies augeantur qui dociles præbeant aures lenocinio profitentium, non per laborem et sudorem honestamque studiis theologicis et philosophicis dicatam diligentiam, sed per vociferandi libidinem et calumniandi audaciam ad sacrum munus instructiorem quemque fieri; abstinendum esse ab antiqua omnium virium in indagando vero contentione, quæ superbiam toties aluerit, a discendi et quamplurimorum audiendi cupidine, qua nimium omnes perturbentur; indulgendum inertiæ, qua nemo superbire et tranquillitate animi privari possit, ne multa unico obsequio erga receptam ab imperium tenentibus formulam cum inquirentium in eam despicientia, hoc est exstincto veri amore opus esse; hoc unico sacrificio pro cæteris omnibus virtutibus satisfieri earumque defectum expiari. Quæ mala latius quidem serpserunt et validius etiamnum crescunt, quam ut subito evelli queant; fieri tamen potest non minus nostro quam olim duodecimo sæculo, ut aliquam certe medelam ut ut pharmaci instar iis afferat liber, qui dum tempore omnibus subsidiis litterariis, quibus nos abundamus, pene destituto initia licet inculta ostendit fere incognitarum hucusque disciplinarum theologicarum, nimirum criticæ sacræ, historiæ dogmatum, theologiæ biblicæ, eisque superstruendæ dogmaticæ, nostratibus non solum hæc studia historica et diligentiorem hodie ad ea concessi apparatus usum gravius commendat, et ingeniose decerptam ex Patribus anthologiam ad ea offert, sed eo maxime consilio ab auctore compositus est, ut « lectores ad maximum inquirendæ veritatis exercitium provocaret, et acutiores ex inquisitione redderet. » Q. D. b. v.

Dab. Marburgi, in bibl. acad., die 15 Aprilis anni 1851.

E. H.

(9) Ita in præfatione Martène et Durand *Thes. nov. Anecdot.*, tom V.

Fol. 1, a.

Iste liber attinet venerabili conventui Sancti Victoris in Parisius. Cuius titulus est Abaielardi phylosophi de sic et non. Decretum aut Gelasii ipse est excerpta. Sex libris Retractationum, ut supra, scripsit ipse Petrus Abaelardus suo libro primo per modum ploysi. Ut habetur clare in fine sui Floysi, quem scripsit immediate hic infra suo libro.

Fol. 14, b.

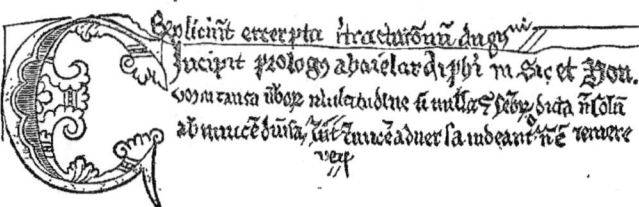

*Expliciunt excerpta tractatuum dugm[...]
Incipit prologus abaelardi phi in Sic et Non.
Cum tanta uerborum multitudine in nullis seriptis dicta non solum ab inuicem diuersa, sed inuicem aduersa uideantur non renuere...*

Fol. 18, b.

*Cum autem aliqua scripturis indiuersa dicta tanto amplioris lectoris exerceant, et admirenda ueritate alliciunt, quanto magis scripture ipsi committat auctoritas. Vt placuit nobis huic operi quod per scos dictis compilauimus titulum uoluimus ogere. Decretum illud gelasii pape de auctenticis libris plebere, quo indicetur scire nichil uel his exaposcheund prosse. Excepta tractatuorum uera ab iniuria regulis appareat, nichil hic esse pro quo ipse rectificando correxerit potuerit. Et explicit prologus.
Incipiunt collecte ab eodem auctore, quod uere uidetur, prefatos hic collectione siue scripse et non appellau....*

INCIPIT PROLOGUS PETRI ABÆLARDI [9]
IN SIC ET NON.

Cum in tanta verborum multitudine nonnulla etiam sanctorum dicta non solum ab invicem diversa, verum etiam invicem adversa videantur, non est temere de his judicandum, per quos mundus ipse judicandus est, sicut scriptum est: *Judicabunt sancti nationes* (Sap. III); et iterum: *Sedebitis et vos judicantes* (Luc. XXII); nec tanquam mendaces eos arguere aut tanquam erroneos contemnere præsumamus, quibus a Domino dictum est: *Qui vos audit, me audit; qui vos spernit, me spernit* (Luc. X). Ad nostram itaque recurrentes imbecillitatem nobis potius gratiam intelligendo deesse quam eis scribendo defuisse credamus, quibus ab ipsa dictum est Veritate: *Non enim vos estis qui loquimini, sed Spiritus Patris vestri, qui loquitur in vobis* (Matth. x). Quid itaque mirum, si, absente nobis Spiritu ipso, per quem ea et scripta sunt et dicta (10) atque ipso quoque scriptoribus intimata, ipsorum nobis desit intelligentia, ad quam nos maxime pervenire impedit inusitatus locutionis modus ac plerumque earumdem vocum significatio diversa, cum modo in hac, modo in illa significatione vox eadem sit posita? Quippe quemadmodum in sensu suo, ita et in verbis suis unusquisque abundat. Et cum juxta Tullium in omnibus identitas mater sit satietatis, id est fastidium generet, oportet in eadem quoque re verba ipsa variare (11), nec omnia vulgaribus et communibus denudare verbis; quæ, ut ait beatus Augustinus, ob hoc teguntur, ne vilescant, et eo amplius sunt gratiora (12), quo sunt majore studio investigata et difficilius conquisita. Sæpe etiam, pro diversitate eorum quibus loquimur, verba commutari oportet; cum frequenter eveniat ut verborum propria significatio nonnullis sit incognita aut minus usitata. Quibus quidem si ad doctrinam, ut oportet, loqui volumus, magis eorum usus quam proprietas sermonis æmulandus est, sicut et ipse grammaticæ princeps et locutionum instructor Priscianus edocet. Quod etiam diligentissimus Ecclesiæ doctor beatus attendens Augustinus, cum in quarto *De doctrina Christiana* ecclesiasticum instrueret doctorem, omnia illum quæ intelligentiam præpediunt eorum quibus loquitur, præterire admonet, et tam ornatum quam proprietatem sermonis contemnere, si absque istis ad intelligentiam facilius poterit pervenire, *non curante* (Opp. Aug. III, p. 1, pag. 75), inquit, *illo, qui docet, quanta eloquentia doceat* (13), *sed quanta evidentia. Diligens appetitus aliquando negligit verba cultiora. Unde ait quidam, cum de tali genere locutionis ageret, esse in ea quamdam diligentem negligentiam.* Item: *In bonis doctoribus tanta docendi cura sit, ut verbum, quod, nisi obscurum sit vel ambiguum, Latinum esse non potest, vulgi autem more, sicut dicitur, ut ambiguitas obscuritasque vitetur, non sic dicatur, ut a doctis, sed potius ut ab indoctis dici solet. Si enim non piguit dicere interpretes nostros de sanguinibus* (14), *quoniam senserunt ad rem pertinere, ut eo loco pluraliter enuntietur hoc nomen, quod in Latina lingua singulariter tantummodo dicitur; cur pietatis doctorem pigeat imperitis loquentem ossum potius quam os dicere, ne ista syllaba* non *ab eo quod sunt* ossa, *sed ab eo quod sunt* ora *intelligitur? Quid enim prodest locutionis integritas, quam non sequitur intellectus audientis, cum loquendi omnino nulla sit causa, si quod loquimur non intelligunt propter quos, ut intelligant, loquimur? Qui ergo docet, vitabit verba omnia, quæ non docent.* Item: *Insignis est indolis in verbis verum amare, non verba. Quid enim prodest clavis aurea, si aperire quod volumus non potest? aut quid obest lignea, si hoc potest, quando nihil quærimus nisi patere quod clausum est?*

Quam sit etiam temerarium de sensu et intelligentia alterius alterum judicare, quis non videat? cum soli Deo corda et cogitationes pateant, qui nos etiam ab hac præsumptione revocans ait: *Nolite judicare, et non judicabimini* (Luc. VI). Et Apostolus: *Nolite,* inquit, *ante tempus judicare, quoadusque veniat qui illuminabit abscondita tenebrarum et manifestabit consilia cordium* (I Cor. IV); ac si aperte dicat: Illi committite in talibus judicium, qui solus omnia novit atque ipsarum quoque discretor est cogitationum, juxta quod et de occultis ejus mysteriis typice (15) super agno paschali scriptum est: *Si quid residuum fuerit, igni comburatur* (Exod. x), hoc est, si quid est divinorum mysteriorum, quod intelligere non valeamus, spiritui, per quem scripta sunt, docenda potius reservamus, quam temere definiamus.

Illud quoque diligenter attendi convenit, ne, dum aliqua nobis ex dictis sanctorum objiciuntur, tan-

---

(9) Codex Monacensis: *Abaielardi philosophi,* omissa voce *Petri.*
(10) Cousin: *dictata.*
(11) Mon.: *narrare.*
(12) Mon.: *graviora.*

(13) Mon.: *deceat.*
(14) Ps. xv, 4: *Non congregabo conventicula eorum de sanguinibus.*
(15) Cous.: *tropice.*

quam sint opposita vel a veritate aliena, falsa tituli inscriptione vel scripturae ipsius corruptione fallamur. Pleraque enim apocrypha ex sanctorum nominibus, ut auctoritatem haberent, intitulata sunt; et nonnulla, in ipsis etiam divinorum Testamentorum scriptis, scriptorum vitio corrupta sunt. Unde fidelissimus scriptor et veracissimus interpres Hieronymus, ad Laetam de institutione filiae scribens, nos praemonuit (16) dicens (Maur. IV, 569) : *Caveat omnia apocrypha; et si quando ea non ad dogmatum veritatem, sed ad signorum reverentiam legere voluerit, sciat non eorum esse quorum titulis praenotantur, et grandis esse prudentiae aurum in luto quaerere.* Idem super LXXVII psalmum, de inscriptione tituli ejus, qui est hujusmodi, « intellectus Asaph, » ait sic (17) : *Scriptum est secundum Matthaeum : Cum locutus fuisset Dominus in parabolis et illi non intelligerent,* etc.; *haec,* inquit, *facta sunt, ut adimpleretur quod scriptum est per Isaiam prophetam : Aperiam in parabolis os meum. Evangelia usque hodie ita habent. Hoc Isaias non loquitur, sed Asaph.* Item ergo simpliciter dicamus quomodo scriptum est in Matthaeo et Joanne, quod Dominus hora sexta crucifixus sit, in Marco quidem hora tertia; error scriptorum fuit, et in Marco hora sexta scriptum fuit; sed multi pro episimo (18) Graeco putaverunt esse gamma, sicut ibi error fuit scriptorum, ut pro Asaph Isaiam scriberent. Scimus enim quod plurima ecclesia de imperitis congregata fuit gentilibus. Cum ergo legerent in Evangelio : *Ut impleretur quod scriptum est in Asaph propheta,* ille qui primus scribebat Evangelium coepit dicere : Quis est iste Asaph propheta? Non erat notus in populo. Et quid fecit? ut errorem emendaret, fecit errorem. Dicamus aliquid simile in alio loco secundum Matthaeum (XXVII, 9) : *Retulit,* inquit, *triginta argenteos pretium appretiati, sicut scriptum est in Jeremia propheta.* In Jeremia hoc penitus invenire non possumus, sed in Zacharia; videtis ergo quod hic error fuit sicut ibi. Quid itaque mirum, si in Evangeliis quoque nonnulla per ignorantiam scriptorum corrupta fuerint, ita et in scriptis posteriorum Patrum, qui longe minoris sunt auctoritatis, nonnunquam eveniat? Si itaque aliquid a veritate absonum in scriptis sanctorum forte videatur, pium est et humilitati congruum atque charitati debitum, quae omnia credit, omnia sperat, omnia suffert, nec facile vitia eorum quos amplectitur suspicatur, ut aut eum Scripturae locum non fideliter interpretatum aut corruptum esse credamus, aut nos eum non intelligere profiteamur.

Nec illud minus attendendum esse arbitror, utrum talia sint ea quae de scriptis sanctorum proferuntur, quae vel ab ipsis alibi retractata sint et, cognita postmodo veritate, correcta, sicut in plerisque beatus egerit Augustinus; aut magis secundum aliorum opinionem quam secundum propriam dixerint

sententiam, sicut in plerisque Ecclesiastes dissonas diversorum inducit sententias, imo et tumultuator interpretatur, beato in quarto dialogorum attestante Gregorio; aut sub quaestione potius reliquerunt ea inquirentes quam certa definitione terminarent, sicut praedictus venerabilis doctor Augustinus in editione *Super Genesim ad litteram* se fecisse perhibet, ita de hoc opere in primo *Retractationum* suarum commemorans (Maur. I, 28), *in quo opere,* inquit, *plura quaesita quam inventa sunt, et eorum quae inventa sunt, pauciora firmata, caetera vero ita posita velut adhuc requirenda sint.* Beato quoque attestante Hieronymo, novimus morem catholicorum doctorum hunc fuisse, ut in commentariis suis nonnullas etiam haereticorum pessimas opiniones suis insererent sententiis, dum, perfectioni studentes, nulla antiquorum praeteriisse gauderent. Unde rescribens ad beatum Augustinum, cum ab eo super expositione cujusdam loci Epistolae Pauli ad Galatas pulsaretur, ait (IV, 618) : *Quaeris cur dixerim in commentariis Epistolae Pauli ad Galatas, Paulum id in Petro non potuisse reprehendere quod ipse fecerat. Et asseris simulationem apostolicam non fuisse dispensatoriam, sed veram, et me non debere docere mendacium. Respondeo debere prudentiam tuam praefatiunculae commentariorum meorum meminisse, quod, imbecillitatem virium mearum sentiens, Origenis commentarios sum secutus. Scripsit enim ille vir in Epistolam Pauli ad Galatas volumina; praetermitto Didymum videntem meum et Apollinarem Laodicenum de ecclesia nuper egressum, et Alexandrum veterem haereticum, qui et ipsi nonnullos super hac re commentarios reliquerunt. Legi haec omnia, et in mentem meam plurima coacervans, accito notario, vel mea vel aliena dictavi.* Item : *Eruditionis tuae fuerat quaerere, utrum ea quae scripsimus haberentur in Graecis; ut, si illi non dixissent, tunc meam proprie sententiam condemnares, praesertim cum libens in praefatione confessus sim Origenis commentarios me esse secutum, et vel mea vel aliena dictasse, ut lectoris arbitrio derelinquerem, utrum probanda essent an improbanda.* Sic et beatum Hilarium et nonnullos sanctos multa ex ipsius Origenis vel aliorum errantium scriptis interseruisse sententiis non ambigimus, opinionem nobis aliorum potius praesentantes quam sententiam proferentes; quod tamen non tam per ipsos nobis quam per alios postmodo innotuit. Unde et praedictus doctor Hieronymus ad Vigilantium presbyterum, cum se excusaret, quod Origenis dicta nonnunquam vel poneret vel transferret, *Si hoc,* inquit, *crimen est, arguatur confessor Hilarius, qui psalmorum interpretationes et homelias in Job ex libris ejus transtulit* (IV, 276). Ubi quidem cum nonnulla reperiremus a veritate dissona vel aliorum sanctorum scriptis contraria, Origeni potius quam Hilario sunt imputanda, licet ipse hoc Hilarius non distinguat,

---

(16) Cous. : *praemunivit.*
(17) Cous. : *quae est hujusmodi :* intellectus,

Asaph., » ait : *Sic,* etc.
(18) Ita Cousin (ἐπισήμῳ). Mon. : *episomo.*

quale est illud statim, quod primum psalmum de capite [Christo] non esse intelligendum astruere nititur, sed generaliter de quolibet alio justo esse accipiendum. Quod et ipse Hieronymus in quadam expositione quorumdam psalmorum, Origenem similiter prosecutus, posuit. Ipsum quoque fortasse Origenem, ipso attestante, non ambigendum est nonnulla magnis erroribus implicita juxta opinionem aliorum protulisse. Unde et Hieronymus ad Avitum scribendo presbyterum, multiplices colligens errores, quos Origenes in libris suis *peri arcon* posuit, de ipso ita locutus est Origene : *Post tam nefandam disputationem, qua lectoris animum vulneravit, hæc,* inquit, *juxta nostram sententiam non sunt dogmata, sed quæsita tantum atque projecta, ne penitus intacta viderentur* (IV, 763). Sic et ipse supra Hieronymus dixit sua vel aliena sæpe dictasse, ut lectoris arbitrio derelinqueret, utrum probanda essent an improbanda. Beatus quoque Augustinus, pleraque ex operibus suis retractando ac corrigendo, multa se ibi ex opinione magis aliorum quam ex propria posuisse sententia profitetur. Nonnulla etiam in Evangelio juxta opinionem hominum magis quam secundum veritatem rerum dici videntur ; veluti cum Joseph pater Christi a matre quoque ipsius Domini juxta opinionem et morem vulgi appellatur, ita quidem dicente : *Ego et pater tuus dolentes quærebamus te* (*Luc.* II). Et juxta quod aspectu percipitur, modo cœlum stellatum dicimus, modo non ; modo solem calidum, modo vero minime, vel modo lunam plus vel minus lucere, modo etiam penitus non lucere, cum tamen æqualiter hæc semper in perpetuum maneant, quæ non nobis æqualiter semper apparent. Et Apostolus, in plerisque dicta derogantium sibi secutus, aliter de se ipso quam sentiat esse, non veretur profiteri ; quale est illud : *Nos stulti propter Christum, vos autem prudentes in Christo* (I Cor. IV, 10). Idem etiam Apostolus Melchisedech sine patre et matre et sine genealogia dicit, nec initium dierum aut finem habere ; quia hoc scilicet nostram notitiam latet, quod Scriptura non docet, non quod ita rei veritas sese habeat. Samuel quoque in phantasmate apparuisse Pythonissæ dicitur, non tam secundum veritatem quam secundum rei similitudinem, quæ intuentibus falsam gignebat opinionem. Ut enim beatus meminit Augustinus, phantasma illud Samuel appellatum est, quia similitudinem Samuelis exhibebat, sicut et aliquis in somnis se Romam vidisse dicit, quia similitudinem ejus mente concepit.

Poeticæ quoque seu philosophicæ scripturæ pleraque ita juxta opinionem loquuntur, quasi in veritate consistant, quæ tamen a veritate penitus discrepare liquet. Unde est illud Ovidianum (*Art. am.* I, 350) .

Fertilior seges est alienis semper in agris,
Vicinumque pecus grandius uber habet.

(19) Mon. : *etiam juxta quod.*
(20) Cous. : *discoarctationem.*

Boethius quoque in quarto topicorum accidens et substantiam duo prima rerum genera cum dixerit, ad opinionem potius quam ad veritatem aspexit. Quod vero philosophi quoque pleraque juxta opinionem aliorum magis quam juxta suam proferebant sententiam, Tullius, lib. II *De officiis* his verbis manifeste profitetur : *Justitia cum sine prudentia satis habeat auctoritatis, prudentia sine justitia nihil valet ad faciendam fidem. Quo enim quisque versutior et callidior, hoc invidiosior et suspectior, detracta opinione probitatis. Quamobrem intelligentiæ justitia conjuncta quantum volet habebit ad faciendam fidem virium. Justitia sine prudentia multum poterit ; sine justitia nil valebit prudentia. Sed ne quis sit admiratus, cur, quod inter omnes philosophos constet a meque ipso disputatum sæpe sit, qui unam habet omnes habere virtutes, nunc ita sejungam, quasi possit quisquam, cum non idem prudens sit, justus esse: alia est illa cum veritas ipsa limatur in disputatione, alia cum ad omnes accommodatur oratio. Quamobrem, ut vulgus, ita nos loquimur, ut alios fortes, alios bonos viros, alios prudentes esse dicamus ; popularibus enim verbis est agendum et usitatis cum loquimur.* Quotidiani denique sermonis usus est juxta judicium corporalium sensuum pleraque dici aliter, quam in re consistat. Cum enim nullus in toto mundo vacuus omnino sit locus, qui non vel aere vel aliquo corpore repleatur, vacuam tamen prorsus arcam esse dicimus, in qua nihil esse visu percipimus. Qui res juxta (19) oculorum aspectus judicat, modo cœlum stellatum dicit, modo non, et modo solem calidum, modo vero minime, vel modo lunam plus vel minus lucere, modo etiam penitus non lucere, cum tamen æqualiter hæc semper in re permaneant, quæ non nobis æqualiter semper apparent. Quid itaque mirum, si a sanctis quoque Patribus nonnulla ex opinione magis quam ex veritate nonnunquam prolata sint aut etiam scripta ? Diligenter et illud discutiendum est, cum de eodem diversa dicuntur, quid ad præcepti coarctationem (20), quid ad indulgentiæ remissionem vel ad perfectionis exhortationem intendatur, ut secundum intentionum diversitatem adversitatis quæramus remedium ; si vero præceptio est, utrum generalis an particularis, id est an ad omnes communiter an ad aliquos specialiter directa. Distinguenda quoque tempora sunt, et dispensationum causæ, quia sæpe quod uno tempore est concessum, alio tempore (21) reperitur prohibitum ; et quod ad rigorem sæpius præcipitur, ex dispensatione nonnunquam temperatur. Hæc autem in institutionibus ecclesiasticorum decretorum vel canonum distingui maxime necesse est. Facilis autem plerumque controversiarum solutio reperietur, si eadem verba in diversis significationibus a diversis auctoribus posita defendere poterimus.

His omnibus prædictis modis solvere controver-

(21) Cous. om. *tempore*

sias in scriptis sanctorum diligens lector attentabit. Quod si forte adeo manifesta sit controversia, ut nulla possit absolvi ratione, conferendæ sunt auctoritates, et quæ potioris est testimonii et majoris confirmationis, potissimum retinenda. Unde illud est Isidori ad Massionem episcopum : *In fine autem epistolæ hoc adducendum putavi, ut quotiescunque in gestis conciliorum discors sententia invenitur, illius teneatur magis sententia, cujus antiquior aut potior exstat auctoritas.* Constat vero et prophetas ipsos quandoque prophetiæ gratia caruisse, et nonnulla ex usu prophetandi, cum se spiritum prophetiæ habere crederent, per spiritum suum falsa protulisse; et hoc eis ad humilitatis custodiam permissum esse, ut sic videlicet verius cognoscerent, quales per spiritum Dei, et quales per suum existerent, et se eum qui mentiri vel falli nescit ex dono habere, cum haberent. Qui etiam, cum habetur (22), sicut non omnia uni confert dona, ita nec de omnibus mentem ejus quem replet, illuminat, sed modo hoc, modo illud revelat, et cum unum aperit, alterum occultat. Quod quidem beatus Gregorius in prima super Ezechielem homilia, manifestis declarat exemplis, ipsum etiam apostolorum principem, qui tot divinæ gratiæ donis et miraculis coruscabat, post (23) illam quoque specialem a Domino promissam sancti Spiritus effusionem, qui ejus discipulos omnem docet (24) veritatem, lapsum in errorem de circumcisionis adhuc et quorumdam antiquorum rituum observantia, cum a coapostolo suo Paulo graviter atque salubriter publice correctus esset, a perniciosa simulatione desistere non puduit. Quid itaque mirum, cum ipsos etiam prophetas et apostolos ab errore non penitus fuisse constet alienos, si in tam multiplici sanctorum Patrum scriptura nonnulla propter supra positam causam erronee prolata atque scripta videantur? Sed nec tanquam mendacii reos argui sanctos convenit, si nonnulla quandoque aliter quam se rei veritas habeat, arbitrantes, non per duplicitatem, sed per ignorantiam dicant; nec præsumptioni vel peccato imputandum est, quidquid ex charitate ad aliquam ædificationem dicitur, cum apud Dominum omnia discuti juxta intentionem constet, sicut scriptum est : *Si oculus tuus fuerit simplex, totum corpus tuum lucidum erit (Matth., vi).* Unde et illud est beati Augustini de ecclesiastica disciplina tractantis : *Habe,* inquit, *charitatem, et fac quod vis.* Item super Epistolam Joannis : *Qui non habet charitatem, non est ex Deo; quidquid vis, habe; hoc solum nisi habeas, nihil tibi prodest; alia si non habeas, hoc habe, et implesti legem.* Item : *Semel ergo breve præceptum tibi præcipitur : dilige, et quod vis fac.* Item, *De doctrina Christiana,* libro primo (Maur. III, p. i, p. 17) : *Quisquis,* inquit, *divinas Scripturas vel quamlibet earum partem intellexisse sibi videt, ita ut eo intellectu non ædificet istam geminam cha-*

ritatem Dei et proximi, nonaum intellexit. Quisquis vero talem inde sententiam dixerit, ut huic ædificandæ charitati sit utilis, nec tamen hoc dixerit, quod ille quem legit eo loco sensisse probatur, non perniciose fallitur, nec omnino mentitur. Inest quippe in mentiente voluntas falsa dicendi. Idem contra mendacium (IV, 464) : Mendacium est falsa significatio vocis cum voluntate fallendi. Idem in Enchiridio (VI, 202), cap. 25 : Nemo sane mentiens judicandus est, qui dicit falsum, quod putat verum ; quoniam, quantum in ipso est, non fallit ipse, sed fallitur. Non itaque mendacii, sed aliquando temeritatis arguendus est qui falsa incautius credita pro veris habet. Potius e contrario ille mentitur, qui dixit verum, quod putat falsum, quantum enim ad animum ejus attinet, quia non quod sentit, hoc dicit ; non verum dicit, quamvis verum inveniatur esse quod dicit, nec ullo modo liber est a mendacio qui ore nesciens verum loquitur, sciens autem voluntate mentitur.* Item : *Omnis qui mentitur, contra id quod animo sentit loquitur voluntate fallendi.* Idem super Evangelia, lib. I (VI, 461) : *Jacob autem quod matre fecit auctore, ut patrem fallere videretur, si diligenter attendatur, non est mendacium, sed mysterium.* Verax enim significatio nullo modo mendacium recte potest dici. Mendacium quippe hoc loco spiritualis doctor non nisi peccatum accipit, quod magis juxta intentionem loquentis quam secundum qualitatem locutionis. Dominus, qui cordis et renum probator est, pensat, non tam ea quæ fiunt quam quo animo fiunt attendens. A quo quidem immunis est, quisquis prout existimat sincere ac non fraudulenter neque per duplicitatem loquitur, juxta quod sequitur et scriptum est : *Qui ambulat simpliciter, ambulat confidenter (Prov. x).* Alioquin et apostolus Paulus mendacii arguendus esset, qui existimationem suam magis quam veritatem rei secutus, scribens ad Romanos (xv, 28), ait : *Hoc igitur cum consummavero, et assignavero eis fructum hunc, proficiscar per vos in Hispaniam.* Aliud itaque est mentiri, aliud itaque est errare loquentem, et a veritate in verbis per errorem, non per malitiam, recedere. Quod si forte etiam sanctis ipsis, ut diximus, accidere Deus permittat, in his quidem, qui nullum fidei detrimentum habent, nec id etiam illis infructuose accidit, quibus omnia cooperantur in bonum ; hoc et ipsi ecclesiastici doctores diligenter attendentes et nonnulla in suis operibus corrigenda esse credentes, posteris suis emendandi vel non sequendi licentiam concesserunt, si qua illis retractare et corrigere non licuit. Unde et supra nominatus doctor Augustinus Retractationum libro : *Scriptum est,* inquit, *ex multiloquio non effugies peccatum (Prov. x, 19).* Item apostolus Jacobus (i, 19) : *Sit,* inquit, *omnis homo velox ad audiendum, tardus ad loquendum.* Item : *In multis enim offendimus omnes. Si quis in verbo non offendit, hic perfectus est vir (Jac.*

(22) Cous. : *haberent.*
(23) Cous. : *præter.*

(24 Cous. : *doceret.*

III, 2). *Ego mihi hanc perfectionem nec nunc arrogo, cum sim senex; quanto minus cum juvenis cœpi scribere?* Idem in prologo lib. III *De Trinitate : Noli meis litteris quasi Scripturis canonicis inservire; sed in illis, quod non credebas, cum inveneris, constanter crede. In istis autem, quod certum non habebas, nisi certum intellexeris, noli firmiter retinere.* Idem ad Vincentium Victorem, libro II. (Maur. I, 2) : *Negare non possum nec debeo, sicut in ipsis moribus, ita multa esse in tam multis opusculis meis, quæ possunt justo judicio et nulla temeritate culpari.* Item, in epistola ad Vincentium Victorem : *Noli, frater, contra divina tam clara testimonia colligere velle calumnias ex episcoporum scriptis, sive nostrorum, sive Hilarii, sive Cypriani et Agrippini; quia hoc genus litterarum ab auctoritate canonis distinguendum est. Non enim sic leguntur, tanquam ita ex eis testimonium proferatur, ut contra sentire non liceat, sicubi forte aliter sapuerint quam veritas postulat.* Idem ad Fortunatianum : *Neque quorumlibet disputationes, quamvis catholicorum et laudatorum hominum velut Scripturas canonicas habere debemus, ut nobis non liceat, salva honorificentia, quæ illis debetur hominibus, aliquid in eorum scriptis improbare atque respuere, si forte invenerimus, quod aliter senserunt quam veritas habet. Talis ego sum in scriptis aliorum, quales volo esse lectores meos in meis.* Idem contra Faustum, lib. I, cap. 11 (VIII, 222) : *Paulum aliquando errasse et proficiendo mutasse sententiam, absit ut dicamus! De his enim libris dici potest aliquid eos habere non consonum, qui non præcipiendi auctoritate, sed proficiendi exercitatione scribuntur a nobis.* Item : *Nos eorum sumus quibus idem dicit Apostolus : Et si quid aliter sapitis, id quoque vobis* (25) *Deus revelabit. Quod genus litterarum non cum credendi necessitate, sed cum judicandi libertate legendum est.*

Cui tamen ne intercluderetur locus, et adimeretur posteris ad quæstiones difficiles tractandas atque versandas linguæ et styli saluberrimus labor, distincta est a posteriorum libris excellentia canonicæ auctoritatis Veteris et Novi Testamenti. Ibi si quid veluti absurdum moverit, non licet dicere : Auctor hujus libri non tenuit veritatem; sed aut codex mendosus est, aut interpres erravit, aut tu non intelligis (26). In opusculis autem posteriorum quæ libris innumerabilibus continentur, si qua forte propterea putantur a vero dissentire, quia non ut dicta sunt intelliguntur, tamen liberum habet ibi lector auditorve judicium, quod vel approbet quod placuerit, vel improbet quod offenderit, et ideo cuncta hujusmodi, nisi vel certa ratione vel illa canonica auctoritate defendatur, ut demonstretur sive omnino ita esse sive fieri potuisse, quod vel ibi disputatum est vel narratum est ; si cui displicuerit, aut credere noluerit, non reprehenditur. Scripturas itaque canonicas Veteris et Novi Testamenti dicit instrumenta, in quibus a veritate aliquid dissentire hæreticum est profiteri. De quibus quidem Scripturis idem in epistola quarta ad Hieronymum ita meminit : *In expositione quoque Epistolæ Pauli apostoli ad Galatas invenimus quoddam quod nos multum mordet. Si enim ad Scripturas sanctas admissa fuerint vel officiosa mendacia, quid in eis remanebit auctoritatis? quæ tandem de Scripturis illis sententia proferetur? cujus pondere contentiosa falsitatis obteretur improbitas?* Idem ad eumdem de eisdem Scripturis : *Mihi videtur exitiosissime credi aliquid in sacris libris esse mendacium, id est eos homines, per quos nobis illa Scriptura ministrata est atque conscripta, aliquid in suis libris fuisse mentitos. Admisso enim semel in tantum auctoritatis fastigium officioso mendacio aliquo, nulla illorum librorum particula remanebit, quæ non, ut cuique videbitur, vel ad mores difficilis vel ad fidem incredibilis, eadem perniciosissima ad mentis auctoris consilium officiumque referatur.* Beatus quoque Hieronymus, cum inter ecclesiasticos doctores quosdam cæteris anteferret, ita nobis legendos esse consuluit, ut eos magis dijudicemus quam sequamur. Unde est illud ejus consilium ad Lætam de institutione filiæ : *Cypriani,* inquit, *opuscula semper in manu teneat; Athanasii opuscula et Hilarii librum inoffenso currat pede; illorum tractatibus, illorum ingeniis delectetur, in quorum libris pietas* (27) *fidei non vacillat; cæteros sic legat ut magis dijudicet quam sequatur.* Idem in psalmo LXXXI, quasi auctoritatem his omnibus penitus auferens, ait : *Dominus narrabit in scriptura populorum et principum horum qui fuerunt in ea. Non dixit, qui sunt in ea, sed qui fuerunt. Populorum non sufficit, sed etiam principum dicit; et quorum principum? Qui fuerunt. Videte ergo quomodo Scriptura sancta sacramentis plena est. Legimus Apostolum dicentem : An experimentum ejus quæritis qui in me loquitur Christus?* (II Cor. XIII.) *Quod Paulus loquitur, Christus loquitur* (qui enim vos recipit, me recipit [Luc. IX]) *in scripturis principum, in scriptura populorum, quæ est scripta populis omnibus. Videte quid dicat : qui fuerunt, non qui sunt, ut, exceptis apostolis, quodcunque aliud postea dicatur, abscindatur, non habeat postea auctoritatem. Quamvis ergo sanctus sit aliquis post apostolos, quamvis disertus sit, non habeat auctoritatem.* Hieronymus ad Vigilantium : *Quisquis multorum tractatorum opuscula legit, debet esse sicut probatus nummularius, ut si quis nummus adulterinus est et figuram Cæsaris non habet nec signatus moneta publica, reprobetur; qui autem Christi faciem claro præfert lumine, in cordis marsupio recondatur.* Non enim præjudicata doctoris opinio, sed doctrinæ ratio ponderanda est, sicut scriptum est : *Omnia probate; quod bonum est tenete* (II Thess. v). Hoc tamen de commentatoribus dictum est, non de canonicis Scripturis, quibus indubitatam fidem conve-

(25) Cous. : *nobis* (*Philip.* III, 15).
(26) Mon. hoc loco interposuit : *Hieron. in psalmo* LXXXVI.
(27) Cousin : *quorum pietas,* om. *in* et *libris.*

nit adhibere. idem ad Paulinum de sanctis doctoribus, in ea : *Bonus homo de bono cordis thesauro* (*Matth.* XII) : *Taceo de cæteris vel defunctis vel adhuc viventibus, super quibus in utramque partem post nos judicabunt alii.*

His autem prælibatis, placet, ut instituimus, diversa sanctorum Patrum dicta colligere, quando nostræ occurrerint memoriæ, aliqua (28) ex dissonantia, quam habere videntur, quæstionem contrahentia, quæ teneros lectores ad maximum inquirendæ veritatis exercitium provocent et acutiores ex inquisitione reddant. Hæc quippe prima sapientiæ clavis definitur, assidua scilicet seu frequens interrogatio; ad quam quidem toto desiderio arripiendam philosophus ille omnium perspicacissimus Aristoteles in prædicamento *ad aliquid* studiosos adhortatur, dicens : *Fortasse autem difficile est de hujusmodi rebus confidenter declarare, nisi pertractatæ sint sæpe. Dubitare autem de singulis non erit inutile.* Dubitando enim ad inquisitionem venimus; inquirendo veritatem percipimus; juxta quod et Veritas ipsa : *Quærite,* inquit, *et invenietis, pulsate et aperietur vobis* (*Matth.* VII). Quæ nos etiam proprio exemplo moraliter instruens, circa duodecimum ætatis suæ annum sedens et interrogans in medio doctorum inveniri voluit, potius discipuli nobis formam per interrogationem exhibens, quam magistri per prædicationem, cum sit tamen in ipsa Dei plena ac perfecta sapientia. Cum autem aliqua Scripturarum inducuntur dicta, tanto amplius lectorem excitant et ad inquirendam veritatem alliciunt, quanto magis Scripturæ ipsius commendatur auctoritas. Unde placuit nobis huic operi nostro, quod ex sanctorum dictis compilavimus in unum volumen congregatis, decretum illud Gelasii papæ de authenticis libris præscribere, quo videlicet sciatur nihil nos hic ex apocryphis induxisse. Excerpta etiam Retractationum beati Augustini adjunximus, ex quibus appareat nihil hic ex his, quæ ipse retractando correxerit, positum esse.

Explicit prologus.

Incipiunt sententiæ collectæ ab eodem, quæ contrariæ videntur. Pro qua contrarietate hanc collectionem sententiarum ipse *Sic et Non* appellavit (29).

1 (30).

Quod fides humanis rationibus sit astruenda, et contra.

Gregorius in homilia XXVI : Sciendum nobis est quod divina operatio, si ratione comprehenditur, non est admirabilis; nec fides habet meritum, cui humana ratio præbet experimentum. *Idem Theodorico et Theodiberto regi Francorum* (31) : In sacerdotibus fides eligenda est cum vita. si vita deest, fides. *Idem in homilia V* : Ad unius jussionis vocem Petrus et Andreas, relictis retibus, secuti sunt Redemptorem. Nulla vero hunc facere miracula viderant; nihil ab eo de præmio æternæ retributionis audierant; et tamen (32) ad unum Domini præceptum hoc quod possidere videbantur obliti sunt. *Idem in Moralibus, lib.* XX : Mel invenisti ; comede quod sufficit tibi, ne forte satiatus evomas illud. Dulcedinem (33) quippe spiritualis intelligentiæ qui ultra quam capit comedere appetit, etiam quod comederat evomit; quia, dum summa intelligere ultra vires quærit, etiam quod bene intellexerat amittit. Hinc rursum dicit : Sicut qui mel multum comedit, non est ei bonum; sic qui scrutator est majestatis opprimetur a gloria. Gloria quippe invisibilis conditoris (34), quæ moderate inquisita nos erigit, ultra vires perscrutata premit. *Ex libro primo Augustini contra Faustum* (VIII, 225) : Faustus : Sed tamen et hoc enervis est fidei confessio in Christo, sine teste et argumento non credere. Nempe ipsi vos dicere soletis, idcirco nihil esse curiosius exquirendum, quia simplex sit et absoluta Christiana credulitas, quomodo ergo nunc fidei simplicitatem destruitis, judiciis eam ac testibus fulciendo? *Ex Vita sancti Sylvestri,* ubi ei cum Judæis disputanti Roasi (35) rabi dixit : Rationi humanæ non est committenda fides, quæ Deum hunc suadeat credi, quem tu unum Deum (36), Patrem et Filium et Spiritum sanctum confiteris. *Augustinus, De fide symboli ad Laurentium papam* : Propheta dicit : *Nisi credideritis, non intelligetis* (*Isa.* VII) ; item quomodo sane Deus Pater genuerit Filium, nolo discutias, nec te curiosius inferas in profundi hujus arcanum (37), ne forte, cum inaccessæ (58) lucis fulgorem pertinacius perscrutaris, exiguum ipsum, quod mortalibus divino munere (39) concessum est, perdas aspectum. *Idem, De baptismo parvulorum* : Ubi de re obscurissima disputatur, non adjuvantibus divinarum Scripturarum certis clarisque documentis, cohibere se debet humana præsumptio, nihil faciens in alteram partem declinando. *Idem, in libro De moribus Ecclesiæ contra Manichæos, cap.* 2 : Naturæ quidem ordo ita se habet, ut, cum aliquid dicimus, rationem præcedat auctoritas; nam infirma videri ratio potest, quæ (40) cum reddita fuerit, auctoritatem postea, per quam firmetur, assumit. *Idem* : Innumerabiles sunt in sacra Scriptura (41) quæstiones, quæ non finiendæ sunt ante finem, ne finiatur vita sine fide; sed, plane

(28) Cous. : *aliquam.*
(29) Cous. : *Incipiunt sententiæ ex divinis Scripturis collectæ, quæ contrariæ videntur. Pro qua quidem contrarietate hæc compilatio sententiarum Sic et Non appellatur.*
(30) Numerorum signa quæstionibus ascripsimus; in codice desunt.
(31) Hic locus omnino deest apud Cous.
(32) Cous. : *sed.*
(33) Cous. : *Dulcedinum.*

(34) Cous. : *quippe invisibilis conditoris majestas,* quia, etc.
(35) Mon. : *Joasi.*
(36) Cous. : *vivum dominum.*
(37) Cous. : *profundum hoc aquarum.*
(38) Cous. : *in accessu.*
(39) Cous : *numine.*
(40) Cous. : *quia.*
(41) Mon. : *Scriptura sacræ.*

retenta jam fide, ad exercitandam delectationem fidelium mentium studiose requirendæ sunt quæstiones, et quod in eis eluxerit sine superbia communicandum, et quod latuerit sine salutis dispendio tolerandum. *Idem, in psalmo* xxxix : Nonne superbus inveniris, cum dicis : Primo videam, et sic credam ? *Item :* Facilius in negotiis fidei testimoniis creditur, quam ratio investigetur (42). *Idem super Joannem, homil.* xxvii : *Mea doctrina non est mea, sed ejus qui me misit (Joan.* vii) (43). Audiat consilium qui dicit : Nondum intellexi. Vidit itaque Christus hoc profundum non omnes intellecturos, et in consequenti dedit consilium. Intelligere vis, crede ; Deus enim per prophetam dicit : *Nisi credideritis, non intelligetis (Isa.* vii). Ad hoc pertinet, quod etiam secutus adjunxit : *Si quis voluerit voluntatem ejus facere, cognoscet de doctrina utrum ex Deo sit, an ego a me ipso loquor (Joan.* vii). Si non intellexisti, inquam, crede ; intellectus enim merces est fidei. Noli ergo quærere intelligere, ut credas, sed crede, ut intelligas, quoniam, *nisi credideritis, non intelligetis.* Quid est : *Cognoscet de doctrina ?* hoc est intelliget. Quid est : *Si quis voluerit voluntatem ejus facere ?* hoc est credere. Quis nesciat hoc esse facere voluntatem Dei, operari opus ejus ? Ipse autem alio loco ait : hoc est opus Dei, ut credatis in cum quem ille misit. *Idem, homil.* xxxvii : Nos ergo, fide præcunte, quæ sanat oculum cordis, quod intelligimus, sine obscuritate capiamus ; quod non intelleximus, sine dubitatione credamus. *Idem, libr.* viii *De Trinitate* (44) : Priusquam intelligamus, credere debemus, vigilandumque (45) nobis est, ne ficta sit fides nostra. Si autem falsum de illa credimus, inanis erit spes et non casta charitas. *Ambrosius :* Si ratione convincor, fide (46) abnuo. *Hieronymus super Jerem., lib.* iv : Quid sibi in loco hoc voluerit editio vulgata, possem dicere et sensum aliquem reperire, nisi de verbis Dei humano sensu argumentari esset sacrilegium. *Gregorius Dominico episcopo :* Quanquam ergo hoc se ita habeat et desideremus omnes hæreticos a catholicis sacerdotibus vigore semper ratione que compesci. *Idem, in Pastorali, cap.* 50 : Aliter admonendi sunt sapientes hujus sæculi, atque aliter hebetes ; illos plerumque rationis argumenta, istos nonnunquam melius exempla convertunt. Illis nimirum prodest ut in suis allegationibus victi permaneant ; istis vero aliquando sufficit, ut laudabilia aliorum (47) facta cognoscant. *Idem, Moralium lib.* xix : A veritate avertentes auditum (48) ad fabulas convertunt ; scripta Dei ubique reperta opponuntur oculis, sed hæc cognoscere homines dedignantur ; pene nullus quærit scire quod credidit. *Idem Bonifacio :* Si ita. ut audieram, magnitudo vestra intentione sollicita de animæ suæ vita cogitaret, nequaquam mihi de fide sua per epistolas, sed per semetipsam posceret respondere, ut et vos de nostra ratione, et nos de vestra credulitate gauderemus. Nam nos, licet in omnibus causis, in his tamen præcipue quæ Dei sunt, ratione magis stringere homines quam potestate festinamus. *Nicolaus papa ad consulta* (49) *Bulgarorum, cap.* 12 : De his qui christianitatis bonum suscipere renuunt, nihil aliud scribere possumus, nisi ad fidem rectam monitis et exhortationibus et ratione eos potius quam vi convincatis. *Isidorus, Sententiarum lib.* ii, *cap.* 2 : Fides nequaquam vi extorquetur, sed ratione atque exemplis suadetur ; quibus autem exigitur violenter, perseverare in eis non potest ; exemplo, ut ait quidam, novellæ arboris, cujus si quis cacumen violenter depresserit (50), denuo cum laxatur, in id quod fuerat confestim revertitur. *Hilarius, De Trinitate, in lib.* 12 : Oportet eos, qui Christum prædicant mundo, irreligiosis mundi imperfectisque doctrinis per scientiam sapientis omnipotentiæ contraire, juxta dictum Apostoli : *Nostra enim arma non sunt carnalia, sed potentia Deo ad destructionem munitionum, rationes destruentia et omnem altitudinem elevatam adversus cognitionem Dei (II Cor.* x, 4). Fidem non nudam apostolis (51) atque inopem rationis reliquit ; quæ quamvis potentissima ad salutem sit, tamen, nisi per doctrinam instruatur, habebit quidem inter adversa tutum diffugiendi recessum, non etiam retinebit constantem obnitendi securitatem, eritque, ut infirmioribus sunt post fugam castra, non etiam, ut castra habentibus, adest interrita fortitudo. Contundendæ ergo sunt insolentes adversus Deum disputationes, et destruenda rationum fallacium munimenta, et elevata ad impietatem ingenia conterenda, nec carnalibus armis, sed spiritualibus, nec terrena doctrina, sed cœlesti sapientia, ut quanta rerum divinarum humanarumque discretio est, tanta ultra terrena studia ratio cœlestis excedat. *Hieronymus in Epistola ad Galatas, lib.* i, laudans sanctam Marcellam : Scio equidem ardorem ejus, scio fidem, quam flammam habeat in pectore, superare sexum, oblivisci homines, et divinorum voluminum tympano concrepante rubrum hujus sæculi pelagus transfretare. Certe, cum Romæ essem, nunquam me tam festina vidit, ut non de Scripturis aliquid interrogaret ; nec vero, more Pythagorico, quidquid responderem, rectum putabat, nec sine ratione præjudicata apud eam valebat auctoritas, sed examinabat omnia, et sagaci mente universa pensabat, ut me sentirem non tam discipulam habere quam judicem. *Augustinus, ad Valerium comitem,* judicans de nuptiis et concupiscentia : Quod licet fide robustissima irriseris, bonum est tamen,

---

(42) Hic locus deest apud Cous.
(43) *Mea — misit* desunt apud Cous.
(44) Cous. : *civitate.* Cf. Maur. VIII, 870.
(45) Cous. *vigilandum quod.*
(46) Cous. : *fidem.*

(47) Cous. : *eorum.*
(48) Cous. : *judicium.*
(49) Cous. : *concilia.*
(50) Mon. : *impresserit*
(51) Cous. : *apostolus.*

ut noveris etiam defendendo adjuvare quod credimus. Et apostolus enim Petrus paratos nos esse præcipit ad satisfactionem omni poscenti nos rationem de fide et spe nostra. Et apostolus Paulus : *Sermo*, inquit, *vester sit in gratia sale conditus, ut sciatis quomodo oporteat vos unicuique respondere* (Col. IV, 6). *Idem in tractatu De misericordia* : Petite orando, quærite disputando, pulsate rogando. *Idem in secundo De doctrina Christiana* (III, p. 1, p. 58) : Restant ea quæ non ad corporis sensum, sed ad rationem pertinent, ubi disciplina regnat disputationis et numeri. Sed disputationis disciplina ad omnia genera quæstionum, quæ in sanctis libris (52) sunt, penetranda plurimum valet. Tantum ibi cavenda est libido rixandi, et puerilis quædam ostentatio decipiendi adversarium. Sunt enim multa, quæ appellantur sophismata, falsæ conclusiones rationum, et plerumque ita veras imitantes, ut non solum tardos, sed ingeniosos etiam minus attentos decipiant. Quod genus captiosarum conclusionum Scriptura, quantum existimo, detestatur illo loco ubi dictum est (*Eccli.* XXXVII, 23) : *Qui sophistice loquitur, odibilis est.* Beda *in I Epistola apostoli Petri* (53) : *Dominum autem Christum sanctificate in cordibus vestris, parati semper ad satisfactionem omni poscenti rationem de ea quæ in vobis est spe, ut in eo quod detrahunt de vobis confundantur, qui calumniantur vestram bonam in Christo conversationem* (54) : duobus modis de spe et fide nostra rationem poscentibus reddere debemus, ut et justas spei ac fidei nostræ causas omnibus intimemus, sive fideliter sive infideliter quærentibus, et ipsam fidei ac spei nostræ professionem illibatam semper teneamus etiam inter pressuras adversantium.

II.
Quod fides sit de non apparentibus tantum (55), *et contra.*

Gregorius, *homil. VII, lib. II in Evangelio* : *Quia vidisti me, credidisti* : Cum Apostolus dicat : *Est enim fides sperandarum substantia rerum, argumentum non apparentium* (*Hebr.* XI, 1), profecto liquet quia fides illarum rerum argumentum est quæ apparere non possunt. Quæ enim sunt apparentia, fidem non habent, sed agnitionem; sed aliud vidit, aliud credidit. A mortali quippe homine Divinitas videri non potuit; hominem igitur vidit et Dominum confessus est dicens : Dominus meus et Deus meus. *Idem, Dialogorum lib.* IV, *cap.* 8 : Cum Paulus dicat : *Est enim fides sperandarum substantia rerum, argumentum non apparentium*, hoc veraciter dicitur credi, quod non valet videri ; nam credi jam non potest quod videri potest. Haimo *in Epistola Pauli ad Romanos* : Fides igitur est, qua veraciter credimus id quod nequaquam videre valemus. Sin autem quod credimus jam videmus, fides non est habenda, sed cognitio. Augustinus *de verbis Domini et quibusdam sententiis Pauli apostoli, sermone LXXX* : Justus ex fide vivit, quia credit quod non vidit ; filii Dei sumus, et nondum apparuit quid erimus ; quia nondum apparuit, ideo fides. Modo ergo fides, antequam appareat quod erimus ; scimus quidem : cum apparuerit, similes ei erimus. Quare ? quia videbimus eum sicut est. Apostolus dicit nos habere (56) Christum per fidem in cordibus nostris, modo per fidem, tunc per speciem ; modo per fidem, quandiu in via (57), quandiu in peregrinatione ; quandiu enim *sumus in corpore, peregrinamur a Domino* ; *per fidem enim ambulamus, non per speciem* (II *Cor.* V, 6, 7). Quid erit species ? audi : ut sit Deus omnia in omnibus. Quidquid hic quærebas, quidquid hic pro magno habebas, ipse tibi erit. Cum venerimus, tenebimus ; et jam visio erit, non fides ; et jam res erit, non species (58) ; amabimus videndo et tenendo. Ergo charitas perfecta erit, sicut ait Apostolus : *Fides, spes, charitas, tria hæc* ; *major autem horum charitas* (I *Cor.* XIII, 13). Securi, illo adjuvante, perseverantes in eo dicamus : *Quis nos separabit a charitate Christi ? tribulatio ? an angustia ? an gladius ?* etc. (*Rom.* VIII, 35.) *Idem libro* II *De baptismo parvulorum* [X, 63] : Quid enim magnum erat, vivendo non mori eos qui crederent, credere se non morituros ? quanto est majus ita credere, ut se speret moriturus sine fine victurum ? Denique hoc quibusdam in fine largietur, ut mortem istam repentina commutatione non sentiant, sed simul cum resurgentibus rapiantur obviam Christo, et sic semper cum Domino vivant. Et recte illis, quia non erunt jam posteri, qui propter hoc credant, non sperando quod non vident, sed amando quod vident ; quæ nec fides omnino dicenda est, quandoquidem fides ita definita est : fides est sperandarum substantia rerum, argumentum non apparentium. *Idem super Joannem, homil.* : *Et nunc dico vobis, priusquam fiat, ut, cum factum fuerit, credatis* (*Joan.* XIV, 29). Quid est hoc, cum magis credere homo habeat (59), antequam fiat id quod credendum est ? hæc est enim laus fidei, si quod (60) creditur non videtur ; nam quid magnum est, si id creditur quod videtur ? secundum illam Domini sententiam, quando discipulum arguit dicens : *Quia vidisti, credidisti ; beati qui non viderunt et crediderunt* (*Joan.* XX, 29). Nam ipsa fides ita est definita : est autem fides sperandarum substantia rerum quæ non videntur. Quapropter quid sibi vult, ut, cum factum fuerit, credatis ? nam et ille cui dictum est : Quia vidisti, credidisti, non hoc credidit quod vidit ;

---

(52) Mon. : *litteris.*
(53) Cous. : *Pauli* (1 *Petr.* III, 15).
(54) Hæc verba usque ad conversationem desunt apud Cous.
(55) Cous. : *tamen.*

(56) Cous. : *dicit habitare.*
(57) Cous. : *vita.*
(58) Cous. : *spes.*
(59) Cous. : *credere habeo.*
(60) Cous. : *siquidem.*

cernebat carnem et credebat Deum in carne latentem. Sed etsi dicuntur credi quæ videntur, sicut dicit unusquisque oculis suis se credidisse, non tamen ipsa est quæ in nobis ædificatur fides; sed ex rebus, quæ videntur, agitur in nobis, ut ea credantur quæ non videntur. *Idem :* Credituri non fide nova, sed aucta, aut certe, cum mortuus esset, defecta, cum resurrexisset, refecta. *Idem homil. XXXIX.* Quid promittit credentibus? cognoscetis veritatem. Non quia cognoverunt crediderunt, sed ut cognoscerent, crediderunt. Credimus ut cognoscamus, non cognoscimus ut credamus. Quid est enim fides, nisi credere quod non vides? fides ergo est, quod non vidisti credere; veritas, quod credidisti videre; veritas est, sed adhuc creditur, non videtur. *Idem lib.* II *quæst. evangel. : Justitia in eo revelatur ex fide in fidem* (Rom. I, 17). Intelligitur quidem fides qua creduntur ea quæ non videntur; sed tamen est etiam fides rerum, quando non verbis, sed rebus ipsis præsentibus, creditur quod futurum est, cum jam per speciem manifestam se contemplandam præbebit sanctis Dei sapientia. De qua fide rerum lucisque ipsius præsentatæ forsitan Paulus dicit : *Justitia enim Dei in eo revelatur ex fide in fidem.* Dicit enim et alio loco : *Nos autem, revelata facie Dei gloriam speculantes, in eamdem imaginem transformamur de gloria in gloriam (II Cor.* III, 18). Sicut enim dicit hic de gloria in gloriam, ita et ibi ex fide in fidem; de gloria scilicet Evangelii, quo nunc credentes illuminantur, in gloriam manifestæ veritatis. *Haimo super Epistolam ad Ephesios* (IV, 11) : *Et ipse dedit quosdam quidem apostolos,* etc.; donec occurramus omnes obviam Christo in resurrectione in veritatem fidei et agnitionem Filii Dei, id est, quousque unam fidem habeamus post resurrectionem et omnes æqualiter Deum cognoscamus. In præsenti siquidem sæculo, sicut est diversitas scientiæ, ita et diversa fides, quia alius plus, alius minus de Deo intelligit, et secundum (61) quod intelligit et cognoscit, habet fidem. Post resurrectionem autem jam non erit diversitas fidei, quia, sicut omnes æqualiter Dominum videbunt, ita æqualiter fidem habebunt. *Boethius super topicam Ciceronis, lib. I :* Argumentum est ratio, quæ rei dubiæ facit fidem (62). Multa enim sunt quæ faciunt fidem; sed quia rationes non sunt, nec argumenta esse possunt, ut visus facit fidem his quæ videntur, sic quia ratio non est visus, nec argumentum esse potest.

III (63).

Quod agnitio non sit de non apparentibus, sed fides tantum (64), *et contra.*

Gregorius homil. VI, lib. II : In Evangelio profecto liquet, quia fides illarum rerum argumentum est quæ apparere non possunt; quæ enim apparentia sunt, fidem non habent, sed agnitionem. *Haimo*

(61) Cous. : *simul.*
(62) *Argumentum — facit fidem* desunt apud Cous.
(63) Hanc quæstionem Cous. *quarto, quartam*

in Epistola Pauli ad Rom. : Fides igitur est, qua veraciter credimus id quod nequaquam videre valemus. Sin autem, quod credimus, id jam videmus, fides non est habenda, sed cognitio. Paulus in II ep. ad Corinth. : *Et nos credimus, propter quod et loquimur; scientes quoniam qui suscitavit Jesum, et nos cum Jesu suscitabit et constituet nobiscum (II Cor.* IV, 13, 14). Item : *Scimus enim quoniam, si terrestris domus nostra dissolvatur, generaliter habemus domum æternam in cœlis (II Cor.* V, 1). August. *lib. I. Retractationum :* Quod dixi multum interesse utrum aliquid certa mentis ratione teneatur, quod scire dicimus, an fama vel litteris credendum posteris utiliter commendetur. *Et paulo post :* Quod scimus igitur, rationi debemus, quod credimus, auctoritati : non sic accipiendum est, ut in sermone usitatiore vereamur nos dicere scire quod idoneis testibus credimus; proprie quippe cum loquimur, id solum scire dicimus quod mentis firma ratione comprehendimus. Cum vero loquimur verbis consuetudini aptioribus, non dubitemus dicere scire nos et quod percipimus nostri corporis sensibus et quod fide dignis credimus testibus. *Idem ad Paulinum :* Satis est ut inter videre et credere hoc distare dicamus, quod præsentia videntur, creduntur absentia. *Item :* Constat igitur nostra scientia ex visis rebus et creditis. *Item :* Non autem immerito scire nos dicimus non solum ea quæ vidimus (65) vel videmus, verum et quæ idoneis commoti testimoniis credimus.

IV.

Quod sit credendum in Deum solum, et contra.

Augustinus ad neophytos, homil. III : Quod autem interrogavimus : credis sanctam Ecclesiam? non eo modo interrogavimus, ut, quomodo in Deum creditur, sic et in Ecclesiam sanctam. Non ergo diximus, ut in Ecclesiam quasi in Deum crederetis. *Idem super Joannem, hom. XXIX :* Dominus ait : Ut credatis in eum quem ille misit, ut in eum, non ut ei; dæmones credebant ei, et non credebant in eum. Credimus Paulo, sed non in Paulum; Petro, sed non in Petrum. Credenti in eum, qui justificat impium, [deputatur fides ejus ad justitiam]. Quid est credere in eum? credendo amare, credendo diligere, credendo in eum ire et ejus membris incorporari. Ipsa est fides, quam definit plenissime Apostolus dicens : *Sed fides, quæ per dilectionem operatur (Gal.* V, 6). *Hieronymus in epist. Pauli ad Eph. sive Augustin. De baptismo parvulorum, lib. I : Credenti in eum qui justificat impium Prov.* XVII). Quisquis ergo fuerit ausus dicere : Justifico te; consequens est, ut dicat etiam : Crede in me; quod nemo sanctorum recte dicere potuit, nisi Sanctus sanctorum : credite in Deum et in me credite. *Idem in epistolam Joannis, serm. X :* Quid poterant plus credere dæmones quam ut dicerent : *Scimus quia sis Filius Dei? (Marc.* I, 24.) Quod tertio loco posuit.

(64) Cous. : *tamen.*
(65) Cous. : *videntur.*

dixerunt dæmones, hoc dixit et Petrus : *Tu es Christus, Filius Dei vivi;* et audit a Domino : *Beatus es, Simon Barjona* etc., *(Joan.* VI.*)* Hoc dicebant dæmones, ut Christus ab eis recederet, nam dixerunt : *Quid venisti ante tempus torquere nos ?* (*Matth.* VIII, 29.) *Item :* Cum dilectione fides Christiani, sine dilectione fides dæmonis. Qui autem non credunt, pejores sunt quam dæmones et tardiores. Quisquis (66) non vult credere in Christum, adhuc nec dæmonem imitatur; jam credit in Christo, sed odit Christum; habet confessionem fidei in timore pœnæ, non in amore coronæ; nam et illi puniri timebant. Symbolum Nicænum a CCCXVIII Patribus constitutum, sicut Romæ habetur (67) post altare Sancti Pauli in tabula argentea ligno superposita, quam Leo tertius fecit componi ad cautelam fidei catholicæ, sicut ibidem in eadem tabula subjunctum est : « Credo in unum Deum Patrem omnipotentem, factorem cœli et terræ, visibilium omnium et invisibilium; et in unum Dominum Jesum Christum, Filium Dei unigenitum, qui ex Patre natus est ante omnia sæcula; lumen de lumine, Deum verum de Deo vero, natum non factum, consubstantialem Patri, per quem omnia facta sunt; propter nos homines et propter nostram salutem, descendentem de cœlo, et incarnatum de Spiritu sancto et Maria virgine et humanatum, crucifixumque pro nobis sub Pontio Pilato, et passum et sepultum, et resurgentem tertia die secundum Scripturas, et ascendentem in cœlum et sedentem ad dextram Patris, et iterum venturum cum gloria judicare vivos et mortuos, cujus regni non erit finis ; et in Spiritum sanctum, Dominum et vivificantem, ex Patre procedentem, cum Patre et Filio coadorandum et conglorificandum, qui locutus est per prophetas; in unam sanctam, Catholicam et apostolicam Ecclesiam. Confiteor unum baptismum in remissionem peccatorum. Spero resurrectionem mortuorum et vitam venturi sæculi. Amen. » Leo indignus tertius episcopus pro amore et cautela orthodoxæ fidei fecit. *Ambrosius De sacramentis, sermone primo :* Credit etiam catechumenus in crucem Domini Jesu, qua et ipse signatur. *Idem sermone II :* Interrogatus es : Credis in Deum Patrem omnipotentem? Dixisti credo; et mersisti (68). Iterum interrogatus es : Credis in Dominum nostrum Jesum Christum, et in crucem ejus? Dixisti credo. Idem *in libro De mysteriis :* Constringeris ut credas in Filium sicut et in Patrem, similiter in Spiritum sanctum; hoc solo excepto quod in cruce solius Domini Jesu fateris tibi esse credendum. *Hieronymus ad Paulam et Eustochium, in expositione Pauli ad Philemonem :* Credidit populus Domino et Moysi servo ejus; una atque eadem credulitas in Moysen referetur et Deum, cum populus, qui credebat in Domino, æque credidisse scribatur in servum. Hoc autem non solum in Moysi, sed in omnibus sanctis est, et quicunque credit Deo, aliter fidem ejus recipere nequeat, nisi credat et in sanctos ejus. Quod autem dico tale est, nisi prius crediderit de sanctis ejus vera esse quæ scripta sunt; item non valebit adduci ad fidem Veteris Testamenti, nisi quæcunque de patriarchis et prophetis et aliis insignibus viris narrat historia, comprobarit, ut ex fide legis ad fidem veniat Evangelii, et justitia Dei in illo reveletur ex fide in fidem. *Idem In disputatione Luciferiani et Orthodoxi :* Luciferianus dixit : Sed laico ideo (69) ignoscendum est, quia Ecclesiam Dei putans simpliciter accessit, et juxta fidem suam credens baptizatus est. Orthodoxus dixit : Novam rem asseris, ut Christianus quisquam factus sit ab eo qui Christianus non est. Accedens ad Arianos, in qua fide baptizatus est? nempe in ea quam habebant Ariani. Aut si jam ipse bene credebat et sciens ab hæreticis baptizatus est, erroris veniam non meretur. *Item :* Præterea cum solemne sit in lavacro post Trinitatis confessionem interrogare : Credis in sanctam Ecclesiam? credis remissionem peccatorum? in quam Ecclesiam credidisse eum dicis? In Arianorum? sed non habent in nostram? (70) Sed extra hanc baptizatus non potuit in eam credere, quam nescivit.

V.

Quod non sit Deus singularis, et contra.

Athanasius in Symbolo fidei : Et tamen non, tres dei, sed unus est Deus. *Augustinus, Quæst. veteris et novæ legis, cap. LIX :* Unus quidem est, sed non singularis; habet ex æternis in mysterio alterum, qui sit cum altero. *Idem :* Deus Pater in se habet alterum cum altero, sicut dixi. *Ambrosius, De fide, ad Gratianum imperatorem :* Quod unius est substantiæ, separari non potest, etsi (71) non sit singularitatis sed unitatis. Singularitas ad personam pertinet, unitas ad naturam. *Hilarius, De Trinitate, libr. IV :* Et dixit Deus : *Faciamus hominem ad imaginem et similitudinem nostram* (*Gen.* I). Sustulit singularis intelligentiam professione consortii ; consortium autem esse aliquis (72) solitario ipsi sibi non potest; neque rursus recipit solitarii similitudo faciamus. *Item :* Solitario convenit faciam et meam (73), non solitario vero faciamus et nostram. *Item* [Hil. opp. p. 847] : De rubo apparuit Dei angelus Deus, non ideo Deus quia angelus Dei est; neque rursus angelus Dei non idcirco quia Deus est. Sed significata personarum distinctione ac manifesta sacramentorum cœlestium dispensatione, non solitarium decuit Deum opinandum. *Hormisdas papa ad Justinum imperatorem :* Servemus propria

---

(66) Monac. : *nescio qui.*
(67) Cous. : *ex symbolo fidei quod Romæ habetur,* etc.
(68) Cous. : *meruisti.*
(69) Cous. : *viro.*

(70) Cous. om. *in.*
(71) Cous. : *nisi.*
(72) Mon. : *aliquod.*
(73) Cous. : *meum.*

unicuique personæ, ut nec personis divinitatis singularitas denegetur, nec ad essentiam hoc quod proprium nominum est transferatur. *Gregorius Leandro episcopo*. Reprehensibile esse nullatenus potest infantem in baptismate vel ter vel semel mergere, quando et in tribus mersionibus personarum trinitas et in una potest divinitatis singularitas designari. *Isidorus Etymologiarum lib. VII, cap. IV :* Trinitas in relativis personarum nominibus est; deitas vero non triplicatur, sed in singularitate est; quia, si triplicetur, deorum inducimus pluralitatem. Nomen autem deorum in angelis et in sanctis hominibus ideo pluraliter dicitur, quod non sunt merito æquales; de quibus Psalmus : *Ego dixi : Dii estis* (*Psal.* LXXXI). De Patre autem et Filio et Spiritu sancto, propter unam et æqualem divinitatem, non nomen deorum sed Dei esse ostenditur.

VI.

Quod sit Deus tripartitus, et contra.

Augustinus in Enchirid. cap. IX : Satis est Christiano rerum creatarum causam non nisi credere de bonitate (74) Creatoris qui est Deus unus; nullamque esse naturam, quæ non aut ipse sit aut ab ipso, eumque tripartitum, Patrem scilicet et Filium et Spiritum sanctum. *Idem De Trinitate, libr. VII, cap. VII :* Non quoniam Deus Trinitas, ideo triplex putandus est; alioquin minor esset in singulis quam in tribus pariter.

VII.

Quod in trinitate non sint dicendi plures æterni, et contra.

Athanasius in Symbolo fidei : Et tamen non tres dii (75), sed unus Deus est. *Item :* Sed totæ tres personæ coæternæ sibi sunt et coæquales. *Augustinus in libro V contra hæreses :* Pater pater est, Filius filius est; et ille nunquam non Pater fuit, et iste nunquam non Filius fuit; ambo æterni nec coeperunt esse nec desistunt. *Item :* Ignis et splendor temporales sunt, Pater autem et Filius æterni sunt. Dualitas in prole (76), unitas est in deitate. *Idem, in libro De agone Christiano :* Credimus ergo in Patrem et Filium et Spiritum sanctum. Hæc æterna sunt et incommutabilia, id est unus Deus unius substantiæ, Trinitas æterna; Deus, ex quo omnia, per quem omnia, in quo omnia.

VIII.

Quod non sit multitudo rerum in trinitate, vel quoa non sit trinitas (77) aliquod totum, et contra.

Ex libro Sententiarum Prosperi, cap. CCXXVIII : In Trinitate divina tanta est substantiæ unitas, ut æqualitatem teneat, pluralitatem non recipiat. In hac quoque Trinitate cum dicimus personam Patris, non aliud dicimus quam substantiam Patris quia persona Patris non aliud est quam ipse Pater. Ad se quippe dicitur persona, non ad Filium vel ad Spiritum sanctum, sicut Deus et similia. Hoc enim (78) solum nomen est, quod cum dicatur de singulis, ad se pluraliter, non singulariter accipitur in summa; dicimus namque : Pater est persona et Filius est persona et Spiritus sanctus est persona. Pater tamen et Filius et Spiritus sanctus non sunt una persona, sed tres personæ. Unde cum dicimus tres personas unam essentiam, neque ut genus de speciebus neque ut speciem de individuis prædicamus. Videtur posse dici ut tres homines una natura, sed plus sunt duo homines quam unus. Sed non est major essentia Pater et Filius quam solus Pater aut solus Filius. Item non tantum est unus homo quantum tres homines simul, et plus aliquid sunt duo homines quam unus homo. At in Deo non est ita; non enim est major ex essentia Pater, et Filius simul quam solus Pater aut solus Filius, sed tres simul personæ æquales sunt singulis (79). *Ex epistola sanctorum Augustini et Alypii ad Maximum, medicum Thenitanum :* Hæc Trinitas unius ejusdemque naturæ atque substantiæ non minor in singulis quam in omnibus, nec major in omnibus quam in singulis; sed in solo Patre vel in solo Filio tanta est quanta in Patre simul et Filio, et tanta in Spiritu sancto quanta simul in Patre et Filio. *Augustinus super Joannem, homilia XXXVII :* Tres personæ, sed non tres dii. Est ibi aliquid ineffabile quod verbis explicari non possit, ut et numerus sit, et numerus non sit, sed tres. Quid tres? deficit numerus; ita Deus nec recedit a numero nec capitur numero; quia tres sunt, tanquam inest numerus. Si quæris : Quid tres? non est numerus; unde dictum est : *Magnus Deus noster et magna virtus ejus*, etc. Ubi cogitare coeperis, incipis numerare; ubi numerabis, quid numeraveris non potes respondere. Quid sunt isti tres? Pater et Filius et Spiritus sanctus; non tres dii, non tres omnipotentes, non tres creatores. Hoc solum numerum insinuat, quod ad invicem sunt, non quod ad se sunt; Pater ad se est Deus, ad se est omnipotens, non ad se est Pater, sed ad Filium; non est quod dicamus tres, nisi Patrem et Filium et Spiritum sanctum. *Idem libro Quæstionum ad Orosium :* Sicut non dicimus tres deos, nec tres essentias, ita nec tres sapientias, nec tres spiritus. Si Pater sit sapientia et Filius sapientia, et Spiritus sanctus sapientia, non tamen tres sapientiæ, sed una, nec tres spiritus, sed unus, nec tres essentiæ, sed una, quia hoc est illi esse, quod sapientiæ esse vel spiritui esse (80). *Boetius De Trinitate*, loquens de simplicitate divinæ substantiæ : Quod non est, inquit, hoc atque hoc, sed tamen hoc est; illud vere est id quod est, et hoc fortissimum est, quod nullo nititur. Quocirca hoc est vere unum, in quo nullus

---

(74) Cous. : *bonitatem.*
(75) Cous. : *æterni.*
(76) Cous. : *qualitas in Patre.*
(77) In Mon. deest. *Trinitas.*

(78) Cous. : *ut.*
(79) Cous. : *singulæ.*
(80) Mon. : *spiritum.* Apud Cous. hic locus omnino deest.

numerus, nullum in eo aliud præter id quod est. Neque enim fieri subjectum potest; forma enim est, formæ vero subjectæ esse non possunt. *Item :* Nulla igitur in eo diversitas, nulla ex diversitate pluralitas, nulla ex accidentibus multitudo, atque idcirco nec numerus. *Item :* Ubi vero nulla est differentia, nulla est omnino pluralitas; quare nec numerus; igitur unitas tantum. *Item :* Numerus enim duplex est; unus quidem quo numeramus, alter vero qui innumerabilibus rebus constat. *Item :* Ergo in numero, quo numeramus, repetitio unitatum facit pluralitatem; in rerum vero numero non facit pluralitatem unitatum repetitio, velut si de eodem dicamus gladius unus, mucro unus, ensis unus, repetitio quædam est ejusdem, non numeratio diversorum, velut si dicamus sol, sol, sol. Non igitur si (81) de Patre et Filio et Spiritu sancto tertio prædicatur Deus, idcirco trina prædicatio (82) numerum facit. *Item :* Non vero ita dicitur Pater et Filius et Spiritus sanctus, quasi multivocum quoddam; nam mucro et ensis et ipse est et idem; Pater vero ac Filius et Spiritus sanctus idem quidem est, non vero ipse; in qua re paulisper considerandum est, requirentibus enim ipse est Pater qui Filius, minime inquiunt; rursus idem alter qui alter negatur; non est igitur inter eos in re omni indifferentia; quare subintrat numerus quem ex subjectorum diversitate confici superius explanatum est. *Item :* De forma ejus superius demonstratum est quod (83) is sit forma et unum vere, nec ulla (84) pluralitas. *Item :* Quare secundum rei alicujus in eo quod ipsa est proprietatem non faciunt prædicationem, nihil alternare vel mutare queunt, nullamque omnino variare essentiam. Quocirca si Pater ac Filius ad aliquid dicuntur, nihilque aliud, ut dictum est, differunt nisi sola relatione; relatio vero non prædicatur ad id de quo prædicatur, quasi ipsa sit, sed secundum rem, de qua dicitur, non faciet alteritatem rei, de qua dicitur. Sed si dici potest, quo quidem modo id quod vix intelligi potuit, interpretatum est personarum. *Item :* Pater Deus et Filius Deus et Spiritus sanctus Deus. Deus vero nullas habet differentias, quibus differat a Deo; a nullo eorum differt. Differentiæ vero ubi absunt, abest pluralitas; ubi abest pluralitas, adest unitas. *Item :* Tunc igitur idonee constituta est unitas (85). Sed quia nulla relatio ad se ipsam referri potest, facta quidem est trinitatis numerositas in eo quod est prædicatio relationis, servata vero unitas in eo quod est indifferentia vel substantiæ vel operationis vel omnino ejus quæ secundum se dicitur prædicationis. Ita igitur substantia continet unitatem, relatio multiplicat trinitatem; nam idem Pater qui Filius non est, nec idem utique (86) qui Spiritus sanctus, idem tamen Deus est et Pater et Filius et Spiritus sanctus; idem justus, idem bonus, idem magnus, idem omnia quæ secundum se potuerunt prædicari. Sane sciendum est non semper talem esse prædicativam relationem, ut semper ad differens prædicetur; nam æquale æquali æquale est, et simile simili simile est, et idem ei quod est idem idem est; et similis est relatio in trinitate Patris ad Filium, et utriusque ad Spiritum sanctum, sed ejus quod est idem ad id quod est idem. Quod si id in cunctis aliis rebus non potest inveniri, hoc facit cognata caducis rebus alteritas. *Athanasius De Trinitate, lib. VI, cap. II :* Maledictus qui secundum tres personas diversas substantias in his confitetur, fiat, fiat. *Item :* Maledictus qui propter tria nomina personarum tres deos aut tres substantias aut tres spiritus confitetur, fiat, fiat. *Hieronymus in epistola de explanatione fidei ad Damasum papam :* Confundentes Arium unam eamdemque dicimus trinitatis substantiam. Item impietatem Sabellii declinantes tres personas expressas sub proprietate distinguimus. *Item :* Non enim nomina tantummodo, sed etiam nominum proprietates, id est personas, vel, ut Græci exprimunt, hypostasis, hoc est subsistentias confitemur. Itaque substantia unum sunt, personis ac nominibus distinguuntur. *Gennadius De orthodoxa fide :* Homoousion ergo, id est coessentialis in divinitate Patri Filius. Homoousion Patri et Filio Spiritus sanctus (87). *Hieron. contra Arianos ad Damasum de novo nomine trium hypostasium :* Interrogemus quid hypostasis posse arbitrentur intelligi. Tres personas subsistentes aiunt; respondemus nos ita credere. Non sufficit sensus, ipsum nomen efflagitant, quia nescio, quid veneni in syllabis latet. Si quis autem, hypostasim usian intelligens, non in tribus personis unam hypostasim dicit, alienus a Christo est. *Item :* Tota sæcularium litterarum schola nihil aliud hypostasim nisi usian novit. Et quis unquam, rogo, ore sacrilego tres substantias prædicabit? Una est enim sola Dei natura. Quisquis tria esse, hoc est tres hypostases dicit, tres naturas conatur asserere. Et si ita est, cur ab Ario parietibus separamur, perfidia copulati? Sufficit nobis dicere unam substantiam tres personas perfectas, coæquales, coæternas. Non bonæ suspicionis est, cum in eodem sensu verba dissentiunt; aut si rectum putatis tres hypostases cum interpretationibus suis debere nos dicere, non negamus. Sed mihi credite, venenum sub melle latet; transfigurat se angelus Satanæ in angelum lucis. *Hilarius super psalm. CXXIX, De profundis :* Quisquis ita volet credere, ut corporalis Deus sit, quia ad imaginem ejus homo factus est, compositum Deum esse statuet. Quidquid autem compositum est, necesse est, ut non fuerit ab æterno (88), quia compositio habet initium, quo

---

(81) Cous. om. *si.*
(82) Cous. : *numeratio.*
(83) Cous. : *quoniam.*
(84) Cous. : *ultra.*
(85) « *Tunc — unitas* » desunt apud Cous.
(86) Cous. : *uterque.*
(87) Hic locus deest apud Cous.
(88) Cous. : *æternum.*

corporatur, ut maneat. *Gennadius De orthodoxa fide* : Omousion ergo est coessentialis in divinitate Patri Filius; omousion Patri et Filio Spiritus sanctus. *Isidorus, Etymolog. lib. VI, cap. IV* : Trinitas appellata est quod fiat totum unum ex quibusdam tribus quasi trinitas. *Item* : In hac Trinitate alia appellativa nomina, alia propria sunt. Propria sunt essentialia, ut Deus et Dominus omnipotens, immutabilis, immortalis; et inde propria, quia ipsam significant substantiam, quae unum (89) sunt. Appellativa vero : Pater et Filius et Spiritus sanctus et procedens; eadem et relativa. *Orig. super epist. Pauli ad Rom.* (x, 15) libro VIII : *Quam beati pedes evangelizantium bona.* Quae sint bona, quae bonis addidit, requiramus. Unum et verum bonum, quia in Patre et Filio et Spiritu sancto est, bona nominavit (90). *Augustinus in libr. I De doctrina Christiana* : Res aliae sunt quibus fruendum est, aliae quibus utendum. Illae, quibus fruendum est, nos beatos faciunt; istis, quibus utendum est, tendentes ad beatitudinem adjuvamur (91). Frui est inhaerere amore alicui rei propter se ipsam; uti autem, quod in usum venerit ad id quod amas obtinendum referre, si tamen amandum est. Nam usus illicitus abusus potius vel abusio nominanda est. Si redire in patriam volumus, ubi beati esse possumus, utendum est mundo, non fruendum, ut invisibilia Dei per ea quae facta sunt intellecta conspiciantur. Res igitur quibus fruendum est, Pater et Filius et Spiritus sanctus, eademque Trinitas summa una quidem (92) res est, communisque omnibus fruentibus ea, si tamen res et non rerum omnium causa sit, si tamen et causa. *Idem lib. VII De Trinitate, cap. IV* : Et dum intelligatur saltem in aenigmate quod dicitur, placuit ita dici, ut diceretur aliquid, cum quaereretur quid tria sint, quae tria esse fides vera pronuntiat, cum et Patrem non dicit esse Filium, et Spiritum sanctum, quod est donum Dei, Patrem dicit esse nec Filium. *Item* : Cum conaretur humana inopia loquendo proferre ad hominum sensus, quod tenet de Domino Deo, timuit dicere tres essentias, ne intelligeretur in illa summa aequalitate ulla diversitas. Rursus non esse tria quaedam non poterat dicere, quod Sabellius, quia in haeresim lapsus, dixit. *Item* : Loquendi causa de ineffabilibus, ut fari aliquo possemus modo, quod effari nullo modo possumus, dictum est a nostris Graecis una essentia tres substantiae (93), a Latinis una essentia vel substantia tres personae, quia, sicut jam diximus, non aliter in sermone Latino essentia quam substantia solet intelligi. *Item* : Quod de personis secundum nostram, hoc est de substantia secundum Graecorum consuetudinem. Sic enim illi dicunt tres substantias unam essentiam, quemadmodum nos dicimus tres personas unam essentiam vel substantiam. *Idem libr. V de Trin. cap. VIII* : Quapropter illud praecipue teneamus, quidquid se dicitur divina sublimitas, substantialiter dici; quod autem ad aliquid non substantialiter, sed relative, tantamque vim esse ejusdem substantiae in Patre et Filio et Spiritu sancto, ut quidquid de singulis ad se ipsos dicitur, non pluraliter in summa, sed singulariter accipiatur. *Item* : Quidquid ergo ad se ipsum dicitur Deus, et de singulis personaliter dicitur, et simul de ipsa Trinitate non pluraliter, sed singulariter dicitur. *Idem libr. VII, cap. VII* : Pater ad se dicitur persona, non ad Filium vel ad Spiritum sanctum. *Idem De concordia evangelistarum* : Haec sententia, quod Filius doctrina Patris est, dissolvit Sabellii haeresim, qui ausus est dicere Patrem et Filium duo nomina esse, sed unam rem. Alicujus est enim doctrina Filii, si sua non est. *Idem in expositione ad papam Laurentium* : Quomodo ignis coelestis generat ex se ipso splendorem lucis et producit vaporem, et cum sint tria in rebus, unum sint in substantia, ita Trinitas est una (94) majestas. *Hieronymus in psalm. LXXXVI* : *Fundamenta ejus in montibus sanctis,* sive Dei, sive certe Ecclesiae. Quae sunt autem fundamenta nisi Pater et Filius et Spiritus sanctus? Loquitur Paulus : *Quasi sapiens architectus fundamentum posui* (I Cor. III), hoc est fidem Trinitatis. *Et alio loco* : *Exspectabant enim civitatem habentem fundamenta, cujus artifex et conditor Deus* (Hebr. XI). Quos possumus dicere montes? Apostolos; in illis erant fundamenta, ubi primum posita est fides Ecclesiae. *Idem* : De tribus virtutibus David in psalmo tres spiritus postulat dicens (*Psal.* L, 12) : *Spiritu principali confirma me; spiritum rectum innova in visceribus meis; spiritum sanctum tuum ne auferas a me.* Qui sunt isti tres spiritus? principalis spiritus Pater est; rectus spiritus Christus est; spiritus sanctus Spiritus sanctus est. *Idem in psalmo* L : Spiritum rectum ad vivendum et discernendum sicut antea rectus fuit in me. *Item* : Tu qui legis sanctam Scripturam, hic Trinitatem summam intellige; Spiritum sanctum, hoc est spiritum prophetiae; spiritum principalem, Patrem; spiritum rectum, Filium; spiritum sanctum, ipsum Spiritum sanctum.

IX.

Quod non sit Deus (95) *substantia, et contra.*

Boetius de Trinitate : Decem omnino praedicamenta traduntur, quae de rebus omnibus universaliter praedicantur, id est, substantia, qualitas, quantitas, etc. *Item de Deo* : substantia in illo non est substantia, sed ultra substantiam; item qualitas, etc... quae evenire queunt. Nam, cum dicimus Deus, substantiam quidem significare videmur, sed eam

---

(89) Cous. : idem pro *quae unum*.
(90) Hic locus apud Cous. in fine hujus quaestionis legitur.
(91) Cous. : *vivamus*.

(92) Cous. : *quaedam*.
(93) Cous. : *substantias*.
(94) Cous. omittit *una*.
(95) Apud Cous. deest *Deus*.

quæ sit ultra substantiam; cum vero justus, qualitatem quidem, sed non accidentalem, sed eam quæ sit substantia ultra substantiam. Neque enim aliud est quod est, aliud quod justus est, sed idem est esse Deo quod justum. Item, cum dicitur magnus vel maximus, quantitatem quidem significare videmur, sed eam quæ sit ipsa substantia talis, qualem esse diximus ultra substantiam. *Idem in secundo topicorum* : Substantia est quod omnibus accidentibus possit esse subjectum; albedo autem nullis accidentibus subjecta esse potest; albedo igitur substantia non est. *Augustinus in VII lib. De Trinitate, cap. IV* : Nam si hoc est Deo esse quod subsistere, ita non erunt dicendæ tres substantiæ, ut non dicantur tres essentiæ; quemadmodum, quia hoc est Deo esse quod sapere, sicut non essentias tres, ita non tres sapientias dicimus. Sic enim quia hoc illi est esse Deum quod esse, tam tres essentias quam tres deos dici fas non est; si autem aliud est Deo esse, aliud subsistere, sicut aliud est Deo esse, aliud Patrem esse vel Dominum esse; quod enim est, ad se dicitur, Pater autem ad Filium, et Dominus ad servientem creaturam; relative ergo subsistit, sicut relative gignit et relative dominatur. Ita jam substantia non erit substantia, quia relativum erit; sicut enim ab eo quod est esse appellatur essentia, ita ab eo quod est subsistere substantiam dicimus. Absurdum est autem ut substantia relative dicatur; omnis enim res ad se ipsam subsistit; quanto magis Deus? Si tamen dignum est, ut Deus dicatur subsistere, de his rebus recte intelligitur, in quibus subjectis sunt ea quæ in aliquo subjecto (96) esse dicuntur, sicut color in corpore. *Item* : Res mutabiles neque simplices proprie dicuntur substantiæ. Nefas est autem dicere, ut subsistat et subsit Deus bonitati suæ, atque illa bonitas non substantia sit, vel potius essentia, neque ipse Deus sit bonitas sua, sed in illo sit tanquam in subjecto. Unde manifestum est Deum abusive substantiam vocari, ut nomine usitatiore intelligatur essentia. Est enim vere solus, quia incommutabilis est, idque suum nomen esse Moysi nuntiavit, cum ait (*Exod.* III, 14) : *Ego sum qui sum; et dices ad eos : Qui est misit me ad vos.* Sed tamen, sive essentia dicatur quod proprie dicitur, sive substantia quod abusive, utrumque ad se dicitur, non relative. Unde hoc est Deo esse quod subsistere; et ideo summa essentia trinitas, una etiam substantia. *Item, in eodem cap. ejusd. lib.* : Loquendi causa de ineffabilibus, ut fari aliquo modo possemus quod effari nullo modo possumus, dictum est a nostris Græcis una essentia tres substantiæ (97); a Latinis una essentia vel substantia tres personæ; quia, sicut jam diximus, non aliter in sermone Latino essentia quam substantia solet intelligi. Quod enim de personis secundum nostram, hoc de substantiis secundum Græcorum consuetudinem. Sic enim dicunt illi tres substantias unam essentiam, quemadmodum nos dicimus tres personas unam essentiam vel substantiam. *Item, lib. V* : Sic intelligamus Deum, quantum possumus, sine qualitate bonum, sine quantitate magnum, sine indigentia creatorem, sine situ præsentem, sine habitu omnia continentem, sine loco ubique totum, sine tempore sempiternum, sine ulla sui mutatione mutabilia facientem, nihilque patientem. Quisquis Deum ita cogitat, etsi nondum omnino potest invenire quid sit, pie tamen cavet quantum potest aliquid de illo sentire, quod non sit; est tamen sine dubitatione substantia, vel, si melius hoc appellatur, essentia, quam Græci usiam vocant (98). *Hieronymus ad Damasum, De novo nomine trium hypostasium* : Interrogemus, quid hypostasis posse arbitrentur intelligi. Tres personas subsistentes aiunt; respondemus ita nos credere. Non sufficit sensus, ipsum nomen efflagitant, quia nescio quid veneni in syllabis latet. Si quis autem, hypostasim usian intelligens, non in tribus personis unam hypostasim dicit, alienus a Christo est. *Item* : Tota sæcularium litterarum schola nihil aliud hypostasim nisi usian novit. Et quis unquam, rogo, ore sacrilego tres substantias prædicabit? una est sola Dei natura. Quisquis tria, hoc est hypostases dicit, tres naturas conatur asserere. Et si ita est, cur ab Ario parietibus separamur, perfidia copulati? Sufficit nobis dicere unam substantiam (99) tres personas perfectas, æquales, coæternas. Non bonæ suspicionis est, cum in eodem sensu verba dissentiunt; aut si rectum putatis tres hypostases cum interpretationibus suis nos debere dicere, non negamus. Sed mihi credite, venenum sub melle latet; transfigurat se angelus Satanæ in angelum lucis. *Idem ad eumdem* : Confundentes Arium unam eamdemque dicimus Trinitatis substantia. Item impietatem Sabellii declinantes tres personas expressas sub proprietate distinguimus. *Et post aliqua* : Non enim nomina tantummodo, sed etiam nominum proprietates, id est personas, vel, ut Græci exprimunt, hypostasis, hoc est subsistentias confitemur. *Item* : Itaque substantia unum sunt, personis (100) ac nominibus distinguuntur.

X.

Quod Deus inter omnia connumerandus sit, hoc est sit unum aliquid ex omnibus, et non.

Paulus in Epistola prima ad Corinthios (XV, 27) : « Omnia enim subjecit sub pedibus ejus. Cum autem dicat : omnia subjecta sunt ei, sine dubio præter eum qui subjecit ei omnia. » *Ambrosius De incarnatione Dominica* : Caveamus, ne et nostrum alicui dicatur : Si recte offeras, recte autem non dividas, peccasti, quiesce; hoc est si nesciamus quæ propria divinitatis incarnationisque distinguere, si creato-

---

(96) Cous. : *subjecta*.
(97) Cous. : *substantias*.
(98) « *Quam — vocant* » desunt apud Cous.
(99) Mon. : *essentiam*.
(100) Cous. : *in personis*.

rem cum suis operibus conferamus, si auctorem temporum (1) dicamus cœpisse post tempora; neque enim potest fieri, ut, per quem sunt omnia, sit unus ex (2) omnibus. Nolo nobis credatur (3). Scriptura recitetur; non ego dico a me, quod *in principio erat Verbum (Joan.* 1), sed audio; non ego affingo, sed lego, quod omnes legimus, sed non omnes intelligimus; et cum legitur, audimus omnes: *In principio erat Verbum,* hoc est remaneat cœlum. Denique in principio fecit Deus cœlum et terram; aliud est fecit, aliud est erat; quod fit, incipit; quod erat, principium non accepit, sed prævenit. Remaneant et tempora, quia post cœlum tempora. Remaneant etiam angeli, etsi principium eorum non invenio, erat tamen, quando (4) non erant. Si ergo principium eorum invenire non possum, quod certum est habere principium, quomodo possumus invenire Verbi principium, a quo omne principium non solum creaturarum, sed etiam cogitationum nostrarum? *Idem De fide ad Gratianum*: Non enim inter omnia, sed super omnia Spiritus sanctus est. *Item:* Quod si non servit Spiritus, omnia autem serviunt, super omnia est Spiritus, quia non servit sicut omnia. Servire autem omnia liquet, sicut scriptum est: *Universa serviunt tibi (Psal.* CXVIII), dixit os Spiritus per Prophetam. Ergo cum universa serviunt, si non servit Spiritus, utique inter universa Spiritus sanctus non est. *Item:* Omnia per Filium Scriptura dicit esse quæ facta sunt. Cum autem factus (5) non doceatur Spiritus sanctus, utique nec inter (6) omnia probari potest. Item scriptum est (*I Cor.* VIII, 6): *Nobis autem unus Deus Pater, ex quo omnia et nos per ipsum; et Dominus Jesus, per quem omnia et nos per ipsum.* Cum dicit: *Jesus per quem omnia,* ab omnibus utique excepit Dei Filium, qui excepit et Patrem. Itaque qui putant Spiritum inter omnia debere numerari, quia omnia legunt facta per ipsum, etiam Filium inter omnia adnumerandum putent, quia legunt ex Deo omnia.

XI.

Quod divinæ personæ ab invicem differunt, et contra.

Athanasius in symbolo fidei: Alia est persona Patris, alia Filii, alia Spiritus sancti. *Item:* Pater a nullo est factus nec creatus nec genitus; Filius a Patre solo est, non factus nec creatus, sed genitus; Spiritus sanctus a Patre et Filio, non factus nec genitus nec creatus, sed procedens. *Leo papa in sermone Pentecostes:* In Trinitate divina nihil dissimile, nihil impar est. *Ambrosius de fide ad Gratianum, lib. II:* Apostolus dicit imaginem Patris Christum esse. Arius dicit esse dissimilem, et vult, ut Pater dissimilem genuerit sui, quasi impotens qui generare sibi similem non potuerit. *Item:* Imago docet non esse dissimilem. *Augustinus, Quæstion. veteris et novæ legis cap. CXLVIII:* Qui me videt, videt et Patrem, quia una sunt natura Pater et Filius, hoc est in nullo discrepare alterum ab altero. *Item cap. LVIII:* Unum qui videt, videt tres, dum nihil differt alter ab altero. *Hilarius De Trinitate, lib. I:* Deus a Deo, ab ingenito unigenitus, alter ab altero nihil differens, quia vita viventis in vivo est. *Lib. IV:* Cum itaque legimus: *Faciamus hominem ad imaginem et similitudinem nostram* (*Gen.* 1), quia sermo uterque ut non solitarium tantum, ita neque differentem significat, nobis quoque nec solitarius tantum nec diversus est confitendus; cognita (7) per id, quod nostram imaginem dicit, non imagines nostras, unius in utroque (8) proprietate naturæ.

XII.

Quod in Trinitate alter sit unus (9) *cum altero, et contra.*

Hymnus Ambrosianus ad tertiam: Nunc sancte nobis Spiritus, unus Patri cum Filio. *Hieronymus in Epistola ad Galatas, lib. II:* Qui cum secundum Deum unum sit ipse cum Patre, secundum mediatoris officium alius ab eo intelligitur (10). *Hilarius De Trinitate, lib. I,* de Patre loquens et Filio · Ut unum fide (11) nostra sit uterque non unus.

XIII.

Quod Deus Pater sit causa Filii, et contra.

Augustinus *lib. I super Genesim, contra calumnias Manichæorum:* Qui dicit: quare Deus fecit cœlum et terram? respondendum est illi, quia voluit; voluntas enim Dei causa est cœli et terræ, et ideo major quam cœlum et terra. Qui autem dicit: quare voluit? majus aliquid quærit quam est voluntas Dei; nihil autem majus inveniri potest. *Idem in libro Quæstionum LXXXIII, cap. XXX:* Qui quærit, quare Deus voluit mundum facere, causam quærit voluntatis Dei. Sed omnis causa efficiens est; omne autem efficiens majus est, quam quod efficitur; nihil autem majus voluntate Dei; non ergo ejus causa quærenda est. *Idem in lib. VII Confessionum,* loquens ad Deum: Nec cogeris invitus ad aliquid, quia voluntas tua non est major quam potentia; esset autem major, si te ipso tu ipse major esses. *Item:* Voluntas et potentia Dei Deus ipse est. *In libro Quæstionum LXXXIII, cap. VII,* de Filio Dei disserens ait: Deus omnium quæ sunt causa est. Quod autem omnium causa est, et sapientiæ suæ causa est, nec unquam Deus sine sapientia sua fuit. Qui igitur sempiternæ sapientiæ causa est

---

(1) Mon.: *ipsum.*
(2) Cous.: *in.*
(3) Cous.: *credatis.*
(4) Cous.: *cum.*
(5) Cous.: *erectus.*
(6) Cous.: *nec ut inter.*
(7) « Cognita — naturæ » desunt apud Cous.
(8) Mon.: *utriusque.*
(9) Cous. deest *unus.*
(10) Mon.: *intellige.*
(11) Mon.: *fides.*

sempiterna, nec tempore prior est quam sua sapientia.

XIV.

Quod sit Filius sine principio, et contra.

Hieronymus in psalmo CXIX : Tecum principium, Pater principium, sed et Filius principium. Principium enim non habet principium; si enim habuerit aliud principium, jam ipsum desinet esse principium. Quidquid ergo dederimus Patri, hoc demus et Filio; si enim Pater in Filio et Filius in Patre, et omnia Patris Filii sunt et omnia Filii Patris sunt, et principium Patris principium Filii est. Ergo quod dicit, hoc est eo tempore quo patiebaris, dicebas (*Luc.* XXIII, 46) : *Pater, in manus tuas commendo spiritum meum;* et quasi de hominis loquebaris affectu, non quasi imbecillis rogabas. Tecum erat principium, tecum erat divinitas, sed propterea deprecabaris auxilium, ut accepto auxilio dares sanctis tuis et illi splenderent (12). *Item :* Secundum (13) hominem loquitur; si enim corpus hominis assumpsit, necesse est ut et hominis verba suscipiat. *Fulgentius in lib. De immensitate Filii Dei :* In principio erat Verbum; an forte, quia in principio erat aliquid, Filio existendi audebimus assignare principium, et ideo sine initio natus esse non creditur? absit ! Ipse dixit (*Apoc.* I, 8) : *Ego sum alpha et omega, initium et finis;* quia ipse inchoavit perficienda, ipse perfecit inchoata. Credimus igitur Dei Filium sine aliquo suæ nativitatis (14) initio de Patris substantia genitum. *Joan. Chrysostomus super Epistolam Pauli ad Hebræos in sermone XII :* Melchisedech quomodo initium dierum neque finem habuerit; quomodo in illo non est narrata ejus genealogia, sic et Christus, ipsa natura rei, et sine initio et sine fine est. Sicut enim istius nescimus nec initium nec finem vitæ, quod non sit scriptum, sic etiam nescimus Filii vel initium vel (15) finem. *Item :* Intueris (16) sine initio Filium, non quia non habet causam ex qua sit; hoc enim impossibile est; habet namque Patrem; alioquin quomodo Filius? sed quia non habebat initium vitæ neque finem. *Idem in expositione symboli,* quæ sic incipit: Universalis Ecclesia congaudet. Istum unicum Dei Filium de substantia Patris natum et genitum profitemur, et initium de Patre habere dicimus. *Augustinus De Trinitate, lib. V, cap. XII :* Dicitur relative Pater, idemque relative dicitur principium; sed Pater ad Filium dicitur, principium ad omnia quæ ab ipso sunt. *Item :* Et principium dicitur Filius; cum enim diceretur ei : *Tu quis es?* respondit : *Principium qui et loquor vobis* (*I Joan.* VIII, 25). Creatorem quippe se ostendere voluit, cum dixerit se esse principium, sicut et Pater principium est creaturæ quia ab ipso sunt omnia. *Item :* Unum ergo principium ad creaturam dicitur Deus, non duo vel tria principia; ad se tamen invicem in Trinitate, si gignens ad id quod gignit principium est, Pater ad Filium principium est, quia gignit eum. Utrum autem et ad Spiritum principium sit Pater, quoniam dictum est : *de Patre* (17) *procedit,* non parva quæstio est. *Item post aliqua, in sequenti cap. :* Si et quod datur, principium habet eum a quo datur, fatendum est Patrem et Filium principium esse Spiritus sancti. *Item :* Cognosci quid ab illo procedat qui tamen a Filio procedit. Sed totius divinitatis, sive melius dicitur, deitatis principium Pater est. *Idem in lib. Quæstionum veteris et novæ legis, cap. LVIII :* Caput Spiritus sancti Filius, quia de ipso accepit, et sicut Pater misit Filium, ita et Filius misit Spiritum sanctum. *Item, cap. XXXIII :* Hoc est ad imaginem Dei factum esse hominem, ut, sicut ab uno Deo sunt omnia, ita ab uno homine omne genus humanum. Mulier de viro (18) facta est, ut per eam nativitas oriretur; Filius vero Dei ideo natus est, ut per ipsum fieret creatura. *Item, cap. XCIV :* Filium Dei perfectum de Deo natum nemo fidelium ambigit. Omnia enim divinitatis paternæ accepit nascendo de Deo Patre. Tunc ergo accepit nomen quod est super omne nomen, id est ut hoc dicatur quod Pater Deus; nam nihil apud eum futurum dicitur; omnia enim ante se habet; ideo ad hæc omnia creanda et restauranda natus est. Nam utique ordo et ratio hoc habet ut paterno nomine omne genu flectatur, hoc Pater donavit Filio propter ea quæ erat acturus; donavit autem, quando genuit. Sic enim illum genuit, ut in eodem honore esset, quo ipse Pater est. *Gennadius De orthodoxa fide ecclesiasticorum dogmatum, cap. I :* Credimus unum Deum esse Patrem et Filium et Spiritum sanctum; Filium eo quod habet Patrem; Spiritum sanctum eo quod sit ex Patre et Filio; Pater ergo principium deitatis, a quo Filius natus, sed ex Deo Patre et Deo Filio Deus procedens.

XV.

Quod Deus non genuit se, vel quod etiam secundum divinitatem Filius factus sive creatus dicatur; vel quod principatu quodam sive auctoritate præcedat Pater, et contra (19).

Augustinus in I De Trinitate : Qui putat hujus potentiæ Deum ut se ipsum ipse genuerit, eo plus errat quod non solum Deus ita non est, sed nec spiritualis creatura nec corporalis. Nulla enim res est omnino quæ se ipsum gignat. *Idem in libro Quæstionum veteris et nov. leg., cap. VII :* Deus perfectio est, et nullius eget. Quid ergo opus fuit Christo ut nasceretur? Deus Pater, cum ea quæ non erant voluisset existere, et majestatis suæ in hoc con-

---

(12) Cous. : *ut illi splendeant.*
(13) Cous. : *Iterum per.*
(14) Cous. : *divinitatis.*
(15) Cous. : *nec. — nec.*
(16) Cous. : *Intuens.*

(17) Cous. : *Cum dictum est : principium sit : Pater de Patre procedit,* etc.
(18) Cous. : *eo.*
(19) Cous. : *vel quod principatu quodam sine auctoritate procedat Patris, et contra* [?]

dignum opus sciret, prius de se Filium generavit, in quo ipso videretur, qui nihil ab eo distaret, ut magnitudini suæ congruus responderet effectus. Quid enim ultra posset facere, quam ut ex se alterum qui perfectus est generaret? hoc ergo perfectum opus est, quo non potest videri præstantius aliud. Deus enim ex quo sunt omnia, volens et de creatura prius Filium, quem in mysterio in se vel apud se habebat, generavit, per quem faceret quæ facta sunt, ut ostenderet creaturæ mysterium, quod latuit in illo ex æternis, sicut dicit Apostolus. *Item, cap.* CLXVIII : Deus omnipotens, cum magnitudine ac bonitate præstantior sit, magnum aliquid et maxime (20) bonum edere ex se atque exhibere debuerat. Sed si quid edidisset quod contra modum excellentiæ suæ foret, aut non potuisse amplius, quod in omnipotentem non cadit, aut noluisse, quod inbenignissimum esse videretur. Certe in summo Deo grande non fuerat fecisse, quod intra se positum vim plenæ summitatis non esset habiturum; supra se ergo nihil erat; nihil est enim quod Deum vincat. Infra se parum fuerat, quia minus maximo non congruebat. Similimum itaque suum Filium creans edidit ex se quasi alterum se. *Item :* Qui ergo habuit Filium totis sibi similitudinis partibus congruentem, hoc est unicus unicum, beatus beatum, maximus maximum, sempiternus sempiternum, habuit itaque ante mundum creatæ sobolis principatum, de quo rebus oriundis impertiebat exemplum, ut gignentium germina suis responderet seminibus cogerentur. Nec sane aliter sinebat ordo legitimus quam ut Pater rerum futurus antea esse debuerit Pater proprius, hoc est proprii sui fetus. *Item :* Ex se id quod in se et secum semper habuit, eduxit et protulit; ut si lucem ex sole nasci dicam quod ab eo procedat, non utique quasi aliquando (21) sine luce sol aut esse non possit aut fuerit. *Idem in lib.* V *hæres. :* Hermes, qui latine Mercurius dicitur, scripsit librum qui Logos Teleos appellatur, id est Verbum Perfectum. Magnum nomen libri ejus, quia magnus est de quo scriptus est. Audiamus quid loquatur de Verbo perfecto. Dominus, inquit, etiam omnium factorum deorum secundum fecit dominum; hunc fecit primum et solum et verum. Bonus autem ei visus est et plenissimus omnium bonorum. Quantum plenissimus sit, evangelista dicat : *De plenitudine ejus omnes accipimus* (Joan. I) Lætatus est valde et dilexit tanquam unigenitum suum, quem primo factum dixit, unigenitum suum appellavit postea. *Item alio loco dixit :* Filius benedicti Dei atque bonæ voluntatis. Quærebas, pagane, conjugem Dei? audi Mercurium : Conjugem Dei quæris? conjux Dei bona voluntas est. *Idem in libro Quæstionum vet. et nov. legis, cap.* LVIII : Spiritum sanctum, qui tertius sit a Patre (22), secundus autem a Christo secundum numeri (23) ordinationem; juxta substantiam autem non esse et non differre unum ab altero. *Ex libro Quæstionum Orosii :* Ad Augustinum Orosius : Voluntate Pater genuit Filium an necessitate? Augustinus : Nec voluntate nec necessitate; quia in Deo necessitas non est, præire voluntas sapientiam non potest. Igitur prius fuit rationabiliter sapere, quam rationabiliter velle; nam quidam nostrum, cum eum interrogasset hæreticus, utrum volens an nolens genuerit Pater Filium, laudabiliter respondisse fertur : Dic, inquit, et tu, hæretice, Deus Pater necessitate est Deus an voluntate? Si dixisset : necessitate, sequebatur grandis absurditas; si voluntate, respondebatur illi : ergo voluntate Deus est, non natura. *Idem de verbis Domini, sermone* IX : Insinuatur in nobis : in Patre auctoritas, in Filio nativitas, in Spiritu sancto Patris Filiique communitas. Ecclesiasticus (I, 1) : *Omnis sapientia a Domino Deo est, et cum illo fuit semper et est in omne ævum.* Sapientiam Dei præcedentem omnia, quis investigavit? Prior omnium creata est sapientia, et intellectus prudentia ab ævo; fons sapientiæ Dei in excelsis. *Hilarius super psalm.* CXXXVII : *Tu formasti me et posuisti super me manum tuam.* Utrumque significat, ut, quod formavit, antiquum sit; quod superposuit manum, novissimum sit. Quod enim secundum naturam divinitatis formatus sit, Apostolus docet dicens : *Qui cum in forma Dei esset* (Philipp. II); quod enim in forma est, formatur, in forma et ei Pater, naturæ et divinitatis est ut referri possit ad Patrem et formatus ab ipso sit. *Idem De Trinitate, lib.* III : Secundum Apostolum, quia *in Christo habitat omnis plenitudo divinitatis corporaliter* (Col. II, 9). Sed incomprehensibiliter, inenarrabiliter ante omne tempus et sæcula, unigenitum ex his quæ ingenita in se erant, procreavit, omne quod Deus est per charitatem atque virtutem nativitati ejus impertiens; ac sic ab ingenito, perfecto æternoque Patre unigenitus et perfectus et æternus est Filius. Ea autem, quæ ei sunt, secundum corpus quod assumpsit, bonitatis ejus ad salutem nostram voluntas est. *Idem in* XI : *Verba quæ loquor vobis, non a me loquor.* Nam dum non a se loquitur, auctori eum necesse est debere quod loquitur. Item ad id quod agit secundum nativitatem, sibi Pater auctor est. *Rursus in* XII, de non nato Deo Patre et nato ab eo Filio loquens, ait : Neque id ipsum est non natum atque nasci : quia illud ab altero, hoc vero a nemine est. Et aliud est sine auctore esse semper æternum, aliud quod Patri, id est auctori esse æternum. Ubi enim Pater auctor est, ibi et nativitas est. At vero ubi auctor æternus est, ibi et nativitas æternitas est; quia sicut nativitas ab auctore est, ita et ab æterno auctore æterna nativitas. *Item* Quod ex (24) æterno natum est, id si non æternum (25) natum [est], jam non erit et Pater auctor æternus. Si

---

(20) Cous. : *maximum.*
(21) Cous. : *non utique quia aliqua.*
(22) Mon. : *est q Patre.*
(23) Mon. : *nostram.*
(24) Cous. : *Itemque ex.*
(25) Cous. : *æterno.* Cf. Opp. Hilarii, p. 1123.

quid igitur ei qui ab æterno Patre natus est, ex æternitate defuerit, id ipsum auctori, qui Pater est, non est, ambiguum defuisse, quia quod gignenti est infinitum, infinitum est etiam nascenti. *Item :* Ex æterno nihil est aliud quam æternum ; quod si non æternum, jam nec Pater qui generationis auctor est, æternus est. *Item :* Ex te natus ostenditur, ut nihil aliud quam te sibi significet auctorem. *Item in XII :* Filius ex te Deo Patre Deus verus et a te genitus, post te ita confitendus, ut tecum, quia æternæ originis suæ auctor æternus es. Nam dum ex te secundus a te est. *Ambrosius in Epist. prima Pauli ad Corinth.:* Caput Christi est Deus. Dignum est ut Filii caput Pater dicatur, quia est genitor ejus. *Idem in secunda :* Omnia autem ex Deo. Quamvis Christus nos redemerit, omnia tamen ex Deo quia ab ipso est omnis paternitas ; ideoque necesse est præferri personam Patris. *Idem in Epistola ad Ephesios :* Unus Deus et Pater omnium, qui super est, etc. ; Patrem Deum, quia nulli debet quod est, super omnia dixit, etc. *Hieronymus Nicæni concilii fidem exponens :* Absit ergo in Filio Dei aliquid plus minusve, aut in loco aut in tempore aut in potentia aut in scientia aut in æqualitate aut in subjectione, cum dicitur hoc ; ut deitati ejus, non carni ascribantur. Si enim plus minusve aliquid invenitur, excepto hoc quod genuerit Pater Filium, et excepto hoc quod Filius non ex semet ipso natus est, sed de Patre natus est proprie, aut invidens aut impotens Pater, insuper et temporalis cognoscitur. *Augustinus, De incarnata deitate ad Januarium* de Filio Dei sic ait : Videamus etiam qualiter sentiendum sit quod in sapientia Salomonis legimus, qui ait de sapientia, quia vapor est quidam virtutis Dei, etc. *Item :* Ex quo ostenditur semper fuisse vaporem istum virtutis Dei, nullum habentem initium, nisi ipsum Deum ; neque enim decebat aliud esse initium nisi ipsum, unde etiam est et nascitur, Deum. *Item, post aliqua :* Imago bonitatis ejus ; principalis namque bonitas sine dubio Pater est, ex qua (26) Filius natus qui per omnia imago est Patris ; procul dubio etiam bonitatis ejus convenienter imago dicitur. Non enim aliqua alia bonitas existit in Filio, præter eam quæ est in Patre. *Item :* Principalis bonitas in Deo Patre sentienda est, ex quo vel Filius natus vel Spiritus sanctus procedens sine dubio bonitatis naturam in se fert, quæ est in eo fonte, de quo vel natus est Filius, vel procedens Spiritus sanctus (27). *Chrysostomus super Matthæum :* Ductus est Jesus in desertum a spiritu, a Spiritu sancto ductus est. sed non quasi minor majoris præcepto, sed major minoris hortatu. Nam non solum ductus aut adductus dicitur qui alicujus potestate ducitur, sed etiam ille qui alicujus rationabili exhortatione (28) placatur. Item dixit paterfamilias procuratori suo. Sine dubio Filius dicit Spiritui sancto, et, si volueris, concedo tibi, ut Pater Filio dicat. Non quæro utrum Filius sit Patris procurator, aut Spiritus sanctus Filii ; sed hoc dico quia procurator domus et paterfamilias nec ejusdem substantiæ possunt esse, nec una persona esse nec æqualis dignitas. Si ergo alter paterfamilias, alter procurator patrisfamilias, quomodo locum habeat trinitas tua ? Si autem ejusdem substantiæ est, et est minor, injuriam facis substantiæ. Si non æqualis dignitas, ubi est una substantia ? *Item :* Et vidit Spiritum sanctum descendentem sicut columbam et manentem super se (Matth. III, 16). Non dixit : Hic est Filius noster dilectus, ut ne, quemadmodum Deus, ita et Spiritus sanctus videatur Pater Christus fuisse. Nam si æquales sunt per omnia, quemadmodum ille est paternitate honoratior (29), sic et Spiritus sanctus. Si autem Deus quidem Pater est, quia Filium habet, Spiritus autem sanctus non est Pater, quia nec Filium habet, non est per omnia æqualis. Nec dictum est : hi sunt filii mei dilecti, nec cum Christo, etiam Filius est quemadmodum Christus. Si autem non est Filius quemadmodum Christus, sed minister fidelis Christi, non est æqualis Christo. *Paulus apostolus ad Philippenses :* Hoc sentite in vobis quod et in Christo Jesu ; qui, cum in forma Dei esset, non rapinam arbitratus est esse se æqualem Deo. *Athanasius in symbolo fidei :* Filius a Patre solo est, non factus, nec creatus, sed genitus. *Item :* Sed in hac Trinitate nihil prius ac posterius, nihil majus aut minus ; sed totæ tres personæ coæternæ sibi sunt et coæquales.

XVI.

Quod Filius dicatur a Patre gigni, non tamen genitus, et contra.

Gregorius in Job, lib. XXXIII : Lingua mea calamus scribæ ; quod loquimur transit, quod scribimus permanet. Lingua Patris calamus scribæ dicitur, quia ab eo Verbum illius coæternum ac sine transitu generatur. *Ambrosius de fide ad Gratianum imperatorem :* Non hæc sunt in Deo ut corporaliter existimanda ; incomprehensibiliter generatur Filius ; impassibiliter generat Pater, et tamen ex se generat et ante omnem intellectum ut (30) Deus verus Deum verum. *Hieronymus, in definitione fidei catholicæ Nicænique concilii symboli :* Quod de substantia Patris natus est, semper ipse ait Salvator in Evangeliis : *Quod nascitur de carne caro est, et quod nascitur de spiritu spiritus est* (Joan. III). *Augustinus, De Trinitate, lib. V, cap. XIII :* Si gignens ad id quod gignit principium est, Pater ad Filium est principium, quia gignit eum. *Idem, de generatione Filii ex Deo Patre disserens in lib. LXXXIII Quæ-*

---

(26) Cous. : *quo.*
(27) Cous. : *Principalis bonitas in Deo Patre scienda est, ex quo vel Filius vel procedens Spiritus sanctus.* Vid. Opp. August. Maur. VIII, Append. p. 56.

(28) Cous. : *aliter exhortatione rationabiliter.*
(29) Mon. : *honoratus.*
(30) Cous. : *generat pro ut.*

stionum, cap. XXXVIII : Melius est, inquit, semper natus, quam qui (31) semper nascitur, quia qui semper nascitur, nondum est natus et nunquam natus est, aut natus erit, si semper nascitur (32) ; aliud est enim nasci, aliud natum esse ; ac per hoc nunquam Filius, si nunquam natus ; et si semper Filius, semper igitur natus. *Idem ad Pascentium comitem Arianum* : Quid ergo dicimus ? si natus est Filius de Patre, jam Pater destitit gignere, et, si destitit, cœpit; si autem cœpit gignere, fuit aliquando sine Filio ; sed nunquam fuit sine Filio, quia Filius ejus sapientia ejus est ; ergo semper gignit Pater et semper nascitur Filius. Hic rursus timendum est, ne putetur imperfecta generatio, si non dicimus natum esse, sed nasci. Compatere mecum, obsecro, in his angustiis humanæ cogitationis et linguæ ; et pariter confugiamus ad spiritum Dei per prophetam dicentem : *Generationem ejus quis enarrabit ?* (*Isai.* LIII.) *Gregorius super Job, lib. XXIX* [I, 917] : Dominus Deus Jesus Christus, in eo quod virtus et Dei sapientia est, de Patre ante tempora natus est, vel potius quia nec cœpit nasci nec desiit, dicamus verius semper natus. Non autem possumus dicere : semper nascitur, ne imperfectus esse videatur. At vero ut æternus designari valeat, et perfectus, semper dicamus et natus, quatenus et natus ad perfectionem pertineat, et semper ad æternitatem, quamvis hoc ipso quod perfectum dicimus, multum ab illius veritatis expressione deviamus ; quia quod factum non est, nec potest dici perfectum ; et tamen infirmitatis nostræ verbis Dominus condescendens : *Estote*, inquit, *perfecti, sicut et Pater vester cœlestis perfectus est* (*Matth.* v).

XVII.
Quod solus Pater dicatur ingenitus, et non.

Isidorus, Etymologiarum lib. VI : Pater solus non est de alio, ideo solus appellatur ingenitus. *Athanasius, De Trinitate, lib. VIII* : Nativitas Filii Dei ante principium apud Patrem est. Confiteor unum innascibilem et unum natum. Confiteor Patrem omnipotentem sine initio, sine fine, qui omnia tenet et a nullo tenetur, omnia gubernat et a nullo gubernatur. Non diminuitur genitus ab eo, qui est innascibilis. Spiritus sanctus nec natus nec innascibilis ; si autem dixero natum, duos filios statuo. *Augustinus, De orthodoxa fide*: Pater, inquit, principium deitatis, a quo Filius natus, a quo Spiritus sanctus non natus, qui non est Filius, nec ingenitus, quia non est Pater. *Gregorius in Registro, cap. I* : Spiritum vero sanctum nec genitum nec ingenitum, sed coæternum, de Patre et Filio procedentem. *Augustinus in quæstionibus ab Orosio propositis et ab ipso solutis, cap. II* : Spiritum sanctum nec genitum nec ingenitum fides certa declarat; quia, si dixerimus ingenitum, Patrem affirmare videbimur ; sin autem genitum, duos filios credere culpamur ; sed, quod certa fides tenet, nec ingenitus est nec genitus, sed ab utrisque procedens, scilicet a Patre et Filio. *Idem in lib. V De Trinitate, cap. VII* : Quod ergo dicitur ingenitus, hoc ostendit quod non sit Filius; sed genitus et ingenitus commode dicuntur; Filius autem Latine dicitur, sed infilius ut dicatur non admittit loquendi consuetudo. Nihil autem intellectui demitur, si dicatur non Filius; quemadmodum etiam, si dicatur non genitus, pro eo dicitur ingenitus, nihil aliud dicitur. *Item* : Non ergo jam dicemus ingenitum, quamvis Latine dici possit ; sed pro eo dicamus non genitum, quod tantum valet ; non ergo aliud dicimus quam non Filium. *Item* : Ingenitus porro quid est nisi non genitus ? Sicut enim genitus non ad se ipsum dicitur, sed quod ex Patre sit, ita, cum dicitur ingenitus, non ad se ipsum dicitur, sed quod ex genitore non sit, ostenditur. *Ambrosius, De incarnatione Dominica* : Cum dudum audierint quidam, dicentibus nobis, Filium Dei, qui generatus sit, Patri, qui generavit, inæqualem esse non posse, quamvis ille generatus sit et iste generaverit, quia generatio non potestatis est, sed naturæ ; adversus illam quidem quæstionem vocem sibi arbitrantur occlusam. Sed vestigium vertunt, mutatione sermonis dicentes : Quomodo possunt ingenitus et genitus esse unius naturæ atque substantiæ ? Ergo, ut respondeam, primum omnium ingenitum in Scripturis divinis nusquam invenio, non legi, non audivi. Cujus mutabilitatis (33) sunt homines istius modi, ut (34) dicant nos usurpare non scripta, cum scripta dicamus, et ipsi objiciant, quod scriptum non sit ? Item asserant, ubi ingenitum Patrem legerunt; item Verbum ingeniti, ubi legerunt, demonstrent. Lectum est, inquiunt; nam Arius dixit ingenitum Patrem, et genitum et creatum Filium. Quo auctore contra apostolica scripta contendant (35), si modo Arii se discipulos fateantur ! Sed si illi dicunt quod Arius justius, ego debeo dicere quod Apostolus dixit : Patrem non ingenitum, Filium et genitum dixit. Quod legi, non nego, imo libenter usurpo ; quod non legi, usurpare non debeo. Sed usurpent, ne forte dicant, quia genitum non legimus Patrem, ideo ingenitum existimare debemus. Intelligitur ergo hoc, non legitur ; sed nec Spiritum sanctum genitum legi. Ergo et Spiritus sanctus ingenitus secundum nostram sententiam nominandus est.

XVIII.
Quod æterna generatio Filii narrari vel sciri vel intelligi possit, et non.

Hieronymus super Ecclesiasten, eo loco, quo dicitur : *Quis scit spiritus filiorum hominum, si ascendat sursum et spiritus pecoris descendat deorsum in terram ?* (*Eccle.* XII) adjiciendo : quis difficul-

---

(31) Cous. om. *qui*.
(32) *Quia qui— nascitur* desunt apud Cous.
(33) Cous. : *mirabilitatis*.

(34) Cous. : *ubi*.
(35) Cous : *contendunt. Si modo*. etc.

tatem voluit demonstrare? per nomen enim *quis* in Scripturis sanctis non pro impossibili sed pro difficili semper accipitur, ut ibi : *generationem ejus*, scilicet Christi, *quis enarrabit? (Isai.* LIII.) *Idem in prologo super Isaiam* : Neque vero, ut Montanus somniat, prophetæ in exstasi sunt locuti, ut nescirent quid loquerentur, et, cum alios erudirent, ipsi ignorarent quid dicerent. Sic juxta Salomonem, qui loquitur in Proverbiis : *Sapiens intelligit quæ profert de ore suo, et in labiis suis portabit sententiam*, ipsi sciebant quid dicerent. *Item* : Quomodo sapientes prophetæ, instar brutorum animalium, quid dicerent ignorabant? Legimus et in alio Apostoli loco : *Spiritus prophetarum prophetis subjecti sunt (I Cor.* XIV), ut in sua habeant potestate quando taceant, quando loquantur. *Idem, super Isaiam, libr. I : Auditu audivi a Domino.* Propter hoc enim proprie videntes vocabantur, qui dicere poterant : *Oculi nostri semper ad Dominum* (*Psal.* XXIV). Istos cordis oculos et sponsa habebat in Cantico canticorum, cui sponsus dicit (IV, 9) : *Vulnerasti cor meum, soror mea sponsa, uno ex oculis tuis.* Et in Evangelio legitur : *Lucerna corporis tui est oculus tuus (Matth.* VI). In Veteri quoque dicitur Instrumento (36) quod populus audivit vocem Dei. Ex quo Montani deliramenta conticeant, qui in exstasi et cordis amentia prophetas putat ventura dixisse; neque enim videre poterant quod ignorabant. *Origenes in Epistola Pauli ad Romanos* [XVI, 25] : *Secundum revelationem mysterii temporibus æternis taciti*, etc. Sed requirendum est utrum ita dicat in silentio habitum, ut omnino nullus agnoverit, nec ipsi quidem qui annuntiabant prophetæ. Mihi quidem valde absurdum videtur, ut dicamus prophetas ita scripsisse de sacramentis divinis, ut non intellexerint quæ dicebant, cum Scriptura dicat : *Sapiens intelliget quæ de ore ejus procedunt et in labiis portat intellectum*. Si vero non intellexerint quæ de ore proprio proferebant, non erant sapientes. Unde si stultum est prophetas negare sapientes fuisse, restat ut intellexerint quæ proferebant. Paulus dicit se audisse verba, *quæ non licet homini loqui (II Cor.* XII) ; non quod ipse ignoret quod audierit, sed quod aliis pandere, quæ sibi sunt indicata, non liceat. Ita ergo potest et hoc loco dictum videri, sacramentum in silentio habitum, quod scirent quidem prophetæ, sed hominibus, id est vulgo, non manifestaverint, si silentio texerunt secundum (37) præceptum Dei, usque quoad tempus adesset, et Verbum caro fieret. *Augustinus super Joannem* : *In principio erat Verbum, et Verbum erat apud Deum, et Deus erat Verbum*. Hoc animalis homo non percipit. Quid ergo, fratres, silebimus hinc? Quare ergo legitur, si siletur? aut quare auditur, si non

exponitur? aut quid exponitur, si non intelligitur? Itaque quoniam rursus esse non dubito in numero vestro quosdam a quibus possit non solum expositum capi, sed et antequam exponatur intelligi, non fraudabo eos qui possunt capere, dum timeo superfluus esse auribus eorum qui non possunt capere. *Idem, De Trinitate, libr. II* : Non aliud est illi esse de Patre, id est (38) nasci de Patre, quam videre Patrem; aut aliud videre Patrem operantem, quam pariter operari. *Hieronymus super Matth., libr. generationis Jesu Christi* : In Isaia legimus : *Generationem ejus quis enarrabit? (Isai.* LIII.) Non ergo putemus Evangelium prophetæ esse contrarium, ut quod ille impossibile dixit, effatu hic narrare incipiat quia ibi de generatione divinitatis, hic de incarnatione dictum est. *Augustinus, lib. II contra Maximum* : Distinguere inter illam (39) generationem et hanc processionem nescio, non valeo, non sufficio, quia et illa et ista est ineffabilis; sicut Propheta de Filio ait : *Generationem ejus quis enarrabit?* Ita de Spiritu sancto verissime dicetur : *Processionem ejus quis enarrabit?* (40) *Athanasius, De Trinitate, libr. V, cap. II* : Maledictus qui inenarrabiliter Filium vere genitum de substantia Patris esse non confitetur, fiat, fiat. *Idem, libr. VIII* : O homo, deitatem quæris, vitupero te. Si credis, bene facis; credere tibi jussum est, non discutere permissum. Si autem discutis et dicis : quomodo Pater? de lumine excidisti; et si dixeris : quomodo Filius? occurret tibi : *Generationem quis enarrabit?* Vide (41) ergo ne similiter excidas a lumine; *nemo enim novit Patrem nisi Filius, nec Filium nisi Pater (Matth.* X). *Ambrosius, De fide ad Gratianum imperatorem* : Mihi impossibile est generationis scire secretum; supra potestates, supra angelos, supra cherubim, supra seraphim, supra omnem sensum est. Scrutari non licet superna mysteria; licet scire quod natus, non licet discutere quemadmodum. *Item* : Credere jussum est, et non discutere permissum est. *Item* : Mysterium Patris nec angeli potuerunt comprehendere. *Augustinus, Quæstion. veteris et novæ legis* : Cherubim et seraphim non comprehenderunt penitus qui (42) Deus sit, quia nemo novit Patrem nisi Filius.

XIX.

Quod de æterna generatione Filii illud sit accipiendum : « Ego hodie genui te, » et contra (43).

Augustinus super secundum psalmum : *Filius meus es tu : ego hodie genui te (Psal.* II). Quanquam possit etiam ille dies in prophetia dictus videri quo Dominus secundum hominem natus est, tamen *hodie* quia præsentiam significat, atque in æternitate nihil præteritum est, quasi esse desierit, nec futurum quasi nondum sit, sed præsens tantum accipitur

---

(36) Cous : *testamento*.
(37) Cous : *sanctum*.
(38) Cous : *vel*.
(39) Cous. : *hanc*

(40) Verba *ita — enarrabit* omittit Cous.
(41) Cous. : *unde*.
(42) Cous. : *quid*.
(43) *Et contra* desunt apud Cous.

secundum (44) hoc quod dictum est : *ego hodie genui te;* quo sempiternam generationem sapientiæ Dei, quæ (45) est unigenitus Filius, fides sincera et Catholica prædicat. *Idem in libro V contra hæreses :* Audi adhuc, qui negas Deum genuisse Filium, audi (46) quid Pater dicat per Isaiam : *Nunquid ego, qui alios parere facio, ipse non pariam ?* dicit Dominus. *Si ego qui generationem cæteris aliis tribuo, sterilis ero ?* dicit Dominus (Isai. LXVI). Cui dictum est : *Filius meus es tu; ego hodie genui te.* Irrides, cum audis *hodie;* apud Deum nunquam crastinum, nunquam hesternus dies est, sed semper *hodie. Idem in Enchiridio, cap. XLIX :* Non enim renascebantur qui baptismate Joannis baptizabantur, sed quodam præcursorio ministerio, qui dicebat : *Parate viam Domino.* Huic, in quo solo renasci poterant, parabantur. Hujus enim baptisma est non in aqua tantum, sicut fuit Joannis, verum etiam in Spiritu sancto, ut de illo Spiritu sancto regeneraretur quisquis in Christum credit; de quo Christus generatus regeneratione non eguit. Unde vox illa Patris quæ super baptizatum facta est : *ego hodie genui te,* non unum illum temporis diem quo baptizatus est, sed incommutabilis æternitatis ostendit, ut illum hominem ad unigeniti personam (47) pertinere monstraret. Ubi enim dies nec hesterni fine inchoatur, nec initio crastini terminatur, semper hodiernus est. In aqua ergo baptizari voluit a Joanne, ut magna ejus commendaretur humilitas. *Idem in sermone II feriæ paschalis,* qui sic incipit : Non minus etiam nunc lætari debemus, quam hesterno die lætati sumus. Christus qui nos illuminavit nobis dies factus est; ipse pro nobis hodie genitus est, secundum quod David ex persona Dei Patris ait : *Filius meus es tu; ego hodie genui te.* Non quod in die illa genuerit Filium, sed quod ipsum Filium, diem lucemque genuerit, quod fulgeat cunctis, luceat universis. *Hodie* autem dicitur quod velut præsens et indeficiens lumen de ipsa perpetuitate fulgoris una dies esse videbatur (48); quod cum (49) nec vetusta antiquitate subterfugiunt nec futura ignoratione prætereunt. *Item :* Quo autem tempore dictum sit Filio : *ego hodie genui te,* scire debemus non illo quo ex Maria secundum carnem natus est, nec illo quo secundum divinitatem ex Dei Patris ore processit, sed illo tempore quo a mortuis resurrexit. Sicut enim apostolus Paulus ait : *Resuscitans Dominum Jesum, sicut scriptum est in Psalmo : Filius meus es tu; ego hodie genui te (Act.* XIII). Recte ergo tunc *hodie* vocitatur, quando de inferorum tetra nocte ad superos, præclarum lumen, emicuit. *Idem in Tractatu de incarnatione Domini :* De eo quod minor est patre et consubstantialis est matri, Propheta cecinit dicens : *Ego hodie genui te. Item :* Illa prophetia nativitatem futuræ carnis ostendit, eo quod de Maria virgine nuper natus est. Nam de æqualitate divinitatis ejus cum Patre non dicit : *Hodie genui te,* sed, *ante Luciferum genui te (Psal.* CIX), scilicet antequam dies vel angeli fierent. *Ambrosius De sacramentis, lib. III* (II, 364) : Quid est regeneratio ? habes in Actibus apostolorum, quod ille versiculus in psalmo : *Filius meus es tu; ego hodie genui te,* ad resurrectionem spectare videatur. Namque in Actibus apostolorum Petrus apostolus sic interpretatus est, quod tunc, quando resurrexit Filius a mortuis, vox Patris resultaverit : *Filius meus es tu,* etc. Unde et primogenitus a mortuis dicitur : resurrectio est quando de morte ad vitam transimus. Sic et in baptismate, quoniam similitudo mortis est dum mergis, dum resurgis similitudo fit resurrectionis. Recte itaque secundum interpretationem apostoli Petri, sicut illa resurrectio generatio fuit, ita et ista resurrectio regeneratio est. *Hilarius super Matth:, cap. II, de Domino baptizato :* Nam baptizato eo, reseratis cœlorum aditibus, Spiritus sanctus emittitur et specie columbæ visibilis cognoscitur, et istius modi paternæ pietatis unctione perfunditur; vox deinde de cœlo ita loquitur : *Filius meus,* etc. *Idem in II psalm. :* Natus est rursum ex baptismo et fuit tum Dei Filius, ut et in id ipsum et in id aliud nasceretur. Scriptum est autem, cum ascendisset de aqua : *Filius meus es tu; ego hodie genui te;* sed secundum generationem hominis renascentis, tunc quoque ipse Deo renascebatur in Filium. Sed id quod nunc in Psalmo est : *Filius meus es tu,* etc., non ad Virginis partum, neque ad lavacri regenerationem, sed ad primogenitum ex mortuis pertinere apostolica auctoritas est. Namque in libro Actuum apostolorum ita dictum est : Suscitans Dominum nostrum Jesum, sicut in psalmo primo scriptum est : *Filius meus,* etc., cum suscitavit eum a mortuis, amplius non regressurum in interitum. *Idem, in lib. XI De Trinit. :* Jesus quemadmodum in virtute et spiritu Dei unctus sit, non ambiguum est tunc, cum ascendente eo de Jordane vox Patris audita est : *Filius meus es tu,* etc., ut per hoc testimonium sanctificatæ in eo carnis unctio spiritalis virtutis cognosceretur. *Item :* Denique ille prophetiæ sermo posteriorem unctionem hanc, quæ in tempore esset, ostendit dicens : *Dilexisti justitiam, et odisti iniquitatem,* etc. (Psal. XLIV.) Meruisse posterius est quam esse. Si igitur nativitati unigeniti unctionem Dei deputamus, quæ unctio ob meritum dilectæ justitiæ et perosæ iniquitatis indulta sit, provectum potius per unctionem unigenitus Deus quam genitus intelligetur; jamque per incrementa et perfectus (51) Deus consummabitur, qui non natus Deus sit, sed in Deum sit unctus, ex merito; et jam per

---

(44) Cous. om.
(45) Mon. : *qui.*
(46) Mon. : *audivi.*
(47) Cous. : *Patrem.*

(48) Cous. : *videatur.*
(49) Cous. : *enim.*
(50) Cous. : *projectus.*

causam erit Deus Christus, et non omnis causa per Dominum nostrum Jesum Christum.

XX.
Quod primus psalmus de Christo sit accipiendus, et non.

Hieronymus in *majori breviario* (II app. p. 122): *Et in via peccatorum non stetit* (*Psal.* I). Non dixit : non ambulavit ; hoc quippe impossibile est; quia nullus absque peccato non stetit, hoc est non perseveravit in delicto, sed per pœnitentiam ad meliora conversus est. *Item : Et omnia quæcunque faciet prosperabuntur* (*ibid.*) Judæi hunc psalmum dictum esse existimant de Josia, quod solus inter profanos reges non abierit in consilio impiorum, sed secutus sit legem Dei. Unde hoc : *Et omnia quæcunque faciet prosperabuntur* de nullo sanctorum accipi potest, nisi forte in futuro sæculo. Melius igitur de eo intelligimus homine qui a Salvatore assumptus est, non quo (51) alium assumpsisse, alium assumptum esse testemur; sed quo unus atque idem Filius Dei et Filius hominis. *Idem in minori breviario,* quod sic incipit : Psalterium est quasi magna domus. *Beatus vir qui non abiit*(*ibid.*).Quidam putant, ut beatus iste vir secundum hominem Christus sit. Bona quidem voluntas (52), sed imperitia est; si enim vir beatus hic Christus est, et Christus legem dedit, quomodo de Christo dicitur : *In lege Domini voluntas ejus ?* (*ibid.*) Denique quomodo alteri ligno comparatur, et dicitur : *Et erit tanquam lignum quod plantatum est secus decursus aquarum* (*ibid.*). Omne quod comparamus, minus est ab eo cui (53) comparatur. Videtis igitur quia super Domini persona non potest interpretari psalmus, sed generaliter de quolibet.

XXI.
Quod illud : «Eructavit cor meum verbum bonum (*Psal.* XLIV), » *de generatione Filii sit accipiendum, et non.*

Hieronymus in psalmo XLIV : *Eructavit cor meum verbum bonum.* Psalmus iste initiatur (54) voce paterna. *Eructavit cor meum verbum* non de conjunctione corporea, sed de corde; protulit æquale sibi Verbum, per quod facta sunt omnia; *dico ego opera mea regi;* loquor ipsi verbo, regi filio, et cuncta perficiuntur. *Idem De filio prodigo* (IV, 155) : vitulus saginatus, qui ad pœnitentiæ (55) immolatur salutem, ipse Salvator est, cujus quotidie carne pascimur, cruore potamur, pinguedine saturati, in ructum laudum (56) ejus erumpimus dicentes : *Eructavit cor meum,* etc.; licet quidam superstitiose magis quam vere, non considerantes textum psalmi, ex Patris persona hoc arbitrantur intelligi.

(51) Mon. : *quod.*
(52) In cod. Mon. desunt verba : *bona quidem voluntas.*
(53) Cous. : *qui.*
(54) Cous. : *nuntiatur.*
(55) Cous. : *patriæ.*
(56) Loco verborum *in ructum laudum.* Cous. ha-

XXII.
Quod solus Filius ex substantia Patris non sit, et contra.

Hieronymus lib. *II ad Pammachium et Marcellam :* Contra accusatorem defensio : multa in libris Eusebii scandala reperiuntur et apertissimæ blasphemiæ. Dicit Filium Patris ministerium, Spiritum sanctum non de eadem Patris Filiique substantia. *Ambrosius lib. IV De Trinitate, cap. V : Inventa est in utero habens de Spiritu sancto* (57). Quod ergo ex aliquo est, aut ex substantia est aut ex potestate ejus; ex substantia, sicut Filius, qui ait : *Ex ore Altissimi prodivi* (*Eccli.* XXIV), sicut Spiritus qui a Patre procedit; ex potestate, sicut illud est : *Unus Deus Pater, ex quo omnia. Nicæna synodus :* Credimus in unum Deum Patrem omnipotentem, omnium visibilium invisibiliumque factorem; et in unum Dominum Jesum Christum, Filium Dei natum ex Patre unigenitum, hoc est ex substantia Patris, Deum ex Deo, lumen de lumine, etc.

XXIII.
Quod Spiritus Domini ferebatur super aquas intelligendum sit de Spiritu sancto, et non.

Ambrosius *De sacramentis, sermone I :* Vidisti aquas non solas, crede divinitatis illic adesse præsentiam. *Spiritus ferebatur super aquas,* dicit Propheta. *Verbo Domini cœli firmati sunt, et spiritu oris ejus omnis virtus eorum* (*Psal.* XXXII). Qui super ferebatur, operabatur. Accipe aliud testimonium : *Non permanebit,* inquit, *spiritus meus in hominibus, quia carnales* (57*) *sunt* (*Gen.* VI); quo ostendit Deus, quia carnalem immunditiam gratia spiritualis avertit (58). *Idem in Hexameron de die primo* (lib. I, cap. 8) : *Et Spiritus Domini ferebatur super aquas* (*Gen.* I). Spiritum sanctum accipimus, ut in constitutione mundi opera Trinitatis (59) eluceant. Præmisso enim quia *in principio fecit Deus cœlum et terram* (*ibid.*), id est in Christo vel per Filium Deus fecit, quia *omnia per ipsum facta sunt,* supererat plenitudo operationis in spiritu, sicut scriptum est : *Verbo Domini cœli firmati sunt,* etc. Spiritus Dei superferebatur aquas; ornando (60) enim polos cœli germinaturis terris pulchre spiritus superferebatur, quia per ipsum habebant novorum partuum semina germinare, secundum quod dixit Propheta : *Emitte spiritum tuum,* etc. (*Psal.* CIII.) Denique Syrus, qui vicinus Hebræo est, sic habet : *Et Spiritus Domini fovebat aquas,* id est vivificabat, ut in novas cogeret creaturas et fotu suo animaret ad vitam. Nam etiam Spiritum sanctum legimus creatorem, dicente Job : *Spiritus divinus qui fecit me* (*Job* XXXIII). *Idem :* Sive, ut quidam volunt, aerem accipiant, respondeant qua ratione dixerit spiritum

bet *virtutum laudem.*
(57) Mon. in margine addit : *Græcus habet : ex Spiritu sancto* (*Matth.* I, 18).
(57*) Cous. : *carnes.*
(58) Mon. : *avertitur.*
(59) Cous. : *divinitatis.*
(60) Mon. *formando;* editt. *ornando polo.*

Dei, cum satis fuerit spiritum nuncupare. Hieronymus super *Genesim*, *in libro Hebraicarum Quæstionum* : *Et Spiritus Dei ferebatur super aquas*; pro eo quod in nostris codicibus scriptum est *ferebatur*, in Hebraico habet : *merefeth*, quod nos appellare possumus *incubabat* sive *confovebat*, in similitudinem volucris ova calore animantis. Ex quo intelligimus non de spiritu mundi dici, ut nonnulli arbitrantur, sed de Spiritu sancto, qui et ipse vivificator omnium a principio dicitur ; si autem vivificator, et conditor, et Deus. *Emitte*, inquit, *spiritum tuum et creabuntur*. Augustinus *super Genesim, lib. I* : *Spiritus Domini ferebatur super aquas*. Egenus atque indigens amor ita diligit, ut rebus, quas diligit, subjiciatur; propterea, cum commemoretur Spiritus Dei, in quo sancta ejus benevolentia dilectioque intelligitur, superferri dictus est, ne facienda opera sua per indigentiæ necessitatem potius quam per abundantiam beneficentiæ Deus amare putaretur. *Idem de incarnata deitate, ad Januarium* : Spiritus igitur Dei qui super aquas ferebatur in principio, puto quod non sit alius quam Spiritus sanctus, non tamen (64) secundum historiam, sed secundum intelligentiam spiritualem. *Idem in libro Quæstionum veteris et nov. leg., cap. LVI* : Si ideo Spiritus sanctus putatur quia Dei spiritus esse legitur, inanis est assertio. Ait Dominus : *Non permanebit spiritus meus in istis hominibus, propterea quod sint caro* (*Gen.* VI). Et in subjectis : *Sed delebo*, inquit, *omnia ab homine usque ad pecus* (*ibid.*). Hoc utique dixit, quia diluvium inducere habuit super terram. Nunquid hic Spiritus sanctus potest intelligi? De animabus enim dixit. Et in Ezechiele sic dictum est : *Hæc dicit Dominus ossibus istis : Extendam super vos cutem, et dabo in vos spiritum meum, et vivetis*. *Item* : Et anima hominis spiritus dicitur et ventus similiter, et aer, et anima pecoris, et angeli, et quæcunque acceperunt ut vivant per substantiam propriam. *Item* : Quotiescunque autem spiritum, qui proprie de cœlo (62) est, vult Scriptura significare, addit dicens Spiritum sanctum, ut per hoc creatura non intelligatur. Moyses autem cum creaturam hylicam, id est confusionem rerum describeret quæ utique sensu bruta est, super terram et abyssum tenebrosam spiritum Domini superferri interfatus est, ut ex eo spiritu et loco in quo ferebatur, superior creatura, quam spiritalem dicimus, cognoscatur. Nam ex eo quod superferri illum dixit, creaturam illum significavit; quia omnis creatura Dei fertur virtute, a quo accepit ut sit. Nam quis ordo est, ut spiritus Domini (63) super aquas ferretur, quem constat utique super omnem esse creaturam ?

XXIV.

Quod Spiritus sanctus Pater quoque et Filius dici possit, et non.

Augustinus *De Trinitate, lib. V* : Spiritus sanctus

(64) Cous. : *tantum*.
(62) Cous. : *Deo*.

A secundum id quod scriptum est, quoniam Deus et spiritus, potest idem universaliter dici, quia et Pater spiritus, et Filius spiritus, et Pater sanctus, et Filius sanctus. *Et post pauca* : Spiritus sanctus quædam Patris Filiique communio est, et ideo fortasse sic appellatur, quia Patri et Filio potest eadem appellatio convenire. Ut ergo, ex nomine quod utrique convenit, utriusque communio significetur, vocatur donum amborum Spiritus sanctus. *Idem in lib. XV* : Multis exemplis doceri potest, multarum rerum vocabula et universaliter poni et proprie quibusdam adhiberi. Hoc ideo dixi, ne quis propterea nos inconvenienter existimet charitatem appellare Spiritum sanctum, quia et Deus Pater et Deus Filius potest charitas nuncupari. *Item* : Denique si in nobis Dei nihil majus est charitate et nullum majus est donum Dei quam Spiritus sanctus, quid consequentius quam ut ipse sit charitas, quæ dicitur Deus et ex Deo ? Et si charitas, qua Pater diligit Filium et Patrem diligit Filius, ineffabiliter communionem amborum demonstrat, quid convenientius quam ut ille proprie dicatur charitas, qui spiritus est communis ambobus? Ambrosius *De fide* : De Spiritu Dei Virgo concepit, et quod concepit hoc peperit, scilicet Deum, homini suo sociatum; sicut ipse dixit : *Quod nascitur de carne caro est, et quod nascitur de spiritu spiritus est, quia Deus spiritus est et de Deo natus est*; sicuti angelus ad Mariam dixit (*Luc.* I, 35) : *Spiritus Dei superveniet in te, et virtus Altissimi obumbrabit tibi, propterea quod nascetur ex te sanctum, vocabitur Filius Dei*. Vides ergo ipsum spiritum, id est Filium Dei, venisse ad Virginem, et inde Dei et hominis Filium processisse; nec tamen ipso indumento carnis Dei Filium esse mutatum. Ephraem diacon., *lib. V* : Deus, Spiritus sanctus, solus sine peccato, propter te proprio Filio non pepercit; et tu, infelix, tui non misereris? Hieronymus *super psalmum XVII* : Spiritus sanctus nec Pater est nec Filius, sed dilectio quam habet Pater in Filio et Filius in Patre. Beda *in homil. I post ascensionem* : Cum spiritus gratia datur hominibus, profecto mittitur a Patre Spiritus, mittitur et a Filio, procedit a Patre, procedit et a Filio, quia et ejus missio ipsa est processio quæ ex Patre procedit et Filio. Augustinus *in V De Trinitate* (VIII, 841) : Quod datum est, et ad eum qui dedit refertur, et ad eos quibus dedit; ita Spiritus sanctus dicitur et Dei, qui dedit, et nostri, qui accepimus. Unde scriptum est de Joanne, quod in spiritu Eliæ veniret; hoc et de Moyse intelligendum est, cum ait Dominus : *Tollam de spiritu tuo et dabo eis*, hoc est de Spiritu sancto quem tibi dedi. *Item* : Si non procedit nisi cum datur, nec procederet utique prius quam esset cui daretur. Nam donum potest esse et antequam donetur ; donatum autem, nisi datum fuerit, nullo modo dici potest. *Item* : Nec moveat quod Spiritus sanctus, cum sit

(63) Cous. : *sanctus*.

coæternus Patri et Filio, dicatur tamen aliquid ex tempore, veluti hoc ipsum quod donatum dicimus. Nam sempiterne spiritus donum, temporaliter autem donatum; nam et si Dominus non dicitur, nisi cum habere incipit servum, et ista appellatio relativa ex tempore est Deo : non enim sempiterna creatura est, cujus est ille Dominus. *Item* : Ecce Dominum esse non sempiternum habet, ne cogamur etiam creaturam sempiternam dicere, quia etiam ille sempiterne non dominaretur, nisi etiam ista sempiterne famularetur.

XXV.
Quod philosophi quoque Trinitatem seu Verbum Dei crediderint, et non.

Paulus apostolus *ad Romanos* : *Quod notum est Dei, manifestum est in illis; Deus enim illa revelavit; invisibilia enim ipsius*, etc. *Augustinus in libr. VIII De civitate Dei* : Homo Christianus, litteris tantum ecclesiasticis eruditus, caveat eos qui secundum elementa hujus mundi philosophantur; admonetur enim præcepto apostolico : *Cavete ne quis vos decipiat per philosophiam et inanem seductionem, secundum elementa mundi* (*Col*. II, 8). Deinde ne omnes tales esse arbitretur, audit ab eodem apostolo dici de quibusdam, quia *quod notum est Dei manifestum est in illis. Deus enim illis manifestavit..... Invisibilia*, etc. (*Rom*. I, 19.) Et ubi, Atheniensibus loquens, cum rem magnam de Deo dixisset et quæ a paucis possit intelligi, quod *in illo vivimus, movemur et sumus* (*Act*. XVII, 28), adjecit : *Sicut et vestri quidam dixerunt;* novit sane etiam ipsos, in quibus errant, cavere. *Idem super Joannem, tract. II* : Quidam philosophi hujus mundi exstiterunt et inquisiverunt Creatorem per creaturam, evidenter dicente Apostolo : *Invisibilia enim ipsius*, etc. Viderant quia per Verbum Dei facta sunt omnia; illud potuerunt videri quod est; noluerunt tenere humilitatem Christi, et sorduit eis crux Christi. *Idem in libr. XIII De Trinitate* : Præcipui gentium philosophi, qui invisibilia Dei per ea quæ facta sunt intellecta conspicere potuerunt, sine mediatore, id est sine homine Christo philosophati sunt, quem nec venturum prophetis nec venisse apostolis crediderunt. *Idem De spiritu et littera* : Vita sapiens quæ fecit mundum contemplato mundo intelligitur; interroga mundum, ornatum cœli, terram fructificantem herbis et lignis, animalibus plenam, mare, quantis natalibus (64) plenum est; aerem, quantis volatilibus; interroga omnia, et vide si non sponte sua tanquam voce respondeant tibi : Deus nos fecit. Hæc philosophi nobiles quæsiverunt, et ex arte artificem cognoverunt. *Idem in expositione quarumdam propositionum in Epistola Pauli ad Romanos* : Ait et Salomo de sapientibus mundi : si enim tantum potuerunt scire ut possent æstimare factum, quomodo ipsius mundi Dominum et Creatorem non facilius invenerunt? Sed quos arguit Salomo, non cognoverunt per creaturam Creatorem; quos vero arguit Apostolus, cognoverunt, sed gratias non egerunt. Sapientes gentium quod invenerunt Creatorem manifeste idem (65) apostolus, cum Atheniensibus loqueretur, ostendit. Cum enim dixisset quia *in illo vivimus et movemur et sumus*, addidit : *sicut quidam secundum vos dixit*. Hieronymus *ad Paulinum presbyterum de omnibus divinæ historiæ libris* : Joannes rusticus, piscator indoctus; et unde illa vox, obsecro : *In principio Verbum*, etc. ? Hoc doctus Plato nescivit; hoc Demosthenes eloquens ignoravit. *Perdam*, inquit, *sapientiam sapientium*. *Item* : Taceo de mei similibus, qui si forte ad Scripturas sacras post sæculares litteras venerint, et sermone composito aurem populi mulserint quidquid dixerint hoc legem Dei putant, nec scire dignantur quid apostoli et prophetæ senserint; sed ad sensum suum incongrua aptant testimonia, quasi grande sit et non vitiosum ad voluntatem suam Scripturam trahere repugnantem; quasi non legerimus Homerocentonas et Virgiliocentonas, ac non sic etiam Maronem sine Christo possimus dicere Christianum quia scripserit :

Jam redit et virgo, etc.
Jam nova progenies, etc.

Et Patrem loquentem ad Filium : *Nate, meæ vires, mea magna potentia solus*. Et post verba Salvatoris in cruce : *Talia perstabat memorans fixusque manebat*.

XXVI
Quod de præscientia judicet Deus, et non.

Ambrosius *in Epist. ad Romanos* (IX, 22) : *Quod si volens Deus ostendere iram*, etc. De præscientia Pharaonem damnandum censuit, sciens eum non se correcturum; apostolum vero Paulum elegit, præscius utique quod futurus esset fidelis. Quibusdam autem data est gratia in usum, ut Sauli; vide quibus dixit : *Ecce nomina vestra scripta sunt in cœlo, et prius abierunt retrorsum* (*Luc*. X, 20). *Item* : Nomina eorum scripta erant in cœlo propter justitiam cui deserviebant (66); secundum vero præscientiam in numero malorum erant. De justitia enim Deus judicat, non de præscientia; unde et Moysi dicit : *Si quis peccaverit ante me, delebo eum de libro vitæ* (*Exod*. XXXII, 33); ut secundum justitiam judicis tunc videatur deleri, cum peccat; juxta præscientiam tamen nunquam in libro vitæ fuerat; econtra tunc videtur ascribi, cum malus esse desinit, qui secundum præscientiam nunquam defuit.

XXVII.
Quod providentia Dei causa sit eventuum rerum, et non.

Boetius, *De consolatione, lib. IV* : Quidam aiunt non ideo quid esse eventurum, quoniam providentia id futurum esse prospexerit, sed econtrario potius, quoniam quid futurum est, id divinam pro-

(64) Cous. : *natalibus*.
(65) Cous. : *vel*.
(66) Mon. : *qui discernebant*.

videntiam latere non posse, eoque modo necessarium hoc in contrariam relabi partem. Neque enim est necesse contingere quæ providentur, sed necesse est ea quæ futura sunt provideri. *Item :* Jam vero quam præposterum est, ut æternæ præscientiæ temporalium rerum eventus causa esse dicatur? Quid est autem aliud arbitrari ideo Deum futura, quia sunt eventura, providere, quam putare quæ olim acciderunt causam summæ illius esse providentiæ? *Origenes super epistolam Pauli ad Romanos* (VIII, 30) : *Et quos vocavit.* Quomodo quos vocavit, justificavit, cum constet multos esse vocatos, paucos electos? Sed omnes quidem vocati sunt, non tamen omnes secundum propositum vocati sunt; nam hi qui secundum propositum bonum et bonam voluntatem, quam circa Dei cultum gerunt (67), vocantur, ipsi sunt qui secundum propositum vocati dicuntur. Quod si secundum propositum ad Deum referatur, hoc est ut secundum propositum Dei, qui sciens in eis religiosam mentem et salutis inesse desiderium, vocati dicantur; non videbitur his quæ exposuimus, contrarium. Hoc ergo pacto, nec in præscientia Dei vel salutis vel perditionis nostræ causa consistit, neque justificatio ex sola vocatione pendebit, neque gloriari de nostra penitus potestate sublatum est. Nam et si communi intellectu de præscientia sentiamus, non propterea aliquid erit, quia id scit Deus futurum, sed quia futurum est, scitur a Deo antequam fiat. Ut autem scias quia non in præscientia Dei uniuscujusque salutis causa ponitur, sed in proposito et actibus suis, vide Paulum, verentem *ne forte, cum aliis prædicaverit, ipse reprobus efficiatur, macerare corpus suum,* etc. (*I Cor.* IX, 27).

XXVIII.
Quod nihil fiat casu, et contra.

Augustinus quæstionum LXXXIII, cap. XXVII : Quidquid casu fit, temere fit; quidquid temere fit, non fit Providentia. Si ergo casu aliqua fiunt in mundo, non Providentia universus mundus administratur. *Item :* Illud bonum, cujus participatione sunt bona cætera; non propter aliud, sed per semetipsum bonum est quod divinam etiam providentiam vocamus. Nihil igitur casu fit in mundo. *Item, Retractationum cap. 1 :* Non mihi placet toties me appellasse fortunam, quamvis non aliquam deam voluerim hoc nomine intelligi, sed fortuitum rerum eventum; unde et illa verba sunt, quæ nulla religio dici prohibet : forte, forsitan, fortasse, fortuitum; quod tamen totum (68) ad divinam revocandum est providentiam. Pœnitet me illic nominasse fortunam, cum homines habeant in pessima consuetudine, ubi dici debet : *Hoc Deus voluit,* dicere : *Hoc voluit fortuna. Item : in libro De concordia evangelistarum in Matthæum* (69) : Nihil fortuitu fit ab eo qui omnia disponit, quamvis nullus intelligat causam. Unde Dominus : *Ego veni, ut qui non vident videant, et qui vident cæci fiant* (*Joan.* IX, 39). Ipsa est enim altitudo divitiarum, sapientiæ et scientiæ Dei, qua fit ex eadem massa aliud vas in honorem, aliud in contumeliam, et qua dicitur carni et sanguini : *O homo! tu quis es qui respondeas Deo?* (*Rom.* IX, 20.)

XXIX.
Quod prædestinatio Dei in bono tantum sit accipienda, et non.

Augustinus De prædestinatione sanctorum : Prædestinatio est gratiæ præparatio quæ sine præscientia non potest esse; potest autem esse sine prædestinatione præscientia. Prædestinatione quippe Deus ea præscivit quæ fuerat ipse facturus. Unde dictum est : fecit quæ futura sunt; præscire autem potens est et quæ ipse non facit, sicut quæcunque peccata. Quocirca prædestinatio Dei quæ in bono est, gratiæ, ut dixi, est præparatio ; gratia vero est ipsius prædestinationis effectus. *Item :* Prædestinationis nomine non aliqua voluntatis humanæ coactitia necessitas exprimitur, sed misericors et justa (70) divini operis sempiterna dispositio. *Item :* Contingit credere Deum præsciisse peccatores, quia nihil eum latere potuit; non tamen prædestinasse quemlibet hominem ad peccandum. Quia si ad peccatum hominem prædestinaret, pro peccatis hominem non puniret. Dei enim prædestinatione aut peccatorum præparata est pia remissio aut peccatorum justa punitio. *Idem in expositione quarumdam propositionum in Epistola Pauli ad Romanos :* Non prædestinavit aliquem, nisi quem præscivit crediturum. *Idem super Joannem : Sed vos non creditis, quia non estis ex ovibus meis.* Dixit : Non estis ex ovibus meis, quia videbat eos ad sempiternum interitum præparatos. *Item : non rapit eas quisquam de manu mea.* Quid potest fur et latro? Non perdunt nisi ad interitum prædestinatos. De illis autem ovibus, de quibus dicit Apostolus : *Novit Dominus qui sunt ejus et quos præscivit et prædestinavit; quos autem prædestinavit,* etc. (*Rom.* VIII, 29), nec lupus rapit, nec fur tollit, nec latro interimit. *Idem in Enchiridio, cap. CIV : Magna opera Domini, exquisita in omnes voluntates ejus* (*Psal.* CX, 2), ut per creaturæ voluntatem, qua factum est quod creator noluit, impleret ipse quod voluit; bene utens et malis tanquam summe bonus ad eorum damnationem, quos juste prædestinavit ad pœnam, et ad eorum salutem, quos benigne prædestinavit ad gratiam (71). *Responsiones Prosperi ad Rufinum :* In præscientia et bona novit et mala. *Item :* Prædestinatio Dei semper in bono est, aut ad retributionem justitiæ aut ad damnationem pertinens gratiæ. *Item :* Potest itaque sine prædestinatione esse præscientia ; prædestinatio autem sine

---

(67) Cous. : *circa cultum digerunt.*
(68) Cous. *tantum.*
(69) *In Matthæum* desunt apud Cous.

(70) Cous. *ita.*
(71) Cous. *gloriam.*

præscientia esse non potest. *Ex dictis Ambrosii de prædestinatione* : His omnibus testimoniis prædestinati ostenduntur mali ad pœnam, sed non prædestinati ad peccatum, quoniam eorum quæ facturus est Deus prædestinator est; quæ vero non facit nec facturus est, ea non prædestinavit. *Item* : Impios prædestinavit ad pœnam, et pœnam prædestinavit illis; ad peccatum autem eos non prædestinavit, quoniam non est auctor iniquitatis; quoniam; sicut justitia ex Deo est et omne bonum, ita iniquitas et omne opus pravum ex diabolo. *Item* : Iniquos itaque quos præscivit Deus hanc vitam in peccato terminaturos, prædestinavit supplicio. In quo prædestinatio justissime laudanda est ultionis, ut agnosceretur non ab eo prædestinatum hominem ad peccatum, quem prædestinavit peccati merito puniendum. Deus itaque omnia opera (72), sive bona sive mala, præscivit; sed sola bona prædestinavit; mala vero futura opera eorum, quos non prædestinavit ad regnum sed ad interitum, præscivit et ordinavit provida bonitate. *Isidorus De summo bono, lib. II, cap. VI* : Gemina est prædestinatio, seu electorum ad requiem, seu reproborum ad mortem. *Ex dictis ejusdem* : Deus potuit, sicut voluit, quosdam prædestinare ad gloriam, quosdam ad pœnam. Quos (73) autem prædestinavit ad pœnam, non prædestinavit ad culpam.

XXX.
Quod peccata etiam placeant Deo, et non.

Ambrosius Autpertus (74) *in Apocalypsi lib. IX* : Deus enim dedit in cordibus eorum ut faciant quod illi placitum est, ut dent regnum suum bestiæ, donec consummentur verba Dei. Præcedentium iniquitatum merita exigunt, ut reprobi in errorem a Deo ire permissi ita agant, ut non misericordia parcentis solvantur, sed justitia punientis damnentur. Ideo enim Dei placitum perficiunt, quod iniquitatem amando, quam Deus odit, justitiæ se damnandos præparant, quæ Deo super omnia placet, cum dicitur : *Dilexisti justitiam*, etc. Cui enim placere non potest iniquitas, placet justitia quam damnat perpetrans (75) iniquitates. Quamobrem unde displicent, inde quod illi placitum est perficiunt.

XXXI.
Quod Deus quoque malorum causa vel auctor sit, et non.

Dominus per Isaiam : Ego Dominus, et non est alter formans lucem et creans tenebras, faciens pacem et creans malum; ego Dominus faciens hæc. *Amos propheta* : Si (76) erit malum in civitate, quod Dominus non fecit. *Simeon ad Mariam de Christo* : Ecce positus est hic in ruinam et resurrectionem multorum. *Et ipse Christus* : Si non venissem et locutus eis non fuissem, peccatum non haberent. *Et alibi* : In judicium ego veni in hunc mundum, ut qui non vident videant, et qui vident cæci fiant. *Et Apostolus in Epistola ad Romanos* : Propter quod tradidit illos Deus in desideria cordis eorum, in immunditiam, etc. *Item* : Propterea tradidit illos Deus in passiones ignominiæ, etc. *Et paulo post* : Tradidit illos Deus in reprobum sensum, etc. *Idem infra* : Quod quærebat Israel, hoc non est consecutus; electio vero consecuta est; cæteri vero excæcati sunt, sicut scriptum est : Dedit illis spiritum compunctionis, oculos ut non videant, et aures ut non audiant usque in hodiernum diem. *Idem in II ad Corinth.* (IV, 3) : Quod si opertum est evangelium nostrum, in his qui pereunt est opertum, in quibus Deus hujus sæculi excæcavit mentes infidelium, ut non fulgeat illuminatio Evangelii gratiæ Christi. *Augustinus Quæstionum vet. et nov. legis cap. LXXXV* : Nam omne quod permittit Deus, facere dicitur, quia si non permittit non fit (77). Unde dicit Dominus ad Pilatum : *Non haberes potestatem in me, nisi datum esset desuper* (Joan. XIX). *Idem in Enchiridio* : Non fit aliquid nisi Omnipotens fieri velit, vel sinendo ut fiat, vel ipse faciendo. Nec dubitandum est Deum facere bene, etiam sinendo fieri quæcunque sunt male. Non enim hoc nisi justo judicio sinit; et profecto bonum est omne quod justum est. *Item* : Nam nisi esset hoc bonum, ut essent mala nullo modo esse sinerentur ab omnipotente Deo (78). *Idem De gratia et libero arbitrio* : Scriptura divina, si diligenter inspiciatur, ostendit hominum voluntates ita esse in Dei potestate, ut eos quos voluerit quando voluerit faciat inclinari, vel ad beneficia quibusdam præstanda, vel ad pœnas quibusdam ingerendas. Nam invenimus aliqua peccata etiam pœnas esse aliorum peccatorum, sicut sunt vasa iræ, quæ perfecta dicit Apostolus in perditionem; sicut est induratio Pharaonis, cujus etiam causa dicitur ad ostendendam in illo virtutem Dei. *Item* : Et dixit David (*II Reg.* XVI, 11) : *Ecce filius meus quærit animam meam, et adhuc modo filius Jemini. Sinite illum ut maledicat, quoniam dixit illi Deus*. Quomodo dixerit Dominus huic homini maledicere? Non enim jubendo dixit ubi obedientia laudaretur, sed quod ejus voluntatem vitio suo malam in hoc peccato judicio justo et occulto inclinavit. *Item* : Per Ezechielem dixit Deus (XIV, 9) : *Et propheta si erraverit et locutus fuerit, ego Dominus seduxi illum prophetam, et exterminabo eum de medio populi mei Israel*. *Idem in epistola Pauli ad Romanos* : Propterea tradidit illos Deus, etc. *Et ad Thessalonicenses in Epistola secunda* (II, 10) ait de quibusdam : Pro eo quod dilectionem veritatis non receperunt ut salvi fierent, ideo mittet illis operationem erroris ut credant mendacio, ut judicentur omnes qu-

---

(72) Cous. *opera sua*.
(73) Cous. *quosdam*.
(74) Cous. Rutpertus. Ambrosius Autpertus S. Ansbertus floruit anno circiter 770.

(75) Cous. *quæ damnat perpetuas*.
(76) Cous. *non* (Amos III, 6).
(77) Cous. *sit*.
(78) Cous. *bono*.

non crediderunt veritati, sed consenserunt iniquitati. *Idem De gratia et libero arbitrio* : Scriptum est in Proverbiis : *Cor regis in manu Dei est ; quocunque voluerit inclinat illud*. Et in Psalmo legitur de Ægyptiis : *Convertit cor eorum ut odirent populum ejus, et dolum* (79) *facerent in servos ejus*, etc. *(Psal.* CIV, 25.) Apostolus quoque : *Propterea tradidit illos in desideria cordis, in immunditiam* (*Rom.* I, 24). Talibus testimoniis satis, quantum existimo, manifestabitur operari Deum in cordibus hominum ad inclinandas eorum voluntates quocunque voluerit, sive ad bona pro sua misericordia, sive ad mala pro meritis eorum, judicio utique aliquando aperto, aliquando occulto, semper autem justo. Ac per hoc quando legitis a Deo seduci homines, aut obtundi aut obdurari corda eorum, nolite dubitare præcessisse mala merita eorum, ut juste ista paterentur ; nec incurratis illud proverbii Salomonis : *Insipientia viri violat vias ejus; Deum autem causatur in corde suo. Idem De correptione et gratia* : Electi sunt ad regnandum cum Christo, non quomodo Judas ad opus cui congruebat; ab illo quippe electus est qui novit bene uti etiam malis, ut per ejus opus damnabile illud propter quod ipse venerat, opus venerabile compleretur. Cum itaque audimus : *Nonne ego vos duodecim elegi? et unus ex vobis diabolus est* (*Joan.* VI), illos debemus intelligere electos per misericordiam, illum per judicium. Ergo elegit illos ad obtinendum regnum suum, illum ad effundendum sanguinem suum. *Idem in libro XX Quæstionum Exodi* : Causa obdurationis cordis Pharaonis non solum fuit quod incantatores similia faciebant, verum etiam ipsa Dei patientia, quæ parcebat secundum corda, quibusdam utilis ad poenitendum, quibusdam inutilis ad resistendum Deo et in malo perseverandum. *Hieronymus ad Castricianum* : Magna ira est, quando peccantibus non (80) irascitur Deus. Item de poena est, dum suæ peccator relinquitur voluntati ; unde est quod peccata patrum in tertiam et quartam progeniem restituit, dum non vult statim percutere peccantes ; sed innocens primis postrema condemnat. *Idem in Osee libr. I :* Grandis offensa est, postquam (81) peccaveris, iram Dei non vereri. *Item :* Qui in tantum (82) iratus est, ut nequaquam percutiat delinquentes. *Isidorus De summo bono, lib. II, cap. XVIII* : Præcedentia peccata sequentium sunt criminum causa, ut illa quæ sequuntur sint præcedentium poena. Pœna ipsa vocatur induratio veniens de divina justitia. Hinc est quod ait propheta : *Indurasti cor nostrum, ne timeremus te* (*Isa.* LXIII, 17). Sicut et Apostolus dicit : *Quoniam veritatem Dei non receperunt, immisit illis Deus spiritum erroris*. Facit ergo Deus quosdam peccare, sed in quibus jam talia peccata præcesserunt, ut justo judicio ejus mereantur ire in deterius. *Ex libro III Regum* (XXII, 19) : Dixit Micheas propheta : Audi sermonem Domini : vidi Dominum sedentem super solium suum (83), et omnem exercitum coeli (84) assistentem ei a dextris et a sinistris. Et ait Dominus : quis decipiet Achab regem Israel, ut ascendat et cadat in Ramoth Galaad ? Et dixit unus verba hujuscemodi, et alius aliter. Egressus est autem spiritus et stetit coram Domino et ait : ego decipiam illum. Cui locutus est Dominus : in quo ? et ille ait : Egrediar et ero spiritus mendax in ore omnium prophetarum ejus. Et dixit Dominus : Decipies et prævalebis ; egredere et fac ita. Nunc igitur ecce dedit Dominus spiritum mendacem in ore omnium prophetarum tuorum qui hic sunt, et Dominus locutus est contra te malum. *Hieronymus in Epistola Pauli ad Romanos :* Propterea tradidit illos Deus ; non quod ipse sit causa, sed per longanimitatem et patientiam non inducendo vindictam patitur eos secundum cordis sui agere voluntatem. *Item :* Tradere dicitur cum non retinet delinquentes, sicut dixit : *et dimisi eos secundum desideria cordis eorum. Augustinus quæstion. LXXXIII, cap. XXII : utrum Deus mali auctor sit :* Quisquis omnium quæ sunt auctor est, et ad cujus bonitatem id tantum pertinet, ut sit omne quod est non esse, ad eum pertinere nullo pacto (85) potest. Omne autem quod deficit, ab eo quod est esse deficit, et tendit ad non esse. Esse autem et in nullo deficere bonum est, et malum deficere. At ille ad quem non esse non (86) pertinet, non causa est deficiendi, id est tendendi ad non esse, quia, ut ita dicam, essendi causa est ; boni igitur tantummodo causa est, et propterea ipse bonum summum est. Quocirca mali auctor non est, quia omnium quæ sunt auctor est, quia in tantum sunt, in quantum bona sunt. *De prædestinatione divina :* Quem vult indurat non ita intelligendum est quasi Deus in homine ipsam, quæ non est, cordis duritiam operetur. Quid enim est aliud duritia quam Dei obviare (87) mandatis ? *Item :* Indurare dicitur eum quem mollire noluerit. Sic excæcare, quem illuminare, sic repellere, quem vocare noluerit (88). *Gregorius super Ezechielem, homil. XI :* Nobis cum tremore considerandum est, quomodo Deus, cum præcedentibus peccatis irascitur, permittit ut cæcata mens malis labatur. Unde Moyses ait : *Nondum completa sunt peccata Amorrhæorum* (*Gen.* XV, 16). David quoque (*Psal.* LXVIII, 28) : *Appone iniquitatem super iniquitatem eorum*, etc. Paulus ait : *Ut impleant peccata sua*. Johanni quoque per angelum dicitur (*Apoc.* XXII, 11) : *Qui nocet, noceat adhuc ; et qui in sordibus est, sordescat adhuc*. Unde nunc etiam Dominus

---

(79) Cous. *Dei.* Cfr. Psal. CIV, 25.
(80) Apud Cous. deest *non*.
(81) Cous. : *posteris, quando.*
(82) Cous. : *vicinis.*
(83) Cous. . *ejus.*
(84) Cous. : *ejus.*
(85) Cous. : *modo.*
(86) Apud Cous. deest *non.*
(87) Mon. : *objurare.*
(88) *Sic — noluerit* deest apud Cous.

dicit (*Ezech.* III, 20) : *Si quis conversus a justitia sua fecerit iniquitatem, ponam offendiculum coram eo* ; ac si aperte dicat : Quia videre pœnitendo noluit ubi jam impegit, justo judicio eum deserens ponam ei, ut alibi impingat. Quid tamen Dei ponere est? nequaquam ad peccatum premere, sed nolle a peccato liberare ; sicut de Pharaone dicitur : *Ego indurabo cor ejus* (*Exod.* VII, 3). Non enim cor peccatis Dominus obdurat, sed obdurare dicitur, cum ab obduratione non liberat. *Responsiones Prosperi ad Rufinum, cap. III* : Et quod ex Deo non nisi bonum est, et quod bonum est mali causa non est. Non itaque recte opinatur qui putat prorogatorem vitæ lapsuris auctorem esse peccati. Non enim relicti sunt a Deo, ut relinquerent Dominum, sed reliquerunt et relicti sunt.

XXXII.
Quod omnia possit Deus, et non.

Chrysostomus homil. XXVI, in expositione symboli, quæ sic incipit : Universalis Ecclesia congaudet : *Credo in Deum, Patrem omnipotentem*. Creditis Deo omnipotenti, quia posse ipsius non potest inveniri non posse ; tamen aliqua non potest, ut puta (89) mentiri, falli, ignorare, initium et finem habere, non prævidere, præterita oblivisci, præsentia attendere, futura nescire ; ad ultimum negare se ipsum non potest. Ecce quanta non potest (90) ! Tamen ideo est omnipotens, quia superius supprehensa (91) non potest. *Idem in homil. XXVIII, de expositione symboli*, quæ sic incipit : Super fabricam totius Ecclesiæ : *Credo in Deum, Patrem omnipotentem*. Omnipotens dicitur quia posse illius non potest inveniri non posse, dicente Propheta : *Omnia quæcunque voluit fecit* (*Psal.* CXIII, 3). Ipsa est ergo omnipotentia (92), ut totum quod vult possit. *Hieronymus in epistola ad Eustochium* : Audacter loquar ; cum omnia possit Deus, suscitare virginem non potest post ruinam : valet quidem liberare de pœna, sed non vult coronare corruptam. *Ambrosius Chromatio* : Impossibile est Deum mentiri ; impossibile istud non infirmitatis est, sed virtutis, sed majestatis, quia veritas non recipit mendacium. Hoc impossibile ejus plenitudinis est ; ex quo colligitur impossibile Dei potentissimum esse. Quid enim potentius quam nescire quidquid infirmitatis est? est tamen et illud infirmum Dei quod fortius est hominibus, et stultum Dei quod sapientius est hominibus ; sed hoc crucis, illud divinitatis. *Augustinus contra epistolam Gaudentii* : Cur hoc fieri non posset, nisi quia juste fieri nullo modo posset? Sic et dicimus : atque utinam possim me occidere! Sic et Dominus Loth : *Non potero*, inquit, *facere rem, donec tu illuc introeas* (*Gen.* XIX, 22). Non posse dixit se, quia sine dubio poterat per potentiam, sed non poterat per justitiam. *Augustinus in Enchiridio* : Neque enim ob aliud veraciter vocatur omnipotens, nisi quoniam quidquid vult potest, nec potestate cujuspiam creaturæ voluntate (93) omnipotentis impeditur effectus. *Idem in libro De spiritu et littera* : Non potest facere injusta, quia ipse est summa justitia et bonitas. Omnipotens vero est, non quod omnia possit facere, sed quia potest efficere quidquid vult, ita ut nihil valeat resistere ejus voluntati quin compleatur, aut aliquo modo impedire eam. *Idem Quæstion. vet. et nov. leg. cap. CLIX* : Omnia quidem potest Deus ; sed non facit nisi quod conveniat veritati ejus ac justitiæ. *Idem in Tractatu de symbolo* : Deus non potest mori, non potest mutari, non potest falli.

XXXIII.
Quod Deo resisti (94) non possit, et contra.

Psalmista (LXXVI, 8) : *Tu terribilis es ; et quis resistet tibi? Esther* (XIII, 9. Vulg.) : Domine, rex omnipotens, in tua ditione cuncta sunt posita, et non est qui possit resistere tuæ voluntati. *Apostolus ad Romanos* (IX, 19) : Voluntati enim ejus quis resistit? *Psalmista* (XVII, 7) : A resistentibus dextræ tuæ (95) custodi me. *Stephanus in Actibus apostolorum* (VII, 51) : Vos semper Spiritui sancto resistitis, sicut et patres vestri. *Marcus* (VI, 4, 6) : Dicebat eis Jesus : quia non est propheta sine honore nisi in patria et cognatione sua et in domo sua. Et ideo non poterat ibi virtutem ullam facere ; nisi paucos infirmos impositis manibus curavit. Et mirabatur propter incredulitatem eorum.

XXXIV.
Quod Deus non habeat liberum arbitrium, et contra.

Hieronymus Damaso, De filio prodigo (IV, 159) : Nulli videatur periculosum, nulli esse blasphemum, quod et in apostolos invidiæ malum diximus potuisse subrepere, cum etiam de angelis hoc dictum putemus *sidera quippe non sunt munda in conspectu ejus, et contra angelos suos perversum quid intellexit?* (*Job* IV, 19.) Et in psalmis (CXLIII, 2) : *Non justificabitur in conspectu tuo omnis vivens*. Non ait : omnis homo, sed omnis vivens, id est non evangelista, non apostolus, et ad majora conscendendo non angeli, non throni, non dominationes, cæteræque virtutes. Solus Deus est in quem peccatum non cadit. Cætera, cum sint liberi arbitrii, in utramque partem possunt suam flectere voluntatem. *Idem ad Paulam et Eustochium, in expositione epistolæ Pauli ad Philemonem* (IV, 450) : Ut non velut ex necessitate bonum tuum esset, sed voluntarium. Quod a plerisque quæritur de præsenti loco, solvi potest. Si enim Deus voluntarie et non ex necessitate bonus est, debuit hominem facere ad suam imaginem et similitudinem, ita ut ipse voluntarie et non ex necessitate bonus esset. Ex quo manifestum est rem eos inter se postulare contrariam ·

---

(89) *Ut puta* pro *utpote*, cf. Du Cange s. v. *puta*. Cous. : *tamen aliqua non patrem puta mentiri*, etc.
(90) *Ecce — potest* desunt apud Cous.
(91) Cous. : *reprehensa*.
(92) Cous. : *ipse est ergo omnipotens*.
(93) Cous. : *potestate*.
(94) Mon. : *resistere*.
(95) Cous. : *meæ*.

nam ex eo quod dicunt : « debuit homo Deo similis fieri, » illud petunt ut liberi fierent arbitrii, sicut Deus ipse est; ex eo autem quod inferunt : « talis debuit fieri qui malum recipere non posset, » cum necessitatem ei boni important, illud volunt ut homo Deo non similis fieret. *Augustinus Quæstion. LXXXIII, cap. IV* : Melior autem homo est qui voluntate quam qui necessitate bonus est. Voluntas ergo libera danda homini fuit. *Idem super Genesim* : Sic oportebat primum hominem fieri, ut et velle bene posset et male; postea vero (96) sic esse ut male velle non posset ; nec ideo caret libero arbitrio. Multo quippe liberius erit arbitrium, quod omnino non poterit servire peccato. Neque enim voluntas libera dicenda est, quia beati volumus sic esse ut esse miseri; non solum [non] volumus, sed nec esse possumus. *Idem De civitate Dei, lib. XXII* : Id etiam beata illa civitas magnum in se bonum videbit, quod nulli superiori ullus inferior invidebit, sicut nunc non invident archangelis angeli. Nec ideo liberum arbitrium non habebunt, quia peccata eos delectare non poterunt ; magis quippe erit liberum a delectatione peccandi usque ad delectationem non peccandi. *Item* : Sicut prima immortalitas fuit, quam peccando Adam perdidit, posse non mori, novissima erit non posse mori : ita primum liberum arbitrium posse non peccare, novissimum non posse peccare. *Item* : Certe Deus ipse nunquid, quoniam peccare non potest, ideo liberum arbitrium habere negandus est? Erit ergo illius civitatis in singulis voluntas libera, ab omni malo liberata, impleta omni bono, oblita culparum, oblita pœnarum ; nec ideo tamen suæ liberationis oblita, ut liberatori suo sit ingrata. Quantum ergo attinet ad scientiam rationalem, memor præteritorum etiam malorum suorum; quantum autem ad experientis (97) sensum, prorsus immemor. *Idem De correptione et gratia* (x, 770) : Quid est liberius libero arbitrio, quoniam non poterit servire peccato ? quæ futura erit et homini sicut facta est angelis sanctis merces meriti. *Item* : Prima ergo libertas voluntatis erat posse non peccare, novissima erit multo major : non posse peccare. *Item* : Illi ergo sine peccato nullo data est, cum qua conditus est, libera voluntas, et eam fecit servire peccato. Horum vero cum fuisset voluntas serva peccati, liberata est per illum qui dixit : *Si vos Filius liberaverit, vere liberi eritis* (Joan. VIII, 36).

XXXV.

Quod ubi deest velle Dei, desit et posse, et contra.

Ex Vita sancti Hieronymi, quæ sic incipit : Hieronymus noster; sanctus Hieronymus Eustochio ad meliora studuit hortando mandare : Cum omnia possit Deus, virginitatem suscitare non potest post ruinam, quod non posse Dei non velle alio omnimodo dici poterat verbo; per quemdam namque sapientem dicitur Deo : Tu autem dominator virtutis, cum tranquillitate judicas, et cum magna reverentia disponis. Subest enim tibi, cum volueris, posse; ergo ubi non est velle Dei, deest posse : Deus quippe ut immutabilis naturæ, ita immutabilis est voluntatis. *Augustinus in Tractatu de symbolo* : Quod non vult omnipotens, hoc solum non potest. *Item* : Sed quoniam dixi hoc solum omnipotentem non posse quod non vult, ne quis me temere dixisse arbitretur, aliquid omnipotentem non posse. Hoc et Apostolus ait (*II Tim.* II, 13) : Si non credimus, ille qui fidelis permanet, negare se ipsum non potest, quia et velle non potest. Non enim potest justitia velle facere quod injustum est. *Item* : Si ergo potest esse quod non vult, omnipotens non est. Est autem omnipotens ; ergo quidquid vult potest, et id (98) quod non vult esse non potest ; qui propterea dicitur omnipotens, quoniam quidquid vult potest. *Idem De Trinitate, lib. XIII, cap. X* (VIII, 956) : Eos sane, qui dicunt : itane defuit Deo modus alius quo liberaret homines, ut unigenitum filium hominem fieri vellet, mortalemque factum nostram mortem perpeti ? parum est sic refellere, ut istum modum, quo nos liberare dignatur, asseramus bonum esse ; etiam ut ostendamus non alium modum possibilem Deo defuisse, cujus potestati cuncta æque subjacent, sed sanandæ nostræ miseriæ convenientiorem alium modum non fuisse, cur non fieret mors Christi, imo cur non, prætermissis innumerabilibus modis, quibus ad nos liberandos uti posset omnipotens, ipsa potissimum eligeretur. *Item* (VIII, 945) : Poterat utique Deus hominem aliunde suscipere, in quo esset mediator Dei et hominum ; non de genere illius Adam, sicut ipsum, quem primum creavit, non de genere creavit alicujus ; poterat ergo, vel sic, vel alio quo vellet modo, creare unum alium de quo vinceretur victor prioris ; sed melius judicavit de ipso, quod victum fuerat, genere hominem assumere. *Idem in lib. Quæst. vet. et nov. legis* : Potuit Deus simul cuncta facere, sed ratio prohibuit ; poterat animam limo terræ admiscere, et sic formare corpus, sed ratione infirmabatur, quia primum oportebat domum compaginari et sic habitatorem induci. *Idem in Enchiridio* : Omnipotentis voluntas mala esse nunquam potest. Præterea multa potest facere quæ non facit, nec vult. Potuit enim efficere ut XII legiones angelorum pugnarent contra eos qui eum ceperunt. Evangelista Matthæus (XXVI, 53) : *An putatis quia non possum rogare patrem, et exhibebit mihi plus quam XII legiones angelorum ?* *Item* : Tunc in clarissimæ sapientiæ luce videbitur quod nunc fides habet, quoniam certe immutabilis et

---

(96) Cous. : *Postea vero sic esse ut male velle posset et bene ; postea vero sic esse, ut male velle non posset, nec ideo uti libero arbitrio. Multo*, etc. Neque enim voluntas libera dicenda non est, quia beati volumus nec esse ut esse miseri non solum non velimus, sed nec esse possimus.
— (97) Apud Cous. deest *experientis*.
(98) Cous. : *ideo*.

efficacissima sit voluntas Dei, quoniam (99) multa possit et non velit, nihil autem velit quod non possit. *Idem in libro De spiritu et littera :* Absurdum tibi videtur dici aliquid fieri posse, cujus desit exemplum ; cum, sicut credo, non dubites nunquam esse factum, ut per foramen acus camelus transiret, et tamen ille hoc quoque dixit Deo esse possibile. *Item :* His addi possunt etiam illa quæ leguntur in *libro Sapientiæ*, quoniam multa posset nova tormenta exercere Deus in impios, ad nutum sibi serviente creatura, quæ tamen non exercet. Potest et de monte illo, quem fides in mare transferret, facere quod tamen nusquam factum esse vel audivimus vel legimus. Quisquis horum aliquid Deo dixit impossibile, vides quam desipiat, quamque adversus fidem ejus Scriptura loquatur. Multa alia hujusmodi possunt occurrere vel legenti vel cogitanti, quæ possibilia Deo negare non possumus, quamvis eorum desit exemplum. *Idem in libro De natura et gratia :* Dominus Lazarum suscitavit ; sine dubio potuit. Quia vero Judam non suscitavit, nunquid dicendum est : non potuit? Potuit ergo, sed noluit. Nam si voluisset, eadem etiam hoc potestate fecisset ; quia Filius quos vult vivificat.

XXXVI.
Quod quidquid vult Deus faciat, et non.

David in psalmo *CXXXIV :* Omnia quæcunque voluit Dominus, fecit in cœlo et in terra, etc. *Et Apostolus ad Romanos* (ix, 19) : Voluntati ejus quis resistet? *Idem in epistola prima ad Timotheum* (ii, 3) : Hoc enim bonum et acceptum est coram salvatore nostro Deo, qui vult omnes salvos fieri. *Et per semetipsam Veritas ad Jerusalem* (100) loquitur : Quoties volui congregare filios tuos, etc. (*Matth.* xxiii, 37). *Hieronymus super Danielem, in tertia visione*, ubi de Deo et de Nabuchodonosor sic loquitur : Juxta voluntatem enim suam facit tam in cœlo quam in terra ; et non est qui resistat manui ejus et dicat : quare fecisti? Loquitur quemadmodum homo sæculi (1). Non enim quod vult hoc facit, sed quod bonum est hoc vult Deus. Nabuchodonosor autem sic locutus est, ut, dum potentiam Dei prædicat, justitiam ejus videatur arguere, quod immerito pœnas sustinuerit.

XXXVII.
Quod nihil fiat Deo nolente, et contra.

Ex verbis *Habacuc prophetæ :* Domine, non dico sine te quidquam fieri, et te nolente tantam esse potestatem impii. Cum ergo sis omnium Creator et Dominus, necesse est ut facias quod sine te fieri non potest. *Augustinus in libro De spiritu et littera :* Infideles quidem contra voluntatem Dei faciunt, cum ejus Evangelio non credunt. *Idem De civitate Dei, libro XXII :* Multa fiunt quidem contra voluntatem Dei, sed tantæ est ille sapientiæ tantæque virtutis ut in eos exitus sive fines, quos bonos et justos ipse præscivit, tendant omnia quæ voluntati ejus videntur adversa. *Item :* Deus est qui operatur in nobis et velle ; secundum ergo hanc voluntatem, qua Dominum velle dicimus quod alios efficit velle, multa vult nec facit. Multa enim volunt fieri sancti ejus ab illo inspirati sancta voluntate, nec fiunt, sicut orant pro quibusdam pie sancteque ; et quod orant, non facit. *Idem in Enchiridio :* Aliquando homo bona voluntate vult aliquid, quod Deus (2) non vult, tanquam si bonus filius patrem velit vivere, quem Deus bona voluntate vult mori. Et rursus fieri potest ut hoc velit homo voluntate mala, quod Deus vult bona ; velut si malus filius mori patrem velit, hoc etiam Deus. *Item :* Omnes homines vult salvos fieri ; tanquam si diceretur : Nullum hominem salvum fieri, nisi quem fieri salvum esse voluit ; aut certe sic dictum : Omnes homines, id est de omni genere hominum, salvos fieri.

XXXVIII.
Quod omnia sciat Deus, et non.

Apostolus ad Hebræos (iv, 13) de Spiritu Dei : Omnia nuda sunt et aperta oculis ejus, etc. *Ex libro sententiarum Prosperi, cap. CCLXXXI :* Cum salvator dicit unum passerem non cadere in terram sine voluntate Dei, et quod fœnum agri post paululum mittendum in clibanum ipse tamen formet ac vestiat, nonne confirmat non solum totam mundi partem, rebus mortalibus et corruptibilus deputata, verum etiam vilissimas ejus abjectissimasque particulas divina providentia regi, ne fortuitis perturbari motibus ea quorum causas comprehendere non possumus, existimemus? *Hieronymus super Habacuc prophetam* (i, 14), exponens ista ejus verba : Domine, mundi sunt oculi tui ; ne videas malum, et respicere ad iniquitatem non poteris. Quare non respicis super iniqua agentes, et taces impio devorante justiorem se ? Et facies homines quasi (3) pisces maris, et quasi (3) reptile non habens principem. Non dico sine te quidquam fieri, et te nolente tantam esse potestatem impii. Cum ergo sis omnium creator et dominus, necesse est ut facias quod sine te fieri non potest. Non quod propheta sic sentiat, sed quod humanam impatientiam in sua persona exprimat, sicut Apostolus multas in se personas transformat ; unde : *Hoc autem, fratres, transfiguravi in me*, etc. (*I Cor.* iv, 6.) Aliter enim non potest Deus habere homines quasi pisces maris et quasi reptilia non habentia principem, quorum angeli quotidie vident faciem patris qui in cœlis est. Sicut ergo in hominibus etiam per singulos currit Dei providentia, sic etiam in cæteris animalibus generalem quidem dispensationem (4) et ordinem cursumque rerum intelligere possumus ; verbi gratia : quomodo nascatur piscium multitudo et vivat in aquis ; quomodo reptilia et quadrupe-

---

(99) Cous. : *Quam.*
(100) Cous. : *Jeremiam.*
(1) Cous. : *scilicet.*

(2) Cous. : *voluntate vult, aliquando non vult.*
(3) Cous. : *Quemadmodum.*
(4) Mon. : *dispositionem.*

dalia oriantur in terra, et quibus alantur cibis. Sed absurdum est ad hoc Dei deducere majestatem ut sciat per momenta singula quot culices nascantur, quotve moriantur; quæ pulicum et muscarum sit multitudo; quanti pisces in aqua natitent et qui de minoribus majorum prædæ cedere debeant. Non simus tam fatui adulatores Dei, ut omnem potentiam ejus etiam ad ima detrudamus, in nosque ipsos injuriosi simus, eamdem irrationabilium providentiam esse dicentes. Unde liber ille apocryphus stultitiæ deputandus, in quo scriptum est quemdam angelum nomine *Tyri* (5) præesse reptilibus, et similiter piscibus et arboribus et bestiis universis proprios in custodia angelos assignatos.

XXXIX.
Quod opera hominum nihil sint, et contra.

Augustinus in Enchiridio, cap. IX : Satis est Christiano rerum creatarum causas non nisi bonitatem intelligere Creatoris, qui est Deus, nullamque naturam esse quæ non aut ipse sit aut ab ipso. *Idem De moribus Ecclesiæ catholicæ* (I, 696) : Creatura, Paulus clamat, vanitati subjecta est, neque non potest a vanitate separare veritatique connectere quod subjectum est vanitati. Et hoc nobis Spiritus sanctus præstat. Creatura igitur non est, quia omne quod est aut Deus aut creatura est. *Paulus in Epistola prima ad Corinthios* (VIII, 4) : Scimus quia nihil est idolum in mundo. *Prudentius hymn.* :

Isis, Apollo, Venus nihil est;
Maximianus et ipse nihil ;
Illa nihil, quia facta manu.
Hic manuum quia facta colit.

Ex psalmo CXII : Simulacra gentium argentum et aurum, opera manuum hominum.

XL.
Quod Deus quoque loco moveatur vel localis (6) *sit, et non.*

Propheta : Egredietur Dominus de loco sancto suo, etc. (*Mich.* I, 3.) Et per semetipsam Veritas : Quia descendi de cœlo, non ut faciam voluntatem meam, etc. (*Joan.* VI, 58.) Unde et *Apostolus* : Quid est autem, quia ascendit, nisi quia et descendit primum in inferiores partes terræ? (*Ephes.* IV, 9.) *August. De civitate Dei lib. XVI* : Non loco movetur Deus, qui semper ubique est totus, sed descendere dicitur, quum aliquid inusitatum facit in terra. *Idem ad Dardanum* : Ergo Deus per cuncta diffusus. Ipse quippe ait per prophetam : *Cœlum et terram ego impleo* (*Jer.* XXIII, 24). Et de sapientia ejus scriptum est . Attingit a fine usque ad finem (*Sap.* VIII, 1). Et in psalmo : Quo ibo a spiritu tuo? etc. Si ascendero in cœlum, etc. (*Psal.* CXXXIX, 7.) Substantialiter Deus ubique est. *Item* : Fatendum est, ubique esse Deum per divinitatis præsentiam, sed non ubique per habitationis gratiam. *Item* : Non est negligenter intuendum, quod diximus, Deum in se ipso esse ubique totum. Ideo ubique esse di-

citur, quia nulli parti rerum absens est; ideo totus quia cuilibet parti pariter totus adest. Hique ab eo longe esse dicuntur, qui peccando dissimillimi facti sunt; et hi ei appropinquare, qui ejus similitudinem pie vivendo recipiunt. *Item* : Quod addimus in se ipso, diligentius exponendum est. In se ipso est, quia non continetur eis, quibus est præsens, tanquam sine his esse non possit. Spatia locorum tolle corporibus, nusquam erunt. Tolle ipsa corpora qualitatibus corporum, non erit ubi sint, et ideo necesse, ut non sint. *Augustinus Volusiano* : Verbum Dei ubique totum est. Venit autem, quum manifestatur ; abscedit, cum occultatur. *Gregorius in majori breviario psalterii, psalmo XXX* : Nunquid localis est Deus ? Et localis et non localis ; localis ad se venientibus ; non localis, quia ubique est.

XLI.
Quod Deus ipse sit, qui antiquis Patribus apparebat, et non.

Ecclesiastica historia, cap. II : Multis antea astitisse ostenditur, sed evidentius et familiarius Abrahæ atque ejus familiæ, quantum fas erat, Deum hominibus innotuisse describitur, quia apparuit Dominus Abrahæ tanquam communis aliquis homo sedenti ad ilicem Mambre. At ille exsurgens cum hominem videret, adorat ut Deum et veneratur ut Deum. Sed et propriæ vocis professione præsentiam se testatur non ignorare divinam dicens : *Dominator, Domine* (*Gen.* XV, 8). Quæ utique omnia non ad Patrem, sed ad Filium referenda posterioris incarnatio dispensationis plenius expleta designat. Item *Propheta* : *Misit verbum suum*, etc. (*Psal.* CVI, 20.) Eumdemque cum apparuisset Jacob Deum esse Scriptura designat dicens : *Sed Israel erit nomen tuum, et invaluisti cum Deo* (*Gen.* XXXV, 10 ; XXXII, 28). Et paulo post dicit : *Vidi Dominum facie ad faciem*, etc. Neque enim fas est de aliquo angelorum vel cœlestium virtutum ista sentire. Nullum enim eorum, si quando mortalibus ex cœlesti percipiuntur adesse mandato, Dominum vel Deum divinus sermo commemorat. Hic etiam Jesu successori Moysi cum astitisset percunctanti quis esset, responsio evidentissimis assignavit dicens : princeps militiæ virtutum Domini ego sum. Cumque his auditis adoraret famulus, ut decebat, *solve*, inquit ad eum, *corrigiam calceamenti*, etc. (*Jos.* V, XIV, 16). In quo consideranda præceptorum similitudo, quoniam non erat hic alius ab eo, qui dixerat ad Moysen de rubo : *Ne appropies huc, solve calceamenta*, etc. (*Exod.* III, 4, 5). Et addidit dicens : *Ego sum Deus patrum vestrorum*, etc. Claruit igitur ex his omnibus quod Verbum Dei Deus designatus est. *Hieron. ad Marcellinum et Anapsychiam* : Sempiternus Deus erat, qui Adæ in paradiso visus est, etc., Jacob locutus est. *Idem ad Damasum* : Juxta quod et ipsum Dominum et angelos in humanas vidimus se mutasse formas, ut metus videntibus demeretur. a Cous. omissa.

---

(5) Cous. : *Tyn.*
(6) Cous. : *locatus.* Sequuntur hic capita XVII,

Et epistola beati Hilarii ad diversas provincias destinata, quæ sic incipit : Dilectissimis et beatissimis fratribus, si quis cum Jacob non Filium quasi hominem colluctatum, sed Deum innascibilem vel Patrem ejus dicat, anathema sit. *Idem in lib. XII De Trin.* : Hinc etiam sæpe naufragium est, quia unigenitus Deus sub prophetica auctoritate creatura esse defenditur, quia ex persona sapientiæ dictum est : *Dominus creavit me, initium viarum suarum (Prov.* viii, 22). *Item :* Videamus in quas itaque Dei vias, et in quæ opera a sæculis creata sit nata ante sæcula ex Deo sapientia. Vocem Domini deambulantis in paradiso Adam audivit. Putasne deambulantis incessum, nisi in specie assumptæ creationis auditum, ut in aliqua creatione consisteret, qui inambulando fuerat auditus ? *Item :* Angelus ad Agar loquitur, et utique idem Deus est (*Gen.* xvi, 9, 13). Nunquid speciei ejusdem est, cum angelus videtur, cujus est in ea natura, qua Deus est ? Sed quid de angelo dicam ? Homo ad Abraham venit. Nunquid secundum hominem in creationis istius habitu Christus talis consistit, qualis et Deus est ? Sed et homo loquitur, et corpore assistit, et cibo alitur, verumtamen Deus adoratur. Certe, qui ante angelus, nunc etiam homo est, ne naturalem hanc esse Dei speciem diversitas ipsius assumptæ creationis pateretur intelligi. Adest autem ad Jacob et usque ad complexum in habitu humano, et manum conserit, et membris nititur, lateribus inflectitur, et in omni motu nostro incessuque consistit. Sed idem postea Moysi esse ignis ostenditur. Curre per tempora et intellige qualis visus fuerit cæteris, quibus se in habitu humanæ creationis ingessit, etiam cessit in vias Domini et in opera Dei, ad cognitionem scilicet Dei et nostræ æternitatis profectum. Etiam his omnibus Deus, qui ignis consumens est, ita creatus inest, ut creationem ea virtute, qua assumpsit, absumeret, potens abolere rursum, quod tantum ad causam contemplationis exstiterat. *Idem libro I* (IV, 23) : *Et dixit angelus Domini ad Agar : Multiplicans multiplicabo semen tuum. Et vocavit nomen Dei, qui loquebatur secum, tu Deus, qui aspexisti me* (*Gen.* xvi, 13). Angelus Dei loquitur ; duplex in angelo Dei significatio est, ipse qui est, et ille cujus est. *Item* (iv, 23) : Primum angelus Dei, secundo Dominus ; *vocavit enim nomen domini qui loquebatur secum ;* tertio Deus : *Tu enim es Deus qui aspexisti me.* Qui angelus Dei dictus est, idem Dominus et Deus est. Est autem secundum prophetam Filius Dei *magni consilii Angelus* (*Isa.* ix, 6). Ut personarum distinctio absoluta esset, angelus Dei nuncupatus ; qui enim est Deus ex Deo, ipse est angelus Dei. Ut vero honor debitus redderetur, et Deus et dominus est prædicatus. *Item* (iv, 26) : Angelus loqui ad Agar cœpit. Confessio audientis et dominum eum esse et Deum edocet. Ita qui sub ministerio magni consilii nuntiandi angelus est, ipse et natura et nomine Deus est. *Item :* Procedit pleniore doctrinæ [profectu] sermo [divinus]. Deus ad Abraham loquitur. Viri tres sedenti assistunt, unum adorat et Deum confitetur. Idemque adoratus et confessus ab illo tempore eodem in futurum redditurum [se] promittit, et Saræ filium, futurum. Deus ad Abraham locutus est. Idem postea de rebus ipsis [eumdem] vir ab eo visus alloquitur. Virum licet conspectum, Abraham tamen Dominum adoravit, sacramentum scilicet futuræ corporationis cognoscens. *Ambrosius De fide* (orthodoxa, cap. 8. p. 431. Maur.) : Si angeli in figura hominum sæpe sunt visi, et tamen aliud non sunt quam quod esse norunt, neque substantiam mutant, cum formam humani corporis sumunt : quanto magis ipse Dominus ? Sic Filium Domini visum a patribus approbamus, ut non totum in illo, quod Deus est, videretur, sed dispositiones rerum futurarum, quæ complendæ erant, in illo per imaginem cernerentur. Nam quis Filium Dei videre potuit, antequam conspicabilem materiam, cum ei placuit, assumpsit, vel hominem induere dignatus est ? Qui etsi Abrahæ visus est, sed in forma humani corporis visus est, quo postremis temporibus, in homine venturus esse ostenderetur. Jacob autem alibi in angelo, alibi videtur in homine. Qui ideo se in angelo demonstravit, ut nuntium se magni consilii indicaret. In homine vero, cum quo et conluctatus fuisse describitur, ut imaginem futuræ colluctationis, quam cum Israel habiturus erat, cum secundum hominem advenisset, indicaret. Sed ut Dominum crederet, cum quo sub figura hominis luctabatur, Israel, id est homo videns Deum, nomen accipit, qui figuram hominis viderat, quam Filius Dei videbat. Moysi in rubo in flamma ignis apparuit, ut lumen credentibus incredulis judicium demonstraret, populum Israel in columna nubis per diem et per noctem in columna ignis quasi dux itineris præcedebat, ut baptismi gratiam per nubem et donum Spiritus sancti per ignem ostenderet, quia Paulus in nube patres baptizatos scripsit, et spiritum ignem esse apostolorum acta declarant. Denique cum Moyses oraret, ut faciem Domini pure videret, *non poteris,* inquit, *videre faciem meam ; non enim videbit homo faciem meam,* etc. (*Exod.* xxxiii, 20.) *Augustinus lib. VIII De Genesi ad litteram* (VIII, 49. Maur.) : Si modum quærimus quomodo sit locutus Deus, certissime tenere debemus, Deum aut per substantiam suam loqui, aut per sibi subditam creaturam ; sed per substantiam non loqui, nisi ad creandas naturas. Ad spiritales vero atque intellectuales non solum creandas, sed et illuminandas, cum jam possint capere locutionem ejus qualis est in verbo ejus, quod in principio erat Verbum, etc. Illis autem, qui eam capere non possunt, cum loquitur Deus, non nisi per creaturam loquitur, aut tantummodo spiritalem, sive in somnis, sive in exstasi et in similitudinem rerum corporalium, aut per corporalem, dum sensibus corporis vel aliqua species apparet, vel insonant voces. *Item :* Nonnulli hæretici putant substantiam Filii Dei nullo assumpto corpore per se ipsam esse visibilem, et ideo antequam ex virgine corpus assumeret, ipsummet esse visum patribus. Quæ impietas procul a catholicis mentibus repellenda est. *Idem De civitate Dei, lib. X* (cap. 13) : Nec movere debet quod, cum sit invisibilis, visibiliter patribus apparuisse memoratur. Sicut enim sonus, quo auditur sententia, non est hoc quod ipsa, ita et species qua visus est Deus, in natura invisibili constitutus non erat, quod ipse. Nec illi ignorabant invisibilem Deum in specie corporali quod ipse non erat se videre. Nam et loquebatur cum loquente Moyses, et ei tamen dicebat : *Si inveni gratiam ante te, ostende mihi temetipsum scienter ut videam te* (Exod. xxxiii, 13). *Idem super Joannem, homilia IV* (tract. III in Joan. 1; Maur. III, p. 310) : Deum nemo vidit unquam, Moyses vidit angelum, nubem, ignem. Omnis illa creatura typum Domini sui gerebat, non ipsius Domini præsentiam exhibebat. Namque habes aperte in lege, et loquebatur Moyses cum Domino contra in contra, sicut amicus cum amico suo. Si quæris ipsam Scripturam, invenies Moysen dicentem : *Si inveni gratiam in conspectu tuo, ostende mihi faciem tuam manifeste, ut videam te*. Responsum accepit : *Non potes videre faciem meam* (Exod. xxxiii, 20). Loquebatur cum Moyse angelus portans typum Domini, et illa omnia, quæ ibi per angelum facta sunt, futuram istam gratiam et veritatem promittebant. Omnia quæ corporaliter visa sunt, non erant illa substantia Dei; facta enim sunt illa visibilia corporaliter per creaturam, in quibus typus ostenderetur; non utique substantiam ipsam demonstrabant. *Idem De Trinitate, lib. III, cap. XI* : Omnia, quæ Patribus visa sunt, cum Deus illis præsentaretur, per creaturam facta esse manifestum est. Etsi nos latet, quomodo ea ministris angelis fecerit, per angelos tamen esse dicimus facta. [Sed ait aliquis], cur ergo scriptum est, *dixit Dominus*, et non potius, dixit angelus? Quia cum verba judicis præco pronuntiat, non scribitur in gestis, ille præco dixit, sed ille judex. *Item* : Ante incarnationem Salvatoris, cum Deus apparere dicebatur, voces illæ ac species corporales per angelos factæ sunt, ipsis loquentibus vel agentibus aliquid ex persona Dei.

XLII.

Quod solus Filius in angelis olim apparebat, et non.

Isidorus *De summo bono. cap, X* : Ubicunque in Scripturis sacris pro domino angelus ponitur, non Pater, non Spiritus sanctus, sed per incarnationis dispensationem solus Filius intelligitur. Augustinus *De Trinitate, lib. IV, cap. X* : De angelis, in quibus apparebat Dominus et loquebatur. In angelis utique erat Pater et Filius et Spiritus sanctus, et aliquando Pater, aliquando Filius, aliquando Spiritus sanctus, aliquando et sine ulla distinctione personæ Deus per illos figurabatur. *Idem, lib. II, cap. XI* : Cum tres viri visi sunt Abrahæ, nec quisquam in eis vel forma, vel ætate, vel potestate major cæteris dictus est, cur non hic accipiamus visibiliter insinuatam per creaturam visibilem Trinitatis æqualitatem eamdemque substantiam. *Idem in eodem libro* (cap. XVII) : Si in illis vocibus, quæ fiebant in Exodo, et illis omnibus corporalibus demonstrationibus Christus ostendebatur, aut alio Christus, alio Spiritus sanctus, sicut ea quæ supra diximus admonent, non hoc efficitur, ut Deus Pater nunquam tali specie patribus visus sit. Multa enim talia visa facta sunt illis temporibus, non evidenter designato in eis vel Patre vel Filio vel Spiritu sancto, ut nimis temerarium sit dicere, Deum Patrem nunquam patribus per aliquam visibilem formam apparuisse. Hac enim opinione illi pervenerunt (7), qui non potuerunt in unitate Trinitatis intelligere, quod dictum est : *Regi autem sæculorum*, etc., et *Quem nemo hominum vidit nec videre potest* (I Tim. vi, 16). Et substantia divina, ubi Pater et Filius et Spiritus sanctus unus est Deus, intelligitur. Visiones autem illæ per creaturam commutabilem factæ sunt, non proprie, sicuti est, sed figurative Deum ostendentes. Quanquam nescio, quemadmodum isti intelligant, quod Danieli apparuit Antiquus dierum, a quo Filius hominis accepisse intelligitur regnum, sed ab illo scilicet qui ei dicit : *Filius meus es tu,* etc., *postula a me*, etc. (Psal. ii, 7.) Si ergo Danieli et Pater dans regnum et Filius accipiens apparuerunt in specie corporali, quomodo isti dicunt, Patrem nunquam visum esse prophetis, et ideo solum debere intelligi invisibilem? Non ergo inconvenienter creditur etiam Deus Pater eo modo solere apparere mortalibus. Nisi forte aliquis dicet, ideo non esse visibilem Patrem, quia in conspectu somniantis apparuit, ideo Filium et Spiritum sanctum visibiles, quia Moyses illa omnia vigilans vidit. Quasi vero Verbum viderit Moyses carnalibus oculis, aut videri spiritus vel humanus possit, quanto minus spiritus Dei! An quis audeat dicere Filium et Spiritum sanctum etiam vigilantibus esse visibiles, Patrem autem non nisi somniantibus? Unde nemo sani capitis affirmare debet, nusquam personam Patris per aliquam speciem corporalem vigilantium oculis demonstratam. *Item* : Quid dicunt de Abraha, cui vigilanti, cum Scriptura præmisisset dicens : *Visus Deus Abrahæ*, non unus aut duo, sed tres apparuerunt viri, quorum nullus excelsius aliis eminuisse dictus est, nullus honoratius effulsisse, nullus imperiosius egisse?

XLIII.

Quod nullus creatus spiritus loco moveatur, et contra.

Augustinus *super Genesim, lib. VIII* : Spiritalem creaturam corporali præposuit Deus: quod spiritalis tantummodo mutari per tempora posset, corporalis autem per tempora et loca. Per tempus movetur animus, vel reminiscendo quod oblitus erat, vel

---

(7) Ed. Maur. : *Hanc enim opinionem illi pepererunt.*

discendo quod nesciebat, vel volendo quod nolebat; per loca autem corpus. *Item :* Quisquis intelligere conatur, quemadmodum incommutabilis Deus nec per tempus, nec per locum motus moveat temporaliter et localiter creaturam suam, non eum puto posse assequi, nisi prius intellexerit, quemadmodum anima, hoc est spiritus creatus, non per locum, sed per tempus motus, moveat corpus per tempus et locum. *Item :* Cui non facile occurrat, quod per locum non movetur, quod per loci spatia non distenditur? Quidquid autem per loci spatia distenditur corpus est. Ac per hoc consequens est, ut anima moveri non putetur, si corpus non esse creditur. *Idem super id quod scriptum est : Spiritus Domini ferebatur super aquas :* Cum aquarum nomine illa materies insinuetur informis, quæ de nihilo facta est, unde omnia fierent, quid prohibet Spiritum sanctum intelligere Conditoris, quod superferebatur huic materiæ non locorum gradibus intervallisque spatiorum, quod nequaquam de ulla re incorporea recte dicitur, sed excellentia et dominantis eminentia super omnia, ut omnia conderentur? *Idem in libro Quæstionum Orosii ad ipsum :* Spiritus conditus est sicut angelorum; quia ex tempore in inferioribus jussa Dei perficiunt, jure creduntur moveri ex tempore; corpora vero sua in locum movent, dum descendunt de cœlo et ascendunt. *Item :* Igitur secundum prædictam rationem spiritus creatus per tempus moveri potest, non per locum. Spiritus creator sine tempore et loco, corpus autem et loco et tempore. *Item :* Animantia vel volatilia in suo genere obtemperant Deo, sicut movet ille omnia temporibus opportunis, non ipse temporaliter movetur. Movet itaque seipsum sine tempore et loco; movet creatum spiritum sine loco temporaliter; movet creaturam corpoream temporaliter et localiter. *Item :* Orosius : Quæ causa fecit, ut Deus, quem astruis moveri, non moveatur in tempore? Augustinus : Deus quia est ante tempora, nihil in eo est præteritum et futurum, nulla nova cogitatio; quia si nova, et accidens ; si vero aliquid accidit Deo, jam incommutabilis non est. Si incommutabilis Deus est, nihil illi accidit, etc. *Boetius in tertio Topicorum :* Anima neque crescit neque minuitur neque ab alio loco transit in alium. *Symbolum, quod dicitur apostolorum :* Mortuus et sepultus descendit ad inferos. *Ambrosius De fide ad Gratianum imperatorem :* Seraphim de loco ad locum transit; non enim complet omnia. *Augustinus Quæst. LXXXIII, cap. IX.* Moveri per se animam sentit, qui sentit in se esse voluntatem, qui tamen motus non est de loco in locum tanquam corporis. Localiter enim moveri corporum proprium est.

XLIV.

Quod solus Deus incorporeus sit, et non.

Gennadius Massiliensis episcopus De orthodoxa fide ecclesiasticorum dogmatum (cap. XI, XII. ed. Elmenhorst) : Nihil incorporeum et invisibile in natura credendum est, nisi solum Deum. Qui ex eo incorporeus creditur, quia ubique est et omnia implet atque constringit, et ideo invisibills omnibus creaturis, quia incorporeus est. Creatura omnis corporea ; angeli et omnes cœlestes virtutes corporeæ, licet non carne subsistant. Ex eo autem corporeas esse credimus intellectuales naturas, quia localiter circumscribuntur, sicut et anima humana, quæ carne clauditur, et dæmones, qui per substantiam angelicæ naturæ sunt corporei. *Gregorius Moralium libr. II :* In hoc itaque est nunc natura angelica a naturæ nostræ conditione distincta, quod nos et loco circumscribimur et cæcitatis ignorantia coarctamur. Angelorum vero spiritus quidem circumscripti sunt, sed eorum scientiæ longe super nos incomparabiliter dilatantur. *Item :* Eorum itaque scientia comparatione nostra valde dilatata est, sed comparatione divinæ scientiæ angusta, sicut et ipsi illorum spiritus comparatione quidem nostrorum corporum spiritus sunt, sed comparatione summi et incircumscripti Spiritus corpus. *Augustinus quæst. LXXXIII, cap. XXII :* Deus non est alicubi; quod alicubi enim est, loco continetur; quod continetur loco, corpus est. Deus autem non est corpus; non ergo alicubi est, et in illo sunt potius omnia, nec tamen ita, ut ipse sit locus. Locus enim in spatio est, quod longitudine et latitudine et altitudine corporis occupatur. Locus tamen abusive dicitur templum Dei, non quod eo contineatur, sed quod ei præsens sit. *Collatio VII quæ dicitur abbatis Sereni, cap. XIII :* Licet enim pronuntiemus, nonnullas esse spirituales naturas, ut sunt angeli, archangeli, cæteræque virtutes et ipsa quoque anima nostra, vel certe aer iste subtilis, tamen incorporeæ nullatenus æstimandæ sunt. Habent in se corpus, quo subsistant, licet multo tenuius, quam nostra sunt corpora secundum apostoli sententiam ita dicentis : *et corpora cœlestia et corpora terrestria,* et ita : *seminatur corpus animale, surget corpus spirituale* (*I Cor.* xv, 40 et 44). Quibus manifeste colligitur nihil esse incorporeum nisi solum Deum, et idcirco ipsi tantummodo posse penetrabiles omnes spirituales atque intellectuales esse substantias, eo quod solus totus et ubique et in omnibus sit, ita ut abdita mentis universa respiciat atque perlustret. *Hilarius super Matthæum, cap. V.* (Maur. p. 652) : Nonne anima plus est quam esca, etc., *plus quam vestimentum ?* Nihil est, quod [non] in substantia sua et creatione sua corporeum sit, et omnium sive in cœlo, sive in terra, sive visibilium, sive invisibilium elementa formata sunt. Nam et animarum species sive obtinentium corpora sive corporibus exsulantium corpoream naturæ substantiam sortiuntur, quia omne quod creatum est in aliquo sit necesse est. *Idem in psalmo CXXIX* (Maur. p. 459) : Ad imaginem Dei homo interior factus est rationalis, mobilis, movens, citus, incorporeus, subtilis, æternus. Quantum in se est, speciem naturæ principalis imitatur, dum transcurrit, dum circumvolat, et dicto citius nunc ultra Oceanum est, nunc in cœlos evolat, nunc in abyssis est, nunc Orientem, nunc Occidentem perlustrat, dum nunquam ut non sit aboletur. Natura quidem Dei in omnibus est, neque ut alibi sit, discedit aliunde. Sed animus humanus in hac sensus sui mobilitate ad imaginem opificis sui factus est, dum naturam Dei mobilitas animæ perennis imitatur, nihil in se habet corporale, nihil terrenum, nihil grave, nihil caducum. *Augustinus De civitate Dei, lib. XXII*: Jam vero contra illud, quod jam dixi superius, etiam istum considerantes atque tractantes elementorum ordinem, quo confidunt, non inveniunt omnino quod dicant. Sic est enim sursum versus terra prima, aqua secunda, tertius aer, quartum cœlum, ut super omnia sit animæ natura. Nam et Aristoteles quintum corpus eam dixit esse, Plato nullum. *Idem in libro contra epistolam fundamenti Machæorum*: De omni natura incorporea quamvis mutabili, sicuti est anima. *Isidorus De summo bono lib. II, cap. XII*: Male a quibusdam creditur anima hominis esse corporea, quæ propter id ad Dei imaginem facta est, ut si non immutabilis ut Deus esset, tamen incorporea ut Deus existeret, sicut angeli. *Gregorius Dialogorum lib. IV*: Si esse sanctorum animas in cœlo sacri eloquii satisfactione credidisti, oportet ut per omnia esse credas et iniquorum animas in inferno. Petrus: Et qua ratione credendum est, quia rem incorpoream tenere ignis corporeus possit? Gregorius: Si viventis hominis incorporeus spiritus tenetur in corpore, cur non post mortem spiritus etiam corporeo igne teneatur? Petrus: Vivente (8) quolibet idcirco spiritus tenetur in corpore, quia vivificat corpus. Gregorius: Si spiritus in hoc teneri potest, quod vivificat, pœnaliter et ibi teneatur, ubi mortificatur. Teneri per ignem spiritus dicimus, ut in tormento ignis sit vivendo atque sentiendo. Ignem namque eo ipso patitur, quo videt; quia et cremari se aspicit, concrematur. Sicque fit, ut res corporea incorpoream exurat, dum ex igne invisibili ardor ac dolor invisibilis trahitur. *Item*: Reprobis veritas in fine dictura est: ite in ignem æternum, qui præparatus est diabolo, etc. Si igitur diabolus ejusque angeli tamen sint incorporei, corporeo sunt igne cruciandi. Quid mirum si animæ, et antequam recipiant corporea, possint corporea sentire tormenta? *Claudianus præfectorio Patricio De statu animæ, lib. I.* (cap. XI): De quodam opere sancti Hieronymi caput quoddam, quod quidem te constat non intellexisse, subjungis, quo ait: Globos siderum corporatos esse spiritus arbitramur. *Idem*: Sub ipso sancti Hieronymi nomine adjungit: Si angeli, inquit, cœlestia etiam corpora ad comparationem Dei immunda esse dicuntur, quid putas homo existimandus est? *Item*: Nunquid hic aliud vir doctus Hieronymus dixisse censebitur, nisi angelorum corpora habilitate sui

atque potentia humanis præstare longe corporibus? Pariter cum dixit « si angeli » et adjecit « cœlestia etiam corpora, » duo quædam intelligi voluit « angelos et cœlestia corpora. » Quia cum angeli spiritus corporati sint, sunt in cœlo quædam, quæ sola sunt corpora. *Item* (c. XIII): Certum namque divina auctoritate retinemus, sanctorum corpora, quæ immutari merebuntur, in gloriam angelicis æquanda corporibus, dicente Domino: Et erunt sicut angeli in cœlo. *Item*: Duplex est ergo angelica sicuti et humana substantia, habens corpus totius facilitatis maximæ pulchritudinis, quod hominibus cum videtur apparet, habens incorporeum, quo semper videat Deum. *Item* (cap. XIV): Intelligere nos oportet, constare hominem ex corporeo et et incorporeo, constare angelum ex corpore et spiritu, præcipua inter cæteras dignitate formato. Spiritus namque illi est omni spiritu creato potior. Corpus illi est de potissimo omnium elemento sublimius secundum illud propheticum, ubi angelica substantia duplex sine dubitatione perhibetur: *Qui facis angelos tuos spiritus et ministros tuos ignem urentem* (Psal. CIII, 4). Ignem vero non esse spiritum manifestum est. Quia non istic allegorice aliquid accipiendum, sicut illud, ubi ait Dominus: *Ignem veni mittere in terram* (Luc. XII, 49) cum de Spiritu sancto diceret. Non enim credi fas est animas humanas ad amorem divinum participatione spiritus flammari, quia eodem bono bonus homo, quo bonus est angelus, et eodem bono uterque beatus.

XLV.

Quod Deus per corporales imagines non sit repræsentandus, et contra.

Ex libro Deuteronomii (v, 8): Non habebis deos alienos coram me, non facies tibi sculptile neque omnem similitudinem, quæ est in cœlo desuper, et quæ est in terra deorsum, neque eorum quæ sunt in aquis sub terra, non adorabis ea neque coles. *Item ex eodem* (IV, 15): Locutus est Dominus ad nos de medio ignis: Verborum vocem audisti et formam penitus non vidisti, non vidisti aliquam similitudinem in die, quo locutus est Dominus vobis in Horeb de medio ignis. ne forte decepti faciatis vobis sculpturam aut imaginem, ne forte oculis levatis videas solem et lunam et astra cœli, et errore deceptus adores ea, et colas quæ creavit Deus cunctis in mysterium gentibus. *Item* (XXVII, 14): Et prænuntiabunt levitæ dicentque ad omnes viros Israel excelsa voce: Maledictus homo, qui facit sculptile et conflatile abominatione Domini, opus manuum artificum, ponetque illud in abscondito, et respondebit omnis populus et dicet Amen. *Origenes in Exodo, homilia VII* (de la Rue. p. 158): Non facies tibi idolum, neque omnem similitudinem; etc. Si quis facit speciem alicujus, similitudinem facit. De idolo autem Apostolus dicit quia *nihil est idolum*

---

(8) Ed. Maur. IV, 28: *In vivente*.

in mundo (I Cor. VIII, 4). Idolum facit, qui facit id quod non est. Quid est, quod non est? Species autem, quam oculus non vidit, sed ipse sibi animus fingit. Ut si quis in uno hominis habitu duas facies fingat, aut humano pectori postremas partes equi aut piscis adjungat. Hæc et similia qui facit, facit quod non est. Nec habet aliquid simile sui. *Non adorabis ea, neque coles.* Potest quis interdum adorare invitus. Colere vero est toto affectu et studio his mancipari. *Augustinus super psalmum* CXIII (IV, 1259 Maur.): Ex eo loco ubi scriptum est: *Ne quando dicant gentes: Ubi est Deus eorum?* etc. *(Psal.* CXIII, 10). Quia invisibilem Deum colimus, qui nullorum corporeis [oculis], cordibus autem paucorum mundissimis est notus, tanquam ideo possent dicere gentes: ubi est Deus eorum? quia ipsi possent ostendere deos suos. *Item:* Multo honestius non haberetis, quod possetis ostendere, quam ut in eo, quod istis oculis a vobis ostenditur, vestri cordis cæcitas ostendatur. *Item* (p. 1260): Noli addere manus hominum, ut ex eo metallo, quod fecit Deus verus, velit facere falsum Deum; imo falsum hominem, quem pro vero venereris Deo; quem quisquis pro vero homine in amicitiam reciperet, insaniret. Ducit enim, affectu quodam infirmo (9) rapit infirma corda mortalium formæ similitudo, et membrorum imitata compago. Sed sicut fabricata singula ostendis, sic ostende officia singulorum, quorum te effigies et humana vanitas trahit. *Os enim habent, et non loquentur,* etc. *(Psal.* CXIII, 13). Jam ergo artifex melior est, qui ea potuit membrorum motu atque officio fabricare. Melior et tu, quamvis ea non feceris, quoniam quæ illa non possunt facis. Melior et bestia; ad hoc enim addictum est: *Non clamabunt in faucibus suis (Psal.* CXIII, 15). *Item:* Quædam bestiæ sicut simiæ manibus contrectant. *Item:* Lectorem vel auditorem fecit intentum, ut admoneri se inveniat simulacris gentium non tantum homines sed etiam bestias se debere præponere; ut si pudet adorare bestiam, quam fecit Deus videntem, audientem, etc., viderent, quam pudendum esset adorare mutum, et carens vita sensuque simulacrum. *Item:* Quanto ergo melius mures atque serpentes, aliud id genus animantium cætera de simulacris, si ita dicendum, quodammodo judicant, in quibus quia non sentiunt humanam vitam, non curant humanam figuram? Itaque in eis plerumque nidificant, et nisi humanis motibus deterreantur nulla sibi habitacula munitiora conquirunt. Movet ergo se homo, ut viventem bestiam a Deo suo deterreat, et illum non se moventem quasi potentem colit, a quo meliorem deterruit. Deterruit enim videntem a cæco, audientem a surdo, etc., viventem a mortuo, imo deteriore, quam mortuo. Mortuum quippe manifestum est aliquando vixisse. Quapropter deum, qui nec vivit, nec vixit, profecto et mortuus antecedit.

Item: Quanquam, ut illi asserunt [membrorum species] in signo aliquo fabrefacta est, cum adorari atque honorari a multitudine cœperit, parit in unoquoque sordidum. Simulacrum talis hominum affectus invitat. *Item:* Itaque ne quisquam dicat, cum irrisa fuerint simulacra, non hoc visibile colo, sed numen, quod illic inhabitat invisibiliter, ipsa numina in alio psalmo [eadem Scriptura] sic damnat: *Quoniam dii gentium dæmonia (Psal.* XCV, 5). Dicit etiam Apostolus, non quod idolum sit aliquid, sed quæ immolant gentes, dæmoniis immolant. Videntur autem sibi purgatioris esse religionis, qui dicunt: Nec simulacrum, nec dæmonium colo, sed effigiem corporalem ejus rei signum intueor, quam colere debeo. Itaque interpretatur simulacrum, ut alio simulacro dicant significari terram, unde templum solent appellare Telluris; alio mare, sicut Neptuni simulacro; alio aerem, sicut Junonis; alio ignem, sicut Vulcani; alio luciferum, sicut Veneris, etc. De quibus rursus cum exagitari cœperint, quod corpora colant, maxime terram, et mare, et aerem, et ignem, quorum nobis usus in promptu est, audent respondere, non se ipsa corpora colere, sed quæ illis regendis præsident [numina]. Servierunt creaturæ potius quam Creatori. Nam priore parte hujus sententiæ simulacra damnavit; posteriore autem interpretationes simulacrorum. Effigies enim a fabro factas appellando nominibus earum rerum, quas fabricavit Deus, transmutant veritatem Dei in mendacium; res autem ipsas pro diis habendo et venerando serviunt creaturæ. Quis autem adorat aut orat intuens simulacrum, qui non sic afficitur, ut ab eo se audiri putet, ab eo, quod desiderat, sibi præstari speret? *Item:* Hoc enim quodammodo extorquet illa figura membrorum, ut animus vivens in sensibus corporis magis arbitretur sentire corpus, quod suo corpori simillimum videt. *Item:* Sed nos pleraque instrumenta et vasa [ex] hujusmodi materia habemus in usum celebrandorum sacramentorum. Et sunt profecto etiam ista [instrumenta] quid aliud quam opera manuum hominum? Verumtamen nunquid os habent et non loquentur? nunquid oculos habent et non videbunt? Nunquid eis supplicamus, quia per ea supplicamus Deo? Illa maxime causa est pietatis insanæ, quod plus valet in affectibus miserorum viventi similis forma, quæ sibi efficit supplicari, quam quod eam manifestum est non esse viventem, ut debeat a vivente contemni. Plus enim valent simulacra ad curvandam infelicem animam, quod oculos habent, aures, nares, manus et pedes, quam ad corrigendam quod non loquentur, non videbunt, etc. Ita sequitur, ut illud quoque fiat: *Similes illis fiant omnes qui faciunt ea, et omnes qui confidunt in eis (Psal.* CXIII, 8). Videant ergo isti apertis et sentientibus oculis, et adorent clausis et mortuis mentibus [nec videntia] nec vi-

---

(9) Ed. Maur.: *infimo.*

ventia simulacra. *Domus autem Israel speravit in Dominum* (*Psal.* CXIII, 9). *Spes enim, quæ videtur, non est spes; quid enim videt quis, quid sperat?* (*Rom.* VIII, 24.) *Item in lib. IV De civitate Dei, cap. XXXI :* De Varrone loquens ait : Dicit etiam idem acutissimus auctor, quod hi soli videantur ei animadvertisse quid esset Deus, qui crediderunt eum esse animam motu ac ratione mundum gubernantem. Ac per hoc, ac si nondum tenebat, quod veritas habet, Deus verus non anima, sed animæ quoque est conditor : tamen unum Deum colendum fateretur atque suaderet. *Item :* Dicit etiam antiquos Romanos plus centum annos et septuaginta deos sine simulacro coluisse. Quod si adhuc, inquit, mansisset, castius dii observarentur. Cui sententiæ suæ testem adhibet inter cætera etiam gentem Judæam, nec dubitat eum locum ita concludere, ut dicat, qui primi populis simulacra deorum posuerunt, eos civitatibus suis et metum dempsisse et errorem addidisse, prudenter æstimans deos facile posse in simulacrorum stoliditate contemni. Quod vero non ait *errorem tradiderunt*, sed *addiderunt*, jam utique fuisse etiam sine simulacris vult intelligi errorem. Quapropter cum solos dicit animadvertisse, quid esset Deus, qui eum crederent animam mundum gubernantem, castiusque æstimat sine simulacris observari religionem; quis non videat quantum propinquaverit veritati? *Sanctus Epiphanius In epistola ad Joannem Constantinopolitanum, quam beatus transtulit Hieronymus* (Petav. 2, 317) : Audivi quosdam murmurare contra me, quando simul pergebamus ad locum sanctum qui vocatur Bethel, et venissem ad villam quæ dicitur Anablatha, vidissemque ibi præteriens lucernam ardentem, et interrogassem quis locus esset, didicissemque esse ecclesiam, et intrassem, ut orarem, inveni ibi velum pendens in foribus ejusdem ecclesiæ tinctum atque depictum et habens imaginem quasi Christi vel sancti cujusdam. Cum ergo vidissem in ecclesia Christi contra auctoritatem Scripturarum hominis pendere imaginem, scidi illud et magis dedi consilium custodibus ejusdem loci, ut pauperem mortuum eo obvolverent et efferrent. Illique contra murmurantes dixerunt : Si scindere voluerat, justum erat ut aliud daret velum, atque ita mutaret. Quod cum audirem, me daturum esse pollicitus sum et missurum. Nunc autem misi quod potui reperire, et precor, ut videas presbyteros ipsius loci suscipere velum a latore, quod a nobis missum est, et deinceps præcipere in ecclesia Christi istius modi vela, quæ contra religionem nostram veniunt, non suspendi. *Ex secunda collectione abbatis Isaac :* Non est mirandum, hominem simplicissimum et de natura divinitatis nunquam penitus eruditum rusticitatis vitio et consuetudine erroris antiqui usque nunc detineri et in errore pristino perdurare, dum secundum consuetudinem erroris illius, quo dæmones hominum figura compositos excolebant, nunc quoque illam incomprehensibilem atque ineffabilem veri numinis majestatem subscriptione alicujus existimant adorandam, nihil se vel tenere vel habere credentes, si propositam non habuerint imaginem quamdam in supplicatione positi, jugiter interpellant, eamque circumferant mente ac præ oculis teneant semper affixam. *Ex concilio Eliberitano, cap. XXXVI :* Placuit picturas in ecclesiis fieri non debere, ne quod colitur, et adoratur in parietibus depingatur. *Gregorius Secundo Secundino servo Dei recluso* (ad Serenum XI, 13. Maur. II, 1100) : Aliud est enim picturam adorare, aliud per picturæ historiam quid sit adorandum addiscere. Nam quod legentibus scriptura, hoc idiotis patet cernentibus, quia in ipsa vident quid sequi debeant, in ipsa legunt, qui litteras nesciunt. *Item :* Frangi ergo non debuit, quod non ad adorandum in ecclesiis, sed ad instruendas solummodo mentes fuit nescientium collocatum. (*Actio IV, synodi VII Nic.* 787) : Joannes apocrisiarius orientalium sedium dixit : Significat sermo Patris nostri Sophronii, quod melius sit jurantem perjurare, quam con servare sacramentum in confractione sacrarum imaginum. Hoc autem dicimus, et quidam se de sacramento excusant. *Leo nonus Michaeli patriarchæ* [Mansi XIX, 649] : Recordamini illius nefandæ synodi, quam voluerunt vocari VII, nostri hæresiarchæ, quorum conspiratione ipsius Domini nostri Jesu Christi et sanctorum reverendæ imagines aut flammis traditæ aut aquis submersæ, picturæ vero de parietibus basilicarum deletæ. Quamvis restiterit Romanorum pontificum auctoritas, præ cunctis tamen sanctissimi papæ Nicolai, qui per legatos suos tam pro sacris imaginibus, quam pro depositione Ignatii et substitutione Photii ecclesiam S. Sophiæ clausit, donec sedis apostolicæ acquiesceret decretis.

XLVI.

Quod angeli ante cœlum et terram vel cæteras omnes creaturas facti sint vel quod omnes angeli æquales et beati creati sint, et non.

Ambrosius in Hexaemeron de die primo : In principio, inquit, Deus fecit, etc. Factus est mundus et cœpit esse quod non erat; Verbum autem Dei in principio erat et semper erat. Sed etiam angeli, dominationes et potestates, etsi aliquando cœperunt, erant tamen, quando hic mundus est factus. Omnia namque creata et condita sunt, visibilia et invisibilia. *Hieronymus Paulæ et Eustochio in epistola ad Titum* [Martianay IV, 411] : Ante sæcula æterna; sex nostri orbis implentur anni [et quantas prius] æternitates, quanta tempora, quantas sæculorum origines fuisse arbitrandum est, in quibus angeli et throni dominationes cæteræque virtutes servierunt Deo, et absque temporum vicibus atque mensuris Deo jubente substiterint. *Isidorus in lib. officiorum :* Ante omnem creaturam angeli facti sunt, etc. *Augustinus De civitate Dei lib. XI,* 9 : Non evidenter legitur, quo ordine creati sint angeli. Sed vel cœli nomine ubi dictum est, in principio creavit Deus cœlum et terram, vel potius lucis hujus, de qua loquor, figurati sunt. *Item:* Non absurda sententia mihi videtur, si, cum lux prima facta est, angeli creati esse intelliguntur, et non inter sanctos angelos et immundos fuisse discretum, ubi dictum est : *Et divisit Deus inter lucem et tenebras. Idem libro Quæstionum veteris et novæ legis, cap. IV* (III Maur. 3, App. p. 43) : Ante quidem cœlum factum est et terra, deinde lux, quæ in officio dies est. *Item* : Terram autem, quam post cœlum factam dicit, non terram solam vult intelligi, sed materiam significavit, id est omnia inferna, quæ in mundi omnem speciem profecerunt. Cœlum autem non hoc carnale, sed illud supernum quod spirituale est, in principio factum, ut, quum cœlum dicit primum factum, omnia invisibilia creata significaret. Totius enim naturæ summa et ima comprehendit, ut quidquid medium est procul dubio factum credatur. *Idem super Genesin : Fiat lux et facta est lux,* id est angelica et cœlestis substantia, ex quibus unus spiritus, qui vocatur Lucifer, creatus est, sapientior et eminentior omnibus aliis, quemadmodum Job (XL, 14) dicit de eo : *ipse est principium viarum Dei,* id est actionum vel operum. *Idem in libro Quæstionum Orosii ad ipsum* : Primus dies ipse est angelica natura, quæ primo cœli nomine nuncupata est. *Item :* In principio fecit Deus cœlum et terram, id est in Filio omnem spiritualem corporalemque naturam. *Item* : Quod dixit cœlum, hoc mihi videtur dixisse aquarum abyssum tenebrosam, antea quodammodo fluitantem vitam, nisi convertatur ad Creatorem. Et fiat lux, et contempletur Deum. *Iem* : Divisit lucem a tenebris, divisit enim bonos et malos angelos, malos appellans tenebras, bonos lucem. *Hieronymus in Ezechielem* (XXVIII, 13) : *In deliciis paradisi fuisti Dei,* pro quo in Hebraico habetur : Eden. Eden autem vertitur in delicias, quo sermone demonstrat, nequaquam hominem esse, de quo scribitur, sed contrariam fortitudinem, quæ quondam in Dei paradiso commorata sit. *Item : Aurum opus decoris tui,* Septuaginta : *Auro replevisti thesauros tuos,* quod cogitatio ejus divinis patuerit sacramentis et congregaverit sibi spiritales divitias, de quibus Dominus præcipit (*Matth.* VI, 20) : *Thesaurizate vobis thesauros in cœlo,* etc. Iste est thesaurus absconditus, de quo loquitur thesauro abscondito in agro. *Gregorius in Moralibus* : Ipse est principium viarum Dei. Cum Deus creata creavit, hunc primum condidit, quem reliquis angelis eminentiorem fecit. Judæi quod primum in lege et prophetis sic senserunt dicentes in Belzebum, principem dæmoniorum. *Idem in homilia de angelis, quæ sic incipit : Æstivum tempus* (Maur. I, 1604) : Procul dubio novem ordines angelorum inveniuntur, unde et ipsi angelo, qui primus est conditus, per prophetam dicitur : Tu signaculum similitudinis plenus sapientia et perfectus decore in deliciis paradisi fuisti. Quo notandum, quod non ad similitudinem Dei factus, sed signaculum similitudinis dicitur, ut quo in eo subtilior est natura, in illo imago Dei sublimius insinuetur expressa. Quo in loco mox subditur : *Omnis lapis pretiosus operimentum tuum, sardius, topazius,* etc. (*Ezech.* XXVIII, 13). Ecce novem dixit nomina lapidum, quia profecto novem sunt ordines angelorum, quibus nimirum ordinibus ille primus angelus ideo ornatus et perfectus exstitit, quia dum cunctis agminibus angelorum prælatus est, ex eorum comparatione clarior fuit. *Ex libro Quæstionum Orosii ad Augustinum* (Maur. VI, App. p. 10) : Orosius : Omnes angeli æquales an inæquales creati sunt? et si æquales, cur non omnes firmi et stabiles fuerunt? si inæquales, quo merito alii præscientiæ suæ stabilitatem suam accipere meruerunt? Augustinus : Omnes quidem angeli æquales creati sunt, sed cadentibus illis per superbiam, cæteri Domino pia obedientia cohæserunt, accipientes certam scientiam suæ stabilitatis, quam nunquam illi habuerunt. *Idem De civitate Dei, lib. XII.* (11) : Antequam peccassent angeli, illius [sapientiæ] fuerunt participes et bonis angelis æquales. Quomodo dicturi sumus? quandoquidem si æquales in ea fuissent, etiam isti in ejus æternitate mansissent pariter beati, quia pariter creati. Quapropter si vere perfecteque beata vita nonnisi perfecta est, non erat talis istorum, quandoque desitura, et propterea non æterna, sive id scirent, sive nescirent, quia scientes timor, nescientes error beatos esse non sinebat. *Idem lib. XII* (6) : Causa beatitudinis angelorum est, quod ab illo, qui summe est aversi, ad se ipsos conversi sunt, qui non summe sunt. Initium quippe omnis peccati, superbia (Sir. 10, 15). *Item* : Beatitudinis illorum causa est, quod adhæserunt Deo, istorum miseriæ non adhærere Deo. *Idem, De correptione et gratia* (cap. 10) : Angeli quidam, quorum princeps, qui dicitur diabolus, per liberum arbitrium a Deo refugæ facti sunt. Cæteri autem per liberum arbitrium in veritate steterunt. *Item* : Diabolus et angeli ejus etsi beati erant, antequam caderent, et se in miseriam casuros esse nesciebant, erat tamen adhuc quod eorum adderetur beatitudini, id est ut magna per Spiritum sanctum data abundantia claritatis Dei cadere ulterius omnino non possent et hoc de se certissime nossent. *Item* : Sed quia nesciebant suam futuram miseriam, minore quidem, sed tamen beatitudine sine ullo vitio fruebantur. Nam si suum casum futurum nossent æternumque supplicium, beati utique non esse possent, quos hujus mali tanti metus jam tunc miseros esse compelleret. *Item* : Similiter hominem fecit cum libero arbitrio et quamvis sui casus ignarum, tamen ideo beatum, quia et non mori et miserum non fieri in sua potestate esse sentiebat. *S. Philippus presbyter, auditor Hieronymi, in Jobum* (IV, 18) : *Ecce, qui serviunt ei, non sunt stabiles, et in angelis suis reperit pravitatem.* Dicitur hoc quidem de diabolo, qui quondam sanctus angelus fuit. *Ambrosius Autpertus in Apoc.*

(XII, 10) *lib. VI : Cecidit accusator fratrum nostrorum*, etc., in quibus verbis intelligitur non de prima ejus ruina hoc dictum fuisse; si enim, ut verum est, angelus prima, homo vero sexta die est conditus, apostata autem Domino asserente *in veritate non stetit (Joan.* VIII, 44). Ac per hoc statim ubi creatus est, cecidit, etc.

XLVII.
Quod ante creationem hominis angelus ceciderit, et contra.

Isidorus De summo bono cap. X (Arev. 6, 156) : Prius de coelo cecidisse diabolum quam homo conderetur. Nam ut mox factus est, in superbiam erupit et praecipitatus est de coelo. Nam juxta Veritatis testimonium ab initio mendax fuit, quia in veritate non stetit. *Augustinus super Genesin ad litteram* (lib. XI, cap. XVI) *de diabolo :* Nonnulli dicunt ipsum dejectum fuisse à supernis coelis, quia invidit homini facto ad imaginem Dei. Porro autem invidia sequitur superbiam. Quum igitur superbia sit amor excellentiae propriae, invidia vero sit odium felicitatis alienae, quid unde nascatur, satis est in promptu. Amando enim quisque excellentiam suam vel paribus invidet, quod evidenter aequantur sibi, vel inferioribus, ne sibi coaequentur, vel superioribus, quod eis non coaequetur. Superbiendo igitur invidus, non invidendo superbus quisquam est. Et merito omnis initium peccati superbia est, ut definit Scriptura. Cui aptatur, quod ait Apostolus, radix omnium malorum cupiditas, si avaritiam generalem intelligamus, qua quisque appetit amplius quam oportet. *Item :* Quando dejecerit superbia diabolum, Scriptura non dicit, ante tamen factum fuisse, et ex hoc eum homini invidisse, ratio declarat. In promptu enim est, non ex invidia superbiam nasci, sed ex superbia invidiam. Non autem frustra putari potest, diabolum ab initio temporis cecidisse, nec fuisse ullum ante tempus, quo cum angelis sanctis pacatus vixerit, sed ab ipso primordio creaturae apostatasse, ut quod Dominus ait : *Ille homicida fuit ab initio, et in veritate non stetit (Joan.* VIII, 44), utrumque ab initio intelligamus. Ab initio ergo homicida fuit, quia primum hominem occidit. (*Item*, lib. XI, cap. XXIII) : Quod autem nunquam putatur in veritate stetisse, nunquam cum angelis beatam vitam duxisse, sed ab initio suae conditionis cecidisse, non sic accipiendum est, ut non propria voluntate depravatus, sed malus creatus putetur; alioquin non ab initio cecidisse diceretur. Sed factus continuo se a luce veritatis avertit superbia tumidus et propriae potestatis dilectione corruptus, unde beatae vitae atque angelicae dulcedinem non gustavit. Proinde nec sui casus praescius esse potuit, et non ex eo quod acceperat cecidit, sed ex eo quod acciperet, si subdi Deo voluisset. *Idem in lib. Quaestionum veteris et novae legis :* Praevidit diabolus, quod ad accusationem suam factus est homo. *Idem, cap.*

III (Maur. III. App. p. 42) : Et ne praetermisisse videamus, cur mundus factus sit, dicimus diabolum apostasia multos angelos secum in praevaricationem traxisse, dum vult sibi regnum impia praesumptione defendere. Lucifer, qui mane oriebatur et qui caeteris lucidior apparebat, erat enim quasi princeps multorum, inter quos clarior erat, quorum societate ad impium descendit certamen. Videns enim infra se multas spirituales potentias, quippe cum in paradiso Dei praestantior esset, cognitione mysterii coelestis, elatione inflatus, voluit esse Deus. *Eugippius ex dictis Augustini* XI *De Genesi ad litteram de diabolo :* Nonnulli dicunt ipsum cecidisse, quia inviderit homini. Porro invidia sequitur superbiam. Nec causa superbiae est invidia, sed invidiae superbia. Amando enim quisquis excellentiam suam vel paribus invidet, quod ei aequantur, vel superioribus. Superbiendo igitur invidus, invidendo quisque superbus est. Initium omnis peccati superbia, cui aptatur dictum Apostoli, *radix omnium malorum avaritia (*I *Tim.* VI, 10), si avaritiam generalem intelligamus, qua quisque appetit amplius quam oportet propter excellentiam suam. Spiritalis autem avaritia est, quae usitate appellatur amor pecuniae, cujus nomine Apostolus per speciem genus significans universalem intelligi volebat avaritiam dicendo : *radix omnium malorum*, etc. *Cyprianus ad Emistrianum* (10) : Diabolus hominem ad imaginem Dei factum impatienter tulit, inde et periit primus et perdidit. Videamus, unde zelus et quando et quomodo coeperit. *Item :* Diabolus inter initia statim mundi et periit primus et perdidit. Angelica majestate subnixus ille Deo acceptus et carus, postquam hominem ad imaginem Dei factum conspexit, in zelum malevolo livore prorupit, non prius alienum (11) dejiciens zelo, quam ipse zelo ante dejectus; dum stimulante livore homini gratiam beatae immortalitatis eripit, ipse quoque id quod prius fuerat amisit. Quale malum est, quo angelus cecidit. *Hieronymus super epistolam ad Ephesios : Non est nobis colluctatio contra carnem*, etc. (*Ephes.* VI, 12.) Contra spirituales hostes spiritalia arma sumenda sunt, adversus quos nobis est colluctatio in coelestibus, id est per coelestium promissionem praemiorum, non ut quidam putant, antequam funderetur terra et crearentur omnia quae sunt in ea, peccaverunt, sed ex quo viderint hominem tanto honore et gloria apud Deum esse, zelo adducti contra hominem hostiles inimicitias exercere coeperunt, sicut in libro Sapientiae (II, 24) legitur : *Invidia diaboli mors orbem ingressa est*, ut Dominus in Evangelio dicit : *Ille homicida erat ab initio et in veritate non stetit.* Joannes episcopus in quodam sermone *de decollatione sancti Joannis, qui sic incipit .* Heu me, quid agam, diaboli telum mulier ! Per mulierem Joanni caput detruncavit. Et quid dicam de hominibus ? per mulierem angelos

---

(10) Edit. Pamel. : *De zelo et livore*, p. 324.

(11) Pamel. : *alterum*.

cœlo deposuit, per mulierem cuncta prosternit et subjugat.

XLVIII.
Quod boni angeli sive sancti visione Dei fruentes omnia sciant, et non.

Ex libro Quæstionum Orosii ad Augustinum (Maur. VI, App. p. 12) : Orosius : Primum diem spiritalem astruis esse creaturam, et quomodo habuit vespere et mane? Augustinus : Omnis creatura, antequam tempore suo fieret, in ipso Dei verbo prius erat ab angelis cognoscenda, et sic suo tempore facienda. Quapropter ipsa creaturæ cognitio in semetipsa vespera, in Deo erat mane, quia plus videtur ipsa creatura in Domino, quam in se ipsa; propterea ait : *Quod factum est, in ipso vita erat* (Joan. I, 4). Omnia in Deo vita sunt. Vivunt in Domino sine initio, atque incommutabiliter omnes rationes creaturarum. Ac per hoc plus videntur ab angelis sanctis in verbo Dei, ubi sunt vita, quam in se ipsis, quia scientia angelorum in comparatione Dei quodammodo vespera est. Sic ergo in cognitione firmamenti dies secundus. In cognitione discretionis maris et terræ tertius. In cognitione solis ac lunæ et stellarum quartus. In cognitione reptilium et volatilium quintus. In cognitione jumentorum et ferarum vel ipsius hominis sextus. Neque enim diei unius, quem intelligimus [naturam] spiritualium creaturarum, id est angelicarum, sexies facta est cognitio. Sex dies fecit propter senarii perfectionem. *Isidorus De summo bono*, cap. X : Angeli in verbo Dei cognoscunt omnia, antequam in re fiant. *Gregorius dialogorum lib. IV, cap. XXXIII* (Maur. II, 425) *de spiritibus sanctorum* : Quia illic omnes communi claritate Deum conspiciunt, quid est quod ibi nesciant, ubi scientem omnia sciunt? *Idem in homilia de angelis*, quæ sic incipit : Æstivum tempus (Maur. I, 1604) : Sublimiora illa agmina idcirco Cherubim vocata sunt, quia tanto perfectiore scientia plena sunt, quanto claritatem Dei vicinius contemplantur (Maur. I, 1608) : Sic in illa summa civitate spiritalia quædam singulorum sunt, ut non sint communia omnium, et quod in suo quisque ex parte habet, hoc in alio ordine totum possidet. Sed idcirco uno eodemque vocabulo communiter non censentur, ut ille ordo vocari privato uniuscujusque rei nomine debeat, qui in munere plenius accepit. Seraphim namque ardentes diximus, et tamen amore Conditoris omnes simul ardent. Cherubim vero plenitudinem scientiæ, et tamen quis ibi aliquid nesciat, ubi ipsum omnis [simul fontem] scientiæ Domini vident. *Idem in homilia de divite et Lazaro* : Qui Creatoris sui claritatem vident, nihil in creatura agitur, quod videre non possint. *Idem Moralium lib. V* (Maur. I, 59) : Angelorum spiritus, quia ipsum fontem scientiæ contemplantur, quid de his quæ scienda sunt nesciunt, qui scientem omnia sciunt? *Item* : Eorum itaque scientia comparatione nostræ valde dilatata est, sed comparatione divinæ scientiæ angusta. *Item lib. IV* (cap. XXIX) : Quod vero angeli a superiorum angelorum potestatibus dispensantur, Zacharias perhibet propheta qui ait : *Ecce angelus, qui loquebatur in me, egrediebatur, et alius angelus egrediebatur in occursum ejus, et dixit ad eum : Curre, loquere ad puerum istum dicens : Absque muro habitabitur Jerusalem* (Zach. II, 5), si enim in ipsis officiis sanctorum spirituum, nequaquam potestates summæ minimas disponerent; nullo modo hoc; quod homini diceret angelus, ab angelo cognovisset. *Hieronymus super XXIII psalmum*, id quod dicitur « quis est iste rex gloriæ » : In voce etiam angelorum dictum accipitur, ac si et ipsi quærerent dicentes, quis est iste rex gloriæ, cui videlicet propheta cœlos aperire præcipit, ut ejus humanitas ascendat. Nos quippe, inquiunt, semper patrem et filium insimul esse videmus. Non est autem absurdum, si quidam angelorum, qui plenitudinem scientiæ non habent, mysterium incarnationis non noverint, igitur humanitatem Christi super se consederent ad dextram patris obstupuerunt, quasi apud se quærentes, quis est iste rex gloriæ? *Idem in sermone natali Domini*, qui sic incipit : Hodie verus sol ortus est mundo : O dies sæculi omni sole lucidior! O tempus cunctis sæculis spectantius ! quod præstolabantur angeli, quod cherubim et seraphim et cœlorum ministeria nesciebant, hoc in nostro tempore revelatum est. Quod illi videbant per speculum et per imaginem, nos cernimus in veritate. *Ambrosius de mysteriis* (cap. VII) : Dubitaverunt enim etiam angeli, cum resurgeret Christus ; dubitaverunt cœlorum potestates videntes quod caro in cœlum ascenderet denique, quia dicebaut : quis est iste rex gloriæ? Et cum alii dicerent, tollite portas, principes vestras; et elevamini, portæ æternales, et introibit rex gloriæ, alii dubitabant dicentes : Quis est iste rex gloriæ? In Isaia quoque habes dubitantes virtutes cœlorum dixisse · *Quis est iste qui ascendit ex Edom, rubor vestimentorum ejus ex Bosor, speciosus in stola candida* (Isa. LXIII, 1). *Idem de fide ad Gratianum imperatorem lib. IV* (cap. I) : Quid mirum, si mysterium Dei per sapientiam mundi non potuerunt homines comprehendere, quod nec angeli cognoscere nisi ex revelatione potuerunt? Quis enim potuit opinione magis quam fide sequi Jesum, nunc de cœlo inferna penetrantem, nunc ab inferis ad cœlestia resurgentem, subito exinanitum, ut habitaret in nobis, nec unquam imminutum, cum semper Filius in Patre et Pater in Filio esset. Dubitavit in eo ipse prænuntius, licet per synagogæ typum. Denique, missis discipulis, interrogat : *Tu es qui venturus es ?* (Matth. XI, 3). Obstupuerunt et angeli cœleste mysterium. Unde cum resurgeret Dominus, atque illum resurgentem ab inferis astra sustinere non possent, cœlestia opinionis incerta. Angeli Dominum de morte triumphantem venire cernentes tolli portas principibus imperant, cum admiratione dicentes : *Tollite portas principes vestras, et in-*

introibit rex gloriæ. Erant tamen adhuc in cœlestibus, qui stuperent et qui admirarentur novam pompam, novam gloriam, et ideo requirebant : *Quis est iste rex gloriæ?* Sed quia angeli processus habent scientiæ et capacitatem profectus, habent utique discretionem virtutis atque prudentiæ. Solus enim sine processu Deus, quia in omni perfectione semper æternus est. Dicebant alii, illi utique qui adfuerant resurgenti, illi qui viderant vel jam cognoverant : *Dominus fortis in prælio*. Iterum multitudo angelorum triumphali agmine præcinebat : *Tollite portas, principes, vestras, et elevamini, portæ æternales, et introibit rex gloriæ*. Rursus alii stupentes dicebant : *Quis est iste rex gloriæ?* Videmus eum non habentem speciem nec decorem. Si ergo ipse non est, quis est iste rex gloriæ? Respondetur a scientibus : *Dominus virtutum ipse rex gloriæ*. Idem *Super Lucam lib. I* : Et quid de hominibus loquimur, cum etiam de ipsis cœlestibus virtutibus et potestatibus legimus, quia *Deum nemo vidit unquam?* Et addidit : et ultra cœlestes est potestates *unigenitus Filius, qui est in sinu Patris, ipse narravit (Joan. 1, 18)?* Ideo Deum nemo vidit unquam, quia eam quæ in Deo habitat plenitudinem divinitatis nemo mente aut oculis comprehendit. *Item* : Denique nec apostoli omnes Christum videbant, et ideo ait : *Tanto tempore vobiscum sum, et adhuc me non cognovistis? (Joan.* xiv, 9.) Idem *De fide ad Gratianum* : Mihi impossibile est generationis scire secretum. Supra potestates, supra angelos, supra cherubim, supra seraphim, supra omnem sensum est. *Item* : Mysterium Patris nec angeli potuerunt comprehendere. Augustinus *libro Quæstionum veteris et novæ legis* : Cherubim et seraphim non comprehendunt penitus quid sit Deus, quia nemo novit Patrem nisi Filius. Isidorus *De summo bono* (lib. i) *cap. III* : Quantumcunque ad parilitatem angelicam humana post resurrectionem natura proficiat, et ad contemplandum Deum indefessa consurgat, videre tamen ejus essentiam plene non valet, quam nec ipsa perfectio angelica in totum attingit scire secundum Apostolum, qui ait : *Pax Dei, quæ exsuperet omnem sensum (Philipp.* iv, 7), ut subaudias : etiam angelorum. Sola enim Trinitas sibi integre nota est, et humanitas a Christo suscepta, quæ tertia est in Trinitate persona. Dei essentia sciri potest, dum esse creditur. Opus [vero] ejus et judicia a nullo penitus sciuntur. Non possunt sensu penetrari vel angelico vel humano. Tantum opus est venerari et timere, non discutere aut inquirere, secundum Apostolum, qui ait : *Quis enim cognovit sensum Domini?* (Rom. xi, 34.) Haymo *super Epistolam ad Ephesios* : *Ut innotescat multiformis sapientia Dei principibus et potestatibus in cœlestibus per Ecclesiam (Ephes.* iii, 10). Ut ergo ista multiplex sapientia Dei manifestaretur principibus et potestatibus in cœlestibus, quas beatus Hieronymus angelicas virtutes vult intelligi in cœlo residentes, Filius Dei veniens in mundum revelavit eam apostolis. *Et per Ecclesiam*, hoc est in Ecclesia prædicantibus apostolis manifestavit angelicis virtutibus. Dicit namque beatus Hieronymus, quod quædam angelicæ dignitates fuerunt, quæ mysteria superius memorata ad purum non intellexerunt, donec completa est passio Christi, et apostoli per omnes gentes cœpissent prædicatione sua gentiles trahere ad fidem. Quod probari potest per hoc quod angeli admirando dixerunt illo ascendente ad cœlos : *Quis est iste qui venit de Edom* (Isa. lxiii, 1)? hoc est de cruento et sanguinolento mundo. Vel in Psalmo : *Quis est iste rex gloriæ?* (Psal. xxiii, 8.) Illis enim qui majoris dignitatis sunt et per quos illa nuntiata sunt, cognita fuerunt utpote consiliariis et nuntiis; illis vero, qui minoris potestatis sunt, potest esse, ut ex parte incognita essent. *Item (Ephes.* iv, 10) : *Et qui ascendit super omnes cœlos*, id est spiritus, *ut adimpleret omnia*, id est oracula legis et prophetarum, vel etiam cœlestia et terrestria de sua cognitione et revelatione divinitatis suæ. Cœlestia impleta sunt, quia erant quædam angelicæ potestates, quæ mysterium nativitatis Christi, passionis, resurrectionis, ascensionis ad liquidum non cognoverunt, quousque impleta sunt. Unde admirando dicitur in Psalmo : *Quis est iste rex gloriæ?*

XLIX.
Quod omnes ordines cœlestium spirituum generaliter angeli vocentur, et non.

Gregorius *in homilia* xxxiv *de angelis* : Decem vero drachmas habuit mulier, quia novem sunt ordines angelorum. Sed ut compleretur electorum numerus, homo decimus est creatus. *Item* : Novem vero angelorum ordines diximus, quia videlicet esse testante sacro eloquio scimus angelos, archangelos, virtutes, potestates, principatus, dominationes, thronos, cherubim atque seraphim. *Item* : Dum principatibus, potestatibus, virtutibus atque dominationibus conjunguntur throni, quinque sunt ordines. Quibus dum angelis cherubim atque seraphim adjuncta sunt, procul dubio novem esse ordines angelorum inveniuntur. *Item* : Ecce novem diximus nomina lapidum, quia profecto novem sunt ordines angelorum. *Item* : Græca etenim lingua angeli *nuntii*, archangeli vero Dei *summi nuntii* vocantur. *Item* : Angelorum vocabulum nomen est officii, non naturæ. Nam sancti illi cœlestis patriæ spiritus semper quidem sunt spiritus, sed semper vocari angeli nequaquam possunt, quia tunc solum sunt angeli, cum per eos aliqua nuntiantur, unde et per Psalmistam dicitur : *Qui facit angelos suos spiritus* (Psal. ciii, 4). Ac si aperte dicat : Qui eos quos semper habet spiritus, cum voluerit, angelos facit. Illi autem qui minima nuntiant, angeli; qui vero summa nuntiant, archangeli vocantur. Hinc est enim quod ad Mariam Virginem non quilibet angelus, sed Gabriel mittitur archangelus. *Item* : Fertur vero Dionysius Areopagita, antiquus ac venerabilis Pater, dicere, quia ex minoribus angelorum agminibus foris ad explendum ministerium vel visibiliter vel invisibiliter mittuntur; scilicet quia ad humana solatia ut angeli aut archangeli [veniunt]. Nam superiora illa agmina ab intimis nunquam recedunt, quoniam ea quæ præeminent usum exterioris ministerii nequaquam habent. Cui rei videtur esse contrarium, quod Isaias (VI, 6) ait : *Volavit ad me unus de seraphim, et in manu ejus calculus; quem forcipe tulerat de altari, et tetigit os meum.* Sed in hac sententia prophetæ vult intelligi, quia hi spiritus, qui mittuntur, eorum vocabula percipiunt, quorum officium gerunt. Qui enim, ut peccata locutionis incendat, de altari angelus portat carbonem, seraphim vocatur, quod incendium dicitur. Huic autem sensui et illud creditur non inconvenienter opitulari, quod per Danielem (VII, 10) dicitur : *Millia millium ministrabant ei et decies millies centena millia assistebant,* etc. Aliud est namque ministrare, aliud assistere; ministrabant quidem Deo, qui [et] ad nos nuntiando exeunt, assistunt vero, qui sic contemplatione intima perfruuntur, ut ad explenda foris opera minime mittantur. Sed quod in quibusdam Scripturæ locis quædam per cherubim, quædam vero per seraphim agi didicimus, utrum per se hoc faciant, an per subjecta agmina agantur, quæ, sicut dicitur, in eo quod a majoribus veniunt, majorum vocabula sortiuntur, nos affirmare nolumus quod apertis testimoniis non probamus. Hoc tamen certissime scimus, quod ad explendum de supernis ministerium alii spiritus alios mittunt, Zacharia scilicet attestante propheta (II, 3), qui ait : *Ecce angelus qui loquebatur in me egrediebatur, et alius angelus egrediebatur in occursum ejus,* etc. Item : Minora vero sunt quæ mittuntur, majora vero quæ mittunt. Sed hoc quoque de ipsis agminibus, quæ mittuntur, certum tenemus, quia et cum ad nos veniunt, sic exterius implent ministerium, ut tamen nunquam desint interius per contemplationem. *Haymo in Epistola ad Hebræos :* Ut ait Didymus Græcus in libro De Spiritu sancto : Ex omnibus angelorum ordinibus aliqui mittuntur.

L.

Quod in cœlesti vita nemo proficiat, et contra.

Augustinus super Joannem sermone XXIX : Ad patriam quæ sursum est, ubi nemo moritur, quia nemo nascitur, ubi nemo jam proficit et nemo deficit. *Ambrosius De fide ad Gratianum imperatorem :* Erant adhuc in cœlestibus, qui stuperent, qui admirarentur novam pompam, novam gloriam ; et ideo requirebant : *Quis est iste rex gloriæ?* Sed quia [et] angeli processus habent scientiæ, solus enim sine processu Deus, dicebant alii, illi utique qui adfuerant resurgenti, qui viderant : *Dominus fortis et potens; dominus potens in prælio* (Psal. XXIII, 8). Iterum multitudo angelorum triumphali agmine præcinebant : *Tollite portas, principes, et elevamini, portæ æternales, et introibit rex gloriæ.* Rursus alii stupentes dicebant : *Quis est iste rex gloriæ ?* Videmus eum non habentem speciem neque decorem. Si ergo ipse non est, quis est iste rex gloriæ? Respondebatur a scientibus : *Dominus virtutum, ipse est rex gloriæ* (ibid., 10). Item : Quomodo ascendemus cœlum? Sunt illic dispositæ potestates, ordinati principes, qui cœli januas servant, qui ascendentem interrogant. Item : Portæ æternales Petrus, Joannes, Jacobus, Item : Grande mysterium Christi, quod stupuerunt [et] angeli. *Hieronymus ad Pammachium et Marcellinum contra accusatorem de expositione ejus in Epistola ad Ephesios* (I, 20) : Secundum locum breviter ponam, ubi Paulus loquitur : *Sedere eum faciens ad dexteram suam in cœlestibus super omnem principatum et potestatem et virtutem et dominationem et omne nomen, quod vocatur non solum in hoc sæculo, sed etiam in futuro,* post multiplicem expositionem, cùm ad ministrorum Dei officia pervenissem et de principatibus et potestatibus et dominationibus dicerem, etiam hoc addidi : Necesse est ut subjectos habeant et timentes se et servientes sibi et eos qui a fortitudine sua roborentur. Quæ distributiones officiorum non solum in præsentiarum, sed etiam in futuro sæculo erunt, ut per singulos profectus et honores, ascensiones et descensiones vel crescat aliquis, vel decrescat, et sub alia atque alia potestate, virtute, principatu et dominatione fiat. Et post exemplum terreni regis totamque palatii descriptionem, per quam diversa ministeriorum Dei officia demonstrabam, addidi : Et putamus Deum, Dominum dominorum, simplici tantum ministerio esse contentum. Quomodo archangelus non dicitur, nisi [qui] prior est angelorum, sic principatus, potestates, et dominationes non appellantur, nisi subjectos aliquos habeant et inferiores gradus. Sin autem putat idcirco me Origenem sequi, quia profectus et honores, ascensiones et descensiones, incrementa et imminutiones in expositione mea posui, sciat multum interesse de angelis et cherubim et seraphim dicere dæmones et homines fieri, quod affirmat Origenes. *Augustinus in psalmo LXXXV :* *Adjuvisti me et consolatus es me.* Contristatus est beatus Cyprianus in passione, modo consolatus est in corona. Modo consolatus adhuc tristis est, Dominus enim Jesus adhuc interpellat pro nobis ; omnes martyres, qui cum illo sunt, interpellant. Non transeunt interpellationes ipsorum, nisi cum transierit gemitus noster. Cum t ansierit, in civitate viventium erimus. Quis ibi gemit ? *Paulus in Epistola ad Romanos* (VIII, 22) : *Scimus enim quod omnis creatura ingemiscit et parturit usque adhuc.*

LI.

Quod primi parentes sint creati mortales, et non.

Augustinus in libro Quæst. veteris et novæ legis, cap. XXI : Deus hominem fecit, qui quandiu non peccaret, immortalitate vigeret, ut ipse sibi auctor esset aut ad vitam aut ad mortem, ut custodiens se a peccato labore suo gauderet se immortalem, negligens vero factus ipse sibi imputaret quod cœperat esse mortalis. Quandiu enim in Creatoris lege duravit, dignus fuit edere de arbore vitæ, ut mori non posset. Nec enim corpus tale erat quod dissolvi impossibile videretur, sed gustus arboris vitæ corruptionem corporis inhibebat. Denique etiam post peccatum potuit indissolubile manere, si modo permissum esset ei edere de arbore vitæ. Nam quomodo immortale corpus habebat, quod cibo sustentabatur? immortalis enim non egeret esca vel potu. Vitæ autem arbor medicinæ modo corruptionem omnem prohibebat. *Idem De civitate Dei, lib. XIII* : De corpore quod nunc gestamus nec tale quidem erit, quale fuit in primis hominibus ante peccatum. Qui vero morituri non essent, nisi peccassent. Alimentis tamen et homines utebantur nondum spiritalia, sed adhuc alia corpora terrena gestantes, etc. *Idem De baptismo parvulorum, lib. I* : Adam quamvis secundum corpus esset terra, et corpus in quo creatus est animale gestaret, tamen si non peccasset, in corpus fuerat spirituale mutandus et in illam incorruptionem, quæ fidelibus et sanctis promittitur, sine mortis periculo transiturus. *Item* : Proinde si non peccasset Adam, non erat exspoliandus corpore, sed supervestiendus immortalitate et incorruptione, ut absorberetur mortale a vita, id est ab animali in spirituale transiret. Neque enim metuendum erat, ne si diutius hic viveret in corpore animali senectute gravaretur, et veterascendo perveniret ad mortem. Si enim Deus Israelitarum vestimentis et calceamentis præstitit quod per tot annos non sunt obita, quid mirum si obedienti homini ejusdem potentia præstaretur ut animale, hoc est mortale habens corpus haberet in eo quemdam statum, quo sine defectu esset annosus, tempore quo vellet Deus, a mortalitate ad immortalitatem sine morte venturus? Sicut enim hæc ipsa caro, quam nunc habemus, non ideo non est vulnerabilis, quia non est necesse ut vulneretur, sic illa et non ideo fuit non mortalis, quia non erat necesse ut moreretur. Talem puto habitudinem adhuc in corpore animali atque mortali, et jam illis, qui sine morte hinc translati sunt, fuisse concessam. Neque Enoch et Elias per tam longam ætatem senectute marcuerunt. Nec tam credo eos jam in illam spiritualem qualitatem corporis commutatos, qualis in resurrectione promittatur, quæ in Domino prima præcessit; nisi quia isti fortasse nec his cibis egent, qui sui consumptione reficiunt, sed ex quo translati sunt, ita vivunt, ut similem habeant satietatem ei quam illis XL diebus [quibus] Elias ex calice aquæ et ex collyride panis sine cibo vixit; aut si et his sustentaculis opus est, ita in paradiso fortasse pascuntur sicut Adam, priusquam propter peccatum exinde exire meruisset. Habebat enim, quantum æstimo, et de lignorum fructibus refectionem contra defectionem, et de ligno vitæ stabilitatem contra vetustatem. *Idem super Genesin* (Maur. III, 210) : Illud corpus ante peccatum et mortale

(12) Augustini super Genesin librum indicare forte voluit.

secundum aliam causam, et immortale secundum aliam dici poterat ; mortale quia poterat mori, immortale quia poterat non mori. Aliud enim est non posse mori, aliud posse non mori. *Item* : Primus homo creatus est immortalis, quod ei præstabatur de ligno vitæ, non de conditione naturæ, a quo [ligno] separatus est, ut posset mori, qui nisi peccasset posset non mori. Mortalis ergo erat conditione corporis animalis, immortalis beneficio Dei. Si enim animale utique [mortale, quia et] mori poterat, quamvis et immortale, quia non mori poterat. Neque enim immortale, quod mori omnino non possit, erit nisi spirituale, quod nobis futurum in resurrectione promittatur. *Gregorius respondens Augustino Cantuariorum episcopo* : Cum primum parentes nostri in paradiso deliquissent, immortalitatem, quam acceperant, recto Dei vindicio perdiderunt. *Beda super Lucam* : Qui etiam exspoliant eum, id est indumenta (x, 30) gratiæ spiritualis immortalitatis et innocentiæ auferunt. *Item* : Semivivo relicto, quod immortalitatem exuere, sed rationis sensum abolere non possunt.

LII.

Quod Adam extra paradisum sit conditus, et contra.

Genesis (II, 8) : Plantaverat autem Dominus Deus paradisum voluptatis a principio, in quo posuit hominem, quem formaverat. *Item* (12) : Tulit ergo Dominus Deus hominem et posuit eum in paradiso voluptatis. Ex hoc quod positus homo in paradiso dicitur, datur intelligi non ibi fuisse conditum, sed in hac nostra mortali terra, quia divina præscientia illum peccaturum et ob hoc ab alia sancta terra in hanc vallem miseriæ noverat propellendum. [Idem] *de verbis Domini in sermone* : « Non turbetur cor vestrum (*Joan.* XIV, 28) : » Auctoritate illa qua Adam in paradiso formavit, carnem sibi ex substantia ipsius Mariæ fabricavit, quam pro salute nostra suscipiens natus est Deus et homo.

LIII.

Quod peccatum Adæ majus (13) *fuerit, et non*

Ambrosius in Epistola Pauli ad Romanos (V, 12) : *Propterea sicut per unum hominem peccatum*, etc. Quia unus Adam idem Eva, quia mulier Adæ peccavit. *Item* : In quo, id est in Adam, omnes peccaverunt. Ideo dixit in quo, cum de muliere loquebatur, quia non ad speciem retulit, sed ad genus. In similitudinem prævaricationis Adæ et Thara, pater Abræ, et Nachor et Laban proprios deos habebant. Et peccatum Adæ non longe est ab idolatria. Prævaricavit enim putans se hominem futurum Deum ; æstimavit enim hoc magis profuturum, quod diabolus suasit, quam quod Deus jussit, in loco Dei diabolum statuens. Unde et subditus factus est diabolo. *Augustinus in Enchiridio, cap. XLV* : Quamvis et in illo peccato, quod per unum hominem intravit in mundum, et in omnes homines pertransiit, propter quod etiam parvuli baptizantur, possint in-

(13) Cous. : *magnum*.

telligi plura peccata, si unum ipsum in sua quasi membra singula dividatur. Nam et superbia est illic, quia homo in sua potius esse quam in Dei potestate dilexit; et sacrilegium, quia Deo non credidit; et homicidium, quia se præcipitavit in mortem; et fornicatio spiritualis, quia integritas mentis humanæ serpentina suasione corrupta est; et furtum, quia cibus prohibitus usurpatus est; et avaritia, quia plus, quam quod sufficere debuit, appetivit; et si quid aliud in hoc uno admisso diligenti consideratione inveniri potest. *Item cap. XLVI: In iniquitatibus conceptus sum et in delictis mater mea in utero me aluit (Psal.* L, 7). Neque hic dixit in iniquitate vel in peccato, cum et hoc recte dici posset, sed iniquitates et peccata dicere maluit. Quia et in illo uno in omnes homines pertransiit, atque tam magnum est, ut in eo mutaretur et converteretur humana natura, reperiuntur, sicut supra disserui, plurima peccata. *Hieronymus ad virginem Deo consecratam*: Adæ magis parcendum fuerat, qui adhuc novellus erat et nullius ante peccantis, et propter suum peccatum morientis exemplo retrahebatur. Tibi vero tanta documenta post legem, post prophetas, post evangelia, post apostolos, si derelinquere volueris, quomodo indulgere possit ignoro.

LIV.

Quod primum hominis peccatum non cœperit a persuasione diaboli, et contra.

Augustinus super Genesin: Nec arbitrandum est quod esset hominem dejecturus tentator, nisi præcessisset in anima hominis quædam elatio comprimenda per humiliationem peccati, quam de se falso præsumpserit dicere. *Idem in Psalmo CXVIII*: Apostolus intelligens generalem avaritiam, quæ radix est omnium malorum. Nam ipsi primi homines per serpentem decepti et dejecti non fuissent, nisi plus quam acceperant, habere voluissent. Hic quippe promiserat: *Eritis sicut dii (Gen.* III, 5). Ergo ista pleonexia subversi sunt. *Hieronymus in Epist. Pauli ad Romanos*: Propterea sicut per unum hominem. Si per unum hominem Evam peccatum introivit in mundum, insaniunt qui dicunt, antequam deciperet diabolus Evam, peccatum fuisse in mundo.

LV.

Quod Eva sola seducta sit, non Adam, et contra.

Augustinus super Genesin: Apostolus ait: *Adam non est seductus, mulier autem seducta est (I Tim.*, II, 14). Nam interrogatus non ait, mulier seduxit me, sed *ipsa mihi dedit de ligno*. Illa vero dixit: *Serpens seduxit me*. Ita Salomon, nunquidnam credendum est quod in simulacrorum cultu crediderit esse aliquid utilitatis? Sed mulierum amori resistere non valuit, faciens quod sciebat non esse faciendum, ut suas delicias contristaret. Ita et Adam, postquam mulier seducta manducavit eique dedit, noluit eam contristare. Non carnis concupiscentia, quam nondum senserat victus, sed amicali quadam

(14) Mon.: *hunc.*

benevolentia, qua plerumque fit ut offendatur Deus, ne homo ex amico fiat inimicus; quod eum facere non debuisse, divinæ sententiæ justus exitus indicavit. Ergo alio quodam modo ipse etiam deceptus est; sed dolo illo serpentino, quo mulier seducta est, nullo modo illum arbitror potuisse seduci. Hanc autem proprie seductionem appellavit Apostolus, qua id quod suadebatur, cum falsum esset, verum putatum est, id est quod Deus ideo [lignum] illud tangere prohibuerit, quod sciebat eos, si tetigissent, velut Deos futuros, tanquam eis divinitatem invideret. *Ambros. in Hexaemeron de die V*: Adam per Evam deceptus est, non Eva per Adam. Quem vocavit ad culpam mulier, justum est ut eum gubernatorem assumat, ne iterum feminea facilitate labatur. *Paschasius De corpore et sanguine Domini, cap. XII*: Divina sapientia hanc similiter de latere suo produxit, ut unde mulier, quæ deceperat priorem Adam, creata est, inde Ecclesia formaretur. *Ex sermone Chrysostomi in XL*: Denique consentiens mulier talis circa virum exstitit, qualem circa se malitiam serpentis invenit; adeo persuasa est et persuasit; infecta est, et infecit; decepta est, et decepit. *Augustinus De singularitate clericorum*: Miramur, si Adam per Evam seductus est, quem nulla morientium exempla præcesserant.

LVI.

Quod homo liberum arbitrium peccando amiserit, et non.

Augustinus in Enchiridio (VI, 207): Nam libero arbitrio male utens homo et se perdidit ipsum. Sicut enim qui se occidit utique vivendo se occidit, nec se ipsum resuscitare poterit, ita cum libero peccaretur arbitrio, victore peccato amissum est etiam liberum arbitrium. *A quo enim quis devictus est, hujus servus factus est*. Quæ autem potest servi esse libertas, nisi quando eum peccare delectat? liberaliter enim servit, qui sui domini libenter voluntatem facit. Ac per hoc et ad peccandum liber est qui peccati servus est. *Idem De correptione et gratia*: Liberum arbitrium et ad bonum et ad malum faciendum confitendum est nos habere. Sed in male faciendo liber quisque est justitiæ peccatique servus. *Idem De gratia et libero arbitrio*: Semper est in nobis voluntas libera, sed non semper est bona; aut enim a justitia libera est, quando servit peccato, et tunc est mala; aut a peccato libera est, quando servit justitiæ, et tunc est bona. Gratia vero Dei semper est bona, et per hoc (14) fit ut sit homo voluntatis bonæ, qui prius fuit malæ. *Item*: Non enim homo sic gratiam suscepit ut propriam perdat voluntatem. Tamen ne ipsa voluntas sine gratia Dei putetur, boni aliquid posse subjecit: non ego autem, sed gratia Dei mecum, id est non solus, ac per (15) hoc nec gratia Dei sola nec ipse solus.

LVII.

Quod Adam in loco Calvariæ sepultus sit, et contra.

Ambros. Horontiano (ep. V, 19): Hæc filia Eccle-

(15) Cous.: *propter.*

siæ ad superiora se bonis consiliis attollens, quam suscepit in Golgatha Christus, ubi Adæ sepulcrum erat, ut illum mortuum in sua cruce resuscitaret. Ubi ergo in Adam mors omnium, ibi in Christo resurrectio. *Hieronymus ad Marcellam de locis sacris, urbem Jerusalem laudans* (Martian. IV, 547) : In hac urbe, imo in hoc tunc loco et habitasse dicitur et mortuus esse Adam. Unde et locus, in quo crucifixus est Dominus, Calvaria appellatur, scilicet quod ibidem sit antiqui hominis Calvaria condita, ut secundus Adam et sanguis Christi distillans primi Adam et jacentis propagatoris peccata dilueret, et tunc sermo ille Apostoli compleretur : *Excitare, qui dormis, et exsurge a mortuis, et illuminabit te Christus* (Ephes. v, 14). Idem *in libro locorum et nominum* : Arboc corrupte in nostris codicibus scribitur, dum in Hebræis legatur arbe, id est quatuor, eo quod ibi tres patriarchæ Abraham, Isaac et Jacob sepulti sunt, et Adam magnus, ut in Jesu libro scriptum est, licet enim quidam conditum in loco Calvariæ suspicentur; hoc autem Hebron olim metropolis Philisthinorum. *Isidorus De vita et obitu sanctorum patrum* : De Adam : A paradiso projectus, terram sentibus squalentem incoluit. Amissaque immortalitate, in pulverem rediit. Sepultus est autem in loco Arbe, hoc est Chebron, metropolis Allophylorum urbs (16). *Item* : In agro Hephron in spelunca duplici, in cujus interiore parte sepultus fuit Adam, exteriore vero Abraham. Distat autem hic locus, ut Josephus edocet, septimo ab urbe Chebron stadio.

LVIII.
Quod Adam salvatus sit, et contra.

Ex libro Sapientiæ [ix, 19] : Per sapientiam sanati sunt quicunque tibi placuerunt, Domine, a principio. Hæc illum, qui primus factus est a Deo pater orbis terrarum, cum solus esset creatus, custodivit et eduxit illum a delicto suo; et dedit illi virtutem continendi omnia. *August. in epist. ad Evodium de verbis Petri, quibus Christum asserit solvisse inferni dolores* : Quis ergo nisi infidelis negaverit fuisse apud inferos Christum? *Item* : Cur voluerit venire ubi dolores essent? Quia erat, ut scriptum est, *inter mortuos liber* (Psal. LXXXVII, 6), ubi princeps mortis non invenit, quod supplicio deberetur. *Item* : Et de illo quidem primo homine, quod eum ibidem solverit, Ecclesia fere tota consentit; quod eam non inaniter credidisse credendum est, undecunque hoc traditum sit, quanquam illud quod in libro Sapientiæ scriptum est (x, 1) : *Hæc illum, qui primus factus est pater orbis terrarum, cum solus esset creatus, custodivit, et eduxit illum de peccato suo,* magis facere pro hac sententia videatur. *Item De baptismo parvulorum lib. II de Adam et Eva* : Sicut illi ergo primi homines postea juste vivendo tamen merito creduntur per Domini sanguinem ab æterno supplicio liberati. Adam primus hominum peccavit, Abel primus juste vixit. *Hilarius in psalmo XIV* : Denique Adam confessus veniæ reservatus et glorificatus in Christo est. *Gregor. Eulogio episcopo Alexanarino et Anastasio Antiocheno* : Primum hominem, qua die peccavit, anima mortuum dicimus; qui tamen Adam postmodum per pœnitentiam ad vitam rediit. *Augustinus De singularitate clericorum* : Dico autem vobis, tolerabilius erit Adæ in die judicii quam vobis.

LIX.
Quod de promisso sibi partu (17) *Maria dubitaverit, et non.*

Beda super Lucam (i, 34) : Quomodo fiet istud, quoniam virum non cognosco? Quomodo, inquit, fieri potest, ut accipiam pariamque filium, quæ in castimonia virginitatis vitam consummare disposui. Non autem quasi incredula verbis angeli, quomodo hæc impleri valeant requirit, sed certa quia oportebat impleri, quod tunc ab angelo audiebatur, et prius a propheta dictum legerat, quo in ordine complendum sit interrogat, quia videlicet propheta qui hoc futurum prædixit, quomodo fieri posset, non dixit, sed angelo dicendum reservavit. *August. Quæst. veteris et novæ legis, cap. LXXX* : Ambigenti Mariæ de conceptus possibilitate angelus prædicat dicens : *Spiritus sanctus superveniet in te* (Luc. I, 35); hoc ne dubites, quia virum nescis, quoniam Spiritus sanctus operabitur, ut sine viro concipias.

LX.
Quod Verbum Dei in utero Virginis simul (18) *animam et carnem susceperit, et non.*

Augustinus episcopis in Hibernia : Non prius in utero Virginis caro concepta est, et postmodum divinitas venit in carnem, sed mox Verbum servata virtute propriæ naturæ factum est caro et perfectus est homo ideo in veritate carnis et animæ rationalis. Unde *unctus præ participibus* dicitur (Hebr. I, 9), dono videlicet Spiritus sancti. Nam hoc ipsum de Spiritu sancto et carne Virginis concipi a sancto Spiritu ungi fuit. *Item* : Ibi ab eodem Spiritu unctus est, ubi conceptus ; nec ante conceptus et postmodum unctus, sed hoc ipsum de Spiritu sancto et carne Virginis concipi a Spiritu sancto ungi fuit. *August. de secreto incarnationis Christi* : Da veniam, Christe, et parce ori meo, quia incarnationis tuæ mysterium temerarius narrator attingo. *Item* : In vulva Virginis genitalis sanguis et semineus humor fuit; huic sanguini vel humori Verbum se velut coagulatum miscuit, et sanguinis vel humoris substantia celatam carnem fecit. Accessit Spiritus sanctus et hæc quæ fuerant Verbi glutino commassata, animando formavit, formata distinxit. *Idem in libro Quæst. de Veteri Testamento, cap. XXIII* : Moyses tradidit (Exod. XXI, 22) : Si

---

(16) Ed. Areval. V, 154 : *In loco Arbee, hoc est quatuor,* etc. *Distat autem locus iste non procul ab Hebron, metropoli urbe Allophylorum.*

(17) Cous. : *promisso sancti Spiritus.*
(18) Cous. : *sanctæ.*

anis percusserit mulierem in utero habentem, et abortiverit, si formatum fuerit, det animam pro anima ; si autem informatum, multetur pecunia, ut probaret animam non inesse ante formam. Item : Si propius respiciamus, videbimus quid sequi debeamus. Contemplemur facturam Adæ. In Adam enim exemplum datum est, ut ex eo intelligatur, quia jam formatum corpus accipit animam. Nam potuerat animam limo terræ admiscere et sic formare corpus. Sed ratione informabatur, quia primùm oportebat domum compaginari, et sic habitatorem induci. Anima certe, quia spiritus est, in sicco habitare non potest, ideo in sanguine fertur. Cum igitur [corporis] lineamenta compacta non fuerint, ubi erit anima? *Hieron. ad Algasiam* (IV, p. 193) : Semina paulatim formantur in utero, et tandiu non reputatur homicidium, donec elementa confusa suas imagines membraque suscipiant.

LXI.
Quod Joseph suspicatus sit Mariam (19) *adulteram, et non.*

Ex homilia Origenis in vigilia natali Domini : Joseph autem vir ejus, inquit, cum esset homo justus, et nollet eam traducere, voluit occulte dimittere eam (*Matth.* I, 19). Noluit eam traducere, noluit eam accipere, noluit male diffamare, sed occulte dimittere. Hæc illo, inquit, cogitante (*ibid.*, 20). Quærendum nobis est, quid cogitaverit? Hoc cogitabat, ut eam dimitteret. Si suspicionem in eam habebat, quomodo justus erat? Si non est suspicatus vel tale aliquid cogitavit, cur dimittere voluit immaculatam et sanctam ? Injustum enim hoc erat. Sed simplicem sensum audi hujus orationis : Ideo eam dimittere volebat, quoniam virtutem mysterii et sacramentum quoddam magnificum in ea cognoscebat, cui approximare se indignum æstimabat. Ergo humilians se ante tantam et tam ineffabilem rem, quærebat longe se facere. Sicut et beatus Petrus Domino se humilians aiebat : *Recede a me, Domine, quoniam homo peccator sum* (*Luc.* v, 8); vel sicut ille centurio ad eumdem Dominum mittens dicebat : *Non sum dignus, ut intres sub tectum meum* (*Matth.* VIII, 8); vel sicut sancta Elisabeth ad beatam Mariam locuta est dicens : *Et unde hoc mihi, ut veniat mater Domini ad me?* (*Luc.* I, 43.) Sic et Joseph juste humilians se in omnibus cavebat, timebat sibimetipsi tantæ sanctitatis conjunctionem adhibere. Idcirco volebat eam occulte dimittere dicens : Major est hujus dignitas, superexcellit ejus sanctitas, neve meæ congruit indignitati. *Hieron. super Matthæum* : Joseph autem vir ejus, cum esset justus et nollet eam traducere, etc. Hoc testimonium Mariæ est, quod Joseph, sciens illius castitatem, et admirans, quod evenerat, celat silentio, cujus mysterium nesciebat. *Ex sermone quodam de Natali, qui sic incipit : Castissimum Mariæ Virginis uterum* : Audite, fratres, audite Mariam vobiscum loquentem, carne absentem et spiritu præsentem ! Ignoravit quidem Joseph, sponsus vir meus, quod adamasset me Deus meus, et putavit quod adulterio imprægnatus esset venter meus. *Item* : Turbatur Joseph, homo justus, quod Mariam, quam de templo acceperat et non cognoverat, gravidam sentiebat, secumque diu æstuans ac disputans dicit : Prodo an taceo? Si tacuero malum sentiens, cum adulteris portionem meam pono. *August. in sermone de verbis Evangelii. Si peccaverit in te frater tuus*, etc. : Attende, quemadmodum justus Joseph tanto flagitio, quod de uxore fuerat suspicatus, tanta benignitate pepercit. Sed ad illam non accessisse noverat. Restabat igitur certa adulterii suspicio, et tamen, quia ipse solus senserat, cum nollet divulgare eam, voluit eam occulte dimittere. *Idem in Enchiridio, cap. XV* : Et Joseph cum nollet eam dimittere suspicatus adulteram, quam sciebat non de se esse gravidam, etc. *Idem in epist. ad Macedonium* : Unde Joseph cui mater Domini fuerat desponsata, cum eam comperisset prægnantem esse, cui se noverat non esse commistum et ob hoc nihil aliud quam adulteram esse credidisset, puniri eam tamen noluit, nec approbator flagitii fuit. Nam hæc voluntas ejus etiam justitiæ deputatur. Ita quippe de illo scriptum est : *Cum esset justus et nollet divulgare, statuit eam occulte dimittere; hæc eo cogitante apparuit ei angelus. Ambros. super Lucam, cap. V* : Pulchre autem docuit sanctus Matthæus quid faceret justus, qui opprobrium conjugis deprehendit, ut incruentum ab homicidio, castum ab adulterio se præstare debeat. Qui enim conjungitur meretrici, unum corpus est.

LXII.
Quod Christus clauso utero Virginis natus sit, et contra.

Symbolum Ephesini concilii : Nativitatem nostram ex vulva sustinuit, homo de muliere procedens, non quod erat abjiciens. *Item* : Nativitatem sustinet ex vulva corpoream. *Beda super Lucam* : Quod ait *adaperiens vulvam*, consuetæ nativitatis more loquitur; non quod Dominus sacri ventris hospitium, quod ingressus sanctificaverat, egressus devirginasse credendus sit, sed, juxta fidem Catholicam, clauso Virginis utero quasi sponsus suo processisse de thalamo. *August. de secreta incarnatione Domini* : Christe, licet tu clausum dimiseris uterum, nobis tamen permisisti aperire Evangelium tuum incredulis. *In Enchiridio, cap. XXXIV* : Quo si vel nascente corrumperetur ejus integritas, non jam ille de Virgine nasceretur. *Ex homil. Gregorii papæ in octava Paschæ* : Illud enim corpus Domini intravit ad discipulos januis clausis, quod ad humanos oculos per nativitatem suam clauso exiit Virginis utero. Quid ergo mirum, si clausis januis post resurrectionem suam in æternum jam victurus intravit, qui moriturus veniens non aperto utero

---

(19) Cous. : *non sit suspicatus.*

Virginis exivit? *Hieron. ad Pammachium* : Christus virgo, mater virginis nostri Virgo perpetua ; hæc est porta orientalis in Ezechiele semper clausa. Respondeant mihi quomodo januis clausis Christus ingressus est, et ego respondebo quomodo sit virgo post partum, mater antequam nupta. *Idem in II Dialogo suo contra Pelagianum* : Magis ad specialem nativitatem Salvatoris quam ad omnium hominum hoc referri post quod dicitur, *qui aperit vulvam sanctus Domino vocabitur (Exod.* xiii, 2). Solus enim Christus clausas portas vulvæ virginalis aperuit, quæ tamen clausæ jugiter permanserunt. Hæc est porta orientalis clausa, per quam solus pontifex ingreditur et egreditur; nihilominus semper clausa est. *Idem ad Eustochium* : Dei Filius pro vestra salute, homines, factus filius; decem mensibus, ut nascatur, exspectat ; fastidia sustinet, cruentus egreditur. *Hormisda papa ad Justinum Augustum* : Ut, qui antea erat Dei Filius, fieret filius hominis et nasceretur homines more, matris vulvam natus aperiens, et virginitatem matris virtute non solvens. *Anastasius episcopo* : Gabriel mittitur ad Mariam non transitorie virginem, sed virginem desponsatam. *Item* : Quod partus meminit Scriptura et dicit : *Involvit puerum, et* : *Beata sunt ubera, quæ suxit*, et : *Oblatum est sacrificium, quia aperuit, qui natus est, vulvam* : hæc autem parturientis erant indicia. *Ambrosius super Lucam* (ii, 23) : *Quia omne masculinum, adaperiens vulvam, sanctum Domino vocabitur*. Verbis enim legis promittebatur Virginis partus. Et vere sanctus, quia immaculatus. *Quia quod nascetur ex te sanctum, vocabitur Filius Dei (Luc.* i, 35). Nam si litteram sequimur, quomodo sanctus omnis masculus ? nunquid sanctificabitur ? Sed ille sanctus per quem figura mysterii (20) futuri legis præscripta signabant, eo quod solus sanctæ Ecclesiæ Virginis ad generandos populos Dei immaculatæ fecunditatis aperiret genitale secretum. Hic ergo solus aperuit sibi vulvam. *Item* : *Priusquam te formarem in utero, novi te et in vulva matris sanctificavi te (Jer.* i, 5). Qui ergo vulvam sanctificavit alienam, hic est qui aperuit matris suæ vulvam, ut immaculatus exiret.

LXIII.

Quod Christus secundum carnem de tribu (21) *Juda, et non.*

Paulus in Epistola ad Hebræos : Manifestum est enim quod de Juda ortus sit Dominus noster, in qua tribu nihil de sacerdotibus Moyses locutus est. *Origenes super Epistolam Pauli ad Romanos homil. I* : *Qui factus est ei ex semine David secundum carnem (Rom.* i, 3). Quomodo videtur Christus ex semine David secundum carnem descendere, quem constat ex Joseph non esse natum, in quem Joseph series ex David descendentis generationis adducitur? Quibus occurrere quamvis molestum sit secundum litteræ rationem, tamen respondetur a nostris,

(20) Omnes fere edit. : *quem in figura futuri*, etc. Maur. : *per quem figuram*, etc.

A quod Maria, quæ sponsata Joseph erat, secundum legem sine dubio contribuli suo et cognato conjuncta est; et quamvis dicatur ad eam ab angelo, quod *Elisabeth, cognata tua, et ipsa pariet filium in senectute sua (Luc.* i, 36), Elisabeth autem ex filiabus Aaron esse dicatur, tamen affirmabitur a nostris, quod cognationis nomen non solum ad contribules, sed ad omnes, qui sunt ex genere Israel, possit aptari, sicut idem apostolus de omnibus simul dicit : *Qui sunt cognati mei secundum carnem (Rom.* ix, 3). His quidem alia et his similia respondentur. Nobis tamen hæc intelligenda secundum spiritalem vel allegoricam rationem magis videntur, secundum quod nihil obest, etiam quod Joseph pater Christi dicatur. Et a Matthæo (i, 8)

B refertur, quia Joram genuit Oziam. In quarto autem Regnorum scriptum est quod Joram genuit Ochoziam, Ozias Joas, Joas Amaziam, Amazias Azariam ipsum, qui interdum Ozias nominatur, et Azarias Joatham. *Item* : Cujus rei dissertio certa est, quod non secundum historiam, sed secundum spiritualem intelligentiam constet, quæ non est nobis nunc pulsanda. *Item* : Sufficit nobis ad eos, qui adversantur, respondere quod sicut Jesus filius Joseph dicitur esse, dicitur et Ozias genitus ex Joram, ex quo non est genitus. Ita et ex semine David secundum carnem Christus potest accipi, ut quidquid rationis in Joram protulerint et Joseph, hoc et in David dicamus. *Hieron. ad Epistolam ad*

C *Hebræos* (vii, 11) : *Quid adhuc necessarium [fuit] secundum ordinem Melchisedech alium surgere sacerdotem, non secundum Aaron*, etc. Volens ostendere Apostolus generationem Melchisedech non ex Sem progenie, unde Abraham, sed ex Cham, cujus posteritatem subsequentem Scriptura non memorat originem trahere. Dicit enim sine tempore, sine matre, id est originis numeratione, neque initia neque finem mortis habere conscriptum est. *Item* : Hoc autem ideo Apostolus facit, ut ostendat eum qui ex generatione Hebræorum non esset, benedixisse patriarcham et in eos similitudinem Christi, qui non esset ex tribu Levi, id est sacerdotali, sed ex Judæ. *Augustinus contra Faustinum*

D *lib. XXIII, cap. VII* : Dominus Dei secundum divinitatem, ipse filius David ex semine David secundum carnem. Quod si nobis credere non prodesset, non hoc [tam] attente Apostolus Timotheo (*II Tim.* ii, 8) commendaret, dicens : *Memor [esto] Christum Jesum resurrexisse a mortuis, ex semine David, secundum Evangelium meum. Contra quod Evangelium quisquis aliud annuntiaverit, anathema sit (Gal.* i, 9), magna cura fideles admonuit. *Item* : Cognationum seriem non usque ad Mariam, sed usque ad Joseph perducit, primo quia mariti ejus fuerat, propter virilem sexum, potius honoranda persona ; neque enim quia concubitu non permistus, ideo non maritus, cum ipse Matthæus

(21) Cous. : *non fuerit de tribu*, etc.

narret ab angelo Mariam ipsius Joseph conjugem appellatam. *Item :* Cogitare enim debemus fieri potuisse ut et Joseph maritus Mariæ diceretur, habens eam conjugem non concubitu, sed affectu, quod est charius , et ideo non debuisse virum Virginis matris Christi separari a serie parentum Christi ; et ipsam Mariam aliquam de stirpe David venam sanguinis ducere, ut Christo caro etiam ex Virgine procreata sine David semine esse non posset. *Item :* Quid restat nisi et Mariam non fuisse extraneam a cognatione David? *Item :* Quisquis ita dicit Mariam ad consanguinitatem David non pertinuisse, manifestum est quod Scripturarum tam excellenti auctoritati obluctetur.

LXIV.
Quod Deus personam hominis non susceperit, sed naturam, et contra.

Augustinus De fide ad Petrum, ita : *Verbum caro factum est* (Joan. I, 14), ut, quamvis naturaliter non sit Verbum quod caro, quia duarum naturarum veritas manet in Christo, secundum unam tamen personam idem Verbum caro ab ipso fieret maternæ conceptionis initio. Deus enim Verbum personam non accepit hominis, sed naturam. *Boetius contra Eutychen et Nestorium* (cap. IV) : Hoc interim (22) constet, quod inter naturam personamque differre prædiximus, quoniam natura est cujuslibet substantiæ specificata proprietas, persona vero rationabilis naturæ individua subsistentia. *Ambrosius super Epistolam Pauli ad Romanos : Servus Jesu Christi :* utrumque posuit, id est Jesu Christi, ut Dei et hominis personam significaret, quia in utroque est Dominus. *Item :* Quoties Scriptura aut Jesum dicit aut Christum, aliquando personam Dei, aliquando personam hominis significat. *Augustinus lib. II contra Manichæos :* Reliquit Patrem, cum dixit : *A Patre exivi* (Joan. XVI, 28); apparendo hominibus, tum Verbum caro factum est ; quod non commutationem naturæ Dei significat, sed susceptationem inferioris personæ, id est humanæ.

LXV.
Quod Filius Dei mutatus sit suscipiendo carnem, et non.

Hieronymus in psalmum LXXVI : Hæc mutatio dexteræ Excelsi ; nisi dextera ejus, hoc est Filius ejus mutatus fuerit et corpus hominis (25) acceperit, nos misericordiam accipere non possumus. Qui cum in forma Dei esset constitutus, non rapinam arbitratus est esse se æqualem Deo, sed exinanivit semetipsum, formam servi accipiens. *Augustinus De natura summi boni :* Naturæ corruptibiles, ideo non incommutabiles sunt, quia nihil est unde factæ sunt. *Item :* Omnis enim mutatio facit non esse quod (24) erat ; vere ergo ille est qui incommutabilis est. *Item :* Vera immortalitas hæc est summa illa incommutabilitas quam solus Deus habet. *Isidorus De summo bono, cap. I* (Edit. Areval. VI, p. 116) : Quid est Dei immortalitas nisi ejus incommutabilitas? Nam angeli et animæ immortales sunt, sed incommutabiles non sunt. Solus Deus dicitur immortalis, quia solus incommutabilis. Nam anima moritur, dum, deserente Deo, de bono in malum mutatur, sic angelus, dum deserente Deo lapsus est. Quod materiam habet, unde existat, mutabile est, quia de informi ad formam transit ; quod vero non habet materiam, immutabile est, sicut Deus.

LXVI.
Quod Deus et homo in Christo partes esse videantur, et non.

Athanasius : Nam sicut anima rationalis et caro unus est homo, ita Deus et homo unus est Christus, unus autem non confusione substantiæ, sed unitate personæ (24*). *Hieronymus in psalmum II :* Vox Christi : *Ego autem constitutus sum rex ab eo, pro parte carnis* dicitur. *Idem in psalmum XXIII :* Quis est iste rex gloriæ? vox angelorum qui apud Patrem semper fuerant; ac si dicerent : Nos Patrem et Filium semper insimul esse videmus ; iste rex gloriæ quis est? *Augustinus in libro Sententiarum Prosperi :* Hoc est quod dicimus, quod modis omnibus approbare contendimus, sacrificium Ecclesiæ duobus confici, duobus constare : visibili elementorum specie et invisibili Domini nostri Jesu Christi carne et sanguine ; sacramento et re sacramenti, id est corpore Christi ; sicut Christi persona constat et conhcitur Deo et homine, cum ipse Christus verus sit Deus et verus homo, qui omnes illas res, illarum rerum naturam et veritatem in se continet, ex quibus conficitur. Est igitur sacramentum et res sacramenti, id est corpus Christi. *Idem in libro Quæst. Orosii ad ipsum :* Sicut anima et caro unus est homo, ita Verbum et homo unus est Christus. Duas substantias accipimus in uno Filio Dei, divinitatis et humanitatis, non duas personas. Si dixerimus duas esse personas, jam non erit trinitas sed quaternitas. *Idem De Trinitate, lib. IV :* Ita sane factum ut ibi sit non tantum Verbum Dei et hominis caro, sed etiam rationalis hominis anima, atque hoc totum et Deus dicatur propter Deum et homo propter hominem. Quod si difficile intelligitur, mens fide purgetur. *Idem De Prædestinatione sanctorum :* Ipsa est illa ineffabilis facta hominis a Deo Verbo susceptio singularis, ut Filius Dei et filius hominis simul, et filius hominis propter susceptum hominem et Filius Dei propter suscipientem Deum, veraciter et proprie diceretur, ne quaternitas sed trinitas crederetur. *Idem in epistola ad Volusianum de incarnatione Christi :* Sicut in unitate personæ anima utitur corpore, ut homo sit, ita in unitate personæ Deus utitur homine, ut Christus sit. In illa ergo persona mistura est animæ et corporis ; in hac persona mistura est Dei et hominis ; ergo persona hominis est mistura

---

(22) Cous. : *iterum.*
(23) Cous. : *ejus.*
(24) Cous. : *qui.*

(24*) Verba *unus autem personæ* desunt apud Cous.

animæ et corporis, persona autem Christi mistura est Dei et hominis. Cum enim Verbum Dei permistum est animæ habenti corpus, simul et animam suscepit et corpus. Illud quotidie fit ad procreandos homines; hoc semel factum est ad liberandos homines. Unde tamen duarum rerum incorporearum commistio facilius credi debuit, quam unius corporeæ et alterius incorporeæ; ac per hoc Verbi Dei et animæ credibilior debuit esse permistio, quam animæ et corporis. Verbum ergo Dei longe alio modo quodam, quam eo quo (25) creaturis cæteris adest, suscepit hominem, seque et illo fecit unum Jesum Christum. *Remigius in psalmum XXXIV : Et oratio mea in sinu*, etc. Scimus quippe Christum in duabus et ex duabus substantiis constare, divina scilicet et humana (26). *Augustinus contra Maximinum* (VIII, p. 698) : Nulla fit partium divisio in trinitate Deitatis ; Christus una persona est geminæ substantiæ, nec tamen Deus pars hujus personæ dici potest, alioquin Filius Dei, antequam formam servi susciperet, non erat totus, et crevit, cum homo divinitati ejus accessit. Quod si in una persona absurde dicitur, quia pars illius rei non potest esse Christus, quanto magis Trinitatis esse non potest quicunque unus in tribus ? In Trinitate ergo, quæ Deus est, Pater est Deus, et Filius etiam Deus, et Spiritus sanctus est Deus, et simul hi tres unus Deus, nec hujus Trinitatis tertia pars est unus, nec major pars duo quam unus est ibi; nec majus aliquid sunt omnes quam singuli, quia spiritualis, non corporalis est magnitudo. *Idem super Joan., homil. XLV :* Per similitudinem Christus multa est, quæ per proprietatem non est. Per similitudinem et petra est et ostium et lapis angularis et agnus et pastor et leo, et alia quæ connumerare longum est. Si autem proprietates discutias rerum, quas videre consuevisti, nec petra est nec ostium, etc. *Item* (III, p. 2, pag. 610) : *Pono,* inquit, *animam meam.* Quis ponit ? quam ponit ? Quid est Christus ? Verbum et homo; nec sic homo, ut sola caro, sed (27) quia homo constat ex carne et anima, totus autem homo in Christo. Non enim partem deteriorem suscepisset et meliorem deseruisset (28); pars quippe hominis melior est anima quam corpus. Quia ergo totus homo in Christo, quid est Christus ? Verbum inquam et homo. Quid est Verbum et homo ? Verbum, anima et caro. Tene ergo quia nonnulli fuerunt hæretici et in ista sententia ; Apollinaristæ hæretici ausi sunt dogmatizare quod Christus non sit [nisi] Verbum et caro, et animam humanam non eum habuisse contendunt. Quis ponit animam et iterum sumit eam ? Christus, ex quo quod Verbum est, animam ponit et iterum sumit ? An ex eo quod anima humana est, ipsa se ponit et sumit ? An ex eo quod caro est, caro (29) animam ponit et sumit ? Si dixerimus, quia Verbum Dei posuit animam et iterum sumpsit, metuendum nobis est ne dicatur : ergo anima illa aliquando separata (30) est a Verbo, et aliquando Verbum illud, ex quo suscepit animam, fuit sine anima. *Item* : Quid fecit passio, quid fecit mors, nisi corpus ab anima separavit, animam vero a Verbo non separavit ? *Mortuus est Dominus;* sine dubio caro ipsius exspiravit; anima ad tempus deseruit carnem, a Verbo autem animam separatam esse non dico. Latronis animæ dixit : *Hodie mecum eris in paradiso* (Luc. XXIII, 43). Latronis animam non deserebat et deserebat suam ? absit ! sed suam inseparabiliter habuit. Sicut Christus animam suam posuit, sic et nos debemus animas pro fratribus ponere. Ponere animam mori est; sic et Petrus (30*) dixit : *Animam meam pro te ponam* (Joan. XIII, 37), id est pro te moriar. Carni hoc attribue ; caro ponit animam et iterum sumit. *Et inclinato capite tradidit spiritum* (Joan. XIX, 30), hoc est ponere animam; caro illum tradidit, emisit, exspiravit; ideo dicitur exspirare extra spiritum fieri, quomodo exsulare extra solum fieri, exorbitare extra orbitam fieri. Si ergo caro animam posuit, quomodo Christus animam posuit ? non enim caro Christus. Ita plane et caro Christus et anima Christus et Verbum Christus; nec tamen tria hæc tres Christi, sed unus Christus. Quo modo est enim unus homo anima et corpus, sic unus Christus Verbum et homo. Videte quid dixerim, et intelligite : anima et corpus duæ res sunt, sed unus homo ; Verbum et homo duæ res sunt, sed unus Christus. De homine quære ubi est? ubi est apostolus Paulus modo ? si quis respondeat : In requie cum Christo, verum dicit ; si quis : Romæ in sepulcro, et ipse verum dicit ; illud enim de anima, hoc de ejus carne accipitur. Nec tamen duos dicimus apostolos, unum qui requiescit in sepulcro, alterum qui requiescit cum Domino. *Idem De Trinitate, lib. I :* Quia forma Dei accepit formam servi, utrumque Deus et utrumque homo; sed utrumque Deus propter accipientem Deum, utrumque (31) homo propter acceptum hominem. *Item* (VIII, pag. 767) : Ex forma servi crucifixus est; et tamen Dominus gloriæ crucifixus est. Talis enim erat illa susceptio, quæ Deum hominem faceret et hominem Deum, quid tamen propter quid, et quid secundum quid dicatur, diligens lector intelligit. *Idem lib. IV :* Ita sane factum ut ibi sit non tantum Verbum Dei et hominis caro, sed etiam rationalis hominis anima, atque hoc totum et Deus dicatur propter Deum et homo propter hominem. Quod si difficile intelligitur, mens fide purgetur.

---

(25) Cous. : *in eo quo.*
(26) Hic locus deest in aion.
(27) Cous. : *ut sola caro sit,* etc.
(28) Cous. : *suscepisset et deseruisset.*
(29) Cous. ; omittit verbum *caro.*

(30) Cous. : *reparata.*
(30*) Cous. : *Petro.*
(31) Cous. pro *utrumque* in hoc loco semper scribit *uterque.*

LXVII.

Quod Christus sive Deus non sit dicendus creatura (32), *et contra.*

Beda in homilia de Natali : Omnia per ipsum facta sunt. Si enim nihil creaturarum sine ipso factum est, patet profecto quia ipse creatura non est, per quem omnis creatura facta est. **Hieron. de symbolo Niceni concilii** : Accipe igitur, quia creatura Dominus verus non potest esse, neque creatura creaturas salvare, dicente Scriptura : *Coluerunt et servierunt creaturæ potius quam Creatori, qui est benedictus in sæcula* (Rom. I, 25). Vides igitur, quod paganitatis est potius hoc, quam Christianitatis. **Hilarius in XII De Trinitate** : Non enim Dominum Christum creaturam, quia [ipse est, qui creavit omnia, neque facturam] (33), quia facturarum omnium ipse est Dominus, sed Deum novimus, Deum Dei Patris propriam generationem. *Item* : Nostra tantum hæc sola religio est, Filium confiteri non adoptivum, sed natum, neque electum, sed generatum. *Item* : Quia Paulus servientes creaturæ coarguit. *Item* : Humanæ intelligentiæ sensus respuit, ut creator creatura sit, quia creatura per creatorem est, quia, si creatura sit, et corruptioni subditus et exspectationi obnoxius est et servituti subjectus est. Ait enim Apostolus : *Etenim longinqua exspectatio creaturæ revelationem filiorum Dei exspectat. Vanitati enim creatura subdita est, non sponte, sed propter eum qui subdidit eam in spe ; quia et ipsa creatura liberabitur*, etc. (Rom. VIII, 19). Si igitur Christus est creatura, necesse est sub spe longinquæ exspectationis incertus sit, et ejus longinqua exspectatio nostra potius exspectet, et exspectans ea vanitati subjectus sit, et per necessitatis subjectionem non sponte subjectus sit. Subjectus autem non sponte cum sit, est necesse ut servus sit. Servus autem cum sit, maneat etiam in corruptione naturæ. Hæc enim omnia creaturæ propria esse Apostolus docet. O impudentem de Deo atque impiam professionem his eum per creaturæ contumeliam etiam ludibriis deputare, ut speret, ut serviat, ut coactus sit, ut liberandus sit in nostra, non in sua! *Idem supra, lib. XI* : Profitens sibi Patrem Deum Deus Filius. *Item* : Dispensatio itaque pii sacramenti nativitatis, divinæ Patrem insuper etiam conditionis assumptæ Deum fecit ; dum qui in Dei forma erat, repertus est in forma servi. *Item* : Si cum ante per naturam non erat servus, et postea secundum naturam esse quod non erat cœpit, non alia dominatus causa intelligenda est, quam quæ exstitit servitutis ; tunc habes ex naturæ dispensatione Dominum, cum præbuit ex hominis assumptione se servum. *Item* : *Ascendo ad Patrem meum et Patrem vestrum, Deum meum et Deum vestrum* (Joan. XX, 17). Cum hæc ad omnes homines servos homo in servi forma Christus loquitur, non ambigitur, quin Pater sibi ut cæteris sit ex ea parte, qua homo est ; et Deus sibi ut cunctis sit ex ea natura, qua servus est. **Augustin. in Enchiridio, cap. XIII** : Confitemur natum de Spiritu sancto et Maria Virgine, procul dubio non sic de illo, ut de Patre, sic autem de illa, ut de matre sit natus. *Idem in prima Epistola Joannis* : Ideo venit Deus in carne, ut spem resurgendi nobis ostenderet. Quod aliter non poterat fieri, nisi carnem indueret mortalem. Deus enim mori non poterat. **Ambros. De fide ad Gratianum, lib. I** : Restat ut illud quoque sacrilegium redarguatur, et probemus Dei Filium non esse creaturam. Audivimus dicente Domino, *Prædicate Evangelium universæ creaturæ* (Marc. XVI, 15); nullam excipit, et ideo ubi sunt, qui creaturam Christum appellant ? Nam si creatura esset, nunquid [ipse] sibi mandaret Evangelium prædicari ? Non enim creatura est, sed creator Christus. *Vanitati enim creatura subjecta*, sicut Apostolus ait (Rom. VIII, 20). Nunquid ergo subjectus Christus vanitati ? Rursus juxta eumdem apostolum creatura congemiscit (ibid., 22). Nunquid ergo Christus ingemiscit, qui nostros a morte gemitus liberavit ? *Creatura*, inquit, *liberabitur a servitute corruptionis* (ibid., 21). Videmus igitur inter creaturam et Deum magnam esse distantiam, quia servitus creatura est, Deus autem spiritus est ; ubi autem spiritus Domini, ibi libertas. Quis hunc induxit errorem, ut eum qui creavit omnia diceret creaturam ? Nunquid ipse Deus se creavit ? Si per ipsum facta sunt omnia, nunquid ipse se fecit ? Si lectum est, quia Deus in sapientia fecit omnia, nunquid verisimile videri potest, quia in seipsam (34) facta est sapientia ? *Item* : Apostolus dixit Dominum majestatis crucifixum ; Filius ergo est et Dominus majestatis ; est non creaturis subjecta majestas. Non ergo creatura Filius. *Item* : Filius paternæ est imago substantiæ, omnis autem creatura dissimilis supernæ substantiæ, sed non dissimilis Dei Patris Filius. Non ergo creatura Filius. Nulla creatura æqualis Deo, æqualis autem Filius, non ergo creatura Filius. *Item* : Omnis creatura accidentia boni et mali recipit ; eademque discessionem sentit ; Dei autem Filio nihil potest ex ejus divinitate vel decedere vel accedere. Non ergo creatura Dei Filius. *Item* : Omne opus suum Deus adducet in judicium. Sed Dei Filius non adducitur. Non ergo creatura Dei Filius. *Item*: Filius unum cum Patre se esse dixit, id quemadmodum potest dici creatura ? Non ergo creatura est Dei Filius. *Item* : Non idem est regnare et servire. Christus autem rex et Filius regis. Non ergo servus est Dei Filius. *Item* : Omnis creatura servit, sed non servit Dei Filius, qui ex servis filios Dei facit. Non ergo creatura Dei Filius. *Item de Arianis* : Dicant igitur generatum ex Patre, ex matre creatum ; aut dicant, quomodo Dei Filius et genitus et creatus ?

---

(32) Cous.: *creatura aut servus.*
(33) Mon.: *quia neque est ; neque factum quia*, etc.

(34) Edit. *a seipsa.*

Una natura et máxime Deus diversitatem non recipit. Prohibet me Paulus creaturæ servire, et Christo admonet serviendum. Non ergo creatura Christus. *Paulus*, inquit, *servus Jesu Christi*. Quemadmodum ergo Christo ipse serviret, si creaturam Christum putaret? Aut igitur desinant colere quem creaturam appellant, aut desinant, quem colere se simulant, dicere creaturam, ne sub appellatione cultorum sacrilegia graviora committant. *Idem in eodem :* Deum meum et Dominum vestrum. Ubique autem Deum suum, quod ex persona dicat hominis, testimonia meum docent. *Deus, Deus meus, respice in me, et de ventre matris meæ Deus meus es tu* (*Psal*. xxi, 11), significat ex illo Deum sibi esse, ex quo de matris ventre jactatus est. Cum igitur generationem Christi legerimus, in quo audent dicere creatum vel factum? Et quidem in quo creatum legerint, in quo factum, considerare deberent. Edoctum est enim Dei Filium de Deo esse genitum. Factum autem in quo legerint diligenter advertant. Non enim Deus factus est, sed Deus Dei Filius natus est. Postea secundum carnem homo factus est. *Misit Deus Filium suum factum ex muliere* (*Gal*. iv, 4). Suum cum dicit, generationis æternæ proprietatem signavit. *Factum ex muliere*, ut facturam non divinitatis, sed assumptioni corporis ascriberetur. *Item :* Vane jactare consuerunt, quod scriptum est : *Et Dominum eum et Christum fecit Deus hunc Jesum, quem vos crucifixistis* (*Act*. ii, 56). Non divinitas crucifixa est, sed caro. Hoc utique fieri potuit, quod potuit crucifigi. Non ergo factura Dei Filius. *Item :* Dominus creavit me. Non dixit, Pater creavit. Caro Dominum agnovit, creatura nostra Dominum confitetur. Itaque quis ignoret, quod ob causam incorporationis hoc dicitur? Etiam cognosce, creatum dicit, in quo et hominem testatur (35). *Item : Scriptum est*, inquit : *Qui in me credit, non credit in me, sed in eum qui misit me*. Sed videte quid sequatur : *et qui videt me, videt eum qui misit me* (*Joan*. xii, 44). Exponit igitur quod ante præmisit, quia ille credit in Filio, qui confitetur Patrem. Nam qui Filium nescit nec Patrem, quod est *non credit in me*, non credit in id quod corporaliter cernitis. Ait enim : *A me ipso non veni* (*Joan*. vii, 28), quia si homo, a se non venit; et alibi : *ut omnis qui videt Filium et credit in eum, habeat vitam æternam* (*Joan*. iii, 36); et alibi : *Credite in Deum, et in me credite* (*Joan*. xiv, 1). *Item :* Se quoque nunc ex persona hominis, nunc in Dei majestate significans, nec doctrinam suam se quærere, nunc testimonium suum verum non esse, nunc verum esse significans ; nam ipse ait : *Si ergo testimonium perhibeo de meipso, testimonium meum non est verum* (*Joan*. v, 31), et in posterioribus : *Et si ego testimonium perhibeo de meipso, verum est testimonium meum* (*Joan*. viii, 14); quomodo non est verum testimonium tuum, Domine, nisi secundum fragilitatem hominum? Omnis enim homo mendax est. Denique ut secundum hominem dixisse se monstraret, ait : *Qui misit me, Pater, ipse testimonium perhibet de me* (*Joan*. v, 37). Verum autem testimonium secundum divinitatem, sicut ipse ait : *Et verum est testimonium meum, quia scio unde veni et quo vado* (*Joan*. viii, 14). *Idem lib. V* : Aliud igitur est secundum divinam substantiam, aliud secundum susceptionem carnis Filium nominari. Nam et secundum generationem divinam Deo Patri æqualis est Filius, et secundum susceptionem corporis formam servi accepit ; unus tamen atque idem est Filius. Patriarchæ David secundum gloriam suam Dominus est, secundum corporalis susceptionis seriem Filius est. Nec solum ex genere David secundum virtutem suscepit in persona hominis, sed etiam ex Domino, sicut habes : *Ecce ego mittam ad vos servum meum, Oriens nomen est ei* (*Zach*. iii, 8) ; et ipse Filius ait : *Dominus, qui finxit me ex utero servum sibi et dixit mihi : Ecce posui te in lucem gentium, ut sis in salutem usque ad extremum terræ* (*Isa*. xlix, 6), cui hoc dixit nisi Christo? *Qui cum in forma Dei esset, exinanivit se* (*Philipp*. ii, 6), dicit in psalmo (cxviii, 135) : *Illustra faciem tuam super servum tuum*. Servus dictus est, in quo unctus est. Servus dictus est in quo matrem habet. *Ego servus tuus et filius ancillæ tuæ* (*Psal*. cxvi, 16). Et in Ezechiele (xxxiv, 23) : *Et suscitabo super eos pastorem meum, et reget eas servus meus David, et David in medio erit* (36) *princeps*. Utique David jam defunctus erat ; de Christo itaque dicit Chrysostomus de psalmo L : Rerum stupenda miracula! Quem dignum sermonem pronuntiem? O amentia hæreticorum dicentium : Quomodo Creator creatura est? Dicite quemadmodum, qui ubique est, intra vulvam fuit? *Augustin. De virginitate :* Inspicite pulchritudinem amatoris vestri; cogitate æqualem Patri, subditum et matri, etiam in cœlis dominantem, et in terris servientem, creantem omnia, inter omnia creatum. *Idem De fide ad Petrum :* Ille omnium spirituum omniumque corporum, id est omnium naturarum creator, Dominus creavit Virginem creandus ex virgine. *Idem in Enchiridio, cap. XII :* Natus est de Spiritu sancto et Maria Virgine. Utraque substantia, divina scilicet atque humana, Filius est Dei. *Idem super Joannem, tractatu V :* Omnia per ipsum facta sunt; si omnia, etiam Maria per ipsum facta est, de qua postea natus est. Quomodo creavit Mariam et creatus est per Mariam, sic dedit baptismum Joanni et baptizatus est a Joanne. *Leo papa in sermone Pentecostes :* Si enim homo ad imaginem et similitudinem Dei factus in suæ naturæ honore mansisset, diabolica fraude deceptus a lege sibi posita per concupiscentiam [non] deviasset; Creator mundi creatura non fieret. Sed quia diaboli invidia mors intravit in orbem terrarum, aliter solvi captivitas humana non potuit, nisi car-

---

(35) Editt.: *In eo igitur se creatum dicit, in quo et hominem testificatur.*

(36) Vulg.: *eorum*

nem nostram ille susciperet. qui sine majestatis suæ damno verus homo fieret, et solus contagium peccati non haberet.

LXVIII.
Quod Christus secundum carnem factus sit, et contra.

Paulus in Epistola ad Romanos (i, 3) : Qui factus est ei ex semine David secundum carnem. *Augustinus contra Faustum* : Christus, in quantum Deus est, omnia per ipsum facta sunt. In quantum homo est, et ipse factus est. *Idem in lib. Quæst. veteris et novæ legis, cap. LXX* : Manifestum est Salvatorem non eguisse baptismo, quia Christus non factus sed natus est, dicente angelo pastoribus : *Ecce natus est vobis hodie salvator, qui est Christus Dominus* (*Luc.* II, 10). *Beda super Lucam, homilia illius lectionis* : *Erat Jesus ejiciens dæmonium* : Misit Deus Filium suum factum ex muliere, factum sub lege (*Gal.* IV, 4). Neque enim audiendi sunt, qui legendum putant *natum ex muliere*, quia conceptus in utero virginali carnem non de nihilo, non aliunde, sed materna traxit ex carne.

LXIX.
Quod Filius Dei prædestinatus sit, et contra.

Augustinus, tractatu CV super Joannem : Et nunc clarifica me, Pater, apud temetipsum. Recte dicitur non prædestinatus secundum id quod est Verbum Dei, Deus apud Deum. Ut quod enim prædestinaretur, cum jam esset, quod erat, sine initio? Illud autem prædestinandum erat, ut sic suo tempore fieret, quemadmodum ante omnia tempora prædestinatum erat, ut fieret. Quisquis igitur Dei Filium prædestinatum negat, hunc eumdem filium hominis negat. Sed propter contentiosos etiam hinc audiamus Apostolum : *Quod ante promiserat de Filio suo, qui factus est ei ex semine David secundum carnem, qui prædestinatus est Filius Dei in virtute*, etc. (*Rom.* I, 2) : secundum hanc ergo prædestinationem etiam clarificatus est, antequam mundus esset, [ut esset] claritas ejus ex resurrectione mortuorum. *Origenes super Epistol. Pauli ad Romanos* (1, 2) : *Qui prædestinatus est filius in virtute*, etc. Quamvis in Latinis exemplaribus *prædestinatus* soleat inveniri, tamen quod interpretationis veritas habet, *destinatus* est scriptum; non *prædestinatus*. Destinatus enim ille qui est, prædestinatus qui non est. Præsciri et prædestinari possunt illi qui nondum sunt. Ille autem, qui est et semper est, non prædestinatur, sed destinatur. Hæc a nobis dicta sunt propter eos qui in unigenitum Filium Dei impietatem loquuntur, et ignorantes differentiam destinati et prædestinati putant eum inter eos qui ante non fuerint numerandum. *Item* : Qui ergo semper est, destinatur. Qui autem prædestinatur, nondum erat tunc cum prædestinaretur. Necessaria igitur distinctione Apostolus utitur, cum qui ex semine David secundum carnem est factus [prædestinatum] dicens ; eum vero, quem Filium Dei in virtute secundum spiritum sanctificationis nominat, destinatum. Non superflue addit *in virtute*, indicans per hoc, quod substantia Filius sit secundum spiritum sanctificationis. Christus enim Dei virtus et sapientia dicitur, qui et vapor virtutis Dei et manatio gloriæ omnipotentis purissima.

LXX.
Quod Deus minorari (37) *possit, et contra.*

Moyses propheta (*Deut.* VI, 4) : Audi, Israel, Dominus Deus tuus unus est, non potest esse major, non potest esse minor. *Psalmista* (VIII, 6) : Minorasti eum paulo minus ab angelis.

LXXI.
Quod etiam secundum divinitatem Filius minor Patre videatur, et contra.

Hieronymus de symbolo Nicæni concilii : Absit in Filio Dei aliquid plus minusve aut in loco, aut in tempore, aut in potentia, aut in scientia, aut in æqualitate, aut in subjectione, cum dicitur hoc, ut deitati ejus, non carni ascribatur. Si enim plus minusve aliquid invenitur, excepto hoc quod Filius non ex semetipso natus est, sed de Patre natus est proprie, aut invidus aut impotens Pater, insuper etiam temporalis agnoscitur. *Hilarius De Trinitate, lib. IX* (p. 1021) : Ut sacramentum nativitatis et mysterium (58) assumpti corporis manifestaret, ait : *quia pater major me est*, a quo scilicet esset gloriam resumpturus, apud quem et in quo esset glorificandus. *Item* : Glorificaturus Filium Pater, major est; glorificatus in Patre Filius, minor non est. Aut quomodo minor est qui in gloria Dei Patris est? aut nunquid Pater major est? major itaque Pater est, dum Pater est; sed Filius, dum Filius est, minor non est. Nativitas Filii Patrem constituit majorem; minorem vero Filium esse nativitatis natura non patitur. Major Pater est, dum gloriam assumpto homini rogatur ut reddat; Filius minor non est, dum gloriam resumit apud Patrem ; atque ita et sacramentum nativitatis et dispensatio corporationis impletur. Nam et Pater, dum Pater est et glorificat Filium hominis, major est; et Pater et Filius unum sunt, dum ex Patre natus Filius post assumptionem terreni corporis glorificatur in Patrem.

LXXII.
Quod Christus secundum corpus etiam non creverit, et contra.

Hieron. super Jeremiam, lib. VI : Quodquod nunquam antea cognoveras, novam rem creabit Dominus super terram; absque viri semine, absque coitu, absque conceptu femina circumdabit virum gremio uteri sui, qui juxta incrementa quidem ætatis per vagitus et infantiam proficere videbitur sapientia et ætate, sed perfectus vir in ventre solitis mensibus continebitur. *Item* :

---

(37) Cous. : *non possit*.
(58) Cous. : *sacramentum nativitatis in ministerium*

Quid sibi aut in hoc loco voluerit editio vulgata, possum dicere et sensum aliquem reperire, nisi de verbis Dei humano sensu argumentari esset sacrilegium. *Ambros. super Lucam* (1, 57) : *Elisabeth impletum est. Item* : Neque enim ullam infantiæ sensit ætatem, qui supra naturam, supra ætatem in utero matris situs, a mensura perfectæ cœpit ætatis plenitudinis Christi. *Chrysostomus homil. XXVI de expositione symboli, quæ sic incipit* : *Universalis Ecclesia congaudet.* Crevit alvus Virginis, virgo erat, et prægnans servavit et virginitatem non amisit. Iste ergo natus crevit, ad passionem pervenit. *Ex epistola Leonis papæ ad Palæstinos episcopos* (Ballerin. 1, 1240) : Quamvis ergo ab illo initio, quo in utero Virginis Verbum caro factum est, nihil unquam inter divinam humanamque substantiam divisionis exstiterit, et per omnia incrementa corporea, unius corporis personæ fuerint totius temporis actiones, ea ipsa tamen, quæ inseparabiliter facta sunt, permistione nulla confundimus, sed quid cujus formæ sit, ex operum qualitate sentimus. Nec divina enim humanis præjudicant, nec humana divinis, cum ita in id ipsum utraque concurrant, ut in iis nec proprietas absumatur, nec persona geminetur. *Idem ad Julianum episcopum contra Eutychenæ impietatis errorem* : Non alterius naturæ erat ejus caro quam nostra. *Augustin. in psalmo LIV* : Dominus Jesus novimus unde acceperit carnem, ex Virgine vel Maria. Infans lactatus est, nutritus est, crevit, ad juvenilem ætatem perductus est, etc. *Idem in epist. ad Volusianum de incarnatione Christi et virginitate Mariæ* : Quæris utrum [mundi] Dominus et rector passus [fuerit] puerilitatis annos, adoleverit, in juventute solidatus sit, cibo alitus, omnes affectus mortalium senserit, etc. Non metuendum est corpusculum infantiæ, ne in illo tantas Deus augustias passus esse videatur. Neque enim mole, sed virtute magnus est Deus. Hic si ratio quæritur, non erit mirabile; si exemplum poscitur, non erit singulare (59). Demus Deum aliquid posse, quod nos fateamur investigare non posse. In talibus rebus tota ratio facti est potentia facientis. Quid si nullas ex parvulo in juventam imitaretur (40) ætates, nullos cibos, nullos caperet somnos, nonne opinionem confirmaret erroris, nec hominem suscepisse ullo modo crederetur, et dum omnia mirabiliter facit, auferret quod fecit misericorditer? Quid autem non miram facit Deus in omnibus creaturæ motibus, nisi consuetudine quotidiana viluissent? Ille igitur sine semine operatus est hominem, qui in rerum natura sine seminibus operatur et semina. Ille in suo corpore numeros temporum mensurasque servavit ætatum, qui sine ulla sui mutabilitate mutando contexuit ordinem sæculorum. Hoc enim crevit in (41) tempore, quod cœpit ex tempore. *Beda super Lucam* : *Puer autem crescebat et confortabatur.* Illis verbis illi hæretici destruuntur, qui negaverunt eum veram animam habuisse, quia sicut crescere pertinet ad corpus, ita sapientia pertinet ad animam.

LXXIII.

Quod humanitas Christi non creverit in sapientia, vel quod tantumdem scierit quantum divinitas, et contra.

Beda super Lucam : Recte dicitur plenus sapientia non per intervalla temporum proficiendo in sapientiam, qua semper plenus fuit ab hora susceptionis, quoniam in Christo, ut ait Apostolus, habitat omnis plenitudo divinitatis corporaliter. Gratia namque Dei erat in illo, quia nulli mortali tanta et talis data est, ut ex quo in utero Virginis conciperetur perfectus esset Deus. Iste homo nec ad momentum aliud fuit quam Deus. *Ambrosius de fide ad Gratianum* : Sunt plerique non ita timidiores ut ego. Malo enim alta timere quam sapere. Sunt plerique, quia scriptum est : *Jesus proficiebat ætate et sapientia et gratia apud Dominum et homines* (*Luc.* II, 52), qui dicunt humanæ conditionis assumptionem ignorare se. *Item* : Magis arbitror ut nostra ignoratione nescire se diceret, non quia aliquid ipse non sciret. *Idem de incarnatione Dominica* : Deus igitur ante carnem, Deus in carne perfectionem naturæ assumpsi humanæ, suscepi sensum hominis, sed non sum sensu carnis inflatus. Sensu hominis animam meam dixi esse turbatam, sensu hominis esurivi, rogavi, profeci, sicut scriptum est : *Et Jesus proficiebat ætate, et sapientia, et gratia apud Deum et homines.* Quomodo proficiebat sapientia Dei? Doceat te ordo verborum. Profectus ætatis et profectus sapientiæ, sed humanæ est. Ideo ætatem ante præmisit, ut secundum hominem crederes dictum. Ætas enim non divinitatis, sed corporis est. Ergo si proficiebat ætate hominis, proficiebat et sapientia hominis. Sapientia autem sensu proficit, ut sensus sapientia. Jesus autem proficiebat scilicet et ætate. Quis sensus proficiebat? Si humanus, ergo ipse susceptus est; si divinus, ergo mutabilis per profectum. Quod enim proficit, utique mutatur in melius. Sed quod divinum est non mutatur. Quod ergo mutatur divinum non est. Sensus igitur proficiebat humanus, sensum ergo suscepit humanum. Et quia secundum hominem loquebatur, præmisit dicens (*Luc.* II, 40) : *Puer autem crescebat et confortabatur et implebatur sapientia, et gratia Dei erat cum illo.* Puer nostræ nomen ætatis est; nec confortari virtus poterat Dei, nec crescere Deus, nec altitudo sapientiæ Dei, nec plenitudo divinitatis impleri. Quæ igitur implebatur, erat non Dei sapientia, sed nostra. Per quem autem sensum dixit Isaias (VIII, 4) : *Puer patrem nesciebat aut matrem?* Scriptum est enim : *Priusquam sciat puer matrem aut patrem, accipiet virtutem Damasci et spolia Samariæ* (*ibid.*). Sapientia Dei futura et occul-

---

(39) Monac. : *simile*.
(40) Maur. : *mutaret*

(41) Monac. : *ex*.

ta non fallunt. Expers autem agnitionis infantia per humanam utique imprudentiam quod adhuc non didicit ignorat. Sed verendum est, inquam, ne si duos principales sensus aut geminam sapientiam Christo tribuimus, Christum dividamus. Nunquid cum et divinitatem ejus et carnem credimus, Christum dividimus? Nunquid cum in eo imaginem Dei crucemque veneramur, dividimus eum? Apostolus certe, qui de eodem dixit : *Quoniam et si crucifixus est ex infirmitate nostra, vivit tamen ex virtute Dei (II Cor.* XIII, 4), ipse dixit, quia non divisus est Christus. Nunquid etiam cum dicimus, quia animam rationalem et intellectus nostri capacem suscepit, dividimus eum? Non enim ipse Deus Verbum, pro anima rationali et intellectus capaci in carne sua fuit, sed animam rationalem et intellectus capacem, et ipsam humanam et ejusdem substantiæ, cujus nostræ sunt animæ, et carnem nostræ similem, ejusdemque, cujus caro nostra est, substantiæ suscipiens Deus Verbum, perfectus etiam homo fuit, sine ulla tamen labe peccati. *Fulgentius* : Anima Christi cum Verbo unus est Christus, et quia unigenitus Deus æquitatis est Patri, nec potest totum nosse Filium, qui totum non noverit Patrem, caveamus, ne si anima Christi totum Patrem nosse non creditur, ipsi uni Christo ex aliqua parte non solum Patris, sed etiam sui et Spiritus sancti cognitio negetur. Si a fide alienum videtur, ut dicatur anima Christi non plena suæ divinitatis habere notitiam, cum qua creditur habere personam, contra hoc videtur esse assertio Joannis dicens, Christo non esse datum spiritum ad mensuram *(Joan.* III, 34), in quo deitas spiritum non accepit, sed anima Christi. Ubi autem mensura dicitur non esse, plenitudo perfectionis et perfectio plenitudinis invenitur. Accepit ergo Christus spiritum, sed non ad mensuram. Quod si animæ Christi etiam est datum ad mensuram, necesse est, ut nihil minus habeat sapientiæ, nihil scientiæ. De eodem Apostolus (*Col.* II, 5). *In quo sunt omnes thesauri sapientiæ et scientiæ absconditi.* Si non ad mensuram accepit, necesse est ut omnis sapientiæ thesauros habeat. Quod si aliquid plenitudinis ei demitur, consequens est ut ad mensuram sapientiam accepisse dicatur. Ubi ergo spiritus non est mensura, necesse est ut plena sit deitatis notitia. De Christo Paulus dicit (*Col.* I, 19) : *In quo complacuit omnem plenitudinem inhabitare.* In ipso inhabitat omnis plenitudo divinitatis corporaliter. Non ergo existimandum est, illi animæ in aliquo plenam deitatis deesse notitiam, cujus una est persona cum Verbo, quam sic sapientia suscepit, ut eadem sapientia ipsa sit quæ omnium rerum initium facta est domina, ut cum ipsa divinitate sua sit in Trinitate persona, id est Christus. *Item* : Habet anima illa plenam Trinitatis notitiam, non tamen habet unam cum Trinitate naturam. Nescio qualiter accipimus unigenitum a Patre plenum gratiæ et veritatis, si vel illi plenitudini veritatis aliquid plenitudinis gratiæ desit, vel illi plenitudini gratiæ non tota inest veritatis plenitudo. Non enim tota plenitudo veritatis habetur; quando ipsius veritatis aliquid ignoratur. Quod absit ut de Christo sentiatur. *Idem de mysterio Mediatoris* : Isaïas (VII, 16) dicit . *Priusquam sciat aut proferat maligna, mutabit bonum,* quoniam priusquam sentiat puer bonum, non credet malitiæ, ut eligat quod bonum est. Si anima vel intellectus naturæ in Christo defuisse creditur humanæ, quid in infante bonum malumque dicitur ignorasse? An illam Filii Dei naturam divinam ignorantiæ boni malique subjicimus, ut humanam in Christo animam denegemus? Itaque nec credendus est homo susceptus a Deo quæ Dei sunt aliquatenus potuisse sapere, in quo ipsa sapientia cognitione boni malique dicitur caruisse. Anima igitur humana quæ rationis capax naturaliter facta est, bonum malumque in infante Christo nescisse dicitur, quæ secundum evangelicam veritatem in puero Jesu sapientia et gratia profecisse narratur, sicut Lucas dicit : *Puer autem crescebat et confortabatur plenus sapientia.* Et paulo post : *Jesus proficiebat ætate, et gratia apud Deum et homines.* Nam sicut carnis est ætate proficere, sic est animæ sapientia et gratia profecisse; quæ tamen in sapientia nullatenus proficeret, si naturalem intelligentiam, quæ omnibus est concessa, non haberet. *Item* : Effectus piæ susceptionis exigit, ut dum caro et anima a Deo suscipitur, utraque pariter salvaretur. Nam nec caro ipsa fuit a Dei Filio suscipienda, nisi divina susceptione fuisset liberanda. *Alcuinus ad Carolum lib. II, cap. XI : Omnia subjecisti sub pedibus ejus.* Perversum vero et a sanitate fidei penitus alienum, ut dicamus animam Christi in se non habere plenam deitatis notitiam, cum qua naturaliter unam creditur habere personam. Unde Joannes baptista Christo singulariter ac sine mensura datam spiritus largitatem dixit; non enim ad mensuram, ait, dat Deus spiritum, quia omnis deitatis plenitudo in eo habitat. *Item* : Ubi enim mensura dicitur non esse, plenitudo perfectionis invenitur. *Item* : Non enim æstimandum est animæ Christi in aliquo plenam divinitatis deesse notitiam, cujus una est persona cum Verbo, quam sic sapientia suscepit, ut cum ipsa divinitate sua una sit in Trinitate persona, id est Christus. *Augustinus de baptismo parvulorum lib. II* : Non illam, ait, infirmitatem in Christo parvulo credo fuisse, quam videmus in parvulis. *Ambrosius super epistolam primam ad Corinthios* (II, 10) : *Spiritus omnia scrutatur, etiam profunda.* Quia omnem virtutem et præscientiam ejus novit, quod omnino creaturæ impossibile est. *Item* : *Sensum Domini nemo novit, nisi qui de Deo est, spiritus Dei.* Inferiora enim non possunt superiorum scire consilium, neque creatura Conditoris sui dignoscere voluntatem. *Super eamdem epistolam et eumdem locum : Etiam profunda Dei.* Præclarum hoc adversus hæreticos, qui creaturam Spiritum sanctum dicunt, unde hic ostenditur non solum creaturam non esse, verum etiam quia ipse solus interiora Dei profunda rimetur, qui ejusdem naturæ atque substantiæ sit. *Claudius super eamdem epistolam et eumdem locum* : Quia enim de Deo est hic spiritus, omnia novit Dei, ac per hoc Deum esse non dubites, qui non solum humana, verum etiam Dei occulta dicitur scire. Profunda autem ideo ait, quia omnem virtutem et præscientiam ejus novit, quod omnino creaturæ impossibile est. *Hieronymus in psalmo XV* : *Benedicam Dominum, qui tribuit mihi intellectum.* Qui sapientia est Dei, non indiget ipsa sapientia. Sed secundum illud accipiendum est : *Jesus proficiebat ætate et sapientia. Ambrosius Autpertus in homilia illius lectionis Evangelicæ* : *Erat Joseph et Maria mater ejus mirantes. Puer autem crescebat et confortabatur plenus sapientia.* Hæc de illo secundum humanitatem dicta sunt. Neque enim in sua natura confortatur, nec adimpletur sapientia, sed in nostra, in qua pro nobis exinanitus est. Quæ vel omnia melius ad ejus corpus, quod est Ecclesia, quam ad ipsum caput referri possunt. Quotidie crescit in fide puer Jesus, quotidie confortatur in virtutibus, etc. *Ex homilia Dominicæ post Theophaniam, quæ sic incipit* : *Rationabiliter magistri* : Nisi enim veram carnem habuisset, nequaquam ætate proficeret et cresceret, et nisi veram habuisset animam, nequaquam sapientia proficere et crescere valeret ; et quemadmodum per momenta ætatum corpus crescit, ita et anima sapientia crescenda proficit. *Idem in Apoc.* (v, 12) *lib. III* : *Dignus est agnus, qui occisus est, accipere virtutem et divinitatem et sapientiam*, etc. Humana in Christo ita natura meruit uniri virtuti ac sapientiæ Dei, ut una virtus Deus et homo, una persona Deus et homo, una sapientia Dei existeret Deus et homo. Nec non etsi ipsa humana in Christo natura sapientia proficit in terris, tamen nunc angelos docet in cœlis. *Idem lib. IV* : Ita de Judæis loquens : Isti dicunt, non est Christus vester illa sapientia, quæ attingit a fine usque ad finem fortiter, et disponit omnia suaviter, qui per incrementa temporum sapientia proficit ut homo. Non est detrimentum passa in homine assumpto illa sapientia, cum idem secundum hominem per vicissitudinem profecit sapientia, sed magis hæc ab illa assumpta mansit una sapientia, qua mundus est factus, qua mundus est restauratus. *Remigius in psalmo XXIX* : *Ego autem dixi in abundantia mea.* Christus secundum carnem nullas divitias habuit ; pauper enim a Deo fuit, ut non haberet quo caput reclinaret. Abundantiam itaque suam plenitudinem gratiarum et spiritualium et omnis divinitatis thesaurum appellat, quia ex eo corporaliter mansit. Dixi, inquit, in abundantia mea, id est in plenitudine divinitatis. *Item* : *Et factus sum conturbatus, id est mortuus sum ex infirmitate carnis, ignorans lumen veritatis.*

(41*) Cous. addit *quoque.*
(42) Cous : *quoniam . . . dubitatur.*

LXXIV.

Quod Christus corporaliter (41*) *unctus fuisse legatur, et non.*

Lucas evangelista (VII, 37) : Mulier, quæ erat in civitate peccatrix, ut cognovit quod accubuisset in domo Pharisæi, attulit alabastrum unguenti, et stans retro secus pedes ejus lacrymis cœpit rigare et osculabatur pedes ejus et unguento ungebat. *Matthæus* (XXVI, 6) : Cum autem esset Jesus in Bethania in domo Simonis leprosi, accessit ad eum mulier habens alabastrum unguenti pretiosi et effudit super caput ejus ipsius recumbentis. *Joannes* (XIX, 38) : Joseph ab Arimathia venit et accepit corpus Jesu. Venit autem et Nicodemus ferens misturam myrrhæ et aloes quasi libras centum. Acceperunt ergo corpus Jesu et ligaverunt illud linteis cum aromatibus, sicut mos est Judæis sepelire. *Cassiodorus in psalmo CXXXII* : Alii olim ungebantur in reges, alii in prophetas, alii in sacerdotes. Quibus omnibus figurabatur Christus, qui corporaliter unctus fuisse non legitur. Fuit autem unctus Spiritu sancto descendente in eum baptizatum in columbæ specie. Unde illud : *Unxit te Deus, Deus tuus,* etc. (*Psal,* CIX, 4.)

LXXV.

Quod in Christo is qui est Filius Dei non sit ille qui est filius hominis, sive is qui est æternus non sit is qui est temporalis, et contra.

Hieronymus in psalmum CXIV : *Juravit Dominus.* Hoc quod dicit *juravit* non ei qui ante Luciferum genitus est, sed ei juravit qui post Luciferum natus est ex Virgine. *Item* : Ipse enim est iste Melchisedech sine patre, sine matre, sine generatione. Ab omnibus ecclesiasticis dictum est : sine patre secundum carnem, sine matre secundum Deum. *Idem de sermone in assumptione sanctæ Mariæ* (Mart. V, p. 89) : Verbum quod erat in principio et apud Deum erat verbum ; ipsum Deum genuit gloriosa Virgo Maria ex se carnem factum. *Item* : Qui elegit nos ante mundi constitutionem, quia profecto quidquid Deus fecit ab initio, Christus fecit totum per unionem sacramenti ; et ideo jam Christus erat in filio, quem (42) semper per sacramenti unitatem in Deo fuisse non dubitetur. *Item* : Unus in carne, unus in sacramento atque unus in spiritu nec ratio (43) admittit, ut alius filius hominis, alius Filius Dei intelligatur, quia nec tempore perscribitur nec passione separatur, sed totus Deus in Christum et Christus in Deum transiit, ut quidquid Dei Filius est, Christus dicatur, et quidquid Christus pertulit, id Deus pertulisse recte dicatur. Nec nos hominem seorsum colimus nec adoramus, sed Deum incarnatum, qui proprium sibi corpus animatum univit. *Item* : Ipsum Dei Filium adoramus, qui nihil in se pro assumpto homine est auctus, nihilque quod Verbum caro factum est imminutus vel mutatus, et ideo unus idemque

(43) Cous. : *omnino*

semper cum Deo Patre Filius adoratur, non recedens ex tempore, non alienus natura vel genere. Quod si tibi novum videtur quod hominem assumpsit, noveris quod semper cum eo et in ejus consilio fuit. *Item* : In Christo Jesu in quo est Deus et homo, sic unus in una persona, ut legatur quam sæpe in divinis litteris homo Deo coæternus propter unitatem substantiæ, ac deinde homini Deus videatur compassus, cum nec immutabilis (44) [sit] homo nec passibilis Deus. Sic tamen unitus est Deus suo corpori, ut nullam patiatur fieri inter Deum et hominem humana opinione distantiam, ne forte (quod absit!) alius Filius Dei et alius filius hominis credatur, præsertim cum Scriptura sic connectit et corporat Deum et hominem, ut nec in tempore admodum quis (45) a Deo, nec in passione Deum possit ab homine discernere. Unde, si ad tempus respicias, invenies semper filium hominis cum Filio Dei; si ad passionem, invenies semper cum filio hominis eumdem Filium Dei ita unitum et individuum, quantum ad vocem Scripturæ pertinet, ut nec homo a Deo separari in tempore nec ab homine Deus valeat in passione. Siquidem, ut hoc apertius intelligatis, ipsius Christi verba discutite : *Nemo*, inquit, *ascendit in cœlum, nisi qui descendit de cœlo; Filius hominis, qui est in cœlo* (Joan. III, 13). *Item* : Idem Deus et homo in una substantia vel persona sine divisione aut commistione. *Item* : Verbum tamen est Deus et non caro, quanquam carnem animatam assumpserit. Similiter et caro est animata et non Verbum, licet Dei Verbum caro conspecta sit ac visa. Unde Joannes : *Quod fuit ab initio, quod vidimus ac perspeximus et manus nostræ tractaverunt de Verbo vitæ*, cum nemo Deum Verbum videre aut tractare possit manibus, nisi per sacramentum sibi uniti hominis, cum nimirum unio tam mira est ut discerni nequeat. *Item* : Hinc est quod unus idemque manens Filius unigenitus, indisseparatus in utrisque naturis conspicitur, et quæ sunt utriusque substantiæ operatur secundum uniuscujusque essentiam vel naturalem proprietatem. *Item* : Emmanuel dum unus est, et in eo ipso uterque, id est Deus et homo, quæ utriusque naturæ sunt veraciter gessit, secundum aliud et aliud operans, secundum quod Deus, quæ divina sunt, secundum quod homo idem ipse, quæ humana sunt. Et non alius miracula operatus est, alius perpetravit humana passionesque sustinuit; sed unus idemque Christus, Filius Dei atque filius hominis, qui et divina gessit et humana; siquidem inseparabiliter atque indivise communes Christus habuerit actiones. Sed intelligendæ sunt ipsorum operum qualitates, contemplandumque est semper, ad quæ provehitur humilitas carnis, ad quæ inclinatur altitudo divinitatis. *Idem, de similitudine carnis et peccati* : Prior homo de terra, terrenus; secundus e cœlo, cœlestis. Quis est iste cœlestis? Ille sine dubio, qui cum quem gestabat in baptismate fecit audire : *Filius meus es tu; ego hodie genui te* (Psal. II, 7). Et qualiter dicitur *hodie*? si in principio Verbum erat apud Deum, quia non istud Verbum quod semper apud Patrem fuisse et esse Filius credendum est, sed homo, quem Deus Verbum susceperat, audivit, quod hic filius hominis per Dei Filium Dei esset Filius, in Dei Filio promereretur. *Ambrosius De sacramentis lib. VI* : Ego sum, inquit, *panis vivus, qui de cœlo descendi*, etc. (Joan. VI, 41). Sed caro non descendit de cœlo, quomodo descendit de cœlo panis vivus, quia idem Dominus noster Jesus Christus consors est et divinitatis et corporis; et tu, qui accipis carnem ejus, divinæ substantiæ in illo particeps alimento. *Augustinus contra Maximinum, lib. II* : Una persona est Christus, Deus et homo. Propterea quod etiam : *Nemo*, inquit, *ascendit in cœlum, nisi qui de cœlo descendit, Filius hominis, qui est in cœlo*. Si ergo attendas distinctionem substantiarum : Filius Dei de cœlo descendit, et filius hominis crucifixus est; si unitatem personæ : *et filius hominis de cœlo descendit et Filius Dei crucifixus est*; propter hanc ergo unitatem personæ non solum Filium hominis dixit descendisse de cœlo, sed esse dixit in cœlo, cum loqueretur super terram. *Idem, lib. I De Trinitate* Ex forma servi crucifixus est, et tamen gloriæ Dominus crucifixus est. Talis enim erat illa susceptio, quæ Deum hominem faceret et hominem Deum; quod tamen propter quid dicatur prudens lector intelligit. Nam ecce diximus, quia, secundum quod Deus est, glorificat nos, secundum hoc utique quod Dominus gloriæ est; et tamen Dominus gloriæ crucifixus est. Quia recte dicitur et Deus crucifixus, non ex virtute divinitatis, sed ex infirmitate carnis. *Idem contra Faustum* : Ipsum Dominum gloriæ, in quantum homo factus est, Dei Filium prædestinatum esse dicimus. Clamat doctor gentium (Rom. I, 3) : qui factus est ei ex semine David secundum carnem, qui prædestinatus est Filius Dei in virtute, ut qui futurus erat secundum carnem filius David, esset tamen in virtute Filius Dei secundum spiritum sanctificationis, quia natus est de Spiritu sancto et virgine. Ipsa est illa ineffabiliter facta hominis a Deo susceptio singularis, ut Filius Dei et filius hominis simul; et filius hominis propter susceptum hominem, et Filius Dei propter suscipientem Deum veraciter et proprie diceretur, ne non trinitas sed quaternitas crederetur. *Ex libro De dono perseverantiæ* : Ita ut qui suscepit et quod suscepit una esset in Trinitate persona. Neque enim homine assumpto quaternitas facta est, sed Trinitas mansit, assumptione illa ineffabiliter faciente personæ unius in Deo et homine veritatem.

---

(44) Sic Monac. Ed. Martianay : *initialis*. Cousinii codd. : *initiabilis*.

(45) Cous. : *quidem*.

LXXVI.
Quod humanitas Christi ignoraverit diem judicii, et non.

Gregorius Eulogio patriarchæ: Scriptum est, quia diem et horam neque Filius neque angeli sciunt; novit quidem Unigenitus diem et horam judicii, sed non ex natura humanitatis. In nuptiis, ubi vinum defuit, respondit matri: *Quid mihi et tibi est, mulier?* (Joan. II, 4.) Ac si diceret, miracula facere non habeo ex matre; cum enim hora mortis venerit, cognoscam te matrem. Idem in Pastorali, cap. I: Cum Jesus annorum duodecim dicitur, in medio doctorum sedens non docens, sed interrogans invenitur. Quo exemplo ostenditur, ne infirmus docere quis audeat, si ille puer doceri interrogando voluit, qui per divinitatis potentiam verbum scientiæ ipsis suis doctoribus ministravit. *Hieronymus in minori breviario psalmi CXXXVIII*: Humanitas Filii hic significatur, qui in Evangelio dixit se ignorare finem hujus mundi, et qui ait: *Tristis est anima mea usque ad mortem* (Matth. XXVI, 38). Cassiodorus super eumdem (Psal. CXXXIX, 16): Natura hominis, quæ in Evangelio dixit se ignorare finem mundi, testatur vidisse Patrem suum imperfectum. Imperfectum ejus est quidem adhuc; Ecclesia usque ad finem mundi congregatur. *Hieronymus, CCLX cap. super Matthæum*: Apostolus (Col. II, 3) ait de Salvatore: *In quo omnes thesauri sapientiæ absconditi.* Post resurrectionem interrogatus de die illa, manifestius respondit: *Non est vestrum nosse tempora vel momenta, quæ Pater posuit in sua potestate* (Act. I, 7). Hic ostenditur, quod ipse sciat, sed non expediat apostolis nosse, ut semper incerti vivant cum timore. Idem CCCLV, cap.: Non ignorat Christus eam diem, in qua se scit futurum cum apostolis. *Gregorius Turonensis historiarum, cap. I*: De fine vero mundi ea sentio, quæ a prioribus didici. Antichristus prius circumcisionem inducet, se asserens Christum. Deinde in templo Hierosolymis statuam suam collocabit adorandam, sicut Dominum dixisse legimus: *Videbitis abominationem desolationis stantem in loco sancto* (Matth. XXIV, 15). Sed diem illam omnibus hominibus occuli ipse Dominus manifestat dicens: *De die autem illa et hora nemo scit, neque angeli cœlorum, neque Filius, nisi solus Pater* (Marc. XIII, 52). Sed hic respondebimus hæreticis, qui nos impugnant asserentes, minorem esse Filium Patre, qui hanc diem ignorat. Cognoscant igitur hunc Filium Christianum populum nuncupatum, de quo a Deo prædicitur: *Ego ero illis in Patrem et ipsi erunt mihi in filios* (II Reg. VII, 14). Si autem hæc de unigenito Filio prædixisset, nunquam ei angelos proposuisset. Sic enim ait: *Neque angeli cœlorum, neque filius*, ostendens non de unigenito, sed de adoptivo populo hoc dixisse.

LXXVII.
Quod Judæi vel dæmones Christum cognoverint etiam ante passionem ejus, et non.

Super cathedram Moysi ex homilia Chrysostomi: Non enim nescientes eum Dei Filium occiderunt, sed habere eum talem non sustinentes, sicut prophetat de illis Salomon (Sap. II, 12): *Venite, circumveniamus justum, quia inutilis est, et improperat nobis peccata legis.* *Augustinus super Epistolam Joannis homilia IX*: Et dæmones credunt; quid potuerunt dæmones plus credere quam ut dicerent: *Scimus quia sis Filius Dei?* (Luc. IV, 34.) Quod dixerunt dæmones, dixit et Petrus: *Tu es Christus, Filius Dei vivi*, et audivimus a Domino: *Beatus es, Simon*, etc., et: *Super hanc petram*, etc. (Matth. XVI, 18.) Magna laus. Dicunt et dæmones, quia sis Filius Dei, sanctus Dei; hoc et Petrus, hoc et dæmones. Eadem verba, non idem animus, quia fides Christiana cum dilectione, dæmonis sine dilectione. Cum dilectione fides Christiana; qui autem non credunt, pejores sunt quam dæmones et tardiores. Nescio qui non vult credere in Christum, adhuc nec dæmones imitatur. *Apostolus in Epistola I ad Cor.* (II, 7): Sed loquimur Dei sapientiam in mysterio; quæ abscondita est, quam prædestinavit Deus ante sæcula in gloriam nostram, quam principum hujus sæculi nemo cognovit; si enim cognovissent, nunquam Dominum gloriæ crucifixissent. *Augustinus Quæst. veteris et novæ legis cap. LXIV*. Non illum aliter scierunt dæmones quam sciebant hujus sæculi principes. Sciebant enim ipsum esse qui promissus erat in lege per signa prophetiæ. Non tamen quod Filius Dei erat ex æterno sciebant, neque sacramentum incarnationis. *Idem Simpliciano, Mediolanensi episcopo*: Jam vero si illud movet, quomodo a maligno spiritu Sauli vera prædicta sunt? Potest et illud videri mirum, quomodo dæmones agnoverunt Christum, quem Judæi non agnoscebant. *Idem ad Dulcitium de octo Quæstionibus, responsione prima*: Hucusque est propositio tua. Cui respondeo ex libro meo, qui inscribitur *De fide et operibus*, ubi de hac re ita locutus sum. Jacobus autem tam vehementer infestus est eis qui sapiunt, fidem sine operibus valere ad salutem, ut illos etiam dæmonibus compararet dicens: *Tu credis, quoniam unus Deus est; bene facis, et dæmones credunt et contremiscunt* (Jac. II, 19). Quid verius, brevius, vehementius dici potuerit? Cum in Evangelio legamus hoc dixisse dæmonia, cum Christum Filium Dei confiterentur et ab illo corriperentur, quod in Petri confessione laudatum est. *Gregorius Moralium lib. XXXIII*: *In oculis ejus quasi hamo capiet eum* (Job XL, 19). Behemoth iste filium incarnatum noverat; sed omnino quod idem Redemptor noster illum moriendo transfigeret, nesciebat. Unde et bene dicitur: *In oculis ejus quasi hamo capiet eum.* In oculis quippe habere dicimus, quod coram nobis positum videmus. Antiquus vero hostis humani generis Redemptorem ante se positum vidit, quem cognoscendo confessus confitendo pertimuit dicens : *Quid nobis et tibi, Fili Dei? Venisti ante tempus torquere nos? (Matth.* VIII, 29.) In oculis ita suis quasi hamo captus est, quia et novit et momordit ; et cognovit priusquam pertimesceret, et tamen post non timuit, cum in illo quasi escam propriam, mortem carnis esuriret. *Item : Nunquid illudes ei quasi avi? (Job* XL, 24.) Quasi avi quippe Dominus illusit, dum ei in passione unigeniti Filii ostendit escam, sed laqueum abscondit. Vidit enim quod ore perciperet, sed non vidit quod gutture teneret. Nam quamvis eum Filium Dei fuerat confessus, velut purum tamen illum hominem mori credidit, ad cujus mortem Judæorum persequentium animos concitavit. Sed in ipso traditionis ejus tempore tarde jam cognovisse intelligitur, quod ipse illa ejus morte puniretur. Unde et Pilati conjugium somniis terruit, ut vir illius a Justi persecutione cessaret. Sed res interna dispensatione disposita nulla voluit machinatione refragari.

LXXVIII.
Quod Christus servilem timorem habuisse videatur, et non.

Augustinus de sermone Domini in monte : Beati pauperes spiritu, id est non inflati, dum se divinæ auctoritati subdit anima timens post hanc vitam, ne pergat ad pœnas, etiamsi forte in hac vita sibi beata esse videatur. *Item :* Videtur ergo mihi septiformis operatio Spiritus sancti, de qua et Isaias loquitur his gradibus congruere. Sed interest ordinis ; nam ibi enumeratio ab excellentioribus rebus cœpit, hic vero ab inferioribus. *Item :* Initium sapientiæ est timor Domini. *Item :* Timor Domini congruit humilibus, de quibus dicitur *beati pauperes spiritu,* id est non superbi, quibus Apostolus ait : *Noli altum sapere, sed time* (Rom. XI, 20), id est noli extolli. *Idem in libro De gratia ei libero arbitrio :* Ne arbitremur nos non accepisse spiritum timoris Domini, quod sine dubio magnum est Dei donum, de quo dicit Isaias (XI, 2) : *Requiescet super eum spiritus sapientiæ,* etc. Spiritus timoris Domini, de quo dicit Christus *(Luc.* XII, 5) : *Eum timete, qui habet potestatem corpus et animam perdere in gehennam. Hieronymus De mansionibus filiorum Israel : Noli altum sapere, sed time Deum* (Rom. XI, 20). Deus enim superbis resistit, humilibus autem dat gratiam (I Petr. V, 15) ; et : *Qui se exaltat, videat ne cadat* (I Cor. X, 12). *Potentes potenter patientur tormenta (Sap.* VI, 7). Timor virtutum custos est; securitas ad lapsum facilis. Unde et in Psalmo (XXIII, 4), postquam Salvator dixerat : *Dominus regit me,* etc., jungit timorem, qui custos est beatitudinis, et infert : *Virga tua et baculus tuus ipsa me consolata sunt.* Et est sensus : dum tormenta formido, servavi gratiam, quam acceperam. *Gregorius in Moralibus, lib. I : Timens Deum et recedens a malo.* Scriptum est de illo : *Et replevit eum spiritus timoris Domini.* Incarnatus enim Dominus in semetipso omne quod nobis inspiravit,

ostendit, ut quod percepto diceret, exemplo persuaderet. Juxta igitur humanitatis naturam Redemptor noster Deum timuit, quia ut superbum hominem redimeret, mentem pro illo humilem sumpsit. *Dominus in Evangelio :* Pœnitentiam agite; appropinquavit enim regnum cœlorum. *Item :* Nolite timere eos qui corpus occidunt, animam autem non possunt occidere. Sed timete eum qui potest animam et corpus mittere in gehennam. *Chrysostomus super Matthæum* (XXII, 57) : *Magister, quid est mandatum magnum in lege? Diliges Dominum Deum tuum, ex toto corde tuo;* diliges, inquit; non [dicit] timebis, dicente Joanne (I Joan. IV, 18) : *Perfecta dilectio foras mittit timorem.* Donec enim homo timet Deum, non eum diligit. Timere enim servorum est, diligere autem filiorum ; timor sub necessitate est, dilectio in libertate. Qui in timore servit Deo, pœnam quidem evadit, mercedem autem justitiæ non habet, quia invitus facit bonum propter timorem. Non vult ergo Deus, ut timeatur ab hominibus quasi Dominus, sed ut diligatur quasi Pater, qui adoptionis spiritum donat hominibus. Quid est diligere Deum ex toto corde? Ut cor tuum non sit inclinatum ad ullius rei dilectionem magis quam ad Dei. Quomodo cognoscitur uxoris plena dilectio? Uxor neminem debet sapientiorem putare quam virum suum, etsi sit alter sapientior ; neminem fortiorem, etsi sit alter fortior ; neminem formosiorem, etsi sit alter formosior. Perfectum odium et perfectus amor judicium rerum non cognoscit. Ut puta, si perfecte odias aliquem, qualiacunque fuerint apud illum, omnia tibi displicent, sive quæ dicit, sive quæ agit. Sic et si perfecte aliquem amas, quæcunque sint apud eum, tibi placent. Ergo et quæcunque mulier videns aliquem dixerit : quam sapiens vir, utinam vir meus talis esset! jam amor ejus minus habet aliquid de perfecto amore. Sic et anima Christiana, quæ sponsa est Christi, ita debet diligere Deum ut nihil in mundo sit, quod amplius amet quam eum. Pro quanta autem parte plus aliquid amaverit, pro tanta parte minus amat Deum. Quid est in toto corde, anima diligere Deum ? Certissimum animum habere in veritate, et firmum in fide. Alius est amor cordis, alius animæ. Amor cordis quodammodo carnalis est, ut etiam carnaliter Deum amemus. *Item : Si licet homini uxorem,* etc. *(Matt.* XIX, 3.) Viro casto quæcunque uxor bona videtur, quia perfecta charitas vitia non sentit. *Beda super parabolas : Timor Domini principium sapientiæ* (Prov. I, 7). Duo sunt timores ; primus servilis, qui principium scientiæ vel sapientiæ vocatur ; secundus amicalis, qui perfectionem sapientiæ comitatur. Timor servilis principium est sapientiæ ; sed hunc timorem perfecta dilectio foras mittit. Succedit autem timor Domini sanctus, permanens in sæculum sæculi, quem non excludit, sed auget charitas. Ipse est quo timet filius bonus, ne vel in medico oculos amantissimi patris offendat. Uterque autem timor in futuro sæculo cessabit ; charitas vero nunquam excidit, sed in plenitudine sapientiæ perpetuæ manebit, quod est cognoscere verum et unum Deum, et quem misisti Jesum Christum. *Augustinus super psalmum XVIII: Timor Domini sanctus permanet in sæculum sæculi.* Timor non ille sub lege pœnali temporalia bona sibi subtrahi perhorrescens, quorum dilectione anima fornicatur, sed castus quo Ecclesia sponsum suum quanto ardentius diligit, tanto diligentius offendere cavet, et ideo foras mittit consummata dilectio timorem hunc, sed permanet in sæculum sæculi. *Item* : Timor Domini non servilis, sed castus, gratis amans, non puniri timens a Deo, quem tremit, sed separari ab eo quem diligit. Iste est timor castus, non quem consummata charitas foras mittit, sed permanens in sæculum sæculi. Hoc est Spiritus sanctus. *Idem in lib. Quæst. LXXXIII, cap. XXXV (Maur. quæst. XXXIII)* : Nulli dubium est non aliam merendi esse causam, nisi ne id quod amamus aut adeptum amittamus, aut non adipiscamur speratum. *Item* : Si cupit, quia nihil aliud est cupiditas, quam amor rerum transeuntium, metuat necesse est, ne aut amittat eas, cum adeptus fuerit, aut non adipiscatur. *Cap XXXVI* : Nemo beatissimus metuit. Non est itaque vitium, non -metuere. At audacia vitium est. Non ergo quisquis non metuit, audax est, quamvis omnis qui audet, non metuat. *Item* : Cum commune sit non metuere beatissimo et audaci, sed beatissimus id habeat per tranquillitatem animi, audax per temeritatem. *Idem, supra cap. XXVI* : Sapientia Domini hominem ad exemplum, quo recte viveremus, suscepit. Pertinet autem ad vitam rectam ea quæ non sunt metuenda non metuere. Mors autem metuenda non est. Oportuit ergo idipsum illius hominis, quem Dei sapientia suscepit, morte monstrari. Sunt autem qui, quamvis mortem ipsam non timeant, genus tamen aliquod mortis perhorrescunt. Nihilominus hoc cruce ostendendum fuit. Nihil erat inter omnia genera mortis illo genere exsecrabilius et formidolosius. *Cap. LXXII* : Omnis qui beate vult vivere, si vivit ut vult, beatus est. Omnis autem homo beate vult vivere. Omnis ergo homo qui vivit ut vult, beatus est. Ex quo conficitur neminem vivere ut vult qui turpiter vivit, quia nemo beatus est qui turpiter vivit. Ideo autem non vivit ut vult, quia, etsi multa secundum voluntatem suam faciat, consequuntur plura contra ipsius voluntatem. *Hieronymus super eumdem psalmum* : *Timor Domini sanctus permanet in sæculum sæculi.* Timor cum charitate, unde dixit : *Perfecta charitas foras mittit timorem* (Joan. IV, 18). Time non timore pœnæ, aut timore gehennæ, sed timore sancto. Sic timeas, ut quod amas non perdas per negligentiam.

LXXIX.

Quod Christus fefellerit, et non.

Ambrosius super Lucam lib. II : Non mediocris quoque causa est, ut virginitas Mariæ falleret principem mundi; qui cum desponsatam viro cerneret, partum non potuit habere suspectum. Fallendi, ut diximus, principis mundi fuisse consilium, ipsius Domini verba declarant, cum apostoli jubentur tacere de Christo, cum sanati prohibentur gloriari de miraculo, cum dæmones præcipiuntur silere de Dei Filio ; fallendi autem principis mundi fuisse consilium, et Apostolus (*I Cor.* II,- 7) declaravit dicens : *Sed loquimur Dei sapientiam in mysterio absconditam, quam nemo principum hujus sæculi cognovit. Si enim cognovissent, nunquam Dominum majestatis crucifixissent.* Fefellit ergo, ut vinceret; fefellit diabolum, cum tentaretur, ut nunquam propriam divinitatem fateretur. Sed tamen magis fefellit principem sæculi. *Idem in apologia de David* : Merito venit occultus, qui falleret principem mundi, tanquam Uriam illum qui interpretatione dicitur *lumen meum*, transfigurantem se in angelum lucis. *Augustinus LXXXIII Quæst. cap. XV. (Maur. quæst. LIII)* : Si phantasma fuit corpus Christi, fefellit Christus ; et si fallit, non est veritas. *Idem, cap. LVI* : Summa et perfecta virtus est neminem decipere, atque illud exhibere quod dictum est : *Sit in ore vestro : est, est; non, non* (*Matth.* v, 37). Sicut ergo summa et prope divina virtus est, neminem decipere, sic ultimum vitium est quemlibet decipere. *Item* : Est summæ virtuti propinquior, qui quanquam velit decipere hostem, non eum decipit, nisi auctoritate divina. Deus enim novit sincerius, qua quisque pœna præmiove dignus sit. *Item* : Per se neminem Deus decipit. Est enim Pater veritatis et veritas et spiritus veritatis ; dignis tamen digna distribuens utitur animis pro meritis et dignitatibus, quæ sunt in gradibus earum ut si quisquam dignus est decipi, non solum per se ipsum eum non decipiat, sed neque per talem hominem, qui jam custodire præsistit : *Sit in ore vestro : est, est ; non, non;* neque per angelum, cui non convenit persona fallaciæ, sed aut per talem hominem, qui nondum se hujus mundi (46) cupiditatibus exuit, aut per talem angelum, qui pro suæ voluntatis perversitate ad vindictam peccatorum ordinatus est. Legimus enim deceptum regem vaticinio pseudoprophetarum, quoniam dignus erat sic decipi. *Item* : Cum Ægyptii deceptione digni essent, et populus Israel pro illa ætate generis humani in tali adhuc morum gradu constitutus esset, ut non indigne hostem deciperet, factum est, ut juberet Deus vel potius pro illorum cupiditate permitteret, ut vasa argentea vel aurea, quibus adhuc terreni regni appetitores inhiabant, et peterent ab Ægyptiis non redditurі et acciperent, quasi redditurі. Quam et mercedem tam diuturni laboris aut operis pro talium animarum gradu non injustam Deus esse voluit, et pœnam eorum quos digne fecit amittere id quod reddere debuerunt. Non itaque Deus deceptor

(46) Maur. : *modi.*

est, quod credere nefarium esse quis non intelligat? sed meritorum et personarum justissimus distributor. *Item*: Actum est, ut alia carnali populo, alia spirituali pro temporum congruentia juberentur. Non ergo mirum, si hostem deceptione dignum jussi sunt decipere, qui erant adhuc digni hostem decipere. Nondum erant idonei quibus diceretur: *Diligite inimicos vestros (Matth.* v, 44), sed quibus dici oporteret: *Diliges proximum tuum et oderis inimicum tuum (ibid.,* 43). Inchoatio facta est quaedam sub paedagogo, ut magistro perfectio servaretur.

LXXX.
Quod Christus nec secundum hominem passus fuerit aut timuerit, et contra.

Hilarius *De Trinitate, lib. XII* : Expugnanda etiam nunc est omnis impiae assertionis occasio, et omnes haereticae blasphemiae transcurrendae sunt praedicationes, ut veritas Evangelii per ea ipsa, quibus obscurari videbatur, eluceat. Volunt enim plerique horum ex passionis suae metu et ex infirmitate patiendi, non in natura eum impassibilis Dei fuisse, ut qui timuit et doluit, non fuerit vel in ea potestatis securitate, quae non timet, vel in ea spiritus incorruptione, quae non dolet, sed inferioris a Deo Patre naturae et humanae passionis trepidaverit metu, et ad corporalis poenae congemuerit atrocitatem, quia scriptum sit : *Tristis est anima mea usque ad mortem (Matth.* xxvi, 58), et rursum : *Si possibile est, transeat a me calix iste (ibid.,* 39); et illud : *Deus meus, quare me dereliquisti? (Psal.* xxi, 2 ; *Matth.* xxvii, 46.) Hoc quoque : *Pater, commendo in manus tuas spiritum meum (Luc.* xxiii, 66). Ac primum antequam ex his ipsis dictis demonstremus, nec metuendi de se in cum infirmitatem incidisse aliquam, nec dolendi, quaerendum est quidnam videatur timere potuisse, an ratione subsistat, ut mori timuerit, qui omnem terrorem mortis ab apostolis propellens ad gloriam eos sit martyrii adhortatus : *Qui non accipit crucem et sequitur me, non est me dignus ; et qui perdiderit animam suam propter me, inveniet eam (Matth.* x, 38). Cum enim pro eo mori vita sit, quid ipse in mortis sacramento doluisse existimandus est, qui pro se morientibus vitam rependat ? Et cum non timendos esse qui corpus occiderent monet, ipsum mors a timore passionis corporalis terruit ? Tum denique quem dolorem mortis timeret, potestatis suae libertate moriturus ? Humano enim generi mortem aut vis exterior degrassata in corpus accelerat, aut ipsa natura corporis senio in eam ipsam mortem victa concedit. Unigenitus autem Dei ita potestatem habens ponendae animae et resumendae ad peragendum in se mortis sacramentum, cum poto aceto consummasse se omne humanarum opus passionum esset testatus, inclinato capite spiritum tradidit. Si hoc naturae hominis jus relictum est, ut per se exhalans spiritum requiescat in mortem, et non dissoluto corpore labefacta anima decedat, vel abruptis aut perfossis aut collisis membris spiritus tanquam in sede sua violatus erumpat aut effluat, incidat in Dominum vitae metus mortis, si quod emisso spiritu mortuus est, non libertatis suae ad moriendum usus est potestate. Quod si ex se mortuus est, et per se spiritum reddidit, non est terror mortis in potestate moriendi. *Item* : Haec stulta atque ridicula sunt, ut in potestate ponendae animae suae ac resumendae mori timeret, ad sacramentum vitae humanae sub voluntatis suae libertate moriturus. *Item* : Timeri mors non potest et in voluntate moriendi et in potestate vivendi. *Item* : Virgo enim non nisi ex sancto Spiritu genuit. Et quamvis tantum ad nativitatem carnis ex se daret, quantum ex se feminae edendorum corporum susceptis originibus impenderent, non tamen Christus per humanae conceptionis coaluit naturam. Sed omnis causa nascendi invecta per Spiritum, tenuit in hominis nativitate quod matris est, cum tamen haberet in origine quod Deus est. Hinc suscepti hominis sacramentum Dominus ipse ostendit dicens : *Nemo ascendit in coelum, nisi qui descendit de coelo, Filius hominis qui est in coelo (Joan.* iii, 13). Quod de coelo descendit, conceptae de Spiritu originis causa est. Non enim corpori Maria originem dedit, licet ad incrementa partumque corporis omne quod sexus sui est naturale contulerit. *Item* : Et Verbum caro factum, cum caro esset, non tamen non erat et Verbum. *Item* : Absolute autem Apostolus hujus inenarrandae corporeae esse nativitatis sacramentum locutus est dicens : *Primus homo de terrae limo, secundus homo de coelo (I Cor.* xv, 47). Quod ait *secundum hominem de coelo*, originem ejus ex supervenientis in Virginem Spiritus sancti aditu testatus est. *Item* : Ipse Dominus hujus nativitatis suae mysterium pandens sic locutus est : *Ego sum panis vivus qui de coelo descendi. Si quis manducaverit de pane meo, vivet in aeternum (Joan.* vi, 24). Ipse enim corporis sui origo est. Ac ne Verbi virtus atque naturae defecisse a se existimaretur in carne, rursum panem suum esse dixit, ut per hoc quod descendens de coelo panis est, non ex humana conceptione origo esse corporis existimaretur, dum coeleste esse corpus ostenditur. At vero cum suus panis est, assumpti per Verbum corporis est professio; subjecit enim : *Nisi manducaveritis carnem Filii hominis et ejus sanguinem biberitis, non habebitis vitam in vobis*, ut quia id quod Filius hominis est et panis de coelis ipse descendit, per panem suum de coelo descendentem et per sanguinem et carnem Filii hominis et conceptae ex Virgine carnis intelligatur assumptio. *Item* : Homo itaque Christus Jesus, unigenitus Deus per carnem et Verbum, ut hominis filius, ita Dei Filius hominem verum secundum similitudinem nostri hominis sumpsit, in quo, quamvis aut ictus, aut vulnus descenderet, aut nodi concurrerent, aut suspensio elevaret, afferrent quidem haec impetum passionis, non tamen passionis dolorem inferrent, ut telum aliquod aut aquam perforans, aut ignem compungens, aut aera vulnerans. Omnes quidem has passiones naturæ suæ infert, ut perforet, ut compungat, ut vulneret; sed naturam suam in hæc passio illata non retinet, dum in natura non est vel aquam forari, vel pungi ignem, vel aera vulnerari, quamvis natura teli sit et forare et compungere et vulnerare. *Item*: Passus quidem Dominus, dum cæditur, dum suspenditur, dum crucifigitur, dum moritur; sed in corpus irruens passio nec non fuit passio, nec tamen passionis naturam exercuit, dum et pœnali ministerio desævit, et virtus corporis sine sensu pœnæ vim pœnæ in se desævientis excepit. Quid enim per naturam corporis humani conceptam ex spiritu carnem judicamus? Homo ille de Deo est, habens ad patiendum quidem corpus, et passus est, sed naturam non habens ad dolendum. Naturæ enim propriæ ac suæ corpus illud est. Neque cum sitivit aut esurivit aut flevit, bibisse aut manducasse aut doluisse monstratus est; sed ad demonstrandum corporis veritatem, corporis consuetudo suscepta est: vel cum potum et cibum accepit, non se necessitati corporis, sed consuetudini tribuit. *Item*: Tenuit Apostolus demonstrandæ nativitatis hujus sacramentum, cum ait: *In similitudine constitutus et habitu repertus ut homo* (*Philipp.* II, 7). Non fuit habitus ille tantum hominis, sed ut hominis, dum et habitus carnis in nativitatis est veritate, et similitudo carnis peccati a vitiis humanæ passionis aliena est. Atque ita habet nativitatem hominis, quia homo est; nec [est in] vitiosa hominis infirmitate, quia Christus est, quia quamvis forma nostri corporis esset in Domino, non tamen vitiosæ infirmitatis nostræ forma esset in corpore, qui non esset in origine, quod ex conceptu Spiritus sancti virgo progenuit. *Item*: Timuisse tibi, o hæretice, Dominus gloriæ passionem videtur? Sed ei ob ignorantiæ hujus errorem, et Satanas Petrus et scandalum est. *Item*: Tu quid sectaberis spei Christum Deum negando et ei metum passionis addendo? Anne metuit, qui armatis ad corripiendum se obvius prodiit? et in corpore ejus infirmitas fuit, ad cujus occursum consternata agmina persequentium conciderunt? Quam igitur infirmitatem dominatam hujus corporis credis, cujus tantam habuit natura virtutem? Sed forte dolorem vulnerum timuit. Quem, rogo, penetrantis in carnem clavi habuit horrorem, qui excisæ auris carnem solo restituit attactu? Manus clavum dolet? et sentit sibi vulnus, qui alteri dolorem vulneris non relinquit? *Item*: Hæretice, cur exeunte ad proditionem Juda non memineris dictum fuisse, *nunc honorificatus est filius hominis?* (*Joan.* XIII, 31.) Si enim passio honorificatura eum erat, quomodo tristem eum metus passionis effecerat? Nisi forte tam irrationabilis fuerit, ut pati timuerit, quæ se essent glorificatura patientem? *Item*: *Calicem, quem dedit mihi Pater, non vis ut bibam*

illum? (*Joan.* XVIII, 11.) Quomodo ergo per passionis metum transferri a se calicem deprecaretur, quod per dispensationis studium festinaret implere? Non enim convenit ut pati nollet qui pati vellet. *Item*: Oportuerat te dicti hujus immemorem non fuisse: *Verum dico vobis, amodo videbitis Filium hominis sedentem a dextris virtutis Dei et venientem cum nubibus cœli* (*Matth.* XXVI, 64). *Item*: Omne, quod timetur, vitari necesse est, dum timetur; quod infirmum est, sumit ex imbecillitate timorem. Tu vero quo sensu rationis intelligis, Dominum Jesum ad quod festinat timere, consternantem fortes infirmitate trepidare, et vulnera non permittentem dolori vulneratum dolere? Anne metuere tibi infernum chaos credendus est, dicens latroni in cruce: *Amen dico tibi, hodie mecum eris in paradiso* (*Luc.* XXIII, 43), martyri suo paradisum promittens, et consummatæ beatitudinis delicias pollicens? *Item*: Collatis igitur dictorum atque gestorum virtutibus demonstrari non ambiguum est, in natura ejus corporis infirmitatem naturæ corporeæ non fuisse, cui in virtute naturæ fuerit omnem corporum depellere infirmitatem, et passionem illam, licet corpori illata sit, non tamen naturam dolendi corpori intulisse, quia quamvis forma corporis nostri esset in Domino, non tamen [in] vitiosæ infirmitatis nostræ esset corpore qui non esset in origine, quod ex conceptu Spiritus sancti virgo progenuit, quod licet sexus sui officio genuerit, non tamen terrenæ conceptionis suscepit elementis, et extra corporis nostri infirmitatem est quod spiritualis conceptionis sumpsit exordium. *Item*: Non ejusdem significationis est tristem esse propter mortem, et tristem esse usque ad mortem, quia ubi propter mortem tristitia est, illic ipsa mors causa est tristitiæ; ubi vero tristitia usque ad mortem est tristitiæ est finis. *Item*: Oravit: *Pater, si possibile est, transeat a me calix iste* (*Matth.* XXVI, 59). Non rogat, ne secum sit, sed ut a se transeat. Deinde rogat, ne voluntas sua fiat, et quod vult effici, id ipsum concedi sibi non vult. Ait enim, *non sicut ego volo, sed sicut tu vis* (*ibid.*); ut voluntate calicis deprecandi humanæ in se sollicitudinis significans consortium, sententiam a se unitæ sibi communisque cum Patre non discerneret voluntatis. *Item*: *Orate ne intretis in tentationem,* etc. (*Ibid.* 41.) Qui non scandalizaturos se pollicebantur, in scandalo per infirmitatem carnis erant futuri. Non ergo sibi tristis est, neque sibi orat, sed illis quos monet orare pervigiles ne in eos calix incumbat, quem a se transire orat, ne in his scilicet maneat. *Item*: Quod ait *si possibile est,* docuit quod ait Petro: *Ecce Satanas expetivit, ut vos ventilet sicut triticum* (*Luc.* XXII, 31). Tristitia autem usque ad mortem Domino est quia in morte, monumentorum reseratione, mortuorum resurrectione confirmanda jam apostolorum fides esset. *Item*: Quia post mortem ejus et per virtutis gloriam apostolicæ infirmitatis scandalum pelleretur. *Item*: Subjecit; post multam Domini precem angelum astitisse confortantem eum, quo assistente prolixius orare cœpit, ita ut guttis sanguinis corporis sudor efflueret. *Item* : Hæresis meminit Creatorem angelorum creationis suæ non eguisse auxilio. *Item* : Propter nos tristis est; necesse est, ut propter nos sit confortatus, et de nobis. Sudorem vero infirmitati nemo audebit deputare; et contra naturam est sudare sanguinem, nec infirmitas est, quod potestas contra naturam gessit. *Item* : Apostolus (*II Cor.* xiii, 4) locutus est : *Nam et crucifixus est ex infirmitate nostra, sed vivit ex virtute Dei*, quia cum in eodem esset infirmitas ad passionem et ad vitam Dei quasi virtus, non alius ac divisus a se esset, qui et pateretur et viveret. *Idem in Psalmo* (liii, 3) : *Deus, in nomine tuo salvum me fac.* Passio ipsa voluntarie suscepta est, officio quidem ipsa satisfactura pœnali, non tamen pœnæ sensu læsura patientem ; non quod illa non habuerit lædendi naturam, sed quod dolorem divinitatis natura non sentit. Passus ergo est Deus, quia se subjecit voluntarius passioni, sed tamen a naturæ suæ virtute non excidit, ut doleret. *Idem super Matthæum, cap. XXXII* : Aliquorum opinio est, quod cadere propter se mœstitudo in Deum potuerit eumque futuræ passionis metus fregerit, quia dixerit : *Tristis est anima mea usque ad mortem* (*Matth.* xxvi, 38), et illud : *Pater, si possibile est, transeat a me calix iste* (*ibid.*, 39), et rursum : *Spiritus quidem promptus est, caro autem infirma* (*ibid.*, 41), et ad postremum bis ad ipsum : *Pater, si non potest hic calix transire, nisi bibam illum, fiat voluntas tua* (*ibid.*, 42). Volunt enim ex infirmitate carnis ærumnam spiritui adhærere, ac si virtutem illam incorruptæ substantiæ imbecillitatis suæ sorte assumptio carnis infecerit et æternitatis naturam fragilitas acceperit, quæ si ad metum tristis est, si ad dolorem infirma, si ad mortem trepida, jam et corruptioni subdita erit; ac si æternitas demutata in metum, si potest esse quod non erat, potuit perinde hoc quod in ea est, aliquando non esse. Deus autem sine mensura temporum semper est, et qualis est, talis æternus est. Æternitas autem in infinito manens ut in his quæ fuerant, ita in illis quæ consequentur extenditur semper integra, incorrupta. Sed eorum omnis hic est sensus, ut opinentur metum mortis in Dei Filium incidisse, qui asserunt eum non de æternitate prolatum neque de infinitate paternæ substantiæ exstitisse, quod si Evangeliorum capaces esse potuissent, scirent Verbum Dei in principio Deum. Mori igitur in Deo nihil potuit, neque ex se Deo nullus metus est. Sed quia mœstum fuisse Dominum legimus, causas mœstitudinis reperiamus. Assumptis Petro et Jacobo et Joanne cœpit tristis esse. Ergo non ante tristis est quam assumpsit, et omnis metus illius esse cœpit illis assumptis, atque ita non de se orta est, sed de his quos assumpserat, mœstitudo. Deinde quod ait : *Tristis est anima mea usque ad mortem,* non ait propter mortem, nam si de morte erat metus, ad eam utique referri, propter quam erat, debuit. Superius dixerat : *Scandalum patiemini in ista nocte.* Sciebat enim exterrendos, fugandos, negaturos; sed quia spiritus blasphemiæ nec hic, nec in æternum remittitur, metuit, ne se Deum abnegarent, quem cæsum, consputum et crucifixum erant contemplaturi. Quæ ratio in Petro servata est, qui cum negaturus esset, ita negavit : *Non novi hominem*, quia dictum est, *aliquid in Filium hominis remittetur.* Tristis est ergo anima usque ad mortem. Non itaque mors, sed tempus mortis in metu est, quia post eam resurrectionis virtute fides esset firmanda credentium. Demum orat : *Pater mi, si possibile est, transeat a me calix iste; sed tamen non sicut ego volo, sed sicut tu.* Non ait : transeat me calix iste. Qui autem ut a se transeat rogat, non ut ipse prætereatur orat, sed ut in alterum id quod a se transit excedat. Totus igitur super his qui passuri erant metus est; atque ideo quia non est possibile se non pati, pro his rogat qui passuri erant post se, dicens : *Transeat calix a me*, et quomodo a me bibitur, ab his bibatur sine spei diffidentia, sine sensu doloris, sine metu mortis. Ideo autem *si possibile est*, quia carni et sanguini gravis terror est et difficile est eorum acerbitate corpora humana non vinci. Quod autem ait : *Non sicut ego volo, sed sicut tu,* vellet quidem eos non pati, ne forte in passione diffidant, sed cohæreditatis suæ gloriam sine passionis difficultate mereantur. *Item :* Discipulos dormientes et Petrum coarguit, cur secum una saltem hora non vigilet. Petrum ideo ex tribus, quia præ cæteris non se scandalizaturum fuerat gloriatus. *Item :* Rogat, ut quod Pater vult bibendi calicis in eos ex se transeat fortitudo. *Item :* Spiritus quidem promptus est, caro autem infirma. Non utique de se; ad eos enim hic sermo conversus est. Aut quomodo nunc sit spiritus promptus, si superius : *Tristis est anima mea usque ad mortem?* Sed vigilari præcipit et orari, ne in tentationem incidant, ne infirmitati corporis succumbant. *Item :* Passuris discipulis per fidei justificationem, omnem in se corporis nostri infirmitatem assumpsit, secumque cruci universa ea quibus infirmabamur affixit. Ideo peccata nostra portat et pro nobis dolet; quia fidei calore ferventes, cum adversus diabolum passionis bello sit decertandum, omnes imbecillitatum nostrarum dolores cum corpore ejus et passione moriantur. Et ideo transire ab eo calix non potest, nisi illum bibat, quia pati nisi ex ejus passione non possumus. *Idem in psalmo CXLI* : Omnium apostolorum fides usque ad resurrectionis tempus fuit trepida; et hinc illud est : *Tristis anima mea usque ad mortem.* Non enim propter mortem, quia licet se passioni daret, non tamen virtus æterna dolorem passionis exciperet. *Ambrosius in libro De incarnatione Domini* : Infirmos in se præsignans Dominus ait : *Transeat a me calix iste.* Non enim vere timebat Dominus pati, tertia die resurrecturus, et cum arderet Paulus dissolvi et esse cum Christo, iste gaudet coronandus, tristis est Dominus coronaturus. Sed tristitiam sic assumpsit, quomodo carnem ; fuit enim tristis, sed voluntate tristitiam suscepit veram, quomodo voluntate carnem veram. *Idem De Trinitate ad Gratianum, lib. II* : Scriptum est, inquiunt hæretici, *Pater, si possibile est, transfer a me calicem hunc*, et ideo si omnipotens est, quomodo de possibilitate ambigit? Ergo quia omnipotentem probavi, probavi utique eum ambigere de possibilitate non posse. Verba, inquis, Christi sunt. Verum dicis. Sed quando et qua forma loquatur adverte. Hominis superbiam gessit, hominis assumpsit affectum. Non ergo quasi Deus, sed quasi homo loquitur, cum scriptum sit de Deo : *Impossibile enim tibi nihil*. De quo autem dubitabat, de se an de Patre? De eo utique, cui dicit *transfer*, dubitat hominis affectu. Timet Christus, dum Petrus non timet? Petrus dicit : *Animam meam pro te ponam (Joan.* xiii, 37); Christus dicit : *Anima mea turbatur (Joan.* xii, 27). Utrumque verum est, et plenum utrumque rationis, quod inferior non timet, et superior gerit timentis affectum. Ille enim quasi homo vim mortis ignorat, iste quasi Deus in corpore constitutus fragilitatem carnis exponit, ut eorum qui sacramentum incarnationis abjurent excluderetur impietas. *Idem in eodem* : *Omnia, quæ Pater habet, mea sunt (Joan.* xvi, 15); sine dubio, quia nihil excipit; quam habet Pater, eamdem habet Filius voluntatem. Una ergo voluntas, ubi una operatio. Sed alia voluntas hominis, alia Dei. Cum Petrus Dominum vellet a passione revocare, Dominus ait : *Non sapis quæ Dei sunt, sed quæ hominum (Matth.* xvi, 25). Suscepit ergo voluntatem meam, tristitiam meam, confidenter tristitiam nomino, quia crucem prædico. Mea est voluntas, quam suam dixit, quia ut homo suscepit tristitiam meam, ut homo locutus est; et ideo ait : *Non sicut ego volo, sed sicut tu* vis. Mea est tristitia, quam meo suscepit affectu. Nemo enim moriturus exsultat. Mihi patitur, mihi tristis est, mihi dolet. Ergo pro me et in me doluit, qui pro se nihil habuit quod doleret. Doles, Domine, non tua, sed mea vulnera, non tuam mortem, sed nostram infirmitatem, sicut ait propheta : *quia pro nobis dolet*. Et quid mirum, si pro omnibus doluit, qui pro uno flevit? si moriturus pro omnibus tædebat? Ut ergo homo dubitat, ut homo turbatur. Non turbatur virtus, non ejus divinitas, sed turbatur anima, turbatur secundum humanæ fragilitatis assumptionem. Et ideo quia suscepit animam, suscepit et animæ passiones. Non enim Deus eo quod Deus erat turbari aut mori posset. *Item* : Caro ergo passa est, divinitas autem a mortis libera passione. *Athanasius De Trinitate lib. VI, cap. II* : Maledictus, qui hominem vere, quem assumpsit, passum esse non confitetur, fiat, fiat. *Item cap. IV* : Si quis confitetur verum hominem, quem assumpsit, non vere manducasse aut bibisse aut lacrymatum fuisse, sanguinem sudasse, et passum fuisse, anathema sit. *Augustinus in lib. LXXXIII Quæstionum, cap.*

LXXXI : Ostendimus per innumerabiles locos narratum de illo ab evangelistis, quod in his affectionibus fuerit quæ sine anima esse non possunt. Non ergo profero : *Tristis anima mea (Matth.* xxvi, 38), et : *Potestatem habeo ponendi animam meam (Joan.* 10, 18), et : *Majorem dilectionem nemo habet, quam ut animam suam ponat quis pro amicis suis (Joan.* xv, 13), quæ pervicax contradictor potest dicere figurate (a Domino dicta), ubi habemus eum et natum et comprehensum a Judæis et flagellatum et crucifixum atque interfectum et sepultum. Sicut ergo ista corpus eum habuisse testantur, sic indicant habuisse animam affectiones illas, quæ non possunt esse nisi in anima, quas nihilominus legimus. Et miratus est Jesus et iratus et contristatus et multa alia. *Item* · Stultum est credere narranti evangelistæ quod manducaverit, et non ei credere quod esurierit. Nec nos illa terret inepta calumnia, qua resistentes aiunt : Ergo sub necessitate positus fuit, quia comprehensus, flagellatus, crucifixus, mortuus est, ut tandem intelligatur, sic eum passiones animi voluntate dispensationis, veras tamen, ut placuit, suscepisse, quemadmodum passiones corporis eadem dispensatione voluntate sine ulla necessitate suscepit. Utrumque, ut oportebat, voluntate exhibuit, et tamen verissime exhibuit. Sicut ergo nec nos nec illos necessitatis nomine quisquam avellit a fide verissimæ passionis, per quam corpus ejus ostenditur, sic nos ipso nomine necessitatis nemo deterret a fide verissimæ affectionis, per quam ejus animam cognoscimus. *Idem, in psalmo XXIX* : Multa gessit secundum corpus, ex quo intelligamus quia habuit corpus. Ambulavit, sedit, dormivit, flagellatus est, crucifixus, mortuus. Quomodo ergo ex his indiciis cognoscimus quia verum corpus habuit, sic et ex quibusdam aliis officiis, quia habuit animam. Esurire, sitire animæ sunt. Si falsa dicunt ista fuisse, falsa erunt et illa, quæ de corpore creduntur. *Ex concilio Carthaginiensi, cap. I* : Qui episcopus ordinandus est, ante examinetur, si credat, ut qui erat in divinitate Dei Filius, ipse fieret in homine hominis filius, qui passus sit vera carnis passione, mortuus vera sui corporis morte, etc. *Ambrosius de fide ad Gratianum imperatorem, lib. I* : Ut homo dubitat, ut homo turbatur ; quia suscepit animam, suscepit et animæ passiones. *Item* : *Deus meus, ut quid me dereliquisti? (Matth.* xxvii, 46.) ut homo loquitur, meos circumferens metus, quia in periculis positi a Deo deseri nos putamus. *Item* : Per naturam hominis et dubitavit et tædia habuit. *Augustinus Quæst. LXXXIII, cap. XXXV* : Nulli dubium est non aliam metuendi esse causam, nisi ne id quod amamus aut adeptum amittamus, aut non adipiscamur speratum. *Item, cap. XXXVI* : Nemo beatissimus timuit. Non est itaque vitium non metuere. *Claudianus præfectorio Patricio ae statu animæ* : Prout locus est moneo, consentaneum super sententia tua Hilarium Pictavium esse potuisse, qui scilicet inter complura præcelsarum disputationum suarum quiddam secus sentiens, duo hæc veris adversa inde disseruit, unde quo nihil incorporeum creatum dixit, aliud quo nihil doloris Christum in passione sensisse, cujus si passio vera non fuit, et redemptio quoque nostra vera esse non potuit. Sed quoniam beatus Hilarius opinionis hujuscemodi vitium virtute confessionis abolevit, sic sustinet reprehensionis stylum, ut non patiatur detrimenta meritorum. Quapropter eatenus divinarum tractatoribus Scripturarum fidem adhiberi par est, quoad usque eidem tenori veritatis astipulantur. *Beda super Tobiam* : Expavescens piscem Tobias clamavit voce magna dicens : *Domine, invadet me* (*Tob.* vi, 3). Et Dominus imminente mortis articulo coepit pavere et tædere, non diabolum perhorrescens, sed mortem, quæ invidia diaboli intravit in orbem terrarum, naturæ carnalis fragilitate horrescens. Unde et orabat, ut, si fieri posset, transiret. Ab eo ora, Abba Pater, omnia tibi possibilia sunt, transfer calicem hunc a me, sed non quod volo, sed quod tu.

LXXXI.

Quod in Christi morte divinitatis et humanitatis separatio fuerit, et non (47).

Athanasius De Trinitate lib. III : Nostras infirmitates noster mortalis vel passibilis homo vere sustinuit, qui post a Deo rursus assumptus est. *Item :* Intellige quia prius hic homo in nativitate de Maria virgine assumptus est, et in passione permittente ejus potestate traditus est, et post passionem denuo assumptus ab ipso vel acceptus est. *Item, lib. VI, cap. II* : Maledictus qui hunc totum hominem, id est et animam et corpus, quod assumpsit, denuo assumptum vel liberatum post tertiam diem a mortuis resurrexisse non confitetur, fiat, fiat. *Hilarius super Matthæum* : Clamor vero ad Deum corporis vox est recedentis a se Verbi Dei testata discidium; denique cur relinquatur exclamat, dicens : *Deus meus, quare dereliquisti me?* Sed relinquitur, quia erat morte homo peragendus. *Ambrosius super Lucam* : Clamavit Jesus voce magna, dicens : *Deus, Deus meus, respice in me, quare me dereliquisti?* (*Matth.* xxvii, 26.) Ergo nec ego erubescam confiteri, quod Christus non erubuit voce magna profiteri. Clamavit homo, divinitatis separatione moriturus; nam cum divinitas mortis libera sit, utique mors esse non poterat, nisi vita discederet, quia vita divinitas est. *Augustinus super Joannem homilia XLV* : Si dixerimus, quia Verbum Dei posuit animam et iterum sumpsit, metuendum est ne dicatur nobis, ergo aliquando anima illa separata est a Verbo et aliquando Verbum illud, ex quo suscepit animam illam, fuit sine anima. *Item* : Quid fecit passio, quid fecit mors, nisi corpus ab anima separavit? animam vero a Verbo non separavit. Mortuus est Dominus sine dubio. Caro ipsius exspiravit, anima ad tempus deseruit carnem; a Verbo autem animam separatam non dico esse. Latronis animæ dixit : *Hodie mecum eris in paradiso* (*Luc* xxiii, 43). Latronis animam non deseruit, et deserebat suam? Absit! sed Christus animam inseparabiliter habuit. *Idem, De Trinitate, lib. II, cap. V* : Ideo nusquam scriptum est, quod Deus Pater major sit Spiritu sancto, quia non sic est assumpta creatura, in qua appareret Spiritus sanctus, sicut, assumptus est filius hominis. Neque enim columbam beatificavit spiritus, vel ignem unitatique personæ suæ conjunxit in æternum. *Claudianus De statu animæ lib. III* : Ipse quoque Dominus de cruce clamavit : *Deus meus, quare me dereliquisti?* Si enim non discessit, non dereliquit. Si dereliquit, utique discessit. Sicut ergo illocalitas Deo non adimitur, quod hominem Christum deseruit discedendo, sic anima illocalitatis privilegium non amittit ; cum corpore discedit moriente. *Item supra :* Magis in anima est corpus, quod aggravat animam, quam in corpore anima, quæ gravatur [a corpore], onus videlicet in portitore, non portitor in onere. Quæ cum ita sint, magnam animæ auctoris sui inesse similitudinem, illud indicio est, quod sicut illocaliter mundus in Deo est, sic illocaliter corpus in anima. *Fulgentius in libro De immensitate divinitatis Filii Dei* : Communem passionem divinitatis et carnis unitas perfecit in Christo. Per hanc unitatem Dominus gloriæ asseritur crucifixus. *Item* : Quando mortuo Christo anima deseruit carnem, tunc solutum est illud templum. *Item* : Ipsa Christi divinitas, quæ secundum animam contristari et secundum carnem dignata est mori, secundum substantiæ proprietatem, sicut immortalis, sic impassibilis prædicanda. *Item* : Humanitas ergo Filii nec tota in sepulcro fuit, nec tota in inferno, sed in sepulcro secundum carnem Christus jacuit, et secundum animam ad infernum descendit, secundum eamdem animam ab inferno ad carnem, quam in sepulcro reliquerat, rediit ; secundum divinitatem vero, quæ nec loco tenetur, nec fine concluditur, totus fuit in sepulcro cum carne, totus in inferno cum anima. Ac per hoc plenus fuit ubique Christus, quia non est Deus ab humanitate, quam susceperat, separatus, qui et in anima sua fuit, ut solutis inferni doloribus ab inferno victrix rediret, et in carne sua fuit, ut celeri resurrectione corrumpi non posset. *Item* : Totus Christus secundum solam animam ad infernum descendit ; idem atque inseparabilis Christus, secundum solam carnem de sepulcro surrexit ; idem atque inseparabilis [Christus secundum totum hominem, quem accepit, terram localiter deserens ascendit.

LXXXII.

Quod in Christo suggestio etiam delectationis fuerit, et contra.

Hieronymus in psalmo XIV : *Usque ad noctem increpuerunt me renes mei.* Delectationes carnis tunc me increpant, quando mihi suggerunt, ut peccem, quando delectatur caro. Sed nisi tu fuisses a dextris, forsitan infirmarer. *Sed providebam Dominum in conspectu meo semper;* Filius Patrem, Ecclesia Christum. *Quoniam a dextris est mihi, ne commo-*

(47) Cous. : *sit.*.

vear. Ac si dicat : Si tu non fuisses a dextris, forsitan commoverer, id est de fide ad infidelitatem, de bono ad malum. *Gregorius, homilia Evangeliorum XVI* : *Ductus est Jesus in desertum.* Tribus modis tentatio agitur, suggestione, delectatione, consensu. Et nos cum tentamur, plerumque in delectatione aut etiam in consensu labimur ; quia de carnis peccato propagati in nobis etiam gerimus, unde certamina toleremus. Deus vero, qui sine peccato venerat, nihil contradictionis in semetipso tolerabat. Tentari ergo per suggestionem potuit, sed ejus mentem peccati delectatio non momordit. Atque ideo omnis diabolica illa tentatio foris, non intus fuit.

LXXXIII.

Quod Christus vel sancti mori voluerint, et contra.

Isaias propheta (LIII, 7) : Oblatus est, quia ipse voluit. *Ipse Dominus in Evangelio (Joan.* x, 18) : Nemo tollit animam meam a me, sed ego pono eam. *Item* : Non veni facere voluntatem meam, sed ejus qui misit a me. *Item.*: Pater, si possibile est, transeat a me calix iste. Verumtamen non sicut ego volo, sed sicut tu. Et rursus : non mea voluntas, sed tua fiat. *Paulus ad Philippenses* (I, 23) : Coarctor autem e duobus, desiderium habens dissolvi et cum Christo esse, etc. *Idem ad Laodicenses (Philip.* I, 21) : Est enim mihi vera vita in Christo et mori gaudium. *Idem in secunda ad Corinthios* (V, 4) : Nam et qui sumus in tabernaculo isto, ingemiscimus gravati ; eo quod nolumus exspoliari, sed supervestiri, ut absorbeatur quod mortale est a vita, *Hieronymus de amore Dei et sæculi* . Cruciat te amor carnis. Tolle crucem tuam atque sequere Dominum ; et ipse tibi Dominus et Salvator tuus, quamvis in carne Deus humanum tamen demonstravit affectum, ubi ait : *Pater, si fieri potest, transeat a me calix iste.* Noverat quod calix iste transire non poterat ad eum bibendum, noverat voluntate, non necessitate. Pio te vocem hominis, vocem carnis emisit ; te in se dignatus est transfigurare. Voluntatem ostendit, qua tentari posset, continuo docuit quam voluntatem cui voluntati præferri deberes. *Pater*, inquit, *si fieri potest, transeat a me calix iste ;* vox carnis, non spiritus, vox infirmitatis, non divinitatis. *Si fieri potest, transeat calix iste.* Illa est voluntas, de qua et Petro dicitur : *Cum autem senueris, alius te cinget et ducet quo tu non vis (Joan.* XXI, 18). Unde ergo vicerunt martyres? quia voluntati carnis voluntatem spiritus præposuerunt. Amabant hanc vitam, et ideo ponderabant. Inde considerabant quantum amanda esset æterna, si sic amatur ista peritura. Moriturus mori non vult, et erit necessarius moriturus. *Idem in psalmo CXXXII* : *Ecce quam bonum et quam jucundum.* Bonum est martyrium, sed non est jucundum ; habet enim supplicia et pœnas et semper in cruciatibus dolorem ; et utique in dolore non est jucunditas. *Augustinus in psalmo LXXXV* : *Adjuvisti me et consolatus es me.* Contristatus est beatus Cyprianus in passione, modo consolatus est in corona, etc. *Idem super Joannem sermone CXXIII* : Extendes, inquit, manus tuas, hoc est crucifigeris. Ad hoc autem ut venias, alius te cinget et ducet quo non vis. Prius dixit quod fieret, et deinde dixit quomodo fieret. Non enim crucifixus, sed crucifigendus quo nollet est ductus ; nam crucifixus abiit quo volebat. Solutus quippe a corpore volebat esse cum Christo, sed si fieri posset præter mortis molestiam, ad quam nolens ductus est. Nolens ad eam venit, sed volens eam vicit, et reliquit hunc infirmitatis affectum, quo nemo vult mori, usque adeo naturalem, ut eum beato Petro nec senectus auferre potuerit, cui dictum est : *Cum senueris, duceris quo tu non vis* (Joan. XXI, 18). Propter nos consolandos etiam transfiguravit in se Salvator dicens : *Pater, si fieri potest, transeat,* etc. Qui utique mori venerat, nec habebat mortis necessitatem, sed voluntatem, potestate positurus animam suam et rursus eam sumpturus. *Item* : Nam si nulla mortis esset vel parva molestia, non esset tanta martyrum gloria. *Gregorius evang. homilia III, de sancta Felicitate monere adnectens :* Optavit nullum post se relinquere, ne, si quem haberet superstitem, non posset habere consortem. Nemo ergo existimat quod ejus cor morientibus filiis, etiam carnalis affectus minime pulsarit. Neque enim filios, quos carnem suam esse noverat, sine dolore poterat morientes videre ; sed erat vis amoris interior, quæ dolorem vinceret carnis. Unde et passuro Petro dicitur : *Alius te cinget et ducet quo non vis.* Neque enim plenissime Petrus, si nollet, pro Christo pati potuisset ; sed martyrium, quod per infirmitatem carnis noluit, per virtutem spiritus amavit. Qui dum per carnem ad pœnas trepidat, per spiritum ad gloriam exsultat, actumque est ut cruciatum martyrii nolendo voluisset. Sic nos quoque cum gaudium quærimus salutis, amarum poculum sumimus purgationis. Amaritudo quidem in poculo displicet, sed restituenda per amaritudinem salus placet. *Ex libro Sententiarum Prosperi, cap. CLXXXII* : Nemo quod tolerat amat, etiamsi tolerare amat, quia aliud est fortis patientia, aliud secura felicitas. Nec ejusdem est temporis labor pugnæ et beatitudo victoriæ.

LXXXIV.

Quod Christus descendens (48) *ad inferos omnes liberaverit inde, et contra.*

Origenes super Genesin homilia ultima : Catulus leonis Juda, etc. Mors Christi oppressio et triumphus dæmonum fuit. Omnem namque prædam, quam leo iste contrarius invaserat, prostrato homini et dejecto, hic leo eripuit. *Ambrosius in Epistola Pauli ad Romanos* : Homines enim peccaverunt tam Judæi quam Græci, quam ob rem Christi mors om-

---

(48) Apud Cous. deest, *ad inferos.*

nibus proficit, et hic in sæculo, quod credendum et observandum est, docuit et de inferno omnes eripuit. *Item* : Sicut et ad Galatas (III, 13) dicit. *Christus nos redemit offerens se pro nobis.* Permisit enim se volenti diabolo, sed impræscio. Putans enim Christum se posse retinere, quia virtutem ejus ferre non potuit, omnes quos tenebat simul cum pretio amisit. *Item* : Et manifestum est omnes in Adam peccasse quasi in massa. *Item* : Mors secunda in gehenna, quam non peccato Adæ patimur, sed ejus occasione propriis peccatis acquiritur, a qua boni immunes tamen sunt, nisi quod in inferno erant, sed superiori. *Item* : Gratiam autem Dei in plures abundare dicit, quia et in his qui delicto Adæ mortui dicuntur similiter peccantes, et in his qui non peccaverunt in hac [Adæ] similitudine prævaricationis [Dei gratia abundavit]. Paterno autem peccato ex sententia Dei erant apud inferos, gratia Dei abundavit in descensu Salvatoris, omnibus dans indulgentiam cum triumpho sublatis eis in cœlum. *Idem in Epistola ad Colossenses* [I, 13]; *Qui eripuit nos de potestate tenebrarum*, etc. *In quo habemus redemptionem*, etc. Nam sine fide Christi nullus egressus est de inferno, quia obligatus peccatis exire januas tartari non potest. *Gregorius in homilia Sabbati infra octavas Paschæ* : Hæc festivitas recte dici potest solemnitas solemnitatum. Per hanc electi, qui quamvis in tranquillitatis sinu tamen apud inferni claustra tenebantur, ad paradisi amœna reducti sunt. Quod ante passionem suam Dominus dixit, in resurrectione sua adimplevit : *Si exaltatus fuero a terra, omnia traham ad me ipsum* (*Joan.* XII, 32). Omnia enim traxit, quia de electis suis nullum apud inferos reliquit. Omnia abstulit, utique electa. Neque enim infideles quosque et pro suis criminibus æternis suppliciis deditos ad veniam resurgendo reparavit, sed illos ex inferni claustris rapuit, quos suos in fide et actibus recognovit. Unde recte et per Osee (XIII, 14) dicitur : *Ero mors tua, o mors; ero morsus tuus, o inferne!* Id namque quod occidimus agimus, ut penitus non sit. Ex eo etenim, quod mordemus, partem abstrahimus et partem relinquimus. Quia ergo in electis suis funditus occidit mortem, mors mortis exstitit. Quia vero ex inferno partem abstulit et partem reliquit, non occidit funditus, sed momordit infernum. *Augustinus ad Optatum* : Illa tamen sit fides salva, qua credimus nullum hominem liberari a contagio mortis, quod prima nativitate contraxit, nisi per unum mediatorem. Cujus hominis ejusdemque Dei saluberrima fide etiam illi salvi facti sunt, qui, priusquam veniret in carne, crediderunt in carne venturum. Eadem fides namque est et nostra et illorum, quoniam illi crediderunt venturum, et nos credimus factum. Unde dicit Apostolus (*II Cor.* IV, 13) *Habentes autem eumdem spiritum.* Si ergo eumdem spiritum fidei et illi habebant, qui venturum in carne prænuntiarunt Christum, quem etiam illi qui eum venisse nuntiarunt sacramenta esse potuerunt per temporum diversitatem diversa, ad unitatem tamen ejusdem fidei concordissime recurrentia. Scriptum est in *Actibus apostolorum* (XV, 10) loquente Petro : *Quid tentatis Deum, jugum imponere, quod neque patres nostri, neque nos portare potuimus? Sed per gratiam Domini Jesu credimus salvari, quemadmodum et illi.* Si ergo et illi per gratiam Domini Jesu salvos fieri se crediderunt, manifestum est, quoniam hæc gratia et antiquos justos vivere fecit ex fide. Justus autem ex fide vivit. Proinde cum omnes justi, hoc est veraces Dei cultores sive ante incarnationem, sive post incarnationem Christi, nec vixerint, nec vivant, nisi ex fide incarnationis Christi, in quo gratiæ plenitudo, profecto quod scriptum est *non esse aliud nomen sub cœlo, in quo oportet salvos fieri nos* (*Act.* IV, 12), ex illo tempore valet ad salvandum, ex quo in Adam vitiatum est genus humanum. *Idem ad Consulta Hilarii* : Ut sciamus antiquos justos, quicunque esse potuerunt, non nisi per eamdem fidem liberatos, per quam liberamur nos, fidem scilicet incarnationis Christi, quæ illis prænuntiabatur, sicut et nobis annuntiatur. *Idem ad Dardanum* : Sacramentum regenerationis nostræ manifestum esse voluit manifestus mediator. Erat autem antiquis justis aliquod occultum, cum tamen illi eadem fide fierent salvi, quæ suo tempore fuerat revelanda. Non enim audemus fideles nostri temporis præferre amicis Dei, per quos nobis ista prophetata sunt, cum Deum Abraham, Isaac et Jacob ita se Deum commemoret (49), ut hoc dicat suum nomen in æternum. *Idem de nuptiis et concupiscentia, lib. II* : Non quod ante circumcisionem justitia fidei nulla erat, nam cum adhuc esset in præputio, ex fide justificatus est ipse Abraham, pater gentium, quæ fidem ipsius erant sectaturæ, sed superioribus temporibus omni modo latuit sacramentum justificationis ex fide. Eadem tamen fides salvos justos faciebat antiquos, pusillos cum magnis, non vetus testamentum, quod in servitutem generat, non lex, quæ non sic data est, quæ posset justificare, sed gratia Dei per Jesum Christum Dominum nostrum. Quia sicut credimus nos Christum in carne venisse, sic illi venturum ; sicut nos mortuum, ita illi moriturum ; sicut nos resurrexisse, ita illi resurrecturum ; et nos et illi ad judicium mortuorum et vivorum venturum. *Idem in libro De correptione et gratia* : Si enim, sicut Veritas loquitur, nemo liberatur a damnatione, quæ facta est in Adam, nisi per fidem Jesu Christi, et tamen ab hac damnatione non se liberabunt qui potuerunt dicere non se audisse Evangelium Christi, cum fides ex auditu sit, quanto minus se liberabunt, qui dicturi sunt, perseverantiam non accepimus. Justior enim videtur excusatio dicentium, non accepimus audientiam, quam dicentium, non acce-

---

(49) Maur. : *Ita se Deus esse commendat.*

pimus perseverantiam, quoniam potest dici homini, in eo quod audieras et tenueras perseverares, si velles; nullo modo autem dici potest, id quod non audieras crederes, si velles. *Ambrosius in Epistola ad Colossenses* (1, 13, 14). *Qui eripuit nos de potestate tenebrarum*, etc. *In quo habemus redemptionem*, etc. Nam sine fide Christi nullus egressus est de inferno, quia obligatus peccatis exire januas tartari non potest. *Hieronymus in Epistola ad Galatas, libro I*: Aiunt quidam, si verum sit ex operibus legis neminem justificari, sed ex fide Jesu Christi, patriarchas et sanctos, qui ante adventum Christi fuerunt, imperfectos fuisse. Quos admonere debemus, sanctos, qui antiquitus fuerint, ex fide Christi justificatos, siquidem Abraham vidit diem Christi, et Moyses majores divitias æstimavit thesauris Ægyptiorum improperium Christi. Aspiciebat enim in remunerationem. Et Isaias vidit gloriam, ut Joannes commemorat, et Judas (5) de omnibus generaliter *commonere*, inquit, *vos volo, quoniam Jesus populum de terra Ægypti salvans secundo eos qui non crediderunt perdidit. Gregorius super extremam partem Ezechielis homilia V*: Et qui præibant et qui sequebantur clamabant dicentes: *Hosanna! benedictus qui venit in nomine Domini* (*Matth.* XXI, 9). Quia omnes electi qui in Juda esse potuerunt sive qui nunc in Ecclesia existunt in mediatorem Dei et hominum crediderunt et credunt. *Idem Georgio presbytero Theodoro diacono*: Diaconibus narrantibus agnovi quod dilectio vestra dixisset Dominum Jesum Christum ad inferos descendentem omnes, qui illic confitentur eum Deum, salvasse atque a pœnis liberasse. De qua re volo, ut vestra charitas longe aliter sentiat. Descendens quippe ad inferos solos illos per suam gratiam liberavit, qui eum venturum esse crediderunt et præcepta ejus in mundo tenuerunt. *Item*: Sed ne dilectionem vestram in mea disputatione immorer, quod de hac hæresi Philaster in libro, quem de hæresibus scripsit, dixerit, agnoscat. Cujus hæc verba sunt: Sunt hæretici qui dicunt Dominum in infernum descendisse et omnibus post mortem etiam ibidem se nuntiasse, ut confitentes ibidem salvarentur, cum hoc sit contrarium dicenti prophetæ David: *In inferno autem quis confitebitur tibi?* (*Psal.* VI, 6.) *Beda in Actibus apostolorum* (IV, 11, 12) *de verbo Petri apostoli*: *Hic est lapis qui reprobatus est a vobis, et qui factus est in caput anguli*: Et non est in alio aliquo salus. Si in nullo alio, sed in Christo tantum salus mundi est, ergo et patres veteris testamenti ejusdem Redemptoris incarnatione et passione salvati sunt, in qua nos salvari credimus. Etsi enim sacramenta pro temporum ratione discrepent, fides tamen una eademque concordat, quia quam nos per apostolos factam, eamdem illi dispensationem Christi per prophetas didicerant esse venturam.

LXXXV.

Quod incertum sit qua hora noctis (50) *surrexerit Dominus, et non.*

Hieronymus ad Hedibiam, lib. XII Quæstionum: Nulli notum est qua hora Dominus resurrexit. *Idem in Epistola ad Galatas*: Quarta vigilia noctis venit Dominus ad discipulos ambulans super mare. Ita et quarta vigilia noctis VIII Kalendas Januarii natus, et IV vigilia noctis VI Kalendas Aprilis resurrexit, et IV vigilia noctis venturus est ad judicium. Nox in quatuor vigilias dividitur. Una vigilia tres horæ sunt. *Beda CCCLII cap. super Matthæum*: Ultima parte noctis Dominus resurrexit.

LXXXVI.

Quod Dominus resurgens primo apparuerit Mariæ Magdalenæ, et non.

Marcus evangelista (XVI, 9): Surgens autem mane, prima Sabbati, apparuit primo Mariæ Magdalenæ, de qua ejecerat septem dæmonia. *Ambrosius in lib. III De virginibus*: Considerate, quia virgines præ apostolis resurrectionem Domini videre meruerunt. Nam cum in novo monumento suo posuisset Joseph Domini corpus, observabant virgines. *Item*: Vidit ergo Maria resurrectionem Domini, et prima vidit et credidit. Vidit et Maria Magdalena, quamvis adhuc ista notaretur. *Item*: Denique Maria Magdalena Dominum prohibetur tangere, quia dubitabat de resurrectionis fide. Illa ergo tangit, quæ fide tangit. Sedulius ille egregius versificator, cujus etiam paschale opus inter authentica papa Gelasius commemorat (V, 315-318):

Cœperat interea post tristia Sabbata felix
Irradiare dies; culmen qui nominis alti
A Domino dominante trahit, primusque videre
Promeruit nasci mundum atque resurgere Christum.

Item (V, 323-327):

Hoc luminis ortu
Virgo parens, aliæque simul cum munere matres
Messis aromaticæ notum venere gementes
Ad tumulum; vacuumque vident jam corpore factum,
Sed plenum virtute locum. Nam missus ab astris
Angelus attoniti (51) residebat vertice saxi.

Item [V, 358-366]:

Ecclesiam Christus pulchro sibi junxit amore,
Hoc est conspicuo radians in honore Mariæ
Et cum clarifico semper sit nomine mater,
Semper virgo manet; hujus se visibus astans,
Luce palam Dominus prius obtulit; et bona mater
Grandia divulgans miracula, quæ fuit olim
Advenientis iter hæc sit redeuntis et index.
Mox aliis conviva potens in fragmine panis
Agnitus apparuit.

LXXXVII.

Quod illi, qui cum Christo resurrexerunt, iterum mortui sint. et non.

Joannes Chrysostomus homilia XXVIII de expositione symboli, quæ sic incipit: *Super fabricam totius Ecclesiæ*: Descendit ad inferna, ut ibi a miraculo non vacaret. Nam multa corpora sanctorum resurrexerunt cum Christo, quæ postea mortua

---

(50) Cous. om. *noctis.*

(51) Edd.: *amoti.*

sunt, sicut Lazarus, sicut filia archisynagogi, et sicut filius viduæ. Nam multa corpora sanctorum resurrexerunt cum Christo, de quibus dixit Apostolus : *Ex quibus plures manent usque adhuc, quidam autem dormierunt (I Cor.* xv, 6). *Augustinus super Joannem* (xxi, 22) : *Si eum volo manere donec veniam.* Sicut ad horam multa corpora sanctorum resurrexerunt, quando passus est Christus, et post ejus resurrectionem apparuerunt multis. *Athanasius in symbolo fidei* : Ad cujus adventum omnes homines resurgere habent cum corporibus suis. *Hieronymus super Matthæum* : Et multa corpora sanctorum, qui dormierant, scilicet quomodo Lazarus mortuus resurrexerit, sic et multa corpora sanctorum resurrexerunt, ut Dominum resurgentem ostenderent, et tamen cum monumenta aperta sunt, non ante surrexerunt, quam Dominus resurgeret, ut esset primogenitus resurrectionis ex mortuis. *Idem in sermone de assumptione sanctæ Mariæ* : Ne forte si venerit vestris in manibus illud apocryphum De transitu ejusdem Virginis, dubia pro certis recipiatis ; et aliud multi Latinorum pietatis amore amplius amplectuntur, præsertim cum his nihil aliud experiri possit pro certo, nisi quod hodierna die gloriosa migravit a corpore. *Item* : Hæc idcirco dixerim, quia multi nostrorum dubitant, utrum assumpta fuerit simul cum corpore, an obierit (52) relicto corpore. *Item* : Utrum surrexerit nescitur, quamvis nonnulli astruere velint eam jam resuscitatam immortalitate vestiri. *Item* : Quid horum verius censeatur, ambigimus. Melius totum Deo committimus, cui nihil impossibile est, quam ut aliquid (53) temere definire velimus, quod non probemus, sicuti et de his quos cum Domino resurrexisse credimus. Sed utrum redierint in terræ pulverem, certum non habemus. De quibus profecto nonnulli doctorum senserunt, et etiam in suis reliquerunt scripturis, quia jam in illis perfecta sit completa resurrectio. Fatentur enim quod veri testes non essent, nisi et vera esset eorum resurrectio. Unde et beatus Petrus dixisse legitur, cum de David loqueretur in testimonium : *Et sepulcrum.* inquit, *ejus apud nos est,* quasi non sit ausus dicere, quod ipse sive corpus ejus apud nos est ; hinc aiunt et ipsum resurrexisse cum cæteris sanctis, et ideo vacuum remansisse monumentum. Quod, quia nihil Domino impossibile est, nec nos de beata Maria factum abnuimus, quam quod propter cautelam salva fide pio magis desiderio opinari oporteat, quam inconsulto definire quod sine periculo nescitur. *Beda super Canticum* (v. 1) *lib. III* : *Comedi favum cum melle meo, bibi vinum meum cum lacte meo.* In corpore simul et anima ad supernæ civitatis per illum meruerunt atria conscendere. De quibus evangelista manifeste testatur, quia moriente in cruce Domino monumenta aperta sunt, et multa corpora surrexerunt. Et post resurrectionem ejus venerunt in sanctam civitatem

et apparuerunt multis. Qui enim resurgente Domino resurrexerunt a mortuis, etiam eo ad cœlos ascendente simul ascendisse credendi sunt. Neque ulla ratione illorum temeritati fides accommodanda est, qui eos postea reversos in cinerem, ac denuo in monumentis, quæ quidem (54) patefacta sunt ab eis, quibus paulo ante vivi apparuerunt, more mortuorum putant esse reclusos. *Ambrosius in Natali martyrum de resurrectione* : Si martyres nondum liberati sunt ab inferis, liberati sunt a peccatis. Verumtamen etiam fortasse plurimum ex eisdem martyribus cum Domino resurrectionem corporaliter vel consequenter fuerunt consecuti. Nam si legimus prima resurrectionis festivitate se suscitante Domino multa corpora sanctorum vixisse, cur non, quotiescunque Resurrectionis festivitas celebratur, toties credamus resurgere ejus sanctos ? Ubi enim votorum solemnitas magis est, magis est et donorum. Sed fortasse quis dicat, sepulcra clausa sunt, monumenta constricta sunt ; quemadmodum prodire exinde possunt ? Ut taceamus, quia omnia Deo possibilia sunt, et quia clausis tumulis possit corpus spirituale educere, ut hæc omnia præmittam, Joannis tamen apostoli habemus exemplum, quem tumulus susceptum claudere potuit, custodire non potuit. Nam depositum corpus perdidit, non assumpsit ; hoc enim clausis tumuli foribus gratia resurrectionis ablatum est, ut cum staret sepultura, nec inveniretur sepultus, denique cum sacerdotes honorandi causa corpus requirerent, reserato aditu tumulus non potuit reddere quem suscepit.

LXXXVIII.

Quod Christus post resurrectionem cicatrices, non vulnera dubitantibus demonstraverit, et contra.

Augustinus ad Deogratias presbyterum : Sciat sane, qui hæc proposuerit quæstiones, Christum post resurrectionem cicatrices, non vulnera demonstrasse dubitantibus, propter quos etiam cibum ac potum sumere voluit, non semel, sed sæpius, ne illud non corpus, sed spiritum esse arbitrarentur et sibi non solide, sed imaginaliter apparere. Tunc autem illæ falsæ cicatrices fuissent, si nulla vulnera præcessissent. (*Sedulius, lib. V,* 576-585) :

Cum foribus clausis resideret turba fidelis,
Pace salutantis sese intulit, atque foratas
Expandens (55) palmas, nudat latus ; ast ibi Thomas,
Cui Didymus cognomen erat, cum fratribus una
Non fuerat ; dubiamque fidem sub corde gerebat,
Donec rursus eo pariter residente veniret ;
Qui nunquam substractus erat. Tunc limine clauso,
Constitit in medio ; non dedignatus apertum
Discipulo monstrare latus, tactuque probari
Vulneris, et mentem patienter ferre labantis.

LXXXIX.

Quod creatura sit adoranda, et non.

Chrysostomus in Epistola ad Hebræos (i, 6) *sermone III* : *Et adorent eum.* Superius dixerat, quod

(52) Editt. : *abierit.*
(53) Monac. : *aliud.*

(54) Editt. : *pridem.*
(55) Monac. : *expediat.*

non per prophetas locutus est nobis, sed per Filium, quia Filius melior est angelis, quod argumentatus est ex ipso nomine. Hic autem ex alia re vult argumenta deducere, ex adoratione videlicet Christum secundum carnem jussit a cunctis angelis adorari. *Item, sermone V : Non enim quemquam angelorum apprehendit (Hebr.* II, 16). Stupore plenum est, carnem nostram sursum sedere et adorari ab angelis et archangelis et cherubim et seraphim. *Hieronymus Epistola ad Philippenses :* Divinitas, quæ in Christo erat, suscepto homini donavit hoc nomen, propter quod pro hominibus passus est et mortuis, ut omnis creatura in nomine ejus precem fundat, ut omnes simul cum verbo hominem adorent assumptum. *Augustinus, lib. I contra Maximinum : Quia donavit ei nomen,* etc. *(Philipp.* II, 9.) Homini donavit ista, non Deo. Neque enim cum in forma Dei esset, non excelsus erat, aut non ei genua flectebant. In qua igitur forma crucifixus est, ipsa exaltata est. Ipsi donatum est nomen super omne nomen, ut cum ipsa forma Dei nominetur unigenitus Filius Dei. *Idem super Joannem CXXII :* Dicunt Ariani : Quare carnem, quam creaturam non negas, cum divinitate adoras? Propterea ego adoro eam, quia divinitati unita est, ita ut Deus Filius Deus sit et homo. Denique si hominem separaveris ab eo, nunquam ei servio. Velut si quis purpuram aut diadema regale jacens inveniat, nunquam adorabit. Cum eis rex fuerit indutus, periculum incurrit, qui ea cum rege adorare contempserit ; si quis ergo contempserit adorare divinitati unitam carnem, pœnam mortis æternæ patiatur. *Ambrosius Autpertus in Apocal., lib. III :* Nisi enim ipsa humana in Dei Verbo natura ab omni creatura adoranda esset, nequaquam Psalmista diceret : *Adorate scabellum pedum ejus (Psal.* XCVIII, 5). Recte igitur scabellum pedum ejus ipsa incarnatio Redemptoris dicitur, cui adorabilis inesse probatur. *Ambrosius in Epistola ad Philippenses* (II, 9) : *Et donavit illi nomen.* Perfectum Dei Filium natum de Deo qui negat, est Arianus. Unde constat hunc natum esse perfectum. In nativitate enim sua omnia consecutus videtur. In plenitudine enim divinitatis est natus ad omnia agenda, quæ gessit, ut prius donum accepisset, quam gereret ad quæ gerenda natus est. Videtur ergo donum Patris hoc quod est esse Filium, et nomen ejus super omne nomen esse Deum. Nomen enim Dei, sed per naturam super omne nomen est. *Cœlestium,* quæ sint hæc omnia aperit. Alia enim nulla sunt. Quibusdam tamen videtur homini datum esse nomen, et est super omne nomen, quod nulla ratione convenit, ut Dei nomen corpori sit datum, quia nec dignum est, ut Deus immutetur in carnem, neque caro effici possit quod est Deus. Si Scriptura illi donatum significat, qui se exinanivit, qui formam servi accepit, qui in similitudine factus est hominis,

(56) Edd. : *castissime.*
(57) Monac. : *credens.*

qui Patri obedivit, si homo Deo Patri obedivit, quid magnum est, quod dixit Apostolus ? Sed hoc magnum dicit, quia cum æqualis esset, obedivit. Et quid laudis est, si in similitudinem hominis factus est homo, ut homini similis homo factus dicatur ? Sed non potest fieri. Nemo enim in similitudine fit alicujus, nisi sit alius, antequam fiat. Per causam enim similis factus est, non per substantiam. Consideremus nunc dicta, et sic advertamus vim locutionis. Certe nomen quod est super omne nomen, Dei nomen est. Sed per naturam adoptivo Deo non flectit genu creatura, sed vero non concreaturæ. Et quomodo fieri potest ut homo sit gloria Dei Patris ? Etiamsi adoptivus sit Deus homo, in gloria Dei Patris non potest esse. Nam ei hoc competit, qui natus est de Deo. In gloria enim Patris esse nihil differre a Deo est, ut una gloria sit Patris et Filii per communem substantiam et virtutem. Hæc est enim unitas naturæ. Quid contrarium est, si Filius donum a Patre accepisse dicatur, cum omnia Filii a Patre sint a quo et cuncta esse creduntur ? Substantiam Dei idcirco naturam dicimus, quia natus de illa Christus est. *Augustinus De moribus Ecclesiæ catholicæ : Creatura,* Paulus clamat, *vanitati subjecta est (Rom.* VIII, 20) ; neque potest nos a veritate separare veritatique connectere, quod subjectum est vanitati. Et hoc nobis Spiritus sanctus præstat ; creatura igitur non est, quia omne quod est aut Deus aut creatura est. Deum ergo diligere debemus trinam quamdam unitatem, Patrem et Filium et Spiritum sanctum. *Item :* Merito ergo Ecclesia catholica mater Christianorum verissima, non solum ipsum, cujus adeptio vita beatissima est, purissime atque cautissime (56) colendum prædicas, nullam nobis creaturam adorandam inducens, cui servire jubeamur, et ab illa inviolabili æternitate, cui soli homo subjiciendus est, excludens (57) omne quod factum est; etiam proximi charitatem ita complecteris, ut variorum [morborum], quibus pro peccatis suis animæ ægrotant, omnis apud te medicina præpolleat.

XC.

Quod Dominus post ascensionem (58) *non sit locutus in terra, et contra.*

Augustinus, super Joannis epistolam homilia IX : Ascensurus dixit verba novissima; post illa verba non est locutus in terra. *Gregorius in Evang. lib. II, homil. XXIII,* de hospitali viro, qui in specie peregrini Dominum quoque Jesum suscepit, ipso profitente et ei in sequenti nocte per visionem dicente : Cæteris diebus me in membris meis, hesterna autem die me in memetipso suscepisti. Ecce ad judicium veniens dicit : *Quod uni ex minimis meis fecistis, mihi fecistis (Matth.* XXV, 40). Ecce ante judicium cum per membra sua suscipitur, susceptores suos etiam per semetipsum requirit; et tamen nos ad hospitalitatis gratiam pigri sumus. *Idem, ejusdem*

(58) Monac. : *vassicnem.*

ibri homilia XXXIX de Martyrio monacho qui ipsum Dominum Jesum Christum in specie leprosi sustulit in humeros et portavit : Cumque jam monasterii foribus propinquaret, spiritualis Pater ejusdem monasterii magnis clamare vocibus cœpit. *Currite, currite, januas monasterii citius aperite, quia frater Martyrius venit Dominum portans.* Statim vero ut Martyrius ad monasterii aditum pervenit, is qui leprosus esse putabatur de collo ejus exsiliens et in ea specie apparens, qua recognosci ab hominibus solet Redemptor humani generis, Deus et homo Christus Jesus, ad cœlum Martyrio aspiciente rediit, eique ascendens dixit : *Martyri, tu me non erubuisti super terram, ego te non erubescam super cœlos.* Qui sanctus vir mox ut est monasterium ingressus, ei Pater monasterii dixit : *Frater Martyri, ubi est quem portabas?* Cui ille respondit dicens : *Ego si scissem quis esset, pedes ejus tenuissem.* Tunc idem Martyrius narrabat quia, cum eum portasset, pondus ejus minime sensisset. Nec mirum ; quomodo enim pondus ejus sentire poterat qui portantem portabat?

XCI.
Quod sola Maria in anima passa sit, et contra.

Ex sermone de assumptione sanctæ Mariæ Hieronymus : Recte igitur beata Dei Genitrix et virgo fuit et martyr ; hinc quoque quod vere passa sit, [testatur] Simeon propheta, loquens ad eam : *Et tuam,* inquit, *animam pertransibit gladius (Luc.* II, 35). Ex quo constat quod alii sancti, etsi passi sunt pro Christo in carne, tamen in anima, quæ immortalis est, pati non potuerunt ; beata vero Dei Genitrix, quia in ea parte passa est, quæ impassibilis habetur, ideo, ut ita fatear, quia spiritualiter et atrociter passa est, propterea et plus omnibus doluit in tantum, ut animam ejus totam pertransiret et possideret vis doloris ad testimonium eximiæ dilectionis. Quia beata Maria mente passa est, plus quam martyr fuit. Nimirum et ejus dilectio amplius fortis quam mors, quia mortem Christi suam fecit. *Augustinus De civitate Dei, lib. XXII* : Si consideremus diligentius, dolor, qui dicitur corporis, magis ad animam pertinet quam ad corpus. Animæ est dolere, non corporis, etiam quando ei dolendi causa existit a corpore, cum in eo loco dolet, ubi læditur corpus. *Idem super Genesin* : Sentire non est corporis, sed animæ per corpus, licet acute disseratur secundum diversitatem corporeorum elementorum sensus esse corpori distributos, anima tamen, cui sentiendi vis inest, cum corporea non sit, per subtilius corpus agitat vigorem sentiendi. Inchoat itaque motum in omnibus sensibus a subtilitate ignis. *Item* : Neque enim corpus sentit, sed anima per corpus, quo velut nuntio utitur ad formandum in semetipsa quod extrinsecus nuntiatur.

XCII.
Quod ante Pentecosten, vel in ipsa, de omnibus sint edocti apostoli, et contra.

Dominus ad apostolos secundum Joannem (xv, 15) : Vos autem dixi amicos, quia quæcunque audivi a Patre meo nota feci vobis. *Item* (XVI, 12) : Adhuc multa habeo vobis dicere, sed non potestis portare modo. Cum autem venerit ille Spiritus veritatis, docebit vos omnem veritatem. *Paulus in Epistola ad Galatas* (II, 11) : Cum autem Cephas venisset Antiochiam, in faciem ei restiti, quia reprehensibilis erat.

XCIII.
Quod Petrus et (59) *Paulus et cæteri apostoli sint æquales, et non.*

Ambrosius super Lucam, lib. I : Gemina virtus est in homine perfecto, ut et intentio sit et actio : *Item* : Ubi dicit Petrus : *Animam meam pro te ponam (Joan.* XIII, 37), erat intentio passionis, sed nondum actio. *Item* : Cum multa apostolica virtute peregisset, postea tulit crucem atque actionem subiit passionis, sed fuit in Petro, Andrea, Joanne, cæteris apostolis et intentionis et actionis æqualitas. *Ex sermone quodam in passione apostolorum Petri et Pauli*, sic incipit : Cum omnes beati apostoli parem gratiam apud Deum sanctitatis obtineant, nescio quo tamen pacto Petrus et Paulus videntur præ cæteris peculiari quadam in Salvatore, fidei virtute præcellere, quod quidem ex ipsius Domini judicio possumus approbare. Nam Petro sicut bono dispensatori claves regni cœlorum dedit, Paulo tanquam idoneo doctori magisterium ecclesiasticæ institutionis. *Item* : Clavem quodammodo a Christo scientiæ et Paulus accepit. Ambo igitur claves perceperunt a Domino, ille scientiæ, iste potentiæ. Sic enim scientiæ thesauri, sicut scriptum est : *In quo sunt omnes thesauri sapientiæ et scientiæ absconditi (Coloss.* II, 3). Ergo beati Petrus et Paulus eminent inter universos apostolos et peculiari quadam prærogativa præcellunt, unde inter ipsos quis cui præponatur incertum est. Puto enim illos æquales esse meritis. *Ex sermone Leonis papæ in festivitate Petri et Pauli* : De quorum meritis atque virtutibus, quæ omnem superant loquendi facultatem, nihil diversum, nihil debemus sentire discretum, quia illos et electio pares, et labor similes, et fecit æquales finis. *Paulus in Epistola prima ad Corinthios* (XV, 8) : Novissime autem omnium tanquam abortivo visus est et mihi. Ego sum minimus apostolorum, quia non sum dignus vocari apostolus, quoniam persecutus sum Ecclesiam Dei. Gratia autem Dei sum id quod sum, et gratia ejus in me vacua non fuit, sed abundantius illis laboravi, non ego autem, sed gratia Dei mecum. *Gregorius super Ezechielem homilia XVIII* : Certe Paulus, cum Petrus apostolus servare adhuc consuetudinem legis cir-

---

(59) Cous. : *vel.*

cumcisione vellet, ei in faciem restitit, et hoc ejus studium discipulis loquens non solum culpam, sed quod est majus, hypocrisim, id est simulationem nominat, dicens : *Et simulatione ejus consenserant cæteri Judæi* (Gal. II, 13). Idem vero apostolorum primus, cum a quibusdam detrahi de Pauli scriptis agnosceret, dicit (*II Petr.* III, 15) : *Sicut charissimus frater noster Paulus secundum datam sibi sapientiam scripsit vobis, loquens in eis de his in quibus sunt quædam difficilia intellectu, quæ indocti depravant ad suam ipsorum perditionem.* Ecce Paulus in Epistolis suis scribit Petrum reprehensibilem ; ecce Petrus in suis asserit Paulum in his quæ scripserat admirandum. Certe nisi legisset Petrus Pauli Epistolas, non laudasset. Si autem legit, quia illic ipse reprehensibilis diceretur, invenit. Reprehensus est, atque ei hoc ipsum placuit, quia in his non placuerat, quæ aliter quam debuerat sensit. Seque etiam minori fratri ad consensum dedit, atque in eadem re factus est se minor, ut etiam in hoc præiret ; quatenus qui primus erat in apostolatus culmine, esset primus et in humilitate. *Item* : Ecce a minore suo reprehenditur, et reprehendi non dedignatur. Non ad memoriam revocat, quid primus in apostolatum vocatus sit, quod claves regni cœlestis acceperit, quæcunque peccata in terra solveret, essent soluta et in cœlo, etc. *Hieronymus ad Paulinum presbyterum* : Paulus apostolus vas electionis de persecutore mutatus, novissimus in ordine, et primus in meritis est, quia, extremus licet, plus omnibus laborat. *Hieronymus ad Damasum* : Dominus atque Salvator omnia non est in omnibus, sed pars in singulis, verbi gratia in Salomone sapientia, in Petro fides, in Joanne virginitas, in cæteris cætera. Cum autem finis advenerit, tunc omnia in omnibus erit, ut singuli sanctorum omnes virtutes habeant, et sit totus Christus in cunctis. *Ambrosius super Lucam* (IX, 27) : *Sunt aliqui hi stantes qui non gustabunt mortem, donec videant regnum Dei.* Non de omnibus (60), sed de pluribus dicit. Neque enim Petrus est mortuus, cui inferi porta prævalere non potuit, nec Jacobus et Joannes mortui, filii tonitrui, quibus in visum (61) gloriæ cœlestis assumptis non prævalent terrena, sed subjacent. *Item* : Ergo ut scias quia Petrus et Jacobus et Joannes mortem non gustaverint, gloriam resurrectionis videre meruerunt. Solos enim tres istos post hæc verba in diebus octo assumpsit et duxit in montem. *Item* : Tres autem soli et tres electi ducuntur in montem. Petrus ascendit, qui claves regni cœlorum accepit ; Joannes, cui committitur mater ; Jacobus, qui primus solium sacerdotale conscendit. *Augustinus super Epistolam ad Galatas* : Petrus et Jacobus et Joannes honoratiores in apostolis erant, quia ipsis tribus se in monte Dominus ostendit. *Symbolum Ephesini concilii* : Denique Petrus et Joannes æquales sunt ad alterutrum digni-

tatis, propter quod apostoli esse monstrantur et sancti discipuli.

XCIV.

Quod Petrus instinctu diaboli Domino persuaserit vitare mortem, et contra.

Hilarius super Matthæum : Nam cum prædicare cœpisset, oportere se Hierosolymam ire, pati deinde plura a senioribus plebis, et a senioribus et principibus sacerdotum, occidi etiam et post tertiam diem resurgere, apprehendit eum Petrus, et ait : *Absit a te, Domine! non erit istud* (*Matth.* XVI 22). At ipse conversus Petro dixit : *Vade retro post me, Satana, scandalum es mihi* (*ibid.*). Igitur post prædicationem passionis accipiens diabolus facultatem (usque ad tempus enim ab eo secesserat, quia incredibile satis apostolis videretur, eum in quo Deus erat esse passibilem), sumens hanc humanæ infidelitatis occasionem, opinionis istius Petrus insinuavit affectum. Denique ita passionem detestatus est, ut dixerit *absit*, quo verbo rerum detestandarum exsecratio continetur. Sed sciens Dominus diabolicæ artis instinctum Petro ait : *Vade retro post me*, id est ut exemplo passionis se sequatur. In cum vero, per quem opinio hæc suggerebatur, conversus adjecit : *Satana, scandalum es mihi*. Non enim convenit existimare, Petro Satanæ nomen et offensionem scandali deputari post illa indultæ et beatitudinis et potestatis tanta præconia. Sed quia infidelitas omnis diaboli opus est, Petri responsione Dominus offensus cum opprobrio nominis infidelitatis istius est detestatus auctorem. *Hieronymus super Matthæum* (IV, 9) : *Hæc omnia tibi dabo, si cadens adoraveris me. Tunc dixit ei Jesus : Vade retro, Satana;* Petro dicitur : *Vade retro me, Satanas*, id est sequere me, qui contrarius es voluntati meæ ; hic vero addit, *vade retro, Satanas*, et non dicitur *retro me*, ut subaudiatur, vade in ignem æternum.

XCV.

Quod solus Christus fundamentum sit Ecclesiæ, et contra.

Paulus in prima Epistola ad Corinthios : *Fundamentum enim aliud nemo potest ponere præter id quod positum est, quod est Christus Jesus. Augustinus Retractationum contra epistolam Donatiam* (62) : Dixi de apostolo Petro quod in illo tanquam in petra fundata sit Ecclesia ; qui sensus etiam cantatur in versibus beati Ambrosii, ubi de gallo gallinaceo ait : hoc, ipsa petra Ecclesiæ canente, culpam diluit ; sed scio me postea sic exposuisse quod dictum : *Tu es Petrus, et super hanc petram ædificabo Ecclesiam meam* (*Matth.* XVI, 18), ut super hunc intelligeretur, quem confessus est Petrus dicens : *Tu es Christus, Filius Dei vivi* ; ac si Petrus, ab hac petra appellatus, personam Ecclesiæ figuraret, cum super hanc petram ædificaretur. Non enim dictum est illi : *Tu es petra, sed tu es Petrus* ; petra autem

(60) Editt. *uno.*
(61) Editt. *in usum.*

(62) Cous. *Donatiani*

erat Christus. *Cyprianus in epistola De disciplina et habitu virginum*: Petrus etiam, cui oves suas Dominus pascendas tuendasque commendat, super quem posuit et fundavit Ecclesiam, etc. *Idem ad Juvaianum, de recitando haereticorum baptismo*: Manifestum est autem, ubi et per quos remissio peccatorum dari possit. Nam primum Petro Dominus, super quem aedificavit Ecclesiam, dedit ut id solveret in terris quod ille solvisset. *Idem de eodem ad Quintum*: Petrus, quem Dominus primum elegit et super quem aedificavit Ecclesiam suam. *Origenes super Matthaeum: Quaecunque ligaveris super terram.* Quoniam autem qui episcopatus vindicant locum, utuntur hoc textu quemadmodum Petrus, et claves regni coelorum a Christo acceptas docent: qui ab eis ligati fuerint in coelo esse ligatos, et qui ab eis soluti fuerint, id est remissionem acceperint, esse et in coelo solutos: dicendum est, cum benedicunt, si opera habeant illa propter quae dictum est illi Petro: *Tu es Petrus*, et si tales sint ut super eos aedificetur Ecclesia Christi. *Ecclesiastica historia, lib. VI*, de his quae in expositione primi psalmi dicit Origenes: Petrus vero, super quem fundatur Ecclesia, duas tantum Epistolas scribit. *Ambrosius in Hexameron*, de operibus quintae diei, cum de gallo loqueretur: Hoc postremo, canente ipsa petra Ecclesiae, culpam suam diluit, quam, priusquam gallus cantaret, negando contraxerat. *Hieronymus in Epistolam primam ad Corinthios*: Si quis enim superaedificat, super fidem aedificat quilibet doctor. *Item*: Hic magistros et doctores significat super fundamentum, quod est Christus, homines recte instruere vel prave; in quibus magistrorum doctrina in die judicii in igne revelabitur, ubi consumptis peccatoribus probati manebunt. Doctores autem, super his qui probati fuerint, mercedem retributionis accipient; in illis vero quos ignis exusserit, damno afficientur, quia in vacuum laboraverunt. *Idem super Jeremiam* (xvi, 16) *in lib. III: Et venabuntur eos de omni monte et de cavernis petrarum.* Non solum Christus petra, sed et Petro apostolo donavit ut vocaretur petra. *Idem ad Marcellam, de fide nostra et Montani haeretici dogmate*: Si igitur apostolus Petrus, super quem Dominus fundavit Ecclesiam, etc. *Idem in psalmum LXXXVI: Fundamenta ejus in montibus sanctis.* Fundamenta ejus sive Dei sive certe Ecclesiae. Qui sunt autem fundamenta Dei, nisi Pater et Filius et Spiritus sanctus? Loquitur Paulus (*I Cor.* III, 10): *Quasi sapiens architectus fundamentum posui*, hoc est fidem Trinitatis. Et in alio loco: *Exspectabant enim civitatem habentem fundamenta, cujus artifex et conditor Deus* (*Hebr.* XI, 10). Quos nos possumus dicere montes? apostolos; in illis erant fundamenta, ubi primum posita est fides Ecclesiae. *Diligit Dominus portas Sion* (*Psal.* LXXXVI, 2). Legamus Apocalypsim et Isaiam, ubi aedificatur civitas Hierosolyma, et XII portae ipsius dicuntur; manifestum est quod de apostolis scripsit; aliter mihi videntur portae Sion esse virtutes (Hieron. opp. II, 347). *Idem super Matthaeum: Et super hanc petram aedificabo Ecclesiam meam*, Sicut ipse lumen apostolis donavit, ut lumen mundi appellarentur, caeteraque ex Deo sortiti vocabula sunt, ita et Simoni, qui credebat in petram Christum, petrae largitus est nomen; ac, secundum metaphoram petrae, recte dicitur ei: *Aedificabo Ecclesiam meam super te.* Item: *Absit a te, Domine! non erit tibi hoc* (*Matth.* XVI, 22). Consideret, qui hoc quaerit, petram illam, benedictionem ac potestatem et aedificationem super eum Ecclesiae in futuro promissam, non in praesenti datam. *Aedificabo*, inquit, *super te Ecclesiam meam, et portae inferni*, etc. Quae si statim dedisset ei, nunquam in eo pravae confessionis error invenisset locum. *Leo universis provinciae episcopis*: Dominus Jesus instituit ut veritas, quae antea legis et prophetarum praeconio continebatur, per apostolicam tubam in salutem universitatis exiret, sicut scriptum est: *In omnem terram exivit sonus eorum* (*Psal.* XVIII). Sed hujus muneris sacramentum ita ad omnium apostolorum officium pertinere voluit, ut in beatissimo Petro principaliter collocaret, ut ab ipso quasi quodam capite dona sua velut in omne corpus diffunderet, ut exsortem se mysterii (63-69) intelligeret esse divini, qui ausus fuisset a Petri soliditate recedere. Hunc enim in consortium individuae unitatis assumptum, id quod ipse erat voluit nominare dicendo: *Tu es Petrus*, etc., ut aeterni templi aedificatio mirabili munere gratiae in Petri soliditate consisteret. *Sermo primus Maximi episcopi in festivitate apostolorum Petri et Pauli*: Hic est Petrus, cui Christus Dominus communionem sui nominis libenter indulsit. Ut enim, sicut apostolus Paulus edocuit, petra erat Christus, ita per Christum Petrus factus est petra, dicente Domino: *Tu es Petrus*, etc. Nam sicut in deserto Dominico sitienti populo aqua fluxit e petra, ita universo mundo perfidiae ariditate lassanti (70) de ore Petri fons salutiferae confessionis emersit.

XCVI.

Quod Petrus non negaverit Christum, et contra.

Ambrosius super Lucam lib. X, cap. XXII: Consideremus quo in statu Petrus neget. *Frigus*, inquit, *erat* (*Joan.* XVIII, 18). Si tempus consideremus, frigus esse non poterat. Sed frigus erat ubi Jesus non agnoscebatur, ubi non erat, qui lucem videret, et ubi negabatur ignis consumens. Frigus erat mentis, non corporis. *Item*: Petrus itaque prodenti ancillae, quod ex illis esset, qui cum Jesu Galilaeo erant, prima voce Matthaeus posuit respondisse: Nescio quid dicas. Hoc etiam Marcus, qui secutus est Petrum, et ex ipso potuit verius cognoscere. Prima igitur vox negantis est Petri, qua tamen non negare Dominum, sed a proditione separasse se mulieris

---

(63-69) Cous.: *beneficii pro se mysterii.*

(70) Cous.: *lacerato.*

videtur. Quid tamen negaverit considera, ex illis utique se esse qui cum Jesu Galilæo erant vel, ut Marcus posuit, cum Jesu Nazareno. Nunquid negavit cum Dei fuisse sese Filio? Hoc est dicere: Nescio Galilæum; nescio Nazarenum, quem Dei Filium novi. Habeant homines locorum vocabula, Dei Filium patria non potest nuncupare, cujus majestatem nullus locus includit. Et ut scias hoc verum esse, etiam exemplo probatur. Nam alibi, cum interrogaret Dominus discipulos: *Quem me dicunt homines esse filium hominis?* alii Eliam, alii Jeremiam dixerunt, aut de prophetis unum. Petrus autem ait: Tu es Christus, Filius Dei vivi. Nunquid et ibi negavit, quod Christum non filium hominis, sed Dei Filium maluit confiteri? Certe quid hic putamus ambiguum, quod etiam Christus probavit? Aliud accipe. Interrogatus enim Petrus, tu ex illis es, qui cum Jesu Galilæo erant? Verbum æternitatis hic refugit; non enim erant, qui esse cœperant, hoc est dicere, ille solus erat, qui in principio erat. Denique ait: *Non sum ego.* Illius enim est esse, qui semper est. Unde et Moyses (*Exod.* III, 14) ait: *Qui est, misit me.* Rursum cum urgeretur quod ex illis esset, secundum Marcum negavit. Negavit ex illis se esse, qui cum Galilæo erant, non negavit cum Dei Filio. Denique secundum Matthæum proditus, quod cum Jesu Nazareno fuisset, ait: *Nescio hominem.* Hoc idem et in tertia voce uterque de quibus proposuimus evangelista, cum juramento respondisse posuerunt, quia nesciret hominem. Et bene negavit hominem, quem sciebat Deum. Denique ubi jusjurandum est, cauta responsio est. Nam et si negavit Petrus, non tamen pejeravit, quia nec Dominus pejeraturum esse eum commemoraverat. Et si in Petro dubium est, quam periculosum est jusjurandum? Joannes autem sic posuit, quoniam interrogatus ab ancilla Petrus, utrum ex discipulis esset hominis illius, prima voce respondit: Non sum. Non enim erat hominis apostolus, qui erat Christi. Denique et Paulus hominis apostolum se esse negavit, dicens: *Paulus apostolus ab hominibus, neque per hominem, sed per Jesum Christum et Deum Patrem (Gal.* I, 1). Sed ne videretur ambiguum aliquod incarnationis afferre, subjecit: *qui suscitavit eum a mortuis, ut et hominem credas, cum Deum ante credideris.* Quod alibi quoque eodem tenore custodit, ubi ait: *Unus enim Deus, unus mediator Dei et hominum, homo Christus Jesus* (*I Tim.* II, 2). Prius enim mediatorem Dei quam hominum nuncupavit. Non enim satis est utrumque credere, nisi fidei ordo servetur. Concordat igitur ubique responsio. Nam qui dixit, nescio hominem, æquum erat ut interrogatus utrum esset ex discipulis hominis, diceret: Non sum. Itaque non Christi negavit se discipulum, sed hominis negavit esse discipulum. Itaque et Petrus et Paulus hominem negaverunt quem Dei Filium fatebantur.

Quod sensit Petrus, Paulus expressit, huic et ille profecit. Error Petri doctrina apostolorum est; et titubatio Petri omnium petra est. Denique super undas titubat, sed dextram porrigit Christus. In monte cadit, sed levatur a Christo. Titubavit quidem Petrus in mari, sed ambulavit. Firmior titubatio Petri, quam nostra est firmitas. Ibi cadit, quo nullus ascendit; ibi nutat, quo nullus ambulat. Et tamen inter undas licet titubat, non labitur; nutat, non cadit; fluitat, non præcipitatur. Etsi cecidit, in monte tamen cecidit; sed felicius ille cecidit, quam alii steterunt, felicius cecidit, quem Christus levavit. Iterum autem interrogatum quod (71) ex discipulis ejus esset Joannes scripsit negasse. Et bene negavit, quia ex ejus dicebatur esse discipulis, quem hominem in superioribus sunt locuti. Nam et tertio quod cum illo visus esset negavit, et hoc de superioribus derivatur. Cum illo, quem hominem nuncupatis, non fui, sed a Dei Filio non recessi. Lucas quoque scripsit Petrum interrogatum, utrum ex illis esset, respondisse prima voce: *Non novi illum,* et bene dixit. Temerarium quippe erat, ut diceret, quia noverat eum quem mens humana non potest comprehendere. *Nemo enim novit Filium, nisi Pater* (*Matth.* XI, 27). Rursus secunda voce secundum Lucam idem Petrus ait: *Non sum ego.* Maluit videlicet se negare quam Christum; aut quia videbatur negare Christi societatem, utique se negavit. Certe cum de homine negat, in filium peccavit hominis, ut remitteretur ei; non in Spiritum sanctum. Tertio quoque interrogatus ait: *Nescio quid dicas,* hoc est sacrilegia vestra nescio. Sed nos excusamus; ipse non excusavit. Non enim satis est involuta responsio confitentis Jesum, sed aperta confessio. Quid enim prodest verba involvere, si videri vis denegasse? Et ideo Petrus non de industria sic respondisse inducitur, quia postea recordatus est et flevit. Maluit enim ipse suum peccatum accusare, ut justificaretur fatendo quam gravaretur negando. *Justus enim in principio accusator est sui* (*Prov.* XVIII, 17), et ideo flevit. Quare flevit? Quia culpa obrepsit ei. Ego soleo flere, si culpa mihi desit, hoc est si non me vindicem, si non obtineam quod improbe cupio. Petrus doluit et flevit, quia erravit ut homo. Idem in Hexaemeron de die V: *Non cantabit gallus, priusquam ter me negabis.* Bene fortis in die Petrus, in nocte turbatur, et ante galli cantum labitur, et labitur tertio, ut scias non inconsulta effusione sermonis esse prolapsum, sed mentis quoque mutatione prolapsum. *Matthæus* (XXVI, 33): Respondens Petrus ait: Et si omnes scandalizati fuerint in te, ego nunquam scandalizabor. Ait illi Jesus: Amen dico tibi antequam gallus cantet, ter me negabis. *Item:* Petrus vero sedebat foris in atrio. Et accessit una ancilla ad eum dicens: Et tu cum Jesu Galilæo eras. At ille negavit coram omnibus: Nescio quid dicis.

(71) Editt.: *num.*

Exeunte autem illo januam, vidit eum alia ancilla et ait his qui erant ibi : Et hic erat cum Jesu Nazareno. Et iterum negavit cum juramento, quia non novi hominem. Et post pusillum accesserunt qui stabant et dixerunt Petro : Vere et tu ex illis es, nam et loquela manifestum te facit. Tunc coepit detestari et jurare, quia non novisset hominem. *Marcus* (xiv, 29) : Petrus autem ait illi : Et si omnes scandalizati fuerint in te, sed non ego. Et ait illi Jesus : Amen dico tibi, quia tu hodie in hac nocte, priusquam gallus bis vocem dederit, ter me es negaturus. *Lucas* (xxii, 31) : Ait autem Dominus Simoni : Simon, ecce Satanas expetivit te, ut cribraret sicut triticum. Ego autem rogavi pro te, ut non deficiat fides tua, et tu aliquando conversus confirma fratres tuos. Qui dixit ei : Domine, tecum paratus sum et in carcerem et in mortem ire. Et ille dixit : Dico tibi, Petre, non cantabit hodie gallus, donec ter abneges me nosse. *Joannes* (xiii, 38) : Dicit ei Petrus : Quare non possum te modo sequi ? Animam meam pro te ponam. Respondit Jesus : Animam tuam pones pro me ? Amen, amen dico tibi : non cantabit gallus, donec me ter neges. *Augustinus super Joannem tractatu LXVI :* Negavit ille et dixit, *non sum.* An apostolus Petrus, sicut eum quidem favore perverso excusare nituntur, Christum non negavit, quia interrogatus ab ancilla hominem se nescire respondit, quasi vero qui hominem Christum negat, non Christum negat. Qui ergo ita confitetur Christum Deum, ut hominem neget, non pro illo mortuus est Christus, quia secundum hominem mortuus est Christus. Qui negat hominem Christum, non justificatur, quia *sicut per inobedientiam unius hominis,* etc. (Rom. v, 19). Qui negat hominem Christum, non resurget in resurrectionem vitæ, quia et per hominem resurrectio mortuorum. *Item :* Petrus si negato Christo hinc iret, quid aliud quam periret ? *Beda super Lucam* (xxii, 56) : *At ille negavit eum dicens : Mulier, non novi illum.* Quidam, pio erga apostolum Petrum affectu, locum hunc ita interpretantur, quasi benedixerit se illum non nosse, quem mens humana nescit comprehendere, quia nemo novit Filium nisi Pater. Iterum quoque inquisitus dixerit : o homo, non sum, malens se negare quam Christum. Sed tertio interrogatus cum ait : homo, nescio quid dicis, significaverit, se sacrilegia eorum nescire, hoc est reprobando et exsecrando damnare. Sed hæc quam frivola sit expositio, et Dominus, qui se ter negandum a Petro dixerat, et ipse Petrus insinuat, qui se non de industria, sed de subreptione locutum subsequentibus [lacrymis] manifestat.

XCVII

Quod Petrus et Paulus eodem prorsus die, non revoluto anni tempore, passi sint, et contra.

Ex ecclesiastica historia lib. II, cap. XXV, ex *dictis Dionysii Corinthiorum episcopi de Petro et Paulo :* Ambo etenim simul adventantes et in Corinthia Ecclesia docuerunt, et per omnem Italiam atque in hac urbe simul docentes etiam martyrio pariter uno, eodemque tempore coronati sunt. *Anacletus omnibus episcopis et sacerdotibus in ea :* Benedictus Deus ! Paulus, vas electionis, uno die unoque tempore gloriosa morte cum Petro sub principe Nerone agonizans coronatus est. *Hieronymus De illustribus viris, cap. I :* Simeon Petrus, filius Joannis, provinciæ Galilææ, vico Bethsaida, frater Andreæ apostoli, et princeps aliorum, post episcopatum Antiochenensis Ecclesiæ et prædicationem dispersionis eorum quid de circumcisione crediderant, in Ponto, Galatia, Cappadocia, Asia et Bithynia, secundo Claudii anno, ad expugnandum Simeonem Magum Romam pergit, ibique XXV annis cathedram sacerdotalem tenuit usque ad ultimum annum Neronis, id est XIV, a quo et affixus est cruci, martyrio coronatus est, capite ad terram verso et in sublime pedibus elevatis, asserens se indignum, quod sic crucifigeretur sicut et Dominus suus. *Item cap. V de Paulo :* Et hic quoque XIV. Neronis anno eodem die quo Petrus Romæ pro Christo capite truncatus sepultusque est in via Ostiensi, anno post passionem Domini XXXVII. *Gregorius Turonensis lib. I miraculorum, cap. XXVIII :* Paulus apostolus post revolutum anni circulum ipsa die qua Petrus apostolus passus occubuit. *Martyrologium, commemoratio sancti Pauli apostoli :* Quem cum beato Petro cruce appenso cœlum gladio necatum et cepit, una non tamen die quidem, sed evoluto anni tempore, ut vir disertus Arator (72) scribit.

XCVIII.

Quod Paulus, ante conversionem quoque, tam Paulus quam Saulus vocatus sit, et contra.

Rufinus secundum Origenem in Epistola Pauli ad Romanos : Quibusdam visum est quod a Paulo proconsule, quem apud Cyprum fidei Christi subjecerat, vocabulum apostolus sibi sumpserit, sicut reges solent [devictis], verbi gratia sicut a Parthis Parthici et Gothis Gothici nominari. Quod ne nos quidem usquequaque evacuandum putamus. Tamen quia nulla talis in Scripturis divinis consuetudo deprehenditur, magis ex his quæ in exemplo sunt absolutionem quærimus. Invenimus igitur in Scripturis aliquantos binis, alios etiam ternis usos esse nominibus. Secundum ergo hanc consuetudinem videtur nobis Paulus duplici usus vocabulo, et donec quidem genti propriæ ministrabat, Saulus esse vocitatus, quod et magis appellationi patriæ vernaculum videbatur, Paulum autem appellatum esse, cum gentibus præcepta conscripsit. Nam et hoc ipsum quod Scriptura dicit, *Saulus qui et Paulus* (Act. xiii, 9), evidenter Pauli nomen veteris appellationis fuisse designat. *Hieronymus ad*

---

(72) Arator, poeta Christianus, qui historiæ apostolicæ libros duos sæculo sexto conscripsit.

Paulam et Eustochium in expositione Epistolæ Pauli ad Philemonem : Neque vero putandum est Saulum ante dictum esse, et non Saul, quia et de tribu Benjamin erat, in qua hoc nomen familiarius habebatur, si quidem et ille Saul rex, persecutor David, de tribu Benjamin fuit. Quod autem Saulus a nobis dicitur, non mirum est Hebræa nomina ad similitudinem Græcorum et Romanorum casum declinari, ut sicut pro Joseph Josephus et pro Jacob Jacobus, ita et pro Saul quoque Saulus in nostra lingua dicatur. *Item de Paulo et Barnaba* : Qui cum Paphum pervenisset, invenerunt quemdam magum cum proconsule Sergio Paulo, qui, accersitis Barnaba et Paulo, desiderabat Dei ab eis audire sermonem. Resistente itaque Mago et a fide Sergium separante, *Saulus*, ait Scriptura, *qui et Paulus, repletus Spiritu sancto, intuens in eum dixit : O fili diaboli, non desistis subvertere vias Domini. Ecce manus Domini super te, et eris cæcus usque ad tempus. Confestimque cecidit super eum caligo, et circuiens quærebat qui ei manum daret. Tunc proconsul credidit. Et cum a Papho navigassent, Paulus et qui cum illo erant venerunt Pergen Pamphyliæ* (Act. XIII, 9-13). Attende diligenter, quando primum Pauli nomen acceperit. Ut enim Scipio, subjecta Africa, Africani sibi nomen imposuit, ita et Paulus ad prædicationem gentium admissus a primo Ecclesiæ spolio proconsule Sergio Paulo victoriæ suæ trophæa retulit erexitque vexillum, ut Paulus diceretur e Saulo. Si autem et interpretatio nominis quæritur, Paulus in Hebræo mirabilem sonat. Revera mirum ut post Saul, quod interpretatur rex petitus (73), eo quod ad vexandam ecclesiam fuisset a diabolo postulatus, de persecutore vas fieret electionis. *Idem super Epistolas Pauli* : Sicut in aliorum sanctorum, id est Abrahæ, Petri et cæterorum profectu et incremento mutata sunt nomina, ut essent etiam ipso nomine novi, ita et Paulus in gratia proficiens nomen ipsum mutavit. *Augustinus, Confessionum lib. VIII* : Ipse minimus apostolorum, cum Paulus proconsul per ejus militiam sub jugum Christi tui esset missus, ipse quoque ex Saulo Paulus vocari amavit ob tam magnum insigne victoriæ. *Idem De spiritu et littera* : Paulus cum Saulus prius vocaretur non ob aliud, quantum mihi videtur, hoc nomen elegit, nisi ut se ostenderet parvum tanquam minimum apostolorum contra superbos et de suis operibus præsumentes pro commendanda Dei gratia. *Idem in psalmo LXXI* : Primo Saulus, deinde Paulus, et primo superbus, postea humilis. Saul rex superbus fuit. Ex Saulo factus est Paulus, ex superbo modicus; Paulus enim modicus est. Audi, quomodo fuerit Saulus, et quomodo sit Paulus : *Qui fui*, inquit, *persecutor et blasphemus et injuriosus* (I Tim. I, 13). Audisti Saulum, audi et Paulum : *Ego enim sum*, inquit, *minimus apostolorum, qui non sum dignus vocari apostolus, quia persecutus sum Ecclesiam Dei ; sed gratia Dei sum id quod sum* (I Cor. XV, 9); minimus in se, grandis in Christo.

XCIX.

Quod Jacobus justus, frater Domini, filius fuerit Joseph, sponsi Mariæ, et contra.

Ambrosius in Epistola ad Galatas : Nisi Jacobum fratrem Domini ; Jacobus iste constitutus erat ab apostolis episcopus Hierosolymæ ; fuit autem filius Joseph, qui nuncupatus est pater Domini, unde et frater Domini appellatus est. *Ecclesiastica historia, lib. II, cap. I* : Jacobus in quem dicebatur frater Domini pro eo quod esset filius Joseph, qui Christi quasi pater habebatur, quoniam desponsata fuerat ei Virgo Maria. *Gregorius Turonensis, Historiarum lib. I, cap. XXII* : Fertur Jacobus apostolus, cum Dominum jam mortuum vidisset in cruce, detestasse ac jurasse nunquam se comesturum panem, nisi Dominum cerneret resurgentem. Tertia demum die rediens Dominus spoliato tartaro cum triumpho Jacobo se ostendens ait : Surge, Jacobe, comede, quia jam a mortuis resurrexi. Hic est Jacobus justus, quem fratrem Domini nuncupant pro eo quod Joseph fuerit filius ex alia uxore progenitus. *Hieronymus De illustribus viris, cap. II* Jacobus, qui appellatur frater Domini, cognomento justus, ut nonnulli existimant, filius Joseph ex alia uxore, ut autem mihi videtur, Mariæ, sororis matris Domini, cujus Joannes in libro suo meminit, filius, post passionem Domini statim ab apostolis Hierosolymorum episcopus ordinatus. *Idem adversus Helvidium* : Possumus hac existimationis possibilitate contendere, plures quoque uxores habuisse Joseph, et de his uxoribus esse fratres Domini, quod plerique non tam pia, quam audaci temeritate confingunt. Tu dicis Mariam virginem non mansisse ; ego mihi plus vindico, etiam ipsum Joseph virginem fuisse per Mariam, ut ex virginali conjugio virgo filius nasceretur. Si enim in virum sanctum fornicatio non cadit, et aliam uxorem eum non habuisse scribitur, Mariæ autem, quam maritus putatus (74) est habuisse, custos fuit potius : relinquitur, eum virginem mansisse cum Maria, qui pater Domini meruit appellari. *Idem CXXX, cap. III* (Comment. in Matth. XIII). Quidam sequentes deliramenta apocryphorum suspicantur, fratres Domini foris stantes esse filios de quadam muliercula. Sed consobrinos salvatoris fratres ejus hic intelligere debemus, scilicet liberos materteræ ejus, id est matris Jacobi junioris et Judæ et Joseph. *Idem in Epistola ad Galatas* : Jacobus frater Domini dicitur, quoniam de Maria Cleophæ, sorore matris Domini, natus esse monstratur.

C.

Quod Jacobus justus, frater Domini, primus fuerit episcopus Hierosolymæ, et contra.

Ecclesiastica historia lib. II, cap. I : Duos autem

---

(73) Edd. : *expetitus.*

(74) Monac. : *optatus.*

fuisse Jacobos constat, unum, qui de pinna templi dejectus, fullonis (75) vecte percussus est et morti traditus. Alius autem est ille, qui ab Herode capite cæsus est. Hunc, inquam, Jacobum, qui justus cognominatus est ab antiquis virtutum merito et insigni vitæ privilegio, primum historiæ tradunt suscepisse Ecclesiæ, quæ Hierosolymis est, sedem sicut Clemens in VI Disputationum libro asserit dicens : Petrus et Jacobus et Joannes post assumptionem Salvatoris, quamvis ab ipso fuerint omnibus pene prælati, tamen non sibi vindicant principatus gloriam, sed Jacobum, qui dicebatur justus, apostolorum episcopum statuunt. *Ex præfatione Nicæni concilii* : Nam et Hierosolymitanus episcopus ab omnibus habetur honorabilis, maxime quoniam illic primus beatissimus Jacobus, qui dicebatur justus, qui etiam secundum carnem frater Domini nuncupatus est, a Petro Jacobo et Joanne apostolis est ordinatus episcopus. *Hieronymus De illustribus viris, cap. II* : Jacobus, qui appellatur frater Domini, cognomento justus, post passionem Domini statim ab apostolis Hierosolymorum episcopus ordinatur. *Ambrosius in Epistola ad Galatas* (I, 19) : *Nisi Jacobum fratrem Domini.* Jacobus iste constitutus erat ab apostolis episcopus Hierosolymæ. *Idem super Lucam* (IX, 27) : *Sunt aliqui hic stantes, qui non gustabunt mortem, donec videant regnum Dei.* Neque enim Petrus mortuus est nec Jacobus et Joannes, filii tonitrui, quibus in visum gloriæ cœlestis assumptis non prævalent terrena, sed subjacent. Solos enim tres istos duxit in montem. *Item* : Tres autem soli et tres electi Domini. Ad montem Petrus ascendit (76), qui claves regni accepit, Joannes, qui committitur mater, Jacobus, qui primus solium sacerdotale conscendit.

CI.

Quod Jacobus justus, frater Domini, primam de VII epistolis canonicis scripserit, et contra.

Ecclesiastica historia lib. II, cap. XXI : De Jacobo justo, cujus illa habetur epistola, quæ prima scribitur inter eas quæ Catholicæ appellantur. *Hieronymus De illustribus viris cap. II, de Jacobo justo* : Unam tantum scripsit Epistolam, quæ de VII Canonicis (77) est *Isidorus De vita et obitu sanctorum Patrum* : Jacobus, filius Zebedæi, frater Joannis, quartus in ordine, duodecim tribubus quæ sunt in dispersione gentium scripsit, atque Hispaniæ et occidentalium locorum gentibus evangelium prædicavit, et in occasu mundi lucem prædicationis infulsit (78). Hic ab Herode tetrarcha gladio cæsus occubuit. Sepultus in techa marmorea (79).

CII.

Quod Philippus diaconus, qui habuit quatuor filias

Virgines prophetissas (80), *et Philippus apostolus iidem non fuerint, et contra.*

Actus apostolorum (XVI, 2) *de ipsis apostolis eligentibus septem diaconos* : Convocantes autem duodecim multitudinem discipulorum dixerunt : Non est æquum nos derelinquere verbum Dei et ministrare mensis. Considerate ergo, fratres, viros ex vobis boni testimonii septem, plenos Spiritu sancto et sapientia, quos constituamus super hoc opus. Nos vero orationi et ministerio verbi instantes erimus. Et placuit sermo coram omni multitudine, et elegerunt Stephanum, virum plenum fide et Spiritu sancto, et Philippum et Prochorum, etc. *Item de interfectione Stephani* (VIII, 1) : Facta est autem in illa die persecutio magna in Ecclesia, quæ erat Hierosolymis, et omnes dispersi sunt per regionem Judææ et Samariæ præter apostolos. Saulus autem devastabat Ecclesiam per domos intrans, et trahens viros ac mulieres tradebat in custodiam. Igitur qui dispersi erant pertransibant, evangelizantes verbum. Philippus autem descendens in civitatem Samariæ prædicabat illis Christum. Intendebant autem turbæ his quæ a Philippo dicebantur, unanimiter audientes et videntes signa quæ faciebat. *Item* (VIII, 14) : Cum autem audivissent apostoli, qui erant Hierosolymis, quia recepisset Samaria verbum Dei, miserunt ad eos Petrum et Joannem. Qui cum venissent, oraverunt pro ipsis, ut acciperent Spiritum sanctum. Nondum enim in quemquam illorum venerat, sed baptizati tantum erant in nomine Domini Jesu. Tunc imponebant manus super illos, et accipiebant Spiritum sanctum. *Item multis interpositis Lucas, qui hæc scripsit de se et de Paulo,* ait (*Act.* XXI, 8) : Alia autem die profecti venimus Cæsaream, et intrantes domum Philippi evangelistæ, qui erat unus de septem, mansimus apud eum. Huic autem erant quatuor filiæ prophetantes. *Beda in eisdem Actibus apostolorum* : Philippus autem descendens in civitatem Samariæ : Philippus de numero disseminatorum fuit; qui primus Samariæ Christum prædicavit. *Item post aliqua de Petro et Joanne* : Tunc imponebant manus super, etc. Philippus, qui Samariæ evangelizabat, unus de septem fuit. Si enim apostolus esset, manum imponere posset, ut spiritum acciperent, quod solis licet episcopis. Nam presbyter, sive præsente episcopo sive absente, cum baptizat, chrismate inungit, quod ab episcopo consecratum est, non tamen frontem oleo signat, quod solus episcopus facit, cum tradit spiritum paracletum baptizatis. *Item de Philippo* : Donec veniret Cæsaream. Cæsaream Palæstinæ dicit, ubi infra domum describitur habuisse, quæ usque hodie monstratur, nec non et cubiculum quatuor filiarum ejus virginum prophetantium. *Rabanus, in eisdem Actibus apostolorum* :

---

(75) Monac. : *sollicitus.*
(76) Editt. : *tres electi ducuntur in montem.* Petrus *ascendit,* etc.
(77) Editt. : *Catholicis.*

(78) Editt. *infudit.*
(79) Editt. : *in Marmarica.*
(80) Verba *qui habuit quatuor filias virgines prophetissæ* desunt apud Cous.

Cum vero credidisset Philippo evangelizanti; dicunt quidam istum Philippum esse apostolum et unum de duodecim, sed non videtur verum secundum seriem hujus libri. Item : *Spiritus Domini rapuit Philippum*, vel Spiritus Domini irruit in eum fortiter, sicut et in apostolos venit. Quanto fides fortior, tanto spiritualis impetus major, ex hoc quod Spiritus irruit in eunuchum, dicitur Philippum apostolum fuisse, a quo tamen nec manus impositionem nec Spiritus sancti invocationem legimus factam. Unde apparet in primitiis gentium non manus impositione, nec invocatione, sed sponte Spiritum descendisse, ut apostoli contra Judæos accusantes eos excusationem haberent, quia gentes baptizabant. Quis enim potest prohibere Spiritum Domini, aut quis arceret ab aqua, in qua Spiritus descenderat. Item *de Philippo* : Huic autem erant filiæ quatuor prophetantes. Alibi filiæ Philippi apostoli prophetissæ dicuntur fuisse, sed veritati hujus loci non est contradicendum, nisi fortasse utrique habuisse filias prophetissas intelligatur. *Eusebius Cæsariensis episcopus in ecclesiastica Historia, lib. III, cap. XXVIII* : Igitur quia de vita et exitu Petri vel Pauli in superioribus explanavimus, sed et tempus Joannis, quo vita excessit, ex parte jam diximus, nunc etiam de loco quietus ejus secundum fidem Polycratis, Ephesii episcopi, [educere] conveniens puto. Hic enim Polycrates Victori, episcopo urbis Romæ, scribens et ipsius Philippi apostoli ac filiarum ejus pariter meminit, dicens : Sicut jam superius inseruimus, quod magna lumina in Asiæ partibus dormierunt, quæ suscitabit Dominus in novissimo die adventus sui, cum veniet in gloria et requiret omnes sanctos suos. Dico autem de Philippo, inquit, qui fuit unus ex apostolis, qui dormivit apud Hierapolin. Sed et duæ ejus filiæ inibi virgines consenuere, et alia ejus filia Spiritu sancto repleta permansit apud Ephesum. Et Joannes ille, qui supra pectus Domini recumbebat, qui sacerdos Dei fuit, pontificale petalum gestans, et martyr et doctor optimus, apud Ephesum dormivit. Hæc etiam de locis, in quibus requiescunt in somno pacis, adjecisse sufficiat. Sed et Gaius, cujus ante mentio hæc facta est in Dialogo suo, quem cum Proculo disputans scribit, de filiabus Philippi simul et obitu ipsius consonis vocibus memorat, dicens : Post hæc autem quatuor fuerunt Philippi filiæ, cujus sepulcrum exstat apud Hierapolin, Asiæ urbem, una cum filiabus suis. De his autem et Lucas in Actibus apostolorum meminit, cum adhuc apud Cæsaream degerent ; dicit ergo ita : *Venimus*, inquit, *Cæsaream et ingressi in domum Philippi evangelistæ, qui erat ex septem, mansimus apud eum. Huic autem erant quatuor filiæ phrophetantes* (*Act.* xxi, 8). *Isidorus in lib. de ortu et obitu Patrum, de Philippo apostolo* : In Hierapoli, Phrygiæ provinciæ urbe, crucifixus lapidatusque obiit ; cadaver ejus simul cum filiabus suis ibidem requiescit. *Martyrologium, Kalendis Maiis, Natalis apostolorum Philippi et Jacobi* : Ex quibus Philippus postquam pene Scythiam ad fidem Christi convertisset, apud Hierapolin, Asiæ civitatem, glorioso fine quievit. Item *VIII, Id. Jun., Natalis beati Philippi, qui fuit unus de septem diaconis* : Hic signis et prodigiis inclitus apud Cæsaream requievit, juxta quem tres virgines filiæ ipsius prophetissæ tumulatæ jacent. Nam quarta filia illius, plena Spiritu sancto, in Epheso occubuit.

CIII.

Quod omnes apostoli uxores habuerint excepto Joanne (81), *et contra.*

Eusebius Cæsariensis episcopus in ecclesiastica Historia lib. III, cap. XXX : Clemens hic sane, cujus voces annotavimus, scribens adversum eos qui nuptias spernunt, inter cætera etiam hæc dicit : An et apostolos improbant? Petrus enim et Philippus uxores habuerunt, et filias etiam viris nuptum dederunt. Sed etiam Paulum non tædet apostolorum in quadam Epistola sua mentionem vel salutationem facere comparis suæ, quam se ideo negat circumducere, ut ad prædicationem Evangelii expeditior fiat. *Ambrosius in II Epistola ad Corinthios* : Omnes apostoli exceptis Joanne et Paulo uxores habuerunt. *Hieronymus ad Eustochium virginem : De virginibus*, inquit Apostolus, *præceptum Domini non habeo* (*I Cor.* vii, 25), quod, et ipse ut esset virgo, non fuit imperii, sed propriæ voluntatis. Neque enim audiendi sunt, qui eum uxorem habuisse confingunt, cum suadens perpetuam castitatem intulerit : *Volo autem omnes homines esse sicut me ipsum* (*I Cor.* vii, 7). Et in alio loco (*I Cor.* ix, 5) : *Nunquid non habemus potestatem mulieres circumducendi, sicut et cæteri apostoli? Idem De illustribus viris* : Jacobus, Domini frater, vinum et siceram non bibit et in utero matris sanctus fuit, carnem nullam comedit, nunquam tonsus est, nec unctus nec usus balneo, genua ejus creduntur traxisse camelorum duritiam. *Idem contra Jovinianum* : Jacobus frater Domini, fuit perpetuæ virginitatis, ut Josephus quoque refert. Ipse scribit in Epistola sua (i, 16) : *Nolite errare, fratres. Omnes datum optimum*, etc. Virgo virginitatem docet, quia omne perfectum desursum est, descendit ubi nuptiæ non sunt. *Haymo in I Epistola ad Corinthios : Volo autem omnes homines esse sicut meipsum*, id est, si fieri posset, vellem omnes homines esse virgines, sicut ego sum, et amare virginitatem, sicut ego amo.

CIV.

Quod in figuris quatuor animalium Matthæus per hominem, Marcus per leonem præfiguratus (82) *sit, et contra.*

Ex generali præfatione Hieronymi in quatuor Evangelia : Hæc ergo quatuor Evangelia multo ante prædicta et Ezechielis quoque volumen probat, in

---

(81) Cous. : *extra Joannem.* (82) Cous. : *præsignatus.*

quo prima visio ita contexitur. Et in medio similitudo quatuor animalium, et vultus eorum facies hominis et facies leonis et facies vituli et facies aquilæ. Prima hominis facies Matthæum significat, qui quasi de homine exorsus sit scribere librum generationis Jesu Christi, filii David, filii Abraham. Secunda Marcum, in quo vox leonis in eremo rugientis auditur, vox clamantis in deserto : *Parate viam Domino, rectas facite vias ejus*. Tertia vituli, qui evangelistam a Zacharia sacerdote sumpsisse initium præfigurat. Quarta Joannem evangelistam, qui assumptis pennis aquilæ et ad altiora festinans de verbo Dei disputat. Unde et Apocalypsis introducit quatuor animalia plena oculis dicens (iv, 7) : *Animal primum simile leoni, et secundum animal simile vitulo, et tertium simile homini, et quartum simile aquilæ volanti*. Quibus cunctis perspicue ostenditur, quatuor tantum debere evangelia suscipi. *Ex quadam alia præfatione, quæ sic incipit :* Inprimis quærendum est, quatuor evangelistæ quid significent, Matthæus faciem hominis, Lucas vituli, Marcus leonis, Joannes aquilæ ; Dominus Jesus Christus totum implevit, homo nascendo, vitulus immolando, leo resurgendo, aquila ascendendo. *Augustinus De concordia evangelistarum, lib. I* : Unde mihi videntur, qui ex Apocalypsi illa quatuor animalia ad intelligendos quatuor evangelistas interpretati sunt, probabilius aliquid attendisse illi, qui leonem in Matthæo, hominem in Marco, vitulum in Luca, aquilam in Joanne intellexerunt, quam illi qui hominem Matthæo, aquilam Marco, vitulum Lucæ, leonem Joanni tribuerunt. De principiis enim librorum quamdam conjecturam capere voluerunt, non de tota intentione evangelistarum, quæ tota vel magis fuerat perscrutanda. Multo enim congruentius ille, qui regiam Christi personam maxime commendavit, leonem accipitur. Quod autem per vitulum Lucas significatus sit, neutri dubitaverunt. Marcus ergo, qui neque stirpem regiam neque sacerdotalem vel cognationem vel consecrationem narrare voluit, et tamen in eis versatus ostenditur, quæ homo Christus, operatus est, tantum hominis figura in illis quatuor animalibus significatus videtur. *Beda super Apocalypsin* : *Et animal primum simile leoni*, etc. Hæc animalia multifarie interpretantur. Beatus autem Augustinus juxta ordinem libri istius Matthæum in leone dicit intelligi, qui regiæ dignitatis in Christo prosapiam narrat, qui et vicit Leo de tribu Juda. Catulus enim leonis Juda, et in quo, ut rex a rege timetur, a Magis adoratur, ubi etiam rex cum servis rationem ponit, rex nuptias filio facit, et ad ultimum segregat oves ab hædis. Facies vero hominis Marcum significat, qui nihil de regali et sacerdotali Domini potentia locutus, tantum hominis Christi gesta simpliciter narrat, etc. *Idem in prologo expositionis suæ super Lucam* : Quod vero ais movere quosdam, quare in Apocalypsi nova interpretatione Matthæum leoni, Marcum homini assignare voluerint, intueri debuerant, quicunque illi sunt, quos hoc movet, quod non mea nova, sed antiqua Patrum explanatione tradidi dixi. Neque enim mihi a me ipso ita visum, sed ita a beato Augustino expositum fuisse memoravi, et paucis etiam, unde hoc affirmaret, adjunxi.

CV.

Quod eadem Maria tam caput quam pedes Domini unxerit, et contra.

Ex homilia Joannis episcopi de proditione Judæ : Tunc abiit unus ex duodecim, etc. Ante proditionis tempus, ante traditionis horam accessit meretrix, vas alabastrum manibus portans, et unguentum Domini capiti supereffudit; paulo ante meretrix subito pudica processit, et quando prostituta lupanar exit, tunc discipulus gehennam intravit. Quando illa mercedem sui corporis abdicabat, tunc pretium magistri et sanguinis postulabat. Quando osculabatur pedes, ut susciperetur, tunc iste Domini labia osculabatur, ut proderet. Ideo dixi, tunc sese magistrum doctoris ostendit, qui et meretrices ab obediendum convolare perfecit. Quid igitur qui meretricum mores voluit commutare, discipulum non retinere ? Valde, inquam, et incunctanter voluit retinere, sed necessitate nolebat bonum efficere. *Hieronymus super Osee in prologo* : Hæc est mulier meretrix et adultera, quæ in Evangelio pedes Domini crine detersit, et confessionis suæ honoravit unguento; indignantibus discipulis, et maxime proditore, quod non fuisset venditum, et pretium illius in alimentum pauperum distributum, Dominus respondet : *Quid molesti estis huic mulieri ? Opus bonum operata est in me ; pauperes enim semper habebitis vobiscum, me autem non semper* (Joan. xii, 8). Et ne putetur leve esse quod fecerat, et nardum pisticum, id est unguentum fidelissimum, ad aliud quid, non ad Ecclesiam esse referendum, dat nobis occasionem intelligentiæ, et magnæ fidei præmia repromittit ei dicens : *Amen, amen, dico vobis, ubicunque prædicatum fuerit hoc Evangelium in toto mundo, dicetur et quod hæc fecerit, in memoriam ejus*. *Idem Damaso secundo tractatu super Canticum canticorum* : Loquitur Evangelium, quia venit mulier habens alabastrum unguenti nardi pistici pretiosi, justo illa peccatrix, sed sancta, de qua [misisti] mihi sermonem. Scio quippe Lucam de peccatrice, Matthæum vero et Joannem et Marcum non de peccatrice dixisse. Venit ergo non peccatrix illa, sed sancta, cujus nomen Joannes quoque inseruit, habens alabastrum unguenti pretiosi, et effudit super caput Jesu. In figura ergo istius, quæ nunc loquitur, *nardus mea dedit odorem suum* (Cant. i, 11), illa super Deum fudit unguentum. *Beda super Lucam* (vii, 37) *lib. III* : *Et ecce mulier, quæ erat in civitate peccatrix*, etc. Quidam dicunt hanc eamdem non esse mulierem, quæ imminente Dominica passione caput pedesque ejus unguenta perfudit, quia hæc lacrymis laverit et crine pedes terserit et manifeste peccatrix appelletur, de illa autem nihil tale scriptum sit, nec potuerit statim capite Domini meretrix dignà fieri. Verum qui diligentius investigant, inveniunt eamdem mulierem, Mariam videlicet Magdalenen, sororem Lazari, sicut narrat Joannes, bis hanc eodem functam [fuisse] obsequio. Semel quidem hoc loco, cum primo accedens remissionem meruit peccatorum, secundo autem in Bethania non jam peccatrix, sed sancta, non solum pedes, sed et caput ejus unxisse reperitur. Quod et regulæ allegoricæ pulcherrime congruit. Quia et unaquæque fidelis anima prius ad Domini pedes humiliata peccatisque absolvenda curvatur. Deinde augescentibus per tempora meritis lætæ fidei flagrantia Domini quasi caput odore perfudit aromatum. *Idem in homilia feriæ tertiæ post ramos Palmarum* : Altera soror Lazari Maria in magnæ judicium dilectionis accepit libram unguenti, nardi pistici pretiosi, et unxit pedes Jesu et extersit capillis suis. Sed prius notandum quod, sicut narrantibus in Matthæo et Marco didicimus, non solum pedes Domini Maria, sed et caput nardo perfudit. Nec dubitandum, quod et ipsa sit mulier, quæ, sicut Lucas refert, quondam peccatrix ad Dominum cum alabastro venit unguenti, et stans retro secus pedes ejus, lacrymis cœpit rigare pedes ejus et capillis suis tergebat et osculabatur et unguento ungebat.

CVI
Quod sine baptismo aquæ nemo jam salvari possit, et contra.

Secundum Joannem (III, 5) respondit Jesus : Amen, amen dico, nisi quis renatus fuerit ex aqua et Spiritu sancto, non potest introire in regnum Dei. *Ambros. de sacramentis sermone I* : Cognosce quod aqua non mundat sine Spiritu sancto; ideoque legisti quod tres testes in baptismate unum sint, aqua, sanguis et Spiritus sanctus; quia si unum horum detrahas, non stat baptismatis sacramentum. Quid enim aqua sine cruce Christi? Elementum sine ullo sacramenti effectu. Nec item sine aqua regenerationis sacramentum mysterium est. *Nisi enim quis renatus fuerit ex aqua,* etc. Credit autem et catechumenus in crucem Domini, sed nisi baptizatus fuerit in nomine Patris et Filii et Spiritus sancti, remissionem non potest accipere peccatorum nec spiritualis gratiæ munus haurire. *Augustinus in libro De natura et gratia* : In eo quod dictum est, *per unius justitiam in omnes homines in justificationem vitæ* (Rom. v, 18), nullus prætermissus est; non quod omnes in eum credunt et baptismo ejus abluuntur, sed quia nemo justificatur nisi in Jesum credat et baptismo ejus abluatur. *Idem De correptione et gratia* : Immorer etiam in baptismate parvulorum, quia nullus istorum potest dicere, cum illi parvulo detur, illi non, cum sit utrumque in potestate Dei et sine illo sacramento nemo introeat in regnum Dei. *Responsiones Prosperi ad Rufinum, cap. IX* : Non sufficit hominum redemptioni crucifixum esse Christum, nisi commoriantur (83) ei et sepeliantur in baptismo. Alioquin nato Salvatore et crucifixo pro omnibus nobis non fuerat necessarium, ut renasceremur et similitudini mortis ejus complantemur. Sed cum sine hoc sacramento nemo hominum salutem assequatur, non est salvatus cruce Domini, qui non est crucifixus in Christo. Non est autem crucifixus in Christo, qui non est membrum corporis Christi. Nec est membrum corporis Christi, qui non per aquam et sanguinem induit Christum. *Matthæus* (XVI, 25) : Qui autem perdidit animam suam propter me, inveniet eam. *Item* (x, 32) : Omnis ergo qui confitebitur me coram hominibus, confitebor et ego eum coram Patre meo. *Augustinus De civitate Dei libr. XIV* : Qui enim dixerit, *si quis non renatus fuerit ex aqua et Spiritu sancto, non introibit in regnum cœlorum* (Joan. III, 5). Ex alia sententia istos fecit exceptos, ubi non minus generaliter ait : *Qui me confessus fuerit*, etc. et in alio loco : *Qui perdiderit animam suam propter me, inveniet eam. Idem De fide ad Petrum* : Ex illo tempore, quo Salvator dixit, *si quis renatus non fuerit ex aqua et Spiritu sancto, non potest introire in regnum Dei*, absque sacramento baptismatis præter eos, qui in Ecclesia Catholica ine baptismate sanguinem fundunt, nec regnum cœlorum potest quisquam accipere, nec vitam æternam credimus, excepto martyrio. Baptizandus confitetur fidem suam coram sacerdote. Hoc et martyr coram persecutore facit. Ille manus impositione pontificis accipit Spiritum sanctum, hic habitaculum efficitur Spiritus sancti, dum non est ipse qui loquitur, sed spiritus Patris, qui in spiritu loquitur. Ille communicavit eucharistiæ in commemorationem mortis Domini, hic ipsi Christo commoritur. *Augustinus De unico baptismo, lib. IV* (84) : Baptismi vicem aliquando implere passionem pro nomine Christi de latrone illo, cui non baptizato dictum est : *Hodie mecum eris in paradiso* (Luc. XXIII, 43), beatus Cyprianus non leve argumentum assumit, quod etiam atque etiam considerans invenio, non tamen passionem pro nomine Christi id quod ex baptismo deerat posse supplere, sed etiam fidem conversionemque cordis, si forte ad celebrandum ministerium baptismi in angustiis temporum succurri non potest. Neque enim latro ille pro nomine Christi crucifixus est, si pro meritis facinorum suorum nec quia credidit passus est, sed dum patitur, credit. Quantum itaque valeat etiam sine visibili baptismi sacramento, quod ait Apostolus : *Corde creditur ad justitiam, ore autem confessio fit ad salutem* (Rom. x, 10), in illo latrone declaratum est; sed tunc impletur invisibiliter, cum ministerium baptismi non contemptus religionis, sed articulus necessitatis excludit; et sicut in illo latrone quod de baptismi sacramento defuerat, sic in infantibus, qui inbaptizati moriuntur, eadem gratia

---

(83) Monac. : *commemorantur.*
(84) De baptismo contra Donatistas IV, Maur. XI, 439.

Omnipotentis explere credenda est, quod non ex impia voluntate, sed ex ætatis indigentia nec corde ad justitiam credere possunt nec ore confiteri ad salutem. Idcirco cum pro eis oratur, ut impleatur erga eos celebratio sacramenti, valeat utique ad eorum consecrationem, quia ipsi respondere non possunt. Alienum quippe opus est, cum credit per alterum, sicut alienum opus fuit, cum peccaverit in altero. *Item :* Si autem in latrone per necessitatem baptismus corporaliter defuit, perfecta salus est, quia per pietatem spiritualiter affuit. Sic cum et ipsa præsto est, si per necessitatem desit quod latroni affuit, perficitur salus, quod traditum tenet universitas Ecclesiæ, cum baptizantur parvuli infantes, qui corde (85) nondum possunt credere ad justitiam et ore confiteri ad salutem, quod latro potuit, quin etiam flendo et vagiendo, cum in eis mysterium celebratur, ipsis mysticis vocibus obstrepunt, et [tamen] nullus Christianorum dixerit eos inaniter baptizari. *Item :* Quibus rebus omnibus ostenditur, aliud esse baptismi sacramentum, aliud conversionem cordis, sed salutem hominis ex utroque compleri; nec si horum unum defuerit, ideo consequens esse putare debemus, ut et alterum desit, quia et illud sine isto potest esse, ut in infante, et istud sine illo potuit esse in latrone, Deo complente, sive in illo sive in isto, quod non ex voluntate defuisset, cum vero ex voluntate alterum horum defuerit, reatu hominem involvi. Et baptismus potest inesse, ubi conversio cordis defuerit. Conversio autem cordis potest quidem inesse non percepto baptismo, sed contempto non potest. Neque enim ullo modo dicenda est conversio cordis ad Dominum, cum Dei sacramentum contemnitur. *Idem in secundo Retractationum :* Cum dicerem vicem baptismi osse habere passionem, non satis idoneum posui illius latronis exemplum, quia utrum non fuerit baptizatus incertum est. *Item :* Quod dixi, latro ille nec ipsum baptismum acceperat, hoc et alios rectores Ecclesiæ ante nos posuisse in suis libris invenimus; sed quibus documentis satis possit ostendi, quod non fuerit baptizatus, ignoro. *Item :* De latrone quod non fuerit visibiliter baptizatus, quasi certum posui, cum sit incertum magisque illum baptizatum fuisse credendum sit, sicut postea disputavi. *Idem De origine animæ libro I ad Vincentium Victorem :* Noli credere, noli dicere infantem, antequam baptizetur morte præveniente, pervenire posse ad originalium indulgentiam peccatorum, si vis esse Catholicus. Exempla verum quæ te fallunt vel de latrone, qui Dominum est confessus in cruce, vel de fratre Perpetuæ Dinocrate, nihil tibi ad hujus erroris sententiam suffragantur. Latro quippe ille, quamvis potuit judicio divino inter eos deputari, qui martyrii confessione purgantur, tamen vero utrum non fuerit baptizatus ignoras. Nam ut omittam, quod creditur, aqua simul cum sanguine exsiliente de latere Domini juxta confixum potuisse perfundi atque hujusmodi baptismo sacratissimo dilui, quod si in carcere fuerit baptizatus, quod postea persecutionis tempore nonnulli clanculo impetrare potuerunt. Quid verum, si antequam teneretur? Nam si eos, de quibus scriptum non est, utrum non fuerint baptizati, sine baptismo de hac vita decessisse contendimus, ipsis calumniamus apostolis, qui præter apostolum Paulum quando baptizati fuerint ignoramus. Si supponis baptizatos esse, per hoc nobis innotescere potuit, quod Petro Dominus ait : *Qui lotus est, non indiget, nisi ut lavet pedes* (Joan. xiii, 10); quid de aliis dicemus, de quibus vel tale nihil legimus dictum, de Barnaba, de Timotheo, de Tito, de ipsis evangelistis Marco et Luca, de innumerabilibus cæteris, quos absit ut baptizatos esse dubitemus, quamvis non legamus. Dinocrates etiam septuennis puer, in quibus annis cum baptizantur jam symbolum reddunt et pro se ipsis ad interrogata respondent, cur non tibi visus fuerit baptizatus, potius se ab ipso patre ad gentilium sacrilegia revocari et obfuisse in pœnis, de quibus sorore orante liberatus est, nescio. Neque enim et ipsum vel nunquam fuisse Christianum, vel catechumenum fuisse legisti, quanquam ipsa lectio non sit in eo canone scripturarum, unde et his meis quæstionibus testimonia proferenda sunt. *Idem ad Seleucianam :* Scriptum est, quando baptizatus est apostolus Paulus, et scriptum non est, quando baptizati sint alii apostoli, verumtamen etiam ipsos baptizatos intelligere de quibus debemus sive baptismo Joannis, sive, quod magis credibile est, baptismo Christi; de Petro autem intelligitur in eo quod audivit Domino, *qui lotus est non indiget, nisi ut pedes lavet*. *Idem De natura et gratia :* Ego dico parvulum natum in eo loco, ubi ei non potuit per Christi baptismum subveniri, morte præventum idcirco talem fuisse, id est sine lavacro regenerationis exisse, quia esse aliud non potuit. Sed non eum absolvit Apostolus, qui ait, *per unum hominem peccatum intravit in mundum et per peccatum mors et ita in omnes homines pertransivit, in quo omnes peccaverunt*. Recte ergo ei damnatione, quæ per universam massam currit, non amittatur id regnum cœlorum, quamvis Christianus non solum non fuerit, sed nec esse potuerit. *Hieronymus ad Heliodorum :* Non facit ecclesiastica dignitas Christianum. Cornelius centurio, adhuc ethnicus, dono Spiritus sancti mundatur. *Ambrosius super Epistolam ad Corinthios I :* Scimus etiam Spiritum sanctum sine manus impositione datum a Deo et non baptizatum consecutum remissionem peccatorum. *Idem in Epistola de consolatione mortis Valentiniani imperatoris ad sorores ipsius :* Audio vos dolere, quod non acceperit sacramenta baptismatis. Dicite mihi, quia etiam dudum hoc voti habuit, ut, cum in Italiam venisset,

(85) Monac. : *certe*.

initiaretur, et proxime baptizari se a me [velle] significavit et ideo præ cæteris causis me accersendum (86) putavit. Non habet ergo gratiam, quam desideravit, non habet quam poposcit? Certe quia poposcit, accepit. Et unde illud est : *Justus quacunque morte præventus fuerit, anima ejus in requie erit?* (*Sap*. iv, 7) solve igitur, pater sancte, manus servo tuo. *Item* : Non metuebat hominibus displicere, ut tibi soli placeret in Christo. Qui habuit spiritum tuum, quomodo non accepit gratiam tuam? Aut si quia solemniter non sunt celebrata mysteria, hoc movet : ergo nec martyres, si catechumeni fuerunt, coronantur; quod si suo abluuntur sanguine et hinc sua pietas abluit et voluntas. *Item* : Et huic adhuc intercessionem adscisco, cui remunerationem præsumo ! Pio requiem ejus poscamus affectu. *Item* : Doleo in te, fili Gratiane, doleo etiam in te, fili Valentiniane ! Tu per me putabas te eripi periculum, tu me non solum ut parentem diligebas, sed ut redemptorem tui et liberatorem sperabas. Tu dicebas : putasne, videbo Patrem meum? Speciosa de me voluntas tua ; sed non efficax præsumptio. Hei mihi vana spes in homine ! Hei mihi quod voluntatem tuam non ante cognovi. Domine, quia nemo habet quod aliis plus deferat, quam quod sibi optat, ne me ab illis post mortem separes, quos in hac vita charissimos sensi. Domine, peto, ut, ubi ego fuero, et illi sint mecum. Te, quæso, summe Deus, ut charissimos juvenes matura resurrectione resuscites, ut immaturum hunc vitæ istius cursum matura resurrectione compenses. *Ex vita sancti Gregorii* (87), *lib*. ii, *cap.* 45 *legitur* : Beatissimus ille papa animam Trajani imperatoris gentilis defuncti precibus suis et lacrymis ab inferni cruciatibus liberavit, et quod ipse propter mansuetudinem prædicti judicis ad Sancti Petri basilicam pervenerit, ibique tandiu super errorem tam clementissimi principis deflevisset, quousque responsum sequenti nocte accepisset, se pro Trajano esse auditum, ad quem quidem orationis ausum prædictus papa commotus fuisse ibidem perhibetur pro eo, ubi, dum quodam tempore ad imminentis belli procinctum vehementissime festinaret, proclamante vidua quadam pro vindicta filii sui interfecti equo descendit nec antea discessit, quam judicium viduæ per semetipsum egerit. Et notandum quod non legitur, Trajani animam in paradiso fuisse repositam, cum scriptum sit : *Nisi quis renatus fuerit ex aqua et Spiritu sancto, non potest introire in regnum divinum*, sed simpliciter dicitur ab inferni cruciatibus per Dei misericordiam non sentire, sicuti ignis unus gehennæ valet omnes peccatores pariter detinere, sed non æqualiter exurere, ut, quantum unusquisque meruerit culpa, tantum sentiatur et culpa. Non itaque Trajanus adeptus est gratiam, etsi evaserit corporalem gehennæ pœnam, nec intrat cœlorum regnum, si evitat corporale incendium et mitissima parvulorum fruatur pœna. Bene autem fortasse spirituali viro ostensum est, hoc Trajani justitiam et clementiam meruisse, cum pro retributione justitiæ hoc ipse fecisse cognoscatur. Cum enim prædictæ viduæ proclamanti Trajanus, si sanus reverteretur e prælio, vindictam se per omnia facturum responderet, vidua dixit : *Si tu in prælio moriturus* (88), *filiis quis mihi præstabit*, Trajanus respondit : *Ille qui post me imperabit*. Vidua dixit : *Et quid tibi proderit, si alter justitiam, mihi fecerit?* Trajanus respondit : *Utique, nihil*. Et vidua, *Nonne*, inquit, *tibi melius est ut tu mihi justitiam facias, et tu pro hoc mercedem tuam recipias, quam alteri hanc transmittas?* Tunc Trajanus, ratione pietateque commotus, equo descendit et judicium peregit. *Hieronymus ad Rusticum* : Nequaquam gentilis plaugendus est aut Judæus, qui in Ecclesia non fuerunt et semel mortui sunt, de quibus Salvator ait : *Dimitte, ut sepeliant mortuos suos*, sed hi qui per scelera egrediuntur de Ecclesia et nolunt ultro reverti ad eam damnationem vitiorum. *Augustinus lib. I De baptismo parvulorum* : Sicut per unum omnes ad condemnationem, sic per unum omnes ad justificationem. Nec est ullus ulli medius locus, ubi posset esse non cum diabolo, qui non est cum Christo. *Idem in libro De fide ad Petrum* : Firmissime tene et nullatenus dubites, non solum homines ratione jam utentes, verum etiam parvulos, qui sive in uteris matrum vivere incipiunt et ibi moriuntur, sive jam nati sine sacramento baptismatis, quod datur in nomine Patris et Filii et Spiritus sancti, de hoc [sæculo] transeunt, ignis æterni supplicio sempiterno puniendos, quia etsi peccatum propriæ actionis nullum habuerunt, originalis tamen peccati damnationem carnali conceptione et nativitate traxerunt. *Item* : Firmissime tene et nullatenus dubites, exceptis illis qui pro nomine Christi suo sanguine baptizantur, nullum hominem accepturum æternam vitam, qui non hic a malis suis fuerit per pœnitentiam fidemque conversus et per sacramentum fidei et pœnitentiæ et per baptismum liberatus. Et majoribus quidem necessarium esse et pœnitentiam de malis suis agere et fidem Catholicam secundum regulam veritatis tenere et sacramentum baptismi accipere ; parvulis vero, qui nec propria voluntate credere, nec pœnitentiam pro peccato quod originaliter trahunt agere possunt, sacramentum fidei, quod est sanctum baptisma, quandiu rationis ætas eorum capax esse non potest, sufficere ad salutem. *Ex epistola Siritii papæ, cap*. 13 : Qui in vino proxima (88') necessitate baptizat, ut æger non periclitetur, pro tali re nulla ei ascribitur culpa. Si vero aqua aderat, [et] necessitas talis non urgebat, hic communione privetur et pœnitentiæ submittatur. Homo (89) vero ille qui in

---

(86) Monac. : *accipiendum*.
(87) Auctore Joanne diacono.
(88) Monac. : *moraturus*.

(88') Mansi coll. conc. III, p. 676 : *proximo* ; apud Harduinum : *pro maxima*.
(89) Mansi : *instans* [*infans*?].

sancta Trinitate baptizatus est in eo baptismo remaneat.

CVII.

Quod omnia peccata baptismus deleat, tam originalia quam propria, et contra.

Augustinus in Enchiridio : Nullus est qui non peccato moriatur in baptismo, sed parvuli tantum originali, majores autem et his omnibus; quaecunque male vivendo addiderunt ad illud quod nascendo traxerunt. *Idem in lib. I De civitate Dei* de his qui se occidunt : Quam causam si voluerimus admittere, eo usque progressa perveniet, ut hortandi sint homines tunc se potius interimere, cum lavacro sanctae regenerationis abluti universorum remissionem acceperint peccatorum. Tunc enim tempus est cavendi omnia futura peccata, cum sunt omnia deleta praeterita. *Item* : O mentes amentes! quis est hic tantus non error, sed furor? *Gennadius De orthodoxa fide* : Baptizatus suam fidem confitetur coram sacerdote; hoc idem martyr coram persecutore facit. Illi omnia peccata remittuntur; isti exstinguuntur. *Ex concilio Carthaginiensi, cap. 1* : Qui episcopus ordinandus est, ante examinetur, si credat, si in baptismo omnia, id est tam illud originale contractum quam illa, quae voluntarie admissa sunt, dimittantur, etc. Cum his omnibus examinatus pleniterque instructus repertus fuerit, tunc ordinetur episcopus. *Ambrosius lib. I De poenitentia* : In baptismo itaque remissio peccatorum omnium est. Quid interest utrum per poenitentiam an per lavacrum hoc jus sibi datum sacerdotes vindicent! Unum in utroque mysterium est. *Idem in lib. De mysteriis* : Qui lotus est, non indiget, nisi ut pedes lavet, sed est mundus totus (Joan. XIV, 10). Mundus erat Petrus, sed plantam lavare debebat; habebat enim primi hominis de successione peccatum, quando eum supplantavit serpens et persuasit errorem. Ideo planta ejus abluitur, ut haereditaria peccata tollantur. Nostra enim propria per baptismum relaxantur. *Idem De sacramentis, lib. III* : Ascendisti de fonte; quid secutum est? Audisti lectionem; succinctus summus sacerdos tibi pedes lavit. Quid istud mysterium? *Nisi lavavero, inquit, tibi pedes, non habebis mecum partem (ibid., 8)*. Non ignoramus quod Ecclesia Romana hanc consuetudinem non habeat, cujus typum et formam in omnibus sequimur. Hanc tamen consuetudinem non habet, ut pedes lavet; forte propter multitudinem declinavit. Sunt enim qui dicant et excusare conentur, quia hoc non in mysterio faciendum est, non in baptismate, non in regeneratione, sed quia hospiti pedes lavandi sunt. Aliud est humilitatis, aliud sanctificationis. Denique audi quod mysterium est et sanctificatio : *Nisi lavavero tibi pedes, non habebis mecum partem (ibid., 8)*; hoc ideo dico non quod alios reprehendam, sed mea officia ipse commendem. In omnibus cupio sequi Ecclesiam Romanam, sed tamen et nos homines sensum habemus, ideo quod alibi rectius servatur, et nos rectius custodimus. Ipsum sequimur apostolum Petrum, ipsius inhaeremus devotioni. Ad hoc Ecclesia Romana quid respondet? Utique ipse auctor est nobis hujus assertionis Petrus apostolus, qui sacerdos fuit Ecclesiae Romanae; ipse Petrus ait : *Domine, non solum pedes, sed et manus (ibid., 9)*. Vides fidem; quod ante excusavit, humilitatis fuit; quod postea obtulit, devotionis et fidei. Respondet Dominus : *Quem lavi, non necesse est iterum lavare, nisi solos pedes;* quare hoc? quia in baptismate omnis culpa diluitur. Recedit ergo culpa, sed quia Adam supplantatus est a diabolo, et venenum ei effusum est supra pedes, ideo lavas pedes, ut in ea parte, in qua insidiatus est serpens, majus subsidium sanctificationis accedat, quo postea te supplantare non possit; lavas ergo pedes, ut laves venena serpentis. *Item* : Post fontem superest ut perfectio fiat, quando invocatione sacerdotis Spiritus sanctus infunditur, spiritus sapientiae et intellectus, etc. Istae sunt septem virtutes quando consignaris. *Item* : Post hoc venire habes ad altare.

CVIII

Quod parvuli baptizandi (90) peccatum non habeant, et contra.

Hieronymus super Ezechielem : Quandiu anima infanti apposita (91) est, peccato caret. *Idem ad Heliodorum, in epitaphio Nepotiani* : Regnavit mors ab Adam usque ad Moysem et in eos, etc. (Rom. v, 14). Si Abraham et Isaac et Jacob in inferno, quis in coelorum regno? Si amici tui sub poena offendentis Adam, et qui non peccaverunt alienis peccatis tenebantur obnoxii, quid de his credendum est qui dixerunt in cordibus suis : *non est Deus? Augustinus, De fide ad Petrum* : Ideo nec aeternitas irrationabilibus spiritibus data est, nec aliquod eis judicium praeparatur, in quo eis vel beatitudo pro bonis vel damnatio pro malis reddatur operibus. Ideo in eis nulla operum discretio requiretur, quia nullam intelligendi facultatem divinitus acceperunt. Propterea igitur eorum corpora resurrectura non sunt, quia nec ipsis animabus (92) aut aequitas aut iniquitas fuit, pro qua eis aeterna vel beatitudo sit vel retribuenda vel poena. *Idem in libro Quaestion. veter. et nov. legis* : Quomodo reus constituitur qui nescit quod fecerit? *Idem in Sermone in hanc lectionem* : Cum enim essemus in carne, ait Apostolus, *passiones peccatorum*, etc.; *concupiscentiam nesciebam, nisi lex diceret, non concupisces (Rom. VII, 5-7)*; homo quod bonum putabat, malum esse cognovit : voluit frenare concupiscentiam; conatus est, victus est; coepit esse non solum peccator, sed etiam praevaricator. Peccator enim et antea erat, *constituta est*, etc.

---

(90) Cous. om. *baptizandi*.
(91) Cous. : *Quoniam Domini anima in infantia*
(92) Cous. : *animalibus*

sed antequam legem audiret, peccatorem se esse nesciebat; factus prævaricator qui fuit ante nescius peccator. *Haymo super Epistolam Pauli ad Romanos* : Sine enim lege naturali et Moyse peccatum mortuum erat, id est latebat, ignorabatur, non apparebat. Antequam lex naturalis et intellectus incipiat vigere in parvulis aliisque hominibus, licet percutiant patrem et matrem et maledicant, non peccant. Similiter, antequam lex Moysi data esset, erant quædam peccata, quæ ignorabantur peccata esse, quæ commissa non tantæ gravitudinis erant, vel etiamsi cognoscebantur esse peccata, latebat qua pœna digna essent. *Augustinus in sermone de verbis Apostoli* : Ecce infantes in suis utique operibus innocentes sunt, nihil secum nisi quod de primo parente traxerunt habentes. Responde mihi, quare moriuntur, si omnes homines, quoniam peccant, ideo moriuntur? Quid putatis dici potuisse? Peccarunt et ipsi. Ubi peccarunt? rogo te; quando? quomodo? bonum et malum quid sit nesciunt; peccatum accipiunt, qui præceptum non accipiunt? Quid de illis dicis qui in utero moriuntur? Et ipsi, inquis, peccaverunt. Contradicit Apostolus; magis Apostolum audio quam te : *Nondum natis nec aliquid agentibus boni aut mali,* etc. (Rom. IX, 11.) *Isidorus De summo bono, lib. I* : Innoxios esse infantes opere, non esse innoxios cogitatione, quia motum, quem gerunt in mente, nondum possunt exercere opere; ac per hoc in illis ætas est imbecillis, non animus; ad nutum enim voluntatis non obtemperat illis fragilitas corporis, nec adeo opere nocere possunt, sicut cogitatione moventur. *Gregorius, Dialog. lib. IV, cap. 18, de puero blasphemo* : Et si omnes baptizatos infantes atque in infantia morientes ingredi regnum cœleste credendum est, omnes tamen parvulos, qui jam loqui possunt, regna cœlestia ingredi credendum non est, quia nonnullis parvulis ejusdem regni cœlestis aditus a parentibus clauditur, si male nutriantur. Nam quidam in hac urbe notissimus ante triennium filium habuit, annorum, sicut arbitror, quinque, quem nimis carnaliter diligens remisse nutriebat, atque idem parvulus, quod dictu grave est, mox ejus animo ut aliquid obstitisset, majestatem Dei blasphemare consueverat. Qui in hac ante triennium mortalitate percussus venit ad mortem. Cumque eum pater in sinu teneret, sicut testati sunt qui præsentes fuerunt, malignos spiritus ad se venisse puer aspiciens cœpit clamare : Obsta, pater, obsta! Mauri homines venerunt, qui me tollere volunt. Qui cum hoc dixisset, majestatis nomen protinus blasphemavit et animam reddidit. Ut enim Deus ostenderet, pro quo reatu talibus fuisset exsecutoribus traditus, unde viventem pater suus noluit corrigere, hoc morientem permisit intrare, quatenus reatum suum pater ejus agnosceret, qui parvuli filii animam negligens non parvulum peccatorem gehennæ ignibus nutrisset.

CIX.

Quod tantumdem valebat circumcisio in antiquo populo quantum nunc baptismus, et contra.

Augustinus contra Pelagium : Ex quo enim circumcisio constituta est in populo Dei, quod erat tunc signaculum justitiæ fidei, ad significationem purgationis valebat et parvulis veteris originalisque peccati, sicut et baptismus ex illo valescere cœpit ad innovationem hominis, ex quo est institutus. *Gregorius Moralium lib. IV* : Quod valet apud natos aqua baptismatis, hoc æque apud veteres vel pro parvulis sola fides, vel pro majoribus sacrificii virtus, vel pro his qui ex Hebræa stirpe prodierant mysterium circumcisionis. *Ambrosius in Epistola Pauli ad Romanos* : *Beati quorum remissæ sunt iniquitates,* etc. (Psal. XXXI, 1.) Propheta autem tempus felix prævidens in Salvatoris adventum beatos nuncupat, quibus sine labore vel aliquo opere lavacro remittuntur et leguntur et non imputantur peccata; Apostolus tamen, propter plenitudinem temporum, et quia plus gratiæ in apostolis est quam fuit in prophetis, majora protestatur quæ ex dono baptismatis consequimur, quia non solum remissionem peccatorum accipere nos, sed et justificari et filios Dei fieri profitetur, ut beatitudo hæc gloriam perfectam habeat et securitatem. *Haymo in homiliis evangelii de circumcisione Domini* : Nec putandum est parvam utilitatem suo tempore habuisse circumcisionem, sed sciendum est quod tantum valebat tunc circumcisio contra originale peccatum, quantum nunc valet aqua baptismatis, excepto quod ille nondum venerat, qui peccata absolvere posset vel qui januam regni cœlestis reseraret.

CX.

Quod baptizatus a quocunque non sit rebaptizandus, et contra.

Beda in lib. I homiliarum XXXVIII : Sive hæreticus, sive schismaticus, sive facinorosus quisque in confessione Trinitatis baptizaret, non valet ille, qui baptizatus est a bonis Catholicis rebaptizari, ne confessio vel invocatio tanti nominis videretur annullari. *Augustinus super Joannem* (I, 33) *sermone V : Super quem videris Spiritum descendentem*. Non dicant : baptismus meus est, quia non est ipsorum. Audiant ipsum Joannem, Ecce Joannes plenus erat Spiritu sancto ei baptismum de cœlo habebat, non ex hominibus, sed quatenus habebat, ipse dixit : *Parate viam Domino* (Matth. III, 3). Ubi autem cognita Dominus ipse factus est via, non jam opus erat baptismo Joannis, quo pararetur via Domino. Quidam solent dicere : Ecce post Joannem baptizatum est! Post hæreticos non baptizantur, quia hæretici baptismum Christi dederunt, quem non dedit Joannes. *Idem in libro De fide ad Petrum* : Si in hæresi quacunque vel schismate quisquam in nomine Patris et Filii et Spiritus sancti baptismi sacramentum acceperit, integrum sacramentum accepit; sed salutem, quæ virtus est sacramenti, non habebit, si extra Ecclesiam Catholicam ipsum sacramentum habuerit. Ergo debet ad Ecclesiam redire ut non sacramentum baptismi iterum accipiat, quod nemo debet in quolibet homine baptizato repetere, sed ut in societate Catholica vitam æternam accipiat. *Idem De verbis Domini tractatu XI* : Quicunque in schismaticis vel hæreticis congregationibus baptizantur, quamvis non sint renati spiritu Dei, cum ad Ecclesiam Catholicam venerint, non repetitur lavacrum carnis. *Gregorius Quirino episcopo in Hibernia* : Antiqua Patrum institutione didicimus ut quilibet apud hæresim in Trinitatis nomine baptizantur, cum ad sanctam Ecclesiam redeunt, aut unctione chrismatis aut impositione manus [aut] sola fidei professione ad sinum matris Ecclesiæ revocentur. Hi vero hæretici qui in Trinitatis nomine minime baptizantur, sicut sunt Bonosiaci (95) et Cataphrygæ quia et ili Christum Dominum non credunt, et isti sanctum Spiritum perverso sensu esse quemdam pravum hominem Montanum credunt. Quorum similes sunt alii multi; cum ad sanctam Ecclesiam venerunt, baptizantur, quia baptismus non fuit quod in errore positi in sanctæ Trinitatis nomine minime perceperunt. Nec potest ipsum baptismum dici iteratum; in Trinitatis nomine non erat datum. *Nicolaus ad consulta Bulgarorum, cap.* 104 : A quodam Judæo, nescitis utrum Christiano an pagano, multos in patria vestra baptizatos asseritis, et quid sit agendum consulitis? Hi profecto si in nomine sanctæ Trinitatis vel tantum in nomine Christi, sicut in Actibus apostolorum legimus, baptizati sunt (unum quippe idemque est, ut sanctus demonstrat Ambrosius), constat [eos] denuo non esse baptizandos. *Augustinus in libro De baptismo adversus Donatistas* : Sacramentum est baptismi, quod habet qui baptizatur. Et sacramentum dandi baptismi est quod habet qui ordinatur. Sicut autem baptizatus, si ab unitate recesserit, sacramentum baptismi non amittit, sic etiam ordinatus, si ab unitate recesserit, sacramentum dandi baptismi non amittit. Nulli enim sacramento injuria facienda est. *Item* : Quamobrem si evangelicis verbis in nomine Patris et Filii et Spiritus sancti Marcion baptismum consecrabat, integrum erat sacramentum, quamvis ejus fides, sub eisdem verbis aliud opinantis quam Catholica unitas docet, non esset integra, sed fabulosis falsitatibus inquinata. *Item* . Manus autem impositio non sicuti baptismus repeti non potest. Quid est enim aliud nisi oratio super hominem ? *Ex Decretis Leonis papæ* : Nam qui baptismum acceperunt ab hæreticis, cum baptizati antea non fuissent, sola Spiritus sancti invocatione per impositionem manuum confirmandi sunt, quia formam tantum baptismi sine sanctificatione virtutis suppresserunt: Et hanc regulam ut satis servandam in omnibus prædicimus, ut semel lavacrum initiatum nulla iteratione maculetur, dicente Apostolo : *Unus Deus, una fides, unum baptisma*; cujus ablutio nulla iteratione remerenda est, sed ut dicimus, sanctificatio sancti Spiritus invocanda est, ut quod ab hæreticis nemo accipit a catholicis sacerdotibus consequatur. *Ex concilio apud Compendium cap. V* : Si quis puber ordinatus fuerit et deprehenderit se non baptizatum fuisse, baptizetur et ordinetur iterum et omnes, quos prius baptizavit. *Ex epistola Cypriani XXV, ad Jubaianum* : Scripsisti, frater, desiderans significari tibi, quid nobis videatur de hæreticorum baptismo, qui extra ecclesiam constituti vindicant sibi rem nec juris sui nec potestatis, quod nos nec ratum possumus, nec legitimum computare, quando hoc apud illos constet esse illicitum. Et quoniam super hac re quid sentiremus litteris nostris expressimus, exemplum earundem litterarum tibi misi, quid in concilio, cum plures essemus, decrevimus; quid postea. Quinto collegæ nostro de eadem re quærenti rescripserimus. Et nunc quoque, cum in unum convenissemus tam provinciæ Asiæ quam Numidiæ episcopi LXXII, hoc idem denuo sententia nostra firmavimus, statuentes unum baptisma esse, quod sit in Ecclesia catholica constitutum, ac per hoc non rebaptizari sed baptizari a nobis; quicunque ab adultera et profana aqua venientes abluendi sunt et sanctificandi salutaris aquæ veritate. *Item* : Longe alia est apud hæreticos fides; imo nihil est apud illos nisi perfidia. Quomodo ergo potest videri, qui apud illos baptizatur consecutus esse peccatorum remissam et divinæ indulgentiæ gratiam per suam fidem, qui ipsius fidei non habuerit veritatem ? Si enim, sicut quibusdam videtur, secundum fidem suam quis accipere aliquid extra Ecclesiam potuit, utique id accipit quod credidit ; falsum autem credens verum accipere non potuit, sed potius adultera et profana, secundum quod credebat, accepit. Quem locum profani et adulteri baptismi subtiliter Jeremias (xv, 18) perstringit, dicens : *Ut quid qui contristant me prævalent ? Plaga mea solida est ; facta est mihi quasi aqua mendax, non habens fidem*. Et est aqua mendax et perfida ? Utique ; ea baptismi imaginem mentitur, et gratiam fidei adumbratam simulatione frustratur. Quod si secundum pravam fidem baptizari aliquis foris, et remissam peccatorum consequi potuit et secundum eamdem fidem consequi et Spiritum sanctum, non est necesse venienti manum imponi, ut Spiritum sanctum consequatur et signetur. Aut utrumque enim fide sua foris consequi potuit, aut neutrum horum qui [foris] fuerit accipit. Manifestum autem est, ubi et per quos remissa peccatorum dari possit. Nam Petro primum Dominus, super quem ædificavit Ecclesiam suam, dedit, ut id solveretur in cœlis, quod ille solvisset in terris. Et postea ad apostolos loquitur, dicens : *Sicut misit me Pater et ego mitto vos (Joan.* xx, 21) unde intelligi-

---

(95) De Bonoso ejusque asseclis cf. editores Maur. ad h. l. (II, 1168).

mus nonnisi in ecclesia præpositis licere baptizare et remissam peccatorum dare. Filii Aaron, qui alienum ignem altari imposuerunt, in conspectu statim Domini indignantis exstincti sunt. Quod supplicium manet eos qui alienam aquam baptismo inferunt falso, ut divina censura ulciscatur hæreticos gerere, quod nonnisi soli liceat Ecclesiæ. Quod autem quidam dicunt de eis qui in Samaria baptizati fuerant, advenientibus apostolis Petro et Joanne tantum super eos manum impositam esse, ut acciperent Spiritum sanctum, rebaptizatos eos non esse, ad præsentem causam videmus omnino [non] pertinere. Illic enim qui crediderant, fide vera crediderant et intus Ecclesiam a Philippo diacono, quem iidem apostoli miserant, baptizati erant. Sed tantummodo quod deerat a Petro et Joanne factum est, ut manu imposita infunderetur in eos Spiritus sanctus, quod nunc quoque apud nos geritur. Nunquid de Ecclesiæ fontibus rigare potest, qui intus Ecclesiam non est? Hæretici non sunt in Ecclesia, imo et contra Ecclesiam faciunt, quomodo baptizare baptismo Ecclesiæ possunt? Nam si baptizari quis apud hæreticos potuit, utique et remissam peccatorum consequi potuit. Si peccatorum remissam consecutus est, sanctificatus est, templum Dei factus est. Quæso cujus Dei? Si creatoris, non potuit qui in eum non credidit; si Christi, nec hujus potest fieri templum qui negat Deum Christum; si Spiritus sancti, quomodo Spiritus sanctus placatus ei esse potest, qui aut filii aut patris inimicus est? Quare baptisma nobis et hæreticis commune esse non potest, cum quibus nec pater Deus, nec Filius Christus, nec Spiritus sanctus, nec fides, nec ecclesia communis est, et ideo baptizari eos oportet, qui de hæresi ad Ecclesiam veniunt, quando ex nobis didicerint, baptizatos quoque a Paulo eos jam baptismo Joannis baptizati fuissent, sicut legimus in Actibus apostolorum (xix, 5). Quod si idcirco hæreticus jus baptismi obtinere potuit, quia prior baptizavit, non possidentis erit jam baptisma, sed occupantis; et cum separari ac dividi omnino baptisma non possint et Ecclesia, qui occupare baptisma prior potuit, et Ecclesiam pariter occupavit. Hæc tibi rescripsimus, frater, neminem præjudicantes, quominus unusquisque episcoporum quod putat faciat, habens arbitrii sui liberam potestatem. *Idem in Epistola ad Quintum*: Nescio qua præsumptione ducuntur quidam, ut putent eos qui apud hæreticos tincti sunt, quando ad nos venerint, baptizari non oportere. Nos autem dicimus eos qui inde veniunt non rebaptizari apud nos, sed baptizari. Neque enim accipiunt ibi aliquid, ubi nihil est. *Idem ad Januarium, lib. II*: Oportet sanctificari aquam prius a sacerdote, ut possit baptismo suo peccata abluere. Quomodo aquam mundare et sanctificare potest, qui ipse immundus est, et apud quem Spiritus sanctus non est, cum Dominus dicat in Numeris (xix, 22): *Et quæcumque tetigerit immundus, immunda erunt*. Quis autem potest dare quod ipse non habeat? aut quomodo potest spiritualia agere, qui ipse amiserit Spiritum sanctum? Et idcirco baptizandus est et innovandus. *Sententiæ episcoporum*: Cyprianus dixit: Sæpe censuimus hæreticos ad Ecclesiam venientes Ecclesiæ baptismo baptizari et sanctificari oportere. Cæcilius a Bilta (94) dixit: Ego baptismum in Ecclesia sola scio et extra nullum; apud hæreticos omnia per mendacium geruntur. Primus Felix a Migirpa dixit: Censeo omnem hominem ab hæresi venientem baptizandum; frustra enim illic putat se esse baptizatum. *Augustinus contra Petilianum, De unico baptismo*: Martyrem gloriosissimum Cyprianum, qui apud hæreticos et schismaticos datum Christi baptismum nolebat agnoscere, dum eos detestaretur, tanta ejus merita usque ad triumphum martyrii consecuta sunt, ut et charitatis qua excellebat luce obumbratio illa fugaretur, et ut sacramentum fructuosum fieret fructuosius, si quid habebat purgandum, passionis falce ultima tolleretur. Nec nos quia baptismi veritatem et in hæreticorum iniquitate agnoscimus, jam Cypriano meliores sumus, sicut nec Petro, quia gentes judaizare non cogimus. *Ecclesiastica historia, lib. X, cap. VI*: De statutis Nicæni concilii. Jubet et ut Paulianistæ, qui sunt Photiniani, rebaptizentur. *Item lib. VI, cap. II*: In urbe vere Romæ, Cornelio episcopo tunc regente et apud Carthaginem Cypriano, ambobus fide virtute præstantibus, quæstio exorta est in Africæ majoris partibus, si oporteat hæreticos rebaptizari. Cumque id a Cypriani et cæteris pene omnibus per Africam sacerdotibus oportere fieri detineretur, Cornelius et cæteri omnes per Italiam sacerdotes hujusmodi decretum manente sacerdotali concordia refutaverunt. *Hieronymus adversus Vigilantium*: Ergo vigilias malæ aliorum vigiliæ non destruent; quin potius pudicitiæ vigilare cogantur qui libidini dormiunt. Quod enim semel fecisse bonum est, non potest malum esse, si frequenter fiat, aut si aliqua culpa vitandum est, non ex eo quod sæpe, sed ex eo quod fit aliquando, culpabile. *Idem in Epistola Pauli ad Ephesios (iv, 4) lib. II*: *Solliciti servare veritatem spiritus in vinculo pacis. Unum corpus et unus spiritus*, etc. Facit et contra hæreticos, ut sciant se non habere baptisma, sed in una Christi Ecclesia fontem esse vitalem. *Cassiodorus senator De institutione divinarum Scripturarum, lib. I* [19]: Impossibile est omnino complecti, quantum inter alios scriptores præter iterationem (95) baptismatis, quam usus atque ratio (96) repudiavit Ecclesiæ, conferat beatissimus Cyprianus velut oleum decurrens in omnem sanitatem (97); lingua composita declamator insignis doctorque mirabilis.

---

(94) Cf. Augustini opp. Maur. IX, 166.
(95) Editt.: *præterita ratione*.
(96) Editt.: *usus atque gratia*.
(97) Edd.: *suavitatem*.

CXI.

Quod ficto etiam per baptismum peccata dimittantur, et contra (98).

Augustinus De unico baptismo, lib. I : Si ad baptismum fictus accessit, dimissa sunt ei peccata, annon? Si dimissa dixerint, quomodo Spiritus sanctus disciplinæ effugiet fictum, si in isto ficto remissionem operatus est peccatorum? Si dixerint non esse dimissa, quæro, si postea fictionem suam corde converso (99) et vero dolore fateretur, denuo baptizari posse hominem, et tamen cor ejus in malitia perseverans peccatorum ablutionem (100) non sineret fieri, atque ita intelligatur in conventionibus ab Ecclesia separatis posse homines baptizari, ubi Christi baptismus eadem sacramenti celebratione datur et sumitur : qui tamen tunc prosit ad remissionem peccatorum, cum quis reconciliatus sacrilegio dissensionis exuitur, quo ejus peccata tenebantur et dimitti non sinebantur? *Item* : Non impeditur baptismi gratia quominus omnia peccata dimittat, etiam si odium fraternum in ejus animo, cui dimittuntur, perseverat. Solvitur enim hesternus dies et quidquid supra est, solvitur et ipsa hora momentumque ante baptismum et in baptismo. Deinceps autem continuo reus esse incipit, non solum consequentium sed etiam præteritorum dierum, horarum, momentorum redeuntibus omnibus quæ dimissa sunt. *Idem, lib. IV* : Sic in hæresi baptizatus in nomine sanctæ Trinitatis tamen (1) non fit templum Dei, si ab hæresi non recesserit, quomodo neque idolorum servitus. *Item* : Perfidus et blasphemus si in perfidia et blasphemia permanserit, nec extra Ecclesiam nec intra Ecclesiam remissionem accipit peccatorum, aut si propter vim sacramenti ad punctum temporis accepit, et foris et intus eadem vis operatur, sicut vis nominis Christi expulsionem dæmoniorum etiam foris operabatur. *Idem de verbis Domini tractatu XI* : Ille non est dicendus esse in Ecclesia vel ad societatem spiritus pertinere, qui omnibus Christi tantum corporali commistione ficto corde miscetur. Spiritus enim sanctus disciplinæ effugiet fictum. *Idem de pœnitentiæ medicina* : Omnis qui jam suæ voluntatis arbiter constitutus est, cum accedit ad sacramentum fidelium, nisi pœniteat veteris vitæ, novam inchoare non potest. Ab hac pœnitentia cum baptizantur parvuli soli immunes sunt. Nondum enim uti possunt libero arbitrio. *Item* : Cæterorum hominum nullus transit ad Christum, ut incipiat esse quod non erat, nisi cum pœnituerit fuisse quod erat. Hæc pœnitentia præcipitur, dicente Petro : *Pœnitentiam agite et baptizetur unusquisque vestrum*. *Idem de utilitate agendæ pœnitentiæ de vita pristina* : Nemo enim elegit vitam novam nisi quem veteris pœniteat. *Hieronymus ad Sabinianum diaconum lapsum* : Nihil ita repugnat Deo quam cor impœnitens; solum crimen est, quod veniam consequi non potest. *Idem in Ezechiele* (XVI, 4) : *Et aqua non est lota ad salutem*. Quo quidem non solum de hæreticis, sed de ecclesiasticis intelligi potest, qui non plena fide accipiunt baptismum salutare, de quibus dicendum est, quod acceperunt aquam, sed non spiritum, sicut Simon Magus baptizatus quoque est in aqua, sed nequaquam in salute. *Idem in epistola ad Galatas* (III, 27), *lib. II* : *Quicunque enim in Christo baptizati estis, Christum induis'is*, quo modo per fidem, quæ est in Christo, nascamur ostendit. Si igitur qui in Christo baptizati sunt (Christum) induerunt, manifestum est eos qui non sunt induti Christum non fuisse baptizatos in Christo. Ad eos enim, qui fideles et baptisma Christi consecuti putantur [dictum est] : Induite vos Christum? Si quis hoc corporeum aquæ tantum accepit lavacrum, non est indutus Christum. Nam et Simon ille acceperat lavacrum aquæ, verum quia Spiritum sanctum non habebat, non erat indutus Christum. Et hæretici vel hypocritæ et qui sordide victitant videntur quidem accipere baptismum, sed nescio an Christi habeant indumentum. Itaque consideremus, ne forte et in nobis aliquis deprehendatur, qui ex eo quod Christum non habet indumentum arguatur non baptizatus in Christo. *Idem super Matthæum* (XXVIII, 19), *lib. IV* : *Euntes ergo docete omnes gentes, baptizantes eos*; primum docent, demum intingunt in aquam ; non enim potest fieri, ut corpus baptismi recipiat sacramentum, nisi ante anima fidei susceperit veritatem.

CXII.

Quod una baptismi immersio sufficiat, et non.

Toletanum concilium IV, cap. VII : Propter vitandum schismaticis scandalum vel hæreticorum usum simplam teneamus baptismi mersionem. *Gregorius Leandro episcopo* : De trina mersione baptismatis nihil responderi verius potest quam ipsi sensisti ; quia [in una fide] nihil officit Ecclesiæ consuetudo diversa. Quia dum in tribus subsistentiis una substantia est, reprehensibile esse nullatenus potest infantem in baptismate vel ter vel semel mergere, quando in tribus mersionibus personarum Trinitas, et in una potest divinitatis singularitas designari. Sed quia nunc usque ab hæreticis infans in baptismate tertio mergebatur, fiendum apud vos esse non censeo, ne dum mersiones numerant, Divinitatem dividant, dumque quod faciebant faciunt, morem nostrum se vicisse glorientur. Nos autem quod tertio mergimus, triduanæ sepulturæ sacramenta signamus, ut dum tertio infans ab aquis educitur, resurrectio triduani temporis exprimatur. Quod si quis forte etiam pro summæ Trinitatis veneratione æstimat fieri, neque hoc aliquid obstat baptizandum semel in aqua mergere, quia, dum in tribus subsistentiis una substantia est, reprehensibile esse nullatenus potest infantes in baptismate vel ter vel semel mergere, quando et in tribus mersionibus persona-

---

(98) Cous. deest *et contra*.
(99) Editt. : *concusso*.

(100) Editt. : *abolitionem*.
(1) Monac · *carnem*.

rum trinitas et in una potest Divinitatis singularitas designari. *Haymo super Epistolam Pauli ad Romanos*: In suo sensu abundat Cyprianus, quando semel mergebat in baptismate parvulos, quia quod intelligebat studiose implebat bonis operibus abundando, licet in hoc nescius delinqueret, sed quia bonis operibus abundabat, postea correctus ad nos abundavit altiori sensu, ter illos mergendo.

CXIII.

Quod sine sacramento altaris etiam baptismus sufficiat, et non.

Beda in homilia de circumcisione Domini : Baptismus autem tantam gratiam confert, ut si ille qui baptizatur de fonte ascendens mortuus fuerit, sine ulla dilatione temporum alta coelorum penetret. *Haymo super Epistolam Pauli ad Romanos* (III, 24) : Ubi scriptum : *Justificati gratis per gratiam ipsius*, redemptione, qua Christus nos redemit suo sanguine, et fide et aqua baptismatis, qua quisque renatus, si statim obierit, salvabitur in vita. Si autem vixerit, ornare debet fidem operibus, quia fides sine operibus occisa est. *Augustinus De fide ad Petrum* : Firmissime tene et nullatenus dubites, parvulis qui nec propria voluntate credere nec poenitentiam pro peccato, quod originaliter trahunt, agere possunt, sanctum baptisma, quandiu rationis aetas eorum capax esse non potest, sufficere ad salutem. *Idem de baptismo ad Marcellinum* : Quaerentibus, quomodo parvuli poenitere possint de originali peccato, qui adhuc nullis propriis peccatis tenentur obnoxii, respondeatur : Si propterea recte fideles vocantur, quoniam fidem per verba gestantium profitentur, cur non etiam poenitentes habeantur, cum per eos diabolis et huic saeculo renuntiant. *Item* : Nemo nisi baptizatus ad mensam Domini corporis rite accedit. *Item* : *Nisi manducaveritis carnem meam et biberitis sanguinem meum, non habebitis vitam in vobis* (*Joan.* VI, 54). Quid ultra quaerimus ? Quid ad hoc responderi potest, nisi pertinacia pugnaces nervos adversus constantiam perpetuae veritatis intendat ? *Augustinus* : Quisquam hoc dicere audebit, quod ad parvulos haec sententia non pertineat possitque sine participatione corporis hujus et sanguinis in se habere vitam, quia non ait, qui non manducaverit, sicut de baptismo, qui non renatus fuerit, sed ait, si non manducaveritis, velut eos alloquens, qui audire et intelligere potuerunt, quod utique non valent parvuli. Sed qui hoc dicit, non attendit, quod ubi omnes istam sententiam teneant, ut sine corpore et sanguine Domini vitam habere non possint, frustra etiam id major aetas curet; potest enim sine voluntate, sed verba loquentis attendas. Eis solis vidi dictum, quibus tunc Dominus loquebatur. *Item*: *Panis, quem dedero, caro mea est et pro saeculi vita* (*Joan.* VI, 52). Quis autem ambigat saeculi nomine homines signasse, qui nascendo in hoc saeculo veniunt! Ac perinde etiam per hoc parvulorum vita caro dicenda est, et si non manducaverint carnem filii hominis, nec ipsi habebunt vitam. *Item* : Haec gratia cum ad illum veniat, ad illum non veniat, occulta esse potest, injusta non. Neque frustra dictum est (*Psal.* XXXV, 7) : *Judicia tua sicut abyssus multa*, cujus abyssi multitudinem veluti expavescens exclamat Apostolus (*Rom.* XI, 33) : *O altitudo divitiarum sapientiae*, etc. Punici Christiani baptismum ipsum nihil aliud quam salutem, et sacramentum corporis nihil aliud quam vitam vocant. Unde, nisi ex antiqua et apostolica, uti aestimo, traditione, qua Ecclesiae Christi insitum tenent (2), praeter baptismum et participationem Dominicae mensae non solum ad regnum Dei, sed nec ad salutem et vitam aeternam posse quemquam omnino pervenire? Hoc enim [et] Scriptura testatur. Nam quid aliud tenent, qui baptismum nomine salutis appellant, nisi quod dictum est (*Tit.* III, 5) : *Salvos nos fecit per lavacrum regenerationis*, et quod Petrus (*I Petr.* III, 21) ait : *Sic et nos simili forma baptisma salvos fecit*? Quid aliud, qui sacramentum Dominicae mensae vitam vocant, nisi quod dictum est : *Ego sum panis vivens qui de coelo descendi* (*Joan.* VI, 51); et : *Panis, quem ego dedero, caro mea est pro saeculi vita* (*ibid.*, 52); et : *Si non manducaveritis carnem Filii hominis et sanguinem ejus biberitis, non habebitis vitam in vobis* (*ibid.*, 54). Si ergo, ut tot et tanta divina testimonia concinunt, nec salus nec vita sine baptismo et corpore et sanguine Domini cuiquam speranda est, frustra sine his promittitur parvulis.

CXIV.

Quod in baptismo Joannis peccata dimittebantur, et contra.

Augustinus Quaestionum veteris et novae legis, cap. XVIII, *secundae partis* : Baptismus Joannis coeptus non cessavit, sed adhibitum ei quod deerat. Joannes enim tantum baptizavit, non Spiritum sanctum credentibus dedit, sicut et ipse dicit de Salvatore (*Joan.* I, 26) : *Ego quidem vos baptizo in aqua in poenitentiam, ipse autem vos baptizabit in Spiritu sancto*, hoc est per me remissio peccatorum, non tamen datur Spiritus sanctus, ut purificari filii dicantur; hoc Salvatori reservatum est, ut filii Dei non fierent, nisi accepto a Filio Spiritu sancto. Amplificatus ergo est baptismus Joannis, non evacuatus. *Ex sermone Chrysostomi in decollatione sancti Joannis* : Herodes, inquit, tenuit Joannem et alligavit eum; qui vincula solverat peccatorum, peccatoris vinculis alligatur, ut vincta venia locum veniae non relinquat. *Ambrosius in Epistola ad Galatas* (III, 2) : *Hoc solum volo discere a vobis*, etc. Quos, quia in adultero baptismate sub nomine baptismi Joannis fuerant non tincti, sed sorditati, Paulus in Trinitatis nomine baptizari praecepit. *Gregorius in XX homil., lib. I* :

---

(2) Mopac. : *qui Ecclesiae Christi transitum tenent*.

Et venit in omnem regionem Jordanis prædicans baptismum pœnitentiæ in remissionem peccatorum (Luc. III, 3). Cunctis legentibus liquet quia Joannes baptismum pœnitentiæ non solum prædicavit, verum etiam quibusdam dedit; sed tamen baptismum suum in remissionem peccatorum dare non potuit. Remissio enim peccatorum in nobis solo baptismo Christi tribuitur. Notandum itaque quod dicitur *prædicans baptismum pœnitentiæ in remissionem peccatorum,* quoniam baptismum, quod peccata solvebat, quia dare non poterat, prædicabat, ut sicut incarnatum Verbum Patris præcurrebat verbo prædicationis, ita baptismum pœnitentiæ, quo peccata solvuntur, præcurreret suo baptismate, quo peccata solvi non possunt; ut quia ejus sermo præcurrebat præsentiam Redemptoris, ipsum quoque ejus baptisma præcedendo fieret umbra veritatis.

CXV.

Quod nihil adhuc definitum sit de origine animæ, et contra.

Augustinus Retractationum lib. I : Item alio loco de animo dixi : « Securior rediturus in cœlum. » *Iturus* autem quam *rediturus* dixissem securius, propter eos qui putant animos humanos pro meritis peccatorum suorum de cœlo lapsos sive dejectos in corpora ista detrudi. Sed ita dixi *in cœlum,* tanquam dicerem *ad Deum,* qui ejus est conditor, sicut beatus Cyprianus non cunctatus est dicere : Nam cum corpus e terra, spiritum possideamus e cœlo. Et in libro Ecclesiastæ (XII, 7) scriptum est : *Spiritus revertatur ad Deum, qui dedit illum.* Quod utique sic intelligendum est, ut non resistamus Apostolo dicenti nondum natos nihil egisse boni aut mali. Sine controversia ergo quædam originalis regio beatitudinis animi Deus ipse est, qui eum non quidem de se ipso genuit, sed de nulla re alia condidit. Quod autem attinet ad ejus originem, utrum de illo uno sit qui primum creatus est, quando factus est homo, an similiter fiant singuli singulis, nec tunc sciebam nec adhuc scio. *Gregorius Secundino, servo Dei incluso* (opp. II, 970) : De origine animæ inter sanctos Patres requisitio non parva est versata. Sed utrum ipsa ab Adam descenderit, an certe singulis detur, incertum remansit; eamque in hac vita insolubilem fassi sunt esse quæstionem. Gravis enim est quæstio, nec valet ab homine comprehendi; quia, si de Adam substantia anima cum carne nascitur, cur non etiam cum carne moritur? Si vero cum carne non nascitur, cur in ea carne, quæ de Adam prolata est, obligata peccatis tenetur? Sed cum hoc sit incertum, illud incertum non est, quia, nisi sacri baptismatis gratia fuerit renatus homo, omnis anima originalis peccati vinculis est obstricta. Hinc enim scriptum est : *Non est mundus in conspectu ejus nec unius diei infans super terram (Job* XIV, 4). Hinc David ait *(Psal.* L, 7) : *In iniquitatibus conceptus sum. Ex libro Sapientiæ* (VIII, 19) : Sortitus sum animam bonam, et cum essem magis bonus, veni ad corpus incoinquinatum. *Ex obsequio mortuorum,* quo ad Deum dicitur : Ut animam ad te revertentem blande leniterque suscipias. *Ex libro Hieronymi ad Augustinum* (5), *qui sic incipit : De reliquis quæ ad fidem* (4) *pertinent* (5) : An certe, quod ecclesiasticum est secundum eloquia Salvatoris *(Joan.* V, 17) : *Pater meus usque modo* (6) *operatur et ego operor;* et illud Isaiæ : *Qui format spiritum hominis in ipso (Zach.* XII, 1 ; *Isa.* XLII et LVII); et in psalmis (XXXII, 15) : *Qui [fingit] per singulos corda eorum,* quotidie Deus fabricatur animas et conditor esse non cessat? *Item* : Qui dicunt prius animas fuisse quam nati sint, et non corpori secundum exemplum primi hominis a Deo quotidie fieri, anathema sint. *Ambrosius libro II de Cain et Abel* (7) : Inseritur hoc loco dogma de incorruptione animæ, quod in ipsa vera et beata vita sit, qua unusquisque bene cum suis vivit, multo purius ac beatius cum hujus carnis anima nostra deposuerit involucrum, et quasi quodam carcere isto fuerit absoluta corporeo, in illum superiorem evolans locum, unde nostris infusa visceribus cum passione corporis ejus ingemuit. *Gennadius De dogmate Christiano* (8) : Animas hominum non esse ab initio inter cæteras intellectuales naturas nec simul creatas, sicut Origenes fingit, neque cum corporibus per coitus seminari, sicut Luciferiani, Cyrillus et aliqui Latinorum præsumptores affirmant, quasi naturæ consequentiam servantes (9) ; sed dicimus corpus tantum per conjugii copulam seminari, Dei vero judicio coagulari atque compingi et formari, ac formato jam corpore animam creari et infundi, ut vivat homo ex anima constans et corpore; creationem vero animæ solum Creatorem nosse. *Item :* Anima humana non cum carne moritur, quia, ut dictum est, non cum carne seminatur, sed, formato in ventre matris corpore, Dei judicio creatur et infunditur. *Hilarius super psalmum* CXXIX : Deus, hominem ad imaginem sui faciens, eum ex humili natura cœlestique composuit, anima videlicet et corpore; et prius quidem animam de uno illo et incomprehensibili nobis virtutis suæ opere constituit. Non enim cum ad imaginem Dei hominem fecit, tunc et corpus effecit. Genesis edocet, longe postea quam ad imaginem Dei homo erat factus, pulvere (10)

---

(3) Cous. : *Jeremiæ apud Augustinum,* recte in adnotatione conquestus, nullum in editionibus apud Augustinum Jeremiæ librum reperiri. Cæterum hic locus non in Hieronymi ad Augustinum libris, sed in Hieronymi epistola ad Pammachium adversus hæreses Joannis Jerosolymitani episcopi legitur. Opp. ed. Martian. IV, 318.
(4) Cous. : *finem.*
(5) Cf. Hieron. opp. IV, 314.
(6) Cous. : *mecum.*
(7) Hic locus omnino deest in Monac.
(8) Editt. : *de ecclesiasticis dogmatibus* (cap. 14 et 18).
(9) Cous. : *quasi naturæ consequentia serviente.*
(10) Cous. : *pulverem.*

sumptum formatumque corpus; dehinc rursum in animam viventem per inspirationem Dei factum, naturam hanc, id est terrenam atque cœlestem, quodam inspirationis fœdere copulatam. *Augustinus De fide ad Petrum* : Credimus jam formato corpore animam creari et infundi, ut vivat in utero homo constans ex anima et corpore. *Idem in libro Quæstionum vet. et nov. legis, cap. XXIII* : Inhonestum puto animas generari, ut anima nascatur ex anima. Nam si cum semine et anima existit, multæ animæ quotidie pereunt cum fluxo semine. *Item :* Quod manifestius declarat Moyses dicens : Si quis mulierem habentem in utero percusserit et abortaverit, si quidem formatum fuerit, reddet animam pro anima; si vero informatum fuerit, pecunia multetur, manifeste declarans non esse animam ante formam. *Item :* Consideremus facturam Adæ; in Adam enim exemplum datum est, ut intelligatur, quia jam formatum corpus accepit animam. Non poterat animam limo terræ admiscere et sic formare corpus; sed primum oportebat domum compaginari et sic habitatorem induci animam. *Idem de Quantitate animæ* : Anima est facta similis Deo, quia Deus fecit eam immortalem, indissolubilem, quæ de nihilo facta est. *Item :* Sicut elementa pura non habent aliqua præjacentia vel actu vel natura, ex quibus naturaliter componantur, ita nec anima. *Idem in libro De origine animæ* : Anima non de Deo est, sed ab ipso de nihilo est creata. *Item :* Si autem de nulla re alia facta est, de nihilo facta est, procul dubio, sed ab ipso. *Idem ad Hieronymum* : Hoc certe sentis quod singulas animas singulis nascentibus modo Deus faciat. *Idem ad Optatum* [Opp. II, 705] : Beatus Hieronymus, tam sanctum Victorinum martyrem quam plerosque secutus Catholicos, se potius quam propagari animas credere significavit, illud etiam adjungens animarum propaginem occidentalem se tenere solere. *Idem ad eumdem* : Qui animarum propaginem inconsiderata temeritate defendunt. *Idem ad eumdem* : Quis hæc ita intelligere malit : omnes animæ eorum qui exierunt ex femoribus ejus, ut etiam sic possit intelligi secundum corpus tantum exiisse homines de femoribus patris? *Idem rursus in epistola ad Hieronymum*, de eodem loquens : Optarem, ut hæc sententia vera esset; si vera est, ut a te invictissime defendatur. Non enim quod dictum est : Spiritus revertitur ad Dominum qui dedit illum, istam sententiam confirmat, quam voluimus esse nostram. *Idem ad eumdem*, de eo quod dicitur Deus requievisse septimo die ab omni opere : Novas, inquit, creando animas singulis singulas, suam cuique nascenti, non aliquid facere dicitur, quod ante non fecerat. Jam enim fecerat hominem hunc, et nunc facit non instituendo quod non erat, sed multiplicando quod erat. *Idem super Genesim ad litteram* : Si quæratur unde Christus animam habuerit, malim dicere unde Adam quam de Adam. *Item :* Qui animat (11) carnes in uteris matrum, ut oriantur. *Remigius super psalmum* (xxxiv, 17) : Domine, quando respicies? restitue animam meam, etc. : Unica vocatur anima Christi, quæ, unice ex Virgine nata, unice conversata, singulariter resurrexit, singulariter cœlos ascendit. *Isidorus de summo bono, lib. I, cap. XII* : Animam non esse, priusquam corpori misceatur, sed tunc eam creari, quando et corpus creatur cui admisceri videtur, credimus.

CXVI.

Quod peccata patrum reddantur in filios, et contra.

Origenes in Exodo, homil. VIII : Cum a diabolo ad peccandum suademur (12), semen ejus suscipimus. Cum vero opere etiam implemus, tunc jam et genuit nos. Verum quoniam peccantes vix fere accidit ut sine adjutore peccemus, omnes velut unus ex altero secundum persuasionis ordinem generati ex patre diabolo noxiæ nativitatis progeniem ducunt. Nunc ergo videamus secundum hanc quam diximus progeniem, quomodo Deus peccata patrum reddat in filios et in quartam et tertiam progeniem, et in ipsos non reddat patres. Nihil enim de patribus dixit [Deus]. Diabolus non erit mundus in hoc sæculo, neque corripitur pro peccato, neque flagellatur. Omnia namque ei in futurum servata sunt. Unde et ipse sciens sibi illud statutum esse pœnarum tempus dicebat ad Salvatorem : *Quare venisti ante tempus torquere nos ?* (*Matth.* viii, 30.) Redduntur autem peccata in filios, id est in eos quos genuit per peccatum. Etenim homines in carne positi corripiuntur a Domino, ut revertantur. Et propterea benignus Dominus reddit peccata patrum in filios, ut quoniam patres, id est diabolus et angeli ejus indigni sunt, qui in hoc sæculo corripiantur, filii eorum hic recipiant, quæ gesserunt ; ut purgatiores ad futurum sæculum pergant et ultra diabolo socii non efficiantur in pœna. Propterea dicit (*Psal.* LXXXVIII, 33) : *Visitabo in flagellis peccata eorum. Misericordiam autem meam non auferam ab eis*. Ezechiel propheta (xviii, 1) : Et factus est sermo Domini ad me dicens : Quid est quod inter vos parabolam vertitis in proverbium istud, dicentes : Patres nostri comederunt uvam acerbam, et dentes filiorum obstupescunt. *Hieronymus super hunc locum* : Monet illud quod in Exodo (xx, 5) dictum est : *Ego sum Deus æmulator, qui reddo peccata patrum super filios usque ad tertiam et quartam generationem his qui oderunt me, et facio misericordiam in millia his qui diligunt me*. Et item (*Psal.* LXXXV, 15) : *Domine Deus, miserator et misericors, patiens et multæ misericordiæ, et ego sum reddens iniquitates patrum in filios et super filios filiorum in tertiam et quartam generationem*, sic accipi debere quasi parabolam et proverbium, ut aliud in verbis sonet, aliud in sensu teneat. Et nos usque in præsentem diem putabamus non esse parabolam, sed simplicem explicare sententiam, et tamen scandalum patiebatur occul-

(11) Ccus. : *amat*

(12) Monac. : *exhortamur*.

tum, quod injustitia videretur Dei, alium peccare, et alium luere peccata. Sed eo quod sequitur, *his qui oderunt me*, scandalum comminationis suæ solvitur. Non enim ideo puniuntur, quia deliquerunt patres eorum, cum patres puniri potius debuerint, sed quia patrum exstiterunt æmulatores et oderunt Deum hæreditario malo, in ramo (15) quoque de radice crescente. *Item* : Respondebimus, [et] in hoc Creatoris clementiam demonstrari. Non enim truculentiæ et severitatis iram tenere usque ad tertiam et quartam generationem, sed signum misericordiæ pœnam differre peccati. Quando enim dicit : *Dominus Deus, miserator et misericors, patiens et multæ miserationis*, et infert : *reddens iniquitates patrum super filios et filios filiorum*, hoc indicat quod tantæ misericordiæ sit, ut non statim puniat, sed sententiam differat puniendi. *Item* : Scriptum est in Proverbiis (x, 26) : *Sicut uva acerba dentibus noxia est, et fumus oculis, sic iniquitas his qui utuntur ea*. Ex quo perspicuum est, non aliorum dentes dolere et obstupescere, sed eorum qui uvam acerbam comederint. Est autem sensus : Quomodo si quis velit dicere : patres uvam acerbam comederunt, et dentes filiorum obstupuerunt, ridiculum est et nullam habens consequentiam, sic iniquum est atque perversum, peccare patres. et filios nepotesque cruciari. *Item* : Sunt qui hoc quod scriptum e: *reddens iniquitates patrum super filios in tertiam et quartam generationem*, ita edisserant, ut ad animam humanam sententiam referant, patrem in nobis levem punctum sensuum, incentiva vitiorum esse dicentes; filium vero, si cogitatio peccatorum conceperit; nepotem, si, quod cogitaveris atque conceperis, opere perpetrabis; pronepotem autem, hoc est quartam generationem, si non solum feceris quod malum est, sed in tuis sceleribus gloriaris, secundum illud quod scriptum est (*Prov.* xviii, 3) : *Impius cum in profundum malorum venerit, contemnit*. Deus ergo primos et secundos stimulos cogitationum, sine quibus nullus hominum potest esse, nequaquam punit, sed si cogitata quis facere decreverit, aut ipsa quæ fecit noluerit corrigere pœnitentia. *Item* : Ad probationem autem hujus rei, quod nequaquam primus pulsus cogitationis puniatur a Deo, sed si quod mente conceperis opere consummes, illud de Genesi (ix, 25) : *Cham peccavit irridens nuditatem patris; et sententia non ipse qui risit, sed filius ejus suscepit Chanaan. Maledictus, ait, Chanaan; servus erit fratrum suorum*; videtur sententia justitiam non habere. *Item* : Hoc interim de proverbio sive parabola dixisse sufficiat; si quis autem vel meliorem vel alterum sensum potuerit reperire, qui contrariorum inter se testimoniorum scandalum tollat, illius magis acquiescendum sententiæ est. *Item* (*Ezech.* xviii, 3) : *Vivo ego, dicit Dominus, Si erit ultra vobis parabola hæc in proverbium in Israel. Anima, quæ peccaverit, ipsa morietur. Parabola nequaquam dicitur in Israel, sed in his qui Dei notitiam non habent, nec possunt perspicere veritatem. Item* : *Sicut peccata filiorum non nocent patribus, sic peccata patrum in filios non redundant. Ex libr. Job* (xxi, 19) : *Deus servabit filiis illius dolorem patris; et cum reddiderit, tunc sciet. Gregorius XV Moralium* : Scriptum novimus : *Qui reddis peccata patrum in filios ac nepotes in tertiam et quartam generationem* (*Exod.* xx, 5). Et rursum scriptum est : *Anima, quæ peccaverit, ipsa morietur*. Reddit ergo peccata patrum in filios, dum pro culpa parentis ex originali peccato anima polluitur prolis. Et rursum non reddit, quia cum ab originali culpa baptismo liberamur, jam non parentum, sed quas ipsi committimus habemus culpas. Quisquis pravi parentis iniquitatem imitatur, etiam ex ejusdem delicto constringitur. Unde fit, ut iniquus filius iniqui patris non solum sua, quæ addidit, sed etiam patris peccata persolvat, cum vitiis patris, quibus iratum dominum non ignorat, etiam suam adhuc malitiam adjungere non formidat. *Item* : *Anima, quæ peccaverit, ipsa morietur*, quia in carne nonnunquam filii etiam ex patris peccato perimuntur. Deleto autem originali peccato, ex parentum nequitia in anima non tenentur. *Item* : Pater iniquus plerumque percutitur in filiis, ut acrius uratur; quatenus per filiorum pœnas mens patris iniqua puniatur. *Item* : Recte dicitur *usque in tertiam et quartam progeniem*, quia ad tertiam et quartam progeniem eam, quam imitantur filii, parentum vitam possunt videre; usque ad eos ultio extenditur, qui viderunt, quod male sequerentur.

CXVII.
De sacramento altaris, quod sit essentialiter ipsa veritas carnis Christi et sanguinis, et contra.

Hilarius De Trinitate lib. VIII : In Christo Pater, et Christus in nobis, unum in his esse nos faciunt. Si vere igitur carnem corporis nostri Christus assumpsit, et vere homo ille Christus est, nosque vere sub mysterio carnem corporis sui sumimus, et per hoc unum erimus, quia Pater in eo est, et ille in nobis : quomodo voluntatis unitas asseritur, cum naturalis per sacramentum proprietas perfectæ sacramentum sit unitatis? Non est enim humano aut sæculi sensu in Dei rebus loquendum, neque per violentam atque impudentem prædicationem cœlestium dictorum sanitati alienæ atque impiæ intelligentiæ extorquenda perversitas. De naturali enim in nobis Christi veritate quæ dicimus, nisi ab eo didicimus, stulte atque impie dicemus. Ipse enim ait (*Joan.* vi, 56) : *Caro mea vere esca est, et sanguis meus vere est potus. Qui edet carnem meam et bibet sanguinem meum, in me manet et ego in eo*. De veritate carnis et sanguinis non relictus est ambigendi locus ; nunc enim et ipsius Domini professione et fide nostra vere caro est et

(15) Editt. : *ramos*.

vere sanguis. Et hæc accepta atque hausta efficiunt, ut et nos in Christo et Christus in nobis sit. Est ergo ipse in nobis per carnem. Quod autem in eo per sacramentum communicatæ carnis et sanguinis simus, ipse testatur dicens : *Et vos in me et ego in vobis.* Si voluntatis tantum intelligi unitatem vellet, cur gradum quemdam atque ordinem consummandæ unitatis exposuit, nisi ut cum ille in Patre per naturam divinitatis esset, nos contra in eo per corporalem ejus nativitatem et ille rursum in nobis per sacramentorum inesse mysterium crederetur? Ac sic perfecta per mediatorem unitas doceretur, cum nobis in se manentibus ipse maneret in Patre, et in Patre manens maneret in nobis, et ita ad unitatem Patris proficeremus, cum qui in eo naturaliter secundum divinitatem inest, nos quoque in eo naturaliter inessemus, ipso in nobis naturaliter permanente. Quod autem in nobis naturalis hæc unitas sit, ipse ita testatur : *Qui edit meam carnem et bibit meum sanguinem, in me manet et ego in eo.* Non enim quis in eo erit, nisi in quo ipse fuerit; ejus tantum in se assumptam habens carnem, qui suam sumpserit. *Item : Sicut misit me Pater vivens, et ego vivo propter Patrem : et qui manducaverit carnem meam, et ipse vivet propter me* (Joan. vi, 58). Quomodo per Patrem vivit, eodem modo nos per carnem ejus vivemus. Hæc vero vitæ nostræ causa est, quod in nobis manere per carnem Christum habemus, victuris per eum ea conditione, qua ille vivit per Patrem. Si ergo nos naturaliter secundum carnem per eum vivimus, id est naturam carnis suæ adepti : quomodo non naturaliter secundum spiritum in se Patrem habeat, cum vivat ipse per Patrem? *Item :* Hæc autem idcirco a nobis commemorata sunt, quod voluntatis tantum inter Patrem et Filium hanc unitatem hæretici mentientes unitatis nostræ ad Dominum utebantur exemplo, tanquam nobis ad Filium et per Filium ad Patrem obsequio tantum ac voluntate religionis unitis nulla per sacramentum carnis et sanguinis naturalis communionis proprietas indulgeretur, cum et per honorem nobis datum Filii et per manentem in nobis carnaliter Filium et in eo nobis corporaliter et inseparabiliter unitis mysterium veræ ac naturalis unitatis sit prædicandum. Idem corpus Christi, quod sumitur de altari, figura est, dum panis et vinum extra videtur; veritas autem, dum corpus et sanguis Christi sumitur, interius creditur. *Ex symbolo Ephesino :* Necessario igitur et hoc adjicimus. Incruentam celebramus in ecclesiis sacrificii servitutem et sanctificamur participes sancti corporis et pretiosi sanguinis Christi, non ut communem carnem percipientes nec ut viri sanctificati et Verbo conjuncti secundum dignitatis unitatem, sed vere vivificatricem et ipsius Verbi propriam factam. Vita enim naturaliter Deus existens, quia propriæ carni unitus est, vivificatricem eam esse professus est, et ideo quamvis dicat, *nisi manducaveritis carnem Filii hominis,* etc., non tamen eam ut hominis unius ex nobis æstimare debemus, quomodo enim juxta naturam suam vivificatrix esse caro hominis poterit? sed ut vere propriam ejus factam. *Item :* Si creditur, quod factus sit caro, imo potius homo animatus anima rationali. *Ambrosius in libro De officiis :* Illa igitur sunt nobis expetenda, in quibus perfectio, in quibus veritas est; hic umbra, hic imago est, illic veritas in cœlestibus. Ante aqua offerebatur, nunc Christus offertur quasi homo, quasi recipiens passionem, et offert se ipsum quasi sacerdos, ut peccata nostra dimittat; hic in imagine, ibi in veritate; ibi apud Patrem quasi advocatus pro nobis intervenit. *Idem De sacramentis, lib. I :* Illud promitto quod diviniora et priora sunt sacramenta Christianorum quam Judæorum. *Item :* Accipe, quæ dico, anteriora esse mysteria Christianorum quam Judæorum. Melchisedech obtulit panem et vinum. Ergo intellige sacramenta hæc, quæ hic accipis, anteriora esse ministeria, quam sint Moysi sacramenta, et prius cepisse populum Christianum quam Judæorum, sed nos in prædestinatione, illi in nomine. *Item :* Panis iste panis est ante verba sacramentorum; ubi accesserit consecratio, de pane fit caro Christi. Consecratio autem quibus verbis est et cujus sermonibus? Domini Jesu; nam reliqua omnia quæ dicuntur, laus Deo refertur; oratione præmittitur pro populo, pro regibus, pro cæteris; ubi venitur, ut conficiatur sacramentum, jam non suis sermonibus utitur sacerdos, sed Christi. Quis sermo Christi hic conficit sacramentum? Sermo Christi, quo facta sunt omnia. Jussit Deus et factum est cœlum, terra et mare et omnis creatura. Si ergo vis est tanta in sermone Domini Jesu, ut inciperent esse quæ non erant : quanto magis operatorius est, ut sint quæ erant et in aliud commutentur. *Item :* Sermo Christi mutat, quando vult, instituta naturæ, Et primo de generatione ejus sumamus exemplum. Vides quia, contra instituta et ordinem naturæ, homo est natus ex Virgine? *Item :* Sermo cœlestis si operatur in aliis rebus, non operatur in sacramentis cœlestibus? Ergo didicisti quod ex pane corpus Christi fiat, et quod vinum cum aqua in calicem mittitur, sed fit sanguis consecratione verbi cœlestis. Sed forte dicis : Speciem sanguinis non video; sed habet similitudinem. Sicut mortis similitudinem sumpsisti, ita et similitudinem sanguinis bibis, ut nullus horror cruoris sit. Didicisti ergo, quia quod accipis corpus Christi est. Vis scire, quia verbis cœlestibus consecratur? Accipe quæ sunt verba. Dicit sacerdos : Fac nobis hanc oblationem ascriptam, rationabilem, acceptabilem, quod est figura corporis et sanguinis Domini Jesu Christi. Qui pridie quam pateretur, in sanctis manibus accepit panem, respexit ad cœlum, ad te, sancte Pater, omnipotens æterne Deus, gratias agens, benedixit, et fregit, fractumque dedit discipulis, dicens : *Accipite,* etc. *Item :* Vide omnia verba evangelistæ sunt usque ad *accipite;* inde verba sunt Christi. Vide singula. *Qui pridie,* inquit, quam pateretur, accepit panem. Antequam consecretur, panis est; ubi autem verba Christi accesserunt, corpus est Christi. Et ante verba Christi calix est vini et aquæ plenus; ubi verba Christi operata fuerint, ibi sanguis efficitur. *Item:* Quid est amplius, manna de cœlo, an corpus Christi? Corpus Christi utique, qui auctor est cœli. Deinde manna qui manducavit, mortuus est. Qui manducaverit hoc corpus, fiet ei remissio peccatorum et non morietur in æternum. Ergo non otiose tu dicis Amen, jam in spiritu confitens quod accipias corpus Christi. Dicit tibi sacerdos : Corpus Christi. Et tu dicis : Amen, hoc est, verum est. Quod confitetur lingua, teneat affectus. Quantum sit sacramentum, cognosce. Vide quod dicat : *Quotiescunque hoc feceritis, commemorationem mei facietis.* Et sacerdos dicit : Ergo memores gloriosissimæ ejus passionis et ab inferis resurrectionis, etc. *Item :* In calicem mittitur vinum et aqua. Sed dicis, quomodo ergo Melchisedech panem et vinum obtulit? Quid sibi vult admistio aquæ? Bibebant autem de consequenti petra; petra autem erat Christus. Non immobilis petra, quæ populum sequebatur. Et tu bibe, ut te Christus sequatur. Vide mysterium : Moyses, hoc est propheta; virga, hoc est verbum Dei; sacerdos verbis Dei tangit petram, et fluit aqua, et populus Dei bibit. [Tangit ergo sacerdos calicem], redundat aqua in calice, salit in vitam æternam. *Item :* Accipe et aliud. De latere ejus fluxit aqua et sanguis, aqua ut mundaret, sanguis ut redimeret. Quare de latere? quia unde culpa, inde gratia. Culpa per feminam, gratia per Christum. *Item :* Audisti psalmum (xxii); vide quam aptus sit cœlestibus sacramentis : *Dominus pascit me et nihil mihi deerit,* etc. *Super aquam refectionis,* etc. *Nam etsi ambulem in medio umbræ mortis; non timebo mala, quoniam tu mecum es. Virga tua,* etc. Virga imperium, baculus passio est. Æternitas, divinitas Christi, passio temporalis (14). Illa creavit, hæc redemit. *Parasti in conspectu meo mensam,* etc.; *et poculum meum quam præclarum est. Item :* Quotiescunque bibis, remissionem peccatorum accipis et inebriaris in spiritu. Unde et Apostolus (*Eph.* v, 18) : *Nolite inebriari vino, sed implemini Spiritu sancto. Item :* Præclara ebrietas, quæ sobrietatem mentis operatur. *Item : Fiat voluntas tua sicut in cœlo et in terra, panem nostrum quotidianum da nobis hodie* (*Luc.* xi, 3). Sanguine Christi pacificata sunt omnia vel in cœlo, vel in terra. Sanctificatum est cœlum, dejectus est diabolus. Ibi versatur, ubi est homo, quem ille decepit. Dixi vobis, quod ante verba Christi quod offertur panis dicatur; ubi verba Christi deprompta fuerint, jam non panis dicitur, sed corpus. Quare ergo in oratione Dominica ait : *panem nostrum?* Panem quidem dixit, sed epiusion, hoc est supersubstantialem. Non iste panis est, qui vadit in corpus, sed qui animæ nostræ substantiam fulcit. Ideo Græce ἐπιούσιον dicitur. Latinus autem hunc panem dixit quotidianum. Si quotidianus est, cur post annum illum sumis, quemadmodum Græci in Oriente facere consueverunt? Accipe quotidie, quod quotidie tibi prosit. Sic vive, ut quotidie merearis accipere, quomodo Job sanctus pro filiis suis offerebat. *Item :* Qui vulnus habet, medicinam quærit. Quotidie si accipis, quotidie tibi hodie est. Si tibi hodie est Christus, tibi quotidie resurgit. Quomodo? *Filius meus es tu, ego hodie genui te* (*Psal.* ii, 7). Hodie ergo est, quando Christus resurgit. *Heri et hodie ipse est,* apostolus Paulus ait (*Hebr.* xiii, 8). Ipse enim Dominus ait : *Dimitte nobis debita nostra!* (*Luc.* x, 4.) Debitum quidem est, ubi peccem? Accepisti a diabolo debitum, et qui eras liber in Christo debitor factus es diabolo. Cautionem tuam tenebat inimicus, sed eam Dominus crucifixit et suo cruore delevit. Abstulit debitum tuum, reddidit libertatem. *Ex libro* vi : Sicut verus est Dei Filius Dominus Jesus Christus non quemadmodum homines per gratiam, sed quasi Filius ex substantia Patris : ita vera Christi caro est, sicut ipse dixit, quam accepimus, et verus sanguis ejus potus est. *Item :* Ego sum, inquit, *panis vivus, qui de cœlo descendi* (*Joan.* vi, 41). Sed caro non descendit de cœlo. Quomodo descendit de cœlo panis vivus? Quia idem Dominus Jesus consors est et divinitatis et corporis et tu qui accipis ejus carnem, divinæ ejus substantiæ in illo participaris alimento. *Item : Panem nostrum quotidianum da nobis hodie;* hæc postulatio maxima est eorum quæ postulantur. *Et dimitte,* inquit, *nobis debita nostra.* Ideo quotidie accipe, ut quotidie debito tuo indulgentiam petas. *Idem in libro De mysteriis :* Revera mirabile est quod manna Deus pluerit patribus Unde dictum est : *Panem angelorum manducavit homo* (*Psal.* lxxvii, 25). Sed tamen illum panem qui manducaverunt, omnes in deserto mortui sunt. Ista autem esca, quam accipis, iste panis vivus, qui de cœlo descendit, vitæ æternæ substantiam subministrat, et quicunque hunc manducaverit, non morietur in æternum, quia corpus est Christi. Considera utrum præstantior sit panis angelorum, an caro Christi? Manna illud de cœlo, hoc supra cœlum. Illud cœli, hoc Domini cœlorum. Illud corruptioni obnoxium, si in diem alterum servaretur, hoc alienum ab omni corruptione, quod quicunque religiose gustaverit, corruptionem sentire non poterit. Illis aqua de petra fluxit, tibi sanguis e Christo. Judæus bibit et sitit; tu cum biberis sitire non poteris. Et illud in umbra, hoc in veritate. *Item :* Potior est lux quam umbra, veritas quam figura, corpus auctoris quam manna de cœlo. *Item :* Probemus non hoc esse quod natura formavit, sed quod benedictio consecravit, majoremque vim esse benedictionis quam naturæ, quia benedictione etiam natura ipsa mutatur. Vides prophetica gratia bis mu-

---

(14) Editt. : *corporalis.*

tatam esse naturam et serpentis et virgæ. *Item* : Sacramentum, quod accipis, Christi sermone conficitur. De totius mundi elementis legisti *quia ipse dixit, et facta sunt* (*Psal.* XXXII, 9). Sermo Christi, qui potuit ex nihilo facere quod non erat, non potest ea quæ sunt, in id mutare quod non erat? *Item :* Præter naturæ ordinem Virgo generavit; et hoc quod conficimus corpus, ex Virgine est. Quid hic quæris naturæ ordinem in Christi corpore, cum præter naturam ipse sit Dominus partus ex Virgine? Vera utique caro Christi, quæ crucifixa est, quæ sepulta est : vere ergo carnis illius sacramentum est. Ipse clamat Dominus : *Hoc est corpus meum*. Post consecrationem corpus significatur, sanguis nuncupatur. Et tu dicis : Amen, hoc est verum est. Quod os loquitur, mens interna fateatur; quod sermo sonat, affectus sentiat. *Item* : In illo sacramento Christus est, quia corpus Christi est. Non ergo corporalis esca, sed spiritualis est. Unde et Apostolus de typo ejus ait, *quia patres nostri escam spiritualem manducaverunt* (*I Cor.* III, 9). Corpus enim Dei corpus est spirituale, corpus Christi corpus est divini spiritus. *Idem in sermone de Abel et Cain* : Nam si credas a Christo carnem esse assumptam et offeras transfiguratum corpus altaribus, non tamen naturam verbi et corporis, et tibi dicitur : *Si recte offeras, recte autem non dividas, peccasti* (*Gen.* IV, 7, juxta LXX). *Hieronymus ad Hedibiam* : Nec Moyses nobis dedit panem verum, sed Dominus Jesus ipse conviva et convivium, ipse comedens qui et comeditur. *Idem super Matthæum* (XXVI, 26) : *Accipite et comedite, hoc est corpus meum;* postquam typicum pascha fuerat impletum, et agni carnes cum apostolis comederat, assumit panem, qui confortat cor hominis, et ad verum paschæ transgreditur sacramentum, ut, quomodo in præfiguratione ejus Melchisedech panem et vinum offerens fecerat, ipse quoque veritatem sui corporis et sanguinis repræsentaret. *Idem in libro De membris Domini* : Sacerdos Dei Patris dicitur Filius Dei secundum humanitatem, in qua se pro nobis acceptabile sacramentum Deo obtulit, ut ipse esset sacerdos qui sacrificium. *Augustinus De utilitate agendæ pœnitentiæ* : Tunc eis Petrus annuntiavit eum colendum, quem crucifixerunt, ut ejus jam sanguinem biberent credentes, quem fuderant sævientes. *Idem in Epistola ad Irenæum* : Corporeum illud manna nunc nec tanta res miraculi, quia venit quod perfectum est. Perfectum autem est panis de cœlo, corpus ex Virgine. *Idem in homilia II psalmi* XXXIII : Accesserunt Judæi ad Jesum, ut crucifigerent; nos accedamus, ut corpus ejus et sanguinem accipiamus. *Item* : Vere magnus Dominus et magna misericordia ejus, qui nobis dedit manducare corpus suum, in quo tanta perpessus est, et sanguinem suum bibere. *In homilia psalmi* XXVIII *ad Judæos* : Jam securi [sanguinem] bibite, quem fudistis. *In homilia* LXXV : Ipsum sanguinem, quem per insaniam fuderunt, per gratiam biberunt. *In homilia psalmi* XXIX : De carne Mariæ carnem accepit et ipsam carnem [nobis] ad manducandum ad salutem dedit. Nemo autem carnem illam manducat, nisi prius adoraverit. *Idem in psalmo* XXXIII : David ferebatur in manibus suis. Manibus suis nemo portatur. Quomodo intelligatur in ipso David, secundum litteram non invenimus, in Christo autem invenimus. Ferebatur enim in manibus suis, quando commendans corpus suum ait : *Hoc est corpus meum*. Ferebatur enim illud corpus in manibus suis. *In homilia* XXXI *super Joannem* : Quousque biberent sanguinem, quem fuderant, desperaverunt. *Idem in libris Sententiarum Prosperi* : Hoc est quod dicimus, quod modis omnibus approbare contendimus, sacrificium Ecclesiæ duobus confici, duobus constare, visibili elementorum specie et invisibili Domini nostri Jesu Christi carne et sanguine, sacramento et re sacramenti, id est corpore Christi, sicut Christi persona constat et conficitur Deo et homine, cum ipse Christus verus sit Deus et verus homo, quia omnis res illarum rerum naturam et veritatem in se continet, ex quibus conficitur. Est ergo sacramentum et res sacramenti, id est corpus Christi. *Item* : Caro ejus, quam forma panis opertam in sacramento accipimus, et sanguis ejus, quem sub vini specie ac sapore potamus, caro videlicet et sanguis est sacramentum sanguinis; carne et sanguine, utroque invisibili, intelligibili, spirituali intelligitur, significatur corpus visibile Christi et palpabile, plenum gratia omnium virtutum et divina majestate. *Item* : Sicut ergo cœlestis panis, qui vere Christi caro est, suo modo vocatur Christi corpus, cum revera sit sacramentum corporis Christi, illius videlicet, quod in cruce est positum, vocatur ipsa carnis immolatio, quæ sacerdotis manibus fit, Christi passio, mors, crucifixio, non rei veritate, sed significante mysterio : sic sacramentum fidei, quod baptismus intelligitur, fides est. *Idem in psalmo* LIII : Judæi pascebantur tanquam de pœna Domini, et nos de cruce Domini pascimur, quia corpus ipsius manducamus. Habent ergo impii epulas suas, habent pii beati qui esuriunt et sitiunt justitiam, etc. *Leo papa in sermone de jejunio* VII *mensis* : Dicente Domino : *Nisi manducaveritis carnem Filii hominis et biberitis ejus sanguinem, non habebitis vitam in vobis* (*Joan.* VI, 54), sic sacræ mensæ communicare debetis, ut nihil prorsus de veritate corporis Christi et sanguinis ambigatis. Hoc enim ore sumitur, quod fide creditur, et frustra ab illis Amen dicitur, a quibus dicitur contra id quod accipitur et disputatur. *Idem in Epistola Anatolio episcopo missa* : Aliter enim in Ecclesia Domini, quæ est corpus Christi, nec rata sunt sacerdotia nec vera sacrificia, nisi in nostræ proprietate naturæ nos verus immaculati Agni sanguis emundet. Qui licet in Patris sit dextera constitutus, in eadem tamen carne, quam sumpsit ex Virgine, sacramentum propitiationis exsequitur. *Idem in sermone De passione Domini* : Intulit supplicium Filio Dei, fudit sanguinem justum, qui reconciliandu mundo et præmium esset et poculum. *Gregorius in homilia paschali* : Quid namque sit sanguis Agni, non jam audiendo, sed bibendo didicistis, qui sanguis super utrumque postem ponitur, quando non solum ore corporis, sed et ore cordis haùritur. *Idem in IV dialogo* : Tunc vera pro nobis Deo hostia erit cum nosmetipsos hostiam fecerimus. Est etiam quidem peccatoribus et indigne percipientibus vera Christi caro verusque Christi sanguis, sed etiam essentia non salubri efficientia. *Eusebius Emisenus* (15) : Vera, unica et perfecta hostia, fide æstimanda non specie neque exterioris censenda visu [hominis], sed interioris affectu. Unde cœlestis confirmat auctoritas, *quia caro mea vere est cibus et sanguis meus vere est potus*. Recedat ergo omne infidelitatis ambiguum ; quandoquidem qui auctor est muneris ipse etiam testis est veritatis. Nam visibilis (16) sacerdos visibiles creaturas in substantiam corporis et sanguinis sui verbo suo secreta potestate (17) convertit, ita dicens : *Accipite et comedite; hoc est corpus meum*. Et quomodo tibi novum (18) et impossibile esse non debeat, quod in Christi substantiam terrena convertuntur, te ipsum interroga, etc. *Ex passione sancti Andreæ, ipso ad Ægeam dicente* : Cum vero carnes ejus in terris sint comestæ et vere sanguis ejus sit bibitus, ipse tamen in cœlestibus ad dexteram Patris integer perseverat et vivus. *Præfatio De Dominica V post Theophaniam* : Singuli accipiunt Christum Dominum, et in singulis portionibus totus est, nec per singulos minuitur, sed integrum se præbet in singulis. *Amphilochius episcopus Iconius De vita et miraculis sancti Basilii, cap. VII* : Divina quidem mysteria illo agente Hebræus quidam se sicut Christianus populo commiscuit, officii mysterium et muneris explorare volens, viditque infantem parari in manibus Basilii, et communicantibus omnibus venit et ipse dato, quod est ei vere caro facta. Inde accessit ad calicem sanguine repletum, ut vere est, et ipsius factus est particeps, atque de utrisque servans reliquias abiensque in domum suam ostendit uxori suæ ad confirmationem dictorum, et narravit quod propriis oculis viderat. Credens ergo, ut vere, quam horribile et admirabile est Christianorum mysterium, in crastino venit ad Basilium, postulans sine dilatione se accipere quod in Christo est signaculum. Basilius autem sanctus non differens baptizavit eum, cum omni domo sua credentem in Domino. *Ex Vitis Patrum, tractatus de charitate, cap. XXVI* : Narravit item abbas Daniel dicens : Dixit pater meus Arsenius de quodam sene, qui erat magnus in hac vita, simplex autem in fide et erravit pro eo quod erat idiota, et dicebat non esse naturaliter corpus panem, quem sumimus, sed figuram ejus esse. Hoc audientes duo senes et scientes, quia magna esset vita et conversatio ejus, cogitaverunt, quia innocenter et simpliciter diceret hoc, et dicebant ei : Abbatis sermonem audivimus cujusdam infidelis, qui dicit, quia panis, quem sumimus, non natura corpus Christi, sed figura est ejus. Senex autem ait eis : Ego sum, qui hoc dixi. Illi autem rogabant eum dicentes : Nos credimus quia panis ipse corpus Christi est et calix sanguinis secundum veritatem et non secundum figuram, sed sicut plasmavit hominem ad imaginem suam, et nemo potest dicere, quia non erat imago Dei quamvis incomprehensibiliter lata, et panis, quem dixit *quia corpus meum est*, credimus, quia secundum veritatem corpus Christi est. Senex ait : Nisi rem ipsam cognovero, non mihi satisfacit ratio vestra. Illi autem dixerunt ad eum : Deprecemur Deum hebdomada hac de mysterio hoc, et credimus quia Deus revelabit nobis. Senex cum gaudio suscepit et deprecabatur Deum dicens : Domine, tu cognoscis quoniam non pro malitia incredulus sum rei hujus, sed per ignorantiam errem. Revela ergo mihi, Domine, quia miserere mei est. Sed et illi senes abeuntes in cellis suis rogabant, et ipsi dicentes : Domine, revela seui mysterium hoc, ut credat et non perdat laborem suum. Exaudivit autem Dominus utrosque, et hebdomada completa venerunt in ecclesiam, et aperti sunt intellectuales oculi horum, et quando positi sunt panes in altare, videtur illis tantummodo tribus puerulus jacens super altare, et cum extendisset presbyter manus, ut frangeret panem, descendens angelus de cœlo et habens cultellum in manu sacrificavit puerum illum. Sanguis vero illius excipiebat in calicem. Cum autem presbyter in parvis partibus panem, etiam angelus incidebat pueri membra in [multis] partibus (19). Cum vero accessisset senex, ut acciperet communionem, data est illi soli caro sanguine cruentata. Quod cum vidisset pertimuit et clamavit, dicens : Credo, Domine, quia panis, qui in altare ponitur, corpus tuum est, et calix sanguis, et statim facta est illa panis in manu ejus secundum mysterium et sumpsit illud gratias agens. Dixerunt autem ei senes : Deus scit humanam naturam, quia non potest vesci carnibus crudis et propterea transformavit corpus suum in panem et sanguinem in vinum his qui illud fide suscipiunt. *Ex. Evangelio* : Accipiens panem benedixit ac fregit deditque discipulis suis dicens : Hoc est corpus meum, etc. *Ex epistola I Pauli apostoli ad Corinthios* (X, 1) : Nolo enim vos ignorare, fratres, quoniam patres nostri omnes sub nube fuerunt, et omnes mare transierunt, et omnes in Moyse baptizati sunt, in nube, et in mari ; et omnes eamdem escam spiritualem manducaverunt, et omnes eumdem potum spiritualem biberunt (bibebant autem de spirituali consequenti eos petra ; petra

---

(15) Ex homilia *de corpore et sanguine Domini* inter Hieronymi opera edita, cujus auctor incertus dicitur. Cf. Hieron. opp. ed. Martian. V, 391.
(16) Monac. : *etsi invisibilis*.
(17) Monac. : *posteritate*.
(18) Monac. : *non verum*.
(19) Monac. : *modis*.

autem erat Christus). *Item* : Ut prudentibus loquor, vos ipsi judicate, quod dico. Calix benedictionis, cui benedicimus, nonne communicatio sanguinis Christi est? et panis, quem frangimus, nonne participatio corporis Domini est? Quoniam unus panis, unum corpus multi sumus, omnes qui de uno pane et de calice participamus (*I Cor.* x, 15). *Item* : Quæ immolant gentes, dæmoniis immolant et non Deo. Nolo autem vos socios fieri dæmoniorum ; non potestis mensæ Domini participes esse et mensæ dæmoniorum ; non potestis calicem Domini bibere et calicem dæmoniorum (*ibid.,* 20). *Item* : Quotiescunque enim manducabitis panem hunc et calicem bibetis, mortem Domini annuntiabitis, donec veniat. Itaque quicunque manducaverit panem hunc vel biberit calicem Domini indigne, reus erit corporis et sanguinis Domini. Probet autem se ipsum homo, et sic de pane illo edat, et de calice bibat. Qui enim manducat et bibit [indigne, judicium sibi manducat et bibit], non dijudicans corpus Domini. Ideo inter vos multi infirmi et imbecilles, et dormiunt multi. Quod si nosmetipsos dijudicaremus, non utique judicaremur (*I Cor.* xi, 27-31). Ambrosius *super Lucam* (ix, 27): *Sunt aliqui hic stantes, qui non gustabunt mortem, donec videant regnum Dei* : Habemus panem, qui de cœlo descendit. Panem illum manducat, qui ea quæ scripta sunt servat. *Item* (*Luc.* xvii, 37) : *Ubi fuerit corpus, ibi congregabuntur aquilæ* : Justorum animæ aquilis comparantur, quæ alta petunt. *Item* : De corpore jam dubitare non possumus, maxime sine muneribus quia a Pilato Joseph corpus accepit. Nonne tibi videntur aquilæ circa corpus Mariæ Cleophæ et Maria Magdalene et mater Domini apostolorumque conventus circa Domini sepulturam ? Nonne tibi videntur aquilæ circa corpus, quando veniet cum intelligibilibus nubibus filius hominis et videbit eum omnis oculus ? Est enim corpus, de quo dictum est : *Caro mea vere est cibus et sanguis meus vere est potus*. Circa hoc corpus veræ aquilæ sunt, quæ illis circumvolant spiritualibus. Est enim corpus Ecclesia. *Idem in lib. De sacramentis* : Fac nobis oblationem hanc acceptabilem, quæ est figura corporis et sanguinis Domini. *Item* : Figura corporis est altare. *Idem in Epistola ad Corinthios* : Quia morte Domini liberati sumus, hujus rei memores in edendo et potando carnem et sanguinem, quæ pro nobis oblata sunt, significamus. *Item* : Beneficii divini testis est sanguis, in cujus typum nos calicem mysticum percipimus. Origenes *super Matthæum* (xxvi, 26) : *Hoc est enim corpus meum, et accipiens calicem, etc*. : Panis quem Deus Verbum corpus suum esse fatetur, verum est nutritorium animæ ; Verbum de Deo Verbo procedens et panis de pani cœlesti, qui positus est super mensam, de qua scriptum est (*Psal.* xxii, 5) : *Præparasti in conspectu meo mensam adversus eos qui tribulant me*. Et potus iste, quem Deus Verbum sanguinem suum fatetur, Verbum est potans et inebrians præ- clare corda bibentium, qui est in poculo, de quo scriptum est : *Et poculum tuum inebrians quam præclarum est*. Et est potus iste generatio vitis veræ, quæ dicit : *Ego sum vitis vera* (*Joan.* xv, 1). Et est sanguis uvæ illius, quæ missa in torcular passionis protulit potum hunc. Sic et panis est verbum Christi factum de tritico illo, quod cadens multum reddit fructum. Non enim panem illum visibilem, quem tenebat in manibus, corpus suum dicebat Deus Verbum, sed verbum in cujus mysterio fuerat panis ille frangendus. Nec potum illum visibilem sanguinem suum dicebat, sed verbum, in cujus mysterio fuerat potus ille fundendus. Nam corpus Dei Verbi aut sanguis, quid aliud potest esse, nisi verbum quod nutrit, et verbum quod lætificat cor ? Hieronymus *ad Hedibiam de diversis quæstionibus* : *Quomodo sit* [*accipiendum*], *Non bibam amodo de hoc genimine vitis, etc*. (*Matth.* xxvi, 29) : Nos audiamus panem, quem fregit Dominus deditque discipulis, esse corpus Domini. *Item* : *Hic sanguis meus Novi Testamenti*. Si ergo panis qui de cœlo descendit corpus Domini et vinum quod discipulis suis dedit sanguis illius est, qui effusus est in remissionem omnium peccatorum, ascendamus cum Domino cœnaculum et accipiamus ab eo calicem sursum Novi Testamenti, ibique cum eo inebriemur vino sobrietatis. *Item* : Sed nec Moyses dedit nobis panem verum, sed Dominus Jesus, ipse conviva et convivium, ipse comedens qui et comeditur : ipsius bibimus sanguinem, et quotidie in sacrificiis ejus de genimine vitis veræ et vineæ Sorec, quæ interpretatur *electa*, et rubentia musta calcamus, et novum ex his vinum bibimus in regno Patris, nequaquam in vetustate litteræ, sed in novitate spiritus, cantantes canticum novum, quod nemo potest canere nisi in regno Ecclesiæ, quod regnum Patris est. *Item* : Quotquot in Christo baptizamur, Christum induimus et panem comedimus angelorum, et audimus Dominum prædicantem : *Meus cibus est ut faciam voluntatem ejus qui misit me*. Faciamus ergo voluntatem ejus, et Christus nobiscum bibet in regno Ecclesiæ sanguinem suum. *Idem super* CXLVII *psalmum* : *Et adipe frumenti satiat te*. Dominus noster granum tritici in terram cecidit, et nos multiplicavit. Istud granum frumenti pinguissimum est. Felix est qui in frumento isto adipem intelligit. Ego corpus Jesu Evangelium puto, sanctas Scripturas puto. Et quando dicit, *qui non comederit carnem meam et biberit sanguinem meum*, licet et in mysterio possit intelligi, tamen verius corpus Christi et sanguis sermo Scripturarum est, doctrina divina est. Quando imus ad mysterium, qui fidelis est intelligit; si in maculam ceciderit, periclitatur. Si quando audimus sermonem Dei, et caro Christi, et sanguis ejus in auribus nostris effunditur, et nos aliud cogitamus, in quantum periculum [incurrimus] ? Pinguissimus sermo divinus est. Omnes habet in se delicias. Sicut tradunt Judæi, quoniam manna quando comedebant secundum voluntatem uniuscujusque sapiebat in ore : sic et in carne Christi, qui est sermo doctrinæ, hoc est sanctarum Scripturarum interpretatio, sicut volumus, accipimus. *Item : Qui emittit eloquium suum terræ (Psal.* CXLVII, 15). *In principio erat Verbum (Joan.* I, 1). Hoc Verbum mittitur in carne *Et Verbum caro factum est et habitavit in nobis (ibid.,* 14). *Qui emittit eloquium suum terræ.* De prædicatione loquitur evangelica et de doctrina apostolorum. Denique sequitur : *Velociter currit sermo ejus (Psal.* CXLVII, 15), et in orbem terrarum apostolica doctrina. *Idem in sermone quodam de agno paschali, qui sic incipit : Hodie populus Israel :* Præcipitur ut in una comedamus domo, id est ne extra Ecclesiam immolati agni putemus. Ex quo manifestum est, quod Judæi et hæretici et omnium conventicula dogmatum perversorum, qui agnum in Ecclesia non comedunt, non eas agni carnes comedere, sed draconis, qui datus in escam populis Æthiopum. *Item :* Quod autem sequitur, ut non carnes crudas agni neque elixas comedamus, illud est, ne Scripturas divinas, quæ vere carnes Agni sunt, aut juxta historiam tantum intelligamus, aut quibusdam allegoriis et nubilo interpretationis ad perversa dogmata derivemus et enervemus eas. *Caput cum pedibus ejus et intestinis comedetis (Exod.* XI, 9). Caput intelligentia spiritualis; pedes simplex juxta historiam narratio ; intestina quidquid in littera latet. *Item :* Sciatis, fratres, quoniam quicunque uxori debitum reddit vacare non potest orationi nec de carnibus Agni comedere. Si enim panes propositionis non poterant ab his qui uxores tetigerant comedi, quanto magis panis ille qui de cœlo descendit non potest ab his qui conjugalibus paulo ante hæsere complexibus violari atque contingi? *Idem* (20) *in quadam homilia* [VII] *super Leviticum :* Dominus ait : *Caro mea vere est cibus, et sanguis meus vere est potus (Joan.* VI, 56), quia omne opus ejus sanctum est, et omnis sermo ejus verus est. Secundo loco post illius carnem mundus cibus est Petrus et Paulus, et sic unusquisque pro meritorum puritate proximo mundus fit cibus. Hoc qui audire nescit, avertit fortasse auditum secundum eos qui dicebant : *Quis eum potest audire ?* Sed si filii estis Ecclesiæ , si evangelicis imbuti mysteriis, agnoscite quæ dicimus, quia Domini sunt, ne qui ignoret ignoretur. Agnoscite quia figuræ sunt quæ in divinis voluminibus scriptæ sunt, ideo tanquam spirituales et non carnales intelligite quæ dicuntur. Est et in Evangeliis littera, quæ occidit. Si enim [secundum] litteram sequaris hoc ipsum, quod scriptum est : *Nisi manducaveritis carnem meam et biberitis sanguinem meum (ibid.,* 54), occidit hæc littera. Ut ergo diximus, omnis homo in se habet aliquem cibum, ex quo qui sumpserit, si quidem bonus est et bono thesauro profert bonum, mundum cibum profert proximo suo. Ideo omnis homo, cum loquitur proximo, et sive prodest ei ex sermonibus sive nocet, et mundum ei aut immundum efficitur animal. Si secundum hanc intelligentiam dicamus Deum hominibus leges promulgasse, digna videbitur legislatio. Si vero assideamus litteræ, erubesco confiteri Deo tali legem dedisse (21). *Idem in Epistola ad Ephesios :* Dupliciter igitur intelligitur caro Christi et sanguis, vel spiritualis illa atque divina, de qua ipse ait : *Caro mea vere est cibus et sanguis meus vere est potus,* et : *Nisi manducaveritis carnem meam et sanguinem meum biberitis, non habebitis vitam æternam,* vel caro mea, quæ crucifixa est, et sanguis, qui militis lancea fusus est. Juxta hanc divisionem, et in sanctis ejus diversitas sanguinis et carnis excipitur, ut alia sit caro quæ visura sit salutare Dei, alia caro et sanguis , quæ regnum Dei nequeant possidere. *Idem in Isaia :* Comedunt cibos impietatis, dum non sunt sancti et corpore et spiritu, nec comedunt carnem Jesu nec bibunt sanguinem ejus, de quo ipse loquitur : *Qui manducat meam carnem et bibit meum sanguinem habebit vitam æternam (ibid.,* 55). Pascha nostrum immolatus est Christus , qui non foris, sed in domo una et intus comeditur. *Ex sermone quodam Augustini :* Utrum sub figura, an sub veritate sit mystici calicis sacramentum. Veritas ait : *Caro mea vere est cibus et sanguis meus vere est potus.* Alioquin quomodo magnum erit, *panis quem ego dabo, caro mea est pro mundi vita (ibid.,* 52), nisi vera sit caro? Sed, quia Christum vorari dentibus fas non est, voluit hunc panem et vinum in mysterio vere carnem suam et sanguinem consecratione Spiritus sancti potentialiter creari et quotidie pro mundi vita mystice immolari, ut sicut de Virgine per spiritum vera caro sine coitu creatur, ita per eumdem ex substantia panis et vini mystice idem corpus Christi consecretur. Corpus Christi et veritas et figura est : veritas, dum corpus Christi et sanguis virtute Spiritus in verbo ipsius ex panis vinique substantia conficitur ; figura vero, quod exterius sentitur. Iteratur autem quotidie hæc oblatio, licet Christus semel passus sit, quia quotidie peccamus saltem peccatis, sine quibus mortalis infirmitas vivere non potest, et ideo quotidie Christus pro nobis mystice immolatur. Intra Catholicam Ecclesiam in mysterio corporis Christi nihil a bono majus, nihil a malo minus percipitur sacerdote, quia non in merito consecrantis, sed in verbo efficitur Creatoris et in virtute Spiritus sancti. Si enim in merito esset sacerdotis, nequaquam ad Christum pertineret. Nunc autem sicut ipse est, qui baptizat, ita ipse est, qui Spiritum sanctum hanc suam efficit carnem et transfundit sanguinem. *Item :* Hanc oblationem benedictam, per quam benedicamur, ascriptam, per quam omnes in cœlo ascribamur; ratam, per quam in visceribus Christi esse censeamur, ratio-

---

(20) Non est Hieronymi, sed Origenis.

(21) Editt. : *Quia tales leges dederit Deus.*

nabilem, per quam a bestiali sensu (22) exuamur, acceptabilem, ut per hanc acceptabiles ejus unico Filio simus. Nihil rationabilius ut quod similitudinem mortis ejus in baptismo accepimus, similitudinem quoque carnis et sanguinis ejus sumamus, ita ut veritas non desit in sacramento, et ridiculum nullum fiat paganis, quod cruorem occisi hominis bibamus. Si enim discipuli patienter ferre nequiverunt, quod Dominus dixerat : *qui manducat carnem meum*, etc., sed dixerunt : *durus est hic sermo (Joan.* VI, 61), quomodo ista ferrent increduli? Credendum namque est quod in verbis Christi sacramenta conficiantur. Cujus enim potentia creantur prius, ejus utique verbo ad melius recreantur. Reliqua omnia, quæ sacerdos dicit aut clerus canit, nihil aliud quam laudes et gratiarum actiones sunt, aut certe obsecrationes, fidelium petitiones, postulationes. Inter verba sunt Dei : *Accipite et manducate ex hoc omnes (Matth.* XXVI, 26). In hoc ergo verbo creatur illud corpus. *Item :* Eadem ratio est in corpore Domini, quæ in manna, quod in ejus figura præcessit, de quo dicitur *(Exod.* XVI, 18) : *Qui plus collegerat, non habuit amplius, neque qui minus comparaverat, habuit minus.* Non est quantitas visibilis in hoc æstimanda mysterio, sed virtus sacramenti spiritualis, sicut nec quantitas hominis Christi metienda in corpore, sed virtus in eo et divinitas consideranda. *Item :* Hoc mysterium ante passionem discipulis traditur, quia nunquam potest umbra existere nisi radiante luce. Aliter : noverat Christus, quod et a bonis digne et a malis indigne hoc mysterium acceptum erat. Voluit cunctis communicantibus ostendere quid boni quidve mali ex eo percipiatur, et ideo Judas in figura omnium malorum primus ad percipiendum permittebatur. Nam si post resurrectionem fieret, jam Judas cum sanctis apostolis communicare non potuisset, quia jam damnatus esset. Recte etiam caro sanguini sociatur, quia nec caro sine sanguine, nec sanguis sine carne jure communicatur. Totus enim homo, qui ex duabus substantiis constat, redimitur, et ideo carne simul Christi et sanguine saginatur. Denique non, sicut quidam volunt, anima solo hoc mysterio pascitur, verum etiam caro per hoc ad immortalitatem transit et incorruptionem reparatur. *Idem quæstionum LXXII, cap. XII :* Omnis anima omni corpore melior. Melius enim omne quod vivificat, quam id quod vivificatur. *Idem lib. XI, De civitate Dei de bonis et malis angelis :* Beatitudines illorum causa est adhærere Deo, istorum miseriæ non adhærere. *Item :* Sicut autem melior est natura sentiens, qui etiam condolet, quam lapis, qui nullo modo dolere potest. *Item :* Rationalis creatura præstantior etiam misera, quam illa, quæ rationis vel sensus est expers, et ideo in eam non cadit miseria. *Idem in sermone De utilitate agendæ*

pœnitentiæ : Ille eos a morte liberaverat, qui per manna figurabatur. Breviter ergo dixerim : quicunque manna Christum intellexerunt, eumdem quem nos, cibum spiritualem manducaverunt. *Idem in expositione Evangelii (Joan.* VI, tract. 26; *Maur.* III, 498) : Ut quid paras dentem et ventrem? Credere in eum, hoc est manducare panem et vinum. Invisibiliter saginatur, quia invisibiliter renascitur. Hic panis est, qui de cœlo descendit. Hunc panem significavit manna. *Omnes*, inquit, *eamdem escam spiritalem manducaverunt*. Spiritualem utique eamdem; nam corporalem alteram, quia illi manna, nos aliud; spiritualem [vero] eamdem quam nos. *Et omnes eumdem potum spiritualem biberunt.* Aliud illi, aliud nos, sed specie visibili, quod tamen hoc idem est (23) virtute spirituali. Quomodo eumdem potum? *Bibebant*, inquit, *de spirituali sequente eos petra, petra autem erat Christus (I Cor.* x, 4). Inde potus, inde panis. Petra Christus in signo, verus Christus in carne et verbo. *Hic est panis de cœlo descendens, ut si quis ex ipso manducaverit, non morietur (Joan.* VI, 50). Quod pertinet ad virtutem sacramenti, non ad visibile sacramentum, qui manducat intus, non foris; qui manducat in corde, non qui premit dente. *Item :* Qui ergo carnem ejus non manducat nec bibit ejus sanguinem, non habet in se vitam æternam, et qui manducat et bibit, habet vitam æternam. Hunc itaque cibum et potum societatem vult intelligi corporis Christi et membrorum suorum, quod est Ecclesia. Hujus rei sacramentum, id est unitatis corporis Christi et sanguinis alicubi quotidie, alicubi certis intervallis dierum de mensa Dominica sumitur, quibusdam ad vitam, quibusdam ad exitium; res vero ipsa, cujus sacramentum est, omni homini ad vitam, nulli ad exitium, quicunque ejus participes fuerint. *Idem in sermone De infantibus :* Nulli aliquatenus ambigendum est, unumquemque fidelium corporis sanguinisque Dominici tunc esse participem, quando in baptismate Christi membrum efficitur, nec alienari ab ipsius (24) panis calicisque consortio, etiamsi antequam [panem] illum comedat calicemque bibat, de hoc sæculo migraverit in unitate corporis Christi constitutus. Sacramenti quippe illius participatione ac beneficio non privatur, quando in se, quod illud sacramentum significat, invenit (25). *Idem in sermone De sacramentis :* Quia passus est [pro] nobis, commendavit nobis in isto sacramento sanguinem suum et corpus, qui etiam fecit nosmetipsos. Nam et nos corpus ipsius facti sumus, et per misericordiam ipsius quod accepimus sumus. *Item (Maur.* V, 976, fragm.) : Ad aream Dominicam comportati estis; laboribus boum, id est annuntiantium Evangelium, trituratis estis, quando catechumeni differebamini, in horreo servabamini, cœpistis moli je-

(22) Monac. : *sexu.*
(23) Maur. : *significaret.*
(24) Maur. : *illius.*

(25) Monac. : *Sacramentum qui propter illius participationes a beneficio non privatur, quando — inveniur.*

juniis et exorcismis. Postea ad aquam venistis, et conspersi estis, et panis Dominicus facti estis. Unum estote diligendo vos, tenendo unam fidem, unam spem, individuam charitatem. *Item* : Vinum in multis racemis fuit, et modo vinum. Vinum est in sua nativitate, calix post pressuras torcularis (26). Et post illa vos jejunia, post labores, contritiones ; jam in nomine Christi tanquam ad calicem venistis ; et ibi vos estis in mensa et in calice. Nobiscum vos estis. Simul enim hoc sumimus, simul bibimus, quia simul vivimus. *Idem super Joannem* (XII, 8) *sermone I* : *Pauperes enim semper habebitis vobiscum, me autem non semper habebitis.* Potest et sic intelligi : loquebatur de præsentia corporis sui. Nam secundum majestatem suam et invisibilem gratiam impletur quod ab eo dictum est : *Ecce ego vobiscum sum usque ad consummationem sæculi (Matth.* XXVIII, 20). Secundum vero carnem, quam Verbum assumpsit, non semper habebitis vobiscum. Quare? Quoniam conversatus est secundum corporis præsentiam XL diebus cum discipulis et ascendit in coelum et non est hic. Ibi est sedens ad dextram Patris, et hic est. Non enim recessit præsentia majestatis. Aliter : secundum præsentiam majestatis semper habemus Christum ; secundum præsentiam carnis paucis diebus ; modo fide tenet, non oculis videt. *Idem in expositione psalmi* LIV : Dicentes, quia durus est hic sermo, separaverunt se ab illo ; remansit cum *XII,* instruxit eos qui remanserant. *Spiritus est,* inquit, *qui vivificat, caro nihil prodest (Joan.* VI, 64). Verba quæ locutus sum ad vos, spiritus et vita sunt, id est spiritualiter intelligenda sunt. Intellexisti carnaliter ? spiritus et vita tibi non sunt. Spiritualiter intelligite quæ locutus sum. Non hoc corpus, quod videtur, manducaturi estis, et bibituri illum sanguinem, quem fusuri sunt qui me crucifigent. Sacramentum aliquod vobis commendavi, spiritualiter intellectum vivificabit vos. Caro autem non prodest quidquam. Carnem quippe intellexerunt ; quomodo in cadavere venditur (27), aut in macello dilaniatur. Sciens autem Jesus ait : *Hoc vos scandalizat, quod dixi, do vobis carnem meam manducare et sanguinem meum bibere. Si ergo videritis filium hominis ascendentem, ubi prius erat? (Ibid.,* 62.) Quid est hoc? Hinc solvit, quod illos moverat ; hinc aperuit, unde fuerant scandalizati ; hinc plane, si intelligerent. Illi autem putabant erogaturum corpus suum ; ille dixit se ascensurum in coelum integrum. *Cum videritis filium hominis ascendentem ubi erat prius;* certe vel tunc videbitis, quia non eo modo quo putatis erogat corpus suum, vel tunc intelligetis, quia gratia [ejus] non consumitur morsibus. *Item* : Donec sæculum finiatur, sursum est Dominus, sed tamen hic etiam nobiscum est veritas Domini. Corpus enim, in quo resurrexit, uno loco esse oportet, veritas autem ejus ubique diffusa est.

Item : In coelo jam Christum sedentem manibus contrectare non possumus, sed fide contingere. *Item* : Quis audeat manducare Dominum suum? et tamen ait : *Qui manducat me, vivit propter me (ibid.,* 58). Quoniam Christus manducatur, vita manducatur, nec occiditur, ut manducetur, nec quoniam manducatur, partes de illo facimus. Et quidem in sacramento sic fit ; norunt autem fideles quemadmodum manducent corpus Christi. Unusquisque partem suam accipit ; per partes manducatur, et manet integer totus in coelo, integer totus in corde tuo. *Item* : Quod videtis in altari, panis est et calix, quod etiam oculi nostri nobis renuntiant. Quod autem fides [postulat] instruenda, panis est corpus, calix est sanguis. *Item* : In coelum ascendit, illuc levavit corpus suum, ibi est sedens ad dexteram Patris. Quomodo ergo panis est corpus ejus ? et calix, vel quod habet calix, est sanguis ejus ? Ista, fratres, ideo sacramenta dicuntur, quia in eis aliud videtur et aliud intelligitur. Quod videtur, speciem habet corporalem ; quod intelligitur, fructum spiritualem. *Idem in epistola ad Bonifacium presbyterum* : Sæpe ita loquimur, ut Pascha propinquante dicamus crastinam vel perendinam Domini passionem, cum ille ante tam multos annos passus sit. Ipso die Dominico dicimus : Hodie Dominus resurrexit ; cum ex quo resurrexerit tot anni transierint. Istos dies secundum illorum similitudinem, quibus hæc gesta sunt, nuncupamus, ut dicatur ipse dies, qui non est ipse, sed revolutione temporis similis ei. Nonne semel immolatus est Christus in semetipso, et tamen in sacramento omni die populis immolatur. Si enim sacramenta quamdam similitudinem earum rerum, quarum sacramenta sunt, non haberent, omnino sacramenta non essent. Ex hac autem similitudine plerumque etiam sacramenta ipsarum rerum nomina accipiunt. Sicut ergo secundum quemdam modum sacramentum corporis Christi est corpus Christi, sacramentum sanguinis Christi sanguis Christi est, ita fidei sacramentum fides est. *Idem in lib.* X *De civitate Dei* : Sacrificium visibile invisibilis sacramentum, id est sacrum signum est. *Item in* XX : *Qui manducat carnem meam et bibit sanguinem meum, in me manet et ego in illo (ibid.,* 57). Ostendit quid sit non sacramento tenus, sed revera corpus Christi manducare, et ejus sanguinem bibere. Hoc est enim in Christo manere, ut in illo maneat et Christus. Sic enim hoc dixit, tanquam diceret : qui non in me manet et in quo non maneo, non se dicat aut existimet manducare corpus meum aut bibere sanguinem meum. Non itaque manent, qui non sunt membra ejus. Non sunt autem membra Christi, qui se faciunt membra meretricis, nisi malum illum poenitendo esse destiterit. *Item lib.* XXI : Nec ergo isti dicendi sunt manducare corpus Christi, quoniam nec in membra computandi sunt

---

(26) Maur. : *et modo in unum est. Unum est in suavitate calicis, post pressuram torcularis.*

(27) Monac. : *vere dicitur.*

Christi ; ut enim alia taceamus, non possunt similiter esse membra Christi et meretricis. Denique ipse dicit : *Qui manducat carnem meam*, etc. *Idem in quadam epistola* : Sacramentum invisibilis gratiæ visibilis forma. *Idem in I De catechizandis rudibus* : Sacramentum est divinæ rei invisibilis signaculum visibile. *Idem in libro De pœnitentia* : Sacramentum est divini mysterii signaculum. *In II De doctrina Christiana* : Signum est res præter speciem, quem ingerit sensibus, aliud aliquid ex se faciens in cogitationem venire. *Idem contra Faustum* : Quid enim sunt aliud quoque sacramenta corporalia, nisi quædam quasi verba visibilia, sacrosancta quidem, sed tamen mutabilia et temporalia ? *Idem in tractatu psalmi* xcviii, ubi ait : Intelligite spiritualiter quæ locutus sum; non enim corpus, quod videtis, manducaturi estis, bibituri illum sanguinem, quem fusuri sunt, qui me crucifigent. Sacramentum aliquod vobis commendavi, spiritualiter intellectum vivificabit vos. Etsi necesse est visibiliter celebrari, oportet tamen invisibiliter intelligi. *Idem in Confessionibus* : Cibus sum grandium ; cresce et manducabis me, nec mutabis me in te, sed tamen mutaberis in me. *Idem in libro De unico baptismo* : Si ad ipsas res visibiles, quibus ipsa sacramenta traciantur, animum conferamus, quis nesciat eas esse corruptibiles ? Si autem ad id quod per eas agitur, quis non videat non posse corrumpi ? *In III De doctrina Christiana* : Nisi manducaveritis, inquit, carnem Filii hominis et sanguinem ejus biberitis, non habebitis vitam in vobis *(Joan.* vi, 54). Facinus videtur aut flagitium jubere. Figura ergo præcipientis est, passionem Domini esse communicandam et recondendam in memoria, quod pro nobis caro ejus crucifixa est et vulnerata. *Item VII De baptismo inducit sanctum Cyprianum dicentem* : Quando Dominus vocat corpus suum panem de cœlo, multorum granorum adunatione congestum, populum nostrum de gentibus indicat adunatum, et quando sanguinem suum appellat vinum, de botris atque acinis plurimis expressum atque in unum coactum, gregem nostrum significat commistione adunatæ multitudinis copulatum. *Idem in psalmo XX* : Quod semel factum est, in memoria vestra omni anno fit. Quoties Pascha celebratur, nunquid Christus toties occiditur ? Sed anniversaria recordatio repræsentat quod olim factum est, et sic nos facit moveri, tanquam videamus præsentem Dominum in cruce. *Idem ad Dardanum* : Una persona Deus et homo est, et utrumque est unus Christus, ubique per id quod Deus est, in cœlo autem per id quod homo. *Item* : Christum autem et ubique præsentem esse non dubites tanquam Deum et in loco aliquo cœli propter veri corporis modum. *Idem in I Retractationum contra Adimantum, discipulum Manichæi* : Nam ex eo quod scriptum est, sanguinem pecoris animam ejus esse, præter id quod supra dixi possum etiam interpretari, præceptum illud in signo esse positum. Non enim Dominus dubitavit dicere, *hoc est corpus meum*, cum signum daret corporis sui. *Beda in homilia illius evangelicæ lectionis* : *Una Sabbati valde diluculo* (*Luc.* xxiv, 1) : Hoc quoque, quod mulieres non invento corpore Domini mente consternabantur, nos congruit imitari. Meminisse etenim continuo debemus, quia corpus Domini nostri in terris invenire nequimus, et eo magis humiliari, quo nos constat de profundis clamare ad eum qui habitat in cœlo, eo magis mente consternari, qui debemus nos longe adhuc peregrinari ab illo, in cujus solum præsentia beate vivere valeamus. *Item* : Maxime angelici nobis spiritus adesse credendi sunt, cum divinis spiritualiter mancipamur obsequiis. *Haymo super Epistolam ad Romanos* (vii, 4) : Cum dicit : *per corpus Christi mortificati estis legi*, de quo corpore loquitur ? Nam corpus Christi est quod assumpsit in utero virginali; corpus Christi est quod quotidie consecratur in Ecclesia. Apparet de illo corpore dixisse Apostolum, quod assumpsit in utero virginali. Per corpus suum ergo nos Christus liberavit a lege, id est per passionem corporis sui dedit nobis remissionem peccatorum, ut non simus jam subjecti legi, si peccare desistimus. *Ex decretis Pii papæ cap. III* : Si vero per negligentiam de calice Domini aliquid stillavit in terram, lingua lambetur (28) et tabula radetur. Si non fuerit tabula, ut non conculcetur, locus corradetur, et igne comburetur, et cinis in altare recondetur. *Ex Pœnitentiali Theodori* : Qui evomuerit sacrificium et a canibus consumetur, annum unum pœniteat. *Ex concilio Turonico cap. IV* : Sacra oblatio semper sit super altare observata propter mures et nefarios homines et a die septimo in septimum semper mutetur et a populo sumatur, et alia, quæ eadem die consecrata est, loco ejus subrogetur, ne forte diutius observata muscida, quod absit, fiat. *Ex concilio Aurelianensi cap. IV* : Oblata, quæ in altari offeruntur, de Sabbato in Sabbatum semper innoventur, quia panis propositionis a Sabbato in Sabbatum mutabantur, ne diu servata muscidi fiant, aut, ut quidam sæviunt, igni consumantur. Quod si quis diabolo instigante facere præsumpserit, anathema sit. *Item cap. V* : Omne sacrificium sordida vetustate perditum igne comburendum et cinis juxta altare sepeliendus. *Item cap. VI* : Qui non bene sacrificium custodierit, et mus vel aliquod animal comederit illud, XL dies pœniteat. Qui autem perdiderit illud in ecclesia, aut pars ejus ceciderit et non inventa fuerit, XXX dies pœniteat. *Item* : Qui negligentiam erga sacrificium fecerit, ut in eo vermis consumptus sit, ad nihilum devenerit, III quadragesimas cum pane et aqua pœniteat. Si integrum inventum fuerit, in eo vermis comburatur, et cinis sub altare recondatur, et qui neglexerit, quaternis diebus suam negligen-

---

(28) Monac. : *linguabitur.*

tiam solvat. Sicut amissione saporis decoloratur sacrificium, XX dies expleantur jejunio. *Ex concilio Remensi cap. III* : Corporale, supra quod sacra oblatio immolatur, nunquam super altare maneat, nisi tempore missæ, sed aut in sacrario cum libro ponatur aut cum patena et calice recondatur, vel quando abluitur, vase et ad hoc præparato abluatur, eo quod ex Dominico corpore et sanguine infectum sit. *Clemens in secunda Epistola ad Jacobum* : Cum timore et tremore reliquiæ corporis Domini debent custodiri fragmentorum.

CXVIII.
Quod eucharistia nunquam danda sit intincta, et contra.

Ex decretis Julii papæ episcopis per Ægyptum missis : Illud quod pro complemento communionis intincta tradunt eucharistiam populis, nec hoc prolatum ab Evangelio testimonium receperunt, ubi apostolis corpus suum et sanguinem commendavit. Seorsum enim panis, et seorsum calicis commendatio memoratur. Nam intinctum panem aliis Christum præbuisse non legimus, excepto illo quem intincta buccella magistri proditorem ostenderit, non [quæ] sacramenti hujus institutionem signaret. *Augustinus super Joannem* (XIII, 26) : *Cui intinctum porrexero panem*, etc. Bonum est quod accepit, sed malo suo accepit, quia male bonum malus accepit. Multum quippe interest, non quid accipiat, sed quis accipiat; nec quale sit quod datur, sed qualis sit ipse cui datur. Intravit ergo post hunc panem Satanas in Domini traditorem, ut sibi jam traditum plenius possideret, in quem prius intraverat, ut deciperet. Duxit enim peccatum traditionis præsumptio sacramenti, cum homini ingrato intrasset panis in ventrem, hostis in mentem. *Et cum intinxisset panem dedit Judæ* (*ibid.*). Non autem, ut putant quidam, tunc Judas Christi corpus accepit. Intelligendum est enim, quod jam omnibus eis distribuerat Dominus sacramentum corporis et sanguinis sui, ubi et ipse Judas erat, sicut Lucas evidentissime narrat; deinde per buccellam tinctam atque porrectam suum exprimit traditorem, fortassis per panis tinctionem illius significans fictionem. *Idem De adulterinis conjugiis lib. I* : Si autem Dominus, ubi ait, *nolite sanctum dare canibus*, hoc quod isti cavendum putant vellet intelligi, non ipse suo traditori dedisset, quod in suam ille perniciem sine culpa dantis cum dignis indignus accepit. *Ex concilio Turonico cap. III* : Omnis presbyter habeat pyxidem vel vas tanto sacramento dignum, ubi corpus Domini recondatur ad viaticum recedentibus a sæculo. Quod tamen sacra oblatio intincta debet esse in sanguine Christi, ut veraciter possit dicere infirmo : Corpus et sanguis Domini proficiat tibi, etc.

CXIX.
Quod presbyter uxoratus a subjectis non sit abjiciendus, et contra.

Ex concilio Gangrensi : Si quis discernit presbyterum conjugatum tanquam occasionem nuptiarum, quod offerre non debeat, et ab ejus oblatione ideo se abstinet, anathema. *Item cap. III* : Quicunque discernit a presbytero, quia uxorem habuit, qui non [vult] eo ministrante de oblatione percipere, anathema sit. *Alexander secundus* : Præter hoc autem præcipiendo mandamus, ut nullus audiat missam presbyteri, quem scit concubinam indubitanter habere aut subintroductam mulierem. Unde etiam sancta synodus hoc a capite sub excommunicatione statuit dicens : Quicunque sacerdotum, diaconorum, subdiaconorum post constitutum prædecessoris nostri sancti papæ Leonis aut Nicolai de castitate clericorum concubinam palam duxerit, vel ductam non reliquerit, ex parte Dei et auctoritate beatorum apostolorum principum Petri et Pauli præcipimus, et omnino contradicimus, ut missam non cantet, neque evangelium aut epistolam ad missam legat, neque in presbyterio cum his ad divina officia, qui præfatæ constitutioni obedientes fuerint, maneat, neque partem ab Ecclesia suscipiat; et præcipientes statuimus, ut hi prædictorum ordinum, qui eisdem prædecessoribus nostris obedientes castitatem servaverint, juxta Ecclesias suas, sicut oportet religiosos clericos, simul manducent et dormiant, et quidquid eis ab Ecclesiis competit communiter habeant; et rogantes monemus, ut ad apostolicam sive communem vitam summo opere [pervenire] studeant, quatenus consecuti [perfectionem], cum his qui centesimo fructu ditantur in cœlesti patria mereantur ascribi. (MANSI, XIX, 1025.)

CXX.
Quod hæretici oblatio non prosit, et contra

Cyprianus : Hæretici oblatio sanctificare non potest, quia ibi sanctus Spiritus non est, nec Dominus per orationes ejus precesque cuiquam prodest. Non enim sine fide corpus Christi conficitur, qua manducatur. *Hieronymus in epistola ad Epithalamum* : Quos in ecclesiastico ordine videris usurarios, adulteros, et concubinarios, et ad concumulandam mammonæ pecuniam intentos, velut hæreticos de vita, si presbyter est, corpus et sanguinem Domini illum tractare non audieris, sed etiam tractare non permiseris. *Item* : *Non potestis*, inquit veritas, *Deo servire et mammonæ* (*Matth.* VI, 24). Cui ergo servit, qui mammonæ servit? Vis audire cui? Idolorum culturæ. Audi Apostolum (*Ephes.* V, 5) : *Avarus, quod est idolorum servitus, non habet hæreditatem in regno Christi et Dei*. Qui ergo propter suam aviditatem efficitur idolator [idololatra], possit dici Christicola? Non colit Christum, non sanctum corpus suum, nec Christus per ipsum. *Idem in Amos propheta* : Odit Deus sacrificia hæreticorum et a se projecit, et quotiescunque fuerint sub nomine Domini congregati, detestatur fetorem eorum et claudit nares suas. Et si holocausta obtulerint, ut videantur jejunare, dare eleemosynas, pudicitiam polliceri, quæ holocausta sint vera, non ea suscipit

Deus. Non sacrificiorum magnitudinem, sed offerentium merita causasque dijudicat. Unde et vidua, quæ duo minuta miserat, omnibus a Salvatore præfertur, quia Dominus non ea quæ offeruntur, sed voluntatem respicit offerentium. *Idem in Sophoniam* : Sacerdotes impie agunt in lege Domini putantes eucharistiam precantis lacere verba, non vitam, et necessariam esse tantum solemnem orationem et non sacerdotum merita, de quibus dicitur, qui sacerdos in quacunque fuerit macula, non accedat oblationes offerre Domino. *Augustinus lib. II contra epistolam Parmeniani* : Per Isaiam (LXVI, 3) dicit Dominus : *Facinorosus, qui sacrificat mihi vitulum, quasi qui canem occidat, et ponit similaginem quasi sanguinem porcinum, et qui offert thus in memoriam, quasi blasphemus.* Item : Sacrificia impiorum ipsis oberunt, qui offerunt impie. Nam sacrificium tale cuique fit, quali corde ad accipiendum accesserit. Qui enim manducat et bibit indigne, secundum judicium manducat et bibit. Item : Omnia sacramenta, cum obsint indigne tractantibus, prosunt tamen per eos digne sumentibus. Item : Spiritus sanctus in Ecclesiæ præposito vel ministro sic inest, ut, si fictus non est, operetur per eum et ejus mercedem et eorum regenerationem vel ædificationem, qui per eum sive consecrantur sive evangelizantur. Si autem fictus est, deest quidem saluti ejus. *Item* : Quomodo Catholici non clarificant Deum, qui sacramenta ejus tam debita veneratione prosequuntur, ut etiam si ab indignis tractata fuerint, illis sua perversitate damnatis, illa intemerata sanctitate permanere demonstrent? *Idem in dialogo ad Petilianum* : Memento sacramentis Dei nihil obesse mores hominum, quo illa vel omnino non sint, vel minus sancta sint. Item : Gratias ago, quia tandem confessus es posse valere invocatum nomen Christi ad aliorum salutem, etiam si a peccatoribus invocetur. Hinc ergo intellige, cur Christi nomen invocatur, non obesse aliorum saluti peccata aliena. *Idem in libro Quæstionum Veteris Testamenti* : Dictum est de nequissimo Caipha : *Hoc autem a semetipso non ait, sed cum esset pontifex anni illius, prophetavit* (Joan. XI, 51). Per quod intelligitur Spiritum sanctum generare (29) non personam digni aut indigni, sed ordinem traditionis, ut quamvis aliquis boni meriti sit, non tamen possit benedicere, nisi fuerit ordinatus, ut officium mysterii exhibeat. Dei autem est affectum tribuere benedictionis. *Idem De unico baptismo, lib.* II : Aliud est non habere aliquid, aut non jure habere vel illicite usurpare. Non itaque ideo non sunt sacramenta Christi et Ecclesiæ ; et iis illicite utuntur non hæretici solum, sed etiam omnes iniqui et impii. Sed tamen illi corrigendi aut puniendi, illa vero agnoscenda et veneranda sunt. *Nicolaus papa ad consulta Bulgarorum, cap. LXXI* : Qualiscunque sit sacerdos, quæ sancta sunt, coinquinari non possunt ; idcirco ab eo, usquequo episcoporum judicio reprobetur, communio percipienda est, quoniam mali bona ministrando missæ se tantum lædunt ; et cerea fax accensa sibi quidem detrimentum præstat, aliis vero lumen, et unde aliis commodum exhibet, inde sibi dispendium præbet. Sumite ergo ab omni sacerdote intrepide Christi mysteria, quoniam omnia in fide purgantur, et quia non dantis sed accipientis sit, docente beato Hieronymo, ad credendum in omni anima baptismum esse perfectum, qui rursus sacræ Scripturæ concordans ait : Priusquam audias, ne judicaveris quemquam, atque ante probationem actionis illatæ neminem a tua concione suspendas, quia non statim qui accusatur reus est, sed qui convincitur criminosus.

CXXI.
Quod missa ante horam tertiam non sit celebranda nisi in natali, et contra.

Telesphorus septimus a Petro in Decretali suo : Nocte vero sancta nativitatis Domini missas celebrent ; reliquis vero temporibus missarum celebrationes ante horam diei tertiam minime sunt celebrandæ. *Idem in epistola cap.* VI : Missarum celebrationes ante horam diei tertiam minime sunt celebrandæ, quia eadem hora et Dominus crucifixus est et super apostolos Spiritus sanctus descendisse legitur, excepta nocte Nativitatis. *Ex dictis Augustini* : Et hoc attendendum est, ut missæ peculiares, quæ per dies solemnes a sacerdotibus fiunt, non ita in publico fiant, ut per eas populus a publicis missarum solemnibus, quæ hora tertia canonice fiunt, abstrahatur ; quia pessimus usus est apud quosdam in Dominicis diebus sive in quibuslibet festivitatibus mox missam celebrare, quamvis, etsi pro defunctis sit, cum audientes abscedant, et per totum diem a primo mane ebrietati et commessationi potius quam Deo deserviant.

CXXII.
Quod omnibus nuptiæ concessæ sint, et contra.

Paulus apostolus in Epist. ad Corinthios I [VII, 1] : De quibus autem scripsistis mihi : Bonum est homini mulierem non tangere ; propter fornicationem autem unusquisque suam uxorem habeat et unaquæque virum suum. *Actus primæ sedis Stephani papæ, cap.* III : Aliter se habet orientalium conditio Ecclesiarum, aliter jus sanctæ Romanæ Ecclesiæ. Nam eorum presbyteri, diaconi atque subdiaconi matrimonio copulantur, istius autem Ecclesiæ vel occidentalium nullus a subdiaconis usque ad episcopum licentiam habent conjugium sortiendi. *Leo contra epistolam Nicetæ abbatis* : Seriatim et aperte prosequamur (30) quæ sancta Romana Ecclesia in gradibus clericorum agit ; clericos enim ostiarios, lectores, exorcistas et acolythos, si extra votum (31) et habitum mo-

---

(29) Maur. : *spectare*.
(30) Mansi XIX, 696 : *prosequitur*.

(31) Mansi : *vomitum*, in margine : *solitum*.

nachi inveniantur et continentiam profiteri nolunt, uxorem ducere virginem cum benedictione sacerdotali permittit; non autem viduam aut (52) repudiatam, quia propter hoc deinceps nec ad subdiaconatum provehi promeruit (33), nec laicus non virginem sortitus uxorem aut bigamus ad clericatum. *Beda De tabernaculo (lib. III, cap. 9 ; cf. Exod. XXVIII, 42)* : Feminalia, quæ ad operiendam carnis turpitudinem fieri mandantur, illam castimoniæ portionem, quæ ab appetitu copulæ conjugalis cohibet, proprie designant (34), sine qua nemo vel sacerdotium suscipere vel ad altaris potest mysterium consecrare, si non aut virgo permanserit aut contracta uxoriæ conjunctionis fœdera (35) solverit. *Gregorius Venantio episcopo Lunensi* (Maur. II, 729) : Statuimus diaconem et abbatem de portu Veneris, quem (36), judicas cecidisse, ad sacrum ordinem non debere vel posse aliquo modo revocari. Subdiacones quoque, quos simili culpa constringit (37), ab officio suo irrevocabiliter depositi inter laicos communionem accipiant. *Idem Anthemio subdiacono* : Quod si aliquis monachorum ad tantum nefas prosiluisse cognovimus, ut uxores publice sortiantur, sub omni eos vigilantia requiras, et inventos cohibitione in monasterium, cujus monachi fiant, remittas. *Idem* : Pervenit ad nos, quod quidam vir nequissimus, diabolico instinctu de monasterio suaserit quamdam exire Deo sacratam atque a quodam viro, unde exierat, sit revocata, rursusque eam vir ille nequissimus iniqua suasione de monasterio ejiciens apud se nunc usque retineat impudice. Volumus autem atque præcipimus ut episcopatus tui auctoritate revocetur ac reducatur. *Idem Moralium lib. XII* : *Melius est nubere quam uri* (I Cor. VII, 9). Sine culpa ad conjugium veniunt, si tamen necdum meliora devoverint. Nam quisquis majus bonum subire proposuit, bonum minus, quod licuit, illicitum fecit. Scriptum quippe est : *Nemo mittens manum suam super aratrum*, etc. (Luc. IX, 62). *Gelasius papa* : Virginibus sacris se quosdam sociare cognovimus et post dedicatam incesta fœdera sacrilegaque miscere; quos protinus æquum est a sacra communione detrudi et nisi per publicam probatamque pœnitentiam non recipi, at his certe viaticum de sæculo transeuntibus, si tamen pœnituerint, non negare. *Ex Chalcedonensi concilio* : Diaconissam non debere ante XI annos ordinari [statuimus] et hoc cum diligenti probatione. Si vero susceperit ordinationem et quantocunque tempore observaverit (38) ministerium, [et] postea se nuptiis tradiderit, injuriam faciens gratiæ Dei, hæc anathema sit cum illo qui in nuptiis. *Item* : Virginem, quæ se Deo consecravit, similiter et monachum non licet nuptialia jura contrahere. Quod si hoc inventi fuerint perpetrantes, excommunicentur; confitentibus autem decrevimus, ut habeat auctoritatem ejusdem loci episcopus misericordiam humanitatemque largiri. *Hieronymus contra Jovinianum, lib. I* : *Et si nupserit virgo, non peccavit* (I Cor. VII, 28); non [autem] illa virgo, quæ se semel Dei cultui dedicavit; harum si quæquam nupserit, habebit damnationem, quia primum fidem irritam fecit. Si autem hoc de viduis adjecit, quanto magis de virginibus prævalebit, cum etiam his non liceat, quibus aliquando non licuit; virgines enim, quæ publice consecratæ nupserunt, non tam adulteræ sunt quam incestæ. *Augustinus De conflictu vitiorum atque virtutum, cap. XXXIV* : Nubendi licentia quibusdam tribuitur hoc est qui virginitatem vel castimoniam virginalem (39) nequaquam professi sunt; quibusdam autem non tribuitur, id est qui virgines vel continentes esse decreverunt. Fornicatio nulli impune conceditur. *Idem in epistola ad Bonifacium comitem* : Nos novimus, nos testes sumus quid nobiscum apud Tubunas de animo et voluntate tua fueris collocutus. Soli tecum eramus, ego et frater Alypius. Nempe omnes actus publicos, quibus occupatus eras relinquere cupiebas, et te in otium sanctum conferre, atque in ea vita vivere, in qua servi Dei monachi vivunt. Cum ergo te esse in hoc proposito gauderemus, navigavisti uxoremque duxisti. Si conjugem non haberes, dicerem tibi quod et Tubunis diximus, ut in continentiæ castitate viveres. Sed ut te ad istam vitam non exhorter, conjux impedimento est, sine consensione cujus continenter tibi non licet vivere, quia etsi tu eam post illa Tubunensia verba tua ducere non debebas, illa tibi tamen nihil horum sciens innocenter et simpliciter nupsit. Atque utinam posses ei persuadere continentiam, ut sine impedimento redderes Deo quod te debere cognoscis. Sed si id cum illa agere non potes, serva tamen pudicitiam conjugalem, et roga Deum ut quod non potes modo, possis aliquando. *Idem De continentia viduali* : Jam enim *conversæ sunt quædam retro Satanam* (I Tim. V, 15), id est ab illo excellenti virginalis vel vidualis castitatis proposito in posteriora respiciendo cadere et interire. Proinde quod se non continent, nubant, antequam continentiam profiteantur, antequam Deo voveant ; quod nisi reddant, jure damnabuntur. Alio quippe loco de talibus dicit (I Tim. V, 11) : *Cum enim in deliciis egerint in Christo, nubere volunt, habentes damnationem, quia primam fidem irritam fecerunt*, id est voluntatem ad nuptias a proposito continentiæ deflexerunt. *Item* : Quæ dera.

---

(32) Mansi omittit *aut*.
(33) Mansi : *qui — promoveri poterit*.
(34) Monac. : *Feminalia, quæ ad operiendam carnem turpitudinis filiis Aaron dantur, illa[m] castimoniæ portione[m], quæ ab appetitu — proprie cohibet, designant*.
(35) Monac. : *aut cum uxoræ conjunctionis fœ-*

(36) Monac. : *quem de portu Veneris*.
(37) Monac. : *Subdiacones quoque nos simili constringunt, ab*, etc.
(38) Monac. *se observaverit ad*.
(39) Maur. : *qui virginalem vel castimoniam vidualem*, etc.

non cœpit, deliberet; quæ aggressa est, perseveret. Nulla Christo subtrahatur oblatio. In conjugali quippe vinculo si pudicitia conservatur, damnatio non timetur; sed in viduali et virginali continentia excellentia muneris amplioris expetitur; qua expetita et electa et voti debito oblata, jam non solum nuptias capessere, sed etiam si non nubatur, nubere velle damnabile est. Nam ut hoc demonstraret Apostolus, non ait, *cum in deliciis egerint in Christo*, nubunt, sed *nubere volunt habentes damnationem, quia primam fidem irritam fecerunt*, non quia nuptiæ [vel] talium damnandæ judicantur, sed damnatur propositi fraus, damnatur fracta voti fides, damnatur non susceptio a bono inferiore, sed ruina a superiore; damnantur tales, non quia conjugalem fidem posterius inierunt, sed quia primam continentiæ fidem irritam fecerunt. Quod ut breviter insinuaret Apostolus, noluit dicere eas habere damnationem, quæ post amplioris sanctitatis propositum nubunt; non quia non damnantur, sed ne in illis, [nuptiæ] damnari putarentur. *Item: Habentes damnationem, quoniam primam fidem irritam fecerunt;* ut voluntatem, quæ a proposito cecidit, appareat esse damnatam, sive subsequantur nuptiæ, sive desinit. Proinde qui dicunt talium nuptias non esse nuptias, sed potius adulteria, non mihi videntur satis diligenter [considerare], quid dicant. Fallit quippe eos similitudo veritatis. *Item* · Argumentantur quidam hinc dicentes: Si viro suo vivo quæ alteri nupserit, adultera est; vivo ergo Christo, cui mors ultra non dominatur, quæ conjugium ejus elegerat, [si homini nubit], adultera est. Qui hoc dicunt acute quidem moventur; sed parum attendunt argumentationem talem, quanta sequatur absurditas. Cum enim laudabiliter etiam vivente uxore ex ejus consensu continentiam Christo femina voveat, jam secundum istorum rationem nulla hoc facere debet, ne ipsum Christum adulterum faciat, cui vivente viro nubit. Deinde cum primæ nuptiæ melioris meriti sint, quam secundæ, absit ut sanctarum viduarum iste sit sensus, ut Christus ei sit secundus maritus! Ipsum enim et antea habebant, quando viris suis fideliter subditæ serviebant, non carnaliter, sed spiritualiter virum; cui Ecclesia, cujus membra sunt, conjux est. Fit autem per hanc minus consideratam opinionem, qua putant lapsarum a sancto proposito feminarum, si nupserint, non esse conjugia, non parvum malum, ut a maritis separentur uxores, quasi adulteræ sint, non uxores, et cum volunt eas separatas reddere continentiæ, facient maritos earum adulteros veros, cum suis uxoribus vivis ad alteras duxerint. Quapropter non possum dicere, a proposito meliore lapsas, si nupserint, feminas, adulteria esse, non conjugia; sed plane non dubitaverim dicere, lapsus et ruinas a castitate sanctiore, quæ vovetur Domino, adulteriis esse pejores. Si enim, quod nullo modo dubitandum est, ad offensionem Christi pertinet, cum membrum ejus fidem non servat merito, quanto gravius offenditur, cum ipsi non servatur fides in eo quod exigit oblatum, qui non exegerat offerendum? Cum enim quisque non reddit, quod non imperio compulsus, sed consilio admonitus vovit, tanto magis fraudati voti auget iniquitatem, quanto minus habuit vovendi necessitatem. *Item*: Post voti professionem perseverantem frenandum et vincendum est, quod libet, quia jam non licet. *Item in Levitico*: Sororem sorori voluit superduci, quod videtur fecisse Jacob, sive quod nondum fuerat lege prohibitum, sive quod suppositæ alterius fraude deceptus est, et illa magis de placito veniebat, quam posterius accepit. Sed injustum erat priorem dimitti, ne faceret eam mœchari. *Ave, gratia plena; Dominus tecum; benedicta tu in mulieribus* (Luc. I, 28). Beda: Vere etenim gratia erat plena; divino munere collatum est, ut prima in feminis gloriosum Deo virginitatis munus offerret. Unde jure angelico aspectu simul et affectu meruit perfrui, quæ angelicam studuit vitam imitari. Vere Dominus cum illa erat, quam et prius novæ castitatis consecravit. *Spiritus sanctus superveniet in te, et virtus Altissimi obumbrabit tibi* (Luc. I, 35). Quia et mentem illius, quantum humana fragilitas patitur, ab omni vitiorum sorde castigavit, et cor illius implevit, ab omni æstu concupiscentiæ carnalis temperavit, et mundavit a desideriis temporalibus, ac donis cœlestibus mentem simul illius consecravit et corpus.

CXXIII.

Quod conjugium fuerit inter Mariam et Josephum, et contra.

Secundum Lucam (II, 5): Ascendit autem et Joseph, ut profiteretur cum Maria, uxore prægnante. *Secundum Matthæum* (I, 20): Joseph, fili David, noli timere accipere Mariam conjugem tuam. *Ambrosius ad virginis exhortationem lib. II* (40): Desponsata viro conjugis nomen accepit. Cum enim initiatur conjugium, tunc conjugii nomen accipitur (41). Denique, cum jungitur puella, conjugium est; non cum viri admistione cognoscitur. *Item*: Non defloratio virginitatis, sed pactio conjugalis conjugium facit. *Augustinus De nuptiis et concupiscentia I*: Quibus vero placuerit ex concessu ab usu carnalis concupiscentiæ in perpetuum continere, absit ut vinculum inter eos conjugale rumpatur! imo firmius erit, quo magis ea pacta secum inierint, quæ charius concordiusque servanda sunt, non voluptariis corporum nexibus, sed voluntariis affectibus animorum; neque fallaciter ab angelo dictum est ad Joseph: *Noli timere accipere Mariam conjugem tuam* (Matth. I, 20): Conjux vocatur ex prima desponsationis fide, nec mendax fuerat conjugis appellatio, ubi nec fuerat nec futura erat carnis ulla mistio. Propter quod fidele conjugium

---

(40) Editt.: *de virginis institutione*, cap. 6.

(41) Editt.: *adsciscitur*.

parentes Christi ambo vocari meruerunt, et non solum illa mater, verum etiam ille pater ejus, sicut conjux matris ejus utrumque mente, non carne. *Item* : Omne itaque nuptiarum bonum impletum est in illis parentibus Christi, proles, fides, sacramentum. Prolem cognoscimus ipsum dominum; fidem, quia nullum adulterium ; sacramentum, quia nullum divortium. *Isidorus Etymologiarum lib. IX, cap. VII* : Conjuges verius appellantur a prima desponsationis fide, quamvis sit adhuc inter eos ignoratus (42) conjugalis concubinatus (43). *Hilarius super Matthæum, cap. I* ; Plures a spirituali doctrina admodum alieni occasionem occupant turpiter opinandi, quod dictum sit : *Priusquam convenirent, inventa est in utero habens de Spiritu sancto*; et illud : *Noli timere accipere Mariam conjugem tuam*; et illud : *Non cognovit eam donec peperit*, non recordantes desponsatam fuisse, et quia desponsata esset, in conjugem reciperetur. Cognoscitur itaque post partum, id est transit in conjugis nomen, non admiscetur. Denique, cum transire Joseph ad Ægyptum admonetur, ita dicitur : *Accipe puerum et matrem ejus*; et rursum in Luca : *Et erat Joseph et mater ejus*. Quotiescunque de utroque fit sermo, mater potius, quia id erat, non uxor Joseph est nuncupata, quod non erat. Sed hæc quoque ab angelo ratio servata est, ut, cum eam desponsatam significabat, conjugem nuncuparet. Ergo et conjugis nomen sponsa suscipit, et post partum in conjugem recognita tantum Jesu mater ostenditur, ut quemadmodum justo Joseph deputaretur ejusdem Mariæ conjugium, ita venerabilis ejus ostenderetur in Jesu matre virginitas. Verum homines pravissimi hinc præsumunt opinionis suæ auctoritatem, quod plures Dominum nostrum fratres habuisse sit traditum, qui si Mariæ fuissent et non potius Joseph ex priore conjugio suscepti, nunquam in tempore passionis Joanni apostolo transcripta esset in matrem, Domino de utrumque dicente : *Mulier, ecce filius tuus*, etc. (*Joan*. xix, 26), quod ad desolatæ solatium charitatem filii in discipulo relinquebat. *Ambrosius super Lucam, cap. V* : *Ex illa hora suscepit eam discipulus in sua* (ibid., 27). Utique, si convenissent, nunquam virum proprium reliquisset, nec vir eum justus a se discedere passus esset. Quomodo autem Dominus divortium præcepisset, cum ipsius sententia sit, quia nemo debet dimittere uxorem excepta causa fornicationis. Pulchre autem docuit sanctus Matthæus quid facere debeat justus, qui opprobrium conjugis deprehendit, ut incruentum ab homicidio, castum ab adulterio præstare se debeat. Qui enim conjungitur meretrici, unum corpus est. *Leo* : Non omnes nuptiæ copulam faciunt, quas non sequitur commistio sexuum ; nec pertinere potuerit illa mulier ad matrimonium, cum qua non fuit commistio sexuum. *Ex antipho-* nia quadam de sancta Maria : Beata mater et innupta Virgo, etc.

CXXIV.

Quod liceat habere concubinam, et contra.

Novellarum institutio LXXIX : Nemo intelligatur concubinam habere, qui cum multis mulieribus connubere aliquando solet. Nam quemadmodum qui legitimam uxorem habet, habere aliam durante matrimonio eodem non potest, ita et qui unam concubinam habet, non potest alias eodem tempore habere. *Pandectarum lib. XXXIII, tit. II* : In liberæ mulieris consuetudine non concubinatus, sed nuptiæ intelligendæ sunt, si non corpore quæstum fecerit. *Toletanum concilium I, cap. XVII* : Qui non habet uxorem et pro uxore concubinam habet, a communione non repellatur, tantum aut (44) unius mulieris aut uxoris aut concubinæ, ut ei placuerit, sit conjunctione contentus. *Isidorus De consonantia Novi et Veteris Testamenti cap. III* : Christiano non dico plurimas, sed nec duas simul habere licitum est, nisi unam tantum aut uxorem aut certe, locutio uxoris si deest, concubinam. *Ex dictis Augustini* (Maur. V, 1504) : Audite, charissimi, membra Christi, audiat vos Deus, si surdi estis; audiant angeli, si vos contemnitis. Concubinas non licet vobis habere, quas postea dimittatis, et ducatis uxores. Non licet vobis illam feminam habere, quæ per repudium discessit a marito. Solius fornicationis causa licet adulteras uxores dimittere, sed illa vivente non licet aliam ducere. *Item* : Coram Deo et angelis ejus contestor atque denuntio, præcipue Christianis temporibus concubinas habere nunquam licet et nunquam licebit. *Ex concilio Arelatensi, cap. XV* : Nulli liceat habere nunquam concubinam.

CXXV.

Quod sit (45) conjugium inter infideles, et contra.

Ex epistola I Pauli ad Corinthios (vii, 38) : Mulier alligata est, quanto tempore vir ejus vivit. Quod si dormierit vir ejus, viduata est, cui vult nubat, tantum in domino. *Ambrosius super hanc epistolam item* (I Cor. vii, 15) : *Quod si infidelis discedit, discedat; non est frater*, etc., hoc est non debetur reverentia conjugii ei qui horret auctorem conjugii. Non enim ratum est matrimonium, quod sine Dei devotione est. Ac per hoc non est peccatum ei qui dimittitur propter Deum, si alii se junxerit. Contumelia enim Creatoris solvit jus matrimonii circa eum, qui relinquitur, ne accusetur alii copulatus. Infidelis autem discedens et in Deum et in matrimonium peccare dignoscitur; quia noluit sub Dei dilectione habere conjugium. Itaque non est ei fides servanda conjugii, qui ideo recesserit, ne audiret auctorem esse (46) Christianorum Deum conjugii. Nam si Esdras dimitti fecit uxores aut viros infide-

---

(42) Editt. : *ignoretur.*
(43) Editt. : *concubitus.*
(44) Editt. : *ut.*

(45) Cous. : *non sit.*
(46) Monac. : *auctoritatem et Christianorum.*

les, ut propitius fieret Deus, nec iratus esset, si alias ex genere suo acciperent (non enim ita præceptum his est, ut remissis istis alias minime ducerent) : quanto ergo magis, si infidelis discesserit, liberum habebit arbitrium, si voluerit [nubere legis] suæ viro? Illud enim non debet imputari matrimonium, quod extra decretum Dei factum est; sed cum post cognoscit et dolet se deliquisse, se emendat, ut veniam mereatur. Si autem ambo crediderint, per cognitionem Dei confirmant conjugium. Nubat vidua cui vult, tantum in Domino, id est religionis suæ viro. *Hieronymus ad Pammachium* : Nubat tantum in Domino, id est Christiano. *Item contra Jovinianum, lib. I* : *Si quis frater uxorem habet infidelem, et hæc consenserit habitare cum illo, non dimittat illam (I Cor. VII, 12).* His quos in matrimonio deprehendisset fides, hoc est si unus credidisset e duobus, præcipit ne credens relinquat non credentem; e contrario jubet, si infidelis repudiet fidelem propter fidem Christi, discedere debere credentem, ne conjugem præferat Christo, cui et anima postponenda est. At nunc pleræque contemnentes jussionem Apostoli jungitur gentilibus et templa Dei idolis prostituunt. Ignoscit Apostolus infidelium conjunctioni, quæ habentes maritos in Christum postea crediderunt, non his quæ cum Christianæ essent, nupserunt gentilibus, ad quas alicubi loquitur · *Nolite jugum ducere cum infidelibus; quæ enim participatio justitiæ cum iniquitate? quæ societas luci ad tenebras? quæ conventio Christi ad Belial? aut quæ pars fidelium cum infideli? qui consensus templo Dei cum idolis? (II Cor. VI, 14.)* Vis apertius discere quod Christianæ omnino non liceat ethnico nubere? Audi eumdem Apostolum : *Cui vult nubat, tantum in Domino,* id est Christiano *(I Cor. VII, 39).* Secundas nuptias tertiasque concedit in Domino, primas cum ethnico prohibet. *Item lib. IV super epistolam ad Ephesios* : Sicut non omnis congregatio hæreticorum Christi Ecclesia dici potest, sic non omne matrimonium, quo non uxor viro secundum Christi præcepta jungitur, rite conjugium appellari potest, sed magis adulterium. *Ex decretis Eutychiani papæ* : Si quis gentilis gentilem dimiserit uxorem ante baptisma, post baptismum in potestate erit habere eam, vel non. *Augustinus De adulterinis conjugiis* : *Mortuo viro, in potestate habet cui vult nubere, tantum in Domino (ibid.)* : Quod duobus modis accipi potest aut Christiana permanens, aut Christiano nubens. Non enim in Evangelio vel apostolicis litteris sine ambiguitate declaratum esse recolo utrum Dominus prohibuerit fideles infidelibus jungi, quamvis beatissimus Cyprianus jungere cum infidelibus vinculum matrimonii dicat prostituere gentilibus membra Christi. Sed, quia de his qui jam conjuncti sunt alia quæstio est, audiatur et hic Apostolus dicens : *Si quis frater uxorem habet infidelem (I Cor. VII, 12). Idem de bono conjugali* : Adulterium dicitur cum vel propriæ libidinis instinctu vel alienæ consensu cum altero vel altera contra pactum conjugale concumbitur atque ita frangitur fides. *Beda super Lucam* (IX, 7) : *Audivit Herodes tetrarcha famam Jesu,* etc. Philippus Herodiadem filiam Aretæ, regis Arabum, accepit uxorem, quam idem Aretas postmodum ablatam ab eo dedit Herodi, quod majoris esset potestatis, factumque adulterium publicum. *Item* : *Herodes enim metuebat Joannem, sciens eum virum sanctum, et custodiebat eum et audito eo multa faciebat et libenter eum audiebat (Marc. VI, 20).* Sed vicit eum amor mulieris. *Item* : Qui quoniam voluit cohibere luxuriam ad homicidæ reatum prolapsus est, minusque illi peccatori majoris erat causa peccati, cum districto Dei judicio contigit, ut propter appetitum adulteræ, quam detestandam sciebat, sanguinem funderet prophetæ, quem Deo acceptum cognoverat. *Item* : *Et contristatus est rex (Matth.* XIV, 9); tristitiam prætendebat in vultu, unde lætabatur occulte, quod ea petebantur, quæ et antea facere, si excusabiliter posset, disponebat. *Sermo Joannis episcopi de eadem die* : Et hic tantus traditur adulteræ, additicur saltatrici. *Item* : Herodes, tu adulterium facis, et in carcerem vadit Joannes. *Ex concilio Meldensi cap. I* : Si quis habuerit uxorem virginem ante baptisma, alteram habere non potest. Crimina in baptismo solvuntur, non conjugia. *Innocentius Rufo et Eusebio, episcopis Macedoniæ* : Deinde ponitur non dici oportere eum bigamum, qui catechumenus habuerit atque amiserit uxorem, si post baptismum fuerit aliam sortitus, eamque primam videri, quæ novo homini copulata sit, quia illud conjugium per baptismi sacramentum cum cæteris criminibus sit ablutum. Dicite mihi, crimina tantum dimittuntur in baptismo, an et illa quæ secundum Dei præcepta ac Dei instituta complentur? Uxorem ducere crimen est, an non? Si crimen est, ipse est auctor in culpa, qui, ut crimina committerentur, in paradiso, cum ipse eos jungeret, benedixit. Si vero non est crimen, quomodo creditur inter crimina esse dimissum? Quid de talium filiis percensetur? Nunquid non erunt admittendi in hæreditatis consortio, eruntque appellandi naturales? *Item* : Ipse Dominus dum interrogaretur a Judæis, si liceret dimittere uxorem, atque exponeret fieri non debere, addidit *(Matth.* XIX, 6) : *Quod Deus conjunxit, homo non separet.* Ac ne de his locutus esse credatur, qui post baptismum uxores sortiuntur, meminerint hoc et a Judæis interrogatum et Judæis esse responsum. *Item* : Nuptialis copula, quia Dei mandato perficitur, non potest dici peccatum. Eritque æstimare integrum, abolere non posse prioris nomen uxoris, cum non dimissum sit pro peccato, quia ex Dei voluntate sit completum. *Ivo Carnotensis Hildeberto Cenomanensium episcopo* : Hoc ergo mihi considerandum videtur de muliere, quæ relicto Judaismo convolavit ad baptismum, utrum consanguinea fuerit prioris mariti, an non. Quod si repertum fuerit, credo secundum legem Christianam, quam professa est, a priori marito posse dissolvi et nubere cui velit in Domino. Alioquin vir cui nupserit adulter erit et ipsa adultera. Baptismus enim secundum Innocentium papam peccata dimittit, non conjugia solvit. *Augustinus De nuptiis et concupiscentia ad Valerium comitem :* Donum Dei esse et pudicitiam conjugalem beatus Paulus ostendit, ubi de hac re loquens ait (*I Cor.* VII, 7) : *Volo autem omnes homines esse sicut me ipsum, sed unusquisque proprium donum habet a Deo, alius quidem sic, alius vero sic.* Item : Quid ergo dicimus, quando et in quibusdam impiis invenitur pudicitia conjugalis? Utrum eo peccare dicendi sunt, quod dono Dei male utantur, non id referentes ad cultum, a quo acceperunt? An forte non dona Dei putanda sunt ista, quando hæc infideles agunt, secundum Apostoli dicentis sententiam (*Rom.* XIV, 23) : *Omne quod non ex fide peccatum est?* Quis audeat dicere, donum Dei esse peccatum? De his quæ faciunt dictum est : *Omne quod non ex fide peccatum est.* Absit autem pudicum veraciter dici qui non propter Deum fidem connubii servat uxori ! Copulatio itaque maris et feminæ generandi causa bonum est naturale nuptiarum; sed isto bono male utitur, qui bestialiter, ut sit ejus intentio in voluptate libidinis, non in voluntate propaginis. Hoc tam evidens bonum cum infideles habent, quia infideliter utuntur in malum peccatumque convertunt. Qui non in hac intentione, non hoc fine generant filios, ut eos ex membris hominis primi in membra transferant Christi, sed infideles parentes de infideli prole glorientur, etiam si tantæ sint observantiæ, ut secundum matrimoniales tabulas non nisi liberorum procreandorum causa concumbant, non est in eis vera pudicitia conjugalis, cum enim sit virtus pudicitia. Quomodo vera ratione pudicum corpus asseritur, quando a vero Deo ipse animus fornicatur? Quam fornicationem psalmus (LXXII, 27) accusat, ubi dicit : *Perdidisti omnes, qui fornicantur abs te.* Dicit Apostolus : *Omne, quod non est ex fide, peccatum est;* et : *Sine fide impossibile est Deo placere* (*Hebr.* XI, 6). *Idem De bono conjugali* (Maur. VI, 357) : Bonum igitur nuptiarum per omnes gentes atque omnes homines in causa generandi, et in fide castitatis; quod autem ad populum Dei pertinet, etiam in sanctitate sacramenti, per quam nefas est repudio discedentem alteri nubere, dum vir ejus vivit, nec saltem ipsa causa pariendi, quæ cum sola sit, qua nuptiæ fiunt, nec ea re subsequente, propter quam fiunt, solvitur vinculum nuptiale nisi conjugis morte. Quemadmodum si fiat ordinatio clerici ad plebem congregandam, et si plebis congregatio non subsequatur, manet in illis ordinatis sacramentum ordinationis; et si aliqua culpa quisquam ab officio removeatur, sacramento Domini semel imposito non carebit quamvis ad judicium permanente. Generationis itaque causa fieri nuptias ita Apostolus testis est :

Volo, inquit, *juniores nubere* (*I Tim.* V, 14). Et quasi ei diceretur : Ut quid? continuo subjecit, *filios procreare, matresfamilias esse.* Ad fidem autem castitatis illud pertinet : *Uxor non potestatem proprii corporis habet, sed vir; similiter et vir non habet potestatem corporis sui, sed mulier* (*I Cor.* VII, 14). Ad sacramenti autem sanctitatem illud : *Uxorem a viro non discedere, quod si discesserit manere innuptam, aut viro suo reconciliari* (*ibid.*, 10) ; et : *Vir uxorem non dimittat* (*ibid.*, 11). Hæc omnia bona sunt, propter quæ nuptiæ bonæ sunt, proles, fides, sacramentum. *Idem contra Julianum :* Alia sunt ad nuptias proprie pertinentia, quibus ab adulteriis nuptiæ discernuntur, sicuti est tori conjugalis, etc.

CXXVI.

Quod dimissa fornicante, uxore viro liceat alteram ducere, et contra.

Ambrosius super Epistolam I Pauli ad Corinthios (VII, 10) : *At his autem, qui matrimonio juncti sunt, præcipio non ego, sed Dominus, uxorem a viro non discedere. Quod si discesserit, manere innuptam, aut viro suo reconciliari. Et vir uxorem non dimittat.* Non permittitur mulieri, ut nubat, si virum suum causa fornicationis dimiserit, quia inferior non ea lege utitur qua potior. Si tamen apostatet vir, aut usum quærat uxoris invertere, nec alteri potest nubere mulier, nec reverti ad illum. *Item :* Et virum uxorem non dimittere, subauditur excepta causa fornicationis. Et ideo non subjecit, sicut de muliere, dicens, quod si discesserit manere sic, quia viro licet ducere uxorem, si dimiserit uxorem peccantem, quia non ita lege constringitur vir, sicut mulier. *Ex Triburensi concilio, cap. XV* : Si quis cum uxore fratris sui dormierit, adulter et mœcha diebus vitæ suæ absque conjugio maneat. Ille vero, cujus uxor fuit, si vult, aliam conjugem accipiat. *Hieronymus ad Oceanum de morte Fabiolæ* : Præcepit Dominus uxorem non debere dimitti, excepta causa fornicationis, et si dimissa fuerit, manere innuptam. Quidquid viris jubetur, hoc consequenter redundat ad feminas. Neque enim adultera uxor dimittenda est, et vir mœchus tenendus. *Si quis meretrici jungitur, unum corpus facit* (*I Cor.* VI, 16). Ergo quæ scortatori impuroque sociatur, unum cum eo efficitur. Aliæ sunt leges Cæsarum, aliæ Christi : aliud Papinianus, aliud Paulus præcipit. Apud illos impudicitiæ frena laxantur, et solo stupro atque adulterio condemnato, passim per lupanaria et ancillas libido permittitur. Apud nos, quod non licet feminis, æque non licet viris, et eadem servitus pari conditione censetur. Dimisit ergo, ut aiunt, vitiosum; dimisit illius et illius criminis noxium; dimisit, pene quod clamante vicinia uxor bona non perdidit (47). *Augustinus De adulterinis conjugiis, lib. II* : Quoniam mulier alligata est, quandiu sive mœchus sive castus vir ejus vivit,

---

(47) Martianay : *Pene dixi, quod — sola non prodidit.*

mœchatur, si alteri nupserit; et vir alligatus, quandiu sive mœcha sive casta ejus uxor vivit, mœchatur, si alteram duxerit. Quapropter, si dimiserit vir adulteram mulierem, et eam non vult recipere nec post pœnitentiam, custodiat continentiam, etsi non ex voluntate eligendi potioris boni, certe ex necessitate manendi vitandi perniciosi mali. *Item*: Puto enim Christianum neminem reluctari, adulterum esse qui vel diu languente, vel absente, vel continenter vivere cupiente sua uxore, alteri commistus est feminæ. Sic ergo et dimissa adultera adulter est cum altera, quoniam non ille vel ille, sed omnis qui dimittit uxorem suam et ducit alteram, mœchatur. *Idem in eodem* : Illi quibus displicet, ut inter virum et uxorem par pudicitiæ forma servetur, et potius eligunt in hac causa mundi legibus subditi esse quam Christi, quoniam jura forensia non eisdem quibus feminas pudicitiæ nexibus viros videntur obstringere, legant quid imperator Antonius, non itaque Christianus, de hac re constituerit, ubi maritus uxorem de adulterii crimine accusare non sinitur, cui moribus suis non præbuit castitatis exemplum. Sane, inquit, periniquum videtur mihi esse, ut pudicitiam vir ab uxore exigat, quam ipse non exhibet. *Idem in libro De decem chordis* : Non mœchaberis, id est non ibis ad aliam præter uxorem tuam. Tu exigis hoc ab uxore et non vis hoc reddere uxori, et cum debeas virtute præcedere uxorem, vis uxorem tuam victricem esse? tu victus jaces et, cum tu caput sis uxoris, vis tuam domum capite deorsum pendere? *Idem De adulterinis conjugiis, lib. II* : Indignantur mariti, si audiant adulteros viros pendere similes adulteris feminis pœnas, cum tanto gravius eos puniri oporteat, quanto magis ad eos pertinet et virtute vincere et exemplo regere feminas. *Idem de sermone Domini in monte lib. I* : Nihil enim iniquius fornicationis causa dimittere uxorem, si et ipse convincitur fornicari. Occurrit enim illud : *in quo enim alterum judicas, temetipsum condemnas ; eadem enim agis, quæ judicas* (*Rom.* ii, 1). Quapropter quisquis fornicationis causa vult abjicere uxorem, prior debet esse a fornicatione purgatus, quod similiter etiam de femina dixerim. *Idem De adulterinis conjugiis, lib. I* : Illa ergo mulier manere innupta præcipitur, si discesserit, quæ a fornicante viro discessit. *Item* : Restat ut, quod dictum est, *si discesserit manere innuptam* (*I Cor.* vii, 11), de illa dictum docere debeamus, cui licere discedere utique a fornicante didicimus. *Item* : Dominus ait : *Quicunque dimiserit uxorem suam excepta fornicationis causa et aliam duxerit, mœchatur* (*Matth.* v, 32) ; si hoc modo intelligendum est, ut quicunque causa fornicationis dimiserit et aliam duxerit, non mœchetur, non videtur in hac causa par forma esse mariti et uxoris, quandoquidem mulier, etiamsi causa fornicationis discesserit a viro et alii nupserit, mœchatur; vir autem, si eadem causa uxorem dimiserit et aliam duxerit, non mœchatur. At si par forma est in utroque, uterque mœchatur, si se alteri junxerit, etiam cum se a fornicante disjunxerit. Parem vero formam esse in hac causa viri atque mulieris, ostendit Apostolus ubi ait : *Similiter et vir non habet potestatem corporis sui, sed mulier* (*I Cor.* vii, 4). Cur ergo, ais, interposuit Dominus causam fornicationis, et non potius ait generaliter : quicunque dimiserit uxorem suam et aliam duxerit, mœchatur, si et ille mœchus est, qui dimissa fornicante uxore alteram ducit ? Credo, quia illud quod majus est Dominus mandare (48) voluit. Majus enim esse adulterium quis negat, uxore non fornicante dimissa alteram ducere, quam si fornicantem dimiserit et alteram duxerit ? Quemadmodum igitur si dixerim modo, quicunque mulierem a marito præter causam fornicationis dimissam duxerit, mœchatur, procul dubio verum dicimus ; nec tamen illum qui non propter causam fornicationis dimissam, duxerit ab hoc crimine absolvimus, sed utrosque mœchos esse minime dubitamus ; ita eum, qui præter causam fornicationis uxorem dimiserit, et aliam, duxerit, mœchum pronuntiamus; nec tamen ideo eum qui propter causam fornicationis dimiserit et aliam duxerit ab hujus peccati labe defendimus. Ambos enim, licet alterum altero gravius, mœchos tamen esse cognoscimus. *Item :* Propter quodlibet tamen fornicationis genus sive carnis sive spiritus, ubi et infidelitas intelligitur, et dimisso viro non licet alteri nubere et dimissa uxore non licet alteram ducere, quoniam Dominus nulla exceptione facta dixit : *Si uxor dimiserit virum suum et alii nupserit, mœchatur.* *Item : De nuptiis et concupiscentia, lib. I* (Maur. X, 286) : Usque adeo manent inter viventes semel inita jura nuptiarum, ut potius sint inter se conjuges, qui ab alterutro separati sunt, quam cum his quibus aliis adhæscerant. Cum aliis quippe adulteri non essent, nisi ad alterutrum conjuges permanerent. Denique mortuo viro, cum quo verum connubium fuit, fieri verum connubium (49) potest, cum quo prius adulterium fuit. Ita manet etiam inter viventes quiddam conjugale, quod nec separatio nec cum adultero copulatio possit auferre. Manet autem ad noxam criminis, non ad vinculum fœderis, sicut apostatæ anima velut de conjugio Christi recedens etiam fide perdita sacramentum fidei non amittit, quod lavacro regenerationis accepit. *Idem ad Pollentium De adulterinis conjugiis, lib. I* : Videtur tibi tunc a viro discedentem feminam nubere non debere, si nulla viri fornicatione compulsa discesserit. Tunc enim eis, ut putas, alia conjugia liceret inquirere, si fornicationis causa divortium nasceretur. *Item :* Dictum est : *Quicunque dimiserit uxorem, excepta causa fornicationis, facit eam mœchari.* Tunc enim

---

(48) Editt.: *commemorare*.

(49) Monac.: *non potest*.

non ipse dimittendo facit adulteram, sed dimittit adulteram. *Item :* Cum igitur nos dicimus etiam illi mulieri, quæ virum fornicantem dimiserit, alteri nubere non licere, tu autem dicis licere quidem, sed non expedire, utrique procul dubio dicimus eam, quæ fornicantem virum dimittit, nubere non debere. Verum hoc interest, quod nos, quando conjuges ambo Christiani sunt, mulieri, si a viro fornicante discesserit, dicimus non licere alteri nubere, a viro autem [non] (50) fornicante non licere discedere. *Item :* Apostolus, imo per Apostolum Dominus, quia mulierem non permittit a viro non fornicante discedere, restat ut eam prohibeat, si discesserit, nubere, quam permittit a fornicante discedere. De qua enim dicitur, si a viro discesserit, non nubat, ea conditione dicitur, [ut] non nubat. *Item :* Quod Dominus ait : *Quicunque dimiserit uxorem nisi ex fornicationis causa, et aliam duxerit,* mœchatur, etc. Simili locutione Jacobus ait : *Scienti ergo bonum facere et non facienti, peccatum est illi* (IV, 17). *Item :* Unde cum dicimus, quicunque mulierem præter causam fornicationis dimissam duxerit, mœchatur, de uno quidem dicimus, nec tamen ideo mœchari eum negamus qui eam duxerit, quam propter causam fornicationis maritus dimiserit. Ita cum ambo sint mœchi, et ille scilicet qui dimiserit uxorem præter causam fornicationis et alteram duxerit, et ille qui propter causam fornicationis uxore dimissa se alteri copulaverit, profecto quando de uno eorum legimus, non ita intelligere debemus, quasi alter mœchus negatus sit. Sed si hoc Matthæus, quia expressa una specie alteram tacuit, facit ad intelligendum difficile, nunquid non alii idipsum ita complexi sunt, ut de utroque possit intelligi ? Nam secundum Marcum (x, 11) scriptum est : *Quicunque dimiserit uxorem suam et alteram duxerit, adulterium committit super eam ; et si dimiserit uxor virum suum, et alii nupserit, mœchatur.* Secundum Lucam (XVI, 18) sic : *Omnis qui dimittit uxorem suam, et ducit alteram, mœchatur ; et qui dimissam a viro duxerit, mœchatur. Item : Quid enim scis,* inquit, *mulier, si virum salvum facies? aut unde vir scis, etc.* (*I Cor.* VII, 16) : ad lucrandos conjuges et filios Christi, etiam exemplis quæ jam provenerant videtur adhortatus. Cur ego non expediat etiam infideles conjuges dimitti a fidelibus, causa evidenter expressa est. Non enim propter vinculum cum talibus conjugale servandum, sed ut acquirantur Christo, recedi ab infidelibus conjugibus vetat. *Item :* Apostolus dicit (*I Cor.* VI, 12) : *Omnia licita sunt, sed non omnia expediunt. Nemo quod suum est quærat, sed quod alterius. Item :* Igitur licita sunt, id est nullo præcepto Domini prohibentur. *Item :* Sunt quæ dicuntur non a Domino præcipi, quamvis Domino moneantur offerri, ut tanto intelligantur esse gratiora,

(50) Monac. om. *non.*
(51) Monac. : *conditione sermonum absurdum,*

quanto magis ostenditur indebita. *Item :* Illis quæ se non continent, utique expedit nubere. Quæ autem voverint continentiam, nec licet, nec expedit. Porro discedere ab infideli conjuge licet, sed non expedit, quia, si non liceret, expedire non posset. Ac per hoc non omnia, quæ licita sunt, expediunt: Sunt quippe licita quæ non expediunt, sicut Apostolo testante didicimus. Sed inter id quod illicitum est et ideo non expedit, atque id quod licitum est nec tamen expedit, quid intersit, aliqua universali regula definire difficile est. Citius enim quisque dixerit, omne, quod fieri non expedit, peccatum est; omne autem peccatum illicitum est; omne ergo, quod non expedit, illicitum est. Et ubi erunt illa quæ licita esse, sed non expedire, Apostolus dixit ? Quapropter quia et aliqua peccata esse licita dicere non audemus, restat ut dicamus aliquid fieri quod non expediat, et tamen, si licitum est, non esse peccatum, quamvis, quoniam non expedit, non sit utique faciendum. Quod si absurdum videtur, ut aliquid fiat quod non expedit, et dicatur non peccasse qui fecerit, intelligendum est hoc ex consuetudine sermonis (51) absurdum, quæ ita late patet, ut etiam jumenta, quamvis sint rationis expertia, tamen plerumque dicamus debere vapulare cum peccant; peccare autem proprie non est nisi ejus, qui utitur rationali voluntatis arbitrio, quod in omnibus mortalibus animantibus non nisi homini divinitus attributum. Sed aliud est, cum proprie loquimur ; aliud est, cum verba ex aliis rebus transferendo vel abutendo mutuamur. *Item :* Ea mihi videntur licere et non expedire, quæ per justitiam quidem, quæ coram Deo est, permittuntur, sed [ob] offensionem hominum, ne ob hoc impediantur a salute, vitanda sunt. *Item :* Dimittere infidelem conjugem si non liceret, Dominus prohiberet, neque Apostolus prohibens diceret : *Ego dico, non Dominus.* Nam, si propter fornicationem carnis permittitur homo a conjuge separari, quanto magis in conjuge mentis fornicatio detestanda est? id est infidelitatis, de qua scriptum est (*Psal.* LXXII, 27) : *Quoniam ecce qui se faciunt longe a te, peribunt; perdidisti omnem, qui fornicatur abs te.* Sed, quia ita licitum est, ut non expediat, ne propter conjugum separationes offensi homines doctrinam salutis exhorreant, ac si perituri in eadem infidelitate remaneant, Apostolus monendo fieri vetat; quod ita licitum est, ut non expediat. *Item :* Aliquando Dominus per Esdram prophetam (*I Esdr.* x, 11) jussit et factum est; dimiserunt Israelitæ uxores alienigenas, per quas fiebat ut et ipsi ad alienos seducerentur deos, non ut illæ per maritos vero acquirerentur Deo. Unde jusserat Dominus per Moysen, ne quis uxorem alienigenam duceret. Merito ergo, quas duxerant Domino prohibente, Domino jubente dimiserunt. *Item :* Infidelis hominis fornicatio est major in corde, nec vera ejus pudicitia cum conquod. etc.

juge dici potest, quia *omne quod non est ex fide peccatum est* (*Rom.* xiv, 25), quamvis veram fidelis habeat pudicitiam etiam cum infideli conjuge. Ideo autem nec juberi debuerunt fideles ab infidelibus separari, quia non contra jussionem Domini gentiles fuerant ambo conjuncti. *Concilium Toletanum, cap. XVII* : Neque dimissus ab uxore, neque dimissa a marito alteri jungatur, sed ita maneant, aut sibi reconcilientur.

CXXVII.
Quod bigamus non licet promoveri ad clericum, et contra (52).

Augustinus De bono conjugali (Maur. VI, 331) : Sacramentum nuptiarum temporis sic ad unum virum et unam uxorem redactum est, ut Ecclesiae dispensatorem non liceat ordinari nisi uni uxori (53) virum. Quod acutius intellexerunt qui non eum, qui catechumenus vel paganus habuerit alteram, ordinandum esse censuerunt. *Item* : Non absurdum visum est eum, qui excessit uxorum numerum singularem, non peccatum aliquod commisisse, sed normam quamdam sacramenti amisisse, non ad bonae vitae meritum, sed ad ordinationis ecclesiasticae [signaculum] necessariam. *Gennadius De orthodoxa fide* : Maritum duarum post baptismum matronarum clericum non ordinandum, etc. *Hieronymus ad Oceanum episcopum, quomodo se debeat in domo Domini instruere* : Unius uxoris virum et nova et vetus praeceptio sacerdotem censuit eligendum. *Item* : Bigamos ad ministerium plerique episcopi applicuerunt sicque asserunt : concubina fuit illa, non (54) uxor, quasi non eadem sint commercia feditatis in illa, quae et in hac exercetur, quae uxor asseritur. An quia conjugii tabulas non fecit, concupiscentia aliena non fuit? Nullo pacto bigamus vel concubinarum insertor debet (55) assumere ministerium. In Levitico scriptum est (xxi, 13) : *Sacerdos accipiat virginem; viduatam et destitutam aut a vivo marito derelictam non accipiat.* *Item* : Si ergo clericus monogamus fuerit, et uxor ejus bigama, noli eum ministerio applicare. Bigamam enim duxit uxorem. *Idem ad cumdem de eo quod scriptum est : unius uxoris virum* (*I Tim.* iii, 2) (*Martianay.* IV, 645) : Consurgit haeresis, atque olim mortua vipera contritum caput levat. Dicit enim esse aliqua, quae Christus non possit purgare sanguine suo, et profundas scelerum suorum pristinorum inhaerere [corporibus atque animis] cicatrices, ut medicina illius attenuari nequeant. Quid aliud agit, nisi ut Christus mortuus sit frustra? Absit hoc de Omnipotente credere, in aliquo impotens sit! Totae Apostoli Epistolae Christi gratiam sonant. Ne parum videretur simplex gratiae nuncupatio : *gratia*, inquit, *et pax multiplicetur* (*I Petr.* i, 2). Multiplicatio promittitur et a nobis paucitas affirmatur? Carterius (56), Hispaniae episcopus, homo aetate vetus et sacerdotio, unam, antequam baptizaretur, alteram (57) post lavacrum, priore mortua, duxit uxorem; et arbitraris eum contra Apostoli fecisse sententiam, qui unius uxoris virum praeceperit ordinandum. Miror autem te unum protraxisse in medium, cum omnis mundus his ordinationibus sit plenus ; non dico de presbyteris, non de inferiori gradu, ad episcopos venio; quos si singulatim voluero nominare, tantus numerus congregabitur, ut Ariminensis synodi multitudo superetur. Sed et indecens est, sic unum tueri, ut plures accusare videaris; et quem ratione non possis, peccati non societate defendas (58). Sustinui Romae a viro eloquentissimo cornuto, ut dicitur, syllogismum, ut quocunque me verterem strictius tenerer. Uxorem, inquit, peccatum est ducere an non? Ego simplex et qui insidias vitare nescirem, dixi non esse peccatum. Rursum proposuit : In baptismate dimittuntur mala? Respondi peccata dimitti. Cum me securum putarem, coeperunt mihi hinc inde cornua increscere. Si, inquit, uxorem ducere non est peccatum, baptismus autem peccata dimittit, quidquid [non] dimittitur, reservatur. *Item* : In memetipsum reversus converti in adversarium propositionis stropham. Quaeso, inquam, te, ut respondeas. Baptismus novum hominem facit ex toto, an ex parte? Respondit : ex toto. Nihil ergo veteris hominis in baptismate reservatur, nihil quod potest novo imputari, quod in veteri quondam fuit. *Item* : Baptizatos, inquam, Apostolus elegit in episcopatum an catechumenes? Si Apostolus non catechumenos in clerum elegit, sed fideles, vitia catechumeni non imputabuntur fideli. Proferuntur ergo Apostoli Epistolae, una ad Timotheum, altera ad Titum. In utraque sive episcopi sive presbyteri (quanquam apud veteres iidem et episcopi et presbyteri fuerint, quia illud nomen dignitatis est, hoc aetatis) jubentur monogami in clerum eligi. Certe de baptizatis presbyteris sermo est. Si ergo omnia, quae in ordinatione quaeruntur episcopi, non praejudicant ordinando, licet ea ante baptisma non habuerit (quaeritur quid sit, et non quid fuerit), quare solum nomen uxoris impediat quod solum peccatum non fuit? Dicis quia peccatum non fuit, idcirco non est dimissum in baptismate. Rem novam audio ; quia peccatum non fuit, idcirco in peccatum reputabitur. Omnia scorta et publicae colluvionis sordes, patricidium, incestus Christi fonte purgantur; uxoris inhaerebunt maculae, et lupanaria thalamis praeferentur? Ego tibi non imputo meretricum exercitus, effusionem sanguinis, et tu mihi olim emortuam de sepulcro uxorculam

---

(52) Hujus quaestionis ne titulus quidem legitur apud Cous.
(53) Editt. : *ordinare nisi unius uxoris virum.*
(54) Editt. : *haec.*

(55) Editt. : *concubinarum catenis insertos decet*, etc.
(56) Monac. : *Archemus.*
(57) Monac. : *adulteram.*
(58) Editt. : *peccantium societate defendas.*

protrahis, quam ideo accepi, ne facerem quod fecisti? Audiant ethnici, audiant catechumeni, ne uxores ducant ante baptisma, ne honesta jungant matrimonia, sed Platonis promiscuas uxores, communes liberos habeant; imo caveant qualecunque vocabulum conjugis, ne, postquam in Christum crediderint, noceat eisdem, quod aliquando non concubinas, nec meretrices, sed uxores habuerint. Vere Scribarum et Pharisæorum similes culicem liquantes, et camelum glutientes, decimamus mentham et anethum, et Dei judicium prætermittimus. Quid simile uxor et scortum? Imputatur infelicitas conjugis mortuæ, et libido meretricia coronatur? Ille, si prior viveret, aliam non haberet conjugem; tu, ut passim caninas nuptias jungeres, quid potes excusare? Ille in uxore optavit liberos, tu in meretrice sobolem perdidisti. Illum naturæ et benedictioni Domini servientem, *crescite et multiplicamini, et replete terram* (*Gen.* ix, 1), cubiculorum secreta texerunt; te subantem ad coitum publica facies exsecrata est. Ille quod licebat verecundo pudore celavit; tu quod non licebat impudenter omnium oculis ingessisti. Illi scriptum est: *Honorabiles nuptiæ, et cubile immaculatum* (*Hebr.* xiii, 4); tibi legitur: *Fornicatores et adulteros perdet Deus* (*ibid.*). *Item :* In baptismo quomodo tuæ sordes lotæ sunt, et meæ munditiæ sordidatæ. Non dico, ais, tuas sorditatas, sed in eodem statu mansisse quo fuerant. Quæ est ista tergiversatio, et acumen omni pistillo retusius? Quia peccatum non est peccatum est; quia non est sordidum, sordidum est. *Item :* Quod dicit, *unius uxoris virum*, potest et aliter disseri. Apostolus sciebat lege concessum in multis uxoribus liberos spargere. Ipsis quoque sacerdotibus hujus licentiæ patebat arbitrium. Præcepit ergo ne eamdem licentiam Ecclesiæ sibi vindicent sacerdotes, sed ut singulas uno tempore uxores habeant. Accipe et aliam explanationem. Quidam coacte interpretantur uxores pro Ecclesiis, viros pro episcopis debere accipi. Et hoc esse decretum, ne de alia ad aliam Ecclesiam transferatur, ne, virginalis pauperculæ societate contempta, ditioris adulteræ quærat amplexus. Violenta, inquies, et satis dura interpretatio hæc. Redde igitur Scripturæ simplicitatem suam, ne tuis contra te legibus dimicemus. Quæram et aliud : si quis et ante baptismum habuerit concubinam, et, illa mortua, baptizatus uxorem duxerit, utrum clericus fieri debeat? Respondebis posse fieri, quia concubinam habuerit, non uxorem. Conjugales ergo tabulæ et jura dotalia, non coitus ab Apostolo condemnatur. *Item :* Vide ne hoc quod dicitur, unius uxoris virum, mulieris unius possit intelligi; ut ad coitum magis referatur quam ad dotales tabulas. *Item : Unius uxoris virum :* de hoc supra diximus. Nunc hoc tantum admonemus, ut si unius uxoris vir etiam ante baptismum quæritur, cætera quoque, quæ præcepta sunt, ante baptismum requiramus. Neque enim competit universa post baptismum, et unum hoc mandatum intelligere ante baptismum. *Sobrium, prudentem, hospitalem, doctorem*, etc., *non neophytum, ne in superbiam elatus, in judicium incidat diaboli* (1 *Tim.* iii, 2-6). Mirari satis non queo quæ hominum tanta sit cæcitas de uxoribus ante baptismum disputare, et rem in baptismate mortuam, imo cum Christo vivificatam in calumniam trahere, cum tam apertum evidensque præceptum nemo custodiat. Heri catechumenus, hodie pontifex ; heri in theatro, hodie in ecclesia ; vespere in circo, mane in altario ; dudum fautor histrionum, nunc virginum consecrator. Num ignorabat Apostolus tergiversationes nostras, et argumentorum ineptias nesciebat? Qui dixit, *unius uxoris virum*, ipse mandavit irreprehensibilem, sobrium, prudentem, etc. Ad hæc omnia claudimus oculos, solas videmus uxores. *Item :* Fili Oceane, vide quantum sit testimonium hujus, quem arguunt mariti, cui præter vinculum conjugale, et hoc ante baptismum, nihil [aliud] ab æmulis objici potest. Itaque, cum opposuerint nobis uxores ante baptismum, nos ab eis omnia, quæ post baptismum præcepta sunt, requiramus. Prætereunt, quod non licet; et objiciunt, quod concessum est.

CXXVIII.

Quod nullo modo adultera sit retinenda, et contra.

Ambrosius in Epistola I Pauli ad Corinthios : Uxorem certe licet habere, sed si fornicata fuerit, abjicienda. *Hieronymus super Matth. :* Cum illa unam carnem in aliam diviserit, et se fornicatione separaverit a marito, non debet retineri, ne virum quoque sub maledicto faciat dicente Scriptura (*Prov.* xviii, 22): *Qui adulteram tenet stultus et impius est.* Ubicunque igitur est fornicatio et fornicationis suspicio, libere uxor dimittitur. *Chrysostomus super Matthæum, cap. XIX :* Sicut crudelis et iniquus est, qui castam dimittit, sic fatuus est et injustus qui retinet meretricem. Nam patronus turpitudinis ejus est, qui crimen celat uxoris. *Augustinus De adulterinis conjugiis, lib. II :* Quid tibi durum videtur, ut post adulterium reconcilietur conjugi conjux? Hæc crimina in veteri lege nullis sacrificiis mundabantur, et ideo tunc omni modo prohibitum est ab alio contaminatam viro accipere uxorem, quamvis David Saulis filiam, quam pater ejusdem mulieris ab eo separatam dederat alteri, tanquam Novi Testamenti præfigurator sine contaminatione (59) receperit (*II Reg.* iii, 14) ; nunc autem postea quam Christus ait adulteræ (*Joan.* viii, 11) : *Nec ego te condemnabo ; vade, deinceps noli peccare ;* quis non intelligat debere ignoscere maritum quod videt ignovisse Deum, nec jam se debere adulteram dicere, cujus pœnitentis crimen divina credit miseratione deletum? *Item :* Non erit turpis, neque difficilis etiam post perpetrata atque purgata adul-

(59) Edit. : *cunctatione.*

teria reconciliatio conjugum, ubi per claves regni cœlorum non dubitatur fieri remissio peccatorum, non ut post viri divortium adultera revocetur, sed ut post Christi consortium adultera non vocetur. *Hermas in lib. II Pastoris mandato IV* : Dixit mihi pastor : Si sciet vir, uxorem suam deliquisse et convivit cum illa vir, reus erit peccati ejus et particeps mœchationis ejus. [Et dixi] : Quid si mulier dimissa pœnitentiam egerit et voluerit ad virum suum reverti ? Si non receperit eam vir suus, peccat et magnum peccatum admittit. Sed debet recipere peccatricem, quæ pœnitentiam egit; sed non sæpe. Servis enim Dei pœnitentia una est. Hic actus similis est in muliere et in viro.

CXXIX.
Quod sæpius nubere liceat, et non.

Paulus in Epistola I ad Corinthios (VII, 39) : Mulier alligata est, quanto tempore vir ejus vivit. Quod si dormierit vir ejus, liberata, cui vult nubat, tantum in Domino. *Idem in Epistola I ad Timotheum* (v, 14) : Adolescentiores autem viduas devita. *Item* : Volo ergo juniores nubere, filios procreare, etc. (ibid., 14). *Augustinus De professione sanctæ viduitatis ad Julianam* (Maur. VI, 376) : De tertiis et de quartis et de ultra pluribus nuptiis solent homines movere quæstionem : unde et breviter respondeo, nec ulli (60) nuptias audeo damnare, nec eis verecundiam numerositatis auferre. *Item* : Nec contra humanæ verecundiæ sensum audeo dicere, ut quoties voluerit mortuis viris nubat femina, nec ex meo corde præter auctoritatem Scripturæ quotaslibet nuptias audeo condemnare. *Hieronymus ad Pammachium* : Obtrectatores mei videant me secundas ac tertias nuptias concessisse. *Item* : Ego nunc libera voce pronuntio non damnari in Ecclesia digamiam, imo nec trigamiam, et ita licere quinto et sexto et ultra quomodo et secundo, marito nubere. Habeat quælibet octavum maritum et esse desinat prostituta. *Idem contra Jovinianum, lib. I* : Tolerabilius est uni homini esse prostitutam quam multis, si quidem illa in Evangelio Samaritana sextum maritum se habere dicens arguitur a Domino quod non sit vir ejus. Ubi numerus maritorum, ibi vir, qui proprie [unus est], maritus esse desistit. *Item* : Ubi unus exceditur, nihil refert secundus an tertius sit, quia desinit esse monogamus. Non damno digamos, imo nec trigamos, et, si dici potest, octogamos. Plus etiam inferam, etiam scortatorem recipio pœnitentem. *Idem ad Agerochiam* (61) : Vidi duo inter se paria vilissimorum e plebe hominum comparata : unum, qui viginti sepelisset uxores ; alteram, quæ vicesimum secundum habuisset maritum, extremo sibi, ut ipsi putabant, matrimonio copulatos. Summa omnium exspectatio quis quem primus efferret. Vicit maritus, et totius urbis populo confluente coronatus uxoris multinubæ feretrum præcedebat. Quid dicimus tali mulieri ? Nempe illud, quod Dominus Samaritanæ : Viginti et duos habuisti maritos, et iste, a quo nunc sepeliris, non est tuus vir. *Idem ad Salvinam* : Primus Lamech maledictus et sanguinarius, et de Cain stirpe descendens unam costam divisit in duas et plantarium digamiæ protinus diluvii pœna subvertit. Unde illud Apostoli, quod fornicationis metu indulgere compellitur : Volo adolescentulas nubere, nullam occasionem dare adversario maledicti causa (I Tim. v, 14). Cur indulserit, statim subjecit : *Jam enim quædam declinaverunt post Satanam.* Ex quo intelligimus illum non stantibus coronam, sed jacentibus manum porrigere. Vide qualia sint secunda matrimonia, quæ lupanaribus præferuntur, quia declinaverunt quædam post Satanam. Ideo adolescentula vidua, quæ se non potest continere vel non vult, maritum potius accipiat quam diabolum. Pulchra nimirum et appetenda est res, quæ Satanæ comparatione suscipitur.

CXXX.
Quod nullus humanus concubitus possit esse sine culpa, et contra.

Ambrosius super Epistolam Pauli I ad Corinthios, lib. II : Si autem acceperis, non peccasti. Non utique peccat, qui quod concessum est facit. *Augustinus De nuptiis et concupiscentia* : Quamvis concubitus, qui fit intentione generandi, non sit propter peccatum, quia bona voluntas animi sequentem ducit, non ducentem sequitur. *Idem De bono conjugali* : Conjugalis enim concubitus generandi gratia non habet culpam. Adulterium vero sive fornicatio lethalem habet culpam. *Item* (Maur. VI, 326) : Nunc quid dicturi sumus adversus evidentissimam vocem Apostoli dicentis : *Quid vult faciat; non peccat, si nubat, et si accepisti uxorem non peccasti, et si nupserit virgo, non peccat* (I Cor. VII, 28). Hinc quoque jam dubitare fas non est nuptias non esse peccatum. Non itaque nuptias secundum veniam concedit Apostolus ; nam quis ambigat absurdissime dici, non eos peccasse, quibus venia datur ? Sed illum concubitum secundum veniam concedit, qui fit per incontinentiam, non sola causa procreandi, et aliquando nulla causa procreandi, quem nuptiæ non fieri cogunt, sed ignosci impetrant (62); si tamen non ita sit nimius, ut impediat tempora orandi (63) nec immutetur in eum usum, qui est contra naturam. Concubitus enim necessarius generandi causa inculpabilis est et solus ipse nuptialis. Ille autem, qui ultra istam necessitatem progreditur, jam non rationi, sed libidini obsequitur. Et hunc tamen non exigere, sed reddere conjugi, ne fornicando damnabiliter peccet, ad personam pertinet conjugalem. *Item* : (Maur. VI, 335) : Bonum ergo sunt nuptiæ, maxime si filios, quos carnaliter desiderant, spiritualiter nutriant. Nec quod purificari lex hominem et post conjugalem concubitum jubet, peccatum esse declarat ; si non est ille, qui secundum veniam conceditur, qui etiam nimius impedit orationes. Sed sicut lex multa ponit in sacramentis et in umbris futurorum. quædam in semine quasi materialis in-

---

(60) Editt. : *ullas*.
(61) Editt. : *Ageruchiam*.
(62) Monac. : *improbant*.
(63) Monac. : *expediat tempora ordinandi*.

formitas, quæ formata corpus hominis reddiritura est, in significatione posita est vitæ informis et ineruditæ; a qua informitate quia oportet hominem doctrina et forma et eruditione (64) mundari, in hujus rei signum illa purificatio præcepta est post seminis emissionem. Neque enim et in somnis peccato fit; et tamen etiam ibi præcepta est purificatio. Aut si hoc peccatum quisquam putet, non arbitrans accidere nisi ex aliquo hujus modi desiderio, quod procul dubio falsum est: nunquid et solita menstruum (65) peccata sunt feminarum? a quibus tamen eas eadem legis vetustas præcipit expiari; nonnisi propter illam ipsam materialem informitatem, quæ facto concepta tanquam in ædificationem corporis additur; ac per hoc cum informiter fluit, significari lex per illam voluit animum sine disciplinæ forma indecenter fluidum ac dissolutum, quem formari oportere significat, cum talem fluxum corporis jubet purificari. Postremo nunquid et mori peccatum est, aut sepelire non etiam bonum opus humanitatis est? Et tamen purificatio et inde mandata est, quia et mortuum corpus vita deserente peccatum non est, sed peccatum significat animæ desertæ a justitia. Bonum, inquit, sunt nuptiæ et contra omnes calumnias possunt sana ratione defendi. *Item*: Continentia non corporis, sed animi virtus est. Virtutes autem animi aliquando in corpore manifestantur, aliquando in habitu latent, sicut martyrum virtus apparuit tolerando passiones. *Item*: Jam enim erat in Job patientia, quam noverat Deus, et cui testimonium perhibebat; sed hominibus innotuit tentationis examine. *Item*: Verum ut apertius intelligatur, quomodo sit virtus in habitu, etiam si non sit in opere, loquor de exemplo, de quo nullus dubitat Catholicorum. Dominus Jesus qui in veritate esurierit et sitierit et manducaverit et biberit, nullus ambigit eorum qui ex ejus Evangelio fideles sunt. Num igitur non erat in illo continentiæ virtus a cibo et potu, quanta erat in Joanne Baptista? *Venit enim Joannes non manducans neque bibens, et dixerunt: Dæmonium habet; venit Filius hominis manducans et bibens, et dixerunt: Ecce homo vorax et potator vini, amicus publicanorum et peccatorum (Matth.* xi, 18). *Item*: Quod Dominus ibi subjecit, cum de Joanne ac de se illa dixisset *justificata est sapientia a filiis suis (Matth.* xi, 19), qui vident continentiæ virtutem in habitu animi semper esse debere, in opere autem pro rerum ac temporum opportunitate manifestari, sicut virtus patientiæ sanctorum martyrum. Quocirca sicut non est impar meritum patientiæ in Petro, qui passus est, et in Joanne, qui passus non est: sic non est impar meritum continentiæ in Joanne, qui nullas expertus est nuptias, et in Abraham, qui filios generavit. Et illius enim cælibatus, et illius connubium pro temporum distributione Christo militaverunt. Sed continentiam Joannes et in opere, Abraham vero in solo habitu habebat. Illo itaque tempore cum et lex, dies patriarcharum subsequens, maledictum dixit, qui non excitaret semen in Israel, et qui poterat non promebat, sed tamen habebat. Ex quo autem venit plenitudo temporis, ut diceretur: *Qui potest capere, capiat (Matth.* xix, 12), qui habet operatur, qui operari voluerit, non se habere mentiatur. Ac per hoc ab eis qui corrumpunt mores bonos colloquiis malis, inani versutia dicitur homini Christiano continenti et nuptias recusanti: Tu ergo melior quam Abraham? Sed melior est castitas cælibum, quam castitas nuptiarum, quarum Abraham unum habebat in usu, ambas in habitu. Caste quippe conjugaliter vixit; esse autem castus sine conjugio potuit, sed tunc non oportuit. *Item*: Potest autem fieri ut minor sit continentiæ virtus in animo ejus qui non utitur nuptiis, quibus est usus Abraham; sed tamen major est quam in animo ejus qui propterea tenuit conjugii castitatem, quia non potuit ampliorem. Sic et femina innupta, quæ cogitat ea quæ sunt Domini, ut sit sacra et corpore et spiritu, cum audierit impudentem illum per cunctatorem dicentem: Tu ergo melior quam Sara? respondeat: Ego melior sum, sed his quæ virtute hujus continentiæ carent: quod de Sara non credo. Fecit ergo illa ista virtute quod illi tempori congruebat, a quo ego sum immunis, ut in meo etiam corpore appareat quod illa in animo conservabat (66). Res ergo ipsas si comparemus, nullo modo dubitandum est meliorem [esse] castitatem continentiæ quam castitatem nuptialem; homines vero cum comparamus, ille est melior, qui bonum amplius habet. *Item*: Majus enim bonum [est] obedientiæ quam continentiæ. Nam connubium nusquam Scripturarum nostrarum auctoritate damnatur; inobedientia vero nusquam absolvitur. Si ergo proponatur virgo permansura, sed tamen inobediens et maritata, quæ virgo permanere non posset, sed tamen obediens, quam meliorem dicamus? Minus laudabilem quam si virgo esset, an damnabilem sicut virgo est? Ita si conferas ebriosam virginem sobriæ conjugatæ, quis eamdem ferret sententiam? Nuptiæ quippe et virginitas duo bona sunt, quorum alterum majus; sobrietas autem et ebriositas, sicut obedientia et contumacia, illa bona sunt, hæc mala. Melius est autem habere omnia bona vel minora quam magnum bonum cum magno malo; quia et in corporis bonis melius est habere Zachæi staturam cum sanitate, quam Goliæ cum febre. *Item*: Quod enim cibus ad salutem hominis, hoc est concubitus ad salutem generis; et utrumque non fit sine delectatione carnali, quæ tamen modificata et temperantia refrenata in usum naturalem redacta, libido esse non potest. Quod est autem in sustentanda vita illicitus cibus, hoc est in quærenda prole fornicarius vel adulterinus concubitus. Et quod est in cibo

(64) Editt.: *doctrinæ forma et eruditione.*
(65) Sic Monac. cum multis codd.; Maur.: *menstrua*; alii codd.: *mensium.*
(66) Monac.: *construebat.*

licito nonnullis immoderatior appetitus, hoc est in conjugibus venialis ille concubitus. *Item* : Aliud est non concumbere nisi sola voluntate generandi, quod non habet culpam. *Idem in Enchiridio, cap. XLVI* : Non est instituta regeneratio, nisi quia vitiosa est generatio ; usque adeo ut de legitimo matrimonio procreatus dicat (*Psal*, L, 7) : *In iniquitatibus conceptus sum, et in peccatis mater mea, me in utero aluit. Gregorius libro Pastorali, XLIX* : Culpa quippe esse innuitur, quod indulgeri perhibetur. *Moralium lib. XXXIII*. Concessit minima, ut majora declinarent, dicens : *Propter fornicationem autem unusquisque habeat uxorem suam* (*I Cor*. VII, 2). Et quia tunc solum conjuges in admistione sine culpa sunt, cum non pro explenda libidine, sed pro suscipienda prole miscentur, ut hoc quod concesserant, sine culpa quamvis minima non esse monstraret, adjunxit : *Hoc autem dico secundum indulgentiam, non secundum imperium* (*I Cor*. VII, 6).

CXXXI.

Quod nulli liceat eam, cum qua fornicatus fuerit, ducere in conjugium, et contra.

Ambrosius Felici, episcopo Siciliæ . Eam quam aliquis aliqua illicita pollutione maculavit, in conjugium ducere nulli Christianorum licet, quia incestuosus est talis coitus. *Augustinus De bono conjugali* : Posse sane fieri legitimas nuptias ex male convinctis, honesto postea placito consequente, manifestum est. *Idem De nuptiis et concupiscentia* : Denique mortuo viro, cum quo verum connubium fuit, fieri verum connubium potest, cum quo prius adulterium fuit. *Ivo Carnotensis Walterio Meldensi episcopo* : Consulit fraternitas vestra utrum quis habere possit in uxorem quam prius habuerit pellicem. Super hoc diversas habemus sententias, alias prohibentes, alias permittentes. Dicit enim Gregorius: Eam quam aliquis, etc. Legitur quoque in concilio Cabilonensi cap. XXVI : Juxta canonicam auctoritatem raptores ad conjugia legitima raptas sibi jure vindicare non posse. Habemus et in decreto Hormisdæ papæ nuptias occulte factas non esse legitimas. Et papa Evaristus contubernia, non conjugia dicit esse illarum mulierum quæ non sunt a parentibus traditæ et a legibus dotatæ et a sacerdotibus solemniter benedictæ. Habetur in concilio Aquisgrani habito : Qui mulierem rapuerit, vel furatus fuerit, aut seduxerit, nunquam eam uxorem habeat. E diverso vero legimus in decretis Eusebii papæ cap. V : Virgines, quæ virginitatem non servaverint, si eosdem, qui eas violaverunt, maritos acceperint, eo quod solas nuptias violaverint, post pœnitentiam unius anni reconcilientur. Dicit quoque beatus Augustinus : Posse fieri sane legitimas, etc. Quantum ergo mihi videtur, quod quidam Patres concubinas uxores fieri vetuerunt, honestatem conjugii commendantes et fœdam concubinatus consuetudinem coercere cupientes, rigorem justitiæ teneri decreverunt. Quod vero alii aliter scripserunt, hoc intelligo, quod instinctu (67) misericordiæ quorumdam imbecillitati occurrentes, rigorem canonum temperare maluerunt. In quibus quidem sententiis non alia mihi videtur esse distantia, nisi quam inter se habent misericordia et judicium.

CXXXII.

Quod sterilis non videatur ducenda esse, et contra.

Augustinus contra Faustum, lib. I, cap. XIX . Quæro cur despiciat dimittere uxorem, quam non ad matrimonii fidem, sed ad concupiscentiam tantum habendam censetis. Matrimonium quippe ex hoc appellatum est, quod non ob aliud debet femina nubere, quam ut mater fiat, quod vobis odiosum est. *Idem De bono conjugali* : Generationis itaque causa fieri nuptias Apostolus ita testis est. *Volo*, inquit, *juniores nubere*, etc. (*I Tim*. V, 14.) *Idem De nuptiis et concupiscentia lib. I* : Plures feminæ uni viro nunquam licite jungerentur, nisi ex hoc plures filii nascerentur. Unde si una concumbat cum pluribus, quia non est hinc multiplicatio prolis, sed frequentatio libidinis, conjux non potest esse, sed meretrix. *Idem De bono conjugali* : Miror autem, si quemadmodum licet dimittere adulteram uxorem, ita liceat ea dimissa alteram ducere. Facit enim de hac Scriptura difficilem nodum, dicente Apostolo, ex præcepto Domini mulierem a viro non debere discedere ; quod si discesserit, manere innuptam aut viro suo reconciliari. Quomodo autem viro possit esse licentia ducendæ alterius uxoris, si adulteram reliquerit, cum mulieri non sit nubendi alteri, si adulterum reliquerit, non video. Quæ si ita sunt, tamen valet illud sociale vinculum conjugum, ut cum causa procreandi colligetur, nec ipsa causa procreandi solvatur. Possit enim homo dimittere sterilem uxorem, et ducere de qua filios habeat ; et tamen non licet. *Idem in eodem* : Semel initum connubium nullo modo potest nisi alicujus illorum morte dissolvi. Manet enim (68) vinculum nuptiarum, etiamsi proles, cujus causa initum est, manifesta sterilitate non subsequatur, ita ut jam scientibus conjugatis non se filios habituros, separare se tamen vel ipsa causa filiorum atque aliis copulare non liceat. Quod si fecerint, cum eis quibus se copulaverint adulterium committunt. *Idem De nuptiis et concupiscentia* : Hoc custoditur in Christo et Ecclesia, ut vivens cum vivente in æternum nullo divortio separetur. Cujus sacramenti tanta observatio est quibus fidelibus conjugatis, ut, cum filiorum procreandorum causa vel nubant feminæ, vel viri ducant uxores, nec sterilem conjugem fas sit dimittere, ut fecunda ducatur. Quod si fecerit, non lege hujus sæculi, ubi interveniente repudio sine crimine conceditur cum aliis alia copulare connubia, quod etiam Moysen Dominus propter

(67) Editt. : *intuitu*.

(68) Editt. : *etiam*.

duritiam cordis illorum Israelitis permisisse testatur, sed iege Evangelii reus est adulterii. *Idem De bono conjugali* : Nunc quippe nullus pietate perfectus filius habere nisi spiritualiter quærit; tunc vero ipsius pietatis erat operatio (69) etiam carnaliter filios propagare, quia illius populi generatio nuntia futurorum erat, et ad dispensationem propheticam pertinebat. Ideoque non sicut uni viro etiam plures habere licebat uxores, ita uni feminæ plures viros nec prolis ipsius causa, si forte illa parere posset, ille generare non posset. Occulta enim lege naturæ amant singularitatem, quæ principantur; subjecta vero plura uni non sine dedecore subduntur. Neque enim sic habet unus servus plures dominos, quomodo plures servi unum dominum sicut multæ animæ uni Deo recte subduntur, una vero anima post multos deos (70) fornicari potest, non fecundari. *Idem De nuptiis et concupiscentia* : Eo usque pervenit libidinosa crudelitas, ut etiam sterilitatis venena procuret. Prorsus si ambo tales sunt, conjuges non sunt ; etsi ab initio tales fuerint, non sibi per connubium, sed per stuprum convenerunt. Si autem non ambo sunt tales, audeo dicere aut illa est quodammodo mariti meretrix, aut ille adulter uxoris. *Idem De doctrina Christiana lib. III* : Suscipiendæ (71) prolis causa erat uxorum plurium simul uni viro habendarum inculpabilis consuetudo, et ideo unam feminam maritos plurimos habere honestum non erat; non enim mulier eo est fecundior. In hujuscemodi rebus (72) quidquid illorum temporum sancti non libidinose faciebant, quamvis ea facerent, quæ hoc tempore nisi per libidinem non possunt fieri, non culpat Scriptura.

CXXXIII.

Quod virginitas non præcipiatur, et contra.
Isidorus *De summo bono, lib. I, cap. XXI* : In lege imperat nuptias, in Evangelio virginitatem. *Idem lib. II, cap. LX* : Conjugium concessum est, virginitas admonita, non jussa, quia nimis excelsa. Origenes *in Epistola Pauli ad Romanos, lib. X* : Salvator dicit (*Luc.* XVII, 10) : *Cum feceritis omnia, quod præcipio vobis, dicite : Servi inutiles sumus; quod debuimus facere fecimus.* Ea vero quæ supra debitum fecimus, non facimus ex præceptis. Virginitas enim non ex debito solvitur, neque enim per præceptum expetitur, sed supra debitum offertur. Ambrosius *in hortatione virginitatis, lib. I* : Sola est enim virginitas, quæ suaderi potest, imperari non potest, res magis voti quam præcepti. *Hieronymus contra Jovinianum, lib. I* : Quod imperatur, necesse est fieri; quod necesse est fieri, pœnam habet. Frustra enim jubetur, quod in arbitrio ponitur. Si virginitatem Deus imperasset, videbatur nuptias condemnare et hominum auferre seminarium; unde virginitas nascitur.

(69) Monac. : *ratio*.
(70) Editt. : *per multos deos*.
(71) Editt. : *Sufficiendæ*.

CXXXIV.

Quod nuptiæ quoque præcipiantur, et contra.
Paulus apostolus *in Epistola I ad Corinthios* [VII, 8] : Dico autem non nuptis et viduis : bonum si sic permaneant, sicut et ego. Quod si non se continent, nubant. Melius est nubere quam uri. *Joannes Chrysostomus super Epistolam ad Hebræos in fine VII sermonis* : Si beatitudines solis monachis dictæ sunt, sæcularem autem hominem impossibile est eas implere, qui nuptias jussit ipse ergo omnes disperdidit. Si enim non potest cum impiis [nuptiis] ea quæ monachorum sunt implere, perierunt et corruptæ sunt et in angustum conclusit ea quæ virtutis sunt; et quomodo honorabiles sunt nuptiæ, quas tantum nobis impediverit? *Augustinus* : Secundas nuptias propter incontinentiam jubet Apostolus dicens, melius viro nubere, quam pro expetenda libidine cum pluribus fornicari. Sæpius enim nubendi licentia non est religionis, sed criminis. *Ex Epistola Juliani ad Demetriadem* : In Scripturis divinis prohibentur quædam, quædam præcipiuntur, conceduntur aliqua, nonnulla suadentur. Prohibentur mala, præcipiuntur bona, conceduntur media, ut nuptiæ, carnium esus vel pastus ac vini, suadetur virginitas.

CXXXV.

Quod nuptiæ bonæ sint, et contra
Augustinus *De bono conjugali* : Bonum, inquit, sunt nuptiæ, et contra omnes calumnias possunt sana ratione defendi. Isidorus *De summo bono, lib. I, cap. XI* : Conjugia vero et potestates per se quidem bona sunt; per ea vero, quæ circa ea sunt, mala existunt. Conjugia per id, quod dicit Apostolus (*I Cor.* VII, 33) : *Qui cum uxore est, cogitat quæ sunt mundi*. Potestates per elationem, oppressionem justitiæ prævaricationem. *Hieronymus contra Jovinianum lib. I* : Concedo et nuptias esse donum Dei, sed inter donum et donum major est distantia. *Item* : Tolle ardorem libidinis et non dices (73) melius est nubere. Melius semper ad operationem deterioris respicit, non ad simplicitatem incomparabilis per se boni. Quid agis, apostole? Nosti proprietates sermonum ; ubi de continentia loqueris et virginitate, *bonum est*, inquis, *mulierem non tangere* (*I Cor.* VII, 1) ; ubi ad nuptias venitur, non dicis, bonum est, sed melius est nubere quam uri. Si per se bonæ sunt nuptiæ, noli illas incendio comparare, sed simpliciter dic, bonum est nubere. *Idem lib. I* : *Bonum est homini non tangere mulierem* ; non dixit non habere, sed non tangere, quasi in tactu periculum sit; quasi qui illam tetigerit, non evadat, quod pretiosas animas capit (74)? Alligabit quis ignem in sinu et non comburetur? Aut ambulabit super carbones ignis, et non ardebit? *Idem ad Pammachium* : Si dixero melius est virginem esse quam nuptam, bono melius protuli. Multa diversitas est inter id melius,

(72) Editt. : *moribus*.
(73) Editt. : *dicet*.
(74) Editt. : *rapit*.

quod nuptiis et quod fornicationi anteponitur. Si autem alterum gradum fecero, melius est nubere quam fornicari, malo bonum protuli. *Idem contra Jovinianum, lib. I* (Martian, IV, 2, pag. 150) : *Nolite fraudare invicem, nisi forte ex consensu ad tempus, ut vacetis orationi* (*I Cor.* VII, 5). Quale est illud bonum, quod Christi corpus prohibet accipi (75), et quod orare non permittit? Jubet idem Apostolus alio loco ut semper oremus. Si semper orandum est, nunquam ergo conjugio serviendum, quoniam quotiescunque uxori debitum reddo, orare non possum (76). Petrus apostolus, experimentum habens conjugalium vinculorum, vide quid doceat (*I Petr.* III, 7) : *Similiter viri cohabitantes juxta scientiam quasi infirmiori vasculo muliebri tribuentes honorem, et sicut cohæredibus multiplicis gratiæ, ut non impediantur orationes vestræ.* Si abstineamus a coitu, honorem tribuimus uxori; si non abstineamus, perspicuum est honori contrariam esse contumeliam. *Item : Si quis considerat virginem suam,* id est carnem lascivire nec refrenare se potest, *quod vult faciat; non peccat, si ducat uxorem* (*I Cor.* VII, 36). Faciat, inquit, quod vult, non quod debet. Non peccat, si duxerit; non tamen bene facit, si duxerit. *Item : Igitur et qui matrimonio jungit virginem suam, bene facit.* Significantius (77) et proprie supra dixerat : *qui ducit uxorem, non peccat.* Aliud est non peccare, aliud est bene facere. Declina a malo, et fac bonum. In altero initium, in altero perfectio. Unde (78) ne in eo quod dixerit: *et qui matrimonio jungit virginem suam, bene facit* (ibid., 38), æstimet aliquis observationem meam non stare, protinus hoc ipsum extenuat et obumbrat comparatione melioris et dicit : *et qui non jungit, melius facit* (ibid.). *Item : Tantum discrimen inter nuptias et virginitatem, quantum inter non peccare et bene facere. Item : Quod est ista necessitas, quæ spreto vinculo conjugali virginitas appetit libertatem. Væ prægnantibus et nutrientibus in illo die* (*Matth.* XXIV, 19) : Non hic damnantur scorta vel lupanaria, de quorum damnatione nulla dubitatio est, sed uteri tumentes et infantium vagitus et fructus atque opera nuptiarum. Si bonum est sic esse, malum est sic non esse. *Item : Si acceperis uxorem, non peccasti.* Aliud est non peccare, aliud est bene facere, et si nupserit virgo, non peccabit. *Idem in apologetico ad Pammachium* (Martian. IV, p. 2, pag. 229) : Reprehendunt me quidam, quod in libris, quos adversus Jovinianum scripsi, nimius fuerim in laude virginum, vel in sugillatione nuptiarum (79), et aiunt condemnationem esse matrimonii in tantum pudicitiam prædicare, ut nulla posse videatur inter uxorem et virginem comparatio derelinqui. Ergo si bene problematis memini, inter Jovinianum et nos ista contentio est, quod ille exæquet virginitati nuptias, nos subjiciamus. *Item :* Diximus : Si bonum est mulierem non tangere, malum est ergo tangere; nihil ergo bono contrarium est, nisi malum. Si autem malum est et ignoscitur, ideo conceditur, ne malo quid deterius fiat, etc. Hoc ideo subjecimus, quia Apostolus dixerat : *Bonum est homini mulierem non tangere; propter fornicationem autem,* etc. In quo differunt, mea verba a sensu Apostoli ? Nisi forte in eo, quod ille pronuntiat, ego dubito; ille definit, ego sciscitor; ille aperte dicit, bonum est homini mulierem non tangere, ego timide quæro, si bonum est mulierem non tangere, malum est ergo tangere. Si dubitantis est, non confirmantis. Ideo non dixit, bonum est uxorem non habere, sed bonum est mulierem non tangere, quasi in tactu periculum sit, quasi qui illam tetigerit non evadat. Vides igitur, non de conjugiis nos exponere, sed de coitu simpliciter disputare, quod ad comparationem virginitatis et angelicæ similitudinis bonum est homini mulierem non tangere. *Item :* Quod si cui et asperum et reprehensione dignum videtur, tantam nos inter virginitatem et nuptias fecisse distantiam, legat sancti Ambrosii De viduis librum, et inveniet illum inter cætera quæ de virginitate et nuptiis disputavit, etiam hoc dixisse. Non ergo copula nuptialis quasi culpa vitanda, sed quasi necessitas sarcina declinanda est. Lex enim astringit uxorem, ut in laboribus et tristitia filios generet, conversio ejus ad virum sit, ut ei ipse dominetur. Et in alio loco *pretio,* inquit, *estis empti, nolite fieri servi hominum* (*I Cor.* VII, 23). Videtis quam evidens conjugalis sit definitio servitutis. Et post pusillum : Si igitur bonum conjugium, servitium malum, quid est, quando nequeunt se invicem sanctificare, sed perdere ? Universa, quæ nos de virginitate ac nuptiis lato sermone diffudimus, ille brevi aretavit compendio. *Item* (pag. 238) : Tumeant (80) contra me mariti, quare dixerim : oro te, quale bonum illud est, quod orare prohibet, quod corpus Christi accipere non permittit? Jubet idem Apostolus alio loco, ut semper oremus. Si semper orandum est, nunquam ergo conjugio serviendum; quoniam quotiescunque uxori debitum reddo, orare non possum. Hoc quare dixerim, perspicuum est, quia interpretabar illud Apostoli dictum *nolite fraudare invicem, nisi forte ex consensu ad tempus, ut vacetis orationi* (ibid. 5). *Item :* Quid est majus, orare an Christi corpus accipere? Utique accipere corpus Christi. Si per coitum quod minus est impeditur, multo magis quod majus est. Diximus in eodem volumine, panes propositionis ex lege non potuisse comedere David et socios ejus, nisi se triduo mundos a mulieribus respondissent; non utique a meretricibus, quod damnabatur in lege, sed ab uxoribus, quibus licito jungebantur. Populum quoque, quando accepturus

(75) Monac. : *Sini orationi prohibetur accipere.*
(76) Monac. : *Si igitur semper orandum et in gratia serviendum quæritur, quotiescunque uxori debitum reddo, orare non possum?* Cf. pag. 362.
(77) Editt. : *Signanter.*
(78) Editt. : *Verum.*
(79) Editt. : *nuptiarum.*
(80) Monac. : *Timent.*

erat legem, tribus diebus jussum est ab uxoribus abstinere. Scio Romæ hanc esse consuetudinem, ut fideles Christi semper Christi accipiant, quod nec reprehendo, nec probo. *Unusquisque in sensu abundat* (Rom. xiv, 5). Sed istorum conscientiam convenio, qui eodem die communicant, et juxta Persium (81) *noctem flumine purgant*, quare ad martyres ire non audent? quare non ingrediuntur ecclesias? An alius in publico, alius in domo Christus est? Quod in ecclesia non licet, nec domi licet. Nihil a Deo clausum est, et tenebræ quoque lucent apud eum. Probet se unusquisque, et sic ad corpus Christi accedat, ut, dum doleo non communicasse me corpori Christi, abstineam me paulisper ab uxoris amplexu, ut amori conjugis amorem Christi præferam. *Item* : Veniam et ad illum locum, in quo arguor, quare dixerim, in die secundo non additum, sicut in primo et tertio et reliquis, *vidit Deus quia bonum est*, statimque subjecerim nobis intelligentiam derelinqui; non esse bonum duplicem numerum, qui ab unione dividat et præfiguret fœdera nuptiarum. Unde et in arca Noe animalia, quæcunque bina ingrediuntur, immunda sunt. Impar numerus est mundus. *Item* : Aut reddant aliam probabiliorem causam, quare non sit scriptum, aut suscipiant quod a nobis dictum est. Porro si in arca Noe omnia animalia, quæ bina ingrediuntur, immunda sunt, et impar numerus mundus est, et hoc quare scriptum sit, edisserant ; si autem non, quod a me expositum est velint nolint suscipiant. Aut profer meliores epulas et me conviva utere, aut qualicunque nostra cœnula contentus esto.

CXXXVI.

Quod dilectio proximi omnem hominem complectatur, et non.

Augustinus *De doctrina Christiana*, lib. I (cap. XXVIII) : Omnes autem æque diligendi sunt. Sed, cum omnibus prodesse non possis, his potissimum consulendum est qui pro (82) locorum et temporum vel quarumlibet rerum opportunitatibus constrictius tibi quasi quadam sorte junguntur (83). *Item* : Qui se vult diligi, non (84) ut sibi aliquid, sed ut eis qui diligunt, æternum præmium conferatur. Hinc efficitur ut inimicos etiam diligamus. Non enim eos timemus, quia (85) nobis quod diligimus auferre non possunt, sed miseramur potius, quia tanto magis nos oderunt, quanto ab illo quem diligimus separati sunt. *Item* : Utrum ad illa duo præcepta etiam dilectio pertineat angelorum, quæri potest. Nam quod nullum exceperit, qui præcepit ut proximum diligamus, et Dominus ostendit et Apostolus Paulus. *Item* : Duo præcepta protulerat atque in eis pendere totam legem prophetasque dixerat. *Item* : Dominus ait : *Vade et fac similiter;* ut videlicet esse eum proximum intelligamus, cui vel exhibendum est officium misericordiæ, si indiget, vel exhibendum, si indigeret. Ex quo est jam consequens, ut etiam ille a quo nobis hoc vicissim exhibendum est, proximus sit noster ; proximi enim nomen ad aliquid est, nec quisquam esse proximus nisi proximo potest. *Item* : Paulus dicit : *Nam non adulterabis; Non homicidium facies; non furaberis ; non concupisces ; et si quod est aliud mandatum, in hoc sermone recapitulatur : Diliges proximum tuum sicut te ipsum* (Rom. xiii, 9). Quisquis ergo arbitratur non de omni homine Apostolum præcepisse, cogitur fateri, quod scelestissimum est, visum fuisse Apostolo non esse peccatum; si quis aut non Christiani aut inimici adulteraverit uxorem. *Item* : Jam vero si vel cui præbendum vel a quo nobis præbendum officium misericordiæ, recte proximus dicitur, manifestum est hoc præcepto, quo jubemur diligere proximum, et sanctos angelos contineri, a quibus tanta nobis misericordiæ impenduntur officia. Ambrosius *super Epistolam Pauli ad Romanos* : *Nemini quidquam debeatis*. Pacem vult nos habere, si fieri potest, cum omnibus ; dilectionem cum fratribus. Qui enim diligit proximum, legem implevit, legem Moysis. Nam novæ legis mandatum est etiam inimicos diligere. *Diliges proximum tuum sicut teipsum* (Matth. xxii, 39); hoc scriptum est in Levitico. *Item* : Dilectio proximi malum non operatur ; plenitudo enim legis est dilectio. Malum non operatur, quia bona est dilectio, nec peccari potest per illam quæ legis est perfectio ; sed quia tempore Christi addi aliquid oportuit, non solum proximos sed inimicos diligi præcepit. Unde plenitudo legis est dilectio, ut justitia sit diligere proximum ; abundans vero et perfecta justitia etiam inimicos diligere.

CXXXVII.

Quod sola charitas virtus dicenda sit, et non.

Augustinus *ad Macedonium judicem* : Virtus nihil est aliud quam diligere quod diligendum est ; id eligere prudentia est ; nullis inde averti molestiis, fortitudo est ; nullis illecebris, temperantia ; nulla superbia, justitia. *Idem De moribus Ecclesiæ catholicæ* [Maur. I, 696] : Nihil igitur aliud est optimum hominis cui hærere beatissimum sit, nisi Deus, cui hærere certe non valemus nisi dilectione. Namque illud quod quadripartita dicitur virtus, ex ipsius amoris vario quodam affectu dicitur, ut temperantia sit amor integrum se præbens ei quod amatur, fortitudo autem amor facile tolerans omnia propter id quod amatur ; justitia, amor soli amato serviens, et propterea recte dominans ; prudentia, amor ea quibus adjuvatur ab eis quibus impeditur sagaciter seligens ; sed hunc amorem non cujuslibet, sed Dei esse diximus. Definire etiam licet, ut temperantiam dicamus esse amorem Deo se integrum incorruptumque servantem ; fortitudinem amorem omnia propter Deum facile perferentem ;

---

(81) Persii Sat. II, 16.
(82) Cous. om. *pro.*
(83) Cous. : *juncti sunt.*

(84) Cous. : *Quare se vult diligi? Non ut*, etc.
(85) Cous. : *qui.*

justitiam, amorem Deo tantum servientem, et ob hoc bene imperantem cæteris quæ homini subjecta sunt; prudentiam, amorem Dei bene discernentem ea quibus adjuvetur in Deum ab his quibus impediri potest. Quid amplius de moribus disputatur? Si enim Deus est summum bonum (quod negari non potest), sequitur quoniam summum bonum appetere est bene vivere, ut nihil sit aliud bene vivere quam toto corde Deum diligere, ut incorruptus in eo amor atque integer custodiatur (quod est temperantiæ), nullis frangatur incommodis (quod est fortitudinis), nulli alii serviat (quod est justitiæ), vigilet in discernendis rebus, ne fallacia paulatim dolusve subripiat (quod est prudentiæ). *Ex libro Prosperi Sententiarum Augustini, cap. VII*: Dilectio Dei et proximi propria et specialis virtus est piorum atque sanctorum, cum cæteræ virtutes bonis ac malis possint esse communes. *Gregorius super Ezechielem, homil. XVI*: Tres sunt virtutes, sine quibus is qui operari aliquid potest salvari non potest, videlicet fides, spes, charitas. *Idem in homil. VII Evangeliorum*: Scientia etenim virtus est; humilitas etiam custos virtutis. *Isidorus De summo bono, lib. II, cap. XXXVI*: Fides, spes, charitas summæ virtutes sunt; nam a quibus habentur, utique veraciter habentur; aliæ vero virtutes mediæ sunt, quæ et ad utilitatem et ad perniciem possunt haberi, si de eis arroganter quisque intumuerit, utputa doctrina, jejunium, castitas, scientia sive temporales divitiæ, de quibus scilicet et bene operari possumus et male. *Paulus apostolus in I Epist. ad Corinthios*: Volo autem omnes homines esse sicut meipsum : sed unusquisque proprium donum habet ex Deo; alius quidem sic, alius vero sic. Dico autem non nuptis et viduis : bonum est illis, si sic permaneant sicut et ego; quod si se non continent, nubant. *Tullius De officiis, lib. II; cap. IX*: Justitia cum sine prudentia satis habeat auctoritatis, prudentia sine justitia nihil valet ad faciendam fidem. Quo enim quisque versutior et callidior, hoc invidiosior et suspectior, detracta opinione probitatis. Quamobrem intelligentiæ justitia conjuncta, quantum volet, habebit ad faciendam fidem virium. Justitia sine prudentia multum poterit, sine justitia nil valebit prudentia. Sed ne quis sit admiratus cur, cum (86) inter omnes philosophos constet a meque ipso disputatum sæpe sit, qui unam haberet (87) omnes habere virtutes, nunc (88) ita sejungam, quasi possit quisquam (89), qui non idem prudens sit, justus esse : alia est illa cum veritas ipsa limatur in disputatione, alia cum ad omnes accommodatur oratio. Quamobrem ut vulgus, ita nos hoc loco loquimur, ut alios fortes, alios viros bonos, alios prudentes esse dicamus. Popularibus enim verbis est agendum et usitatis, cum loquimur. *Hieronymus ad Fabiolam De man-sionibus filiorum Israel*: De alia provincia ad aliam transeuntes; non enim semper uni virtuti danda est opera, sed, sicut scriptum est : Ibunt de virtute in virtutem (*Psal*. LXXXIII, 8); quia ita inter se connexæ sunt, ut qui una caruerit, omnibus careat. *Ex libro primo Dialogorum ejusdem contra Pelagium*: PELAGIUS : Nullus ergo sanctorum, quandiu in isto sæculo est, cunctas potest habere virtutes. HIERONYMUS : Nullus, quia nunc ex parte prophetamus et ex parte cognoscimus. Neque enim possunt omnino esse in hominibus, quia non est immortalis filius hominis. PELAGIUS : Et quomodo legimus, qui unam habuerit, omnes habere virtutes? HIERONYMUS : Participatione, non proprietate. Necesse est enim ut singuli excedant in quibusdam; et tamen hoc ubi scriptum sit, nescio. PELAGIUS : Ignoras hanc philosophicam esse sententiam? HIERONYMUS : Sed non apostolorum. Neque enim curæ mihi est, quid Aristoteles, sed quid Paulus doceat. *Augustinus Hieronymo de sententia Jacobi apostoli* [Maur. II, 595]: Quando dicit : Quicunque totam legem servaverit, offendat autem in uno, factus est omnium reus (*Jac*. II, 10), quomodo intelligendum est? obscero te; itane qui furtum fecerit, imo vero qui dixerit diviti : Hic sede; pauperi autem : Tu sta illic; et homicidii et adulterii et sacrilegii reus est? *Item* : Consequens videtur, nisi alio modo intelligendum ostendatur, ut qui dixerit diviti : Hic sede, et pauperi : Sta illic, huic ampliorem honorum quam illi deferens, et idololatres et blasphemus et adulter et homicida, et ne, quod longum est, cuncta commemorem, reus omnium criminum judicandus sit. Offendens quippe in uno factus est omnium reus. At enim qui unam virtutem habet, omnes habet, et qui unam non habet, nullam habet; hoc si verum est, confirmatur ista sententia. Sed ego eam exponi volo, non confirmari, qui est per seipsam apud nos omnium philosophorum auctoritatibus firmior; et illud quidem de virtutibus et vitiis si veraciter dicitur, non est consequens, ut propter hoc omnia peccata sint paria. Nam illud de inseparabilitate virtutum, et si forsitan fallor, tamen si verum, memini, omnibus philosophis placuit, qui easdem virtutes agendas (90) necessarias esse dixerint; hoc autem de parilitate peccatorum soli Stoici ausi sunt disputare contra omnem sensum generis humani. Quam eorum vanitatem in Joviniano illo, qui in hac sententia Stoicus erat, dilucidissime convicisti, et præclarissima disputatione satis evidenter apparuit non placuisse auctoribus nostris, vel ipsi potius, quæ per eos locuta est, veritati, omnia paria esse peccata. *Item* : Certe hinc persuadent, qui unam virtutem habuerit, habere omnes, et omnes deesse cui una defuerit, quod prudentia nec ignava nec injusta nec intemperans potest esse. Nam, et si aliquid horum delue-

---

(86) Cous. : *non*.
(87) Cous. : *habet*.
(88) Cous. : *nec*.

(89) Cous. : *quisque*.
(90) Cous. : *virtutes agendæ vitæ necessarias*.

rit, prudentia non erit. Porro si prudentia tamen (91) erit, et si fortis et justa et temperans sit, profecto ubi fuerit, secum habet cæteras. Sic fortitudo imprudens esse non potest vel intemperans vel injusta. Sic temperantia necesse est ut prudens, fortis et justa sit; sic justitia non est, si non sit prudens, fortis, temperans. Ita ubi vera est aliqua earum, et aliæ similiter sunt. Ubi autem aliæ desunt, vera illa non erit, etiamsi aliquo modo simul esse videatur; sunt enim, ut scis, quædam vitia (92) specie fallaci similia. *Item*: Catilina, ut de illo scripserunt qui nosse potuerunt, frigus, sitim, famem ferre poterat, eratque patiens inediæ, algoris, vigiliæ supra quam cuique credibile est; ac per hoc præditus fortitudine videbatur. Sed hæc fortitudo prudens non erat; mala enim pro bonis eligebat; temperans non erat; corruptelis enim turpissimis fœdabatur; justus non erat, nam contra patriam conjuraverat, et ideo nec fortitudo erat, sed duritia sibi, ut stultos falleret, nomen fortitudinis imponebat. Nam, si fortitudo esset, virtus esset; si autem virtus esset, a cæteris virtutibus tanquam inseparabilibus comitibus nunquam relinqueretur. Quapropter, cum quæritur etiam de vitiis, utrum similiter omnia sint ubi unum erit, aut nulla sint ubi unum non erit, laboriosum est id ostendere, propterea quod uni virtuti duo vitia opponi solent, et quod aperte contrarium est, et quod specie similitudinis adumbratur. *Item*: Cogimur fateri vitia plura esse virtutibus. Unde aliquando vitium vitio tollitur. *Item*: Virtus vero quo una ingressa fuerit, quoniam secum cæteras ducit, profecto vitia cedunt, quæcunque inerant. Hæc utrum ita se habeant, diligentius inquirendum est; non enim et ista divina sententia est qua dicitur: qui unam virtutem habuerit, omnes habet, eique nullam esse, cui una defuerit. Ego vero nescio quemadmodum dicam, non dico virum, a quo denominata dicitur virtus, sed etiam mulierem, quæ viro suo servat tori fidem, si hoc faciat propter præceptum Dei, et quæ (93) primitus sit fidelis, non habere pudicitiam, aut pudicitiam nullam vel parvam esse virtutem; sic et maritum qui hoc idem servat uxori. Et tamen sunt plurimi tales quorum sine aliquo peccato esse neminem dixerim, et utique illud qualecunque peccatum ex aliquo vitio venit. Unde pudicitia conjugalis in viris feminisque religiosis, cum procul dubio virtus sit, non tamen secum habet omnes virtutes; nam, si omnes ibi essent, nullum esset vitium, nullum omnino. peccatum, Quis ergo sine aliquo vitio, id est fomite quodam vel quasi radice peccati, cum clamet qui supra pectus Domini recumbebat (*I Joan.* i, 8): *Si dixerimus quia peccatum non habemus, nos ipsos seducimus*, etc. *Item*: Scriptum est (*Jac.* iii, 2): *In multis offendimus omnes*. *Item*: Charitas de corde puro et conscientia bona et fide non ficta magna et vera virtus est, quæ ipsa est finis præcepti, merito dicta fortis sicut mors, quia sicut mors avellit a sensibus carnis animam, sic charitas a concupiscentiis carnalibus. *Item*: An forte quia plenitudo legis charitas est, qua Deus proximusque diligitur, in quibus præceptis charitatis tota lex pendet et prophetæ, merito fit reus omnium, qui contra illam facit in qua pendent omnia? Nemo autem facit peccatum nisi adversus illam faciendo. Quare non adulterabis, non homicidium facies, et si quod est aliud mandatum, in hoc sermone recapitulatur: Diliges proximum tuum sicut teipsum. Dilectio proximi malum non operatur. Reus itaque fit omnium faciendo contra eam in qua pendent omnia. *Origenes super Epistolam Pauli ad Romanos, lib. VIII*: Habent enim zelum Dei, sed non secundum conscientiam. Similiter potest dicere Apostolus de aliis, quod timorem Dei habeant, sed non secundum conscientiam, (94), et de aliis quia charitatem Dei habeant, sed non secundum conscientiam; si enim habeat quis affectum erga Deum, ignoret autem, quia charitas patiens debet esse, benigna, etc.; hæc et his similia si in charitate non habeat, sed in solo affectu diligat Deum, competenter et ad ipsum dicitur, quia charitatem Dei habeat, sed non secundum conscientiam.

CXXXVIII.

Quod charitas semel habita nunquam amittatur, et contra.

Salomon in Proverbiis, cap. XVII: Omni tempore diligit qui amicus est, et frater in angustiis comprobatur. *Item in Cantico canticorum* (viii, 7): Aquæ multæ non potuerunt (95) exstinguere charitatem, nec flumina obruent illam. *Paulus apostolus in Epistola ad Romanos* (viii, 55): Quis nos separabit a charitate Dei (96)? tribulatio an angustia? etc. *Idem in Epistola I ad Corinthios* (xiii, 8): Charitas nunquam excidit, sive prophetiæ evacuabuntur, sive linguæ cessabunt, sive scientia destruetur. *Hieronymus super Epistolam ad Corinthios*: Charitas nunquam excidit, hoc est ipsa illa sola permanet in futuro, aut certe quæ vera est non finitur. *Idem ad Heliodorum*: Charitas nunquam excidit; hæc vivit semper in pectore. *Idem ad Rufinum*: Amicitia, quæ desinere potest, vera nunquam fuit. In amico non res quæritur, sed voluntas. Amicitia quæ finiri potest, nunquam vera fuit; magis enim in insidiis nostrorum periclitamur quam aliorum. Unde dicitur (*Psal.* xl, 10): *Etenim homo pacis meæ*, in quo, etc. Nonnulli altioribus gradibus dediti mutant mores, et quos conglutinatos habebant, postquam ad culmen honoris perveniunt, amicos habere despiciunt. Amicitia enim vera nulla vi excluditur et nullo tempore aboletur, et, ubicunque se vertit tempus, illa firma perdurat, quia ve-

(91) Cous.: *tum.*
(92) Cous.: *initia.*
(93) Maur.: *eique.*

(94) Cous.: *scientiam.*
(95) Cous.: *poterunt.*
(96) Vulg.: *Christi.*

raciter diligit amicum ; quantaslibet ab eo patiatur injurias, nullatenus ab amore ejus avertitur. *Omni tempore diligit qui amicus est, et frater in angustiis comprobatur* (97). *Augustinus super psalmum XXI* : Amate, sed quid ametis videte. Amor Dei, amor proximi charitas dicitur; amor hujus sæculi, cupiditas. *Idem lib. IV, De doctrina Christiana* : Charitatem voco motum animi ad fruendum Deo propter ipsum, et se atque proximo propter Deum ; cupiditatem autem, motum animi ad fruendum se et proximo et quolibet corpore, non propter Deum. *Idem in lib. Quæstion. LXXXIII, cap. XXXVII* : Nihil aliud est amare quam propter semetipsum rem aliquam appetere. *Item* : Amor rerum amandarum charitas vel dilectio melius dicitur. *Item, cap. XXXVIII* : Est autem cupiditas adipiscendi aut obtinendi temporalia. *Idem super illum versiculum (Psal.* LIII, 8) : *Voluntarie sacrificabo tibi*, etc. Quid offeram nisi quod ait (*Psal.* XLIX, 23) : *Sacrificium laudis honorificabit me.* Quare voluntarie ? quia gratis amo quod laudo. Gratuitum sit quod amatur et quod laudatur. Quid est gratuitum? ipse propter se, non propter aliud. Si enim laudas Deum, ut det tibi aliquid, jam non gratis amas Deum. Erubesce; si te uxor tua propter divitias amaret, et forte tibi paupertas accideret, de adulterio cogitaret. Cum ergo te a conjuge gratis amari vis, tu Deum propter aliud amabis , quod præmium accepturus es a Deo, o avare? Non tibi terram, sed semetipsum servat, qui fecit cœlum et terram. *Voluntarie sacrificabo tibi* ; noli ex necessitate. Si enim propter aliud laudas, ex necessitate laudas; si adesset tibi quod amas, non laudares. Laudas, verbi gratia, ut tibi det pecuniam; si haberes aliunde, nunquid laudares ? Si igitur propter pecuniam laudas, non voluntarie sacrificas, sed ex necessitate, quia præter illum nescio quid aliud amas. Contemne omnia, ipsum attende, et hæc quæ dedit propter dantem bona sunt. Nam dat prorsus ista temporalia, et quibusdam bono eorum, quibusdam malo eorum, secundum altam profunditatem judiciorum suorum. Ipsum autem gratis dilige, quia melius ab eo non invenis quod det quam seipsum, aut, si invenis melius, hoc pete. *Voluntarie sacrificabo tibi,* quia gratis. *Et confitebor nomini tuo, Domine*, etc. ; nihil aliud nisi quia bonum est. Numquid ait, quia das mihi aurum? *Idem De moribus Ecclesiæ contra Manichæos* : Bonorum summa nobis Deus est, Deus nobis est summum bonum. Neque enim infra remanendum nobis est, neque ultra quærendum ; alterum enim periculosum, et alterum nullum. *Item* : Sicut scriptum est (*Rom.* VIII, 36) : *Quia propter te afficimur tota die.* Charitas non potuit signari expressius, quoniam id dictum est propter te: *Idem De disciplina ecclesiastica tractans* : Habe charitatem, et fac quidquid vis. *Idem super Epistolam Joannis, sermone II* : Dilectio sola discernit inter filios Dei et filios diaboli. *Item* : Non discernuntur filii Dei a filiis diaboli, nisi charitate. *Idem sermone VI* : Habere baptismum et malus esse potest; habere prophetiam et malus esse potest ; accipere sacramentum corporis et sanguinis Domini et malus esse potest; habere autem charitatem et malus esse non potest. Quid ipse spiritus interpellat pro sanctis, nisi ipsa charitas, qua in te per Spiritum facta est? Ideo dicit idem Apostolus (*Rom.* V, 5) : *Charitas Dei diffusa est in cordibus nostris per Spiritum sanctum. Tullius in secundo Rhetoricæ* : Amicitia est voluntas erga aliquem, bonarum rerum illius ipsius causa, quem diligit, cum ejus pari voluntate. *Idem in libro De amicitia* : Præstat amicitia propinquitate, quod ex propinquitate benevolentia tolli potest, ex amicitia non potest. Sublata enim benevolentia amicitiæ nomen tollitur, propinquitatis manet. Quanta autem vis amicitiæ sit, ex hoc intelligi maxime (98) potest, quod ex societate instituta generis humani, quam conciliavit ipsa natura, ita contracta est res et adducta in angustum, ut omnis charitas aut inter duos aut inter paucos jungeretur. Est enim amicitia nihil aliud nisi omnium divinarum humanarumque rerum cum benevolentia et charitate consensio. Qua quidem haud scio an, excepta sapientia, quidquam melius sit hominibus a diis immortalibus datum. *Augustinus De Trinitate lib. XIV, cap. IX* : Utrum autem etiam tunc virtutes, quibus in hac mortalitate bene vivitur, desinant esse, cum ad æterna perduxerint, nonnulla quæstio est. Quibusdam enim visum est desituras, et bonos animos sola beatos esse cognitione, hoc est contemplatione naturæ, quæ creavit omnes creaturas (99) ; cui regenti esse subditum, si justitiæ est, immortalis est omnino justitia, nec in illa beatitudine desinet, sed talis et tanta erit, ut perfectior et major esse non possit. Fortassis et aliæ tres virtutes ; prudentia sine ullo jam periculo erroris; fortitudo sine molestia tolerandorum malorum ; temperantia sine repugnatione libidinum erit in illa felicitate, ut prudentiæ sit nullum bonum Deo præponere vel æquare; fortitudinis, fortissime cohærere; temperantiæ, nullo defluxu (100) noxio delectari. Nunc autem quod agit justitia in subveniendo miseris, quod prudentia in præcavendis insidiis, quod fortitudo in perferendis molestiis, quod temperantia in coercendis delectationibus pravis non ibi erit, ubi nihil omnino mali erit. Ac per hoc ista virtutum opera, sicut fides ad quam referenda sunt, et aliam nunc faciunt Trinitatem, cum ea præsentia tenemus, aliam tunc factura sunt, cum ea non esse, sed fuisse in memoria reperiemus. *Item* : De tribus virtutibus, prudentia, fortitudine, temperantia, cum dicitur, quod desinant, nonnihil dici videtur. Justitia vero immortalis est. Tullius in hac tantum vita communi quatuor necessarias dixit esse virtutes ;

(97) Cous. om. *in angustiis comprobatur.*
(98) Cous. : om. *maxime.*

(99) Cous. : *cæteras.*
(100) Cous. : *de flexu* ; Maur. *defectu.*

nullam vero earum, cum ex hac vita migrabimus. *Item* : Regenti naturæ esse subditum, si justitiæ est, immortalis est justitia. *Idem super Genesim* : Istæ quippe virtutes, quæ nunc propter transigendam istam peregrinationem valde necessariæ sunt, nec erunt in illa vita, propter quam adipiscendam necessariæ sunt. *Idem in psalmum XXI* : *Erat tunica*, dicit evangelista, *desuper texta* (Joan. XIX, 23). Quæ est illa tunica, nisi charitas, quam nemo potest dividere? Quæ est ista charitas, nisi unitas? In ipsam sors mittitur; nemo illam dividit. Sacramenta sibi hæretici diviserunt, charitatem non, et quia dividere non potuerunt, recesserunt. Illa autem integra manet; qui habet hanc, securus est. Nemo illam movet de Ecclesia Catholica; et si foris illam incipiat habere, intus mittitur quomodo ramus olivæ a columba. *Item* : Fides gratiæ Christianæ, id est ea quæ per dilectionem operatur, posita in fundamento, neminem perire permittit. *Idem super illum locum Evangelii Joannis* : *Hæc mando vobis, ut*, etc. (Joan. XV, 7). Merito itaque magister bonus dilectionem sic sæpe commendat, tanquam sola præcipienda sit, sine qua non possunt prodesse cætera bona, et quæ non potest haberi sine cæteris bonis, quibus homo efficitur bonus. *Idem in sermone III super Epistolam Joannis* (I Joan. II, 27) : *Ut sciatis quia unctio quam accepimus ab eo permaneat in nobis* (1). Unctio invisibilis charitas illa est quæ, in quocunque fuerit, tanquam radix illi erit, quamvis ardente sole arescere non potest. Omne quod radicatum est, nutritur calore solis, non arescit. *Idem in sermone V* : Si quis paratus sit mori etiam pro fratribus, perfecta est in illo charitas. Sed nunquid mox ut nascitur, jam prorsus perfecta est? Ut perficiatur, nascitur; cum fuerit nata, nutritur; cum fuerit nutrita, roboratur; cum fuerit roborata, perficitur; cum ad perfectionem venerit, quid dicit? *Mihi vivere Christus est, et mori lucrum; optabam dissolvi et esse cum Christo* (Phil. I, 21). *Item sermone VII* : Semel ergo breve præceptum tibi præcipitur : dilige, et quod vis fac; radix sit intus dilectionis. Non potest de ista radice nisi bonum existere. *Idem sermone VIII* : Radicata est charitas, securus esto; nihil mali procedere potest; amplius non potuit dilectio commendari quam ut diceretur Deus : *Deus dilectio est, et qui manet in dilectione, in Deo manet, et Deus in eo* (I Joan. IV, 16). Habitas in Deo, ut contineris; habitat in te Deus, ut contineat, ne cadas. *Item sermone IX* : Manet in te Deus, ut te contineat; manes in Deo, ne cadas, quia de ipsa charitate Apostolus dicit : *Charitas nunquam cadit.* Quomodo cadit quem continet Deus? In hoc perfecta est dilectio Dei in nobis, ut fiduciam habeamus in die judicii. *Item* : Charissimi, etsi cor nostrum non male senserit, fiduciam habeamus ad Deum. Cor non male senserit, quia germana dilectio est in nobis, non ficta, salutem fraternam quærens, nullum emolumentum exspectans a fratre, nisi salutem ipsius. *Item* : Quisquis ergo habuerit charitatem fraternam, corque ejus interrogatum sub justo examine non ei aliud responderit quam germanam ibi esse radicem charitatis, unde boni fructus existant, habet fiduciam apud Deum. *Idem in psalmum CIII super illum locum* : *Qui tegis aquis superiora ejus*. In omnibus Scripturis super eminentissimum locum charitas obtinet; hanc nobiscum non communicant mali. Ipse enim est fons proprius bonorum, proprius sanctorum, de quo dicitur : Nemo alienus communicet tibi. Qui sunt alieni? omnes qui audient : Non novi vos. *Idem ad Julianum comitem* : Charitas, quæ deseri potest, nunquam vera fuit. *Gregorius Moralium lib. X* : Valida est dilectio ut mors, quia nimirum mentem, quam semel ceperit, a dilectione mundi funditus occidit et insensibilem contra terrores reddit. *Ex Levitico* (VI, 12) : Ignis in altari semper ardebit, quem nutriet sacerdos, subjiciens mane ligna per singulos dies. *Item* : Ignis est iste perpetuus, quia nunquam deficiet de altari. *Gregorius lib. XXV Moralium* : Altare Dei est cor nostrum, in quo necesse est ad Deum charitatis flammam indesinenter accendere, cui, ne in eo charitatis flamma deficiat, tam exempla præcedentium quam sacræ Scripturæ testimonia congerere non desistat. Quia enim interna novitas nostra ipsa quotidie hujus vitæ conversatione veterascit, ignis iste nutriendus est. *Item* : Ignis enim iste in altari Domini, id est in corde nostro, citius exstinguitur, nisi solerter adhibitis exemplis Patrum et Dominicis testimoniis reparetur. *Item* : Quia vero eadem charitas in cordibus electorum inexstinguibilis manet, apte subditur : *Ignis est iste perpetuus, qui nunquam deficiet de altari*, quia etiam post hanc vitam eorum mentibus (2) fervor charitatis accrescit, ut Deus quo magis visus fuerit, eo amplius diligatur. *Ambrosius in Apologia David* : Paulus merito gloriatur in infirmitatibus. Sciebat enim virtutis abundantia plurimos etiam sanctos sine remedio corruisse (3). *Hieronymus in Ezechielem* : Non enim ex præteritis sed ex præsentibus judicamur; cavendumque et semper timendum, ne veterem gloriam et solidam firmitatem unius horæ procella subvertat. *Responsiones Prosperi ad Rufinum, cap. III* : A sanctitate ad immunditiam, a justitia ad iniquitatem, a fide ad impietatem plerosque transire non dubium est, et tales ad prædestinationem filiorum Dei cohæredum Christi non pertinere certissimum est. *Item, cap. VII* : Ex regeneratis in Christo Jesu quosdam, relicta fide et piis moribus, apostatare a Deo et impiam vitam in sua aversione finire, multis, quod dolendum est, probatur exemplis. *Gregorius homil. XXXVIII* : Tres pater meus sorores habuit, quæ cunctæ tres sacræ virgines fuerunt. Quarum una Tharsilla, alia Gordiana, alia Emiliana dicebatur. Uno omnes ardore

(1) Cous. : *vobis*.
(2) Cous. : *viribus*.
(3) Monac. : *coarctavisse*.

conversæ, uno eodemque tempore sacratæ, sub districtione regulari degentes, in domo propria socialem vitam ducebant, etc. *Item* : Gordiana autem, oblita Dominici timoris, oblita pudoris et reverentiæ, oblita consecrationis, conductorem agrorum suorum postmodum maritum duxit. Ecce omnes tres uno prius ardore conversæ sunt, sed non in uno eodemque studio permanserunt ; quia, juxta Dominicam vocem, multi vocati, pauci vero electi. Hæc igitur dixi, ne quis in bono jam opere positus sibi vires boni operis tribuat, ne quis de propria actione confidat; quia, etsi novit hodie qualis sit, adhuc cras quid futurus sit nescit. Nemo ergo de suis jam operibus securus gaudeat (4), quando adhuc in hujus vitæ incertitudine quis se finis sequatur ignorat. *Idem in Pastorali, cap. III* : David factus est in morte viri crudeliter rigidus, quia in appetitu feminæ enerviter fluxerat; quem profecto ab electorum numero culpa longius raperet, nisi hunc ad veniam flagella revocassent. *Idem in homilia illius lectionis evangelicæ* : *Si quis diligit me, sermonem meum,* etc. *(Joan.* xiv, 23.) Ipse namque spiritus amor est, unde et Joannes dicit : *Deus charitas est.* Qui ergo mente (5) integra Deum desiderat, profecto jam habet quem amat. Neque quisquam posset Deum diligere, si eum quem diligit non haberet. Sed si ecce unusquisque vestrum requiratur an diligat Dominum, et respondet : Diligo ; in ipso autem lectionis exordio audistis quid veritas dixerit : *si quis diligit,* etc. : probatio ergo dilectionis exhibitio est operis. Hinc in Epistola sua idem Joannes dicit : *Qui dicit, quia diligo Deum, et mandata ejus non custodit, mendax est.* Vere enim diligimus, si mandata ejus servamus ; nam qui adhuc per illicita desideria defluit, profecto Deum non amat, quia ei in sua voluntate contradicit. *Item* : Nunquam amor Dei est otiosus; operatur etenim magna, si est; si vero operari renuit, amor non est. *Idem Moralium XXIX* : Multos enim videmus quotidie, quia justitiæ luce resplendeant, et tamen ad finem suum nequitiæ obscuritate teneantur. *Item* : Quis discernat vel quis perduret in malo, vel quis perseveret in bono vel quis ab infimis ad summa convertatur, vel quis a summis revertatur ad infima ? Latro de patibulo transivit ad regnum. Judas de apostolatus gloria est lapsus in tartarum. *De usu nominum, cap. LXXXI* : *Non accipies personam nec munera, quia munera excæcant oculos sapientium et mutant verba justorum (Deut.* xvi, 19). *Augustinus super Epistolam Joannis, sermone II* : Qui habent charitatem, nati sunt ex Deo ; qui non habent, non sunt ex Deo. Quidquid vis, habe ; hoc solum nisi habeas, nihil tibi prodest ; alia si non habeas, hoc habe, et implesti legem. *Qui enim diligit alterum, legem implevit (Rom.* xiii, 8), ait Apostolus, et *plenitudo legis charitas (ibid.,* 10). *Idem in lib. De charitate, super hoc caput* : Omnis qui natus est ex Deo, non facit peccatum, quia semen ejus in ipso manet, et non potest peccare, quia ex Deo natus est. Fortasse secundum quoddam dixit peccatum, non secundum omne, et tale peccatum est illud, ut, si quis hoc admiserit, confirmet cætera; si non admiserit, solvat cætera. Quid est hoc peccatum ? facere contra mandatum. Quid est mandatum ? *Mandatum novum do vobis (Joan.* xiii, 34). *Isidorus De summo bono, lib. II, cap. III* : Dilectio Dei morti comparatur, dicente Salomone : *Valida est ut mors dilectio (Cant.* viii, 6) ; quia, sicut mors violenter separat animam a corpore, ita dilectio Dei segregat hominem a mundano et carnali amore. Qui præcepta Dei contemnit, Deum non diligit ; neque enim regem diligimus, si odio legem ejus habeamus. *Ex Evangelio* : Ipse enim Pater amat vos, quia vos me amastis. *Item* : Tu scis, Domine, quia amo te. *Item* : Si diligeretis me, gauderetis utique. *Augustinus super Joannem* : Si me quæritis, sinite hos abire, ut impleretur sermo quem dixit : quia quos dedisti mihi, non perdidi ex eis quemquam. Cur ergo, si tunc morerentur, perderet eos, nisi quia nondum sic in eum credebant, quomodo credunt quicunque non pereunt ? *Idem Quæst. veteris et novæ legis* : Etiam Maria, per quam mysterium incarnationis gestum est, in morte Domini dubitavit, ita ut in resurrectione Domini firmaretur. Omnes enim in morte Domini dubitaverunt ; et quia omnis ambiguitas resurrectione Domini recessura est, pertransire dixit gladium. *Idem in libro De correptione et gratia* : Accepi enim fidem, quæ per dilectionem operatur, sed in illa usque in finem perseverantiam non accepi. *Item* : Fides quæ per dilectionem operatur, profecto aut omnino non deficit, aut, si qui sunt quorum deficit, reparatur antequam vita ista finiatur, et deleta, quæ intercurrerat iniquitate, usque in finem perseverantia deputatur. Qui vero perseveraturi non sunt, procul dubio nec illo tempore, quo bene pieque vixerint, in istorum numero computandi sunt. *Item* : Hic si a me quæritur, cur eis Deus perseverantiam non dederit, qui eam qua Christiane viverent dilectionem dederit, me ignorare respondeo. *Item* : Mirandum est quidem multumque mirandum, quod filiis suis quibusdam Deus, quos regeneravit in Christo, quibus fidem, spem, dilectionem dedit, non dat perseverantiam, cum filiis alienis scelerum tantum dimittat atque impertita gratia faciat filios suos. *Idem in eodem* : Credendum est quosdam de filiis perditionis, non accepto dono perseverandi usque in finem vitæ in fide quæ per dilectionem operatur, incipere vivere, et aliquando fideliter ac juste vivere, et postea cadere, neque de hac vita, priusquam hoc eis contingat, auferri. *Item* : Justus si a justitia sua recesserit, et defunctus in impietate sua fuerit, in pœnas ibit, nec ei sua præterita justitia proderit. Si autem tunc mortuus esset, quando justus erat, tunc re-

---

(4) Cous. : *gaudet.*

(5) Cous. : *virtute.*

quiem invenisset. *Idem in eodem* : Fecit Deus hominem rectum ab initio humanae creaturae. Qui ex rectitudine in qua Deus eum primitus fecit, sua mala voluntate decidens, pravus effectus est. Si autem jam regeneratus et justificatus in malam vitam sua voluntate relabitur, certe iste non potest dicere : Non accepi, quod acceptam gratiam Dei suo in malum libero amisit arbitrio. *Item* : An adhuc et iste nolens corripi potest dicere : Quid ego feci, qui non accepi ? quem constat accepisse, et sua culpa, quo acceperat, amisisse ? Possum, inquit, possum omnino, quando me arguit, quod ex bona vita in mala mea voluntate lapsus sim, dicere adhuc : Quid ego feci, qui non accepi ? accepi enim fidem quae per dilectionem operatur, sed in illa usque in finem perseverantiam non accepi. *Item* : Dicit Apostolus his qui secundum propositum vocati sunt, propositum autem non suum, sed Dei, de quo alibi dicit, ut secundum electionem propositum Dei maneret. Horum fides, quae per dilectionem operatur, profecto aut omnino non deficit, aut, si quorum deficit, reparatur. Qui vero perseveraturi non sunt ac sic a fide Christiana et conversatione lapsuri sunt, ut tales eos hujus vitae finis inveniat, procul dubio nec illo tempore quo bene pieque vivunt, in istorum numero computandi sunt ; et tamen quis eos neget electos, cum credunt et baptizantur et secundum Deum vivunt ? Plane dicuntur electi a nescientibus quid futuri sunt, non ab illo qui eos novit non habere perseverantiam, quae ad beatam vitam perducit electos. *Item* : Ex nobis exierunt, sed non erant ex numero filiorum (I Joan. II, 19), Dei vox est. Joannes loquitur, quod, ubi fuissent ex nobis, permansissent utique nobiscum. Quid aliud dicitur nisi : non erant filii, etiam quando erant in professione et nomine filiorum, non quia justitiam simulaverunt, sed quia in ea non permanserunt. Neque enim ait : nam si fuissent ex nobis, veram non fictam justitiam tenuissent utique nobiscum, sed permansissent utique nobiscum. In bono illos volebat procul dubio permanere. Erant itaque in bono, sed in eo non permanserunt. *Idem De civitate* (6) *Dei* : Septenarius pro universo saepe ponitur, sicuti (*Prov.* XXIV, 16) : *Septies cadit justus et resurgit,* id est quotiescunque ceciderit, non peribit ; quod non de iniquitatibus sed de tribulationibus ad humilitatem perducentibus intelligi voluit. *Idem in homilia XI* : Princeps omnium vitiorum, dum vidit Adam ex limo terrae ad imaginem Dei formatum, pudicitia armatum, temperantia compositum, charitate splendidum, invidus hoc terrenum hominem accepisse, quod ipse, dum esset angelus, per superbiam perdidisset, primos parentes illis donis ac tantis bonis exspoliavit pariter (7) et peremit ; nam cum homini abstulisset fidem, pudicitiam, continentiam, suo dominio subjugavit. *Item* : Amissa temperantia intemperans effectus est ; perdita charitate malus inventus est. *Idem in libro De fide ad Petrum*, cum de spiritibus humanis loqueretur, ait : Cum ipsi in corporibus sint, non particulatim sunt ; sed sicut in totis corporibus toti, sic in eorumdem corporum partibus sunt toti. Tamen cogitationum varietas diversitatem in eis temporalis mutationis ostendit, dum modo aliquid nesciunt, modo sciunt, modo volunt, modo nolunt, modo sapiunt, modo desipiunt, modo iniqui ex justis, modo justi sunt ex iniquis, modo pietatis illustrantur lumine, modo depravantur tenebroso in pietatis errore. *Hieronymus ad Rusticum* : Justitia justi non liberabit eum, in quacunque die peccaverit ; et iniquitas iniqui non nocebit ei, quacunque die conversus fuerit. Unumquemque judicat sicut invenerit, nec praeterita considerat, sed praesentia, si tantum crimina vetera novella conversione mutentur. *Gregorius in homiliis De angelis* : Per prophetam Dominus dicit, quia, quacunque die justus peccaverit, omnes justitiae ejus in oblivione erunt coram me (*Ezech.* XXXIII, 13) ; justus es, iram pertimesce, ne corruas. *Idem Moral. lib. VIII* : Homo conditus, in eo quod ab ingenita standi soliditate voluntatis pedem ad culpam movit, ea dilectione Conditoris in semetipso protinus cecidit.

CXXXIX.

Quod bonam voluntatem nostram gratia Dei praecedat (8), *et contra.*

Chrysostomus in Epistola Pauli ad Hebraeos, sermone XII : Si enim voluerimus stare firmi et immobiles, non commovebimur. Quid ergo ? nihil Dei est ? Omnia quidem Dei sunt, sed non ita ut liberum arbitrium laedatur. Si ergo Dei sunt, inquit, omnia, quid nos culpat (9) ? Propterea dixi, ut liberum arbitrium nostrum non laedatur ; oportet quippe nos eligere primum quae bona sunt ; et tunc ipse quae ab ipso sunt introducit. Non antecedit nostras voluntates, ne laedatur nostrum arbitrium ; cum (10) nos elegerimus, multam introducit tunc auxiliationem. Quomodo, inquit Paulus, *neque volentis neque currentis, sed miserentis est Dei ?* (*Rom.* IX, 16.) Primum quidem non sicut propriam sententiam introduxit, sed veluti ex his quae proposita erant hoc collegit. Dixit enim, *Scriptum est* : *Miserebor cui miserebor* (ibid., 15). Est igitur neque volentis neque currentis, sed miserentis. Secundum autem illud dicendum est, quia cujus est amplius, totum ejus esse dixit. Nostrum enim eligere tantum est et velle ; Dei autem efficere et ad perfectionem perducere ; quia ergo illius est amplius, ejus dixit esse universum ; verbi gratia : videmus domum aedificatam et dicimus quia totum artificis est, et tamen non omne opus ejus est, sed etiam operariorum et ejus qui materiam tribuit. Item, in multitudine ubi plurimi sunt, omnes esse dicimus ; ubi

---

(6) Cous. : *Trinitate Dei.* Cf. Maur. VII, 297.
(7) Cous. : om. *pariter.*
(8) Cous. : *non praecedat.*

(9) Cous. : *culpamur.*
(10) Cous. : *si enim nos bonum elegerimus,* etc.

pauci, nullum. Veritas dicit : *Non vos me elegistis, sed*, etc. *(Joan.* xv, 16.) *Augustinus ad Julianum* : Nec sane parvus est error illorum qui putant ex nobis ipsis nos habere si quid justitiæ in nobis est, scilicet definientes tantummodo esse Dei gratiam et adjutorium, ut juste vivamus. Ad habendam vero bonam voluntatem, ubi est hoc ipsum quod juste vivimus, nolunt nos divinitus adjuvari, sed nos ipsos dicunt arbitrio proprio nobis ad ista sufficere. Non nobis videatur error iste mediocris ; proprium quippe arbitrium nisi Dei gratia juvetur, nec ipsa bona voluntas esse in homine potest. *Deus est enim*, inquit Apostolus, *qui operatur in nobis et velle et operari pro bona voluntate (Philipp.* II, 3). *Ex decretis Cœlestini papæ* : Quod ita Deus in cordibus hominum atque in ipso libero operetur arbitrio, ut sancta cogitatio, pium consilium omnisque bonæ motus voluntatis ex Deo sit, sine quo nihil boni possumus. *Augustinus De baptismo parvulorum, lib. II.* [Maur. X, 54] : Nolunt homines facere quod justum est, sive quod latet an justum sit, sive quod non delectat. Tanto enim quidque vehementius volumus, quanto certius quam bonum sit videmus eoque delectamur ardentius. Ut autem innotescat quod latebat, et suave fiat quod non delectabat, gratia Dei est, quæ hominum adjuvat voluntates ; qua ut non adjuventur in ipsis itidem causa est, non in Deo, sive damnandi prædestinati sunt propter iniquitatem superbiæ, sive contra ipsam suam superbiam judicandi ut eruditi filii sint misericordiæ. Nullius proinde culpæ humanæ in Domini referas causam ; vitiorum namque omnium humanorum causa est superbia. Ad hanc convincendam atque auferendam Deus humilis descendit. *Item* : Tanto autem magis delectat opus bonum, quanto magis diligitur Deus, summum bonum, et auctor qualiumcunque bonorum omnium ; ut autem diligatur Deus, *charitas ejus diffusa est in cordibus nostris*, non per nos, sed *per Spiritum sanctum qui datus est nobis (Rom.* v, 5). Sed laborant homines invenire in nostra voluntate quid boni sit nostrum, quid nobis non sit ex Deo ; et quomodo inveniri possit, ignoro. Quapropter nisi obtineamus non solum voluntatis arbitrium, quod huc atque illuc liberum flectitur, sed etiam voluntatem bonam nisi ex Deo nobis esse non posse, nescio, quomodo defendamus quod dictum est *(I Cor.* IV, 7) : *Quid enim habes, quod non accepisti ?* Nam si nobis libera quædam voluntas ex Deo est, quæ adhuc potest esse vel bona vel mala, bona vero voluntas ex nobis est, melius est quod a nobis quam quod ab illo est. *Idem in Enchiridio* [Maur. VI, 208] : Ne quisquam, etsi non de operibus, de ipso glorietur libero voluntatis arbitrio, tanquam ab ipso incipiat meritum, audiat eumdem gratiæ præconem dicentem *(Philipp.* II, 13) : *Deus est enim qui operatur in nobis et velle et operari pro bona voluntate ;* præcedit enim bona voluntas hominis multa Dei dona, sed non omnia ; quæ autem non præcedit ipsa, in eis est et ipsa ; nam utrumque legitur : *Et misericordia ejus præveniet me (Psal.* LVIII ; 11). *Et misericordia ejus subsequetur me (Psal.* XXII, 6) ; nolentem prævenit, ut velit, volentem subsequitur, ne frustra velit. *Idem De correptione et gratia* : Gratia vero Dei semper est bona ; et per hanc fit, ut sit homo voluntatis bonæ, qui prius fuit malæ. *Item* : Non enim homo gratiam sic suscepit, ut propriam perdat voluntatem ; tamen ne ipsa voluntas sine gratia Dei putetur boni aliquid posse, subjecit : *Non ego autem, sed gratia Dei mecum (I Cor.* xv, 10), id est, non solus ac per hoc nec gratia Dei sola nec ipse solus.

CXL.

Quod legis præcepta non perfecta sunt sicut sunt Evangelii, et contra (11).

Ex Evangelio secundum Matthæum [v, 20] : Nisi abundaverit justitia vestra, etc. *Item : Audistis, quia dictum est antiquis*, etc. *Paulus in Epistola ad Hæbreos* [VII, 18] : Reprobatio fit præcedentis mandati propter infirmitatem ejus et inutilitatem ; nihil enim ad perfectum adduxit lex ; introductio vero melioris spei, per quam proximamus ad Deum. *Ex Evangelio secundum Lucam* [x, 25] : Magister, quid faciendo vitam æternam possidebo ? At ille dixit : In lege quid scriptum est ? quomodo legis ? Ille respondit : Diliges Dominum Deum tuum, etc., et proximum sicut teipsum. Dixitque illi : Recte respondisti ; hoc fac et vives. *Paulus in Epistola ad Romanos* [XIII, 8] : Qui enim diligit proximum, legem implevit. Nam : Non adulterabis, etc., et si quid est aliud mandatum, etc. Plenitudo ergo legis est dilectio.

CXLI.

Quod opera misericordiæ non prosint infidelibus, et contra.

Augustinus De trinitate, lib. XII : Opera misericordiæ nihil prosunt paganis sive Judæis sive hæreticis sive schismaticis. *Idem in libro Sententiarum Prosperi* : Omnis infidelium vita peccatum est, et nihil est bonum sine summo bono. Ubi enim deest agnitio æternæ et incommutabilis veritatis, falsa virtus est etiam in optimis moribus. *Idem De tractatu XX Evangelii secundum Joannem* : Sunt opera quæ videntur bona sine fide Christi, et non sunt bona, quia non referuntur ad eum finem ex quo sunt bona ; finis enim legis Christus ad justitiam omni credenti. Ideo noluit discernere ab opere fidem, sed ipsam fidem dixit esse opus. Ipsa est enim fides, quæ per dilectionem operatur, nec dixit : hoc est opus vestrum, sed *Hoc est opus Dei, ut credatis in eum quem misit ille (Joan.* VI, 29), ut qui gloriatur, in Domino glorietur (I Cor. I, 31). *Hieronymus in secundo contra Jovinianum* : Cornelius centurio ut Spiritum sanctum acciperet ante ba-

---

(11) Quæstiones CXL-CXLIII, quæ in cod. Monac. desunt, ex Cous. edit. transscripsimus.

ptisma, eleemosynis meruit crebrisque jejuniis. *Idem ad Heliodorum*: Non facit ecclesiastica dignitas Christianum : Cornelius centurio, adhuc ethnicus, dono Spiritus sancti mundatur. *Gregorius in extrema parte Ezechielis, homil. VII*: Non enim virtutibus ad fidem, sed fide pertingitur ad virtutes. Cornelius enim centurio, cujus eleemosynæ ante baptismum, angelo teste, laudatæ sunt, non operibus venit ad fidem, sed fide venit ad opera. Nam ei per angelum dicitur: *Orationes tuæ et eleemosynæ ascenderunt in conspectum Dei* (Act. x, 4). Si enim Deo vero et ante baptisma non crediderat, quem orabat, vel quomodo hunc Deus exaudierat, si non ab ipso se in bonis perfici petebat? sciebat ergo creatorem omnium Deum, sed quia ejus Filius incarnatus erat, ignorabat. Non enim poterat agere bona, nisi ante credidisset. Scriptum namque est: *Sine fide impossibile est placere Deo*; fidem ergo habuerit, cujus orationes et eleemosynæ placere Deo poterant. Bona autem actione promeruit, ut Deum perfecte cognosceret et incarnationis ejus mysterium crederet, quatenus ad sacramenta baptismatis perveniret. Per fidem ergo venit ad opera; sed opere est solidatus in fide. *Joannes Chrysostomus super Matthæum*: Audi mysterium, quod Petrus apud Clementem exposuit: Si fidelis fecerit opus bonum, et hoc ei prodest, liberans eum a malis et in illo sæculo ad percipiendum regnum cœleste. Si autem infidelis fecerit opus bonum, hoc ei prodest opus ipsius, et hoc ei reddit Deus pro opere suo. In illo autem sæculo nihil ei prodest opus ipsius. Nec enim collocatur inter cæteros fideles propter opus suum, et juste, quia naturali bono motus fecit opus bonum, non propter Deum. Ideo in corpus suum recepit mercedem corporis, non in anima sua. *Evangel. Lucæ* (xvii, 7): Quis vestrum habens servum arantem aut pascentem, qui regresso de agro dicat illi: Statim transi, recumbe; et non dicat ei: Para, quod cœnem, et præcinge te, et ministra mihi, donec manducem et bibam, et post hæc tu manducabis et bibes? Nunquid gratiam habet servo illi, quia fecit quæ ei imperaverat? Non puto. Sic et vos, cum feceritis omnia quæ præcepta sunt vobis, dicite: Servi inutiles sumus; quod debuimus facere fecimus.

CXLII.

Quod opera sanctorum non justificent hominem, et contra.

Paulus apostolus in Epistola ad Romanos (iii, 26): Ut sit ipse justus et justificans eum qui ex fide est Jesu Christi. Ubi est ergo gloriatio tua? exclusa est; per quam legem? factorum? Non; sed per legem fidei. Arbitramur enim hominem justificari per fidem sine operibus legis. *Item* (iv, 2): Si enim Abraham ex operibus legis justificatus est, habet gloriam, sed non apud Deum. Quid enim dicit Scriptura? Credidit Abraham Deo, et reputatum est ei ad justitiam; ei autem qui operatur, merces non imputatur secundum gratiam, sed secundum debitum; ei vero qui non operatur, credenti autem in eum, qui justificat impium, deputatur fides ejus ad justitiam secundum propositum gratiæ Dei. *Idem post aliqua* (xiii, 8): Nemini quidquam debeatis, nisi ut invicem diligatis; qui enim diligit proximum, legem implevit. Nam: Non adulterabis, non occides, non furtum facies, non falsum testimonium dices, non concupisces, et si quid est aliud mandatum, in hoc verbo instauratur: Diliges proximum tuum sicut teipsum; dilectio proximi malum non operatur. Plenitudo ergo legis est dilectio. *Item* (x, 10): Corde creditur ad justitiam, ore autem confessio fit ad salutem. *Ambrosius super eamdem Epistolam*: Sine pœnitentia enim sunt dona et vocatio Dei; verum est, quod gratia Dei non quærit gemitum aut planctum aut opus aliquid, nisi solam cordis confessionem. *Veritas* (Luc. xi, 41): Date eleemosynam, et omnia munda sunt vobis. *Joannes Chrysostomus super Matthæum*: Voluntas apud Deum remuneratur, non opus, quia voluntas ex arbitrio nostro procedit, opus autem per Dei gratiam consummatur. *Augustinus in sermone primæ Dominicæ Quadragesimæ*: Sed cum de eleemosynis loquimur, non conturbetur angusta paupertas; omnia enim complevit qui quidquid potuit fecit, quia voluntas perfecta faciendi reputabitur pro opere facti. Sed hoc ille implere potuit, qui omnem pauperem quasi se ipsum considerare voluerit, si ipse in tali necessitate esset. Hoc qui fecerit, Novi et Veteris Testamenti præcepta complevit, implens illud evangelicum (*Matth.* vii, 12): *Omnia quæ vultis ut faciant vobis homines, et vos facite illis*. *Idem super psalmum XXXI*: Apostolus, cum commendaret justitiam quæ ex fide est adversus eos qui gloriantur de justitia quæ est ex operibus, ait: *Si enim Abraham ex operibus justificatus est, habet gloriam, sed non ex Deo* (Rom. iv, 2). Invenis multos paganos propterea nolle fieri Christianos, quia quasi sufficiunt sibi de bona vita sua. *Item*. Unde dicit Scriptura justificatum Abraham? credidit Abraham Deo, et reputatum est ei ad justitiam. Vides ergo, quia ex fide, non ex operibus justificatus est. Faciam ergo quidquid voluero, quia, etsi bona opera non habuero et tamen credidero in Deum, deputatur mihi ad justitiam. Respondeo ego, tanquam contra Apostolum de ipso Abraham, quod invenimus in Epistola alterius apostoli, qui volebat corrigere homines qui male intellexerant istum apostolum. Jacobus enim, contra eos qui nolebant bene operari de sola fide præsumentes, ipsius Abrahæ opera commendavit, cujus Paulus fidem prætulit: dicit autem operibus omnibus notum: Abraham filium suum immolandum Deo obtulit. Laudo fructum boni operis, sed in fide agnosco radicem; si autem hoc præter rectam fidem faceret, nihil illi prodesset qualecunque opus esset. *Idem ad Armentarium et Paulinam* (12) : Justa vero vita, cum volumus, adest, quia eam ipsam plene velle justitia est, nec plus aliquid faciendo justitia quam perfectam voluntatem requirit. Vide, si labor est, ubi velle satis est. Unde dictum est (*Luc.* II, 14) : *Pax in terra hominibus bonæ voluntatis.* Ubi pax, ibi requies; ubi requies, ibi finis appetendi et nulla causa laborandi. *Idem ad Deogratias presbyterum* (*Maur.* II, 282) : *De eo quod scriptum est, in qua mensura mensi* (*Matt.* VII, 2). Unde hoc dixit Christus Paulo, superius satis elucet; *Nolite*, inquit, *judicare et non judicabimini; in quo enim judicaveritis judicio, judicabimini.* Nunquid si iniquo judicio judicabunt, iniquo judicabuntur? Absit ! sed ita dictum est tanquam si diceretur : in qua voluntate bene feceritis vel male, in ipsa liberabimini vel puniemini. In voluntate quippe propria metietur bonus homo bona facta, et in ea metietur ei beatitudo. Itemque in voluntate propria metietur malus homo mala opera sua, et in eadem metietur ei miseria ; quoniam ubi unusquisque bonus est, cum bene vult, ibi etiam malus, cum male vult ; ac per hoc ibi etiam fit vel beatus vel miser, hoc est in ipso suæ voluntatis affectu, quæ omnium factorum meritorumque mensura est. Ex qualitatibus quippe voluntatum, non ex temporum spatiis, sive recte facta sive peccata metiuntur; in eadem igitur mensura, quamvis non æternorum malefactorum æterna supplicia remetiuntur, ut qui æternam voluit habere peccati perfruitionem, æternam inveniat in vindicatione severitatem. *In libro XX De civitate Dei : In cogitationibus enim, sicut scriptum est, impii interrogatio erit* (*Sap.* I, 9). Et Apostolus (*Rom.* II, 15) : *Cogitationibus*, inquit, *accusantibus vel etiam excusantibus in die qua Deus judicabit occulta hominum.* Idem in *psalmum CXVIII* : Omnia opera vel bona vel mala a cogitatione procedunt. In cogitatione quisque innocens, in cogitatione reus est; propterea quod scriptum est : *Cogitatio sancta servabit te.* Et alibi : *In cogitationibus impii interrogatio erit.* Et Apostolus *cogitationibus*, ait, *accusantibus*, etc. *Idem in Epistolam Joannis, sermone X* : Fides sine operibus non salvat. Opus autem fidei ipsa dilectio est, dicente apostolo (*Gal.* V, 6) : *Est fides, quæ per dilectionem operatur.* *Ambrosius De pœnitentia, lib. I* : Habet, qui credit, suam gratiam ; habet alteram, si fides ejus passionibus coronetur. Neque enim priusquam pateretur Petrus sine gratia fuit; sed ubi passus est, acquisivit alteram. *Hieronymus ad Paulinum* : Paulus novissimus in ordine, primus in meritis est, quia plus omnibus laboravit.

(12) Cous. h. l. adnotat. : Abhinc usque ad *Ambrosius De pœnitentia* loci, qui laudantur in Abrinc., desunt in Turon., pro quibus hos habet Turon., quos rursus Abrinc. omittit : *In Evangelio* : Facite fructus dignos pœnitentiæ, etc. *Item* : Quid faciendo vitam æternam possidebo? Dicit illi Jesus : Serva mandata. *Item* : Qui reliquit patrem aut matrem aut sororem aut fratrem aut filium propter me, cen-

CXLIII.

Quod peccatum actus sit, non res, et contra.

Augustinus ad Eutropium et Jacobum, episcopos, contra objectiones Cœlestii de perfectione justitiæ hominis : Quærendum est quid est peccatum. Actus an res? Si res est, ut auctorem habeat necesse est; et si auctorem habere dicitur, jam alter, præter Deum, rei alicujus auctor induci videbitur. Respondebimus peccatum quidem dici et esse actum, non rem. Sed etiam in corpore claudicatio eadem ratione actus est, non res, quoniam res pes ipse vel corpus vel homo est, qui pede vitiato claudicat. *Item* : Ipsum sane vitium, quo claudicat homo, nec pes est, nec corpus, nec ipsa claudicatio, quæ utique non est, quando non ambulat, cum tamen insit vitium, quo claudicatio fit, quando ambulat. Quærat ergo, quod ei vitio nomen imponat, utrum rem velit dicere an actum, an rei potius qualitatem malam, qua deformis actus existat. Sic et in interiore homine animus res est, rapina actus, avaritia vitium est, id est qualitas secundum quam malus est animus, etiam quando nihil agit. *Item* : Miror, quia ausus est ponere testimonium, ubi dictum est (*Job.* I, 1) : abstinens se ab omni re mala, cum hoc ab omni peccato vellet intelligi, et superius dixerit peccatum actum esse, non rem. Reminiscatur ergo, quod, [etiam] si actus sit, res potest dici. *Idem De natura et gratia* : Audis confitentem, quid desideras disputantem? *Sana*, inquit, *animam meam* (*Psal.* XL, 10). Ab illo quære, unde vitiatum sit quod sanari rogat. Et audi quod sequitur : quomodo peccavi tibi? hunc iste interrogat : O tu qui clamas : sana animam meam; quomodo peccavi tibi ? quid est peccatum? Substantia aliqua aut omnino substantia carens nomen, quo non res, non existentia, non corpus aliquid, sed tantum perperam facti actus exprimitur? Respondet ille : Ita est ut dicis ; non est peccatum aliqua substantia, sed tantum hoc nomine perperam facti actus exprimitur. Contra iste : Quomodo potuit violare animam tuam quod substantia caret? Nonne attenditur, ut alia omittam, etiam non manducare non esse substantiam? A substantia quippe recedit, quoniam cibus substantia est; sed abstinere a cibo non est substantia ; et tamen substantia corporis, si omnino abstinetur a cibo, ita languescit, debilitatur ac frangitur, ut, si aliquomodo perduret in vita, vix possit ad eumdem cibum revocari ; imo abstinendo vitiata est. Sic non est substantia peccatum ; sed substantia est Deus summa, a quo per inobedientiam recedendo audis quemadmodum dicat : *Percussus*

tuplum accipiet in hoc sæculo et insuper vitam æternam possidebit. *Paulus apost. in Epistola ad Romanos* : Corde creditur ad justitiam, ore confessio fit ad salutem. *Idem in eadem* : Qui reddit unicuique secundum opera sua. *Idem ad Corinthios* : Unusquisque autem propriam mercedem accipiet secundum suum laborem. *Veritas in Evangelio* : Date eleemosynam, et omnia sunt munda vobis.

sum, etc. (Psal. ci, 5). Seneca in proverbiis suis: Omne peccatum actio est; omnis autem actio voluntaria est, tam honesta quam turpis; omne ergo peccatum voluntarium est. Omitte excusationem; nemo peccat invitus. *Ex scriptis Hieronymi, sententiæ ipsius viduales vel monachiles*: Duo sunt genera peccatorum: alterum quod ex proposito, alterum quod ex negligentia pendet. *Item*: Plerique metu, non innocentia cessant. Hi enim timidi, non innocentes sunt. *Augustinus ad Orosium in libro per dialogum*: Unde malum? Discernendum est quid est malefacere. *Item*: Fortassis ergo libido in adulterio malum est. Nam ut intelligas libidinem in adulterio malum esse, si cui etiam non contingat facultas concumbendi cum uxore aliena, planum tamen aliquo modo sit eum id cupere, et, si potestas daretur, facturum esse, non minus reus est quam si in ipso facto deprehenderetur. Orosius: Nihil est omnino manifestius; clarum est enim jam nihil aliud quam libidinem in toto malefaciendi genere damnari. Augustinus: Scisne istam libidinem alii nomine cupiditatem vocari? Orosius: Scio. *Idem De fide et operibus*: Si virgo nesciens viro nupserit alieno, si semper nesciat, nunquam ex hoc erit adultera. *Idem in lib: I De civitate Dei* (Maur. VII, 18): Lucretiam certe matronam nobilem veteremque Romanam pudicitiæ magnis efferunt laudibus. Hujus corpore cum violenter oppresso Tarquinii regis filius libidinose potius esset, illa scelus improbissimi juvenis marito Collatino et propinquo Bruto, viris clarissimis et fortissimis, indicavit, eosque ad vindictam constrinxit. Denique fœdi in se commissi ægra atque impatiens se peremit. Quid dicemus? adultera hæc an casta judicanda est? Egregie quidam ex hoc veraciterque declamans ait: Mirabile dictu! duo fuerunt et adulterium unus admisit. Splendide atque verissime: intuens enim in duorum corporum commistione unius inquinatissimam cupiditatem, alterius castissimam voluntatem, et non quid conjunctione membrorum, sed quid animorum diversitate ageretur, attendens: duo, inquit, fuerunt, et adulterium unus admisit. Puduit eam turpitudinis alienæ in se commissæ etsi non secum, et Romana mulier laudis avida nimium verita est, ne putaretur quod violenter est passa cum viveret, libenter passa si viveret. *Idem lib. III De doctrina Christiana*: Non præcipit Scriptura nisi charitatem, non damnat nec culpat nisi cupiditatem. Charitatem voco motum animi ad fruendum Deo propter ipsum, et se et proximo propter Deum; cupiditatem autem motum animi ad fruendum se et proximo et quolibet corpore non propter Deum. Quod autem agit indomita cupiditas ad corrumpendum animum et corpus suum, flagitium vocatur; quod autem agit, ut alteri noceat, facinus dicitur. Et hæc sunt duo genera peccatorum. *Idem super Epistolam Joannis*: Non discernuntur filii Dei a filiis diaboli, nisi cha-

ritate. *Item*: Alia si non habeas, hoc habe, et implesti legem. *Idem De bono conjugali*: Continentia non corporis sed animi virtus est: Virtutes autem animi, etc. *Hieronymus adversus Helvidium*: Quæ non est nupta cogitat quæ Domini sunt, ut sit sancta spiritu et corpore (I Cor. VII, 34). Virginis definitio sanctam esse corpore dicit et spiritu, quia nihil prodest carnem habere virginem, si mente quis nupserit. *Idem super Epistolam ad Romanos, lib. I*: Fieri non potest, ut, nisi quis mœchetur prius in corde, mœchari possit in corpore. *Ambrosius De lapsu virginis consecratæ*: Revera non potest caro corrumpi ante, nisi mens fuerit prius corrupta. *Augustinus super Epistolam Joannis*: Non quid facit homo, sed quo animo, considerandum est. In eodem facto invenimus Deum Patrem, in quo Judam; facta est traditio a Patre; facta est a Filio; facta est a Juda. Diversa intentio diversa facta fecit. Cum sit una res ex diversis intentionibus, eam si metiamur, unum amandum est, alterum damnandum. *Item*: Sola benevolentia sufficit amanti, etiamsi non sit quod præstemus. *Idem in lib. Quæst. vet. et nov. legis*: Nulla natura probatur malum; voluntas autem est. *Item, cap. III*: Aliquos scimus, subito dementes, quosdam et occidisse; captos autem et in judiciis oblatos, minime reos factos, eo quod non voluntate, sed impellente vi nescio qua hoc gesserint nescientes. Quomodo enim reus constituitur, qui nescit quid fecerit? Ita et diabolus si bonum nescit, quare damnandus censetur qui non facit quod nescit? *Item, cap. XCII*: Non omnis ignorans immunis a pœna est; hic enim qui potuit discere et non dedit operam, reum se fecit. *Isidorus in Synonymis, lib. II*: Non potest corrumpi corpus, nisi prius corruptus animus fuerit. *Item*: Munda a cogitatione animi caro non peccat. *Chrysostomus super Matthæum*: Voluntas apud Deum remuneratur, non opus; quia voluntas ex arbitrio nostro procedit, opus autem per Dei gratiam consummatur.

CXLIV.
Quod peccator sit ille tamen qui assiduus est in peccatis, et contra.

Origines in Epistola Pauli ad Romanos, lib. V: Cum dicat quia omnes peccaverunt, aliud est peccasse, aliud est peccatorem esse. Peccator dicitur qui in consuetudinem ac studium peccandi venit, sicut justus non is qui semel aut bis aliquid justitiæ fecerit, sed qui in usu et consuetudine justitiam habet. Nam si quis in cæteris fere omnibus injustus sit, semel aut bis aliquid justi operis fecerit, juste egisse dicetur (13), ita et justus peccasse quidem dicetur (14), si aliquid commiserit aliquando quod non licet, non tamen ex hoc peccator appellabitur qui peccandi usum non tenet, sicut et medicus dicitur qui usum ac studium ac disciplinam habet medendi. Omnes potest fieri ut peccaverint, etiamsi sancti fuerint,

(13) Cous.: *diceretur*.

(14) Cous.. *dicitur*.

quia nemo mundus a sorde, nec si unius diei fuerit vita ejus. *Aristoteles in tractatu Qualitatis* (*Edit. Buhle* VI, 487) : Differt autem habitus a dispositione, quod permanentior et diuturnior est. Tales vero sunt scientiæ et virtutes. Scientia enim videtur permanentium et eorum quæ difficile moventur, ut si perfecte qui vel mediocriter scientiam sumat, nisi forte grandis permutatio facta sit vel ab ægritudine vel ab aliquo hujusmodi. Similiter autem et virtus ut justitia vel castitas et singula talium non videntur facile posse moveri neque permutari. *Boetius in comment.* super hunc locum : Virtus enim (15), ubi difficile, instabilis (16) non est. Neque enim qui semel juste judicat justus est, neque qui semel adulteravit est adulter, sed cum voluntas ista cogitatioque permanserit. Aristoteles enim virtutes non putat scientias, ut Socrates. *Idem in libro Divisionum* : Ut in seipsa divisio sicut terminus convertatur. Convertitur enim terminus sic : virtus est mentis (17) habitus optimus ; rursus : habitus mentis optimus virtus est. *Idem in secundo Topicorum* : Sit quæstio, an virtus mentis bene constitutæ sit habitus. Quæstio de definitione, etc. *Ambrosius De pœnitentia, lib. I* : Et Dominus quidem venit ad peccatorem, cum peccatum ipse non haberet, et baptizari voluit, cui mundari necesse non erat. *Augustinus super Joannem* (VIII, 35) : Servus autem non manet in domo in æternum. Aliud est peccare, aliud esse servum peccati ; nemo enim potest non esse peccator ; peccator in peccato, hoc est servum esse peccati. *Idem ad Paulinum* : Quæritur utrum debeat homo sine peccato esse. Si debet, et potest, quia si non potest, non debet ; et si non debet esse sine peccato, debet esse cum peccato, et jam peccatum non erit. Quod si absurdum est, confiteri necesse est hominem debere esse sine peccato ; et constat illum non aliud debere quam potest. Item per arbitrii libertatem factum est, ut esset homo cum peccato, sed jam pœnalis vitiositas subsecuta ex libertate fecit necessitatem ; unde et ad Dominum vitiositas (18) clamat : *De necessitatibus educ me, Domine* (*Psal.* XXIV, 17). *Idem in sermone I Epistol. Joannis* : Non potest homo, quandiu carnem portat, non habere vel levia peccata. Sed ista levia nolite contemnere ; levia multa faciunt unum grande. Multæ guttæ implent flumen.

CXLV

Quod aliquando peccamus nolentes, et contra.

Paulus apostolus in Epistola ad Romanos (VII, 15) : Non enim quod volo bonum, hoc ago ; sed quod odi malum, hoc facio. Si autem quod nolo, illud facio, consentio legi, quoniam bona est, etc. *Isidorus De summo bono, lib. II, cap. XXII* : Plerique non voluntate sed sola necessitate peccant, pertimescentes temporalem inopiam et dum præsentis sæculi necessitatem refugiunt, a futuris bonis privantur. *Ex scriptis Hieronymi, sententiæ ipsius viduales vel mo-* *nachiles* : Omne peccatum actio est ; actio autem omnis voluntaria est, etc. *Augustinus De vera religione* : Nunc usque adeo peccatum voluntarium malum est, ut nullo modo sit peccatum, si non sit voluntarium ; et hoc quidem ita manifestum est, ut nulla hinc doctorum paucitas, nulla indoctorum turba dissentiat. Quare aut negandum est peccatum committi, aut fatendum est voluntarie committi. *Item* : Voluntarie ergo peccatur, et quoniam peccari non est dubium, nec hoc quidem dubitandum in Deo habere animas liberum voluntatis arbitrium. Tales enim servos suos meliores esse Deus judicavit, si ei servirent liberaliter ; quod nullo modo fieri posset, si non voluntate, sed necessitate servirent. Liberaliter ergo Deo serviunt, neque hoc Deo sed ipsis prodest. *Idem* hoc ipsum rursum *libro I Retractationum* commemorans et retractans ait (*Maur.* I, 20) : Usque adeo, inquam, peccatum voluntarium malum est, ut nullo modo sit peccatum, si non sit voluntarium. Potest videri falsa hæc definitio ; sed si diligenter discutiatur, invenitur verissima. Peccatum quippe illud cogitandum est, quod tantummodo peccatum est, non quod est etiam pœna peccati ; quamvis et illa quæ non immerito non voluntaria peccata dicuntur, quæ a nescientibus vel coactis perpetrantur, non omni modo possunt sine voluntate committi ; quoniam et ille qui peccat ignorans, voluntate utique peccat, quod cum faciendum non sit, putat esse faciendum. Et ille qui, concupiscente adversus spiritum carne, non ea quæ vult facit, concupiscit quidem nolens et in eo non facit quod vult ; sed si vincitur, concupiscentiæ consentit volens ; et in eo quod non facit nisi quod vult, liber est justitiæ servusque peccati. Et illud quod in parvulis dicitur originale peccatum, cum adhuc non utantur arbitrio voluntatis, non absurde vocatur etiam voluntarium, quia ex primi hominis mala voluntate contractum factum est quodammodo hæreditarium, ut nullo modo sit peccatum, si non sit voluntarium. *Idem in eodem* : Quod dixi nusquam nisi in voluntate esse peccatum, possunt Pelagiani pro se dictum putare propter parvulos, quos negant habere peccatum, quasi peccatum, quod eos ex Adam dicimus originaliter trahere, id est reatu ejus implicatos et ob hoc pœnæ innoxios detineri, usquam esse potuit nisi ex voluntate, quia voluntate commissum est, quando divini præcepti facta est transgressio ; potest etiam putari falsa ista sententia, quia dixit Apostolus (*Rom.* VII, 16) : *Si autem quod nolo, hoc facio, jam non ego operor illud, sed quod habitat in me peccatum.* Sed de quo sic est locutus Apostolus, ideo peccatum vocatur, quia peccato factum est pœna peccati, quandoquidem hoc de concupiscentia carnis dicitur, quod aperit in sequentibus dicens : *Scio quia non habitat in me, hoc est in carne mea bonum ; velle enim adjacet mihi ; perficere autem*

---

(15) Cous. : *nisi.*
(16) Cous. : *mutabilis.*

(17) Cous. : *intus.*
(18) Cous. : *fides.*

bonum, non. Perfectio quippe boni est, ut nec ipsa concupiscentia peccati sit in homine, cui quidem, quando bene vivitur, non consentit voluntas, verumtamen non perficit bonum, quia inest adhuc concupiscentia, cui repugnat voluntas. Cujus concupiscentiæ reatus in baptismate solvitur; sed infirmitas (19) manet; cui qui bene proficit reluctatur. Peccatum autem quod nusquam est nisi in voluntate, illud præcipue intelligendum est, quod justa damnatio consecuta est. Hoc enim per unum hominem intravit in mundum, quanquam et hoc peccatum, quo consentitur peccati concupiscentiæ, non nisi voluntate committitur. Propter hoc et alio loco dixi : Non igitur nisi voluntate peccatur. *Item* : Voluntatem definivi dicens : Voluntas est animi motus cogente nullo ad aliquid vel non admittendum vel adipiscendum. Quod dictum est sic ut ad illos referretur intentio, qui primi in paradiso fecerunt humano generi originem mali nullo cogente peccando, hoc est libera voluntate, quia scientes contra præceptum fecerunt, et tentator suasit, non coegit. Nam qui nesciens peccavit, non incongruenter nolens peccasse dici potest, quamvis et ipse quod nesciens fecit, volens tamen fecit; quæ voluntas utique sic definita est : animi motus, etc. Ita nec tale peccatum sine voluntate esse potuit, sed voluntate facti, non peccati. Quod tamen factum peccatum fuit; hoc enim factum est, quod fieri non debuit. Qui autem sciens peccat, si potest cogenti ad peccatum sine peccato resistere, nec tamen facit, utique volens peccat; quoniam qui potest resistere, non cogitur cedere. Qui vero cogenti cupiditati bona voluntate resistere non potest, et ideo facit contra præceptum; jam hoc ita peccatum est, ut sit etiam poena peccati. Quapropter peccatum sine voluntate esse non posse verissimum est. Itemque definitio peccati, qua diximus : peccatum est voluntas retinendi vel consequendi quod justitia vetat et unde liberum est abstinere, propterea verum est, quia id definitum est quod tantummodo peccatum est, non quod etiam poena peccati. Nam quando tale est, ut idem sit et poena peccati, quantum est quod valet voluntas sub dominante cupiditate, nisi forte si pia est, ut oret auxilium ! In tantum enim libera est, in quantum liberata est, et in tantum appellatur voluntas; alioquin tam cupiditas quam voluntas proprie nuncupanda est. Quod si quisquam dicit etiam ipsam cupiditatem nihil esse aliud quam voluntatem, sed vitiosam peccatoque servientem, non resistendum est, nec de verbis, cum res constet, controversia est facienda. Etiam sic enim ostenditur sine voluntate nullum esse peccatum sive in opere sive in origine. *Item :* Respondemus naturam in his verbis meis me intelligi voluisse illam quæ proprie natura dicitur, in qua sine vitio creati sumus. Et iterum in eo quod dixtum est peccati reum teneri quemquam, quia non fecit quod facere non potuit, summæ iniquitatis et injuriæ est; cur ergo, inquiunt, parvuli tenentur rei ? Respondetur, quia ex origine ejus tenentur, qui non fecit quod facere potuit, divinum scilicet servare mandatum. Quod autem dixi, animæ quidquid faciunt, si natura, non voluntate faciunt, id est, si libero et ad faciendum et ad non faciendum motu animi carent, si denique abstinendi ab opere suo potestas nulla conceditur, peccatum eorum tenere non possumus; non perturbat de parvulis quæstio, quia ex illius origine rei tenentur, qui voluntate peccavit, quando ei ab opere abstinendi summa potestas erat. *Idem in eodem* : Dico, inquam, peccatum non esse, si non propria voluntate peccetur; ubi peccatum intelligi volui, quod non est etiam poena peccati. Nam de tali poena dixi alibi in eadem disputatione quod dicendum fuit.

CXLVI
Quod idem peccatum non puniat Deus hic et in futuro.

Origenes super Vetus Testamentum, homil. XLIV : Homo, inquit, *si maledixerit Deum, peccatum accipiet. Qui autem nominat nomen Domini, morte morietur (Levit.* XXIV, 15). Quid est hoc ? qui maledixerit (20) Deum non habet poenam mortis, sed qui nominaverit nomen Domini ? Nonne multo gravius est maledicere Deum quam nominare, quamvis in vanum nominasse dicatur ? *Item* : Putant quod, qui maledicit nomen Domini, statim puniri debeat; ille vero qui nominabit nomen, hoc est superfluo et in vanum nominaverit, sufficiat accepisse peccatum. Sed majus esse peccatum, in quo maledicitur Deus, quam in quo nominatur, dubitare non possumus. Restat ut ostendamus multo esse gravius accipere peccatum et habere secum quam morte mulctari. Mors quæ poenæ causa, infertur pro peccato, purgatio est peccati ipsius pro quo jubetur inferri. Absolvitur ergo peccatum per poenam mortis, nec superest aliquid quod pro hoc crimine judicii dies et poena æterni ignis inveniat. Ubi vero quis accipit peccatum, et habet illud secum et permanet cum ipso, nec aliquo supplicio poenaque diluitur; transit cum illo etiam post mortem; et qui hic temporalia non persolvit, ibi expendit æterna supplicia. Vides ergo quanto gravius sit accipere peccatum quam morte mulctari; hic enim mors pro vindicta datur, et apud justum judicem Dominum non judicatur bis in idipsum, sicut propheta dixit (*Nahum*. I, 9, juxt. LXX); ubi autem non est soluta (21) vindicta, peccatum manet æternis ignibus exigendum. Possum tibi testes ex divinis voluminibus adhibere Ruben et Judam loquentes ad patrem suum Jacob, cum vellent Benjamin secum ducere ad Ægyptum. Ruben quidem ita dixit ad patrem : *Ambos filios meos occide, nisi reduxero ad te Benjamin (Gen.* XLII, 37). Judas vero ait : *Peccator ero in te, nisi reduxero tibi (Gen.* XLIII, 9). Jacob vero, sciens multo esse gravius quod promiserat Judas, Ruben quidem non

---

(19) Monac. om. *solvitur sed infirmas.*
(20) Cous. : *maledicit.*

(21) Cous. : *solita.*

credidit filium, tanquam qui leviorem elegerit pœnam, Judæ vero tradidit, sciens gravius esse quod elegerat. Vis et de Evangeliis noscere, quod qui recipit in hac vita mala sua, ibi jam non recipiat; qui autem hic non receperit, ibi reserventur omnia? *Memento, fili, quoniam recepisti bona in vita*, etc.; *nunc autem tu quidem cruciaris, hic vero requiescit* (*Luc.* XVI, 25). Et solent homines, ignorantes judicia Dei quia sunt abyssus, multa conqueri adversus Deum et dicere : Cur homines iniqui in hac vita nihil patiuntur adversi, et contra colentibus Deum ærumnæ superveniunt? *Hieronymus super Nahum prophetam* (I, 9) : *Quid cogitatis contra Dominum? consummationem ipse faciet. Non consurget duplex tribulatio; hoc dicit Deus : Afflixi te, et non affligam te ultra.* Si crudelis videtur Deus, quod genus humanum diluvio delevit, Sodomam et Gomorrham igne et sulphure submersit, et Ægyptios in mari, Israelitas in deserto prostravit, scitote quia in præsenti ad horam punit, ne in futura in æternum puniat. *Non judicabit Deus bis in idipsum;* qui ergo puniti sunt, postea non punientur; aliter enim propheta mentitur, quod dicere nefas est. Receperunt ergo et qui in diluvio perierunt et Sodomitæ et Ægyptii et Israelitæ in deserto mala sua in vita sua. Quærat aliquis, fidelis si in adulterio deprehenditur et decolletur, quid de eo fiet? aut punietur, et falsum est hoc : Non judicabit Deus bis in idipsum; aut non punietur, et optandum erit adulteris, ut sic moriantur. Respondeo Deum, sicut omnium rerum, sic suppliciorum mensuras nosse et non præveniri sententiam, nec illi in peccatorem exercendæ dehinc pœnæ auferri potestatem, et magnum peccatum magnis diutinisque cruciatibus elui; si quis autem punitus sit, ut ille in lege qui Israelitam maledixit, et qui in Sabbato ligna collegerat, tales postea non puniri, quia culpa levis præsenti supplicio compensata est. Item : Simile est in Ezechielis libro VI, ubi dicitur : *Pepercit oculus meus, ne interficerem eos atque delerem.* In quo quæritur quomodo eis pepercit, quorum cadavera in solitudine jacuerunt, et excepto Jesu Nave et Caleph nullus terram promissionis ingressus est; ex quo intelligimus vivere eos nec æternis suppliciis reservatos nec deletos esse de libro viventium. *Gregorius Moralium lib. IX : Indica mihi cur me ita judices* (*Job* x, 2). Duobus modis in hac vita judicat hominem Deus, quia aut per mala præsentia irrogare jam tormenta sequentia incipit, aut tormenta sequentia flagellis præsentibus exstinguit; nisi enim delictis exigentibus justus judex et nunc et postmodum quosdam percuteret, Judas [5] minime dixisset : *Secundo eos qui non crediderunt perdidit;* et de iniquis Psalmista (CVIII, 29) non diceret : *Induantur sicut diploide confusione sua.* Diploidem quidem vestimentum duplum dicimus; confusione ergo sicut diploide induti sunt qui juxta reatus sui meritum et temporali et perpetua animadversione feriuntur. Solos quippe pœna supplicio liberat quos immutat. Nam quos præsentia mala non corrigunt, ad sequentia perducunt. *Idem lib. XVIII de verbis Job*, loquentis de divite iniquo (*Job* xxvii, 21) : *Et velut turbo rapiet eum de loco suo.* Locus perversorum est temporalis vitæ delectatio et carnis voluptas. *Emittet super eum et non parcet.* Peccatorem Deus quoties feriendo corripit, ad hoc flagellum emittit, ut parcat. Cum vero (22) ejus vitam in peccato permanentem feriendo concludit, flagellum emittit, sed nequaquam parcit. Qui enim flagellum emisit, ut parceret, ad hoc emittit quandoque ne parcat. In hac namque vita Dominus tanto magis studet ut parcat, quanto magis exspectando flagellat, sicut ipse voce angeli ad Joannem ait (*Apoc.* III, 19) : *Ego quos amo redarguo et castigo;* et sicut alias dicitur (*Hebr.* xii, 6) : *Quem diligit Deus castigat; flagellat omnem filium quem recipit.* E contrario autem de flagello damnationis per Jeremiam (xxx, 14) Dominus dicit : *Plaga inimici percussi te, castigatione crudeli. Quid clamas super contritione tua? Insanabilis est dolor tuus.* Omnis ergo divina percussio aut purgatio in nobis vitæ præsentis est aut initium pœnæ sequentis. Propter eos qui ex flagello proficiunt dictum est (*Psal.* xciii, 20) : *Qui fingis dolorem in præcepto;* quia, dum flagellatur iniquus et corrigitur, audire præceptum noluit, dolorem audivit. Dolor ergo in præcepto fingitur ei qui a malis operibus quasi præcepti vice dolore cohibetur. De his vero quos damnant flagella, non liberant, dicitur (*Jer.* v, 3) : *Percussisti eos, nec doluerunt; attrivisti eos, et noluerunt accipere disciplinam;* his flagella ab hac vita inchoant et in æterna perdurant percussione. Unde per Moysen Dominus dicit (*Deut.* xxxii, 22) : *Ignis exarsit ab ira mea;* quantum vero ad æternam damnationem subditur : *Et ardebit usque ad inferos deorsum.* Licet a quibusdam dici soleat illud quod scriptum est : *Non judicat Deus bis in idipsum,* qui tamen hoc de iniquis dicunt, non attendunt (*Jer.* xvii, 18) : *Et duplici contritione contere eos, Domine;* et id quod alias scriptum est (*Jud.* 5) : *Jesus, populum de terra Ægypti salvans, secundo eos qui non crediderunt perdidit.* Quibus tamen si consensum præbemus, quamlibet culpam bis feriri non posse, hoc ex peccato percussis atque in peccato suo morientibus debet æstimari, quia eorum percussio hic cœpta illic perficitur, ut incorrectis unum flagellum sit quod temporaliter incipit, sed in æternis suppliciis consummatur, quatenus eis qui omnino corrigi renuunt, jam præsentium flagellorum percussio se quentium sit initium tormentorum. *Idem Dialog. lib. III :* Super Sodomitas Dominus ignem et sulphur pluit; quia enim amore illicito corruptibilis carnis arserant, simul incendio et fetore perierunt, quatenus in pœna sua cognoscerent quia æternæ

---

(22) Monac. om. *Cum vero — ne parcat.*

mortι fetoris sui delectatione se tradidissent. A xviii, 34), id est malignis spiritibus, *quousque redderet universum debitum.* Semper reddet, semper cruciabitur in pœnis pro omnibus peccatis suis. Considerandum est, quod dicit universum debitum, quia non solum peccata quæ post baptismum homo peregit, reputabuntur ei ad pœnam, verumetiam originalia, quæ in baptismo dimissa sunt.

CXLVII.

Quod Cain non sit damnatus, et contra.

Hieronymus Damaso : Sicuti ergo septima generatione Cain peccatum est dissolutum, non judicabit quippe Dominus bis in idipsum, et qui semel recepit mala in vita sua, non eosdem cruciatus patietur in morte, quos passus est in vita, etc. *Gregorius lib. VI Moralium* : Vidi stultum firma radice et maledixi pulchritudini ejus statim (*Job* v, 5). Primus Cain civitatem construxisse scribitur, ut aperte monstraretur, quia ipse in terra fundamentum posuit, qui a soliditate cœlestis patriæ alienus fuit (23).

CXLVIII.

Quod ea quæ condonat Deus ulterius non exigat, et contra.

Paulus apostolus in Epistola ad Romanos (xi, 29) : Sine pœnitentia enim sunt dona et vocatio Dei. *Augustinus super Genesim* : Cum legimus Dominum dicentem : *Pœnitet me* (*Gen.* vi, 7), consideremus quid esse soleat in omnibus opus pœnitendi. Procul dubio reperitur voluntas mutandi, sed in homine ex dolore animæ. *Isidorus De summo bono, lib. II, cap. XXXI* : Jurare Dei est illa providentia, qua statuit non convellere statuta. Pœnitentia autem mutatio est, non pœnitere autem statuta non revocare, ut est illud : *Juravit Deus et non pœnitebit eum* (*Psal.* cix, 4), id est quæ juravit non mutabit. *Responsiones Prosperi ad Rufinum, cap. II* (*Aug.* ed. *Maur.* X, app. pag. 198) : Qui enim recedit a Christo et alienus a gratia finit hanc vitam, quid nisi in perditionem cadit? Sed non in id quod remissum est recidit, nec in originali peccato damnabitur, qui tamen propter extrema (24) crimina ea morte afficietur, quæ ei propter illa, quæ remissa sunt, debebatur. *Augustinus, lib. I De baptismo* : Redire dimissa peccata, ubi fraterna charitas non est, apertissime Dominus in Evangelio docet de illo conservo, quem cum miseratus non fuisset, jussit eum Dominus reddere quæ ei dimiserat. *Gregorius Dialogorum novissimo capite* : Servus, quia conservo suo debitum non dimisit, est jussus exigi quod ei fuerat jam dimissum. Ex quibus videlicet dictis constat quod, si hoc quod in nos delinquitur non dimittimus, et illud rursus a nobis exigitur, quod nobis jam per pœnitentiam dimissum fuisse gaudebamus. *Rabanus* : Tradidit eum tortoribus (*Matth.*

CXLIX.

Quod gravius sit aperte peccare quam occulte (25)*, et contra.*

Isidorus De summo bono lib. II, cap. XX : Majoris est culpæ manifeste quam occulte peccare. Dupliciter enim reus est qui aperte delinquit, quia et agit et docet. De talibus Isaias (iii, 9) ait : *Et peccata sua quasi Sodoma prædicaverunt, nec absconderunt.* Item : Peccatum perpetrare crimen est, peccatum prædicare clamor est, de quo etiam Apostolus (*Ephes.* iv, 31) : *Et clamor auferatur a vobis cum omni malitia,* id est cum ipsis peccatis. *Ex sermone Augustini De vita et moribus clericorum*, qui sic incipit : *Propter quod volui* : Qui volunt aliquid habere proprium, quibus non sufficit Deus et Ecclesia, maneant ubi volunt ; non eis aufero clericatum. Nolo habere hypocritas. Malum enim est cadere a proposito ; sed pejus est simulare propositum. *Ex libris Sententiarum Prosperi* : Simulata non est æquitas, sed duplicatum peccatum, in quo est et iniquitas et simulatio. *Hieronymus super Ezechielem, lib. VI* : In cooperatione duorum peccatorum lenius peccatum est aperte peccare, quam simulare et fingere sanctitatem.

CL.

Quod adulterium post hæresim cæteris peccatis gravius sit, et non.

Clemens in Epistola I ad Jacobum : Quid in omnibus peccatis est adulterio gravius? Secundum namque in pœnis, quam quidem primum illi habeant, qui aberrant, etsi sobrie vixerant. Item : Adulterii venenum cunctis malis perniciosius est. *Beda* : Audivit Herodes tetrarcha famam Jesu, etc. (*Matth.* xiv, 1). Herodes metuebat Joannem et libenter eum audiebat, sed vicit amor mulieris. Item : Qui quoniam noluit cohibere luxuriam, ad homicidæ reatum prolapsus est, minusque illi peccatum majoris erat causa peccati, cui distincto Dei judicio contingebat, ut propter appetitum adulteræ, quam detestandam sciebat, sanguinem funderet prophetæ, quem Deo acceptum esse noverat. *Ambrosius in libro De virginibus* : Causa illius passionis

---

(23) Post brevem hanc de Caino quæstionem codex Monac. novo quidem connatæ, nulla tamen ejus inscriptione solito more inserta, locos longe plurimos repetiit, quos supra jam legimus in quæstione XXXI, pag. 81-85, et quos denuo hic repetere operæ pretium non erat. Paucis omissis, quæ ex Augustino, Hieronymo et libro Regum pag. 83 et 84, leguntur, ante Rufini et Gregorii dicta cæteris locis hunc novum locum addidit : *Chrysostomus super Matthæum* (xxii, 2) : *Simile est regnum cœlorum homini regi, qui fecit nuptias filio suo, et reliqua. Omne malum sine substantia est et nihil est.* Item :

Ex malo autem nulla res esse potest. Cum vero ipsum malum nihil sit, quomodo potest facere rem aliquam esse? Tamen perdere potest de illa re, in qua est malum ; subtrahit se bonum propter inhabitans malum, et sic res vadit ad nihilum. Ergo res, in qua solum est bonum, viva et immortalis est. Homo autem ideo ex bono et malo creatus est, ut, contempto malo, sequatur bonum et propter quod habeat electionis mercedem.

(24) Editt. : *postrema.*
(25) Cous. om. *quam occulte.*

certe hæc fuit. Non licet, inquit, tibi eam uxorem habere. Si hoc de uxore hominis, quanto magis de virgine consecrata.

CLI.
Quod sine confessione non dimittantur peccata, et contra.

Augustinus lib. I. De pœnitentia: Non potest quisquam justificari a peccato, nisi fuerit ante peccatum confessus. Unde Dominus ait: *Dic iniquitates tuas, ut justificeris* (Isai. XLIII, 26). *Hilarius in psalmum CXXXIV*: Extra veniam est qui peccatum cognoscit, nec cognitum confitetur. Confitendum autem semper est, non quod peccandum semper est, ut sit semper confitendum, sed quia peccati veteris et antiqui utilis sit indefessa confessio. *Ex decretis Calixti papæ*: Si infirmi in peccatis sint, et hoc presbyteris Ecclesiæ confessi sint, ac perfecto corde ea relinquere atque emendare sat arguerint, dimittuntur eis; neque enim sine confessione emendationis queunt dimitti. Unde recte subjungitur: *Confitemini alterutrum vestra peccata*, etc. (Jac. v, 6). *Gregorius Eusebio abbati*: Nullum quem conspicis delicta fletu delere, in conspectu divinitatis dubites misericordiam consequi, quia nullum peccantem reversum despicit qui peccatores sanguine suo redimere venit (26). *Beda in homilia de X leprosis* (Opp. ed. Giles V, 97): Si quis vel Judaica perfidia vel hæretica pravitate vel gentili superstitione vel fraterno schismate per Dei gratiam caruerit, necesse est ad Ecclesiam veniat, coloremque fidei verum quem recipit, ostendat. Cætera (27) vero peccata per se Deus in conscientia relaxat. *Joannes Chrysostomus de psalmo L*: Peccata tua dicito, ut deleas illa. Si confunderis alicui dicere, dicito Deo, qui curat ea; si fleveris, delentur. *Maximus in sermone II feriæ paschæ*: Petrus prorupit ad lacrymas; nihil voce precatur. Invenio quod fleverit, non invenio quid dixerit. Lacrymas ejus lego, satisfactionem non lego. Quod defleri solet, non solet excusari, et quod defendi non potest, ablui potest. Lavant enim lacrymæ delictum quod voce pudor est confiteri; lacrymæ vero verecundiæ consulunt et saluti; veniam postulant, et promerentur; causam non dicunt, et misericordiam consequuntur. Sermo interdum non totum profert negotium; lacrymæ semper totum produnt affectum; et ideo Petrus jam non utitur sermone, quo fefellerat, quo peccaverat, quo fidem amiserat, ne per id et non credatur ad confitendum, quo usus fuerat ad negandum. Invenio et aliud, cur tacuerit Petrus, ne tam cito veniæ postulatio per impudentiam plus offenderet quam impetraret. Solet enim citius mereri indulgentiam, quoniam (28) verecundius deprecatur. *Ambrosius super Lucam* (Maur. IV, 247): Non enim sat est involuta (29) responsio confitentis Jesum, sed aperta confessio. Quid proderit verba involvere, si videri vis denegasse? Et ideo Petrus non de industria respondisse sic inducitur, quia postea recordatus est et tamen flevit. Maluit enim ipse suum peccatum accusare, ut justificaretur fatendo, quam gravaretur negando. *Justus enim in primordio accusator est sui* (Prov. XVIII, 17). Doluit et flevit, quia erravit ut homo. Non invenio quid dixerit, invenio quod fleverit. Lacrymas ejus lego, satisfactionem non lego. Lavant lacrymæ delictum, quod voce pudor est confiteri, et veniæ fletus consulunt et verecundiæ. Lacrymæ sine horrore culpam loquuntur, [crimen] sine offensione verecundiæ [confitentur] (30). Lacrymæ ejus veniam non postulant, et merentur. Invenio cur tacuerit Petrus, ne tam cito veniæ petitio plus offenderet. Ante flendum est; sic precandum; negavit primo Petrus et non flevit, quia non respexerat Dominus. Respice, Domine Jesu, ut sciamus nostrum deflere peccatum.

CLII.
Quod timor Dei in sanctis perseveret, et non.

Ex psalmo XXXIII [10]: Timete Dominum, omnes sancti ejus, quoniam, etc. *Ex Proverbiis* (XXVIII, 14): Beatus homo qui semper est pavidus; qui vero mentis est duræ, corruet in malum. *Ecclesiasticus, cap. I* [17]: Timor Domini expellit peccatum; nam qui sine timore est, non potest justificari. *Veritas per semetipsam* (Matth. x, 28): Nolite timere eos qui occidunt corpus, animæ vero non habent quid faciant; sed timete eum qui potest et corpus et animam perdere in gehennam. *Ex Epistola Pauli ad Romanos* (XI, 20): Tu autem fide (31) stas, noli altum sapere, sed time. *Idem supra* (VIII, 14): Quicunque spiritu Dei aguntur, filii Dei sunt. Non enim accepistis spiritum servitutis iterum in timore, sed accepistis spiritum adoptionis filiorum, in quo clamamus: Abba, Pater. *Ex Epistola prima Joannis* (IV, 16): Deus charitas est, et qui manet in eo, etc. In hoc perfecta est charitas nobiscum, ut fiduciam habeamus in die judicii, quia sicut ille est, et nos sumus in hoc mundo. Timor non (32) est in charitate, sed perfecta charitas foras mittit timorem, quoniam timor pœnam habet. Qui autem timet, non est perfectus in charitate.

CLIII.
Quod non (33) sit pro omnibus orandum, et contra.

Paulus apostolus in Epistola I ad Timotheum (II, 1): Obsecro igitur omnium primum fieri obsecrationes, orationes, postulationes, gratiarum actiones pro omnibus hominibus, pro regibus, et omnibus qui in sublimitate sunt constituti, ut quietam et

---

(26) Hic locus in edit. epistolæ ad Eusebium abbatem non reperitur. Cf. Greg. Opp. II, 599.
(27) Monac.: *Cuncta*.
(28) Cous.: *qui*.
(29) Cous.: *in voluntate*.
(30) Verba *Lacrymas ejus — verecundiæ*, quæ in cod. Monac. et Turon. leguntur, Cous. in textum non recepit.
(31) Cous. om. verba *Tu autem fide — Dei aguntur*.
(32) Cous.: om. *non*.
(33) Cous. om. *non*.

tranquillam vitam agamus in omni pietate et castitate. Hoc enim bonum est, et acceptum coram Salvatore nostro Deo, qui omnes homines vult salvos fieri et ad agnitionem veritatis venire. *Ambrosius De pœnitentia, lib. I* : Sed dicent : scriptum est (*I Reg.* II, 25) : *Si peccaverit homo in hominem, orabit pro eo; si autem in Deum peccaverit, quis orabit pro eo?* Non scriptum est, nullus, sed quis. Et alibi (*Ose.* XIV, 10) : *Quis sapiens, et intelliget hoc?* Nunquid nullus intelliget? Et quis fidelis dispensator et prudens quem constituit Dominus, etc. Similiter accipiendum : quis orabit pro eo ? hoc est , singularis vitæ aliquis debet orare pro eo qui peccavit in Dominum. Quo major culpa, eo majora quærenda sunt suffragia. *Item* : *Est peccatum ad mortem, non de illo ut quis oret.* Non ad Moysen et Jeremiam loquebatur, sed ad populum qui suorum peccatorum alium peccatorem debet exhibere, cui satis est, si pro levioribus delictis Deum precetur, graviorum veniam justorum orationibus reservandam putet. Nonne ipse Joannes cognoverat Stephanum pro persecutoribus suis, qui Christi nomen audire non poterant, deprecatum, cujus precationis effectum in Apostolo videmus , qui lapidantium vestimenta servabat. *Item* : Denique Paulus docet, non deserendos eos qui peccatum ad mortem fecerint. *Beda super Epistolam Joannis* (V, 6) : *Qui scit fratrem suum peccare peccatum non ad mortem , petat et dabitur ei vita.* Loquitur autem de quotidianis levibusque peccatis, quæ sicut difficile vitantur, sic etiam facile curantur. Sed quo ordine hæc alterutrum petitio sit celebranda pro peccatis, Jacobus insinuat apertius dicens : *Confitemini alterutrum,* etc. Si igitur dictu vel cogitatu vel oblivione vel ignorantia forte deliquisti, vade ad fratrem, confitere illi, et tu ejus errata pie intercedendo dilue. Porro si gravius quid admisisti, induc presbyteros Ecclesiæ et ad examen illorum castiga te. *Est peccatum ad mortem, non pro illo dico ut quis roget.* Ostendit nobis Joannes esse quosdam fratres, pro quibus non orare nobis præcipitur, cum Dominus etiam pro persecutoribus orare nos jubeat; quod aliter solvi non potest, nisi fateamur esse aliqua peccata in fratribus, quæ inimicorum persecutione graviora sunt. Peccatum fratris ad mortem est, cum post agnitionem Dei, quæ per gratiam Christi data est, quisquam oppugnat fraternitatem, et adversus ipsam gratiam, qua reconciliatus est Deo, invidentiæ facibus agitatur; peccatum autem non ad mortem est, si quis amorem a fratre non alienaverit, sed officia fraternitati debita per aliquam infirmitatem animi (54) non exhibuerit. Quapropter et Dominus ait : *Pater, ignosce illis, quia nesciunt quid faciant.* Nondum gratiæ sancti Spiritus participes facti, quod nondum Christo crediderunt, neque adversus illam communem gratiam dimicabant. Potest autem peccatum usque ad mortem accipi, pro quo rogare quempiam vetat, quia scilicet peccatum , quod in hac vita non corrigitur, ejus venia frustra post mortem postulatur. *Scimus, quia omnis qui natus est ex Deo non peccat.* Sunt peccata ad mortem, de qualibus dicit Apostolus : *Quoniam qui talia agunt , regnum Dei non consequentur.* Qui natus est ex Deo non peccat peccatum, videlicet ad mortem; quod de omni crimine capitali, et de illo specialiter potest intelligi, quo violatur charitas , sicut exposuimus; sed et peccatum ad mortem usque ad tempora mortis protractum (35) diximus posse intelligi (*Opp.* ed. Giles XII , 517).

CLIV.

Quod liceat mentiri, et contra (36).

Augustinus De mendacio : Sextum genus mendacii, quod nulli obest et alicui prodest, velut si quis piam, pecuniam alicujus injuste tollendam sciens ubi sit nescire se mentiatur. Septimum , quod et nulli obest et prodest alicui, velut si, nolens hominem ad mortem quæsitum prodere, mentiatur. *Item* : Non est mentiendum sexto genere; neque enim recte etiam testimonii veritas pro cujusquam temporali commodo ac salute corrumpitur; ad sempiternam vero salutem nullus, ducendus est , opitulante mendacio. Neque septimo genere mentiendum est ; non enim cujusdam commoditas aut salus temporalis fidei præferenda est, nec quisquam in recte factis nostris tam male movetur , ut fiat etiam animo deterior longeque a pietate remotior. *Idem in quintum psalmum* : Ne quis arbitretur perfectum et spiritalem hominem pro ista temporali vita, in cujus morte occiditur anima, sive sua causa sive alterius, debere mentiri; sed, quoniam aliud est mentiri, aliud est verum occultare , si quidem aliud est falsum dicere, aliud est verum tacere, si quis forte vel ad dictam mortem visibilem non vult hominem prodere, paratus esse debet verum occultare , non falsum dicere, ut neque prodat, neque mentiatur, nec occidat animam suam pro corpore alterius. *Item.* : Duo sunt genera mendaciorum, in quibus non magna culpa est, sed tamen non sunt sine culpa. Cum autem jocamur aut pro proximo mentimur, illud primum in jocando non est perniciosum, quod non fallit ; novit enim ille cui dicitur, joci causa esse dictum ; secundum autem ideo mitius est, quia retinet nonnullam benevolentiam. Illud vero quod non habet duplex cor, nec mendacium quidem dicendum est ; tanquam, verbi gratia, si cui gladius commendetur, et promittit se redditurum, cum ille qui commendavit poposcerit ; si forte gladium suum poposcerit furens, manifestum est non esse reddendum, ne vel se occidat vel alios, donec sanitas ei restituatur. Homo ideo non habet duplex cor, quia ille cui commendatus est gladius, cum promittebat se redditurum poscenti, non cogitabat furentem posse repetere. Manifestum est non esse culpandum ali-

(54) Cous. om : *animi*.
(35) Cous. : *pertractum*.

(56) Cous. : *Quod nulla de causa mentiri liceat, et contra.*

quando verum tacere, falsum autem dicere non invenitur concessum sanctis. *Isidorus* [Sentent. II, cap. XXX, n. 6] : Nonnunquam est pejus mendacium meditari quam loqui. Nam interdum quisque incautus solet ex praecipitatione loqui mendacium ; meditari autem non potest nisi per studium. *Item* : Quia scriptum est : *Os quod mentitur, occidit animam* (*Sap.* 1, 11) : et : *Perdet omnes qui loquuntur mendacium* (*Psal.* v, 7). Hoc queque mendacii genus perfecti viri summopere fugiunt, ut nec vita cujuslibet per eorum fallaciam defendatur, nec suae animae noceant, dum praestare salutem alienae carni nituntur, quanquam hoc ipsum peccati genus facillime credimus relaxari. *Augustinus Quaest. in Genesim, cap. CXLV* (Maur. III, 413) : Quod ait fratribus Joseph (*Gen.* XLIV, 15) : *Nesciebatis quia non est augurio homo qualis ego ;* quid sibi velit, quaeri solet. An quia non serio sed joco dictum est, ut exitus docuit, non est habendum mendacium ? Mendacia enim a mendacibus serio aguntur, non joco ; cum autem quae non sunt tanquam joco dicuntur, non deputantur mendacia. *Hilarius in psalmum XIV* : Est enim necessarium plerumque mendacium ; et nonnunquam falsitas utilis est, cum aut percussori de latente mentimur, aut testimonium pro periclitante frustramus, aut fallimus difficultate curationis aegrotum. Oportet enim, secundum Apostoli doctrinam, sermonem nostrum sale esse conditum.

CLV.
Quod liceat homini inferre sibi manus aliquibus de causis, et contra.

Hieronymus in Jonam prophetam (1, 12) : *Tollite me et mittite in mare, et cessabit mare a vobis*. Non enim est nostrum mortem arripere, sed illatam libenter accipere. Unde et in persecutionibus non licet propria manu perire, absque ubi castitas periclitatur. *Ecclesiastica historia lib. VI, cap. XXXI* : Sed et admirandam virginem longaevae aetatis, Apolloniam nomine, cum corripuissent, dentes ei primo effoderunt; congestis deinde lignis exstruxerunt rogum, comminantes se vivam eam incensuros, nisi cum ipsis impia verba proferret. At illa, ut rogum vidit succensum, repente se e manibus eripuit impiorum atque in ignem sponte prosilivit, ita ut perterrerentur ipsi crudelitatis auctores, quia promptior inventa est ad mortem femina quam persecutor ad poenam. *Augustinus De civitate Dei, lib. I* (*Maur.* VII, 20) : Restat de homine intelligamus quod dictum est : *Non occides,* neque alterum, ergo neque te. Neque enim qui se occidit, aliud quam hominem occidit. *Item* : Non occides, his exceptis quos Deus jubet occidi, sive data lege pro tempore ad personam expressa jussione. Non autem ipse occidit qui ministerium debet jubenti, sicut adminiculum gladius utendi. *Item* : Quaeritur utrum pro jussu Dei sit habendum quod Jephte filiam, quae occurrit ei, occidit, cum se id vovisset immolaturum Deo quod ei revertenti de praelio victori primitus occurrisset. Nec Samson aliter excusatur, quod seipsum cum hostibus ruina domus oppressit, nisi quod latenter spiritus hoc jusserat, qui per illum miracula faciebat. *Item* : Quicunque hoc in seipsis perpetraverunt, animi magnitudine fortassis mirandi, non sapientiae sanitate laudandi sunt, quanquam, si rationem diligentius consulas, nec ipsa quidem animi magnitudo recte nominabitur, ubi quisque, non valendo tolerare vel quaeque aspera vel aliena peccata, se ipse interemerit. Magis enim mens infirma deprehenditur, quae ferre non potest vel duram sui corporis severitatem vel stultam vulgi opinionem. *Item* : Si magno animo fieri putandum est, cum sibi homo ingerit mortem, ille potius Cleombrotus (37) in hac magnitudine reperitur, qui fertur lecto Platonis libro, ubi de immortalitate animae disputatum est, se praecipitem dedisse de muro, atque ita de hac vita migrasse ad eam quam credidit esse meliorem. Quod tamen magne potius esse factum quam bene testis esse potuit Plato ipse quem legerat, qui profecto id praecipue potissimumque fecisset vel etiam praecepisset, nisi ea mente, qua immortalitatem animae vidit, nequaquam faciendum, quin etiam prohibendum esse judicasset. *Item* : Sed tamen illi, praeter Lucretiam, non facile reperiunt de cujus auctoritate praescribant, nisi illum Catonem, qui se Uticae occidit, non quia solus id fecit, sed quia vir doctus et probus habebatur. *Item* : Si turpe erat sub victoria Caesaris vivere, cur auctor hujus turpitudinis filio fuit, quem de Caesaris benignitate omnia sperare praecepit ? Cur non et illum secum coegit ad mortem ? *Item* : Restat una causa de qua dicere coeperam, quia utile putatur, ut se quisque interficiat, id est ne in peccatum irruat, vel blandiente voluptate vel dolore saeviente. Quam causam si voluerimus admittere, eo usque progressa perveniet, ut hortandi sint homines tunc se potius interimere, cum lavacro regenerationis abluti universorum remissionem acceperunt peccatorum. Tunc enim tempus cavendi omnia futura peccata, cum sunt omnia deleta praeterita. *Item* : O mentes amentes ! quis est hic tantus non error, sed furor ? Sed quaedam, inquiunt, sanctae feminae, tempore persecutionis, ut insectatores suae pudicitiae devitarent, in rapturum atque necaturum se fluvium projecerunt, earumque martyria in Catholica Ecclesia veneratione celeberrima frequentantur. De his nil temere audeo judicare; utrum enim Ecclesiae aliquibus fide dignis testificationibus, ut earum memoriam sic honoret, divina persuaserit auctoritas nescio; et fieri potest, ut ita sit. Quid enim si hoc fecerunt non humanitus deceptae, sed divinitus missae, nec errantes, sed obedientes ? De Samson aliud nobis fas non est credere ; cum autem Deus jubet

---

(37) Cous. : *Theobretus;* Monac. : *te-obrutus*. Cicero Tusc. I, 54. Ambraciotam *Cleombrotum* vocat

seque jubere sine ullis ambagibus intimat, quis obedientiam in crimen vocet? quis obsequium pietatis accuset? Nam et miles, cum obediens potestati, sub qua legitime constitutus est, hominem occidit, nulla civitatis suæ lege reus est homicidii; imo, nisi fecerit, reus imperii deserti atque contempti est. Quod si ita est jubente imperatore, quanto magis jubente Creatore! *Idem ad Lætum*: Sicut autem hoc præceptum, quo perdere jubemur animam nostram, non ad id valet, ut se quisque interimat, quod inexpiabile nefas est, tamen valet, ut interimat in se carnalem animæ affectum. *Macrobius lib. I* (cap. 13) *De somnio Scipionis*: « Quæso, inquam, pater sanctissime atque optime, quoniam hæc est vita, ut Africanum audio dicere, quid moror in terris? Quin huc ad vos venire propero? » — « Non est ita, inquit ille, nisi enim cum Deus istis te corporis custodiis liberavit, huc tibi aditus patere non potest; quare et tibi, Publi, et piis omnibus retinendus animus est in custodia corporis, nec injussu ejus, a quo ille est vobis datus, ex hominum vita migrandum est, ne munus assignatum a Deo ipsi fugisse videamini. » Hæc secta et præceptio Platonis est, qui in Phædone definit homini non esse sua sponte moriendum; sed in eodem tamen dialogo idem dicit mortem philosophantibus appetendam et ipsam philosophiam meditationem esse moriendi. Sed Plato duas esse mortes hominum novit. Nec hoc nunc repeto, quod superius dictum est, duas esse mortes, unam animæ, animalis alteram; sed ipsius quoque animalis, hoc est hominis, duas asserit mortes, quarum unam natura, virtutes alteram præstant. Homo enim moritur, cum anima corpus reliquit solutum (38) lege naturæ; mori etiam dicitur, cum anima adhuc in corpore constituta corporeas illecebras philosophia docente contemnit et cupiditatum dulces insidias reliquasque omnes exuit passiones. Hanc ergo mortem dicit Plato sapientibus appetendam; illam vero quam omnibus natura constituit, cogi vel inferri vel accersiri vetat, docens exspectandam esse naturam. Hoc quoque addidit nos esse in dominio Dei, cujus tutela et providentia gubernamur; nihil autem esse invito Domino de his quæ possidet ex eo loco, in quo suum constituerat auferendum; et sicut qui vitam mancipio extorquet alieno crimine non carebit, ita eum qui finem sibi, Domino necdum jubente, quæsierit, non absolutionem consequi sed reatum. Hæc Platonicæ sectæ semina altius Plotinus exsequitur. Cum constet, inquit, remunerationem animis esse illic tribuendam pro modo perfectionis, ad quam in hac vita unaquæque pervenit, non est præcipitandus vitæ finis, cui (39) adhuc proficiendi esse possit accessio. Ergo, inquies, qui perfecte purgatus est, manum sibi debet inferre, cum non sit ei causa remanendi, quia profectum ulterius non requirit qui ad superna pervenit. Sed hoc ipso, quo sibi celerem finem spe fruendæ beatitudinis arcessit, irretitur laqueo passionis, quia spes sicut timor passio est; et hoc est quod Paulus filium spe vitæ verioris ad se venire properantem prohibet ac repellit: « Nisi enim cum Deus, inquit, istis te corporis custodiis liberaverit, huc tibi aditus patere non potest. » Nec dicit (40), quod, nisi mors naturalis advenerit, emori non poteris, sed huc venire non poteris. Pari autem constantia [mors] nec veniens per naturam timenda est, nec contra ordinem cogenda naturæ.

CLVI.
Quod nulla de causa liceat Christianis quemquam interficere (40*), *et contra.*

Augustinus ad Macedonium (Maur. II, 530): Non enim bonus est quispiam timore pœnæ, sed amore justitiæ; verumtamen non inutiliter etiam metu legum humana coercetur audacia, et ut tuta sit inter improbos innocentia, et in ipsis improbis, dum formidato supplicio frenatur facultas, invocato Deo sanetur voluntas. Sed huic ordinationi rerum humanarum contrariæ non sunt intercessiones episcoporum, imo vero nec causa nec locus intercedendi ullus esset, si ista non essent. Tanto enim sunt intercedentium et parcentium beneficia gratiora, quanto peccantium justiora supplicia. Nec ob aliud, quantum sapio, in Veteri Testamento sævior legis vindicta fervebat, nisi ut ostenderetur recte in quis pœnas constitutas, ut, cum eis parcere Novi Testamenti indulgentia commonemur, aut remedium sit salutis quo peccatis parcatur et nostris, aut commendatio mansuetudinis (41), ut per eos qui parcunt, veritas prædicata non tantum timeatur, verum etiam diligatur. *Item*: Et ideo non usque ad mortem protendenda est disciplina, ut sit cui prodesse possit. *Item*: Cum intercedimus pro peccatore damnando, sequuntur aliquando quæ nolumus, sive in ipso qui nostra intercessione liberatur, ut vel immanius impunita grassetur audacia, subdita cupiditati, ingrata lenitati, atque unus morti ereptus vel plurimos necet, vel, ipso per beneficium nostrum in melius commutato, moribus correcto, alius male vivendo pereat, sibique hac impunitate proposita, talia vel graviora committat. Non, ut opinor, hæc mala imputanda sunt nobis, cum intercedimus pro vobis, sed potius illa bona, quæ, cum id facimus, intuemur et volumus, id est commendatio mansuetudinis ad conciliandam dilectionem verbo veritatis, et ut qui liberentur a temporali morte, sic vivant, ne in æternam, unde nunquam liberentur, incurrant. *Item*: Nihil nocendi cupiditate fiat, sed consulendi charitate; et nihil fiat immaniter, nihil inhumaniter. Ita formidabitur ultio cognitoris, ut nec intercessoris religio contemnatur, quia et plectendo et ignoscendo hoc solum bene agitur, ut

---

(38) Cous.: *solum.*
(39) Editt.: *cum.*
(40) Cous.: *Nisi enim cum Dominus inquit istis ... nec dicit quod,* etc.
(40*) Cous.: *hominem occidere.*
(41) Cous.: *magnitudinis.*

vita hominum corrigatur. Quod si tanta est perversitas et impietas, ut ei corrigendæ nec disciplina possit prodesse nec venia, a bonis tamen intentione atque conscientia, quam Deus cernit, sive severitate sive lenitate non nisi officium dilectionis impletur. *Idem ad Bonifacium* (Maur. II, 699) : Itaque hostem pugnantem necessitas perimat, non voluntas. Sicut rebellanti et resistenti violentia redditur, ita victo vel capto misericordia jam debetur. *Idem de Quæstionibus Nov. et Vet. Testamenti, cap. XXX* (Maur. III, App., p. 100) : Quare ergo sententia data est, ut qui accipit gladium gladio pereat, nisi quod nulli licet, excepto judice, quemquam gladio occidere? Apostolo autem Petro usque ad hoc permissum est, ut dolorem faceret, non quod occideret. Ob hoc enim audiens, ne iterum percuteret, didicit præterea, quod Christianis jam factis occidere non licet. In misericordia enim positis lege juris mundo crediti uti non licet aspere.

CLVII.

Quod liceat homines interficere (42), *et non.*

Hieronymus super Isaiam, lib. V : Non crudelis est qui crudelem jugulat. *Idem in Epistolam ad Galatas* : Qui malos percutit in eo quod mali sunt, et habeat causam interfectionis, et occidat pessimos, minister est Domini. *Idem super Jeremiam* : Homicidas enim et sacrilegos et venenarios punire non est effusio sanguinis, sed legum ministerium. *Cyprianus in nono genere abusionis* : Rex debet furta cohibere, adulteria punire, impios de terra perdere, parricidas et perjurantes non sinere vivere. *Augustinus* [*De lib. arbitrio.* Maur. I, 572] : Etsi homicidium est hominem occidere, potest occidi aliquando sine peccato. Nam et miles hostem et judex vel minister ejus nocentem, et cui forte invito atque imprudenti telum manu fugit, non mihi videntur peccare, cum (43) hominem occidunt (44). *Item* : Militi jubetur lege ut hostem necet, a qua cæde si temperaverit, ab imperatore pœnas luit. Nonne istas leges injustas vel potius nullas dicere audebimus? Nam mihi lex esse non videtur, quæ justa non fuerit. *Idem in Exodo cap. XXVII* : Israelitæ furtum non fecerunt spoliando Ægyptios, sed Deo jubenti ministerium præbuerunt, quemadmodum cum minister judicis occidit eum quem lex jussit occidi, profecto, si id sponte faciat, homicida est, etiamsi eum quem occidit scit occidi a judice debuisse. *Idem in Levitico, cap. LXXV* : Cum homo juste occiditur, lex eum occidit, non tu. *Idem lib. I De civitate Dei* (Maur. VII, 21) : Non occides, his exceptis quos Deus occidi jubet, sive data lege [sive] pro tempore ad personam expressa jussione. Non autem ipse occidit, qui ministerium debet jubenti, sicut adminiculum gladius utenti.

Item : Miles cum obediens potestati, sub qua legitime constitutus est, hominem occiderit, nulla civitatis suæ lege reus est homicidii; imo, nisi fecerit, reus imperii deserti atque contempti est. Quod si sua sponte atque auctoritate fecisset, in crimen effusi sanguinis humani incidisset. Itaque unde punitur, si fecerit injussus, inde punietur, nisi fecerit jussus. *Idem ad Publicolam* : De occidendis hominibus ne ab eis quisque occidatur, non mihi placeat consilium, nisi forte sit miles aut publica functione, ut non pro se hoc faciat, sed pro aliis et pro civitate, accepta legitima potestate, si cujus congruerit personæ. *Item* : Dictum est (*Matth.* v, 39) : *Non resistamus malo*, ne nos vindicta delectet, quæ alieno malo animum pascit, non ut correctionem hominum negligamus. *Idem ad Marcellam* : Si terrena ista respublica præcepta Christiana custodiat, et ipsa bella sine benevolentia non gerentur; misericorditer enim, etiamsi fieri potest, bella gerentur a bonis, ut, licentiosis cupiditatibus domitis, hæc vitia perderentur, quæ justo imperio vel exstirpari vel puniri debuerunt. Nam si disciplina Christiana omnia bella culparet, hoc potius militibus consilium salutis petentibus in Evangelio daretur, ut abjicerent arma seque militiæ omnino subtraherent. Dictum est autem eis (*Luc.* III, 14) : *Neminem concusseritis; nulli calumnias feceritis; sufficiat vobis stipendium vestrum.* Quibus proprium stipendium sufficere præcepit, militare utique non prohibuit. *Idem ad Bonifacium comitem* : Utile tibi tuisque dabo consilium : arripe manibus arma; oratio aures pulset auctoris, quia, quando pugnatur, Deus apertis cœlis spectat, et partem quam inspicit justam, ibi dat palmam. *Item* : Sive Deo sive aliquo legitimo imperio jubente, gerenda bella suscipiuntur a nobis. Alioquin Joannes, cum ad eum baptizandi milites venirent dicentes : Et nos quid faciemus? responderet eis : Arma abjicite, militiam istam deserite; neminem percutite; prosternite neminem. Sed quia sciebat eos hæc militando facere, non esse homicidas sed ministros legis, et non ultores injuriarum suarum sed salutis publicæ defensores, respondit eis : *Neminem concusseritis*, etc. *Isidorus Etymologiarum lib. XVIII, cap. III* : Justum bellum est quod ex prædicto geritur de rebus repetendis aut propulsandorum hostium causa. *Nicolaus papa ad consulta Bulgarorum* : Si nulla urget necessitas, non solum quadragesimali, sed omni tempore est a præliis abstinendum. Si autem inevitabilis urget opportunitas, nec quadragesimali est tempore pro defensione tam sua quam patriæ, seu legum paternarum bellorum procul dubio præparationi parcendum, ne videlicet dictum videatur : homo tentare si habet quod faciat, et suæ

---

(42) Cous. : *hominem.*
(43) Cous. : *tantum.*

(44) Cous. : *occidere.*

et aliorum saluti consulere non procurat, et sanctæ religionis detrimenta non præcavet.

CLVIII.

Quod pœna parvulorum non baptizatorum mitissima respectu cæterarum pœnarum damnatorum sit, et contra.

Augustinus in Enchiridio : Mitissima sane omnium pœna erit, qui præter peccatum, quod originale traxerunt, nullum insuper addiderunt. *Joannes Chrysostomus De reparatione lapsi* : Excludi a bonis, quæ præparata sunt sanctis, tantum generat cruciatum et dolorem, ut etiam, si nulla extrinsecus pœna torqueret, hæc sola sufficeret. Omnes ergo gehennæ superat cruciatus, carere bonis quibus in potestate habueras frui. *Item* : Non-A nulli imperitorum putant sibi satis esse, si gehenna tantummodo careant. Ego autem multo graviores quam gehennarum dico esse cruciatus, removeri et abjici ab illa gloria; nec puto ita acerba esse gehennæ supplicia, ut sunt illa quibus torquetur is, quem (45) arceri contingetJ (46) a conspectibus Christi. Hoc crede mihi pœnis omnibus gravius esse, hoc et solum quod superat etiam gehennam. *Ambrosius De pœnitentia, lib. II* : Nihil autem est quod tam summi doloris sit, quam si unusquisque positus sub captivitate peccati recordetur, unde lapsus sit atque unde deciderit, eo quod [ad] corporea atque terrena ab illa speciosa ac pulchra divinæ cognitionis (47) intentione defluxerit (48).

(45) Cous. : *cum.*
(46) Cous. : *contigit.*
(47) Cous. : *cogitationes.*
(48) Editt. : *deflexerit*. — Hic operis finis in Monacensi et teste Cousinio in Abrincensi quoque codice. Monacensis quidem contra morem distincto quodam testimonio finem libri indicare prætermisit; nihil autem deesse consensu utriusque codicis confirmari videtur.

PETRI ABÆLARDI

DIALOGUS

INTER PHILOSOPHUM, JUDÆUM ET CHRISTIANUM.

(Ex codicibus bibliothecæ Cæsareæ Vindobonensis primus edidit Frid. Henr. RHEINWALD, philosophiæ doctor, theologiæ licentiatus, et professor publicus extraordinarius in universitate litteraria regia Guillelma, in Collectione cui titulus : *Anecdota ad historiam ecclesiasticam pertinentia*, particula 1, Berolini, 1831, in-8°.)

PROŒMIUM.

Quem jam foras edimus Anecdotorum ad historiam Ecclesiæ pertinentium fasciculum primum, eum non injucundum fore speramus viris doctis, qui vel minutissimas, quæ erui possunt ex antiquitate, benevole soleant excipere reliquias.

Ad egregium, quem primo hoc loco offerimus, libellum cognoscendum me perduxit vir S. R. Neander, præceptor summa cum pietate colendus. Qui cum pro benevolentia qua me prosequitur singulari in itineris ad metropolin Vindobonensem (a. 1827) suscipiendi societatem me admisisset, opportunitatem mihi dedit, ut ipso duce bibliothecæ Palatinæ thesauros præclarissimos perscrutari et præter alios hunc quoque codicem liceret inspicere. Liber initio statim arrisit, denuo lectus magis etiam placuit, et præ reliquis dignus visus, qui in lucem emitteretur. Assensit S. V. Neander. In exsequendo vero hoc conamine tanta me adjuvit benevolentia nobilissimus de Copitar, bibliothecæ Cæsareæ præpositus, ut vix digne satis laudare possim viri doctissimi humanitatem ac liberalitatem, communi omnium dudum laude celebratam.

Codex noster in collectione MM. bibliothecæ Vindobonensis amplissima designatus est n. DXXI (al. 666) sectionique librorum, qui dicuntur polemici, adnumeratur a Denisio (49). Membranis est inscriptus, folior. LXI, 4°, ad sæculi ineuntis XIII secundum Denisium referendus, non eodem per totum nitore atque diligentia exaratus. Haud pauci in codice reperiuntur errores, quos ubi calamo librarii admissos esse apparuit, emendavimus, ubi vero dubitationi locus erat, librum ad litteram typis excudendum curavimus, lectionemque genuinam conjecturis aut textui interpositis aut suppositis restituere conati sumus. E textu quod videbatur ejiciendum uncis, quod adjiciendum lunulis inclusimus.

A manu paulo recentiore insignitus est codex : *Dialogus Petri Baiolardi* (50), id est ex pronuntiatione nunc usitatiori *Abælardi*. Recte ita libro esse inscriptum, ex ipso cognosces dialogo, sive ad argumentum tractandi rationem, sive ad orationis spectes indolem.

(49) M. Denis, *Cod. Mscr. theol. bibl. Palat. Vind. Lat.*, vol. I, p. 11 Vindob. 1794, f., p. 1996 ff.
(50) Nomen Abælardi diverso modo esse pronuntiatum docet Du Chesne in præfatione apologetica pro

Animadvertas enim ubique mentis acumen et beatam ingenii in tractandis rebus divinis bene exercitati ubertatem, qua quanquam Abælardus æqualibus suis longe esset superior, neutiquam tamen temeraria rationis superbia inflatus, ultra fines naturæ humanæ tenuitati positos evagari conatus est.

Dein ex ipsa qua dialogus progreditur ratiocinatione, ex ipsa argumentatione ac methodo, qua quæstio proposita agitatur atque ad finem perducitur, ad eam facile opinionem deductus videaris, auctorem libri dialogos Platonicos et tractasse et imitatum esse. Simili enim modo quæstionis trahitur dijudicatio, simili modo disputationi triumvirorum finis imponitur, ita quidem ut certum ac definitum arbitri judicium desideretur a lectore obiter intuenti, facile tamen a gnaro sagacique possit intelligi. Id quod bene convenit Abælardo. Non enim est quod dubitemus, Petrum nostrum in dialogis Platonicis volvendis operam diligentissimam posuisse (51), causisque sat gravibus esse impulsum, ut methodum hanc sententiam suam explicandi, Platonis exemplo commendatam, eligeret. Quid, quod vix alia reperiri poterat, quæ magis esset idonea ad opinionem ab inimicorum τῶν αἱρέσεων suspicionem ubique captantium, rabie tuendam atque abscondendam, significandam vero amicorum in ipsa philosophi doctrina initiatorum sagacitati. Abælardi denique manum in libris Romanorum multum versatam, indicare videtur sermonis Latini elegantia, qua dialogus noster non minus ac alia Petri scripta (52) præ reliquis tum scholasticorum, qui isto tempore scripserunt, tum qui postea vixerunt philosophorum libris, exstat insignis.

Hæc habuimus quæ de codicis indole ac integritate diceremus. Nexum, quo placita in tractatu nostro proposita cum doctrina Abælardi sunt conjuncta, indagare et explicare noluimus, cum sperare liceat, munere hoc S. V. Neandrum propediem esse functurum (53), sat contenti, novum e tenebris (54) protulisse documentum, quod facere aliquantum videatur ad illustrandum ingenium « Viri sæpe ac semper cum honore nominandi, servi ac vere Christi philosophi. »

Dabamus Berolini in ipso die S. Albini 1831.

Petro : *Abælardus* vel *Bailardus*, ut cum Accursio et Alciato loquar, vel *Balardus*, ut cum Genebrardo, sive mavis *Abailardum* vocitare, de apiculæ Gallicæ nomine, sive ab *Abailardum*, nam hoc posterius in Chronico Joannis Crispini reperi, ut apud nostrates usus est frequens ab pro de in gentilium nominibus usurpare, etc. Cfr. quoque Denisius l. c. Explosa ridicula aliqua nominis hujus derivatione, ait ipse : « Baiolardi nomen ex Abailardo ortum putem, truncato vocis initio, uti multarum gentium in propr. nom. mos est. »

(51) Abælardum notitiam Platonis non ex Augustino tantum cepisse, sed ipsa Platonis scripta perlustrasse, veri haud dissimile videtur. Cfr. S. V. Schlosser, *Dulcin und Abælard* (Gotha 1807, 8), p. 115 ff., 425 ff. Non multum enim valet, quod objicere quis possit, versiones Platonis Latinas tempore isto nondum exstitisse, cum Græcam linguam bene calluisse aliosque ipsam docuisse, compertum habeamus (*Abælardi ep. ad virgg. Paraclet.*, supra, col. 333 : « Magisterium habetis in matre (Heloisa), quæ non tantum Latinæ, verum etiam Hebraicæ quam Græcæ non expers litteraturæ, sola hoc tempore illam trium linguarum adepta peritiam videtur. »

(52) Cfr. imprimis Abælardi sermo de S. Joanne evangelista, serm. 25. supra col. 536.

(53) In libro egregio denuo edendo, qui inscribitur : *Der heilige Bernhard und sein Zeitalter*. Berlin 1813, 8.

(54) Dialogi nemo eorum qui Vitam Petri conscripsere, commemorationem fecit, nisi auctores operis celeb. : *Histoire littéraire de la France*, t. XII (Par. 1763, 4), p. 132. Inquiunt in § de operibus Abælardi ineditis ad theologiam pertinentibus : « Deux conférences ou disputes, l'une d'un philosophe avec un juif, l'autre d'un philosophe avec un chrétien. Ces deux pièces font partie des manuscrits de Thomas Barlow, évêque de Lincoln, et de ceux de Thomas Gale. La seconde se trouve dans la bibliothèque Jacobéenne. »

PETRI ABÆLARDI

DIALOGUS

INTER

PHILOSOPHUM, JUDÆUM ET CHRISTIANUM.

Aspiciebam in visu noctis, et ecce viri tres, diverso tramite venientes, coram me astiterunt, quos ego statim, juxta visionis modum, cujus sint professionis, vel cur ad me venerint interrogo. « Homines sumus, inquiunt, diversis fidei sectis innitentes. Unius quippe Dei cultores esse nos omnes pariter profitemur, diversa tamen fide et vita ipsi famulantes. Unus quippe nostrum gentilis, ex his quos philosophos apppellant, naturali lege contentus est. Alii vero duo Scripturas habent, quorum alter Judæus, alter dicitur Christianus. Diu autem de diversis fidei nostræ sectis invicem conferentes atque contendentes, tuo tandem judicio cessimus. »

Ego super hæc itaque vehementer admirans, quis in hæc ipsos induxerit vel congregaverit quæro, et maxime cur in hæc me judicem elegerint? Respondens autem philosophus : « Mea, inquit, opera hoc est inceptum, quoniam id summum est philosophorum, rationibus veritatem investigare et in omnibus non opinionem hominum, sed rationis sequi ducatum. Nostrorum itaque scholis corde intentus et tam ipsorum rationibus quam auctoritatibus eruditus, ad moralem tandem me contuli philosophiam, quæ omnium finis est disciplinarum, et propter quam cætera omnia prælibanda judicavi. Hic de summo bono, et de summo malo et de his quæ vel beatum hominem vel miserum faciunt, quoad potui instructus, statim apud me diversas etiam fidei sectas, quibus nunc mundus divisus est, studiose scrutatus sum et omnibus inspectis et invicem collatis, illud sequi decrevi, quod consentaneum magis sit rationi. Contuli me igitur ad Judæorum quoque et Christianorum doctrinam et utrorumque fidem et leges sive rationes discutientes. Comperi Judæos stultos, Christianos insanos, ut cum salva pace tua, qui Christianus (fol. 1 V.) diceris, ista loquar. Contuli diu cum utrisque, et nostræ collationis altercatione nondum finem adepta, partium suarum ratione [s], tuo committere decrevimus arbitrio. Te quippe nec philosophicarum rationum vires nec utriusque legis munimenta latere, novimus. Christiana namque professio sic propria lege nititur, quam Novum nominant Testamentum, ut respuere tamen non præsumat antiquum, et utriusque lectioni maximum impendat studium. Aliquem nobis judicem oportebat eligere, ut altercatio nostra finem acciperet, nec quemquam, nisi in aliqua harum trium sectarum reperire potuimus. ›

Ac deinde, tanquam adulationis oleum vendens, et caput meum hoc unguento demulcens statim intulit : « Quanto igitur ingenii te acumine et quarumlibet scientia Scripturarum fama est præminere, tanto amplius in hoc judicio favendo sive defendendo constat valere, et cujuscunque nostrum rebellioni satisfacere posse. Quod vero ingenii tui sit acumen, quantum philosophicis et divinis sententiis memoriæ tuæ thesaurus abundat, præter consueta scholarum tuarum studia, quibus in utraque doctrina præ omnibus magistris, etiam tuis sive ipsis quoque repertarum scientiarum scriptoribus constat te floruisse, certum est nobis præbuit experimentum opus illud mirabile theologiæ, quod nec invidia ferre potuit, nec auferre prævaluit, sed gloriosius persequendo effecit. »

Tum ego : « Non ambio, inquam, hujus honoris gratiam, quam mihi reservastis, ut sapientibus scilicet omissis, stultum pro judice statueritis. Nam et ego similis vestri, vanis hujus mundi contentionibus assuetus, non grave perferam audire, quibus oblectari consuevi. Tu tamen, philosophe, qui, nullam professus legem, solis rationibus cedis, non pro magno æstimes, si in hoc congressu prævalere videaris. Tibi quippe ad pugnam duo sunt gladii, alii vero uno tantum in te armantur. Tu in illos tam scripto quam ratione agere potes (fol. 2 R.) ; illi vero tibi, quia legem non sequeris, de lege nihil objicere possunt, et tanto etiam minus in te rationibus possunt, quanto tu amplius assuetus, philosophicam uberiorem habes armaturam. Quia tamen hoc ex condicto, et pari statuistis consensu, et de viribus vestris singulos vestrum confidere video, nequaquam ausibus vestris nostra erubescentia[m] refer[e] trepulsa[m], præsertim cum ex his aliquam percipere me credam doctrinam. Nulla quippe, ut quidam nostrorum meminit, adeo falsa est doctrina, ut non aliqua intermisceat vera, et nullam adeo frivolam disputationem arbitror, ut non aliquod habeat documentum. Unde et ille maximus sapientum, in ipso statim Proverbiorum suorum exordio, lectorem sibi attentum præparans, ait : *Audiens sapiens sapientior erit, intelligens gubernaculum possidebit* (Prov. I, 5). Et Jacobus apostolus : *Sit*, inquit, *omnis homo velox ad audiendum, tardus autem ad loquendum* (Jac. I, 19).

Assentiunt, de nostro assensu gratulantes.

PHILOSOPHUS. Meum est, inquit, primum cæteros interrogare, qui et naturali lege, quæ prima est, contentus sum. Ad hoc vos ipse congregavi, ut de superadditis inquirerem scriptis. Prima, inquam, non solum tempore, verum etiam natura. Omne quippe simplicius naturaliter prius est multipliciori. Lex vero naturalis in scientia morum, quam ethicam dicimus, in solis consistit documentis moralibus. Vestrarum autem legum doctrina his quædam exteriorum signorum addidit præcepta, quæ nobis omnino videntur superflua, de quibus etiam suo loco nobis est conferendum.

Annuunt utrique philosopho priorem in hujus pugnæ congressu locum.

Tum ille : Unde, inquit, primo vos simul interrogo, quod ad vos pariter attinere video, qui maxime scripto nitimini, utrum videlicet in has fidei sectas ratio vos induxerit aliqua, an solam hic hominum opinionem ac generis vestri sectemini amorem, quorum quidem alterum (2 V.), si sit, maxime est probandum, sicut alterum penitus improbandum. Quod tamen verum, postremum esse, nullius hominis discreti conscientiam credo negare. Ita namque singulis hominibus proprii generis et eorum, cum quibus educantur, insitus est amor, ut contra eorum fidem quidquid dicatur, abhorreant; et consuetudinem in naturam vertentes, quidquid didicerunt pium [pueri], obnixe tenent adulti, et antequam ea, quæ dicuntur, capere valeant, credere se affirmant, ut enim et poeta meminit :

Quo semel est imbuta recens, servabit odorem Testa diu.

(HORAT. *Epist.* l. I, ep. 2, vers 69.)

Quales quidem philosophorum quidam arguit, dicens : « Neve, si quid in puerilibus disciplinis acceperint, id sacrosanctum judicetur ! quoniam quidem res teneris auribus accomodatas sæpe philosophiæ senior tractatus eliminat. » Quid enim ?

mirabile est, cum per ætatum seriem ac temporum successionem, humana in cunctis rebus creatis intelligentia crescat, in fide, cujus errori summum periculum imminet, nullus est profectus? sed æque minores ut majores, æque rustici ut litterati de hac sentire asseruntur, et ille firmissimus in fide dicitur, qui communem populi non excedit sensum. Quod profecto idem [o] certum est accidere, quod nemini apud suos quid sit credendum licet inquirere, nec de his quæ ab omnibus dicuntur impune dubitare. Pudet namque homines de his se interrogari, de quibus respondere non sufficiunt. Nemo quippe libenter accedit qui de propriis viribus diffidit, et ultroneus currit ad pugnam qui victoriæ sperat gloriam. Hi etiam in tantam sæpe prorumpunt insaniam, ut, quod se non posse intelligere confitentur, credere se profiteri non erubescant, quasi in prolatione verborum potius quam in comprehensione animi fides consistat, et oris ipsa sit magis quam cordis. Qui hinc quo maxime gloriantur, cum tanta credere vide[a]ntur, quæ nec ore disseri nec mente concipi (fol. 3 R.) valeant. Quod [s] etiam adeo præsumptuosos et elatos facit propriæ sectæ singularitas, ut quoscunque a se viderint in fide divisos, a misericordia Dei alienos, et omnibus aliis condemnatis, solos se prædicent beatos. Diu itaque hanc ego generis humani cæcitatem atque superbiam considerans, ad divinam me contuli misericordiam, suppliciter et jugiter eam implorans, ut de tanta errorum voragine et tam miserabili Charybdi me dignetur educere atque ad portam salutis de tantis procellis dirigere. De quo etiam nunc me videtis sollicitum et responsionum vestrarum documentis tanquam discipulum vehementer intentum.

JUDÆUS. Duos quidem simul interrogasti, sed duos simul respondere non conveni[un]t, ne multitudo loquentium præpediat intellectum. Respondebo, si placet, ego primus, quia primi nos in cultum Dei venimus, vel primam legis suscepimus disciplinam. Frater vero iste qui se Christianum profitetur, ubi me deficere vel minus sufficere conspexerit, imperfectioni meæ, quod defuerit, supplebit, qui quasi duo cornua in duobus gerens Testamentis, quibus armatus validius hosti resistere poterit et dimicare.

PHILOSOPHUS. Assentio.

JUDÆUS. Hoc autem ante collationis nostræ conflictum præmonere te volo, ne si forte simplicitatem meam philosophicarum veritate rationum superare videaris, te nostros ideo vicisse glorieris, nec imbecillitatem unius homunculi ad populi totius convertas ignominiam, nec ex hominis vitio fidem redarguas, nec eam calumnieris erroneam, quod ego eam disserere minus sufficiam.

PHILOSÓPHUS. Et hoc quoque provide satis videtur esse dictum : sed nulla est necessitate præmissum, cum me videlicet ad veritatis inquisitionem non ad elationis ostentationem laborare non dubitetis, nec ut sophistam corrixari, sed ut philosophum rationes scrutari, et (quod est maximum) me salutem animæ ven[er]ari.

JUDÆUS. (3 V.) Dominus ipse, qui hunc zelum tibi visus est inspirasse, ut pro salute animæ tuæ tanta cum inquiras sollicitudine, nobis hanc conferat [hanc] collationem, per quam eum salubriter possis invenire. Nunc me ad interrogata, prout ipse concesserit [s], superest respondere.

PHILOS. Sic profecto convenit juxta propositum [i] nostri condictum.

JUDÆUS. Omnes quidem homines dum parvuli sunt nec adhuc discretionis ætate pollent, constat eorum hominum fidem vel consuetudinem sequi, cum quibus conversantur, et eorum maxime, quos amplius diligunt. Postquam vero adulti sunt, ut proprio regi possint arbitrio, non alieno, sed proprio commit[t]i judicio debent, nec tam opinionem sectari quam veritatem scrutari convenit. Hæc autem ideo prælibavi, quia fortasse primo ad hanc fidem nos carnalis originis affectus induxerit et consuetudo, quam primo novimus. Sed jam nos hic ratio detinet potius quam opinio.

PHILOS. Hanc nobis obsecro rationem aperi et sufficit.

JUDÆUS. Lex ista, quam sequimur, si, ut credimus, a Deo nobis data sit, arguendi non sumus ei obtemperando, imo de obedientia remunerandi, et qui eam contemnunt vehementer errant; quod si nos eam cogere non possumus a Deo datam fuisse, nec vos hoc refellere valetis. Ut autem ex humanæ consuetudine vitæ sumamus exemplum. Da mihi obsecro, consilium. Servus sum cujusdam domini, et eum offendere vehementer timeo, et multos habeo conservos eodem timore sollicitos. Dicunt illi mihi dominum nostrum quiddam præcepisse omnibus servis suis, me absente, quod ego non ignoro, quod et illi operantur, et ad cooperandum me hortantur? Quid mihi laudas faciendum esse, si de eo dubitaverim præcepto, cui ego non interfui ? Non credo vel te vel alium mihi consulere, ut, servorum omnium consilio spreto, sensum proprium sequens unum me sequestrem ab eo (fol. 4 R.), quod illi communiter agunt, et quod omnes præcepisse dominum testantur, maxime cum tale videatur præceptum, quod nulla possit ratione refelli. Quid mihi necesse est de periculo dubitare, a quo possum securus existere ? Si hoc Dominus præcepit quod multorum testimonio confirmatur, et plurimum habet rationis, inexcusabilis omnino sum, qui non obedio. Si autem consilio vel exhortatione et exemplo conservorum deceptus, quod præceptum non sit, operor, etsi operandum non fuerit, illis potius quam mihi est imputandum, quem ad hoc reverentia domini traxit.

PHILOS. Certe tu ipse consilium aperuisti quod requisisti, nemoque contra hoc discretus senserit, sed apta propositæ similitudinis exemplum ad hoc quo [d] tendimus.

JUDÆUS. Multæ, sicut ipse nosti, generationes, præcesserunt ex quo populus noster hoc Testamentum, quod sibi datum a Deo autumant, obediendo custodierunt, et omnes pariter de observatione ipsius tam verbo quam exemplo posteros instruxerunt, et fere in hoc universus consentit mundus, quod hæc nobis a Deo lex data sit. De qua, si quos forte non possumus incredulos cogere, nemo tamen est, qui hoc, quod credimus, ratione possit aliqua refellere. Pium quippe est sentire et omnino rationi consentaneum et tam divinæ bonitati quam humanæ congruum saluti, Deum in tantum curam hominum gerere, ut eos quoque legis scripto dignaretur instruere, et timore saltem pœnarum nostram malitiam reprimere. Si enim salubriter ad hoc sæcularium principum leges institutæ sunt, quis summum omnium benignissimumque principem contradicat de hoc quoque curam suscepisse? Quomodo enim quis sine lege subjectum populum gubernare poterit, si videlicet quisque suo dimissus arbitrio, quod elegerit, sequatur? (4 V.) Aut quomodo juste, puniendo malos, eorum malitiam compescit, nisi prius lex statuta sit, quæ mala fieri vetet? Hac ratione liquidum esse credo, divinam legem in hominibus præcessisse, ut hujus quoque boni mundus exordium et auctoritatem a Deo sumeret, cum aliquarum legum institutione malitiam refrenare vellet? alioquin facile videri posset, Deum res humanas non curare, et ipsum mundi statum fortuitu potius agi, quam providentia regi. Si qua vero lex a Deo data esse creditur mundo, de qua magis consentiendum, quam de nostra, quæ tantam ex vetustate et communi hominum opinione nacta est auctoritatem? Sit denique dubium mihi sicut et tibi, quod hanc Deus legem instituerit, quod tot tamen testimoniis et ratione confirmatur, cogeris tamen secundum suppositæ similitudinis inductionem, id mihi consulere, ut ipsi obedi[enti]am, maxime cum ad hoc propria me invitet conscientia. Fidem tecum de unius Dei veritate communem habeo, æque ipsum fortassis, ut tu, diligo, et ex operibus, quæ tu non habes, id insuper exhibeo. Quid mihi hæc opera, si non prosint, officiunt, etiam si non sint præcepta, quia non sunt prohibita? Quis me etiam arguere possit, si nullo et constrictus præcepto amplius pro Domino laboro? Quis hanc arguerit fidem quæ divinam bonitatem maxime, ut dictum est, commendat et plurimum nostram in eum charitatem accendit, qui adeo de nostra sollicitus sit salute, ut nos etiam scripto legis dignetur instruere? Aut igitur aliquid in hac lege argue, aut, cur eam sequamur inquirere desiste! Crudelissimum Deum astruit esse, quisquis hujus zeli nostri (fol. 5 R.) perseverantiam, tanta sustinentem, a mercede vacuam esse censet. Nulla quippe gens unquam tanta pro Deo pertulisse noscitur, aut etiam creditur, quanta nos jugiter pro ipso sustinemus; nullaque rubigo peccati esse potest, quam non consumere fornacem hujus afflictionis concedi debeat. Nonne in omnes dispersi nationes soli sine rege vel principe terreno tantis exactionibus gravamur, ut singulis fere diebus vitæ nostræ miseræ redemptionem exsolvamus intolerabilem? Tanto quippe nos contemptu et odio digni censemur ab omnibus, ut quisquis nobis aliquam inferat injuriam, id maximam credat justitiam et summum deo sacrificium oblatum. Non enim tantæ captivitatis calamitatem nisi ex summo Dei odio nobis autumant accidisse, et justæ imputant ultioni, quamcunque in nos exercent sævitiam tam gentiles quam Christiani. Gentiles quidem antiquarum memores oppressionum, quibus eorum primo terram possedimus, et diuturnis eos postmodum persecutionibus attrivimus atque delevimus, quidquid nobis ingerunt, debitæ imputant ultioni. Christiani vero quia, ut aiunt, eorum Deum interfecimus, majorem in nos persecutionis causam habere videntur. Ecce inter quales nostra exsulat peregrinatio et de quorum nobis est patrocinio confitendum! Summis inimicis nostris vitam nostram committimus; et in infidelium fidem nos credere cogimur. Somnus ipse, qui laxatam maxime fovet ac recreat naturam, tanta nos inquietat sollicitudine, ut dormientes etiam non nisi de juguli nostri periculo liceat cogitare. Nusquam nisi ad cœlum tutus nobis patet ingressus, quibus ipse etiam habitationis locus est periculosus. Egressuri ad quælibet proxima loca ipsum, de quo parum confidimus, conductum non modico pretio conducimus. Principes ipsi, qui nobis præsunt et quorum graviter emimus patrocinium, tanto amplius mortem nostram desiderant, quanto (5 V.) licentius ea, quæ possedimus, arripiunt. Quibus etiam constrictis et oppressis, quasi in nos solos conjurasset mundus, hoc ipsum mirabile est, si vivere licet, nec agros, aut vineas aut terrenas aliquas possessiones habere conceditur, quia non est, qui eas nobis ab infestatione manifesta vel occulta protegere possit. Unde nobis præcipue superest lucrum, ut alienigenis fœnerantes hinc miseram susten[t]emus vitam, quod nos quidem maxime ipsis efficit invidiosos, qui se in hoc plurimum arbitrantur gravatos. De hac autem vitæ nostræ miseria summa, et quibus incessanter periculum[is] laboramus, ipse magis status noster omnibus loqui sufficit, quam lingua possit. Ipsa quoque legis præcepta, quanta difficultate sint implicita, neminem, qui eam attigerit, latet, ut tam hominum oppressione quam jugo legis intolerabiliter affligamur. Quis non ipsum circumcisionis nostræ sacramentum, cum ex erubescentia tum ex pœna, suscipere non abhorreat aut trepidet? Quæ tam tenera humani corporis portio, quam illa, cui hanc plagam in ipsis quoque infantulis lex infligit? Quæ tanta est agrestium lactucarum amaritudo, quas in condimento paschalis sacrificii sumimus? Quis non videat etiam omnes fere delicatos cibos et eos maxime qui facile comparari possunt, nobis esse prohibitos? Carnes quælibet ab istis præguslatæ nobis immundæ sunt, et quælibet morticina vel suffocata nobis sunt interdicta. Nec de bestiis nobis edere licet, nisi quas nos ipsi mactaverimus, et diligenter adipe et venis purgaverimus, quod nos etiam non modice gravat et tunc maxime cum integrum pecus emere non sufficimus. Sicut enim nos carnes a gentibus mactatas, sic illi a nobis procuratas abhorrent. Vino quoque ab illis procurato omnes pariter abstinemus. Ex quo liquidum (fol. 6 R.) esse constat quam difficile inter nos nostra propter Deum vivat peregrinatio. Quis denique legalium pœnarum austeritatem non solum sufferre sed etiam reis inferre non abhorreat? Quis fratri suo dentem pro dente, oculum pro oculo, animam quoque pro anima tolleret? nedum etiam in semetipso hæc tolerare consentiat, ne videlicet legi contrarius existat? Ex quibus profecto et innumeris aliis observationibus liquet unumquemque nostrum legi obtemperantem illud Psalmistæ Deo recte profiteri : *Propter verba labiorum tuorum ego custodivi vias duras (Psal.* XVII, 4).

PHILOS. Revera zelus hic quem in Deum habere videmini multa et magna quæcunque intentione sustinet. Sed plurimum refert utrum hæc intentio recta sit an erronea. Nulla quippe est fidei secta, quæ se Deo famulari non credat, et eo propter ipsum non operetur quæ sibi placere arbitratur. Non tamen ideo sectas omnium approbatis, qui solam vestram defendere aut longe cæteris nitimini præferre. Quod tamen quantum a ratione sit dissonum volo te perpendere, et ipso quoque scripto legis quam sequeris arguere.

JUDÆUS. Et hoc ego libenter suscipio.

PHILOS. Constat ante ipsam legis traditionem vel sacramentorum legalium observationes plerosque lege naturali contentos, quæ videlicet in dilectione Dei consistit, et proximi justitiam coluisse, et acceptissimos Deo exstitisse, utpote Abel, Henoch, Noe, et filios ejus, Abraham quoque, Lot atque Melchisedech, quos lex etiam vestra commemorat, et plurimum commendat. Quorum quidem Henoch in tantum Deo placuisse refertur, ut eum Dominus vivum in paradisum intulisse dicatur, sicut et quidam ex vobis his astruit verbis : *Henoch placuit Deo et translatus est in paradisum, ut det gentibus pœnitentiam (Eccl.* XLIV, 16). Sed et Noe, ut scriptum est, virum justum atque perfectum in generationibus suis (*Gen.* VI, 9), quantum dilexerit Dominus manifestis (6 V.) exhibuit factis, cum videlicet universis aliis diluvio submersis ipsum solum et domum ejus pro humani generis semine reservavit. His quoque insignes illos patriarchas vestros adjunge, Abraham videlicet, Isaac et Jacob, in quibus et eorum semine omnium gentium benedictio futura promittitur, qui etiam legem præcesserunt, et vide quam sit excellentior eorum prærogativa cæterorum, qui post legem exstiterunt. Unde et specialiter Deus eorum esse dicitur, et ipse legislator per eorum merita et ad ipsos promissiones factas

iratum populo Dominum conciliat. Scriptum est enim : *Moyses autem orabat Dominum dicens : Quiescat ira tua et esto placabilis super nequitiam populi tui. Recordare Abraham, Isaac et Israel servorum tuorum, quibus jurasti per temetipsum dicens : Multiplicabo semen tuum sicut stellas cœli et universam terram hanc de qua locutus sum dabo semini vestro et possidebitis eam semper. Placatusque est Dominus, ne faceret malum quod locutus fuerat (Exod.* XXXII, 11-14). Ex quo liquide colligitur quam accepta Deo fuerint illa priorum Patrum obsequia gratuita, ad quæ nondum eos aliqua lex constringebat, in qua nos adhuc ei libertate deservimus. Quod si in Abraham legem quodammodo dicas incœpisse, propter circumcisionis scilicet sacramentum, nullam profecto reperies eum ex hoc remunerationem apud Deum obtinere, ne qua sit vobis ex lege gloriatio, nec quidquam justificationis adeptum esse. Scriptum quippe est ipsum nondum circumcisum per fidem sicut priores Patres justificari, cum dicitur : *Credidit Abraham Deo et reputatum est illi ad justitiam (Gen.* XV, 6). Cujus etiam religio antea promissionem terræ vel multiplicationis futuræ tam sibi quam semini suo susceperat. Qui et postea circumcisus, cum audit (fol. 7 R.) a Domino in se vel in semine suo gentes omnes benedicendas, non hoc ex circumcisione sed ex illa meruit obedientia qua voluit filiam immolare. Denique si universam Testamenti vestri revolvas historiam, nullam reperies circumcisionis remunerationem promissam, sed id tantum a Domino constitutum esse, ut quisquis de semine Abrahæ circumcisus non fuerit, in populo suo, id est inter filios Abrahæ non connumeretur. Sic quippe scriptum est Domino Abraham dicente : *Statuam pactum meum inter me et te, et semen tuum post te,* etc. *Hoc est pactum quod observabitis. Circumcidetur ex vobis omne masculinum, infans octo dierum circumcidetur in vobis. Masculus cujus præputii caro circumcisa non fuerit, peribit anima illa de populo suo,* etc. (*Gen.* XVII, 10-14) Quod quidem perire, si de damnatione quoque animæ intelligendum esse dixeritis, tanto minus habet rationis institutio circumcisionis, quanto periculosius est eam non habere, sine qua prius nihil offciebat esse. Quæ etiam sententia regnum cœlorum præstruit infantibus ante diem octavum morientibus, qui nullam tamen adhuc commiserunt noxam, qua damnari meruerint. Quod etiam diligenter attendas quam remunerationem observantiæ totius legis Dominus promit[t]at ac præfigat. Nihil utique inde ab eo nisi terrenam prosperitatem potestis exspectare, cum nihil aliud ibi promissum esse videatis. Qui cum nec ostendat utrum hanc saltem obtineatis, qui vestro quoque judicio super omnes mortales affligimini, qua spe in hac legis obedientia tot et tanta suste[i]neatis non mediocriter est mirandum, cum illo videlicet commodo præcipue frustrati sitis, quod specialiter ex ipso promissionis debito vobis est exspectandum. Aut igitur non inpletis legem et per hoc maledictum legis incurritis damnandi, aut qui hæc implentibus (7 V.) legem promisit, verax in suis non existit promissis. Quodcunque autem horum eligatis, nihil de lege video vobis confidendum esse, parum etiam ad beatitudinem meretur. Quid rogo exstitit, quod cum ad legis observantiam ex ejus remuneratione nos Deus invitaret, quod minimum est promisit, et quod est maximum penitus reticuit? Non discrete profecto peroravit, si utrumque ad legis obedientiam sufficere novit, cum id videlicet, quod suasione plurimum valebat, omnino præteriit. Nihil quippe, ut dictum est, de vera illa et æterna beatitudine ibidem in remuneratione commemoratum, sed in tantum terrena prosperitas intimatur, ut hoc tantum in causa obedientiæ cons[t]ituatur; et iterum commendatur, ut per hujus responsionem omni posterorum inquisitioni satisfieri censeatur. Sic quippe scriptum est, ipso legislatore Moyse populum instruente adversus quamlibet legis impugnationem, atque dicente: *Audi, Israel, custodi præcepta Domini Dei tui, ac testimonia et cæremonias, quæ præceperit, et fac quod placitum est et bonum in conspectu Domini, ut bene sit tibi, et ingressus possideas terram optimam, de qua juravit patribus tuis, ut deleret omnes inimicos tuos coram te sicut locutus est. Cum interrogaverit te filius tuus cras dicens, quid sibi volunt testimonia hæc et cærimoniæ atque judicia, quæ præcepit Dominus Deus noster nobis, dices ei: Servi eramus Pharaonis in Ægypto, et eduxit nos Dominus de Ægypto in manu forti, fecitque signa, prodigia atque magna et pessima in Ægypto contra Pharaonem et omnem domum illius in conspectu nostro, et eduxit nos inde, ut introductis daret terram, super qua juravit patribus nostris. Præcepitque nobis Dominus, ut faciamus omnia legitima hæc et timeamus Dominum Deum nostrum et* (fol. 8 R.) *bene sit nobis cunctis diebus vitæ nostræ, sicut est hodie* (Deut. VII, 5). Item: *Te elegit Dominus Deus tuus, ut sis ei populus peculial[r]is de cunctis populis qui sunt supra terram.* Custodi ergo præcepta et cærimonias atque judicia, quæ ego mando tibi hodie ut facias. *Si custodieris ea et feceris, custodiet et Dominus Deus tuus tibi pactum et misericordiam, quam juravit patribus tuis, et diliget te ac multiplicabit, benedicetque fructui ventris tui, et fructui terræ tuæ frumento atque vindemiæ, oleo et armentis, gregibus ovium tuarum super terram pro qua juravit patribus tuis ut daret eam tibi. Benedictus eris inter omnes populos, scilicet non erit apud te sterilis utriusque sexus tam in hominibus quam in gregibus tuis. Auferet a te omnem languorem et infirmitates Egypti pessimas, quas non inferet tibi, sed cunctis hostibus tuis. Devorabis omnes populos, quos Dominus Deus tuus daturus est tibi* (Deut. VII, 6-16). Et rursum: *Dabit pluviam terræ nostræ temporaneam et serotinam, ut colligatis frumenta, vinum et oleum, fœnum ex agris, ad pascenda jumenta, et ut ipsi comedatis et saturemini* (Deut. XI, 14-15). *Venientque super te universæ benedictiones istæ, et apprehendent te, si tantum præcepta ejus audieris. Benedictus tu in civitate et benedictus in agro. Benedictus fructus ventris tui et fructus terræ tuæ, fructusque jumentorum tuorum, greges armentorum tuorum, et caulæ ovium tuarum. Benedicta horrea tua et benedictæ reliquiæ. Benedictus eris ingrediens et egrediens. Benedicet cunctis operibus manuum tuarum et fœnerabis gentibus multis et ipse a nullo fœnus accipies.* (Deut. XXVIII, 2-12). Ecce in remuneratione implendæ legis sicut hominibus ita et fructui jumentorum tuorum, gregi armentorum tuorum, et caulis ovium benedictio promittitur, et nulla spiritualis benedictionis animæ fit mentio (8 V.), nec quidquam, quod ad salutem animæ vel damnationem attinet, obedientibus vel transgredientibus promittitur, sed sola commoda vel incommoda terrena memorantur, his, quæ maxima sunt, omnino præternissis. Quæro etiam, si nunc quoque post legem nobis datam, sicut et antea, lex naturalis ad salutem aliquibus sufficere possit, absque videlicet exterioribus illis et propriis legis operibus. Quod quia nulla ratione negare potestis, cum legem hanc constet tantum vobis esse datam, non aliis populis, nec circumcisiones nisi Abrahæ et semini ejus esse injunctas. Ad cujus quidem semen soli pertinent illi, qui de Isaac nascuntur, Domino ad ipsum dicente: *Quia in Isaac vocabitur tibi semen* (Gen. XXI, 12). Qui etiam postea quam circumcisionis pactum instituisset inferius adjecit: *Pactum vero meum statuam ad Isaac* (Gen. XVII, 21). Job quoque gentilem, quem post Abraham sine lege exstitisse non dubitatis, in tantum Dominus commendavit, ut diceret: *Quod non sit ei similis in terra, homo simplex et rectus ac timens Deum et recedens a malo.* (Job I, 8). Qui per semetipsum suam nobis exponens justitiam, quam imitemur, nihil de illis legis operibus commemorat, sed tantum legis naturalis opera, quæ unicuique ipsa ratio naturalis persuadet. *Si ambulavi*, inquit, *in vanitate, aut festinavit in dolo pes meus, si negavi quod volebant pauperibus et oculos viduæ exspectare feci*, etc. (Job XXXI, 6-16), quæ ipse nobis gentilibus tam verbis quam exemplis tanquam legem instituit. Quod si hæc vel ante legem vel etiam nunc aliquibus ad salutem sufficiant, quid necesse fuit jugum legis addere, et multiplicatis præceptis transgressiones augere? Ubi enim non est lex, nec ejus prævaricatio accidere potest. Quomodo peculiarem populum lege data constituit, et qua ratione Israel primogenitum suum nominat, quem tanta sarcina sine causa gravat? quis autem vos a maledicto legis excusare possit, qui, vestris exigentibus peccatis, sicut ipsi profitemini (fol. 9 R.) terram promissionis amisistis, extra quam implere legem nullatenus valetis, quibus nec vestras permittitur justitiarum exercere vindictas, nec licet ipsa celebrare sacrificia vel oblationes ad peccatorum purgationem institutas, nec ipsa etiam divinarum laudum persolvere cantica. Quod quidem et vos ipsi profitemini, dicentes: *Quomodo cantabimus canticum Domini in terra aliena? (Psal.* xii, 4.) Ex quo tam opera legis quam verba, sicut et ejus remunerationem constat amisisse, nec jam vos aut uxores vestras hostiis vel oblationibus amissis mundari posse vel Domino consecrari, sacerdotio pariter et templo privatos ; ut nec terrenæ dignitatis solatium habeatis, qui nunquam a Domino nisi terrena postulatis, nec nisi in terrenis promissionem remunerationis, ut dictum est, accepistis.

JUDÆUS. Multa continue objecisti ; quæ non est facile recordari, ut singulis ordine respondeam. Prout tamen hæc mihi occurrerint respondere conabor. Etsi concederemus nunc quoque more priorum sanctorum homines salvari posse sola naturali lege, absque videlicet circumcisione, aut cæteris legis scriptæ carnalibus observantiis, non tamen hæc superflue adjuncta esse concedendum est, sed plurimum utilitatis habere ad amplificandam vel tutius muniendam religionem, et ad malitiam amplius reprimendam. Unde et ex his quæ ipse induxisti nonnullas accipe rationes. Quandiu fideles passim infidelibus permisti vixerunt, nec adhuc Dominus eis terram concesserat propriam, nulla legis observantia fuerunt ab eis divisi cum quibus vivere cogebantur, ne videlicet ipsa vitæ dissimilitudo pareret inimicitias. Postquam vero Dominus Abraham de terra et cognatione sua eduxit, ut ei et semini ejus terram in hæreditatem daret per quam a gentibus segregarentur, corporalibus quoque legis operibus eos penitus separare decrevit, ut tantominus fideles ab infidelibus corrumpi possent (9 V.), quanto amplius ab ipsis tam loco quam corporibus disjungerentur. Unde Abrahæ et semini ejus facta hujus terræ promissione in qua sibi Dominus populum aggregaret et in qua civitatem propriam sibi constitueret, legem cepit instituere secundum quam ibi essent victuri, a circumcisione inchoans. Sciebat quippe Dominus, duram populi nostri cervicem futuram, et eum ad ido[lo]latriam quoque pravosque gentilium mores facile inclinari, sicut reipsa postea probatum est. Unde legalibus observantiis quasi maceria quadam interpositis, decrevit eorum ritus ita disjungere, ut nulla conversationis vel familiaritatis conjungerentur societate ; imo perpetuas hinc adversus se conciperent inimicitias. Maximam vero inter homines familiaritatem copula matrimonii et communio mensæ contrahere solet. Unde ad hæc maxime removenda et circumcisionem instituit Dominus et delicatorum ciborum esum interdixit. Adeo namque circumcisionis signum gentibus abominabile videtur, ut si nos eorum feminas affectaremus nullatenus nobis in hoc consentirent. Unde, etsi aliæ essent rationes, has in præsenti credo sufficere. Quod tamen circumcisionis seu legis meritum evacuare vel extenuare laboras, ex ipsa scilicet auctoritate Scripturæ, per ipsam credo refelli posse, si ea videlicet, quæ de serie Scripturæ furatus esse reticendo videris, diligenter attendas, quæ tibi credo nocitura videbas. Cum enim pactum — quod per circumcisionem — Domino[us] cum ipse[o] institueret, dixit Abrahæ : *Statuam pactum meum inter me et te et semen tuum post te in generationibus suis, fœdere sempiterno, ut sim Deus tuus et seminis tui (Gen.* xvii, 7). Cum enim fœdere sempiterno ait, ut sim Deus tuus et seminis tui , patenter edocet nos ex circumcisione Deo perenniter esse fæd[er]andos, et per hæc nos eum promereri Deum, ut nec in hac vita, scilicet nec in futura disjungamur ab ipso. Quod etiam ipse repetens, ut magis memoriæ commendet, adjecit : *Eritque pactum meum in carne vestra in fœdus æternum (Exod.* vi, 7) ; ut quemadmodum scilicet circumcisio in carne semel facta aboleri jam non potest, sic nequeamus adeo ulterius disjungi, qui nos spiritualiter [vel specialiter] confortans ait : *Eritis mihi in populum et ego vobis ero in Deum (Gen.* xvii, 15). Unde et Deum specialiter Hebræorum, non tantum Deum Abraham, Isaac et Jacob se Deum nominat. Intantum vero ex circumcisione Deus sive filiorum [sive] ejus fieri innuitur, qui ante circumcisionem nec horum, nec hominum Deus sit appellatus. Congruum autem fœderis signum inter se et nos circumcisionis instituit, ut qui illo membro scilicet generantur, quod specialiter post susceptæ circumcisionis obedientiam consecratur, ex ipso quoque suæ generationis instrumento se sanctificari Domino admoneantur, ut sic videlicet interius a vitiis circumcidantur in corde, sicut jam exterius circumcisi sunt in carne ; et a præcedente sua Chaldeorum [in] fidelium origine, ita moribus se amputent, sicut primam illius membri partem a se removerunt, non tam ab eis cum Abraham corpore quam mente egredientes, sicut David commemorat fidelem animam invitans sic : *Obliviscere populum tuum et domum patris tui (Psal.* xliv, 11), etc. Unde et Dominus populum vineæ comparans electæ, conqueritur se exspectasse ut faceret uvas, et fecit labruscas (*Isai.* v, 2). Sicut autem totus ejus populus vineæ comparatur, sic singuli fideles vitibus et eorum genitalia propaginibus [vel palmitibus] congrue conferuntur. Palmes autem vitis, nisi in se præcidatur, labruscas potius quam uvas affert, et remanet. Ad hanc itaque similitudinem divinæ circa nos culturæ diligentiam præputium signat amputatum, ex quo nos Deus excolere incipit. Quod si etiam humanæ culpæ (10 V.) in primis parentibus exordia revolvas, et Dominicam in mulierem sententiam pœnæ prolatam, cum ei videlicet dicitur : *In dolore paries filios (Gen.* iii, 16), videbis quoque virum participem peccati in genitali præcipue membro recte fieri pœnæ consortem? ut in illo videlicet membro recte patiatur, per quod vitæ præsentis exsilio filios generat morituros, de paradiso se et nos pariter propria transgressione in hujus vitæ dejiciens ærumnas. Nam et mulier in partu laborans recte ex illo quo concipit et generat membro patitur, et ipsam concupiscentiæ voluptatem, quam habet in conceptu, plectitur in partu, et pœnam insuper solvit quam peccando acquisivit.

Quæ quoniam prior peccavit et virum postmodum ad peccatum traxit, non incongrue in hac etiam pœna ipsa præcessit. Nec tamen Deus omnino virum ipsum punire distulit, cui statim in pœna constitutum est et dictum a Domino : *Maledicta terra in opere tuo, in laboribus comedes eam cunctis diebus vitæ tuæ. Spinas et tribulos germinabit tibi*, etc. (*ibid.*, 17, 18). At ubi opulentiam promissæ terræ adepti sumus non jam spinas et tribulos germinantis, quod de pœna ibi est diminutum, in circumcisione non incongrue est recompensatum. Quæ tamen post ipsius terræ promissionem, antequam ipsa obtineretur, a patriarchis statim est inchoata, ut firmiorem ad posteros auctoritatem transmitteret. Hæc de circumcisione in præsentiarum satis arbitror. Qui vero ex Scriptura convincere niteris, eam his tantum esse injunctam qui ex semine ducuntur Abrahæ, non animadvertis quod ibidem scriptum est de his etiam qui de hac stirpe non sunt. Cum enim Dominus præmisisset : *Infans octo dierum* (fol. 11 R.) *circumcidetur in vobis omne masculinum in generationibus vestris, tam vernaculus quam emptitius circumcidetur* (*Gen.* XVII, 12) ; statim adjecit : *Et quicunque non fuerit de stirpe vestra*. Quod itaque Isaac solum et semen ejus ad circumcisionem pertinere astruis, vide quantam habeat dissonantiam, et ex ipso quoque Abrahæ facto te corrige. Ipse quoque ex Dominico præcepto Ismaelem quoque secum et omnes viros domus suæ tam vernaculos quam emptitios et alienigenas pariter circumcidisse memoratur : *Statim*, ait Scriptura, *in ipso die, sicut præceperat ei Dominus*, antequam adhuc Isaac natus fuisset ; ut a vobis eam accepisse sciatis, et tanto vobis eam quasi magis naturalem vindicetis. Nunc ergo si placet ipsa etiam Scripturæ verba ponamus, quæ sunt hujusmodi : *Tulit autem Abraham Ismaelem filium suum et omnes vernaculos domus suæ, et circumcidit carnem præputii eorum, statim in ipso die, sicut præceperat ei Dominus* (*ibid.*, 23). Et iterum : *Eadem die circumcisus est Abraham et Ismael filius ejus, et omnes viri domus ejus tam vernaculi quam emptitii ; et alienigenæ pariter circumcisi sunt* (*ibid.*, 26, 27). Quod etiam induxisti : *Pactum vero meum statuam ad Isaac* (*ibid.*, 21) ; animadvertatur volens hoc tantum de pacto circumcisionis non terrenæ promissionibus intelligere ; nihil etiam impedit, sicut paulo ante præmissum est, quod dicitur : *Constituam pactum meum illi in fœdus sempiternum; et semini ejus post eum*. Etsi enim Ismael quoque ex præcepto Domini circumcisus sit, non in eo Dominus circumcisionem statuit, in cujus posteritate non perseveravit. Quod vero Job gentilem in exemplum duxisti, cum eum incircumcisum non possis convincere aut post institutionem circumcisionis exstitisse, sicut enim Ismaelem ab Abraham, sic Esau ab Jacob, et reprobos quoque filios sicut electos (11 V.) a patriarchis secundum præceptum Domini constat esse circumcisos, ut hinc etiam ipsorum posteri, si qui Deo adhærerent, circumcisionis exemplum sumerent, sic et vos ipsi usque hodie servatis, qui Ismaelem patrem vestrum imitantes anno duodecimo circumcisionem accipitis. Scimus et populum nostrum multos ex gentibus ad legem conversos habuisse proselytos, non tam videlicet ex parentum imitatione, quam ex cognata virtute, quod de Job quoque potuit accidere, quem etiam more nostro accepta Deo sacrificia tam pro filiis quam amicis videmus obtulisse. Quod etiam objectum est nec observationi totius legis remunerationem fuisse promissam, nisi temporalem atque terrenam, nec Dominum ad persuasionem sive condemnationem legis provide perorasse, si non legalium præceptorum impletio vitam mereatur æternam, facile est refelli, cum ex ipsa quoque circumcisione, quam lex præcipit, Domino in perpetuum fœderati sumus, ut dixi. Ad quid etiam nos ex universis gentibus in populum peculiarem sibi elegit et legem per quam sancti efficeremus dedit, si præsentis tantum vitæ gaudia, quæ magis reprobi quam electi possident, ex superaddita legis observantia deberentur? Si sanctitas vobis vel quibuslibet hominibus beatam et immortalem vitam acquirit, constat præcipue et hanc ex lege nobis deberi, si vos ejus observantia sanctificat. Sanctificat autem profecto sicut et ipse Dominus nobis per Moysen loquitur dicens : *Si ergo audieritis vocem meam, et custodieritis pactum meum, eritis mihi in peculium de cunctis populis, mea est enim omnis terra, et vos mihi in regnum sacerdotale et gens sancta* (*Exod.* XIX, 6, 7). Quomodo igitur nos populum peculiarem (fol. 12 R.) et proprium sibi elegit et per legem sanctificat, si vos vel alios beatiores efficit? Et post aliqua cum nos ad obedientiam legis adhortaretur ait : *Ego enim sum Deus tuus faciens misericordiam in millia, his qui diligunt me et custodiunt præcepta mea* (*Exod.* XX, 6). Quid autem est faciens misericordiam in millia, nisi faciens misericordiam perfectam atque consummatam super quam nulla extendi possit, sicut nulla nova numerorum nomina millenarium excedunt et alibi : *Sancti estote quia ego sanctus sum, Dominus Deus vester* (*Levit.* XIX, 2). Item infra : *Sanctificamini et sancti estote, quia ego sum sanctus Dominus Deus vester. Custodite præcepta mea et facite ea. Ego Dominus qui sanctifico vos* (*Levit.* XX, 7, 8). Et post aliqua : *Eritis sancti mei, quia sum sanctus Dominus, et separavi vos a cæteris populis ut essetis mei* (*ibid.*, 24). Et iterum : *Ego Dominus qui sanctifico vos et eduxi de terra Ægypti, ut essem vobis in Deum* (*Levit.* XI, 45); et rursum : *Si in præceptis meis ambulaveritis ponam tabernaculum meum in medio vestri, et non abjiciet vos anima mea* (*Levit.* XXVI, 11); et alibi : *Quis det*, inquit, *talem eos habere mentem ut timeant me et custodiant universa mandata mea, in omni tempore ut bene sit eis, et filiis eorum in sempiternum* (*Deut.* V, 29). Evæ aperte Dominus profitetur, ex obedientia legum sempiternam remunerationem, non quæ finem habet. Moyses etiam post illam, quam supra meministi remunerationem terrenam, his qui legem custodiunt, adjunxit, misericordiam eis insuper a Deo implendam, patenter aliam nobis quam terrenam remunerationem pollicens. Cum enim praemiserit : *Et bene sit vobis cunctis diebus vitae vestrae sicut est hodie* (Deut. VI, 24), statim adnexuit : *Eritque nostri misericors si custodierimus et fecerimus omnia praecepta ejus, sicut mandavit nobis.* Et quibusdam interpositis cum dixisset : *Te elegit Dominus ut sis ei populus peculiaris de cunctis populis* (Deut. VII, 6), adjecit inferius : *Et scies quia Dominus Deus tuus ipse Deus fortis et fidelis custodiens,* (12 V.) *pactum et misericordiam diligentibus se et his qui custodiunt praecepta ejus in mille generationes* (ibid., 9). Quam perfectam autem Dei aut proximi dilectionem in quibus legem naturalem consistere dicis lex ipsa praecipiat non te rem [reor] latere. Legem quippe Moyses in novissimo consumans ait: *Et nunc, Israel, quid Dominus Deus tuus petit a te, nisi ut timeas Deum tuum et ambules in viis ejus et diligas eum, et servias Domino Deo tuo in toto corde tuo et in tota anima tua, custodiasque mandata Domini et caerimonias ejus quas ego hodie praecipio, ut bene sit tibi? En Domini Dei tui coelum et coelum coeli terra et omnia quae in eis sunt et cum patribus tuis conglutinatus est Dominus et amavit eos, elegitque semen eorum post eos, id est n[v]os de cunctis populis sicut hodie comprobatur* (Deut. X, 12-15). Intantum vero dilectionem Dei, ut perfecta sit diligenter lex exprimit atque amplificat, ut Deum diligendum ex toto corde et ex tota anima et ex tota fortitudine nostra praecipiat. Proximum vero tanquam nos diligere jubemur, ut videlicet amor Dei supra nos etiam extensus nulla mensura concludatur? Ipsos quoque advenas apud nos commorantes quasi nosmetipsos amare praecipimur, intantumque dilectionis sinum lex ipsa laxat ut nec ipsis inimicis vel injuriosis desint ipsius beneficia. De quibus nunc aliqua proferamus : *Si occurreris bovi inimici tui aut asino erranti, reduc ei. Si videris asinum odientis te jacere sub onere, non pertransibis sed sublevabis cum eo. Peregrino molestus non eris, et ipsi peregrini fuistis in terra Aegypti* (Exod. XXXIII, 4). *Non quaeras ultionem, nec memor eris injuriae civium tuorum. Si habitaverit advena in terra vestra et moratus fuerit* (fol. 13 R.) *inter vos, ne exprobetis ei, sed sit inter vos quasi indigena et diligetis eum quasi vosmetipsos; fuistis enim et vos ad enae in terra Aegypti. Ego Dominus Deus vester* (Levit. XIX, 18-33). Et alibi : *Non deerunt pauperes in terra habitationis vestrae, ideo praecipio tibi ut aperias manum fratri tuo et egeno et pauperi qui tecum versantur in terra* (Deut. XV, 11). Ex his perpende, obsecro, quantum extendat lex tam ad homines quam ad Deum dilectionis affectum, ut tuam etiam legem quam naturalem appellas in nostra concludi cognoscas, ut si alia quoque cessarent praecepta, haec quae perfectae dilectionis sunt nobis etiam sicut et vobis ad salvationem sufficerent. Quibus et priores patres nostros salvari,

non denegatis, ut tanto magis nobis securitas relinquatur, quanto superaddita caetera legis praecepta arc[t]iorem nobis vitam instituerunt. Quae quidem additio non tam ad sanctorum morum religionem quam ad eam tutius muniendam mihi pertinere videtur. Ad omnem quippe animi virtutem vera Dei et hominum dilectio sufficit. Et si desint opera tamen bona ac perfecta voluntas merito nequaquam minuitur. Sed sicut loco nos Dominus ab infidelibus separare voluit, ne per ipsos scilicet corrumperemur, ita et operum ritibus, ut dixi, faciendum esse decrevit. Cum ergo dilectionis perfectio, ad beatitudinem veram promerendam sufficiat, profecto arc[t]ioris vitae superaddita praecepta vel in hac vita saltem, aliquid insuper obtinere debuerunt, ut terreni quoque beneficii solatio alacriores et securiores in Deum efficeremur, et cum augerentur erga nos ejus dona, cresceret in eum devotio nostra, et infidelium populus externus qui haec videret, commodis nostris ad cultum (13 V.) Dei facilius invitaretur. Quod vero Dominus in remuneratione legis saepius vel apertius terrena beneficia quam aeterna commemorare videtur, maxime propter carnalem adhuc rebellemque populum, quem de opulentia Aegypti super qua jugiter murmurabat, ad asperrimam solitudinem educebat, factum esse intelliges. Superfluumque id in promissione commemorare videbatur, de aeterna scilicet beatitudine, quam etiam sine legis traditione priores ante constabat adeptos esse. Deinde quanta legis sit perfectio hoc uno collige fine, de quo in novissimis Moyses his scribit verbis : *Et nunc, Israel, audi praecepta et judicia, quae ego doceam te,* etc. *Non addetis ad verbum quod loquor vobis, neque auferetis ex eo* (Deut. IV, 1, 2). Et rursum : *Quod praecipio tibi, hoc tantum facito Domino, nec addas quidquam nec minuas* (Deut. XII, 32). Perfectum quippe est cui nihil addendum est. Aut si quid perfectionis deesset, mala haec esset prohibitio, quae quod deest prohibet, et beatitudinis iter nobis obstruit. Quid etiam ad purificationem vel emundationem nostram atque indulgentiam peccatorum nostrorum lex aliqua in sacrificiis vel caeteris observationibus fieri jubet, si hoc ad veram beatitudinem nihil attineat? Nihil quippe illos excludit a beatitudine, quibus peccata dimittuntur. Alioquin nec vobis illa esset speranda. Cur etiam peccata nobis per legem interdicit, nisi ut nobis illud reservet, quod peccata, si desint, conferunt, si adsint, praepediunt.

PHILOS. Miror, te legis peritum tam inconsiderate loqui, ut adeo circumcisionem extollas, ne mentiri verearis dicendo scilicet post circumcisionem tantum et non antea Deum appellari hominum et eorum tantum qui circumcisi jam fuerint veluti ipse Deus Abraham (fol. 14 R.) et Isaac et Jacob appellatur. Unde te aperte ipsa legis Scriptura reprehendit, Noe antea longe dicente : *Benedictus Dominus Deus Sem, sit Chanaan servus ejus* (Gen. IX, 26). *Ecce etenim Noe Deum Sem nomi-*

nat. Unde et cum dicitur Deus Abraham, Deus Isaac sive Jacob, non incongrue addi solet et Deus patrum nostrorum. Quod si etiam divina beneficia penses ex quibus vos maxime gloriamini tanquam ejus populus peculiaris, inde quia Enoch in paradisum felicius translatus est, quam vos in terram Chanaan introducti, et hoc ille meruisse refertur cum videlicet dicitur : *Ambulavitque Enoch cum Deo et non apparuit, quia tulit eum Deus* (*Gen.* v, 22). Vos autem illud obtinuisse meritis, omnino Moyses denegat, dicens : *Ne dicas in corde tuo, cum deleverit eos Dominus : Propter justitiam meam introduxit me ut terram hanc possiderem, cum propter impietates suas istæ deletæ sint nationes, ut compleret verbum suum quod pollicitus est patribus tuis. Scito igitur quod non propter justitias tuas Deus dederit tibi hanc terram optimam, cum durissimæ cervicis sis populus* (*Deut.* ix, 5, 6). Noe vero propter justitiam suam universis hominibus præter domum suam subversis universorum quæ in terra vel in mari sunt constitutus est dominus, et omnia ei in esum præter sanguinem concessa, ut juxta Dei beneficia terrena quæ vos desiderastis, tanto priorum fidelium vita fuerit felicior, quanto liberior et universis terrenæ habitationis dominans creaturis. Quanto autem Noe et suorum vita liberior exstitit quam vestra, nondum videlicet jugo legis vestræ oppressa, tanto et nostra liberior est illa antiquior vita quam nullis exterioribus diræ legis operibus constringi (14 V.) potestis convincere. Quæ quidem ab ipso Noe inchoantes, cui de abstinentia sanguinis prior lex instituta est, diligenter consideremus. Novi tamen legis quædam præcepta usque etiam ad alienigenas extendi, scilicet illos tantum, quos vernaculos vel servos haberetis vel qui intra portas vestras vel in terra vestra vobiscum habitarent. Quos quidem in pluribus locis Scriptura diligenter determinat, et quos tu ipse superius ex ipso legis præcepto, tanquam indigenas misericorditer tractandos esse ostendisti. Quos et vobis in pluribus observantiis lex aggregat et a cæteris peregrinis advenis aperte distinguit. Unde cum ait quodam loco : *Septimo anno facies remissionem, quæ hoc ordine celebratur, Cui debetur aliquid ab amico vel proximo ac fratre suo repetere non poterit, quia annus remissionis est Domini; a peregrino et advena exiges* (*Deut.* xv, 23); aperte docet peregrinum et advenam non tam misericorditer tractandum esse, sicut indigenam. Hinc quoque peregrinum superintellexerat, ubi ait : *Omne quod mundum est comedite; quidquid morticinum est nemo vescatur ex eo. Peregrino qui intra portas tuas est da ut comedat, aut vende ei, quia tu populus sanctus Domini tui Dei es* (*Deut.* xiv, 20-21). Longe namque antea in alio libro : *Advenam etiam qui intra vos habitando non transeundo peregrinatur* (sicut ea, quæ ibi proxima præmittuntur, insinua[n]t) *a morticino comedendo, sicut vos inhibuit, dicens* : *Anima quæ comederit morticinum vel captum a bestia tam de indigenis quam et de advenis lavabit vestimenta sua et se ipsum aqua et car* [con] *taminatus erit usque ad vesperum, et hoc ordine mundus fiet. Quod si non laverit* (fol. 15 R.) *vestimenta sua et corpus portabit iniquitatem suam* (*Levit.* xvii, 15, 16). Quem vero uno loco peregrinum et advenam dicit quandoque alibi nominat alienum; veluti cum dicitur : *Non fœnerabis fratri tuo ad usuram pecuniam, nec fruger nec quamlibet aliam rem, sed alieno* (*Deut.* xxiii, 19). De his autem advenis, qui peregrinantur inter vos non vos inter eos, alio loco scriptum est cum dicitur : *Homo quilibet de domo Israel et de advenis qui peregrinantur inter vos, si comederit sanguinem obfirmabo faciem meam contra animam illius, et dispergam eum de populo suo* (*Levit.* xvii, 10, 11). Nullo quippe legis præcepto alium advenam comprehenderis nisi qui apud vos habitat, ac per hoc subjacet vestro dominio et disciplinæ. Unde divina nobis providente gratia quæ vobis omnino omnem terræ possessionem abstulit, ut nullus videlicet apud vos, [vos] apud omnes peregrinemini, nullis vos legitimis vestris sciatis obnoxios. Quod vero præcepto circumcisionis et exemplo Abrahæ nos ad circumcisionem urgere niteris, ut eos [quo] que legis sacramento includas quibus tamen nullatenus legem esse datam concedis aut etiam promissionem terræ fieri quæ in pacto circumcisionis statuitur, vide quam sit invalidum quod objicis. Cum enim præmisisset Dominus : *Circumcidetur ex vobis omne masculinum in generationibus vestris, tam vernaculus quam emptitius et quicunque non fuerit de stirpe vestra* (*Gen.* xvii, 27) : profecto [per hoc (55)] quod ait *ex vobis* non tantum Abraham et posteros ejus comprehendit, sed insuper eos, quicunque ad familiam et possessionem eorum pertinent ut eis videlicet imperare possent et ad circumcisionem cogere. Unde etiam postquam dixit, *et vobis*, et postea subdidit, *in generationibus vestris tam vernaculus quam emptitius*, et deinde adjecit, *et quicunque non fuerit de stirpe vestra*, [per hoc quod dixit, *in generationibus vestris et quicunque non erit de stirpe vestra*, (56)] : Diligenter expressit quod superius comprehenderet, cum dixit, *ex vobis*, non solum videlicet suorum generationes posteriorum, sed etiam familiam (15 V.) quam possident alienigenarum. Qui etiam sententiam dicendo : *Eritque pactum meum in carne vestra*, sic dixit generaliter, *in carne vestra*, sicut ante dixerat *in vobis*. Alioquin multum incongrue esset promissum, quasi non pactum Dei in carne ipsorum apparere nisi et cæteri circumciderentur. Unde et per hoc quod dicitur, *in carne vestra*, ipsos quoque advenas comprehendi constat. Illud quoque quod novissime additam sententiam consumat : *Masculus cujus*

(55) Uncis inclusa leguntur in marg.   (56) Id.

præputii caro circumcisa non fuerit, peribit anima illa de populo suo, quia pactum meum irritum fecit, quomodo ad præmissa, quibus et advenæ jam sunt comprehensi refertur, nisi et cum advenis pactum suum sit; saltem cum dicitur: *Circumcidetur ex vobis,* etc. Quod vero æternam quoque animarum beatitudinem ex legitimis vestris vobis esse promissam astruere laboras, vilissimæ conjecturæ esse ex ipsa lege potest ostendi. Per hoc quippe quod dicitur *cum fœdere sempiterno* vel *in fœdus æternum* eos, qui ex præcepto Dei circumcidentur ei in perpetuum ita fœderatos intelligis, ut nec in futuro ab ejus gratia disjungantur. Unde et Israelem seu Esau vel plerosque reprobos nullatenus ambigendum est esse salvandos. Miror etiam quod non attendis æternum sive sempiternum frequenter in lege sic accipi ut vitæ præsentis perseverantiam non excedat. Unde etiam ipso pacto circumcisionis cum præmittitur: *Daboque tibi et semini tuo terram peregrinationis tuæ et omnem terram Chanaan in possessionem æternam* (Gen. XVII, 8), non credo te adeo delirare, ut æternitatis vocabulo vitæ quoque futuræ beatitudinem includas, de qua hic superfluum est quidquam præcipere. Sæpe etiam sicut nosti in ipsis legis operibus quæ in hac tantum vita celebrantur, lex adjungere (fol. 16 R.) solet: *Legitimum sempiternum erit nobis in cunctis generationibus et habitationibus vestris.* Sic enim ut ex pluribus aliquid afferamus exemplum de celebranda festivitate tabernaculorum adjecit. Cum enim præmisisset: *Sumetisque vobis die primo fructus arboris pulcherrimæ spatulasque palmarum, et ramos ligni diversarum frondium et salices de torrente et lætamini in Domino Deo vestro, celebrabitisque solemnitatem ejus, septem diebus per annum* (Levit. XXIII, 40, 41); statim adjunxit legitimum sempiternum erit in generationibus vestris. Qui etiam celebrationem Sabbati septimo die quodam loco instituens ait: *Pactum est sempiternum inter me et filios Israel, signumque perpetuum* (Exod. XXXI, 17). Sed et cum ait Dominus de Hebræo servo, qui non vult egredi liber, quod *erit servus in sæculum* (Exod. XXI, 6), tempus tantum vitæ ejus comprehendit. Non enim Hebræi servi secundum legem transmittuntur ad posteros, sicut illi qui de nationibus assumpti sunt. Unde: *Servus et ancilla sint vobis de nationibus qui in circuitu vestro sunt, et de advenis qui peregrinantur apud vos, vel qui ex his nati fuerint, in terra vestra, hos habebitis famulos et hæreditario jure transmittetis ad posteros ac possidebitis in æternum; fratres autem vestros filios Israel ne opprimatis per potentiam* (Levit. XXV, 44-46). Sufficiebat quippe Domino in remuneratione carnalis populi, qui non nisi terrena sciebat, eam ad tempus vitæ tantum præsentis accommodare. Quod vero perfectionem legis commendans asseruisti, ea tantum quæ Moyses præcepit, esse facienda, miror quod oblitus sis te quidem superius astruxisse laudabiliter multa præceptis ex gratia superaddi. Quod omnibus esse verissimum patet. Unde et vos nonnullas primas traditiones post legem accepistis, quas utilissimas (16, V) judicatis, veluti cum exemplo Danielis cibos regios et vinum respuentis, ne in eis scilicet contaminaretur, vos quoque a nostro abstinetis vino. Sed et Rechabitæ præcepto Jonadab patris sui vino in perpetuum abstinentes tam præcepta Moysis, quam omnes patrum vestrorum traditiones supergressi sunt. Ad quos etiam Jeremias a Domino missus, ut vinum biberent, non est ab eis exauditus. Unde in tantum voce Domini eorum obedientia commendatur, ut eis promitteret dicens: *Pro eo, quod obedistis præcepto Jonadab patris vestri et custodistis omnia mandata ejus, non deficiet vir de stirpe Jonadab, filii Rechab, stans in conspectu meo cunctis diebus* (Jer. XXXV, 18, 19). Nunquid et rex Ezechias confringendo serpentem æneum (IV Reg. XVIII, 4), legis transgressor exstitit, videlicet laudabiliter destructo, sine præcepto, quod utiliter factum fuerat ex præcepto. David etiam cum psalmos ad honorem Dei composuit, vel arcam Domini solemniter in Jerusalem adduxit, vel Salomon templum Domini construxit, atque dedicavit id, profecto egerunt quod nequaquam Moyses præceperat. Omnes quoque prophetiæ absque præcepto Moysis conscriptæ sunt et legis sibi traditæ; et innumera post Moysen a sanctis Patribus vel ex præcepto Domini vel pro manifesta utilitate sunt acta, quæ nunquam in præceptis Moysis continentur. Non enim in his quæ manifestam habent utilitatem præcepta Domini sunt exspectanda, nec peccatum est facere quod non est præceptum, sed facere contra præceptum. Alioquin nec diem unam præsentis vitæ possetis transigere nec domesticam curam uno die peragere, cum multa nos agere opus sit vel emendo vel negotiando vel de hoc loco ad illum transeundo, vel denique comedendo sive (fol. 17. R.) dormiendo, quæ non habentur in præcepto. Preterea quis non videat, si plus vel minus, quam Moyses præcepit, non sit faciendum, omnes, qui legem custodiunt, æqualis esse meriti, nec inter eos alterum altero meliorem existere, quorum merita non possunt inæqualia esse. Patet igitur ex præmissis, quod nullo modo perfectionem legis per hoc potes commendare quod intelligis contra legem agi, si quid, quod in ea præceptum non sit, superaddatur. Nec te satis Dominum excusare agnoscas, quod cum legis obedientiam suaderet id, ut dixi maxime[um] in ejus remuneratione prætermisit, si ad illud etiam promerendum eam sufficere judicaverit. Quod vero spiritale bonum peccatorum purificatione per sacrificia vel quælibet legis opera exteriora consequi confiditis, miror si, ut ipse professus es et manifesta veritas habet, vestra Dei et proximi dilectio ad justificationem sanctitatis sufficiat. Neque enim sine istis quidquam illa prodere[i]t quantum ad animæ salutem pertineat, nec dubium est cum ista quemlibet justum effecerint jam non in eo reatu peccati esse ut spirituali egeat purificatione.

Unde et de peccatore pœnitente scriptum habetis : Sacrificium Deo spiritus contribulatus, etc. (Psal. L, 19), et rursum : Dixi : Confitebor adversum me, injustitiam meam Domino, et tu remisisti impietatem peccati mei (Psal. XXXI, 5). Ecce quomodo sacrificium hoc contriti cordis commendat, qui illud exterius omnino alibi reprobat ex persona Domini dicens : *Non accipiam de domo tua vitulos, neque de gregibus tuis hircos. Si esuriero non dicam tibi : Meus est enim orbis terræ et plenitudo ejus. Nunquid manducabo carnes taurorum ac sanguinem hircorum potabo. Immola Deo sacrificium laudis, et redde Altissimo* (17 V.) *vota tua et invoca me in die tibi*, etc., *tribulationis, eruam te et honorificabis me* (Psal. XLIX, 9-15). Cordis sacrificium, non animalium esurit Dominus, et illo reficitur, et cum istud invenit, illud non quærit, et cum istud non invenit, illud omnino superfluit, quantum, inquam, ad animæ justificationem, non ad legalium pœnarum circumcisionem, secundum quas tamen peccata vobis condonari dicuntur. Lex quippe vestra, quæ tantum in hac vita vel impletionis vel transgressionis suæ persolvit merita, et hic solummodo in utroque remunerationem habet, ad hanc vitam corporalem accommodat cuncta, ut nihil secundum animam, mundum vel immundum censeat, nec purificationes aliquas ad immunditiam animarum, quas proprie peccata nominamus, ipsa referat. Unde et similiter cibos mundos vel immundos nominat, sicut et homines, lectos, sedes, et totam supellectilem domus seu etiam vestes et pleraque alia inanimata immunda seu polluta frequenter appellat. Quod si immunditias hominum, quarum purificationes institutæ sunt, his, qui inquinantur peccatis connumeres, nunquid feminam post partum per sacrificium mundatam ex hoc ipso, quod peperit, peccatum incurrisse judicas, cum illam potius maledictam censeatis, quæ non reliquerit semen in Israel ? Quid etiam, peto, vir, qui patitur fluxum seminis ex hoc contrahit ? Quem tamen adeo abominabilem censet lex, ut lectus in quo dormierit immundus sit et ubicunque sederit. Vas etiam fictile, quod contigerit, confringetur, ligneum vero lavetur. Si quis hominum tetigerit lectum ejus vel sederit, ubi ille sederat, lavabit vestimenta (fol. 18 R.) sua, et ipse etiam lotus aqua immundus erit usque ad vesperam (*Levit*. XV). Mulier quoque cum naturaliter accidentem menstruorum patitur fluxum adeo immunda censetur, ut id quoque in quo dormierit vel sederit iterum polluatur, ut suo tactu quælibet polluat, sicut et de viro patiente fluxum seminis supra dictum est (*ibid*.). Quid vero hæc, obsecro, ad inquinationem animæ, ut lectus videlicet cujusquam contactus etiam polluatur. Quæ sunt istæ, oro, immunditiæ vel pollutiones ? Certe illæ quæ et ciborum, ut sicut illi vobis vitandi sunt in esu, sic ista in tactu, et sicut illa immunda, quia non edenda sic ista immunda vel polluta quia non tangenda, et qui ea tangunt, etiam si compulsi vel ignorantes id faciunt, immundi similiter decernuntur, quia in familiaritate conversationis vitandi usque ad præfixum purificationis terminum. Quæ vero manifesta sunt peccata, sicut homicidium vel adulterium et similia morte potius multantur quam sacrificiis expiantur, nec eis talium purificationum indulgetur remedium, quibus salvari, qui ea commiserunt, valeant. Ex quo magis has purificationes ad quamdam vitæ præsentis honestatem, quam ad animæ salutem intelligas accommodari. Et cum talium peccata condonari dicuntur, pœnas illas corporales, quæ pro ipsis institutæ sunt, his, qui a conversione communi separantur, relaxari constat. Nunquid enim et aliud intelligendum est peccatum condonari, quam pœnam ei debitam relaxari, sive illa sit corporalis sive perpetua. Animæ vero reatus sicut voluntate ipsius committitur, per ejus cor contritum ac veram pœnitentiæ compunctionem (18 V.) statim ita condonatur, ut ulterius pro ipso nullatenus damnetur, sicut dictum est : *Dixi : Confitebor adversum me*. Postquam enim peccator pœnitens apud se constituit seipsum inde per confessionem accusare, jam in hoc ipso quod culpa perversæ voluntatis per quam deliquerat caret, reatu[s] admissi et pœna ejus perpetua condonatur, etsi adhuc temporalis ad correctionem servetur, sicut idem alibi commemorat vester Propheta dicens : *Castigans castigavit me Dominus, et morti non tradidit me* (Psal. CXVII, 18). Nec me super animæ meæ salute inquirendo de fide tua seu fide mea consuluisse satis arbitror. In qua quidem nostræ consultationis collatione id actum esse perpendo, ut nec auctoritate legis tuæ, etsi eam a Deo datam recipias, cognoscere possis, ad ejus sarcinam me debere submittere, tanquam illi, quam nobis exemplo sui Job præscribit, legi quidquam necessarium sit addi, aut illi morum disciplinæ, quam de virtutibus ad beatitudinem sufficientibus posteris prophetæ nostri reliquerunt. De quo nunc superest præsentis judicis sententiam audire, vel quod mihi superest nostræ inquisitionis operam ad Christianum transferre.

JUDEX. Asserunt ambo nostri judicii sententiam excipere. Ego vero cupidus discendi magis quam judicandi, omnium prius rationes me velle audire respondeo, ut tanto essem discretior in judicando quanto sapientior fierem audiendo, juxta illud, quod supra memini, secundum summi sapientis proverbium : *Audiens sapiens sapientior erit, et intelligens gubernacula possidebit* (Sap. I, 5). In quo omnes pariter assenserunt, eodem accensi desiderio discendi (fol. 19 R.).

PHILOS. Age nunc, Christiane, alloquor, ut tu inquisitioni meæ secundum propositi nostri conditionem respondeas. Cujus quidem lex tanto debet esse perfectior et remuneratione potior, ejusque doctrina rationabilior, quanto ipsa est posterior. Frustra quippe populo priores leges scriberentur, [ni] si quid ad doctrinæ perfectionem eis adderetur. Quod quidam nostrorum in secundo Rhetoricæ diligenter considerans eum de contrariis legibus causam formaret, attendendum esse praecepit, utra lex posterior data sit. Nam postrema, inquit, quaeque gravissima est.

CHRISTIAN. Miror te ab his quae in exordio professus es, ita impudenter dissonare. Cum enim praemisisses, te inquisitionibus tuis reperisse Judaeos stultos, Christianos insanos, postmodum dixeris te non ad concertationem contendere, sed ad inquirendam veritatem conferre, qua ratione nunc ab his, quos etiam insanos reperisti, tandem veritatis doctrinam exspectes. Nunquid jam post inquisitiones tuas eorum insaniam arbitraris cessare, ut jam ad'eruditionem tuam possint sufficere. Certe si Christianae fidei sectam arbitraris insaniam, et eos qui hanc sectantur deputas insanos, vide, tu philosophus, de summis illis Graecorum philosophis quid aestimandum sit, qui illa rudi et inculta virorum simplicium praedicatione, id est apostolorum, omnes ad hanc conversi facti sunt insanissimi. In tantum vero apud Graecos haec nostra, ut dicis, insania radicata est et confirmata, ut ibi tam evangelica quam apostolica doctrina conscripta ac postmodum magna (19 V.) concilia celebrata, omnem inde mundum repleverit et universas haereses represserit.

PHILOS. Nonnunquam conviciis et improperiis facilius homines provocantur quam supplicationibus et obsecrationibus flectuntur et qui sic provocantur, studiosius satagunt de pugna quam qui orantur, moventur ex gratia.

CHRISTIAN. Ignoscendum tibi est, si hac intentione hoc egisti. Nunc vero ne ex diffidentia pugnam hanc differre videar, tam mihi quam tibi orandus est, ut quid tibi quaerendum, quid mihi respondendum sit, ipse Dominus inspiret, qui vult omnes homines salvos fieri et ad cognitionem sui venire. Nunc igitur, si placet, cum ad perfectionem nostrae legis, tam evangelicae scilicet quam apostolicae doctrinae sis ex [s] ors, hanc primum inspiciamus et cum caeteris conferamus omnibus doctrinis, ut si hanc in illis, quae justificant, praeceptis vel exhortationibus perfectiorem videris, eam sicut oportet magis eligas. Quod et supra memorat rhetor vester de contrariis, ut dixisti, legibus agens, consulit dicens: « Si leges duae vel plures servari non possunt, quia discrepant inter se, ea maxime conservanda putetur, quae ad maximas res pertinere videtur. »

PHILOS. Nihil hoc consilio probabilius et nihil stultius quam ab antiquis ad novas recedere leges, nisi doctrina potiores. Quas videlicet novas leges qui composuerunt, tanto eas cautius ac perfectius scribere potuerunt, quanto jam priorum legum disciplina et ipsa necessariarum rerum experientia instructi facile, quae deerant, ex proprio addere potuerunt ingenio, sicut etiam in caeteris contingit prophetiae [vel philosophiae] disciplinis. Tum autem de (fol. 20 R.) perfectione posteriorum scriptorum maxime est confidendum, si moderni scriptores aequare ingeniis antiquos potuerint. Sed quid si forte ipsos etiam longe transcendere sperandum est? Quod profecto de legislatore, videlicet Christo, quem ipsam Dei sapientiam dicitis, nequaquam dubitatis. De quo etiam Job nostrum antea cecinisse asseritis: *Ecce Deus in fortitudine sua, et nullus ei similis in legislatoribus* (Job XXXVI, 22). Cujus et Apostolus vester praeferens doctrinam, et primae legis imperfectionem manifeste profitens, ait : *Multifarie multisque modis Deus olim loquens patribus in prophetis, novissime diebus istis locutus est nobis in Filio*, etc. (Hebr. I, 1.) Et iterum idem infra de veteris et novae legis discretione indicans : *Reprobatio, inquit, fit praecedentis mandati propter infirmitatem ejus et inutilitatem. Nihil enim ad perfectum adduxit lex. Introductio vero melioris spei, per quam proximamus ad Deum* (Hebr. VII, 18, 19).

CHRISTIAN. Certe ut video non te ignorantia fidei nostrae, sed magis tuae infidelitatis obstinatio damnat. Qui et nostrae legis perfectionem ex scriptis ipsius didicisti et adhuc, quod sequaris, inquiris, quasi perfectum ibi et omnibus aliis excellentius non habeas documentum virtutum, quas ad beatitudinem sufficere nullatenus dubitas, de qua quidem perfectione, quae deerant, id est veteri suo complente, cum ipse Dominus Novum traderet Testamentum, statim exorsus discipulis ait : *Nisi abundaverit justitia vestra*, etc. (Matth. V, 20.) Et statim per singula (20 V.) novae legis abundantiam prosecutus, quae morali deerant perfectioni diligenter expressit et veram ethicam consummavit, id est cujus comparatione, quidquid tam ab antiquis patribus quam prophetis de disciplina morum ac discretione virtutum traditum fuerat, nihil esse facile convincetur, si diligenter haec conferamus cum prioribus.

PHILOS. Harum me, ut nosti, collationum tantummodo huc adduxit et hac nos intentione congregati sumus.

CHRISTIAN. Nunc profecto, quantum percipio, ad omnium disciplinarum finem et consummationem proficiscimur. Quam quidem vos ethicam, id est moralem, nos divinitatem nominare consuevimus. Nos illam videlicet ex eo, ad quod comprehendendum tenditur, id est Deum, nuncupantes, vos ex illis, per quae illuc pervenitur, hoc est moribus bonis, quas virtutes vocatis.

PHILOS. Assentio quod clarum est, et novam nuncupationem nominis vestri non mediocriter approbo. Quia enim ad quod pervenitur his, per quae venitur, dignius aestimari et pervenisse felicius quam venire, hoc vestri nominis insigniorum est nuncupatio, ex origine propriae divinationis lectorem plurimum alliciens. Quae, si ita ex documento sicut ex vocabulo praeemineat, nullam ei disciplinam comparandam censeo.

CHRISTIAN. Nunc igitur, si placet, praefinire te volumus, in quo verae ethicae summa consistat ei quid ex hac spectandum (fol. 21 R.) sit nobis disciplina et quo cum perventum fuerit ejus sit intentio consummata. Hujus, ut arbitror, disciplinæ in hoc tota colligitur summa, ut, quo summum bonum sit et qua illuc via nobis sit perveniendum, aperiat.

PHILOS. Placet utique vehementer tam paucis verbis tantæ rei summam exprimi, et totius ethicæ tam diligenter intentionem comprehendi. Quæ quidem intentionis verba ista in se statim rapiunt auditorem, et hujus disciplinæ studium commendant, ut in ejus comparatione omnium artium vilescant doctrinæ. Quo enim summum bonum cæteris omnibus est excellentius, in cujus fruitione vera consistit beatitudo, constat procul dubio ejus doctrina cæteras tam utilitate quam dignitate longe præcedere. Longe quippe aliorum studia infra summum bonum remanent nec beatitudinis contingunt eminentiam, nec ullus in eis fructus apparet, nisi quantum huic summæ deserviunt philosophiæ, tanquam circa dominam occupare[tæ] pedissequæ. Quid enim ad studium grammaticæ vel dialecticæ vel cæterarum artium de vera hominis beatitudine vestiganda? Longe omnes inferius ab hac eminentia jacent nec ad tantum se attollere valent fastigium. Sed quædam genera locutionum tradunt vel rerum aliquas exercent naturas, quasi quosdam gradus ad hanc celsitudinem parantes, cum de ipsa nobis disserendum et per aliquas rerum naturas in exemplum vel similitudinem quasi fuerit afferendum; (21 V.) ut per illas quasi quodam pedissequarum ducatu pertingamus ad dominam in illis quidem progressionis nostræ transitus habentes, in hac requiem et nostræ fatigationis finem adepti.

CHRISTIAN. Gaudeo te hujus philosophiæ excellentiam tam diligenter attigisse et a cæteris distinxisse, ex quo te in ejus studio maxime occupatum intelligo.

PHILOS. Recte, inquam, occupatum. Hæc quippe sola est naturalis disciplina, quæ præceptis moralibus tanto amplius philosophis congruit, quanto magis eos lege uti et rationibus constat inhærere, sicut ille vir doctor meminit. Nam et *Judæi*, inquit, *signa petunt, et Græci sapientiam quærunt* (*I Cor.* I, 22). Judæi quippe tantum, quod animales sunt et sensuales, nulla imbuti philosophia, qua rationes discutere queant, solis exteriorum operum miraculis moventur ad fidem, quasi hæc facere solius Dei sit, et nulla in eis dæmonum illusio fieri possit. Quod quam sit stultum recipere et magi in Ægypto docuerunt et vos Christus præcipue instruxit, qui de pseudophilosophis Antichristi præmonens eos in seductione hominum tanta operari miracula testatur, *Ut in errorem*, inquit, *ducantur, si fieri potest, etiam electi* (*Matth.* XXIV, 24). Quasi ergo hæc signa quærere stultitia sit, e contrario peradjunctum prædictus meminit Apostolus cum adjecit, *et Græci sapientiam quærunt*, hoc est rationes a prædicatoribus exigunt, quæ sunt certa sapientiæ instrumenta. Unde maxime vestra, id est Christiana, prædicatio commendatur, quod eos ad fidem convertere potuit, qui rationibus plurimum nitebantur et abundabant, omnium (fol. 22 R.) videlicet liberalium artium studiis imbuti, rationibus armati. Quorum quidem ipsi non solum inquisitores, verum etiam inventores exstiterunt et ex eorum fontibus in universum mundum rivuli manaverunt. Ex quo præcipue et nunc de vestra confidimus disciplina, ut, quo jam amplius solidata convaluit, in conflictu plurimum possit.

CHRISTIAN. Imo post tantorum conversionem philosophorum nec tibi nec posteris de fide nostra ambigere licet, nec jam tali conflictu opus esse videtur, cum in sæcularibus disciplinis eorum omnia credatis auctoritati et non eorum exemplis ad fidem moneamini, dicentes cum Propheta : *Neque meliores sumus quam patres nostri* (*I Reg.* XIX, 4).

PHILOS. Nec eorum auctoritati ita concedimus, ut dicta ipsorum ratione non discutiamus, antequam approbemus. Alioquin philosophari desisteremus, si videlicet rationum inquisitione postposita, locis actoritatis qui inartificiales indicantur, et a reipsa omnino disjuncti sunt, in opinione potius quam in veritate consistentes, plurimum uteremur; nec ipsos majores nostros ad fidei vestræ confessionem tam ratione ductos quam vi victos crederemus, sicut et vestræ consentiunt historiæ. Ante imperatorum quippe vel principum ad fidem vestram per miracula, ut dicitis, conversionem, paucos sapientum vel nullos vestra purificatio acquisivit, quamvis tum facile a patentissimis ido[lo]latriæ erroribus gentes possent evelli et in quemcunque unius Dei cultum transferri. Unde et provide Paulus vester invectionis suæ in Athenienses occasionem sumens, sic exorsus ait : *Viri Athenienses, per omnia vos superstitiosos esse video*, etc. (*Act.* XVII, 22.) Jam tunc enim legis naturalis et divini cultus scientia evanuerat (22 V.), et errantium multitudo paucitatem sapientum omnino deleverat vel oppresserat, atque ut ex nostra loquamur conscientia et prædicationis Christianæ non modicum approbemus fructum, per hanc maxime ido[lo]latriam in mundo non ambigimus deletam tunc fuisse.

CHRISTIAN. Adjunge et quod patet et legem naturalem suscitatam esse et perfectam morum disciplinam, qua vos, ut dicitis, sola nitimini et ad salvandum sufficere creditis, nonnisi ab ipso traditam fuisse, a quo tanquam vera sophia, id est sapientia Dei, quicunque instructi veri sunt dicendi philosophi.

PHILOS. Ad quæ utinam, ut dicis, sic convincere possis, ut ab ipsa, ut dicitis, suprema sapientia, quam Græce logon, Latine Verbum Dei vocatis, vos vere logicos et verborum rationibus exhibeatis esse armatos! Nec illud Gregorii vestri me miserum refugium prætendere præsumatis. « Fides, » inquit, « non habet meritum, cui ratio humana præbet experimentum. » Quia enim apud vos fidem, quam astruunt, disserere non sufficiunt, statim ad suæ imperitiæ solatium hoc Gregorianum assumunt. Quod quidem juxta eorum opinionem quid aliud agit, nisi ut quibuslibet fidei prædicationibus æque stultis sicut et sanis acquiescamus. Si enim fides ratione minime sit discutienda, ne meritum amittat, nec quid credi oporteat animi judicio sit discutiendum, sed statim his, quæ prædicantur, assentiendum, quoscunque errores prædicatio seminet, suscipere nihil refert, quia nihil licet ratione refellere, ubi rationem non licet adhibere. Dicat idololatria de lapide vel ligno vel qualibet creatura : Hic est Deus verus (fol. 23 R.), Creator cœli et terræ; vel quamlibet patentem abominationem prædicet, quis eum valebit refellere, si de fide nihil sit discutiendum ratione? Statim arguenti se et maxime Christiano et quod præmissum est objicit, « fides non habet meritum, » etc. Statim Christianus ex ipsa sua defensione confundetur, dicens ejus penitus rationes in talibus audiendas non esse, ubi eas ipse penitus induci prohibet, nec eum aliquem rationibus de fide recte impugnari minime permittit.

CHRISTIAN. Ut ait ille maximus sapientum, sic et plerumque rationes videntur, hoc est rationabiliter et convenienter aliqua dici, cum minime ita sit.

PHILOS. Quid et de ipsis, quæ pro auctoritatibus habentur? nonne in ipsis plurimum erratur? alioquin non essent tot fidei sectæ diversæ, si eisdem omnes auctoritatibus uterentur. Sed prout quisque propria ratione deliberat, singuli quas sectantur auctoritates eligunt. Alioquin indifferenter omnium Scripturarum sententiæ essent suscipiendæ, nisi ratio, quæ naturaliter prior eis est, de ipsis prius haberet judicare. Nam et ipsi qui scripserunt non nisi ex ratione, qua eorum abundare videntur sententiæ, auctoritatem, hoc est credendi statim eis meruerunt dignitatem. Adeo autem ipsorum quoque judicio auctoritati ratio præponitur, ut sicut vester meminit Antonius, cum humanæ rationis sensus inventor fuerit litterarum, cui sensus est incolumis, ei minime necessariæ sint litteræ. Quæ in omni philosophica disputatione in novissimum aut nullum obtinere censetur locum (23 V.), ut ea, quæ a rei judicio, id est ab auctoritate ducuntur argumenta, eos omnino inducere pudeat, qui de propriis viribus confidentes alienæ opis refugium dedignantur. Unde bene philosophi talium argumentorum locos cum ad eos orator magis quam philosophus confugere cogitur, omnino extrinsecos, et a disjunctos et ab omni virtute destitutos judicaverunt, utpote in opinione potius quam in veritate consistentes, et nullo ingenii artificio ad suorum inventionem argumentorum agentes, cum is, qui ea inducit, non suis, sed alienis utatur verbis. Unde et Boetius vester tam Themistianam quam Tullianam locorum di[c]tionem in Topicis suis complectens : « A rei judicio, inquit, quæ sunt argumenta quasi testimonium præbent, et sunt inartificiales loci, atque omnino disjuncti, nec rem potius quam opinionem videlicet sectantes. » Rursus idem de eo dicitur secundum Tullium : « Restat his locus, ait, quem extrinsecus dixit assumi. Hic judicio nititur et auctoritate et totus probabilis est, nihil continens necessarium. » Et post aliqua : « Hic vero locus extrinsecus dicitur esse constitutus, quoniam non de his, qui prædicati vel subjecti sunt terminis, sumitur, sed ab extrinsecus posito judicio venit. » Hinc etiam inartificialis et expers, ait, vocatur, quoniam hinc non sibi ipse conficit argumentum orator, sed præparatis positisque utitur testimoniis. Quod vero dixisti in rationibus quoque discernendis sive cognoscendis nonnunquam errari, verum utique est atque liquidum. Sed hoc eis accidit hominibus, qui rationalis peritia philosophiæ et argumentorum carent discretione; quales se Judæi profitentur esse, qui pro argumentis signa requirunt, et quicunque suum in dictis alterius præsidium ponunt; tanquam de auctoritate vel scripto absentis facilius judicetur, quam de ratione vel sententia præsentis et (fol. 24 R.) sensus illius melius quam istius possit inquiri. Dum vero, quantum valemus, de nostra solliciti salute Deum inquirimus, ejus utique supplet gratia, quod nostra non sufficit opera, et volentes adjuvat ut possint, qui hoc ipsum etiam inspirat ut velint. Et qui sæpe invitos trahit, volentes non rejicit et nitenti porrigit dexteram, cujus arguere non potest negligentiam. De quo vos ipsa quam dicitis veritas securos Christus efficiens, congrua similitudine præmissa subintulit : *Petite et accipietis, quærite et invenietis, pulsate et aperietur vobis. Omnis enim, qui petit, accipit et quærit, invenit, et pulsanti aperitur* (*Matth.* VII, 7, 8). Quæ quidem memini præcedentia verba, Augustinus exponens quodam suo tractatu *De misericordia* inquit : « Petite orando, quærite disputando, pulsate operando. » Unde et artem disputandi secundo *De ordine* libro cæteris præferens disciplinis, et tanquam ipsa sola sciat vel scientes faciat, eam commendans ait : « Disciplinam disciplinarum, quam dialecticen vocant. Hæc docet docere, hæc docet discere. In hac se ipsa ratio demonstrat quid sit, quid velit, scit sola. Scientesque facere non solum vult, sed etiam potest. » Idem in libro secundo *De Christiana doctrina* eam admodum sacræ lectioni necessariam ostendens : « Restant, inquit, ea quæ non ad corporis sensus, sed ad rationem pertinent, ubi disciplinam regant disputationis et numeri. » Sed disputationis disciplina ad omnia genera quæstionum, quæ in sacris litteris sunt penetranda, plurimum valet. Tamen ibi cavenda est libido rixandi et puerilis (24 V.) quædam ostentatio decipiendi adversarium. Sunt enim multa, quæ appellantur sophismata, falsæ conclusiones rationum et plerumque veras imitantes, ut non solum tardos sed etiam ingeniosos minus attentos decipiant. Quod genus captiosarum conclusionum Scriptura, quantum existimo, detestatur illo loco ubi dictum est : *Qui sophistice loquitur, odibilis est* (*Eccli.* xxxvii, 23).

Christian. Nemo certe nostram, qui discretus est, rationibus fidem vestigari ac discuti vetat, nec rationabiliter his quæ dubia fuerint, acquiescitur, nisi eur acquiescendum ratione præmissa. Quæ videlicet, cum rei dubiæ fidem efficit, profecto id quod a vobis argumentum dicitur ipsa fit. In omni quippe disciplina tam de scripto quam de sententia se ingerit controversia et in quolibet disputationis conflictu firmior rationis veritas reddita, quam auctoritas ostensa. Neque enim ad fidem astruendam refert, quid sit in rei veritate, sed quid in opinionem possit venire et de ipsius auctoritatis verbis pleræque quæstiones emergunt, ut de ipsis prius quam per ipsa judicandum sit. Post rationem vero redditam etiam si ratio non sit sed videatur, nulla quæstio remanet, quia nulla dubitatio superest. Tecum vero tanto minus ex auctoritate agendum est, quanto amplius rationi inniteris et Scripturæ auctoritatem minus agnoscis. Nemo quippe argui nisi ex concessis potest, nec nisi per ea quæ recipit convincendus est, et aliter tecum, aliter nobiscum ad invicem confligendum est. Quid Gregorius aut cæteri doctores nostri, quid etiam ipse Christus vel Moyses astruant, nondum ad te pertinere novimus, ut ex ipsorum dictis ad fidem cogaris. (fol. 25. R.) Inter nos, qui hoc recipimus, habent ista locum et maxime rationibus nonnunquam fidem astruendam esse vel defendendam, de quibus quidem memini contra eos qui fidem rationibus vestigandam esse denegant, secundus etiam theologiæ Christianæ liber, tam virtute rationum qua[m] auctoritate scriptorum, plenius disserit et rebelles convincit. Nunc ad propositum, si placet, revertamur.

Philos. Imo quia placet et super omnia placere oportet, quoad possumus adnitamur et verioris ethicæ documentis legem poscitare conemur naturalem. Quod recte et ordine consummari credimus, si juxta comprehensam a te superius ethicæ summam, quod sit summum bonum, et quia illuc via perveniendum sit, discusserimus, ut sit videlicet in his ethicæ nostræ tractatus bipartitus.

Christian. Approbo tecum quod probas. Sed quia juxta superioris condictum propositi confundendæ sunt nostræ cum vestris sententiæ, ut potiora valeamus eligere, et tu ex antiquitate legis naturalis, primum tibi locum vindicasti, tuum est, qui priore ut dicis lege, hoc est naturali contentus es, et ea tantum uteris tuas vel tuorum super hoc in medium proferre sententias et postmodum nostrarum, si in aliquo dissentimus, rationes audire.

Philos. Summum bonum sive finem boni, hoc est consummationem vel perfectionem ejus, definierunt sicut et plerique nostrorum meminerunt, quo quisque cum pervenerit beatus est, sicut e contrario summum malum, cujus assecutio miserum facit. Quorum utrumque moribus promeremur. Mores autem virtutes vel eis contraria vitia constat appellari. Quidam tamen nostrum, sicut et in octavo *De civitate* meminit Augustinus, virtutem ipsam summum bonum dixerunt, alii voluptatem. (25 V.)

Christian. Ut quid, obsecro, voluptatem intellexerunt?

Philos. Non ut plerique æstimant carnalium illecebrarum inhonestam et turpem oblectationem, sed quamdam interiorem animæ tranquillitatem, qua inter adversa et prospera manet quieta, et propriis bonis contenta, dum nulla eam peccati mordeat conscientia. Absit enim ut philosophi, terrenæ felicitatis maximi contemptores et præcipui carnis domitores, in hujus vitæ turpitudinibus summum bonum constituerint, sicut Epicuro et ejus sequacibus, id est Epicureis multi per ignorantiam imponunt, non equidem intelligentes quid illi, ut diximus, voluptatem nominarent. Alioquin, ut diximus, Seneca, ille maximus morum ædificator et continentissimæ sicut et vos ipsi profitemini vitæ, nequaquam Epicuri tanquam magistri sui sententias tam crebro ad instructionem morum induceret, si ita, ut dicitur, sobrietatis atque honestatis tramitem excessisset.

Christian. Esto ut æstimas, sed hoc, quæso, aperi, utrum hoc modo voluptatem intelligentes ab eis, qui virtutem nominant, sensu etiam sicut et verbis dissident.

Philos. Nulla aut parva, quantum ad sententiæ summam, est eorum distantia. Hoc ipsum virtutibus pollere est hanc animæ tranquillitatem habere et e converso.

Christian. Una itaque sententia est utrorumque de summo bono, vero nuncupatio diversa; ac si[c] duæ illæ quæ videbantur de summo bono sententiæ ad unam sint [sint] redactæ.

Philos. Sic æstimo.

Christian. Et quam, rogo, viam ad hoc summum bonum id est virtutem perveniendi constituebant?

Philos. Ipsum profecto moralis lectionis studium vel domandæ carnis exercitium ut bona in habitum solidata voluntas, virtus dici queat.

Christian. Et quem esse beatum definiunt?

Philos. Beatum quasi bene aptum dicunt, hoc est in omnibus bene et facile se agentem, ut idem sit scilicet beatum esse, quod bonis moribus, id est virtutibus pollere.

Christian. Nunquid de immortalitate animæ et quadam futuræ vitæ beatitudine quidquam æstimant, et eam pro meritis suis exspectant?

Philos. Ita equidem, sed quid inde?

Christian. Nunquid illius vitæ beatitudine[m] judicant majorem, ubi videlicet eos susceptos nullus affligit passionis dolor, ut ibi potius quam hic summum hominis bonum et veram beatitudinem exspectemus.

PHILOS. Quies quidem illius vitæ maxima est ab omni, ut dixisti, passione immunis, sed, cum afflictio cessat, nequaquam augeri beatitudinem dicunt, nisi virtus excrescat; nec quisquam ab eis beatior fieri dicitur, nisi virtute melior efficiatur; [nec] ipsum quippe, ut dixi, definiunt beatum esse, quod est virtutibus pollere. Unde et quislibet, dum pro justitia patitur et patiendo amplius mereri dicitur, æque beatus in tormentis, ut ante dicitur, quia æque bonus. Quamvis enim virtus ejus nunc magis quam prius appareat, nequaquam tamen ex tormento crevit, sed ex tormento, quanta erat apparuit. (26 V.) Absit enim ut quæcunque ad corporalem vel quietem vel afflictionem pertinent beatitudinem nostram vel augeant vel minuant, si in eodem proposito virtus mentem custodiat. Ipse quidem Christus vester nunquid patiendo suam minuit beatitudinem aut resurgendo auxit? Nequaquam igitur quia illic cessant corporales istæ afflictiones, nos ibi censeas futuros beatiores, si futuri non sumus meliores.

CHRISTIAN. Quid, si sumus?

PHILOS. Utique beatiores quia meliores.

CHRISTIAN. Illam, ut dixisti, vitam pro meritis tanquam debitam exspectatis, tanquam hic cum vitiis pugna sit, ibi victoriæ corona.

PHILOS. Ita omnibus patens est.

CHRISTIAN. Quo igitur modo ibi merces recipienda est agonum, si felicius ibi non sit vivendum, nec illa vita sit præsenti melior ac beatior? Quod si illa, quam hæc beatior, profecto et qui ea fruuntur beatiores, quam hic esse videntur.

PHILOS. Utique beatiores, ut dixi, si meliores. Aliter nequaquam recipimus. Nec enim qui coronam adeptus est, majore igitur præditus est virtute, quam antea fuerit in certamine, nec ejus fortitudo major est facta, licet magis nunquam prius sit probata vel cognita, imo ex ipso gravamine conflictus fortassis diminuta; nec triumphantis quam pugnantis est vita melior, quanquam suavior.

CHRISTIAN. Egestatem, infirmitatem, mortem et cæteras adversitatum vel passionum molestias tam vestri quam nostri doctores et pariter universi malam [malis] connumerant, et propter (fol. 27. R.) illa quæ virtutibus contraria sunt, tam animæ quam corporis multa sunt vitia, quæ nihilominus inter mala sunt reputanda, ut claudicatio corporis sive cæcitas, hebi[e]tudo mentis vel obliviositas. De contrariis quidem Aristoteles in Categoriis suis disserens : « Contrarium, » inquit, « bono quidem ex necessitate est malum ; hoc autem palam est per singulorum objectionem ; ut sanitati languor et justitiæ injustitia et fortitudini [fortitudini] debilitas. Similiter autem et in aliis. Malo autem aliquando quidem bonum est contrarium, aliquando malum. Egestati enim, cum sit malum, superabundantia contraria est, cum sit ipsa malum. Sed in paucis hoc tale quislibet inspiciet. In pluribus vero semper malum bono contrarium est. Et in Topicis suis Tullius, cum a contrariis locum assignaret : Si bona est, inquit, sanitas, mala est ægritudo. Ipse etiam Dominus de pace, quam obedientibus tribuit et de persecutionibus, quam rebellibus immittat per prophetam ait : *Ego Dominus faciens bonum et creans malum (Isa.* XLV, 7). Et in Evangelio Dominus de terrenis bonis et malis ad divitem ait : *Recepisti bona in vita tua, et Lazarus similiter mala (Luc.* XVI, 25). Ille quoque vester prius et postea noster Augustinus mortem malam astruit. « Sicut lex, » inquit, « non est malum, quoniam auget peccantium concupiscentiam, ita nec mors bonum est, quoniam auget patientium gloriam et efficit martyres. » Lex quidem bona est, quia prohibitio est peccati. Mors autem mala, quia stipendium peccati. Sed quem (27 V.) ad modum injusti male etiam utuntur bonis, ita etiam justi bene utuntur malis. Hinc fit ut et mali male lege utantur, quamvis lex sit bonum, et boni bene moriantur, quamvis sit mors malum.

PHILOS. Quorsum, obsecro, ista?

CHRISTIAN. Ut eam, inquam, meliorem esse vitam intelligas, quam et ab istis malis omnino constat esse immunem, et intantum a peccato prorsus remotam, ut non solum ibi non peccetur, sed nec peccari possit. Quæ nisi melior vita præsente sit aut magis placeat, frustra est in retributione posita. Sin autem magis placet nec melior est, irrationabiliter huic præfertur et qui eam desiderant indiscrete agunt.

PHILOS. Certe ut verum fatear nunc te primum philosophum comperior, nec tam manifestæ rationi impudenter convenit adversari. Sed ibi potius quam hic juxta propositam rationem tuam summum est hominis bonum exspectandum. Et fortassis hoc fuit Epicuri sententia summum bonum voluptatem dicentis, quoniam videlicet tanta est animæ tranquillitas ut nec exterius eam corporalis afflictio, nec interius mentem aliqua peccati conscientia inquietet, vel vitium obstet, ut optima ejus voluntas omnino compleatur? Quandiu autem voluntati nostræ aliquid obsistit, vel deest, vera beatitudo nequaquam est. Quod utique semper evenit, dum hic vivitur, et anima terreni corporis mole gravata est quasi carcere quodam conclusa, vera non fruitur libertate. Quis enim aliquando non desideret calorem, dum nimium friget, vel e converso, aut serenum, dum pluvia gravatur, aut ad esum vel indumentum (fol. 28. R.) sæpe amplius quam habeat? Innumerabilia sunt et alia, quæ si manifestæ veritati non resistamus, nobis nolentibus ingeruntur, vel volentibus denegantur. Si autem, ut se ratio habet, illud vitæ futuræ bonum nobis summum æstimandum est, puto viam, qua illuc pervenitur, virtutes esse, quibus hic adornamur. De quibus postmodum diligentius nobis conferendum erit.

CHRISTIAN. Ecce ad hoc disputatio nostra perducta est, ut summum hominis bonum, sive ipsum, ut dictum est, finem boni, futuræ vitæ beatitudinem, et, quâ illuc pervenitur, viam virtutes ponamus. Sed prius de hoc summo bono nostram, id est Christianam, cum vestris conferre volo disciplinam, ut quæ hujus boni doctrinam vel exhortationem habet uberiorem, tanquam perfectius habeatur et ei amplius obtemperetur; de veteri autem lege, qua Judæi gloriantur, te optime arbitraris monstrasse, nullum ibi præmium hujus beatitudinis promissum fuisse, nec inde aliquam ibi exhortationem adhibitam esse. Dominus autem Jesus, cum novum traderet testamentum, in ipso statim exordio tale doctrinæ suæ fundamentum collocavit, quod et ad contemptum mundi et ad hujus beatitudinis desiderium pariter incitaret, dicens : *Beati pauperes spiritu, quoniam ipsorum est regnum cœlorum* (*Matth.* v, 5); et post aliqua : *Beati qui persecutionem patiuntur propter justitiam, quoniam ipsorum est regnum cœlorum* (*ibid.*, 10). Et si diligenter attendamus ad hæc, universa ejus præcepta vel exhortationes adhibentur, ut spe illius supernæ et æternæ vitæ omnia contemnantur prospera, sive tolerentur adversa. Quod (28, V.) nequaquam arbitror vestros attigisse doctores aut ad hunc finem boni vestros animos æque invitasse. Quod si tales erant, assigna, universa ethicæ vestræ percurrens instituta, aut si assignare non possis, tanto doctrinam Christi perfectiorem atque meliorem esse fatearis, quanto nos causa vel spe meliori ad virtutes adhortatur, cum vos potius virtutes vel earum contraria propter seipsa magis quam propter aliud appeti vel vitari debere censeatis. Unde et illa honesta vel inhonesta vocari hæc debere censetis. Honestum quippe dicitis, quod per seipsum placet et propter seipsum, non propter aliud est appetendum, sicut e contrario inhonestum, quod ex propria turpitudine est fugiendum. Quæ enim propter aliud vel appetenda sunt, vel vitanda, ea potius utilia, vel inutilia nuncupatis.

PHILOS. Sic profecto nostris visum majoribus, sicut in secundo Rhetoricæ suæ M. Tullius plenius exsequitur. Sed profecto cum dicitur : Virtus propter se non propter aliud expetenda, non omnino merces meritorum excluditur, sed terrenorum intentio commodorum removetur. Alioquin virtutum finem, id est causam finalem non bene constitueremus beatitudinem, sicut in secundo Topicorum suorum Boetius vester Themistium secutus commemorat. Ibi quippe cum de loco affine subjiceret exemplum : « Si beatum, inquit, esse bonum est et justitia bona est. Hic enim, ait, finis est justitiæ, ut si quis secundum justitiam vivat ad beatitudinem perducatur. » Ecce hic aperte monstrat beatitudinem in retributione[m] justæ vitæ positam esse, et nobis (fol. 29 R.) intentionem juste vivendi esse,

ut ad illud perveniamus. Quam, ut arbitror, beatitudinem Epicurus voluptatem, Christus vester regnum cœlorum nominat. Quid autem refert quo nomine vocetur? dummodo res eadem permaneat, nec sit beatitudo diversa nec juste vivendi philosophis quam Christianis intentio præponatur alia ; ut enim vos, sicut et nos, hic vivere juste disponimus, ut illic glorificemur, et contra vitia pugnamus, ut meritis virtutum illic coronemur, summum illud scilicet bonum pro mercede adepti.

CHRISTIAN. Imo longe quantum percipio nostra in hoc et vestra intentio, quam merita sunt diversa et de ipso quoque summo bono non modice dissentimus.

PHILOS. Id, obsecro, si vales, aperias.

CHRISTIAN. Nemo recte summum bonum dicit, quo majus aliquod invenitur. Quod enim inferius vel minus est aliquo, id nullo pacto supremum vel summum dici potest. Omnem vero beatitudinem vel gloriam humanam longe et ineffabiliter a divina transcendi constat. Nulla igitur præter illam recte summa nuncupanda est ; præter ipsum nihil jure summum bonum dicitur.

PHILOS. Non hoc loco absolute summum bonum, sed summum hominis bonum intendimus.

CHRISTIAN. Sed nec summum hominis bonum recte dicimus, quo majus aliquod hominis bonum reperitur.

PHILOS. Ita profecto liquet.

CHRISTIAN. Quæro igitur an in illa beatitudine alius alio beatior sit, sicut hic alterum alio justiorem vel sanctiorem esse contingit, ut videlicet secundum diversitatem meritorum sit et remuneratio diversa.

PHILOS. (29. V.) Quid si ita est?

CHRISTIAN. Imo, quia ita est, oportet concedas alium ibi hominem alio beatiorem effici, nec per hoc ejus hominis beatitudinem, quæ minor est, nequaquam summum hominis bonum esse nuncupandum. Unde nec illum, qui minus alio beatus est, jam beatum dici convenit. Summum quippe bonum id definisti, quo cum quisque pervenerit beatus est, aut igitur illum, qui alio ibi minor est, summum bonum adeptum esse concesseris, aut eum minime beatum esse concesseris, sed eum tantummodo, quo nemo ibi sit beatior. Si enim id quod adeptus est, eum beatum efficit, profecto juxta suprapositam definitionem summum bonum illud dici convenit.

PHILOS. Sustine paululum, obsecro, et attende quid nunc interrogationi novissimæ subjecerim, quem [*f.* quia] etiam maledicta corrigere licet, cum ad inquisitionem veri non ad ostentationem ingenii, sicut dictum est, conferamus.

CHRISTIAN. Approbo et concedo quod dicis. Non enim nobis circa inquisitionem veritatis penitus occupatis more puerili vel importunæ declamationis corrixari convenit. Ne, si qua minus provide concedantur, hinc eum, qui doceri vel docere intendit, erubescentiæ inferendæ occasionem sumere, ubi etiam argumentandi gratia, licet nonnunquam concedere falsa. Omnem itaque licentiam vel mittendæ penitus vel corrigendæ sententiæ damus.

PHILOS. Memento, inquam, quid dixerim et conditionis appositæ recordare, ubi videlicet dictum est : Quid si ita est? Multis namque philosophorum visum est, (fol. 30 R.) omnibus bonis hominibus omnes simul inesse virtutes? nec eum ullatenus bonum censeri, cui virtus aliqua desit, ac per hoc omnium bonorum hominum nec in meritis vitæ nec in beatitudinis remuneratione ullam esse distantiam. Quod si forte ita sit, eadem omnibus beatitudo retribuitur, et omnes æqualiter summum bonum adepti pariter fiunt beati. Quam patenter sententiam Tullius in secundo *De officiis* libro his verbis profitetur : « Justitia cum sine prudentia satis habeat auctoritatis, prudentia sine justitia nihil valeat ad fidem faciendam. Quo enim quis[que] versutior et callidior, hoc invi[dio]sior et suspectior, detracta opinione probitatis. Quam ob rem intelligentia(e) justitia[e] conjuncta, quantum volet, habebit ad faciendam fidem virium. Justitia sine prudentia multum poterit, sine justitia nihil valebit prudentia. Sed, ne quis sit admiratus, cur, cum inter omnes philosophos constet, a meque ipso disputatum sæpe sit, qui unam haberet, omnes habere virtutes, nunc ita sejungam, quasi possit quisquam, qui non idem prudens sit, justus esse : alia est illa, cum veritas ipsa limatur in disputatione, subtilitas alia cum ad opinionem communem omnis accommodatur oratio. Quam ob rem ut vulgus, ita nos hoc loco loquimur, ut alios fortes, alios viros bonos, alios prudentes esse dicamus. Popularibus enim verbis est agendum et usitatis cum loquimur de opinione populari (57). » Qui etiam in paradoxis non solum in virtutibus bonos, verum etiam in peccatis ita æquat malos, ut omnia peccata paria (30 V.) esse astruat.

CHRISTIAN. Nunc primo te importunum et corrixari magis quam philosophari video. Quippe ne ad confessionem manifestæ veritatis cogi videaris, ad patentissimæ falsitatis insaniam te convertis, ut omnes videlicet bonos æqualiter bonos, omnes reos æqualiter reos et omnes pariter eadem gloria vel pœna censeas dignos.

PHILOS. Siquidem in re non in hominum opinione consistit, qui operum affectum magis quam morum qualitatem dijudicant atque remunerant, et secundum ea, quæ geri exterius videatur, alios justiores vel fortiores sive meliores vel deteriores aliis judicant. A qua profecto sententia nec vos longe esse arbitror, si vestram diligenter consideretis disciplinam. Omnes quippe virtutes, ut vir ille maximus astruit philosophus Augustinus, uno nomine charitas comprehendit, quæ sola, ut ipsemet ait, inter filios Dei et filios diaboli discernit. Unde et me-

rito quodam loco meminit : Ubi est charitas quidem, quod possit deesse? Plenitudo quippe legis est dilectio. Quam ipse, qui hoc dicit Apostolus (*Rom.* XIII, 10) plenitudinem prosequens et tam mala inde removens quam ibi bona comprehendens, ait : *Charitas patiens est, benigna est, charitas non æmulatur, non agit perperam,* etc. (*I Cor.* XIII, 4). De qua etiam, cum inter cætera dicatur, quod omnia suffert vel omnia sustinet, utique et mortem ; ut autem Christus meminit (fol. 31 R.), *Majorem hac dilectionem nemo habet, ut animam suam quis ponat pro amicis suis* (*Joan.* XV, 13) ; non ergo alius alio magis in charitate abundat, cum hæc omnia charitas in se contineat et secum afferat. Quod si in charitate nemo alium transcendit, utique nec in virtutibus aut meritis, cum omnem, ut dicis, charitas complectatur virtutem.

CHRISTIAN. Revera, si proprie virtus intelligatur, quæ videlicet meritum apud Deum obtinet, sola charitas virtus appellanda est. Quæ quidem pro eo quod justum efficit vel fortem seu temperantem, justitia recte dicitur vel fortitudo sive temperantia. Sed sicut omnes, qui habent charitatem, non æqualiter ea succensi sunt, nec omnes prudentes æqualiter intelligunt, ita nec omnes justi æqualiter justi sunt, aut omnes æqualiter fortes vel temperantes. Et quamvis secundum priorem distinctionem omnes virtutes aliquibus inesse concedamus, cum videlicet unusquisque illorum sit justus et fortis, temperans, [et] non omnino tamen in virtutibus aut meritis eos esse pares annuimus, cum alium alio justiorem vel fortiorem seu modestiorem esse contingat. Quamvis enim in prædictis speciebus virtutum, singulos convenire ponamus, magna tamen est in individuis specierum differentia, cum hujus major quam illius, sit justitia vel fortitudo seu temperantia ; sed cum charitas omnia, quæ dixisti , conferat, non tamen singulis, quibus inest, omnia largitur. Sicut enim (31 V.) a natura omnia corporis commoda tribuuntur, sed non omnia omnibus, sic et in bonis animæ seu virtutibus contingit , ut non omnes omnibus æqualiter ditentur. Unde volo ut attendas quam sit illa ratio infirma, imo vilissimum sophisma, quod videlicet ex aliorum opinione in paradoxa prædictus inducit philosophus, ut virtutes sicut et vitia pares in omnibus esse convincat, cum videlicet dixerit bono viro meliorem non esse nec temperante temperantiorem, nec forti fortiorem nec sapienti sapientiorem. Etsi enim bono viro non sit aliquis melior, tamen aliquo bono viro melior est. Quid est enim aliud dicere de aliquo quod sit melior bono, nisi quod sit melior, quam bonus vir, quicunque ille sit. Non enim cum Deum homine dicimus meliorem , aliter intelligimus , nisi quod omnes transcendat homines. Sic etiam cum tamen aliquem bonum dicimus virum bono viro meliorem , id est ,

---

(57) Locum hunc Ciceronianum in Cod. Muscr. admodum corruptum atque mancum, ex Editione Tullianorum operum Orelliana emendavimus, quæque erant supplenda subjunximus.

quam bonus vir sit, vel quam sit aliquis vir bonus, non aliter accipiendum videtur, nisi generaliter omnibus bonis viris ille præponatur. Quod omnino falsum est, cum ipse etiam sit aliquis bonorum virorum. Si enim melior sit, quam bonus, vel quam sit aliquis bonus vir, consequens videtur ut neque bonus vir neque aliquis bonus vir sit adeo bonus, sed si quis bonus sit, eo minus sit bonus. Multum itaque referre videtur, si quis dicatur melior aliquo bono viro, et melior quam sit aliquis bonus vir. Et hic quidem sophismatis laqueus in omni incidere comparatione potest, ut quemadmodum omnes bonos æqualiter bonos probare conantur, ita quoslibet pulchros, cum videlicet nemo pulcher sit pulchrior (fol. 52 R.), pulchro simpliciter, scilicet et generaliter licet sit pulchrior alio pulchro. Quis denique, qui non intelligat quam insanissimum sit dicere omnia peccata paria esse? Sive enim peccatum in voluntate sive in operatione constituas, clarum est in malis hominibus, alium alio habere nequiorem voluntatem et amplius nocere sive deterius agere. Voluntas quippe ad actum perducit, et cum facultas nocendi datur, amplius hic quam ille nocet, vel magis aliquem justum persequitur, quia plus eum odit et affligere cupit. Similiter nec omnes boni æqualiter prosunt, vel prodesse volunt. Ex quo liquidum est nec bonos pares invicem nec malos existere, nec eorum merita æquari debere, ut remuneratio quoque par esse intelligatur. Præterea si stultorum opinione postposita, probatorum philosophorum excellentia de virtutibus dogmata consideres et disertissimi viri Plotini diligenter quaternariam virtutum distinctionem attendas, alias videlicet politicas, alias purgatorias, alias purgati animi, alias exemplares dicentis, ex ipsis statim nominibus et earum descriptionibus confiteri cogeris, plurimum in virtutibus homines differre. Quam etiam differentiam ipse, de quo nobis objecisti, Apostolus non prætermittens, cum de continentia et indulgentia nuptiarum loqueretur, ait : *Volo omnes homines esse sicut meipsum. Sed unusquisque proprium habet donum ex Deo, alius quidem sic, alius sic,* etc. (*I Cor.* vii). Qui etiam secundum qualitatem virtutum vel meritorum præmia futuræ vitæ distinguens, *Differt,* inquit, *stella a stella in claritate,* sic (32 V.) *erit et resurrectio mortuorum (I Cor.* xv, 41). Et alibi : *Qui parce seminat, parce et metet (II Cor.* ix, 6). Quod vero plenitudinem legis charitatem esse dixit, hoc est per charitatem legem adimpleri non omnes in charitate pares esse convincit, cum supra mandatum charitas se extendat. Unde et illa est Veritatis adhortatio : *Cum feceritis omnia quæ præcepta sunt, dicite : Servi inutiles sumus; quæ debuimus facere fecimus* (*Luc.* xvii, 10). Hoc est, pro modico reputetis, si hoc solum impletis quod ex præcepto debetis, nisi videlicet debito præcepti aliquid ex gratia superaddatis, et hoc est, quod dicit, quod debuimus facere fecimus. Ac si videlicet diceret : Quia in expletione præceptorum debita tantum solvimus et quasi necessaria non gratuita operamur. Cum vero aliquis ad eminentiam virginitatis transit, præceptum utique in ea transcendit, ad quam ex præcepto non cogitur. Unde idem meminit Apostolus : *De virginibus autem præceptum Domini non habeo, consilium autem do (I Cor.* vii, 25). Sed in his etiam qui legem adimpleverint nec transcend[er]i[n]t, impar esse charitas potest, cum in eodem videlicet opere major hujus quam illius sit charitatis affectus. Quod etiam objectum est ex illo Augustini dicto : « Ubi est charitas quidem, quod possit deesse, etc., » nemo est, qui sic eum accepisse hoc æstimet, ut omnibus omnes in virtutibus et meritis unire velit, quod tam Dominum quam Apostolum secutus, fere ubique contradicit. Tale est utique quod ait, quod quidem possit deesse ad salutem, sed non ad virtutum perfectionem. Nemo quippe cum illa perit, sed non omnes in illa æquantur.

Philos. Ne gravet te multas nos sententias seu opiniones (fol. 53 R.) inducere, ut ex omnibus veritatem rationum possimus elicere. Qui enim quem adhuc ignorant locum vestigant, multas explorare coguntur vias, ut rectiorem valeant eligere, sicut nunc summum inquirendo bonum facere compellor, dum videlicet majorum nostrorum sententias vel propriam, a te invitatus, propono.

Christian. Non gravaret, si tale quid pro sententia induceretur, quod si verum non esset, aliquid saltem probitatis haberet. Non enim quod patenter falsum est, aliqua refelli ratione opus est.

Philos. Quid si summum hominis bonum dicamus statum illum futuræ vitæ comparatione tantum bonorum præsentis vitæ? Nam et cum vos nobis duos fines a Deo propositos dicatis, summum videlicet bonum in cœlo, vel summum malum in inferno, non aliter hoc accipitis, nisi quantum ad vitæ præsentis statum bonum vel malum. Sex quippe hominum status nobis ratio suggerit, tres videlicet in hac vita et secundum hoc tres similiter alios in futura. Primus quippe hominis status est in quo nascitur, dum nondum in eo excitata ratione liberum est adeptus arbitrium, ut, secundum quod elegerit, bonus homo, vel malus dicendus sit, quamvis ipse bona res vel bona sit substantia sive creatura. De hoc quidem priore statu hominis, cum ad discretionis ætatem ipse perductus scienter se ad bonum sive ad malum inclinaverit, jam bonus ipse homo vel malus effectus, bonum hominis statum vel malum ingressus est. Primus quidem hominis status quasi indifferens, nec bonus videlicet, nec malus (53 V.) dicendus est. Secundus, si ad virtutes conscenderit bonus, si ad vitia descenderit malus. Sic etiam futura vita tres habet status : Unum quidem quasi indifferentem, nec beatum proprie, sed nec miserum, qui videlicet eorum est, quorum etiam in hac vita indifferens, ut diximus, status exstitit omnibus, videlicet destitutus meritis, nondum excitata hominis ratione, alium vero pro meritis optimum et alium pessimum. Hos autem duos comparatione duorum aliorum præsentis vitæ, qui eos promerentur, summum bonum et summum malum dici arbitror, eo quod nihil adversi vel prosperi eis sit admistum, cum alios duos talibus constet esse permistos, ut nec boni nec mali paritas insit eis.

CHRISTIAN. Ecce secundum te summum bonum illa supernæ vitæ quies intelligenda est, sicut e contrario summum malum illa malorum damnatio futura. Quorum utrumque, sicut meministi, ipsi nostris acquirimus meritis, per quæ videlicet, quasi quibusdam viis, illuc pervenitur.

PHILOS. Ita æstimo et planum est. Nulla quippe his qui naturalem amplectantur legem, sententia firmior habetur, quam ut virtus ad beatitudinem sufficiat et quod solæ faciant virtutes beatum, nulla alia quisquam via hoc nomen adipiscitur. Sic e contrario nullum vere miserum, nisi ex vitiis fieri constat. Unde sicut illas ad summum bonum, sic ad summum malum has esse vias constat.

CHRISTIAN. Quoniam nunc aliquantum ad summum hominis bonum sicut et ad summum ejus malum accessisse videris et eorum insuper vias attigisti, libet paululum objectionum vestrarum habenas cursui tuo relaxare, quo fa(fol. 34 R.) citius et propositi tui metam pervenias et de consummatione operis verius atque perfectius dijudicari queas. Ostenso itaque quid tu summum hominis bonum seu summum ipsius malum dicas, superest ut has quoque eorum, quas dixisti vias, virtutes scilicet ac vitia diligenter definias atque distinguas, ut vel appetantur vel vitentur, quo melius cognoscuntur.

PHILOS. Virtus, inquiunt, est habitus animi optimus, sic e contrario vitium arbitror esse habitum animi pessimum; habitum vero hunc dicimus, quem Aristoteles in Categoriis distinxit, cum in habitu et dispositione primam qualitatis speciem comprehendit. Est igitur habitus qualitas rei non naturaliter insita, sed studio ac deliberatione conquisita et difficile mobilis. Unde hanc quam naturalem in quibusdam castitatem nominant, ex corporis videlicet frigiditate vel aliqua complectione naturæ, quæ nullam unquam concupiscentiæ pugnam sustinet, de qua triumphet, nec meritum obtinet, nequaquam virtutibus connumeramus, vel quæcunque animi qualitates facile sunt mobiles. Ubi quippe non est aliqua repugnantiæ pugna, non est superantis virtutis corona, juxta illud etiam magni vestri philosophi : *Non coronabitur qui non legitime certaverit* (II Tim. II, 5). Hinc et illud ipsius philosophiæ ad Boetium in libro quarto Consolationis suæ : Ex quo etiam virtus vocatur, quod suis viribus nitens non superetur adversis, hic etiam virtutem omnem difficile mobilem esse reus [*leg. asserens*], cum in prædicto qualitatis tractatu Aristotelem (34 V.) exponeret, scientias et virtutes inter habitus collocans; Virtus enim, inquit, nisi difficile mutabilis, non est. Neque enim qui semel juste judicat, justus est, neque qui semel adulterium facit, est adulter, sed cum ista voluntas cogitatioque permanserit. Optimus vero est ille animi habitus, qui ad veræ beatitudinis meritum nos informat, quales sunt singulæ virtutis species, quas alii plures, alii pauciores statuerunt. Socrates quidem, per quem primum vel maxime moralis disciplinæ studium convaluit, quatuor virtutis species distinguit : Prudentiam, justitiam, fortitudinem, temperantiam. Nonnulli vero prudentiæ discretionem matrem potius sive originem virtutum, quam virtutem, nominant. Prudentia quippe est hæc ipsa morum scientia, quæ, ut tractatus ethicus tradit, rerum bonarum et malarum scientia dicitur, hoc est ipsa bonorum discretio sive malorum, quæ videlicet in seipsis proprie bona dicenda sunt aut mala. Quædam etenim bona aut mala ex seipsis proprie et quasi substantialiter dicuntur, utpote virtutes ipsæ vel vitia; quædam vero per accidens et per aliud. Veluti operum nostrorum actiones, cum in se sint indifferentes, ex intentione tamen, ex qua procedunt, bonæ dicuntur aut malæ. Unde et sæpe cum idem a diversis agitur, vel ab eodem in diversis temporibus, pro diversitate tamen intentionum, idem opus bonum dicitur atque malum. Quæ vero substantialiter et ex propria natura bona dicuntur aut mala, ita impermista perenniter manent, ut quod semel bonum est, malum nunquam fieri possit, vel e converso; horum itaque (fol. 35 R.) discretio tam bonorum scilicet, quam malorum prudentia dicitur. Quæ quidem discretio; quia æque perversis ut bonis inesse potest hominibus nec meritum habet, nequaquam virtus vel optimus animi habitus recte dicitur. Unde Aristoteles a virtutibus scientias distinguens cum in prædicto qualitatis tractatu *De habitu* exempla subjiceret : Tales, inquit, sunt scientiæ vel virtutes. Quem quidem locum Boetius exponens, ait : Aristoteles enim virtutes non putat scientias, ut Socrates; sic et ille, ut jam supra memini prius noster et postmodum vester Augustinus, quandoque virtutis nomen usque ad fidem etiam et spem extendit, quandoque ad solam charitatem contrahit, quæ videlicet propria et specialis est bonorum, cum cæteræ duo tam reprobis quam electis sint communes. Scriptum quippe est : *Fides sine operibus otiosa est* (58); *et spes impiorum peribit* (Prov. X, 28). Sicut autem fides aut spes sine operibus inutiles aut potius nocivæ nobis efficiuntur, ita etiam prudentia. Magis quippe rei sumus vel dum scienter, quod faciendum est, vitamus, vel quod non est, agimus, quam si hoc per ignorantiam contingeret, quæ videlicet aliquam excusationem prætendere posset. Unde et illud est quod nostis: *Servus sciens et non faciens voluntatem domini sui, vapulabit multis* (Luc. XII, 47). Et alibi, Melius esset non nosse viam veritatis, quam post agnitam retrorsum abire. Prudentia itaque, sicut

---

(58) Jac. II, 17, fides sine operibus vocatur νεκρὰ καθ' ἑαυτήν.

fides vel spes, quæ malis æque ut bonis hominibus conveniunt, non tam virtutes dicendæ sunt quam ducatum (35 V.) quemdam vel incitamentum ad virtutes præbere.

CHRISTIAN. Hoc ad præsens de prudentia satis esse arbitror. Nunc ad reliquas, ut Socrati placet, virtutes superest meare.

PHILOS. Justitia itaque virtus est communi utilitati servata, suam cuique tribuens dignitatem, hæc est ea virtus, qua volumus unumquemque habere id quo dignus est, si hoc commune non inferat damnum. Sæpe etenim contingit, ut dum alicui pro meritis sua reddimus, quod singulariter in uno agitur commune inferat damnum. Ne itaque pars toti, singularitas præjudicet communitati, adjunctum est, communi utilitati servata. Ad hunc quippe finem omnia, quæ gerimus, recte referri convenit, ut in omnibus scilicet non tam proprium quisque bonum quam commune attendat, nec tam rei familiari quam publicæ provideat, nec tam sibi quam patriæ vivat. Unde et ille primus et maximus moralis philosophiæ doctor, Socrates cuncta in commune redigi et ad commune commodum censuit applicari, ut uxores communes esse institueret, ita scilicet ut nemo proprios recognosceret liberos; hoc est non tam sibi eos quam patriæ crederent generatos, ut hæc videlicet communitas uxorum non in usu carnis sed in fructu prolis accipiatur. Quod tam verbo quam opere Aulus proprium occidendo filium posterorum memoriæ reliquit in exemplum, eum se, inquiens, non Cati (fol. 36 R.) linæ adversus patriam, sed patriæ adversus Catilinam genuisse. Hic vero justitiæ zelo accensus, nec in filio filium suum, sed hostem patriæ considerans prædictam justitiæ definitionem non tam ore quam manu exhibuit. Quisquis igitur in hac constans est voluntate, quam diximus, ut ab ea facile dimoveri non possit virtute, pollet justitia [æ] etiamsi fortitudine et temperantia nondum sit consummatus. Sed quia quibus difficile amittitur recedere tamen nonnunquam grandi aliqua interveniente causa cogitur, sicut hæc ipsa bona voluntas, quæ justitia dicitur timore, aliquo vel cupiditate evanescit, contra timorem fortitudo, contra cupiditatem temperantia [m] necessaria est. Timor quippe rei quam nolumus, vel cupiditas ejus quam volumus, si tantæ sint, ut rationi prævaleant, facile ab uno proposito mentem retrahunt et in contraria ducunt. Unde adversus timorem fortitudo clypeum, adversus cupiditatem temperantia sumet frenum, ut quæ scilicet per virtutem justitiæ jam volumus, per has etiam roborati, implere potentes simus, quantum in nobis est. Unde utramque harum quamdam animi firmitatem et constantiam dicimus, quibus potentes efficimur ad hoc quod per justitiam volumus exsolvendum. Quarum quidem contraria quædam infirmitates animi, et impotentiæ vitiis resistendi recte nominantur, ut ignavia sive pusillanimitas, quæ remissum hominem reddunt et

intemperantia, quæ nos in obscenas voluptates vel turpia desideria (36 v.) resolvunt. Est quidem fortitudo considerata, id est rationabilis laborum perpessio et periculorum susceptio. Hæc est ea virtus, quæ promptos nos efficit ad suscipienda pericula vel tolerandos labores, prout opportunum est; quod maxime pendet de amore justitiæ, quem bonum zelum dicimus in propulsandis videlicet aut vindicandis malis. Temperantia est rationis in libidinem atque in alios non rectos impetus animi firma et moderata dominatio. Sæpe enim modum excedentes, dum nobis temperantes esse videmur, temperantiæ terminos transgredimur, ut dum sobrietati studemus immoderatis jejuniis nos affligamus, et dum vitium domare cupimus, ipsam exstinguamus naturam et sic in multis excedendo pro virtutibus finitima ipsis vitia statuimus. Unde merito postquam dictum est firma, subjunctum est moderata. Cui profecto rationi ipsam prudentiæ rationem præesse necesse est, quam virtutum, ut diximus, matrem nominant, hoc est originem ipsarum atque nutricem. Per hanc enim nisi virtutes prænoscamus et eas diligenter non solum a contrariis et manifestis, verum etiam a finitimis vitiis discernere valeamus, nequaquam eis, quas ignoramus, habendis vel conservandis operam damus. Unde quicunque his consummatus est virtutibus (fol. 37 R.), ei prudentia inesse necesse est, per quam videlicet et justitia quæ merita dispensat, quid cuique debeatur sciat. Fortitudo in suscipiendis periculis vel laboribus tolerandis discretionem habet, temperantia, ut dictum est, in concupiscentiis reservandis moderationem. Constat igitur in his tribus quas diximus virtutibus, quibus prudentia deesse non potest, hominem consummari et bonis perfici. Nunc vero ipsarum species seu partes superest distinguere, quo diligentius eas agnoscamus et eorum doctrinam per singula prosequendo verius judicemus.

CHRISTIAN. Imo quia sic placet et placere oportet, id fieri optamus.

PHILOS. Ad justitiam itaque, quod suum est, unicuique servantem, ut succincte dicam, pertinent reverentia, beneficentia, veracitas, vindicatio.

Quid sit reverentia.

Reverentiam eam partem justitiæ dicimus, per quam omnibus debitam venerationem exhibere spontanei sumus, tam videlicet Deo, quæ religio dicitur, quam et hominibus potestate vel aliquo merito dignis, quæ observantia vocatur. Hic igitur obedientiæ virtutem constat includi, qua videlicet præceptis superiorum obtemperando; hinc quoque illis honorem deferimus, quod rationabilia eorum instituta nequaquam contemnimus.

Quid beneficentia.

Beneficentia vero est, per quam necessitudinibus hominum opem debitam afferre prompti sumus, vel indigentibus scilicet necessaria dando, quæ largitas dicitur, cum in superfluis prodigalitas consistat, vel violenter oppressos liberando (37. v.) quæ clementia vocatur. Misericordiam autem a miseris ita vocatam, majores nostri vitium potius et quamdam infirmitatem animi, quam virtutem dixerunt, per quam videlicet aliis eo tantum quo affliguntur naturaliter compatiendo subvenire cupimus. Clementia vero nonnisi rationabili affectu ad subveniendum aliquibus fertur, nec tam quod affliguntur, quam quod injuste affliguntur attendit, ut injustitiæ obviando justitiæ obtemperet. Alioquin justitiæ non sunt opera, quando aliis subvenimus, nisi in hoc sua cuique reddamus. Sed et cum virtus habitus sit animi, quem, ut ex superioribus liquet, per applicationem vel studium magis quam per naturam haberi constat, nequaquam talis compassio naturalis ad virtutes referenda est, per quam videlicet ipsis etiam reis in afflictione positis humano quodam vel carnali, non rationabili affectu, subvenire satagimus, in hoc potius justitiæ adversantes, ne illis debitæ reddantur poenæ. Denique dolori animum submittere, infirmitatis potius quam virtutis est, et miseriæ quam beatitudinis et perturbatæ, non quietæ mentis. Cum enim nihil sine causa Deo cuncta optime disponente fiat, quid accidit, unde justum tristari vel dolere oporteat, et sic optimæ dispositioni Dei, quantum in se est, contraire, quasi eam censeat corrigendam esse.

Quid sit veracitas.

Veracitas est, per quam ea, quorum nos debitores pollicendo efficimur, observare studemus (fol. 58 R.). Non enim si, quod non oportet, promittimus, rei efficimur, id non implendo, cujus nos debitores mala promissio nequaquam fecit. Qui enim, quod promittendum non fuit, exsequitur, mali operis geminat affectum, cum perversæ scilicet promissioni perversum adjungat factum, nec cessando ab opere malam promissionem eligit corrigere.

Quid vindicatio.

Vindicatio est ille constans affectus, per quem illatis malis debita inferatur poena. In singulis autem his quatuor justitiæ partibus, illud quod in definitione præmisimus, communi scilicet ut'litati servata, subintelligendum esse constat. Hunc enim operum nostrorum, ut supra quoque meminimus, finem esse convenit, ut non tam propria quam communia quærat quisque commoda, nec tam sibi, quam omnibus vivat, juxta illud videlicet, quod in laude Catonis Lucanus (59) decantat:

Uni quippe vacat studiis odiisque carenti,
Humanum lugere genus......
...... Hi mores, hæc duri immota Catonis
Secta fuit, servare modum finemque tenere,
Naturamque sequi, patriæque impendere vitam,
Nec sibi, sed toti genitum se credere mundo.

Et post aliqua :

..... Urbi pater est, urbique maritus
. . . .
In commune bonus.

(59) *Pharsal.* l. II vers. 377 sqq., 388 sqq. Leidæ 1740, 4.

Quippe quod propriis intendit commodis naturæ est infimæ; quod alienis, virtutis egregiæ. Et parvi suam æstimare vitam debet qui unius sui curam gerens, propriis contentus est (58. V.) commodis, nec aliorum sibi meretur gratiam et laudem. Imitari quisque pro modulo suo Deum debet, qui, cum nullius egeat, sui minime curam, sed omnium agit, nec sibi necessaria, sed omnibus ministrat, totius mundanæ fabricæ tanquam unius magnæ reipublicæ procurator. Sunt qui partes justitiæ ampliori numero non rerum, sed nominum distinguentes, plerasque a nobis uno comprehensas vocabulo pluribus distinguunt, et quod in toto conclusum est, in partes discernunt, pietatem scilicet erga parentes, amicitiam, id est benevolentiam erga eos qui nos diligunt ipsorum causa magis quam sperandi alicujus commodi, cum pari eorum erga nos voluntate, gratia in remuneratione beneficiorum. Sed tria hæc profecto beneficentiæ supponi constat, per quam videlicet animus ad quælibet debita beneficentia impendenda tam parentibus scilicet quam cæteris promptus est.

De naturali atque positiva justitia.

Oportet autem in his quæ ad justitiam pertinent, non solum naturalis, verum etiam positivæ justitiæ tramitem non excedi. Jus quippe aliud naturale, aliud positivum dicitur. Naturale quidem jus est quod opere complendum esse ipsa quæ omnibus naturaliter inest ratio, persuadet, et idcirco apud omnes permanet, ut Deum colere, parentes amare, perversos punire, et quorumcunque observantia omnibus est necessaria, ut nulla unquam sine illis merita sufficiant. Positivæ autem justitiæ illud est, quod ab hominibus institutum, ad utilitatem scilicet vel honestatem tutius muniendam (fol. 39 R.) vel amplificandam, aut sola consuetudine aut scripti nititur auctoritate, utpote poenæ vindictarum vel in examinandis accusationibus sententiæ judiciorum, cum apud alios ritus sit duellorum vel igniti ferri; apud alios autem omnis controversiæ finis sit juratum, et testibus omnis discussio circumferatur. Unde fit ut cum quibuscunque vivendum est, nobis eorum quoque instituta, quæ diximus, sicut et naturalia jura teneamus. Ipsæ quoque leges quas divinas dicitis, Vetus scilicet ac Novum Testamentum, quædam naturalia tradunt præcepta, quæ moralia dicitis, ut diligere Deum vel proximum, non adulterari, non furari, non homicidam fieri, quædam vero quasi positivæ justitiæ sint, quæ quibusdam ex tempore sunt accommodata, ut circumcisio Judæis et baptismus vobis et pleraque alia quorum figuralia vocatis præcepta. Romani quoque pontifices vel synodales conventus, quotidie nova condunt decreta, vel dispensationes aliquas indulgent, quibus licita prius jam illicita, vel e converso fieri autumatis, quasi in

Emendavimus locum ex editione Burmanniana.

eorum potestate Deus posuerit vel permissionibus, ut bona vel mala esse faciant, quæ prius non erant et legi nostræ possit eorum auctoritas præjudicare. Superest autem nunc ut post considerationem justitiæ ad reliquas duas virtutis species stylum convertamus.

De partibus fortitudinis.

Fortitudo itaque nobis partibus videtur comprehendi, magnanimitate scilicet et tolerantia.

‹ (59 v.) Magnanimitas vero est, qua cum rationabilis substantiæ causa quælibet ardua aggredi sumus parati. Tolerantia autem est, qua in hujus propositi incepto constanter perseveramus.

De partibus temperantiæ.

Temperantiæ vero quantum mihi videtur, nec vos improbare arbitror, partes hæc sunt, humilitas, frugalitas, mansuetudo, castitas, sobrietas.

Humilitas est per quam ab appetitu inanis gloriæ ita nos temperamus, ut non supra quam sumus, videri appetamus.

Frugalitas vero est superfluæ profusionis frænum per quam videlicet supra quam necessarium est possidere respuimus. Sic et mansuetudo frenum est iræ et castitas luxuriæ, et sobrietas gulæ.

Et notandum quod cum justitia sit constans animi voluntas, quæ unicuique quod suum est servat, fortitudo et temperantia potentiæ quædam sunt atque animi robur, quo, ut supra meminimus, bona justitiæ voluntas confirmatur. Quorum etenim contraria impotentiæ sunt, ea profecto constat esse potentias. Debilitas vero animi, quæ fortitudini contraria est, quædam ejus infirmitas et impotentia est, quam ignaviam seu pusillanimitatem dicere possumus. Intemperantia quoque, temperantiæ adversa, quædam imbecillitas animi et impotentia est, irrationabilium motuum ejus impulsibus resistere non valentis, a quibus quasi quibusdam satellitibus in miseram vitiorum captivitatem mens infirma trahitur et quorum dominari debuit ancilla fit. Sicut autem justitia voluntas illa, quam diximus, bona est, ita injustitia voluntas contraria. Et justitia quidem bonum hominem, for (fol. 40 R.) titudo vero ac temperantia probum efficiunt, quia, quod ex illa nolumus [leg. volumus], ex his ad efficiendum validi sumus. Putas autem me in præsentia[rum] species seu partes virtutis ita distinxisse, ut in his gradus omnes concludantur, quibus ad beatitudinem pertingitur et summum pro meritis bonum apprehenditur. Nunc si visum sit prudentiæ tuæ, quid in his probare vel improbare decreveris, vel si quid fortasse ad perfectionem addendum esse censueris, parati sumus excipere.

Christian. Sic profecto convenit. Sed priusquam ad hos summi boni, quos posuisti, gradus veniamus, ad intermissum non dimissum de summo bono vel summo malo conflictum redeamus, et quid simpliciter summum bonum vel summum malum dicatur, et an aliud summum bonum sit, quam summum hominis bonum, vel summum malum, quam summum hominis malum, determinetur.

Regressio ad intermissam inquisitionem de summo bono.

Philos. Summum utique bonum apud omnes recte philosophantes non aliud quam Deum dici constat et credi, cujus scilicet incorporabilis et ineffabilis beatitudo tam principii quam finis ignara, non augeri potest nec minui. Summum vero malum summam cujuscunque sit sive hominis sive alterius creaturæ miseriam vel pœnæ cruciatum autumo, hominis autem summum bonum vel summum malum, ejus sicut supra, jam memini ac determinavi futuræ vitæ requiem vel pœnam perpetuam intelligo. Hoc itaque inter summum bonum et summum hominis bonum referre arbitror, quod, sicut ex præmissis liquet, summum bonum Deus ipse est vel ejus beatitudinis summa tranquillitas, quam tamen non aliud quam ipsum, æstimamus, (40. v.) qui ex seipso, non aliunde, beatus est; summum autem hominis bonum illa est perpetua quies, sive lætitia, quam quisque pro meritis post hanc vitam recipit, sive in ipsa visione vel cognitione Dei, ut dicitis, sive quoquo modo aliter contingat. Summum vero malum summa est, ut dixi, cujuscunque creaturæ miseria vel pœna pro meritis suscepta. Summum autem hominis malum quoscunque hominum ibi cruciatus pro meritis susceptos nuncupamus.

De summo malo.

Christian. Quantum percipio, tam summum malum quam summum hominis malum non nisi pœnas futuri sæculi, pro meritis redditas, intelligis?

Philos. Ita utique.

Christian. At profecto pœnæ illæ pro meritis collatæ utique justæ sunt, quia justum est sic eos punire, qui meruerunt. Quidquid vero justum est, bonum esse constat. Pœnæ itaque illæ, quas summum malum, vel summum hominis malum nuncupas, sine dubio bonæ sunt. Vide ergo an id quod bonum est potius quam malum, concedere videaris esse summum malum. Qua enim ratione summum malum vel summum hominis malum dicas quod nullatenus malum sit, non video!

Philos. Meminisse te oportet, a teipso superius tam nostrorum quam vestrorum testimoniis ostendi[sse] omnem quoque afflictionem malum potius quam bonum esse. Non tamen ideo omnem esse malam concedendum arbitror, frequenter quippe generum permutatio in adjectivis nominibus sensum variat, ut aliud significet pœnam esse bonam, et aliud dicere pœnam esse bonum, id est rem bonam. Sicut aliud est dicere hanc æream statuam esse perpetuam, quod falsum est, aliud eam esse perpetuum, id est rem aliquam quæ perpetua sit, quod verum est, utpote ipsum æs cujus perpes et indeficiens est natura. Sed et cum omnis propositio compositum quoddam sit non tamen omnem compositam dicimus, sed illam tantum, (fol. 44 R.) quæ præpositiones in partibus habet, hoc est hypotheticam, nec omnem dictionem compositam dicimus, quam esse rem compositam scimus, nec omnem, quam simplicem vocamus, esse rem simplicem concedemus. Sic igitur et cum pœnam aliquam justam aut bonam esse dicimus, eo scilicet quod justum sit aut bonum, eum affligi, qui torquetur, non tamen ideo eam esse rem justam aut bonam concedere cogimur. Vos quoque cum omnem creaturam bonam esse ponatis, eo videlicet quod nihil ex creatione Dei non bonum sit, nec etiam hominem creaturam esse negetis et per hoc eum, qui malus est, esse rem bonam annuatis, non tamen ideo eum esse hominem bonum recipitis. Nemo quippe hominum [esse] bonus dicendus est; nisi qui bonis adornatus est moribus. Bona autem res sive bona creatura dici potest etiam quæ irrationalis est et inanimata. Sed cum omnia Deus creasse bona dicatur, et hic parvulus homo vel equus ab eo jam creatus sit, quamvis res bona creatus sit, non tamen bonus homo vel bonus equus jam creatus est, nec ipse Deus hunc parvulum, qui perversus est futurus, aut bonum hominem aut malum hominem creavit, sed bonam rem vel bonæ naturæ substantiam eum condidit, nec eum equum, qui nunquam bonus est futurus, unquam bonum equum creavit, licet nonnullos equorum vitiosos creare videatur, qui videlicet in ipsa creatione sua vitium aliquod contrahere dicuntur, unde postmodum inutiles aut parum utiles fiant. Ipsos quoque homines naturaliter ex elementorum complexione in ipsa sua creatione nonnulla vitia contrahere constat, ut iracundi scilicet, vel luxuriosi vel aliis irretiti vitiis naturaliter fiant (41 V.). Sed neque illum fortassis angelum cæteris quasi luciferum prælatum, quem postmodum apostatasse dicitis, bonum angelum vel bonum spiritum condidit, quem nunquam in veritate (59*) vel in dilectione Dei constitisse dicitis et [f. cum] plerique vestrum charitatem semel habitam, nunquam fateantur admitti. Nullus quippe angelus sive spiritus aut etiam homo a dilectione Dei et vera charitate alienus, bonus recte dicitur, sicut nec malus, quandiu peccato caret. Si igitur angelus ille neque cum peccato neque cum charitate Dei creatus est, quomodo bonus adhuc angelus vel malus creatus esse dicendus est. Sic nec singuli homines, cum creantur nondum rationis compotes aut boni homines aut mali creatione dicendi sunt, cum videlicet ipsa creatione sua, ut boni homines aut mali essent, non acceperint. Quorum etiam aliqui cum ægrotativi vel stulti naturaliter fiant, et diversis tam animi quam corporis vitiis occupati nascantur, et omnes communiter homines creentur mortales, profecto ex ipsa sua creatione substantia humanæ naturæ bona, multorum particeps fit malorum. Ut enim Aristoteles meminit et manifesta tenet veritas, bono contrarium esse non potest nisi malum. Patet igitur tam mortalitatem quam cætera

modo præmissa, cum quibus nascimur, mala esse connumeranda, cum eorum scilicet contraria nemo dubitet esse bona, et quædam vitia seu mala naturaliter ex ipsa creatione quibusdam bonis inesse substantiis, ut mortalitas homini, irrationabilitas equo. Quamvis enim mortalitas non dicatur vitium hominis, cum videlicet secundum eam nemo alio homine de (fol. 42 R.) terior sit, qua æqualiter omnes participant, quoddam tamen est vitium naturæ in ipso homine, quoniam in hoc humana natura ab ea quæ immortalis est, deterior vel infirmior existit. Sicut igitur hominem quemlibet, quantiscunque vitiis deturpetur, rem bonam esse concedimus, nec tamen ideo bonum hominem esse annuimus, ita econtrario quamlibet pœnam rem esse malam profitemur, licet nonnullam esse bonam pœnam ponamus. Vide itaque non esse consequens ut si bonam et justam pœnam summum hominis malum esse statuamus, ideo quod bonum est, summum ejus malum esse credamus. Etsi enim, ut dictum est, pœna illa sit bona, non ideo bonum simpliciter, id est bona res est dicenda.

Christian. Esto modo, ut dicis, te videlicet ex concessis non posse argui, ut, quod bonum est, concedas summum hominis malum esse, quamvis pœnam illam, quæ bona est et justa, summum illud malum esse non abnuas. Sed iterum quæro cum tam culpa præcedens, quam pœna inde proveniens malum sit, quod horum deterius ac majus hominis malum dicendum sit, utrum videlicet culpa ejus, quæ hominem malum efficit, an pœna, quæ a Deo illata justum in eo judicium agit?

Philos. Certe, ut æstimo, deterius hominis malum est culpa ejus, quam pœna ipsius. Cum enim inter quælibet mala illud alio majus esse non dubitetur, quod amplius Deo displicet et pœna dignum est, quis [quisnam] (non) dubitet culpam deterius esse quam pœnam culpæ. Ex culpa quippe homo Deo displicet, unde malus dicitur, non ex pœna, quæ pro culpa irrogatur. Illa quippe injustitia est, hæc justitiæ debitus effectus et ex intentione recte proveniens. Patet itaque in homine id deterius esse, quod eum reum constituit, quam quod puniendo justum in eo judicium (42 V.) agit.

Christian. Cum igitur culpa hominis majus sit hominis malum quam pœna ipsius, quomodo pœnam hominis summum ejus malum nuncupas, qua, ut dictum est, majus malum est culpa.

Philos. Placet itaque, si nostram in hoc improbas opinionem, tuam super hoc audire sententiam, quid videlicet summum hominis malum censeas appellandum?

Christian. Illud itaque quod eum deteriorem efficere potest, sicut econtrario summum ejus bonum per quod eum meliorem effici constat.

Philos. Et quæ, obsecro, sunt illa?

Christian. Summum ejus odium, summa dile-

(59*) *Joan.* VIII, 44, ἐν τῇ ἀληθείᾳ οὐκ ἔστηκεν. Cfr. Ep. I, III, 8 euo in Deum; per quæ videlicet duo ei qui simpliciter ac proprie summum bonum dicitur, displicere amplius vel placere constat. Quorum profecto utrumque post hanc vitam sequitur. Qui enim perpetuis et maximis cruciantur pœnis, quanto se amplius his gravari sentiunt, tanto in eum, cujus puniuntur judicio, ex ipsa desperatione veniæ odio majori inardescunt. Quem penitus non esse vellent, ut sic saltem a pœna liberari possent et ita longe deteriores ibi sunt odiendo quam hic exstiterunt contemnendo. Sic econtrario quicunque illa Dei visione fruuntur, de qua dicit Psalmista : *Satiabor, cum apparuerit gloria tua* (*Psal.* XVII, 5), id est postquam divinitatis tuæ majestatem per temetipsum mihi manifestaveris, nihil ulterius indigendo requiram ; tanto tunc meliores efficiuntur, quanto amplius eum diligunt, quem in semetipso verius intuentur, ut videlicet summa illa dilectio, illa summi boni fruitio, quæ vera est beatitudo, summum hominis bonum recte sit dicenda. Tanta quippe est illa divinæ majestatis gloria, ut nemo (fol. 43 R.) eam conspicere queat, qui non in ipsa visione ejus statim beatus fiat, unde et dicitur : *Tollatur impius ne videat Dei gloriam* (*Isa.* XXVI, 10 juxt. LXX). Cum igitur fideles ejus, qui eum super omnia dilexerunt, tantam conspexerint beatitudinem, quantam nullatenus fide poterunt æstimare, hæc eorum summa exsultatio, perpes erit ipsorum beatitudo.

PHILOS. Placet itaque summum hominis bonum sive malum illud intelligi quo melior, ut dicis, vel deterior homo efficitur. Sed si hoc in futura vita contingit, ut videlicet meliores ibi vel deteriores, quam hic efficiamur, profecto et ibi aliquid amplius, quam hic promereri videmur. Quo enim meliores efficimur vel deteriores quam prius, majori pœna vel præmio digni judicamur. Quod si ibi quoque melior sit affectus, ut quo amplius Deum cognoscimus, magis eum diligamus et cum ipsa retributione pariter nostra dilectio crescat in Deo, ut semper meliores efficiamur, profecto in infinitum ita nostræ beatitudinis extenditur augmentum; ut nunquam sit perfectum, quia semper recipit incrementum.

CHRISTIAN. Nescis quod in hac vita tantum tempus sit promerendi, et in illa retribuendi, hic videlicet seminandi, ibi colligendi. Quamvis igitur ibi meliores efficimus ex præmio meritorum, quam hic ex meritis fueramus, non tamen necesse est ut ibi rursus aliquid promereamus. Hoc ipsum quoque, quia ibi meliores quam hic efficimur, meritorum hic habitorum retributio est, quæ meritis reddita nos meliores efficiat non iterum præmium promereretur, quæ in præmium meritorum tantum est constituta, non ad aliquid promerendum rursus habita. Nam et apud nos cum (43 V.) aliquis amicitiæ remunerationem ab amico suscipit et eum amplius propter hoc diligit, non iterum apud eum ex hac majori dilectione, quæ scilicet venit ex præmio reddito, præmium mereri judicatur, ut sic in infinitum meritum extendatur. Quamvis etenim necessitudinis coactione et retributione præmii augetur dilectio, ut non tam voluntaria quam necessaria videatur, ita quippe omnibus naturaliter insitus est affectus, ut ipsa præmii retributio quoddam dilectionis secum afferat augmentum et quadam nos necessitate, vel amore nostri potius quam virtute vel amore remunerantis in ejus dilectionem nos accendat. Si igitur inter homines amicus ab amico præmium ferat et ex ipso præmio amplius diligere cogatur, nec tamen ex hoc dilectionis augmento rursus promereri dicitur, quid mirum, si et in alia vita ex suscepto præmio amplius Deum diligentes, nequaquam rursum ipsum præmium convertamus in meritum ? Aut quid denique concedi prohibeat illam divinæ majestatis gloriam tantam esse, ut semper in ejus visione profectus noster aliquis possit esse, ut quo diutius eam conspiciemus et seipsam nobis amplius innotuerit, beatiores nos efficiat ? Plus quippe istud jugæ beatitudinis incrementum valet, quam major beatitudo, unum tantum modum custodiens et in nullo [in]cremento proficiens.

PHILOS. Quomodo, quæso, in illa visione Dei profectus quisquam esse possit vel aliqua inter ipsos videntes differentia, cum videlicet illud omnino summum bonum sit simplex nec unquam conspici, nisi totum possit, nec aliquid conspici ab uno quod non conspiciatur ab alio ?

CHRISTIAN. Non utique in re conspecta, sed in modo conspiciendi est (fol. 44 R.) diversitas, ut quo melius intelligitur Deus, beatitudo nostra in ejus visione augeatur. Nam et animam vel spiritum quælibet intelligendo non æqualiter omnes intelligimus, quamvis tamen incorporeæ naturæ partes in suæ essentiæ quantitate non habere dicatur. Et cum corpus quodlibet vel aliqua pars ejus ab aliquibus simul aspicitur, melius ab isto quam ab alio homine ipsum cognoscitur et perfectius intelligitur, et cum eadem res sit intellecta, non tamen æqualiter ejus naturam percipiunt Sic Deus huic perfectius ac melius quam illi sui notitiam pro meritis impertit, ac se amplius manifestat. Potest quippe contingere ut, cum omnia sciat iste, quæ ille, melius tamen ac perfectius singula sciat iste quam ille, et cum tot res ab isto quam ab illo sciantur, non tamen tot de eisdem rebus scientias habet unus, quot alter, aut non tam bene sciat eadem.

PHILOS. Nunquid illam visionem Dei, in qua beatitudo vera consistit angeli, quos lapsos dicitis, nunquam habuerunt, vel saltem ille inter eos præcipuus, qui cæterorum comparatione lucifero est comparatus ?

CHRISTIAN. Nequaquam utique habuisse credendum est, nec aliquis eorum, qui corruit, nec illi etiam, qui non corruerunt, donec post aliorum lapsum hanc visionem, per quam simul et beati fierent et confirmati, ne amplius cadere possent in remunerationem suæ humilitatis acceperint. Omnes quippe angeli sicut et homines tales creati sunt ut bene agere possent et male. Alioquin, qui non peccaverunt, de hoc ipso, quod cæteris peccando non consenserunt, meritum non haberent. Quod autem Lucifer[o] cujusdam excellentiæ prærogativa comparatus est (44 V.), non tam ex beatitudine quam ex scientiæ perspicacitate factum est, eo videlicet, quod scientiæ luce præstantior cæteris ad quaslibet rerum naturas intelligendas subtilior conditus esset. Quod quidem in se considerans, ex ipsa scientiæ suæ magnitudine, qua se cæteris prælatum vidit inflatus intumuit et majora, quam possit sperare præsumpsit, ut videlicet, quia se cæteris prælatum novit, se fieri æqualem Deo æstimarit et ut ipse videlicet, sicut Deus, regnum obtineret.

PHILOS. Illud quoque obsecro definias, utrum hoc hominis summum bonum illam dico videlicet summam Dei dilectionem quam ex visione Dei homo percipit accidens hominis dicenda sit, et iterum accidens dici conveniat summum bonum, tanquam ipsum substantiæ sit præferendum.

CHRISTIAN. Cum accidentia eisque subjectas substantias ac propheticæ verba doctrinæ converteris, et ea tantum quæ vitæ terrenæ non cœlestis sunt, metiris, hæc quippe disciplina sæcularis et terrena his tantum documentis contenta exstitit, quæ ad præsentis vitæ statum accommodata sunt, nec ad illius futuræ vitæ qualitatem, in qua nec verba ista nec ulla hominum doctrina artium suarum regulas applicaverunt, cum rerum investigaverunt naturas, sed sicut scriptum est : *Qui de terra est de terra loquitur* (Joan. III, 31). Si ergo ad illud cœlestis vitæ fastigium conscendere niteris quæ omnem terrenam longe transcendit disciplinam, ne plurimum innitaris terrenæ prophetiæ regulis, quibus nec adhuc ad plenum comprehendi ac definiri terrena potuerunt, nedum cœlestia. Utrum autem dilectio illa, quæ in cœlesti vita, habenda dicitur accidens sit an qualiscunque qualitas, nihil utilitatis affert definire, quæ nisi experimento sui vere cognosci non potest, cum omnem terrenæ scientiæ sensum longe transcen(fol. 45 R.) dat. Quid autem ad beatitudinem refert, utrum eam accidens an substantiam sive neutrum esse ponamus, cum quidquid dicamus vel arbitremur, ipsa ideo non mutetur vel beatitudinem nostram minuat. Ac si quæ de accidentibus et substantialibus formis philosophi vestri dixerunt, diligenter consideres nec substantialem illam nobis videbis, quæ non inest omnibus, nec accidentalem, quæ, postquam adfuerit, abesse non potest. Unde accidens etiam vestra opinio describit, quod adesse potest et abesse. Quod etiam impedit, si illam quoque dilectionem ibi futuram, sicut et præsentem, quam habemus hic, accidens concedamus? Quamvis enim nostra substantia quolibet accidenti suo melior censeatur, aut dignior, summum tamen hominis bonum id non incongrue dicendum videtur, quod ipsum hominem participatione sui optimum reddit atque dignissimum, atque, ut verius ac probabilius loquamur, ipsum Deum qui solus proprie et absolute summum bonum dicitur, summum etiam hominis bonum esse constituamus. Cujus videlicet illa, quam diximus, visionis suæ participatione qui fruimur, efficimur vere beati. Ex quo ipso quippe, quem in ipso videmus ad nos ejus illa summa dilectio manat, ideoque rectius ipse, qui ab alio non est et nos ita beatos efficit, summum hominis dicendus est bonum.

PHILOS. Placet utique illa de summo bono sententia quæ nec prophetiæ nostræ est ignota. Sed si hæc, ut dicitis, visio Dei, quæ beatos efficit, oculis tantum mentis, non corporis patet, quid necesse est sanctis animabus, ut dicitis, corpora sua tandem resumere, quasi per hoc earum gloria vel beatitudo sit augenda? Cum enim, ut dicitis, mensura quæ hominis quæ et angeli , quid ad beatitudinem vestram resumptio prodest corporum, quæ, cum angelis desint, nequaquam tamen eorum præpediunt vel minuunt beatitudinem? (45 V.)

CHRISTIAN. Omnium, quæ Deus agit, non tam ad beatitudinem nostram quam ad gloriam suam convertit, ut illa quæ nonnullis nociva sunt. Unde Salomon : *Propter semetipsum omnia creavit Deus, impium quoque ad diem malum* (Prov. XVI, 4). Ipsa quoque etiam pœna, qua ejus iniquitatem Deus punit, justitiam Dei commendat, et sic eum glorificat. Quamvis itaque poneremus corporum illam resumptionem nihil sanctis animabus beatitudinis conferre, non tamen eam censeamus superfluam, quæ ad divinæ potentiæ laudem plurimum valet. Quo enim illa prius infirmiora et passioni cognovimus obnoxia, tanto postmodum magis Deum glorificandum ostendit; et cum sic ea videlicet solidata et indissolubilia videbimus facta, ut nulla ex eis passio nobis provenire, nulla in eis dissolutio possit contingere, hinc etiam nonnihil beatitudinis animæ videntur contrahere, quia, quo amplius divinæ potentiæ magnitudinem experientur, amplius eum diligere, et beatiores esse non sunt denegandæ.

PHILOS. Illud quoque, obsecro, dilucides, utrum illa Dei visio, in qua beatitudo consistit, aliqua loci differentia vel augeri, vel minui, an ipsa in omnibus locis exhiberi omnibus queat; vel certus ei aliquis deputatus sit locus, quo scilicet necesse sit pervenire, qui illa fruituri sunt visione?

CHRISTIAN. Qui Deum ubique per potentiæ suæ magnitudinem non dubitant esse, ita ei omnia loca præsentia credit [*leg.* credunt], ut in omnibus quæcunque velit agere possit et tam ipsa loca, quam omnia in illis ejus operatione vel gerantur vel disponantur, nequaquam ista quæstione movendi sunt. Ipse quippe est qui, sic nunc quoque sine positione locali sicut ante tempora consistens, non tam in loco esse (fol. 46 r.) dicendus est, qui nullatenus localis est, quam in se cuncta concludere loca, ipsos etiam, ut scriptum est, cœlos palmo suo continens (Isa. XL, 12). Qui enim ante omnia sine loco exstitit, nec sibi ipsius modum, sed nobis loca fabricavit, cujus nec minui nec augeri beatitudo potest, nec ullam percipere variationem, nullam perfectionem quoque, sicut nec positionem habet localem, cujus omnino simplex et incorporea perseverat æternitas. Cum igitur nusquam sit localiter, id est positione locali conclusus, ubique tamen in omnibus locis, quam circa omnia loca per operationis potentiam esse dicitur. Etenim in omnibus locis nulla nisi eo disponente geruntur, et sic ei loca cuncta præsentia sibi vel ipse illis, ut quodcunque velit ibi fieri necesse sit, et sic ubique, ut dictum est, per potentiæ suæ magnitudinem esse dicitur. Unde in semet per prophetam loquitur : *Cœlum et terram ego impleo (Jer.* xxiii, 24), et Psalmista, nusquam irati potentiam se effugere posse considerans, dicebat : *Quo ibo a spiritu tuo et quo a facie tua fugiam? Si ascendero in cœlum, tu illic es, si descendero ad infernum, ades,* etc. (*Psal.* cxxxix, 7, 8). Sicut autem in omnibus locis vel intra omnia per potentiæ suæ operationem vel dispositionem dicitur esse, quia videlicet cuncta ibi vel disponi per eum necesse est, sic etiam ipsa loca concludens circa ea nihilominus asseritur esse, hoc est, sic ea in sua potestate habere, ut nihil in eis sine ipso vel ejus dispositione fieri possit. Cum itaque per potentiam suam, ut dictum est, tam intra omnia quam extra Deus sit et omnia, quantumcunque solida sint, propria virtute penetret, quis eum locus impediat, ne, ubicunque omnibus velit, æque suam impertire notitiam possit ? Eo quippe modo, quo locis omnibus inesse vel præesse per potentiam, non per localem positionem dicitur, ubique sui noti (46 V.) tiam, quibuscunque voluerit, habet impertire, nec summa et spiritalis virtus, cui omnia sunt pervia loca, quæ sunt, aliqua soliditate vel qualitate præpediri potest. Quippe cum claritas solis solidissimum vitrum sic penetret, ut per ipsum quoque suam nobis illuminationem infundat, et corpora nostra post resurrectionem tantæ subtilitatis fore credamus, ut jam eis quodam modo spiritalibus factis, nulla possit obstare materia, unde et Dominicum corpus, quod adhuc mortali clauso vitro natum fuerat, post resurrectionem jam immortale et impassibile clausis januis ad discipulos intravit. Multo ergo magis summam illam divinæ claritatis visionem nullo præpediri posse obstaculo, vel loci propinquitate ad illuminandum adjuvari credendum est. Nam et ignem, qui cæteris subtilior est elementis, inde non recipere sectionem dicitis, quia nullo interposito corpore partes ejus dividi queant. Multo autem minus spiritalis substantia, quæ longe omni corpore subtilior est, corporeo præpeditur obstaculo. Cum vero divinitas tantæ subtilitatis sit, ut in ejus comparatione quælibet aliæ naturæ corporeæ censeantur, et ipsa sola respectu aliarum incorporea judicetur, quomodo summa ejus claritas, quæ cuncta cognoscendo considerat, obstaculum habebit? Qua etiam, qui fruuntur, cum [videntur] omnia videant, quidquid eos scire conveniat, quantumcunque remotum non ignorant. Alioquin paradiso fruentes tormenta inferni non conspicerent, ut eo amplius Deum diligant, quo per ejus gratiam graviora se evasisse viderint. Quem quidem paradisum in ipsa visione Dei ubique (fol. 47 R.) consistere Dominus Jesus patenter insinuat, dum ipso die quo ejus anima in carne passa descendit ad inferos, ut inde suos liberaret, latroni cum confesso, ait : *Amen dico tibi, hodie mecum eris in paradiso (Luc.* xxiii, 43). A quo quidem paradiso ne tunc etiam anima Christi extranea exstitit, cum, ut dictum est, ad inferos descendit. Juxta itaque hanc fidem nostram et rationem manifestam quocunque loco fidelis sit anima, quia ubique præsentem, ut dictum est, reperit Deum, et quoniam nullo impeditur obstaculo, ubique in sua æque perseverat beatitudine, quam videlicet ex visione Dei nobis per eum infusa, non ex nostris viribus apprehensa, consequimur. Quippe nec ad corporalis solis apprehendendam claritatem conscendimus, sed ipsa se nobis infundit, ut ea fruamur. Ita et nos tam Deo quam ipse nobis appropinquat, tanquam desuper claritatem suam nobis et amoris sui calorem infundens, ad quem etiam nusquam localiter consistentem, si quo modo propinquare dicimur, non id locis, sed meritis fieri est intelligendum, videlicet quantum similiores in bono efficimur vel ejus amplius voluntati concordamus, sic e contrario ab eo recedere intelligendi sumus. Quod venerabilis doctor Augustinus et doctrinarum quoque vestrarum peritissimus diligenter aperiens; Deo, inquit, qui ubique est non locis, sed moribus aut propinqui aut remoti sumus. Unde cum post resurrectionem tantæ facilitatis corpora sanctorum futura sint, ut ubicunque velint animæ, ipsa statim esse credantur, nullus tamen eorum recessus visionem Dei præpediet, quominus animæ sint beatæ, nec ulla loci qualitas pœnalis esse his poterit, in quibus nihil puniendum erit, sicut nec ante (47 V.) peccatum primis hominibus quidquam potuit esse nocivum. Unde et cum sancti angeli ad nos missi jussa Dei exsequuntur, nequaquam loci aliqua qualitate vel intervallo ejus visione, qua beati sunt, privantur seu inaniuntur. Nec dæmones in aere commorantes unde et volucres cœli dicuntur, quamvis positione loci superiores nobis esse videantur, non ideo tamen ad Deum, qui propriæ dignitate naturæ cunctis superior est naturis, amplius quam nos appropinquare dicendi sunt. Unde Satan veniens inter filios Dei et stans in conspectu Domini et mutuo loquens sicut in libro Job conscriptum est (*Job* 1), nequaquam hoc adventu suo a sua relaxatur miseria, ut beatior fiat. Qui etiam de cœlis cæteris altior corruendo, patenter ostendit nihil ad beatitudinem conferre loci dignitatem. Non enim quia inter filios Dei, hoc est inter sanctos angelos, veniens in conspectu Dei astitit, in ejus conspectum Dominus venit, ut ab eo scilicet Dominus conspiciatur, cum ipse a Domino conspicitur, quasi cæcus in sole inter videntes assistens, non ab eis positione loci, sed beneficio lucis dissidens. Quod enim agit in visione corporalis solis qualitas corporum, hoc in visione spiritalis solis qualitas meritorum, et quemadmodum hic nulla differentia consistit virtutum in qualitate corporum aut locorum, sic nec ibi retributionum; et tanto mirabilior illa divinæ gloriæ visio, qua beati fiunt, apparet, quanto amplius nulla loci qualitate vel diversitate ad hoc impediri vel juvari potest, cum in his etiam qui etiam loco disjuncti non sunt, sic agat ut alios illuminando beatificet, alios in sua cæcitate miseros derelinquat, sicut et in hac vita per impertionem gratiæ suæ non desistit agere. (fol. 48 R.) Sic quippe Deus ubique per potentiam esse dicitur, ut nihilominus alicubi per gratiam adesse, alicubi dicatur deesse. Quocunque igitur modo vel adesse vel abesse, seu advenire vel recedere, divinitatis gratia dicatur, non id localiter vel corporaliter fit, sed magis spiritaliter vel per aliquam suæ operationis efficaciam contingit. Si enim ubique localiter esset, quo advenire localiter vel unde recedere posset? Nonnunquam ad nos descendere dicitur, vel per aliquod gratiæ suæ beneficium nobis collatum, vel per aliquam ex signo visibili manifestationem, sive cum aliquid insolitum gerit in terra. Sic sol iste descendere ad nos dicitur vel mundum ipsum implere non localiter sed efficaciter, id est non locali sui positione, sed illuminationis operatione.

PHILOS. Miror te rationibus tuis, quibus me arguere niteris, eas quoque auctoritates ex Scripturis vestris proferre, quibus non dubitas minime cogendum esse.

CHRISTIAN. Propositum est, sicut nosti, non me tibi proprias inferre sententias, sed communem majorum nostrorum tibi fidem, seu doctrinam aperire. Quæ igitur testimonia de nostris affero non, ut per hoc cogaris, intendo, sed ut aliorum magis ista intelligas esse, quam meipsum finxisse.

PHILOS. Certe nec istud improbo, si talis processerit intentio. Sed nunc ad reliqua festinemus. Si ergo, ut asseris, tanta virtus est divinæ visionis, ut ubicunque sint animæ participatio sui æque illas beatas efficere queat, cur, obsecro, regnum cœlorum Deo et sanctis animabus spiritaliter assignantur, ut in cœlo scilicet præcipue dicuntur esse, quasi beatius illic habeantur esse? Quod etiam in tantum Christus vester proprio exhibuit exemplo, ut in conspectu suorum corporaliter cœlum ascenderit, et illic ut scriptum est, (fol. 48 V.) ad dexteram Patris residens inde ad judicium venturus promittitur in aera obviam occurrentibus (*Coloss.* III, 1; *I Thess.* IV, 17). Cum igitur divinæ habitationi nulla mundi regio, nisi cœlum, deputetur, si ubique, ut dicitis, Deus existens ubique beatitudine sua æque fruatur, et ejus visionis claritas quibuscunque velit sese, prout vult pariter infundens, æque illos ubique beatos efficiat nullo adminiculo nulla loci qualitate vel propinquitate ad hoc indigens, sed ex se penitus sufficiens; cum, inquam, Dominus ubique per potentiam existens et quasi in uno loco suæ majestatis mansionem concludens dicat : *Cœlum mihi sedes est* (*Isa.* LXVI, 1), et omnes tam Novi quam Veteris Testamenti scriptores non aliam mundi partem nisi cœlum ejus habitationi deputent, non immerito videri potest hujus superioris loci serenitas ipsis vel nobis non nihil conferre beatitudinis. Unde et per Isaiam ad hujus beatitudinis plenitudinem lux lunæ sicut lux solis futura, et lux solis septempliciter promittitur tunc splendere et nova tam cœli quam terræ creatio (*Isa.* XXX, 26), ut ipsa quoque in nomine (60) rerum natura felicitas augeatur.

CHRISTIAN. Si prophetizare magis quam judaizare in littera nosses et quæ de Deo sub specie corporali dicuntur non corporaliter ad litteram, sed mystice per allegoriam intelligi scires, non ita ut vulgus quæ dicuntur acciperes. Cujus profecto si communem sequeris opinionem nec eorum fidem tua transcendat intelligentia, qui nihil nisi corporeum vel admodum rei corporeæ mente concipiunt[ur,] (in eum) iterum utique dilaberis errorem, ut Deum nullatenus, nisi rem quamdam corpoream et quibusdam partibus consistentem, capite videlicet, manibus ac pedibus seu reliquis membris compositum intelligere queas, maxime cum omnes (fol. 49 R.) fere humani corporis partes ei juxta similitudinem aliquam in Scripturis assignentur. Quis enim illitteratorum aut simplicium hominum audire sustineat, si Deum prædices nec oculos nec aures habere nec cætera quæ nobis videntur necessaria membra? Statim quippe objiciet eum nequaquam videre posse, qui oculos tales non habeat, similiter non audire, ne[c] operari, cui aures desint et manus. Sicut ergo omnia, quæ corporis sunt nonnisi parabolice judicas in Deo intelligenda, sic quæcunque ad corporalem loci positionem de divinitate dicuntur non dubites accipienda. Cum itaque Isaiam audis dicentem : *Hæc dicit Dominus. Cœlum sedes mea et terra scabellum pedum meorum. Quæ est ista domus quam ædificabitis mihi, et quis est iste locus quietis meæ? Omnia hæc manus mea fecit,* etc. (*Isa.* XXVI, 1, 2); sicut minime eum corporalem intelligis, sic nec corporalem sedem cœlum nec corporale scabellum pedum ejus terram, neque ullam ejus localem positionem intelligas, qua sedes (61) æstimetur. Absit enim ut ejus majestas aliquid infirmitatis habeat, ut sede aliqua vel scabello sustentari egeat! Cœli ergo nomine et terræ, hoc loco bonæ et malæ distinguuntur animæ, tanquam ex meritis suis superiores et inferiores. Bonæ itaque animæ, tanquam templum ejus seu cœlum dicuntur, juxta illud Psal-

(60) V. *nomine* aut rejiciendum e textu, aut conj. : *omni*.

(61) Conj. : *quæ sedes*, aut : *qua sedere*.

mistæ : *Dominus in templo sancto suo, Dominus in cœlo, sedes ejus* (*Psal.* xi, 4), eo quod ipsis, qui sunt meritis celsiores, præsideat et quasi in propria domo et templo sibi sanctificato (49 V.) per gratiam inhabitet. Carnales vero animas quæ videlicet terrenis et infimis inhiant desideriis, quasi scabellum pedibus conculcat, quia eos quos despicit nec ad se misericorditer attollit, tanquam inferius derelictos premit et conculcando conterit et quasi in pulverem dissolutum redigit. Cum ergo, inquit Dominus, qui in manu factis non habito et ita excellentem in sanctis animabus habitare (62) sedem, et tanto despectui carnales et terrenos habeam homines, cur mihi terreni ædificii quasi necessariam construere domum quæritis, et non potius apud vosmetipsos domum mihi spiritalem ædificatis? alioquin cassa est significatio templi visibilis, si invisibilis desit. Cum itaque cœlum vel regnum cœlorum futuram beatitudinem audis appellari, sublimitatem futuræ vitæ magis quam corporalem cœli positionem intellige, quam etiam nonnunquam nomine terræ propter stabilitatem ejus sicut et nomine cœli propter ipsius dignitatem constat designari. Unde et Psalmista : *Credo videre bona Domini in terra viventium* (*Psal.* xxvii, 13) ; et per Ezechielem ipse Dominus post resurrectionem electis suis futuram beatitudinem promittens : *Ecce ego,* inquit, *aperiam tumulos vestros et educam vos de sepulturis vestris, populus meus : et inducam vos in terram Israel, et requiescere vos faciam super humum vestram* (*Ezech.* xxxvii, 11, 12). Quod autem Dominus noster Christus corporales cœlos corporaliter et visibiliter ascendit, non ejus gloriæ, in quo plenitudo divinitatis corporaliter inhabitat, sed fidei nostræ præfuit. Qui ergo prius clausis januis ad discipulos intrando resuscitandorum corporum subtilitatem, qua videlicet cuncta penetrare queant, ex ipsa sua resurrectione monstraverat, postmodum ipse in ascensione sua tantam ipsorum futuram levitatem exhibuit, ut terrenitatis mole, qua prius gravabantur, sicut scriptum est : *Corpus quod* (fol. 50 R.) *corrumpitur, aggravat animam* (*Sap.* ix, 15), quoquam ulterius (63) propediantur ascendere, sed quocunque animæ velint sine ulla difficultate statim eo transferri. Quod tamen ad dexteram Patris sursum conscendisse memoratur, sic nec dextra patris intelligitur corporalis, ita nec ista sessio, qua ipse Pater sedeat, est localis positio, sed per hoc pariter cum Patre dominandi potestas et æqualis dignitas exprimitur, cum ei collateraliter a dexteris consedisse dicitur, quod quidem sedere ad dexteram cum corporaliter ad litteram stare non possit, id quoque, quod de corporali ejus ascensione præmittitur, quamvis in re ita corporaliter sit factum, quemdam tamen ejus ascensum in mentibus fidelium meliorem designat. De quo videlicet ascensu ipse ad Mariam jam antea dixerat : *Noli me tangere, nondum enim ascendi ad Patrem meum* (*Joan.* xx, 17) Tunc enim tanquam in nube ab oculis hominum sustollitur Christus ad cœlum, ut ad dexteram Patris resideat, quando prædicatione sanctorum ab aspectu laboriosæ vitæ subtractus, prædicatur ita in gloria sublimatus, ut Patri corregnando pariter universis imperet et tanquam coæqualis substantia, vel Filius æque dominetur omnibus. Quod vero de splendore lunæ vel solis multiplicando subjecisti, tanquam corporaliter fieri ad futuram beatitudinem, facile est tam ex auctoritate ipsius prophetæ, qui illud dixit, quam ex ratione manifesta refelli. Dominus quippe postmodum per eumdem Isaiam ad Hierosolymam loquens et ei futuræ vitæ claritatem promittens, ait : *Non erit tibi amplius sol ad lucendum per diem, nec splendor lunæ illuminabit te, sed erit Dominus in lucem sempiternam et Deus tuus in gloriam tuam. Non occidet ultra sol tuus et luna tua non minuetur tibi. Sed Dominus erit tibi in lucem sempiternam et complebuntur dies luctus tui : populus autem tuus* (50. V.) *omnes justi hæreditabunt terram,* etc. (*Isa.* lx, 19-21). Quæ est ista terra, ab his, qui in perpetuum justi sint hæreditanda et præsentia divinæ claritatis, tanquam sole, qui nunquam occidat, illuminanda, nisi illa futuræ beatitudinis æternitas? Quæ profecto claritas, cum tanta sit, ut nullo ad illuminandum egeat adjumento, recte sol iste amplius illuminandi officium admittere dicitur, postquam videlicet non jam animales, sed spiritales effecti illud experiemur, quod præmissum est mensura hominis, quæ et angeli. Quis denique ignoret minora luminaria majorum apposita luce statim obtenebrari, aut vigorem perdere illuminandi? Quod igitur officium illuminandi lux ibi corporea possit habere, ubi divinæ claritatis præsentia sic illuminabit abscondita tenebrarum, ut ipsa etiam manifestet consilia cordium. *Videmus nunc,* inquit Apostolus, *per speculum et in ænigmate, tunc autem facie ad faciem. Nunc cognosco ex parte, tunc autem cognoscam sicut cognitus sum* (I *Cor.* xiii, 12). Tum quippe perfecte tunc verissime cuncta cognoscentur, a nobis, sicut et ab angelis per oculos cordis, ubi omnium sensuum, omnium administrationum cessabunt officia, cum erit Deus omnia in omnibus. Ejus quippe visio sic omnibus nostris per omnia satisfaciet desideriis, ut ipsa per se omnia nobis conferat, quæ veræ beatitudini sunt necessaria. Ipsa illa divinæ majestatis visio nobis erit lux indeficiens, sanctitas summa, quies perpetua, pax omnem sensum exsuperans, omne denique bonum, omnis virtus, omne gaudium. Cum itaque Deus erit omnia in omnibus, constat tunc, ut idem Apostolus dicit, omnem evacuari principatum et potestatem (64), cum jam videlicet sola illa [sit] per semetipsam principaliter potestas, quæ omnia, ut dictum est, bona per suæ visionem præsentiæ omni-

---

(62) Conj. : *habitem* seu *habeam.*
(63) Fort. leg. : *non propedentur,* aut *nusquam ul-*
terius, p.
(64) *Col.* II, 15, *Exspolians principatus.*

nibus electis ministrat. (fol. 31 R.) Nullus jam nobis principatus angelicus vel humanus in administratione aliqua, nulla potestas in aliquo regimine præerit, quia nihil deesse poterit, ubi omnia in omnibus Deus erit, ubi ; cum aderit quod perfectum est, evacuabitur quod ex parte est. Nihil quippe nunc nobis nisi ex parte aliqua proficit, nihil omnia nobis necessaria conferre sufficit. Quidquid nobis nunc ad doctrinam vel ad aliquam virtutem vel ad aliquam proficit administrationem, imperfecte agit, quia solus est Deus, qui omnia possit. Cessabunt itaque, quæcunque imperfecte aguntur, cum ille per se suffecerit qui omnia potest. Quod itaque ibi oculos carnis cum cæteris corporis membris resumpturi sumus, non utique fiet propter officia eorum, quibus egeamus, sed ad glorificandum Deum, ut præfati sumus. In quibus videlicet, ejus potentiam tanto amplius experiemur, quanto illa in officiis suis, si opus esset, peragendis, validiora esse sentiemus et longe fortiorem ac meliorem consecuta statum esse viderimus. Quod si etiam de luce solis ac lunæ multiplicanda corporaliter, non mystice tantum accipiamus, ad gloriam Conditoris potius quam ad officii sui necessitatem referendum est, sicut et universus mundi status in melius est commutandus quod etiam cœlestium luminarium adjumento vel commutatione mundi manifeste Deus nobis innotescit, id quod ante minus habebant non ex impotentia Conditoris exstitisse, sed pro vitæ suæ mortalis et infirmæ necessitudine, quæ nequaquam talia vel tanta ferre posset nec etiam tantis uti beneficiis digna esset. Mystice tamen intelligi facile est lunam tunc ut solem fulgere, id est Ecclesiam electorum sicut et ejus solem Deum indeficientem lucem habere et in ipsum ejus solem tunc quoque ita lucem ipsius lunæ transcendere, ut in ipso solo lucis sit perfectio, quæ septe (51 V.) nario designatur numero.

PHILOS. Quantum video, si hæc ita se habent, ut dicitis, multa fidei vestræ Deus videtur debere, cujus in omnibus maxime gloriam prædicatis. Restat autem nunc, ut quid de inferis etiam sit sentiendum, diligenter aperias. Sicut enim summum hominis bonum eo amplius appetendum, quo magis cognitum ; ita e contrario summum malum eo magis erit vitandum, quo minus erit ignotum.

CHRISTIAN. Hic quippe apud nos sicut et apud vos diversa olim exstitit opinio. Alii quippe infernum, corporalem quemdam locum sub terris existimant, qui ex ipsa locali quoque positione, quæ inferior cæteris mundi partibus, dicatur infernus; alii quoque non tam corporale tormentum, quam spiritale arbitrantur infernum, ut quemadmodum nomine cœli, qui superior est pars mundi, summam animarum beatitudinem distinguimus, ita nomine inferni summam miseriam, quæ tanto inferius jacere perhibetur, quanto ab illa summa beatitudine amplius distare cognoscitur, et ei amplius contraria videtur. Sicut enim, quod melius est, per excellentiam suæ dignitatis dicitur altum; ita e contrario, quod pejus est, per abjectionem sui dicitur infimum. Multa quippe de pœnis inferni tam Vetus quam Novum Testamentum narrat, quæ nequaquam ad litteram accipi posse videntur. Quid est enim ad litteram, quod de justis et impiis Dominus per Isaiam ait : *Et egredientur, et videbunt cadavera eorum qui prævaricati sunt in me. Vermis eorum non morietur et ignis eorum non exstinguetur* (*Isa.* LXVI, 24). Quis iste sanctorum corporalis egressus, ut pœnas impiorum videant aut qui vermes sunt corporales in corporibus reproborum, quæ omnibus integra sicut et sanctorum corpora sunt resurrectura? Quæ ibi erit corrosio vermium, ubi omnium pariter immortalitas absque ullo defectu erit corporum? Sed et Dominus de divite et Lazaro (*Luc.* XVI.) de (fol. 52 R.) functis in Evangelio refert, Quomodo ad litteram stare potest, quippe cum corporalem sepulturam non inferno anima illa divitis habere queat? Aut quis sit ille corporalis Abrahæ sinus, quo anima Lazari refertur ab angelis deferri? quam ibi linguam anima divitis habeat? vel quem digitum habeat anima Lazari ? aut quæ est ibi corporalis aqua, cujus stilla linguæ ardentis infusa incendium ejus exstinguere possit, aut minuere? Unde cum hæc juxta litteram nequaquam in animabus jam exutis carne contingere queant, sicut nec illud, quod alibi dicitur : *Ligatis manibus et pedibus, mittite eum in tenebras exteriores. Ibi erit fletus et stridor dentium* (*Matth.* XXII, 13). Tam ex Veteri quam ex Novo Testamento innui videtur ea quæ de inferno dixerunt, mystice magis quam corporaliter accipi debere, ut videlicet, sicut ille Abrahæ sinus, quo suscepta est anima Lazari spiritalis est, non corporalis intelligendus, ita et infernus spiritalis ille cruciatus, quo anima divitis sepulta memoratur. Quandiu animæ corporibus carent, quo ferri localiter aut moveri vel quasi corporis ambitu coerceri possint, quæ nullatenus locales sunt omnique corpore propria natura longe subtiliores existunt, aut quæ sit vis elementorum corporea tam videlicet ignis, quam cæterorum, quæ ipsas sine corporibus contingere vel cruciare possit, non facile disseri aut intelligi potest. Unde et dæmones post lapsum, ut corporaliter etiam pati possint, in quædam devoluti aeria corpora dicuntur, quæ quasi carcerem acceperunt. Hinc et aeriæ dicti sunt potestates, quod videlicet in illo plurimum possint elemento, cui sunt incorporatæ, sicut et terrenæ potestates vocati sunt homines, qui in terris principantur. Sin autem vermes animarum quamdam earum interiorem corrosionem, qua de conscientia sua, desperatione veniæ et futuræ (52 V.) pœnæ augmento jam cruciantur, ac postmodum ignem, quo resumptis corporibus cruciabuntur, intellexisse propheta dicatur, facile est tam spiritale quam corporale tormentum definiri infernum, comparatione scilicet aliarum pœnarum, his tanquam infimis vel extremis ita vocatis, sive sub terris sive alibi dicantur exerceri. Cum enim terras super aquas fundatas esse constat, quomodo sub terris corporeus aliquis ignis esse dicetur, nisi forte sub terris intelligatur quaecunque terrae profunditas post hanc, in qua sumus, terrae superficiem. Sed rursum cum infinitus reproborum numerus et juxta Veritatis assertionem parvus sit electorum futurus, non facile fortassis recipietur tantum alicubi terrae sinum haberi, qui tot corpora capere possit. Unde si cuidam videatur tantam divini judicii potentiam esse, ut in omnibus aeque locis, quos voluerit, punire possit, nihilque ad poenam sicut nec ad gloriam referre qualitates locorum, non dubito id tanto faciliorem assensum invenire, quanto amplius et divinam potentiam videtur commendare et rationi magis propinquare. Ut enim communem fere omnium sequamur opinionem, qui in eodem igne positos, alios magis, alios minus, pro meritis suis non pro quantitate incendii cruciari dicunt, non video, qualiter ejusdem ignis tanta moderatio per divinam potentiam in poena fieri possit, et non potius diversis locis positos diversos affligere queat tormentis, vel quoslibet etiam, ubicunque sint, quibuscunque velit torquere poenis et omnia eis in quaslibet poenas elementa convertere, sicut scriptum est : *Pugnabo pro Deo contra insensatos orbis terrarum* (Sap. v, 21). Nam et juxta eorum existimationem in ipso aethereo coelo, ubi, quo purior tanto acutior et vehementior ardet (fol. 53. R.) ignis et splendet, absque laesione ulla beatorum corpora communis fides asserit permanere, et hoc eis post resurrectionem ad gloriam collatum esse , quod animae nullatenus nostrae sustinere infirmitas possit. Sic quippe et sanos oculos lux recreat et infirmos gravat. Quis etiam quotidie tam diversas animalium non experiat naturas, ut quod aliorum vitam construat aliorum extinguat et corporum diversa complexione, quod uni profuit alteri obsistit, tam animatis scilicet quam inanimatis. Homines sub aqua, pisces sub divo moriuntur. Salamandr[i]a sic igne vivere constat, qui maturum caeteris animantibus affert interitum. Venenum vita serpentis, mors hominis, et eadem aliis animantibus gustum praebent necessarium aliis mortiferum. Nihil omnino est quod omnibus possit convenire naturis. Qui ex eodem utero, ex eodem patre geniti processerunt, nequaquam iisdem vivunt moribus, nec iisdem pariter rebus oblectantur, vel offenduntur, nec in eodem aestu vel gelu consistentes pariter cruciantur. Non hoc [haec] profecto diversitas passionum ex qualitate punientium , sed punitorum provenit. Quid itaque mirum, si resuscitata corpora pro meritis cujusque vel eodem loco , vel diversis consistentia, sic divinae potentiae justitia moderetur ad poenam , ut ubicunque omnia illis aeque poenalia sint? Quod utique ille diligenter attendebat, qui vindictam Dei nusquam se effugere posse fatebatur, dicens : *Quo ibo a spiritu tuo et quo a facie tua fugiam? Si ascendero in coelum, tu illic es ; si descendero ad infernum, ades* (Psal. cxxxviii, 7, 8). Denique quis malorum hominum animas in inferno plus cruciari censeat quam spiritales nequitias in aere consistentes sua aeque tormenta secum ubicunque circumferentes ? Quas utique tanto majore tormento dignas esse certum est, quanto nequiores esse minime dubitantur; quis eodem (53. V.) modo neget, animas impiorum in corporibus resumptas, quocunque loco moveantur, sua secum tormenta gestare, etsi nihil exterius inferatur tormenti. Multas quippe passiones animae adhuc in corpore manenti vel intrinsecus inferri, vel extrinsecus ex aliqua perturbatione vel corporis inaequalitate videmus, quae semel habitae nulla possint auferri loci permutatione. Ut enim caeteras omittam passiones, quid valet ad remedium poenae, quo loco nunc constituas morientem, vel maxima passione laborantem, si minime illa passio lenienda sit ex loco. Aut cum modo nobis morientibus, ut beatus meminit Augustinus, tanta sit in corpore passio mortis, ut propter hanc ipsum relinquere anima compellatur, quasi (65) in corporibus resumptis et jam immortalibus factis hanc passionem, qua hic moriendo dissolvimur, ubi perpetua fuerit, ad damnationem satis esse non censeat, vel si qua forte alia possit esse major nullo extrinsecus tormento adjuncto ? Quid enim magis justitiae convenit, quam quod ipsa praecipue corpora sua resumant animae ad tormentum, quibus male usae sint ad oblectamentum ? Tantam vero in dissolutione mortis passionem esse certum est, ut pro quovis peccato, irrogata quamvis sit brevissima (66), ad purgationem tamen ejus, quod non aeterna damnatione dignum fuerit, sufficere credatur, unde ut beatus asserit Hieronymus illa est prophetae sententia : *Non judicabit bis Dominus in idipsum, et non consurget duplex tribulatio* (Nahum. i, 9, juxta LXX). Legimus et nonnullas defunctorum animas damnatas noluisse reddi vitae praesenti, ut bene operando salvarentur, si eam rursum morte interveniente finire cogerentur. Scriptum esse alibi reperimus quasdam sanctorum morientium animas timore poenae dissolu(fol. 54. R.) tionis suae tempore ad paratam beatitudinem egredi prorsus refugere, donec eas Dominus jussisset ab angelis suscipi sine dolore. Ex quo liquidum est quanta sit hujus mortis passio, cujus, ut diximus, metu alius ad salutem redire non voluit, alius ad beatitudinem egredi trepidavit. Et hanc tamen omnino passionem auferre, quibuscunque volueris, divinae constat esse potentiae, sicut et praedictus asserit doctor dicens Joannem apostolum tam a dolore mortis quam a corruptione carnis alienum fuisse. Qui ergo in morte passionem mortis sic omnino auferre potest, ubique, cuicunque velit, id

---

(65) Leg. ut videtur : *quis.*

(66) Suppl. : *poena* [?]

ipsum posse videtur. Pronior quippe est natura passibilis, ut pœnam incurrat, quam careat. Ex quibus omnibus liquere jam arbitror nihil ad pœnam damnatorum loci qualitatem referre, sicut nec ad gloriam beatorum, sed hoc sit in inferno cruciari vel perpetuo igni tradi, quod illis summis pœnis torqueri, quæ in (67) præcipue igni comparantur, quod hujus elementi cruciatus acrior videtur. Id quoque plurimum divinæ potentiæ gloriam commendare videtur, si in omnibus æque locis et damnationis pœnam et beatitudinis gloriam ipse largiatur, qui ubique per potentiam deesse non dubitatur.

PHILOS. Æque ut video pœnam damnatorum sicut et gloriam electorum ad divinæ potentiæ laudem convertere studes, ut in summis etiam malis ejus bona prædices.

CHRISTIAN. Et sic certe convenit, quia nulla ejus sunt opera, nisi magnifica et admiratione plena. Superfluum autem censeo, quibus in locis hæc contingant definire, dummodo hæc adipisci possumus aut vitare.

PHILOS. Et hinc equidem adhuc sermo est, ut tam summo bono nostro (54. V.), quam summo malo, ut tibi visum est, descriptis, juxta propositum nostrum, quibus ad ea pertingere vis, non minus diligenter aperias, ut eo melius has tenere vel illas vitare possimus, quo amplius noverimus. Sed et quid summum bonum sit vel summum malum, quod bonum vel malum generaliter sit dicendum, id quoque, si vales definire, desidero. Multas quippe harum species cognoscimus. Sed tamen in quo bonæ vel malæ res dicendæ sint, non satis intelligere vel disserere sufficimus. Nostri quippe auctores, qui dicunt alia bona, alia mala, alia indifferentia, nullatenus hæc definitionibus distinxerunt, sed quibusdam exemplis ad eorum demonstrationem contenti sunt.

CHRISTIAN. Quantum æstimo, difficile definire ea censuerunt, quorum nomina vix unquam in una significatione consistere videntur. Quippe cum dicitur bonus homo vel bonus faber, aut bonus equus, et similia, quis nesciat hoc nomen *bonus* ex adjunctis diversum mutuare sensum, hominem quippe bonum ex moribus, fabrum ex scientia, equum ex viribus et velocitate, vel quæ ad usum ejus pertinent. Adeo autem ex adjunctis boni significatio variatur, ut etiam cum nominibus vitiorum ipsum jungere non vereamur, dicentes scilicet bonum vel optimum furem, eo quod in hac malitia peragenda sit callidus vel astutus. Nec solum ad res ipsas, verum etiam ad ea quæ de rebus dicuntur, hoc est ad ipsa propositionum dicta, sic nonnunquam boni vocabulum applicamus, ut etiam dicamus, quia bonum est malum esse, quamvis minime concedamus bonum malum esse. Aliud quippe est dicere malum est bonum, quod omnino

falsum est, aliud dicere malum esse bonum est, quod minime negandum est. Quid itaque mirum si et nos sicut et illi horum significationem, (fol. 55. R.) quæ ita inconstans est, definire non sufficiamus? Quantum tamen mihi nunc occurrit, bonum simpliciter, id est bonam rem dici arbitror, quæ cum alicui usui sit apta, nullius commodum vel dignitatem per eam impediri necesse est. Indifferens vero, id est rem, quæ neque bona est, neque mala, illam arbitror, per cujus existentiam nec ulla bona deferri, nec impediri necesse est, sicut est fortuita motio digiti, vel quæcunque actiones hujusmodi. Non enim actiones, vel bonæ vel malæ, nisi secundum intentionis radicem judicantur, sed omnes ex se indifferentes sunt; et, si diligenter inspiciamus, nihil ad meritum conferunt, quæ nequaquam ex se bonæ sunt aut malæ, cum ipsæ videlicet tam reprobis quam electis æque conveniant.

PHILOS. Hic paululum nobis standum arbitror atque immorandum, si forte, quæ dixisti, pro definitionibus stare possint.

CHRISTIAN. Difficillimum equidem est omnia propriis definitionibus sic circumscribere, ut ab omnibus aliis ea separari queant, maxime nunc, cum nobis ad definitiones excogitandas mora temporis non concedatur. Pleraque nominum, quibus rebus conveniant, ex rationis usu didicimus. Quæ vero sit sententia eorum vel intelligentia minime assignare sufficimus. Multa etiam reperimus, quorum nec nominationem, sicut sententias definitione possumus terminare. Etsi enim rerum naturas non ignoremus, earum tamen vocabula in usu non sunt et sæpe promptior est mens ad intelligendum, quam lingua sit ad proferendum, vel ad ea, quæ sentimus disserendum. Ecce omnes ex usu quotidiani sermonis cognoscimus, quæ res appellantur lapides. Quæ tamen sunt lapidis propriæ differentiæ, aut quæ sit hujus speciei proprietas nullo adhuc credo valeamus assignare vocabulo, (55. V.) quo lapidis aliqua distinctio seu descriptio perfici possit. Nec id tibi mirabile videri debet si me in his deficere videas, ad quæ nequaquam magnos illos viros doctores, quos jactatis philosophos, suffecisse cognoscimus. Quæ tamen potero, ad objectionem tuarum inquisitionum de his quæ præmisi, conabor.

PHILOS. Et ratione satis et probatione, quæ nunc dicis, videntur abundare. Sed revera, quæ dicuntur nisi intelligantur frustra proferuntur, nec docere alios possunt nisi disseri queant. Nunc si placet, imo quia et sic consensisti, ipsa quæ dixisti, aliquantulum expedire te volo. Quare ergo, inquam, cum rem bonam definires, non visum est sufficere, ut diceres, quæ alicui apta est usui, hoc est alicui commoda utilitati.

CHRISTIAN. Commune proverbium atque proba-

---

(67) Omiss. esse videtur *Scriptura*.

bile vix aliquod bonum esse, quod non noceat et malum; quod non prosit. Verbi gratia : Ecce jamdudum aliquis in bonis operibus se adeo exercuit, ut inde sæpius laudatus, vel de suis confisus virtutibus in superbiam extollatur, vel alius invidia hinc accendatur. Sic itaque malum de bono constat provenire, et frequenter mali etiam bonam causam esse. Quippe vitia nostra vel peccata, quæ sunt proprie mala dicenda, nonnisi in anima vel bonis habent consistere creaturis, nec nisi a bono surgere possit corruptio ; quis e contrario non videat, sæpe homines post magnas peccatorum ruinas fortiores aut meliores per humilitatem vel pœnitentiam surgere, quam antea fuerint? Ipsam denique pœnitentiam peccati, quia mentis afflictio est, nec cum beatitudine perfecta, quia dolorem ingerit, convenire potest, malum esse potius, quam bonum constat, et tamen hanc ad indulgentiam peccatorum nemo necessariam (fol. 56. R.) esse dubitat. Quis etiam nesciat summam Dei bonitatem, quæ nihil sine causa fieri permittit, adeo mala quoque bene præordinare, et eis etiam optime uti : ut etiam sit bonum malum esse, cum tamen malum nullatenus sit bonum. Sicut enim summa diaboli nequitia ipsis etiam bonis sæpe pessime utitur, ut videlicet ea in causas pessimorum effectuum convertat, ac si per ea quæ bona sunt, quædam pessima operetur, ita e contrario Deus illis optime utitur, quæ ille pessime molitur. Quippe et tyrannus et principes eodem gladio male uti possunt et bene, ille quidem ad violentiam, ille ad vindictam, et nulla credo sunt instrumenta, vel quæcunque usibus nostris sunt commodata, quibus pro intentionum qualitate tam male uti non possumus quam bene, scilicet nihil refert quid fiat, sed quo animo fiat. Unde et quilibet homo tam bonus quam perversus, tam bonarum quam malarum causæ sunt rerum, et per eos tam bona quam mala esse contingit. Non enim bonus homo a malo in eo dissidere videtur, quod id quod bonum sit, facit, sed potius quod bene facit. Etsi enim nunc usus sermonis pro eodem habet bene facere et bonum facere, vis tamen et proprietas locutionis non ita fortassis sonat. Sicut enim bonum sæpe dicitur, nec tamen bene, id est bona intentione, ita et bonum fieri posse videtur, cum tamen bene non fiat. Sæpe quippe contingit idem adversis fieri, ita ut pro eorum intentione alius bene, alius male illud faciat. Veluti, si duo aliquem reum suspendant, alter quidem eo solummodo quod eum odit, alter vero quia habeat hanc exercere justitiam, justa hæc suspensio ab isto juste fit, quia recta intentione, ab illo injuste, quia non amore justitiæ, sed odii zelo vel iræ. Nonnunquam etiam mali homines, vel ipse quoque diabolus in eodem facto ita Deo cooperari dicuntur, ut idem tam a Deo quam (56. V.) ab illis fieri asseratur. Ecce enim a Satan ea quæ Job possidebat ablata videmus, et tamen hæc a Deo sibi auferri Job ipse profitetur, dicens : *Dominus dedit, Dominus abstulit (Job* 1, 21). Unde autem et ad illud veniamus, quod Christianorum mentes charius amplectuntur, etsi tibi vel tibi similibus ridiculum videatur. Traditio Domini Jesu in manus Judæorum, tam ab ipso Jesu quam a Deo Patre, vel a Juda traditore fieri memoratur, nam et Pater Filium seipsum et Judas eumdem tradidisse dicitur, cum tamen in talibus, vel diabolus, vel Judas id ipsum fecerit quod Deus. Et si forte ideo bonum aliquod videantur fecisse, non tamen dicendi sunt bene fecisse. Aut si fecerint id, vel fieri voluerint, quod vult fieri Deus, vel eamdem faciendo aliquid voluntatem habeant, quam Deus habet, nunquid ideo benefacere dicendi sunt, quia scilicet faciunt quod Deus vult fieri, aut ideo bonam habent voluntatem, quia volunt id quod Deus ? Non utique. Etsi enim faciant, vel facere velint quod Deus vult fieri, non tamen id faciunt, vel facere volunt, quia credant Deum id velle fieri, nec eadem intentio est in eodem facto illorum, quam Dei et quanquam id velint quod Deus, eadem illorum et Dei voluntas ideo dici possit, quod idem volunt ; mala tamen eorum voluntas est, et bona Dei, cum scilicet id diversis de causis velint fieri. Sic et cum eadem sit actio diversorum, quia videlicet idem agunt, pro diversitate tamen intentionis actio hujus bona est et illius mala, quia quanquam idem operentur, tamen bene hic, ille male id ipsum facit, et (quod dictu mirabile est) nonnunquam etiam bona est voluntas, cum quis vult ab altero malum fieri, quia id videlicet bona (fol. 57. R.) intentione vult. Sæpe namque Dominus per diabolum vel tyrannum aliquem decrevit eos affligere qui innocentes sunt, vel qui illam afflictionem non meruerunt ad purgationem scilicet alicujus peccati eorum qui affliguntur, vel ad augmentum meriti, sive ad exemplum aliis dandum, vel quacunque causa rationabili, quamvis nobis occulta. Unde et de eo quod, permittente Domino, bene diabolus egerat malo, Job meminit, dicens : *Sicut Domino placuit, ita factum est (ibid.).* Quod quia bene a Domino permissum esse non dubitet, referendo ei gratias ostendit, cum addit : *Sit nomen Domini benedictum.*

Liber quoque Regum tertius spiritum mendacem ad decipiendum Achab impium docet a Domino missum fuisse. Cum enim diceret Dominus : *Quis decipiet Achab ? Egressus spiritus mendax stetit coram Domino, et ait : Ego decipiam illum. Cui locutus est Dominus : In quo? Et ille ait : Egrediar et ero spiritus mendax in ore omnium prophetarum ejus. Et, dixit Dominus : Decipies et prævalebis ; egredere et fac ita (III Reg.* xxii, 20-22). Quod quidem Micheas propheta, cum coram ipso Achab exposuisset sibi revelatum fuisse, adjecit : *Nunc igitur ecce dedit Dominus spiritum mendacem in ore omnium prophetarum tuorum, qui hic sunt ; et locutus est contra te malum (ibid.,* 23). Sive autem in sanctos sive in impios Dominus diabolum sævire permittat, constat profecto nec ipsum nisi bene permittere, quod bonum est permitti, nec illum nisi male facere, quod tamen bonum est fieri, et cur fiat, rationabilem habet causam, licet nobis incognitam. Ut enim ille magnus philosophus vester (57. V.) in Timæo suo meminit cum Deum optime cuncta facere probaret : Omne, inquit, quod gignitur ex aliqua causa gignitur necessaria. Nihil enim fit, cujus ortum non legitima causa et ratio præcedat. In quo patenter ostenditur, quæcunque a quocunque fiant, quia hæc optima divinæ providentiæ dispensatione contingunt, rationabiliter et bene sic ea provenire, sicut eveniunt, quia videlicet rationabilem, cur fiant, habeant causam, quamvis is qui ea facit non rationabiliter ac bene ipsa faciat, nec eam in his faciendis, quam Deus causam attendat. Cum itaque nihil nisi Deo permittente fieri constet, nihil quippe eo invito vel resistente fieri possit, certumque insuper sit nequaquam aliquid Deum sine causa permittere, nihilque omnino nisi rationabiliter facere, ut tam permissio ejus quam actio rationabilis sit, profecto cum videat cur singula quæ fiunt, fieri permittat, cur et ipsa facienda sint, non ignoret, etiamsi mala sint vel mala fiant. Non enim bonum esset ea permitti, nisi bonum esset ea fieri, nec perfecte bonus esset, qui, cum posset, non disturbaret id quod fieri non bonum esset. Imo patenter arguendus in eo quod non sit bonum fieri, consentiendo ut fiat. Patet itaque quidquid contingit fieri, cur fiat vel non fiat rationabilem habere causam. Ideoque bo (fol. 58. R.) num est illud fieri vel bonum est non fieri, etiam si ab eo a quo bene non fit, fiat, vel ab eo [a] quo non fit, male non fiat, hoc est mala intentione dimittatur fieri. Unde etiam ipsa mala esse, vel fieri bonum est, quamvis ipsa mala nequaquam sint bona. Quod et Veritas ipsa patenter profitetur, cum ait : *Necesse est enim ut veniant scandala. Væ autem homini illi per quem scandalum venit!* (*Matth.* XVIII, 7.) Ac si aperte dicat : Opportunum est, et humanæ congruum saluti, ut quidam etiam offensi vel irati scandalum inde animæ suæ, id est damnationem incurrant, ut per quorumdam scilicet malitiam id agatur, per quod omnes salventur, quicunque videlicet sanandi prædestinantur. Sed tamen væ illi, hoc est damnatio erit, cujus consilio vel persuasione hoc scandalum movetur. Malum itaque est scandalum, sed bonum est scandalum esse. Sic et bonum est, quodlibet malum esse, cum tamen nullum malum sit bonum. Quod et ille magnus veritatis discipulus attendens Augustinus, et, quam optime ipsa etiam mala Deus ordinet, considerans ita de ejus bonitate et diaboli nequitia loquitur : Deus sicut naturarum bonarum optimus creator est, ita malarum voluntatum justissimus ordinator, ut cum ille male utatur naturis bonis ipse bene utatur etiam voluntatibus malis. Item dicit idem de diabolo : Deus, cum eum creavit et futuræ malignitatis ejus non erat ignarus et prævidebat quæ bona de malis ejus esset facturus. Item post aliqua : Neque enim Deus ullum non dico angelorum vel hominum (58. V.) creasset, quem malum esse præscisset, nisi pariter nosset quibus eos bonorum usibus commendaret. Item alibi : Sunt bona singula simul vero universa valde bona, quia ex omnibus consistit universitatis amabilis pulchritudo. Item illud, quod malum dicitur, bene ordinatum et loco suo positum, eminentius commendat bona ut magis placeant, et laudabiliter sint, dum cooperatur bonis. Nec enim Deus omnipotens cum summe bonus sit, ullo modo sineret mali aliquid esse in operibus suis, nisi usque adeo esset omnipotens et bonus, ut bene faceret et de malo. Item : Nec dubitandum est Deum facere bene etiam sinendo fieri quæcunque fiunt mala. Non enim hoc nisi justo judicio sinit et profecto bonum est, quod justum est. Quamvis ergo ea, quæ mala, in quantum mala sunt, non sunt bona, tamen, ut non solum bona, sed etiam sint et mala, bonum est. Nam nisi esset hoc bonum, ut essent et mala, nullo modo sinerentur ab omnipotente bono, cui procul dubio quam facile est, quod vult facere, tam facile est, quod non vult esse non sinere. Neque enim ob aliud veraciter vocatur omnipotens, nisi quoniam quidquid vult potest, nec voluntate cujuspiam creaturæ voluntatis omnipotentis impeditur effectus. Ecce audisti aperta ratione monstrari, quia bonum est malum esse, quamvis nequaquam verum si bonum malum esse. Aliud quippe est dicere, malum est bonum, aliud dicere malum esse bonum. Ibi enim ad rem malam, hic ad rem malam esse applicatur bonum, hoc est ibi ad rem hic ad eventum rei. Rem autem, ut dictum est, eam bonam dicitur, quæ cum alicui apta sit usui, nullius rei (fol. 59. R.) commodum vel dignitatem per eam impediri aut etiam minui necesse est ; quod quidem impediri vel minui, tunc eam rem necesse esset, si per ejus contrarium vel defectum dignitas illa vel commodum necessario non remaneret. Verbi gratia, vita immortalis, lætitia, sanitas, scientia, castitas talia sunt, quæ cum aliquid habeant dignitatis vel commodi, constat illud supervenientibus horum contrariis non remanere. Sic et quaslibet substantias constat bonas res esse dicendas, quia cum aliquid conferre valeant utilitatis, nihil per eas dignitatis vel commodi necesse est præpediri. Nam et perversus homo, qui corruptæ vel etiam corrumpentis vitæ est, sicut esse posset, ut perversus non esset, ideoque per eum nonnihil deteriorari necesse esset (68).

Hoc autem ad præsens ad descriptionem rei bonæ satis esse arbitror. Cum vero ad eventus rerum, hoc est ad ea, quæ a propositionibus dicuntur et per eas evenire proponuntur boni vocabulum applicamus, ut videlicet hoc esse vel non esse bonum dicamus, tale est ac si diceretur ad aliquam Dei optimam dispositionem complendam, illud necessarium esse, etsi nos omnino illa lateat disposi-

---

(68) Apodosis aut restituenda ex sententia antecedente; aut suppl. *id potest.*

tio. Non enim aliquem etiam bene facere bonum est, si hoc eum facere alicui divinæ ordinationi non competit, sed potius obsistit, qui nec fieri potest, quod rationabilem, cur fiat, causam non habet. Tunc autem rationabilem non habet causam, cur iat, si quid a Deo dispositum præpediri necesse esset, si illud contingeret. Sæpe itaque decepti dicimus, quia bonum est nos hoc vel illud facere, quod faciendum esse ab omnibus censetur. Sed cum a divina dissentiat ordinatione per errorem mentimur, sed mendacii rei non sumus ita opinantes, ut dicimus. Qui etiam (59. V.) sæpe per errorem multa in oratione petimus, quæ nobis a Deo denegantur, qui melius quam nos ipse, quid nobis sit necessarium, agnoscit. Unde præcipuum est sic dicere : Fiat voluntas tua. Hoc in præsentiarum satis est me dixisse, ad ostendendum videlicet qualiter nomen boni est intelligendum, quando pro re bona simpliciter sumitur vel quando etiam rerum eventibus vel quæ [*leg.* quando] a propositionibus applicatur. Quod quia ex inquisitione summi boni pendebat, si quid superest, quod de ipso ulterius quæri censeas, licet te subinferre vel ad reliqua festinare. . . . . .

EXORATIO (69) MAGISTRI AD DISCIPULUM

DE INQUISITIONE SUMMI BONI.

Fili charissime, studium tuum delectat me, quo sapientum scripta investigas per te ipsum legendo et intelligendo, quæque non intelligis a me cæterisque senioribus perquirendo. Etenim scholaris illa exercitatio, qua sub virga pavitantes proficiunt ingeniosi, deficiunt hebetes, bonæ indolis adolescentibus vix est pro infantilibus nutrimentis, qualia sæpe vidimus ab obstetricibus vel nutricibus massicata in ora vagientium puerulorum edentulorum poni, eisdem renitentibus et offas aliena saliva infectas interdum fastidientibus. Unde cum primis dentatis maxillis per se mandere possunt, ab aliis masticata non recipiunt; imo, cum discipulis transeundo per segetes copiosas vellicant et fricant manu propria spicas maturas exindeque grana elicita per se manducant et experiendo probant, in scholaribus illis exercitiis diligentissime lætatos non invenire saporem sapientiæ, nisi post tempus ablactationis suæ. Hinc est quod Abraham patriarcha grande legitur fecisse convivium in die ablactationis Isaac, nimirum congaudens (fol. 60. R.) paterno affectu profectibus tanti filii. Quo contra ploratus et ululatus multus est Racheli ploranti filios suos ante ablactationis tempus ab Herode occisos. Ac tum plangit Ecclesia et non vult consolari, quia non sunt ablactati ejus illi pueri quos trucidat gladius Antichristi pro eo quod sunt infra bimatum, non attingentes ad geminæ intelligentiæ et operationis fructum. Me miserum, pro quot parvulis ita mihi abreptis ego plorare habeo, quia eos post exercitia scholaria video vel tepuisse in sensum puerilem et animalem, qui non percipit, quæ sunt spiritus Dei, vel omnino friguisse in reprobum sensum, ut non solum faciant quæ non conveniunt eorum professioni, sed etiam persequantur ea quæ sunt spiritus Dei. Tu autem, fili dilectissime, ut spero in Dei misericordia, proficies etiam ultra bimatum usque adeo ut formidare non habeas gladium Antichristi, qui est hæreticorum seu falsorum fratrum sermo dolosus. Nisi enim sic proficeres, nisi ablactatus jam solidum cibum vehementer esurires de summo bono, sicut inquiris, non inquireres. Occasio vero hujusce inquisitionis exinde, ut dicis, oborta est tibi, quod legens dialogum sub disceptatione Christiani et Judæi atque philosophi a magistro Petro digestum de summo bono illic invenis aliquid investigatum, sed non satis elucidatum, quid sit vel ubi sit ipsum summum bonum, quave ad illud via sit rectissime gradiendum. Proinde sic accipe istud opusculum de inquisitione summi boni intitulatum, ut si quid boni de hoc bo(60. V.)no inveneris dictum, de hoc ipso bono unde agimus non dubites aut stillasse, si parum est, aut emanasse, si satis est. Satis dico, non quantum ad rei quæ versatur æstimationem, sed quantum ad legentis et inquirentis esuriri. Nam res ipsa est ineffabilis de qua fari utcunque gestimus, prout ipsa juvante poterimus.

Lecta sat eximia præsens hæc philosophia (70),
Doctrinæ triplicem cuivis præstabit honorem.

Puto (71) autem, si opusculum Augustini *De summo bono* intitulatum bene perspexeris, illic abundanter instrueris, esse illud summum bonum ex quo, per quod, in quo sunt omnia bona magna media et minima et ipsum tale est, ut nihil melius cogitari possit, imo melius est quam ab ulla crea-

---

(69) Vox hæc in cod. ms. exstat rescripta super aliam miniatam erasam.
(70) Ait Denisius l. s. c. : « Intercepta est hæc exoratio miniato disticho. Quod rectius ad calcem dialogi locandum fuisset : τὸ *triplicem* enim ad doctrinam trium interloquentium alludere videtur. »

— Placet monitum. Idem fere suggere videtur distichi argumentum cum exoratione utraque comparatum.
(71) Exoratio insequens in cod. mscr. ab aliena manu ejusdem ut videtur, ætatis conscripta est.

tura cogitari possit. Nisi enim transcenderet omnem tam angelorum quam et hominum cogitationem non exsuperaret omnem sensum nec inhabitaret lucem inaccessibilem, neque diceretur vere incomprehensibile, quod quis posset cogitatione vel intellectu attingere vel comprehendere. Sensit hoc ille qui dixit : *O altitudo divitiarum sapientiæ et scientiæ Dei ! Quam incomprehensibilia sunt judicia ejus et investigabiles viæ ejus! Quis enim cognovit sensum Domini?* (Rom., XI, 33, 34.) Attamen ex parte illud summum bonum cognoverunt et ex parte etiam prophetaverunt hi, per quos canonica Scriptura Veteris ac Novi Testamenti administrata est, in qua vel per speculum et in ænigmate apparet pulchritudo summi boni, summæ justitiæ, summæ vitæ, summæ potentiæ, summæ lætitiæ, summæ charitatis et claritatis. Quæ omnia eisque similia de summo bono prædicata non sunt multa, sed unum causale ac primordiale principium seu fundamentum omnium, quæ per ipsum et post ipsum bona sunt in ordine rerum. Quæ cum in sui natura sint omnes bonæ, utpote a summo bono habentes esse, esse tamen eis et bene uti bonum est et male uti malum est. Docet autem sancta Scriptura, maxime autem Novi Testamenti quomodo inferioribus bonis homini sit utendum, ut perveniat ad summum bonum, cujus fructus æternus tanquam diurnus denarius illis erit persolvendus, qui bonis inferioribus bene utendo laborant in vinea, quæ est præsens et peregrinans Ecclesia, extra quam stantes in foro hujus mundi otiosi pagani sive negotiantes Judæi, sive illis pejores falsi Christiani habere denarium non poterunt, quæ solis bene in vinea laborantibus, prout si tempus laborandi non habent, ut infantes, Christi sacramenta gestantibus, dandum noverunt, qui non a philosophis aut (fol. 64. R.) Judæis Christum ignorantibus aut reprobantibus, sed ex ipso Christo veritatis doctrinam acceperunt. *Ipsum audite.* ait Pater cœlestis (*Matth.* XVII, 5). Ipsum audite, aio et ego, vobis quicunque me auditis discipuli seu filii. Ipsum audite potius quam paganum philosophantem vel Hebræum judaizantem. Ipsum audite, solum non justa docentem, sed et impios justificantem, non per sapientiam hujus mundi aut ex operibus legis, sed per fidem, qua doctrina ejus creditur et custoditur, sicut ipse ait : *Beati, qui audiunt verbum Dei, et custodiunt illud* (*Luc.* XI, 28). In custodiendo illo retributio multa. Revera hæc retributio multa est, quæ non habet finem, sed ipsa est finis et consummatio participantium summo bono, fruentium summo gaudio, sapientium summa sapientia, quæ est Christus. Ipsum audite. Consiliarius est, ipsum audite ; præceptor est, ipsum audite. Si non potestis recipere ipsius consilium, ut abnegantes vos vobis ipsum sequimini, saltem servate præceptum et in utroque cognoscendo ipsum audite. Primo, si fieri potest, ad conservandam innocentiam, ipsum audite. Secundo, ubi amiseritis innocentiam, saltem ad agendam pœnitentiam, ipsum audite. Si facultas suppetit ad agendum bona, ipsum audite, si facultas desit ad volendum saltem bona, ipsum audite. Si vultis scire, quid sit summum bonum, vel qua via sit ad illud progrediendum, ipsum audite dicentem : *Ego sum via et veritas et vita* (*Joan.* XIV, 6). Nam via, qua itur et veritas ac vita, quo itur, ipse est, ipsum audite. Si forte in via hac ambulantes estis tristes cum discipulis euntibus Emmaum, ipsum audite ambulantem vobiscum et consolantem vos, ut tandem stulti et tardi cordis accendamini et dicatis : *Nonne cor nostrum ardens erat in nobis, dum loqueretur in via et aperiret nobis Scripturas?* (*Luc.* XXIV, 32.) Ipse est qui Scripturas ambulantibus in se via et veritate aperit, ipsum audite. Aperit et nemo claudit, ipsum audite ! Ambulantibus dicit, bonas facite vias vestras et studia vestra, ipsum audite. Pervenientibus dicit, habitabo vobiscum, ipsum audite. Legem naturalem, quam paganus philosophus defendit, ipse docet, ipsum audite. Legem Moysi venit implere, non solvere, ipsum audite. Lex quidem annuntians et demonstrans languorem per Moysen data est, gratia autem et veritas eumdem sanans languorem per Jesum Christum facta est, ipsum audite. Summum bonum se sequentibus et sibi obedientibus promisit in præmio, cætera bona inferiora eisdem concessit ad utilitatem ita ut omnia cooperentur eis in bonum per bonum usum, quo non solum bonis verum et malis uti docentur in bonum, si tamen audiant ipsum. Ergo ipsum audite ! sitque nobis anathema, quicunque aliud docet, quam quod habet verbum doctrinæ ipsius evangelicæ, plena et veritate, gratia excitante ac roborante voluntatem, veritate illuminante rationem, gratia voluntatem præveniente ac subsequente, veritate rationem dirigente atque ducente in viam pacis, ad patriam lucis æternæ, in qua dare videbitur et gustabitur summum bonum, quod est Pater et Filius et Spiritus sanctus, Deus unus ac trinus. Ipsi gloria in sæcula sæculorum. Amen (72).

---

(72) De appendice hac recte monet Denisius l. c. : « Videtur tota hæc exhortatio obliqua crisis in Abælardi præcedentem dialogum et discipuli præmunitio. Postquam enim ex Augustini opusculo *De summo bono* multa opportune adducta fuissent, subdit magister ἀνώνυμος : « Tales audiant, qui non a philosophis, » etc. ; et deinceps multis Scripturæ locis apte usus, concludit : « Ergo *ipsum audite*, » etc

PETRI ABÆLARDI
EPITOME
THEOLOGIÆ CHRISTIANÆ.

(Ex codicibus mss. monasterii S. Emmerammi Ratisponensis, in bibliotheca aulica Monacensi asservatis, primus edidit Frid. Henr. Rheinwald, theologiæ et philosophiæ doctor, etc., in collectione cui titulus: *Anecdota ad historiam ecclesiasticam pertinentia*, particula II, Berolini 1835, in-8°.)

PRÆFATIO.

Inter otium theologicum quod in urbe Monacensi mihi transigere contigit, aulicam bibliothecam, principem cæterarum, sæpissime frequentavi et nunquam non nova et cognitionis et voluptatis auctus accessione redii. Libentissime autem in legendis et relegendis bibliothecæ S. Emmeramni, ex Ratisbonensi monasterio S. Emmeramno dedicato huc transportatæ, libris versatus sum. Præterea enim quod eam vario scriptorum theologicorum genere, præcipue autem libris ad historicam theologiam spectantibus, splendidissime exornatam vidi, externa quoque præsidia, ad interiorem ejus notitiam perveniendi, ita comparata erant, ut studium meum indies augeretur et accenderetur. Liceat mihi grato animo memoriam viri de hac S. Emmeramni bibliotheca meritissimi repetere, qui ea bene ordinata egregium catalogum composuit, catalogo anecdota addidit atque notitiis egregiis ad rem litterariam pertinentibus larga manu instruxit. Innuo Colomannum Sanftlium, cœnobii Ratisbonensis monachum († 1809) cui quam multum cum in omni historiæ genere debeam tum in hoc potissimum labore, de quo statim uberius dicturus sum, bene scio et persentisco. Novum profecto in eo testimonium improbi illius laboris, cujus exempla hodie frustra quærimus, ante oculos habemus, quo Benedictinorum ordo saluberrima ratione quondam litteras auxit, sustentavit, adjuvit.

Perambulanti mihi hanc bibliothecam in oculos incurrerunt codices quidam, in quorum fronte nomen viri legi, quod nunquam non sine quodam reverentiæ sensu exaudivi. Inspexi eos accuratius ac gaudio fere tripudiavi, cum in unum mihi incidisse viderer, cujus argumentum si non plane incognitum fuit, tamen quoad ejus scio in notitiam cæterorum theologorum non pervenit.

Liber modo dictus bibliothecæ Emmeramnensis titulum gerit: *Petri Abælardi Sententiæ*. Hæ in triginta septem capita disposita sunt. In legendo primo capite permagnum utique consensum cum *Introductione* Abælardi (73) animadvertere licet: priora verba prorsus eadem (74). Usque ad mediam capitis 15 partem (75) hujus codicis vestigia inveniuntur, ita tamen ut capita 1-15 lib. 1. *Introductionis* in capite 1-11 codicis nostri non ad verbum expressa, quemadmodum ii opinati sunt qui obiter hos libros inspexisse videntur, reperias, quanquam vario modo inter se conveniant. Quæ præterea in *Introductione* adsunt, non amplius accurate sed modo summatim, ita ut et verba et ipsa argumentatio prorsus differant, relata sunt. Filum orationis in Introduct. l. III, c. 7, media in re abruptum esse constat. Noster autem codex materiam a Petro in *Introductione* tractatam ulterius persequendo cum ea quæ de attributis Dei in *Introductione* desiderantur, adjicit, tum alias quoque dogmaticas quæstiones attingit.

Hæc in universum de argumento codicis nostri ejusque relatione ad *Introductionem* magistri Petri.

Jam autem, ut videamus, quo jure hic liber Abælardo vindicari possit, ante omnia quæstio proponenda esse videtur, num libri cujusdam *Sententiarum* Abælardo ascripti vestigia Abælardi tempore vel apud eum, vel apud alium virum, ejus tempore viventem, indagari possint? Atque ita profecto est. Bernardus enim Claravallensis in quibusdam epistolis inter alia Abælardi scripta etiam *Librum Sententiarum* (76) rum ejus, nec non et illum qui inscribitur, *Scito te ipsum*: et animadvertite quantæ et ibi sylvescant segetes sacrilegiorum atque errorum, quid sentiat de anima Christi, de persona Christi, de descensu Christi ad inferos, de sacramento altaris, de potestate ligandi atque solvendi, de originali peccato, de concupiscentiis, de peccato delectationis, de peccato infirmitatis, de peccato ignorantiæ, de opere peccati, de voluntate peccandi rel. » — Ej. ep. 190 ad Innocentium papam: « Mysterium nostræ redemptionis, sicut in libro quodam *Sententiarum* ipsius et item in quadam ejus expositione Epistolæ ad Romanos legi, temerarius scrutator majestatis aggrediens, in ipso statim suæ disputationis exordio ecclesiasticorum unam omnium de hac re dicit esse sententiam et ipsam ponit ac spernit et gloriatur se habere meliorem. »

(73) Supra, col. 979-1110.
(74) Hac ex re Mabillonius, qui codicem nostrum in itinere per Bavariam facto obiter tantum inspexit, *Introductionem* Petri et librum nostrum unum eumdemque esse collegit. Quod vero Mabillonius (in *Itinere Germanico*, p. 10) proposuerat, auctores Historiæ litterariæ Gallorum in dissertationibus super vitam et scripta Abælardi confectis temere repetunt. (*Histoire littér. de la France*, t. XII, p. 118. n.) Cfr. quoque Andreas Quercetanus (*Du Chesne*) not. in Opp. Abæl., et Mabillonius, *Annal. ord. S. Bened.*, t. V, p. 557.
(75) *Introd.*, supra, col. 981.
(76) S. Bernardi epist. 188, ad episcopos et cardinales curiæ (Opp. ed. Mabill. t. I, p. 182) [*Patrol.* t. CLXXXII]: « Legite, si placet, librum Petri Abælardi, quem *dicit* Theologiæ, ad manum est enim. — Legite et alium, quem *dicunt* Sententia-

enumeravit atque etiam locum ex hoc scripto allegat (77). Porro Gualterus a S. Victore mentionem tractatus cujusdam injicit, qui sub titulo *Sententiarum* circumferretur (78) atque Abælardo addictus esset. Gualterus priora verba hujus tractatus refert (79), quæ tamen ita se habent, ut protsus ab iis quæ noster codex exhibet, differant. Tantum deinde abest, ut ex iis, quæ de argumento totius libri disputat, evinci possit. nostrum tractatum unum eumdemque esse cum libro ab eo commemorato, ut contrarium etiam inde efficere liceat. Pauca enim quæ affert Gualterus haud parum abhorrent a simplici dicendi genere, quo Petrus tractatus suos aperit; existimares potius hoc superbum dicendi genus, ex rhetorum scholis repetitum, hæc sesquipedalia verba a vano ac garrulo homine (Tanquelmo vel simili quodam argutulo) profecta esse, quam ab Abælardo vero ac casto Musarum alumno. Aliter se res habet cum Bernardi testimonio. Quæ enim hicce ex libro *Sententiarum* et *Commentario in Ep. ad Romanos* in medium affert (in ep. 190), non quidem verbotenus in libro nostro leguntur, sed quead sensum eadem se nobis offerunt (80).

Sed mirum. Abælardus ipse contra testem modo dictum surgere videtur, qui alicubi ait (81): « Quod autem capitula contra me scripta tali fine amicus noster conclusserit, ut diceret : « Hæc autem capitula partim in libro *Theologiæ* magistri Petri, partim in libro *Sententiarum* ejusdem, partim in libro, cujus titulus est : *Scito teipsum*, reperta sunt, » non sine admiratione maxima suscepi, cum nunquam liber aliquis, qui *Sententiarum* dicatur, a me scriptus reperiatur. Sed sicut cætera cuncta contra me capitula ita et hoc quoque per malitiam vel ignorantiam prolatum est. »
— Sed quis est quin videat utrumque, Petrum et Bernardum, jure suo ac veritati convenienter hæc dicere potuisse? Abælardus cum summa animi fiducia se nunquam talem librum composuisse, si nunquam ejusmodi titulum libro a se scripto proposuerit, contendere, Bernardus contra sine errore tractatum quemdam, qui titulo *Sententiarum* non a Petro sed ab alio quodam homine insignitus erat, Abælardo ascribere potuit. Huc accedit quod Bernardus in iis locis in quibus de titulo libri sermo sit, non satis perspicue ac definite loquitur (cfr. adnot. n. 76).

(77) Ep. 190, « Sciendum est, ait, quod omnes doctores nostri per apostolos in hoc conveniunt, quod diabolus dominium et potestatem habeat super hominem, et jure eum possidebat, ideo scilicet, quod homo et libertate arbitrii, quam habebat, sponte diabolo consensit. Aiunt namque, quod si quis aliquem vicerit, victus jure victoris servus constituitur. Ideo, inquit, sicut dicunt doctores, hac necessitate incarnatus est Filius Dei, ut homo, qui aliter liberari non poterat, per mortem innocentis jure liberaretur a jugo diaboli. Sed, ut nobis videtur, nec diabolus unquam jus aliquod in homine habuit, nisi forte Deo permittente, ut carcerarius: nec Filius Dei ut hominem liberaret, carnem assumpsit. »

(78) Gualterus, in libro suo *Contra IV. Labyrinthos Galliæ*, de quo habes excerpta apud C. E. Bulæum, in *Histor. Univ. Parisiensis*, t. II. p. 200.

(79) Bulæus l. c. : « Contra Abælardum præsertim agit, propter tractatum quemdam, cujus erat hic titulus : *Incipiunt Sententiæ Divinitatis;* et hoc initium : *Omnes sitientes venite ad aquas et bibite amici, inebriamini, charissimi*, etc., in quo multæ continebantur hæreses et profanæ vocum novitates, » rel.

(80) Cfr. c. 25, nostri codicis nec non c. 28 s. fin. Cum his locis comparandus est Abælardi *Commentarius in Ev. ad Romanos* (supra, col. 785-978).

Cum igitur externa testimonia non refutent, Abælardum librum, qui adversariis ejus atque aliis viris doctis sub titulo *Sententiarum* innotesceret, composuisse, porro inquirendum erit num interna testimonia id probent ac flagitent, vel num diserta indicia in eo adsint, hunc librum ex Abælardi manu prodiisse.

Ad hanc quæstionem solvendam ante omnia locus respiciendus erit (82), in quo auctor libelli nostri se ipsum nominat atque accuratius depingit. Dicit enim : « Quod quidem, quia in Epistola ad Romanos super eum locum : *Jacob dilexi*, rel., (83) diligenter expressi, hoc quasi notum prætereundum existimo. » Hæc verba haud obscure significant, auctorem nostri scripti ab auctore commentarii super Ep. ad Romanos non differre. Hunc autem Commentarium Abælardi opus esse genuinum extra omnem dubitationem positum est. Quod si igitur non in suspicionem incidat, callidum quemdam interpolatorem hæc satis dextre finxisse, Abælardo quoque librum *Sententiarum*, quem dicunt, tribus necesse erit. Huc porro facit quod finis atque argumentum totius libri, in primis comparatione cum libro *Introductionis in theologiam* instituta (84), ad Petrum ejus auctorem lectores ablegat. *Introductionis* enim auctor statim ab initio animadvertit se materiam suam in tres partes divisam tractaturum, primum de fide, dein de charitate, denique de sacramentis locuturum esse. Quemadmodum autem *Introductio* ad posteritatis manus pervenit, ne priorem quidem partem, de fide, absolvit, sed media in re, in disputatione de attributis Dei inchoata, thema uberius tractandum imperfectum reliquit, Abælardus nempe in *Introductionis* l. III c. 5. ait : « Se jam de tribus divini numinis attributis, de potentia, sapientia, bonitate, accuratius exponere velle. » Initium capit a potentia; ab hac ad sapientiam transit, sed media in expositione de hoc divino attributo, imo in media periodo rem suam missam facit; de bonitate vero ne verbum quidem legitur. Ita quoque de secunda ac tertia parte (de charitate scilicet ac sacramentis) *Introductio* nihil amplius profert. Noster jam libellus, quemadmodum dictum est, usque ad articulum de sapientia prorsus idem argumentum exhibet atque *Introductio* (85). Ubi autem *Introductio* in materia tractanda desinit, noster codex pergit nec non inceptam materiam dispositioni, in *Introductione* propositæ, accomodate absolvit. Capite

Expositioni de redemptione per Christum facta hæc fere verba addit Abælardus: « Quæ quidem plenius suo loco exponemus. Nunc autem succincte, quantum ad expositionis brevitatem pertinet, de modo nostræ redemptionis quod videtur nobis sufficiat; si qua vero desunt perfectioni, *Theologiæ* nostræ tractatui reservamus. »

(81) Abæl. *Confessio fidei*, supra, col. 107.
(82) Cap. 24.
(83) Abæl. *Comment. in Ep. ad Rom.* supra, col. 785.
(84) Si ad finem et materiam spectes, comparari quoque possit liber Abælardi qui inscribitur : *Theologia Christiana*, supra, col. 1115.
(85) Sanilius quoque ex consensu argumenti in tractatu nostro propositi cum argumento *Introductionis* non νοθείαν libri nostri sed αὐθεντίαν potius colligendam esse putat. Ait enim : « Neque liber iste Abælardo abnegandus est ea de causa, quod magnam partem ex ejusdem *Introductione in Theol.* exceptus sit. Id enim Abælardo haud insolitum fuisse certo persuadebitur, quisquis ejus *Theologiam Christianam* cum ejusdem *Introductione in Theologiam* conferre voluerit. Is quippe deprehendet, primum et quintum *Theologiæ* librum pene de verbo ad verbum in *Introductione* reperiri. De qua re loquens Guillelmus abbas S. Theodorici in epistola ad Gaufridum Carnotensem et Bernardum : « Duo autem,

22 de bonitate divina disputatur. Capite 23-37, duæ reliquæ partes, tractatus de charitate et sacramentis, adduntur. Ita liber noster finem quemdam, quem in *Introductione* Petrus tanquam suum profitetur, persequitur, quod, siquidem ratio qua id fiat Abælardo digna esse videatur, non sine magno momento in ἀυθεντίᾳ nostri libri defendenda esse potest.

Atque profecto argumentum libri nostri Petro haud indignum judicari potest. Etenim si *Introductionis* cum libro nostro comparationem instituimus (86), eumdem virum ab omni auctoritate humana liberum (87), ingeniosum ac sæpe audacem Scripturæ sacræ commentatorem, accuratum et diligentem antiquitatis perscrutatorem, nec minus hominem perfectæ ætatis suæ ac variarum opinionum in ea auctoritatis quid habentium notitia gaudentem, reperimus. Idem prorsus locum habebit, si tractatum nostrum cum cæteris Abælardi scriptis, inprimis cum *Theologia Christiana* et *Commentario in Ep. ad Romanos* atque fragmentis ex ejus scriptis, quæ apud adversarios exstant, comparaverimus (88). Quod eo magis notatu dignum est, quo minus ingenium, quale in Abælardo erat, imitatione exprimi potest. Denique externa ac interna forma dictionis, linguæ genus et stylus Abælardum auctorem libri nostri esse probant. Obviam enim habes Latinum sermonem, quo delecteris, prorsus diversum ab eo sermone qui in istis barbariei temporibus invaluerat. Noster libellus affatim probat auctorem nostrum æque atque Abælardum assidue in tractandis et volvendis antiquitatis scriptoribus, Ciceronis, Horatii, aliorum fuisse versatum.

Quod si ex his concludere licet librum nostrum vere ab Abælardo scriptum fuisse, porro investigandum erit quo circiter tempore in publicum prodierit? Cum igitur, ut supra demonstravimus, summa similitudo inter nostrum librum atque *Introductionem* intercedat, cardo rei in eo versatur num librum nostrum priori vel seriori tempore atque *Introductionem* scriptum esse arbitremur. In hac re non sine magna veri specie dixeris, nostrum tractatum priorem fuisse ac lineamenta Abælardianæ theologiæ vel ejus *Theologiam* in compendium redactam in se continere; ad ulteriorem ejus enarrationem *Introductionem* scriptam ac scribendam fuisse; defensionem denique ac amplificationem *Theologiam Christianam* Abælardi absolvere. Nihil enim in hac opinione temerarii et insulsi esse videtur, Petrum idem thema tribus modis, paululum inter se diversis, voluisse tractare, ita ut ab imperfectiori opere ad perfectius paulatim ascenderet.

Sed huic sententiæ locus libri nostri, qui capite

« ait, erant libelli (Abælardi) *Idem pene continentes,*
« nisi quod in altero plus, in altero minus aliquanto
« invenieretur. »

(86) Cfr. e. g. Introd. L. I, c. 2, cum c. 28 libri nostri.

(87) C. 25 libri nostri : « Sed dicat Augustinus voluntatem suam, nos vero dicimus, » etc.

(88) Si quem ea contradictio offendat, quam obviam habemus in verbis Confessionis (supra, col. 407) solum Filium Dei incarnatum profiteor ut nos a servitute peccati et *a jugo diaboli* liberaret, et supernæ aditum vitæ morte sua nobis reseraret, cum verbis nostri libri (c. 25) collatis, is cogitet eamdem contradictionem in Commentario super epistolam ad Romanos (c. 5) reperiri (cfr. n. 8). Præterea in Confessione alia quoque diserte abnegantur quasi nunquam a Petro prolata et scripta, quæ nihilominus in ejus libris leguntur. Egregium hujus rei documentum habes in Confessione : « Quod igitur mihi vel per malitiam impositum est, quod scripserim : quia Pater plena potentia est, Filius quadam potentia, Spiritus sanctus nulla po-

34 legitur, diserte contradicit. In hoc enim auctor ad *Commentarium super Epistolas ad Romanos* provocat. Jam cum *Commentarius* aperte innuat *Introductionem* ante eum scriptam esse, non dubium esse potest quin noster libellus post *Introductionem* locandus sit. Præterea nihil certi de tempore definiri potest. Prorsus in dubio relinquendum esse videtur num liber noster ante vel post *Theologiam Christianam* et librum titulo : *Scito teipsum*, insignitum prodierit? Pro nostra sententia, eum medium locum inter *Commentarium* et *Theologiam Christianam* tenere, id unice proferri potest, Petrum *Theologia Christiana* edita argumentum *Introductionis*, jam prius editæ, vix ac ne vix quidem tam accurate, quemadmodum id in nostro libro factum esse videmus, repetiturum fuisse. Ante uberiores theologiæ commentarios hæc repetitio minus mirationem movere potest. Sed his missis pro certo affirmare licet librum ante annum 1140 compositum esse. Ultra hunc annum non facile progrederemur.

Huic quæstioni altera quædam finitima est, num Petrus *Introductionem* ad finem perduxerit, an imperfectam mutilamque, ut eam in editione Parisiensi habemus, reliquerit? Hanc vero quæstionem modo attingere, cum alii quoque eam attigerint, nec tamen uberius persequi volumus. A priori lis dirimi non potest. Pro utraque enim opinione, Abælardum libro ultimam manum addidisse sive opus inceptum non perfecisse, causas satis graves enumerare licet. Utraque opinio suis laborat difficultatibus. Beatus Sanftius stat a Mabillonii (89) partibus, qui sine longa causarum enumeratione *Introductionem* ex Abælardi manu perfectam prodiisse statuit vel potius conjectatur. Ea, quæ deessent, ait, a posteris ob sparsos errores resecta esse. Sed difficile est intellectu, cur is qui hanc criticastri provinciam in se suscepit, medio in libro demum res minus placentes severe amputaverit, cur non in prioribus capitibus idem fecerit, imo potius, si sibi constare voluisset, totum exemplar, quod in manus incidit, perdiderit et ex more tunc temporis usitato igne concremaverit? Alteri contra opinioni, Petrum *Introductionem* nunquam absolvisse, sed aliqua re impeditum fuisse, quominus inceptas perficeret lucubrationes, duo favere videntur. Id scilicet primo loco, quod tum facile explicari potest, cur media in propositione oratio cesset ; deinde id fortasse quoque altero loco, quod forma *Theologiæ Christianæ* summam similitudinem cum *Introductione*, quatenus in utroque tractatu idem repetitur refert (90). Præterea quæri potest cur tandem Abælardus, qui perfectiore jam opere *Introductionis* scripto perfectius etiam opus (dico *Theologiam*)

tentia, hæc ego verba non tam hæretica quam diabolica, sicut justissimum est, abhorreo, detestor et ea cum suo auctore pariter damno. Quæ si quis in meis reperiat scriptis, non solum me hæreticum, verum etiam hæresiarcham profiteor. » Recte adnotat Martenius (in præfat. ad *Thes. nov. anecdot.* tom. V), Abælardum hisce verbis quasi proprio se jugulare gladio ac Bernardo scriptorum suorum censori applaudere. Attamen quam paulo post adjungit opinioni subscribere nolumus. « Et sane (inquit) qui Petri Abælardi genium semel agnoverit, is facili negotio advertit, hominem ita a natura comparatum fuisse, ut oppositas sibi invicem propositiones haud ægre docere potuerit. »

(89) Mabillonius, Admonit. ad ep. 190 Bernardi. (Opp. B., t. I, p. 642 [*Patrol. t. CLXXXII*].)

(90) Neque tamen me præterit, hanc causam quodammodo incertam esse. Etenim si *Introductionem* imperfectam esse ex eo volumus elicere quod *Theologia* imperfecta sit, hanc quoque revera imperfectam fuisse primum esset evincendum, si circulum in demonstrando subterfugere velis. Quin

superaddendi consilium habuit, librum compendii formam præse ferentem conscripserit? Si conjecturæ locus permittitur, arbitrari licet Petrum nostrum id fecisse in usum scholarum, quas coram fideli discipulorum cohorte, una cum præceptore dilectissimo in solitudinem abeunte, in Paracleto habuerit. Pariter atque apud *Introductionem* (91) discipulos id rogare Abælardumque eorum votis annuere potuisse, quis est quin videat? Cui hæc minus placuerint, in commodum eorum, qui systema ejus in compendioli formam redactum penitus cognoscendi desiderio flagrarent, id factum esse statuere licet. Cum id modo summis laudibus exornaretur, modo omni contumeliarum genere cumularetur, sinceros veritatis amicos ad justam rei considerationem ejusmodi librum expetere potuisse, a verisimilitudine non alienum esse videtur. Ab his deinde in aliorum manus, qui minus bene erga magistrum Petrum animati essent, librum transiisse existimandum erit.

Quam demumcunque sententiam priorem seu posteriorem præoptes, benevole lector, alia præterea sententia in auxilium vocari possunt.

Haud vero absimile videtur, Abælardum non ipsum, quæ in nostro libro legantur, litteris mandavisse, sed alium quemdam hominem doctum. Si eorum conjecturæ qui *Introductionem* olim perfectam exstitisse arbitrantur, calculum adjicimus, hæc sententia magnopere se commendat. Quo magis Petro indignum esse judices, qui personam abbreviatoris vel excerptoris (sit venia verbo!) egerit, eo facilius ejus cultori et discipulo id tribuere possumus. Brevis historicarum rerum tractatio, quæ in tractatus nostri c. 42 invenitur, quanquam in *Introductione* (l. 1, 15; 11, 7) fusius expositæ sunt, significare videtur hominem, qui librum excerpendo res ad philosophiæ historiam pertinentes minoris, demonstrationem vero Abælardianam majoris pretii æstimabat. Neque minus, si cum iis facimus qui *Introductionem* non absolutam esse contendunt, hæc sententia habere videtur, quibus possit defendi. Si enim accipimus, aliquem, qui scholis philosophico-theologicis Abælardi interfuerit, in his ipsis vel post eas (92), argumentum earum breviter sibi notasse, *Introductionem* variis locis consuluisse atque ejus ope schedulas suas perfecisse vel Abælardi crisi subjecisse, similitudo atque dissimilitudo, quæ inter *Introductionem* Petrinam atque nostrum librum intercedit, æque atque aphoristica totius libri, quæ hic illic comparet, forma, explicari potest. Singulorum etiam capitum initia faciliorem haberent interpretationem. Nihilominus autem nostro libro αὐθεντία vindicari potest, si latiorem illum retinemus αὐθεντίας notionem, quam nostro tempore cum in aliis litterarum regionibus, tum in theologia, imprimis in historia critica Novi Instrumenti, receptam esse videmus; licet enim materia ore accepta per alium litteris mandata sit, Abælardo tamen originem debet.

Ex eadem ὑπόθεσει ea denique quæ supra de existentia et titulo libri dicta sunt, facillime componi possunt. Uterque et abbas Clarævallensis et magister Petrus verum professi sunt. Amicus quidam et cultor Abælardi libro nostro a se composito titulum *Sententiarum* imposuit, quo quidem suo titulo Bernardus librum accepit. Abælardus autem neque ejusmodi librum scripserat neque ejusmodi titulo instruxerat.

Sed mittamus has aliasve quæstiunculas, quæ non nisi historica via solvi possunt. Si autem Oudino (93) fidem habere licet, simul atque theologorum Oxoniensium aliquis otium suum theologicum ad hanc rem dijudicandam adhibere velit, id fieri potest.

Interea liber nobis satis memoratu dignus esse videbatur, qui in lucem proferretur. Etenim præter eas causas quibus quodvis antiquitatis monumentum veneratione prosequimur et communis juris facimus, aliæ quoque nos instigarunt: scilicet speravimus primo loco sane, ut liber historiæ dogmatum, præcipue historiæ soteriologiæ et ethices per priorem, quam dicunt, scholasticismi periodum, enarrandæ, adjumento esse, atque meliorem de eo momento, quod Abælardus in theologia Petri Lombardi componenda habuit (94), intelligentiam aperire posse. Deinde nexum qui inter singulas Abælardi sententias intercedat pariter atque historiam M. Petri nova luce collustrari posse, judicavimus. Accuratior enim hujus theologiæ partis notitia ad elucidandas diversas difficultates, ad adversariorum (95) Abælardi machinationes justa lance ponderandas, ad veritatem vel falsitatem opprobriorum ei factorum perscrutandam, ad justam defensionum ab ipso profectarum (96) vel in ejus gratiam su-

---

etiam *Introductio* perfecte existere potuisset, licet Abælardus nunquam *Theologiam* prorsus absolvere potuerit seu voluerit.

(91) Cfr. Præf. Abæl. ad *Introd.* : « Scholarium nostrorum petitioni prout possumus satisfacientes, aliquam sacræ eruditionis Summam, quasi divinæ Scripturæ Introductionem, conscripsimus. » Cfr. *Historia calamitatum*, c. 9, supra.

(92) Cfr. c. 23 sub initio.

(93) C. Oudinus, *Comment. de script. eccl. antiq.*, t. II, p. 1169, 70 : « Inter mss. codices bibliothecæ Bodleianæ, codice 8615, in adversariis Langbaini cod. 2, n. 6, *P. Abælardi Introductionis ad Theol. Libri tertii supplementum*, p. 148. » Et paulo post : « Inter mss. cod. Universitatis Oxoniensis n. 458 in mss. codd. collegii Baliolensis R. 5. *P. Abælardi Theologiæ libri tres*, quorum tertius integer est, non ut in impressis mutilus et imperfectus. » — In Bibliothecis Galliæ hujusmodi codices perfecti non fuisse videntur. Ait enim Martenius, in obss. præviis ad Abæl. *Theol. Christianam (Thesaurus n. anecd.* t. V, p. 1148) : Abælardi *Introductio* mutila est in editis, nec perfectam invenimus in manuscriptis.

(94) Joannes Cornubiensis in *Eulogio* . « Mag. P. Abælardus in *Theologia* sua sic disserit : *Quid est dicere Deum fieri hominem, nisi divinam substantiam quæ spiritualis est, humanam quæ corporea est sibi unire in personam unam.* — Quod vero a M. P. Abælardo hanc opinionem suam magister Petrus Lombardus acceperit, eo magis suspicatus sum, quia librum illum *frequenter præ manibus* habebat et forte minus diligenter singula perscrutans, ut qui ex usu magis quam ex arte disputandi peritiam haberet.

(95) Guilelmus, abbas S. Theodorici, in ep. ad Gaufredum, ep. Carnotensem et Bernardum Cl. (Bernardi Opp. t. I, p. 303; *Patrol.* t. CLXXXII); Bernardus Claræv., epist. ad episc. Senonas convoc., ep. ad episcop. et cardinales curiæ, epistola ad Innocentium P., Capitula hæresium P. Abælardi XIV, ep. ad Guidonem de Castello, ep. ad mag. Yvonem cardinalem. (Bern. Opp. t. I, p. 181-186 et 646-664; Epistola Samsonis, archiep. Remensis et alior. ad Innocentium P. (Bern. Opp. t. I, p. 184); Rescripta Innocentii P. contra hæreses P. Abæl. (Bern. Opp. t. I, p. 186); Gualterius de Mauritania ep. Laudunensis, ep. ad P. Abælardum (DACHERY. *Spicil. vet. scrr.*, t. III, p. 24 sqq.); Robertus Pulleyn, observ. contra Abæl. in *Sententiarum* libro I, artic. 7, de omnipotentia Dei. (Ed. D. H. Mathoud. Par. 1655; *Patrol.* t. CLXXXVI).

(96) *Confessio* (= *Apologia*). « Universis Eccl. S. filiis P. Abælardus ex eis unus sed in eis minimus. » (supra, col. 107); ep. ad G. Paris. episcopum, Historia calamitatum, c. 9-11; ep. ad Heloissam suam.

sceptarum (97) æstimationem, accommodatissima esse videtur. Sed de hisce et Augustus Neander, præceptor dilectissimus, summe reverendus, in Bernardi Vita brevi apparitura, et alii viri docti, amicitiæ vinculo nobis conjunctissimi, Bernardus Hundeshagen, Albertus Liebner, Carolus Meier, Ludovicus Pelt, in iis operibus, quæ de scholastica ætate præpararunt et præparant, uberius exponent.

Restat ut de externa codicis forma aliqua addamus. In folio scriptus exstat, ita tamen ut minorem hujus formæ ambitum expleat. Materia quæ adhibita est charta Pergami vulgo appellata, egregie est conservata. In quavis pagina duæ rimæ reperiuntur, quarum quævis triginta vel triginta et unam lineam complectitur. Numeri capitibus inscripti rubro colore varioque ornatu gaudent, initiales litteræ decora sua habent. Scriptio paululum pallida est; litterarum ductus, multis modis in compendium redacti, ut videtur ex Abælardi ætate oriundi. Totus liber constat XXXIX membranis, vel LXXVII paginis. Quæ in his vel illis locis corrigenda essent correximus, quæ e textu removenda putavimus lunulis, quæ addenda uncis inclusimus, conjecturas nonnullas addidimus.

De argumento jam dictis hæc addimus. Ab initio codicis elogium Abælardi legitur, quod Pezius jam edidit (98); tum 37 capitum inscriptiones, denique capita ipsa subsequuntur. Aptum videbatur codicem, qui per se non magno gaudet ambitu, perfectum et integrum exhibere. Nam licet c. 1-11 cum *Introductione* multis in locis consentiant, in aliis tamen ab ea recedunt. Noster codex prorsus novas propositiones exhibet, quæ *Introductionis* locis lucem affundunt et corruptissimo *Introductionis* textui medelam afferre possunt. Sed hoc quoque præterimisso, ob id jam totus typis exprimendus esse videbatur, quod necessitudo inter *Introductionem* et nostrum librum non nisi hac sub conditione perspicue intelligi et judicari poterat.

Quod titulum attinet, quem libro nostro indidimus, eum quem codex noster habebat retinere noluimus, quia Petrus disertis verbis declaravit se nunquam librum hoc titulo insignitum scripsisse. His verbis fides denegari nequit. Cæterum facile intelligi potest, quemadmodum noster liber titulum *Sententiarum* acceperit, quid demumcunque de ejus origine pro vero habueris. Vocabulum enim *Sententiarum* ante et post Petrum nostrum verbum receptum erat in ejusmodi libris titulo insigniendis (99).

Si igitur cui Abælardi liber sine titulo in manus venit, hunc titulum libro indidit. Sub hoc nomine deinde liber innotuit. Ita quoque ad abbatem Claræ vallensem (100) pervenit. Præterea in memoriam revocandum est titulos operum Abælardi multum variare. Ita, ut alia omittamus, Petrus *Introductionem* ipsam modo opus De fide S. Trinitatis appellat, modo Theologiam suam, modo Theologiæ tractatum de unitate et trinitate divina, modo librum De Trinitate (*hist. cal.*, c. 9); simili modo adversarii promiscue de *Theologia*, de libro *Trinit.*, etc., sermonem fundunt. Hinc statuimus titulum codicis non multum curandum, sed aliquem eligendum esse qui titulis operum Abælardi nostro operi quoad materiam finitimorum finitimus esset ac simul id quod libro proprium esset indicaret.

Sed hæc hactenus. Reliquum est ut aulicæ bibliothecæ antistiti et custodibus pro summa liberalitate atque humanitate qua mea studia adjuverunt, et pro larga institutione quam de argumento, historia, administratione atque institutione bibliothecæ regiæ ab iis accepi, gratias quam possum maximas agam et exponam. Ab his quoque viris audivi alium quemdam Abælardi librum qui inscribitur : Sic et Non, satis notum ex bibliothecis monachorum venisse (1) atque hic adhuc exstare. Vidi hunc librum eumque ex parte legi, sed in locum suum reposui, quia Victorem Cousin, philosophum Parisiensem, virum plurimis nominibus insignem, in lucem eum editurum esse compertum habebam (2). In summis meis votis est ut liber mox appareat atque simul cum nostro libro atque iis quæ prius ex bibliotheca Cæsarea Vindobonensi exhibuimus fragmentis, studium Abælardi apud æquales denuo excitet, unde demum efficietur, ut, omnibus Abælardi operibus collectis atque simul editis, monumentum tali viro dignum exstruatur. Dum hoc speramus et expetimus, sub finem verba subjungimus cultoris Abælardi, qui, summa ejus reverentia abreptus, tempore tristi, hæc eloqui ausus est : « Have et vale. mi Abælarde redivive, tibi ipsi tuisque cineribus Phœnix et a veritate, temporis filia, in lucem erute ! Hoc tibi dictum tolle memor :

At mihi quod vivo detraxerat invida turba,
Post obitum duplici fenore reddet honor ! »

Dabamus Monaci, in ivsis S. Paschatis Vigiliis, 1855.

---

(97) Berengarii Scholast. Apologeticus contra Bernardum ; cum quo conferantur ej. epp. ad episcop. Mimatensem et contra Carthusienses. (Infra in Appendice). V. quoque Ottonem Frisingensem, *De gestis Friderici I imper.*, l. 1, c. 47.

(98) In *Thesauro anecdotorum*, t. III, Diss. Isag. p. xxii.— Cum Pezius ex eodem codice Emmeramnensi, in quo vel elogium hoc Abælardi et liber noster reperiuntur, librum Petri, qui inscribitur : *Nosce te ipsum*, edendum curaverit, non possumus non credere ipsum quoque eamdem cum Mabillonio de libro nostro opinionem habuisse (vide supra notam 74) ideoque eum ulterius non respexisse.

(99) Simili modo liber Abælardi : *Sic et Non*, in codicibus inscribitur : *Collectio Sententiarum P. Abælardi*.— Circumferebatur quoque *Liber Sententiarum*, cui nomen S. Bernardi præfixus erat. Rejecerunt eum editores ad calcem Operum Bernardi.

(100) Natalis Alexander *Hist. eccl.*, sæc. xii, diss. 7, a. 6 : « Locum illum a. S. Bernardo confictum credere sanctitas ipsius vetat. Sumptus est itaque ex libro qui sic appellabatur quod forte inscriptione careret ac sententias nihilominus de rebus theologicis contineret. »

(1) Codex hic ex bibliotheca Benedictinorum Tegernseensi anno 1804 in bibliothecam regiam, Monacensem transmigravit. In Collectione codd. Tegerns. designatus est : C. T. lat. 926. Membranis est scriptus, fol. XC. 8. Imp. Incipit prologus his verbis : *Cum in tanta librorum multitudine nonnulla*, etc. Dividitur liber in capitula 156, quorum primum titulum gerit : *Quod fines humanis rationibus non sit astruenda*.

(2) Victor Cousin igitur flebile judicium irritum reddet, quod in consessu Benedictinorum Parisiensi ante sæculum habebatur, de quo Martenius (l. c.) hæc fere enarrat : « Est penes nos ejusdem Abælardi liber, in quo genio suo indulgens, omnia Christianæ religionis mysteria in utramque partem versat, negans quod asseruerat, asserens quod negaverat ; quod opus aliquando publici juris facere cogitaverat noster Acherius, verum serio examinatum æternis tenebris potius quam luce dignum de virorum eruditorum consilio existimavit. » Cfr. *Histoire littéraire de la France* l. c., p. 151.

PETRI ABÆLARDI
EPITOME THEOLOGIÆ CHRISTIANÆ.

CAPUT PRIMUM.

Quod nostræ salutis summa sint fides, charitas et sacramenta, et quid sint hæc singula.

Tria sunt, ut arbitror, in quibus humanæ salutis summa consistit, scilicet fides, charitas et sacramenta. Spem autem in fide, tanquam speciem in genere, comprehendi existimo. Est quippe fides existimatio rerum non apparentium, hoc est sensibus corporis non subjacentium. Spes vero est existimatio alicujus commodi adipiscendi, quando scilicet quis credit se aliquid boni assecuturum esse. Est igitur fides tam bonarum quam malarum rerum et tam de præsentibus quam de præteritis vel futuris, sicut in principio Enchiridii beatus disserit Augustinus. Spes autem tantum de bonis est et de futuris. Exspectatio siquidem alicujus incommodi non tam spes dicenda est quam desperatio, id est diffidentia a bono. Charitas est amor honestus, qui ad hoc scilicet refertur ad quod debet, ut si Deum ipsum propter se et proximum propter Deum diligamus. Nihil quippe amandum est, nihil omnino faciendum, nisi propter Deum, ut in Deo finem omnium constituamus. Unde ipse A et Ω dicitur, id est, principium et finis (*Apoc.* I, 8). Principium quidem supremum, a quo venimus; finis, id est finalis causa et suprema, propter quam omnia. Neque enim comedere, nec dormire et uxorem ducere, nec omnino aliquid facere non propter Christum de beo. Alioquin bestialiter, nostris tantum voluptatibus dediti viveremus. Comedere autem propter ipsum debemus, ut corpori quod suum est et nobis commissum est; ad militandum necessaria impendamus, quibus in ejus obsequio sustentetur. Similiter et dormiendo ipsum reficiamus ut vigilare cum oportet, in ejus laudibus valeamus. Uxor quoque ab eo, qui est incontinens, ducenda est, non solum ad filios generandos, sed ne eum fornicatione, offendat. Sic et cætera propter ipsum facienda constat. Alioquin frustra remunerationem exspectaremus, si, quæ agimus, propter ipsum non faciemus. Quod diligenter Apostolus attendens in Epistola ad Corinthios ait : *Sive ergo manducatis, sive bibitis, sive aliud quid facitis, omnia in gloriam Dei facite* (*I Cor.* x, 31).

Sacramentum est visibile signum invisibilis gratiæ, veluti cum quis baptizatur, ipsa exterior ablutio corporis, quam videmus, signum est interioris ablutionis animæ. Cum ita homo interior a peccatis mundatur, sic exterior a sordibus carnalibus lavatur.

CAPUT II.

De fide, quæ et naturaliter præcedit.

Nunc autem tribus supra positis breviter assignatis atque descriptis de singulis diligentius agamus, quantum ad supra positam humanæ salutis summam attinere videtur, et de his præcipue quæ majoribus implicita quæstionibus esse videntur. Ac primum de fide, quæ naturaliter cæteris prior est, tanquam bonorum omnium fundamentum. Quid enim sperari, ut speratum amari potest, nisi prius credatur ? credi autem potest, si non ametur vel speretur. Ex fide igitur spes nascitur, eum quod credimus bonum nos adepturos esse per Dei misericordiam confidimus. Unde Apostolus : *Fides est substantia sperandarum rerum* (*Hebr.* xi, 4), hoc est fundamentum et origo, unde ad speranda aliqua perducimur, credendo scilicet, primum ea esse ut postmodum speremus. Argumentum non apparentium, hoc est probatio quod sint aliqua non apparentia. Quia nemo enim fidem non esse dubitat, ex hoc oportet, ut aliqua non apparentia esse credat. Cum fides, ut dictum est, proprie non dicatur nisi de his, quæ nondum apparent. Unde juxta Apostolum cum nunc tria manere dicantur, scilicet fides, spes, charitas (*I Cor.* xiii, 13), sola charitas nunquam excidet (*ibid.*, 8), tam hic quam in futuro mansura. Ex quo et merito major dicitur, tam dignitate perseverantiæ, quam remunerationis merito, cum scilicet sola, ut æstimo, remuneratione sit digna. Si quis autem de apparentibus quoque fidem haberi dicat, fidem abusive nominat. Reperitur tamen fides dici de apparentibus, sicut de non apparentibus. De utroque autem præ manibus exempla habemus. Gregorius homilia 26, lib. ii *Evang.* Cum Apostolus dicat : *Est autem fides substantia,* etc. Profecto liquet quia fides illarum rerum est argumentum, quæ appareri non possunt. Quæ enim sunt apparentia, fidem non habent, sed agnitionem. Idem *Dialogo* libro quarto c. 7. Cum Paulus dicat, *Est fides sperandarum,* etc. hoc veraciter debet credi quod videri non potest. Nam credi jam non potest, quod videri potest. Augustinus super Joannem : *Et nunc dico vobis prius quam fiat, ut cum factum fuerit, credatis* (*Joan.* xiv, 29). Quid est hoc, cum magis hoc credere habeat, antequam fiat id quod credendum est. Hoc est enim laus fidei si quod creditur non videtur. Nunquid magnum est, si id creditur, quod videtur. Secundum illam Domini sententiam, qua discipulum arguit, dicens : *Quia vidisti me, credidisti. Beati qui non viderint et crediderint* (Joan. xx, 29). Sed aliud vidit et aliud credidit. A mortali quippe homine divinitas videri non potuit. Hominem igitur vidit et Dominum confessus est dicens : *Deus meus et Dominus meus* (*ibid.*, 28). Nam ipsa fides sic est diffinita : Fides est substantia, etc. Quapropter quid sibi vult, ut cum factum fuerit credatis. Nam et ille cui dictum est, *quia vidisti me*, etc. non hoc credidit, quod vidit, cernebat enim carnem, credebat Deum in carne latentem. Sed si dicimus credi, quæ videntur, sicut dicit unusquisque, se oculis suis credidisse, non tamen ipsa est quæ ædificat in nobis fides, sed ex rebus quas videmus, agitur in nobis, ut ea credantur quæ non videntur. His ergo et aliis multis, quæ inducere possimus testimoniis, patet fidem modo proprie modo improprie dici, cum scilicet non solum de occultis sed de manifestis fides dicatur. Sunt autem plura etiam ad Deum pertinentia, quæ credi vel non credi nihil interest nostra, quia sive credantur sive non, nullum incurrimus periculum. Velut si credamus Deum cras pluviam daturum vel non, vel huic homini misericordiam impensurum vel non, vel si credamus Christum hujus vel illius staturæ fuisse vel non, vel in hac civitate prædicasse vel non.

Ei igitur qui de fide ad ædificationem loquitur ea sola tractare ac docere sufficit quæ, si non credantur, damnationem pariunt. Hæc autem ea sunt duntaxat quæ ad fidem Catholicam spectant. Est autem fides Catholica, id est universalis, quæ ita omnibus necessaria est, ut nemo discretus absque ea salvari possit. Vel Catholica fides dicitur universalis, ideo scilicet quod nos unum facit vel quod nos unit Deo. Unde Athanasius, cum præmisisset : « Hæc est fides Catholica, » statim illud aperiens, unde dicta sit Catholica, addidit : « Quam nisi quisque, » etc. Sunt et qui velint Catholicam fidem dici ad differentiam fidei hæreticorum non ubicunque cum Ecclesia dilatatæ, sed quasi in angulo latitantis.

CAPUT III.
Circa quæ fides Catholica consistat.

Fides autem Catholica partim circa ipsam divinitatis naturam, partim circa divina beneficia et quascunque Dei rectissimas dispensationes vel ordinationes consistit, quæ nobis diligenter apostolorum vel sanctorum patrum symbolo sunt expressa. Ac primum de his quæ ad divinam naturam pertinent, disseramus, qualiter scilicet in una et in eadem penitus divina substantia tres personæ credantur et quid in uno Deo rationis vel utilitatis hæc habeat personarum distinctio. Primum igitur hanc fidei summam, de unitate scilicet ac trinitate divina,

proponamus, dein propositam, prout Dominus dederit, disseramus.

CAPUT IV.
Quod fidei summa sit in unitate ac trinitate divina.

Christianæ igitur fidei religio unum solummodo Deum tenet esse, unum omnium Deum, unum omnium Creatorem, unam substantiam sive essentiam incommutabilem penitus et simplicem, cui nec pars aliqua, nec aliquid, quod ipsa non sit vel fuerit, posse inesse, quam per omnia sola prædicat et secundum unitatem, hoc excepto, quod ad personarum pertinet multitudinem. Huic itaque tam simplici et individuæ substantiæ tres personas sibi per omnia coæternas et coæquales, non numero sed proprietatibus divisas, veraciter confitetur, Deum Patrem et Filium ejus Deum, Spiritum sanctum ab utrisque procedentem. Non est autem una persona altera, licet sit hoc ipsum, quod altera. Neque enim, qui Pater est, Filius est vel Spiritus sanctus est, neque qui Filius est, Pater est vel Spiritus sanctus. Sed, quod Pater est, Filius est et Spiritus sanctus est, et e converso. Idem quippe Deus tam Pater est quam Filius vel Spiritus sanctus. Unum prorsus in natura, unum tam in numero quam substantia; sed juxta eorum proprietates ita personaliter distinguuntur, ut alius sit iste quam ille, non aliud. Unde Sedulius : Non quia qui summus Pater est et Filius hic est, sed quia quod summus Pater est et Filius hoc est. Proprium autem est Dei Patris ingenitum esse, id est a seipso non ab alio existere, sicut Filii proprium est a solo Patre genitum esse, non factum, non creatum dici, sic Spiritui sancto ab utroque procedere, non creatum aut factum esse. Quod enim æternaliter subsistit atque initio caret nec creatum nec factum dici convenit. Solum ergo Patrem ingenitum dicimus, hoc est a seipso, non ab alio esse. Unde Isidorus *Etymolog.* libro sexto : « Pater, inquit, solus non est de alio; ideo solus appellatur ingenitus. Aliud ergo est dicere patrem ingenitum, aliud dicere non genitum, sic ut aliud dicere, aliquid injustum et aliquid non justum. Quippe quod injustum est, necesse est esse non justum, sed non e converso. Lapis quippe est non justus, nec tamen injustus. Sic et cum Pater dicitur ingenitus, constat profecto eum esse non genitum, id est non esse Filium. Spiritus vero sanctus ipse quoque est non genitus, cum ipse etiam non sit genitus, id est non sit Filius, nec tamen omnino est ingenitus, cum ipse ab alio sit, tam a Patre scilicet quam a Filio procedens. Solus igitur Pater dicitur ingenitus, sicut solus Filius genitus. Spiritus vero sanctus nec genitus nec ingenitus, sed, ut dictum est, non genitus. Unde Augustinus ad 'Orosium, capite quinto : Spiritum sanctum nec genitum nec ingenitum fides certa declarat, quia si dixerimus ingenitum, duos patres affirmare videbimur, si vero genitum duos filios credere culpamur. Idem (3) *De*

---

(3) Scilicet Gennadius.

orthodoxa fide ecclesiasticorum dogmatum, c. primo : Pater ergo est principium deitatis, a quo Filius natus, a quo Spiritus sanctus non natus, quia non est Filius, nec ingenitus, quia non est Pater. Hunc et beatus Gregorius secutus in symbolo epistolis suis præscripto meminit dicens : Credimus Spiritum sanctum nec genitum nec ingenitum esse, sed coæternum de Patre et Filio procedentem. Cum autem unaquæque harum personarum sit Deus, sit Dominus, sit Creator, nec una persona sit altera, non tam ideo plures dii vel domini sunt, seu creatores, sicut plures sunt personæ. Quippe cum dicimus deos et dominos aut creatores, quemdam numerum rerum ostendimus, quarum unaquæque deus sit aut dominus, aut creator, cum in divinitate nulla rerum possit esse multitudo. Unde et individuam dicimus Trinitatem. Cum vero multas in Deo profitemur personas, proprietatem non rerum multitudinem demonstramus. Quædam ergo de singulis tantum dicuntur personis, ut ingenitus de solo Patre, genitus sive incarnatus de solo Filio, procedens ab utroque de solo Spiritu sancto; quædam conjunctim tantum et non singillatim, ut Trinitas simul de tribus personis; quædam tam conjunctim quam divisim de eis æque dicuntur, ut Deus, Creator, Dominus, omnipotens, sapientia, virtus, etc. Solum vero hoc nomen, quod est persona, pluraliter proferimus, cum scilicet plures personas profiteamur, non deos aut dominos nec ullam in cæteris pluralitatem recipiamus. Unde Augustinus *De Trinitate*, libro VII, c. 6. Pater ad se dicitur persona, nec ad Filium vel ad Spiritum sanctum. Item hoc solum nomen est, quod cum dicatur de singulis ad se pluraliter, non singulariter accipitur in summa. Dicimus namque : Pater est persona, Filius est persona, Spiritus sanctus est persona ; Pater tamen et Filius et Spiritus sanctus non sunt una persona, sed tres.

CAPUT V.

Quid ipse sentiat de unitate ac trinitate, ostendit et id ratione et auctoritate defendit.

Hac autem fidei summa circa unitatem ac Trinitatem divinam breviter proposita, reliquum est ut adversus inquisitiones dubitantium congruis similitudinum exemplis eam defendamus et astruamus. Quid enim ad doctrinam loqui proficit, si quod dicimus exponi non potest, ut intelligatur. Quod diligenter beatus Augustinus, cum difficillimum illum de Trinitate locum exponere vellet, quo evangelista Joannes exorsus est : *In principio*, etc., hoc, inquit, animalis homo non percipit. Quid ergo, fratres, silebimus hoc? Quare scribitur, si siletur, aut quare auditur, si non exponitur? sed ut quid exponitur, si non intelligitur? Primum ergo nobis disserendum occurrit quid sibi velit ista personarum discretio, vel distinctio in una natura divinitatis, ut eadem sit Pater, eadem Filius, eadem Spiritus sanctus, cum summum bonum et in omnibus hac distinctione Trinitatis intelligamus. Patris namque nomine divinæ majestatis potentia designatur, quod quidquid velit, efficere possit. Unde in *Enchiridio* Augustinus. Neque enim veraciter vocatur omnipotens, nisi quam quidquid vult potest. Idem in libro *De spiritu et littera* : Non potest facere injusta, quia ipse summa justitia et bonitas est. Omnipotens vero est non quod possit omnia facere, sed quia potest efficere quidquid vult. Hoc est ita in potestate ejus sunt omnia posita, quod de omnibus quæ ipse vult, ordinare, vel facere, non est aliquis, qui possit ejus voluntatem impedire. Sicut autem Patris vocabulo divinæ majestatis potentia specialiter exprimitur, sic Filii seu Verbi appellatione Dei sapientia genita significatur, qua sic cuncta discernere valet, ut in nullo penitus decipi queat. At vero Spiritus sancti nomine ipsa ejus charitas vel benignitas utrisque procedens censetur, quod scilicet eo modo vult omnia provenire, quo melius possint. Non est autem perfectus in omnibus, qui in aliquo impotens invenitur, nec perfecte beatus est, qui in aliquo potest decipi, nec penitus benignus est, qui optime fieri omnia ac disponi non vult. Ubi vero hæc tria conveniunt, ut tam scilicet potentia quam sapientia quam bona voluntate sit perfectus, nihil boni est, quod ejus plenitudini desit. Tale est ergo Deum Patrem ac Filium ac Spiritum sanctum nos profiteri, ac si ipsum, ut dictum est, summum bonum esse, prædicemus, cui tanquam bonorum omnium plenitudini nihil desit. Nec solum hæc Trinitatis distinctio ad summi boni perfectionem, ut dictum est, describendam convenit, verum etiam ad persuadendam hominibus divini cultus perfectionem, [ut religionem]; plurimum proficit, ut ob hoc præcipue ipsa Dei sapientia incarnata in prædicatione sua ea recte decrevisset assumere. Duo quippe sunt, quæ nos omnino Domino subjectos efficiunt, timor videlicet atque amor. Potentia siquidem et sapientia maxime timorem incutiunt, cum eum judicem esse sentimus et quæ voluerit omnia posse punire scimus, et nihil eum latere cognoscimus. Benignitas vero ad amorem pertinet, ut, quem benignissimum habemus, potissimum diligamus, ex quo etiam adverti potest eum in pietate ulcisci velle, quia quo plus ei placet æquitas, eo magis displicet ei iniquitas. Unde : *Dilexisti justitiam et odisti iniquitatem* (Psal. XLIV, 8). Sed nec solum ad timorem vel amorem Dei hominibus incutiendum hæc Trinitatis distinctio necessaria est, sed etiam ad universorum operum ejus commendationem plurimum valet, ut quæcunque agit utpote egregie fieri credatur, qui quodcunque velit efficere possit et omnibus modum servare sciat et optime cuncta fieri seu procedere velit. Unde cum ad aliquid operandum divinam gratiam imploramus, recte Trinitatis commemorationem facimus, dicentes : *In nomine Patris et Filii et Spiritus sancti*, vel, *In nomine sanctæ et individuæ Trinitatis*, ut scilicet divinam potentiam et sapientiam seu benignitatem commemorantes, quæcunque efficiat, egregie fieri demonstremus. Unde et Moyses, cum de universitate mundi ageret, in ipso statim Genesis exordio Deum Patrem et Filium et Spiritum sanctum commemorat, ut quæcunque a Deo fieri narrat, egregie facta credantur. Cum enim ait : *In principio creavit Deus cœlum et terram*, et postmodum adjecit : *Et spiritus Domini ferebatur super aquas*, divinam Trinitatem diligenter expressit, in Deo quidem creatore Patrem insinuans, id est divinam commemorans potentiam, per quam creare de nihilo omnia potuit. Quod etiam hoc nomen Deus non incongrue juxta propriam interpretationem innuit, quod hoc videlicet quasi Theos [Θεος], id est *timor* interpretatur, cum potestati reverentia timoris maxime exhibeatur. Nomine vero principii Filium designat, id est divinam rationem seu sapientiam, in qua per providentiam cuncta prius consistere quodammodo habuerunt. Unde evangelista de Verbo Patris disserens quod factum est, inquit : *In ipso vita erat* (Joan. 1, 3). Sic et Macrobius Platonem secutus, mentem Dei, quam Græci noun [νουν] appellant, originales rerum species, quæ ideæ dictæ sunt, continere meminit, antequam, ut ait Priscianus, prodirent in corpora, id est in effecta operum provenirent. Per spiritum vero Domini aperte Spiritum sanctum insinuat, id est divinæ gratiæ bonitatem. Juxta hanc etiam diligentem considerationem, cum ad excellentem hominis creationem ventum esset, provide hoc opus cæteris anteponens et quasi præ cæteris commendans, distinctionem patenter Trinitatis facit, ubi a Domino potius dictum est, *faciamus*, quam *faciam*, *ad imaginem*, inquit, *et similitudinem nostram* (Gen. 1, 26), virum quidem ad imaginem Dei, mulierem ad similitudinem. Vir siquidem, juxta Apostolum, imago Dei, non mulier. Sed sicut vir imago est Dei sic et mulier imago est viri. Imago quippe expressa similitudo alicujus rei dicitur, similitudo vero dici potest etsi non multum id, cujus est similitudo, exprimat. Quod autem nomine Patris divina potentia, nomine Filii, seu Verbi divina sapientia, nomine Spiritus sancti divina benignitas seu charitas specialiter exprimatur, nec nos auctoritas nec ratio subterfugit. Potentiam quidem nomine Patris specialiter intelligit, in explanatione Epistolæ ad Ephesios, ubi dicitur : *Gratias agentes in omnibus in nomine Domini nostri Jesu Christi Deo et Patri*, ait Haymo, Deo et Patri, id est Deo omnipotenti Patri. Maximus etiam episcopus in expositione symboli : *Credis*, inquit, *in Deum Patrem omnipotentem?* In Deo natura innascibilis, in Patre Unigeniti veritas, in omnipotente veritatis plenitudo ostenditur. Est namque per ingenitam deitatem omnipotens, per potentiam Pater. Innascibilem in hoc loco increatum dicit. Ingenitam deitatem Deum appellat, id est eum solum ex tribus personis ingenitum profitetur, cum solus ipse non sit ab alio, cæteræ vero personæ ab ipso sint. Quod vero dictum est per ingenitam deitatem omnipotens et per omnipotentiam Pater, aperte innuitur, ad solam Patris proprietatem specialiter potentiam pertinere, licet unaquæque personarum cum Patre ejusdem sit substantiæ, ejusdem sit penitus potentiæ.

CAPUT VI.

Quædam uni personæ, et non alii convenire, quædam de una dici, et de omnibus intelligi solere.

Juxta earum trium personarum proprietates quædam specialiter conveniunt uni, quæ non alii, quædam de aliqua earum dici et accipi solent quæ juxta earum naturæ identitatem singulis inesse non ambigimus, ut sapientia Filio, charitas Spiritui sancto specialiter attribuatur, cum tamen tam Pater quam Filius quam Spiritus sanctus, sed etiam tota Trinitas sapientia sit et similiter tam Pater ipse quam Filius charitas dici possit, sic etiam, juxta personarum proprietates, quædam opera specialiter alicui personæ attribuuntur, quamvis indivisa totius Trinitatis opera præ dicentur et quidquid ab una earum fit, a singulis fieri constet. Soli quippe Filio carnis susceptio ascribitur, aqua et Spiritu sancto tantum, non aqua et Patre vel Filio regenerari dicitur, cum tamen in istis totius Trinitatis operatio adfuerit. Sed sic quæ ad potentiam attinent Patri assignantur, sic quæ ad sapientiam Filio, quæ ad benignitatem Spiritui sancto attribui debent. Ideo autem trium personarum opera individua, id est communia esse dicuntur, quia quidquid potentia geritur, idem sapientia moderatur, bonitate conditur. Unde et bene in his quæ facimus vel Deum facere exoramus, commemorationem Trinitatis facimus dicentes : *In nomine Patris et Filii et Spiritus sancti*, ut sicut trium personarum indivisa est operatio, sic et earum inseparabilis invocatio et sic tum fides ipsa postulatis beneficiis astruatur, tum operis divini ipsa efficacia commendetur. Facile enim creditur facturus bonum quod rogatur, si id facere sicut voluit, posse et benignissimus noscatur. Cum autem sapientiæ commemoratio additur, quæ nomine Filii exprimitur, per quam modum in omnibus tenere voluit, egregius ostenditur effectus. Cum autem bonitatis meminimus, quæ Spiritus nomine censetur, optimus effectus designatur. Sic igitur invocatione tali talis effectus evenire ostenditur, qui ab eo proveniat, qui omnia quæ velit, facere queat, et in omnibus faciendis modum servare sciat, et optime cuncta evenire velit.

CAPUT VII.

Quamlibet personarum idem facere, quod alteram, sed non eo se modo habere, quo alteram.

Sciendum tamen quod sicut una quæque istarum personarum omnipotens dicitur, quod quidquid quæcunque earum efficere velit, possit complere, non tamen necesse est eodem modo penitus unam habere se quam alteram, cum a se invicem suis proprietatibus sint distinctæ. Solus quippe Pater sive ingenitus, solus Filius genitus sive incarnatus, solus Spiritus sanctus procedens. Quidquid ergo una potest facere et reliquæ et ideo unaquæque omnipotens dicitur, sed non quidquid una, potest esse et alia. Ut Hieronymus ait : Plus habere Pater a Filio istud invenitur, quod solus a seipso est, Filius vero a se ipso non est, sed a Patre tanquam genitus. Quod ergo Maximus episcopus ait, per omnipotentiam Patrem esse, aperte dedit intelligi ipsum dici omnipotentem, non quod ipse solus sit omnipotens, ut dictum est, id est omnia quæ vult efficere possit, sed quod id ex se habet posse, sicut ex se, et non ex alio, habet esse. Unde et per semetipsum Filius dicit : *Non possum a meipso facere quidquam* (Joan. v, 39). Et alibi : *A meipso facio nihil* (Joan. VIII, 28), *vel a meipso non loquor* (Joan. XIV, 10)

CAPUT VIII
Probat evangelica et apostolica auctoritate Patrem omnipotentia, Filium sapientia, Spiritum sanctum specialiter designari bonitate.

Nunc vocabulo Patris divinam potentiam assignari tam evangelica quam apostolica auctoritate affirmamus, tunc inde tum ratione, tum auctoritate sanctorum irrefragabile pateat, quod dicimus. Ait namque Filius, *Quæ Pater posuit in sua potestate* (Act. I, 7), non quod ipse filius vel spiritus sanctus, licet eadem sit trium personarum potestas. Et alibi : *Sicut*, inquit, *disposuit mihi Pater* (Luc. XXII, 29). Quoties ipsa humanitas Filii opem unitæ sibi divinitatis implorat, aut aliquas preces effundit, solo Patris vocabulo utitur, ipsam scilicet commemorando potentiam, qua potens est efficere, quod rogatur, ut cum dicitur : *Pater sancte, serva eos* (Luc. XVII, 11), *Pater, in manus tuas commendo spiritum meum* (Luc. XXIII, 46), et similia, quæ ad orationem pertinent. Quod adhuc usus Ecclesiæ habet in illis specialibus orationibus, quæ in celebrationibus missarum ad altare fiunt, quæ scilicet ad solum patrem locutionem dirigunt. Sic ait Apostolus Christum resurrexisse a mortuis per gratiam Patris, id est per virtutem divinæ potentiæ, vel Patrem a mortuis Filium suscitasse vel vivificaturum esse corpora nostra, vel Filium Spiritum misisse, vel ei Filium obedisse. Cum, inquam, talia dicit, quasi proprie et specialiter Patri attribuit, quæ ad potentiam pertinere videntur, ut hinc quoque videantur ea quæ potentiæ sunt, ad personam Patris, juxta ejus, ut dictum est, proprietatem esse ascribenda, sicut Filio ea, quæ ad rationem vel sapientiam pertinent, sicut est judicare, quod discretionis est. Sicut scriptum est : *Pater omne judicium dedit Filio* (Joan. v, 22), quia potentia sapientiæ in discretione cedit. Ubi æquitas magis est examinanda, quamvis et potentia exercenda. Quod autem supponitur, quia Filius hominis, ex quo divinum maxime pendeat judicium, declaratur secundum quod ipse Filius protestatus est : *Si non venissem et locutus eis fuissem, peccatum non haberent, nunc autem nullam excusationem habent de peccato suo* (Joan. XV, 22). Ac si dicatur, ex hoc maximis impios condemnationem juste incurrere, quia tanto beneficio ingrati et inexcusabiles exstiterunt, missum etiam a Patre Filium respuentes. Ad hoc etiam illa inscriptio psalmi pertinet (Psal. IX), *Pro occultis Filii*, scilicet judiciis, de quibus dictum : *Judicia tua abyssus multa* (Psal. XXXV, 7), quia sic dictum est, sapientiæ est judicare, id est quod ex justitia cuique debeatur agnoscere. Christum Dei virtutem et sapientiam Apostolus nominat (I Cor. I, 24) : sapientia per quam omnia ad integrum novit, virtutem vero per quam omnium bonorum efficacia complet. Unde scriptum est : *Omnia per ipsum facta sunt* (Joan. I, 5) Et alibi : *Omnia in sapientia fecisti* (Psal. CIII, 24). Unde et dextra sive manus Patris appellatur, per quam Pater omnia operatur, qui et bene mens Patris, sive ratio, sive Angelus consilii dictus est, quia in hac sapientia rationabiliter Pater omnia disponit, sive mundum creando, sive eumdem lapsum reparando, et in hoc Pater verum consilium nostræ ignorantiæ dedit cum ejus incarnatio nos visitavit. Logos itaque cum dicatur Filius Dei, id est Verbum, secundum illam significationem sumitur secundum quam λογος apud Græcos ipsum mentis conceptum, seu rationis significat, non vocis prolationem. Unde Boetius in Categoriis : quoniam Græca oratione λογος dicitur etiam animi cogitatio et intra se ratiocinatio (4); ne quis Aristotelem, [cum] diceret λογον, id est [o] rationem esse quantitatem, de eo putaret dicere, quem quisque λογον in cogitatione disponeret, addidit, « quæ fit cum voce. » Unde et beatus meminit Augustinus in libro *Quæstionum* 81, cap. 44. *In principio*, inquit, *erat Verbum*, quod Græce λογος dicitur, Latine vero et rationem et Verbum significat. Sed hoc loco melius verbum accipitur, ut significetur non solum ad Patrem respectus, sed ad illa etiam, quæ per Verbum facta sunt. Hujus Verbi vox dicitur Joannes, quia Verbum præcedit nascendo, prædicando, moriendo. De quo vox clamantis, etc., quia sicut verbum audibile in auditore præcedit intelligibile, quia, sicut prius sonat vox, postea ex intellectu concipitur, sic Joannis prædicatio anteibat adventum nuntiando. Verbum ergo dicit mentis conceptum et quamdam intelligentiæ locutionem, quæ in mente formatur, ad cujus similitudinem unigenitus Dei Verbum dicitur et quasi quædam ejus intellectualis ac perpetua locutio, in cujus providentia omnium ab æterno præfixa consistit ordinatio. Unde Moyses, cum diversis rerum creationibus faciendis præmittat : dixit Deus; et ad dictum statim effectum adjungat dicens : *Et factum est ita* (Gen. I), cuncta Deum condidisse in verbo, id est in sapientia sua ostendit, id est rationabiliter. De quo et psalmus dixit : *Et facta sunt* (Psal. XXXII, 9), id est ratione cuncta condidit, sive ordinavit. Qui etiam verbum alibi apertius demon-

---
(4) Introd. ad theol. legit : ratiocinatio, λογος quoque et oratio, ne quis, etc.

strans, non esse audibile nec transitorium, sed intelligibile et permanens ait, *Qui fecit cœlos in intellectu* (*Psal.* cxxxv), id est admodum illum, quo primum eos ordinavit, in verbo mentis, id est in conceptu sive perpetuæ omnia providentis intelligentiæ. Quemadmodum vero quæ ad potentiam pertinent Patri, quæ ad sapientiam Filio specialiter tribuuntur, ita quæ ad operationem divinæ gratiæ attinent ac divinæ charitatis bonitatem, Spiritui sancto attribuuntur, sicut et remissio peccatorum et distributio quorumcunque donorum ex sola bonitate sua, non ex meritis nostris proveniens. Qualis est regeneratio in baptismate ad dimittenda peccata et confirmatio per manus impositionem episcopi, ad dandam armaturam [etc.] Sic et cætera sacramenta, quæ in Ecclesia conficiuntur, ex bonitate Dei Spiritui sunt attribuenda. Ut ex hoc patenter liqueat, affectum et dulcedinem divinæ potestatis vel bonitatis Spiritus sancti vocabulo exprimi. Spiritu namque oris nostri, id est anhelitu, affectus animi maxime patefiunt, cum scilicet aut præ amore suspiramus aut præ doloris vel laboris angustia gemimus. Unde hoc loco Spiritus sanctus, pro bono affectu ponitur, juxta illud Sapientiæ : *Benignus est spiritus sapientiæ*, etc. (*Sap.* 1, 6,) et illud psalmi : *Spiritus tuus bonus deducet me* (*Psal.* cxlii, 10); et Apostolus : *Deus charitas est* (*I Joan.* iv, 8), quia teste Gregorio spiritus ipse amor est, quo amore, secundum Joannem, Pater diligit Filium. Inde Augustinus in libro *De civitate* : Spiritus sanctus quædam Patris Filiique communio est ; et ideo fortasse sic appellatur, quia Patri et Filio potest eadem appellatio convenire. Ut ergo ex nomine, quod utrisque convenit, utriusque communio significetur, donum amborum Spiritus sanctus vocatur.

CAPUT IX.
Probatio ex lege.

Clarum igitur arbitror ex prædictis testimoniis esse divinam, ut diximus, potentiam vocabulo Patris exprimi, divinam sapientiam Filium intelligi ac divinæ gratiæ bonitatem Spiritum sanctum appellari. Modos vero, ut diximus, hujus generationis seu processionis, prout Dominus dederit, in sequentibus exponemus. Nunc autem ad nostræ fidei assertionem adversus tam Judæos quam gentiles ex Scripturis eorum testimonia inducamus, quibus hanc distinctionem Trinitatis omnibus annuntiatam esse intelligant, quam quidem divina inspiratio et per prophetas Judæis et per apostolos (5) gentibus dignata est revelare. Primum igitur ipsa legis exordia occurrunt, ubi Moyses legislator fidem Catholicam de unitate pariter et trinitate tanquam omnium bonorum fundamentum anteponit. Cum enim dicitur : *In principio creavit Deus cœlum et terram* (*Gen.* i, 1), pro eo, quod apud nos dicitur *Deus*, Hebraica veritas אלהים *Eloy*, quod est plurale hujus singularis אל *Hel*, ponit, quare ergo non dictum est *Hel*, quod est *Deus*; sed *Eloy*, quod *Dii* sive judices interpretantur, nisi hoc ad multitudinem divinarum personarum accommodaretur, ut scilicet eo modo insinuaretur pluralitas in Deo, quomodo et trinitas et quodammodo multiplex dicatur Deus, quomodo trinus, non secundum substantiæ diversitatem, sed secundum personarum proprietates. Ut tale sit, quod dictum est Eloy, ac si diceretur, non res multæ sed personæ multæ, quarum unaquæque sit Deus. Alioquin plures diceremus esse Deos, cum non sit nisi unus. Hinc et Augustinus : Deus quidem unus est, sed non singularis. Nam et ibidem de unitate substantiæ demonstranda a legislatore caute provisum est, ubi dictum est, *creavit*, non *creaverunt*, servata singularitate numeri in verbo secundum unitatem substantiæ, quamvis secundum formam vocis et declinationem pluralis numeri sit. Sic, e converso, cum dicitur, *turba ruunt*, ad nomen singularis numeri verbum pluralis numeri applicatur, juxta intelligentiam rerum per nomen substantialiter intellectarum. Tale igitur est *Eloy creavit*, ac si diceretur, *Trinitas creavit*, id est cooperata est, ubi et statim in sequentibus dictionem personarum adnectit, quasi ad ostendendum, quod ad hanc determinandam Eloy pluraliter dicitur. Spiritus quippe sancti paternitas ostenditur, cum dicitur : *Spiritus Domini ferebatur super aquas* (*ibid.*, 2). Verbum vero, id est Filius et Pater (6) insinuatur, cum dicitur : *Dixit Deus : Fiat* (*ibid.* 3), id est in dicto suo seu verbo, id est coæterna sapientia sua Pater ordinavit facienda. Non enim de corporali locutione hoc accipi potest. In eo quoque quod scriptum est : *Et vidit Deus, quod esset bonum* (*ibid.*, 10). Ac si dicatur : Intelligendo quod opus, quod fecerat, bonum esset, amavit illud eo ipso quod bonum erat. Ex quo et ipse bonus esse liquido monstratur. Quid et ad documentum Trinitatis apertius est [quam] quod postea in creatione hominis subjungitur, Domino dicente : *Faciamus hominem*, etc. (*ibid.*, 26.) Quid enim dictum est pluraliter *faciamus*, nisi ut cooperatio Trinitatis exprimatur. Quippe quos cohortaretur Deus ad creandum hominem, cum ipse solus eum facturus esset. Scriptum est namque : *Quis adjuvit spiritum Domini aut quis consiliarius ejus fuit?* (*Isa.* xl, 13.) Bene ad imaginem et similitudinem Trinitatis, hoc est ad expressam quamdam similitudinem trium personarum homo fieri dicitur, ut Patrem per potestatem quam in cæteras creaturas habet, imitetur, et Filium per rationem, et Spiritum per innocentiæ benignitatem, quam postmodum per culpam amisit. Ad hanc quoque pluralitatem personarum illud attinere dicitur, quod in sequentibus per serpentem dictum est : *Eritis sicut dii* (*Gen.* iii, 5), quod ut superius dictum est, in Hebræo Eloy sonat, id est divinæ personæ potius quam dii diversi. Nec tamen (7) et illa Dominica nuatur, etc.

---

(5) Legendum forte *philosophos*. Cf., cap. 11.
(6) Introd., *id est Filius, simul et patenter insi-*
(7) Leg. *nec non et illa.*

increpatio : *Ecce Adam quasi unus ex nobis factus est* (Gen. III, 22). Et rursus quod Dominus ait : *Descendamus et confundamus linguas illorum* (Gen. XI, 4), cum hoc solum Deus compleverit. Unde et subditur : *Atque divisit eos* (ibid., 8).

CAPUT X.
Probatio ex prophetis.

Nunc autem post legem ad testimonia prophetarum transeamus. Ait itaque maximus ille prophetarum et regum David, qui suam intelligentiam cæteris præferens ait : *Super omnes docentes me intellexi* (Psal. CXVIII, 99) ; et idem : *Super senes intellexi* (ibid., 100). Ait, inquam, distinctionem Trinitatis aperte declarans : *Verbo Domini cœli firmati sunt* (Psal. XXXII, 6). Qui et alibi unitatem pariter cum Trinitate insinuat, dicens : *Benedicat nos Deus, Deus noster, benedicat nos Deus* (ibid., LXVI, 8). Trina quippe confessio Dei trinitatem exprimit personarum, Patrem scilicet et Filium et Spiritum sanctum. Bene autem Dei Filium designans addidit, *noster*, quasi eum nostræ participem naturæ et a Patre nobis datum esse ostendens, cum per incarnationem Verbi nos Sapientia illuminaverit, de quo et Apostolus ait : *Proprio Filio suo non pepercit Deus, sed pro nobis omnibus tradidit illum* (Rom. VIII, 32). Unitatem vero divinæ substantiæ Spiritus in eodem aperit, cum post trinam divini nominis prolationem unum tantum Deum in tribus personis intelligens non subjunxit eos pluraliter, sed eum singulariter. Huic et illud Isaiæ consonat, quod, se vidisse Seraphim et audisse clamantia : *Sanctus, sanctus, sanctus, Dominus Deus Sabaoth* (Isa. VI, 3). Recte autem vocabulo usus est ad potentiam designandam, quia dominorum est præesse, quæ videlicet potentia plerumque in hoc nomine Deus assignatur eo videlicet quod Θεος Græce; id est *Deus*, teste Isidoro, timor interpretatur, et potestas quælibet timor est subditorum. Quod autem Verbum Dei ipsa sapientia sit, aperte in Ecclesiastico his verbis monstratur : *Omnis sapientia a Domino Deo est et cum illo fuit semper, et est ante ævum* (Eccli. I, 1). Sapientiam Dei præcedentem omnia quis investigavit ? Prior omnium creata est sapientia et intellectus prudentiæ ab ævo. Fons sapientiæ Verbum Dei in excelsis. David quoque æternam Filii generationem ex Deo Patre aperte insinuat, ubi personam Filii sic loquentis introducit : *Dominus dixit ad me : Filius meus es tu*, etc. *Postula a me et dabo tibi gentes hæreditatem tuam* (Psal. II, 7, 8). Tale est autem quod ait : *Ego hodie genui te*, ac si diceret : Æternaliter ex mea substantia es. Quia enim in æternitate nihil est præteritum vel futurum, sed modo præsens, ideo adverbio præsentis temporis pro æternitate usus est, dicendo *hodie*, pro *æternaliter.* Bene autem ad *hodie* addidit *genui*, quasi præsenti præteritum, ut scilicet ipsam generationem per *hodie* præsentem semper, per *genui* perfectam esse significaret, nunquam scilicet aut cessare aut inceptam esse. Quippe quæ præterita sunt jam completa sunt et perfecta. Ideo præteritum [perfectum] (8) pro perfectione posuit, ostendens scilicet Filium ex Patre semper gigni et semper genitum esse. Qui et alibi apertius æternitatem Filii protestatur dicens : *Permanebit cum sole et ante lunam*, etc. (Psal. LXXI, 5). De hac quoque ineffabili generatione æterna sive etiam temporali, quarum utraque mirabilis est, Isaias admirans ait : *Generationem ejus quis enarrabit?* (Isa. LIII, 8.) Ac si aperte dicat : Non est disserere humani ingenii, sed solius Dei, cujus tamen Spiritus in his fidelibus, quos vult, loquitur, ipso attestante, qui ait : *Non enim vos estis qui loquimini, sed Spiritus Patris vestri, qui loquitur in vobis* (Matth. X, 20).

Hieronymus super Ecclesiasten dicit super eum locum : *Qui[s] scit spiritus filiorum hominum, si ascendat sursum, et spiritus pecoris descendat deorsum in terra* (Eccle. III, 21). Illud quod dictum est : *Generationes ejus quis enarrabit?* (Isa. LIII, 8) ad exemplum difficile mo impossibile trahit, dicens adjiciendo, *quis*, difficultatem rei voluit demonstrare. Hoc nomen enim *quis*, in Scripturis sanctis, non pro impossibili, sed pro difficili semper accipitur, ut *generationem ejus quis enarrabit*, id est Christi. Hæc etiam Sapientiæ coæternitas cum Patre plane in Proverbiis monstratur his verbis : *Ego Sapientia habito in consilio, Dominus possedit me initio viarum suarum, antequam quidquam faceret a principio. Ab æterno ordinati sunt, ante colles ego parturiebar, adhuc terram non fecerat et cardines orbis terræ. Quando præparabat cœlos, aderam, quando appendebat fundamentum terræ, cum eo eram, cuncta componens et delectabar per singulos dies, ludens coram eo omni tempore* (Prov. VIII, 22-32). Quid enim apertius ad æternam generationem Verbi, quam id, quod æterna Sapientia perhibet [se] ante mundi constitutionem conceptam esse et parturiri, se cum Patre æternaliter permanentem semper ludere coram eo. Quippe cum conceptum parturitur, utique in ipso est; a quo generatur et Sapientia in ipsa substantia sive essentia potentiæ est, cum ipsa scilicet quædam potentia sit, sicut posterius ostendemus. Tale est ergo Sapientiam conceptam parturiri a Deo, ac si dictum sit ipsam Sapientiam ex Patris substantia, in qua est, gigni. Tale est ergo Sapientiam ludere coram Patre et cum ipso cuncta componere, ac si dixerit ipsam divinam potentiam omnia sibi in Sapientia pro bonitatis suæ arbitrio disponere, ut in ipso ludo (in Spiritu) bonitatis affectum intelligamus. De quo scriptum est : *Spiritu[s] oris ejus omnis virtus eorum* (Psal. XXXII, 6). Quod vero ait Sapientiam coram Deo Patre semper assistere, tale est ipsam omnipotentiam nihil efficere nisi præbentem rationem et ducatum (9) Sapientiæ. Item in eisdem Proverbiis

(8) Introd. : *præteritum quasi pro perfectione posuit.*

(9) Introd. : *Omnipotentiam ipsam nil efficere nisi præeunte ratione et ducatu sapientiæ.*

de Filio Dei et ineffabili nomine ipsius quoque Filii manifestissime scribit, quasi inducens personam cujusdam admirabilis prophetæ, hanc inenarrabilem generationem prophetantis et admirantis. Dicit quippe sic visio, quam locutus est vir, cum quo est Deus, et qui Deo secum morante confortatus, ait : *Quis suscitavit omnes terminos terræ, quod nomen ejus et quod nomen filii ejus ? (Prov.* xxx, 4.) Quam firmum et quam apertum fidei nostræ testimonium in Ecclesiastico occurrit, ubi quidem Sapientia Dei et se primogenitam ante omnia dicit secundum divinitatis naturam, et postmodum creatam secundum nostræ naturæ assumptionem, cum ipsa videlicet ad imperium Patris per incarnationis habitum visitaverit Israel. Scriptum quippe est ibi : *Sapientia electorum in multitudine habebit laudem et inter benedictos benedicetur dicens : Ego ex ore Altissimi prodii, primogenita ante omnem creaturam, ego in cœlis feci ut oriretur lumen indeficiens, et sicut nebula texi omnem terram. Ego in altissimis habito et thronus meus in columna nubis. Gyrum cœli circuivi sola*, etc. (*Eccli.* xxiv, 4-8 ;) et post pauca : *Tunc præcepit et dixit mihi Creator omnium, et qui creavit me requievit in tabernaculo meo, et dixit mihi : In Jacob inhabita, et in Israel hæreditare et in electis meis mitte radices* (ibid., 12, 13). In eodem quoque libro apertissime remissionem peccatorum consistere incarnationem divinæ sapientiæ, quæ Christus est, propheta[t] dicens David peccata per Christum purgata esse. Ibi enim cum de laude David plura dicerentur, summa totius laudis in hoc uno collecta est, quod subditur : *Christus [Dominus] purgavit peccata ipsius, et exaltavit in æternum cornu ipsius et dedit illi testamentum regum et sedem gloriæ in Israel (Eccli.* xlvii, 13). Micheas quoque de hac æterna generatione Verbi ex Patre simul et de temporali ex matre ait : *Et tu Bethlehem Ephrata nequaquam parva es in millibus Juda ; ex te enim egredietur mihi qui sit dominator in Israel, et egressus ejus ab initio a diebus æternis (Mich.* v, 2).

Dicant rebelles et increduli Judæi, de quo nasciturus in Bethlehem hoc dictum sit, quod videlicet egressus ejus ab initio sit a diebus æternitatis. Æternum quippe est quod origine caret. Quod si hoc referant ad Messiam, illum scilicet maximum prophetam, ut aiunt, quem exspectant, qui tantum secundum eos purus homo erit, non etiam Deus, ostendant quis egressus ejus æternus sit, vel unde æternaliter egrediatur. Si autem dicant eum æternaliter egredi ex Bethlehem, eo quod ejus nativitas in eo loco futura ab æterno provisa sit a Deo et prædestinata, hoc modo cujuslibet hominis vel cujuslibet rei nativitas est æterna, quia ab æterno provisa. Dicant itaque æternam generationem esse, quam et scriptam legunt, et legendo profiteantur, et profitentes non credunt. Respondeant etiam mihi, cum audiant Prophetam dicentem : *Verbo Domini cœli firmati sunt ; et spiritu oris ejus omnis virtus eorum (Psal.* xxxii, 6). Quid per verbum Domini, quid per os ejus vel spiritum ejus intelligant ? Unde omnium aliarum rerum principium Deum esse constat, et omne quod est aut Deus est, et ideo æternum, aut ab æterno illo principio manat creatum. Scriptum est præterea : *In principio creavit Deus cœlum et terram (Gen.* 1, 1). Unde ante hæc nihil creatum esse volunt. Verbum itaque illud, quo[d] cœli firmati sunt, et ideo prius est his quos constituit, creatum non est, imo Creator ipse, qui Deus, quo[d] cœli firmati sunt Si autem hoc Verbum locutionem aliquam transitoriam appellant, sicut et verbum hominis, eo videlicet quod scriptum est : *Dixit Deus et facta sunt (Psal.* xxxii, 9), atque ita Deus quoque, sicut homo, modo loquatur cum ait : *Fiat lux* (*Gen.* 1, 3), modo conticeat, profecto permutabilis est divinitatis æternitas, cum non semper dicat, fiat lux, vel cætera quæ jam cuncta sunt. Quid etiam opus verbo audibili fuit ante constitutionem, cum nondum esset cui loqueretur vel qui audiret[ur]? Nunquid inane verbum [non] protulit, si opus verbo non fuerat, præsertim cum sola voluntas sufficeret, nec adhuc aliquis esset, qui audito verbo instrueretur. Quo etiam verba proferenda emitteret, cum nullus locus adhuc creatus esset, nec aer adhuc conditus, ex quo verba formarentur? Quibus etiam instrumentis verba formaret cum nec os nec pars aliqua inesse posset ei qui omnino simplex est et indivisibilis. Omne quippe quod ex partibus constat posterius est naturaliter his ex quibus constat, et quorum conventu perficitur, cum ex ipsis suum esse contrahit, ex quibus est constitutum. Omne etiam, inquit Plato, quod junctum est natura, dissolubile est. Quod si spiritum Domini ventum intelligant, sicut ibi accipere volunt, *Spiritus Domini ferebatur super aquas* (ibid., 2), eo, ut aiunt, quod ventus in aquis quas commovet maxime appareat, quomodo spiritus, id est flatus oris Domini esse dicatur, cum videlicet neque os neque aliquam partem, ut dictum est, habeat. Quomodo etiam per ventum virtus cœli et terræ subsistit? Intelligant ergo hunc esse illum spiritum Domini, cujus septiformem gratiam Isaias describens ait : *Et requiescet super eum spiritus Domini, spiritus sapientiæ et intellectus* etc. (*Isa.* xi, 2.) Et alibi : *Et nunc misit me Dominus et Spiritus ejus (Isa.* xlviii, 16) ; et rursus : *Spiritus Domini super me, eo quod unxerit me, ad annuntiandum mansuetis misit me (Isa.* lxi, 1). De quo et in Sapientiæ libro dicitur : *Disciplinæ spiritus effugiet fictum, benignus enim spiritus sapientiæ*, etc. (*Sap.* 1, 5, 6.) De quo etiam cum subditur : *Et hoc quod continet omnia scientiam habet vocis*, aperte ipse Spiritus Deus esse perhibetur, cum omnia continere dicatur. Et iterum loquens ad Deum Sapientia dicit : *Sensum autem tuum quis scivit ?... et miseris Spiritum sanctum tuum de altissimis (Sap.* ix, 17). Et rursus : *Quam bonus et suavis Spiritus tuus in nobis! (Sap.* xii, 1.) Illinc etiam cum spiritus Sapientiæ describeretur ipse verus Deus plane prædicatur, cum inter cætera de eo scriptum sit in Sapientia sic : *Omnem habens virtutem, omnia prospiciens, et qui capiat omnes spiritus (Sap.* VII, 25). Quem Heliu in libro Job Creatorem profitetur dicens : *Spiritus Domini fecit me, et spiraculum Omnipotentis vivificavit me (Job* XXXIII, 4). Cujus etiam Filius ipse in Evangelio æqualem sibi et Patri dignitatem [a]scribens ait : *Ite*[m]*, docete omnes gentes, baptizantes eos in nomine Patris et Filii et Spiritus sancti (Matth.* XXVIII, 19). Nec non et Apostolus, teste Augustino, cum Spiritus sancti templum nominat, aperte eum Deum esse pronuntiat, cum solius Dei templum esse dicatur. Scriptum quippe est in Apostolo : *Nescitis quod templum Dei estis et Spiritus Dei habitat in vobis ? (I Cor.* III, 16.) Ubi aperte insinuat Deum ipsum cujus est templum et Spiritum Dei, quem inhabitare dicit, idem esse. Sic et beatus Petrus in Actibus apostolorum Spiritum sanctum Deum esse profitetur, dicens : *Ut quid mentitus es Spiritui sancto Anania? Non es mentitus hominibus, sed Deo (Act.* V, 4). De quo iterum Spiritu in eisdem Actibus continetur, hæc dicit Spiritus jubens : *Separate mihi Barnaban et Paulum (Act.* XIII, 2) : et rursum : *Placuit Spiritui sancto et nobis (Act.* XV, 28). Et Psalmista Spiritum Dei ubique tanquam incircumscriptum profitetur dicens : *Quo ibo a spiritu tuo? et quo a facie tua fugiam? (Psal.* CXXXVIII, 7.) Qui et statim ut ipsum Spiritum Dei, quem ubique esse profitetur, idem esse cum ipso Deo, ad quem loquitur, insinuet, per hoc patenter ostendit, quod statim Spiritum ipsum ubique assignat per ipsum Deum, quem ubique astruit esse dicens : *Si ascendero in cœlum tu illic es, etc. (ibid.,* 8.) Sed cum ipsa Veritas perhibet peccatum in Spiritum non esse remissibile, cum peccatum in Patrem vel in Filium remissibile dicat *(Matth.* XII, 52), cui aperte non insinuat Spiritum ipsum non minorem Patre vel Filio et per hoc ipsum etiam Deum plenum esse, sicut est Pater ipse vel Filius. Liquet utique ex supra positis, tam Verbum Dei quam Spiritum ejus Deum esse, sicut et ipse cujus Verbum vel Spiritus est. Intelligant igitur, ut dictum est, hoc verbum Domini, id est Dei Filium, non transitorium verbum, non audibile sed intellectuale, hoc est rationem sive sapientiam coæternam Deo, quam convenit dici omnisapientiam, sicut et dicimus omnipotentiam. Unde et scriptum est : *Omnis sapientia a Domino Deo est, et cum ipso fuit semper (Eccli.* I, 1). Qui etiam in libro Sapientiæ verus Dei dicitur Filius et substantialis monstratur, ad differentiam scilicet adoptivorum filiorum, de quibus per prædicationem ejus Deo acquisistis scriptum est : *Quotquot autem receperunt eum, dedit eis potestatem filios Dei fieri (Joan.* I, 12). Sic quippe, cum ejus passio in Sapientia manifeste prophetaretur, inter cætera ab impiis dictum est : *Si enim est verus Filius Dei, suscipiet eum et liberabit de manu contrariorum (Sap.* II, 18). Hanc et aperte cognationem profitetur sancta anima per Deum liberata cum in Ecclesiastico dicit : *Invocavi Deum Patrem Domini mei, ut non derelinquat me in die tribulationis meæ.*

CAPUT XI.
Probat philosophos nec salute, nec cognitione Trinitatis caruisse.

Nunc autem post testimonia prophetarum de fide sanctæ Trinitatis, libet etiam testimonia philosophorum subponere, quos ad unius Dei intelligentiam [tan]tum ipsa philosophiæ ratio perduxit, qua, juxta Apostolum , *Invisibilia ipsius Dei a creatura mundi per ea quæ facta sunt intellecta conspiciuntur (Rom.* I, 20), tum etiam ipsa continentis vitæ sobrietas quodam ejus merito id ipsum acquisivit. Oportebat quippe ut tunc etiam in ipsis præsignaret Deus, per aliquod abundatioris gratiæ donum, quam acceptior sit ei qui sobrie vivit, et ab cebris hujus mundi per contemptum ejus subtrahit, quam qui voluptatibus ejus deditus spurcitiis omnibus se immergit. Quantæ autem abstinentiæ vel continentiæ philosophi fuerint, sancti etiam doctores tradunt, qui et eorum vitam ad nostram increpationem inducunt et pleraque ex documentis eorum moralibus vel testimoniis fidei ad ædificationem nostram assumunt. Quod qui ignorat, legat saltem Hieronymum contra Jovinianum, et viderit quanta de eorum virtutibus vel cæterorum gentilium referat, ad impudentiam scilicet illius hæretici conterendam. Maxime autem et nos hoc opere testimoniis seu rationibus philosophorum uti convenit, in quo adversus eos præcipue agimus, qui fidem nostram philosophicis nituntur oppugnare documentis, præsertim cum nemo arguendus (10) sit aut convincendus, et ille nimia confusione conteratur, qui per eadem vincitur, per quæ vincere nitebatur. Philosophos autem unum tantum Deum cognoscere, unus ex ipsis Tullius in primo *Rhetoricorum* perhibet dicens : eos qui philosophiæ dant operam, non arbitrari deos esse. Ac si aperte dicat, imo Deum unum, non plures esse. Qui etiam, qualiter, Deo revelante, ad ipsius Trinitatis divinam cognitionem conscenderi[n]t Paulus apostolus, in Epistola ad Romanos patenter insinuat dicens : *Quod notum est Dei, manifestum est in illis. Deus enim illis manifestavit ; invisibilia enim ipsius a creatura mundi, per ea quæ facta sunt, intellecta conspiciuntur, sempiterna quoque virtus ejus et divinitas, ita ut sint inexcusabiles, quia cum cognovissent Deum, non sicut Deum glorificaverunt aut gratias egerunt, sed evanuerunt in cogitationibus suis,* etc. *(Rom.* I, 19-21.) Unde et Claudianus Præfectorio patricio de statu animæ scribens, his meminit verbis : *Et quod mortalium generi datum est, ut abstrusa fortius quærat, ut negata magis ambiat,*

---

(10) Introd. : *præsertim cum nemo nisi per ea quæ recipit, arguendus sit.*

ut tardius adepta plus diligat, eo flagrantius animadvertitur veritas, quo diutius desideratur vel laboriosius quæritur vel tardius invenitur. Hinc factum est ut philosophi quoque excellentibus ingeniis longi sæculi de veritate quærentes, abusque Pythagora Italico, vel Ionico Talete semper exstiterint, qui, dissidentibus aliis, vel in parte operis aliquid dignum tanta indage senserunt. Unde etiam doctor gentium non tam ignaros veri philosophos quam cogniti contemptores accusat, inquiens : *Invisibilia Dei a creatura mundi per ea quæ facta sunt, intellecta conspiciuntur*, etc. Hinc etiam illud Augustini *De civitate Dei* in libro VIII : Homo Christianus litteris tantum ecclesiasticis eruditus cavet eos qui secundum elementa hujus mundi philosophantur. Admonetur etiam apostolico præcepto : *Cavete ne quis vos seducat per philosophiam et inanem seductionem secundum elementa mundi* (Coloss. II, 8). Demum ne omnes tales esse arbitretur, audit ab eodem Apostolo de quibusdam, *quia quod notum est Dei, manifestum est in illis*, etc. Et ubi Atheniensibus loquens, cum rem magnam de Deo dixisset et quæ a paucis posset intelligi, quod *in illo vivimus, movemur et sumus* (Act. XVII, 28), adjecit etiam : *Sicut quidam vestri, dixerunt*. Idem in libro *De spiritu et littera* : Vita sapiens, quæ fecit mundum, contemplato mundo intelligitur. Interroga mundum, ornatum cœli, terram fructificantem, herbis et lignis et animalibus plenam, mare quantis natatilibus plenum est, aer quantis volatilibus. Interroga omnia et vide, si non specie sua tanquam voce tibi respondeant, Deus nos fecit. Hoc philosophi nobiles quæsierunt, et ex arte artificem cognoverunt. Isidorus *De summo bono* liber I, caput 4 : Sicut laus operis in artificem retorquet laudem, ita et rerum Creator per creaturam suam laudatur et quanto sit excellentior ex ipsa operis conditione monstratur. Item collaudant Deum invisibilia per nos, dum ea considerantes [etc.] (11). Dicunt antiqui, quia nihil sit, quod non sensum habeat in Deum. Nemo itaque miretur, si ab ipsis quoque philosophis, qui sanctorum assertionibus ad divinitatis notitiam ipso etiam Domino revelante conscenderunt, testimonia inducamus. Licet eorum plurimi ab ipso quoque Apostolo graviter arguantur, eo quod juxta illud, quod ipsemet ait, *scientia inflat* (I Cor. VIII, 1), ex divinæ notitiæ prærogativa superbiendo reprobi facti sunt. Non enim eos hoc loco in exemplo vivendi assumimus, sed docendi sive credendi, sicut et Salomonem frequenter. Cujus tamen sapientiæ excellentia ipsius etiam Domini testimonio omnibus præferenda, per concupiscentiam carnalesque voluptates devicta idolatriæ consenserit, divino cultu, quem in scriptis suis docebat et prædicabat, derelicto. Ad quem etiam Dei cultum magnificandum ipse jussu Dei templum ædificavit, a quo pater ejus justus inhibitus fuit. Deus autem reprobis et infidelibus nonnunquam maxima dona distribuit, quæ aliorum doctrinæ vel usui necessaria fore videt. Nec non etiam per reprobos multa miracula operatur, de quibus Veritas in Evangelio : *Multi dicent mihi in illa die : Domine, Domine, nonne in nomine tuo prophetavimus, et in nomine tuo virtutes multas fecimus, et in nomine tuo dæmonia ejecimus et tunc confitebor illis, quia non novi vos, discedite a me, qui operamini iniquitatem* (Matth. VII, 22, 23). Cum autem per reprobos Deus miracula ostendit, aut prophetias loquitur, aut quælibet magna operatur, non hoc ad utilitatem illorum agitur, quibus utitur tanquam instrumentis, sed potius aliorum, quos instruere per istos intendit. Qui etiam per indignos ministros gratiæ suæ donum non deserens, quotidie sacramenta Ecclesiæ ad invocationem sui nominis spiritaliter conficit, in salutem credentium. Bene autem et per indignos seu infideles maxima Deus operatur, qui verbis asini prophetam docuit, ne, si per magnos tam magna operaretur, virtutibus meritisque hominum magis quam divinæ gratiæ hæc attribuerentur. Ne quis tamen de salute omnium desperet philosophorum aut omnium vitam existimet reprobam, qui Dominicam incarnationem præcesserunt, beatum audiat Hieronymum, Evangelium Matthæi exponentem. Ait quippe sic inter cætera : Ex eo quod malus servus ausus est dicere : *Metis, ubi non seminasti, et congregas, ubi non sparsisti* (Matth. XXV, 24), intelligamus etiam gentilium philosophorum bonam vitam recipere Deum, et aliter habere eos qui juste, aliter eos qui injuste agunt. Si enim supra positam ab Apostolo causam discutiamus, qua videlicet quosdam eorum per divinam, quam secuti sunt, notitiam in reprobum sensum tradi meminerit[n]t, cum in suis scilicet evanescerent cogitationibus, se esse sapientes dicentes id est suam sapientiam proprio studio et ingenio ascribentes, non divinæ gratiæ dono tribuentes, reperiemus eos qui præcipui habentur, omnem præcipue philosophiam divinæ tribuere gratiæ, veluti Socratem sive Platonem. Socratem quidem, libro VIII *De civitate Dei* beatus Augustinus talibus effert præconiis : Socrates magister Platonis universam philosophiam ad corrigendos componendosque mores flexisse memoratur. Hic autem unum intendit ad hoc quod esset beatæ vitæ necessarium, propter quod unum omnium philosophorum vigilasse ac laborasse videtur industria.

CAPUT XII.
Qualiter philosophi unum ac trinum esse Deum cognoverint.

Illud igitur ad præsens inquiri sufficiat, qualiter unum ac trinum et trinum Deum esse cognoverint. Unum eum cognoverunt a creatura mundi, id est per ea quæ in creatura homines operantur. Verbi gratia aurum quidem est in hoc, cum sit creatura Dei ; operatur homo, et inde vel annulus vel tale

---

(11) Suppl. *Deum laudamus*.

quid fabricatur. Annulus iste est hoc aurum, et hoc aurum est annulus. Idem igitur numero sunt hoc aurum et hic annulus, diversa tamen diffinitione sunt, quia aliud est esse hoc aurum et aliud est esse hoc annulum. Omnia siquidem illa eadem numero esse dicimus, de quibus computatio et a se invicem discretio fieri non potest. Hæc vel talia sunt quod ejusdem essentiæ sunt, ut hoc album (12) et hoc sedens vel talia, quorum alterum in altero ut pars velut de parte continetur. Hoc enim album et hoc sedens, idem numero sunt, diversa vero diffinitione, quia aliud est esse album, aliud est esse sedens, quippe aliud convenit ei ex hoc quod est album, et aliud ex hoc quod est sedens. Similiter hic paries et hæc domus idem numero sunt. Aliud tamen est esse hoc, et aliud esse illud. Eodem modo de illo conjicitur. Licet enim eadem substantia, quæ est Pater, sit Filius, et eadem sit Spiritus sanctus, et hæc sint divisa proprietatibus, quia aliud est esse Patrem, aliud est esse Filium, aliud est esse Spiritum sanctum, licet hoc, inquam, sit, tamen et idem numero sunt illæ tres personæ, quia una et eadem essentia. Similiter Deus est omnipotens, omnisapiens, omnibenignus. Omnipotens vero et omnisapiens et omnibenignus idem numero sunt, aliud tamen est esse omnipotentem, et aliud omnisapientem, et aliud omnibenignum. Si ergo dicatur: Idem est Pater qui Filius, qui Spiritus sanctus, et e converso, falsum est, quia sic tres personæ essent una persona. Si vero dicatur : Idem est Pater quod Filius et Spiritus sanctus, et e converso verum est, quia una et eadem essentia trium personarum est. Trinum videlicet a creatura eum cognoverunt. Ut ergo, quod dicimus, propi[ti]us in commune liqueat, circa vulgatum superioris materiæ versemur exemplum. Est igitur prius aurum quod quidem acceptum sculpitur et fit sigillum, postea imprimitur ceræ et fit sigillans. Sic igitur cum idem sit numero et quia una et eadem essentia, tamen tria sunt proprietate diversa, quia aliud est esse hoc aurum et aliud hoc sigillabile. Juxta igitur hanc trinitatem in creaturis, trinitatem in divina substantia conjectare facile potuerunt. Cum enim unius et ejusdem divinitatis in creando potentiam, in creata gubernando sapientiam, in eadem ad optimum eventum deducendo benignitatem ex ipsis ejusdem charitatis liquido deprehenderent, quia una et eadem sit unitate substantia, quia tria divisa proprietate, ibi sanctam Trinitatem divinam perpenderunt. Quippe aliud est esse potentem, aliud sapientem, aliud esse benignum.

CAPUT XIII.
Quomodo in Trinitate persona accipiatur.

Quia igitur hæc tria proprietate divisa personam Patris et personam Filii, et personam Spiritus sancti sæpenumero jam assignari diximus, idcirco qualiter hic persona dicatur declarandum existimamus. Ut

12) Forte leg. *altum* aut simile quid.

ergo magis liqueat quod monstrare intendimus, diffinitiones diversas secundum diversas acceptiones ponamus. Paulo itaque altius ordiendum ratio persuadet. Aliter enim accipitur persona in grammatica et aliter in rhetorica, aliter in hominibus, aliter quoque in divina essentia. Omnis siquidem locutio tria debet habere, per quod fiat, ad quod fiat, de quo fiat. Per quod fiat per loquentem, ad quod fiat ad audientem, de quo fiat de eo scilicet, unde fit sermo. Prima persona dicitur loquens, secunda audiens, tertia, de qua fit sermo, inter loquentem et audientem. Est ergo in grammatica eadem res prima persona, et secunda et tertia, quia idem homo loquitur, quandoque ad alium, quandoque in eum dirigitur locutio, quandoque de eo fit locutio. Sic ergo diffinitur in grammatica : persona est, quæ loquitur, vel ad quem loquitur alius, vel de quo aliquis loquitur. In rhetorica vero dicitur persona, cujus certum dictum vel factum in controversia adducitur. In homine autem sic persona rationalis individua. Sic Boetius in libro *De duabus naturis in Christo* contra quosdam hæreticos Nestorium et Eutychen, qui dicebat in Christo duas esse personas, diffinivit personam : persona est substantia rationalis individua, sed Christus est una substantia rationalis individua ; igitur Christus est una persona. In Deo vero est persona vel gignens, vel genitus, vel ab utroque procedens. Sic igitur una persona eadem res prima et secunda et tertia persona, non tamen prima est secunda vel tertia vel e converso. Sic una et eadem divina substantia et Pater et Filius et Spiritus sanctus. Ita quod nec Pater est Filius, nec Filius Pater, vel Spiritus sanctus, nec Spiritus sanctus est Pater vel Filius.

CAPUT XIV.
Quod nomina divinæ essentiæ alia naturalia, alia personalia.

Nomina igitur hujus essentiæ alia sunt personalia, alia naturalia. Naturalia, ut jam superius assignavimus, sunt ista : Deus omnipotens, æternus, et cætera hujusmodi, et ideo omnibus similiter et singulis singillatim personis conveniunt. Personalia sunt, quæ singillatim singulis conveniunt et non omnibus nec similiter, ut hic Pater, Filius, Spiritus sanctus. Sic etiam in aliis rebus alia sunt naturalia, alia personalia. Ut hoc : hoc nomen naturale est, Socrates vero personale; quia illud est commune huic naturæ, illud proprium huic personæ. Est enim natura eadem similitudo nascentium.

CAPUT XV.
De genitura Filii et processione Spiritus sancti.

Quia vero de his nominibus superius satis expressimus, de genitura Filii a Patre, et processione Spiritus breviter diffiniamus. Ad hoc sciendum quod omnia nomina ista, Pater, Filius, Spiritus sanctus, translata sunt; sapientia enim et scientia animæ potentiæ sunt, et ita potentia genus est sapientiæ et scientiæ. Omnis enim sapientia potentia animæ est, sed non convertitur. Similiter omnis scientia potentia animæ est, sed non convertitur. Eodem modo potentia divina continet sapientiam, potentia enim divina est potentia fabricandi mundum, creandi hominem vel equum, etc. Sapientia vero est ratio et potentia discernendi. Sic igitur potentia continet potentiam creandi et potentiam gubernandi et discernendi, quæ est sapientia. Quod etiam similitudine generis ad species, vel materiæ ad materiatum, facile videri potest. Dicunt enim genus dividi philosophi quasi in quasdam procreationes suas. Procreationes istas species dicunt, quasi a genere procreari dicunt, quia continet eas sub se et in eorum diffinitionem cadit, sed non convertitur. Ut animal continet hominem, ut genus speciem, quia quidquid est homo, est animal, sed non e converso. Non igitur animal exigit hominem ad esse suum, sed homo animal. Eodem modo annulus iste constat ex ære et forma, et tamen æs non exigit annulum ad esse suum, annulus vero æs exigit. Sicut igitur in istis est, sic potentia divina, cum contineat sapientiam discernendi, non exigit eam ut sit. Sed sapientia discernendi omnino ad esse suum potentiam requirit, et sic potentia divina ex se sapientiam gignit, ut genus speciem, vel materia materiatum. Quia vero non poterat dici : Potentia ista est materia, sapientia est materiatum, quia potentia æterna est, sapientia coæterna, ideo translatum est hoc nomen Pater ad significandam potentiam divinam, Filius ad significandam sapientiam, quia, ut diximus, sapientia discernendi est ex potentia illa. Sed potentia non est ex sapientia, sicut Filius est ex Patre, non Pater ex Filio, sed quia multi sunt, qui possunt et sciunt, nec tamen volunt et ideo talis potentia et talis scientia ad nullum effectum perveniunt, ideo illi divinæ essentiæ coæterna quoque voluntas adest. Quia vero voluntas non est potentia, ideo non continet sapientiam, nec continetur a potentia. Non igitur gignit ex se sapientiam et ita non est Pater nec genitus a potentia, et sic non est Filius, sed procedit a potentia et sapientia hæc voluntas, quia ideo vult Deus omnia quæ facit, quia potest, quia scit, non autem ideo potest quia scit, vel quia vult. Hæc processio inde est, quia hæc voluntas, quæ est et bonitas, sive benignitas, sive magis charitas, ex omnipotentia et omnisapientia exit. Deus enim cum plene sit sufficiens sibi, cum nihilo indigeat, in nullo sibi prodesse potest. Cum vero charitas, ut dicit Gregorius, vicaria sit, quia non potest esse ad minus, quam inter duos, unde Christus binos ante se mittebat apostolos, et ipse Deus, ut dictum est, si[bi] misereri et prodesse non possit, cum hoc, inquam, sit, erga creaturas suas decuit exerceri eam (13), dona sua singulis pro libertatis suæ arbitrio dividendo, hoc illi illud huic pro modo convenientiæ donum largiendo. Hic igitur divinitatis effectus erga creaturas habitus spiritus, quasi a spiramine, dicitur, quia, ut superius diximus, spiritu oris nostri, id est anhelitu, affectus animi maxime patefiunt, cum scilicet aut præ amore suspiramus, aut præ dolore gemimus. Ex amore itaque affectus iste divinus Spiritus dicitur. Et nota quod cum et Filius procedat a Patre, ipsum autem procedere a Patre non sit aliud quam ipsum a Patre gigni, et Spiritus a Patre quoque procedit, non tamen Spiritus a Patre gignitur. Filius enim procedit ut natus, Spiritus sanctus non, sed ut datus.

CAPUT XVI.

Quomodo valeat Græcis responderi, qui dicunt, Spiritum sanctum a Filio procedere non debere concedi.

De hac processione Spiritus ab utroque inter nos et Græcos magna diversitas est. Dicunt namque, Spiritum sanctum a Patre tamen, non ex Filio procedere, et hoc auctoritate Evangeliorum et aliarum apostolicarum Scripturarum confirmant. In quibus cum nulla mentio habeatur, nihil aliud esset addendum, nihilque quod in eis contineatur esset dicendum. Affirmant hoc quoque, quarta (14) conciliorum auctoritate firmiter astruunt, ubi doctores eorum ante Constantinum imperatorem de fide Catholica tractaverunt, et inde quoddam ab omnibus probatum constituerunt, ubi nullam mentionem de sancti Spiritus a Filio processione fecerunt. In cujus finem, quicunque aliquid aliud, quam in hoc symbolo continetur, adderet vel aliquid mutaret anathemate percusserunt. Quapropter videntes Romanos hanc processionem esse a Filio quoque et credere, et prædicare, Romam sæpe venerunt, et maxime in tempore Pascasii, dicentes se esse paratos rationibus et auctoritatibus Romanos esse excommunicatos et hæreticos comprobare. Et cum papa eis daret inducias ut in crastinum parati probare convenirent, et illi pro apostolici consilio in crastinum ad hoc parati redirent, noluit memoratus antistes controversiam illam audire, timens calliditate et versutia Græcorum Romanos superari, et ex hoc quoque maximum forte in Ecclesia suboriri periculum. Sed et Græcis inde facile responderi et sic esse, auctoritatibus sanctorum potest comprobari. Si Græcorum auctores in illa excommunicatione aliud pro diviso et non pro contrario posuerunt, constat, omnes, qui de vita beati Martini vel alterius sancti in Ecclesia prædicant, excommunicatos esse. Ipse quoque Christus hoc anathemate feriretur, cum dixerit : *Dictum est antiquis : Non occides; ego autem dico vobis, qui dixerit fratri suo raca, etc. (Matth.* v, 22.) Dicit namque Paulus ad Galatas : *Si quis vobis prædicaverit aliud Evangelium, quam hoc quod ego prædico, et si angelus fuerit de cœlo, anathema sit (Gal.* II, 2). Et Moyses in Deuteronomio : *Quicunque addet verbum aliud vel*

(13) Forte leg. *debuit exercere eam.*

(14) Forte leg. *quarti.*

mutabit, *maledictus sit* (*Deut.* IV, 2). Si ergo aliud non pro contrario sed pro diviso ponitur et sancti prædicatores et ipse Christus hujus maledictionis rei sunt, vel certe possumus dicere, quia ipsi non homines sed Deum excommunicaverunt. Cum enim aliquem hujusmodi additionem vel mutationem contigit fieri, hoc utique non homo facit, sed per hominem Deus.

CAPUT XVII.
Probat auctoritate Spiritum sanctum procedere a Filio, sicut a Patre.

Ostenso ergo qualiter Græcis valeat responderi, Spiritum sanctum a Filio quoque procedere nisi auctoritatibus demonstremus. Primum ergo ipsius veritatis irrefragabilem auctoritatem inducamus. Ait namque, cum apostolos insufflavit: *Accipite Spiritum sanctum* (*Joan.* XX, 22). Nisi enim et ab eo procederet, non eos insufflando Spiritum eis tribueret. Hoc etiam Didymus quidam eorumdem Græcorum auctor aperte ostendit, cum in quodam suo tractatu, ut editio inde facta tractat, Spiritum sanctum a Patre procedentem dicat et a Filio. Similiter Chrysostomus, qui etiam Græcus. Athanasius quoque, Spiritus, inquit, a Patre et Filio, non factus, non genitus, sed procedens. Quod sic intelligi debet, Spiritus non est factus a Patre et Filio, scilicet non est genitus a Patre et Filio similiter ad utrumque debet respicere, sed est procedens a Patre et Filio. Aliter non bene junxisset. Notandum tamen quod nostri auctores non pro nihilo hoc dixisse consideraverunt. Ait namque Augustinus et iterum Hieronymus Spiritum sanctum a Filio et Patre procedere, sed principaliter a Patre. Hilarius quoque qui istos præcessit longe et ideo Græcis adhuc vicinior, Spiritum procedere a Patre per Filium dixit. Et bene quidem quia sicut aliqua aqua ex fonte procedere dicitur et per alveum it, sic Spiritus sanctus ut a Patre et ex eo, qui est principium, non de principio per Filium procedere dicitur, quia, quidquid gratiæ nobis confert per Filium, ut per mediatorem hoc facit. Potest etiam hoc dici, quod (15) secundario ex alveo procedit aqua, eodem modo ex Filio, qui etiam ex Patre est, non principaliter, sed secundario Spiritus sanctus procedit. Nos vero Spiritum sanctum a Patre et Filio indubitanter procedere dicimus, vel ideo quia Patris et Filii est, vel quod ideo vult omnia disponere, quia scit et potest, sed non e converso. Spiritus sanctus, ut superius diximus, nec genitus nec ingenitus, quia ad hoc, ut esset genitus, oporteret, ut voluntas esset omnipotentia, ex qua et sapientia. Est igitur non genitus, id est ita est voluntas, quod non sapientia ex potentia, quippe cum Spiritus sanctus ejusdem sit substantiæ cum Filio, non enim de eadem substantia cum Filio; nec enim idem esse non genitum, ut jam diximus, et ingenitum; sicut non

est idem esse non pium et impium, quia omnis impius non pius, sed non convertitur. Nunc de prædicatione nominum videamus, quæ sunt nomina de quibus prædicentur. Sciendum igitur est, quod quædam nomina substantialiter Deo conveniunt, quædam relative, id est ex proprietatibus personarum. Nomina autem substantialiter convenientia sunt ea quæ superius substantialia vocavimus, uæ sunt omnipotens, sapiens, benignus, æternus, immensus, etc. Hæc enim de singulis personis dicuntur, ut Pater est omnipotens, Filius est omnipotens, Spiritus sanctus omnipotens; Pater est sapiens, Filius est sapiens, Spiritus sanctus est sapiens; Pater est benignus, Filius est benignus, Spiritus sanctus est benignus, et sic de aliis. Nomina autem personarum non sic. Quippe cum dicatur: Pater est Pater, Filius est Filius, non possumus dicere: Pater est Filius, vel Sapientia Dei est nec Filius, vel Sapientia Dei Pater, qui oporteret, ut Pater esset Pater sui ipsius, et Filius similiter sui ipsius Filius. Oporteret etiam ut Spiritus sanctus esset sui ipsius spiritus, id est a seipso procederet, sicut in præmissa similitudine videri potest. Vere siquidem sunt istæ, hoc æs est sigillum et hoc sigillum est æs et hoc sigillabile est sigillum vel etiam est æs, et hoc sigillum vel hoc æs est sigillabile. Si vero nomina relativorum vel relationum ponam et dicam, hæc materia est materiata vel hoc materiatum est materia, falsæ sunt locutiones istæ. Ad hoc enim ut vera esset hæc locutio, materia est materiata, oporteret, ut hoc æs sic esset sigillum, quod esset materia sui ipsius. Similiter ad hoc ut hæc alia esset vera, hoc materiatum est materia, conveniret, ut hoc sigillum esset factum ex se sigillo, quod falsum est. Licet enim eadem res sit hoc æs et hoc sigillum, tamen multa possunt dici de hoc ære, quod non possit dici de hoc sigillo, et e converso; ut de hoc ære dicitur, quod est creatura Dei, de hoc ære dicitur quod est materia hujus sigilli, quorum neutrum de hoc sigillo potest dici. Similiter de hoc sigillo dicitur, quod est opus hominis, quod est materiatum hujus æris, nullum quorum potest dici de hoc ære. Eodem quoque modo de Patre et Filio conjectare licet.

CAPUT XVIII
Quod per animam mundi Spiritum sanctum designavere philosophi.

De Spiritu sancto adhuc videndum est quomodo philosophi inde senserint, quia videntur Spiritum minorem Patre et Filio assignasse et creatum. Ut Plato togaton τὸ ἀγαθὸν summum Patrem, noin νοῦν mentem divinam dixit, id est sapientiam, quia togaton coæternum asseruit, animam vero mundi, per quam Spiritum vivificantem cuncta intellexit, creaturam esse dixit et mundo infusam. Cum Apostolus adducat in auctoritatem

---

(15) Forte leg. *quomodo.*

eos ad probandum gentiles Deum cognovisse, si Spiritum sanctum minorem esse dixerunt, non bene cognoverunt. Et sic inconvenienter videtur Apostolus dixisse, quia quod notum erat Dei manifestum est in illis, id est per illos, quia quod ipsi intellexerunt, alios docuerunt. Videamus igitur sensum eorum, ut tandem eum bene dixisse sentiamus. Quæ admodum jam satis diximus, bonitas Dei Spiritus dicitur sanctus. Quare etiam Spiritus sanctus dicatur bonitas ejus assignavimus. Notandum igitur, quod ille idem Spiritus sanctus, scilicet qui in se secundum affectum coæternus est Patri et Filio, divisos habet effectus. Unde Salomon: Spiritus sanctus unicus, multiplex, stabilis discernens. Secundum hoc est, quod est unicus in se et simplex, tertia persona est in Trinitate, Patri et Filio coæterna, secundum hoc vero quod in singulis creaturis aliquid efficit mobilis et discernens. Unde ille unicus et simplex Spiritus sanctus dicitur. Sic Joannes in Apocalypsi : *Et septem* inquit *spiritibus, qui sunt ante thronum Dei* (Apoc. 1, 4). Secundum igitur hunc septiformem effectum, per quem effectuum cunctorum universitas designatur, quæ in creaturis efficiuntur, Spiritus sanctus anima mundi dictus est, quia anima et creata censetur, quia ipse Spiritus creaturas vivificat. Eadem ergo substantia et Spiritus sanctus et anima dicitur, spiritus ex bonitate, anima ex vivificatione, Spiritus sanctus ex affectu, anima ex effectu, Spiritus in sua æternitate, anima in administratione temporali. Neque inconveniens, si Spiritus sanctus æternus dicatur secundum effectum, anima mundi cuncta vivificans secundum affectum. Ut eadem essentia divina dicitur Deus, dicitur Dominus ; Deus ab æterno, Dominus vero ex tempore. Inde est etiam illud involucrum, quod eam in medio Plato locavit, ut cuncta vivificaret, idonea animaret et vivificaret, quia gratia sancti Spiritus præsto est omnibus, dona pro cujusque congruentia cuique conferens. Nam etiam Judæi, et gentiles et omnes homines quicunque sint dona aliqua habent. Etenim si non habeant fidem vel spem vel talia, habent tamen genera linguarum et curationem infirmitatum, etc. Sic igitur Plato, licet non æternam processionem, temporalem tamen assignavit, quomodo videlicet ad cuncta vivificanda procedat, quæ processio tam a Patre quam a Filio licet aliter et aliter sit. Est namque duplex processio, una æterna de qua superius, et altera temporalis. Unde veritas in Evangelio: *Vadam,* inquit, *ad Patrem, et mittam Spiritum paracletum* (Joan. xv, 26). Et alibi: *Spiritus qui a Patre procedit, ille vos docebit omnia* (ibid.). Hic enim de temporali agitur processione. Unde Beda super hunc locum : *Spiritus,* ait, *qui a Patre procedit,* id est mittitur. Idem enim est Spiritum procedere a Patre quod mitti. Et alibi : *Spiritus Domini replevit orbem terræ,* etc. (Sap. 1, 7.) Hæc missio sive processio quotidie fit diversis, quotidie diversa dona conferuntur. Unde Apostolus : *Dividens* inquit *singulis prout vult* (I Cor. xii, 11). Horum bonorum alia sunt stabilia et continua, alia interpolata, variabilia, ut Petro quædam collata sunt in eo stabilia et permanentia, ut fides spes et charitas, quædam non permanentia, ut facere miracula. Prophetæ quoque modo habebant spiritum prophetandi, modo eo carebant.

CAPUT XIX.

Quæ potentiæ, quæ sapientiæ, quæ conveniant bonitati divinæ.

Viso de genitura et processione ad illam descriptionem summi boni, quam ipse Christus, ut prædictum est, assignavit, redeamus. Et cum alia multa de Deo dicantur, ut æternus, immensus, incommutabilis, etc., an illis tribus hæc omnia contineantur, animadvertamus. Alioquin assignatio illa Dominica de summo bono minus perfecta esse deprehenditur. Videamus igitur quæ potentiæ, quæ sapientiæ, quæ conveniant bonitati divinæ. Quod dicitur invariabilis, immutabilis, indeficiens, æternus, etc., potentiæ est. Posse siquidem variari, posse deficere, etc., impotentiæ est. Quod rursus prævidens, præsciens dicitur, sapientiæ est. Nam non noscere res nisi ex eventibus seu effectibus suis insipientiæ est humanæ. Justus vero, misericors et miserator, etc. cum dicatur, ad bonitatem spectat, quamvis miserator magis exhibitione miseriæ quam ex bonitate dicatur. Sic diximus superius, cum illas tres personas inter se esse dilersas constet, eamdem tamen totius Trinitatis esse operationem manifestum est. Nihil enim operatur Pater quod non Filius vel Spiritus sanctus. Id est nihil operatur Deus quod non possit, quod non sciat, quod non velit. Multi autem sunt, qui possunt operari, quod nesciunt, et ideo quod operantur non habet elegantem effectum. Rursus quidam et possunt et sciunt, sed nolunt, et ideo non eo modo operantur, quo melius inde provenire potest. Tale est igitur ac si dicatur : Sic potest Deus operari quod ei non potest resisti ; sic sapienter, quod elegantius inde provenire non possit; sic benigne, quod melius nequeat inde evenire. Licet autem sic communis sit trium personarum operatio, ut dictum est, non tamen si Filius est incarnatus, et Pater, quia nec sequitur, si omnia quæ sunt Filii sunt Patris, ut idem in Evangelio ait, ergo caro Filii est caro Patris. Sic enim est intelligendum : *Omnia mea tua sunt* (Joan. xvii, 10). Ideo quidquid ego possideo et tu, o Pater, et e converso. Sic dicitur quidquid est regis est reginæ, ergo membra regis sunt membra reginæ falsum est, sed sic exponitur, quidquid est in possessione regis, est in possessione reginæ. Similiter quiddam convenit Spiritui, quod non convenit Patri vel Filio, ut renascatur hoc ex aqua et Spiritu sancto, et non ex aqua et Filio et Patre. Dimittit siquidem Deus peccata ex gratia quæ bonitatis est, non potentiæ vel sapientiæ, quia non dimittit ex hoc quod potens est vel sapiens, sed ex quod bonus. Sed cum sapientia sit, ut diximus, incarnata, id est [ut] Verbum caro sit factum, [ut] evangelista intonuit, videtur Verbum esse factum, quod ab æterno non fuerit, quod quidem sane concedimus, non tamen est factum. Sic *Dominus factus est mihi in salutem* (*Psal.* CXVII, 14), nec tamen est factus. Tale est: *Verbum caro factum* (*Joan.* I, 14), ac si dicatur Deus factus est homo, quod sine omni visibilitate naturæ contingit. Nulla namque mutatio ibi facta est, cum non proprie mutari dicatur, quod in sui natura consistat. Sic enim ex carne et anima fit unum, absque ulla naturarum permistione; sic Deus factus est homo, quod divina natura in humanam vel humana in divinam conversa non est, quod non posset fieri nisi unaquæque natura differentiam aliam amitteret substantialem. Dicitur ergo Deus homo propter alteram naturam, quam sibi assumpsit homo Deus propter alteram a qua assumptus est; sic homo dicitur rationalis propter animam, cujus rationalitas differentia est, quia sola anima discernit et non corpus; dicitur etiam mortalis propter corpus, quia solum corpus moritur, et non anima. De hoc ergo quod Filius Dei dicitur descendisse videamus. Dicunt scilicet quod Deus ubique est et verum quidem est, dicit vero Augustinus, quod non est alicubi, per quod probat, ipsum non etiam (16) corpus, hoc modo: Deus non est corpus. Quidquid est alicubi, est corpus, sed Deus non est alicubi, ergo non est corpus. Sic et ubique est et alicubi non est. Ubique, siquidem est per potentiam, quia ubique operatur. Omnis enim locus ei præsens, sic et omne tempus. Ubique etiam per essentiam, quia ubique per seipsum operatur, sine indigentia internuntiorum. Cum enim rex potentialiter sit per totum regnum, — unde: an nescis longas regibus esse manus, — tamen non est ubique per totum regnum per essentiam, quia non per totum regnum simul potest operari, sine indigentia ministrorum. Quod ergo dicitur Deus in uterum Virginis descendisse, quia se ad hominem suscipiendum humiliasse. Ubi autem probat Augustinus quod Deus non sit alicubi, cum corpus non sit, ibi profecto astruere videtur, quod spiritus quoque creatus alicubi non sit, quippe nullus spiritus corpus est. Si enim ideo, quod Deus corpus non est, Deus non est alicubi nec spiritus creatus, cum corpus non sit, alicubi debet esse. Quod autem spiritus creatus alicubi non sit, Augustinus, super Genesin, his verbis ostendit: Creatura, inquit, corporalis movetur per tempora et loca, spiritalis vero per tempora tantum. Idem in eodem, corporalia, inquit, moventur in tempore et loco, spiritus Creator nec tempore nec loco, spiritus vero creatus tempore non loco. Sic quasi quoddam medium est spiritus creatus inter Creatorem et corporalem creaturam. Per hoc enim quod tempore movetur, corpori, per hoc quod localem motum non recipit, Creatori concordat. Si vero in auctoritate inveniatur, quod locales circumscripti sint spiritus creati, hoc secundum operationem vel corporis assumptionem intelligendum est, quia cum hic operatur, non est ibi. Unde et anima Christi ad inferos descendisse dicitur, non per loci mutationem, sed per efficaciam infernum spoliandi, quod spolium bene animæ ascribit, quia anima in corpore passa est.

CAPUT XX.

An plura, an aliter, an melius possit Deus facere quam faciat.

Expeditis igitur omnibus tam ad essentiæ unitatem divinæ quam ad personarum proprietates pertinentibus, antequam ad beneficia transeamus, an plura possit facere, an aliter quam faciat, inquirendum videtur. Quocirca ut hoc plenius et evidentius disseramus, aliquantulum altius incipiamus. Deum esse omnium creatorem et gubernatorem et unum tamen et non plures, ex creaturis facile cognitum esse, non solum Augustinus, sed etiam alii sancti et philosophi docuerunt. Unus Tullius probat, omnia ista bene regi, quia unus et sapientissimus omnium a quo providentur, et ideo bene gubernantur. Quæ enim pie providentur, melius reguntur, quam ea quæ non providentur et ideo non bene (17). Mundus providentia regitur, homines autem pars mundi sunt, etc. Hanc dispositissimam gubernationem ex diversitate machinam istam constituentium maxime perpendunt, videntes siquidem mundum ex tam diversis et a se invicem dissonantibus naturis esse compactum, tam aliud (18) esse, quod hoc fecerit, quam [in] ejus inæstimabilem sapientiam in istis regendis facile cognoverunt. Sic enim fortiter sic sapienter cuncta creat et gubernat, quia ei nihil resistere possit, nec sine causa aliquid evenire permittat. Unde Job: *Nec etiam folium cadit de arbore sine causa* (*Job* v, 6). Hoc etiam Plato, quod nihil fit sine rationabili causa. Cum igitur inter creaturas, ut dictum est, aliquid, quod hoc posset facere reperire minime valuerunt, animadverterunt super universitatem istam aliquid esse, quod hoc faceret, et illud esse omnium Creatorem, et sapientem esse dixerunt et rectorem; ex hoc quod nihil ei resistere posset, omnipotentem; ex hoc, quod ad elegantem effectum omnia duceret, omnisapientem; ex hoc quod de omnibus facit eo modo provenire, quo melius potest, omnibenignum esse censuerunt. Unum vero tantum et non plures inde cognoverunt, quia, si duo essent, aut alter alteri in omnibus æqualis esset, aut non. Si inæqualis, tunc sibi insufficiens esse[t], utpote qui aliquo ad sui plenitudinem indigeret, sicuti qui summus non esset. Si æqualis alter alteri constaret, cum unus quisque tantum esset, quod ad omnia creanda et creata gubernanda sufficeret, alter profecto superflueret. Relinquitur igitur, quod unus tamen Deus omnium creator et gubernator existat. Utrum igitur plura possit facere, quam faciat, quæri solet et dicunt

(16) Forte leg. *esse corpus*.
(17) Suppl. *reguntur*.

(18) Forte *aliquid*.

aliqui, quod plura possit facere et aliter quam facit, quae damnat potest salvare, et e converso. Et de hoc lapide hominem potest facere et aliter quam faciat, et talia. Et inducunt inde exemplum de asina Balaam et de quinque panibus, de uxore Loth, de aqua vinum facta; hoc quoque pluribus auctoribus nituntur. Ut Augustinus inquit : Fuit et alius modus possibilis Deo, sed nullus nostrae miseriae convenientior. Item idem : qui suscitavit Lazarum in corpore, potuit Judam suscitare in mente. Et Dominus in Evangelio: *Non possum*, ait, *rogare Patrem meum, et exhibebit mihi plus quam decem legiones angelorum ?* (*Matth.* xxvi, 53.) Sed ut mihi videtur nec sapientiam Dei cognoverunt nec auctores intellexerunt. Cum enim, ut dictum est, Deum omnisapientem esse constet, rationabilis est prae omnibus creaturis. Quid igitur faciendum sit vel non, sapienter et rationabiliter providet. Videt enim causam rationabilem, quare conveniens sit hoc fieri vel non, vel quare inconveniens sit hoc fieri vel non. Videt autem Jacob eligi, Esau reprobari, conveniens esse, quia, sicut opportunum erat hunc eligi ad patiendum a fratre, sic opportunum erat illum reprobari, ut esset fornax et persecutio fratris, quia sicut bonum est, id est utile est bonum esse, ita bonum est, id est utile est malum esse. Unde Augustinus : non enim, inquit, summe bonus aliqua mala fieri sineret, nisi aliquod bonum inde faceret. Ipse est enim, cui mala bona sunt; cum ergo sic uniuscujusque eventus rationabilis causa sit ei praesens et certa, quod unicuique congruere videt, id ei sapienter administrat. Unde plus contulit Joanni quam Petro, quia conveniens esse videbat, plus illi quam huic conferri debere. Si autem plus haberet Petrus quam habuit, non inde melior exstitisset, quia illud plus irrationabile esset. Si enim rationabile esset ut plus haberet et (19) Deus ei non contulisset, profecto non summe bonus esse videretur. Unde Augustinus : Cum Pater, inquit, Filium suum sibi aequalem gignere posset et hoc non faceret, invideret. Similiter et Plato de mundo sensibili tractans dicit quod Optimus optimum fecit, quia omnis invidia ab eo relegata est. Quod igitur sic cuncta fecerit, quod melius facere non potuerit, sancti dicunt. Quod vero hominem meliorem potuerit fecisse quam fecerit, hoc quidem negare non audemus. Sed haec comparatio ad rem, non ad ipsum Deum referenda est ; sic aliquis facit csyphum aureum et csyphum vitreum, non melius facit aureum quam vitreum sed meliorem, quia melior est aureus quam vitreus.

Cum itaque quaecunque faciat, sic faciat prout videt ea facienda esse, et tot faciat quot conveniens est fieri, tunc si aliter faceret vel si plura vel pauciora faceret quam faciat, inconveniens esset et faceret contra rationem et sapientiam suam

[faceret]. Sed hoc impossibile esset, quia cum ejus sapientia omnino immutabilis et invariabilis existat, neque augeri neque minui potest. Non igitur plura potest vel aliter facere quam faciat. De praescientia quoque sive providentia, de praedestinatione itidem ratiocinamur. Sed ambigi potest an Petrus potuit esse justior quam fuit, quod quidem sane concedimus. Sed quaeritur a quo ? Dicimus quod a Deo et per Deum justior quam fuit esse potuit, et tamen Deus non potuit eum meliorem vel justiorem facere, quia, sicut diximus, aliter (20) quam conveniret. Sicut ager iste potest excoli ab illo puero et per illum, id est aptus est ad hoc, non tamen ille potest eum excolere. Ego possum a te accipere c solidos et tu non potes mihi dare. Praedictae vero auctoritates sic intelligi debent, ut possibilitas ad res, non ad Deum referatur. Sic dicimus : Chimaera est opinabilis, id est homines possunt opinari chimaeram. Similiter, Deus potuit Judam suscitare in mente, qui Lazarum suscitavit in corpore. Hoc posse ad naturam illius refertur, non ad ipsum Deum : sic et caetera exponantur. Sunt vero nonnulli, qui sic solent in hujusmodi determinare : posset Deus hoc vel illud, si vellet; qui quidem rationabilem exitum rerum voluntati, non rationi sive sapientiae subnectunt, tanquam prius velit vel hoc vel illud fieri et postmodum an convenienter eveniat hoc vel illud an non, apud se deliberet. Qui quidem errare in Deo videntur et convenienter ordinem deliberandi atque volendi in Deo confundere nituntur. Prius siquidem animus advertendus est, quae ex quo utilitas, quae convenientia sequatur, et deinde ut sit vel non sit, voluntas est adhibenda. Isti perfecto Origenem et Hieronymum male intelligunt. Dicit enim Hieronymus : Ut vero ut rusticus modo loquar : Quemadmodum aliquis primum videt et excogitat de aliqua re, an facienda sit vel non, quam vel ea faciat vel dimittat, et si videt esse faciendam, facit, sin autem, dimittit ; sic, inquam, Deus providet quae sint facienda vel non, et tunc vult vel non vult ea facere vel dimittere. Et ita rei utilitas in ejus cognitione praecedit. Sic igitur ea facere quae facit, quia sunt facienda, non quia facere velit. Quocirca procul dubio deprehenditur asserendum, cuncta tam bona quam mala ordinatissima dispensatione provenire, quia sic eveniunt, conveniunt, quod convenientius evenire non possunt. Unde Augustinus : adeo Deus bonus est quod mala fieri non sineret, nisi bonum esset mala esse. Eadem enim ratione qua vult bona esse, quia conveniens est ea esse, eadem ratione vult et mala esse, quia sicut, quaecunque non sinit esse rationabiliter non sinit, sic quaecunque permittit rationabiliter esse permittit vel etiam disponit. Quod quidem spectat totum ad ejus majorem gloriam. Sic enim aliqua pictura quandoque pulchrior et commendabilior redditur apposito aliquo colore viliori, quam

(19) Forte leg. *ac.*

(20) Suppl. *fecisset.*

si unius coloris et uniformis esset. Sic ex admistione malarum respublica ista pulchrior et commendabilior efficitur. Quippe cum boni sæpe videant alios cadere, qui tamen stabiliores esse putantur, tunc magis infirmitati suæ consulentes se recognoscunt et se magis obnoxios esse debere gratiæ Dei animadvertunt.

Est et alia hujus rationabilis varietatis causa, quod si omnes boni essent, gratiam Dei minus intelligerent et bonæ naturæ salutem suam quodammodo ascriberent. Tertia quoque nec (21) excipiunt causa, quia mala bonis materia exercendæ virtutis subsistunt. Sic tam ratio quam sanctorum auctoritas esse confirmat. Si vero ita est, imo quia ita est, cur miseris compatimur? cur decedentibus dolemus? cur Rachel plorat? quid etiam sibi vult illud Apostoli, *Gaudere cum gaudentibus, flere cum flentibus?* (*Rom.* XII, 15.) Jam scimus quod lapidatio Stephani convenienter sit (21*), combustio Laurentii tam ad utilitatem suam quam ad gloriam Dei provenire; ac per hoc cum hæc omnia, ut dictum est, ratione irrefragabili contingant, irrationabiles videntur esse hi dolores et hæ lacrymæ, quod utique negari nequit, tum quia contra dispositionem Dei nitimur, tum quia quod aggredimur, perficere non valemus. Quicunque namque quod perficere nequit aggreditur, eo ipso irrationabiliter agit. Quid igitur? nunquid non præcipit Apostolus flere cum flentibus, gaudere cum gaudentibus? Non equidem hujusmodi fletum vel gaudium præcipit. Non enim, ut ait Augustinus, Scriptura prohibet nisi quod culpabile est, nec præcipit nisi quod rationabile est. Hoc, inquam, non præcipit Apostolus, sed affectum charitatis circa proximos habere. Ex cujus perfectione sæpe in id quod irrationabile est solemus prorumpere. Unde Gregorius: *charitas*, inquit, *impatiens est, quæ mensuram non habet.* Inde etiam in Vita beati Martini legitur de discipulis lugentibus. Consentiret utique magis esse gaudendum, si vis doloris rationem admitteret. Quid igitur dicemus? Estne peccatum? non utique peccatum est, sed irrationabile est. Unde sic fatendum esset magis, sicut docuit Christus, ut omnia voluntati Dei attribuerentur. Sic quidem magis tutum esset ut in quibuscunque rerum eventibus singuli diceremus: *Pater, fiat voluntas tua* (*Matth.* VI). Sic enim in passione Filius docuit, cum infirma membra sua in se transformans ait: *Verumtamen non mea, sed tua voluntas fiat* (*Luc.* XXII). Sic quoque beatus Job: *Dominus*, inquit, *dedit, Dominus abstulit* (*Job* I). Hoc est unicum remedium et omnimodum in omnibus eventibus solatium.

At vero quid de pœnitentia dicemus, cum sciamus quod bonum est mala natura esse? Sed aliud est malum esse, aliud malum. Licet enim malum esse bonum sit, bonus quippe effectus inde elicitur, malum tamen Domino displicet, quod inde patet, cum ipsum punit. Quod ergo Deo placet, placeat et nobis eodem modo, quo ille, cui esse malum bonum est, de omni malo bonum elicit. Quod vero ei displicet, et mala voluntas nostra et opera, quæ inde procedunt, et nobis displiceant. Animum advertamus itaque bonitatem suam, quod ita nos patitur, quod hæc et illa bona nobis contulit, quod hoc vel illud fieri prohibuit. Unde bonitatem suam illud faciendo ostendimus, quæ (22) modis omnibus et præ omnibus diligere debemus, ideoque propter dilectionem suam, quam peccando amaricavimus, pœnitere et dolere debemus, non quia inde puniendi sumus. Qui enim de aliquo pœnitet, quia inde sit puniendus, non utique dicendus est pœnitens. Sicut qui filium incarcerari velit, ut ipse de carcere exeat, non dicitur filium incarcerari velle.

CAPUT XXI:
Quæ spectent ad sapientiam.

Viso de potentia et ejus effectibus, nunc de sapientia paululum disseramus. In sapientia igitur continetur providentia vel, quod idem est, præscientia et prædestinatio. Ex sapientia siquidem sua præscit et providet omnia antequam fiant vel sint, quæ quidem providentia nullo modo falli potest. Quippe cum hoc provisum sit, non fieri non potest. Hinc quidam prave intelligentes omnia ex necessitate fieri putaverunt. Qui quidem tam ratione quam philosophorum auctoritate confutantur. Neque enim ex vera (23) cum determinatione falsa simplex infertur propositio, ut cum vera sit ista, hoc provisum a Deo necessario non inde potest inferri. Ergo hoc necessario futurum est. In nobis quoque illud falli promptum est, ut me vidente currum agi currus necessario agitur. Neque enim sequitur, si non potest simul esse, quod ego videam currum agi, et currus non agatur. Nullam siquidem necessitatem infert providentia rerum eventibus, sed sicut se habent res ad utrumque, sic providentur se habere. Quæ providentia, sive mavis dicere præscientia, omnino immutabilis est, neque novi scit aliquid Deus quod ab æterno nescierit, nec in futuro quidquam sciturus est quod modo nesciat. Ut me modo vel hodie legere ab æterno quippe scivit [me lecturum hodie], in æternum sciet me legisse hodie. Et nota quod hujusmodi adverbia eodem tempore prolata diversa significant, ut si modo dicam: Legi heri, lego hodie, legam cras. Diversa sunt me legisse heri et me legere hodie, et me lecturum cras. Diverso vero tempore prolata idem significat ut si quis dicat Hermannus leget cras, qui idem dicat Hermannus legit hodie, idem significat ac si quod ego hodie legerim. Idem namque est me heri fuisse

---

(21) Forte leg. *hæc excipiunt.*
(21*) Forte leg., *quod lapidatio Stephani, combustio Laurentii convenientes sint*; seu: *combustionem Laur.*

(22) Leg. *quod modis*; aut, *illa faciendo.*
(23) Locus, ut videtur, corruptus. Cf. *Introd.*, l. III, c. 7.

hodie lecturum, et me hodie legere, et cras me hodie legisse. Ipsa siquidem verba vel tempora, licet sint mutata, idem tamen verum permanet. Ipse igitur cum sit, cui nulla mutatio temporis obsistat, quippe nihil est inter ejus æternitatem et ultimum temporis momentum, cum, inquam, hoc sit, quidquid fuit vel est vel erit, ei omnino præsens est. Nota igitur quod providentia seu præscientia et dispositio divina tam ad bona quam ad mala se habet, prædestinatio vero tantum ad bona. Augustinus tamen pro præscientia quandoque prædestinationem ponere solet. Fatum quoque notandum est quod descendit a dispositione, tanquam ab actione passio. Siquidem cum fatum sit dispositio divina rebus mobilibus inhærens, nihil est aliud quam dispositio, actio ipsi disponenti, hoc excepto quod dispositio immutabiliter facit. Quæ vero disponuntur nonnullam mutationem recipiunt, unde nihil est aliud fatari quam disponi. Unde quia ex hoc nomine fatum multi in errorem cadebant, putantes fatum esse constellationem, ideo sancti hoc nomine uti noluerunt. Est igitur fatum, ut ait Boetius, dispositio rerum in manu Dei. Quæ quidem a dispositione divina ut passio ab actione pendet. Prædestinatio, ut diximus, de bonis est tantum. Quod enim dicit Augustinus et de malis esse prædestinationem, pro præscientia accepit. Est autem prædestinatio gratiæ præparatio; incipit ab ipso genere donorum, per successionem divinorum bonorum, deinde collatorum usque ad finem præsentis vitæ procedit. Sic igitur temporaliter fit ista præparatio. Si vero prædestinatio ab æterno esse dicatur, sicut providentia vel etiam dispositio, ut, cum dicimus : Ab æterno etiam prædestinavit hunc ad vitam, tale est ac si dicatur : Ab æterno providet quod aliquid bonum daret huic, per quod salvaretur. Utrum plura possit disponere quam disponat, vel possit scire, vel etiam plures ad vitam prædestinare, satis est in promptu.

CAPUT XXII.

De his quæ ad bonitatem divinam pertinent.

Dicto de potentia et sapientia hucusque, de bonitate aliqua subnectenda sunt breviter. Deus, ut diximus, benignus est, et misericors, et miserator. Hujus benignitatis effectum, cum ipse nihilo indigeat, utpote qui sibi per omnia sufficiens est, in creaturis suis exercet. Cum igitur in se solo sit affectu benignus, in creaturis solis efficit quod bonitate tali constat efficiendum. At vero, qui summe bonus est, ab eo porro omnis invidia relegata est, omnis itidem ira, omnis furor ab eo remotus est. Quid igitur dicitur : *Ne irascatur furor tuus super nos? (Exod.* xxxii, 10.) Quid etiam precatur Propheta : *Domine, ne in furore tuo arguas me?* (*Psal.* xxxvii, 2.) Et hujusmodi affectuum nominibus translative utimur, cum de Deo loquimur, ut secundum effectum, et non secundum affectum de eo intelligamus. Tale est igitur : *Deus iratus est,* vel : *Deus pacatus est*, ac si dicatur : Deus punit illum, vel Deus parcit illi. Nullus enim hujusmodi affectus, nullus motus in eum cadit, qui in tranquillitate facit. Misericors ergo dicitur in se, sicut et benignus, miserator in exhibitione. Si ergo non esset, cui misereretur, nec miserator esset. Hic solet quæri utrum benignior esse possit, vel magis miserator. Posset enim pluribus dona conferre et eos salvare. Posset pluribus misereri et parcere. Sic igitur benignior et magis miserator, vel minus posset esse, aut etiam non miserator, cum etiam posset non fuisse cui misereretur. Sed quid hic quoque responderi valeat ex superioribus cognosci potest. Non enim pro ratione assignata superius pluribus bona conferre, vel pluribus misereri, vel aliter quam faciat, facere potest.

CAPUT XXIII.

Cur Deus-homo?

Dicto de altera parte fidei, quæ est in cognitione Dei, de unitate scilicet divinæ substantiæ et trinitate personarum, et de pertinentibus ad utramque, quantum memoriæ occurrit, nunc de altera parte, scilicet de beneficiis nobis ab eo collatis breviter expediamus : quorum quod summum et maximum fuit, quod sapientia Dei carnem de Virgine assumendo sua luce nos illuminavit, dilectionem suam nobis exhibuit. In hoc enim quantam dilectionem haberet circa nos ostendit, qui animam, quam assumpsit, pro nobis posuit. Unde idem : *Majorem hac dilectionem nemo habet, ut animam suam quis ponat pro amicis suis (Joan.* xv, 13). Pro dilectione siquidem, quam erga nos habuit, ut nos a jugo peccati redimeret, carnem assumpsit. A quo igitur nos redemerit, et quomodo redemptio illa facta sit, diligenter inquirendum esse ratio persuadet. Quidam dicunt quod a potestate diaboli redempti sumus, qui hominem decipiendo ipsum sibi subjecit, et potestatem, quam prius non habuerat, in eum recepit. Ideoque, ut dicunt, missus est Filius Dei, ut, quoniam potestate hominem ei auferre potuerat, magis justitia et humilitate in eum uteretur. Alioquin inferre ei injuriam videretur, cum jure hominem, qui se illi mancipaverat, possideret. Ego vero econtra dico et ratione irrefragabili probo quod diabolus in hominem nullum jus habuerit. Neque enim qui eum decipiendo a subjectione Domini sui alienavit, aliquam potestatem super eum debuit accipere, potius si quam prius haberet, debuit amittere. Qui enim concessa sibi abutitur potestate, ejus privilegium meretur perdere. Sicut si essent tres servi alicujus domini, quorum uni prærogativam super alios dedisset dominus, et ille a domini et subjectione subtrahere niteretur, non super eos potestatem aliquam acciperet a domino, sed ante concessam ex nequitia sua perderet. Est et alia causa, quare jus nullum in eo habuerat, quia ille se ei emancipare non potuit. Quanquam enim aliquis servus a domino suo fugiat, non tamen alteri se jure pro servo tradere potest. Igitur cum servus emancipationem sui facere non possit, homo autem emancipationem istam fecerit, constat hominem sub potestate diaboli non fuisse, nec de ejus servitute redemptum esse. Venit ergo Filius Dei, non ut hominem de potestate diaboli [non fuisse] redimeret, cum nec ipse diabolus pretium aliquod inde reciperet, imo hominem nunquam reconciliatum Deo vellet, sed ut eum a servitute peccati, dilectionem suam ei infundens, redimeret, seipsum pretium et hostiam puram Patri offerendo et solvendo. Hoc multis denique modis aliis, sed nullo tam convenienti facere potuit. Possibilitas tamen ista ad quid referatur, satis superque satis determinatum esse arbitror. Cum autem aliquid bene facere nobis sufficiat, non eum qui summe bonus est, nisi eo modo, quo melius potest evenire, quidquam facere convenit vel decet. Sed nulle meliori aut etiam tam bono modo redemptio ista potuit fieri, quam si Filius Dei homo fieret. Cum homo namque a peccato esset liberandus, oportebat ut verbis prædicatio et operum exhibitio fieret. Hæc autem tam convenienter nequiret, nisi Filius Dei homo factus hominem instrueret. Sic enim et homo melior fieret, et diabolus magis doleret, qui quanto meliorem hominem videt, tanto magis invidet, et quanto magis invidet, tanto magis debet puniri. Est et alia rationabilis causa, scilicet humilitas, quia, ut in Ezechiele habetur, vox super firmamentum sonans alas extensas facit inclinare (*Ezech.* I, 25). Si enim martyres exemplum mortis Christi non habuissent, morte sua tantum pro Deo facere putassent, quo plus aliquis pro Deo facere posse aliquis æstimaret : ideo tanta humilitas non esset. Sed vident Christum, qui omnia in manu sua habebat, universa contumeliarum genera passum, qui nocte captus, ad Annam, ad Caipham, ad Pilatum, ad Herodem ductus, faciem velatus, consputus, ligatus, flagellatus, illusus, spinis coronatus, purpura indutus, morte turpissima tandem condemnatus, et cum iniquis est reputatus, et non solum in morte, verum etiam post mortem eum custodierunt, et famam ejus tam in se quam in aliis exstinguere cupierunt. Quod autem passio ista præ cæteris difficilior fuerit, idem per Jeremiam testatur, dicens sic : *O vos omnes, qui transitis per viam, attendite si est dolor sicut dolor meus* (*Thren.* I, 12).

Huic ergo passioni cuncta martyrum tormenta comparata quasi nulla esse videbuntur, et ideo non potest aliquis se in passione illi æquiparare. Et hoc totum factum constat, ut ostenderet quantam dilectionem in homine haberet, ut et hominem magis ad sui dilectionem accenderet. Unde : *In hoc cognoscent omnes quia mei estis discipuli, si dilectionem habueritis ad invicem* (*Joan.* XIII, 35). Et Apostolus : *Ut quid Christus, cum adhuc infirmi essemus, secundum tempus pro impiis mortuus est?* (*Rom.* V, 6.) Et alibi : *Sic Deus dilexit mundum, ut Filium suum unigenitum daret* (*Joan.* III, 16). Ut enim Hilarius dicit : Magis dilexit hominem quam

cæteras creaturas. Unde et propter eum mundum fecit, et omnia, quæ sunt in ornatu mundi et eum quasi dominum et possessorem in medio locavit, eique angelos in ministerium deputavit. Qui cum peccaret, a Domino suo per peccatum separatus est. Venit ergo Dei Filius, ut congruus mediator, hominem a peccato liberaret et dilectionem suam ei immitteret. Hoc autem facit hominem quem assumpsit Patri offerendo, id est pretium pro homine hominem dando. Translative tamen pretium nuncupatur. Hæc igitur certa et propria redemptionis causa, quam et Apostolus ad Romanos et Christus in Evangelio docuerunt.

CAPUT XXIV.
De duarum naturarum in unam personam unione.

De unione amodo duarum naturarum in unam personam videndum est. Ad quam significandam expressiorem similitudinem afferre non possumus, quam illam notabilem et Catholicam, quam Athanasius attulit. Sicut caro, inquit, et anima rationalis unus est homo, ita Deus et homo unus est Christus. Nam sicut caro et anima in una persona conveniunt, sic in Christo divina et humana natura. Quamvis enim ibi sit Verbum, quod est tertia persona in Trinitate, non tamen ibi est persona per se, quia sic persona jam esset in persona, et ita duæ personæ essent in Christo, sicut anima separata a corpore persona est, non tamen corpori juncta persona potest dici, quia cum corpore in unam personam conficiendam convenit. Quod autem in Christo non sint duæ personæ, et ratio demonstrat et auctoritas confirmat, quæ est : Assumpsit naturam, et non personam. Boetius etiam, ut jam diximus, disputans contra Eutychen et Nestorium, dicentes duas ibi esse personas et ita duos Christos, ostendit ibi unam personam tantum esse, secundum hoc quod homini convenit, personam diffiniens, scilicet : Persona est substantia rationalis individua. Christus igitur una est persona. Individuum siquidem hic accipiunt non pro prædicabili de uno solo, sed pro discreto et ab aliis separato. Per hoc ergo, quod Verbum non est ibi discretum et separatum ab homine, imo magis cum homine unam discretam et [ab] aliis separatam personam efficit, per hoc, inquam, ostendit, Christum unam solam esse personam. Sed cum Deus in sanctis hominibus esse dicatur, et sic etiam esse, ut eos repleat, eos inhabitet, solet quæri quomodo Verbum magis fuerit ibi per unionem, quam in aliis sanctis hominibus. In beata namque virgine sic fuit Spiritus sanctus, quod totam eam replevit, et in multis aliis, ex spiritu quorum et Spiritu Dei, ut ait Apostolus, unus efficitur, et ita in eis Spiritus sanctus sicut in Christo uniri videtur. Verum quamvis Spiritus sanctus sanctos homines replere et inhabitare dicatur, tamen nequaquam dici ullo modo potest, quod cum eis uniatur, cum nec in personam conficiendam cum eis conveniat, et si ad tempus aliquod remaneat, ab eis recedat. Quod autem recedat, in prophetis evidenter apparebat, qui modo eum habebant, modo profecto eo carebant. Quod vero ait Apostolus, quod cum spiritu eorum Spiritus Dei unus efficitur, unius intellexit voluntatis, ita tamen quod quodcunque aliud volunt et appetunt vel contra quam Spiritus sanctus nolle velleve suadeat. Aliter ergo Verbum in Christo fuit, quia sic fuit illi homini unitum, quod in unam personam cum illo convenit, et quod, sicut caro animæ subjecta est, quod nullum motum, nullam operationem nisi ab anima habere potest; sic anima illa Verbo subjecta erat, quod nullum motum illi corpori attribuere poterat, nisi quantum Verbum inspirabat. Et sciendum quod unio illa sic facta est, quod, sicut dicit beatus Ambrosius, nulla illarum naturarum in aliam mutata est. Quod in homine quoque liquido monstrari potest. Sic enim anima et corpus in unam personam conveniunt, quod neutrum horum vertitur in alterum. Quippe nec anima caro, nec caro anima propter hoc efficitur. Eodem quoque modo in Christo divina et humana natura in unam personam conveniunt, quod neutra illarum in alteram transit. Siquidem, ut ait Augustinus, si Verbum transiret in hominem, vel homo in Verbum, tunc non esset ibi, nisi tantum homo vel tantum Verbum. Solet etiam ambigi an hæ duæ naturæ illius personæ partes sint dicendæ. At vero, nisi partes sint illius personæ, Athanasii illa similitudo pro nihilo videtur inducta. Item si non essent partes, in aliquod conficiendum non convenirent, sed conveniunt in unam personam. Partes igitur eas esse necesse est, quod non solum hæc ratio et illa Athanasii similitudo compellit, verum quoque auctoritas hoc idem invenitur asserere. Ait enim Hieronymus : Christus pro parte est homo et pro parte est Deus. Augustinus tamen hoc approbare noluit, propter mutuam de se fortassis prædicationem. Quam obrem de hac prædicatione, utrum vera sit an non, diligenter inquirere est consilium. Omnes enim locutiones istæ in auctoritatibus inveniuntur : Deus est homo, homo est Deus; Christus est filius hominis, Christus est Filius Dei; Christus est Deus et homo : quarum nulla præter unam propria videtur. Si enim propria est ista locutio : Deus est homo, tunc æternum est temporale, simplex est compositum, Creator est creatura; similiter de aliis. Impropriæ igitur sunt, ut pars pro toto accipiatur. Sæpe namque contingit, totum pro parte partemque pro toto accipi, ut anima, cum pars sit hominis, pro homine ponitur, ut : *Videbit omnis caro salutare Dei* (*Luc.* III, 6). Eodem modo cum dicimus : Deus est homo, pro parte verum est, et sensus : Deus est uniens sibi hominem. Rursus : Homo est Deus, hæc est significativa, et est homo unitus Deo. Sic quoque ad partem referendæ sunt : Iste Christus est homo, et Christus est Deus. Sola igitur ista : Christus est Deus et homo, propria est, id est Christus est Verbum habens hominem, et Christus est homo et Deus, id est homo habens Verbum.

CAPUT XXV.
De voluntate assumpti hominis.

Expedito itaque de duarum naturarum unione in personam unam, de voluntate hominis assumpti, an eadem fuerit cum voluntate Patris, restat inquiri. Quod vero non eadem fuerit, non solum ratio, verum etiam Evangelium satis manifeste demonstrat. Ait enim Christus in Evangelio : *Pater, si possibile est, transeat a me calix iste ! verumtamen non sicut ego volo, sed sicut tu* (*Matth.* XXVI, 39). Quod tale est ac si dicat : Si genus humanum sine morte mea salvari potest, non moriar, quia non possum velle mori; sin autem, voluntatem meam tuæ postpono. Ecce hic ostenditur aperte quod alia et diversa fuerit illius hominis voluntas. Augustinus tamen et alii quidam dicunt eum non per se dixisse hoc, sed per infirma membra, quæ in se transformavit, ut ea instrueret, quid in passionibus esset agendum, ut cum amplius passionem vitare non posset, voluntatem Dei suæ præponeret, ut diceret : *Fiat voluntas tua.* Similiter quando dixit : *Tristis est anima mea usque ad mortem* (*ibid.*, 38); et quando cœpit pavere et tædere. In his omnibus, ut dicunt, transformationem membrorum in se fecit. Et quidem satis sane sic potest exponi, quia, ut idem ait Augustinus, quando aliquem versum isti sic, illi aliter exponunt, bonæ et convenientes possunt esse expositiones, quamvis diversæ, quia licet qui scripserit, uno modo tantum intellexerit, tamen et tot et tam diversis modis posse convenienter exponi Spiritus sanctus cognovit.

Sed dicat Augustinus voluntatem suam, nos vero dicimus, quia, sicut veram humanitatem assumpsit, ita humanæ infirmitatis veros defectus habuerit : quod et sancti unanimiter asserunt. Leo papa, Dominus, inquit, Jesus Christus omnia nostra præter peccatum assumpsit. Idem quoque Augustinus : Voluntatem nostram assumpsit et tristitiam, tristitiam confidenter dico, quia crucem prædico. Habuerit igitur (24) veram tristitiam et veros dolores, et non simulatorios. De hoc enim quod Hilarius dicit eum non aliter sensisse clavos pedibus et manibus infixos, quam si ceræ infigerentur, errasse arguitur. Nisi enim esset ibi passio, non esset ibi aliquid contra voluntatem. Unde in futura vita, ubi nulla erit passio, nihil contra voluntatem fiet. Voluntas enim nunquam est nisi cum delectatione ; quippe quod delectat illud volumus, quod vero molestat abhorrere solemus. Contra voluntatem itaque dolores illos atque molestias patiebatur; neque enim aliquod meritum ibi haberetur. Passus est ergo, non quod vellet pati in morte formidabat, sed quia Patrem diligebat, quem hoc velle sciebat, et quia per mortem suam salutem proximi fieri cupiebat. Nec sequitur, si propter hoc pati voluit, ergo

---

(24) Leg. *habuit igitur.*

pati voluit. Sicut de aliquo infirmo videri potest, qui nullo modo sanari potest, nisi incidatur vel coquatur. Vult ergo incidi ut sanetur, nec tamen vult incidi, imo incisionem reformidat. Id ipsum de aliquo incarcerato dici potest, qui aliter carcerem evadere nequit, nisi filium suum ipse in carcerem ponat. Ideo vult filium in carcerem ponere, ut ipse evadat : non tamen vult filium incarcerari, potius inde dolet. Ubi vero est dolor vel passio, ibi non est, ut diximus, voluntas. Neque unquam in Christo aliter fuit de hoc quam in martyribus, qui quidem pati nolebant, unde persecutores, quantum poterant fugiebant ; volebant tamen pati propter dilectionem Christi. Velle autem lapidari vel comburi, si hoc fieri posset, nullius meriti esset. Propter Christum pati, propter dilectionem Dei velle truncari, meritum habet. Ubi Christus in fundamento ponitur, ubi Deus suprema et major causa constituitur, ibi meritum duntaxat habetur. Dicimus enim quod martyrium dilectionem sive bonam voluntatem non donat, sed eam habitam et ostendit et augmentat quandoque. Quod autem martyrium per se alicui voluntarium non sit, inde patet quia jucundum non est. Quod non sit jucundum, Hieronymus ostendit super, *Ecce quam bonum et quam jucundum* (*Psal.* CXXXII, 1), ubi dicit : Est enim bonum, quod non est jucundum, ut martyrium. Hoc quoque Dominus Petro manifeste aperuit, cum dixit : *Et ducet te quo tu non vis* (*Joan.* XXI, 18). Si opponatur : *Oblatus est, quia ipse voluit* (*Isai.* LIII, 7), dicimus, quia voluit, id est necessariam mortem approbavit vel judicavit. Sic et Apostolus : *Quod enim volo hoc non ago, sed quod nolo illud facio* (*Rom.* VII, 19). Quod volo, ait, id est quod approbo faciendum ; quod nolo, id est non approbo.

CAPUT XXVI.
De voluntate Dei.

Quia de voluntate Dei mentionem fecimus, circa eam pertractandam aliquantulum insistamus. Voluntas igitur Dei duobus modis dicitur. Cum dico enim : Deus vult hoc vel illud, duobus modis exponi potest : Vult hoc, id est disponit ; vel vult hoc, id est consulit. His duobus modis tantum in divina Scriptura voluntas Dei accipi invenitur, ut ibi : *Omnia quaecunque voluit fecit* (*Psal.* CXIII, 5), id est disposuit. Et alibi : *Voluntati ejus quis resistet ?* (*Rom.* IX, 19,) id est dispositioni. Aliter, ut, *Vult omnes homines salvos fieri* (*I Tim.* II, 4), id est consulit vel approbat. Huic voluntati saepe resistimus, cum scilicet quod ipse nobis consulit faciendum, non facimus. Dispositioni quoque, quantum in nobis est, resistimus, cum contra eam nitimur, cum tamen eam impedire nequeamus. Hoc autem quandoque fit cum culpa, quandoque sine culpa : cum culpa, sicut quando non bono zelo, non pro aliquo dilectionis affectu, sed potius ex invidia vel aliqua nequitia in contrarium repugnamus, ut cum Deus alicui aliquod bonum administrat, quod ex invidia vel malevolentia aliqua, quantum possumus, impedimus, ne ille habeat ; sine culpa duobus modis nitimur : cum enim quandoque videamus aliqua evenire, quae nobis inconvenienter fieri videntur, non putamus illa a Deo disponi, et ideo contra vadimus, et ne eveniant desideramus. Hoc enim ignorantia excusat. Ex affectu quoque charitatis vel aliquo naturali affectu hoc idem facimus, ut cum videt quis patrem suum mori, scit sic esse in dispositione Dei, et tamen vult ut non moriatur, et dolet quia moritur. In quo notandum quod quandoque bona voluntas hominis a voluntate Dei discordat, quandoque mala cum eo concordat. Hoc Augustinus in Enchiridio[n] plane ostendit. Hoc etiam Ecclesia facit, ut cum videt aliquem martyrem trucidari vel lapidari, scit bene quod hoc in beneplacito Dei est et quod bonum est etiam illi, ut per martyrium illud de hac miseria ad beatitudinem transferatur ; et tamen dolet et plorat, quod sic affligitur. Hujusmodi fletus et dolores, ut supra dictum est, irrationabiles sunt, quia in errore consistunt. Quicunque enim quod, perficere nequeunt illud aggrediuntur, errant. Sunt tamen absque culpa, quia ex charitatis vel alicujus dilectionis affectu procedit. Ex eo igitur quod voluntas accipitur pro dispositione, aperte conjici potest quod multa praecipit Deus quae non vult fieri, et multa prohibet quae fieri disponit. Praecepit enim Abrahae ut filium suum immolaret, quem tamen noluit immolari : quod inde patet, quia nec fuerit immolatus, bene tamen praecepit et bene noluit. Praecepit siquidem, ut notam faceret obedientiam Abrahae ; noluit autem, quia non erat rationabilis causa ut filium suum Abraham immolaret. Prohibuit et mundatis leprosis ne se divulgarent ; voluit tamen ut hoc facerent, et bene sciebat quod non celaretur. Et quidem bene prohibuit, ut scilicet exemplum humilitatis omnibus exhiberet. Bene quoque illud voluit divulgari, ut Deus scilicet inde glorificaretur. Ipsi etiam bene fecerunt quod in hoc ei non obedierunt, nec inde inobedientes, sed potius humiles exstiterunt. Sicut si aliquis ante episcopum genu flexo staret et ipse prohiberet, unusquisque quod suum esset faceret, et ille deferendo, majoribus enim deferendum, et episcopus prohibendo, quia humilitatis exemplum ab omnibus exhibendum est. Unde Salomon : *Quanto magnus es, humilia te in omnibus* (*Eccli.* III, 20). Omnibus communiter praecipit Deus : *Diliges Dominum Deum tuum* (*Deut.* VI, 5) ; et bene scit quosdam non obedituros. Sed ne quis diceret : illis praecepit et mihi non, et ideo nescio in quo debeam ei obedire ; vel, non sum reus, si non hoc facio, quia hoc facere non est mihi injunctum et sic excusabilis sum ? ne, inquam, hoc diceret, ut omnem removeat excusationem, omnibus praecipit. Non vult tamen ut omnes obediant, quia sicut rationabile est quosdam obedire, sic et alios non obedire. Similiter de prohibitione ratiocinari licet. Quod ut evidentius cognoscas, de Petro et Juda exemplum tibi sumas.

Utrique præceptum dilectionis dedit. Petrus obedivit, Judas non, quia non voluit ut obediret; et sicut rationabilis causa fuit quare voluit ut obediret Petrus, sic rationabilis causa fuit quare noluit ut Judas obediret et damnaretur. Nota, non disponit mala esse, sed permittit esse : tamen mala, id est de illis bene ordinat. Nec sequitur, si disponit et vult, quia eum velle aliquid non est aliud quam ei placere et ipsum remunerare.

CAPUT XXVII.
An unio illa in morte Christi fuerit divisa?

De unione illa adhuc quæritur an in morte fuerit divisa. Quidam auctores volunt quod Verbum nunquam deseruit hominem ; et verum est, quod non deseru[er]it humanam naturam. Augustinus quoque dicit quod non etiam carnem deseruerit, ex quo eam assumpsit. Ambrosius vero velle videtur, quod divinitas in morte a carne fuerit separata; ait enim super Lucam : Clamat caro moritura separatione divinitatis. Quod quidem rationabilius esse videtur, quod a corpore fuerit separata. Sicut enim non potuit adjungi nisi anima mediante, sic in eo non debuit remanere anima separata. Quod vero non potuit adjungi nisi anima mediante, Augustinus dicit. Sic igitur etsi unio remaneret cum anima, non tamen cum anima et corpore. Quæritur etiam utrum eamdem scientiam habuerit anima illa, quam Verbum habebat. Quidam dicunt quod eamdem : et ita tantum sciebat creatura illa quantum Creator. Sic igitur perfecta erat in scientia, sicut Deus. Æqualis ergo erat creatura illa in hoc Creatori suo, quod irrationabile esse videtur. Non itaque dicimus quod eamdem habuerit scientiam; quod etiam super eum locum Ambrosius ostendit : Nemo scit ea quæ sunt Dei, etc., nemo scit ea quæ sunt hominis, nisi spiritus hominis. Hic, ut ait Ambrosius, ostendit Apostolus contra hæreticos quosdam, scilicet non esse creaturam. Si vero hæc anima habet eamdem scientiam quam et Verbum Dei; hic Apostoli sermo nullus est, cum hæc anima creata sit. Licet autem tantum non sciret, Deum tamen perfectissime videbat. Sed opponitur quod Deus ait ad Moysen : *Non videbit me homo, et vivet* (*Exod.* XXXIII, 20). Sed dicimus esse dictum de animali vita. Animalem autem vitam dicimus vivificationem et motum illum, quem [vitalem animam] caro habet ab anima, quia nullo modo corpus potest moveri nisi per animam. Vita vero Christi non talis erat; imo, ut jam dixinus, quod facit anima corpori; hoc faciebat Verbum animæ illi, quia nihil motus poterat corpori conferri nisi per Verbum. De affectionibus autem naturalibus, sicut dolore et cæteris, nihil est ad opponendum, quia naturaliter in anima illa erant. Si quis autem dicat, similiter et motus corpori præstare illi animæ naturale erat, acquiescimus quidem, sed alterum abstulit, quo solet homo peccare, et alterum dimisit, quo verus homo remaneret. De hoc etiam ambigi potest, cum Verbum ubique sit per essentiam, an ullam diversitatem habeat essendi. Sic enim videtur. Nam cum Verbum in homine illo esset per unionem, ubi non erat homo ille, ibi non erat Verbum unitum : ubi non erat homo ille, ibi non erat mediator Dei et hominum, et ita in existentia sua diversitatem recipiebat. Sic esse, modo potest dici, quod aliter hic, aliter in cœlo est. Sed, ut supra diximus, sic est Deus ubique, quod non est alicubi; quod plane retulit beatus Augustinus, cum probavit ipsum non esse corpus, quoniam alicubi non sit. Est igitur ubique per potentiam, qui ubique potest. Est ubique per essentiam, quia omnia loca per administrationem ita sunt ei præsentia, quod nullo sui loco indiget vicario. In omni loco quod conveniens est administrat. Sic beatus Gregorius eum esse ubique describit. Supra est, inquit, omnia regendo, infra omnia sustentando et intra omnia disponendo. Sic igitur est unitus homini, quod non est in aliquo loco, sicut anima sic est unita corpori; quod in loco non sit. Sed sicut anima esse in corpore nihil aliud est, quam movere corpus, sic Verbum in homine illo non erat aliud, quam ipsum sic movere, quod a se nullum motum; quia nec etiam digitum movere poterat, nisi quantum ei inspirabat. Sic ergo omnes oppositiones cassantur, quæ erant; aliter hic est, aliter est ibi : hoc est, unitur ibi non est unitum, etc.

CAPUT XXVIII.
De sacramento baptismi.

Ostenso hucusque de summo beneficiorum, ad beneficium sacramentorum divertamus. Sicut enim necessarius fuit ejus adventus, sic quoque necessaria post suum transitum sacramenta reliquit. Decebat enim novum Regem nova jura sibi relinquere, sicut et adhuc fieri solet, cum reges substituuntur. Horum sacramentorum alia sunt spiritualia, alia non. Spiritualia sunt illa majora, quæ scilicet ad salutem valent : quorum tamen unum est, quod non ad salutem spectat, sed magnæ rei sacramentum est, scilicet conjugium. Ducere siquidem uxorem non est alicujus meriti ad salutem; sed propter inconvenientiam ad salutem est concessum. Est autem sacramentum invisibilis gratiæ visibilis species, vel sacræ rei signum, id est alicujus secreti. Primum horum est baptismus, qui circumcisionis obtinet locum. Ut enim ait beatus Gregorius, hoc facit nobis baptismus, quod olim his, qui de genere Abrahæ erant, circumcisio, aliis sacrificia vel pro parvulis fides parentum. Dicunt tamen quidam quod in hoc differunt, quod aditus cœli modo patet baptizatis; tunc vero non. Sed nos dicimus, quod hoc non facit baptismus; sed passio adjuncta; quæ si circumcisioni addita esset, et faceret, sicut de duobus nummis videre possumus. Cum enim plus accipiamus pro duobus quam pro uno, non tamen plus valet unus quam alter. Sed dicet aliquis : Cur ita mutata est circumcisio ? Propter novi regis novam legem instituendam, propter inimicitias inter Judæos et gentiles dissolvendas, propter superbiam Judæorum retundendam. Cum enim propter legalia Judæis gentiles et e converso inimicarentur, nunquam gentiles illa reciperent. Item si reciperent, Judæi inde superbirent et quasi inde se jactarent, qui dicerent : Velitis nolitis, ad nostra sacramenta venistis modo. Ideoque conveniens fuit illa evacuari, et alia quæ utique forent communia constitui. Propter hoc quoque baptismus loco circumcisionis subiit, quia circumcisio imperfectum erat sacramentum, utpote solis attinens maribus. Baptismus vero perfectum est sacramentum, quia utrique sexui accommodatur. Solet quæri cur magis in aqua quam in alio liquore baptismus conficiatur. Ad quod quidem plura responderi possunt : primo, quia propter decorem sacramenti hoc factum est. Nullus enim liquor adeo valet ad abluendum ut aqua, et ideo conveniens erat et decorum ut, sicut ablutio animæ melior est omnibus aliis, sic per ejus liquoris ablutionem significaretur, quod magis valet ad abluendum. Item propter majorem facultatem habendam, ut omnes tam pauperes quam divites hoc possent habere, nec propter inopiam excusarentur. Si enim fieret in ali[qu]o liquore, non tam facile quilibet posset habere. In hoc sacramento, sicut et in aliis, duo sunt, ipsum scilicet sacramentum et ipsius res. Sacramentum est ipsa exterior ablutio : res hujus sacramenti interior est ablutio. Hoc sacramentum, sicut et sacramentum altaris, alii ad vitam, alii ad mortem accipiunt. Qui enim vere accedunt, et rem et sacramentum accipiunt ; qui autem ficte, tantum sacramentum. Unde si resipiscant, quia sacramentum recipiunt, nec postea baptizantur. De quibus tamen Augustinus quamdam opinionem ponit, quia non videtur consentaneum esse, quod Spiritus sanctus efficaciam suam non debeat semper habere, et ideo dicit quod si fiat eis peccatorum remissio, ad horam transit, et hoc est, quod ipse dicit : Non impeditur etiam fraterno odio gratia baptismi; solvitur enim hesternus dies, etc. Hæc ablutio significata est in Ezechiele propheta : Lavatur aqua, ungitur oleo, vestitur discoloribus, hoc est : anima fidelis, quæ ut regio amplexu sit digna, mundatur sorde peccati, gratia ungitur olei, id est fit membrum Christi. Christus enim chrismate unctus dicitur, vestitur discoloribus, diversis virtutibus ornatur. De hoc sacramento, sicut de aliis, videndum est, quia nihil refert, a quocunque detur ministro, quia minister ministrat, Christus baptizat. Unde : *Hic est, qui baptizat* (*Joan.* I, 33). Quapropter sive ab hæreticis, sive a laicis, sive etiam a mulieribus necessitate imminente detur, nunquam reiteretur. De verbis illis quæri solet cujus sint, an scilicet pueri an patrini. Cujuscunque siquidem sint illa verba, mentiri certe videtur, qui respondet. Si enim de se respondeat : *Volo baptizari*, mentitur quidem, quia non in conscientia sua gestit velle baptizari. Si item de puero dicat, nec a mendacio penitus excusari potest. Scit enim procul dubio ipsum puerum quidem hanc voluntatem non habere, quippe cum nullius voluntatis sit compos. Quod quia, inquam, nolit puer, inde facile potest perpendi quod quantum potest recalcitrat. Sed dicimus quod patrinus in persona sui loquitur. Cum autem ait : *Credo*, tale est ac si dicat : Talem fidem habeo, per quam hic salvari potest. Cum similiter respondet : *Volo baptizari*, sensus est : Volo ut iste baptizetur in fide mea. Servantur tamen verba pueri ipsius, ut ex identitate verborum pueri identitas patrini ad puerum notetur. De hac forma sciendum est quod ubique servanda est. Dicit tamen beatus Ambrosius *in nomine Christi* baptizari posse, quia ibi Trinitas intelligitur : *In nomine Patris, et Filii, et Spiritus sancti*, id est invocatione illius, cui nihil resistere potest, qui omnia sapienter agit, qui de omnibus eodem modo provenire facit, quo melius inde potest evenire.

Post hoc sacramentum sequitur aliud quod quidem majus est quantum ad ministrorum dignitatem; hoc enim a summis pontificibus traditur, sicut a solis apostolis tradebatur. Prius est unctio, postea sequitur confirmatio. Ibi peccatum dimittitur, hic gratiæ dona dantur. Nam hic illa gratia procul dubio datur, qua contra singula vitia, etsi non semper quandoque tamen pugnatur. Est autem gratia illa quasi armatura quædam, qua in hoc deserto post transitum baptismi contra vitia repugnamus. Sicut enim submersis Ægyptiis, a tergo sequentibus filios Israel, alii hostes per desertum eos oppugnaverunt, sic, submerso diabolo in baptismate, qui primum nos insequebatur, multa nobis per hujus vitæ desertum vitia resistunt, contra quæ gratia in hoc sacramento data quasi armatura et munitione quadam munimur. Quocirca procul dubio sciendum est quod quantumque indignus sit episcopus, in consecratione tamen ei hæc facultas exhibetur, ut per ministerium hæc gratia detur. Sicut de Caipha habetur quia, *cum esset pontifex anni illius* (*Joan.* XI, 49), non personæ, sed dignitati gratia prophetandi data est. Cum enim in se dignus non esset, ex officio tamen prophetavit et Spiritu sancto dixit : *Expedit vobis ut unus*, etc. (*Joan.* XVIII, 14).

CAPUT XXIX.

De sacramento altaris.

Sequitur de sacramento altaris. Hujus sacramenti causa est memoria mortis et passionis Christi. Quam causam ipsemet, quando sacramentum istud in cœna consecravit, omnibus aperuit, cum ait : *Quotiescunque feceritis, in mei memoriam facietis* (*Luc.* XXII, 49). Ex memoria enim amicorum nostrorum multum solet in nobis dilectio eorum. Ad majorem igitur sui dilectionem habendam hoc sacramentum in memoriam sui fieri instituit. Sic enim in sacramento Christum præ oculis habere debemus, tanquam ad passionem ductum, passum et crucifixum pro nobis, quæ repræsentatio dilectionis illius nos memores facit, quam ipse nobis exhibuit. Unde et majori dilectione ad eum amplectendum et pro eo patiendum accendimur, quæ vicaria dilectio et illum nobis et nos illi conjungit. Hoc sacramentum in pane et vino celebratur. Unde notandum quod panis ille ante consecrationem panis est et vinum similiter vinum est; post consecrationem vero et panis corpus Christi et vinum sanguis. Sic igitur verum corpus Christi est, imo ipse Christus. Hoc corpus sacramentum est illius corporis Christi, quod est Ecclesia : quia sicut hoc corpus, quod ipse assumpsit de Virgine, habet membra diversa, quorum alia aliis mutuo necessaria erant, sic hoc corpus, quod est Ecclesia. Unde et Apostolus Ecclesiam quasi quoddam animal describit habens caput suum, ipsum scilicet Christum, oculos spirituales prælatos, qui aliis prævident, manus ipsos operatores, pedes ipsos minores qui ad corpus portandum necessarii sunt. Sic enim alterno indigent adjumento, ut et majores minoribus et minores majoribus vicissim suppeditare oporteat. Sic enim in corpore humano videmus quod oculos manibus et e converso, et manus pedibus et e converso subministrare conveniant. Sanguis autem sacramentum spiritus Ecclesiæ, quod per septiformem gratiam eam vivificat et in ea operatur. Sicut enim, ut ait Augustinus, anima vita est corporis, ita Deus vita est animæ. Et bene per sanguinem vivificatrix illa gratia significatur, quia majorem vim et efficaciam habet anima in sanguine, quam in alio aliquo humore. Unde Moyses : *Anima*, inquit, *cujuscunque carnis in sanguine est* (*Levit.* XVII, 11). Illa vero perceptio et incorporatio, quæ est in assumendo illud sacramentum, est unionis et incorporationis, quæ est membrorum ad caput. Nam quando aliquis accedit ad illud assumendum, ostendit se non tunc Christo uniri, sed jam perfici et dilectionem unitam esse et in membris ejus transisse. De hac re hujus sacramenti dixit Dominus noster : *Qui manducat carnem meam et bibit sanguinem meum, in me manet* (*Joan.* VI, 57). Non de sacramento dixit, quia multi de corpore suo sunt, qui hoc sacramentum non accipiunt et multi accipiunt, qui ejus membra non sunt. Accepit enim Judas hoc sacramentum, sicut Petrus; sed unus ad salutem, alter ad mortem. Quare magis in pane et vino voluit hoc sacramentum tradere quam in aliis cibis, solet quæri. Sed manifestum est quod panis validior est cibus omnibus aliis cibis et magis sustentat. Unde nec plena refectio nec copia mensæ potest esse sine pane. Inde quoque Propheta : *Et panis*, inquit, *cor hominis confirmat* (*Psal.* CIII, 15). Voluit igitur tradere corpus suum in specie panis potius quam alterius cibi, ut aperte daret intelligi quod sicut cibus iste prævalet in sustentatione corpori administrando, sic sacramentum istud præ cæteris valet in dilectione Dei, quæ sustentatio est animæ, in nobis augmentanda. In nullo siquidem aliorum tantum ejus dilectione afficimur, quantum in isto. In vino quoque sanguinem suum dare maluit, quam in alio potu, quia per vinum lætitia significatur. Unde : *Et vinum lætificat cor hominis* (*ibid.*). Per hoc quoque aperte ostendit inæstimabilem lætitiam per passionem suam Ecclesiæ affuturam, quam sancti, qui ante adventum suum fuerunt, minime habuerunt, quia moriendo non transibant ad vitam, imo in inferno detinebantur. Unde nec eorum natalitia in Ecclesia celebrantur. De aqua non legimus quod Christus huic sacramento addiderit. Cur igitur vino admiscetur? Sed dicimus quod per aquam populus gentium designatur. Unde : *Aquæ multæ populi multi* (*Apoc.* XVII, 15). Ut enim semper in fluxu et in mobilitate aqua, ita populus ille in fluxu carnis et instabilitate quadam detinebatur. Nam nullo legis vel prophetarum jugo refrenatus, per lucos et aras dæmonum hinc inde raptabatur.

Cum igitur ante mortem Christi populus iste in Ecclesiam non intrasset, non erat conveniens quod aqua, quæ gaudium de ejus introitu exprimit, adderetur. Cum vero postea intraret, Ecclesia de ejus introitu et societate gaudens, aquam adjunxit. De fractione illa, quæ ibi apparet, ambigi solet similiter an ipsum corpus Christi, sicut vere est ibi, ita in veritate frangatur. Sed dicimus quod sicut esse videtur panis, et non est, videtur quoque vinum esse, cum tamen vinum non sit : sic videtur frangi, cum fractionem nullam recipiat nullamque partium sectionem suscipiat. Nec est propter hoc phantastica visio illa, quia non est ad deceptionem vel fidei errorem, sed ad sacramenti commendationem. Sed cum de fractione illa, quæ fit in altari, facile sit responderi, de illa, quam Christus fecit in cœna, de qua evangelista : *Fregit et dabat discipulis suis* (*Luc.* XXII, 19), grave videtur absolvere, an scilicet in veritate corpus suum fregerit et per partes divisum discipulis suis tradiderit. Ad quod equidem respondendum videtur quod totum integrum et perfectum, sicut de Virgine traduxit, ita unicuique discipulorum totum et integrum tradidit. Sic etiam in altari ab unoquoque fidelium recipitur. Quod autem dixit evangelista : *Fregit et dedit discipulis suis*, sic sane intelligendum liquet, *Fregit*, id est, revelavit et aperuit discipulis quid hoc sacramentum significaret, quod videlicet corpus Ecclesiam, quod sanguis hilaritatem illam quam Ecclesia de sui redemptione habet figuraret. Unde qui hoc ignorant non fractum, id est, non revelatum secundum sui significationem accipiunt. Quod autem sic sane et convenienter exponi possit, Jeremias ostendit : *Parvuli petierunt panem, et non erat qui frangeret eis* (*Thren.* IV, 4). Panis iste Scriptura est, quem panem, id est, quam Scripturam parvuli infirmi ante adventum Christi sibi frangi, id est, aperiri et exponi petebant et non erat qui frangeret eis, donec veniret Christus, qui aperiret eis Scripturas. Unde Joannes in Apocalypsi : *Et nemo poterat aperire librum, et solvere signacula ejus*, etc. (*Apoc.* V, 2). Et bene dicitur Scriptura panis, quia ea ut cibo spirituali inierior homo, sicut et corporali exterior, reficitur et sustentatur. Quæ frangenda, id est, exponenda est, quia, sicut duri panis crusta frangenda sunt, ut ad medullam et micam, quæ intus est, veniamus, sic cortex et testa litteræ frangenda est, id est series litteræ exponenda, ut ad medullam, id est ad interiorem sensum venire valeamus.

Solet quoque quæri quale discipulis ipsum tradidit, passibile videlicet an impassibile. Ad quod dicimus, quod de auctoritate hoc diffinitum non habemus. Possumus tamen de hoc secure respondere, quod dedit tale quale voluit. Si enim voluit eis tradere immortale, bene quidem in illo tempore impassibilitatem sui potuit assumere, sicut et in morte claritate se vitæ immortalis venustavit. Si autem voluerit dare passibile et hoc utique potuit, ita tamen, quod cum eorum dentibus attereretur, nihil inde sentiret nihilque defectionis in se assumeret : sicut etiam beato Vincentio talem corporis soliditatem dedit, quod parum de illis tormentis, quæ ei inferebantur, sensit. Si enim aliquis, qui non haberet eamdem vim in corpore suo, tantum decimam partem illarum poenarum suscepisset, nunquam amplius vivere posset. Similiter, si Christus vellet, omnes alias tam infirmitates corporis quam affectiones animi deposuisset.

De specie quoque illa panis et vini dubitatur cujus sit. Ad quod sane respondendum quod ipsum corpus, propter horrorem assumendi, eas in se formas recipiat. Nam si opponatur quod ex quo illud corpus assumpsit, nunquam formam illius deposuit et ideo aliam formam, illa non deposita, habere non potest, dicimus quia, sicut quod de Spiritu sancto conceptum est, quod clauso utero intravit et exivit, quod super aquas ambulavit, quod clausis januis ad discipulos intravit, quod simul et eodem tempore in diversis locis habetur, sicut, inquam, hæc omnia ad singularitatem illius corporis attinent, sic istud quoque, quod diversas simul habet formas. Si enim hoc est admirandum, nihilominus unumquodque aliorum constat esse stupendum, quod omnia de eo sunt admiranda. Manna quoque hujus veri panis sacramentum exstitisse, aperte insinuavit. Cum siquidem filiis Israel manna plueret, admirantes quid esset, invicem quærebant : *Manhu, id est, quid est hoc?* (*Exod.* XVI, 15.) Eodem modo hic semper quæri potest: Quid est hoc? Quippe nec humanum ingenium nec lingua depromere quid sit plene sufficit. Si enim nolumus dicere quod illius corporis sit hæc forma, possumus satis dicere quod in aere sit illa forma ad occultationem propter prædictam causam carnis et sanguinis reservata, sicut forma humana in aere sit, quando angelus in homine apparet. De hoc, quod negligentia ministrorum evenire solet, quod scilicet mures videntur rodere et in ore portare corpus illud, quæri solet. Sed dicimus quod Deus illud non dimittit ibi, ut a tam turpi animali tractetur: sed tamen remanet ibi forma ad negligentiam ministrorum corrigendam.

Nunc de efficacia hujus sacramenti videamus. Efficacia enim hujus major et fortior est, quam alicujus alterius, quia in tantum confirmat, quod qui devote accipit, quandiu per infirmitatem suam ipsum a se non rejicit, nullam diaboli tentationem patitur, quia per hujus eucharistiæ perceptionem diabolus vincitur et religatur, et licet in se, qui talis est, semper habeat (25), tamen ipsum semper recipit et in eo habitaculum facit.

CAPUT XXX.
De sacramento unctionis.

De sacramento unctionis videndum restat. Sciendum igitur, hoc sacramentum esse ejusdem rei sacramentum, cujus et sacramentum altaris, quia illam unctionem capitis et membrorum significat, quæ sacramento altaris significatur. Unctio enim ista sicut trina in capite præcessit, sic et in membris subsequitur. Verum quia hoc sacramentum ultimum est omnium, et quasi consummatio, ideo prærogativa quadam, licet in aliis unctio contineatur, hoc unctionis sacramentum jure vocatur, quod quidem in capite nostro Christus, ut dictum est, trina præcessit. Unde et Christus, id est, chrismate unctus, dictus est. Ipse namque oleo spirituali ab ipsa conceptione unctus fuit. Unde et Christus : *Spiritus Domini super me, eo quod unxerit me; ad annuntiandum mansuetis misit me, ut mederer contritos corde,* etc. (*Isa.* LXI, 1). Hinc etiam Psalmista : *Dilexisti justitiam et odisti iniquitatem, propterea unxit te Deus.* etc. (*Psal.* XLIV, 8). Postea perunxit Maria pedes ejus in domo Simonis leprosi, deinde caput, quando alabastrum fudit super caput ejus. Has duas unctiones suscepit, quia rex et sacerdos erat. Duæ similiter personæ unguuntur in Ecclesia, rex et sacerdos, una major, altera minor. Minor vero a majore benedicitur, ut Apostolus ait. In unctione igitur pedum minor persona, id est sacerdos; in unctione capitis major, id est rex figuratur. David etiam, qui in Christi figura præcessit, unctus fuisse legitur primo in domo patris, a Samuele, secundo super partem Israel, tertio super totum. Eodem quoque modo unusquisque Christianus ter ungitur, primo ad inchoationem, in baptismate scilicet, ubi peccata dimittuntur; secundo in confirmatione, ubi dona gratiæ conferuntur; tertio in exitu, ubi vel omnia si qua sunt peccata, vel eorum maxima pars deletur.

Videndum igitur quæ res, quæ sit efficacia hujus sacramenti, utrum idem sit res et efficacia an potius inter se diversa. Ad quod dicendum, quod quædam sacramentorum in hoc conveniunt, quod videlicet alia est eorum efficacia et alia eorum res-

---

(25) Leg. forte, *Spiritum sanctum habeat.*

Quædam vero in hoc discrepant, utpote baptismus idem habet rem et effectum. Sacramentum vero altaris non sic se habet. Cum enim idem sit res et quod efficit, tamen aliud efficit sacramentum altaris, de qua efficacia superius ostendimus sufficienter, et alia est res ejus. Similiter et hujus sacramenti alia est res et alia efficacia ; res eadem, quæ et sacramenti altaris. Nam non hoc sacramentum, quod figurat (26), sed ostendit factum esse. Prius siquidem est aliquis membrum Christi, quod fit in baptismo, quam ad consecrationem altaris accedat. Similiter ante est membrum Christi, quam sic unguatur. Per singulos quoque sensus hæc unctio fieri debet, ut quæcunque sensibus sunt perpetrata, ex toto vel ex maxima parte remittantur. De iteratione secundum diversas consuetudines fiat Ecclesiarum. Jacobus enim cum dicat : *Infirmatur quis in vobis ? inducat presbyteros Ecclesiæ, et unguant eum et bene habebit (Jac. v, 14)*, non videtur prohibere quin repetatur. De majoribus enim, ut baptismo, confirmatione et altaris sacramento, dictum est, nullum sacramentum reiterandum. Neque eadem hostia consecratur bis, cum tamen idem corpus ab eodem frequenter sumatur.

CAPUT XXXI.

De conjugii sacramento et quod non confert aliquod donum, sicut cætera faciunt. Item de charitate.

Nunc de conjugio dicendum est, quod quidem sacramentum est, sed non confert aliquod donum, sicut cætera faciunt, sed tamen mali remedium est. Datur enim propter incontinentiam refrenandam; unde magis ad indulgentiam pertinet. Sic autem diffinitur : Conjugium est maris et feminæ fœderatio legitima, propter quam licet eis sine culpa commisceri. Fœderatio vero alia est de conjugio contrahendo, ut est, quando promittit quod eam accipiat sibi uxorem ; alia conjugii, ut quando dicit : Trado me tibi ad usum carnis meæ, ita ut, quandiu vixeris, non me alii conjungam. Et hæc fœderatio apprime facit conjugium. Sciendum vero est quod in hoc sacramento multa olim fuerunt licita, quæ modo licita non sunt, quia in veteri testamento licebat uni multas uxores habere, ut populus Dei augeretur, sed non mulieri multos viros, quia multæ possunt ex uno fecundari, sed non una ex multis. Nunc vero non licet, quia populus Dei auctus est. Etiam tunc regibus non licebat multas, sed unam habere, ut subditis suis providere possent. Si enim multas haberent, earum sollicitudine animus impediretur et ita minus providerent. Quod vero David et Salomon multas habuerunt, plane contra legem fecerunt. Nostrum vero conjugium ad regum conjugium redactum est, quia reges sumus, de quibus Petrus : *nos sumus genus electum, regale sacerdotium (I Petr. II, 9)*. Hoc sacramentum, ut dictum est, mali remedium est, etsi donum non conferat. Unde : *Qui potest capere capiat (Matth. XIX,*

12) ; id est, qui potest continere contineat, qui non potest, uxorem ducat. Et Apostolus : Unusquisque habeat suam uxorem propter fornicationem vitandam (I Cor. VII, 2).

Utrum clerici matrimonium contrahere possint quæri solet. Sacerdotes, qui non fecerunt, possunt. Si vero aliquis in Ecclesia, quæ votum suscepit, fuerit qui non votum fecerit, potest ducere, sed in Ecclesia illa officium non exercebit, quod est, parochiam non tenebit. Græcorum vero sacerdotes, quia votum non susceperunt, bene uxores ducere possunt, qui, quando consecrantur, de manu episcopi uxores accipiunt et virgines, quæ si moriantur, non alias accipiunt, nec ipsæ alios (27). Præceptum etiam erat eis ut unusquisque de tribu sua uxores duceret, ne tribus commiscerentur et ne transiret possessio unius tribus in possessionem alterius, quia terra per tribus divisa erat. Nunc autem non licet, sed de aliena gente, quod Ecclesia propter propagationem charitatis, [quod] a Romanis [Ecclesia] accepit. Romani enim, quando amicitiam cum aliis civitatibus facere volebant, uxores ex eis ad confœderationem amicitiæ ducebant. Similiter Ecclesia constituit ut non de sua, sed de aliena prosapia uxorem quis ducat, quia non putavit hoc sufficere ad dilatationem charitatis, quia per uxorem quam accipit totam illam progeniem diligit. Multa sunt quæ conjugium impediunt, cognatio, votum, ordo, frigiditas. Sunt qui in secreto continentiam vovent. Hi, si non possunt continere, de voto pœniteant et uxores ducant. Qui vero in manifesto votum faciunt, ut monachus et sacerdos, matrimonium contrahere nequeunt. Ordines impediunt ; possunt tamen ducere usque ad acolythum, sed beneficia dimittere debent. Qui vero supra acolythum ordinati sunt ducere non possunt. Gregorius tamen anglicis permisit, quia nuper conversis ad fidem si hoc [eis] prohiberetur, facile relabi possent. Servitus etiam impedit. Si quis enim se ignorante ancillam ducit alterius, si noluerit in servitutem redigi, aut etiam redimat aut dimittat. Item si quis frigidus uxorem duxerit, et eam habere non potuerit, Leo papa dicit quod eam dimittere potest. Gregorius vero dicit esse conjugium, etsi non potest eam habere ut uxorem, habeat ut sororem ; non minus erit conjugium, sicut conjugium Mariæ et Joseph. Si vero mulier non potuerit continere, et hoc dixerit, non propter hoc separanda, quia necesse est eam continere. Inde Hieronymus et Theophrastus dicunt : Nulli sapienti ducenda est uxor. In aliis enim experiri possumus qualia sint, antequam habeamus, ut equum, antequam emamus, etc., sed mulierem experiri non permittimur, nisi postquam in uxorem accepimus. Item, mulier aut casta est aut incesta. Si casta, superba ; si incesta, nunquam erit libera a suspicione. Conjugium etiam servitus dicitur. Unde Apostolus : *Servus vocatus*

---

(26) Supple *facit*.
(27) Hoc loco sententiæ aliquot excidisse videntur, forsan negligentia librarii.

es. etc. (I Cor. vii, 21), id est, in conjugio utere servitute, id est, habita etiam occasione dimittendi non dimittas. Si autem liber, id est sine conjugio, ne accipias uxorem, si vis esse liber.

Tria sunt bona conjugii, fides, proles, sacramentum. Fides, non Catholica, sed pactio conjugalis, quod, quandiu vixerit, cum alia non commisceatur. Proles, ut susceptus filius religiose educetur, et est ad decorem, ut quod ibi per peccatum commissum est, filiorum fructu recompensetur. Sacramentum est Christi et Ecclesiæ, quia sicut uxor unius viri et vir unius uxoris, sic Christus unius sponsæ, id est Ecclesiæ sponsus est et Ecclesia unius sponsi, id est Christi sponsa.

Quæritur si inter infideles possit esse conjugium. Potest utique. Unde Joannes Baptista : *Non licet tibi habere uxorem fratris tui (Matth. xiv, 4).* Joannes dicit, quod adulterium erat, et sic conjugium. Sed opponitur : *Omne, quod non est ex fide, peccatum est (Rom.* xiv, 23). Sed intelligendum est, quod non est ex fide, id est quod contra conscientiam. Quod conscientia testatur malum esse, illud, si fiat, peccatum est. Augustinus dicit quod conjugium bonum naturale est, quod diffunditur inter omnes, etiam inter infideles. Item conjugium est inter fideles et infideles. Unde Apostolus : *Si quis fidelis habuerit uxorem infidelem, et hæc consentit habitare cum illo, non dimittat eam (I Cor.* vii, 12). Christianus etiam Judæam posset ducere, si recompensatio inde sequeretur.

Diximus superius summam salutis in his tribus, scilicet fide et sacramento et charitate constare. Nunc de duobus, fide et sacramento, sufficienter expedito, de tertio, charitate, amodo disseramus. Charitas, ut supra diximus, est amor honestus, id est amor qui ad eum finem, ad quem referri debet, refertur. Est autem amor bona voluntas erga aliquem propter ipsum. Si enim diligam aliquem propter aliquam utilitatem, non est amor ad ipsum, sed ad meam utilitatem. Unde si optem vitam æternam alicui non propter se, sed ut ab eo liberer, jam vellem ut in paradiso esset, non eum diligo, sed aliquod de morte sua commodum mihi desidero. Nec est igitur honestus amor, id est non tendens in eum finem, in quem debet, id est in ipsum Deum. Licet enim multi et diversi fines esse possint in dilectione, vel in aliquo, ut in domo propter pauperes facienda, pauperes sunt in causa, tamen finis, id est finalis causa et suprema, scilicet Deus, unus est. Unde quamvis diligam aliquem propter se, illum in finem dilectionis constituere non debeo, sed ipsum Deum et tunc ad primum amor ad eum refertur finem, ad quem debet. Gemina vero hæc dilectio in dilectione utique Dei et proximi consistit. Non enim possumus diligere Deum, nisi proximum diligamus. Hoc tamen non posse non ad naturam, sed ad institutionem præcepti referatur ; posset enim esse, quod nullus homo præter me esset et bene diligere Deum possem. Est quoque de obstinatis in proximum illud Joannis intelligendum : *Qui non diligit proximum quem videt,* Deum *quem non videt quomodo potest diligere? (I Joan.* iv, 20.) quasi diceret ; qui adeo erga proximum, quem videt, induratus est, quod nullo modo ad ejus dilectionem revocari potest, ille, dum talis est, Deum non potest diligere ; hoc enim jam nihil aliud est quam proximum odio habere ; et qui proximum odit, Deum non diligit.

CAPUT XXXII.

Quibus modis nos diligat Deus et quibus modis nos Deum vel proximum diligere debeamus.

Nunc vero, quibus modis nos diligat et quibus modis nos Deum vel proximum diligere debeamus, dicendum videtur, ut quis ordo in charitate servari debeat evidenter appareat. Deum igitur aliquem diligere non est aliud quam ipsum ab æterno bene de eo disponere, et per temporum successionem donis gratiæ suæ ad vitam æternam eum præparare. Unde cum dico : Deus diligit illum, sensus est : De salute ejus ab æterno disposuit, ut scilicet in præsenti vita aliquod bonum ei largiatur, per quod salvetur. Nullus enim motus est in Deo ad nos diligendum, sicut est in nobis ad ipsum. Nos, enim cum Deum diligimus, talem motum animi ad ipsum habemus. Est enim charitas, ut ait Augustinus, motus animi ad Deum diligendum propter se et proximum propter Deum. Hic solet quæri an Deus aliquem diligat modo, quem non semper dilexerit. Sed dicimus, minime. Quæritur etiam si Deus omnes diligat qui eum diligunt. Non. Si opponatur, quod ait : *Ego diligentes me diligo (Prov.* viii, 17), et similia, dicimus quod de perseveranti dilectione dictum est. Sed notandum quod in dilectione Dei nullus modus, nullus denique terminus est statutus. In dilectione vero proximi est mensura. Dictum est enim : *Diliges Dominum Deum tuum ex toto corde,* etc. *(Matth.* xxii, 37). Ex toto corde diligit, qui paratus est ei obedire pro posse suo. Cætera, quæ sequuntur, inculcationes sunt ; tale enim est ac si dicatur : Ad ejus obsequium implendum totam intentionem tuam extendas. In dilectione vero proximi mensura est, ubi dictum est : *Diliges proximum tuum, sicut teipsum (ibid.,* 39). Non ait quantum, sed sicut. Est igitur sensus : illud bonum, quod tibi velles fieri, si esses in eo gradu, ei velis in eo gradu, in quo est. Unde alibi : *Quæcunque vultis ut faciant vobis homines, eadem vos facite illis (Matth.* vii, 12). Omnia siquidem debemus aliis facere, quæ vellemus nobis fieri, si essemus in eodem gradu et in eadem dignitate. *Quæcunque vultis,* id est, approbatis. Si enim volo, mihi adduci scortum, hoc non approbo. Hinc etiam dictum est : *Quod tibi non vis fieri, alii non feceris (Tob.* iv, 16). Quorum alterum naturale, ut hoc ; alterum positivum, ut illud : *Quæcunque vultis ut faciant,* etc. Sic vero et Deus diligendus est et proximus, ut charitas nostra sit ordinata. Sicut enim Deus præ hominibus bonus est, sic super omnia diligendus est, et sic præ omnibus diligendus sit. Hoc enim notatur per hoc quod dicitur, habitus est, sic honor et reverentia magis est ei exhibenda; post ipsum etiam de singulis in gradu suo est facienda. Si enim aliquem video magis bono dignum, quam ego sim, et ipsum ei magis quam mihi cupere debeo. Sic siquidem ordo in charitate servatur, ut pro meritis et pro convenientia cujusque magis vel minus in diversis gradibus eos diligamus. Notandum tamen quod cum talem ordinem in dilectione retinere debeamus, quod magis debeam diligere aliquem religiosum, quam patrem meum, qui non est adeo religiosus. In exhibitione profecto charitatis aliter est faciendum, quia, si non possum utrique sufficere, illi sane subtraham et patri meo tribuam. Magis enim in exhibitione me ad eos, quorum curam gero, extendere debeo, nec tamen propter hoc tantum patrem meum, quantum illum diligo. Hic notandum quod, si aliqua infirmitate superatus in fornicationem vel homicidium incidam, vel in aliquod aliud peccatum, dummodo Christum in fundamento habeam, non propter hoc verum est, quod Deum non diligam. Bene enim possum in aliquo Dominum meum contemnere ad tempus et ipsum præ omnibus diligere et super alios æstimare. David enim quando peccavit charitatem habebat, quia Christum in fundamento habebat; Christum autem in fundamento habere est aliquem sic eum diligere, quod si ei optio daretur, prius permitteret se interfici, quam eum negaret. In talibus cum peccat quis, lapis est motus, non evulsus. Cadat justus, labatur justus, resurgat justus, melior erit. Sanctis enim *omnia cooperantur in bonum* (*Rom.* VIII, 28).

Cum igitur charitas summa virtutum sit et in qua omnis virtus alia quam ipsa sit innitatur, de virtutibus latius et vitiis inquiramus. Sed prius hoc de charitate videamus, quod Augustinus omnem virtutem charitatem esse velle videtur. Cum enim charitas facit fortem, fortitudo charitas est; cum facit humilem, humilitas charitas est; cum facit patientem, patientia charitas est : et sic de aliis. Unde Apostolus : *Charitas omnia suffert, omnia sustinet*, etc. (*I Cor.* XIII 7). Quidam tamen hanc auctoritatem Augustini, quæ est : Omnis virtus est charitas, sic exponunt : Omnis virtus est charitas vel ex charitate; hoc autem propter eas virtutes quæ non voluntates, sed magis potentiæ sunt, ut in sequentibus melius apparebit. Quomodo igitur diffiniatur virtus, et in quot principales partes dividatur, intelligendum est. Virtus est, ut aiunt philosophi, habitus mentis optimus, vel bene constitutæ mentis. Notandum autem quod sancti diffinitiones virtutum a philosophis positas et divisiones per species non mutaverunt, sed eas ab eis acceptas diligenter exposuerunt et retinuerunt. Videamus igitur diffinitionem, quomodo sit intelligenda. Virtus est habitus mentis, id est bona voluntas mentis sic in habitum per animi applicationem versa, quod vix aut nunquam separari pos-

mentis. Nam sunt aliqui, qui cum modo habeant voluntatem cuique reddendi quod suum est, facile tamen ab hac permutantur. Similiter in aliis videre licet, ut est aliquis, qui modo voluntatem carnis restringere conatur, cum tamen eam paulo plenius exercet. Ut enim virtus sit, ex animi applicatione venire debet. Unde Aristoteles : Tales enim sunt scientiæ et virtutes. Quia vero sunt nonnulli, qui virtutes continentiæ vel etiam pietatis affectum erga alios habent, sed non propter Deum, ideo non valet eis ad salutem, ideo subjungitur : Optimus, id est talis, qui prosit ad vitam optimam vel in quo meritum consistat. Nota quod David, cum concumbebat cum Bethsabee, non habebat dilectionem proximi in exhibitione. Scriptum est enim : *Dilectio proximi malum non operatur* (*Rom.* XIII, 9, 10). Nam, *Non adulterabis*, etc. Salva igitur auctoritate ista, dicemus quod diligebat Uriam affectu, sed non effectu. Hæc vero auctoritas de dilectione in effectu intelligitur.

Nunc de speciebus virtutis videamus, quas quidam in majori, quidam in minori numero constituerunt. Socrates enim sub virtute prudentiam constituens quatuor virtutis species esse docuit : prudentiam, justitiam, fortitudinem, temperantiam; Dixit enim prudentiam, discretionem esse bonarum vel malarum rerum cum ornatu morum. Talem prudentiam vocavit scientiam vel sapientiam. De hac rhetorica multum eloquentiæ, parum scientiæ vel sapientiæ. Aristoteles autem a virtutibus eam separavit, ubi dixit : Tales sunt scientiæ et virtutes. Aristoteles vero noluit vel etiam non putavit esse virtutem, quod æque bonis et malis habet convenire. Secundum Aristotelem igitur tres sunt species virtutis, justitia scilicet, temperantia, fortitudo. Justitiam vero sic definiunt philosophi : Justitia est habitus animi reddens unicuique quod suum est, communi utilitate servata. Hoc idem Justinianus notavit sua diffinitione, cum diceret sic : Justitia est constans et perpetua voluntas, etc. Per hoc enim quod ait constans et perpetua voluntas, qualitatem mentis venientem ex applicatione et difficile mobilem notavit. Per hoc, quod dixit, suum unicuique jus tribuens, optimum notavit. *Suum* potest referri tam ad accipientem quam ad tribuentem. Si ad accipientem referatur, tunc determinandum communi utilitate servata. Justitiæ siquidem est omnia ad communem utilitatem referre. Sic igitur in republica quidem fieri debet; ut cum aliquis tantum meruerit remunerari vel tanta pœna puniri, deliberetur an, si tantum præmium ei detur aut tanta pœna multaretur, reipublicæ præjudicetur. Tantum enim posset quis remunerari seu etiam puniri, quod respublica magnum detrimentum inde pateretur. Sicut est in republica, sic sit etiam in Ecclesia. Sic judex quisque discretus, tam sæcularis quam ecclesiasticus totum, quod facit, ad communem utilitatem reipublicæ aut etiam parochiæ suæ referre debet. Sic quoque communem utilitatem in suo judicio conservat. Quod enim hunc sic remunerat, illum sic punit, alios divinæ (28) magis obnoxios reddit. Si autem suum ad tribuentem referatur, non adjectione opus est. Sic enim punit et remunerat judex, ut se decet, et quod quidem sibi debet, ut quod justitia debet esse, crudelitas vel dissolutio non sit, quod esset, vel si non remitteret ex parte vel ex toto remitteret. Hoc etiam sibi debet terrenus judex, ut inde commendabilior et majoris auctoritatis ad faciendam justitiam reddatur. Similiter quod Deus hunc punit minus quam meruerit vel illum remunerat magis quam meritum exigit, suæ justitiæ est, id est ad justitiam sui reddentis pertinet. Hæc bona voluntas, quia vel aliquo timore mundano vel aliqua mundiali cupiditate præpediri potest adeo quod justitia in aliquo dissolvatur, ideo duobus quasi postibus et firmamentis indiget. Si enim aliquis sit, quem debeam honorare et de rebus meis ei dare, quia sapiens est et talis cui ex justitia hoc debeam; aliquis vero dicat: Ne hoc facias, ne eum tibi adjungas, quia regis inimicus est, et ideo facile regis inimicitias incurres : hoc timore profecto ab hac quam illi debeo justitia retrahi possum, et tum fortitudine opus est. Fortitudo enim virtus est contra adversa, quæ facit ne justitiam timore vel aliquo tali deseramus. Similiter cum debeam alicui dare de rebus meis, quia ipse indiget, et ego concupiscam quod habeo retinere, quia utile mihi putem illud vel quia non facile recuperarem illud, tunc necessaria est temperantia contra prospera, quæ concupiscibilitatem temperans justitiam illæsam conservat. Hæc animi voluntas his duobus quasi fulcimentis innixa, justitia est. Notandum vero est quod cum justitia voluntas animi sit, fortitudinem et temperantiam, cum earum contrariæ impotentiæ sint, potentias esse necesse est. Intemperantia enim et debilitas, quæ earum contrariæ sunt, impotentiæ videntur. Ex charitate igitur sunt hæc fulcimenta, non charitas. Cum enim diceret Augustinus omnem virtutem esse charitatem, hoc intellexit, quod omnis esset charitas, vel effectus charitatis : charitas, ut omnes illæ (29) quæ in voluntate consistunt : effectus, ut quæcunque sunt potentiæ. Hoc dico, si huic sententiæ assentire volumus, quod fortitudo et temperantia, et quæ sub eis continentur, potentiæ animi sint, et secundum hoc bene dicimus quod multi sine virtute salvantur, quia multi sine perfecta charitate salvantur, quia tum quando moriuntur hanc voluntatem habeant, quod si optio eis daretur, morerentur, non tamen habent illam voluntatem difficile mobilem, quia si viverent mutaretur illa voluntas et ideo non est virtus. Si autem volumus dicere quod omnis virtus sit voluntas bona, possumus, quod omnis virtus est charitas : et ita charitas erit genus omnium virtutum. Diximus tres esse species virtutis, justitiam scilicet, fortitudinem et temperantiam. Nunc inquirendum est quomodo omnes virtutes ad istas tres et quæ ad quas reducantur.

Primum igitur videamus quæ ad justitiam reducantur. Omnes illæ virtutes quæ pertinent ad reddendum unicuique quod suum est, ad justitiam spectant. Virtus illa, quæ pertinet ad reddendum Deo quod suum est, id est religio, ad justitiam pertinet. Similiter, quæ reddit parentibus quod suum est, id est pietas et virtus, quæ reddit majoribus, vel minoribus, vel æqualibus quod suum est, vel virtus quæ pauperibus quod suum est largitur : hæc, inquam, omnia ad justitiam tanquam partes integrales referuntur. Unde : *Nisi abundaverit justitia vestra plus quam scribarum et pharisæorum* (*Matth.* v, 20). Et de eleemosyna David : *Dispersit, dedit pauperibus, justitia ejus manet in sæculum sæculi* (*Psal.* III, 9) : quæ omnia faciunt sic justitiam, sicut scientia inveniendi et judicandi logicam faciunt. Neque enim species justitiæ dici possunt, cum nulla illarum per se justum faciat, id est reddentem unicuique quod suum est, sed sicut conventu parietis tecti et fundamenti domus efficitur, sic istarum virtutum conventu justus efficitur. Visis ergo quæ ad justitiam reducantur, quæ ad fortitudinem, quæ ad temperantiam referantur videre restat. Fortitudo et temperantia, ut dictum est, potentiæ sunt, quia earum contrariæ ut impotentiæ quædam existunt, et cum hoc sit, non tamen desinunt habitus esse. Potentia vero naturalis et habitus opposita sunt. Sed potentiæ, quæ per applicationem subjecti veniunt, habitus sunt. Temperantia igitur, cum sit potentia illicitos motus refrenandi, omnia quæ ad illicitos motus pertinent refrenandos ad eam referenda esse manifestum est, ut continentia quæ luxuriam, castitas quæ libidinem, sobrietas quæ ingluviem refrenat. Istæ virtutes in prosperis necessariæ. Fortitudo vero potentia est, quæ reddit animum constantem contra adversa.

CAPUT XXXIII.
De vitiis, quæ virtutibus contraria sunt.

Nunc de vitiis, quæ istis virtutibus contraria sunt, itidem disseramus. Unaquæque virtus habet vitium sibi contrarium, ut justitiæ contraria est injustitia, temperantiæ intemperantia, fortitudini debilitas, quoniam bono ex necessitate malum contrarium est, quia, si aliquid bonum est, necessario ejus contrarium malum est, sed non convertitur ; potest enim malo malum contrarium esse. Injustitia est vitium animi, quo non redditur unicuique quod suum est, et quod debetur. Est igitur talis mala voluntas injustitia sicut bona est justitia. Intemperantia est impotentia resistendi motibus illicitis, ut luxuria est contraria castitati, gulositas sobrietati. Fortitudini vero debilitas mentis est contraria, et, sicut prædictum est, fortitudo in adversis, temperantia in prosperis necessaria est. Nota vero hujus-

---

(28) Supple *justitiæ*.

(29) Leg. forte, *omnia illa.*

modi potentias non illas naturales, quæ actu non adsunt, vel certe si adsunt facile mobiles sunt, sed potius quæ secundum animi applicationem insunt, ut iste dicitur cursor, non quod illam potentiam naturaliter habeat, sed quia se ad hoc disposuit. Multi namque infidelium has naturales potentias habent, qui tamen virtutibus carent, quippe ad istas non ex dilectione applicantur. Omnis enim virtus, ut diximus, vel charitas est, ut ea quæ voluntas est, vel ex charitate, ut potentia talis, quæ ex dilectione est. Non enim fortis vel sobrius vel justus vel humilis vel talis dicitur, nisi quem charitas facit, vel sobrium vel talem.

Viso de virtute quid sit, nunc quid vitium, quid sit peccatum, quæque inter ea sit differentia, videamus. Est igitur vitium corruptio naturæ talis, quæ reddit hominem impotentem resistere illicito motui, vel nolentem cuique reddere quod suum est, sicut irascibilitas, luxuria, gula, etc. Peccatum vero est velle irasci, velle luxuriari. Hinc igitur facile videri potest in multis esse peccatum sine vitio et vitium sine peccato, sicut aliquis, qui facile mobilis est ad irascendum, qui se in tantum cohibet, quod in ardorem malæ voluntatis in alterum non irrumpit, vel certe materiam commovendi in alterum non habet. Idem de luxurioso conjectare licet. Multi siquidem sunt, qui cum proni sunt ad hoc, voluntatem tamen cohibent. Unde et majoris meriti in tantum esse deprehenditur, quod victores in lucta efficiuntur. Sunt etiam alii, qui cum materiam exterius ad hoc non habent, etsi ad hoc naturaliter proni sunt, non tamen ad hoc moventur, ut sunt multi de claustralibus viris, de solitariis et hujusmodi. Sic quoque in cæteris facile est considerare. Est et peccatum in aliquo sine vitio, ut in eo qui hujus vel illius potentiæ non est, aliqua tamen grandi causa interveniente ad iram vel iracundiam commovetur. Sic igitur vitia in naturæ corruptione, peccata vero in voluntate consistunt ac per hoc vitia ex maxima parte ex complexione tali vel tali habent inesse. Unde et carnalia vocantur. Sunt enim quædam, quæ tantum animæ sunt, ut superbia, invidia, etc. Peccatum nihil est aliud quam ipsa culpa, quæ, ut ostendimus, in multis sine vitio potest esse. Est autem culpa nihil aliud quam contemptus Creatoris, quod est, dum vel volumus contra conscientiam quod ei displicere scimus et ab eo esse prohibitum, vel nolumus quod ei scimus placere et ab eo esse præceptum. Unde nec in pueris nec in naturaliter stultis, quia nihil contra scientiam agunt, aliqua culpa esse deprehenditur. Notandum vero est quod translative ipsa pœna peccatum dicitur, ut cum dicitur : Deus dimittit ei peccatum, id est pœnam æternam relaxat.

Horum peccatorum alia sunt venialia, alia mortalia. Veniale dicitur, quod per se ad damnationem non sufficit, quale est omne illud quod, dum fit, memoriæ non occurrit quod Deo displiceat. Nec tamen potest dici quod contra conscientiam non sit, etsi enim tunc a memoria sejunctum sit, tamen dum ad memoriam reducimus, ex conscientia non probamus. Mortale vero illud peccatum, quod solum ad mortem sufficiens est, ut est omne illud quod contra conscientiam ex animi deliberatione perpetratur. Quantumcunque igitur, ut ait Augustinus, in se leve sit peccatum, dum placet et ex industria perpetratur, mortale est. Quantumcunque autem sit grave, dum displiceat et ex animi deliberatione non fiat, veniale est. Horum mortalium est aliud criminale, aliud non. Criminale est illud quod notabilem et infamem reddit personam. Criminale est quod est accusatione dignissimum et sunt maxime criminalia in aperta consuetudine et fratrum corruptione. Unde, qui tales sunt, quod crimine aliquo notabiles sunt, a communione Ecclesiæ, nisi resipiscere velint, resecantur. Est autem tale quodlibet, ut ebrietas, rapacitas, etc., dum in prompto et consuetudine habentur. Notandum igitur videtur quod peccatum Adæ, etsi mortale fuerit, non tamen criminale fuit. Cum enim contra conscientiam vetitum appeteret, sciebat enim hoc esse vetitum, mortale fuit. Cum vero hoc ex consuetudine non haberet, imo tanquam invitus hoc ageret, putans se per pœnitentiam satisfacere posse, et ideo uxori morem gerere voluit, criminale non fuit. Constat igitur nonnullos multo gravius peccare, quam Adam peccaverit, sed ideo illud primum peccatum tam graviter Deus punire voluit, ut sibi peccatum displicere ostenderet et ut horrorem peccandi omnibus posteris incuteret.

CAPUT XXXIV.
De meritis, ubi consistant.

Viso de virtutibus et vitiis, data etiam differentia inter peccata et vitia, inter ipsa quoque peccata diversitate ostensa, de meritis ubi consistant, amodo relinquitur videndum. Quemadmodum igitur omne peccatum in sola voluntate consistit, sic et meritum. Meritum autem nihil aliud est quam id quod bona voluntate meremur, id est vita æterna, quam quia diversis voluntatibus boni meremur, secundum quas stella a stella differt ibi in claritate, ideo diversa et plura merita vocitamus. Dicitur etiam meritum ipsa bona voluntas qua meremur. Quod autem meritum in sola voluntate consistat, Augustinus multis modis et exemplis inductis probat, ut de discipulis Joannis qui jejunabant et discipulis Domini qui comedebant, a quibus tamen justificata est sapientia. Unde Dominus : *Venit*, inquit, *Joannes jejunans, et dixistis: Dæmonium habet. Venit autem Filius hominis manducans et bibens, et dicitis quod vorax est et potator vini et amicus publicanorum. Justificata est autem sapientia a filiis suis.* De vidua quoque, quæ duo minuta in gazophylacio posuit, ait Dominus quod plus quam divites obtulerit. Unde Hieronymus : Non pensat Deus censum, sed affectum. Idem quoque de Josia rege dicit quod cum exiret ad pugnandum pro populo Dei cum inimicis, non propter hoc plus meruit quam primum, cum in voluntate hoc haberet, sed ideo hoc fecit, ut aliis etiam regibus et principibus exemplum daret pro populo Dei pugnandi contra inimicos. Similiter de martyribus dicimus quod eos exteriora patibula meliores non faciebant, sed tales esse, qui Christum diligerent, ostendebant. Sic quoque de Christo sane asserimus quod, quando ad passionem ductus est et in ligno affixus est, non plus meruit quam ab ipsa conceptione. Neque enim tunc melior affectus, quam ab ipsa pueritia exstitisset, cum ex tunc Deum ex toto corde diligeret. Sic igitur in voluntate, non in operibus, quæ bonis et malis communia sunt, meritum omne consistit. Sæpe enim plus jejunat, magis etiam se affligit quilibet hypocrita, quam aliquis sanctus. Quod in sola voluntate meritum sit, inde quoque conjectare licet, quod Deus dicitur scrutator renum et cordium, qui dicitur in occulto, scilicet in voluntate videre. Unde et Apostolus : *Judicabit*, inquit, *occulta hominum secundum Evangelium meum* (*Rom.* II, 16), id est juxta prædicationem meam. Tale etenim est ac si diceret : Opera quæ in se indifferentia sunt, non curat, sed puritatem intentionis exigit. Hoc idem attestatur Isaias, ubi dicit : *Non judicabit secundum visum oculorum, neque secundum auditum aurium arguet* (*Isa.* XI, 3). Si enim inde quis magis placet Deo, quod ædificat domum pauperibus, et hoc quia potest, quam ille qui eamdem habet voluntatem nec ædificat, quia pauper est : negari non potest, quin ex hoc quod dives est magis placeat Deo. Item si Hermannus eamdem habet voluntatem cum magistro suo Petro, et uterque pecuniam ad faciendam domum pauperibus paravit, et alter ædificet, cui pecunia remanet, alter vero minime, cum ei pecunia ablata sit, non qui ædificat, quam qui hoc non facit, majoris meriti apud Deum esse debet. Aliter non est ratio quare latrones non sint diminuendi meritum apud Deum; quod quidem quam irrationabile sit omnium judicio relinquamus. Non vero negamus, [in] exterioribus quandoque meritum aliquod temporale sequi, ut vel magis ad amorem Dei accendamur, vel ut aliis qui nos vident remunerari, exemplum bene operandi exhibeamus. Sed cum de meritis hæc disseramus, quasi nulla esse videntur, quia gratia meritis usque adeo repugnare videtur, quod cum omnia ex gratia sint merita non existant. Unde Apostolus : *Si ex meritis, jam non ex gratia* (*Rom.* XI, 6). Videtur enim quod ex nobis nihil boni possumus. Sic enim de nobis est, ut de medico et infirmo, qui cum habeat medicamen apparatum, et dicat infirmo : Vide, hoc medicamentum consulet sanitati tuæ, si surrexeris et acceperis; infirmus autem, cum surgere non possit, nihil medicamen illud illi valebit, sicque cum per se surgere non possit, adjumento medici ad surgendum indiget, ut medicamen accipiat et acceptum sibi proficiat. Quapropter nisi dicamus quod homo ex se etiam per liberum arbitrium ex natura sua habeat diligere, et ei adhærere non pos-

sumus vitare, quin gratia meritis nostris præjudicare probetur : quod quidem quia in Epistola ad Romanos super eum locum : *Jacob dilexi*, etc. (*Rom.* IX, 13), diligenter expressi, hoc quasi notum prætereundum existimo. Si autem creatura ad imaginem et similitudinem Dei facta ex sui natura magis ad malum quam bonum prona esset, in sui quidem natura bona non existeret. Velle autem bonum unicuique naturale est. Unde et Apostolus : *Velle adjacet mihi* (*Rom.* VII, 18).

CAPUT XXXV.
De remissione peccatorum.

Nunc de remissione peccatorum videamus. In reconciliatione peccatoris ad Deum tria necessaria sunt : cordis contritio, oris confessio, operum satisfactio. Cordis contritio sive gemitus est dum peccator de peccatis suis dolet et interius turbatur, quod est, dum peccatum et iniquitas displicet, non timore pœnæ, sed amore justitiæ; alioquin non est cordis contritio ad salutem, sed mentis consternatio ad damnationem. Sic enim et mali in futuro dolebunt, non de peccato quo Deum offenderunt, sed de hoc, quod est peccatum, quia inde punientur. Qui igitur sic pro peccatis gemunt, non peccata eis displicent propter Deum, sed propter pœnam. Talis igitur contritio nullius meriti est apud Deum. De ea vero quæ fit ex dilectione Dei, ex amore justitiæ, dictum est etiam per prophetam : *In quacunque hora conversus fuerit peccator*, etc. (*Ezech.* XXXIII, 9). Nota quod non dixit, die vel mense vel anno, quia cum Deo nihil tardum sit vel absens, quantocius aliquis vere pœnitet, tantocius et ipse præsens remittit. Unde et David : *Dixi, confitebor adversum me injustitiam meam Domino* (*Psal.* XXXI, 5), id est deliberavi in corde meo illud quod contemnendo Deum feci, mihi displicere propter Deum. Promptum est igitur et manifestum, quod ex quo aliquis vere de peccato gemit ipsum sibi a Deo dimitti. Non vero aliud est Deum peccata dimittere, quam æternam pœnam pro ipso debitam relaxare.

CAPUT XXXVI
De confessione peccatorum.

De confessione quoque sciendum quod valde est utilis. Ad majorem siquidem humilitatis exhibitionem instituta est. Unde ; *Confitemini alterutrum peccata vestra* (*Jac.* V, 16). Cum enim in sua potestate homo positus a Deo discesserit, conveniens erat ut idem sub alio positus cum humilitate et devotione rediret. Idcoque instituit Deus sacerdotem sui vicarium et quasi medicum, cui [sua] peccata quasi vulnera ad sanandum delegarentur, ut non a se, sed ab alio majoris humilitatis causa modum satisfactionis accipiat. Notandum tamen quod si articulo necessitatis imminente non confiteatur, non propter hoc æternaliter punietur. Si autem ex contemptu vel ex negligentia remanserit, de hac æternaliter puniendum asserimus. Neque enim veram cordis contritionem habuisse videtur et si habuerit, ex hoc tamen quod instituta Ecclesiæ contemnit, æternaliter puniendus esse convincitur. Si vero, ut diximus, aliqua causa præpediente ad minorem nequit accedere sacerdotem, accedat ad majorem, de quo in Ecclesiastico : *Ecce sacerdos magnus*, etc. (*Eccli*. L, 1). Et Apostolus : *Plures facti sunt sacerdotes*, etc. (*Hebr.* VII, 23). Cui enim visibilis sacerdos deest, ab eo invisibilis minime abest, imo qui vult confiteri et non potest, quod visibilis sacerdos ministraret, hoc ei invisibilis supplere nunquam dedignatur. Notandum sane est quod ex dispensatione quoque potest aliquis a confessione cessare, qui propter hoc non magis puniendus exstitit. Quod in Petro perpendi facile liquet. Cum enim Petrus in primitiva Ecclesia esset, ubi omnes adhuc infirmi erant, ex dispensatione confessionem de negatione reticuit, quia si hunc tantum Ecclesiæ architectum tam graviter alii corruisse novissent, multum in eo scandalizati fuissent. Quod autem infirmi essent ad scandalum proni, ipse Dominus ostendit, ubi ait : *Sinite eos abire, ut impleatur Scriptura :—Ex his, quos tradidit mihi Pater, non perdidi quemquam* (*Joan.* XVIII, 8, 9). Super hunc etenim locum dicit Augustinus : Non erant tantæ fidei, in qua salvari possent, et ideo si tunc mortui essent, æternaliter damnati essent. Quod vero Petrus non confessus fuerit, ex auctoritate habemus ; ait enim Leo papa : Lacrymas Petri legi, confessionem non invenio. Delent ergo lacrymæ peccata, quæ pudor est confiteri. Et Ambrosius hoc idem modo ibi de sacramentis confirmat. Gregorius quoque hanc super hoc sententiam profert, quod nullum est manifestius indicium remissionis peccati quam lacrymæ, quia ex quo, præ nimio dolore peccati in lacrymas quis prorumpit, certum est ei peccatum esse dimissum. Notandum tamen quod si pudor ille ad propriam personam referatur, superbia est ; si vero ad Ecclesiam, dispensatio salubris. Unde si aliquis cum uxore principis peccasset, vel tale aliquid fecisset, quod si sciret Ecclesia inde scandalum pateretur, et conscientia sua ei testaretur, quod si parochiano suo diceret vel etiam alicui celari non posset, si hac, inquam, dispensatione reticeret, non propter hoc æternaliter puniretur. Si vero propter suam propriam personam hoc faceret, ne scilicet infamis et contemptibilis apud alios fieret, superbia quidem et valde damnabile esset.

CAPUT XXXVII.

De operum satisfactione.

Viso de cordis contritione, de oris confessione, de operum satisfactione videamus, quæ utique admodum utilis est propter temporalem pœnam, quæ remanet. Æterna namque pœna relaxata, temporalis relinquetur (30), ut quod animæ illicita delectatione seu etiam carnali voluptate commissum est, satisfactionis amaritudine digne purgetur. Unde et Joannes : *Facite dignos fructus pœnitentiæ* (*Luc.* III, 8). Tunc dignos fructus pœnitentiæ facimus, quando quod male commissum est in præsenti, sic expiatur, ut nihil in futuro expiandum relinquatur. Quantumcunque siquidem futura pœna parva subsistat, qualibet tamen hujus vitæ gravissima gravior esse contenditur. Quantum igitur hujus vitæ satisfactio necessaria sit, ex prædictis pleniter probatum esse existimo. Quod vero gehenna remissa pœna temporaliter existat, in baptismate manifeste apparet, quia cum ibi gehenna, quæ pro originali peccato, dimissa sit, manet tamen dissolutio corporis, manet et numerosa defectuum multitudo. Unde Augustinus de origine peccati : Transit, inquit, reatu, manet actu. Quod non solum ob jam dictam causam contigit, sed, ut idem ait Augustinus, pœna ista fit materia exercendæ virtutis. Omnis quippe virtus in infirmitate perficitur. Remanet quoque hac de causa, ut ait idem Augustinus, ne aliquis ad baptismi sacramentum ad præsentis vitæ immortalitatem accederet, et non propter Deum, et sic nec istam vitam digne haberet, nec ad æternam perveniret. Sciendum quoque, quod an peccata prius dimissa postea redeant, ut plerisque ambiguum videtur : quod quidem ex illa parabolica similitudine quidam affirmare nituntur : *Serve nequam, omne debitum dimisi tibi*. Super hunc siquidem locum ait Hieronymus : Si non dimiserimus ex corde, quod in nobis delinquitur, et hoc quod per pœnitentiam dimissum erat, a nobis exigitur. Idem quoque beatus Gregorius in quadam homilia ait. Sed sic debet intelligi quod dicunt de reditu peccati : Peccator fit, sicut prius erat, et de ingratitudine misericordiæ sibi impensæ magis reus efficitur. Et hoc est quod ait in illa parabola, *Nonne oportuit et te misereri conservi tui, sicut et ego tui misertus sum*, quasi diceret : Misericordia[e] impensa[e] ingratus exstitisti, et ideo non exibis hinc, donec reddas universum debitum. Universum quidem debitum dicit non illud quod jam condonatum erat, sed potius misericordiam, quam aliis impendere debuit pro eo quod a Domino misericordiam acceperat. Unde et alibi : *Qua mensura mensi fueritis, eadem remetietur vobis* (*Luc.* VI, 38). Hæc enim parabola de misericordia est. Tale est igitur, ac si dicatur : Si aliis non vultis misereri, sicut Deus misertus est peccata condonando, et Pater vester cœlestis hoc debitum exiget a vobis. Quidam dicunt expositores, quod dimissum erat per pœnitentiam a nobis exigitur, ad terrorem dictum esse intelligitur. Quod autem universum debitum sic debeat intelligi, ut diximus, inde quoque liquido comprobatur, quod non ait, usque ad primum, sed *usque ad novissimum quadrantem* (*Matth.* V, 26), quia de hoc quod post dimissum peccatum durus et obstinatus erga proximum quisque exstitit, inde graviter est puniendus.

(30) Leg. forte, *relinquitur*.

PETRI ABÆLARDI
OPERUM PARS QUARTA. — CARMINA ET MISCELLANEA.

MONITA AD ASTRALABIUM.

(Ex codd. mss. Musei Britannici, *Burney*, n. 216, fol. 100 v°, et Cotton. *Vitell.* C. VIII, fol. 18 r° ediderunt Thomas WRIGHT et James Orchard HALLIWEL in libro cui titulus : *Reliquiæ antiquæ, Scraps from ancient manuscripts, illustrating chiefly early english literature and the english language* ; London, 1841, 2 vol. in-8° ; — tom. I, pag. 15.)

Doctrina magistri Petri Abælardi.

Astralabi fili, vitæ dulcedo paternæ,
   Doctrinæ studio pauca relinquo tuæ.
Major discendi tibi sit quam cura docendi,
   Hinc aliis etenim proficis, inde tibi.
Cum tibi defuerit quod discas, discere cessa,
   Nec tibi cessandum dixeris esse prius.
Disce diu firmaque tibi tardaque docere,
   Atque ad scribendum ne cito prosilias.
Non a quo sed quid dicatur sit tibi curæ,
10 Auctori nomen dant bene dicta suo.
Ne tibi dilecti jures in verba magistri,
   Nec te detineat doctor amore suo.
Fructu non foliis pomorum quisque cibatur,
   Et sensus verbis anteferendus erit.
Ornatis animos captet persuasio verbis,
   Doctrinæ magis est debita planicies.
Copia verborum est ubi non est copia sensus,
   Constat et errantem multiplicare vias.
Cujus doctrinam sibi dissentire videbis,
20 Nil illam certi constet habere tibi.

Instabilis lunæ stultus mutatur ad instar,
   Sicut sol sapiens permanet ipse sibi.
Nunc huc nunc illuc stulti mens cæca vagatur,
   Provida mens stabilem figit ubique gradum,
Providet ante diu quid recte dicere possit,
   Ne judex fiat turpiter ipsa sui.
Nolo repentini tua sic doctrina magistri,
   Qui cogatur adhuc fingere quæ doceat.
Nemo tibi tribuet quod nondum est nomen adeptus,
30 Post multos si vis experiaris eum.
Filius est sapiens benedictio multa parentum,
   Ipsorum stultus dedecus atque dolor.

Insipiens rex est asinus diademate pollens,
   Tam sibi quam cunctis perniciosus hic est.
Scripturæ ignarus princeps qui sustinet esse,
   Cogitur archanum pandere sæpe suum.
Occasum sapiens, stultus considerat ortum,
   Finis quippe rei cantica laudis habet.
Dictis doctorum, factis intende bonorum,
40 Ferveat hac semper pectus avaritia.
Ingenii sapiens fit nullus acumine magni,
   Hunc potius mores et bona vita creant.
Factis non verbis sapientia se profitetur,
   Solis concessæ est gratia tanta bonis.
Credit inhumanam mentem sapientibus esse,
   Qui nichil illorum corda dolere putat.
Ferrea non adeo virtutis duraque mens est,
   Ut pietas horum viscera nulla sciat.
Sit tibi cura prior faciendi, deinde docendi
50 Quæ bona sunt, ne sis dissonus ipse tibi.

Sit tibi quæso frequens scripturæ lectio sacræ,
   Cætera siqua legas omnia propter eam.
Est justi proprium reddi sua velle quibusque,
   Fortis in adversis non trepidare suis.
Illicitos animi motus frenare modesti,
   Tunc cum succedunt prospera præcipue.
Sicut in adversis virtus ea murus habetur,
   Sic istius egent prospera temperie.
Nec prior illa manet virtus nisi fulta sit istis,
60 Ne sit fracta malis, sive remissa bonis.
Quid vitii, quid sit virtutis discite prudens,
   Quod si perdideris, desinis esse quod es.
Philosophus causas rerum discernit opacas,
   Effectus operum practicus exsequitur.

Sit tibi præcipuus divini cultus honoris,

Vers. 13, *fructuque non*, B. 24, *fugit*, B. 39, *doctis*, C. 48, *ciat*, C. 61, *discute*, C. 64, *exequitur*, B.

Teque timor semper subdat amorque Deo.
Nemo Deum metuet vel amabit sicut oportet,
Si non agnoscat, sicut oportet eum,
Quam justus sit hic atque potens, quam sit bo-
[nus ipse,
70 Quantum nos toleret, quam grave percutiat!
Quo melior cunctis Deus est, plus debet amari,
Et melior post hunc ordine quisque suo.
Quo melior quisque est, majori dignus amore
Utque Deo fuerit charior et tibi sit.
Quos etenim nisi propter eum debemus ama-
[re,
Finis hic in cunctis quæ facis unus erit,
Non tua sed domini quæratur gloria per te,
Non tibi sed cunctis vixeris, immo Deo.
Detrimenta tuæ caveas super omnia famæ,
80 Ut multis possis et tibi proficere.
Quæ præcesserunt cogunt nova crimina credi,
Et prior in testem vita sequentis erit.
Scandala quam possis hominum vitare labora,
Ut tamen incurras scandala nulla Dei.
Infames fugiat tua conversatio semper,
Et socio gaude te meliore frui.
Est melius socium quam cognatum esse bono-
[rum,
Hinc etenim virtus, eminet, inde genus,
Ne temptare Deum, fili, præsumpseris un-
[quam,
90 Nitere quo possis ut merearis opem.
Summa Dei bonitas disponens omnia recte,
Quæ bona quæ mala sunt ordinat ipse bene.
Hinc nec in adversis justo solatia desunt,
Ut mala sint etiam, cum sciat esse bonum.

Jussa potestatis terrenæ discutienda,
Cœlestis tibi mox perficienda scias.
Siquis divinis jubeat contraria jussis,
Te contra Dominum pactio nulla trahat.
Contempnendo Deum peccat solummodo quis-
[que,
100 Nec nisi contemptus hic facit esse reum.
Non est contemptor qui nescit quid sit agen-
[dum,
Si non hoc culpa nesciat ipse sua.
Major adhuc tamen est insania quam furor ille,
Quæ differt illum conciliare sibi.
Suppremus furor est offendere cuncta poten-
[tem,
Quod qui præsumit nescio quid metuat.
Quisquis apud Dominum se quærit justificari,
Justitiam, siqua est, nesciat ipse suam.
Agnoscat culpas, accuset, corrigat illas,
410 Nec se corde bonum censeat; ore malum.
Hoc autem pro justitia reputetur ab illo,

Quod bona quæ impendit reddita non data
[sunt,
Quæ tibi tu non vis fieri, ne feceris ulli;
Quæ fieri tibi vis, hæc quoque fac aliis.

Omnia dona Dei transcendit verus amicus,
Divitiis cunctis anteferendus hic est.
Nullus pauper erit thesauro præditus isto,
Qui quo rarior est, hoc preciosior est.
Sunt multi fratres, sed in illis rarus amicus,
120 Illos natura creat, gratia præbet eum.
Gratia libertas, natura coactio quædam est,
Dum generi quivis hæret amore suo.
Quo pecudes etiam naturæ lege trahuntur,
Affectus quarum gratia nulla manet.
Si roget aut faciat quisquam quod lædat hone-
[stum,
Metas et legem transit amicitiæ.
Exaudire precem inhonesta rogantis amici,
Est ab amicitiæ calle referre pedem.
Plus tamen offendit qui cogit ad ista rogando,
130 Quam qui consensum dat, prece victus eis.
Nullum te dominus plusquam te cogit amare,
Nec te quisquis te turpia poscit amat.
Turpia ne facias sed vites propter amicum
Si cupis ut vere sis preciosus ei.
Turpiter excusat noxam quem propter amicum
A se hanc committi dicere non pudeat.
Propter amicitiam si quid commisero vile,
Re turpi pulchram fædo malaque bonam.
Debita sunt quam dona magis quæ dantur ami-
[co,
140 Nil tamen est quo plus non mereatur amor.
Quos in amicitia sua quærere lucra videbis,
Quod dici cupiunt hoc simulare scias.
Si non subvenias donec te exoret amicus,
Quæ dare te credis, vendere crede magis.
Non pretio parvo est rubor ille rogantis haben-
[dus,
Quo quæ tu dicis dona coactus emit.
Plus recipit quam dat pro donis quisquis ama-
[tur,
Nam quid amicitia carius esse potest.
Majores grates dono majore meremur,
150 Majus se dando quam sua quisque dabit.
Alter ego nisi sis, non es michi verus amicus,
Ni michi sis ut ego, non eris alter ego.
Qui bonus est dampnum contempnit propter
[amicum,
Sic etenim prodi si sit amicus habet.
Cujus criminibus cito credis, non es amicus,
Ultimus hinc proprie scit mala quisque do-
[mus.
Non poterit proprios cognoscere dives amicos,
An sint fortunæ scilicet aut hominis.

69, *is atque*, C. 90, *quod*, C. 104, *qui differt*, C. 110, *ne se*, C. 112, *data sint*, B. — 127, *in* C. *precem* written first, has been changed to *preces*. — 145, *subveniat*, B. 145, *parvo pretio*, C.

Pauper in hoc felix errore est liber ab isto;
160 Cum perit hæc, pereunt quos dabat illa tibi.
Cui male fecisti, ne te commiseris illi,
Prætereunte malo permanet ira mali.
Quam jactura mali jactantia pejor habetur,
Sed gravior læso cuilibet esse solet.
Sit tibi præcipuus si vis bonus inter amicos,
Nec memor in talem conditionis eris.
Erectum stimulis et verbere comprimes illum,
In tua ne calcem dirigat ora suum.
Non homini te sed vitio servire pudebit,
170 Cum sit libera mens, nil tibi turpe putes.
Non est quem possunt corrumpere dona fide-
[lis,
Proditor alterius non tibi fidus eris.
Obsequio superant meretrix et proditor omnis,
Qua placeant aliis hæc una sola patet.

Nil melius muliere bona, nil quam mala pe-
[jus,
Omnibus ista bonis præstat et illa malis,
Quæcunque est avium species assueta rapi-
[nis
Quo plus possit in his femina fortior est.
Nec rapit humanas animas plus femina quid-
[quam,
180 Fortis in his hæc est quolibet hoste magis.
Quæ se luxuriæ gratis subponit amica,
Censetur meretrix quæ pretio gerit hoc.
In vitio tamen hoc ardentior illa videtur,
Quæ præter sordes suscipit inde nichil.
Uxorem ratione suam vir debet amare,
Et non ad coitum sicut adultera sit.
Ut pecudes quo vult trahit impetuosa volup
[tas,
Sic homines agitat luxuriosus amor.
Si post conceptum pecudum saciata libido
190 Ferre mare nolit, quid mulier, quid agitat?
An se luxuriæ solam putet esse creatam?
Ad coitus fructum cætera nata feret?
Gratior est humilis meretrix quam casta su-
[perba,
Perturbatque domum sæpius ista suam.
Polluit illa domum quam incendit sæpius ista,
Sorde magis domui flamma nocere potest.
Mitior est anguis linguosæ conjugis ira;
Qui tenet hanc, ejus non caret angue sinus.
Deterior longe linguosa est femina scorto,
200 Hoc aliquis, nullis illa placere potest.
Est linguosa domus incendia maxima conjux,
Hac levior flamma quilibet ignis erit.

Cum modicum membrum sit lingua, est maxi
[mus ignis;
Non tot per gladium quot periere per hanc:
Prævalet in lingua qui non est fortis in ar-
[mis.
Nullus in hac pugna plus meretrice potest.
Ex hoc præcipue distant ignavus et audax,
Quod factis iste prævalet, ille minis.
Si linguæ bellum quam armorum fortius es-
[set,
210 Thersites Trojæ major Achille foret.
In verbis pavidus semper lætare fuisse,
In factis audax sis, aliquando licet.
Nil magis offendit quam pravus sermo poten-
[tem;
Plus probra liber homo quam sua dampna
[timet
Accensas mollis responsio mitigat iras;
Auget eas potius dura, creatque novas.

Nolo virum doceas uxoris crimen amatæ,
Quod sciri potius quam fieri gravat hunc.
Opprobriis aurem propriis dat nemo libenter,
220 Nec te nec quemquam talia scire volet.
Cuique viro casto conjux sua casta videtur,
Semperque incestus suspiciosus erit.
Ne sis natarum sic cæcus amore tuarum,
Ut non corrumpi posse rearis eas.
Quam cito fas sit eas festina tradere nuptum,
Vilescit mulier suspicione cito.
Nec catus poterit servari pelle nitente,
Nec mulier cunctis si preciosus erit.
Quam nuptum tradunt studeant ornare puel-
[lam,
250 Ornatu sapiens vir cito privat eam.
Incestam ut castam frustra servare labores;
Non potes hanc, illam non opus esse scias.
De quo culpasti mulierem cogis amari,
Et verum falso crimine sæpe struis.
Ne dubites illam propriæ diffidere formæ,
Nec studet ut fallat per bona facta viros.
Quanto plus fragilis muliebris sexus habetur,
Tanto ejus virtus præminet in meritis.
Quo fuit asperior quæ postea nupsit amanti,
240 Tanto gratior est ipsa futura viro.
Aspernata virum propria placet ipsa repulsa,
Et blandum facit hunc asperitate sua.
Miror si mulier privignum diligat ulla,
Ni quo Phædra suum fertur amasse modo.
Quem vir amat famulum miror si diligit uxor,
Semper in insidiis hunc timet esse sibi.
Luxuriæ nimis est mulieri grata voluptas,
Si plus quam fratrem diligat illa virum.
Si sua quam mater cuiquam sit carior uxor,
250 Constat naturam cedere luxuriæ.
Quem natura suos non cogit amare parentes,

160, in both MSS. *hæc* is explained in a gloss by *fortuna*, and in B. *quos* is explained similarly by *amicos*. — 161, *ulli*, C. — 164, *set*, B. *et*, C. — 174, *via*, C. — 179, *quidquam*, C. — 180, *fortis in hoc*, B. — 181, *supponit*, C. 196, *Corde*, B. 201, *conjunx*, B. 202, *quislibet*, B. 204, *quam periere*, C. 226, MS. C. ends with this line.

Conciliare tibi gratia nulla potest.
Qui patri malus est, nulli bonus esse putetur,
Nolo roges pro quo non rogat ipsa parens.
Ne superinducta crucies uxore parentes,
Hos sepeli primo si superesse queas.
Est velox vindicta Dei maledictio patrum,
Nemo nisi demens hanc tolerare potest.
Quo plus proficiat tua sit correptio blanda ;
Aspera perversos non capit, immo movet.

Objurga culpam pueri, juvenisque flagella,
Exhortare senem blanditiisque mone.
Cum te corripiat senior patienter habeto,
Et grates tanquam post data magna refer.
Culpari metuens culpam præcindere temptat,
* * * * * *
Quisquis non fuerit patiens parendo jubenti,
Imperio nulli præficiendus erit.

HYMNI ET SEQUENTIÆ

PER TOTUM ANNI CIRCULUM

AD USUM VIRGINUM MONASTERII PARACLITENSIS.

MONITUM.

Nonaginta tria carmina, quæ modo edituri sumus, conscripta fuisse ab Abælardo, idque ab eo factum circa annum 1130, paulo antequam librum Sermonum *in lucem daret, certissimum est. Ipse enim in epistola, quam præfationis loco* Sermonibus *his præmisit, scripsit ad Heloissam sese non ita pridem ad eam destinasse libellum* Hymnorum vel Sequentiarum, *quæ Paraclitenses monachæ inter divina celebranda officia concinerent.*

Non præterivit hanc scriptionem Henricus Gandavensis seu quisquis ille est qui Appendicem ad Henrici Gandavensis Scriptores ecclesiasticos *subjecit* (1) ; *nec plerique alii qui deinde commentarios de historia literaria publici juris fecerunt.*

Verum ambigi potest videritne ex eis ullus illa Abælardi poemata, an ex solo proœmio Sermonum *ea habuerint cognita. Sed vidit ea Ambœsius, deprehenditque (quemadmodum in Præfatione ad* Opera Abælardi apologetica *testatur ipsemet)* « *magnum in eis catholicæ pietatis lucem seu legenti seu canenti effulgere.* » *Quod ea reliquit in tenebris jure merito admiratus est Cl. V. Cousin, recentissimus Operum Abælardi editor.*

Porro, ut fit, evanuere postmodum omnia Hymnorum et Sequentiarum illarum vestigia ; adeo ut D. Clement ea inter Opera Abælardi *deperdita recensuerit* (2). *Et quidem nondum inventæ Sequentiæ ullæ, sed Hymni nonaginta tres cum initio sequentis.*

Hi autem latebant in codice quincunciali, sæculo XIII *magnam partem conscripto, et varii generis complexo opuscula.*

Belgicum origine hunc esse librum, res manifesta ; ubi vero locorum scriptum dubium maxime. Fragmentum aliquod genealogicum, ad imos margines folii versi 75 *et* 76 *adjectum, vicorum continet nomina qui Sabim inter et Mosam sunt positi ; et folio* 17 *ad supremum marginem legitur versus Theotiscus seu Flandricus :* Scone en ghi hebet mi ghevaen, ich...; *quæ verba ad dialectum Limburgicam pertinere videntur : ita ut si dixeris olim id volumen exaratum et servatum fuisse in Leodiensi diœcesi, periculum errandi non incurreris ; secus, si propius libri patriam determinare libuerit.*

Occupato Belgio ab reipublicæ Gallicanæ militibus, Parisios delatus est codex, ibique detentus, donec Napoleonis I *regnum stetit. Quo cadente, rediere in Belgium membranæ, sigillo reipublicæ et imperialibus insignibus notatæ, deinceps vero bibliothecæ Burgundicæ Bruxellensis characterem laturæ. Et quidem, quæ his pergamenis chartis inscribuntur opuscula, in generali bibliothecæ Burgundicæ catalogo* (3) *indicantur numeris* 10147-10158.

Jam vero forte fortuna factum est ut OEhlerus, domo Germanus, in ultimum hujus codicis libellum inciderit, maximam hymnorum Abælardi partem continentem. Nec mora, octo prima cantica dedit in lucem,

---

(1) Ap. Fabricium, *Biblioth. eccles.*, part. XI, p. 128.
(2) *Hist. littér. de France*, t. XII, p. 135.
(3) *Catalogue des manuscrits de la Bibliothèque royale de Bourgogne*, t. I, p. 203 et 204.

et reliqua manu propria descripsit. Quod deinde apographum justo pretio vendidit Cl. V. Cousin.

Interea temporis Æmilius Gachet Belga, rei palæographicæ non infaustam dans operam, universæ illius codicis partes exposuit, primusque initium Abælardi epistolæ, ipsis hymnis præmissum, cum eruditis communicavit (1), simul nuntians Cl. V. Cousin postulasse a gubernio Belgico Bruxellenses membranas quibuscum OEh.eri conferret apographum.

Hic enim, quum novam Abælardi Operum moliretur editionem, « *officii sui* ratus erat codicis Bruxellensis veluti imaginem quamdam fidelissime reddere, quum opus illud nondum fuisset editum. »

Atque hæc jam aliquot annos lucem vidit editio, quam accuratissime, si præfationi credere sit, juxta Bruxellensem codicem comparata. « Perpauca tantum, [ait cl. editor, mutavimus, ubi aperta scripturæ vitia occurrebant, variis etiam lectionibus in parte paginarum inferiore subjunctis. »

Neque nobis alias leges præstituimus; sed curabimus alio eas observare modo. Quocirca quum Bruxellensis codex ubique habeat cælum, cælestis, etc., id non mutabimus in cœlum, cœlestis. Re quidem vera, dictionaria aliquot docent cœlum scribendum esse, quasi radix hujus vocabuli esset Græcum κοῖλον; sed non putem eorum auctoritatem tantam esse ut prævaleat antiquissimis monumentis lapideis et pergamenis, non Latinis tantum, verum etiam Græcis, in quibus v. g. itacismi vitandi causa Κελεστίνος dicitur, qui Romanis est Cælestinus. Similiter necesse non arbitror vocabulum ceteri (quemadmodum in codice scribitur semper) mutare in cæteri; non enim apertum scripturæ vitium appellari potest id de quo etiamnum litigant grammatici. Idem dixerim de voce seculum, quod in sæculum vertendum æstimavit Cl. V. Cousin; sane communius dixere Romani veteres sæculum, quod et Græci σαικουλον scripsere; verumtamen fuere qui pro seculum pugnarint, arbitrati id vocabulum a senescere deductum, vel a secare : ridicula utique derivatio; sed non de ea, verum de vocis seculum orthographia hic quæritur. Præterea in codice Bruxellensi ubique sollemnitas, sollemnis legitur; quæ in solemnitas, solemnis, mutanda visa sunt Cl. V. Cousin. Equidem iterum asserere non ausim sollemnitas, sollemnis, esse aperta scripturæ vitia. Etenim, ut ex senatus consulto de bacchanalibus aliisque antiquissimis monumentis constat, non solebant Romani veteres duplicare consonantes. Postea alius usus paulatim invaluit, nullis tamen certis observatis legibus. Hinc factum est ut alii geminarent consonantes in his verbis, alii in illis. De vocabulo sollemnis multa disputatio : analogia tamen huic favet formæ, eamque doctissimi grammatici plerumque tuentur. Demum, ut alia multa prætereantur, inter aperta scripturæ vitia referri nequit cum conjunctio, quamquam Cl. V. Cousin contra fidem codicis ubique quum scribendum censuit. Antiquissima hæc iterum grammaticorum lis. Certe quum ejusdem originis est ac quando, qui, quis, etc.; sed id non firmum argumentum, quum sicubi, alicubi, alicunde, etc., scribamus omnes. Adeoque in priscis marmoribus cum æque legitur ac quum. Subtiliora quædam grammaticorum ingenia tres formas excogitasse qum, cum et quum testis est Quintilianus, quarum prima tempus, secunda comitatus, tertia significaretur causa : verumtamen ipse Quintilianus, non secus ac codex Bruxellensis, illo discrimine non utebatur, ubique scribens cum. « Frigidiora his alia, inquit idem grammaticus : ut quidquid C quartam haberet, ne interrogare bis videremur. Et quotidie, non cotidie : ut sit quot diebus : verum hæc jam inter ipsas ineptias evanuerunt. » Unde simul patet quantum temporis duret certamen grammaticum de quotidie et cotidie : quod ultimo animadvertimus loco, quoniam, quum in codice Bruxellensi ubique legatur cottidie, cottidianus; id in quotidie, quotidianus mutandum visum est Cl. V. Cousin. Minus recte; recenseatur; si lubet, cottidianus inter ipsas ineptias, nil repugnabimus, quamquam Quintilianus hanc notam inureret alteri formæ; si inter aperta scripturæ vitia, durius esset judicium. Neque duplex t culpandum severius, quum Catullus cecinerit, legem metricam satis notam secutus :

Conjugis in culpa flagravit quottidiana.

Sed de his quisquiliis grammaticis satis superque.

Piget addere in majoribus nonnumquam rebus cespitasse cl. editorem, verbis interdum omissis, vocabulorum, quin etiam versuum ordine aliquando inverso, una voce substituta alteri, et id genus aliis : quos nævos ad imum marginem indicabimus, quando operæ videbitur pretium.

Mutationes alias vix non probamus omnes. Quum enim in Bruxellensi codice diphthongus ae litera e caudata passim scribatur, eadem diphthongus recte servata est ubi cauda illa a librario omissa fuit. Præterea codex non novit diphthongum œ, sed ubique habet fedus, pena, cepit, etc.; placuit Cl. V. Cousin scribere ubique fœdus, pœna, cœpit : placuit et nobis. Alius generis est fortuna literæ y quæ in paucis vocabulis, v. g. hymnus seu ymnus, legitur; alibi ejus locum occupante elemento Latino i. Prætulit cl. editor scribere mysteria, martyr, etc.: non improbamus; verumtamen maluimus cum codice dicere misteria, martir, etc. quoniam hic iterum integrum systema grammaticum latet. Lege quæ recentiores grammatici scripserunt de vocabulis aliquot Græcis jure Latii donatis, v. g. στυλος, stylus, stilus. In aspirationis signis codex varius

---

(1) *Compte-rendu des séances de la Commission royale d'histoire*, t. V (3 juillet 1841-6 août 1842) p. 164 et suiv.

quam maxime : praesentem, qui nunc in Gallia viget, usum secutus est ubique Cl. V. Cousin : idem fere fecimus; nisi quod hymnus diximus uno loco, ymnus alio, quoniam ipse librarius studiose in utramque ivisse partem visus est ; et quod ad marginem notavimus, si quid in aspiratione correximus. Peculiare Bruxellensi codici est eicio pro ejicio, prodigi pro prodii, et contra prodii pro prodigi ; quae ex aspirationis Theutonicae legibus fere explicanda sunt. Atque haec, ut rationem reddamus de decessorum nostrorum in eadem palaestra labore et ut ne nostra prorsus inutilis habeatur nova editio.

Quod vero ad suscepti ab Abaelardo operis causas attinet, eas ipse aperit in prima epistolae seu praefationis parte; in secunda idem attingit argumentum, modumque quem secutus est his declarat verbis : « Superiori namque libello cottidianos feriarum hymnos qui toti sufficere possint ebdomadae comprehendimus. Quos ita compositos esse cognoscatis ut bipartitus sit eorum cantus sicut et rythmus, et sit una omnibus nocturnis melodia communis atque altera diurnis, sic et rythmus. Hymnum etiam gratiarum actionum post epulas exsolvendum non praetermisimus, secundum quod in Evangelio scriptum est « Hymno dicto exierunt. » Caeteros vero suprapositos hymnos hac consideratione digessimus, ut, qui nocturni sunt, suarum opera feriarum contineant; diurni autem ipsorum operum allegoricam seu moralem expositionem tradant. Atque ita factum est ut obscuritas historiae nocti, lux vero expositionis reservetur diei. »

Quum secundum scripsisset libellum Hymnorum, ejus quoque rationem explicuit in subjecta epistola seu, si praeplacet, praefatione tertia : « Quod de ornatu, inquiens, deest eloquentiae, recompensavimus hymnorum multitudine, singulis videlicet singularum sollemnitatum nocturnis proprios componentes hymnos, quum unus solummodo hucusque hymnus in festis quoque, sicut in feriis, ad nocturnos praecineretur. Quattuor itaque hymnos, singulis festivitatibus ea ratione decrevimus ut in unoquoque trium nocturnorum proprius decantetur hymnus, et laudibus insuper matutinis non desit suus. Ex quibus rursus IIII instituimus ut duo in vigilia pro uno conjungantur hymno et duo reliqui similiter ad vesperas ipso die sollemni recitentur, aut ita bini et bini in singulis vesperis dividantur ut cum duobus prioribus psalmus unus et cum duobus reliquis alius decantetur. De cruce autem memini quinque conscripti sunt hymni; quorum primus singulis praeponatur horis, invitans diaconem crucem de altari tollere et in medio choro afferre, atque ibidem eam quasi adorandam ac salutandam statuere, ut in ejus quoque praesentia tota per singulas horas peragatur sollemnitas. »

Sed quorsum haec hoc loco sistimus, quae inferius suo ordine recurrent ? videlicet ut novae hujus editionis norma manifesto pateat. Quum enim in codice Bruxellensi nulli uspiam sint tituli atque ex hoc defectu multa oriantur incommoda, illa praesertim verba tamquam clarissima fax nobis continuo praeluxerunt. Atque secundum haec non tantum licuit sub singulis hymnis apponere indicia, verum etiam obscura quaedam illustrare et turbatum interdum ordinem agnoscere.

Mutare tamen ordinem noluimus, tum ut codex Bruxellensis genuinus in lucem veniat, tum quoniam hoc mutationum genere (maxime quum jam alia praecessit editio) parum utilitatis lectoribus et plerumque multum turbationis creetur; aliis hunc ordinem in suis libris, aliis illum reperientibus in suis. Lege epistolas sanctorum Cypriani, Hieronymi, Augustini : quot enim secundum varias editiones eis apponuntur numeri?

Ex quo tempore e tenebris prodire coeperunt hymni illi, conjecturae de his jam factae sunt multae ; quas operae pretium non est memorare, si unam exceperis : videlicet ex adjuncta epistola et ex ipsis hymnis constare, consilium Abaelardi fuisse liturgiam sacram immutare. Improbanda opinio. Qui enim eam amplexi sunt, in ea videntur fuisse sententia easdem tunc viguisse leges, quas nunc servari praecipit Ecclesia. Sane, si quis impraesentiarum manus inferret Breviario, aliosque substitueret consuetis hymnis, non id impune ferret. Verum saeculo XII non eadem erat severitas, et multa permittebantur episcoporum, praepositorum, abbatum, aliorumque praestantium virorum auctoritati et religioni ; praecipue quod ad hymnos pertinet et sequentias, quum aliae Ecclesiae eas omitterent, aliae adhiberent ; et quae adhiberent, uterentur maxime variis. Sed nolim haec latius declarare quae passim in libris de rebus liturgicis exposita sunt. Caeterum omnia in hac hymnorum sylloge probe sunt catholica; et, quamquam quo eos Abaelardus scripsit tempore animo minus esset pacato, vix tamen aliquod eis impressit pugnacitatis suae vestigium, quinetiam ut nonnulla hic occurrunt satis poetica, sic quaedam quoque obvia sunt vere pia, maxime in libello secundo.

Nemo tamen arbitretur thesaurum nunc tandem detectum fuisse pretii maximi; non ita est. Hymni Breviarii Romani aliorumque antiquorum generatim longe praestant pietate, numero, selectu verborum, sententiis ; neque laus novitatis inest Abaelardi conatibus, quum plerumque nil aliud agat quam rhythmo qualicumque ligare quae jam pridem ante soluta oratione explicuerant alii. Facili negotio indicare possemus unde sua omnia deprompserit scriptor; verum his in immensum cresceret haec editio. Praeterea novissimis temporibus complures antiquarii, maxime R. P. Carolus Cahier in opere De fenestris pictis Bituricensibus, explicuerunt symbola fere omnia et interpretationes Scripturae sacrae mysticas, quae in tribus Abaelardi hymnorum libellis occurrunt; ipsaque harum rerum origines et historiam felicissime patefecerunt Oxonienses aliquot theologi in sylloge tractatuum praesenti aevo opportunorum : ita ut nil fere spicilegis derelictum fuerit. Pluribus praefandum non videtur

LIBELLUS PRIMUS.
HYMNI FERIARUM.

PRÆFATIO.
DE CAUSIS SUSCEPTI OPERIS.

Ad tuarum precum instanciam, soror mihi Heloysa, in seculo quondam cara, nunc in Christo karissima, ymnos Græce dictos, Hebraice tillim (1) nominatos, composui; ad quos quidem me scribendos cum tam tu quam quæ tecum morantur sanctæ professionis feminæ sæpius urgueretis, vestram super hoc intentionem requisivi. Censebam quippe superfluum me vobis novos condere, cum veterum copiam haberetis (2), et quasi sacrilegium videri antiquis sanctorum carminibus nova peccatorum præferre vel æquare. Cum autem a diversis diversa mihi responderentur, tu inter cetera talem, memini, subjecisti rationem : Scimus, inquiens, Latinam et maxime Gallicanam Ecclesiam, sicut in psalmis ita et in ymnis magis consuetudinem tenere quam auctoritatem sequi. Incertum etenim adhuc habemus cujus auctoris hæc sit tanslatio Psalterii quam nostra, id est Gallicana, frequentat Ecclesia (3). Quam si ex eorum dictis dijudicare velimus qui translationum diversitates nobis aperuerunt, longe ab universis interpretationibus dissidebit, et nullam, ut arbitror, auctoritatis dignitatem obtinebit. In qua quidem adeo longævæ consuetudinis usus jam prævaluit, ut, cum in ceteris correcta beati Hieronimi teneamus exemplaria, in Psalterio, quod maxime frequentamus, sequamur apocrypha (4). Ymnorum vero quibus nunc utimur tanta est confusio, ut qui, quorum sint, nulla vel rara titulorum præscriptio distinguat; et si aliqui certos habere auctores videantur, quorum primi Hilarius atque Ambrosius exstitisse creduntur, deinde Prudentius et plerique alii, tanta est frequenter inæqualitas syllabarum, ut vix cantici melodiam recipiant, sine qua nullatenus ymnus consistere potest, cujus descriptio est laus Dei cum cantico. Plerisque etiam sollemnitatibus addebas deesse proprios ymnos, utpote Innocentum et Evangelistarum, seu illarum sanctarum quæ virgines vel martires minime exstiterunt. Nonnullos (5) denique asserebas esse in quibus nonnunquam hos a quibus decantantur mentiri necesse sit, tum videlicet pro temporis necessitate, tum pro falsitatis insertione. Casu quippe aliquo vel dispensatione, eo modo sæpius præpediti fideles constituta horarum tempora vel præveniunt, vel ab ipsis præveniuntur, ut de ipso saltem tempore mentiri compellantur, dum videlicet aut nocturnos die, aut diurnos nocte hymnos decantant. Constat quippe secundum propheticam auctoritatem et ecclesiasticam institutionem, nec a laude Dei noctem ipsam vacare, sicut scriptum est : « Memor fui nocte n. t. D. (6), » et iterum : « Media nocte s. ad c. tibi (7), » hoc est ad laudandum te; nec septem reliquas laudes de quibus idem meminit Propheta : « Septies in die l. d. tibi (8), » nisi in die persolvendas esse. Quarum quidem prima, quæ matutinæ laudes appellantur, de qua in eodem scriptum est Propheta : « In matutinis D. m. in te (9), » in ipso statim diei initio, illucescente aurora seu lucifero, præmittenda est : quod etiam in plerisque distinguitur hymnis. Cum enim dicit : « Nocte surgentes v. o. (10), » et iterum : « Noctem canendo r. (11), » vel

---

(1) Lege tehillim.
(2) Male legit cl. v. Cousin *habeatis*.
(3) Ecclesia Gallicana tunc temporis sequebatur idem Psalterium quod nunc ; videlicet antiquam Latinam versionem factam ex textu Græco Septuaginta Interpretum, et correctam a S. Hieronymo. Vellet ei substitui Abælardus versionem factam a S. Hieronymo secundum fidem Hebraicam, quod ipse sanctus doctor noluit.
(4) Eodem jure apocrypha est versio Evangelii.
(5) Cl. v. Cousin edidit *nonnullas*.
(6) « Nominis tui, Domine. » *Psalm.* cxviii, v. 55.
(7) « Media nocte surgebam ad confitendum tibi. » *Psalm.* cxviii, v. 62.
(8) « Laudem dixi tibi. » *Psalm.* cxviii, v. 164.
(9) « In matutinis, Domine, meditabor in te. » *Psalm.* lxii, v. 7.
(10) « Nocte surgentes vigilemus omnes. » Hymn. Gregor. in Brev. Rom. Dominica ad Mat.
(11) « Noctem canendo rumpimus. » Hymn. Ambr. in Brev. Rom. fer. iii ad Mat.

« Ad confitendum surgimus morasque (1) n. r., » et alibi : « Nox atra rerum contegit ter. c. o. (2), » vel : « Nam lectulo consurgimus n. q. t. (3), » et rursum : « Ut quique horas noctium nunc c. r. (4), » et similia, ipsi sibi hymni quod nocturni sunt testimonium præbent. Sic et matutini hymni proprii temporis, quo dicendi sunt, institutionem nonnunquam profitentur : verbi gratia cum dicitur : « Ecce jam n. t. u. (5), » et iterum : « Lux ecce s. a. (6), » vel : « Aurora jam s. polum (7), » seu : « Aurora lucis r. (8), » et alibi : « Ales diei nuntius l. pro. præcinit (9), » vel : « Ortus (10) refulget l. (11), » et si qui sunt hujusmodi, ipsi nos instruunt ymni quo tempore sint cantandi, ut si eis videlicet sua tempora non observemus, in ipsa eorum prolatione mendaces inveniamur. Hanc tamen observantiam non tam negligentia plerumque tollit, quam necessitas aliqua vel dispensatio præpedit ; quod maxime in parochialibus, seu minoribus ecclesiis propter ipsas plebium occupationes cottidie fieri necesse est, in quibus omnia et fere continue peraguntur in die. Nec solum tempora non observata mendatium ingerunt, verum etiam quorumdam ymnorum compositores, vel ex proprii animi compunctione alienos pensantes, vel improvidæ studio pietatis extollere sanctos cupientes, in aliquibus ita modum excesserunt, ut contra ipsam nostram conscientiam aliqua in ipsis sæpius proferamus tanquam a veritate prorsus aliena. Paucissimi quippe sunt qui contemplationis ardore vel peccatorum suorum compunctione flentes ac gementes, illa digne valeant decantare : « Preces gementes f. d. q. p. (12), » et iterum : « Nostros pius cum canticis f. b. s. (13), » et similia quæ sicut electis ita paucis conveniunt. Qua etiam præsumptione singulis annis decantare non vereamur : « Martine, par apostolis (14), » vel singulos confessores immoderate de miraculis glorificantes dicamus : « Ad sacrum cujus tumulum frequenter membra languentum modo sanitati, etc. (15), » discretio vestra dijudicet. His vel consimilibus vestrarum persuasionibus rationum ad scribendos per totum anni circulum ymnos animum nostrum vestræ reverentiæ sanctitas (16) compulit. In hoc itaque mihi vobis supplicantibus, sponsæ Christi vel ancillæ, et nos e converso vobis supplicamus, ut quod nostris honus imposuistis humeris, vestrarum orationum manibus sublevetis, ut qui seminat et qui metit, simul operantes congaudeant.

(1) « Morasque noctis rumpimus. » Hymn. Ambr. in Brev. Rom. fer. iv ad Mat.
(2) « Terræ colores omnium. » Hymn. Ambr. in Brev. Rom. fer. v ad Mat.
(3) « Noctis quieto tempore. » Hymn. Ambr. in Brev. Rom. fer. vi ad Mat.
(4) « Nunc concinendo rumpimus. » Hymn. Ambr. in Brev. Rom. Sabb. ad Mat.
(5) « Ecce jam noctis tenuatur umbra. » Hymn. Greg. in Brev. Rom. Dom. ad Laud.
(6) « Lux ecce surgit aurea. » Hymn. Prudentii in Brev. Rom. fer. v ad Laud.
(7) « Aurora jam spargit polum. » Hymn. Ambr. in Brev. Rom. Sabb. ad Laud.
(8) « Aurora lucis rutilat. » Hymn. Ambr. in Brev. Rom. tempore paschali ad Laud., sed cum hoc initio : « Aurora cælum purpurat. »
(9) « Lucem propinquam præcinit. » Hymn. Prud. in Brev. Rom. fer. iii ad Laud.
(10) Cod. et cl. v. Cousin *Ortum*.
(11) « Ortus refulget lucifer. » Hymn. Ambr. in Brev. Rom. fer. vi ad Laud.
(12) « Preces gementes fundimus : dimitte quod peccavimus. » Hymn. Ambr. in Brev. Rom. fer. iv ad Mat. — Verum hæc si valeret ratio, abstinendum esset a Psalmis Davidicis.
(13) « Fletus benigne suscipe. » Hymn. Ambr. in Brev. Rom. Sabb. ad Mat.
(14) Hymnus iste ex plerisque Breviariis monasticis, multo magis ex aliis, plura jam sæcula sublatus est. Placet eum hic recitare ex Breviario S. Maximini Treviren si, anno 1600 typis excuso :

Rex Christe, Martini decus,
Hic laus tua, tu illius,
Tu nos in hoc te colere,
In te ipsum contribue.

Qui das per orbis cardines
Quod gemma fulget præsulum,
Da quos premunt culpæ graves
Solvat per ingens meritum.

En pauper hic et medicus
Cælum dives ingreditur ;
Chori cælestes obviant,
Linguæ, tribus, gentes ovant.

Ut vita fulget, transitus
Cælis et arvo splendidus :
Gaudere cunctis pium est,
Cunctis salus sit hæc dies.

DIVISIO.

Martine par apostolis,
Festum colentes tu fove,

Qui vivere discipulis
Vis aut mori, nos respice.

Fac nunc quod olim gesseras,
Nunc præsules clarifica,
Auge decus Ecclesiæ,
Fraudes relide Satanæ

Quater chaos evi ceras,
Mersos reatu suscita,
Diviseras ut chlamydem.
Nos indue justitia.

Ut spiritalis gloriæ
Quondam recorderis tuæ,
Monastico nunc ordini
Jam pene lapso subveni.

Sit Trinitati gloria,
Martinus ut confessus est,
Cujus fidem per opera
In nos et ipse roboret.
AMEN.

(15) Id desumptum ex hymno *Iste confessor* antiquo, a temporibus Urbani VIII legitur :

Cujus ob præstans meritum frequenter   *Viribus morbi domitis, saluti*
Ægra quæ passim jacuere membra,   *Restituuntur.*

(16) Cod. *reverentiæ sanctitatis*. Cl. v. Cousin *reverentia sanctitatis*.

HYMNI NOCTURNI.

I.

DOMINICA AD MATUTINUM.
In I Nocturno.

Universorum Conditor,
Conditorum dispositor,
Universa te laudant condita,
Glorificant (1) cuncta disposita.

Instrumento non indigens.
Neque thema discutiens,
Solo cuncta comples imperio.
Dicis : Fiant, et fiunt illico.

Auctor es præstantissimus,
Omnipotens, non hæmulus ;
Tantum ergo quæ facis omnia,
Quantum decet facis eximia.

Cujus enim judicium
Non censet illum imperium
Qui commodum scienter subtrahit,
Quod nec gravat tandem nec minuit (2).

Fit ergo mundus optimus,
Ac perfectus in omnibus ;
Fit pondere, mensura, numero,
Ne vacillet in quoquam ratio.

Opus dignum opifice,
Pulchrum, indissolubile,
Ad exemplar fit perfectissimum,
Instar cuncta concludens optimum.

Nec minore disponitur
Bonitate quam conditur :
Quidquid male gerit iniquitas,
Summa bene disponit æquitas (3).

Sit perpes Deo gloria,
Ex quo sunt quæ sunt omnia.
Ipsum cuncta per quem sunt prædicent.
Ipsi semper in quo sunt jubilent.
AMEN.

II.

In II Nocturno.

Deus, qui tuos erudis
Testamentorum paginis,
Ex eorum intelligentiæ
Cantus nostros condis dulcedine.

Tibi sit acceptabile,
Nobis sic fiet utile
Quod de tuis solvemus laudibus,
Si quod sonat intellexerimus.

Triplex intelligentia
Diversa præbet fercula.
Delitiis habundat variis
Sacræ mensa Scripturæ fertilis.

Alunt parvos historica,
Pascunt adultos mistica,
Perfectorum ferventi (4) studio
Suscipitur moralis lectio.

Illis fides astruitur,
Ex hac fructus colligitur,
Fructus hic est et consummatio
Quam des nobis, morum instructio

Hæc nobis, Deus, fercula
Tua paravit gratia,
Ut his nostra peregrinatio
Sustentetur quasi viatico.

Sit perpes Deo gloria (5).

III.

In III nocturno.

In ortum mundi sensilis
Mundus intelligibilis,
Cælo simul et terra condito,
De divino jam prodit animo.

Cælum mox spiritalibus
Redimitum est civibus ;
Hæc auctorem suum laudantia
Matutina sunt illa sidera.

Tellus inanis, vacua,
Latebat aquis obsita ;
Hac facies profundi gurgitis
Caligabat obductis tenebris.

Aqua (6) fovens vivificus
Jam incumbebat spiritus,
Ut hinc aquæ jam tunc conciperent
Unde prolem nunc sacram parerent.

Mundi (7) quoque primordia
Lucis venustans gratia,
Dixit Deus : Sit lux, et facta est
A tenebris inde divisa est.

Sit perpes Deo gloria.

IV

FERIA SECUNDA.
Ad matutinum.

In coæterno Dominus
Verbo dixit altissimus :
Firmamentum sit interpositum,
Ut dividat aquarum medium.

Dictum effectus sequitur.
Abissus interceditur ;
Jacentibus aquis inferius
Suspenduntur aquæ superius.

Quibus has aquas usibus
Reservet, novit Dominus.
Constat autem et hæc, et cetera
Nobis esse, non sibi, condita.

---

(1) Cod. *Glorificent.*
(2) Cod. *Minuitur.*
(3) In universo fere hoc hymno optimismum aliquem philosophicum obtrudi nemo non viderit. In tribus hymnorum libellis alia peculiaria Abælardi placita videre non est.
(4) Sic Cod. Legit cl. v. Cousin *ferimenti*

(5) Aliquot locis leguntur in Codice Bruxellensi siglæ, *etc.* ; sed plerumque fuere omissæ, quemadmodum nunc quoque fit in libris liturgicis. Eas ubique posuit cl. v. Cousin. Maluimus sequi Codicem.
(6) Sic Cod. Legendum *Aquam* vel *Aquæ*.
(7) Cod. *In mundi.*

Nostris necessitatibus
Providetur in omnibus;
Pro singulis a nobis Domino
Gratiarum debetur actio.

Sit perpes Deo gloria.

V.
FERIA TERTIA.
Ad Matutinum.

Ad laudes die tertia
Nos ejus monent opera;
Congregatis inferioribus
Aquis, terram detexit Dominus.

Terra detecta pululat (1);
Herbam et lignum germinat
Omne genus herbæ producitur;
Omne ligni genus emittitur.

In terra terræ principem
Collocaturus hominem,
Locum Deus ornando præparat
Vitæ nostræ quem usus postulat.

Recusamur in omnibus.
Si factorem contemnimus;
Rationem pro cunctis exigit
Is qui cuncta pro nobis condidit.

Disceptat mundus contra nos,
Factus ornatus propter nos,
Si nos Deo non subdat gratia,
Quibus ipse subjecit omnia.

Placemus ipsum laudibus,
Quem irritamus actibus.
Quanta laudis sit immolatio,
Nos psalmorum docet instructio.

Sit perpes Deo gloria.

VI.
FERIA QUARTA.
Ad Matutinum.

Ornarunt terram germina,
Nunc cælum luminaria.
Sole, luna, stellis depingitur,
Quorum multus usus cognoscitur.

Lucem distinguunt tempora,
Sunt in signa (2) certissima,
Cuncta fere terrarum commoda
Planetarum ministrat phisica.

Hæc quoque pro te condita
Sursum, homo, considera
Esse tuam et cæli regio
Se fatetur horum servitio.

Sole calet in hieme
Qui caret ignis munere,
Pro nocturnæ lucernæ gratia
Pauper habet lunam et sidera.

Stratis dives eburneis,
Pauper jacet germineis;
Hinc avium oblectant cantica,
Inde florum spirat fragrantia (3).

Impensis, dives, nimiis
Domum casuram construis;
Falso sole pingis testudinem,
Falsis stellis in cæli speciem.

In veri cæli camera
Pauper jacet pulcherrima;

(1) Sic Cod.
(2) Sic Cod. Non vero *insignia*, ut legit cl. v. Cousin.

Vero sole, veris sideribus
Istam illi depinxit Dominus.

Opus magis eximium
Est naturæ quam hominum,
Quod nec labor, nec sumptus præparat,
Nec vetustas solvendo dissipat.

Ministrat homo diviti,
Angelus autem pauperi,
Ut hinc quoque constet cælestia
Quam sint nobis a Deo subdita.

Sit perpes Deo gloria.

VII.
FERIA QUINTA.
Ad Matutinum.

Ornatis luce partibus
Mundi superioribus,
Loca restat ornandum infima,
Ex his ex (4) quibus lux est jam condita.

Educunt aquæ reptile,
Producunt et volatile;
Uno jussu pisces et volucres
Prodierunt in suas species.

Simul et cete grandia,
Et parva fiunt ostrea,
Uno gripho momento maximus
Perfectus est et passer modicus.

Dixit enim, et facta sunt,
Mandavit, et creata sunt;
Magna simul complet et modica,
Cui sunt æque cuncta facilia.

Sit perpes Deo gloria.

VIII.
FERIA SEXTA.
Ad Matutinum.

Laus instat sextæ feriæ,
Pro qua debentur aliæ,
Qua formatur homo novissimus,
Præparatis ei jam omnibus.

Hac in luce terrestria
Creantur animantia;
Omne genus de terra reptile,
Omne genus profertur bestiæ.

Fit omnium novissimus
Homo qui præsit omnibus;
Ad hunc cuncta spectabant terminum
Tanquam finem cunctorum unicum

Summus Creator omnium,
In quo summa stat operum,
In hoc omnis expletur termino
Consilii divini ratio.

Hoc unum plasma nobile
In quo resplendes, Domine.
Illud tuæ decus imaginis,
Et gloria similitudinis.

Vir primum, inde femina,
De costa viri condita,
Postquam viro sopor immittitu,
Sacramentum quo magnum geritur

Dantur his animantia
In potestate cetera.

(3) Cod. habet male *flagrantia*.
(4) Sic Cod. *Ex* redundare videtur.

Potiuntur pro tabernaculis
Paradisi templo (1) gratissimis.

 Sit perpes Deo gloria

IX.
SABBATO.
Ad Matutinum.

Perfectis Deus omnibus
Et (2) inspectis operibus,
Summe bonus cuncta quæ fecerat
Valde bona videt et approbat.

 Sunt perfecta senario
Cuncta dierum numero,
Ut perfecto dierum operi
Attestetur et virtus numeri.

Quievit die septimo
Non lassatus in aliquo;
Quies ipsa Deus perpetua,
In quo cuncta quietis gaudia.

Diem ergo sanctificat,
Quo cessando quieverat,
In sabbati veri misterio
Benedicit diei (3) septimo;

Illius, inquam, sabbati,
Quod est ignarum termini,
Quo pax vera, summa tranquillitas
Juges agit festorum ferias.

 Sit perpes Deo gloria.

HYMNI DIURNI.

X.
DOMINICA.
Ad Laudes.

Advenit veritas, umbra præteriit,
Post noctem claritas diei subiit,
Ad ortum rutilant superni luminis
Legis misteria plena caliginis.

Nocturnum (4) Moysi cedat præconium,
Diurnum congruit diei canticum.
Cum Christo prodeunt cuncta de latebris,
Nec locum deserit lux tanta tenebris.

Velamen exuunt figuræ misticæ,
Est in re veritas, jam non in scemate;
Promissa liquido complens prophetica
Tota vel apicem non sinit irrita.

Transacto flebili de morte vespere,
Cum vita redditur mane lætitiæ,
Resurgit Dominus, apparent angeli,
Custodes fugiunt splendore territi.

Sanctorum plurimi qui jam dormierant,
Surgentis gloriam surgendo prædicant.
In testimonium surgentis Domini,
Conscendunt mortui, descendunt angeli.

Perhenni Domino perpes sit gloria,
Ex quo sunt, per quem sunt, in quo sunt
      [omnia,
Ex quo sunt Pater est, per quem sunt Filius,
In quo sunt Patris et Filii Spiritus.

      AMEN.

XI.
QUOTIDIE.
Ad Primam.

Auroram lucifer præit, sol sequitur.
Aurora fidei lux intelligitur,
Quam verus lucifer surgendo contulit,
Caro Dominica cum refloruerit.

Hic idem lucifer, ut sol, refulserit,
Cum ad juditium commune venerit,
Cujus lux fuerit tanta præsentiæ,
Ut conscientiæ loquantur singulæ.

Nunc (5) invisibilem quem intelligimus
Solem annuntiat iste quem cernimus,
Et invisibilem auctorem omnium
Laudat visibilis effectus operum.

Cunctis laudantibus, homo, ne taceas,
Cum laudes Domino pro cunctis debeas.

Urgeris singulis ex benefitiis,
Ut grates laudibus solvas continuis.

Perhenni Domino perpes sit gloria.

XII.
Ad Tertiam.

In altum orbita solis jam ducitur,
Calorque proficit quo mundus alitur,
Lux primum, deinde calor infunditur,
Cum fidem caritas in nobis sequitur.

Hanc lucem fidei sol verus attulit,
In carne Verbum nos cum visitaverit,
Cælum fortissimum amoris attulit
Hac hora Spiritus quem Verbum miserit.

Hinc recte Spiritus in igne visus est
Super apostolos, cum hoc largitum est;
Nam ignis amor est qui mentes animat,
Ut testam luteam ignis corroborat.

Perhenni Domino perpes sit gloria.

XIII.
Ad Sextam.

Plena meridie lux solis radiat,
Plenusque calor est quo mundus æstuat.
Beatitudinis hæc est perfectio,
Cum ipsa Dei nos incendet visio.

Cujus quo fuerit major cognicio,
Major in singulis erit dilectio,
Quem nichil aliud erit conspicere,
Quam vera perfrui beatitudine.

Felices oculi, beata lumina,
Quibus concessum est hac frui gloria.
Hujus te supplices rogamus, Domine,
Loca vel ultima da nobis curiæ.

Perhenni Domino perpes sit gloria.

XIV.
Hymnus Gratiarum post epulas.

Deus qui corpora creas et animas,
Et cibis propriis utraque recreas,
Tibi tam corpora psallant quam animæ,
Esse qui tribuis illis et vivere.

Ignosce, Domine, nostris excessibus,
Si plus quam decuit gulæ indulsimus
Immo, piissime, quia sic fecimus,
Tam hoc quam cetera condona, quæsumus.

(1) Cod. *tempore.*
(2) Supplevimus *Et, quod deest in Cod.*
(3) Cod. *die*

(4) Cl. v. Cousin legit et edidit *doctorum.*
(5) Cl. v. Cousin edidit *Hunc.*

Hoc primi vitio parentes exulant,
Et crebris posteros ærumnis implicant
Hoc naturaliter est nobis insitum,
Et quasi filiis hereditarium (1).

Immoderatior et inter epulas
Si quid addiderit culpæ loquacitas,
Id quoque tuum est tuis ignoscere,
Qui nobis spacium reservas veniæ.

Tuum est gratiam dare supplicibus,
Qua sibi temperet ab his et talibus.
Tuum est (2) omnibus modum præfigere
Atque præcipitem naturam regere.

Peregrinantibus nobis viaticum
Da necessarium, tolle superfluum;
Sit quæ non honeret supellex modica,
Ne tarde profugis occurrat patria.

Quis in exilio quærat delitias?
Vel nudus utinam hinc tandem exeat!
Nudeque naufragum hærentem tabulæ
Cautes excipiant saxoso littore.

Qui spiritalibus se cibis præparat,
Non quærit qualibet stercus conficiat.
Cælesti pane qui saginat (3) animam
Ventris rugitibus non parat similam.

O! (4) Quem veræ poculum vitis inebriat,
Vini dulcedine gulam non incitat,
Regum deliciæ, non Christi pauperum,
Sollicitudines sunt istæ gentium.

Terrena cogitant hii, non cælestia;
Ponunt exilium sibi pro patria;
Sortem cum bestiis hic suam faciunt,
Et tales miseri comites eligunt.

Averni facilem descensum appetunt,
Arduum cælorum callem refugiunt.
Ventre et pectore repentes penitus
Se jam attollere valent nullatenus.

Ut pronas corpore natura bestias,
Sic istos animo fecit edacitas.
Bachi vel Cereris templis assidui,
In cerimoniis sunt ventris prodigi (5).

Tu tamen exules factos ingluvie
Per abstinentiam reduc nos, Domine,
Nullumque deseras tuorum inopem,
Qui vestis lilium, et pascis passerem.

Nullum necessitas premat inopiæ,
Sed sit frugalitas sufficientiæ.
Sit quod sufficere naturæ valeat,
Non quod lasciviæ fomentum præbeat.

Perhenni Domino sit.

XV.

Ad Nonam.

Septem quas solvimus diurnis laudibus,
Nocturnis additis octo perficimus,
Ex quibus quattuor ascribe vespere (6)
Et mane quattuor, diemque per ice (7).

A nona vesperam scimus incipere,
Cum sol se cœperit terris immergere;
E contra recte quis mane tribuerit
Post noctis medium cum sol emerserit.

Octo conficitur nostra substantia
Quam demum perficit octavæ gloria;
Corpus ex quattuor constare novimus,
Ornari totidem mentes virtutibus.

Hinc recte gratias in octo laudibus
Pro nobis Domino solvi statuimus
Defectum corporis præbentes vespere,
Mane tribuimus vigorem animæ.
Perhenni Domino.

XVI.

DOMINICA.

Ad Vesperas.

Octavæ titulo in Psalmis legimus
Futuræ gloriam vitæ canentibus,
Cum lux subierit perpes fidelium
Istius temporis post septenarium.

Hanc jam in capite completam novimus,
Cum resurrexerit hac luce Dominus,
Ut sic certissimam spem membris propriis
Ejusdem tribuat beatitudinis.

Hinc a Christicolis hæc dies merito
Præ cunctis colitur hoc in misterio.
Æternis etenim, non temporalibus,
Hii bonis inhiant (8) quorum fons Dominus.

Neve tam arduam viam tenentibus
Ex diffidentia tepescat animus;
Hac ipsa die Dominus (9) paraclitum
Misit discipulis in auram Spiritum.

Ad hujus additæ diei gloriam
Quo recte videas diem Dominicam (10),
Quod corporaliter hac luce Dominus
Ut rex susceptus est et heres regius.

Ingressus proprium statim palatium,
Potentis exhibet regis imperium;
Pravos ejiciens (11), cæcos illuminat,
Et domum Domini sic reconciliat.

Octavæ peragit Jhesus misterium
In qua reserverit ut judex omnium
Suos illuminans sui præsentia,
Pravos ejiciens a regni gloria.

Nec a misterio vacare credimus,
Quod soli dies hæc datur a gentibus;
Ipsi eam (12) consecrent eam ex nomine,
Cum sibi vindicet hanc sol justitiæ.
Perhenni Domino

XVII.

QUOTIDIE.

Ad Completorium.

Ubique tuis nos et semper laudibus
Vacare, Domine, debere novimus,
Qui loca fabricas nobis et tempora;
Noctem ad requiem, diem ad opera.

---

(1) Sic Cod. Cl. v. Cousin mutavit in *hæreditarium*. Non necesse; quum non-conveniant antiqui grammatici.
(2) Cod. *in omnibus*; sed *in* obelo seu stigmatibus notatur.
(3) Cod. *saginans*.
(4) Cl. v. Cousin omisit O!
(5) Cod. *prodii*.
(6) Servavimus *vespere*, quoniam continuo post Abælardus *mane* quoque tamquam dativum adhibet:

similiter in quarta stropha.
(7) Quatuor horæ vespertinæ sunt Abælardo Nona, Vesperæ, Completorium et Matutinum; quatuor matutinæ Laudes, Prima, Tertia et Sexta.
(8) Cod. *iniant*.
(9) Cl. v. Cousin *Dominus die*.
(10) Cod. *additæ... diei dominicam*.
(11) Cod. *exibet... eitiens... eitiens*.
(12) Cod. *Ipsi quoque*.

Et cum ferat (1) non hoc nostra fragilitas,
Horas instituit, fixit ecclesias,
Ut ipsa loca nos ad hæc admoneant.
Invitent tempora vel segnes arguant.

Hora jam requiem diei septima
Completa poscimus laudum hebdomadam (2).
Tu nostro, Domine, benedic sabbato,
Quos tuo reparet quies obsequio.

Hanc tua dextera domum sanctificet
Et immanissimum leonem religet ;
Somno pacifico sic corpus recrea,
Ut in te vigilet mens semper sobria.

Perhenni Domino.

XVIII.

FERIA SECUNDA.

Ad Laudes (3).

Ætates temporum nostrique corporis
Divini numerus præsignat operis ;
Dierum novimus in hoc senarium,
Et sex ætates sunt mundi vel hominum.

In Noe primæ fit ætatis terminus,
Instar infantiæ quam recte ponimus ;
Similitudine quadam a singula
Lux prima continet horum misteria.

Tunc (4) incomposita facta materies,
Formanda deinceps erat in species,
Et rude seculum legem non noverat,
Nec ætas terrena (5) rectum quid cogitat.

Deleta prior est ætas diluvio,
Sic et infantiam delet oblivio ;
In primo die lux narratur condita
Et istam incohat lucem infantia (6).

Est et lux fidei quædam minoribus,
Quam quasi parvuli primum suscepimus.
Hanc quoque species ipsa diluerit,
Cum, vel nunc credimus, videri cœperit.

Perhenni Domino.

XIX.

Ad Vesperas

Secunda desinit ætas in Abraham,
Ac si jam ventum sit ad pueritiam,
Non hanc diluvium ætatem diluit,
Cum pueritiæ quisque meminerit.

Hac firmamentum est in die conditum,
Ut aquas (7) dividat his interpositum,
A compluentibus et inundantibus
Aquis consuluit archa fidelibus.

Non Dei populum hæc ætas genuit,
Legis instructio cum nondum fuerit,
Nec vires suppetunt gignendi puero,
Etsi memoriam jam firmet animo.

Post lucem fidei, spes nos corroborat,
Et jam ad fortia credentem animat,
Ut spe cælestium et veræ gloriæ
Jam cuncta toleret hujus miseriæ.

Perhenni Domino.

XX.

FERIA TERTIA.

Ad Laudes

Ætas perducitur ad David tertia.
Huic est similis adolescentia.
Interpres sapiens diei tertio
Utramque comparat ætatem merito.

Aquas ab arida lux ista removet,
Et fluxa seculi data lex inhibet,
Ne, deprimentibus nos libidinibus,
Concupiscentiis se mergat animus.

Hæc ætas populum per legem genuit,
Et patrem Habraam multorum statuit,
Et quasi prima sit hæc terræ soboles,
Nascuntur hodie cum herbis arbores.

Perhenni Domino.

XXI.

Ad Vesperas.

Post fidem atque spem, timor incutitur,
Quo mercenarius aut servus agitur,
Dum hunc sollicitant sperata commoda
Vel illum stimulant flagella condita.

Antiquum timor hic possedit populum
Legis pollicitis et minis subditum,
Dum lex promitteret hæc bona cupidis,
Reos afficeret pœnis gravissimis.

Ex terra vivere plantas agnoscimus,
Creatas hodie quas esse legimus,
Et vitam Israel terrenam duxerit
Cujus promissio terrena fuerit.

Perhenni Domino.

XXII.

FERIA QUARTA.

Ad Laudes.

Quarta lux decorat cælum sideribus,
Quorum perpetuus vigor est igneus,
Quæ nunquam excidit, sic fervet caritas
Quæ sibi vindicat sedes æthereas.

Cujus quadrifida lex Evangelium
Constat ad quattuor dierum numerum,
Quadrati corporis est magna firmitas
Et cuncta sustinet invicta caritas.

Virtutum caritas est consummatio,
Virilis virium ætas perfectio.
Ut corpus hominis hoc implet viribus,
Sic mentem caritas consummat moribus.

XXIII.

Ad Vesperas

Ætatis seculi quartæ primordium
Ponunt theologi regnum Davidicum ;
Istius vespera sit transmigratio
Israelitici sub Babylonio.

---

(1) Cl. v. Cousin : *Non ferat.*
(2) Sic Cod. Cl. v. Cousin *Hebdomada.* Sensus est : *Completa jam septima hora diei, poscimus requiem,* videlicet *hebdomadam laudum,* seu cælum.
(3) Materia primi hujus hymni pertinet ad Dominicam diem; sed, quum superius jam scripsisset hymnum de Dominica ad Laudes, celebravit ad Laudes feriæ secundæ argumentum de prima mundi et hominis ætate et ad Vesperas ejusdem feriæ de secunda ætate. Quum ad S. Dionysii moraretur Abælardus, in Ven. Bedæ inciderat opera : hinc forte (videlicet ex capitibus XVI et sequentibus *libri De temporibus*) hæc hausit.
(4) Cl. v. Cousin edidit, *Tunc.*
(5) Cod. *eterrena.*
(6) Cod. *infantiam.*
(7) Cod. *aqua.*

In David caritas perfecti noscitur,
Quæ sævos (1)... et hostes amplectitur,
Pepercit Sauli quem planxit mortuum,
Morte mox puniens mendacem nuntium.

Hostilem religat prædonem caritas,
Nec erit animæ cum hac captivitas ;
Ubi defuerit, salus amittitur,
Et nostri pectoris urbs hosti traditur.

Perhenni Domino.

XXIV.

FERIA QUINTA.

Ad Laudes.

Quod ætas seculi quinta perducitur,
Ad Christi tempora a multis traditur,
In mundi senio novus ad veterem,
Ut eum renovet, missus est hominem.

Defectum virium senectus patitur,
Et mundi senium hoc recte dicitur,
In quo consulere virtus Altissimi
Bonorum omnium venit defectui.

Jam præterierat patrum religio,
Prophetæ deerant, defecit unctio,
Cum hunc inunxerit (2) divina gratia,
Qui spiritaliter restauret omnia.

Perhenni Domino.

XXV.

Ad Vesperas.

Ex aquis hodie viventes animas
Produci docuit Scripturæ veritas,
Quia baptismatis absente lavacro
Morum non sufficit catechizatio.

Hic mater gratia sepelit veterem,
Hinc novum pia plebs suscipit hominem,
Qui sacramentum hoc primum exhibuit,
Adventum Domini Baptista prævenit.

In quintæ mittitur ætatis tempore,
Quintæ misterium qui pandat feriæ.
Qui finis veterum nova dat lavacra,
Quasi produceret hinc animantia.

Perhenni Domino.

XXVI

FERIA SEXTA.

Ad Laudes.

Sexta tam hominum ætas quam temporum
Meta vel finis est ætatum omnium,
Finis perfftiens bonorum Christus est,
Ætate seculi sexta qui passus est.

Ipsius passio, nostra redemptio,
Bonorum est (3) omnium et consummatio ;
Salutis cetera sunt adminicula,
Hæc est completio salutis hostia

Hac die conditus homo se perdidit;
Eadem Conditor ipsum restituit,
Propter quem subiens crucis suspendium,
Ut servum redimat, se dedit pretium.

Ad Vesperas (4).

De costa viri fit sopiti femina :
Ubi Christi sponsa ejus est Ecclesia (5) ;
Mors Christi sopor est, de cujus latere
Nos mundat prodiens aqua cum sanguine.

Rei cujuslibet ejus imaginem
Expressam dicimus similitudinem ;
Quod vero quamlibet rem munus exprimit,
Similitudinis nomen non refugit.

Virum et feminæ præesse novimus,
Ejus de corpore quam sumpsit Dominus.
Hinc Dei dicimus virum imaginem,
Ejusque feminam similitudinem.

Quo nempe major est viri sublimitas,
Atque potentiæ præcellit dignitas,
Eo vir amplius est Deo similis,
Cum hanc et ratio præponat ceteris.

Perhenni Domino.

XXVII.

SABBATO.

Ad Laudes.

Finem ac requiem laborum omnium
Beatitudinis imponit bravium (6).
Ad hanc pertingitur per præcedentia,
Quæ sex significant dierum opera.

Fides, spes illa sunt, timor, dilectio,
Baptismi gratia, Christique passio,
Hujus senarii beatis gradibus
Beatitudinis succedit aditus.

Per gradus singulos deduc nos, Domine,
Ut queant membra te caput apprendere (7),
In veri sabbati perhenni gloria,
Cujus exuberant omne cor gaudia.

Perhenni Domino.

XXVIII.

Ad Vesperas

O quanta, qualia sunt illa sabbata,
Quæ semper celebrat superna curia !
Quæ fessis requies, quæ merces fortibus,
Cum erit omnia Deus in omnibus !

Vere Jherusalem illic est civitas
Cujus pax jugis est summa jocunditas
Ubi non prævenit rem desiderium,
Nec desiderio minus est præmium.

Quis rex ! quæ curia ! quale palatium !
Quæ pax ! quæ requies ! quod illud audium !
Hujus participes exponant gloriæ
Si, quantum sentiunt, possint exprimere (8).

Nostrum est interim mentem erigere,
Et totis patriam votis appetere,
Et ad Jherusalem a Babilonia,
Post longa regredi tandem exilia.

Illic, molestiis finitis omnibus,
Securi cantica Syon cantabimus,

---

(1) Hic verbum quoddam excidit.
(2) Cod. habet *injuxerit*; cl. v. Cousin *injunxerit*.
(3) Cl. v. Cousin censet delendum esse *est*; verum bis alibi quoque eliditur syllaba ultima *um*.
(4) In Cod. nulla fit divisio; certo tamen novus hic incipit hymnus. Noluimus tamen numeros mutare, ut in Monito præliminari diximus.

(5) Cod. *Christus*, sensus est : *In quo mysterio sponsa Christi est ejus Ecclesia*.
(6) Sic Cod. et quidem recte. Cl. v. Cousin *brachium* edidit.
(7) Cod. *apprehendere*.
(8) Constructio græca *exponant si vossint*, veteribus Romanis etiam usitata.

Et juges gratias de donis gratiæ
Beata referet plebs tibi, Domine (1)

Illic ex sabbato succedet sabbatum,
Perpes læticia sabbatizantium,

A Nec ineffabiles cessabunt jubili,
Quos decantabimus et nos et angeli.

Perhenni Domino.

LIBELLUS SECUNDUS.

PRÆFATIO.

DE RATIONE PRÆCEDENTIS LIBELLI.

Tripartitum est divini cultus officium. Doctor gentium in Epistola *ad Ephesios* ordinavit dicens . « Et nolite inebriari vino in quo est luxuria, sed implemini Spiritu loquentes vobismetipsis in psalmis et ymnis et canticis spiritualibus, cantantes et psallentes in cordibus vestris Domino (2). » Et rursus *ad Colosenses* inquit : « Verbum Christi habitet in vobis habundanter in omni sapientia, docentes et commonentes vosmetipsos in psalmis, ymnis et canticis spiritualibus, in gratia cantantes in cordibus vestris Domino (3). »

Psalmi vero et cantica quoniam ex canonicis antiquitus præparata sunt Scripturis, nec nostro nec alicujus egent studio ut modo componantur.

De ymnis vero cum nihil in superpositis distinctum habeatur scripturis, quamvis et nonnulli psalmi nomen ymnorum sive canticorum sanctorum inscriptum titulis habeant, passim a pluribus postea scriptum est, et pro temporum aut horarum seu festivitatum varietate quibusque proprii hymni sunt constituti, et hos nunc proprie hymnos appellamus, quamvis antiquitus indifferenter nonnulli tam ymnos quam psalmos dicerent quælibet divinæ laudis cantica rithmo vel metro composita. Unde Eusebius Cæsariensis *Ecclesiasticæ Historiæ* libri secundi (4) capitulo xvii (5) dissertissimi Judæi Philonis laudes erga Alexandrinam sub Marco Ecclesiam commemorans inter cetera adjecit (6). « Post pauca rursum etiam de eo quod psalmos faciant novos, ita scripsit : « Itaque non solum subtilium intelligunt ymnos « veterum, sed ipsi faciunt novos in Deum, omnibus eos et metris et sonis honesta satis et suavi com- « page modulantes. » Haud fortassis incongruum est omnes psalmos Hebraice metro vel rithmo compositos et melica dulcedine conditos appellari etiam ymnos, juxta ipsam videlicet ymnorum diffinitionem quam in præphatione prima posuimus. At cum jam psalmi ex Hebræo in aliam linguam translati a rithmi vel metri lege soluti sint, bene ad Ephesios qui Græci sunt Apostolus scribens separatim a psalmis hymnos distinxit sicut et cantica.

De his itaque quoniam nostrum sæpe ingeniolum, dilectissimæ Christi filiæ, multis precibus pulsavistis, addentes insuper quibus de causis id necessarium vobis videatur, vestræ jam peticioni, prout Dominus annuerit, ex parte paruimus. Superiori namque libello cottidianos feriarum ymnos qui toti sufficere possint ebdomadæ comprehendimus. Quos ita compositos esse cognoscatis ut bipartitus sit eorum cantus sicut et rithmus, et sit una omnibus nocturnis melodia communis atque altera diurnis, sicut (7) et rithmus. Ymnum etiam gratiarum post epulas exsolvendum non prætermisimus, secundum quod in Evangelio scriptum est : « Ymno dicto exierunt (8). »

Ceteros vero supraposítos hymnos hac consideratione digessimus ut qui nocturni sunt suarum opera feriarum contineant, diurni autem ipsorum operum allecoricam seu moralem expositionem tradant: Atque ita factum est ut obscuritas historiæ nocti, lux vero expositionis reservetur diei. Superest de cetero vestris me orationibus adjuvari ut optatum vobis munusculum transmittam.

---

(1) Cod. habet *Domine*; cl. v. Cousin, quasi de suo id adjecisset, edidit [*Domine?*]
(2) Ephes. V, 18, 19.
(3) Coloss. III, 16.
(4) Omisit *secundi* cl. v. Cousin.
(5) Sic Cod. et quidem recte. Cl. v. Cousin edidit xix.

(6) Hic apposuit cl. v. Cousin sequens annotatum : *Desunt in codice verba Eusebii*. Nulla desunt. -Verba : *Post..... scripsit* sunt Eusebii. *Itaque..... modulantes* sunt Philonis. Omnia accurate citavit Abælardus ex versione Rufini.
(7) Cod. *sic*, omisso abbreviationis signo.
8) Matth. xxvi, 30 ; Marc. xiv, 26.

HYMNI SOLEMNITATUM DIVINARUM.

IN NATIVITATE DOMINI
XXIX.
IN I NOCTURNO ET AD VESPERAS.

Verbo Verbum virgo concipiens,
Ex te verus ortus est Oriens,
A quo vera diffusa claritas
Circumductas abduxit tenebras.

Felix dies, dierum gloria,
Hujus ortus quæ vidit gaudia!
Felix mater quæ Deum genuit!
Felix stella quæ solem peperit!

O vere beata pauper puerpera!
Cujus partus ditavit omnia;
Pauper, inquam, sed celsa genere,
Pontificum et regum sanguine.

Vitæ viam in via peperit,
Hospicium non domum habuit,
Regum proles et cæli domina,
Pro cameris intravit stabula.

Obstetrices in partu deerant,
Sed angeli pro eis aderant,
Quorum statim chorus non modica
Hujus ortus eduxit gaudia.

Defuerunt fortassis balnea,
Sed quam lavent non erat macula.
Non est dolor quem illa relevent,
Nec scissura quam illa reparent.

In excelsis sit Deo gloria,
Pacis in terra fœdera,
Quam super his voces angelicæ
Decantasse noscuntur hodie.

AMEN.

XXX.
IN II NOCTURNO ET AD VESPERAS.

Dei patris et matris unicus,
In præsepe pro cunis positus,
Angustias præsepis sustinet,
Quem ambitus cæli non continet.

Excipitur vili tugurio,
Qui præsidet cæli palatio.
Quis super hoc, quis non obstupeat?
Cujus mentem hoc non commoveat (1)?

Pauper Deus, imo pauperrimus,
Sic factus est pro nobis omnibus
Quæ sunt grates, quæ retributio
Super istis a nobis Domino?

In præsepi vagit, ut parvulus,
Qui concutit cælum tonitrubus (2)
Stratum habet fœni reliquias,
Qui regibus largitur purpuras.

Bestiarum infertur pabulo,
Angelorum ipsa refectio.

Instat inde grex animalium,
Hinc angeli præbent obsequium.

In excelsis sit Deo gloria.

XXXI
IN III NOCTURNO ET AD VESPERAS.

Quam beatum stratum hoc straminis
Tantæ latus quod pressit virginis,
Quo parvulus nascens excipitur,
Cujus palmo (3) cælum concluditur

In sericis reginæ ceteræ
Summo solent dolore parere.
Vilis strati beatus lectulus
Omni fuerit dolore nescius.

Regum natis in alimonia
Sunt subacta nutricum ubera.
Educatur lacte virgineo,
Virgo clauso quem fudit utero.

Nulli regum inter tot epulas
Inter tantas et tot delicias,
Concessum est ut lacte virginis
Quis de suis alatur parvulis.

Virgo pauper fortassis esurit,
Quæ parvulum hoc lacte reficit.
Stupent cæli, mirantur angeli,
Obsequio lactantis seduli.

In excelsis sit Deo gloria.

XXXII.
AD LAUDES ET AD VESPERAS.

Gaude, virgo virginum gloria,
Matrum decus et mater, jubila,
Quæ commune sanctorum omnium
Meruisti conferre gaudium.

Patriarchis sanctis ac regibus
Te filiam promisit Dominus;
Te figurant (4) legis ænigmata,
Prophetarum canunt oracula.

Te requirunt vota fidelium,
Ad te corda suspirant omnium,
Tu spes nostra post Deum unica,
Advocata nobis es posita.

Ad judicis matrem confugiunt,
Qui judicis iram effugiunt.
Quæ (5) supplicare pro eis cogitur
Quæ pro reis mater efficitur.

O pia....... etas! filius
Ad hoc gignit, ad hoc est genitus,
Ut salventur servi per [gratiam] (6)!
Quam exhibet hæc dies maximam

In excelsis sit Deo gloria.

---

(1) Sic Cod. et recte. Cl. v. Cousin *commoneat*.
(2) Cod. *tonitruis*, quæ forma quoque probe Latina est. Sed præplacet *tonitrubus*, ut adsit consonantia.
(3) Sic Cod. Cl. v. Cousin *palma*. Præplacuit adhærere codici, quum Vitruvius scripserit: *Id* (munerum datio) *semper geritur per manus palmum*.
(4) Cod. *fugantur*.
(5) Sic Cod. Dele *quæ*.
(6) *Gratiam* ex conjectura adjecimus.

IN EPIPHANIA DOMINI.

XXXIII.

IN I NOCTURNO ET AD VESPERAS.

Nasciturum sive natum
Cæli regem et terræ
Miris signis eo dignis
Prædicarunt utraque.

Nam, Auguste, te florente,
Solem cinxit corona;
Inundavit (1) quod mandavit
Oleum de taberna.

Veniente Redemptore,
Servis datur libertas,
Servitutis jugum tollis (2),
Et quem nescis præsignas.

Interdicis nec permittis
Te Dominum vocari,
Ut venturo possit Christo
Decus hoc reservari.

Jani portas tenet clausas
Pax a Christo præmissa,
Quæ prophetæ quondam voce
Mundo fuit promissa.

Pax in terris, in excelsis
Sit gloria, sit summa
Regi summo Patri, Verbo,
Spiritui per sæcula.
AMEN.

XXXIV.

IN II NOCTURNO ET AD VESPERAS

Angelorum stupent cantu
Admoniti pastores;
Magos nova ducit stella:
Metu languet Herodes.

Dat mandata magis stulta,
Loquens eis in dolo
Sed illusus fuit dolus
Fraudulento fraudato.

Illi cœptam tenent viam,
Reperiunt quem quærunt,
Et oblatis tribus donis
Per hæc ipsum describunt.

Ad Herodem ne redirent
Admonentur in somnis,
Et divino documento
Sunt quid agant edocti.

Pax in terris.

XXXV.

IN III NOCTURNO ET AD VESPERAS.

Consecrandas intrat aquas,
Baptizatus a servo,
Qui peccata tollit nostra,
Qui non eget baptismo

Baptizato qui baptismo
Vere suo baptizat,
Statim cæli sunt aperti
Quos peccatum claudebat.

Revelatus est descensus
Spiritus in columba;

Baptizandis renascendis
Gratia demonstrata.

Est audita vox paterna,
Filium protestata,
Et renatos facit veros
Filios illa data;

Quæ vox (3) blanda, mansueta
Deum monstrat placatum,
Nec divinæ quemquam æqua
Gratiæ tenet tipum (4).

Pax in terris.

XXXVI.

AD LAUDES ET AD VESPERAS.

Qui baptismo nobis suo
Aquas sanctificavit,
Has in merum vertit vinum
Et convivas reficit.

Unde (5) clara dies ista
Trino facto resplendet;
Quia per tot (6) mundo signa
Mundi salus apparet.

Nec post tanta vel majora
Signa credit Judæus,
Quem ad unam statim stellam
Requisivit Chaldæus.

Elementa suum cuncta
Recognoscunt auctorem.
Te nec signa, nec lex ipsa
Movent, miser, ad fidem?

Si nec signis, nec prophetis
Arbitraris credendum,
Exul longa saltem pœna
Tuum disce reatum.

Pax in terris.

IN PURIFICATIONE B. MARIÆ VIRGINIS.

XXXVII.

IN I NOCTURNO ET AD VESPERAS.

Adorna, Sion, thalamum,
Quæ præstolaris Dominum;
Sponsum et sponsam suscipe
Cum cereorum lumine.

Prudentes illæ virgines,
Vestras aptate lampades,
Et occurrentes Dominæ,
Surgant adolescentulæ.

Faces accendant famuli,
Veroque mundi lumini
Domus dominis cum omnibus (7)
Occurrat (8) luminaribus

Beate senex, propera,
Promissa comple gaudia
Et revelandum gentibus
Revela lumen omnibus.

Devota Deo vidua,
Ejusque templo dedita,
Pari propheta gaudio,
Et confitere Domino.

---

(1) Sic Cod. et quidem recte. Cl. v. Cousin. *Mundavit.*
(2) Cod. *tollit.*
(3) Cod. habet *quis.*
(4) Locus corruptus videtur cl. v. Cousin. Sensus videtur esse: Nec æqua seu similis vox tenet quemquam typum divinæ gratiæ, seu ita manifestat divinam gratiam.
(5) Sic. Cod. Cl. v. Cousin. *Unde.*
(6) Cod. *tanta.*
(7) Hic iterum elisio.
(8) Expunximus *cum*, quod in Cod. abundat.

Deo patri cum Filio,
Cum Spiritu paraclito,
Ut est una substantia
Sic et una sit gloria.
AMEN.

XXXVIII.
IN II NOCTURNO ET AD VESPERAS.

Parentes Christum deferunt,
In templo templum offerunt.
Legi parere voluit,
Qui legi nichil debuit.

Offer, Beata, parvulum
Tuum et Patris unicum;
Offer per quem offerimur,
Pretium quo redimimur.

Procede, virgo regia,
Profer natum cum hostia,
Tollantur aves misticæ,
Tibi vel ipsi congruæ.

Monstret columba simplicem,
Designet turtur virginem;
Pauper quidem [est (1)] hostia,
Sed magna sunt misteria.

Hæc quidem erat pauperum,
Cum esset (2) agnus divitum,
Sed agni veri latio
Non eget agno mistico.

Deo patri cum Filio,
Cum Spiritu Paraclito.

XXXIX.
IN III NOCTURNO ET AD VESPERAS.

Qui paupertatem admonet,
Hanc in se prius exhibet;
Deus dives in omnibus,
Ut nos ditet pauperrimus.

Factis primum exhibuit,
Quod verbis tandem docuit,
A cunis mox incipiens,
Et re vocem præveniens.

Hic est ille funiculus,
In manu viri lineus,
Subtilis evangelicæ
Sermo legis in opere.

Hic est mensuræ calamus
Quem gestat manu parvulus,
Ut super montem positum
Mensuret ædificium.

Mensuræ quippe calamus
Liber est evangelicus,
Quem manu fertur gerere
Qui scriptum complet opere.

Hoc super ipsum posita
Mensuratur Ecclesia,
Dum in hoc quisque percipit
Quantum crescit ac deficit.

Deo patri.

XL.
AD LAUDES ET AD VESPERAS.

Omnis sexus et quælibet
Ætas plaudat et jubilet.
Monet omnes ad gaudium
Qui venit salus omnium.

Gaude, vir, gaude, femina,
Communi læti gloria.
Virum, quem Deus induit,
Ignara viri peperit.

Congaude, virgo, virgini!
Mater est hæc Altissimi;
Nupta nuptæ congaudeat,
Quæ mox conceptum prædicat.

Conclusus adhuc utero,
Quo potens infans gaudio
Vitam mundi quam senserat
Mundo statim adnuntiat!

Hinc senex, inde vidua
Laude Christum prophetica
Confitentes dominicam
Ostenderunt præsentiam.

Deo patri.

IN RESURRECTIONE DOMINI.

XLI.
IN I NOCTURNO ET AD VESPERAS.

Christiani, plaudite,
(Resurrexit Dominus!)
Victo mortis principe
Christus imperat,
Victori occurrite,
Qui nos liberat.

Superato Zabulo (3),
(Resurrexit Dominus!)
Spoliato barathro,
Suos eruit,
Stipatus angelico
Cœtu rediit.

Fraus in hamo fallitur,
(Resurrexit Dominus!)
Quæ dum carne vescitur
Circumposita,
Virtute transfigitur
Carni insita.

Captivatis inferis,
(Resurrexit Dominus!)
Ditatisque superis,
Cælum jubilat,
Hymnis, psalmis, canticis
Terra resonat.

Deo patri gloria,
(Resurrexit Dominus!)
Salus et victoria,
Christo Domini;
Par honor per secula
Sit Spiritui.
AMEN.

XLII.
IN II NOCTURNO ET AD VESPERAS.

Da Mariæ timpanum,
(Resurrexit Dominus!)
Hebræas ad canticum
Cantans provocet,
Holocausta carminum
Jacob immolet.

Subvertens Ægyptios,
(Resurrexit Dominus!)
Rubri maris alveos
Deus replens hostibus,
Quos involvit obrutos
Undis pelagus.

Dicat tympanistria:
Resurrexit Dominus!
Illa quidem altera.
Re non nomine,
Resurgentem merita
Prima cernere.

Cantet carmen dulcius,
(Resurrexit Dominus!)
Reliquis fidelibus
Mixta feminis,
Cum ipsa narrantibus
Hoc discipulis.

Deo patri, cum filio,
Cum Spiritu paraclito.

---

(1) *Est* deest in Cod.
(2) Cod. *Esse*.
(3) Pro *diabolo*; antiqua mutatio *di* in *z*. In cœmeteriis Romanis non raro *zabulus* et similia leguntur.

XLIII.

IN III NOCTURNO ET AD VESPERAS.

Golias prostratus est,
(Resurrexit Dominus!
Ense jugulatus est (1),
Hostis proprio;
Cum suis submersus est
Ille Pharao.

Dicant Sion filiæ:
(Resurrexit Dominus!)
Vero David obviæ
Choros proferant (2),
Victori victoriæ
Laudes concinant.

Samson noster validus,
(Resurrexit Dominus!)
Circumseptus hostibus
Portas sustulit.
Frustratus alophilus (3)
Stupens ingemit.

Ut leonis catulus,
Resurrexit Dominus!
Quem rugitus patrius
Die tertia
Suscitat vivificus,
Teste phisica.

Deo patri.

XLIV.

AD LAUDES ET AD VESPERAS

Veris grato tempore,
Resurrexit Dominus.
Mundus reviviscere
Cum jam incipit,
Auctorem resurgere
Mundi decuit.

Cunctis exultantibus,
Resurrexit Dominus;
Herbis renascentibus,
Frondent arbores,
Odores et floribus
Dant multiplices.

Transacta jam hieme,
Resurrexit Dominus
In illa perpetuæ
Vitæ gaudia,
Nullius molestiæ
Quæ sunt conscia.

Ut (4)] restauret omnia,
Resurrexit Dominus.
Tanquam ista gaudia
Mundus senserit,
Cum carne dominica
Jam refloruit.

Deo patri.

IN ASCENSIONE DOMINI

XLV.

IN I NOCTURNO ET AD VESPERAS.

In montibus hic saliens,
Venit colles transiliens,
Sponsam vocat de montis (5) ver-
[tice:
Surge, soror (6), et me jam se-
[quere.

Ad paternum palatium,
Ad patris scandens solium,
Sponsæ clamat: Dilecta, propera;
Sede mecum (7) in Patris dextera.

Omnis turba te civium,
Te regnum manet patrium.
Tuæ tota cum Patre curia
Præsentiæ requirit gaudia.

Quæ regis sponsæ congruant,
Quæ reginæ conveniant,
Hic intextas ex auro ciclades
Cum purpuris gemmatis indues.

Sit Christo summo (8) gloria,
Qui scandens super sidera,
Cum Spiritu, cum patre, supera
Deus unus regit et infera.

AMEN.

XLVI.

IN II NOCTURNO ET AD VESPERAS.

Quibusdam quasi saltibus
Superni patris filius,
Ad terrena venit a superis,
Spoliatis nunc redit Tartaris.

A sinu venit patrio,
Matris susceptus utero;
In sepulchro de cruce positus
Resurrexit per quem resurgimus.

Ascendentem ad æthera,
Nubes excepit lucida;
Ferebatur (9) erectis manibus,
Benedicens suis astantibus.

Ascendentem cernentibus
Ac super hoc mirantibus,
Astiterunt in albis angeli,
Tam facie quam veste nitidi.

Quid, inquiunt, attoniti,
Sic cælum intuemini?
Quem euntem in cælum cernitis,
Sic veniet in forma judicis.

Sit summo.

XLVII.

IN III NOCTURNO ET AD VESPERAS.

In terris adhuc positam,
Sponsam Christus Ecclesiam
Ad se sursum vocat cottidie,
Et hortatur mente conscendere.

(10) Dicat hæc: Post te trahe (11)
[me,
Nitenti dexteram porrige;
Super pennas ventorum evolas,
Quis sequetur nisi (12) pennas
[conferas?

Columbæ pennas postulet,
Ut ad quietem properet.
Alas petat potentis aquilæ,
Quibus alta possit conscendere.

Dabit cum alis oculos,
Ut veri (13) solis radios
Irreflexis (14) possit obtutibus
Intueri, quo nil felicius.

Pennatis animantibus
Ille locus æthereus
Pro meritis virtutum congruit
Quibus alas has Deus dederit.

Sit Christo summo (15).

IN FESTO INVENTIONIS SANCTÆ CRUCIS.

XLVIII.

IN I VEL II NOCTURNO ET AD VESPERAS (16).

Salve, cælestis
Vexillum regis;
Salve, crux sancta;

---

(1) Sic cod. et recte. Cl. v. Cousin: *Golias prostratus est, Ense jugulatus est; Resurrexit Dominus, Hostis proprio:* quod sensu caret.
(2) Cod. *proferantur*; sed *ur* stigmatibus notatur.
(3) Cl. v. Cousin *Alophilus*, tamquam nomen proprium; verum significatur *vir extraneus, hostis*, a Græco ἀλλόφυλος.
(4) *Ut* ex conjectura, Cod. hic abrasus.
(5) Cl. v. Cousin legit *Montium*; codex habet *montibus*, sed male; legendum *montis*.
(6) Cod. *sorori*; sed male; ipse librarius obelo notavit finem vocis.
(7) Nova elisio.
(8) Cod. *Christe summe*; quod non concordat cum *qui regit*; et quidem infra legitur *sit summo, sit Christo summo*.
(9) Sic Cod. et recte; cl. v. Cousin *Terebatur*.
(10) Cod. non habet *Citat*, ut habet cl. v. Cousin; sed nude *icat*, omissa litera rubra *D*.
(11) Cod. *thrae* per metastasim aspirationis.
(12) Cod. aperte *nisi* habet; et ita quidem exigit rhythmus. Verumtamen cl. v. Cousin mutavit in *ni*.
(13) Cod. habet *veri;* cl. v. Cousin legit et edidit *mihi;* quo sensus turbatur.
(14) Cl. v. Cousin legit *in reflexis;* Cod. habet *irreflexit*, ultima litera notata obelo.
(15) Hymnus ad Laudes et ad Vesperas venit infra num. LI.
(16) Ex his quæ in prologo ad tertium libellum monet Abælardus manifestum est, quinque ab eo c nscriptos fuisse de Cruce hymnos, unum quo invitatur diaconus crucem de altari tollere et in medio chori afferre, tres ad tria Nocturna et quintum ad Laudes. Certissime deest primus hymnus; nam doxologia dumtaxat initium scribitur ad finem hymnorum qui supersunt. Asserere non ausim hymnum ad Nocturnum I aut II deesse; imo arbitror ex duobus hymnis unum conflatum fuisse a librario. Certe *salve, cælestis vexillum regis*, etc., videtur esse exordium reliqui poematis, et facile dividitur post verba: *Est religata*. Memento hymnum XXVI similiter ex duobus conjunctis hymnis constare. Hic tamen aliquantisper obstat tertii versus per totum hymnum eadem desinentia.

HYMNI ET SEQUENTIÆ.

Qua, spoliato
Prædone diro,
Præda reducta.

Averni portæ
Jacent contritæ,
Claustra confracta:

Tau beatum (1),
Quo, pœnitentum
Fronte signata,

Interfectoris
Ira crudelis
Est religata.

Vide.(2) latronum
Quondam tormentum
Eras pro pœna,

Nunc gloriosum
Frontibus regum
Signum impressa.

Tu lignum vitæ,
In qua rex ipse
Conscendit palma,

Ut fructu tui
Letalis pomi
Restauret damna.

Felici nautæ,
Qui (3) quasi nave
Fruitur vita,

Per mare magnum
Hoc navigandum
Est ad superna,

Personis trino (4).

XLIX.
IN III NOCTURNO ET AD VESPERAS.

Serpens erectus
Serpentum morsus
Conspectu sanat,

Antiqui virus
Serpentis Christus
Suspensus curat.

Sophia patris
Medelam cunctis
Ex se ministrat

Prophetæ virga
Silex bis icta
Aqua redundat.

Lignis duobus
Christus appensus
De se nos potat.

Bibit Judæus,
Sed Christianus
Refectus extat.

Personis.

L.
AD LAUDES ET AD VESPERAS.

Lignum amaras
Indulcat aquas
Eis immissum.

Omnes agones
Sunt sanctis dulces
Per crucifixum.

Salix præclarus
Mortis est potus
Ipsis per ipsum.

Quæque tormenta
Sunt eis grata
Per hoc exemplum.

Ut dolor meus
Dolor est nullus;
Attendunt scriptum.

Quippe qui cuncta
Portat peccata,
Nescit peccatum.

Passo pro cunctis
Est universis
Compatiendum.

Personis trino.

IN FESTO ASCENSIONIS DOMINI (5).
LI.
AD LAUDES ET VESPERAS

Cum in altum Deus ascenderet,
Et una secum traheret
Triumphantis majestas Domini,
Circumstabant victorem eruti.

Superna regis civitas
Pompas æducit obvias (6).
Chere (7), cantant victori angeli
Et hosanna salvati populi.

Illis tanquam quærentibus
Et super hoc mirantibus
Hii respondent, et alternantibus
Ita cantum mulcent sermonibus :

Quis est iste rex gloriæ?
Quod hoc decus victoriæ?
Quis est iste de Edon veniens,
Purpureo vestitu renitens?

Fortis et potens Dominus,
Triumphans victis hostibus,
Manu forti potens in prælio
Victor redit subacto Zabulo.

Sit Christo summo.

IN FESTO PENTECOSTES.
LII.
IN I NOCTURNO ET AD VESPERAS.

Adventu sancti Spiritus,
Nostri cordis altaria
Ornans Deus virtutibus,
Tu tibi templa dedica

Illa septemformi, quam habet, gratia,
Contra septem illa dæmonia (8);
Cujus dona bona sunt omnia.

Per timorem nos Domini
Primum a malo liberat,
Ut pauper hujus seculi,
Cælum dives introeat.
Tu hanc da nobis, Domine gratiam,
Pœnam reis ne reddas debitam,
Sed nomini tuo da gloriam.

Da pietatis viscera,
Ne superet temptatio;
Mites facit hæc gratia
Quorum terra possessio.
Et hanc da nobis, Domine, etc.

Apponis et scientiam,
Per quam flenda cognoscimus;
Consolaris per veniam
Cum hanc primo fecerimus.
Et hanc, etc.

Fortitudine roboras
Esuriem justitiæ;
Veri panis satuitas,
Viaticum est animæ.
Et hanc, etc.

Summum illud consilium
Das de misericordia,
Ut idem reddas præmium (9);
Vis hanc, non sacrificia;
Et hanc da, etc.

Intellectus es spiritus,
Quo videtur divinitas
Mundi cordis luminibus,
Hæc est regni sublimitas (10).
Et hanc da, etc.

Das tandem sapientiam
Per quam fiant pacifici,
Nomen patris sanctificans,
In quo sint Dei filii.
Et hanc da, Domine, etc.

Populorum precibus,
Quos hac in die consecras,
Isdem nos charismatibus
Confirma quos regeneras (11).
Illa septiformi, et cetera.

LIII.
IN II NOCTURNO ET AD VESPERAS.

Remissionis numerum
Lux signat quinquagessima,
Quo jubileus omnium
Annus relaxat debita.

Summa summo regi Deo sit gloria,
Cujus cuncta subsistunt, erat a,
Ex quo, per quem, in quo sunt
  omnia.

---

(1) Vide Cangii Glossarium, verbo *Tau*. Legendum *O tau*, vel *Tau*, ne desit syllaba. Recentiori ævo multi dixere de hoc crucis symbolo.

(2) Cl. v. Cousin asserit in codice Bruxellensi legi *Fide*; non recte. Omissa tantum est litera rubra *v*.

(3) Cod. habet *quæ quasi nave fruendo vita;* quibus nullus prorsus inest sensus.

(4) Integra doxologia, ut monuimus, nuspiam in Codice reperitur. Est forte : *Personis trino Sit Deo summo Laus sempiterna*.

(5) Supra ad Hymnum XLVII monuimus hunc LI suo motum esse loco

(6) Cod. *ovias*.

(7) Χαῖρε.

(8) Cl. v. Cousin invertit versuum ordinem, scribens : *Cujus dona bona sunt omnia Contra septem illa dæmonia*.

(9) Addit Cod. *vel bravium*; ita ut optionem dederit Abælardus inter *præmium* et *bravium*.

(10) Cod. habet: *Hæc est spiritus regni sublimitas;* redundat *spiritus*.

(11) Arbitror legendum : *O populorum precibus Quos hac in die consecras, Iisdem charismatibus Confirma quos regeneras*.

Sub hoc dierum numero
Remissionis Spiritus,
A summi Patris solio
Venit, quem misit, Filius.
Summa summo, etc.

Divinum quippe Spiritum
Amorem ejus dicimus,
Quo reis nunc propitium,
Quo mittem esse novimus.
Summa, etc.

Cujus amoris hodie
Flamma mundus accenditur,
Quem venit Christus mittere
In terram, ignis mittitur.
Summa, etc.

In igneis hunc hodie
Linguis super apostolos
Demonstrans legis igneæ
Præsignavit hos nuntios.
Summa, etc.

Lex vetus tanquam frigida
Servos metu cohercuit,
In Christo mater gratia
Filios Deo genuit.
Summa summo regi Deo, etc.

LIV (1).

IN III NOCTURNO ET AD VESPERAS.

Tradente legem Domino (2),
Mens tremens metum attulit ;
Spiritus in cœnaculo
Susceptus illum abstulit.
Summa, etc.

Micabant illic fulgura,
Mons caligabat fumigans ;
Hic est flamma multifida
Non urens, sed illuminans
Summa, etc.

Horrendæ sonum buccinæ
Pavebat illic populus ;
Verbum intelligentiæ
Sonus hic fuit Spiritus.
Summa, etc.

Fumus illic caliginem
Obscuræ signat litteræ ;
Splendentis ignis speciem
Claræ signum hic accipe (3).
Summa, etc.

Terroris ac caliginis
Illic plena sunt omnia,
Curat hic ex contrariis
Paraclitus contraria.
Summa, etc.

Omnes aufert molestias
Divina consolatio :

Cordis exarat tabulas
Ut reparetur ratio.
Summa summo, etc.

LV.

AD LAUDES ET AD VESPERAS.

Apostolorum pectora
Divinus replens spiritus,
Corda ditat sententia,
Linguas loquelis omnibus.
Summa, etc.

Ut superbos disperserat
Linguæ quondam divisio,
Sic humiles nunc aggregat
Diversarum collectio.
Summa, etc.

Laudari linguis omnibus
Et prædicari debuit
In cunctis mundi partibus,
Qui has, qui cuncta condidit.
Summa, etc.

Johelis testimonium
Completum esse novimus ,
Petrus calumniantibus
Quod opponit latrantibus.
Summa, etc.

Divinorum completio
Festorum hæc festivitas ;
Divini consummatio
Promissi sit hæc largitas

Qui verum omne doceat
Promissus hic est qui cuncta sug-
[gerat (4)
Quæ suis dixit filius.
Summa, etc.

IN FESTO DEDICATIONIS ECCLESIÆ.

LVI.

IN I NOCTURNO ET AD VESPERAS.

Sacra Yerosolimis (5)
Facta sunt encænia,
Quum lux esset celebris
Domini præsentia.

Ipse nostris hodie
Festis adsit, quæsumus,
Præsentis basilicæ
Basileon (6) proprius.

Nostri templum pectoris
Ipse sibi consecret (7),
Et signis extrinsecis
Res internas aggreget

Quæ fiunt exterius
Intus ipse compleat
Mundi penetralibus
Qui cordis inhabitat.

Deo Patri gloria,
Par sit honor Filio,
Compar sit Spiritui
Gratiarum actio.

AMEN.

LVII.

IN II NOCTURNO ET AD VESPERAS.

Spiritale signum est
Templum hoc visibile,
Et in illo totum est
Quod in hoc fit (8) mistice.

Aqua benedicitur,
Salis fit comixtio ,
Templum his conspergitur
Circumvectis tertio.

Accenduntur interim
Intus luminaria ,
Numero duodecim
In giro disposita.

Aspergendo circuit
Templum ter episcopus.
Portæ frontem percutit
Virga ter superius.

Aperiri præcipit,
Ut rex intret gloriæ,
Quod quum ter expleverit,
Patefiunt januæ.

Ingressus basilicam
Preces offert Domino,
Pro se primum hostiam
Deinde pro populo.

Alphabeti duplicis
Dum figuras imprimit
Cancellatis lineis
Crucis signum exprimit.

Quæ fiunt exterius, etc.

Deo Patri gloria.

LVIII.

IN III NOCTURNO ET AD VESPERAS.

Ad altare pontifex
Sacrandum se præparat,
Aquæ salem, cinerem,
Atque humum sociat.

Bis intincto digito
Per altaris cornua
Signum crucis imprimit
Consecrantis dextera.

De ysopo deinde
Tenens aspersorium
In altare septies
Aspergit circumdatum.

---

(1) Ex codicis habitu versus sequentes prioribus annectendi essent. Verumtamen certo sunt separandi, ita ut duo sint hymni : nam primo, materia utriusque est diversa ; secundo, tres secus essent tantum hymni, quum quatuor sint oporteat ; tertio, divisionem aliquam indicant plura solito ex doxologia repetita verba : *Summa summo regi Deo*, etc.
(2) Cod. et cl. v. Cousin habeat *tradentem*.
(3) Cod. habet : *Splendentis in speciem ignis Clare signum hic accipe*. Cl. v. Cousin edidit : *Splendentis ignis speciem Clare signum hic accipe*. Sensus videtur esse : *Hic accipe speciem splendentis ignis tunquam signum claræ literæ*.
(4) Locus corruptus. Legendum est : *Promissus hic est spiritus Qui nobis cuncta suggerat Quæ suis dixit Filius, Qui verum omne doceat*.
(5) Contra fidem cod. et rhythmum edidit cl. v. Cousin *Hierosolymis*.
(6) *Basileon* loco *Basileus*, *rex*. Linguam Græcam plane Abælardo ignotam fuisse hinc et aliunde constat.
(7) Cod. *consecrat*, male.
(8) Ita Cod. Cl. v. Cousin substituit *sit*.

Rigatis (1) ter deinceps
Intus (2) parietibus,
Orat ut exaudiat
Ibi quosque (3) Dominus.

Ad altare praesul, his
Peractis, convertitur;
Psalmus cum antiphona
Praeeunte (4) dicitur.

Ad altaris funditur
Basim aquae reliquum;
Quo extergi debeat (5),
Mundum adest linteum.

Thus antistes adolet
Super ipsum Domino;
Tam ipsum quam anguli (6)
Consignantur oleo.

Unctione chrismatis
Altare perfunditur,
Et simul antiphona
Decantanda sumitur.

Cruces hinc duodecim
Chrismantur parietum,
Altare contegitur,
Et fit sacrificium.

Quae fiunt exterius, et cetera.

Deo patri gloria.

LIX.

AD LAUDES ET AD VESPERAS.

Ecce domus Domini,
En fidelis populus,
Psalmis, hymnis, canticis
Vacans spiritalibus.

Christus cujus domus est,
Ipsam sibi protegat,
Et ovile proprii
Gregis pastor muniat.

Manum spiritalium
Tutelam adhibeat.
Lupos invisibiles
Super illos arceat.

Angelorum praesidens
Semper hic custodia
Ad fidelis populi
Vigilat praesidia.

Ad superbum Zabulon
Conterendum Michael,
Ad medendum sauciis
Dirigatur Raphael.

Corda titubantium
Grabriel (7) corroboret,
Et perseverantia
Stantes idem adjuvet.

Nunquam, cum sit regis hoc
Caelestis palatium,
Ministris caelestibus
Decet esse vacuum (8).

Horum ministerio
Disponantur omnia,
Qui norunt quae Domino
Sint vel non sint placita.

Christi vota populi
Ipsi preces offerant,
Et quid ipse voveat,
Quid precetur doceant.

Nichil cassis precibus,
Nichil votis (9) irritis
Hic (10) fideles postulent
Vel sibi vel aliis.

Quisquis hic (11) fidelium
Preces Deo fuderit,
Impetrasse gaudeat
Se, quidquid petierit.

Hiezita nullus hic,
Nullus simoniacus,
Corrumpat hereticis
Gregem Christi pestibus.

Quos a domo propria
Per semet expulerit,
Iram ejus sentiat
Quisquis hos reduxerit.

LIBELLUS TERTIUS

HYMNI FESTIVITATUM SANCTORUM.

PRAEFATIO.

DE RATIONE PRAECEDENTIS LIBELLI.

Superioribus duobus libellis cottidianos feriarum hymnos et sollemnitatum divinarum proprios digessimus. Nunc vero superest ad caelestis gloriam regis et communem fidelium exortationem ipsam quoque superni curiam palatii debitis himnorum, prout possumus, efferre praeconiis. In quo quidem opere ipsi me praecipue adjuvent meritis quorum gloriosae memoriae qualiumcunque laudum munuscula cupio persolvere, juxta quod scriptum est : « Memoria justi cum laude (12), » et iterum : « Laudemus viros gloriosos, etc. (13). »

(1) Cod. et cl. v. Cousin habent *Ligatis;* visum substituendum *Rigatis,* i. e. aspersis. Saepius erratum in literis rubris.
(2) Cod. habet *inter,* ultima syllaba notata obelo.
(3) Super *quosque* scribitur in cod. *vel vota;* praetulit cl. v. Cousin *vota,* omissa omni mentione de primigenia lectione.
(4) Cod. habet *pereunte,* per notato obelo.
(5) Cod. recte habet *debeat;* quanquam cl. v. Cousin affirmet ibi legi *debeatur:* quod ipse correxit in *debetur;* sane ut primi et tertii versuum fines inter se consonent.
(6) Ita Cod., non *angeli,* ut edidit cl. v. Cousin.
(7) Sic Cod.
(8) Cl. v. Cousin legit *nocuum.*
(9) Cod. *vocis;* male.
(10) Cl. v. Cousin legit *Hinc;* aliter Cod.
(11) Cod. *Quis hic;* cl. v. Cousin *Quis autem.*
(12) *Prov.* x, 7.
(13) *Eccli.* XLIV, 1.

Vos quoque obsecro, sorores karissimæ Christoque dicatæ, quarum (1) maxime precibus hoc opus aggressus sum, vestrarum adjungite devotionem orationum, illius memores beatissimi legislatoris qui plus orando quam populus potuit (2) dimicando. Et ut caritatem vestram in orationum copia largam inveniam, pensate diligenter quam prodigam vestra petitio nostram habeat facultatem. Dum enim divinæ gratiæ laudes pro nostri ingenioli (3) prosequi studeremus, quod de ornatu deest eloquentiæ, recompensavimus hymnorum multitudine, singulis videlicet singularum sollemnitatum nocturnis proprios componentes hymnos, quum unus solummodo hucusque hymnus in festis quoque sicut in feriis ad nocturnos præcineretur.

Quattuor itaque hymnos singulis festivitatibus ea ratione decrevimus, ut in unoquoque trium nocturnorum proprius decantetur hymnus, et laudibus insuper matutinis non desit suus. Ex quibus rursus quattuor instituimus, ut duo in vigilia pro uno conjungantur hymno et duo reliqui similiter ad vesperas ipso die sollemni recitentur, aut ita bini et bini in singulis vesperis dividantur, ut cum duobus prioribus psalmis unus, et cum duobus reliquis alius decantetur. De cruce autem memini, quinque conscripti sunt hymni quorum primus singulis præponatur horis, invitans diaconem crucem de altari tollere et in medio chori afferre atque ibidem eam quasi adorandam ac salutandam statuere, ut in ejus quoque præsentia tota per singulas horas peragatur sollemnitas.

IN FESTIS B. MARIÆ.
LX.
AD MATUTINUM ET VESPERAS.

Deus Dei verbum,
Patri (4) coæternum,
Mens ex Deo nata
Non creata (5).

Per quem factus mundus,
Per quem reparatus,
Votis supplicantum (6)
Intende servorum.

Judex noster Christe,
Nostri miserere,
Ignosce nunc bonus,
Ne condempnes justus.

Esto nobis natus,
Esto nobis passus,
Qui das spem salutis
In utroque nobis.

Ne sit (7) nasci vanum,
Ne sit (8) pati cassum,
Nec insultet hostis
Nobis in te fisis.

Mater pietatis,
Adsis pia nobis,
Nec spe sua fraudes
De te præsumentes.

Per te Dei factus
Ad nos est descensus,
Per te conscendendum
Nobis est ad ipsum.

Per te reducamur,
Qui te profitemur,
Ejus ad nos portam
Et ad eum nostram.

Cui sit et trino
Perpes honor Deo,
Ex quo, per quem cuncta;
In quo sunt creata.

AMEN.

LXI.
AD LAUDES ET AD VESPERAS.

Mater Salvatoris
Vide quid dicaris,
Pensa singularem
Nominis honorem.

Comple dictum facto,
Sed labore nullo,
Quamvis (9) una prece
Reos absolvente.

Aure (10) quippe matris
Quidquid postulabis (11),
Apud tam benignum
Impetrabis natum.

Sanctam matrem justus
Non offendet natus,
Nec ferent repulsam
Tuæ preces ullam.

Virtus sanctitatis
Et potestas matris
Quantumcunque magnum
Obtinebunt donum.

Preces subplicantis
Non contempnet matris,
Qui parere patri
Jubet sive matri.

Cui sit.

COMMUNE APOSTOLORUM.
LXII.
IN 1 NOCTURNO ET AD VESPERAS.

Apostolici culmen ordinis
Novis recreat mundum gaudiis,
Quem exilarat festis annuis.

Hi (12) signiferi sunt Ecclesiæ,
In dominica duces acie,
Post hos martirum laus militiæ.

Tamquam pedites sancti reliqui,
Abstinentiæ longæ dediti,
Non deficiunt castris Domini.

Perpes gloria regi perpeti,
Exercituum Christo principi,
Patri pariter et Spiritui.

AMEN.

LXIII.
IN II NOCTURNO ET AD VESPERAS.

Apostolicis recte laudibus
Cunctis intonat mundus partibus
Per quos cunctis est Deus cognitus.

Apud Israel notum antea,
Nomen Domini nunc ad omnia
Per hos prodiit (13) mundi climata.

---

(1) Sic Cod. Cl. v. Cousin edidit *quorum*.
(2) Cod. *populis potuit*.
(3) Hic vox aliqua deest; *virtute* videtur c. v. Cousin; equidem potius crediderim *parvitate, imbecillitate*, etc.
(4) Cl. v. Cousin edidit *Pater*.
(5) Sic Cod. Legendum forte : *Non autem creata*.
(6) Cod. *supplicantium*.
(7-8) Cod. *Nescit*.
(9) Cl. v. Cousin edidit *Quam vos*.
(10) Sic Cod. Forte *ore*.
(11) Cod. *Postulabit*.
(12) Cod. male *Alii*.
(13) Cod. *prodigit*.

Ad hoc omnium linguis praediti
Et miraculis erant splendidi,
Verbo pariter et re maximi.

Perpes gloria.

LXIV.
IN III NOCTURNO ET AD VESPERAS.

Regum solia, filosophici
Celsas (1) cathedras magisterii,
Hii subjiciunt jugo Domini.

Si res bellicas plebs invalida,
Eloquentiam lingua rustica,
Mundum subigit turba modica.

Inde gladiis reges dimicant,
Hinc philosophi verbis intonant,
Sed miraculis victi supplicant.

Perpes gloria regi perpeti.

LXV.
AD LAUDES ET AD VESPERAS.

Stulta seculi, mundi infima,
Christus eligens sapientia
Quaeque conterit et sublimia.

Nil urbanitas hic rhetoricae,
Nil verbositas [valet (2)] logicae,
Sed simplicitas fidei sacrae.

Eloquentia cessit Tulii,
Tace dictum est Aristoteli;
Leges proferunt mundo rustici.

Perpes gloria.

IN FESTO SS. APOSTOLORUM PETRI ET PAULI.

LXVI.
IN I NOCTURNO ET AD VESPERAS.

Piscatoris (3) modo linia,
Imperatoris saepe genua
Deo subplicant procumbentia.

Non impar Paulus vitae merito
Diademate pollet gemino,
Virgo candido, martir rubeo (4).

Beatissimos mundi principes
Bello socios, morte comites,
Haec ad superos transmisit dies.

Perpes gloria.

LXVII.
IN II NOCTURNO ET AD VESPERAS.

Princeps apicis apostolici,
Pastor ovium gregis Domini,
Has custodia serva vigili.

Arte melius utens pristina,
Piscans homines trahe retia,
Compleus Domini sic pollicita.

Forte claviger (5) aulae caelicae,
Fores aperi, manum porrige;
Quos ad Dominum ducis, suscipe.

Perpes gloria.

(1) *Modo* male insertum habet Cod.
(2) Supplevimus *valet*; quam vocem sensus et versus requirunt.
(3) Cl. v. Cousin edidit *Piscatoria* contra auctoritatem codicis et rhythmi rationem.
(4) Cod. clare habet *rubeo*, quanquam t l. v. Cousin scripsit ibidem legi *rube*.
(5) Cod. *Clavier*.

LXVIII.
IN III NOCTURNO ET AD VESPERAS.

Tuba Domini, Paule, maxima,
De caelestibus dans tonitrua,
Hostes dissipans, cives aggrega.

Doctor gentium es praecipuus,
Vas in poculum factus omnibus,
Sapientiae plenum haustibus (6).

Mane Benjamin praedam rapuit,
Escas vespere largas dividit,
Vitae ferculis mundum reficit.

Ut (7) rinoceros est indomitus,
Quem ad aratrum ligans Dominus,
Glebas vallium frangit protinus.

Nunc nequitiae laudat villicum,
Quem prudentiae dicit praeditum
Ac pro filiis lucis providum.

Perpes gloria (8).

IN FESTO S. JOANNIS EVANGELISTAE.

LXIX.
IN I NOCTURNO ET AD VESPERAS.

Caelo celsius volans aquila,
Ad dominici sinus abdita
Nidi contulit habitacula.

Solis intuens illic radios
Summo jubare beatissimos,
Visum reficit, pascit oculos.

Ex substantia solis ignea
Calor prodiens et lux genita
Oblectamina praebent maxima.

Perpes (9).

COMMUNE EVANGELISTARUM.

LXX.
IN I NOCTURNO ET AD VESPERAS.

Quadrigae Christi vehiculum
Torcular gestat dominicum,
Quo botrus pressus in poculum
Reficit corda fidelium.

Scripturae testum dominicae
Quadrigae corpus intellige,
Qua Dei verbum innumerae
Delatum tenent ecclesiae.

Quadrigae rotae (10) volumina
Quattuor sunt Evangelia,
Quorum scriptores clarissima
Promeruere sollempnia.

Gloria Patri et Filio,
Spirituique paraclito
Uni tam Deo quam Domino,
Cum sint personae tres numero.
AMEN.

LXXI.
IN II NOCTURNO ET AD VESPERAS.

Torcular crux est dominica;
Botrum hic Christum considera;

(6) Cod. *austibus.*
(7) Cod. *sicut.*
(8) Hymnus ad Laudes et quartus ad Vesperas sane desumendus ex Communi apostolorum; et idcirco sane servata est doxologia *Perpes gloria*.
(9) Reliqui hymni desumendi ex Communi apostolorum; ut ex doxologia apparet.
(10) Cod. *roctae*, notato *c* obelo.

Vecte suspensum hunc mistica
Præfiguravit hystoria.

Hunc deferentes ad populum
Fertilitatis indicium,
Hii sunt qui crucis misterium,
Mundi salutem, aperiunt.

Prior non videns quem bajolat
Christi prophetas significat.
Is qui succedit ut videat,
Visa narrantes hos denotat.

Gloria Patri.

LXXII.

IN III NOCTURNO ET AD VESPERAS.

Quattuor sunt hæc animalia
Variis formis distantia.
Visio refert prophetica
Apocalipsisque mistica.

A dextris homo concipitur
Eique leo conjungitur,
Vitulo læva conceditur,
Aquila super extollitur.

IN FESTO SS. INNOCENTIUM

LXXIV.

IN I NOCTURNO ET AD VESPERAS.

Ad cælestis
Ortum regis,
Rex terrenus
Jus auferri
Timet sibi
Principatus.

Inauditum
Stellæ signum
Ubi narrant,
Civitatem
Atque regem
Magi turbant.

Hinc commotus
Rex iniquus
In infantes,
Ut infantum
Perdat unum,
Perdit plures.

Propter unum
Multi Christum
Sunt perempti,
Sed per unum
Omnes Christum
Coronati.

LXXV.

AD II NOCTURNUM ET AD VESPERAS.

Rex tirannos
Universos
Supergressus,
Et plus ipsis

Quoque feris
Inhumanus,

In infantes,
Ut in hostes,
Castra cogit,
Et in nullos
Nisi suos
Arma vertit.

Furor iræ
Nec ferinæ
Comparandus
Perdit eos
Quos arreptos
Fovet lupus.

Ad mandatum
Regis datum
Generale (2).....

Ad Augustum
Hoc delatum
Risum movit,
Et rex mitis
De immiti
Digne lusit.

Malum, inquit,
Est Herodis
Esse natum;
Prodest magis
Talis regis
Esse porcum.

LXXVI.

AD III NOCTURNUM ET AD VESPERAS.

Ad lactantum (3)
Sinus matrum,

Alis quaternis hæc prædita
Vel faciebus sunt singula;
Occulis plena sunt corpora,
Ut nec his dorsa sint vacua.

Gloria Patri.

LXXIII.

AD LAUDES ET AD VESPERAS.

Eunt (1) cum illis euntibus
Atque stant rotæ cum stantibus;
Levantur cum elevantibus;
Cum his vitæ sit spiritus.

Pedes eorum pedes recti,
Plantaque pedis ut vituli
Tanquam ex ære sint candenti,
Scintillæ visæ sunt progredi.

Carbonum instar ardentium
Lampadum habent splendentium
In modum visa micantium
Ire redire sunt fulgorum.

Gloria Patri.

Ut ad castra,
In lactentes (4)
Ruit omnis
Plebs armata.

Ad micantem
Infans ensem
Lætabundus (5),
Irruenti
Ridet hosti
Perimendus.

Quid est dictu
Vel auditu
Tam (6) stupendum?
A natura
Quid humana
Tam remotum (7)?

Quid, Herodes,
Metu langues
Super Christo?
Non est meum,
Inquit, regnum
De hoc mundo (8).

In æternis,
Non caducis,
Iste regnat :
Non hæc tollit
Neque cupit
Qui dat illa.

LXXVII.

AD LAUDES ET AD VESPERAS.

Est in Rama
Vox audita
Rachel flentis,

---

(1) Qui literas rubras appinxit, loco *E*, scripsit *S*. Hinc in Codice legitur *Sunt*.
(2) Cætera desunt in Codice Bruxellensi; hæc autem interseruntur Macrobii : « Macrobius in *Saturnaliorum* libro II, de Augusto et jocis ejus : Quum audisset inter pueros, quos in Siria Herodes rex Judæorum in tribunatum jussit interfici, filium quoque ejus occisum, ait : « Melius est Herodis porcum esse quam filium; nec ipsius infans tutus est a cæde. » Imo *accede* in Cod.
(3) Cod. *Lactandum*.

(4) Cod. *Lactantes*.
(5) Ita Cod. et recte, quamvis ei substituerit cl. v. Cousin *lactabundus*, vocabulum Romanis ignotum.
(6) Cod. *tamque*, male.
(7) Cod. inversa habet verba : *Quid a natura humana.*
(8) Cod. habet : *Non meum, inquit, Regnum est De hoc mundo.* Æstimavit cl. v. Cousin legendum : *Meum, inquit, Regnum non est De hoc mundo;* sed deficit consonant a.

Super natos
Interfectos
Ejulantis (1).

Lacerata
Jacent menbra
Parvulorum,
Et tam lacte
Quam cruore
Rigant humum.

His incumbens
Orba parens,
Ejulando (2)
Recollecta
Fovet frustra
Sinu pio (3).

Fundit pectus,
Scindit sinus (4)
Cæcus furor
Quem internus
Et humanus
Facit amor.

Interfecti
Sunt inviti,
Sed pro vita
Meritorum
Fuit nullum,
Merces multa.

Merces ipsa
Fuit vita,
Quam et ipsi
Moriendo,
Non loquendo,
Sunt confessi.

COMMUNE MARTYRUM.
LXXVIII.
IN I NOCTURNO ET AD VESPERAS.

Scutum, Deus, omnium,
Et corona martirum,
Tam causa certaminum
Quam palma certantium,
Per inermes dimicas,
Et armatos superas.
Intus arma fabricas,
Quibus pugnat charitas.

His confisa bene virtus
Nudum hosti præbet pectus
Quam a dextris
Et sinistris
Muniunt,
A læsuris
Universis
Protegunt.
In hanc pugnæ
Quantæcunque
Sæviunt,
Spes securam,
Fides certam
Fatiunt.

Per hanc pectus martiris,
Turris fortitudinis
In cunctis periculis
Persistit immobilis.
Eriguntur machinæ
Hinc illinc innumeræ;
Diriguntur saxeæ
Moles in hanc undique.

Pugnat thoris (5) mundus extra,
Salvat unus Deus intra.
Ferro, flammis
Secus hostis
Sæviens;
Noscunt intus
Quæ sit virtus
Protegens.
Crebros ictus
Dat assultus
Vehemens,
Sed est intus
Dei virtus
Prævalens.

Multa sunt, magna sunt
In sanctos prælia :
Sed pauca vel parva
Quantum ad præmia.
Cujus hæc dona sunt,
Regi sit gloria.

AMEN.

LXXIX.
IN II NOCTURNO ET AD VESPERAS.

Exquiruntur omnia
Tormentorum genera,
Ut probetur maxima
Martirum constantia.
Fornax aurum exquoquit
Sicque purum efficit,
Sinapis (6) vim accipit,
Dum quis eam (7) atterit.
Exercentur ferramenta;
Dampno suo parant cuncta.
Consumuntur dum tunduntur (8) lapides,
Hebetantur dum dolantur arbores.
Illis malos, istis bonos compares,
Cum affligi vides (9) Christi milites.

Probra, carcer, vincula,
Flagella, spectacula,
Nuditas, inedia,
Pœnæ sunt præludia.
Flammis, aquis, gladio,
Ungulis, equuleo,
Omnique patibulo
Pugnatur in ultimo.
Sed ut pœna protenditur,
Pœnæ finis mors differtur.
Optant mori diu torti martires.
Sed qui necant, mori vetant principes.
Delicatæ viris mixtæ virgines,
Ut in pœna, sunt in palma comites.

Multa sunt, magna.

LXXX.
IN III NOCTURNO ET AD VESPERAS.

Pugnant mundi principes,

A

B

Dæmonum satellites;
Vincunt Christi milites,
Voti sui compotes.
Nec huic militiæ,
Vel tantæ victoriæ,
Præmiique gloriæ
Desunt quoque feminæ.
Sicut fortis, sic infirmus
Pugnat et triumphat sexus;
Ut haberent summi regis acies
Suas quoque cum viris amazones,
Quæ quo magis natura sunt debiles,
Palmæ harum magis sunt mirabiles.

Viri cum uxoribus,
Fratres cum sororibus,
Filii cum matribus,
Belli stant congressibus.
Virum uxor animat,
Natos mater roborat,
Et cœlo regenerat,
Quos terræ genuerat.
Ipsos statim secutura,
Holocaustum Christi facta
Soror fratrem provocat ut dimicet,
Et tam verbis quam exemplis admonet.
Quid agant, nisi pugnent, juvenes,
Cum bellantes intuentur virgines?

Multa sunt.

LXXXI.
AD LAUDES ET AD VESPERAS.

Turris his davitica
Certa dat præsidia,
Habent ad munimina
Scuta, propugnacula.
Armatura fortium

(1) Cod. *Ejullantis*, altera litera *l* notata obelo.
(2) Cod. *Ejullando* cum eodem obelo.
(3) Cod. *Sic cupio*.
(4) Cod. *Sinus scindit*.
(5) Sic Cod.

C

(6) Cod. *eas*.
(7) Cod. *Ut sinapis*.
(8) Cod. *tontuntur*.
(9) Cod. *videns*.

Omnis hæc est omnium
Ad quorumvis hostium
Propulsandum impetum.
Hinc athletæ pugnant Christi,
Et irrident hostes tuti.
Adamante bitumen robustius
Nec securis dissipat, nec malleus.
Circumseptus miles hic ab hostibus
Cassis horum insultat conatibus.

 Hac nos quoque, Domine,
 Turre semper protege,
 Vallo nos et aggere
 Tuo vallans undique,
 Ne quis hosti pateat
 Aditus quo feriat.
 Hic (1) te quisquis invocat,
 Tutos somnos capiat;
 Et quo sumus plus ignavi,
 Ope muni nos majori.
Qui si palma non pollemus, nostrum
Vice quadam asistamus peditum;
Si victorum non meremur bravium (2),
Evasisse satis sit periculum.

 Multa sunt.

COMMUNE CONFESSORUM.
LXXXII.
IN I NOCTURNO ET AD VESPERAS.

Justorum memoriam dignam laudibus
Psalmis, ymnis, canticis spiritalibus
Mater ovans celebrat Ecclesia;
Quorum fidens postulat sufragia.
Summe pater, tibi grates et sollempnes hostiæ
De collatis tuæ donis exsolvuntur gratiæ,
Per quem sunt justi quicunque sunt,
Per quem sunt beati quicunque sunt (3).

Horum bona dona sunt tuæ gratiæ,
Horum laudes ymni sunt tuæ gloriæ;
Laudat quisquis, laudat hos veraciter,
Te in ipsis, ipsos in te pariter.
Horum festa celebrandi summa non est alia,
Nisi quædam recitandi tua beneficia
Per quem sunt justi quicunque sunt.

In sanctis mirabili Deo gloria,
Ex quo, per quem, in quo sunt omnia,
Cujus agit quidquid vult potentia,
Optimeque disponit prudentia,
Quem et velle geri bene disponique singula
Dubitari non permittit ejus summa bonitas (4).

LXXXIII.
IN II NOCTURNO ET AD VESPERAS.

 Tu quæ carnem edomet
  Abstinentiam,
 Tu quæ carnem decoret
  Continentiam,
 Tu velle quod bonum est his ingeris
 Ac ipsum perficere tu tribuis.
  Instrumenta
  Sunt his tua
  Per quos mira peragis,
  Et humana
  Moves corda
  Signis et prodigiis,
 Per quem.

 Obsessos dæmonibus
  Ab his liberant,
 Audacter (5) languoribus
  Cunctis imperant,
 Verbo paracliticis subveniunt;
 Lepræ fert oratio remedium;
  Cæcis visum,
  Claudis gressum,
 Vitam reddunt mortuis;
  Quidquid petunt,
  Per te possunt,
 Qui, quæ jubes, perficis;
 Per quem.

 In sanctis.

LXXXIV.
IN III NOCTURNO ET AD VESPERAS.

Præsens vita fuit his sexta feria,
Qua Christo compassi sunt abstinentia.
Sicut ipse tolli crucem præcipit,
Et se Paulus crucifixum (6) asserit.
Post hanc quies animarum subit tanquam sab-
          [batum
Stolam tandem in octava reddes illis corporum.
 Per quem.

Persequentis gladius illis defuit,
Sed paratus animus illis (7) affuit.
Si non tulit corpus ictus gladii,
Palmam tamen habet mens martirii.
Cesset lictor, cessent cuncta tormentorum genera.
Tu qui cordis es inspector, ad hoc refers præmia.
 Per quem.

In sanctis mirabili.

LXXXV.
AD LAUDES ET AD VESPERAS.

Justorum exequiæ laudes exigunt,
Impiorum funera luctus ingerunt;
Hos ad vitam mors æternam evehit,
Illos duplex mors in morte conterit.
Gravis ista sanctis vita carcer est et vincula.
His contritis ad te fugit erepta hinc anima.
 Per quem.

Ad te cum pervenerit felix anima,
Quis narrare sufficit ejus gaudia?
Quæ majestas illa sit, quam conspicit,
Quæ circumstans curia, quis dixerit?
Nemo miser illam potest gloriam conspicere
Qua lætare cum electis, ad quam et nos pertrahe.
 Per quem sunt justi.

In sanctis.

COMMUNE SS. MULIERUM.
LXXXVI.
IN I NOCTURNO ET AD VESPERAS.

Ab utroque sexu plagam traximus,
Ab utroque medelam suscepimus,
Virum Deus induit in virgine
Quo salventur tam viri (8) quam feminæ:
 Orta salus est ex femina;
 Unde culpa, cœpit gratia.

Quo post culpam sexus hic abjectior
Per naturam fuerat inferior,
Hoc nimirum divina clementia

---

(1) Cl. v. Cousin perperam edidit *Hinc.*
(2) Cl. v. Cousin, glossarium Græcum secutus, substituit *brabium.*
(3) Leguntur superscripta hæc verba: *Vel : Sine quo beati nulli sunt.*
(4) Hæc stropha ita in Codice posita est, ut æque ad præcedentem ac ad sequentem hymnum referri queat.
(5) Cod. *Audacter.*
(6) Cod. *crucifixus.*
(7) Cod. habet: *Sed paratus animus habuit affuit.* Cl. v. Cousin omisit *habuit*, addens « aliquid deesse videri ad rhythmum. »
(8) Cod. *vitæ.*

Hunc majori (1) sublimavit gratia;
Quod ab ejus matre virgine
Per singulos gradus inspice.

Quis sanctarum eam æmulantium
Numerare possit choros virginum?
Post has esse quis nescit innumeras
Sacrum votum amplectentes viduas?
  Nec deesse matrimonio
  Quæ flagrent hoc desiderio.

Post has omnes, si scorta respiciam,
Magdalenæ ungens Ægyptiacam,
Ubi culpa prius habundaverat,
Cerno quia virtus postea liberat (2).
  Christo (3) decus, ipsi gloria,
  Qui tot facit mirabilia.

LXXXVII.
IN II NOCTURNO ET AD VESPERAS.

Post honorem singularem virginis,
Quæ sic pollet, ut sit Dei genitrix,
Qua virtute vel honore præditi
Sint istius gradus sexus singuli,
  Multiplici rerum specie
  Sacræ docent nos historiæ.

Paradisi primus Adam incola
Extra factus fuit, intus femina,
Ut et (4) locus ipse sit inditio,
Quam excellens harum sit creatio,
  Quæ de costa viri conditæ
  Fortes essent velut osseæ.

Hæc in multis fortitudo irruit,
Cum virorum virtus exaruerit (5).
In exemplo perstat (6) judex Debora,
Et quæ stravit Holophernem vidua (7),
  Sollempnemque missam merita,
  Septem fratrum mater inclita.

Jepte nata victoris in proprium
Patris dextram animavit jugulum,
Mori magis eligens, quam gratiam
Voto pater fraudet sibi præstitam.

Christi decus.

LXXXVIII.
IN III NOCTURNO ET AD VESPERAS.

Si cum viris feminas contendere
De virtute liceat constantiæ;
Quis virorum mentis fortitudine
Adæquari possit Jepte filiæ,
  Quæ ne voti pater reus sit,
  Se victimam patri præbuit?

Quid fecisset in agone martirum,
Si negare cogeretur Dominum?
Unde tanta virginis constantia
Quadam pollet spiritali gratia,
  Ut sollemnes hymni virginum
  Virgineum colant exitum.

Multi viri (8) factis excellentibus
Liberarunt fideles ab hostibus,
Hester sola liberando populum
Hinc festivum (9) meruit præconium,
  Ut scilicet, quantum emineat
  Feminarum virtus, pateat.

Quantum quippe sexus hic est fragilis,
Eo virtus ipsius mirabilis
Majus laudis erigit præconium,
In præcelsum erigenda titulum.

Christi decus.

LXXXIX.
AD LAUDES ET AD VESPERAS.

Ut ad nostra veniamus tempora,
Quæ divina superfudit gratia,
Quis in ista feminas, præcellere
Non valebit ex multis colligere,
  Post Mariam Annam intuens,
  Elizabeth quoque contuens?

Christi pedes capit unguens mulier,
Christum eum fecit corporaliter.
Sacerdotis et regis misteria (10)
Suscepisse constat hunc a femina,
  Et qui eum sexus peperit
  Sacramenta quoque tradidit.

Et sepulto ferens hic (11) aromata
Resurgentis prior vidit gaudia,
Et ex culpa vile magis femina
In hac omnes antecessit gratia,
  Ut pateat quanto gaudio
  Peccantium sit conversio.

COMMUNE VIRGINUM.
XC.
IN I NOCTURNO ET AD VESPERAS.

Sponsa Christi, tam virgo quam mater,
Cujus palma celebris hæc dies est,
Palma duplex festum præsens geminat,
Virgo carnem, martir hostem superat.
  Hinc igitur psalmi resonent,
  Lectiones inde concrepent.

Hæc in viris duplex palma rarior;
Eminet in feminis uberior;
Ut sexus harum est infirmior,
Sic ipsarum virtus mirabilior,
  Et ipsarum tanto gratior
  Sit hostia, quanto purior.

Integra tam spiritu quam corpore,
Holocaustum verum fit ex virgine.
Ad incensum hujus refer hostiæ
Rufæ tipum et tenellæ vitulæ.
  Illic umbra, sed hic veritas,
  Si res signis bene conferas.

Quæ cor Deo per se consecraverat,
Per lictorem nunc et corpus immolat;
Consecratus Deo primum animus
Hosti corpus exponit intrepidus.

Christi decus.

XCI.
IN II NOCTURNO ET AD VESPERAS.

Cum in sanctis sit Deus (12) mirabilis,
Præminet in meritum victoriis.
Sed cum dat feminis victoriam,
Quis non cunctis præferat gratiam?
  Ut sexus est fragilior,
  Hoc sit virtus mirabilior.

---

(1) Cod. *majora*.
(2) Cod. *post exliberat*.
(3) Cod. *Christi*.
(4) Cod. *ex*.
(5) Cl. v. Cousin substituit *exaruit* præter auctoritatem Cod. et rythmi leges.
(6) Cl. v. Cousin *præstat*.
(7) Cl. v. Cousin: *Judita*.
(8) Cl. v. Cousin loco *viri* edidit *ut*.
(9) Cl. v. Cousin dedit *festinum*.
(10) Cod. *Mistericia*, literis *ci* notatis obelo.
(11) Cl. v. Cousin *hinc*. *Hic* refertur ad *sexus*.
(12) Sic Cod. Cl. v. Cousin *Deus sit*.

Exquisita tormentorum genera
Feminarum superat constantia.
Aut istarum virtus est mirabilis,
Aut agonum horum pœna facilis;
   Sed utrumque geri melius,
   Disponente Deo, credimus.

Valida est, sicut mors, dilectio,
Nec istius ignis est extinctio.
Aquæ multæ non possunt extinguere
Caritatis flammam invictissimæ;
   Nec est unquam (1) cum hac debilis
   Sexus, quantumcunque fragilis.

Quid barbati dicturi sunt juvenes,
Delicatæ quum hæc ferant virgines?
Erubescat ad hæc sexus fortior,
Ubi tanta sustinet infirmior.
   Christi decus.

XCII.

IN III NOCTURNO ET AD VESPERAS.

Quantum (2) sponso fidelis hæc fuerit,
Tam ipsius vita quam mors docuit.
Illa corpus integrum custodiens,
Hæc ipsius holocaustum offerens,
   Virgo sponsa, virgo sponsus est,
   Sponsa mater, sponsus martir est.

Talem sponsum talis sponsa decuit,
Quæ secuta sit, quocunque ierit,
Quos nec sacræ carnis decor dividat,
Nec in morte dispar amor pateat.
   Subsecuuntur sponsum ceteræ;
   Hæc incedit juncto (3) latere.

Et regina sponsi tenens dexteram,
Subsequentem turbam habet ceteram.
In vestitu deaurato renitet,
Et quæ coronas supradictas possidet.
   Ceterarum hoc est optimum,
   Incorruptum est et rutilum.

Sertum rosis, intextum et liliis
Sunt insigne martiris et virginis,
In odorem Christo suavissimum.

Martir rosam, virgo profert lilium.
   Indumenta dant insignia,
   Candens (4) bissus, rubra purpura.

Pulcri (5) gressus ejus sunt in calceis,
Quos et sponsus conlaudat in canticis.
Quis sit ejus ornatus, prædictum est;
Quo sit ejus progressus, dicendum est.
   Christi decus.

XCIII.

AD LAUDES ET AD VESPERAS.

Ut aurora consurgens progreditur,
Quæ cælestis sponsi thoro jungitur (6);
Sicut sponsa fœderata fecerat,
Illic tanquam uxor jam cohabitat.
   Sic in fide facta fœdera,
   Illic in re perpes copula.

Paranymphos illic habet (7) angelos,
Quos custodes habemus hic proprios.
Ad superna thalamorum gaudia
Illam pompa deducit angelica.
   Hinc obviam (8) virgo virgines,
   Illinc mater habet martires.

Cum ad sponsum sic deducta venerit,
Et in ejus complexu quieverit,
Qua fruatur gloria quis dixerit?
Quæ mens tanta gaudia conceperit?
   Ad hæc certe nemo sufficit,
   Nisi forte cum hæc senserit.

Hæc sunt illa quæ non vidit oculus (9),
Nec humanis capi possunt cordibus
Quæ se Deus præbet diligentibus,
Ab æternis parata temporibus.
   Christi decus.

IN FESTO S. MARIÆ MAGDALENÆ.

XCIV.

IN 1 NOCTURNO ET AD VESPERAS.

Peccatricis beatæ sollempnitas
Peccatores maxime lætificat.
(10) . . . .

---

(1) Sic Cod. Forte legendum *numquam*.
(2) Cod. *Quanto*.
(3) Cod. *jucto*; cl. v. Cousin *victo*.
(4) Cl. v. Cousin *Cadens*. Cod. hoc loco maculatus.
(5) Cl. v. Cousin *Pulchri*; correctio non necessaria, quum tempore Ciceronis litera *h* illuc intrusa non esset.
(6) Cod. *junguntur*.
(7) Cod. *habent*.
(8) Cod. *oviam*; non vero *aviam*, ut scribit cl. v. Cousin.
(9) Cod. *oculos*.
(10) Reliqua folia jam pridem (ut ex detrito ultimo folio patet) perdita sunt. Præter hymnos aliquot capiebantur illis Sequentiæ, ut initio monuimus.

HYMNUS.

IN ANNUNTIATIONE BEATÆ MARIÆ VIRGINIS.

(DANIEL, *Thesaur. hymnologic.*, II, 59.)

Mittit ad virginem
Non quemvis angelum,
Sed fortitudinem
Suam, archangelum,
Amator hominis.

Fortem expediat
Pro nobis nuntium,
Naturæ faciat
Ut præjudicium
In partu virginis.

Naturam superat
Natus rex gloriæ,
Regnat et imperat
Et zyma scoriæ
Tollit de medio.

Superbientium
Terat fastigia,
Colla sublimium
Calcet vi propria
Potens in prœlio.

Foras ejiciat
Mundanum principem,
Matremque faciat
Secum participem
Patris imperii.

Exi qui mitteris,
Hæc dona dissere,
Revela veteris
Velamen literæ
Virtute nuntii,

Accede, nuncia,
Dic *Ave* cominus,
Dic *plena gratia*,
Dic *tecum Dominus*
Et dic *Ne timeas*.
Virgo suscipiens
Dei depositum,
In quo perficiens
Castum propositum
Et votum teneat.
Audit et suscipit
Puella nuntium

Credit et concipit
Et parit filium
Sed admirabilem.
Consiliarium
Humani generis
Et deum fortium
Et patrem posteris,
In fide stabilem.
Cujus stabilitas
Nos reddat stabiles
Ne nos labilitas
Mundana labiles

Secum præcipitet.
Sed dator veniæ
Concessa venia
Per matrem gratiæ
Obtenta gratia
In nobis habitet.
Qui nobis tribuat
Peccati veniam,
Reatus diluat
Et donet patriam
In arce siderum. (1)

(1) Duo hujus sequentiæ eximiæ in memoria mihi sunt laudatores, quorum elogia ut hic repetantur suadet et indicium auctoritas et ipsum judicium ad ingenium carminis accommodatum. Dico Clichtovæum in *Elucidatorio* : *Hæc prosa lege rhythmica eleganter et venuste est composita — auctor ejus fuisse dicitur P. A. vir sua tempestate virtutis et doctrinæ splendore ac gloria insignis. Et certe modulationis hujus elegantia ac gratia facile prodit eum omnifariæ eruditionis fuisse plenissimum.* Huic adjungas Rambachium *Anth.* I. 264 : *A. schrieb zunächst zum Gebrauche des Klosters Paraclet mehrere Kirchengesänge* (*Henric. Gandav. de sc. eccl. app. c.* 3.) *unter welche auch der folgende gehört haben mag, der trotz des übeln Rufes, in welchen die Verketzerung seinen Verfasser gebracht hatte, in Frankreich sowohl als in andern Ländern ungemeinen Beifall fand, auch in den protestantischen Kirchen noch lange nach der Reformation am Verkündigungsfeste und zur Adventszeit häufig gesungen wurde. Eine Nachbildung desselben ist das vormals auch unter uns nicht unbekannte Lied der böhmischen Brüder : Als der gütige Gott* (Wackern. p. 301.) Jam antea germanicum fecit Joannes Salisburg. *Des Menschen liebhaber sand zu der maide her* (Hoffmann D. K, p. 143). *In dem hier wiederholten Abdrucke sind drei* (rectius duæ 11, 12) *überflüssige und zum Theil anstössige Strophen weggelassen.* Et sane datum est viro docto habere nasum : odoratus est quod cod. Mon. 10 satis antiqua auctoritate confirmatur : accedunt quoque Fr. Nb. Lud. Omnes enim illas strophas, utpote spurias et ab ingenio Abælardi alienas omittunt. Cantata est Sequentia vel in festo Annuntiationis vel tempore Adventus vel in Missa de Dominica post Adventum : tamen non adeo crebra est in Missalibus Germaniæ.

RHYTHMUS DE S. TRINITATE.

(Vide *Patrologiæ* tom. CLXXI, col. 1411, inter ven. Hildeberti Carmina Miscellanea. Incipit *Alpha et Omega*, etc.)

PLANCTUS VARII

(GREITH, *Spicilegium Vaticanum*, Frauenfeld 1838, in 8°, p. 123.)

I.

PETRI ABÆLARDI PLANCTUS DINÆ FILIÆ JACOB.

Abrahæ proles, Israelis nata,
Patriarcharum sanguine clara,
Incircumcisi viri rapina,
Hominis spurii facta sum præda.
Generis sancti macula summa,
Plebis adversæ ludis illusa!
Væ mihi miseræ,
Per memet perditæ!

Quid alienigenas
Juvabat me cernere ?
Quam male sum cognita
Volens has cognoscere ?
Væ mihi miseræ,
Per memet perditæ !

Sichem in exitium
Nate tui generis,
Nostris in opprobrium
Perpes facta posteris!
Væ tibi misero
Per temet perdito!

Frustra circumcisio
Fecit te proselytum,
Non volens infamiæ
Tollere præputium.
Væ tibi misero
Per temet perdito!

Coactus me rapere,
Mea raptus specie,
Quovis expers veniæ
Non fuisses judice.

Non sic censuistis,
Simeon et Levi,
In eodem facto
Nimis crudeles et pii.

Innocentes coæquastis
In pœna nocenti,
Quin et patrem perturbastis,
Ob hæc execrandi.

Amoris impulsio,
Culpæ sanctificatio,
Quis sunt judicio
Culpæ diminutio ?

Levis ætas juvenilis
Minusque discreta,
Ferre minus a discretis
Debuit in pena.

Ira fratrum ex honore
Fuit lenienda,
Quem his fecit princeps terræ
Ducta peregrina.

Væ mihi,
Væ tibi,
Miserande juvenis,
In stragem communem
Gentis tantæ concidis !

II.

PLANCTUS JACOB SUPER FILIOS SUOS.

Infelices filii,
Patre nati misero,
Novo meo sceleri'
Talis datur ultio.

Cujus est flagitii
Tantum damnum passio,
Quo peccato merui
Hoc feriri gladio?

Joseph decus generis,
Filiorum gloria,
Devoratus bestiis
Morte ruit pessima.

Simeon in vinculis
Mea luit crimina ;
Post matrem et Benjamin
Nunc amisi gaudia.

Joseph fratrum invidia,
Divina pollens gratia,
Quæ, fili mi, præsagia
Fuerunt illa somnia!

Quid sol, quid luna, fili mi,
Quid stellæ, quid manipuli,
Quæ mecum diu contuli,
Gerebant in se mystici?

Posterior natu fratribus,
Suis amore prior omnibus,
Quem moriens mater Bennonim,
Pater gaudens dixit Benjamin.

Blanditiis tuis miserum
Revelabas patri sennium,
Fratris mihi reddens speciem
Et decoræ matris faciem.

   Pueriles næniæ
   Super cantus omnes
   Orbati miseriæ
   Senis erant dulces.

   Informes in facie
   Teneri sermones,
   Omnem eloquentiæ
   Favum transcendentes.

   Duorum solatia
   Perditorum maxima
   Gerebas in te, fili

   Pari pulchritudine
   Repræsentans utrosque,
   Reddebas sic me mihi.

   Hinc tecum hos perdidi,
   Et plus justo tenui
   Hanc animam, fili mi.

   Ætate tu parvulus,
   In dolore maximus,
   Sicut matri sic patri.

   Deus, cui servio,
   Tu nos nobis facito
   Apud te conjungi.

III.

PLANCTUS VIRGINUM ISRAELIS SUPER FILIA JEPHTÆ GALADITÆ.

Ad festas choreas cœlibes
Ex more venite virgines !
Ex more sint odæ flebiles,
Et planctus ut cantus celebres.
Incultæ sint mœstæ facies
Plangentum et flentum similes,
Auratæ sint longe ciclades,
Et cultus sint procul divites.
Galadithæ virgo Jephtæ filia
Miseranda patris facta victima,
   Annuos virginum elegos,
   Et pii carminis modulos
   Virtuti virginis debitos
Per annos exigit singulos.
O stupendam plus quam flendam
[virginem !
O quam rarum illi virum similem !
Ne votum sit patris irritum,
Promissaque fraudet Dominum,
Per hunc solavit populum,
In suum hunc urget jugulum.
   Victor hic de prælio
   Dum redit cum populo,
   Prior hæc præ gaudio
   Accurrit cum tympano :
Quam videns et gemens pater an-
[xius
Dat plausum in planctum voti
[conscius.
Triumphum in luctum vertit po-
[pulus.

« Decepisti, filia mea,
Dux ait, unica,
Et decepta cujus
Nostra lues gaudia,
Quamque dedit Dominus
Perdit te victoria. »

Illa refert : « Utinam
Mea ignorantia
Tantæ rei victimam
Aptet sic placidam.
Immolare filium
Volens Abraham,
Non hanc apud Dominum
Habuit gratiam,
Ut ab ipso puerum
Vellet hostiam.

Puerum qui respuit,
Sic puellam suscipit.

Quod decus sit sexus mei percipe,
Uteri qui tui fructus inspice.
Quid enim, quid tibi sit hoc glo-
[riæ,

Ut sexu sic animo
Vir esto, nunc obsecro.

Nec meæ nec obstes tuæ,
Si tuæ præferre me vis animæ,
Exemploque pravo cunctos lædere
Sinat te delectio,
Proferat hanc Domino,
Unaque tu Dominum
Offendes cum populo,
Amittas et propterea
Displicendo Domino.

Hoc est hic crudelitas,
Sed pro Domino pietas,
Qui, ni vellet hostiam,
Non daret victoriam.
Solvens ergo debitum,
Placa, pater, Dominum,
Ne forte quum placitum
Erit, non sit licitum.
Quod ferre non trepidat
   Virgo tenera,
Inferre sustineat
   Viri dextera.
Sponsio quæ obligat
   Voti propria.
Sed duorum mensium
   Indulgebis spatium,
Quo valles et colles cum sodalibus
Peragrans et plorans vocem plan-
[ctibus,
Quod sic me semine privet Domi-
[nus.

Sitque legis sanctio
Mea maledictio !
Non sit remedio
Mundæ carnis hostia,
Quam nulla pollutio,
Nulla novit macula. »
His gestis rediit ad patrem unica ;
Secreti thalami subintrans abdita,
Lugubris habitus deponit tegmina.
Quæ statim ingressa balneum,
Circumstante choro virginum,
Fessam se refovet paululum
Et corpus pulvere squalidum
Laboremque viæ languidum
Mundat ac recreat lavacrum.

Varias unguenti species
Amatæ continent pixides,
Quas flentes afferunt virgines.
   His illam condiunt
   Aliæ, capillos componunt
Reliquæ, ut præparent Domino.

Egressa post paululum,
Virgo lota balneum,
Mittit patri nuntium.
Ut aram extruat,
Ignem acceleret,
Dum ipsa victimam interim præ-
[paret;
Quæ Deo convenit,
Principem condecet.

O quantis ab omnibus
Istud ejulantibus
Nuntium excipit !
Urget dux populum,
Ut hæc accelerent,
Et illa virgines
Ut cultum præparent,
Et tanquam nuptiis
Morti se præparent.
Illa byssum propriis,
Madefactum lacrymis
Porrigit, hæc humidam
Fletu suo purpuram.

Auro, gemmis, margaritis
Variatum est monile,
Quod sic pectus ornat,
Et ut ornet magis inde;
Inaures et annuli,
Cum armillis aurei
Virginis tenerrimum
Onerant corpusculum.

Rerum pondus et ornatus
Moram virgo jam non ferens,
Lecto surgit et repellit.
Quæ restabant ita dicens :
« Quæ nuptæ satis sunt,
Periturae nimis sunt. »

Mox quem patri detulit,
Ensem nudum arripuit,
Quid plura, quid ultra dicimus
Quid fletus, quid planctus geri-
[mus?

Ad finem quod tamen cepimus
Plangentes et flentes ducimus.
Collatis circa se vestibus
In aræ succensæ gradibus,
Traditur ab ipsa gladius ;
Peremit hanc flexis genibus.

O mentem amentem judicis,
O zelum insanum principis,
O patrem, sed hostem generis,
Unicæ quod nece diluit !

Hebrææ dicite virgines,
Insignis virginis memores,
Inclytæ puellæ Israel,
Hac valde virgine nobiles !

IV.

PLANCTUS ISRAEL SUPER SAMSON.

Abyssus vere multa
Judicia, Deus, tua,
Eo plus formidanda,
Quo magis sunt occulta,
Et quo plus est ad illa
Quælibet vis infirma.
Virorum fortissimum
Nuntiatum per angelum,
Nazarenum inclytum,
Israelis clypeum,
Cujus cor ut saxeum
Non fleat sic perditum;

Quem primum Dalua
Sacra cesarie,
Hunc hostes postea
Privarunt lumine.

Exhaustus viribus,
Orbatus oculis,
Molæ fit deditus,
Athleta nobilis.
Clausus carcere,
Oculorumque lumine
Jam privatus, quasi geminis
Ad molam sudans tenebris op-
[pressus.
Ludos martios
Plus exercere solitos,
Frangit artus.
Quid tu, Dalida,
Quid ad hæc elicis impia?
Quid fecisti, quænam munera,
Per tanta tibi scelera conquiris?
Nulla gratia
Per longa manet tempora
Proditori.
Hos cibario
Vix sustentat edulio,
Jumentorum quod et durus
Labor hunc et insolitus
Sumit rarus, crebris stimulis
Agitatus et ab æmulis
Ut jumentum.
Renatis jam viribus,
Reparatis juribus,
Tremulentis hostibus,
Cæsui inducitur,
Ut morte doloribus
Finem ponat omnibus.

A jocis ad seria,
Fertur mens diu concita,
Tam læva quam dextera
In columnis applicita,
Hostium et propria
Miscet dolor funera.
O semper fortium
Ruinam maximam,
Et in exitium
Creatam feminam!
Hæc patrem omnium,
Dejecit protinus,
Et mortis poculum,
Propinat omnibus.
David sanctior,
Salomone prudentior
Quis putetur?
Aut quis ineptus
Magis per hanc fatuus
Reperitur?
Quis ex fortibus
Sicut Samson fortissimus
Enervatur?

Adam nobile,
Divinæ plasma dexteræ,
Mox hæc stravit;
Quam in proprium
Acceperat auxilium,
Hostem sensit.
Ex tunc femina
Virorum tela maxima
Fabricavit.
Sinum aspidi
Vel igni pectus aperi,
Quisquis sapis,
Quam femineis
Te committas illecebris,

Nisi malis ad exitium
Properare certissimum
Cum prædictis.

V.
PLANCTUS DAVID SUPER ABNER FILI
NER QUEM JOAB OCCIDIT.

Abner fidelissime,
Bello strenuissime,
Amor ac deliciæ
Militaris gloriæ,

Quod vis non prævaluit,
Dolus in te potuit;
Per quem peris perditus
Par ejus sit exitus.

Nullis dignus fletibus,
Quos tuus dat omnibus
Dolus execrabilis.
Casus miserabilis
Cogit ad continuas
Hostem quoque lacrymas,
Dissolvitque pietas
Mentes adamantinas,
Hostis regni dum fuisti manifestus
Semper claris et triumphis subli
[matus.

Multis damnis nos mulctasti
Nulla passus armis potens,
Sensu potens,
Vir perfectus,
Israelis fortis murus,
Unde mecum inimicus,
Et amicus eras summus!

Tandem nostris cedens votis,
In his [f. inis] fœdus, et spe pacis
Arma ponis male tutus,
Dum timendum tibi credidisti,
Periculis cunctis providisti;
Fide nostra fidens corruisti,
Qua de tua vir verax pensasti,
Armati qui horruit
Nomen Abner,
Inermi prævaluit
Tibi Abner.
Nec in via congredi tecum ausus,
Portas urbis polluit per hoc scelus.

Milites militiæ,
Ducem tantum
Lacrymantes plangite
Sic prostratum!
Principes justitiæ
Sumant zelum
In tam execrabilem
Vindicandum.

VI.
PLANCTUS DAVID SUPER SAUL ET
JONATHAN.

Dolorum solatium,
Laborum remedium,
Mihi mea cithara,
Nunc quo major dolor est,
Justiorque mœror est
Plus est necessaria.

Strages magna populi,
Regis mors et filii,
Hostium victoria,
Ducum desolatio,
Vulgi desperatio,
Luctu replent omnia.

Amalech invaluit
Israel dum corruit,
Infidelis jubilat Philistæa
Dum lamentis macerat se
[Judæa.

Insultat fidelibus
Infidelis populus;
In honorem maximum
Plebs adversa,
In derisum omnium
Fit divisa.

Quem primum his præbuit,
Victus rex occubuit;
Talis est electio derisui,
Talis consecratio vatis magni.

Insultantes inquiunt:
« Ecce de quo garriunt,
Qualiter hos perdidit
Deus summus,
Dum a multis occidit
Dominus prostratus. »

Saul regum fortissime
Virtus invicta Jonathæ,
Qui vos nequit vincere,
Permissus est occidere.

Quasi non esset oleo
Consecratus dominico,
Scelestæ manus gladio
Jugulatur in prælio.

Plus fratre mihi Jonatha,
In una mecum anima,
Quæ peccata, quæ scelera,
Nostra sciderunt viscera!

Expertes montes Gelboe,
Roris sitis et pluviæ,
Nec agrorum primitiæ
Vestræ succurrunt incolæ.

Væ, væ tibi, madida
Tellus cæde regia!
Quare te, mi Jonatha,
Manus stravit impia?

Ubi Christus Domini,
Israelque inclyti,
Morte miserabili
Sunt cum suis perditi?

Tu mihi nunc, Jonatha,
Flendus super omnia,
Inter cuncta gaudia
Perpes erit lacryma.

Planctus, Sion filiæ,
Super Saul sumite,
Largo cujus munere
Vos ornabant purpuræ.

Heu! cur consilio
Acquievi pessimo,
Ut tibi præsidio
Non essem in prælio?

Vel confossus pariter
Morirer feliciter,
Quum, quod amor faciat,
Majus hoc non habeat.

Et me post te vivere
Mori sit assidue,
Nec ad vitam anima
Satis est dimidia.

Vicem amicitiæ
Vel unam me reddere,
Oportebat tempore
Summæ tunc angustiæ ;

Triumphi participem
Vel ruinæ comitem,
Ut te vel eriperem
Vel tecum occumberem,

Vitam pro te finiens,
Quam salvasti toties,

Ut et mors nos jungeret
Magis quam disjungeret.

Infausta victoria
Potitus interea,
Quam vana, quam brevia
Hic percepi gaudia !

Quam cito durissimus
Est secutus nuntius,
Quem in sua anima
Locuta est superbia !

Mortuos quos nuntiat
Illata mors aggregat,
Ut doloris nuntius
Doloris sit socius.

Do quietem fidibus :
Vellem ut et planctibus
Sic possem et fletibus !
Cæsis pulsi manibus,
Raucis planctu vocibus
Deficit et spiritus.

AD OPERA PETRI ABÆLARDI APPENDIX.

LIBER ADVERSUS HÆRESES.

(Edit. Opp. anni 1616, ex veteri ms. Francisci Ambœsii.)

CAPUT PRIMUM.

Hæretici dicunt et credunt mundum istum et omnia quæ in eo videntur, videlicet cœlum quod videmus, et solem, et lunam, et stellas, et terram, et omnia animalia, et homines et ea quæ in ea videntur; mare, pisces et omnia quæ in eo videntur vel sunt, in absconditis suis ab omnipotenti Deo non esse facta, sed a principe malignorum spirituum. Quibus hæreticis et eorum isti malitioso errori plurimæ Novi Testamenti auctoritates sunt contrariæ. Habetur in Evangelio beati Joannis (*cap.* I), qui contra hæreticos talem errorem affirmantes scripsit, dicens : *In principio erat Verbum, et Verbum erat apud Deum, et Deus erat Verbum. Hoc erat in principio apud Deum ; omnia per ipsum facta sunt, et sine ipso factum est nihil.* In hoc manifestum est quod Deus omnipotens, Pater, et Filius et Spiritus sanctus, creavit et fecit omnia visibilia et invisibilia. Et beatus apostolus Paulus in Epistola ad Hebræos (*cap.* XI) testatur, dicens : *Fide intelligimus, sæcula aptata esse verbo Dei.* Item in eadem Epistola (*cap.* III) : *Qui omnia creavit Deus est.* Item in Actibus apostolorum (*cap.* IV) invenitur quod omnes apostoli et discipuli in unum congregati vocem suam unanimiter levaverunt, dicentes : *Domine Deus, tu qui fecisti cœlum et terram, mare et omnia quæ in eis sunt,* etc. Item et quod Joannes in Apocalypsi (*cap.* X) dicit : *Et angelus quem vidi stantem supra mare, et super terram, levavit manum suam ad cœlum, et juravit per Viventem in sæcula sæculorum, qui creavit cœlum et terram, mare et omnia quæ in eis sunt,* etc. Item in eodem (*cap.* XIV) : *Timete Dominum, et date illi honorem, quia venit hora judicii ejus : et adorate eum qui fecit cœlum, et terram, mare, et omnia quæ in eis sunt, et fontes aquarum.* Item Paulus in Epistola ad Hebræos (*cap.* I) dixit : *Et tu in principio, Domine, terram fundasti, et opera manuum tuarum sunt cœli.* Item in Evangelio secundum Matthæum (*cap.* XI) : *Confiteor tibi, Domine, Pater cœli et terræ.* Item Joannes (*cap.* I) de eodem : *Et mundus per ipsum factus est.* Et istæ auctoritates Novi Testamenti vobis sufficiant, quamvis multæ auctoritates in Novo et in Veteri Testamento, et in prophetis eadem testificantes, quod Deus creavit et fecit omnia visibilia et invisibilia, inveniuntur. Item in Actibus apostolorum (*cap.* XIV) Paulus et Barnabas : *Viri fratres, annuntiamus vobis ab his vanis converti ad Deum vivum et verum, qui fecit cœlum et terram, mare et omnia quæ in eis sunt; dans pluvias de cœlo, et tempora fructifera, implens cibo et lætitia corda vestra.*

CAPUT II.

Hoc quod hæretici dicunt, duos esse deos, unum omnipotentem et alium malignum, contra omnem divinam Scripturam sentiunt, quia omnis Scriptura divinitus inspirata, Novi videlicet et Veteris Testamenti, et omnium prophetarum, unum Deum solummodo affirmat. Dicit enim beatus Paulus : *Unus est Deus, et Pater omnium, qui est super omnia, et in omnibus nobis* (*Ephes.* IV). Item Marcus in Evangelio (*cap.* XII) : *Quidam de Scribis interrogavit Dominum Jesum, quod esset primum omnium mandatum. Jesus autem respondit ei : Quia primum omnium mandatum est : Audi, Israel, Dominus Deus tuus, Deus unus est. Et diliges Dominum Deum tuum ex toto corde tuo. Et ait illi Scriba : Bene, magister, in veritate dixisti, quia unus est Deus, et non est alius præter eum.*

CAPUT III.

Dicunt hæretici, legem Moysi, quam Veterem dicimus, ab omnipotenti Deo non esse datam, sed a principe malignorum spirituum. Cui errori plurimæ auctoritates divinarum Scripturarum contradicunt. Dicit enim Dominus in Evangelio secundum Matthæum (*cap.* V) : *Nolite putare quia veni legem solvere, aut prophetas. Non veni legem solvere, sed adimplere.* Ipse qui Filius Dei est, si lex a diabolo data fuisset, non dixisset se eam adimplere, imo destrueret. Item secundum Lucam (*cap.* II) : *Postquam consummati sunt dies purgationis Mariæ secundum legem Moysi, tulerunt Jesum in Jerusalem, ut sisterent eum Domino, sicut scriptum est in lege Domini,* etc., *et ut darent hostiam, secundum quod scriptum est in lege Domini.* Et iterum (*ibid.*) : *Et ubi perfecerunt omnia secundum legem Domini, reversi sunt in civitatem Galilæam suam Nazareth.* Et hoc certum est, et sine dubitatione : Christus, qui verus Deus et verus homo est, non consentiret diabolicæ legis præcepta in se servari vel impleri. Item in Evangelio secundum Joannem Dominus dicit (*cap.* v) : *Nolite putare quia ego accusaturus sim vos apud Patrem. Est qui vos accuset Moyses,* etc. *Si ergo crederetis Moysi, crederetis forsitan et mihi. Si autem illius litteris non creditis, quomodo verbis meis creditis?* Ac si dicat : Qui non credit verba veteris legis , et in fide sua non recipit verba Evangelii, ad suam salutem credere vel recipere non potest. Item in Evangelio secundum Lucam (*cap.* x) : *Dominus dixit cuidam legisperito se interroganti, quid facere deberet ut vitam æternam possideret, quærens ab eo quid esset scriptum in lege. Ille perito respondens, dixit ei : Diliges Dominum Deum tuum ex toto corde tuo,* etc. *Dixitque illi Jesus, recte respondisti, hoc fac, et vives.* Si enim lex Moysi a Deo data non fuisset, nunquam Christus pro ea observanda vitam promisisset. Item in eodem Dominus testatur (*cap.* xvi) : *Habent Moysen et prophetas, audiant illos.* In hoc apparet quod observatio legis et prophetarum non permittit hominem ire ad pœnarum loca inferni. Item in eodem (*cap.* xxiv): *Cum Christus resurrexisset a mortuis, duobus discipulis euntibus in castellum Emmaus, apparens legem testificans , dixit : Nonne hæc oportuit pati Christum, et ita intrare in gloriam suam? Et incipiens a Moyse et omnibus prophetis , interpretabatur illis in omnibus Scripturis quæ de ipso erant.* Si enim data esset lex a diabolo Moysi , nunquam Christus suis discipulis eam doceret et interpretaretur. Item in eodem Veritas dixit : *Quoniam necesse est impleri omnia quæ scripta sunt in lege Moysi , et prophetis, et psalmis de me.* Item in Evangelio secundum Matthæum , Dominus Pharisæis quærentibus quare discipuli ejus traditiones seniorum transgrediuntur, dicit (*cap.* xv): *Et quare vos transgredimini mandatum Dei propter traditionem vestram ? Nam Deus dixit : Honora patrem tuum et matrem tuam. Et quicunque maledixerit patri vel matri, morte moriatur.* Et certum est hoc testimonium de lege Moysi, et Christus dixit hoc testimonium a Deo esse dictum et datum. Ergo lex a Deo data est. Item in Actibus apostolorum Paulus ait (*cap.* xiv) : *Annuntio vobis Deum, qui fecit cœlum , mundum , et omnia quæ in eo sunt.* Hic cœli et terræ cum sit Dominus. Item Paulus in eodem, excusans se adversus Judæos de his, de quibus accusabatur ante Felicem præsidem Cæsareæ, dicit (*cap.* xxiv): *Confiteor tibi hoc, quod secundum sectam , quam Judæi dicunt hæresim , sic deservio modo Patri , credens omnibus quæ in lege et prophetis scripta sunt.* Item Paulus in Epistola ad Romanos, capitulo viii : *An ignorans dicis, lex peccatum est? Absit! lex quidem sancta et bona , et mandatum sanctum , et justum, et bonum.*

CAPUT IV.

Etiam sunt quidam hæretici, qui Moysen magum fuisse asserunt , et omnipotentem Deum non ei fuisse locutum, nec ei dedisse legem. Contra quem errorem Paulus in Epistola ad Hebræos scripsit, dicens (*cap.* i) : *Multifarie, multisque modis olim Deus locutus patribus in prophetis : novissime diebus istis locutus est nobis in Filio.* Sed Moyses est unus ex prophetis, quibus Deus locutus est. Dicitur et fidelis in Domino , cui Deus locutus est. Item in eodem (*cap.* iii) : *Omnis namque domus fabricatur ab aliquo. Qui autem omnia creavit Deus est. Et Moyses quidem fidelis erat in tota domo ejus tanquam famulus in testimonium eorum verborum quæ dicenda erant. Christus vero tanquam filius in domo sua. Quæ domus sumus nos si fiduciam et gloriam spei usque ad finem firmam retineamus.* Apostolus vero non eum magum , sed fidelem in domo Dei esse famulum testatur. Item Moyses in multis scriptis Novi et Veteris Testamenti, ac prophetarum, amicus et fidelis Dei dicitur. Sicut beatus Paulus in Epistola ad Hebræos de eo commemoravit, dicens (*cap.* xi) : *Fide Moyses grandis factus negavit se esse filium filiæ Pharaonis; magis eligens affligi cum populo Dei, quam temporalis peccati habere jucunditatem; majores divitias æstimans thesauro Ægyptiorum imperium Christi. Aspiciebat enim in Dei remunerationem.* In hoc apparet certissime quoniam beatus Paulus de Moyse, et de lege Moysi, et de Deo Hebræorum non diffidebat. Sed Moysen sanctum et bonum , et legem sanctam et bonam , et Deum Hebræorum omnipotentem Deum verbis asserebat , et corde credebat.

CAPUT V.

Hæretici secundum Tatianum hæreticum , qui matrimonium damnabat, omne matrimonium maris et feminæ adinvicem commiscentes, nullo modo posse salvari dicunt et credunt. Sed huic errori multa testimonia divinarum Scripturarum Novi et Veteris Testamenti sunt contraria. Habetur in Evangelio secundum Matthæum, quod Dominus Pharisæis se interrogantibus dixit (*cap.* xix) : *Si licet homini dimittere uxorem suam quacunque ex causa?* Qui respondens, ait illis : *Non legistis , quia qui fecit ab initio, masculum et feminam fecit eos , et dixit : Propter hoc dimittet homo patrem et matrem, et adhærebit uxori suæ , et erunt duo in carne una. Itaque jam non sunt duo , sed una caro. Quod ergo Deus conjunxit , homo non separet , et feminam similiter.* Sed omne quod impedit hominem a vita æterna malum est, sed si malum esset matrimonium, nunquam Christus prohiberet separari, nec etiam consentiret, qui nullum malum consentit. Item in Marco de eodem (*cap.* x) : *Ab initio autem creaturæ masculum et feminam fecit eos Deus,* etc. Item in Lucam (*cap.* 1): *Fuit in diebus Herodis regis Judææ sacerdos quidam nomine Zacharias de vice Abia ,* etc. *Erant autem ambo justi ante Deum, incedentes in omnibus mandatis, et justificationibus Domini sine querela.* Sequitur : *Itaque cum justi erant, salvabantur, et non erat filius illis , eo quod esset Elizabeth sterilis, et ambo processissent in diebus suis.*

Et est notandum quod non stetit per virum quod non haberet filium ; sed per mulierem, quia sterilis erat. Et angelus Domini apparens Zachariæ in templo, dixit ei (*ibid.*) : *Ne timeas Zacharia, uxor enim tua pariet tibi filium, et vocabis nomen ejus Joannem,* etc. *Erit enim magnus coram Domino,* etc. Item (*ibid.*) : *Unde hoc sciam? Ego enim sum senex, et uxor mea processit in diebus suis.* Et nota quia hoc dixit, non credens verbis angeli propter uxoris senectutem, quia ipsa præcesserat conceptivam ætatem. Item : *Innuebant patri ejus quo vocabulo vocaret eum.* Evangelista non vocaret eum patrem nisi filium haberet. Nemo enim potest esse pater naturalis, nisi filium naturalem habeat. Item : *Zacharias pater ejus repletus est Spiritu sancto.* Ecce trina paternitatis affirmatio, et Evangelium non aufert eis, quin sint justi ambo ante Deum pro generatione filii, si incedant in omnibus mandatis Domini; nec in Veteri Testamento, et in Novo. Item in Epistola ad Corinthios prima Apostolus, dans consilium fidelibus Christianis, dixit (*cap.* vii) : *Propter fornicationem unusquisque suam uxorem habeat, et unaquæque virum suum. Vir uxori suæ debitum reddat, similiter et uxor viro. Mulier sui corporis potestatem non habet, sed vir. Similiter autem et vir sui corporis potestatem non habet, sed mulier. Nolite fraudare invicem, nisi forte ex consensu ad tempus, ut vacetis orationi,* id est : Nolite continere, altero nolente. Item in eodem (*ibid.*) : *Dico autem non nuptis et viduis: Sic permaneant sicut ego. Quod si non continent, nubant. Melius est nubere, quam uri. His autem, qui matrimonio juncti sunt, præcipio non ego, sed Dominus, uxorem a viro non discedere. Quod si discesserit, manere innuptam, aut viro suo reconciliari.* Item sequitur : *Si quis ergo uxo-*

rem habet infidelem, et hæc consentit habitare cum illo, non dimittat illam, etc. Sanctificatus est enim vir infidelis per mulierem fidelem, et econverso, etc. Alioquin filii vestri immundi essent. Nunc autem mundi sunt. Non credidit Apostolus viros et uxores si sint fideles pro redditione maritalis debiti amittere suam sanctitatem, si cætera eorum opera sint bona. Item Apostolus in eodem : Si acceperis uxorem, non peccasti : et si nupserit virgo, non peccavit. Item Apostolus in eodem ait : Qui matrimonio conjungit virginem suam, bene facit : et qui non conjungit, melius facit. Hæc præcepta supradicta Apostolus suis discipulis non daret, et hæc verba non scriberet eis, si propter hoc conjugale factum crederet eos esse damnandos. Item Apostolus in Epistola prima ad Timotheum (cap. iv) : Spiritus manifeste dicit, quia in novissimis temporibus discedent quidam a fide; attendentes spiritibus erroris, et doctrinis dæmoniorum, in hypocrisi loquentium mendacium, prohibentium nubere.

Et nota quod Spiritus sanctus aperte manifestavit quosdam a fide discedere, et eos adhærere doctrinis dæmoniorum, et mendacium in hypocrisi loqui, et illi tales nubere prohibent. Item in eodem (cap. v) : Volo juniores nubere, filios procreare, matres familias esse, nullam occasionem dare adversarii maledicti gratia. Et nota quod Apostolus non credidit pro hoc facto esse aliquam damnationis occasionem in conjugatis. Item habemus in Epistola prima beati Petri. Beatus vero Petrus apostolus, qui princeps omnium apostolorum a Deo constitutus fuit, et etiam totius Ecclesiæ caput, ut in Evangelio Christus ait : Tu vocaberis Cephas (Joan. 1). Et in eodem : Tu es Petrus, et super hanc petram ædificabo Ecclesiam meam (Matth. xvi), postquam viris fidelibus Christianis doctrinam suam scripsisset, scripsit mulieribus, qualiter propriis viris suis subjectæ essent, humilitatem servantes, et modestiam, dicens : Similiter et mulieres subditæ sint viris suis, ut et si qui non credunt verbo, per mulieris conversationem sine verbo lucrifiant. Sic aliquando et sanctæ mulieres sperantes in Deo, ornabant se suis viris; sicut Sara obediebat Abrahæ, Dominum eum vocans. Cujus estis filiæ benefacientes (I Petr. iii), etc. Hic innuit beatus Petrus viros ab uxoribus et uxores a viris non discedere; quia Abraham a Sara uxore sua non discessit nisi per mortem, sed nutu cognovit eam, et filium genuit sicut Elcana Susannam, et Joachim Annam. Item beatus Paulus in Epistola prima ad Corinthios (cap. xi) : Volo vos scire quod omnis viri caput est Christus, caput autem mulieris est vir, caput vero Christi est Deus. Non vir ex muliere est, sed mulier ex viro. Etenim non est creatus vir propter mulierem, sed mulier propter virum. Verumtamen neque vir sine muliere, neque mulier sine viro in Domino. Item habetur secundum Joannem, quod Jesus Salvator noster, et mater ejus, et discipuli ejus vocati venerunt ad nuptias; et in eisdem nuptiis initium signorum suorum coram discipulis suis fecit, scilicet de aqua vinum. Propter hoc certissimum est nuptias esse bonas, quia non est credendum, nisi bonæ essent, Christum venisse, nec tantum miraculum fecisse. Item beatus Paulus in Epistola prima ad Corinthios (cap. vii) : Mulier alligata est legi viri, quanto tempore ejus vir vivit. Quod si dormierit vir ejus, liberata est a lege viri, et cui viro vult nubat; tantum in Domino. Item Paulus ad Timotheum (cap. ii) : Salvabitur mulier per generationem filiorum, si permanserit in fide, et dilectione, et sanctificatione cum sobrietate.

CAPUT VI.

Item Joannem Baptistam non a bono angelo, sed a dæmoniaco nuntiatum fuisse dicunt, nec bonum eum esse credunt. Sed contra hunc errorem multa in Evangeliis testimonia inveniuntur, ut in Evangelio beati Joannis, ipse Joannes scripsit, dicens (cap. 1) : Fuit homo missus a Deo, cui nomen erat Joannes. Hic venit in testimonium, etc. Item idem in eodem testatus est de Christo (ibid.) : Ecce Agnus Dei, ecce qui tollit peccata mundi. Item testimonium perhibuit Joannes de ipso : Qui misit me baptizare in aqua, ille mihi dixit : Super quem videris Spiritum Dei descendentem, et manentem super eum, hic est qui baptizat in Spiritu sancto, etc. Item in eodem (cap. iii) : Qui habet sponsam, sponsus est. Amicus autem sponsi qui stat et audit, etc. Hoc ergo gaudium meum impletum est. Item in Evangelio secundum Matthæum Christus ipsum Joannem commendat, dicens (cap. xi) : Amen dico vobis, inter natos mulierum non surrexit major Joanne Baptista. Item (ibid.) : Quid existis in desertum videre? Prophetam. Etiam dico vobis plus quam prophetam. Hic enim est de quo scriptum est : Ecce mitto angelum ante faciem tuam, qui præparabit viam tuam ante te. Qui de Joanne sentit male vel perverse, contra Christum, et contra apostolos, et contra catholicam fidem est. Habemus in Evangelio quod ipse Joannes Baptista in flumine Jordanis Christum baptizavit, et Spiritum sanctum in specie columbæ super eum descendentem vidit, et vocem Patris dicentis audivit : Hic est filius meus dilectus, in quo mihi bene complacui (Matth. xvii). Si ipse esset a maligno spiritu nuntiatus, ut hæretici dicunt, nunquam Christus ab eo se permitteret baptizari, nec tantum sacramentum ab eo vellet initiari. Item in Matthæo ipse Christus approbat eum, dicens Pharisæis (cap. xxi) : Amen, amen dico vobis, quia publicani et meretrices præcedent vos in regnum Dei. Venit enim Joannes Baptista ad vos in via justitiæ, et non credidistis ei. Publicani, et peccatores, et meretrices crediderunt ei. Vos autem eum videntes, nec pœnitentiam habuistis postea ut crederetis ei. Ecce Christus de Joanne Baptista asseverat, dicens, quod in viam justitiæ, in qua itur ad regnum Dei, ipse Joannes ambulabat in ea, et eam prædicabat. Quod non ageret, si malignus, vel a maligno spiritu fuisset nuntiatus. Item in Evangelio secundum Joannem, de commendatione Joannis Baptistæ (cap. v) : Vos misistis ad Joannem, ipse testimonium veritati perhibet. Ego autem non ab homine testimonium accipio; sed hoc dico, ut vos salvi sitis. Ille erat lucerna ardens et lucens. Voluistis autem vos exsultare ad horam in luce ejus.

CAPUT VII.

De Incarnatione Christi sunt quidam hæretici inter istos Condonianam hæresim sequentes, qui dicunt Christum non ex femina natum, nec habuisse veram carnem, nec vere mortuum, nec quidquam passum; sed simulasse passionem : nec credunt eum manducasse, nec bibisse, et quasi phantasticum corpus habuisse, nec vere resurrexisse. Contra hunc errorem hæreticorum, qui non credunt Christum de vera virgine femina fuisse natum, destruendum, testimonium habemus in Matthæo (cap. ii) : Cum natus esset Jesus in Bethlehem Judææ, etc. Videntes stellam magi, gavisi sunt gaudio magno valde. Et intrantes domum invenerunt puerum cum Maria matre ejus, etc. Item in eodem (ibid.) : Apparuit Angelus Domini in somnis Joseph, dicens : Surge, et accipe puerum cum Maria matre ejus. Item in Evangelio secundum Lucam (cap. ii) : Ascendit autem Joseph a Galilæa in Bethlehem civitate, ut profiteretur ibi cum Maria desponsata sibi uxore prægnante. Et impleti sunt dies ut pareret, et peperit filium suum primogenitum. Item in eodem angelus Domini ejus nativitatem pastoribus nuntiavit, dicens (ibid.) : Ecce enim evangelizo vobis gaudium magnum, quia natus est vobis hodie Salvator, qui est Christus in carne David; et hoc vobis signum : Invenietis puerum Jesum positum in præsepio. Item in eodem : Postquam consummati sunt dies octo, ut puer circumcideretur, vocatum est nomen ejus Jesus. Quod vocatum est ab angelo priusquam in utero conciperetur. Item in eodem : Cum factus esset Jesus annorum duodecim, ascendentibus *illis Hierosolymam secundum consuetudinem diei festi, consummatisque diebus cum redirent, remansit puer Jesus in Hierusalem, et non cognoverunt parentes ejus*, etc. *Et Jesus proficiebat œtate, et sapientia, et gratia, et Spiritu sancto apud Deum et homines.* Item in Epistola ad Galatas, Paulo attestante Christum fuisse natum ex muliere, cum dixit (*cap.* IV) : *At ubi venit plenitudo tempòris, misit Deus Filium suum, natum ex muliere, factum sub lege, ut eos qui sub legeerant redimeret.* Hæretice, ecce plura testimonia de Christi conceptione, nativitate, circumcisione, pueritia, ætate, adolescentia, et etiam natum esse Christum ex muliere, et esse factum sub lege. Item Joannes de nativitate Christi (*cap.* XVIII) : *Ego in hoc natus sum, et ad hoc veni in mundum, ut testimonium perhibeam veritati.*

De Incarnatione Christi testimonia adversus hæreticos, qui non credunt Christum habuisse veram carnem, sed aerium corpus eum dicunt assumpsisse. Sed contra hunc errorem Joannes Evangelium suum scripsit, dicens (*cap.* I) : *In principio erat Verbum, et Verbum erat apud Deum, et Deus erat Verbum. Et Verbum caro factum est, et habitavit in nobis.* Item in eodem (*cap.* XIX) : *Judæi rogaverunt Pilatum, quoniam Parasceve erat, ut non remanerent corpora in cruce Sabbato, ut eorum crura frangerentur. Et milites quidam primi fregerunt crura latroni, et alteri qui crucifixus est cum eo. Ad Jesum autem cum venissent, ut viderunt eum jam mortuum, non fregerunt ejus crura; sed unus militum lancea latus ejus aperuit, et continuo exivit sanguis et aqua. Et qui vidit testimonium perhibuit, et verum est testimonium ejus.* Item Joannes in Epistola prima dicit (*cap.* IV) : *Omnis spiritus, qui confitetur Jesum Christum in carne venisse, ex Deo est, et omnis spiritus, qui solvit Christum, ex Deo non est,* id est, qui negat eum carnalem esse hominem, et hic est Antichristus. Item in eodem (*cap.* V) : *Et scimus quoniam Filius Dei venit, et induit carnem pro nobis, et mortuus est, et resurrexit a mortuis pro nobis.* Item Joannes in secunda Epistola (*cap.* I) : *Quoniam multi seductores exierunt in mundum, qui non confitentur Jesum Christum in carne venisse. Hic est seductor et Antichristus. Omnis qui præcedit, et non manet in doctrina Christi, Deum non habet. Qui permanet in doctrina,* id est in doctrina apostolica, *hic Filium et Patrem habet. Si quis venit ad vos, et hanc doctrinam non affert, sed Christum in carne venisse negat, nolite recipere eum in domum, nec ave ei dicatis. Qui enim dicit illi ave, communicat operibus illius malignis.* Item Paulus in Epistola ad Romanos (*cap.* I) : *Quod ante promiserat per prophetas suos in Spiritu sancto, dicens : Qui factus est ex semine David secundum carnem. Qui prædestinatus est filius Dei in verbo.* Item Petrus in Epistola prima (*cap.* IV) : *Christo igitur passo in carne, et vos eadem cogitatione armamini. Quia qui passus est in carne desiit a peccatis.*

Item contra eosdem hæreticos, qui non credunt Christum passum, nec fuisse mortuum. Contra hunc errorem Matthæus in Evangelio scripsit, dicens (*cap.* XXVII) : *Jesum flagellatum Pilatus tradidit Judæis ut crucifigeretur. Tunc milites præsidis suscipientes Jesum in prætorio, exuentes chlamidem coccineam circumdederunt ei, et plectentes coronam de spinis posuerunt super caput ejus, et arundinem in dextra ejus, et genu flexo illudebant ei, dicentes : Ave, Rex Judæorum. Et exspuentes in eum acceperunt arundinem, et percutiebant caput ejus,* etc. Item in eodem : *Tunc crucifixerunt,* etc. Item in eodem : *Tunc unus militum, accepta lancea, punxit latus ejus, et exivit sanguis et aqua. Jesus autem iterum clamans voce magna, emisit spiritum.* Hæc de Christi passione et ejus morte. Cæteri evangelistæ in Evangeliis suis hæc eadem testificantur. Item in Actibus apostolorum, Petrus stans cum omnibus apostolis inter Judæos, dixit illis (*cap.* II) · *Viri Israelitæ, audite verba hæc : Jesum Nazarenum, virum approbatum a Deo, etiam verbis, virtutibus, et prodigiis, et signis, quæ fecit per illum Deus in medio vestri, sicut vos scitis. Hunc, definito consilio, et præscientia Dei traditum per manus iniquorum affigentes interemistis, quem Deus suscitavit, solutis doloribus inferni.* Et hoc testimonium de passione et morte Christi, et etiam de resurrectione, quod omnes apostoli in eodem loco manentes testificati sunt. Item Petrus de passione Christi in Epistola prima (*cap.* II) : *Christus passus est pro nobis, vobis relinquens exemplum, ut sequamini vestigia ejus,* etc. *Cum pateretur non comminabatur, sed peccata nostra ipse tulit in corpore suo super lignum, cujus morte sanati sumus.* Item Paulus ad Romanos de morte ejus dixit (*cap.* V) : *Quoniam cum adhuc peccatores essemus, Christus pro nobis mortuus est.* Item in eodem (*cap.* XIV) : *Christus Jesus qui pro nobis mortuus est, imo qui et resurrexit.* Et de his plura testimonia habentur.

De resurrectione Christi contra hæreticos qui non credunt Christum resurrexisse a mortuis. Matthæus in Evangelio de resurrectione Christi dicit (*cap.* XXVIII) : *Angelus dixit mulieribus : Nolite timere, scio quod Jesum, qui crucifixus est, quæritis. Non est hic. Surrexit enim, sicut dixit vobis.* Hoc idem testantur Marcus et Lucas in Evangeliis suis (*cap.* XVI; *cap.* XXIV). Item Joannes in Evangelio suo dicit (*cap.* II) : *Solvite templum hoc, et in tribus diebus excitabo illud. Ille autem dicebat de templo corporis sui. Cum ergo resurrexisset a mortuis, recordati sunt discipuli ejus, quia hoc dicebat,* etc. Item in Evangelio secundum Lucam, humanam carnem Christum habere testimonium affirmans (*cap.* XXIV) : *Videte manus meas et pedes meos, quia ipse ego sum. Palpate et videte, quia spiritus carnem et ossa non habet, sicut me videtis habere. Et cum hoc dixisset, ostendit eis manus, et pedes, et latus.* Item Joannes in Evangelio de carnis resurrectione (*cap.* XX) : *Venit Jesus, januis clausis, et stetit in medio discipulorum, et dixit eis : Pax vobis. Deinde dixit Thomæ : Infer digitum tuum huc, et vide manus meas, et affer manum tuam, et mitte in latus meum, et noli esse incredulus, sed fidelis.*

Sunt quidam hæreticorum qui non credunt quod Christus manducavit et bibit, dum erat cum suis discipulis ante passionem. Sed contra hunc errorem destruendum, habemus in Evangelio secundum Matthæum testimonium, quod ipse Christus, qui est Veritas, protulit, dicens (*cap.* XI) : *Venit enim Joannes Baptista neque manducans panem, neque bibens vinum, et dicunt : Dæmonium habet. Venit enim Filius hominis manducans, et dicunt : Ecce homo vorax est, et potator vini, publicanorum et peccatorum amicus.* Item Lucas in Evangelio testimonium perhibet quod ipse manducavit, dicens (*cap.* VII) : *Rogabat autem quidam de Pharisæis ut manducaret cum illo.* Certissimum est eum manducasse, aliter non invitaretur ab aliquo ad manducandum. Item in eodem Lucas (*ibid.*) : *Rogabat quidam Pharisæus illum ut pranderet apud se. Et ingressus recubuit.* Idem in eodem testatur (*cap.* XIV) : *Et factum est, cum intraret Jesus in domum cujusdam principis Pharisæorum Sabbato, manducare panem.* Item Joannes in Evangelio (*cap.* IV) : *Rabbi, manduca.* Hoc dixerunt ei discipuli sui, cum venissent a Samaria, cibos afferentes quos emerant, et viderunt eum cum muliere Samaritana loquentem. Si aliquis objiciat eum illis dixisse : *Habeo alium cibum manducare quem vos nescitis* (*ibid.*). Verum est quia ipse Christus duobus cibis utebatur, scilicet carnali et spiritali. Hoc de spirituali dixit. Nec tamen minus est credendum, quoniam cæteri evangelistæ testificantur eum usum fuisse cibo temporali. Item in Evangelio secundum Matthæum quando interrogaverunt eum discipuli, dicentes : *Ubi vis paremus tibi comedere pascha?*

(*Matth.* xxvi) dixerunt *tibi*, non sibi parare pascha, quod certificat eum manducasse cibum temporalem, dum erat cum illis. Item in eodem testimonio quod ipse Christus dixit (*ibid.*) : *Qui intingit mecum manum in paropside, hic me tradet.* Non est credendum quod ipse Christus manum in paropside intingeret, nisi manducaret. Hoc idem Marcus et Lucas testificantur in Evangeliis suis. Hæc testimonia sunt de Christi comestione antequam pateretur. Post passionem vero suam testatur Lucas in Evangelio eum coram discipulis suis manducasse, dicens (*cap.* xxiv) : *Habetis hic aliquid quod manducetur?* At illi obtulerunt ei partem piscis assi, et favum mellis. *Et cum manducasset coram eis, sumens reliquias dedit eis.* Idem Lucas in Actibus apostolorum testatur, dicens (*cap.* i) : *Et convescens præcepit eis ab Hierosolymis ne discederent.* Et ita certissimum et firmum est, antequam pateretur omnibus actibus humanis, uti, excepto peccato, et Paulus in Epistola ad Philippenses testatur, dicens (*cap.* ii) : *Hoc enim sentite in vobis quod et in Christo Jesu. Qui cum in forma Dei esset, non rapinam arbitratus est se esse æqualem Deo; sed semetipsum exinanivit, formam servi accipiens, et inventus est ut homo. Humiliavit semetipsum usque ad mortem.* Et hæc de Christi humanitate sufficiant.

CAPUT VIII.

De ecclesiarum institutionibus legitur, quod Dominus Moysi tabernaculum non manufactum in monte ostendit, dicens : *Vade, et fac tabernaculum non manufactum simile huic, in quo habitem inter illos quando loquar ad te, in quo offerantur a sacerdotibus dona, et libamina, et sacrificia, et hostiæ, et oblationes allatæ cum populo Israelitico (Hebr.* ix). Tunc Moyses secundum præceptum Domini fideliter peregit, et post Moysen, quando populus Israel intravit terram promissionis detulit illud secum in Silo, in quo erat arca testamenti, infra quam erat urna aurea continens manna, et tabulæ testamenti, et virga Aaron quæ fronduerat. Deinde post multum tempus, Salomon filius David jussu Domini ædificavit templum manufactum in Hierusalem, in quo omnis populus Israeliticus ad orandum et sacrificandum conveniebat. Sicut et patres eorum in priori tabernaculo venire consueverant, ita observantes legalia præcepta Dominica usque ad adventum Christi. Veniens autem Christus, nolens destruere legem, sed adimplere, a suis parentibus voluit in eo præsentari, et secundum legem datam a Deo, sicut mos erat, offerri. Invenitur post hæc eum venisse in templum in adolescentia cum parentibus suis, cum xii esset annorum. Post triginta vero annos suæ ætatis venit in Hierusalem, sicut invenitur in Evangelio secundum Matthæum, et intravit templum, et omnes ementes et vendentes ejecit de templo, dicens (*cap.* xxi) : *Scriptum est, domus mea domus orationis vocabitur.* Nam et ipse Christus testificatus est templum domum Dei esse orationis. Item Marcus idem testimonium iisdem verbis protulit in Evangelio suo (*cap.* xi) : *Et etiam prohibebat ut quisquam non ferret vas per templum.* Item Lucas his verbis testatur in Evangelio suo. Item Joannes in Evangelio suo scripsit, dicens (*cap.* ii) : *Et Jesus invenit in templo vendentes boves et oves, et columbas, et nummularios sedentes. Et cum fecisset quasi flagellum de funiculis, omnes ejecit de templo. Oves quoque et boves, et nummulariorum effudit æs, et mensas subvertit; et his qui columbas vendebant dixit : Auferte ista hinc, et nolite facere domum Patris mei, domum negotiationis. Recordati sunt discipuli ejus, quia scriptum est : Zelus domus tuæ comedit me.* Invenitur in Evangeliis quod Christus multoties venit in templum, ibique docebat populum, et in eo multa signa et miracula in curationibus infirmorum faciebat, ut Matthæus evangelista narrat (*cap.* xxi) : *Et accesserunt ad Jesum in templo cœci, et claudi, et sanavit eos.* Habemus in Evangeliis, dum Jesus prædicando perambulasset civitates Israeliticas, intrabat potius Synagogas Judæorum, ibique docens populum de regno Dei, et in eis multa signa et mirabilia peragebat, ut dicitur in Matthæo (*cap.* ix) : *Et circuibat Jesus civitates omnes et castella, docens in Synagogis eorum et prædicans Evangelium, et curans omnem languorem, et omnem infirmitatem.* Item in Evangelio Matthæi ipsemet testatur, dicens vobis (*cap.* xxvi) : *Quotidie apud vos sedebam in templo, docens.* Iisdem verbis testatur Lucas in Evangelio. Item Joannes testatur in Evangelio (*cap.* xviii) : *Ego semper docui in Synagoga, et in templo, quo omnes Judæi conveniunt, et in occulto locutus sum nihil.* Si objicitis nobis, quod sæpius prædicabat in aliis locis quam in templo, vel in Synagogis ; verum est. Sed propter multitudinem venientium, ne essent impedimentum ministris templi et Synagogarum, ne minus redderent vota sua, et ea quæ sibi injuncta erant, in montibus et in aliis locis discedebat.

Post ascensionem vero ejus discipuli Christum Magistrum suum et Salvatorem imitari cupientes, quandiu in Hierusalem morarentur, quotidie in templum orare veniebant, ut in Actibus apostolorum invenitur, dicens (*cap.* ii) : *Quotidie erant apostoli perdurantes, et orantes unanimiter in templo. Et iterum (cap.* iii) : *Petrus et Joannes ascendebant in templum ut orarent ad horam orationis nonam.* Item in eodem (*cap.* v) : *Cum Annas princeps sacerdotum, miserunt manus qui cum illo erant, injecerunt manus in apostolos, et posuerunt illos in custodia publica. Angelus autem Domini per noctem aperiens januas carceris, et educens eos dixit : Ite et stantes loquimini in templo plebi omnia verba vitæ hujus.* Unde habuit initium domus orationis manufacta, quam nos vocamus ecclesiam.

CAPUT IX.

Cum apostoli, et eorum discipuli ab Hierusalem essent expulsi, et per diversas mundi partes voluntate Dei essent dispersi, et in civitatibus universis Judæorum vidissent ædificia Synagogarum, transeuntes ad gentes diversorum templa idolorum intra civitates eorum invenientes, in quibus sua vota et sua sacrificia dæmoniorum idolis offerentes, et ad hæc persolvenda assidue erant convenientes, habuerunt Apostoli consilium a Spiritu sancto, ut a tanto errore et malitia facilius possent evellere, et a diabolicis vinculis eos eruere, ut in nomine Patris, et Filii, et Spiritus sancti domus manufactas ædificari juberent, et ad instar templi eas ædificare ostenderent : in quibus fidelis populus ad baptizandum, et ad orandum et sacrificandum, et ad verbum Dei audiendum, et ad omnia Christianitatis sacramenta percipienda fideliter ac devote convenirent ; et in eas domos, quas propter congregationem populi in eis ecclesias vocamus, apostoli ministros, videlicet episcopos, presbyteros, diaconos ad Christi mysterium perficiendum constituerunt, sicut in Actibus apostolorum legitur (*cap.* xiv) : *Et cum constituissent per singulas ecclesias presbyteros, et orassent cum jejunationibus, commendaverunt eos domino in quem crediderunt.* Et hoc habemus, quod ab apostolis presbyteri primitus in Ecclesia Dei fuerunt ordinati diacones. Habemus in Epistola ad Corinthios prima, quod Apostolus eos redarguens, domum in qua erant fideles congregati vocavit ecclesiam, dicens (*cap.* xi) : *Nunquid non habetis domos ad manducandum et bibendum, aut ecclesiam Dei contemnitis, et confunditis eos qui non habent? Quid dicam vobis? Laudo vos ? In hoc non laudo.* Item Paulus in Epistola prima ad Corinthios (*cap.* xiv) : *Mulieres in ecclesiis taceant. Non enim permittitur eis loqui, sed subditas esse sicut lex dicit. Si quid autem volunt discere, domi viros suos interrogent. Turpe est enim mulieri loqui in ecclesia.* In hoc et multis aliis dat Apostolus intelligendum, quod omnem domum ubi fideles congregati sunt ad participandum Christi sacramenta constituta, Ecclesia Dei nominetur. Item Joannes in Epistola tertia comminando Diotrepi scripsit, dicens (cap. 1) : *Propter hoc si venero, commoneam ejus opera quæ facit verbis malignis garriens in nos. Et quasi non ei ista sufficiant, neque ipse suscepit fratres, et eos qui suscipiunt prohibet, et de ecclesia ejicit,* etc. Item Paulus Epistolæ primæ ad Timotheum (cap. III) : *Si autem tardavero, ut scias quomodo oporteat te conversari in domo Domini, quæ est ecclesia Dei vivi.* In his testimoniis apostolorum supra scriptis, et in aliis multis in hoc tractatu non scriptis plane ostenditur, quod domus Dei domus orationis ecclesia manufacta dicitur et intelligitur, in qua Christi sacramenta a ministris ordinatis ad salutem fidelium Christianorum perficiuntur.

CAPUT X.

Et quoniam hæretici ecclesiam manufactam, et altaria quæ in eis sunt, et sacramenta quæ in his a ministris Dei fiunt, et omnia ornamenta ecclesiastica ad nihilum deputant, et ad salutem animarum nihil proficere dicunt, et despiciunt, ad hunc tantum errorem et tam nefarium destruendum testimonia breviter proferemus, et primum de altari, sine quo ecclesia manufacta esse non debet, in quibus munera, oblationes et hostiæ pro peccatis offeruntur. Habemus in Evangelio secundum Matthæum quod ipsa Veritas offerentem docet, et qualiter offerre debeat instruit, dicens (cap. v) : *Si offers munus tuum ad altare, et ibi recordatus fueris, quia frater tuus habet aliquid adversum te, relinque ibi munus tuum ante altare, et vade prius reconciliari fratri tuo, et tunc veniens offeres munus tuum.* Hic innuit ipse Christus ut fideles habeant in ecclesiis altaria, in quibus munera offerant. Iterum in Evangelio secundum Lucam, quando Christus voluit offerri a parentibus suis in templo secundum legem Domini, et offerri pro se hostias ad altare quod erat in templo, scilicet par turturum aut duos pullos columbarum, hic datur intelligi, quia, sicut Christus offerri voluit, et pro se hostiam dari, ut omnes fideles qui sunt in partibus mundi universis altaria habeant, in quibus pro suis peccatis Deo munera et oblationes offerantur. Item Paulus de eodem in Epistola ad Corinthios prima discipulos suos instruens, ut habeant altaria, et his Deo serviant, et de altariorum donis Deo servientes fiant participes ita scripsit (cap. IX) : *Qui altari deserviunt, cum altari participentur.* Item Paulus ubi scriptum est in Actibus apostolorum (cap. XXI) : *Obtulit in templo pro se et pro cæteris qui cum eo erant purificati hostias ad altare nolentes despicere vel ad nihilum deputare altaria, sed exemplificavit.* Item in Apocalypsi Joannes (cap. v) testificatur se vidisse altare in cœlo in quo incensa multa quæ sunt orationes sanctorum ab angelo offerebantur. Unde beatus Joannes, quia in cœlo coram Deo altare aureum vidit, in terra in ecclesiis manufactis altare manufactum, mundum et purificatum ædificari voluit. Contra istos supradictos errores quasi maximam nubem testium Veteris Testamenti, scilicet legis, prophetarum, psalmorum possumus inducere. Sed quoniam hæretici respondere, nec rationem reddere ad objecta sibi testimonia Veteris Testamenti, legis et prophetarum nolunt, videlicet quia ignorant, sed statim convicti essent, propterea in his laborare nolumus, nisi tantum in his testimoniis, quæ de libris Novi Testamenti decerpsimus, quibus respondere et nullam rationem reddere possunt, nec justam occasionem habent.

Item hæretici improbant Ecclesiæ cantum, et laudes quas clerici de Novo et Veteri Testamento reddunt Creatori suo. Contra hunc errorem proferimus testimonium Pauli dicentis in Epistola ad Ephesios (cap. v) : *Et impleamini Spiritu sancto, loquen-* *tes vobismetipsis in psalmis et hymnis, et canticis spiritualibus cantantes in cordibus vestris Domino, gratias agentes semper pro omnibus in nomine Domini nostri Jesu Christi Deo et Patri.* Item de eodem Paulus ad Colossenses, dicens (cap. III) : *Verbum Christi habitet in vobis abundanter in omni sapientia, et commonentes vosmetipsos psalmis, hymnis, canticis spiritualibus, et gratia cantantes in cordibus vestris Domino.* Item Joannes in Apocalypsi vidit XXIV seniores, et ceciderunt coram Agno, habentes singuli citharas et phialas aureas plenas odoramentorum, quæ sunt orationes sanctorum, et cantabant quasi canticum novum, dicentes (cap. v) : *Dignus es, Domine, solvere librum, et aperire signacula ejus, quoniam occisus es et redemisti nos Deo in sanguine.* Item in eodem Joannes, dicens (cap. XIV) : *Et vocem quam audivi sicut citharizorum citharizantium in citharis suis; et cantabant quasi canticum novum ante sedem.* Et in alio loco (cap. xv) : *Habentes citharas Dei, et cantantes canticum Dei servi Moysi,* etc. Item Joannes in eodem (cap. XIX) : *Audivi vocem magnam turbarum multarum in cœlo dicentium, Alleluia, laus et gloria, et virtus Deo nostro est, quia vera et justa judicia ejus sunt.*

CAPUT XI.

Postquam de domo Domini quæ est ecclesia, aliqua et non omnia quæ nobis occurrunt perstrinximus testimonia, de sacramento corporis et sanguinis Christi, quod omnibus sacramentis est dignius, a quo et cujus consecratio in domo Domini quæ est ecclesia Dei vivi Paulo attestante celebratur, contra hæreticorum pravitatem, divinam auctoritatem in medium proferamus. Christus videns imminere sibi mortem, volens commendare nobis sacramentum corporis et sanguinis, accipiens panem, et gratias agens benedixit et fregit, deditque discipulis suis, et calicem similiter. Unde Matthæus evangelista (cap. XXVI) : *Cœnantibus autem eis, accepit Jesus panem, et benedixit ac fregit, et dedit discipulis suis, et ait : Accipite et comedite; hoc est corpus meum. Et accipiens calicem, gratias egit, et dedit illis, dicens : Bibite ex hoc omnes; hic est enim sanguis meus novi testamenti qui pro multis effundetur in remissionem peccatorum.* Item de eodem Marcus (cap. XIV) : *Et manducantibus illis, accepit Jesus panem, et benedicens fregit, et dedit eis et ait : Sumite; hoc est corpus meum. Et accepto calice, gratias agens dedit eis, et biberunt ex illo omnes; et ait illis : Hic est sanguis meus novi testamenti, qui pro multis effundetur.* Item Lucas (cap. XXII) : *Et accepto pane, gratias agens, fregit et dedit eis, dicens : Hoc est corpus meum, quod pro vobis datur; hoc facite in meam commemorationem. Similiter et calicem postquam cœnavit, dicens : Hic est enim calix novi testamenti in sanguine meo, qui pro vobis effundetur.* Evangelistæ namque asserunt quod Dominus accepit panem et benedixit, et dedit discipulis suis, dicens : *Hoc est corpus meum.* Nota singula : *Accepit panem, benedixit et fregit, et dedit.* Non habetur in Evangelio quod Dominus acceperit corpus suum, et benedixerit, quod fregerit, quod dederit discipulis suis; sed testantur evangelistæ quod acceperit panem, et benedicens fregerit, et dederit eis, dicens : *Hoc est corpus meum : sed, hic est calix novi testamenti, in sanguine meo, qui pro vobis effundetur.*

Sed hæretici dicunt quod hoc demonstrativum pronomen non refertur ad panem quem in manibus tenebat, et quem benedicebat, et quem frangebat, et suis discipulis distribuebat, sed refertur ad corpus suum quod hæc omnia perficiebat. Unde eorum error tam nequissimus originem et initium habuit ignorantes, pronomen nominis *hoc* non potest relative referri, nisi his de quibus sit facta mentio. Sed in traditione hujus sacramenti de corpore suo, mentio nulla tunc facta fuerat. Ergo falsissimum est quod autumant. Sed, sicut farina, et aqua, et sal cum his ita fuerint commista et decocta, quod scilicet non sunt farina, nec aqua, nec quæ ante fuerant, sed vere panis purus est et dicitur: ita panis quem post cœnam Jesus Christus manibus suis accepit, postquam hunc benedixit et fregit, corpus Christi non panis intelligitur esse, et creditur quod Christus Salvator ac Redemptor in cœna suis discipulis dedit, dicens : *Accipite et comedite, hoc est corpus meum.* Eamdem rationem et de calice, per quem gratias agens, et dedit discipulis suis dicimus, etiam dixit eis : *Bibite ex hoc omnes; hic est sanguis meus novi testamenti, qui pro multis effundetur in redemptionem peccatorum.* Et addidit : *Quotiescunque feceritis hoc, facite in meam commemorationem.* Hæc verba quæ a Christo in cœna super istud sacramentum prolata fuerunt, maxime quasi ultimum testamentum notari debent. Sed cum dixit : *Quotiescunque feceritis hoc, facite in meam commemorationem,* in his verbis indicatur quod Christus istud tantum et tam sanctissimum sacramentum noluit ut ibi finem haberet. Sed apostolis, sicut suis cohæredibus et eorum successoribus, hoc sacramentum post suam passionem, et resurrectionem, et ascensionem suam in sempiternum facere præcepit, in memoriam suæ passionis et in spe æternæ salutis. Cum Dominus Jesus Christus discipulos suos congregasset, carnem suam in specie panis, et sanguinem suum in specie vini se daturum illis promisit, ut in Evangelio beati Joannis conjinetur, et dicit (*cap.* vi) : *Panis quem ego dabo vobis, caro mea est pro mundi vita.* Judæi autem hoc audientes inter se litigabant, dicentes (*ibid.*) : *Quomodo potest nobis dare carnem suam ad manducandum?* Propter hanc litigationem, et quia intellexit eos spiritualem intellectum non habere sub certa assertione, dixit eis : *Amen, amen dico vobis, nisi manducaveritis carnem filii hominis, et biberitis ejus sanguinem, non habebitis vitam in vobis : et qui manducat meam carnem et bibit meum sanguinem, habebit vitam æternam, et ego resuscitabo eum in novissimo die.* In his verbis notandum est quod nemo potest habere vitam æternam, nisi manducaverit carnem ipsius, et biberit ejus sanguinem, secundum hoc quod ipse dixit. Sed ipse Christus noluit discipulos suos fallere, nec suum promissum inaniri. Carnem suam vero et sanguinem suum in specie panis et vini, in ultima cœna ut manducarent sine oris abhorritione suis discipulis dedit. Sed quæcunque verba Christus dixit, certissima et verissima sunt, neque in aliquo fallunt. Multa enim dixit quæ vera sunt, quæ si alius dixisset, nec vera esse viderentur nec crederentur. Ille enim dixit : *Ego sum ostium, per me si quis introierit, salvabitur ; ego sum pastor bonus (Joan.* x); *ego sum panis (Joan.* vi), etc. *Ego sum vitis vera et vos palmites (Joan.* xv) ; *ego sum via, veritas, et vita (Joan.* xiv). Tanta enim est vis verbi Dei atque virtus, ut omnia quæcunque dixit quod nunquam fallit nec præterit, sicut dixit Psalmista : *Dixit et facta sunt, mandavit et creata sunt (Psal.* xxxii).

Et hoc notandum est quod evangelista non posuit præteritum, sed præsens, quamvis post passionem suam scriberet, intelligens et credens hoc quod Christus dixit se esse, et est, et semper erit, ita ea verba quæ Christus in cœna protulit coram suis discipulis, et eos docuit, in se retinent quam habuerunt in apostolis in sacramento panis et vini, scilicet corporis et sanguinis Domini, et eamdem vim et virtutem, et efficaciam in Dei ministris retinebunt usque in finem sæculi. Postquam Dominus noster Jesus Christus pro Judæorum litigio, quod faciebant de carne sua, audivit et dixit eis : Nisi manducaverint carnem Filii hominis et biberint ejus sanguinem, non habebunt vitam æternam ; sed qui manducaverint et biberint ejus sanguinem, habebunt vitam et æternam resurrectionem. Promissio manducationis ejus sacramenti non videatur illi esse difficilis et inutilis, sed certa et utillima, et in præsenti tempore susceptibilis, in specie panis et vini, quam eis in cœna dedit, et corpus suum distribuendo asseruit, addit : *Caro enim mea vere est cibus, et sanguis meus vere est potus (Joan.* vi). Sed sunt quidam hæretici qui credunt audiendo verbum Dei manducare carnem filii hominis, et ejus sanguinem bibere, quasi Christus nesciret dicere qui omnia scit : *Verbum meum vere est cibus, et sanguis meus vere est potus;* aliud verbum pro alio ponens. Sed cum hoc dixit : *Caro mea vere est cibus, et sanguis meus vere est potus,* non dixit : Caro mea vere est auditus et intellectus; sed, operante spirituali gratia, *Caro mea vere est cibus, et sanguis meus vere est potus.* Et hoc proprie Christus dixit. Et certissimum est de sacramento panis et vini quod in cœna ejus tribuit. Et quotidie a ministris Dei ordinatis hoc sacramentum super altare in ecclesia Dei consecratur cum ipsius commemoratione. Sed quia vim manducationis hujus sacramenti et utilitatem bene percipientibus ostendere voluit, addidit (*ibid.*) : *Qui manducat meam carnem, et bibit meum sanguinem, in me manet, et ego in illo. Et qui manducat me, ipse vivet propter me ;* quæ virtus hujus sacramenti et utilitas bene percipientis quod consequitur fidelis, scilicet cum in Deo manere, et Deum in eo : et hic talis affert fructum multum, ut Joannes testatur (*cap.* xv) : *Quia sine me, ut dicit ipsa Veritas, nihil potestis facere.* Beatus vero apostolus Paulus, hujus tanti et tam certissimi sacramenti vim et utilitatem audiens, et cognoscens suos discipulos instruere verbis et actibus, volens nihil utile ad eorum salutem eis subtrahere, ut suis semper subsequentibus in memoria haberetur, in Epistola directa ad Corinthios prima scripsit, dicens (*cap.* xi): *Ego enim accepi a Domino quod et tradidi vobis. Quoniam Dominus noster Jesus Christus, in qua nocte tradebatur, accepit panem, et gratias agens, fregit, et dixit : Accipite et manducate ; hoc est corpus meum, quod pro vobis tradetur ; hoc facite in meam commemorationem.*

Et hoc notandum est quod Christus jussit suos discipulos hoc sacramentum in sui memoriam facere, ut et illi suis discipulis traderent, sicut ipsi ab eo accipiebant, ut memoria ipsius passionis per hoc sacramentum in sæculum sæculi in fidelibus haberetur. Item : *Similiter et calicem postquam cœnavit, dicens : Hic calix novi testamenti est in meo sanguine ; hoc facite quotiescunque biberitis in meam commemorationem. Quotiescunque enim manducabitis panem hunc et calicem bibetis, mortem Domini annuntiabitis donec veniat. Itaque quicunque manducaverit panem, vel biberit calicem Domini indigne, reus erit corporis et sanguinis Domini (ibid.).* Sed si, ut hæretici dicunt, panis et vinum consecratum nullam haberent dignitatem, quare Apostolus poneret indignum accipientem panem consecratum corporis et sanguinis Domini esse reum? Quia, si quis panem simplicem comedat, reus esse corporis et sanguinis Domini non dicitur, nec creditur. Et ideo Apostolus ait quislibet hoc sacramentum, videlicet panis et vini, percipere voluerit, probet seipsum, id est purget seipsum a peccatis suis, et sic de pane illo edat, et de calice bibat. Item ipse Apostolus reddit causam quare percipiens purgatus a peccatis esse debet, cum dicit : *Qui enim manducat et bibit indigne, judicium sibi manducat et bibit, non dijudicans corpus Domini.* Item non est in merito consecrantis, sed in virtute et veritate Spiritus sancti, spiritus approbans, confirmans hoc sacramentum panis et vini esse corpus Domini, quod Corinthiis ostenderat verbo et facto, cum in Epistola prima eis transmissa scripsit, dicens (*cap.* x) : *Calix benedictionis cui benedicimus, nonne communicatio sanguinis Christi est ? et panis quem frangimus, nonne participatio corporis Domini est ? Quoniam unus panis, unum corpus multi sumus, omnes qui de uno pane participantur* [*f. participamus*]. In hoc capitulo manifestat apostolus Paulus quod ipsemet sacramentum quod a Domino acceperat faciebat. Similiter et cæteri apostoli. Item Paulus apostolus in eadem (*cap.* xi) : *Convenientibus vobis in unum, jam non est Dominicam cœnam manducare. Unusquisque enim suam cœnam præsumit ad manducandum, et alius quidem esurit, alius ebrius est.* Sed convenire in unum et sua cibaria propria comedere, et nihil aliis largiri, sed inebriari. Hæc facta non sunt Dominicam cœnam manducare. Apostolus, reprehendendo Corinthios interrogans, dicit (*ibid.*) : *Nunquid domos non habetis ad manducandum et bibendum ?* scilicet cibaria simplicia, *aut Ecclesiam Dei contemnitis, et confunditis eos qui non habent ? Laudo vos* in hoc quod simul convenitis in unum in nomine Domini nostri Jesu Christi : *non laudo vos* in hoc quod comeditis vestra propria cibaria, et confunditis eos qui non habent, sed esuriunt. Non enim habent quod manducent. In hoc aperte manifestum est quod discipuli apostolorum ipsos imitantes, hujus sacramenti traditionem per universum mundum memoriter peregerunt, et nos dicimus et credimus, et omnis Romana Ecclesia a beato Petro et Paulo primum fundata hoc dicit et credit, quod nullus homo qui in hoc sacramento fidem non habet, et in cæteris apostolorum traditionibus, sicut in baptismo, in confessione, in pœnitentia, cæterisque apostolicis institutionibus, quæ fiunt in Ecclesia præsenti, alienus est ab unitate sanctæ Ecclesiæ, et catholicæ fidei, et segregatus a consortio sanctorum fidelium, videlicet præteritorum et huc [*f.* hic] degentium, et est damnatus in sæcula sæculorum.

CAPUT XII.

Postquam expedivimus, licet indigni, de corporis et sanguinis Jesu Christi tractatu in catholica Ecclesia per universum mundum extensa universaliter celebrato, de baptismo incipiamus, et contra hæreticorum errores baptismi aquæ inficiantium sacramentum, testimonia quæ Spiritus sanctus administraverit nobis infringendos, auctoritates Novi Testamenti proferamus. Dicunt enim quidam hæreticorum, quod hoc sacramentum baptismi aquæ sine eorum manus impositione, recipienti ad salutem perpetuam consequendam nihil prodest adultis, nec etiam parvulis. Et hic error inter cæteros errores maximus est. Habemus in Evangelio Joannis, quod Joannes Baptista, ut esset præcursor Christi et verus præco, ab omnipotenti Deo missus est baptizare in aqua, ut ipsemet Baptista testatur, dicens (*cap.* i) : *Qui misit me baptizare in aqua, ille mihi dixit : Super quem videris Spiritum Dei descendentem, et manentem sicut columbam, ipse est qui baptizat in Spiritu sancto.* Item in baptismate Christi aperti sunt cœli, et vox Patris audita est, Spiritus sanctus apparuit. Vide magnum divinæ pietatis sacramentum. Tota enim Trinitas in baptismate Christi operata est, et dignata est interesse. Pater auditur, Filius baptizatur, Spiritus sanctus apparuit in specie columbæ. Filio Dei baptizato cœli aperti sunt. Et quoniam tantæ dignitatis est institutio et sacramentum baptismatis, ideo Dominus ait Nicodemo, sicut Joannes in Evangelio suo testatur (*cap.* iii) : *Non potest homo quidquam accipere, nisi datum ei fuerit de cælo. Amen, amen dico tibi, nisi quis natus fuerit denuo, non potest videre regnum Dei. Quod natum est ex carne, caro est ; et quod natum est ex Spiritu sancto, spiritus est.* Audi, hæretice. Duas oportet nos habere nativitates, carnalem scilicet et spiritualem, attestante divino eloquio. Qui spirituali caret nativitate, non potest videre regnum Dei, nec intrare in illud. Sed spiritualis nativitas non potest haberi, nisi carnalis habeatur. Quomodo tu dicis malam esse carnalem nativitatem, quam sequitur spiritualis nativitas, quæ confert videre regnum Dei, et intrare in illud, cum spiritualis sine carnali haberi non possit ? Nunquam enim potest renasci. Habemus in Evangeliis quod Joannes Baptista Spiritu sancto afflatus in desertum abiit, et pœnitentiam et baptismum aquæ sibi advenientibus prædicavit et docuit. Unde Christus Baptistæ Joanni aquam sanctificare et confirmare volens, ad eum veniens, ab eodem baptismum aquæ in se accipere dignatus est, præbens omnibus fidelibus exemplum, sacramentum baptismi aquæ ad animarum salutem percipiendam debere recipere ; in quo ab omnibus peccatis tam ab originalibus quam ab actualibus mundantur ; et sine quo non est fides universalis Ecclesiæ, quod omnis despiciens hoc sacramentum, et accipere nolens, æternam vitam nullo modo mereri, nec consequi potest, ut Salvator noster Jesus Christus in Evangelio beati Joannis testatur, dicens (*cap.* iii) : *Nisi quis renatus fuerit ex aqua et Spiritu sancto, non potest intrare in regnum Dei.* Habemus in Evangelio quod discipuli ejus, eo jubente, ante passionem credentes in Filium Dei baptizabant, ubi dicit : *Cum audisset Jesus quod Pharisæi dicerent : Plures facit discipulos quam Joannes, et baptizabant : quanquam ipse non baptizaret, sed ejus discipuli, reliquit Judæam* (*Joan.* iv), etc. Sed sciendum est quod Baptista Joannes in nomine Domini, qui eum miserat, baptizabat. Sed Dominus noster Jesus Christus, qui a Patre de cœlis missus fuit, humano generi æternam salutem secum afferens, hujus sacramenti baptismi formam discipulos suos docens, per universum mundum mittens, jussit eos prædicare regnum Dei, et baptizare, addens : *In nomine Patris, et Filii, et Spiritus sancti* (*cap.* xxviii), ut in fine beati Matthæi evangelistæ invenitur. Apparens discipulis suis in montem, dixit eis : *Ite, docete omnes gentes, baptizantes eos in nomine Patris, et Filii, et Spiritus sancti,* etc., et adjunxit : *Qui crediderit et baptizatus fuerit, salvus erit. Qui vero non crediderit, condemnabitur* (*Marc.* xvi). Ex hac auctoritate intelligere possumus, quod nulli hujus sacramenti baptismi incredulitas, etsi susceperit, ad salutem proficit.

Dicunt etiam, hæretici, quod nulli, nisi proprio ore et corde hoc sacramentum petat, potest prodesse. Inde adducentes hunc errorem, quod parvulis baptismus aquæ nihil prodest. Sed nos habemus in Evangelio beati Marci, quod Dominus Jesus Christus post resurrectionem suam discipulis suis apparuit, et dixit eis : *Euntes in mundum universum, prædicate Evangelium omni creaturæ. Qui crediderit et baptizatus fuerit, salvus erit.* In hoc loco non fecit aliquam exceptionem magnorum vel parvulorum, seu masculorum vel feminarum, cum dicit omni creaturæ : *Qui crediderit et baptizatus fuerit, salvus erit.* Et ideo fides est catholicæ Ecclesiæ per universum mundum, in quacunque parte nomen Christi celebratur et creditur, sive sint parvuli, sive magni, sive viri, sive mulieres, si hoc sacramentum baptismi receperint, sine dubio salvantur, et ab omnibus peccatis sive ab originalibus, sive ab actualibus, cooperante gratia Spiritus sancti, mundantur et purificantur, nisi in corruptione peccati ceciderint post lavacrum baptismi antequam moriantur. Quod dicunt de parvulis hæretici, in baptismo non posse salvari, contra hunc errorem beatus Paulus in epistola ad Corinthios prima (*cap.* vii) : *Si quis fidelis frater habet mulierem infidelem, et hæc consentit habitare cum illo, non dimittat illam. Et si qua mulier fidelis habet virum infidelem, et hic consentit habitare cum illa, non dimittat illum. Sanctificatur enim vir infidelis per mulierem fidelem, et mulier infidelis per virum fidelem. Alioquin filii vestri immundi essent, nunc autem sancti sunt.* Apostolus dicit filios fidelium parentum esse mundos et sanctos ; multo magis etiam credendum quod immersione aquæ facta a ministris, et invocatione nominis Patris, et Filii, et Spiritus sancti, parvuli baptizati in fide patrinorum creduntur mundari et salvari. Unde habemus in Evangelio Matthæi (*cap.* xv) quod filia mulieris Chananææ fide matris suæ salva facta est. Item habemus in Evangelio quod quidam deferentes paralyticum ad Jesum jacentem in lecto, non potuerunt eum adire præ turba, et submiserunt paralyticum per tegulas ante eum ut eum sanaret. Ipse vero respiciens deponentes paralyticum, fide illorum ægro reddidit sanitatem (*Matth.* ix). Item potestas diaboli expellitur. Et invenitur in Evangelio beati Matthæi de quodam Centurione pro sanitate pueri adeunte, quod a Domino audivit (*cap.* viii) : *Vade, sicut credidisti fiat tibi.* Et sanatus est puer illius ex illa hora. Item filia principis Synagogæ defuncta rogatu patris a Domino suscitata est (*Matth.* ix). Item filius cujusdam mulieris viduæ, dum extra portam civitatis ad sepeliendum deferretur, fletu et ululatu matris Domini misericordia motus eum suscitavit, et matri suæ reddidit (*Luc.* vii). Et idcirco his evangelicis auctoritatibus, et aliis quamplurimis testimoniis, quæ in apostolicis Scripturis continentur, universalis Ecclesia per universum mundum credit et tenet, quod fide patrinorum per invocationem sanctæ Trinitatis factam a ministris Ecclesiæ, infantibus et pueris spiritalis gratia a Deo omnipotenti in baptismo donatur, ut Paulus testatur, dicens : *Ego plantavi, Apollo rigavit, Deus autem incrementum dedit. Itaque neque qui plantat est aliquid, neque qui rigat; sed qui incrementum dat Deus* (I *Cor.* iii). Et quia Apostolus dixit, dat Deus incrementum, unusquisque fidelis credere debet, ut qualiscunque sit qui baptizat cum invocatione facta, scilicet in nomine Patris, et Filii, et Spiritus sancti, Deus dat incrementum, videlicet spirituale hoc sacramentum recipienti, etiamsi sit parvulus vel magnus. Unde Petrus in Actibus apostolorum dixit (*cap.* ii) : *Baptizetur unusquisque vestrum in nomine Domini nostri Jesu Christi, et accipietis donum Spiritus sancti.*

Item dicis, hæretice, quia peccator baptizare non potest. Quomodo ergo baptizant apostoli, qui peccatores erant, attestante Joanne et dicente : *Si diximus quia peccatum non habemus, ipsi nos seducimus, et veritas in nobis non est?* (I *Joan.* i.) Item dicis 'quia per ministerium sacerdotis non, datur Spiritus sanctus, quem te dare mentiris. Et quomodo dicis te dare Spiritum sanctum, cum ipse Spiritus sancto, in quantum potes, contradicis, et cum sit solius Dei dare Spiritum sanctum ? Item in Actibus apostolorum habetur (*cap.* viii), quod apostoli imponebant manus super illos, et accipiebant Spiritum sanctum. Non dicitur quod darent, sed per impositionem manuum eorum accipiebant homines Spiritum sanctum. Item in Actibus apostolorum (*ibid.*) : *Et descenderunt uterque in aquam, Philippus et eunuchus. Et baptizavit eum, et descendit Spiritus sanctus super eum.* Item de infantibus sive parvulis in Evangeliis invenimus, quia Deus noster Jesus Christus talem parvulorum ætatem probavit, ut diceret discipulis offerentes ad se parvulos prohibentibus : *Sinite parvulos venire ad me, talium est enim regnum cælorum* (*Marc.* x). Quicunque ergo non crediderit parvulorum baptismum atque infantium ad salutem vitæ æternæ valere, contra Evangelium credit, et est quasi qui contradicit parvulos ad Christum venire. Item habemus in Epistola prima beati Pauli ad Corinthios (*cap.* xv), quod in primitiva Ecclesia discipuli apostolorum pro mortuis baptizabantur, credentes eis conferre ad eorum salutem animarum. Dicit etiam Apostolus (*ibid.*) : *Si mortui non resurgunt, ut quid etiam baptizantur pro illis ? ut quid et nos periclitamur*

(1) Hic errat; non enim Ecclesia hoc tenet.

omni hora? Si ergo fides primitivæ Ecclesiæ erat, quod baptismus vivorum pro mortuis salutem æternam illis mortuis conferebat (1), quod illi non audierant nec acceperant, et ideo pro illis baptizabantur; quanto magis fideles credere debent modo, quod fide patrinorum baptizati parvuli salutem æternam et gratiam spiritualem in baptismo consequuntur? Et ista de baptismo sufficiant.

CAPUT XIII.

Diximus de sacramento baptismi, qui est prima tabula post naufragium, id est post immersionem peccatorum. Et quia pœnitentia est secunda tabula post naufragium, ideo secundo loco post baptismum dicendum est de pœnitentia, quam authentice contra hæreticam pravitatem confirmare nos oportet. A pœnitentia incipit prædicatio Joannis: ait enim : *Agite pœnitentiam, appropinquabit enim regnum cælorum* (*Matth.* iii). Et Petrus in Actibus apostolorum ad eos, qui prædicatione sua compuncti fuerant corde (*cap.* ii): *Pœnitentiam,* inquit, *agite, et baptizetur unusquisque vestrum:* Item Petrus : *Pœnitemini igitur, et convertimini ut deleantur vestra peccata* (*Act.* iii). Sed quia in pœnitentia necessaria est interior cordis contritio, et oris confessio, et digna satisfactio injuncta a presbytero, de unoquoque exempla proferamus.

Quod interior cordis contritio sit necessaria, habemus ex auctoritate Joelis, qua dicitur (*cap.* ii): *Scindite corda vestra, et non vestimenta vestra.* Et etiam ex auctoritate Psalmistæ dicentis : *Cor contritum et humiliatum, Deus, non despicies* (*Psal.* l). Contritio enim est compunctio cordis, quæ nascitur ex recordatione præteritorum malorum, ut in Evangelio : *Et recordatus Petrus verbi Jesu quod dixerat : Priusquam gallus cantet, ter me negabis. Et egressus foras flevit amare* (*Matth.* xxvi). Ecce quomodo compunctus est corde. Recordatus enim mali præteriti ad lacrymas recurrit.

Item necessaria est oris confessio, quæ duobus modis dicitur, scilicet confessio Dei et peccatorum. Confessio Dei est, de qua Dominus in Evangelio loquitur : *Qui me confessus fuerit coram hominibus, confitebor et ego eum coram Patre meo* (*Matth.* x). Confessio peccatorum est, de qua David psalmo ait : *Confitemini Domino quoniam bonus, quoniam in sæculum misericordia ejus* (*Psal.* cv). Bonum dixit Dominum et misericordem ; quia, si quis confiteatur, paratus est misereri. Ejus namque misericordias prævidebat de longinquo per Spiritum sanctum, cum dicebat : *Misericordias Domini in æternum cantabo tibi, Domine* (*Psal.* lxxxviii). Item : *Misericordiæ tuæ multæ, Domine* (II *Reg.* xxiv). Item David : *Dixi : confitebor adversum me injustitiam meam* (*Psal.* xxxi). Confessio enim est proprii actus cum sui accusatione exsecratio. Unde illud : *Justus in principio sermonis accusator est sui* (*Prov.* xviii). Et Jacobus in Epistola canonica (*cap.* v): *Confitemini alterutrum peccata vestra, et orate pro invicem ut salvemini.* Et Paulus apostolus : *Corde creditur ad justitiam, ore autem confessio fit ad salutem* (*Rom.* x). Ecce habemus ex auctoritate Jacobi, quod peccata nostra confiteamur. Non dixit soli Deo, sicut dixit hæreticus, sed, *confitemini alterutrum.* Et quod sacerdotibus debeamus confiteri, dicit Dominus in Evangelio : *Vade, ostende te sacerdoti* (*Luc.* v). Et Jacobus : *Infirmatur quis in vobis ? Inducat presbyteros Ecclesiæ, et orent super eum,* etc. (*Jac.* v).

Quod item satisfactio sit necessaria, habetur in Evangelio, ubi Lucas ait (*cap.* iii) : *Facite fructus dignos pœnitentiæ.* Nam facite fructus dignos pœnitentiæ, nihil aliud est quam dignam agere satisfactionem injunctam a presbytero. Satisfactio est sententia vel judicium quod a sacerdote datur pœnitenti super peccatum. Et hoc est judicium de quo dictum est : *Non judicabit Dominus bis in id-*

ipsum (Nahum I juxt. LXX). Et Paulus : *Si nos judicaremus, non utique judicaremur (I Cor.* xi). Et Petrus : *Quoniam tempus est ut incipiat judicium de domo Domini (I Petr.* iv). Et hæc est potestas, quam Dominus dedit omnibus, scilicet potestas ligandi et solvendi. Dicit itaque ipsa Veritas : *Quorum remiseritis peccata remittuntur eis, et quorum retinueritis retenta sunt (Joan.* xx). Sicut enim in Veteri Testamento leprosi jubebantur ostendere se sacerdotibus, ut discernerent qui essent mundi vel immundi (*Levit.* xiv), ita et nunc pro officio suo sacerdos, cum audiret peccatorum varietates, sciat qui ligandus sit vel qui solvendus. Item, postquam Christus Lazarum suscitavit, ait discipulis : *Solvite eum (Joan.* xi), voluit Dominus ut quem suscitaverat ipsi solverent, et solutum ostenderent... Deus dimittit peccata per ministros. Cum enim Deus dimittat peccata, et homo dimittat; aliter Deus, et aliter homo, Deus ex semetipso, quia per semetipsum, quando vult, peccata dimittit; homines non ex se, sed ex gratia in eis et per eos operante. Et ita verum est quod solus Deus peccata dimittit, sicut ipse Dominus ait in propheta : *Ego solus deleo iniquitates et peccata populi (Isai.* xliii). Item : *Tu es solus qui facis mirabilia (Psal.* lxxi). Et non negatur quin et homines mirabilia faciant; sed non ex se, sicut et Deus. Item : *Nemo bonus, nisi solus Deus (Luc.* xviii), quia ex se bonus. Nec tamen negamus bonos homines esse. Et sic homines peccata dimittunt non ex se, sed Deus dimittit per ministerium eorum.

Sed dicis aliquem posse salvari sine confessione, et objicis illam auctoritatem qua dicitur : *Quacunque hora peccator ingemuerit, salvus erit (Ezech.* xxxiii). Ad quod dicendum est quod vere universalis sacerdos, scilicet Deus, qui vult confiteri, sed non potest, solvit a debito pœnæ æternæ per cordis contritionem. Sed, quandiu potest, nisi ore confiteatur non absolvitur. Est namque certum quod ille qui habet cor contritum, vult confiteri. Sed istam bonam voluntatem potest deserere. Non enim vult homo, dum est in hac vita, quod non possit nolle. Et si hac voluntate amissa nollet confiteri, et tunc moreretur, nulli dubium est tum damnari pro illo peccato quod confiteri noluit. Nullum enim peccatum impunitum. Aut enim homo punit, aut Deus. Apparet igitur quod solus Deus dimittit peccata vivificando intus per gratiam ; et quod sacerdos dimittit non intus vivificando, sed a debito æternæ pœnæ absolvendo per eam quam injungit satisfactionem. Quod vero dicis peccatorum, *Quacunque hora ingemuerit peccator, salvus erit,* de his dictum est qui, instante periculo mortis, tempus satisfactionis habere non possunt. Ac si diceret : Peccator quacunque hora vere pœnituerit, in futura vita non peribit vel de omnibus potest dici, *Qua hora ingemuerit, salvus erit,* quia tunc peccantis salus incipit. Sed postquam diximus de eis quæ in pœnitentia consideranda sunt, dicendum est quid sit pœnitentia. Pœnitentia enim est perpetrata mala plangere et plangenda non committere. Nam qui sic acta deplorat, ut alia tamen committat, adhuc pœnitentiam agere aut ignorat aut dissimulat. Item irrisor est non pœnitens, qui adhuc agit quod pœnituit, nec videtur Deum quærere subditus, sed subsannare superbus. Isaias peccatoribus dixit : *Lavamini, mundi estote (Isai.* i). Lavatus et mundus est qui præterita plangit, et plangenda iterum non committit. Et hæc est vera pœnitentia, de qua dicit Dominus in Evangelio : *Majus gaudium est in angelis Dei super uno peccatore pœnitentiam agente, quam super nonaginta novem justis qui non indigent pœnitentia (Matth.* xviii), non quod s.t aliquis a eo justus, qui non indigeat pœnitentia, sed qui non indigent, id est qui æstim mt non indigere. Et hoc est quod adhuc retinent hæretici de supercilio Pharisæorum. Ipsi sunt, de quibus Salomon ait : *Læ-*

tantur cum male fecerint, et exsultant in rebus pessimis (Prov. ii). Hæc quæ diximus ad præsens negotium de pœnitentia sufficiant.

CAPUT XIV.

Post Tractatum pœnitentiæ sequitur de manuum impositione, quoniam hæretici manuum impositionem, quod consolamentum vocant, contra Dominica præcepta et apostolorum constituta agere usurpant. Quomodo, et a quibus personis fiat, et..... sentiant, primum est dicendum. Modus consolamenti talis est..... populo vel episcopus, vel diaconus, nominatus rector aliorum hæreticorum sibi subjectorum. Et quando volunt facere consolamentum alicui viro vel mulieri, ille qui major et ordinatus dicitur, ablutis manibus, et omnes similiter illi qui ibi adesse volunt, lotis manibus, librum Evangeliorum in manibus suis tenens, eum vel eos, qui ad recipiendum consolamentum adveniunt, admonet, ut in eo consolamento omnem suam fidem et spem salutis animarum suarum in Deo et in illo consolamento ponant. Et sic super capita eorum libro posito, Orationem Dominicam septies dicunt. Et deinde beati Joannis Evangelium (cap. i) ab *In principio* incipientes, usque ad hunc locum Evangelii , *Gratia et veritas per Jesum Christum facta est,* omnibus audientibus dicit, et sic finitur illud consolamentum. A quibus personis fit dicamus, scilicet ab illis qui inter eos ordinati dicuntur. Si ipsi defuerint, ab aliis qui consolati dicuntur suppletur ; et si viri non adsint, mulieres tantum infirmis faciunt. Quid de eo sentiant dicamus. In illo enim generaliter omnes salvandi fidem suam et spem habent, et omnium remissionem suorum peccatorum et emundationem suorum delictorum absque satisfactione aliqua in eo consequi credunt, si statim morte deficiunt : et non solum veniam de venialibus peccatis quæ commiserunt, sed etiam de criminalibus perpetratis dari in eo sibi credunt. Dicunt etiam quod nemo magnus vel parvus vir sive mulier, nisi illud consolamentum ab ipsis consolatis receperit, cœleste regnum et angelorum societatem aliquo opere vel beneficio, vel contemplatione religionis, nec etiam martyrio ; et etiam si ab omnibus (quod est impossibile) peccatis et delictis se abstineat, consequi potest. Credunt etiam hoc, quod si ille qui facit illud consolamentum in aliquo peccatorum quæ ipsi criminalia vocant, lapsus fuerit, sicut est comedere carnem, vel ovum, vel caseum, vel interficere avem, vel aliquod animal, præter repentia ; vel etiam in illa peccata quæ Ecclesia Romana nominat, veluti homicidium, adulterium, fornicatio, immunditia, furtum, falsum testimonium, perjurium, rapina, consolamentum illius accipientibus nihil prodest. Dicunt enim eum talem sic lapsum Spiritum sanctum non habere, et quod non habent credunt non posse alicui dare. Imo eumdem credunt iterum oportere illud consolamentum recipere ab alio, si salvari desiderat. Et hoc universaliter de omnibus, tam viris quam mulieribus, lapsis ita oportere fieri, ut dictum est.

Romana vero apostolica Ecclesia omnia ita præfata quæ ab hæreticis conficiuntur, pessimos et mortales errores multis auctoritatibus judicat, quia non sunt a talibus personis facta a quibus fieri debent. Neque a Jesu Christo institutum est, neque ab apostolis, neque in tempore eorum factum est. Habemus etiam in Evangeliis quod Dominus Jesus Christus et Salvator noster, parvulis ad se delatis, et etiam ægris, imponebat manus super eos; et benedicebat eis, et sanabantur (*Matth.* xix; *Marc.* vi; *Luc.* xiii) : et hoc..... non invenimus ut alicui discipulorum ante passionem, quousque a mortuis resurrexit; sed post resurrectionem potestatem baptizandi, et manus imponendi in nomine Domini tantum apostolis dedit (*Marc.* xvi), et..... ordinati fuerint, eamdem potestatem baptizandi et manum imponendi habeant, videlicet quos Deus elegerit, et ipsi dignos judicaverint. Unde habemus in Actibus apostolorum (*cap.* viii) quod beatus Petrus Simoni Mago offerenti pecuniam sibi, et petenti Spiritum sanctum et talem potestatem dari sibi, ut cuicunque ipse imponeret manus Spiritum sanctum acciperet, respondit : *Non est tibi sors neque pars in sermone isto, quia æstimasti donum Dei pecunia possideri. Sed roga Dominum, et age pœnitentiam ab hac tanta nequitia tua, quæ in cor tuum ascendit.* Et ita illum indignum hujus divini officii respuendum esse judicavit. Habemus etiam in eodem libro (*cap.* xiv) quod apostoli per omnes civitates, in quibus nomen Domini nostri Jesu Christi celebrabatur, et Christiani fideles persistebant, presbyteros et diaconos ad eadem sacramenta peragenda eis ordinabant : verbi gratia, *cum constituissent per singulas Ecclesias presbyteros.* Item in eodem (*cap.* xx), cum Paulus vellet ab Asia ire Jerosolymam transiens per Ecclesias in quibus presbyteros et episcopos ordinaverat, venit Miletum ; et mittens Ephesum vocavit majores natu Ecclesiæ, dixitque eis : *Attendite vobis et universo gregi, in quo vos Spiritus sanctus posuit episcopos regere Ecclesiam Dei, quam acquisivit sanguine suo.* Et postquam Dominus noster Jesus Christus apostolos elegit, et post ejus ascensionem populi per universas Ecclesias episcopos, et presbyteros et etiam diaconos ad peragenda omnia divina mysteria constituerunt ; et eamdem potestatem et traditionem quam ipsi a Christo acceperant, illi a se ordinatis concedebant. Quisquis contra hanc apostolicam..... facit et credit, multum errat, et mortem sibi operatur. Unde et Jacobus (*cap.* ii) ait : *Qui totam legem servaverit, offendit autem in uno, factus est omnium reus.* Item Paulus : *Modicum fermentum totam massam corrumpit* (*I Cor.* v). Et contra personas hæreticorum ista sufficiant.

Item contra modum consolamenti eorum. Hæretici dant illud consolamentum tam magnis quam parvis, viris ac mulieribus : quod nunquam ab apostolis, neque inter discipulos eorum factum fuit, neque mandatum fuisse ab eis invenitur, quia apostoli quos ordinare volebant prædicatores, presbyteros vel diaconos super populum, manus tantum imponebant. De aliis non invenimus in divina Scriptura, nisi quod prædicabant, et baptizabant eos cum invocatione Spiritus sancti, ut Dominus noster Jesus Christus eos docuerat, et eis mandaverat, ut dicit : *Ite, docete omnes gentes, baptizantes in nomine Patris, et Filii, et Spiritus sancti,* et formam et modum dedit eis, quod usque hodie in Ecclesia assidue retinetur. Unde valde mirandum est, a quo talis consuetudo consolamenti hæreticorum habuit initium, vel sumpsit exordium, quia neque a prophetis, neque a Christo, neque ab apostolis, neque ab apostolicis viris apostolorum successoribus initium habere videtur, quia multum discrepat a dictis et a factis, et etiam a scriptis istorum omnium. Et ideo credendum est ut sint de illis, de quibus apostolus Paulus in Epistola secunda ad Timotheum (*cap.* iv) scripsit : *Erit enim tempus cum sanam doctrinam non sustinebunt, sed ad sua desideria coacervabunt sibi magistros prurientes auribus, et a veritate..... auditum avertent.* Quia isti nec dicta prophetarum, nec traditiones apostolorum, nec mores virorum apostolicorum, nec etiam scripta sanctorum..... obedire. Ipsi hæretici omnes homines cujus.... illud consolamentum ab eis non acceperint..... et in hoc contradicunt verbo Domini nostri Jesu Christi, qui..... dixit : *Nolite judicare, et non judicabimini ; nolite condemnare, et non condemnabimini* (*Matth.* vii). Et ideo possunt esse de illis, de quibus subjunxit : *In quo judicio judicaveritis judicabimini ; et in qua mensura mensi fueritis remetietur vobis.* Et quia judicant et condemnant alios omnes qui de..... non sunt, condemnatio et judicium suum Deo volente

erit super capita eorum, quia consilia beati Pauli apostoli non attendunt, neque obediunt, qui dicit : *Nolite ante tempus judicare, quoadusque Dominus veniat, qui illuminabit abscondita tenebrarum, et manifestabit consilia cordium* (*I Cor.* iv) ; et in alio loco : *Dominus novit qui sunt ejus* (*II Tim.* ii).

CAPUT XV.

Omnium hæreticorum est fides, quod nullus post suum consolamentum receptum, si carnem, vel caseum, vel ova comederit, potest salvari, nisi pœnitentiam receperit ab eis, et post etiam ab eis reconsoletur. Sed tantum errorem destruendum testimoniis Evangeliorum, et etiam Epistolarum apostolorum et Actuum obviare conemur. Habetur namque in Evangelio quod Dominus dixit discipulis suis : *In quamcunque domum intraveritis, manete edentes et bibentes quæ vobis apponentur* (*Luc.* x). Nullam ciborum exceptionem, scilicet carnium, vel aliarum escarum fecit eis, sed universaliter dixit : *Quæcunque vobis apponantur manducate.* Item in Evangelio secundum Matthæum (*cap.* xv) invenitur quod dixit : *Non quod intrat in os, coinquinat hominem, quia de corde procedunt veluti homicidia, adulteria, furta, falsa testimonia,* etc. Item habemus in Evangeliis, quod Dominus Jesus Christus in cœna cum discipulis suis agni paschalis carnem comedit, sicut Lucas in Evangelio (*cap.* xxii) scripsit manifeste : *Venit autem dies azymorum, in qua necesse erat occidi Pascha : et misit Petrum et Joannem, dicens :* Euntes parate nobis Pascha ut manducemus. At ille dixerunt : Ubi vis paremus tibi comedere Pascha ? etc. Dicit tibi Magister : Ubi est diversorium, ubi Pascha cum discipulis meis manducem, etc. Euntes autem invenerunt sicut dixit illis, et paraverunt Pascha. Et cum facta esset hora discubuit, et duodecim cum eo, et ait illis : Desiderio desideravi hoc Pascha manducare vobiscum antequam patiar. Dico enim vobis quia ex hoc non manducabo illud donec impleatur in regno Dei.* Et etiam cæteri evangelistæ similia verba his scripserunt, quod Christus comedit Pascha, et illud Pascha, quod necesse erat occidi, erat agnus paschalis, de quo præceperat Dominus Moysi. (*Exod.* xii). Et Christus comedit agnum paschalem, et ille agnus erat caro ; ergo Christus comedit carnem. Item Apostolus dicit in prima Epistola ad Corinthios (*cap.* x) : *Omne quod in macello venditur manducate, nihil interrogantes propter conscientiam. Si quis infidelium vocat vos ad cœnam, et vultis ire, omne quod vobis apponitur manducate, nihil interrogantes propter conscientiam. Si quis autem dixerit vobis de immolatis etiam idolis, nolite comedere propter illud quod indicavit, et propter conscientiam ; conscientiam non tuam, sed alterius.* Item Apostolus ad Timotheum : *Omnis creatura Dei bona, et nihil rejiciendum quod cum gratiarum actione percipitur. Sanctificatur enim per verbum Dei et orationem* (*I Tim.* iv). Et nos scimus et credimus quod Christus, qui est Verbum et sapientia Dei Patris, ad nihil aliud venit in mundum carne assumpta de utero Virginis, nisi ad salutem animarum. Hæc supra scripta non fecisset, nec fieri jussisset, si esset judicium et damnatio animarum fidelium. Nec..... apostoli spirituali sapientia imbuti, imitatores Christi.... scripsissent neque comederent comestionem carnis..... ciborum, si scirent esse damnabile peccatum manducare. Item Paulus ad Romanos (*cap.* xiv, xv). *Infirmum autem in fide assumite, non in disceptationibus curationum. Alius enim credit manducare se omnia ; qui autem infirmus est olus manducet. Is qui manducat, non manducantem non spernat ; et qui non manducat, manducantem non judicet. Deus enim illum assumpsit. Tu quis es qui judicas alienum servum ? Domino suo stat, aut cadit. Stabit autem ; potens est enim Deus statuere illum. Nam alius judicat diem inter diem, alius autem judicat omnem diem. Unusquisque enim in suo sensu abundat. Qui sapit diem Domino sapit, et qui* manducat, Domino manducat. Gratias enim ago Deo. Nemo enim sibi vivit, et nemo sibi moritur. Sive enim vivimus, Domino vivimus; sive morimur, Domino morimur. Sive ergo morimur, sive vivimus, Domini sumus. In hoc enim Christus mortuus est et resurrexit, ut et mortuorum et vivorum dominetur. Tu autem quid judicas fratrem tuum? aut quare spernis fratrem tuum? Omnes enim stabimus ante tribunal Dei, etc. Scio enim et confido in Domino Jesu, quia nihil commune per ipsum, nec ei qui existimat quid commune esse illi commune est. Si enim propter tuum cibum frater tuus contristatur, jam non secundum charitatem ambulas. Noli cibo tuo illum perdere, pro quo mortuus est Christus. Non ergo blasphemetur bonum vestrum. Non est enim regnum Dei..... sed justitia, et pax et gaudium in Spiritu sancto. Qui enim in hoc..... placet Deo, et probatus est omnibus. Itaque, quæ pacis sunt sectemur, et quæ ad ædificationem sunt in invicem custodiamus. Noli propter escam destruere opus Dei. Omnia quidem munda sunt, sed malum est homini, qui per offendiculum manducat. Bonum est enim manducare carnem, et non bibere vinum, neque in quo frater tuus offendit, aut scandalizatur, aut infirmatur. Tu fidem quam habes penes temetipsum, habes coram Deo. Beatus qui non judicat semetipsum in eo quod probat. Qui autem discernit si manducaverit, damnatus est, quia non ex fide. Omne autem quod non est ex fide, peccatum est. Debemus autem nos infirmiores imbecillitates infirmorum sustinere, et non nobis ipsis placere. Apostolus autem infirmum in fide vocat illum qui judicat et damnat manducantem carnem, et bibentem vinum, et est pessimus error judicare servum Dei, cum Deus dicat : Nolite judicare, et non judicabimini; nolite condemnare, et non condemnabimini (Matth. VII), et Apostolus in Epistola sua : Nolite ante tempus judicare, etc. (I Cor. IV). Sed quod dicit : Bonum est non manducare carnem, et non bibere vinum, non est præceptum, sed consilium datum illis qui carnes suas affligere volunt, ne incidant in tentationibus dæmonum, si non credunt homines per carnis comestionem esse damnatos. Et iterum dicit Apostolus ad Colossenses (cap. II) : Nemo ergo vos judicet in cibo, aut in potu, etc.; et iterum Apostolus ad Titum (cap. I) : Omnia munda mundis; coinquinatis autem et infidelibus nihil mundum, quoniam coinquinatæ sunt eorum et mens et conscientia; Marcus (cap. VII) : Audite me, omnes, et intelligite. Nihil est extra hominem introiens in eum, quod possit eum coinquinare..... de homine procedunt, illa sunt quæ coinquinant hominem.

CAPUT XVI.

Postquam diximus de ciborum comestione, nunc dicamus de mortuorum resurrectione. Hæretici enim Sadducæorum errorem imitantes, corporum mortuorum hominum resurrectionem non credunt. Et hunc errorem Christus, cum Sadducæis loquens de resurrectione mortuorum, destruxit, ita dicens : Erratis, nescientes Scripturas neque virtutem Dei. In resurrectione enim neque nubent neque nubentur, sed sunt sicut angeli Dei in cælo. De resurrectione autem mortuorum non legistis quod dictum est a Deo dicente vobis : Ego sum Deus Abraham, et Deus Isaac, et Deus Jacob? Non est Deus mortuorum, sed vivorum (Matth. XXII). Item in eodem Matthæus (cap. XXVII) : Et monumenta aperta sunt, et multa corpora sanctorum qui dormierant surrexerunt; et exeuntes de monumentis post resurrectionem ejus venerunt in sanctam civitatem, et apparuerunt multis. Audis, hæretice, corpora surrexisse. Item Dominus in Evangelio secundum Joannem (cap. V) : Nolite mirari hoc, quia venit hora, in qua omnes qui in monumentis sunt, audient vocem Filii Dei; et procedent qui bona egerunt in resurrectionem vitæ, qui vero mala egerunt in resurrectionem judicii. Item in eodem : Cum, autem venerit Filius hominis in majestate sua, et omnes angeli cum eo, tunc sedebit super sedem majestatis suæ; et congregabuntur ante eum omnes gentes, et separabit eos ab invicem sicut qui segregat oves ab hœdis (Matth. XXV). Et non solum resurrectio mortuorum ex evangelicis testimoniis confirmatur, sed etiam in Epistolis suis Paulus disputando de resurrectione multa locutus est ad Corinthios : Si autem Christus prædicatur, qui resurrexit a mortuis, quomodo quidam dicunt in vobis, quoniam resurrectio mortuorum nihil est? Si autem resurrectio mortuorum non est, neque Christus resurrexit. Si autem Christus non resurrexit, inanis est ergo prædicatio nostra, inanis est et fides nostra (I Cor. XI). Sed hoc est quod hæretici objiciunt : Quoniam caro et sanguis regnum Dei non possidebunt (ibid.). Hoc autem non dixit Apostolus de substantia carnis et sanguinis, sed de operibus carnis et sanguinis. Quod exponit Apostolus in sequentibus, dicens : Neque corruptio incorruptionem possidebit. Apostolus videns Corinthios esse seductos in hoc errore, volens eos de resurrectione rectificare scripsit eis : Seminatur in corruptione, surget in incorruptione. Seminatur in ignobilitate, surget in gloria. Seminatur in infirmitate, surget in virtute. Seminatur corpus animale, surget corpus spirituale. Si est corpus animale, est et spirituale, etc. (ibid.) Item Paulus ad Thessalonicenses, dicens : Nolumus autem vos ignorare, fratres, de dormientibus, ut non contristemini, sicut et cæteri qui spem non habent. Si enim credimus quod Jesus mortuus est, et resurrexit, ita et Deus eos qui dormierunt per Jesum adducet cum eo. Hoc enim vobis dicimus in verbo Domini, quia nos qui vivimus, qui residui sumus, in adventum Domini non prævenicmus eos qui dormierunt. Quia Christus in jussu et in voce angeli, et in tuba Dei descendet de cælo, et mortui qui in Christo sunt, resurgent primi (I Thess. IV). . . . . Dico autem vobis quod multi ab Oriente et Occidente venient, et recumbent cum Abraham; Isaac et Jacob in regno cælorum. Filii autem regni hujus ejicientur in tenebras exteriores. Ibi erit fletus et stridor dentium (Matth. VIII). Si fletus oculorum qui pertinet ad carnem, ... et stridor dentium qui ossa demonstrat : vera est ergo eorumdem corporum quæ ceciderant resurrectio.

CAPUT XVII.

Contra quorumdam hæreticorum perversam opinionem, qui asserunt sanctos et eorum orationes vivis adhuc in mundo pro Christo certantibus non prodesse, nec defunctos vivorum beneficiis et orationibus relevari; fide nostra et omnium Catholicorum doctorum Ecclesiæ Dei auctoritatibus muniamus. Aliquando orant vivi pro defunctis, et mortui pro vivis, ut habetur in Evangelio secundum Lucam (cap. XVI). Sic enim dives ad Abraham : Rogo ergo te, Pater, ut mittas eum in domum patris nostri. Habeo enim quinque fratres, ut testetur illis ne et ipsi veniant in hunc locum tormentorum. Hic dives erat sepultus in infernum, et tamen orabat pro vivis. Quid ergo dicendum est de sanctis qui consecrati sunt misericordiam, et non suam, sed aliorum desiderant salutem, et saluti futurorum electorum exsultant? Et Joannes in Apocalypsi (cap. VIII) : Et alius angelus venit, et stetit ante altare, habens thuribulum aureum in manu sua, et data sunt ei incensa multa, ut daret de orationibus sanctorum omnium super altare aureum, quod est ante thronum.

Cætera in ms. cæsa et lacerata.

SUMMORUM PONTIFICUM
PRIVILEGIA
PRO PARTHENONE S. TRINITATIS PARACLITENSI.

(Edit. Opp. Abælardi curante Ambœsio, Paris., 1616.)

I.
Privilegium Innocentii II datum Antissiodori, an. 1131, Nov. 28.
Innocentius, etc.
Quoties illud, etc. *Vide in Innocentio II, Patrologiæ, tom.* CLXXIX, *sub num.* 70.

II.
Privilegium ejusdem, datum Pisis, an. 1135, *Jun.* 17.
Innocentius, etc.
Quoties illud, etc. *Vide ubi supra, sub num.* 188.

III.
Privilegium ejusdem, datum Laterani, intra annum 1138 et 1142, *Dec.* 30.
Innocentius, etc.
Religiosis desideriis, etc. *Vide ubi supra sub num.* 504.

IV.
Lucii II privilegium, datum Laterani, an. 1144, *Mart.* 15.
Lucius, etc.
Quoties illud, etc. *Vide in Lucio, Patrologiæ tom.* CLXXIX, *sub num.* 4.

V.
Privilegium Eugenii II, datum Catalauni, an. 1147, *Nov.* 1.
Eugenius, etc.
Ad hoc nobis, etc. *Vide in Eugenio, Patrologiæ, tom.* CLXXX, *sub num.* 258.

VI.
Anastasii IV privilegium, datum Laterani, an. 1153, *Jan.* 26.
Anastasius, etc.
Ad hoc nobis, etc. *Vide in Anastasio IV, Patrologiæ, tom.* CLXXXVIII.

VII.
Adriani IV privilegium, datum Laterani, an. 1157, *Dec.* 1.
Adrianus, etc.
Ad hoc nobis, etc. *Vide in Adriano IV, Patrologiæ, tom.* CLXXXVIII.

VIII.
Ejusdem privilegium aliud, datum Beneventi, an. 1156, *Febr.* 13.
Adrianus, etc.
Et injuncti nobis, etc. *Vide ubi supra.*

IX.
Ejusdem privilegium tertium, datum Laterani, an. 1156-1158, *Nov.* 25.
Adrianus, etc.
Quoties religiosæ, etc. *Vide ubi supra.*

X.
Alexandri III privilegium, datum an. 1163, *Parisiis, April.* 6.
Alexander, etc.
Ad nobis, etc. *Vide in Alexandro III, Patrologiæ, tom.* CC, *sub num.* 145.

Heloissa. Paraclitensis abbatissa locum Pomerii ad construendam abbatiam Blesensi comitissæ concedit.

Ego Hugo, Dei gratia Senonensis archiepiscopus, notum omnibus fieri volo præsentibus et futuris quod Heloissa Paraclitensis abbatissa interventu religiosorum virorum concessit Blesensi comitissæ, laude et voluntate totius capituli sui, locum Pomerii ad construendam abbatiam, statutis inter se quibusdam conventionibus quas duximus adnotandas. Statutum itaque fuit et divisum quod hæc prima abbatissa Pomerii, quæ nunc est constituta, domina Gertrude nobilis et honesta femina, quæ canonice electa fuit apud Paraclitum de dominabus ejusdem Ecclesiæ; cæteræ, quæ post ipsam primam substituentur in eodem loco, canonice eligentur secundum aliarum consuetudinem Ecclesiarum, et assumentur de ipsa Ecclesia, si in ea potuerint inveniri. Sin autem, transibunt ad Ecclesiam Paracliti, et de ea sibi assument abbatissam, et ad aliam per electionem non licebit eis pertransire Ecclesiam, quoniam alium ordinem nisi Paraclitensem non licebit eis observare. Abbatissa vero Pacacliti semel in anno ibit Pomerium, et sedens in capitulo emendabit, si quid fuerit emendandum de ordine, vel de aliqua re ad ordinem pertinente. Pro concessione sane prædicti loci dedit comitissa ecclesiæ Paracliti tres modios frumenti per singulos annos in molendino suo Pruvini sub Crevecor, laude quidem filiorum suorum comitum Henrici, Theobaldi et Stephani, promisitque rem juste garantire. Et hoc fuit ad voluntatem abbatissæ Paraclitensis et totius capituli sui. Promisit et abbatissa Pacacliti, promisit et comitissa, quod nec per dominum papam nec per alium aliquem quod factum fuerat aliquo modo immutaretur; sed et conditiones inter utramque Ecclesiam superius designatæ a neutra parte abolerentur. Harum conventionum mediatorem me posuerunt et abbatissa et comitissa, atque benigna utriusque partis postulatione in manu accepi rem, sicuti fuerat simpliciter ac devote celebrata, opitulante Domino, in finem permanere. Ut autem et modernis et successuræ posteritati firmum et ratum habeatur, auctoritate sigilli nostri muniri fecimus sub chirographi divisione.

SERIES ABBATISSARUM
PARTHENONIS S. SPIRITUS PARACLITENSIS.
(Gall. Christ. nov., t. XII, 572.)

I. Heloisa quæ Heloissa, Helvidis et Helwisa in nonnullis locis dicitur.

II. M.... quædam cessit anno 1179 monasterio Ripatorii. Forte Melisendis est quæ omnium bonorum cœnobii Paraclitensis confirmationem obtinuit a Lucio III summo pontifice anno circiter 1182. Composuit 1185 cum Guiberto abbate Cantumverulæ. A. Garnerio episcopo Trecensi obtinuit ecclesiam parochialem Sancti Albini anno 1195. Donata est etiam anno sequenti pluribus ab eodem episcopo, cum dedicata est ecclesia Paracliti, et in eam fuerunt introductæ moniales. Adhuc superstes erat Melisendis anno 1202; memoratur in calendario Paraclitensi xiv Kalendas Novembris.

III. J... sub anno 1203. Forte Ida quæ occurrit 1209 in chartis Vallislucentis.

IV. Ermengardis eadem forte cum E. quæ anno 1210 reperitur in chartis Vallislucentis. Componit anno 1214 cum Hemerico de Lesmlo de quibusdam decimis. Eodem anno mense Decembri memoratur, sicut et annis 1215, 1219 in tabulario Sancti Quiriaci , 1220 in charta Joyaci. Litteras dedit anno 1228, mense Augusto in quibus mentionem facit cujusdam venditionis factæ a Ludovico IX priorissæ de Borenc. Petrus Meldensis antistes jussus a summo pontifice, annuente Ermengardi, præcepit ut in prioratu de Noaforti apud Meldas moniales non essent ultra 25, mense Octobris 1229. Ipsa cum Theobaldo Campaniæ comite de quadam controversia compromissum facit anno 1233, mense Maio. Cum eodem comite anno eodem mense Augusto paciscitur super usuario nemoris de monte Morvei et nemoris quod vocatur Aschampenois, quo etiam anno sibi satisfactum fuisse a comite recognoscit. Reperitur etiam 1234 et 1239 quo vendit duodecim denarios censuales Petro de Carternco domino de Castello. Minuit 1244 mense Maio numerum sanctimonialium prioratus de Bosrenco; numerum quoque monialium de Triangulo ad 25 determinavit. Significat anno 1245, mense Septembri, se a comite Campaniæ accepisse clx jugera nemoris in parco de Pons. Tandem occurrit 1248. Ex calendario obiit iv Kal. Septembris. Jacet in choro.

V. Maria I soror Odonis Rothomagensis archiepiscopi cœpit regere circa annum 1249. Ab Innocentio IV, anno xi ejus pontificatus, vii Kal. Maii 1254, impetravit ut, si in casu infirmitatis abbata cedere cogeretur, locum quem antea occupabat in monasterio ad vitam retinere valeret. Concessit etiam illi idem pontifex quod in monasterio ipso Paraclitensi unam mulierem idoneam in monialem instituere valeret, non obstante statuto de certo monialium numero, ejusdem monasterii juramento, vel confirmatione sedis apostolicæ, seu quacunque firmitate vallato. Dies ejus obitus in calendario Paraclitensi consignatur ii Nonas Septembris.

VI. Heloisa II ex charta Paraclitensi præerat 1266.

VII. Maria II litteras dedit anno 1278 super testamento nobilis dominæ Mariæ de Esternayo quæ suam elegit sepulturam apud Paraclitum. Quamdam domum vendit 1280. Reperitur et anno 1282. Eadem esse videtur cum M. quæ ex chartis Paracliti, regebat annis 1295, 1298.

VIII. Catharina I quædam commutat anno 1320, mense Novembri cum Ægidio Sandionysiano abbate, ex tabulis Sancti Dionysii, ubi aliæ reperiuntur litteræ mense et anno eisdem datæ. Dies ejus obitus notatur in calendario ix Kal. Decembris.

IX. Alix des Barres cum Guidone abbate Vallislucentis discordiam composuit anno 1337. Cum Cellensi monasterio quædam permutavit 1339. Occurrit in charta Paracliti 1347, in charta Sanctæ Thomæ de Valle 1348 feria secunda ante Natale Domini.

X. Elisendis des Barres anno 1371 in charta Paracliti.

XI. Joanna I des Barres anno 1403 transegit cum Theobaldo abbate Sancti Jacobi Pruvinensis.

XII. Joanna II de la Borde 1415 in chartis Regalis montis.

XIII. Catharina II des Barres 1420.

XIV. Guillelmeta I de la Mothe juxta calendarium vivere desinit Kalend. Januarii 1431. Sepulta ante majus altare.

XV. Guillelmeta II de la Mothe præerat annis 1457 et 1474, ex chartis Paracliti. Juxta Necrologium Neofortis obiit 14 Decembris.

XVI. Catharina III de Courcelles, filia Joannis de Courcelles, militis et domini de Sancto Theobaldo jam erat Paraclitensis abbatissa anno 1482, quo bullas obtinuit latas iv Id. Octobris pro abbatia Sanctæ Mariæ Trecensis. Struxit claustrum, refectorium, dormitorium et alia ædificia. Ossa Petri Abælardi et Heloissæ ex capella Dionysii quæ vulgo dicebatur *le petit Moustier*, cum licentia Jacobi episcopi Trecensis anno 1497, 2 Maii, transtulit in chorum ecclesiæ, Abælardi a dextris et Heloissæ a sinistris. Sed jam pridem exinde extracta, in subterraneo specu sub altari Sanctæ Trinitatis quod est pone chorum monialium quiescunt. Obiit Catharina vii Idus Julii, anno 1519. Qua sedente Jacobus Raguier, episcopus Trecensis, hoc monasterium reformavit in muris et craticulis anno 1509.

XVII. Carola de Coligny per cessionem Catharinæ bullas obtinuit a Leone papa X, tertio Idus Octobris 1513. Sorori Herberdæ de Melun contulit 1531 prioratum montis Sancti Dionysii prope Meldas. Sic memoratur in calendario : « ix Kal. Maias obiit bonæ memoriæ Carola de Coligny abbatissa nostra anno Domini 1533. »

XVIII. Anthoneta de Bonneval per obitum Carolæ de Coligny bullas obtinet pridie Idus Maii 1533. Eodem anno, die 6 Novembris, prioratum Sanctæ Thomæ de Valle contulit sorori Herberdæ de Melun, tunc priorissæ montis Sancti Dionysii prope Meldas. Dies ejus sic adnotatur in calendario xiii Kal. Junii : « Hac die Veneris in crastino Ascensionis Domini 1547 obiit sapiens et prudens domina Anthoneta de Bonneval hujus cœnobii abbatissa. »

XIX. Renata de la Tour, Francisci vice comitis Turenæ et Annæ de la Tour Bologne filia, monialis

Pisciasensis cœnobii Paraclitum non adiit, quia cita morte de medio sublata est xii Kalendas Maias, anno 1548.

XX. Emunda seu Emedia de la Chastre bullas obtinet 4 Maii 1548 per obitum Renatæ de la Tour.

XXI. Leonarda alias Bernarda de Turenne occurrit in charta Sanctæ Thomæ de Valle anno 1556, 9 Junii. Obiit prima die Septembris, anno 1585.

XXII. Johanna III Chabot ex vetusta et antiqua stirpe, Philippi Chabot comitis de Busançois et de Charny Franciæ admiralis, Burgundiæ præfecti regii, ex Francisca de Longvi-Givri filia, neptis cardinalis de Givri, monialis Jotri bullas adipiscitur a Pio IV anno 1560, iv Idus Octobris forte per cessionem superioris. Possessionem accipit xxix Decembris sequentis; defecit post hæc a religione, defuncta 25 Junii 1593.

XXIII. Maria III de la Rochefoucaud, alias de Chaumont, dicta a Jesu, Antonii Rupifucaldii dynastæ Calvimontis ad Ligerim et Cæciliæ de Montmirail filia, Antonii Engolismensis episcopi germana, defuncta Johanna Chabot, bullas obtinuit vi Kalendas Septembris 1598. Benedicitur Parisiis a Renato Potier episcopo Bellovacensi in ecclesia Sancti Martini a Campis 12 Septembris 1599. Construxit capellam, noviliarum ædes, cæteraque domus abbatialis ædificia resarcivit et de novo reparavit. Ossa Abælardi et Heloissæ curavit transferri sub arca majoris altaris. Præfuit 43 annis, 2 mensibus. Excessit 19 Februarii, anno 1639.

XXIV. Anna Maria de la Rochefoucaud de Langeac, dicta a Sancto Spiritu, neptis superioris ex fratre Jacobo toparcha de Langeac et Franciscæ de Langeac in Arvernis, hujus dynastiæ hæredis, monialis Paracliti, bullas accepit Idibus Octobris 1624.

A Die 3 Augusti, anno 1641 præbuit assensum ut Margarita Thiersaut prioratum Sanctæ Thomæ de Valle transmitteret in Magdalenam Miron. Memoratur et anno 1642, 25 Martii, quo consentit translationi prioratus Sanctæ Thomæ in urbem Latiniacensem. Rexit annis 7 et tribus mensibus. Demortua 28 Maii 1646.

XXV. Gabrielis Maria de la Rochefoucaud Francisci ducis de Rupefulcaudi, principis de Marcillac, equitis torquati, Pictonum proregis, ex Gabrielide du Plessis Liancour filia, nata 15 Decembris 1624, soror Francisci ducis Rupifulcadii et Ludovici præsulis Lactorensis, monialis B. Mariæ Xantonensis ex coadjutrice anno 1644, Annæ Mariæ successit. Dein fit abbatissa B. Mariæ Suessionensis per obitum Armandæ de Lorraine mortuæ 19 Maii 1684.

XXVI. Catharina IV de la Rochefoucaud nata 25 Octobris 1619, superioris germana, primum Carentonii abbatissa, anno 1674; deinde Paraclitum transB lata, anno 1675. Cessit in gratiam sequentis.

XXVII. Maria IV de Roye de la Rochefoucaud de Rouci filia Friderici Caroli comitis de Roye et Elisabethæ de Durfort, monialis B. Mariæ Suessionensis, bullas obtinet datas Kal. Octobris 1705, possessionem adipiscitur 9 Februarii 1706. In ejus manibus Elisabetha Le Coq abdicavit prioratum Sanctæ Thomæ de Valle 25 Julii 1727.

Præter has sine temporis nota in calendario reperiuntur:

Ælipdis, prid. Kal. Martii.
Jacoba, viii Id. Martii.
Agneta de Bordis, xiv Kal. Junii.
Isabella, iii Kal. Septembris.
Joanna, pridie Nonas Octobris.
Helisendis, viii Id. Octobris.
Joanna, viii Kal. Januarii.

HILARIUS ET BERENGARIUS

ABÆLARDI DISCIPULI

NOTITIA HISTORICO-LITTERARIA.

(Hist. litt. de la France, XII, 251.)

I. HILARII VITA ET SCRIPTA. — Hilaire, suivant D. Mabillon (1), était Anglais de naissance. Il quitta sa patrie fort jeune pour venir en France prendre les leçons d'Abailard dans le temps que celui-ci enseignait au Paraclet, c'est-à-dire, vers l'an 1125. Son maître ayant été fait abbé de Saint-Gildas de Ruits pendant le cours de ses études, il alla les achever dans l'école d'Angers. La suite de sa vie est restée dans l'oubli.

Lorsqu'il étudiait au Paraclet, il composa une prose rimée en forme d'élégie, dont l'occasion et l'objet n'ont pas encore été bien exposés jusqu'à ce jour. Voici la clef de cette pièce. Le valet d'Abailard l'ayant averti de quelques désordres secrets de ses écoliers, il en fut indigné au point de vouloir entièrement cesser ses leçons. Ni les prières ni les larmes de cette jeunesse ne purent le fléchir que sous la condition d'abandonner les logements qu'ils s'étaient faits au Paraclet, pour aller demeurer au village de Quinçai qui n'en est pas éloigné. C'est sur cet événement que roule la pièce d'Hilaire, et non pas, comme D. Gervaise l'avance (2), d'après du Boulai, sur le départ du maître pour Saint-Gildas.

Du refrain en langue vulgaire qui se trouve à la fin de chaque strophe, un critique (3) moderne a voulu conclure, mais à tort, selon nous, que l'usage du XIIe siècle n'admettait que la langue latine dans les chansons et autres poésies, et permettait à peine d'y insérer un vers français de distance à distance.

Il y a deux éditions de cette pièce, l'une parmi les Œuvres d'Abailard, l'autre dans le second tome de l'*Histoire de l'Université de Paris*.

Hilaire, étant à l'école d'Angers, fit une seconde prose rimée dont le sujet est la vie de la B. Eve, recluse d'Anjou, morte sur la fin du XIe siècle. Elle était comme lui d'Angleterre, où elle avait embrassé la

---

(1) *Annal.*, l. LXVIII, n. 69.
(2) *Vie d'Abail.*, t. II, p. 27.
(3) *Poés. du R. de Nav.*, t. I, p. 212.

vie religieuse dans le monastère de Clington. Mais sur la réputation d'un saint homme, nommé Hervé, qui vivait en reclus à Calone près d'Angers, elle passa la mer pour venir se mettre sous sa conduite et pratiquer le même genre de vie avec lui. Ils vécurent ensemble près de l'église du lieu dédiée à S. Eutrope. C'est ce que Hilaire exprime en ces termes :

> Tandem legit sibi locum ad Sanctum Eutropium,
> Quem providit sibi boni totius initium.
> Ibi quodam in reclusu mansit Christo dedita,
> Et placebat ei multum hæc bene vivendi semita,
> In qua cuncta Dei dono vitabat illicita.
> Ibi vixit Eva diu cum Herveo socio.
> Qui hæc audis, ad hanc vocem te turbari sentio.
> Fuge, frater, suspicari; non sit hæc suspicio;
> Non in mundo, sed in Christo fuit hæc dilectio.

Il fallait sans doute que ces deux personnes de différent sexe eussent pris les précautions convenables pour se mettre à l'abri de tout soupçon, puisque Geofroi de Vendôme, si zélé, comme l'on sait, pour les bonnes règles, n'a fait aucun reproche là-dessus à Hervé dans les lettres qu'il lui écrivit. Hervé survécut à Eve dont les funérailles furent célébrées avec un grand concours de gens de piété.

> Corpus terræ juxta morem mandavere clerici,
> Moniales adfuerunt, monachi, canonici.

Cette pièce n'est connue que par les extraits que D. Mabillon en a insérés dans ses *Annales bénédictines*. Ce savant n'a pas jugé à propos de nous indiquer le dépôt où l'original existe ; et ce n'est que sur sa garantie que nous la donnons à notre auteur.

Nous n'avons pas le même fondement pour lui adjuger les gloses d'un Hilaire sur les *Hymnes ecclésiastiques*. Il y a trois éditions de cet ouvrage, les deux premières (4) in-4° à Paris, en 1480 et 1488, chez Pierre Levet, la dernière (5) à Rouen, l'an 1505. Toutes les trois portent cette inscription : *Liber hymnorum, seu aurea expositio hymnorum una cum textu, studio et labore cujusdam Hilarii*. Il est impossible, sur une indication aussi vague, de dire au juste quel était cet Hilaire. On en connaît trois au xiie siècle, temps auquel ces gloses paraissent avoir été faites ; savoir, celui qui nous occupe, Hilaire, professeur à Orléans, et Hilaire de Poitiers, maître de Gilbert de la Porrée. Peut-être y en a-t-il un quatrième dont l'histoire ne parle point, à qui cet ouvrage appartient réellement.

Même difficulté sur l'auteur d'un discours intitulé : *Hilarii sermo de corpore et sanguine Domini*, qu'on voit à l'abbaye de Saint-Amand et à la cathédrale de S. Omer (6). Ce qui est certain, c'est qu'il n'appartient pas au grand S. Hilaire, évêque de Poitiers. La preuve se tire de ces mots par où il débute : *Eos, inquit Augustinus De cura pro mortuis*.

H. Petri Berengarii, Scholastici, Vita et Scripta. — Pierre Bérenger, de Poitiers, l'un des derniers disciples d'Abailard suivant l'ordre des temps, porte le titre de Scolastique à la tête de ses ouvrages. On ne peut dire positivement en quel lieu de la France il exerça cet emploi. Mais le plus probable est que ce fut dans sa patrie. Il était à peine en exercice lorsqu'il apprit la censure prononcée l'an 1140 au concile de Sens contre son maître. A cette nouvelle, transporté d'un zèle aveugle, il prit la plume pour le venger. Son ouvrage, auquel il donna pour titre, *Apologie d'Abailard*, devait avoir deux parties. Mais le mauvais succès de la première qu'il se hâta de publier aussitôt qu'elle fut achevée, l'empêcha de travailler à la seconde. Il eût examiné dans celle-ci, suivant son plan, le fond du procès dont il ne touche dans la première que les formalités.

C'est à S. Bernard que cette Apologie est adressée comme au dénonciateur d'Abailard et au promoteur de sa condamnation. S. Bernard avait trop de noblesse dans l'âme et d'élévation dans les sentiments pour s'abaisser à réfuter un pareil ouvrage qui ne pouvait déshonorer que son auteur. Mais les honnêtes gens n'adoptèrent pas son indifférence. On s'éleva de toute part contre l'impudent apologiste d'Abailard ; et jusqu'aux solitaires de la grande Chartreuse rompirent le silence pour faire éclater leur mécontentement. Bérenger voulut tenir quelque temps contre le flot de l'indignation publique. Il écrivit même aux Chartreux une lettre, où mêlant aux louanges de leur institut les reproches personnels, il les accuse d'être déchus de leur sainteté primitive en s'ingérant de parler à tort et à travers des personnes qu'ils ne connaissaient pas.

Pour se soustraire à l'orage qui se formait sur sa tête, Bérenger prit le parti de s'expatrier. Après avoir erré çà et là, il alla se fixer dans les montagnes des Cévennes. Ce fut de là qu'il écrivit à l'évêque de Mende (Guillaume, qui gouverna cette église depuis 1109 jusqu'en 1150) pour implorer sa protection. Cette lettre publiée par Duchesne, ainsi que les deux écrits précédents, parmi les Œuvres d'Abailard, et par Duboulai dans son *Histoire de l'Université de Paris*, présente une rétractation des plus équivoques. On y voit l'embarras d'un coupable orgueilleux qui ne veut convenir de sa faute qu'autant qu'il est nécessaire pour éviter la punition. Il dit d'abord qu'étant tombé dans un pays barbare et plein de voleurs, sa vie est néanmoins en sûreté; mais que son esprit n'est point tranquille, assailli, comme il est, par les discours injurieux d'un grand nombre de personnes dont il ne peut s'empêcher de respecter la vertu. Il prie le prélat de le défendre contre les morsures de ces brebis qui lui font des plaies bien plus sensibles que s'il était déchiré par des loups. Il rend hommage à la sainteté de l'abbé de Clairvaux, il avoue qu'il brille dans l'Eglise comme une lampe lumineuse et ardente. « Mais cette lampe, dit-il, est renfermée dans un vase de terre, et avec tout son mérite l'abbé de Clairvaux est un homme sujet, comme les autres, aux faiblesses de la nature. » Il s'excuse d'avoir écrit contre lui avec trop de vivacité, sur ce qu'étant alors dans le premier feu de l'âge et tout frais sorti de l'école, il ne respirait que la dispute, et ne cherchait que l'occasion de se mesurer avec quelque savant de profession. Il ose cependant défier les gens de lettres de montrer, dans son *Apologie d'Abailard*, quelque chose qu'il y ait avancé témérairement contre

(4) Lipen, *Bib. theol.*
(5) Bib. Reg. t. I, n. 226. Lipen, *ibid.*
(6) Sand. *Mss. Belg.* part. 1, p. 35-319

S. Bernard. *Legant eruditi Apologeticum quem edidi; et si domnum abba'em juste non argui, licenter ma redarguant.* Néanmoins, quelques lignes après (tant il est peu d'accord avec lui-même), il veut bien passer l'éponge sur cet ouvrage, pourvu qu'on ne prenne point au sérieux, mais pour une simple plaisanterie, tout ce qu'il a dit au désavantage de l'homme de Dieu. *Damnabo tali conditione, ut si quod in personam hominis Dei dixi, joco legatur, non serio.* Il va plus loin, et déclare qu'étant devenu plus sage avec l'âge il embrasse de tout son cœur le sentiment de l'abbé de Clairvaux, abandonne le parti d'Abailard, et ne veut plus être le défenseur de ses articles, non toutefois qu'ils soient mauvais en eux-mêmes, mais parce qu'ils sont durs et mal sonnants. *Processu temporis meum sapere crevit, et in sententiam abbatis pedibus, ut dicitur, ivi. Nolui esse patronus capitulorum objectorum Abælardo, quia, etsi sanum saperent, non sane sonabant.* Venant ensuite aux invectives qu'il avait lancées contre les Chartreux, il convient que ces bons anachorètes amassaient de grandes richesses spirituelles. Mais voyant, ajoute-t-il, qu'ils les mettaient dans un sac percé, par la liberté qu'ils se donnaient d'ouvrir la bouche à tout propos, j'ai voulu fermer le trou du sac en leur imposant silence, afin de conserver la pure farine de la religion. Il tâche aussi de se justifier à l'égard d'un moine de Marseille qu'il avait attaqué par un écrit qui n'est point venu jusqu'à nous. Son moyen de défense est que ce moine distinguant le Dieu souverain du Créateur de l'univers, comme l'atteste, dit-il, la lettre qu'il m'a écrite, méritait la réprimande qu'il lui a faite. Enfin on lui reprochait d'avoir insulté l'ordre monastique en général par ce trait satirique : *Apud religiosos patella psalmus est, et pinguis refectio alleluia.* (Duchesne dit que ce trait se rencontre dans le prologue du Traité de Bérenger sur l'Incarnation, dédié à un chanoine nommé Benoît. Il eût bien fait de nous indiquer le dépôt où cet ouvrage se conserve, car nous avons fait d'inutiles recherches pour le découvrir.) La réponse de Bérenger consiste à dire qu'il n'a parlé que d'une manière vague sans noter personne en particulier. Il finit par demander pardon à ceux qu'il avait blessés, voulant bien s'avouer coupable, mais plutôt par complaisance que par conviction. *Veniam rogo innocens; et, si magis placet, veniam postulo reus.* Telle est la prétendue rétractation de Bérenger. L'ignorance où nous sommes de tout ce qui le concerne depuis cette lettre, ne nous permet pas de dire quel en fut l'événement. Au reste, parmi les défauts de jugement, de droiture et de charité, qui fourmillent dans les écrits dont nous venons de rendre compte, on ne peut s'empêcher de reconnaître un grand feu d'imagination, des saillies vives, une lecture assez étendue des auteurs sacrés et profanes, surtout des poëtes dont Bérenger fait quelquefois des applications heureuses. C'est dommage qu'il ait perverti de si belles dispositions pour les lettres par l'indigne usage qu'il en a fait.

ELEGIA

Qua Hilarius, Petri Abælardi discipulus, plangit recessum præceptoris sui ex Paracleto

Lingua servi, lingua perfidiæ,
Rixæ motus, semen discordiæ,
Quam sit prava sentimus hodie,
Subjacendo gravi sententiæ.
  Tort avers nos [f vos] li mestre.

Lingua servi, nostrum dissidium,
In nos Petri commovit odium,
Quæ meretur ultorem gladium
Quia nostrum exstinxit studium.
  Tort avers nos li mestre.

Detestandus est ille rusticus,
Per quem cessit a schola clericus,
Gravis dolor quod quidam publicus
Id effecit ut cesset logicus.
  Tort avers nos li mestre.

Est dolendum quod lingua servuli,
Magni nobis causa periculi,
Susurravit in aurem creduli
Per quod ejus cessant discipuli.
  Tort avers nos li mestre.

O quàm durum magistrum sentio,
Si pro sui bubulci nuntio,
Qui vilis est sine pretio,
Sua nobis negetur lectio.
  Tort avers nos li mestre.

A

Heu! quam crudelis iste nuntius
Dicens : Fratres, exite citius!
Habitetur vobis Quinciacus;
Alioquin non leget monachus.
  Tort avers nos li mestre.

Quid, Hilari, quid ergo dubitas?
Cur non abis, et villam habitas?
Sed te tenet diei brevitas,
Iter longum, et tua gravitas.
  Tort avers nos li mestre.

Ex diverso multi convenimus,
Quo logices fons erat plurimus,
Sed discedat summus et minimus,
Nam negatur quod hic quæsivimus.
  Tort avers nos li mestre.

B

Nos in unum passim et publice
Traxit aura torrentis logicæ
Desolatos, magister, respice,
Spemque nostram, quæ languet, refice.
  Tort avers nos li mestre.

Per impostum, per deceptorium
Si negare vis adjutorium,
Hujus loci non oratorium
Nomen erit, sed ploratorium.
  Tort avers nos li mestre.

BERENGARII SCHOLASTICI
APOLOGETICUS

Contra beatum Bernardum, Claræyallensem abbatem, et alios qui condemnaverunt Petrum Abælardum.

Ut rideas, lector, videas : imo videas, ut irrideas quæ ridicula tibi occurrent. Et quemadmodum ipse Berengarius te monet in epist. seq., si quid in personam hominis Dei (Bernardi scilicet abbatis Clar.) dixit, joco legas, non serio.

Scriptorum tuorum exemplaria, Bernarde, celebris circumquaque fama divulgat. Nec mirum scripta tua in famæ pulpito collocari, cum constet ea, qualiacunque sint, a majoribus hujus temporis approbari. Mirantur homines in te, liberalium disciplinarum ignaro, tantam ubertatem facundiæ, quia emissiones tuæ jam cooperuerunt universam superficiem terræ. Quibus est divinitus respondendum, quia *Magna opera Domini* (*Psal.* cx); et : *Hæc est mutatio dexteræ Excelsi* (*Psal.* lxxvi). Sed nihil est cur admiratione percelli debeant. Imo magis mirandum esset te eloquii urgeri siccitate, quoniam audivimus a primis fere adolescentiæ rudimentis cantiunculas mimicas et urbanos modulos fictitasse. Neque certe in incerto loquimur opinionis, sed testis est alumna tui patria nostri sermonis. Nonne id etiam tuæ memoriæ altius est insignitum, quod fratres tuos rhythmico certamine acutæque inventionis versutia semper exsuperare contendebas? Cui gravis et peracerba videbatur injuria reperire aliquem qui pari responderet protervia. Possem aliqua de nugis tuis huic opusculo ex testium probabilium astipulatione inserere, sed vereor paginam fœdi commenti interpositione interpolari. Cæterum cunctis nota teste non indigent. Illum itaque commentandi et nugandi usum ad divinum sæpe instrumentum accersis; et astruunt imperiti graviter et granditer dictum, quod ubertim et eloquenter effutis. Sed non sic esse ratio necessaria convincit. Frequenter enim veritas absolute et illepide profertur, et falsitas plausibilis eloquii comitate commendatur. Similesque sunt, ut ait Augustinus, simplicitas dicendi et eloquentia vasis rusticanis et urbanis; falsitas vero et veritas, ferculis vilibus et pretiosis. Utraque autem fercula utrisque possunt vasis ministrari. Neque hoc ideo dixerim, ut te notabilem et suspectum reddam, sed ut veritatem non in omnium facundia esse simpliciter astruam. Sed super hoc hactenus; ad reliqua potius transeamus. Jamdudum sanctitudinis tuæ odorem ales per orbem fama dispersit, præconizavit merita, miracula declamavit. Felicia jactabamus moderna sæcula tam corusci sideris venustata nitore, mundumque jam

debitum perditioni tuis meritis subsistere putabamus. Sperabamus in linguæ tuæ arbitrio cœli sitam clementiam, aeris temperiem, ubertatem terræ, fructuum benedictionem. Caput tuum nubes tangebat; et juxta vulgare proverbium, rami tui umbras montium transcendebant. Sic diu vixisti, sic Ecclesiam castis institutionibus informasti, ut ad semicinctia tua rugire dæmones autumaremus, et beatulos nos tanto gloriaremur patrono.

Nunc, proh dolor! patuit quod latebat, et colubri soporati tandem aculeos suscitasti. Omissis omnibus, Petrum Abælardum quasi signum ad sagittam posuisti, in quem acerbitatis tuæ virus evomeres, quem de terra viventium tolleres, quem inter mortuos collocares. Corrogatis undecunque episcopis eum in Senonensi concilio hæreticum pronuntiasti, ab utero matris Ecclesiæ velut aborsum præcidisti. In via Christi ambulantem, tanquam sicarius de occulto prodiens, tunica inconsutili spoliasti. Concionabaris ad populum, ut orationem funderet ad Deum pro eo; interius autem disponebas eum proscribendum ab orbe Christiano. Quid vulgus faceret? quid vulgus oraret, cum pro quo esset orandum nesciret? Tu vir Dei, qui miracula feceras, qui ad pedes Jesu cum Maria sedebas (*Luc.* x); qui conservabas omnia verba hæc in corde tuo (*Luc.* ii), purissimum sacræ orationis thus coram supernis obtutibus adolere deberes, ut reus tuus Petrus resipisceret, et talis efficeretur quem nulla suspicio inquinaret. Sed forsitan malebas talem, in quo reprehensionis idoneam nanciscereris occasionem. Denique post prandium allatus est liber Petri, et cuidam præceptum est ut voce clamosa Petri opuscula personaret. At ille et Petri odio animatus, et vitis germine irrigatus, non illius qui dixit : *Ego sum vitis vera* (*Joan.* xv), sed illius qui patriarcham nudum stravit in area (*Gen.* ix), sonorius quam postulatum fuerat exclamavit. Post aliqua pontifices insultare, pedem pedi applaudere, ridere, nugari conspiceres, ut facile quilibet judicaret illos non Christo vota persolvere, sed Baccho. Inter hæc salutantur scyphi, pocula celebrantur, laudantur

vina, pontificum guttura irrigantur. Tunc aliquis Horatiano sale ludere posset :
Nullam, Vare, sacra vite prius severis arborem.
Nam illud, quod idem poeta in alio carmine promit,
Nunc est bibendum, nunc pede libero
Pulsanda tellus.....
ibi memoriter gerebatur. Quanto salubrius audiretur suavis poetæ Galli sententia luculentis admodum versibus vigilata. Ait enim
Vina probo si pota modo, debentque probari
Si non pota modo, vina venena puto.
Sed lethæi potio succi pontificum corda jam sepelierat. Ecce, inquit satiricus ;
...... inter pocula quærunt
Pontifices saturi quid dia poemata narrent.
Denique cum aliquid subtile divinumque sonabat, quod auribus pontificalibus erat insolitum, audientes omnes dissecabantur cordibus suis, et stridebant dentibus in Petrum. Et oculos talpæ habentes in philosophum : Hoc, inquiunt, sineremus vivere monstrum? Moventesque caput quasi Judæi, *Vah*, inquiunt, *ecce qui destruit templum Dei (Matth.* xxvii). Sic judicant verba luminis cæci, sic virum sobrium damnant ebrii, sic contra organum Trinitatis disserunt calices facundi. Sic contra simplicem disputant cornuti. Sic sanctum canes, sic margaritas porci corrodunt. Sic sal terræ infatuatur. Sic legis fistula obturatur. Concionatur sapiens, vir : *Qui tangit picem inquinabitur ab ea (Eccli.* xiii), quod nos alio possumus reddere versu : *Qui tangit vinum inquinabitur ab eo.* Biberat episcoporum sobrietas sanguinem uvæ meracissimum, cujus integritatem aqua non devirginaverat, quia secundum Martialem :
Grande nimis scelus est sacrum jugulare Falernum,
Nec Bacchus lymphæ conjugium patitur.
Impleverant primates orbis philosophi turis [*al.* gutturis] dolia sua vini do vino. Cujus calor ita incesserat cerebris, ut in somni lethargiam oculi omnium solverentur. Inter hæc sonat lector, stertit auditor. Alius cubito innititur, ut det oculis suis somnum. Alius super molle cervical dormitionem palpebris suis molitur. Alius super genua caput reclinans dormitat. Cum itaque lector in Petri satis aliquod reperiret spinetum, surdis exclamabat auribus pontificum : « Damnatis? » Tunc quidam vix ad extremam syllabam expergefacti, somnolenta voce, capite pendulo : « Damnamus, aiebant. » Alii vero damnantium tumultu excitati, decapitata prima syllaba, «....namus inquiunt.» Vere natis, sed natatio vestra procella, natatio vestra mersio [*al.* immersio est]. Sic milites dormientes testimonium perhibent, quia *nobis dormientibus venerunt apostoli, et tulerunt corpus (Matth.* xxviii). Qui vigilaverat in lege Domini die ac nocte, nunc damnatur a sacerdotibus Bacchi. Sic morbidus medicum curat. Sic damnat naufragus in littore constitutum. Sic arguit innocentiam qui ad furcas ducitur suspendendus. Quid agimus, anima? Quo nos vertimus? Exciderunthe tibi præcepta rhetorum, et occupata luctu, præpedita singultibus, dicendi ordinem non tenes? *Putasne veniens Filius hominis inveniet fidem super terram? (Luc.* xviii.) *Vulpes foveas habent, et volucres cæli nidos,* Petrus autem non habet ubi caput suum reclinet (*Matth.* viii). Sic judicant in loco judicis sedentes rei, in loco vindicis innocentiæ vexatores. Simul sunt omnia talibus judicibus, talibus actoribus depravata :
Hic satur, exiguo mavult turgescere somno,
Hic exporrectis ampullat verba labellis.
Hic loquitur nimis, ille tacet; hic ambulat, hic stat,
Alter amat fletus, alter crispare cachinnum.
Diversisque modis pax est vesania cunctis.
Quid hi tales egerint, quid decreverint jurisperiti? Evangelica lectio consolatur. *Collegerunt,* inquit, *pontifices et Pharisæi concilium, et dixerunt : Quid facimus? quia hic homo multa signa facit. Si dimittimus eum sic, omnes credent in eum.* Unus autem ex ipsis, nomine Bernardus abbas, cum esset pontifex concilii illius, prophetavit, dicens : *Expedit nobis ut unus exterminetur homo a populo, et non tota gens pereat (Joan.* xi). Ab illo ergo die cogitaverunt condemnare eum, dicentes illud Salomonis : *Tendamus insidias justo supplantemus ei gratiam labiorum (Sap.* ii). *Inveniamus radicem verbi contra justum (Job.* xix). Facientes fecistis, et linguas vipereas in Abælardum evaginastis. Subversi subvertistis, et vinum absorbuistis sicut qui devorat pauperem in abscondito. Inter hæc Petrus orabat : *Domine, libera animam meam a labiis iniquis, et a lingua dolosa (Psal.* c, 2). Interdum illud Psalmistæ sedulo ruminabat : *Circumdederunt me vituli multi, tauri pingues obsederunt me. Aperuerunt super me os suum (Psal.* xxi). Vere pingues, quorum colla thoris adipeis incrassata liquidam sudabant ad ruinam [*f.* aruinam]. Nec mirum. Visitaverant enim domestici fidei neutrius lacrymas in misericordia et charitate. Sedit autem in concilio vanitatis, contra psalmi xxv decretum quidam memoriæ celebris episcopus, in cujus auctoritatem plurimorum se reclamabat assensus. Hic hesternam crapulam ructans, hujusmodi in concione sermonem evomuit : « Fratres, Christianæ religionis participes, omnium [*al.* communi] periculo providete. Ne fides in vobis turbetur, ne sincerus columbæ oculus turgente macula obducatur. Nihil enim prodest aliarum virtutum possessio ubi fuerit fidei defectio, juxta illud Apostoli : *Si linguis hominum loquar et angelorum, charitatem autem non habeam, nihil mihi prodest (I Cor.* xiii). » O Minervæ lepos! o sales Attici! o eloquentia Tulliana! Hanc certe caudam non vult hic asinus. Talis finis tali capiti non respondet. Unde etiam qui faverunt, pressa fronte ruborem confessi sunt. Placet et non immerito hanc magni nominis umbram gregi illorum communicare, de quibus dictum est : *Conceperunt ventum, et telas araneæ texuerunt (Isa.* lix). Præfatus vero episcopus etiam prænissis adjun-

gens : « Petrus, inquit, semper turbat Ecclesiam, semper excogitat novitatem. O tempora! o mores! Sic judicat de sole cæcus. Sic pingit in ebore mancus. Sic urbem appretiavit asinus. Sic animales episcopi judicant, sic casus ventilant, sic discutiunt rationes. Sic pugnant contra eum filii matris suæ. Sic sues crassæ adversus silentem grunniunt. »

Intra tot itaque et tantas angustias deprehensus Abælardus ad Romani examinis confugit asylum. « Filius sum, inquit, Romanæ Ecclesiæ. Volo causa mea quasi impii judicetur : *Cæsarem appello* (*Act.* xxv). » At Bernardus abbas, in cujus brachio fidebat præsulum multitudo, non dixit ut præses qui tenebat Paulum in vinculis : *Cæsarem appellasti, ad Cæsarem ibis* (*ibid.*), sed, Cæsarem appellasti, ad Cæsarem non ibis. Renuntiavit enim quæ gesta fuerant Apostolico, et statim a Romana sede litem damnationis in Petrum per Gallicanam Ecclesiam volaverunt. Damnatur taliter os illud promptuarium rationis, tuba fidei, hospitium Trinitatis. Damnatur, proh dolor! absens, inauditus et inconvictus. Quid dicam? quidve non dicam, Bernarde?

Nil opus est bello, veniam pacemque rogamus,
Porrigimus junctas ad tua lora manus.
Jura cadent rerum, vertetur sanctio legum,
Si vis, si mandas, si sic decernis agendum;
Quem penes arbitrium est, et vis et norma loquendi.

Cujus unquam, Jesu bone, culpa tam cæcos habuit judices, ut non utrinque causæ latera ventilarent, ut non in quam potissimum partem jus vergeret elimarent? Isti, clausis oculis, palpant negotium, et quasi oculati rerum cognitores arcu iniquitatis intenso toxicum subito jaculantur. Quidquid intestinus odiorum furor, quidquid implacabilis amentiæ turbo rotaret in Petrum, quidquid iniqua conflaret æmulatio, censuræ apostolicæ sobrium nunquam dormitare deberet acumen. Sed facile deviat a justitia, qui plus hominem quam Deum timet in causa. Verumque illud est quod per propheticum organum sonat : *Omne caput languidum, a planta pedis usque ad cervicem, non est in eo sanitas* (*Isa.* I).

Sed corrigere, inquiunt fautores abbatis, Petrum volebat. Si Petrum, bone vir, ad integrum fidei statum disponebas revocare, cur ei coram populo æternæ blasphemiæ characterem impingebas? Rursusque, si Petro amorem populi tollebas, quomodo corrigere disponebas? Ex qua complexione in summam redigitur te in Petrum exarsisse non amore correctionis, sed desiderium propriæ ultionis. Præclare dictum est a Propheta : *Corripiet me justus in misericordia* (*Psal.* CXL). Ubi enim deest misericordia non est correctio justi, sed barbaries incondita tyranni. Testatur etiam rancorem animi ejus epistola ad Innocentium papam directa, in qua sic stomachatur : « Non debet, inquit, refugium invenire apud sedem Petri, qui fidem impugnat Petri. » Parce, parce, bellator inclyte. Non decet monachum sic pugnare. Crede Salomoni : *Noli*, inquit, *nimium esse justus, ne forte obstupe-*scas (*Eccle.* VII). Non impugnat fidem Petri, qui fidem affirmat Petri. Debet ergo invenire refugium apud sedem Petri. Patere, quæso, Petrum tecum esse Christianum. Et si vis, tecum erit Catholicus. Et si non vis, tamen erit Catholicus. Communis enim Deus est, non privatus. Sed si sedet sententia cordi, pergamus pariter contemplari quomodo Petrus fidem infestat Petri. Scribit enim Petrus ad ancillam Dei Heloissam sacris litteris apprime institutam, familiarem satis epistolam, quæ inter reliqua horum etiam verborum redolet continentiam :

Soror mea Heloissa quondam mihi in sæculo chara, nunc in Christo charissima, etc. *Vide supra, initio voluminis.*

Hæc de epistola Petri ad verbum excerpenda putavi, ut liquidum fieret quomodo Petrus impugnaret fidem Petri. Nunc, rigide censor, adesto, et fidem Petri sincero perpende judicio. Dixisti : « Non debet refugium invenire apud sedem Petri, qui fidem impugnat Petri. » Hoc per se dictum quoddam esset eminens et generale verum. Sed quia personaliter dixisti de Petro, convinco te sentire contraria vero. Non enim Petrus arguit fidem, ad cujus lineam vitam suam disponit; nec alienus est a Christi portione, cujus se tam humiliter insignivit nomine. Deberet ergo refugium apud sedem Petri invenire, si non illecebræ tui eloquii clausissent viscera misericordiæ Romanæ Ecclesiæ. Sed, dum tu Petro clementiæ ostium obstruis, conceptæ vesaniæ signanter impetum prodis.

Hic fortasse, inquies : « Nimia super me lacessit injuria. Zelus domus Dei comedit me, eo quod lepra insanæ doctrinæ macularet corpus Ecclesiæ. Cui obviandum in ipso statim nequitiæ semine putavi, ne late serperet vis veneni. Nonne caute consulteque egi, quod fœdum illud sacrilegumque dogma manuali quodam indiculo complosi, ne scilicet breviter volentibus attingere summam rei, onerosum esset ire per spatiosos saltus voluminum Abælardi. ». Ad hæc ego : « Laudo te, Pater, sed in hoc non laudo. Indiculum vidimus, in quo non Petri dogmata, sed nefandi commenti capitula legimus, quod scilicet Pater sit omnipotentia, Filius quædam potentia, Spiritus sanctus nulla potentia; quod Spiritus sanctus, licet sit ejusdem substantiæ cum Filio, non tamen est de eadem substantia; quod homo sine nova gratia possit operari; quod Deus non possit plus facere quam facit, nec melius facere quam facit, nec aliter facere quam facit; quod anima Christi non descendit ad inferos. Hæc et alia indiculus tuus continet, quorum quædam, fateor, Petrus et dixit et scripsit ; quædam vero neque protulit neque scripsit. Quæ autem dixerit, et quæ non dixerit, et quam Catholica mente ea quæ dixerit senserit, secundus arrepti operis tractatus Christiana disputatione ardenter et impigre declarabit. Nam talia sunt quæ dilui debent atque refelli, ut non immerito proprio reserventur volumini. » Nunc illud est acriter persequendum, cur vir sanctus, et in ore famæ nominatissimus, qui quædam perenni sepelienda silentio scriptis propriis tradiderit, Petro Abælardo hæreseos crimen impegerit. Rata namque est fama et ab antiquo quasi, naturæ legibus promulgata, neminem de simili crimine quempiam posse convincere. Quod dum fecisti, et imprudenter et impudenter egisti.

Petrus erraverat : esto. Tu, quare errasti ? Aut sciens aut nesciens errasti : Si sciens errasti, hostis Ecclesiæ comprobaris ; si nesciens errasti, quomodo es defensor Ecclesiæ, qui errorem nescis discernere ? Errasti vere, dum originem animarum de cœlo asseruisti esse. Quod qualiter in libro astruas, quoniam utile et facile est cognitu, sagaci lectori ab altiori cardine retexam. Est liber, quem Hebræus *Firasirim*, Latinus nominat *Canticum canticorum*, cujus littera vigilantibus animis, divinæ cujusdam intelligentiæ sudat arcanum. Ad hunc librum Bernardus manum expositionis applicat, ut ab hirsutis litteræ opusculis egregii sensus frugem eliciat, utitur sane mediocri et temperato genere dicendi. Sed libet paululum percunctari cur Bernardus post tot illustrium virorum sudores, qui in præfato opere sua ingenia contulerunt, tam immensæ majestatis volumen tentavit in lucem proferre ? Nam, si majores nostri plenarie sufficienterque libri hujus latebras produxerunt in solem, miror qua fronte ausus tuos extenderis in opus elimatum ad unguem. Quod si aliqua sunt tibi revelata sacramenta, quæ eorum notitiam fugerint, non invideo : imo labori vehementer applaudo. Sed, cum eorum expositiones commentumque tuum studiosis revolvo manibus, nihil te novi dixisse comperio : imo sensum alienum verbis tuis vestitum deprehendo. Supervacua igitur explanatio tua esse videtur. Ac ne quis me putet improbabilia prolocutum, proferam super hunc librum quadrigam expositorum, Origenem scilicet Græcum, Ambrosium Mediolanensem, Retium Augustodunensem, Bedam Angligenam. Quorum primus cum in cæteris libris, ut ait Hieronymus, vicerit, in *Canticis canticorum* se ipsum vicit. Secundus vero probabili et erudito sermone Sponsi Sponsæque firmavit amores. Tertius perplexitatem voluminis sublimi ore disseruit. Quartus autem ejusdem libri opaca septem libris absolvit. Post tales itaque et tam industrios viros, Bernardus arat, quasi aliquid intentatum nostri majores reliquerint. Possemus sane lucubrationibus diserti hominis acquiescere, nisi potius tragœdiam videretur quam commentarios texere. Patefacta namque quadam parte operis, repente mortem sui fratris inducit, in cujus funeris prosecutione duos pene quaternos consumit. Quod quam ibi discrepans et inconcinnum fuerit, paucis expediam. Liber ille Salomonis in sancti Spiritus officina conflatus, Christi et Ecclesiæ sub sponsi sponsæque typo maritat amplexus. Porro nuptiis gaudia consonant. At Bernardus aut rerum obscurarum tædio victus, aut negligens Apostoli dictum suadentis gaudere cum gaudentibus (*Rom*. xii), mortuum suum ducit ad nuptias : Cum scriptum sit : *Non est Deus mortuorum, sed viventium* (*Marc*. xii). Discumbente itaque sponso in sponsæ gremio, et juvenculis sponsi sponsæque juvenculabus alterna jucunditate plaudentibus, tuba funebris subito clangit. Epulæ in luctum eunt, organa vertuntur in funus. Tragœdia risum procerit nuptiarum. Non discretus, non elegans citharista fuisti, qui funebres modulos regio convivio præsentasti ? Quis unquam somniavit tale portentum ? Solemus ridere picturas incipientes ab homine et in asinum desinentes. Revolve, quæso, prisci super hunc librum monumenta ingenii, et nullum reperies qui in hujusmodi materia tristia lætis confœderet. Unde Retii Augustodunensis aurea sic depromit camœna : « Mos est, inquit, generosæ materiæ observandus, sponsi sponsæque tripudia festiva tuba persultent. Neque enim in funera fas distrahi animum, quoniam ad exponendum Cantica nuptiarum invitat alacritas convivarum. Sed, quoniam tantæ facultatis ratio in nobis vel nulla est, vel admodum orba, ejus innitar gratiæ, qui per Evangelium suum sonat : *Sine me nihil potestis facere* (*Joan*. xv). Neque certe mihi deficiet transitorium verbum, cum credam in Verbum quod est in principio apud Deum (*Joan*. 1). O vox Catholico digna doctore ! o fidelis confessor gratiæ ! Recte perpendiculum sui judicii vir sapiens lineavit, qui mœrorem a gaudio tanto interstitio sequestravit. Tu vero terminos transgrediens, quos posuerunt patres tui, Cantica in elegos, carmina in threnos sorte miserabili convertisti. Quod si tibi deessent ecclesiasticæ scita censuræ, recolere poteras etiam gentilis instituta prudentiæ. Nam, cum Zeuxis pictor eximius simulacrum Helenæ pinxit, non ei brachia simiæ, nec chimæræ ventrem, nec caudam piscis aptavit ; sed humanorum membrorum expolitione perfectum publicis usibus [*f*. visibus] propalavit, alioquin indecens et ridiculosa esset pictura. Unde Horatius in *Arte Poetica* :

Humano capiti cervicem pictor equinam
Jungere si velit, et varias inducere plumas,
Undique collatis membris, ut turpiter atrum
Desinat in piscem mulier formosa superne :
Spectatum admissi risum teneatis amici ?

Concedit ars quod velis incipias, sed non ut quemlibet finem cœptis tuis supponas. Unde idem poeta paulo post scripsit :

.... pictoribus atque poetis
Quidlibet audendi semper fuit æqua potestas :
Sed non ut placidis coeant immitia, non ut
Serpentes avibus generentur, tigribus agni.

Velut ægri somnia operis tui vanæ species finguntur,

.... ut nec pes, nec caput uni
Reddatur formæ..............................
Purpureus late qui splendeat, unus et alter
Assuitur pannus................

At ne quis fautorum tuorum obloquatur,

Scimus inurbanum lepido seponere dicto,
Legitimumque sonum digitis callemus et aure.

Quid plura? Tota Ars *Poetica* jurata contra te bella suscepit. Deberes revera ingenii tui puerperium, juxta ejusdem poetae institutionem, nonum premere in annum; ut male tornatum opus rursus liceret incudi reddere, et curare ne te lunae labor offenderet. Deberes utique festinantiam emissionis differre, cum scriptum sit :

. . . . *nescit vox missa reverti.*

Laudamus in te, Pater, venam ingenii, sed artis culpamus inscitiam. Inde est quod veteres diffinierunt ingenium esse mutilum, nisi opem artis sibi asciscat. Laudantur sales Lucilii, et tamen mordetur quod incomposito currat pede :

Impostos versus componit et arte carentes
Ennius ingenio dives, et arte rudis.

E quibus est ille :

Omnes mortales sese laudari exoptant.

Sed quoniam lippis et tonsoribus claret quod non recte lamenta epithalamio conjugasti, libet aliqua de ipso boatu tragico speculari. Inter caetera, ni fallor, oratoris nostri lugubris musa sic calculat. « Decessit frater a vita, imo ut rectius fatear, mortem reliquit pro vita. Frater, inquam, decessit, tenor continentiae, morum speculum; vinculum religionis. Quis ulterius vegetabit me ad laborem? Quis amplius leniet moerentem? » Et post aliqua : « Bos bovem requirit; se quod solum putat, frequenti mugitu pium testatur affectum. Bos, inquam, bovem requirit, cum quo ducere collo aratra consuevit. » Pulchrum quidem est et tinnulum quod Bernardus loquitur; sed de alio sudore pretium nomenque venatur. Ambrosius enim haec verba syllabatim in querimonia illa posuit, quam de excessu Satyri amici sui mulcebri dealbatoque stylo procudit. Itaque Bernardus in hoc planctu adeo est vehemens, adeo pertinax, adeo vivus, ut legenti cuilibet constans sit eum non veros fletus edere, sed verba quibus veri questus exprimantur effundere. Aiunt tamen quidam insulsi, seductorio ejus linguae moderamine seducti, qui corpus verborum diligunt, animam autem rationis spernunt, eum tam facundia sublimi in lamentis illis uti, ut nulla modernae eloquentiae facultas ei valeat exaequari. O falsi judices eloquentiae, quos projicit vocis ventus ut pulverem a facie terrae. Quaenam ibi sententiarum vis? quae pocula rationum? Totus in verbis fluctuat, et mors ridiculi syllogismi rotatur in circulo. Unde poeta : Citharoedus, inquit,

Ridetur corda qui semper oberrat eadem.

Laeta verborum gramina sata instrangulant sententiarum. Aut fortasse idem dicendo multipliciter, Ulyssem simulare volebat. De quo scriptum est :

Ille referre alii saepe solebat idem.

Sed non talibus instrumentis mortuus suscitatur, nec eloquentiae praestigiis vita mortuo comparatur. Unde cujusdam distichon egregie sonat :

Cur dantur frustra pro psalmis carmina pulchra?
Plus prodesset ei ter : « *Miserere mei.* »

Quod si dolorem suum delinimentis facundiae remedioque carminis evaporare nolebat, cur non saltem super hoc proprium separatim opusculum condebat? Nec deerant a quibus talis materiae mutuari posset exemplar. Socrates mortem sui Alcibiadis philosophici vigoris ubertate testatur. Plato Alexim puerum, cui amatorias cantiunculas composuerat, insigni titulo ducit ad tumulum. Taceo Pythagoram, Demetrium, Carneadem, Possidonium, reliquosque, quorum excellentia Graecia superbit, qui, teste Hieronymo, diversis saeculis, diversis libris diversorum lamenta minuere sunt conati; praeterea Anaxagorae laudatam semper sententiam, qui, cum ei nuntiaretur filium obiisse, fletu represso : « Sciebam, inquit, me genuisse mortalem. » Et, ut peregrina omittens, ad nostra veniam : Tullius eloquii Romani maximus auctor consolatorium de morte filii sui librum edidit, cui praeclara magnorum virorum monumenta quasi stellas micantes impressit. Hieronymus dolori, quem de morte Nepotiani conceperat, plausibili medetur eloquio. Ambrosius, de quo praefatus sum, duos libros de excessu dilecti sui Satyri suavi stylo edisserit. Ad horum normam planctum tuum texere debebas, non immemor illius vulgaris proverbii :

Vicini barbae propriam debes simulare.

Sed quoniam super hoc satis abundeque digessimus, tempestivum est illud capitulum in eodem libro visitare, in quo animarum originem de coelis fabularis esse. Ubi sic recolo te locutum : « Merito dixit Apostolus : *Nostra conversatio est in coelis (Philip.* III). » Haec verba tua subtiliter explorata, Christianae mentis palato haeresim sapiunt. Si enim idcirco animae originem de coelis astruis, quia quandoque beata futura est in coelis, eadem ratione corporis origo erit in coelis, quia quandoque beatum futurum est in coelis. Sed ad hoc intimandum talia verba se non accommodant. Aut si ideo animae originem coelestem ascribis, quia olim orta, id est facta sit in coelis, quod quidem verborum talium resultat intentio, pravitatem Origenis incurris, qui in libris *Periarchon* Pythagoreum Platonicumque dogma secutus, originariam in coelo sedem animabus disponit. At quoniam de anima mentio se ingessit, non absurdum est commemorare quae altercationis varietas occupaverit de animarum origine. Aiunt philosophi, quorum duces sunt Plato et Pythagoras, quibus et tu ex parte maxima acquiescis, animas scilicet olim ab initio factas conditasque in thesauris Dei : indeque ob antiquum vitae contagium in corporum ergastulum lapsas, rursusque, si corpus juste gubernaverint, ad antiquae honestatis vultum meritorium vehiculo redituras ferunt. Et haeretici animam partem esse divinae substantiae contenderunt, occasionem hujus fabulae inde rapientes, quod scriptum est in Genesi : *Et sufflavit Deus in faciem ejus,* scilicet Adae, *spiraculum vitæ (Gen.* II). Contra quos intonat breviter Augustinus : « Flatus, inquit, ille dicitur qui hominem animavit. Factus est ab ipso, non de ipso, quia nec hominis flatus hominis pars est, nec homo eum facit de seipso, sed ex aereo halitu sumpto et effuso. » Item fuerunt quidam crassis ignorantiæ tenebris obvoluti, qui venire animas ex traduce delirabant : quos confutare, quodammodo est eorum ineptias roborare. His tribus næniis [*f.* nodis] quasi rationi adversis orthodoxæ veritatis gladio amputatis, asserunt sancti Patres noviter creatis corporibus creatas noviter animas quotidie infundi, juxta id Evangelii : *Pater meus usque modo operatur, et ego operor (Joan.* V). Tu itaque a doctrinæ salutaris tramite devius, in philosophorum scopulos ruis. Et dum dignitatem animæ jactitas, originem ei sideream flore jejuni eloquii nundinaris. Quod si in Petri opusculis hujus vecordiam reperisses, non est dubium quin eam inter illa quæ peperisti, capitulorum monstra locasses.

Hinc ad alios tui ingenii fructus articulus est vertendus. Quærit a te vir collo inflatus Romano quid sit diligendum, et quomodo. Cui sic rescribis : « Orationes a me, Aimerice, et non quæstiones flagitare solebas ; » et post pauca : « Quæris quid sit diligendum. Cui breviter respondeo : Deus. » Homo Romanus, grossus camelus, Gallicano argumento gibbosus trans Alpes saltat, ut quid sit diligendum inquirat, quasi juxta se non habeat qui rei hujus sibi notionem infundat. Cui noster philosophus mandat non virtutem esse diligendam, ut Chrisyppus ; nec voluptatem, ut Aristippus, sed Deum, ut Christianus. Acutulum sane responsum, et docto homine dignum. Sed quænam abjecta muliercula, quisnam hoc ignoret extremus idiota? Sic philosophantur in textrinis aniculæ. Sic propositiones Dagani cum joco mirari solemus. De cujus propositionibus aliquas exempli gratia interseram : « Filius, inquit, sum matris meæ. Placenta est panis. Caput meum est grossius pugno meo. Cum meridies est, dies est. » Quis est, cui audita tam ridicula veritate, labia risu non quatiantur? Similiter et cum Bernardus dixit Deum esse diligendum, verissimum quidem dixit et venerabile-verum ; sed ad hoc dicendum pro nihilo aperuit os suum. Nemo enim de hoc dubitat. Sperabat enim Romanus aliquid secreti audire, et archimandrita noster tale quid intonat, quod quilibet rusticus valeret respondere. Et tamen, dum Deum diligendum esse pronuntiat latenter, ferit Romanum, qui in curia papæ non Deum didicerat amare, sed aurum. Sequitur postea de modo diligendi : « Modus, inquit, est sine modo diligere. » Aimericum, sic enim dictus est, ad quem scribis, quasi lacteo succo pavisti, dum Deum diligendum aperte pronuntiasti. Nunc eum subito ad altiora subrigens [*f.* suberigens] dicis quod modus diligendi Deum sit sine modo diligere. Qui quæsiverat quid esset diligendum, de quo nec pauperculus Christianus quidem hæsitaret ; quomodo poterit hanc subtilitatem intelligere, quod modus diligendi Deum sit sine modo diligere? In quo impossibile quiddam spondere videris. Cum enim stabile fixumque sit Deum ea magnificentia esse præditum, ut nequaquam nostra in illum dilectio ejus dignitati æquipollenter respondere sufficiat, quomodo sine modo diligemus, quem cum modo diligere non valemus? Quomodo, inquam, porrigetur dilectio ultra modum, cum semper remaneat citra modum? Aut si sic intellexisti « sine modo diligere, » id est diligere quod non perveniatur ad congruum diligendi modum, ridiculam intelligentiam portendit somnium tuum. Dum itaque rhetoricari voluisti, et obscuritatem dedisti et quiddam inopium atque impossibile confecisti, dum Deum sine modo diligendum docuisti.

Quanto rectius hic qui nil molitur inepte?

Jesus Christus scilicet, qui per Evangelium suum diligendi modum exprimens : *Diliges*, inquit *Dominum Deum tuum ex toto corde tuo, et ex tota mente tua, et ex omnibus viribus tuis (Matth.* XXII). Hic nullus eloquentiæ fucus, sed mera tantum veritas simplici et absoluto est expressa eloquio. Hic Romanus aurem accommodet. Hic superbiæ strumam deponat camelus, quia Jesus hic nil impossibile pronuntiat. Jesus, inquam, sententiæ lucem tenebris eloquii non involvit, ut Bernardus, qui rei venerabilis majestatem exquisito quodam obnubit verborum adulterio. Vir sapiens, inquit Horatius,

Non fumum ex fulgore, sed ex fumo dare lucem.
Cogitat . . . . .

Quod Bernardus male attendit, qui quod Jesus nudo patuloque ore, nube sermonis ab intelligentiæ via secludit. Horum et his similium ludicrorum mensuram confertam et coagitatam in libellorum tuorum, Bernarde, sinum dedisti. Quod reprehendere facile poterit, quem oculatum eruditio reddidit. Quæ si unguetenus persequi vellem, longitudo certe dictaminis lectorem etiam repelleret diligentem.

Cum itaque tantas trabes loquaris, cur Abælardi festucas in trabes commutare moliris ? Non est negotium misericordis culpam augere, sed minuere. Unde Psalmista cum dicturus esset : *Misericordiam et judicium cantabo tibi, Domine* (*Psal.* C), commode misericordiam præposuit judicio, quasi diceret : Immense Deus, scio quia misericors es et justus ; sed in altero mea salvatio, in altero mea damnatio : primoque misericordiæ canticum libentius volo. Scriptum est in Isaia : *Et convertent gladios suos in vomeres* (*Isa.* II). Gladii enim in vomeres convertendi sunt, non vomeres in gladios, quia et mali ad tranquillitatis bonum trahendi sunt levitate correctionis ; et boni ad discordiam commonendi non sunt asperitate invectionis.

His et aliis delinitus exemplis, Petrum, si errore sauciatus esset, jumento tuo deberes imponere, et sic ad stabulum universalis fidei revocare. Plures Catholici quædam culpanda dixerunt, nec tamen ob id hæreticorum collegio sunt ascripti. Duo dixit Hilarius erroris expugnator, propugnator Ecclesiæ, in quibus eum non audit sobrietas Ecclesiæ. Primum, quod Christum nil in passione doloris sensisse asseruit. Contra quem sententiam Claudianus presbyter Lugdunensis, vir Christianissimus, et tam subtilis ad disputandum quam artifex ad loquendum, sic personat : « Si Christus nil in passione sensit doloris, non vere passus est; et si vere non passus est (7). » Secundum, quod nullum incorporeum dixit esse creatum. « Nec igitur, inquit Claudianus, anima, cum sit incorporea, est creata. Quod si creata non est, nec creatura Dei est. » Sed non ob hoc, ut ait idem Claudianus, scientia doctoris perdit meritum confessoris, quia Ecclesia bono filio indulsit quod humana opinio minus caute disputavit. Procul dubio si hæc Petrus dixisset, eum esse lapidandum rigoris tui severitas sanxisset.

Beatus etiam Hieronymus in libro contra Jovinianum *De nuptiis* quædam disserit. Et præcipue illo loco, ubi sententiam Apostoli inducit, quæ in hunc modum se habet : *Bonum est mulierem non tangere* (I Cor. VII). Cui Hieronymus subjungit : « Si bonum est mulierem non tangere, malum est ergo tangere. Nihil enim bono contradictorium est præter malum. » Argumentum hoc scit esse frivolum, quisquis disputandi disciplina se profitetur imbutum. Nam similiter bonum est carnem non comedere, et vinum non bibere; nec ideo sequitur quod sit malum carnem comedere et vinum bibere. Quod quidam asserentes inter hæreticos recepti sunt. Sed tamen pau022sper concedatur, ut malum sit, juxta Hieronymum, mulierem tangere. Ex quo quanta sequatur absurditas, nexus ipse rationis ostendit. Nam si malum est mulierem tangere, malum est cum muliere coire. Neque enim potest fieri ut bonus sit coitus si malus est tactus. Et si malum est cum muliere coire, malum agit quisquis cum muliere coit. Peccant ergo conjugati legitime utendo coitu conjugali. Nam etiam coeundo mulierem tangunt. Igitur ut male non agant mariti, feriabuntur ab uxoribus. Aut, si necesse erit coire, ita coeant ut mulierem non tangant. Sed hoc impossibile est fieri. Sequitur ergo conjugalis boni naufragium, quod ad remedium mortalis luxuriæ superna industria præparavit. Nam si conjugium coitum non excusat, eant mariti, certatim agant pœnitentiam; eo quod cum uxoribus suis aliquando coierunt. Alias in eodem libro Hieronymus inhumanius de nuptiis disputat super illum Apostoli locum : *Melius est nubere quam uri* (ibid.). Sed si bonum est nubere, quare malo comparatur? Nemo enim ratione malum bono comparat. Uri certe malum est, et nubere mali hujus respectu bonum est. Quod autem respectu mali bonum sit, simpliciter bonum non est. Ex his Hieronymi verbis distincte colligimus nuptias non esse absolute bonas. Perit igitur nuptiale bonum. Nam nuptiale bonum secundum Hieronymum non est bonum, nisi quia uri est majus malum quam ipsum. Multos fideles viros, inter quos et Pamachium senatorem, scandalizavit hæc effera austeraque disputatio, doloremque suum scriptis super hoc epistolis eidem Hieronymo testati sunt. Quod si Petrus tam crudeliter contra nuptias declamasset, profecto Bernardus in ejus exitium conjugatorum cohortes armasset.

Augustinus erroribus suis inimicus eos libro *Retractationum* purgandos committit. Lactantius, de quo ipse Augustinus asseverat quod multo auro suffarcinatus exierit de Ægypto, cum ore fulmineo contra gentes Christum deffendat, quædam absona de dogmatibus Ecclesiæ postea somniat. Longum est recensere veterum syngrapha tractatorum, quæ non sunt sic ad purum excocta, ut non inveniantur in eis multa quæ virga correctionis essent dignissima. Verax namque est Jacobi apostoli sententia : *In multis*, inquit, *offendimus omnes. Si quis autem in verbo non offenderit, hic perfectus est vir* (Jac. III). Itaque si Petrus in verbo offenderat, judicandus a te, misericordiæ potius blandum deberet sentire tactum quam iracundiæ incentivum. Æquum erat te reminisci quod Habacuc propheta (cap. III) Deo decantat, dicens : *Cum iratus fueris, misericordiæ recordaberis.* Vide quid distet inter iram Dei et iram hominis. Cum homo irascitur, clementiæ ab ejus pectore mentio exsulat. Cum autem Deus irascitur, per ingenitæ bonitatis affluentiam misericordiæ recordatur : recordatur non sine oblivione, qui irascitur sine commotione. Magnus Dominus noster, qui sic tentat summa, ut curam inferiorum non negligat. Hujus imaginem æmulari, hujus te oportebat vestigia totis conatibus amplexari, ut calcu.o quem forcipe tulerat angelus de altari, purgares vitium labiorum Petri. Nec ignorare jus erat te hominem esse, quem et culpæ lubricum trahere ad pœnam et medicus gratia reparare posset ad veniam.

His ita decursis, silentium imperat prolixitas orationis. Et quoniam vox lassata refrigerii portum jam expetit, ob recreandum lectoris fastidium debitus primo volumini terminus affigetur, ut ad ea quæ promisimus enodanda secundi (8) luctamen laboris officiosius accingatur.

---

(7) Hic deest aliquid.
(8) Secundus hic non exstat nec a Berengario scriptus est, ut ex epist. seq. patet.

EPISTOLA EJUSDEM BERENGARII,
AD EPISCOPUM MIMATENSEM.

Patri et Domino so G. Mimatensi episcopo, pleno dierum, BERENGARIUS renovari ut aquilæ juventutem suam.

In loco barbaro corpus meum a latronibus est liberrimum, sed spiritus meus apud vos in loco sancto periclitatur. Quapropter in totius orbis conspectu vobis baculum meæ porrigo defensionis, ut sanctorum dentes mordere non audeant, quem vesci spiraculo vitæ permittit truculentia gladiorum. Sis igitur Ulysses meæ causæ, ut Circe, quamvis filia Solis, jus meum magico murmure non audeat immutare, ut sidus meæ conscientiæ non possit invidia denigrare. Minus certe dolerem si fauces lupi biberent meum sanguinem, quam si ovium dentibus in frusta minuerer. Corrige igitur, pastor bone, tuas oves, ne contra me balent, quia non sum lupus insidians, sed canis protegens ovem. Fretus tandem vestro favore sermoni vela levabo, et inter oblatrantium linguarum Scyllas firmæ rationis remigio navigabo. Imponit plurima dira meæ personæ religiosa manus, et sacro criminum diademate caput innocentis honorat. Aiunt quod lingua mea inquietum malum est, et mentis invidia, quæ adversus abbatem Clarævallis librum evomuit. Quippe tantæ sanctitatis virum esse confirmant, ut jam cœlo propinquus hominum evaserit opiniones. Qui hoc dicunt, etsi religioso vellere albescant, tamen dum sine serpente cupiunt esse columbæ, fatuitate linguam inficiunt. Nonne abbas homo est? nonne nobiscum navigat per *hoc mare magnum et spatiosum manibus, inter reptilia quorum non est numerus?* (*Psal.* CIII.) Cujus navis, etsi prosperiori feratur navigio, tamen severitas maris in dubio est.

Nam nec auster adhuc ei fidem dedit, ne ratem ejus concutiat; nec boream calcavit ipse sub pedibus; nec euri notique minas evasit; nec ab Æolo rege ventorum extorsit inducias. Quod vinum potest habitare in pice, et saporem ejus non mutare? Unde et apostolus Paulus vinum suum a consortio picis removeri optabat, et in vas gloriæ transversari, cum diceret: *Infelix ego homo! quis me liberabit de corpore mortis hujus?* (*Rom.* VII.) Ac si apertius loqueretur: Vinum Dei sum, et in pice sum; sed nisi picis sodalitium derelinquam, timeo ne picem sapiam Conditori. Potest igitur abbas et, ut ignis, de alto subvehi, et, ut terra, deorsum cadere. Nondum sol est, nondum fixus est in firmamento; satis est, si luna est. Neque æstimet me quispiam ad injuriam ejus stylum per ceram trahere, qui meo judicio nostrorum temporum est Martinus. Simpliciter et sine vulpe candido pectori vestro loquor. Ego ita sentio de abbate quod sit lucerna ardens et lucens; sed tamen in testa est. Quod dedecus infigitur auro cum laudatur, si ejus scoria improbetur? Laudatis abbatem, magis ego laudo. Cur igitur inquietius contra eum scribis, de quo tam bene sentis? Porrigite patulas aures, ut ebibant rationem.

Damnaverat Abælardum præceptorem meum, virum fidei buccinam, legis armarium, in morum via pede regio gradientem. Damnaverat, inquam, Abælardum, et vocem ejus sine audientia strangulaverat. Eram ea tempestate adolescens, nondumque impuberes malas nubes lanuginis adumbrabat, eratque mihi velut scholastico animus inficta crebro materia declinare. Porro veri certaminis arridente vena, pectus appuli ut purgarem Abælardum, abbatisque confutarem audaciam. « Sed non, inquiunt, a te theologum talem argui oportebat. Tu enim bestia es, et montem tangere non debes. » Parcius ista, fratres. Mementote vos hoc objicere viro. In quo audet abbas? Audet in litteris, audeo et ego. Audet in theologicis, audeo et ego. Audet in fide, audeo et ego. Audet in sanctitate, hic non audeo ego. Quid ergo peccavi, si fidelis fidelem, minor majorem, sæcularis religiosum redargui? Momordi, fateor, non contemplativum, sed philosophum; non confessorem, sed scriptorem; non mentem, sed linguam; non præcordia, sed stylum; non meditationes viri, sed somnum. Legant eruditi viri Apologeticum quem edidi, et si dominum abbatem juste non argui, licenter me redarguant. Quærite per totam seriem scripturarum ab ortu solis usque ad occasum, et videbitis in campo philosophiæ semper licuisse, ut alter alterum justis occasionibus reprehendat. Colotes loquacitate notabilis rodit Platonem principem philosophiæ, cum divina versans fabellas immiscuerit. Et certe Colotes ad Platonem mus est ad elephantem. Lucilius Ennium, Horatius Lucilium lacerat. Omittam fumos gentilium, et membranulam hanc Inminibus Ecclesiæ venustabo. Augustinus et Hieronymus, presbyter et episcopus, alterno rostro se carpunt. Fulgentius regem quemdam Africæ notat hæreticum, non veritus regiam potestatem, dum diligit veritatem. Julianus Augustinum lædit audaciter. « Ab infectione, inquit, hæresis nulla te purgabit herba fullonis. » Solus Ambrosius ab omni suspicionis infamia liber est, quem egregio præconio coronavit Pelagius, quamvis hæreticus, ita dicens: « Ambrosius Latinorum Scriptorum velut quidam flos enituit. » Cujus purissimum in Scripturis sensum nec etiam inimicus audet reprehendere. Si igitur abbas aliqua silenda descripsit, quid peccavit in ore meo veritas, si exstirpanda notavit? Nec enim ante faciem gladii debet tremere justitia, nec ante potentem veritas adulationis chlamidem induere. Unde Seneca Cæsarem alloquens: « Cæsar, inquit, qui contra te audent oqui, magnitudinem tuam ignorant: qui non audent, nesciunt te hominem esse. » Socrates quoque, quem Apollinis oraculum sapientissimum esse cecinit, capitalis erat auctoritatis; et tamen Aristoteles egregie ausus est dicere : « Amicus est Socrates, sed magis amica est veritas. » — « Sed cur, inquiunt, expleto primo volumine, secundum, ut spoponderas, non texis ? » Quia processu temporis meum sapere crevit, et in sententiam abbatis pedibus, ut dicitur, ii. Nolui esse patronus capitulorum objectorum Abælardo, quia, etsi sanum saperent, non sane sonabant. « Postquam igitur, inquiunt, a secundo libro manus torpuit, quare primum non rasisti ? » Fecissem hoc, inquam, nisi cassa esset industria. Remanerent enim viva exemplaria; quæ jam per totam Franciam et Italiam concurrerunt. « Si igitur, inquiunt, apologiam illam jugulare non potes, damna vel vivam. Characterem rei fronti ejus infige, ut omnis qui legerit sciat te ætate, non malitia peccasse. » Damnabo, inquam, tali conditione, ut, si quid in personam hominis Dei dixi, joco legatur, non serio.

« Non refutamus, inquiunt, ratiocinia tua, satis caute asellum exoneras. Sed Carthusianos eremitas, genus electum, populum acquisitionis (I Petr. II), quare inquietasti? quare invectione perunxisti? cur a cellulis suis abstraxisti ? » H.c placide purgationem meam audite. Improperat propheta eis qui congregant merces, et commendant eas sacculo pertuso (Agg. I). Congregabant sancti anachoretæ Carthusiani merces justitiæ, sed sacculum pertusum habebant. Curavi obstruere foramen sacculi, ne farina religionis patentibus rimis exiret. Volui resecare in eis immoderatam licentiam linguæ, qua velut quidam geometræ totum orbem mensurabant. Cur hic mea pietas crudelitatis arguitur? Cur sedulus sartor dissipator appellatur ? « Hic, inquiunt, firmæ rationis columnæ inniteris. Sed Massiliensem illum monachum cur vulnerasti usque ad animam? » Quia vulnerabat annulum Sponsæ Christi, et puritati antiquæ fidei naufragium minabatur. Introducebat enim præter Deum alium Creatorem, sicut epistola ejus ad me scripta declarat. « Sed quocunque, inquiunt, te persequimur, arma defensionis opponis. Responde per membra vestra, quoniam linguæ tuæ toxicum effudisti. » Quando, inquam, factum est verbum istud ? *Miseremini mei, miseremini mei, saltem vos, amici mei, quia* humilitas *tetigit me (Job* XIX). Ubi læsi vos? ubi majestatem vestram sauciavi?

(9) Tunc , inquiunt, non percussisti quando dixisti : « Apud religiosos patella psalmus est, et pinguis refectio alleluia? » Fratres, indulgete, nihil læsi vos. In incerto locutus sum. Indeterminate garrivi. Nullum specialiter flagellavi. Ut Apollo cassum oraculum emisi, quasi aerem verberans. Sed, ut video, quidquid dicam, aut erit, aut non. Cur alienam vobis sarcinam imposuistis ? Cur jaculo non ad vos destinato munditiam vestram exulcerastis ? Dixi : « Apud religiosos patella psalmus est, et pinguis refectio alleluia. » Quid ad vos? Et Magalonenses religiosi sunt, et canonici beati Rufi religiosi. Apollo cœlum [*f.* jaculum] contorsit in acra, et ne cadat incassum spontaneos vulneri vos offertis. Quis unquam vidit os aperire, ut sagittam reciperet ? Ego quidem, fratres, alias arcum intenderam, sed vos ferrum volatile retinuistis. Renui, ferre volebam ; sed vos charitate commoti, vulnera ejus in vestram trahitis sanitatem. Credite mihi, non adeo fui plenus agave, id est furore, ut in vos emitterem filiam pharetræ meæ. Ergo ignoscite innocenti. Et aliud inquiunt. « Cur Cyclopas conduximus, ut fulmina fabricent in caput tuum? » Quid, quæso ? Tunc, inquiunt, dixisti : « Episcopus vester non Mimatensium, sed mimorum est episcopus. » Libet exclamare cum Jeremia propheta : *Væ tibi, mater mea, quare genuisti me virum rixæ et doloris in universa terra? (Jer.* XV.) Ubi et quando, quæso, talia eructavi? Tunc forsitan quando extra mundum nundinas celebravi, tales blasphemias vestro episcopo imprimebam. Nam vere fateor, in nullo de eo talia delatravi. « Aliud est, inquiunt, cur te nostro inebriemus aceto. » Quid est? De nobis, inquiunt, dixisti : « Donatus vester vulgus est. » Terretis me, fratres, novitatibus vestris; et contra portenta quæ fingitis frontem cruce signabo : *In nomine Patris, et Filii, et Spiritus sancti.* Quid est quod dicitis?

Ultra Sauromatas fugere hinc libet et glacialem Oceanum....

Vera est utique prophetia illa : « Fictio veritatem in exsilium mittet. » Hoc, fratres, fingere potuistis? Sed ut majori auctoritate in aures publicas prodeant, me talium facitis inventorem. Jurem me non dixisse ? Sed quasi mons pariat murem, ridebitis. Recognoscam ? Sed virtutem crucis statim sentiam experimento. Quid igitur faciam ? Veniam rogo innocens ; et, si magis placet, veniam postulo reus. Ad cumulum autem satisfactionis sextarium mei sanguinis offero vobis. Parcite igitur, fratres, parcite; et criminatione nostræ personulæ ora, vestra nolite fœdare. Lingua enim vestris laudibus militat, et ecclesiæ vestræ pius sum prædicator ubique. Hanc humilitatem absens vobis præsenti pagina mitto, quam præsens una [*f.* viva] voce, et si vita comes fuerit, præsens exhibebo

---

(9) Hoc invenitur in prologo cujusdam tractatus, quem fecit de incarnatione Christi , ad Benedictum canonicum.

EPISTOLA EJUSDEM BERENGARII,

CONTRA CARTHUSIENSES.

Fratribus Carthusiæ professionem juratis B. cum Lazaro, quondam paupere, æternam habere requiem.

Loquar ad dominos meos, cum sim pulvis et cinis (Gen. XVIII). Sed *ut jumentum factus sum apud vos* (Psal. LXXII), et tamen *homines et jumenta salvabis, Domine* (Psal. XXXV). Multiplicavit Deus misericordiam suam, qui congregavit vos a quatuor ventis cœli, ut recumbatis cum Abraham in regno Patris sui. Fidelis ille in tota domo Ægypti de vestra vos extraxit Ægypto in manu potenti et brachio excelso, ut evomentes ollas carnium clamare possitis in deserto, Manhu? *Quid est hoc? (Exod.* XVI.) Vox hæc, vox deserti. Hæc vox pluviam admiratur cœlestis edulii, quam proferre non sustinet guttur Ægypti. Igitur, ne redoleretis allia Pharaonis, accessistis ad hyssopum crucis, et pro Ægyptio gemitu cœlestis aliti desiderio clamatis : *Quid est hoc?* A regione deserti venit manna ad viatores deserti, et jure dicitis: *Quid est hoc?* quid, inquam, est quod famem repellit, quod desiderium satiat, et satiando accendit? Rapuit manus illa inexhaustæ clementiæ lutum de luto, et in diademate Salomonis, quo coronavit eum mater (Cant. III), ferit vos aureos de luto. Sed nescio quo pacto nunc aurum rediit in lutum, et in ferri vilitatem aurei sæculi moneta degenerat. Levastis corpora vestra in montes, sed mentes in vallibus remanserunt. Unde ergo veniet auxilium vobis? Sperabamus quod in cacuminibus montium pennas cuderetis, quæ vos veherent ad dexteram Patris. Seduxit nos opinio lubrica, et (quod valde gemimus) alarum nudato remigio in plumis corporis gravitas vos pessumdat. Putabamus quod Deus esset montium tantum Deus; sed et *valles abundabunt frumento* (Psal. LXIV). Suscipere debuistis pacem populo montes et linguæ spicula vibrastis non in populum, sed in Deum. *Cultus justitiæ,* teste propheta, *est silentium* (Isa. XXXII). Quam grave trutinata in statera Spiritus sancti sententia litium [*f.* silentium]. Nam stultitia et luxuria excidit aut deficit. Ultra prosilit, aut citra jacet, nisi freno silentii gubernetur. Hujus freni rupistis juncturas, clavos fregistis, et languente auriga veluti infrenes equi ante sentitis præcipitia quam bravium acquiratis. Ille quidem dixit : *Cultus justitiæ silentium.* Vos vero aliter interpretantes dicitis : *Cultus justitiæ* κ *altiloquium.* Quæ enim fora, quæ prætoria tanto ardent litigio causarum, ut montanæ Carthusiæ claustrum? Ibi non accusator objicit, non advocatus objecta detergit, et non de vestra sententia fasque nefasque uniformiter damnat, nec absolvit. Super nubes volatis aquilæ, et penna tandem remissiore ad vestrum cadaver carpendum rostra deponitis. Abstinetis a carnalibus pecudum, et sine sale carnes hominum devoratis. Aitis enim : « Hæc mulier prægnans est, non a semine sui mariti, illa colit multos amasios ; canonici illi ter in die carnibus ventres confundunt ; ille ructu pigmenti aera fœdat ; ille scutellam haurit usque ad vomitum. » Vacatis otio et ideo talia ructatis. Vere *Cultus justitiæ silentium.* Quod nondum venit in linguam, apud vos jam constat esse patratum. Dubietas nostra penes vos est jurata veritas : *Cultus justitiæ silentium.* O clementes medicos, qui non ægros curationibus curare, sed eorum vulnera suscipere student, ut cum eis pariter ægrotent ! Quid prodest, fratres, exire in eremum. et in eremo habere cor Ægyptium ? Quid prodest Ægypti ranas vitare, et obscenis detractationibus concrepare ? En qui sub Pharaone languistis, sub manu Moysi exspirastis. Argumentum vobis est fumus linguæ vestræ, qui cum fontem bibatis in secretario cellæ vestræ, detractio in cellis concipitur, in claustris vomitur. Non est Carthusia cœlum, non est Carthusia paradisus. Adhuc est Carthusia inter flumina Babylonis. In cœlo apostata, in paradiso prævaricator. Quid facit in Carthusia detractor ? Post scoriæ puritatem, post compunctionis lacrymas itur in forum claustri, et linguæ ostium non reseratur, sed frangitur. Quisquis vero per illud ostium non introierit, non palpatur, sed creditur ; non curatur, sed judicatur ; non reficitur, sed mactatur ; et, ut breviter dicam, sine crimine nullus apud vos.

(10) Dixit A. P., dixit P. A. Dixit eidem idem : Cum sit, Petre, Christus Deus, a quo Christiani dicuntur, sola est gens nostra, ut æstimo, quæ divini nominis appellatione sit insignata.

P. ipsi gloria, qui tanti nominis gloriam tam infirmæ concessit creaturæ, ut ipso quoque vocabulo ei capiti cujus membra fuimus, conjuncti, ex ipsa nominis interpretatione id quod dicimur ser-

---

(10) Videtur hic alterius esse auctoris dialogus, et forte, Abælardi ; nec ad epistolam Berengarii quidquam attinet.

vare moneamur. Christus quippe Græce a chrismate, id est *unctione* dictus, Latine *unctus* interpretatur, quod Hebraice *Messias* sonat. Inungi autem tam reges quam sacerdotes solebant. Ideoque nomine unctionis tam rex ipse quam sacerdos ostenditur : Rex quidem per potestatem qua suos eruere a periculis ac protegere potest ; sacerdos per proprii corporis immolationem, qua quos eruit a diabolo, reconciliat Deo. A Christo itaque Christiani quasi a Messia Messianitæ dicimur, id est a Rege illo summo sive Sacerdote, quasi reges, sive sacerdotes Quod beatus exprimens Petrus, *regale* nos *sacerdotium* appellat (*I Petr.* II), quales esse debeamus commemorans, nostræ videlicet carnalitatis impetus regendo, et mactatis carnalibus concupiscentiis nos ipsos Deo quasi sacrificium offerendo. Gratia igitur Christi in nobis dilatata, juxta illud Apostoli : *Quia charitas Dei diffusa est in cordibus nostris per Spiritum sanctum qui datus est nobis (Rom.* v). Nomen quoque dilatari conveniebat, sicut etiam in *Cantico canticorum* dicitur : *Unguentum effusum nomen tum (Cant.* I). Ac si diceret : Nomen tuum, o Christe, quod unguentum, id est unctionem sonat, est effusum, id est dilatatum, atque in multos dirivatum, qui inde scilicet Christiani dicti sunt.

A. B. Sed, et juxta Apostolum, cum sit Christus ipsa sapientia (*I Cor.* I), quam sophiam Græci nominant, nullos rectius dici philosophos autumo, quam qui hujus summæ ac perfectæ sapientiæ amatores existunt.

P. Hoc equidem et ipsa physici nominis ethymologia requirit, et maxime tam doctrina fidei quam morum disciplina seu vita, ipsos nobis philosophos gentium certum est convenire. Adeo namque de fide Trinitatis aperte disseruerunt, ut mirabile sit eos quoque in plerisque diligentius quam prophetas ipsos totam hujus fidei summam exposuisse. Quorum etiam sequaces in tantam ausi sunt insaniam prorumpere, ut Dominum quoque Jesum dicerent ea, quæ de fide Trinitatis prædicavit, a philosophis didicisse. Unde et beatus Augustinus in libro VIII, *De civitate Dei* : « Mirantur, inquit, quidam nobis in Christi gratia sociata [*f.* sociatum] cum audiunt vel legunt Platonem, cum de Deo ista senserit, quæ multum congruere veritati nostræ religionis agnoscuntur. » Idem in II, *De doctrina Christiana :* « Quidam lectores, et dilectores Platonis ausi sunt in tantam prorumpere dementiam, quod dicerent omnes Domini nostri Jesu Christi sententias, quas mirari et promere coguntur, de Platonis libris eum didicisse. » Quod si vitam quoque philosophorum, ac morum disciplinam pensemus, nullos aut paucos fidelium et Christianorum de contemptu sæculi aut morum disciplina eis anteferendos esse censebimus. Qui per sophum sive philosophorum magis ex vita quam ex conscientia dicendum esse asserunt. De fide autem philosophorum atque vita, seu etiam disciplina morum, in exhortatione nostra ad fratres et commonachos nostros satis arbitror a nobis esse expositum. Quam quidem exhortationem quisquis legerit, videbit philosophos non tam nomine quam reipsa Christianis maxime sociatos. Neque enim gratia tot philosophicis rationibus armata evangelicæ prædicationis jugo colla tam cito submisisset, nisi antea scriptis philosophorum, sicut Judæa prophetarum, ad hoc esset præparata.

A B. Verbum quoque Dei, quod Græci λόγον vocant, solum Christum dicimus. Unde Augustinus in *libro Quæstionum* 83. cap. 44 : *In principio erat Verbum (Joan.* I), inquit, quod Græce λόγος dicitur. Hinc et juxta nominis ethymologiam, quicunque huic vero ac perfecto Verbo per doctrinam et amorem cohærent, vere logici sunt, et philosophi dicendi sunt ; nullaque disciplina verius logica dici debet quam Christiana doctrina.

P. Et si hoc quidem modo sermonis usus non habeat, ut videlicet aut Christianos nunc specialiter nominemus philosophos, aut eorum de Christo scientiam, aut a Christo traditam doctrinam appellemus logicam, profitemur tamen iis quæ dicis nominum ethymologias maxime consentire.

A B. Imo etiam res ipsas plurimum attestari. Quo enim apud gentiles philosophicæ potiores sunt disciplinæ, tanto vel multo amplius universis sacris eruditionibus evangelica, quam Christus tradidit, perfectior est disciplina. Qui etiam suis quantam sermonis abundantiam daret, demonstratus in igneis linguis adventus Spiritus sancti manifestat, qui eos omnium linguarum varietates, omnium sermonum genera perfectissime docuit. Unde scriptum est : *Non sunt loquelæ neque sermones, quorum non audiantur voces eorum (Psal.* XVIII). Ac si aperte diceretur : Non sunt lectionum varietates, aut eloquentiæ ornamenta vel genera, quæ suis ipse non dederit, quibus etiam promiserat, dicens : Quod cum veniret Spiritus ille veritatis, doceret illos omnem veritatem (*Joan.* XVI), ut tam verbis eos quam scientia perfectos efficeret, ut quæ perfecte cognoscerent disserere ad integrum possent. Quanto autem de Deo perfectiorem sunt adepti scientiam quam antiqui Patres, ii qui ab ipso Unigenito Dei sunt edocti, Gregorius in extrema parte Ezechielis, homilia 3 edisserens, ait : « Per temporum incrementa venit in Patribus scientia Dei. Unde Daniel (cap. XII): *Pertransibunt plurimi et multiplex erit scientia.* »

P. Et hoc quoque libenter accipimus quòd et veritas habet, et nostræ fidei professionem commendat. Quippe quomodo per prædicationem paucorum et simplicium hominum tot in universis mundi partibus Christus acquisisset, nisi eos interius mira sapientia repleret, atque exterioribus rationibus verborum atque eloquentiæ gratia insigniret ? Sicut enim in ipsa rhetorica ficte Tullius meminit, nemo, nisi sapientia et eloquentia præditus, homines a jucunda sua consuetudine, quæ præsertim jam naturæ vim obtineret, propter vetustatem convertere, et ad diversas rationes vitæ traducere posset. Quanto autem difficiliora videntur fac perfectiora Christi præcepta, major prædicatoribus ejus discretio et eloquentia conferenda erat.

A B. Certe nil verius ac magis rationi consentaneum quam ut optimis tam scientiæ quam eloquen- A tiæ munirentur armis, quorum prædicatio ad universum acquirendum mundum a Domino destinabatur, ut cum fiducia verbum omnibus prædicarent, quos et ipse cum mittit, confortat, dicens : *Cum steteritis ante reges et præsides, nolite cogitare quomodo aut quid loquamini. Dabitur enim vobis in illa hora quid loquamini* (Matth. x).

INDEX AUCTORUM

QUI IN OPERIBUS ABÆLARDI CITANTUR.

(Revocatur Lector ad numerales notas columnarum nostræ editionis.)

A

ALCUINUS.— Ad Carolum. 1446.
ALEXANDER II.—1558.
ALYPIUS.—1560.
AMBROSIUS AUTPERTUS. Comment. in Apoc., 1389, 1414, 1475.
  Homil. 1447.
AMBROSIUS Mediol. — De Abel et Cain. 1514, 1523.
  Comment. in Epist. ad Coloss. 1469, 1471.
  Ad Corinth. 1019, 1373, 1446, 1492, 1498, 1527, 1546, 1550, 1558, 1560.
  Ad Ephes. 993, 1573.
  Ad Galat. 960, 1488, 1489, 1512.
  Ad Philip. 1475.
  Ad Rom. 885, 1586, 1424, 1433, 1468, 1504, 1570, 1586.
  Super Lucam. 1419, 1430, 1431, 1443, 1453, 1465, 1478, 1479, 1482, 1489, 1527, 1545, 1737.
  Apologia David. 1578.
  Epist. ad Horont. 1426.
  De fide. 565, 565, 469, 1123, 1216, 1226, 1232, 1298, 1299, 1351, 1558, 1567, 1573, 1574, 1577, 1584, 1402, 1418, 1419, 1421, 1438, 1444, 1463, 1464.
  In Hexaemeron. 756, 961, 1382, 1412, 1426, 1481, 1484.
  De Incarnatione Dom. 1366, 1376, 1414, 1462.
  De Mysteriis. 1418, 1501.
  De officiis. 1520.
  De paradiso. 243.
  De pœnitentia. 196, 292, 1501, 1587, 1591, 1601, 1610.
  De prædestinatione. 1389.
  De Priscil. et Aquil. 972.
  De sacramentis. 1557, 1380, 1382, 1450, 1495, 1501, 1520, 1527.
  Sermones. 250, 1557.
  De Virgin. 382, 1472, 1544, 1565, 1598.
  In diversis locis, 569, 570, 524, 555, 669, 789, 794, 818, 851, 926, 973, 974, 976, 977, 1187, 1455, 1474, 1565, 1740, 1757.
AMPHILOCHIUS Icon. — Vita S. Basilii, 1525.
ANACLETUS. — Epist. 1486.
ANASTASIUS. — Epist. 1431.
  Exhort. ad monach. 509.
ANSELMUS. — 562, 1071.
ANSELMUS Cantuar. — 1287.
APOLLONIUS Rhet. — 662.
ARISTOTELES. — In categ. 1060, 1243, 1645.
  In physic. 1258.
  In tract. qualitatis. 1391.
  In variis locis. 554, 652, 1112, 1114, 1213, 1293, 1349, 1750.
ATHANASIUS. — Exhort. ad monach. 293.
  Symbol. Fidei. 150, 539, 566, 567, 654, 986, 1077, 1107, 1108, 1266, 1274, 1502, 1558, 1559, 1567, 1574, 1454, 1473, 1697, 1732.
  De Trinitate. 1362, 1375, 1463.
AUGUSTINUS Hipp. — De adulterinis conjugiis. 1557, 1547, 1550, 1551, 1558.
  De agone christiano. 562, 567, 1559.
  De duabus animabus. 1272.
  De origine animæ. 1515.
  De baptismo. 203, 284, 338, 561, 1226, 1550, 1554, 1425, 1427, 1446, 1496, 1500, 1505, 1508, 1509, 1511, 1559, 1585, 1597.
  De bono conjugali. 222, 296, 723, 725, 726, 727, 728, 729, 1547, 1549, 1555, 1560, 1563, 1564, 1566, 1590.
  De civitate Dei. 152, 246, 251, 255, 498, 581, 605, 690, 738, 752, 781, 812, 815, 826, 945, 997, 1006, 1007, 1010, 1020, 1028, 1031, 1043, 1056, 1057, 1088, 1111, 1125, 1130, 1142, 1151, 1159, 1162, 1170, 1176, 1178, 1182, 1186, 1190, 1192, 1203, 1209, 1218, 1388, 1395, 1399, 1405, 1407, 1411, 1412, 1414, 1423, 1477, 1496, 1501, 1551, 1554, 1581, 1587, 1589, 1605, 1607, 1642, 1705, 1713, 1714.
  De concordia evangel. 721, 902, 1564, 1587, 1493.
  Confessiones. 283, 1030, 1057, 1161, 1253, 1368, 1487.
  De conflictu vitiorum et virtutum. 1542.
  De continentia ad Jul. 217.
  De continentia viduali. 1342.
  De correptione et gratia. 1391, 1395, 1397, 1414, 1426, 1470, 1495, 1580, 1584.
  De doctrina christiana. 860, 886, 887, 1021, 1041, 1046, 1152, 1206, 1210, 1215, 1262, 1340, 1545, 1553, 1565, 1515, 1565, 1569, 1575, 1589, 1640.
  Enchiridion. 495, 753, 795, 825, 826, 870, 872, 981, 989, 1010, 1092, 1125, 1142, 1175, 1179, 1258, 1312, 1346, 1389, 1579, 1587, 1590, 1596, 1598, 1599, 1424, 1426, 1430, 1458, 1440, 1501, 1563, 1609, 1756.
  Epistolæ. 282, 293, 560, 1218, 1547, 1548, 1375, 1427, 1428, 1430, 1454, 1474, 1515, 1523, 1554, 1542, 1572, 1578, 1583, 1587, 1588, 1606, 1607, 1608.
  Contra epistolam Gaudentii. 1393.
  Contra epistolam Parmeniani. 1284, 1550.
  Contra Faustum. 566, 1049, 1547, 1550, 1452, 1441, 1450, 1564.
  Contra Felicianum. 1060.
  De fide ad Petrum. 866, 868, 961, 1455, 1440, 1500, 1502, 1504, 1511, 1515.
  De fide symboli. 1226.
  Super Genesim. 957, 997, 1153, 1221, 1272, 1342,

1368, 1379, 1383, 1402, 1404, 1413, 1415, 1423, 1425, 1477, 1515, 1577, 1597, 1605.
De gratia et libero arbitrio. 1590, 1591, 1426, 1435, 1607.
Contra hæreses. 246, 1031, 1130, 1141, 1162, 1359, 1370, 1371.
Super Joannem. 466, 467, 475, 507, 840, 985, 1345, 1354, 1356, 1388, 1387, 1403, 1421, 1435, 1458, 1440, 1441, 1452, 1465, 1468, 1473, 1475, 1476, 1485, 1504, 1532, 1553, 1575, 1575, 1577, 1580, 1589, 1591, 1696.
Contra Manichæos. 1433.
Contra Maximinum. 1227, 1433, 1450, 1475.
De medicina pœnitent. 299, 1509.
De mendacio. 1602.
De misericordia. 334, 1333, 1640.
De moribus Ecclesiæ. 1211, 1227, 1350, 1399, 1476, 1570, 1575.
De moribus monach. contra Manichæos. 887, 1039.
De natura et gratia. 1329, 1397, 1495. 1498, 1588.
De natura summi boni. 1059, 1433.
De nuptiis et concupiscentia. 844, 1048, 1470, 1544, 1549, 1560, 1563, 1564.
De ordine. 353, 1040, 1206, 1640.
De operibus monachorum. 177, 253.
De origine peccati. 1758.
Contra Pelagium. 1504.
De pœnitentia. 1599.
De prædestinatione sanctorum. 1388, 1454.
In Psalmos. 526, 596, 815, 818, 1351, 1409, 1422, 1425, 1435, 1464, 1468, 1524, 1575, 1577, 1587, 1602
De quantitate animæ. 1515.
Quæstiones. 293, 355, 683, 690, 691, 852, 867, 891, 892, 943, 918, 985, 996, 1011, 1078, 1094, 1095, 1111, 1128, 1131, 1145, 1224, 1281, 1291, 1292, 1297, 1300, 1505, 1526, 1527, 1555, 1558, 1560, 1568, 1570, 1571, 1575, 1577, 1585, 1587, 1590, 1591, 1592, 1594, 1595, 1405, 1406, 1413, 1414, 1417, 1419, 1422, 1428, 1434, 1441, 1452, 1455, 1456, 1464, 1502, 1512, 1515, 1531, 1539, 1575, 1580, 1590, 1607, 1704.
Retractationes. 254, 259, 752, 758, 755, 790, 1346, 1556, 1387, 1480, 1497, 1515, 1555, 1592.
Sermones. 416, 556, 558, 676, 1024, 1279, 1280, 1298, 1334, 1356, 1377, 1579, 1430, 1552, 1577, 1586, 1587.
De singularitate clericorum. 1426, 1428.
Soliloquia. 760.
De spiritu et littera. 858, 989, 1006, 1093, 1328, 1385, 1594, 1397, 1487, 1700.
De symbolo. 1396.
De Trinitate. 147, 362, 363, 564, 565, 566, 831, 988, 989, 997, 1050, 1061, 1074, 1078, 1085, 1084, 1092, 1130, 1154, 1157, 1250, 1231, 1235, 1254, 1240, 1242, 1245, 1244, 1255, 1264, 1265, 1268, 1272, 1295, 1298, 1503, 1505, 1309, 1311, 1317, 1321, 1528, 1547, 1551, 1559, 1565, 1565, 1569, 1570, 1572, 1574, 1576, 1578, 1583, 1584, 1585, 1596, 1405, 1434, 1436, 1450, 1466, 1576, 1584, 1699.
De utilitate agendæ pœnitentiæ. 1525, 1552.
De vera religione. 1008, 1009, 1266, 1592.
De virginitate. 1440.
De dono viduitatis. 319, 723.
De vita et moribus clericorum. 177, 1598.
In variis locis. 292, 569, 570, 595, 478, 486, 495, 505, 504, 528, 600, 616, 622, 630, 637, 659, 645, 647, 650, 660, 672, 717, 739, 743, 766, 773, 789, 797, 943, 982, 987, 988, 1009, 1012, 1053, 1055, 1286, 1577, 1469, 1479, 1503, 1523, 1550, 1599, 1644, 1666, 1074, 1679, 1725, 1726, 1726, 1753, 1757, 1758, 1759, 1741, 1747, 1748, 1749, 1751, 1754, 1757.

B

BASILIUS. 275.
BEDA Venerabilis. — Comment. in Acta apost. 154, 542, 576, 601, 972, 1471, 1490.
In Apocalypsi. 1495. — In Lucam. 419, 1424, 1428, 1430, 1441, 1445, 1444, 1485. — 1495, 1494, 1548. — In Marc. 477. — In Matth. 1472.
Explanationes in cant. 1475. — In parab. 1454. — In Tobiam. 1465.
Supra Genesim 775.
Histor. angl. 511.
Homiliæ. 1082, 1309, 1457, 1504, 1511, 1556, 1598 1599, 1601.
De natura rerum. 520, 743, 780.
Retractationes (in præf.). 544.
De tabernaculo. 1511.
In diversis locis. 1544, 1721.

BENEDICTUS S. — In regulis. 213, 215, 218, 219, 225, 226, 259, 266, 293, 282, 290, 296, 298, 504, 507, 509, 310, 489, 543, 587, 600, 786.
BOETIUS. — Comment. in Arist. categorias. 1281, 1591, 1704.
De consolatione philos. 760, 779, 1045, 1059, 1183, 1259, 1386, 1631.
De divisione. 1063, 1276, 1591.
Contra Eutichen et Nestorium. 823, 1433, 1752.
Hypoth. syllogismi. 799, 1525.
De duabus naturis in Christo. 1716.
In Periherm enias. 827.
Super Porphyrium. 1010, 1141, 1178.
Super. Topic. Ciceronis. 986, 1061, 1065, 1066, 1245, 1249, 1252, 1258, 1266, 1270, 1291, 1555, 1405, 1591, 1659.
De Trinitate. 364, 1233, 1236, 1263, 1270, 1360, 1361, 1364.
In variis locis. 754, 1015, 1016, 1146, 1148, 1217.
BONIFACIUS martyr. — 518.

C

CALIXTUS papa. — Decreta. 1599.
CASSIODORUS. — Comment. in Epist. ad Rom. 259, 572, 970, 972.
De institutione divinarum Scripturarum. 1508.
In Psalmos. 1128, 1154, 1448.
CHRYSOSTOMUS. — Homiliæ in Epist. ad Hebr. 216, 972, 1292, 1305, 1569, 1474, 1566, 1582. — Super Matth. 1575, 1574, 1454, 1558, 1585, 1586, 1590.
De reparatione lapsi. 1609.
Homiliæ variæ. 298, 347, 413, 585, 609, 1077, 1093, 1522, 1595, 1426, 1440, 1445, 1451, 1472, 1512, 1599.
CICERO. — De amicitia. 1576.
De officiis. 1344, 1571, 1647.
Rhetorica. 237, 445, 804, 982, 1005, 1045, 1087, 1140, 1215, 1216, 1517, 1576, 1712.
Tusculan. 180.
In variis locis. 659, 1151, 1178.
CLAUDIANUS. — De statu animæ. 1003, 1012, 1407, 1408, 1464, 1466, 1712.
CLAUDIUS. — Comment in epist. ad Corinth. 1447.
Ad Rom. 259, 572, 972.
CLEMENS. Epist. ad Jacobum. 1181, 1537, 1598
Liber disputationum. 1489.
COELESTINUS papa. — Decreta. 1585.
Concilia. — Africanum. 678. Agathense. 619. Arausicum. 519. Arelatense. 521, 1546. Aurelianense. 319, 1556. Cabilonense. 619, 1565. Carthaginense. 517, 1464, 1501. Carthaginense IV. 1045, 1208. Chalcedonense. 1541. Compendiense. 1506 Eliberitanum. 556, 1412. Gangrense. 961, 1537. Garinaziense 619. Grantiense. 521, 322. Hispalense. 275. Meldense. 1547. Milevitanum. 517. Moguntinense. 518. 521. Nicænum. 1489. Parisiense. 619. Remense. 617, 1537. Rothomagense. 518, 321. Toletanum I. 1546. Toletanum. I. 519, 1555. IV. 1510. Turonicum. 1556, 1557.
CYPRIANUS. — De nono genere abusionis. 1607.
Epistolæ. 324, 905, 1210, 1416, 1506, 1538
De disciplina et habitu virginum. 1481.
CYRILLUS, Alex. episc. — Epistolæ. 1077, 1303.

D

DIDYMUS. Epist. 1053.
De Spiritu Sancto. 1077, 1502, 1719.

E

EPHRÆM diaconus. 1584.
EPIPHANIUS Epist. 971.
EUGYPPIUS. — Dicta Augustini. 1416.
EUSEBIUS. — Histor. eccles. 139, 177, 207, 255, 1491, 1492.
EUSEBIUS Emisenus. — Homil. de corp. et sang. Dom. 619.
— Homil. de symb. fid. 1525.
EUTYCHIUS papa. — Decreta. 518, 1547.

F

FULGENTIUS. — De immensitate Filii Dei. 1569, 1445 1466.
De mysterio Mediatoris. 1416.

G

GELASIUS papa. — Decreta. 517, 519, 1541.
GENNADIUS Massil. — De fide orthodoxa. 981, 988, 1026, 1152, 1158, 1205, 1219, 1225, 1241, 1269, 2292, 1562, 1570, 1405, 1501, 1514, 1555.
De illust. viris. 1020, 1151.
GREGORIUS Magnus. — Dialog. lib. 179, 282, 504, 555, 571, 1555, 1407, 1417, 1505, 1525, 1596, 1696.
Epistolæ. 258, 519, 338, 1028, 1048, 1075, 1159, 1209, 1284, 1501, 1550, 1551, 1559, 1412, 1505, 1510, 1541.
In Ezechielem. 1018, 1149, 1592, 1471, 1478, 1571, 1585.
Homiliæ. 189, 202, 500, 512, 545, 472, 499, 571, 675, 1050, 1052, 1129, 1226, 1281, 1549, 1555, 1555, 1413, 1417, 1421, 1450, 1467, 1468, 1469, 1512, 1525, 1578, 1579, 1582, 1696, 1758.
In Job. 1018, 1149, 1244, 1298, 1574, 1575.
Moralium lib. 196, 261, 297, 509, 511, 529, 844, 868, 954, 984, 985, 1062, 1066, 1245, 1297, 1550, 1551, 1406, 1415, 1417, 1452, 1455, 1504, 1518, 1541, 2565, 1578, 1579, 1595, 1597.
Pastoral. lib. 215, 298, 567, 568, 1049, 1225, 1551, 1451, 1565, 1579.
In maj. Breviar. psalterii, 1400.
In registro. 1575.
In symbolo. 988, 1152.
In diversis locis. 459, 655, 665, 685, 775, 815, 820, 909, 997, 1022, 1072, 1155, 1424, 1428, 1451, 1476, 1515, 1658, 1699, 1758, 1757.
GREGORIUS Nazianzenus. — 299.
GREGORIUS VII papa. — 284, 558.
GREGORIUS Turon. — Historiæ. 786, 1451, 1488.
Miraculorum lib. 558, 541, 1486.

H

HAYMO. — Comment. in epist. ad Cor. 1492. — In epist. ad Eph. 1555, 1419, 1701. — Ad Hebr. 1421. — Ad Rom. 786, 787, 788, 805, 818, 858, 842, 948, 967, 968, 969, 975, 974, 977, 1556.
Homiliæ. 1504.
HERMAS. — Pastor. 1559.
HERMES. — De Filio Dei. 1060, 1145, 1224.
HIERONYMUS. — Comment. in Amos. 975, 1558. — Super Canticum. 445. — In epist. ad Cor. 1481, 1574. — In Daniel. 1527, 1597. — In Ecclesiastem. 1001, 1055, 1155, 1576, 1708. — In epist. ad Eph. 1149, 1208, 1556, 1416, 1550, 1547. — Præf. gener. in IV Evangelia. 1492. — In Ezechiel. 751, 868, 960, 1027, 1415, 1502, 1578, 1598. — In epist. ad Gal. 259, 251, 550, 682, 1051, 1205, 1552, 1568, 1471, 1472, 1510, 1607. — Lib. quæst. Hebr. in Genesim. 148, 554, 791, 1585. — Super Habacuc. 1598. — In epist. ad Hebr. 1452. — Lib. nomin. Hebraic. 789. — Super Jeremiam. 1226, 1284, 1442, 1481, 1607. — In Jonam. 1685. — In Isaiam. 410, 970, 1052, 1550, 1607. — Super evang. Matth. 807, 1007, 1055, 1429, 1451, 1475, 1480, 1482, 1510, 1558, 1714. — Super Nahum. 1595. — In Osee. 1494. — In epist. ad Philipp. 1475. — Super Psalmos. 228, 1084, 1311, 1541, 1548, 1564, 1569, 1581, 1584, 1418, 1455, 1454, 1447, 1448, 1455, 1466, 1467, 1528. — Majus breviarium Psalterii. 1581. — Minus breviar. Psalt. 1581, 1451. — In epist. ad Rom. 566, 788, 1592, 1425, 1590. — Ad Timet. 572.
Dialogi contra Pelagium. 1572.
Epist. ad Eustochium. 199, 204, 217, 225, 241, 242, 288, 290, 555, 568, 585, 829, 1042, 1096, 1185, 1208, 1558, 1595, 1594, 1412, 1487, 1492.
Epist. ad Heliodorum. 181, 265, 266, 269, 546, 549, 552, 596, 1174, 1181, 1190, 1198, 1502, 1574, 1585.
Epist. ad Lætam. 525, 526, 528, 1541, 1548.
Epist. ad Marcellam. 524, 621, 677, 1582, 1427.
Epist. ad Nepotianum. 180, 219, 290, 591, 1048, 1284.
Epist. ad Oceanum monach. 265, 550, 745.
Epist. ad Rusticum. 161, 267, 525, 547, 597, 1187, 1500, 1582.
Epist. variæ ad diversos. 129, 151, 174, 175, 201, 214, 215, 246, 254, 255, 262, 298, 299, 502, 510, 550, 551, 552, 555, 555, 467, 55, 5555, 585, 590, 677, 790, 811, 827, 865, 870, 955, 945, 1055, 1056, 1165, 1175, 1186, 1189, 1254, 1269, 1504, 1545, 1549, 1586, 1591, 1400, 1422, 1425, 1429, 1451, 1479, 1509, 1525, 1528, 1558, 1550, 1555, 1559, 1594, 1597.
De filio prodigo. 1581, 1594.

Adversus Jovinianum. 150, 152, 160, 240, 518, 455, 591, 594, 1055, 1164, 1180, 1184, 1191, 1197, 1198, 1492, 1542, 1547, 1559, 1565, 1566, 1567, 1584.
De membris Domini. 1525.
De Osanna. 455.
In symbolum Nicæn. 1298, 1504, 1574, 1457, 1442.
Adversus Vigilantium. 198, 550, 1167, 1548.
De perpetua virginitate B. Mariæ. 582, 725.
De illustr. viris. 254, 241, 556, 722, 790, 975, 1486, 1488, 1489.
In vita B. Antonii. 152.
In vita Malchi. 178.
In vita Pauli eremi. 202, 1058, 1169.
In variis scriptis. 271, 272, 280, 554, 599, 418, 446, 489, 524, 525, 545, 544, 556, 589, 595, 605, 605, 610, 611, 661, 662, 674, 698, 700, 701, 742, 971, 995, 1078, 1094, 1095, 1110, 1150, 1155, 1160, 1188, 1192, 1256, 1262, 1285, 1502, 1505, 1526, 1542, 1562, 1566, 1467, 1475, 1477, 1508, 1514, 1516, 1674, 1705, 1726, 1755, 1746, 1754, 1758.
HILARIUS Pict. — Comment. in Matth. 466, 1580, 1406, 1461, 1465, 1480, 1545.
In psalm. 1252, 1562, 1572, 1580, 1406, 1428, 1461, 1511, 1599, 1605.
De Trinitate. 795, 1010, 1012, 1049, 1079, 1142, 1115, 1506, 1552, 1558, 1568, 1580, 1457, 1442, 1457, 1458, 1518.
HORATIUS. — Epist. 252, 607, 659, 695, 890, 1055, 1175, 1614.
Od. 885.
HORMISDAS papa. — Decreta. 1465.
Epist. ad Justinum imperat. 1558, 1451.

I

INNOCENTIUS papa. — Epist. Rufo et Eusebio 1548.
Victricio Rothomag. 255.
ISIDORUS Hisp. — De consonantia Novi et Veteris Testam 1546.
Epist. 255, 568, 1545.
Etymologiarum lib. 410, 774, 779, 987, 1152, 1219, 1262, 1265, 1559, 1565, 1545, 1608, 1698.
Contra Judæos. 414, 954.
Officiorum lib. 1412.
De ortu et obitu Patrum. 599, 526, 1427, 1489, 1491.
Sententiarum sive de summo bono libri. 846, 900, 1006, 1048, 1049, 1208, 1278, 1284, 1552, 1591, 1405, 1404, 1407, 1415, 1417, 1419, 1454, 1505, 1565, 1566, 1571, 1580, 1591, 1597, 1598, 1605, 1715.
Synonymorum libri. 1590.
IVO Carnot. — Epist. 1502, 1548, 1565.

J

JOANNES diaconus. — In vita S. Gregorii. 252. 1204, 1499.
JOANNES episc. — Homiliæ. 1494, 1548.
JOSEPHUS. — Antiquitatum lib. 151, 745, 1225.
JULIANUS. — Epist. ad Demetriadem. 1566.
JULIUS. — In lib. Rhetoric. 784.
JULIUS papa. — Decreta. 1557.
JUSTINIANUS Augustus. 255.
JUVENALIS. — Satyr. lib. 178, 252, 885, 1095.

L

LACTANTIUS. — Instit. lib. 246, 1051, 1162.
LEO I papa. — Decreta. 1505.
Epist. 562, 1445, 1482.
Sermones. 567, 1265, 1440.
LEO III papa. — 629, 1501, 1557.
LEO IX papa. — 177, 1412, 1540.
LUCANUS. — Phars. 124, 156, 194, 210, 266, 574, 440, 1655.

M

MACROBIUS. — Saturnaliorum lib. 217, 291, 608
In somno Scipionis. 1194, 1225, 1507, 1605.
In diversis locis. 991, 1022, 1025, 1059, 1080, 1155, 1156, 1182, 1185, 1701.
Martyrologium. 1486, 1492.
MARCION. 977.

Maximus episc Turon.—Sermones. 991, 1132, 1482, 1599, 1, 1703.

N

Nicolaus papa. — Ad consulta Bulgarorum. 1049, 1552, 1505, 1559, 1608.
Epist. 319, 520.
Novellæ. 1546.

O

Origenes. — Comment. in epist. ad Rom. 816, 828, 848, 849, 886, 935, 1365, 1377, 1387, 1431, 1441, 1565, 1574, 1590.
Historiæ. 253.
Homil. in Cant. 731. — In Exod. 1408, 1516. — In Genesim. 312, 1468. — In Matth. 675, 1429, 1527. — In Vet. Test. 1594.
In variis scriptis. 875, 926, 948, 960, 967, 968, 971, 973, 974, 975, 976, 977.

Ovidius. — De amor. 889, 1175.
De amor. remed. 120.
De art. amand. 214, 1343.
Metamorph. 122, 284, 293.

P

Pandectæ. 1546.
Paschasius. — De corpore et sanguine Domini. 1426.
Paulus Orosius. — Antiquit. lib. 410, 411.
Pelagius. 253.
Perseus. — Satyr. 224.
Philippus presb. — Comment. in Job. 1414.
Philo Judæus. — Histor. lib. 253, 254.
Philo Pythagoricus. 254.
Pius papa. — Decreta. 517, 1336.
Plato. — In diversis. 620, 747, 766, 917, 1003, 1007, 1010, 1013, 1015, 1088, 1094, 1123, 1137, 1144, 1145, 1151, 1154, 1175, 1177, 1276, 1296, 1307, 1317, 1324, 1526, 1710, 1720, 1725.
Porphyrius. — In Isagogis. 119, 1060, 1066, 1235, 1243, 1250, 1252.
Posthumianus. 604.
Præfatio de Dominica V post Theophaniam. 1525.
Priscianus. 121, 1080, 1243, 1285, 1307.
Prosperus. — Responsiones ad Rufinum. 1393, 1495, 1578, 1597.
Sententiarum lib. 1359, 1398, 1468, 1571, 1584, 1598.
Prudentius. — Hymni. 1599.
De martyr. 561.

Q

Quintilianus. 161, 798.

R

Rabanus Maurus. — Comment. in Acta apost. 1490. — In Matth. 1597. — In Reg. lib. 714.
De pressuris Ecclesiæ. 1208.
Remigius Antissiod. — Comment. in Psalmos. 934, 1455, 1447, 1516.
Rufinus. — Comment. in epist. ad Rom. (secundum Origenem). 400, 788, 1486.

S

Salvianus. — De gubern. mundi. 1019, 1150.
Satyrus. 1189.
Sedulius. 1472, 1474, 1698.
Seneca. — In diversis. 131, 185, 193, 297, 350, 553, 567, 590, 592, 593, 790, 1033, 1164.
Serenus abbas. — Collatio. 1406.
Sidonius. 1202.
Siricius papa. — Epist. 1500.
Statius. 1128, 1225.
Stephanus papa. — Actus primæ sedis. 1516.
Suetonius. — In Vespas. 252, 1204.
Symbolum Ephesini concilii. 1450, 1479, 1519.
Synodus Claremont. episc. 251.
Synodus Eugenii papæ. 1042, 1207.
Synodus Nicæna. 1072.
Syrus. 1582.

T

Telesphorus papa. — Decretale. 1540.
Epist. 1540.
Theodorus. — Pœnitentiale 960, 961, 1536.
Theophrastus. — De nuptiis. 1198, 1746.

V

Valerius Maximus. 1029, 1160, 1181, 1190, 1202.
Virgilius. — Eclog. 204, 247, 1031, 1163.
Georg. 647.
Æneid. 1025, 1027, 1150, 1157.
Vitæ Patrum. 240, 249, 256, 260, 261, 262, 263, 264, 266, 281, 290, 293, 304, 308, 1017, 1525.

ORDO RERUM

QUÆ IN HOC TOMO CONTINENTUR.

PETRUS ABÆLARDUS.
PROLEGOMENA.
Notitia historico-litteraria, 9
Notitia altera. 55
Apologetica præfatio pro Petro Abælardo. 71
Epitaphia Abælardi. 105
Petri Abælardi apologia seu fidei confessio. 105
Censura doctorum Parisiensium. 109

PETRI ABÆLARDI OPERUM PARS PRIMA — EPISTOLÆ.

Epistola prima quæ est historia calamitatum Abælardi ad amicum scripta. 113

Epist. II. — Quæ est Heloissæ ad Petrum deprecatoria. 181
Epist. III. — Quæ est rescriptum Petri ad Heloissam. 187
Epist. IV. — Quæ est rescriptum Heloissæ ad Petrum. 191
Epist. V. — Quæ est rescriptum Petri rursus ad Heloissam. 199
Epist. VI. — Quæ est ejusdem Heloissæ ad eumdem Petrum. 211
Epist. VII. — Quæ est rursum Petri ad Heloissam, de origine sanctimonialium. 223
Epist. VIII. — Quæ est ejusdem Petri ad Heloissam.— Institutio seu regula sanctimonialium. 235

EPIST. IX. — Quæ est ejusdem Petri ad virgines Paracletenses. De studio litterarum. 325
EPIST. X. — Quæ est Petri Abælardi ad Bernardum Clarævallensem abbatem. 335
EPIST. XI. — Quæ est Petri Abælardi. — Adversus eos qui, ex auctoritate Bedæ presbyteri, arguere conantur Dionysium Areopagitam fuisse Dionysium Corinthiorum episcopum, et non magis fuisse Atheniensium episcopum. 541
EPIST. XII. — Quæ est Petri Abælardi. — Contra quemdam canonicum regularem, qui monasticum ordinem deprimebat, et suum illi anteferebat. 543
EPIST. XIII. — Quæ est Petri Abælardi. — Invectiva in quemdam ignarum dialecticæ, qui tamen ejus studium reprehendebat, et omnia ejus dogmata putabat sophismata et deceptiones. 551
EPIST. XIV. — Quæ est ejusdem Petri Abælardi ad G. Parisiensem episcopum. 556
EPIST. XV. — Quæ est Roscelini ad P. Abælardum. 557
Roscelini, Nominatistarum in philosophia quondam choragi ad Petrum Abælardum epistola hactenus inedita. 557
EPIST. XVI. — Quæ est Fulgonis prioris de Diogilo, ad P. Abælardum. 571
EPIST. XVII. — Quæ est Petri Abælardi fidei confessio ad Heloissam. 375
EPIST. XVIII. — Quæ est Bernardi Clarævallensis abbatis ad episcopos Senonas convocandos contra Petrum Abælardum. Exiit sermo, etc. 577
EPIST. XIX. — Quæ est ejusdem Bernardi ad episcopos et cardinales curiæ contra eumdem. 577
EPIST. XX. — Quæ est ejusdem ad Innocentium papam, de eodem Petro. 577
EPIST. XXI. — Quæ est ejusdem ad eumdem. 577
EPIST. XXII. — Quæ est ejusdem ad eumdem ex persona domini archiepiscopi Remensis. 577
EPIST. XXIII. — Quæ est S. Bernardi ad magistrum Guidonem de Castello, qui postea fuit papa Cœlestinus. Monet eum ita diligere et fovere Abælardum, ut tamen ejus errores non faveat. 577
EPIST. XXIV. — Quæ est iterum S. Bernardi ad magistrum Ivonem cardinalem de Petro Abælardo. 577
EPIST. XXV. — Quæ est rescriptum Domini Innocentii papæ contra hæreses Petri Abælardi. 577
EPIST. XXVI. — Quæ est ejusdem domini Innocentii papæ contra Abælardum et Arnoldum de Brixia. 577
EPIST. XXVII. — Quæ est Petri Venerabilis abbatis Cluniacensis ad dominum Innocentium II papam, pro Petro Abælardo. 579
EPIST. XXVIII. — Quæ est ejusdem Petri Venerabilis ad Heloissam Paracleti abbatissam. 579
EPIST. XXIX. — Quæ est Heloissæ ad Petrum Venerabilem. 579
EPIST. XXX. — Quæ est Petri Venerabilis ad Heloissam. 579

PETRI ABÆLARDI OPERUM PARS SECUNDA. — SERMONES ET OPUSCULA ASCETICA.

SERMONES. Ad virgines Paraclitenses in oratorio ejus constitutas. 579
Epistola ad Heloissam. 579
SERMO I. — De Annuntiatione beatæ virginis Mariæ. 379
SERMO II. — In Natali Domini. 387
SERMO III. — In Circumcisione Domini. 397
SERMO IV. — In Epiphania Domini. 409
SERMO V. — In Purificatione sanctæ Mariæ. 417
SERMO VI. — In Septuagesima. 425
SERMO VII. — In ramis Palmarum. 429
SERMO VIII. — In eadem die. 435
SERMO IX. — In eadem die. 445
SERMO X. — In eadem die. 448
SERMO XI. — De rebus gestis in diebus Passionis. 455
SERMO XII. — De cruce. 479
SERMO XIII. — In die Paschæ. 484
SERMO XIV. — Expositio Dominicæ orationis, in diebus Rogationum, quæ litaniæ dicuntur. 489
SERMO XV. — In die Ascensionis. 495
SERMO XVI. — In octava Ascensionis. 497
SERMO XVII. — In sexta feria post octavas Nativitatis Domini. 500
SERMO XVIII. — In die Pentecostes. 501
SERMO XIX. — In feria secunda Pentecostes. 515

SERMO XX. — In feria tertia Pentecostes. 516
SERMO XXI. — In feria quarta Pentecostes. 518
SERMO XXII. — In feria quinta Pentecostes. 521
SERMO XXIII. — De sancto Petro. 524
SERMO XXIV. — De conversione sancti Pauli. 529
SERMO XXV. — De sancto Joanne evangelista. 535
SERMO XXVI. — In Assumptione beatæ Mariæ. 559
SERMO XXVII. — In die sancti Marcellini papæ et martyris, ad monachos Rothomagensis reliquias habentes. 547
SERMO XXVIII. — In Dedicatione Ecclesiæ. 551
SERMO XXIX. — De sancta Susanna ad hortationem virginum. 555
SERMO XXX. — De eleemosyna, pro sanctimonialibus de Paracleto. 564
SERMO XXXI. — In natali sancti Stephani, vel cæterorum, qui ab apostolis derivati sunt obsequio sanctarum viduarum. 569
SERMO XXXII. — De laude sancti Stephani protomartyris. 573
SERMO XXXIII. — De sancto Joanne Baptista. 582
SERMO XXXIV. — In natali Innocentium. 611
EXPOSITIO ORATIONIS DOMINICÆ. 611
EXPOSITIO SYMBOLI APOSTOLORUM. 618
EXPOSITIO FIDEI IN SYMBOLUM ATHANASII. 629
Monitum in opusculum subsequens. 631

ETHICA SEU LIBER DICTUS SCITO TE IPSUM. 633
Prologus. 633
CAP. I. — De vitio animi quod ad mores pertinet. 633
CAP. II. — Quid distet inter peccatum et vitium inclinans ad malum. 635
CAP. III. — Quid sit animi vitium et quid proprie dicatur peccatum. 635
CAP. IV. — De suggestionibus dæmonum, 647
CAP. V. — Cur opera peccati magis quam ipsum puniatur? 647
CAP. VI. — De peccatis spiritualibus vel carnalibus. 648
CAP. VII. — Cur Deus dicatur inspector cordis et renum? 648
CAP. VIII. — De remuneratione operum exteriorum,
CAP. IX. — Quod Deus et homo in Christo uniti non sit melius aliquid quam solus Deus. 651
CAP. X. — Quod multitudo bonorum non est melius uno bonorum. 652
CAP. XI. — Quod intentione bona sit opus bonum. 652
CAP. XII. — Unde bona intentio sit dicenda? 652
CAP. XIII. — Quod peccatum est nisi contra conscientiam. 653
CAP. XIV. — Quot modis peccatum dicatur? 654
CAP. XV. — Utrum omne peccatum sit interdictum? 657
CAP. XVI. — Utrum melius sit a levioribus culpis, quam gravioribus abstinere? 959
CAP. XVII. — De peccatorum reconciliatione, 660
CAP. XVIII. — Quid proprie dicatur pœnitentia? 661
CAP. XIX. — Le fructuosa pœnitentia. 663
CAP. XX. — Utrum quis de uno peccato sine altero pœnitere possit. 665
CAP. XXI. — Injustum non esse, dignum præmio non donari. 666
CAP. XXII. — De peccato irremissibili. 667
CAP. XXIII. — Utrum pœnitentes gemitum sui doloris hinc secum deferant? 668
CAP. XXIV. — De confessione. 668
CAP. XXV. — Quod nunquam confessio dimitti potest. 669
CAP. XXVI. — Utrum generaliter ad omnes pertineat prælatos solvere et ligare? 673

HELOISSÆ PARACLITENSIS DIACONISSÆ PROBLEMATA CUM PETRI ABÆLARDI SOLUTIONIBUS. 677

PETRI ABÆLARDI OPERUM PARS TERTIA. — THEOLOGICA ET PHILOSOPHICA.

EXPOSITIO IN HEXAMERON. 729
EXPOSITIO IN EPIST. AD ROM. 783
INTRODUCTIO AD THEOLOGIAM. 979
THEOLOGIA CHRISTIANA. 1113
SIC ET NON. 1329
Præfatio. 1329

Incipit prologus Petri Abælardi in Sic et non. 1339
I. — Quod fides humanis rationibus sit astruenda et contra. 1349
II. — Quod fides sit de non apparentibus tantum, et contra. 1355
III. — Quod agnitio non sit de non apparentibus, sed fides tantum, et contra. 1355
IV. — Quod sit credendum in Deum, et contra. 1356
V. — Quod non sit Deus singularis, et contra. 1358
VI. — Quod sit Deus tripartitus, et contra. 1359
VII. — Quod in Trinitate non sint dicendi plures æterni et contra. 1359
VIII. — Quod non sit multitudo rerum in Trinitate vel quod non sit Trinitas aliquod totum, et contra. 1359
IX. — Quod non sit Deus substantia, et contra. 1364
X. — Quod Deus inter omnia connumerandus sit, hoc est sit unum aliquid ex omnibus, et non. 1366
XI. — Quod divinæ personæ ab invicem differunt, et contra. 1367
XII. — Quod in Trinitate alter sit unus cum altero, et contra. 1368
XIII. — Quod Deus Pater sit causa Filii, et contra. 1368
XIV. — Quod sit Filius sine principio, et contra. 1369
XV. — Quod Deus non genuit se, vel quod etiam secundum divinitatem Filius factus sive creatus dicatur, vel quod principatu quodam sive auctoritate prædicta Pater et contra. 1370.
XVI. — Quod Filius dicatur a Patre gigni, non tamen genitus, et contra. 1374
XVII. — Quod solus Pater dicatur ingenitus, et non. 1375,
XVIII. — Quod æterna generatio Filii narrari vel sciri vel intelligi possit, et non. 1376
XIX. — Quod de æterna generatione Filii illud sit accipiendum : Ego hodie genui te, et contra. 1378
XX. — Quod primus psalmus de Christo sit accipiendus, et non. 1381
XXI. — Quod sit : « Eructavit cor meum verbum (Psal. XLIV) » de generatione Filii sit accipiendum, et non. 1381
XXII. — Quod solus Filius ex substantia Patris non sit, et contra. 1382
XXIII. — Quod Spiritus Domini ferebatur super aquas intelligendum sit de Spiritu sancto, et non. 1382
XXIV. — Quod Spiritus sanctus Pater quoque et Filius dici possit et non. 1383
XXV. — Quod philosophi quoque Trinitatem seu Verbum Dei crediderint, et non. 1385
XXVI. — Quod de præscientia judicet Deus, et non. 1386
XXVII. — Quod providentia Dei causa sit eventuum rerum, et non. 1386
XXVIII. — Quod nihil fiat casu, et contra. 1387
XXIX. — Quod prædestinatis Dei in bono tantum sit accipienda, et non. 1388
XXX. —, Quod peccata etiam placeant Deo, et non. 1389
XXXI. — Quod Deus quoque malorum causa vel auctor sit, et non. 1389
XXXII. — Quod omnia possit Deus, et non. 1393
XXXIII. — Quod Deo resisti non possit, et contra. 1394
XXXIV. — Quod Deus non habeat liberum arbitrium. et contra. 1394
XXXV. — Quod ubi deest velle Dei desit et posse, et contra. 1395
XXXVI. — Quod quidquid vult Deus faciat, et non. 1397
XXXVII. — Quod nihil fit, Deo nolente, et contra. 1397
XXXVIII. — Quod omnia sciat Deus, et non. 1398
XXXIX. — Quod opera hominum nihil sint, et contra. 1399
XL. — Quod Deus quoque loco moveatur vel localis sit, et non. 1399
XLI. — Quod Deus ipse sit qui antiquis patribus apparebat et non. 1400
XLII. — Quod solus Filius in angelis olim apparebat, et non. 1403
XLIII. — Quod nullus creatus spiritus loco moveatur, et contra. 1404
XLIV. — Quod solus Deus incorporeus sit, et non. 1405
XLV. — Quod Deus per corporales imagines non sit repræsentandus, et contra. 1408
XLVI. — Quod angeli ante cœlum et terram vel cæte-

ras omnes creaturas facti sint vel quod omnes angeli æquales et beati creati sint, et non. 1412
XLVII. — Quod ante creationem hominis angelus ceciderit, et contra. 1413
XLVIII. — Quod boni angeli sive sancti visione Dei fruentes omnia sciant, et non. 1417
XLIX. — Quod omnes ordines cœlestium spirituum generaliter angeli vocentur, et non. 1420
L. — Quod in cœlesti vita nemo proficiat, et contra. 1421
LI. — Quod primi parentes sint creati mortales, et non. 1422
LII. — Quod Adam extra paradisum sit conditus, et contra. 1424
LIII. — Quod peccatum Adæ majus fuerit, et non. 1424
LIV. — Quod primum hominis peccatum non cœperit a persuasione diaboli, et contra. 1425
LV. — Quod Eva sola seducta sit, non Adam, et contra. 1425
LVI. — Quod homo liberum arbitrium peccando amiserit et non. 1426
LVII. — Quod Adam in loco Calvariæ sepultus sit, et contra. 1426
LVIII. — Quod Adam salvatus sit, et contra. 1427
LIX. — Quod de promisso sibi partu Maria dubitaverit, et non. 1428
LX. — Quod Verbum Dei in utero virginis simul animum et carnem susceperit, et non. 1428
LXI — Quod Joseph suspicatus sit Mariam adulteram, et non. 1429
LXII. — Quod Christus, clauso utero Virginis natus sit et contra. 1430
LXIII. — Quod Christus secundum carnem de tribu Juda, et non. 1431
LXIV. — Quod Deus personam hominis non susceperit, sed naturam, et contra. 1433
LXV. — Quod Filius Dei mutatus sit suscipiendo carnem, et non. 1433
LXVI. — Quod Deus et homo in Christo partes esse videantur, et non. 1434
LXVII. — Quod Christus sive Deus non sit dicendus creatura, et contra. 1437
LXVIII. — Quod Christus secundum carnem factus sit, et contra. 1441
LXIX. — Quod Filius Dei prædestinatus sit, et contra. 1441
LXX. — Quod Deus minorari possit, et contra. 1442
LXXI. — Quod etiam secundum divinitatem Filius minor Patri videatur, et contra. 1442
LXXII. — Quod Christus secundum corpus etiam non creverit, et contra. 1442
LXXIII. — Quod humanitas Christi non creverit in sapientia, vel quod tantumdem scierit quantum divinitas, et contra. 1444
LXXIV. — Quod Christus corporaliter unctus fuisse legatur, et non. 1448
LXXV. — Quod in Christo is qui est Filius Dei non sit ille qui est filius hominis, sive is qui est æternus non sit is qui est temporalis, et contra. 1448
LXXVI. — Quod humanitas Christi ignoraverit diem judicii, et non. 1451
LXXVII. — Quod Judæi vel dæmones Christum cognoverint etiam ante passionem ejus, et non. 1452
LXXVIII. — Quod Christus servilem timorem habuisse videatur, et non. 1453
LXXIX — Quod Christus fefellerit, et non. 1455
LXXX. — Quod Christus nec secundum hominem passus fuerit aut timuerit, et contra. 1457
LXXXI. — Quod in Christi morte divinitatis et humanitatis separatio fuerit, et non. 1465
LXXXII. — Quod in Christo suggestio etiam delectationis fuerit, et contra. 1466
LXXXIII. — Quod Christus vel sancti mori voluerint, et contra 1467
LXXXIV — Quod Christus descendens ad inferos omnes liberavit inde, et contra. 1468
LXXXV. — Quod incertum sit quo hora noctis surrexerit Dominus, et non. 1472
LXXXVI. — Quod Dominus resurgens primo apparuerit Mariæ Magdalenæ, et non. 1472
LXXXVII — Quod illi, qui in Christo resurrexerunt, iterum mortui sint, et non. 1472
LXXXVIII. — Quod Christus post resurrectionem cicatrices, non vulnera dubitantibus demonstraverit, contra. 1474
LXXXIX. — Quod creatura sit adoranda, et non. 1474

XC. — Quod Dominus post ascensionem non sit locutus in terra, et contra. 1476
XCI. — Quod sola Maria in anima passa sit, et contra. 1477
XCII. — Quod ante Pentecosten, vel in ipsa, de omnibus sint edocti apostoli, et contra. 1478
XCIII. — Quod Petrus et Paulus et cæteri apostoli sint æquales, et non. 1478
XCIV. — Quod Petrus, instinctu diaboli, Domino persuaserit vitare mortem, et contra. 1480
XCV. — Quod solus Christus fundamentum sit Ecclesiæ, et contra. 1480
XCVI. — Quod Petrus non negaverit Christum, et contra. 1482
XCVII. — Quod Petrus et Paulus eodem prorsus die, non revoluto anni tempore, passi sint, et contra. 1485
XCVIII. — Quod Paulus, ante conversionem quoque, tam Paulus quam Saulus vocatus sit, et contra. 1486
XCIX. — Quod Jacobus justus, frater Domini, filius fuerit Joseph, sponsi Mariæ, et contra. 1488
C. — Quod Jacobus justus, frater Domini, primus fuerit episcopus Hierosolymæ, et contra. 1488
CI. — Quod Jacobus justus, frater Domini, primam de VII epistolis canonicis scripserit, et contra. 1489
CII. — Quod Philippus diaconus, qui habuit quatuor filias virgines prophetissas, et Philippus apostolus iidem non fuerint, et contra. 1490
CIII. — Quod omnes apostoli uxores habuerint, excepto Joanne, et contra. 1492
CIV. — Quod in figuris quatuor animalium Matthæus per hominem, Marcus per leonem præfiguratus sit, et contra. 1492
CV. — Quod eadem Maria tam caput quam pedes Domini unxerit, et contra. 1494
CVI. — Quod sine baptismo aquæ nemo jam salvari possit, et contra. 1495
CVII. — Quod omnia peccata baptismus deleat, tam originalia quam propria, et contra. 1501
CVIII. — Quod parvuli baptizandi peccatum non habeant, et contra. 1502
CIX. — Quod tantumdem valebat circumcisio in antiquo populo quantum nunc baptismus, et contra. 1504
CX. — Quod baptizatus a quocunque non sit rebaptizandus, et contra. 1504
CXI. — Quod ficto etiam baptismo peccata dimittantur, et contra. 1509
CXII. — Quod una baptismi immersio sufficiat, et contra. 1510
CXIII.— Quod sine sacramento altaris etiam baptismus sufficiat, et non. 1511
CXIV. — Quod in Joannis baptismo peccata dimittebantur, et contra. 1512
CXV. — Quod nihil adhuc definitum sit de origine animæ, et contra. 1513
CXVI. — Quod peccata patrum reddantur in filios, et contra. 1516
CXVII. — De sacramento altaris, quod sit essentialiter ipsa veritas carnis Christi et sanguinis, et contra. 1518
CXVIII. — Quod Eucharistia nusquam danda sit intacta, et contra. 1537
CXIX. — Quod presbyter uxoratus a subjectis non sit abjiciendus, et contra. 1537
CXX. — Quod hæretici ablatio non prosit, et contra. 1538
CXXI. — Quod missa ante horam tertiam non sit celebranda, nisi in Natali, et contra. 1540
CXXII. — Quod omnibus nuptiæ sint concessæ, et contra. 1540
CXXIII. — Quod conjugium fuerit inter Mariam et Josephum, et contra. 1544
CXXIV. — Quod licet habere concubinam, et contra. 1546
CXXV. — Quod sit conjugium inter infideles, et contra. 1546
CXXVI. — Quod, dimissa fornicante uxore, viro liceat alteram ducere, et contra. 1550
CXXVII. — Quod bigamus non licet promoveri ad clericum, et contra. 1555
CXXVIII. — Quod nullo modo adultera sit retinenda, et contra. 1558
CXXIX. — Quod sæpius liceat, et non. 1559
CXXX. — Quod nullus humanus concubitus possit esse sine culpa, et contra. 1560
CXXXI. — Quod nulli liceat eam, cum qua fornicatus fuerit, ducere in conjugium, et contra. 1563
CXXXII. — Quod sterilis non videatur ducenda esse, et contra. 1564
CXXXIII. — Quod virginitas non præcipiatur, et contra. 1565

CXXXIV. — Quod nuptiæ quoque præcipiantur, et contra. 1566
CXXXV. — Quod nuptiæ bonæ sint, et contra. 1566
CXXXVI. — Quod dilectio proximi omnem hominem complectatur, et non. 1569
CXXXVII. — Quod sola charitas virtus dicenda sit, et non. 1570
CXXXVIII. — Quod charitas semel habita nunquam amittatur, et contra. 1574
CXXXIX. — Quod bonam voluntatem nostram gratia Dei præcedat, et contra. 1582
CXL. — Quod legis præcepta non perfecta sunt sicut sunt Evangelii, et contra. 1584
CXLI. — Quod opera misericordiæ non prosint infidelibus, et contra. 1584
CXLII. — Quod opera sanctorum non justificent hominem, et contra. 1585
CXLIII. — Quod peccatum actus sit, non res, et contra. 1588
CXLIV. — Quod peccator sit ille tamen qui assiduus est in peccatis, et contra. 1590
CXLV. — Quod aliquando peccamus nolentes, et contra. 1591
CXLVI. — Quod idem peccatum non puniat Deus hic et in futuro. 1594
CXLVII. — Quod Cain non sit damnatus, et contra. 1597
CXLVIII. — Quod ea quæ condonat Deus ulterius non exigat, et contra. 1597
CXLIX. — Quod gravius sit aperte peccare quam occulte, et contra. 1598
CL. — Quod adulterium post hæresim cæteris peccatis gravius sit, et non. 1598
CLI. — Quod sine confessione non dimittantur peccata, et contra. 1599
CLII. — Quod timor Dei in sanctis perseveret, et non. 1600
CLIII. — Quod non sit pro omnibus orandum, et contra. 1600
CLIV. — Quod liceat mentiri, et contra. 1602
CLV. — Quod liceat homini inferre sibi manus alquibus de causis, et contra. 1603
CLVI. — Quod nulla de causa liceat Christianis quemquam interficere, et contra. 1606
CLVII. — Quod liceat homines interficere, et non. 1607
CLVIII. — Quod pœna parvulorum non baptizatorum mitissima respectu cæterarum pœnarum damnatorum sit, et contra. 1609
Petri Aælardi dialogus inter philosophum, Judæum et christianum. 1609
Procemium. 1609
Dialogus. 1611
Exoratio magistri ad discipulum. De inquisitione summi boni. 1681

EPITOME THEOLOGIÆ CHRISTIANÆ. 1685

Præfatio. 1685
Cap. I. — Quod nostræ salutis summa sint fides, charitas et sacramenta, et quid sint hæc singula. 1695
Cap. II. — De fide, quæ et naturaliter præcedit. 1696
Cap. III. — Circa quæ fides catholica consistat. 1697
Cap. IV. — Quod fidei summa sit in unitate et trinitate divina. 1698
Cap. V. — Quod ipse sentiat de unitate et trinitate, ostendit et id ratione et auctoritate defendit. 1699
Cap. VI. — Quædam uni personæ et non alii convenire, quædam de una dici, et de omnibus intelligi solere. 1702
Cap. VII. — Quam libet personarum idem facere, quod alteram, sed non eo se modo habere, quo alterum. 1702
Cap. VIII. — Probat evangelica et apostolica auctoritate Patrem omnipotentia, Filium sapientia, Spiritum sanctum specialiter designari bonitate. 1703
Cap. IX. — Probatio ex lege. 1705
Cap. X. — Probatio ex prophetis. 1707
Cap. XI. — Probat philosophos nec salute, nec cognitione Trinitatis caruisse. 1712
Cap. XII. — Qualiter philosophi unum ac trinum esse Deum cognoverint. 1714
Cap. XIII. — Quomodo in Trinitate persona accipiatur. 1715
Cap. XIV. — Quod nomina divinæ essentiæ alia naturalia, alia personalia. 1715
Cap. XV. — De genitura Filii et processione Spiritus sancti. 1716
Cap. XVI. — Quomodo valeat Græcis responderi, qui

dicunt, Spiritum sanctum a Filio procedere non debere concedi. 1718

Cap. XVII. — Probat auctoritate Spiritum sanctum procedere a Filio, sicut a Patre. 1719

Cap. XVIII. — Quod per animam mundi Spiritum sanctum designavere philosophi. 1720

Cap. XIX. — Quæ potentiæ, quæ sapientiæ, quæ conveniant bonitati divinæ. 1722

Cap. XX. — An plura, an aliter, an melius possit Deus facere quam faciat. 1724

Cap. XXI. — Quæ spectant ad sapientiam. 1728

Cap. XXII. — De his quæ ad bonitatem divinam pertinent. 1729

Cap. XXIII. — Cur Deus homo? 1750

Cap. XXIV. — De duarum naturarum in unam personam unione. 1752

Cap. XXV. — De voluntate assumpti hominis. 1754

Cap. XXVI. — De voluntate Dei. 1755

Cap. XXVII. — An unio illa in morte Christi fuerit divisa? 1737

Cap. XXVIII. — De sacramento baptismi. 1738

Cap. XXIX. — De sacramento altaris. 1740

Cap. XXX. — De sacramento unctionis. 1744

Cap. XXXI. — De conjugii sacramento, et quod non confert aliquod donum, sicut cætera faciunt. Item de charitate. 1745

Cap. XXXII. — Quibus modis nos diligat Deus et quibus modis nos Deum vel proximum diligere debeamus. 1748

Cap. XXXIII. — De vitiis, quæ virtutibus contraria sunt. 1752

Cap. XXXIV. — De meritis, ubi consistant. 1754

Cap. XXXV. — De remissione peccatorum. 1756

Cap. XXXVI. — De confessione peccatorum. 1756

Cap. XXXVII. — De operum satisfactione. 1757

OPERUM PARS QUARTA. — CARMINA ET MISCELLANEA. Monita ad Astralabium. 1759

HYMNI et SEQUENTIÆ per totum anni circulum ad usum virginum monasterii Paracletensis. 1765

Monitum. 1765

Libellus primus — Hymni feriarum. 1771

Præfatio de causis suscepti operis. 1771

Hymni nocturni. 1775

I. — Dominica ad Matutinum. In I nocturno. 1775

II. — In II nocturno. 1775

III. — In III nocturno. 1776

IV. — Feria secunda. — Ad Matutinum. 1776

V. — Feria tertia. — Ad Matutinum. 1777

VI. — Feria quarta. — Ad Matutinum. 1777

VII. — Feria quinta. — Ad Matutinum. 1778

VIII. — Feria sexta. — Ad Matutinum. 1778

IX. — Sabbato. — Ad Matutinum. 1779

Hymni diurni. 1779

X. — Dominica. — Ad Laudes. 1779

XI. — Ad Primam. 1779

XII. — Ad Tertiam. 1780

XIII. — Ad Sextam. 1780

XIV. — Hymnus Gratiarum post epulas. 1780

XV. — Ad Nonam. 1781

XVI. — Dominica. — Ad Vesperas. 1782

XVII. — Ad Completorium. 1782

XVIII. — Feria secunda. — Ad Laudes. 1783

XIX. — Ad Vesperas. 1783

XX. — Feria tertia. — Ad Laudes. 1784

XXI. — Ad Vesperas. 1784

XXII. — Feria quarta. — Ad Laudes. 1784

XXIII. — Ad Vesperas. 1784

XXIV. — Feria quinta. — Ad Laudes. 1785

XXV. — Ad Vesperas. 1785

XXVI. — Feria sexta. — Ad Laudes. 1785

XXVII. — Ad Vesperas. 1786

XXVII. — Sabbato. — Ad Laudes. 1786

XXVIII. — Ad Vesperas. 1786

Libellus secundus. 1787

De ratione præcedentis libelli. 1787

Hymni solemnitatum divinarum. 1789

In Nativitate Domini. 1789

XXIX. — In I nocturno et ad Vesperas. 1789

XXX. — In II nocturno et ad Vesperas. 1789

XXXI. — In III nocturno et ad Vesperas. 1790

XXXII. — Ad Laudes et ad Vesperas. 1790

In Epiphania Domini. 1791

XXXIII. — In I nocturno et ad Vesperas. 1791

XXXIV. — In II nocturno et ad Vesperas. 1791

XXXV. — In III nocturno et ad Vesperas. 1791

XXXVI. — Ad Laudes et ad Vesperas. 1792

In Purificatione B. Mariæ virginis. 1792

XXXVII. — In I nocturno et ad Vesperas. 1792

XXXVIII. — In II nocturno et ad Vesperas. 1793

XXXIX. — In III nocturno et ad Vesperas. 1793

XL. — Ad Laudes et ad Vesperas. 1794

In Resurrectione Domini. 1795

XLI. — In I nocturno et ad Vesperas. 1795

XLII. — In II nocturno et ad Vesperas. 1793-1794

XLIII. — In III nocturno et ad Vesperas. 1795

XLIV. — Ad Laudes et ad Vesperas. 1795

In Ascensione Domini. 1795-1796

XLV. — In I nocturno et ad Vesperas. 1795-1796

XLVI. — In II nocturno et ad Vesperas. 1795-1796

XLVII. — In III nocturno et ad Vesperas. 1796

In festo Inventionis sanctæ crucis. 1796

XLVIII. — In I vel II nocturno et ad Vesperas. 1796

XLIX. — In III nocturno et ad Vesperas. 1797

L. — Ad Laudes et ad Vesperas. 1797-1798

In festo Ascensionis Domini. 1797-1798

LI. — Ad Laudes et ad Vesperas. 1797

In festo Pentecostes. 1797-1798

LII. — In I nocturno et ad Vesperas. 1797-1798

LIII. — In II nocturno et ad Vesperas. 1798

LIV. — In III nocturno et ad Vesperas. 1799

LV. — Ad Laudes et ad Vesperas. 1799-1800

In festo Dedicationis Ecclesiæ. 1799-1800

LVI. — In I nocturno et ad Vesperas. 1799-1800

LVII. — In II nocturno et ad Vesperas. 1800

LVIII. — In III nocturno et ad Vesperas. 1800

LIX. — Ad Laudes et ad Vesperas. 1801

Libellus tertius. — Hymni festivitatum sanctorum. 1801

Præfatio, de ratione præcedentis libelli. 1801

In festis B. Mariæ. 1803

LX. — Ad Matutinum et Vesperas. 1803

LXI. — Ad Laudes et ad Vesperas. 1803

Commune Apostolorum. 1803

LXII. — In I nocturno et ad Vesperas. 1803

LXIII. — In II nocturno et ad Vesperas. 1804

LXIV. — In III nocturno et ad Vesperas. 1805

LXV. — Ad Laudes et ad Vesperas. 1805

In festo apostolorum Petri et Pauli. 1805

LXVI. — In I nocturno et ad Vesperas. 1805

LXVII. — In II nocturno et ad Vesperas. 1805

LXVIII. — In III nocturno et ad Vesperas. 1806

In festo S. Joannis Evangelistæ. 1806

LXIX. — In I nocturno et ad Vesperas. 1806

Commune Evangelistarum. 1806

LXX. — In I nocturno et ad Vesperas. 1806

LXXI. — In II nocturno et ad Vesperas. 1806

LXXII. — In III nocturno et ad Vesperas. 1807

LXXIII. — Ad Laudes et ad Vesperas. 1807

In festo sanctorum Innocentium. 1807

LXXIV. — In I nocturno et ad Vesperas. 1807

LXXV. — Ad II nocturnum et ad Vesperas. 1807

LXXVI. — Ad III nocturnum et ad Vesperas. 1808

LXXVII. — Ad Laudes et ad Vesperas. 1808

Commune Martyrum. 1809-1810

LXXVIII. — In I nocturno et ad Vesperas. 1809-1810

LXXIX. — In II nocturno et ad Vesperas. 1809

LXXX. — In III nocturno et ad Vesperas. 1809

LXXXI. — Ad Laudes et ad Vesperas. 1810

Commune Confessorum. 1811

LXXXII. — In I nocturno et ad Vesperas. 1811

LXXXIII. — In II nocturno et ad Vesperas. 1811

LXXXIV. — In III nocturno et ad Vesperas. 1812

LXXXV. — Ad Laudes et ad Vesperas. 1812

Commune Mulierum. 1812

LXXXVI. — In I nocturno et ad Vesperas. 1812

LXXXVII. — In II nocturno et ad Vesperas. 1813

LXXXVIII. — In III nocturno et ad Vesperas. 1813

LXXXIX. — Ad Laudes et ad Vesperas. 1814

Commune Virginum. 1814

XC. — In I nocturno et ad Vesperas. 1814

XCI. — In II nocturno et ad Vesperas. 1814

XCII. — In III nocturno et ad Vesperas. 1815

XCIII. — Ad Laudes et ad Vesperas. 1816

In festo S. Mariæ Magdalenæ.	1816
XCIV. — In I nocturno et ad Vesperas.	1816
Hymnus in Annuntiatione B. Mariæ Virginis.	1816
PLANCTUS VARII.	1817
I. — Petri Abælardi planctus Dinæ filiæ Jacob.	1817
II. — Planctus Jacob super filios suos.	1818
III. — Planctus Virginum Israelis super filia Jephtæ Galaditæ	1819
IV. — Planctus Israel super Samson.	1820
V. — Planctus David super Abner filio Ner quem Joab occidit.	1821
VI. — Planctus David super Saul et Jonathan	1822
APPENDIX AD OPERA PETRI ABÆLARDI.	1823
Liber adversus hæreses.	1823
Privilegia summorum pontificum pro parthenone S. Trinitatis Paraclitensi.	1847
Series abbatissarum parthenonis S. Spiritus Paraclitensis.	1849
Hilarius et Berengarius Abælardi discipuli.	1851
Notitia historico-litteraria.	1851
Elegia, qua Hilarius, Petri Abælardi discipulus, plangit recessum præceptoris sui ex Paraclito,	1855
Apologeticus Berengarii Scholastici, contra beatum Bernardum, abbatem Clarævallensem, et alios qui condemnaverunt Petrum Abælardum.	1857
Epistola ejusdem Berengarii, ad episcopum Mimatensem.	1871
Epistolæ ejusdem Berengarii, contra Carthusienses.	1875
INDEX auctorum qui in Operibus Abælardi citantur.	1879

FINIS TOMI CENTESIMI SEPTUAGESIMI OCTAVI.

Ex typis L. MIGNE, au Petit-Montrouge.

www.ingramcontent.com/pod-product-compliance
Lightning Source LLC
Chambersburg PA
CBHW070800020526
44116CB00030B/932